Rechtsanwälte
**Gassner Stockmann & Kollegen**
Mohrenstraße 42
10117 Berlin
**Telefon 030/2 03 90 7-0**

D1748922

Vollstreckung und Vorläufiger Rechtsschutz
Band I  Zwangsvollstreckung  2. Auflage

# Vollstreckung und Vorläufiger Rechtsschutz

Kommentar zum Achten Buch der Zivilprozeßordnung

Band I
Zwangsvollstreckung
§§ 704–915 h ZPO

Von Dr. iur. Winfried Schuschke
Vorsitzender Richter am Oberlandesgericht Köln

und Dr. iur. Wolf-Dietrich Walker
Universitätsprofessor in Gießen

2., völlig neubearbeitete und erweiterte Auflage

Carl Heymanns Verlag KG · Köln · Berlin · Bonn · München

Zitiervorschlag: *Verfasser* in Schuschke/Walker, ZPO, § xxx Rdn. xx

---

Die Deutsche Bibliothek – CIP-Einheitsaufnahme

**Vollstreckung und Vorläufiger Rechtsschutz:** Kommentar zum Achten Buch der Zivilprozeßordnung / von Winfried Schuschke und Wolf-Dietrich Walker. 2., völlig neubearb. u. erw. Aufl. – Köln; Berlin; Bonn; München: Heymanns. –

Bd. I, Zwangsvollstreckung §§ 704–915 h ZPO. – 1997

NE: Schuschke, Winfried; Walker, Wolf-Dietrich

ISBN 3-452-23501-7

---

Das Werk ist urheberrechtlich geschützt. Die dadurch begründeten Rechte, insbesondere die der Übersetzung, des Nachdruckes, der Entnahme von Abbildungen, der Funksendung, der Wiedergabe auf photomechanischem oder ähnlichem Wege und der Speicherung in Datenverarbeitungsanlagen, bleiben vorbehalten.

© Carl Heymanns Verlag KG · Köln · Berlin · Bonn · München 1997

ISBN 3-452-23501-7

Gesamtherstellung: Druck- und Verlagshaus Thiele & Schwarz GmbH, Kassel

Gedruckt auf säurefreiem und alterungsbeständigem Papier

# Vorwort

Die freundliche Aufnahme der ersten Auflage des Bandes I hat die Verfasser ermutigt, nach vier Jahren eine zweite Auflage folgen zu lassen. Wie schon bei Band II (§§ 916–945 ZPO) haben sich die Verfasser nunmehr auch bei Band I die Arbeit der Kommentierung geteilt. Die Grundkonzeption des Werkes, der Praxis in allen Fragen des Vollstreckungsrechts eine zuverlässige Information über die Antworten in Rechtsprechung und Literatur zu geben, gleichzeitig aber auch selbst an der wissenschaftlichen Diskussion zu allen wichtigen Streitfragen teilzunehmen, wurde beibehalten. Die Hinweise auf die Besonderheiten der Vollstreckung arbeitsgerichtlicher Titel wurden ausgebaut, ebenso die Hinweise auf die Besonderheiten der abgabenrechtlichen Vollstreckung, soweit sie nach dem 8. Buch der ZPO erfolgt bzw. den Regelungen in der ZPO nachgebildet ist. Zum Teil wurde die Gliederung der Kommentierung – unter Beibehaltung der bisherigen Randnummerneinteilung – übersichtlicher gestaltet.

Die Neuauflage berücksichtigt zahlreiche Gesetzesänderungen, von denen insbesondere die neuen §§ 915–915 h ZPO über das Schuldnerverzeichnis und die Neuregelung der Pfändung von Sozialleistungen durch das Zweite SGB-Änderungsgesetz vom 13. 6. 1994 zu nennen sind. Ferner wurden eine Fülle zwischenzeitlich ergangener Entscheidungen und die zahlreiche neu erschienene Literatur zum Vollstreckungsrecht ausgewertet. Viele neue Fragen, die die Praxis in den letzten vier Jahren beschäftigt haben, wurden eingearbeitet. Auf den Entwurf einer Zweiten Zwangsvollstreckungsnovelle, der das Parlament zur Zeit beschäftigt (BT-Drucksache 13/341), ist bei den einzelnen Vorschriften jeweils im Text oder in den Fußnoten hingewiesen worden. Soweit die Novelle ganz neue Vorschriften in die ZPO einzufügen beabsichtigt, werden diese an entsprechender Stelle bereits kommentiert. Wo Vorschriften der Konkursordnung, der Vergleichsordnung, der Gesamtvollstreckungsordnung oder des Anfechtungsgesetzes angesprochen sind, ist gleichzeitig auf die neuen Normen der InsO und des neugefaßten AnfG hingewiesen. Literatur und Rechtsprechung wurden bis zum 30. 9. 1996, teilweise noch darüber hinaus, verarbeitet.

Für seinen Teil der Kommentierung ist jeder Verfasser allein verantwortlich. Die Kommentierungen sind jedoch aufeinander abgestimmt worden.

Allen Mitarbeitern, die uns bei der inhaltlichen Überarbeitung und Ergänzung, bei der Materialsammlung, der Abstimmung der einzelnen Kommentarteile, der Überarbeitung des Sachregisters und beim Korrekturlesen unterstützt haben, danken wir herzlich für ihre wertvolle Hilfe. Zu nennen sind insbesondere die Herren Assessoren Heinrich Fischer und Wolfgang Lohkemper, die Herren Referendare Andreas Wagner und Boris Wein, die Herren Studenten Ralf Gaumann und Marcus Schafft sowie Frau Regina Lausmann, Frau Monika Müller und Frau Marianne Walther.

Ein besonderer Dank gilt schließlich allen, die uns durch ihre Kritik und ihre Anregungen zur ersten Auflage wichtige Hilfen für die Neuauflage zuteil werden ließen.

Köln/Gießen, im November 1996

*Winfried Schuschke*
*Wolf-Dietrich Walker*

# Inhalt

## Achtes Buch der Zivilprozeßordnung

Band I  Zwangsvollstreckung §§ 704–915 h ZPO

| | |
|---|---:|
| Allgemeine Vorbemerkungen. | 1 |
| 1. Abschnitt. Allgemeine Vorschriften §§ 704–802 | 13 |
| 2. Abschnitt. Zwangsvollstreckung wegen Geldforderungen §§ 803–882a | 669 |
| 1. Titel. Zwangsvollstreckung in das bewegliche Vermögen §§ 803–863 | 672 |
| I. Allgemeine Vorschriften §§ 803, 804 | 674 |
| II. Zwangsvollstreckung in körperliche Sachen §§ 808–827 | 723 |
| III. Zwangsvollstreckung in Forderungen und andere Vermögensrechte §§ 828–863 | 873 |
| 2. Titel. Zwangsvollstreckung in das unbewegliche Vermögen §§ 864–871 | 1195 |
| 3. Titel. Verteilungsverfahren §§ 872–882 | 1237 |
| 4. Titel. Zwangsvollstreckung gegen juristische Personen des öffentlichen Rechts § 882a | 1266 |
| 3. Abschnitt. Zwangsvollstreckung zur Erwirkung der Herausgabe von Sachen und zur Erwirkung von Handlungen oder Unterlassungen §§ 883–898 | 1271 |
| 4. Abschnitt. Eidesstattliche Versicherung und Haft §§ 899–915 h | 1397 |
| Sachregister | 1487 |

Die im Text und in den Fußnoten verwendeten Abkürzungen folgen »Kirchner, Abkürzungsverzeichnis der Rechtssprache«, 4. Aufl. 1993.

# Achtes Buch. Zwangsvollstreckung

## Allgemeine Vorbemerkungen

### Inhaltsübersicht

|  | Literatur | Rdn. |
|---|---|---|
| I. | Anwendungsbereich des 8. Buches der ZPO | 1 |
| II. | Einzelzwangsvollstreckung und Gesamtvollstreckung | 2 |
| III. | Vollstreckungsrecht als öffentliches Recht | 3 |
| IV. | Vollstreckungsrecht als Zivilverfahrensrecht | 4 |
| V. | Parteiherrschaft im Vollstreckungsverfahren | |
| | 1. Gläubiger als Herr des Verfahrens | 5 |
| | 2. Zulässigkeit von Vollstreckungsvereinbarungen | 6, 7 |
| VI. | Vollstreckungsverfahren und Erkenntnisverfahren | 8, 9 |
| VII. | Besonderheiten zum Anspruch auf rechtliches Gehör | 10–12 |
| VIII. | Vollstreckungsrechtsverhältnis als besonderes Schuldverhältnis | |
| | 1. Verhältnis Gläubiger – Schuldner | 13 |
| | 2. Verhältnis Gläubiger – Dritte | 14 |
| IX. | Gebühren und Kosten – Prozeßkostenhilfe | |
| | 1. Gebühren der Vollstreckungsorgane | 15 |
| | 2. Rechtsanwaltsgebühren | 16 |
| | 3. Prozeßkostenhilfe | 17 |

Literatur: Kommentare zur Zivilprozeßordnung: Alternativ-Kommentar zur ZPO, 1987. *Baumbach/Lauterbach/Albers/Hartmann*, Zivilprozeßordnung, 54. Aufl. 1996; *Förster/Kann*, Die Zivilprozeßordnung für das Deutsche Reich, 3. Aufl., Zweiter Band, 1926; *Gottwald*, Zwangsvollstreckung, Kommentierung der §§ 704–915 h ZPO, Reihe Berliner Praxiskommentare, 1996; *Stein/Jonas*, Kommentar zur Zivilprozeßordnung, 21. Aufl., Band 6 (§§ 704–863 ), 1994; Band 7/1 (§§ 864–945), 1996; *Thomas/Putzo*, Zivilprozeßordnung mit Nebengesetzen, 19. Aufl. 1995; *Wieczorek*, Zivilprozeßordnung und Nebengesetze, Band IV, 2. Aufl. 1981; *Zimmermann*, Zivilprozeßordnung und GVG, EGZPO, EGGVG, EuGVÜ, 4. Aufl., 1995; *Zöller*, Zivilprozeßordnung, 19. Aufl. 1995.

Lehr- und Handbücher zum Vollstreckungsrecht: *Arens/Lüke*, Zivilprozeßrecht. – Erkenntnisverfahren, Zwangsvollstreckung (Grundrisse des Rechts), 6. Aufl. 1994; *Baumann/Brehm*, Zwangsvollstreckung, 2. Aufl. 1982; *Baur/Stürner*, Zwangsvollstreckungs-, Konkurs- und Vergleichsrecht, Band I: Einzelvollstreckungsrecht, 12. Aufl. 1995; *A. Blomeyer*, Zivilprozeßrecht, Vollstreckungsverfahren, 1975 mit Nachtrag 1979; *Brox/Walker*, Zwangsvollstreckungsrecht, 5. Aufl. 1996; *Bruns/Peters*, Zwangsvollstreckungsrecht, 3. Aufl. 1987; *Ganslmayer/Schmalz*, Zivilprozeß, Zwangsvollstreckung und Konkurs, 1988; *Gerhardt*, Vollstreckungsrecht, 2. Aufl. 1982;

*Allgemeine Vorbemerkungen*

*Grunsky,* Grundzüge des Zwangsvollstreckungs- und Konkursrechts, 4. Aufl. 1987; *Heintzmann*: Zivilprozeßrecht II, 1986; *Heussen/Fraulob,* Zwangsvollstreckung für Anfänger, 4. Aufl. 1993; *Hoche/Wiener,* Zwangsvollstreckungsrecht, 4. Aufl. 1983; *Jauernig,* Zwangsvollstreckungs- und Insolvenzrecht, 20. Aufl. 1996; *Lackmann,* Zwangsvollstreckungsrecht, 3.Aufl., 1995; *Lippross,* Vollstreckungsrecht, 7. Aufl. 1994; *Mohrbutter,* Handbuch des gesamten Vollstreckungs- und Insolvenzrechts, 2. Aufl. 1974; *Paulus,* Zivilprozeßrecht. Erkenntnisverfahren und Zwangsvollstreckung, 1996; *Renkl,* Zwangsvollstreckungs- und Konkursrecht, 1983; *Rosenberg/Gaul/Schilken,* Zwangsvollstreckungsrecht, 14. Aufl. 1986; *Schlosser,* Zivilprozeßrecht II, Zwangsvollstreckungs- und Insolvenzrecht, 1984; *Schrader/Steinert,* Zwangsvollstreckung in das bewegliche Vermögen (Handbuch der Rechtspraxis, Band 1 b), 7. Aufl. 1994; *Schuschke,* Vollstreckungsrecht, 2. Aufl. 1987; *Wenz,* Zwangsvollstreckung – Examenskurs für Referendare, 2. Aufl., 1995; *Wieser,* Grundzüge des Zivilprozeßrechts mit Zwangsvollstreckungs- und Konkursrecht, 1986.

**Monographien, Dissertationen und Aufsätze** (chronologisch): *Gehring,* Rechtsschutzbedürfnis und Vollstreckungsgewalt, Diss. Freiburg 1950; *Goeser,* Generalklauseln in der Zwangsvollstreckung, Diss. Tübingen 1950; *Pieper,* Die materielle Rechtskraft der im Zwangsvollstreckungsverfahren ergehenden Beschlüsse, Diss. Mainz 1953; *Hassler,* Die Berücksichtigung der Art der beizutreibenden Geldforderung bei der Zwangsvollstreckung, Diss. Erlangen 1954; *Kleybolte,* Unser Zwangsvollstreckungswesen, NJW 1954, 1097; *ders.:* Recht gegen Unrecht. Ein Schlußwort, NJW 1955, 1139; *Krauß,* Rechtsstaatlicher Urteilsvollzug, NJW 1954, 1476; *Raisch,* Die Bedeutung des Anspruchsgrundes in der Zwangsvollstreckung, Diss. Heidelberg 1954; *Bohn,* Vollstreckungsausschließende Verträge, Diss. Frankfurt 1955; *ders.:* Zulässigkeit des vereinbarten Vollstreckungsausschlusses, ZZP 1956, 20; *Bull,* Der lange und schwere Weg des Gläubigers zu seinem Gelde, Rpfleger 1958, 364; *Backhaus,* Schutz des guten Glaubens bei Vollstreckungsakten, Diss. Freiburg 1959; *Mager,* Einheitliche Zwangsvollstreckung, DRiZ 1960, 53; *Finke,* Die vollstreckungsbeschränkenden Verträge, Diss. Heidelberg 1962; *Reiners,* Beweisrecht in der Zwangsvollstreckung, Diss. München 1965; *Rothoeft,* Die Bedeutung und Tragweite des Prinzips der Publizität im Vollstreckungsrecht, 1966; *Emmerich,* Zulässigkeit und Wirkungsweise der Vollstreckungsverträge, ZZP 1969, 417; *Schug,* Zur Dogmatik des vollstreckungsrechtlichen Vertrages, Diss. Bonn 1969; *Bähr,* Heilung fehlerhafter Zwangsvollstreckungsakte, KTS 1969, 1; *Henckel,* Prozeßrecht und materielles Recht, 1970; *Böhm,* Ungerechtfertigte Zwangsvollstreckung und materiellrechtliche Ausgleichsansprüche, 1971; *Gaul,* Zur Struktur der Zwangsvollstreckung, Rpfleger 1971, 1, 41, 81; *ders.:* Zulässigkeit und Geltendmachung vertraglicher Vollstreckungsbeschränkung, JuS 1971, 347; *Scherf,* Vollstreckungsverträge, 1971; *Naendrup,* Gläubigerkonkurrenz bei fehlerhaften Zwangsvollstreckungsakten, ZZP 1972, 311; *Hoffmann,* Die Aufgabenverteilung zwischen Vollstreckungsorgan und erkennendem Gericht, Diss. Saarbrücken 1972; *ders.:* Die Prüfung der Partei- und Prozeßfähigkeit im Vollstreckungsverfahren, KTS 1973, 149; *Gaul,* Zur Reform des Zwangsvollstreckungsrechts, JZ 1973, 473; *ders.:* Ungerechtfertigte Zwangsvollstreckung und materielle Ausgleichsansprüche, AcP 1973, 323; *Arens,* Die Prozeßvoraussetzungen in der Zwangsvollstreckung, Festschr. für Schiedermair, 1976, S. 1; *Pawlowski,* Die Wirtschaftlichkeit der Zwangsvollstreckung, ZZP 1977, 345; *Bleckmann,* Zwangsvollstreckung gegen einen fremden Staat, NJW 1978, 1092; *Fahland,* Die Bedeutung des Verhältnismäßigkeitsgrundsatzes im Vollstreckungsrecht, VOP 1981, 328; *Brehm,* Zentralisierung der Zwangsvollstreckung, Rpfleger 1982, 125; *Gerhardt,* Bundesverfassungsgericht, Grundgesetz und Zivilprozeß, speziell: Zwangsvollstreckung, ZZP 1982, 467; *Vollkommer,* Verfassungsmäßigkeit des Vollstreckungszugriffs, Rpfleger 1982, 1; *Arens,* Aktuelle Probleme und neueste Entscheidungen aus dem Recht der Zwangsvollstreckung unter Ausschluß des Konkurses, in: *Gilles,* Effektivität des Rechtsschutzes und verfassungsmäßige Ordnung, 1983, S. 287; *Bittmann,* Treu und Glauben in der Zwangsvollstreckung, ZZP 1984, 32; *Schlosser,* Vollstreckungsrechtliches Prioritätsprinzip und verfassungsrechtlicher Gleichheitssatz, ZZP 1984, 121; *Wieser,* Der Grundsatz der Verhältnismäßigkeit in der Zwangsvollstreckung, ZZP 1985, 50; *ders.:* Der Grundsatz der Geeignetheit in der Zwangsvollstreckung, ZZP 1985, 427; *Stürner,* Prinzipien der Einzelzwangsvollstreckung, ZZP 1986, 291; *Christmann,* Der Gesamtschuldner als Vollstreckungsschuldner, DGVZ 1987, 81; *Münzberg,* Reform der Zwangsvollstreckung in das bewegliche Vermögen, Rpfleger 1987, 269; *Götte,* Zur Wiedereinführung einer Rangfolge der Zwangsvollstreckungsmittel, ZZP 1987, 412; *Roth,* Zwangsvollstreckung gegen prozeßunfähige Schuldner, JZ 1987, 895; *Weyland,* Der Verhältnismäßigkeitsgrundsatz in der Zwangsvollstreckung, 1987; *Wieser,* Der Grundsatz der Erforderlichkeit in der Zwangsvollstreckung, ZZP 1987, 146; *ders.,* Die Dispositionsbefugnis des Vollstreckungsgläubigers, NJW 1988, 665; *ders.,* Der Grundsatz der Verhältnismäßigkeit in der Zwangsvollstreckung, 1989; *Sibben,* Besonderheiten bei der Zwangsvollstreckung aus arbeitsgerichtlichen Titeln, DGVZ 1989, 177; *Seip,* Zwangsvollstreckung in den Ländern der bisherigen DDR, DGVZ 1990, 146; *Wieser,* Die Zwangsvollstreckung als Druckmittel. DGVZ 1990, 177; *Hörmann,* Mechanismen der Beitreibung und Regulierung von Schulden. DGVZ 1991, 81; *Arnold,* Probleme der Zwangsvollstreckung nach der deutschen Einigung; DGVZ 1991, 161 und DGVZ 1992, 20; *Stadlhofer-Wissinger,* Reform des Zwangsvollstreckungsrechts (zusammengestellt für die Vereinigung der Zivilprozeßrechtslehrer). ZZP 1992, 393; *Markwardt,* Vorschläge der Arbeitsgruppe zur Überarbeitung des Zwangsvollstreckungsrechts. DRiZ 1993, 229; *Bauer,* Rechtsvergleichende Untersuchung der Systeme des deutschen und französischen Zwangsvollstreckungsrechts, Diss. Tübingen 1993; *Hintzen,* Taktik in der Zwangsvollstreckung, 2. Aufl. 1993; *Purbs,* Vollstreckung in den Verfahren der Freiwilligen Gerichtsbarkeit, Diss. Hamburg 1994; *Bruckmann,* Überlegungen zu einer Reform des Zwangsvollstreckungsrechts. ZRP 1994, 129; *Kraemer,* Vollstreckungs- und Haftungsschutz im Steuerrecht. 1994; *Strauß,* Nichtigkeit fehlerhafter Akte der Zwangsvollstreckung, Diss. Tübingen 1994; *Sikora/Schwitale,* Zwangsvollstreckung/Pfändung in der Praxis des Jugendamtes. DAVorm 1994, 335; *Smid,* Individualvollstreckung und Insolvenz, JZ 1995, 1150; *Lüke,* Betrachtungen zum Prozeßrechtsverhältnis, ZZP 1995 (Bd. 108), 427; *ders.,* Die Entwicklung der öffentlichen Theorie der Zwangsvollstreckung in Deutschland, Festschr. f. Nakamura, 1996, S. 42; *ders.,* Bausteine des Zwangsvollstreckungsverfahrens, JuS 1996, 185; *Scherer,* Der Parteibegriff in der Zwangsvollstreckung, JR 1996, 45; *Goebel,* Reform des Zwangsvollstreckungsrechts im Spiegel dogmatischer Systemgerechtigkeit – Ausgewählte Probleme des Entwurfs zur 2. Zwangsvollstreckungsnovelle, KTS 1996, 143; *Steder,* Einzelvollstreckung im Konkurs, ZIP 1996, 1072.

**Fallsammlungen:** *Baur/Stürner,* Fälle und Lösungen nach höchstrichterlichen Entscheidungen – Zwangsvollstreckungs-, Konkurs- und Vergleichsrecht, 6. Aufl. 1989; *Behr,* Allgemeines Zwangsvollstreckungsrecht, 2. Aufl. 1996; *Lüke,* Fälle zum Zivilverfahrensrecht, 2. Aufl. 1993 (JuS-Schriftenreihe Heft 68); *ders.,* Zwangsvollstreckungsrecht, Prüfe dein Wissen, 2. Aufl. 1993; *Münzberg/Wagner,* Höchstrichterliche Rechtsprechung zum Zivilprozeßrecht (JuS – Entscheidungen) 1994; *Tempel,* Mustertexte zum Zivilprozeß, Band II, 3. Aufl. 1993.

**Kommentare zu anderen angrenzenden Gesetzen:** *Bassenge/Herbst,* FGG/RPflG, 7. Aufl. 1992; *Bumiller/Winkler,* Freiwillige Gerichtsbarkeit, 6. Aufl. 1995; *Germelmann/Matthes/Prütting,* Arbeitsgerichtsgesetz, 2. Aufl. 1995; *Grunsky,* Arbeitsgerichtsgesetz, Kommentar, 7. Aufl. 1995. *Keidel/Kuntze/Winkler,* Freiwillige Gerichtsbarkeit, Teil A, 13. Aufl. 1992; *Kilger/K. Schmidt,* Konkursordnung, 16. Aufl. 1993; *Koch/Scholtz,* Abgabenordnung AO 1977, 5. Aufl. 1996; *Kuhn/Uhlenbruck,* Konkursordnung, 11. Aufl. 1994.

**I. Anwendungsbereich des 8. Buches der ZPO:** 1. Der Inhalt des 8. Buches geht über die in der Überschrift allein herausgestellte »Zwangsvollstreckung« hinaus: Der 5. Abschnitt (§§ 916–945) regelt das gesamte Arrest- und Verfügungsverfahren, nicht nur die Vollstreckung (– dort Vollziehung genannt –) aus den in diesen Eilverfahren ergangenen Titeln. Entsprechend ist hinsichtlich des Anwendungsbereiches des 8. Buches zu unterscheiden: Während der 5. Abschnitt nur das Verfahren (einschließlich Vollziehung) im Bereich der ordentlichen Gerichtsbarkeit und, über die Verweisung in § 62 Abs. 2 ArbGG, der Arbeitsgerichtsbarkeit anspricht, ist der Anwendungsbereich der der Abschnitte 1–4, die die Zwangsvollstreckung zum Gegenstand haben, weiter: Sie gelten nicht nur für die Zwangsvollstreckung aus zivilgerichtlichen Urteilen einschließlich der Urteile der Arbeitsgerichte (§ 62 Abs. 2 ArbGG) und aus den in § 794 ZPO genannten weiteren nach den Regeln der ZPO zustandegekommenen Titeln, sondern darüberhinaus für die Vollstreckung zahlreicher außerhalb der ZPO geregelter Vollstreckungstitel.[1] Durch Verweisung oder wörtliche Übernahme einzelner Regelungen finden die Vorschriften ferner teilweise Anwendung bei Vollstreckung von Titeln aus dem Bereich der freiwilligen Gerichtsbarkeit,[2] soweit § 33 FGG keine Sonderregelung enthält, von Vollstreckungstiteln aus dem Bereich der Verwaltungsgerichtsbarkeit (§ 167 VwGO), soweit die VwGO in den §§ 169–172 keine Sonderregelungen enthält,[3] von Titeln der Finanz- (§ 151 FGO) und der Sozialgerichte (§ 198 Abs. 1 SGG), ja sogar im Bereich der Abgabenvollstreckung durch die Finanzbehörden (§§ 249 ff. AO).[4] Nicht nach dem 8. Buch der ZPO, auch nicht in entsprechender Anwendung, ist dagegen bei der eigentlichen Verwaltungsvollstreckung (– Vollstreckung der öffentlich-rechtlichen Hoheitsträger aus Verwaltungsakten gegen den Bürger –) vorzugehen. Hier enthalten die Verwaltungsvollstreckungsgesetze des Bundes und der Länder eigenständige Regeln. Besonders geregelt, wenn auch durch weitestgehende Verweisung auf das 8. Buch der ZPO (§ 8 JBeitrO), ist auch die Vollstreckung von Ansprüchen (§ 1 JBeitrO) der Justizbehörden durch die Gerichtskassen als Vollstreckungsbehörden (§ 2 JBeitrO).

2 **II. Einzelzwangsvollstreckung und Gesamtvollstreckung:** Die Zivilprozeßordnung regelt, wenn auch unvollkommen (– da wichtige Teile in das ZVG, aber auch das AnfG ausgegliedert sind –), die Zwangsvollstreckung durch einzelne Gläubiger gegen den aus dem Wirtschaftsleben noch nicht durch Eröffnung des Konkursverfahrens bzw. der Gesamtvollstreckung ausgeschiedenen Schuldner: Jeder Gläubiger, der zuvor einen Vollstreckungstitel erwirkt hat,[5] betreibt – im Grundsatz – unabhängig von den anderen in eigener Verantwortung, wenn auch unter Einschaltung staatlicher Vollstreckungsorgane, die Befriedigung seines titulierten Anspruchs. Im Gegensatz hierzu findet im Konkurs bzw. in der Gesamtvollstreckung eine Gesamtliquidation des Schuldnervermögens durch ein hierzu bestelltes Organ, den Konkursverwalter, (bzw. den Verwalter in der Gesamtvollstreckung ), statt mit dem Ziel der anteiligen gleichmäßigen Befriedigung aller Gläubiger, unabhängig davon, ob sie bereits einen Vollstrek-

---

1 Siehe hierzu den Überblick: vor §§ 704–707 Rdn. 3.
2 Siehe den Überblick bei *Bassenge/Herbst*, § 33 FGG Anm. 6; *Keidel/Kuntze/Winkler*, § 33 FGG Rdn. 6, 7
3 Siehe hierzu: *Rosenberg/Gaul*, § 4 II 1.
4 Soweit die Vorschriften der AO nicht einfach auf die Regelungen der ZPO verweisen, wiederholen sie zum Teil wörtlich deren Regelungen. Die AO enthält allerdings auch abweichende Regelungen, aus denen deutlich wird, daß die Abgabenvollstreckung doch Verwaltungsvollstreckung ist; vergl. den kurzen Überblick bei *Rosenberg/Gaul*, § 4 II 3; siehe ferner die ausführliche Kommentierung der eigenständigen Regelungen der AO bei: *Koch/Scholtz*, §§ 249 ff. AO 1977.
5 Zur Notwendigkeit eines Vollstreckungstitels als Grundlage der Einzelzwangsvollstreckung siehe im einzelnen die Ausführungen in der Vorbem. vor §§ 704–707 ZPO, insbesondere dort Rn. 1.

kungstitel erwirkt haben oder nicht. Ein bereits vorhandener, aber noch nicht vollstreckter Titel gewährt während des Konkursverfahrens noch nicht einmal Vorteile (§ 61 KO). Während der Dauer des Konkursverfahrens ist keine Zwangsvollstreckung einzelner Gläubiger des Gemeinschuldners in die Konkursmasse oder in das sonstige Vermögen des Gemeinschuldners möglich (§ 14 KO[6]). Erst nach Beendigung des Konkursverfahrens kann wieder zur Einzelzwangsvollstreckung gegen den Schuldner übergegangen werden (§ 164 KO[7]). Nach Eröffnung der Gesamtvollstreckung verlieren sogar bereits eingeleitete Vollstreckungsmaßnahmen, z. B also eine zunächst wirksam ausgebrachte Pfändung, ihre Wirksamkeit, soweit die Vollstreckung noch nicht beendet war (§ 7 Abs.3 GesO)[8]

III. Die Zwangsvollstreckung nach dem 8. Buch der ZPO, d. h. die zwangsweise Befriedigung oder Sicherung eines titulierten Anspruchs durch Einschaltung der staatlichen Vollstreckungsorgane ist ein Vorgang des **öffentlichen Rechts,**[9] wenn auch die Wirkungen des Vollstreckungszugriffs teilweise privatrechtlicher Natur sind.[10] Die staatlichen Vollstreckungsorgane handeln demgemäß nicht im (– privatrechtlichen –) Auftrag des Gläubigers, wenn die ZPO auch teilweise diesen Terminus noch benutzt (so in § 753), sondern werden auf Antrag des Gläubigers in Ausübung der staatlichen Vollstreckungsgewalt kraft eigenen Rechts tätig. Die Zwangsvollstreckung als hoheitliches Handeln gegenüber dem Schuldner als betroffenem Bürger unterliegt damit auch allen **verfassungsmäßigen Schranken**, die Eingriffen des Staates in die Sphäre, insbesondere in die Grundrechte, des Bürgers gesetzt sind.[11] Vor allem ist im Vollstreckungsverfahren auch der für alles staatliche Handeln gegenüber dem Bürger geltende Grundsatz der Verhältnismäßigkeit zu beachten.[12] Er bedeutet allerdings nicht, daß etwa geringfügige Forderungen des Gläubigers nicht mit staatlichen Zwangsmitteln durchgesetzt werden könnten und deshalb praktisch zu Naturalobligationen verkümmerten, weil die Vermögensinteressen des Gläubigers geringer zu werten seien als die dem Schuldner durch staatliche Zwangsmaßnahmen drohenden Beschränkungen.[13] Führt aber im Einzelfall eine Abwägung zwischen den widerstreitenden Interessen von Schuldner und Gläubiger zu dem Ergebnis, daß die der Zwangsvollstreckung entgegenstehenden, unmittelbar der Erhaltung von Leben und Gesundheit dienenden Interessen des Schuldners ersichtlich wesentlich schwerer wiegen als diejenigen Belange,

---

6 Ab 1.1.1999: § 89 InsO
7 Ab 1.1.1999: §§ 201, 202 InsO.
8 BGH, NJW 1995, 1159 mit Anm. von *Walker* in WuB Vi G. GesO 1.95 und Anm. von *K. Schmidt* in JuS 1995, 649; siehe ferner die ausführliche Besprechung der Entscheidung durch *Lohkemper*, KTS 1996, 221. Eine ähnliche, allerdings zeitlich auf einen Monat begrenzte Rückschlagsperre sieht künftig § 88 InsO vor.
9 Heute unbestrittene allgem. Meinung; beispielhaft: *Lüke*, ZZP 1995, 434; *Brox/Walker*, Rdn. 1; *Bruns/Peters*, § 1 IV 1; *Rosenberg/Gaul*, § 1 III 1; *Stein/Jonas/Münzberg*, vor § 704 Rdn. 16; siehe auch: BGHZ 93, 287.
10 Zum Streit um die Rechtsnatur des Pfändungspfandrechts siehe: vor §§ 803, 804 Rdn. 10 ff.
11 Einzelheiten: *Gerhardt*, ZZP 1982, 467; *Rosenberg/Gaul*, § 3 I; *Stürner*, ZZP 1986, 291; *Vollkommer*, Rpfleger 1982, 1; siehe ferner: BVerfGE 26, 215; 31, 275; 42, 263; 52, 214.
12 Siehe die Zusammenfassung des Meinungsstandes bei *Wieser*, Der Grundsatz der Verhältnismäßigkeit in der Zwangsvollstreckung, Köln 1989, S. 7 ff.
13 Siehe hierzu auch: vor §§ 753–763 Rdn. 4 sowie § 765 a Rdn. 1.

deren Wahrung und Durchsetzung die staatliche Vollstreckungsmaßnahme dienen soll, so kann der staatliche Vollstreckungseingriff verfassungswidrig und damit unzulässig sein.[14]

Das Rechtsstaatsprinzip des Art. 20 Abs.3 GG kann es in krassen Einzelfällen auch einmal verbieten, einen bestandskräftigen Titel überhaupt zu vollstrecken, wenn nämlich auch der Schutz der Rechtskraft eine Mitwirkung des Staates an der Durchsetzung offensichtlichen Unrechts nicht zu rechtfertigen vermag.[15]

Zu den Besonderheiten im Hinblick auf die Beachtung des Verfassungsanspruchs auf rechtliches Gehör im Vollstreckungsverfahren siehe unten Rdn. 10.

**4** IV. Die Zuordnung des Vollstreckungsrechts zum öffentlichen Recht allein ist nicht ausreichend. Das Zwangsvollstreckungsrecht ist **Zivilverfahrensrecht**,[16] und zwar Recht der streitigen Gerichtsbarkeit. Das gilt nicht nur für die zahlreichen im 8. Buch geregelten besonderen Klagen (etwa §§ 731, 767, 768, 771, 805, 878 ZPO), die das Vollstreckungsverfahren begleiten können, sondern auch für die eigentliche Zwangsvollstreckung selbst. Deshalb ist, soweit sich aus den besonderen Verfahrensregeln des 8. Buches nicht Abweichendes ergibt, durchaus auf die allgemeinen Grundsätze der ZPO zurückzugreifen: So müssen Gläubiger wie Schuldner als Beteiligte des Vollstreckungsverfahrens gleichermaßen **parteifähig** sein;[17] es gilt § 50 ZPO. Der Gläubiger als der die Zwangsvollstreckung aktiv betreibende Teil muß auch **prozeßfähig** sein; für den nichtprozeßfähigen Gläubiger muß also stets der gesetzliche Vertreter tätig werden. Gleiches gilt aber auch für den Schuldner, soweit ihm gegenüber prozeßrechtliche Akte vorzunehmen sind (z. B. Zustellungen, Verhängung von Ordnungsmitteln, Verhaftung) oder soweit er im Vollstreckungsverfahren selbst aktiv werden muß (Abgabe der eidesstattlichen Versicherung, Einlegung der Erinnerung oder sofortigen Beschwerde, Anhörung zu Behauptungen des Gläubigers).[18] Aber auch dann, wenn gegenüber dem Schuldner nur Handlungen tatsächlicher Art vorzunehmen sind (Wegnahme eines Gegenstandes), muß der Schuldner prozeßfähig sein oder aber sein gesetzlicher Vertreter hinzugezogen werden.[19] Denn nur der Vertreter kann die Ordnungsgemäßheit der Handlung beurteilen und anhand dieser Beurteilung entscheiden, ob Rechtsbehelfe eingelegt werden sollen.[20] Sind gegenüber einem Gericht Erklärungen abzugeben, für die die Vertretung durch Anwälte geboten ist, gilt dies auch für die Zwangsvollstreckung (z. B. Anwaltszwang für Ordnungsmittelanträge an das Landgericht gem. § 890 ZPO[21]). Auch die **Prozeßführungsbefugnis** spielt im Vollstreckungsverfahren insofern eine Rolle, als als Gläubiger grundsätzlich nur derjenige die Vollstreckung betreiben kann, ohne sich einer Klage aus § 767 ZPO auszusetzen,

---

14 BVerfGE 44, 353; 51, 324; 52, 214.
15 Einzelheiten unten Rdn. 8 sowie Anh. zu § 767 ZPO; siehe ferner BVerfG, NJW-RR 1993, 232.
16 Siehe auch *Rosenberg/Gaul*, § 2 II und § 5 III.
17 *Brox/Walker*, Rdn. 22.
18 *Baumann/Brehm*, § 9 II 2 b; *Baur/Stürner*, Rdn. 12.10; *Brox/Walker*, Rdn. 25; *Jauernig*, § 1 VII; *Rosenberg/Gaul*, § 23 II 5 a; *Stein/Jonas/Münzberg*, vor § 704 Rdn. 79.
19 Aufgabe der Ansicht des Verfassers in: Vollstreckungsrecht, 2. Aufl. S. 11.
20 So die ganz h. M.; a. A. nur *Baumbach/Lauterbach/Hartmann*, Grundz § 704 Rdn. 40; *Thomas/Putzo*, Vorbem. § 704 Rdn. 43.
21 Siehe hierzu § 890 Rdn. 9, 20.

der auch Inhaber des titulierten Anspruchs ist. Eine der gewillkürten Prozeßstandschaft entsprechende »Vollstreckungsstandschaft« ist der ZPO fremd.[22] Dagegen gilt eine gesetzliche Prozeßstandschaft, solange sie besteht, im Vollstreckungsverfahren fort.

**V. Parteiherrschaft im Vollstreckungsverfahren:** 1. Der Gläubiger ist insofern der Herr des Vollstreckungsverfahrens, als er es grundsätzlich durch seinen **Antrag** einleitet und auch jederzeit durch Rücknahme seines Antrages beenden kann. Zur Rücknahme seines Antrages bedarf er – anders als im Erkenntnisverfahren – in keinem Stadium des Verfahrens der Zustimmung des Schuldners. Der Gläubiger ist weiterhin Herr des Verfahrens auch insoweit, als er nicht genötigt ist, den gesamten titulierten Anspruch zu vollstrecken, sondern seinen Antrag auf einen Teil des Anspruchs beschränken kann. Im Rahmen der Zwangsvollstreckung wegen Geldforderungen ist es darüberhinaus allein seine Entscheidung, ob er in das bewegliche Vermögen, in Forderungen und sonstige Rechte oder in das unbewegliche Vermögen vollstrecken läßt. Er bestimmt dies allein durch seinen Antrag an das zuständige Vollstreckungsorgan, ohne etwa an eine bestimmte Reihenfolge der Zwangsvollstreckungsmittel gebunden zu sein. Vereinzelte Tendenzen, über den Verhältnismäßigkeitsgrundsatz doch zu einer gewissen Rangfolge zu kommen und jedenfalls Grundbesitz zu privilegieren, sind abzulehnen.[23] Es steht dem Schuldner frei, durch freiwillige Zahlung den ihm unliebsamen Zugriff auf bestimmte Vermögensteile abzuwenden. Der Schuldner kann überhaupt die Zwangsvollstreckung jederzeit dadurch beenden, daß er die geschuldete Leistung erbringt; der Gläubiger kann die Leistung nicht deshalb ablehnen, weil der Schuldner nicht zum Zwecke der Erfüllung, sondern ausdrücklich nur zur Abwendung der Zwangsvollstreckung leisten will.[24]

2. Die Parteien sind darüberhinaus auch insoweit gemeinsam Herren des Verfahrens, als sie in gewissem Rahmen **Vollstreckungsvereinbarungen** treffen können, die das Verfahren wirksam beeinflussen können.[25] Unproblematisch sind insoweit Vereinbarungen, durch die Gläubiger und Schuldner übereinkommen, eine Zwangsvollstreckung solle ausgeschlossen sein, es solle allein bei freiwilligen Leistungen des Schuldners verbleiben.[26] Ebenso unproblematisch sind Vereinbarungen, daß der Gläubiger nicht alle nach dem Titel und den gesetzlichen Verfahrensvorschriften gegebenen Möglichkeiten ausschöpfen können soll (z. B. Vollstreckung nur in bestimmte oder gerade nicht in bestimmte Gegenstände, Vollstreckung nicht vor einem bestimmten Zeitablauf u. ä.).[27] Dagegen sind vorherige vollstreckungserweiternde Abreden zu Lasten des

---

22 BGH, NJW 1985, 80; Einzelheiten siehe § 767 Rdn. 21.
23 *Götte*, ZZP 1987, 412.
24 Siehe auch § 754 Rdn. 3, 9.
25 Siehe hierzu insbesondere: *Emmerich*, ZZP 1969, 417; *Gaul*, JuS 1971, 347; *Scherf*, Vollstreckungsverträge, Köln, 1971.
26 BGH, JZ 1955, 613; NJW 1968, 700 und WM 1991, 1099; siehe auch: *Brox/Walker*, Rdn. 202.
27 Zur Frage, wie der Schuldner die Verletzung derartiger Vereinbarungen im Verfahren geltend machen kann, siehe § 766 Rdn. 9 und § 767 Rdn. 24.

Schuldners (Möglichkeit, auch in unpfändbare Gegenstände vollstrecken zu können; Verzicht auf den Pfändungsschutz zur Nachtzeit; u. ä.) grundsätzlich unzulässig und nichtig.[28] Dies schließt aber nicht aus, daß der Schuldner im Einzelfall bei der konkreten Vollstreckung auf Pfändungsschutz verzichtet (z. B. ausdrücklich der Pfändung eines an sich unpfändbaren Gegenstandes zustimmt)[29] oder einfach gegen eine seinen gesetzlichen Schutz mißachtende Vollstreckungsmaßnahme keinen Rechtsbehelf einlegt.[30] Daß vollstreckungserweiternde Vereinbarungen zu Lasten des Schuldners ausgeschlossen sind, hat seinen Grund zum einen darin, daß die Mehrzahl der Schuldnerschutzvorschriften auch öffentlichen Belangen dient (z. B. der Entlastung der Sozialhilfe), zum anderen aber darin, daß ansonsten in vorformulierten Verträgen oder Allgemeinen Geschäftsbedingungen der Schuldnerschutz weitgehend ausgeschlossen würde und in der Praxis leerliefe. Schließlich wären die Vollstreckungsorgane auch gar nicht in der Lage, die Wirksamkeit solcher Vereinbarungen sicher zu beurteilen. Die gesamte Zwangsvollstreckung wäre mit erheblichen Unsicherheiten belastet.

7   Vollstreckungsvereinbarungen über zwingende Verfahrensvoraussetzungen und die zwingenden Formen des Vollstreckungsablaufs sind nicht möglich und binden die Vollstreckungsorgane in keiner Weise. So können die Parteien nicht vereinbaren, daß die Zwangsvollstreckung auch ohne Titel stattfinden solle[31] oder daß nach Erlöschen der titulierten Forderung der Titel auch eine andere, bisher nichttitulierte Forderung umfassen solle. Ebensowenig können die Parteien wirksam auf das Erfordernis einer Vollstreckungsklausel verzichten oder auf das Anlegen von Pfandsiegeln bei der Pfändung beweglicher Sachen. Das Verfahren selbst ist insoweit nämlich allein Ausfluß der staatlichen Vollstreckungsmacht. Es ist im öffentlichen Interesse konzipiert und damit der Parteiherrschaft ganz entzogen.

8   **VI. Vollstreckungsverfahren und Erkenntnisverfahren:** Vollstreckungsverfahren und Erkenntnisverfahren sind im deutschen Recht streng voneinander getrennt.[32] Zunächst muß schon nicht jedem Titel ein Erkenntnisverfahren vorausgehen (Prozeßvergleiche ohne streitige Verhandlung; vollstreckbare Urkunden; Anwaltsvergleiche gem. § 1044 b ZPO; Beschlüsse ohne mündliche Verhandlung). Ist aber der Titel Ergebnis eines Erkenntnisverfahrens, so können Mängel dieses Verfahrens nur mit den jeweiligen Rechtsmitteln, nicht aber im nachfolgenden Vollstreckungsverfahren geltend gemacht werden. Ist das Verfahren rechtskräftig abgeschlossen, so muß sein Ergebnis hingenommen werden, auch wenn es verfahrensfehlerhaft zustandegekommen sein oder inhaltlich nicht dem materiellen Recht entsprechen sollte, es sei denn, die Voraussetzungen der Wiederaufnahme (§§ 578 ff. ZPO) liegen ausnahmsweise vor oder der Schuldner kann im Einzelfall den recht problematischen Schadensersatzanspruch aus § 826 BGB auf Unterlassung der weiteren Ausnutzung des Titels[33] geltend machen.

---

28 *Baur/Stürner*, Rdn. 10.3; *Brox/Walker*, Rdn. 203; *Stein/Jonas/Münzberg*, vor § 704 Rdn. 100 ff.; siehe ferner: § 811 Rdn. 7.
29 Einzelheiten: § 811 Rdn. 9.
30 Zur Wirksamkeit derartiger Vollstreckungsmaßnahmen siehe: vor §§ 803, 804 Rdn. 6 und 14.
31 Siehe auch: vor §§ 704–707 Rdn. 1.
32 Vergl. hierzu auch *Rosenberg/Gaul*, § 5 I.
33 Einzelheiten siehe im Anh. zu § 767.

Im Vollstreckungsverfahren aber können Mängel aus dem Erkenntnisverfahren durch die Vollstreckungsorgane nie berücksichtigt werden. Das gilt auch dann uneingeschränkt, wenn wie in den Fällen der §§ 887, 888, 890 ZPO ausnahmsweise das Prozeßgericht selbst das Vollstreckungsorgan ist, erst recht natürlich, wenn die Vollstreckung durch den Gerichtsvollzieher, das durch den Rechtspfleger repräsentierte Vollstreckungsgericht oder das Grundbuchamt erfolgt[34]. Dem steht auch das Rechtsstaatsprinzip des Art. 20 Abs.3 GG nicht entgegen. Der Schutz der Rechtssicherheit durch die Rechtskraft hat im Rahmen der Gewährleistung des Rechtsstaates regelmäßig gleich hohen Rang wie die Forderung nach absoluter Gerechtigkeit im Einzelfall.[35]

Soweit erst nach Abschluß des Erkenntnisverfahrens materiellrechtliche Einwendungen gegen den titulierten Anspruch entstehen, die im Erkenntnisverfahren objektiv nicht geltend gemacht werden konnten[36], sind diese Einwendungen ebenfalls im Vollstreckungsverfahren selbst ausgeschlossen. Die Vollstreckungsorgane haben stets nur die formellen Voraussetzungen für ihr Tätigwerden, nicht aber die materiellrechtliche Berechtigung des Gläubigers, den Schuldner in Anspruch nehmen zu dürfen, zu überprüfen. Um dem Schuldner dennoch Rechtsschutz vor ungerechtfertigter Inanspruchnahme zu gewähren, ermöglicht die ZPO mit der Vollstreckungsabwehrklage gem. § 767 ZPO ein neues, allerdings inhaltlich beschränktes Erkenntnisverfahren außerhalb des Vollstreckungsverfahrens. Es ist vor seinem Abschluß mit dem Vollstreckungsverfahren nur insoweit verzahnt, als das Prozeßgericht die Möglichkeit hat, durch einstweilige Anordnungen vorläufig in das Vollstreckungsverfahren einzugreifen, um seine spätere Sachentscheidung nicht von vornherein leerlaufen zu lassen.

**VII. Besonderheiten zum Anspruch auf rechtliches Gehör im Vollstreckungsverfahren (Art. 103 Abs. 1 GG):** Da das Vollstreckungsverfahren nach dem 8. Buch der ZPO ein gerichtliches Verfahren ist, besteht grundsätzlich ein verfassungsmäßiger Anspruch des Schuldners auf rechtliches Gehör, bevor eine Entscheidung oder gerichtliche Maßnahme gegen ihn ergeht. Dieser Grundsatz bedarf jedoch einer einschränkenden Modifizierung, wo die vorherige Anhörung des Schuldners zu einer Gefährdung der Zwangsvollstreckung führen müßte. Es ist mit dem Grundgesetz vereinbar, daß die Gelegenheit zum rechtlichen Gehör der Maßnahme erst unverzüglich nachfolgt, wenn ansonsten der Zweck der gerichtlichen Maßnahme gefährdet würde und wenn im nachfolgenden Verfahren sichergestellt ist, daß die Maßnahme nicht zu irreparablen Schäden beim Betroffenen führen und daß sie, wenn die nachfolgende Anhörung ihre Nichtberechtigung ergibt, unverzüglich wieder aufgehoben werden kann.[37] Deshalb sieht die ZPO vor, daß der Schuldner vor der Pfändung von Forderungen nicht zu hören ist, damit er nicht noch schnell über sie zu Lasten des Gläubigers verfügen kann. Auch zur Vorbereitung einer Sachpfändung erscheint eine vorherige Anhörung des Schuldners, die ihn nur dazu veranlassen kann, noch Vermögensgegenstände zu verheimlichen, nicht angezeigt. Gleiches gilt vor Eröffnung des Zwangsversteigerungsverfahrens und vor Eintragung einer Zwangshypothek. Hier

---

34 OLG München, FamRZ 1992, 1207.
35 BVerfGE 15, 319; 60, 267; BVerfG, NJW-RR 1993, 232.
36 Einzelheiten zur sog. Präklusion materiellrechtlicher Einwendungen siehe: § 767 Rdn. 29–33.
37 BVerfGE 18, 399; 51, 97; 57, 346.

*Allgemeine Vorbemerkungen*

muß der Gläubiger vor vorrangigen Verfügungen über das Grundstück geschützt werden. In allen diesen Fällen verlöre der Vollstreckungszugriff den notwendigen Überraschungseffekt. Die Rechte des Schuldners sind in diesen Fällen ausreichend dadurch gewahrt, daß der Schuldner sogleich nach Durchführung der Pfändung Erinnerung einlegen kann und daß die Pfändung oder sonstige Beschlagnahme zunächst nur zu einer Sicherung des Gläubigers, nicht aber zu einem endgültigen Rechtsverlust auf Seiten des Schuldners führt. Die Möglichkeit sofortiger einstweiliger Anordnungen auf den Rechtsbehelf des Schuldners hin gewährleistet eine weitere Sicherung des Schuldners.

**11**  In allen anderen Fällen ist dem Schuldner zunächst rechtliches Gehör vor der Entscheidung einzuräumen, damit er den Sachverhalt aus seiner Sicht darlegen kann und damit das Gericht die Möglichkeit einer Interessenabwägung erhält. Äußert der Schuldner sich nicht, so gilt zwar nicht uneingeschränkt § 138 Abs. 3 ZPO, jedoch kann in den meisten Fällen ohne weitere Amtsermittlung davon ausgegangen werden, daß der Schuldner keinen für ihn günstigeren Sachverhalt vortragen kann.

**12**  Eine unter Verletzung des Anspruchs auf rechtliches Gehör ergangene Entscheidung ist nicht nichtig, sondern nur anfechtbar. Der Mangel wird, sobald der Schuldner im Rahmen der Anfechtung rechtliches Gehör erhält, rückwirkend geheilt. Die Kosten eines Erinnerungs- oder Beschwerdeverfahrens, das durchgeführt werden muß, um rechtliches Gehör zu erhalten, können im Einzelfall den voreiligen Gläubiger treffen, auch wenn sich das Verfahren nach Anhörung erledigt.

**13**  **VIII. Das Vollstreckungsverhältnis als besonderes Schuldverhältnis zwischen den Beteiligten: 1.** Durch den Vollstreckungsantrag allein wird zwischen dem Gläubiger und dem Schuldner noch **kein** Schuldverhältnis derart begründet, daß der Gläubiger für alle fahrlässig beim Schuldner verursachten Schäden aufzukommen habe, die auf Vollstreckungsmaßnahmen, die sich später als nicht beständig erweisen, zurückzuführen sind. Insbesondere haftet der Gläubiger nicht für jedes Verhalten der Vollstreckungsorgane.[38] Soweit der Gläubiger voreilig vollstreckt und sich sein Titel nachträglich als nicht beständig erweist, enthält § 717 ZPO eine Spezialregelung. Soweit der Gläubiger im übrigen durch Zwangsvollstreckung zu Lasten des Schuldners etwas erhält, was ihm materiellrechtlich nicht gebührt, ist er in der Regel nur zur Herausgabe nach Bereicherungsrecht verpflichtet.[39]

Übernimmt der Gläubiger durch Absprache mit dem Schuldner, etwa durch Vollstreckungsvereinbarung, über den gesetzlichen Rahmen hinausgehende weitergehende Verpflichtungen, so wird hierdurch allerdings ein Schuldverhältnis begründet, aus dem der Gläubiger für die Folgen der Schlecht- oder Nichterfüllung einzustehen hat. So ist der Gläubiger, der es übernommen hat, das Vollstreckungsgericht von zwischenzeitlich erfolgten freiwilligen Zahlungen des Schuldners zu unterrichten und der dieser Verpflichtung schuldhaft (– es gilt hier auch § 278 BGB, etwa im Hinblick auf den eingeschalteten Rechtsanwalt –) nicht nachgekommen ist, dem Schuldner zum Ersatz der

---

38 Siehe insbesondere: vor §§ 753–763 Rdn. 3.
39 Siehe: vor §§ 765 a–777 Rdn. 9.

Schäden verpflichtet, die dieser dadurch erleidet, daß das Verfahren auf Abgabe der eidesstattlichen Versicherung fortgesetzt wird.[40]

2. Zwischen dem Gläubiger und Dritten, auf deren Vermögen der Gläubiger im Zuge der Vollstreckung gegen den Schuldner irrtümlich zugreift, wird mit der Beschlagnahme ein gesetzliches Schuldverhältnis begründet, das den Gläubiger verpflichtet, allen Hinweisen, daß der beschlagnahmte Gegenstand nicht zum Schuldnervermögen gehöre, sorgfältig nachzugehen.[41] Kommt er dieser Verpflichtung schuldhaft nicht nach, ist er zum Schadensersatz verpflichtet. Auch in diesem Rahmen gilt § 278 BGB. Werden im übrigen Dritte von der Zwangsvollstreckung gegen den Schuldner betroffen, haben sie Ersatzansprüche gegen den Gläubiger nur, wenn ausnahmsweise die Voraussetzungen des § 823 BGB vorliegen. Soweit sie durch Amtspflichtverletzungen der Vollstreckungsorgane Schaden erleiden, sind Ersatzansprüche aus Art. 34 GG i. V. mit § 839 BGB gegeben. Ersatzansprüche gegen den Schuldner bestehen nur, wenn zu diesem bereits vor der Vollstreckung eine Sonderrechtsbeziehung bestand (etwa Miete, Leihe, Verwahrung im Hinblick auf den von der Vollstreckung erfaßten Gegenstand) und Verpflichtungen aus diesem Rechtsverhältnis verletzt wurden.[42]

**IX. Gebühren und Kosten – Prozeßkostenhilfe: 1. Vollstreckungsorgane:** Für die Gebühren und Auslagen des Vollstreckungsgerichts ist das **GKG** maßgeblich, nicht etwa die KostO, da die Zwangsvollstreckung der streitigen Gerichtsbarkeit zugeordnet ist. Gebührentatbestände finden sich insbesondere in den Nrn. 1149–1153 und 1500–1571 des Kostenverzeichnisses. Für die Kosten des in der Zwangsvollstreckung tätigen Gerichtsvollziehers gilt das Gesetz über die Kosten der Gerichtsvollzieher (GvKostG) vom 26. 7. 1957.[43] Für die Gebühren des Grundbuchamtes als Vollstreckungsorgan gelten die §§ 60 ff. KostO.

2. Die Gebühren des **Rechtsanwaltes** für die Mitwirkung am Zwangsvollstreckungsverfahren auf Seiten des Gläubigers oder des Schuldners bestimmen sich nach den §§ 57–60 BRAGO.[44] Wirkt der Rechtsanwalt an einem der im 8. Buch geregelten Klageverfahren (z. B. §§ 731, 767, 768, 771, 805, 878 ZPO) mit, gelten die allgemeinen Regeln der §§ 31 ff. BRAGO.

3. Die für das Verfahren auf Erlangung des Titels bewilligte **Prozeßkostenhilfe** wirkt nicht automatisch fort in der Zwangsvollstreckung. Es wäre auch unzulässig, bereits

---

[40] BGH, MDR 1985, 486.
[41] Einzelheiten: Anh. § 771 Rdn. 5; kritisch zu dieser Konstruktion auch *Lüke*, ZZP 1995, 452.
[42] Einzelheiten: Anh. § 771 Rdn. 9–11.
[43] Siehe auch: vor §§ 753–763 Rdn. 8.
[44] Einzelheiten sind in der Kommentierung der einzelnen Vollstreckungsabschnitte dargestellt.

im Erkenntnisverfahren die Prozeßkostenhilfe für die Zwangsvollstreckung schlechthin mitzubewilligen.[45] Die Prozeßkostenhilfe für die Zwangsvollstreckung muß vor dem einzelnen die Kosten auslösenden Verfahrensabschnitt jeweils neu beantragt werden.[46] Ihre Notwendigkeit wird dann nach den allgemeinen Regeln geprüft. Insbesondere ist auch § 115 Abs. 3 ZPO jeweils neu zu beachten. Zuständig für die Bewilligung der Prozeßkostenhilfe in der Zwangsvollstreckung ist das Vollstreckungsgericht (dort: der Rechtspfleger), soweit nicht ausnahmsweise das Prozeßgericht Vollstreckungsorgan ist. Der im Entwurf einer 2. Zwangsvollstreckungsnovelle (BT-Drucks. 13/341) neu vorgesehene § 119 Abs. 2 ZPO besagt, daß künftig die Prozeßkostenhilfe für alle Formen der Zwangsvollstreckung in das bewegliche Vermögen einschließlich des Verfahrens auf Abgabe der eidesstattlichen Versicherung einheitlich zu bewilligen sei. Damit erstreckt sich im Interesse der Verfahrenserleichterung und -beschleunigung die Prozeßkostenhilfe künftig u.U. auch auf unnötige und von vornherein aussichtslose Vollstreckungsversuche.

---

45 Wie hier: *Baumbach/Lauterbach/Hartmann*, § 119 Rdn. 50 Stichwort »Zwangsvollstreckung«; *Behr/Hantke*, Rpfleger 1981, 265; *Bobenhausen*, Rpfleger 1984, 397; MüKo/*Wax*, § 119 Rdn. 29; *Rosenberg/Gaul*, § 46 I 1; *Thomas/Putzo*, § 119 Rdn.10; *Zimmermann*, § 119 Rdn. 2; *Zöller/Philippi*, § 119 Rdn. 33.

46 Wie hier: *Behr/Hantke*, Rpfleger 1981, 265; *Bobenhausen*, Rpfleger 1984, 397; *Maurer*, FamRZ 1989, 245; *Meyer/Stolte*, Rpfleger 1985, 39; MüKo/*Wax*, § 119 Rdn. 30 (allerdings für Ausnahmen von diesem Grundsatz dann, wenn die Bewilligung für jeden Einzelabschnitt gesondert zu unbilligen Ergebnissen führen würde; a.a.O. Rdn. 31-33); *Rosenberg/Gaul*, § 46 I 1; *Thomas/Putzo*, § 119 Rdn.10; *Zimmermann*, § 119 Rdn. 2; *Zöller/Philippi*, § 119 Rdn. 33; LG Bielefeld, Rpfleger 1987, 210; LG Deggendorf, Rpfleger 1988, 334; LG Heilbronn, Rpfleger 1993, 26; LG Münster, MDR 1994, 1254; a. A. (Bewilligung für die Zwangsvollstreckung schlechthin möglich): *Baumbach/Lauterbach/Hartmann*, § 119 Rdn. 51; *Brüggemann*, DAV 1987, 238; LG Krefeld, Rpfleger 1988, 156; LG Duisburg, DAV 1990, 1144; OLG Oldenburg, Rpfleger 1994, 116.

# Erster Abschnitt. Allgemeine Vorschriften

**Vor §§ 704–707: Der Vollstreckungstitel als Grundlage der Zwangsvollstreckung.**

Literatur: *Bauer,* Die Berichtigung von Schuldtiteln in der Zwangsvollstreckung, JurBüro 1962, 592; *ders.*: Unwesentlich unrichtige Benennung des Schuldners im Schuldtitel, JurBüro 1967, 961; *Berner,* Schuldtitel über zahlenmäßig unbestimmte Ansprüche, insbesondere über Lohnbruchteile, Rpfleger 1960, 79; *Biede,* Anlagen zum Schuldtitel, DGVZ 1974, 154; *Bornhaupt,* Entstehung, Geltendmachung, Verzinsung und Verjährung des Kostenerstattungsanspruchs, BB 1974, 876; *Christmann,* Der Gesamtschuldner als Vollstreckungsschuldner, DGVZ 1987, 81; *Endlich,* Auslegung von Vollstreckungstiteln, Diss. Heidelberg 1953; *Gerhardt,* Die Vollstreckung aus dem Vertrage zugunsten Dritter, JZ 1969, 691; *Haberkorn,* Nettolohn- oder Bruttolohnurteile, NJW 1956, 1743; *Honsel,* Die Räumungsvollstreckung gegen Personenmehrheiten, 1992; *Ide,* Zur Zulässigkeit und zum Umfang sog. »Bruttolohn«-Urteile, DB 1968, 803; *Lohkemper,* Die Zwangsvollstreckung während der Sequestration und in einem vorläufigen Insolvenzverfahren, ZIP 1995, 1641; *Noack,* Der Konkurseröffnungsbeschluß als vollstreckbarer Titel, KTS 1955, 170; *Sander,* Der Verbrauch des Vollstreckungstitels, JurBüro 1955, 243; *Schumacher,* Vollstreckungsbedenken gegen Bruttolohnurteile, ZZP 1957, 300; *Schumacher,* Unwirksame gerichtliche Vollstreckungstitel, ZZP 1961, 83; *Stein,* Nettolohn- oder Bruttolohnurteile, NJW 1957, 331; *Wieser,* Die Vollstreckbarkeit im weiteren Sinn, ZZP 1989, 251.

Literatur zu den einzelnen Titeln des § 794 ZPO siehe dort.

**I. Der Vollstreckungstitel als notwendige Voraussetzung der Zwangsvollstreckung:** 1
Grundsätzlich kann die Zwangsvollstreckung nur aufgrund eines zur Vollstreckung geeigneten Titels betrieben werden. Da es bei der Zwangsvollstreckung um hoheitliche Eingriffe in private Rechte geht,[1] kann es nicht dem Belieben der Parteien überlassen werden, irgendwelche Urkunden als Vollstreckungstitel zu vereinbaren, es bedarf vielmehr der gesetzlichen Festlegung, aus welchen Urkunden die Zwangsvollstreckung möglich sein soll. Werden aus anderen Urkunden, die nach keiner gesetzlichen Definition als Titel geeignet sind, Vollstreckungsmaßnahmen eingeleitet, so sind diese von Anfang an nichtig, nicht nur anfechtbar. Ist etwa aufgrund einer derartigen Urkunde die Zwangsvollstreckung wegen einer Geldforderung durch Pfändung betrieben worden, ist das Vollstreckungsobjekt weder verstrickt noch mit einem Pfandrecht belastet.[2] Ob eine vorgelegte Urkunde ein Titel ist, ist von allen damit befaßten Organen in jedem Stadium, also auch schon bei der Klauselerteilung,[3] von amtswegen zu beachten. Erkennt ein Vollstreckungsorgan später, daß es ohne Vollstreckungstitel tätig geworden ist, hat es den Schein der wirksamen Vollstreckung von amtswegen, also nicht erst auf einen Rechtsbehelf hin, aufzuheben, etwa durch Ablösung des Pfandsiegels oder Auf-

---

1 Siehe auch: Allgem. Vorbem. Rdn. 3.
2 Siehe auch: vor §§ 803, 804 Rdn. 5.
3 Siehe auch: vor §§ 724–734 Rdn. 9.

hebung eines Pfändungsbeschlusses. In wenigen abschließend normierten Fällen läßt das Gesetz ausnahmsweise die Beitreibung einer privaten Schuld durch ein staatliches Vollstreckungsorgan auch ohne einen Titel zu, der das Beizutreibende als geschuldet ausweist. Der wichtigste dieser Ausnahmefälle ist § 788 ZPO.[4] Der ursprüngliche Titel bezeichnet die Vollstreckungskosten noch nicht. Es bedarf auch keines nachträglichen gerichtlichen Festsetzungsbeschlusses,[5] sondern lediglich des privaten Nachweises durch den Gläubiger gegenüber dem Gerichtsvollzieher. Ein anderer – landesrechtlicher – Fall ist der Vollstreckungsantrag der landschaftlichen Kreditanstalt gemäß § 4 S. 2 des preußischen Gesetzes vom 3. 9. 1897,[6] dem kein (sonstiger) Vollstreckungstitel zugrundezuliegen braucht. Allerdings ist diese letztere Ausnahme ganz eng zu handhaben: Wandelt sich die Gläubigerin nach Eröffnung des Zwangsversteigerungsverfahrens in eine Aktiengesellschaft um, so kann das Verfahren nicht einfach fortgesetzt werden, die Gläubigerin benötigt vielmehr nun einen der üblichen vollstreckbaren Titel, um das Verfahren weiter betreiben zu können.[7]

2   II. **Vollstreckungstitel in und außerhalb der ZPO**: Die ZPO nennt als Vollstreckungstitel zunächst das rechtskräftige oder für vorläufig vollstreckbar erklärte **Endurteil** (§ 704 ZPO). Hinzukommen die in § 794 Abs. 1 Nr. 1–5 ZPO genannten Titel,[8] ferner **Arrest** und **einstweilige Verfügung**, auch soweit sie im Beschlußwege ergangen sind (§§ 929, 936 ZPO), **Vorbehaltsurteile**, die, ohne Endurteile zu sein, gem. § 599 Abs. 3 ZPO im Hinblick auf die Zwangsvollstreckung als Endurteile anzusehen sind. Außerhalb der ZPO finden sich noch in zahlreichen Bundesgesetzen Vollstreckungstitel, aus denen nach den Vorschriften der ZPO die Zwangsvollstreckung betrieben werden kann. Einen guten Überblick über die wichtigsten dieser Titel gibt § 68 GVGA.[9]
Die Vorschrift lautet:

Schuldtitel nach anderen Gesetzen, die im gesamten Bundesgebiet gelten

Aus anderen Gesetzen, die im gesamten Bundesgebiet gelten, sind folgende Schuldtitel hervorzuheben:
1. gerichtliche Beschlüsse und Vergleiche in Landwirtschaftssachen (§ 31 des Gesetzes über das gerichtliche Verfahren in Landwirtschaftssachen vom 21. 7. 1953 – BGBl. I S. 667 ff. –),
2. rechtskräftige Entscheidungen, gerichtliche Vergleiche und einstweilige Anordnungen nach § 45 Abs. 3 des Wohnungseigentumsgesetzes,
3. Entscheidungen, Vergleiche und einstweilige Anordnungen auf Grund der §§ 13 Abs. 3 und 4, 16 und 18 a der 6. DVO zum Ehegesetz betr. die Behandlung

---

4 Einzelheiten: § 788 Rdn. 19, 20.
5 Zur Möglichkeit, einen solchen Beschluß dennoch zu erwirken, siehe: § 788 Rdn. 21.
6 PreußG betr. die Zwangsvollstreckung aus Forderungen landschaftlicher Kreditanstalten (PrGS NRW Nr. 760).
7 OLG Hamm, NJW-RR 1989, 959.
8 Einzelheiten siehe hinten in der Kommentierung zu § 794 ZPO.
9 Zum Rechtscharakter der GVGA siehe: vor §§ 753–763 Rdn. 3.

der Ehewohnung und des Hausrats vom 21. 10. 1944 (RGBl. I S. 256) in der jeweils geltenden Fassung,
4. rechtskräftig bestätigte vorgängige Vereinbarungen oder Auseinandersetzungen nach den §§ 98, 99 FGG,
5. rechtskräftig bestätigte Dispachen (§ 158 Abs. 2 FGG),
6. Vergütungsfestsetzungen nach den §§ 35 Abs. 3, 85 Abs. 3, 104 Abs. 6, 142 Abs. 6, 147 Abs. 3, 163 Abs. 4, 258 Abs. 5, 265 Abs. 4, 336 Abs. 1 Satz 4, 350 Abs. 4 AktG und nach § 33 Abs. 2 des Gesetzes über die Umwandlung von Kapitalgesellschaften und bergrechtlichen Gewerkschaften vom 6. 11. 1969 (BGBl. I S. 2081),
7. rechtskräftige gerichtliche Entscheidung in Vertragshilfesachen, sofern das Gericht ihre Vollstreckbarkeit nicht ausgeschlossen hat (§ 16 des Vertragshilfegesetzes vom 26. 3. 1952 – BGBl. I S. 198 –),
8. Zuschlagsbeschlüsse im Zwangsversteigerungsverfahren (§§ 93, 118, 132 ZVG),
9. bestätigte Vergleiche nach § 85 VerglO,
10. Beschlüsse über die Eröffnung des Konkursverfahrens (§ 109 KO) und der Gesamtvollstreckung (§ 5 GesO), Eintragungen in die Konkurstabelle nach § 164 Abs. 2 KO oder Ausfertigungen aus dem bestätigten Forderungsverzeichnis nach § 18 Abs. 2 GesO,
11. rechtskräftig bestätigte Zwangsvergleiche in Konkursverfahren (194 KO) oder Gesamtvollstreckungsverfahren (§ 16 GesO),
12. für vollstreckbar erklärte Vorschuß-, Zusatz- und Nachschußberechnungen (§§ 105-115 d GenG),
13. Entscheidungen in Strafsachen, durch die der Verfall einer Sicherheit ausgesprochen ist (§ 124 StPO),
14. Entscheidungen über die Entschädigung des Verletzten im Strafverfahren (§§ 406, 406 b StPO),
15. Entscheidungen der Gerichte für Arbeitssachen (§§ 62, 64 Abs. 3, 85, 87 Abs. 2, 92 Abs. 2 ArbGG) und der Gerichte der Sozialgerichtsbarkeit (§ 199 SGG),
16. gerichtliche Vergleiche, Schiedssprüche und Schiedsvergleiche in Arbeitsstreitigkeiten (§§ 54 Abs. 2, 62, 109 ArbGG) sowie Anerkenntnisse und gerichtliche Vergleiche nach § 199 Abs. 1 Nr. 2 SGG,
17. Widerrufbescheide der Entschädigungsbehörden, soweit die Entscheidungsformel die Verpflichtung zur Rückzahlung bestimmter Beträge enthält (§ 205 des Bundesentschädigungsgesetzes in der Fassung vom 29. 6. 1956 (BGBl. I S. 562),
18. Verwaltungsakte nach dem Sozialgesetzbuch gem. § 66 Abs. 4 SGB – Verwaltungsverfahren – (SGB X),
19. Vergleiche vor den Einigungsstellen in Wettbewerbssachen (§ 27 a Abs. 7 UWG),
20. vom Präsidenten der Notarkammer ausgestellte, mit der Bescheinigung der Vollstreckbarkeit und dem Siegel der Notarkammer versehene Zahlungsaufforderungen wegen rückständiger Beiträge (§ 73 Abs. 2 BNotO), wegen der von der Notarkammer festgesetzten Zwangsgelder (§ 74 Abs. 2 BNotO) oder wegen der der Notarkammer zukommenden Beträge aus Notariatsverweserschaften (§ 59 Abs. 1 Satz 3 BNotO); ferner die von dem Präsidenten der Notarkammer in München ausgestellten, mit der Bescheinigung der Vollstreckbarkeit versehe-

nen Zahlungsaufforderungen wegen rückständiger Abgaben (§ 113 Abs. 7 Satz 3 BNotO) oder wegen der der Notarkasse zukommenden Beträge aus Notariatsverweserschaften (§ 113 Abs. 3 Nr. 9 in Verbindung mit § 59 Abs. 1 Satz 3 BNotO),
21. vom Schatzmeister der Rechtsanwaltskammer erteilte, mit der Bescheinigung der Vollstreckbarkeit versehene beglaubigte Abschriften der Bescheide des Vorstandes der Rechtsanwaltskammer über die Festsetzung eines Zwangsgeldes (§ 57 Abs. 4 BRAO) und vom Schatzmeister der Patentanwaltskammer erteilte, mit der Bescheinigung der Vollstreckbarkeit versehene beglaubigte Abschriften der Bescheide des Vorstandes der Patentanwaltskammer über die Festsetzung eines Zwangsgeldes (§ 50 Abs. 6 Patentanwaltsordnung vom 7.9.1966 – BGBl. I S. 557 ff. –),
22. vom Schatzmeister der Rechtsanwaltskammer ausgestellte, mit der Bescheinigung der Vollstreckbarkeit versehene Zahlungsaufforderungen wegen rückständiger Beiträge (§ 84 Abs. 1 BRAO) und vom Schatzmeister der Patentanwaltskammer ausgestellte, mit der Bescheinigung der Vollstreckbarkeit versehene Zahlungsaufforderungen wegen rückständiger Beiträge (§ 77 Abs. 1 Patentanwaltsordnung),
23. vom Vorsitzenden der Kammer des anwaltlichen Ehrengerichts erteilte, mit der Bescheinigung der Rechtskraft versehene beglaubigte Abschriften der Entscheidungsformel über die Verhängung einer Geldbuße und der Kostenfestsetzungsbeschlüsse in Verfahren vor dem Ehrengericht (§§ 204 Abs. 3, 205 Abs. 1 BRAO),
24. Kostenfestsetzungs- und Kostenerstattungsbeschlüsse im Verfahren betr. Todeserklärungen (§ 38 VerschG),
25. Kostenfestsetzungsbeschlüsse in Strafsachen (§ 464 b StPO),
26. gerichtliche Kostenfestsetzungsbeschlüsse in Bußgeldsachen (§ 46 Abs. 1 OWiG in Verbindung mit § 464 b StPO),
27. Kostenfestsetzungsbeschlüsse nach § 19 der Bundesgebührenordnung für Rechtsanwälte,
28. mit der Vollstreckungsklausel versehene Ausfertigungen der Kostenberechnungen der Notare und Notariatsverweser (§ 155 KostO, § 58 Abs. 2 und 3 BNotO),
29. von einem Beamten oder Angestellten des Jugendamts aufgenommene und mit der Vollstreckungsklausel versehene Urkunden, welche die Verpflichtung zur Erfüllung von Unterhaltsansprüchen eines Kindes, zur Leistung einer an Stelle des Unterhalts zu gewährenden Abfindung o. zur Erfüllung von Ansprüchen einer Frau nach den §§ 1615 k u. 1615 l BGB (Entbindungskosten u. u. Unterhalt) zum Gegenstand haben (§ 59 Abs. 1 Nr. 3 u. 4, § 60 Abs. 1 KJHG),
30. mit der Vollstreckungsklausel versehene Ausfertigungen von Niederschriften und Festsetzungsbescheiden einer Wasser- und Schiffahrtsdirektion (§ 38 des Bundeswasserstraßengesetzes vom 2. 4. 1968 – BGBl. II S. 173 –),
31. Niederschriften über die Einigung und Festsetzungsbescheide über Entschädigung und Ersatzleistung nach § 52 BLG,
32. Niederschriften über eine Einigung und Beschlüsse über Leistungen, Geldentschädigungen oder Ausgleichszahlungen nach § 122 BBauG,
33. Niederschriften über eine Einigung und Entscheidungen über Entschädigungsleistungen oder sonstige Leistungen nach § 104 BBergG.

Neben die in Bundesgesetzen geregelten Titel treten dann noch die in einzelnen Ländergesetzen vorgesehenen Vollstreckungstitel (§ 801 ZPO),[10] die ebenfalls im gesamten Bundesgebiet vollstreckbar sind.

Vollstreckungstitel, die in der früheren **DDR** oder in Berlin-Ost errichtet oder erwirkt sind, sind grundsätzlich im gesamten Bereich deutscher Gerichtsbarkeit als inländischer Titel vollstreckbar.[11] Nicht als Vollstreckungstitel geeignet sind Entscheidungen der sog. gesellschaftlichen Gerichte der früheren DDR. Trotz der anderslautenden Rechtsprechung des BGH[12] sollte im Einzelfall bei Titeln aus der früheren DDR aber, falls ein derartiger Titel mit den allgemeinen Rechtsvorstellungen in der Bundesrepublik unvereinbar ist und seine weitere Vollstreckung gegen die guten Sitten verstößt, eine Klage aus § 826 BGB erfolgversprechend sein.[13] Anl. I Kap. III Sachgebiet A, Abschn. III Nr. 5 Buchst. i zum Einigungsvertrag steht dem nicht entgegen, da die Norm nur Rechtsbehelfe betrifft, nicht aber auf das Verfahren gerichtete Ansprüche des materiellen Rechts und da die Frage, ob eine Vollstreckung sich heute als unerlaubte Handlung darstellt, allein nach heutigem Recht und nicht nach früherem DDR-Recht zu beurteilen ist. Insofern wird die Auffassung des BGH dem Grundgedanken des auf § 826 BGB gestützten Schadensersatzanspruchs nicht gerecht.

3

Ausländische Titel sind zur Vollstreckung nur geeignet, wenn ihre Vollstreckbarkeit durch ein deutsches Gericht anerkannt ist.[14]

**III. Notwendiger Inhalt aller Vollstreckungstitel:** 1. Der Titel verbrieft in öffentlicher Urkunde, die regelmäßig nicht vom Gläubiger selbst, sondern von einer unabhängigen, mit besonderem öffentlichen Vertrauen versehenen Stelle oder unter Mitwirkung einer solchen Stelle, regelmäßig auch in einem rechtlich geregelten Verfahren geschaffen ist, den Anspruch des Gläubigers und seine Vollstreckbarkeit.[15] Er bestimmt dessen Inhalt und Höhe und die an der Zwangsvollstreckung beteiligten Parteien und enthebt damit die Vollstreckungsorgane von der Notwendigkeit, diese Gesichtspunkte zu prüfen. Wird ein Titel diesen Anforderungen nicht gerecht, ist er als Vollstreckungsgrundlage ungeeignet.

4

2. **Einzelheiten:** a) Zunächst muß jeder Titel unzweideutig Gläubiger und Schuldner des zu vollstreckenden Anspruchs ergeben. Soweit das Rubrum Zweifel offen läßt oder durch Auslassungen unvollständig ist, können zur Auslegung und Ergänzung Tatbestand und Entscheidungsgründe bzw. bei sonstigen Titeln der übrige Inhalt des Titels selbst herangezogen werden. Zum Titel gehört auch ein Berichtigungsbeschluß nach § 319 ZPO oder ein Ergänzungsbeschluß nach § 320 ZPO. Die »Auslegung« eines Titels kann nie dazu führen, daß eine im Titel selbst nirgends benannte Person als Gläubiger

5

---

10 Siehe auch: § 801 ZPO Rdn. 1.
11 Die Einzelheiten sind in Art. 18 Abs. 1 des Einigungsvertrages und in Anl. I Kap. III Sachgebiet A, Abschn. III Nr. 5 Buchst. i–k des Einigungsvertrages geregelt.
12 BGH, MDR 1995, 630 = DtZ 1995, 96.
13 Einzelheiten siehe Anh. § 767.
14 Einzelheiten: vor §§ 722, 723 Rdn. 2 ff. und § 722 Rdn. 2.
15 OLG Hamm, NJW-RR 1989, 959.

oder Schuldner angesehen wird.[16] Ein Titel gegen die »unbekannten Besetzer« eines bestimmten Hauses ist deshalb immer als Vollstreckungsgrundlage ungeeignet. Wer zum Zeitpunkt des Titelerlasses Besetzer war, läßt sich aus ihm ebensowenig ermitteln wie der Umstand, ob die Personen, die heute in dem Haus angetroffen werden, mit denjenigen identisch sind, die zum Zeitpunkt des Titelerlasses Besetzer waren.[17] Wird die Partei notwendigerweise durch eine andere Person vertreten und genügen Name und Anschrift dieser Person zur zweifelsfreien Identifizierung der Partei selbst, so wird der der Titel nicht zu unbestimmt, wenn die Partei ohne eigene Adresse aufgeführt ist.[18] Sind auf Gläubiger- oder Schuldnerseite im Titel mehrere Personen aufgeführt, so gehört zur erforderlichen Bestimmtheit des Titels auch, daß das Beteiligungsverhältnis klargestellt ist (z. B. als Gesamtgläubiger, als Gesamtschuldner),[19] wobei auch insoweit auf den gesamten Inhalt des Titels als Auslegungshilfe zurückgegriffen werden kann. Bleiben Zweifel hinsichtlich der Person der Parteien oder hinsichtlich ihres Beteiligungsverhältnisses offen, so ist der Titel nicht vollstreckungsfähig.

6 b) Sodann müssen dem Titel selbst unzweideutig Inhalt und Umfang des zu vollstreckenden Anspruchs zu entnehmen sein. Zweifel insoweit können sich sowohl aus der Formulierung des zu vollstreckenden Anspruchs im Titel als auch aus dem äußeren Erscheinungsbild des Titels (z. B. Zusätze in anderer Schrift[20]) ergeben. Ist die Schuld dem Titel nicht unmittelbar zu entnehmen, vielmehr nur unter Zuhilfenahme von Urkunden, die nicht Teil des Titels sind, sondern sich in den Gerichtsakten oder gar in den Unterlagen Dritter (Kontounterlagen eines Kreditinstituts, Bafög-Akten, Gutachten eines Sachverständigen u. ä.) befinden, zu ermitteln, ist der Titel grundsätzlich nicht vollstreckungsfähig.[21] Anderes gilt dann, wenn allein allgemein zugängliche amtliche Veröffentlichungen zur Bestimmung der Höhe des Anspruchs mit herangezogen werden müssen, ohne daß es weiterer rechtlicher oder tatsächlicher Überlegungen bedürfte (2 % Zinsen über dem jeweiligen Diskontsatz der Deutschen Bundesbank; Koppelung der Steigerungsrate eines Anspruchs an den vom Statistischen Bundesamt amtlich veröffentlichten Lebenshaltungskostenindex oder an die RegelunterhaltsVO).[22] Ein sol-

---

16 LG Koblenz, Rpfleger 1972, 458; BayObLG, WE 1991, 200.
17 Einzelheiten siehe unten: § 885 Rdn. 6; siehe ferner *Honsel*, Die Räumungsvollstreckung gegen Personenmehrheiten, S. 140 ff.
18 LG Hannover, MDR 1986, 59.
19 LG Hamburg, AnwBl. 1974, 166; LG Berlin, Rpfleger 1976, 477 und Rpfleger 1979, 145, bedenklich daher OLG Oldenburg, FamRZ 1990, 899.
20 Vergl. LG Berlin, Rpfleger 1973, 31.
21 BGH, NJW 1986, 1440; OLG Hamburg, MDR 1959, 767; OLG Saarbrücken, OLGZ 1967, 34; OLG Hamm, Rpfleger 1974, 28; LG Köln, JurBüro 1976, 254; OLG Karlsruhe, OLGZ 1984, 341; KG, NJW-RR 1988, 1406; OLG Köln, OLG-Report 1992, 339; SchlHOLG, JurBüro 1996, 270; bedenklich daher OlG Frankfurt, NJW-RR 1996, 750.
22 *Baur/Stürner*, Rdn. 16.16; *Brox/Walker*, Rdn. 42; *Rosenberg/Gaul*, § 10 II 2 a, bb; *Schüler*, DGVZ 1982, 65; BGHZ 22, 54; BGH, NJW 1986, 1440; LM, § 794 I Nr. 5 ZPO Nr. 22 mit Anm. von *Walker;* LG Kempten, DGVZ 1996, 28.

cher Fall liegt aber nicht vor, wenn ein Anspruch an die jeweilige Höhe eines bestimmten Beamtengehalts gebunden wird:[23] Welche Einkommensteile zum Gehalt oder auch zum Grundgehalt eines Beamten zu zählen sind (Urlaubsgeld, Weihnachtsgeld, Stellenzulagen usw.), ist im Einzelfall zweifelhaft und bedarf zusätzlicher rechtlicher Überlegungen, die im Vollstreckungsverfahren nicht angestellt werden können. Ein solcher Titel ist deshalb nur wegen des bezifferten Betrages, nicht wegen der erst zu ermittelnden Steigerungsbeträge vollstreckungsfähig. Ebenfalls zu unbestimmt sind Titel, in denen der Schuldner zur Zahlung eines bestimmten Bruchteiles seines Gehaltes (oder sonstiger näher bezeichneter Einkünfte) verpflichtet wurde,[24] da hier der zu vollstreckende Betrag nur mit Hilfe zusätzlicher Urkunden (Gehaltsabrechnung u. ä.) ermittelt werden könnte. Nicht vollstreckbar ist ferner ein Titel, durch den der Schuldner zwar zur Zahlung ziffernmäßig bestimmter Beträge, aber unter Anrechnung der Höhe nach nicht festgestellter Ersparnisse verurteilt wurde,[25] da der letztlich zu zahlende Endbetrag nicht aus dem Titel zu ermitteln ist. Unzureichend ist schließlich ein Titel, in dem nur die Elemente zur Berechnung der Forderung des Gläubigers niedergelegt sind, der Betrag selbst aber nicht beziffert ist.[26]

Kein Problem der hinreichenden Bestimmtheit des titulierten Zahlungsanspruchs sind die sog. **Bruttolohnurteile**.[27] Daß der Arbeitgeber einen Teil des titulierten Betrages aufgrund steuerrechtlicher und sozialversicherungsrechtlicher Bestimmungen nicht an den Gläubiger (Arbeitnehmer) auszuzahlen, sondern unmittelbar an das Finanzamt, die Krankenkasse usw. abzuführen hat, beeinträchtigt die Vollstreckung des titulierten Betrages nicht: Ist der Arbeitgeber (Schuldner) seinen öffentlichrechtlichen Verpflichtungen bereits nachgekommen, kann er in Höhe dieser Zahlungen die Zwangsvollstreckung durch Nachweise nach § 775 Nr. 4, 5 ZPO abwenden[28]. Ansonsten kann der Gläubiger (Arbeitnehmer) den vollen Betrag vollstrecken und seinerseits die Abgaben usw. abführen. Unterschlägt der Arbeitnehmer die im Bruttolohn enthaltenen Sozialversicherungsanteile und verbraucht sie für sich selbst, sodaß der Arbeitgeber vom Sozialversicherungsträger noch einmal in Anspruch genommen wird, kann der Arbeitgeber sich beim Arbeitnehmer gem. § 826 BGB schadlos halten.[29] Ist der Arbeitnehmer als Schuldner zur Rückzahlung eines Betrages, der dem Bruttolohn entspricht, verur-

7

---

23 BGHZ 22, 54; OLG Nürnberg, NJW 1957, 1286; LG Essen, MDR 1972, 958; OLG Köln, FamRZ 1986, 1018; *Schüler*, DGVZ 1982, 65; MüKo/*Krüger*, § 704 Rdn. 9; a. A. (ausreichend): *Brox/Walker*, Rdn. 42; *Jauernig*, § 1 VI 1; *Rosenberg/Gaul*, § 10 II 2 a, bb; AG Recklinghausen, DGVZ 1976, 140.
24 LG Saarbrücken, SaarlRuStZ 1957, 16; AG Ludwigshafen, BB 1963, 900; LG Bonn, Rpfleger 1974, 29; OLG Braunschweig, FamRZ 1979, 928.
25 LAG Tübingen, AP Nr. 1 zu § 732 ZPO mit Anm. von *Pohle*. Im ähnlich gelagerten Fall NJW 1996, 2165 will der BGH die möglichen Abzüge vom ziffernmäßig festgelegten Ausgangsbetrag erst auf eine Klage nach § 767 ZPO hin berücksichtigen.
26 KG, Rpfleger 1970, 359.
27 BAG, NJW 1964, 1338 mit Anm. von *Putzo*, NJW 1964, 1823; BAG, NJW 1979, 2634; BAG, NJW 1985, 646; LG Köln, JurBüro 1964, 916; LG Freiburg, Rpfleger 1982, 347; OLG Frankfurt, OLGZ 1990, 327; *Brox/Walker*, Rdn. 43; MüKo/*Krüger*, § 704 Rdn. 9; *Rosenberg/Gaul*, § 10 II 2 a, aa.
28 OLG Frankfurt, OLGZ 1990, 327.
29 LAG BaWü, 1993, 1876.

8　Noch erheblich größere Bestimmtheitsprobleme als bei Zahlungstiteln können bei sonstigen Leistungstiteln auftreten. Herauszugebende Sachen sind so genau zu umschreiben, daß der Gerichtsvollzieher keinen Zweifel haben kann, welchen Gegenstand er wegnehmen muß. Zu unbestimmt ist etwa die Verurteilung zur Herausgabe von »Kopien der Software der Klägerin«,[31] zur Herausgabe der »Buchführungsunterlagen der Klägerin« für bestimmte Jahre[32] oder »der persönlichen Habe« des Klägers. Nicht vollstreckbar wäre auch eine Verpflichtung des Schuldners, »ein Drittel seines Grundbesitzes« an den Gläubiger zu übertragen[33] oder die Verpflichtung, »alle Erklärungen abzugeben, die zur Übertragung des Mietverhältnisses an einer Wohnung an den Gläubiger erforderlich sind«,[34] oder die Verpflichtung, einen in den Luftraum des Nachbargrundstücks hineinragenden Baukörper »insoweit« zu beseitigen, wie er einen Überbau darstelle.[35] Unzureichend ist auch ein Titel, der den Schuldner zur Beseitigung von Baumängeln verpflichtet, ohne diese selbst näher zu bezeichnen.[36] Nicht ausreichend zur Bezeichnung insoweit wäre die Verweisung auf ein Abnahmeprotokoll, das nicht unmittelbarer Bestandteil des Titels ist. Zu unbestimmt ist auch ein Urteil, durch das der Beklagte verurteilt worden ist, zusammen mit dem Kläger die Auseinandersetzung der zwischen den Parteien zustandegekommenen BGB-Gesellschaft durchzuführen,[37] ebenso ein Urteil mit dem Tenor, »Auskunft zu erteilen über die Einkommens- und Vermögensverhältnisse durch Vorlage eines geordneten Verzeichnisses«.[38] Ist zur Vermeidung von Nachteilen für eine Gesellschaft nach einem Titel Auskunft nur an einen zur Verschwiegenheit verpflichteten Sachverständigen zu leisten, so ist ein solcher Titel regelmäßig nur vollstreckungsfähig, wenn gleichzeitig im einzelnen bestimmt ist, in welchem Umfang der Sachverständige die Information an den Gläubiger weitergeben darf.[39] Zu unbestimmt sind schließlich auch Titel, die inhaltlich widersprüchlich sind.[40] Es ist nicht Aufgabe der Vollstreckungsorgane, solche Widersprüche durch eine Entscheidung zu lösen. Wegen der Besonderheiten der immissionsrechtlichen Unterlassungsklage sind in diesem Bereich (– ohne daß schnelle Analogien für andere Bereiche möglich wären –) Klageanträge mit dem Gebot, allgemein Störungen bestimmter Art, beispielsweise Geräusche und Gerüche, zu unterlassen, zulässig.[41] Dann müssen

---

30 *Rosenberg/Gaul*, § 10 II 2 a, aa; a. A. (nicht vollstreckungsfähig): LG Hamburg, NJW 1966, 786.
31 AG Offenbach, NJW-RR 1989, 445.
32 OLG Köln, OLG-Report 1992, 404.
33 OLG Koblenz, OLGZ 1976, 380.
34 OLG Hamburg, MDR 1969, 393.
35 OLG Köln, JuS 1985, 151.
36 OLG München, NJW-RR 1988, 22; Auch der Sachverhalt der Entscheidung des OLG Nürnberg, EWiR 1994, 935, gibt einen solchen viel zu unbestimmten Titel wieder; vergl. hierzu *Schuschke*, EWiR 1994, 935.
37 OLG Hamm, ZIP 1983, 871.
38 OLG Frankfurt, FamRZ 1991, 1334.
39 BayObLG, NJW-RR 1989, 932.
40 LG Münster, JMBlNW 1958, 245.
41 BGH, NJW 1993, 1656; MüKo/*Krüger*, § 704 Rdn. 12.

diesen Anträgen entsprechende Unterlassungsurteile auch zur Vollstreckung geeignet sein, da die Anforderungen an § 253 Abs. 2 Nr. 2 ZPO (»bestimmte Anträge«) und das Bestimmtheitserfordernis für Titel in der Zwangsvollstreckung miteinander korrespondieren müssen.

3. Lassen sich Widersprüchlichkeiten oder Unklarheiten des Tenors nicht aus dem Titel selbst ohne weiteres klären, ist der Titel nicht vollstreckbar. Der Gläubiger kann in einem solchen Fall nicht einfach einen neuen widerspruchsfreien Titel erstreiten.[42] Der Schuldner könnte einer derartigen Titelverdoppelung erfolgreich fehlendes Rechtschutzbedürfnis entgegenhalten. Dem Interesse des Gläubigers ist ausreichend dadurch Genüge getan, daß er Feststellungsklage mit dem Ziel erheben kann, daß der zur Vollstreckung geeignete Inhalt des zu unbestimmten oder widersprüchlichen Titels festgestellt werde.[43] Auf diese Weise wird eine Titelverdoppelung vermieden, da das Feststellungsurteil selbst nicht vollstreckbar, sondern nur Auslegungshilfe zum Leistungsurteil ist. Eine Titelverdoppelung würde zwar nicht zu einer Verdoppelung des Anspruchs führen,[44] aber doch zu einer zusätzlichen Gefährdung des Schuldners, falls später doch einmal ein Vollstreckungsorgan den ersten Titel für vollstreckungsfähig halten sollte. 9

**IV. Zeitliche Geltungsdauer eines Titels:** Der wirksame Titel ist solange als Vollstreckungsgrundlage geeignet, bis er entweder durch die restlos erfolgreiche Vollstreckung verbraucht ist oder bis die Zwangsvollstreckung aus ihm für unzulässig erklärt wurde. Er kann zeitweise seine Eignung zur Zwangsvollstreckung verlieren, wenn die Vollstreckung aus ihm einstweilen eingestellt wird. Daß der Schuldner in einem Verfahren (Berufung, Vollstreckungsabwehrklage usw.) den titulierten Anspruch bestreitet, berührt den Titel als Vollstreckungsgrundlage solange nicht, wie nicht auf dem dafür gegebenenfalls vorgesehenen Wege (z. B. §§ 707, 719, 769 ZPO) die Zwangsvollstreckung eingestellt wurde. Das gilt auch für den Fall, daß der Schuldner Verfassungsbeschwerde gegen den Titel erhoben hat.[45] 10

Materiellrechtlich verjährt der titulierte Anspruch in dreißig Jahren, auch wenn er an sich einer kürzeren Verjährung unterliegt (§ 218 BGB). Die mögliche Verjährung ist von den Vollstreckungsorganen nicht zu beachten, sondern muß vom Schuldner mit der Klage nach § 767 ZPO geltend gemacht werden. Jede Vollstreckung aus dem Titel unterbricht nach § 209 Abs. 2 Nr. 5 BGB die Verjährung. Die dreißigjährige Frist beginnt danach von neuem (§ 217 BGB). Die Frist kann regelmäßig nicht durch den Verwirkungseinwand verkürzt werden.[46] Der Schuldner kann grundsätzlich nicht darauf vertrauen, daß der Gläubiger alsbald nach Titelerlangung vollstrecken werde. 11

---

42 BGHZ 36, 14; *Rosenberg/Gaul*, § 10 II 2 b; a. A. (neue Leistungsklage möglich): *Brox/Walker*, Rdn. 44; *Baur/Stürner*, Rdn. 13.3; *Thomas/Putzo*, Vorbem. § 704 Rdn. 22; OLG Zweibrücken, FamRZ 1996, 749.
43 BGHZ, 36, 14; BGH, NJW 1972, 2268.
44 BAG, DB 1967, 2036.
45 LG Bochum, Rpfleger 1985, 448.
46 LG Darmstadt, Rpfleger 1985, 243.

**12** **V. Räumlicher Geltungsbereich eines Titels:** Ein in der Bundesrepublik bzw. der früheren DDR errichteter Titel kann ohne weiters auch nur in der Bundesrepublik vollstreckt werden. Ob er auch in einem anderen Land als Grundlage einer Zwangsvollstreckung anerkannt wird, richtet sich grundsätzlich nach den Rechtsregeln dieses Landes.[47] Diese Regeln bestimmen dann auch, wie die Anerkennung des deutschen Titels in diesem Land zu erreichen und in welcher Form die Vollstreckung selbst durchzuführen ist.

---

47 Siehe auch die Anmerkungen zu § 791.

## § 704 Vollstreckbare Endurteile

(1) Die Zwangsvollstreckung findet statt aus Endurteilen, die rechtskräftig oder für vorläufig vollstreckbar erklärt sind.

(2) ¹Urteile in Ehe- und Kindschaftssachen dürfen nicht für vorläufig vollstreckbar erklärt werden. ²Dies gilt auch für den Ausspruch nach § 643 Abs. 1 Satz 1.

**Literatur:** *Gelhaar,* Die Vollstreckung aus einem Betragsurteil vor Rechtskraft des Grundurteils, VersR 1964, 206; *Schiedermair,* Die Wirkung der Anfechtung von Zwischenurteilen nach §§ 275, 304 ZPO auf das Endurteil, JuS 1961, 212; *Tiedemann,* Die Rechtskraft von Vorbehaltsurteilen. Überlegungen zum Begriff der formellen Rechtskraft, ZZP 1980, 23; *Wieser,* Die Vollstreckbarkeit im weiteren Sinn, ZZP 1989, 261.

I. Die ZPO behandelt das **Endurteil** (§ 300 Abs. 1 ZPO) als den Modellfall eines Vollstreckungstitels. Sie stellt deshalb die allgemeinen Grundsätze über die Voraussetzungen der Zwangsvollstreckung und die allgemeinen Regeln, die für jede Art der Zwangsvollstreckung gelten, zunächst einmal am Beispiel dieses Titels dar, ehe dann in den §§ 794–801 ZPO abweichende Besonderheiten anderer Titel angesprochen werden. Unter Endurteil i. S. des § 704 sind nicht nur die den Rechtsstreit in seiner Gänze beendende Urteile zu verstehen, sondern auch Teilurteile (§ 301 ZPO) und kraft der in §§ 302 Abs. 3, 599 Abs. 3 ZPO enthaltenen Regelung Vorbehaltsurteile,[1] ferner Versäumnisteile nach § 330 ZPO[2] und § 331 ZPO,[3] nicht nach § 347 Abs. 2 ZPO, sowie Anerkenntnisurteile (§ 307 ZPO). Neben den Endurteilen der ordentlichen Gerichte in der Bundesrepublik sind über § 62 ArbGG auch die Endurteile der Arbeitsgerichte solche i. S. des § 704 Abs. 1. Gleiches gilt für Endurteile der Zivilgerichte der früheren DDR.[4]

1

II. **Rechtskräftig** sind Endurteile, sobald die formelle Rechtskraft (§ 705 ZPO) eingetreten ist. Die **vorläufige Vollstreckbarkeit** von Endurteilen der ordentlichen Gerichtsbarkeit richtet sich nach §§ 708 ff. ZPO; Endurteile der Arbeitsgerichte sind nach § 62 Abs. 1 ArbGG ohne weiteres vorläufig vollstreckbar, bis die formelle Rechtskraft eintritt. Fehlt bei einem Urteil eines Zivilgerichts der Ausspruch der vorläufigen Vollstreckbarkeit, muß gem. § 716 ZPO ein entsprechendes Ergänzungsurteil[5] im Verfahren nach § 321 ZPO beantragt werden. Urteile, durch die ein Arrest oder eine einstweilige Verfügung angeordnet wurde, bedürfen nicht des gesonderten Ausspruchs der vorläufigen Vollstreckbarkeit im Urteilstenor. Sie sind auch ohne einen solchen Ausspruch ohne weiteres vorläufig vollstreckbar.[6] Ist ein ordnungsgemäß für vorläufig vollstreckbar erklärtes Urteil durch das Berufungsgericht gem. §§ 538, 539 ZPO aufgehoben worden und wird dann das Berufungsurteil seinerseits vom Revisionsgericht aufgehoben und wird der Rechtsstreit zur erneuten Verhandlung und Entscheidung

2

---

1 BGHZ 69, 270; BGH, NJW 1967, 566.
2 BGHZ 35, 340.
3 BGH, NJW 1961, 1969.
4 Siehe auch vor §§ 704–707 Rdn. 3.
5 Einzelheiten: § 716 Rdn. 3.
6 Siehe hierzu *Schuschke* in Schuschke/Walker, Bd. 2, § 929 ZPO Rdn. 2.

an das Berufungsgericht zurückverwiesen, so lebt die vorläufige Vollstreckbarkeit des erstinstanzlichen Urteils nicht wieder auf.[7] Es ist dann zunächst kein Vollstreckungstitel i. S. §704 vorhanden.

3 Trotz formeller Rechtskraft nur vorläufig vollstreckbar sind Endurteile, deren Bestand von der Rechtskraft eines Zwischenurteils abhängt (Zuständigkeit des Gerichts wurde durch Zwischenurteil bejaht; dieses Zwischenurteil ist angefochten und noch nicht rechtskräftig; hinsichtlich des zwischenzeitlich zur Sache selbst ergangenen Endurteils ist die Rechtsmittelfrist abgelaufen).[8] Hier gilt die hinsichtlich der vorläufigen Vollstreckbarkeit im Urteil getroffene Regelung so lange weiter, bis auch das Zwischenurteil endgültig bestandskräftig geworden ist.

4 III. Die förmliche Vollstreckbarerklärung nach §§ 708 ff. ZPO und die tatsächliche Vollstreckbarkeit eines Urteils können auseinanderfallen, wenn ein Urteil keinen vollstreckungsfähigen Inhalt hat (Feststellungs- und Gestaltungsurteile). Während alle Endurteile für vorläufig vollstreckbar zu erklären sind,[9] kommt die Zwangsvollstreckung tatsächlich nur aus Leistungsurteilen, durch die dem Schuldner ein konkretes Tun (Zahlung, Herausgabe, Abgabe einer Willenserklärung, Vornahme einer Handlung usw.) oder ein bestimmtes Unterlassen aufgegeben wurde, in Betracht. Da es letztlich der Zweck jedes Leistungsurteils ist, daß aus ihm die Zwangsvollstreckung betrieben werden kann, dürften Leistungsurteile ohne vollstreckungsfähigen Inhalt[10] nicht ergehen. Ist der Kläger nicht in der Lage, sein Petitum vollstreckungsfähig zu formulieren, muß seine Klage als unzulässig abgewiesen werden.

5 IV. Urteile in **Ehe- und Kindschaftssachen** dürfen nach **Abs. 2** nicht für vorläufig vollstreckbar erklärt werden, auch nicht hinsichtlich der Kostenentscheidung.[11] Nach Abs. 2 S. 2 gilt dieses Verbot auch für die Verurteilung auf Leistung von Regelunterhalt, die gem. § 643 Abs. 1 S. 1 ZPO zusammen mit der Feststellung der nichtehelichen Vaterschaft erfolgt. Keine Kindschaftssache ist dagegen der reine Unterhaltsrechtsstreit des Kindes mit seinen Eltern, wenn die Sache nicht mit einer Statussache verbunden war oder ist. Abs. 2 ist auch dann anzuwenden, wenn die Klage in einer Ehe- oder Kindschaftssache als unzulässig abgewiesen wird.[12] Kein Fall des Abs. 2 ist die Herausgabeanordnung des Vormundschaftsgerichts nach § 1632 Abs. 3, 1. Halbs. BGB oder des Familiengerichts nach § 1632 Abs. 3, 2. Halbs. BGB. Diese Anordnungen werden nach § 33 FGG erzwungen,[13] also nicht nach den Regeln der ZPO vollstreckt. Der Grund für das Verbot in Abs. 2 liegt darin, daß vermieden werden soll, durch voreilige Vollstreckung in diesem hochsensiblen Bereich, in dem einverständliche Regelungen

---

7 KG, NJW 1989, 3025.
8 *Rosenberg/Gaul*, § 11 II 4 b; *Schiedermair*, JuS 1961, 212; a. A. (endgültig vollstreckbar): *Gelhaar*, VersR 1964, 2.
9 Einzelheiten: vor §§ 708–720 Rdn. 2.
10 Beispiele: vor §§ 704–707 Rdn. 6 und 9.
11 OLG Köln, JR 1964, 64.
12 OLG Bremen, ZZP 1956, 215.
13 *Erman-Michalski*, § 1632 Rdn. 35; *Palandt/Diederichsen*, § 1632 Rdn. 9; *Bumiller/Winkler*, § 33 FGG Anm. 4; *Keidel/Kuntze/Winkler*, § 33 FGG Rdn. 35.

äußerst wünschenswert erscheinen, eine irreparable Verhärtung herbeizuführen. Als Ausnahmevorschrift ist Abs. 2 eng auszulegen und nur auf Kindschafts- und Ehesachen im engen gesetzlichen Sinne, nicht etwa auch auf selbständige zivilprozessrechtliche Folgesachen anzuwenden.[14]

---

14 MüKo/*Krüger*, § 704 Rdn. 19.

## § 705 Formelle Rechtskraft

(1) Die Rechtskraft der Urteile tritt vor Ablauf der für die Einlegung des zulässigen Rechtsmittels oder des zulässigen Einspruchs bestimmten Frist nicht ein.
(2) Der Eintritt der Rechtskraft wird durch rechtzeitige Einlegung des Rechtsmittels oder des Einspruchs gehemmt.

Literatur: *Braun,* Rechtskraft und Rechtskraftbeschränkung im Zivilprozeß, JuS 1986, 364; *Gaul,* Die Entwicklung der Rechtskraftlehre seit Savigny und der heutige Stand, Festschr. f. Flume, 1978, S. 443; *Gerhardt,* Zur formellen Rechtskraft von Scheidungsurteilen, Festschr. f. Beitzke, 1979, S. 191; *Heintzmann,* Zur Rechtskraft des Scheidungsanspruchs – Gedanken zum Anschlußrechtsmittel im Scheidungsverbund, FamRZ 1980, 112; *ders.:* Doppelehe nach fehlerhaftem Rechtskraftzeugnis, NJW 1981, 208; *ders.:* Nochmals: Rechtskraft und Doppelehe. – Die Änderungen des »Prozeßkostenhilfegesetzes«, FamRZ 1981, 329; *H. Schmidt,* Innenbindungswirkung, formelle und materielle Rechtskraft, Rpfleger 1974, 177; *Kurtz,* Der Zeitpunkt der Rechtskraft im Falle der Zurücknahme der Berufung oder ihrer Verwerfung als unzulässig, Diss. Frankfurt 1954; *Leppin,* Vorläufige Vollstreckbarkeit im Fall des § 511 a Abs. 1 ZPO?, MDR 1975, 899; *Münzberg,* Rechtskrafteintritt bei oberlandesgerichtlichen Urteilen, NJW 1977, 2058; *Prütting,* Die Grundlagen des Zivilprozesses im Wandel der Gesetzgebung, NJW 1980, 361; *Schneider,* Der Eintritt der Rechtskraft oberlandesgerichtlicher Urteile, DRiZ 1977, 114; *Tiedemann,* Die Rechtskraft von Vorbehaltsurteilen, ZZP 1980, 23; *Wieczorek,* Zur formellen Rechtskraft der Entscheidungen, insbesondere in ihrer Bedeutung für Rechtskraftatteste und für Verfassungsbeschwerden, MDR 1952, 6.

1 **I. Materielle und formelle Rechtskraft:** Die materielle Rechtskraft (§ 322 ZPO) bezieht sich auf den Inhalt einer Entscheidung: Sie bindet jeden künftigen Richter an die hinsichtlich des Streitgegenstandes getroffene Feststellung in der Weise, daß eine erneute Entscheidung über die festgestellte Rechtsfolge ausgeschlossen ist.[1] Sie verändert nicht das materielle Recht, greift aber insofern auch in die unmittelbaren Beziehungen der Parteien ein, als diese sich nach der Entscheidung richten müssen,[2] soweit sie nicht einvernehmlich etwas anderes vereinbaren. Die formelle Rechtskraft dagegen betrifft die Unanfechtbarkeit einer Entscheidung. Der formellen Rechtskraft fähig können daher nur Entscheidungen sein, die entweder von Anfang an unanfechtbar sind, weil jedes Rechtsmittel gegen sie ausgeschlossen ist, oder die später unanfechtbar werden, weil ein Rechtsmittel nunmehr nicht mehr gegen sie möglich ist.[3] Sie betrifft also nicht nur Entscheidungen, die einem befristeten Rechtsmittel oder dem Einspruch (§ 338 ZPO) unterliegen,[4] sondern alle Entscheidungen, die ab irgendeinem Zeitpunkt aus Rechtsgründen einer Abänderung nicht zugänglich sind.[5]

---

1 *Gaul,* Festschr. f. Flume, 1978, S. 525; *Rosenberg/Schwab/Gottwald* § 151 II 3; *Rosenberg/Gaul,* § 11 II 1; *Zöller/Vollkommer,* vor § 322 Rdn. 19; BGHZ 34, 339; 35, 340; 36, 365; 93, 288; 123, 34.
2 *Gaul,* Festschr. f. Flume, 1978, S. 525; *Rosenberg/Schwab/Gottwald,* § 151 II 3.
3 *Rosenberg/Schwab/Gottwald,* § 150 I; *Stein/Jonas/Münzberg,* § 705 Rdn. 1.
4 So aber *Schellhammer,* Zivilprozeß, 6. Aufl., Rdn. 834; *Schmidt,* Rpfleger 1974, 177; *Thomas/Putzo,* § 705 Rdn. 1; *Zöller/Stöber,* § 705 Rdn. 1.
5 *Rosenberg/Schwab/Gottwald* § 150 I; *Stein/Jonas/Münzberg,* § 705 Rdn. 1.

Formell rechtskräftig sind deshalb auch Entscheidungen, die zwar an sich unbefristet anfechtbar sind, bei denen aber wirksam auf ein Rechtsmittel verzichtet wurde oder gegen die der zulässige Rechtsweg ausgeschöpft ist. Somit sind über den Wortlaut der §§ 705 ZPO, 19 EG ZPO hinaus nicht nur Urteile (Endurteile, Zwischenurteile, Versäumnisurteile), sondern auch Beschlüsse, die entweder mit ihrem Erlaß unanfechtbar oder aber beschwerdefähig sind, grundsätzlich der formellen Rechtskraft fähig.

Die formelle Rechtskraft tritt unabhängig davon ein, ob eine Entscheidung auch der materiellen Rechtskraft fähig ist. Dagegen ist die formelle Rechtskraft immer notwendige Voraussetzung der materiellen Rechtskraft[6]: Materielle Rechtskraft tritt erst im Zeitpunkt der Unanfechtbarkeit der Entscheidung ein.

Die Möglichkeit, gegen eine Entscheidung nach Ablauf aller Rechtsmittelfristen oder nach Ausschöpfung aller Rechtsmittel noch Nichtigkeits- oder Restitutionsklage (§§ 578 ff. ZPO), Nichtigkeitsbeschwerde (§ 577 Abs. 2 S. 3 ZPO) oder Verfassungsbeschwerde einlegen zu können, beeinträchtigt zunächst die formelle Rechtskraft nicht.[7] Ein Erfolg dieser Klagen oder Beschwerden eröffnet selbständig (ganz oder teilweise) die Möglichkeit einer neuen Sachentscheidung. Soweit dabei die alte Entscheidung aufgehoben wird, wird selbstverständlich nicht nur ihre materielle, sondern auch ihre formelle Rechtskraft gegenstandslos.

**II. Zeitpunkt des Eintritts der formellen Rechtskraft: 1. Urteile:** Soweit ein Rechtsmittel gegen sie kraft Gesetzes generell – also in abstracto – ausgeschlossen ist, werden sie bereits mit der Verkündung rechtskräftig. Dies gilt für Revisionsurteile des BGH und des BayObLG, soweit es sich nicht um erste Versäumnisurteile handelt, gegen die noch ein Einspruch möglich ist; für Urteile der Oberlandesgerichte, durch die über die Anordnung, Abänderung oder Aufhebung eines Arrestes oder einer einstweiligen Verfügung oder über die vorzeitige Besitzeinweisung im Enteignungsverfahren bzw. im Umlegungsverfahren entschieden worden ist (§ 545 Abs. 2 ZPO); für Berufungsurteile des Landgerichts; für erstinstanzliche Zwischenurteile, durch die die örtliche Zuständigkeit des Gerichts bejaht wurde (§§ 512 a, 549 Abs. 2 ZPO); für Zwischenurteile aller Instanzen, daß eine Klageänderung nicht vorliege oder daß eine Klageänderung zuzulassen sei (§ 268 ZPO).

2

Dagegen werden, soweit nicht statthaft ein Rechtsmittel eingelegt ist, alle diejenigen Urteile erst mit Ablauf der Rechtsmittelfrist rechtskräftig, gegen die ein Rechtsmittel grundsätzlich statthaft ist, auch wenn im Einzelfall bei vermögensrechtlichen Streitigkeiten die Rechtsmittelsumme nicht erreicht, bei Familiensachen des § 621 Abs. 1 Nr. 4, 5, 8 ZPO (siehe § 621 d Abs. 1 ZPO) oder bei nichtvermögensrechtlichen Streitigkeiten (– also insbesondere in Kindschaftssachen und in Rechtsstreitigkeiten um Ehrenschutz –) die Revision nicht zugelassen worden ist.[8] Das gilt auch für erstinstanzliche

3

---

6 *Rosenberg/Schwab/Gottwald*, § 149 II.
7 *Rosenberg/Schwab/Gottwald*, § 150 II; BVerfG NJW 1996, 1736.
8 Wie hier: BGHZ 4, 294; 44, 395; BAG, BB 1979, 1242; KG, VersR 1972, 352; OLG Celle, NJW 1977, 204; OLG München, NJW 1979, 114; OLG Hamm, NJW 1980, 713; KG, NJW 1983, 2266; BGH, NJW-RR 1990, 323; *Gerhardt*, Festschr. f. Beitzke, 1979, S. 191; *Münzberg*, NJW 1977, 2058; *Prütting*, NJW 1980, 361; *Rosenberg/Schwab/Gottwald* § 150 II 1a; *Rosenberg/Gaul*, § 11 II 3; *Stein/Jonas/Münzberg*, § 705 Rdn. 3, 3a, 3b.

Urteile über vermögensrechtliche Ansprüche, wenn der Wert des Beschwerdegegenstandes die Berufungssumme nicht übersteigt (§ 511 a ZPO)[9] und für Berufungsurteile der Oberlandesgerichte in nichtvermögensrechtlichen Streitigkeiten[10] und in vermögensrechtlichen Streitigkeiten, in denen eine Zulassung der Revision möglich, aber nicht erfolgt ist,[11] selbst dann, wenn unzweifelhaft feststeht, daß die Revisionssumme von 60 000,– DM nicht erreicht werden kann.[12] In allen Fällen, in denen ein Rechtsmittel in abstracto möglich ist, kann über die Unzulässigkeit des Rechtsmittels in concreto abschließend nur das Rechtsmittelgericht entscheiden. Wurde in Fällen dieser Art ein statthaftes, aber wegen Nichterreichung der Rechtsmittelsumme oder wegen Nichtzulassung des Rechtsmittels unzulässiges Rechtsmittel eingelegt, tritt die formelle Rechtskraft nicht schon mit Ablauf der Rechtsmittelfrist, sondern erst mit Rechtskraft der die Unzulässigkeit aussprechenden Entscheidung ein.[13] Dies ist aus Gründen der Rechtssicherheit erforderlich, auch wenn es dadurch der das unzulässige Rechtsmittel Einlegende in der Hand hat, die Rechtskraft einer Entscheidung (– insbesondere auch in Familiensachen –) zeitlich hinauszuschieben.

4    Bei Teilentscheidungen tritt die Rechtskraft hinsichtlich des nichtangefochtenen Titels erst ein, wenn feststeht, daß weder eine Erweiterung des Rechtsmittels noch ein Anschlußrechtsmittel mehr möglich ist.[14] Ist in Ehesachen in einem Urteil über den Scheidungsausspruch und über gleichzeitig anhängige Folgesachen i. S. von § 623 ZPO entschieden worden, hindert die Anfechtung auch nur einer Folgesache den Eintritt der Rechtskraft des gesamten Urteils, also auch des in dem Urteil enthaltenen Scheidungsausspruchs, da insoweit immer noch die Anschlußberufung möglich ist.[15]

5    Entgegen dem Wortlaut des § 705 S. 1 tritt Rechtskraft schon vor Ablauf der Rechtsmittelfrist ein, wenn wirksam auf Rechtsmittel verzichtet wurde, sodaß eine Anfechtung des Urteils ausgeschlossen ist.[16] Letzteres ist nur dann der Fall, wenn der Rechtsmittelverzicht entweder von beiden Parteien[17] oder aber von der allein durch die

---

9  A. A. insoweit: *Leppin*, MDR 1975, 899.
10 A. A. insoweit: OLG Karlsruhe, FamRZ 1977, 715; OLG Hamm, NJW 1978, 382; OLG Frankfurt, FamRZ 1978, 819; OLG Hamm, FamRZ 1981, 1194; OLG Stuttgart, FamRZ 1983, 84; OLG Düsseldorf, FamRZ 1985, 620; BGH, NJW-RR 1990, 323.
11 A. A. insoweit: OLG Saarbrücken, NJW 1976, 1325; OLG Karlsruhe, FamRZ 1978, 124; OLG Koblenz, FamRZ 1984, 1243.
12 A. A. insoweit: OLG Köln, NJW 1978, 1442.
13 GmS-OGB, NJW 1984, 1027; BGH, NJW-RR 1990, 323; LSG Essen, FamRZ 1983, 1037; BSG, FamRZ 1985, 595; KG, JR 1952, 247 (für den Fall der Rücknahme der unzulässigen Berufung); a. A.: BFH, JZ 1972, 167 (mit Anm. von *Grunsky*); OLG Köln, MDR 1964, 928.
14 BGH, NJW 1992, 2296; BGH, NJW 1994, 657; OLG München, NJW 1966, 1082; OLG Karlsruhe, MDR 1983, 676; *Rosenberg/Schwab/Gottwald* § 150 II 1 b und III.
15 BGH, NJW 1980, 702; BGH, NJW 1981, 2360; OLG Bremen, FamRZ 1979, 444; KG, FamRZ 1979, 727; OLG Schleswig, JurBüro 1979, 1377; OLG Zweibrücken, FamRZ 1979, 533; OLG Schleswig, SchlHA 1981, 50; OLG Celle, NdsRpfl 1981, 197; OLG Bamberg, FamRZ 1982, 317; OLG Frankfurt, FamRZ 1985, 821.
16 *Brox/Walker*, Rdn. 48; *Rosenberg/Schwab/Gottwald*, § 150 II 1 c; *Rosenberg/Gaul*, § 11 II 3; *Stein/Jonas/Münzberg*, § 705 Rdn. 9; *Thomas/Putzo*, § 705 Rdn. 7; *Zöller/Stöber*, § 705 Rdn. 9.
17 BGH, FamRZ 1954, 108; BGH, NJW 1989, 170; OLG Stuttgart, FamRZ 1969, 104.

Entscheidung beschwerten Partei erklärt wurde.[18] Die Erklärung muß gegenüber dem Gericht abgegeben werden.[19] Sind mehrere Parteien durch die Entscheidung beschwert, tritt die formelle Rechtskraft erst in dem Augenblick ein, in dem auch die letzte Verzichtserklärung wirksam wird.[20] In Ehesachen muß der Verzicht immer von beiden Parteien erklärt werden, da auch die durch die Entscheidung nicht beschwerte Partei allein zum Zwecke der Aufrechterhaltung der Ehe Rechtsmittel einlegen könnte.[21]

2. **Beschlüsse:** Soweit ein Rechtsmittel gegen sie kraft Gesetzes in abstracto ausgeschlossen ist (§§ 567 Abs. 2–4), werden sie mit ihrem Erlaß formell rechtskräftig. Im übrigen werden beschwerdefähige Beschlüsse rechtskräftig, soweit sie mit einem befristeten Rechtsmittel anfechtbar sind, aber nicht angefochten wurden, mit Ablauf der Rechtsmittelfrist, und soweit sie angefochten wurden, mit Ausschöpfung der Rechtsmittel (§§ 567 Abs. 4, 568 Abs. 3 ZPO), soweit sie mit der unbefristeten Beschwerde anfechtbar sind, mit Ausschöpfung der Rechtsmittel oder mit einem wirksamen Rechtsmittelverzicht. Hinsichtlich der Wirksamkeit des Verzichts gilt das zum Rechtsmittelverzicht bei Urteilen Dargestellte entsprechend.[22]

6

**III. Wirkung des Eintritts der formellen Rechtskraft:** Urteile sind mit dem Eintritt der formellen Rechtskraft endgültig und ohne Sicherheitsleistung vollstreckbar. Die Befugnis, die vorläufige Zwangsvollstreckung durch Sicherheitsleistung abwenden zu können, entfällt.[23] War zur Abwendung der vorläufigen Vollstreckung eine selbstschuldnerische Prozeßbürgschaft geleistet, dann kann der Gläubiger nach Eintritt der äußeren Rechtskraft des Urteils den Bürgen in Anspruch nehmen. Mit der formellen Rechtskraft tritt auch die materielle Rechtskraft ein, soweit der Inhalt der Entscheidung der materiellen Rechtskraft fähig ist.

7

**IV. Besonderheiten hinsichtlich arbeitsgerichtlicher Urteile:** Erstinstanzliche arbeitsgerichtliche Urteile in vermögensrechtlichen Streitigkeiten werden, auch wenn der Beschwerdewert nach § 64 Abs. 2 ArbGG nicht erreicht und die Berufung nicht zugelassen ist, erst mit Ablauf der Berufungsfrist oder, soweit eine Anfechtung erfolgt ist, mit der die Berufung als unzulässig verwerfenden Entscheidung formell rechtskräftig, nicht schon mit ihrer Verkündung.[24] Der im Urteil festgesetzte Streitwert (§ 62 Abs. 1 ArbGG) und der Wert des Beschwerdegegenstandes müssen sich nicht decken. Es obliegt allein dem Berufungsgericht, festzustellen, ob die Rechtsmittelsumme nicht erreicht ist.

8

---

18 *Rosenberg/Schwab/Gottwald* § 150 II 1 c; a. A. (immer Verzicht aller Parteien erforderlich): *Zöller/Stöber*, § 705 Rdn. 9; *Thomas/Putzo*, § 705 Rdn. 7; *Zimmermann*, § 705 Rdn. 3.
19 *Zöller/Stöber*, § 705 Rdn. 9; a. A. (auch Erklärung gegenüber der Partei ausreichend): OLG Düsseldorf, FamRZ 1965, 278.
20 OLG Celle, FamRZ 1978, 920.
21 OLG Karlsruhe, NJW 1971, 664.
22 Siehe oben Rdn. 5.
23 BGHZ 69, 270.
24 MüKo/*Krüger*, § 705 Rdn. 16; *Germelmann/Matthes/Prütting*, ArbGG, § 64 Rdn. 7.

Grundurteile gelten gem. § 61 Abs. 3 ArbGG abweichend von § 304 Abs. 2 ZPO nicht als Endurteile, sind also gar nicht anfechtbar. Mängel des Grundurteils können erst mit einem gegen das Schlußurteil gerichteten Rechtsmittel geltend gemacht werden. Grundurteile sind deshalb auch nicht isoliert formell rechtskräftig, sondern erst zusammen mit dem Schlußurteil unanfechtbar. Nicht mit der Revision angefochtene Endurteile der Landesarbeitsgerichte werden im Hinblick auf § 72 ArbGG immer erst nach Ablauf der Revisionsfrist bzw., soweit die Revision nicht zugelassen war, der Frist für die Nichtzulassungsbeschwerde (§ 72 a Abs. 2 S. 1 ArbGG) formell rechtskräftig. War Nichtzulassungsbeschwerde eingelegt, tritt formelle Rechtskraft erst mit deren Verwerfung ein. Kontradiktorische Urteile des Bundesarbeitsgerichts werden mit ihrer Verkündung formell rechtskräftig.

Hinsichtlich des Rechtsmittelverzichts gilt das zu den Urteilen der ordentlichen Gerichte Dargestellte[25] entsprechend.

War ein zu mehreren Streitgegenständen ergangenes Urteil des Arbeitsgerichts nur hinsichtlich eines Streitgegenstandes mit der Berufung angefochten worden, wird die Entscheidung zu den übrigen Streitgegenständen mit Schluß der mündlichen Verhandlung vor dem Landesarbeitsgericht formell rechtskräftig. Diese Streitgegenstände können deshalb mit der Revision gegen das Urteil des Landesarbeitsgerichts nicht erneut aufgegriffen werden.[26]

---

25 Siehe oben Rdn. 5.
26 BAG, MDR 1977, 787.

## § 706 Rechtskraft- und Notfristzeugnis

(1) Zeugnisse über die Rechtskraft der Urteile sind auf Grund der Prozeßakten von der Geschäftsstelle des Gerichts des ersten Rechtszuges und, solange der Rechtsstreit in einem höheren Rechtszuge anhängig ist, von der Geschäftsstelle des Gerichts dieses Rechtszuges zu erteilen.

(2) ¹Insoweit die Erteilung des Zeugnisses davon abhängt, daß gegen das Urteil ein Rechtsmittel nicht eingelegt ist, genügt ein Zeugnis der Geschäftsstelle des für das Rechtsmittel zuständigen Gerichts, daß bis zum Ablauf der Notfrist eine Rechtsmittelschrift nicht eingereicht sei. ²Eines Zeugnisses der Geschäftsstelle des Revisionsgerichts, daß eine Revisionsschrift nach § 566 a nicht eingereicht sei, bedarf es nicht.

Literatur: *Lappe*, Die beschränkte Rechtskraft, insbesondere im Hinblick auf die Zulässigkeit eines beschränkten Notfrist- und Rechtskraftzeugnisses, Rpfleger 1956, 4; *Petermann*, Die Erteilung des Rechtskraftzeugnisses bei Rechtsmittelverzicht, Rpfleger 1962, 368.

**I. Anwendungsbereich:** Das Rechtskraftzeugnis (**Abs. 1**) dient dem Nachweis der formellen Unanfechtbarkeit einer Entscheidung. Es ist deshalb auch auf Antrag zu allen Entscheidungen zu erteilen, die der formellen Rechtskraft fähig sind, also zu Urteilen, Vollstreckungsbescheiden und zu rechtskraftfähigen Beschlüssen.[1] Die Rechtskraft eines Urteils ist auf Verlangen nicht nur auf diesem selbst, sondern auch auf dem zu ihm ergangenen Kostenfestsetzungsbeschluß zu bescheinigen.[2] Das Notfristzeugnis (**Abs. 2**) kommt dagegen nur zu Entscheidungen in Betracht, die mit einem befristeten Rechtsmittel angefochten werden können.

**II. Bedeutung des Rechtskraftzeugnisses:** Im Bereich der **Zwangsvollstreckung** ist der Nachweis der Rechtskraft für den Gläubiger von Bedeutung, dessen Titel zunächst nur gegen Sicherheitsleistung vorläufig vollstreckbar war. Er kann nunmehr ohne Sicherheitsleistung auch über den Rahmen des § 720 a ZPO hinaus vollstrecken und seine endgültige Befriedigung aus den gepfändeten Gegenständen des Schuldners suchen. Eine bereits geleistete Sicherheit kann gegen Vorlage des Rechtskraftzeugnisses gem. § 715 ZPO zurückverlangt werden (– die Anordnung trifft der Rechtspfleger –). Hat der Schuldner zur Abwendung der Zwangsvollstreckung Sicherheit geleistet, so kann der Gläubiger nach Eintritt der Rechtskraft unter Vorlage des Titels und der Rechtskraftbescheinigung unmittelbare Auszahlung des vom Schuldner hinterlegten Betrages an sich verlangen. Diese Befugnis ergibt sich aus § 13 Abs. 2 Nr. 2 HinterlO i. V. mit §§ 378, 379 BGB.

Über das Vollstreckungsverfahren hinaus ist der Nachweis der Rechtskraft einer Entscheidung nach zahlreichen verfahrensrechtlichen (z. B. §§ 582, 620 f, 629 d, 641 e ZPO) und materiellrechtlichen Vorschriften (z. B. §§ 211 Abs. 1, 283 Abs. 1, 864 Abs. 2, 1470 Abs. 1, 1561 Abs. 2 Nr. 1, 2193 Abs. 2, 2342 Abs. 2 BGB) erforderlich.

1 Siehe hierzu auch § 705 Rdn. 6.
2 OLG Frankfurt, MDR 1956, 361.

Das Rechtskraftzeugnis ist eine reine Beweisurkunde i. S. § 418 ZPO, hat also keine Auswirkungen auf den tatsächlichen Eintritt der Rechtskraft.[3] Es ist auch nicht die einzige Möglichkeit, die Rechtskraft einer Entscheidung nachzuweisen. Der durch das Zeugnis geführte Beweis kann nach den allgemeinen Regeln (§ 418 Abs. 2 ZPO) widerlegt werden.[4]

4 III. **Verfahren zur Erlangung des Rechtskraftzeugnisses:** 1. Die Rechtskraft einer Entscheidung wird nicht von amtswegen nach Eintritt der Unanfechtbarkeit bescheinigt, sondern nur auf **Antrag** eines am Verfahren Beteiligten (Parteien und Streitgehilfen) oder des Rechtsnachfolgers eines solchen Beteiligten (z. B. des Konkursverwalters[5]). Sonstige Dritte müssen ein berechtigtes Interesse darlegen,[6] da das Rechtskraftzeugnis eine amtliche Auskunft über ein sie zunächst nicht betreffendes Rechtsverhältnis enthält.

5 2. **Zuständig** ist der Urkundsbeamte der Geschäftsstelle des Gerichts des ersten Rechtszuges, es sei denn der Rechtsstreit ist bei einem höheren Gericht anhängig; in diesem Falle ist der Urkundsbeamte der Geschäftsstelle dieses Gerichts zuständig (**Abs. 1**). Die Zuständigkeit der Geschäftsstelle des Rechtsmittelgerichts beginnt erst mit der Einreichung einer Rechtsmittelschrift; die bloße Einreichung eines Gesuchs um Prozeßkostenhilfe macht den Rechtsstreit noch nicht im höheren Rechtszuge anhängig.[7] Die Zuständigkeit der Geschäftsstelle der Rechtsmittelinstanz dauert an, solange dieses Gericht die Akten im Zusammenhang mit dem Rechtsmittel (z. B. auch noch zur Kostenabrechnung nach der Rechtsmittelentscheidung) vorliegen hat. Danach ist wieder die Geschäftsstelle des erstinstanzlichen Gerichts zuständig, auch wenn die Entscheidung, um die es geht, vom Rechtsmittelgericht erlassen wurde.[8]

6 3. Der Urkundsbeamte **prüft** den Eintritt der Rechtskraft in eigener Zuständigkeit an Hand der Prozeßakten (**Abs. 1**). Seine Prüfung ist eine formelle, dahingehend, ob die Rechtsmittelfrist ungenutzt verstrichen oder ob ein Rechtsmittel noch anhängig ist. Ob das Rechtsmittel zulässig eingelegt ist, hat er ebensowenig zu prüfen[9] wie, ob die einer arbeitsgerichtlichen Entscheidung beigefügte Rechtsmittelbelehrung (§ 9 Abs. 5 ArbGG) richtig war.[10] Reichen die Prozeßakten nicht aus, um die Rechtskraft festzustellen, muß der Antragsteller notfalls zusätzliche Urkunden beibringen. Hierzu gehört

---

3 BGH, FamRZ 1971, 635.
4 BGH, BB 1953, 690.
5 LG Wiesbaden, KTS 1963, 125.
6 A. A. (auch Dritte erhalten das Zeugnis ohne Nachweis eines berechtigten Interesses): *Baumbach/Lauterbach/Hartmann*, § 706 Rdn. 7; *Stein/Jonas/Münzberg*, § 706 Rdn. 11 (verlangt aber jedenfalls Darlegung eines solchen Interesses); *Thomas/Putzo*, § 706 Rdn. 5; wie hier: *MüKo/Krüger*, § 706 Rdn. 2; *Zimmermann*, § 706 Rdn. 1; *Zöller/Stöber*, § 706 Rdn. 3.
7 BGH, JR 1956, 345.
8 Zur Zuständigkeit für die Erteilung von Rechtskraftbescheinigungen auf Scheidungsurteilen, die vor Inkrafttreten der Eherechtsreform von 1977 ergingen, aber danach erst rechtskräftig wurden, vergl. OLG Hamm, FamRZ 1980, 1055.
9 *Stein/Jonas/Münzberg*, § 706 Rdn. 7; *Zöller/Stöber*, § 706 Rdn. 5.
10 LAG Kiel, SchlHA 1984, 15.

insbesondere, soweit das Rechtsmittel bei einem anderen Gericht einzulegen ist, das Notfristzeugnis (Abs. 2) dieses Gerichts.[11]

4. Die Rechtskraft wird durch einen Vermerk auf der Entscheidung selbst bescheinigt. Der Vermerk hat regelmäßig folgenden Wortlaut: »Vorstehendes Urteil ist rechtskräftig.« Eine abweichende (aber sinngemäße) Formulierung ist unschädlich. Der Vermerk ist mit dem Datum seiner Ausstellung zu versehen und vom Urkundsbeamten unter Angabe seiner Funktion zu unterschreiben. Nur bei Urteilen in Ehe- und Kindschaftssachen ist auch das Datum des Eintritts der Rechtskraft anzugeben (»... rechtskräftig seit dem ...«). Daß und wem ein Rechtskraftzeugnis erteilt wurde, ist in den Akten zu vermerken.

5. Die **Amtspflicht** des Urkundsbeamten der Geschäftsstelle, ein Rechtskraftzeugnis nur bei nachgewiesener Rechtskraft zu erteilen, obliegt ihm nur gegenüber den Antragsberechtigten, nicht aber gegenüber am Rechtsstreit unbeteiligten Dritten, denen das Rechtskraftzeugnis später von einer Prozeßpartei vorgelegt wird.[12] Es besteht insoweit auch kein Vertrauensschutz, der zu Amtshaftungsansprüchen Veranlassung geben könnte.

**IV. Teilrechtskraftzeugnis:** Ein Zeugnis, das die Rechtskraft nur eines Teils der Entscheidung bescheinigt, ist grundsätzlich möglich.[13] Dieser Teil darf dann allerdings auch nicht mehr mit einem Anschlußrechtsmittel angefochten werden können.[14] Das ist – außer in Ehesachen –[15] dann der Fall, wenn hinsichtlich dieses Teils ein eindeutiger Rechtsmittelverzicht vorliegt oder wenn die letzte mündliche Verhandlung hinsichtlich des angefochtenen Teiles in der Rechtsmittelinstanz stattgefunden hat, sodaß weder eine Rechtsmittelerweiterung noch ein Anschlußrechtsmittel möglich ist. Das Teilrechtskraftzeugnis muß den rechtskräftigen Teil genau bezeichnen (»... ist hinsichtlich Ziff. ... des Tenors rechtskräftig.«).

**V. Das Notfristattest (Abs. 2):** Da Berufung und Revision jeweils unmittelbar beim Rechtsmittelgericht eingereicht werden, während sich die Akten noch in der unteren Instanz befinden, kann der Urkundsbeamte der Geschäftsstelle u. U. den bei ihm vorliegenden Gerichtsakten auch nach Ablauf der Rechtsmittelfrist nicht entnehmen, ob die Entscheidung angefochten ist oder nicht. Abs. 2 S. 1 erleichtert in einem solchen Fall die Beweisführung des Antragstellers, indem er ein Zeugnis der Geschäftsstelle des Rechtsmittelgerichts ausreichend sein läßt, daß bis zum Ablauf der Notfrist eine Rechtsmittelschrift nicht eingereicht sei (sog. Notfristattest). Ein Zeugnis der Geschäftsstelle des Revisionsgerichts, daß auch keine Sprungrevision eingereicht worden sei, muß nicht zusätzlich vorgelegt werden (Abs. 2 S. 2). Der Grund hierfür liegt in § 566 a Abs. 7 ZPO: Wegen der Pflicht zur umgehenden Information durch das Revisionsgericht ist das Landgericht selbst in der Lage, zuverlässig festzustellen, ob An-

---

11 Einzelheiten unten Rdn. 10.
12 BGH, MDR 1960, 288.
13 BGH, NJW 1989, 170; OLG Karlsruhe, Justiz 1971, 59.
14 Siehe hierzu auch: § 705 Rdn. 4.
15 Siehe hierzu auch: § 705 Rdn. 5.

schlußrevision eingelegt ist. Kann das Gericht, das das Rechtskraftzeugnis erteilen soll, auch sonst schon anhand seiner eigenen Unterlagen zweifelsfrei feststellen, daß kein Rechtsmittel eingelegt worden sein kann, darf es auch kein Notfristattest vom Antragsteller verlangen.[16]

11 Das Notfristzeugnis ist von der interessierten Partei,[17] nicht etwa von der Geschäftsstelle des Gerichts, das das Rechtskraftzeugnis ausstellen soll, unmittelbar bei der Geschäftsstelle des Rechtsmittelgerichts zu beantragen. Der Urkundsbeamte des Rechtsmittelgerichts prüft selbständig, ob die Notfrist zur Rechtsmitteleinlegung abgelaufen ist. Die Bescheinigung lautet etwa: »Gegen das Urteil (den Beschluß) des ... vom ... ist bis zum Ablauf der Notfrist am ... (oder einfach: »... bis heute«) eine Rechtsmittelschrift nicht eingegangen.« Das Attest wird zweckmäßigerweise nicht auf die Entscheidung selbst gesetzt, damit es später nicht mit dem Rechtskraftzeugnis verwechselt werden kann. Ein Teilnotfristattest ist ausgeschlossen,[18] weil aus einer Teilanfechtung keinerlei Rückschlüsse auf eine Teilrechtskraft gezogen werden können. Hierzu bedarf es zusätzlicher Überlegungen.[19]

Das Notfristattest ist auch dann zu versagen, wenn das rechtzeitig eingegangene Rechtsmittel nach Ansicht des Urkundsbeamten der Geschäftsstelle unzulässig ist (Einlegung durch beim Rechtsmittelgericht nicht zugelassenen Rechtsanwalt; Nichterreichen der Rechtsmittelsumme). Die Prüfung der Zulässigkeit des Rechtsmittels ist Sache der Richter. Umgekehrt ist das Attest zu erteilen, wenn ein Rechtsmittel erkennbar verspätet eingegangen ist. Der Urkundsbeamte braucht nicht abzuwarten, ob etwa erfolgreich Wiedereinsetzung beantragt werden wird.

12 **VI. Rechtsbehelfe:** Gegen die Versagung wie gegen die Erteilung eines Rechtskraft- oder Notfristzeugnisses hat die beschwerte Partei die Erinnerung nach § 576 ZPO.[20] Auch beim Rechtsmittelgericht besteht für die Erinnerung kein Anwaltszwang. Gegen eine die Erinnerung zurückweisende Entscheidung des Gerichts ist die einfache Beschwerde (§ 567 ZPO) möglich. Weitere Beschwerde ist dann nicht gegeben.[21] Wird das Zeugnis auf die Beschwerde hin vor der Beschwerdeentscheidung nachträglich doch erteilt, so kann der Beschwerdeführer sie für erledigt erklären, um nicht die Beschwerdekosten tragen zu müssen.[22]

13 **VII. Gebühren:** Für die Erteilung des Notfrist- oder Rechtskraftzeugnisses werden keine Gerichtsgebühren erhoben. Für den Anwalt, der die Partei schon im Prozeß vertreten hat, entstehen keine zusätzlichen Gebühren durch die Beantragung der genannten Atteste. Für den Anwalt, der die Partei nur in der Zwangsvollstreckung vertritt, ist die Beantragung der Atteste durch die 3/10-Gebühr des § 57 BRAGO mitabgegolten. Der Anwalt, der die Partei ausschließlich bei der Beschaffung des Notfrist- oder

---

16 *Zöller/Stöber,* § 706 Rdn. 8.
17 Zur Antragsberechtigung gilt das oben Rdn. 4 Gesagte entsprechend.
18 *Lappe,* Rpfleger 1956, 4.
19 Siehe oben Rdn. 9.
20 KG, FamRZ 1974, 447.
21 OLG Hamm, FamRZ 1993, 82.
22 OLG Hamburg, FamRZ 1979, 532.

Rechtskraftattests vertritt, erhält für diese Tätigkeit ebenfalls die 3/10-Gebühr des § 57 BRAGO, aber berechnet von einem Streitwert, der nur einen Bruchteil des Hauptsachestreitwerts ausmacht.[23]

Das Erinnerungsverfahren nach § 576 Abs. 1 ZPO läßt ebenfalls keine gesonderten Gerichts- oder Anwaltskosten entstehen. Es ist Teil des Verfahrens auf Attesterteilung und mit diesem als Einheit zu sehen.

---

23 MüKo/*Krüger*, § 706 Rdn. 11.

## § 707 Einstweilige Einstellung bei Wiedereinsetzungs- und Wiederaufnahmeantrag

(1) ¹Wird die Wiedereinsetzung in den vorigen Stand oder eine Wiederaufnahme des Verfahrens beantragt oder wird der Rechtsstreit nach der Verkündung eines Vorbehaltsurteils fortgesetzt, so kann das Gericht auf Antrag anordnen, daß die Zwangsvollstreckung gegen oder ohne Sicherheitsleistung einstweilen eingestellt werde oder nur gegen Sicherheitsleistung stattfinde und daß die Vollstreckungsmaßregeln gegen Sicherheitsleistung aufzuheben seien. ²Die Einstellung der Zwangsvollstreckung ohne Sicherheitsleistung ist nur zulässig, wenn glaubhaft gemacht wird, daß der Schuldner zur Sicherheitsleistung nicht in der Lage ist und die Vollstreckung einen nicht zu ersetzenden Nachteil bringen würde.

(2) ¹Die Entscheidung kann ohne mündliche Verhandlung ergehen. ²Eine Anfechtung des Beschlusses findet nicht statt.

**Inhaltsübersicht**

| | | Rdn. |
|---|---|---|
| | Literatur | |
| I. | Anwendungsbereich des Abs.1 | 1–3 |
| II. | Verhältnis zum allgemeinen Vollstreckungsschutz | 4 |
| III. | Verfahren | |
| | Antrag | 5 |
| | Zuständigkeit | 6 |
| | Rechtliches Gehör | 7 |
| IV. | Zu den inhaltlichen Möglichkeiten der Entscheidung | 8 |
| | 1. Einstweilige Einstellung gegen vom Schuldner zu stellende Sicherheit | 9 |
| | 2. Einstellung ohne Sicherheitsleistung | 10 |
| | 3. Anordnung, daß Zwangsvollstreckung nur gegen Sicherheitsleistung stattfinde | 11 |
| | 4. Anordnung, daß Vollstreckungsmaßnahmen gegen Sicherheitsleistung aufzuheben seien | 12 |
| | 5. Sonstige Anordnungen | 13 |
| V. | Besonderheiten im arbeitsgerichtlichen Verfahren | 14 |
| VI. | Wirkungen des Einstellungsbeschlusses | 15 |
| VII. | Rechtsbehelfe | 16–18 |
| VIII. | Gebühren | 19 |

**Literatur:** *Bögner,* Einstweilige Vollstreckungseinstellung bei Vorbehaltsurteilen, NJW 1953, 411; *Ebbeler,* Die Judikatur zur Beschwerde wegen greifbarer Gesetzwidrigkeit, Diss. Münster 1994; *Hackenberger/Schmidt,* Wiederherstellung einer aufgehobenen einstweiligen Verfügung im Wettbewerbsprozeß durch Einstellung der Zwangsvollstreckung, DB 1970, 20; *Henckel,* Vorbeugender Rechtsschutz im Zivilrecht, AcP 1974, 97; *Junghanss,* Die einstweilige Einstellung der Zwangsvollstreckung nach §§ 707/719 und ihre Ausdehnung auf ähnliche Fälle, Diss. Erlangen 1949; *Kamper,* Die Anfechtbarkeit richterlicher Entscheidungen nach dem Grundgesetz. Eine Untersuchung der dem Gesetzgeber durch das Grundgesetz gezogenen Grenzen der Rechtsmittelbeschränkung, Diss., Marburg 1996; *Kirberger,* Vollstreckungsverfahren nach Einstellung der Zwangsvollstreckung durch das Prozeßgericht, Rpfleger 1976, 8; *Künkel,* Die Anfechtbarkeit von Einstellungsentschei-

*Einstweilige Einstellung bei Wiedereinsetzungs- und Wiederaufnahmeantrag*  § 707

dungen nach §§ 707, 732 Abs. 2, 769 ZPO, MDR 1989, 309; *Lippross,* Grundlagen und System des Vollstreckungsschutzes, 1983; *Messer,* Die Anfechtung einstweiliger Anordnungen in der Zwangsvollstreckung, JuS 1969, 116; *Orlich,* Einstellung der Zwangsvollstreckung aus rechtskräftigen Vorbehaltsurteilen, NJW 1974, 260; *Pawlowski,* Zum außerordentlichen Rechtsschutz gegen Urteile und Beschlüsse bei Verletzung des Rechts auf Gehör nach Art. 103 Abs. 1 GG durch die Zivilgerichtsbarkeit. Ein Beitrag zur Lehre von der »greifbaren Gesetzeswidrigkeit«, Diss., Tübingen 1992; *Pohle,* Einstweilige Einstellung der Zwangsvollstreckung in Sozialversicherungssachen, AP 1954, 370; *Schneider,* Hinweise für die Prozeßpraxis, ... 2. Befriedigung aus einer gem. § 707 Abs. 1 ZPO geleisteten Sicherheit, JurBüro 1966, 911; *Schneider,* Einstweilige Einstellung der Zwangsvollstreckung nach §§ 707, 719 Abs. 1 ZPO, MDR 1973, 356; *ders.,* Hinweise für die Prozeßpraxis; Zustellung von Einstellungsbeschlüssen?, JurBüro 1974, 581 ff.; *ders.,* Hinweise für die Prozeßpraxis; Sicherheitsleistung durch Bankbürgschaft (Privatbanken), JurBüro 1974, 1101; *Schneider,* Die Rechtsmittelfähigkeit von Einstellungsbeschlüssen nach §§ 707, 719 ZPO, MDR 1980, 529.

**I. Anwendungsbereich des Abs. 1:** Die einstweilige Einstellung oder Erschwerung der Zwangsvollstreckung nach dieser Vorschrift ist unmittelbar möglich, wenn Antrag auf Wiedereinsetzung in den vorigen Stand (§ 232 ZPO) wegen Versäumung der Einspruchs-, Rechtsmittel- oder Rechtsmittelbegründungsfrist im Hinblick auf ein Urteil gestellt ist, wenn zur Wiederaufnahme eines durch rechtskräftiges Endurteil geschlossenen Verfahrens Nichtigkeits- oder Restitutionsklage (§ 578 ZPO) anhängig gemacht wurde oder wenn nach einem Vorbehaltsurteil gem. §§ 302, 599 ZPO der Rechtsstreit im Nachverfahren (§§ 302 Abs. 4, 600 ZPO) fortgesetzt wird. Kraft ausdrücklicher gesetzlicher Verweisung ist § 707 darüberhinaus anwendbar in den Fällen der §§ 700, 719 Abs. 1 (Einspruch oder Berufung gegen ein für vorläufig vollstreckbar erklärtes Urteil bzw. gegen einen Vollstreckungsbescheid), 924 Abs. 3 (Widerspruch gegen einen Beschluß, durch den ein Arrest angeordnet oder eine einstweilige Verfügung erlassen wurde), 1042 c Abs. 2, 1044 a Abs. 3 ZPO (Widerspruch gegen einen Beschluß, durch den ein Schiedsspruch bzw. ein Schiedsvergleich oder ein Anwaltsvergleich für vorläufig vollstreckbar erklärt wurde). **Entsprechend** (ohne daß eine ausdrückliche gesetzliche Regelung vorhanden ist) ist die Vorschrift anwendbar, wenn die Unwirksamkeit eines Prozeßvergleichs durch Fortsetzung des ursprünglichen Rechtsstreits[1] geltend gemacht wird;[2] wenn die Aufhebung einer einstweiligen Verfügung oder eines Arrestes wegen veränderter Umstände im Verfahren gem. § 927 ZPO geltend gemacht wird;[3] wenn die Kammer für Baulandsachen zur Entscheidung gegen eine vorzeitige Besitzeinweisung der Enteignungsbehörde angerufen ist;[4] wenn durch den zur Unterhaltszahlung Verpflichteten negative Feststellungsklage erhoben wurde, zur einstweiligen Einstellung der Zwangsvollstreckung aus einer gem. § 620 S. 1 Nr. 6 ZPO erlassenen einstweiligen Unterhaltsanordnung, und zwar nicht nur nach rechtskräftiger Scheidung,[5] sondern

---

1 BGHZ 28, 175; OLG Karlsruhe, NJW 1954, 436; OLG Hamburg, MDR 1955, 747; OLG Schleswig, JurBüro 1956, 148; LAG Düsseldorf, NJW 1963, 555; OLG Düsseldorf, MDR 1974, 52; OLG Zweibrücken, FamRZ 1975, 104; MüKo/*Krüger,* § 707 Rdn. 4; *Stein/Jonas/Münzberg,* § 707 Rdn. 28; *Zöller/Herget,* § 707 Rdn. 3.
2 Zur Geltendmachung der Unwirksamkeit eines Prozeßvergleichs siehe: § 767 Rdn. 27.
3 OLG Braunschweig, MDR 1956, 557.
4 OLG Hamburg, MDR 1968, 1017; KG, NJW 1969, 1072; OLG Zweibrücken, OLGZ 1973, 254; OLG Karlsruhe, MDR 1983, 943.
5 BGH, NJW 1983, 1330; OLG Hamm, FamRZ 1982, 411.

auch, wenn das Ehescheidungsverfahren noch anhängig ist;[6] wenn eine unvollständige Entscheidung über die vorläufige Vollstreckbarkeit getroffen wurde und deshalb die Ergänzung des Urteils beantragt ist, bis zur Entscheidung über den Ergänzungsantrag;[7] wenn der Schuldner Wiedereinsetzungsantrag gem. § 165 KO[8] wegen Versäumung des Prüfungstermins gestellt hat (einstweilige Einstellung der Zwangsvollstreckung aus der Konkurstabelle).

2  Dagegen ist **nicht** § 707, sondern § 769 ZPO entsprechend anwendbar, wenn der Schuldner Abänderungsklage nach § 323 ZPO[9] oder Klage auf Unterlassung der Zwangsvollstreckung nach § 826 BGB erhoben hat.[10] Die beiden Möglichkeiten ähneln sich zwar, auch hinsichtlich ihrer beschränkten Anfechtbarkeit,[11] § 769 ZPO läßt dem Gericht aber größere Freiheit, da eine dem § 707 Abs. 1 S. 2 entsprechende Regelung fehlt.[12] § 719 Abs. 2 ZPO und nicht § 707 ist anzuwenden, wenn das mit der Revision angefochtene, die Berufung als unzulässig verwerfende Urteil auf einer Ablehnung des Antrages auf Wiedereinsetzung in den vorigen Stand gegen die Versäumung der Berufungsfrist beruht.[13] Weder § 707 noch § 769 ZPO ist anwendbar, wenn gegen die zu vollstreckende Entscheidung Verfassungsbeschwerde eingelegt worden ist.[14] Hier kann allein das Bundesverfassungsgericht mit den Mitteln des BVerfGG einstweilige Regelungen treffen. Die einstweilige Einstellung der Zwangsvollstreckung aus einem rechtskräftigen Unterhaltstitel ist im Prozeß wegen Anfechtung der nichtehelichen Vaterschaft weder nach § 707 noch nach § 769 ZPO zulässig.[15] Schließlich ist § 707 nicht entsprechend anwendbar zur einstweiligen Einstellung der Zwangsvollstreckung aus einem im Verfügungsverfahren ergangenen Kostenfestsetzungsbeschluß, wenn zwar der Hauptprozeß anhängig ist, der Schuldner jedoch gegen die einstweilige Verfügung keinen Widerspruch eingelegt hat.[16]

3  Hinsichtlich der durch Beschwerde anfechtbaren Entscheidungen, einschließlich der durch Beschwerde anfechtbaren Urteile[17] (z. B. § 99 Abs. 2 ZPO), ist § 572 ZPO

---

6  OLG Frankfurt, NJW 1984, 1630; OLG Koblenz, FamRZ 1985, 1272; a. A. insoweit (nur wenn Ehescheidungsverfahren rechtskräftig abgeschlossen): OLG Hamm, FamRZ 1982, 411
7  LG Hannover, MDR 1980, 408.
8  Ab 1.1.1999: § 186 InsO.
9  Siehe § 769 Rdn. 1; ferner OLG Schleswig, JR 1949, 88.
10  Siehe § 769 Rdn. 1, und zwar dort insbesondere zum Streit, ob anstelle der einstweiligen Einstellung der Zwangsvollstreckung etwa nur eine einstweilige Verfügung auf Unterlassung der Zwangsvollstreckung in Betracht kommt. MüKo/*Krüger*, § 707 Rdn. 5 hält die Anwendung von § 769 ZPO in diesem Fall jedenfalls für erwägenswert; dagegen wenden BGH, JurBüro 1961, 551; OLG Frankfurt, JurBüro 1969, 360; OLG Karlsruhe, FamRZ 1982, 400 sowohl § 707 als auch § 769 nebeneinander entsprechend an.
11  Siehe § 769 Rdn. 14.
12  Siehe § 769 Rdn. 9.
13  BGH, NJW 1964, 2415.
14  LG Mannheim, NJW 1960, 1624.
15  OLG Köln, NJW 1971, 2232; OLG Celle, NdsRpfl 1975, 120; OLG Hamburg, MDR 1975, 224; OLG Saarbrücken, DAVorm 1985, 155; MüKo/*Krüger*, § 707 Rdn. 5.
16  OLG Karlsruhe, OLGZ 1973, 486.
17  *Stein/Jonas/Münzberg*, § 707 Rdn. 26.

die speziellere Regelung gegenüber §§ 707, 719 ZPO. Dieser Weg ist deshalb auch insoweit der einzig zulässige, es sei denn, daß das Gesetz im Einzelfall noch speziellere Regelungen enthält (so §§ 620e, 732 Abs. 2, 766 Abs. 1 S. 2, 769 ZPO). Zur einstweiligen Einstellung von Entscheidungen, deren Vollstreckung nach dem EuGVÜ zu betreiben ist, vergl. Art. 38 EuGVÜ.[18]

Hinsichtlich der Vollstreckung aus arbeitsgerichtlichen Titeln enthält § 62 Abs. 1 S. 3 ArbGG eine den § 707 modifizierende Regelung.[19]

Im Sozialgerichtsprozeß[20] und im Verfahren vor den Finanzgerichten[21] ist die entsprechende Anwendung des § 707 grundsätzlich möglich.

**II. Verhältnis zum allgemeinen Vollstreckungsschutz:** Die Regelung des § 707 ist nicht insoweit abschließend, daß ein darüberhinausgehender Antrag nach § 765 a ZPO unzulässig wäre.[22] Allerdings fehlt für den Antrag nach § 765 a ZPO das Rechtschutzinteresse, wenn den Interessen des Antragstellers mit einer Entscheidung nach § 707 Genüge getan wäre und kein Einstellungsantrag beim Prozeßgericht gestellt ist.[23]

**III. Verfahren:** Die einstweiligen Anordnungen nach Abs. 1 erfolgen nie von amtswegen (anders als nach §§ 732 Abs. 2, 766 Abs. 1 S. 2 ZPO), sondern immernur auf **Antrag** des jeweiligen Vollstreckungsschuldners. Der Antrag ist erst zulässig, wenn der Antrag auf Wiedereinsetzung bereits gestellt, die Nichtigkeits- oder Restitutionsklage bereits anhängig ist oder das Nachverfahren tatsächlich betrieben wird. Es genügt nicht, daß hinsichtlich eines dieser Verfahren lediglich Prozeßkostenhilfeantrag gestellt ist.[24] Dagegen ist keine Zulässigkeitsvoraussetzung, daß aus dem angegriffenen Titel bereits die Zwangsvollstreckung begonnen wurde. Ist die Zwangsvollstreckung bereits beendet, fehlt dem Antrag allerdings das Rechtschutzinteresse. Denn über § 707 kann nie die Rückabwicklung einer bereits beendeten Zwangsvollstreckung erreicht werden. Der Schuldner ist in einem solchen Fall auf seine materiellrechtlichen Ausgleichsansprüche angewiesen.[25]

Ausschließlich **zuständig** zur Entscheidung über den Antrag ist das Gericht, das über das Wiedereinsetzungsgesuch zu entscheiden hat, bei dem die Nichtigkeits- oder Restitutionsklage anhängig gemacht wurde oder bei dem das Nachverfahren anhängig ist, nicht etwa das Vollstreckungsgericht. Die Zuständigkeit des Landgerichts, bei dem das Nachverfahren anhängig ist, gem. § 707 zu entscheiden, wird nicht dadurch beseitigt, daß gegen das Vorbehaltsurteil Revision eingelegt ist, über die noch nicht entschieden wurde. Insbesondere steht § 719 Abs. 2 ZPO einer landgerichtlichen Entscheidung nach § 707 Abs. 1

---

18 OLG Hamm, MDR 1978, 324 und RIW/AWD 1979, 789; OLG Düsseldorf, RIW 1985, 492; BGH, NJW 1983, 1879.
19 Einzelheiten unten Rdn. 14.
20 LSG Hamburg, MDR 1955, 698.
21 BFH, BB 1974, 449.
22 LG Köln, MDR 1962, 741; *Zöller/Herget*, § 707 Rdn. 5.
23 LG Mannheim, MDR 1968, 590.
24 OLG Düsseldorf, JMBlNW 1970, 236; *Stein/Jonas/Münzberg*, § 707 Rdn. 2.
25 Siehe hierzu auch § 767 Rdn. 42. Keine Beendigung der Zwangsvollstreckung liegt vor, wenn der Schuldner ausdrücklich nur zur Abwendung der Vollstreckung geleistet hat; vergl. OLG München, MDR 1985, 1034.

§ 707  *Einstweilige Einstellung bei Wiedereinsetzungs- und Wiederaufnahmeantrag*

nicht entgegen.[26] Es entscheidet der Richter, der auch für die Hauptsacheentscheidung zuständig ist, gegebenenfalls also auch der Einzelrichter beim Landgericht[27] oder der Vorsitzende der Kammer für Handelssachen. Soweit für das Verfahren zur Hauptsache Anwaltszwang besteht, besteht auch für den Antrag gem. § 707 Abs. 1 Anwaltszwang.

7   Über den Antrag ist mündliche Verhandlung möglich (Abs. 2 S. 1), aber unüblich. Dem Gläubiger muß jedoch **rechtliches Gehör** gewährt werden.[28] Ist die Entscheidung im Einzelfall so dringlich (– der Gerichtsvollzieher beginnt schon mit dem Versteigerungstermin, der Gläubiger ist aber unerreichbar –), daß eine Anhörung den Rechtsschutz für den Schuldner vereiteln würde, muß die Anhörung nachgeholt und die Entscheidung sodann nochmals inhaltlich überprüft werden.[29] Die Entscheidung ergeht durch **Beschluß**. Der Beschluß muß nur dann begründet werden, wenn das Gericht den Ausnahmefall des § 707 Abs. 1 S. 2 für gegeben erachtet.[30] Der Beschluß über die einstweilige Einstellung der Zwangsvollstreckung **wirkt** bereits von dem Zeitpunkt an, in welchem er existent geworden ist, d. h. mit dem Zeitpunkt des ersten Hinausgehens der Entscheidung,[31] nicht erst mit der Zustellung nach § 329 Abs. 2 S. 2 ZPO.

8   IV. Zu den inhaltlichen Möglichkeiten der Entscheidung: Ob das Gericht eine der in Abs. 1 S. 1 genannten Anordnungen trifft und welche, steht in seinem pflichtgemäßen Ermessen. Das Gericht muß bei seiner Entscheidung die Parteiinteressen gegeneinander abwägen; es hat dabei davon auszugehen, daß grundsätzlich das Interesse des Gläubigers, aus einem rechtskräftigen oder auch nur vorläufig vollstreckbaren Titel die Zwangsvollstreckung betreiben zu dürfen, schutzwürdiger ist als das Abwendungsinteresse des Schuldners.[32] Das Gericht hat die Erfolgsaussichten des anhängigen Verfahrens (Wiedereinsetzungsgesuch, Wiederaufnahmeklage, Nachverfahren) kritisch zu würdigen und die wirtschaftlichen Auswirkungen einer einstweiligen Einschränkung der Vollstreckung einerseits, der ungehinderten Fortsetzung der Vollstreckung andererseits für die Parteien zu berücksichtigen.[33] Auch die Art des Vollstreckungstitels kann bei der Abwägung von Bedeutung sein. So wird die Beschränkung der Zwangsvollstreckung aus einem Urteil, durch das eine einstweilige Verfügung erlassen oder bestätigt wurde, nur ausnahmsweise unter besonderen Umständen in Betracht kommen.[34] Ähnliches gilt wegen der Eilbedürftigkeit der Reaktion für einen Titel, der einen presserechtlichen Gegendarstellungsanspruch gewährt.[35] Eine einstweilige Einstellung der

---

26 OLG Nürnberg, NJW 1982, 392.
27 OLG Schleswig, SchlHA 1975, 63.
28 *Schneider*, MDR 1973, 357; OLG Celle, MDR 1986, 63.
29 OLG Celle, MDR 1970, 243 und MDR 1986, 63; MüKo/*Krüger*, § 707 Rdn. 10; OLG Köln, JurBüro 1988, 1086 hält eine automatische Befristung für überflüssig und will die Initiative, ob das Gericht sich noch einmal mit der Einstellung befassen müsse, dem Gläubiger überlassen.
30 Einzelheiten hierzu unten Rdn. 10.
31 BGHZ 25, 60.
32 OLG Köln, DB 1975, 1699.
33 KG, FamRZ 1978, 413; OLG Köln, MDR 1974, 407.
34 OLG Köln, GRUR 1982, 504; OLG Frankfurt, MDR 1983, 585 und WRP 1991, 405; siehe auch *Schuschke* in *Schuschke/Walker*, Bd. 2, § 929 Rdn. 5.
35 OLG Köln, JMBlNW 1972, 141.

Zwangsvollstreckung ist auch dann möglich, wenn der Gläubiger schon nach dem Titel nur gegen Sicherheitsleistung vollstrecken darf.[36] Bei der Abwägung wird aber zu berücksichtigen sein, daß der Schuldner gegebenenfalls schon vor Titelbeschaffung die Möglichkeit hatte, einen Schutzantrag nach § 712 ZPO zu stellen und daß er hiervon keinen Gebrauch gemacht hat.[37] Umstände, die dem Schuldner zwar lästig sind (z. B. Sicherungsvollstreckung in bewegliche Sachen), ihm aber keine wirtschaftlichen Nachteile bringen, rechtfertigen keine Anordnungen nach § 707 Abs. 1 S. 1.[38]

Folgende Anordnungen sind im einzelnen möglich:

**1. Einstweilige Einstellung der Zwangsvollstreckung gegen vom Schuldner zu stellende Sicherheitsleistung:** Die Art und Höhe der Sicherheitsleistung bestimmt das Gericht gem. § 108 ZPO. Das Pfandstück, das der Gläubiger durch eine Vollstreckungsmaßnahme erlangt hat, kann nicht als Sicherheit für die Einstellung dienen; hierfür kommt vielmehr nur ein von der Vollstreckung nicht betroffener Gegenstand in Betracht.[39] Das schließt nicht aus, das Pfandstück bei der Bestimmung der Sicherheit wertmäßig zu berücksichtigen.[40] Die Einstellung kann sich auch nur auf einen Teil des zu vollstreckenden Anspruchs beziehen. Eine Einstellung mit der Maßgabe, daß nur die Beitreibung der Gerichtskosten zu unterbleiben habe, kommt allerdings nicht in Betracht.[41] Die Sicherheitsleistung ist jeweils so zu bemessen, daß der Gläubiger, wenn er die Zwangsvollstreckung schließlich doch fortsetzen kann, durch die Verzögerung keinen Schaden erleidet. Leistet der Schuldner die Sicherheit nicht, geht die Zwangsvollstreckung ohne Einschränkung weiter. Der Gläubiger kann also z. B. eine von ihm gepfändete und ihm zur Einziehung überwiesene Forderung, ohne durch den bloßen Beschluß nach § 707 hieran gehindert zu sein, weiter persönlich einziehen, wenn der Schuldner die ihm nachgelassene Sicherheit nicht geleistet hat; § 839 ZPO ist in einem solchen Fall nicht zu Gunsten des Schuldners anwendbar.[42]

9

**2. Einstellung der Zwangsvollstreckung ohne Sicherheitsleistung (Abs. 1 S. 2):** Sie ist **nur** zulässig, wenn der Schuldner glaubhaft macht (§ 294 ZPO), daß er zur Sicherheitsleistung nicht in der Lage ist und (– also kumulativ! –) die Vollstreckung ihm einen nicht zu ersetzenden Nachteil bringen würde. Die Einstellung der Zwangsvollstreckung ohne Sicherheitsleistung ist also die Ausnahme;[43] das gilt auch dann, wenn der Erfolg des vom Schuldner betriebenen Verfahrens (Wiederaufnahmeklage usw.) nach dem bisherigen Aktenstand als wahrscheinlich erscheint.[44] Der unersetzbare Nachteil muß gerade

10

---

36 OLG Düsseldorf, MDR 1966, 932; OLG Celle, MDR 1987, 505; OLG Köln, NJW-RR 1987, 189; MüKo/*Krüger*, § 707 Rdn. 13.
37 OLG Frankfurt, MDR 1985, 62.
38 OLG Köln, JurBüro 1979, 448.
39 LG Köln, JMBlNW 1955, 41; OLG Celle, JurBüro 1959, 513; OLG Schleswig, JurBüro 1969, 1111.
40 OLG Celle, JurBüro 1959, 513.
41 OLG Nürnberg, JurBüro 1964, 286.
42 LG Hamburg, MDR 1952, 45.
43 OLG Frankfurt, MDR 1969, 317.
44 OLG Hamm, NJW 1981, 132; KG, MDR 1984, 61; MDR 1985, 330.

durch die Zwangsvollstreckung selbst herbeigeführt werden,[45] darf also nicht nur mittelbare Folge der Vollstreckung sein, so, wenn der Schuldner geltend macht, die Fortsetzung der Zwangsvollstreckung würde ihn, da abzusehen sei, daß der Gläubiger nicht befriedigt werde, zur Leistung der Offenbarungsversicherung zwingen und damit seinen Kredit gefährden.[46] Ebenso ist der infolge der Zwangsvollstreckung drohende Konkurs einer Gesellschaft jedenfalls dann kein »nicht zu ersetzender Nachteil«, wenn die gepfändeten Vermögensgegenstände ohne weiteres durch Geldleistungen ersetzt werden können.[47] Ein nicht zu ersetzender Nachteil läge etwa darin, daß der Erfolg der Zwangsvollstreckung auch durch Geld nicht wieder rückgängig gemacht werden könnte. Dies wäre etwa bei Auskünften über betriebliche Geheimnisse (Umsatzzahlen, Gewinnspannen usw.) der Fall, aber auch bei Unterlassungen, wenn die unterlassene Handlung praktisch nicht schadensausgleichend nachgeholt werden kann.[48]

11  3. **Anordung, daß die Zwangsvollstreckung nur gegen Sicherheitsleistung stattfinde**: Eine solche Anordnung kann auch dann sinnvoll sein, wenn der Titel selbst schon vorsieht (etwa im Falle des § 709 S. 1 ZPO), daß der Gläubiger nur gegen Sicherheitsleistung vorläufig vollstrecken dürfe. Denn zum einen kann durch eine solche Anordnung auch die Möglichkeit der Sicherungsvollstreckung nach § 720 a ZPO abgeschnitten werden, zum anderen kann die im Titel vorgesehene Sicherheitsleistung inhaltlich modifiziert (Zulassung nur noch bestimmter Sicherheiten) oder der Höhe nach erweitert werden.[49] Bei der Festsetzung der Sicherheitsleistung sind alle dem Schuldner aus einer möglichen Vollstreckung drohenden Schäden zu berücksichtigen. Hat der Gläubiger die Zwangsvollstreckung bereits begonnen, so bleiben die bisherigen Vollstreckungsmaßnahmen bestehen. Der Gläubiger kann aber nunmehr die Vollstreckung nur fortsetzen, wenn er die angeordnete Sicherheitsleistung erbringt.

12  4. **Anordnung, daß die Vollstreckungsmaßregeln gegen Sicherheitsleistung aufzuheben seien**: Die Sicherheit muß so bemessen werden, daß sie mindestens der Sicherheit entspricht, die der Gläubiger seinerseits durch seine Vollstreckungsmaßnahmen bisher gewonnen hatte.[50] Die Anordnung kommt nur in Betracht, wenn die Zwangsvollstreckung nicht bereits beendet war. § 707 dient grundsätzlich nicht dem Zweck, die abgeschlossene, aber möglicherweise materiellrechtlich nicht gerechtfertigte Vollstreckung wieder rückgängig zu machen. Weist der Schuldner die Sicherheitsleistung nach, hat das Vollstreckungsorgan gem. § 776 ZPO die in der Anordnung genannten Vollstreckungsmaßregeln aufzuheben. Solange der Schuldner die Sicherheitsleistung nicht erbracht hat, ist der Gläubiger nicht gehindert, die begonnenen Vollstreckungsmaßnahmen auch durch Verwertung fortzusetzen und so gegebenenfalls die Zwangsvollstreckung zu beenden, sodaß die Anordnung letztlich leerläuft.

---

45 OLG Celle, OLGZ 1969, 458.
46 OLG Köln, JMBlNW 1969, 272.
47 OLG Frankfurt, MDR 1982, 239 und MDR 1985, 507.
48 *Rosenberg/Gaul*, § 11 III 3 a; *Stein/Jonas/Münzberg*, § 707 Rdn. 11.
49 *Rosenberg/Gaul*, § 11 III 3 c; MüKo/*Krüger*, § 707 Rdn. 18.
50 *Stein/Jonas/Münzberg*, § 707 Rdn. 18.

**5. Sonstige Anordnungen:** Die Aufzählung der möglichen Anordnungen in § 707 Abs. 1 ist nicht abschließend. Die Befugnis, die Zwangsvollstreckung ganz einzustellen, schließt als Minus auch die Befugnis ein, nur ganz bestimmte Vollstreckungsmaßregeln zu untersagen, etwa den Zugriff auf bestimmte Vermögensgegenstände[51] zu unterbinden, oder umgekehrt die Zwangsvollstreckung nur noch in bestimmte Vermögensgegenstände zuzulassen (z. B. Einstellung der Zwangsvollstreckung, soweit sie nicht in das unbewegliche Vermögen betrieben wird).[52] Schließlich kann die Zwangsvollstreckung auch auf die Sicherungsvollstreckung beschränkt werden.[53]

**V. Besonderheiten im arbeitsgerichtlichen Verfahren:** Nach § 62 Abs. 1 S. 3 ArbGG kann die Zwangsvollstreckung aus einem arbeitsgerichtlichen Urteil in den Fällen der §§ 707 Abs. 1, 719 Abs. 1 ZPO **nur** eingestellt werden, wenn der Beklagte glaubhaft macht, daß die Vollstreckung ihm einen nicht zu ersetzenden Nachteil bringen würde. Das Ermessen des Gerichts ist also deutlich eingeschränkt. Auch die möglichen Anordnungen des Gerichts sind beschränkt: Die Einstellung der Zwangsvollstreckung ist nur **ohne** Sicherheitsleistung möglich,[54] da auch § 62 Abs. 1 S. 1 ArbGG nur die vorläufige Vollstreckbarkeit ohne Sicherheitsleistung kennt. Die übrigen Möglichkeiten, die § 707 vorsieht,[55] sind nicht anwendbar.[56] Die einstweilige Einstellung der Zwangsvollstreckung muß nicht den gesamten vollstreckbaren Anspruch betreffen; es kommt auch eine teilweise Einstellung oder die Einstellung einzelner Vollstreckungsmaßnahmen in Betracht. An die Beurteilung, ob ein nicht zu ersetzender Nachteil zu erwarten ist, ist ein strenger Maßstab anzulegen.[57] So rechtfertigt etwa der Gesichtspunkt, daß die im Wege der Zwangsvollstreckung durchgesetzte tatsächliche Beschäftigung eines Arbeitnehmers nachträglich nicht mehr rückgängig gemacht werden kann, noch nicht den Schluß, damit entstehe für den Arbeitgeber ein nicht zu ersetzender Nachteil.[58] Es müßten vielmehr weitere Umstände aus der betrieblichen Sphäre des Arbeitgebers bzw. der persönlichen Sphäre des Arbeitnehmers hinzukommen, um diese Annahme zu rechtfertigen.

**VI. Wirkungen des Einstellungsbeschlusses:** Der Schuldner kann gem. § 775 Nr. 2 ZPO durch Vorlage des Beschlusses und gegebenenfalls Nachweis einer angeordneten Sicherheitsleistung erreichen, daß die Vollstreckungsorgane die Zwangsvollstreckung nicht fortsetzen. Bisherige Vollstreckungsmaßnahmen bleiben gem. § 776 S. 2 ZPO bestehen,

---

51 BGHZ 18, 399.
52 BGHZ 18, 219.
53 *Rosenberg/Gaul*, § 11 III 3 a.
54 *Germelmann/Matthes/Prütting*, ArbGG, § 62 Rdn. 35; *Grunsky*, ArbGG, § 62 Rdn. 7; *Stein/Jonas/Münzberg*, § 707 Rdn. 30.
55 Siehe oben Rdn. 11–13.
56 *Germelmann/Matthes/Prütting*, ArbGG, § 62 Rdn. 35; *Grunsky*, ArbGG, § 62 Rdn. 8; *Stein/Jonas/Münzberg*, § 707 Rdn. 30.
57 *Germelmann/Matthes/Prütting*, ArbGG, § 62 Rdn. 30; a. A. (weniger streng als bei § 707 ZPO): *Stein/Jonas/Münzberg*, § 707 Rdn. 29.
58 BAG, NZA 1985, 706; LAG Frankfurt, DB 1983, 2640; LAG Berlin, DB 1980, 2448; *Germelmann/Matthes/Prütting*, ArbGG, § 62 Rdn. 15.

sofern im Einstellungsbeschluß nicht ausdrücklich ihre Aufhebung angeordnet ist. Die Vollstreckungsorgane haben die Einstellung, wenn sie ohne Benachrichtigung seitens des Schuldners von ihr erfahren, auch von amtswegen zu beachten.[59] Als »einstweilige« Anordnung gilt die Einstellung nur bis zur Entscheidung des Verfahrens, in dem sie ergangen ist. Sie tritt dann automatisch, ohne daß es einer Aufhebung bedarf, außer Kraft.

Vollstreckungsmaßnahmen, die unter Mißachtung des Einstellungsbeschlusses vorgenommen werden, sind nicht nichtig, sondern lediglich anfechtbar.[60] Es entsteht also sowohl Verstrickung als auch ein Pfändungspfandrecht. Eine Verwertung trotz Einstellung der Zwangsvollstreckung führt, wenn sich der Titel nachträglich als bestandskräftig erweist, zum endgültigen Vermögensverlust. Wird der Titel nachträglich aufgehoben, sind nur materiellrechtliche Ausgleichsansprüche möglich.

16  VII. **Rechtsbehelfe:** Das Gericht ist an seinen Einstellungsbeschluß ebensowenig wie an die Ablehnung einer einstweiligen Anordnung gebunden und kann seinen Beschluß, wenn es **neue** Tatsachen erfährt, abändern.[61] Der Vortrag neuer Tatsachen und die Bitte, den Beschluß nochmals in ihrem Lichte zu überdenken, stellt deshalb noch keinen Rechtsbehelf dar, sondern nur die Anregung zu einer Abänderung von amtswegen. Als Rechtsbehelf ist eine solche Eingabe erst aufzufassen, wenn der durch den Beschluß Beschwerte entweder eine abweichende Entscheidung aufgrund des bisherigen Sachverhalts beantragt oder wenn das Gericht bei neuem Sachvortrag zu einer Abhilfe von amtswegen nicht bereit ist, der Beschwerte aber auf einer Entscheidung besteht.

17  Ein solches Rechtsmittel ist nach **Abs. 2 S. 2** grundsätzlich **unzulässig**. Der Grund für diese Regelung liegt darin, daß das Rechtsmittelgericht nicht im Rahmen der Prüfung der Erfolgsaussicht der Klage usw. das erstinstanzliche Gericht in der Sache selbst präjudizieren soll, bevor dieses sich überhaupt mit der Sache selbst befaßt hat. Dieser Grund gilt gleichermaßen für die Ablehnung des Erlasses einer einstweiligen Anordnung wie für deren Erlaß. Trotz des klaren und uneingeschränkten Wortlauts des Abs. 2 S. 2 läßt die überwiegende Meinung in Literatur[62] und Rechtsprechung[63] dann

---

59 Siehe auch § 775 Rdn. 8 und 14.
60 OLG Stuttgart, Rpfleger 1975, 407; LG Berlin, Rpfleger 1976, 26.
61 *Rosenberg/Gaul*, § 11 III 6; *Schneider*, MDR 1980, 529; *MüKo/Krüger*, § 707 Rdn. 22.
62 *Brox/Walker*, Rdn. 177; *MüKo/Krüger*, § 707 Rdn. 23; *Rosenberg/Gaul*, § 11 III 7; *Stein/Jonas/Münzberg*, § 707 Rdn. 23; *Schneider*, MDR 1980, 529; *Thomas/Putzo*, § 707 Rdn. 19; *Zöller/Herget*, § 707 Rdn. 22.
63 Beispielhaft: LG Waldshut, NJW 1954, 277; LG Oldenburg, NJW 1954, 561; LG Essen, NJW 1956, 957; OLG Braunschweig, MDR 1959, 44; OLG Nürnberg, MDR 1961, 61; OLG Karlsruhe, ZZP 1962, 140; OLG Celle, MDR 1963, 57; OLG Celle, MDR 1964, 928; OLG Neustadt, MDR 1964, 853; OLG Celle, JurBüro 1966, 527; LG Kleve, MDR 1966, 154; OLG Frankfurt, MDR 1969, 60; OLG Düsseldorf, MDR 1970, 58; OLG Schleswig, SchlHA 1975, 62; OLG Frankfurt, FamRZ 1978, 529; OLG Düsseldorf, MDR 1980, 675; OLG Frankfurt, ZIP 1981, 664; OLG Celle, MDR 1986, 63; OLG Frankfurt, NJW-RR 1989, 62; OLG Koblenz, WRP 1990, 366; OLG Hamburg, ZMR 1991, 26; BGH, NJW 1994, 2363; a. A. (Anfechtung generell ausgeschlossen): OLG Celle, MDR 1968, 333; KG, MDR 1984, 590; OLG Karlsruhe, ZMR 1994, 324.

die sofortige Beschwerde[64] gegen eine Entscheidung nach Abs. 1 zu, wenn diese »greifbar gesetzwidrig« ist.[65] Wann eine »greifbare Gesetzwidrigkeit« vorliegt, ist im einzelnen sehr umstritten.[66] Während einzelne die Zulässigkeit der Beschwerde schon dann bejahen, wenn das Gericht verkannt habe, daß es einen Ermessensspielraum habe,[67] wenn dem Gläubiger das rechtliche Gehör versagt wurde,[68] wenn die Glaubhaftmachung der besonderen Voraussetzungen einer Einstellung der Zwangsvollstreckung ohne Sicherheitsleistung nach Abs. 1 S. 2 fehlte[69] oder wenn die Einstellung über Abs. 1 S. 1 hinaus in einem gesetzlich nicht ausdrücklich geregelten Fall angeordnet wurde,[70] lassen andere die Beschwerde nur dann zu, wenn die angefochtene Entscheidung jeder gesetzlichen Grundlage entbehrt und dazu auch noch inhaltlich dem Gesetz fremd ist.[71] Richtigerweise muß beim Zweck des Abs. 2 S. 2 angesetzt werden: Durch die Vorschrift soll eine inhaltliche Überprüfung der Entscheidung durch das Beschwerdegericht, das auch im nachfolgenden Verfahren zur Sache in der Regel das Berufungsgericht ist, ganz ausgeschlossen sein; dagegen berührt der Zweck der Norm nicht den Anspruch jedes Verfahrensbeteiligten, daß die zwingenden Verfahrensregeln auch bei einer für ihn inhaltlich nachteiligen Entscheidung gewahrt werden. Vorrangig ist hier zunächst einmal die Gegenvorstellung. Beharrt das Gericht aber danach auf seinem Fehler, indem es etwa die Ansicht vertritt, es dürfe Gegenvorstellungen nicht berücksichtigen oder es könne über Abs. 1 S. 2 hinaus ohne Sicherheitsleistung einstellen, so ist dieser Beschluß (also nicht der ursprüngliche) anfechtbar. Richtigerweise müßte die einfache, unbefristete Beschwerde zulässig sein, da die Entscheidung noch außerhalb der Zwangsvollstreckung ergeht, § 793 ZPO also noch nicht greift, ein anderer »Fall der sofortigen Beschwerde« (§ 577 Abs. 1 ZPO) aber nicht ersichtlich ist.[72] Dennoch sollte der Betroffene die Frist des § 577 Abs. 2 S. 1 ZPO einhalten, da die Rechtsprechung von alters her fast einhellig nur die sofortige Beschwerde zuläßt, sodaß schon fast von einer gewohnheitsrechtlichen Befristung ausgegangen werden muß.[73]

Das Ergebnis der Beschwerde kann nicht sein, daß das Beschwerdegericht sein Ermessen an die Stelle dessen des Vorgerichts setzt. Es kann die Ablehnung der Abhilfeentscheidung nur aufheben und das Vorgericht anweisen, die Gegenvorstellung unter Beachtung der entsprechenden Verfahrensregeln inhaltlich neu zu bescheiden.[74] Umgekehrt kann es unter Abänderung einer Einstellungsanordnung den Einstellungsantrag

---

64 A. A. (einfache Beschwerde): *Künkel*, MDR 1989, 309.
65 Grundsätzlich zum Begriff der »greifbaren Gesetzeswidrigkeit«: *Pawlowski*, Diss. Tübingen 1992; siehe auch die Besprechung dieser Diss. durch *Voßkuhle* in ZZP 1995, 271.
66 Gegen einer Beschränkung der außerordentlichen Anfechtungsmöglichkeit auf die Fälle »greifbarer Gesetzeswidrigkeit« allerdings MüKo/*Krüger*, § 707 Rdn. 24.
67 OLG Celle, MDR 1963, 57 und MDR 1964, 928.
68 OLG Celle, MDR 1986, 63.
69 LG Oldenburg, NJW 1954, 561; LG Essen, NJW 1956, 957; OLG Braunschweig, MDR 1959, 44; OLG Karlsruhe, ZZP 1962, 140; OLG Düsseldorf, MDR 1980, 675.
70 OLG Neustadt, MDR 1964, 853; OLG Düsseldorf, MDR 1970, 58.
71 OLG Schleswig, SchlHA 1975, 62; OLG Frankfurt, NJW-RR 1989, 62; für eine inhaltlich enge Auslegung des Begriffs auch BGH, NJW 1994, 2363 und MDR 1996, 845.
72 So auch *Künkel*, MDR 1989, 311.
73 *Rosenberg/Gaul*, § 11 III 7; *Stein/Jonas/Münzberg*, § 707 Rdn. 23.
74 OLG Bremen, OLGZ 1967, 39.

**§ 707** *Einstweilige Einstellung bei Wiedereinsetzungs- und Wiederaufnahmeantrag*

nur endgültig zurückweisen, wenn, ohne daß es auf eine Ermessensausübung ankäme, in keinem Fall Anordnungen nach Abs. 1 S. 1 zulässig sind.

18  Trotz erheblicher Verfahrensmängel kommt eine Anfechtung einer Entscheidung über einen Einstellungsantrag dann nicht in Betracht, wenn ein Gericht entschieden hat, das in der eigentlichen Hauptsache letztinstanzlich urteilt, dessen Hauptsacheentscheidung also nicht anfechtbar ist.[75] Denn der Beschwerdeweg soll grundsätzlich nicht über den Rechtszug der Hauptsache hinausgehen,[76] wenn dies nicht ausnahmsweise ausdrücklich vorgesehen ist (§ 567 Abs. 3 und 4 ZPO). Ebenso scheidet die Beschwerde dann aus, wenn das Gericht über den Einstellungsantrag ablehnend erst zugleich mit der Hauptsache (Wiedereinsetzung usw.) entschieden hat.[77] Nunmehr kann nur noch das Rechtsmittelgericht der Hauptsache einstweilige Anordnungen treffen. Die **weitere Beschwerde** gegen eine Entscheidung des Beschwerdegerichts ist immer ausgeschlossen (§ 568 Abs. 2 ZPO).

Im arbeitsgerichtlichen Verfahren sind Entscheidungen der Landesarbeitsgerichte nach §§ 707 Abs. 1 ZPO, 62 Abs. 1 S. 3 ArbGG gem. § 70 ArbGG ausnahmslos unanfechtbar, auch dann also, wenn sie unter erheblichen Mängeln i. S. der vorstehenden Ausführungen leiden.[78]

19  **VIII. Gebühren:** Durch eine Entscheidung über Anträge nach § 707 Abs. 1 entstehen keine zusätzlichen Gerichtsgebühren zu denen des Verfahrens der Hauptsache. Wird über den Antrag im schriftlichen Verfahren entschieden, entstehen auch keine zusätzlichen Anwaltsgebühren. Findet jedoch eine abgesonderte mündliche Verhandlung statt, erhält der Anwalt gem. § 49 Abs. 1 S. 1 BRAGO drei Zehntel der in § 31 BRAGO bestimmten Gebühren zusätzlich. Der Streitwert bestimmt sich insoweit nach § 3 ZPO.[79] Angemessen ist ein Bruchteil des Wertes des noch vollstreckbaren Anspruchs (im Hinblick auf die Vorläufigkeit der Einstellung).[80]

---

75 OLG Celle, NJW 1967, 401.
76 Siehe hierzu grundsätzlich: *Stüben*, ZZP 1970, 8.
77 OLG Karlsruhe, MDR 1988, 975.
78 *Germelmann/Matthes/Prütting*, § 70 ArbGG Rdn. 4.
79 MüKo/*Krüger*, § 707 Rdn. 26; *Thomas/Putzo*, § 3 Rdn. 188.
80 BGH, NJW 1991, 2280.

**Vorbemerkung vor §§ 708–720 a: Die vorläufige Vollstreckbarkeit.**

Literatur: *Anders/Gehle*, Handbuch für das Zivilurteil – Kosten Antrag und Tenor zur Hauptsache, Vollstreckbarkeit –, 2. Aufl. 1995; *Arens*, Prozeßrecht und materielles Recht, AcP 1973, 250; *Braun*, Erfüllung, Verzugsbeendigung und Verzugszinsen bei Abwehrleistungen und vorläufiger Vollstreckung, AcP 1984, 152; *Braun*, Zinsen trotz Zahlung zur Abwendung der Vollstreckung, DGVZ 1976, 19; *Blomeyer*, Vorläufig vollstreckbares Urteil: Wird der Klageanspruch durch die Vollstreckung oder ihre Abwendung erfüllt?, JR 1979, 490; *Czub*, Die schuldtilgende Wirkung der Beitreibung aus einem vorläufig vollstreckbaren Titel, ZZP 1989, 273; *Dütz*, Einstweilige Abwendung von Vollstreckungsmaßnahmen in der Arbeitsgerichtsbarkeit, DB 1980, 1069; *Engels*, Vorläufige Vollstreckbarkeit von Zivilurteilen nach der Vereinfachungsnovelle, AnwBl. 1978, 162; *E. Schneider*, Die vorläufige Vollstreckbarkeit im Zivilurteil, MDR 1967, 643; *Furtner*, Die vorläufige Vollstreckbarkeit, 1953; *Furtner*, Welchen Einfluß hat die Aufhebung einer noch nicht rechtskräftigen Entscheidung auf bereits eingeleitete, aber noch nicht beendete Zwangsvollstreckungsmaßnahmen, MDR 1959, 5; *Göring*, Die materiellen Wirkungen der vorläufigen Zwangsvollstreckung (Gleichzeitig ein Beispiel zur Lehre vom Zwang im Schuldverhältnis), Diss. Freiburg 1953; *Gross*, Nochmals: Klageänderung und vorläufige Vollstreckbarkeit, NJW 1966, 2344; *Groß*, Die vorläufige Vollstreckbarkeit von Urteilen, JurBüro 1956, 131; *Henckel*, Prozeßrecht und materielles Recht, 1970; *Krüger*, Die Leistung zur Abwendung der Zwangsvollstreckung im Spannungsfeld zwischen materiellem und formellen Recht, NJW 1990, 1208; *Leppin*, Vorläufige Vollstreckbarkeit im Fall des § 511 a I ZPO?, MDR 1975, 899; *Lottermoser*, Die Wirkung der vorläufigen Vollstreckung, Diss. Kiel 1956; *Moller*, Klageänderung und vorläufige Vollstreckbarkeit, NJW 1966, 1397; *Noack*, Vollstreckbarkeit, Sicherheitsleistung und Sicherungsvollstreckung nach der Vereinfachungsnovelle vom 3. 12. 1976, DGVZ 1977, 33; *Sander*, Vorläufige Vollstreckbarkeit, Sicherheitsleistung und Vollstreckungsnachlaß in den Anträgen der Parteien, JurBüro 1959, 217; *ders.*: Vorläufige Vollstreckbarkeit von Urteilen, auf Grund derer eine Eintragung im Grundbuch vorgenommen werden soll, JZ 1964, 19; *Scheffler*, Vorläufige Vollstreckbarkeit bei Abänderung von Unterhaltstiteln nach § 323 ZPO, FamRZ 1986, 532; *Schilken*, Grundfragen der vorläufigen Vollstreckbarkeit, JuS 1990, 641; *Steinert*, Die neue Regelung der vorläufigen Vollstreckbarkeit, JurBüro 1977, 621; *Wieser*, Die Vollstreckbarkeit im weiteren Sinn, ZRP 1989, 261; *Zawar*, Vorläufige Vollstreckbarkeit von Urteilen, denen eine auf Auflassung gerichtete Klage zugrunde liegt, JZ 1975, 168.

**I. Zweck der vorläufigen Vollstreckbarkeit:** Der Schuldner kann bereits den Rechtsstreit bis zum Erlaß des Titels erheblich in die Länge ziehen und dem Gläubiger durch eine umfangreiche Beweisaufnahme hohe Kosten verursachen, ohne selbst nennenswerte Aufwendungen hierfür machen zu müssen; wenn der Schuldner auch noch alle denkbaren Rechtsmittel ausschöpfen könnte, ehe der Gläubiger schließlich erstmals den titulierten Anspruch verwirklichen dürfte, könnte im Einzelfall das Verständnis für den Rechtsstaat und das Vollstreckungsmonopol des Staates erheblichen Schaden nehmen; die Justiz könnte als bloßes Instrument zahlungsunwilliger Schuldner, sich auf Kosten der Gläubiger den Verpflichtungen zu entziehen, mißverstanden werden. Dem soll das Institut der vorläufigen Vollstreckbarkeit entgegenwirken: Jeder gerichtlich erstrittene Titel soll alsbald verwirklicht werden können. Andererseits muß der Schuldner davor geschützt werden, daß der Gläubiger nach einem sachlich unberechtigten »Zufallssieg« nicht wiedergutzumachenden Schaden anrichtet. Mit der Möglichkeit der sofortigen Vollstreckung korrespondieren eine verschärfte Haftung des Gläubigers für Schäden aus voreiliger Vollstreckung und die Verpflichtung, den Schuldner jedenfalls vor namhafteren Schäden durch Sicherheitsleistung zu schützen. Das System

1

der §§ 708 ff. dient also einerseits dem Gläubigerschutz vor ungebührlicher Verzögerung der Rechtsverwirklichung, andererseits dem Schuldnerschutz vor voreiliger, im Ergebnis sachlich nicht gerechtfertigter Vollstreckung. Als Nebeneffekt soll die Justiz vor überflüssigen Rechtsmittelverfahren, die nur zur Verzögerung der Vollstreckung durchgeführt werden, freigehalten werden. Daß dieses in zahlreichen Gesetzesänderungen sehr verfeinerte System nicht die einzige Möglichkeit der Problemlösung ist, zeigen die unterschiedlichen andersartigen Regelungen im europäischen Umland.[1] Aufs Ganze gesehen hat der in der ZPO geregelte Weg sich aber bewährt und sollte auch bei einer Vollstreckungsrechtsreform beibehalten werden.

2 **II. Anwendungsbereich der Regeln über die vorläufige Vollstreckbarkeit:** Alle nicht sofort rechtskräftigen Endurteile[2] mit Ausnahme der in § 704 Abs. 2 ZPO genannten Urteile in Ehe- und Kindschaftssachen sind für vorläufig vollstreckbar zu erklären. Ein ausdrücklicher Ausspruch der Vollstreckbarkeit im Urteilstenor erübrigt sich nur bei Urteilen, durch die ein Arrest angeordnet oder eine einstweilige Verfügung erlassen wurde. Diese Urteile sind per se, also auch ohne Anordnung im Tenor, vorläufig vollstreckbar.[3] Ob das Urteil einen unmittelbar vollstreckungsfähigen Inhalt hat oder nicht (z. B. Feststellungsurteile), ob es wenigstens Grundentscheidung über einen Kostenfestsetzungsbeschluß sein kann oder ob auch das nicht der Fall ist (z. B. Teilfeststellungsurteil), spielt für den Ausspruch der vorläufigen Vollstreckbarkeit im Tenor keine Rolle. Es sind also auch Urteile, aus denen ganz sicher keine Zwangsvollstreckung stattfinden kann, für vorläufig vollstreckbar zu erklären.[4]

3 Ohne weiteres vollstreckbar, ohne daß es insoweit eines ausdrücklichen gerichtlichen Ausspruches bedürfte, sind dagegen die in § 794 Abs. 1 ZPO genannten Titel. Die Anordnung der vorläufigen Vollstreckbarkeit im Tenor wäre in diesen Fällen sogar fehlerhaft.

Ohne weiteres und ohne besonderen Ausspruch kraft Gesetzes vorläufig vollstreckbar sind auch die Urteile der Arbeitsgerichte (§ 62 Abs. 1 S. 1 ArbGG). Hier eröffnet aber das Gesetz den umgekehrten Weg: Nach § 62 Abs. 2 S. 2 ArbGG hat das Arbeitsgericht im Tenor des Urteils die vorläufige Vollstreckbarkeit auszuschließen, wenn der Beklagte dies beantragt und dabei glaubhaft macht, daß die Vollstreckung ihm einen nicht zu ersetzenden Nachteil bringen würde.

4 **III. Wirkungen der vorläufigen Vollstreckbarkeit:** Soweit das Gesetz nichts anderes vorsieht (– dies ist etwa in §§ 894 ZPO, 725, 751 S. 2 BGB, 135 HGB, 66 Abs. 1 GenG geschehen –), sind vorläufig vollstreckbare Urteile in gleicher Weise zu vollstrecken wie rechtskräftige, sobald der Gläubiger die Voraussetzungen der vorläufigen Vollstreckbarkeit, gegebenenfalls also Sicherheitsleistung nachweist (§ 751 Abs. 2 ZPO). Bei

---

1 Siehe den Überblick bei *Rosenberg/Gaul*, § 14 I 1.
2 Zum Begriff des Endurteils siehe § 704 Rdn. 1. Zur Frage, welche Urteile mit ihrer Verkündung rechtskräftig werden, vergl. § 705 Rdn. 2.
3 Siehe auch *Schuschke* in *Schuschke/Walker*, Bd. 2, § 929 ZPO Rdn. 2.
4 Enger *Rosenberg/Gaul*, § 14 I 2: Es müsse jedenfalls eine Vollstreckbarkeit »im weiteren Sinne« vorliegen. Wie hier: RGZ 99, 130; *Thomas/Putzo*, Vorbem. §§ 708–720 Rdn. 1.

der Vollstreckung von Leistungsurteilen ist demnach nicht nur eine Sicherung des Gläubigers durch Beschlagnahme von Schuldnervermögen möglich, sondern auch die Verwertung des Pfändungsgutes und die Auskehr des Erlöses an den Gläubiger. Obwohl der Gläubiger somit befriedigt wird, tritt durch die freiwillige Leistung des Schuldners allein zur Abwendung der Zwangsvollstreckung aus einem vorläufig vollstreckbaren Titel[5] ebenso wie durch die zwangsweise Befriedigung des Gläubigers aus einem solchen Titel[6] keine materiellrechtliche Erfüllung nach § 362 BGB ein. Der der Erfüllung entgegenstehende Wille des Schuldners ist nur bei rechtskräftigen und endgültig vollstreckbaren Titeln ohne Bedeutung. Durch die Befriedigung des Gläubigers aus einem nur vorläufig vollstreckbaren Titel wird allerdings der Schuldnerverzug beseitigt.[7] Solange der Gläubiger den Vollstreckungserlös nutzen kann, laufen keine Verzugszinsen. Gibt der Schuldner bei der Vollstreckung aus dem nur vorläufig vollstreckbaren Titel kund, daß er den Vermögensverlust als endgültigen hinzunehmen gewillt ist, tritt ausnahmsweise sofortige Erfüllungswirkung ein.

**IV. Beendigung der »vorläufigen« Vollstreckbarkeit:** Mit Rechtskraft des Titels entfällt die »Vorläufigkeit«. Nunmehr kann der Gläubiger auch ohne die gegebenenfalls angeordnete Sicherheitsleistung vollstrecken und sich aus einer vom Schuldner zur Abwendung der Vollstreckung geleisteten Sicherheit befriedigen.[8] Umgekehrt entfällt die Vollstreckbarkeit überhaupt, sobald ein Urteil ergeht, durch das das vorläufig vollstreckbare Urteil aufgehoben oder dahingehend abgeändert wird, daß sein bisher vollstreckbarer Inhalt wegfällt. Diese Wirkung tritt sogleich mit Verkündung des aufhebenden oder abändernden Urteils ein.[9] Bereits durchgeführte Vollstreckungsmaßnahmen, die noch nicht zur Beendigung der Zwangsvollstreckung geführt haben, müssen aufgehoben werden (§§ 775 Nr. 1, 776 ZPO). Soweit die Zwangsvollstreckung bereits beendet war, kommen nur noch Ansprüche aus § 717 ZPO in Betracht.

5

---

5 Einzelheiten siehe § 754 Rdn. 6 ff.; ferner: BGH, NJW 1990, 2756.
6 BGH, MDR 1976, 1005; BGHZ 86, 267; *Braun*, AcP 1984, 152; *Brox/Walker*, Rdn. 315; *Jauernig*, § 2 IV E; MüKo/*Krüger*, § 708 Rdn. 5, 6; *Rosenberg/Gaul*, § 14 V 1; a. A. (Erfüllung gem. § 362 BGB tritt ein): Stein/Jonas/*Münzberg*, § 708 Rdn. 4, 4a.
7 Siehe auch § 754 Rdn. 10.
8 Siehe auch § 705 Rdn. 7.
9 *Rosenberg/Gaul*, § 14 VI 2.

§ 708 Vorläufige Vollstreckbarkeit ohne Sicherheitsleistung

Für vorläufig vollstreckbar ohne Sicherheitsleistung sind zu erklären:
1. Urteile, die auf Grund eines Anerkenntnisses oder eines Verzichts ergehen;
2. Versäumnisurteile und Urteile nach Lage der Akten gegen die säumige Partei gemäß § 331 a;
3. Urteile, durch die gemäß § 341 der Einspruch als unzulässig verworfen wird;
4. Urteile, die im Urkunden, Wechsel- oder Scheckprozeß erlassen werden;
5. Urteile, die ein Vorbehaltsurteil, das im Urkunden-, Wechsel- oder Scheckprozeß erlassen wurde, für vorbehaltlos erklären;
6. Urteile, durch die Arreste oder einstweilige Verfügungen abgelehnt oder aufgehoben werden;
7. Urteile in Streitigkeiten zwischen dem Vermieter und dem Mieter oder Untermieter von Wohnräumen oder anderen Räumen oder zwischen dem Mieter und dem Untermieter solcher Räume wegen Überlassung, Benutzung oder Räumung, wegen Fortsetzung des Mietverhältnisses über Wohnraum auf Grund der §§ 556 a, 556 b des Bürgerlichen Gesetzbuchs sowie wegen Zurückhaltung der von dem Mieter oder dem Untermieter in die Mieträume eingebrachten Sachen;
8. Urteile, die die Verpflichtung aussprechen, Unterhalt, Renten wegen Entziehung einer Unterhaltsforderung oder Renten wegen einer Verletzung des Körpers oder der Gesundheit zu entrichten, soweit sich die Verpflichtung auf die Zeit nach der Klageerhebung und auf das ihr vorausgehende letzte Vierteljahr bezieht;
9. Urteile nach §§ 861, 862 des Bürgerlichen Gesetzbuchs auf Wiedereinräumung des Besitzes oder auf Beseitigung oder Unterlassung einer Besitzstörung;
10. Urteile der Oberlandesgerichte in vermögensrechtlichen Streitigkeiten;
11. andere Urteile in vermögensrechtlichen Streitigkeiten, wenn der Gegenstand der Verurteilung in der Hauptsache eintausendfünfhundert Deutsche Mark nicht übersteigt oder wenn nur die Entscheidung über die Kosten vollstreckbar ist und eine Vollstreckung im Wert von nicht mehr als zweitausend Deutsche Mark ermöglicht.

Literatur: (– hinsichtlich der Literatur vor 1977 ist zu beachten, daß das Vereinfachungsgesetz 1977 teilweise die §§-Bezeichnungen geändert hat –): *Anders/Gehle,* Handbuch für das Zivilurteil – Kosten, Antrag und Tenor zur Hauptsache, Vollstreckbarkeit –, 2. Aufl. 1995; *Engels,* Vorläufige Vollstreckbarkeit von Zivilurteilen nach der Vereinfachungsnovelle, AnwBl. 1978, 162; *v. Feldmann,* Vorläufige Vollstreckbarkeit bei Aufrechterhaltung von Versäumnisurteilen, NJW 1976, 1345; *Furtner,* Vorläufige Vollstreckbarkeit bei Aufrechterhaltung von Versäumnisurteilen durch Endurteil, NJW 1962, 1900; *ders.,* Vorläufige Vollstreckbarkeit von ein Versäumnisurteil aufrechterhaltenden Endurteilen, NJW 1966, 1495; *van Gelder,* Vorläufige Vollstreckbarkeit aufrechterhaltender Versäumnisurteile, NJW 1972, 1646; *Prütting,* Das zweite Versäumnisurteil im technischen Sinn – BAG E 23, 92, JuS 1975, 150; *Schmitt,* Vorläufige Vollstreckbarkeit bei Unterhaltsurteilen, die über das der Klageerhebung vorausgehende Vierteljahr hinaus zur Zahlung von Unterhalt verpflichten, NJW 1955, 492; *Taeger,* Vorläufige Vollstreckbarkeit bei Aufrechterhaltung von Versäumnisurteilen durch Endurteil, NJW 1966, 584.

**Vorläufige Vollstreckbarkeit ohne Sicherheitsleistung** § 708

I. **Allgemeines:** Die Vorschrift faßt die Fallgruppen zusammen, in denen Urteile nach 1
der ZPO für vorläufig vollstreckbar zu erklären sind, ohne daß die Vollstreckbarkeit
von einer Sicherheitsleistung des Gläubigers abhängig gemacht werden dürfte. Der Tenor lautet in diesen Fällen also schlicht: »Das Urteil ist vorläufig vollstreckbar.« Für die
in den Nrn. 4–11 geregelten Fälle sieht § 711 S. 1 ZPO darüberhinaus zwingend vor,
daß dem Schuldner nachzulassen ist, die Zwangsvollstreckung des Gläubigers (aus
dem nur vorläufig vollstreckbaren Titel) gegen Sicherheitsleistung abzuwenden,
wenn nicht der Gläubiger seinerseits Sicherheit vor der Vollstreckung leistet (Ausnahme: § 713 ZPO). Die Anordnung der vorläufigen Vollstreckbarkeit erfolgt in allen
Fällen des § 708 von amtswegen im Tenor des Urteils, ohne daß es eines Antrages bedürfte. Ist der Ausspruch im Urteil vergessen worden, muß gem. § 716 ZPO ein entsprechendes Ergänzungsurteil[1] im Verfahren nach § 321 ZPO beantragt werden; gleiches gilt für eine vergessene Anordnung nach § 711 S. 1 ZPO.
 Sind mehrere Fälle aus dem Katalog der Nrn. 1–11 gleichzeitig einschlägig, muß das
Gericht die für den Gläubiger günstigste Möglichkeit wählen, soweit sich im Hinblick
auf § 711 S. 1 ZPO Unterschiede ergeben.

II. **Die einzelnen Fälle der vorläufigen Vollstreckbarkeit ohne Sicherheitsleistung:** 2
1. **Nr. 1:** Anerkenntnis- und Verzichtsurteile (§§ 306, 307 ZPO); bei Verzichtsurteilen
entfällt die Abwendungsbefugnis nach § 711 S. 1 ZPO auch dann, wenn die vom Beklagten gegen den Kläger zu vollstreckenden Kosten den Höchstbetrag der Nr. 11
übersteigen.

2. **Nr. 2:** Versäumnisurteile einschließlich der zweiten Versäumnisurteile (§§ 330, 331, 3
345 ZPO) sowie Urteile nach Lage der Akten (§ 331 a ZPO) gegen (– nicht für! –)
die säumige Partei. Nach streitiger mündlicher Verhandlung ergangene Urteile, die
ein Versäumnisurteil aufrechterhalten, fallen nicht unter Nr. 2. Für sie enthält § 709
S. 2 ZPO eine Sonderregel (Anordnung, daß die Vollstreckung aus dem Versäumnisurteil nunmehr nur noch gegen Sicherheitsleistung fortgesetzt werden dürfe), durch die
der Gesetzgeber der Vereinfachungsnovelle 1977 eine alte Streitfrage[2] eindeutig entschieden hat.

3. **Nr. 3:** Urteile gem. § 341 Abs. 1 ZPO, durch die der Einspruch gegen ein Versäumnisurteil als unzulässig verworfen wird. Wird gem. § 341 Abs. 2 S. 1 ZPO durch Beschluß entschieden, ist nicht § 708 Nr. 3, sondern § 794 Abs. 1 Nr. 3 ZPO einschlägig; 4
der Beschluß ist ohne weiteres, ohne daß es eines besonderen Ausspruchs bedürfte,
vollstreckbar.

4. **Nr. 4:** Urteile, die im Urkunden-, Wechsel- oder Scheckprozeß erlassen werden, und 5
zwar zusprechende ebenso wie abweisende Urteile. Die Regelung der Nr. 4 geht der in
Nr. 1 insoweit vor, als auch bei Anerkenntnisvorbehaltsurteilen im Urkundsprozeß ein

---

1 Einzelheiten: § 716 Rdn. 3.
2 Siehe die Aufsätze von *Taeger, Furtner, van Gelder* und von *v. Feldmann*; siehe ferner OLG
 Hamm, MDR 1974, 589.

Ausspruch nach § 711 S. 1 ZPO zu ergehen hat.³ Nr. 4 gilt nicht für Urteile im Nachverfahren.

6    5. **Nr. 5:** Urteile im Nachverfahren (§ 600 ZPO), durch die ein im Urkunden-, Wechsel- oder Scheckprozeß ergangenes Vorbehaltsurteil für vorbehaltlos erklärt wird; wird dagegen im Nachverfahren das Vorbehaltsurteil abgeändert und die Klage abgewiesen, gilt Nr. 5 nicht, sondern, soweit nicht Nr. 11 einschlägig ist, § 709 ZPO.

7    6. **Nr. 6:** Urteile, durch die ein beantragter Arrest oder eine einstweilige Verfügung nach mündlicher Verhandlung abgelehnt oder im Beschlußwege erlassene Arreste oder einstweilige Verfügungen nach Widerspruch aufgrund mündlicher Verhandlung wieder aufgehoben werden; der Arrest und die einstweilige Verfügung selbst sind ohne besonderen Ausspruch ohne weiteres vorläufig vollstreckbar. Auch Urteile, die nach Widerspruch und mündlicher Verhandlung einen Arrest oder eine einstweilige Verfügung bestätigen, sind ohne weiteres und ohne besonderen Ausspruch (– er schadet auch nicht –) vorläufig vollstreckbar. Urteile der Oberlandesgerichte, durch die über die Anordnung, Abänderung oder Aufhebung eines Arrestes oder einer einstweiligen Verfügung entschieden wird, sind mit ihrer Verkündung rechtskräftig⁴ (§ 545 Abs. 2 ZPO).

8    7. **Nr. 7:** Urteile in Mietstreitigkeiten, soweit sie gem. § 23 Nr. 2 a GVG zur Zuständigkeit der Amtsgerichte gehören; nicht hierher zählen also Urteile in Streitigkeiten über gewerblich genutzte Räume oder privat oder gewerblich genutzte Freiflächen⁵ sowie in Pachtstreitigkeiten. Vor der Vollstreckung aus Räumungsurteilen ist gegebenenfalls eine gem. § 721 ZPO gewährte Räumungsfrist zu beachten.

9    8. **Nr. 8:** Die Vorschrift gilt für Unterhaltsurteile unabhängig davon, ob ein gesetzlicher oder vertraglicher Unterhaltsanspruch tituliert wurde, ob es sich um eine erstmalige Titulierung oder um ein Abänderungsurteil nach § 323 ZPO handelt,⁶ ob das Urteil schon den Zahlungsanspruch tituliert oder bei einer Stufenklage zunächst in der ersten Stufe nur den Auskunftsanspruch.⁷ Ansprüche auf Zahlung einer Leibrente sind keine Unterhaltsansprüche. Rentenansprüche wegen Entziehung einer Unterhaltsforderung sind Ansprüche des früheren Unterhaltsberechtigten gegen einen Dritten infolge des Todes des ursprünglichen Unterhaltsverpflichteten, also Ansprüche aus §§ 844 Abs. 2, 618 Abs. 3 BGB, 62 Abs. 3 HGB, 8 Abs. 2 HaftpflichtG, 13 Abs. 2 StVG, 38 Abs. 2 LuftVG, 28 Abs. 2 AtomG oder 36 Abs. 2 BGrenzSchG.⁸ Renten wegen Verletzung des Körpers oder der Gesundheit können auf Ansprüchen aus § 843 BGB beruhen, nicht aber aus § 845 BGB, da dort nicht der Gesundheitsschaden, sondern der Verlust der Dienste des Geschädigten für den Anspruchsteller anspruchsbegründend ist. Weitere Anspruchsgrundlagen insoweit sind §§ 618 Abs. 3 BGB, 62 Abs. 2

---

3 LG Aachen, ZIP 1985, 1021.
4 Vergl. § 705 Rdn. 2.
5 OLG Düsseldorf, JMBlNW 1993, 138.
6 So auch *Zöller/Herget*, § 708 Rdn. 10.
7 AG Hamburg, FamRZ 1977, 815; a. A.: OLG München, NJW-RR 1990, 1022 (§ 709 ZPO).
8 Vergl. auch *Rosenberg/Gaul*, § 14 II 1 h.

HGB, 8 HaftpflG, 13 Abs. 2 StVG, 38 LuftVG und 30 Abs 2 AtomG. Hierher gehören aber auch vertragliche Rentenansprüche (Arbeitsvertrag, Versicherungsvertrag usw.) wegen Körperverletzung oder Gesundheitsbeschädigung. Der Kreis ist entsprechend weit zu ziehen wie bei § 850 b Abs. 1 Nr. 1 ZPO.[9] Soweit sich die Ansprüche »auf die Zeit nach der Klageerhebung und auf das ihr vorausgehende letzte Vierteljahr« beziehen, ist die Höhe der Ansprüche für die Anwendbarkeit der Nr. 8 ohne Bedeutung. Werden zusätzliche Ansprüche auf rückständigen Unterhalt oder auf rückständige Renten, die bereits länger als ein Vierteljahr vor Klageerhebung fällig waren, mittituliert, ist über die vorläufige Vollstreckbarkeit insoweit gesondert zu entscheiden. Liegt der zusätzlich zugesprochene Betrag unter 1 500,- DM (- künftig 2 500,- DM; siehe unten Rdn. 12 -), ist Nr. 11 anzuwenden, ansonsten § 709 ZPO.[10] Der Tenor kann etwa lauten: »Das Urteil ist vorläufig vollstreckbar, soweit der Kläger den rückständigen Unterhalt für die Zeit vom ... bis ... vollstreckt, jedoch nur gegen Sicherheitsleistung in Höhe von ...«

9. **Nr. 9:** Aufgrund der Verweisung auf §§ 861, 862 BGB in §§ 865, 869 BGB gilt die Vorschrift auch bei Urteilen zu Gunsten des Teilbesitzers oder mittelbaren Besitzers auf Wiedereinräumung dieses Besitzes.

10. **Nr. 10:** Die Vorschrift gilt für alle Endurteile der Oberlandesgerichte in vermögensrechtlichen Streitigkeiten, soweit diese nicht ausnahmsweise mit der Verkündung rechtskräftig werden,[11] also auch für Urteile, die die angefochtene Entscheidung aufheben und die Sache zur erneuten Verhandlung und Entscheidung in die erste Instanz zurückverweisen.[12] Der Ausspruch in einem OLG-Urteil über die vorläufige Vollstreckbarkeit ohne Sicherheitsleistung, das ein erstinstanzliches Urteil durch Zurückweisung der Berufung bestätigt, macht auch dieses Urteil in der Hauptsache ohne Sicherheitsleistung vorläufig vollstreckbar.[13] Ist zur Vollstreckung aus dem erstinstanzlichen Urteil bereits Sicherheit geleistet, kann diese nunmehr zurückgefordert werden. Urteile der Oberlandesgerichte in nichtvermögensrechtlichen Streitigkeiten sind, soweit nicht § 704 Abs. 2 ZPO anwendbar ist (Ehe- und Kindschaftssachen), gem. § 709 ZPO gegen Sicherheitsleistung für vorläufig vollstreckbar zu erklären.[14] Nr. 10 ist **nicht** entsprechend anzuwenden auf Beschlüsse nach § 519 b ZPO, durch die eine Berufung als unzulässig verworfen wird. Insoweit gilt hinsichtlich der Kostenentscheidung § 794 Abs.

---

9 Siehe dort Rdn. 9.
10 Wie hier: *Furtner*, Das Urteil im Zivilprozeß, 1. Teil, 2. Abschn., C 1; *Rosenberg/Gaul*, § 14 II 1 h; *Zöller/Herget*, § 708 Rdn. 10; a. A. (nur § 709 anzuwenden): *Schmitt*: NJW 1955, 493; a. A. (§ 708 Nr. 11 nur, wenn der zugesprochene Gesamtbetrag einschließlich der unter § 708 Nr. 8 fallenden Beträge 1500,- DM nicht übersteigt): *Bruns/Peters*, § 6 IV 3 a; *Stein/Jonas/Münzberg*, § 708 Rdn. 23, 23a.
11 Siehe insoweit § 705 Rdn. 2, 3.
12 Wie hier: OLG Frankfurt, OLGZ 1968, 436; OLG München, Rpfleger 1982, 111; OLG Karlsruhe, JZ 1984, 635; OLG Düsseldorf, JurBüro 1985, 1729; *Rosenberg/Gaul*, § 14 II 1 j; *Thomas/Putzo*, § 708 Rdn. 11; a. A. (kein Ausspruch der vorläufigen Vollstreckbarkeit): OLG Köln, JurBüro 1969, 645; *Zöller/Herget*, § 708 Rdn. 12.
13 OLG Hamm, NJW 1971, 1187.
14 OLG München, MDR 1980, 408.

1 Nr. 3 ZPO; hinsichtlich der Hauptsache ist die im angefochtenen Urteil angeordnete Sicherheit solange zu erbringen, bis Rechtskraft eingetreten ist.[15]

**12**  11. **Nr. 11:** Urteile in vermögensrechtlichen Streitigkeiten, gleich welches Gericht der ordentlichen Gerichtsbarkeit sie erlassen hat, sind ferner dann (– soweit sie nicht schon ausnahmsweise mit ihrer Verkündung rechtskräftig werden –) für vorläufig vollstreckbar ohne Sicherheitsleistung zu erklären, wenn der Gegenstand der **Verurteilung** in der Hauptsache 1 500,– DM (– nach dem Entwurf der 2. Zwangsvollstreckungsnovelle [BT-Drucksache 13/341] künftig 2 500,– DM) nicht übersteigt. Wie hoch dabei der Streitwert des Rechtsstreits insgesamt ist, ist ohne Bedeutung. Gleiches gilt für Urteile, aus denen nur die Entscheidung über die Kosten vollstreckbar ist (z. B. Feststellungsurteile oder aufhebende und zurückverweisende Berufungsurteile der Landgerichte), wenn an zu vollstreckenden Kosten insgesamt nicht mehr als 2 000,– DM (– künftig sind insoweit 3 000,– DM vorgesehen –) anfallen können. Im ersteren Fall (Hauptsache nicht über 1 500,– DM) werden die Zinsen (als Nebenforderung) und Kosten, auch wenn letztere 2 000,– DM bei weitem übersteigen (z. B. bei Einholung eines Sachverständigengutachtens) nicht mitberechnet, sodaß der aus der Entscheidung insgesamt zu vollstreckende Betrag durchaus beträchtlich sein kann. Hat sich im zweiten Fall (Kosten nicht über 2 000,– DM) das Gericht verrechnet (– es hat z. B. den Vorschuß für Zeugen und Sachverständige unberücksichtigt gelassen –), kann es selbst seine Entscheidung nicht berichtigen. Das Urteil bleibt ohne Sicherheitsleistung entsprechend seinem Tenor vorläufig vollstreckbar. Die Entscheidung kann nur durch das Rechtsmittelgericht, sei es durch Vorabentscheidung nach § 718 ZPO, sei es durch einstweilige Anordnungen nach § 719 ZPO »korrigiert« werden, falls im übrigen ein zulässiges Rechtsmittel eingelegt ist.

**13**  Können aus einem Urteil mehrere Streitgenossen vollstrecken, ist für die Anwendbarkeit der Nr. 11 entscheidend, wieviel der einzelne Streitgenosse theoretisch vollstrecken kann,[16] nicht wieviel alle Streitgenossen zusammen insgesamt vollstrecken können.[17] Die Anordnung muß deshalb u. U. im Tenor hinsichtlich der einzelnen Streitgenossen unterschiedlich ergehen (»Das Urteil ist vorläufig vollstreckbar, für den Kläger zu ... jedoch nur gegen Sicherheitsleistung in Höhe von ...«). Auch dann, wenn mehrere Streitgenossen unterlegen sind, ist hinsichtlich jedes einzelnen zu fragen, ob seine Schuld isoliert die in Nr. 11 genannte Grenze überschreitet oder nicht. Denn der Grund für die Regelung in Nr. 11 ist, daß der Gesetzgeber bei Schadensersatzansprüchen aus § 717 ZPO nach voreiliger Vollstreckung kein Realisierungsrisiko für den Schuldner gesehen hat, wenn er vom einzelnen vollstreckenden Gläubiger Beträge dieser Größenordnung zurückverlangt.

---

15 LG Stuttgart, NJW 1973, 1050; MüKo/*Krüger*, § 708 Rdn. 17; *Rosenberg/Gaul*, § 14 II 1 j; a. A. (analoge Anwendung bejahend): Stein/Jonas/*Münzberg*, § 708 Rdn. 26.
16 Wie hier: MüKo/*Krüger*, § 708 Rdn. 20; *Rosenberg/Gaul*, § 14 II 1 k; Thomas/Putzo, § 708 Rdn. 15.
17 So aber Stein/Jonas/*Münzberg*, § 708 Rdn. 28a; Zöller/*Herget*, § 708 Rdn. 13.

**Beide** Alternativen der Nr. 11 gelten nur für Urteile in vermögensrechtlichen Streitigkeiten. Bei nichtvermögensrechtlichen Streitigkeiten ist auch dann, wenn nur Kosten unter 2 000,- DM vollstreckt werden können, § 709 ZPO anzuwenden,[18] soweit die vorläufige Vollstreckbarkeit nicht wegen § 704 Abs. 2 ZPO ganz entfällt. Denn die bloße Möglichkeit, allein Kosten, also allein eine Geldschuld, vollstrecken zu können, macht die Streitigkeit selbst noch nicht zu einer vermögensrechtlichen.

14

---

18 MüKo/*Krüger*, § 708 Rdn. 17, 18; a. A. (Nr. 11 sei analog anzuwenden): *Zöller/Herget*, § 708 Rdn. 13.

§ 709  Vorläufige Vollstreckbarkeit gegen Sicherheitsleistung

¹Andere Urteile sind gegen eine der Höhe nach zu bestimmende Sicherheit für vorläufig vollstreckbar zu erklären. ²Handelt es sich um ein Urteil, das ein Versäumnisurteil aufrechterhält, so ist auszusprechen, daß die Vollstreckung aus dem Versäumnisurteil nur gegen Leistung der Sicherheit fortgesetzt werden darf.

Literatur: *Anders/Gehle*, Handbuch für das Zivilurteil – Kosten, Antrag und Tenor zur Hauptsache, Vollstreckbarkeit –, 2. Aufl. 1995; *Hartmann*, Ein Jahr Vereinfachungsnovelle, NJW 1978, 1457; *Jacobs*, Vorläufige Vollstreckbarkeit gegen Sicherheitsleistung unter besonderer Berücksichtigung der Prozeßbürgschaft, DGVZ 1973, 129; *Oetker*, Die Festsetzung der Sicherheitsleistung bei vorläufig vollstreckbaren Urteilen, ZZP 1989 (Bd. 102 ), 449; *Rogge*, Reform des Zivilprozeßrechts, DRiZ 1973, 385; *Zawar*, Vorläufige Vollstreckbarkeit von Urteilen, denen eine auf Auflassung gerichtete Klage zugrundeliegt, JZ 1975, 168.

1   I. **Anwendungsbereich der Norm:** Die Vorschrift gilt für alle Endurteile, die weder unter § 704 Abs. 2 ZPO[1] oder § 708 ZPO fallen, noch bereits mit ihrer Verkündung rechtskräftig sind.[2] Können aus einem Urteil mehrere Streitgenossen die Vollstreckung betreiben, so ist hinsichtlich jedes einzelnen gesondert zu prüfen, ob für ihn einer der Fälle des § 708 ZPO vorliegt oder nicht. Im letzteren Fall ist dann § 709 anzuwenden.[3] Ob die Partei, die aus dem Urteil vollstrecken kann, »konkurssicher« ist oder nicht, spielt für die Anordnung der Sicherheitsleistung keine Rolle. Deshalb ist auch für den obsiegenden Fiskus Sicherheitsleistung anzuordnen, wenn ein Fall des § 709 vorliegt,[4] obwohl seine Zahlungsunfähigkeit bei Ersatzansprüchen nach voreiliger Vollstreckung nicht zu befürchten ist.

2   II. **Zweck der Sicherheitsleistung:** Die nach S. 1 zu bestimmende Sicherheit hat **nur** die Aufgabe, den für den Fall der Abänderung des erstinstanzlichen Urteils gegebenen Schadensersatzanspruch aus § 717 Abs. 2 ZPO abzusichern.[5] Sie soll im Rahmen der Vollstreckung von Geldforderungen also gewährleisten, daß der Schuldner sämtliche von ihm im Wege der Zwangsvollstreckung beigetriebenen Beträge zurückerhält zuzüglich eines Schadensersatzbetrages dafür, daß er das aus seinem Vermögen geschöpfte Geld nicht selbst hat nutzen können. Im Rahmen sonstiger Vollstreckung soll sie den Schaden abdecken, der dem Schuldner etwa aus dem zeitweiligen Unterlassen eines Vorhabens, dem Dulden von Geschehnissen zu Gunsten des Gläubigers, dem Verlust eines Gegenstandes, der Eintragung einer Vormerkung nach § 895 ZPO[6] bis zur möglichen Abänderung des Titels erwachsen kann. Dagegen ist es nicht Aufgabe der Sicherheitsleistung, dem Gläubiger die Zwangsvollstreckung so zu erschweren, daß er von ei-

---

1 Siehe § 704 Rdn. 5.
2 Siehe § 705 Rdn. 2.
3 Siehe auch § 708 Rdn. 13.
4 BGH, MDR 1963, 290.
5 KG, NJW 1977, 2270; *Sattelmacher/Sirp*, Bericht, Gutachten und Urteil, 32. Aufl., S. 257.
6 *Zawar*, JZ 1975, 168.

ner Verwirklichung des titulierten Anspruchs vor Rechtskraft absieht.[7] Dies wird besonders deutlich durch die Möglichkeit der Sicherungsvollstreckung nach § 720 a ZPO.

III. **Höhe der Sicherheit:** Sie folgt zwangsläufig aus dem Zweck der Sicherheitsleistung:[8] Einerseits muß sie regelmäßig über den beizutreibenden Beträgen liegen, da auch der Schaden des Schuldners den bloßen Verlust des Geleisteten übersteigen wird; andererseits darf sie nicht so bemessen sein, daß der Gläubiger mehr leisten muß als er dem Schuldner gegebenenfalls Schaden zufügen kann. Beabsichtigt der Gläubiger von vornherein, nicht den vollen titulierten Betrag zu vollstrecken, sondern nur Teilbeträge, bestehen keine Bedenken, auf seinen Antrag hin die Sicherheitsleistung derart zu bestimmen, daß Sicherheit »in Höhe des jeweils beizutreibenden Betrages zuzüglich x Prozent«[9] zu leisten sei.[10] Sollen wiederkehrende Leistungen vollstreckt werden, ist diese Art der Tenorierung sogar notwendig, um dem Gläubiger nicht auf unbestimmte Zeit Vorleistungen aufzuerlegen.[11] Kann der Gläubiger einerseits wegen eines Anspruchs, der nicht auf eine Geldleistung gerichtet ist (z. B. eines Unterlassungsanspruchs), andererseits auch wegen der Kosten vollstrecken, so empfiehlt es sich, die Sicherheitsleistung getrennt festzusetzen, um dem Gläubiger, der möglicherweise die hohe Sicherheitsleistung in der Hauptsache nicht erbringen kann, jedenfalls die Beitreibung seiner Kosten zu ermöglichen (Tenorierung etwa: »Das Urteil ist vorläufig vollstreckbar, jedoch in der Hauptsache nur gegen Sicherheitsleistung in Höhe von ..., wegen der Kosten gegen Sicherheitsleistung in Höhe von ...«). Eine vom Gläubiger nach dem Tenor Zug um Zug zu erbringende Gegenleistung ist bei der Festsetzung der Höhe der Sicherheit außer acht zu lassen; denn die Gegenleistung sichert den Schuldner nicht vor Vollstreckungsschäden. Auch bei Urteilen über nichtvermögensrechtliche Streitigkeiten ist für die Höhe der Sicherheitsleistung der dem Schuldner aus voreiliger Vollstreckung drohende Schaden maßgeblich,[12] der gegebenenfalls zu schätzen ist.

Ist die Sicherheitsleistung infolge eines Denkfehlers zu hoch (oder zu niedrig) festgesetzt worden, kann das erkennende Gericht seinen Fehler nicht selbst korrigieren.[13] Das Berufungsgericht muß gegebenenfalls gem. § 718 Abs. 1 ZPO über die vorläufige Vollstreckbarkeit vorab verhandeln und entscheiden. Reine Rechenfehler können gem.

---

7 Ebenso: *Rosenberg/Gaul*, § 14 II 2.
8 Oben: Rdn. 2.
9 KG, NJW 1977, 2270 und *Rosenberg/Gaul*, § 14 II 2 a sehen etwa 10 % als erforderlich an; LG Wiesbaden, MDR 1987, 239 bemißt den Zuschlag mit »4 % über dem jeweiligen Diskontsatz der Deutschen Bundesbank, mindestens 6 % des beizutreibenden Betrages«. Diese flexible Formel ist angemessener als ein fixer Betrag.
10 Außer den Fußn. 9 Genannten auch noch: *Baur/Stürner*, Rdn. 15, 16; *Sattelmacher/Sirp*, a.a.O., S. 258; KG, NJW 1961, 2357; a. A.: *Stein/Jonas/Münzberg*, § 709 Rdn. 4 a; *Thomas/Putzo*, Vorbem. § 708 Rdn. 11; *MüKo/Krüger*, § 709 Rdn. 5; OLG Köln, NJW-RR 1995, 1280. Der im Entwurf der 2. Zwangsvollstreckungsnovelle (BT-Drucks. 13/341) vorgesehene neue § 752 ZPO regelt die Teilsicherheitsleistung bei Teilvollstreckungen künftig ausdrücklich. Einzelheiten siehe bei § 752 ZPO.
11 Für diesen Fall h. M.; siehe auch *Zöller/Herget* 709 Rdn. 6.
12 OLG München, VersR 1980, 724.
13 KG, JR 1966, 388; vergl. auch *Thomas/Putzo*, Vorbem. § 708 Rdn. 12; *Sattelmacher/Sirp*, a.a.O., S. 263.

§ 319 ZPO berichtigt werden; dann muß aber auch aus dem Urteil der Rechenfehler nachvollziehbar zu erkennen sein. § 319 ZPO kann nicht dazu dienen, falsche Denkansätze nachträglich zu »berichtigen«.

5 **IV. Art der Sicherheitsleistung:** Gem. § 108 Abs. 1 ZPO bestimmt das Gericht nach freiem Ermessen, in welcher Art die Sicherheit zu leisten ist. Hat das Gericht keine konkrete Bestimmung getroffen, so ist die Sicherheitsleistung durch Hinterlegung[14] von Geld oder von in § 234 Abs. 1 und 3 BGB genannten Wertpapieren[15] zu erbringen. Auf Antrag ist gem. §§ 232 Abs. 2, 239 BGB auch die Sicherheitsleistung durch selbstschuldnerische Bürgschaft eines geeigneten Kreditinstituts zuzulassen. Dieser Antrag kann gem. § 108 Abs. 1 ZPO auch nachträglich gestellt werden. Das erkennende Gericht erläßt dann einen ergänzenden Beschluß.[16] Ist das Kreditinstitut im Antrag nicht näher bezeichnet, so hat es sich in der Praxis durchgesetzt,[17] die Sicherheit durch selbstschuldnerische Bürgschaft »einer deutschen Großbank oder eines öffentlichrechtlichen Kreditinstituts« zuzulassen. Ein Ergänzungsbeschluß, der die Sicherheitsleistung durch selbstschuldnerische Bürgschaft zuläßt, ist unanfechtbar; gegen die Ablehnung der Zulassung dieser Form der Sicherheitsleistung, soweit sie durch das Amts- oder Landgericht erfolgt ist, gibt es die einfache Beschwerde nach § 567 Abs. 1 ZPO. Eine andere mögliche Form der Sicherheitsleistung, die dem Gläubiger auf seinen Antrag zu gestatten ist, ist die Bestellung oder Abtretung einer Grundschuld (§ 232 Abs. 1 BGB). Sie kann aber nur dann als ausreichende Sicherheit angesehen werden, wenn die Gesamtbelastung des Grundstücks einschließlich der zu bestellenden Grundschuld die Hälfte des Grundstückswertes nicht übersteigt.[18]

6 **V. Urteile, die ein Versäumnisurteil,** das seinerseits gem. § 708 Nr. 2 ZPO ohne Sicherheitsleistung vorläufig vollstreckbar war, **aufrechterhalten** (§ 343 S. 1 ZPO), sind gem. S. 2 in der Weise für vollstreckbar zu erklären, daß angeordnet wird, daß die Vollstreckung aus dem Versäumnisurteil nunmehr nur noch gegen Sicherheitsleistung **fortgesetzt** werden dürfe. Da nur die Fortsetzung der Vollstreckung von einer Sicherheitsleistung abhängig ist, werden bereits durchgeführte Vollstreckungsmaßnahmen nicht berührt. Sie bleiben unverändert bestehen, ohne daß der Gläubiger zu ihrer Aufrechterhaltung Sicherheiten nachschieben müßte (§§ 775 Nr. 2, 776 S. 2, 2. Halbs. ZPO). Die gem. S. 2 anzuordnende Sicherheitsleistung ist dennoch so hoch zu bemessen, als hätte der Gläubiger bisher noch nicht vollstreckt, als müßte der Schuldner noch vor den Schäden der umfassenden Vollstreckung aus dem Titel abgesichert werden. Es findet deshalb keine Aufklärung im Erkenntnisverfahren darüber statt, was bereits an Vollstreckung unternommen wurde.

---

14 Hinterlegungsstelle: § 1 Abs. 2 HinterlO.
15 Zur in § 234 Abs. 1 BGB angesprochenen Mündelsicherheit vergl. § 1807 Abs. 1 Nr. 2–5 BGB
16 *Thomas/Putzo*, § 108 Rdn. 2; BGH, NJW 1994, 1351.
17 BGH, WM 1966, 378; OLG Düsseldorf, ZIP 1982, 366; MüKo/*Belz*, § 108 Rd. 37. Dagegen halten *Thomas/Putzo*, § 108 Rdn.10 und OLG Frankfurt, OLGZ 1966, 304 den gesetzlich nicht geregelten Begriff der »Großbank« für zu unbestimmt.
18 OLG Frankfurt, MDR 1977, 409; *Thomas/Putzo*, § 108 Rdn. 8.

**VI. Wirkungen der Anordnung einer Sicherheitsleistung:** Ob die nach S. 1 angeordnete Sicherheitsleistung erbracht ist, ist vom Vollstreckungsorgan gem. §§ 756, 765 ZPO vor Beginn der Zwangsvollstreckung von amtswegen zu prüfen, soweit der Vollstreckungsauftrag nicht nur auf Sicherungsvollstreckung lautet. Im Klauselerteilungsverfahren spielt die Sicherheitsleistung noch keine Rolle (§ 726 Abs. 1 ZPO). Will der Gläubiger bis zur Rechtskraft des Titels zunächst nur die Sicherungsvollstreckung betreiben (§ 720 a ZPO), entfällt die Notwendigkeit der Sicherheitsleistung solange, bis der Schuldner seinerseits durch Sicherheitsleistung gem. § 720 a Abs. 3 ZPO den Gläubiger dazu zwingt, die angeordnete Sicherheit doch noch zu leisten.

Da die Sicherheitsleistung nicht mehr Voraussetzung für den Beginn der Zwangsvollstreckung schlechthin aus nach § 709 vorläufig vollstreckbaren Urteilen ist, kann der Gläubiger dem Schuldner durch seinen Anwalt auch schon vor Erbringung der Sicherheitsleistung die Zwangsvollstreckung mit der Folge androhen lassen, daß die Kosten dieses Schreibens nach §§ 57 Abs. 1 BRAGO, 788 Abs. 1 ZPO erstattungsfähig sind,[19] soweit nur die besonderen Voraussetzungen für eine Sicherungsvollstreckung (§§ 720 a Abs. 1, 750 Abs. 3 ZPO) schon vorliegen.

Verzichtet der Kläger, nachdem er aus einem gegen Sicherheitsleistung vorläufig vollstreckbaren Urteil zu vollstrecken versucht hat, wirksam[20] auf die weitere Vollstreckung bis zum Eintritt der Rechtskraft des Urteils derart, daß der Schuldner vor weiteren Vollstreckungsversuchen gesichert ist,[21] so kann er vom Schuldner gem. § 109 ZPO die Rückgabe der von ihm gestellten Sicherheit verlangen, wenn er dem Schuldner eine Sicherheit geringeren Umfanges zur Verfügung stellt, die den durch die bisherigen Vollstreckungsakte entstandenen Schaden des Schuldners und die Kosten einer von diesem gegebenenfalls zur Abwendung der Zwangsvollstreckung gestellten Sicherheit abdeckt.[22] Ein solches Verlangen läuft nicht auf eine unzulässige Änderung der Entscheidung nach § 709 S. 1 heraus, es zieht vielmehr nur die Konsequenz daraus, daß die vorläufige Vollstreckbarkeit des Titels bis zu seiner Rechtskraft ganz entfallen ist.

---

19 Siehe auch § 788 Rdn. 7, 10; OLG Hamburg, JurBüro 1972, 442; OLG Köln, JurBüro 1982, 1525; a. A. (Nachweis der Sicherheitsleistung erforderlich): OLG Koblenz, VersR 1985, 1149; OLG Düsseldorf, Rpfleger 1977, 459; OLG Schleswig, JurBüro 1990, 531; *Zöller/Stöber*, § 788 Rdn. 6.
20 Zur Möglichkeit solcher vollstreckungsbeschränkenden Vereinbarungen siehe: Allgem Vorbem. Rdn. 6.
21 Zur Geltendmachung solcher Vereinbarungen siehe § 767 Rdn. 25.
22 OLG München, JurBüro 1979, 126.

## § 710 Vorläufige Vollstreckbarkeit auf Antrag ohne Sicherheitsleistung

Kann der Gläubiger die Sicherheit nach § 709 nicht oder nur unter erheblichen Schwierigkeiten leisten, so ist das Urteil auf Antrag auch ohne Sicherheitsleistung für vorläufig vollstreckbar zu erklären, wenn die Aussetzung der Vollstreckung dem Gläubiger einen schwer zu ersetzenden oder schwer abzusehenden Nachteil bringen würde oder aus einem sonstigen Grunde für den Gläubiger unbillig wäre, insbesondere weil er die Leistung für seine Lebenshaltung oder seine Erwerbstätigkeit dringend benötigt.

1  **I. Zweck der Vorschrift:** Die nach § 709 ZPO von amtswegen zu treffende Entscheidung, daß der Gläubiger den titulierten Anspruch nur gegen Sicherheitsleistung durch Zwangsvollstreckung befriedigen kann, kann für den Gläubiger im Einzelfall eine unbillige, ja unzumutbare Härte bedeuten, die auch durch die Möglichkeit der vorläufigen Sicherungsvollstreckung nicht abgemildert werden kann. Der Schuldner kann durch ein Rechtsmittel den Eintritt der Rechtskraft u. U. soweit hinausschieben, daß die spätere Vollstreckung nicht mehr den gewünschten Erfolg zu bringen vermag. Hier will § 710 Abhilfe schaffen. Die Vorschrift gilt sowohl für die Fälle des § 709 S. 1 und S. 2 ZPO als auch für den Fall des § 711 ZPO.

2  **II. Verfahren:** Die Entscheidung nach § 710 setzt einen **Antrag** des Gläubigers voraus. Er ist gem. § 714 Abs. 1 ZPO vor Schluß der mündlichen Verhandlung zu stellen, damit er noch im Urteil berücksichtigt werden kann. Ob ein in der ersten Instanz vergessener Antrag in der Berufungsinstanz mit der Möglichkeit nachgeholt werden kann, eine Vorabentscheidung nach § 718 ZPO zu erreichen, ist sehr streitig.[1] Die den Antrag begründenden Angaben sind glaubhaft zu machen (§§ 714 Abs. 2, 294 ZPO). Ohne diese Glaubhaftmachung darf dem Antrag nur entsprochen werden, wenn der Gegner den Angaben ausdrücklich zustimmt oder sich ausdrücklich mit einer Entscheidung nach § 710 zu Gunsten des Gegners einverstanden erklärt. Die Entscheidung ergeht im Urteil. Der Tenor lautet, wenn dem Antrag stattgegeben wird: »Das Urteil ist vorläufig vollstreckbar.« Wird dem Antrag nicht stattgegeben, ist das Urteil, wie in § 709 ZPO vorgesehen, gegen Sicherheitsleistung für vorläufig vollstreckbar zu erklären. In den Entscheidungsgründen ist in diesem Falle darzulegen, warum die Voraussetzungen des § 710 nicht vorliegen.

3  **III. Sachliche Voraussetzungen,** damit dem Gläubiger die Sicherheitsleistung erlassen werden kann: Zunächst muß der Gläubiger nicht oder nur unter erheblichen Schwierigkeiten in der Lage sein, die Sicherheitsleistung aufzubringen. Dies ist etwa der Fall, wenn der Gläubiger mittellos ist oder die Mittel nur dann zur Verfügung hat, wenn er auf einen wesentlichen Teil seiner eigenen Lebensqualität verzichten würde oder wenn er nur zu ungewöhnlich ungünstigen Bedingungen Kredit erlangen kann. Hinzukommen (also kumulativ zu prüfen!) muß, daß ein Zuwarten mit der Vollstreckung für den Gläubiger unbillig wäre. Letzteres ist insbesondere der Fall, wenn der Gläubiger durch die Verzögerung einen schwer zu ersetzenden oder in seinem ganzen

---

1 Einzelheiten: § 714 Rdn. 2.

Umfang schwer abzusehenden Nachteil erleiden würde oder wenn er die Leistung für seinen Lebensunterhalt oder seine Erwerbstätigkeit dringend benötigt. Die vier im Gesetz genannten Fälle sind nur Beispiele. Sie zeigen aber das Gewicht an, das die Unbilligkeit für den Gläubiger zumindest haben muß. Gewöhnliche finanzielle Nachteile, die sich etwa aus der fortschreitenden Geldentwertung oder einer bei Titulierung nicht zu überblickenden Zinsentwicklung ergeben können, reichen nicht aus. Eine Abwägung der Gläubigerbelange gegen die Schuldnerinteressen findet im Rahmen des § 710 nicht statt. Es wird vielmehr einseitig allein auf das Gewicht der vom Gläubiger geltend gemachten Nachteile abgestellt. Dem Schuldner bleibt es überlassen, seine Interessen gegebenenfalls durch einen eigenen Antrag nach § 712 Abs. 1 ZPO geltend zu machen. Treffen auf diese Weise Gläubiger- und Schuldnerantrag zusammen, dann hat allerdings gem. § 712 Abs. 2 ZPO eine Interessenabwägung stattzufinden.[2]

**Beispiele,** bei denen Unbilligkeit des Zuwartens bejaht werden könnte: Der Gläubiger benötigt einen herauszugebenden Gegenstand dringend zur Fortsetzung der eigenen Arbeit, ohne Fortsetzung dieser Tätigkeit wäre der ganze Betrieb gefährdet; der Gläubiger hat erhebliche Vorleistungen zu Gunsten des Schuldners erbracht, aufgrund dieser Vorleistungen fehlt ihm nun das Geld zur Aufrechterhaltung seines Betriebes; ohne den herauszugebenden Gegenstand käme der Gläubiger seinerseits einem Dritten gegenüber in Verzug und sähe sich beträchtlichen Schadensersatzansprüchen ausgesetzt.[3] Daß die Verzögerung in jedem Falle gleich zu einer Existenzvernichtung des Gläubigers führt, ist nicht Voraussetzung. Ernsthafte Schwierigkeiten genügen.

4

---

2 *Rosenberg/Gaul*, § 14 III 1.
3 Weitere Beispiele finden sich in den Erläuterungen zum Gesetzentwurf BT-Drucks. 7/2729, S. 108.

## § 711 Abwendungsbefugnis in den Fällen von § 708 Nr. 4 bis 11

¹In den Fällen des § 708 Nr. 4 bis 11 hat das Gericht auszusprechen, daß der Schuldner die Vollstreckung durch Sicherheitsleistung oder Hinterlegung abwenden darf, wenn nicht der Gläubiger vor der Vollstreckung Sicherheit leistet. ²Für den Gläubiger gilt § 710 entsprechend.

Literatur: *Höhne*, Zum Vollstreckungsausspruch im Berufungsurteil, MDR 1987, 626.

1 I. Der Ausspruch nach S. 1 hat **von amtswegen**, also ohne Antrag des Schuldners zu erfolgen. Er darf nur im Falle des § 713 ZPO unterbleiben. Das gilt für alle Fälle des § 708 Nr. 4–11 ZPO. Ein Anerkenntnis-Vorbehaltsurteil im Scheckverfahren ist ein Fall von § 708 Nr. 4, nicht Nr. 1 ZPO, sodaß in ihm ein Ausspruch gem. § 711 S. 1 zu erfolgen hat.[1] Hat das Gericht den Ausspruch der Abwendungsbefugnis zugunsten des Schuldners vergessen oder ist das Oberlandesgericht irrtümlich davon ausgegangen, die Beschwer des Schuldners liege unter 60 000,– DM, § 713 ZPO greife also ein, so kann der Schuldner gem. §§ 716, 321 ZPO **Ergänzungsurteil** beantragen. Die Frist für den Antrag auf Urteilsergänzung beginnt, wenn das OLG irrtümlich einen Fall des § 713 ZPO angenommen hatte, erst mit der Zustellung des Beschlusses, durch den das Revisionsgericht den Wert der Beschwer auf mehr als 60 000,– DM festgelegt hat.[2] Der Schuldner darf den Antrag auf Ergänzungsurteil nicht versäumen, will er hinsichtlich einer möglichen Einstellung der Zwangsvollstreckung in der Revisionsinstanz keine Nachteile in Kauf nehmen: Unterläßt er den Antrag auf Urteilsergänzung innerhalb der gesetzlichen Frist, so sind die Vollstreckungsnachteile, die er infolgedessen erleidet, in der Regel für ihn nicht unabwendbar gewesen und daher auch nicht unersetzbar im Sinne des § 719 Abs. 2 ZPO.[3]

2 II. Ob das Gericht die Abwendung durch **Sicherheitsleistung** oder durch **Hinterlegung** gestattet (oder beides zuläßt), steht im richterlichen Ermessen. Hat der Schuldner Anregungen in dieser Hinsicht gegeben, wird das Gericht sie aufgreifen, wenn nicht schwerwiegende Gläubigerbelange entgegenstehen. Die Tenorierung kann etwa lauten: »Das Urteil ist vorläufig vollstreckbar. Dem Beklagten wird nachgelassen, die Zwangsvollstreckung seitens des Klägers durch Sicherheitsleistung in Höhe von ... abzuwenden, wenn nicht der Kläger seinerseits vor der Vollstreckung Sicherheit in gleicher Höhe (– oder auch bei unterschiedlichem Interesse differenzierend: in Höhe von ... –) leistet.«

3 III. Macht der Gläubiger die Voraussetzungen des § 710 ZPO[4] glaubhaft und stellt er einen entsprechenden **Antrag**, so kann das Gericht nach S. 2 davon absehen, die Abwendungsbefugnis anzuordnen. Es verbleibt dann bei der Tenorierung nach § 708 ZPO, also einfach: »Das Urteil ist vorläufig vollstreckbar.« Die Anwendung des S. 2

---

1 LG Aachen, NJW-RR 1986, 359; a. A.: OLG Koblenz, NJW-RR 1991, 512.
2 BGH, MDR 1984, 649.
3 BGH, MDR 1978, 127; BGH, ZIP 1981, 1268.
4 Siehe dort Rdn. 3.

ist zu begründen, damit deutlich wird, daß die Abwendungsbefugnis nicht nur versehentlich nicht ausgesprochen wurde. Eine Anfechtung dieser Entscheidung ist nur im Rahmen des § 718 ZPO möglich.

IV. Leistet der Schuldner die ihm nachgelassene Sicherheit nicht, kann der Gläubiger ohne weiteres vollstrecken,[5] allerdings darf die Vollstreckung zunächst noch nicht zu seiner Befriedigung führen: Gem. § 720 ZPO ist gepfändetes Geld oder der Erlös gepfändeter Sachen zunächst zu hinterlegen; gem. § 839 ZPO dürfen gepfändete Forderungen zunächst nur zur Einziehung überwiesen werden und nur mit der Wirkung, daß der Drittschuldner den Schuldbetrag zu hinterlegen hat. Diese Einschränkungen gelten solange, wie die Abwendungsbefugnis im Titel wirksam ist. Sie entfällt, wenn das Urteil, das sie enthält, rechtskräftig wird, aufgehoben oder hinsichtlich des Ausspruches nach § 711 S. 1 abgeändert wird. Das gilt auch, wenn es sich bei dem rechtskräftig gewordenen Urteil um ein Wechselvorbehaltsurteil handelt, hinsichtlich dessen das Nachverfahren noch anhängig ist.[6]

Hat, nachdem der Schuldner zur Abwendung Sicherheit geleistet hat, auch der Gläubiger Sicherheit geleistet, ist die Zwangsvollstreckung durchzuführen.[7] Wenn der Gläubiger die ihm mögliche Sicherheitsleistung erbracht hat, gelten die Beschränkungen der §§ 720, 839 ZPO nicht mehr. Er kann also seine Befriedigung in der Zwangsvollstreckung suchen, wie wenn er von vornherein einen nach § 709 ZPO vorläufig vollstreckbaren Titel erwirkt hätte.[8]

Ist für den Schuldner die Veranlassung zur Sicherheitsleistung dadurch entfallen, daß das die Abwendungsbefugnis enthaltende OLG-Urteil in der Revisionsinstanz aufgehoben und die Sache an das Berufungsgericht zurückverwiesen worden ist,[9] oder daß der Gläubiger seinerseits Sicherheit geleistet hat,[10] kann der Schuldner Rückgabe seiner Sicherheit gem. § 109 ZPO verlangen.

Leistet der Schuldner erst die ihm nachgelassene Sicherheit, nachdem der Gläubiger bereits mit der Zwangsvollstreckung begonnen hatte, ist die weitere Zwangsvollstreckung gem. § 775 Nr. 3 ZPO einzustellen, sobald der Schuldner die Sicherheitsleistung in der vorgesehenen Form[11] nachweist. Gem. § 776 ZPO sind darüberhinaus zugleich die bereits getroffenen Vollstreckungsmaßregeln aufzuheben.[12]

---

5 OLG Koblenz, MDR 1985, 943.
6 BGHZ 69, 270.
7 AG Bad Wildungen, DGVZ 1984, 92.
8 LG Heidelberg, MDR 1993, 272.
9 OLG Frankfurt, Rpfleger 1985, 32.
10 OLG Oldenburg, Rpfleger 1985, 504.
11 Siehe § 775 Rdn. 9 und § 751 Rdn. 9, 10.
12 Einzelheiten: § 776 Rdn. 2, 3.

§ 712 Schutzantrag des Schuldners

(1) ¹Würde die Vollstreckung dem Schuldner einen nicht zu ersetzenden Nachteil bringen, so hat ihm das Gericht auf Antrag zu gestatten, die Vollstreckung durch Sicherheitsleistung oder Hinterlegung ohne Rücksicht auf eine Sicherheitsleistung des Gläubigers abzuwenden. ²Ist der Schuldner dazu nicht in der Lage, so ist das Urteil nicht für vorläufig vollstreckbar zu erklären oder die Vollstreckung auf die in § 720 a Abs. 1, 2 bezeichneten Maßregeln zu beschränken.
(2) ¹Dem Antrag des Schuldners ist nicht zu entsprechen, wenn ein überwiegendes Interesse des Gläubigers entgegensteht. ²In den Fällen des § 708 kann das Gericht anordnen, daß das Urteil nur gegen Sicherheitsleistung vorläufig vollstreckbar ist.

Literatur: *Schneider*, Der Ausschluß vorläufiger Vollstreckbarkeit im Urteil, JurBüro 1965, 969.

1   I. **Zweck der Norm:** Auch dann, wenn der Gläubiger nur gegen Sicherheitsleistung vorläufig vollstrecken kann, kann diese Vollstreckung beim Schuldner Nachteile bewirken, die durch einen Zugriff auf die Sicherheitsleistung nicht auszugleichen sind. Für diese Fälle gibt Abs. 1 die Möglichkeit, dem Schuldner eine Abwendungsbefugnis einzuräumen, die der Gläubiger auch durch eine Sicherheitsleistung nicht unterlaufen kann. Da diese Abwendungsbefugnis aber ihrerseits dem in den §§ 708–711 ZPO zum Ausdruck gekommenen Grundsatz zuwiderläuft, daß der Gläubiger seinen einmal erstrittenen Titel unabhängig von Rechtsbehelfsmöglichkeiten des Schuldners schnell soll verwirklichen können, weil in der Regel bis zur Titelerlangung schon erhebliche Zeit verstrichen ist, die der Schuldner für sich nutzen konnte, müssen die Voraussetzungen der Gewährung einer solchen Abwendungsbefugnis restriktiv gestaltet sein und auch restriktiv angewendet werden, damit sie eine seltene Ausnahme bleibt.

2   II. **Voraussetzungen** im einzelnen: 1. Zunächst muß ein **Antrag** des Schuldners vorliegen, der bis zum Schluß der letzten mündlichen Verhandlung gestellt sein muß, damit er im Urteil noch berücksichtigt werden kann (§ 714 Abs. 1 ZPO). Ob der Antrag in der Berufungsinstanz mit der Möglichkeit des § 718 ZPO für die erstinstanzliche Entscheidung noch nachgeholt werden kann, wenn er in der ersten Instanz vergessen wurde, ist sehr streitig.[1] Hat der Schuldner in der Berufungsinstanz den Schutzantrag nicht gestellt, obgleich er bereits erkennen konnte, daß ihm nach Erlaß des Berufungsurteils durch die Vollstreckung erhebliche Nachteile erwachsen werden, vergibt er damit in der Regel gleichzeitig alle Chancen für den Erfolg eines Einstellungsantrages nach § 719 Abs. 2 ZPO in der Revisionsinstanz.[2] Er kann sich insoweit nicht darauf berufen, die Antragstellung nach § 712 sei ihm unzumutbar gewesen, weil er dem Kläger in der Antragsbegründung zugleich Hinweise für künftige Vollstreckungsmaßnahmen hätte geben müssen.[3]

---

1 Einzelheiten: § 714 Rdn. 2.
2 BGH, MDR 1979, 138; GRUR 1980, 329; GRUR 1980, 755; WM 1984, 321.
3 BGH, JurBüro 1986, 385.

2. In sachlicher Hinsicht muß der Schuldner darlegen und glaubhaft machen (§ 714 **3**
Abs. 2 ZPO), daß die Vollstreckung ihm auch dann, wenn der Gläubiger Sicherheit leisten würde, einen **nicht zu ersetzenden Nachteil** bringen würde. Es genügt nicht, wie in § 710 ZPO, bereits ein nur »schwer zu ersetzender oder schwer abzusehender Nachteil«.[4] Auch durch Geld nicht wiedergutzumachen wären etwa Schäden durch Auskünfte über Betriebsgeheimnisse, soweit die Auskünfte an den Gläubiger selbst und nicht nur an einen zur Verschwiegenheit verpflichteten, zwischen den Parteien stehenden Dritten zu erteilen sind; ein nicht zu ersetzender Nachteil kann im Einzelfall auch bei Herausgabe eines einmaligen Gegenstandes, bei Stillegung eines Betriebes[5] oder beim Unterlassen eines mit gleichem Erfolg nie mehr wiederholbaren Verhaltens drohen. Droht einer sowieso schon in Liquidation befindlichen Gesellschaft bei einer möglichen Zwangsvollstreckung der Konkurs, ist dies kein unersetzlicher Nachteil.[6] Daß der Schuldner wegen der schlechten Vermögensverhältnisse des Gläubigers befürchtet, mögliche Ersatzansprüche gem. § 717 ZPO später u. U. nicht realisieren zu können, sodaß ein Vollstreckungsschaden nicht oder nur unzureichend ersetzt werden könnte, macht die durch die Vollstreckung drohenden Nachteile allein noch nicht »unersetzlich« i. S. von Abs. 1[7], da ansonsten finanzschwache Gläubiger immer von der sofortigen Vollstreckung ausgeschlossen werden könnten. Zudem wird sich ein solcher Nachteil durch die Sicherheitsleistung des Gläubigers immer in Grenzen halten lassen.

3. Schließlich dürfen **nicht überwiegende Interessen** des Gläubigers einem vorläufigen **4**
Aufschub der Zwangsvollstreckung entgegenstehen. Das Gericht muß deshalb immer eine Abwägung der beiderseitigen Interessen vornehmen und diese Abwägung auch in den Entscheidungsgründen nachvollziehbar darstellen. Das Interesse des Gläubigers an der Zwangsvollstreckung überwiegt schon dann, wenn die dem Schuldner aus einer Vollstreckung drohenden Nachteile nicht größer sind als die Nachteile für den Gläubiger aus einem Aufschub der Vollstreckung.[8] Denn im Kollisionsfall hat immer das Interesse des Gläubigers, den endlich erstrittenen Titel auch vollstrecken zu können, den Vorrang.[9] Obwohl die Interessenabwägung von amtswegen vorzunehmen ist, gilt auch für die Berücksichtigung der Gläubigerinteressen der Beibringungsgrundsatz: Nur, was der Gläubiger von sich aus geltend und im Bestreitensfalle auch gem. § 714 Abs. 2 ZPO glaubhaft gemacht hat, kann in die Abwägung einfließen.

**III. Möglichkeiten des Schuldnerschutzes:** 1. Als Regelergebnis eines begründeten **5**
Schuldnerschutzantrages sieht **Abs. 1 S. 1** vor, daß es dem Schuldner gestattet wird, die Vollstreckung durch Sicherheitsleistung oder Hinterlegung ohne Rücksicht auf eine Sicherheitsleistung des Gläubigers abzuwenden. Die nach §§ 708, 709 ZPO getroffene Entscheidung über die vorläufige Vollstreckbarkeit wird in einem solchen Fall durch den Zusatz ergänzt: »Der Beklagte (– bzw. Kläger –) darf die Zwangsvollstreckung durch Sicherheitsleistung in Höhe von ... abwenden.« Die Sicherheitsleistung ist

---

4 Wie hier: *Rosenberg/Gaul*, § 14 III 2 b; nicht so eng: *Thomas/Putzo*, § 712 Rdn. 4.
5 OLG Hamm, OLGZ 1987, 89.
6 OLG Frankfurt, MDR 1985, 507.
7 A. A.: OLG Hamm, FamRZ 1996, 113.
8 *Rosenberg/Gaul*, § 14 III 2 b.
9 So auch die BT-Drucks. 7/2729 S. 109.

der Höhe nach so zu bemessen, daß sie alle Schäden des Gläubigers abdeckt, die ihm daraus drohen, daß er nicht sofort die Zwangsvollstreckung betreiben konnte.

6   2. In den Fällen des § 708 ZPO kann das Gericht gem. **Abs. 2 S. 2** anordnen, daß das Urteil nur gegen Sicherheitsleistung seitens des Gläubigers vorläufig vollstreckbar ist, falls die Interessenabwägung ergeben hat, daß einerseits das Gläubigerinteresse an einer Zwangsvollstreckung überwiegt, andererseits aber das Schuldnerinteresse eine Vollstreckung ohne Absicherung der möglichen Ansprüche des Schuldners aus § 717 ZPO verbietet. In diesem Falle wird abweichend von §§ 708, 711 ZPO so tenoriert, als läge eine Entscheidung nach § 709 ZPO vor.

7   3. Ganz ausnahmsweise, wenn sowohl das Schuldnerinteresse an einer vorläufigen Abwendung der Zwangsvollstreckung deutlich überwiegt als auch der Schuldner zusätzlich glaubhaft machen kann, daß er zu einer Sicherheitsleistung nicht in der Lage ist, kann das Gericht nach **Abs. 1 S. 2, 1. Alt.** davon absehen, das Urteil überhaupt für vorläufig vollstreckbar zu erklären. Anders als in § 710 ZPO genügt es nicht, daß der Schuldner nur erhebliche Schwierigkeiten hat, die Sicherheit aufzubringen. Er muß zur Sicherheitsleistung gänzlich außerstande sein. Kann der Gläubiger nur wegen einer Geldforderung vollstrecken, so sieht *Abs. 1 S. 2, 2. Alt.* als weitere Möglichkeit des Schuldnerschutzes vor, daß die vorläufige Vollstreckbarkeit des Titels zwar erhalten bleibt, die Vollstreckung aber auf die in § 720 a Abs. 1 und 2 ZPO bezeichneten Maßnahmen beschränkt wird. Diese Möglichkeit wird als den Gläubiger weniger belastend immer vorzuziehen sein, wenn der Schuldner nicht ausnahmsweise glaubhaft machen kann, daß selbst eine reine Sicherungsvollstreckung bereits nicht zu ersetzende Nachteile bringen würde. Das kann der Fall sein, wenn schon die Sicherungsvollstreckung den Schuldner wirtschaftlich vollständig blockiert und damit seine wirtschaftliche Existenz ernsthaft gefährdet.

8   Im Falle von Abs. 1 S. 2, 1. Alt. wird im Tenor einfach der Ausspruch der vorläufigen Vollstreckbarkeit weggelassen.[10] In den Gründen wird dann klargestellt, daß es sich um kein Versehen, sondern um eine bewußte Schuldnerschutzentscheidung nach § 712 Abs. 1 S. 2 handelt. Ist das Urteil ausnahmsweise nicht mit Entscheidungsgründen versehen (§ 313 a ZPO), empfiehlt es sich, einen klarstellenden Hinweis in den Tenor aufzunehmen (»Das Urteil ist gem. § 712 Abs. 1 S. 2 ZPO nicht vorläufig vollstreckbar.«). Im Falle von Abs. 1 S. 2, 2. Alt. ist der gem. § 708 oder § 709 ZPO formulierte Ausspruch der vorläufigen Vollstreckbarkeit im Tenor durch den Satz zu ergänzen: »Die Zwangsvollstreckung ist auf die in § 720 a Abs.1 und Abs. 2 ZPO bezeichneten Maßregeln beschränkt.«

9   IV. Die im Tenor ausgesprochene Vollstreckungsbeschränkung zu Gunsten des Schuldners gilt automatisch **auch für die Kostenentscheidung.**[11] Sie ist deshalb ohne weiteres in den Kostenfestsetzungsbeschluß mit zu übernehmen.

---

10 MüKo/*Krüger*, § 712 Rdn. 5.
11 *Zöller/Herget*, § 712 Rdn. 8.

**V.** Sobald die Entscheidung rechtskräftig geworden ist, entfallen alle Einschränkungen für den Gläubiger. Der Schuldner kann nun die Zwangsvollstreckung nicht weiter abwenden.[12] Der Gläubiger kann die Vollstreckung jetzt ohne Sicherheitsleistung bis zur Befriedigung des titulierten Anspruchs betreiben.

10

---

12 BGH, NJW 1978, 43.

## § 713 Unterbleiben von Schutzanordnungen

Die in den §§ 711, 712 zugunsten des Schuldners zugelassenen Anordnungen sollen nicht ergehen, wenn die Voraussetzungen, unter denen ein Rechtsmittel gegen das Urteil stattfindet, unzweifelhaft nicht vorliegen.

Literatur: *Brocker,* Die Tenorierung der vorläufigen Vollstreckbarkeit bei Anwendbarkeit des § 713 ZPO, DRiZ 1995, 226.

1 **I. Zweck der Norm:** Durch die Vorschrift soll verhindert werden, daß der Schuldner, nur um in den Genuß von die Vollstreckung hinausschiebenden Anordnungen zu kommen, unnötige und sachlich nicht gerechtfertigte Rechtsmittel einlegt. Die Vorschrift dient also sowohl den Interessen des Gläubigers wie der Allgemeinheit (Entlastung der Justiz). Obwohl die Norm als Sollvorschrift formuliert ist, handelt es sich um zwingendes Recht[1]; der Richter hat also keinen Ermessensspielraum, ob er von den Vollstreckungsschutzanordnungen absehen will oder nicht.

2 **II. Anwendungsbereich der Norm:** Die Vorschrift bezieht sich nicht auf die Urteile, die sofort mit ihrer Verkündung rechtskräftig werden.[2] Bei diesen entfällt von vornherein jeder Ausspruch über eine »vorläufige« Vollstreckbarkeit. Die Vorschrift bezieht sich vielmehr auf jene Urteile, gegen die grundsätzlich – in abstracto – ein Rechtsmittel statthaft ist, die aber im konkreten Einzelfall nicht zulässigerweise angefochten werden können, weil die Berufungs- oder Revisionssumme nicht erreicht oder weil ein Rechtsmittel nicht zugelassen worden ist.[3] Sie gilt auch nicht für diejenigen Urteile, die zwar von einer Partei nicht selbständig angefochten werden können (z. B. weil die Beschwer dieser Partei die Rechtsmittelsumme nicht erreicht), wohl aber im Wege der Anschließung,[4] weil jedenfalls der Gegner zulässigerweise ein Rechtsmittel einlegen kann. Die Anschlußberufung bzw. -revision sind zwar keine Rechtsmittel im eigentlichen Sinne, vom Zweck der Norm her aber hier als solche zu behandeln.

3 **III. Unzweifelhaft** nicht statthaft sind Rechtsmittel nur dann, wenn auch das Rechtsmittelgericht die Zulässigkeit nicht anders beurteilen kann als das Instanzgericht. Dies ist etwa bei Zahlungsklagen der Fall, bei denen die jeweilige Beschwer (durch Verurteilung oder Klageabweisung) die Berufungs- oder Revisionssumme nicht erreicht (§§ 511 a, 546 Abs. 1 ZPO), oder bei sonstigen Urteilen, bei denen die Parteien einverständlich das Gericht um eine bestimmte Festsetzung der Beschwer gebeten haben, die dann so auch festgesetzt wurde. Hat das Rechtsmittelgericht dagegen noch die Möglichkeit, die Beschwer anderweitig festzusetzen, ist es nicht »unzweifelhaft«, daß das

---

1 Ganz herrschende Meinung; beispielhaft: MüKo/*Krüger,* § 713 Rdn. 1; *Rosenberg/Gaul,* § 14 III 2 c; *Zöller/Herget,* § 713 Rdn. 1; a. A. (Gericht hat Ermessensspielraum): *Baumbach/Lauterbach/Hartmann,* § 713 Rdn. 1.
2 Einzelheiten: § 705 Rdn. 2.
3 Einzelheiten: § 705 Rdn. 3.
4 Allgemeine Meinung; beispielhaft: *Baumbach/Lauterbach/Hartmann,* § 713 Rdn. 2; *Rosenberg/Gaul,* § 14 III 2 c; *Thomas/Putzo,* § 713 Rdn. 3; *Zöller/Herget,* § 713 Rdn. 3.

Rechtsmittel auch tatsächlich unstatthaft ist.[5] Bei Berufungsurteilen in nichtvermögensrechtlichen Streitigkeiten ist ein Rechtsmittel »unzweifelhaft« nicht zulässig, wenn es vom Oberlandesgericht im Berufungsurteil nicht zugelassen worden ist.

§ 713 stellt allein auf die Zulässigkeit eines Rechtsmittels, nicht auf dessen Begründetheit ab. Sie kann und darf durch das Instanzgericht nicht vorab beurteilt werden. Ist also ein Rechtsmittel im Einzelfall statthaft, greift § 713 auch dann nicht ein, wenn für das Gericht etwa durch eine Entscheidung in einer Parallelsache »feststeht«, daß das Rechtsmittel erfolglos bleiben müsse.

IV. Hat das Oberlandesgericht fälschlicherweise § 713 angewendet, weil es irrtümlich davon ausging, die Beschwer durch das Berufungsurteil liege unter 60 000,- DM, so kann der Schuldner noch nachträglich eine Urteilsergänzung durch eine Anordnung nach § 711 ZPO gem. §§ 716, 321 ZPO beantragen, über die durch Ergänzungsurteil zu entscheiden ist. Die Frist für den Antrag auf Urteilsergänzung beginnt erst mit der Zustellung des Beschlusses, durch den das Revisionsgericht den Wert der Beschwer auf mehr als 60 000,- DM festlegt.[6]

---

5 *Leppin*, MDR 1975, 900.
6 BGH, MDR 1984, 649.

## § 714 Anträge zur vorläufigen Vollstreckbarkeit

(1) Anträge nach den §§ 710, 711 Satz 2, § 712 sind vor Schluß der mündlichen Verhandlung zu stellen, auf die das Urteil ergeht.
(2) Die tatsächlichen Voraussetzungen sind glaubhaft zu machen.

1 I. Die Vorschrift stellt klar, daß Anordnungen nach §§ 710, 711 S. 2, 712 ZPO nie von amtswegen ergehen, sondern immer einen Antrag des durch die Anordnung zu Begünstigenden voraussetzen. Der Antrag ist vor Schluß der mündlichen Verhandlung vor dem Gericht zu stellen, in dessen Urteil die Anordnung aufgenommen werden soll. Soll also dem Gläubiger ermöglicht werden, das erstinstanzliche Urteil des Amts- oder Landgerichts, für das § 709 ZPO anzuwenden wäre, gem. § 710 ZPO ohne vorherige Sicherheitsleistung vollstrecken zu können, muß der Gläubiger seinen Antrag spätestens in der letzten mündlichen Verhandlung der 1. Instanz stellen. Will der Schuldner erreichen, daß der Gläubiger aus einem Berufungsurteil eines Oberlandesgerichts entgegen §§ 708 Nr. 10, 711 ZPO auch gegen Sicherheitsleistung nicht vollstrecken kann, wenn der Schuldner seinerseits Sicherheit leistet, muß der Schuldner also seinen Antrag gem. § 712 ZPO bis zum Schluß der letzten mündlichen Verhandlung beim Oberlandesgericht gestellt haben.

II. Ein in der ersten Instanz vergessener Antrag nach §§ 710, 711 S. 2, 712 ZPO kann in der Berufungsinstanz nicht mit dem Ziel nachgeholt werden,[1] daß über ihn gem. § 718 ZPO vorab zu verhandeln und das erstinstanzliche Urteil insoweit einstweilen (– bis zur Entscheidung über die vorläufige Vollstreckbarkeit des Berufungsurteils –) zu korrigieren wäre.[2] Das mag sich nicht schon unmittelbar aus dem Wortlaut des § 714 ergeben,[3] folgt aber zwingend aus dem Zweck des § 718 ZPO. Dieser besteht in der Korrektur fehlerhafter erstinstanzlicher Entscheidungen zur vorläufigen Vollstreckbarkeit.[4] Damit wäre es unvereinbar, wenn die Berufungsinstanz erstmals über einen in der ersten Instanz versäumten Antrag entscheiden müßte, zumal es sich hierbei um einen den Inhalt des Urteils mitbestimmenden Sachantrag i. S. § 297 ZPO handelt, dessen erstmalige Entscheidung nicht der dafür unzuständigen Instanz überlassen werden kann. Die Gegenmeinung steht auch im Widerspruch zur sehr strengen Rechtsprechung des BGH zu § 719 Abs. 2 ZP[5] für

---

[1] So aber: OLG Düsseldorf, NJW 1969, 1910; OLG Hamburg, MDR 1970, 244; OLG Karlsruhe, OLGZ 1975, 485; OLG Frankfurt, FamRZ 1983, 1260; OLG Düsseldorf, FamRZ 1985, 307 und FamRZ 1990, 539; OLG Hamm, NJW-RR 1987, 252; OLG Koblenz, NJW-RR 1989, 1024; *Baumbach/Lauterbach/Hartmann*, § 714 Rdn. 2; *Stein/Jonas/Münzberg*, § 714 Rdn. 3 a; *Thomas/Putzo*, § 714 Rdn. 5.
[2] Wie hier: OLG Hamm, MDR 1967, 121; OLG Frankfurt, MDR 1971, 850; OLG Köln, OLGZ 1979, 113; OLG Frankfurt, MDR 1982, 415; OLG Frankfurt, NJW-RR 1986, 486 und OLGZ 1994, 106; OLG Karlsruhe, NJW-RR 1989, 1470; AK-ZPO/*Schmidt-von Rhein*, § 718 Rdn. 1; MüKo/*Krüger* § 714 Rdn. 2; *Zöller/Herget*, § 714 Rdn. 1.
[3] So aber: *Zöller/Herget*, § 714 Rdn. 1.
[4] Siehe § 718 Rdn. 2; ferner OLG Frankfurt, MDR 1982, 415; a. A.: OLG Koblenz, NJW-RR 1989, 1024.
[5] Siehe § 719 Rdn. 11; ferner § 711 Rdn. 1 und § 712 Rdn. 2.

den Fall, daß in der Berufungsinstanz dort mögliche Vollstreckungsschutzanträge nicht gestellt wurden. Soweit die Umstände, die einen Vollstreckungsantrag rechtfertigen könnten, erst nach dem Schluß der mündlichen Verhandlung erster Instanz aufgetreten sind – sodaß von einem Vergessen der Anträge nicht die Rede sein kann –, kann dem Anliegen des Schuldners mit § 719 Abs. 1 ZPO Rechnung getragen werden. Daß der Schuldnerschutz nach § 719 ZPO weniger Möglichkeiten bietet als § 712 ZPO,[6] erklärt sich aus der andersartigen Prozeßsituation (– dem Gläubiger wird eine Vollstreckungsmöglichkeit, die er bereits hatte, wieder eingeschränkt –). Diese andere Situation verbietet dann eben auch die Nachholung eines Antrages aus § 712 ZPO. Dem Gläubiger, der Anträge nach §§ 710, 711 S. 2 ZPO vergessen hat, bietet § 720 a ZPO einstweilige Möglichkeiten.

III. Die Tatsachenbehauptungen, mit denen Anträge nach §§ 710, 711 S. 2, 712 ZPO begründet werden, sind **glaubhaft** zu machen (**Abs. 2**). Zulässig sind alle Glaubhaftmachungsmittel des § 294 ZPO, insbesondere auch die eigene eidesstattliche Versicherung der Partei selbst. Die Glaubhaftmachung ist auch erforderlich, wenn der Gegner sich nicht zum Antrag äußert, nicht aber, wenn er die entscheidungserheblichen Tatsachen einräumt oder einer Entscheidung entsprechend dem jeweiligen Antrag zustimmt.

2

IV. Hat das Gericht einen Antrag nach §§ 710, 711 S. 2, 712 ZPO übersehen, obwohl er ordnungsgemäß gestellt war, muß die beantragende Partei gem. §§ 716, 321 ZPO Ergänzungsurteil erwirken. Bezieht das Übersehen sich nicht auf den Vollstreckungsantrag als solchen, sondern nur auf die gewünschte besondere Art der Sicherheitsleistung, ist jederzeit nachträglicher ergänzender Beschluß im Rahmen des § 108 ZPO möglich.[7]

3

---

6 Darauf weist insbesondere *Stein/Jonas/Münzberg*, § 714 Rdn. 3 hin.
7 Siehe auch § 709 Rdn. 5.

§ 715 Rückgabe der Sicherheit

(1) ¹Das Gericht, das eine Sicherheitsleistung des Gläubigers angeordnet oder zugelassen hat, ordnet auf Antrag die Rückgabe der Sicherheit an, wenn ein Zeugnis über die Rechtskraft des für vorläufig vollstreckbar erklärten Urteils vorgelegt wird. ²Ist die Sicherheit durch eine Bürgschaft bewirkt worden, so ordnet das Gericht das Erlöschen der Bürgschaft an.
(2) § 109 Abs. 3 gilt entsprechend.

1   I. **Anwendungsbereich der Norm:** Hat der **Gläubiger** nach §§ 709, 711, 712 Abs. 2 S. 2 ZPO Sicherheit geleistet und ist das für vorläufig vollstreckbar erklärte Urteil zwischenzeitlich rechtskräftig geworden, so erleichtert die Vorschrift dem Gläubiger die Rückerlangung seiner Sicherheit. Der in § 715 vorgesehene Weg ist nicht der einzig mögliche; der Gläubiger kann stattdessen auch das Verfahren nach § 109 ZPO wählen. Der Schuldner dagegen hat immer nur den Weg nach § 109 ZPO.

Endet das Verfahren nicht durch rechtskräftiges Urteil, sondern durch beiderseitige Erledigungserklärung, Vergleich oder Klagerücknahme, so ist auch für den Gläubiger § 715 nicht anwendbar;[1] es bleibt ihm dann ebenfalls allein der Weg nach § 109 ZPO.

2   II. **Verfahren:** Zunächst ist ein **Antrag** des Gläubigers erforderlich. Er ist an das Gericht zu richten, das die Sicherheitsleistung angeordnet oder zugelassen hat. Der Antrag kann bei jedem Gericht auch von der Partei persönlich vor der Geschäftsstelle zu Protokoll erklärt werden (**Abs. 2** mit § 109 Abs. 3 S. 1 ZPO). Dem Antrag ist ein **Rechtskraftzeugnis** (§ 706 ZPO) beizufügen. Liegt ein Rechtskraftzeugnis noch nicht vor, ist es aber vom selben Gericht zu erteilen, das auch über den Antrag nach § 715 zu entscheiden hat, so können beide Anträge trotz der unterschiedlichen Zuständigkeit (einerseits Geschäftsstelle, andererseits Rechtspfleger) miteinander verbunden werden. Das Rechtskraftzeugnis muß ergeben, daß das Urteil allen Parteien gegenüber, zu deren Gunsten die Sicherheitsleistung erbracht wurde, rechtskräftig ist.[2]

3   Über den Antrag entscheidet der **Rechtspfleger** (§ 20 Nr. 3 RPflG). Er hat dem Schuldner vor der Entscheidung rechtliches Gehör zu gewähren. Eine mündliche Verhandlung ist nicht erforderlich (§ 109 Abs. 3 S. 2 ZPO). Die Entscheidung ergeht durch **Beschluß**. Die Vorlage dieses Beschlusses bei der Hinterlegungsstelle reicht aus, um die Rückgabe der Sicherheit zu erlangen (§ 13 Abs. 2 Nr. 2 HinterlO). War die Sicherheit durch selbstschuldnerische Bürgschaft erbracht, so ordnet das Gericht statt der Rückgabe der Sicherheit das Erlöschen der Bürgschaft an (**Abs. 1 S. 2**). § 715 eröffnet dem Rechtspfleger kein Ermessen. Er muß also auch dann, wenn der Schuldner widerspricht und Rechte an der Sicherheitsleistung geltend macht, dem Antrag stattgeben, wenn die Voraussetzungen des Satzes 1 vorliegen. Auch der Nachweis des Schuldners, daß er zwischenzeitlich wegen seiner vermeintlichen Rechte auf die Sicherheitsleistung Klage erhoben oder an der Sicherheitsleistung ein Pfändungs- oder Arrestpfandrecht erworben habe, berechtigt den Rechtspfleger nicht, den Gläubiger auf das Verfahren nach

---

1 Ebenso *Zöller/Herget*, § 715 Rdn. 1; MüKo/*Krüger*, § 715 Rdn. 2.
2 Siehe auch § 706 Rdn. 9.

§ 109 ZPO zu verweisen oder gar den Antrag in einen solchen nach § 109 Abs. 1 ZPO umzudeuten. Mögliche konkurrierende gerichtliche Beschlüsse hinsichtlich der hinterlegten Sicherheit zu beurteilen, ist in diesem Falle allein Sache der Hinterlegungsstelle.

**III. Zugriff des Gläubigers auf die vom Schuldner hinterlegte Sicherheitsleistung:** Hatte der Schuldner zur Vollstreckungsabwehr hinterlegt, so kann der obsiegende Gläubiger von der Hinterlegungsstelle unter Vorlage des Titels und der Rechtskraftbescheinigung **unmittelbare Auszahlung** der Sicherheit an sich verlangen. Dies ergibt sich aus §§ 13 Abs. 2 Nr. 2 HinterlO, 378, 379 BGB. War zur Abwendung der Vollstreckung Sicherheitsleistung durch selbstschuldnerische Bürgschaft erbracht, so kann der obsiegende Gläubiger nach Eintritt der Rechtskraft den Bürgen in Anspruch nehmen.[3]

**IV. Zugriff des Schuldners auf die vom Gläubiger hinterlegte Sicherheitsleistung:** Hatte der Gläubiger Sicherheit geleistet, um vollstrecken zu können, hatte aber letztlich der Schuldner in der Sache obsiegt, so muß der Schuldner, um sich aus der Sicherheit befriedigen zu können, zunächst einen Titel gegen den Gläubiger über seinen Vollstreckungsschaden erwirken. Er hat also keine erleichterte Zugriffsmöglichkeit. Allerdings kann er, da der Gläubiger in einem solchen Falle nicht nach § 715, sondern nur nach § 109 ZPO die Rückgabe seiner Sicherheit betreiben kann, mit dem Nachweis der Klageerhebung zunächst die Rückzahlung an den Gläubiger blockieren und sich dadurch eine Vermögensmasse sichern, aus der er später nach Titelerlangung seine Befriedigung betreiben kann.

**V. Rechtsmittel:** Gegen die Entscheidung des Rechtspflegers, einem Antrag nach § 715 Abs. 1 stattzugeben ebenso, wie gegen einen ablehnenden Beschluß ist die unbefristete Rechtspflegererinnerung nach § 11 RPflG zulässig. Das unterscheidet das Verfahren von dem in § 109 ZPO, für das in § 109 Abs. 4 ZPO (i. V. §§ 20 Nr. 3, 11 RPflG) die befristete Rechtspflegererinnerung vorgesehen ist.

Gegen die Entscheidung des Richters (des Prozeßgerichts), die Rechtspflegererinnerung zurückzuweisen und die Rückgabe der Sicherheit damit endgültig zuzulassen, ist kein Rechtsmittel gegeben.[4] Gegen die Ablehnung des Rückgabeantrages ist dagegen einfache Beschwerde möglich.

**VI. Gebühren:** Die Entscheidung nach Abs. 1 ergeht gerichtsgebührenfrei. Für den Anwalt, der auch den Prozeß betrieben hat, ist die Tätigkeit im Rahmen des Abs. 1 durch die Gebühren für den Prozeß (§ 31 BRAGO) mit abgegolten (§ 37 Nr. 3 BRAGO). Im übrigen ist § 56 BRAGO anzuwenden.

---

3 BGH, NJW 1978, 43; siehe auch § 705 Rdn. 7.
4 OLG Frankfurt, Rpfleger 1974, 322.

## § 716 Ergänzung des Urteils

Ist über die vorläufige Vollstreckbarkeit nicht entschieden, so sind wegen Ergänzung des Urteils die Vorschriften des § 321 anzuwenden.

1 **I. Anwendungsbereich der Norm:** Entgegen dem zu engen Wortlaut der Vorschrift ist § 716 nicht nur anzuwenden, wenn über die vorläufige Vollstreckbarkeit gar nicht entschieden ist, wenn also schon der Grundausspruch nach §§ 708, 709 ZPO vergessen wurde, sondern auch, wenn die Abwendungsbefugnis nach § 711 ZPO nicht angeordnet oder ausdrücklich gestellte Anträge nach §§ 710, 712 Abs. 1 ZPO unbeschieden geblieben sind. Für § 711 ZPO gilt dies nicht nur, wenn die Abwendungsbefugnis schlicht vergessen wurde, sondern auch, wenn bewußt von ihrer Anordnung abgesehen wurde, weil das Berufungsgericht irrig von einer die Revision nicht ermöglichenden Beschwer von unter 60 000,– DM ausgegangen ist und dies mit dem Hinweis auf § 713 ZPO deutlich gemacht hat.[1] Die Vorschrift ermöglicht aber keine Abänderung einer falschen Entscheidung zur vorläufigen Vollstreckbarkeit, etwa also das Austauschen eines ausdrücklich auf §§ 708, 711 ZPO gestützten Tenors durch einen § 709 ZPO entsprechenden. Ist vergessen worden, die Höhe oder die Art der Sicherheitsleistung im Tenor anzugeben, so bedarf es des Verfahrens nach § 716 nicht.[2] Die Höhe kann durch Berichtigungsbeschluß nach § 319 ZPO analog, die Art der Sicherheitsleistung durch Beschluß nach § 108 ZPO ergänzt werden.[3] Hat das Gericht sich bei Festsetzung der Höhe der Sicherheitsleistung nur verrechnet, ist ebenfalls § 319 ZPO anwendbar; liegt der Entscheidung zur Höhe aber ein rechtlicher Denkfehler zugrunde, kann nur das Rechtsmittelgericht korrigieren, ggfls. im Verfahren gem. § 718 ZPO.[4]

2 **II. Bedeutung des Berichtigungs- bzw. Ergänzungsverfahrens:** Hat es das Gericht vergessen, über Anträge nach §§ 710, 711 S. 2, 712 ZPO zu entscheiden, und unterläßt es der Antragsteller, die Ergänzung des Urteils nach §§ 716, 321 ZPO herbeizuführen, so kann er die Anträge nicht mit der Berufung wiederholen und über eine Vorabentscheidung nach § 718 ZPO quasi eine Ergänzung des erstinstanzlichen Urteils bewirken.[5] Was erstinstanzlich beantragt, dort aber noch gar nicht entschieden ist, kann nicht Gegenstand eines Berufungsurteils sein. Hat der Schuldner es versäumt, seinen erstinstanzlich übergangenen Vollstreckungsschutzantrag durch Ergänzungsurteil bescheiden zu lassen, so kann er sich in der Berufungs- bzw. Revisionsinstanz zur Begründung eines Antrags nach § 719 Abs. 1 bzw. Abs. 2 ZPO in der Regel nicht mehr darauf berufen, aus der Vollstreckung drohe ihm ein nicht zu ersetzender Nachteil.[6] Etwas an-

---

1 BGH, NJW 1984, 1240.
2 A. A., soweit die Höhe der Sicherheitsleistung versehentlich nicht angegeben wurde (Ergänzungsurteil erforderlich): MüKo/*Krüger*, § 716 Rdn. 1; Stein/Jonas/*Münzberg*, § 716 Rdn. 1; *Thomas/Putzo*, § 716 Rdn. 1; Zöller/*Herget*, § 716 Rdn. 1.
3 Siehe insoweit auch § 709 Rdn. 5.
4 Siehe auch § 709 Rdn. 4.
5 A. A.: *Thomas/Putzo*, § 717 Rdn. 2.
6 BGH, MDR 1964, 212 und MDR 1978, 127; ZIP 1981, 1268.

deres wird nur dann anzunehmen sein, wenn sich in der Rechtsmittelinstanz neue, bisher nicht zu berücksichtigende Umstände ergeben.

**III. Verfahren:** Das Verfahren richtet sich nach § 321 ZPO. Erforderlich ist zunächst ein **Antrag.** Die Zweiwochenfrist des Abs. 2 beginnt in der Regel mit der Zustellung des unvollständigen Urteils. Ergibt sich die Unvollständigkeit des Urteils aber erst, wenn das Revisionsgericht die im Berufungsurteil als unter 60 000,– DM liegend angenommene Beschwer auf einen Betrag heraufgesetzt hat, der über der Revisionssumme liegt, so beginnt die Frist erst mit Zustellung dieses Beschlusses des Revisionsgerichts.[7] Setzt die Ergänzung des Urteils die vorherige Berichtigung des Tatbestandes voraus, so beginnt die Frist für den Antrag auf Urteilsergänzung erst mit der Zustellung des Berichtigungsbeschlusses.[8] Im übrigen ist die Frist des Abs. 2 eine Notfrist, die nicht verlängert werden kann. Über den Antrag **ist** mündlich zu verhandeln, es sei denn, daß ausnahmsweise die Voraussetzungen des schriftlichen Verfahrens gem. § 128 Abs. 2 und 3 ZPO vorliegen. Die Entscheidung erfolgt in jedem Falle durch Ergänzungsurteil. Das Ergänzungsurteil über die vorläufige Vollstreckbarkeit kann nicht selbständig mit einem Rechtsmittel angegriffen werden. Eine Berufung gegen das Urteil in der Hauptsache erfaßt ohne weiteres auch das Ergänzungsurteil, über dessen Inhalt gegebenenfalls dann gem. § 718 ZPO im Berufungsverfahren vorab entschieden werden kann.

3

**IV. Gebühren:** Durch das Ergänzungsurteil (– oder die eine Ergänzung ablehnende Entscheidung –) entstehen keine zusätzlichen Gerichtsgebühren; gleiches gilt für die Gebühren des Anwalts, der bereits den Rechtsstreit in der Hauptsache geführt hat (§ 37 Nr. 6 BRAGO). Betreibt der Anwalt nur das Urteilsergänzungsverfahren, entstehen für ihn die vollen Gebühren des § 31 BRAGO, wobei das Interesse der Partei an der Urteilsergänzung gem. § 3 ZPO zu schätzen ist.

4

---

7 BGH, NJW 1984, 1240.
8 BGH, Rpfleger 1982, 231.

§ 717 Wegfall der vorläufigen Vollstreckbarkeit; Schadensersatz- und Bereicherungsansprüche

(1) Die vorläufige Vollstreckbarkeit tritt mit der Verkündung eines Urteils, das die Entscheidung in der Hauptsache oder die Vollstreckbarkeitserklärung aufhebt oder abändert, insoweit außer Kraft, als die Aufhebung oder Abänderung ergeht.
(2) ¹Wird ein für vorläufig vollstreckbar erklärtes Urteil aufgehoben oder abgeändert, so ist der Kläger zum Ersatz des Schadens verpflichtet, der dem Beklagten durch die Vollstreckung des Urteils oder durch eine zur Abwendung der Vollstreckung gemachte Leistung entstanden ist. ²Der Beklagte kann den Anspruch auf Schadensersatz in dem anhängigen Rechtsstreit geltend machen; wird der Anspruch geltend gemacht, so ist er als zur Zeit der Zahlung oder Leistung rechtshängig geworden anzusehen.
(3) ¹Die Vorschriften des Absatzes 2 sind auf die im § 708 Nr. 10 bezeichneten Urteile der Oberlandesgerichte, mit Ausnahme der Versäumnisurteile, nicht anzuwenden. ²Soweit ein solches Urteil aufgehoben oder abgeändert wird, ist der Kläger auf Antrag des Beklagten zur Erstattung des von diesem auf Grund des Urteils Gezahlten oder Geleisteten zu verurteilen. ³Die Erstattungspflicht des Klägers bestimmt sich nach den Vorschriften über die Herausgabe einer ungerechtfertigten Bereicherung. ⁴Wird der Antrag gestellt, so ist der Anspruch auf Erstattung als zur Zeit der Zahlung oder Leistung rechtshängig geworden anzusehen; die mit der Rechtshängigkeit nach den Vorschriften des bürgerlichen Rechts verbundenen Wirkungen treten mit der Zahlung oder Leistung auch dann ein, wenn der Antrag nicht gestellt wird.

Inhaltsübersicht

| | | Rdn. |
|---|---|---|
| | Literatur | |
| I. | Außerkrafttreten der vorläufigen Vollstreckbarkeit | 1, 2 |
| II. | Beachtung durch die Vollstreckungsorgane | 3 |
| III. | Schadensersatzanspruch nach Abs. 2 S. 1 | |
| | 1. Anwendungsbereich der Norm | 4–7 |
| | 2. Voraussetzungen einer Haftung | 8–10 |
| | 3. Umfang der Schadensersatzpflicht | 11–13 |
| | 4. Einwendungen und Einreden des Gläubigers | 14, 15 |
| | 5. Die Parteien des Schadensersatzanspruchs | 16, 17 |
| IV. | Die Geltendmachung des Schsdensersatzanspruchs | |
| | 1. durch Inzidentantrag im laufenden Rechtstreit | 18 |
| | 2. durch selbständige Leistungsklage | 19 |
| | 3. durch Widerklage | 20 |
| V. | Der Bereicherungsanspruch nach Abs. 3 | 21 |
| | 1. Verhältnis zum Schadensersatzanspruch | 22, 23 |
| | 2. Verhältnis zu sonstigen Erstattungsansprüchen | 24 |
| | 3. Umfang des Bereicherungsanspruchs | 25 |
| | 4. Keine entsprechende Anwendung der Norm | 26 |

| | |
|---|---|
| VI. Geltendmachung des Bereicherungsanspruchs | 27 |
| VII. Einfluß des Abs. 3 auf § 719 Abs. 2 ZPO | 28 |
| VIII. Verhältnis des Bereicherungsanspruchs zu den allgemeinen Anspruchsnormen des BGB | 29 |
| IX. § 839 BGB | 30 |

**Literatur:** *Arens,* Prozeßrecht und materielles Recht, AcP 1973, 250; *Altmeppen,* Gefährdungshaftung nach § 717 Abs. 2 ZPO und unberechtigte Schutzrechtverwarnung, ZIP 1996, 168; *Bauer,* Die Folgen der Aufhebung eines für vorläufig vollstreckbar erklärten Urteils nach dessen Vollstreckung, JurBüro 1966, 81; *Bauer,* Die Erstattungsfähigkeit der Kosten einer Sicherheitsleistung in der Zwangsvollstreckung, JurBüro 1971, 587; *Baur,* Studien zum einstweiligen Rechtsschutz, 1967; *Blomeyer,* Vorläufig vollstreckbares Urteil: Wird der Klageanspruch durch die Vollstreckung oder ihre Abwendung erfüllt?, JR 1979, 490; *Böhm,* Ungerechtfertigte Zwangsvollstreckung und materiellrechtliche Ausgleichsansprüche, 1971; *Boemke-Albrecht,* Wiederaufleben der vorläufigen Vollstreckbarkeit, NJW 1991, 1333; *von Bornhaupt,* Entstehung, Geltendmachung, Verzinsung und Verjährung des Kostenerstattungsanspruches, BB 1974, 876; *Brauer,* Die Erstattungsfähigkeit der Kosten für die Gestellung einer Bankbürgschaft zur Schuldtitelvollstreckung oder zur Vermeidung einer Zwangsvollstreckung, JurBüro 1975, 1561; *Dütz,* Vollstreckungsverhältnis als Arbeitsverhältnis, AuR 1987, 317; *Flieger,* Ein Beitrag zu Streitgegenstand und Klagegrund, MDR 1980, 189; *Fricke,* Zur Begrenzung der Schadensersatzpflicht aus § 717 Abs. 2 ZPO durch bestätigendes OLG-Urteil, WRP 1979, 100; *Furtner,* Welchen Einfluß hat die Aufhebung einer noch nicht rechtskräftigen Entscheidung auf bereits eingeleitete aber noch nicht beendete Zwangsvollstreckungsmaßnahmen?, MDR 1959, 5; *Gast,* Kostenersatz bei ungerechtfertigter Sicherheitsleistung – Vollzugsfolgen – Beseitigungsanspruch im Abgabenrecht, DStR 1963, 530; *Götz,* Zivilrechtliche Ersatzansprüche bei schädigender Rechtsverfolgung, Berlin 1989; *Häsemeyer,* Schadenshaftung im Zivilrechtsstreit, 1979; *Henckel,* Prozeßrecht und materielles Recht, 1970; *Kerver,* Die Erfüllung in der Zwangsvollstreckung, 1996; *Kreutz,* Die Leistung zur Abwendung der Zwangsvollstreckung nach einem vorläufig vollstreckbaren Urteil., Diss., Bochum 1994; *Landsberg,* Zum Schadensersatzanspruch nach Räumungsprozeß mit beiderseitigen Erledigungserklärungen in der Berufungsinstanz, ZMR 1982, 69; *Luh,* Die Haftung des aus einer vorläufigen, auf Grund verfassungswidrigen Gesetzes ergangenen Entscheidung vollstreckenden Gläubigers, Diss. Frankfurt 1979; *Moller,* Klageänderung und vorläufige Vollstreckbarkeit, NJW 1966, 1397; *Nieder,* Anspruchsverfolgung nach § 717 ZPO gegen Rechtsnachfolger, NJW 1975, 1000; *Niederelz,* Die Rechtswidrigkeit des Gläubiger- und Gerichtsvollzieherverhaltens in der Zwangsvollstreckung unter besonderer Berücksichtigung der Verhaltensunrechtslehre. Zugleich ein Beitrag zur dogmatischen Einordnung des § 717 Abs. 2 ZPO, Diss. Bonn 1975; *Ordemann,* Rückzahlung beigetriebener Geldbeträge nach Aufhebung des Titels in der Revisionsinstanz, NJW 1962, 478; *Pecher,* Schadensersatzansprüche aus ungerechtfertigter Vollstreckung, 1967; *Schneider,* Zur Erstattungsfähigkeit der Kosten für die Beschaffung einer Sicherheitsleistung, MDR 1974, 885.

**I. Außerkrafttreten der vorläufigen Vollstreckbarkeit,** Wird das für vorläufig vollstreckbar erklärte Urteil rechtskräftig, so ist es nunmehr endgültig vollstreckbar. Die im Tenor genannten Voraussetzungen der vorläufigen Vollstreckbarkeit treten ebenso außer Kraft wie die Möglichkeit des Schuldners, die Vollstreckbarkeit noch abwenden zu können.[1]

---

1 Siehe auch: vor §§ 708–720 a Rdn. 5.

2 Wird ein für vorläufig vollstreckbar erklärtes Urteil auf ein Rechtsmittel hin in der Hauptsache oder – im Verfahren gem. § 718 ZPO – hinsichtlich der Vollstreckbarkeitserklärung aufgehoben oder abgeändert, so tritt seine vorläufige Vollstreckbarkeit in dem Umfang außer Kraft, in dem die Rechtsmittelentscheidung die Aufhebung oder Abänderung ausspricht. Diese Wirkung tritt sofort mit der **Verkündung**[2] des aufhebenden oder abändernden Urteils ein, nicht erst mit dessen Rechtskraft; sie ist auch unabhängig davon, ob dieses Urteil für vorläufig vollstreckbar erklärt wurde und ob die Voraussetzungen seiner vorläufigen Vollstreckbarkeit erfüllt sind.

Wird ein auch noch zu diesem Zeitpunkt nur vorläufig vollstreckbares (– also noch nicht rechtskräftig gewordenes –) Vorbehaltsurteil im Nachverfahren aufgehoben, entfällt seine vorläufige Vollstreckbarkeit ebenfalls bereits mit der Verkündung des Urteils im Nachverfahren. Ist das Vorbehaltsurteil aber schon rechtskräftig, wenn das aufhebende Urteil im Nachverfahren ergeht, ist § 717 Abs. 1 nicht mehr einschlägig;[3] nach Vorlage des zumindest vorläufig vollstreckbaren Urteils im Nachverfahren ist aber gem. §§ 775 Nr. 1, 776 S. 1 ZPO zu verfahren.[4]

3 II. Das Außerkrafttreten der vorläufigen Vollstreckbarkeit eines Titels ist von den Vollstreckungsorganen **von amtswegen** zu beachten, sobald sie von der aufhebenden oder abändernden Entscheidung Kenntnis erlangen, auch wenn diese Kenntnis aus einem anderen Verfahren als dem laufenden Vollstreckungsverfahren herrührt. Der Gläubiger, der aus einem nicht mehr vollstreckbaren Titel unter Ausnutzung der Unkenntnis der Vollstreckungsorgane weitervollstreckt, haftet dem Schuldner aus unerlaubter Handlung gem. §§ 823 ff. BGB.[5] Geht das Vollstreckungsorgan einem Hinweis auf die aufhebende oder abändernde Entscheidung nicht nach, kann die Amtshaftung gem. § 839 BGB i. V. Art. 34 GG begründet sein, wenn durch den Fortgang der Vollstreckung irreversible Tatbestände geschaffen wurden.[6]

4 III. **Der Schadensersatzanspruch nach Abs. 2 S. 1: 1. Anwendungsbereich der Vorschrift:** Die Norm gilt unmittelbar zunächst nur für die Fälle, in denen entweder der Gläubiger aus einem erst vorläufig vollstreckbaren **Urteil** schon vollstreckt oder der Schuldner zur Abwendung der Vollstreckung aus einem solchen Urteil Leistungen erbracht hat und in denen sich später auf einen Rechtsbehelf oder ein Rechtsmittel hin dieses Urteil nicht als beständig erwiesen hat, sondern **aufgehoben** oder **abgeändert** wurde. Gem. §§ 1042 c, 1044 a Abs. 3 ZPO gilt die Vorschrift ferner, wenn ein vorläufig vollstreckbarer Beschluß über die Vollstreckbarkeit eines Schiedsspruchs oder eines Schiedsvergleichs bzw. Anwaltsvergleichs aufgehoben wird. Vergleichbare Regelungen

---

2 Im schriftlichen Verfahren tritt an die Stelle der Verkündung die Zustellung des Urteils, §§ 310 Abs. 3, 307 Abs. 2, 331 Abs. 3 ZPO.
3 Allgem. Meinung; beispielhaft: *Stein/Jonas/Münzberg*, § 717 Rdn. 1; *Thomas/Putzo*, § 717 Rdn. 4.
4 Siehe auch § 775 Rdn. 7. Ist das Urteil im Nachverfahren nur gegen Sicherheitsleistung vorläufig vollstreckbar, muß vor einer Einstellung der Zwangsvollstreckung aus dem rechtskräftigen Vorbehaltsurteil die Sicherheitsleistung nachgewiesen werden. Siehe hierzu auch LG Hamburg, NJW 1959, 489 mit abl. Anm. von *Lent*.
5 *Brox/Walker*, Rdn. 74.
6 Siehe auch § 775 Rdn. 7 a. E., 14.

enthalten für den Fall der Abänderung eines Vorbehaltsurteils im Nachverfahren §§ 302 Abs. 4 S. 2, 600 Abs. 2 ZPO und für den Fall, daß ein Arrest oder eine einstweilige Verfügung aufgehoben werden, § 945 ZPO.

**Entsprechend** anwendbar ist die Vorschrift nach voreiliger Zwangsvollstreckung aus Beschlüssen, die nach Beschwerde aufgehoben oder abgeändert werden, oder aus Kostenfestsetzungsbeschlüssen, die sich nach Aufhebung oder Abänderung des Hauptsachetitels als nicht beständig herausgestellt haben.[7] Ebenfalls entsprechend muß die Vorschrift gelten, wenn der Gläubiger bereits aus dem zur Höhe des Anspruchs ergangenen Urteil vollstreckt hat, während später vom Rechtsmittelgericht das vorausgegangene Grundurteil rechtskräftig aufgehoben oder derart abgeändert wird, daß die Entscheidung zur Höhe nicht mehr durch das Grundurteil gedeckt ist.[8] Schließlich muß Abs. 2 entsprechend angewendet werden, wenn der Gläubiger aufgrund einer Klausel nach §§ 727–729 ZPO gegen einen anderen als den im Titel ursprünglich ausgewiesenen Schuldner vollstreckt hat und die Klausel später nach einer Klauselerinnerung (§ 732 ZPO) oder Klauselgegenklage (§ 768 ZPO) endgültig (– also unanfechtbar –) wieder aufgehoben wurde.[9]

**Keine** Anwendung findet Abs. 2, wenn es sich bei dem später in Wegfall gekommenen Titel um einen Prozeßvergleich oder eine vollstreckbare Urkunde handelte.[10] Diese Titel sind von vornherein nicht nur vorläufig, sondern endgültig vollstreckbar. Hier ist ein Ausgleich nur im Rahmen der §§ 812, 823, 826 BGB möglich.[11] Nicht anwendbar ist die Vorschrift ferner, wenn das Urteil, aus dem die Vollstreckung betrieben wurde, nicht durch einen Akt des Gerichts, sondern nach Erledigungserklärung der Hauptsache[12] durch die Parteien oder aufgrund eines Prozeßvergleichs[13] seine Eigenschaft als Vollstreckungstitel eingebüßt hat. Auch hier richten sich mögliche Ausgleichsansprüche allein nach den allgemeinen zivilrechtlichen Vorschriften.

War der aufgehobene Titel selbst nicht zur Vollstreckung geeignet (z. B. Feststellungsurteil), so findet Abs. 2 keine Anwendung, wenn lediglich in Erwartung eines auf dem aufgehobenen Urteil basierenden Vollstreckungstitels geleistet wurde[14] und diese Leistung sich als voreilig erwies. Der Ausgleich erfolgt hier nach §§ 812 ff. BGB.

---

7 *Brox/Walker*, Rdn. 81; MüKo/*Krüger*, § 717 Rdn. 11; *Rosenberg/Gaul*, § 15 V 3; BGH, ZIP 1982, 1054. Nicht entsprechend anwendbar ist Abs. 2 allerdings, wenn eine einstweilige Anordnung gem. § 620 ZPO später aufgehoben wird; hier kann der Ausgleich allein nach §§ 812 ff. BGB erfolgen. Dies ergibt sich aus dem Zweck derartiger einstweiliger Anordnungen, die vorläufiger Not steuern sollen. Dieses Ziel würde verfehlt, wenn der Antragsteller sich dem vollen Haftungsrisiko nach Abs. 2 ausgesetzt sähe; vergl. BGH, FamRZ 1984, 767; NJW 1985, 1074; *Kohler*, ZZP 1986, 34; MüKo/*Krüger*, § 717 Rdn. 12; a. A.: AG Viersen, FamRZ 1984, 300.
8 *Schiedermair*, JuS 1961, 212.
9 *Rosenberg/Gaul*, § 15 V 3.
10 BGH, WM 1965, 767; WM 1977, 656; OLG Karlsruhe, Justiz 1975, 100; OLG Düsseldorf, NJW-RR 1992, 1530.
11 Siehe auch § 767 Rdn. 42.
12 BVerwG, NJW 1981, 699; BGH, NJW 1988, 1268 mit Anm. von *Matthies*, ZZP 1989, 102
13 OLG Karlsruhe, OLGZ 1979, 330.
14 BAG, NJW 1989, 3173.

Schließlich ist Abs. 2 nicht anzuwenden, wenn die Vollstreckung aus einem abgabenrechtlichen Leistungs- oder Heranziehungsbescheid beruhte, der später aufgehoben wurde.[15] Hier bestehen allein öffentlich-rechtliche Erstattungsansprüche bzw. bei schuldhaftem Verhalten der Behörde ein Amtshaftungsanspruch.

7 Abs. 2 ist kein allgemeiner Gedanke dahingehend zu entnehmen, daß derjenige, der im Rahmen des Zwangsvollstreckungsverfahrens durch Ausnutzung einer gerichtlichen Entscheidung, die sich später als nicht bestandsfest erweist, einem anderen Nachteile zufügt, ohne Rücksicht auf Verschulden ersatzpflichtig ist. So haftet ein Dritter, der in einem Rechtsstreit nach § 771 Abs. 1 ZPO zunächst die Einstellung der Zwangsvollstreckung nach § 771 Abs. 3 ZPO erreicht hatte, dem Gläubiger nicht ohne eigenes Verschulden auf Schadensersatz, wenn die einstweilige Einstellung der Zwangsvollstreckung sich nachträglich als ungerechtfertigt erweist.[16] In einem solchen Fall scheidet auch eine Haftung aus § 823 Abs. 1 BGB aus, falls der Widerspruchskläger die Rechtslage nur leicht fahrlässig verkannt hatte.[17]

8 **2. Voraussetzungen einer Haftung nach Abs. 2 S. 1:** Der Gläubiger muß entweder aus einem nur vorläufig vollstreckbaren Urteil[18] vollstreckt oder der Schuldner zur Abwendung der Vollstreckung aus einem solchen Titel Aufwendungen gemacht haben **und** dieses Urteil muß in dem Teil, hinsichtlich dessen vollstreckt wurde (Hauptsache oder Kosten), auf einen Rechtsbehelf oder ein Rechtsmittel hin wieder aufgehoben oder abgeändert worden sein. Warum das Urteil aufgehoben oder abgeändert wurde, ob aus formellen oder materiellen Gründen, ist gleichgültig.[19] Der Anspruch entsteht nicht bereits mit der Vollstreckung, sondern erst mit der Verkündung der aufhebenden oder abändernden Entscheidung.[20] Wird diese Entscheidung ihrerseits in der Revisionsinstanz derart aufgehoben oder abgeändert, daß die Voreiligkeit der Vollstreckung nun nicht mehr feststeht, entfällt der Anspruch wieder rückwirkend.[21]

9 Daß der vollstreckende Gläubiger schuldhaft gehandelt hat, daß er also etwa die Fehlerhaftigkeit seines Titels hätte erkennen müssen, ist keine Anspruchsvoraussetzung, erst recht nicht, daß die aufhebende oder abändernde Entscheidung ihrerseits »richtig« oder auch nur unanfechtbar ist. Es handelt sich um eine reine »prozessuale Gefähr-

---

15 BGH, MDR 1963, 386; BGHZ 83, 190; a. A.: OLG Hamburg, ZIP 1981, 266.
16 BGH, NJW 1985, 1959 mit Anm. von *Häsemeyer*, NJW 1986, 1028 und von *Gerhardt*, JR 1985, 508; MüKo/*Krüger*, § 717 Rdn. 12; a. A.: LG Frankfurt, MDR 1980, 409.
17 BGHZ 74, 9 und BGH, NJW 1985, 1959.
18 Oder einem vergleichbaren Titel; siehe oben Rdn. 4, 5.
19 Berlin-Charlottenburg, NJW 1956, 1763 mit Anm. von *Lent*; OLG Köln, JMBlNW 1964, 184; BGH, MDR 1972, 765; BGH, NJW 1980, 2527.
20 *Rosenberg/Gaul*, § 15 III 2 a; *Stein/Jonas/Münzberg*, § 717 Rdn. 12; OLG Koblenz, MDR 1957, 427.
21 *Baur*, Studien zum einstweiligen Rechtsschutz, S. 115; *Stein/Jonas/Münzberg*, § 717 Rdn. 15; OLG Nürnberg, OLGZ 1973, 45; kritisch: *Rosenberg/Gaul*, § 15 III 2 a.

dungshaftung«:²² Der Gläubiger weiß, daß er aus einem nur vorläufig vollstreckbaren Titel vorgeht. Er weiß, daß er sich seines Vollstreckungserfolges erst nach Rechtskraft der Entscheidung sicher sein darf. Umgekehrt wird dem Schuldner zugemutet, daß er aus einem noch gar nicht endgültig gesicherten Titel die Vollstreckung dulden muß. Das läßt sich nur rechtfertigen, wenn der Schuldner sicher sein kann, daß er, sobald dieser – für ihn fragwürdige – Titel in Wegfall gekommen ist, ohne »wenn und aber« des voreilig vollstreckenden Gläubigers auf möglichst schnellem und einfachem Wege seine Vermögenseinbußen ersetzt erhält.²³

**Leistungen des Schuldners** zur Abwendung der Zwangsvollstreckung i. S. von Abs. 2 sind zunächst alle Zahlungen, die der Schuldner nach einer vorläufig vollstreckbaren Entscheidung geleistet hat.²⁴ Eine »Leistung« ist aber auch ein Unterlassen, falls der Schuldner nach einem Verbotsurteil sein bisheriges Tun nicht fortsetzt oder eine beabsichtigte Handlung nicht aufnimmt (z. B. Produktionseinstellung oder Hinausschieben des Produktionsbeginns nach wettbewerbsrechtlichem Unterlassungstitel).²⁵ Die »Leistung« muß nicht unmittelbar an den Vollstreckungsgläubiger erfolgt sein, sodaß hierher auch die Sicherheitsleistung durch Hinterlegung oder durch Zustellung einer Bürgschaftsurkunde zählen.²⁶ Zur *Abwendung der Zwangsvollstreckung* ist immer dann geleistet worden, wenn der Gläubiger durch sein Verhalten (z. B. durch den Nachweis der Sicherheitsleistung oder durch ein Aufforderungsschreiben seines Prozeßbevollmächtigten) zu erkennen gegeben hat, daß er mit der Vollstreckung nicht bis zur Rechtskraft des Titels zuwarten werde, sodaß der Schuldner Veranlassung hatte, etwas zur Abwendung der Zwangsvollstreckung zu unternehmen.²⁷ Leistet der Schuldner dagegen ohne Veranlassung seitens des Gläubigers (– das bloße Erstreiten des Titels und auch die Beantragung der Vollstreckungsklausel sind noch keine »Veranlassung«²⁸ –), so trägt er das Risiko seines voreiligen Verhaltens selbst. Eine »freiwillige« Leistung des Schuldners auf einen nur vorläufig vollstreckbaren Titel vor Androhung von Vollstreckungsmaßnahmen durch den Gläubiger empfiehlt sich deshalb nur, wenn der Schuldner den Titel endgültig hinnehmen und unnötige Vollstreckungskosten durch ein anwaltliches Aufforderungsschreiben²⁹ vermeiden will.

**3. Zum Umfang der Schadensersatzpflicht:** Es gelten §§ 249 ff. BGB.³⁰ Zu ersetzen ist deshalb aller materielle Schaden, der dem Schuldner infolge der Durchführung der Zwangsvollstreckung oder der Leistungen zu ihrer Abwendung adäquat kausal ent-

---

22 BGHZ 69, 373; 85, 110; kritisch zu diesem Begriff, wenn auch nicht in der Sache abweichend: *Rosenberg/Gaul*, § 15 III 1.
23 Siehe hierzu insbesondere *Baur*, Studien zum einstweiligen Rechtsschutz, S. 114 f.
24 AG Recklinghausen und LG Bochum, VersR 1980, 659.
25 München, NJW 1961, 1631; BGH, VersR 1962, 1057.
26 *Rosenberg/Gaul*, § 15 III 2 b; *Brox/Walker*, Rdn. 76.
27 Vergl. *Baur*, Studien zum einstweiligen Rechtsschutz, S. 116; *Rosenberg/Gaul*, § 15 III 2 b; BGH, NJW 1996, 390 (kritisch hierzu *Altmeppen*, ZIP 1996, 168; zustimmend dagegen *Walker*, EWiR 1996, 237).
28 hinsichtlich des Klauselantrages: *Stein/Jonas/Münzberg*, § 717 Rdn. 31.
29 Siehe insoweit: § 788 Rdn. 11.
30 BGHZ 69, 373.

stand. Immaterielle Schäden des Schuldners infolge der »Belästigungen« durch die Vollstreckung werden nicht ersetzt.[31] Ebenso sind Schäden, die nicht aus dem eigentlichen Vollstreckungseingriff herrühren, sondern nur dadurch entstanden sind, daß Dritte von der Vollstreckung erfahren und dem Schuldner deshalb keinen weiteren Kredit gewährt haben, nicht zu erstatten.[32] Den Schuldner vor solchen Schäden zu bewahren, liegt außerhalb des Schutzzwecks der Norm. Immer muß es sich bei dem, was der Schuldner ersetzt verlangen kann, um tatsächliche Schäden handeln. Fiktive Schäden werden nicht ersetzt. So kann ein Schuldner, für den eine Haftpflichtversicherung auf die Urteilssumme des vorläufig vollstreckbaren Titels bezahlt hatte, nach Aufhebung des Urteils nicht Ersatz der Kreditzinsen verlangen, die er hätte aufwenden müssen, wenn er in Höhe der Urteilssumme einen Kredit aufgenommen hätte, statt seine Versicherung in Anspruch zu nehmen.[33]

12 Im einzelnen kommen z. B. als zu ersetzende Schäden des Vollstreckungsschuldners in Betracht: Die Urteilssumme selbst; Kreditzinsen, die dem Schuldner entstanden sind, weil er den Betrag finanzieren mußte; die Kosten (z. B. Zinsen, Bürgschaftsprovision) einer Sicherheitsleistung zur Vollstreckungsabwehr; entgangene Zinsen und sonstige Gewinne, weil der Schuldner die Summe seinem Aktivvermögen entnommen hat, mit dem er sonst hätte arbeiten können; entgangener Gewinn, weil der Schuldner einen Unterlassungstitel befolgt hat;[34] die Kosten des Rechtsstreits, soweit sie beigetrieben waren, und die Kosten der Zwangsvollstreckung;[35] Vermögenseinbußen, weil ein in der Vollstreckung versteigerter Gegenstand erheblich weniger erbracht hat als den Verkehrswert; zusätzlich entgangener Gewinn, weil der Schuldner selbst diesen Gegenstand hätte gewinnbringend veräußern können; Kursverluste von Wertpapieren, die der Schuldner während der Zeit ihrer Beschlagnahme nicht werterhaltend veräußern konnte; erhöhte Kreditkosten, die dem Schuldner deshalb entstanden sind, weil er das vom Gläubiger mit einer Zwangshypothek belastete oder mit der Eintragung des Zwangsversteigerungsvermerks faktisch gesperrte Grundstück nicht als Kreditsicherung einsetzen konnte; Ordnungsgeld nach § 890 ZPO.[36] Der Schadensersatz muß nicht immer in einer Geldzahlung bestehen: Hat etwa der Gläubiger einen Titel nach § 883 ZPO vollstreckt, geht der Anspruch auf Rückgabe des weggenommenen Gegenstandes. Auch sonst können Handlungen des Gläubigers zur Wiederherstellung des durch die Vollstreckung veränderten Zustandes geschuldet sein (z. B. Beseitigung von Eingriffen, die aufgrund eines Duldungstitels durchgeführt worden waren).

---

31 OLG Hamburg, MDR 1965, 202; *Baumbach/Lauterbach/Hartmann*, § 717 Rdn. 8, 10; MüKo/*Krüger*, § 717 Rdn. 18; a. A. RGZ 143, 118.
32 BGHZ 85, 110; *Rosenberg/Gaul*, § 15 III 4; a. A.: *Stein/Jonas/Münzberg*, § 717 Rdn. 26, Baur/Stürner, Rdn. 15. 36.
33 Hamm, ZIP 1983, 119; BGH, NJW 1985, 128.
34 BGHZ 69, 373.
35 Zur Erstattung der Vollstreckungskosten siehe auch § 788 Rdn. 22 u. 23.
36 Äußerst streitig; wie hier: OLG Karlsruhe, MDR 1979, 150; *Brox/Walker*, Rdn. 1108; *Rosenberg/Schilken*, § 73 II 3; *Stein/Jonas/Münzberg*, § 717 Rdn. 30; *Zöller/Herget*, § 717 Rdn. 7 und *Zöller/Stöber*, § 890 Rdn. 23; a. A.: OLG Frankfurt, OLGZ 1980, 336; OLG Koblenz, WRP 1983, 575; *Jauernig*, NJW 1973, 1673.

Da es sich bei dem Anspruch aus Abs. 2 S. 1 um einen Schadensersatzanspruch handelt, 13
ist es für den Anspruchsumfang unerheblich, ob der Gläubiger durch die Vollstreckung
oder die Leistungen zur Abwendung der Vollstreckung seinerseits Vorteile hatte. Auch
dann, wenn das Vermögen des Gläubigers keinerlei Zuwachs erfahren hat (so im Falle
der Gestellung einer Bankbürgschaft durch den Schuldner zum Zwecke der Abwendung von Vollstreckungsmaßnahmen des Gläubigers), sind alle Vermögenseinbußen
des Schuldners (so etwa die Bürgschaftsprovision) wiedergutzumachen. Hier liegt
der Unterschied zum Bereicherungsanspruch nach Abs. 3.

**4. Einwendungen und Einreden des zum Schadensersatz verpflichteten Gläubigers:** 14
Dem Gläubiger stehen alle Einreden und Einwendungen zu, die auch sonst gegen zivilrechtliche Schadensersatzansprüche zulässig sind. Er kann Mitverschulden (§ 254
BGB) sowohl hinsichtlich der Entstehung des Schadens überhaupt als auch hinsichtlich
der Schadenshöhe einwenden,[37] etwa weil der Schuldner es, obwohl zumutbar, unterlassen hat, die Vollstreckung durch Sicherheitsleistung abzuwenden, oder weil er gegen
eine verfahrensrechtlich unzulässige Vollstreckung keine Erinnerung eingelegt hat. Der
Schuldner ist grundsätzlich verpflichtet, den Gläubiger auf außergewöhnlich hohe
Schäden, die aus einer Vollstreckung drohen, hinzuweisen.[38] Der Einwand aus § 254
BGB kann allerdings nie dazu führen, daß der Gläubiger etwas, was ihm selbst als Vermögenszuwachs aus der Vollstreckung zugeflossen ist, behalten darf. Das, was er aus
dem vorläufig vollstreckbaren Titel beigetrieben hat, muß er immer herausgeben, da
es ja gerade Funktion des Abs. 2 ist, dem Gläubiger den Vollstreckungserfolg wieder
zu nehmen, wenn sich der nur vorläufig vollstreckbare Titel – jedenfalls vorläufig –
als nicht beständig erwiesen hat.[39]

Der Gläubiger kann mit Gegenansprüchen aufrechnen, allerdings nicht mit dem ur- 15
sprünglich titulierten Anspruch, den er vollstreckt hatte.[40] Letzteres verbietet wieder
der Zweck des Abs. 2 S. 1. Schließlich kann der Gläubiger gegebenenfalls **Verjährung**
einwenden. Die Verjährungsfrist beträgt in entsprechender Anwendung des § 852 BGB
drei Jahre.[41] Die entspr. Anwendung des § 852 BGB rechtfertigt sich daraus, daß der
Anspruch aus § 717 Abs. 2 S. 1 trotz seiner Verschuldensunabhängigkeit Ansprüchen
aus unerlaubter Handlung sehr ähnlich ist.[42] Der Lauf der dreijährigen Verjährungsfrist
beginnt mit dem Erlaß der aufhebenden Entscheidung,[43] also nicht erst mit deren
Rechtskraft, aber auch nicht schon mit dem Vollstreckungsakt.

**5. Die Parteien des Schadensersatzanspruchs:** Der Anspruch nach Abs. 2 S. 1 steht 16
nur dem **Vollstreckungsschuldner** zu, gegen den sich die voreilige Vollstreckung rich-

---

37 BGH, NJW 1957, 1926.
38 BGH, VersR 1962, 1057.
39 *Pecher*, Die Schadensersatzansprüche aus ungerechtfertigter Vollstreckung, S. 95; *Rosenberg/
Gaul*, § 15 III 5; *Stein/Jonas/Münzberg*, § 717 Rdn. 8, 36; *Zöller/Herget*, § 717 Rdn. 6.
40 BGH, ZZP 1959, 200; BAG, WM 1964, 767.
41 Allgem. Meinung; beispielhaft: *Brox/Walker*, Rdn. 79; *Rosenberg/Gaul*, § 15 III 7; *Stein/Jonas/
Münzberg*, § 717 Rdn. 24; BGHZ 9, 209.
42 Kritisch zu dieser Begründung: *Rosenberg/Gaul*, § 15 III 7.
43 BGH, NJW 1957, 1926; BGHZ 75, 1; OLG Karlsruhe, OLGZ 1979, 370.

tete oder der zur ihrer Abwendung Leistungen erbracht hat. Dritte, die durch die Vollstreckung ebenfalls Schäden erlitten, etwa weil eine ihnen gehörende Sache versteigert worden ist, können nicht nach dieser Vorschrift vorgehen.[44] Welche Rolle der Vollstreckungsschuldner in dem Prozeß, der zum Vollstreckungstitel führte, gespielt hat, ist trotz des anderslautenden Wortlauts des § 717 Abs. 2 S. 1, der den Anspruch scheinbar nur dem Beklagten zubilligt, ohne Bedeutung. Vollstreckungsschuldner kann auch der Kläger sein, dessen Klage abgewiesen und dem die Kostenlast auferlegt wurde. Neben dem Titelschuldner steht der Anspruch auch dessen Rechtsnachfolger zu, gegen den aufgrund einer Klausel nach § 727 ff. ZPO vollstreckt worden ist.

17  Der Anspruch richtet sich gegen den Vollstreckungsgläubiger. Dies können nach dem Inhalt des Titels sowohl der Kläger als auch der Beklagte sein. Hat ein Rechtsnachfolger des Titelgläubigers aufgrund einer ihm nach § 727 ZPO erteilten Klausel die Vollstreckung betrieben (– etwa die Bank, der der Titelgläubiger die Forderung abgetreten hat –), so kann der Anspruch sowohl gegen den ursprünglichen Titelgläubiger geltend gemacht werden (– dies ist erforderlich, wenn der Prozeß mit ihm nach wie vor anhängig ist und der Anspruch im Verfahren nach Abs. 2 S. 2 geltend gemacht werden soll –)[45] als auch gegen den Rechtsnachfolger (– wenn in einem eigenen Prozeß außerhalb des Weges nach Abs. 2 S. 2 vorgegangen werden soll –).[46] Ist der Anspruch gegen den ursprünglichen Titelgläubiger im Verfahren gem. Abs. 2 S. 2 geltend gemacht worden, muß der obsiegende Vollstreckungsschuldner sich analog § 727 ZPO Vollstreckungsklausel gegen den Rechtsnachfolger erteilen lassen, der ihm materiellrechtlich allein haftet.[47] Der ursprüngliche Titelgläubiger könnte einer Vollstreckung mit der Klage nach § 767 ZPO begegnen.

18  IV. Die Geltendmachung des Schadensersatzanspruchs: Es sind zwei Möglichkeiten denkbar, wie der Vollstreckungsschuldner seinen Schadensersatzanspruch gerichtlich geltend machen kann:

1. Der Titelschuldner (– nicht dessen Rechtsnachfolger, gegen den aufgrund einer Klausel nach §§ 727 ff. ZPO vollstreckt wurde –) kann, wenn und solange der RechtsStreit noch anhängig ist, also auch noch in der Revisionsinstanz,[48] seinen Anspruch auf Schadensersatz mit einem schlichten Antrag, den Vollstreckungsgläubiger zur Zahlung zu verurteilen, im anhängigen Rechtstreit geltend machen, ohne ausdrücklich Widerklage erheben zu müssen (sog. »Inzidentantrag«).[49] Wird der Antrag auf diese Weise geltend gemacht, so ist der Anspruch gem. Abs. 2 S. 2, 2. Alt. schon als zur Zeit der Zahlung

---

44 Zu den Ausgleichsansprüchen betroffener Dritter siehe den Anh. zu § 771 ZPO.
45 *Rosenberg/Gaul*, § 15 III 3; *Stein/Jonas/Münzberg*, § 717 Rdn. 19; a. A. (der Inzidentantrag habe sich bereits gegen den Rechtsnachfolger zu richten): *Zöller/Herget*, § 717 Rdn. 12; *MüKo/Krüger*, § 717 Rdn. 25.
46 BGH, ZZP 1968, 289; *Stein/Jonas/Münzberg*, § 717 Rdn. 20.
47 BGH, ZZP 1968, 289; KG, NJW 1977, 2270; *Rosenberg/Gaul*, § 15 III 3; *Stein/Jonas/Münzberg*, § 717 Rdn. 20.
48 BGH, LM Nr. 27 zu § 551 Nr. 1 ZPO.
49 In der Sache handelt es sich allerdings um eine Art privilegierte Widerklage: vergl. *Nieder*, NJW 1975, 1001; *Stein/Jonas/Münzberg*, § 717 Rdn. 37.

oder Leistung rechtshängig geworden anzusehen. Es sind daher rückwirkend auf diesen Zeitpunkt Rechtshängigkeitszinsen zu zahlen. Es ist nicht Voraussetzung des Antrages, daß das aufhebende Urteil, durch das sich die Vollstreckung als voreilig erweist, bereits ergangen ist; es genügt vielmehr, daß der Vollstreckungsschaden schon eingetreten ist. Praktisch bedeutet dies, daß der Antrag schon auf Verdacht für den Fall gestellt werden kann, daß das Berufungs- oder Revisionsurteil den Hoffnungen des Vollstreckungsschuldners entsprechen wird. Der Antrag erhöht den Streitwert des anhängigen Verfahrens nicht, soweit nur die Urteilssumme nebst den beigetriebenen Zinsen, die Kosten und die Vollstreckungskosten zurückverlangt werden.[50] Wird dagegen zusätzlicher Vollstreckungsschaden geltend gemacht, so ist er streitwerterhöhend anzusetzen.[51] Die Entscheidung über den Antrag wird mit der den Vollstreckungstitel aufhebenden Entscheidung rechtskräftig. Sie verliert andererseits automatisch ihre Wirksamkeit, wenn die aufhebende Entscheidung ihrerseits im Instanzenwege wieder aufgehoben wird. Gleiches gilt, wenn im Revisionszug der ursprüngliche Klageanspruch übereinstimmend in der Hauptsache für erledigt erklärt wird. Die Erledigungserklärung läßt nicht nur das Berufungsurteil in der Sache, sondern auch die in ihm enthaltene Entscheidung über einen Inzidentantrag wirkungslos werden.[52] Die Entscheidung über den Inzidentantrag ist ein ganz normaler Urteilsausspruch, der deshalb auch nach den Regeln der §§ 708 ff. ZPO für vorläufig vollstreckbar zu erklären ist, soweit die Entscheidung nicht ausnahmsweise sofort rechtskräftig ist (Berufungsurteil des Landgerichts). Die Entscheidung wird wie jedes Zivilurteil vollstreckt.

2. Der Vollstreckungsschuldner, und zwar sowohl der ursprüngliche Titelschuldner als auch dessen möglicher Rechtsnachfolger, kann seinen Schaden aber auch mit der **selbständigen Leistungsklage** geltend machen. Für sie fehlt auch dann nicht das Rechtsschutzbedürfnis, wenn die Möglichkeit des Inzidentantrages noch besteht oder bestanden hat. Sie ist nach den allgemeinen Regeln beim ordentlichen Gericht am Gerichtsstand der §§ 12 ff. bzw. 32 ZPO zu erheben, bzw., wenn der ursprüngliche Vollstreckungstitel ein arbeitsgerichtlicher war, beim Arbeitsgericht.[53] Das selbständige Leistungsurteil wird nicht automatisch hinfällig, wenn das aufhebende Urteil, das Ausgangspunkt des Schadensanspruchs war, seinerseits im Instanzenzug wieder aufgehoben wird. Der Gläubiger muß vielmehr gegebenenfalls Vollstreckungsabwehrklage erheben, da der titulierte Schadensersatzanspruch wieder entfallen ist. Anders als beim Inzidentantrag nach Abs. 2 S. 2 findet bei der selbständigen Leistungsklage keine Rückdatierung der Rechtshängigkeit auf den Zeitpunkt der Zahlung bzw. Leistung statt. Die schnelle Verwirklichung des Schadensersatzanspruchs kann daran scheitern, daß das Gericht den Rechtsstreit über den Schadensersatzanspruch des Vollstreckungsgläubigers gem. § 148 ZPO bis zur Rechtskraft der Entscheidung über die Klage des Vollstreckungsgläubigers aussetzt.[54] Der Zweck des § 717 Abs. 2 ZPO steht einer solchen Aus-

---

50 BGHZ 38, 237 und BGH, MDR 1962, 391.
51 OLG Frankfurt, NJW 1956, 1644; LAG Berlin, MDR 1978, 345; OLG Frankfurt, JurBüro 1973, 1104.
52 BGH, MDR 1972, 765.
53 *Stein/Jonas/Münzberg*, § 717 Rdn. 74.
54 Zu dieser Möglichkeit: OLG Köln, JMBlNW 1964, 184.

setzung nicht entgegen.⁵⁵ Auch hier zeigt sich ein deutlicher Vorteil des Inzidentverfahrens, wo eine solche Aussetzung nicht möglich ist.

20   3. Schließlich kann der Vollstreckungsschuldner nach den allgemeinen Regeln seinen Schadensersatzanspruch im Wege der **Widerklage** geltend machen. Für diese Widerklage gilt allerdings anders als für den Inzidentantrag nach Abs. 2 S. 2 § 530 Abs. 1 ZPO. Der Weg über die »gewöhnliche« Widerklage wird vor allem dann zu gehen sein, wenn der Vollstreckungsschuldner einerseits die Verbindung mit dem laufenden Verfahren sucht, andererseits noch andere Personen als den Titelgläubiger (z. B. den Rechtsnachfolger oder dessen Vertreter persönlich) miteinbeziehen will.

21   **V. Der Bereicherungsanspruch nach Abs. 3:** War der nur vorläufig vollstreckbare Titel, aus dem der Gläubiger die Vollstreckung betrieben hat, ein im streitigen Verfahren ergangenes Urteil eines Oberlandesgerichts (oder eines Landesarbeitsgerichts⁵⁶) in einer vermögensrechtlichen Streitigkeit, so ist der Gläubiger, der im Vertrauen auf den Bestand dieses Urteils die Zwangsvollstreckung betrieben hat, nicht zum Schadensersatz nach Abs. 2, sondern nur zur Herausgabe des auf Grund des Urteils Gezahlten oder Geleisteten verpflichtet, wenn das Urteil aufgehoben oder abgeändert wird, die Vollstreckung sich also doch als voreilig erweist. Die Erstattungspflicht des Vollstreckungsgläubigers⁵⁷ bestimmt sich insoweit nach den Vorschriften über die Herausgabe einer ungerechtfertigten Bereicherung. Grund für diese Haftungsmilderung ist, daß die Urteile der Oberlandesgerichte, die ausnahmslos von einem Kollegium gefällt werden, grundsätzlich eine größere Gewähr der Beständigkeit bieten.

22   **1. Verhältnis des Bereicherungsanspruchs nach Abs. 3 zum Schadensersatzanspruch nach Abs. 2:** Hat der Gläubiger bereits aus dem erstinstanzlichen landgerichtlichen Urteil vollstreckt, die Vollstreckung dann fortgesetzt, als das landgerichtliche Urteil vom Oberlandesgericht bestätigt wurde, und wird dann der Vollstreckungstitel in der Revisionsinstanz ganz oder teilweise aufgehoben oder abgeändert, sodaß die Vollstreckungsmöglichkeit entfällt, so ist für die Vollstreckung bis zum oberlandesgerichtlichen Urteil Schadensersatz zu leisten, während für die Vollstreckung danach nur nach Bereicherungsrecht gehaftet wird. Die Abgrenzung, welcher Schaden noch auf der Vollstreckung bis zum bestätigenden OLG-Urteil beruht, kann nicht nach dem Zeitpunkt, wann dieser Schaden tatsächlich eingetreten ist, vorgenommen werden, da auch nach dem oberlandesgerichtlichen Urteil zutagegetretene Schäden ihren Grund allein in der Vollstreckung des erstinstanzlichen Urteils haben können. Es muß vielmehr darauf abgestellt werden, ob die geltend gemachten Schäden auch eingetreten wären, wenn schon das Oberlandesgericht ebenso wie das Revisionsgericht entschieden hätte. Ist das der Fall, so sind diese Schäden unabhängig vom Zeitpunkt ihres Eintritts nach Abs. 2 zu ersetzen;⁵⁸ treten die Vermögenseinbußen aber nur deshalb ein, weil

---

55 LAG Köln, MDR 1993, 684; ferner OLG Düsseldorf, NJW 1974, 1714 f. für den Fall, daß mit der Klageforderung aufgerechnet wird.
56 BAGE 11, 202; 12, 158; BAG, DB 1962, 844; LAG Hamm, NJW 1976, 1119.
57 Hinsichtlich der Passiv- und auch Aktivlegitimation gilt das oben Rdn. 16, 17 Gesagte entsprechend; siehe ferner BGH, NJW 1967, 1966 mit Anm. von *Grunsky*, ZZP 1968, 291.
58 BGHZ 69, 373.

über die bestätigende Berufungsentscheidung hinaus weiter vollstreckt wird, so kommt ein Ausgleich nur noch nach Bereicherungsgrundsätzen in Betracht. Die Beweislast dafür, wann der Grund für den konkreten Schaden gelegt wurde, trägt der den Anspruch geltend machende Vollstreckungsschuldner.

Die vorstehenden Ausführungen haben bereits gezeigt, daß die Haftungsmilderung nach Abs. 3 nicht nur eintritt, wenn das Berufungsurteil selbst den Vollstreckungstitel bildet, wenn es also im Tenor vom landgerichtlichen Titel abweicht, sondern auch dann, wenn das Berufungsurteil das landgerichtliche Urteil voll bestätigt, sodaß dieses der Vollstreckungstitel bleibt. Entscheidend ist nur, daß die Vollstreckung erst nach dem Berufungsurteil durchgeführt wurde und daß diese Vollstreckung die Ursache der Vermögenseinbuße war.  23

**2. Verhältnis zu anderen eine Erstattungspflicht regelnden prozessualen Vorschriften:** Nach § 788 Abs. 2 ZPO sind dem Schuldner die Kosten der Zwangsvollstreckung zu erstatten, wenn das Urteil, aus dem die Zwangsvollstreckung erfolgt ist, aufgehoben wird. Er kann insoweit einen Kostenfestsetzungsbeschluß nach §§ 103 ff. ZPO erwirken.[59] § 788 Abs. 2 ZPO erweitert nicht den Haftungsumfang über § 717 Abs. 3 hinaus: Die Vorschrift muß so gelesen werden, daß sie sich nur auf diejenigen Vollstreckungskosten bezieht, die der Schuldner zuvor dem Gläubiger erstattet hatte (– diese Kosten erfaßt auch § 717 Abs. 3 als »Leistung« des Vollstreckungsschuldners an den Gläubiger –), nicht aber auf Kosten, die dem Schuldner zur Abwendung der Zwangsvollstreckung entstanden sind (etwa die Provision für eine Bürgschaft als Sicherheitsleistung).[60] Diese Kosten, die nicht nach Abs. 3 zurückverlangt werden können, da der Gläubiger von Anfang an nicht um sie bereichert war, können auch nicht über § 788 Abs. 2 ZPO beigetrieben werden. § 788 Abs. 2 ZPO erweitert also nur die Möglichkeiten des Vollstreckungsschuldners im Falle des § 717 Abs. 2, nicht aber des Abs. 3.[61]  24

**3. Zum Umfang des Bereicherungsanspruchs:** Herauszugeben ist alles, was der Vollstreckungsschuldner aufgrund des aufgehobenen vorläufig vollstreckbaren Titels an den Vollstreckungsgläubiger mit der Wirkung gezahlt oder geleistet hatte, daß dieser ursprünglich insoweit bereichert war. Daß diese Bereicherung später weggefallen sei, kann vom Vollstreckungsgläubiger nicht eingewendet werden.[62] Denn seine Haftung ist gem. **Abs. 3 S. 4, 2. Halbs.** vom Zeitpunkt der Zahlung oder Leistung an ihn verschärft, als wäre der Bereicherungsanspruch damals schon rechtshängig gemacht worden (§ 818 Abs. 4 BGB). Für den Empfänger von Unterhaltsleistungen, die aufgrund einer nicht dem materiellen Recht entsprechenden einstweiligen Anordnung geleistet worden sind, tritt die verschärfte Haftung des Bereicherungsschuldners aber nicht rückwirkend schon mit der Rechtshängigkeit der Klage auf Feststellung ein, daß die Unterhaltspflicht nicht bestehe.[63] Die empfangenen Leistungen sind vom Zeitpunkt  25

---

59 Einzelheiten: § 788 Rdn. 23.
60 Einzelheiten und Nachweise siehe § 788 Rdn. 22.
61 Zu den abweichenden Auffassungen siehe § 788 Fußn. 112.
62 BAG, NJW 1961, 1989.
63 BGHZ 93, 183.

der Zahlung an gem. §§ 818 Abs. 4, 288, 291 BGB mit 4 % zu verzinsen, ohne daß es insoweit einer Inverzugsetzung bedürfte.[64]

26 **4. Keine entsprechende Anwendung** des Abs. 3 auf Vermögenseinbußen, die der Vollstreckungsgläubiger aufgrund des OLG-Urteils erlitten hat: Abs. 3 enthält keinen allgemeinen Gedanken dahingehend, daß alle Vermögenseinbußen, die durch ein letztlich nicht beständiges OLG-Urteil einer Prozeßpartei erwachsen, von der anderen Prozeßpartei insoweit nach Bereicherungsgrundsätzen auszugleichen seien, als sie durch dieses Urteil Vorteile erlangt habe. Deshalb kann der Vollstreckungsgläubiger, der durch Vollstreckung des erstinstanzlichen Urteils auf dem Grundstück des Schuldners eine Zwangshypothek hatte eintragen lassen, die dann nach Aufhebung dieses Urteils durch das Berufungsgericht gem. § 868 ZPO als Eigentümergrundschuld auf den Vollstreckungsschuldner überging, nicht gem. § 717 Abs. 3 von diesem Bereicherungsausgleich hierfür verlangen, wenn das OLG-Urteil später in der Revisionsinstanz aufgehoben und der erstinstanzliche Titel wiederhergestellt wird.[65]

27 **VI. Die Geltendmachung des Bereicherungsanspruchs:** Auch der Bereicherungsanspruch kann gem. **Abs. 3 S. 2** durch Inzidentantrag, d. h. also noch in der Revisionsinstanz, in den noch anhängigen Rechtsstreit eingeführt werden. Wird der Antrag gestellt, so ist der Anspruch auf Erstattung schon als zur Zeit der Zahlung oder Leistung rechtshängig geworden anzusehen (**Abs. 3 S. 4, 1. Halbs.**). Der Anspruch kann aber ebenso wie der Schadensersatzanspruch gem. Abs. 2 auch mit der selbständigen Leistungsklage verfolgt werden.[66] Dagegen ist eine selbständige neue Widerklage in der Revisionsinstanz nicht möglich.

28 **VII. Einfluß des Abs. 3 auf § 719 Abs. 2 ZPO:** Daß der Vollstreckungsgläubiger bei der voreiligen Vollstreckung aus einem oberlandesgerichtlichen Urteil gem. Abs. 3 nur noch nach Bereicherungsgrundsätzen haftet, darf nicht dazu führen, daß die Vollstreckung aus einem solchen Urteil »vorsichtshalber« in aller Regel gem. § 719 Abs. 2 ZPO vom Revisionsgericht einstweilen eingestellt wird, wenn im Falle einer Abänderung dieses Urteils Schäden drohen, die nach § 717 Abs. 3 nicht zu ersetzen sind.[67] Die Abänderung dieses Urteils muß vielmehr mit erheblicher Wahrscheinlichkeit zu erwarten sein, da grundsätzlich das Interesse des Gläubigers, endlich aus dem zweitinstanzlichen Urteil vollstrecken zu können, als vorrangig zu beurteilen ist.[68]

29 **VIII. Verhältnis des Bereicherungsanspruchs nach Abs. 3 zu den allgemeinen Anspruchsnormen des BGB:** Die Regelung nach Abs. 3 ist nicht nur eine abschließende im Hinblick auf die übrigen Erstattungsvorschriften in der ZPO,[69] sie schließt auch einen Rückgriff auf Ansprüche aus § 823 Abs. 1 (– fahrlässige Eigentumsverletzung durch Zwangsvollstreckung –), § 826 BGB (– sittenwidrige Ausnutzung eines als un-

---

64 LAG Hamm, NJW 1976, 1119.
65 BGH, MDR 1971, 378.
66 Siehe oben Rdn. 19.
67 OGH BritZ, OGHZ 3, 390; a. A.: BGH, MDR 1950, 477.
68 Einzelheiten: § 719 Rdn. 13.
69 Siehe oben Rdn. 22–24.

richtig erkannten OLG-Urteils –), positive Forderungsverletzung eines durch den Vollstreckungszugriff begründeten gesetzlichen Schuldverhältnisses (– Fortsetzung der Vollstreckung aufgrund des OLG-Urteiles, obwohl hätte erkannt werden können, daß das Revisionsgericht eine andere Rechtsauffassung vertreten werde –), aus. Nicht berührt werden Ansprüche aus §§ 823 Abs. 2 BGB, 263 StGB, 826 BGB, soweit das oberlandesgerichtliche Urteil durch eine Straftat erschlichen worden war.

**IX.** Schadensersatzansprüchen gegen den Staat wegen des »falschen« oberlandesgerichtlichen Urteils steht in der Regel § 839 Abs. 2 S. 1 BGB entgegen. Damit bleibt es als Folge des § 717 Abs. 3 denkbar, daß dem Schuldner aus einer voreiligen Vollstreckung Schäden erwachsen, die er endgültig tragen muß und unter keinem rechtlichen Gesichtspunkt von irgend jemandem ersetzt verlangen kann.

## § 718 Vorabentscheidung des Berufungsgerichts über die vorläufige Vollstreckbarkeit

(1) In der Berufungsinstanz ist über die vorläufige Vollstreckbarkeit auf Antrag vorab zu verhandeln und zu entscheiden.

(2) Eine Anfechtung der in der Berufungsinstanz über die vorläufige Vollstreckbarkeit erlassenen Entscheidung findet nicht statt.

Literatur: *Groeger*, Sicherheitsleistung bei vorläufig vollstreckbaren erstinstanzlichen Urteilen - Ermäßigung bei beschränkt eingelegter Berufung., NJW 1994, 431.

1 **I. Die Vorabentscheidung über die vorläufige Vollstreckbarkeit in der Berufungsinstanz (Abs. 1): 1. Zweck der Regelung:** Die erstinstanzliche Entscheidung über die vorläufige Vollstreckbarkeit wird mit der Entscheidung des Berufungsgerichts in der Hauptsache, die immer mit einer neuen Entscheidung über die vorläufige Vollstreckbarkeit zu verbinden ist, soweit das Berufungsurteil nicht sofort rechtskräftig wird,[1] hinfällig. Insofern bestünde kein Rechtschutzbedürfnis, die Entscheidung über die vorläufige Vollstreckbarkeit anzufechten. Andererseits kann diese Entscheidung sowohl den Gläubiger wie den Schuldner erheblich belasten. Die Entscheidung des Berufungsgerichts in der Hauptsache kann, insbesondere wenn noch eine Sachverhaltsaufklärung erforderlich ist, lange auf sich warten lassen. Insofern besteht dann ein dringendes Bedürfnis, vorab die erstinstanzliche Entscheidung zur vorläufigen Vollstreckbarkeit zu überprüfen und gegebenenfalls zu korrigieren, bis sie später durch die Entscheidung zur Vollstreckbarkeit des Berufungsurteils ersetzt wird. Diesem Bedürfnis zu entsprechen, ist Zweck des Abs. 1.

2 Aus der Zweckrichtung, die Korrektur fehlerhafter erstinstanzlicher Entscheidungen zu ermöglichen, folgt, daß Anträge zur vorläufigen Vollstreckbarkeit, die im erstinstanzlichen Verfahren nicht gestellt worden waren, dort also weder falsch entschieden noch vergessen werden konnten, nicht Gegenstand eines Antrages auf Vorabentscheidung nach § 718 sein können.[2] Will eine Partei die Beschränkung der vorläufigen Vollstreckbarkeit aus Gründen erreichen, die erstinstanzlich noch nicht vorlagen, muß sie Antrag nach §§ 719 Abs. 1, 707 ZPO stellen.

3 **2.** Der Antrag zur vorläufigen Vollstreckbarkeit und zur Vorabverhandlung und -entscheidung kann sowohl vom Berufungskläger als auch im Wege der Anschlußberufung[3] vom Berufungsbeklagten gestellt werden. Der Berufungsantrag muß dabei jeweils nur

---

1 Siehe hierzu § 705 Rdn. 2.
2 Wie hier: OLG Hamm, MDR 1967, 221; OLG Frankfurt, MDR 1971, 850; OLG Frankfurt, MDR 1982, 415; OLG Karlsruhe, NJW-RR 1989, 1470; a. A.: OLG Hamburg, MDR 1970, 244; OLG Karlsruhe, OLGZ 1975, 484; OLG Frankfurt, MDR 1984, 60; OLG Koblenz, NJW-RR 1989, 1024; OLG Frankfurt, FamRZ 1990, 539 und OLGZ 1994, 106; weitere Nachweise siehe bei § 714 Rdn. 2.
3 OLG Düsseldorf, FamRZ 1985, 307; OLG Frankfurt, NJW-RR 1988, 189; a. A. (keine Anschlußberufung notwendig): LG Hamburg, MDR 1968, 591; VGH Kassel, NVwZ 1987, 517.

den Sachantrag zur vorläufigen Vollstreckbarkeit enthalten, während der Verfahrensantrag zur Vorabverhandlung und -entscheidung hierüber auch noch nachträglich gestellt werden kann. Der Antrag kann nur von einem beim Berufungsgericht zugelassenen Rechtsanwalt gestellt werden, also beim Oberlandesgericht nicht vom erstinstanzlichen Bevollmächtigten.

3. Ist die Zwangsvollstreckung bereits beendet oder hat der Schuldner zur Abwendung der Zwangsvollstreckung bereits freiwillig geleistet, so fehlt für einen Antrag nach § 718 das **Rechtschutzinteresse**,[4] weil eine Änderung des Ausspruches zur vorläufigen Vollstreckbarkeit die beendete Vollstreckung nicht mehr beeinflussen kann. Dagegen ist das Rechtschutzinteresse nicht schon deshalb zu verneinen, weil der Antragsteller sein Ziel auch mit einem Vollstreckungsschutzantrag nach §§ 719, 707 ZPO erreichen könnte.[5] Vollstreckungsschutzentscheidungen nach diesen Vorschriften geben, weil leichter abänderbar, nicht die gleiche Sicherheit wie eine Vorabentscheidung nach Abs. 1. Einem Antrag des Vollstreckungsschuldners auf Beschränkung der Vollstreckung im Wege der Vorabentscheidung fehlt das Rechtschutzinteresse nicht deshalb, weil der Gläubiger noch nicht mit der Vollstreckung begonnen hat; es würde aber dann fehlen, wenn der Gläubiger verbindlich erklärt hat, daß er auf eine Zwangsvollstreckung vor Rechtskraft verzichte.

4. **Inhalt** einer Entscheidung nach § 718 können die Höhe der Sicherheitsleistung, die Frage, ob überhaupt Sicherheit zu leisten ist, und alle vom Gericht übergangenen oder gegen den jeweiligen Antragsgegner entschiedenen Vollstreckungsschutzanträge sein. Zur Höhe der Sicherheitsleistung zählt es auch, wenn Aufspaltung der Sicherheitsleistung in mehrere Teilbeträge begehrt wird, etwa hinsichtlich der einzelnen unterschiedlichen Anträge zur Hauptsache, aber auch hinsichtlich der Hauptsache und der Kosten,[6] oder hinsichtlich eines Teiles der Hauptsache.[7] Insoweit handelt es sich nicht um nachgeholte Schutzanträge i. S. von Rdn. 2 oben. Das erstinstanzliche Gericht hätte eine solche Aufteilung schon von amtswegen vornehmen können und vielfach in Fürsorge für den obsiegenden Gläubiger auch vornehmen sollen, um ihm die Vollstreckung nicht unnötig zu erschweren. Eine Änderung der Art der angeordneten Sicherheitsleistung kann für sich allein nicht Gegenstand einer Vorabentscheidung nach § 718 sein;[8] denn dies kann das erstinstanzliche Gericht selbst durch Ergänzungsbeschluß bewirken.[9]

5. Die Entscheidung ergeht in der Regel durch **Teilurteil** nach mündlicher Verhandlung. Liegen die Voraussetzungen des § 128 Abs. 2 ZPO vor, darf die Entscheidung

---

4 OLG Hamm, MDR 1949, 359; OLG Köln, MDR 1980, 764; OLG Hamburg, VersR 1984, 895; MüKo/*Krüger*, § 718 Rdn. 3; *Zöller/Herget*, § 718 Rdn. 1; a. A.: *Stein/Jonas/Münzberg*, § 718 Rdn. 4.
5 So aber OLG Karlsruhe, OLGZ 1986, 254.
6 KG, GRUR 1988, 751.
7 OLG Düsseldorf, FamRZ 1985, 307.
8 OLG Frankfurt, NJW-RR 1986, 486; *Schneider*, MDR 1983, 906; a. A. aber OLG Frankfurt, ZIP 1981, 538.
9 Siehe § 709 Rdn. 5.

auch im schriftlichen Verfahren ergehen.[10] Für die Entscheidung ist beim Oberlandesgericht der Senat, nicht der Einzelrichter zuständig.[11] Ist der Antrag offensichtlich unzulässig, kann gem. § 519 b ZPO ausnahmsweise durch Beschluß über ihn entschieden werden. Der Beschluß ist gem. Abs. 2 i. V. mit § 519 b Abs. 2, 2. Halbs. ZPO nicht anfechtbar.

**7** Durch die Vorabentscheidung fallen weder gesonderte Gerichts- noch Anwaltskosten an.[12] Die Entscheidung ist deshalb auch nicht mit einer Kostenentscheidung zu versehen. Es ist kein gesonderter Streitwert für sie festzusetzen.[13] Soweit im Zuge der Vorabverhandlung und -entscheidung Auslagen angefallen sind, zählen sie zu den Kosten des Rechtsstreits.

**8** 6. Die Vorabentscheidung nach Abs. 1 ist auch im Verwaltungsstreitverfahren zulässig.[14] Dagegen ist die Vorschrift nicht entsprechend anwendbar im Revisionsverfahren vor dem Bundesfinanzhof.[15]

**9** **II. Unanfechtbarkeit der in der Berufungsinstanz über die vorläufige Vollstreckbarkeit erlassenen Entscheidungen:** Sowohl die Vorabentscheidungen nach Abs. 1 als auch die Entscheidung zur vorläufigen Vollstreckbarkeit im Berufungsurteil zur Hauptsache selbst sind weder beim Berufungsgericht noch beim Revisionsgericht anfechtbar. Das gilt auch dann, wenn die Vorschriften der §§ 708 ff. ZPO offensichtlich fehlerhaft angewendet worden sind. Fehlerhaften Entscheidungen zu Lasten des Schuldners kann das Revisionsgericht gegebenenfalls im Rahmen des § 719 Abs. 2 ZPO die Spitze nehmen.

---

10 VGH Kassel, NVwZ 1990, 275.
11 OLG Frankfurt, OLGZ 1990, 495; a. A. (auch der Einzelrichter zuständig): *Zöller/Herget*, § 718 Rdn. 3.
12 OLG Hamm, MDR 1975, 501.
13 a. A.: KG, MDR 1974, 323.
14 OVG Bremen, NJW 1967, 2222; VGH Kassel, NVwZ 1987, 517.
15 BFH, WM 1971, 973.

§ 719 Einstweilige Einstellung der Zwangsvollstreckung nach Rechtsmittel und Einspruch

(1) ¹Wird gegen ein für vorläufig vollstreckbar erklärtes Urteil der Einspruch oder die Berufung eingelegt, so gelten die Vorschriften des § 707 entsprechend. ²Die Zwangsvollstreckung aus einem Versäumnisurteil darf nur gegen Sicherheitsleistung eingestellt werden, es sei denn, daß das Versäumnisurteil nicht in gesetzlicher Weise ergangen ist oder die säumige Partei glaubhaft macht, daß ihre Säumnis unverschuldet war.

(2) ¹Wird Revision gegen ein für vorläufig vollstreckbar erklärtes Urteil eingelegt, so ordnet das Revisionsgericht auf Antrag an, daß die Zwangsvollstreckung einstweilen eingestellt wird, wenn die Vollstreckung dem Schuldner einen nicht zu ersetzenden Nachteil bringen würde und nicht ein überwiegendes Interesse des Gläubigers entgegensteht. ²Die Parteien haben die tatsächlichen Voraussetzungen glaubhaft zu machen.

(3) Die Entscheidung kann ohne mündliche Verhandlung ergehen.

## Inhaltsübersicht

| | | Rdn. |
|---|---|---|
| | Literatur | |
| I. | Einstweilige Einstellung der Zwangsvollstreckung im Berufungsrechtszug | 1 |
| | 1. Antrag | 2 |
| | 2. keine schematische Entscheidung | 3 |
| | 3. Einstellung der Vollstreckung aus einstweiliger Verfügung | 4 |
| | 4. mögliche Maßnahmen des Berufungsgerichts | 5 |
| II. | Einstweilige Einstellung der Vollstreckung aus einem Versäumnisurteil nach Einspruch | 6 |
| III. | Entsprechende Anwendung der Norm | 7 |
| IV. | Rechtsbehelfe | 8 |
| V. | Einstweilige Einstellung der Zwangsvollstreckung im Revisionsrechtszug | 9 |
| | 1. bei Unzulässigkeit der Revision | 10 |
| | 2. bei versäumten Schutzantrag nach § 712 ZPO | 11 |
| | 3. zur Korrektur unzureichender Sachanträge. | 12 |
| | 4. »nicht zu ersetzender Nachteil« | 13 |
| | 5. überwiegendes Gläubigerinteresse | 14 |
| | 6. Umfang der einstweiligen Einstellung | 15 |
| | 7. Verhältnis zu § 707 Abs. 1 ZPO | 16 |
| | 8. Kein Rechtsmittel | 17 |
| | 9. Gebühren | 18 |
| | 10. Arbeitsgerichtliches Verfahren | 19 |

**Literatur:** *Anders/Gehle,* Handbuch für das Zivilurteil, 2. Aufl. 1995; *Haakshorst/Comes,* Die Rückgabe der vom Gläubiger geleisteten Sicherheit im Falle des § 719 ZPO, NJW 1977, 2344;

*Hackenberger/Schmidt*, Wiederherstellung einer aufgehobenen einstweiligen Verfügung im Wettbewerbsprozeß durch Einstellung der Zwangsvollstreckung, BB 1970, 20; *Hesse*, Die Rechtsprechung des BGH zur einstweiligen Einstellung der Zwangsvollstreckung in der Revisionsinstanz, NJW 1967, 1943; *Müssig*, Die einstweilige Einstellung der Zwangsvollstreckung aus einem Versäumnisurteil bzw. Vollstreckungsbescheid in den Fällen des § 719 Abs. 1 S. 2, 2. HS ZPO ohne Sicherheitsleistung, ZZP 1985, 324; *Prütting*, Das zweite Versäumnisurteil im technischen Sinn – BAGE 23, 92, JuS 1975, 150; *Schneider*, Einstweilige Einstellung der Zwangsvollstreckung nach §§ 707, 719 I ZPO, MDR 1973, 356.

**1 I. Einstweilige Einstellung der Zwangsvollstreckung im Berufungsrechtszug:** Hat der Schuldner das ihn beschwerende erstinstanzliche, vorläufig vollstreckbare Urteil mit der Berufung angefochten, so kann er beim Berufungsgericht[1] beantragen, daß es entsprechend den Möglichkeiten des § 707 ZPO[2] die Zwangsvollstreckung einstweilen einstellt oder beschränkt.

**2** 1. Der **Antrag** kann erst gestellt werden, wenn tatsächlich Berufung eingelegt wurde, nicht schon im Rahmen eines der Berufungseinlegung vorgeschalteten Prozeßkostenhilfeprüfungsverfahrens.[3] Ist das Verfahren nach Berufungseinlegung durch Eröffnung des Konkursverfahrens über das Vermögen einer Partei unterbrochen worden, so hindert diese Unterbrechung nicht Schutzanträge gem. § 719 Abs. 1.[4] Wird der Antrag allein mit Umständen begründet, die schon in erster Instanz vorlagen und die dort einen Antrag nach § 712 ZPO gerechtfertigt hätten, der aber unterblieben ist, so ist der Antrag nach § 719 Abs. 1 unzulässig,[5] da er darauf hinausliefe, außerhalb des § 718 ZPO[6] den unterbliebenen Antrag nachzuholen.

Der Antrag muß die begehrte Maßnahme näher bezeichnen. Die Tatsachen, die den Antrag begründen sollen, sind gem. § 714 Abs. 2 ZPO glaubhaft zu machen. Einem Antrag, die Zwangsvollstreckung einzustellen, fehlt nicht deshalb das Rechtschutzinteresse,[7] weil der Gläubiger seinerseits nur gegen Sicherheitsleistung vollstrecken und der Schuldner eine Sicherungsvollstreckung schon nach § 720 a ZPO durch Sicherheitsleistung verhindern kann.[8] Ob der Schuldner tatsächlich Nachteile auch bei einer Zwangsvollstreckung nur gegen Sicherheitsleistung zu befürchten hat, ist erst eine Frage der Begründetheit des Antrages. Insoweit ist dann ein strenger Maßstab anzulegen.[9] Daß der Schuldner zur Abwendung der Zwangsvollstreckung aus dem Urteil bereits geleistet hat, beeinflußt die Zulässigkeit des Antrages nicht, da der Schuldner ein

---

1 Das erstinstanzliche Gericht ist zur Entscheidung über einen Einstellungsantrag nach § 719 Abs. 1 nicht befugt; vergl. OLG Nürnberg, JurBüro 1964, 523.
2 Siehe dort Rdn. 8–13.
3 OLG Düsseldorf, JMBlNW 1970, 236; MüKo/*Krüger*, § 719 Rdn. 3.
4 OLG Bamberg, NJW-RR 1989, 576.
5 OLG Frankfurt, NJW 1984, 2955; NJW-RR 1986, 486; GRUR 1989, 373; a. A.: OLG Düsseldorf, NJW-RR 1987, 702; MüKo/*Krüger*, § 719 Rdn. 6; Stein/Jonas/*Münzberg*, § 719 Rdn. 3; Thomas/Putzo, § 719 Rdn. 4.
6 Siehe hierzu § 718 Rdn. 2.
7 So aber OLG Bamberg, NJW-RR 1989, 576; OLG Köln, NJW-RR 1987, 189.
8 Wie hier: OLG Düsseldorf, MDR 1966, 932; OLG Frankfurt, MDR 1984, 764 und NJW 1976, 2137; OLG Hamburg, NJW-RR 1990, 1024.
9 So auch OLG Frankfurt, MDR 1984, 764; sehr eng: OLG Köln, ZIP 1994, 1053.

Interesse daran haben kann, die Leistung nach Einstellung der Zwangsvollstreckung zurückzufordern.[10]

2. Das Berufungsgericht darf über den Antrag nicht schematisch entscheiden, sondern muß alle Umstände des Einzelfalls in seine Erwägungen mit einbeziehen.[11] Hierzu gehören das grundsätzliche Interesse des Gläubigers, einen langwierig erstrittenen Titel nun zügig vollstrecken zu können,[12] die Erfolgsaussichten der Berufung des Schuldners,[13] die beiden Parteien aus der Entscheidung unmittelbar drohenden Nachteile, d. h. die Gefahr für den Gläubiger, wegen Vermögensverfalls des Schuldners bald nicht mehr erfolgreich vollstrecken zu können, ebenso wie die Gefahr für den Schuldner, nach einer möglichen Änderung des Titels nur schwer zu ersetzende Nachteile hinnehmen zu müssen. Der Umstand, daß zunächst überhaupt vollstreckt und dabei auch auf bewegliche Sachen des Schuldners zugegriffen wird, die nach einer Versteigerung als solche nicht mehr zurückerlangt werden können, kann für sich genommen die Einstellung regelmäßig nicht rechtfertigen;[14] ebensowenig, daß der Schuldner zeitweilig in seiner allgemeinen Handlungs- und Erwerbsfreiheit beschränkt ist, wenn er während der Zeit des Berufungsverfahrens einen Unterlassungstitel befolgt.[15] Diese Umstände können in aller Regel vor Eingang der Berufungsbegründung nicht ausreichend beurteilt werden, sodaß eine Bescheidung des Antrages in einem früheren Stadium selten in Betracht kommt.[16] In jedem Falle ist dem Gegner vor der Entscheidung rechtliches Gehör zu gewähren,[17] wenn auch gegebenenfalls die Stellungnahmefrist erheblich abgekürzt werden kann. Mündliche Verhandlung ist möglich, aber nicht erforderlich (**Abs. 3**). Soll ausnahmsweise ohne Anhörung entschieden werden, ist die Entscheidung unter den Vorbehalt ihrer sofortigen Abänderung nach Anhörung des Gegners zu stellen.[18] Außerdem sind in einem solchen Falle an die Darlegungs- und Glaubhaftmachungspflicht zu Lasten des Schuldners erhöhte Anforderungen zu stellen.[19]

3. Die vorläufige Einstellung der Zwangsvollstreckung aus einer durch Urteil erlassenen oder bestätigten einstweiligen Verfügung ist nicht grundsätzlich ausgeschlossen, kommt aber nur in extremen Ausnahmefällen in Betracht,[20] wenn nach der Berufungsbegründung und der Stellungnahme des Gegners zum Einstellungsantrag praktisch schon feststeht, daß die einstweilige Verfügung keinen Bestand haben kann. Denn die

---

10 OLG München, MDR 1985, 1034.
11 OLG Köln, DB 1971, 2469.
12 OLG Köln, JurBüro 1975, 1111; *E. Schneider*, MDR 1973, 356.
13 OLG Köln, DB 1971, 2469 und JurBüro 1975, 1111; OLG Frankfurt, NJW 1976, 2737; OLG Bamberg, NJW-RR 1989, 575; OLG Celle, NdsRpfl 1993, 131.
14 OLG Schleswig, SchlHA 1976, 184; OLG Köln, OLGZ 1979, 113.
15 BGH, NJW 1961, 76.
16 OLG Köln, NJW-RR 1987, 189.
17 BVerfG, NJW 1982, 2234; OLG Celle, MDR 1986, 63; *Schneider*, MDR 1973, 356.
18 OLG Celle, MDR 1970, 243.
19 OLG Frankfurt, FamRZ 1989, 87.
20 OLG Koblenz, WRP 1981, 545; OLG Köln, GRUR 1982, 504; OLG Frankfurt, JurBüro 1983, 1265; OLG Frankfurt, GRUR 1989, 456 und 932 sowie WRP 1991, 405; MüKo/*Krüger*, § 719 Rdn. 4; *Schuschke* in *Schuschke/Walker*, Bd. 2, § 929 Rdn. 5 (mit zahlreichen weiteren Nachweisen aus der Rspr.).

einstweilige Verfügung stellt ihrerseits schon eine nur vorläufige Regelung dar, und der Charakter dieser vorläufigen Regelung würde unterlaufen, wenn die noch vordergründigere Prüfung im Verfahren auf vorläufige Einstellung der Zwangsvollstreckung bei bloßen Zweifeln dazu führen könnte, eine einstweilige Regelung außer Kraft zu setzen.[21]

Ist eine durch Beschluß erlassene einstweilige Verfügung oder ein Arrest durch Urteil wieder aufgehoben worden, so verlieren die bereits durchgeführten Vollstreckungsmaßnahmen nicht automatisch ihre Wirksamkeit; deshalb kann der Antrag auf einstweilige Einstellung der Zwangsvollstreckung aus einem solchen Urteil sich nicht nur auf die Vollstreckung des Kostenerstattungsanspruchs beziehen, sondern auch darauf, die bereits durchgeführten Vollstreckungsmaßnahmen vorläufig aufrechtzuerhalten.[22] Dagegen kann im Wege der einstweiligen Einstellung der Zwangsvollstreckung aus einem solchen Urteil nicht erreicht werden, daß die ursprüngliche einstweilige Verfügung oder der Arrestbefehl als Titel für neue Vollstreckungsmaßnahmen vorläufig erhalten bleiben;[23] denn die Aufhebung des Titels wird gem. §§ 717 Abs. 1, 775 ZPO mit der Verkündung des Urteils wirksam.

5  4. Als mögliche Maßnahmen im Rahmen der einstweiligen Einstellung oder Beschränkung der Zwangsvollstreckung kann das Berufungsgericht alle diejenigen anordnen, die auch gem. § 707 Abs. 1 ZPO möglich sind.[24] Soll dem Schuldner gestattet werden, die Zwangsvollstreckung seinerseits durch Sicherheitsleistung abzuwenden, muß die Sicherheitsleistung so bemessen werden, daß sie alle möglichen Schäden des Gläubigers auffängt, die diesem daraus entstehen können, daß er nunmehr erst nach Abschluß der Berufungsinstanz eigene Vollstreckungsmaßnahmen in die Wege leiten kann. Hatte der Gläubiger bereits eine Pfändung in die Wege geleitet, kommt das Pfandstück als Sicherheitsleistung nach Einstellung der Zwangsvollstreckung nicht in Betracht.[25] Anordnungen nach § 719 können immer nur die Zwangsvollstreckung durch den Gläubiger des Rechtsstreits (Kläger oder Beklagter je nach Inhalt des erstinstanzlichen Urteils) betreffen, nicht Maßnahmen Dritter aus eigenem Recht, etwa der Gerichtskasse. So wäre eine Anordnung, daß die Beitreibung der Gerichtskosten durch die Gerichtskasse bis zum Erlaß des Berufungsurteils zu unterbleiben habe, durch § 719 nicht gedeckt.[26]

6  **II. Einstweilige Einstellung der Zwangsvollstreckung aus einem Versäumnisurteil nach Einspruch:** Grundsätzlich gilt das oben unter I Dargestellte entsprechend. Jedoch sind durch **Abs. 1 S. 2** die Möglichkeiten des Gerichts beschränkt. Eine Einstellung der Zwangsvollstreckung kommt grundsätzlich **nur** gegen vom Schuldner zu leistende **Sicherheit** in Betracht, es sei denn, daß das Versäumnisurteil nicht in gesetzlicher Weise ergangen ist oder die säumige Partei glaubhaft macht, daß ihre Säumnis unverschuldet war.

---

21 OLG Frankfurt, GRUR 1989, 932.
22 OLG Köln, VersR 1973, 1032; OLG Frankfurt, OLGZ 1976, 373.
23 OLG Düsseldorf, NJW 1970, 54; a. A.: OLG Düsseldorf, MDR 1962, 660.
24 Siehe dort Rdn. 8–13.
25 OLG Celle, NJW 1959, 2268; OLG Schleswig, JurBüro 1969, 1111.
26 OLG Nürnberg, JurBüro 1964, 286.

**Darüberhinaus** müssen die Voraussetzungen des § 707 Abs. 1 S. 2 ZPO vorliegen,[27] da § 719 gegenüber § 707 keine Erleichterung, sondern eine Erschwernis darstellen soll. Für die einstweilige Einstellung der Zwangsvollstreckung aus einem **Vollstreckungsbescheid** gelten die vorstehenden Grundsätze entsprechend: Sie darf ohne Sicherheitsleistung nur dann erfolgen, wenn der Schuldner glaubhaft gemacht hat, daß der Vollstreckungsbescheid nicht in gesetzlicher Weise ergangen oder die Versäumung der Frist für den Widerspruch gegen den Mahnbescheid unverschuldet war.[28] Hinsichtlich der Glaubhaftmachung der besonderen Voraussetzungen gem. Abs. 1 S. 2 gilt § 294 ZPO. Es kann also eine eigene eidesstattliche Versicherung der Partei oder eine anwaltliche Versicherung ihres Prozeßbevollmächtigten ausreichend sein.

**III. Zur entsprechenden Anwendung** der §§ 707 Abs. 1, 719 Abs. 1 ZPO auf Fälle, in denen eine ausdrückliche Regelung dieser Art fehlt, siehe die Ausführungen zu § 707 ZPO.[29]

7

**IV. Rechtsbehelfe** gegen Entscheidungen nach Abs. 1: Soweit das Oberlandesgericht als Berufungsgericht oder als das Gericht, das das Versäumnisurteil erlassen hatte, entschieden hat, ist die Entscheidung, auch wenn sie auf einem Gesetzesverstoß beruht, – gem. § 567 Abs. 3 ZPO unanfechtbar. Da das Gericht seine eigene Entscheidung bei Veränderung der Umstände aber ändern darf, sind Gegenvorstellungen möglich.[30] Gegenvorstellungen sind auch zulässig, wenn das Oberlandesgericht erheblichen Parteivortrag übersehen (– etwa weil ein Schriftsatz fehlgeleitet worden war –) und damit den Anspruch der Partei auf rechtliches Gehör (Art. 103 Abs.1 GG) verletzt hat.

8

Für Entscheidungen der Amts- und Landgerichte gilt § 707 Abs. 2 S. 2 ZPO: Sie sind grundsätzlich unanfechtbar, entgegen dem Gesetzeswortlaut ist aber ausnahmsweise dann die sofortige Beschwerde zulässig, wenn die Entscheidung auf einer »greifbaren Gesetzesverletzung« beruht.[31] Wann eine »greifbare Gesetzesverletzung« vorliegt, ist zu § 719 Abs. 1 ebenso streitig[32] wie zu § 707 Abs. 2 S. 2 ZPO.[33] Es gelten hier die gleichen Erwägungen wie dort.[34] Die Entscheidungen der Landgerichte als Berufungsgerichte sind trotz erheblicher Rechtsmängel nicht anfechtbar, weil auch ihre Hauptsacheentscheidung nicht anfechtbar wäre, der Beschwerdeweg aber nicht über den

---

27 OLG Hamburg, NJW 1979, 1464 mit Anm. von *Kniesch,* JA 1979, 549; OLG Frankfurt, MDR 1982, 588; KG, NJW 1984, 316; KG, MDR 1985, 330; a. A.: LG Düsseldorf, MDR 1981, 941; OLG Hamm, MDR 1978, 412; *Müssig,* ZZP 1985, 324.
28 Düsseldorf, MDR 1980, 675; LG Kleve, MDR 1966, 154.
29 Dort Rdn. 1–3.
30 Düsseldorf, FamRZ 1978, 125.
31 Vergl. OLG Braunschweig, MDR 1959, 44; OLG Karlsruhe, ZZP 1962, 140; LG Mönchengladbach, JurBüro 1963, 620; OLG Celle, MDR 1964, 928 und JurBüro 1966, 527; OLG Köln, JMBlNW 1969, 272; KG, MDR 1979, 679 und MDR 1984, 590; OLG Zweibrücken, JurBüro 1987, 298; OLG Frankfurt, NJW 1988, 79; OLG Köln, NJW-RR 1988, 1447; OLG Hamburg, OLGZ 1991, 222.
32 Zum Streit, ob insoweit schon das Verkennen des durch das Gesetz eingeräumten Ermessens ausreicht, siehe bejahend: OLG Celle, MDR 1964, 928; und verneinend: OLG Frankfurt, ZIP 1981, 664; OLG Frankfurt, AnwBl. 1989, 102.
33 Siehe dort Rdn. 17.
34 707 Rdn. 17.

Rechtsweg der Hauptsache hinausgehen soll, wenn dies nicht ausnahmsweise vorgesehen ist.[35] Eine weitere Beschwerde kommt nie in Betracht (§ 568 Abs.2 ZPO).[36] Zur Beschwerdemöglichkeit im arbeitsgerichtlichen Verfahren gilt das zu § 707 ZPO Dargestellte.[37]

9  V. **Einstweilige Einstellung der Zwangsvollstreckung im Revisionsrechtszug (Abs. 2):** Für den Revisionsrechtszug gilt ein schärferer Maßstab, bevor die Zwangsvollstreckung aus einem dort zur Überprüfung anstehenden vorläufig vollstreckbaren Urteil einstweilen eingestellt werden kann. Der Prozeßstoff ist in der Regel schon in zwei Instanzen geprüft worden; der Gläubiger hat nunmehr ein erhebliches Interesse, seinen Titel verwirklichen zu dürfen. Die Möglichkeit von Nachteilen für den Schuldner im Zuge weiterer Vollstreckung ist deshalb kein ausreichender Einstellungsgrund. Es muß vielmehr glaubhaft gemacht sein, daß sich das angefochtene Urteil als nicht beständig erweist, ein nicht zu ersetzender Nachteil entstehen würde **und** daß einer Einstellung der Zwangsvollstreckung nicht überwiegende Interessen des Gläubigers entgegenstehen. Im einzelnen gilt:

10  1. Ist die vom Schuldner eingelegte Revision nicht zulässig, weil die Revisionsgrenze nicht erreicht und die Revision nicht zugelassen ist oder weil die Revisionsfrist nicht gewahrt wurde usw., kommt eine Einstellung der Zwangsvollstreckung bis zur Verwerfung der Revision von vornherein nicht in Betracht.[38] Gleiches gilt für die Zeit, in der der Schuldner, ohne bereits Revision eingelegt zu haben, lediglich sein Prozeßkostenhilfegesuch für eine mögliche Revision verfolgt. Ist die Revision schon nach den eigenen Ausführungen des Revisionsklägers offensichtlich unbegründet, verbietet sich ebenfalls eine einstweilige Einstellung der Zwangsvollstreckung bis zur förmlichen Entscheidung über die Zurückweisung der Revision. In allen diesen Fällen ist es denkgesetzlich unmöglich, daß dem Schuldner ein Schaden entstehen könnte, vor dem § 719 Abs. 2 schützen will. Hier würde eine Einstellung der Zwangsvollstreckung ausschließlich den Gläubiger gefährden.

11  2. Hat es der Schuldner versäumt, in der Berufungsinstanz einen Schutzantrag nach § 712 ZPO zu stellen, obwohl die einen solchen Antrag rechtfertigenden Gründe damals bereits vorlagen, ist ein auf diese Gründe gestützter Einstellungsantrag unzulässig,

---

35 Siehe auch § 707 Rdn. 18 sowie *Jost*, NJW 1990, 214; a. A. (zulässig): OLG Karlsruhe, ZZP 1962, 140; OLG Celle, JurBüro 1966, 527.
36 A. A. insoweit: OLG Celle, MDR 1963, 57; OLG Düsseldorf, MDR 1970, 58.
37 Siehe dort Rdn. 18 a. E. sowie LAG Hamm, MDR 1972, 362.
38 BGHZ 8, 47. Ist die Revision nicht generell unzulässig, sondern nur beim unzuständigen Gericht eingereicht, hindert letzteres die Einstellung nicht. So kann das BayObLG die Zwangsvollstreckung nach § 719 Abs. 2 einstellen, bevor es sich als Revisionsgericht für unzuständig erklärt und den Rechtsstreit zum BGH verwiesen hat; vergl. BGH, NJW 1967, 1967.

da er auf eine bloße Nachholung des versäumten Antrages, die die ZPO nicht vorsieht, hinausliefe.[39] Gleiches gilt aber auch, wenn die Begründung des Einstellungsantrages zwar auf zusätzlichen Tatsachen beruht, aber letztlich doch auf Entwicklungen fußt, die bereits einen Antrag nach § 712 ZPO gerechtfertigt hätten. Wurde der Schutzantrag in der Berufungsinstanz gestellt, im Berufungsurteil aber übergangen, muß der Schuldner gem. §§ 716, 321 ZPO Ergänzungsurteil beantragen. Versäumt er dies, ist ein auf die Wiederholung der Gründe zu § 712 gestützter Einstellungsantrag ebenfalls unzulässig.[40] Die Verpflichtung, bereits im Berufungsverfahren einen Schutzantrag zu stellen, gilt für jeden Vollstreckungsschuldner, auch für den Fiskus.[41]

3. Verfolgt der Schuldner mit dem Einstellungsantrag ein Ziel, das er in der Berufungsinstanz schon mit einem Sachantrag hätte erreichen können, so ist der Antrag ebenfalls nicht zulässig, da er auf eine Vorabkorrektur der Berufungsentscheidung hinausliefe. Konnte es der Schuldner etwa in der Berufungsinstanz durch entsprechenden Antrag erreichen, daß er die vom Gläubiger verlangten Auskünfte nur an eine zur Verschwiegenheit verpflichtete Person, etwa einen Wirtschaftsprüfer, erteilen müsse, kann er dieses Ziel nicht nachträglich mit einem Einstellungsantrag gem. § 719 Abs. 2 verfolgen.[42]

4. Wann der Schuldner durch die Zwangsvollstreckung einen »nicht zu ersetzenden Nachteil« erleidet, ist eine Frage des jeweiligen Einzelfalles. Daß Nachteile aus der Vollstreckung (oder zur Vollstreckungsabwehr) oberlandesgerichtlicher Urteile, die keine Bereicherung des Gläubigers bewirkt haben, nach § 717 Abs. 3 ZPO später nicht zu ersetzen sind, so etwa die Kosten einer Bürgschaft zur Abwendung der Zwangsvollstreckung gem. § 711 ZPO, führt nicht in jedem Falle dazu, daß der Schuldner auf Antrag vor diesen Nachteilen zu schützen wäre. Sonst liefe etwa § 711 ZPO völlig leer. Andererseits kann § 717 Abs. 3 ZPO im Einzelfall durchaus ein Grund sein, die Zwangsvollstreckung einstweilen einzustellen, wenn etwa das Befolgen eines Unterlassungsanspruchs zu einer erheblichen Betriebsgefährdung auf Seiten des Schuldners führen würde, ein Ausgleich hierfür später aber nach § 713 Abs. 3 ZPO nicht zu erwarten wäre.[43] Ein nicht zu ersetzender Nachteil wird regelmäßig anzunehmen sein, wenn durch die Vollstreckung bereits endgültige Verhältnisse geschaffen werden, die auch beim Erfolge der Revision aus der Natur der Sache heraus fortbestehen blieben.[44] Kann der Schuldner den aus der Vollstreckung der Hauptsache nebst Kosten drohenden Schaden durch Sicherheitsleistung abwenden und ist er zur Sicherheitsleistung auch in der Lage, so droht ihm jedenfalls solange kein die Einstellung nach Abs. 2

---

39 Ständige Rspr. des BGH, auch schon zu den Vorgängernormen des § 712 ZPO; vergl. BGHZ 16, 376; 17, 123; BGH, NJW 1955, 1319; NJW 1956, 24; NJW/RzW 1957, 335; NJW 1966, 1029; NJW 1979, 1208; GRUR 1980, 329; NJW 1983, 455; WM 1984, 321; WM 1985, 1435; NJW-RR 1988, 1530; NJW 1990, 2756; NJW-RR 1991, 1216; NJW-RR 1992, 189; NJW 1992, 376; NJW 1996, 1970 und 2103; einschränkend: BGH, NJW 1960, 821.
40 BGH, MDR 1962, 970; MDR 1964, 212; MDR 1978, 127; ZIP 1981, 1268.
41 BGH, MDR 1963, 290.
42 BGH, GRUR 1979, 807; zur einstweiligen Einstellung der Zwangsvollstreckung, wenn zur Auskunftserteilung und zum Widerruf verurteilt wurde, allgemein: BGH, NJW-RR 1991, 186.
43 BGH, MDR 1951, 482.
44 BGH, NJW 1956, 1717; WRP 1979, 715.

rechtfertigender Nachteil, wie der Gläubiger nicht seinerseits Sicherheit geleistet hat,⁴⁵ danach auch nur insoweit, wie der mögliche Schaden durch die Sicherheitsleistung nicht abgedeckt werden kann.

Handelt es sich bei der Schuldnerin um eine Gesellschaft, die bereits aufgelöst ist und liquidiert wird, so stellt es keinen nicht zu ersetzenden Nachteil dar, wenn ihr durch die Zwangsvollstreckung auch noch der Konkurs droht.⁴⁶ Der Schuldner muß sich hinsichtlich der Frage, ob ihm durch die Vollstreckung Nachteile drohen, an seinem bisherigen Prozeßvorbringen messen lassen. Hatte er ein Auskunftsverlangen des Gläubigers mit der Begründung bestritten, er habe mehr, als er dem Gläubiger schon mitgeteilt habe, an auskunftspflichtigen Geschäften nicht getätigt, so kann er, wenn er dennoch zur Auskunft verurteilt wurde, nicht glaubhaft behaupten, es erwachse ihm ein Nachteil daraus, daß er dem Gläubiger noch einmal etwas mitteile, was dieser schon wisse.⁴⁷

14    5. Ein **überwiegendes Interesse** des Gläubigers steht der Einstellung der Zwangsvollstreckung in jedem Falle dann entgegen, wenn der Schuldner durch die Einstellung erreichen würde, daß das angefochtene Urteil zum Nachteil des Gläubigers seine materielle Wirkung einbüßen würde.⁴⁸ Es ist aber auch schon ausreichend, daß glaubhaft gemacht ist, daß die dem Gläubiger aus einer Verzögerung der Vollstreckung erwachsenden Schäden mindestens so hoch (– also nicht unbedingt höher –) sind als die, die dem Schuldner bei einer Fortsetzung der Vollstreckung drohen.

15    6. Die einstweilige **Einstellung** der Zwangsvollstreckung soll nicht weiter reichen als die Schadensabwehr es erfordert. Droht dem Schuldner nur durch die Vollstreckung in bestimmte Vermögenswerte ein nicht zu ersetzender Schaden, so kann die Einstellung sich darauf beschränken, gerade nur diese Vermögenswerte (z. B. bestimmte Geschäftskonten) von der Zwangsvollstreckung freizustellen.⁴⁹ Keine nach § 719 Abs. 2 zu beantragende Maßnahme ist es, wenn der Schuldner nur in anderer Art Sicherheit leisten will, als dies im Berufungsurteil angeordnet ist.⁵⁰ Anordnungen über die Art der Sicherheitsleistung hat auch nach Revisionseinlegung das Gericht im Rahmen der §§ 108 ff. ZPO zu treffen, das die Sicherheitsleistung bestimmt hatte.

16    7. **Verhältnis von § 719 Abs. 2 zu § 707 Abs. 1 ZPO:** Ist in einem Urkundenprozeß gegen ein Vorbehaltsurteil Revision eingelegt, während das Nachverfahren bereits beim Landgericht durchgeführt wird, so wird die Zuständigkeit des Landgerichts zur einstweiligen Einstellung der Zwangsvollstreckung aus dem Vorbehaltsurteil gem. § 707 Abs. 1 ZPO durch die noch laufende Revision nicht beschnitten;⁵¹ insbesondere ist das Landgericht nicht durch § 719 Abs. 2 gehindert. Umgekehrt ist auch dann nur

---

45 BGHZ 7, 398; 11, 303; BGH, MDR 1961, 686.
46 BGH, NJW-RR 1987, 62; schon für die Berufungsinstanz weitergehend: OLG Köln, ZIP 1994, 1053.
47 BGH, LM Nr. 12 zu § 719 ZPO.
48 BGH, JZ 1965, 540 mit Anm. von *Baur;* siehe auch BGH, GRUR 1996, 78.
49 BGH, WM 1955, 1617 und 1618.
50 BGH, NJW 1966, 1028.
51 BGH, ZIP 1981, 1385.

§ 719 Abs. 2, nicht aber § 707 Abs. 1 ZPO maßgebend, wenn das mit der Revision angefochtene, die Berufung als unzulässig verwerfende Urteil auf einer Ablehnung des Antrages auf Wiedereinsetzung in den vorigen Stand gegen die Versäumung der Berufungsfrist beruht.[52]

8. Gegen die Entscheidung des Revisionsgerichts nach Abs. 2 gibt es naturgemäß **kein Rechtsmittel**. Gegenvorstellungen sind aber möglich, auch mit dem Ziel, die Einstellung wieder ganz aufzuheben.[53] Der einmal zurückgewiesene Antrag kann, wenn sich neue Umstände ergeben, die eine andere Beurteilung rechtfertigen, auch wiederholt werden.

9. Hinsichtlich der **Gebühren** gilt sowohl für das Einstellungsverfahren nach Abs. 1 wie für das nach Abs. 2 das zu § 707 ZPO Ausgeführte.[54]

10. Auch im Revisionsverfahren vor dem Bundesarbeitsgericht[55] und vor dem Bundesverwaltungsgericht[56] ist § 719 Abs. 2 anwendbar, nicht dagegen im Revisionsverfahren vor dem Bundessozialgericht.[57]

---

[52] BGH, NJW 1964, 2415.
[53] BGH, MDR 1963, 295; MüKo/*Krüger*, § 719 Rdn. 16.
[54] Siehe dort Rdn. 19.
[55] BAG, MDR 1958, 877; NJW 1971, 910; *Mayr*, Die Revision, Kap. V, Rdn. 10.
[56] BVerwG, JZ 1961, 100.
[57] *Mayr*, Die Revision, Kap. V, Rdn. 13.

§ 720 Hinterlegung bei Abwendung der Vollstreckung

**Darf der Schuldner nach § 711 Satz 1, § 712 Abs. 1 Satz 1 die Vollstreckung durch Sicherheitsleistung oder Hinterlegung abwenden, so ist gepfändetes Geld oder der Erlös gepfändeter Gegenstände zu hinterlegen.**

1  I. **Anwendungsbereich:** Die Vorschrift hat nur Bedeutung bei der Zwangsvollstreckung wegen Geldforderungen in körperliche Sachen[1] (§§ 808–827 ZPO), wozu auch beim Schuldner vorgefundenes Bargeld zählt (§ 808 Abs. 2 ZPO). Im Rahmen der Zwangsvollstreckung in Forderungen findet sich in § 839 ZPO eine entsprechende Regelung. Voraussetzung für die Anwendbarkeit der Vorschrift ist, daß das Urteil, gegebenenfalls in Verbindung mit einem Ergänzungsurteil (§ 716 ZPO) oder einer Vorabentscheidung (§ 718 ZPO), eine Anordnung nach § 711 S. 1 oder nach § 712 Abs. 1 S. 1 ZPO enthält. Im Falle des § 711 Abs. 1 S. 1 ZPO gilt die Vorschrift nur solange, wie nicht der Gläubiger seinerseits Sicherheit geleistet hat; denn die Befugnis des Schuldners zur Abwendung der Zwangsvollstreckung entfällt mit der Sicherheitsleistung des Gläubigers. Nicht anwendbar ist § 720 in den Fällen der §§ 707, 719 ZPO, wenn die Einstellung der Zwangsvollstreckung von einer Sicherheitsleistung des Schuldners abhängig gemacht ist. In diesen Fällen kann der Gläubiger solange ungehindert mit dem Ziel seiner Befriedigung vollstrecken, wie die Sicherheitsleistung nicht tatsächlich vom Schuldner erbracht ist.[2]

2  II. **Zweck der Vorschrift:** Hat der Schuldner die Möglichkeit, die Zwangsvollstreckung durch Sicherheitsleistung abzuwenden, so soll sie nicht durch eine allzu rasche Vollstreckung seitens des Gläubigers unterlaufen werden können; denn mit der Beendigung der Zwangsvollstreckung entfällt die Möglichkeit ihrer Abwendung.[3] In der Zeit, in der der Schuldner sich um die Aufbringung der Sicherheit bemühen kann, soll der Gläubiger sich durch die Vollstreckung nur sichern, aber nicht befriedigen können. Hat der Schuldner dann die Sicherheit erbracht (– und der Gläubiger die Abwendungsbefugnis nicht seinerseits durch Sicherheitsleistung unterlaufen –), so sind die sichernden Vollstreckungsmaßnahmen gem. §§ 775 Nr. 3, 776 ZPO wieder aufzuheben, das aus der Vollstreckung hinterlegte Geld ist also an den Schuldner zurückzuzahlen.

3  III. **Auswirkungen der Vorschrift auf den Vollstreckungsablauf:** Enthält das Urteil eine Anordnung nach §§ 711 S. 1, 712 Abs. 1 S. 1 ZPO, hat der Schuldner die Sicherheit aber noch nicht geleistet, so kann der Gläubiger, wenn seinerseits die Vollstreckungsvoraussetzungen vorliegen, mit der Vollstreckung beginnen. Der Gerichtsvollzieher kann beim Schuldner vorgefundene körperliche Sachen pfänden. Soweit es sich dabei um Geld handelt, ist es sogleich zu hinterlegen; die Aushändigung an den Gläubiger wäre Amtspflichtverletzung.[4] Gepfändete bewegliche Sachen im übrigen können versteigert und an den Ersteher (endgültig) abgeliefert werden. Der Erlös ist dann nicht

---

1 Zum Begriff siehe: vor §§ 803–863 Rdn. 2.
2 BGH, NJW 1968, 398; LG Berlin, MDR 1970, 787.
3 Siehe auch § 819 Rdn. 2 und 8.
4 BayObLG, MDR 1976, 852.

an den Gläubiger auszukehren, sondern zu hinterlegen. Leistet der Gläubiger im Falle des § 711 ZPO nun seinerseits Sicherheit, ist das Hinterlegte an ihn abzuführen.[5] Geld, das der Schuldner freiwillig an den Gläubiger zum Zwecke der Abwendung der Zwangsvollstreckung zahlt, muß von diesem nicht hinterlegt werden, kann also zum Zwecke der Befriedigung verwendet werden.[6] Zahlt der Schuldner nicht an den Gläubiger selbst, sondern an den Gerichtsvollzieher und ordnet er dabei nicht an, daß das Geld lediglich zu hinterlegen sei,[7] so hat der Gerichtsvollzieher nicht von sich aus zu hinterlegen, sondern das Geld an den Gläubiger abzuliefern. § 720 ist insoweit nicht einschlägig.[8]

---

5 BGHZ 12,92.
6 MüKo/*Krüger*, § 720 Rdn. 2; *Zöller/Stöber*, § 720 Rdn. 5.
7 Zur Verpflichtung des Gerichtsvollziehers, auch lediglich zur Hinterlegung bestimmtes Geld anzunehmen, siehe § 754 Rdn. 4.
8 *Zöller/Stöber*, § 720 Rdn 4.

## § 720a Sicherungsvollstreckung

(1) ¹Aus einem nur gegen Sicherheit vorläufig vollstreckbaren Urteil, durch das der Schuldner zur Leistung von Geld verurteilt worden ist, darf der Gläubiger ohne Sicherheitsleistung die Zwangsvollstreckung insoweit betreiben, als
a) bewegliches Vermögen gepfändet wird,
b) im Wege der Zwangsvollstreckung in das unbewegliche Vermögen eine Sicherungshypothek oder Schiffshypothek eingetragen wird.
²Der Gläubiger kann sich aus dem belasteten Gegenstand nur nach Leistung der Sicherheit befriedigen.
(2) Für die Zwangsvollstreckung in das bewegliche Vermögen gilt § 930 Abs. 2, 3 entsprechend.
(3) Der Schuldner ist befugt, die Zwangsvollstreckung nach Absatz 1 durch Leistung einer Sicherheit in Höhe des Hauptanspruchs abzuwenden, wegen dessen der Gläubiger vollstrecken kann, wenn nicht der Gläubiger vorher die ihm obliegende Sicherheit geleistet hat.

**Literatur:** *Behr*, Verfahren zur Abgabe der Offenbarungsversicherung, Rpfleger 1988, 1; *ders.*, Sicherheitsleistung (insbesondere Bankbürgschaft) und Sicherungsvollstreckung – ein Überblick., JurBüro 1995, 568; *Fahlbusch*, Die Zustellung bei der Sicherungsvollstreckung, Rpfleger 1979, 94; *Gilleßen/Jakobs*, Auswirkungen der Vereinfachungsnovelle auf die praktische Tätigkeit des Gerichtsvollziehers, DGVZ 1977, 110; *Münzberg*, Zustellung der Vollstreckungsklausel als Voraussetzung der Sicherungsvollstreckung, Rpfleger 1983, 58; *Noack*, Vollstreckbarkeit, Sicherheitsleistung und Sicherungsvollstreckung nach der Vereinfachungsnovelle vom 3. 12. 1976 (BGBl. I S. 3281), DGVZ 1977, 33; *ders.*, Sicherungsvollstreckung und eidesstattliche Versicherung, Rpfleger 1979, 248; *Seip*, Zustellung der Vollstreckungsklausel als Voraussetzung der Sicherungsvollstreckung?, Rpfleger 1983, 56; *Treysse*, Nochmals: Sicherungsvollstreckung und eidesstattliche Versicherung, Rpfleger 1981, 340.

1  **I. Zweck der Norm:** Im Rahmen der Zwangsvollstreckung von Geldforderungen durch Pfändung beweglichen Vermögens oder durch Beschlagnahme von Grundstücken oder grundstücksgleichen Rechten gilt das Prioritätsprinzip.[1] In allen Fällen, in denen § 710 ZPO nicht anwendbar ist, wären leistungsschwache Gläubiger, die keine Sicherheitsleistung aufbringen können, von vornherein benachteiligt, da sie bis zur Rechtskraft ihres Titels oder jedenfalls bis zum Wegfall der Verpflichtung, Sicherheit leisten zu müssen (– etwa nach Erstreitung eines bestätigenden OLG-Urteils, § 708 Nr. 10 ZPO –), zuwarten müßten, ehe sie pfänden könnten. Anderseits fügt die bloße Pfändung ohne Verwertung des Pfandobjekts dem Schuldner in der Regel noch keine bleibenden Nachteile zu, vor denen er durch Sicherheitsleistung geschützt werden müßte. Der böswillige Schuldner, der durch den Prozeßverlust gewarnt ist und weiß, daß die Vollstreckung irgendwann auf ihn zukommt, erhält zudem durch ein durch Leistungsschwäche erzwungenes Zuwarten des Gläubigers die Möglichkeit, Vermögenswerte beiseite zu schaffen, ein Nebeneffekt, der durch § 709 ZPO nicht beabsichtigt ist. § 720 a versucht in diesem Dilemma einen Ausgleich zwischen den Inter-

---
1 Zum Prioritätsprinzip siehe § 804 Rdn. 3 ff.

essen des finanzschwachen Gläubigers einerseits und des Schuldners andererseits. Dem Gläubiger wird ermöglicht, auch ohne Sicherheitsleistung rangwahrend zu pfänden, ohne die Vollstreckung bis zur Befriedigung durchführen zu dürfen; dem Schuldner wird die Möglichkeit eingeräumt, eine ihm lästige Pfändung oder Beschlagnahme durch Sicherheitsleistung abwenden zu können. Die Sicherungsvollstreckung hat damit eine ähnliche Funktion wie der Arrest: Die künftige Befriedigung des Gläubigers wird durch die Beschlagnahme von Schuldnervermögen vorbereitet, der Schuldner kann die Beschlagnahme durch Stellen einer Sicherheit lösen. Die Möglichkeit der Sicherungsvollstreckung dient darüberhinaus einem justizpolitischen Zweck: Der Schuldner soll von aussichtslosen Rechtsmitteln, die er nur einlegt, um den Beginn der Vollstreckung hinauszuzögern, abgehalten werden. Dies kann zu einer Entlastung der Justiz führen.

**II. Voraussetzungen der Sicherungsvollstreckung:** 1. Der Gläubiger hat einen auf eine Geldleistung[2] lautenden Titel, der gem. § 709 ZPO oder aufgrund von Schutzanordnungen gem. § 712 Abs. 1 S. 2 oder Abs. 2 S. 2 ZPO nur gegen Sicherheit vorläufig vollstreckbar ist. Bei dem Titel kann es sich neben einem Urteil auch um einen Kostenfestsetzungsbeschluß oder einen Regelunterhaltsbeschluß handeln, die auf Urteilen beruhen, die nur gegen Sicherheitsleistung vorläufig vollstreckbar sind (§ 795 S. 2 ZPO); denn die Sicherheitsleistung im Urteil gilt dann auch für diese Titel.[3]

2. Dieser Titel muß dem Schuldner gem. § 750 Abs. 3 ZPO wenigstens zwei Wochen vor Vollstreckungsbeginn zugestellt werden. Es genügt insofern die Amtszustellung gem. § 317 ZPO. Die Vollstreckungsklausel muß dem Schuldner nur dann in der gleichen Frist zugestellt worden sein (– insoweit kommt nur Parteizustellung in Betracht –), wenn es sich um eine der in § 750 Abs. 2 ZPO genannten Klauseln (– also nach §§ 726 Abs. 1, 727–729, 738, 742, 744, 745 Abs. 2, 749 ZPO –) handelt;[4] denn mit der Vollstreckung aus dem einfachen Titel muß der Schuldner jederzeit rechnen, während er trotz der möglichen Anhörung im Rahmen des § 730 ZPO von der Erteilung der qualifizierten Klausel nicht in jedem Falle unbedingt erfährt. Trotz des zweideutigen Wortlauts bezieht sich der Satzteil »und die Vollstreckungsklausel« in Abs. 3 also nur auf Abs. 2. Spätestens zu Beginn der Vollstreckung muß allerdings auch die einfache Klausel vorliegen. Ist der Beginn der Vollstreckung im Einzelfall von weiteren besonderen Voraussetzungen abhängig (Eintritt eines bestimmten Kalendertages, Zug-um-Zug-Leistung des Gläubigers usw.), müssen auch diese zu Vollstreckungsbeginn nachgewiesen sein; denn Abs. 1 befreit nur vom Nachweis der Sicherheitsleistung.

---

2 Zum Begriff der Geldforderung vergl.: vor §§ 803–882 a Rdn. 1 ff.
3 KG, Rpfleger 1984, 246.
4 Wie hier: LG Frankfurt, Rpfleger 1982, 296; LG Wuppertal, JurBüro 1984, 939; LG Verden, MDR 1985, 330; *Brox/Walker*, Rdn. 154; *Münzberg*, Rpfleger 1983, 58; a. A. (auch einfache Klausel muß zugestellt werden): LG München, DGVZ 1984, 73; OLG Schleswig, NJW-RR 1988, 700; OLG Karlsruhe, DGVZ 1990, 186; LG Göttingen, DGVZ 1995, 73; MüKo/*Krüger*, § 720a Rdn. 3; weitere Nachweise zum Streit siehe § 750 Rdn. 31.

4   III. Durchführung der Sicherungsvollstreckung: 1. Bewegliches Vermögen[5] wird auf Antrag des Gläubigers an das jeweils zuständige Vollstreckungsorgan nach den allgemeinen Regeln (also §§ 808, 829, 857 ZPO) gepfändet. Die Sicherungsvollstreckung in unbewegliches Vermögen erfolgt durch Eintragung einer Sicherungshypothek bzw. einer Schiffshypothek auf Antrag des Gläubigers. Gepfändetes Geld ist zu hinterlegen (**Abs. 3** i. V. mit § 930 Abs. 2 ZPO). Gleiches gilt für den auf den pfändenden Gläubiger im Verteilungsverfahren entfallenden Erlösanteil, falls andere Gläubiger, die ihrerseits zur Verwertung des Pfändungsgutes berechtigt waren, die Versteigerung des Pfändungsgutes herbeigeführt hatten. Unter den Voraussetzungen des § 930 Abs. 3 ZPO kann ausnahmsweise der die Sicherungsvollstreckung Betreibende die Anordnung des Vollstreckungsgerichts erwirken, daß das Pfändungsgut versteigert werden darf. In diesem Fall ist der Erlös ebenfalls zu hinterlegen.

5   2. Da die Pfändung selbst sich nach den allgemeinen Regeln richtet und auch die nämlichen Wirkungen wie jede Pfändung sonst entfaltet (Verstrickung und Pfändungspfandrecht[6]), genügt die im Rahmen einer Sicherungsvollstreckung durchgeführte Pfändung den Anforderungen des § 845 Abs. 2 ZPO.[7] Auch zur Zulässigkeit einer Vorpfändung ist es daher nicht erforderlich, daß der Gläubiger die im Urteil als Voraussetzung der vorläufigen Vollstreckbarkeit bestimmte Sicherheit geleistet hat.

6   3. Schließlich genügt eine erfolglose Sicherungsvollstreckung auch, um den Schuldner gem. § 807 ZPO zur Offenbarungsversicherung laden lassen zu können.[8] Denn § 807 knüpft nur an eine ordnungsgemäße Pfändung oder den Nachweis an, daß eine solche Pfändung nicht zur Befriedigung des Gläubigers führen werde, nicht aber daran, daß der Gläubiger sich jetzt bereits aus der Pfändung tatsächlich befriedigen darf. Würde man anders entscheiden, liefe die Möglichkeit der Sicherungsvollstreckung in vielen Fällen gänzlich ins Leere.[9]

7   IV. Abwendungsbefugnis des Schuldners (Abs. 3): 1. Der Schuldner kann der Sicherungsvollstreckung zuvorkommen, indem er Sicherheit in Höhe des zu vollstreckenden Hauptanspruchs leistet. Die Sicherheitsleistung hat in der Form des § 108 Abs. 1 S. 2 ZPO zu erfolgen, wenn der Schuldner keine Ermächtigung durch das Prozeßgericht erwirkt, die Sicherheit auch in der Form der selbstschuldnerischen Bankbürgschaft er-

---

5 Zum Begriff vergl. vor §§ 803–863 Rdn. 1.
6 Näheres hierzu vergl. vor §§ 803, 804 Rdn. 3 ff.
7 BGHZ 93, 71; KG, Rpfleger 1981, 240; LG Hannover, Rpfleger 1981, 363; LG Frankfurt, Rpfleger 1983, 32; siehe ferner § 845 Rdn. 3.
8 Wie hier: LG Wuppertal, NJW 1979, 275; OLG Düsseldorf, NJW 1980, 2717; OLG Stuttgart, JurBüro 1980, 457 mit Anm. von *Mümmler*; LG Darmstadt, Rpfleger 1981, 362; OLG Hamm, MDR 1982, 416; LG Frankenthal, Rpfleger 1982, 190; KG, Rpfleger 1989, 291 mit Anm. von *Behr*; OLG Koblenz, MDR 1991, 63; OLG München, MDR 1991, 64; MüKo/*Krüger*, § 720 a Rdn. 4; a. A.: OLG Koblenz, NJW 1979, 2521; LG Berlin, MDR 1981, 941; LG Mainz, JurBüro 1987, 926 mit Anm. von *Mümmler*.
9 Siehe auch § 807 Rdn. 4.

bringen zu dürfen.[10] Diese Ermächtigung ist aber jederzeit möglich.[11] Die »Hauptsache«, hinsichtlich der Sicherheit zu leisten ist, ist zur Abwendung der Vollstreckung aus dem Urteil selbst die reine Urteilssumme ohne Zinsen und Kosten, zur Abwendung der Vollstreckung aus dem Kostenfestsetzungsbeschluß die Summe der dort festgesetzten Kosten ohne Zinsen.[12]

2. Der Schuldner kann die Sicherheitsleistung auch noch erbringen, wenn der Gläubiger die Sicherungsvollstreckung bereits durchgeführt und Vermögensgegenstände des Schuldners beschlagnahmt hat. Der Nachweis der Sicherheitsleistung führt zur Einstellung der Zwangsvollstreckung nach § 775 Nr. 3 ZPO und zur Aufhebung der Vollstreckungsmaßnahmen gem. § 776 ZPO. Der Gläubiger kann dies nur verhindern, wenn er seinerseits die im Urteil vorgesehene Sicherheitsleistung erbringt. Trotz des Wortes »vorher« in Abs. 3 kann der Gläubiger jederzeit, also auch nach einer Sicherheitsleistung durch den Schuldner, dessen Abwendungsbefugnis durch eigene Sicherheitsleistung unterlaufen.[13] Dies folgt aus dem Zweck des Abs. 3. Erbringt der Gläubiger seine Sicherheitsleistung, kann er nicht nur die bisherigen Sicherungsmaßnahmen, die er nach Abs. 1 S. 1 schon durchgeführt hat, aufrechterhalten, er kann sich nunmehr auch aus dem beschlagnahmten Vermögen des Schuldners befriedigen (**Abs. 1 S. 2**).

**V. Keine weitergehende Einstellung der Zwangsvollstreckung:** Ist der Schuldner zur Sicherheitsleistung nicht in der Lage, so ist eine nachträgliche einstweilige Einstellung der Sicherungsvollstreckung ohne Sicherheitsleistung des Schuldners **nicht möglich**.[14] Das folgt aus § 712 Abs. 1 S. 2 ZPO. Der Schuldner muß in einem solchen Fall schon im Erkenntnisverfahren den Antrag stellen, das Urteil nicht für vorläufig vollstreckbar zu erklären. Hat er den Antrag versäumt, kann er ihn nicht im Berufungsverfahren mit dem Antrag auf Vorabentscheidung (§ 718 ZPO) nachholen.[15] Er muß in einem solchen Fall die Sicherungsvollstreckung hinnehmen.

**VI. Gebühren des Rechtsanwalts:** Die Sicherungsvollstreckung ist Vollstreckung i. S. des § 57 BRAGO, sodaß der sie betreibende Rechtsanwalt durch sie die 3/D10/-Vollstreckungsgebühr verdient;[16] die Fortsetzung der Vollstreckung nach Rechtskraft oder Wegfall der Verpflichtung zur Sicherheitsleistung ist kein neues Geschäft, sondern mit der bereits verdienten Vollstreckungsgebühr abgegolten. Die bloße Androhung der Sicherungsvollstreckung löst die Vollstreckungsgebühr nur aus, wenn die Wartefrist des § 750 Abs. 3 ZPO bereits abgelaufen, die Sicherungsvollstreckung also tatsächlich durchgeführt werden könnte.[17]

---

10 Zur Höhe der Bürgschaft: OLG Köln, NJW-RR 1987, 251.
11 OLG München, OLGZ 1991, 75.
12 *Stein/Jonas/Münzberg*, § 720 a Rdn. 10.
13 Allgem. Meinung; beispielhaft: *Baumbach/Lauterbach/Hartmann*, § 720 a Rdn. 3; MüKo/*Krüger*, § 720 a Rdn. 5; *Stein/Jonas/Münzberg*, § 720 a Rdn. 12; OLG München, DGVZ 1990, 186.
14 OLG Frankfurt, NJW-RR 1986, 359.
15 Siehe § 714 Rdn. 2.
16 LG Freiburg, AnwBl 1980, 378.
17 Zur Erstattungsfähigkeit dieser Gebühr siehe § 788 Rdn. 11.

### § 721 Räumungsfrist bei Verurteilung zur Herausgabe von Wohnraum

(1) ¹Wird auf Räumung von Wohnraum erkannt, so kann das Gericht auf Antrag oder von Amts wegen dem Schuldner eine den Umständen angemessene Räumungsfrist gewähren. ²Der Antrag ist vor dem Schluß der mündlichen Verhandlung zu stellen, auf die das Urteil ergeht. ³Ist der Antrag bei der Entscheidung übergangen, so gilt § 321; bis zur Entscheidung kann das Gericht auf Antrag die Zwangsvollstreckung wegen des Räumungsanspruchs einstweilen einstellen.

(2) ¹Ist auf künftige Räumung erkannt und über eine Räumungsfrist noch nicht entschieden, so kann dem Schuldner eine den Umständen nach angemessene Räumungsfrist gewährt werden, wenn er spätestens zwei Wochen vor dem Tage, an dem nach dem Urteil zu räumen ist, einen Antrag stellt. ²§§ 233 bis 238 gelten sinngemäß.

(3) ¹Die Räumungsfrist kann auf Antrag verlängert oder verkürzt werden. ²Der Antrag auf Verlängerung ist spätestens zwei Wochen vor Ablauf der Räumungsfrist zu stellen. ³§§ 233 bis 238 gelten sinngemäß.

(4) ¹Über Anträge nach den Absätzen 2 oder 3 entscheidet das Gericht erster Instanz, solange die Sache in der Berufungsinstanz anhängig ist, das Berufungsgericht. ²Die Entscheidung kann ohne mündliche Verhandlung ergehen. ³Vor der Entscheidung ist der Gegner zu hören. ⁴Das Gericht ist befugt, die im § 732 Abs. 2 bezeichneten Anordnungen zu erlassen.

(5) ¹Die Räumungsfrist darf insgesamt nicht mehr als ein Jahr betragen. ²Die Jahresfrist rechnet vom Tage der Rechtskraft des Urteils oder, wenn nach einem Urteil auf künftige Räumung an einem späteren Tage zu räumen ist, von diesem Tage an.

(6) Die sofortige Beschwerde findet statt
1. gegen Urteile, durch die auf Räumung von Wohnraum erkannt ist, wenn sich das Rechtsmittel lediglich gegen die Versagung, Gewährung oder Bemessung einer Räumungsfrist richtet;
2. gegen Beschlüsse über Anträge nach den Absätzen 2 oder 3.

(7) Die Absätze 1 bis 6 gelten nicht für Mietverhältnisse über Wohnraum im Sinne des § 564 b Abs. 7 Nr. 4 und 5 und in den Fällen des § 564 c Abs. 2 des Bürgerlichen Gesetzbuchs.

### Inhaltsübersicht

| | | Rdn. |
|---|---|---|
| | Literatur | |
| I. | Anwendungsbereich der Norm | 1, 2 |
| II. | Verhältnis zu anderen Vollstreckungsschutzvorschriften und zum materiellrechtlichen Mieterschutz | |
| | 1. §§ 711, 712, 719 ZPO | 3 |
| | 2. § 765 a ZPO | 4 |
| | 3. § 556 a BGB | 5 |

III. Verfahren zur erstmaligen Bewilligung einer Räumungsfrist
   1. Räumungsfrist im Urteil (Abs. 1) — 6
   2. Räumungsfrist nach Urteilserlaß (Abs. 2 und 4) — 7–9
IV. Die sachlichen Voraussetzungen für die Gewährung einer Räumungsfrist
   1. Wohnraum — 10
   2. Angemessenheit — 11
      a) Umstände zu Gunsten des Räumungsschuldners — 12
      b) Umstände zu Gunsten des Gläubigers — 13
   3. Länge der Frist — 14
V. Verlängerung oder Verkürzung einer bereits gewährten Frist (Abs. 3) — 15, 16
VI. Auswirkungen der Räumungsfrist auf die materiellrechtlichen Beziehungen der Parteien — 17, 18
VII. Rechtsbehelfe (Abs. 6) — 19–21
VIII. Kosten — 22

Literatur: *Buche,* Die Rechtsprechung zur Räumungsfrist nach § 721 ZPO und zum Räumungsvollstreckungsschutz nach § 765 a ZPO, MDR 1972, 189; *Burkhardt,* Nochmals: Die Räumungsfrist bei der Zwangsvollstreckung aus Zuschlags- und Konkurseröffnungsbeschlüssen, NJW 1968, 687; *Dengler,* Verlängerung und Anrechnung außergerichtlicher Räumungsfristen, ZMR 1968, 316; *Dorn,* Zwangsräumung und Räumungsschutz, Rpfleger 1989, 262; *Ehrenforth,* Kündigung von Werkwohnungen, BB 1964, 1441; *Glaser,* Vollstreckungsschutz des Räumungsmieters, ZZP 1958, 68; *Hausser,* Wer trägt die Kosten des Räumungsfristverfahrens?, NJW 1965, 804; *Lippross,* Grundlagen und System des Vollstreckungsschutzes, 1983; *Müller,* Das Benutzungsverhältnis zwischen Vermieter und Mieter nach Gewährung einer Räumungsfrist gem. § 721 ZPO, MDR 1971, 253; *Mümmler,* Kostenprobleme bei einer Beschwerde zur Verlängerung einer Räumungsfrist, Jur-Büro 1978, 1134; *Noack,* Räumungsschutz für Ehegatten-Mieter, der nicht Vollstreckungsschuldner ist, WuM 1970, 2; *ders.,* Ungenügender Vollstreckungsschutz für den Räumungsschuldner – §§ 721, 765 a ZPO, aufgehobener § 30 IV WRBG, WuM 1970, 157; *Roesch,* Vollstreckungsschutz nach Ablauf der Räumungsfrist, WuM 1970, 91; *Schmidt,* Die Kostenentscheidung bei Räumungsfristverlängerungsverfahren, ZMR 1982, 129; *Schmidt-Futterer,* Die Pflicht des Mieters zur Beschaffung von Ersatzraum, NJW 1971, 1829; *Schmidt-Futterer,* Probleme des neuen Räumungsschutzrechts, MDR 1965, 701; *ders.,* Die Kostenentscheidung im Räumungsschutzverfahren, ZMR 1967, 289; *ders.,* Die Räumungsfrist bei der Zwangsvollstreckung aus Zuschlags- und Konkurseröffnungsbeschlüssen, NJW 1968, 143; *ders.,* Die rechtliche Behandlung des Mischmietverhältnisses im Räumungsverfahren, NJW 1966, 583; *Walker/Gruß,* Räumungsschutz bei Suicidgefahr und altersbedingter Gebrechlichkeit, NJW 1996, 352; *Weimar,* Versäumung der Frist auf Beantragung einer Verlängerung der Räumungsfrist, DB 1971, 1559.

**I. Anwendungsbereich der Norm:** Soll durch **Urteil** auf Räumung von Wohnraum erkannt werden (Abs. 1) oder ist bereits durch Urteil auf künftige Räumung erkannt, so ermöglicht es die Vorschrift dem Prozeßgericht, dem Räumungsschuldner eine angemessene Räumungsfrist zu gewähren. Die Vorschrift gilt nicht, auch nicht ergänzend, für Räumungsvergleiche. Insoweit enthält § 794 a ZPO eine (– dem § 721 allerdings

1

weitgehend angepaßte –) Sonderregelung.[1] Ebenfalls nicht anwendbar ist die Vorschrift gegenüber einstweiligen Anordnungen gem. § 620 S. 1 Nr. 7 ZPO und Entscheidungen nach §§ 3 ff. HausratsVO.[2] In diesen Fällen kann die Gewährung bzw. Verlängerung einer Räumungsfrist aber Teil der einstweiligen Regelung über die Benutzung der Ehewohnung[3] bzw. der Anordnungen nach § 15 HausratsVO sein.[4] Ist Räumungstitel ein Zuschlagbeschluß nach § 93 ZVG oder ein Konkurseröffnungsbeschluß (§ 117 Abs. 1 KO), so ist § 721 gleichfalls unanwendbar;[5] hier muß gegebenenfalls ein Antrag gem. § 765 a ZPO gestellt werden.[6]

2  Grundsätzlich unerheblich für die Anwendbarkeit der Norm ist es, aus welchem Rechtsgrunde die Räumung von Wohnraum verlangt wurde, ob aufgrund mietrechtlicher, pachtrechtlicher[7] oder sachenrechtlicher Vorschriften, etwa § 985 BGB.[8] Der Räumungsgrund ist erst im Rahmen der Begründetheit des Antrages von Bedeutung, wenn es darum geht, ob eine und welche Räumungsfrist »den Umständen nach angemessen« ist. Eine Ausnahme hiervon gilt nach **Abs. 7**, wenn Rückgabe der Wohnung nach Ablauf eines befristeten Mietverhältnisses verlangt wird, auf das § 564 c Abs. 2 BGB anwendbar ist, oder wenn es sich um in § 564 b Abs. 7 Nr. 4 und 5 BGB genannten besonderen Wohnraum handelt. In einem solchen Fall sind die Schutzvorschriften der Abs. 1–6 in Gänze unanwendbar. Durch diese Sonderregelung soll erreicht werden, daß der Zweck des § 564 c Abs. 2 BGB nicht verfahrensrechtlich unterlaufen wird. Kein Räumungsurteil i. S. der vorstehenden Ausführungen liegt vor, wenn ein Ehegatte vom Liebhaber des anderen Ehegatten, den dieser mit in die eheliche Wohnung aufgenommen hatte, Beseitigung der Ehestörung durch Räumung der Ehewohnung verlangt hat.[9] Bei einem derartigen Titel steht der Schutz der Ehe im Vordergrund, nicht die Besitzverschaffung an den Räumlichkeiten.

§ 721 ist ebenfalls nicht anwendbar bei Anordnung einer Wohnungsräumung durch einstweilige Verfügung wegen verbotener Eigenmacht.[10] Die besondere Dringlichkeit derartiger einstweiliger Verfügungen steht dem grundsätzlich entgegen.

3  **II. Verhältnis zu anderen Vollstreckungsschutzvorschriften – Verhältnis zum materiellrechtlichen Mieterschutz:** 1. Die Anwendbarkeit der §§ 709 ff. ZPO, insbesondere der §§ 711, 712, 719 ZPO wird durch § 721 nicht berührt.[11] § 719 Abs. 1 ZPO

---

1 Siehe § 794 a Rdn. 1.
2 OLG Hamburg, FamRZ 1983, 1151; OLG Stuttgart, FamRZ 1980, 467; *Baumbach/Lauterbach/Hartmann*, § 721 Rdn. 2; *Stein/Jonas/Münzberg*, § 721 Rdn. 1; *Zöller/Stöber*, § 721 Rdn. 1.
3 OLG Hamburg, FamRZ 1983, 1151.
4 OLG Hamm, Rpfleger 1969, 94; OLG München, FamRZ 1978, 196; KG, DtZ 1991, 348.
5 LG Hamburg, MDR 1971, 671; MüKo/*Krüger*, § 721 Rdn. 2; *Thomas/Putzo*, § 721 Rdn. 2; *Zöller/Stöber*, § 721 Rdn. 1; a. A.: LG Mannheim, MDR 1967, 1018; OLG München, OLGZ 1969, 43.
6 OLG München, OLGZ 1969, 43.
7 LG Mannheim, MDR 1971, 223.
8 *Baumbach/Lauterbach/Hartmann*, § 721 Rdn. 5.
9 OLG Celle, NJW 1980, 711; MüKo/*Krüger*, § 721 Rdn. 2; *Zöller/Stöber*, § 721 Rdn. 1.
10 LG Hamburg, NJW-RR 1993, 1233; Schuschke in Schuschke/Walker, Bd. 2, § 940 a Rdn. 8.
11 *Stein/Jonas/Münzberg*, § 721 Rdn. 1.

kann insbesondere von Bedeutung sein, falls die erstinstanzlich gewährte Räumungsfrist vor der Entscheidung im Berufungsrechtszug abgelaufen ist. Ist der Schuldner nur unter der Bedingung zur Räumung verurteilt worden, daß der Gläubiger ihm eine geeignete Ersatzwohnung nachweist, und ist dem Gläubiger gem. § 726 Abs. 1 ZPO Vollstreckungsklausel erteilt worden, weil er den Nachweis erbracht habe,[12] kann der Schuldner, der dies bestreitet, einstweiligen Räumungsschutz auch nach § 732 Abs. 2 ZPO oder im Zuge einer Klage nach § 768 ZPO nach § 769 ZPO erlangen.

2. Soweit die Frist des § 721 Abs. 5 im Einzelfall nicht ausreicht oder soweit ein Schutzantrag nach § 721 aus formellen Gründen unzulässig ist (z. B. Fristversäumnis nach Abs. 3), kann im Einzelfall ein Vollstreckungsschutzantrag gem. § 765 a ZPO erfolgreich sein.[13] Erforderlich ist immer, daß ein besonderer Härtefall vorliegt, dem in anderer Weise nicht Rechnung getragen werden kann. § 765 a ZPO darf nicht dazu dienen, die Fristen in § 721 grundsätzlich aufzuweichen und auf diese Weise den Gesetzgeber zu korrigieren. Solange Anträge nach § 721 möglich sind, schließt diese Möglichkeit eine Schutzentscheidung nach § 765 a ZPO aus;[14] ansonsten hätte der Räumungsschuldner die Möglichkeit, Prozeßgericht und Vollstreckungsgericht gegeneinander auszuspielen.

3. Der materiellrechtliche Mieterschutz wird durch die Möglichkeit, dem zur Räumung verpflichteten Mieter Räumungsfristen zu gewähren, nicht beeinflußt. So sind insbesondere die Voraussetzungen der Sozialklausel des § 556 a BGB unabhängig davon zu prüfen, ob den Bedürfnissen des Schuldners auch mit einer Räumungsfrist nach § 721 Abs. 1 Rechnung getragen werden könnte.[15] Denn durch § 556 a BGB wird die materiellrechtliche Rechtsbeziehung zwischen Vermieter und Mieter unmittelbar gestaltet, während § 721 nur die Vollstreckungsmöglichkeit eines Räumungstitels hinausschiebt, das durch eine berechtigte Kündigung beendete Mietverhältnis aber nicht wieder aufleben läßt.[16]

Soweit sich im Einzelfall aus materiellem Recht, etwa aus dem nachbarrechtlichen Gemeinschaftsverhältnis, ein Anspruch auf Vollstreckungsaufschub ergeben sollte[17], ist dieser Anspruch mit § 767 ZPO durchzusetzen. § 721 ist insoweit nicht einschlägig.

III. Verfahren zur erstmaligen Bewilligung einer Räumungsfrist: 1. **Räumungsfrist im Räumungsurteil (Abs. 1):** Schon im Rechtstreit auf Erlangung des Räumungsurteils hat das Gericht nicht nur auf Antrag des Schuldners, sondern auch von Amts wegen darüber zu befinden, ob dem Schuldner eine angemessene Räumungsfrist zu gewähren

---

12 Siehe hierzu § 726 Rdn. 2.
13 LG Göttingen, MDR 1967, 847; LG Wuppertal, MDR 1968, 52; LG Mannheim, MDR 1968, 925 und ZMR 1969, 220; LG Kempten, MDR 1969, 1015; LG Lübeck, ZMR 1970, 122; LG Kiel, ZMR 1970, 372.
14 Siehe hierzu § 765 a Rdn. 2.
15 OLG Stuttgart, OLGZ 1969, 14; OLG Oldenburg, ZMR 1971, 329; LG Freiburg, MDR 1966, 419; a. A. (die Möglichkeit, dem Schuldner mit § 721 ausreichend zu helfen, schließe § 556 a BGB aus): LG Mannheim, MDR 1967, 131.
16 Siehe hierzu auch unten Rdn. 17.
17 Siehe hierzu OLG München, NJW-RR 1991, 17.

ist, die den möglichen Beginn der Vollstreckung des Titels zeitlich hinausschiebt (Folge: § 751 Abs. 1 ZPO). Da die Räumungsfrist auch von Amts wegen zu erwägen ist, kann sie dem Schuldner sogar in einem Versäumnisurteil zugebilligt werden,[18] soweit bereits der Vortrag des Gläubigers hinreichende Anhaltspunkte für ihre Notwendigkeit bietet. Der Umstand, daß die Möglichkeit einer Räumungsfrist auch von amtswegen zu prüfen ist und daß die Räumungsfrist auch ohne Antrag eingeräumt werden kann, darf den Anwalt des Beklagten aber nicht dazu veranlassen, seinerseits von einem Antrag (- einschließlich dessen hinreichender Begründung -) abzusehen. Ein solches Versäumnis wäre pflichtwidrig und kann einen Schadensersatzanspruch begründen.[19]

Der Antrag des Schuldners, ihm eine Räumungsfrist zu bewilligen, muß vor Schluß der mündlichen Verhandlung gestellt werden, auf die das Urteil ergeht. »Urteil« in diesem Sinne ist auch das Berufungsurteil, sodaß der Antrag auch erstmalig in der Berufungsinstanz gestellt werden kann.[20] Die den Antrag rechtfertigenden Umstände sind, soweit streitig, vom Schuldner zu beweisen, also nicht nur glaubhaft zu machen. Das Gericht hat seine Entscheidung nicht nur zu begründen, wenn es dem Antrag stattgibt, sondern auch, wenn es den Antrag ablehnt. Dies folgt schon daraus, daß die Ablehnung gem. Abs. 6 selbständig anfechtbar ist. Hat das Gericht den Antrag in den Entscheidungsgründen einfach übergangen, so kann der Schuldner nach **Abs. 1 S. 3** Ergänzungsurteil gem. § 321 ZPO beantragen. Er muß dabei die Frist des § 321 Abs. 2 ZPO beachten.[21] Bis zur Entscheidung über den Ergänzungsantrag kann das Gericht **auf Antrag** (- also nicht von amtswegen -) die Zwangsvollstreckung wegen des Räumungsanspruchs (- also nicht die Zwangsvollstreckung aus dem Urteil schlechthin -) einstweilen einstellen. Ob der Antrag einfach übergangen ist oder ob das Gericht den Antrag konkludent abgelehnt hat, obwohl es ihn nicht ausdrücklich bescheidet, ist durch Auslegung des Urteils zu ermitteln. Im Zweifel ist von einer Ablehnung des Antrages auszugehen.[22]

7 **2. Erstmalige Gewährung einer Räumungsfrist nach Erlaß des Räumungsurteils (Abs. 2 und Abs. 4):** Wird auf künftige Räumung geklagt (§ 259 ZPO), so ist der Schuldner oft nicht in der Lage, die eine Räumungsfrist rechtfertigenden Umstände bereits schlüssig darzulegen, weil er selbst noch nicht überblicken kann, ob er rechtzeitig Ersatzwohnraum zu zumutbaren Bedingungen finden werde oder nicht. Er kann deshalb von einem Antrag nach Abs. 1 zunächst absehen. Ebenso kann das Gericht in einem solchen Fall trotz eines Antrages nach Abs. 1 im Urteil ausdrücklich (- also nicht durch schlichtes »Übergehen«, wie in Abs. 1 S. 3 angesprochen -) die Entscheidung über eine Räumungsfrist offenlassen, weil die von den Parteien streitig dargestellte künftige Entwicklung noch nicht hinreichend aufklärbar erschien (»Über den Antrag des Beklagten auf Gewährung einer Räumungsfrist konnte derzeit weder positiv noch negativ entschieden werden, weil ...«). Schließlich kann der Beklagte, dessen An-

---

18 LG Mannheim, MDR 1966, 242; LG München, WuM 1982, 81.
19 OLG Hamm, NJW-RR 1995, 526.
20 OLG Köln, MDR 1980, 764. Gelangt der Rechtsstreit ausnahmsweise in die Revisionsinstanz, kann auch das Revisionsgericht noch eine Räumungsfrist bewilligen; vergl. BGH, NJW 1963, 1307.
21 LG Karlsruhe, MDR 1980, 764.
22 LG Köln, NJW-RR 1987, 143.

trag nach Abs. 1 vom Gericht im Rahmen der Entscheidung nach § 259 ZPO übergangen wurde (– also nicht zurückgewiesen wurde! –), sich hiermit zunächst abfinden und vom Antrag auf Ergänzungsurteil absehen. In allen diesen Fällen (– es muß sich immer um Urteile auf künftige Räumung handeln –) kann der Schuldner den Antrag auf Gewährung einer Räumungsfrist noch nach Erlaß des Räumungsurteils stellen. Er muß dies, wenn der Antrag nicht als unzulässig zurückgewiesen werden soll, spätestens zwei Wochen vor dem Tage tun, an dem nach dem Urteil zu räumen ist. Bei Berechnung der Zweiwochenfrist wird der festgesetzte Räumungstag mitgerechnet. Die Frist verlängert sich nicht dadurch, daß der letzte Tag der Frist ( also der Räumungstag ) auf einen Samstag, Sonntag oder allgemeinen Feiertag fällt, auch wenn an diesem Tag nicht geräumt werden könnte.[23] Obwohl die Frist keine Notfrist im technischen Sinne ist, gelten die §§ 233–238 ZPO entsprechend (**Abs. 2 S. 2**), ist also bei Fristversäumnis eine Wiedereinsetzung in den vorigen Stand möglich.[24] Hierbei sollte großzügig verfahren werden, um nicht Anträge nach § 765a ZPO zu provozieren.

Der Antrag ist beim Prozeßgericht des ersten Rechtszuges zu stellen,[25] es sei denn, der Rechtsstreit ist noch in der Berufungsinstanz anhängig, dann ausnahmsweise beim Berufungsgericht (**Abs. 4 S. 1**). In der Berufungsinstanz anhängig ist der Rechtsstreit von Einlegung der Berufung an bis zur Entscheidung über die Berufung oder deren Rücknahme. Nach Entscheidung über die Berufung (– Verkündung des Berufungsurteils –) ist die erste Instanz auch dann wieder zuständig, wenn die Akten sich noch wegen der Kostenfestsetzung oder ähnlicher Nebenverfahren beim Berufungsgericht befinden.

8

Die Entscheidung ergeht im Falle des Abs. 2 durch **Beschluß**. Eine mündliche Verhandlung ist nicht erforderlich, aber möglich (**Abs. 4 S. 2**). In jedem Fall muß der Gläubiger vor der Entscheidung rechtliches Gehör erhalten (Abs. 4 S. 3). Das Gericht kann, auch ohne entsprechenden Antrag des Schuldners, um Zeit zur sachgemäßen Vorbereitung seiner Entscheidung zu gewinnen, zunächst einstweilige Anordnungen der in § 732 Abs. 2 ZPO bezeichneten Art erlassen, also insbesondere die Räumungsvollstreckung gegen oder ohne Sicherheitsleistung einstweilen einstellen. Solche Anordnungen empfehlen sich insbesondere dann, wenn der Antrag erst kurz vor Ablauf der Frist nach Abs. 2 S. 1 gestellt wurde und zu befürchten ist, daß er vor dem Räumungstag nicht rechtzeitig beschieden werden kann. Denn sobald geräumt ist, entfiele das Rechtschutzbedürfnis für den Antrag.

9

**IV. Die sachlichen Voraussetzungen für die Gewährung einer Räumungsfrist:**
1. Zunächst kommt die Gewährung einer Räumungsfrist nur in Betracht, soweit *Wohnraum* herauszugeben ist, nicht aber gewerblich genutzte Räume oder sonstige Grundstücke. Dieser Wohnraum muß vom Schuldner selbst und den mit ihm zusammenle-

10

---

23 LG Berlin, NJE-RR 1993, 144.
24 AG Lübeck, MDR 1971, 846.
25 BGH, NJW 1990, 2823.

benden Personen (Familienangehörigen, Lebenspartner, Hausangestellten) genutzt werden, nicht von außenstehenden dritten Personen, denen der Schuldner diesen Wohnraum nur gegen Miete überlassen hat.[26] Lautet der Titel sowohl auf Herausgabe gewerblicher Räume als auch auf Räumung von Wohnraum (z. B. Gaststätte und dazugehörige Wohnung des Wirtes), so kommt die Gewährung einer Räumungsfrist ausschließlich für den Wohnraum, soweit eine Trennung der Räumlichkeiten in Privaträume und in Gewerberäume tatsächlich möglich ist und die Gewerberäume dadurch in ihrer Funktion nicht beeinträchtigt werden, in Betracht.[27] Der Vermieter oder Verpächter muß in einem solchen Fall dafür Sorge tragen, daß der Schuldner während der Räumungsfrist weiterhin ungehinderten Zugang zur Wohnung hat, auch wenn die gewerblichen Räume bereits anderweitig weiterverpachtet sind. Ein vom Schuldner tatsächlich bewohnter Raum verliert seine Eigenschaft als Wohnraum nicht dadurch, daß der Schuldner ihn auch gewerblich nutzt (z. B. Werkstatt eines Handwerkers in seiner Wohnung). Daß in einem solchen Fall die Nutzung als Wohnraum überwiegt, ist nicht erforderlich.[28]

11   2. Die Fristgewährung überhaupt und die Länge der gewährten Frist müssen »den Umständen nach angemessen« sein. Dies bedeutet, daß eine Abwägung der Interessen und Möglichkeiten des Schuldners einerseits und der Interessen des Gläubigers andererseits vor dem Hintergrund der objektiven Lage auf dem jeweiligen Wohnungsmarkt stattzufinden hat. Das Gericht hat bei dieser Abwägung einen Ermessensspielraum,[29] sodaß »feste« Regeln nicht aufgestellt werden können.

12   a) **Zugunsten des Räumungsschuldners** fallen beispielsweise ins Gewicht die objektiven Schwierigkeiten auf dem lokalen Wohnungsmarkt;[30] die subjektiven Schwierigkeiten des konkreten Schuldners infolge hohen Alters[31] oder körperlicher Gebrechen; das geringe Einkommen;[32] die Notwendigkeit, ein Kind im Grundschulalter bei einem Wohnungswechsel mitten im Schuljahr umschulen zu müssen;[33] die ungewöhnlich

---

26  A. A. LG Lübeck, ZMR 1993, 223 für den Fall, daß ein Verein, der Träger eines sog. Frauenhauses war, zur Räumung dieser Einrichtung verurteilt worden war. Der Entscheidung kann nicht gefolgt werden. Sie läßt sich mit der engen Zielsetzung der Norm, den Schuldner und seine Angehörigen vor kurzfristiger Obdachlosigkeit zu bewahren, nicht in Einklang bringen. Beim Räumungsschutz für den Verein ginge es darum, ihm die Erfüllung seiner sozialpolitischen Aufgaben weiterzuermöglichen.
27  OLG Hamburg, MDR 1972, 955; LG Köln, NJW-RR 1989, 404; LG Hamburg, NJW-RR 1993, 662; LG Mannheim, ZMR 1993, 79 und ZMR 1994, 21.
28  MüKo/*Krüger*, § 721 Rdn. 8; *Stein/Jonas/Münzberg*, § 721 Rdn. 8; a. A. (Wohnnutzung müsse überwiegen): *Schmidt-Futterer*, NJW 1966, 583; *Zimmermann*, § 721 Rdn. 1; *Zöller/Stöber*, § 721 Rdn. 2; LG Mannheim, MDR 1968, 328; BGH, NJW 1977, 1394. *Thomas/Putzo*, § 721 Rdn. 1 verlangen, daß die Wohnnutzung mindestens gleichwertig sein müsse.
29  LG Mannheim, MDR 1966, 611 und MDR 1968, 419; AG Starnberg, WuM 1980, 204.
30  LG Berlin, NJW-RR 1989, 1358; LG Hamburg, WuM 1988, 316.
31  LG Münster, ZMR 1969, 219; LG Essen, ZMR 1969, 219.
32  AG Dortmund, ZMR 1970, 121.
33  LG Berlin, NJW-RR 1989, 1358.

lange Dauer des Mietverhältnisses;[34] die Notwendigkeit, andernfalls innerhalb kurzer Zeit zweimal umziehen zu müssen, da feststeht, daß innerhalb der Frist des Abs. 5 S. 1 eine neue Wohnung oder ein Eigenheim bezugsfertig sein wird;[35] die kurz bevorstehende Geburt eines Kindes.

**Zu Lasten** des Schuldners kann z. B. ins Gewicht fallen, daß die Frist des Abs. 5 S. 1 sowieso nicht ausreicht, bis der Neubau des Schuldners, in den er umziehen will, fertiggestellt ist[36] oder daß gar feststeht, daß auch in weiterer Zukunft für ihn kein Ersatzraum zur Verfügung stehen werde;[37] daß der Schuldner im Falle des Abs. 2 nach Urteilserlaß bis zur Antragstellung keinerlei oder nur ganz unzureichende Bemühungen unternommen hatte, eine angemessene Ersatzwohnung zu finden[38] (– die Frage, welche Bemühungen unternommen werden müssen, läßt sich nur anhand der konkreten Umstände des Einzelfalles beurteilen[39] –); daß der Schuldner über überdurchschnittlich gute Einkünfte verfügt, die es nicht unbillig erscheinen lassen, daß er auch eine deutlich teurere Ersatzwohnung anmietet oder die Kosten eines mehrfachen Umzuges trägt;[40] daß der Schuldner die Wohnung schuldhaft so heruntergewirtschaftet hatte, daß dem Gläubiger durch längeres Zuwarten eine erhebliche Eigentumsgefährdung droht.

b) **Zugunsten des Gläubigers** kann etwa ins Gewicht fallen, daß er die Wohnung als Werkswohnung dringend benötigt, um für den Schuldner, der sein Arbeitsverhältnis selbst gekündigt hatte, eine Ersatzkraft zu finden;[41] daß er oder nahe Verwandte, die die Wohnung beziehen sollen, obdachlos würden;[42] daß er oder andere Hausmitbewohner vom gewalttätigen Schuldner körperliche Beeinträchtigungen befürchten müssen.[43] **Unbeachtlich** ist, daß der Gläubiger die Wohnung schon sofort ab dem Räumungstermin weitervermietet hat und deshalb seinerseits Schadensersatzansprüche befürchten muß, wenn der Schuldner nicht pünktlich auszieht;[44] ansonsten wäre § 721 zu leicht zu unterlaufen. Auch ist es dem Vermieter zuzumuten, gewisse Verzögerungen geplanter Bau- oder Umbaumaßnahmen mit der Gefahr etwaiger Preissteigerungen in Kauf zu nehmen.[45] Schließlich muß der Vermieter auch gewisse Belästigungen durch den Mieter, die die Kündigung des Mietverhältnisses gerechtfertigt hatten, die aber keine objektive Gefahr darstellen, eine begrenzte weitere Zeit hinnehmen, wenn dem Mieter ansonsten Obdachlosigkeit drohen würde.[46]

13

---

34 AG Stolberg, ZMR 1970, 212.
35 LG Köln, ZMR 1970, 371; LG Mannheim, ZMR 1970, 371; LG Stuttgart, Rpfleger 1985, 71; LG Düsseldorf, WuM 1989, 387.
36 AG Münster, ZMR 1971, 157; LG Kassel, ZMR 1967, 187.
37 LG Mönchengladbach, ZMR 1990, 463.
38 BayObLG, MDR 1975, 492.
39 LG Mannheim, ZMR 1990, 463 sah es als ausreichend an, daß eine von Sozialhilfe lebende ausländische Mieterin mit zwei Kleinkindern lediglich die Wohnungsbehörde eingeschaltet hatte, da sie auf dem freien Wohnungsmarkt sowieso chancenlos gewesen wäre.
40 AG Augsburg, MDR 1967, 49; LG Lübeck, SchlHA 1971, 87.
41 LG Mannheim, MDR 1966, 847.
42 Ablehnend insoweit AG Dortmund, ZMR 1970, 121.
43 AG Helmstedt, WuM 1987, 63.
44 LG Mannheim, MDR 1967, 596; AG Dortmund, ZMR 1970, 372.
45 LG Mannheim, ZMR 1969, 219.
46 LG Itzehoe, ZMR 1969, 219.

14  3. Hinsichtlich der **Länge der Frist** ist die Höchstdauer (einschließlich aller Verlängerungen) von **einem Jahr** (**Abs. 5 S. 1**) zu beachten. Die Frist sollte nicht von Anfang an voll ausgeschöpft werden,[47] da dies die Bemühungen des Schuldners um eine Ersatzwohnung lähmt und eine Aushöhlung der gesetzlichen Zeitschranke über § 765 a ZPO von vornherein heraufbeschwört. Die Jahresfrist des Abs. 5 S. 1 rechnet vom Tage der Rechtskraft des Urteils an, durch das die Verpflichtung zur Räumung ausgesprochen wurde, oder, wenn nach einem Urteil auf künftige Räumung erst an einem späteren Tage als dem der Rechtskraft zu räumen ist, von diesem Tage an. Die einzelnen gewährten Fristen beginnen für sich genommen, falls der Räumungstag nicht datumsmäßig festgelegt ist, mit der Verkündung des Urteils (Fälle des Abs. 1) oder mit der Zustellung des jeweiligen Beschlusses (Fälle der Abs. 2 und 3).[48] Die Frist für einzelne Räume der Wohnung unterschiedlich festzusetzen, ist zulässig[49] und bietet sich etwa dann an, wenn dem Vermieter dadurch ermöglicht wird, einzelne Räume ohne unzumutbare Belästigungen für den Mieter vorab instandzusetzen oder umzubauen.

15  **V. Verlängerung oder Verkürzung einer bereits gewährten Frist (Abs. 3):** Innerhalb der Höchstgrenze des Abs. 5 S. 1, die auch bei mehrfacher Verlängerung durch das Prozeßgericht nicht überschritten werden kann (– anschließend ist im Rahmen des § 765 a ZPO das Vollstreckungsgericht zuständig[50] –), darf das Gericht[51] auf **Antrag** eine bereits gewährte Räumungsfrist **verlängern**, wenn dies den Umständen nach angemessen[52] ist. Hat der Schuldner innerhalb der ursprünglichen Frist keinerlei ernsthafte Bemühungen um eine Ersatzwohnung unternommen, scheidet eine Fristverlängerung aus, wenn nicht besonders gewichtige neue Umstände auf Seiten des Schuldners eingetreten sind (plötzliche ernsthafte Erkrankung u. ä.).[53] Der Schuldner muß seine Bemühungen konkret und substantiiert darlegen und gegebenenfalls nachweisen. Einer Beweisaufnahme bedarf es allerdings nicht, wenn der Gläubiger den konkreten Vortrag des Schuldners lediglich mit Nichtwissen bestreitet.[54] Der Verlängerungsantrag muß bei Gericht spätestens 2 Wochen vor Ablauf der ursprünglichen Räumungsfrist eingegangen sein. Bei Fristversäumnis ist in entsprechender Anwendung der §§ 233–238 ZPO Wiedereinsetzung möglich (**Abs. 3 S. 3**). Hat der Gläubiger die abgelaufene gerichtliche Räumungsfrist zunächst außergerichtlich verlängert, so kommt eine gerichtliche Verlängerung dieser privaten Fristverlängerung im Rahmen des § 721 nicht in Betracht.[55] Ansonsten würde Abs. 3 S. 2 unterlaufen.

---

47 LG Wuppertal, NJW 1966, 260.
48 LG Mannheim, MDR 1970, 594.
49 LG Lübeck, SchlHA 1967, 151; a. A.: LG Kiel, SchlHA 1965, 241.
50 Siehe oben Rdn. 4.
51 Zur Zuständigkeit oben Rdn. 8.
52 Es gelten die nämlichen Abwägungskriterien wie oben Rdn. 12–14.
53 A. A.: LG Itzehoe, ZMR 1969, 219 (Gläubiger müsse nachweisen, daß ein Bemühen erfolgversprechend gewesen wäre); zur Frage, welche Bemühungen als ernsthaft anzusehen sind, siehe auch oben Fußn. 38, 39.
54 LG Mannheim, MDR 1965, 721.
55 LG Wuppertal, NJW 1967, 832; a. A.: LG Essen, NJW 1968, 162.

Die dem Schuldner gewährte Räumungsfrist kann im Einzelfall auf Antrag des Gläubigers auch verkürzt werden, wenn eine erneute Interessenabwägung ergibt, daß überwiegende Interessen des Gläubigers eine frühere Räumung erfordern. Allerdings darf das Prozeßgericht des ersten Rechtszuges die vom Berufungsgericht gewährte Räumungsfrist nur aufgrund neuer Tatsachen abkürzen, die zum Zeitpunkt der Berufungsentscheidung noch nicht vorlagen;[56] sonst würde der Instanzenzug durch die Verkürzungsentscheidung umgekehrt. Für eine Fristverkürzung kann etwa sprechen, daß der Gläubiger dem Schuldner eine zumutbare Ersatzwohnung angeboten hat, oder daß das Verhalten des Schuldners sich in für den Gläubiger unzumutbarer Weise verändert hat. Nicht ausreichend ist, daß der Schuldner während der Zeit der bisherigen Fristverlängerung keinen Mietzins gezahlt hat. 16

**VI. Auswirkungen der Räumungsfrist auf die materiellrechtlichen Beziehungen der Parteien:** Das Mietverhältnis bleibt mit dem Zeitpunkt seiner wirksamen Kündigung beendet, auch wenn dem Schuldner eine Räumungsfrist gewährt wird (vergl. § 557 Abs. 3 BGB: »... von der Beendigung des Mietverhältnisses bis zum Ablauf der Räumungfrist ...«). Der Mieter hat gem. § 557 Abs. 1 BGB weiter den vereinbarten Mietzins zu zahlen. Der Vermieter kann aber auch, falls die ortsübliche Vergleichsmiete höher ist als die vereinbarte Miete, diese Vergleichsmiete als Entschädigung für die verspätete Rückgabe der Räume verlangen (§ 557 Abs. 1 S. 1, 2. Halbs. BGB); denn die Räumungsfristgewährung beseitigt den Verzug des Schuldners nicht.[57] Allerdings sind über diesen Anspruch nach § 557 Abs. 1 S. 1 BGB hinaus weitergehende Schadensersatzansprüche, etwa auf entgangenen Gewinn bei möglicher Neuvermietung, kraft ausdrücklicher Regelung in § 557 Abs. 3 BGB ausgeschlossen;[58] gleiches gilt für weitergehende Bereicherungsansprüche oder Ansprüche aus dem Eigentümer-Besitzer-Verhältnis.[59] Der Gläubiger kann dieses Ergebnis nicht dadurch umgehen, daß er im Mietvertrag weitergehende Ansprüche vereinbart (§ 557 Abs. 4 BGB).[60] § 557 Abs. 3 BGB gilt nicht, wenn die Räumungsfrist nicht vom Prozeßgericht nach § 721, sondern vom Vollstreckungsgericht gem. § 765 a ZPO gewährt wurde. In diesem Fall sind die Entschädigungsansprüche des Gläubigers nach § 557 Abs. 2 ZPO zu beurteilen.[61] Da das Mietverhältnis während der gerichtlichen Räumungsfrist nicht weiteraufrechterhalten wird, treffen den Mieter in dieser Zeit Instandhaltungspflichten, die sich allein aus dem Vertrag ergeben (Schönheitsreparaturen, Pflicht zur Erneuerung geringwertiger Einrichtungsgegenstände pp.), nicht. 17

---

56 LG Münster, MDR 1968, 52.
57 BGH, MDR 1953, 675; BGH, NJW 1961, 916; *Erman/Jendrek*, § 557 BGB Rdn. 6; *Jauernig/Teichmann*, § 557 BGB Anm. 3b; a. A. (nur bisheriger Mietzins geschuldet): AG Ratingen, MDR 1967, 1.
58 AG Essen, ZMR 1968, 1.
59 AG Ratingen, MDR 1967, 131; LG Mannheim, NJW 1970, 1881; a. A. hinsichtlich der Bereicherungsansprüche: BGHZ 68, 309; *Jauernig/Teichmann*, § 557 BGB Rdn. 1c; *Palandt/Putzo*, § 557 BGB Rdn. 17.
60 LG Mannheim, MDR 1965, 833.
61 *Palandt/Putzo*, § 557 BGB Rdn. 16; *Erman/Jendrek*, § 557 BGB Rdn. 14.

18 Macht der Vermieter nach Ablauf der Räumungsfrist längere Zeit vom Räumungstitel keinen Gebrauch und nimmt widerspruchslos die laufenden weiteren Mietzinszahlungen des Mieters entgegen, so kann hierin konkludent der Neuabschluß eines Mietvertrages liegen.[62] Das Vollstreckungsorgan hat dies allerdings, wenn es später doch mit der Räumungsvollstreckung betraut wird, von sich aus (– auch nicht unter dem Gesichtspunkt der unzulässigen Rechtsausübung –) zu berücksichtigen. Der Mieter muß diesen Einwand vielmehr mit der Klage gem. § 767 ZPO geltend machen.

19 **VII. Rechtsbehelfe gegen die Gewährung oder Versagung einer Räumungsfrist bzw. Fristverlängerung (Abs. 6):** Ist die Frist im erstinstanzlichen Urteil gewährt worden und will der **Mieter** in erster Linie seine Verpflichtung zur Räumung, hilfsweise die Bemessung der Räumungsfrist angreifen, muß er nach den allgemeinen Regeln Berufung einlegen, mit der er dann beide Einwände verfolgen kann. Will er dagegen nur die Versagung oder zu kurze Bemessung der Räumungsfrist im Urteil angreifen, muß er gem. Abs. 6 S. 1 Nr. 1 **sofortige Beschwerde** einlegen. Ist über die Frist erst im Berufungsurteil des Landgerichts entschieden, ist die Entscheidung unanfechtbar (§ 567 Abs. 3 ZPO). Ebenfalls mit der sofortigen Beschwerde muß der Mieter alle ihm ungünstigen Entscheidungen in Beschlüssen nach Abs. 2 und Abs. 3, die das erstinstanzliche Prozeßgericht getroffen hat, anfechten. Entscheidungen des Berufungsgerichts, auch durch Beschluß, sind unanfechtbar, auch soweit sie eine bisherige, dem Mieter günstige Entscheidung abändern (§ 567 Abs. 3 ZPO).[63]

20 Die gleichen Rechtsmittel wie der Mieter bzw. Räumungsschuldner hat auch der **Räumungsgläubiger:** Hatte er nicht nur Räumung verlangt, sondern auch die Verurteilung zur Zahlung rückständiger Mietzinsen, ist seine Zahlungsklage teilweise abgewiesen worden, während dem Räumungsanspruch unter Bewilligung einer Räumungsfrist für den Schuldner stattgegeben wurde, so kann er seinen Zahlungsanspruch mit der Berufung weiterverfolgen und mit dieser Berufung gleichzeitig die Gewährung der Räumungsfrist angreifen. Will er aber nur die Gewährung oder zeitliche Bemessung der Räumungsfrist im Urteil oder in einem Beschluß nach Abs. 2 oder Abs. 3 angreifen oder seinen zurückgewiesenen Antrag auf Verkürzung einer Räumungsfrist weiterverfolgen, muß er sofortige Beschwerde einlegen. Hat der Gläubiger (oder der Schuldner) in Unsicherheit über die Rechtsbehelfe sowohl sofortige Beschwerde im Hinblick auf die Räumungsfrist als auch Berufung im Hinblick auf die sonstige Hauptsache eingelegt, so hat die Berufung den Vorrang, beide Begehren sind also einheitlich im Berufungsurteil zu bescheiden.[64]

21 Die weitere Beschwerde ist für alle Beteiligten in allen Fällen ausgeschlossen (§ 568 Abs. 2 ZPO).[65]

---

62 LG Düsseldorf, MDR 1979, 496; OLG Hamm, OLGZ 1982, 112.
63 A. A. für den Fall, daß die Anwendbarkeit überhaupt des § 721 durch die Vorinstanzen zu Unrecht verneint worden ist: OLG München, OLGZ 1969, 43; die Entscheidung dürfte aber durch § 568 Abs. 2 ZPO überholt sein.
64 LG Landshut, NJW 1967, 1374 mit Anm. von *Schmidt-Futterer*.
65 OLG München, MDR 1992, 516; OLG Köln, ZMR 1995, 30.

Die Frage der Räumungsfrist kann nicht zum Gegenstand eines Rechtsentscheids nach Art. III Abs. 1 des 3. MietRÄndG gemacht werden,[66] da es insoweit nicht um Rechtsfragen »aus dem Mietverhältnis« geht, sondern um rein verfahrensrechtliche Fragen.

**VIII. Kosten:** Im Räumungsprozeß erhöht der Antrag des Beklagten auf Bewilligung einer Räumungsfrist den Streitwert nicht. Die Bewilligung einer solchen Frist führt also nicht grundsätzlich zu einer Teilkostenbelastung des Klägers.[67] Bei der Kostenentscheidung im Urteil ist aber grundsätzlich § 93 b ZPO zu beachten. Abs. 3 dieser Vorschrift gibt dem Gericht die Möglichkeit, dem Räumungskläger die gesamten Kosten des Rechtsstreits aufzuerlegen, wenn von Anfang an nur über die Räumungsfrist streitig verhandelt wurde.[68]

22

Die Beschlüsse nach Abs. 2 und 3 sind mit einer eigenständigen Kostenentscheidung nach §§ 91 ff. ZPO zu versehen.[69] Es handelt sich also nicht um Kosten der Zwangsvollstreckung nach § 788 ZPO.[70] Stimmt der Gläubiger einer beantragten Fristverlängerung sogleich zu, wenn der Schuldner die sie rechtfertigenden Gründe schlüssig dargelegt hat, ist § 93 ZPO zu Lasten des Schuldners anzuwenden.[71] Über die Kosten einer sofortigen Beschwerde nach Abs. 6 ist gem. §§ 91, 97 ZPO zu entscheiden.

---

66 OLG Hamm, NJW 1981, 2585.
67 OLG Stuttgart, MDR 1956, 555.
68 Siehe insoweit auch AG Warendorf, ZMR 1971, 156; AG Münster, ZMR 1971, 156.
69 LG Konstanz, MDR 1967, 307.
70 LG Wuppertal, JMBlNW 1965, 95; a. A.: *Schmidt*, ZMR 1982, 129.
71 LG Essen, Rpfleger 1971, 407.

**Vor §§ 722–723: Die Vollstreckung aus ausländischen Titeln im Inland.**

## Inhaltsübersicht

| Literatur | Rdn. |
|---|---|
| I. Allgemeiner Überblick | 1 |
| II. Überblick über die wichtigsten multilateralen Übereinkommen | |
|    1. Haager Zivilprozeßübereinkommen | 2 |
|    2. Haager Übereinkommen über die Anerkennung und Vollstreckung von Unterhaltsentscheidungen | 3 |
|    3. EuGVÜ – Text des Übereinkommens – | 4 |
|    4. Abkommen über die Vollstreckung von Schiedssprüchen | 5 |
| III. Wichtige bilaterale Vollstreckungsabkommen | |
|    1. mit Nicht-EU-Mitgliedern | 6 |
|    2. mit Vertragsstaaten des EuGVÜ | 7 |
|    3. mit Vertragsstaaten des Luganoabkommens | 7a |
| IV. Das AVAG – Gesetzestext – | 8 |
| V. Zwangsvollstreckung aus Titel aus der früheren DDR | 9 |

**Literatur:**

A. **Allgemein:** *Arnold,* Anerkennungs- und Vollstreckungsabkommen in Zivil- und Handelssachen nach der Deutschen Einigung, BB 1991, 2240; *Aretz,* Internationales Privat- und Verfahrensrecht, 1989; *Böhmer,* Vollstreckbarerklärung ausländischer Unterhaltstitel, insbesondere österreichischer Titel, JPRax 1991, 90; *Bülow/Böckstiegel/Geimer/Schütze,* Der internationale Rechtsverkehr in Zivil- und Handelssachen, 3. Aufl. 1983 ff.; *Dopffel,* Vollstreckbarerklärung indexierter Unterhaltstitel, IPRax 1986, 277; *Feige,* Die Kosten des deutschen und des französischen Vollstreckbarkeitserklärungsverfahrens, 1988; *Geimer,* Anerkennung ausländischer Entscheidungen in Deutschland, 1995; *Geimer,* Die Vollstreckbarerklärung ausländischer Urteile, NJW 1965, 1413; *ders.,* Zur Prüfung der Gerichtsbarkeit in der internationalen Zuständigkeit bei der Anerkennung ausländischer Urteile, Diss. München, 1966; *ders.,* Zur Nichtanerkennung ausländischer Urteile wegen nichtordnungsgemäßen erststaatlichen Verfahrens, JZ 1969, 12; *Geimer,* Vollstreckbare Urkunden ausländischer Notare, DNotZ 1975, 461; *Geimer,* Internationales Zivilprozeßrecht, 2. Aufl., 1993; *Geimer/Schütze,* Internationale Urteilsanerkennung, 1983 ff.; *Gottwald,* Die internationale Zwangsvollstreckung, IPRax 1991, 285; *Haas,* Anerkennung und Vollstreckung ausländischer und internationaler Schiedssprüche, 1991; *Habscheid,* Zur Anerkennung klageabweisender ausländischer Eheurteile, FamRZ 1973, 431; *Koch,* Ausländischer Schadensersatz vor deutschen Gerichten, NJW 1992, 3073; *Lauk,* Die Rechtskraft ausländischer Zivilurteile im Englischen und Deutschen Recht, Diss., Bayreuth 1989; *Linke,* Die Versäumnisentscheidungen im deutschen, österreichischen, belgischen und englischen Recht. Ihre Anerkennung und Vollstreckbarerklärung, Diss. Bonn 1971; *Linke,* Internationales Zivilprozeßrecht, 2. Aufl., 1995; *Matscher,* Einige Probleme der internationalen Urteilsanerkennung und Vollstreckung, ZZP 1973, 404; *Merz,* Die Rechtsprechung des Bundesgerichtshofs zur Vollstreckung ausländischer Urteile in Zivil- und Handelssachen, WM 1977, 214; *Nagel,* Internationales Zivilprozeßrecht, 3. Aufl. 1991; *Schack,* Internationales Zivilverfahrensrecht, 1991; *Schlosser,* Doppelexequatur zu Schiedssprüchen und ausländischen Gerichtsentscheidungen?, IPRax 1985, 141; *Schlosser:* Materielles Recht und Prozeßrecht und die Auswirkungen der Unterscheidung im Recht der Internationalen Zwangsvollstreckung, 1992; *Schütze,* Zur Vollstreckung ausländischer Zivilurteile bei Zweifeln an der Ver-

*Die Vollstreckung aus ausländischen Titeln im Inland* Vor §§ 722–723

bürgung der Gegenseitigkeit, DB 1977, 2129; Handbuch des internationalen Zivilverfahrensrechts, herausg. vom *Max-Planck-Institut*, 1982 ff.; *Schütze*, Zur Zuständigkeit im Vollstreckbarerklärungsverfahren nach §§ 722 ff. ZPO, NJW 1983, 154; *Schütze*, Internationale Zuständigkeit und Verbürgung der Gegenseitigkeit bei der Anerkennung ausländischer Entscheidungen, AWD 1970, 495; *Schütze*, Die Anerkennung und Vollstreckung ausländischer Zivilurteile in der Bundesrepublik Deutschland als verfahrensrechtliches Problem, Diss. Bonn 1960; *Spickhoff*, Möglichkeiten und Grenzen neuer Tatsachenfeststellungen bei der Anerkennung ausländischer Entscheidungen., ZZP 1995 (Bd. 108), 475; *Stiefel/Stürner*, Die Vollstreckbarkeit US-amerikanischer Schadensersatzurteile in exzessiver Höhe, VersR 1987, 829; *Stürner/Münch*, Die Vollstreckung indexierter ausländischer Unterhaltstitel, JZ 1987, 178.

**B. Zum Übereinkommen der Europäischen Gemeinschaft über die gerichtliche Zuständigkeit und die Vollstreckung gerichtlicher Entscheidungen in Zivil- und Handelssachen:** *Cypra*, Rechtsbehelfe im Verfahren der Vollstreckungserklärung nach dem EuGVÜ unter besonderer Berücksichtigung der Ausgestaltung in Deutschland und Frankreich, Diss., Freiburg 1995; *Eilers*, Maßnahmen des einstweiligen Rechtsschutzes im Europäischen Zivilrechtsverkehr, 1991; *Jayme*, Das GVÜ und die Drittländer – Beispiel Österreich (Veröffentlichung der Kommission für Europarecht, österreichische Akademie der Wissenschaften, Nr. 6, S. 97); *Kropholler*, Europäisches Zivilprozeßrecht (Kommentar zum EuGVÜ und zum Lugano-Übereinkommen), 5. Aufl. 1996; *Schlosser*, Der EuGH und das Europäische Gerichtsstands- und Vollstreckungsübereinkommen, NJW 1977, 457; *Schlosser*, Europäisches Gerichtsstands- und Vollstreckungsübereinkommen (EuGVÜ), Kommentar 1996; *Schnichels/Dietze*, Die aktuelle Rechtsprechung des EuGH zum EuGVÜ, EuZW 1994, 366; *Stolz*, Zur Anwendbarkeit des EuGVÜ auf familienrechtliche Ansprüche, 1995; *Stürner*: Das grenzübergreifende Vollstreckungsverfahren in der Europäischen Union, Festschr. f. Henckel, 1995, S. 863.

**C. Übereinkommen mit einzelnen Staaten**, *Arnold*, Anerkennung und Vollstreckung von Urteilen im Verhältnis zu Portugal, AWD 1970, 550; *Bauer*, Die Zwangsvollstreckung aus österreichischen Exekutionstiteln in der Bundesrepublik Deutschland, ÖsterrGZ 1968, 421; *Beck*, Die Anerkennung und Vollstreckung ausländischer gerichticher Entscheidungen in Zivilsachen nach den Staatsverträgen mit Belgien, Österreich, Großbritannien und Griechenland, Diss. Saarbrücken, 1969; *Böhmer*, Vollstreckbarerklärung ausländischer Unterhaltstitel, insbesondere österreichischer Titel, IPRax 1991, 90; *Geimer*, Das neue Gesetz zur Ausführung zwischenstaatlicher Anerkennungs- und Vollstreckungsverträge in Zivil- und Handelssachen, NJW 1988, 2157; *Gotzen*, Der deutsch-niederländische Vollstreckungsvertrag in der niederländischen Gerichtspraxis, AWD 1969, 54; *Kilgus*, Zur Anerknnnung und Vollstreckbarerklärung englischer Schiedssprüche in Deutschland, Diss., Tübingen 1994; *Jellinek*, Die zweiseitigen Staatsverträge über die Anerkennung ausländischer Zivilurteile. Eine kritische Untersuchung, 1953; *Luther*, Vollstreckung von Kostentiteln aus österreichischen Eheprozessen in Deutschland, FamRZ 1975, 259; *Pauckstadt*, Zur Vollstreckbarerklärung schweizerischer Kostenentscheidungen, IPRax 1984, 17; *Pirrung*, Zu den Anerkennungs-und Vollstreckungsverträgen der Bundesrepublik Deutschland mit Israel und Norwegen, IPRax 1982, 130; *Rosengarten*, Punitive Damages und ihre Anerkennung und Vollstreckung in der Bundesrepublik, 1994; *Schütze*, Deutsch-amerikanische Urteilsanerkennung, 1992; *Sieg*, Internationale Anerkennungszuständigkeit bei US-amerikanischen Urteilen, JPRaX 1996, 77.

**I. Allgemeiner Überblick:** Die ZPO regelt die Vollstreckung aus ausländischen Titeln in den §§ 722, 723 nur subsidiär, soweit nicht multilaterale oder bilaterale Abkommen speziellere Regeln enthalten. Soweit derartige Abkommen bestehen, sind die in ihnen

1

enthaltenen Regeln für die deutsche Rechtspraxis durch das AVAG[1] und diejenigen sonstigen Ausführungsgesetze, die durch das AVAG nicht außer Kraft gesetzt wurden,[2] transformiert. Die Mehrzahl der multi- und bilateralen Abkommen enthält nicht Regeln für alle denkbaren Vollstreckungstitel aus den jeweiligen Vertragsstaaten, sondern nur für bestimmte Gruppen von Titeln, entweder nach ihrem materiellen Inhalt (z. B. Unterhaltstitel) oder nach der Art ihres Zustandekommens (z. B. Kostenentscheidungen in bestimmten Verfahren; Urteile und gerichtliche Entscheidungen; Schiedssprüche). Deshalb können im Verhältnis zu einigen Staaten auch mehrere Vollstreckungsabkommen je nach Titel Geltung haben. Soll ein ausländischer Titel in der Bundesrepublik[3] vollstreckt werden, muß die Prüfung daher wie folgt verlaufen:

1. Bestehen zwischen der Bundesrepublik und dem Herkunftsstaat des Titels bi- oder multilaterale Vollstreckungsabkommen? Wenn nein, ist nach §§ 722, 723 ZPO zu verfahren.

2. Wenn ja: Fällt der Titel nach seinem Inhalt und nach seiner Form unter eines dieser Abkommen? Wenn nein, so ist wiederum nach §§ 722, 723 ZPO zu verfahren.

3. Wenn ja: Ist die Ausführung dieses Abkommens im AVAG geregelt, so ist zunächst festzustellen, ob das AVAG in den §§ 36 ff. Sonderregeln enthält oder ob das allgemeine Verfahren uneingeschränkt anzuwenden ist. Ist die Ausführung des Abkommens nicht im AVAG geregelt, ist das im speziellen Ausführungsgesetz zum Abkommen geregelte Verfahren einzuschlagen.

2 **II. Ein Überblick über die wichtigsten multilateralen Vollstreckungsübereinkommen: 1. Das Haager Zivilprozeßübereinkommen** vom 1. 3. 1954.[4] Es regelt in seinen Artikeln 18 und 19 eine erleichterte Vollstreckung von Kostenentscheidungen, die in einem Vertragsstaat[5] gegen einen dort von der Notwendigkeit einer Sicherheitsleistung als Ausländer befreiten Bürger eines anderen Vertragsstaates ergangen sind, in seinem Heimatstaat. Die Ausführung in der Bundesrepublik regelt das Ausführungsgesetz vom 18. 12. 1958.[6]

---

1 Gesetz zur Ausführung zwischenstaatlicher Anerkennungs- und Vollstreckungsverträge in Zivil- und Handelssachen vom 8. 6. 1988, BGBl. I 1988, 662; siehe den Text unten Rdn. 8; einen Überblick über die Regelungen gibt *Geimer*, NJW 1988, 2157.
2 Siehe unten Rdn. 8: § 35 AVAG.
3 Die für die »alte« Bundesrepublik vor dem 3. 10. 1990 geltenden Regeln gelten ohne Einschränkung in den 5 neuen Bundesländern. Dagegen sind die Vollstreckungsabkommen, die die frühere DDR geschlossen hatte, soweit sie nicht auch schon vor dem 3. 10. 1990 in der Bundesrepublik galten, mit dem Wegfall der DDR als Völkerrechtssubjekt gegenstandslos geworden. Siehe auch: *Arnold*, BB 1991, 2240.
4 BGBl. II 1958, 575.
5 Zur Frage, wer derzeitig Vertragsstaat ist, siehe die Länderberichte in: *Bülow/Böckstiegel/Geimer/Schütze*, Bd. II.
6 BGBl. I 1958, 939.

2. Die **Haager Übereinkommen über die Anerkennung und Vollstreckung von Unterhaltsentscheidungen** vom 15. 4. 1958[7] und vom 2. 10. 1973.[8] Zu ersterem gilt das Ausführungsgesetz vom 18. 7. 1961,[9] zum letzteren das AVAG.[10] Betreibt der Unterhaltsberechtigte die Zwangsvollstreckung nicht selbst, sondern hatte sich sein Aufenthaltsstaat im Wege der internationalen Rechtshilfe an die Bundesrepublik gewandt, verläuft das weitere Verfahren hier nach dem Auslandsunterhaltsgesetz (AUG) vom 19. 12. 1986.[11]

3

3. Das **Übereinkommen der Europäischen Gemeinschaft über die gerichtliche Zuständigkeit und die Vollstreckung gerichtlicher Entscheidungen in Zivil- und Handelssachen (EuGVÜ)** vom 27. 9. 1968,[12] zuletzt geändert durch das Beitrittsabkommen vom 26. 5. 1989.[13] Das Übereinkommen gilt derzeit im Verhältnis der Bundesrepublik zu Belgien, Dänemark, Griechenland, Frankreich, Irland, Italien, Luxemburg, den Niederlanden, Großbritannien, Portugal und Spanien, also noch nicht zu Finnland, Schweden und Österreich. Im Verhältnis zu Österreich, Finnland und Schweden gilt vorläufig das **Lugano-Abkommen** vom 16.9.1988[14], das ferner im Verhältnis zu Island, Norwegen und der Schweiz gilt. Es stimmt inhaltlich mit dem EuGVÜ weitestgehend überein. Als entscheidender Unterschied verbleibt, daß die formelle Zuständigkeit des EuGH zur einheitlichen Auslegung (– der an sich gleichlautenden Anerkennungs- und Vollstreckungsregeln –) auf die EG - Staaten beschränkt bleibt, für die das EuGVÜ gilt.[15]

4

Das Übereinkommen der Europäischen Gemeinschaft über die gerichtliche Zuständigkeit und die Vollstreckung gerichtlicher Entscheidungen in Zivil- und Handelssachen (EuGVÜ) hat, soweit es die Vollstreckung betrifft, folgenden **Wortlaut**:

Erster Titel. Anwendungsbereich

Art. 1

(1) Dieses Übereinkommen ist in Zivil- und Handelssachen anzuwenden, ohne daß es auf die Art der Gerichtsbarkeit ankommt. Es erfaßt insbesondere nicht Steuer- und Zollsachen sowie verwaltungsrechtliche Angelegenheiten.

---

7 BGBl. II 1961, 1005. Zur Frage, wer im Verhältnis zur Bundesrepublik Vertragsstaat des alten, wer des neuen Haager Unterhaltsvollstreckungsübereinkommens ist, siehe wiederum die Länderberichte bei *Bülow/Böckstiegel/Geimer/Schütze*, Bd. II.
8 BGBl. II 1986, 825.
9 BGBl. I 1961, 1033.
10 Text siehe unten Rdn. 8.
11 BGBl. I 1986, 2563.
12 BGBl. II 1972, 774.
13 BGBl. II 1994, 519.
14 BGBl. II 1994, 2658; für Deutschland am 1.3.1995 in Kraft getreten: BGBl. II 1995, 221.
15 Siehe hierzu auch MüKo/*Gottwald*, Art. 1 EuGVÜ Rdn. 10.

(2) Es ist nicht anzuwenden auf:
1. den Personenstand, die Rechts- und Handlungsfähigkeit sowie die gesetzliche Vertretung von natürlichen Personen, die ehelichen Güterstände, das Gebiet des Erbrechts einschließlich des Testamentsrechts;
2. Konkurse, Vergleiche und ähnliche Verfahren;
3. die soziale Sicherheit;
4. die Schiedsgerichtsbarkeit.

Vom Abdruck des Zweiten Titels (Art. 2–24) wird abgesehen.

Dritter Titel. Anerkennung und Vollstreckung

Art. 25

Unter »Entscheidung« im Sinne dieses Übereinkommens ist jede von einem Gericht eines Vertragsstaats erlassene Entscheidung zu verstehen, ohne Rücksicht auf ihre Bezeichnung wie Urteil, Beschluß oder Vollstreckungsbefehl, einschließlich des Kostenfestsetzungsbeschlusses eines Urkundesbeamten.

Erster Abschnitt. Anerkennung

Art. 26

(1) Die in einem Vertragsstaat ergangenen Entscheidungen werden in den anderen Vertragsstaaten anerkannt, ohne daß es hierfür eines besonderen Verfahrens bedarf.
(2) Bildet die Frage, ob eine Entscheidung anzuerkennen ist, als solche den Gegenstand eines Streites, so kann jede Partei, welche die Anerkennung geltend macht, in dem Verfahren nach dem 2. und 3. Abschnitt dieses Titels die Feststellung beantragen, daß die Entscheidung anzuerkennen ist.
(3) Wird die Anerkennung in einem Rechtsstreit vor dem Gericht eines Vertragsstaats, dessen Entscheidung von der Anerkennung abhängt, verlangt, so kann dieses Gericht über die Anerkennung entscheiden.

Art. 27

Eine Entscheidung wird nicht anerkannt:
1. wenn die Anerkennung der öffentlichen Ordnung des Staates, in dem sie geltend gemacht wird, widersprechen würde;
2. wenn dem Beklagten, der sich auf das Verfahren nicht eingelassen hat, das dieses Verfahren einleitende Schriftstück oder ein gleichwertiges Schriftstück nicht

ordnungsgemäß oder nicht so rechtzeitig zugestellt worden ist, daß er sich verteidigen konnte;[16]
3. wenn die Entscheidung mit einer Entscheidung unvereinbar ist, die zwischen denselben Parteien in dem Staat, in dem die Anerkennung geltend gemacht wird, ergangen ist;
4. wenn das Gericht des Ursprungsstaats bei seiner Entscheidung hinsichtlich einer Vorfrage, die den Personenstand, die Rechts- und Handlungsfähigkeit sowie die gesetzliche Vertretung einer natürlichen Person, die ehelichen Güterstände oder das Gebiet des Erbrechts einschließlich des Testamentsrechts betrifft, sich in Widerspruch zu einer Vorschrift des internationalen Privatrechts des Staates, in dem die Anerkennung geltend gemacht wird, gesetzt hat, es sei denn, daß die Entscheidung nicht zu einem anderen Ergebnis geführt hätte, wenn die Vorschriften des internationalen Privatrechts dieses Staates angewandt worden wären;
5. wenn die Entscheidung mit einer früheren Entscheidung unvereinbar ist, die in einem Nichtvertragsstaat zwischen denselben Parteien in einem Rechtsstreit wegen desselben Anspruchs ergangen ist, sofern diese Entscheidung die notwendigen Voraussetzungen für ihre Anerkennung in dem Staat erfüllt, in dem die Anerkennung geltend gemacht wird.

Art. 28

(1) Eine Entscheidung wird ferner nicht anerkannt, wenn die Vorschriften des 3., 4. und 5. Abschnittes des Titels II verletzt worden sind oder wenn ein Fall des Artikels 59 vorliegt.
(2) Desweiteren kann die Anerkennung einer Entscheidung versagt werden, wenn ein Fall des Artikels 54b Absatz 3 bzw. des Artikels 57 Abs. 4 vorliegt.
(3) Das Gericht oder die Behörde des Staates, in dem die Anerkennung geltend gemacht wird, ist bei der Prüfung, ob eine der im vorstehenden Absatz angeführten Zuständigkeiten gegeben ist, an die tatsächlichen Feststellungen gebunden, auf Grund deren das Gericht des Urteilsstaates seine Zuständigkeit angenommen hat.
(4) Die Zuständigkeit der Gerichte des Ursprungsstaats darf, unbeschadet der Bestimmungen de Absätze 1 und 2, nicht nachgeprüft werden; die Vorschriften über die Zuständigkeit gehören nicht zur öffentlichen Ordnung im Sinne des Artikels 27 Nr. 1.

Art. 29

Die ausländische Entscheidung darf keinesfalls in der Sache selbst auf ihre Gesetzmäßigkeit nachgeprüft werden.

---

16 Siehe hierzu BGH, NJW 1991, 641; OLG Köln, OLG-Report 1995, 45 und 136.

## Art. 30

(1) Das Gericht eines Vertragsstaats, in dem die Anerkennung einer in einem anderen Vertragsstaat ergangenen Entscheidung geltend gemacht wird, kann das Verfahren aussetzen, wenn gegen die Entscheidung ein ordentlicher Rechtsbehelf eingelegt worden ist.

(2) Das Gericht eines Vertragsstaats, in dem die Anerkennung einer in Irland oder im Vereinigten Königreich ergangenen Entscheidung geltend gemacht wird, kann das Verfahren aussetzen, wenn die Vollstreckung der Entscheidung im Ursprungsstaat wegen der Einlegung eines Rechtsbehelfs einstweilen eingestellt ist.

## 2. Abschnitt. Vollstreckung

## Art. 31

Die in einem Vertragsstaat ergangenen Entscheidungen, die in diesem Staat vollstreckbar sind, werden in einem anderen Vertragsstaat vollstreckt, wenn sie dort auf Antrag eines Berechtigten für vollstreckbar erklärt worden sind.

Im Vereinigten Königreich wird eine derartige Entscheidung jedoch in England und Wales, in Schottland oder in Nordirland vollstreckt, wenn sie auf Antrag eines Berechtigten zur Vollstreckung in dem betreffenden Teil des Vereinigten Königreichs registriert worden ist.

## Art. 32

Der Antrag ist zu richten:
- in Belgien an das ›tribunal de premiere instance‹ oder an die ›rechtbank van eerste aanleg‹;
- in Dänemark an das ›underret‹;
- in der Bundesrepublik Deutschland an den Vorsitzenden einer Kammer des Landgerichts;
- in Griechenland an das ›υονμελεζ πγωτοδικειο‹;
- in Spanien an das ›Juzgado de Primera Instancia‹
- in Frankreich an den Präsidenten des ›tribunal de grande instance‹;
- in Irland an den ›High Court‹;
- in Italien an die ›corte d'appello‹;
- in Luxemburg an den Präsidenten des ›tribunal d'arrondissement‹;
- in den Niederlanden an den Präsidenten der ›arrondissementsrechtbank‹;
- in Portugal an das ›Tribunal Judicial de Circulo‹
- im Vereinigten Königreich:
  1. in England und Wales an den ›High Court of Justice‹ oder im Falle von Entscheidungen in Unterhaltssachen an den ›Magistrates Court Secretary of State‹;

2. in Schottland an den ›Court of Session‹ oder im Falle von Entscheidungen in Unterhaltssachen an den ›Sheriff Court'Secretary of State‹;
3. in Nordirland an den ›High Court of Justice‹ oder im Falle von Entscheidungen in Unterhaltssachen an den ›Magistrates' Court'Secretary of State‹.

Die örtliche Zuständigkeit wird durch den Wohnsitz des Schuldners bestimmt. Hat dieser keinen Wohnsitz im Hoheitsgebiet des Vollstreckungsstaates, so ist das Gericht zuständig, in dessen Bezirk die Zwangsvollstreckung durchgeführt werden soll.

Art. 33

Für die Stellung des Antrags ist das Recht des Vollstreckungsstaats maßgebend.
Der Antragsteller hat im Bezirk des angerufenen Gerichts ein Wahldomizil zu begründen. Ist das Wahldomizil im Recht des Vollstreckungsstaats nicht vorgesehen, so hat der Antragsteller einen Zustellungsbevollmächtigten zu benennen.
Dem Antrag sind die in den Artikeln 46 und 47 angeführten Urkunden beizufügen.

Art. 34

Das mit dem Antrag befaßte Gericht erläßt seine Entscheidung unverzüglich, ohne daß der Schuldner in diesem Abschnitt des Verfahrens Gelegenheit erhält, eine Erklärung abzugeben.
Der Antrag kann nur aus einem der in Artikel 27 und 28 angeführten Gründen abgelehnt werden.
Die ausländische Entscheidung darf keinesfalls auf ihre Gesetzmäßigkeit in der Sache selbst nachgeprüft werden.

Art. 35

Die Entscheidung, die über den Antrag ergangen ist, teilt der Urkundsbeamte der Geschäftsstelle dem Antragsteller unverzüglich in der Form mit, die das Recht des Vollstreckungsstaats vorsieht.

Art. 36

Wird die Zwangsvollstreckung zugelassen, so kann der Schuldner gegen die Entscheidung innerhalb eines Monats nach ihrer Zustellung einen Rechtsbehelf einlegen.
Hat der Schuldner seinen Wohnsitz in einem anderen Vertragsstaat als dem, in dem die Entscheidung über die Zulassung der Zwangsvollstreckung ergangen ist, so beträgt die Frist für den Rechtsbehelf zwei Monate und beginnt von dem Tage an zu laufen, an dem die Entscheidung dem Schuldner entweder in Person

oder in seiner Wohnung zugestellt worden ist. Eine Verlängerung dieser Frist wegen weiter Entfernung ist ausgeschlossen.

Art. 37

(1) Der Rechtsbehelf wird nach den Vorschriften, die für das streitige Verfahren maßgebend sind, eingelegt:
- in Belgien bei dem ›tribunal de première instance' oder der ›rechtbank van eerste aanleg‹;
- in Dänemark bei dem ›landsret‹;
- in der Bundesrepublik Deutschland bei dem Oberlandesgericht;
- in Griechenland bei dem εφετειο;
- in Spanien bei der ›Audiencia Provincial‹;
- in Frankreich bei der ›cour d'appel‹;
- in Irland bei dem ›High Court‹;
- in Italien bei der ›corte d'appello‹;
- in Luxemburg bei ›Cour supérieure de Justice‹ als Berufungsinstanz für Zivilsachen;
- in den Niederlanden bei der ›arrondissementsrechtbank‹;
- in Portugal bei dem ›Tribunal da Relação‹
- im Vereinigten Königreich:
1. in England und Wales bei dem ›High Court of Justice‹ oder im Falle von Entscheidungen in Unterhaltssachen bei dem ›Magistrates' Court‹;
2. in Schottland bei dem ›Court of Session‹ oder im Falle von Entscheidungen in Unterhaltssachen bei dem ›Sheriff Court‹;
3. in Nordirland bei dem ›High Court of Justices'‹ oder im Falle von Entscheidungen in Unterhaltssachen bei dem ›Magistrates' Court‹.

(2) Gegen die Entscheidung, die über den Rechtsbehelf ergangen ist, finden nur statt:
- in Belgien, Griechenland, Spanien, Frankreich, Italien, Luxemburg und den Niederlanden: die Kassationsbeschwerde;
- in Dänemark: ein Verfahren vor dem ›hojesteret‹ mit Zustimmung des Justizministers;
- in der Bundesrepublik Deutschland: die Rechtsbeschwerde;
- in Irland: ein auf Rechtsfragen beschränkter Rechtsbehelf bei dem ›Supreme Court‹;
- in Portugal: ein auf Rechtsfragen beschränkter Rechtsbehelf;
- im Vereinigten Königreich: ein einziger auf Rechtsfragen beschränkter Rechtsbehelf.

Art. 38

Das mit dem Rechtsbehelf befaßte Gericht kann auf Antrag der Partei, die ihn eingelegt hat, das Verfahren aussetzen, wenn gegen die Entscheidung im Ursprungsstaat ein ordentlicher Rechtsbehelf eingelegt oder die Frist für einen solchen Rechtsbehelf noch nicht verstrichen ist; in letzterem Falle kann das Gericht eine Frist bestimmen, innerhalb deren der Rechtsbehelf einzulegen ist.

Ist eine gerichtliche Entscheidung in Irland oder im Vereinigten Königreich erlassen worden, so gilt jeder in dem Ursprungsstaat statthafte Rechtsbehelf als ordentlicher Rechtsbehelf im Sinne von Absatz 1.

Das Gericht kann auch die Zwangsvollstreckung von der Leistung einer Sicherheit, die es bestimmt, abhängig machen.

Art. 39

Solange die in Artikel 36 vorgesehene Frist für den Rechtsbehelf läuft und solange über den Rechtsbehelf nicht entschieden ist, darf die Zwangsvollstreckung in das Vermögen des Schuldners nicht über Maßnahmen zur Sicherung hinausgehen.

Die Entscheidung, durch welche die Zwangsvollstreckung zugelassen wird, gibt die Befugnis, solche Maßnahmen zu veranlassen.

Art. 40

Wird der Antrag abgelehnt, so kann der Antragsteller einen Rechtsbehelf einlegen:
- in Belgien bei der ›cour d'appel'hof van beroep‹;
- in Dänemark bei dem ›landsret‹;
- in der Bundesrepublik Deutschland bei dem Oberlandesgericht;
- in Griechenland bei dem εφετειο;
- in Spanien bei der ›Audiencia Provincial‹;
- in Frankreich bei der ›cour d'appel‹;
- in Irland bei dem ›High Court‹;
- in Italien bei der ›corte d'appello‹;
- in Luxemburg bei der ›Cour supérieure de Justice'‹ als Berufungsinstanz für Zivilsachen;
- in den Niederlanden bei dem ›gerechtshof‹;
- in Portugal bei dem ›Tribunal da Relação‹
- im Vereinigten Königreich:
1. in England und Wales bei dem ›High Court of Justice'‹ oder im Falle von Entscheidungen in Unterhaltssachen bei dem ›Magistrates' Court‹;
2. in Schottland bei dem ›Court of Session‹ oder im Falle von Entscheidungen in Unterhaltssachen bei dem ›Sheriff Court‹;
3. in Nordirland bei dem ›High Court of Justice'‹ oder im Falle von Entscheidungen in Unterhaltssachen bei dem ›Magistrates' Court‹;

Das mit dem Rechtsbehelf befaßte Gericht hat den Schuldner zu hören. Läßt dieser sich auf das Verfahren nicht ein, so ist Artikel 20 Absätze 2 und 3 auch dann anzuwenden, wenn der Schuldner seinen Wohnsitz nicht in dem Hoheitsgebiet eines Vertragsstaats hat.

Art. 41

Gegen die Entscheidung, die über den in Artikel 40 vorgesehenen Rechtsbehelf ergangen ist, finden nur statt:
- in Belgien, Griechenland, Spanien, Frankreich, Italien, Luxemburg und in den Niederlanden: die Kassationsbeschwerde;
- in Dänemark: ein Verfahren vor dem ›hojesteret‹ mit Zustimmung des Justizministers;
- in der Bundesrepublik Deutschland: die Rechtsbeschwerde;
- in Irland: ein auf Rechtsfragen beschränkter Rechtsbehelf bei dem ›Supreme Court‹;
- in Portugal: ein auf Rechtsfragen beschränkter Rechtsbehelf;
- im Vereinigten Königreich: ein einziger auf Rechtsfragen beschränkter Rechtsbehelf.

Art. 42

Ist durch die ausländische Entscheidung über mehrere mit der Klage geltend gemachte Ansprüche erkannt und kann die Entscheidung nicht im vollen Umfang zur Zwangsvollstreckung zugelassen werden, so läßt das Gericht sie für einen oder mehrere dieser Ansprüche zu.

Der Antragsteller kann beantragen, daß die Zwangsvollstreckung nur für einen Teil des Gegenstands der Verurteilung zugelassen wird.

Art. 43

Ausländische Entscheidungen, die auf Zahlung eines Zwangsgeldes lauten, sind in dem Vollstreckungsstaat nur vollstreckbar, wenn die Höhe des Zwangsgelds durch die Gerichte des Ursprungsstaats endgültig festgesetzt ist.

Art. 44

Ist dem Antragsteller in dem Staat, in dem die Entscheidung ergangen ist, im Ursprungsstaat ganz oder teilweise Prozeßkostenhilfe oder Kosten- und Gebührenbefreiung gewährt worden, so genießt er in dem Verfahren nach den Artikeln 32 bis 35 hinsichtlich der Prozeßkostenhilfe und der Kosten- und Gebührenbefreiung die günstigste Behandlung, die das Recht des Vollstreckungsstaats vorsieht.

Der Antragsteller, welcher die Vollstreckung einer Entscheidung einer Verwaltungsbehörde begehrt, die in Dänemark in Unterhaltssachen ergangen ist, kann im Vollstreckungsstaat Anspruch auf die in Absatz genannten Vorteile erheben, wenn er eine Erklärung des dänischen Justizministeriums darüber vorlegt, daß er die wirtschaftlichen Voraussetzungen für die vollständige oder teilweise Bewilligung der Prozeßkostenhilfe oder für die Kosten- und Gebührenbefreiung erfüllt.

## Art. 45

Der Partei, die in einem Vertragsstaat eine in einem anderen Vertragsstaat ergangene Entscheidung vollstrecken will, darf wegen ihrer Eigenschaft als Ausländer oder wegen Fehlens eines inländischen Wohnsitzes oder Aufenthalts eine Sicherheitsleistung oder Hinterlegung, unter welcher Beziehung es auch sei, nicht auferlegt werden.

## 3. Abschnitt. Gemeinsame Vorschriften

## Art. 46

Die Partei, welche Anerkennung einer Entscheidung geltend macht oder die Zwangsvollstreckung betreiben will, hat vorzulegen:
1. eine Ausfertigung der Entscheidung, welche die für ihre Beweiskraft erforderlichen Voraussetzungen erfüllt;
2. bei einer im Versäumnisverfahren ergangenen Entscheidung die Urschrift oder eine beglaubigte Abschrift der Urkunde, aus der sich ergibt, daß das den Rechtsstreit einleitende Schriftstück oder ein gleichwertiges Schriftstück der säumigen Partei zugestellt worden ist.

## Art. 47

Die Partei, welche die Zwangsvollstreckung betreiben will, hat ferner vorzulegen:
1. die Urkunden, aus denen sich ergibt, daß die Entscheidung nach dem Recht des Ursprungsstaats vollstreckbar ist und daß sie zugestellt worden ist;
2. gegebenenfalls eine Urkunde, durch die nachgewiesen wird, daß der Antragsteller Prozeßkostenhilfe im Ursprungsstaat erhält.

## Art. 48

Werden die in Artikel 46 Nr. 2 und in Artikel 47 Nr. 2 angeführten Urkunden nicht vorgelegt, so kann das Gericht eine Frist bestimmen, innerhalb deren die Urkunden vorzulegen sind, oder sich mit gleichwertigen Urkunden begnügen oder von der Vorlage der Urkunden befreien, wenn es eine weitere Klärung nicht für erforderlich hält.

Auf Verlangen des Gerichts ist eine Übersetzung der Urkunden vorzulegen; die Übersetzung ist von einer hierzu in einem der Vertragsstaaten befugten Person zu beglaubigen.

## Art. 49

Die in den Artikeln 46, 47 und in Artikel 48 Absatz 2 angeführten Urkunden sowie die Urkunde über die Prozeßvollmacht, falls eine solche erteilt wird, bedürfen weder der Legalisation noch einer ähnlichen Förmlichkeit.

Titel IV. Öffentliche Urkunden und Prozeßvergleiche

Art. 50

Öffentliche Urkunden, die in einem Vertragsstaat aufgenommen und vollstreckbar sind, werden in einem anderen Vertragsstaat auf Antrag in den Verfahren nach den Artikeln 31 ff. für vollstreckbar erklärt. Der Antrag kann nur abgelehnt werden, wenn die Zwangsvollstreckung aus der Urkunde der öffentlichen Ordnung des Volstreckungsstaats widersprechen würde.

Die vorgelegte Urkunde muß die Voraussetzungen für ihre Beweiskraft erfüllen, die in dem Staate, in dem sie aufgenommen wurde, erforderlich sind.

Die Vorschriften des 3. Abschnitts des Titels III sind sinngemäß anzuwenden.

Art. 51

Vergleiche, die vor einem Richter im Laufe eines Verfahrens abgeschlossen und in dem Staat, in dem sie errichtet wurden, vollstreckbar sind, werden in dem Vollstreckungsstaat unter denselben Bedingungen wie öffentliche Urkunden vollstreckt.

Titel V. Allgemeine Vorschriften

Art. 52

Ist zu entscheiden, ob eine Partei im Hoheitsgebiet des Vertragsstaats, dessen Gerichte angerufen sind, einen Wohnsitz hat, so wendet das Gericht sein Recht an.

Hat eine Partei keinen Wohnsitz in dem Staate, dessen Gerichte angerufen sind, so wendet das Gericht, wenn es zu entscheiden hat, ob die Partei einen Wohnsitz in einem anderen Vertragsstaat hat, das Recht dieses Staates an.

Art. 53

Der Sitz von Gesellschaften und juristischen Personen steht für die Abwendung dieses Übereinkommens dem Wohnsitz gleich. Jedoch hat das Gericht bei der Entscheidung darüber, wo der Sitz sich befindet, die Vorschriften seines internationalen Privatrechts anzuwenden.

Um zu bestimmen, ob ein trust seinen Sitz in dem Vertragsstaat hat, bei dessen Gerichten die Klage anhängig ist, wendet das Gericht sein Internationales Privatrecht an.

Titel VI. Übergangsvorschriften

Art. 54

Die Vorschriften dieses Übereinkommens sind nur auf solche Klagen und öffentliche Urkunden anzuwenden, die erhoben oder aufgenommen worden sind, nachdem dieses Übereinkommen im Ursprungsstaat und, wenn die Anerkennung oder Vollstreckung einer Entscheidung oder Urkunde geltend gemacht wird, im ersuchten Staat in Kraft getreten ist.

Entscheidungen, die nach dem Inkrafttreten dieses Übereinkommens zwischen dem Ursprungsstaatund dem ersuchten Staat aufgrund einer vor diesem Inkrafttreten erhobenen Klage ergangen sind, werden nach Maßgabe des Titels III anerkannt und zur Zwangsvollstreckung zugelassen, vorausgesetzt, daß das Gericht aufgrund von Vorschriften zuständig war, die mit den Zuständigkeitsvorschriften des Titels II oder eines Abkommens übereinstimmen, das im Zeitpunkt der Klageerhebung zwischen dem Ursprungsstaat und dem Staat, in dem die Entscheidung geltend gemacht wird, in Kraft war.

Ist zwischen den Parteien eines Rechtsstreits über einen Vertrag bereits vor dem 1. Juni 1988 im Fall Irlands und vor dem 1. Januar 1987 im Fall des Vereinigten Königreichs eine schriftliche Vereinbarung getroffen worden, auf diesen Vertrag die Rechtsvorschriften Irlands oder eines Teils des Vereinigten Königreichs anzuwenden, so sind die Gerichte in Irland oder in diesem Teil des Vereinigten Königreichs weiterhin befugt, über diesen Streitfall zu entscheiden.

Art. 54a

(Besondere Bestimmungen für Seerechtsstreitigkeiten. Vom Abdruck wurde abgesehen.)

Titel VII. Verhältnis zu anderen Abkommen

Art. 55

Dieses Übereinkommen ersetzt unbeschadet der Vorschriften des Artikels 54 Absatz 2 und des Artikels 56 die nachstehenden zwischen zwei oder mehreren Vertragsstaaten geschlossenen Abkommen:
- das am 8. Juli 1899 in Paris unterzeichnete belgisch-französische Abkommen über die gerichtliche Zuständigkeit, die Anerkennung und die Vollstreckung von gerichtlichen Entscheidungen, Schiedssprüchen und öffentlichen Urkunden;
- das am 28. März 1925 in Brüssel unterzeichnete belgisch-niederländische Abkommen über die Zuständigkeit der Gerichte, den Konkurs sowie die Anerkennung und die Vollstreckung von gerichtlichen Entscheidungen, Schiedssprüchen und öffentlichen Urkunden;

- das am 3. Juni 1930 in Rom unterzeichnete französisch-italienische Abkommen über die Vollstreckung von Urteilen in Zivil- und Handelssachen;
- das am 18. Januar 1934 in Paris unterzeichnete britisch-französische Abkommen über die gegenseitige Vollstreckung gerichtlicher Entscheidungen in Zivil- und Handelssachen mit Protokoll;
- das am 2. Mai 1934 in Brüssel unterzeichnete britisch-belgische Abkommen über die gegenseitige Vollstreckung gerichtlicher Entscheidungen in Zivil- und Handelssachen mit Protokoll;
- das am 9. März 1936 in Rom unterzeichnete deutsch-italienische Abkommen über die Anerkennung gerichtlicher Entscheidungen in Zivil- und Handelssachen;
- das am 30. Juni 1958 in Bonn unterzeichnete deutsch-belgische Abkommen über die gegenseitige Anerkennung und Vollstreckung von gerichtlichen Entscheidungen, Schiedssprüchen und öffentlichen Urkunden in Zivil- und Handelssachen;
- das am 17. April 1959 in Rom unterzeichnete niederländisch-italienische Abkommen über die Anerkennung und Vollstreckung gerichtlicher Entscheidungen in Zivil- und Handelssachen;
- das am 14. Juli 1960 in Bonn unterzeichnete deutsch-britische Abkommen über die gegenseitige Anerkennung und Vollstreckung von gerichtlichen Entscheidungen in Zivil- und Handelssachen;
- den am 4. November 1961 in Athen unterzeichneten Vertrag zwischen der Bundesrepublik Deutschland und dem Königreich Griechenland über die gegenseitige Anerkennung und Vollstreckung von gerichtlichen Entscheidungen, Vergleichen und öffentlichen Urkunden in Zivil- und Handelssachen;
- das am 6. April 1962 in Rom unterzeichnete belgisch-italienische Abkommen über die Anerkennung und Vollstreckung von gerichtlichen Entscheidungen und anderen vollstreckbaren Titeln in Zivil- und Handelssachen;
- den am 30. August 1962 in Den Haag unterzeichneten deutsch-niederländischen Vertrag über die gegenseitige Anerkennung und Vollstreckung gerichtlicher Entscheidungen und anderer Schuldtitel in Zivil- und Handelssachen;
- das am 7. Februar 1964 in Rom unterzeichnete britisch-italienische Abkommen über die gegenseitige Anerkennung und Vollstreckung gerichtlicher Entscheidungen in Zivil- und Handelssachen und das am 14. Juli 1970 in Rom unterzeichnete Zusatzprotokoll;
- das am 17. November 1967 in Den Haag unterzeichnete britisch-niederländische Abkommen über die gegenseitige Anerkennung und Vollstreckung gerichtlicher Entscheidungen in Zivilsachen;
- das am 28. Mai 1969 in Paris unterzeichnete französisch-spanische Abkommen über die Anerkennung und Vollstreckung von gerichtlichen Entscheidungen und Schiedssprüchen in Zivil- und Handelssachen;
- das am 22. Mai 1973 in Madrid unterzeichnete italienisch-spanische Abkommen über die Rechtshilfe und die Anerkennung und Vollstreckung gerichtlicher Entscheidungen in Zivil- und Handelssachen;
- den am 14. November 1983 in Bonn unterzeichneten deutsch-spanischen Vertrag über die Anerkennung und Vollstreckung von gerichtlichen Entscheidungen und Vergleichen sowie von vollstreckbaren öffentlichen Urkunden in Zivil- und Handelssachen;

und, sofern er in Kraft getreten ist,
- den am 24. November 1961 in Brüssel unterzeichneten belgisch-niederländisch-luxemburgischen Vertrag über die gerichtliche Zuständigkeit, den Konkurs, die Anerkennung und die Vollstreckung von gerichtlichen Entscheidungen, Schiedssprüchen und öffentlichen Urkunden.

Art. 56

Die in Artikel 55 angeführten Abkommen und Verträge behalten ihre Wirksamkeit über die Rechtsgebiete, auf die dieses Übereinkommen nicht anzuwenden ist.

Sie bleiben auch weiterhin für die Entscheidungen und die Urkunden wirksam, die vor Inkrafttreten dieses Übereinkommens ergangen oder aufgenommen sind.

Art. 57

Dieses Übereinkommen läßt Übereinkommen unberührt, denen die Vertragsstaaten angehören oder angehören werden und die für besondere Rechtsgebiete die gerichtliche Zuständigkeit, die Anerkennung oder Vollstreckung von Entscheidungen regeln.

(2) Um eine einheitliche Auslegung des Absatzes 1 zu sichern, wird dieser Absatz in folgender Weise angewandt:
a) Dieses Übereinkommen schließt nicht aus, daß ein Gericht eines Vertragsstaats, der Vertragspartei eines Übereinkommens über ein besonderes Rechtsgebiet ist, seine Zuständigkeit auf ein solches Übereinkommen stützt, und zwar auch dann, wenn der Beklagte seinen Wohnsitz in dem Hoheitsgebiet eines Vertragsstaates hat, der nicht Vertragspartei eines solchen Übereinkommens ist. In jedem Fall wendet dieses Gericht Artikel 20 des vorliegenden Übereinkommens an;
b) Entscheidungen, die in einem Vertragsstaat von einem Gericht erlassen worden sind, das seine Zuständigkeit auf ein Übereinkommen über ein besonderes Rechtsgebiet gestützt hat, werden in den anderen Vertragsstaaten nach dem vorliegenden Übereinkommen anerkannt und vollstreckt.

Sind der Ursprungsstaat und der ersuchte Staat Vertragsparteien eines Übereinkommens über ein besonderes Rechtsgebiet, welches die Voraussetzungen für die Anerkennung und Vollstreckung von Entscheidungen regelt, so gelten diese Voraussetzungen. In jedem Fall können die Bestimmungen des vorliegenden Übereinkommens über das Verfahren zur Anerkennung und Vollstreckung von Entscheidungen angewandt werden.

(3) Dieses Übereinkommen berührt nicht die Anwendung der Bestimmungen, die für besondere Rechtsgebiete die gerichtliche Zuständigkeit, die Anerkennung oder Vollstreckung von Entscheidungen regeln und in Rechtsakten der Organe der Europäischen Gemeinschaften oder in dem in Ausführung dieser Akte harmonisierten einzelstaatlichen Recht enthalten sind.

Vom Abdruck der Artikel 58 und 59 wird abgesehen.

**Achter Titel. Schlußvorschriften**

Vom Abdruck der Art. 60–68 wird abgesehen.
Die Ausführung dieses Übereinkommens in der Bundesrepublik regelt das **AVAG**.[17] Soweit im EuGVÜ Materien nicht geregelt sind, die in früheren bilateralen Verträgen mit einzelnen EG-Ländern geregelt waren, gelten diese Verträge weiter.[18] Insoweit gelten dann auch noch die Ausführungsgesetze zu diesen Verträgen.

5   4. Für die Vollstreckung ausländischer Schiedssprüche in der Bundesrepublik sind an multilateralen Abkommen insbesondere von Bedeutung:
a) das **UN-Übereinkommen über die Anerkennung und Vollstreckung ausländischer Schiedssprüche** vom 10.6.1958[19] sowie
b) das **Europäische Übereinkommen über die internationale Handelsschiedsgerichtsbarkeit** vom 21.4.1961.[20]

6   III. **Wichtige bilaterale Vollstreckungsabkommen:**

1. Mit Nicht EU-Mitgliedern:

a) **Deutsch-israelischer Vertrag** über die gegenseitige Anerkennung und Vollstreckung gerichtlicher Entscheidungen in Zivil- und Handelssachen vom 20.7.1977.[21] Die Durchführung in der Bundesrepublik richtet sich wieder nach dem AVAG.
b) **Deutsch-tunesischer Vertrag** über Rechtsschutz und Rechtshilfe, die Anerkennung und Vollstreckung gerichtlicher Entscheidungen in Zivil- und Handelssachen sowie über die Handelsschiedsgerichtsbarkeit vom 19.7.1966.[22] Die Ausführungsbestimmungen zur Durchführung der Vollstreckung in der Bundesrepublik finden sich im Ausführungsgesetz vom 29.4.1969.[23]

7   2. Mit Vertragsstaaten des EuGVÜ:

Zwischen der Bundesrepublik und einigen EG-Ländern bestehen neben dem EuGVÜ noch ältere bilaterale Vollstreckungsabkommen, die gem. Art. 55 EuGVÜ, soweit die Materie im EuGVÜ geregelt ist, außer Kraft gesetzt wurden, aber für die Rechtsgebiete wirksam geblieben sind, auf die das EuGVÜ sich nicht bezieht (Art. 56 Abs. 1 EuGVÜ). Soweit diese Abkommen noch Anwendung finden, richtet ihre Durchführung – abgesehen vom deutsch-spanischen Abkommen – sich nicht nach dem

---

17 Text unten Rdn. 8.
18 Siehe unten Rdn. 7; siehe auch BGH, AWD 1978, 56.
19 BGBl. II 1961, 122.
20 BGBl. II 1964, 427.
21 BGBl. II 1980, 926.
22 BGBl. II 1969, 889.
23 BGBl. I 1969, 333.

AVAG, sondern nach den speziellen alten Ausführungsgesetzen zu den einzelnen Abkommen. In diesem eingeschränkten Anwendungsbereich gelten noch:

a) das **deutsch-italienische Abkommen** vom 9.3.1936 über die Anerkennung und Vollstreckung gerichtlicher Entscheidungen in Zivil- und Handelssachen[24] und die hierzu ergangene AusführungsVO vom 18.5.1937.[25]

b) das **deutsch-belgische** Abkommen vom 30.6.1958 über die gegenseitige Anerkennung und Vollstreckung von gerichtlichen Entscheidungen, Schiedssprüchen und öffentlichen Urkunden in Zivil- und Handelssachen[26] sowie das dazu ergangene Ausführungsgesetz vom 26.6.1959.[27]

c) das **deutsch-britische Abkommen** vom 14.7.1960 über die gegenseitige Anerkennung und Vollstreckung von gerichtlichen Entscheidungen in Zivil- und Handelssachen[28] sowie das hierzu ergangene Ausführungsgesetz vom 28.3.1961.[29]

d) der **deutsch-griechische Vertrag** über die gegenseitige Anerkennung und Vollstreckung von gerichtlichen Entscheidungen, Vergleichen und öffentlichen Urkunden in Zivil- und Handelssachen[30] vom 4.11.1961 sowie das hierzu ergangene Ausführungsgesetz vom 5.2.1963.[31]

e) der **deutsch-niederländische Vertrag** vom 30.8.1962 über die gegenseitige Anerkennung und Vollstreckung gerichtlicher Entscheidungen und anderer Schuldtitel in Zivil- und Handelssachen[32] und das zu ihm ergangene Ausführungsgesetz vom 15.1.1965.[33]

f) der **deutsch-spanische Vertrag** über die Anerkennung und Vollstreckung von gerichtlichen Entscheidungen und Vergleichen sowie vollstreckbaren öffentlichen Urkunden in Zivil- und Handelssachen vom 14.11.1983[34].

3. Mit Vertragsstaaten des Luganoabkommens:  7a

Ähnliches wie vorstehend für die Abkommen mit Mitgliedstaaten des EuGVÜ dargestellt gilt für die Abkommen, die zwischen der Bundesrepublik und Mitgliedstaaten es Lugano – Abkommens geschlossen waren, soweit das Lugano – Abkommen die Materien nicht neu regelt. Es sind dies:

---

24 RGBl. II 1937, 145.
25 RGBl. II 1937, 143.
26 BGBl. II 1959, 766.
27 BGBl. I 1959, 425; siehe auch BGH, AWD 1975, 695; 1978, 56; LG Dortmund, NJW 1977, 2035; LG Landau, RWI 1984, 995.
28 BGBl. II 1961, 301.
29 BGBl. I 1961, 301; siehe auch: BGH, AWD 1970, 270 und 1978, 410; FamRZ 1968, 24; OLG Oldenburg, RIW 1986, 555.
30 BGBl. II 1963, 109.
31 BGBl. I 1963, 129.
32 BGBl. II 1965, 27.
33 BGBl. I 1965, 17 i. V. BGBl. I 1976, 3281 (dort Art. 7 Ziff. 16).
34 BGBl. II 1987, 35.

a) das **deutsch-schweizerische Abkommen** über die gegenseitige Anerkennung und Vollstreckung von gerichtlichen Entscheidungen und Schiedssprüchen vom 2.11. 1929.[35] Hierzu tritt in der Bundesrepublik die **Ausführungs- VO** vom 23. 8. 1930.[36]

b) der **deutsch-österreichische Vertrag** über die gegenseitige Anerkennung und Vollstreckung von gerichtlichen Entscheidungen, Vergleichen und öffentlichen Urkunden in Zivil- und Handelssachen vom 6. 6. 1959.[37] Hinzu tritt in der Bundesrepublik das Ausführungsgesetz vom 8. 3. 1960.[38]

c) der **deutsch-norwegische Vertrag** über die gegenseitige Anerkennung und Vollstreckung gerichtlicher Entscheidungen und anderer Schuldtitel in Zivil- und Handelssachen vom 17. 6. 1977.[39]

8   IV. Gesetz zur Ausführung zwischenstaatlicher Anerkennungs- und Vollstreckungsverträge in Zivil- und Handelssachen (Anerkennungs- und Vollstreckungsausführungsgesetz – AVAG) vom 30. 5. 1988, in Kraft seit dem 8. 6. 1988.[40]

Das Gesetz hat folgenden **Wortlaut**:

Erster Teil: Anwendungsbereich

§ 1

(1) Die Ausführung der in § 35 genannten zwischenstaatlichen Verträge zwischen der Bundesrepublik Deutschland und anderen Staaten über die gegenseitige Anerkennung und Vollstreckung von Schuldtiteln in Zivil- und Handelssachen unterliegt diesem Gesetz.

(2) Die Regelungen der zwischenstaatlichen Verträge werden durch die Vorschriften dieses Gesetzes nicht berührt. Dies gilt insbesondere für die Regelungen über
1. den sachlichen Anwendungsbereich,
2. die Art der Entscheidungen und sonstigen Schuldtitel, die im Geltungsbereich dieses Gesetzes anerkannt oder zur Zwangsvollstreckung zugelassen werden können,
3. das Erfordernis der Rechtskraft der Entscheidungen,
4. die Art der Urkunden, die im Verfahren vorzulegen sind, und

---

35 RGBl. II 1930, 1066.
36 RGBl. II 1930, 1209. Zu Problemen der Vollstreckung aus Schweizer Urteilen siehe auch: BGH, NJW 1986, 1440; OLG Köln, FamRZ 1979, 718; OLG Frankfurt, IPrax 1984, 32.
37 BGBl. II 1960, 1246.
38 BGBl. I 1960, 169 i.V.m. BGBl. I 1976, 3281 (dort Art. 7 Ziff. 12); siehe auch BGH, DB 1968, 393 und NJW 1993, 1270; OLG München, Rpfleger 1982, 302; OLG Braunschweig, NdsRpfl 1983, 226.
39 BGBl. II 1981, 342.
40 In der Fassung des Gesetzes vom 30.9.1994, BGBl. II 1994, 2658.

Die Vollstreckung aus ausländischen Titeln im Inland  Vor §§ 722–723

5. die Gründe, die zur Versagung der Anerkennung oder Zulassung der Zwangsvollstreckung führen.

Zweiter Teil: Zulassung der Zwangsvollstreckung aus Entscheidungen, Prozeßvergleichen und öffentlichen Urkunden

Erster Abschnitt: Zuständigkeit, Feriensache

§ 2

(1) Für die Vollstreckbarerklärung von Entscheidungen, Prozeßvergleichen und öffentlichen Urkunden aus einem anderen Staat ist das Landgericht ausschließlich zuständig.[41]
(2) Örtlich zuständig ist ausschließlich das Gericht, in dessen Bezirk der Schuldner seinen Wohnsitz hat, oder, wenn er im Geltungsbereich dieses Gesetzes keinen Wohnsitz hat, das Gericht, in dessen Bezirk die Zwangsvollstreckung durchgeführt werden soll. Der Sitz von Gesellschaften und juristischen Personen steht dem Wohnsitz gleich.
(3) Die Verfahren im Sinne des Absatzes 1 sind Feriensachen.

Zweiter Abschnitt: Erteilung der Vollstreckungsklausel

§ 3

(1) Der in einem anderen Staat vollstreckbare Schuldtitel wird dadurch zur Zwangsvollstreckung zugelassen, daß er auf Antrag mit der Vollstreckungsklausel versehen wird.
(2) Der Antrag auf Erteilung der Vollstreckungsklausel kann bei dem Landgericht schriftlich eingereicht oder mündlich zu Protokoll der Geschäftsstelle erklärt werden.
(3) Ist der Antrag entgegen § 184 des Gerichtsverfassungsgesetzes nicht in deutscher Sprache abgefaßt, so kann das Gericht dem Antragsteller aufgeben, eine Übersetzung des Antrags beizubringen, deren Richtigkeit von einer im Geltungsbereich dieses Gesetzes oder in einem anderen Vertragsstaat hierzu befugten Person bestätigt worden ist.
(4) Der Ausfertigung des Schuldtitels, der mit der Vollstreckungsklausel versehen werden soll, und seiner Übersetzung, falls eine solche vorgelegt wird, sollen zwei Abschriften beigefügt werden.

---

41 Das gilt auch dann, wenn die Sache von ihrem materiellen Gehalt her etwa eine Familiensache ist. Auch in diesem Falle ist allein das Landgericht, nicht etwa das Familiengericht, zuständig; vergl.: OLG Köln, OLG-Report 1995, 106. Hier liegt ein gewichtiger Unterschied zum Verfahren nach § 722 ZPO; siehe insoweit dort Rdn. 3.

## § 4

(1) Der Antragsteller hat in dem Antrag einen Zustellungsbevollmächtigten zu benennen. Anderenfalls können alle Zustellungen an den Antragsteller bis zur nachträglichen Benennung eines Zustellungsbevollmächtigten durch Aufgabe zur Post (§§ 175, 192, 213 der Zivilprozeßordnung) bewirkt werden.
(2) Zum Zustellungsbevollmächtigten ist eine Person zu bestellen, die im Bezirk des angerufenen Gerichts wohnt. Der Vorsitzende kann die Bestellung einer Person mit einem Wohnsitz im übrigen Geltungsbereich dieses Gesetzes zulassen.
(3) Der Benennung eines Zustellungsbevollmächtigten bedarf es nicht, wenn der Antragsteller einen bei einem deutschen Gericht zugelassenen Rechtsanwalt oder eine andere Person zu seinem Bevollmächtigten für das Verfahren bestellt hat. Der Bevollmächtigte, der nicht bei einem deutschen Gericht zugelassener Rechtsanwalt ist, muß im Bezirk des angerufenen Gerichts wohnen; der Vorsitzende kann von diesem Erfordernis absehen, wenn der Bevollmächtigte einen anderen Wohnsitz im Geltungsbereich dieses Gesetzes hat.
(4) § 5 des Gesetzes vom 16. August 1980 zur Durchführung der Richtlinie des Rates der Europäischen Gemeinschaften vom 22. März 1977 zur Erleichterung der tatsächlichen Ausübung des freien Dienstleistungsverkehrs der Rechtsanwälte (BGBl. 1980 I S. 1453) bleibt unberührt.

## § 5

(1) Über den Antrag entscheidet der Vorsitzende einer Zivilkammer ohne Anhörung des Schuldners und ohne mündliche Verhandlung. Jedoch kann eine mündliche Erörterung mit dem Antragsteller oder seinem Bevollmächtigten stattfinden, wenn der Antragsteller oder der Bevollmächtigte hiermit einverstanden ist und die Erörterung der Beschleunigung dient.
(2) In dem Verfahren vor dem Vorsitzenden ist die Vertretung durch einen Rechtsanwalt nicht erforderlich.

## § 6

(1) Hängt die Zwangsvollstreckung nach dem Inhalt des Schuldtitels von einer dem Gläubiger obliegenden Sicherheitsleistung, dem Ablauf einer Frist oder dem Eintritt einer anderen Tatsache ab oder wird die Vollstreckungsklausel zugunsten eines anderen als des in dem Schuldtitel bezeichneten Gläubigers oder gegen einen anderen als den darin bezeichneten Schuldner beantragt, so ist die Frage, inwieweit die Zulassung der Zwangsvollstreckung von dem Nachweis besonderer Voraussetzungen abhängig oder ob der Schuldtitel für oder gegen den anderen vollstreckbar ist, nach dem Recht des Staates zu entscheiden, in dem der Schuldtitel errichtet ist. Der Nachweis ist durch Urkunden zu führen, es sei denn, daß die Tatsachen bei dem Gericht offenkundig sind.

(2) Kann der Nachweis durch Urkunden nicht geführt werden, so ist auf Antrag des Gläubigers der Schuldner zu hören. In diesem Fall sind alle Beweismittel zulässig. Der Vorsitzende kann auch die mündliche Verhandlung anordnen.

§ 7

Ist die Zwangsvollstreckung aus dem Schuldtitel zuzulassen, so ordnet der Vorsitzende an, daß der Schuldtitel mit der Vollstreckungsklausel zu versehen ist. In der Anordnung ist die zu vollstreckende Verurteilung oder Verpflichtung in deutscher Sprache wiederzugeben.

§ 8

(1) Aufgrund der Anordnung des Vorsitzenden (§ 7) erteilt der Urkundsbeamte der Geschäftsstelle die Vollstreckungsklausel in folgender Form:
»Vollstreckungsklausel nach § 3 des Anerkennungs- und Vollstreckungsausführungsgesetzes vom 30. Mai 1988 (BGBl. I S. 662). Gemäß der Anordnung des ... (Bezeichnung des Vorsitzenden, des Gerichts und der Anordnung) ist die Zwangsvollstreckung aus ... (Bezeichnung des Schuldtitels) zugunsten des ... (Bezeichnung des Gläubigers) gegen den ... (Bezeichnung des Schuldners) zulässig.
Die zu vollstreckende Verurteilung/Verpflichtung lautet: ... (Angabe der Urteilsformel oder des Ausspruchs des Gerichts oder der dem Schuldner aus dem Prozeßvergleich oder der öffentlichen Urkunde obliegenden Verpflichtung in deutscher Sprache; aus der Anordnung des Vorsitzenden zu übernehmen).
Die Zwangsvollstreckung darf über Maßregeln zur Sicherung nicht hinausgehen, bis der Gläubiger eine gerichtliche Anordnung oder ein Zeugnis vorlegt, daß die Zwangsvollstreckung unbeschränkt stattfinden darf.«
Lautet der Schuldtitel auf Leistung von Geld, so ist der Vollstreckungsklausel folgender Zusatz anzufügen:
»Solange die Zwangsvollstreckung über Maßregeln zur Sicherung nicht hinausgehen darf, kann der Schuldner die Zwangsvollstreckung durch Leistung einer Sicherheit in Höhe von ... (Angabe des Betrages, wegen dessen der Gläubiger vollstrecken darf) abwenden.«
(2) Wird die Zwangsvollstreckung nur für einen oder mehrere der durch die ausländische Entscheidung zuerkannten oder in einem anderen Schuldtitel niedergelegten Ansprüche oder nur für einen Teil des Gegenstands der Verurteilung oder der Verpflichtung zugelassen, so ist die Vollstreckungsklausel als »Teil-Vollstreckungsklausel nach § 3 des Anerkennungs- und Vollstreckungsausführungsgesetzes vom 30. Mai 1988 (BGBl. I S. 662)« zu bezeichnen.
(3) Die Vollstreckungsklausel ist von dem Urkundsbeamten der Geschäftsstelle zu unterschreiben und mit dem Gerichtssiegel zu versehen. Sie ist entweder auf die Ausfertigung des Schuldtitels oder auf ein damit zu verbindendes Blatt zu setzen. Falls eine Übersetzung des Schuldtitels vorliegt, ist sie mit der Ausfertigung zu verbinden.
(4) Auf die Kosten des Verfahrens vor dem Vorsitzenden ist § 788 der Zivilprozeßordnung entsprechend anzuwenden.

§ 9

(1) Eine beglaubigte Abschrift des mit der Vollstreckungsklausel versehenen Schuldtitels und gegebenenfalls seiner Übersetzung ist dem Schuldner von Amts wegen zuzustellen.

(2) Muß die Zustellung an den Schuldner außerhalb des Geltungsbereichs dieses Gesetzes oder durch öffentliche Bekanntmachung erfolgen und hält der Vorsitzende die Frist zur Einlegung der Beschwerde von einem Monat (§ 11 Abs. 2) nicht für ausreichend, so bestimmt er eine längere Beschwerdefrist. Die Frist ist in der Anordnung, daß der Schuldtitel mit der Vollstreckungsklausel zu versehen ist (§ 7), oder nachträglich durch besonderen Beschluß, der ohne mündliche Verhandlung erlassen wird, zu bestimmen. Die Frist beginnt, auch im Fall der nachträglichen Festsetzung, mit der Zustellung des mit der Vollstreckungsklausel versehenen Schuldtitels.

(3) Dem Antragsteller sind die mit der Vollstreckungsklausel versehene Ausfertigung des Schuldtitels und eine Bescheinigung über die bewirkte Zustellung zu übersenden. In den Fällen des Absatzes 2 ist die festgesetzte Frist für die Einlegung der Beschwerde auf der Bescheinigung über die bewirkte Zustellung zu vermerken.

§ 10

Ist der Antrag nicht zulässig oder nicht begründet, lehnt ihn der Vorsitzende durch Beschluß ab. Der Beschluß ist zu begründen. Die Kosten sind dem Antragsteller aufzuerlegen.

Dritter Abschnitt: Beschwerde, Vollstreckungsgegenklage

§ 11

(1) Der Schuldner kann gegen die Zulassung der Zwangsvollstreckung Beschwerde einlegen.

(2) Die Beschwerde ist, soweit nicht nach § 9 Abs. 2 eine längere Frist bestimmt wird, innerhalb eines Monats einzulegen.

(3) Die Beschwerdefrist ist eine Notfrist und beginnt mit der Zustellung des mit der Vollstreckungsklausel versehenen Schuldtitels.

§ 12

(1) Die Beschwerde des Schuldners gegen die Zulassung der Zwangsvollstreckung wird bei dem Oberlandesgericht durch Einreichen einer Beschwerdeschrift oder durch Erklärung zu Protokoll der Geschäftsstelle eingelegt. Der Beschwerdeschrift soll die für ihre Zustellung erforderliche Zahl von Abschriften beigefügt werden.

(2) Die Zulässigkeit der Beschwerde wird nicht dadurch berührt, daß sie statt bei dem Oberlandesgericht bei dem Landgericht eingelegt wird, das die Zwangsvollstreckung zugelassen hat (§ 5); die Beschwerde ist unverzüglich von Amts wegen an das Oberlandesgericht abzugeben.
(3) Die Beschwerde ist dem Gläubiger von Amts wegen zuzustellen.

§ 13

(1) Der Schuldner kann mit der Beschwerde, die sich gegen die Zulassung der Zwangsvollstreckung aus einer Entscheidung richtet, auch Einwendungen gegen den Anspruch selbst insoweit geltend machen, als die Gründe, auf denen sie beruhen, erst nach dem Erlaß der Entscheidung entstanden sind.
(2) Mit der Beschwerde, die sich gegen die Zulassung der Zwangsvollstreckung aus einem Prozeßvergleich oder einer öffentlichen Urkunde richtet, kann der Schuldner die Einwendungen gegen den Anspruch selbst ungeachtet der in Absatz 1 enthaltenen Beschränkung geltend machen.

§ 14

(1) Über die Beschwerde entscheidet das Oberlandesgericht durch Beschluß, der mit Gründen zu versehen ist. Der Beschluß kann ohne mündliche Verhandlung ergehen. Der Beschwerdegegner ist vor der Entscheidung zu hören.
(2) Solange eine mündliche Verhandlung nicht angeordnet ist, können zu Protokoll der Geschäftsstelle Anträge gestellt und Erklärungen abgegeben werden. Wird die mündliche Verhandlung angeordnet, so gilt für die Ladung § 215 der Zivilprozeßordnung.
(3) Eine vollständige Ausfertigung des Beschlusses ist dem Gläubiger und dem Schuldner auch dann von Amts wegen zuzustellen, wenn der Beschluß verkündet worden ist.

§ 15

(1) Ist die Zwangsvollstreckung aus einem Schuldtitel zugelassen, so kann der Schuldner Einwendungen gegen den Anspruch selbst in einem Verfahren nach § 767 der Zivilprozeßordnung nur geltend machen, wenn die Gründe, auf denen seine Einwendungen beruhen, erst
1. nach Ablauf der Frist, innerhalb derer er die Beschwerde hätte einlegen können, oder
2. falls die Beschwerde eingelegt worden ist, nach Beendigung dieses Verfahrens entstanden sind.
(2) Die Klage nach § 767 der Zivilprozeßordnung ist bei dem Landgericht zu erheben, das über den Antrag auf Erteilung der Vollstreckungsklausel entschieden hat.

## § 16

(1) Gegen den ablehnenden Beschluß des Vorsitzenden (§ 10) kann der Antragsteller Beschwerde einlegen; die §§ 12 und 14 sind entsprechend anzuwenden.

(2) Aufgrund des Beschlusses, durch den die Zwangsvollstreckung aus dem Schuldtitel zugelassen wird, erteilt der Urkundsbeamte der Geschäftsstelle des Oberlandesgerichts die Vollstreckungsklausel. § 7 Satz 2 und § 8 Abs. 1 bis 3 sind entsprechend anzuwenden. Ein Zusatz, daß die Zwangsvollstreckung über Maßregeln zur Sicherung nicht hinausgehen darf, ist nur aufzunehmen, wenn das Oberlandesgericht eine entsprechende Anordnung nach diesem Gesetz (§ 24 Abs. 2, § 45 Abs. 1 Nr. 1 oder § 52 Abs. 1 Nr. 1) erlassen hat. Der Inhalt des Zusatzes bestimmt sich nach dem Inhalt der Anordnung.

Vierter Abschnitt: Rechtsbeschwerde

## § 17

(1) Gegen den Beschluß des Oberlandesgerichts findet die Rechtsbeschwerde statt, wenn gegen diese Entscheidung, wäre sie durch Endurteil ergangen, die Revision gegeben wäre.

(2) Die Rechtsbeschwerde ist innerhalb eines Monats einzulegen.

(3) Die Rechtsbeschwerdefrist ist eine Notfrist und beginnt mit der Zustellung des Beschlusses (§ 14 Abs. 3, § 16 Abs. 1).

## § 18

(1) Die Rechtsbeschwerde wird durch Einreichen der Beschwerdeschrift bei dem Bundesgerichtshof eingelegt.

(2) Die Rechtsbeschwerde ist zu begründen. § 554 der Zivilprozeßordnung ist entsprechend anzuwenden.

(3) Mit der Beschwerdeschrift soll eine Ausfertigung oder beglaubigte Abschrift des Beschlusses, gegen den die Rechtsbeschwerde sich richtet, vorgelegt werden.

(4) Die Beschwerdeschrift ist dem Beschwerdegegner von Amts wegen zuzustellen. Der Beschwerdeschrift und ihrer Begründung soll die für ihre Zustellung erforderliche Zahl von Abschriften beigefügt werden.

## § 19

(1) Der Bundesgerichtshof kann nur überprüfen, ob der Beschluß auf einer Verletzung eines Anerkennungs- und Vollstreckungsvertrages oder eines anderen Gesetzes beruht. Die §§ 550 und 551 der Zivilprozeßordnung sind entsprechend anzuwenden. Der Bundesgerichtshof darf nicht prüfen, ob das Gericht seine örtliche Zuständigkeit zu Unrecht angenommen hat.

(2) Der Bundesgerichtshof ist an die in dem angefochtenen Beschluß getroffenen tatsächlichen Feststellungen gebunden, es sei denn, daß in bezug auf diese Feststellungen zulässige und begründete Einwände vorgebracht worden sind.

(3) Auf das Verfahren über die Rechtsbeschwerde sind die §§ 554 b, 556, 558, 559, 563, 573 Abs. 1 und die §§ 574 und 575 der Zivilprozeßordnung entsprechend anzuwenden.

(4) Wird die Zwangsvollstreckung aus dem Schuldtitel erstmals durch den Bundesgerichtshof zugelassen, so erteilt der Urkundsbeamte der Geschäftsstelle dieses Gerichts die Vollstreckungsklausel. § 7 Satz 2 und § 8 Abs. 1 bis 3 gelten entsprechend. Ein Zusatz über die Beschränkung der Zwangsvollstreckung entfällt.

Fünfter Abschnitt: Beschränkung der Zwangsvollstreckung auf Sicherungsmaßregeln und Fortsetzung der Zwangsvollstreckung

§ 20

Die Zwangsvollstreckung ist auf Sicherungsmaßregeln beschränkt, solange die Frist zur Einlegung der Beschwerde noch läuft und solange über die Beschwerde noch nicht entschieden ist.

§ 21

Einwendungen des Schuldners, daß bei der Zwangsvollstreckung die Beschränkung auf Sicherungsmaßregeln nach dem zwischenstaatlichen Vertrag, nach diesem Gesetz oder aufgrund einer auf diesem Gesetz beruhenden Anordnung (§§ 20, 24 Abs. 2, §§ 45, 52) nicht eingehalten werde, oder Einwendungen des Gläubigers, daß eine bestimmte Maßnahme der Zwangsvollstreckung mit dieser Beschränkung vereinbar sei, sind im Wege der Erinnerung nach § 766 der Zivilprozeßordnung bei dem Vollstreckungsgericht (§ 764 der Zivilprozeßordnung) geltend zu machen.

§ 22

(1) Solange die Zwangsvollstreckung aus einem Schuldtitel, der auf Leistung von Geld lautet, nicht über Maßregeln der Sicherung hinausgehen darf, ist der Schuldner befugt, die Zwangsvollstreckung durch Leistung einer Sicherheit in Höhe des Betrags abzuwenden, wegen dessen der Gläubiger vollstrecken darf.

(2) Die Zwangsvollstreckung ist einzustellen und bereits getroffene Vollstreckungsmaßregeln sind aufzuheben, wenn der Schuldner durch eine öffentliche Urkunde die zur Abwendung der Zwangsvollstreckung erforderliche Sicherheitsleistung nachweist.

## § 23

Ist eine bewegliche Sache gepfändet und darf die Zwangsvollstreckung nicht über Maßregeln zur Sicherung hinausgehen, kann das Vollstreckungsgericht auf Antrag anordnen, daß die Sache versteigert und der Erlös hinterlegt werde, wenn sie der Gefahr einer beträchtlichen Wertminderung ausgesetzt ist oder wenn ihre Aufbewahrung unverhältnismäßige Kosten verursachen würde.

## § 24

(1) Weist das Oberlandesgericht die Beschwerde des Schuldners gegen die Zulassung der Zwangsvollstreckung (§ 11) zurück oder läßt es auf die Beschwerde des Gläubigers (§ 16 Abs. 1) die Zwangsvollstreckung aus dem Schuldtitel zu, so kann die Zwangsvollstreckung über Maßregeln zur Sicherung hinaus fortgesetzt werden.

(2) Auf Antrag des Schuldners kann das Oberlandesgericht anordnen, daß bis zum Ablauf der Frist zur Einlegung der Rechtsbeschwerde (§ 17) oder bis zur Entscheidung über diese Beschwerde die Zwangsvollstreckung nicht oder nur gegen Sicherheitsleistung über Maßregeln zur Sicherung hinausgehen darf. Die Anordnung darf nur erlassen werden, wenn glaubhaft gemacht wird, daß die weitergehende Vollstreckung dem Schuldner einen nicht zu ersetzenden Nachteil bringen würde. § 713 der Zivilprozeßordnung ist entsprechend anzuwenden.

(3) Wird die Rechtsbeschwerde gegen den Beschluß des Oberlandesgerichts eingelegt, kann der Bundesgerichtshof auf Antrag des Schuldners eine Anordnung nach Absatz 2 erlassen. Der Bundesgerichtshof kann auf Antrag des Gläubigers eine nach Absatz 2 erlassene Anordnung des Oberlandesgerichts abändern oder aufheben.

## § 25

(1) Die Zwangsvollstreckung aus dem Schuldtitel, den der Urkundsbeamte der Geschäftsstelle des Landgerichts mit der Vollstreckungsklausel versehen hat, ist auf Antrag des Gläubigers über Maßregeln zur Sicherung hinaus fortzusetzen, wenn das Zeugnis des Urkundsbeamten der Geschäftsstelle dieses Gerichts vorgelegt wird, daß die Zwangsvollstreckung unbeschränkt stattfinden darf.

(2) Das Zeugnis ist dem Gläubiger auf seinen Antrag zu erteilen,
1. wenn der Schuldner bis zum Ablauf der Beschwerdefrist keine Beschwerdeschrift eingereicht hat;
2. wenn das Oberlandesgericht die Beschwerde des Schuldners zurückgewiesen und keine Anordnung nach § 24 Abs. 2 erlassen hat;
3. wenn der Bundesgerichtshof die Anordnung des Oberlandesgerichts nach § 24 Abs. 2 aufgehoben hat (§ 24 Abs. 3 Satz 2) oder
4. wenn der Bundesgerichtshof den Schuldtitel zur Zwangsvollstreckung zugelassen hat.

(3) Aus dem Schuldtitel darf die Zwangsvollstreckung, selbst wenn sie auf Maßregeln der Sicherung beschränkt ist, nicht mehr stattfinden, sobald ein Beschluß

des Oberlandesgerichts, daß der Schuldtitel zur Zwangsvollstreckung nicht zugelassen werde, verkündet oder zugestellt ist.

§ 26

(1) Die Zwangsvollstreckung aus dem Schuldtitel, zu dem der Urkundsbeamte der Geschäftsstelle des Oberlandesgerichts die Vollstreckungsklausel mit dem Zusatz erteilt hat, daß die Zwangsvollstreckung aufgrund der Anordnung des Gerichts nicht über Maßregeln zur Sicherung hinausgehen darf (§ 16 Abs. 2 Satz 3), ist auf Antrag des Gläubigers fortzusetzen, wenn das Zeugnis des Urkundsbeamten der Geschäftsstelle dieses Gerichts vorgelegt wird, daß die Zwangsvollstreckung unbeschränkt stattfinden darf.

(2) Das Zeugnis ist dem Gläubiger auf seinen Antrag zu erteilen,
1. wenn der Schuldner bis zum Ablauf der Frist zur Einlegung der Rechtsbeschwerde (§ 17 Abs. 2) keine Beschwerdeschrift eingereicht hat;
2. wenn der Bundesgerichtshof die Anordnung des Oberlandesgerichts nach § 24 Abs. 2 aufgehoben hat (§ 24 Abs. 3 Satz 2) oder
3. wenn der Bundesgerichtshof die Rechtsbeschwerde des Schuldners zurückgewiesen hat.

Dritter Teil: Feststellung der Anerkennung einer Entscheidung

§ 27

Auf das Verfahren, das die Feststellung zum Gegenstand hat, ob die Entscheidung anzuerkennen ist, sind die §§ 2 bis 6, 9 bis 14 und 16 bis 19 entsprechend anzuwenden.

§ 28

Ist der Antrag auf Feststellung begründet, so beschließt der Vorsitzende, daß die Entscheidung anzuerkennen ist; die Kosten sind dem Antragsgegner aufzuerlegen. Dieser kann die Beschwerde (§ 11) auf die Entscheidung über den Kostenpunkt beschränken. In diesem Falle sind die Kosten dem Antragsteller aufzuerlegen, wenn der Antragsgegner nicht durch sein Verhalten zu dem Antrag auf Feststellung Veranlassung gegeben hat.

Vierter Teil: Aufhebung oder Änderung der Beschlüsse über die Zulassung der Zwangsvollstreckung oder die Anerkennung

§ 29

(1) Wird der Schuldtitel in dem Staat, in dem er errichtet worden ist, aufgehoben oder geändert und kann der Schuldner diese Tatsache in dem Verfahren der Zulassung der Zwangsvollstreckung nicht mehr geltend machen, so kann er die Aufhebung oder Änderung der Zulassung in einem besonderen Verfahren beantragen.
(2) Für die Entscheidung über den Antrag ist das Landgericht ausschließlich zuständig, das über den Antrag auf Erteilung der Vollstreckungsklausel entschieden hat.
(3) Der Antrag kann bei dem Gericht schriftlich oder durch Erklärung zu Protokoll der Geschäftsstelle gestellt werden. Über den Antrag kann ohne mündliche Verhandlung entschieden werden. Vor der Entscheidung ist der Gläubiger zu hören. § 14 Abs. 2 ist entsprechend anzuwenden. Die Entscheidung ergeht durch Beschluß, der dem Gläubiger und dem Schuldner auch dann von Amts wegen zuzustellen ist, wenn er verkündet wurde.
(4) Der Beschluß unterliegt der sofortigen Beschwerde. Die Frist, innerhalb derer die sofortige Beschwerde einzulegen ist, beträgt einen Monat; sie ist eine Notfrist und beginnt mit der Zustellung des Beschlusses.
(5) Für die Einstellung der Zwangsvollstreckung und die Aufhebung bereits getroffener Vollstreckungsmaßregeln sind die §§ 769 und 770 der Zivilprozeßordnung entsprechend anzuwenden. Die Aufhebung einer Vollstreckungsmaßregel ist auch ohne Sicherheitsleistung zulässig.

§ 30

(1) Wird die Zulassung der Zwangsvollstreckung auf die Beschwerde (§ 11) oder die Rechtsbeschwerde (§ 17) aufgehoben oder abgeändert, so ist der Gläubiger zum Ersatz des Schadens verpflichtet, der dem Schuldner durch die Vollstreckung des Schuldtitels oder durch eine Leistung zur Abwendung der Vollstreckung entstanden ist. Das gleiche gilt, wenn die Zulassung der Zwangsvollstreckung aus einer Entscheidung, die zum Zeitpunkt der Zulassung nach dem Recht des Urteilsstaats noch mit einem ordentlichen Rechtsmittel angefochten werden konnte, nach § 29 aufgehoben oder abgeändert wird.
(2) Für die Geltendmachung des Anspruchs ist das Landgericht ausschließlich zuständig, das über den Antrag, den Schuldtitel mit der Vollstreckungsklausel zu versehen, entschieden hat.

§ 31

Wird die Entscheidung in dem Staat, in dem sie ergangen ist, aufgehoben oder abgeändert und kann die davon begünstigte Partei diese Tatsache nicht mehr in dem Verfahren über den Antrag auf Feststellung der Anerkennung geltend machen, so ist § 29 entsprechend anzuwenden.

Fünfter Teil: Besondere Vorschriften für Entscheidungen deutscher Gerichte

§ 32

(1) Will eine Partei ein Versäumnis- oder Anerkenntnisurteil, das nach § 313 b der Zivilprozeßordnung in verkürzter Form abgefaßt worden ist, in einem anderen Vertragsstaat geltend machen, so ist das Urteil auf ihren Antrag zu vervollständigen. Der Antrag kann bei dem Gericht schriftlich oder durch Erklärung zu Protokoll der Geschäftsstelle gestellt werden. Über den Antrag wird ohne mündliche Verhandlung entschieden.
(2) Zur Vervollständigung des Urteils sind der Tatbestand und die Entscheidungsgründe nachträglich abzufassen, von den Richtern besonders zu unterschreiben und der Geschäftsstelle zu übergeben; der Tatbestand und die Entscheidungsgründe können auch von Richtern unterschrieben werden, die bei dem Urteil nicht mitgewirkt haben.
(3) Für die Berichtigung des nachträglich abgefaßten Tatbestands gilt § 320 der Zivilprozeßordnung entsprechend. Jedoch können bei der Entscheidung über einen Antrag auf Berichtigung auch solche Richter mitwirken, die bei dem Urteil oder der nachträglichen Anfertigung des Tatbestands nicht mitgewirkt haben.
(4) Die vorstehenden Absätze gelten entsprechend für die Vervollständigung von Arrestbefehlen, einstweiligen Anordnungen und einstweiligen Verfügungen, die in einem anderen Vertragsstaat geltend gemacht werden sollen und nicht mit einer Begründung versehen sind.

§ 33

Vollstreckungsbescheide, Arrestbefehle und einstweilige Verfügungen, die nach dem zwischenstaatlichen Vertrag außerhalb des Geltungsbereichs dieses Gesetzes anerkannt und zur Zwangsvollstreckung zugelassen werden können, sind, sofern die Anerkennung und Zwangsvollstreckung betrieben werden soll, auch dann mit der Vollstreckungsklausel zu versehen, wenn dies für eine Zwangsvollstreckung im Geltungsbereich dieses Gesetzes nach § 796 Abs. 1, § 929 Abs. 1 und § 936 der Zivilprozeßordnung nicht erforderlich wäre.

Sechster Teil: Mahnverfahren

§ 34

(1) Das Mahnverfahren findet auch statt, wenn die Zustellung des Mahnbescheids in einem anderen Vertragsstaat erfolgen muß. In diesem Fall kann der Anspruch auch die Zahlung einer bestimmten Geldsumme in ausländischer Währung zum Gegenstand haben.
(2) Macht der Antragsteller geltend, daß das Gericht aufgrund einer Vereinbarung zuständig sei, hat er dem Mahnantrag die nach dem jeweiligen Vertrag erforderlichen Schriftstücke über die Vereinbarung beizufügen.
(3) Die Widerspruchsfrist (§ 692 Abs. 1 Nr. 3 der Zivilprozeßordnung) beträgt einen Monat. In dem Mahnbescheid ist der Antragsgegner darauf hinzuweisen, daß er einen Zustellungsbevollmächtigten zu benennen hat (§ 174 der Zivilprozeßordnung und § 4 Abs. 2 und 3 dieses Gesetzes). § 175 der Zivilprozeßordnung gilt entsprechend mit der Maßgabe, daß der Zustellungsbevollmächtigte innerhalb der Widerspruchsfrist zu benennen ist.

Siebenter Teil: Auszuführende zwischenstaatliche Verträge

§ 35

(1) Dieses Gesetz ist bei der Ausführung folgender Verträge anzuwenden:
1. Übereinkommen vom 27. September 1968 über die gerichtliche Zuständigkeit und die Vollstreckung gerichtlicher Entscheidungen in Zivil- und Handelssachen (BGBl. 1972 II S. 773);
1a. Übereinkommen vom 16. September 1988 über die gerichtliche Zuständigkeit und die Vollstreckung gerichtlicher Entscheidungen in Zivil- und Handelssachen (BGBl. II 1994 S. 2658);
2. Haager Übereinkommen vom 2. Oktober 1973 über die Anerkennung und Vollstreckung von Unterhaltsentscheidungen (BGBl. 1986 II S. 825);
3. Vertrag vom 17. Juni 1977 zwischen der Bundesrepublik Deutschland und dem Königreich Norwegen über die gegenseitige Anerkennung und Vollstreckung gerichtlicher Entscheidungen und anderer Schuldtitel in Zivil- und Handelssachen (BGBl. 1981 II S. 341);
4. Vertrag vom 20. Juli 1977 zwischen der Bundesrepublik Deutschland und dem Staat Israel über die gegenseitige Anerkennung und Vollstreckung gerichtlicher Entscheidungen in Zivil- und Handelssachen (BGBl. 1980 II S. 925);
5. Vertrag vom 14. November 1983 zwischen der Bundesrepublik Deutschland und Spanien über die Anerkennung und Vollstreckung von gerichtlichen Entscheidungen und Vergleichen sowie vollstreckbaren öffentlichen Urkunden in Zivil- und Handelssachen (BGBl. 1987 II S. 34).
(2) Die Ausführung der Übereinkommen unterliegt ergänzend den Vorschriften des Achten Teils, die den allgemeinen Regelungen vorgehen.

Achter Teil: Besondere Vorschriften für die einzelnen zwischenstaatlichen Verträge

Erster Abschnitt: Übereinkommen vom 27. September 1968 über die gerichtliche Zuständigkeit und die Vollstreckung gerichtlicher Entscheidungen in Zivil- und Handelssachen (BGBl. 1972 II S. 773) und vom 16. September 1988 (BGBl. II 1994 S. 2658 ).

§ 36

(1) Die Frist für die Beschwerde (§ 11) beträgt zwei Monate, wenn der Schuldner seinen Wohnsitz in einem anderen Vertragsstaat als dem hat, in welchem die Entscheidung über die Zulassung der Zwangsvollstreckung ergangen ist (Artikel 36 Abs. 2 des Übereinkommens).
(2) § 9 Abs. 2 Satz 1 ist bei der Zustellung außerhalb des Geltungsbereichs dieses Gesetzes dann nicht anzuwenden, wenn ein Schriftstück in einem Vertragsstaat des Übereinkommens zugestellt werden muß.
(3) Im übrigen bleiben § 9 Abs. 2 und § 11 Abs. 2 unberührt.

§ 37

(1) Das Oberlandesgericht kann auf Antrag des Schuldners seine Entscheidung über die Beschwerde gegen die Zulassung der Zwangsvollstreckung aussetzen, wenn gegen die Entscheidung im Ursprungsstaat ein ordentliches Rechtsmittel eingelegt oder die Frist hierfür noch nicht verstrichen ist; im letzteren Fall kann das Oberlandesgericht eine Frist bestimmen, innerhalb derer das Rechtsmittel einzulegen ist. Das Gericht kann die Zwangsvollstreckung auch von einer Sicherheitsleistung abhängig machen.
(2) Absatz 1 ist im Verfahren auf Feststellung der Anerkennung einer Entscheidung (§§ 27 und 28) entsprechend anzuwenden.

§ 38

Die Rechtsbeschwerde (§§ 17 bis 19) ist stets zulässig, wenn das Oberlandesgericht von einer Entscheidung des Gerichtshofs der Europäischen Gemeinschaften abgewichen ist.

Zweiter Abschnitt: Haager Übereinkommen vom 2. Oktober 1973 über die Anerkennung und Vollstreckung von Unterhaltsentscheidungen (BGBl. 1986 II S. 825)

## § 39

(1) Die Anerkennung und Vollstreckung von öffentlichen Urkunden aus einem anderen Vertragsstaat findet nur statt, wenn der andere Vertragsstaat die Erklärung nach Artikel 25 des Übereinkommens abgegeben hat.

(2) Die Anerkennung und Vollstreckung von Entscheidungen aus einem anderen Vertragsstaat in Unterhaltssachen zwischen Verwandten in der Seitenlinie und zwischen Verschwägerten ist auf Verlangen des Verpflichteten zu versagen, wenn nach den Sachvorschriften des Rechts des Staates, dem der Verpflichtete und der Berechtigte angehören, eine Unterhaltspflicht nicht besteht; dasselbe gilt, wenn sie keine gemeinsame Staatsangehörigkeit haben und nach dem am gewöhnlichen Aufenthaltsort des Verpflichteten geltenden Recht eine Unterhaltspflicht nicht besteht.

## § 40

(1) Die Frist für die Beschwerde (§ 11) beträgt zwei Monate, wenn die Zustellung an den Schuldner außerhalb des Geltungsbereichs dieses Gesetzes erfolgen muß.

(2) § 9 Abs. 2 Satz 1 ist nur auf die Zustellung durch öffentliche Bekanntmachung anzuwenden.

(3) Im übrigen bleiben § 9 Abs. 2 und § 11 Abs. 2 unberührt.

## § 41

(1) Die Vorschriften über die Aussetzung des Verfahrens vor dem Oberlandesgericht und die Zulassung der Zwangsvollstreckung gegen Sicherheitsleistung (§ 37 Abs. 1) sind entsprechend anzuwenden.

(2) Die Vorschriften über die Feststellung der Anerkennung einer Entscheidung (§§ 27 und 28), über die Aufhebung oder Änderung dieser Feststellung (§§ 29 bis 31) sowie über das Mahnverfahren (§ 34) finden keine Anwendung.

**Dritter Abschnitt:** Vertrag vom 17. Juni 1977 zwischen der Bundesrepublik Deutschland und dem Königreich Norwegen über die gegenseitige Anerkennung und Vollstreckung gerichtlicher Entscheidungen und anderer Schuldtitel in Zivil-und Handelssachen (BGBl. 1981 II S. 341)

### § 42

Hat der Schuldner keinen Wohnsitz im Geltungsbereich dieses Gesetzes, so ist für die Vollstreckbarerklärung von Entscheidungen und Prozeßvergleichen auch das Landgericht örtlich zuständig, in dessen Bezirk der Schuldner Vermögen hat.

### § 43

Ist die Entscheidung auf die Leistung einer bestimmten Geldsumme gerichtet, so bedarf es für die Zulassung zur Zwangsvollstreckung nicht des Nachweises, daß die Entscheidung rechtskräftig ist (Artikel 10 Abs. 2 und Artikel 17 Abs. 1 Satz 2 des Vertrags).

### § 44

Auf das Verfahren über die Beschwerde des Schuldners gegen die Zulassung der Zwangsvollstreckung (§ 11) findet § 13 Abs. 2 keine Anwendung.

### § 45

(1) Weist das Oberlandesgericht die Beschwerde des Schuldners gegen die Zulassung der Zwangsvollstreckung (§ 11) zurück oder läßt es auf die Beschwerde des Gläubigers (§ 16) die Zwangsvollstreckung aus dem Schuldtitel zu, so entscheidet es abweichend von § 24 Abs. 1 zugleich darüber, ob die Zwangsvollstreckung über Maßregeln zur Sicherung hinaus fortgesetzt werden kann:
1. Ist bei einer auf eine bestimmte Geldsumme lautenden Entscheidung der Nachweis, daß die Entscheidung rechtskräftig ist, nicht geführt, so ordnet das Oberlandesgericht an, daß die Vollstreckung erst nach Vorlage einer norwegischen Rechtskraftbescheinigung nebst Übersetzung (Artikel 14 Abs. 1 Nr. 2 und 6 und Abs. 2 des Vertrags) unbeschränkt stattfinden kann.
2. Ist der Nachweis, daß die Entscheidung rechtskräftig ist, geführt oder ist der Schuldtitel ein Prozeßvergleich, so ordnet das Oberlandesgericht an, daß die Zwangsvollstreckung unbeschränkt stattfinden darf.

(2) § 24 Abs. 2 und 3 bleibt unberührt.

## § 46

(1) Die Zwangsvollstreckung aus dem Schuldtitel, den der Urkundsbeamte der Geschäftsstelle des Landgerichts mit der Vollstreckungsklausel versehen hat, ist auf Antrag des Gläubigers auch dann über Maßregeln zur Sicherung hinaus fortzusetzen (§ 25 Abs. 1), wenn eine gerichtliche Anordnung nach § 45 Abs. 1 Nr. 1 oder § 24 Abs. 2 und 3 vorgelegt wird und die darin bestimmten Voraussetzungen erfüllt sind.

(2) Ein Zeugnis gemäß § 25 Abs. 1 ist dem Gläubiger auf seinen Antrag abweichend von § 25 Abs. 2 Nr. 1 nur zu erteilen, wenn der Schuldner bis zum Ablauf der Beschwerdefrist keine Beschwerdeschrift eingereicht hat und wenn
1. der Gläubiger bei einer auf eine bestimmte Geldsumme lautenden Entscheidung nachweist, daß die Entscheidung rechtskräftig ist (Artikel 14 Abs. 1 Nr. 2 und 6 und Abs. 2 des Vertrags),
2. die Entscheidung nicht auf eine bestimmte Geldsumme lautet oder
3. der Schuldtitel ein gerichtlicher Vergleich ist.
§ 25 Abs. 2 Nr. 2 bis 4 findet keine Anwendung.

(3) § 25 Abs. 3 bleibt unberührt.

## § 47

Die Zwangsvollstreckung aus dem Schuldtitel, zu dem der Urkundsbeamte der Geschäftsstelle des Oberlandesgerichts die Vollstreckungsklausel erteilt hat, ist abweichend von § 26 Abs. 1 auf Antrag des Gläubigers nur im Rahmen einer gerichtlichen Anordnung nach § 45 oder § 24 Abs. 2 und 3 fortzusetzen. Eines besonderen Zeugnisses des Urkundsbeamten der Geschäftsstelle bedarf es nicht.

## § 48

(1) Auf das Verfahren über die Rechtsbeschwerde sind neben den in § 19 Abs. 3 aufgeführten Vorschriften auch die §§ 45 und 47 sinngemäß anzuwenden.

(2) Hat der Bundesgerichtshof eine Anordnung nach § 19 Abs. 3 in Verbindung mit § 45 Abs. 1 Nr. 1 erlassen, so ist in Abweichung von § 19 Abs. 4 Satz 3 ein Zusatz aufzunehmen, daß die Zwangsvollstreckung über Maßregeln zur Sicherung nicht hinausgehen darf. Der Inhalt des Zusatzes bestimmt sich nach dem Inhalt der Anordnung.

## § 49

Die Vorschriften über die Feststellung der Anerkennung einer Entscheidung (§§ 27 und 28) und über die Aufhebung oder Änderung dieser Feststellung (§§ 29 bis 31) finden keine Anwendung.

**Vierter Abschnitt:** Vertrag vom 20. Juli 1977 zwischen der Bundesrepublik Deutschland und dem Staat Israel über die gegenseitige Anerkennung und Vollstreckung gerichtlicher Entscheidungen in Zivil- und Handelssachen (BGBl. 1980 II S. 925)

## § 50

Hat der Schuldner keinen Wohnsitz im Geltungsbereich dieses Gesetzes, so ist für die Vollstreckbarerklärung von Entscheidungen und gerichtlichen Vergleichen auch das Landgericht örtlich zuständig, in dessen Bezirk der Schuldner Vermögen hat.

## § 51

Auf das Verfahren über die Beschwerde des Schuldners gegen die Zulassung der Zwangsvollstreckung (§ 11) findet § 13 Abs. 2 keine Anwendung.

## § 52

(1) Weist das Oberlandesgericht die Beschwerde des Schuldners gegen die Zulassung der Zwangsvollstreckung (§ 11) zurück oder läßt es auf die Beschwerde des Gläubigers (§ 16) die Zwangsvollstreckung aus dem Schuldtitel zu, so entscheidet es abweichend von § 24 Abs. 1 zugleich darüber, ob die Zwangsvollstreckung über Maßregeln zur Sicherung hinaus fortgesetzt werden kann:
1. Ist der Nachweis, daß die Entscheidung rechtskräftig ist, nicht geführt, so ordnet das Oberlandesgericht an, daß die Vollstreckung erst nach Vorlage einer israelischen Rechtskraftbescheinigung nebst Übersetzung (Artikel 15 Abs. 1 Nr. 2 und 7 des Vertrags) unbeschränkt stattfinden darf.
2. Ist der Nachweis, daß die Entscheidung rechtskräftig ist, erbracht oder hat die Entscheidung eine Unterhaltspflicht zum Gegenstand oder ist der Schuldtitel ein Prozeßvergleich, so ordnet das Oberlandesgericht an, daß die Zwangsvollstreckung unbeschränkt stattfinden darf.

(2) § 24 Abs. 2 und 3 bleibt unberührt.

## § 53

(1) Die Zwangsvollstreckung aus dem Schuldtitel, den der Urkundsbeamte der Geschäftsstelle des Landgerichts mit der Vollstreckungsklausel versehen hat, ist auf Antrag des Gläubigers auch dann über Maßregeln zur Sicherung hinaus fortzusetzen (§ 25 Abs. 1), wenn eine gerichtliche Anordnung nach § 52 Abs. 1 Nr. 1 oder § 24 Abs. 2 und 3 vorgelegt wird und die darin bestimmten Voraussetzungen erfüllt sind.

(2) Ein Zeugnis gemäß § 25 Abs. 1 ist dem Gläubiger auf seinen Antrag abweichend von § 25 Abs. 2 Nr. 1 nur zu erteilen, wenn der Schuldner bis zum Ablauf der Beschwerdefrist keine Beschwerdeschrift eingereicht hat und wenn
1. der Gläubiger den Nachweis führt, daß die Entscheidung rechtskräftig ist (Artikel 21 des Vertrags),
2. die Entscheidung eine Unterhaltspflicht zum Gegenstand hat (Artikel 20 des Vertrags), oder
3. der Schuldtitel ein gerichtlicher Vergleich ist.
§ 25 Abs. 2 Nr. 2 bis 4 findet keine Anwendung.
(3) § 25 Abs. 3 bleibt unberührt.

§ 54

Die Zwangsvollstreckung aus dem Schuldtitel, zu dem der Urkundsbeamte der Geschäftsstelle des Oberlandesgerichts die Vollstreckungsklausel erteilt hat, ist abweichend von § 26 Abs. 1 auf Antrag des Gläubigers nur im Rahmen einer gerichtlichen Anordnung nach § 52 oder § 24 Abs. 2 und 3 fortzusetzen. Eines besonderen Zeugnisses des Urkundsbeamten der Geschäftsstelle bedarf es nicht.

§ 55

(1) Auf das Verfahren über die Rechtsbeschwerde sind neben den in § 19 Abs. 3 aufgeführten Vorschriften auch die §§ 52 und 54 entsprechend anzuwenden.
(2) Hat der Bundesgerichtshof eine Anordnung nach § 19 Abs. 3 in Verbindung mit § 52 Abs. 1 Nr. 1 erlassen, so ist abweichend von § 19 Abs. 4 Satz 3 ein Zusatz aufzunehmen, daß die Zwangsvollstreckung über Maßregeln zur Sicherung nicht hinausgehen darf. Der Inhalt des Zusatzes bestimmt sich nach dem Inhalt der Anordnung.

Fünfter Abschnitt: Vertrag vom 14. November 1983 zwischen der Bundesrepublik Deutschland und Spanien über die Anerkennung und Vollstreckung von gerichtlichen Entscheidungen und Vergleichen sowie vollstreckbaren öffentlichen Urkunden in Zivil- und Handelssachen (BGBl. 1987 II S. 34)

§ 56

Artikel 7 des Familienrechtsänderungsgesetzes vom 11. August 1961 (BGBl. I S. 1221) bleibt durch die Vorschriften dieses Gesetzes unberührt (Artikel 10 Abs. 4 des Vertrags).

### Neunter Teil: Anpassung und Aufhebung von Gesetzen

Vom Abdruck der §§ 57, 58 wurde abgesehen.

### Zehnter Teil: Konzentrationsermächtigung

Vom Abdruck des § 59 wurde abgesehen.

### Elfter Teil: Schluß- und Übergangsvorschriften

Vom Abdruck der §§ 60, 61 wurde abgesehen.

**V. Zwangsvollstreckung von Titeln aus der früheren DDR:** Die frühere DDR war 9 nie Ausland i. S. der §§ 328, 722, 723 ZPO.[42] Die Urteile ihrer Gerichte waren deshalb auch in der Vergangenheit schon als Urteile »deutscher Gerichte« i. S. § 704 ZPO anzusehen, bedurften also keiner Anerkennung, um in der Bundesrepublik vollstreckt werden zu können.[43] Nunmehr legen Art. 18 Abs.1 des Einigungsvertrages und Anl. I Kap. III Sachgebiet A, Abschn. III Nr. 5 Buchst. i–k zum Einigungsvertrag ausdrücklich fest, daß die Entscheidungen der staatlichen Gerichte der früheren DDR (– also nicht die der sog. gesellschaftlichen Gerichte –) fortgelten und nach dem für Entscheidungen der Gerichte der Bundesrepublik geltenden Recht (also auch nach dem 8. Buch der ZPO) vollstreckt werden, ohne daß insoweit irgendwelche Besonderheiten gelten. Auch die Umrechnung alter DDR-Titel in DM ist nunmehr unproblematisch (Art. 7 §§ 1 und 2 G zum Vertrag zur WWSU).[44] Im Einzelfall können bei der Vollstreckung alter Urteile, die vor März 1990 in der ehemaligen DDR ergangen sind, Schwierigkeiten wegen des rechtstaatlichen Minimalanforderungen widersprechenden Verfahrens oder wegen dem ordre public der Bundesrepublik widersprechenden Inhalts auftauchen: Widerspricht der Inhalt schon offensichtlich den guten Sitten, ist der entsprechende Einwand des Schuldners sowohl im Klauselverfahren[45] als auch von den Vollstreckungsorganen[46] nach den allgemeinen Regeln zu berücksichtigen; denn kein staatliches Organ darf an der Verwirklichung von ohne weiteres erkennbarem rechtstaatswidrigem Unrecht mitwirken. Fälle dieser Art werden aber in der Praxis ganz selten sein. Ist der Titel seinem äußeren Anschein nach neutral, sodaß eine Beurteilung seines Inhalts durch die Vollstreckungsorgane nicht in Betracht kommt (– ebenso wie bei in der Bundesrepublik »erschlichenen« Titeln –), muß der Schuldner gegebenenfalls aus § 826 BGB auf Unterlassung der Zwangsvollstreckung

---

42 BVerfGE 36, 1 ff. (zum sog. Grundlagenvertrag).
43 Dies war in der Lit. zwar teilweise streitig, aber gefestigte Meinung aller Gerichte einschließlich des Bundesgerichtshofes; beispielhaft: BGHZ 84, 19; OLG Hamm, FamRZ 1991, 1078.
44 Beispielhaft: LG Hildesheim, DAV 1991, 952.
45 Siehe auch vor §§ 724–734 Rdn. 9 (Prüfung des vollstreckungsfähigen Inhalts des Titels)
46 Siehe auch § 750 Rdn. 5.

und Herausgabe des Unrechtstitels klagen.[47] Die Rechtssprechung des BGH, daß ein Rückgriff auf § 826 BGB durch den Einigungsvertrag ausgeschlossen sei,[48] überzeugt nicht. Daß Anl. I Kap. III Sachgebiet A Abschn. III Nr. 5 Buchst. i zum Einigungsvertrag den § 826 BGB nicht nennt, besagt insoweit nichts, da es sich bei dieser Klage nicht um einen besonderen prozeßrechtlichen Rechtsbehelf handelt, sondern um eine allgemeine Leistungsklage, gestützt auf eine allgemeine Anspruchsgrundlage des bürgerlichen Rechts.

---

47 Einzelheiten: Anh. § 767 Rdn. 1 und: vor §§ 704–707 Rdn. 3.
48 BGH, MDR 1995, 630.

## § 722 Vollstreckbarkeit ausländischer Urteile

(1) Aus dem Urteil eines ausländischen Gerichts findet die Zwangsvollstreckung nur statt, wenn ihre Zulässigkeit durch ein Vollstreckungsurteil ausgesprochen ist.
(2) Für die Klage auf Erlaß des Urteils ist das Amtsgericht oder Landgericht, bei dem der Schuldner seinen allgemeinen Gerichtsstand hat, und sonst das Amtsgericht oder Landgericht zuständig, bei dem nach § 23 gegen den Schuldner Klage erhoben werden kann.

I. **Anwendungsbereich:** Die §§ 722, 723 finden nur Anwendung, soweit nicht zwischen dem Herkunftsland des zu vollstreckenden Titels und der Bundesrepublik Deutschland generell oder im Hinblick auf Titel gerade dieser Art eine abweichende völkerrechtliche Vereinbarung getroffen wurde;[1] solche Vereinbarungen enthalten entweder ein einfacheres Verfahren als die ZPO es für den Regelfall vor Augen hatte oder sie erweitern den Kreis der der Anerkennung und Vollstreckung im Inland zugänglichen Titel. Denn die §§ 722, 723 gelten nur für Urteile und andere **gerichtliche Entscheidungen** (Kostenfestsetzungsbeschlüsse, Vollstreckungsbescheide), also nicht für Vergleiche,[2] notarielle Urkunden und sonstige nach den ausländischen Rechtsordnungen mögliche Titel.[3] Schließlich ist zu beachten, daß das Verfahren nach §§ 722, 723 ZPO nur zur Anwendung kommt, wenn die spätere Zwangsvollstreckung aus dem Titel nach den Regeln des 8. Buches der ZPO ablaufen würde, nicht aber nach dem FGG (wie etwa ein Titel auf Herausgabe eines Kindes von einem Elternteil an den anderen). Im letzteren Falle ist nach §§ 16 a, 33 FGG zu verfahren.[4]

II. Aus ausländischen Titeln, die in den Anwendungsbereich des § 722 ZPO fallen, findet niemals unmittelbar die Zwangsvollstreckung statt, sondern immer nur im Zusammenhang mit einem inländischen Vollstreckungsurteil,[5] das die Zulässigkeit der Zwangsvollstreckung aus diesem Titel ausdrücklich ausspricht. Eine Parteivereinbarung, den Titel auch ohne Vollstreckungsurteil als Vollstreckungsgrundlage zu akzeptieren, ist nichtig;[6] denn sie würde den numerus clausus der Vollstreckungstitel durchbrechen;[7] deshalb

---

1 Siehe den Überblick: vor §§ 722, 723 Rdn. 2–7.
2 Wie hier: *Thomas/Putzo*, §§ 722, 723 Rdn. 5; *MüKo/Gottwald*, § 722 Rdn. 9; *Rosenberg/Gaul*, § 12 II 2; a. A. (auch auf Vergleiche anwendbar): *Zöller/Geimer*, § 722 Rdn. 8; *Zimmermann*, § 722 Rdn. 9.
3 Die Vollstreckung ausländischer Schiedssprüche, soweit wieder nicht völkerrechtliche Sonderregeln eingreifen, regelt § 1044 ZPO. Sieht das ausländische Verfahren ausnahmsweise vor, daß das dortige den Schiedsspruch bestätigende oder für vollstreckbar erklärende Exequatur-Urteil den Schiedsspruch ganz in sich aufnimmt, so kann hier wahlweise auch das Verfahren gem. §§ 722, 723 ZPO hinsichtlich dieses Bestätigungsurteils betrieben werden anstelle des Verfahrens gem. § 1044 ZPO hinsichtlich des Schiedsspruchs; vergl. BGH, NJW 1984, 2765; BGH, MDR 1985, 125.
4 OLG Düsseldorf, FamRZ 1982, 186; BGHZ 67, 255; 88, 113; *Rosenberg/Gaul*, § 12 II 2; a. A. für Entscheidung auf Kindesherausgabe: OLG Düsseldorf, FamRZ 1983, 421.
5 Einzelheiten zum Verfahren und zum Inhalt: unten Rdn. 3–5 sowie § 723 Rdn. 5.
6 *Rosenberg/Gaul*, § 12 II 3.
7 Vor §§ 704–707 Rdn. 1.

kommt auch ein Prozeßvergleich in einem Verfahren nach §§ 722, 723, die Zwangsvollstreckung aus einem ausländischen Titel zu dulden, nicht als Ersatz für ein Vollstreckungsurteil in Betracht. Die Möglichkeit, nach §§ 722, 723 vorzugehen und auf diesem Wege die Vollstreckbarkeit eines ausländischen Titels hier zu erreichen, schließt die Zulässigkeit einer auf denselben Streitgegenstand gerichteten Leistungsklage im Inland nicht grundsätzlich aus.[8] Denn weder entfaltet die Rechtskraft des ausländischen Urteils ohne weiteres Wirkungen im Inland, noch ist der Weg über das Vollstreckungsurteil immer der einfachere und billigere Weg. In Fällen dieser Art ist allerdings immer erforderlich, daß der Kläger sein Rechtschutzbedürfnis für die Leistungsklage im Inland besonders darlegt und begründet.

**3** III. Das Verfahren zur Erwirkung des Vollstreckungsurteils wird durch **Klageerhebung** nach den allgemeinen Regeln (§§ 253, 261 ZPO) eingeleitet. Der Antrag hat dahin zu lauten, »die Zwangsvollstreckung aus dem ... (genaue Bezeichnung des Titels) wegen ... (Angabe, inwieweit die Zwangsvollstreckung ermöglicht werden soll)[9] gegen den Beklagten zuzulassen.« Die Klage ist entsprechend den Regeln der §§ 23 Nr. 1 (nicht auch Nr. 2), 23 a, 23 b, 27, 71 GVG bei dem Amts- oder Landgericht anhängig zu machen, bei dem der Schuldner seinen allgemeinen Gerichtsstand (§§ 12 ff. ZPO) hat oder, in Ermangelung eines solchen Gerichtsstandes, bei dem Amts- oder Landgericht, bei dem er nach § 23 ZPO verklagt werden kann (**Abs. 2**). Die Zuständigkeit ist gem. § 802 ZPO eine ausschließliche.[10] Die Amts- und Landgerichte sind auch für die Zulassung der Vollstreckung aus arbeitsgerichtlichen ausländischen Titeln zuständig.[11] Die Zuständigkeit der Familiengerichte ist dann gegeben, wenn die Sache, wäre sie im Inland zu entscheiden gewesen, als Familiensache einzuordnen gewesen wäre.[12]

**4** Die Klage hat der Gläubiger zu erheben, der im Inland die Vollstreckung aus dem Titel betreiben will. Dies ist, wenn die Vollstreckbarerklärung eines auf Kindesunterhalt lautenden Titels erstrebt wird, regelmäßig nicht der sorgeberechtigte Elternteil,[13] sondern das Kind selbst, vertreten durch den sorgeberechtigten Elternteil.[14]

**5** Da es alleiniges Ziel der Klage ist, die Vollstreckbarerklärung des ausländischen Titels im Inland zu erreichen, fehlt für die Klage das Rechtsschutzbedürfnis, wenn der auslän-

---

8 BGH, NJW 1964, 1626; BGH, NJW 1979, 2477; BGH, NJW 1987, 1146; OLG Hamm, FamRZ 1991, 718; *Baumbach/Lauterbach/Hartmann*, § 722 Rdn. 5; MüKo/*Gottwald*, § 722 Rdn. 29; a. A. (Klage auf Vollstreckungsurteil gehe immer vor): AG Hamburg-Altona, FamRZ 1990, 420; OLG Oldenburg, FamRZ 1984, 1096; *Stein/Jonas/Schumann*, § 328 ZPO Rdn. 29.
9 Zur Konkretisierung eines zu unbestimmten ausländischen Titels im Antrag auf Vollstreckbarkeitserklärung siehe BGH, NJW 1986, 1440; BGH, NJW 1990, 3084.
10 *Stein/Jonas/Münzberg*, § 722 Rdn. 13.
11 *Rosenberg/Gaul*, § 12 II 2.
12 BGHZ 88, 113; BGH, NJW 1980, 2025; OLG Hamburg, FamRZ 1978, 907 ff.; LG Tübingen, FamRZ 1979, 610; MüKo/*Gottwald*, § 722 Rdn. 20; a. A. (das Amtsgericht, nicht das Familiengericht): *Thomas/Putzo*, § 722 Rdn. 10.
13 Wenn die ausländische Rechtsordnung nicht ausnahmsweise ihm selbst den Anspruch zuordnet.
14 AG Lahnstein, NJW-RR 1986, 560.

dische Titel keinen vollstreckbaren Inhalt hat; insoweit genügt allerdings eine vollstreckbare Kostenentscheidung. Ist der Tenor der ausländischen Entscheidung für sich genommen aber nur deshalb nicht vollstreckbar, weil er nach den hier geltenden Regeln zu unbestimmt formuliert ist, enthält der Titel jedoch konkrete Hinweise auf die Kriterien, nach denen die Leistungspflicht im Einzelfall zu bestimmen ist (z. B. Bindung einer Unterhaltsrente an den schweizerischen Landesindex für Konsumentenpreise[15]), so scheitert seine Vollstreckbarerklärung allerdings nicht, soweit die zur Konkretisierung erforderlichen Umstände im Inland sicher und zweifelsfrei feststellbar sind. In einem solchen Fall ist es zulässig und geboten, die Konkretisierung im Tenor der Vollstreckbarerklärung vorzunehmen.[16]

IV. Für den **Streitwert** maßgeblich ist der Wert des im Inland zu vollstreckenden Anspruchs nach hiesigen Wertmaßstäben,[17] nicht der Wert des Titels in seinem Herkunftsland.

6

V. Da Streitgegenstand der Klage nach §§ 722, 723 nur die Vollstreckbarerklärung des ausländischen Titels, nicht der dort titulierte Anspruch selbst ist, ist eine **Widerklage,** die nur mit dem im ausländischen Titel geltend gemachten sachlichen Anspruch in Zusammenhang steht (z. B. Gegenansprüche aus einem Verkehrsunfall, aus dem auch die im Ausland titulierten Ansprüche herrühren), **nicht** zulässig, wohl aber eine Widerklage, die die Vollstreckbarkeit des Titels betrifft (z. B. negative Feststellungsklage, daß der Titel auch, soweit seine Vollstreckbarerklärung derzeit nicht begehrt wird, im Inland nicht vollstreckbar erklärt werden kann).

7

---

15 Siehe hierzu BGH, NJW 1986, 1440 mit Anm. von *Dopffel,* IPRax 1986, 277.
16 BGH, NJW 1993, 1801; OLG Hamburg, RWI/AWD 1994, 424.
17 Dieser Wert ist auch für die Gebührenberechnung maßgebend. Kosten und Zinsen, die im ausländischen Urteil zuerkannt sind, werden grundsätzlich bei der Streitwertfestsetzung nicht berücksichtigt. Für die Kosten gilt hiervon allerdings dann eine Ausnahme, wenn sie im ausländischen Urteil ziffernmäßig ausdrücklich genannt sind; vergl. hierzu BGH, WM 1956, 1506.

§ 723 Vollstreckungsurteil für ausländische Urteile

(1) Das Vollstreckungsurteil ist ohne Prüfung der Gesetzmäßigkeit der Entscheidung zu erlassen.
(2) ¹Das Vollstreckungsurteil ist erst zu erlassen, wenn das Urteil des ausländischen Gerichts nach dem für dieses Gericht geltenden Recht die Rechtskraft erlangt hat. ²Es ist nicht zu erlassen, wenn die Anerkennung des Urteils nach § 328 ausgeschlossen ist.

1 I. Da Streitgegenstand des Verfahrens auf Erlangung des Vollstreckungsurteils nicht der titulierte Anspruch als solcher, sondern nur seine Vollstreckbarkeit im Inland ist, hat das deutsche Gericht zur **Begründetheit** der Klage nach §§ 722, 723 nie zu überprüfen, ob das ausländische Gericht nach den dortigen materiellrechtlichen Vorschriften sachlich richtig entschieden hat (**Abs. 1**). Auch das ausländische Verfahren, das dem Titel voranging, wird nur insoweit einer Prüfung unterzogen, als die Verfahrensfehler im Hinblick auf § 328 Abs. 1 Nr. 1, 2, 3, 4 ZPO einer Anerkennung entgegenstehen könnten: Prüfungsmaßstab ist hierbei zudem nicht das ausländische Recht in seiner Auslegung durch die dortige Rechtsprechung und Literatur, sondern gemessen an deutschen rechtsstaatlichen Regeln.

II. Im einzelnen hat das Gericht zu prüfen:

2 **1. Rechtskraft des ausländischen Titels:** Ein Vollstreckungsurteil darf nur erlassen werden, wenn der Titel nach dem Recht seines Ursprungslandes rechtskräftig geworden ist (**Abs. 2 S. 1**). Deshalb scheidet ein Vollstreckungsurteil nach § 723 hinsichtlich aller Titel, die nur vorläufig vollstreckbar sind oder die der Rechtskraftwirkung von vornherein nicht zugänglich sind (notarielle Urkunden, Prozeßvergleiche), grundsätzlich aus.

3 **2. Ausschluß der Anerkennung nach § 328 ZPO:** Hinsichtlich der Zuständigkeit des ausländischen Gerichts (§ 328 Abs. 1 Nr. 1 ZPO) reicht es aus, daß sie sich allein aus einer Zuständigkeitsvereinbarung der Parteien ergab. Daß die im Inland vorgesehene Belehrung gem. § 504 ZPO durch das ausländische Gericht nicht entsprechend durchgeführt wurde, ist dabei unerheblich.[1] Andererseits muß das deutsche Gericht die Zuständigkeit des ausländischen Gerichts selbständig prüfen[2] und ist an dessen Rechtsauffassung, auch wenn im Urteil auf die Zuständigkeitsfrage ausführlich eingegangen sein sollte, nicht gebunden. Auch neues Vorbringen der Parteien zur Zuständigkeitsfrage ist zu beachten.[3] Erst recht bindet es das deutsche Gericht nicht, daß das ausländische Gericht in einer Versäumnisentscheidung konkludent seine Zuständigkeit bejaht hatte.[4]

Die fehlerhafte Zustellung der Klage, die Grundlage der ausländischen Entscheidung war, ist nicht von amtswegen, sondern nur auf Rüge des Beklagten hin zu beachten

---

1 OLG Frankfurt, VersR 1980, 58.
2 OLG München, NJW 1975, 504 mit Anm. von *Geimer*, NJW 1975, 1086.
3 BGH, NJW 1994, 1413 mit Anm. von *Geimer*, LM H. 5/95 § 32 ZPO Nr. 15.
4 BGHZ 52, 30.

(§ 328 Abs. 1 Nr. 2 ZPO). Eine öffentliche Zustellung ist zudem als ordnungsmäßig anzusehen und damit ausreichend.[5]

§ 328 Abs. 1 Nr. 3 ZPO ist an Art. 27 Nr. 3 EuGVÜ[6] angelehnt und Ausdruck des Grundsatzes der Priorität.

Der deutsche ordre public (§ 328 Abs. 1 Nr. 4 ZPO) kann sowohl durch den materiellrechtlichen Inhalt der Entscheidung[7] als auch durch das zum Titelerlaß führende Verfahren (Verletzung des rechtlichen Gehörs,[8] willkürliche Manipulation der Richterbank) tangiert werden. Die Anerkennung der Entscheidung und damit der Erlaß eines Vollstreckungsurteils sind aber erst ausgeschlossen, wenn dies mit wesentlichen Grundsätzen des deutschen Rechts **offensichtlich**[9] unvereinbar wäre. Zu diesen wesentlichen Grundsätzen zählt es z. B. nicht, daß bereits der Tenor des für vollstreckbar erklärenden Urteils den zu vollstreckenden Anspruch ziffernmäßig in allen Einzelheiten konkretisiert. Eine in dieser Hinsicht unpräzise tenorierte Entscheidung kann deshalb anerkannt werden, wenn diese Konkretisierung aufgrund von in der Entscheidung enthaltenen Angaben, Vorschriften und ähnlichen im Inland gleichermaßen zugänglichen und sicher feststellbaren Umständen im Tenor des Vollstreckungsurteils nachgeholt werden kann.[10] Denn erst dieser ist die Grundlage für die Vollstreckung im Inland[11] und muß deshalb den Anforderungen hier an die erforderliche Bestimmtheit von Vollstreckungstiteln gerecht werden.[12]

Die Anerkennung eines ausländischen Urteils ist ferner ausgeschlossen, wenn die Gegenseitigkeit gem. § 328 Abs.1 Nr. 5 ZPO nicht verbürgt ist. Die Gegenseitigkeit ist als gewährleistet anzusehen, wenn die Anerkennung und Vollstreckung eines deutschen Urteils in dem Urteilsstaat auf keine wesentlich größeren Schwierigkeiten stößt,[13] als die Anerkennung und Vollstreckung dieses Urteils in der Bundesrepublik Deutschland.[14]

**3. Nachträgliche materiellrechtliche Einwendungen** gegen den titulierten Anspruch: Das deutsche Gericht hat zwar nicht zu prüfen, ob der hier zu vollstreckende Anspruch ursprünglich bestand und vom ausländischen Gericht nach den dortigen materiellrechtlichen Vorschriften zutreffend tituliert wurde (Abs. 1), dem Schuldner ist es aber nicht verwehrt, nachträgliche materiellrechtliche Einwendungen (z. B. Erfüllung, Aufrechnung, Stundung, Erlaß), die er gegen einen inländischen Titel in den Grenzen

4

---

5 *Rosenberg/Schwab/Gottwald*, Zivilprozeßrecht, 15. Aufl., § 157 I 3 c. Zur Heilung von Zustellungsmängeln: BGH, NJW 1991, 641.
6 Dessen Text siehe: vor §§ 722, 723 Rdn. 4.
7 Beispielhaft: BGH, NJW 1992, 3096 zu einem US-Urteil auf Schadensersatz, der pauschal neben der Zuerkennung von konkretem Ersatz für materielle und immaterielle Schäden zugesprochen worden war. Zur Vollstreckung derartiger US-amerikanischer Urteile siehe auch *Baur/Stürner*, Rdn. 57.4.
8 BGH, NJW 1980, 529; LG Frankfurt, NJW-RR 1986, 742.
9 Siehe hierzu *Rosenberg/Schwab/Gottwald*, a.a.O. § 157 I 3 e.
10 BGH, NJW 1986, 1440; BGH, NJW 1990, 3084; siehe auch § 722 Rdn. 5.
11 *Rosenberg/Gaul*, § 12 II 1.
12 Einzelheiten zum Bestimmtheitserfordernis: vor §§ 704–707 Rdn. 7.
13 Ob dies der Fall ist, ist wieder dem Länderteil in *Bülow/Böckstiegel/Geimer/Schütze*, Bd. II, zu entnehmen.
14 OLG Köln, FamRZ 1995, 306.

des § 767 Abs. 2 ZPO geltend machen könnte, im gleichen Umfange gegen den Anspruch auf Vollstreckbarerklärung geltend zu machen.[15] Er muß dies sogar tun, will er mit einer späteren Vollstreckungsabwehrklage, die auf diese Einwendungen gestützt ist, nicht an § 767 Abs. 3 ZPO scheitern[16]. Für die Frage der Präklusion nach § 767 Abs. 2 ZPO ist das ausländische Prozeßrecht maßgeblich, falls die Einwendung zwar im deutschen Verfahren bereits zulässig gewesen wäre, nicht aber nach dem Recht des Staates, das den für vollstreckbar zu erklärenden Titel erlassen hat. Lautet der Titel auf laufende Unterhaltszahlungen, so ist allerdings hinsichtlich der materiellen Einwendungen die Konkurrenz von § 323 ZPO mit § 767 ZPO zu beachten.[17] Soll die nachträgliche verminderte Leistungsfähigkeit des Schuldners geltend gemacht werden, kann dies nicht im Anerkennungsverfahren geschehen, sondern nur in einem neuen Abänderungsverfahren.[18]

5   III. Der Tenor des Vollstreckungsurteils hat dahin zu lauten, daß die näher bezeichnete Entscheidung, soweit der Schuldner durch sie verurteilt wurde, ... (den Betrag X zu zahlen oder den Gegenstand Y herauszugeben usw.) für vollstreckbar erklärt wird. Eine Umrechnung des auf eine ausländische Währung lautenden Titels findet im Tenor des Vollstreckungsurteils nicht statt,[19] sie wird erst vom Vollstreckungsorgan bei der Zwangsvollstreckung zum Tageskurs vorgenommen.[20] Die Kostenentscheidung im Vollstreckungsurteil ergeht nach den §§ 91 ff. ZPO. Das Urteil ist nach den allgemeinen Regeln der §§ 708 ff. ZPO für vorläufig vollstreckbar zu erklären.

6   IV. Das Urteil unterliegt nach den allgemeinen Regeln (§§ 511 ff., § 545 ff. ZPO) der Berufung bzw. der Revision. Materiellrechtliche Einwendungen, die erst nach der letzten mündlichen Verhandlung, auf die das Vollstreckungsurteil erging, entstanden sind, können mit der Klage gem. § 767 ZPO geltend gemacht werden. Sie ist darauf zu richten, »die Zwangsvollstreckung aus dem Vollstreckungsurteil des ... für unzulässig« zu erklären. Will der Schuldner gegenüber einem Unterhaltstitel geltend machen, die Unterhaltsbedürftigkeit des Gläubigers sei nachträglich entfallen oder seine eigene Fähigkeit, Unterhalt zu leisten, habe sich wesentlich verringert, so muß er Abänderungsklage gem. § 323 ZPO erheben. Im Verfahren auf Erlaß des Vollstreckungsurteils könnte er diesen Einwand dagegen noch nicht geltend machen, da er auf eine nachträgliche inhaltliche Abänderung des ausländischen Titels hinausliefe.[21] Wird der ausländische Titel nach Rechtskraft des Vollstreckungsurteils in seinem Herkunftsland in einem Wiederaufnahmeverfahren, z. B. aufgrund einer Nichtigkeitsklage, aufgehoben, so entfällt

---

15 BGHZ 59, 116; BGHZ 84, 17; BGH, NJW 1990, 1419 und NJW 1993, 1270; *Baur/Stürner*, Rdn. 57.3; *Stein/Jonas/Münzberg*, § 723 Rdn. 3.
16 Gegen die Anwendung der Präklusionsvorschriften in diesen Fällen *Baur/Stürner* Rdn. 57.3.
17 Grundsätzlich hierzu: § 767 Rdn. 5.
18 KG, NJW 1991, 644; siehe auch unten Rdn. 6.
19 BGH, NJW 1980, 2017; OLG Karlsruhe, IPRax 1987, 146; OLG Düsseldorf, NJW 1988, 2185; *Maier/Reimer*, NJW 1985, 2049; *K. Schmidt*, ZZP 1985, 32.
20 Siehe hierzu: vor §§ 803–882 a Rdn. 4. Ist ausdrücklich auch im Inland in der Fremdwährung zu zahlen, erfolgt die Wegnahme der ausländischen Banknoten gem. § 883 ZPO.
21 BGH, NJW 1990, 1419; KG, NJW 1991, 644; kritisch: *Zöller/Geimer*, § 722 Rdn. 62.

das Vollstreckungsurteil nicht automatisch. Der Schuldner muß vielmehr auch gegen das Vollstreckungsurteil Restitutionsklage erheben (§ 580 Nr. 6 ZPO).[22]

**V. Die Zwangsvollstreckung** aus dem Vollstreckungsurteil in Verbindung mit dem ausländischen Titel erfolgt im Inland dann nach den allgemeinen Regeln, nach denen auch deutsche Titel vollstreckt werden. »Titel« im Sinne der vollstreckungsrechtlichen Regeln ist dabei das Vollstreckungsurteil; d. h. seine Zustellung muß gem. § 750 ZPO nachgewiesen werden; es ist nach Erfüllung gem. § 757 Abs. 1 ZPO an den Schuldner auszuliefern, usw.

7

---

22 *Rosenberg/Gaul*, § 12 II 5.

**Vorbemerkung §§ 724–734: Die vollstreckbare Ausfertigung.**

### Inhaltsübersicht

| | | Rdn. |
|---|---|---|
| | Literatur | |
| I. | Zweck der Vollstreckungsklausel | 1–3 |
| II. | Titel, die keiner Klausel bedürfen | 4 |
| III. | Einfache und besondere Klauseln | 5 |
| IV. | Verfahren | 6-10 |
| V. | Rechtsbehelfe | 11, 12 |
| VI. | Entsprechende Anwendung der §§ 724–734 ZPO | 13 |
| VII. | Gebühren | 14 |

**Literatur:** *Bauer*, Die Erteilung vollstreckbarer Ausfertigungen im Konkurs- und Vergleichsverfahren, KTS 1960, 49; *Becker-Eberhard*, In Prozeßstandschaft erstrittene Leistungstitel in der Zwangsvollstreckung, ZZP 1991 (Bd. 104), 413; *Berger*, Die subjektiven Grenzen der Rechtskraft bei Prozeßstandschaft, 1992; *Biede*, Schuldtitel und Vollstreckungsklausel, DGVZ 1975, 6; *Eickmann*, Vollstreckungstitel und Vollstreckungsklausel gegen den Einzelkaufmann, RPfleger 1968, 382; *Heintzmann*, Vollstreckungsklausel für den Rechtsnachfolger bei Prozeßstandschaft, ZZP 1979, 61; *Herzig*, JurBüro 1968, 587. *Hoffmann*, Die Rechtsbehelfe während des Klauselerteilungsverfahrens, Jura 1995, 411; *Jaspersen*, Sinn und Zweck der Vollstreckungsklausel, RPfleger 1995, 4; *Loritz*, Die Umschreibung der Vollstreckungsklausel, ZZP 1982, 310; *Münzberg*, Vollstreckungsstandschaft und Einziehungsermächtigung, NJW 1992, 1867; *Quardt*, Die Parteibezeichnung in der Zwangsvollstreckung, JurBüro 1961, 71; *Saenger*, Die Klausel als Voraussetzung der Zwangsvollstreckung, JuS 1992, 861; *Scherer*, Zulässigkeit einer Vollstreckungsstandschaft?, RPfleger 1995, 89; *Schlosser*, Die Vollstreckungsklausel der ZPO, Jura 1984, 88.

**1** **I. Zweck:** Daß der Gläubiger in der Regel nicht einfach den in seinen Händen befindlichen Vollstreckungstitel dem Vollstreckungsorgan zum Zwecke der Zwangsvollstreckung aushändigen kann – also etwa das ihm gem. § 317 Abs. 1 von amtswegen zugestellte Urteil oder die Ausfertigung des Verhandlungsprotokolls (§§ 159 ff.), in dem sich die Niederschrift des gerichtlichen Vergleichs befindet (§ 794 Abs. 1 Nr. 1) –, sondern daß er sich zunächst zusätzlich um eine besondere Ausfertigung, die mit einer Vollstreckungsklausel versehen ist, bemühen muß, hat folgenden Grund: Das Original des Titels verbleibt grundsätzlich bei der Stelle, die den Titel erstellt hat – das Originalurteil, der Originalbeschluß und die Urschrift des Protokolls mit dem Vergleich bei den Gerichtsakten, die Originalurkunde beim Notar (vergl. insoweit §§ 45 Abs. 1, 47 BeurkG). Das vom Gläubiger ersuchte Vollstreckungsorgan ist in der Regel nicht bei der die Originalurkunde verwahrenden Stelle (siehe insbesondere § 764) tätig. Es hat bei der Vollstreckung nicht nur nicht die Originalakten, sondern oft noch nicht einmal den vollständigen Titel zur Hand (zur verkürzten Urteilsausfertigung vergl. § 317 Abs. 2 S. 2). Noch schwieriger wird die Situation dadurch, daß die Vollstreckung auch von einem anderen Gläubiger oder gegen einen anderen Schuldner, als aus dem Titel selbst ersichtlich, betrieben werden kann (vergl. §§ 325 ff., 727 ff.). Zweifelsfragen, verbunden oft mit schwierigsten materiellrechtlichen Problemen, die dann möglicherweise erst unmittelbar beim Vollstreckungsversuch auftauchen, könnten vom Vollstreckungsorgan kaum schnell an Ort und Stelle geklärt werden. Die Vollstreckung müßte vorläufig abgebrochen werden; der Überraschungseffekt der Zwangsvollstreckung[1] ginge weitgehend verloren. Deshalb wird im Vorschaltverfahren der §§ 724–734 die Vollstreckbarkeit und Vollstreckungsreife des Titels, die Berechtigung des im Titel nicht genannten Gläubigers zur Zwangsvollstreckung aus dem Titel, die Verpflichtung des im Titel nicht genannten Schuldners zur Duldung der Zwangsvollstreckung aus dem Titel geprüft und das positive Ergebnis dieser Prüfung mit Bindungswirkung für das Vollstreckungsorgan[2] durch die Vollstreckungsklausel bescheinigt. Trotz dieser bindenden Bescheinigung ist das Vollstreckungsorgan aber weiterhin zur selbständigen Überprüfung berechtigt und verpflichtet, ob die übergebene Urkunde grundsätzlich – ohne daß es auf eine Kenntnis der speziellen Akte ankommt – als Vollstreckungstitel in Betracht kommt[3] und ob ihr Inhalt in concreto vollstreckungsfähig ist[4]: Eine irrtümlich mit Klausel versehene Privaturkunde wird nicht dadurch zum geeigneten Vollstreckungstitel, ein zu unbestimmter Tenor nicht allein dadurch vollstreckungsfähig. Liegen aber die äußeren Anzeichen eines Titels mit vollstreckungsfähigem Inhalt vor, so prüft das Vollstreckungsorgan nur noch das Vorhandensein und die Formgerechtigkeit der Klausel, nicht aber deren sachlichrechtliche Zulässigkeit. Gleiches gilt auch für das Vollstreckungs- und Beschwerdegericht im Verfahren nach §§ 766, 793 ZPO und § 11 RpflG; denn ihre Prüfungskompetenz übersteigt grundsätzlich nicht die der Vollstreckungsorgane.[5]

Die Klauselerteilung bereitet die spätere Zwangsvollstreckung vor, ist aber noch nicht Teil der Vollstreckung selbst.[6] Deshalb unterbricht der Antrag auf Erteilung einer Vollstreckungsklausel nicht nach § 209 Abs. 2 Nr. 5 BGB die Verjährung.[7]

Entscheidungen, die nur vorläufig die Vollstreckung behindern, den Bestand des Titels selbst aber nicht berühren, stehen der Klauselerteilung nicht entgegen: So ist es für die Klauselerteilung unbeachtlich, daß die Zwangsvollstreckung aus dem Titel einstweilen eingestellt ist (etwa nach §§ 707, 719 ZPO) oder daß der Schuldner zur Abwendung der Vollstreckung Sicherheit geleistet hat (etwa nach §§ 711, 712 ZPO).[8] Gleiches gilt für eine noch nicht rechtskräftige Entscheidung nach § 767 ZPO, die auf ein Rechtsmittel hin noch abgeändert werden könnte.

Die Vollstreckungsklausel muß zu Beginn der Vollstreckung vorliegen. Dies gilt auch dann, wenn Vollstreckungsorgan das Prozeßgericht ist, das sich anhand der bei ihm vorliegenden Titelurschrift leicht über die Identität von Original und Ausfertigung Gewißheit verschaffen kann.[9] Das Fehlen der erforderlichen Vollstreckungsklausel führt

---

1 Vgl. Vor § 704 Rn. 10.
2 OLG Frankfurt, JurBüro 1976, 1122; OLG Hanau FamRZ 1981, 199; vergl. auch § 750 Rdn. 7.
3 Beispielsfälle: Vergleich ohne Verfahren, das er ganz oder teilweise beenden konnte, BGHZ 15, 190 ff.; Vergleich, der nicht erkennen läßt, daß er den Parteien vorgelesen und von ihnen genehmigt wurde, LG Essen, MDR 1975, 937.
4 Vergl. vor § 704–707 Rdn. 4.
5 OLG Hamm, FamRZ 1981, 199 f.
6 BGH MDR 1976, 837 f.; OLG Frankfurt, OLGZ 1968, 170 f.
7 *Staudinger-Dilcher*, 12. Aufl. 1980, § 209 BGB Rn. 36; AG Bad Säckingen, FamRZ 1995, 1221.
8 LG Kleve, DGVZ 1978, 680 mit Anm. von *Wolfsteiner*.
9 OLG Düsseldorf, OLGZ 76, 376; HansOLG Hamburg, WRP 1981, 221.

nicht zur Nichtigkeit einer dennoch erfolgten Vollstreckung. Der Vollstreckungsakt ist anfechtbar; der Mangel kann allerdings mit Wirkung ex tunc durch nachträgliche Klauselerteilung geheilt werden.[10]

4 **II. Titel, die keiner vollstreckbaren Ausfertigung bedürfen:** Nicht alle vollstreckungsfähigen Titel bedürfen der Vollstreckungsklausel. Sie ist nicht erforderlich beim Vollstreckungsbescheid (§ 796 Abs. 1 ZPO), auch nicht bei Urteilen, durch die ein Vollstreckungsbescheid nur aufrechterhalten bleibt,[11] bei Arresten und einstweiligen Verfügungen (§§ 929 Abs. 1, 936 ZPO), unabhängig davon, ob sie durch Urteil oder Beschluß erlassen wurden, beim Haftbefehl (§§ 908, 909 ZPO), beim Pfändungsbeschluß nach § 830 Abs. 1 ZPO, beim Überweisungsbeschluß im Falle des § 836 Abs. 3 ZPO sowie beim gem. § 105 ZPO unmittelbar aufs Urteil gesetzten Kostenfestsetzungsbeschluß (§ 795 a ZPO). Vollstreckungsbescheide, Arreste und einstweilige Verfügungen bedürfen der Vollstreckungsklausel allerdings dann, wenn die Zwangsvollstreckung für einen anderen als den im Titel bezeichneten Gläubiger oder gegen einen anderen als den im Titel bezeichneten Schuldner erfolgen soll (§ 796 Abs. 1, 929 Abs. 1 ZPO).

Den einstweiligen Verfügungen nicht gleichgestellt sind die in verschiedenen Verfahren der ZPO vorgesehenen einstweiligen Anordnungen (etwa §§ 620, 641 d ZPO). Sie bedürfen deshalb der Vollstreckungsklausel.[12]

Da nur der den vollstreckungsfähigen Anspruch beinhaltende Titel der Klausel bedarf, nicht aber sonstige Urkunden, die weitere Voraussetzungen der Zwangsvollstreckung nachweisen, bedarf auch ein den erstinstanzlichen Titel bestätigendes Berufungsurteil, das nur den Nachweis erbringt, daß das ursprünglich nur gegen Sicherheitsleistung vorläufig vollstreckbare Urteil nunmehr unbedingt vollstreckbar ist, nicht neben dem erstinstanzlichen Urteil noch seinerseits der Klausel.[13]

5 **III. Einfache und besondere Klauseln:** Wie schon angedeutet (oben Rn. 1), hat die Klausel nicht nur die Funktion, dem Vollstreckungsorgan nachzuweisen, daß die ihm zur Vollstreckung übergebene Urkunde mit dem Original des Titels übereinstimmt und daß es sich bei ihr um eine ordnungsgemäß zustandegekommene Ausfertigung handelt,[14] sondern darüberhinaus, bestimmten nach Einleitung des Erkenntnisverfahrens oder nach Erstellung des Titels stattgefundenen Entwicklungen, die aus dem Titel nicht ablesbar sind, Rechnung zu tragen, um den aufwendigen Weg eines neuen Erkenntnisverfahrens insoweit zu vermeiden. Diese besonderen Fälle regeln die §§ 726 Abs. 1, 727–729 ZPO. Da in diesem Rahmen oft schwierige Rechtsfragen zu beantworten, Urkunden auszulegen und bei der Formulierung der Klausel abweichend vom Grundtext des § 725 ZPO individuellen Besonderheiten Rechnung zu tragen sind, ist die Klauselbeurteilung insoweit dem Rechtspfleger übertragen (§ 20 Nr. 12 RpflG), soweit gerichtliche Titel in Frage stehen.[15]

---

10 HansOLG Hamburg, WRP 1981, 221 und NJW-RR 1986, 1502; *Stein/Jonas/Münzberg*, vor § 704 Rdz. 129.
11 AG Bonn, MDR 1969, 675.
12 BayObLG, MW – RR 1986, 546.
13 OLG Celle, JurBüro 1985, 1731.
14 BGH, NJW 1963, 1307.
15 Bei notariellen Urkunden unterscheidet § 797 Abs. 2 ZPO nicht zwischen einfachen und qualifizierten Klauseln.

*Die vollstreckbare Ausfertigung* Vor §§ 724–734

Während die einfache vollstreckbare Ausfertigung dem Schuldner, dem schon der Titel zugestellt ist, nicht nochmals zuzustellen ist, muß nach § 750 Abs. 2 ZPO die besondere Klausel einschließlich der öffentlichen bzw. öffentlich beglaubigten Urkunden, die zum Nachweis der besonderen Voraussetzungen der qualifizierten Klausel dienten, dem Schuldner vor oder zu Vollstreckungsbeginn zugestellt werden.

IV. Verfahren: Die Klausel wird nur auf Antrag erteilt. Antragsberechtigt ist nur der zur Vollstreckung aus dem Titel befugte Gläubiger, nicht aber ein im Titel nur begünstigter Dritter. Dies gilt auch für Vergleiche zugunsten Dritter i. S. § 328 BGB, in denen dem Dritten ein eigenes Forderungsrecht eingeräumt wurde, ohne daß sie selbst dem Rechtsstreit zum Zwecke des Vergleichsabschlusses förmlich[16] beigetreten sind.[17] Auch in den Fällen des § 265 ZPO ist, soweit nicht § 727 ZPO eingreift, nicht der materiellrechtliche Rechtsinhaber, sondern der im Titel ausgewiesene Kläger allein antragsberechtigt.[18] Gleiches gilt für den Fall der gewillkürten Prozeßstandschaft, auch wenn der Bekl. zur Zahlung zu Händen des tatsächlichen Rechtsinhabers verurteilt worden ist (etwa durch die Formel: »Der Beklagte wird verurteilt, an den Kläger ... DM zu Händen der ...-Bank, Konto-Nr. ... zu zahlen«).[19] Der Grund ist in allen Fällen der gleiche: Die Stellung als Vollstreckungsgläubiger wird abgesehen von den Fällen der §§ 727, 728 ZPO nicht aufgrund materiellen Rechts, sondern aufgrund prozeßrechtlicher Vorgänge erworben, die demgemäß auch eine Grundlage im Prozeßrecht finden müssen.[20]

6

Für den Antrag besteht, unabhängig zu welchem Titel eine Klausel erstrebt wird, nie Anwaltszwang.

Der Antrag ist zu richten, soweit eine einfache Klausel zu einem Urteil, einer anderen gerichtlichen Entscheidung oder einem Prozeßvergleich begehrt wird, an den Urkundsbeamten der Geschäftsstelle (§ 153 GVG) des Gerichts des ersten Rechtszuges und, wenn der Rechtsstreit noch bei einem höheren Gericht anhängig ist, an den Urkundsbeamten der Geschäftsstelle dieses Gerichts (§§ 724 Abs. 2, 795 ZPO). Ist der Rechtsstreit durch einen Vergleich in einem höheren Rechtszug beendet worden, ist der Urkundsbeamte der Geschäftsstelle dieses Gerichts solange zuständig, wie sich die Akte noch dort befindet, danach wieder der Urkundsbeamte der Geschäftsstelle des ersten Rechtszuges. In der Regel sind bei größeren Gerichten mehrere Geschäftsstellen eingerichtet. Zuständig ist dann der Urkundsbeamte der Geschäftsstelle des Spruchkörpers, der den Titel er-

7

---

16 Zu den zu beachtenden Förmlichkeiten zählt allerdings nicht der Anwaltszwang; BGH, NJW 1983, 1433.
17 Wie hier: OLG München, NJW 1957, 1367; OLG Celle, NJW 1966, 1367; OLG Frankfurt, MDR 1973, 321; KG, NJW 1973, 2032; Loritz, ZZP 1982, 337; *Becker-Eberhard*, ZZP 1991 (Bd. 104), 413; a. A.: *Baur/Stürner*, Rdn. 16.19; *Stein/Jonas/Münzberg*, § 724 Rdz. 8 a.
18 BGH. MDR 1984, 385 und NJW 1993, 1396; KG, JR 1956, 303; *Heintzmann*, ZZP 1979 (Bd. 92), 61, 65; a. A: *Kion*, NJW 1984, 1601 m. w. Nachw.
19 OLG Düsseldorf, JurBüro 1967, 256; KG, Rpfleger 1971, 103; HansOLG Hamburg, FamRZ 1984, 927; LG Essen, DGVZ 1972, 154; *Stein/Jonas/Münzberg*, § 727 Rdz. 45 (unter Aufgabe der in der 20. Aufl. vertretenen Gegenansicht).
20 Vergl. auch die Fallkonstellationen OLG Schleswig, MDR 1983, 761 und OLG Saarbrücken, Rpfleger 1978, 227.

lassen hat.Für die Erteilung einer vollstreckbaren Ausfertigung eines Vollstreckungsbescheides (– in den Fällen der §§ 727 ff. ZPO –) ist das Amtsgericht zuständig, das den Mahnbescheid erlassen hatte.[21] Das gilt auch, wenn es sich bei diesem Amtsgericht aufgrund der Konzentrationsmöglichkeiten für das Mahnverfahren um eines der sog. zentralen Mahngerichte des entsprechenden Bundeslandes handelt.[22]

Wird in den vorgenannten Fällen eine qualifizierte Klausel erstrebt, ist der Rechtspfleger (§ 20 Nr. 12 RpflG) bei den genannten Gerichten zuständig.

Die Klausel auf notariellen Urkunden wird vom Notar erteilt, der die Urkunde verwahrt (§ 797 Abs. 2 ZPO).

8   Der Urkundsbeamte der Geschäftsstelle hat den Schuldner vor der Klauselerteilung nie zu hören (arg. e contrario aus § 730 ZPO); dagegen kann der Schuldner vor Erteilung einer qualifizierten Klausel gehört werden. Seine Anhörung empfiehlt sich dort immer, bevor ein Antrag des Gläubigers mit der Begründung zurückgewiesen wird, die erforderlichen Nachweise durch öffentliche oder öffentlich-beglaubigte Urkunden fehlten.

9   Im Rahmen der Klauselerteilung prüft der Urkundsbeamte (Rechtspfleger, Notar) in jedem Falle, ob ein zu diesem Zeitpunkt grundsätzlich vollstreckbarer Titel[23] mit einem auch in concreto vollstreckungsfähigen Inhalt vorliegt.[24] Da die Klausel Voraussetzung einer späteren Zwangsvollstreckung ist, würde das Rechtsschutzbedürfnis für einen Klauselantrag fehlen, wenn feststeht, daß der Titel etwa wegen Unbestimmtheit des Tenors nicht vollstreckbar ist. Nicht zu prüfen hat der die Klausel Erteilende, ob der materielle Anspruch, der in dem Titel verlautbart, je bestanden hat oder noch besteht.[25] Er hat auch nicht zu prüfen, ob etwa materiellrechtliche Gründe (z. B. § 826 BGB[26]) einer Vollstreckung entgegenstehen. Er muß die Klausel also erteilen, wenn er weiß, daß der Anspruch bereits außerhalb der Zwangsvollstreckung erfüllt ist oder daß der titulierte Zinsanspruch von der Rechtsprechung als sittenwidrig beurteilt wird.

10   Die grundsätzliche Formulierung der Klausel ist in § 725 ZPO festgelegt. Jedoch sind im Einzelfall Abweichungen erforderlich, wenn die Klausel nicht zum gesamten titulierten Anspruch erteilt wird. Besonderheiten ergeben sich auch aus den §§ 727–729 ZPO.

11   **V. Rechtsbehelfe:** 1. Gegen die vollständige oder teilweise Versagung der Klausel durch den **Urkundsbeamten** hat der Gläubiger die Erinnerung nach § 576 Abs. 1 ZPO. Sie ist

---

21 BGH, NJW 1993, 3141.
22 BGH, NJW 1993, 3141; OLG Hamm, RPfleger 1994, 30.
23 Die vorläufige Einstellung der Zwangsvollstreckung aus dem Titel interessiert insoweit nicht; vergl. Rdn. 2.
24 Zu den Anforderungen an die Bestimmtheit eines Titels vergl.: vor §§ 704–707 Rdn. 4. Nicht vollstreckungsfähig ist darüberhinaus auch ein Titel, durch dessen Vollstreckung das Vollstreckungsorgan selbst gegen deutsche Gesetze verstoßen würde.
25 OLG München, NJW-RR 1995, 763 ( zum Einwand mangelnder Fälligkeit).
26 Siehe Anh. § 767 ZPO Rdn. 1; a. A. für den Fall, daß die Vollstreckung erkennbar gegen die guten Sitten oder gegen Treu und Glauben verstoßen würde: OLG München, NJW-RR 1995, 763.

an das Prozeßgericht, dem der Urkundsbeamte zugeordnet ist, zu richten. Der Urkundsbeamte kann der Erinnerung, bevor er sie dem Gericht zur Entscheidung vorlegt, selbst abhelfen. Bestätigt das Prozeßgericht durch – zu begründenden – Beschluß den Urkundsbeamten, so ist dieser Beschluß mit der einfachen Beschwerde (§ 576 Abs. 1 ZPO) anfechtbar.[27] § 577 Abs. 4 ZPO ist insoweit mißverständlich formuliert: Die Bestimmung ordnet nicht etwa für alle Fälle des § 576 Abs. 1 ZPO die sofortige Beschwerde an, sie trifft nur eine Sonderregelung für die Fälle, in denen die sofortige Beschwerde nach den übrigen Regeln der ZPO das zutreffende Rechtsmittel wäre, hätte das Prozeßgericht die Entscheidung erlassen. § 793 ZPO ist hier noch nicht einschlägig, weil die Klauselerteilung nicht Teil, sondern nur notwendige Vorbedingung der Zwangsvollstreckung ist. **Weitere** Beschwerde ist nicht zulässig (§ 568 Abs. 2 S. 1 ZPO).[28]

Hat der **Rechtspfleger** die Klauselerteilung ganz oder teilweise verweigert, ist die – ebenfalls unbefristete – Erinnerung nach § 11 Abs. 1 S. 1, Abs. 2 RpflG gegeben. Der Rechtspfleger darf der Erinnerung selbst abhelfen. Hilft das Prozeßgericht, dem der Rechtspfleger zugeordnet ist, der Erinnerung ebenfalls nicht ab, so ist sie als Beschwerde anzusehen, über die dann das Beschwerdegericht zu entscheiden hat (§ 11 Abs. 2 Sätz 3–5 RpflG). Die Nichtabhilfeentscheidung ergeht durch Beschluß, der den Parteien formlos mitzuteilen ist (§ 329 Abs. 2 ZPO). Zur weiteren Beschwerde gilt das oben Gesagte: Sie ist generell unzulässig (§ 568 Abs. 2 S. 1 ZPO).

Hat der Notar die beantragte Klausel verweigert, steht dem Gläubiger gem. § 54 BeurkG die Beschwerde nach §§ 19 ff. FGG zu. Über die Beschwerde entscheidet eine Zivilkammer des Landgerichts, in dessen Bezirk der Notar seinen Sitz hat.

Hat der Gläubiger in den Fällen der qualifizierten Klausel nach §§ 726 Abs. 1, 727–729 ZPO den ihm obliegenden Beweis nicht mit öffentlichen bzw. öffentlich beglaubigten Urkunden führen können und war der Schuldner auch nicht bereit, die die Schlußfolgerung des Bedingungseintritts, der Rechtsnachfolge usw. tragenden Tatsachen zuzugestehen, sodaß die Klausel im Klauselerteilungsverfahren nicht erteilt werden konnte und durfte, so kann er Klage auf Erteilung der Vollstreckungsklausel nach § 731 ZPO erheben, um nunmehr mit den allgemeinen Beweismitteln des Zivilprozesses seinen Beweis zu führen.

2. Dem Schuldner stehen als selbständige Verteidigungsmittel gegen die Klauselerteilung nur die Erinnerung nach § 732 ZPO und die Klauselgegenklage nach § 768 ZPO zu, unabhängig davon, wer die Klausel erteilt hat. §§ 576 ZPO, 11 RpflG, 54 BeurkG werden durch diese spezielleren Rechtsbehelfe verdrängt.[29] Hinsichtlich der vom Notar erteilten Klausel verweisen §§ 795, 797 ZPO auf die §§ 732, 768 ZPO.

Die Erinnerung nach § 732 ZPO und die Klage nach § 768 ZPO stehen dem Schuldner wahlweise zur Verfügung, soweit formelle Einwendungen (z. B.: Fehlen des erforderlichen Urkundsbeweises) und materiellrechtliche Einwendung (z. B.: Nichteintritt der angeblich bewiesenen Bedingung) sich decken. Der Klage nach § 768 ZPO fehlt also nicht das Rechtschutzbedürfnis, wenn auch der einfachere und billigere Weg eines

12

---

27 Allgem. Meinung; vergl.: *Stein/Jonas/Münzberg*, § 724 Rdz. 16; *Brox/Walker*, Rdn. 130.
28 *Thomas/Putzo*, § 724 Rdn. 14; *MüKo/Wolfsteiner*, § 724 Rdn. 45,
29 Hinsichtlich des § 11 RpflG ist dies umstritten. Vergl. insoweit § 732 ZPO Rdn. 1; ferner OLG Celle, AnwBl 1984, 215.

Vorgehens nach § 732 ZPO möglich erscheint.³⁰ Dies folgt schon daraus, daß sich die Rechtschutzziele der beiden Verteidigungsmittel des Schuldners nicht decken.

13 VI. **Entsprechende Anwendung der §§ 724–734 ZPO:** Die §§ 724 ff. ZPO gehen zunächst nur von den Titeln des § 704 Abs. 1 ZPO aus, also rechtskräftigen oder für vorläufig vollstreckbar erklärten Urteilen.
Für die in § 794 ZPO genannten weiteren Titel ordnet § 795 ZPO aber die entsprechende Anwendung der §§ 724 ff. ZPO an, soweit sich in den §§ 795 a–800 a ZPO keine Sonderregelungen finden. Sonderregelungen zum Klauselrecht erhalten §§ 795 a 2. Halbs., 796 Abs. 1 u. 3, 797 Abs. 1–5, 797 a Abs. 1–4, 799, 800 Abs. 2 u. 3 sowie 800 a Abs. 2 und 3 ZPO. Weitere Verweisungen auf das Klauselrecht der ZPO finden sich etwa in §§ 162 Abs. 2, 194 KO. Obgleich in §§ 62 Abs. 2, 85 Abs. 1 Satz 3 ArbGG nur im Hinblick auf »die Zwangsvollstreckung« auf die Vorschriften des 8. Buches der ZPO verwiesen wird, gilt auch das Klauselrecht der ZPO entsprechend. Prozeßgericht i. S. §§ 724 ff. ZPO ist dann das Arbeitsgericht.

14 VII. **Gebühren:** Gerichtsgebühren entstehen durch den Antrag auf Erteilung einer Vollstreckungsklausel zu Urteils- oder Vergleichsausfertigungen nicht, zu gerichtlichen Urkunden im übrigen (§ 794 Abs. 1 Ziff. 5 ZPO) nur, wenn eine qualifizierte Klausel oder eine weitere vollstreckbare Ausfertigung (§ 733 ZPO) beantragt wird (§ 133 KostO). Auch der Notar erhält nach §§ 141, 133 KostO nur in diesen Fällen eine halbe Gebühr, während die Klauselerteilung im übrigen gebührenfreies Nebengeschäft der Errichtung der Urkunde ist (§ 35 KostO).³¹ Der Geschäftswert für die Gebühr des § 133 KostO richtet sich nach dem Betrag, der mit der vollstreckbaren Ausfertigung beigetrieben werden kann. Die Schreibauslagen des § 136 KostO sind dem Notar allerdings auch im Falle des § 35 KostO zu ersetzen. Der Rechtsanwalt erhält für den Antrag auf Erteilung der Vollstreckungsklausel keine gesonderte Gebühr. Diese Tätigkeit ist vielmehr durch die Zwangsvollstreckungsgebühr (§ 57 Abs. 1 BRAGO) mit abgegolten (§§ 37 Nr. 7, 58 Abs. 2 Nr. 1 BRAGO).

---

30 Siehe § 768 ZPO Rdn. 2.
31 Das gilt auch dann, wenn ausnahmsweise ein anderer Notar als derjenige, der die Urkunde errichtet hat, die Klausel erteilen muß. § 147 Abs. 1 KostO ist auch in diesen Fällen nicht anwendbar; a. A. allerdings OLG Köln, DNotZ 1958, 668.

§ 724 Vollstreckbare Ausfertigung

(1) Die Zwangsvollstreckung wird auf Grund einer mit der Vollstreckungsklausel versehenen Ausfertigung des Urteils (vollstreckbare Ausfertigung) durchgeführt.
(2) Die vollstreckbare Ausfertigung wird von dem Urkundsbeamten der Geschäftsstelle des Gerichts des ersten Rechtszuges und, wenn der Rechtsstreit bei einem höheren Gericht anhängig ist, von dem Urkundsbeamten der Geschäftsstelle dieses Gerichts erteilt.

I. Die Vorschrift bezieht sich unmittelbar nur auf rechtskräftige oder für vorläufig vollstreckbar erklärte Endurteile i. S. § 704 ZPO.[1] Kraft der Verweisung in § 795 ZPO gilt sie auch für die Titel des § 794 ZPO,[2] ebenso für alle anderen Vollstreckungstitel, die nach den Vorschriften der ZPO vollstreckt werden,[3] soweit die jeweiligen Verweisungsvorschriften keine Besonderheiten vorsehen.

II. Die Vollstreckungsklausel ist notwendige Voraussetzung für den Beginn der Zwangsvollstreckung nach dem 8. Buch der ZPO. Einzige Ausnahmen:[4] Arrest und einstweilige Verfügung (§§ 929 Abs. 1, 936 ZPO), nach § 105 Abs. 1 ZPO unmittelbar auf das Urteil gesetzte Kostenfestsetzungsbeschlüsse (§ 795 a ZPO), Vollstreckungsbescheide (§ 796 Abs. 1 ZPO), Haftbefehle (§§ 908, 909 ZPO), als Vollstreckungsgrundlage für Hilfspfändungen durch Wegnahme von Urkunden der Pfändungsbeschluß nach § 830 Abs. 1 ZPO und der Überweisungsbeschluß nach § 836 Abs. 3 ZPO.

III. Die Klausel kann nur von dem im Rubrum des Titels als Gläubiger Ausgewiesenen oder demjenigen beantragt werden, dem in §§ 727, 728, 742, 749 ZPO ein Anspruch auf titelergänzende Klausel zuerkannt ist. Es genügt dagegen nicht, daß sich aus dem Tenor, dem Tatbestand oder den Entscheidungsgründen eine materiellrechtliche Berechtigung abweichend vom Rubrum ergibt, etwa in den Fällen der gewillkürten Prozeßstandschaft und des § 265 ZPO.[5] In diesen Fällen kommt eine Klauselerteilung nur unter den Voraussetzungen des § 727 ZPO in Betracht. Es steht auch nicht im Belieben der Parteien, für einen Dritten, der an der Titelerlangung nicht durch eigene prozeßrechtliche Erklärungen mitgewirkt hat, einen Titel zu schaffen, etwa durch einen Prozeßvergleich zugunsten Dritter, in dem dem Dritten ein eigenes Forderungsrecht i. S. des § 328 Abs. 1 BGB eingeräumt wird.[6] Eine Ausnahme bildet § 1629 Abs. 3 BGB. Zweck der Norm ist es gerade, dem Kind die Teilnahme am Rechtsstreit der Eltern zu ersparen, ihm aber dennoch unmittelbar einen Titel zu verschaffen. Nach Rechtskraft des Scheidungsausspruchs kann aus einem derartigen Unterhaltsvergleich daher allein das Kind als Gläubiger die Zwangsvollstreckung betrei-

---

1 Zum Begriff des Endurteils siehe § 704 Rdn. 1.
2 Einzelheiten: Vorbem. §§ 724–734 Rdn. 13.
3 Siehe die Übersicht: vor §§ 704–707 Rdn. 2.
4 Näheres: Vorbem. §§ 724–734 Rdn. 4.
5 Vorbem. §§ 724–734 Rdn. 6.
6 Siehe Vorbem. §§ 724–734 Fußn. 17.

ben, nicht aber der den Vergleich zugunsten des Kindes geschlossen habende Elternteil.[7] § 1629 Abs. 3 BGB ist als Ausnahmevorschrift eng auszulegen und nicht auf andere Fälle anwendbar, in denen Eltern sich unter einander zugunsten der gemeinsamen Kinder verglichen haben.

**4** IV. 1. Der Antrag kann mündlich oder schriftlich angebracht werden. Er unterliegt auch dann, wenn er sich an ein Kollegialgericht wendet, nicht dem Anwaltszwang. Die dem Anwalt erteilte Prozeßvollmacht legitimiert automatisch auch zur Klauselbeantragung (§ 81 ZPO).

**5** 2. Der die Klausel Erteilende[8] prüft in jedem Falle, ob die ihm vorliegende Ausfertigung mit dem ihm ebenfalls vorliegenden Original übereinstimmt. Ausfertigung i. S. der ZPO ist eine amtlich erstellte Abschrift von einer bei den Gerichtsakten (bzw. den notariellen Akten; vergl. §§ 47, 49 BeurkG) befindlichen Urschrift. Daß es sich um keine Privatabschrift, sondern um eine Ausfertigung handelt, ist durch den sog. Ausfertigungsvermerk auf der Urkunde deutlich gemacht (»Für die Übereinstimmung der vorstehenden Ausfertigung mit der Urschrift gez. N. N. als Urkundsbeamter d. Geschäftsstelle«). Wird die Ausfertigung erst zum Zwecke des § 724 ZPO hergestellt, können der Ausfertigungsvermerk und die Klausel (Wortlaut nachstehend § 725 ZPO) in einem Text zusammengefaßt werden.[9] Ist eine ordnungsgemäße Klausel auf eine Titelabschrift gesetzt, die ihrerseits nicht den formalen Anforderungen an eine ordnungsgemäße Ausfertigung genügt, z. B. weil die Beglaubigung durch den Urkundsbeamten der Geschäftsstelle fehlt, so werden durch die Klausel die Mängel der Ausfertigung mit der Wirkung geheilt, daß die Urkunde nunmehr als vollgültige vollstreckbare Ausfertigung anzusehen ist.[10]

**6** 3. Weiter prüft der die Klausel Erteilende, ob die Urkunde generell als Titel in Betracht kommt, ob also ein förmlich wirksames (– etwa von den Richtern unterschriebenes und verkündetes –) Urteil, ein unter formalen Gesichtspunkten wirksamer Vergleich,[11] eine äußerlich ordnungsgemäß errichtete notarielle Urkunde vorliegt. Ein Nicht-Titel würde auch durch eine die übrigen Formalien berücksichtigende Klausel nicht zur – auch nur anfechtbaren – Vollstreckungsgrundlage.

---

7 HansOLG Hamburg FamRZ 1985, 624; OLG Frankfurt FamRZ 1983, 1268; LG Koblenz, FamRZ 1995, 490; *Zöller/Stöber*, § 794 ZPO Rdz. 6; a. A.: KG, FamRZ 1984, 505; HansOLG Hamburg FamRZ 1984, 927; OLG Nürnberg, FamRZ 1987, 1172; *Palandt/Diederichsen*, § 1629 BGB Rdn. 35 und *Baur/Stürner*, Rdn. 17.18 (– der Titel müsse auf das Kind analog § 727 ZPO umgeschrieben werden –). Nach OLG Frankfurt, FamRZ 1994, 453 soll der im Titel genannte Elternteil zur Klauselbeantragung im eigenen Namen weiter berechtigt sein, soweit sich nicht aus »amtsbekannten« Umständen zweifelsfrei ergibt, daß die elterliche Vertretungsmacht entfallen ist.
8 Siehe Rdz. 9 sowie Vorbem. §§ 724–734 Rdn. 7.
9 Beispiel: § 725 Rdn. 4.
10 BGH, NJW 1963, 1307 und JurBüro 1963, 397.
11 Die materiellrechtliche Wirksamkeit (etwa im Hinblick auf eine Anfechtung nach §§ 119, 123 BGB) kann nicht im Klauselverfahren geprüft, sondern muß im Wege der Fortsetzung des Rechtsstreites im ordentlichen Verfahren oder durch Vollstreckungsgegenklage geltend gemacht werden; vergl. § 767 Rdn. 27 sowie OLG Köln, AnwBl 1982, 113 f.

Mängel des Titels, die seine Wirksamkeit nicht berühren, wohl aber die Zwangsvollstreckung aus ihm erschweren können (– etwa eine falsche Schreibweise des Namens des Schuldners oder eine falsche Personenstandsangabe[12] –), stehen der Klauselerteilung nicht entgegen.

Bei Urteilen ist ferner zu prüfen, ob sie rechtskräftig oder für vorläufig vollstreckbar erklärt sind (§ 704 Abs. 1 ZPO).

Schließlich ist zu prüfen, ob der Titel auch in concreto einen vollstreckungsfähigen Inhalt hat, da ein Rechtschutzbedürfnis zur Erteilung einer Klausel für einen Titel, aus dem eine Vollstreckung nie in Betracht kommt, nicht ersichtlich ist. Ob die Vollstreckung dagegen auch zur Zeit möglich oder aber vorläufig eingestellt ist, spielt für die Klauselerteilung keine Rolle.[13] Ebenso sind alle materiellrechtlichen Überlegungen zum titulierten Anspruch (etwa der Erfüllungseinwand, der Einwand mangelnder Fälligkeit[14] oder der Einwand der Novation der Forderung durch außergerichtlichen Vergleich) im Klauselverfahren ohne Bedeutung, selbst wenn sie später im Vollstreckungsverfahren nach § 775 Nr. 4 u. 5 ZPO Berücksichtigung finden müssen.

4. Schließlich müssen der Rechtspfleger bzw. der Notar in den Fällen der qualifizierten Klausel nach §§ 726 ff. ZPO auch das Vorliegen der dort genannten besonderen Voraussetzungen und deren ordnungsgemäßen Nachweis überprüfen. Einzelheiten siehe bei diesen Vorschriften.

V. Die Klauselerteilung entbindet das Vollstreckungsorgan später im Rahmen der Zwangsvollstreckung von der Überprüfung der Ordnungsgemäßheit der ihm vorliegenden Ausfertigung und der materiellen Voraussetzungen der Klauselerteilung[15] (z. B. der §§ 726 ff. ZPO). Ob die Klauselerteilung etwa anfechtbar ist, ist nur mit den Rechtsbehelfen des Klauselverfahrens überprüfbar, nicht aber mit § 766 ZPO[16].

Ist die Klausel aber nichtig, weil sie sich auf einer Urkunde befindet, die als Titel nicht in Betracht kommt, oder weil sie selbst nach Form und Inhalt nicht den Mindestanforderungen des § 725 ZPO entspricht oder aber, weil sie nicht vom Urkundsbeamten (bzw. Rechtspfleger) des nach § 724 Abs. 2 ZPO zuständigen Gerichts[17] erteilt wurde, so muß das Vollstreckungsorgan die Zwangsvollstreckung ablehnen, weil es an einer notwendigen Voraussetzung der Zwangsvollstreckung fehlt.

Das Fehlen der Klausel macht die Zwangsvollstreckung anfechtbar, aber nicht nichtig. Wird die Klauselerteilung nachgeholt, wird der Vollstreckungsakt rückwirkend voll wirksam.

VI. Die Zuständigkeitsregelung des Abs. 2, die für Urteile und Prozeßvergleiche als Titel gilt, ist durch § 20 Nr. 12 RpflG teilweise dahin ergänzt worden, daß bei den qualifizierten Klauseln der §§ 726 Abs. 1, 727–729, 738, 742, 744, 745 Abs. 2, 749 ZPO der

---

12 AG Mönchengladbach, JurBüro 1964, 696 und MDR 1962, 138.
13 Siehe Vorbem. §§ 724–734 Rdn. 2.
14 OLG München, NJW-RR 1995, 763.
15 OLG Frankfurt, JurBüro 1976, 1122; AG Oldenburg, DGVZ 1989, 142.
16 Vergl. die Übersicht über die Rechtsbehelfe im Klauselverfahren Vorbem. §§ 724–734 Rdn. 11, 12.
17 Einzelheiten nachfolgend Rdn. 9; ferner Vorbem. §§ 724–726 Rdn. 7.

Schuschke

Rechtspfleger an die Stelle des Urkundsbeamten der Geschäftsstelle tritt. Hat der Urkundsbeamte fälschlicherweise einen Fall der §§ 726 ff. ZPO angenommen, den Antrag deshalb an den Rechtspfleger weitergeleitet und hat dieser dann in der irrigen Annahme seiner Zuständigkeit die Klausel erteilt, ist die Klausel allein aus diesem Grunde nicht anfechtbar (§ 8 Abs. 5 RpflG). Dagegen wäre die Klausel nichtig, wenn der Richter sie erteilen würde. §§ 5, 6, 8 Abs. 1 RpflG sind nicht einschlägig, da es sich bei der Klauselerteilung nicht um ein ursprünglich richterliches, dem Rechtspfleger übertragenes Geschäft handelt.

Daß ein nach der internen Geschäftsverteilung des zuständigen Gerichts unzuständiger Urkundsbeamter (bzw. Rechtspfleger) die Klausel erteilt hat, beeinträchtigt ihre Wirksamkeit nicht.

10 Der Rechtstreit ist bei einem höheren Gericht anhängig, wenn dort eine Rechtsmittelschrift eingegangen ist. Der bloße Eingang eines Prozeßkostenhilfegesuches ohne gleichzeitige unbedingte Rechtsmitteleinlegung macht den Rechtstreit noch nicht beim höheren Gericht anhängig.[18] Der Rechtstreit bleibt beim höheren Gericht »anhängig«, wenn dieses seine rechtsprechende Tätigkeit in der Sache abgeschlossen (z. B. durch Verkündung des Urteils), der Urkundsbeamte dieses Gerichts aber den Fall aktenmäßig für die Instanz noch nicht erledigt hat (Zustellung der Ausfertigungen nach § 317 ZPO, Rückgabe der zu den Akten gereichten Asservate usw.). Die Anhängigkeit endet mit der Rücksendung der Akten zur ersten Instanz. Gleiches gilt, wenn der Rechtstreit in der höheren Instanz durch einen Vergleich beendet wurde. Die Vollstreckungsklausel zu diesem Vergleich erteilt der Urkundsbeamte (Rechtspfleger) der höheren Instanz solange, wie dort die Akten noch bearbeitet werden. Nach Rücksendung der Akten zur ersten Instanz ist nunmehr der dortige Urkundsbeamte (Rechtspfleger) für diese Klauselerteilung zuständig.[19]

11 VII. Die Klausel ist erteilt, wenn sie vom Gericht an den beantragenden Gläubiger abgesandt wurde. Wenn sie ihn nicht erreicht, etwa bei der Post verlorengeht, muß nach den Regeln des § 733 ZPO eine »weitere vollstreckbare Ausfertigung« beantragt werden.[20] Dem Schuldner ist die vollstreckbare Ausfertigung nur im Sonderfall des § 750 Abs. 2 ZPO zuzustellen. Hat der Schuldner die nach dem Titel geschuldete Leistung einschließlich der Kosten erbracht, ist ihm die vollstreckbare Ausfertigung auszuhändigen (§ 757 Abs. 1 ZPO).

---

18 BGH, ZZP 69, 195 ff.
19 allgem. Meinung; vergl. *Zöller/Stöber*, § 795 Rdn. 1.
20 LG Köln, JurBüro 1969, 1217.

## § 725 Vollstreckungsklausel

Die Vollstreckungsklausel: »Vorstehende Ausfertigung wird dem usw. (Bezeichnung der Partei) zum Zwecke der Zwangsvollstreckung erteilt« ist der Ausfertigung des Urteils am Schluß beizufügen, von dem Urkundsbeamten der Geschäftsstelle zu unterschreiben und mit dem Gerichtssiegel zu versehen.

I. Die Vollstreckungsklausel ist auf die Ausfertigung des Titels[1] zu setzen, der vollstreckt werden soll. Ergeht also nach der Verurteilung des Schuldners – sei es in derselben Instanz (z. B. nach §§ 343, 600 Abs. 1, 700 Abs. 3 ZPO), sei es in der Rechtsmittelinstanz – ein weiteres Urteil, durch welches die verurteilende Erkenntnis aufrechterhalten bzw. bestätigt wird, so ist Grundlage der Zwangsvollstreckung und deshalb allein der Klausel bedürftig nur das erste Urteil, dessen Tenor ja auch allein den zu vollstreckenden Anspruch im Wortlaut umschreibt.[2] Daß in der weiteren Entscheidung dem Schuldner die nach der ersten Verurteilung angewachsenen weiteren Kosten auferlegt worden sind, macht sie insoweit nicht zum selbständigen Vollstreckungstitel. Dieser Kostenausspruch im Tenor bildet nur die Grundlage für einen weiteren Kostenfestsetzungsbeschluß als neuen Titel. Ebenso ist das die Verurteilung aussprechende, nicht das sie bestätigende Urteil mit Klausel auszufertigen, wenn das erste Urteil die Vollstreckung von einer Sicherheitsleistung abhängig gemacht hat, das letztere dagegen unbedingt für vorläufig vollstreckbar erklärt wird (etwa im Hinblick auf § 708 Nr. 10 ZPO).[3] Im Hinblick auf § 751 Abs. 2 ZPO genügt es, daß der Gläubiger dem Vollstreckungsorgan eine einfache Ausfertigung der zweiten Entscheidung vorlegt, um nachzuweisen, daß er von der Pflicht zur Sicherheitsleistung zwischenzeitlich befreit ist.[4] Bestätigt das zweite Urteil das erste nur teilweise, so kommt es auf die Fassung des Tenors an, welches der Urteile die Leistungspflicht des Schuldners in der für die Vollstreckung erforderlichen bestimmten Form umschreibt. Gegebenenfalls sind beide Urteile zum Zwecke der vollstreckbaren Ausfertigung miteinander zu verbinden.[5]

II. Die Vollstreckungsklausel muß ihrem Wortlaut nach nicht zwingend dem im Gesetz vorgeschriebenen Muster entsprechen. Dieses gibt nur den notwendigen Mindestinhalt wieder. Oft sind Abweichungen und Zusätze aus der konkreten Fallgestaltung heraus sogar notwendig. So, wenn die Klausel nur wegen eines Teils des Urteilsausspruches erteilt wird, etwa weil der andere Teil einen zu unbestimmten und damit nicht vollstreckbaren Inhalt hat, oder, wenn die Klausel für oder gegen eine andere Partei als die im Titel genannte erteilt wird (§§ 727 ff. ZPO), oder, wenn der beantragende Gläubiger nur eine Teilklausel, etwa nur hinsichtlich des auch titulierten dinglichen Anspruchs erstrebt. Die Klausel wiederholt den zu vollstreckenden Anspruch, der sich

---

[1] Zum Begriff der Ausfertigung: § 317 Abs. 4 ZPO sowie BGH, EWiR 1992, 1245 mit Anm. von *Schuschke*.
[2] OLG Celle, JurBüro 1985, 1731.
[3] OLG Celle, JurBüro 1985, 1731.
[4] *Stein/Jonas/Münzberg*, § 725 Rdn. 6; *Zöller/Stöber*, § 725 Rdn. 6.
[5] OLG München, NJW 1956, 996.

ja schon aus dem Tenor ergibt, nicht noch einmal. Sie darf inhaltlich über den Titel, zu dem sie erteilt ist, nicht hinausgehen. Sie darf insbesondere auf keine anderen als die zugesprochenen Leistungen gerichtet sein, insbesondere sich nicht auf Zinsen und sonstige Nebenleistungen erstrecken, die gar nicht zugesprochen sind.

Wird die Ausfertigung erst zum Zwecke der Klauselerteilung hergestellt, können Ausfertigungsvermerk und Klausel in einem Text miteinander verbunden werden.[6]

3 III. Zu den weiteren Förmlichkeiten der Klausel gehört, daß sie vom Urkundsbeamten (Rechtspfleger) unter Hinzufügung der entsprechenden Amtsbezeichnung (»als Urkundsbeamter der Geschäftsstelle«, »als Rechtspfleger«)[7] unterzeichnet wird. Es muß sich um eine individuelle Unterschrift handeln;[8] Paraphe genügt nicht,[9] ebensowenig ein Unterschriftsstempel. Ferner ist die Klausel mit dem Gerichtssiegel (bzw. einem das Siegel ersetzenden Stempelabdruck) zu versehen. Die Beifügung des Datums ist nicht erforderlich, aber zweckmäßig.

4 IV. Schreibfehler und ähnliche offenbare Unrichtigkeiten der Klausel können vom Urkundsbeamten (Rechtspfleger) jederzeit auch von Amts wegen in entsprechender Anwendung des § 319 ZPO berichtigt werden. Allerdings gilt insoweit nicht der Rechtsbehelf des § 319 Abs. 3 ZPO; der Anspruch des Gläubigers auf eine »richtige« Klausel und die Einwendungen des Schuldners gegen die »berichtigte« Klausel sind vielmehr mit den Rechtsbehelfen des Klauselrechts[10] durchsetzbar.

5 V. Sind in einem Urteil mehrere Schuldner zu unterschiedlichen Leistungen verurteilt worden (Teilschuldner), ist dem Gläubiger für jeden Schuldner eine gesonderte Ausfertigung zu erteilen. Trotz der Mehrzahl von Ausfertigungen liegt kein Fall des § 733 ZPO vor. Richtet sich der Titel dagegen gegen Gesamtschuldner, ist nur eine vollstreckbare Ausfertigung gegen alle zu erteilen. Mehrere in einem Titel zusammengefaßte Teilgläubiger erhalten je eine eigene vollstreckbare Ausfertigung, Gesamtgläubiger dagegen nur eine gemeinsame.

---

6 Formulierungsvorschlag: *Zöller/Stöber*, § 725 Rdz. 2.
7 Siehe § 12 RpflG.
8 Die Unterschrift muß so individualisiert sein, daß die Identität der unterzeichnenden Person anhand der Unterschrift ohne weiteres festgestellt werden kann; vergl. BGH, EWiR 1992, 1245 mit Anm. von *Schuschke*.
9 AG Bremen, DGVZ 1981, 61.
10 Vergl. die Übersicht: Vorbem. §§ 724–734 Rdz. 11 und 12.

## § 726 Vollstreckbare Ausfertigung bei bedingten Leistungen

(1) Von Urteilen, deren Vollstreckung nach ihrem Inhalt von dem durch den Gläubiger zu beweisenden Eintritt einer anderen Tatsache als einer dem Gläubiger obliegenden Sicherheitsleistung abhängt, darf eine vollstreckbare Ausfertigung nur erteilt werden, wenn der Beweis durch öffentliche oder öffentlich beglaubigte Urkunden geführt wird.

(2) Hängt die Vollstreckung von einer Zug um Zug zu bewirkenden Leistung des Gläubigers an den Schuldner ab, so ist der Beweis, daß der Schuldner befriedigt oder im Verzug der Annahme ist, nur dann erforderlich, wenn die dem Schuldner obliegende Leistung in der Abgabe einer Willenserklärung besteht.

### Inhaltsübersicht

| | | Rdn. |
|---|---|---|
| | Literatur | |
| I. | Zweck und Systematik der Vorschrift | 1, 2 |
| II. | Der durch den Gläubiger zu beweisende Eintritt einer Tatsache | |
| | 1. Grundlagen der Beweislast | 3 |
| | 2. Beispiele | 4 |
| | 3. Entsprechende Anwendung bei »bedingtem« Titel | 5 |
| | 4. Fälle, in denen den Schuldner die Beweislast trifft | 6 |
| | 5. Wahlschuld | 7 |
| III. | Umfang und Art der Beweisführung | |
| | 1. Umfang der Beweisführung | 8 |
| | 2. Mittel der Beweisführung | 9 |
| | 3. Offenkundige Tatsachen | 10 |
| | 4. Zugestandene Tatsachen | 11 |
| | 5. Beweislastvereinbarungen | 12 |
| IV. | Von § 726 nicht erfaßte Bedingungen des Beginns der Zwangsvollstreckung | 13 |
| V. | Klauselerteilung bei Zug-um-Zug-Verurteilungen | 14–17 |
| VI. | Folgen eines Verstoßes gegen § 726 | 18 |

**Literatur:** *Blomeyer*, Vollstreckbarkeit und Vollstreckung des für den Scheidungsfall geschlossenen Unterhaltsvergleichs, Rpfleger 1972, 385 und 1973, 80; *Blunck*, Die Bezeichnung der Gegenleistung bei der Verurteilung zur Leistung Zug um Zug, NJW 1967, 1598; *Gabius*, Die Vollstreckung von Urteilen auf Leistung nach Empfang der Gegenleistung, NJW 1971, 866; *Hornung*, Vollstreckungsvoraussetzungen bei scheidungsabhängigen Unterhaltsvergleichen, Rpfleger 77; *Joswig*, Nichtbestreiten, Geständnis und Anerkenntnis im Klauselerteilungsverfahren., RPfleger 1991, 144; *Münzberg*, Geständnis, Geständnisfiktion und Anerkenntnis im Klauselerteilungsverfahren?, NJW 1992, 201; *Schilken*, Wechselbeziehungen zwischen Vollstreckungsrecht und materiellem Recht bei Zug-um-Zug-Leistungen, AcP 1981, 355; *K. Schmidt*, Zivilprozessuale und materiellrechtliche Aspekte des § 283 BGB, ZZP 1974, 49; *K. Schmidt*, Zum Prozeßstoff bei Herausgabeklagen, MDR 1973, 973.

**I. Zweck und Systematik der Vorschrift:** Es gibt eine Reihe von Umständen, deren Vorliegen vor Beginn der Vollstreckung feststehen muß, die aber bei Titelschaffung 1 noch nicht Berücksichtigung finden konnten oder jedenfalls für den Titel noch keine Bedeutung hatten. Ein Teil dieser Umstände soll nun im Klauselverfahren festgestellt werden, damit das Vollstreckungsorgan von ihnen ohne weitere Prüfung als gegeben ausgehen kann. Andere Umstände dagegen sollen erst vom Vollstreckungsorgan bei Vollstreckungsbeginn selbst überprüft werden. Diese Unterscheidung zu treffen, ist in erster Linie Funktion des § 726. Im Hinblick auf § 20 Nr. 12 RpflG ist § 726 darüberhinaus für die Frage von Bedeutung, wer für die Klauselerteilung zuständig ist, der Urkundsbeamte oder der Rechtspfleger. Die qualifizierten Klauseln des § 726 Abs. 1 ZPO sind vom Rechtspfleger zu erteilen.

2   Im Klauselverfahren soll bereits abschließend und für das Vollstreckungsorgan bindend geprüft werden, ob der Gläubiger, der nach dem Inhalt des Titels vor der Vollstreckung den Eintritt einer bestimmten Tatsache zu beweisen hat, den ihm obliegenden Beweis gehörig geführt hat. Zwei solcher »Tatsachen« sollen abweichend von dieser Grundregel aber doch erst vom Vollstreckungsorgan nachgeprüft werden: die Erbringung der Sicherheitsleistung (§ 751 Abs. 2 ZPO) und die Befreiung des Gläubigers von seiner gleichzeitigen Leistungspflicht bei der Durchsetzung von Ansprüchen, die nur gegen eine Zug-um-Zug vom Gläubiger zu bewirkende Leistung realisiert werden können (§§ 756, 765 ZPO). Handelt es sich bei dem zu vollstreckenden Anspruch des Gläubigers allerdings um den auf Abgabe einer Willenserklärung, so ist bei Zug-um-Zug-Leistungen doch wieder die Grundregel (– Nachweis der »Tatsache« der Befreiung des Gläubigers von seiner gleichzeitigen Leistungspflicht schon bei der Klauselerteilung –) einschlägig.
Tatsachen, deren Eintritt der Schuldner zu beweisen hat, will er sich unter Berufung auf sie gegen die Vollstreckung wehren, sind im Klauselverfahren meist ohne Bedeutung. Für sie gilt § 726 nicht. Sie müssen in der Regel mit § 767 ZPO geltend gemacht werden.
§ 726 gilt nicht nur für Urteile, sondern auch für alle anderen Titel, die einer Klausel bedürfen,[1] insbesondere auch für vollstreckbare Urkunden, Prozeßvergleiche, vollstreckungsfähige Beschlüsse.

3   **II. Der durch den Gläubiger zu beweisende Eintritt einer Tatsache: 1. Grundlage für die Beweislast des Gläubigers:** Entscheidend ist allein, wem der Titel die Beweislast zuweist, nicht, wem sie nach der materiellrechtlichen Anspruchsgrundlage, aus der der titulierte Anspruch hergeleitet wird, an sich obliegen würde. Der Titel ist insoweit auszulegen. Es ist zu fragen, ob durch die jeweilige »Bedingung« im Titel dem Gläubiger die Zwangsvollstreckung erst ermöglicht oder jedenfalls erschwert werden oder ob nur dem Schuldner die Möglichkeit eingeräumt werden sollte, die Zwangsvollstreckung hinauszuschieben oder abzuwenden.

4   **2. Beispiele der Anwendbarkeit des § 726 Abs. 1:** Es handelt sich überwiegend um Fälle, in denen der Anspruch aufschiebend bedingt ist. Hier sind in erster Linie die vielfältigen Fragestellungen des § 259 ZPO von Bedeutung, etwa: Verurteilung des Bürgen zur Zahlung für den Fall, daß zuvor die Vollstreckung gegen den Hauptschuldner ohne Erfolg versucht wurde (§ 771 BGB); Verurteilung des Mieters zur Räumung für den

1 Vorbem. §§ 724–734 Rdn. 4 und Rdn. 13.

Fall, daß der Vermieter bestimmte Ersatzräume beschafft hat[2] (– diese Bedingung muß allerdings aus dem Titel selbst hervorgehen, nicht etwa nur bei zutreffender Rechtsanwendung aus dem materiellen Recht folgen, ohne aber im Titel erwähnt worden zu sein[3] –); Verurteilung zur Zahlung des Werklohnes, wenn zuvor bestimmte Mängel beseitigt sind;[4] Verurteilung zur Zahlung nur für den Fall, daß eine Entscheidung in einem anderen Rechtsstreit nicht angefochten, dort also rechtskräftig wird; Verurteilung zu einer Leistung für den Fall, daß der Schuldner zuvor eine bestimmte Vorleistung erbracht hat.[5] Unter § 726 Abs. 1 fallen ferner die Fälle, in denen Zinsen nur für den Fall der nicht rechtzeitigen Tilgung der Hauptschuld zugesprochen werden.[6] Schließlich gehören hierher die Fälle des § 10 AnfG. Auch der Ablauf einer nicht auf einen konkreten Kalendertag (insoweit § 751 Abs. 1 ZPO) fixierten Frist (1 Monat nach einem bestimmten Ereignis; 3 Tage nach Ausübung eines Wahlrechts; usw.) ist ein Fall des § 726 Abs. 1, soweit die Frist nicht nur dem Schuldner zur Abwendung der bedingungslos zulässigen Zwangsvollstreckung eingeräumt wurde.[7] Schließlich gehören hierher die Fälle der Wertsicherungsklauseln[8], soweit es um die Vollstreckung des (ursprünglich noch nicht bezifferten) Erhöhungsbetrages geht und soweit die Klauseln überhaupt so bestimmt abgefaßt sind, daß die Vollstreckung nicht an der Unbestimmtheit der Bedingung oder der Unbestimmtheit des beizutreibenden Betrages scheitert.[9]

3. Entsprechende Anwendung bei »bedingten« Titeln: Sind in einem Scheidungsvergleich Unterhaltsleistungen »für den Fall der rechtskräftigen Scheidung« vereinbart, so betrifft die Bedingung nicht nur die Vollstreckung eines unbedingt vorliegenden Ti-

---

2 Zum Räumungstitel mit Ersatzraumklausel vergl.: OLG Karlsruhe, MDR 1955, 47; LG Stade MDR 1959, 303; LG Memmingen, MDR 1960, 54; AG Mönchengladbach, MDR 1963, 603; OLG Hamm, JMBlNW 1964, 160 (= ZMR 1965, 157); OLG Frankfurt und LG Darmstadt, DGVZ 1982, 29; Rpfleger 1982, 72.
3 KG, DtZ 1991, 348.
4 OLG Oldenburg, Rpfleger 1985, 448.
5 OLG Frankfurt, MDR 1991, 162. Zu den Fällen der Verurteilung nicht nach Vorleistung, sondern »Zug um Zug« gegen eine Gegenleistung oder »nach Empfang einer Gegenleistung« siehe unten Rdn. 14–17.
6 BayObLG, DNotZ 1976, 366.
7 Siehe Rdn. 6 und 7. Aus diesem Grunde ist § 510 b ZPO kein Fall des § 726. Zu einen Vergleich mit dem Inhalt des § 510 b ZPO siehe die Entscheidung OLG Hamburg, MDR 1972, 1040. Ebenfalls kein Fall des § 726 liegt bei der Verurteilung des Schuldners vor, innerhalb einer bestimmten Frist bestimmte Auskünfte zu erteilen und bei Nichtbefolgung einen bestimmten Geldbetrag zu zahlen. Auch hier ist sogleich Klausel vom Urkundbeamten zu erteilen; vollstreckbar ist allein der Geldbetrag; vergl. AG Friedberg/Hessen, DGVZ 1991, 47.
8 BGH, NJW 1986, 1440 und NJW 1990, 3084; OLG Stuttgart, JZ 1987, 579; MüKo/*Wolfsteiner*, § 726 Rdn. 8; a. A.: OLG München, IPRax 1988, 291.
9 Näheres hierzu: vor §§ 704–707 Rdn. 6. Das Klauselverfahren kann hier entgegen MüKo/*Wolfsteiner*, § 726 Rdn. 8 f. nicht dazu dienen, die Versäumnisse bei Titelerrichtung wieder wettzumachen.

tels, sondern die Wirksamkeit des Titels selbst. Sobald der Titel wirksam ist, ist auch die Zwangsvollstreckung unbedingt aus ihm möglich. § 726 Abs. 1 paßt deshalb nicht unmittelbar.[10] Er muß aber von seinem Zweck her, das Vollstreckungsorgan von derartig diffizilen Überprüfungen weitgehend zu entlasten, entsprechend angewendet werden.[11] Ähnlich liegt die Problematik bei notariellen Urkunden, in denen ein als Vertreter Auftretender die Unterwerfungserklärung nach § 794 Abs. 1 Ziff. 5 ZPO abgegeben hat, ohne schon bei der Errichtung der Urkunde seine Bevollmächtigung durch öffentliche oder öffentlich beglaubigte Urkunde nachgewiesen zu haben. Fehlt hier in Wahrheit die Bevollmächtigung, so liegt gar kein Titel vor,[12] da die Unterwerfungserklärung unwirksam ist. Nicht die Zwangsvollstreckung aus der Urkunde ist also durch die Genehmigung bedingt, sondern schon die Existenz des Titels. Auch hier muß aber § 726 entsprechend angewendet werden.[13] Gleiches gilt für Vergleiche, an denen für einen der Beteiligten i. S. § 794 Abs. 1 Ziff. 1 ZPO ein Vertreter ohne Vertretungsmacht mitgewirkt hat.[14]

Schließlich muß § 726 entsprechend in den Fällen herangezogen werden, in denen die Zwangsvollstreckung aus einem Titel durch Urteil nach § 767 ZPO für »zur Zeit unzulässig« erklärt worden ist (– weil Stundung gewährt ist, eine Vollstreckungsvereinbarung entgegensteht, usw. –).[15] Das Vollstreckungsorgan wäre überfordert, zu prüfen, wann es die Zwangsvollstreckung fortsetzen darf. Hier muß durch eine neue Klausel unter den Voraussetzungen des § 726 Klarheit geschaffen werden.

Kein Fall eines bedingten Titels i. S. der vorstehenden Ausführungen liegt vor, wenn in einem Prozeßvergleich die Zahlung einer Vertragsstrafe für den Fall der Verletzung einer Unterlassungsverpflichtung versprochen wird. Der Vergleich schafft hier nur die Anspruchsgrundlage, tituliert aber noch nicht den einzelnen Anspruch.[16] Es fehlt also auch nach einer Verletzung der Unterlassungsverpflichtung an einem Titel hinsichtlich des konkreten Anspruchs.

6   4. Fälle, in denen den **Schuldner** die Beweislast trifft, daß die Vollstreckung nicht begonnen oder fortgesetzt werden darf (– sodaß § 726 nicht zur Anwendung kommt –): Das sind zunächst die Fälle, in denen nach dem Inhalt des Titels die Zwangsvollstreckung bis zum Eintritt einer (auflösenden) Bedingung zulässig sein soll (Beispiel: Verpflichtung zur Leistung von Unterhalt soll entfallen, falls Gläubigerin mit anderem Mann nichteheliche Lebensgemeinschaft begründet oder sich wiederverheiratet). Praktisch am bedeutsamsten sind aber die Fälle der sog. Verfallklauseln oder kassatorischen Klauseln (Beispiele: Dem Schuldner ist im Vergleichswege die Leistung ratenweise gestundet; kommt er mit einer Rate in Verzug, soll der gesamte Restbetrag fällig sein.

---

10 Für eine Klauselerteilung allein nach §§ 724, 725 ZPO hier deshalb auch: OLG Braunschweig, Rpfleger 1972, 421; *Blomeyer*, Rpfleger 1972, 385 und Rpfleger 1973, 80; *Hornung*, Rpfleger 1973, 77.
11 So auch OLG München, Rpfleger 1984, 106; MüKo/*Wolfsteiner*, § 726 Rdn. 6; Zöller-Stöber, § 726 Rdz. 2.
12 Das verkennt OLG Köln, MDR 1969, 150.
13 BayObLG, MDR 1964, 603; LG Essen, Rpfleger 1973, 324.
14 OLG Nürnberg, JurBüro 1960, 173.
15 OLG Koblenz, Rpfleger 1985, 449; MüKo/*Wolfsteiner*, § 726 Rdn. 6.
16 HansOLG Hamburg, MDR 1965, 584.

Oder: Die Schuld ist vergleichsweise auf 5000,– DM festgesetzt; sie soll in monatlichen Raten von 500,– DM getilgt werden; sind acht Raten pünktlich bezahlt, soll die Restsumme erlassen sein. Oder: Der Schuldner ist zur Räumung einer Wohnung verpflichtet; er soll aber weiter in ihr wohnen dürfen, wenn er monatlich pünktlich eine bestimmte Nutzungsentschädigung bezahlt.[17]) In diesen Fällen erhält der Gläubiger die Klausel zum titulierten Gesamtanspruch sogleich vom Urkundsbeamten. Es ist dann Aufgabe des Schuldners, sich auf den Bedingungseintritt, die pünktliche Zahlung usw. zu berufen und diese gegebenenfalls zu beweisen.[18] Ihm steht hierfür das Verfahren nach § 767 ZPO zur Verfügung. Die pünktliche Zahlung kann er im Falle des § 775 Ziff. 5 ZPO auch gegenüber dem Vollstreckungsorgan geltend machen. Bei der Klauselerteilung jedoch sind diese Einwände ohne jeden Belang.[19]

5. Unabhängig von der Frage der Beweislast liegt kein Fall von § 726 vor, wenn eine Wahlschuld (§ 264 BGB) tituliert ist.[20] Hier werden beide Leistungen unbedingt geschuldet. Hat aber der Gläubiger eine beigetrieben, ist die Schuld insgesamt erloschen. Ebenso ist § 726 ZPO nicht anwendbar bei Verurteilungen nach § 510 b ZPO und bei entsprechend gestalteten Vergleichen.[21] Ist in einem Fall des § 283 BGB der Ersatzanspruch bereits als künftige Leistung gem. § 259 ZPO tituliert,[22] so ist die Klausel für alle Ansprüche vorab vom Urkundsbeamten zu erteilen. Erst im Rahmen der Zwangsvollstreckung stellt das Vollstreckungsorgan fest (z. B. wenn es vergeblich die Herausgabevollstreckung versucht hat), wann die hilfsweise Verurteilung zum Tragen kommt.

**III. Umfang und Art der Beweisführung: 1. Umfang der Beweisführung:** Nicht nur die Frage, wer beweisbelastet ist, sondern auch die, was zu beweisen ist, richtet sich allein nach dem Titel. Ist nach dem materiellen Recht mehr zu beweisen als im Titel Berücksichtigung gefunden hat, so entscheidet allein der Titel. Da, wo die Parteien die Formulierung des Titels selbst festlegen (Prozeßvergleich, notarielle Urkunde), haben sie es auch in der Hand, den Gläubiger vom Nachweis bestimmter Tatsachen (etwa der Hingabe des Darlehns im Hinblick auf den titulierten Darlehnsrückzahlungsanspruch,[23] der Kündigung der Hypothek,[24] der Fälligkeit der Forderung,[25] usw.) zu befreien.[26] Es ist in

---

17 Weitere Varianten: LG Köln, MDR 1959, 394.
18 BGH, DNotZ 65, 544; OLG Köln, DGVZ 1968, 10; OLG Bamberg, JurBüro 1975, 517; LG Mannheim, Rpfleger 1982, 72; *Stein/Jonas/Münzberg*, § 726 Rdn. 6.
19 LG Kleve, DNotZ 1978, 680 mit Anm. von *Wolfsteiner*.
20 KG, OLGZ 18, 394.
21 HansOLG Hamburg MDR 1972, 1040; OLG Düsseldorf, JMBlNW 1987, 95; Auch der Fall OLG Frankfurt, Rpfleger 1975, 326 dürfte richtigerweise hier einzuordnen sein. Siehe ferner oben Fußn. 323.
22 Zur Zulässigkeit einer solchen Verurteilung: *K. Schmidt*, ZZP 1974, 68; *Staudinger-Löwisch*, § 283 BGB Rdn. 26; OLG Schleswig, NJW 1966, 1929; die Anwendbarkeit des § 259 ZPO verneinend: OLG München, OLGZ 65, 11.
23 BGH, NJW 1981, 2756.
24 *Baumbach/Lauterbach/Hartmann*, § 726 Rdn. 7.
25 KG, DNotZ 1983, 699 mit Anm. *Münzberg*, ZZP 1983, 372 und *Mümmler*, JurBüro 1983, 463; OLG Düsseldorf, DNotZ 1977, 4.
26 BGH, NJW 1981, 2756; *Brambring*, DNotZ 1977, 573; *Wolfsteiner*, Die vollstreckbare Urkunde, 1978, § 14.

diesen Fällen dann Sache des Schuldners, den Nichteintritt der entsprechenden Tatsache im Verfahren nach § 767 ZPO geltend zu machen und seinerseits zu beweisen.[27]

9   2. Als Mittel der Beweisführung sieht Abs. 1 öffentliche oder öffentlich beglaubigte Urkunden vor. Zum Begriff der öffentlichen Urkunde: § 415 Abs. 1 ZPO; der öffentlich-beglaubigten Urkunde: §§ 129 BGB, 40, 65 BeurkG. Die Beweiskraft der Urkunde richtet sich nach §§ 415–418 ZPO bzw. den jeweiligen Spezialregelungen, z. B. §§ 165, 314 ZPO. Grundsätzlich hat der Gläubiger die Urkunden vorzulegen. § 792 ZPO erleichtert ihm dabei die Erlangung der erforderlichen Urkunden. Befindet sich die Urkunde bereits in den Akten des die Klausel erteilenden Rechtspflegers oder Notars, genügt die Bezugnahme.

Ist der erforderliche Nachweis durch Urkunden geführt, muß der die Klausel Erteilende die Urkunden im Text der Klausel namhaft machen (Folgerung aus § 750 Abs. 2 ZPO, da der Gerichtsvollzieher wissen muß, welche Urkunden er zuzustellen hat). Diese Urkunden sind dem Schuldner dann nach § 750 Abs. 2 ZPO[28] in Abschrift spätestens bei Beginn der Vollstreckung zuzustellen.

10  3. Obwohl in Abs. 1 nicht erwähnt, gilt entspr. § 727 Abs. 1 ZPO, daß der Nachweis durch öffentliche oder öffentlich beglaubigte Urkunden nicht erforderlich ist, soweit die zu beweisenden Tatsachen bei dem Gericht (Notar) offenkundig sind. Hinsichtlich des Begriffs der Offenkundigkeit gelten die zu § 291 ZPO von Rechtsprechung und Literatur entwickelten Grundsätze.[29] Geht der Rechtspfleger (Notar) von der Offenkundigkeit einer Tatsache aus, so hat er dies in der Klausel zu erwähnen.

11  4. Der Eintritt der Tatsache braucht auch dann nicht nachgewiesen zu werden, wenn der Schuldner sie dem Rechtspfleger (bzw. Notar) im Rahmen der Anhörung (§ 730 ZPO) (– gegebenenfalls auch schriftlich –) zugesteht (§ 288 ZPO).[30]

Sehr streitig ist dagegen, ob bloßes Schweigen auf eine Anfrage genügt, ob also § 138 Abs. 3 ZPO entsprechend Anwendung finden kann. Die Frage ist lebhaft umstritten;[31]

---

27 BGH, NJW 1981, 2756.
28 Einzelheiten dort Rdn. 28 ff.
29 Vergl. etwa *Zöller-Greger*, § 291 ZPO Rdn. 1; MüKo/*Prütting*, § 291 Rdn. 5–9. MüKo/*Wolfsteiner*, § 726 Rdn. 46 will den Begriff der Offenkundigkeit in § 727 ZPO (der auch für § 726 gilt) allerdings enger auslegen als in § 291 ZPO und auf dem Schuldner (– also nicht nur dem Gericht –) frei zugängliche Tatsachen beschränken.
30 OLG München, Mdr 1955, 682; OLG Frankfurt, Rpfleger 1975, 326; KG OLGZ 83, 218; OLG Köln, MDR 1990, 452; *Baur/Stürner*, Rdn. 17.24; MüKo/*Wolfsteiner*. § 726 Rdn. 50.
31 Für die Anwendbarkeit des § 138 Abs. 3 ZPO etwa: OLG Köln, JurBüro 1990, 1000; OLG Koblenz, JurBüro 1990, 1675; OLG Düsseldorf, JurBüro 1991, 1552; LG Bremen, RPfleger 1991, 465; OLG Braunschweig, JurBüro 1993, 240; OLG Köln, FamRZ 1995, 1003 und RPfleger 1996, 208 sowie OLG Report 1996, 146; *Brox/Walker*, Rdn. 116. MüKo/*Wolfsteiner* will § 138 Abs. 3 nur ausnahmsweise dann anwenden, wenn über die Klauselerteilung eine mündliche Verhandlung stattgefunden hat. Ansonsten lehnt er, wie die hier vertretene Auffassung, die Anwendbarkeit des § 138 Abs. 3 ZPO im Klauselerteilungsverfahren ab.

sie ist aber zu verneinen³². Ebensowenig reicht als Nachweis des Zugestehens eine privatschriftliche Mitteilung des Schuldners an den Gläubiger aus. Daß das ausdrückliche, also nicht nur fingierte Zuständnis gegenüber dem die Klausel erteilenden Rechtspfleger den Nachweis des Eintritts der Tatsache ersetzt mit der Folge, daß der die Klausel Erteilende nicht mehr berechtigt ist, die Vorlage von Urkunden pp. zu verlangen, folgt daraus, daß der Schuldner schon im Titel auf den Nachweis des Tatsacheneintritts ganz verzichten könnte.³³ § 726 Abs. 1 will den Schuldner schützen, ermöglicht ihm aber auch den Verzicht auf den Schutz. Auch das Geständnis ist in der Klausel zu erwähnen.

5. So wie die Parteien dem Gläubiger die ihm nach dem materiellen Recht treffende Beweislast ganz abnehmen können,³⁴ können sie auch vereinbaren, daß der Gläubiger zwar beweisbelastet sein, den erforderlichen Nachweis aber anders als durch öffentliche Urkunden führen können soll.³⁵ So kann der Nachweis durch Privaturkunden für ausreichend erklärt oder auf den vollen Nachweis zugunsten einer bloßen Glaubhaftmachung verzichtet werden. Auch hier ist in der Klausel kenntlich zu machen, worauf der Nachweis (die Glaubhaftmachung) beruht. § 750 Abs. 2 ZPO ist auch insoweit bei Beginn der Vollstreckung zu beachten.

IV. Vom Gläubiger nachzuweisende Tatsachen, deren Eintritt Voraussetzung des Beginns der Zwangsvollstreckung ist, sind an sich auch die Leistung der im Urteil angeordneten Sicherheit (§§ 708 ff. ZPO) und der Ablauf eines im Titel bestimmten Kalendertages. In diesen Fällen wird aber die Klausel aufgrund besonderer gesetzlicher Regelung sogleich vom Urkundsbeamten der Geschäftsstelle gem. §§ 724, 725 ZPO erteilt; das Vollstreckungsorgan prüft den Bedingungseintritt in eigener Verantwortung vor Beginn der Zwangsvollstreckung (§ 751 Abs. 1 und Abs. 2 ZPO). In diesen Zusammenhang gehören auch §§ 721 (Räumungsfrist), 750 Abs. 3, 798, 798 a (Wartefristen), deren Ablauf allein das Vollstreckungsorgan feststellt.

V. Kann der Gläubiger nach dem Inhalt des Titels die Leistung nur **Zug-um-Zug** gegen eine von ihm selbst zu erbringende Gegenleistung verlangen, so ist zu unterscheiden:

1. Sollen Ansprüche auf Geld oder vertretbare Sachen, auf Herausgabe beweglicher oder unbeweglicher Sachen, auf ein Tun, Dulden oder Unterlassen vollstreckt werden, so erteilt der Urkundsbeamte unbedingt die Vollstreckungsklausel; erst vor Beginn der Zwangsvollstreckung wird vom Vollstreckungsorgan gem. §§ 756, 765 ZPO³⁶ geprüft,

---

32 Wie hier: OLG Stuttgart, MDR 1990, 1021; OLG Zweibrücken, NJW-RR 1991, 638; OLG Nürnberg, NJW-RR 1993, 1340; OLG Bamberg, JurBüro 1994, 615; OLG Köln, MDR 1993, 381 sowie VersR 1994, 1370 und 1372; OLG Braunschweig, MDR 1995, 94; *Joswig*, RPfleger 1991, 144; *Münzberg*, NJW 1992, 201; *Rosenberg/Gaul*, § 16 V 3.
33 Siehe oben Rdn. 8.
34 Siehe oben Rdn. 8 und Fußn. 342.
35 LG Stade, MDR 1953, 557; OLG Celle, NdsRpfl. 1954, 58; OLG Stuttgart, NJW-RR 1986, 549.
36 Ist das Prozeßgericht Vollstreckungsorgan, gilt § 765 ZPO entsprechend; vergl. LG Frankenthal, Rpfleger 1976, 109.

ob der Gläubiger seine Gegenleistung erbracht hat (bzw. im Falle des § 756 zum Angebot durch den Gerichtsvollzieher bereitstellt) oder von seiner gleichzeitigen Leistungspflicht befreit ist, weil er schon zuvor geleistet hat oder der Schuldner sich im Annahmeverzug (Gläubigerverzug, §§ 293 ff. BGB) befindet. Der Gläubiger soll durch diese Regelung vor einer zeitlich allzulangen Vorleistung (verbunden mit dem Risiko der schwindenden Leistungsfähigkeit auf Seiten des Schuldners) bewahrt werden.

**16** 2. Handelt es sich bei der dem Schuldner nach dem Urteil als zu vollstreckendem Titel obliegenden Leistung um die Abgabe einer Willenserklärung, so muß im Hinblick auf die Regelung des § 894 Abs. 1 S. 1 ZPO sichergestellt werden, daß die Zug-um-Zug-Gegenleistung des Gläubigers vor Eintritt der Fiktion der Willenserklärung erbracht wird. Deshalb schiebt § 894 Abs. 1 S. 2 ZPO den Eintritt der Fiktion in diesen Fällen hinaus bis zur Klauselerteilung nach Rechtskraft und ordnet § 726 Abs. 2 ZPO an, daß der Nachweis, daß der Schuldner befriedigt oder im Verzug der Annahme sei, vom Gläubiger dem Rechtspfleger schon im Klauselverfahren geführt werden müsse. Für den Nachweis gelten die nämlichen Anforderungen wie in § 765 ZPO.[37] Bei Verurteilung zur Abgabe einer Löschungsbewilligung Zug um Zug gegen Zahlung einer noch von einem Sachverständigen festzusetzenden angemessenen Gegenleistung ist schon bei Erteilung der Vollstreckungsklausel (nicht erst im insoweit zu spät kommenden Verfahren nach § 767 ZPO) durch den Rechtspfleger zu prüfen, ob der vom Sachverständigen festgesetzte Wert, dessen Zahlung der Gläubiger nachzuweisen hat, etwa offenbar unbillig ist.[38] In diesem Fall hat der Gläubiger erst eine neue Wertfestsetzung zu veranlassen.

Ist der Titel, nach dem der Schuldner die Abgabe der Willenserklärung schuldet, kein Urteil, sondern ein Prozeßvergleich, also nicht der Rechtskraft fähig, sodaß § 894 Abs. 1 S. 1 ZPO nicht eingreift, so gelten auch §§ 894 Abs. 1 S. 2, 726 Abs. 2 ZPO nicht.[39] Die Willenserklärung ist dann eine unvertretbare Handlung. Es gelten die in Rdn. 15 genannten Regeln (Klausel durch den Urkundsbeamten; Vorgehen des Vollstreckungsorgans nach § 765 ZPO).

**17** 3. Lautet der Titel auf »Leistung nach Empfang der Gegenleistung« (§ 322 Abs. 2 BGB), so gelten wegen §§ 322 Abs. 3, 274 Abs. 2 BGB die gleichen Regeln für die Klauselerteilung und die Vollstreckung wie bei einer Verurteilung Zug-um-Zug gegen die Gegenleistung.[40] Für die Klauselerteilung ist also grundsätzlich der Urkundsbeamte nach §§ 724, 725 ZPO zuständig.

Lautet die Verurteilung auf Leistung gegen Aushändigung einer Quittung oder einer über die Schuld ausgestellten Urkunde, so liegt im vollstreckungsrechtlichen Sinne gar keine Verurteilung zu einer nur Zug-um-Zug zu erfüllenden Leistung vor. §§ 726 Abs. 2, 756, 765 ZPO sind nicht einschlägig.[41]

---

37 Siehe dort Rdn. 4.
38 BGH, Rpfleger 1972, 397.
39 OLG Frankfurt, Rpfleger 1980, 291 f.
40 OLG Karlsruhe, MDR 1975, 938; LG Arnsberg, DGVZ 1983, 151; *Gabius*, NJW 1971, 866; siehe aber auch OLG Stuttgart, DGVZ 1986, 60.
41 Einzelheiten § 756 Rdn. 2 und § 765 Rdn. 2.

**VI. Folgen eines Verstoßes gegen § 726:** Nimmt der Urkundsbeamte irrtümlich seine Zuständigkeit an und erteilt nach §§ 724, 725 ZPO ohne Nachweise die Klausel, so ist diese fehlerhaft und anfechtbar, aber nicht nichtig.[42] Solange die Klauselerteilung nicht erfolgreich angefochten ist, kann das Vollstreckungsorgan die Zwangsvollstreckung nicht unter Hinweis auf die fehlerhafte Klausel ablehnen.[43] Die Beurteilung, ob im Titel eine vom Gläubiger oder vom Schuldner nachzuweisende Bedingung der Vollstreckbarkeit (bzw. Nichtvollstreckbarkeit) enthalten ist, ist oft nicht ganz einfach. Ebenso ist die Frage, ob der Gläubiger im Titel von der Pflicht zur Beweisführung freigestellt ist, oft nur schwierig zu beantworten. U. U. ist das Ergebnis sogar streitig. Deshalb kann eine Fehlentscheidung hier nie so offensichtlich sein, daß dies zur Nichtigkeit der Klausel führen müßte. Es kann letztlich für die Klauselerteilung kein anderer Maßstab gelten als für die Beurteilung der Nichtigkeit von Vollstreckungsakten[44] oder allgemein von Verwaltungsakten. Gleiches gilt für eine Fehlentscheidung des Rechtspflegers hinsichtlich des Nachweises des Bedingungseintritts. Auch insoweit ist die zu Unrecht erteilte Klausel nur anfechtbar und bis zu ihrer Anfechtung vom Vollstreckungsorgan zu beachten. Die Vollstreckung aufgrund einer fehlerhaften Klausel ist nicht mit § 766 ZPO anfechtbar. Erst nach Beseitigung der Klausel wird die Vollstreckung selbst fehlerhaft. Der Schuldner kann nun nach §§ 775 Ziff. 1, 776 ZPO vorgehen. Hat der Rechtspfleger zu Unrecht seine Zuständigkeit angenommen und an Stelle des Urkundsbeamten die Klausel erteilt, ist dies wegen § 8 Abs. 5 RpflG unanfechtbar.

18

---

42 A. A.: OLG Hamm, NJW-RR 1987, 957; OLG Frankfurt, MDR 1991, 162; LG Detmold, RPfleger 1996, 19. Zu den Rechtsbehelfen des Schuldners: Vor §§ 724–734 Rdn. 12.
43 OLG Frankfurt, JurBüro 1976, 1122; JurBüro 1977, 1462; OLG Hamm, FamRZ 1981, 199; AG Oldenburg, DGVZ 1989, 142; a. A. wohl OLG Hamm, NJW-RR 1987, 957.
44 Siehe insoweit: vor §§ 803, 804 Rdn. 4.

§ 727 Vollstreckbare Ausfertigung für und gegen Rechtsnachfolger

(1) Eine vollstreckbare Ausfertigung kann für den Rechtsnachfolger des in dem Urteil bezeichneten Gläubigers sowie gegen denjenigen Rechtsnachfolger des in dem Urteil bezeichneten Schuldners und denjenigen Besitzer der in Streit befangenen Sache, gegen die das Urteil nach § 325 wirksam ist, erteilt werden, sofern die Rechtsnachfolge oder das Besitzverhältnis bei dem Gericht offenkundig ist oder durch öffentliche oder öffentlich beglaubigte Urkunden nachgewiesen wird.

(2) Ist die Rechtsnachfolge oder das Besitzverhältnis bei dem Gericht offenkundig, so ist dies in der Vollstreckungsklausel zu erwähnen.

**Inhaltsübersicht**

| | | Rdn. |
|---|---|---|
| | Literatur | |
| I. | Zweck der Norm | 1 |
| | – Notwendigkeit im Hinblick auf § 325 ZPO | 1 |
| | – keine Umschreibung bei bloßer Namensänderung | 2 |
| | – Zeitpunkt des Personenwechsels | 3 |
| II. | Rechtsnachfolge auf Gläubigerseite | 4 |
| | 1. a) Erbe | 5 |
| | b) Nachfolgegesellschaft | 6 |
| | c) Forderungsübergang kraft Gesetzes | 7–10 |
| | d) Forderungsübergang kraft Hoheitsaktes | 11 |
| | e) Forderungsübergang kraft Abtretung | 12 |
| | f) Eigentumserwerb an der streitbefangenen Sache | 13 |
| | g) Parteien kraft Amtes | 14 |
| | 2. Personenwechsel ohne Rechtsnachfolge | 15–18 |
| III. | Rechtsnachfolge auf Schuldnerseite | 19 |
| | 1. Rechtsnachfolger ist | |
| | a) der Erbe | 20 |
| | b) der befreiende Schuldübernehmer | 21 |
| | c) der Betriebsübernehmer (§ 613 a BGB) | 22 |
| | d) der Erwerber der streitbefangenen Sache nach Rechtshängigkeit | 23 |
| | 2. Wechsel ohne Rechtsnachfolge | 24, 25 |
| IV. | Keine »gewillkürte Vollstreckungsstandschaft« | 26 |
| V. | Verfahren | |
| | 1. Antrag | 27 |
| | 2. Nachweis der Rechtsnachfolge durch öffentliche oder öffentlich beglaubigte Urkunden | 28–30 |
| | 3. Offenkundigkeit der Rechtsnachfolge | 31 |
| | 4. Zustellung der Nachweise der Offenkundigkeit | 32 |
| | 5. Klage nach § 731 ZPO | 33 |
| | 6. Zweitausfertigung nach § 733 ZPO | 34 |
| VI. | Rechtsmittel | 35 |
| VII. | Gebühren | 36 |

**Literatur:** *Bauer*, Ist Firmenübernahme nach Handelsrecht auch Rechtsnachfolge i. S. des § 727 ZPO?, JurBüro 1963, 431; *Baur*, Rechtsnachfolge in Verfahren und Maßnahmen des einstweiligen Rechtsschutzes, FS für Schiedermair, 1976, 19; *Baumgärtel*, Probleme der Rechtskraft und Vollstreckbarkeitserklärung im Falle einer Firmenübertragung während eines schwebenden Zivilprozesses, DB 1990, 1905; *Becker-Eberhardt*, In Prozeßstandschaft erstrittene Leistungstitel in der Zwangsvollstreckung., ZZP 1991 (Bd.104), 413; *Berger*, Die subjektiven Grenzen der Rechtskraft bei Prozeßstandschaft, 1992; *Brüggemann*, Rechtsnachfolge in Unterhaltsansprüche, DAVorm 1993, 217; *Calavros*, Urteilswirkungen zu Lasten Dritter, 1978, (dazu: *Dinstühler*, Rechtsnachfolge und einstweiliger Rechtsschutz, 1995; *Greilich*, Titelumschreibung nach § 727 ZPO für den einlösenden Wechselumsteller?, MDR 1982, 15 ff.; *Hahn*, Die Umschreibung der Vollstreckungsklausel auf den Schuldübernehmer, JurBüro 1956, 239; *Heinrich*, Der gewillkürte Parteiwechsel, 1990; *Heintzmann*, Vollstreckungsklausel für den Rechtsnachfolger bei Prozeßstandschaft, ZZP 1979, 61; *Helwich*, Rechtsnachfolgeklausel bei übergeleiteten Ansprüchen, Rpfleger 1983, 226; *Herzig*, Umschreibung eines gegen eine nicht im Handelsregister eingetragene GmbH erwirkten Titels auf den »Geschäftsführer«, JurBüro 1968, 176; *Hochgräber*, Zur Vollstreckung von in Prozeßstandschaft von einem Elternteil erwirkten Kindesunterhaltstiteln, Fam RZ 1996, 272; *Hüffer*, Das Rechtsschutzinteresse für eine Leistungsklage des Gläubigers und die subjektiven Grenzen der Rechtskraft in den Fällen unmittelbarer und entsprechender Anwendung des § 727 ZPO, ZZP 1972, 229; *Joswig*, Nichtbestreiten, Geständnis und Anerkenntnis im Klauselerteilungsverfahren, RPfleger 1991, 144; *Kabath*, Das Institut der »Rechtswahrungsanzeige« im BSHG und im UVG, DAVorm 1993, 1137; *Kion*, Wer wird Vollstreckungsgläubiger im Fall des § 265 ZPO?, JZ 1965, 56; *Kion*, Zum Recht des Rechtsnachfolgers auf Erteilung der Vollstreckungsklausel, NJW 1984, 1601; *Künkel*, Unterhalt und Sozialhilfe, FamRZ 1994, 540; *Loritz*, Die Umschreibung der Vollstreckungsklausel, ZZP 1982, 310; *Müller*, Der Zeitpunkt der Legalzession des Sozialhilfeträgers nach § 116 I SGB X, NZS 1994, 13; *Münder*, Zum Übergang von Unterhaltsansprüchen im Sozialhilferecht, NJW 1994, 494; *Münnzberg*, Geständnis, Geständnisfiktion und Anerkenntnis im Klauselerteilungsverfahren?, NJW 1992, 201; *ders.*, Vollstreckungsstandschaft und Einziehungsermächtigung, NJW 1992, 1867; *Münzberg*, Bemerkungen zur prozessualen Rechtsnachfolge, Diss. Hamburg 1963; *Obermaier*, Die Rechtsnachfolge in das Vollstreckungsverfahren beim Tode einer Partei, Diss. München 1970; *Scherer*, Zulässigkeit einer Vollstreckungsstandschaft?, RPfleger 1995, 89; *Schilken*, Veränderungen der Passivlegitimation im Zivilprozeß, 1988; *Schmidt*, Umschreibung der mit der Vollstreckungsklausel versehenen Ausfertigung der Kostenberechnung auf einen die Schuld zahlenden Gesamtschuldner, JurBüro 1962, 209; *Schmidt*, Titelumschreibung nach Konkurseröffnung und nach Konkursbeendigung, JR 1991, 309; *K. Schmidt*, Titelumschreibung im wechselrechtlichen Remboursregreß, ZZP 1973, 188; *Schmidtmann*, Zur Titelumschreibung bei Zwangsvollstreckungen der Deutschen Telekom-AG, DGVZ 1995, 49; *Schneider*, Zur Umschreibung des Vollstreckungsbefehls beim Tode des Schuldners, JurBüro 1965, 450; *Scholz*, Zur Neufassung des § 91 BSHG, FamRZ 1994, 1; *Sieg*, Klauselerteilungsverfahren bei Rechtsnachfolge, JR 1959, 167; *H. P. Westermann*, Haftung für Nachlaßschulden bei Beerbung eines Personengesellschafters durch eine Erbengemeinschaft, AcP 173, 24; *Wolf*, AcP 180, 430).

**I. Zweck:** Nach § 325 ZPO wirkt das rechtskräftige Urteil auch für und gegen die Personen, die nach dem Eintritt der Rechtshängigkeit Rechtsnachfolger der Prozeßparteien geworden sind oder den Besitz einer im entschiedenen Prozeß streitbefangenen Sache in solcher Weise erlangt haben, daß eine der Parteien oder ihr Rechtsnachfolger mittelbarer Besitzer geworden ist. Einem neuen Prozeß des Rechtsnachfolgers gegen den alten Schuldner ebenso wie einem neuen Rechtsstreit des alten Gläubigers gegen den neuen Schuldner stünde in den Grenzen dieser Urteilswirkung die Einrede der rechtskräftig entschiedenen Sache entgegen.¹ Andererseits kann nach der Grundregel des § 750 Abs. 1, 1. Halbs. ZPO die Zwangsvollstreckung aus einem Titel nur für und gegen die Personen betrieben werden, die in dem Vollstreckungstitel als Gläubiger und als Schuldner bezeichnet sind. Die Kluft zwischen der erweiterten Urteilswirkung einerseits und den Anforderungen der Zwangsvollstreckung andererseits zu überbrücken, ist zunächst Aufgabe des § 727. Die Norm gilt aber über das insoweit unbedingt Erforderliche hinaus: Zusammen mit §§ 728, 729, 738, 742, 744, 745 Abs. 2, 749 ZPO regelt sie die Möglichkeit der titelerstreckenden (titelumschreibenden) Vollstreckungsklausel auch zu Titeln, die noch nicht rechtskräftig oder der Rechtskraft nicht fähig sind (vergl. § 795 ZPO), und für und gegen im Titel selbst nicht aufgeführte Personen, die nicht in einem in § 325 ZPO eng umschriebenen Verhältnis zum »Streitgegenstand« stehen. Insoweit dient die Norm auch der Vermeidung unnötiger Prozesse und Kosten.

2 Dagegen ist es nicht Aufgabe der §§ 727 ff. ZPO, den Titel in Fällen »zu berichtigen«, in denen bei völliger Personenidentität zwischen den Parteien nach dem Titel und dem tatsächlichen Gläubiger bzw. Schuldner nun Schwierigkeiten in der Zwangsvollstreckung auftreten, weil eine Partei nachträglich ihren Namen geändert hat, sei es durch Heirat,² Umfirmierung³ oder aufgrund ähnlicher Umstände.⁴ In diesen Fällen hat das Vollstreckungsorgan die Personenidentität selbst nachzuprüfen. Sie ist ihm gegebenenfalls durch Vorlage von Heiratsurkunden pp. oder eine erweiterte Meldeauskunft⁵ nachzuweisen. Eine »Klauselumschreibung« kommt nicht in Betracht.⁶ Es wäre allerdings nicht zu beanstanden, wenn in einem solchen Fall der Urkundsbeamte (bzw. Notar) in der von ihm nach den allgemeinen Regeln der §§ 724, 725 ZPO zu erteilenden Klausel, nachdem ihm ein entsprechender Nachweis erbracht wurde, vermerken würde, daß der Gläubiger bzw. Schuldner nunmehr einen neuen Namen führt. Ein solcher Vermerk würde das Vollstreckungsorgan von der ihm obliegenden Identitätsprüfung nicht befreien, ihm aber u. U. die Arbeit erleichtern. Es besteht deshalb auch ein Anspruch auf eine derartige Ergänzung der Klausel. Da bei einem solchen Vermerk in Wahrheit keine »Klauselumschreibung« vorgenommen worden wäre, löst seine Beantragung auch nicht die Gebühr nach § 58 Abs. 3 BRAGO oder § 133 KostO aus.⁷ Erst

---

1 BGH, BB 1957, 625; AG Mönchengladbach, JurBüro 1963, 495; *Rosenberg/Schwab/Gottwald*, § 156 II.
2 AG Mönchengladbach, JurBüro 1961, 394; BB 1962, 615; JurBüro 1963, 714; FamRZ 1964, 633; AG Frankfurt, FamRZ 1964, 296; AG Köln, JurBüro 1968, 249, 750; LG Braunschweig, FamRZ 1995, 1212.
3 LG Berlin, MDR 1970, 244; AG Hamburg, DGVZ 1982, 158; OLG Zweibrücken, GRUR 1988, 485.
4 OLG Hamm, MDR 1962, 994; OLG Nürnberg, JurBüro 1980, 144; OLG Saarbrücken, WRP 1985, 662; vergl. auch BGHZ 80, 129; BayObLG, NJW 1956, 1800.
5 LG Braunschweig, FamRZ 1995, 1212.
6 Wie hier: *Stein/Jonas/Münzberg*, § 727 Rdn. 10; *Thomas/Putzo*, § 727 Rdn. 4; *Zimmermann*, § 727 Rdn. 11; *Zöller/Stöber*, § 727 Rdn. 31; *MüKo/Wolfsteiner*, § 727 Rdn. 11 hält im Falle der Namensänderung eine Klauselumschreibung zwar für nicht geboten, aber doch für zulässig. Für eine analoge Anwendung des § 727 in diesen Fällen: LG Köln, JurBüro 1968, 160; OLG Frankfurt, Rpfleger 1973, 64; AG Krefeld, MDR 1977, 762; *Baumbach/Lauterbach/Hartmann*, Einf. §§ 727–729 Rdn. 3.
7 BayObLG, JurBüro 1978, 1557.

recht kann über § 727 ZPO kein von Anfang an unrichtiger Titel »korrigiert« werden, etwa ein auf den falschen Gläubiger ausgestellter Kostenfestsetzungsbeschluß.[8] Hier muß ein neuer Titel des richtigen Gläubigers erwirkt werden. Schließlich liegt auch kein Fall des § 727 vor, wenn die Parteien gleichgeblieben sind, aber die im Titel genannte Haftungsgrundlage Veränderungen unterworfen wurde. Auch hier ist es Aufgabe des Vollstreckungsorgans, die Identität festzustellen. Ist etwa in der vollstreckbaren Urkunde als Haftungsgegenstand ein Grundstück genannt, so kann in das daraus gem. §§ 3, 8 WEG entstandene Wohnungseigentum ohne »Umschreibung« der Vollstreckungsklausel vollstreckt werden.[9] Die »Identität« ist anhand des Grundbuchs nachzuweisen. Erweist sich ein Titel als nicht vollstreckbar, weil die »richtige« Partei in ihm so ungenau bezeichnet ist, daß das Vollstreckungsorgan ihre Identität nicht ermitteln kann,[10] kann dieser Fehler ebenfalls nicht in der Klausel berichtigt werden.[11] § 727 ist hier auch nicht entsprechend anwendbar.

In jedem Falle ist also für die direkte oder entsprechende Anwendung des § 727 erforderlich, daß auf Gläubiger- oder Schuldnerseite ein nachträglicher Personenwechsel stattgefunden hat (– Ein Wechsel in der Person des Vertreters genügt nicht; in diesem Falle wäre eine Titelumschreibung nicht erforderlich[12]; es kann aber ein entsprechender Vermerk[13] auf dem Titel angebracht werden. –). Dieser kann auf tatsächlichen Umständen, auf Gesetz, Vertrag, Hoheitsakt beruhen. Es kann sich um eine Gesamtrechtsnachfolge (etwa als Erbe) oder auch nur um eine Einzelrechtsnachfolge hinsichtlich des titulierten Anspruchs (z. B. Erwerb der Gläubigerstellung durch Abtretung oder der Schuldnerstellung durch privative Schuldübernahme) handeln. Der Personenwechsel muß bei Urteilen und Prozeßvergleichen nach Rechtshängigkeit, bei den übrigen Titeln nach der Entstehung des Titels (z. B. Erstellung der notariellen Urkunde) stattgefunden haben.[14] Das folgt einerseits aus der Verweisung auf § 325 ZPO in § 727, andererseits aus dem oben Rdn. 2 Dargelegten.

Ein nachträglicher Wechsel der Partei, der zu einer Klauselumschreibung nötigt, liegt auch nicht vor, wenn eine Partei kraft Amtes (– etwa ein Konkursverwalter –) nach dem Tod oder der Entlassung des bisherigen Amtsinhabers ausgewechselt wird.[15]

**II. Rechtsnachfolge auf Gläubigerseite:** Rechtsnachfolger des Gläubigers i. S. § 727 ist derjenige, der an Stelle des im Titel genannten Gläubigers nach dem oben bezeichneten Zeitpunkt den nach dem Titel zu vollstreckenden Anspruch selbst (– im Eigeninteresse oder aber auch als Treuhänder –) oder jedenfalls die Berechtigung erworben hat, den Anspruch im eigenen Namen und Interesse geltend zu machen. Einzelheiten:

---

8 OLG Düsseldorf, AnwBl. 1980, 378.
9 LG Berlin, Rpfleger 1985, 159 mit Anm. von *Witthinrich*; LG Essen, Rpfleger 1986, 101; a. A.: LG Weiden, Rpfleger 1984, 280.
10 Einzelheiten insoweit: vor §§ 704–707 Rdn. 5.
11 KG Rpfleger 1982, 191.
12 Ebenso *Stein/Jonas/Münzberg*, § 721 Rdn. 11.
13 siehe oben Rdn. 2.
14 Unrichtig deshalb LAG München, NZA 1987, 827.
15 LG Essen, NJW-RR 1992, 576. *Stein/Jonas/Münzberg*, § 727 Rdn. 27 hält eine Klauselumschreibung in diesem Fall zwar ebenfalls nicht für notwendig, aber für möglich.

**1. Rechtsnachfolger des Gläubigers ist:**

5 **a) der Erbe** (§ 1922 BGB). Die Rechtsnachfolge tritt unmittelbar mit dem Erbfall ein; der Ablauf der Ausschlagungsfrist (§ 1944 BGB) ist deshalb vor Klauselerteilung nicht abzuwarten. Im Hinblick auf §§ 2032 Abs. 1, 2033 Abs. 2, 2038 BGB ist die Klausel vor Auseinandersetzung des Nachlasses im Falle des Vorhandenseins mehrerer Erben grundsätzlich allen gemeinschaftlich zu erteilen. Beantragt ein Miterbe im Hinblick auf § 2039 BGB allein eine Klausel, ist sie ihm mit der Einschränkung zu erteilen, daß Leistung nur an alle Erben gemeinschaftlich erfolgen kann. Für jeden weiteren Miterben kann Klausel dann nur unter den Voraussetzungen des § 733 ZPO erteilt werden.

Ist ein Nachlaßpfleger bestellt, weil die Erben noch unbekannt sind, hat die Umschreibung der Klausel auf »die unbekannten Erben, vertreten durch den nachlaßpfleger« zu erfolgen[16], falls aus dem Titel vollstreckt werden soll. Eine bereits dem verstorbenen Erblasser erteilte Klausel reicht insoweit zur Vollstreckung durch den Nachlaßpfleger zugunsten der Erben nicht aus.[17]

6 **b) die Nachfolgegesellschaft oder der nachfolgende Einzelkaufmann** in den in § 1 Abs. 1 UmwG genannten Fällen der Neuformung von Rechtsträgern und die das Geschäft des Einzelkaufmanns weiterbetreibende Personenhandelsgesellschaft im Falle des § 28 Abs. 1 S. 2 HGB. Hier liegt nicht nur eine schlichte Namensänderung vor, die nach den oben Rdn. 2 dargestellten Grundsätzen zu behandeln wäre; der Gläubiger ist nur wirtschaftlich, aber nicht rechtlich die gleiche Persönlichkeit geblieben.

7 **c) derjenige, auf den kraft Gesetzes eine Forderung übergegangen ist.** Wesentlich ist, daß nach den jeweiligen gesetzlichen Regelungen tatsächlich die alte Forderung auf den neuen Gläubiger übergeht (§ 412 BGB) und daß nicht nur im Gefolge des Erlöschens des alten Anspruchs ein **neuer** Anspruch beim neuen Gläubiger, etwa als Ausgleich für die Mitwirkung beim Erfüllen des alten Anspruchs, entsteht. Im einzelnen ist hervorzuheben:

8 **aa)** Fälle der gesetzlichen Forderungsübertragung im BGB sind etwa §§ 268 Abs. 3, 426 Abs. 2, 774 Abs. 1, 1143 Abs. 1, 1225, 1249, 1607 Abs. 2, 1615 b BGB; im HGB §§ 411 Abs. 2, 441 Abs. 1; zu § 28 Abs. 1 S. 2 HGB siehe oben Rdn. 6.

Ferner sind hier §§ 67, 158 f. VVG, 12 Abs. 6 PflVG, 87 a BBG zu nennen, aber auch §§ 130 BRAGO, 125 Abs. 2 KO. Sehr streitig ist die Frage, ob im Falle des Remboursregresses (Art. 47 Abs. 3, 49 WG) der Einlösende Rechtsnachfolger des ihn aus dem Wechsel in Anspruch Nehmenden ist mit der Folge, daß er dessen Titel gegen seine Vormänner und den Akzeptanten auf sich umschreiben lassen kann. Eine weitverbreitete Meinung lehnt dies ab.[18] Ihr kann jedoch nicht gefolgt werden. § 727 ist hier vielmehr anwendbar.[19]

---

16 LG Stuttgart, Justiz 1994, 87.
17 A. A.: AG Hamburg, DGVZ 1992, 43.
18 HansOLG Hamburg, MDR 1968, 248 und 1014; *Baumbach/Lauterbach/Hartmann*, § 727 Rdn. 5; *Zöller/Stöber*, § 727 Rdn. 7; *Greilich*, MDR 1982, 15 ff.; *Loritz*, ZZP 1982, 336.
19 Im Ergebnis wie hier: LG Münster, MDR 1980, 1030; *Baumbach/Hefermehl*, Art. 49 WG Rdn. 1; *K. Schmidt*, ZZP 1973, 188 ff.; *Liesecke*, WM 1973, 1154 ff.; wohl auch: *Thomas/Putzo*, § 727 Rdn. 12.

Der Fall ist letztlich trotz der gravierenden Unterschiede im einzelnen[20] § 426 Abs. 2 BGB immer noch so sehr vergleichbar, daß eine unterschiedliche Handhabung in der Vollstreckung nicht zu vertreten wäre. Ein von der Frage der Rechtsnachfolge gänzlich zu trennendes Problem in diesem Zusammenhang ist, ob der den Gläubiger befriedigende Gesamtschuldner im Falle des § 426 Abs. 2 BGB, der Einlösende im Falle des Art. 47 Abs. 3 WG usw. den ihm obliegenden Beweis mit den Mitteln des § 727 ZPO erbringen kann.[21] Er muß gegebenenfalls den Weg über § 731 ZPO gehen, um die Klausel zu erlangen.

bb) Im Arbeitsrecht und im Recht der sozialen Sicherheit sind als Hauptfälle des gesetzlichen Forderungsüberganges zu nennen: §§ 4 LFZG, 141 m AFG,[22] 115, 116 SGB-X, 91 BSHG n.F.[23] (– Nach der Neuregelung von 1993 findet ein gesetzlicher Forderungsübergang ohne das Erfordernis einer Überleitungsanzeige, wie diese für die Fälle des § 90 BSHG noch vorgesehen ist, statt, soweit ab dem 27.6.1993[24] Ansprüche, die noch nicht übergeleitet waren, offenstanden[25]. Für bereits vor dem 27.6.1993 übergeleitete Ansprüche gilt das unten Rdn. 10 zu § 90 BSHG Gesagte entsprechend. –), 37 BAföG, 7 Abs. 2 UVorschG.[26] Im Falle der Leistungen nach dem UVorschG ist allerdings jeweils zu beachten, ob der Titel auch auf denjenigen lautet, dessen Rechtsnachfolger das Land ist,[27] und ob alle nachgewiesenen Leistungen tatsächlich von der Unterhaltsvorschußkasse erbracht wurden und nicht teilweise vom bei der nämlichen Behörde angesiedelten Sozialamt.[28]

cc) Ein besonderer Fall der gesetzlichen Rechtsnachfolge liegt im Falle der Deutschen Telekom AG vor, soweit diese noch vor dem 1.1.1995 zu Gunsten der Deutschen Bundespost titulierte, aber jetzt das Vermögen der Deutschen Telekom betreffende Ansprüche vollstrecken will.[29]

---

20 Siehe *Baumbach/Hefermehl*, Art. 47 WG Rdn. 7; *Hueck/Canaris*, Recht der Wertpapiere, § 12 IV.
21 Einzelheiten unten Rdn. 27 ff.; ungenau insoweit LG Bonn, MDR 1965, 493, KG, NJW 1955, 913 und BayObLG NJW 1970, 1800, die offensichtlich wegen der Beweisschwierigkeit schon die Rechtsnachfolge in Frage stellen. Mit anderer Begründung die Anwendbarkeit des § 727 ZPO in den Fällen des § 426 Abs. 2 BGB ebenfalls verneinend: *Loritz*, ZZP 1982, 335.
22 Hinsichtlich des möglichen zeitlichen Auseinanderfallens von Anspruchsübergang nach § 141 m AFG und Vorliegens der Voraussetzungen der Klauselumschreibung vergl. einerseits BAG, VersR 1982, 1064 und andererseits LAG Frankfurt, Rpfleger 1985, 200; vergl. ferner LAG München, NJW-RR 1987, 956; LAG Nürnberg, NZA 1994, 1056.
23 Siehe die Fassung der Bekanntmachung vom 23.3.1994, BGBl. 1994 I S. 646, ber. S. 2975.
24 BGBl 1993 I S. 952.
25 vergl. *Brudermüller*, FamRZ 1995, 1033.
26 Der Anspruch geht nicht erst mit Rechtswahrungsanzeige (§ 7 Abs. 2) über: OLG Karlsruhe, FamRZ 1981, 72; OLG Stuttgart, FamRZ 1993, 227; a. A.: *Helwich*, Rpfleger 1983, 226.
27 Vergl. HansOLG Hamburg, FamRZ 1982, 425; KG, FamRZ 1985, 627; OLG Düsseldorf, FamRZ 1985, 628.
28 OLG Oldenburg, FamRZ 1982, 953.
29 AG Solingen, DGVZ 1995, 59; LG Wuppertal, DGVZ 1995, 118; *Schmittmann*, DGVZ 1995, 49.

11  d) **Derjenige, auf den der Anspruch kraft Hoheitsakt** (Gerichtsbeschluß oder Verwaltungsakt) **übergegangen ist.** Hier sind zu nennen: § 835 Abs. 1 und 2 ZPO (Überweisung an Zahlungs Statt zum Nennwert), § 90 BSHG (Übergang auf den Sozialhilfeträger nach Überleitungsanzeige), § 50 SGB-I (Überleitung von Ansprüchen zur Sicherung des Lebensunterhalts bei Unterbringung des Leistungsberechtigten), § 23 Abs. 3 GüKG (Rückforderungsanspruch bei vorsätzlicher Tarifabweichung).

Zu § 90 BSHG ist zu beachten, daß die – an sich mögliche – Überleitung auch zukünftiger Ansprüche auf den Sozialhilfeträger den Forderungsübergang aufschiebend bedingt durch die tatsächliche Erbringung der Sozialleistungen bewirkt.[30] Deshalb kommt eine Klauselumschreibung für künftige Ansprüche des Berechtigten nicht in Betracht, es sei denn, daß für diesen künftigen Zeitraum ausnahmsweise schon vorab Sozialleistungen erbracht wurden.[31] Denn es liegt dann insoweit noch gar keine Rechtsnachfolge vor. In zeitlicher Hinsicht ist zu beachten, daß eine Titelumschreibung nur in Betracht kommt, soweit der Rechtsübergang auf den Sozialhilfeträger (als Folge der tatsächlichen Erbringung der Sozialleistungen) nicht bereits vor Rechtshängigkeit des titulierten Anspruchs eingetreten war.[32] Dies folgt aus der Bezugnahme auf § 325 ZPO.

Obwohl insoweit keine volle Rechtsnachfolge vorliegt, sondern nur eine Einziehungsbefugnis im eigenen Namen und Interesse ist auch die Überweisung zur Einziehung gem. § 835 Abs. 1 ZPO als Rechtsnachfolge kraft Hoheitsakts einzuordnen.[33] Wer daher eine bereits titulierte Forderung hat pfänden und sich zur Einziehung überweisen lassen, kann aus dem schon vorliegenden Titel nach Klauselumschreibung unmittelbar vollstrecken.

12  e) **Derjenige, dem der Anspruch durch Rechtsgeschäft abgetreten wurde.** Hier ist in erster Linie die Forderungsabtretung gem. §§ 398 ff. BGB zu nennen, ferner die Übertragung einer Grundschuld, §§ 1191, 873 BGB. Mit der Abtretung einer titulierten Forderung ist nicht ohne weiteres auch der titulierte Kostenerstattungsanspruch mit abgetreten,[34] da es sich um eine selbständige Forderung handelt.

Auch der Gesellschafter einer BGB-Gesellschaft, der nach Auflösung der Gesellschaft im Wege der Liquidation einzelne Forderungen aus dem früheren gemeinschaftlichen Bestand erworben hat, bedarf der Klausel nach § 727 ZPO zur Vollstreckung eines noch auf alle Gesellschafter lautenden Titels.[35]

Ist die Forderung im Laufe des Prozesses abgetreten worden, hat der alte Gläubiger den Rechtsstreit gem. § 265 Abs. 2 ZPO zuende geführt, ist der Schuldner aber schon im Titel zur Zahlung zu Händen des neuen Gläubigers verurteilt,[36] so erhält der neue

---

30 BGHZ 20, 131; BGH, Rpfleger 1982, 64; *Stein/Jonas/Münzberg*, § 727 Rdn. 14b.
31 LG Hannover, Rpfleger 1968, 95; LG Stade, Rpfleger 1975, 67; OLG Köln, Rpfleger 1979, 28; OLG Stuttgart, Rpfleger 1981, 313; OLG Bamberg, FamRZ 1983, 204; *Helwich*, Rpfleger 1983, 226.
32 OLG Düsseldorf, FamRZ 1972, 402; OLG Hamm, FamRZ 1981, 915.
33 RGZ 57, 328; BGHZ 86, 339; OLG Frankfurt, NJW 1983, 2266; KG, OLGZ 83, 205; Sächs. LAG, JurBüro 1996, 105; *K. Schmidt*, JuS 1984, 64; *Münzberg*, ZZP 1983, 372.
34 HansOLG Hamburg, JurBüro 1974, 1035.
35 LG Hannover, AnwBl. 1972, 133 mit Anm. von *Matzen*.
36 Siehe Vorbem. §§ 724–734 Rdn. 6.

Gläubiger dennoch nicht nach §§ 724, 725 ZPO, sondern nur unter den Voraussetzungen des § 727 ZPO Vollstreckungsklausel zu diesem Titel.[37] Liegen die Voraussetzungen des § 727 etwa in zeitlicher Hinsicht (Näheres Rdn. 3) nicht vor, scheidet eine Vollstreckung durch den neuen Gläubiger aus.

f) derjenige, der das Eigentum an dem Gegenstand, dessen Besitz oder Nutzung im Streit war, nach Rechtshängigkeit erworben hat und damit Inhaber der auf Herausgabe (etwa § 985 BGB), künftiges Nutzungsentgelt (etwa § 535 BGB; vergl. auch § 571 BGB) o. ä. lautenden Ansprüche geworden ist. Der Eigentumserwerb an der Sache kann auf Rechtsgeschäft (§§ 873 ff., 829 ff. BGB) oder Hoheitsakt (etwa § 90 ZVG) beruhen. 13

g) Hinsichtlich der »Rechtsnachfolge« in die Gläubigerstellung als Partei kraft Amtes (Konkursverwalter, Zwangsverwalter, usw.) oder nach einer Partei kraft Amtes (Gemeinschuldner nach Aufhebung des Konkurses usw.) siehe § 728. 14

2. Rechtsnachfolger des Gläubigers sind **nicht**: 15

a) derjenige, der schon bei Rechtshängigkeit Rechtsinhaber war, mit der gewillkürten Prozeßstandschaft[38] durch einen Dritten aber einverstanden war, nun jedoch den Titel selbst vollstrecken möchte.[39] Hier hat nie ein Wechsel der Rechtsinhaberschaft stattgefunden. Auch die Verfügungsbefugnis über das Recht wechselte nicht, da die Einziehungsermächtigung es (– jedenfalls in der Regel –) nicht ausschließt, daß der Rechtsinhaber sein Recht selbst geltend macht. Deshalb liegt hier kein § 728 Abs. 2 ZPO vergleichbarer Fall[40] vor. Der Rechtsinhaber muß sich an den Dritten halten. Der Dritte kann die Last der Vollstreckung auch nicht in der Weise auf den Rechtsinhaber zurückübertragen, daß er ihn nun seinerseits zur Durchführung der Zwangsvollstreckung im eigenen Namen ermächtigt. Eine Vollstreckungsstandschaft ohne Legitimation im Titel oder durch die Klausel kennt die ZPO nicht (Einzelheiten Rdn. 25).

b) der frühere Gesellschafter der aufgelösten Gesellschaft, wenn ihm nicht im Einzelfall im Zuge der Liquidation ein Anspruch abgetreten wurde. Die Gesellschaft bleibt viel- 16

---

37 BGH, NGW 1984, 806 mit Anmerkungen von *Kion*, NJW 1984, 1601 (abl.) und *Gerhardt*, JR 1984, 288 (zust.); KG, JR 1956, 303; LG Essen, Rpfleger 1972, 320; siehe ferner Vorbem. §§ 724–734 Rdn. 6.
38 Zu den Voraussetzungen der ursprünglichen gewillkürten Prozeßstandschaft: *Rosenberg/Schwab/Gottwald*, Zivilprozeßrecht § 46 III 1; *Henckel*, Parteilehre und Streitgegenstand im Zivilprozeß, 1961, S. 108 ff.; *Lüke*, ZZP 1963, 1 ff.; *Frank*, ZZP 1979, 321 ff.
39 Wie hier: OLG Düsseldorf, JurBüro 1967, 256; KG, Rpfleger 1971, 103; LG Hannover, NJW 1970, 436 mit Anm. von *Diester*; *Olzen*, JR 1985, 288; a. A. aber (§ 727 unmittelbar anwendbar): *Heintzmann*, ZZP 1979, 61 ff.; für eine entsprechende Anwendung: *Stein/Jonas/Münzberg*, § 727 Rdn. 31 (der die entsprechende Anwendung in diesem Fall aber selbst als an sich regelwidrig bezeichnet); LAG München, NJW-RR 1987, 956; OLG Köln, OLG-Report 1993, 290; offengelassen in BGH, JZ 83, 150.
40 So aber *Loritz*, ZZP 1982, 332.

mehr als Liquidationsgesellschaft fortbestehen und muß den »vergessenen Anspruch« selbst geltend machen.[41]

17  c) die Gesellschaft, die ohne Identitätsänderung[42] die Rechtsform ändert, dabei aber kontinuierlich weiterbesteht: Hier sind zu nennen, die OHG, die durch Aufnahme von Kommanditisten zur KG wird; die KG, die nach dem Ausscheiden des letzten Kommanditisten zur OHG wird. In diesen Fällen vermerkt der Urkundsbeamte bei der Klauselerteilung die neue Firma; das Vollstreckungsorgan kann auch ohne einen solchen Vermerk die Identität zu Beginn der Vollstreckung selbst feststellen.[43]

18  d) der neue Verwalter, falls sein Vorgänger Ansprüche der Wohnungseigentümergemeinschaft nicht nach § 27 Abs. 2 Nr. 5 WEG, sondern im eigenen Namen hatte titulieren lassen.[44] Insoweit liegt nachprozessuale »Nachfolge« in der gewillkürten Prozeßstandschaft vor, nämlich eine der ZPO fremde »Vollstreckungsstandschaft«.

19  III. **Rechtsnachfolge auf Schuldnerseite:** Rechtsnachfolger des Schuldners i. S. § 727 ZPO ist, wer nach Eintritt der Rechtshängigkeit bzw. nach Erstellung des Titels (vergl. oben Rdn. 3) **an Stelle** des im Titel genannten Schuldners seinerseits Schuldner des titulierten Anspruchs oder Besitzer der im Streit befangenen Sache in der in § 325 Abs. 1 ZPO beschriebenen Weise geworden ist.
Einzelheiten:

1. Rechtsnachfolger des Schuldners ist:

20  a) dessen Erbe (§§ 1922, 1967 BGB); hierbei ist zu beachten, daß die Gesamtrechtsnachfolge zwar unmittelbar mit dem Erbfall eintritt (§ 1942 Abs. 1 BGB), daß die Ausschlagung der Erbschaft durch den zunächst berufenen Erben aber zur Folge hat, daß der Anfall an den Ausschlagenden als nie erfolgt gilt (§ 1953 Abs. 1 BGB). Eine Pflicht gegenüber den Vollstreckungsgläubigern des Erblassers, sich zur Annahme oder Ausschlagung der Erbschaft zu äußern, besteht für den Erben nicht.
Ist die Erbschaft ausdrücklich angenommen, so entfällt die Möglichkeit der Ausschlagung (§ 1943 BGB; zur Anfechtung der Annahme: §§ 1954–1957 BGB[45]). Deshalb ist es zum Nachweis der Rechtsnachfolge auf Schuldnerseite immer erforderlich, daß die Annahme der Erbschaft oder der Ablauf der Ausschlagungsfrist nachgewiesen wird; eine Titelumschreibung gegen den (die) Erben vor Annahme der Erbschaft ist also nicht möglich (§ 1958 BGB).[46] Hat der Gläubiger bereits vor dem Tod des Erblassers mit der Zwangsvollstreckung begonnen, so benötigt er zur Fortsetzung der Zwangsvollstreckung (insgesamt, nicht nur der einzelnen Vollstreckungsmaßnahme,

---

41 Einzelheiten: *K. Schmidt*, Gesellschaftsrecht, § 11 V 6.
42 Hinsichtlich der Fälle, in denen die Umwandlung mit einer Identitätsänderung verbunden ist, vergl. oben Rdn. 6.
43 Siehe oben Rdn. 2.
44 LG Hannover, NJW 1970, 436.
45 Siehe BayObLG, FamRZ 1983, 834.
46 *Brox*, Erbrecht, § 22 VII, Rdn. 306; *Erman/Schlüter*, § 1958 Rdn. 5. *Palandt/Edenhofer*, § 1958 BGB Rdn. 2.

die gerade eingeleitet war) nur dann eine Klausel gegen den (die) Erben, wenn er auch in deren persönliches Vermögen und nicht allein in den Nachlaß vollstrecken will (§ 779 ZPO). Die Zwangsvollstreckung in den Nachlaß, soweit nicht ein persönliches Tun, Dulden oder Unterlassen der Erben in Rede steht, kann aufgrund des ursprünglichen Titels ohne Rechtsnachfolgerklausel in vollem Umfang fortgesetzt werden. Zur Zwangsvollstreckung in den ungeteilten Nachlaß benötigt der Gläubiger, der nicht schon zu Lebzeiten des Erblassers mit der Vollstreckung begonnen hatte, eine Klausel gegen alle Miterben (§ 747 ZPO). Will der Gläubiger aus dem Titel gegen den Erblasser nur einen der Miterben persönlich in Anspruch nehmen, sei es durch Vollstreckung in dessen sonstiges Privatvermögen (§ 2058 BGB), sei es durch Vollstreckung in den (abstrakten) Erbanteil (§ 2033 BGB), genügt eine Klausel gegen diesen Erben.[47] Der Einwand des § 2059 BGB ist weder im Klauselverfahren noch vom Vollstreckungsorgan zu beachten. Er muß vom Erben gem. §§ 781, 785, 767 ZPO mit der Vollstreckungsabwehrklage geltend gemacht werden.

Nicht Rechtsnachfolgerin des Erblassers ist seine Witwe, die die Erbschaft ausgeschlagen hat, aber die Witwenpension bezieht.[48]

b) derjenige, der mit befreiender Wirkung die Schuld des im Titel genannten Schuldners übernommen hat (§ 414 BGB).[49] Die wohl überwiegende Auffassung, die hier § 727 ablehnt,[50] überzeugt nicht. Die nach §§ 414, 415 BGB notwendige Zustimmung des Gläubigers zum Schuldnerwechsel sichert den alten Schuldner hinreichend vor weiterer Inanspruchnahme. Er kann nach §§ 767, 769 ZPO, gegebenenfalls sogar nach § 775 Nr. 4 ZPO vorgehen. Zudem ist der vom BGH[51] vorgeschlagene alternative Weg nur gangbar, wenn die befreiende Schuldübernahme noch während des zum Titel führenden Rechtsstreits erfolgt, während die hier vertretene Auffassung in allen Fällen zu einem interessengerechten Ergebnis führt.

21

c) derjenige, der nach § 613 a Abs. 1 BGB die Pflichten aus einem Arbeitsverhältnis mit einem Betrieb oder Betriebsteil übernommen hat.[52] Es handelt sich im Hinblick auf § 613 a Abs. 2 BGB zwar nur um einen gesetzlichen Schuldbeitritt. Normalerweise reicht der bloße Schuldbeitritt nicht aus,[53] um eine Rechts**nach**folge zu bejahen,

22

---

47 BayObLG, NJW 1970, 1801.
48 OLG München, NJW-RR 1988, 576.
49 Sehr streitig; wie hier: OLG Schleswig, SchlHA 1959, 198; LG Hamburg, DNotZ 1969, 704; *Baumbach/Lauterbach/Hartmann*, § 325 Rdn. 7; *MüKo/Wolfsteiner*, § 727 Rdn. 27; *Zöller-Vollkommer*, § 325 Rdn. 24, 25; *Zöller/Stöber*, § 727 Rdn. 15; *Gerhardt*, Vollstreckungsrecht, § 5 III 1; *Calavros*, S. 62.
50 BGH, LM § 265 ZPO Nr. 14; BGHZ 61, 140 ff. (mit zahlreichen Nachweisen zur älteren Literatur); *Rosenberg/Schwab/Gottwald*, § 102 II 2; *Stein/Jonas/Münzberg*, § 727 Rdz. 19; *Thomas/Putzo*, § 727 Rdn. 13; *Brox/Walker*, Rdn. 118; *MüKo/Gottwald*, § 325 Rdn. 28.
51 BGHZ 61, 143/144.
52 BAG, BB 1977, 395; (offen gelassen in BAG, NJW 1979, 234); *Palandt-Putzo*, § 613 a Anm. 3 d; *Soergel/Kraft*, 11. Aufl., § 613 a BGB Rdn. 49; a. A. (keine Klauselumschreibung, wenn nicht gleichzeitig § 729 Abs. 1 ZPO eingreift): *Stein/Jonas/Münzberg*, § 729 Rdn. 11.
53 Einzelheiten Rdn. 23.

auch nicht in entsprechender Anwendung des § 729 Abs. 1 ZPO. Der arbeitsrechtliche Schutzzweck des § 613 a BGB erfordert jedoch eine Ausnahme.

23 d) derjenige, der den Besitz an der im Streit befangenen Sache nach Rechtshängigkeit bzw. nach Titelerstellung (siehe Rdn. 3) als Besitzmittler für den Gläubiger oder Schuldner oder auch als Eigenbesitzer[54] erlangt hat. Hierher zählen insbesondere auch die Fälle, in denen ein Ehegatte anstelle des anderen, der **Allein**mieter der Ehewohnung ist, nach dessen Auszug die Wohnung in Alleinbesitz nimmt. Das gegen den anderen Ehegatten erstrittene Räumungsurteil kann nunmehr gegen den in der Wohnung Zurückgebliebenen umgeschrieben werden.[55] Der Erwerber eines Grundstücks, von dessen Zustand Störungen ausgehen, ist nicht grundsätzlich Rechtsnachfolger des zur Beseitigung verurteilten Veräußerers. Eine »Verdinglichung« der Beeinträchtigung[56], die zur Annahme einer Rechtsnachfolge führen kann, liegt jedenfalls nicht vor bei fortschreitenden Entwicklungsprozessen.[57]

2. Rechtsnachfolger des Schuldners ist dagegen **nicht**:

24 a) derjenige, der die titulierte Schuld nur mitübernimmt, sei es aufgrund Vertrages, sei es aufgrund gesetzlicher Regelung.[58] Die in § 729 Abs. 1 und 2 ZPO angesprochenen Fälle des gesetzlichen Schuldbeitritts können auf andere Fälle nicht erweiternd übertragen werden, da ihr Charakteristikum – der nachträgliche Entzug der gesamten Haftungsgrundlage – für die übrigen Fälle des gesetzlichen oder vertraglichen Schuldbeitritts gerade nicht typisch ist. Wer der fortbestehenden Schuld eines anderen nur kumulativ beitritt, folgt ihm nicht in seiner Rolle als Schuldner nach, sondern teilt sie nur mit ihm.

25 b) die früheren persönlich haftenden Gesellschafter einer liquidierten Personenhandelsgesellschaft.[59] § 129 Abs. 4 HGB wirkt insoweit auch nach der Auflösung der Gesellschaft weiter. Der Gläubiger muß, wenn kein Gesellschaftsvermögen mehr vorhanden ist, einen Titel gegen die Gesellschafter persönlich erwirken (beachte aber § 159 Abs. 1 HGB).

26 IV. Ist auf Gläubigerseite der Anspruch auf einen neuen Gläubiger übergegangen, so kann der alte Gläubiger seine Vollstreckungsbefugnis nicht dadurch erhalten, eine Klage nach § 767 ZPO nicht dadurch erfolgreich abwenden, daß er sich vom neuen Gläubiger zur Durchführung bzw. Fortsetzung der Zwangsvollstreckung im eigenen Namen für fremde Rechnung ermächtigen läßt.[60] Gleiches gilt für den neuen Gläubi-

---

54 BGH, NJW 1981, 1517.
55 LG Mannheim, NJW 1962, 815 mit Anm. von *Rheinspitz*, NJW 1962, 1402; LG Münster, MDR 1973, 934.
56 BGHZ 28, 153.
57 OLG Düsseldorf, NJW 1990, 1000.
58 BGH, Rpfleger 1974, 260.
59 AG München, KTS 1966, 122; LG Kiel, SchlHA 1975, 164; AG Essen, Rpfleger 1976, 24; OLG Düsseldorf, Rpfleger 1976, 327; OLG Hamm, NJW 1979, 51; OLG Frankfurt, DB 1982, 590.
60 Zu § 767 ZPO wohl a.A.: BGH, KTS 1993, 267.

ger, der sich den Aufwand der Klauselumschreibung und die Last und die Kosten der Vollstreckung im eigenen Namen ersparen will. Materiellrechtliche Inhaberschaft der Forderung und Vollstreckungsbefugnis sollten nur in den vom Gesetz vorgesehenen Fällen auseinanderfallen (so § 265 Abs. 2 ZPO; ferner die Fälle der Partei kraft Amtes als Gläubiger; vergl. § 728 Rdn. 9). Die Anerkennung einer »gewillkürten Vollstreckungsstandschaft« derart, daß der im Titel ausgewiesene Gläubiger, der sein Recht an einen Dritten verloren hat, von diesem zur Durchführung der Zwangsvollstreckung ermächtigt wird, oder daß umgekehrt der im Titel ausgewiesene Gläubiger ohne Abtretung des materiellen Rechts einen Dritten zur Durchführung der Zwangsvollstreckung im eigenen Namen ermächtigt, wäre der ZPO fremd.[61] Die Zulassung der gewillkürten Prozeßstandschaft durch die Rechtsprechung[62] erfordert nicht auch die Anerkennung einer Vollstreckungsstandschaft: Der Prozeßstandschafter ist Titelgläubiger.[63] Der Geltendmachung seiner fehlenden Aktivlegitimation in der Vollstreckung steht § 767 Abs. 2 ZPO entgegen. Wechselt aber die materiellrechtliche Befugnis erst nach Titelerlangung, ist der Schuldner mit seinen Einwänden nicht präkludiert.

**V. Verfahren:** 1. Die Klausel gem. § 727 wird nur auf Antrag des Gläubigers, der die Zwangsvollstreckung betreiben will, erteilt.[64] Über den Antrag entscheidet der Rechtspfleger (§ 20 Nr. 12 RpflG), soweit die Klausel zu Urteilen und gerichtlichen Urkunden sowie Prozeßvergleichen zu erteilen ist, der Notar[65] bei notariellen Urkunden, bei Urkunden nach § 60 KJHG der zuständige Beamte des Jugendamtes.[66]

Der die Klausel Erteilende prüft die allgemeinen Voraussetzungen zur Erlangung einer Vollstreckungsklausel[67] sowie, ob die behauptete Rechtsnachfolge durch öffentliche oder öffentlich beglaubigte Urkunden nachgewiesen oder ob sie offenkundig ist. Er hat dagegen nicht zu prüfen, ob der zu vollstreckende Anspruch noch besteht,[68] erst recht nicht, ob er ursprünglich zu Recht tituliert wurde. Liegt auf Schuldnerseite Rechtsnachfolge im Besitz vor, so ist für die Klauselerteilung unbeachtlich, ob der Schuldner etwa gutgläubig i. S. von § 325 Abs. 2 ZPO erworben hat.[69] Der Schuldner muß diesen Einwand nach §§ 767, 768 ZPO geltend machen, nicht nach § 732 ZPO,[70] da in diesem letzteren Verfahren keine Möglichkeit der Feststellung gutgläubigen Erwerbs besteht. Hat der Schuldner diese Rechtsbehelfe nicht rechtzeitig, d. h. vor Been-

---

61 BGH, NJW 1985, 809 mit kritischer Anmerkung von *Brehm*, JZ 1985, 342 ff. und von *Olzen*, JR 1985, 288 ff.; vergl. ferner *Baumann-Brehm*, § 9 III 2 b. Für die Zulässigkeit einer gewillkürten Vollstreckungsstandschaft: OLG Dresden, OLG-NL 1995, 163.
62 So BGHZ 78, 1; BGH, NJW 1986, 850; NJW 1981, 2640; NJW 1979, 924; jeweils mit Nachweisen der älteren Rechtsprechung.
63 Siehe auch vorn Rdn. 14.
64 Siehe Vorbem. §§ 724–734 Rdn. 6 sowie § 724 Rdn. 4.
65 OLG Düsseldorf, DNotZ 1977, 571 mit Anm. von *Brambring*.
66 LG Berlin, FamRZ 1970, 421; LG Frankenthal, DAVorm 1970, 148; KG, FamRZ 1974, 211 und OLGZ 1973, 112.
67 Siehe Vorbem. §§ 724–734 Rdn. 9 sowie § 724 Rdn. 5, 6.
68 Vorbem. §§ 724–734 Rdn. 9; § 724 Rdn. 6; ferner OLG Karlsruhe, OLGZ 1977, 121; OLG München, Rpfleger 1974, 29.
69 RGZ 79, 168.
70 a. A. *Brox/Walker*, Rdn. 118; *Zöller/Stöber*, § 727, Rdn. 26; wie hier: *Bruns/Peters*, § 9 IV.

digung der Zwangsvollstreckung[71] wahrgenommen, so führt dies nicht zu einem Eigentumswechsel zurück zum Gläubiger, der als neuer Schuldner Inanspruchgenommene kann sein Eigentum auch nachträglich noch mit der allgemeinen Leistungsklage gestützt auf § 985 BGB geltend machen.[72]

28  2. Grundsätzlich muß der Gläubiger den Nachweis, daß er Rechtsnachfolger des Titelschuldners ist, durch öffentliche oder öffentlich beglaubigte Urkunden erbringen.[73] Insoweit gilt auch für den Rechtsschutzversicherer, der die Kosten des Rechtsstreits vorfinanziert hatte und der nun eine Umschreibung des Kostenfestsetzungsbeschlusses, der zu Gunsten seines Versicherungsnehmers ergangen war, auf sich selbst begehrt, nichts Abweichendes.[74] Auch er kann sich nicht damit begnügen, seine Einzahlungsbelege als Privaturkunden vorzulegen, es sei denn, der Gegner gesteht ausdrücklich (– nicht durch bloßes Schweigen, nachdem ihm Gelegenheit zur Stellungnahme gegeben wurde[75] –) zu, daß der Rechtsschutzversicherer alle im Kostenfestsetzungsbeschluß ausgewiesenen Kosten vorgelegt hat.[76]
Wieweit die Beweiskraft der vorgelegten Urkunden reicht, ist im Einzelfall sorgfältig zu prüfen. Beispiele:

29  a) Die Stellung als Erbe wird grundsätzlich durch Vorlage des Erbscheins nachgewiesen. Da der Gläubiger den Erbschein (vergl. §§ 2353 ff. BGB) bzw. die ihm erteilte Ausfertigung (§ 85 FGG) oft gleichzeitig für vielfältige Zwecke benötigt, genügt auch die Vorlage einer vom Notar öffentlich beglaubigten Erbscheinsabschrift.[77] Der Gläubiger, der die Erbenstellung des Schuldners nachweisen muß, kann an Stelle des Schuldners den Antrag auf Erteilung eines Erbscheines stellen (§ 792 ZPO). Er kann dann sogleich auch eine Ausfertigung für sich selbst beantragen (§ 85 S. 1 FGG).[78] Im Einzelfall kann der Nachweis der Erbenstellung auch durch andere öffentliche Urkunden, etwa eine Urteilsausfertigung oder die Vorlage eines öffentlichen Testaments in Verbindung mit einer Niederschrift über die Testamentseröffnung, die ergibt, daß alle Erbschaftsanwärter der letztwilligen Verfügung nicht widersprochen haben, erbracht werden.[79]

30  b) Hat die Rechtsnachfolge mehrere Voraussetzungen, so muß der Nachweis auch hinsichtlich aller Voraussetzungen erbracht werden. So benötigt der Träger der Sozialhilfe, der nach § 90 BSHG übergegangene Ansprüche mit Hilfe eines noch vom Altgläubiger

---

71 Vergl. § 766 Rdn. 21.
72 BGHZ 4, 283.
73 Es gilt das § 726 Rdn. 9 und 10 Gesagte entsprechend; vergl. zusätzlich LAG München, NJW-RR 1987, 956; LAG Schleswig, Rpfleger 1989, 162 sowie die nachfolgenden Fußn. 433–435.
74 OLG Saarbrücken, VersR 1989, 955; OLG Bamberg, JurBüro 1992, 195; OLG Köln, VersR 1994, 1371 und 1372 sowie ZfS 1994, 384.
75 So aber OLG Koblenz, JurBüro 1990, 1675; OLG Saarbrücken, JurBüro 1991, 726; OLG Düsseldorf, JurBüro 1991, 1552.
76 Insoweit zu eng: OLG Karlsruhe, r + s 1995, 184.
77 LG Mannheim, Rpfleger 1973, 64; beachte aber § 435 ZPO.
78 KG, Rpfleger 1978, 140.
79 Siehe die vergleichbare Regelung in § 61 Abs. 1 S. 2 GBO.

erstrittenen Titels vollstrecken will, sowohl einen Nachweis, daß dem Schuldner die Überleitung der Ansprüche mitgeteilt wurde, als auch einen Nachweis über seine tatsächlich erbrachten Leistungen.[80] In der Regel wird dieser Nachweis erbracht werden durch das beim Sozialamt verbliebene Original der Überleitungsanzeige (oder eine beglaubigte Zweitschrift), die Posturkunde über die Zustellung der Überleitungsanzeige und eine als öffentliche Urkunde nach § 418 ZPO anzusehende Aufstellung des Sozialamtes über die Höhe der erbrachten Leistungen,[81] deren Richtigkeit dienstlich versichert wird.[82] Der Leistungsnachweis allein reicht hier also ebensowenig[83] wie die schlichte Vorlage beglaubigter Kopien der Sozialamtsakte.[84] Im ersteren Fall fehlt der Überleitungsnachweis, im zweiten der konkrete Leistungsnachweis. Hatte das Sozialamt die Überleitungsanzeige nicht nach § 3 VwZG durch die Post mit Zustellungsurkunde, sondern nach § 4 VwZG durch die Post mittels eingeschriebenen Briefes zugestellt, so genügt zum Nachweis des Zugangs der Überleitungsanzeige auch der Posteinlieferungsschein,[85] da die Wahrscheinlichkeit des Verlustes einer solchen Sendung minimal und der Schuldner durch § 768 ZPO hinreichend geschützt ist.

Das zum Leistungsnachweis bei § 90 BSHG Gesagte gilt auch im Falle des § 91 BSHG (bei dem nur der Überleitungsnachweis entfällt).

Der Träger der Unterhaltsvorschußkasse, der den nach § 7 UVG übergeleiteten Anspruch[86] aus einem Titel des Unterhaltsberechtigten vollstrecken will, hat die an diesen erbrachten Unterhaltsleistungen nachzuweisen. Hierzu genügt eine Zeugnisurkunde der Behörde (§ 418 ZPO), in der der zuständige Beamte der auszahlenden Stelle die Leistung bestätigt und dabei die Art der Leistung (Barauszahlung, Überweisung) angibt.[87] Dagegen wäre eine Quittung des gerichtlichen Vertreters des Leistungsempfängers über den Empfang von Unterhaltsleistungen als Nachweis unzureichend.[88]

Im Falle des § 37 Abs.1 BAföG muß das Land, das eine vollstreckbare Ausfertigung gegen die unterhaltspflichtigen Eltern des Leistungsempfängers beantragt, nicht nur die Auszahlung der Leistungen durch öffentliche Urkunde nachweisen (– der Nachweis lediglich der Bewilligung der Leistungen reicht nicht aus[89] –), sondern auch, in welcher Höhe das Einkommen und Vermögen der Eltern auf den Bedarf des Auszubildenden nach dem BAföG anzurechnen ist.[90]

---

80 Siehe insoweit auch Rdn. 10.
81 OLG Hamm, FamRZ 1981, 915; OLG Bamberg, FamRZ 1983, 204.
82 OLG Bamberg, FamRZ 1983, 204 = JurBüro 1983, 141.
83 OLG Düsseldorf, Rpfleger 1986, 392.
84 OLG Stuttgart, NJW-RR 1987, 1504.
85 OLG Stuttgart, MDR 1981, 696; a. A. (Posteinlieferungsschein als Nachweis ungeeignet): KG, Rpfleger 1974, 211.
86 Siehe vorn Rdn. 9.
87 OLG Hamburg, FamRZ 1982, 425; OLG Stuttgart, NJW-RR 1986, 1505.
88 OLG Hamburg, FamRZ 1982, 425; KG, FamRZ 1985, 627; OLG Stuttgart, NJW-RR 1986, 1505.
89 OLG Köln, FamRZ 1994, 52.

31  3. Der Nachweis durch öffentliche oder öffentlich beglaubigte Urkunde ist nicht erforderlich, wenn die Rechtsnachfolge offenkundig ist.[91] Über die in § 291 ZPO genannten Fälle der Allgemeinkundigkeit und der Gerichtskundigkeit hinaus ist Offenkundigkeit auch dann anzunehmen, wenn der als Schuldner Inanspruchgenommene die die Rechtsnachfolge begründenden Tatsachen oder die Rechtsnachfolge schlechthin zugesteht; bloßes Schweigen auf die Gewährung rechtlichen Gehörs hin reicht aber nicht aus. § 138 Abs. 3 ZPO ist also nicht anwendbar. Es gilt ohne Einschränkungen das zu § 726 Dargestellte.[92] Klausel wegen Offenkundigkeit der Rechtsnachfolge ist auch zu erteilen, wenn der Schuldner aufgrund falscher rechtlicher Subsumption sich mit Rechtsargumenten dagegen verwahrt, Rechtsnachfolger zu sein, wenn aber die von ihm ausdrücklich zugestandenen Tatsachen die Rechtsnachfolge zweifelsfrei ergeben. Die Situation ist nicht anders, als wenn Schuldner und Rechtspfleger vorliegende öffentliche Urkunden unterschiedlich beurteilen.

Da der Schuldner Tatsachen, die der Gläubiger nicht durch öffentliche oder öffentlich beglaubigte Urkunden nachweisen kann, im Rahmen seiner Anhörung immer noch zugestehen kann, wäre es verfehlt, einen zunächst nicht hinreichend mit öffentlichen Urkunden pp. belegten Gläubigerantrag sogleich zurückzuweisen. In diesen Fällen ist immer zunächst eine Anhörung des Schuldners geboten.[93]

32  4. In den Text der Klausel ist nicht nur die Bezeichnung des Rechtsnachfolgers entsprechend § 130 Ziff. 1 ZPO aufzunehmen, sondern auch, woher der die Klausel Erteilende sein Wissen um die Rechtsnachfolge bezogen hat. Es sind also entweder die öffentlichen Urkunden, die zusammen den Nachweis erbracht haben, anzuführen oder der Hinweis, daß und weshalb die Rechtsnachfolge offenkundig ist. Zweck der Regelung ist es, dem Vollstreckungsorgan auf einfache Weise die Überprüfung im Rahmen des § 750 Abs. 2 ZPO zu ermöglichen, was im einzelnen zuzustellen ist. Im Hinblick auf diesen alleinigen Zweck ist es überflüssig, neben der Bezeichnung der Urkunden auch ihren wesentlichen Inhalt in der Klausel zu wiederholen. Eine solche Angabe würde die Zustellung der Urkunde selbst nicht erübrigen.[94]

33  5. Kann der Gläubiger den ihm obliegenden Nachweis nicht mit den in § 727 vorgesehenen Beweismitteln erbringen, so bleibt ihm die Klausel nicht endgültig versagt; er kann sie sich noch mit der Klage nach § 731 ZPO erstreiten. In diesem Verfahren stehen ihm alle Beweismittel der ZPO zur Verfügung. Dagegen steht es nicht in seinem Belieben, statt dessen neue Leistungsklage gegen den neuen Schuldner zu erheben.[95] Einzelheiten siehe bei § 731.

34  6. In der Praxis ist es dem Gläubiger als Rechtsnachfolger oft nicht möglich, die seinem Vorgänger erteilte vollstreckbare Ausfertigung vorzulegen, um auf diese die Rechtsnachfolgerklausel zu erhalten. In diesen Fällen müssen zusätzlich alle Voraussetzungen

---

91 Siehe auch § 726 Rdn. 11; vergl. ferner OLG Karlsruhe, OLGZ 1989, 253.
92 Einzelheiten: § 726 Rdn. 10.
93 OLG Hamm, RPfleger 1991, 161 mit Anm. von *Münzberg*.
94 LG Berlin, Rpfleger 1966, 21.
95 Insoweit unrichtig: LG Berlin, r + s 1995, 184.

des § 733 ZPO erfüllt sein, ehe dem Gläubiger eine neue, weitere Ausfertigung mit der Klausel nach § 727 erteilt werden kann.[96]

**VI. Rechtsmittel:** Siehe den Überblick Vorbem. §§ 724–734 ZPO Rdn. 11 und 12.

Der Rechtspfleger kann sowohl im Falle des § 11 RpflG (Erinnerung gegen die Ablehnung der Umschreibung der Klausel) als auch im Falle des § 732 ZPO (Erinnerung gegen die Bewilligung der Umschreibung) zunächst selbst darüber entscheiden, ob er der Erinnerung abhilft. Werden mit der Erinnerung neue tatsächliche oder rechtliche Gesichtspunkte geltend gemacht, so sollte die Nichtabhilfeentscheidung erkennen lassen, daß der Rechtspfleger sich auch mit diesen noch auseinandergesetzt hat.[97]

Zur Zuständigkeit des Familiensenats als Beschwerdegericht, soweit die Klauselerteilung für Rechtsnachfolger zu älteren Unterhaltstiteln aus der Zeit vor dem 1. 7. 1977 in Rede steht, vergl. §§ 23 b, 119 GVG.[98]

Auch gegen die Ablehnung der Titelumschreibung durch den Notar ist die Beschwerde nach §§ 54 BeurkG, 19 ff. FGG der zutreffende Rechtsbehelf.[99]

**VII. Gebühren:** Siehe Rdn. 2 sowie Vorbem. §§ 724–734 Rdn. 14.

---

[96] Einzelheiten § 733 Rdn. 3, 4; vergl. ferner OLG Stuttgart, NJW-RR 1990, 126.
[97] LG Mannheim, Rpfleger 1972, 364 mit Anm. von *Meyer-Stolte*.
[98] OLG Köln, Rpfleger 1979, 28.
[99] KG, OLGZ 1973, 112.

## § 728 Vollstreckbare Ausfertigung bei Nacherbe oder Testamentsvollstrecker

(1) Ist gegenüber dem Vorerben ein nach § 326 dem Nacherben gegenüber wirksames Urteil ergangen, so sind auf die Erteilung einer vollstreckbaren Ausfertigung für und gegen den Nacherben die Vorschriften des § 727 entsprechend anzuweden.

(2) ¹Das gleiche gilt, wenn gegenüber einem Testamentsvollstrecker ein nach § 327 dem Erben gegenüber wirksames Urteil ergangen ist, für die Erteilung einer vollstreckbaren Ausfertigung für und gegen den Erben. ²Eine vollstreckbare Ausfertigung kann gegen den Erben erteilt werden, auch wenn die Verwaltung des Testamentsvollstreckers noch besteht.

Literatur: *Jaspersen*, Vollstreckung nach Anordnung der Nachlaßverwaltung, RPfleger 1995, 243; *Schmidt*, Titelumschreibung nach Konkurseröffnung und nach Konkursbeendigung, JR 1991, 309.

1  I. **Zweck:** §§ 326, 327 ZPO erstrecken in bestimmten Fällen die Rechtskraft von Urteilen in Rechtsstreitigkeiten zwischen einem Vorerben und einem Dritten bzw. einem Testamentsvollstrecker und einem Dritten auch auf den Nacherben bzw. den Erben. Da der Nacherbe nicht Rechtsnachfolger des Vorerben, der Erbe nicht Rechtsnachfolger des Testamentsvollstreckers nach Beendigung der Testamentsvollstreckung sind, beide vielmehr allein Rechtsnachfolger des Erblassers und nur Nachfolger in der Verfügungsbefugnis über den Nachlaß nach dem Vorerben bzw. dem Testamentsvollstrecker, würde § 727 ZPO diese Fälle nicht erfassen. Andererseits gelten im Hinblick auf § 750 Abs. 1 ZPO die schon in § 727 Rdn. 1 dargelegten Erwägungen. Durch die Anordnung der entsprechenden Anwendung des § 727 ZPO wird zunächst also wieder die Kluft zwischen der erweiterten Urteilswirkung einerseits und den Anforderungen der Zwangsvollstreckung andererseits überbrückt.

Darüberhinaus enthält § 728 Abs. 2 zusammen mit den Regelungen für vergleichbare Fälle in §§ 738, 742, 744, 745 Abs. 2, 749 ZPO, denen allen gemeinsam ist, daß eine Änderung der Verfügungsbefugnis über das Zugriffsobjekt der Zwangsvollstreckung stattgefunden hat und daß die Vollstreckung nunmehr für und gegen eine andere Person durchgeführt werden muß als die im Titel genannte, ein allgemeines Prinzip für ähnliche im Gesetz nicht ausdrücklich geregelte Fälle: Auch beim Eintritt einer anderen Figur der Partei kraft Amtes als der im Gesetz angesprochenen und bei Beendigung dieser Funktion muß eine Klauselerteilung für den neuen Gläubiger bzw. gegen den neuen Schuldner möglich sein, § 727 ZPO also ebenfalls entsprechend angewendet werden.

Auch § 728 gilt über § 795 ZPO nicht nur für Urteile, sondern für alle Titel.

2  II. **Titelumschreibung bei Nacherbfolge** (Abs. 1): 1. § 326 Abs. 1 ZPO bringt in zwei Fällen eine Rechtskrafterstreckung zugunsten des Nacherben: Eine gegen den Vorerben als Erben geltend gemachte Klage ist abgewiesen worden. Oder: Der Vorerbe hat erfolgreich von einem Dritten die Herausgabe eines der Nacherbfolge unterliegenden Gegenstandes verlangt. In beiden Fällen ist die Nacherbfolge eingetreten (§§ 2100, 2139 BGB), *nachdem* das vom Vorerben erstrittene Urteil schon rechtskräftig war.

*Vollstreckbare Ausfertigung bei Nacherbe oder Testamentsvollstrecker* § 728

Will der Nacherbe aus dem obsiegenden Urteil die Hauptsache (nicht die Kosten, da es sich insoweit um einen persönlichen Anspruch des Vorerben, der auf seine Erben übergeht, handelt) vollstrecken, kann er die den Titel auf ihn umschreibende Klausel beantragen.

2. § 326 Abs. 2 ZPO enthält dagegen einen Fall der Rechtskrafterstreckung zu Lasten 3 des Nacherben: Der Vorerbe ist mit einer Klage gegen einen Dritten auf Herausgabe eines der Nacherbfolge unterliegenden Gegenstandes, über den der Vorerbe ohne Zustimmung des Nacherben verfügen durfte (vergl. §§ 2112, 2136 BGB), abgewiesen worden. Auch hier muß der Nacherbfall **nach** Rechtskraft des Urteils eingetreten sein.[1]

Will nun der Dritte die Kostenentscheidung gegen den Nacherben vollstrecken, kann er die den Titel gegen diesen umschreibende Klausel beantragen.

3. Der Eintritt der Nacherbfolge und die Voraussetzungen der Rechtskrafterstreckung 4 nach § 326 ZPO sind, soweit nicht offenkundig,[2] durch öffentliche oder öffentlich beglaubigte Urkunde nachzuweisen. Der Nachweis der Nacherbfolge wird in der Regel durch einen dem Nacherben (bzw. dem Gläubiger für den Nacherben gem. §§ 792 ZPO, 85 FGG) für den Fall der Nacherbschaft erteilten Erbschein erbracht.[3]

Der Nachweis der Voraussetzungen des § 326 ZPO wird in der Regel durch die Prozeßakten (Nachlaßverbindlichkeit bzw. der Nacherbfolge unterliegender Gegenstand als Gegenstand des Urteils; Zeitpunkt der Rechtskraft) und die Akten des Nachlaßgerichts (Befreiung des Vorerben von Beschränkungen) zu führen sein.

4. Keine Rechtskrafterstreckung zu Lasten des Nacherben nach § 326 Abs. 1 ZPO fin- 5 det bei Urteilen statt, durch die der Vorerbe zur Erfüllung einer Nachlaßverbindlichkeit verurteilt wurde. Deshalb greift insoweit auch § 728 nicht ein: Der obsiegende Nachlaßgläubiger erhält bei Eintritt der Nacherbfolge keine titelumschreibende Klausel gegen den Nacherben.

**III. Titelumschreibung für den Erben nach Beendigung der Verfügungsbefugnis** 6
**des Testamentsvollstreckers** (Abs. 2, S. 1): 1. Urteile aus Aktivprozessen des Testamentsvollstreckers über seiner Verwaltung unterliegende Rechte (§§ 2205, 2212 BGB) wirken auch zugunsten des Erben. Ihm kann eine den Titel auf ihn umschreibende Klausel aber erst nach Beendigung der Verwaltung des Testamentsvollstreckers erteilt werden. Gleiches gilt für obsiegende Urteile aus Passivprozessen des Testamentsvollstreckers (Prozesse über Nachlaßverbindlichkeiten), soweit der Testamentsvollstrecker prozeßführungsbefugt war (§ 2213 BGB). Da hier der Testamentsvollstrecker die Kosten aus dem verwalteten Nachlaß bestreitet, betrifft auch der Kostenerstattungsanspruch den Nachlaß. Will der Erbe ihn nach Beendigung der Testamentsvollstreckung geltend machen, benötigt er eine titelumschreibende Klausel.

2. Seine Erbenstellung kann der Erbe durch Vorlage eines Erbscheins nachweisen. Der Nachweis der Beendigung der Verfügungsbefugnis des Testamentsvollstreckers

---
1 A. A.: *Baumbach/Lauterbach/Hartmann*, § 728 Rdn. 1.
2 Siehe hierzu § 726 Rdn. 10 und § 727 Rdn. 30.
3 Vergl. die ähnliche Regelung in § 35 Abs. 1 GBO und hierzu BGH, NJW 1982, 2499.

richtet sich nach den konkreten Umständen; z. B.: Vorlage einer Geburtsurkunde, falls die Testamentsvollstreckung bei Erreichung eines bestimmten Lebensalters durch den Erben endet; Vorlage einer Sterbeurkunde des Testamentsvollstreckers im Falle des § 2210 BGB usw.[4]

7　**IV. Titelumschreibung gegen den Erben** (Abs. 2 S. 2): Soweit Urteile gegen den Testamentsvollstrecker nach § 327 Abs. 1 und 2 ZPO auch **gegen** den Erben wirken, kann der obsiegende Dritte sich sofort vollstreckbare Ausfertigung gegen den Erben erteilen lassen, braucht also nicht die Beendigung der Testamentsvollstreckung abzuwarten. Diese verfahrensrechtliche Regelung in Abs. 2 S. 2 ist eine Folge aus der materiellrechtlichen Regelung in § 2213 BGB. Die Klausel gegen den Erben kann durchaus sinnvoll sein. Mit dem Titel gegen den Testamentsvollstrecker kann nur in das seiner Verwaltung unterliegende Vermögen vollstreckt werden (siehe auch § 749 S. 2 ZPO). Mit dem auf den Erben umgeschriebenen Titel kann die Vollstreckung in das gesamte Vermögen des Erben betrieben werden. Es ist diesem dann überlassen, gem. §§ 780 Abs. 2, 781 ff. ZPO seine Haftungsbeschränkung klageweise geltend zu machen.

8　**V.** Ist der Titel noch vom Erblasser oder noch gegen den Erblasser erstritten worden, mit dem Erbfall dann Testamentsvollstreckung über den Nachlaß jedenfalls im Hinblick auf das titulierte Recht oder den titulierten Anspruch eingetreten, so greift § 749 ZPO ein. Einzelheiten siehe dort. Hatte die Zwangsvollstreckung schon gegen den Erblasser begonnen, so bedarf es, soweit nicht eine persönliche Mitwirkung des Testamentsvollstreckers oder des Erben erforderlich ist, keiner Titelumschreibung zur Fortsetzung der Zwangsvollstreckung in den Nachlaß (§ 779 Abs. 1 ZPO).[5]

9　**VI.** Die in §§ 749, 728 Abs. 2 ZPO für den Fall der Testamentsvollstreckung enthaltene Regelung muß entsprechend für andere Fälle, in denen eine Partei kraft Amtes die Verfügungsbefugnis über fremdes Vermögen übernimmt oder in der der Eigentümer von einer Partei kraft Amtes die Verfügungsbefugnis erhält (zurückerhält), angewandt werden. Auch in diesen Fällen findet keine Rechtsnachfolge im eigentlichen Sinne statt: Der Konkursverwalter ist nicht Rechtsnachfolger des Gemeinschuldners,[6] der Zwangsverwalter nicht des Grundstückseigentümers, der Gemeinschuldner (oder ein an seine Stelle getretener Treuhänder für das Schuldnervermögen oder für Teile dieses Vermögens) nach Aufhebung des Konkurses nicht des Konkursverwalters[7] usw. Andererseits sind sie nicht nur Vertreter der von ihnen verwalteten Vermögensmassen, sondern handeln im eigenen Namen, sodaß § 750 Abs. 1 ZPO es erfordert, daß sie bei der Zwangsvollstreckung im Titel oder jedenfalls in der Klausel als Gläubiger bzw. Schuldner namhaft gemacht sind. Deshalb kann ein vom späteren Gemeinschuldner erwirkter Titel auf den Konkursverwalter,[8] ein vom Konkursverwalter erwirkter Titel nach Aufhebung

---

4 Siehe auch KG, NJW-RR 1987, 3 (Beschlußausfertigung des Nachlaßgerichts über Beendigung der Testamentsvollstreckung).
5 Vergl. § 727 Rdn. 19 und § 779 Rdn. 1.
6 So aber MüKo/*Wolfsteiner*, § 727 Rdn. 27, der deshalb § 727 unmittelbar anwendet.
7 Der BGH scheint in NJW 1992, 2159 allerdings davon auszugehen, da er § 728 nicht neben § 727 erwähnt.
8 OLG Stuttgart, NJW 1958, 1353; LG Bremen, KTS 1977, 124.

des Konkurses auf den Gemeinschuldner,[9] ein zugunsten des Zwangsverwalters ergangener Titel nach Aufhebung des Zwangsverwaltungsverfahrens auf den Grundstückseigentümer[10] umgeschrieben werden. Ein gegen den späteren Gemeinschuldner ergangener Titel kann wegen § 14 KO[11] nur dann gegen den Konkursverwalter umgeschrieben werden, wenn ausnahmsweise die Einzelzwangsvollstreckung gegen ihn möglich ist,[12] d. h. wenn der Titel ein Aus-oder Absonderungsrecht (§§ 43 ff.[13], 47 ff.[14] KO) oder eine aus der Zeit vor der Konkurseröffnung herrührende Masseschuld (§ 59 Abs. 1 Nr. 3 KO[15]) betrifft.

Auch der Nachlaßverwalter (§ 1981, 1985 BGB) ist Partei kraft Amtes i. S. der vorstehenden Regeln. Beim Nachlaßpfleger bedarf es dagegen keiner Titelumschreibung, da er nur Vertreter des Erben ist (vergl. die Verweisung auf die Vormundschaftsregeln in § 1915 BGB), ein Parteiwechsel nach Beendigung der Pflegschaft also nicht stattfindet.

Eine Art Partei kraft Amtes, auf die die §§ 727, 728 Abs. 2, 749 ZPO entsprechend anzuwenden sind, ist schließlich auch der Kanzleiabwickler nach einem verstorbenen Rechtsanwalt (§ 55 Abs. 1 BRAO).[16]

**VII. Verfahren:** Hinsichtlich der Zuständigkeit und des Verfahrens im übrigen gilt das § 727 Rdn. 26–33 Ausgeführte entsprechend. 10

---

9 LG Lübeck, DGVZ 1980, 140; BGH, NJW 1992, 2159.
10 OLG Düsseldorf, OLGZ 1977, 250.
11 Ab 1.1.1999: § 89 InsO.
12 Beispiele unzulässiger Umschreibung: LG Köln, KTS 1963, 118; OLG Hamm, OLGZ 1965, 298; OLG Düsseldorf, OLGZ 1980, 484; OLG Hamburg, KTS 1983, 599.
13 Ab 1.1.1999: § 47 InsO.
14 Ab 1.1.1999: § 49 InsO.
15 Die Vorschrift hat in der InsO keine Entsprechung mehr.
16 LG Hamburg, MDR 1970, 429.

## § 729 Vollstreckbare Ausfertigung gegen Vermögens- und Firmenübernehmer

(1) Hat jemand das Vermögen eines anderen durch Vertrag mit diesem nach der rechtskräftigen Feststellung einer Schuld des anderen übernommen, so sind auf die Erteilung einer vollstreckbaren Ausfertigung des Urteils gegen den Übernehmer die Vorschriften des § 727 entsprechend anzuwenden.

(2) Das gleiche gilt für die Erteilung einer vollstreckbaren Ausfertigung gegen denjenigen, der ein unter Lebenden erworbenes Handelsgeschäft unter der bisherigen Firma fortführt, in Ansehung der Verbindlichkeiten, für die er nach § 25 Abs. 1 Satz 1, Abs. 2 des Handelsgesetzbuchs haftet, sofern sie vor dem Erwerb des Geschäfts gegen den früheren Inhaber rechtskräftig festgestellt worden sind.

1 **I. Zweck:** Die Vorschrift ist keine Folgeregelung zu den §§ 325 ff. ZPO. Der Vermögens- oder Firmenübernehmer ist nicht Rechtsnachfolger des früheren Inhabers. Es findet auch keine Rechtskrafterstreckung von Urteilen gegen den früheren Inhaber zu Lasten des Übernehmers statt.[1] Andererseits hat der Übernehmer dem Gläubiger die lohnende Zugriffsmöglichkeit auf das Schuldnervermögen wirtschaftlich entzogen. Die nach §§ 419 BGB, 25 Abs. 1 S. 1, Abs. 2, Z. 6 HGB fortbestehende Haftung des früheren Schuldners ist praktisch oft wertlos. Die in den genannten Normen andererseits angeordnete Haftung des Übernehmers mit dem übernommenen Vermögen bzw. sogar unbeschränkt mit seinem ganzen Vermögen im Falle der Firmenfortführung[2] neben dem bisherigen Schuldner bietet dem Gläubiger wirtschaftlich oft allein erfolgversprechende Aussichten. In dieser Situation ist es billig, den Gläubiger nicht nur darauf zu verweisen, daß er sich gegen den neuen Mit-Schuldner einen eigenständigen Titel besorgen kann. Der Weg ist langwierig. Inzwischen steht das übernommene Vermögen auch schon den Gläubigern des neuen Schuldners als Haftungsobjekt für dessen neue und alte eigene Schulden zur Verfügung. Deshalb ordnet § 729 die entsprechende Anwendung des § 727 ZPO an. Dem neuen Schuldner geschieht durch die Titelerweiterung kein Unrecht: Da er an dem vorausgegangenen Verfahren weder beteiligt war noch die Rechtskraft der Entscheidung gegen ihn wirkt, kann er mögliche materiellrechtliche Einwendungen in vollem Umfang über § 767 ZPO geltend machen. Die Präklusion des § 767 Abs. 2 ZPO gilt im Hinblick auf das alte Verfahren nicht.[3]

Da Abs. 1 und Abs. 2 übereinstimmend die **rechtskräftige** Feststellung der Schuld des Urschuldners **vor** der Vermögensübernahme bzw. dem Erwerb des Handelsgeschäfts unter Firmenfortführung voraussetzen, hat der Übernehmer auch die Möglich-

---

[1] Sehr streitig; wie hier: BGH, NJW 1984, 793; NJW 1957, 420; WM 1970, 1291; andeutungsweise auch schon: BGHZ 3, 385; vergl. ferner: *MüKo/Wolfsteiner*, § 729 Rdn. 2. *Stein/Jonas/Leipold*, 21 Aufl., § 325 ZPO Rdn. 29; *Stein/Jonas/Münzberg*, § 729 Rdn. 1, 2; *Müko(BGB)/Möschel*, 3. Aufl., § 419 BGB Rdn. 39; *Hüffner*, ZZP 1972, 235 ff.; a. A. (Rechtskrafterstreckung): *Zöller/Stöber*, § 729 Rdn. 2; *v. Olshausen*, JZ 1976, 88; *Rosenberg/Schwab/Gottwald*, § 156 II 2 b; *K. Schmidt*, Handelsrecht, § 8 I 7 b.

[2] *Baumbach/Hopt*, 29. Aufl., § 25 HGB Rdn. 10 mit weiteren Nachweisen; *Heymann/Emmerich*, 2. Aufl., § 25 HGB Rdn. 30.

[3] *MüKo/Wolfsteiner*, § 729 Rdn. 3; *Stein/Jonas/Münzberg*, § 729 Rdn. 2.

keit, sich über das, was auf ihn zukommt, objektiv zu informieren, ehe er den Übernahmevertrag schließt.

**II. Vermögensübernahme** (Abs. 1): Die Regelung schließt begrifflich an § 419 BGB an.[4] Es genügt die Übernahme des wesentlichen Aktivvermögens. Im Einzelfall kann ein einziger Vermögensgegenstand ausreichen, der wertmäßig praktisch das Gesamtvermögen bildet.[5] Die Ausklammerung unbedeutender Einzelstücke ist unschädlich.[6] Insbesondere ist es unschädlich, wenn der Übertragende alle diejenigen Vermögensstücke zurückbehält, die in seiner Hand unpfändbar sind.[7] Umgekehrt mag der übernommene Gegenstand zwar durchaus wertvoll sein; ist er dennoch nicht pfändbar (z.B. der good will eines Unternehmens), stellt seine Übernahme auch keinen Fall von § 419 BGB dar.[8] Übernahme bedeutet Übereignung bzw. Abtretung.[9] Die Einräumung von Nutzungs- oder Zurückbehaltungsrechten genügt nicht, wohl aber die Sicherungsübereignung.[10] Daß der Übernehmer eine Gegenleistung erbracht hat, steht der Vermögensübernahme begrifflich nicht entgegen.[11] Entscheidend ist die tatsächliche Übernahme aufgrund Vertrages, nicht aber, ob die Abtretung bzw. Übereignung auf einem wirksamen Grundgeschäft beruht.[12]

Die Beschränkung der Haftung des Übernehmers auf das übernommene Vermögen nach § 419 Abs. 2 BGB spielt im Rahmen der Klauselerteilung keine Rolle. Sie ist mit der Vollstreckungsabwehrklage gem. §§ 786, 785, 767 ZPO geltend zu machen[13].

**III. Erwerb eines Handelsgeschäfts unter Lebenden bei Fortführung der bisherigen Firma** (Abs. 2): Begrifflich schließt die Regelung an § 25 Abs. 1 S. 1 und Abs. 2 HGB an. Daß der bisherigen Firma ein Nachfolgezusatz oder unwesentliche Änderungen beigefügt werden, beeinträchtigt die Haftung nicht.[14] Die einmal begründete Haftung entfällt nachträglich nicht dadurch, daß später die Firma doch geändert und nicht wei-

---

4 Vergl. insoweit deshalb auch die Erläuterungen zu § 419 BGB insbesondere bei Müko/*Möschel*, 3. Aufl.; *Palandt/Heinrichs*, 55. Aufl.; *Erman/Westermann*, 9. Aufl.; vergl. ferner *Nörr/Scheyhing*, Sukzessionen, 1983, § 29. Die Norm bleibt allerdings in Kraft, wenn § 419 BGB am 1.1.1999 durch Art. 33 Nr. 16 EGInsO ersatzlos aufgehoben wird.
5 OLG Düsseldorf, NJW-RR 1993, 959.
6 BGHZ 66, 218.
7 BGH, NJW 1993, 921.
8 BGH, NJW 1993, 321.
9 BGHZ 54, 103.
10 Sehr streitig; wie hier: *Palandt/Heinrichs*, § 419 Rdn. 9; BGH, WM 1964, 743; WM 1985, 867; BGHZ 80, 296 ff. mit zahlr. Nachw. aus Lit. und Rspr.; differenzierend je nach Ausgestaltung der Befugnisse des Sicherungsnehmers: *Erman/Westermann*, § 419 BGB Rdn. 4; *Jauernig/Stürner*, § 419 Anm. 3a; a. A. Müko/*Möschel*, 3. Aufl., § 419 BGB Rdn. 28, ebenfalls mit zahlreichen Nachw.
11 Sehr streitig; wie hier: BGHZ 33, 126; 66, 219; 93, 135; NJW-RR 1991, 407; *Nörr/Scheyhing*, Sukzessionen, 1983, § 29 VII; a. A.: *Erman/Westermann*, § 419 Rdn. 13; MüKo/*Möschel*, § 419 Rdn. 18.
12 BGH, WM 1964, 1125.
13 Diese Möglichkeit entfällt am 1.1.1999, wenn § 419 BGB durch Art. 33 Nr. 16 EGInsO aufgehoben wird.
14 *Baumbach/Hopt*, 29. Aufl., § 25 HGB Rdn. 7; *K. Schmidt*, Handelsrecht, § 8 II 1 c.

ter fortgeführt wird.¹⁵ Der nach § 25 Abs. 2 HGB mögliche Haftungsausschluß ist im Klauselverfahren von amtswegen zu beachten, wenn er sich aus dem vom Gläubiger zum Nachweis der Firmenfortführung oder vom Schuldner im Rahmen seiner Anhörung nach § 730 ZPO vorgelegten Handelsregisterauszug ergibt.¹⁶ Ansonsten muß ihn der als Schuldner Inanspruchgenommene im Rahmen der §§ 768, 767 ZPO geltend machen. Ebenfalls nach §§ 768, 767 ZPO ist der Einwand, die titulierte Verbindlichkeit gegen den Urschuldner sei nicht im Betriebe des Geschäfts begründet worden, es handle sich vielmehr um eine reine Privatschuld, geltend zu machen.

Wie bei § 419 BGB spielt auch hier die Wirksamkeit des Grundgeschäfts für den Erwerb des Handelsgeschäftes nebst Firmenfortführung schon für die Haftung nach § 25 HGB keine Rolle¹⁷ und ist dann erst recht für die Frage der titelerweiternden Klausel ohne Belang.

4    IV. Über die beiden im Gesetz geregelten Fälle hinaus ist § 729 ZPO und über ihn § 727 ZPO **entsprechend** anzuwenden sowohl auf den Erbschaftskauf (entsprechende Anwendung des Abs. 1)¹⁸ als auch auf den Fall des § 28 Abs. 1 S. 1 HGB (entsprechende Anwendung des Abs. 2)¹⁹. Im Falle des § 28 Abs. 1 S. 1 HGB kann Klausel allerdings nur gegen die neue Gesellschaft erteilt werden.²⁰ Der Fall muß § 129 Abs. 4 HGB entsprechend behandelt werden.

Dagegen scheidet wegen § 92 Abs. 5 VerglO eine entsprechende Anwendung des § 729 Abs. 1 auf einen Sachwalter im Vergleichsverfahren aus, dem zum Zwecke der Erfüllung des Vergleichs Vermögen des Schuldners übertragen worden war.

5    V. **Rechtskräftige Feststellung** der Schuld des Urschuldners: Sowohl Abs. 1 als auch Abs. 2 lassen die Erteilung der titelerweiternden Klausel nur zu, wenn bereits *vor* der Vermögensübernahme bzw. dem Erwerb des Handelsgeschäfts die Schuld des Urschuldners **rechtskräftig** festgestellt war. Abzustellen ist auf die formelle Rechtskraft des § 705 ZPO. Bei den Titeln des § 794 ZPO tritt an die Stelle der Rechtskraft der Zeitpunkt der Entstehung des Titels, also der Protokollierung des Vergleichs, der Errichtung der Urkunde usw.

6    VI. **Verfahren:** 1. Hinsichtlich der Zuständigkeit für die Klauselerteilung gilt das § 727 Rdn. 26 Ausgeführte.

Der Gläubiger muß den Nachweis der Vermögensübernahme bzw. des Erwerbs des Handelsgeschäfts unter Firmenfortführung, den Nachweis der vorherigen Rechtskraft des Urteils gegen den Urschuldner bzw. bei Titeln, die nicht in Rechtskraft erwachsen, den Nachweis des Zeitpunkts ihrer Entstehung durch öffentliche bzw. öffentlich beglaubigte Urkunden erbringen, soweit nicht die Tatsachen, die die vorgenannten

---

15 AG Mönchengladbach, DGVZ 1963, 142.
16 Denn § 729 Abs. 2 ist grundsätzlich nur anwendbar, wenn auch nach § 25 HGB gehaftet wird: OLG Köln, NJW-RR 1994, 1118.
17 *K. Schmidt*, Handelsrecht, § 8 II 1 b mit zahlreichen Nachw.
18 H. M.; für alle: *Zöller/Stöber*, § 729 Rdn. 13.
19 H. M.; für alle: *K. Schmidt*, Handelsrecht, § 8 I 7; *Thomas/Putzo*, § 729 Rdn. 3.
20 Str.; wie hier: *K. Schmidt*, a. a. O., für Klauselerteilung auch gegen den Gesellschafter: *Stein/Jonas/Münzberg*, § 729 Rdn. 8; *Baumbach/Hopt*, § 28 HGB, Rdn. 5.

Rechtsbegriffe ausfüllen, offenkundig sind. Als öffentlich beglaubigte Urkunde zum Nachweis einer Vermögensübernahme wird in der Regel nur ein notarieller Vertrag in Betracht kommen. Ihm muß, wenn es sich bei dem übernommenen Vermögen um einen einzelnen Gegenstand handelt, auch entnommen werden können, daß dem Übernehmenden bewußt war, daß der erworbene Gegenstand das gesamte oder doch nahezu gesamte Vermögen des Veräußerers darstellt.[21] Der Erwerb des Handelsgeschäfts unter Firmenfortführung wird meist durch einen Handelsregisterauszug (§ 9 Abs. 2 HGB) nachgewiesen werden, im Einzelfall aber auch durch einen notariellen Vertrag, gegebenenfalls auch durch ein Urteil in einer anderen Sache gegen den Übernehmer, in dem die Voraussetzungen der §§ 25, 28 HGB bereits festgestellt sind. Der Zeitpunkt der Rechtskraft ergibt sich aus dem Zeugnis nach § 706 ZPO.

Daß es sich bei der gegen den Urschuldner titulierten Verbindlichkeit um eine solche handelt, die im Betriebe seines Handelsgeschäfts begründet wurde, wird nach § 344 HGB vermutet. Deshalb braucht der Gläubiger insoweit keinen Nachweis zu erbringen. Der im Hinblick auf § 25 HGB Inanspruchgenommene muß die Vermutung in dem Verfahren nach §§ 768, 767 ZPO widerlegen.

Kann der Gläubiger den ihm obliegenden Beweis nicht in der nach §§ 727, 729 ZPO erforderten Art erbringen, bleibt ihm die Möglichkeit, die Klausel im Wege der Klage nach § 731 ZPO zu erstreiten.

2. Die Klausel gegen den Urschuldner und die titelerweiternde Klausel gegen den neuen Schuldner können auf eine Ausfertigung gesetzt werden.[22] Wird gegen den Übernehmer eine zusätzliche Ausfertigung beantragt, ist § 733 ZPO zu beachten. Die Klausel gegen den Übernehmer muß in jedem Fall zum Ausdruck bringen, daß der Urschuldner und der neue Schuldner gesamtschuldnerisch haften. Dies kann etwa durch den Zusatz geschehen: »Der Vermögensübernehmer (bzw. Erwerber des Handelsgeschäfts) XY und der ursprüngliche Schuldner YZ haften als Gesamtschuldner.« Im übrigen muß die Klausel den § 725 Rdn. 2 und 3 und § 727 Rdn. 31 dargestellten Anforderungen an den Inhalt jeder Klausel und den besonderen Anforderungen an den Inhalt einer qualifizierten Klausel entsprechen.

VII. Sind die Vermögensübernahme bzw. der Erwerb des Handelsgeschäfts schon vor Rechtskraft des Urteils gegen den Urschuldner erfolgt oder liegt nur ein Fall des § 25 Abs. 3 HGB vor, so kann die Klausel auch nicht unmittelbar nach § 727 ZPO beantragt werden,[23] denn es handelt sich dann nur um Fälle der kumulativen Schuldmitübernahme, die nie von § 727 ZPO erfaßt wird.[24] Der Gläubiger muß in diesen Fällen erneute Leistungsklage, jetzt gegen den Übernehmer, erheben, um einen selbständigen Titel auch gegen den Übernehmer zu erlangen.

VIII. Gebühren: Wie Vorbem. §§ 724–734 Rdn. 14.

---

21 OLG Düsseldorf, NJW-RR 1993, 959.
22 Vergl. § 725 Rdn. 5.
23 BGH, Rpfleger 1974, 260 mit Anm. von *Eickmann*.
24 Vergl. § 727 Rdn. 23.

## § 730 Anhörung des Schuldners

In den Fällen des § 726 Abs. 1 und der §§ 727 bis 729 kann der Schuldner vor der Erteilung der vollstreckbaren Ausfertigung gehört werden.

Literatur: *Stürner,* Rechtliches Gehör und Klauselerteilung im Europäischen Vollstreckungsverfahren, IPRax 1985, 254.

1 **I. Zweck:** In den Fällen der sog. qualifizierten Klausel kann sich der Gläubiger die ihm obliegenden Nachweise ersparen, wenn die nachzuweisenden Tatsachen offenkundig sind.[1] Offenkundig sind über § 291 ZPO (allgemeinkundig und gerichtskundig) hinaus auch solche Tatsachen, die der Schuldner bei seiner Anhörung, sei es schriftlich, sei es mündlich zu Protokoll zugesteht.[2] Dieses Zugeständnis erübrigt dem Gläubiger den Weg über § 731 ZPO, dem Schuldner u. U. unnötige Kosten. Deshalb sollte der Rechtspfleger, ehe er das Klauselgesuch eines Gläubigers zurückweist, der nicht alle für den von ihm zu erbringenden Nachweis erforderlichen Urkunden vorlegen kann, zunächst immer den Schuldner anhören.[3]

Andererseits kann es sein, daß der Schuldner den sich aus den vom Gläubiger vorgelegten Urkunden zunächst ergebenden Beweis durch neuere oder einen anderen Zusammenhang herstellende öffentliche Urkunden widerlegen kann, sodaß der Beweis nicht mehr als geführt anzusehen[4], der Gläubiger auf den Weg nach § 731 ZPO zu verweisen ist.

§ 730 ist dagegen keine besondere Ausprägung des Grundrechts aus Art. 103 GG in der Zwangsvollstreckung. Der Anspruch des Schuldners auf rechtliches Gehör ist durch die Regelungen der §§ 732, 768 ZPO hinreichend gewahrt, selbst wenn vor Klauselerteilung keine Anhörung stattgefunden hat. Deshalb ist das »kann« in § 730 auch nicht in ein »muß« umzudeuten. Ist die Rechtslage anhand der vorgelegten Urkunden zu Gunsten des Gläubigers eindeutig, sollte der Überraschungseffekt der Zwangsvollstreckung nicht durch eine überflüssige Anhörung vereitelt werden.

2 **II. Verfahren:** Der Rechtspfleger entscheidet nach freiem Ermessen, ob er den Schuldner (bzw. neuen Schuldner) vor der Klauselerteilung anhört. Er wird es tun, wenn er im Sinne der Erörterungen unter Rdn. 1 weiteren Aufschluß erwartet. Insbesondere wird er den Schuldner hören, wenn dem Gläubiger die erforderlichen Urkunden fehlen und ein Zugeständnis des Schuldners nicht nach der dem Gläubiger vorliegenden außergerichtlichen Korrespondenz ausgeschlossen erscheint.

3 Die Anhörung kann schriftlich (Regelfall), aber auch mündlich erfolgen.

---

1 Vergl. § 726 Rdn. 10 und § 727 Rdn. 30.
2 Vergl. § 726 Rdn. 11 sowie OLG Köln, Rpfleger 1990, 264.
3 OLG Hamm, RPfleger 1991, 161 mit Anm. von *Münzberg.*
4 Dieser Gegenbeweis durch öffentliche oder öffentlich beglaubigte Urkunden ist vom die Klausel Erteilenden – vom Rechtspfleger ebenso wie vom Notar – in jedem Falle zu beachten; vergl. BayObLG, ObLG-Report 1995, 80.

**III.** Unzulässig, weil systemwidrig (den schnellen Überraschungszugriff vereitelnd), ist die Anhörung des Schuldners vor Erteilung der einfachen Klausel nach §§ 724, 725 ZPO.

Ist die Klausel nach dem EuGVÜ zu erteilen (Art. 31 ff, 50, 51 EuGVÜ), so entfällt die Anhörung des Schuldners gem. Art. 34 EuGVÜ auch dann, wenn es sich nach deutschem Recht um eine qualifizierte Klausel handeln würde, eine Anhörung des Schuldners nach § 730 ZPO also möglich wäre. Dies ist verfassungsrechtlich nicht zu beanstanden, da über Art. 36 EuGVÜ das Recht auf Gehör gewahrt bleibt. Der Schuldner erfährt nach § 9 AVAG unverzüglich nach der Klauselerteilung von Amts wegen den Gesamtinhalt der vollstreckbaren Ausfertigung.

**IV.** Hinsichtlich der Rechtsbehelfe des Gläubigers und des Schuldners im Klauselverfahren siehe die Übersicht in Vorbem. §§ 724–734 Rdn. 11 und 12.

## § 731 Klage auf Erteilung der Vollstreckungsklausel

Kann der nach dem § 726 Abs. 1 und den §§ 727 bis 729 erforderliche Nachweis durch öffentliche oder öffentlich beglaubigte Urkunden nicht geführt werden, so hat der Gläubiger bei dem Prozeßgericht des ersten Rechtszuges aus dem Urteil auf Erteilung der Vollstreckungsklausel Klage zu erheben.

Literatur: *Hoffmann*, Die Rechtsbehelfe während des Klauselerteilungsverfahrens, Jura 1995, 411; *Hüffner*, Das Rechtsschutzinteresse für eine Leistungsklage des Gläubigers, ZZP 1972, 229 ff.; *Napierala*, Vollstreckungsklausel nach erfolgreicher Klauselklage., Rpfleger 1989, 493; *Lippross*, Das Rechtsbehelfssystem der Zwangsvollstreckung, JA 1979, 9 ff.; *Schlosser*, Gestaltungsrecht und Gestaltungsklage, Bielefeld 1966; *Wüllenkemper*, Vollstreckungsklausel nach erfolgreicher Klauselklage, Rpfleger 1989, 87.

1 **I. Zweck.** Ist in den Fällen der §§ 726 Abs. 1, 727–729, 738, 742, 744, 745 Abs. 2, 749 ZPO dem Gläubiger der ihm obliegende Nachweis durch öffentliche oder öffentlich beglaubigte Urkunden nicht möglich oder nicht gelungen, hat er also die Klausel beim für die Klauselerteilung Zuständigen nicht erhalten können, so soll er die Klausel doch noch mit allen Beweismitteln des Zivilprozesses, also auch Zeugen, Privaturkunden, Parteivernehmung, Sachverständigengutachten, in einem ordentlichen Rechtsstreit erstreiten können. Für den Gläubiger hat dieses Verfahren den Vorzug, daß er nur noch die besonderen Voraussetzungen der Vollstreckungsklausel darlegen und beweisen muß, nicht, wie bei einer erneuten Leistungsklage, die Voraussetzungen des Anspruchs selbst. Zugleich wird in den Fällen der §§ 727, 728 ZPO der Rechtskrafterstreckung hinsichtlich des schon vorhandenen Titels Rechnung getragen.

Kann der Gläubiger auf Klauselerteilung zu einem bereits vorhandenen Titel klagen, ist dies der speziellere Klageweg, der eine erneute Leistungsklage (um einen quasi parallelen Titel zu erstreiten –) ausschließt.[1]

Hat der Antrag des Gläubigers auf Klauselerteilung allein deshalb keinen Erfolg gehabt, weil schon die allgemeinen Voraussetzungen für die Erteilung jeglicher Vollstreckungsklausel[2] verneint wurden, weil etwa der Tenor des Titels als für die Vollstreckung zu unbestimmt,[3] oder die vorgelegte Urkunde nicht als Titel angesehen wurde, kann die Klausel nicht über § 731 erstritten werden. Der Gläubiger kann hier nur Erinnerung bzw. Beschwerde einlegen. Einzelheiten: Vorbem. §§ 724–734 Rdn. 11. Bleiben diese Rechtsbehelfe erfolglos, sodaß der Titel nicht vollstreckt werden kann, muß der Gläubiger gegebenenfalls einen neuen, von seinem Inhalt her durchsetzbaren Vollstreckungstitel erstreiten.

---

1 A. A. die h.M.: BGH, NJW 1987, 2863; LG Berlin, r+s 1995, 184; *Baumbach/Lauterbach/Hartmann*, § 731 Rdn. 2; MüKo/*Wolfsteiner*, § 731 Rdn. 17, der dem Gläubiger die Wahl zwischen einer Klage nach § 731 und einer Zahlungsklage einräumen will, da bei prozeßökonomischer Betrachtungsweise kein Unterschied zwischen den beiden Wegen bestehe.
2 Siehe § 724 Rdn. 5 und 6 und Vorbem. §§ 724–734 Rdn. 9.
3 Siehe vor §§ 704–707 Rdn. 7; daß diese Frage nicht in Verfahren nach § 731 ZPO geklärt werden kann, auch: BGHZ 45, 287 f.

II. **Rechtsnatur** der Klage auf Erteilung der Vollstreckungsklausel: Die Klage ist, da der beklagte Schuldner die Klausel weder erteilt noch auch nur bewilligt, keine Leistungsklage. Sie ist entgegen der h. M. auch keine Feststellungsklage,[4] sondern prozessuale Gestaltungsklage.[5] Denn der Rechtspfleger (Notar usw.) dürfte in diesen Fällen die Klausel nicht ohne Anordnung durch das Urteil erteilen. Es wird demnach kein Streit und keine Ungewißheit über die Möglichkeit der Klauselerteilung beendet, sondern diese Möglichkeit überhaupt erst eröffnet. Die praktischen Auswirkungen des dogmatischen Streits sind allerdings gering.[6] Ein der einen Theorie folgender Antrag ist vom Gericht, wenn es der anderen Theorie folgt, schlicht umzudeuten. Das nach § 256 ZPO erforderliche Feststellungsinteresse deckt sich hier mit dem Rechtschutzinteresse.

III. Die **Parteien** des Rechtsstreits nach § 731 sind auf Klägerseite derjenige, der als Gläubiger für sich die Klausel anstrebt, und auf Beklagtenseite derjenige, gegen den die Vollstreckung tatsächlich betrieben werden soll. Die Parteien müssen also nicht identisch sein mit denjenigen, die im zu vollstreckenden Titel bezeichnet sind, da auf Gläubiger- und Schuldnerseite Rechtsnachfolge usw. vorliegen kann. Ist der Beklagte der im Titel bezeichnete Schuldner und hatte er im ursprünglichen Rechtsstreit einen Prozeßbevollmächtigten, so ist diesem die Klage zuzustellen, da die Vollmacht fortwirkt, § 81 ZPO; vergl. § 178 ZPO.

IV. Zulässigkeit der Klage: 1. Die Klage ist **statthaft**, wenn sie auf Erlangung einer nach §§ 726 Abs. 1, 727–729, 738, 742, 744, 745 Abs. 2 ZPO – also nicht nach §§ 724, 726 Abs. 2 ZPO vom Urkundsbeamten – zu erteilenden (qualifizierten) Vollstreckungsklausel gerichtet ist – jedenfalls auch – mit dem Ziel, die besonderen Voraussetzungen dieser Klausel (also nicht nur die allgemeinen jeder Vollstreckungsklausel) nachzuweisen.

2. **Zuständig** ist, soweit es sich bei dem zu vollstreckenden Titel um ein Urteil oder einen Prozeßvergleich handelt, das Prozeßgericht des ersten Rechtszuges des früheren Rechtsstreits. Das kann gegebenenfalls auch das Familiengericht oder das Arbeitsgericht sein. Ausnahmsweise kann die Klage auch erstmalig beim Berufungsgericht erhoben werden, wenn beim an sich zuständigen Gericht erster Instanz eine andere Klage, etwa eine Leistungsklage, anhängig war und in der Berufungsinstanz dann durch Klageänderung der bis dahin verfolgte Antrag in einen solchen nach § 731 geändert wird.[7] Für andere Titel als Urteile ist die Zuständigkeit geregelt in §§ 796 Abs. 3 (Vollstrek-

---

4 So aber *Baumbach/Lauterbach/Hartmann*, § 731 Rdn. 1; *Baur/Stürner*, Rdn. 18.17; *Brox/Walker*, Rdn. 131; *Blomeyer*, § 16 IV 1 b; *Jauernig*, § 4 V 4; *Rosenberg/Gaul*, § 17 II 2 d; *Zöller/Stöber*, § 731 Rdn. 4. Aus BGHZ 72, 28 ist entgegen *Baumbach/Lauterbach/Hartmann*, a. a. O. keine Festlegung auf die Feststellungsklage zu entnehmen.
5 Wie hier: *Gerhardt*, Vollstreckungsrecht, § 5 V 2; *Schlosser*, Gestaltungsrecht und Gestaltungsklage, S. 99; *Stein/Jonas/Münzberg*, § 731 Rdn. 8.
6 So auch *Bruns/Peters*, § 9 III 1, die deshalb beide Auffassungen für zutreffend erachten; ebenso MüKo/*Wolfsteiner* § 731 Rdn. 4, 5. Eine vermittelnde Auffassung vertritt letztlich auch *Wüllenkemper*, RPfleger 1989, 87.
7 RGZ 157, 160.

kungsbescheide), 797 Abs. 5 (vollstreckbare Urkunden), 797 a Abs. 3 (Gütestellenvergleiche), 800 Abs. 3 (vollstreckbare Urkunden, die ein Grundpfandrecht betreffen und in denen sich der Schuldner der Zwangsvollstreckung mit dinglicher Wirkung gegen den jeweiligen Grundstückseigentümer unterworfen hat), 800 a Abs. 2 (vollstreckbare Urkunden über eine Schiffshypothek), 1045 Abs. 1, 1046 ZPO (Schiedssprüche), 164 Abs. 3 KO (Auszug aus der Konkurstabelle), 194 KO (Zwangsvergleich), 98 FGG (Erbauseinandersetzungsvereinbarung nach Bestätigungsbeschluß). Für Beschlüsse als Titel gem. § 794 Abs. 1 Nr. 2, 2 a, 2 b ZPO und Entscheidungen als Titel gem. § 794 Abs. 1 Nr. 3, 3 a ZPO gilt über § 795 ZPO die Zuständigkeitsregel des § 731 entsprechend: »Prozeßgericht des ersten Rechtszuges« ist das Gericht, das die Entscheidung erlassen hat bzw. das erstinstanzliche Gericht in diesem Instanzenzug.[8]

Die Zuständigkeit ist wegen § 802 ZPO eine ausschließliche.

6  3. Das **Rechtschutzbedürfnis** für die Klage fehlt, wenn der Gläubiger die Klausel auf einfacherem, weniger prozessual förmlichem Wege erlangen kann. Regelmäßig ist erforderlich, daß der Gläubiger zunächst beim Rechtspfleger (Notar usw.) die Klausel beantragt hatte. Dies gilt auch dann, wenn dem Gläubiger die erforderlichen Urkunden fehlen,[9] da der Schuldner im Rahmen der Anhörung nach § 730 ZPO die beweisbedürftigen Tatsachen zugestehen könnte. Haben die Parteien allerdings untereinander schon vor Einschaltung des Rechtspflegers ohne Ergebnis über die mögliche Klauselerstreckung korrespondiert, erübrigt sich der Antrag an den Rechtspfleger, da das Ergebnis einer möglichen Anhörung gem. § 730 ZPO schon vorher feststünde. Hat der Rechtspfleger den Antrag abgelehnt, so ist hinsichtlich der Frage, ob vor Klageerhebung auch noch das Erinnerungsverfahren (§ 11 RpflG) durchzuführen ist (bzw. gegen die ablehnende Entscheidung des Notars das Beschwerdeverfahren nach §§ 54 BeurkG, 19 ff. FGG), zu differenzieren:[10] Hat der beantragende Gläubiger keine oder nur unzureichende Urkunden und hat der Schuldner sich schon ablehnend geäußert, erübrigt sich die Erinnerung. Hat der Rechtspfleger die vorgelegten Urkunden oder das Geständnis des Schuldners nur unzutreffend gewürdigt, ist zunächst das Erinnerungsverfahren durchzuführen. Nicht erforderlich ist, daß der Gläubiger bei einer der Erinnerung nicht abhelfenden Entscheidung auch noch das Beschwerdeverfahren erfolglos zu Ende führt.

Hat der Gläubiger die erforderlichen Urkunden zwar nicht, kann er sie sich aber in zumutbarer Weise auf relativ einfachem Wege besorgen, muß er diesen Weg beschreiten.

Der Gläubiger muß in der Klageschrift darlegen, warum er nicht den einfacheren und billigeren Weg des Klauselantrages an den Rechtspfleger (Notar usw.) gegangen ist.

---

8  MüKo/*Wolfsteiner*, § 731 Rdn. 7.
9  A. A. insoweit: *Stein/Jonas/Münzberg*, § 731 Rdn. 3; *Brox/Walker*, Rdn. 133.
10 Wie hier: *Baumbach/Lauterbach/Hartmann*, § 731 Rdn. 2; *Zöller/Stöber*, § 731 Rdn. 2; für die Durchführung der Erinnerung in jedem Falle: *Thomas/Putzo*, § 731 Rdn. 6; Erinnerung nur in Ausnahmefällen erforderlich: *Gerhardt*, Vollstreckungsrecht, § 5 V 2; *Stein/Jonas/Münzberg*, § 731 Rdn. 4; Erinnerung nie erforderlich: *Brox/Walker*, Rdn. 133; MüKo/*Wolfsteiner*, § 731 Rdn. 15.

**V. Begründetheit der Klage:** Die Klage ist begründet, wenn die allgemeinen Voraussetzungen zur Klauselerteilung vorliegen, die besonderen Voraussetzungen der §§ 726 Abs. 1, 727–729, 738, 742, 744, 745 Abs. 2 ZPO (Eintritt der Tatsache, Rechtsnachfolge, Wechsel der Verfügungsbefugnis, Vermögensübernahme, Erwerb des Handelsgeschäfts unter Firmenfortführung usw.) zur Überzeugung des Gerichts bewiesen sind und wenn der Beklagte sich nicht mit Einwendungen erfolgreich verteidigt hat, die er, würde er sich selbst aktiv gegen die Vollstreckung wenden wollen, ansonsten mit der Klage nach § 767 Abs. 1 ZPO geltend machen müßte. Daß der Schuldner derartige Einwendungen bereits im Prozeß nach § 731 ZPO bringen **kann,** ist unbestritten[11] und ein Gebot der Prozeßökonomie. Schließlich ist für das Verfahren nach § 767 ZPO dasselbe Gericht zuständig wie für das nach § 731. Zudem ist ein Rechtschutzinteresse für eine Klausel, mit deren Hilfe letztlich doch nie die Vollstreckung betrieben werden könnte, nicht ersichtlich.[12] Letzteres und der in § 767 Abs. 3 ZPO enthaltene Gedanke, daß der Schuldner im Rahmen der Vollstreckung gehalten ist, alle Einwendungen so früh wie möglich geltend zu machen, wenn er mit diesen Einwendungen nicht präkludiert werden will, sind die Begründung dafür, daß der Schuldner die Einwendungen schon als Verteidigung gegen eine Klage nach § 731 bringen *muß,* soweit er dies auch nur theoretisch kann,[13] um sie nicht prozessual zu verlieren.[14]

Ein der Klage stattgebendes Urteil schneidet dem Schuldner auch alle Einwendungen gegen die Klauselerteilung als solche, die er – selbst nur theoretisch – im Verfahren hätte geltend machen können, für mögliche spätere eigene Rechtsbehelfe nach §§ 732, 768 ZPO ab. Der Schuldner ist also in jedem Fall genötigt, diese Einwände vollständig schon im Verfahren des Gläubigers nach § 731 zur Geltung zu bringen.[15]

**VI. Prozessuale Nebenentscheidungen und Tenorierung:** Die **Kostenentscheidung** folgt den §§ 91 ff. ZPO. Es ist also auch ein sofortiges Anerkenntnis des Beklagten mit der Kostenfolge des § 93 ZPO denkbar. § 788 ZPO ist nicht einschlägig.

Das Urteil ist nach den Regeln der §§ 708 ff. ZPO für **vorläufig vollstreckbar** zu erklären. Der **Streitwert** entspricht dem vollen Wert der (– noch –) zu vollstreckenden Forderung nach den Regeln des § 4 ZPO.[16] Es fallen die Gebühren wie bei gewöhnlichen Klagen an, also nicht etwa nur die Vollstreckungsgebühr.

Der Tenor lautet: »Dem Kläger ist gegen den Beklagten Vollstreckungsklausel zu ... (genaue Bezeichnung des Titels) zu erteilen.« Soweit die Klausel nur für einen Teil des im Titel genannten Anspruchs zulässig ist, ist dies ebenfalls im Tenor deutlich zu machen.[17]

**VII.** Aufgrund des zusprechenden Urteils erteilt der Rechtspfleger (Notar usw.), wenn der zu vollstreckende Titel seinerseits vorläufig vollstreckbar oder rechtskräftig ist,

---

[11] *Brox/Walker,* Rdn. 134; *Stein/Jonas/Münzberg,* § 731 Rdn. 13; *Zöller/Stöber,* § 731 Rdn. 4.
[12] Siehe auch Vorbem. §§ 724–734 Rdn. 9.
[13] Auf seine Kenntnis der Einwendungen kommt es nicht an; vergl. § 767 Rdn. 31.
[14] Gegen eine Präklusion *Bruns/Peters,* § 9 III 4.
[15] H. M.; vergl. *Stein/Jonas/Münzberg,* § 731 Rdn. 13, 17.
[16] OLG Köln, KTS 1970, 52.
[17] Siehe § 725 Rdn. 2.

nunmehr die Klausel. Der Rechtspfleger, nicht etwa der Urkundsbeamte,[18] ist zuständig, da die Klausel auch nach dem Urteil nach § 731 eine solche nach §§ 726 Abs. 1, 727–729 pp. ZPO bleibt.[19] Es können sich auch nach dem Urteil neue Einwendungen gegen die Klausel ergeben haben, die dort noch keine Berücksichtigung finden konnten. Dies zu prüfen, obliegt dem Rechtspfleger, nicht dem Urkundsbeamten.

Gegen die nunmehr erteilte Klausel stehen dem Schuldner die Rechtsbehelfe der §§ 732, 768 ZPO nur dann zu, wenn sie auf Einwendungen gestützt werden, die **nach Rechtskraft** des Urteils nach § 731 entstanden sind.

Das Urteil wird wie jedes Urteil gem. § 317 ZPO von Amts wegen zugestellt. Eine weitere Zustellung zu Beginn der Vollstreckung des eigentlichen Titels nach § 750 Abs. 2 ZPO ist nicht erforderlich. Damit insoweit für das Vollstreckungsorgan Klarheit besteht, sollte in der Klausel erwähnt werden, daß sie aufgrund eines Urteils nach § 731 erteilt wurde. Das die Zulässigkeit der Klauselerteilung aussprechende Urteil bedarf natürlich nicht seinerseits noch einer Vollstreckungsklausel.

10 VIII. Urteile nach § 731 sind nach den allgemeinen Regeln mit der Berufung (§§ 511 ff. ZPO) bzw. der Revision (§§ 545 ff. ZPO) angreifbar.

11 IX. Kann der Gläubiger nach § 731 vorgehen, so ist diese Klage der speziellere Weg und es fehlt am Rechtschutzbedürfnis für eine neue Klage aus dem materiellen Recht gegen den Rechtsnachfolger usw.,[20] es sei denn, die Möglichkeit der Umschreibung der Klausel ist im Einzelfall rechtlich bestritten.[21] In diesem Fall wäre es dem Gläubiger nicht zuzumuten, etwa gegensätzliche Entscheidungen zur Zulässigkeit der beiden Klagen hinnehmen zu müssen.

---

18 So aber *Baur/Stürner*, Rdn. 18.19; *Brox/Walker*, Rdn. 135; *Thomas/Putzo*, § 731 Rdn. 9; *Zöller/Stöber*, § 731 Rdn. 6; *Napierala*, RPfleger 1989, 493.
19 Wie hier: *Baumbach/Lauterbach/Hartmann*, § 731 Rdn. 1; *MüKo/Wolfsteiner*, § 731 Rdn. 21; *Rosenberg/Gaul*, § 17 II 2c; *Stein/Jonas/Münzberg*, § 731 Rdn. 7; *Wüllenkemper*, RPfleger 1989, 87.
20 Wie hier: *Stein/Jonas/Münzberg*, § 731 Rdn. 6; BGH, NJW 1957, 1111; einschränkend (Unzulässigkeit nur, wenn Rechtskrafterstreckung): *Hüffner*, ZZP 1972, 231.
21 BGH, MDR 1969, 567.

§ 732 Erinnerung gegen Erteilung der Vollstreckungsklausel

(1) ¹Über Einwendungen des Schuldners, welche die Zulässigkeit der Vollstreckungsklausel betreffen, entscheidet das Gericht, von dessen Geschäftsstelle die Vollstreckungsklausel erteilt ist. ²Die Entscheidung kann ohne mündliche Verhandlung ergehen.

(2) Das Gericht kann vor der Entscheidung eine einstweilige Anordnung erlassen; es kann insbesondere anordnen, daß die Zwangsvollstreckung gegen oder ohne Sicherheitsleistung einstweilen einzustellen oder nur gegen Sicherheitsleistung fortzusetzen sei.

Literatur: *Baltzer*, Durchgriffserinnerung oder einfache Erinnerung gegen die Klauselerteilung nach §§ 726 ff. ZPO?, DRiZ 1977, 228; *Gaul*, Das Rechtsbehelfssystem der Zwangsvollstreckung – Möglichkeiten und Grenzen einer Vereinfachung, ZZP 1972, 251 ff.; *Henckel*, Vorbeugender Rechtsschutz im Zivilrecht, AcP 1974, 97 ff.; *Hoffmann*, Die Rechtsbehelfe während des Klauselerteilungsverfahrens., Jura 1995, 411; *Lippross*, Das Rechtsbehelfssystem der Zwangsvollstreckung, JA 1979, 9; *Palm*, Erinnerung und Beschwerde bei Erteilung und Verweigerung einer Vollstreckungsklausel, Rpfleger 1967, 365; *Schlosser*, Die Vollstreckungsklausel der ZPO, Jura 1984, 88; *Schneider*, Durchgriffserinnerung gegen die Erteilung der Vollstreckungsklausel?, JurBüro 1978, 1118; *Schneider*, Hinweise für die Prozeßpraxis; Zustellung von Einstellungsbeschlüssen? JurBüro 1974, 581 ff.

**I. Allgemeines:** Vorbeugend kann der Schuldner allenfalls im Rahmen seiner Anhörung nach § 730 ZPO Einfluß auf die Klauselerteilung nehmen. Ist die Klausel einmal erteilt, so stehen ihm, unabhängig davon, wer die Klausel erteilt hat (Urkundsbeamter, Rechtspfleger, Notar usw.), als selbständige Verteidigungsmittel nur die Erinnerung nach § 732 und die Klauselgegenklage nach § 768 ZPO, je nach dem Inhalt seiner Verteidigung, nicht aber daneben die allgemeinen Rechtsbehelfe nach §§ 576 ZPO, 11 RpflG, 19 ff. FGG zur Verfügung. § 732 ist der speziellere Rechtsbehelf gegenüber den genannten.[1] Er schließt auch eine weitere Beschwerde des Schuldners aus,[2] wenn dem Gläubiger erst auf seine Beschwerde hin die Klausel erteilt worden war.[3] In jedem Falle soll das Gericht, dessen Urkundsbeamter, Rechtspfleger die Klausel erteilt hat, in positiver wie in negativer Hinsicht zu den Einwendungen des Schuldners Stellung nehmen und auch einen ablehnenden Beschluß begründen (– was bei § 11 RpflG ja nicht

1

---

[1] Wie hier im Verhältnis zur FGG-Beschwerde (– wenn also der Notar die Klausel erteilt hatte –): OLG Frankfurt, Rpfleger 1981, 314; wie hier im Verhältnis zu § 11 RpflG: LG Frankenthal, MDR 1983, 237; OLG Karlsruhe, Rpfleger 1983, 118; OLG Celle AnwBl. 1984, 215; OLG Stuttgart, MDR 1984, 591; *Baltzer*, DRiZ 1977, 228; *Schneider*, JurBüro 1978, 1118; *Brox/Walker*, Rdn. 136; *Baur/Stürner*, Rdn. 18.19; *MüKo/Wolfsteiner*, § 732, Rdn. 6; *Stein/Jonas/Münzberg*, § 732 Rdn. 9. Für die Anwendbarkeit des § 11 RpflG anstelle des § 732 ZPO dagegen: LAG Hamm, MDR 1971, 612; HansOLG Hamburg, FamRZ 1981, 980; *Baumbach/Lauterbach/Hartmann*, § 732 Rdn. 7; *Jauernig*, § 4 V 2.
[2] BayObLGZ 13, 281; OLG Zweibrücken, DNotZ 1971, 765; OLG Frankfurt, Rpfleger 1981, 314; a. A. (weitere Beschwerde zulässig): OLG Hamm, NJW-RR 1990, 1277.
[3] Siehe vorne Vorbem. §§ 724–734 Rdn. 11.

der Fall wäre –). Der Schuldner kann dann selbst entscheiden, ob er die nächsthöhere Instanz noch anrufen will.

**2** II. **Zulässigkeit der Klauselerinnerung:** 1. Die Erinnerung ist **statthaft,** wenn der Schuldner mit ihr Einwendungen gegen eine bereits erteilte Klausel, die Fehler formeller Art im Klauselerteilungsverfahren betreffen, erhebt. Ein förmlicher Fehler in diesem Sinne liegt auch vor, wenn der Rechtspfleger im Falle der Klauselerteilung die besonderen materiellrechtlichen Voraussetzungen der §§ 726 Abs. 1, 727– 729 ZPO bejaht hat, obwohl sie sich garnicht schlüssig aus dem Gläubigervorbringen und den vom Gläubiger zum Nachweis seines Vorbringens vorgelegten Urkunden ergeben. Denn diese Schlüssigkeitsprüfung gehört zu den dem Rechtspfleger obliegenden Formalien. Dagegen ist die Klauselerinnerung nicht der richtige Rechtsbehelf, um materiellrechtliche Einwendungen gegen den titulierten Anspruch selbst geltend zu machen.[4] Gleiches gilt für Einwendungen, die die Befugnis des Gläubigers betreffen, den Anspruch (noch) weiter zu verfolgen (z. B. Beendigung einer früheren Prozeßstandschaft[5]). Diese Einwendungen müssen mit der Vollstreckungsabwehrklage gem. § 767 ZPO verfolgt werden. Die Klauselerinnerung ist auch nicht der richtige Rechtsbehelf, um gegen die Erteilung einer qualifizierten Klausel mit der Begründung vorzugehen, die besonderen Klauselvoraussetzungen lägen trotz des insoweit schlüssigen Vortrages des Gläubigers und des sich aus vorliegenden Urkunden zu seinen Gunsten ergebenden Anscheins nicht vor. Insoweit ist allein § 768 ZPO der richtige Weg. § 732 und § 768 stehen aber dann zur freien Wahl des Schuldners, wenn formelle Einwendungen (Fehlen des erforderlichen Urkundsbeweises usw.) und materiellrechtliche Einwendungen (Nichteintritt der angeblich bewiesenen Bedingung usw.) sich decken.

**3** 2. Zur Entscheidung über die Erinnerung **zuständig** ist, soweit es um die Klausel zu Urteilen oder Prozeßvergleichen geht, das Gericht, von dessen Geschäftsstelle bzw. Rechtspfleger die Klausel erteilt worden ist. Dies kann also auch das Arbeitsgericht, die Kammer für Handelssachen oder das Familiengericht[6] sein. Ist das Urteil beim Landgericht vom Einzelrichter erlassen, der Vergleich vor dem Einzelrichter in einem ihm gem. § 348 ZPO zur Entscheidung übertragenen Rechtsstreit geschlossen worden, ist auch der Einzelrichter im Klauselverfahren zuständig.[7] Ist die Klausel erst auf Anweisung des Richters erteilt worden, so ist der anweisende Richter nicht gem. § 41 Nr. 6 ZPO von der späteren Entscheidung im Rahmen des § 732 ausgeschlossen.[8]

Im arbeitsgerichtlichen Verfahren entscheidet der Vorsitzende, wenn die Entscheidung ohne mündliche Verhandlung ergeht, gem. § 53 Abs. 1 S. 1 ArbGG auch dann allein, wenn der Titel unter Mitwirkung der Arbeitsrichter erlassen wurde.

Für andere Titel als Urteile und Prozeßvergleiche ist die Zuständigkeit besonders geregelt in §§ 797 Abs. 3 (vollstreckbare Urkunden), 797 a Abs. 2 u. Abs. 4 S. 3 ZPO (Gü-

---

4 OLG Düsseldorf, Rpfleger 1977, 67; OLG Köln, AnwBl. 1982, 113 f.; HansOLG Hamburg, KTS 1983, 599; OLG Düsseldorf, OLGZ 1984, 93; *Brox/Walker,* Rdn. 139; unrichtig: OLG Koblenz, DNotZ 1972, 190; LG Duisburg, KTS 1964, 187.
5 OLG Köln, FamRZ 1985, 826.
6 OLG Düsseldorf, FamRZ 1978, 427; OLG Stuttgart, Rpfleger 1979, 145.
7 A. A. OLG Oldenburg, NJW 1963, 257; wie hier *Zöller/Stöber,* § 732 Rdn. 14.
8 OLG Frankfurt, Rpfleger 1968, 194.

testellenvergleiche). Für alle übrigen Titel gilt über § 795 ZPO die Zuständigkeitsregel des § 732 Abs. 1 S. 1 ZPO entsprechend.

Die Zuständigkeit ist wegen § 802 ZPO eine ausschließliche.

3. Für die Einlegung der Erinnerung besteht **kein Anwaltszwang**. Sie kann auch mündlich **zu Protokoll der Geschäftsstelle** erklärt werden. 4

4. Die Erinnerung ist vom Zeitpunkt der Klauselerteilung an zulässig bis zur Beendigung der Zwangsvollstreckung[9] durch vollständige Befriedigung des Gläubigers. Andere Fristen hat der Schuldner nicht zu beachten,[10] insbesondere nicht die Zweiwochenfrist für die sofortige Beschwerde bzw. befristete Durchgriffserinnerung. Das Recht zur Erinnerung wird auch nicht durch längeres Zuwarten oder durch Dulden der Zwangsvollstreckung über eine längere Zeit hin verwirkt.[11]

**III. Begründetheit des Rechtsbehelfs:** Die Erinnerung ist begründet, wenn die formellen Voraussetzungen für die Klauselerteilung zum Zeitpunkt der Erinnerungsentscheidung nicht vorliegen oder wenn die erteilte Klausel selbst inhaltlich fehlerhaft ist. Dies ist der Fall, wenn die allgemeinen Voraussetzungen der Erteilung jeglicher Klausel fehlen[12] oder wenn der erforderliche Nachweis[13] der besonderen Voraussetzungen einer qualifizierten Klausel nicht in gehöriger Weise erbracht ist oder wenn schließlich die Voraussetzungen für die in concreto erteilte Klausel (– wenn auch vielleicht für eine andere –) nicht gegeben sind. Einzelheiten: 5

1. Die **allgemeinen Voraussetzungen** der Klauselerteilung fehlen etwa, wenn gar kein (wirksamer) Antrag auf Klauselerteilung gestellt war (Antrag durch eine prozeßunfähige oder zur Antragstellung nicht berechtigte Person),[14] wenn der angebliche Titel kein (wirksamer) Vollstreckungstitel i. S. der ZPO ist,[15] wenn der Titel keinen in concreto vollstreckungsfähigen Inhalt hat, etwa weil der Vollstreckungsgläubiger aus ihm nicht einwandfrei hervorgeht[16] oder weil die zu vollstreckende Leistung zu ungenau bezeichnet ist,[17] oder weil schließlich der Schuldner in einer Form bezeichnet ist, daß die Zwangsvollstreckung gegen ihn nicht möglich ist (Titel z. B. gegen eine BGB-Gesellschaft unter einer Etablissementsbezeichnung). 6

---

9 LG Hildesheim, NJW 1962, 1256.
10 OLG Karlsruhe, JurBüro 1983, 776.
11 Unrichtig deshalb OLG Frankfurt, FamRZ 1984, 302.
12 Siehe Vorbem. §§ 724–734 Rdn. 9 und § 724 Rdn. 6.
13 Zur Nichterforderlichkeit des Nachweises wegen Offenkundigkeit vergl. § 726 Rdn. 10 und 11 und § 727 Rdn. 30.
14 Einzelheiten § 724 Rdn. 3.
15 Beispiele: BGHZ 15, 190; LG Essen, MDR 1975, 937.
16 Beispiele: BGH, WM 1958, 1194.
17 Beispiele: BGHZ 22, 54; BGH, JA 1982, 308; OLG Köln, JurBüro 1976, 254 und NJW 1985, 274; OLG Hamm, MDR 1974, 239; OLG Düsseldorf, MDR 1986, 328; LG Essen, DNotZ 1973, 26.

7    2. Der Nachweis der **besonderen Voraussetzungen einer qualifizierten Klausel** ist nicht nur dann nicht gehörig erbracht, wenn der Gläubiger keine öffentlichen oder öffentlich beglaubigten Urkunden vorgelegt hat, obwohl die nachzuweisenden Tatsachen nicht offenkundig waren, sondern auch dann, wenn der Schuldner seinerseits durch die Vorlage anderer öffentlicher oder öffentlich beglaubigter Urkunden entweder bei seiner Anhörung nach § 730 ZPO oder im Rahmen der Erinnerung den Nachweis widerlegt oder doch soweit erschüttert hat, daß er nicht mehr als hinreichend gesichert erscheint. Der Schuldner kann ferner geltend machen, die von ihm zugestandenen Tatsachen ließen den Schluß auf das Vorliegen der besonderen Voraussetzungen der Klausel nicht zu, diese seien deshalb nicht offenkundig. Oder: Die Beweiskraft der vorgelegten Urkunden reiche nicht so weit, wie vom Rechtspfleger (Notar usw.) angenommen.

8    3. Die Klausel ist fehlerhaft, wenn das unzuständige Organ die Klausel erteilt hat,[18] wenn erforderliche (u. U. sogar vom Gläubiger auch beantragte) Beschränkungen nicht in den Text der Klausel aufgenommen wurden,[19] wenn die Klausel für mehr erteilt wurde, als nach dem Titel vollstreckt werden kann,[20] wenn die Klausel gegen einen anderen als den, gegen den sie beantragt wurde, erteilt ist. Daß in diesen Fällen eine andere Klausel erteilt werden könnte, steht dem Erfolg der Erinnerung nicht entgegen, da das entscheidende Gericht selbst diese andere Klausel ja nicht erteilen kann. Ist die zu vollstreckende Leistung allerdings teilbar und betrifft der Mangel nur einen Teil, so braucht die Klausel nicht gänzlich aufgehoben zu werden, sondern nur hinsichtlich der Teilleistung.[21]

9    4. Waren die Einwendungen des Schuldners zur Zeit der Klauselerteilung begründet, sind die Mängel aber später in Wegfall gekommen und liegen zur Zeit der Erinnerungsentscheidung alle Voraussetzungen für eine Klauselerteilung in der konkreten Form vor, so bleibt die Erinnerung letztlich erfolglos; denn sie ist keine Art der Dienstaufsichtsbeschwerde, die die Korrektheit des die Klausel Erteilenden zum Gegenstand hat, sondern dient allein der Überprüfung, ob eine der Voraussetzungen der Zwangsvollstreckung **noch** ordnungsgemäß gegeben ist.[22] Die Erinnerung ist deshalb umgekehrt begründet, wenn zum Zeitpunkt der Klauselerteilung deren Voraussetzungen vorlagen, später aber in Wegfall gekommen sind (z. B.: Die im Rahmen des § 726 ZPO nachzuweisende behördliche Genehmigung ist später zurückgenommen worden).

---

18 Einzelheiten Vorbem. §§ 724–734 Rdn. 7; § 724 Rdn. 9; § 727 Rdn. 26.
19 Beispiele: OLG München, NJW 1956, 996; LG Berlin, Rpfleger 1970, 293.
20 Vergl. § 725 Rdn. 2
21 Insoweit zu weitgehend LG Essen, NJW 1972, 2050 (mit Anm. von *Pohlmann* in NJW 1973, 199).
22 Wie hier: OLG München, MDR 1955, 682; OLG Nürnberg, MDR 1960, 318; KG, NJW-RR 1987, 3.

**IV. Verfahren: 1.** Der Urkundsbeamte und der Rechtspfleger dürfen, bevor die Sache dem Richter zur Entscheidung vorgelegt wird, selbst der Erinnerung abhelfen.[23] Tun sie dies, so stehen dem Gläubiger die Rechtsbehelfe zu, die ihm auch bei ursprünglicher Verweigerung der Klausel zustünden.[24]

2. Die Entscheidung des Gerichts kann ohne mündliche Verhandlung ergehen (Abs. 1 S. 2). Im Hinblick auf Art. 103 Abs. 1 GG ist dem Gläubiger aber jedenfalls vor der Entscheidung Gelegenheit zur schriftlichen Äußerung zu geben. Denn es droht ihm über §§ 775 Nr. 1, 776 ZPO bei voreiliger Entscheidung, soweit er schon vollstreckt hat, jedenfalls Rangverlust, wirtschaftlich u. U. der Verlust einer sinnvollen Vollstreckungsmöglichkeit überhaupt.

3. Die Entscheidung ergeht durch Beschluß der in jedem Falle zu begründen ist. Der Tenor lautet im Falle des Obsiegens: »Die Zwangsvollstreckung aus der am ... für den Gläubiger XY« (– das ist nicht unbedingt der im Titel selbst genannte Gläubiger –) »erteilten Vollstreckungsklausel« (– nicht etwa aus dem Titel schlechthin –) »wird für unzulässig erklärt« (eventuell einschränkend: »soweit sie über einen Betrag von ... nebst ... hinaus erteilt wurde.«, o. ä. Konstellationen).[25] Im Falle ihrer Unzulässigkeit bzw. Unbegründetheit wird »die Erinnerung zurückgewiesen«.

4. Die Kostenentscheidung ergeht nach §§ 91 ff. ZPO. Im Falle des Unterliegens des Gläubigers ist § 91 ZPO, nicht § 97 ZPO anzuwenden, da das Gericht mit der Erinnerung erstmalig bemüht wurde, also keine gerichtliche Entscheidung erfolglos angegriffen wurde.[26] Die § 97 ZPO anwendende Gegenmeinung übersieht, daß der Schuldner bisher keine Möglichkeit hatte, dem Gericht seine Argumente vorzutragen, sodaß jedenfalls § 97 Abs. 2 ZPO nie paßt. Nimmt der Schuldner seine Erinnerung vor der Entscheidung zurück, so ist auf Antrag des Gegners entsprechend §§ 269 Abs. 3, 515 Abs. 3 ZPO durch Beschluß auszusprechen, daß den Schuldner die Kosten des Verfahrens treffen.[27]

Gerichtsgebühren entstehen durch die Erinnerung nicht. Der Rechtsanwalt erhält die Gebühren des § 57 Abs. 1 BRAGO, die durch eine eventuell bereits verdiente allgemeine Vollstreckungsgebühr nicht mitabgegolten sind (§ 58 Abs. 3 Nr. 1 BRAGO). Die Gebühr entfällt bei den Rechtsanwälten beider Seiten. Der Streitwert entspricht der Höhe der noch zu vollstreckenden Forderung bzw. wenn der Schuldner sich nur zu einem Teil gegen die Vollstreckung wendet, der Höhe dieses Teilbetrages. Für die Berechnung der Forderung gelten die allgemeinen Regeln.

---

23 *Baltzer*, DRiZ 1977, 228 ff.; *Rosenberg/Gaul*, § 17 III 2 d; *Stein/Jonas/Münzberg*, § 732 Rdn. 9; a. A. (keine Abhilfemöglichkeit): *Baumbach/Lauterbach/Hartmann*, § 732 Rdn. 7; MüKo/ *Wolfsteiner*, § 732 Rdn. 8.
24 Siehe Vorbem. §§ 724–734 Rdn. 11; § 731 Rdn. 1.
25 Gegen die Zulässigkeit derartiger Einschränkungen irrig: LG Essen, NJW 1972, 2050.
26 A. A. (für § 97 ZPO): *Stein/Jonas/Münzberg*, § 732 Rdn. 15; *Thomas/Putzo*, § 732 Rdn. 12; *Zöller/Stöber*, § 732 Rdn. 15.
27 OLG Bamberg, JurBüro 1973, 3.

14 **V. Rechtsbehelfe:** Wird die Erinnerung zurückgewiesen, hat der Schuldner die einfache Beschwerde (§ 567 ZPO). § 793 ZPO greift nicht, da das Klauselverfahren der Zwangsvollstreckung vorgelagert, die Erinnerungsentscheidung also noch keine Entscheidung »im Zwangsvollstreckungsverfahren« ist. Ebenfalls einfache Beschwerde nach § 567 ZPO steht dem Gläubiger zu, wenn der Erinnerung des Schuldners stattgegeben und die Klausel aufgehoben wurde. Weitere Beschwerde ist ausgeschlossen (§ 568 Abs. 2 ZPO). Das Verfahren endet also ebenso dann beim Landgericht, wenn das Amtsgericht die Klausel zunächst erteilt und das Landgericht sie auf die Beschwerde hin wieder aufgehoben hatte[28], als wenn das Amtsgericht erstmals vom Beschwerdegericht angewiesen wurde, die zunächst verweigerte Klausel zu erteilen.[29]

15 **VI. Einstweilige Anordnungen** (Abs. 2): 1. Die Einlegung der Erinnerung hat keine aufschiebende Wirkung. Die Klausel bleibt also vorläufig als vom Vollstreckungsorgan in vollem Umfange zu beachtend bestehen.[30] Da der Gläubiger vor der Entscheidung über die Erinnerung auch noch zu hören ist (oben Rdn. 11), könnte sich der Verfahrensabschluß solange hinauszögern, daß die Erinnerung schließlich durch Beendigung der Zwangsvollstreckung unzulässig würde. Deshalb kann das Gericht durch einstweilige Maßnahmen den Fortgang der Zwangsvollstreckung hemmen oder jedenfalls den Schuldner vor Schäden sichern, die ihm aus einer Fortsetzung der Vollstreckung erwachsen könnten. Aus diesem Zweck des Abs. 2 folgt, daß das Gericht nicht im Wege einstweiliger Anordnung bereits erfolgte Vollstreckungsmaßnahmen wieder aufheben kann.[31] Ein solcher Schritt brächte dem Schuldner mehr als eine bloße Hemmung des Vollstreckungsfortganges. Die Entscheidung nach Abs. 2 setzt keinen Antrag des Schuldners voraus, kann also auch von amtswegen erfolgen. Sie soll nur ergehen, wenn das Begehren des Schuldners nach der dem Gericht vorliegenden Erinnerungsbegründung oder den dem Gericht sonst erkennbaren Umständen schlüssig erscheint. Bei von vornherein aussichtslosen Einwendungen besteht keine Veranlassung, den Vollstreckungsfortgang aufzuhalten.

Da nach der hier vertretenen Auffassung (oben Rdn. 10) der Urkundsbeamte und der Rechtspfleger der Erinnerung von sich aus abhelfen dürfen, müssen sie auch einstweilige Anordnungen treffen können.[32] Es erscheint allerdings zweckmäßig, in diesen Fällen, um Verzögerungen zu vermeiden (siehe insbesondere Rdn. 16), die Sache sogleich dem Richter vorzulegen.

Die einstweiligen Anordnungen werden mit der endgültigen Entscheidung über die Erinnerung automatisch gegenstandslos.

---

28 OLG Köln, NJW-RR 1992, 210 und OLG-Report 1995, 147; BayObLG, JurBüro 1996, 272.
29 Die anderslautende ältere Rechtssprechung insoweit, etwa OLG Hamm, NJW-RR 1990, 1277 mit Anm. von *Münzberg*, RPfleger 1991, 210, ist durch § 568 Abs. 2 ZPO überholt.
30 Siehe § 724 Rdn. 8.
31 H. Meinung; vergl. HansOLG Hamburg, MDR 1958, 44; *Rosenberg/Gaul*, § 17 III 2 c; *Stein/Jonas/Münzberg*, § 732 Rdn. 13; *Zöller/Stöber*, § 732 Rdn. 17; a. A. allerdings MüKo/*Wolfsteiner*, § 732 Rdn. 16.
32 So auch *Zöller/Stöber*, § 732 Rdn. 17.

2. Sowohl die einstweiligen Anordnungen des Gerichts (Richter) als auch die Beschlüsse, einstweilige Anordnungen nicht zu erlassen, sind grundsätzlich unanfechtbar.³³ Es gelten die nämlichen Erwägungen wie zu § 707 Abs. 2 S. 2 ZPO.³⁴ Nur dann, wenn ein Ermessensfehl- oder -nichtgebrauch vorliegt, ist ausnahmsweise die sofortige Beschwerde zulässig.

Einstweilige Anordnungen des Urkundsbeamten sind dagegen nach § 576 Abs. 1 ZPO, solche des Rechtspflegers nach § 11 Abs. 1, Abs. 2 S. 3 RpflG anfechtbar. Die Entscheidung des Richters hierzu ist dann nach den obigen Erwägungen wieder unanfechtbar.

16

VII. Nimmt der Schuldner den Rechtsbehelf nach § 732 nicht wahr, so hat dies keine materiellrechtlichen Folgen für ihn. Er wird nicht tatsächlich Rechtsnachfolger, wo er es nicht war, usw.³⁵ Lediglich im weiteren Ablauf der konkreten Zwangsvollstreckung ist die nichtangefochtene Vollstreckungsklausel dahingehend zu beachten, daß der Schuldner als Rechtsnachfolger usw. in Anspruch genommen werden kann.

17

VIII. § 732 ist entsprechend anwendbar, wenn im Streit unter mehreren Klauselprätendenten ein Gläubiger mit formellen Einwendungen die Klauselerteilung an einen anderen anfechten will.³⁶

18

---

33 Überwiegende M.; vergl. OLG Hamm, JMBlNW 1956, 17 und MDR 1979, 852; OLG Düsseldorf, JZ 1957, 548; HansOLG Hamburg, MDR 1958, 44; OLG Stuttgart, Justiz 1994, 88; OLG Köln, OLG-Report 1996, 182, *Stein/ Jonas/Münzberg*, § 732 Rdn. 14; *Zöller/Stöber*, § 732 Rdn. 17; a. A. (generell): LG Bonn, JMBlNW 1955, 183; OLG Köln, NJW-RR 1992, 633; a. A. für den Fall, daß die Anordnung nicht erlassen wurde: Künkel, MDR 1989, 309.
34 Vergl. § 707 Rdn. 17.
35 BGHZ 4, 283.
36 *Rosenberg/Gaul*, § 17 IV.

§ 733 Weitere vollstreckbare Ausfertigung

(1) Vor der Erteilung einer weiteren vollstreckbaren Ausfertigung kann der Schuldner gehört werden, sofern nicht die zuerst erteilte Ausfertigung zurückgegeben wird.
(2) Die Geschäftsstelle hat von der Erteilung der weiteren Ausfertigung den Gegner in Kenntnis zu setzen.
(3) Die weitere Ausfertigung ist als solche ausdrücklich zu bezeichnen.

Literatur: *Gaul,* Zur Reform des Zwangsvollstreckungsrechts, JZ 1973, 473 ff.; *Schroeder,* Das Verfahren bei Verlust der vollstreckbaren Ausfertigung des Vollstreckungstitels, JurBüro 1954, 478.

1  I. Zweck: Die vollstreckbare Ausfertigung des Titels ist Grundlage der Zwangsvollstreckung. Könnte der Gläubiger beliebig viele vollstreckbare Ausfertigungen verlangen, bestünde trotz § 757 ZPO die Gefahr, daß der Schuldner wegen der nämlichen titulierten Forderung mehrfach auf Erfüllung in Anspruch genommen würde. Bliebe ihm als Schutz allein § 767 ZPO, wäre dies umständlich und kostenaufwendig. § 733 will die Gefahr schon an der Wurzel bannen.

Entsprechend dieser Zweckrichtung liegt kein Fall des § 733 vor, wenn auf die gleiche Ausfertigung eine weitere oder eine neue Klausel gesetzt wird, etwa weil zunächst nur eine Teilklausel beantragt war und nunmehr wegen des restlichen Anspruchs ebenfalls Klausel verlangt wird, oder weil auf die alte Ausfertigung für den Rechtsnachfolger des ursprünglichen Klägers Klausel nach § 727 ZPO gesetzt werden soll.[1] Ebenso liegt kein Fall des § 733 vor, wenn aus einem Titel mehrere Schuldner unterschiedliche Leistungen schulden (Teilschuldner) und dem Gläubiger für jeden Schuldner eine gesonderte Ausfertigung erteilt wird.[2] Gleiches muß gelten, wenn mehrere Gläubiger jeweils nur eine Teilklausel für einen anderen Teil des titulierten Anspruchs beantragen (– so in den Fällen der Teilrechtsnachfolge –), wenn für jeden dieser Teile aber nur einmal vollstreckbare Teilausfertigung verlangt wird.[3] Konsequenterweise ist § 733 auch dann nicht einschlägig, wenn der Gläubiger die alte Ausfertigung **zurückgibt,** etwa weil sie Schreibfehler enthält, später durch äußere Einflüsse schwer lesbar geworden ist, aber auch, weil der neue Gläubiger die Klausel nach § 727 ZPO (etwa aus Gründen der besseren Lesbarkeit oder größeren Klarheit) auf eine neue Ausfertigung erhalten soll.[4] In diesen Fällen wird die Klausel nach den allgemeinen Regeln der §§ 724–729 ZPO ohne die zusätzlichen Erschwernisse des § 733 vom Urkundsbeamten, Rechtspfleger, Notar usw. erteilt.[5] § 733 setzt also voraus, daß jedenfalls die theoretische Mög-

---

1 OLG München, JurBüro 1972, 702; LG Frankenthal, DA Vorm. 1970, 148.
2 Siehe § 725 Rdn. 5; ebenso MüKo/*Wolfsteiner,* § 733 Rdn. 3.
3 OLG Köln, OLG-Report 1993, 314 will auch hier § 733 anwenden.
4 Wie hier für den vergleichbaren Fall des § 797 Abs. 3: KG, OLGZ 1973, 112; OLG Düsseldorf, DotZ 1977, 571 mit Anm. von *Brambring;* allgemein wie hier: MüKo/*Wolfsteiner,* § 733 Rdn. 6; Zöller/*Stöber,* § 733 Rdn. 3.
5 *Stein/Jonas/Münzberg,* § 733 Rdn. 2 sieht auch dann § 733 als einschlägig an, wenn der Gläubiger die erste Ausfertigung uneingeschränkt zurückgibt.

lichkeit besteht, daß gegen den selben Schuldner außerhalb der Gerichts-, Notar- oder Behördenakten mehr als eine vollstreckbare Ausfertigung im Umlauf ist.

**II. Zuständigkeit:** Handelt es sich bei dem Titel um ein Urteil oder einen Prozeßvergleich, ist der Rechtspfleger (§ 20 Nr. 12 RpflG) des auch für die erste Klauselerteilung zuständigen Gerichts zuständig;[6] für die Erteilung der weiteren Ausfertigung eines Vollstreckungsbescheides (– die Erstausfertigung bedarf in der Regel keiner Klausel; vergl. § 796 Abs. 1 ZPO –) ist der Rechtspfleger,[7] der ihn erlassen hat, zuständig. Bevor der Notar eine weitere Ausfertigung einer notariellen Urkunde,[8] die Behörde eine weitere Ausfertigung der behördlichen Urkunde[9] zum Zwecke der Zwangsvollstreckung erteilen dürfen, ist gem. § 797 Abs. 3 ZPO eine Ermächtigung des Amtsgerichts (Rechtspflegers) einzuholen. Um die Ermächtigung hat der Notar (die Behörde), nicht der Gläubiger nachzusuchen.[10]

**III. Verfahren:** 1. Der für die Erteilung der weiteren Ausfertigung Zuständige (Rdn. 2) prüft zunächst, ob die Voraussetzungen für eine Klauselerteilung, handelte es sich um einen Erstantrag, im Hinblick auf den beantragenden Gläubiger immer noch gegeben sind.[11] Darüberhinaus ist zu prüfen, ob ein Rechtschutzbedürfnis dafür, eine weitere vollstreckbare Ausfertigung in Umlauf zu setzen, gegeben ist. Es wird insbesondere in folgenden Fällen zu bejahen sein:

a) Die Erstausfertigung ist verlorengegangen oder zerstört worden, unabhängig davon, ob ein Verschulden des Gläubigers zum Verlust geführt hat. Ein Fall des »Verlorengehens« liegt auch vor, wenn die Erstausfertigung zwar bei Gericht abgesandt wurde, den Gläubiger aber nie erreicht hat.[12] Es genügt, daß der Verlust der Erstausfertigung glaubhaft gemacht wird. Der volle Nachweis des Verlustes kann, da praktisch kaum möglich, nicht verlangt werden.[13]

b) Der Gerichtsvollzieher hat dem Schuldner den Titel gem. § 757 Abs. 1 ZPO zurückgegeben, obwohl die Zwangsvollstreckung noch nicht beendet war, sei es daß er die zu vollstreckende Forderung selbst falsch berechnet hat, sei es daß schon der Gläubiger sich bei Erteilung des Vollstreckungsauftrages geirrt hatte. In diesen Fällen muß der Gläubiger zum Nachweis seines Rechtschutzbedürfnisses glaubhaft machen,[14] daß er zur weiteren Zwangsvollstreckung aus dem Titel noch berechtigt ist.[15] Es kann sich dabei auch um bisher nicht berücksichtigte Vollstreckungskosten handeln, die vor Been-

---

6 Siehe § 724 Rdn. 9 und 10.
7 Vergl. LG Berlin, Rpfleger 1971, 74.
8 OLG Düsseldorf, DNotZ 1977, 571 mit Anm. von *Brambring*.
9 KG, OLGZ 1973, 112.
10 OLG Düsseldorf, DNotZ 1977, 571.
11 Einzelheiten Vorbem. §§ 724–734 Rdn. 1, 6, 9; § 724 Rdn. 5–7.
12 LG Köln, JurBüro 1969, 1218.
13 OLG Düsseldorf, FamRZ 1994, 1271.
14 Weitergehend (beweisen): LG Hechingen, Rpfleger 1984, 151.
15 Wie hier (Glaubhaftmachung genügt): OLG Stuttgart, Rpfleger 1976, 144; OLG Hamm, Rpfleger 1979, 431.

digung der Zwangsvollstreckung schon angefallen waren.[16] Die Glaubhaftmachung hat in der Weise zu erfolgen, daß der Gläubiger seine Gesamtforderung berechnet und das bisher Vollstreckte bzw. vom Schuldner Erhaltene in Abzug bringt.[17] Er kann hierzu Urkunden, gegebenenfalls aber auch eine eigene eidesstattliche Versicherung vorlegen (§ 294 Abs. 1 ZPO).

6 c) Der Rechtsnachfolger (Nachfolger in der Verfügungsbefugnis) des alten Gläubigers kann von diesem den Titel nicht erlangen, sei es, weil er ihn nicht findet, sei es weil er nicht herausgabewillig ist.[18] Ist der neue Gläubiger dagegen im Besitz dieses Titels, besteht für eine Zweitausfertigung kein Rechtschutzbedürfnis. Der neue Gläubiger kann sich dann entweder auf den alten Titel die umschreibende Klausel erteilen lassen oder, wenn dadurch etwa Unklarheiten oder sonstige Schwierigkeiten vermieden werden, gegen Rückgabe der alten Ausfertigung eine neue Erstausfertigung (siehe oben Rdn. 1) beantragen. Deshalb muß der eine Zweitausfertigung beantragende Rechtsnachfolger grundsätzlich glaubhaft machen, daß er nicht im Besitz der Erstausfertigung ist.[19] Ansonsten erhält er eine Zweitausfertigung nur unter den gleichen Bedingungen (siehe Rdn. 7), unter denen auch der ursprüngliche Gläubiger bei Behalt der Erstausfertigung eine zusätzliche Zweitausfertigung erhalten würde.

7 d) Der Gläubiger muß, wenn er seine Forderung erfolgreich realisieren will, möglichst gleichzeitig sei es an verschiedenen Orten, sei es in verschiedene Vermögenswerte (Grundstück, Forderungen, bewegliche Sachen) vollstrecken, da bei einer hintereinandergestaffelten Vollstreckung zu befürchten wäre, daß andere Gläubiger zuvorkommen.[20] Gleiches muß gelten, wenn der Gläubiger einerseits die Offenbarungsversicherung einleitet, andererseits aber noch einen weiteren Vollstreckungsversuch unternehmen will.[21]

8 Mehrere Gesamtgläubiger[22] wollen nebeneinander die Vollstreckung versuchen[23] oder gegen mehrere Gesamtschuldner soll etwa aus den obigen Erwägungen zu Rdn. 7 gleichzeitig vorgegangen werden.

---

16 Zu eng insoweit OLG Frankfurt, Rpfleger 1978, 104.
17 LG Zweibrücken, DGVZ 1971, 13.
18 LG Koblenz, DNotZ 1970, 409; OLG Stuttgart, Justiz 1980, 327; KG, FamRZ 1985, 627; OLG Stuttgart, NJW-RR 1990, 126.
19 Weitergehend: KG, FamRZ 1985, 627: Er müsse auch glaubhaft machen, warum er die alte Ausfertigung nicht beischaffen könne. Wie hier: *Zöller/Stöber*, § 733 Rdn. 12; dagegen will OLG Frankfurt, NJW-RR 1988, 512 in einem solchen Falle gar keine Zweitausfertigung erteilen; OLG Hamm, FamRZ 1991, 965 will dem neuen Gläubiger dagegen immer ohne weiteres eine auf ihn umgeschriebene Ausfertigung erteilen, ohne daß es eine Rolle spiele, warum er die dem ursprünglichen Gläubiger erteilte Ausfertigung nicht zurückgebe.
20 OLG Karlsruhe, Rpfleger 1977, 453.
21 Insoweit verneinend OLG Karlsruhe, Rpfleger 1977, 453; wie hier: *Stein/Jonas/Münzberg*, § 733 Rdn. 3.
22 Zu dem Fall, daß mehrere Teilgläubiger nebeneinander vorgehen wollen, siehe oben Rdn. 1.
23 OLG Köln, MDR 1989, 1111.

**Kein** Rechtsschutzinteresse des Gläubigers ist dagegen anzunehmen, wenn er nicht im 9
Besitz der vollstreckbaren Ausfertigung ist, weil sein – früherer – Prozeßbevollmächtigter, etwa wegen nicht befriedigter Gebührenansprüche, ein Zurückhaltungsrecht an ihr geltend macht.[24] Der Gläubiger muß sich hier notfalls die Herausgabe des Titels erstreiten.

2. Neben den Interessen des Gläubigers muß der die Zweitausfertigung Erteilende immer in besonderem Maße die Interessen des Schuldners berücksichtigen. Dies gebietet 10
es, dem Schuldner vor der Erteilung der Zweitausfertigung immer Gelegenheit zur Stellungnahme zu geben, wenn nicht offensichtlich ist, daß dem Schuldner ein Nachteil nicht entstehen kann oder wenn nicht ausnahmsweise die Interessen des Gläubigers eine Überraschungsentscheidung unumgänglich machen. Letzteres kann im Einzelfall bei den oben Rdn. 7 erörterten Gegebenheiten geboten sein. Es ist immer äußerste Zurückhaltung angezeigt.

3. In jedem Falle ist der Schuldner, wenn eine weitere Ausfertigung erteilt worden ist, 11
umgehend hiervon zu informieren, damit er sogleich in die Lage versetzt wird, Rechtsmittel (siehe unten Rdn. 15) einzulegen (Abs. 2). Ein Versäumnis dieser Information berührt die Wirksamkeit der Ausfertigung allerdings nicht, rechtfertigt für sich genommen also kein Rechtsmittel gegen die vollstreckbare Zweitausfertigung.

4. Die weitere vollstreckbare Ausfertigung ist ausdrücklich als solche zu kennzeichnen 12
(»Zweite Ausfertigung«, »Dritte Ausfertigung« usw.) (Abs. 3). Wird dies unterlassen, so ist das für den Fortgang des Vollstreckungsverfahrens allerdings unschädlich. Moniert der Schuldner die fehlende Kennzeichnung, ist sie umgehend nachzuholen. Das Vollstreckungsorgan hat die Ausfertigung zum Zwecke der Ergänzung dem für die Erteilung der Ausfertigung Zuständigen zuzuleiten.

5. Gerichtsgebühren entstehen durch die Erteilung einer weiteren Ausfertigung nicht. 13
Wohl aber sind die Auslagen gem. KV Nr. 1900 zu erheben. Der Notar erhält die Gebühr gem. § 133 KostO sowie die Auslagen nach § 136 KostO. Der Rechtsanwalt erhält die Gebühren gem. §§ 57 Abs. 1, 58 Abs. 3 Nr. 2 BRAGO. Die Tätigkeit im Rahmen des § 733 ZPO ist also durch die Gebühr für die Mitwirkung im Rahmen der Zwangsvollstreckung im übrigen nicht abgegolten.
Im Rahmen der Entscheidung über die Erteilung der Zweitausfertigung ergeht keine Kostenunterscheidung. Der Gläubiger erhält die ihm entstandenen Kosten nach § 788 Abs. 1 ZPO erstattet, es sei denn, daß er die Notwendigkeit einer Zweitausfertigung allein zu vertreten hat (Verlust der Erstausfertigung o. ä.).

**IV. Rechtsmittel:** 1. Der Gläubiger hat gegen den Beschluß des Rechtspflegers, durch 14
den der Antrag auf Erteilung einer weiteren vollstreckbaren Ausfertigung oder auf Ermächtigung zur Erteilung einer solchen Ausfertigung (§ 797 Abs. 3 ZPO) zurückgewiesen wurde, nur die Möglichkeit der unbefristeten Erinnerung nach § 11 RpflG.[25]

---

24 LG Hannover, Rpfleger 1981, 444; OLG Saarbrücken, AnwBl. 1981, 161; a. A. insoweit: OLG Stuttgart, Justiz 1995, 15.
25 OLG Frankfurt, Rpfleger 1978, 104.

Er kann die Ausfertigung nicht durch Klage nach § 731 ZPO erstreiten,[26] da dieses Verfahren ganz anderen Zwecken als der Prüfung der Voraussetzungen des § 733 dient. Bleibt der Rechtsbehelf erfolglos, kann der Gläubiger nur entweder auf Herausgabe des Titels gegen denjenigen, der ihn besitzt, klagen[27] oder erneut aus dem ursprünglichen Rechtsverhältnis um einen neuen Titel streiten.[28]

15   2. Der Schuldner hat nur die Erinnerung nach § 732 ZPO, nicht aber die Durchgriffserinnerung nach § 11 RpflG.[29] Wegen des weiteren Verfahrens siehe § 732 Rdn. 14. Im Rahmen dieses Verfahrens sind auch einstweilige Anordnungen zugunsten des Schuldners möglich.

16   V. Wird aus einer zu Unrecht erteilten Zweitausfertigung die Zwangsvollstreckung betrieben, so sind die Vollstreckungsmaßnahmen voll wirksam. Es gilt das § 724 Rdn. 8 Ausgeführte entsprechend.

---

26 Siehe auch § 731 Rdn. 1; ferner MüKo/*Wolfsteiner*, § 733 Rdn. 25.
27 OLG Stuttgart, Rpfleger 1976, 144.
28 BGH, BB 1957, 625 (für den Fall des Aktenverlustes).
29 Ganz h. M.; vergl. *Zöller/Stöber*, § 733 Rdn. 14; a. A. allerdings OLG Karlsruhe, Rpfleger 1977, 453.

§ 734 Vermerk auf der Urteilsurschrift

Vor der Aushändigung einer vollstreckbaren Ausfertigung ist auf der Urschrift des Urteils zu vermerken, für welche Partei und zu welcher Zeit die Ausfertigung erteilt ist.

**I. Zweck:** Die Norm sichert das Verfahren nach § 733 ZPO, da bei der die Urschrift verwahrenden Stelle auf diese Weise immer bekannt sein müßte, wem wann welche Erstausfertigung bereits erteilt wurde. Die Verpflichtung gilt über § 795 ZPO für alle Arten von Titeln.

**II. Verfahren:** Der Vermerk wird auf die tatsächliche Urschrift gesetzt, wenn die Urschrift bei der die Akten führenden Stelle, an die spätere Anträge auf Erteilung einer Ausfertigung zu richten sind, verwahrt wird. Befindet sich wie in den Fällen der §§ 544 Abs. 2, 566 ZPO bei dieser Stelle nur eine beglaubigte Abschrift, ist vom Sinn der Norm her der Vermerk auf diese beglaubigte Abschrift zu setzen. Dies gilt auch schon, wenn die Klausel bereits von der Geschäftsstelle des Gerichts des höheren Rechtszuges erteilt wird.[1] Nur so kann später die Geschäftsstelle (der Rechtspfleger) des Gerichts des ersten Rechtszuges lückenlos feststellen, wem wann welche vollstreckbaren Ausfertigungen erteilt wurden.[2]

---

1 *Stein/Jonas/Münzberg*, Anm. zu § 733; AG Bergisch-Gladbach, RPfleger 1989, 336.
2 Ebenso MüKo/*Wolfsteiner*, § 734 Rdn. 3.

**Vorbemerkung zu §§ 735–749 ZPO: Besonderheiten bei der Zwangsvollstreckung in besondere Vermögensmassen, die der Berechtigung mehrerer Personen unterstehen.**

1   I. **Allgemeines:** Ist Schuldner ein durch eine Personengesamtheit repräsentiertes Sondervermögen (etwa ein nichtrechtsfähiger Verein, eine BGB-Gesellschaft, eine noch nicht auseinandergesetzte Erbengemeinschaft), wird das Schuldnervermögen von einem Dritten kraft Amtes verwaltet (Testamentsvollstrecker, Konkursverwalter) oder steht einem Dritten die Nutznießung am Schuldnervermögen zu (Vermögensnießbrauch, Nießbrauch an einer Erbschaft), so stellt sich im Hinblick auf § 750 Abs. 1 ZPO lange vor Beginn der Zwangsvollstreckung, nämlich schon bei Einleitung des Erkenntnisverfahrens, bei Abfassung der notariellen Urkunde usw. die Frage, gegen wen der Titel erwirkt, wer dort also als Schuldner namentlich bezeichnet werden müsse, um später erfolgreich die Ansprüche in der Vollstreckung verwirklichen zu können. Die §§ 735–737, 740, 741, 743, 745, 747–749 ZPO enthalten insoweit eine Reihe von Sondervorschriften, die teils einen Titel gegen das Sondervermögen oder dessen Verwalter ausreichen lassen, teils einen Titel gegen alle Träger des Sondervermögens und teils sowohl einen Leistungstitel gegen den Vermögensinhaber als auch einen Duldungstitel gegen den Verwalter fordern.

2   Ähnliche Probleme stellen sich, wenn gegen den (früheren) Vermögensinhaber ein Titel erstritten wurde, nachträglich aber dieses Vermögen der Verwaltung (Nutznießung) eines Dritten unterstellt wurde. Hier enthalten die §§ 738, 742, 744, 745 Abs. 2, 749 ZPO Regelungen für die titelumschreibende Vollstreckungsklausel, die sich an § 727 ZPO anlehnen.

3   Die Regelung der §§ 735–749 ZPO ist insoweit unvollkommen, als man im Anschluß an §§ 735, 736 Vorschriften über die Zwangsvollstreckung gegen Personenhandelsgesellschaften erwarten dürfte, die sich aber nicht dort, sondern in §§ 124 Abs. 2, 161 HGB befinden, und als in § 749 ZPO nur der Testamentsvollstrecker angesprochen ist, ausdrückliche Regelungen für die anderen Parteien kraft Amtes aber fehlen.[1]

Andererseits ist § 739 ZPO heute ein Fremdkörper im Rahmen der §§ 735 ff., da sein jetziger Inhalt mit der unter Rdn. 1 angesprochenen Problematik nichts zu tun hat und eigentlich hinter § 809 ZPO eingefügt werden müßte als Sonderfall des unbeachtlichen Widerspruchs des besitzenden (mitbesitzenden) Dritten.

4   II. Ist das Sondervermögen derart verselbständigt, daß es eine eigene juristische Person darstellt, auch wenn es wirtschaftlich einer einzigen natürlichen Person zuzuordnen ist (Einmann-GmbH; Aktiengesellschaft, deren Aktien in einer Hand liegen; rechtsfähige Stiftung mit beherrschendem Stifter), stellt sich die Rdn. 1 dargestellte Problematik nicht. Es ist ein Titel gegen die juristische Person erforderlich, nur gegen diese kann sich die Zwangsvollstreckung aus diesem Titel dann richten.

---

1 Siehe hierzu auch schon oben § 728 Rdn. 9.

Eine »Durchgriffszwangsvollstreckung« ist der ZPO grundsätzlich fremd, wenn sich auch im Einzelfall unter besonderen Umständen die Berufung auf die formell getrennten Rechtspersönlichkeiten als unzulässige Rechtsausübung darstellen kann.[2]

2 Einzelheiten § 771 Rdn. 38.

**Vor §§ 735–736** *Der nichteingetragene Verein, die Gesellschaft bürgerlichen Rechts*

Einführung vor §§ 735, 736 ZPO: Der nichteingetragene Verein, die Gesellschaft bürgerlichen Rechts und die Personenhandelsgesellschaften als Parteien der Zwangsvollstreckung. – Ein Überblick.

## Inhaltsübersicht

| | | Rdn. |
|---|---|---|
| | Literatur | |
| I. | Der eingetragene Verein in der Zwangsvollstreckung | |
| | 1. als Gläubiger | 1 |
| | 2. als Schuldner | 2 |
| II. | Die Gesellschaft bürgerlichen Rechts in der Zwangsvollstreckung | |
| | 1. als Gläubigerin | 3 |
| | 2. als Schuldnerin | 4 |
| III. | Die OHG und die KG als Parteien der Zwangsvollstreckung | 5 |
| IV | Die Reederei | 6 |
| V. | Die GmbH in Gründung | |
| | 1. Die Gesellschaft im Vorgründungsstadium | 7 |
| | 2. Die Vorgesellschaft | 8 |
| VI. | Gewerkschaften und politische Parteien | |
| | 1. Die Gewerkschaften | 9, 10 |
| | 2. Die politischen Parteien | 11 |
| | 3. Bürgerinitiativen | 12 |
| VII. | Abgabenvollstreckung gegen nichtrechtsfähige Personenvereinigungen | 13 |

**Literatur:** *Behr,* Zur Vollstreckung in Personengesellschaften, RpflStud 1995, 30; *E. Brehm,* Die Haftung des Vermögens einer Gesellschaft bürgerlichen Rechts für private Schulden der Gesellschafter, KTS 1983, 21; *Breuninger,* Die BGB-Gesellschaft als Rechtssubjekt im Wirtschaftsverkehr., 1991; *Canditt,* Der nicht rechtsfähige Verein im Aktivprozeß, Diss. Göttingen 1956; *Deininger,* Die Zwangsvollstreckung aus Titeln gegen eine Personalgesellschaft, Diss. München 1955; *Eicker,* Die Gesellschaft bürgerlichen Rechts im Prozeß und in der Zwangsvollstreckung, Diss. Gießen 1991; *Eickmann,* Vollstreckungstitel und Vollstreckungsklausel gegen Personengesellschaften, Rpfleger 1970, 113; ders., Die Gesellschaft bürgerlichen Rechts im Grundbuchverfahren, Rpfleger 1985, 85; *Göckeler,* Die Stellung der Gesellschaft bürgerlichen Rechts im Erkenntnis-, Vollstreckungs- und Konkursverfahren., 1992; *Heller,* Der Zivilprozeß der Gesellschaft bürgerlichen Rechts, Köln 1989; *Hennecke,* Das Sondervermögen der Gesamthand, Schriften zum bürgerlichen Recht Bd. 33, Berlin 1976; *Hoffmann,* Muß das Zwangsvollstreckungsorgan in den Fällen der §§ 736 ff. ZPO ausnahmsweise prüfen, ob das Vollstreckungsobjekt zum Schuldnervermögen gehört?, DGVZ 1973, 97; *Hüffer,* Die Gesamthandsgesellschaft in Prozeß, Zwangsvollstreckung und Konkurs, in: Festschrift für Stimpel, 1985, 165 ff.; *Jung,* Zur Partei- und Grundbuchunfähigkeit nichtrechtsfähiger Vereine, NJW 1986, 157; *Kornblum,* Die Rechtstellung der BGB-Gesellschaft und ihrer Gesellschafter – Zivilprozeß – Erkenntnisverfahren und Zwangsvollstreckung, BB 1970, 1445; *Kunz,* Die Vorgesellschaft im Prozeß und in der Zwangsvollstreckung. Eine Untersuchung zur Rechts- und Verfahrenssubjektivität der echten und unechten Vorgesellschaft, Diss. Freiburg 1992; *Kunz,* Die Vorgesellschaft im Prozeß und in der Zwangsvollstreckung 1994; *Lindacher,* Grundfälle zur Haftung bei Personengesellschaften, 5. Teil: Verfahrensrechtliche Probleme, JuS 1982, 592; *Mümmler*, Zwangsvollstreckung in das Gesellschaftsvermögen und in Gesellschaftsanteile der Gesellschaft des bürgerlichen Rechts und der offenen Handelsgesellschaft, JurBüro 1982, 1607; *Noack*, Aktuelle Fragen der Zwangsvollstreckung gegen die Offene Handelsgesellschaft, DB 1970, 1817 ff.; *ders.*, Die Gesellschaft bürgerlichen Rechts in der Zwangsvollstreckung, JR 1971, 223; *ders*, Die Personalgesellschaften und die GmbH in der Zwangsvollstreckung, DGVZ 1974, 1; *ders.*, Der Kaufmann und sein Betrieb in der Zwangsvollstreckung, DB 1974, 1369; *ders.*, Die Gesellschaft bürgerlichen Rechts in der Zwangsvollstreckung, MDR 1974, 811; *ders.*, Vollstreckung gegen vom Titel nicht betroffene Dritte, JurBüro 1976, 1147; *Paulus*, Die Gesellschaft bürgerlichen Rechts als Schuldner und Drittschuldner, DGVZ 1992, 65; *Schmidt*, Titel gegen eine OHG und ihre Gesellschafter, JurBüro 1962, 265; *K. Schmidt*, Wechselrechtsunfähigkeit einer nichteingetragenen Personengesellschaft mit baugewerblichem Unternehmen? JuS 1973, 83; *ders.*, Gesellschaft bürgerlichen Rechts, in: Gutachten und Vorschläge zur Überarbeitung des Schuldrechts, Bd. III, S. 413 ff.; *ders.*, Die Partei- und Grundbuchunfähigkeit nichtrechtsfähiger Vereine, NJW 1984, 2249; *ders.*, Verbandszweck und Rechtsfähigkeit im Vereinsrecht: Eine Studie über Erwerb und Verlust der Rechtsfähigkeit nichtwirtschaftlicher und wirtschaftlicher Vereine., 1984; *Schulz*, Die Parteifähigkeit nicht rechtsfähiger Vereine, NJW 1990, 1893; *Schulz*, Die Parteifähigkeit nicht rechtsfähiger Vereine im Zivilprozeß, 1992; *Schünemann*, Grundprobleme der Gesamthandsgesellschaft unter Berücksichtigung des Vollstreckungsrechts, Bd. 87 der Schriften zum deutschen und europäischen Zivil-, Handels- und Prozeßrecht, Bielefeld 1975; *Winterstein*, Zustellung und Zwangsvollstreckung gegen Personen- und Kapitalgesellschaften, DGVZ 1991, 17; *Wolf*, Grundlagen des Gemeinschaftsrechts, AcP 1973, 97 ff.; *M. Wolf*, Prinzipien und Anwendungsbereich der dinglichen Surrogation, JUS 1975, 710 ff.

**Literatur zur Sonderproblematik: Politische Parteien und Gewerkschaften als Parteien der Zwangsvollstreckung:** *Bulla*, Aktive Parteifähigkeit von Gewerkschaften im ordentlichen Zivilprozeß, DB 1965, 620; *Fenn*, Zivilprozessualer Rechtsschutz unter rivalisierenden Gewerkschaften, JuS 1965, 175; *ders.*, Zur aktiven Parteifähigkeit von gewerkschaftlichen Bezirksverbänden im Zivilprozeß, ZZP 1973 (Bd.86), 177; *Kainz*, Die Parteifähigkeit regionaler Untergliederungen politischer Parteien im Zivilprozeß, NJW 1985, 2618; *Pappermann*, Prozessuale Fragen im Rechtsstreit politischer Parteien., JZ 1969, 485; *Roellecke*, Das Gesetz über die politischen Parteien und das bürgerliche Recht, DRiZ 1968, 117; *Seitz/Schmidt/Schoener*, Die Gegendarstellung im Wahlkampf, NJW 1980, 1553.

**I. Der nichteingetragene Verein als Partei in der Zwangsvollstreckung:** 1. Nach § 50 Abs. 2 ZPO kann ein nicht rechtsfähiger Verein verklagt werden und dann als Beklagter im Rechtsstreit über die reine Beklagtenrolle hinaus alles das tun, was auch ein rechtsfähiger Verein könnte, also auch Widerklage erheben. Soweit der nicht rechtsfähige Verein auf diese Weise einen Titel erstritten hat (Kostenfestsetzungsbeschluß nach klageabweisendem Urteil, obsiegendes Urteil auf die Widerklage hin), kann er selbst als Verein (vertreten durch die dazu berufenen Organe), und nicht etwa nur die Gesamtheit der Mitglieder, auch *als Gläubiger* die Zwangsvollstreckung betreiben. Ist der Verein in diesen Ausnahmefällen selbst berechtigterweise Gläubiger, stehen ihm auch *alle verfahrensmäßigen Gläubigerrechte* in der Zwangsvollstreckung zu: Er kann Klausel beantragen, diese notfalls auch durch Klage nach § 731 ZPO erstreiten,[1] Erinnerung

1

---

[1] Sehr streitig; wie hier: *Thomas/Putzo*, § 50 Rdn. 7; *Wieczorek*, § 50 Anm. E II b 2; *Jung*, NJW 1986, 160; gegen die Klagemöglichkeit: *Zöller/Vollkommer*, §50 Rdn. 38; *Baumbach/Lauterbach/Hartmann*, § 50 Rdn. 27; *Stein/Jonas/Leipold*, § 50 Rdn. 23.

**Vor §§ 735, 736** *Der nichteingetragene Verein, die Gesellschaft bürgerlichen Rechts*

nach § 766 ZPO einlegen, soweit seinen Vollstreckungsanträgen nicht entsprochen wird, sich am Verteilungsverfahren beteiligen und notfalls nach §878 ZPO klagen.[2] Dagegen kann er nicht nach Überweisung (§ 835 ZPO) Forderungen des Schuldners gegen den Drittschuldner einklagen, da insoweit wieder ein neuer Rechtsstreit vorläge, für den uneingeschränkt § 50 Abs. 2 ZPO (nur passive Parteifähigkeit des Vereins) gilt, nicht aber ein bloßer vollstreckungsrechtlicher Annex zum ursprünglich rechtmäßig erstrittenen Titel. In den Einzelheiten ist hier noch vieles offen und nicht hinreichend zuende gedacht.[3]

**2** 2. Ist der Verein selbst der ausgewiesene **Titelschuldner**, weil er selbst auch gem. § 50 Abs. 2 ZPO verklagt war, so kann aus einem solchen Titel auch **nur** in das Vereinsvermögen vollstreckt werden.[4] Die Mitglieder können Vollstreckungseingriffe in ihr Privatvermögen uneingeschränkt mit § 771 ZPO abwehren.[5] Dem Verein selbst (vertreten durch die dazu berufenen Organe), nicht nur der Gesamtheit der Mitglieder, stehen bei der Vollstreckung aus einem derartigen Titel alle Verteidigungsmöglichkeiten des Schuldners zu: Er kann gegen die Klauselerteilung nach § 768 ZPO klagen, Vollstreckungsabwehrklage nach § 767 ZPO erheben,[6] das Vollstreckungsverfahren nach § 766 ZPO rügen.

Während aus einem Titel gegen den Verein nie in das Privatvermögen eines Mitgliedes vollstreckt werden kann, kann aus einem Titel gegen alle Vereinsmitglieder auch in das Vereinsvermögen vollstreckt werden.[7] Ist das Vermögen des Vereins aus formellen Erwägungen allen Mitgliedern zugeordnet, so bei Grundstücken des Vereins, die wegen der fehlenden Grundbuchfähigkeit des Vereins[8] nur für die Mitglieder eingetragen werden können, genügt zur Vollstreckung ein Titel gegen den Verein selbst,[9] der auch nicht »umgeschrieben« werden muß. Allerdings muß der Gläubiger vor Beginn der Vollstreckung nachweisen, daß die Eingetragenen »der Verein« sind. In der Mehrzahl der Fälle wird schon das Grundbuch ergeben, daß die Eingetragenen »als Vereinsmitglieder« eingetragen sind. Gleiches muß gelten, wenn – etwa bei mitgliederstarken Vereinen – ein Treuhänder das Vereinsvermögen hält. Durch eine solche Konstruktion kann

---

2 Sehr streitig; wie hier: *Rosenberg/Schwab/Gottwald* § 43 II 3 b; früher schon: *Förster-Kann*, 3. Aufl., § 50 Anm. 6 b, bb; gegen die Klagemöglichkeit: *Zöller/Vollkommer*, § 50 Rdn. 38.

3 Vergl. insoweit die beachtlichen Erwägungen von *Jung*, NJW 1986, 162; kritisch zur Tendenz allerdings, die Probleme dadurch zu lösen, daß § 50 Abs. 2 ZPO als angeblich historisch überholt (so etwa: MüKo/*Lindacher*, § 50 Rdn. 37; MüKo/*Arnold*, § 735 Rdn. 19) einfach ganz außer Betracht gelassen wird: *Schuschke*, NJW 1993, 2089.

4 *Bruns/Peters*, § 10 I 1; *Stein/Jonas/Münzberg*, § 735 Rdn. 2; MüKo/*Arnold*, § 735 Rdn. 9.

5 Das gilt auch dann, wenn die Mitglieder ausnahmsweise mit ihrem Privatvermögen für Vereinsschulden haften; vergl. etwa § 54 S. 2 BGB. Der Gläubiger braucht insoweit einen Titel gegen die Mitglieder persönlich, um in ihr Privatvermögen vollstrecken zu können; im Einzelfall mag der Klage gem. § 771 ZPO die Einrede der unzulässigen Rechtsausübung entgegenstehen; Einzelheiten: § 771 Rdn. 36.

6 Überwiegende Meinung; vergl. *Rosenberg/Schwab/Gottwald*, § 43 II 3 b; *Stein/Jonas/Bork*, § 50 Rdn. 23; *Zöller/Vollkommer*, § 50 Rdn. 38.

7 Einzelheiten § 735 Rdn. 2.

8 H. M. in der Praxis; in der Lit. dagegen sehr umstritten; vergl. *K. Schmidt*, NJW 1984, 2249 m. w. Nachw.

9 H. M.; *Stein/Jonas/Münzberg*, § 735 Rdn. 3.

der Verein die Zwangsvollstreckung nicht vereiteln. Es bedarf keiner Titelumschreibung, für die es im übrigen auch keine Rechtsgrundlage gäbe.

**II. Die Gesellschaft des bürgerlichen Rechts als Partei in der Zwangsvollstreckung:** 3
1. Die Gesellschaft bürgerlichen Rechts ist parteiunfähig.[10] Es sollte deshalb auch keinen vollstreckungsfähigen Titel geben, in dem die Gesellschaft bürgerlichen Rechts selbst als Gläubiger aufgeführt wäre. Stets müssen die Gesellschafter (vertreten durch die Geschäftsführer der Gesellschaft) klagen; sie müssen die notarielle Urkunde errichten, usw. Hiervon zu unterscheiden sind die Fälle, in denen ein Gesellschafter allein (actio pro socio) oder ein Dritter einen Titel auf »Leistung an die Gesellschaft« erwirkt hat. Hier ist Titelgläubiger allein der klagende Gesellschafter oder der Dritte, nicht die begünstigte Gesellschaft.[11]

Ist aus Unachtsamkeit ein Titel zugunsten einer BGB-Gesellschaft ohne gleichzeitige Aufführung der Namen der Gesellschafter ergangen, kann der Titel weder zugunsten der Gesamtheit der Gesellschafter umgeschrieben werden, noch ist, wenn auch als Kläger schon allein das nicht parteifähige Gebilde ohne zusätzliche Bezeichnung der Gesellschafter aufgetreten war, eine Berichtigung des Urteils nach §§ 319 ff. ZPO möglich. Das Urteil ist, da auf Gläubigerseite dem § 750 Abs. 1 ZPO nicht Rechnung getragen werden kann, nicht vollstreckbar. Etwas anderes würde gelten, wenn bei Streit über die Parteifähigkeit eines Klägers im Erkenntnisverfahren die Parteifähigkeit ausdrücklich bejaht worden wäre (– etwa bei der Frage, ob eine BGB-Gesellschaft oder eine OHG vorliegt –). Dann bindet diese Entscheidung auch in der Vollstreckung: Das im Titel bezeichnete Gebilde kann auch als Gläubiger in der Zwangsvollstreckung auftreten.[12]

2. Im Gegensatz zum nichtrechtsfähigen Verein ist die BGB-Gesellschaft auch nicht 4 passiv parteifähig.[13] Formelle Prozeßpartei auf Beklagtenseite müssen deshalb die Gesellschafter sein, wobei sie theoretisch eine Doppelrolle spielen können als Gesamtschuldner und als Gesellschafter der Gesamthandgesellschaft.[14] Für die Zwangsvollstreckung in das Gesellschaftsvermögen zieht § 736 ZPO daraus die Konsequenz: Nur aus einem Titel gegen alle Gesellschafter kann in das Gesellschaftsvermögen vollstreckt werden.[15] Dieser Titel bleibt dann auch später trotz § 124 Abs. 2 HGB zur Zwangsvollstreckung ausreichend, wenn die Gesellschaft etwa nach Titelerlangung

---

10 Noch einhellige Meinung in der Rspr.; BGHZ 23, 317; 80, 222; auch in der Lit. h.M.: *Brox/Walker* Rdn. 33; *Rosenberg/Schwab/Gottwald*, § 43 II 8; kritisch zur h.M. und sie insbesondere für die Mitunternehmer-BGB-Gesellschaft ablehnend: *K. Schmidt*, Gesellschaftsrecht, § 60 IV 1; gegen die h.M. für alle Außengesellschaften: *Hüffner*, FS für Stimpel, 1985, S. 165 ff.; alle jeweils mit vielen weiteren Nachweisen; ebenso *Schünemann*, a.O.; Einen Überblick über den Diskussionsstand mit Tendenz zur neueren Richtung in der Literatur, die Parteifähigkeit der GbR anzuerkennen, gibt auch MüKo/*Lindacher*, § 50 Rdn. 26, 27.
11 Siehe auch Vorbem. §§ 724–734 Rdn. 6.
12 *Brox/Walker*, Rdn. 23.
13 Str.; Einzelheiten: *K. Schmidt*, Gesellschaftsrecht, § 60 IV 1, der selbst eine differenzierte Behandlung vorschlägt; siehe Fußn. 18.
14 *K. Schmidt*, a.a.O.
15 Einzelheiten: § 736 Rdn. 1 und 2.

**Vor §§ 735, 736** *Der nichteingetragene Verein, die Gesellschaft bürgerlichen Rechts*

im Laufe der Zeit zu einer OHG erstarkt.[16] Im Hinblick auf § 750 ZPO sollte allerdings (vergleichbar den Fällen der Namensänderung) eine Klarstellung der Klausel[17] beantragt werden. Einer Umschreibung nach § 727 ZPO bedarf es nicht.[18] Gleiches gilt letztlich für den umgekehrten Fall, daß der Titel gegen eine OHG erwirkt wurde, die sich später durch Einschränkung des Geschäftsbetriebes oder durch Änderung des Gesellschaftszwecks zu einer Gesellschaft bürgerlichen Rechts zurückbildet.[19] Häufig wird hier schon § 5 HGB, der auch im Vollstreckungsrecht gilt, eingreifen.

Ein allein gegen die BGB-Gesellschaft (z. B. unter ihrer vermeintlichen Firma) erstrittener Schuldtitel ist nicht in einen Titel gegen die Gesellschafter oder wenigstens einen von ihnen umdeutbar. Er ist vielmehr nicht vollstreckbar.[20] Anderes gilt wieder, wenn im Erkenntnisverfahren **ausdrücklich** die passive Parteifähigkeit des beklagten Gebildes anerkannt wurde. Hier bindet wieder (siehe oben Rdn. 3) die Entscheidung auch in der Zwangsvollstreckung.

5   III. Die offene Handelsgesellschaft, die Kommanditgesellschaft und die Partnerschaftsgesellschaft als Parteien in der Zwangsvollstreckung: Nach §§ 124 Abs. 1, 161 Abs. 2 HGB, 7 Abs. 2 PartGG sind die OHG, die KG und die Partnerschaftsgesellschaft aktiv und passiv parteifähig. Zur Vollstreckung in das Gesellschaftsvermögen ist immer ein Titel gegen die Gesellschaft selbst erforderlich (§§ 124 Abs. 2, 161 Abs. 2 HGB). Ein Titel gegen alle Gesellschafter genügt nicht; Ausnahme oben
6   Rdn. 4 und Fußn. 16. Ein Wechsel der Gesellschafter berührt die Vollstreckbarkeit eines Titels gegen die Gesellschaft nicht; es bedarf keiner Klauselumschreibung, Klauselergänzung o. ä. Aus einem Titel gegen die Gesellschaft kann nicht in das Privatvermögen der Gesellschafter vollstreckt werden (§ 129 Abs. 4 HGB). Es ist insoweit auch keine Umschreibung des Titels, auch nach Auflösung der Gesellschaft nicht, möglich.[21] Hat doch einmal aus einem Titel gegen die Gesellschaft Zwangsvollstreckung in Gegenstände aus dem Privatvermögen eines Gesellschafters stattgefunden, so steht dem Erfolg seiner Klage aus § 771 ZPO allerdings in der Regel der Ein-

---

16 BGH, NJW 1967, 821, 822.
17 Siehe § 727 Rdn. 2.
18 Wie hier *Eichmann*, Rpfleger 1970, 113 ff.; *Noack*, DB 1970, 1817; der Fall ist den § 727 Rdn. 16 erörterten Fällen vergleichbar. A. A.: *Stein/Jonas/Münzberg*, § 736 Rdn. 10. Folgt man der Unterscheidung von *K. Schmidt*, Gesellschaftsrecht, § 58 II 4, zwischen »schlichten« BGB-Gesellschaften und »Mitunternehmer«-Gesellschaften und fordert man bei sog. Mitunternehmergesellschaften abweichend von § 736 ZPO von vornherein einen Titel gegen die Gesellschaft selbst (a.a.O., § 60 IV 2 c), stellt sich das Problem nicht. Natürlich ist der gegen die Mitunternehmergesellschaft erwirkte Titel dann ohne weiteres gegen die OHG weitervollstreckbar. Näheres siehe § 736 Rdn. 8.
19 Wie hier die Fußn. 18 Genannten; ferner *Noack*, JurBüro 1976, 1156; a. A. *Stein/Jonas/Münzberg*, § 736 Rdn. 1, der auch hier eine Titelumschreibung nach § 727 fordert.
20 *Stein/Jonas/Münzberg*, § 736 Rdn. 1; *Thomas/Putzo*, § 736 Rdn. 4; *Paulus*, DGVZ 1992, 65; LG Mainz, DGVZ 1973, 157; LG Kaiserslautern, DGVZ 1990, 91; sehr bedenklich dagegen AG Koblenz, DGVZ 1980, 172. A. A. natürlich diejenigen, die BGB-Gesellschaften schlechthin für parteifähig halten; siehe *Schünemann*, a. a. O., S. 246 ff. Nach *K. Schmidt* (siehe Fußn. 19) wäre wieder zu differenzieren, ob die Gesellschaft eine schlichte BGB-Gesellschaft oder eine sog. Mitunternehmergesellschaft ist.
21 Siehe § 727 Rdn. 24 und BGHZ 62, 133.

wand der unzulässigen Rechtsausübung entgegen, da der Gesellschafter für die Gesellschaftsschuld auch persönlich uneingeschränkt haftet (§ 128 HGB) und die Erwirkung eines Titels gegen ihn in der Regel ohne Schwierigkeiten möglich ist.[22] Keine unzulässige Rechtsausübung ist es dagegen, wenn der Gesellschafter in der Vollstreckung gegen ihn liegende mögliche Verfahrensfehler mit § 766 ZPO rügt,[23] etwa die Verletzung des § 809 ZPO, weil der gepfändete Gegenstand gar nicht im Gewahrsam der Gesellschaft war. Es ist nicht Aufgabe der Vollstreckungsorgane, unter Verletzung der für sie geltenden Verfahrensregeln zur Wahrung »einer höheren Gerechtigkeit« Rechte Dritter zu verletzen.

Die Umwandlung einer OHG in eine KG oder umgekehrt beeinträchtigen die Vollstreckung eines gegen die bisherige Gesellschaft gerichteten Titels nicht. Es ist auch keine Klauselumschreibung notwendig.[24]

**IV. Die Reederei** ist aktiv und passiv parteifähig (§ 489 HGB). Für sie gilt daher das für OHG und KG Dargestellte uneingeschränkt.[25]   **6**

**V. Hinsichtlich der Rechtsverhältnisse im Zuge der Gründung einer GmbH ist zu**   **7**
**unterscheiden:** 1. Im Vorgründungsstadium,[26] wenn die Gesellschaft noch nicht durch Abschluß des Gesellschaftsvertrages errichtet ist, liegt, wenn die in Entstehung begriffene spätere Gesellschaft mit Willen der potentiellen Gründer schon nach außen tätig wird, eine OHG vor, wenn das »Vorgebilde« ein Handelsgewerbe betreibt,[27] ansonsten eine BGB-Gesellschaft. Liegt ein Titel für oder gegen diese Vorgründungsgesellschaft vor, so gelten für die Zwangsvollstreckung die oben für die BGB-Gesellschaft Rdn. 4 bzw. für die OHG Rdn. 5 dargestellten Regeln.[28] Schon bei Titelerlangung ist deshalb darauf zu achten, daß alle Gesellschafter im Tenor erscheinen, falls das »Vorgebilde« nur eine BGB-Gesellschaft darstellt.

Die spätere GmbH ist nicht ohne weiteres Rechtsnachfolgerin der Vorgründungsgesellschaft.[29] Deshalb kommt eine Klauselumschreibung eines gegen die Vorgründungsgesellschaft erwirkten Titels gegen die GmbH nur in Betracht, wenn sie im Wege befreiender Schuldübernahme an die Stelle der Vorgründungsgesellschaft und, falls diese eine BGB-Gesellschaft war, ihrer Gesellschafter getreten ist.[30]

---

22 Einzelheiten § 771 Rdn. 36; siehe ferner: *K. Schmidt*, Gesellschaftsrecht, § 49 VI 2.
23 Ebenso *K. Schmidt*, Gesellschaftsrecht, § 49 VI 2.
24 Siehe § 727 Rdn. 16.
25 Allgem. Meinung; *Baumbach/Lauterbach/Hartmann*, Anh. § 736 Rdn. 4; *Stein/Jonas/Münzberg*, § 736 Rdn. 9.
26 Zur Terminologie: *Baumbach/Hueck*, § 11 GmbHG Rdn. 32; *Roth*, GmbHG, § 11 Anm. 5.1; *K. Schmidt*, Gesellschaftsrecht, § 34 III 2; *Stein/Jonas/Münzberg*, § 735 Rdn. 5.
27 BGH, NJW 1983, 2822; BGHZ 91, 151; *Baumbach/Hueck*, § 11 GmbHG Rdn. 33; *Roth*, GmbHG, § 11 Anm. 5.3.
28 *Stein/Jonas/Münzberg*, § 735 Rdn 5.
29 BGH, NJW 1983, 2822; WM 1985, 479; *Baumbach/Hueck*, § 11 GmbHG Rdn. 33; *Roth*, a.a.O. § 11 GmbHG Anm. 5.2.
30 Siehe vorn § 727 Rdn. 20; diejenigen, die auch bei privativer Schuldübernahme eine Rechtsnachfolge ablehnen, müssen in jedem Falle eine Titelumschreibung gegen die GmbH ablehnen: vergl. *Stein/Jonas/Münzberg*, § 727 Rdn. 19 und § 735 Rdn. 5.

**Vor §§ 735, 736** *Der nichteingetragene Verein, die Gesellschaft bürgerlichen Rechts*

8   2. Die Vorgesellschaft, die zwischen der wirksamen Gründung der GmbH und ihrer Eintragung gegeben ist,[31] wird von Rechtsprechung[32] und Literatur[33] als Rechtsform eigener Art angesehen, auf die schon weitgehend GmbH-Recht anzuwenden ist. Unabhängig von der unterschiedlichen Beurteilung vieler Einzelheiten besteht Einigkeit, daß die Vorgesellschaft aktiv und passiv parteifähig ist,[34] sei es in entspr. Anwendung des § 124 HGB, sei es in Anlehnung an die GmbH-Regeln. Die Vorgesellschaft kann als Gläubiger wie als Schuldner selbst an der Zwangsvollstreckung teilnehmen. Zur Vollstreckung in das Gesellschaftsvermögen bedarf es also eines Titels gegen die Vorgesellschaft. Die Vorgesellschaft ist wie die spätere GmbH nicht Rechtsnachfolger der Vorgründungsgesellschaft. Es gilt das oben Rdn. 7 Ausgeführte. Dagegen besteht zwischen Vorgesellschaft und späterer GmbH Identität.[35] Aus einem Titel gegen die Vorgesellschaft kann also ohne weiteres, ohne daß es einer Titelumschreibung bedürfte, gegen die GmbH vollstreckt bzw. weitervollstreckt werden. Löst sich die Vorgesellschaft auf, ohne daß es zur Eintragung der GmbH kommt, so bleibt sie als Liquidationsgesellschaft bis zur Beendigung der Liquidation parteifähig in der Zwangsvollstreckung.

9   VI. Gewerkschaften und politische Parteien als Parteien der Zwangsvollstreckung: 1. Im **arbeitsgerichtlichen Verfahren** sind die **Gewerkschaften** nach § 10 ArbGG aktiv und passiv parteifähig. Dies gilt nicht nur für die jeweiligen Gewerkschaften als solche, sondern auch für ihre Unterorganisationen, die Bezirks- und Ortsverwaltungen, soweit diese selbst körperschaftlich organisiert sind und nicht nur eine reine Verwaltungszweigstelle der Gesamtorganisation ohne echte eigene Befugnisse darstellen.[36] Soweit es um arbeitsgerichtliche Titel geht, sind die Gewerkschaften bzw. ihre Unterorganisationen deshalb auch uneingeschränkt in der Lage, als Gläubiger bzw. Schuldner in der Zwangsvollstreckung zu fungieren. Die Anerkennung einer gewerkschaftlichen Unterorganisaiton im Titel als parteifähig bindet auch in der Zwangsvollstreckung.

10  Im Verfahren vor den **ordentlichen Gerichten** ist die uneingeschränkte aktive und passive Parteifähigkeit der Gewerkschaften, die aus historischen Erfahrungen heraus traditionell als nichtrechtsfähige Vereine organisiert sind, über § 50 Abs. 2 ZPO hinausgehend von der Rechtsprechung anerkannt.[37] Allerdings sieht der Bundesgerichts-

---

31 Zur Terminologie: *Baumbach/Hueck*, § 11 GmbHG Rdn. 6; *Roth*, a.a.O., § 11 GmbHG Anm. 4.1; *K. Schmidt*, Gesellschaftsrecht, § 34 III 3.
32 Beispiele: BGHZ 21, 242; 51, 30; 80, 129.
33 *Baumbach/Hueck*, § 11 GmbHG Rdn. 6; Roth, a.a.O., § 11 Anm. 4.1; *K. Schmidt*, Gesellschaftsrecht, § 34 III 3 und § 11 IV.
34 BGHZ 21, 242 ff.; 45, 338 ff.; 51, 30 ff.; *Stein/Jonas/Bork*, § 50 Rdn. 30.
35 BGHZ 80, 129; *K. Schmidt*, Gesellschaftsrecht, § 11 IV 2 und § 34 III 4 mit zahlr. Nachweisen
36 BAG, AP § 11 ArbGG Nr. 25; § 36 ZPO Nr. 5; *Germelmann/Matthes/Prütting*, § 10 ArbGG Rdn. 11; *Grunsky*, § 10 ArbGG Rdn. 15.
37 BGHZ 42, 210; 43, 245; 50, 335. Zur Entwicklung der BGH-Rechtsprechung im Hinblick auf die Parteifähigkeit der Gewerkschaften und ihrer Untergliederungen siehe: *Schulz*, Die Parteifähigkeit nicht rechtsfähiger Vereine im Zivilprozeß, S. 85 ff.

hof in der Regel[38] die gewerkschaftlichen Unterorganisationen im Gegensatz zur Rechtsprechung der Arbeitsgerichte nicht als parteifähig an. Für die Zwangsvollstreckung gilt wieder, daß die Anerkennung als Partei im Erkenntnisverfahren auch zur Durchsetzung des erstrittenen Titels als Gläubiger legitimiert. Im Hinblick auf die passive Parteifähigkeit in diesen Fällen ist anzumerken, daß die Anerkennung einer Gewerkschaftsunterorganisation als selbständige Passivpartei i. S. § 50 Abs. 2 ZPO über § 735 ZPO dazu führt, daß auch nur in das Sondervermögen dieser Unterorganisation, nicht etwa in das gesamte Vermögen des Zentralverbandes vollstreckt werden kann. Der Gläubiger kann die im Erkenntnisverfahren erfolgreiche Inanspruchnahme der Unterorganisation, wenn sie sich im Vollstreckungsverfahren als weniger tunlich erweist, nicht »korrigieren« durch ein nachträgliches »Umschreiben« des Titels gegen die Dachorganisation.

2. **Politische Parteien** sind nach § 3 PartG sowohl als Dachorganisation (»Bundespartei«) wie auch als »Gebietsverband der jeweils höchsten Stufe Landesverband« aktiv und passiv parteifähig.[39] Sie können insoweit unzweifelhaft sowohl auf Gläubigerseite als auch auf Schuldnerseite Partei der Zwangsvollstreckung sein. Zur Vollstreckung in das Parteivermögen ist ein Titel gegen den Bundes- bzw. Landesverband der Partei erforderlich. Die unteren Organisationsstufen der Parteien (Ortsverbände, Unterbezirksverbände, Bezirksverbände usw.), soweit sie nicht als selbständiger Verein organisiert sind (– dann § 50 Abs. 2 ZPO –),[40] sind grundsätzlich nicht parteifähig.[41] Ob hiervon für Auseinandersetzungen im politischen Meinungskampf (Ansprüche auf Unterlassung von Behauptungen, Durchsetzung eines presserechtlichen Gegendarstellungsanspruchs u. ä.) Ausnahmen zugelassen werden sollten, ist fraglich, da ja höhere Parteigliederungen vorhanden sind, die die Ansprüche verfolgen können. Ist im Erkenntnisverfahren die aktive bzw. passive Parteifähigkeit einer Untergliederung aber bejaht worden, bindet diese Feststellung auch für die Zwangsvollstreckung. Aus einem Titel gegen die örtliche Untergliederung einer Partei kann nicht in das Vermögen der Landes- bzw. Bundespartei vollstreckt werden. 11

3. **Sonstige Gebilde im politisch-gesellschaftlichen Bereich**, die sich bewußt weder als politische Partei noch als Verein verstanden wissen wollen, insbesondere »**Bürgerinitiativen**« und »**Bewegungen**« aller Art sind im Rahmen des § 50 Abs. 2 ZPO passiv (und begrenzt aktiv – siehe Rdn. 1 –) parteifähig, soweit sie in ihrer Organisation den Mindestanforderungen des Vereinsrechts genügen (Statut, gewählte Sprecher, Vertretungsbefugnis der Sprecher). Ansonsten können nur die persönlich Handelnden in Anspruch genommen werden. Die generelle aktive Parteifähigkeit derartiger Gebilde ist grundsätzlich zu verneinen,[42] auch für Ansprüche im politischen Meinungskampf 12

---

38 Siehe BGH, ZZP 1973, 177 einerseits und ZZP 1973, 214 andererseits. Kritisch zur einschränkenden BGH-Rspr.: *Fenn*, ZZP 1973, 177.27.
39 BGHZ 73, 275 ff.; OLG Köln, NJW 1978, 2.
40 Zu diesem Fall: BGHZ 90, 331 ff.
41 OLG Frankfurt, MDR 1984, 1030; OLG Köln, NJW 1978, 227; OLG Zweibrücken, NJW-RR 1986, 181; OLG Celle, NJW 1989, 2477; a. A. insoweit *Kainz*, NJW 1985, 2619.
42 Wie hier: *Seitz/Schmidt/Schoener*, NJW 1980, 1553, 15.

(Unterlassung von Behauptungen, presserechtlicher Gegendarstellungsanspruch).[43] Es müssen insoweit die einzelnen betroffenen Mitglieder klagen. Ist aber im Erkenntnisverfahren die Parteifähigkeit eines derartigen Zusammenschlusses bejaht worden, bindet dies auch in der Vollstreckung.

13 VII. Hinsichtlich der Vollstreckung von Bescheiden von Finanzbehörden gegen nichtrechtsfähige Personenvereinigungen, die als solche steuerpflichtig sind, enthält § 267 AO 1977 eine Sonderregelung: Zur Vollstreckung in das Vermögen der Vereinigung genügt ein vollstreckbarer Verwaltungsakt gegen die Personenvereinigung selbst.[44]

---

43 A. A. insoweit LG Aachen, NJW 1977, 255.
44 Einzelheiten: *Koch/Scholtz/Szymczak*, § 267 AO Rdn. 2.

## § 735 Zwangsvollstreckung gegen nicht rechtsfähigen Verein

Zur Zwangsvollstreckung in das Vermögen eines nicht rechtsfähigen Vereins genügt ein gegen den Verein ergangenes Urteil.

I. Zweck: Die Vorschrift zieht für die Vollstreckung die Konsequenzen aus § 50 Abs. 2 ZPO: Wenn es schon einen Titel gegen den Verein selbst gibt, muß dieser auch, soll die passive Parteifähigkeit des Vereins nicht sinnlos sein, vollstreckbar sein. Da schon die Väter des BGB und der ZPO trotz aller zeitbedingten Vorurteile[1] davon ausgingen, daß auch der nichtrechtsfähige Verein ein vom Privatvermögen der einzelnen Mitglieder und auch vom jeweiligen Bestand der Mitglieder unabhängiges Vermögen bilden könne,[2] ist es nur konsequent, daß in gerade dieses Sondervermögen mit einem gegen den Verein lautenden Titel auch vollstreckt werden kann.

II. Durch den Terminus »genügt« macht der Gesetzgeber schon deutlich, daß er diesen Titel nicht als die einzige mögliche Vollstreckungsgrundlage in das Sondervermögen des Vereins ansieht. In entspr. Anwendung des § 736 ZPO ist ein gegen alle Vereinsmitglieder gerichteter Titel ebenfalls zur Vollstreckung ins Vereinsvermögen geeignet.[3] Auch dies ist eine Konsequenz aus § 50 Abs. 2 ZPO: Da der Verein nicht aktiv parteifähig ist, müssen als Kläger für den Verein alle Mitglieder auftreten; unterliegen sie, sind sie die Schuldner im Kostenfestsetzungsbeschluß. Da der Verein selbst auch nicht grundbuchfähig ist,[4] muß ein gegen den Verein als Grundstückseigentümer zu erstreitender Titel sich formell gegen alle im Grundbuch eingetragenen Vereinsmitglieder richten. Abweichend von den zu § 736 ZPO entwickelten Grundsätzen[5] muß allerdings aus dem Titel gegen die Vereinsmitglieder hervorgehen, daß es sich um eine Verbindlichkeit des Vereins handelt, nicht etwa um eine reine Privatverbindlichkeit, die zufällig alle derzeitigen Vereinsmitglieder aus einem mit der Vereinsmitgliedschaft nicht zusammenhängenden Rechtsgrund trifft. Geht man, unabhängig vom Streit über die Zuordnung des Vereinsvermögens (siehe unten Rdn. 3), jedenfalls mit der h. M.[6] davon aus, daß die Mitglieder über ihren Anteil am Vereinsvermögen nicht verfügen können und daß sie bei ihrem Ausscheiden aus dem Verein weder einen An-

---

1 Mot., in *Mugdan* I S. 401 und Prot., in *Mugdan* I S. 640 ff.; vergl. ferner Stoll, in RG-Festgabe, Bd. II, 1929, S. 49 ff.
2 Dies wird auch in § 203 KO (ab 1.1.1999: § 214 InsO) und in § 1 Abs. 1 GesO deutlich; Einzelheiten unten Rdn. 3.
3 Allgem. Meinung; vergl. *Baumbach/Lauterbach/Hartmann*, § 735 ZPO Rdn. 1; MüKo/*Arnold*, § 735 Rdn. 17; *Reichert/Dannecker/Kühr*, Handbuch des Vereins- und Verbandsrechts, 3. Aufl. 1984, Rdn. 2073; *K. Schmidt*, Gesellschaftsrecht, § 25 IV 2; *Stein/Jonas/Münzberg*, § 735 Rdn. 1; a. A. jedoch: Fabricius, Relativität der Rechtsfähigkeit, 1963, S. 205.
4 Diese in der Grundbuchpraxis einhellige Meinung (vergl. auch OLG Zweibrücken, NJW-RR 1986, 181) ist in der Literatur heftig umstritten; wie hier insbesondere auch: *Flume*, ZHR 1984, 510; *Medicus*, Allgem. Teil des BGB, 4. Aufl., Rdn. 1149; *K. Schmidt*, Gesellschaftsrecht, § 25 II 1; *ders.*, NJW 1984, 2249; a. A. (Grundbuchfähigkeit bejahend): MüKo/*Reuter*, § 54 BGB Rdn. 16; *Palandt/Heinrichs*, § 54 BGB Rdn. 8; BGB-RGRK-*Steffen*, § 54 BGB Rdn. 16.
5 § 736 Rdn. 2.
6 RGZ 113, 135; BGHZ 50, 329; *Palandt/Heinrichs*, § 54 BGB Rdn. 7; *K. Schmidt*, Gesellschaftsrecht, § 25 II 1.

spruch auf Auseinandersetzung noch auf Abfindung haben, so kann das Vereinsvermögen auch nicht über den Umweg der entspr. Anwendung des § 736 ZPO Haftungsgrundlage für Privatverbindlichkeiten der Vereinsmitglieder werden. Hier liegt trotz § 54 S. 1 BGB ein deutlicher Unterschied zur BGB-Gesellschaft.

**3**   III. Für die Zwangsvollstreckung ist es unerheblich, ob man als Träger des **Vereinsvermögens** den Verein selbst[7] oder die Gesamthand der jeweiligen Vereinsmitglieder ansieht. In jedem Falle stellt es ein Sondervermögen dar, das von den nach der Satzung hierzu berufenen Vereinsorganen verwaltet wird.[8] Diese üben auch für den Verein den Gewahrsam aus. Sie vertreten den Verein in der Vollstreckung überall da, wo es auf den Willen, die Zustimmung, die Einwilligung oder den Verzicht des Schuldners ankommt. An sie sind die notwendigen Zustellungen zu richten. Zum Vereinsvermögen können bewegliche Sachen, Forderungen (auch gegen die Mitglieder auf Zahlung rückständiger Vereinsbeiträge[9]), aber auch Grundstücke zählen. Letztere werden in der Regel aus grundbuchrechtlichen Zwängen (siehe Fußn. 4) für die Mitglieder in ihrer Gesamtheit eingetragen sein. Dies hindert nicht, einen gegen den Verein selbst lautenden Titel, ohne daß es einer »Umschreibung« bedürfte, in das Grundstück zu vollstrecken.[10]

**4**   IV. Über den Wortlaut des § 735 hinaus ist nicht nur aus Titeln wegen vermögenswerter Ansprüche in das Vermögen Zwangsvollstreckung gegen den Verein selbst möglich, sondern auch wegen Ansprüchen auf Herausgabe, auf Vornahme vertretbarer und unvertretbarer Handlungen, auf Duldung und Unterlassung.[11] Auch insoweit wird der Verein durch seine satzungsmäßig berufenen Organe, in der Regel den Vorstand, vertreten.

**5**   V. Aus **Titeln gegen nur einzelne Vereinsmitglieder,** aber auch gegen alle Vereinsmitglieder, soweit eine reine Privatverbindlichkeit in Rede steht, kann nicht in das Vereinsvermögen vollstreckt werden (oben Rdn. 2). Die Vereinsmitgliedschaft im Idealverein ist höchstpersönlich und deshalb unpfändbar. Dies gilt auch, wenn man der Auffassung vom Gesamthandsvermögen folgt (siehe Fußn. 8) für den Anteil des Mitgliedes am Vereinsvermögen.[12] Ein Gläubiger eines Vereinsmitgliedes kann weder die Auflösung des Vereins noch die »Abfindung« eines Vereinsmitgliedes im Vollstreckungswege erzwingen. Auch dann, wenn aus Gründen des förmlichen Rechts, etwa der Grundbuchordnung, Teile des Vereinsvermögens auf dem Papier ausdrücklich allen Vereinsmitgliedern zugeordnet sind, ist der Anteil des Mitgliedes insoweit von seinen Privatgläubigern nicht pfändbar. Die Gesamtheit der Mitglieder (nicht der Verein

---

7 So etwa *Hüffer,* Gesellschaftsrecht, § 6, 2; *K. Schmidt,* Gesellschaftsrecht, § 25 II 2.
8 So die h. M.; *Palandt/Heinrichs,* § 54 BGB Rdn.7; BGB-RGRK-Steffen, § 54 Rdn. 14 mit weiteren Nachw.
9 RGZ 76, 276 ff.
10 Siehe: vor §§ 735, 736 Rdn. 2
11 Einhellige Auffassung; vergl. MüKo/*Arnold,* § 735 Rdn. 5; Stein/Jonas/*Münzberg,* § 735 Rdn. 2.
12 BGHZ 50, 329.

selbst, da kein vollstreckungsrechtlicher Annex zu § 50 Abs. 2 ZPO vorliegt[13]) kann, wenn dennoch eine Pfändung erfolgte, nach § 771 ZPO vorgehen. Es gibt also **keinen** direkten oder indirekten Weg für einen Privatgläubiger eines Vereinsmitgliedes, sich Teile des Vereinsvermögens im Zuge der Zwangsvollstreckung nutzbar zu machen.

VI. Gegen das **einzelne Vereinsmitglied** kann aus Titeln gegen den Verein nicht vollstreckt werden, auch dann nicht, wenn es im Einzelfall neben dem Verein persönlich haften würde.[14] Einem Vorgehen nach § 771 ZPO könnte in diesem Fall auch nicht der Einwand der unzulässigen Rechtsausübung entgegengehalten werden,[15] da der Fall nicht §§ 419 BGB, 128 HGB vergleichbar ist. Es läge keine Haftung für fremde Schuld, sondern aus eigenem Handeln vor.

Das Vereinsmitglied, das nicht Vereinsorgan ist, braucht es auch nicht hinzunehmen, daß in seinem Besitz befindliches Vereinsvermögen gegen seinen Willen gepfändet wird. Es kann wie jeder Dritte nach §§ 766, 809 ZPO vorgehen.[16]

Richtet sich dagegen der Titel gegen alle Vereinsmitglieder (oben Rdn. 2), so kann aus ihm auch in das Privatvermögen der Mitglieder vollstreckt werden, wenn der Titel selbst keine Beschränkung der Haftung auf das Vereinsvermögen enthält. Die Beschränkung muß ausdrücklich enthalten sein (bei Urteilen im Tenor oder in den Gründen, bei gerichtlichen Vergleichen im Vergleichstext) und darf sich nicht nur indirekt daraus ergeben, daß aus dem Gesamtzusammenhang abgeleitet werden kann, daß eine Vereinsverbindlichkeit tituliert wird. Zur Ermittlung solcher »Gesamtzusammenhänge« sind die Vollstreckungsorgane nicht berufen. Das Vereinsmitglied, das es im Erkenntnisverfahren versäumt hat, die Haftungsbeschränkung geltend zu machen, kann den Einwand wegen § 767 Abs. 2 ZPO nicht mit der Vollstreckungsabwehrklage nachholen.[17] Ob im Urteil in analoger Anwendung des § 786 ZPO die Beschränkung der Haftung des Vereinsmitgliedes statt endgültig festgestellt nur vorbehalten werden kann (§ 780 ZPO), sodaß über § 785 ZPO die Möglichkeit der Vollstreckungsabwehrklage offenbleibt, ist sehr streitig.[18]

VII. Für den **wirtschaftlichen Verein** (§ 22 BGB) gelten die vorstehenden Ausführungen nur mit Einschränkungen, da auf ihn § 54 BGB auch heute noch uneingeschränkt anwendbar ist:[19] Zur Vollstreckung ins Vereinsvermögen genügt zwar auch ein Titel gegen den Verein, liegt aber ein Titel entsprechend § 736 ZPO gegen alle Mitglieder vor, so gelten die Regeln für die BGB-Gesellschaft uneingeschränkt. Im Hinblick auf § 54 S. 2 BGB und die (im Gegensatz zum Idealverein) in der Regel bestehende persönliche

---

13 vor §§ 735, 736 Rdn. 1.
14 MüKo/*Arnold*, § 735 Rdn. 9.
15 Siehe § 771 Rdn. 33 ff.
16 Ganz h. M.; *Stein/Jonas/Münzberg*, vor § 735 Rdn. 3; MüKo/*Arnold*, § 735 Rdn. 11.
17 Siehe auch BGH, ZZP 1955, 101 ff.
18 Siehe § 786 Rdn. 6.
19 H. M.: vergl. *Flume*, Allgem. Teil des Bürgerlichen Rechts, Band I/1, Die Personengesellschaft, § 7 I; *ders.*, ZHR 1984, 517 ff., *Medicus*, Allgem. Teil des BGB, Rdn. 1155; *K. Schmidt*, Gesellschaftsrecht, § 25 III 2 b; einschränkend (§ 54 BGB nur in Außenverhältnis voll anwendbar): MüKo/*Reuter*, § 54 Rdn. 3.

Haftung für Vereinsverbindlichkeiten[20] ist der Klage eines Mitglieds nach § 771 ZPO, wenn aus einem Titel gegen den Verein irrtümlich in sein Privatvermögen vollstreckt wurde, der Erfolg versagt (§ 242 BGB).[21] Wohl bleibt dem Mitglied bei Verletzung von Verfahrensregeln die Möglichkeit der Vollstreckungserinnerung (§ 766 ZPO).

Der Anteil des Mitgliedes am wirtschaftlichen Verein ist nach § 859 ZPO der Pfändung unterworfen.[22] Das Verfahren und die sich daraus ergebenden Möglichkeiten des Gläubigers folgen den Regeln der Pfändung des Anteils an einer BGB-Gesellschaft.

8   VIII. Nach **Auflösung des Vereins** kann ein Titel gegen den Verein solange weiter in das noch vorhandene Vereinsvermögen vollstreckt werden, wie die erforderliche Mindestorganisation vorhanden ist (Liquidatoren, die für den Verein Gewahrsam ausüben, Zustellungen in Empfang nehmen, Erklärungen abgeben können). Die früheren Mitglieder des Vereins, die keine Organfunktion ausüben, sind nicht Rechtsnachfolger des aufgelösten Vereins i. S. § 727 ZPO, es sei denn, daß sie im Einzelfall im Zuge der Liquidation Besitznachfolger im Hinblick auf streitbefangene Gegenstände i.S.d. §§ 325, 727 Abs. 1 ZPO geworden sind.

---

20 Siehe *K. Schmidt*, Gesellschaftsrecht, § 60 III 2 a.
21 Siehe vor §§ 735, 736 Rdn. 5.
22 Siehe § 859 Rdn. 2.

## § 736 Zwangsvollstreckung gegen BGB-Gesellschaft

Zur Zwangsvollstreckung in das Gesellschaftsvermögen einer nach § 705 des Bürgerlichen Gesetzbuchs eingegangenen Gesellschaft ist ein gegen alle Gesellschafter ergangenes Urteil erforderlich.

I. Zweck: Nach den Vorstellungen des BGB-Gesetzgebers[1] stellt die Gesellschaft bürgerlichen Rechts keine eigene Rechtspersönlichkeit dar. Die ZPO hat ihr demgemäß weder die aktive noch auch – wie dem nichtrechtsfähigen Verein in § 50 Abs. 2 ZPO – die passive Parteifähigkeit zuerkannt. Nach dem Willen des Gesetzgebers kann es deshalb keinen Titel unmittelbar gegen die BGB-Gesellschaft geben. Daraus zieht § 736 die Konsequenz: Zur Vollstreckung in das Gesellschaftsvermögen ist ein Titel gegen alle Gesellschafter erforderlich. Im Hinblick auf § 750 Abs. 1 ZPO ist für die Frage, wer »alle Gesellschafter« sind, der Zeitpunkt der Vollstreckung maßgeblich.[2] Ist zu den im Titel genannten Gesellschaftern zwischenzeitlich ein weiterer hinzugekommen, ohne daß einer der bisherigen Gesellschafter ausgeschieden ist, muß gegen den neuen Gesellschafter auch ein neuer Titel erwirkt werden.[3] Tritt der neue Gesellschafter dagegen an die Stelle eines bisherigen, ist eine titelumschreibende Klausel (unter Beschränkung seiner Haftung auf das Gesellschaftsvermögen) nach § 727 ZPO gegen ihn zu beantragen.[4]

II. Entgegen dem Wortlaut »ein gegen alle Gesellschafter ergangenes Urteil« ist es ausreichend, wenn gegen jeden einzelnen der Gesellschafter je ein gleichlautender Titel oder mehrere gleichlautende Titel teils gegen einen, teils gegen mehrere Gesellschafter (in der Summe insgesamt gegen alle) vorliegen.[5] Die Art der inhaltsgleichen Titel (Urteil, Vergleich, vollstreckbare Urkunde) kann gegen die einzelnen Gesellschafter unterschiedlich sein.[6] Sehr streitig ist, ob die Titel gegen die Gesellschafter eine Gesamthandschuld betreffen müssen[7] oder ob eine gleichlautende Privatschuld aller Gesellschafter (z. B. aus Verkehrsunfall, den der eine Gesellschafter als Fahrer mit

---

1 Zum Auseinanderklaffen der tatsächlichen Entwicklung und der den §§ 705 ff. BGB zugrundeliegenden Vorstellungswelt des BGB-Gesetzgebers und zu – maßvollen – Reformvorschlägen siehe umfassend: *K. Schmidt*, Gesellschaft bürgerlichen Rechts, in: Gutachten und Vorschläge zur Überarbeitung des Schuldrechts, Bd. III, 1983, S. 413 ff.
2 Siehe auch § 101 GVGA.
3 Wie hier in diesem Punkt: *Baur/Stürner*, Rdn. 20.27; MüKo/*Arnold*, § 736 Rdn. 23; *Stein/Jonas/Münzberg*, § 736 Rdn. 2; a. A. die wohl h. M., die auch hier § 727 ZPO anwendet, obwohl kein Wechsel auf Schuldnerseite stattfindet; siehe: *Baumbach/Lauterbach/Hartmann*, § 736 Rdn. 3; *Thomas/Putzo*, § 736 Rdn. 2; *Zöller/Stöber*, § 736 Rdn. 2.
4 A. A. insoweit *Stein/Jonas/Münzberg*, § 736 Rdn. 2, der auch in diesem Falle einen neuen Titel verlangt. Dies ist konsequent, da St/J/M. auch bei privativer Schuldübernahme im Gegensatz zur hier vertretenen Auffassung die Anwendung des § 727 ablehnen; siehe vorn § 727 Rdn. 20.
5 Allgem. Meinung; beispielhaft: *Baumbach/Lauterbach/Hartmann*, § 736 Rdn. 3; *Zöller/Stöber*, § 736 Rdn. 6.
6 *Brüggemann*, DGVZ 1961, 33; *Stein/Jonas/Münzberg*, vor § 735 Rdn. 6; MüKo/*Arnold*, § 736 Rdn. 10.
7 So: *Kornblum*, BB 1970, 1450; MüKo/*Ulmer*, § 718 BGB Rdn. 46, 47; *K. Schmidt*, Gesellschaftsrecht, 1. Aufl., § 60 IV 2; *Winter*, KTS 1983, 349 ff.; wohl auch *Brox/Walker*, Rdn. 33.

dem Privat-PKW des anderen Gesellschafters bei einer privaten Vergnügungsfahrt schuldhaft verursacht hat) ausreicht.[8] Letzteres muß bejaht werden. Diese Auffassung entspricht nicht nur dem Willen des historischen Gesetzgebers,[9] sie wird auch den Interessen der Gesellschaft am ehesten gerecht, da sie verhindert, daß der Gläubiger genötigt wird, alle Gesellschaftsanteile nach § 859 ZPO zu pfänden und die Auflösung der Gesellschaft zu betreiben, um seinen Anspruch befriedigen zu können. Es ist zudem im Einzelfall selten sauber abzugrenzen, ob eine reine Privatschuld oder nicht doch jedenfalls auch eine Gesellschaftsschuld vorliegt.

**3** III. Über den Wortlaut der Vorschrift hinaus gilt § 736 auch, wenn es um die Vollstreckung von Ansprüchen auf Herausgabe, auf Vornahme vertretbarer Handlungen, auf Duldung und Unterlassung geht.

**4** IV. Da jeder einzelne Gesellschafter Titelschuldner ist, kann die Vollstreckung in Gesellschaftsvermögen auch bei Gesellschaftern erfolgen, die nach dem Gesellschaftsvertrag von der Geschäftsführung und Vertretung ausgeschlossen sind und die die der Gesellschaft gehörenden Gegenstände deshalb wie Dritte und nicht als Organe der Gesellschaft besitzen. Auch solche Gesellschafter können nicht nach § 809 ZPO widersprechen.

**5** V. Enthält der Titel, was in der Praxis selten sein wird, im Tenor oder in den Entscheidungsgründen eine ausdrückliche Beschränkung der Haftung der Gesellschafter auf das Gesellschaftsvermögen, so kann aus einem solchen Titel nicht auch in das Privatvermögen der einzelnen Gesellschafter vollstreckt werden.[10] Die Haftungsbeschränkung ist durch den Gesellschafter, wenn doch ein zu seinem Privatvermögen gehörender Gegenstand beschlagnahmt wurde, mit § 771 ZPO geltend zu machen. Ist ausnahmsweise die Zugehörigkeit zum Privatvermögen offenkundig, kann der Gesellschafter auch nach § 766 ZPO vorgehen. Ist die Haftungsbeschränkung nicht bereits im Prozeß geltend gemacht worden, kann sie nicht nachträglich mit der Vollstreckungsabwehrklage durchgesetzt werden. § 767 Abs. 2 ZPO steht dem entgegen.[11]

Enthält der Titel keine Haftungsbeschränkung, so kann aus ihm auch in das Privatvermögen der Gesellschafter vollstreckt werden. Zum Privatvermögen zählt der jeweilige Gesellschaftsanteil, der nach § 859 Abs. 1 S. 1 ZPO pfändbar ist.

**6** VI. Ein gegen die BGB-Gesellschaft selbst, z. B. unter ihrer vermeintlichen Firma, lautender Titel ist nicht in einen Titel gegen alle Gesellschafter umdeutbar und damit nicht

---

8 *Baumbach/Lauterbach/Hartmann*, § 736 Rdn. 2; *Baur/Stürner*, Rdn. 20.27; *Blomeyer*, § 17 IV 1; *Brehm*, KTS 1983, 21 ff., 32 f.; *Hüffer*, Festschr. für Stimpel, S. 184; *Oehlerking*, KTS 1980, 14 ff., 22 f.; *MüKo/Arnold*, § 736 Rdn. 33, 34; *Stein/Jonas/Münzberg*, § 736 Rdn. 5; *Zöller/Stöber*, § 736 Rdn. 1.
9 So zu recht *Blomeyer*, § 17 IV Fußn. 29 und *Stein/Jonas/Münzberg*, § 736 Fußn. 29.
10 *Bruns/Peters*, § 10 I 2 a; *K. Schmidt*, Gesellschaftsrecht, § 60 IV 2 b aa; *Zöller/Stöber*, § 736 Rdn. 1.
11 A. A.: *MüKo/Arnold*, § 736 Rdn. 45; *Stein/Jonas/Münzberg*, § 735 Rdn. 1a.

vollstreckbar.[12] Das gilt auch dann, wenn als Vertreter der vermeintlichen Firma alle tatsächlich vorhandenen Gesellschafter aufgeführt sind.[13] Eine dennoch durchgeführte Zwangsvollstreckung ist nicht nichtig, wohl aber mit § 766 ZPO rückgängig zu machen. Anderes gilt natürlich, wenn im Erkenntnisverfahren, etwa in Anlehnung an neuere Meinungen in der zivilrechtlichen Literatur,[14] **ausdrücklich** die Parteifähigkeit der beklagten Gesellschaft anerkannt wurde. Hier bindet die Entscheidung auch in der Zwangsvollstreckung, da der Gläubiger ansonsten ausweglos zwischen die Fronten des Meinungsstreits geriete.

Ein nur gegen einen Teil der Gesellschafter gerichteter Titel (– die Gesellschaft hat sich etwa nach Titelerlangung durch Aufnahme neuer Gesellschafter vergrößert –) ist nicht in das Gesellschaftsvermögen, sondern nur in das Privatvermögen der als Titelschuldner aufgeführten Gesellschafter vollstreckbar. Einer Vollstreckung in das Gesellschaftsvermögen kann die Gesamtheit der Gesellschafter mit einer Klage nach § 771 ZPO entgegentreten.

VII. Erstarkt die Gesellschaft bürgerlichen Rechts später etwa durch Ausdehnung des Geschäftsumfanges oder Änderung des Geschäftszweckes zu einer OHG, so bleibt der gegen alle Gesellschafter erwirkte Titel auch gegen die OHG vollstreckbar. Er braucht nicht nach § 727 ZPO umgeschrieben zu werden. Einzelheiten siehe Einf. §§ 735, 736 Rdn. 4.

Trotz § 129 Abs. 4 HGB liegt in diesen Fällen weiterhin nur ein Titel vor, aus dem sowohl in das Gesellschaftsvermögen als auch in das Vermögen der Gesellschafter gleichzeitig vollstreckt werden kann. Entschiede man anders, träte das absurde Ergebnis ein, daß der Schuldner durch Verbesserung seiner wirtschaftlichen Lage (Vergrößerung seines Geschäftsbetriebes) die vollstreckungsrechtliche Situation des Gläubigers verschlechtern könnte.

---

12 LG Mainz, DGVZ 1973, 157.
13 LG Berlin, Rpfleger 1973, 104 mit Anm. von Petermann.
14 Siehe etwa *K. Schmidt*, Gesellschaftsrecht, § 60 IV 1 c.

**Einführung vor §§ 737, 738 ZPO: Zwangsvollstreckung bei Nießbrauch.**

Literatur: *Jansen,* Der Nießbrauch in Zivil- und Steuerrecht, 4. Aufl. 1984; *Mittelbach,* Nießbrauch, 7. Aufl. 1984; *Schön,* Der Nießbrauch an Sachen, 1992; *Schüller,* Die Zwangsvollstreckung in den Nießbrauch, Diss. Bonn, 1978.

1 I. Nach den Vorschriften des BGB ist die Bestellung eines Nießbrauches sowohl an einzelnen Sachen (§§ 1030–1067 BGB), als auch an Rechten (§§ 1068–1084 BGB), als auch an einem Vermögen (§§ 1085–1088 BGB) oder an einer Erbschaft (§ 1089 BGB) möglich. Der Nießbraucher ist berechtigt, die Nutzungen der Sache zu ziehen (§ 1030 BGB); er darf die Sache besitzen (§ 1036 BGB), die mit dem Nießbrauch belastete Forderung einziehen (§ 1074 BGB). Er kann aber über die Sache selbst (oder das Recht) in der Regel nicht verfügen. Diese Befugnis bleibt beim Besteller bzw. Eigentümer der Sache oder des Rechts. Da damit sowohl der Besteller als auch der Nießbraucher über wirtschaftliche Werte verfügen, die für ihre Gläubiger von Interesse sein können, bedurfte es gewisser interessenabgrenzender Regelungen. Diese finden sich teils im BGB, teils in der ZPO.

2 II. **Der Nießbraucher als Schuldner der Zwangsvollstreckung:** Nach § 1059 BGB ist der Nießbrauch selbst nicht übertragbar, wohl aber kann seine Ausübung einem anderen überlassen werden. Nach § 851 Abs. 1 ZPO hat das zur Konsequenz, daß er auch nicht pfändbar ist. Wo der Gesetzgeber in Folge der gesellschaftsrechtlichen Umwandlungsvorschriften ausnahmsweise die Übertragung des Nießbrauches zulassen mußte (§ 1059 a BGB), hat er durch ausdrückliche Regelung (§ 1059 b BGB) die Pfändbarkeit wieder ausgeschlossen. Dagegen ist die Ausübung des Nießbrauchsrechts nach § 857 Abs. 3 ZPO pfändbar. Ob diese Regelung bedeutet, daß die Beschlagnahme nur das obligatorische Recht auf Ausübung des Nießbrauchs erfaßt oder auch das dingliche Recht selbst lediglich unter Beschränkung seiner Verwertbarkeit, ist sehr streitig.[1] Im Ergebnis führt sie jedenfalls dazu, daß der Nießbrauch dem Nießbraucher von seinen Gläubigern nicht auf Dauer entzogen werden kann.

3 III. **Der Besteller** (Eigentümer der Sache usw.) **als Schuldner der Zwangsvollstreckung:** Insoweit ist zu unterscheiden:

1. Ist der Nießbrauch nur an einzelnen beweglichen Sachen bestellt, so sind diese Sachen während der Dauer des Nießbrauchs praktisch dem Zugriff von Gläubigern des Bestellers, die Befriedigung wegen einer Geldforderung suchen, entzogen. In der Regel ist der Nießbraucher Besitzer der Sache (§ 1036 BGB). Sein Widerspruch gegen eine Pfändung ist schon nach § 809 ZPO zu beachten (insoweit § 766 ZPO). Er ist zudem zur Klage nach § 771 ZPO befugt.[2] Der Gläubiger des Bestellers kann nur dessen Anspruch nach § 1055 BGB auf Rückgabe der Sache nach Beendigung des Nießbrauchs nach §§ 846, 847 ZPO pfänden.

Entsprechendes gilt beim Nießbrauch an einzelnen Rechten: Der Nießbraucher kann gegen eine Vollstreckung in das Recht nach § 771 ZPO klagen.

---

1 Einzelheiten: § 857 Rdn. 24 sowie BGHZ 62, 133 ff.; 95, 101 f., OLG Frankfurt, ZIP 1990, 1357.
2 Einzelheiten § 771 Rdn. 20.

Ist der Nießbrauch in anfechtbarer Zeit bestellt worden und liegt ein Anfechtungsgrund vor, so muß der Nießbraucher nach § 7 AnfG dulden, daß in die Sache vollstreckt wird, als wäre der Nießbrauch nicht bestellt. Der Klage des Nießbrauchers nach § 771 ZPO könnte in diesem Fall die Anfechtbarkeit einredeweise (§ 5 AnfG) entgegengehalten werden.[3]

2. Der Nießbrauch an einem Grundstück schließt weder die Zwangsversteigerung noch die Zwangsverwaltung des Grundstücks durch Gläubiger des Bestellers grundsätzlich aus. Hinsichtlich **der Zwangsversteigerung** ist zu unterscheiden, ob der betreibende Gläubiger einen besseren dinglichen Rang hat als der Nießbraucher oder nicht. Hat er einen schlechteren Rang, wird der Nießbrauch in das geringste Gebot aufgenommen (§ 44 ZVG) und bleibt nach dem Zuschlag bestehen (§§ 52 Abs. 1, 91 Abs. 1 ZVG). Der Ersteher des Grundstücks tritt an die Stelle des bisherigen Bestellers, soweit die §§ 1030 ff. BGB in Rede stehen. Hat der betreibende Gläubiger einen besseren Rang, erlischt der Nießbrauch mit dem Zuschlag (§§ 52 Abs. 1 S. 2, 91 Abs. 1 ZVG). Der Nießbraucher wird dadurch nicht rechtlos. Er erwirbt einen Anspruch auf Wertersatz in Form einer Rente aus dem Versteigerungserlös (§§ 92, 121 ZVG), soweit der Erlös hierfür ausreicht. *Zwangsverwaltung* erscheint in diesen Fällen wirtschaftlich wenig sinnvoll, da die Nutzungen ja dem Nießbraucher zustehen.[4]

3. Ist der Nießbrauch am **gesamten Vermögen**[5] bestellt, so muß in zeitlicher Hinsicht unterschieden werden: Bestand der Nießbrauch schon, als die Forderung, wegen der die Vollstreckung betrieben wird, erst begründet wurde, so kann der Gläubiger auf das mit dem Nießbrauch belastete Vermögen nicht zugreifen, wenn nicht ausnahmsweise das AnfG eingreift. Er kann, wenn der Nießbrauch zeitlich befristet ist, die Rechte des Bestellers aus § 1055 BGB nach §§ 846, 847 ZPO pfänden, um sich wenigstens einen Vorrang beim späteren Zugriff auf die einzelnen Sachen zu sichern. War die Forderung dagegen schon entstanden, als der Nießbrauch erst bestellt wurde, so kann der Besteller sich seiner Haftung gegenüber seinen Gläubigern nicht mehr einfach durch die Nießbrauchbestellung entziehen. Der Nießbraucher ist nicht schutzwürdig, weil er sich über die Verpflichtungen des Bestellers informieren konnte. Deshalb sieht § 1086 S. 1 BGB vor, daß in diesem Falle die Gläubiger des Bestellers weiterhin Befriedigung ihrer Forderungen aus den dem Nießbrauch unterliegenden Gegenständen verlangen können. Kommen Besteller und Nießbraucher (– ihr Verhältnis zueinander in Fällen dieser Art, um die Inanspruchnahme des Nießbrauchers so schonend wie möglich zu gestalten, regelt § 1087 BGB –) dem Befriedigungsverlangen des Gläubigers nicht nach, so muß dieser notgedrungen gegen beide die Zwangsvollstreckung betreiben. Hierfür regeln nun die §§ 737, 738 ZPO die Voraussetzungen, je nachdem, ob der Nießbrauch schon vor Erlangung des Titels gegen den Besteller bestellt war (§ 737

---

3 Einzelheiten § 771 Rdn. 33.
4 Einzelheiten *Zeller/Stöber*, Zwangsversteigerungsgesetz, 14. Aufl., § 146 ZVG Rdn. 9; ferner OLG Köln, NJW 1957, 1769 mit Anm. von *Dempewolf*.
5 Für die Frage, ob das »gesamte« Vermögen belastet ist, wenn der Nießbrauch formal nur an einzelnen Vermögensgegenständen bestellt wurde, müssen die zu § 419 BGB entwickelten Grundsätze entsprechend herangezogen werden: BGHZ 66, 217; 93, 135. Siehe auch: *Schön*, Der Nießbrauch an Sachen, S. 189 f.; MüKo/*Arnold*, § 737 Rdn. 2.

ZPO) oder ob er erst nach rechtskräftiger Titulierung der Schuld des Bestellers bestellt wurde (§ 738 ZPO). Im ersteren Fall ist ein eigener Duldungstitel gegen den Nießbraucher erforderlich, im zweiten genügt titelumschreibende Klausel gegen den Nießbraucher. War zum Zeitpunkt der Nießbrauchbestellung der Anspruch gegen den Besteller schon rechtshängig und richtete sich dieser Anspruch auf Herausgabe einer bestimmten Sache oder Abtretung einer bestimmten Forderung, auf die der Nießbrauch sich erstreckt, so bedarf es des gesonderten Duldungstitels gegen den Nießbraucher dann nicht, wenn er i. S. § 325 ZPO Besitzer der streitbefangenen Sache und damit i. S. § 727 ZPO Rechtsnachfolger des Bestellers geworden ist. Hier greift § 727 ZPO unmittelbar ein: Der Titel gegen den Besteller kann umgeschrieben werden.[6]

6  4. Ist der **Nießbrauch an einer Erbschaft** bestellt, so gelten wegen der Nachlaßverbindlichkeiten die Regelungen der §§ 737 Abs. 1, 738 Abs. 1 ZPO entsprechend.

7  IV. Sind Besteller und Nießbraucher hinsichtlich des materiellrechtlichen Anspruchs Gesamtschuldner (siehe § 1088 BGB), so benötigt der Gläubiger, um den Leistungsanspruch gegen den Nießbraucher durchsetzen zu können, einen eigenen Leistungstitel gegen den Nießbraucher; diesen kann er dann auch in das Privatvermögen des Nießbrauchers und nicht nur, wie in den Rdn. 5 dargestellten Fällen, in die dem Nießbrauch unterliegenden Gegenstände vollstrecken.

---

[6] Allgem. Meinung; vergl. *Baumbach/Lauterbach/Hartmann*, § 737, Rdn. 2; MüKo/*Arnold*, § 737, Rdn. 11; Stein/Jonas/*Münzberg*, § 737 Rdn. 4.

## § 737 Zwangsvollstreckung bei Nießbrauch an einem Vermögen

(1) Bei dem Nießbrauch an einem Vermögen ist wegen der vor der Bestellung des Nießbrauchs entstandenen Verbindlichkeiten des Bestellers die Zwangsvollstreckung in die dem Nießbrauch unterliegenden Gegenstände ohne Rücksicht auf den Nießbrauch zulässig, wenn der Besteller zu der Leistung und der Nießbraucher zur Duldung der Zwangsvollstreckung verurteilt ist.
(2) Das gleiche gilt bei dem Nießbrauch an einer Erbschaft für die Nachlaßverbindlichkeiten.

I. Hatte der Besteller eines Nießbrauches an seinem gesamten Vermögen (§ 1085 BGB) zum Zeitpunkt der Nießbrauchsbestellung bereits Verbindlichkeiten – wobei genügt, daß die Nießbrauchbestellung noch nicht vollkommen abgeschlossen war, als die Forderung endgültig entstand[1] –, so gibt § 1086 S. 1 BGB den betreffenden Gläubigern einen materiellrechtlichen Anspruch gegen den Nießbraucher auf Duldung der Zwangsvollstreckung in die dem Nießbrauch unterliegenden Gegenstände. Diesen Anspruch muß der Gläubiger sich zusätzlich titulieren lassen, wenn er aus einem Titel gegen den Besteller des Nießbrauchs in diese Gegenstände vollstrecken will. Die Duldungspflicht ist beschränkte Leistungspflicht, sodaß die Klage des Gläubigers gegen den Nießbraucher Leistungsklage, nicht etwa Feststellungs- oder Gestaltungsklage ist. In diesem Rechtsstreit muß der klagende Gläubiger beweisen, daß der Nießbrauch tatsächlich am gesamten Vermögen bestellt ist; äußerlich liegt ja nur eine Vielzahl von Bestellungsakten an einzelnen Gegenständen vor (§ 1085 BGB). Leistungsklage gegen den Schuldner und Duldungsklage gegen den Nießbraucher können in einer gemeinschaftlichen Klage miteinander verbunden werden. Ist für die Leistungsklage gegen den Schuldner der Rechtsweg zu den Arbeitsgerichten gegeben, so hat das Arbeitsgericht über die gleichzeitig erhobene Duldungsklage mitzuentscheiden.

Der Nießbraucher kann nach § 794 Abs. 2 ZPO den Titel gegen sich auch in einer notariellen Urkunde (§ 794 Abs. 1 Nr. 5 ZPO) freiwillig erstellen.

II. Eines eigenständigen, zusätzlichen Duldungstitels bedarf es in drei Fällen abweichend von der in Rdn. 1 dargestellten Regel nicht:

1. Die Verbindlichkeit des Bestellers bestand nicht nur bei Nießbrauchsbestellung, sie war auch schon rechtskräftig tituliert. Hier greift § 738 ZPO ein. Einzelheiten siehe dort.

2. Die Verbindlichkeit des Bestellers bezieht sich auf eine **bestimmte Sache.** Hierüber war schon ein Rechtsstreit rechtshängig, wenn auch nicht rechtskräftig entschieden, als der Nießbrauch am Vermögen, zu dem auch die streitbefangene Sache zählt, bestellt wurde. Hier greift zunächst § 265 ZPO ein. Liegen die Voraussetzungen des § 325 ZPO vor, so kann der Gläubiger zu dem gegen den Besteller erwirkten Titel gemäß § 727 ZPO vollstreckbare Ausfertigung gegen den Nießbraucher beantragen und die Vollstreckung hinsichtlich der streitbefangenen Sache durchführen, soweit nicht der

---
1 So schon *Förster-Kann*, 3. Aufl., § 737 ZPO Anm. 2 b, bb; heute siehe: MüKo(BGB)/*Petzold*, § 1086 BGB Rdn. 2; MüKo/*Arnold*, § 737 Rdn. 9; Stein/Jonas/*Münzberg*, § 737 Rdn. 2.

gute Glauben des Nießbrauchers entgegensteht (§ 325 Abs. 2 und 3 ZPO).² Die Möglichkeit, diesen Weg zu gehen, beseitigt das Rechtschutzinteresse für eine Duldungsklage.³

4   3. Gehören **verbrauchbare Sachen** zu dem mit dem Nießbrauch belasteten Vermögen und ist der Nießbraucher Eigentümer dieser Sachen geworden (vergl. §§ 1067 Abs. 1, 1075 Abs. 2, 1084 BGB), so ist der Vermögensnießbraucher zum Ersatz des Wertes dieser Sachen verpflichtet. Diese Verpflichtung besteht beim Vermögensnießbrauch – im Gegensatz zu § 1067 BGB – nicht nur gegenüber dem Besteller des Nießbrauchs, sondern unmittelbar gegenüber den Gläubigern des Bestellers (§ 1086 S. 2 BGB), und zwar diesen gegenüber ohne Rücksicht auf die Dauer des Nießbrauchs mit sofortiger Fälligkeit. Aufgrund eines gegen den Besteller erwirkten Titels ist der Gläubiger in der Lage, den Anspruch des Bestellers auf Wertersatz gemäß § 829 ZPO zu pfänden und sich zur sofortigen Einziehung überweisen zu lassen.⁴ Der Nießbraucher ist insoweit schlicht Drittschuldner.

5   III. Der Duldungstitel in Verbindung mit dem gegen den Besteller erwirkten Leistungstitel legitimiert nur zur Vollstreckung in die **dem Nießbrauch unterliegenden Gegenstände**, nicht aber in das Privatvermögen des Nießbrauchers im übrigen. Privatvermögen des Nießbrauchers, d. h. nicht mehr zum Vermögen des Bestellers gehörig, sind auch Früchte, die der Nießbraucher bereits gezogen hat (§§ 100, 99 BGB), sowie als »Gebrauchsvorteile« i. S. § 100 BGB fällige, aber noch nicht eingezogene Miet- und Pachtzinsen, ferner verbrauchbare Sachen (§ 1067 BGB; siehe auch Rdn. 4).

Hat der Gläubiger einen Leistungstitel gegen den Nießbraucher wegen dessen persönlicher Schuld nach § 1088 BGB, so kann er insoweit auch in das Privatvermögen des Nießbrauchers vollstrecken.

6   IV. Die Nichtbeachtung des § 737 (Vollstreckung ohne erforderlichen Duldungstitel) kann der Nießbraucher als Verfahrensfehler mit der Vollstreckungserinnerung (§ 766 ZPO) rügen. Darüberhinaus kann er sein materielles Recht, soweit es durch die Vollstreckung tangiert wird (also nicht bei Immobiliarvollstreckung durch Zwangsversteigerung⁵), mit der Drittwiderspruchsklage (§ 771 ZPO) geltend machen. Hier kann ihm der Vollstreckungsgläubiger allerdings gegebenenfalls den materiell-rechtlichen Einwand des § 1086 BGB entgegenhalten. Solange der Nießbraucher neben der Klage auch die Erinnerung betreibt, wird der Gläubiger aber nicht umhinkommen, den Duldungstitel zu erwirken.

7   V. Ist der Nießbrauch an einer Erbschaft bestellt, so gilt hinsichtlich der Vollstreckung titulierter Nachlaßverbindlichkeiten das vorstehend Ausgeführte entsprechend.

---

2 Siehe auch § 727 Rdn. 26; a. A. *Stein/Jonas/Münzberg*, § 738 Rdn. 2: Kein Gutglaubenserwerb möglich.
3 MüKo/*Arnold*, § 737 Rdn. 11.
4 Heute allgem. Meinung; vergl. *Stein/Jonas/Münzberg*, Rdn. 5.
5 Siehe Einf. §§ 737, 738 Rdn. 4.

**VI.** Für die Vollstreckung von Bescheiden der Finanzbehörden gilt gem. § 264 AO 1977 § 737 ZPO entsprechend. An die Stelle des zivilprozeßrechtlichen Duldungstitels tritt der Duldungsbescheid gem. § 191 Abs.1 AO. Der Duldungsbescheid beseitigt das Widerspruchsrecht aus § 262 AO.[6]

8

---

6 Einzelheiten: *Koch/Scholtz/Szymczak*, § 264 AO Rdn. 3.

§ 738 Vollstreckbare Ausfertigung gegen Nießbraucher

(1) Ist die Bestellung des Nießbrauchs an einem Vermögen nach der rechtskräftigen Feststellung einer Schuld des Bestellers erfolgt, so sind auf die Erteilung einer in Ansehung der dem Nießbrauch unterliegenden Gegenstände vollstreckbaren Ausfertigung des Urteils gegen den Nießbraucher die Vorschriften der §§ 727, 730 bis 732 entsprechend anzuwenden.
(2) Das gleiche gilt bei dem Nießbrauch an einer Erbschaft für die Erteilung einer vollstreckbaren Ausfertigung des gegen den Erblasser ergangenen Urteils.

1 I. Ist die Nießbrauchsbestellung am gesamten Vermögen des Schuldners erst nach rechtskräftiger Feststellung seiner Schuld (– bei den Titeln nach § 794 Abs. 1 ZPO tritt an die Stelle der Rechtskraft der Zeitpunkt der Entstehung des Titels[1] –) erfolgt, bedarf der Gläubiger zur Vollstreckung in die dem Nießbrauch unterliegenden Gegenstände keines eigenen selbständigen Duldungstitels gegen den Nießbraucher, sondern nur einer den rechtskräftigen Titel des Gläubigers gegen den Schuldner nunmehr gegen den Nießbraucher umschreibenden Vollstreckungsklausel. Hierfür ist die entsprechende Anwendung der §§ 727, 730–732 ZPO angeordnet.

2 II. Lautete der Titel auf Herausgabe einer konkreten Sache und erstreckt sich der später bestellte Nießbrauch auch auf diese Sache, so bedarf es nicht der entsprechenden Anwendung des § 727 ZPO, da der Nießbraucher insoweit Rechtsnachfolger des Bestellers i. S. § 325 ZPO ist, sodaß § 727 ZPO unmittelbar anwendbar ist.[2]

3 III. Zuständig zur Klauselerteilung ist der Rechtspfleger (§ 20 Nr. 12 RPflG). Soweit die entsprechenden Tatsachen nicht offenkundig sind,[3] hat der Gläubiger durch öffentliche oder öffentlich beglaubigte Urkunden die Nießbrauchsbestellung am Vermögen, ihren Zeitpunkt sowie den Zeitpunkt der Rechtskraft des Titels gegen den Schuldner nachzuweisen. Die über die Nießbrauchsbestellung errichtete notarielle Urkunde (§ 311 BGB) kann der Gläubiger über § 792 ZPO erlangen. Ist bei der Belastung nur einzelner Gegenstände fraglich, ob sie in Wahrheit das gesamte Vermögen ausmachen oder nicht, muß der Gläubiger notfalls nach § 731 ZPO klagen.

4 IV. Ist der Nießbrauch an einer Erbschaft bestellt, so gelten die vorstehenden Ausführungen entsprechend für die Erteilung einer vollstreckbaren Ausfertigung des gegen den Erblasser vorliegenden Titels (Abs. 2).

5 V. Gebühren: Wie § 727 Rdn. 35.

---

1 Vergl. § 729 Rdn. 5; ferner: MüKo/*Arnold*, § 738 Rdn. 2.
2 Siehe auch § 737 Rdn. 3.
3 Siehe § 726 Rdn. 10, 11 sowie § 727 Rdn. 30.

**Einführung vor §§ 739–745: Zwangsvollstreckung gegen Ehegatten.**

Literatur: *Berner*, Neuregelung der Zwangsvollstreckung gegen Ehegatten im Zeichen der Gleichberechtigung, Rpfleger 1958, 201; *Boennecke*, Zur Problematik des § 739 ZPO und des § 1362 BGB i. d. F. des Gleichberechtigungsgesetzes, NJW 1959, 1260; *Brox*, Zur Frage der Verfassungswidrigkeit der §§ 1362 BGB, 739 ZPO, FamRZ 1981, 1125; *Capeller*, Nochmals: Notarielle Unterwerfungsklausel bei Ehegatten, NJW 1959, 2101; *Christmann*, Die Gütertrennung bei der Zwangsvollstreckung gegen Ehegatten, DGVZ 1986, 106; *Elsing*, Probleme bei Schlüsselgewaltgeschäften minderjähriger Ehegatten, insbesondere in der Zwangsvollstreckung, JR 1978, 494; *Erchinger*, Probleme bei der Zwangsvollstreckung gegen die Partner einer eheähnlichen Gemeinschaft, Diss., Tübingen 1987; *Gerhardt*, Bundesverfassungsgericht, Grundgesetz und Zivilprozeß, speziell: Zwangsvollstreckung, ZZP 1982, 467 ff.; *Hennecke*, Das Sondervermögen der Gesamthand, Berlin 1976, S. 124 ff.; *Hofmann*, Eigentumsvermutung und Gewahrsamsfiktion bei »Ehe ohne Trauschein«, ZRP 1990, 409; *Kilian*, Probleme der Vollstreckung gegen Ehegatten; §§ 1362 SGB, 739 ZPO, JurBüro 1996, 67; *Müller*, Zwangsvollstreckung gegen Ehegatten, Berlin 1970; *Peters*, Pflichtteilsergänzungsansprüche wegen Schenkungen des Erblassers an seinen Ehegatten, FamRZ 1973, 169; *Noack*, Pfändungsvollstreckung in ehelichen Hausrat, DGVZ 1974, 81; *ders.*, Der Kaufmann (Minder- und Vollkaufmann) und sein Betrieb in der Zwangsvollstreckung, DB 1974, 1369; *ders.*, Vollstreckung gegen vom Titel nicht betroffene Dritte, JurBüro 1976, 1147; *ders.*, Aktuelle Fragen der Pfändungsvollstreckung gegen Ehegatten, JurBüro 1978, 1425; *Reinicke*, Zwangsvollstreckung gegen Ehegatten, DB 1965, 961 und 1001; *Scheld*, Ledigbund, Ersatzzustellung, Zwangsvollstreckung, DGVZ 1983, 65; *Sommermeyer*, Das Getrenntleben von Ehegatten, SchlHA 1967, 95; *Thran*, Die analoge Anwendung der §§ 1362 BGB, 739 ZPO auf nichteheliche Lebensgemeinschaften, NJW 1995, 1458; *Tiedtke*, Gesamthand- und Gesamtschuldklage im Güterstand der Gütergemeinschaft, FamRZ 1975, 538; *Weimar*, Ist die entsprechende Anwendung des § 739 ZPO auf eheähnliche Gemeinschaften begründet?, JR 1982, 323; *ders.*, Die Zwangsvollstreckung gegen Ehegatten, JurBüro 1982, 183; *Weirich*, Notarielle Unterwerfungsklausel bei Ehegatten, NJW 1959, 1478; *Werner*, Erschweren rechtliche Schranken den Vollstreckungserfolg?, DGVZ 1986, 49; *Wolf*, Prinzipien und Anwendungsbereich der dinglichen Surrogation, JuS 1975, 710; *Wolf*, Zur Verfassungsgemäßheit der §§ 739 ZPO, 1362 BGB nach der Entscheidung des BVerfG zur »Schlüsselgewalt«, FuR 1990, 216.

**I. Notwendigkeit besonderer Regelungen,** 1. Unabhängig vom Güterstand, in dem die Eheleute leben, führt das Zusammenleben in ehelicher Lebensgemeinschaft in der Regel zu für die Außenstehenden unklaren Besitzverhältnissen. Die Fragen, welche Gegenstände beide Ehegatten gleichrangig gemeinsam besitzen, welche jeder ausschließlich allein besitzt, inwieweit ein Ehegatte trotz äußeren Besitzanscheins nur als Besitzdiener zu behandeln ist, können in der Kürze der Zeit, in der etwa das Vollstreckungsorgan sich in einer Wohnung aufhalten kann, kaum abschließend geklärt werden. Der Gerichtsvollzieher muß im Hinblick auf §§ 808, 809 ZPO auf kaum überwindbare Schwierigkeiten stoßen.

Das regelmäßige Zusammenleben in der Ehewohnung unabhängig davon, ob nur ein Ehegatte oder ob beide Mieter sind, muß zu Problemen im Hinblick auf Art. 13 Abs. 1 und 2 GG in Verbindung mit § 758 ZPO führen. Ähnliche Probleme müssen sich bei der Räumung der nur von einem Ehegatten angemieteten Ehewohnung im Rahmen des § 885 Abs. 1 ZPO ergeben. Eine wenn auch unvollkommene Antwort auf die sich aus den undurchschaubaren Besitzverhältnissen ergebenden Probleme gibt § 739 ZPO.

2  2. Weitere Schwierigkeiten bei der Zwangsvollstreckung gegen Eheleute ergeben sich aus dem ehelichen Güterrecht beim Güterstand der Gütergemeinschaft (§§ 1415–1518 BGB), wenn nur einer der Ehegatten der ursprüngliche Schuldner ist. Hier bedarf es wie in den übrigen Fällen, in denen mehrere an einem Vermögen beteiligt sind, der Klärung, wie der Titel beschaffen sein muß, der den Zugriff auf dieses Vermögen gestattet. Darüberhinaus bedürfen die Fälle der Regelung, in denen die gemeinsame Berechtigung erst nach Erlangung des Titels gegen einen Ehegatten begründet wurde oder wieder in Wegfall kam, nachdem ein zuvor ausreichender Titel gegen nur einen Ehegatten erstritten worden war. Eine Antwort auf diese Fragen unter Berücksichtigung der materiellrechtlichen Regelungen der §§ 1415 ff. BGB geben die §§ 740–745, 860 ZPO.

3  II. Die in den §§ 739–745, 860 ZPO enthaltenen Regelungen können bei der Zwangsvollstreckung gegen Personen, die in **nichtehelicher Lebensgemeinschaft** miteinander leben, keine entsprechende Anwendung finden, und zwar weder zugunsten noch zu Lasten der Partner als Schuldner.[1] Dies folgt zwingend aus der Nichtanwendbarkeit des materiellen Eherechts und ehelichen Güterrechts auf derartige Gemeinschaften.[2] Die vollstreckungsrechtlichen Regelungen basieren untrennbar auf den Vorgaben aus dem materiellen Recht. Bei anderen materiellrechtlichen Vorgaben im Hinblick auf die Beziehungen der Partner, etwa der Annahme einer BGB-Gesellschaft oder einer schlichten Gemeinschaft in Bezug auf einzelne Gegenstände, sind auch andere vollstreckungsrechtliche Konsequenzen (etwa §§ 736, 857, 859 ZPO) geboten. Die Analogieunfähigkeit der §§ 1362 BGB, 739 ZPO ergibt sich schon daraus, daß es zu allen Zeiten gesellschaftlich durchaus begrüßte »Wohn- oder Lebensgemeinschaften« gab, die dem Gesetzgeber bekannt waren und bei denen die Besitzverhältnisse in ähnlicher Weise schwierig zu klären waren wie unter Eheleuten. Man denke an im elterlichen Haushalt lebende erwachsene Kinder und bei den Kindern und Enkeln im Vielgenerationenhaushalt lebende Großeltern, an in die häusliche Gemeinschaft aufgenommenes Dienstpersonal, an sog. Gemeinschaftsunterkünfte von Arbeitnehmern, an Wohnheime mit Mehrbettzimmern u. ä. Hier hat der Gesetzgeber nie wegen der »schwierigen« Besitzverhältnisse Gewahrsamsvermutungen für die Vollstreckung aufstellen wollen. Gerade nur auf solche Zusammenlebenden die Vorschriften analog anwenden zu wollen, die in einer »eheähnlichen« Gemeinschaft leben, liefe auf eine Bestrafung der Partner

---

1 Ganz überwiegende Auffassung; vergl. *Baur/Stürner*, Rdn. 19.9; *Baumbach/Lauterbach/Hartmann*, § 739 Rdn. 3; *Brox*, FamRZ 1981, 1127; *Brox/Walker*, Rdn. 241; *Hofmann*, ZRP 1990, 409; *Stein/Jonas/Münzberg*, § 739 Rdn. 11; *Zöller/Stöber*, § 739 Rdn. 13; OLG Köln, FamRZ 1990, 632; LG Frankfurt, NJW 1986, 729; AG Gütersloh, DGVZ 1979, 94.
A. A. (also für die analoge Anwendung der §§ 1362 BGB, 739 ZPO auf nichteheliche Lebensgemeinschaften) allerdings: *Bosch*, FamRZ 1986, 876; *Bruns/Peters*, § 10 I 3 d; *MüKo(BGB)/Wacke*, § 1362 BGB, Rdn. 11; *MüKo/Arnold*, § 739 Rdn. 19; *Pawlowski*, DGVZ 1988, 97; *Thomas/Putzo*, § 739 Rdn. 7; *Thran*, NJW 1995, 1458; *Weimar*, JR 1982, 323; *Palandt/Diederichsen*, § 1362 Rdn. 1.
2 Zur materiellrechtlichen Beurteilung des »Güterrechts« nichtehelicher Lebensgemeinschaften siehe: *Battes*, Nichteheliches Zusammenleben im Zivilrecht, 1983; *Diederichsen*, NJW 1983, 1017; *Schlüter*, Die nichteheliche Lebensgemeinschaft, 1981; *Schlüter/Belling*, FamRZ 1986, 405; *Hausmann*, Nichteheliche Lebensgemeinschaften und Vermögensausgleich, 1989; *de Witt/Huffmann/Grziwotz*, Nichteheliche Lebensgemeinschaft, 3. Aufl. 1995.

dafür, daß sie nicht bürgerlich geheiratet haben, hinaus. Abgesehen davon, daß die Vollstreckungsorgane oft den Charakter der Wohngemeinschaft gar nicht zuverlässig klären könnten, wäre eine solche Ungleichbehandlung gegenüber anderen Gemeinschaften sicher verfassungswidrig.

III. Für die Vollstreckung von Bescheiden der Finanzbehörden gelten gem. § 263 AO 1977 die §§ 739, 740, 741, 743, 745 ZPO entsprechend.[3]

4

---

[3] Zur Anwendbarkeit der §§ 739 ff. ZPO auf nichteheliche Lebensgemeinschaften im Rahmen der Abgabenvollstreckung: bejahend: Nieders.FG, EFG 1991, 366; verneinend: *Klein/Orlopp*, Abgabenordnung, 5. Aufl. 1995, § 263 AO Anm. 3; *Koch/Scholtz/Szymczak*, § 263 AO Rdn. 3; *Tipke/Kruse*, Abgabenordnung, 14. Aufl., § 263 AO Tz. 2.

§ 739 Zwangsvollstreckung gegen Ehegatten; Gewahrsamsvermutung

Wird zugunsten der Gläubiger eines Ehemannes oder der Gläubiger einer Ehefrau gemäß § 1362 des Bürgerlichen Gesetzbuchs vermutet, daß der Schuldner Eigentümer beweglicher Sachen ist, so gilt, unbeschadet der rechte Dritter, für die Durchführung der Zwangsvollstreckung nur der Schuldner als Gewahrsamsinhaber und Besitzer.

### Inhaltsübersicht

| | Rdn. |
|---|---|
| I. Verfassungsgemäßheit der Norm | 1 |
| II. Geltungsbereich der Norm | |
|   1. Güterstand | 2 |
|   2. Vollstreckung in bewegliche Sachen | 3 |
|   3. Keine Anwendung bei nichtehelichen Lebensgemeinschaften | 4 |
|   4. Keine Anwendung | |
|     a) bei Getrenntleben der Ehegatten | 5, 6 |
|     b) im Hinblick auf Gegenstände, die zum persönlichen Gebrauch des anderen Ehegatten bestimmt sind | 7 |
|     c) in den Räumen des Gewerbebetriebs des anderen Ehegatten | 8 |
| III. Wirkungen im Vollstreckungsablauf | |
|   1. Reichweite der Vermutung | 9 |
|   2. Widerlegung der Vermutung | 10 |
|   3. Verhältnis zu § 811 ZPO | 11 |
|   4. Gleichzeitige Vollstreckung gegen beide Ehegatten | 12 |
| IV. Rechtsbehelfe | 13–19 |

1 **I. Verfassungsgemäßheit der Norm:** Der vielfach geäußerten Ansicht, die Norm sei im Hinblick auf Art. 6 Abs. 1 GG verfassungswidrig,[1] weil sie Ehepaare gegenüber nichtehelichen Lebensgemeinschaften benachteilige,[2] kann nicht zugestimmt werden.[3] §§ 1362 BGB, 739 ZPO sind nur ein Glied in einem System von Normen, die das Verhältnis der Ehegatten zueinander und ihre Beziehungen zu Dritten im Rechtsverkehr regeln. Hierunter befinden sich Regelungen, die Ehegatten weitergehend schützen als unverheiratet Zusammenlebende und solche, die Ehegatten, um ihre Teilhabe am Rechtsverkehr des täglichen Lebens – auch im Interesse ihrer Gläubiger – zu erleichtern, letztlich benachteiligen (vergl. etwa einerseits §§ 1365, 1369 BGB, andererseits §§ 1357 Abs. 1, 1362 BGB). Das Gesamtsystem ist aber durchaus geeignet, die besondere Bevorzugung der Ehe gegenüber anderen Lebensgemeinschaften durch die Rechtsordnung zu verdeutlichen. So stehen z. B. der Einschränkung des § 809 ZPO durch § 739 erweiterte Verteidigungsmöglichkeiten des Ehegatten, auf die nichteheliche

---

[1] So *Baur/Stürner*, Rdn. 7.39 und 19.9; *Brox*, FamRZ 1981, 1127; Rdn. 241; *Jauernig*, § 17 II; *Pawlowski*, DGVZ 1988, 47.
[2] Siehe hierzu: vor §§ 739–745 Rdn. 3.
[3] Im Ergebnis wie hier: OLG Köln, FamRZ 1990, 624; *MüKo/Arnold*, § 739 Rdn. 21; *Münzberg*, DGVZ 1988, 90; *Palandt/Diederichsen*, § 1362 BGB Rdn. 1; *Kilian*, JurBüro 1996, 67.

Lebenspartner sich nicht berufen können, gegenüber, etwa nach §§ 811 Nr. 1 und 5 ZPO mit § 766 ZPO oder nach §§ 1365, 1369 BGB mit § 771 ZPO. Schließlich darf nicht übersehen werden, daß die durch § 739 ZPO gewährte Erleichterung des ersten (– durch Rechtsbehelfe ja wieder revidierbaren –) Zugriffs des Vollstreckungsgläubigers auch Erleichterungen für die Ehegatten mit sich bringt: Die Gläubiger werden nicht immer sofort bei der Begründung des Schuldverhältnisses auf die Mithaftung des anderen Ehegatten drängen, da er in der Vollstreckung die Mithaftung noch ganz formlos durch den Verzicht auf die Einlegung von Rechtsbehelfen übernehmen kann.[4]

**II. Zum Geltungsbereich der Norm: 1.** Uneingeschränkt gilt § 739, wenn die Eheleute im Güterstand der Zugewinngemeinschaft (§ 1363 BGB) oder in Gütertrennung (§ 1414 BGB) leben.[5] Leben sie dagegen im Güterstand der Gütergemeinschaft (§§ 1415, 1416 BGB), so gilt § 739 nur für die Vollstreckung in Sondergut (§ 1417 BGB)[6] und in Vorbehaltsgut (§ 1418 BGB), während für die Vollstreckung in das Gesamtgut die §§ 740–745 abschließende Sonderregelungen enthalten.[7] Als Vorschrift des Verfahrensrechts gilt § 739 ZPO auch für die Zwangsvollstreckung im Inland in das Vermögen ausländischer, in der Bundesrepublik lebender Ehegatten, wenn deren die Ehewirkungen regelndes materielles Heimatrecht keine dem § 1362 BGB entsprechende Vorschrift kennt.[8] § 1362 BGB ist insoweit als den § 739 ZPO ergänzende Verfahrensnorm zu lesen. 2

**2.** Wie schon der Wortlaut klarstellt, gilt die Norm nur, soweit **bewegliche Sachen** das Objekt der Zwangsvollstreckung sind, also zum einen für die Vollstreckung von Geldforderungen in bewegliche Sachen (§§ 808 ff. ZPO) sowie in Herausgabeansprüche, die auf die Besitzerlangung an beweglichen Sachen gerichtet sind (§ 846, 847 ZPO)[9], zum anderen für die Vollstreckung von Herausgabeansprüchen gerichtet auf bewegliche Sachen (§ 883 ZPO), ferner für die Vollstreckung in Forderungen und andere Vermögensrechte, soweit diese ausnahmsweise in bewegliche Sachen vollzogen wird (§ 831 ZPO) oder soweit in ihrem Rahmen bewegliche Sachen im Wege der Hilfspfändung beschlagnahmt werden (§§ 830 Abs. 1 S. 2, 836 Abs. 3 S. 2 ZPO). 3

Für die eigentliche Forderungspfändung gilt § 739 dagegen ebensowenig wie für die Zwangsvollstreckung in das unbewegliche Vermögen, und zwar auch, soweit diese in bewegliche Sachen, nämlich Zubehörstücke (vergl. § 865 Abs. 2 ZPO), erfolgt.[10] Erst recht spielt § 739 natürlich keine Rolle bei den Vollstreckungsarten, bei denen die unklaren Besitzverhältnisse unter Eheleuten ohne Bedeutung sind, also §§ 887, 888, 890, 900 ZPO.

---

4 Siehe § 811 Rdn. 9.
5 AG Siegen, DGVZ 1977, 11; OLG Bamberg, DGVZ 1978, 9; OLG Düsseldorf, DGVZ 1981, 114.
6 Sondergut ist in der Regel allerdings sowieso unpfändbar (§§ 1417 Abs. 2 BGB, 851 Abs. 1, 857 Abs. 3 ZPO).
7 A. A.: Baumbach/Lauterbach/Hartmann, Einf. §§ 739–745 Rdn. 2.
8 MüKo/Arnold, § 739 Rdn. 22.
9 BGH NJW 1993, 935.
10 OLG Bamberg, FamRZ 1962, 391; LG Coburg, FamRZ 1962, 387.

**4**    3. Schließlich muß zugunsten des Gläubigers desjenigen Ehegatten, der als Vollstreckungsschuldner in Anspruch genommen wird, eine der Eigentumsvermutungen des § 1362 BGB eingreifen. Das setzt den Bestand der Ehe zum Zeitpunkt der Vollstreckungsmaßnahme voraus. Ist sie zu diesem Zeitpunkt für nichtig erklärt oder geschieden, obwohl die früheren Eheleute noch (oder wieder) zusammenleben, gilt die Vermutung nicht. Sie ist auf nichteheliche (auch nacheheliche) Lebensgemeinschaften auch nicht entsprechend anwendbar.[11] Der Gegenstand, der Objekt der Vollstreckung sein soll, muß sich im Besitz eines Ehegatten oder beider Ehegatten befinden. Befindet er sich in der Familienwohnung des Schuldners, aber im Gewahrsam eines in die häusliche Gemeinschaft aufgenommenen Dritten (erwachsene Kinder, Großeltern usw.), greift die Vermutung des § 1362 BGB nicht. Damit bleibt dieser Besitz auch vollstreckungsrechtlich in vollem Umfange beachtlich (§ 809 ZPO). An die Stelle des Besitzes eines Ehegatten i. S. § 1362 Abs. 1 BGB tritt allerdings, wenn dieser im Konkurs ist, der Besitz des Konkursverwalters, solange die Gegenstände im ehelichen Heim verblieben sind.[12] Insoweit greift dann auch § 739 ZPO. Die Zwangsvollstreckung eines Gläubigers des nicht in Konkurs befindlichen Ehegatten verstößt nicht gegen § 14 KO.

**5**    4. Die Vermutung des § 1362 Abs. 1 S. 1 BGB greift nicht, wenn die Ehegatten getrennt leben und sich die Sachen im Besitze des Ehegatten befinden, der nicht Schuldner ist, ferner, wenn es sich um Sachen handelt, die ausschließlich zum persönlichen Gebrauch eines Ehegatten bestimmt sind und dieser Ehegatte wiederum nicht Schuldner ist (§ 1362 Abs. 1 S. 2 und Abs. 2 BGB).

**6**    a) Bei der Frage, ob Eheleute getrennt leben, ist in der Regel lediglich auf die räumliche und zeitliche Trennung abzustellen, nicht aber auf subjektive Momente,[13] soweit sie nicht für jedermann ohne weitere Nachforschung erkennbar sind und trotz äußerer Trennung der Ehepartner den Fortbestand der häuslichen Gemeinschaft nahelegen (längerer Krankenhaus- oder Kuraufenthalt; Gefängnisaufenthalt[14]; langdauernde Geschäfts-, Dienst- oder Forschungsreise o. ä.).[15] Ein Indiz für den Fortbestand der häuslichen Gemeinschaft ist es, wenn der Ehegatte für die eheliche Wohnung beim Einwohnermeldeamt gemeldet geblieben ist. Dieses kann der andere Ehegatte aber dem Vollstreckungsorgan gegenüber mit anderen Indizien durchaus widerlegen.[16] Letztlich entscheidend ist der äußere Eindruck, den das Vollstreckungsorgan beim Besuch der Wohnung gewinnt. Ein Getrenntleben i. S. § 1362 BGB kann im Einzelfall auch innerhalb der ehelichen Wohnung erfolgen; dann dürfen aber keine Räume gemeinsam benutzt werden, da dies gerade die unklaren Besitzverhältnisse begründet, über die durch die Vermutung des Gesetzes hinweggeholfen werden soll.

**7**    b) Ausschließlich zum persönlichen Gebrauch bestimmt müssen die Gegenstände, für die Abs. 2 eine von Abs. 1 **abweichende Vermutung** aufstellt, **ihrer Natur nach** sein,

---

11 Vor §§ 739–745 Rdn. 3.
12 LG Frankenthal, MDR 1985, 64.
13 OLG Köln, FamRZ 1965, 510; LG Berlin, DGVZ 1973, 89; AG Homburg, DGVZ 1996, 15.
14 LG Berlin, DGVZ 1991, 57.
15 LG Münster, DGVZ 1978, 12 ff.
16 LG Essen, DGVZ 1972, 185.

nicht nur nach der Abrede der Ehegatten. Die Briefmarken- oder Gemäldesammlung etwa ist auch dann nicht zum persönlichen Gebrauch nur eines Ehegatten bestimmt, wenn der andere sie nach einer Abrede der Ehegatten nicht anfassen darf. Kleider, Schmuck,[17] soweit es sich nicht um eine erkennbar nicht für den Gebrauch bestimmte Kapitalanlage handelt,[18] typisches Arbeitsgerät, Hilfsmittel für einen Kranken, eindeutig zuzuordnendes Sportgerät lassen sich in der Regel ohne weiteres prima facie einem Ehegatten zuschreiben. Der äußere Eindruck und das Allgemeintypische sind deshalb allein maßgeblich, da das Vollstreckungsorgan Angaben über Abreden, atypische Verhaltensweisen o. ä. nicht überprüfen könnte.

c) Die Vermutung des § 1362 Abs. 1 BGB gilt nach dem Sinn der Norm – unabhängig davon, ob man insoweit § 1362 Abs. 2 BGB entsprechend anwenden will[19] – auch nicht für Gegenstände, die zu einem von dem nicht schuldenden Ehegatten selbständig und erkennbar allein betriebenen Erwerbsgeschäft gehören und sich im alleinigen Gewahrsam dieses Ehegatten, deutlich getrennt von der ehelichen und der Gewahrsamssphäre des Schuldners, befinden.[20] Ist diese eindeutige Trennung nicht gegeben, etwa wenn Erwerbsgeschäft und Ehewohnung im gleichen Haus gelegen und beide Ehegatten, wenn auch mit erheblich unterschiedlichem Zeiteinsatz im Geschäft tätig sind, verbleibt es dagegen bei der Vermutung des § 1362 Abs. 1 S. 1 BGB.[21] Befinden sich Gegenstände aus dem Erwerbsgeschäft in der Ehewohnung selbst, gilt die Vermutung des Abs. 1 nur dann nicht, wenn die oben Rdn. 7 dargelegten Umstände vorliegen.

III. **Wirkungen im Vollstreckungsablauf:** 1. Befinden sich Gegenstände, für die entweder die Vermutung des § 1362 Abs. 1 S. 1 oder die des § 1362 Abs. 2 BGB gilt, zum Zeitpunkt der Vollstreckung im Besitze eines der Ehegatten, so wird im Hinblick auf §§ 808, 883 ZPO vermutet, daß der Ehegatte, der Vollstreckungsschuldner ist, **alleiniger** Gewahrsamsinhaber ist. Die Gläubiger der Ehefrau können also die Briefmarkensammlung des Ehemannes im Safe in der Ehewohnung pfänden lassen, auch wenn sie die Ehefrau selbst nach den Abreden der Eheleute nicht in die Hand nehmen dürfte; die Gläubiger der Ehefrau können in den im Schreibtisch des Ehemannes verwahrten Schmuck der Ehefrau vollstrecken, die Gläubiger des Ehemannes in die wertvolle Krawattennadel, die in der Schmuckschatulle der Ehefrau mitverwahrt wird, usw., ohne daß der Widerspruch des tatsächlich besitzenden, nichtschuldenden Ehegatten nach § 809 ZPO beachtlich wäre. Die Vermutung gilt aber **nur zugunsten** der Vollstreckungsgläubiger, nicht auch zu ihren Lasten. Die Gläubiger des Ehemannes können den von ihm allein verwahrten Schmuck der Ehefrau nach § 808 ZPO pfänden. Ein Widerspruch der Ehefrau wäre nach § 809 ZPO vom Vollstreckungsorgan nicht zu beachten, da sie nicht besitzende (mitbesitzende) Dritte wäre.[22]

---

17 BGHZ 2, 84.
18 BGHZ 59, 13.
19 So etwa *Müller*, Zwangsvollstreckung gegen Ehegatten, S. 11 f.; *Bruns/Peters*, § 10 I 3 c
20 LG Essen, FamRZ 1963, 650; LG Itzehoe, DGVZ 1972, 91; LG Mosbach, MDR 1972, 518. MüKo/*Arnold*, § 739 Rdn. 7.
21 LG Mosbach, a.a.O.
22 A. A.: *Baur/Stürner*, Rdn. 19.6; *Palandt/Diederichsen*, § 1362 BGB Rdn. 10; wie hier: *Brox/Walker*, Rdn. 238; *Stein/Jonas/Münzberg*, § 739 Rdn. 21a.

10  2. Die Vermutung des § 739 ist im Vollstreckungsverfahren nicht widerleglich, etwa durch Vorlage eines Gütertrennungsvertrages, in dem die einzelnen Gegenstände als Eigentum des nichtschuldenden Ehegatten ausdrücklich aufgeführt sind.[23] Zum einen kann das Vollstreckungsorgan die Wirksamkeit solcher Vereinbarungen nicht überprüfen (ob z. B. nur ein Scheingeschäft vorliegt); zum anderen sagen derartige Verträge nur etwas über die Eigentumsverhältnisse, nicht aber über den Gewahrsam. Dieser allein ist für das Vollstreckungsorgan aber bedeutsam und hier will § 739 gerade klare Verhältnisse schaffen. Auf die Nichtbeachtung der Eigentumsverhältnisse kann deshalb auch keine Erinnerung nach § 766 ZPO gestützt werden (Einzelheiten unter Rdn. 13). Das Eigentum muß im Streitfall mit § 771 ZPO geltend gemacht werden.

11  3. Die Gewahrsamsvermutung des § 739 enthebt den Gerichtsvollzieher nicht der Verpflichtung zur Prüfung, ob der zu pfändende Gegenstand etwa aus Gründen, die in der Person des nichtschuldenden Ehegatten liegen, unpfändbar ist. Ist Schuldner z. B. der Ehemann, der in seinem Beruf keinen PKW benötigt, während die Ehefrau als Handelsvertreter zur Berufsausübung auf einen PKW angewiesen ist, so muß § 811 Nr. 5 ZPO auch dann, wenn davon ausgegangen wird, der PKW befinde sich allein im Besitz des schuldenden Ehemannes, zugunsten der Ehefrau Berücksichtigung finden.[24] Ähnliches gilt für § 811 Nr. 1 ZPO, der ebenfalls den Schutz beider Ehegatten bezweckt, unabhängig davon, wer von ihnen den Gegenstand in concreto oder nach der Vermutung des § 739 in Gewahrsam hat. Andernfalls würde § 739, der nur hinsichtlich der Besitzverhältnisse Klarheit schaffen soll, über diese seine alleinige Funktion hinaus, als Einschränkung des sozialen Schuldnerschutzes Bedeutung gewinnen.

12  4. § 739 kann gleichzeitig für die Gläubiger des Ehemannes und der Ehefrau, die etwa beide den gleichen Gerichtsvollzieher mit der Vollstreckung beauftragt haben, zur Anwendung kommen. Die Vermutung gilt immer nur für den jeweiligen Vollstreckungsakt und muß unabhängig von den Ergebnissen der Prüfung für andere Vollstreckungen jedesmal neu ermittelt werden. In der Auseinandersetzung untereinander über den Vorrang und über die Verteilung des Vollstreckungserlöses müssen die Gläubiger nach § 771 ZPO vorgehen bzw. ihre Rechte im Verteilungsverfahren, gegebenenfalls mit der Klage nach § 878 ZPO geltend machen[25].

13  **IV. Rechtsbehelfe:** 1. Der Ehegatte, zu dessen Lasten sich jeweils die Besitzvermutung des § 739 auswirkt, kann sein Eigentum nicht mit der **Erinnerung** nach § 766 ZPO geltend machen, auch wenn es sich aus »eindeutigen« Urkunden, etwa einem Gütertrennungsvertrag, einem Kfz-Brief, einem Kaufvertrag, einem Testament o. ä. ohne

---

23 Wie hier: OLG Bamberg, DGVZ 1978, 9; AG Bonn, MDR 1963, 680; OLG Düsseldorf, ZIP 1981, 538; LG Essen, NJW 1962, 2307; OLG Karlsruhe, FamRZ 1970, 174; LG Verden, DGVZ 1981, 79; *Brox/Walker*, Rdn. 239; MüKo(BGB)/*Wacke*, § 1362 Rdn. 32; MüKo/*Arnold*, § 739 Rdn. 11; *Stein/Jonas/Münzberg*, § 739 Rdn. 22; *Zöller/Stöber*, § 739 Rdn. 9; a. A. (Widerlegung schon gegenüber dem Gerichtsvollzieher möglich): *Baur*, FamRZ 1958, 252; *Baur/Stürner*, Rdn. 19.4; OLG Stuttgart, FamRZ 1963, 297.
24 Wie hier etwa: OLG Hamm, WM 1984, 671 f.; LG Siegen, NJW-RR 1986, 224; LG Nürnberg, FamRZ 1963, 650; unrichtig OLG Stuttgart, FamRZ 1963, 297.
25 MüKo/*Arnold*, § 739 Rdn. 17.

weitere Beweisaufnahme ergeben mag.[26] Das Vollstreckungsorgan könnte diese Urkunden nie berücksichtigen. Dann war die »Art und Weise« seiner Vollstreckung auch nicht zu beanstanden und ist später nicht beanstandbar geworden. Der Eigentümer-Ehegatte wird durch die Nichtzulassung der Erinnerung nicht mehr und anders belastet als jeder Dritteigentümer, dessen Sachen sich im Besitz des Schuldners befanden und dort gepfändet wurden. Auch dieser ist allein auf § 771 ZPO angewiesen.

Dagegen ist die Erinnerung zulässig, soweit die Nichtanwendbarkeit des § 739 gerügt wird,[27] etwa weil im selbständigen Erwerbsgeschäft des Ehegatten vollstreckt wurde oder weil die im konkreten Fall gegenläufige Vermutung des § 1362 Abs. 2 BGB übersehen wurde. Ebenso ist Erinnerung möglich, wenn der Vollstreckungsschutz zugunsten des nichtbesitzenden Ehegatten außer acht gelassen wurde.[28]

2. Der Gläubiger kann mit der Erinnerung geltend machen, daß zu Unrecht einem Widerspruch (§ 809 ZPO) des nichtschuldenden Ehegatten nachgegeben wurde, obwohl er nach § 739 unbeachtlich gewesen wäre. Dagegen kann er nicht mit der Erinnerung geltend machen, ein anderer Gläubiger habe zu Unrecht auf den Gegenstand zugegriffen, obwohl nur für ihn, nicht aber für diesen die Vermutung greife oder obwohl dessen Schuldner garnicht Eigentümer der Sache sei. Der Gläubiger muß diesen Einwand im Verteilungsverfahren geltend machen.[29]

3. a) Der Eigentümer-Ehegatte muß sein Eigentum mit der Klage nach § 771 ZPO geltend machen. Er hat dabei den Erwerb des Eigentums vollbeweislich nachzuweisen, während der Gläubiger gegebenenfalls den nachträglichen Verlust des Eigentums an seinen Schuldner beweisen müßte. Es gilt zur Beweislastverteilung letztlich nichts anderes wie bei auf § 985 BGB gestützten Leistungsklagen.[30]

b) Stützt der nichtschuldende Ehegatte die Drittwiderspruchs-Klage auf Besitz,[31] so muß es sich um einen anderen als nur den durch die eheliche Lebensgemeinschaft begründeten Mitbesitz handeln, da dieser gerade durch § 739 ZPO als gegenüber den Gläubigern der Ehegatten irrelevant beiseitegeschoben werden soll. Würde man anders entscheiden, wäre letztlich nichts aus dem gemeinsamen Besitz von Ehegatten pfändbar, da es in diesem Bereich auch kaum begründbare Herausgabeansprüche oder Auseinandersetzungsansprüche gibt.

c) Schulden beide Ehegatten, etwa weil sie beide selbständige Vertragspartner des Gläubigers sind oder weil sie über § 1357 BGB (»beiderseitige Schlüsselgewalt«) gesamtschuldnerisch für die Forderung haften, liegt aber nur gegen einen Ehegatten ein Titel vor, so kann der Klage des anderen aus § 771 ZPO u. U. der Arglisteinwand entgegen-

---

[26] Nachweise sowohl für die hier vertretene Auffassung als auch für die Gegenmeinung siehe Fußn. 22 und 23, wie hier ferner *Kilian*, JurBüro 1996, 67.
[27] Beispiele: LG Itzehoe, DGVZ 1972, 91; LG Berlin, DGVZ 1973, 89; LG Münster, DGVZ 1978, 12.
[28] Siehe oben Rdn. 11
[29] Einschränkend insoweit *Stein/Jonas/Münzberg*, § 739 Rdn. 31.
[30] Insoweit *Palandt/Bassenge*, § 985 BGB Rdn. 8; vergl. auch BGH, NJW 1976, 238.
[31] Zum Besitz als die Veräußerung hinderndes Recht, vergl. § 771 Rdn. 23.

gesetzt werden.³² Mit dem Urteil gegen den einen Ehegatten steht allerdings noch nicht auch nur dem Grund nach fest, daß der andere ebenfalls haftet. Es müssen nicht nur die Feststellungen zur Schlüsselgewalt noch getroffen werden, auch der eigentliche Rechtsgrund der Haftung (Vertrag pp.) muß im Verhältnis zu ihm noch einmal festgestellt werden. Das unterscheidet den Fall von § 419 BGB oder auch von § 128 HGB. Die fehlenden Feststellungen können aber ohne Nachteile für den Eigentümer-Ehegatten im Rahmen des Prozesses nach § 771 ZPO nachgeholt werden, wobei insoweit den beklagten Vollstreckungsgläubiger die volle Beweislast trifft.

**18** d) Hat der zu vollstreckende Titel einen Herausgabeanspruch zum Gegenstand, der der Erfüllung eines gegen § 1365 oder § 1369 BGB verstoßenden Rechtsgeschäfts dient, so kann der andere Ehegatte seine fehlende Zustimmung zu diesem Rechtsgeschäft ebenfalls mit § 771 ZPO geltend machen. Dagegen kann er, wenn die Zwangsvollstreckung wegen einer gewöhnlichen Geldforderung das Vermögen des schuldenden anderen Partners ganz aufzehren würde, sich nicht auf § 1365 BGB berufen.³³ Die Norm schützt nur vor rechtsgeschäftlichen Verfügungen des anderen Partners, sichert dessen Vermögen aber nicht vor der Zwangsvollstreckung. Gleiches gilt im Falle des § 1369 BGB: Wird wegen einer gewöhnlichen Geldforderung in einen Haushaltsgegenstand vollstreckt, kann im Einzelfall die Verletzung des § 811 Nr. 1 ZPO mit § 766 ZPO gerügt werden. Eine Klage nach § 771 ZPO im Hinblick auf § 1369 BGB wäre dagegen nicht erfolgreich.

**19** e) Lagen die Voraussetzungen des § 739 ZPO im Zeitpunkt der Pfändung vor, so kann weder eine Erinnerung nach § 766 ZPO noch eine Drittwiderspruchsklage darauf gestützt werden, die Ehegatten hätten sich **nachträglich getrennt**, der nichtschuldende Ehegatte sei nunmehr Alleinbesitzer. Da nach der Pfändung der Besitz sowieso dem Gerichtsvollzieher gemittelt wird, spielen Besitzverschiebungen unter den Eheleuten keine Rolle mehr. Auch ein Eigentümerwechsel, etwa im Zuge der Hausratsteilung, kann nicht mehr bedeutsam werden, da der Ehegatte nur noch belastetes Eigentum erwerben könnte.

---

32 *Baur/Stürner*, Rdn. 19.7 (die allerdings Bedenken anmelden); *Soergel/Lange*, 11. Aufl., § 1362 BGB Rdn. 15; MüKo(BGB)/*Wacke*, § 1362 Rdn. 34; siehe ferner § 771 Rdn. 38.
33 K. *Schmidt*, NJW 1974, 323; a. A.: LG Krefeld, NJW 1973, 2304.

## § 740 Zwangsvollstreckung in das Gesamtgut

(1) Leben die Ehegatten in Gütergemeinschaft und verwaltet einer von ihnen das Gesamtgut allein, so ist zur Zwangsvollstreckung in das Gesamtgut ein Urteil gegen diesen Ehegatten erforderlich und genügend.

(2) Verwalten die Ehegatten das Gesamtgut gemeinschaftlich, so ist die Zwangsvollstreckung in das Gesamtgut nur zulässig, wenn beide Ehegatten zur Leistung verurteilt sind.

**I. Zweck:** Haben Ehegatten den Güterstand der Gütergemeinschaft vereinbart (§ 1415 BGB), so werden das Vermögen der Frau und das Vermögen des Mannes gemeinschaftliches Vermögen beider Ehegatten (sog. Gesamtgut, § 1416 BGB). Vom Gesamtgut ausgeschlossen sind lediglich das Sondergut (§ 1417 BGB) und das Vorbehaltsgut (§ 1418 BGB). Während jeder Ehegatte sein Sonder- bzw. Vorbehaltsgut selbständig verwaltet, wird das Gesamtgut von beiden Ehegatten gemeinschaftlich verwaltet, wenn nicht der Ehevertrag nicht abweichend hiervon bestimmt, daß ein Ehegatte die Verwaltung allein übernimmt (§ 1421 BGB). Verwaltet nur ein Ehegatte das Gesamtgut allein, so können sowohl Gläubiger des verwaltenden Ehegatten als auch Gläubiger des anderen Ehegatten aus dem Gesamtgut Befriedigung verlangen, wobei jeweils der verwaltende Ehegatte für die Gesamtgutverbindlichkeiten des anderen Ehegatten auch persönlich haftet (§ 1437 BGB; Ausnahmen: §§ 1438–1440 BGB). Verwalten beide das Gesamtgut gemeinschaftlich, haftet es natürlich ebenfalls für ihrer beider Verbindlichkeiten (Ausnahmen: §§ 1461, 1462 BGB), **jeder** Ehegatte haftet aber für die Gesamtgutverbindlichkeiten des anderen auch persönlich (§§ 1459, 1460 BGB). Diese materiellrechtliche Konstellation, bei der jeder Ehegatte im Einzelfall persönlicher Schuldner einer Gesamtgutverbindlichkeit sein kann, wirft die Frage auf, gegen wen nun der Gläubiger einen Titel erwirken muß, um erfolgreich *ins Gesamtgut*[1] vollstrecken zu können. Die §§ 740 ff. ZPO versuchen hierauf eine für die Gläubiger möglichst praktikable und für die Schuldner letztlich auch kostengünstige Antwort zu geben: Verwaltet nur ein Ehegatte das Gesamtgut, ist nur ein Titel gegen ihn **erforderlich**, aber auch ausreichend, um in das Gesamtgut zu vollstrecken (Abs. 1); verwalten beide das Gesamtgut gemeinschaftlich, so muß zur Vollstreckung ins Gesamtgut ein **Leistungstitel** gegen beide vorliegen.

1

**II. Einzelheiten: 1. Ein Ehegatte als alleiniger Verwalter** (Abs. 1): Der verwaltende Ehegatte haftet unabhängig davon, welcher der Ehegatten ursprünglicher Schuldner ist, persönlich für die Gesamtgutverbindlichkeiten. Ist von vornherein der Leistungstitel gegen ihn erwirkt worden,[2] genügt dieser Titel allein auch zur Vollstreckung. Gegen den anderen Ehegatten, auch wenn er die Entstehung der Verbindlichkeit ausgelöst haben sollte, bedarf es weder eines Titels noch auch nur einer Klausel zum Titel gegen den Verwalter. Dies gilt auch dann, wenn der von der Verwaltung ausgeschlossene Ehegatte ausnahmsweise selbst wirksam Verwaltungsgeschäfte durchführen konnte (z. B.

2

---

1 Wegen der Vollstreckung in Vorbehalts- oder Sondergut siehe unten Rdn. 5.
2 Auch dann, wenn er nicht der »Urheber« der Verbindlichkeit ist, vergl. BGH, FamRZ 1975, 405.

§§ 1428, 1429 BGB). Ein Titel gegen ihn allein ist zur Vollstreckung ins Gesamtgut in diesen Fällen nicht ausreichend[3] (**Ausnahmefall: § 741 ZPO**). Der Vollstreckungstitel gegen den Verwalter wird in der Regel ein Leistungstitel sein, doch reicht, da Abs. 1 nicht ausdrücklich einen Leistungstitel verlangt, auch ein Titel, der den Verwalter zur **Duldung** der Zwangsvollstreckung in das Gesamtgut verpflichtet.[4] Da ein solcher Titel dann aber auch auf die Zwangsvollstreckung ins Gesamtgut beschränkt ist,[5] ist er den Gläubigern nicht zu empfehlen.

3   2. Beide Ehegatten als **gemeinschaftliche Verwalter** (Abs. 2): Da beide Ehegatten nicht nur gesamtschuldnerisch für die Gesamtgutverbindlichkeiten haften, sondern auch in der Vollstreckung nur gemeinsam Verfügungsberechtigte sind, ist ein **Leistungstitel** gegen beide erforderlich. Der Titel kann in getrennten Verfahren gegen jeden Ehegatten einzeln erstritten werden.[6] Wegen des eindeutigen Wortlauts von Abs. 2 ist hier ein Duldungstitel nicht ausreichend.[7] Ein Titel gegen nur einen Ehegatten genügt in diesem Falle auch dann nicht, wenn dieser Ehegatte als Notgeschäftsführer aus konkretem Anlaß allein handeln durfte.[8]

4   3. Die vorstehenden Grundsätze gelten für jede Art der Zwangsvollstreckung von Gesamtgutverbindlichkeiten in das Gesamtgut. Sie gelten auch für alle Arten von Titeln (vergl. § 795 ZPO).

Geht, wie in der Regel, aus dem Titel nicht hervor, daß es sich um eine Gesamtgutverbindlichkeit handelt, so geht das Vollstreckungsorgan zunächst bei seiner Prüfung davon aus, daß die Eheleute im gesetzlichen Güterstand der Zugewinngemeinschaft leben. Die Ehegatten müssen nachweisen, daß sie Gütergemeinschaft vereinbart haben.[9] Im Hinblick auf § 1412 Abs. 1 BGB ist der sicherste Nachweis insoweit ein Auszug aus dem Güterrechtsregister. Steht zur Überzeugung des Vollstreckungsorgans fest, daß die Ehegatten in Gütergemeinschaft leben und daß dies im Hinblick auf den Gläubiger zu berücksichtigen ist (§ 1412 Abs. 1, 2. Halbs. BGB), so hat es zunächst vom Regelfall auszugehen, daß beide Ehegatten das Gesamtgut gemeinschaftlich verwalten. Der Gläubiger muß dann nachweisen, daß er gegebenenfalls nur einen Titel benötigt, da der in seinem Titel ausgewiesene Schuldner allein verwaltungsbefugt ist.[10] Hinsichtlich der der Vollstreckung unterliegenden Gegenstände geht das Vollstreckungsorgan zunächst davon aus, daß sie zum Gesamtgut gehören.[11] Es ist Sache der Ehegatten, im Einzelfall nachzuweisen, daß ein Gegenstand zum Vorbehalts- oder Sondergut desjeni-

---

3 A. A. *Baumbach/Lauterbach/Hartmann*, § 740 Rdn. 4; wie hier: OLG Koblenz, Rpfleger 1956, 156; MüKo/*Arnold*, § 740 Rdn. 25; *Stein/Jonas/Münzberg*, § 740 Rdn. 7.
4 Wie hier: *Stein/Jonas/Münzberg*, § 740 Rdn. 5; a. A.: *Baumbach/Lauterbach/Hartmann*, § 740 Rdn. 3; *Zöller-Stöber*, § 740 Rdn. 7.
5 Siehe unten Rdn. 5.
6 BGH, FamRZ 1975, 405; MüKo/*Arnold*, § 740 Rdn. 32.
7 A. A. *Stein/Jonas/Münzberg*, § 740 Rdn. 6; *Tiedtke*, FamRZ 1975, 538; wie hier: LG München, DGVZ 1982, 188; LG Degendorf, FamRZ 1964, 49; *Baur/Stürner*, § 17 IV 2 b.
8 A. A.: *Baumbach/Lauterbach/Hartmann*, § 740 Rdn. 5.
9 Siehe § 96 GVGA.
10 LG Frankenthal, Rpfleger 1975, 371.
11 LG München, FamRZ 1983, 172.

gen gehört, der nicht im Titel als Schuldner ausgewiesen ist. Die konkreten Gewahrsamsverhältnisse am Gesamtgut spielen für die Vollstreckung keine Rolle.[12]

**III.** Zur Vollstreckung in das **Vorbehalts-** und **Sondergut** eines Ehegatten ist stets ein Titel gegen diesen erforderlich, und zwar unabhängig davon, welche Rolle er bei der Verwaltung des Gesamtgutes spielt. Mit einem uneingeschränkten Leistungstitel gegen den das Gesamtgut verwaltenden Ehegatten kann sowohl in das Gesamtgut als auch in dessen Vorbehalts- bzw. Sondergut (– soweit letzteres überhaupt der Vollstreckung unterliegt –) vollstreckt werden. Steht fest, daß ein Gegenstand nicht zum Gesamtgut gehört, gilt bei der Vollstreckung gegen nur einen der Ehegatten wieder § 739 ZPO.

**IV. Rechtsbehelfe:** Wird in das Gesamtgut vollstreckt, obwohl ein erforderlicher Titel fehlt, so hat im Falle von oben Rdn. 2 der verwaltende Ehegatte den Rechtsbehelf der Erinnerung nach § 766 ZPO;[13] im Falle von oben Rdn. 3 steht der Rechtsbehelf beiden Ehegatten zu, auch demjenigen, gegen den der Titel schon vorliegt. Ist die Verbindlichkeit, wegen der die Vollstreckung betrieben wird, keine Gesamtgutverbindlichkeit, können beide Ehegatten gegen eine Vollstreckung ins Gesamtgut mit § 771 ZPO vorgehen. Jeder Ehegatte kann gegen eine Vollstreckung in sein Vorbehaltsgut mit einem Titel, der nur den anderen Ehegatten oder das Gesamtgut betrifft, Klage nach § 771 ZPO erheben.

Wird in das von beiden Ehegatten gemeinschaftlich verwaltete Gesamtgut aus einem nur gegen einen Ehegatten gerichteten Titel vollstreckt, kann der andere Ehegatte zwar auch zulässigerweise nach § 771 ZPO klagen, die Klage wäre jedoch unbegründet (Einwand der unzulässigen Rechtsausübung), wenn es sich bei der zu vollstreckenden Verbindlichkeit um eine Gesamtgutverbindlichkeit handelt.

---

12 Allgem. Meinung; vergl. *Stein/Jonas/Münzberg*, § 740 Rdn. 16.
13 Wie hier: *Baumbach/Lauterbach/Hartmann*, § 740 Rdn. 8; a. A.: *MüKo/Arnold*, § 740 Rdn. 44; *Stein/Jonas/Münzberg*, § 740 Rdn. 7 sowie *Thomas/Putzo*, § 740 Rdn. 5, die auch hier beiden Ehegatten die Erinnerung geben.

### § 741 Zwangsvollstreckung in das Gesamtgut bei Erwerbsgeschäft

Betreibt ein Ehegatte, der in Gütergemeinschaft lebt und das Gesamtgut nicht oder nicht allein verwaltet, selbständig ein Erwerbsgeschäft, so ist zur Zwangsvollstreckung in das Gesamtgut ein gegen ihn ergangenes Urteil genügend, es sei denn, daß zur Zeit des Eintritts der Rechtshängigkeit der Einspruch des anderen Ehegatten gegen den Betrieb des Erwerbsgeschäfts oder der Widerruf seiner Einwilligung zu dem Betrieb im Güterrechtsregister eingetragen war.

1   I. **Zweck:** Nach §§ 1431, 1456 BGB kann der Ehegatte, der das Gesamtgut nicht oder nicht allein verwaltet, mit Einwilligung des verwaltenden Ehegatten ein Erwerbsgeschäft in der Weise selbständig führen, daß er für die einzelnen Rechtsgeschäfte und Rechtsstreitigkeiten, die der Geschäftsbetrieb mit sich bringt, nicht in jedem Einzelfall wieder die Zustimmung des verwaltenden Ehegatten einholen muß. Er hat sie vorab pauschal mit der Einwilligung zum Betrieb des selbständigen Erwerbsgeschäfts erhalten. Durch das rechtsgeschäftliche Wirken des das Erwerbsgeschäft führenden Ehegatten kann das Gesamtgut berechtigt und verpflichtet werden. Gäbe es nun nur § 740 ZPO, müßte also immer zur Vollstreckung ins Gesamtgut noch ein Titel gegen den anderen Ehegatten erwirkt werden, wäre der das Erwerbsgeschäft führende erheblich diskriminiert und in seiner Geschäftstätigkeit gehindert. Deshalb sieht § 741 vor, daß zur Vollstreckung, auch in das Gesamtgut, ein Titel gegen diesen Ehegatten ausreicht. § 741 schließt § 740 ZPO nicht aus, er steht neben ihm zur Wahl. Ein Titel gegen den verwaltenden Ehegatten reicht also ebenso zur Vollstreckung aus wie ein Titel gegen den anderen, der selbständig das Erwerbsgeschäft führt.

2   II. **Einzelheiten:** 1. Ein **selbständiges Erwerbsgeschäft** führt nicht nur, wer als Einzelkaufmann oder persönlich haftender Gesellschafter, als selbständiger Handwerker oder sonstiger selbständiger Gewerbetreibender tätig ist, auch wer einen freien Beruf als Arzt, Rechtsanwalt, Steuerberater, Künstler usw. ausübt, zählt hierher, ebenso der Landwirt.[1] Nicht hierher gehört der angestellte Arbeitnehmer, auch wenn er in leitender Stellung in einem fremden Unternehmen tätig ist.

**Selbständig** wird das Erwerbsgeschäft auch dann geführt, wenn noch andere vertretungsberechtigte Personen oder gar Mitinhaber (auch der andere Ehegatte[2]) vorhanden sind (Mitgesellschafter, Sozien einer Anwaltskanzlei usw.). Wer wirklich »die treibende Kraft« im Geschäft ist, spielt keine Rolle, auch nicht, wenn dies der das Gesamtgut verwaltende Ehegatte ist.[3] Vorgänge dieser Art liegen für das Vollstreckungsorgan nicht nachvollziehbar offen zutage.

3   2. Das Vollstreckungsorgan prüft vor Beginn der Vollstreckung wohl, ob der im Titel als Schuldner ausgewiesene Ehegatte das Erwerbsgeschäft selbständig führt (Einblick

---

1   Wie hier: RGZ 144, 2 (Vereinigte Zivilsenate des RG), BGHZ 84, 333 und BGH NJW 1982, 1810; OLG Karlsruhe, OLGZ 1976, 333; MüKo(BGB)/*Kanzleiter*, § 1431 BGB Rdn. 3; *Palandt/Diederichsen*, § 1431 Rdn. 2.
2   BayObLG, Rpfleger 1983, 407.
3   Ebenso: *Palandt/Diederichsen*, § 1431 BGB Rdn. 2; MüKo/*Arnold*, § 741 Rdn. 9.

ins Handelsregister, Überprüfung des nach § 15 a GewO an der Betriebsstätte angebrachten Namensschildes),[4] es prüft aber nicht von sich aus, ob der das Gesamtgut verwaltende Ehegatte, um eine Haftung des Gesamtgutes auszuschließen, schon vor Rechtshängigkeit des Rechtsstreits, der dem zu vollstreckenden Titel zugrunde liegt, dem (ihm bis dahin unbekannten) Betrieb des Erwerbsgeschäfts widersprochen oder seine ursprünglich erteilte Einwilligung widerrufen hat und ob Widerspruch bzw. Widerruf im Güterrechtsregister eingetragen sind (§§ 1431 Abs. 3, 1456 Abs. 3, 1412 BGB). Wird ihm aber bei der Vollstreckung mit öffentlichen bzw. öffentlich beglaubigten Urkunden (Auszug aus dem Güterrechtsregister, Nachweis des Zeitpunktes der Rechtshängigkeit etwa im Tatbestand des Urteils) nachgewiesen, daß die Vollstreckung in das Gesamtgut jedenfalls nicht nach § 741 ZPO zulässig ist, so läßt es von der Vollstreckung ab bzw. stellt die begonnene Vollstreckung ein. Der überwiegenden Meinung,[5] daß das Vollstreckungsorgan einen solchen Nachweis grundsätzlich nicht zu beachten habe, kann nicht gefolgt werden.[6] Stehen die erforderlichen Tatsachen (Widerspruch bzw. Widerruf, Eintragung im Güterrechtsregister, Zeitpunkt der Eintragung und Zeitpunkt der Rechtshängigkeit) durch öffentliche Urkunden fest, so ist das Vollstreckungsorgan nicht überfordert, das Fehlen der Voraussetzungen der Zwangsvollstreckung in das Gesamtgut selbst festzustellen und sich der Feststellung entsprechend zu verhalten. Beachtet das Vollstreckungsorgan die Nachweise nicht, so kann der verwaltende Ehegatte jedenfalls mit der h. M.[7] die Nichthaftung des Gesamtgutes mit der Erinnerung nach § 766 ZPO geltend machen.

Ein erst nach Rechtshängigkeit (bei anderen Titeln als Urteilen: nach Entstehung des Titels) eingetragener Widerspruch bzw. Widerruf ist in der Vollstreckung ganz ohne Bedeutung.

3. Hat das Vollstreckungsorgan das Vorliegen der Voraussetzungen des § 741 festgestellt, so benötigt es zur Vollstreckung in das Gesamtgut nicht nur keinen Titel gegen den (mit-)verwaltenden Ehegatten, es hat auch dessen Gewahrsam und dessen Widerspruch gegen den Eingriff in seinen Gewahrsam (§ 809 ZPO) ganz außer Betracht zu lassen[8] und davon auszugehen, daß zum Gesamtgut gehörende Gegenstände[9] sämtlich im Gewahrsam des Vollstreckungsschuldners sind.

4. Nie zu prüfen hat das Vollstreckungsorgan, ob die zu vollstreckende Schuld auch tatsächlich im Erwerbsgeschäft des Schuldners entstanden ist oder ob es sich etwa um eine reine Privatverbindlichkeit handelt, für die das Gesamtgut materiellrechtlich gar nicht

---

4 Zu den Grenzen der Prüfungspflicht des Vollstreckungsorgans: BayObLG, BB 1984, 1071.
5 *Baumbach/Lauterbach/Hartmann*, § 741 Rdn. 5; *Stein/Jonas/Münzberg*, § 741 Rdn. 7; *Thomas/Putzo*, § 741 Rdn. 3.
6 Wie hier: *MüKo/Arnold*, § 741 Rdn. 13; *Zöller/Stöber*, § 741 Rdn. 7; differenzierend *Förster/Kann*, § 741 Anm. 4 a: wie die h. M., wenn der Gerichtsvollzieher vollstreckt; wie hier dagegen, wenn das Vollstreckungsgericht vollstreckt.
7 Wie Fußn. 6
8 Wie hier: *Baumbach/Lauterbach/Hartmann*, § 741 Rdn. 6; *Stein/Jonas/Münzberg*, § 741 Rdn. 10.
9 Zur Vermutung insoweit siehe § 740 Rdn. 4.

haftet. Die Zuordnung kann äußerst schwierig sein.[10] Hier muß der andere Ehegatte Klage nach § 774 ZPO erheben.

6  III. **Rechtsbehelfe:** Wird in das Gesamtgut nur mit einem Titel gegen den nicht – bzw. nicht allein verwaltenden Ehegatten vollstreckt und fehlen die Voraussetzungen des § 741 ZPO, so können **beide** Ehegatten Erinnerung nach § 766 ZPO einlegen.[11] Haftet das Gesamtgut materiellrechtlich nicht für die zu vollstreckende Schuld, so kann der Ehegatte des Gewerbetreibenden nach §§ 774, 771 ZPO Widerspruchsklage erheben, weil das gegen den anderen Ehegatten ergangene Urteil ihm gegenüber unwirksam ist (z. B. wegen §§ 1439, 1440, 1461, 1462 BGB), aber auch, weil er die Aufnahme des Erwerbsgeschäftes nicht kannte, also gar nicht widersprechen oder widerrufen konnte (§§ 1431, 1456 BGB). Im Einzelfall können dem verwaltenden Ehegatten auch materiellrechtliche Einwände (§ 826 BGB) gegen die Vollstreckung in das Gesamtgut zustehen,[12] so wenn der Titel gegen den anderen Ehegatten erschlichen war oder wenn dieser Ehegatte mit seinem Gläubiger bewußt zum Schaden des Gesamtgutes konspirierte.

---

10 Siehe etwa BGH, FamRZ 1982, 468.
11 MüKo/*Arnold*, § 741 Rdn. 17.
12 Vergl. OLG Karlsruhe, OLGZ 1976, 333 ff.

## § 742 Gütergemeinschaft während des Rechtsstreits

Ist die Gütergemeinschaft erst eingetreten, nachdem ein von einem Ehegatten oder gegen einen Ehegatten geführter Rechtsstreit rechtshängig geworden ist, und verwaltet dieser Ehegatte das Gesamtgut nicht oder nicht allein, so sind auf die Erteilung einer in Ansehung des Gesamtgutes vollstreckbaren Ausfertigung des Urteils für oder gegen den anderen Ehegatten die Vorschriften der §§ 727, 730 bis 732 entsprechend anzuwenden.

**I. Zweck:** Der Güterstand der Gütergemeinschaft wird mit dem formgültigen Vertragschluß (§§ 1415, 1410 BGB) wirksam. Die bisherigen Verfügungsbefugnisse, soweit sie zum Gesamtgut gehörende Gegenstände betreffen, werden durch die Verwaltungsbefugnisse gem. §§ 1422, 1450 BGB ersetzt. Im Hinblick auf §§ 1433, 1455 Nr. 7 BGB wird dies, wenn es in einem bereits rechtshängigen Prozeß eintritt, zunächst nicht offenbar. Der klagende bzw. beklagte nicht verwaltungsberechtigte (nicht allein verwaltungsberechtigte) Ehegatte erscheint als Gläubiger bzw. Schuldner im Titel. Erst recht ist dies so, wenn der Titel bereits bestand, als die Änderung eintrat. Da das Vollstreckungsorgan als erstes zu Beginn der Zwangsvollstreckung prüft (§ 750 ZPO), ob aus diesem Titel für diesen Gläubiger oder gegen diesen Schuldner die Vollstreckung stattfinden kann, müßte es in den genannten Fällen an der Antragsberechtigung des im Titel nicht vorgesehenen nunmehr verwaltenden Ehegatten auf Gläubigerseite Zweifel haben oder würde es auf Schuldnerseite nicht an § 740 ZPO vorbeikommen. Hier greift § 742 ein und erspart die Notwendigkeit, einen neuen Titel für oder gegen den verwaltenden Ehegatten besorgen zu müssen, in dem er die für die Rechtsnachfolger-Vollstreckungsklausel geltenden Regeln für entsprechend anwendbar erklärt.

**II. Einzelheiten:** 1. Zuständig für die Klauselerteilung ist der Rechtspfleger (§ 20 Nr. 12 RpflG). Er hat neben den allgemeinen Voraussetzungen der Klauselerteilung[1] zu prüfen, ob nach Rechtshängigkeit des Rechtsstreits, dessen Urteil nunmehr vollstreckt werden soll, zwischen dem im Titel als Gläubiger bzw. Schuldner genannten Ehegatten und dem Ehegatten, für bzw. gegen den nunmehr Klausel erteilt werden soll, formgerecht Gütergemeinschaft vereinbart wurde. An die Stelle der Rechtshängigkeit tritt bei anderen Titeln als Urteilen der Zeitpunkt der Entstehung des Titels.

2. Der Zeitpunkt der Rechtshängigkeit, die formgültige Vereinbarung der Gütergemeinschaft und der Zeitpunkt des Inkrafttretens dieser Vereinbarung müssen vom die Klausel beantragenden Gläubiger durch öffentliche oder öffentlich beglaubigte Urkunden nachgewiesen werden. Die Urkunden, durch die der Rechtspfleger den Nachweis als geführt ansieht, sind in der Klausel zu bezeichnen. Sie sind zudem bei Beginn der Zwangsvollstreckung dem Schuldner zuzustellen (§ 750 Abs. 2 ZPO).

3. Die Klausel **für** den das Gesamtgut verwaltenden Ehegatten (oder bei gemeinschaftlicher Verwaltung: für beide Ehegatten gemeinschaftlich) ist unbeschränkt zu erteilen.

---

1 Siehe § 724 Rdn. 4–6.

Er tritt ja (bzw. sie treten gemeinsam) dem Schuldner gegenüber im eigenen Namen auf, wenn er die Zwangsvollstreckung gegen ihn betreibt (bzw. sie sie betreiben).

Die Klausel **gegen** den das Gesamtgut verwaltenden Ehegatten ist dagegen ausdrücklich eingeschränkt »als Gesamtschuldner in Ansehung des Gesamtgutes« zu erteilen. Die Klausel kann in diesem Fall etwa lauten: »Vorstehende Ausfertigung wird dem ... (Gläubiger) zum Zwecke der Zwangsvollstreckung gegen ... (Ehegatte, der im Titel schon als Schuldner ausgewiesen ist) und gegen ... (verwaltender Ehegatte) als Gesamtschuldner in Ansehung des Gesamtgutes der Gütergemeinschaft erteilt.«

5  4. Ist für den nichtverwaltenden (bzw. nicht alleinverwaltenden) Ehegatten bereits Klausel erteilt, so ist die weitere Klausel entweder auf die selbe Ausfertigung zu setzen oder es sind bei Erteilung einer weiteren Ausfertigung zusätzlich die Erfordernisse des § 733 ZPO zu beachten[2]. Es muß dann ein besonderes Interesse an dieser zweiten Ausfertigung dargelegt werden (z. B. Versuch der zeitgleichen Vollstreckung in das Vorbehaltsgut und in das Gesamtgut).

6  5. Ist die Erteilung einer vollstreckbaren Ausfertigung nach § 742 möglich, fehlt für eine erneute Leistungs- bzw. Duldungsklage gegen den verwaltenden Ehegatten das Rechtschutzbedürfnis,[3] da es insoweit einen einfacheren und billigeren Weg zum Ziel gibt.

7  6. § 742 ist **nicht** entsprechend anwendbar auf die Klauselerteilung zu Kostenfestsetzungsbeschlüssen, die nach klageabweisenden Urteilen zu Lasten des nicht-(allein-)verwaltenden Ehegatten in Prozessen ergehen, die dieser Ehegatte während der Zeit der Gütergemeinschaft im Hinblick auf zum Gesamtgut gehörende Gegenstände allein geführt hat.[4] Es handelt sich um einen gewöhnlichen Fall des § 740 ZPO[5].

8  III. Rechtsbehelfe: Es gelten die gleichen Rechtsbehelfe wie im Falle des § 727 ZPO, also für den Gläubiger § 11 RpflG bzw. die Klage gem. § 731 ZPO im Falle der Ablehnung der Klausel, für den Schuldner § 732 ZPO bzw. § 768 ZPO.[6]

---

2 MüKo/*Arnold*, § 742 Rdn. 16; *Stein/Jonas/Münzberg*, § 742 Rdn. 9a.
3 Siehe § 727 Rdn. 1; ferner MüKo/*Arnold*, 742 Rdn. 3.
4 Wie hier: OLG Stuttgart, NJW-RR 1987, 258; a. A. (titelstreckende Klausel möglich): OLG Nürnberg, JurBüro 1978, 762; LG Ellwangen, FamRZ 1976, 152.
5 Siehe MüKo/*Arnold*, § 740 Rdn. 26–29; ferner: *Stein/Jonas/Münzberg*, § 740 Rdn. 7.
6 Einzelheiten: § 727 Rdn. 34 sowie: vor §§ 724–734 Rdn. 11 und 12.

## § 743 Beendete Gütergemeinschaft

Nach der Beendigung der Gütergemeinschaft ist vor der Auseinandersetzung die Zwangsvollstreckung in das Gesamtgut nur zulässig, wenn beide Ehegatten zu der Leistung oder der eine Ehegatte zu der Leistung und der andere zur Duldung der Zwangsvollstreckung verurteilt sind.

**I. Zweck:** Wird die Gütergemeinschaft durch Vertrag, durch Aufhebungsurteil (§§ 1469, 1470 BGB), durch Auflösung der Ehe zu Lebzeiten der Ehegatten (Scheidung, Nichtigkeitserklärung, Aufhebungsurteil), durch den Tod eines Ehegatten (– soweit nicht fortgesetzte Gütergemeinschaft, §§ 1483 ff. BGB, vereinbart war –) aufgehoben, so bleibt die Gemeinschaft zur gesamten Hand (§ 1419 BGB) zunächst fortbestehen, bis die Ehegatten bzw. der überlebende Ehegatte und die Erben des verstorbenen sich über das Gesamtgut auseinandergesetzt haben (§ 1471 BGB). Bis zur Auseinandersetzung verwalten die Ehegatten bzw. der überlebende Ehegatte und die Erben des anderen das Gesamtgut gemeinschaftlich, unabhängig davon, ob zuvor gemeinschaftliche Verwaltung oder Alleinverwaltung durch einen Ehegatten galt (§ 1472 BGB). Die Situation gleicht nunmehr der in § 740 Abs. 2 ZPO vorgesehenen. Entsprechend zieht § 743 ZPO die Konsequenzen: Soll nach Beendigung der Gütergemeinschaft, aber vor Abschluß der Auseinandersetzung in das Gesamtgut vollstreckt werden, benötigt der Gläubiger einen Titel gegen beide Ehegatten (bzw. gegen einen Ehegatten und die Erben des anderen). Einer der Titel wenigstens muß ein Leistungstitel sein; als zweiter genügt ein Titel auf Duldung der Zwangsvollstreckung in das Gesamtgut. § 744 ZPO bringt für den Gläubiger insofern dann noch eine Erleichterung, als er sich gegen den bisher nicht verwaltenden Ehegatten statt eines zusätzlichen eigenen Titels nur eine zusätzliche Klausel zum Titel gegen den bisher allein verwaltenden Ehegatten besorgen muß, wenn sein Titel gegen den bisher allein verwaltenden Ehegatten schon vorlag, als die Beendigung der Gütergemeinschaft eintrat.

**II. Einzelheiten:** 1. § 743 ZPO geht davon aus, daß der Gläubiger zum Zeitpunkt der Beendigung der Gütergemeinschaft noch keinen Titel erwirkt hatte, der ihn zur Zwangsvollstreckung in das Gesamtgut berechtigte. Hatte er bereits einen solchen Titel, und zwar gegen den das Gesamtgut allein verwaltenden Ehegatten (– nicht gegen den anderen nach § 741 ZPO –), so greift § 744 ZPO ein. Die erforderlichen Titel können in einem Urteil (Vergleich, Urkunde) zusammengefaßt sein, es können aber auch getrennte Titel vorliegen. Nur einer **muß** ein Leistungstitel sein, der zweite kann auch ein Duldungstitel sein. Für den Gläubiger empfehlen sich aber immer Leistungstitel gegen beide, da er dann auch nach Beendigung der Auseinandersetzung in die den Ehegatten zugeteilten Gegenstände problemlos weitervollstrecken kann (vergl. § 1480 BGB).

**3**  2. § 743 gilt auch dann, wenn die Zwangsvollstreckung mit nur einem Titel gegen einen Ehegatten berechtigterweise begonnen hatte, als die Beendigung der Zwangsvollstreckung eintrat.[1] Die Ehegatten können Aufhebung der bisherigen Zwangsvollstreckung über § 766 ZPO verlangen[2], wenn nicht der Gläubiger bis zur Erinnerungsentscheidung den zweiten Titel (gegebenenfalls nach § 744 ZPO) nachweist.

**4**  3. Nach Beendigung der Auseinandersetzung kann gegen den Ehegatten, der zur Zeit der Teilung persönlich haftete, mit einem gegen ihn gerichteten Leistungstitel unbeschränkt vollstreckt werden. Derjenige Ehegatte, der nur auf das Gesamtgut beschränkt gesamtschuldnerisch haftete, haftet nach Beendigung der Auseinandersetzung gem. § 1480 BGB zwar nunmehr auch persönlich als Gesamtschuldner, die persönliche Haftung beschränkt sich aber auf die ihm zugeteilten Gegenstände aus dem Gesamtgut. Die Beschränkung der Haftung wird nicht von amtswegen berücksichtigt, sie ist nach § 786 ZPO mit der Vollstreckungsabwehrklage (§§ 785, 767 ZPO) geltend zu machen[3].

**5**  III. **Rechtsmittel:** Fehlt einer der erforderlichen Titel, haben beide Ehegatten, also auch derjenige, gegen den der Titel vorliegt, den Rechtsbehelf der Erinnerung nach § 766 ZPO. Derjenige, gegen den der Titel fehlt, kann zudem nach § 771 ZPO klagen. Es gilt insoweit allerdings das zu § 740 Rdn. 7 Ausgeführte.

**6**  IV. Von der Zwangsvollstreckung in das Gesamtgut selbst zu unterscheiden ist die Vollstreckung in den ideellen Anteil eines jeden Ehegatten an dem Gesamtgut. Während diese Vollstreckung, solange die Gütergemeinschaft besteht, ausgeschlossen ist (§ 860 Abs. 1 ZPO), ist nach Beendigung der Gemeinschaft der Anteil jedes Ehegatten am Gesamtgut zugunsten der Gläubiger des Anteilsberechtigten der Pfändung unterworfen (§ 860 Abs. 2 ZPO). Für diese Vollstreckung benötigt der Gläubiger lediglich einen unbeschränkten Leistungstitel gegen seinen Schuldner, jedoch keinen irgendwie gearteten Titel gegen den anderen Ehegatten.

---

1 Wie hier: *Stein/Jonas/Münzberg*, § 743 Rdn. 2; a. A.: *MüKo/Arnold*, § 743 Rdn. 10; *Zöller/Stöber*, § 743 Rdn. 4; OLG Koblenz, Rpfleger 1956, 164, die in diesem Fall die Fortsetzung der Zwangsvollstreckung wie bisher zulassen.
2 Ebenso: *Stein/Jonas/Münzberg*, § 743 Rdn. 2.
3 *Stein/Jonas/Münzberg*, § 743 Rdn. 4.

## § 744 Vollstreckbare Ausfertigung bei beendeter Gütergemeinschaft

Ist die Beendigung der Gütergemeinschaft nach der Beendigung eines Rechtsstreits des Ehegatten eingetreten, der das Gesamtgut allein verwaltet, so sind auf die Erteilung einer in Ansehung des Gesamtgutes vollstreckbaren Ausfertigung des Urteils gegen den anderen Ehegatten die Vorschriften der §§ 727, 730 bis 732 entsprechend anzuwenden.

I. **Zweck:** Die Vorschrift bringt eine Erleichterung im Hinblick auf die Erfordernisse des § 743 ZPO; vergl. insoweit auch Rdn. 1 zu § 743.

II. **Einzelheiten:** 1. Die Klausel wird vom Rechtspfleger erteilt (§ 20 Ziff. 12 RpflG). Er prüft neben den allgemeinen Voraussetzungen jeglicher Klauselerteilung, ob der Titel, aus dem vollstreckt werden soll, sich gegen den bisher allein verwaltenden Ehegatten richtet, ob die Gütergemeinschaft beendet wurde, und zwar **nach** Rechtskraft des zu vollstreckenden Urteils bzw. nach Errichtung des zu vollstreckenden sonstigen Titels. Der Gläubiger muß die besonderen Voraussetzungen der Klausel, soweit sie nicht im Einzelfall offenkundig sind, durch öffentliche bzw. öffentlich beglaubigte Urkunden nachweisen (Beendigung der Gütergemeinschaft, Rechtskraft bzw. Entstehungszeitpunkt des Titels, Zeitpunkt der Beendigung der Gütergemeinschaft).

2. Solange die Gütergemeinschaft noch nicht endgültig auseinandergesetzt ist, ist die Klausel gegen den nicht verwaltenden Ehegatten beschränkt (»... gegen ... als Gesamtschuldner in Ansehung des Gesamtgutes der Gütergemeinschaft ...«) zu erteilen. Nach Beendigung der Auseinandersetzung ist sie unbeschränkt zu erteilen.[1] Die Haftungsbeschränkung auf die zugeteilten Gegenstände (§ 1480 BGB) ist gem. § 786 ZPO mit der Vollstreckungsabwehrklage (§§ 785, 767 ZPO) geltend zu machen. Daß auch in diesem Falle eine Klauselerteilung möglich ist, also nicht ein neuer Leistungstitel gegen den nicht verwaltenden Ehegatten erwirkt werden muß, folgt aus dem Sinnzusammenhang der §§ 743, 744: Mit einem entsprechend § 743 erwirkten Leistungstitel kann auch nach Beendigung der Auseinandersetzung weitervollstreckt werden.[2] Die Klausel nach § 744 tritt aber gerade an die Stelle dieses gesonderten Titels und soll ihn ganz, nicht nur teilweise, unnötig machen.

3. § 744 regelt nur die Vollstreckung **gegen** den ursprünglich nicht mitverwaltenden Ehegatten in Ansehung des Gesamtgutes. Hatte der verwaltende Ehegatte vor Beendigung der Gütergemeinschaft einen Titel *zugunsten* des Gesamtgutes erstritten, so ist auf die Klauselerteilung zugunsten des erst nach der Beendigung der Gütergemeinschaft nunmehr mitverwaltenden anderen Ehegatten § 727 ZPO unmittelbar anzuwenden. Er ist in Ansehung der Gesamtberechtigung Rechtsnachfolger des ursprünglich allein verwaltenden Ehegatten.

---

1 Wie hier: *Baumbach/Lauterbach/Hartmann*, § 744 Rdn. 1; *Stein/Jonas/Münzberg*, § 744 Rdn. 3; a. A. (neuer Leistungstitel erforderlich): *MüKo/Arnold*, § 744 Rdn. 13; *Zöller/Stöber*, § 744 Rdn. 6.
2 Siehe § 743 Rdn 4.

5 **III. Rechtsbehelfe:** Bei Ablehnung der Klausel kann der Gläubiger nach § 11 RpflG vorgehen. Eine Klage nach § 731 ZPO wird nicht praktisch werden, da die erforderlichen Urkunden immer leicht zu beschaffen sein werden. Der Ehegatte, gegen den Klausel nach §§ 744, 727 ZPO erteilt wurde, kann nach §§ 732, 768 ZPO vorgehen[3].

6 Bei einer Zwangsvollstreckung in das Gesamtgut ohne die erforderliche zusätzliche Klausel steht **beiden** Ehegatten die Erinnerung nach § 766 ZPO offen. Wird aus dem Titel in das Vorbehaltsgut bzw. in neues eigenes Vermögen des ursprünglich das Gesamtgut nicht verwaltenden Ehegatten vollstreckt, so kann er Klage nach § 771 ZPO erheben.

---

3 Einzelheiten insoweit: § 727 Rdn. 34.

## § 744a   Eigentums- und Vermögensgemeinschaft

Leben Ehegatten gemäß Artikel 234 § 4 Abs. 2 des Einführungsgesetzes zum Bürgerlichen Gesetzbuch im Güterstand der Eigentums-und Vermögensgemeinschaft, sind für die Zwangsvollstreckung in Gegenstände des gemeinschaftlichen Eigentums und Vermögens die §§ 740 bis 744, 774 und 860 entsprechend anzuwenden.

Literatur: *Arnold*, Probleme der Zwangsvollstreckung nach der deutschen Einigung (II ), DGVZ 1992, 20; *Arnold*, Zwangsvollstreckung bei fortgeltendem Güterstand der Eigentums- und Vermögensgemeinschaft (§ 744 a ZPO), DtZ 1991, 80; *Brudermüller-Wagenitz*, Das Ehe- und Ehegüterrecht in den neuen Bundesländern, FamRZ 1990, 1294; *Grandke*, Familienrecht in der ehemaligen DDR nach dem Einigungsvertrag, DtZ 1990, 321; *Rellermeyer*, DDR-Güterstand und Teilungsversteigerung, RPfleger 1995, 321; *Schwab* (Herausg.), Familienrecht und deutsche Einigung, 1991; *Smid/Schöpf*, Auswirkungen des Einigungsvertrages auf das eheliche Güterrecht, NJ 1991, 21; *Stanewitsch*, Vollstreckung gem. § 744a ZPO in eheliches Eigentum und Vermögen, das dem FGB-Güterstand unterliegt, NJ 1991, 534; *Wassermann*, Die Zwangsvollstreckung gegen Ehegatten nach § 774 a ZPO, FamRZ 1991, 507.

I. Die Vorschrift ist durch Anl. 1 Kap. III Sachgeb. A Abschn. II Nr. 1 des Einigungsvertrages vom 18. 9. 1990 in die ZPO eingefügt worden. Sie regelt die Zwangsvollstreckung gegen Ehegatten, die nach der Wiedervereinigung von der Möglichkeit Gebrauch gemacht haben, den materialrechtlichen Güterstand der Eigentums- und Vermögensgemeinschaft nach dem Familiengesetzbuch (FGB) der früheren DDR beizubehalten.[1] Diese Entscheidung muß in der durch Art. 234 § 4 Abs. 2, 3 EGBGB vorgeschriebenen Form[2] fristgerecht (also bis spätestens 3.10.1992) getroffen worden sein.
Soweit Ehegatten von der Möglichkeit, den alten Güterstand beizubehalten, keinen Gebrauch gemacht haben, sodaß für sie nunmehr der Güterstand der Zugewinngemeinschaft des BGB gilt (Art. 234 § 4 Abs.1 EGBGB), gelten künftig auch die Vorschriften der ZPO über die Zwangsvollstreckung gegen Ehegatten ohne die Besonderheiten des § 744a ZPO, insbesondere gilt auch die Vermutung des § 739 ZPO. Soweit die Ehegatten keine ausdrückliche Aufteilung ihres bisherigen Altvermögens vorgenommen haben, haben sie an den Gegenständen des Altvermögens gem. Art. 234 § 4a Abs.1 EGBGB gemeinschaftliches Eigentum zu gleichen Bruchteilen erworben. Die jeweiligen Miteigentumsanteile sind gem. § 857 ZPO für die Gläubiger jedes Ehegatten pfändbar.[3]

1

II. Da das gemeinschaftliche Eigentum grundsätzlich von beiden Ehegatten gemeinschaftlich verwaltet wird, greift § 740 Abs. 2 ZPO: Zur Vollstreckung ist ein Titel gegen

2

---

1 Zum Inhalt der güterrechtlichen Vorschriften der §§ 13–16 FGB – DDR vergl. *Brudermüller/Wagenitz*, FamRZ 1990, 1294; *Smid/Schöpf*, NJ 1991, 21; *Arnold*, DtZ 1991, 80; *Bosch*, FamRZ 1991, 878 und 1004.
2 Vergl. hierzu: *Palandt/Diederichsen*, Art. 234 § 4 EGBGB Rn. 24–32.
3 Zur Pfändung von Bruchteilseigentum im einzelnen siehe § 857 Rdn. 14, 15.

beide Ehegatten erforderlich.⁴ Da aber andererseits im Rahmen der Eigentums- und Vermögensgemeinschaft beide Ehegatten weitgehend befugt sind, einander zu vertreten,⁵ und da diese Vertretungsmacht auch für das gemeinsame Vermögen betreffende Prozesse gilt, kann in entsprechender Anwendung der §§ 727–729 ZPO Klausel gegen den anderen Ehegatten erteilt werden, wenn der Titel nur gegen einen von beiden erwirkt worden war, da dieser Ehegatte dann zugleich als Prozeßstandschafter für den anderen aufgetreten sein dürfte. Jedenfalls kann aber der andere Ehegatte in diesem Fall gegen eine Vollstreckung in das Gemeinschaftsgut nicht mit Erfolg Klage nach § 771 ZPO erheben, soweit er für die Vollstreckungsforderung ebenfalls materiellrechtlich haftet. Es gelten insoweit die gleichen Erwägungen wie zur Drittwiderspruchslage des gem. § 1357 BGB mithaftenden Ehegatten.⁶

**3** III. Machen die Ehegatten von der Möglichkeit, das alte DDR-Güterrecht beizubehalten, erst nachträglich, nachdem schon ein Titel gegen einen Ehegatten allein ergangen war, Gebrauch, so gilt § 742 ZPO entsprechend. Es ist dann zur Vollstreckung in das Gemeinschaftsgut nachträglich auch Klausel gegen den anderen Ehegatten erforderlich.⁷

**4** IV. Die Verweisung auch auf § 860 ZPO bedeutet: Während des Bestehens der Eigentums- und Vermögensgemeinschaft kann der Anteil eines Ehegatten am Gemeinschaftsgut nicht als solcher gepfändet werden. Haben die Ehegatten aber die Beendigung der Gemeinschaft wirksam vereinbart, wird nunmehr der Anteil pfändbar. Aufgrund der Pfändung kann der Gläubiger seinen Schuldner zwingen (– indem er etwa insoweit einen nach § 888 ZPO vollstreckbaren Titel aufgrund seines infolge der Pfändung erworbeben Mitwirkungsanspruchs erwirkt –) , die Auseinandersetzung der Gemeinschaft zu betreiben, um dann in einzelne Vermögensstücke oder den Verwertungserlös vollstrecken zu können. Der Gläubiger kann nicht selbst seinerseits die Auseinandersetzung duchführen. Die Regelung in §§ 1471 Abs. 2, 1419 Abs. 1 BGB zeigt, daß der Gesetzgeber auch im Stadium der Auseinandersetzung Dritte nicht unmittelbar in die engen familiären Beziehungen hineinwirken lassen wollte.⁸

---

4 *Arnold*, DtZ 1991, 83; MüKo/*Arnold*, § 744a Rdn. 19; *Stein/Jonas/Münzberg*, § 744a Rdn. 7.
5 Einzelheiten: *Arnold*, DtZ 1991, 83 f.
6 Vergl. § 771 Rn. 39.
7 Zum Verfahren insoweit: § 742 Rn. 4–6.
8 A. A. (Der Gläubiger kann die Auseinandersetzung selbst nach den Vorschriften des DDR-FGB betreiben): *Arnold*, DtZ 1991, 85. Diese Gegenansicht deckt sich mit der h. M. zu § 860 ZPO. Einzelheiten siehe deshalb dort Rdn. 5, 6.

## § 745 Zwangsvollstreckung bei fortgesetzter Gütergemeinschaft

(1) Im Falle der fortgesetzten Gütergemeinschaft ist zur Zwangsvollstreckung in das Gesamtgut ein gegen den überlebenden Ehegatten ergangenes Urteil erforderlich und genügend.

(2) Nach der Beendigung der fortgesetzten Gütergemeinschaft gelten die Vorschriften der §§ 743, 744 mit der Maßgabe, daß an die Stelle des Ehegatten, der das Gesamtgut allein verwaltet, der überlebende Ehegatte, an die Stelle des anderen Ehegatten die anteilsberechtigten Abkömmlinge treten.

I. Zweck: Nach § 1483 Abs. 1 BGB kann im Ehevertrag vereinbart werden, daß die Gütergemeinschaft nach dem Tode eines Ehegatten zwischen dem überlebenden Ehegatten und den gemeinschaftlichen Abkömmlingen fortgesetzt wird. Der Anteil des verstorbenen Ehegatten am Gesamtgut gehört in einem solchen Falle nicht zum Nachlaß. Mit Eintritt der fortgesetzten Gütergemeinschaft erwirbt der überlebende Ehegatte die Stellung des das Gesamtgut allein verwaltenden Ehegatten, während die anteilsberechtigten Abkömmlinge dann die Stellung des anderen (nicht mitverwaltenden) Ehegatten innehaben (§ 1487 Abs. 1 BGB). § 745 zieht aus dieser Situation die vollstreckungsrechtlichen Konsequenzen: Während des Bestandes der fortgesetzten Gütergemeinschaft genügt zur Vollstreckung in das Gesamtgut ein Titel gegen den überlebenden – das Gesamtgut ja allein verwaltenden – Ehegatten. Das entspricht ganz dem § 740 Abs. 1 ZPO. Nach Beendigung der fortgesetzten Gütergemeinschaft werden in Ansehung der Vollstreckung in das Gesamtgut konsequenterweise die §§ 743, 744 für entsprechend anwendbar erklärt. 1

II. Wegen der Einzelheiten kann auf die Anmerkungen zu § 740 Abs. 1[1] und zu §§ 743, 744[2] vollinhaltlich bezug genommen werden. 2

---

[1] Siehe § 740 Rdn. 2, Rdn. 4–6.
[2] Insbesondere § 743 Rdn. 2, 3, 5 und § 744 Rdn. 2, 3, 5.

## § 746 Zwangsvollstreckung in Kindesgut

[Aufgehoben durch das Gleichberechtigungsgesetz vom 18. 6. 1957 (BGBl. I S. 609)].

# Einführung vor §§ 747-749: Zwangsvollstreckung in einen Nachlaß.

**Literatur:** *App,* Die Dürftigkeitseinrede der Erben bei Steuerschulden, DStR 1985, 31; *Brüggemann,* Probleme des § 2338 a BGB, FamRZ, 1975, 309; *Deubner,* Aus der Praxis: Die noch nicht beschränkte Erbenhaftung, JuS 1972, 207; *Garlichs,* Passivprozesse des Testamentsvollstreckers, 1996; *Haegele,* Fragen der Zwangsvollstreckung im Erbrecht, BWNotZ 1975, 129; *Hennecke,* Das Sondervermögen der Gesamthand, Berlin 1976; *Krüger,* Erfolgt Klageabweisung, wenn der verklagte Erbe einwendet, daß keine Nachlaßgegenstände vorhanden sind?, MDR 1951, 664; *Kornblum,* Die Rechtsstellung der BGB-Gesellschaft und ihrer Gesellschafter – Zivilprozeß – Erkenntnisverfahren – Zwangsvollstreckung, BB 1970, 1445; *Liebs,* Die unbeschränkbare Verfügungsbefugnis, AcP 1975, 1; *Mümmler,* Fortsetzung der Zwangsvollstreckung nach § 779 Abs. 1, JurBüro 1976, 1445; *Noack,* Vollstreckung gegen Erben, JR 1969, 8; *Noack,* Vollstreckung gegen vom Titel nicht betroffene Dritte, JurBüro 1976, 1147; *Obermaier,* Die Rechtsnachfolge in das Zwangsvollstreckungsverfahren beim Tode einer Partei, DGVZ 1973, 10; *Schmidt,* Zum Prozeßrecht der beschränkten Erbenhaftung, JR 1989, 45; *Schüler,* Wann kann eine Zwangsvollstreckung gegen einen Schuldner nach dessen Tod in den Nachlaß ohne Titelumschreibung betrieben werden, JurBüro 1976, 1003; *Stürner,* Der lediglich rechtliche Vorteil, AcP 1973, 402; *Wolf,* Prinzipien und Anwendungsbereich der dinglichen Surrogation, JuS 1975, 710.

## Übersicht über die gesetzlichen Regelungen:

I. Die bei der Zwangsvollstreckung in einen Nachlaß zu beachtenden Besonderheiten sind weit verstreut im 8. Buch der ZPO zu finden.

Lag bereits ein Titel gegen den Erblasser vor und hatte die Zwangsvollstreckung auch gegen diesen bereits begonnen, als dann der Erbfall eintrat, so regelt § 779 ZPO die Fortsetzung der bereits begonnenen Vollstreckung nunmehr in den Nachlaß.

Lag bereits ein Titel gegen den Erblasser vor, trat aber der Erbfall ein, bevor mit der Zwangsvollstreckung begonnen war, so kann die Zwangsvollstreckung gegen den neu in Anspruch zu nehmenden, aus dem Titel selbst nicht ersichtlichen Schuldner nur beginnen, wenn dieser jedenfalls aus der Vollstreckungsklausel namentlich hervorgeht (§ 750 Abs. 1 ZPO). Gegen wen nach den Besonderheiten des jeweiligen Erbfalles (Alleinerbe, Erbengemeinschaft, fortgesetzte Gütergemeinschaft, Testamentsvollstreckung angeordnet, Nachlaßverwalter bestellt) und wie Klausel beantragt werden muß, regeln die §§ 727, 745, 747, 749 ZPO.

Lag zum Zeitpunkt des Erbfalls noch kein Titel gegen den Erblasser vor und wollen Nachlaßgläubiger oder auch persönliche Gläubiger des (der) Erben in den Nachlaß vollstrecken, so regelt § 778 ZPO, wegen welcher Verbindlichkeiten und ab welchem Zeitpunkt überhaupt in den Nachlaß vollstreckt werden kann, während §§ 747, 748 ZPO festlegen, wer in diesen Fällen im Titel als Schuldner ausgewiesen sein muß. § 1958 BGB ergänzt die Regelung materiellrechtlich. Wie der als Erbe des Schuldners in Anspruch Genommene seine Haftung auf den Nachlaß beschränken kann und wann und wie diese Beschränkung in der Zwangsvollstreckung zu berücksichtigen ist, regeln die §§ 780-785 ZPO.

Die Klauselumschreibung für den Fall, daß ein Titel zunächst gegen den Vorerben oder gegen den Testamentsvollstrecker erwirkt war, nachträglich die Verfügungsbefugnis über den Nachlaß aber auf den Nacherben oder den Erben überging, regelt § 728 ZPO.

Die Vollstreckung schließlich nicht in den Nachlaß selbst, sondern in den Anteil des Erben am Nachlaß regelt § 859 Abs. 2 ZPO. Die gleiche Frage hinsichtlich des Anteils des überlebenden Ehegatten und der anteilsberechtigten Abkömmlinge an der fortgesetzten Gütergemeinschaft spricht § 860 Abs. 2 ZPO an.

Ein gewisser Pfändungsschutz für den Vorerben hinsichtlich der Erbschaftsnutzungen ist in § 863 ZPO geregelt.

2   II. Ist der Vollstreckungstitel ein Bescheid der Finanzbehörden, so gelten gem. § 265 AO 1977 die §§ 747, 748, 778, 779, 781–784 ZPO für die Vollstreckung gegen Erben entsprechend[1].

---

1 Zur Geltendmachung möglicher Einwendungen der Erben im Rahmen der Abgabenvollstreckung: *Koch/Scholtz/Szymczak*, § 265 AO Rdn. 4, 5.

## § 747 Zwangsvollstreckung in ungeteilten Nachlaß

Zur Zwangsvollstreckung in einen Nachlaß ist, wenn mehrere Erben vorhanden sind, bis zur Teilung ein gegen alle ergangenes Urteil erforderlich.

**I. Zweck:** Sind mehrere Erben vorhanden, so wird gem. § 2032 Abs. 1 BGB der Nachlaß bis zum Abschluß der Erbauseinandersetzung zunächst gemeinschaftliches Vermögen der Erben. Jeder Miterbe kann zwar über seinen Anteil am Nachlaß als Ganzes, nicht aber über seinen Anteil an einzelnen Nachlaßgegenständen verfügen (§ 2033 BGB). Grundsätzlich steht den Erben die Verwaltung des Nachlasses nur gemeinschaftlich zu (§ 2038 Abs. 1 BGB). Auch über einzelne Nachlaßgegenstände können sie nur gemeinschaftlich verfügen (§ 2040 Abs. 1 BGB). Diese materiellrechtliche Ausgangssituation macht vollstreckungsrechtlich eine den §§ 736, 740 Abs. 2 ZPO vergleichbare Regelung notwendig. 1

**II. Einzelheiten: 1.** Der Nachlaß, in den vollstreckt werden soll, muß mehreren Erben zustehen; denn bei nur einem Erben stellt sich die Gesamthandsproblematik ja nicht. Der Nachlaß muß noch ungeteilt (ganz oder auch nur teilweise) vorhanden sein; denn mit dem Abschluß der Auseinandersetzung endet die Gesamthandsberechtigung. Schließlich darf der Nachlaß nicht der Verwaltung eines Testamentsvollstreckers unterliegen, da sich in diesem Falle der Titel gegen diesen richten muß (§ 748 Abs. 1 ZPO). Ebensowenig darf Nachlaßverwaltung angeordnet sein; denn nach § 1984 BGB bedarf es in diesem Falle zur Vollstreckung in den Nachlaß eines Titels gegen den Nachlaßverwalter. 2

**2.** Der Titel gegen alle Erben kann neben einem Urteil auch jeder andere Vollstreckungstitel sein (§ 795 ZPO). Es muß auch nicht ein einheitlicher Titel gegen alle vorliegen, vielmehr genügt je ein gesonderter Titel gegen jeden einzelnen. Ähnlich wie bei § 736 ZPO der Titel gegen alle Gesellschafter nicht über eine Gesellschaftsverbindlichkeit verlauten muß,[1] so muß auch hier nicht unbedingt eine Nachlaßverbindlichkeit tituliert sein. Es genügt jeder Titel, nach dem alle Erben aus demselben Rechtsgrund – welchem auch immer – als Gesamtschuldner haften.[2] 3

**3.** Ist ein Miterbe der die Vollstreckung betreibende Gläubiger, so genügt ein Titel gegen die übrigen Miterben[3]. 4

**4.** Lag bereits ein Titel gegen den Erblasser vor, so braucht kein neuer Titel gegen die Erben erwirkt zu werden, es genügt vielmehr, wenn gegen alle Miterben Klausel nach § 727 ZPO beantragt wird. Diese Möglichkeit würde einer erneuten Klage gegen die Miterben sogar das Rechtschutzbedürfnis nehmen. 5

---

1 Siehe § 736 Rdn. 2.
2 BGHZ 53, 110; MüKo/*Arnold*, § 747 Rdn. 13.
3 BGHZ 53, 110; MüKo/*Arnold*, § 747 Rdn. 14.

**6**  5. Bei der Vollstreckung gegen die Erben wird die beschränkte Erbenhaftung, auch wenn sie im Urteil vorbehalten ist (§ 780 Abs. 1 ZPO), zunächst nicht berücksichtigt (§ 781 ZPO). Sie muß klageweise geltend gemacht werden.

**7**  6. Liegt nur ein Titel gegen einen der Erben vor, so kann aus ihm nur in den ideellen Anteil dieses Miterben am Nachlaß als ganzem (§ 859 Abs. 2 ZPO) oder in das übrige nicht oder (nach Teilauseinandersetzung) nicht mehr zum Nachlaß gehörende Privatvermögen dieses Miterben vollstreckt werden, nicht aber in den Nachlaß selbst.

**8**  **III. Rechtsbehelfe:** Fehlt einer der erforderlichen Titel, kann jeder Miterbe, auch der, gegen den ein Titel vorliegt, Erinnerung nach § 766 ZPO einlegen. Die Klage des Miterben, gegen den ein Titel fehlt, nach § 771 ZPO wäre zwar zulässig, ihrer Begründetheit stünde aber der Arglisteinwand entgegen,[4] wenn der klagende Miterbe für die titulierte Forderung materiellrechtlich mithaftet, etwa gem. §§ 2058, 2059 BGB.

---

4 Ebenso *Stein/Jonas/Münzberg*, § 747 Rdn. 5, Fußnote 21; MüKo/*Arnold*, § 747 Rdn. 25.

## § 748 Zwangsvollstreckung bei Testamentsvollstrecker

(1) Unterliegt ein Nachlaß der Verwaltung eines Testamentsvollstreckers, so ist zur Zwangsvollstreckung in den Nachlaß ein gegen den Testamentsvollstrecker ergangenes Urteil erforderlich und genügend.
(2) Steht dem Testamentsvollstrecker nur die Verwaltung einzelner Nachlaßgegenstände zu, so ist die Zwangsvollstreckung in diese Gegenstände nur zulässig, wenn der Erbe zu der Leistung, der Testamentsvollstrecker zur Duldung der Zwangsvollstreckung verurteilt ist.
(3) Zur Zwangsvollstreckung wegen eines Pflichtteilsanspruchs ist im Falle des Absatzes 1 wie im Falle des Absatzes 2 ein sowohl gegen den Erben als gegen den Testamentsvollstrecker ergangenes Urteil erforderlich.

I. **Zweck:** Der Testamentsvollstrecker ist nicht Vertreter der Erben im Hinblick auf den von ihm verwalteten Nachlaß, sondern Inhaber eines eigenständigen privaten Amtes, das er im Rahmen der letztwilligen Anordnung kraft eigenen Rechts ausübt.[1] Prozesse über seiner Verwaltung unterliegende Rechte führt er als Partei kraft Amtes im eigenen Namen (§ 2212 BGB). Hinsichtlich der Passivprozesse enthält § 2213 BGB eine mehrspurige Regelung: Steht dem Testamentsvollstrecker die Verwaltung des Nachlasses zu (dazu: §§ 2205, 2209 BGB), so können Ansprüche, die sich gegen den Nachlaß richten, sowohl gegen den Erben als auch gegen den Testamentsvollstrecker gerichtlich geltend gemacht werden; steht ihm sie nicht zu (dazu: § 2208 BGB), so ist die Geltendmachung nur gegen den Erben zulässig. Eine Ausnahme bildet die Geltendmachung von Pflichtteilsansprüchen: Sie kann in jedem Fall nur gegenüber den Erben erfolgen. Ein Nachlaßgläubiger, der seinen Anspruch gegen den Erben geltend macht, kann den Anspruch zusätzlich auch gegen den Testamentsvollstrecker dahin geltend machen, daß dieser die Zwangsvollstreckung in die seiner Verwaltung unterliegenden Nachlaßgegenstände dulde. Aus diesen Regeln des materiellen Rechts zieht § 748 die vollstreckungsrechtlichen Konsequenzen unter Berücksichtigung der sich aus §§ 750, 808 ZPO ergebenden Erfordernisse.

1

II. **Einzelheiten:** 1. Unterliegt der **gesamte Nachlaß** der Verwaltung des Testamentsvollstreckers, so kann nach materiellem Recht zwar sowohl gegen den Erben als auch wahlweise gegen den Testamentsvollstrecker ein Titel erwirkt werden; da der Testamentsvollstrecker in diesem Fall aber der allein über den Nachlaß Verfügungsberechtigte ist und die Nachlaßgegenstände auch in Besitz haben wird (§ 2205 BGB), wäre ein Titel gegen den Erben, der zudem wegen § 327 ZPO keine Wirkung gegen den Testamentsvollstrecker entfaltet, im Hinblick auf §§ 750 Abs. 1, 808, 809 ZPO praktisch wenig erfolgversprechend. Deshalb ordnet § 748 Abs. 1 ZPO konsequenterweise an, daß in jedem Fall zur Vollstreckung in den Nachlaß ein Titel gegen den Testamentsvollstrecker **erforderlich,** – aber auch genügend ist. Der Titel muß kein Leistungstitel sein, wie § 2213 Abs. 3 BGB zeigt. Es genügt ein Titel (auch nach § 794 Abs. 2 ZPO), die Zwangsvollstreckung in den verwalteten Nachlaß zu dulden.

2

---

1 Vergl. BGHZ 13, 203 ff.; 35, 296 ff.; NJW 1983, 40; *Brox,* Erbrecht, 15. Aufl. 1994, Rdn. 380; *Erman/M. Schmidt,* vor § 2197 Rdn. 2, 3.

**3**  Ein Leistungstitel gegen den Erben ist aber auch in dem Fall, daß der gesamte Nachlaß der Verwaltung des Testamentsvollstreckers unterliegt, neben dem Titel gegen den Testamentsvollstrecker in der Praxis durchaus sinnvoll. Zum einen überwindet ein solcher Titel den Widerspruch des Erben, der mit Zustimmung des Testamentsvollstreckers einen Nachlaßgegenstand im Alleingewahrsam hat, gegen den Eingriff in seine Besitzsphäre (§ 809 ZPO).[2] Er ermöglicht auch eine richterliche Durchsuchungsanordnung gegen den Erben im Rahmen des § 758 ZPO. Darüberhinaus gestattet dieser Titel auch die Zwangsvollstreckung in das übrige nicht zum Nachlaß gehörende Vermögen des Schuldners. Es bleibt dann diesem überlassen, ob er seine gegebenenfalls beschränkte Erbenhaftung nach §§ 785, 767 ZPO geltend machen will. Schließlich ermöglicht dieser Titel die unkomplizierte Fortsetzung der Vollstreckung in den Nachlaß, falls die Testamentsvollstreckung endet. Der Titel schützt den Gläubiger darüberhinaus bei Auslegungsschwierigkeiten des Willens des Erblassers über den Umfang der Kompetenz des Testamentsvollstreckers, da dann, wenn die Verwaltung sich nur auf einzelne Nachlaßgegenstände beziehen sollte, in jedem Fall ein Leistungstitel gegen den Erben neben einem Duldungstitel gegen den Testamentsvollstrecker erforderlich wäre (Abs. 2).

**4**  2. Steht dem Testamentsvollstrecker nur **die Verwaltung einzelner Nachlaßgegenstände** zu, so ist in jedem Falle gegen den Erben ein Leistungstitel erforderlich; **darüberhinaus** benötigt der Gläubiger zur Vollstreckung in die der Verwaltung unterliegenden Gegenstände zusätzlich entweder auch einen Leistungstitel oder einen Titel auf Duldung der Zwangsvollstreckung in den Nachlaß gegen den Testamentsvollstrecker. Abs. 2 erwähnt den Duldungstitel nur deshalb ausdrücklich, damit deutlich wird, daß dieses minus zum Leistungstitel auch ausreicht.

Die Duldungsklage kann wie die Leistungsklage neben dem allgemeinen Gerichtsstand auch am Gerichtsstand nach § 28 ZPO erhoben werden. Im Antrag sind die Nachlaßgegenstände, in die die Vollstreckung zu dulden ist, zu bezeichnen (§ 2213 Abs. 3 BGB: »die seiner Verwaltung unterliegenden Gegenstände«).[3] Das Duldungsurteil ist nach den allgemeinen Regeln (§§ 708 ff. ZPO) für vorläufig vollstreckbar zu erklären.

Zur Zwangsvollstreckung in die nicht der Verwaltung des Testamentsvollstreckers unterliegenden Nachlaßgegenstände bedarf es eines Titels allein gegen den Erben.

**5**  3. Zur Zwangsvollstreckung wegen eines **Pflichtteilsanspruches** ist immer, wenn in den verwalteten Nachlaß vollstreckt werden soll, also bei Alleinverwaltung durch den Testamentsvollstrecker ebenso wie im Falle der Verwaltung nur einzelner Nachlaßgegenstände durch ihn, sowohl ein gegen den Erben als ein gegen den Testamentsvollstrecker gerichteter Titel erforderlich (Abs. 3). Der Grund hierfür liegt in § 2213 Abs. 1

---

[2] Wie hier: *Stein/Jonas/Münzberg*, § 748 Rdn. 3; *MüKo/Arnold*, § 748 Rdn. 23. A. A. die wohl h. M. (kein Widerspruchsrecht des Erben im Rahmen des § 809 BGB): *Baur/Stürner*, Rdn. 20.21; *Baumbach/Lauterbach/Hartmann*, § 748 Rdn. 3; *Zöller/Stöber*, § 748 Rdn. 3.

[3] A. A.: *MüKo/Arnold*, § 748 Rdn. 22; *Stein/Jonas/Münzberg*, § 748 Rdn. 4, Fußnote 13: Titel auf Duldung der Zwangsvollstreckung in den gesamten Nachlaß ohne Bezeichnung einzelner Gegenstände (auch wenn diese die Vollstreckung erleichtern möge); auch *Zöller/Stöber*, § 748 Rdn. 4 hält die Bezeichnung der einzelnen Gegenstände nur für zweckmäßig.

S. 3 BGB. Bei der Vollstreckung in die der Verwaltung nicht unterliegenden Nachlaßgegenstände bedarf der Pflichtteilsberechtigte allein eines Titels gegen den Erben.

Das Urteil gegen den Erben erzeugt keine Bindungswirkung gegen den Testamentsvollstrecker (siehe § 327 ZPO). Deshalb wirkt sich im Prozeß gegen den Testamentsvollstrecker ein vom Erben in seinem Verfahren dem pflichtteilsberechtigten Abkömmling gegenüber abgegebenes Anerkenntnis auch nicht präjudiziell aus.[4]

4. Mit einem Titel gegen den Erben über andere als Nachlaßverbindlichkeiten kann nicht in der Verwaltung des Testamentsvollstreckers unterliegende Nachlaßgegenstände vollstreckt werden (§ 2214 BGB), sondern nur in den verwaltungsfreien Nachlaß und in das übrige Privatvermögen des Erben. Der Grund hierfür liegt darin, daß die Eigengläubiger des Erben nicht mehr Rechte haben können als dieser selbst (vergl. §§ 2205, 2211 Abs. 1 BGB).

III. **Rechtsbehelfe:** Testamentsvollstrecker und Erbe[5] können nach § 766 ZPO Erinnerung einlegen, wenn einer der erforderlichen Titel fehlt. Der Testamentsvollstrecker kann zudem Erinnerung (§ 766 ZPO) einlegen, wenn der Titel gegen den Erben, aus dem in den verwalteten Nachlaß vollstreckt wird, nicht auf einer Nachlaßverbindlichkeit basiert. Er kann in diesem Fall auch nach § 771 ZPO klagen.

---

[4] OLG Celle, MDR 1967, 46.
[5] Wie hier: *Zöller/Stöber*, § 748 Rdn. 10. A. A. (falls nur der Titel gegen den Testamentsvollstrecker fehlt, nur Erinnerung des Testamentsvollstreckers, nicht auch des Erben): MüKo/*Arnold*, § 748 Rdn. 30; *Stein/Jonas/Münzberg*, § 748 Rdn. 7.

§ 749   Vollstreckbare Ausfertigung für und gegen Testamentsvollstrecker

**§ 749   Vollstreckbare Ausfertigung für und gegen Testamentsvollstrecker**

¹Auf die Erteilung einer vollstreckbaren Ausfertigung eines für oder gegen den Erblasser ergangenen Urteils für oder gegen den Testamentsvollstrecker sind die Vorschriften der §§ 727, 730 bis 732 entsprechend anzuwenden. ²Auf Grund einer solchen Ausfertigung ist die Zwangsvollstreckung nur in die der Verwaltung des Testamentsvollstreckers unterliegenden Nachlaßgegenstände zulässig.

1   I. Zweck: Soweit Gegenstände des Nachlasses der Verwaltung des Testamentsvollstreckers unterliegen (– das gilt auch für Forderungen jeglicher Art und sonstige Ansprüche –), kann auch nur er allein über sie verfügen (§ 2205 BGB). Er allein kann seiner Verwaltung unterliegende Rechte gerichtlich geltend machen (§ 2212 BGB) und, soweit sie schon tituliert sind, im Wege der Zwangsvollstreckung beitreiben. Umgekehrt bedarf es zur Vollstreckung in der Verwaltung des Testamentsvollstreckers unterliegende Gegenstände jedenfalls auch eines Titels gegen den Testamentsvollstrecker (vergl. § 748 ZPO). Soweit bereits ein Titel für oder gegen den Erblasser vorliegt, will § 749 die Beschaffung eines Titels für und gegen den Testamentsvollstrecker erleichtern, indem er die Möglichkeit der titelumschreibenden Klausel entsprechend § 727 ZPO eröffnet.

2   II. Einzelheiten: 1. Für die Klauselerteilung ist gem. § 20 Ziff. 12 RpflG der Rechtspfleger zuständig. Er prüft neben den allgemeinen Voraussetzungen jeglicher Klauselerteilung,[1] ob ein Titel für oder gegen den Erblasser vorliegt, ob Testamentsvollstreckung mit zumindest eingeschränkter Verwaltungsbefugnis des Testamentsvollstreckers (§§ 2205, 2208 BGB) angeordnet und ob die Testamentsvollstreckung auch bereits eingetreten ist. Letzteres ist nach dem Tode des Erblassers ab Annahme des Amtes durch den Vollstrecker (§ 2202 BGB) gegeben, auch wenn noch nicht feststeht, wer Erbe sein wird (§ 2213 Abs. 2 BGB).

3   2. Zum Nachweis der besonderen Voraussetzungen der Klausel (oben Rdn. 2) genügt die Vorlage eines Testamentsvollstreckungszeugnisses (§ 2368 BGB), von dem der Gläubiger sich über § 792 ZPO eine Ausfertigung beschaffen kann. Da das Zeugnis erst ab Annahme des Amtes ausgefertigt werden kann, bedarf es keines zusätzlichen Nachweises der Amtsannahme.[2] Wo die nachzuweisenden Tatsachen offenkundig sind, bedarf es nach den allgemeinen Regeln[3] keiner Urkunden.

4   3. In die Klausel ist die Eigenschaft als Testamentsvollstrecker ausdrücklich aufzunehmen. Ferner sind die Urkunden, aufgrund derer der Rechtspfleger seine Überzeugung gewonnen hat, in der Klausel zu bezeichnen. Aufgrund dieser Angaben kann das Vollstreckungsorgan dann in eigener Verantwortung die Beschränkung des § 749 S. 2 ZPO beachten.

---

1   Vorbem. §§ 724–734 Rdn. 6, 7, 9 und § 724 Rdn. 5, 6.
2   A. A. *Stein/Jonas/Münzberg*, § 749 Rdn. 2; MüKo/*Arnold*, § 749 Rdn. 13.
3   § 727 Rdn. 30.

4. Soll das gegen den Erblasser ergangene Urteil im Hinblick auf § 748 Abs. 2 ZPO sowohl gegen den Erben als auch gegen den Testamentsvollstrecker ausgefertigt werden (– was im Hinblick auf § 733 ZPO zweckmäßigerweise auf einer Urkunde geschieht –), so richtet sich die Ausfertigung gegen den Erben unmittelbar nach § 727 ZPO und nur die gegen den Testamentsvollstrecker nach § 749.

III. § 749 ZPO ist auf andere Parteien kraft Amtes, die anstelle des Gläubigers oder des Schuldners die Verfügungsbefugnis über ein Vermögen übernommen haben (Nachlaßverwalter, Konkursverwalter, Zwangsverwalter) entsprechend anzuwenden.[4]

IV. **Rechtsbehelfe:** Siehe § 744 Rdn. 5 und § 727 Rdn. 34.

---

4 Vergl. im einzelnen § 728 Rdn. 9.

§ 750 Allgemeine Vollstreckungsvoraussetzungen; Parteibezeichnung; Zustellung

(1) ¹Die Zwangsvollstreckung darf nur beginnen, wenn die Personen, für und gegen die sie stattfinden soll, in dem Urteil oder in der ihm beigefügten Vollstreckungsklausel namentlich bezeichnet sind und das Urteil bereits zugestellt ist oder gleichzeitig zugestellt wird. ²Eine Zustellung durch den Gläubiger genügt; in diesem Fall braucht die Ausfertigung des Urteils Tatbestand und Entscheidungsgründe nicht zu enthalten.
(2) Handelt es sich um die Vollstreckung eines Urteils, dessen vollstreckbare Ausfertigung nach § 726 Abs. 1 erteilt worden ist, oder soll ein Urteil, das nach den §§ 727 bis 729, 738, 742, 744, dem § 745 Abs. 2 und dem § 749 für oder gegen eine der dort bezeichneten Personen wirksam ist, für oder gegen eine dieser Personen vollstreckt werden, so muß außer dem zu vollstreckenden Urteil auch die ihm beigefügte Vollstreckungsklausel und, sofern die Vollstreckungsklausel auf Grund öffentlicher oder öffentlich beglaubigter Urkunden erteilt ist, auch eine Abschrift dieser Urkunden vor Beginn der Zwangsvollstreckung zugestellt sein oder gleichzeitig mit ihrem Beginn zugestellt werden.
(3) Eine Zwangsvollstreckung nach § 720 a darf nur beginnen, wenn das Urteil und die Vollstreckungsklausel mindestens zwei Wochen vorher zugestellt sind.

**Inhaltsübersicht**

|     |     | Rdn. |
| --- | --- | --- |
|     | Literatur |     |
| I.  | Anwendungsbereich der Vorschrift | 1, 2 |
| II. | Prüfung des zu vollstreckenden Titels | 3 |
|     | 1. Generelle Titeleigenschaft | 3 |
|     | 2. Vollstreckungsfähiger Inhalt | 4 |
|     | 3. Gesetzliche Verbote | 5 |
|     | 4. Richtigkeit des Urteils | 6 |
| III. | Prüfung der Vollstreckungsklausel | 7 |
| IV. | Vollstreckung für den Gläubiger | 8 |
|     | 1. Antrag des Gläubigers | 9 |
|     | 2. Prozeßfähigkeit des Gläubigers | 10 |
|     | 3. Bezeichnung des Gläubigers | 11 |
|     | 4. Bestimmtheit der Gläubigerbezeichnung | 12 |
|     | 5. Namensänderung beim Gläubiger | 13 |
|     | 6. Personenwechsel auf Gläubigerseite | 14 |
| V.  | Vollstreckung gegen den Schuldner | 15 |
|     | 1. Fehlerhafte Bezeichnung | 16 |
|     | 2. Firma als Schuldnerin | 17, 18 |
|     | 3. Namens- oder Firmenänderung | 19 |
|     | 4. Gesetzlicher Vertreter des Schuldners | 20 |
|     | 5. Gesamtschuldner | 21 |
| VI. | Zustellung des Titels | 22 |
|     | 1. Grundsatz | 22 |

|  |  |  |
|---|---|---|
| | 2. Nachweis der Zustellung | 23 |
| | 3. Zustellung von Unterlassungsverfügungen | 24, 25 |
| |    a) § 929 Abs. 2 ZPO | 24 |
| |    b) § 890 ZPO | 25 |
| | 4. Titel als Gegenstand der Zustellung | 26 |
| | 5. Adressat der Zustellung | 27 |
| VII. | Zustellung der Vollstreckungsklausel und anderer Urkunden (Abs. 2) | 28 |
| | 1. Durch den Rechtspfleger erteilte Klausel | 28, 29 |
| | 2. Folge der noch fehlenden Zustellung | 30 |
| VIII. | Besonderheiten bei der Sicherungsvollstreckung (Abs. 3) | 31 |
| | 1. Wartefrist von 2 Wochen | 31 |
| | 2. Wartefrist und Vorpfändung | 32 |
| IX. | Sonstige Wartefristen | 33 |
| | 1. § 798 ZPO | 33 |
| | 2. § 798a ZPO | 33 |
| | 3. § 845 ZPO | 33 |
| | 4. Wartefristen außerhalb der ZPO | 33a |
| X. | Folgen von Verstößen gegen § 750 ZPO | 34 |
| | 1. Vollstreckung entgegen § 750 ZPO | 34 |
| | 2. Verzicht des Schuldners auf die Einhaltung des § 750 ZPO | 35 |
| | 3. Rechtsbehelfe bei Verstößen gegen § 750 ZPO | 36 |
| XI. | ArbGG, VwGO, AO | 37 |

**Literatur:** *Aden,* Die Identitätsprüfung durch den Gerichtsvollzieher bei der Namensänderung des Schuldners, MDR 1979, 103; *Becker-Eberhard,* In Prozeßstandschaft erstrittene Leistungstitel in der Zwangsvollstreckung, ZZP 104, 413; *Berner,* Ist der vorherige Verzicht auf die Zustellung des Schuldtitels nicht mehr zulässig?, Rpfleger 1966, 134; *Brammsen,* Die Prüfung der Prozeßfähigkeit des Vollstreckungsschuldners durch die Vollstreckungsorgane, JurBüro 1981, 13; *Fahlbusch,* Die Zustellung bei der Sicherungsvollstreckung, Rpfleger 1979, 94; *Furtner,* Heilung von fehlerhaften Vollstreckungshandlungen, MDR 1964, 460; *Hoffmann,* Die Prüfung der Partei- und Prozeßfähigkeit im Vollstreckungsverfahren, KTS 1973, 149; *Kabisch,* Die Wirksamkeit eines Verzichts auf die Zustellung eines Schuldtitels nach § 750 I ZPO und zur Frage einer Zustellung des Titels nach § 212b ZPO, DGVZ 1963, 195; *Kirchner,* Zur Frage der Wirksamkeit des Verzichts auf Zustellung des vollstreckbaren Titels (§ 750 Abs. 1 ZPO), DGVZ 1962, 4; *Kirberger,* Zur Zulässigkeit der Überprüfung der Prozeßfähigkeit des Schuldners durch die Vollstreckungsorgane, FamRZ 1974, 637; *Kleffmann,* Unbekannt als Parteibezeichnung, 1983; *Krechtler,* Prüfung materiellrechtlicher Fragen durch den Gerichtsvollzieher, Diss. Heidelberg 1954; *Kube,* Hat der Gerichtsvollzieher bei Zustellung eines Titels die Prozeßfähigkeit des Vollstreckungsschuldners selbst zu prüfen?, MDR 1969, 10; *Kunz,* Der Minderjährige im Zwangsvollstreckungsverfahren, DGVZ 1979, 53; *Lindacher,* Die Scheinhandelsgesellschaft im Prozeß und in der Zwangsvollstreckung, ZZP 1983, 486; *Lisken,* Räumungstitel gegen »Unbekannt«, NJW 1982, 1136; *Münzberg,* Zustellung der Vollstreckungsklausel als Voraussetzung der Sicherungsvollstreckung, Rpfleger 1983, 58; *Petermann,* Wann ist die Partei im vollstreckbaren Titel »namentlich« richtig bezeichnet?, Rpfleger 1973, 153; *Quardt,* Kann der Schuldner wirksam auf die Zustellung des Vollstreckungstitels verzichten?, JurBüro 1961, 482; *Raeschke-Kessler,* Einstweilige Verfügung gegen Unbekannt - Ein Mittel gegen Hausbesetzer?, NJW 1981, 663; *Roth,* Zwangsvollstreckung gegen prozeßunfähige Schuldner, JZ 1987, 895; *Schalhorn,* An wen muß ein Urteil zweiter Instanz zugestellt sein, wenn auch diesem die Zwangsvollstreckung gegen den Verurteilten vorgenommen werden soll?,

§ 750     Allg. Vollstreckungsvoraussetzungen; Parteibezeichnung; Zustellung

JurBüro 1971, 496; *Scherer*, Räumungsvollstreckung gegen Hausbesetzer, DGVZ 1983, 132; *E. Schneider*, Der Beginn der Zwangsvollstreckung, JurBüro 1975, 304; *ders.*, Die Firma des Einzelkaufmannes im Vollstreckungsrubrum, JurBüro 1979, 489; *Schüler*, Darf der Gerichtsvollzieher gegen einen Minderjährigen vollstrecken, dessen Minderjährigkeit sich nicht aus dem Schuldtitel ergibt?, DGVZ 1974, 97; *ders.*, Vollstreckung gegen Minderjährige, JurBüro 1974, 1209; *ders.*, Die Problematik hinsichtlich der Vollstreckungsfähigkeit von Schuldtiteln, die fehlerhaft oder ungenau sind, DGVZ 1982, 65; *Schumacher*, Die vorherige Zustellung des Vollstreckungstitels, DRiZ 1962, 326; *Seip*, Zustellung der Vollstreckungsklausel als Voraussetzung der Sicherungsvollstreckung, Rpfleger 1983, 56; *Stephan*, Zweck und Umfang des Zustellungsnachweises gem. § 750 Abs. 2 ZPO bei der Zwangsvollstreckung aus bedingten oder kündigungsbedürftigen Vollstreckungstiteln, Rpfleger 1968, 106; *Zunft*, Zustellung von Pfändungsbeschlüssen an Gemeinschuldner ist unzulässig, MDR 1957, 212.

1   **I. Anwendungsbereich der Vorschrift:** Abs. 1 und Abs. 2 gelten für alle Arten der Zwangsvollstreckung, soweit nicht ausdrücklich im Gesetz[1] Ausnahmen vorgesehen sind. Die in ihnen genannten Vollstreckungsvoraussetzungen sind von allen Vollstreckungsorganen (Gerichtsvollzieher, Rechtspfleger, Grundbuchamt, Prozeßgericht) gleichermaßen **vor Beginn** der sich gegen den Schuldner richtenden **Vollstreckungstätigkeit** (Betreten der Gewahrsamssphäre des Schuldners zum Zwecke der Mobiliarpfändung oder Herausgabevollstreckung, Absetzen des Pfändungs- und Überweisungsbeschlusses oder des Beschlusses, durch den die Zwangsverwaltung oder Zwangsversteigerung angeordnet wird, Eintragung einer Zwangshypothek,[2] Erlaß des Ermächtigungsbeschlusses zur Ersatzvornahme, Androhung eines Zwangsgeldes, Verhängung eines Ordnungsmittels, Terminbestimmung zur Abgabe der Offenbarungsversicherung) zu überprüfen. Der Prüfungsmaßstab ist für alle Arten von Titeln (Urteile, Vollstreckungsbescheide, Vergleiche, Urkunden usw.) grundsätzlich gleich.[3] Daß ein Vollstreckungsorgan das Vorliegen der allgemeinen Vollstreckungsvoraussetzungen bei einem Vollstreckungsversuch bereits geprüft und bejaht hat, entbindet die anderen Vollstreckungsorgane, die später oder auch gleichzeitig um Vollstreckung desselben Titels ersucht werden, nicht von der selbständigen und eigenverantwortlichen Prüfung. War die Vollstreckung auf Wunsch des Gläubigers ausgesetzt oder der Vollstreckungsantrag sogar wieder zurückgenommen worden, so muß auch das Vollstreckungsorgan, das ursprünglich das Vorliegen der allgemeinen Vollstreckungsvoraussetzungen bejaht hatte, beim Wieder-(Neu-)beginn der Vollstreckung eine erneute Überprüfung vornehmen.

2   § 750 Abs. 1 und Abs. 2 ZPO sprechen nicht alle vom Vollstreckungsorgan zu überprüfenden allgemeinen Vollstreckungsvoraussetzungen an. Sie gehen als selbstverständlich davon aus, daß jedes Vollstreckungsorgan zunächst prüft, ob ein wirksamer Vollstreckungsantrag des Gläubigers, diese Art der Zwangsvollstreckung einzuleiten, vorliegt,[4] ob die als Vollstreckungsgrundlage vorgelegte Urkunde (Urteil, Vergleich, Vollstrek-

---

1 So vom Erfordernis der Zustellung des Titels in §§ 845, 929 Abs. 3 ZPO, 133 ZVG.
2 Zur Verpflichtung des Grundbuchamtes als Vollstreckungsorgan, auch die allgemeinen Vollstreckungsvoraussetzungen zu prüfen, BayObLG, Rpfleger 1982, 466.
3 So zu Recht für den Vollstreckungsbescheid LG Münster, Rpfleger 1962, 176 mit zust. Anm. *Bull*.
4 Einzelheiten unten Rdn. 9–11 sowie § 753 Rdn. 3 und 4.

Allg. Vollstreckungsvoraussetzungen; Parteibezeichnung; Zustellung § 750

kungsbescheid usw.) generell und seinem konkreten Inhalt nach als Vollstreckungstitel in Betracht kommt[5] und ob der Titel, soweit dies nach den gesetzlichen Vorschriften erforderlich ist,[6] mit einer Vollstreckungsklausel versehen ist. Dann erst folgt die Identitätsprüfung hinsichtlich des die Vollstreckung beantragenden Gläubigers[7] und des in der Vollstreckung in Anspruch zu nehmenden Schuldners[8] sowie die Überprüfung der Zustellung des Titels (gegebenenfalls auch der Klausel und sonstiger Urkunden, **Abs. 2**) an den Schuldner.

**II. Prüfung des zu vollstreckenden Titels:**  3

1. **Generelle Titeleigenschaft:** Obwohl die zu vollstreckende Ausfertigung des Titels[9] bereits bei der Klauselerteilung daraufhin überprüft wurde, ob sie sowohl generell als auch ihrem konkreten Inhalt nach als Vollstreckungstitel in Betracht kommt, ist das Vollstreckungsorgan durch die erteilte Klausel nicht der eigenverantwortlichen Prüfung dieser Frage entbunden. Eine Privaturkunde oder ein den Voraussetzungen des § 794 Abs. 1 Nr. 1 ZPO nicht entsprechender Vergleich[10] werden nicht durch eine äußerlich korrekte Klausel zum Vollstreckungstitel. Liegt aber dem äußeren Anschein nach ein korrekter Vollstreckungstitel vor, so hat das Vollstreckungsorgan Einwendungen, die schon bei der Klauselerteilung zu berücksichtigen waren (etwa: Ausfertigung und Original stimmten inhaltlich nicht überein; das Original des Urteils oder des Vergleichsprotokolls seien trotz entsprechender Angaben in der Ausfertigung nicht unterschrieben; die Unterwerfung unter die sofortige Zwangsvollstreckung aus einer Urkunde i. S. § 794 Abs. 1 Nr. 5 ZPO sei von einem vollmachtlosen Vertreter erklärt worden[11]), nicht nachzugehen. Die Nichtbeachtung dieser Einwände kann demgemäß auch nicht mit § 766 ZPO gerügt werden.[12]

Hat das Vollstreckungsorgan berechtigte Zweifel, ob ein ihm vorliegender Titel noch die Urkunde ist, die zur Klauselerteilung vorgelegen hatte, etwa weil handschriftliche Zusätze den ursprünglichen Inhalt nicht mehr einwandfrei erkennen lassen,[13] so hat es die Vollstreckung aus **dieser** Ausfertigung abzulehnen. Der Gläubiger muß sich gegebenenfalls eine neue Ausfertigung nach den Regeln des § 733 ZPO besorgen.

2. **Vollstreckungsfähiger Inhalt:** Neben der generellen Titeleigenschaft der ihm zur  4
Vollstreckung vorliegenden Urkunde hat das Vollstreckungsorgan auch zu prüfen, ob der Titel einen vollstreckungsfähigen Inhalt hat,[14] insbesondere ob er Inhalt und Umfang des zu vollstreckenden Anspruchs eindeutig bestimmt. Der Titel muß, soll er als

---

5 Vergl. auch Vor §§ 724–734 Rdn. 1; § 724 Rdn. 6.
6 Zur Entbehrlichkeit einer Vollstreckungsklausel vergl. Vor §§ 724–734 Rdn. 6.
7 Einzelheiten unten Rdn. 11–14.
8 Einzelheiten unten Rdn. 15–19.
9 Zum Begriff der Ausfertigung vergl. § 724 Rdn. 5; ferner: LG Bremen, Rpfleger 1961, 22.
10 Beispiele: Vor §§ 724–734 Fußn. 3.
11 Vergl. § 726 Rdn. 5.
12 Vergl. Vor §§ 765a–777 Rdn. 1.
13 LG Berlin, Rpfleger 1973, 31; LG Bremen, DGVZ 1982, 8; AG Burg/Fehmarn, DGVZ 1972, 75.
14 Einzelheiten Vor §§ 704–707 Rdn. 5–8.

Vollstreckungsgrundlage geeignet sein, aus sich selbst heraus verständlich sein und auch für jeden Dritten erkennen lassen, was der Gläubiger vom Schuldner verlangen kann.[15] Es genügt nicht, wenn der genaue Umfang und Inhalt des zu vollstreckenden Anspruchs sich durch Hinzuziehung von Urkunden Dritter, etwa der Kontoauszüge einer Bank, oder durch Einsicht in Anlagen zur Gerichtsakte ermitteln lassen. Diese dem Vollstreckungsorgan grundsätzlich verschlossene Ermittlung kann auch nicht vom Vollstreckungsgericht im Erinnerungsverfahren nach § 766 ZPO nachgeholt werden.

5    3. **Gesetzliche Verbote:** Schließlich prüft das Vollstreckungsorgan, ob das, was dem Schuldner im Titel aufgegeben ist, nicht etwa gesetzlich verboten ist. Der Staat kann nicht mit Zwangsmitteln etwas durchsetzen, was gegen seine eigene Ordnung verstößt. Hat etwa der Schuldner in einem Vergleich sich zu einer strafgesetzlich verbotenen Handlung verpflichtet, so kann die Erfüllung dieser Verpflichtung nicht nach §§ 887-890 ZPO erzwungen werden. Ist die titulierte Schuld als solche allerdings wertneutral (z. B.: Zahlung einer bestimmten Geldsumme, Herausgabe eines bestimmten Gegenstandes), so ist es für die Vollstreckung ohne jeden Belang, daß der Schuldgrund mit Recht und Gesetz oder den guten Sitten im Widerspruch steht (Wucherzins, Entgelt für eine strafbare Handlung, Herausgabe des für eine Straftat benötigten Gegenstandes). Der Schuldner kann Einwendungen gegen den Schuldgrund nur im Rahmen von § 767 ZPO oder allenfalls mit einer auf § 826 BGB gestützten Klage[16] geltend machen. Das Vollstreckungsorgan darf derartige Einwendungen nicht beachten.

6    4. **Richtigkeit des Urteils:** Daß das Urteil möglicherweise ein Fehlurteil ist (z. B.: Der titulierte Zinsanspruch ist erkennbar wucherisch.), darf vom Vollstreckungsorgan auch dann, wenn die Fehler auf der Hand liegen, nicht berücksichtigt werden. Den Einwand, materiellrechtlich nicht verpflichtet zu sein, muß der Schuldner im Erkenntnisverfahren vorbringen. Ist dort – aus welchen Gründen auch immer – ein Versäumnisurteil ergangen oder wurde sein Vorbringen etwa unter Anwendung der Verspätungsregeln (vergl. §§ 296, 528 ZPO) nicht berücksichtigt, ist eine Korrektur im Vollstreckungsverfahren nicht mehr möglich.[17]

7    **III. Prüfung der Vollstreckungsklausel:** Soweit der zu vollstreckende Titel der Vollstreckungsklausel bedarf,[18] muß das Vollstreckungsorgan nachprüfen, ob eine dem äußeren Anschein nach korrekte Vollstreckungsklausel[19] erteilt ist. Dagegen hat das Vollstreckungsorgan nicht zu prüfen, ob das die Klausel erteilende Organ die besonderen Voraussetzungen der §§ 726 Abs. 1-729 ZPO zu Recht bejaht hat oder nicht.[20] Derartige Mängel der Klausel machen diese nicht nichtig, sondern nur mit den besonderen

---

15 BGHZ 22, 54; BGH, JA 1982, 308 mit Anm. von *Lippross;* BGH, Rpfleger 1995, 366 ff.; LM Nr. 49 zu § 253 ZPO; OLG Düsseldorf, MDR 1986, 328; OLG Köln, NJW 1985, 274; JurBüro 1976, 254; LAG Frankfurt, NZA 1988, 175; LAG Köln, NZA-RR 1996, 108; *Schüler,* DGVZ 1982, 65 ff. Siehe auch die Beispiele für fehlende Bestimmtheit bei *Brox/Walker,* Rdn. 42.
16 Einzelheiten: Anh. § 767 Rdn. 2 ff.
17 OLG Köln, BB 1977, 510; siehe auch oben Rdn. 5.
18 Vor §§ 724-734 Rdn. 4.
19 § 725 Rdn. 2 und 3.
20 Vor §§ 724-734 Rdn. 1 und dort Fußn. 2; ferner OLG Düsseldorf, JurBüro 1959, 38.

Rechtsbehelfen des Klauselrechts (§§ 732, 768 ZPO)[21] anfechtbar. Wenn das Vollstreckungsorgan dagegen erkennt, daß eine qualifizierte Klausel entgegen der gesetzlichen Regelung vom Urkundsbeamten der Geschäftsstelle statt vom Rechtspfleger erteilt wurde, muß er diesen Mangel beachten; denn eine solche Klausel ist wegen Verstoßes gegen die funktionelle Zuständigkeit unwirksam.[22]

**IV. Vollstreckung für den Gläubiger:** Erforderlich ist die namentliche Bezeichnung des Gläubigers, für den die Zwangsvollstreckung stattfinden soll. 8

**1. Antrag des Gläubigers:** Die Zwangsvollstreckung findet grundsätzlich nur auf Antrag des Gläubigers statt. Der Antrag ist in jedem Einzelfall erneut an das Vollstreckungsorgan, das die gewünschte Vollstreckungsmaßnahme durchführen soll, zu richten.[23] Ein genereller Antrag »an die Justizbehörde«, die Vollstreckung eines Titels zu veranlassen, wäre unzulässig. Erweist sich eine Vollstreckungsmaßnahme (z. B. Sachpfändung) als unzulänglich, so schaltet das Vollstreckungsorgan nicht von sich aus ein anderes ein, dessen Maßnahmen erfolgversprechender erscheinen; es kann noch nicht einmal von sich aus Vorbereitungen in dieser Richtung treffen (vergl. § 845 Abs. 1 S. 2 ZPO). Der Gläubiger muß jeweils erneut seinerseits tätig werden. 9

**2. Prozeßfähigkeit des Gläubigers:** Der Gläubiger muß, um den Antrag stellen zu können, prozeßfähig sein (§§ 51, 52 ZPO).[24] Für den nicht prozeßfähigen Gläubiger muß der gesetzliche Vertreter tätig werden. Bestehen begründete Zweifel an der Prozeßfähigkeit des beantragenden Gläubigers, so muß der Antrag zurückgewiesen werden. Gegebenenfalls muß ein Pfleger bestellt werden (§§ 1910 ff. BGB). 10

Juristische Personen stellen den Antrag durch ihr vertretungsberechtigtes Organ. Der zur Antragstellung berechtigte Gläubiger kann sich nach den allgemeinen Regeln durch einen Bevollmächtigten vertreten lassen. Die Bevollmächtigung ist dem Vollstreckungsorgan nachzuweisen. Die Vollmacht für das streitige Verfahren erstreckt sich auch auf die Zwangsvollstreckung (§ 81 ZPO).

**3. Bezeichnung des Gläubigers:** Die Frage, wer antragsberechtigter Gläubiger ist, beantwortet sich nicht nach den Regeln des materiellen Rechts, sondern danach, wer im Titel selbst oder in einer den Titel umschreibenden Vollstreckungsklausel als Gläubiger bezeichnet ist.[25] Die fehlende materielle Berechtigung des so Bezeichneten kann nur im Verfahren nach § 767 ZPO geltend gemacht werden. Ist ein Dritter im Titel als Empfangsberechtigter der Leistung bezeichnet, obwohl er nicht Prozeßpartei (Vertragspartei beim Vergleich oder notariellen Vertrag) war (etwa wenn der Tenor lautet: »Der Beklagte wird verurteilt, an den Kläger zu Händen der ... Bank, Konto-Nr. ..., X DM zu 11

---

21 Vor §§ 724–734 Rdn. 12.
22 OLG Frankfurt, Rpfleger 1991, 12; OLG Hamm, NJW-RR 1987, 957; Rpfleger 1989, 466; LG Detmold, Rpfleger 1996, 19; **a. M.** LG Kassel, JurBüro 1986, 1255; AG Oldenburg, DGVZ 1989, 142; hier § 726 Rdn. 18.
23 OVG Berlin, DGVZ 1983, 90.
24 Zur Partei- und Prozeßfähigkeit in der Zwangsvollstreckung allgemein vergl. Allgem. Vorbem. Rdn. 4.
25 BGH, WM 1963, 754; vergl. ferner Vor §§ 724–734 Rdn. 6.

zahlen«), so ist dieser Dritte nicht Gläubiger der Zwangsvollstreckung,[26] also auch nicht zur Antragstellung befugt. Denn nicht die auf dem materiellen Recht beruhende Berechtigung zum Empfang der Leistung, sondern allein die nach den Regeln des Prozeßrechts verbriefte Macht, die Leistung – an wen auch immer – **fordern** zu können, begründet die formelle Gläubigerposition.

12    4. **Bestimmtheit der Gläubigerbezeichnung:** Die Bezeichnung des Gläubigers im Titel bzw. in der Klausel muß so genau sein, daß sie dem Vollstreckungsorgan eine Identitätsprüfung zwischen dem ausgewiesenen und dem beantragenden Gläubiger ermöglicht und die verfahrensrechtlich korrekte Durchführung der Vollstreckungsmaßnahme gewährleistet. Dagegen bedarf es nicht der Bezeichnung des für den Gläubiger handelnden **Vertreters** im Titel.[27] Wer als Vertreter auftritt und nicht bereits im Titel als solcher ausgewiesen ist, muß seine Berechtigung dem Vollstreckungsorgan in geeigneter Form (Handelsregisterauszug, Vereinsregisterauszug, Hausstandsbuch usw.) nachweisen. Die Anforderungen an die genaue Bezeichnung des Gläubigers dürfen nicht überspannt werden.[28] Sie können auch nicht für jede Art der Zwangsvollstreckung gleich beurteilt werden. So genügt die Gläubigerbezeichnung »die Eigentümer der Wohnungseigentumsanlage X, vertreten durch den Verwalter Y«, um einen allen Wohnungseigentümern gemeinschaftlich zustehenden Zahlungsanspruch im Wege der Mobiliar- oder Forderungspfändung zu vollstrecken,[29] dagegen reicht diese Bezeichnung nicht aus, um für die Gemeinschaft und den Verwalter eine Zwangshypothek zu erwirken;[30] denn die Bezeichnung »die Eigentümer« genügt nicht den Anforderungen der GBO, der Verwalter aber ist nicht selbst Gläubiger. Ähnliches gilt, wenn eine Anwaltssozietät »Rechtsanwalt X und Partner« einen Zahlungstitel erwirkt hat: Der namentlich bezeichnete Sozius kann als einer der Gesamtgläubiger für alle Sozien Vollstreckungsauftrag zur Mobiliar- oder Forderungspfändung erteilen,[31] dagegen ist die Sozietät als solche zu ungenau bezeichnet, um als Gläubigerin einer Zwangshypothek eingetragen werden zu können.[32] Die nicht namentlich genannten Sozii können keinen Vollstreckungsauftrag im eigenen Namen oder »für die Sozietät« erteilen.[33] Soll die geschuldete Leistung nach dem Titel an einen Dritten erbracht werden, ist auch dieser in der Urteilsformel hinreichend bestimmt zu bezeichnen.

13    5. **Namensänderung beim Gläubiger:** War der Gläubiger im Titel korrekt bezeichnet, hat sich sein Name aber bei völliger Personenidentität später geändert (Heirat, Umfir-

---

26 Siehe Fußn. 19 und 20 Vor §§ 724–734.
27 LG Hamburg, MDR 1959, 219; LG Mönchengladbach, VersR 1961, 1052; AG Melsungen, DGVZ 1974, 91; *Schüler*, DGVZ 1974, 97; *Stein/Jonas/Münzberg*, § 750 Rdn. 20; *Zöller/Stöber*, § 750 Rdn. 14; **a. A.** LG Hamburg, Rpfleger 1958, 276.
28 Beispiel: LG Berlin, Rpfleger 1966, 21.
29 BayObLG, NJW-RR 1986, 564; LG Hannover, JurBüro 1985, 1732; LG Kempten, Rpfleger 1986, 93.
30 OLG Celle, Rpfleger 1986, 484.
31 AG Berlin-Wedding, DGVZ 1977, 25; **a. A.** *Zöller/Stöber*, § 750 Rdn. 4 (Titel überhaupt nicht vollstreckbar).
32 LG Bonn, Rpfleger 1984, 28.
33 LG Berlin, MDR 1977, 236; AG Berlin-Wedding, DGVZ 1978, 31.

mierung, sonstige Namensänderung), bedarf es weder einer Titelberichtigung noch eines Hinweises in der Klausel. Der Gläubiger kann seine Personenidentität dem Vollstreckungsorgan unmittelbar nachweisen, etwa durch Vorlage der Heiratsurkunde, des Personenstandsbuches, eines Handelsregisterauszuges usw. Eine Klarstellung durch das die Klausel erteilende Organ (nicht notwendig der Rechtspfleger, da kein Fall von § 727 ZPO[34]) im Zusammenhang mit der Vollstreckungsklausel kann dem Vollstreckungsorgan hilfreich sein, bindet es aber nicht.

**6. Personenwechsel auf Gläubigerseite:** Hat dagegen auf Gläubigerseite ein nachträglicher Personenwechsel stattgefunden, so kann der neue Gläubiger nur dann die Vollstreckung im eigenen Namen beantragen, wenn der Titel nach §§ 727, 728 ZPO auf ihn umgeschrieben wurde. An seine Bezeichnung in der Klausel sind die gleichen Anforderungen zu stellen wie an die des Gläubigers im Titel selbst.[35]

**V. Vollstreckung gegen den Schuldner:** Erforderlich ist ferner die namentliche Bezeichnung des Schuldners, gegen den die Zwangsvollstreckung durchgeführt werden soll. Die richtige Bezeichnung des Schuldners im Titel ist von großer praktischer Bedeutung, da sie den Vollstreckungszugriff auf Unbeteiligte verhindern hilft. Hier sind deshalb auch schärfere Anforderungen geboten als bei der Bezeichnung des Gläubigers, der sich schließlich noch durch den Besitz des Titels legitimieren muß. Andererseits sind kleine Ungenauigkeiten, die aber eine zweifelsfreie Identifizierung des Schuldners noch ermöglichen, ohne daß »detektivische« Nachforschungen geboten wären,[36] unschädlich, da es das Ziel der Norm eben nur ist, die Inanspruchnahme Unbeteiligter auszuschließen, nicht aber, den Anspruch des Schuldners auf korrekte Schreibweise seines Namens in öffentlichen Dokumenten zu gewährleisten.[37] Im einzelnen gilt folgendes:

**1. Fehlerhafte Bezeichnung:** Schreibfehler oder aus dem Einsatz der EDV resultierende Abweichungen (ae statt ä, oe statt ö usw.) stehen einer eindeutigen Identifizierung des Schuldners nicht entgegen, wenn sich im Titel genügend weitere Anhaltspunkte zur Personenbestimmung finden.[38] Gleiches gilt für Abkürzungen beim Vornamen[39] oder auch das Weglassen des Vornamens.[40] Auch eine unrichtige Personenstandsangabe[41] oder ein falscher Beruf oder Stand[42] schließen die Vollstreckbarkeit nicht grundsätzlich aus. Führt die fehlerhafte Bezeichnung allerdings zu Zweifeln oder trifft die unvollständige Bezeichnung auf mehrere Personen gleichermaßen zu,[43] so scheidet eine Vollstreckung aus.

---

34 Siehe auch § 727 Rdn. 2.
35 Einzelheiten § 727 Rdn. 31.
36 OLG München, KTS 1971, 289.
37 LG Hannover, JurBüro 1980, 774; AG Mönchengladbach, JurBüro 1961, 394.
38 LG Hannover, JurBüro 1980, 774; AG Köln, Rpfleger 1967, 220 (Kohl statt Köhl); AG Mönchengladbach, MDR 1962, 138 (Nitschke statt Nitzsche).
39 LG Hamburg, Rpfleger 1960, 20 und MDR 1961, 239; a. A. LG Hamburg, Rpfleger 1957, 257.
40 OLG Köln, MDR 1968, 762; AG Mönchengladbach, MDR 1962, 414.
41 AG Mönchengladbach, JurBüro 1964, 696.
42 LG Essen, JurBüro 1975, 1254.
43 LG Mainz, DGVZ 1973, 170.

**17**  2. **Firma als Schuldnerin:** Ist der Schuldner mit seiner Firma bezeichnet, so ist zu differenzieren: **Existiert** die Firma eines Einzelkaufmanns tatsächlich im handelsrechtlichen Sinne, so genügt im Hinblick auf § 17 Abs. 2 HGB allein ihre Bezeichnung im Titel ohne Hinzufügung des Namens des Inhabers, um in das Geschäfts- und Privatvermögen des Firmeninhabers vollstrecken zu können.[44] Wechselt der Inhaber später, so ist aus dem alten Titel ohne titelumschreibende Klausel keine Vollstreckung gegen den neuen Firmeninhaber möglich.[45] Ist im Titel neben der Firma auch der Name des Inhabers genannt, so richtet sich der Titel nur gegen diese Person und zwar auch dann, wenn sie in Wahrheit gar nicht der Firmeninhaber ist.[46] Im letzteren Fall kann aus dem Titel nicht in das Firmenvermögen vollstreckt werden.

Ist eine Handelsgesellschaft mit ihrer Firma im Titel korrekt bezeichnet, so hindern überflüssige Zusätze, die inhaltlich unzutreffend sind (falsche Angabe der gesetzlichen Vertreter, unrichtige Bezeichnung einer Zweigstelle usw.), nicht die Vollstreckung in das Gesellschaftsvermögen.[47]

**18**  Ist dagegen im Titel eine **nicht existierende** Firma als Schuldnerin genannt, so ist der Titel nicht vollstreckbar, wenn nicht gleichzeitig der Name eines Inhabers genannt ist.[48] Es ist nicht Aufgabe des Vollstreckungsorgans zu klären, wer sich hinter der Scheinfirma verbirgt; dies gilt insbesondere auch für sog. Etablissementsbezeichnungen (»Boutique Paris«) als Schuldnerbezeichnung. Ist jedoch neben der angeblichen Firma eine Person als deren Inhaber namentlich bezeichnet, richtet sich der Titel gegen diese Person, sofern sie eindeutig zu identifizieren ist und mit dem Zusatz »Firma« nur die gewerbliche Tätigkeit der Person gekennzeichnet werden soll.[49] Ist eine Gesellschaft als Schuldnerin im Titel aufgeführt, die in Wahrheit nicht existiert oder die über Gründungsvorbereitungen nicht hinausgekommen ist, so kann der Titel nicht gegen die Gründungsgesellschafter, den namentlich genannten Geschäftsführer oder den Namensgeber der Gesellschaft (»Schmitz-GmbH«) vollstreckt werden.[50]

**19**  3. **Namens- oder Firmenänderung:** War der Schuldner ursprünglich korrekt im Titel bezeichnet, hat er aber später seinen Namen[51] oder seine Firma geändert, so steht dies einer Vollstreckung des Titels nicht entgegen, wenn das Vollstreckungsorgan die Identität klären kann. Es gelten die gleichen Grundsätze wie oben Rdn. 13 zur Namensänderung des Gläubigers dargelegt.[52] Einer Klauselumschreibung in entsprechender Anwendung des § 727 ZPO bedarf es auch hier nicht. Der Gläubiger führt den Nachweis der Identität des Schuldners zweckmäßigerweise durch Vorlage von Urkunden. Diese

---

44 KG, JR 1953, 144; OLG Frankfurt, JurBüro 1973, 561; LG Aschaffenburg, NJW 1953, 1875.
45 AG Hannover, JurBüro 1974, 1307; AG Köln, JMBl.NW 1967, 164.
46 LG Koblenz, Rpfleger 1972, 458; AG München, DGVZ 1982, 172.
47 OLG Köln, Rpfleger 1975, 102; LG Berlin, Rpfleger 1974, 407.
48 KG, Rpfleger 1982, 191; OLG Hamm, MDR 1962, 994; OLG Köln, NJW-RR 1996, 292; LG Nürnberg-Fürth, Rpfleger 1958, 319; LG Stuttgart, MDR 1968, 504.
49 OLG Köln, NJW-RR 1996, 292.
50 LG Berlin, Rpfleger 1973, 104; AG Limburg, DGVZ 1981, 77.
51 Siehe dazu LG Braunschweig, NJW 1995, 1971.
52 LG Koblenz, JurBüro 1963, 302; AG Köln, JurBüro 1968, 159; AG Krefeld, MDR 1977, 762; AG Mönchengladbach, MDR 1962, 139; JurBüro 1963, 714; FamRZ 1964, 633.

sind aber dann nicht vonnöten, wenn die erforderliche Feststellung durch andere Umstände für das Vollstreckungsorgan gewährleistet bleibt.[53]

**4. Gesetzlicher Vertreter des Schuldners:** Der gesetzliche Vertreter des Schuldners muß im Titel nicht namentlich genannt sein. Dies gilt für juristische Personen, Handelsgesellschaften, Minderjährige und unter Betreuung oder Vormundschaft stehende Personen gleichermaßen.[54] Aus diesem Grunde ist es auch unschädlich, wenn der gesetzliche Vertreter falsch im Titel benannt ist. Ist bei Minderjährigen der gesetzliche Vertreter nicht namhaft gemacht, kann es allerdings insoweit praktische Schwierigkeiten geben, als das Vollstreckungsorgan u. U. die Ordnungsgemäßheit der Zustellung[55] nicht überprüfen kann. Ebenso können in diesen Fällen Schwierigkeiten auftreten, wenn im Laufe des Vollstreckungsverfahrens Willenserklärungen des Schuldners gegenüber dem Vollstreckungsorgan abzugeben sind (Einwilligung zum Betreten der Wohnung; Einwilligung in die Pfändung ansonsten unpfändbarer Gegenstände[56]), das Vollstreckungsorgan jedoch nicht weiß, wen es als gesetzlichen Vertreter hinzuziehen muß. Zwar muß das Vollstreckungsorgan den gesetzlichen Vertreter in diesen Fällen von Amts wegen ermitteln,[57] aufwendige Nachforschungen können aber nicht verlangt werden. Sie muß gegebenenfalls der Gläubiger anstellen.

20

**5. Gesamtschuldner:** Keine Frage der richtigen Bezeichnung des Schuldners im Titel ist es, ob bei einem gegen mehrere Schuldner als Gesamtschuldner lautenden Titel, zu dem nicht eine gemeinsame vollstreckbare Ausfertigung gegen alle Schuldner,[58] sondern je eine gegen die einzelnen Schuldner erteilt wurde,[59] mit dem Vollstreckungsauftrag gegen einen der Schuldner auch die gegen alle übrigen Schuldner erteilten vollstreckbaren Ausfertigungen vorgelegt werden müssen. Die Frage ist zu verneinen.[60] Ein gleichzeitiges Vorgehen gegen alle Gesamtschuldner, das durchaus geboten sein kann, wäre ansonsten ausgeschlossen. Die möglichen Gefahren für die Schuldner sind schon bei der Klauselerteilung zu berücksichtigen. Bedürfen die Titel keiner Klausel (Vollstreckungsbescheid), so kann doch nichts anderes gelten, da ansonsten hier die Möglichkeit des gleichzeitigen Vollstreckungszugriffs gegenüber allen Schuldnern versperrt wäre.

21

---

53 LG Verden, JurBüro 1986, 778.
54 Siehe Fußn. 27; ferner OLG Frankfurt, Rpfleger 1976, 27; LG Essen, JurBüro 1972, 76; LG Mönchengladbach, JurBüro 1961, 36.
55 Siehe unten Rdn. 27.
56 Zu dieser Möglichkeit siehe § 811 Rdn. 9.
57 MüKo/*Arnold*, § 750 Rdn. 19; einschränkend (nur Überprüfung des vom Gläubiger als gesetzlichem Vertreter Benannten) *Schüler*, DGVZ 1974, 98; *Stein/Jonas/Münzberg*, § 750 Rdn. 20.
58 So der Regelfall; siehe § 725 Rdn. 5.
59 Vergl. § 733 Rdn. 8.
60 Wie hier: LG Bremen, DGVZ 1982, 76; LG Stuttgart, Rpfleger 1983, 161; AG Groß-Gerau, Rpfleger 1981, 151 (mit Anm. *Spangenberg*); *Baumbach/Lauterbach/Hartmann*, § 750 Rdn. 9; *Thomas/Putzo*, § 750 Rdn. 7; a. A. AG Mönchengladbach, DGVZ 1982, 79; AG Wolfratshausen, DGVZ 1981, 159.

## § 750 Allg. Vollstreckungsvoraussetzungen; Parteibezeichnung; Zustellung

**22** **VI. Zustellung des Titels:**

**1. Grundsatz:** Grundsätzlich darf die Zwangsvollstreckung nur beginnen, wenn der zu vollstreckende Titel dem Schuldner, gegen den vollstreckt werden soll, bereits zugestellt ist oder gleichzeitig zugestellt wird. Letztere Möglichkeit kommt nur bei der Zwangsvollstreckung durch den Gerichtsvollzieher in Betracht, da nur er die Zustellung unmittelbar selbst vornehmen kann (§ 166 ZPO).

Der Nachweis, daß die vollstreckbare Ausfertigung des Titels zugestellt ist, ist für alle Arten der Zwangsvollstreckung und für jede Art von Titel gleichermaßen notwendig.[61] Ausnahmen vom Erfordernis der Titelzustellung spätestens bei Vollstreckungsbeginn sind lediglich in den §§ 845, 929 Abs. 3 ZPO, 133 ZVG vorgesehen.

**23** **2. Nachweis der Zustellung:** Wird der Titel nach seinem Erlaß von Amts wegen zugestellt (Urteile gem. § 317 Abs. 1 ZPO, vollstreckbare Beschlüsse gem. § 329 Abs. 3 ZPO), so genügt die Zustellungsbescheinigung nach § 213 a ZPO auf dem Titel oder in gesonderter Urkunde, die keinen Zweifel über das, was zugestellt worden ist, aufkommen läßt, als Nachweis i.S.d. § 750 Abs. 1 ZPO. Eine zusätzliche Parteizustellung ist überflüssig. Umgekehrt genügt aber auch eine wirksame Parteizustellung (etwa wenn die Amtszustellung versäumt worden oder erkennbar fehlerhaft ausgeführt ist). In diesem Fall führt der Gläubiger den Nachweis mit der ihm übermittelten Zustellungsurkunde (§ 190 Abs. 4 ZPO). Wird dem Gerichtsvollzieher eine Ausfertigung übergeben, auf der eine erfolgte Zustellung nicht vermerkt ist, muß die Ausfertigung noch zugestellt werden.[62] Können beide Seiten aus einem Titel vollstrecken und hat die eine Partei den Titel dem Gegner schon zustellen lassen, so genügt diesem der Nachweis hierüber (§ 190 Abs. 3 ZPO) als Zustellungsnachweis i.S.d. § 750 Abs. 1 ZPO; er braucht den Titel nicht noch seinerseits ebenfalls zustellen zu lassen,[63] wenn auch er die Vollstreckung betreiben will.[64]

Ist ein Titel einmal wirksam zugestellt worden, so muß er nicht erneut zugestellt werden, wenn er auf eine Abänderungsklage nach § 323 ZPO hin teilweise eingeschränkt wurde.[65] Die Vollstreckung aus dem alten Titel aufgrund des ursprünglichen Zustellungsnachweises kann im nunmehr noch zulässigen Umfange ungehindert fortgesetzt werden.

**24** **3. Zustellung von Unterlassungsverfügungen:**

a) **§ 929 Abs. 2 ZPO:** Kein Problem des § 750 Abs. 1 ZPO ist die Frage, ob in einstweiligen Verfügungen enthaltene Unterlassungstitel innerhalb der Vollziehungsfrist des § 929 Abs. 2 ZPO auch dann im Parteibetrieb zugestellt werden müssen, wenn eine Zustellung des Verfügungsurteils (§ 922 Abs. 1 ZPO) bereits von Amts wegen gem. § 317

---

61 Bedenklich deshalb LG Tübingen, Rpfleger 1981, 453, das die Vollstreckungsbehörde im Verhältnis zum Vollstreckungsgericht von diesem Nachweis freistellen will.
62 LG München, DGVZ 1996, 77.
63 OLG Frankfurt, Rpfleger 1981, 313.
64 Zur Anwendbarkeit des § 187 Abs. 1 ZPO im Rahmen des § 750 Abs. 1 siehe allgemein: LG Düsseldorf, JurBüro 1987, 454.
65 LG Hannover, Rpfleger 1970, 144.

Abs. 1 ZPO durchgeführt wurde.[66] Soweit eine solche Parteizustellung verlangt wird, wird das allein damit begründet, daß jede Zwangsvollstreckung ein bewußtes Tätigwerden des Gläubigers voraussetze. Da die Unterlassungsverfügung, wenn der Schuldner innerhalb der Vollziehungsfrist nicht gegen das Unterlassungsgebot verstoße, anders als durch Titelzustellung nicht vollzogen werden könne, müsse diese einzige Vollziehungsmöglichkeit notwendigerweise vom Gläubiger ausgehen.

b) § 890 ZPO: Ebenso ist es keine Frage zu § 750 Abs. 1 ZPO, ob Verstöße gegen einen Unterlassungstitel, der bereits mit einer Ordnungsmittelandrohung versehen war, nur dann mit Ordnungsmitteln nach § 890 ZPO geahndet werden können, wenn der Titel bereits vor ihrer Begehung zugestellt war, oder ob alle Verstöße nach Titelerlaß und Ordnungsmittelandrohung einen Vollstreckungsantrag rechtfertigen, dem dann allerdings erst nach Titelzustellung entsprochen werden kann.[67] Letzteres ist zutreffend, da das Unterlassungsgebot bereits mit Titelerlaß wirksam ist, soweit der Titel jedenfalls vorläufig vollstreckbar ist. § 750 Abs. 1 ZPO regelt dagegen nur den Vollstreckungsbeginn.

**4. Titel als Gegenstand der Zustellung:** Grundsätzlich ist nach § 750 Abs. 1 ZPO nur der Titel, nicht auch die Klausel zuzustellen. Letztere ist bei der Amtszustellung nach §§ 317 Abs. 1, 329 Abs. 3 ZPO auch noch gar nicht erteilt. Dies gilt auch für arbeitsgerichtliche Urteile als Titel.[68] Sind Urkunden oder sonstige Anlagen im Titel in der Weise in Bezug genommen, daß der zu vollstreckende Tenor ohne sie nicht verständlich ist, müssen sie mit zugestellt werden, damit die Vollstreckung aus dem Titel beginnen kann.[69] Bei Titeln, die nach § 890 ZPO zu vollstrecken sind, muß neben dem Unterlassungsgebot auch die vollständige Ordnungsmittelandrohung[70] zugestellt sein, damit ein Ordnungsmittel verhängt werden kann.

**5. Adressat der Zustellung:** Die Zustellung muß an denjenigen erfolgt sein bzw. bei Vollstreckungsbeginn erfolgen, der tatsächlich als Schuldner in Anspruch genommen werden soll. Dieser muß mit dem im Titel bzw. in der Klausel namentlich genannten Schuldner bei Titelerlangung identisch sein.[71] War der Schuldner bei Titelerlangung anwaltlich vertreten, dann muß die Zustellung an den Rechtsanwalt erfolgen (§§ 176, 178, 87 ZPO). Eine Zustellung allein an die Partei persönlich (etwa durch den Gerichtsvollzieher anläßlich des Beginns der Vollstreckung) wäre unwirksam.

Ist der Schuldner minderjährig oder hat er sonst einen gesetzlichen Vertreter, so muß die Zustellung an diesen erfolgen (soweit nicht wieder §§ 176, 178 ZPO eingreifen). Ist der gesetzliche Vertreter aus dem Titel nicht zu ermitteln,[72] so ist es Sache des Gläubi-

---

66 Bejahend *Schuschke*, in *Schuschke/Walker* Bd. II, § 929 Rdn. 27; verneinend *Walker*, Der einstweilige Rechtsschutz, Rdn. 582 f. m. N. für beide Ansichten.
67 Einzelheiten § 890 Rdn. 24; vergl. ferner OLG Hamburg, MDR 1957, 622; OLG Stuttgart, MDR 1962, 995.
68 OLG Frankfurt, JurBüro 1977, 1781.
69 OLG Saarbrücken, OLGZ 67, 34; AG Berlin-Wedding, DGVZ 1974, 158.
70 Zur Vollständigkeit OLG Düsseldorf, ZZP 1963, 474 sowie § 890 Rdn. 16, 24.
71 Oben Rdn. 15–19.
72 Siehe oben Rdn. 20.

gers, den Vertreter ausfindig zu machen und dem Vollstreckungsorgan mitzuteilen. Das Vollstreckungsorgan darf keinesfalls allein aus der Tatsache, daß im Titel kein gesetzlicher Vertreter eines minderjährigen Schuldners namhaft gemacht war, folgern, daß der Schuldner für die in Betracht kommende Schuld partiell geschäftsfähig sein müsse.[73] Es hat die Prozeßfähigkeit eigenständig zu prüfen, wenn diese im zuzustellenden Titel nicht durch das Gericht ausdrücklich festgestellt wurde. An eine solche Feststellung wäre das Vollstreckungsorgan allerdings gebunden.

Existiert derzeit kein gesetzlicher Vertreter (etwa nach einer Amtslöschung einer GmbH[74]), so muß der Gläubiger gegebenenfalls für die Bestellung eines Vertreters Sorge tragen.

**28** VII. Zustellung der Vollstreckungsklausel und anderer Urkunden (Abs. 2):

1. **Durch den Rechtspfleger erteilte Klausel:** Ist die Klausel nicht vom Urkundsbeamten, sondern auf Grund besonderer Prüfung (§§ 726 Abs. 1, 727-729, 738, 742, 744, 745 Abs. 2, 749 ZPO) durch den Rechtspfleger (ggfls. Notar oder Verwaltungsbehörde) zu erteilen, so müssen vor Beginn der Vollstreckung (– bei der Vollstreckung durch den Gerichtsvollzieher bei Beginn der Vollstreckung –) auch diese qualifizierte Vollstreckungsklausel und Abschriften der in ihr als Grundlage für die Entscheidung des Rechtspflegers (des Notars, der Verwaltungsbehörde) genannten öffentlichen oder öffentlich beglaubigten Urkunden[75] dem Schuldner zugestellt werden. Er soll daraus entnehmen können, daß und warum die nach dem ursprünglichen Titel noch nicht (oder jedenfalls für diesen Gläubiger nicht) anzunehmende Vollstreckungsreife gegen ihn nunmehr gegeben ist.

**29** Ob die Klausel auf Grund der in ihr aufgeführten Urkunden zu Recht erteilt wurde oder nicht, hat das Vollstreckungsorgan nicht zu prüfen. Es hat die Vollstreckung nicht von der Zustellung anderer oder zusätzlicher Urkunden abhängig zu machen, auch wenn der die Klausel Erteilende eigentlich die Vorlage dieser Urkunden hätte verlangen müssen.[76] Daß die Klausel überhaupt oder in ihrer konkreten Ausgestaltung zu Unrecht erteilt wurde, ist allein mit den Rechtsbehelfen des Klauselverfahrens (§§ 732, 768 ZPO[77]) geltend zu machen. Wurde die Klausel irrtümlich nach §§ 724, 725 ZPO erteilt, obwohl eine qualifizierte Klausel zu erteilen gewesen wäre, hat das Vollstreckungsorgan sie als solche zu akzeptieren und kann nicht seinerseits die Vorlage und Zustellung der Urkunden verlangen, die nach dem Inhalt des Titels den Eintritt der ursprünglich noch ausstehenden Vollstreckungsreife belegen könnten.[78] Sind, was praktisch selten sein dürfte, die Urkunden in ihrem Wortlaut schon in die Klausel aufgenommen worden, so ist die Klausel selbst als »Abschrift der Urkunden« zu werten;

---

73 LG Bonn, NJW 1974, 1387; AG Hannover, DGVZ 1974, 121; a. A. LG Essen, MDR 1956, 236.
74 OLG Frankfurt, Rpfleger 1982, 290.
75 Näheres § 726 Rdn. 9 und § 727 Rdn. 27; siehe auch AG Kaiserslautern, DGVZ 1990, 74; AG Schöneberg, DGVZ 1995, 190.
76 Wie hier *Stein/Jonas/Münzberg*, § 750 Rdn. 39; *Zöller/Stöber*, § 750 Rdn. 20; a. A. OLG Hamm, NJW-RR 1987, 957; LG Bonn, Rpfleger 1968, 125.
77 Siehe Vor §§ 724–734 Rdn. 12.
78 Siehe § 726 Rdn. 18; a. A. OLG Frankfurt, Rpfleger 1973, 323; LG Bonn, Rpfleger 1968, 125.

*Allg. Vollstreckungsvoraussetzungen; Parteibezeichnung; Zustellung* § 750

das Vollstreckungsorgan kann nicht noch die Zustellung zusätzlicher Abschriften verlangen.[79]

2. **Folge der noch fehlenden Zustellung:** Beantragt der Gläubiger die Vollstreckung, ohne sogleich die erforderlichen Zustellungen nachweisen zu können, so ist sein Antrag nicht sofort zurückzuweisen. Es ist ihm zunächst eine Frist zu setzen, in der er das Erforderliche nachholen kann.[80] 30

**VIII. Besonderheiten bei der Sicherungsvollstreckung (Abs. 3):** 31

1. **Wartefrist von zwei Wochen:** Die Sicherungsvollstreckung nach § 720 a ZPO kann – wenn die übrigen allgemeinen Vollstreckungsvoraussetzungen vorliegen[81] – nicht sogleich mit oder nach der Zustellung des Titels an den Schuldner beginnen. Es ist vielmehr eine zweiwöchige Wartefrist einzuhalten (Fristberechnung: § 222 ZPO). Sie soll dem Schuldner Gelegenheit geben, die nach § 720 a Abs. 3 ZPO mögliche Sicherheitsleistung zur vorläufigen Abwendung der Zwangsvollstreckung aufzubringen. Bei Titeln, die mit einer einfachen Vollstreckungsklausel versehen sind (§§ 724, 725 ZPO), beginnt die Frist mit Zustellung des Titels (auch Amtszustellung nach § 317 Abs. 1 ZPO). Die zusätzliche Zustellung der Klausel ist zur Ingangsetzung der Frist nur erforderlich, wenn es sich um eine der in § 750 Abs. 2 ZPO angesprochenen qualifizierten Klauseln handelt.[82] Der Schuldner soll durch die Klauselzustellung erfahren, daß ihm nunmehr die Sicherungsvollstreckung droht, obwohl er nach dem Titelinhalt noch nicht unmittelbar damit rechnen mußte. Bei Titeln mit einer einfachen Klausel wäre ein solcher zusätzlicher Hinweis überflüssig. Hier reicht die Titelzustellung als Vorwarnung aus.

2. **Wartefrist und Verpfändung:** Im Falle der Forderungspfändung kann die Zweiwochenfrist des Abs. 3 durch eine Vorpfändung nach § 845 ZPO überspielt werden. Sofort nach Erlangung des auf eine Geldleistung gerichteten, grundsätzlich vollstreckungsfähigen Titels kann der Gläubiger dem Drittschuldner und dem Schuldner die in § 845 Abs. 1 ZPO genannte Benachrichtigung[83] zustellen lassen. Zu diesem Zeitpunkt braucht der Titel weder vollstreckbar ausgefertigt noch dem Schuldner zugestellt zu 32

---

79 OLG Frankfurt, Rpfleger 1977, 416; *Stephan*, Rpfleger 1968, 106.
80 AG Saarbrücken, MDR 1972, 1040.
81 Siehe oben Rdn. 2.
82 Wie hier LG Frankfurt, Rpfleger 1982, 296; LG Münster, JurBüro 1986, 939 mit Anm. *Mümmler*; LG Verden, MDR 1985, 330; *Brox/Walker*, Rdn. 154; *Münzberg*, Rpfleger 1983, 58; *Stein/Jonas/Münzberg*, § 750 Rdn. 5; a. A. (Klauselzustellung immer erforderlich) KG, JurBüro 1988, 790; OLG Karlsruhe, DGVZ 1990, 186; OLG Schleswig, NJW-RR 1988, 700; OLG Stuttgart, NJW-RR 1989, 1535; LG Ansbach, DGVZ 1983, 77; LG Berlin, NJW-RR 1987, 1212; LG Darmstadt, NJW 1986, 2260; LG Mönchengladbach, JurBüro 1987, 925 mit Anm. *Mümmler*; LG München, DGVZ 1984, 73; *Baumbach/Lauterbach/Hartmann*, § 750 Rdn. 14; *Fahlbusch*, Rpfleger 1979, 94; *MüKo/Arnold*, § 750 Rdn. 94; *Seip*, Rpfleger 1983, 56.
83 Einzelheiten zum Inhalt der Benachrichtigung usw. vergl. die Anmerkungen zu § 845.

sein.[84] Der Gläubiger erreicht so die vorläufige Beschlagnahme der Forderung. Wird die Vollpfändung rechtzeitig nachgeholt, behält das durch die Vorpfändung erlangte vorläufige Pfandrecht endgültig seinen Rang.[85]

33 **IX. Sonstige Wartefristen:** Neben Abs. 3 für den Fall der Sicherungsvollstreckung nach § 720 a ZPO sieht das Gesetz noch in folgenden Fällen die Einhaltung einer Wartefrist vor Beginn der Zwangsvollstreckung vor:

1. **§ 798 ZPO:** Aus einem Kostenfestsetzungsbeschluß, der nicht auf das Urteil gesetzt ist[86] (Vollstreckungstitel gem. § 794 Abs. 1 Nr. 2 ZPO), aus Regelunterhaltsbeschlüssen (Titel gem. § 794 Abs. 1 Nr. 2 a ZPO) und vollstreckbaren Urkunden (Titel gem. § 794 Abs. 1 Nr. 5 ZPO) darf die Zwangsvollstreckung erst beginnen, wenn der Titel mindestens **zwei Wochen** vorher zugestellt worden ist (Fristberechnung gem. § 222 ZPO).

2. **§ 798 a ZPO:** Aus Abänderungsbeschlüssen, die im vereinfachten Verfahren zur Abänderung von Unterhaltstiteln zugunsten Minderjähriger ergangen sind (§ 641 p ZPO), darf die Zwangsvollstreckung erst beginnen, wenn der Beschluß mindestens **einen Monat** vorher zugestellt ist. Gleiches gilt für die aufgrund solcher Beschlüsse ergangenen Kostenfestsetzungsbeschlüsse.[87]

3. **§ 845 ZPO:** Für die Vorpfändung gem. § 845 ZPO sind auch diese Wartefristen nicht einzuhalten. Es gilt das zu Rdn. 32 Gesagte entsprechend.

33a 4. **Wartefristen außerhalb der ZPO:** Außerhalb der ZPO finden sich vergleichbare Wartefristen für den Beginn der Zwangsvollstreckung insbesondere in folgenden Regelungen: § 254 Abs. 1 AO 1977; § 3 Abs. 2 Buchst. c VwVG; § 106 Abs. 2 OWiG; § 84 Abs. 2 BRAO.

34 **X. Folgen von Verstößen gegen § 750 ZPO:**

1. **Vollstreckung entgegen § 750 ZPO:** Liegt überhaupt ein vollstreckungsfähiger Titel vor,[88] so führt die Nichtbeachtung der Regeln des § 750 ZPO nicht zur Nichtigkeit der regelwidrig durchgeführten Zwangsvollstreckung, sondern lediglich zu deren Anfechtbarkeit.[89] Das gilt sowohl für den Fall, daß aus einem Titel ohne Klausel vollstreckt wurde,[90] als auch für die Fälle, daß der Schuldner weder im Titel noch in der Klausel

---

84 KG, ZIP 1980, 322; LG Frankfurt, Rpfleger 1983, 32.
85 Einzelheiten: § 845 Rdn. 6.
86 Zum Festsetzungsbeschluß auf dem Urteil und der Ausfertigung siehe § 105 ZPO.
87 Einzelheiten: § 798 a Rdn. 2.
88 Die Vollstreckung ohne jeglichen Titel führt zur Nichtigkeit aller Vollstreckungsakte; BGHZ 70, 313 ff.; OLG Hamburg, MDR 1974, 321; Einzelheiten: Vor §§ 803, 804 Rdn. 5; a. A. wohl BGH, WM 1977, 840.
89 BGHZ 66, 79; BGH, LM Nr. 22 zu § 794 I Ziff. 5 ZPO (unter III 2) mit Anm. *Walker* und Anm. *Münzberg*, Rpfleger 1995, 367, 368. Siehe auch Vor §§ 803, 804 Rdn. 4 ff.
90 Vor §§ 724–734 Rdn. 3.

benannt⁹¹ oder der Gläubiger nicht entsprechend legitimiert war,⁹² daß Zustellungsmängel vorlagen⁹³ oder die Zustellung gar ganz unterlassen wurde. Im Falle der Nichtbeachtung der Wartefristen kann allerdings durch die verfrühte Zwangsvollstreckung keine Priorität vor Fristablauf erschlichen werden.⁹⁴ Während ansonsten die nur anfechtbare Beschlagnahme dann, wenn die materiellrechtlichen Voraussetzungen⁹⁵ für das Entstehen eines Pfändungspfandrechts gegeben sind, zur Entstehung des Pfandrechts zum Zeitpunkt der Beschlagnahme führt, entsteht in diesem Fall das Pfandrecht erst im Zeitpunkt des Fristablaufes. Solange die Vollstreckung anfechtbar ist,⁹⁶ kann das Pfandrecht wieder beseitigt werden. Entfällt die Möglichkeit der Anfechtung,⁹⁷ ist das Pfandrecht als von Anfang an vollwirksam zu behandeln.⁹⁸

**2. Verzicht des Schuldners auf die Einhaltung des § 750 ZPO:** Die Zwangsvollstreckung ist trotz Nichtbeachtung der Voraussetzungen des § 750 ZPO von Anfang an nicht fehlerhaft und damit auch nicht anfechtbar, wenn der Schuldner auf die Beachtung dieser Formalien verzichtet. Der Verzicht kann dem Vollstreckungsorgan gegenüber, wenn dieses mit der Zwangsvollstreckung beginnen soll, erklärt werden.⁹⁹ In diesem Fall ist er zu protokollieren (§ 762 Abs. 2 Nr. 2 ZPO). Der Verzicht kann aber auch bereits vorab erklärt werden.¹⁰⁰ In diesem Fall muß er allerdings dem Vollstreckungsorgan durch öffentlich beglaubigte Urkunde nachgewiesen werden. Dies folgt aus dem der Regelung der §§ 726 Abs. 1, 727 Abs. 1, 775 ZPO zugrunde liegenden Gedanken: Im stark formalisierten Vollstreckungsverfahren sollen Ausnahmen vom Regelablauf nur Berücksichtigung finden, wenn ihr Vorliegen mit erhöhter Sicherheit und dazu noch relativ einfach nachprüfbar ist.¹⁰¹ Wirksam ist deshalb ein Verzicht auf die förmliche Zustellung des Titels, wenn er bereits im Titel selbst (etwa der notariellen Urkunde oder der vor dem Urkundsbeamten des Jugendamtes errichteten Verpflichtungsurkunde) erklärt worden ist.¹⁰² Gebräuchlich ist insoweit die beurkundete Erklärung des Schuldners, er habe eine beglaubigte Abschrift der Urkunde erhalten und verzichte auf eine förmliche Zustellung derselben. Unwirksam wäre dagegen eine Klausel in Allgemeinen Geschäftsbedingungen, der Schuldner verzichte schon vorab für den Fall, daß

35

---

91 BGHZ 30, 175; BGH, NJW 1979, 2045; **a. A.** *Bruns/Peters*, § 20 III 1 a; *Jauernig*, § 16 II.
92 Allgem. Vorbem. Rdn. 4.
93 BGHZ 57, 108; 66, 79; BGH, JZ 1976, 287; **a. A.** wohl OLG Hamburg, MDR 1965, 143.
94 OLG Hamm, NJW 1974, 1516; *Noack*, DGVZ 1977, 33.
95 Vor §§ 803, 804 Rdn. 6, 14.
96 Nachfolgend Rdn. 36; ferner § 766 Rdn. 20.
97 Wegen nachträglicher Heilung des Mangels oder weil die Zwangsvollstreckung beendet ist; vergl. § 755 Rdn. 20.
98 *Stein/Jonas/Münzberg*, § 750 Rdn. 12; vergl. ferner Vor §§ 803, 804 Rdn. 15.
99 H. M.; vergl. *Brox/Walker*, Rdn. 155; *Stein/Jonas/Münzberg*, § 750 Rdn. 8; *Zöller/Stöber*, § 750 Rdn. 21.
100 Sehr streitig; wie hier LG Bad Kreuznach, DGVZ 1982, 189; LG Ellwangen, Rpfleger 1966, 145; *Berner*, Rpfleger 1966, 134; *Brox/Walker*, Rdn. 155; *Emmerich*, ZZP 1968, 425; *Zöller/Stöber*, § 750 Rdn. 21; **a. A.** LG Flensburg, Rpfleger 1960, 303; MüKo/*Arnold*, § 750 Rdn. 96; *Stein/Jonas/Münzberg*, § 750 Rdn. 9; *Thomas/Putzo*, § 750 Rdn. 12.
101 Diese Formulierung trägt auch den Bedenken *Münzberg*'s (Stein/Jonas, § 750 Rdn. 9) Rechnung.
102 LG Bad Kreuznach, DGVZ 1982, 189.

die Forderung gegen ihn tituliert werden müsse, auf die Zustellung des Titels vor Beginn der Zwangsvollstreckung oder die Einhaltung der Wartefristen.

**36** 3. **Rechtsbehelfe bei Verstößen gegen § 750 ZPO:** Der Gläubiger kann, wenn die Zwangsvollstreckung selbst oder die ihrer Vorbereitung dienende Zustellung des Titels oder der Klausel zu Unrecht abgelehnt wird, hiergegen Erinnerung nach § 766 ZPO einlegen, soweit der Gerichtsvollzieher oder das Vollstreckungsgericht hätten tätig werden sollen. Die sofortige Beschwerde nach § 793 ZPO kommt in Betracht, soweit das Prozeßgericht die Zwangsvollstreckung abgelehnt hat, und die Erinnerung nach §§ 11 RPflG, 71 GBO, wenn das Grundbuchamt den Vollstreckungsantrag zurückgewiesen hat.[103] Die gleichen Rechtsbehelfe hat der Schuldner, wenn unter Verstoß gegen §750 ZPO gegen ihn vollstreckt wurde. Hat er allerdings auf die Einhaltung der Formvorschriften zunächst wirksam verzichtet,[104] so liegt in deren Nichtbeachtung kein Verfahrensmangel mehr, so daß ein nachträglicher Rechtsbehelf insoweit erfolglos wäre.

Verstöße gegen § 750 ZPO können auch nachträglich mit Rückwirkung geheilt werden.[105] Ein zunächst erfolgversprechender Rechtsbehelf wird deshalb unbegründet, wenn die Mängel zum Zeitpunkt der Entscheidung über den Rechtsbehelf nicht mehr vorliegen, wenn also z. B. die unterlassene Zustellung nachgeholt, die Klausel gegen den in Anspruch genommenen Schuldner besorgt und zugestellt wurde oder die nichtbeachtete Wartefrist inzwischen abgelaufen ist (insoweit allerdings keine Rückwirkung[106]). Der Schuldner kann sich der Kostentragungspflicht für den Rechtsbehelf in diesen Fällen durch eine Erledigungserklärung (§ 91 a ZPO entspr.) entziehen.

**37** XI. **ArbGG VwGO, AO:** § 750 ZPO gilt auch bei der Vollstreckung von arbeitsgerichtlichen Titeln (§§ 62 Abs. 2, 85 Abs. 1 S. 3 ArbGG)[107] und von Titeln nach § 168 VwGO (§ 167 Abs. 1 VwGO). Wenn gem. § 169 Abs. 1 S. 1 (und ggf. gem. § 170 Abs. 1 S. 3) VwGO das VwVG gilt, ist für die Vollstreckung ein Leistungsbescheid (§ 3 Abs. 2 Buchst. a VwVG) oder ein auf Herausgabe, auf Vornahme einer Handlung oder auf Duldung oder Unterlassung gerichteter Verwaltungsakt (§ 6 Abs. 1 VwVG) erforderlich, der den Betroffenen bekannt zu geben ist. Für die Abgabenvollstreckung ergeben sich die Voraussetzungen für den Beginn der Vollstreckung aus § 254 AO.

---

103 Vergl. insoweit § 867 Rdn. 25 sowie BayObLG, Rpfleger 1976, 66; OLG Frankfurt, JurBüro 1982, 1098; OLG Köln, OLGZ 1967, 499.
104 Siehe oben Rdn. 35.
105 OLG Schleswig, NJW-RR 1988, 700.
106 Siehe oben Rdn. 34.
107 *Grunsky*, ArbGG, § 750 Rdn. 3 a; *Stein/Jonas/Münzberg*, § 750 Rdn. 43 f.

## § 751 Besondere Bedingungen für den Vollstreckungsbeginn

(1) Ist die Geltendmachung des Anspruchs von dem Eintritt eines Kalendertages abhängig, so darf die Zwangsvollstreckung nur beginnen, wenn der Kalendertag abgelaufen ist.
(2) Hängt die Vollstreckung von einer dem Gläubiger obliegenden Sicherheitsleistung ab, so darf mit der Zwangsvollstreckung nur begonnen oder sie nur fortgesetzt werden, wenn die Sicherheitsleistung durch eine öffentliche oder öffentlich beglaubigte Urkunde nachgewiesen und eine Abschrift dieser Urkunde bereits zugestellt ist oder gleichzeitig zugestellt wird.

**Inhaltsübersicht**

| | | Rdn. |
|---|---|---|
| | Literatur | |
| I. | Zweck und Anwendungsbereich | 1 |
| II. | Eintritt eines Kalendertages (Abs. 1) | 2 |
| | 1. Kalendertag | 2 |
| | 2. Anwendungsfälle | 3 |
| | 3. Ablauf des Kalendertages | 4 |
| | 4. Vorratspfändung | 5 |
| | 5. Dauerpfändung | 6 |
| III. | Nachweis der Sicherheitsleistung (Abs. 2) | 7 |
| | 1. Nachweis durch den Gläubiger | 7 |
| | 2. Prüfung durch das Vollstreckungsorgan | 8 |
| | 3. Besonderheiten bei Hinterlegung | 9 |
| | 4. Besonderheiten bei Bankbürgschaft | 10 |
| IV. | Rechtsfolgen eines Verstoßes gegen § 751 ZPO | 11 |
| V. | Verzicht des Schuldners auf die Einhaltung des § 751 ZPO | 12 |
| VI. | Rechtsbehelfe bei Verstößen gegen § 751 ZPO | 13 |
| VII. | ArbGG, VwGO, AO | 14 |

**Literatur:** *Bauer*, Die Rechtsgrundlage der Vorratspfändung, NJW 1962, 574; *Berner*, Dauerpfändungen und Vorzugs-(Vorrats-)pfändungen, Rpfleger 1962, 237; *Jakobs*, Vorläufige Vollstreckbarkeit gegen Sicherheitsleistung unter besonderer Berücksichtigung der Prozeßbürgschaft, DGVZ 1973, 107 und 129; *Kotzur*, Zum Nachweis der als Sicherheitsleistung erbrachten Bankbürgschaft in der Zwangsvollstreckung, DGVZ 1990, 65; *Mümmler*, Sicherheitsleistung durch Bürgschaft, JurBüro 1971, 222; *Noack*, Die Prozeßbürgschaft als Sicherheitsleistung und besondere Voraussetzung für die Zwangsvollstreckung, MDR 1972, 287; *E. Schneider*, Sicherheitsleistung durch Bankbürgschaft, JurBüro 1969, 487.

**I. Zweck und Anwendungsbereich:** Da im Hinblick auf die beiden in § 751 ZPO angesprochenen Vollstreckungsvoraussetzungen die Vollstreckungsreife des Titels noch nicht bei der Klauselerteilung überprüft wird (§ 726 Abs. 1 ZPO), muß das Vollstreckungsorgan die notwendigen Feststellungen in eigener Verantwortung vor Beginn der Zwangsvollstreckung nachholen. In beiden in § 751 ZPO angesprochenen Fällen ist 1 dies ohne besondere Mühe möglich, so daß Interessen des Schuldners durch die Verlegung des Prüfungszeitpunktes auf den Vollstreckungsbeginn nicht gefährdet sind. Für den Gläubiger aber wird das Vollstreckungsverfahren erheblich beschleunigt, wenn er das Klauselverfahren und seine Bemühungen um die Bereitstellung der Sicherheitsleistung parallel betreiben und den Vollstreckungsantrag schon vor dem Kalendertag stellen kann, zu dem die Geltendmachung des Anspruchs möglich ist. § 751 ZPO gilt wie § 750 ZPO für alle Arten der Zwangsvollstreckung und für alle Vollstreckungsorgane.[1]

2  II. Eintritt eines Kalendertages (Abs. 1):

1. **Kalendertag:** Der Kalendertag muß als feststehendes Datum nur mit Hilfe der Angaben im Titel und unter Hinzuziehung eines Kalenders bestimmt werden können, ohne daß der Eintritt weiterer Umstände überprüft werden müßte (ansonsten wäre § 726 Abs. 1 ZPO einschlägig). Der klarste Fall ist die Nennung eines genauen Datums im Titel selbst (»wird verurteilt, am 15. 1. 1989 ... zu zahlen.«). Hierher gehören aber auch die Fälle, in denen das Datum als Ergebnis einer Rechnung von einem feststehenden Tag aus im Kalender (»drei Wochen nach Beendigung der Sommerschulferien Nordrhein-Westfalen 1989«) zu ermitteln ist oder an Stelle eines Datums ein kalendermäßig feststehendes Ereignis genannt ist (»Osterdienstag 1989«). Unter § 751 Abs. 1 ZPO sind auch die Fälle zu fassen, in denen der Anspruch erst eine bestimmte Frist nach Zustellung des Titels soll geltend gemacht werden können (z. B.: »2 Wochen nach Zustellung dieses Vergleiches ...«).[2] Das ergibt sich aus dem Sinn der Regelung in § 726 Abs. 1 ZPO einerseits und in § 751 Abs. 1 ZPO andererseits. Danach soll das Vollstreckungsorgan von der Überprüfung tatsächlich und rechtlich schwieriger Bedingungen für den Eintritt der Vollstreckungsreife freigestellt sein, aber andererseits soll keine Verzögerung der Vollstreckung durch ein langwierigeres Klauselverfahren eintreten, wenn das Vollstreckungsorgan allein anhand der Vollstreckungsunterlagen und des Kalenders die Vollstreckungsreife feststellen kann. Auch § 750 Abs. 3 ZPO spricht für dieses Ergebnis: Der Ablauf der Wartefrist wird ebenfalls vom Vollstreckungsorgan selbständig berechnet. Die Zustellung muß das Vollstreckungsorgan ja ohnehin prüfen. Der Zustellungsnachweis ist Teil der Vollstreckungsunterlagen. Anders ist der Fall zu beurteilen, wenn nach dem Inhalt eines Unterhaltsvergleichs die Unterhaltszahlungen an einem bestimmten Tag nach Rechtskraft des Scheidungsurteils aufgenommen werden sollen (»... am 1. jeden Monats beginnend mit dem auf die Rechtskraft des Scheidungsurteils folgenden Monat ... zu zahlen«). Hier gehört das Scheidungsurteil nicht zu den notwendigen Vollstreckungsunterlagen. Es liegt deshalb ein Fall des § 726 Abs. 1 ZPO vor.[3] Weder ein Fall von § 751 Abs. 1 ZPO noch von § 726 Abs. 1 ZPO ist gegeben, wenn nach dem Sinn und Zweck der titulierten Regelung eigentlich ein bestimmtes Fälligkeitsdatum für die Leistung genannt sein müßte, aber vergessen worden ist. Hier ist der Titel seinem Tenor entsprechend sofort vollstreckbar. Löst etwa ein Arbeitsgericht unter Festsetzung einer Abfindung ein Arbeitsverhältnis zu einem bestimmten Zeitpunkt auf, ohne im Tenor oder in den Gründen

---

1 Vergl. § 750 Rdn. 1.
2 Wie hier *Brox/Walker*, Rdn. 158; *Stein/Jonas/Münzberg*, § 751 Rdn. 3; a. A. *Zöller/Stöber*, § 751 Rdn. 2.
3 Vergl. § 726 Rdn. 5 sowie dort Fußn. 6 und 7.

einen Fälligkeitszeitpunkt für die Abfindung festzustellen, so kann der Abfindungsgläubiger vor dem festgelegten Auflösungszeitpunkt vollstrecken.[4]

**2. Anwendungsfälle:** Die praktisch bedeutsamsten Anwendungsfälle des Abs. 1 sind Urteile auf künftige Leistungen (§§ 257-259 ZPO), insbesondere Unterhalts- und Rentenleistungen betreffend, ferner Vergleiche und vollstreckbare Urkunden über derartige Leistungen (Unterhaltsvergleich, Grundstückskauf auf Rentenbasis) sowie Räumungsurteile über Wohnraum, in denen dem Schuldner eine Räumungsfrist bewilligt wurde (§ 721 ZPO). Urteile der Amtsgerichte oder Arbeitsgerichte nach § 510 b ZPO gehören ebenfalls hierher, falls die Frist, innerhalb derer die Handlung vorgenommen worden sein muß, datumsmäßig bestimmt oder bestimmbar (oben Rdn. 2) ist.

**3. Ablauf des Kalendertages:** Da die in Abs. 1 angesprochene Frist ihren Grund eigentlich im materiellen Recht hat, obwohl sie durch ihre Aufnahme in den Titel auch eine prozeßrechtliche Komponente erhalten hat, ist § 193 BGB zu berücksichtigen:[5] Ist der zunächst kalendermäßig korrekt ermittelte Tag ein Samstag, Sonntag oder ein gesetzlicher Feiertag an dem Ort, an dem vollstreckt werden soll, so tritt an seine Stelle der nächste Werktag.

Die Vollstreckung darf nach dem Gebot in Abs. 1 nie am Tage der Fälligkeit selbst, sondern immer erst nach seinem Ablauf, also am folgenden Tag beginnen. Ist dieser Tag nun seinerseits ein Sonntag oder ein Feiertag, so greift dann § 761 ZPO ein.

**4. Vorratspfändung:** Abs. 1 verhindert grundsätzlich Vorratspfändungen: Künftige Ansprüche sollen nicht schon vorab durch ein Pfändungspfandrecht lange im voraus gesichert werden können, während dann Gläubiger bereits fälliger Ansprüche, die auch sofort zur Verwertung des Pfändungsgutes schreiten könnten, auf lange Zeit mir ihren nachrangigen Pfandrechten blockiert wären, nur weil sie ihren Titel später erlangt haben. Eine wichtige Ausnahme von diesem Grundsatz macht aber § 850 d Abs. 3 ZPO: Bei der Vollstreckung wegen gesetzlicher Unterhaltsansprüche und wegen Rentenansprüchen, die aus Anlaß von Körper- oder Gesundheitsverletzungen zu zahlen sind, kann zugleich mit der Pfändung wegen fälliger Ansprüche[6] auch künftig fällig werdendes Arbeitseinkommen wegen der dann jeweils fällig werdenden Ansprüche gepfändet werden.[7] Die analoge Anwendung dieser Vorschrift auf Titel aus anderen künftigen Ansprüchen als Unterhalts- und Rentenansprüchen (z. B. künftigen Mietzins-, Erbbauzins-, Rentenforderungen aus Kaufverträgen) ist ebenso unzulässig[8] wie auf die Vollstreckung von künftigen Renten- und Unterhaltsansprüchen in andere künftige Ansprüche als Arbeitseinkommen.[9] Die Vorratspfändung bewirkt, daß der künftige

---

4 OLG Köln, NJW-RR 1986, 159.
5 Wie hier: *Baumbach/Lauterbach/Hartmann*, § 751 Rdn. 2; *Stein/Jonas/Münzberg*, § 751 Rdn. 2; a. A. *Zöller/Stöber*, § 751 Rdn. 2.
6 Also nicht allein wegen der künftigen Ansprüche, wenn die fälligen Ansprüche jeweils fristgerecht befriedigt werden; vergl. KG, MDR 1960, 931.
7 Einzelheiten: § 850 d Rdn. 17.
8 H. M., vergl. *Brox/Walker*, Rdn. 160.
9 OLG Hamm, Rpfleger 1963, 19; LG Berlin, Rpfleger 1978, 331 und Rpfleger 1982, 434; AG Bad Homburg, WM 1985, 843; a. A. LG Saarbrücken, Rpfleger 1973, 373.

Anspruch sofort gepfändet ist und mit dem Pfandrecht belastet zur Entstehung gelangt. Jede spätere Pfändung auch wegen bereits fälliger Ansprüche hat prioritätsjüngeren Rang.

6  5. **Dauerpfändung:** Das unterscheidet die Vorratspfändung von der von der Rechtsprechung aus Rationalisierungs- und Praktikabilitätsgründen zugelassenen sog. Dauerpfändung oder Vorauspfändung.[10] Sie kommt nur bei der Vollstreckung regelmäßig wiederkehrender künftiger Forderungen in Geldforderungen in Betracht. Um nicht in kurzen Abständen immer wieder einen neuen Pfändungs- und Überweisungsbeschluß erwirken zu müssen, kann der Gläubiger mit der ersten Pfändung wegen eines fälligen Anspruchs aufschiebend bedingte Pfändungen wegen der künftigen Ansprüche erwirken, die aber nicht sogleich mit der Zustellung des Pfändungsbeschlusses an den Drittschuldner wirksam werden, sondern jeweils erst (entsprechend dem Gebot des § 750 Abs. 1 ZPO) einen Tag nach der Fälligkeit des Anspruchs, wegen dem die Vollstreckung betrieben wird. Zwischenzeitlich ausgebrachte Pfändungen wegen bereits fälliger Ansprüche gehen, weil sie sofort wirksam werden, den Vorauspfändungen bis zur Fälligkeit im Rang vor.[11] Die Vorauspfändung muß im Pfändungsbeschluß als solche kenntlich gemacht sein, sonst ist § 751 Abs. 1 ZPO verletzt. Eine Umdeutung einer unzulässigen Pfändung vor Fälligkeit in eine Vorauspfändung scheidet aus.

7  III. **Nachweis der Sicherheitsleistung:**

1. **Nachweis durch den Gläubiger:** Von einer Sicherheitsleistung des **Gläubigers** hängt die Vollstreckung in den Fällen der §§ 709, 712 Abs. 2 Satz 2 ZPO ab, aber auch gem. § 711 ZPO, wenn der Schuldner in den Fällen des § 708 Nr. 4 bis 11 ZPO zunächst Sicherheit geleistet hat. Da die Leistung der Sicherheit bei der Klauselerteilung nicht überprüft wird, muß der Gläubiger sie dem Vollstreckungsorgan vor Vollstreckungsbeginn nachweisen. Lautet der Titel allerdings auf eine Geldleistung und beauftragt der Gläubiger das Vollstreckungsorgan nur mit einer Sicherungsvollstreckung i. S. § 720 a ZPO,[12] so entfällt zunächst der Nachweis der Sicherheitsleistung. Er ist nachzuholen, sobald der Gläubiger über die rangwahrende Sicherung hinaus Befriedigung erstrebt (Verwertung der gepfändeten beweglichen Sache; Beantragung des Überweisungsbeschlusses hinsichtlich der gepfändeten Forderung; Beantragung auch der Zwangsversteigerung neben der Sicherungshypothek usw.). Ein Vollstreckungsantrag, dem der erforderliche Nachweis der Sicherungsleistung nicht beigefügt ist, ist nicht etwa zurückzuweisen, sondern – soweit die übrigen Voraussetzungen der Sicherungsvollstreckung vorliegen – als ein Antrag auf Einleitung der Sicherungsvollstreckung auszulegen. Das gilt auch dann, wenn der Antrag als solcher nicht bezeichnet ist. Eine Sicherungsvollstreckung kommt dann nicht in Betracht, wenn der Schuldner sei-

---

10 OLG München, Rpfleger 1972, 321; LG Düsseldorf, Rpfleger 1985, 119; *Brox/Walker*, Rdn. 163; *Stein/Jonas/Münzberg*, § 751 Rdn. 4. Vergl. zur Zulässigkeit einer Dauerpfändung in einem Erbanteil OLG Hamm, NJW-RR 1994, 895 f.
11 OLG Hamm, NJW-RR 1994, 895, 896; OLG München, Rpfleger 1972, 321; *Baur/Stürner*, Rdn. 21.10.
12 Siehe dort Rdn. 4.

nerseits bei Vollstreckungsbeginn nachweist, daß er Sicherheit zur Abwendung der Zwangsvollstreckung geleistet hat (§ 720 a Abs. 3 ZPO).

Der Nachweis der Sicherheitsleistung entfällt, wenn das ursprünglich nur vorläufig vollstreckbare Urteil zwischenzeitlich rechtskräftig geworden und die Rechtskraft durch Rechtskraftzeugnis (§ 706 Abs. 1 ZPO) nachgewiesen ist. Gleiches gilt, wenn nach Zurückweisung der Berufung gegen dieses Urteil an die Stelle der vorläufigen Vollstreckbarkeit nach § 709 ZPO nunmehr die Vollstreckbarkeit ohne Sicherheitsleistung nach § 708 Nr. 10 ZPO getreten ist.

**2. Prüfung durch das Vollstreckungsorgan:** Das Vollstreckungsorgan hat eigenverantwortlich nachzuprüfen, ob die Sicherheitsleistung in der durch das Urteil angeordneten Art erbracht ist, ob also die Hinterlegung durchgeführt ist (wenn keine Bürgschaft nachgelassen ist) oder ob die Bürgschaft von einem Kreditinstitut der im Urteil umschriebenen Art (z. B. Großbank oder öffentlichen Sparkasse) erteilt und ob sie in der angeordneten Höhe bzw. ohne unzulässige Bedingungen erklärt ist.[13]

**3. Besonderheiten bei der Hinterlegung:** Ist die Sicherheitsleistung durch Hinterlegung von Geld oder bestimmten Wertpapieren (§§ 108 Abs. 1 ZPO, 234 Abs. 1, 3 BGB) erfolgt, so wird der Nachweis hierüber in der Regel durch eine Bescheinigung der Hinterlegungsstelle über die Annahme (§ 6 HinterlO) erbracht werden (so auch § 83 Nr. 4 GVGA). Eine Überweisungsquittung einer Bank oder ein Posteinzahlungsschein genügen nicht, da sie nicht die notwendige Verfügung der Hinterlegungsstelle (§ 6 S. 1 HinterlO) nachweisen. Dem Schuldner muß eine vollständige Abschrift dieser Urkunde entweder zugestellt sein (Nachweis insoweit durch Zustellungsurkunde) oder im Falle der Zwangsvollstreckung durch den Gerichtsvollzieher zu Beginn der Zwangsvollstreckung zugestellt werden. War der Schuldner im Prozeß anwaltlich vertreten, so muß die Zustellung an den Prozeßbevollmächtigten erfolgen (§ 176 ZPO).[14] Eine Zustellung an den Schuldner persönlich reicht in diesem Fall nicht aus.[15] Sind ausnahmsweise nicht Geld oder Wertpapiere, sondern eine Bürgschaftsurkunde zu hinterlegen,[16] darf die Zwangsvollstreckung beginnen, sobald das Original hinterlegt ist und eine beglaubigte (auch anwaltlich beglaubigte) Abschrift der Bürgschaftsurkunde, eine Ausfertigung der Annahmeanordnung und eine begl. Abschrift der Annahmequittung der Gerichtskasse dem Schuldner (bzw. seinem Prozeßbevollmächtigten) zugestellt worden sind.

**4. Besonderheiten bei Bankbürgschaft:** Ist die Sicherheitsleistung durch Bankbürgschaft gestattet (in der Praxis der Regelfall), dann braucht die Bürgschaftsurkunde selbst nicht als öffentliche bzw. öffentlich beglaubigte Urkunde errichtet zu sein. Es

---

13 LG München, DGVZ 1974, 78.
14 *Thomas/Putzo*, § 751 Anm. 3 b; *Zöller/Stöber*, § 751 Rdn. 5.
15 **A. A.** OLG Düsseldorf, MDR 1978, 489; LG Bochum, Rpfleger 1985, 33.
16 Vergl. den Fall des OLG Hamburg, MDR 1982, 588.

genügt trotz des anderslautenden Wortlauts des Abs. 2 eine Privaturkunde.[17] Der Grund ist darin zu sehen, daß der Wortlaut der Norm allein auf die Sicherheitsleistung durch Hinterlegung abstellt und daß es versäumt wurde, bei der späteren Einführung der Möglichkeit, auch durch Bankbürgschaft Sicherheit zu erbringen, eine Anpassung der Norm vorzunehmen. Diese Privaturkunde muß dem Schuldner bzw. seinem Prozeßbevollmächtigten[18] vor Beginn der Zwangsvollstreckung (bei Vollstreckung durch den Gerichtsvollzieher spätestens zu Beginn der Zwangsvollstreckung) zugestellt sein. Die Zustellung wird normalerweise durch den Gerichtsvollzieher erfolgen; es genügt aber auch die Zustellung von Anwalt zu Anwalt.[19] Eine Zustellung des Originals der Bürgschaftsurkunde ist nur erforderlich, wenn sich aus ihr ergibt (die Formularurkunden der Banken sehen dies in der Regel vor), daß die Bürgschaft erlöschen solle, sobald die Urkunde – auch über Dritte – zurückgegeben wurde.[20] Ansonsten genügt die Zustellung einer beglaubigten Abschrift. Der Nachweis, daß die Bürgschaftsurkunde dem Schuldner zugestellt ist, muß nicht noch seinerseits dem Schuldner zugestellt werden.[21] Insoweit genügt der Nachweis gegenüber dem Vollstreckungsorgan. Hat der Gerichtsvollzieher die Zustellung selbst vorgenommen (oder ist er mit der Vornahme zu Vollstreckungsbeginn beauftragt), bedarf es ihm gegenüber natürlich keines weiteren Nachweises.[22]

11    IV. Rechtsfolgen eines Verstoßes gegen § 751 ZPO: Ein Verstoß gegen § 751 ZPO macht die Zwangsvollstreckung nicht nichtig, sondern nur anfechtbar. Die Anfechtbarkeit kann rückwirkend beseitigt werden, wenn die anfänglichen Versäumnisse nachgeholt werden, wenn also etwa die fehlende Sicherheitsleistung nachträglich erbracht oder der fehlende Nachweis nachgereicht wird.[23] Ebenso tritt Heilung des Mangels mit rückwirkender Kraft ein, wenn bei unterlassener Sicherheitsleistung der Titel später durch einen Titel ersetzt wird, der ohne Sicherheitsleistung vollstreckbar ist.[24] Im Falle des Abs. 2 wird das Pfändungspfandrecht schon mit dem anfechtbaren Vollstreckungsakt begründet. Gleiches gilt für die anfechtbar eingetragene Zwangshypothek.[25] Das

---

17 So auch die h. M.; vergl. OLG Frankfurt, NJW 1966, 1521 (mit abl. Anm. *Wüllerstorff*); OLG Hamburg, MDR 1982, 588; OLG Hamm, NJW 1975, 2025; LG Berlin, DGVZ 1973, 90; LG Itzehoe, DGVZ 1980, 156; LG Hannover, MDR 1964, 1012; LG Karlsruhe, NJW 1967, 2412; *Brox/Walker*, Rdn. 169; *Stein/Jonas/Münzberg*, § 751 Rdn. 12; a. A. (mit weiteren Nachw.) *Baumbach/Lauterbach/Hartmann*, § 751 Rdn. 5; *Wüllerstorff*, NJW 1966, 1521.
18 Siehe oben Rdn. 9 sowie Fußn. 14 und 15.
19 OLG Düsseldorf, VersR 1981, 737; OLG Frankfurt, MDR 1978, 490; OLG Koblenz, ZIP 1993, 297; LG Aachen, Rpfleger 1983, 31; LG Hannover, DGVZ 1989, 141; LG Mannheim, Rpfleger 1989, 72.
20 BGH, MDR 1971, 388; LG Berlin, Rpfleger 1972, 422; AG Cuxhaven, DGVZ 1975, 123.
21 H. M.; OLG Düsseldorf, MDR 1978, 489; OLG Hamm, NJW 1975, 763; LG Hannover, Rpfleger 1982, 348; vergl. *Brox/Walker*, Rdn. 170.
22 OLG Hamm, MDR 1975, 763; OLG Düsseldorf, MDR 1978, 489; OLG Koblenz, ZIP 1993, 297, 298.
23 OLG Celle, NdsRpfl 1954, 7; siehe im übrigen § 750 Rdn. 34 und Rdn. 36; ferner *Zöller/Stöber*, § 751 Rdn. 8.
24 OLG Hamburg, MDR 1974, 321.
25 A. A. insoweit: BayObLG, Rpfleger 1976, 66; wie hier: OLG Frankfurt, MDR 1956, 111.

Recht wird zum endgültigen, wenn die Anfechtbarkeit später entfällt.[26] Im Falle des Abs. 1 entsteht das Pfandrecht erst an dem Tag, der dem im Titel genannten Kalendertag nachfolgt. Es gelten insoweit die gleichen Erwägungen wie zu § 750 Abs. 3 ZPO.[27]

**V. Verzicht des Schuldners auf die Einhaltung des § 751 ZPO:** Der Schuldner kann auf die Sicherheitsleistung, die ja nur seinem Schutze im Hinblick auf § 717 ZPO dient, verzichten. Der Verzicht kann dem Gerichtsvollzieher gegenüber mündlich erklärt werden und ist dann von ihm im Protokoll festzuhalten. Den übrigen Vollstreckungsorganen ist der Verzicht durch öffentliche oder öffentlich beglaubigte Urkunde nachzuweisen.[28]

**VI. Rechtsbehelfe bei Verstößen gegen § 751 ZPO:** wie § 750 Rdn. 36.

**VII. ArbGG, VwGO, AO:** Abs. 1 gilt gem. §§ 62 Abs. 2, 85 Abs. 1 S. 3 ArbGG auch bei der Vollstreckung von arbeitsgerichtlichen Titeln. Abs. 2 ist hier grundsätzlich ohne Bedeutung, weil arbeitsgerichtliche Urteile gem. § 62 Abs. 1 S. 1 ArbGG immer (ohne Sicherheitsleistung) vorläufig vollstreckbar und Beschlüsse gem. § 85 Abs. 1 S. 1 ArbGG erst mit Rechtskraft (und dann ebenfalls ohne Sicherheitsleistung) vollstreckbar sind. Lediglich die Vollziehung eines Arrestes oder einer einstweiligen Verfügung kann im arbeitsgerichtlichen Urteilsverfahren gem. § 921 Abs. 2 ZPO von einer Sicherheitsleistung des Gläubigers abhängig gemacht werden.[29] Insoweit gilt dann auch § 751 Abs. 2 ZPO. Bei der Vollstreckung von Titeln nach § 168 VwGO ist § 751 ZPO ebenfalls anwendbar (§ 167 Abs. 1 VwGO). Für die Abgabenvollstreckung sind die Voraussetzungen für den Beginn der Vollstreckung in § 254 AO geregelt. Danach darf die Vollstreckung im Regelfall erst beginnen, wenn die Leistung fällig ist und der Vollstreckungsschuldner zur Leistung oder Duldung oder Unterlassung aufgefordert worden (Leistungsgebot) und seit der Aufforderung mindestens eine Woche verstrichen ist.

---

26 Wie § 750 Fußn. 95.
27 Siehe § 750 Rdn. 34.
28 Siehe § 750 Rdn. 35.
29 *Walker*, Der einstweilige Rechtsschutz, Rdn. 758. Dagegen kann im arbeitsgerichtlichen Beschlußverfahren die Vollziehung eines Arrestes oder einer einstweiligen Verfügung nicht von einer Sicherheitsleistung abhängig gemacht werden (*Walker*, a.a.O., Rdn. 904), so daß insoweit auch § 751 Abs. 2 ZPO keine Rolle spielt.

§ 752 [Zwangsvollstreckung gegen Wehrmachtsangehörige]

**Aufgehoben durch Kontrollratsgesetz Nr. 34 Art. III**

Nach dem Entwurf eines Zweiten Gesetzes zur Änderung zwangsvollstreckungsrechtlicher Vorschriften vom 27.1.1995[1] soll § 752 wie folgt neu gefaßt werden:

»[1]Vollstreckt der Gläubiger im Fall des § 751 Abs. 2 nur wegen eines Teilbetrages, so bemißt sich die Höhe der Sicherheitsleistung nach dem Verhältnis des Teilbetrages zum Gesamtbetrag. [2]Darf der Schuldner in den Fällen des § 709 die Vollstreckung gemäß § 712 Abs. 1 Satz 1 abwenden, so gilt für ihn Satz 1 entsprechend.«

Der Fall der von einer Sicherheitsleistung abhängigen Vollstreckung wegen eines Teilbetrages ist bisher gesetzlich nicht geregelt. Die geplante Vorschrift stellt klar, daß der Gläubiger bei einer Teilvollstreckung nicht die gesamte Sicherheit leisten muß. Das gilt auch für die Gegensicherheitsleistung des Gläubigers im Fall des § 711 S. 1 ZPO, der von § 751 Abs. 2 ZPO erfaßt wird. Aus Gründen der Waffengleichheit wird auch dem nach §§ 709, 712 Abs. 1 S. 1 ZPO abwendungsbefugten Schuldner die Möglichkeit eingeräumt, die Teilvollstreckung durch eine Teilsicherheit abzuwehren. Dagegen gilt die Vorschrift nicht für die »offensive« Abwendungsbefugnis des Schuldners nach §§ 711 S. 1, 712 Abs. 1 S. 1 ZPO. Wenn der Gläubiger nämlich grundsätzlich ohne Sicherheitsleistung in vollem Umfang vollstrecken darf, muß man vom Schuldner für eine Abwendung auch volle Sicherheit verlangen.[2]

1 BT-Drucks. 13/341, S. 4.
2 Zur Begründung des neuen § 752 ZPO BT-Drucks. 13/341, S. 14.

Vorbemerkung vor §§ 753–763 ZPO: Die Zwangsvollstreckung durch den Gerichtsvollzieher. – Ein Überblick.

## Inhaltsübersicht

| | | Rdn. |
|---|---|---|
| | Literatur | |
| I. | Rechtsverhältnisse des Gerichtsvollziehers | 1–5 |
| II. | Dienstbehörde und örtlicher Wirkungskreis | 6 |
| III. | Aufgaben des Gerichtsvollziehers in der Zwangsvollstreckung | 7 |
| IV. | Kosten der Gerichtsvollziehertätigkeit | 8 |
| V. | Rechtsbehelfe | 9 |
| | 1. Gegen den Gerichtsvollzieher | 9 |
| | 2. Des Gerichtsvollziehers | 9a |
| VI. | Zwangsvollstreckung im arbeitsgerichtlichen Verfahren | 10 |

**Literatur:** *Baumgart*, Der Gerichtsvollzieher, 1964; *Baur*, Entwicklungslinien des Zivilprozeßrechts in den Jahren 1947-1987, NJW 1987, 2636; *Becker*, Polizei und Gerichtsvollzieher, Die neue Polizei 1976, 94; *Behr*, Immer wieder aktuell: Ratenzahlungsbewilligung durch den Gerichtsvollzieher, DGVZ 1977, 162; *Bloedhorn*, Zum Prüfungsrecht des Gerichtsvollziehers gem. § 58 Nr. 1 GVGA, DGVZ 1973, 1; *Buchner*, Die Mitteilungspflicht des Gerichtsvollziehers und ihre Auswirkungen auf das Gebiet des Kostenrechts und der Dienstaufsicht, Der Gerichtsvollzieher, 1971, Heft 8, 1; *Burghardt*, Zwangsvollstreckungsorgane in europäischen Ländern in Vergleich zum deutschen Gerichtsvollzieher (Bundesrepublik, Frankreich, Schweiz, Österreich), Diss. Bochum 1976; *Burkhardt*, Handbuch für den Gerichtsvollzieher, Loseblattausgabe 1965 ff.; *Dütz*, Der Gerichtsvollzieher als selbständiges Organ der Zwangsvollstreckung, Berlin 1973; *ders.*, Freiheit und Bindung des Gerichtsvollziehers, DGVZ 1975, 49, 65, 81; *ders.*, Vollstreckungsaufsicht und verwaltungsmäßige Kostenkontrolle gegenüber Gerichtsvollziehern, DGVZ 1981, 97; *Eberhardt*, Bewilligung von Teilzahlungen nach erfolgter Pfändung durch den Gerichtsvollzieher, DGVZ 1972, 67; *Eich*, Mehr als eine Notwendigkeit: Die Reform der Gerichtsvollzieherzwangsvollstreckung, ZRP 1988, 454; *Eickmann*, Vollstreckungssysteme und Gerichtsvollzieherstellung in Europa, DGVZ 1980, 129; *Fäustle*, Wer bekommt ein Protokoll des Gerichtsvollziehers?, DGVZ 1970, 177; *Fahland*, Die freiwillige Leistung in der Zwangsvollstreckung und ähnliche Fälle - Bindeglieder zwischen materiellem und Vollstreckungsrecht, ZZP 1979, 432 ff.; *Gaul*, Der Gerichtsvollzieher – ein organisationsrechtliches Stiefkind des Gesetzgebers, ZZP 1974, 241; *Gilleßen/Jakobs*, Auswirkungen der Vereinfachungsnovelle auf die praktische Tätigkeit des Gerichtsvollziehers, DGVZ 1977, 110; *Gleußner*, Vollstreckungsverzögerung durch den Gerichtsvollzieher in den neuen Bundesländern, DGVZ 1994, 145; *Grawert*, Die Ordnung des Gerichtsvollzieherbeamten vor dem Grundgesetz, DGVZ 1989, 97; *Grund*, Nochmals: Zwangsvollstreckung von Amts wegen?, MDR 1959, 817; *Guntau*, Die rechtliche Wirkung der an den Gerichtsvollzieher geleisteten freiwilligen Zahlung zur Abwendung der Zwangsvollstreckung aus für vorläufig vollstreckbar erklärten Zahlungstiteln, DGVZ 1984, 17; *Habscheid*, Der Rechtspfleger in Europa, Rpfleger 1989, 434; *Hanke*, Erfolge oder Rückschläge? Zur Entwicklung des Zwangsvollstreckungsrechts seit 1974 und zur Rechtsstellung des Gerichtsvollziehers, DGVZ 1986, 17; *Holch*, Zu den Voraussetzungen einer Beitreibung öffentlich-rechtlicher Geldforderungen durch den Gerichtsvollzieher, DGVZ 1975, 186; *ders.*, Vollstreckungsaufsicht und Kostenkontrolle gegenüber Gerichtsvollziehern, DGVZ 1982, 6; *Kern*, Reformgedanken über die Stellung und Aufgaben des Gerichtsvollziehers, ZZP 1967, 325; *Klein*, Beitreibung von sogenannten »Teilforderungen« durch den Gerichtsvollzieher, DGVZ 1974, 83; *Kube*, Hat der Gerichtsvollzieher bei der Zustellung eines Titels die Prozeßfähigkeit des Vollstreckungsschuldners selbständig zu prüfen?, MDR 1969, 10; *Loebenberger*, Gerichtsvollzieher und Staatshaftung, Diss. Würzburg 1976; *Mager*, Zwangsvollstreckung von Amts wegen?, MDR 1959, 262; *Midderhoff*, Der Rechtsbehelf bei Zustellungsverweigerung durch den Gerichtsvollzieher und das zur Entscheidung zuständige Gericht, DGVZ 1982, 23; *Mümmler*, Beitreibung der Vergleichsgebühr des Rechtsanwalts im Zwangsvollstreckungsverfahren durch den Gerichtsvollzieher, DGVZ 1970, 7; *ders.*, Bewilligung von Teilzahlungen durch den Gerichtsvollzieher, DGVZ 1972, 49; *Niederée*, Zur Stellung des Gerichtsvollziehers in der Praxis, DGVZ 1981, 17; *Noack*, Dienstaufsicht und Amtstätigkeit des Gerichtsvollziehers und die Unterstützung bei Brechung des Widerstandes durch die Polizei, Die Polizei 1976, 186; *Pawlowski*, Die Wirtschaftlichkeit der Zwangsvollstreckung – eine besondere Aufgabe des Gerichtsvollziehers, ZZP 1977, 345; *Polzius*, Die Stellung des Gerichtsvollziehers als Beamter und als Vollstreckungsorgan gegenüber den Parteien, dem Vollstreckungsgericht und der Dienstaufsicht, DGVZ 1973, 161; *ders.*, Aufgabengebiet und Systemfrage des Gerichtsvollziehers über das Jahr 2000 hinaus, DGVZ 1993, 103; *Quardt*, Zwangsvollstreckung von Amts wegen? – auf Antrag, MDR 1960, 278; *Schiffhauer*, Die Geltendmachung von Bagatellforderungen in der Zwangsversteigerung, ZIP 1981, 832; *Schilken*, Der Gerichtsvollzieher auf dem Weg in das 21. Jahrhundert, DGVZ 1995, 133; *E. Schneider*, Zur Beachtung von Treu und Glauben durch den Gerichtsvollzieher, DGVZ 1978, 85; *ders.*, Vollstreckungsmißbrauch bei Minimalforderungen, DGVZ 1978, 166; *ders.*, Prüfungspflicht des Gerichtsvollziehers bei Vollstreckung von Restforderungen, DGVZ 1982, 149; *H. Schneider*, Formstrenge und Wertung in der Vollstreckungstätigkeit des Gerichtsvollziehers, DGVZ 1986, 130; *ders.*, Die Ermessens- und Wertungsbefugnisse des Gerichtsvollziehers, 1989; *Schüler*, Zur Rechtmäßigkeit des Handelns des Gerichtsvollziehers, wenn er bei der Beurteilung einer Frage einem Irrtum unterliegt, DGVZ 1976, 49; *Seibold*, Das Wertpapier im Aufgabenbereich des Gerichtsvollziehers, DGVZ 1971, 81; *Seip*, Die Verlegung des Versteigerungstermins unter Bewilligung von Teilzahlungen durch den Gerichtsvollzieher, DGVZ 1974, 17; *ders.*, Zwangsvollstreckung in den Ländern der bisherigen DDR, DGVZ 1990, 146; *Sennekamp*, Zahlungen mit gesicherten Schecks an den Gerichtsvollzieher, DGVZ 1971, 180; *Stojek*, Beweisaufnahme durch den Gerichtsvollzieher, MDR 1977, 458; *Stolte*, Der Gerichtsvollzieher – Vollstreckungsorgan zwischen Selbständigkeit und Weisungsgebundenheit, DGVZ 1987, 97; *ders.*, Rechtsschutzkasuistik für Gerichtsvollzieher, DGVZ 1988, 99; *Uhlenbruck*, Das Bild des Gerichtsvollziehers, DGVZ 1993, 97; *Wieser*, Der Grundsatz der Verhältnismäßigkeit in der Zwangsvollstreckung, ZZP 1985, 50; *ders.*, Die Dispositionsbefugnis des Vollstreckungsgläubigers, NJW 1988, 665; *Zeiss*, Aktuelle vollstreckungsrechtliche Fragen aus der Sicht des Gerichtsvollziehers, DGVZ 1974, 178; *ders.*, Aktuelle vollstreckungsrechtliche Fragen aus der Sicht des Gerichtsvollziehers, JZ 1974, 564; *ders.*, Vollstreckungsautomat oder Entscheidungsträger? – Ein Beitrag zum Beurteilungsspielraum des Gerichtsvollziehers, DGVZ 1987, 145.

1  **I. Rechtsverhältnisse des Gerichtsvollziehers:** Die Rechtsverhältnisse des Gerichtsvollziehers sind, obwohl ihm nicht unwesentliche Aufgaben der Justiz übertragen sind und er insbesondere im Rahmen der Zwangsvollstreckung neben dem Vollstreckungsgericht eine zentrale Rolle spielt, in den §§ 154, 155 GVG nur recht unvollkommen angedeutet. Die entscheidende Aussage zum Status des Gerichtsvollziehers in § 154 GVG ist, daß er Beamter – und zwar im engen beamtenrechtlichen Sinne – ist. Die über die in den Beamtengesetzen des Bundes und der Länder geregelten allgemeinen Beamtenpflichten hinausgehenden Besonderheiten des Dienstverhältnisses der Gerichtsvollzieher sind jeweils nach Landesrecht in einer Verordnung über die Dienst- und Geschäftsverhältnisse der Gerichtsvollzieher und der Vollziehungsbeamten der

Justiz[1] sowie in der »Gerichtsvollzieherordnung« (GVO) in der zuletzt am 1.11.1994 geänderten Fassung vom 1.4.1980 geregelt, die aufgrund der Ermächtigung des § 154 GVG von den Landesjustizverwaltungen in ihrem Hauptteil inhaltlich übereinstimmend (hinzukommen jeweils einige landesrechtliche Besonderheiten) erlassen wurde.[2]

Der Gerichtsvollzieher ist Beamter des mittleren Dienstes.[3] Er muß über die gewöhnlichen Eingangsvoraussetzungen des mittleren Dienstes hinaus eine besondere Ausbildung durchlaufen, die mit der Gerichtsvollzieherprüfung abschließt. Als Beamter untersteht der Gerichtsvollzieher uneingeschränkt den allgemeinen beamtenrechtlichen Vorschriften, die das Verhältnis zum Dienstherren regeln.[4] Insbesondere unterliegt er wie jeder andere Beamte der allgemeinen Dienstaufsicht, die sich auch in generellen Weisungen für die Zukunft äußern kann. So kann der unmittelbare Dienstvorgesetzte (der aufsichtsführende Richter des Amtsgerichts, bei dem der Gerichtsvollzieher tätig ist) etwa die Tageszeitungen bestimmen, in denen alle gerichtsamtlichen Veröffentlichungen vorzunehmen sind, also auch die Bekanntmachungen des Gerichtsvollziehers (Versteigerungstermine usw.).[5] Die wichtigste Äußerung der allgemeinen Dienstaufsicht, erlassen vom zuständigen obersten Dienstherren, der Landesjustizverwaltung, ist die »Gerichtsvollziehergeschäftsanweisung«.[6] In ihr sind die in der ZPO und anderen Gesetzen verstreut zu findenden Verfahrensregeln, die der Gerichtsvollzieher bei Durchführung seiner Amtsaufgaben zu beachten hat, nicht nur übersichtlich zusammengefaßt, sondern auch in leichter verständliche Verhaltensanordnungen übersetzt. Die Beachtung dieser Geschäftsanweisung gehört demnach zu den allgemeinen Amtspflichten des Gerichtsvollziehers.

Abweichend von den allgemeinen beamtenrechtlichen Regelungen (etwa §§ 55, 56 BBG, 37, 38 BRRG) kann der Dienstvorgesetzte dem Gerichtsvollzieher allerdings keine Weisungen zur Erledigung eines ganz konkreten einzelnen Vollstreckungsfalles erteilen (z. B. bestimmte Gegenstände für einen bestimmten Gläubiger zu pfänden, die der Gerichtsvollzieher für unpfändbar hält; von Bedenken gegen den vollstreckungsfähigen Inhalt eines Titels abzusehen; bestimmte Gegenstände aufgrund sozialpolitischer Erwägungen nicht zu pfänden; usw.). Der Gerichtsvollzieher führt die einzelne Vollstreckungsmaßnahme zunächst in eigener Verantwortung durch (bzw. lehnt sie ab).[7] Sie ist, wenn der äußere Anschein einer wirksamen Vollstreckungsmaßnahme

2

---

1 Z. B. Nordrhein-Westfalen: GVBl. 1984, 658.
2 Herausgegeben als Sonderdruck zu den jeweiligen Justizministerialblättern von der Arbeitsverwaltung der Justizvollzugsanstalt Wolfenbüttel als Loseblattsammlung. Die GVO ist ferner abgedruckt in *Piller/Hermann*, Justizverwaltungsvorschriften (Loseblattsammlung, Stand Mai 1995).
3 Zu den Laufbahnvoraussetzungen des mittleren Dienstes: § 13 Abs. 2 Nr. 2 BRRG.
4 BVerwG, NJW 1983, 896 und 899; *Gaul*, ZZP 1974, 262 ff.; *Kissel*, GVG, § 154 Rdn. 4.
5 So schon RGZ 140, 429; 145, 213.
6 Veröffentlichung wie Fußn. 1. Zum Rechtscharakter der GVGA vergl. OLG Hamm, DGVZ 1977, 40 f.
7 Siehe insbesondere BVerwG, DGVZ 1982, 155; VG Berlin, DGVZ 1990, 6; *Dütz*, DGVZ 1975, 49, 65, 81; ferner: *Polzius*, DGVZ 1973, 161.

vorliegt,⁸ zunächst wirksam, bis sie von einem durch sie Beschwerten⁹ wegen u. U. vorliegender Verfahrensfehler nach § 766 ZPO wirksam angefochten wird. Ob Vollstreckungsverfahrensfehler vorliegen, entscheidet mit vollstreckungsrechtlicher Relevanz allein der zuständige Vollstreckungsrichter beim Amtsgericht bzw. die übergeordneten Beschwerdegerichte. Der Dienstvorgesetzte kann dagegen nicht von Amts wegen Anweisung erteilen, eine fehlerhafte Vollstreckungsmaßnahme wieder aufzuheben. Er würde damit in die Kompetenz des Vollstreckungsgerichts eingreifen, das seine Auffassung ja nicht unbedingt teilen muß. Umgekehrt kann das Vollstreckungsgericht dem Gerichtsvollzieher nicht über den Einzelfall hinaus allgemeine bindende Weisungen für die Behandlung bestimmter Vorgänge geben (z. B. »Vollstreckungsrichtlinien beim Amtsgericht X«).

**3** Bei seiner gesamten Tätigkeit als Gerichtsvollzieher, sowohl bei der Vornahme der eigentlichen Vollstreckungsakte (Pfändung, Versteigerung, Verhaftung usw.) als auch bei begleitenden Tätigkeiten für den Gläubiger (Annahme freiwilliger Zahlungen des Schuldners, Angebot der Gegenleistung im Rahmen des § 756 ZPO, Anfertigung einer Vorpfändung,¹⁰ freihändiger Verkauf des Pfändungsgutes im Rahmen des § 825 ZPO; usw.) ist der Gerichtsvollzieher allein als staatliches Organ der Gerichtsverfassung tätig, nicht als privatrechtlicher Vertreter des Gläubigers.¹¹ Dies hat zur Folge, daß der Schuldner sich nicht über § 278 BGB beim Gläubiger für Fehlverhalten des Gerichtsvollziehers schadlos halten kann. Umgekehrt hat auch der Gläubiger keinen vertraglichen Anspruch gegen den Gerichtsvollzieher, wenn ihm durch dessen Verhalten ein Schaden entstanden ist. Vielmehr sind Gläubiger und Schuldner auf den Anspruch aus Art. 34 GG, § 839 BGB gegen den Dienstherrn angewiesen.¹²

**4** Als staatliches Vollstreckungsorgan hat der Gerichtsvollzieher die Interessen aller am Vollstreckungsverfahren Beteiligten im Rahmen der Gesetze zu berücksichtigen. Er muß also einerseits darauf bedacht sein, den titulierten Anspruch des Gläubigers so schnell, so reibungslos und so kostengünstig wie möglich¹³ zu verwirklichen. Andererseits hat er zu versuchen, die Befriedigung des Gläubigers in einer den Schuldner unter den gegebenen Umständen am wenigsten belastenden Weise zu erwirken.¹⁴ Sehr umstritten ist, ob ihn diese Rücksichtnahme dazu nötigt, Vollstreckungsaufträge wegen geringfügiger Forderungen abzulehnen, wenn der für den Schuldner aus der Vollstrek-

---

8 Vor §§ 803, 804 Rdn. 4.
9 § 766 Rdn. 13–15.
10 Zur Bedenklichkeit der vom Gesetzgeber insoweit vorgegebenen Konstruktion zu Recht *Baur*, NJW 1987, 2641 f.
11 Wie hier *Baumann/Brehm*, § 8 II 3; *Baumbach/Lauterbach/Hartmann*, § 815 Rdn. 8; *Brox/Walker*, Rdn. 12 und Rdn. 314; *Bruns/Peters*, § 23 III 2; *Fahland*, ZZP 1979, 432 ff.; *Jauernig*, § 8 II 1; *Kissel*, § 154 GVG Rdn. 17; **a. A.** für den Fall der Annahme freiwilliger Leistungen des Schuldners *Blomeyer*, § 47 II; *Gerhardt*, § 8 II 2 a; *Stein/Jonas/Münzberg*, § 753 Rdn. 2, § 754 Rdn. 7 und § 815 Rdn. 23.
12 BGH, LM § 839 BGB (Fi) Nr. 12; OLG Frankfurt, Rpfleger 1976, 367; LG Mannheim, ZMR 1966, 298; *Brox/Walker*, Rdn. 12; *Kissel*, § 154 GVG Rdn. 22, 23.
13 *Pawlowski*, ZZP 1977, 345 ff.
14 *Pawlowski*, ZZP 1977, 345 ff., 358; vergl. auch § 131 GVGA.

kung zu erwartende Schaden (Versteigerung eines wertvollen Gegenstandes unter dem Verkehrswert, um aus dem Erlös die relativ geringe Forderung zu befriedigen) außer Verhältnis zur beizutreibenden Forderung steht.[15] Die Frage ist grundsätzlich zu verneinen. Die Berücksichtigung des Grundsatzes der Verhältnismäßigkeit beim Einsatz staatlicher Zwangsmittel[16] darf nicht dazu führen, daß kleinere Forderungen nicht mehr zwangsweise durchsetzbar sind, also zu Naturalobligationen werden. In besonders krassen Einzelfällen mag der Schuldner im Verfahren nach § 765 a ZPO[17] die zeitweilige oder vollständige Einstellung der Zwangsvollstreckung erreichen können. Gerade § 765 a Abs. 2 ZPO zeigt aber, daß abgesehen vom dort geregelten Ausnahmefall der Gerichtsvollzieher nicht zur Gewährung von Vollstreckungsschutz aus Billigkeits- oder Verhältnismäßigkeitserwägungen berufen ist.

Als unabhängiges Vollstreckungsorgan ist der Gerichtsvollzieher auch nur in begrenztem Maße an »**Weisungen**« des Gläubigers gebunden: Der Gläubiger initiiert mit seinem Vollstreckungsantrag das Tätigwerden des Gerichtsvollziehers. Er bestimmt in diesem Antrag auch, in welchem Umfang die titulierte Forderung beigetrieben werden soll.[18] Die Zurücknahme des Vollstreckungsantrages beendet die Befugnis des Gerichtsvollziehers, noch weiter gegen diesen Schuldner aus diesem Titel für diesen Gläubiger vorzugehen. Der Gläubiger entscheidet durch Beantragung der richterlichen Durchsuchungsanordnung gem. § 758 ZPO, ob der Gerichtsvollzieher überhaupt die **Möglichkeit** erhalten soll, die Wohnung des Schuldners gegen dessen Willen zu durchsuchen;[19] er entscheidet durch den Antrag nach § 761 ZPO, ob der Gerichtsvollzieher die Vollstreckung zur Nachtzeit oder an Sonn- und Feiertagen versuchen kann.[20] Er kann aber nicht seinerseits festlegen, **wann** der Gerichtsvollzieher vollstrecken **muß**.[21] Er kann als Entgegenkommen gegenüber dem Schuldner bestimmte an sich pfändbare Gegenstände von der Vollstreckung ausnehmen und ebenso den Gerichtsvollzieher anweisen, welche Gegenstände dieser vorrangig pfänden soll.[22] An solche Weisungen ist der Gerichtsvollzieher gebunden, sofern ihre Ausführung ohne überflüssige Kosten und Schwierigkeiten und ohne Beeinträchtigung des Zwecks der Vollstreckung geschehen kann (vgl. § 104 Abs. 2 GVGA). »Weisungen« des Gläubigers im übrigen (z. B. Aufnahme bestimmter Beobachtungen ins Protokoll;[23] Anzahl der

5

---

15 Zum Meinungsstand: OLG Düsseldorf, NJW 1980, 1171; LG Aachen, JurBüro 1987, 924; LG Berlin, DGVZ 1979, 168; LG Wuppertal, NJW 1980, 297; AG Karlsruhe, NJW-RR 1986, 1256; *E. Schneider*, DGVZ 1978, 166; *ders.*, DGVZ 1983, 132; *Schiffhauer*, ZIP 1981, 832; *Zöller/Stöber*, § 753 Rdn. 8.
16 BVerfG, NJW 1979, 2607; *Vollkommer*, JA 1982, 286 ff.; *Wieser*, ZZP 1985, 50 ff.
17 Siehe dort insbesondere Rdn. 10.
18 Einzelheiten zum Problem des »Vollstreckungsantrages in Raten« siehe § 753 Rdn. 4.
19 Einzelheiten: § 758 Rdn. 11.
20 Einzelheiten: § 761 Rdn. 3.
21 AG Geilenkirchen, DGVZ 1976, 188; AG Gelsenkirchen, DGVZ 1972, 120; AG Memmingen, DGVZ 1989, 27.
22 *Baur/Stürner*, Rdn. 8.5; *Brox/Walker*, Rdn. 213; einschränkend LG Berlin, MDR 1977, 146; *Stein/Jonas/Münzberg*, § 753 Rdn. 5; gegen Weisungsbefugnisse des Gläubigers BVerwG, DGVZ 1982, 155; *Kissel*, GVG, § 154 Rdn. 16; *Zöller/Stöber*, § 753 Rdn. 4.
23 § 762 Rdn. 5; OLG Frankfurt, MDR 1982, 503; LG Essen, DGVZ 1981, 22; LG Heilbronn, MDR 1985, 773.

Protokollausfertigungen; Angebot von Hilfestellungen, die die Kosten der Vollstreckung mindern können, z. B. Lagerraum, Fahrzeuge; Anweisung, an bestimmten Tagen nicht zu pfänden; u. ä. m.) soll der Gerichtsvollzieher als Anregungen berücksichtigen, wenn sie nicht mit dem Gesetz und der GVGA im Widerspruch stehen (§ 58 Ziff. 2 GVGA), wie ja auch sonst die öffentliche Verwaltung bei der Bearbeitung von Anträgen der Bürger deren Anliegen im Rahmen der gesetzlichen Möglichkeiten zu berücksichtigen hat.

6 II. **Dienstbehörde und örtlicher Wirkungskreis:** Dienstbehörde des Gerichtsvollziehers ist das **Amtsgericht.** Unmittelbarer Dienstvorgesetzter des Gerichtsvollziehers ist der aufsichtsführende Richter dieses Amtsgerichts. Die Fachaufsicht im Hinblick auf die Einhaltung der vollstreckungsrechtlichen Normen führt der Richter (nicht der Rechtspfleger, vergl. § 20 Nr. 17 S. 2 RPflG), dem nach dem Geschäftsverteilungsplan dieses Amtsgerichts die Aufgaben des Vollstreckungsgerichts zugewiesen sind (§§ 21 e Abs. 1, 27 GVG).

Der **Wirkungskreis** des Gerichtsvollziehers ist **örtlich begrenzt.** Ist bei einem Amtsgericht nur ein Gerichtsvollzieher tätig, so deckt sich sein örtlicher Wirkungskreis mit den Grenzen dieses Amtsgerichtsbezirks (§ 17 GVO). Bei größeren Amtsgerichten, die mehrere Gerichtsvollzieher beschäftigen, weist der aufsichtsführende Richter (Präsident, Direktor) jedem von ihnen einen örtlich begrenzten Bezirk zu (Gerichtsvollzieherbezirk, § 16 Ziff. 1 GVO). Um den Gläubigern das Auffinden des jeweils örtlich zuständigen Gerichtsvollziehers zu erleichtern, ist bei diesen Amtsgerichten eine »Verteilungsstelle« einzurichten, deren Aufgabe es ist, für die Gerichtsvollzieher bestimmte Eingänge entgegenzunehmen und an den zuständigen Gerichtsvollzieher weiterzuleiten (§ 33 GVO). Die Einrichtung der Verteilungsstelle hindert den Gläubiger nicht, sich auch unmittelbar an den zuständigen Gerichtsvollzieher zu wenden. Nimmt ein Gerichtsvollzieher eine Amtshandlung außerhalb seines Gerichtsvollzieherbezirkes vor, so ist diese nicht allein aus diesem Grunde unwirksam (§ 20 Ziff. 2 GVO). Der Mangel ist für alle Beteiligten nicht so offensichtlich, daß nicht aus Gründen der Rechtssicherheit so lange von einer wirksamen Amtshandlung ausgegangen werden müßte, bis einer der durch die Amtshandlung Beschwerten sie mit der Erinnerung gem. § 766 ZPO erfolgreich angefochten hat.[24] Ist eine Erinnerung nicht mehr möglich, weil die Zwangsvollstreckung schon beendet ist,[25] so ist die Amtshandlung als von Anfang an wirksam anzusehen.

Der Gerichtsvollzieher muß innerhalb seines Bezirkes ein Büro einrichten, das er selbst zu unterhalten hat. Für seinen internen Büro- und Schreibbetrieb, nicht aber für seine nach außen hin gerichteten Tätigkeiten als Vollstreckungsorgan, kann der Gerichtsvollzieher sich Hilfskräfte, die er dann zu vergüten hat, anstellen. Soweit dagegen Hilfsbeamte für den eigentlichen Gerichtsvollzieherdienst benötigt werden, werden sie vom aufsichtsführenden Richter des Amtsgerichts eingeteilt.[26] Während ihres Einsatzes sind sie dann »der Gerichtsvollzieher« i. S. der ZPO.

---

24 BGHZ 37, 127.
25 Siehe § 766 Rdn. 20.
26 *Kissel*, GVG, § 154 Rdn. 9.

**III. Aufgaben des Gerichtsvollziehers in der Zwangsvollstreckung:** Folgende Aufgaben im Rahmen der Zwangsvollstreckung sind den Gerichtsvollziehern übertragen:
a) die im Parteibetrieb durchzuführenden Zustellungen (z. B. §§ 750, 845 ZPO);
b) die Zwangsvollstreckung wegen Geldforderungen in bewegliche körperliche Sachen einschließlich der noch nicht vom Boden getrennten Früchte (§§ 803-827 ZPO) und der Inhaber- und Orderpapiere (bei denen das Recht aus dem Papier dem Recht am Papier folgt);
c) die Pfändung von Forderungen aus Wechseln und anderen Papieren, die durch Indossament übertragen werden können (§ 831 ZPO);
d) die Bewirkung der Hilfspfändung von Legitimationspapieren (§ 836 Abs. 3 S. 2 ZPO) nach der Pfändung der Forderungen, über die sie ausgestellt sind, durch das Vollstreckungsgericht, und die Vornahme vorläufiger Hilfspfändungen (§ 156 GVGA);
e) die Zwangsvollstreckung zur Erwirkung der Herausgabe von beweglichen Sachen und von Personen sowie zur Erwirkung der Herausgabe, Überlassung und Räumung von unbeweglichen Sachen und eingetragenen Schiffen und Schiffsbauwerken (§§ 883–885 ZPO);
f) die Zwangsvollstreckung zur Beseitigung des Widerstandes des Schuldners gegen Handlungen, die er nach §§ 887, 890 ZPO zu dulden hat (§ 892 ZPO);
g) die Verhaftung des Schuldners im Rahmen der §§ 908-914 ZPO, 888, 890 ZPO und im Rahmen der Vollziehung eines persönlichen Arrestes (§ 933 ZPO).

**IV. Kosten der Gerichtsvollziehertätigkeit:** Die Kosten für die Tätigkeit des Gerichtsvollziehers richten sich nach dem Gesetz über Kosten der Gerichtsvollzieher vom 26.7.1957 in der zuletzt am 14.9.1994 geänderten Fassung.[27] Danach werden Gebühren (entsprechend der Tabelle zu § 13 GvKostG) und Auslagen (§§ 35–37 GvKostG) erhoben. Die Kosten stehen der Landesjustizkasse zu. Sie werden als Kosten der Zwangsvollstreckung im Rahmen des § 788 ZPO beigetrieben.[28]

Der Gerichtsvollzieher, der ja zunächst ein Gehalt als Beamter des mittleren Dienstes bezieht, erhält als zusätzliche Vergütung von der Landesjustizverwaltung einen Anteil an den durch ihn vereinnahmten Gebühren. Einzelheiten regelt die Verordnung über die Vergütung für die Beamten im Vollstreckungsdienst. Daneben sehen die landesrechtlichen Sonderbestimmungen zusätzliche Entschädigungen zur Abgeltung der Bürokosten, Auslagenersatz und Reisekostenersatz vor.

**V. Rechtsbehelfe:**

**1. Gegen den Gerichtsvollzieher:** Soweit der Gerichtsvollzieher bei seiner Amtstätigkeit vollstreckungsrechtliche Verfahrensregeln mißachtet, können die durch diese Verhaltensweise Beschwerten Erinnerung nach § 766 ZPO hiergegen einlegen. Soweit er dagegen allgemeine Dienstpflichten, die jeden Beamten treffen, einem Beteiligten gegenüber mißachtet (z. B. Beleidigung, Körperverletzung, Mißachtung der Geheimhaltungspflichten oder datenschutzrechtlicher Regelungen), kann der Betroffene Dienstaufsichtsbeschwerde einlegen. Während über die Erinnerung der Richter am

---

27 BGBl. 1994 I 2325.
28 Einzelheiten: § 788 Rdn. 17.

Vollstreckungsgericht entscheidet, ist zur Erledigung der Dienstaufsichtsbeschwerde der aufsichtsführende Richter des Amtsgerichts berufen. Eine gleichzeitige Zuständigkeit beider für denselben Vorgang unter unterschiedlichen Aspekten ist denkbar; jedoch können Maßnahmen der Dienstaufsicht und des Disziplinarrechts nie in den Ablauf des Vollstreckungsverfahrens eingreifen und die dort erworbenen Rechte der Beteiligten antasten.[29]

9a **2. Des Gerichtsvollziehers:** Der Gerichtsvollzieher selbst kann sich gegen Anweisungen des Vollstreckungsgerichts im Rahmen des § 766 ZPO nicht seinerseits mit der Erinnerung zur Wehr setzen,[30] auch wenn er unmittelbar oder mittelbar durch die Entscheidung des Vollstreckungsgerichts betroffen ist (etwa wenn er angewiesen wurde, die Zwangsvollstreckung gegen einen als gewalttätig bekannten Schuldner nicht abzulehnen) oder wenn er durch die seiner Ansicht nach fehlerhafte Untersagung einer Maßnahme in seinem Gebühreninteresse betroffen ist.

Hinsichtlich der Rechtsmittel gegen den Kostenansatz des Gerichtsvollziehers ist zu unterscheiden: Gläubiger und Schuldner können Erinnerung nach § 766 Abs. 2, 3. Fall ZPO einlegen; der Staatskasse steht die Erinnerung nach § 9 GvKostG zu. Der Gerichtsvollzieher selbst hat kein Rechtsmittel gegen eine Erinnerungsentscheidung, die seinen ursprünglichen Kostenansatz herabsetzt.[31]

10 **VI. Zwangsvollstreckung im arbeitsgerichtlichen Verfahren:** Auch die in arbeitsgerichtlichen Verfahren ergangenen Titel sind durch den beim Amtsgericht tätigen Gerichtsvollzieher zu vollstrecken, ohne daß sich hinsichtlich der örtlichen Zuständigkeit, der vollstreckungsrechtlichen Kompetenzen, der Dienst- und Fachaufsicht und der Rechtsbehelfe Besonderheiten ergäben. Eine Besonderheit enthält lediglich § 12 Abs. 4 S. 3 ArbGG: Abweichend von § 5 GvKostG kann der Gerichtsvollzieher von dem die Vollstreckung beantragenden Gläubiger vor Beginn der Vollstreckung keinen Gebührenvorschuß verlangen. Dies gilt unabhängig davon, ob der beantragende Gläubiger Arbeitnehmer oder Arbeitgeber ist.

---

29 LG Heidelberg, DGVZ 1982, 119.
30 OLG Düsseldorf, NJW 1980, 1111; OLG Stuttgart, DGVZ 1979, 58; *Brox/Walker*, Rdn. 1210; *Kissel*, GVG, § 154 Rdn. 7; a. A. OLG Düsseldorf, NJW 1980, 458; *Baumbach/Lauterbach/Hartmann*, § 766 Rdn. 14, 21.
31 LG Koblenz, MDR 1978, 584.

## § 753 Vollstreckung durch Gerichtsvollzieher; Vollstreckungsantrag

(1) Die Zwangsvollstreckung wird, soweit sie nicht den Gerichten zugewiesen ist, durch Gerichtsvollzieher durchgeführt, die sie im Auftrag des Gläubigers zu bewirken haben.
(2) ¹Der Gläubiger kann wegen Erteilung des Auftrags zur Zwangsvollstreckung die Mitwirkung der Geschäftsstelle in Anspruch nehmen. ²Der von der Geschäftsstelle beauftragte Gerichtsvollzieher gilt als von dem Gläubiger beauftragt.

**Inhaltsübersicht**

| | Literatur | Rdn. |
|---|---|---|
| I. | Vollstreckungsantrag | 1 |
| II. | Form des Antrags | 2 |
| III. | Inhalt des Antrags | 3, 4 |
| IV. | Notwendigkeit eines Antrags für jeden Titel | 5 |
| V. | Bearbeitung des Antrages durch den Gerichtsvollzieher | 6, 7 |
| VI. | Rücknahme des Antrages | 8 |
| VII. | Rechtsbehelf gegen die Ablehnung oder Nichtbearbeitung des Antrags | 9 |
| VIII. | ArbGG, VwGO, AO | 10 |

**Literatur:** *Seip*, Wie soll der Vollstreckungsauftrag aussehen?, DGVZ 1971, 102; siehe ferner die Literatur Vor §§ 753–763.

**I. Vollstreckungsantrag:** Die Zwangsvollstreckung aus einem Titel wird nie von Amts 1 wegen eingeleitet, sondern immer nur auf Initiative des Gläubigers. Dieser entscheidet, ob und in welchem Umfang er den titulierten Anspruch gegen den Schuldner zwangsweise durchsetzen lassen will. Ist eine Geldforderung tituliert, entscheidet der Gläubiger weiterhin, aus welcher Vermögensmasse des Schuldners er – zunächst – Befriedigung suchen will. Da insoweit unterschiedliche Vollstreckungsorgane zuständig sind, legt er mit dieser Entscheidung auch den Verfahrensgang fest, den er einzuschlagen hat. Hat er sich für die Zwangsvollstreckung in bewegliche körperliche Sachen einschließlich der noch nicht vom Boden getrennten Früchte und einschließlich der Inhaber- und Orderpapiere (§§ 803-827, 831 ZPO) entschieden, so muß er sich an den Gerichtsvollzieher als Vollstreckungsorgan wenden.[1] Das Ersuchen wird in §§ 753, 754 ZPO als »Auftrag« bezeichnet, ist aber nach der heute im öffentlichen Recht üblichen Terminologie als **Antrag**[2] auf Einleitung eines öffentlich-rechtlichen Verfahrens anzusehen.[3] Denn das Vollstreckungsverfahren ist ein öffentlich-rechtlicher Vorgang, ob-

---

[1] Zur Zuständigkeit des Gerichtsvollziehers im Rahmen der Zwangsvollstreckung siehe Vor §§ 753–763 Rdn. 8.
[2] Vergl. die Terminologie in §§ 13 Abs. 1 Ziff. 1 und Abs. 2, 17 Abs. 1, 22 VwVfG.
[3] Siehe Allgem. Vorbem. Rdn. 3 und Vor §§ 753–763 Rdn. 4.

§ 753 *Vollstreckung durch Gerichtsvollzieher; Vollstreckungsantrag*

wohl es – was im übrigen auch sonst nicht ungewöhnlich ist – neben der Wahrung von Belangen der Allgemeinheit der Durchsetzung privater Interessen dient.

2 **II. Form des Antrags:** Der Antrag kann vom Gläubiger mündlich (§ 754 ZPO), also auch telefonisch, oder schriftlich[4] gestellt werden. Der Gläubiger kann ihn unmittelbar an den zuständigen Gerichtsvollzieher,[5] an die – soweit eingerichtet – Gerichtsvollzieherverteilungsstelle[6] oder an die Geschäftsstelle (Abs. 2) sowohl des Prozeßgerichts als auch des Vollstreckungsgerichts richten. Wendet der Gläubiger sich an ein »falsches« Gericht, hat dieses das Ersuchen an das zuständige Gericht weiterzuleiten[7] und den Gläubiger zu verständigen.

Der Antrag kann vom Gläubiger persönlich (also kein Anwaltszwang) oder durch einen Bevollmächtigten gestellt werden. In diesem Fall ist die Vollmacht mit der Antragstellung nachzuweisen, soweit sie sich nicht schon aus dem vorgelegten Titel ergibt. Die für das streitige Verfahren erteilte Vollmacht wirkt weiter im Vollstreckungsverfahren (§ 81 ZPO).

3 **III. Inhalt des Antrags:** Im Antrag sind der Gläubiger, für den vollstreckt werden, und der Schuldner, gegen den die Zwangsvollstreckung betrieben werden soll, so genau zu bezeichnen, daß die nach § 750 ZPO erforderliche Identitätskontrolle[8] problemlos durchgeführt werden kann. Es ist nicht Aufgabe des Gerichtsvollziehers, Amtsermittlungen anzustellen, wenn der Schuldner unter der angegebenen Anschrift nicht mehr zu ermitteln, oder wenn die Anschrift so ungenau ist, daß mehrere Aufenthaltsorte des Schuldners in Betracht kommen.[9] Andererseits ist es datenschutzrechtlich unbedenklich, wenn der Gerichtsvollzieher Erkundungen über die Adresse des Schuldners anstellt, um das Ergebnis im Protokoll festzuhalten, oder wenn er sich bei ungenauen Adressen zur richtigen Wohnung durchfragt.[10]

4 Dem Antrag sind die vollstreckbare Ausfertigung des Titels und die nach §§ 750, 751 ZPO erforderlichen Nachweise und Urkunden beizufügen. Der Antrag muß erkennen lassen, in welcher Höhe der Gläubiger die titulierte Forderung vollstrecken lassen will. Soweit der Gläubiger seinen Vollstreckungsauftrag auf die Pfändung bestimmter Gegenstände oder auf einen Teilbetrag seiner Forderung beschränkt, muß er dies eindeutig zum Ausdruck bringen. Für die Auslegung kommt es nicht auf die Absichten des Auftraggebers an, sondern auf die für den Empfänger erkennbaren Erklärungen.[11] Der Gläubiger kann einen geringeren als den titulierten Betrag nicht nur dann beitreiben lassen, wenn er dem Schuldner einen Teil erlassen will oder wenn dieser schon teilweise erfüllt hat; er ist vielmehr dem Vollstreckungsorgan keine Rechenschaft über seine Mo-

---

4 Zu den Formerfordernissen insoweit LG München I, DGVZ 1983, 57; AG Aachen, DGVZ 1984, 61.
5 Vor §§ 753–763 Rdn. 7.
6 § 33 GVO; vergl. Vor §§ 753–763 Rdn. 7.
7 Vergl. § 161 GVG.
8 § 750 Rdn. 12, 15, 16.
9 AG Darmstadt, DGVZ 1982, 175.
10 AG Leverkusen, DGVZ 1982, 175.
11 LG Augsburg, DGVZ 1995, 154 f.

tivation schuldig, nur einen Teilantrag zu stellen. Das gilt sowohl für den Fall, daß der Gläubiger den Schuldner durch Teilvollstreckungen unter Druck setzen will, freiwillig pünktlich Raten zu zahlen,[12] als auch, wenn er eine seiner Meinung nach verbliebene, bezifferte Restforderung eintreiben will.[13] Es ist in diesem letzten Fall Sache des Schuldners, entweder seine Leistungen in der Form des § 775 Ziff. 4 und 5 ZPO oder mittels Quittungen nach § 757 ZPO nachzuweisen oder nach § 767 ZPO Vollstreckungsabwehrklage zu erheben. In keinem der beiden Fälle kann vom Gläubiger verlangt werden, daß er dem Gerichtsvollzieher seine Gesamtforderung berechnet und die Teilforderung in diese Gesamtabrechnung einstellt.[14] Das ist gem. § 130 Nr. 3 GVGA nur »unter besonderen Umständen« möglich, insbesondere wenn es wegen zahlreicher Posten mit verschiedenem Zinslauf und mit Abschlagszahlungen einer umfangreichen Berechnung bedarf. Ausnahmsweise kann der Gerichtsvollzieher dann die wiederholte Vollstreckung von Teilbeträgen aus ein und demselben Titel ablehnen, wenn erkennbar ist, daß der Gläubiger den Schuldner durch die häufigen Besuche des Gerichtsvollziehers schikanieren will, weil keinerlei vernünftiger Grund für die zahlreichen Teilanträge ersichtlich ist.[15] Nicht schikanös ist es, dem Schuldner immer wieder durch neue Vollstreckungsanträge die Vollstreckung eines Herausgabetitels betreffend eine gegen Ratenzahlung gekaufte Sache anzudrohen, um ihn auf diesem Wege doch noch zur Zahlung der Raten anzuhalten, und bei Zahlungseingang den Antrag wieder zurückzuziehen. Deshalb ist der Gerichtsvollzieher in einem solchen Fall auch nicht berechtigt, den Herausgabetitel im Ergebnis dadurch einfach außer Kraft zu setzen, daß er die Anberaumung weiterer Wegnahmetermine ablehnt.[16] Der Schuldner hat es in der Hand, die wiederholten Besuche des Gerichtsvollziehers zum Zwecke der ratenweisen Vollstreckung einer Geldschuld dadurch abzuwenden, daß er freiwillig auf einmal den seiner Meinung nach offen Restbetrag bezahlt und sich diese Zahlung vom Gerichtsvollzieher auf dem Titel quittieren läßt (§§ 755 S. 2, 757 ZPO). Errechnet der Gerichtsvollzieher in einem solchen Fall, daß der titulierte Anspruch vollständig getilgt ist, hat er dem Schuldner den Titel auszuhändigen und weiteren Vollstreckungsanträgen somit die Basis zu entziehen.

---

12 LG Kassel, DGVZ 1974, 175; AG Siegen, DGVZ 1974, 175; AG Würzburg, JurBüro 1975, 88; *Zöller/Stöber*, § 753 Rdn. 7; **a. A.** (Vollstreckung in Teilbeträgen rechtsmißbräuchlich) AG Frankfurt, DGVZ 1974, 92.
13 Anders, wenn die Restforderung nicht beziffert wird und der Gerichtsvollzieher den noch offenen Betrag nicht mit Sicherheit berechnen kann; denn es ist dem Gerichtsvollzieher nicht zuzumuten, mit Eventualvorsatz möglicherweise mehr beizutreiben als geschuldet ist.
14 OLG Schleswig, DGVZ 1976, 135 mit Anm. *Zeiss*; LG Amberg, DGVZ 1992, 157; LG Bielefeld, DGVZ 1984, 87; LG Düsseldorf, MDR 1986, 505; LG Kaiserslautern, DGVZ 1982, 157; LG Oldenburg, Rpfleger 1980, 236; LG Stuttgart, DGVZ 1993, 156; AG Leonberg, DGVZ 1995, 157; *Brox/Walker*, Rdn. 211; **a. A.** OLG Köln, DGVZ 1983, 9; LG Aachen, DGVZ 1984, 297, DGVZ 1974, 61; LG Darmstadt, DGVZ 1984, 88; LG Hagen, DGVZ 1994, 91; LG Lübeck, DGVZ 1978, 76; LG Tübingen, DGVZ 1990, 43; AG Berlin-Schöneberg, JurBüro 1991, 1265; *E. Schneider*, DGVZ 1982, 149.
15 Allgem. Meinung; vergl. LG Frankfurt, DGVZ 1974, 174; AG Opladen, DGVZ 1974, 93; AG Wattenscheid, DGVZ 1974, 93. Ein anderes Beispiel für schikanöses Verhalten zeigt der Fall AG München, DGVZ 1985, 62.
16 OLG Hamm, DGVZ 1985, 58; LG Essen, NJW 1968, 407; **a. A.** OLG Köln, MDR 1964, 929 mit Anm. *E. Schneider*; AG Köln, JurBüro 1965, 1014.

Fügt der Gläubiger, der eine geringere als die titulierte Forderung beitreiben will, seinem Antrag - ohne daß dies erforderlich wäre - eine Abrechnung bei, so hat der Gerichtsvollzieher sie, soweit sie nachvollziehbar ist, zu überprüfen und, falls der Gläubiger die Forderung nach diesen Unterlagen falsch (zu hoch) berechnet hat, den Gläubiger auf seinen Fehler hinzuweisen. Bleibt der Gläubiger bei seinem Antrag, muß der Gerichtsvollzieher ihm nachkommen, soweit der Schuldner nicht seine Leistungen nach §§ 775 Ziff. 4 und 5 ZPO belegen kann.[17] An falsche Zins- und Kostenberechnungen des Gläubigers ist der Gerichtsvollzieher nicht gebunden. Der Titel bildet immer die Grenze nach oben für das, was beigetrieben werden darf.

5  IV. **Notwendigkeit eines Antrags für jeden Titel:** Der Vollstreckungsantrag ist für jeden neuen Titel von neuem an den Gerichtsvollzieher bzw. die Geschäftsstelle zu richten. Eine einmalige generelle Eingabe eines Gläubigers an die Geschäftsstelle, alle Titel, die dieser Gläubiger dort erstreitet, an den zuständigen Gerichtsvollzieher zur Vollstreckung weiterzuleiten, wäre unbeachtlich.[18] Dagegen kann hinsichtlich desselben Titels dem Gerichtsvollzieher ein »Dauerauftrag« zur Vollstreckung, bis der letzte Teilbetrag beigetrieben ist, erteilt werden.[19]

6  V. **Bearbeitung des Antrags durch den Gerichtsvollzieher:** Der Gerichtsvollzieher darf den Vollstreckungsantrag nur dann von vornherein zurückweisen, wenn die von ihm zu überprüfenden allgemeinen und besonderen Vollstreckungsvoraussetzungen trotz entsprechenden Hinweises nicht nachgewiesen sind.[20]

Dagegen hat er weder nachzuprüfen, ob der Titel zu Recht ergangen ist[21] (z. B. Vollstreckungsbescheid über erkennbar wucherische Kreditzinsen), noch, ob der Gläubiger den ursprünglich zu Recht erstrittenen Titel nunmehr aber sittenwidrig ausnutzt.[22] Diese Einwände sind allein mit § 767 ZPO geltend zu machen. Ausnahmsweise mag eine auf § 826 BGB gestützte Klage zulässig sein.[23] Im formalisierten Vollstreckungsverfahren können solche Einwände, die ihre Wurzeln letztlich im materiellen Recht haben, keine Berücksichtigung finden. Stellt sich im Laufe des zunächst eröffneten Vollstreckungsverfahrens heraus, daß der Vollstreckung Hindernisse entgegenstehen (vergl. § 775 ZPO) oder daß keine durch den Gerichtsvollzieher pfändbaren Gegenstände vorhanden sind (vergl. §§ 811 ff. ZPO), hat der Gerichtsvollzieher das Verfahren einzustellen und dem Gläubiger hiervon Mitteilung zu machen.[24]

---

17 *Zöller/Stöber,* § 753 Rdn. 7; a. A. LG Nürnberg-Fürth, JurBüro 1982, 139.
18 OVG Berlin, DGVZ 1983, 90.
19 LG Bonn, DGVZ 1974, 56; der »Auftrag« gilt aber immer nur für die konkrete Vollstreckungsart, für die er erteilt wurde. So beinhaltet ein vom Gläubiger erteilter Verhaftungsauftrag noch keinen Auftrag an den Gerichtsvollzieher, aus diesem Anlaß auch die Mobiliarvollstreckung zu versuchen; LG Berlin, DGVZ 1985, 59; a. A. AG Büdingen, DGVZ 1985, 78.
20 Vergl. § 750 Rdn. 2 und § 751 Rdn. 2 und 7.
21 Vergl. § 750 Rdn. 6.
22 **A. A.** insoweit LG Koblenz, DGVZ 1982, 45; AG Freiburg, DGVZ 1982, 31; *E. Schneider,* DGVZ 1977, 129 und DGVZ 1978, 85; wie hier *Brehm,* JZ 1978, 262.
23 Siehe Anhang zu § 767.
24 Einzelheiten: § 776 Rdn. 1 und § 807 Rdn. 8–11.

Der Gerichtsvollzieher hat hinsichtlich der Frage, ob er einen »Vollstreckungsauftrag« übernimmt, kein Ermessen. Er muß auch Anträge ausführen, die sich »nicht lohnen« oder bei denen höhere Vollstreckungskosten anfallen als die beizutreibende Summe.[25] Entscheidend ist allein, ob die gesetzlichen Voraussetzungen der Zwangsvollstreckung vorliegen. Eine Ausnahme ist in § 63 GVGA geregelt. Nach § 63 Nr. 1 GVGA sendet der Gerichtsvollzieher dann, wenn er begründeten Anhalt für die Fruchtlosigkeit der Pfändung hat, den Schuldtitel mit einer entsprechenden Bescheinigung an den Gläubiger zurück. Selbst bei erwarteter Fruchtlosigkeit der Pfändung ist nach § 63 Nr. 2 GVGA der Vollstreckungsauftrag durchzuführen, wenn ein entsprechender Wunsch des Gläubigers ersichtlich ist. Für die Anwendung des § 63 GVGA ist dem Gerichtsvollzieher ein Ermessensspielraum eingeräumt.[26]

Erreicht den Gerichtsvollzieher ein Vollstreckungsantrag, von dessen Bearbeitung er kraft Gesetzes ausgeschlossen ist (§ 155 GVG), hat er ihn an seinen geschäftsplanmäßigen Vertreter weiterzuleiten. Es bedarf weder eines förmlichen Ablehnungsantrages durch einen der Beteiligten noch einer die Ausschließung feststellenden gerichtlichen Entscheidung. Eine von einem kraft Gesetzes ausgeschlossenen Gerichtsvollzieher vorgenommene Vollstreckungshandlung ist nicht nichtig,[27] wohl aber mit § 766 ZPO anfechtbar.[28]

7

**VI. Rücknahme des Antrags:** Der Gläubiger kann den Vollstreckungsantrag jederzeit wieder **zurücknehmen**. In diesem Falle werden die bisherigen Vollstreckungsmaßnahmen, soweit die Zwangsvollstreckung noch nicht beendet war, rechtsgrundlos. Der Gerichtsvollzieher hat sie von Amts wegen aufzuheben. Statt den Antrag ganz zurückzunehmen, kann der Gläubiger das Vollstreckungsverfahren aber auch in dem Stadium, in dem es sich gerade befindet, ruhen lassen. An eine Weisung des Gläubigers, die Zwangsvollstreckung vorläufig nicht weiterzubetreiben, ist der Gerichtsvollzieher gebunden.[29]

8

**VII. Rechtsbehelf gegen die Ablehnung oder Nichtbearbeitung des Antrags:** Lehnt der Gerichtsvollzieher einen Vollstreckungsantrag ausdrücklich ab, steht dem Gläubiger hiergegen die Erinnerung gem. § 766 Abs. 2 ZPO zu (über die der Richter beim Vollstreckungsgericht entscheidet), nicht dagegen die Dienstaufsichtsbeschwerde (für deren Bescheidung der aufsichtsführende Richter des Amtsgerichts zuständig wäre). Läßt der Gerichtsvollzieher dagegen den Antrag einfach unbearbeitet, so kann der Gläubiger hiergegen nur Dienstaufsichtsbeschwerde erheben. Deren Resultat kann allerdings nie eine Anweisung an den Gerichtsvollzieher sein, den Antrag in einem bestimmten Sinne zu bearbeiten. Ob er die Zwangsvollstreckung beginnt oder den Antrag förmlich zurückweist, unterliegt der pflichtgemäßen (kein Ermessen!) Ent-

9

---

25 Vor §§ 753–763 Rdn. 5.
26 LG Koblenz, DGVZ 1996, 12.
27 So aber: *Blomeyer*, § 4 I 3; *Bruns/Peters*, § 19 III 1 a; *Zöller/Gummer*, § 155 GVG Rdn. 1.
28 Wie hier *Baumbach/Lauterbach/Albers*, § 155 GVG Rdn. 1; *Kissel*, GVG, § 155 Rdn. 4; *Stein/Jonas/Münzberg*, § 753 Rdn. 3.
29 AG Straubing, Rpfleger 1979, 72.

scheidung des Gerichtsvollziehers.[30] Fällt die Entscheidung für den Gläubiger negativ aus, so kann er dann nach § 766 ZPO vorgehen (siehe oben).

10 **VIII. ArbGG, VwGO, AO:** Die Vorschrift gilt gem. §§ 62 Abs. 2, 85 Abs. 1 S. 3 ArbGG auch bei der Vollstreckung von arbeitsgerichtlichen Titeln und gem. § 167 Abs. 1 VwGO bei der Vollstreckung von Titeln nach § 168 VwGO. Soweit die Vollstreckung zugunsten der öffentlichen Hand gem. § 169 Abs. 1 S. 2 VwGO und die Vollstreckung gegen die öffentliche Hand gem. § 170 Abs. 1 S. 2 VwGO durch den Gerichtsvollzieher erfolgt, wird dieser unmittelbar vom Gericht des ersten Rechtszuges bzw. von dessen Vorsitzenden in Anspruch genommen, nicht aufgrund eines Auftrages des Gläubigers nach § 753 ZPO. In der Abgabenvollstreckung gilt § 753 ZPO nicht. Die Vollstreckung in bewegliche Sachen führt die Vollstreckungsbehörde durch Vollziehungsbeamte durch, die zur Vollstreckung durch schriftlichen Auftrag der Vollstreckungsbehörde ermächtigt werden (§ 285 AO).

---

30 Vor §§ 753–763 Rdn. 3.

§ 754 Wirkung des Vollstreckungsantrages

In dem schriftlichen oder mündlichen Auftrag zur Zwangsvollstreckung in Verbindung mit der Übergabe der vollstreckbaren Ausfertigung liegt die Beauftragung des Gerichtsvollziehers, die Zahlungen oder sonstigen Leistungen in Empfang zu nehmen, über das Empfangene wirksam zu quittieren und dem Schuldner, wenn dieser seiner Verbindlichkeit genügt hat, die vollstreckbare Ausfertigung auszuliefern.

## Inhaltsübersicht

| | Literatur | Rdn. |
|---|---|---|
| I. | Zweck der Norm | 1 |
| II. | Freiwillige Zahlungen des Schuldners | 2 |
| | 1. Aufforderung zur freiwilligen Zahlung | 2 |
| | 2. Annahme der Zahlung durch den Gerichtsvollzieher | 3, 4 |
| | 3. Erteilung einer Quittung | 5 |
| | 4. Materiellrechtliche Wirkungen der freiwilligen Zahlung | 6 |
| | a) Freiwillige Leistung zum Zwecke der Erfüllung | 7, 8 |
| | b) Freiwillige Leistung zur Abwendung der Zwangsvollstreckung | 9 |
| | c) Beendigung des Schuldnerverzuges | 10 |
| III. | Weitergehende Befugnisse des Gerichtsvollziehers | 11 |
| IV. | Rechtsbehelfe | 12 |
| V. | ArbGG, VwGO | 13 |

**Literatur:** *Bierbach,* Das Verzugsende in ausgesuchten Fällen der Zwangsvollstreckung, DGVZ 1993, 181; *Eich/Lübbig,* Teilerfolg und Effektivität der Zwangsvollstreckung. »Die Bewilligung von Teilzahlungen«, DGVZ 1991, 33; *Fahland,* Die freiwillige Leistung in der Zwangsvollstreckung und ähnliche Fälle – Bindeglieder zwischen materiellem und Vollstreckungsrecht, ZZP 1979, 432; *Geißler,* Probleme der Leistungsgefahr in der Mobiliarvollstreckung, DGVZ 1991, 166; *Guntau,* Die rechtliche Wirkung der an den Gerichtsvollzieher geleisteten freiwilligen Zahlung zur Abwendung der Zwangsvollstreckung aus für vorläufig vollstreckbar erklärten Zahlungstiteln, DGVZ 1984, 17; *Krüger,* Die Leistung zur Abwendung der Zwangsvollstreckung im Spannungsfeld zwischen materiellem und formellem Recht, NJW 1990, 1208; *Messer,* Die freiwillige Zahlung des Schuldners in der Zwangsvollstreckung, 1966; *Oerke,* Ratenweise Forderungseinziehung trotz erfolgloser Pfändung, DGVZ 1992, 161; *Pawlowski,* Die rechtlichen Grundlagen der »ratenweisen Vollstreckung«, DGVZ 1991, 177; *ders.,* Zur Inkassobefugnis des Gläubigeranwalts, DGVZ 1994, 177; *Scherer,* Verzugsbeendigung durch Scheckübergabe an den Gerichtsvollzieher, DGVZ 1994, 129; *Schmidt-von Rhein,* Die Hinterlegung der vom Schuldner entgegengenommenen Sicherheitsleistung durch den Gerichtsvollzieher, DGVZ 1981, 145; *H. Schneider,* Ermessens- und Wertungsbefugnisse des Gerichtsvollziehers, 1989; *Wieser,* Die freiwillige Zahlung des Vollstreckungsschuldners an den Gerichtsvollzieher, DGVZ 1988, 129; *ders.,* Rateninkasso des Gerichtsvollziehers, DGVZ 1991, 129.

**I. Zweck der Norm:** § 754 ZPO begründet kein wie auch immer geartetes zivilrechtliches Auftrags- oder Dienstvertragsverhältnis zwischen dem Gläubiger und dem Ge- 1 richtsvollzieher. Die dienstliche Tätigkeit des Gerichtsvollziehers ist allein dem öffentlichen Recht zuzuordnen,[1] auch wenn sie im Verhältnis zwischen Gläubiger und Schuldner zivilrechtliche Ergebnisse zeitigt (Begründung von Pfandrechten, Erfüllung usw.). Durch die Norm wird nur klargestellt, daß der Gerichtsvollzieher im Rahmen seiner Amtstätigkeit nicht nur zwangsweise den titulierten Anspruch beitreiben darf, sondern daß er auch freiwillige Zahlungen des Schuldners oder sonstige freiwillige Leistungen auf die titulierte Schuld in Empfang nehmen, über das auf Grund freiwilliger Leistung Empfangene dem Schuldner mit Wirkung gegen den Gläubiger Quittung erteilen und dem Schuldner nach freiwilliger Erfüllung der Verbindlichkeit, ohne die Zustimmung des Gläubigers einholen zu müssen, die vollstreckbare Ausfertigung aushändigen darf.

2   II. Freiwillige Zahlungen des Schuldners:

1. **Aufforderung zur freiwilligen Zahlung:** Bevor der Gerichtsvollzieher zur Durchsetzung einer titulierten Geldschuld Vollstreckungsmaßnahmen ergreift, hat er grundsätzlich den Schuldner aufzufordern, die Hauptschuld samt Zinsen, Kosten und Vollstreckungskosten freiwillig zu begleichen (§ 105 Nr. 2 S. 1 GVGA). Trifft er den Schuldner nicht an, wohl aber einen erwachsenen Angehörigen oder Gewerbegehilfen, hat er die gleiche Aufforderung an diese zu richten (§ 105 Nr. 2 S. 2 GVGA). Ist die beizutreibende Forderung gering und außer Verhältnis zu den Kosten, die durch ein Aufsuchen des Schuldners zum Zwecke der Zwangsvollstreckung entstünden, soll der Gerichtsvollzieher vorab schriftlich oder fernmündlich den Schuldner auf diesen Umstand hinweisen und ihn zur freiwilligen - kostensparenden - Zahlung auffordern, wenn gute Gründe zu der Annahme bestehen, daß der Schuldner der Aufforderung entsprechen und nicht die telefonische Vorwarnung dazu benutzen werde, das letzte pfändbare Gut beiseite zu schaffen (§ 105 Nr. 1 S. 2 GVGA).

3   2. **Annahme der Zahlung durch den Gerichtsvollzieher:** Der Gerichtsvollzieher ist nicht nur zur Annahme der vollständigen geschuldeten Leistung, sondern auch zur Annahme von Teilleistungen verpflichtet (§ 106 Nr. 1 S. 1 GVGA).[2] Die Pflicht zur Annahme besteht unabhängig davon, ob der Schuldner oder ein Dritter leistet. Ein Widerspruch des Schuldners steht dem nicht entgegen, sofern nicht auch der Gläubiger widerspricht (§ 267 Abs. 2 BGB). Ggf. muß der Gerichtsvollzieher den Gläubiger danach fragen, ob dieser die Leistung des Dritten ablehnt.[3] Umgekehrt ist er zur Annahme der ganzen geschuldeten Leistung auch dann ermächtigt, wenn der Gläubiger nur eine Teilvollstreckung beantragt hatte.[4] Grundsätzlich darf der Gerichtsvollzieher anstelle der geschuldeten Leistung ohne ausdrückliche Ermächtigung durch den Gläubiger keine Ersatzleistungen an Erfüllungs Statt annehmen, wenn dem Schuldner nicht schon im Titel nachgelassen ist, die Zwangsvollstreckung durch eine Ersatzleistung abzuwenden (§ 106 Nr. 2 S. 1 GVGA). Eine Ausnahme gilt für den Fall, daß der Schuld-

---

1 Einzelheiten: Allgem. Vorbem. Rdn. 3 und Vor §§ 753–763 Rdn. 4; ferner § 753 Rdn. 1.
2 A. A. insoweit LG Dortmund, JMBl.NW 1969, 76.
3 *Baumbach/Lauterbach/Hartmann*, § 754 Rdn. 8; MüKo/*Arnold*, § 754 Rdn. 37; Zöller/*Stöber*, § 754 Rdn. 3.
4 Siehe § 755 Rdn. 2.

ner mit einem Scheck zahlt: Bar- und Verrechnungsscheck darf der Gerichtsvollzieher auch ohne Ermächtigung durch den Gläubiger annehmen. Er muß in diesem Falle zwar die Vollstreckungsmaßnahme (Pfändung) durchführen, darf aber Verwertungsmaßnahmen erst einleiten, wenn feststeht, daß der Scheck nicht eingelöst wird. Werden dem Gerichtsvollzieher Schecks übergeben, deren Einlösung durch eine Scheckkarte gesichert ist, hat er dagegen zunächst keine Vollstreckungsmaßnahmen durchzuführen, sondern die Zwangsvollstreckung einstweilen einzustellen. Den Titel erhält der Schuldner in diesen Fällen allerdings erst ausgehändigt, wenn die Schecks auch tatsächlich eingelöst werden.

Falls der Titel auf Leistung an einen Dritten gerichtet ist, muß der Gerichtsvollzieher die freiwillige Leistung des Schuldners ebenfalls entgegennehmen.[5] Ist dem Schuldner im Titel nachgelassen, die Zwangsvollstreckung durch Hinterlegung einer Sicherheit abzuwenden, so muß der Gerichtsvollzieher auch die ihm vom Schuldner zur Abwendung der Zwangsvollstreckung durch Hinterlegung angebotene Sicherheit entgegennehmen und für deren Hinterlegung Sorge tragen.[6] In entsprechender Anwendung von § 775 Nr. 3 ZPO hat er in diesem Fall die Zwangsvollstreckung einstweilen einzustellen, bis der Gläubiger seinerseits die Hinterlegung einer entsprechenden Sicherheit nachweist.

**3. Erteilung einer Quittung:** Der Gerichtsvollzieher hat dem Schuldner über das Empfangene eine Quittung zu erteilen, soweit Teilleistungen auf die titulierte Forderung erfolgt sind. Das ist auch auf dem Titel zu vermerken. Soweit die titulierte Schuld nebst Vollstreckungskosten voll getilgt wurde, ist dem Schuldner der Titel auszuhändigen (§ 757 Abs. 1 ZPO).

**4. Materiellrechtliche Wirkungen der freiwilligen Zahlung:** Die materiellrechtlichen Wirkungen der freiwilligen Zahlung des Schuldners an den Gerichtsvollzieher sind sehr umstritten. Zunächst einmal muß differenziert werden, ob der Schuldner auf eine rechtskräftig feststehende oder durch Rechtsmittel nicht angreifbare Schuld zum Zwecke der Erfüllung leistet, oder ob bei nur vorläufig vollstreckbarem, durch Rechtsmittel noch abänderbarem Titel der Schuldner nur zur Abwendung der Zwangsvollstreckung zahlt, ohne dem Gläubiger das Geleistete endgültig zukommen lassen zu wollen.

**a) Freiwillige Leistung zum Zwecke der Erfüllung:** Nach der hier vertretenen öffentlich-rechtlichen Amtstheorie[7] handelt der Gerichtsvollzieher auch dann, wenn er freiwillige Leistungen des Schuldners entgegennimmt, allein als staatliches Vollstreckungsorgan, nicht auch als privatrechtlicher Vertreter – sei es als rechtsgeschäftlicher,[8] sei es

---

5 *Keil*, ZZP 45, 113, 152; *MüKo/Arnold*, § 754 Rdn. 36; *Stein/Jonas/Münzberg*, § 754 Rdn. 8.
6 *Schmidt-von Rhein*, DGVZ 1981, 145; *Guntau*, DGVZ 1984, 24.
7 Wie hier auch *Baumann/Brehm*, § 8 II 3; *Baumbach/Lauterbach/Hartmann*, § 815 Rdn. 8; *Brox/Walker*, Rdn. 314; *Jauernig*, § 8 II 1; *Fahland*, ZZP 1979, 432; *Guntau*, DGVZ 1984, 17 ff.; *Kissel*, § 154 GVG Rdn. 17; vergl. im übrigen: Allgem. Vorbem. Rdn. 3; Vor §§ 753–763 Rdn. 4.
8 So etwa *Palandt/Heinrichs*, Einf. vor § 164 Rdn. 10; BGB-RGRK-*Steffen*, Vorbem. 12 zu § 164.

als gesetzlicher Vertreter⁹ – des Gläubigers. Folgerichtig wird das von ihm in Empfang genommene Geld in öffentlich-rechtliche Verwahrung genommen und erst dann Eigentum des Gläubigers, wenn es ihm durch den Gerichtsvollzieher ausgehändigt wird. Daß der Gerichtsvollzieher bei der Annahme freiwilliger Leistungen allein als Amtsträger tätig wird, ergibt sich nicht nur daraus, daß er hierbei eine sich aus dem Gesetz (§§ 754, 755 ZPO) ergebende Amtspflicht erfüllt, sondern auch daraus, daß seine Stellung bei Annahme des Geldes im Verhältnis zum Schuldner nicht mit der des Gläubigers im Rahmen des Erfüllungsvorganges zu vergleichen ist: Erfolgt freiwillige Zahlung an den Gläubiger, so endet nicht automatisch die Zwangsvollstreckung; sie ist allenfalls unter den Voraussetzungen des § 775 Nr. 4, 5 ZPO einzustellen. Bei freiwilliger vollständiger Zahlung an den Gerichtsvollzieher endet die Zwangsvollstreckung. Der Gerichtsvollzieher **muß** dem Schuldner den Vollstreckungstitel herausgeben (§ 757 ZPO). Andererseits muß der Gläubiger eine Erfüllung durch Aufrechnung akzeptieren, wenn die Aufrechnung nach materiellem Recht zulässig ist; der Gerichtsvollzieher hat die Aufrechnung völlig unberücksichtigt zu lassen. Dieser besonderen Stellung des Gerichtsvollziehers auch bei der Annahme freiwilliger Leistungen des Schuldners wird die sog. Vertretertheorie¹⁰ in allen ihren Spielarten nicht gerecht.

8   Obwohl also Erfüllung der Schuld gem. § 362 Abs. 1 BGB erst eintritt, wenn der Gläubiger das Geld (sei es in Natur, sei es als Gutschrift auf seinem Konto) erhalten hat, die Zwangsvollstreckung demgemäß auch erst in diesem Zeitpunkt beendet ist (bis dahin also sowohl die Drittwiderspruchsklage als auch eine Anschlußpfändung möglich sind), geht die Gefahr des Verlustes bzw. der Veruntreuung des Geldes in entsprechender Anwendung der §§ 815 Abs. 3, 819 ZPO schon mit der Ablieferung an den Gerichtsvollzieher auf den Gläubiger über.¹¹ Die Interessenlage ist gleich zu beurteilen, ob der Schuldner nur unter dem Druck der sonst drohenden Vollstreckungsmaßnahmen freiwillig leistet oder ob er die zwangsweise Wegnahme des Geldes durch den Gerichtsvollzieher einfach duldet. Der Gesetzgeber hat im übrigen auch in § 717 Abs. 1 S. 2 ZPO gezeigt, daß er Leistungen zum Zwecke der Abwendung der Zwangsvollstreckung solchen »durch Zwangsvollstreckung« gleichstellt.

9   b) **Freiwillige Leistung zur Abwendung der Zwangsvollstreckung:** Freiwillige Leistung nur zur Abwendung der Zwangsvollstreckung, aber unter dem Vorbehalt der Rückforderung bei Abänderung des Titels: Auch in diesem Falle nimmt der Gerichtsvollzieher das Geld zunächst in öffentliche Verwahrung, wird der konkrete Geldschein pp. erst Eigentum des Gläubigers, wenn der Gerichtsvollzieher das Geld an ihn auskehrt. Es tritt in diesem Falle aber keine Erfüllung der titulierten Schuld vor Rechtskraft des Urteils bzw. vor dem Zeitpunkt, an dem der Schuldner seinen Vorbehalt gegen die Erfüllungswirkung fallen läßt, ein. Wird das Urteil abgeändert, kann der

---

9   So etwa *Stein/Jonas/Münzberg*, § 754 Rdn. 7.
10  *Blomeyer*, § 47 II; *Gerhardt*, § 8 II 2 a; siehe ferner Fußn. 8 und 9.
11  Wie hier *Baumann/Brehm, Brox/Walker, Jauernig, Fahland, Guntau*, jeweils wie Fußn. 7.
    **A. A.** (der Schuldner trägt das Risiko bis zur Ablieferung beim Gläubiger): *Baumbach/Lauterbach/Hartmann*, § 815 Rdn. 8; *Stein/Jonas/Münzberg*, § 815 Rdn. 23; *Zöller/Stöber*, § 815 Rdn. 9.

Schuldner seine Leistung ungeschmälert zurückfordern. § 814 BGB steht dem nicht entgegen.¹²

c) **Beendigung des Schuldnerverzuges:** Mit dem Augenblick der freiwilligen Leistung an den Gerichtsvollzieher und nicht erst mit dem Zeitpunkt des Erfüllungseintritts endet der Schuldnerverzug. Der Gerichtsvollzieher kann also Verzugszinsen nur bis zu diesem Zeitpunkt berechnen und darf nicht noch einige Tage zuschlagen, die es dauern wird, bis das Geld dem Gläubiger ausgehändigt bzw. seinem Konto gutgeschrieben sein wird.¹³

**III. Weitergehende Befugnisse des Gerichtsvollziehers:** Weitergehende Befugnisse außerhalb des eigentlichen Vollstreckungsvorganges, als § 754 ZPO sie gibt, hat der Gerichtsvollzieher von Amts wegen, also ohne ausdrückliche Ermächtigung seitens des Gläubigers, nicht: Er darf von sich aus keine Ratenzahlungen bewilligen,¹⁴ nicht auf – auch noch so unbedeutende – Teilbeträge verzichten, keine Aufrechnungserklärung des Schuldners für den Gläubiger entgegennehmen. Mit (auch stillschweigendem) Einverständnis des Gläubigers kann er dagegen schon nach geltendem Recht Ratenzahlungen bewilligen und die Verwertung der gepfändeten Sache aussetzen (§ 141 Nr. 2 Abs. 2 GVGA), auch wenn die Voraussetzungen des § 813 a ZPO nicht vorliegen. Läßt der Gerichtsvollzieher sich vom Gläubiger zur Abgabe bzw. Annahme derartiger Willenserklärungen bevollmächtigen, wird er insoweit nicht mehr als Amtsperson tätig – er erfüllt keine ihm amtlich obliegenden Verpflichtungen –, sondern ausschließlich als privatrechtlicher Vertreter des Gläubigers. Der Gläubiger trägt dann das volle Risiko, daß der Gerichtsvollzieher nach innen wie nach außen sich im Rahmen seiner Vertretungsmacht hält. Läßt der Gerichtsvollzieher sich regelmäßig derartige Vollmachten erteilen, erscheint dies sowohl im Hinblick auf die beamtenrechtlichen Vorschriften als auch auf das Rechtsberatungsgesetz (RBerG) sehr bedenklich.

Soweit der Gerichtsvollzieher als Bote Erklärungen zwischen Gläubiger und Schuldner vermittelt, ist dies zwar unbedenklich; der jeweilige Absender trägt aber das volle Risiko der richtigen Übermittlung. Die Erklärungen werden erst wirksam, wenn sie dem Empfänger zugegangen sind.

**IV. Rechtsbehelfe:** Verweigert der Gerichtsvollzieher die Empfangnahme der vom Schuldner angebotenen Leistung oder die Weiterleitung an den Gläubiger, können Schuldner und Gläubiger Vollstreckungserinnerung nach § 766 ZPO einlegen. Weigert sich der Gerichtsvollzieher im Hinblick auf eine entgegengenommene Leistung des Schuldners, die Vollstreckung zu beginnen oder festzusetzen, kann der Gläubiger sich dagegen ebenfalls mit der Erinnerung wehren, wenn er seine titulierte Forderung trotz der Leistung des Schuldners für nicht erfüllt hält. Erteilt der Gerichtsvollzieher

---

12 Allgem. Meinung; vergl. *Staudinger/Lorenz*, § 814 BGB Rdn. 6 und 7; zur Wirkung einer Zahlung lediglich zur Abwendung der Zwangsvollstreckung siehe auch BGH, NJW 1990, 2756.
13 BGH, NJW 1981, 2244; *Guntau*, DGVZ 1984, 22, 23; a. A. (Verzugszinsen laufen weiter bis zum Erfüllungseintritt) *Braun*, DGVZ 1976, 19 und AcP 1984, 152; *Rosenberg/Gaul*, § 14 V 1.
14 Vergl. aber Anh. zu § 813 a.

dem Schuldner über dessen freiwillige Leistung keine Quittung (siehe Rdn. 5), steht dem Schuldner die Erinnerung zu.[15]

13   **V. ArbGG, VwGO:** § 754 ZPO gilt auch bei der Vollstreckung von arbeitsgerichtlichen Titeln (§§ 62 Abs. 2, 85 Abs. 1 S. 3 ArbGG) und von Titeln nach § 168 VwGO (§ 167 Abs. 1 VwGO), sofern die Vollstreckung durch den Gerichtsvollzieher erfolgt. Bei einer Inanspruchnahme des Gerichtsvollziehers unmittelbar vom Gericht des ersten Rechtszuges bzw. von dessen Vorsitzenden (§§ 169 Abs. 1 S. 2, 170 Abs. 1 S. 2 VwGO), ergibt sich die Ermächtigung i.S.d. § 754 ZPO aus der gerichtlichen Anordnung.

---

15 Siehe § 757 Rdn. 5.

## § 755 Ermächtigung des Gerichtsvollziehers

¹Dem Schuldner und Dritten gegenüber wird der Gerichtsvollzieher zur Vornahme der Zwangsvollstreckung und der im § 754 bezeichneten Handlungen durch den Besitz der vollstreckbaren Ausfertigung ermächtigt. ²Der Mangel oder die Beschränkung des Auftrags kann diesen Personen gegenüber von dem Gläubiger nicht geltend gemacht werden.

**Inhaltsübersicht**

| | Rdn. |
|---|---|
| I. Zweck der Norm | 1 |
| II. Umfang der Legitimationswirkung | 2 |
| III. Rechtsfolgen der Überschreitung des Vollstreckungsauftrages | 3 |
| IV. ArbGG, VwGO, AO | 4 |

**I. Zweck der Norm:** Während § 754 ZPO in erster Linie die Kompetenzen des Gerichtsvollziehers in seiner Beziehung zum Gläubiger anspricht, regelt § 755 ZPO die Legitimation gegenüber dem Schuldner und Dritten. Der dem Gerichtsvollzieher nach § 8 GVO ausgestellte Dienstausweis zeigt nur, daß er überhaupt und in welchem Amtsbezirk er Gerichtsvollzieher ist. Daß er dagegen in **dieser** Zwangsvollstreckungssache als Gerichtsvollzieher tätig sein darf, ergibt sich für Schuldner und Dritte allein aus dem Besitz der vollstreckbaren Ausfertigung des Titels. Der Gerichtsvollzieher muß den Titel deshalb auf Verlangen vorzeigen. Er darf, wenn er sich nicht durch den Titel legitimieren kann, keine Vollstreckungshandlungen vornehmen. Dennoch vorgenommene Vollstreckungshandlungen sind allerdings wirksam, wenn auch – solange die Legitimation nicht nachgeholt wird – anfechtbar. 1

**II. Umfang der Legitimationswirkung:** Auch wenn der Gläubiger nur Teilauftrag erteilt hat, kann der Schuldner die gesamte Restleistung an den Gerichtsvollzieher erbringen. Der Gerichtsvollzieher darf sie nicht als seinen »Auftrag« übersteigend zurückweisen. Der Gläubiger trägt gem. §§ 815 Abs. 3, 819 ZPO analog das Risiko des Verlustes dieser freiwilligen »Mehrleistungen« beim Gerichtsvollzieher.¹ Umgekehrt muß der Schuldner zunächst eine im Rahmen des Titels liegende, aber über den konkreten Vollstreckungsauftrag des Gläubigers hinausgehende Zwangsvollstreckung durch den Gerichtsvollzieher dulden und kann den Antragsmangel nur im Rahmen des § 766 ZPO rügen. 2

**III. Rechtsfolgen der Überschreitung des Vollstreckungsauftrages:** Hat der Gerichtsvollzieher über den an ihn gerichteten Vollstreckungsantrag hinausgehend, aber im Rahmen des Titels vollstreckt, kann der Gläubiger sich gegenüber dem Schuldner im Rahmen von Ersatzansprüchen nach §§ 717 Abs. 2, 3 und 945 ZPO nicht darauf berufen, diese Vollstreckung habe er nicht veranlaßt. Geht vom Gerichtsvollzieher beigetriebenes oder im Rahmen der Zwangsversteigerung erlangtes Geld verloren, trägt 3

---

1 Vergl. § 754 Rdn. 8.

insoweit der Gläubiger auch dann das Verlustrisiko nach §§ 815 Abs. 3, 819 ZPO, wenn der Gerichtsvollzieher mehr beigetrieben hat, als er nach dem ihm erteilten Teilvollstreckungsauftrag sollte. Die gleichen Wirkungen zu Lasten des Gläubigers treten ein, wenn der Gläubiger dem Gerichtsvollzieher den Auftrag bereits ganz entzogen hatte, die vollstreckbare Ausfertigung des Titels aber noch im Besitz des Gerichtsvollziehers verblieben war.

Erleidet der Gläubiger dadurch einen Schaden, daß der Gerichtsvollzieher nach außen hin wirksam den ihm erteilten Vollstreckungsauftrag überschreitet, haftet der Dienstherr nach Art. 34 GG, § 839 BGB.

4  IV. **ArbGG, VwGO, AO:** Die Vorschrift gilt auch für die Vollstreckung von arbeitsgerichtlichen Titeln (§§ 62 Abs. 2, 85 Abs. 1 S. 3 ArbGG) und von Titeln nach § 168 VwGO (§ 167 Abs. 1 VwGO). Wird der Gerichtsvollzieher in den Fällen der §§ 169, 170 VwGO durch gerichtliche Anordnung in Anspruch genommen,[2] ist der Gerichtsvollzieher dem Vollstreckungsschuldner und Dritten gegenüber durch den Besitz der gerichtlichen Anordnung zur Vollstreckung ermächtigt; er muß diese Anordnung auf Verlangen einer beteiligten Person vorzeigen (§ 273 Nr. 2 GVGA). Gilt für die Vollstreckung das VwVG (vgl. § 169 Abs. 1 S. 1 VwGO), ist der Gerichtsvollzieher gem. § 5 VwVG i.V.m. § 285 Abs. 2 AO durch den schriftlichen Auftrag der Vollstreckungsbehörde zur Vollstreckung ermächtigt.

2 Siehe § 753 Rdn. 10.

## § 756 Zwangsvollstreckung bei Leistung Zug um Zug

Hängt die Vollstreckung von einer Zug um Zug zu bewirkenden Leistung des Gläubigers an den Schuldner ab, so darf der Gerichtsvollzieher die Zwangsvollstreckung nicht beginnen, bevor er dem Schuldner die diesem gebührende Leistung in einer den Verzug der Annahme begründeten Weise angeboten hat, sofern nicht der Beweis, daß der Schuldner befriedigt oder im Verzug der Annahme ist, durch öffentliche oder öffentlich beglaubigte Urkunden geführt wird und eine Abschrift dieser Urkunden bereits zugestellt ist oder gleichzeitig zugestellt wird.

### Inhaltsübersicht

| | | Rdn. |
|---|---|---|
| | Literatur | |
| I. | Zweck der Norm | 1 |
| II. | Anwendungsbereich der Norm | 2–4 |
| III. | Angebot der Leistung durch den Gerichtsvollzieher | 5 |
| | 1. Tatsächliches oder wörtliches Angebot | 5, 5a |
| | 2. Angebot einer beweglichen Sache | 6 |
| | 3. Angebot zur Übereignung eines Grundstücks | 6a |
| | 4. Angebot einer Forderung | 7 |
| | 5. Angebot einer Handlung | 8 |
| IV. | Nachweis der Befriedigung oder des Annahmeverzuges | 9 |
| | 1. Nachweis der Befriedigung | 9 |
| | 2. Nachweis des Annahmeverzuges | 10, 11 |
| V. | Zustellung des Nachweises an den Schuldner | 12 |
| VI. | Rechtsbehelfe | 13 |
| | 1. Rechtsbehelfe des Gläubigers | 13 |
| | 2. Rechtsbehelfe des Schuldners | 14 |
| VII. | ArbGG, VwGO | 15 |

Literatur: *Bank*, Realisierung eines Kostenerstattungsanspruchs aus einem Rechtsstreit, in welchem der Schuldner zu einer Zug um Zug zu bewirkenden Leistung verurteilt worden ist, JurBüro 1980, 1137; *ders.*, Vollstreckung eines Urteils auf Zahlung Zug um Zug gegen Herausgabe einer eingebauten Tür, JurBüro 1982, 806; *Christmann*, Die Tenorierung des Annahmeverzuges bei der Zug-um-Zug-Verurteilung des Schuldners, DGVZ 1990, 1; *Doms*, Eine Möglichkeit zur Vereinfachung der Zwangsvollstreckung bei Zug-um-Zug-Leistung, NJW 1984, 1340; *Gabius*, Die Vollstreckung von Urteilen auf Leistung nach Empfang der Gegenleistung, NJW 1971, 866; *Gilleßen/Jakobs*, Das wörtliche Angebot bei der Zug-um-Zug-Vollstreckung in der Praxis des Gerichtsvollziehers, DGVZ 1981, 49; *Noack*, Aktuelle Fragen aus dem Sachgebiet der Mobiliarvollstreckung, DGVZ 1972, 149; *Scheffler*, Muß der Gläubiger aus einem Zug-um-Zug-Titel vollstrecken?, NJW 1989, 1848; *Schibel*, Zug-um-Zug-Urteile in der Zwangsvollstreckung, NJW 1984, 1945; *Schilken*, Wechselbeziehungen zwischen Vollstreckungsrecht und materiellem Recht bei Zug-um-Zug-Leistungen, AcP 181, 355; *K. Schmidt*, Zum Prozeßstoff bei Herausgabeklagen aus Rücktritt, Wandlung und ungerechtfertigter Bereicherung, MDR 1973, 973; *ders.*, Zivilprozessuale und materiellrechtliche Aspekte des § 283 BGB, ZZP 1974, 49 ff.; *E. Schneider*, Beanstandung der Gegenleistung bei der Zwangsvollstreckung Zug um Zug, JurBüro 1965, 178; *ders.*, Hinweise für die Prozeßpraxis (Beweis des Annahmeverzuges in §§ 756, 765 ZPO durch Urteil des Prozeßgerichts), JurBüro 1966, 911; *ders.*, Hinweise für die Prozeßpraxis (Das »Angebot« bei der Zwangsvollstreckung Zug um Zug), JurBüro 1966, 817; *ders.*, Prüfung der Gegenleistung durch den Gerichtsvollzieher, DGVZ 1978, 65; *ders.*, Vollstreckung von Zahlungstiteln Zug um Zug gegen Ausführung handwerklicher Leistungen, DGVZ 1982, 37; *Stojek,* Beweisaufnahme durch den Gerichtsvollzieher, MDR 1977, 456.

**I. Zweck der Norm:** Im Klauselverfahren ist nach § 726 Abs. 2 ZPO grundsätzlich noch nicht nachzuweisen, daß der Schuldner, der seinerseits nur Zug um Zug gegen eine vom Gläubiger zu bewirkende Gegenleistung zur Leistung verpflichtet ist, bereits befriedigt oder im Verzug der Annahme ist. Die Überprüfung des Eintritts dieser Bedingung der Vollstreckung ist vielmehr dem Vollstreckungsorgan überlassen. Nur dann, wenn die zu vollstreckende Schuld in der Abgabe einer Willenserklärung liegt, die Vollstreckung also wegen § 894 ZPO ohne Vollstreckungsorgan vonstatten geht, ist diese Überprüfung ins Klauselverfahren vorverlagert.[1]

Die ZPO unterscheidet sodann in den §§ 756, 765 ZPO, ob als Vollstreckungsorgan der Gerichtsvollzieher (dann § 756 ZPO) oder das Vollstreckungsgericht, das Prozeßgericht oder das Grundbuchamt (dann § 765 ZPO) tätig werden soll. Da der Gerichtsvollzieher in der Regel »vor Ort« vollstreckt, also den Schuldner persönlich aufsucht, sieht das Gesetz für ihn als Regelfall vor, daß er persönlich die Zug-um-Zug-Leistung dem Schuldner tatsächlich in natura bzw., wo dies nach dem materiellen Recht ausreicht, wörtlich anbietet. Daneben - in zweiter Linie - kann ihm auch der Nachweis vor der Vollstreckung erbracht werden, daß der Schuldner schon befriedigt oder im Verzug der Annahme ist. Die übrigen Vollstreckungsorgane arbeiten dagegen ausschließlich »vom Schreibtisch« aus. Sie benötigen deshalb immer vor der Vollstreckung den Nachweis, daß der Schuldner schon befriedigt oder im Verzug der Annahme ist.

**II. Anwendungsbereich der Norm:** § 756 ZPO kommt nur dann zur Anwendung, wenn das zu vollstreckende Urteil tatsächlich im Tenor eine Verurteilung zur Leistung nur Zug um Zug gegen eine Gegenleistung enthält, nicht auch in den Fällen, in denen sich nur aus den Entscheidungsgründen ein derartiges Zurückbehaltungsrecht ergibt oder in denen bei richtiger Sachbehandlung eine derartige Einschränkung der Leistungspflicht hätte tituliert werden müssen.[2] Andererseits ist § 756 ZPO auch dann nicht anwendbar, wenn ausdrücklich tituliert ist, daß die Leistung nur Zug um Zug gegen Aushändigung eines Wechsels oder Schecks zu erfolgen habe. Denn bei der Aushändigung dieser Urkunden handelt es sich nicht um eine vom Gläubiger geschuldete **Gegenleistung,** sondern lediglich um eine besondere Form der Quittungserteilung

---

1 Siehe § 726 Rdn. 16.
2 OLG Stuttgart, DGVZ 1980, 60; AG Bielefeld, VersR 1977, 750.

über die empfangene Leistung,³ Art. 39 Abs. 1, 50 Abs. 1 WG, 34, 47 SchG.⁴ Die Problematik ist also bei § 757 ZPO anzusiedeln.⁵

§ 756 ist nicht nur zu beachten, wenn der Gläubiger die gesamte mit der Zug-um-Zug-Gegenleistung verknüpfte Leistung beitreiben lassen will, sondern auch, wenn es nur um einen Teilbetrag geht.⁶ Andererseits gilt die Vorschrift nur für die im Titel auch ausdrücklich verknüpfte Zug-um-Zug-Gegenleistung, nicht für sonstige sich aus dem Titel ebenfalls ergebende Ansprüche, insbesondere nicht für den Anspruch auf Erstattung der Kosten des Rechtsstreits.⁷ 3

Obwohl das Gesetz nur von »Zug um Zug zu bewirkenden Leistungen« spricht, gilt die Vorschrift in gleicher Weise, wenn der Titel auf Leistung »nach Empfang der Gegenleistung« lautet, also eine Vorleistungspflicht des Gläubigers enthält (§ 322 Abs. 2 BGB).⁸ 4

III. Angebot der Leistung durch den Gerichtsvollzieher: 5

1. **Tatsächliches oder wörtliches Angebot:** Ob das Angebot der Gegenleistung in natura oder nur wörtlich zu erfolgen hat, richtet sich nach den Vorschriften des materiellen Rechts (§§ 294 ff. BGB).⁹ Nur dann, wenn der Titel zweifelsfrei für den Gerichtsvollzieher ergibt, daß der Vollstreckungsschuldner die Zug-um-Zug-Gegenleistung beim Vollstreckungsgläubiger abholen muß oder daß sonst eine Handlung des Vollstreckungsschuldners zur Bewirkung der Gegenleistung erforderlich ist (z. B. Abruf der Gegenleistung bei einem Dritten, mit Zustimmung des Vollstreckungsgläubigers; Weisungen für die Herstellung der noch anzufertigenden Sache; usw.¹⁰) oder daß der Vollstreckungsschuldner dem Vollstreckungsgläubiger unzweideutig und definitiv erklärt hat, daß er die Leistung nicht annehmen werde, darf der Gerichtsvollzieher

---

3 OLG Frankfurt, Rpfleger 1979, 144 (allerdings einen Sonderfall betreffend); LG Aachen, DGVZ 1983, 75; LG Düsseldorf, DGVZ 1972, 59; Zöller/Stöber, § 756 Rdn. 4. Zum vergleichbaren Fall der Verurteilung »Zug um Zug gegen Übergabe eines Grundpfandbriefes und einer Löschungsbewilligung« OLG Hamm, JurBüro 1979, 913.
4 Zur materiellen Rechtslage vergl. *Baumbach/Hefermehl*, Art. 39 WG Rdn. 2 und 3 sowie Art. 50 WG Rdn. 2.
5 Siehe dort Rdn. 3.
6 LG Wuppertal, DGVZ 1986, 90; AG Schönau, DGVZ 1990, 45.
7 LG Hildesheim, NJW 1959, 537.
8 OLG Karlsruhe, MDR 1975, 938; OLG Köln, JurBüro 1989, 870; DGVZ 1989, 151; LG Arnsberg, DGVZ 1983, 151; *Gabius*, NJW 1971, 866.
9 Vergl. den Überblick über die materiellrechtlichen Fallkonstellationen bei *Kreuzer/Stehle*, JA 1984, 69 ff.
10 Siehe etwa OLG Oldenburg, JurBüro 1991, 1553 f.; LG Augsburg, DGVZ 1995, 8; LG Gießen, DGVZ 1986, 78; LG Ravensburg, DGVZ 1986, 88. Weitere Beispiele: *Jauernig/Vollkommer*, § 295 BGB Anm. 2 b; *Palandt/Heinrichs*, § 295 BGB Rdn. 5.

sich mit einem wörtlichen Angebot begnügen.[11] Ansonsten ist ein tatsächliches Angebot vonnöten. In den Fällen der Holschuld muß der Gläubiger dem Gerichtsvollzieher nachweisen, daß er dem Schuldner die Möglichkeit des Abholens der geschuldeten[12] Sache auch tatsächlich eröffnet hatte. Zweckmäßigerweise läßt er die Aufforderung, die Sache abzuholen, dem Schuldner förmlich zustellen.[13]

5a   Nach dem Entwurf eines Zweiten Gesetzes zur Änderung zwangsvollstreckungsrechtlicher Vorschriften[14] soll der bisherige Wortlaut des § 756 ZPO zu Abs. 1 werden und folgender Abs. 2 angefügt werden: »Der Gerichtsvollzieher darf mit der Zwangsvollstreckung beginnen, wenn der Schuldner auf das wörtliche Angebot des Gerichtsvollziehers erklärt, daß er die Leistung nicht annehmen werde.« Dadurch soll die Vollstreckungsmöglichkeit gegenüber der gegenwärtigen Vollstreckungspraxis auch auf den Fall erweitert werden, daß der Schuldner die Annahme erst während des Vollstreckungsverfahrens verweigert. Der Sinn dieser Erweiterung liegt darin, daß dem Gläubiger durch die Möglichkeit eines bloß wörtlichen Angebots durch den Gerichtsvollzieher ein möglicherweise aufwendiges und bei Annahmeverweigerung nutzloses tatsächliches Angebot erspart wird.[15]

6   **2. Angebot einer beweglichen Sache:** Hat der Vollstreckungsgläubiger dem Schuldner eine **bestimmte Sache** als Zug-um-Zug-Gegenleistung anzubieten, muß diese im Titel so **genau bezeichnet** sein, daß sie ihrerseits zum Gegenstand einer Leistungsklage gemacht werden könnte,[16] damit der Gerichtsvollzieher zur Überprüfung in der Lage ist, ob der ihm übergebene Gegenstand mit dem geschuldeten identisch ist.[17] Ist dies nicht der Fall, darf der Gerichtsvollzieher nur vollstrecken, wenn der Schuldner den angebotenen Gegenstand freiwillig als den nach dem Urteil geschuldeten annimmt. Der Gerichtsvollzieher hat dies im Protokoll ausdrücklich zu vermerken. Die Prüfung, ob der im Titel bezeichnete Gegenstand mit dem ihm zum Zwecke des Angebots an den Schuldner übergebenen identisch ist, nimmt der Gerichtsvollzieher eigenverantwortlich vor.[18] Seine Entscheidung kann im Erinnerungs- und Beschwerdewege nur korrigiert werden, wenn er die Grenzen seines Ermessens überschritten hat.[19] Rügen des Schuldners, der angebotene Gegenstand habe sich zwischen Titelerlaß und Voll-

---

11 LG Berlin, Rpfleger 1978, 63; LG Bonn, DGVZ 1983, 185; LG Dortmund, DGVZ 1977, 10; LG Düsseldorf, DGVZ 1980, 187; LG Freiburg, DGVZ 1979, 182; LG Ravensburg, DGVZ 1986, 88; AG Hamburg-Wandsbek, DGVZ 1980, 189; AG Hannover, DGVZ 1981, 45; AG Köln und LG Köln, DGVZ 1981, 41; AG Lampertheim, DGVZ 1980, 188; AG Sinzig, NJW-RR 1987, 704; *Gilleßen/Jakobs*, DGVZ 1981, 49.
12 Die Identität zwischen geschuldeter und bereitgestellter Sache ist vom Gerichtsvollzieher zu prüfen (OLG Oldenburg, MDR 1992, 74).
13 AG und LG Köln, DGVZ 1981, 41.
14 BT-Drucks. 13/341, S. 4.
15 Zur Begründung BT-Drucks. 13/341, S. 14.
16 BGH, Rpfleger 1993, 206.
17 KG, NJW-RR 1994, 959; OLG Frankfurt, Rpfleger 1979, 432.
18 LG Frankenthal, MDR 1982, 61; LG Oldenburg, DGVZ 1974, 87.
19 LG Hannover, DGVZ 1984, 152; a. A. *Zöller/Stöber*, § 756 Rdn. 13 (Beschwerdegericht entscheide nach eigenem Ermessen).

streckungsbeginn derart verschlechtert, daß er ihn nicht mehr annehmen müsse, hat der Gerichtsvollzieher nur zu berücksichtigen, wenn die Mängel zu einer Identitätsänderung der angebotenen Sache geführt haben (geschuldet z. B. nach dem Titel ein Neuwagen, angeboten ein Schrottfahrzeug).[20] Ansonsten kann der Schuldner seine Einwendungen nur mit der Vollstreckungsabwehrklage geltend machen.[21] Bei einem Streit zwischen den Parteien um die Identität zwischen geschuldetem und angebotenem Gegenstand muß der Gläubiger auf Feststellung klagen, daß die von ihm angebotene mit der geschuldeten Leistung identisch ist.[22] Ist der angebotene Gegenstand mit dem nach dem Titel geschuldeten nicht (mehr) identisch, hat die Zwangsvollstreckung auch dann zu unterbleiben, wenn der Gläubiger behauptet, die Veränderung sei allein vom Schuldner zu vertreten.[23] Der Gläubiger muß diese Frage in einem neuen Erkenntnisverfahren, gegebenenfalls auf Feststellung, daß der Schuldner verpflichtet sei, den angebotenen veränderten Gegenstand anzunehmen, klären.[24]

Der Gerichtsvollzieher ist nicht berechtigt, bevor er die Zug-um-Zug-Gegenleistung anbietet, zur Minderung des Risikos des Gläubigers erst einmal zu prüfen, ob die beabsichtigte Zwangsvollstreckung erfolgversprechend sein wird. Es besteht insoweit auch keine Offenbarungspflicht des Schuldners gegenüber dem Gläubiger.[25] Der Gläubiger schuldet die Gegenleistung. Es ist sein Risiko, wenn er sie in der Hoffnung erbringt, dafür die von ihm zu beanspruchende Leistung zu erhalten.

Die Kosten, die dem Gläubiger auch selbst entstehen würden, wenn er seine Zug-um-Zug-Gegenleistung dem Schuldner ordnungsgemäß anbietet, sind keine Kosten der Zwangsvollstreckung. Mehrkosten durch die notwendige Einschaltung des Gerichtsvollziehers können dagegen nach § 788 ZPO beigetrieben werden.[26]

**3. Angebot zur Übereignung eines Grundstücks:** Kann der Gläubiger (Verkäufer) den Kaufpreis für ein Grundstück nur Zug um Zug gegen Auflassung des Grundstücks verlangen, reicht es aus, wenn er dem Schuldner (Käufer) einen unter Wahrung einer angemessenen Frist festgelegten Termin zur Auflassung vor dem Notar mitteilt. Bleibt der Schuldner diesem Termin einseitig fern oder nimmt er die dort abgegebene Auflassungserklärung nicht an oder bietet er nicht vor der Annahme den von ihm zu erbringenden Kaufpreis an, gerät er in Annahmeverzug.[27]

**4. Angebot einer Forderung:** Hat der Vollstreckungsgläubiger dem Schuldner als Zug-um-Zug-Gegenleistung eine bestimmte **Forderung abzutreten**, so ist dem § 756 ZPO Genüge getan, wenn der Gerichtsvollzieher dem Schuldner eine Erklärung des Gläubigers übermittelt, daß er die Forderung abtritt. Ob die abgetretene Forderung tatsäch-

---

20 H. M.; OLG Stuttgart, DGVZ 1991, 8; LG Bonn, DGVZ 1983, 187; LG Bremen, DGVZ 1977, 157, 158; LG Kleve, NJW-RR 1991, 704; LG Rottweil, DGVZ 1990, 171; *Brox/Walker*, Rdn. 172; *Stein/Jonas/Münzberg*, § 756 Rdn. 10; *Zöller/Stöber*, § 756 Rdn. 6.
21 LG Hamburg, DGVZ 1984, 10; AG Darmstadt, DGVZ 1979, 126.
22 LG Kleve, NJW-RR 1991, 704; LG Landau, DGVZ 1995, 87; LG Tübingen, DGVZ 1991, 61.
23 LG Bonn, DGVZ 1983, 187; a. A. LG Itzehoe, DGVZ 1987, 43.
24 LG Frankenthal, MDR 1982, 61.
25 Vergl. den Fall AG Landstuhl, VersR 1982, 479.
26 OLG Hamburg, MDR 1971, 145; *Noack*, DGVZ 1975, 148.
27 BGH, Rpfleger 1992, 207.

lich besteht, ist im Vollstreckungsverfahren ebensowenig zu prüfen[28] wie die Frage, ob die Abtretung nach den Regeln des materiellen Rechts etwa in Wirklichkeit ausgeschlossen ist. Diese Fragen entziehen sich der Beurteilungskompetenz des Gerichtsvollziehers. Sie sind gegebenenfalls mit der Vollstreckungsabwehrklage zu klären.

9    5. **Angebot einer Handlung:** Besteht die Zug-um-Zug-Leistung in vom Gläubiger zu bewirkenden **Nachbesserungsarbeiten,**[29] so genügt der Natur der Sache nach weder ein wörtliches noch ein tatsächliches **Angebot** (wenn nicht Annahmeverzug des Schuldners vorliegt; siehe unten Rdn. 10). Der Gläubiger muß die Arbeiten vielmehr tatsächlich durchführen bzw. durchführen lassen.[30] Der Gerichtsvollzieher muß vor Beginn der Zwangsvollstreckung in eigener Sachkompetenz prüfen, ob ordnungsgemäß nachgebessert ist.[31] Die Prüfung hat sich auch auf alle mit der Nachbesserung verbundenen Nebenarbeiten[32] zu erstrecken. Der Gerichtsvollzieher darf in solchen Fällen nicht etwa die Vollstreckung mit der Begründung ablehnen, es fehle ihm die für die Nachprüfung erforderliche Sachkunde.[33] Er muß vielmehr gegebenenfalls einen Sachverständigen hinzuziehen,[34] der ihn sachkundig macht. Läßt sich auf diese Weise der Nachweis der ordnungsgemäßen Nachbesserung nicht führen, muß der Gläubiger notfalls auf Feststellung klagen, daß er zu weiterer Nachbesserung nicht verpflichtet ist.[35] Gesteht der Schuldner gegenüber dem Gerichtsvollzieher die Ordnungsgemäßheit der Nachbesserung zu, bedarf es nicht der Hinzuziehung eines Sachverständigen. Der Gerichtsvollzieher muß das Zugeständnis des Schuldners ins Protokoll aufnehmen.

Die Kosten der Hinzuziehung des Sachverständigen (natürlich nicht die Nachbesserungskosten) sind Kosten der Zwangsvollstreckung i. S. § 788 ZPO.

10   IV. **Nachweis der Befriedigung oder des Annahmeverzugs des Schuldners:**

1. **Nachweis der Befriedigung:** Der Nachweis der Befriedigung des Schuldners kann im Gegensatz zu § 775 Nr. 4 ZPO nicht durch eine vom Schuldner (als Gläubiger der Zug-um-Zug-Gegenleistung) ausgestellte Privaturkunde erbracht werden. Es muß vielmehr immer eine öffentliche Urkunde (z. B. eine notariell beglaubigte Quittung, §§ 368 S. 2, 369 Abs. 1 BGB) vorgelegt werden. Der Grund für die unterschiedliche Regelung liegt darin, daß der Gläubiger im Falle des § 775 Nr. 4 ZPO im Hinblick auf § 776 ZPO weniger des Schutzes bedarf als der Schuldner, dem ja sofortige Vollstreckung droht, im Falle des § 756 ZPO. Gesteht der Schuldner gegenüber dem Gerichtsvollzieher die Befriedigung zu oder ist sie offenkundig (der persönlich anwesende

---

28 OLG Hamm, JurBüro 1955, 487.
29 Eine im Werkvertragsrecht typische Konstellation; vergl. BGHZ 61, 46 f.; zur möglichen sogar doppelten Zug-um-Zug-Verurteilung vergl. BGH, NJW 1984, 1679.
30 OLG Stuttgart, DGVZ 1989, 11; LG Arnsberg, DGVZ 1983, 151.
31 OLG Köln, JurBüro 1986, 1581.
32 AG Gütersloh, DGVZ 1983, 78.
33 AG Pirmasens, MDR 1975, 62.
34 OLG Stuttgart, MDR 1982, 416; LG Hannover, DGVZ 1981, 88; LG Heidelberg, DGVZ 1977, 91; *Brox/Walker*, Rdn. 172; a. A. (keine »Beweisaufnahme« durch den Gerichtsvollzieher) *Stojek*, MDR 1977, 456.
35 BGH, MDR 1977, 133; vergl. ferner BGH, MDR 1962, 977.

Gläubiger leistet in Gegenwart des Gerichtsvollziehers), so bedarf es ausnahmsweise nicht des Nachweises durch öffentliche Urkunde.[36] Allein die Tatsache, daß der Gerichtsvollzieher die vom Gläubiger Zug um Zug zu leistende Sache im Besitze des Schuldners sieht, ohne daß dieser zugesteht, sie vom Gläubiger erhalten zu haben, reicht als Nachweis nicht aus.[37] Wenn der Gerichtsvollzieher sich allerdings (ggf. mit Hilfe eines Sachverständigen) davon überzeugt hat, daß der Gläubiger seine ihm obliegende Leistung erbracht hat, ist ein zusätzlicher Nachweis nicht nötig.[38] Kann der Gläubiger den Nachweis, daß der Schuldner bereits befriedigt ist, nicht in der erforderlichen Weise erbringen, dann kann eine Klage auf Feststellung zulässig sein, daß der Schuldner befriedigt sei.[39] Ferner kommt eine Klage gegen den Schuldner auf unbedingte Duldung der Zwangsvollstreckung aus dem Titel in Betracht.[40] In diesen Verfahren stehen dem Gläubiger dann alle Beweismittel des ordentlichen Erkenntnisverfahrens zur Verfügung. Das obsiegende Urteil ersetzt in der Zwangsvollstreckung den anders nicht zu erbringenden Nachweis.[41]

**2. Nachweis des Annahmeverzuges:** Der Annahmeverzug kann sich aus dem Protokoll des Gerichtsvollziehers selbst ergeben, wenn dieser dem Schuldner die Zug-um-Zug-Gegenleistung gehörig i. S. der §§ 293 ff. BGB (am rechten Ort, zur rechten Zeit, in der rechten Weise) angeboten, der Schuldner die Annahme aber verweigert hatte. Ein solches gehöriges, den Annahmeverzug auslösendes Angebot liegt aber nicht vor, sofern der Gerichtsvollzieher, der dem Schuldner den Termin des Angebotsversuchs nicht eine angemessene Zeit vorher mitgeteilt hatte,[42] weder den Schuldner noch eine Ersatzperson antrifft, wenn er beim Schuldner mit der Gegenleistung vorstellig wird.[43]

11

Der Annahmeverzug kann auch in einem Urteil gegen den Schuldner festgestellt sein.[44] Lag er zum Zeitpunkt des Erlasses des zu vollstreckenden Leistungsurteils schon vor, kann er sich auch aus diesem selbst ergeben.[45] Allerdings genügt es nicht, daß der Tatbestand einen uneingeschränkten Klageabweisungsantrag des Beklagten (und jetzigen Schuldners) ausweist.[46] Der Annahmeverzug muß vielmehr entweder schon im Tenor

12

---

36 LG Düsseldorf, DGVZ 1991, 39 mit Anm. *Münzberg*, DGVZ 1991, 88.
37 OLG Celle, Nds.Rpfl 1959, 19.
38 OLG Hamm, DGVZ 1995, 182, 183 f.
39 OLG Koblenz, Rpfleger 1993, 28.
40 BGH, NJW 1962, 2004.
41 KG, MDR 1975, 149.
42 Für diesen Fall LG München, DGVZ 1984, 115.
43 Zutreffend AG München, DGVZ 1980, 190.
44 KG, MDR 1975, 149; OLG Düsseldorf, NJW-RR 1993, 1088.
45 BGH, NJW 1982, 1049; LG Berlin, DGVZ 1972, 44; LG Hagen, DGVZ 1973, 75.
46 KG, NJW 1972, 2052; OLG Frankfurt, Rpfleger 1979, 432; LG Berlin, DGVZ 1978, 64; LG Düsseldorf, DGVZ 1980, 187; *Brox/Walker*, Rdn. 173; a. A. LG Bonn, NJW 1963, 721.

festgestellt sein⁴⁷ oder sich zweifelsfrei aus dem Tatbestand oder den Entscheidungsgründen ergeben.⁴⁸

13 **V. Zustellung des Nachweises an den Schuldner:** Die öffentlichen oder öffentlich beglaubigten Urkunden, mit deren Hilfe der Gläubiger dem Gerichtsvollzieher gegenüber den Nachweis geführt hat, daß der Schuldner befriedigt oder im Verzug der Annahme ist, müssen dem Schuldner in Abschrift entweder vor Vollstreckungsbeginn schon zugestellt sein oder gleichzeitig zugestellt werden. Beurkundet der Gerichtsvollzieher selbst den Annahmeverzug des Schuldners, dann bedarf es zur Zulässigkeit der unbedingten Vollstreckung allerdings nicht der Zustellung dieses Gerichtsvollzieher-Protokolls, wenn der Schuldner oder sein Vertreter bei der Protokollierung anwesend waren.⁴⁹

Keiner förmlichen Zustellung bedarf dagegen das Sachverständigengutachten, mit dessen Hilfe der Gerichtsvollzieher selbst sich Gewißheit verschafft, ob die vom Gläubiger geschuldeten Nachbesserungsarbeiten ordnungsgemäß erledigt sind.⁵⁰ Es ist dem Schuldner aber als Teil des Protokolls (§ 762 Abs. 2 Nr. 2 ZPO) formlos zu übermitteln (§ 110 Nr. 5 GVGA).

Die Kosten der Zustellung sowie der Anfertigung der zuzustellenden Schriftstücke sind Kosten der Zwangsvollstreckung gem. § 788 ZPO.

14 **VI. Rechtsbehelfe:**

**1. Rechtsbehelfe des Gläubigers:** Lehnt der Gerichtsvollzieher die Zwangsvollstreckung ab, weil er hinsichtlich der Notwendigkeit des Angebots der Gegenleistung oder der Art der Vornahme oder der Gehörigkeit dieses Angebots anderer Ansicht ist als der Gläubiger, steht diesem die Erinnerung nach § 766 Abs. 2 ZPO zu. Das Vollstreckungs- und das Beschwerdegericht haben keine weitergehenden Möglichkeiten der Sachaufklärung als der Gerichtsvollzieher.⁵¹ So ist z. B. keine Beweisaufnahme durch Zeugenvernehmung über die Befriedigung des Schuldners oder über seine endgültige Verweigerung der Annahme der Gegenleistung möglich. Zur Möglichkeit einer Feststellungsklage, daß der Schuldner bereits befriedigt oder im Verzug der Annahme ist, vergl. oben Rdn. 6, 9, 11.

15 **2. Rechtsbehelfe des Schuldners:** Der Schuldner kann die Verschlechterung des Zustandes der Gegenleistung oder andere materiellrechtliche Einwendungen gegen seine Verpflichtung zur Annahme der Gegenleistung mit der Vollstreckungsabwehrklage gem. § 767 ZPO geltend machen.⁵² Ebenfalls nach § 767 ZPO muß der Schuldner vorgehen, wenn er sich zur Leistungsverweigerung berechtigt glaubt, weil der Gläubiger

---

47 LG Berlin, DGVZ 1972, 44; *Doms*, NJW 1984, 1340; *Schibel*, NJW 1984, 1945.
48 LG Detmold, DGVZ 1990, 41. Ein Hinweis allein im Tatbestand, daß der Gläubiger dem Schuldner die Gegenleistung zur Abholung zur Verfügung gestellt hatte, reicht nicht; vergl. OLG Köln, DGVZ 1989, 151; NJW-RR 1991, 383; AG Essen, DGVZ 1976, 189.
49 OLG Köln, NJW-RR 1986, 863.
50 Siehe oben Rdn. 8.
51 Siehe § 766 Rdn. 23.
52 **A. A.** KG, NJW-RR 1989, 638 (auch hier sei § 766 ZPO zu wählen).

zwar die nach dem Titel geschuldete Gegenleistung in Form von Nachbesserungsarbeiten erbracht hat, zwischenzeitlich aber neue, weitere vom Gläubiger zu vertretende Mängel aufgetreten sind. Der Gerichtsvollzieher darf aufgrund solcher im Titel nicht genannter Mängel die Vollstreckung auch dann nicht verweigern, wenn sie offensichtlich oder unstreitig sind.[53] Will der Schuldner dagegen rügen, der Gerichtsvollzieher habe zu Unrecht die Gegenleistung als vollständig und fehlerfrei erbracht angesehen, ist die Erinnerung gem. § 766 Abs. 1 ZPO, nicht die Klage nach § 767 ZPO der richtige Rechtsbehelf.[54]

**VII. ArbGG, VwGO:** § 756 ZPO gilt auch bei der Vollstreckung von arbeitsgerichtlichen Titeln (§§ 62 Abs. 2, 85 Abs. 1 S. 1 ArbGG) und von Titeln nach § 168 VwGO (§ 167 Abs. 1 VwGO), sofern der Gerichtsvollzieher wegen einer Forderung vollstreckt, die von einer Zug um Zug zu bewirkenden Leistung des Gläubigers an den Schuldner abhängt.

16

---

53 LG Bonn, DGVZ 1989, 12.
54 KG, NJW-RR 1989, 638.

§ 757   Übergabe des Titels; Quittung

(1) Der Gerichtsvollzieher hat nach Empfang der Leistungen dem Schuldner die vollstreckbare Ausfertigung nebst einer Quittung auszuliefern, bei teilweiser Leistung diese auf der vollstreckbaren Ausfertigung zu vermerken und dem Schuldner Quittung zu erteilen.
(2) Das Recht des Schuldners, nachträglich eine Quittung des Gläubigers selbst zu fordern, wird durch diese Vorschriften nicht berührt.

Inhaltsübersicht

| Literatur | Rdn. |
|---|---|
| I. Zweck der Norm | 1 |
| II. Auslieferung der vollstreckbaren Ausfertigung an den Schuldner | 2 |
| III. Erteilung einer Quittung | 3 |
| IV. Vermerk von Teilleistungen | 4 |
| V. Rechtsbehelfe | 5 |
| VI. Kosten | 6 |
| VII. ArbGG, VwGO | 7 |

Literatur: *Burkhardt*, Verrechnung von Teilzahlungen des Schuldners während eines Vollstreckungsverfahrens, JurBüro 1965, 673; *Eickmann*, Die Quittung des Gerichtsvollziehers im Grundbuchverfahren, DGVZ 1978, 145; *Lücke*, Zur Klage auf Herausgabe des Vollstreckungstitels, JZ 1956, 475; *Münzberg*, Der Anspruch des Schuldners auf Herausgabe der vollstreckbaren Urteilsausfertigung nach Leistung, KTS 1984, 193; *Saum*, Zur Aushändigung der vollstreckbaren Ausfertigung des Titels an den Schuldner, JZ 1981, 695.

1   **I. Zweck der Norm:** Ist die nach dem Inhalt des Titels zu vollstreckende Forderung durch den Gerichtsvollzieher beigetrieben – sei es im Wege der Zwangsvollstreckung, sei es durch Entgegennahme freiwilliger Zahlungen –, so soll der Schuldner sicher sein, daß er von erneuten Vollstreckungsversuchen verschont bleibt. Erst der Besitz des Titels legitimiert den Gerichtsvollzieher zur Zwangsvollstreckung. Hat der Schuldner den Titel in Besitz und kann er im Rahmen der Anhörung nach § 733 Abs. 1 ZPO verhindern, daß dem Gläubiger eine neue Ausfertigung erteilt wird, so erreicht er diese Sicherheit in höchstmöglichem Maße. Die Quittung des Gerichtsvollziehers über die vereinnahmten Beträge ist darüber hinaus eine öffentliche Urkunde i. S. § 775 Nr. 4 ZPO. Das gilt auch für den Fall, daß der Gerichtsvollzieher freiwillige Leistungen des Schuldners quittiert hat. Denn auch bei der Annahme freiwilliger Leistungen ist er ausschließlich als staatliches Vollstreckungsorgan tätig.[1] Der Vermerk von Teilleistungen auf der vollstreckbaren Ausfertigung erleichtert ihren Nachweis.
Abs. 1 gilt unabhängig davon, ob durch die vereinnahmten Beträge materiellrechtlich Erfüllung der Schuld eintritt oder ob auf einen nur vorläufig vollstreckbaren Titel aus-

---

1 § 754 Rdn. 7.

schließlich unter dem Druck der Vollstreckung und unter dem Vorbehalt der Rückforderung bei Abänderung des Titels geleistet wurde. Die vom Gerichtsvollzieher ausgestellte Quittung sagt deshalb nichts darüber, ob der Gläubiger materiellrechtlich befriedigt und die Schuld endgültig erloschen ist. Soweit der Schuldner eine entsprechende Erklärung des Gläubigers oder auch nur eine des Inhalts, daß er die beigetriebenen Beträge vom Gerichtsvollzieher erhalten hat, verlangen kann, bleibt ein solcher Anspruch von Abs. 1 unberührt (Abs. 2).

**II. Auslieferung der vollstreckbaren Ausfertigung an den Schuldner:** Nur dann, wenn die gesamte nach der vollstreckbaren Ausfertigung des Titels beizutreibende Leistung in vollem Umfange - wie geschuldet - erbracht ist, hat der Gerichtsvollzieher die in seinem Besitz befindliche vollstreckbare Ausfertigung an den Schuldner auszuliefern.

2

So wird etwa ein Räumungstitel nicht durch eine bloße symbolische Zwangsräumung (weil der Schuldner nach ordnungsrechtlicher Verfügung in der Wohnung bleiben darf) verbraucht, da die weitere Vollstreckung aus ihm möglich bleibt.[2] Die Auslieferung des Titels hat von Amts wegen auch dann zu erfolgen, wenn der Gläubiger sie dem Gerichtsvollzieher ausdrücklich untersagt hat.

Abzustellen ist immer auf den vollstreckbaren Teil des Titels, nicht etwa auf den Gesamtinhalt des Titels auch in Teilen, die gar nicht vollstreckbar ausgefertigt wurden. Ist der vollstreckbar ausgefertigte Teil des Titels verbraucht, ist die gesamte Ausfertigung auszuhändigen. Gleiches gilt, wenn die Vollstreckbarkeit eines Titels in Teilen später entfallen ist, der vollstreckbar gebliebene Teil aber erfüllt wurde.[3]

Für den Gerichtsvollzieher sind hinsichtlich der Beurteilung im Rahmen des § 757 ZPO nur der titulierte Betrag einerseits und die darauf erbrachten Zahlungen andererseits maßgeblich, nicht dagegen sonstige materiellrechtliche Erwägungen, die der Schuldner nur mit § 767 ZPO einwenden kann. Hat der Gerichtsvollzieher etwa auf Weisung des Gläubigers in dessen Vorbehaltseigentum beim Schuldner vollstreckt, in der Verwertung aber nur einen Teil der titulierten Forderung erlösen können, so darf er dem Schuldner den Titel nicht mit der Begründung aushändigen, der weitergehende Anspruch des Gläubigers sei wegen § 13 Abs. 3 VerbrKrG erloschen.[4]

Richtet sich der Titel gegen mehrere Schuldner, so erhält ihn derjenige ausgehändigt, der tatsächlich geleistet hat. Haben mehrere die Leistung anteilig erbracht, so müssen sie sich einigen, wer den Titel erhalten soll. Erfolgt keine Einigung, nimmt der Gerichtsvollzieher den Titel vorläufig für alle in Verwahrung (§ 106 Nr. 4 GVGA). Eine Rückgabe des verbrauchten Titels an den Gläubiger scheidet dagegen aus. Ähnlich ist der Fall zu handhaben, daß ein Dritter an Stelle des Schuldners im Rahmen des § 267 BGB an den Gerichtsvollzieher zahlt, aber nicht in eine Auslieferung des Titels an den Schuldner einwilligt, etwa weil die Forderung mit der Bezahlung auf ihn übergegangen ist und er den Titel gem. § 727 ZPO auf sich selbst umschreiben lassen möchte. Der Titel bleibt in diesem Falle beim Gerichtsvollzieher, bis der Gläubiger in eine Auslie-

---

2 OLG Bamberg, JurBüro 1962, 176.
3 OLG Nürnberg, NJW 1965, 1867.
4 Zutreffend (noch zu § 5 AbzG) LG Bonn, MDR 1966, 6; AG Bensberg, JurBüro 1969, 366.

ferung an den Dritten einwilligt. Notfalls muß der Dritte diese Einwilligung nach materiellem Recht (§ 402 BGB) einklagen.[5]

Hat der Gerichtsvollzieher den Titel dem Schuldner zu früh ausgehändigt, obwohl noch ein Restbetrag zu vollstrecken ist, kann der Gläubiger nach § 733 ZPO eine Zweitausfertigung beantragen.[6]

Hat der Schuldner nicht an den Gerichtsvollzieher, sondern an den Gläubiger persönlich geleistet, so ist der Gerichtsvollzieher nur mit Einwilligung des Gläubigers[7] zur Auslieferung des Titels an den Schuldner berechtigt. Ansonsten hat er, wenn ihm die Befriedigung des Gläubigers mit den Mitteln des § 775 Nr. 4 und 5 ZPO nachgewiesen ist, die Zwangsvollstreckung einzustellen (nicht etwa bisherige Vollstreckungsmaßnahmen rückgängig zu machen[8]) und den Titel an den Gläubiger zurückzugeben. Der Schuldner muß dann gegen die Zwangsvollstreckung nach § 767 ZPO vorgehen. Nach h.M. kann er auch vom Gläubiger die Herausgabe des Titels in entsprechender Anwendung des § 371 BGB fordern,[9] soweit die Erfüllung unstreitig oder die Unzulässigkeit der Zwangsvollstreckung bereits rechtskräftig festgestellt ist.[10] Das Rechtsschutzbedürfnis für eine Klage nach § 371 BGB hat der BGH bejaht, obwohl der Schuldner auch schon durch ein obsiegendes Urteil nach § 767 ZPO vor einer weiteren Vollstreckung aus dem Titel geschützt ist.[11] Die Klage aus § 767 ZPO und die Leistungsklage auf Titelherausgabe können nach dieser Ansicht kumulativ erhoben werden. Der Schuldner hat auch die Möglichkeit, den Antrag auf Titelherausgabe als uneigentlichen Hilfsantrag für den Fall zu stellen, daß der Hauptantrag nach § 767 ZPO Erfolg hat.

3   III. **Erteilung einer Quittung:** Über **jede** in Empfang genommene Leistung - sei es im Rahmen der Zwangsvollstreckung, sei es aufgrund freiwilliger Leistung - muß der Gerichtsvollzieher dem Schuldner Quittung erteilen. Auch bei vollständiger Erfüllung durch den Schuldner erfolgt die Quittung in gesonderter Urkunde **neben** der Titelherausgabe. Sieht das Gesetz als besondere Form der Quittung, ohne die der Schuldner nicht zu leisten braucht, auch noch die Herausgabe von über die Schuld ausgestellten Urkunden vor (so in Art. 39 Abs. 1, 50 Abs. 1 WG, 34, 47 SchG), so gehört zur ordnungsgemäßen Quittierung auch die Übergabe des Originals[12] dieser Urkunden an den Schuldner. Im übrigen bestimmt der Gerichtsvollzieher den Inhalt und die Form seiner Quittung im einzelnen nach pflichtgemäßem eigenem Ermessen. Er ist nicht an das gebunden, was der Gläubiger etwa aufgrund besonderer Vereinbarung dem Schuldner in der Quittung bescheinigen muß. Insoweit muß der Schuldner sich an den Gläubiger

---

5   Zur Erteilung einer Zweitausfertigung an den Dritten vergl. § 733 Rdn. 6.
6   OLG Hamm, Rpfleger 1979, 431; ferner § 733 Rdn. 5.
7   § 106 Nr. 3 S. 3 GVGA.
8   Siehe § 776 Rdn. 1.
9   BGH LM Nr. 3 zu § 830 ZPO mit Anm. *Walker*; OLG Köln, NJW 1986, 1353 und FamRZ 1984, 1090; *Münzberg*, KTS 1984, 193; *Lüke*, JZ 1956, 475; einschränkend (kein Herausgabeanspruch) *Baur/Stürner*, Rdn. 45.31.
10  BGH LM Nr. 3 zu § 830 ZPO mit Anm. *Walker*.
11  *Walker*, Anm. zu BGH LM Nr. 3 zu § 830 ZPO (unter I 2).
12  AG und LG Saarbrücken, DGVZ 1990, 43.

selbst halten (Abs. 2). Die vom Gerichtsvollzieher erteilte Quittung ist eine öffentliche Urkunde.[13] Sie genügt den Erfordernissen des § 775 Nr. 4 ZPO.

Hat nicht der Schuldner, sondern ein Dritter im eigenen Namen auf die titulierte Schuld an den Gerichtsvollzieher geleistet, so ist diesem die Quittung zu erteilen. Er kann sie gegebenenfalls im Rahmen des § 727 ZPO als Teil des ihm obliegenden Nachweises verwenden. Haben mehrere Schuldner Teilleistungen auf die titulierte Forderung erbracht, ist jedem über seine Leistung (nicht auch über die der anderen) Quittung zu erteilen.

**IV. Vermerk von Teilleistungen:** Neben der Quittung, die er dem Schuldner bzw. dem an seiner Stelle Leistenden erteilt, fertigt der Gerichtsvollzieher bei bloßen Teilleistungen, die nicht zum endgültigen Verbrauch des Titels führen, auf dem Titel selbst einen Vermerk über die Teilleistungen an. Der Vermerk schützt zum einen den Schuldner, wenn der Titel einem bisher noch nicht beteiligten Vollstreckungsorgan zur weiteren Vollstreckung vorgelegt wird, er erleichtert zum anderen auch dem Gläubiger die Berechnung der noch offenen Forderung. Allerdings kann der Gläubiger nicht verlangen, daß der Gerichtsvollzieher bei der auf dem Titel zu vermerkenden Teilleistung zugleich deren Verrechnung auf Kosten, Zinsen und Hauptforderung vornimmt.[14] Es genügt vielmehr die bloße Angabe des empfangenen Gesamtbetrages. Anderes muß allerdings gelten, wenn der Schuldner bei freiwilliger Teilleistung bewußt und ausdrücklich nur auf einen bestimmten von mehreren im Titel enthaltenen Ansprüchen gezahlt hat. 4

Der Vermerk auf dem Titel bezieht sich auf das, was der Gerichtsvollzieher als freiwillige Leistung oder als Erlös der Vollstreckung erhalten hat. Er besagt nichts darüber, ob der Gläubiger den ausgekehrten Betrag auch endgültig behalten durfte. Deshalb kommt keine Änderung des Vermerks in Betracht, wenn der Gläubiger später den Erlös an einen Dritten, etwa nach den Regeln des Bereicherungsrechts,[15] herausgeben mußte.[16]

**V. Rechtsbehelfe:** Die Verweigerung der Auslieferung des Titels, die Erteilung oder Verweigerung einer Quittung sowie der Vermerk von Teilleistungen auf dem Titel können mit der Erinnerung (§ 766 ZPO) angefochten werden. Das gilt aber nur bis zur Beendigung der Zwangsvollstreckung durch Aushändigung des Titels an den Schuldner.[17] Nach Beendigung der Zwangsvollstreckung fehlt es am Rechtsschutzbedürfnis für eine – am Ergebnis nichts mehr ändernde – Rückschau.[18] Ist der Titel dem Schuldner zu Unrecht ausgehändigt worden, kann der Gläubiger eine neue Ausfertigung im Rahmen des § 733 ZPO verlangen.[19] 5

---

13 Zu ihrer Eignung als öffentliche Urkunde in Grundbuchverfahren vergl. im einzelnen *Eickmann*, DGVZ 1978, 145.
14 LG Hannover, DGVZ 1979, 72; LG Lüneburg, DGVZ 1981, 116.
15 Einzelheiten insoweit Anh. § 771 Rdn. 2 ff.
16 AG Frankfurt, DGVZ 1974, 15.
17 Zutreffend AG Frankfurt, DGVZ 1974, 15; **a. A.** AG Herzberg, DGVZ 1966, 140; *Zöller/Stöber*, § 757 Rdn. 12.
18 Einzelheiten: § 766 Rdn. 20.
19 Siehe oben Rdn. 2 und Fußn. 6.

6 **VI. Kosten:** Die Kosten der Quittung sind Kosten der Zwangsvollstreckung. Sie sind vom Schuldner also vorzuleisten, ehe ihm auch der Titel ausgeliefert wird.

7 **VII. ArbGG, VwGO:** § 757 ZPO gilt auch bei der Vollstreckung von arbeitsgerichtlichen Titeln (§§ 62 Abs. 2, 85 Abs. 1 S. 3 ArbGG) und von Titeln nach § 168 VwGO, sofern die Vollstreckung durch den Gerichtsvollzieher erfolgt.

## § 758 Durchsuchung; Gewaltanwendung

(1) Der Gerichtsvollzieher ist befugt, die Wohnung und die Behältnisse des Schuldners zu durchsuchen, soweit der Zweck der Vollstreckung dies erfordert.

(2) Er ist befugt, die verschlossenen Haustüren, Zimmertüren und Behältnisse öffnen zu lassen.

(3) Er ist, wenn er Widerstand findet, zur Anwendung von Gewalt befugt und kann zu diesem Zwecke die Unterstützung der polizeilichen Vollzugsorgane nachsuchen.

### Inhaltsübersicht

| | | Rdn. |
|---|---|---|
| | Literatur | |
| I. | Verfassungsmäßigkeit der Norm | 1 |
| II. | Voraussetzungen für die Notwendigkeit einer Durchsuchungsanordnung | 2 |
| | 1. Einwilligung des Schuldners | 2 |
| | 2. Richterliche Erlaubnis im Titel | 2a |
| | 3. Vorhandene Durchsuchungsanordnung | 3 |
| | 4. Gefahr im Verzug | 4 |
| | 5. Belehrung des Schuldners | 5 |
| | 6. Juristische Personen | 6 |
| | 7. Wohnung, Arbeits-, Betriebs- und Geschäftsräume | 7 |
| | 8. Betroffenheit Dritter | 8, 9 |
| | 9. Taschenpfändung | 10 |
| III. | Verfahren zur Erlangung einer Durchsuchungsanordnung | 11 |
| | 1. Antrag des Gläubigers | 11, 12 |
| | 2. Zuständigkeit zur Erteilung | 13 |
| | 3. Allgemeine Vollstreckungsvoraussetzungen | 14 |
| | 4. Rechtsschutzbedürfnis | 15, 16 |
| | 5. Glaubhaftmachung, rechtliches Gehör | 17 |
| | 6. Erteilung durch Beschluß | 18 |
| IV. | Rechtsmittel | 19 |
| V. | Zwangsbefugnisse des Gerichtsvollziehers | 20 |
| VI. | Anwesenheitsrecht des Gläubigers | 21 |
| VII. | Rechtsbehelfe gegen die Tätigkeit des Gerichtsvollziehers | 22 |
| VIII. | Verfolgungsrecht des Gerichtsvollziehers | 23 |
| IX. | Kosten und Gebühren | 24 |
| X. | ArbGG, VwGO, AO | 25 |

Literatur: *Behr,* Praxisprobleme und Rechtsprechungstendenzen zu § 758 ZPO, Art. 13 Abs. 2 GG, DGVZ 1980, 49; *ders.,* Vollstreckung ohne Durchsuchungsanordnung. Art. 13 II GG, NJW 1992, 2125; *Bischof,* Die vollstreckungsrichterliche Durchsuchungsanordnung (§ 758 ZPO) in der gerichtlichen Praxis, ZIP 1983, 522; *Bittmann,* Nochmals: Arrestvollziehung und richterliche Durchsuchungsanordnung, NJW 1982, 2421; *ders.,* Wohnungsdurchsuchung bei Vorliegen mehrerer Vollstreckungsaufträge, DGVZ 1985, 163; *ders.,* BVerfG, DGVZ 1987, 155 ff.:

Grundrechtsschutz durch Vervielfachung der Grundrechtseingriffe?, DGVZ 1989, 136; *Brendel*, Nochmals: Die Rechtsprechung seit der BVerfGE 51, 97, DGVZ 1982, 179; *Christmann*, Die Anwesenheit des Gläubigers bei der Mobiliarpfändung in der Wohnung des Schuldners, DGVZ 1984, 83; *Cirullies*, Amtsstellung der Beschlüsse nach §§ 758, 761 ZPO und ihre Auswirkungen in der Praxis, DGVZ 1984, 177; *ders.*, Rechtsbehelf, Zustellung und rechtliches Gehör im Verfahren nach §§ 758, 761 ZPO, JurBüro 1984, 1297; *ders.*, Enthält die richterliche Anweisung an den Gerichtsvollzieher zur Mobiliarpfändung beim Schuldner zugleich eine Durchsuchungsanordnung nach § 758 ZPO?, JurBüro 1986, 661; *Eich*, Der Gerichtsvollzieher, Eine Pfändung, Die Wohnung, Das Bundesverfassungsgericht und die Zeit, DGVZ 1988, 9; *Ewers*, Ist in einem richterlichen Herausgabetitel bereits eine Durchsuchungsanordnung im Sinne des Art. 13 Abs. 2 GG enthalten?, DGVZ 1982, 52; *Esmek*, Der Durchsuchungsbegriff nach Art. 13 Abs. 2 GG in der Zwangsvollstreckung, 1989; *Frank*, Vollstreckungsdurchsuchung und Grundgesetz, JurBüro 1983, 801; *Ganschezian-Finck*, Richterliche Durchsuchungsanordnung bei Zwangsvollstreckungen, MDR 1980, 805; *Gerhardt*, Bundesverfassungsgericht, Grundgesetz und Zivilprozeß, speziell Zwangsvollstreckung, ZZP 1982, 467 ff.; *Guntau*, Verfassungsrechtliche Probleme der Vollstreckung gegen Schuldner in Wohngemeinschaften, DGVZ 1982, 17; *Gusy*, Grundrechtsschutz gegen Wohnungsdurchsuchungen durch den Gerichtsvollzieher, JuS 1980, 718; *Hansens*, Verfahrensrechtliche und kostenrechtliche Betrachtungen zur Durchsuchungsanordnung nach § 758 ZPO in Verbindung mit Art. 13 II GG, JurBüro 1987, 179; *Harenberg*, Zur Notwendigkeit eines richterlichen Durchsuchungsbeschlusses bei Sachpfändungen, DGVZ 1989, 84; *Hemmerich*, Die Rechtsprechung seit der BVerfGE 51, 97, DGVZ 1982, 83; *Herde*, Probleme der Pfandverfolgung, Göttingen, 1978; *Herdegen*, Arrestvollziehung und richterliche Durchsuchungsanordnung, NJW 1982, 368; *Herzig*, Die Anwesenheit des Gläubigers bei der Zwangsvollstreckung, JurBüro 1967, 453; *Kleemann*, Schwierigkeiten der Vollstreckungspraxis nach dem Beschluß des Bundesverfassungsgerichts vom 3. 4. 1979, DGVZ 1980, 3; *Kühne*, Wohnungsschutz bei der gleichzeitigen Pfändung und der Räumungsvollstreckung nach der Entscheidung des Bundesverfassungsgerichts vom 3. 4. 1979, DGVZ 1979, 145; *ders.*, Grundrechtlicher Wohnungsschutz und Vollstreckungsdurchsuchungen, 1980; *Langheid*, Durchsuchung gem. § 758 ZPO nur aufgrund richterlichen Durchsuchungsbefehls, MDR 1980, 21; *Lippross*, Durchsuchungsbefugnis des Gerichtsvollziehers bei der Vollstreckung, JA 1979, 548; *ders.*, Voraussetzungen einer sog. Taschenpfändung, JA 1980, 676; *Mümmler*, Einschränkung des § 758 ZPO durch das Bundesverfassungsgericht, JurBüro 1980, 185; *Noack*, Fehlen einer richterlichen Erlaubnis nach § 761 ZPO und einer richterlichen Anordnung nach Art. 13 GG und die Wirkung auf die Rechtmäßigkeit der Amtsausübung des Gerichtsvollziehers und auf einen vollzogenen Pfändungsakt, DGVZ 1980, 33; *Pawlowski*, Zum sog. Verfolgungsrecht des Gerichtsvollziehers, AcP 1975, 189 ff.; *ders.*, Drittgewahrsam und Verstrickung, DGVZ 1976, 33; *ders.*, Zur Vollstreckung in Wohngemeinschaften, NJW 1981, 670; *Peters*, Die richterliche Anordnung zur Zwangsvollstreckung nach § 758 ZPO - Wege und Irrwege, Festschrift für Baur, 1981, 549 ff.; *Rößler*, Zwangsvollstreckung und Unverletzlichkeit der Wohnung, NJW 1979, 2137; *ders.*, Zwangsvollstreckung im Wohnprozeß, NJW 1981, 25; *ders.*, Zwangsvollstreckung und Unverletzlichkeit der Wohnung, NJW 1983, 661; *Schmidt-Bleibtreu*, Besondere richterliche Durchsuchungsanordnung auch bei Zwangsvollstreckung erforderlich, DB 1979, 1493; *ders.*, Nochmals zum Richtervorbehalt bei Durchsuchungsanordnungen im Rahmen der Zwangsvollstreckung, DB 1981, 1917; *E. Schneider*, Besitzwechsel nach Pfändung, JurBüro 1974, 576; *ders.*, Die vollstreckungsrichterliche Durchsuchungsanordnung, NJW 1980, 2377; *Schubert*, Nochmals: Durchsuchung gemäß § 758 ZPO nur aufgrund richterlichen Durchsuchungsbefehls, MDR 1980, 365; *Schüler*, Unterstützung des Gerichtsvollziehers durch die Polizei, DGVZ 1970, 97; *Seip*, Die Durchsuchung der Wohnung des Schuldners nach der Entscheidung des Bundesverfassungsgerichts vom 3. 4. 1979, DGVZ 1979, 97; *ders.*, Vollstreckungsdurchsuchung und Grundgesetz - Keine Aussicht auf Änderung?, DGVZ 1980, 60 u. 82; *van den Hövel*, »Gefahr im Verzuge« durch die bloße Weigerung des Schuldners zur Wohnungsdurchsuchung, Art. 13 II GG?, NJW 1993, 2031; *Vollkommer,* Verfassungsmäßigkeit des Vollstreckungszugriffs, JA 1982, 286 ff.; *Weimar,* Unverletzlichkeit der Wohnung und Vollstreckungsdurchsuchung, DGVZ 1980, 136; *J. Wertenbruch,* Zum Anwesenheitsrecht des Gläubigers bei der Durchsuchung im Rahmen der Mobiliarvollstreckung, DGVZ 1994, 19.

**I. Verfassungsmäßigkeit der Norm:** Der frühere jahrzehntelange Streit, ob die Norm 1
dem Art. 13 Abs. 2 GG gerecht wird,[1] ist durch den Beschluß des Bundesverfassungsgerichts vom 4. 3. 1979 - 1 BvR 994/76 -[2] und weitere ihm nachfolgende Entscheidungen des Bundesverfassungsgerichts[3] abschließend dahin geklärt worden, daß die Durchsuchung der Wohnung des Schuldners wider seinen Willen durch den Gerichtsvollzieher, außer bei Gefahr im Verzuge, nur nach **besonderer** richterlichen Anordnung zulässig ist. Damit ist § 758 ZPO verfassungsgemäß ergänzt worden, mit dieser Ergänzung aber im übrigen wirksam geblieben. Die Einzelheiten des Verfahrens auf Erlangung der richterlichen Durchsuchungsanordnung sind – abgesehen von der Frage, ob dem Schuldner vor Erlaß der Anordnung rechtliches Gehör gewährt werden müsse –[4] vom Bundesverfassungsgericht offen gelassen und der Entscheidung der mit den Einzelfragen befaßten Vollstreckungs- und Beschwerdegerichte überlassen worden. Es hat sich dann eine in den groben Linien übereinstimmende, in vielen Einzelheiten aber divergierende Kasuistik entwickelt. Für die Abgabenvollstreckung ist die Notwendigkeit einer richterlichen Durchsuchungsanordnung in § 287 Abs. 4 AO, der aufgrund der genannten Entscheidung des BVerfG nachträglich eingefügt wurde,[5] ausdrücklich geregelt. Zu einer entsprechenden Regelung in einem geplanten § 758a ZPO siehe Anh. zu § 758 ZPO.

**II. Voraussetzungen für die Notwendigkeit einer Durchsuchungsanordnung:** 2

**1. Einwilligung des Schuldners:** Einer richterlichen Durchsuchungsanordnung bedarf es nicht, wenn der Schuldner (bzw. sein gesetzlicher Vertreter) von sich aus in die Durchsuchung seiner Wohnung durch den Gerichtsvollzieher einwilligt.[6] Die Einwilligung ist jederzeit widerruflich; sie gilt auch nur für die jeweilige Durchsuchung und ist bei jeder erneuten Durchsuchung wieder einzuholen.

---

1 Zum damaligen Streitstand vergl. *Stein/Jonas/Münzberg,* § 758 Rdn. 2.
2 BVerfGE 51, 97 = NJW 1979, 1539 mit Anm. *Wochner,* NJW 1979, 2509 = DGVZ 1979, 115 = JuS 1979, 736 = DÖV 1979, 596 = Rpfleger 1979, 250.
3 NJW 1981, 2111; NJW 1987, 2499.
4 Insoweit verneinend BVerfG, NJW 1981, 2111.
5 Gesetz vom 20. 8. 1980, BGBl. I, S. 1545. Siehe auch Rdn. 25.
6 Unstreitig; vergl. beispielhaft die Rechtsprechungsübersicht DGVZ 1979, 135; ferner *Langheid,* MDR 1980, 21; *Schubert,* MDR 1980, 365; nicht richtig deshalb LG Mannheim, MDR 1979, 943.

**2 a  2. Richterliche Erlaubnis im Titel:** Einer **besonderen** richterlichen Durchsuchungsanordnung bedarf es ferner nicht, wenn der Titel selbst bereits diese richterliche Anordnung ausdrücklich enthält. Dies ist aber nur bei auf Räumung von Wohnraum oder gewerblichen Räumen lautenden Urteilen grundsätzlich der Fall,[7] nie bei Zahlungstiteln. Ob in Titeln auf Herausgabe beweglicher Sachen eine richterliche Durchsuchungsanordnung enthalten ist, wird verschieden beurteilt. Nach überwiegender Ansicht ist hier neben dem Titel eine gesonderte richterliche Durchsuchungsanordnung erforderlich.[8] In diesem Fall stehe nämlich bei Titelerlaß noch gar nicht fest, wo die Vollstreckung stattfinden wird. Die Notwendigkeit eines Eingriffs in das Grundrecht auf Unverletzlichkeit der Wohnung könne also noch nicht durch den Richter geprüft werden. Gegen die Notwendigkeit einer gesonderten richterlichen Durchsuchungsanordnung spricht allerdings, daß – anders als bei der Vollstreckung von Zahlungstiteln – schon bei Erlaß des richterlichen Titels feststeht, daß eine Vollstreckung nur durch zwangsweise Wegnahme möglich ist. Jedenfalls dann, wenn die wegzunehmende bewegliche Sache sich nach dem bei Erlaß des Titels bekannten Umständen sicher oder doch typischerweise in der Wohnung des Schuldners befinden, sollte daher in dem Herausgabeurteil auch schon die richterlich Erlaubnis zur Durchsuchung gesehen werden.[9] Zur Rechtslage nach dem geplanten neuen § 758a ZPO vgl. allerdings Anh. zu § 758 Rdn. 6. Nach h. M. liegt auch in der richterlichen Anweisung im Rahmen des § 766 ZPO, eine bestimmte Pfändung vorzunehmen, noch keine Durchsuchungserlaubnis.[10] Die **Notwendigkeit** einer Wohnungsdurchsuchung stehe noch keineswegs fest. Keine konkludente richterliche Erlaubnis zur Wohnungsdurchsuchung enthalten Beschlüsse, die die Zwangsvollstreckung zur Nachtzeit und an Sonn- und Feiertagen genehmigen.[11] Dagegen ist im nach § 901 ZPO ergangenen Haftbefehl stillschweigend die rich-

---

[7] H. M.; vergl. OLG Düsseldorf, NJW 1980, 458; LG Berlin, DGVZ 1981, 184; LG Düsseldorf, MDR 1980, 61; LG Heilbronn, DGVZ 1993, 43 f.; LG Nürnberg-Fürth, AG Düren, AG Köln, AG Wolfenbüttel, alle DGVZ 1979, 139; AG Berlin-Tiergarten, NJW 1979, 1552; AG Kassel, DGVZ 1979, 172; AG Spaichingen, MDR 1979, 944; AG Stuttgart, Justiz 1979, 296; *Brox/Walker*, Rdn. 1059; *Ganschezian-Finck*, MDR 1980, 805; *Lohkemper*, ZIP 1995, 1641, 1644 (zur Räumungsvollstreckung aus dem vom Konkursgericht erlassenen Sequestrationsbeschluß). Vergleiche als Räumungstitel enthalten selbstverständlich nicht bereits immanent die richterliche Durchsuchungsanordnung; ebensowenig Räumungstitel des Rechtspflegers (Zuschlagsbeschluß im Zwangsversteigerungsverfahren); vergl. OLG Bremen, OLGZ 1994, 606 f.; LG Augsburg, DGVZ 1995, 8; AG Bad Segeberg, NJW-RR 1989, 61; a. A. LG Aachen, DGVZ 1996, 10 (Räumung sei keine Durchsuchung).

[8] KG, DGVZ 1983, 72; LG Berlin, DGVZ 1992, 11; LG Kaiserslautern, DGVZ 1981, 87; LG Kiel, DGVZ 1985, 85; *Ewers*, DGVZ 1982, 52; *Hemmerich*, DGVZ 1982, 83; MüKo/*Arnold*, § 758 Rdn. 64; *Zöller/Stöber*, § 758 Rdn. 10.

[9] Vergl. LG Berlin, DGVZ 1980, 118; DGVZ 1980, 86; AG Darmstadt, DGVZ 1979, 187; *Bischof*, ZIP 1983, 529; *Brox/Walker*, Rdn. 1054; *Lohkemper*, ZIP 1995, 1641, 1644; *Schneider*, NJW 1980, 2377; *Thomas/Putzo*, § 758 Rdn. 13.

[10] KG, DGVZ 1983, 72; a. A. *Cirullies*, JurBüro 1986, 661; die frühere Entscheidung des BVerfG in E 16, 239 dürfte durch die spätere Rechtsprechung ab E 51, 97 überholt sein.

[11] LG Stuttgart, DGVZ 1981, 11; a. A. *Thomas/Putzo*, § 758 Rdn. 13.

terliche Anordnung enthalten, die Wohnung des Schuldners **nach diesem** zu durchsuchen.[12] Traditionell enthält der Haftbefehl auch in anderen Rechtsbereichen (StPO usw.) die Ermächtigung, den zu Verhaftenden, wo auch immer er angetroffen wird, festzunehmen soweit dabei nicht in geschützte Rechte Dritter eingegriffen wird. Der Haftbefehl enthält allerdings nicht die zusätzliche Ermächtigung, die Wohnung auch zugleich nach pfändbarem Gut zu durchsuchen. Dies gilt erst recht für eine richterliche Anordnung, den Schuldner außerhalb des Vollstreckungsverfahrens als Zeugen zwangsweise vorzuführen.[13] Hat der Gerichtsvollzieher aufgrund einer solchen Anordnung die Wohnung des Schuldners berechtigterweise unter Zwangsanwendung betreten, darf er die Gelegenheit nicht nutzen, um gegen den Willen des Schuldners Pfändungen durchzuführen.

3. **Vorhandene Durchsuchungsanordnung:** Hat ein Gläubiger eine Durchsuchungsanordnung erwirkt und befindet sich der Gerichtsvollzieher aufgrund dieser berechtigterweise in der Wohnung des Schuldners, so kann er bei dieser Gelegenheit, ohne daß er einer zusätzlichen richterlichen Erlaubnis bedürfte, weitere Titel desselben Gläubigers oder anderer Gläubiger, die keine Durchsuchungsanordnung erwirkt haben mitvollstrecken, sofern dadurch der Eingriff in den Wohnungsbereich nicht intensiviert wird.[14] Falls der Gerichtsvollzieher aufgrund der zusätzlichen Vollstreckungsaufträge länger in der Wohnung des Schuldners verweilen muß, sind dafür nach der Rechtsprechung des Bundesverfassungsgerichts auch weitere richterliche Anordnungen erforderlich.[15] Befindet der Gerichtsvollzieher sich zur Räumungsvollstreckung – ohne zusätzliche, besondere richterliche Anordnung – in der Wohnung des Schuldners, so kann er neben dem Räumungstitel gleichzeitig auch Zahlungstitel und Herausgabetitel betreffend bewegliche Sachen desselben Gläubigers ohne weiteres mitvollstrecken,[16] also neben dem Wohnraumräumungsurteil auch den Titel über die Mietrückstände und einen Titel über die Rückgabe mitvermieteter beweglicher Sachen. Der Grund ist darin zu sehen, daß es reiner Formalismus wäre, wenn der Gerichtsvollzieher erst die Sachen auf den Möbelwagen schaffen müßte, ehe er dort sogleich weitervollstrecken könnte. Die gleiche Überlegung gilt auch für die Mitvollstreckung von Titeln anderer Gläubiger im Rahmen dieser Situation, selbst wenn diese Gläubiger keine Durchsuchungsanordnung erwirkt haben, sofern nur die Vollstreckung für die zusätzlichen Gläubiger die Eingriffsintensität nicht erhöht; denn Art. 13 GG gewährt dem Schuldner nicht den Schutz vor Vollstreckungsmaßnahmen. Falls der Gerichtsvollzieher sich zwecks Räumung ohnehin berechtigterweise in der Wohnung des Schuldners aufhält, bedarf also nicht etwa jeder Gläubiger, der gegen den Willen des Schuldners in dessen Wohnung vollstrecken will, einer eigenen richterlichen Ermächtigung.

---

12 LG Berlin, AG Königstein, AG Köln, AG Siegen, alle DGVZ 1979, 170; LG Düsseldorf, DGVZ 1980, 10; LG Stuttgart, DGVZ 1980, 111; AG Berlin-Tiergarten, DGVZ 1988, 15; AG Stade, NdsRpfl 1980, 34; a. A. LG Saarbrücken, NJW 1979, 2571 mit Anm. *Schubert*, NJW 1980, 459; *Baumbach/Lauterbach/Hartmann*, § 758 Rdn. 11.
13 LG Münster, DGVZ 1980, 57.
14 BVerfG, NJW 1987, 2499; so auch § 107 Nr. 8 Abs. 3 GVGA.
15 Siehe nochmals BVerfGE 1987, 2499 f.; § 107 Nr. 8 Abs. 3 GVGA.
16 OLG Düsseldorf, NJW 1980, 458.

Hat der Gerichtsvollzieher mit besonderer richterlicher Durchsuchungserlaubnis in der Wohnung des Schuldners Gegenstände gepfändet und diese zunächst gem. § 808 Abs. 2 ZPO beim Schuldner belassen, so bedarf er keiner zusätzlichen Erlaubnis, um die Gegenstände später zur Verwertung abzuholen.[17] Das zweite Betreten der Wohnung – allerdings nur zu diesem Zweck, nicht zur Vornahme neuerlicher Pfändungsversuche – ist stillschweigend von der Erlaubnis mitumfaßt.

4  4. **Gefahr im Verzug:** Unabhängig von den vorstehenden Erwägungen erlaubt Art. 13 Abs. 2 GG den staatlichen Organen im Rahmen ihrer rechtmäßigen Amtsausübung das Durchsuchen der Wohnung eines Bürgers ohne besondere richterliche Anordnung, wenn Gefahr im Verzuge ist. Dies gilt auch für die Zwangsvollstreckung. Gefahr im Verzug kann nur angenommen werden, wenn die mit der Anrufung des Richters verbundene Verzögerung (Von der Feststellung der Notwendigkeit einer richterlichen Anordnung über die Benachrichtigung des Gläubigers und dessen Antrag ans Gericht bis zur richterlichen Entscheidung werden in der Regel mehrere Tage verstreichen.) den Erfolg der Durchsuchung erkennbar gefährden würde.[18] Die allgemeine Gefahr, daß ein über die bevorstehende Vollstreckung vorgewarnter, erfüllungsunwilliger Schuldner möglicherweise Vollstreckungsgut beiseite bringt, reicht nicht aus. Denn sie ist immer gegeben, wenn ein Schuldner sich zunächst der Vollstreckung in seiner Wohnung verweigert. Es müssen vielmehr besondere, aus der Person und den individuellen Verhältnissen des konkreten Schuldners herrührende Umstände hinzukommen. Auch die allgemeine Dringlichkeit, die Voraussetzung des Erlasses jeden Arrestes und jeder einstweiligen Verfügung ist, reicht nicht aus.[19] Denn auch sie verträgt in der Regel das Zuwarten um wenige Tage. Sofern aber die besondere Dringlichkeit nach § 942 Abs. 1 ZPO für die Notzuständigkeit des Amtsgerichts der belegenen Sache oder nach § 944 ZPO für die Alleinzuständigkeit des Vorsitzenden zu bejahen ist, dürfte regelmäßig Gefahr in Verzug anzunehmen sein;[20] denn die erhöhte Dringlichkeit steht dem Zeitverlust, der mit der Einholung einer richterlichen Durchsuchungsanordnung verbunden ist, entgegen. Dagegen bedeutet allein die Dringlichkeit nach § 937 Abs. 2 ZPO als Voraussetzung für eine Entscheidung ohne mündliche Verhandlung entgegen verbreiteter Ansicht[21] nicht ohne weiteres Gefahr im Verzug,[22] zumal auch die Durchsuchungsanordnung notfalls ohne mündliche Verhandlung ergehen kann.[23] Sie müssen

---

17 AG Wiesbaden, DGVZ 1980, 28.
18 BVerfGE 51, 97 ff.
19 OLG Karlsruhe, DGVZ 1983, 139; LG Düsseldorf, DGVZ 1985, 60; *Amelung*, ZZP 88, 74, 91; *Walker*, Der einstweilige Rechtsschutz, Rdn. 398; a. A. AG Mönchengladbach-Rheydt, DGVZ 1980, 94; *Bischof*, ZIP 1983, 522; MüKo/*Heinze*, § 930 Rdn. 2; *Schneider*, NJW 1980, 2377; *Zöller/ Vollkommer*, § 930 Rdn. 2.
20 *Walker*, Der einstweilige Rechtsschutz, Rdn. 398; siehe auch *ders.* in *Schuschke/Walker*, Bd. II, Vor § 916 Rdn. 58; anders *Schuschke* in *Schuschke/Walker*, Bd. II, § 930 Rdn. 2 (immer Einzelfallprüfung erforderlich).
21 LG Düsseldorf, DGVZ 1985, 61; AG Mönchengladbach-Rheydt, DGVZ 1980, 94; *Behr*, NJW 1992, 2125, 2128; *Schneider*, NJW 1980, 2377, 2378; *Zöller/Stöber*, § 758 Rdn. 9.
22 *Walker*, Der einstweilige Rechtsschutz, Rdn. 398.
23 OLG Saarbrücken, Rpfleger 1993, 146 f.; AG Wiesbaden, DGVZ 1995, 29; noch großzügiger LG Berlin, DGVZ 1993, 173; DGVZ 1988, 26; siehe auch Rdn. 17.

sich nicht immer aus dem Tenor einer derartigen Beschlußverfügung ergeben. Der Gläubiger kann sie dem Gerichtsvollzieher auch in anderer Weise glaubhaft machen. Dieser bildet sich seinen Gesamteindruck von der »Gefahr im Verzug« eigenverantwortlich aus allen ihm bekanntgewordenen Einzelheiten.

Ein klassischer Fall der Gefahr im Verzug liegt vor, wenn der Gerichtsvollzieher erfährt, daß der Schuldner sich alsbald und auf Dauer unter Mitnahme all seiner Habe ins Ausland begeben will.[24] Insgesamt gesehen wird in der Praxis aber selten eine Durchsuchung gegen den Willen des Schuldners ohne richterliche Genehmigung in Betracht kommen.

Hat der Gerichtsvollzieher Gefahr im Verzug bejaht, so muß er sich diese Entscheidung nicht nachträglich durch den Richter genehmigen lassen.[25] Der Fall ist nicht mit der in Art. 104 Abs. 2 GG angesprochenen Freiheitsentziehung vergleichbar, so daß diese Norm und die zu ihr ergangene Rechtsprechung nicht entsprechend anwendbar sind.[26]

5. **Belehrung des Schuldners:** Der Gerichtsvollzieher muß den Schuldner, der ihn freiwillig in seine Wohnung zur Durchführung der Vollstreckung hineinläßt, nicht darüber belehren, daß er hierzu aber nicht verpflichtet wäre und daß er einer Durchsuchung jederzeit widersprechen könnte.[27] Auf Befragen muß er dem Schuldner allerdings nicht nur über sein Widerspruchsrecht aufklären, sondern auch über die Kosten, die durch die richterliche Durchsuchungsanordnung zusätzlich auf ihn zukommen.[28] Macht der Schuldner erst während der Durchsuchung Vorbehalte geltend, so sollte – im berechtigten Kosteninteresse des Schuldners – die Vollstreckung nur abgebrochen werden,[29] wenn sie unter voller Respektierung der Vorbehalte nicht sinnvoll zu Ende geführt werden kann.

6. **Juristische Personen:** Der Schutz der Unverletzlichkeit der Wohnung gilt nach der ständigen Rechtsprechung des Bundesverfassungsgerichts[30] nicht nur für natürliche Personen, sondern auch für juristische Personen und Personenvereinigungen.[31] Er ist deshalb bei jeder Zwangsvollstreckung zu beachten. Bei juristischen Personen und Personenvereinigungen ist allerdings nur der Widerspruch uneingeschränkt vertretungsbefugter Personen beachtlich, nicht der jedes einfachen Angestellten. Der Gerichtsvollzieher muß deshalb gegebenenfalls deren Einverständnis einholen.[32]

---

24 So der Fall LG Kaiserslautern, DGVZ 1986, 62.
25 *Schneider*, NJW 1980, 2377.
26 A. A. insoweit *Kleemann*, DGVZ 1980, 3.
27 Wie hier *Schneider*, NJW 1980, 2377; *Seip*, DGVZ 1980, 60; a. A. *Behr*, DGVZ 1980, 51; *Bruns/Peters*, § 12 III 6 c; *Peters*, Festschr. für Baur, S. 559; *Schubert*, MDR 1980, 365.
28 Einzelheiten zu den Kosten unten Rdn. 24.
29 Weitergehend *Zöller/Stöber*, § 758 Rdn. 8 (zunächst Abbruch).
30 BVerfGE 32, 54; E 42, 212 ff.; siehe auch: *Maunz* in *Maunz/Dürig*, Art. 13 GG Rdn. 6. **A. A.** (kein Schutz aus Art. 13 Abs. 2 GG) *Baumbach/Lauterbach/Hartmann*, § 758 Rdn. 15; *Thomas/Putzo*, § 758 Rdn. 2.
31 Zur Zwangsvollstreckung gegen juristische Personen und Personenvereinigungen vergl. Vor §§ 735, 736 Rdn. 2, 4, 5, 10, 11.
32 Einzelheiten unten Rdn. 20.

7   **7. Wohnung, Arbeits-, Betriebs- und Geschäftsräume:** Der Begriff der »Wohnung« in Art. 13 Abs. 2 GG ist nicht eng zu sehen. Er umfaßt auch Arbeits-, Betriebs- und Geschäftsräume,[33] und zwar nicht nur, wenn sie sich zusammen in einem Komplex mit »privaten« Wohnräumen befinden, sondern auch, wenn sie in reinen Geschäftshäusern oder auf ausschließlichem Industriegelände gelegen sind. Der Schutz gilt für alle Räumlichkeiten, die der Schuldner erkennbar der allgemeinen Zugänglichkeit entzogen, als sein befriedetes Besitztum ausgewiesen hat. Die Zwangsvollstreckung in Betriebs- oder Geschäftsräumen gehört anders als die in vielen öffentlich-rechtlichen Regelungen vorgesehenen »Betretungs- und Besichtigungsrechte für Beauftragte von Behörden« nicht zu den durch Art. 13 Abs. 3 GG hinzunehmenden »Eingriffen und Beschränkungen«.[34] Ob der Schuldner die Räumlichkeiten intensiv nutzt oder nur zu bestimmten Zeiten (Ferienwohnung; nur wenige Stunden täglich geöffneter Kiosk[35]), ist für den Begriff der »Wohnung« unerheblich.

8   **8. Betroffenheit Dritter:** § 758 ZPO befaßt sich nur mit der Wohnung »des Schuldners«. Häufig lebt der Schuldner jedoch mit anderen zusammen in einer gemeinschaftlichen Wohnung (Lebensgemeinschaft, Wohngemeinschaft) oder er lebt als Untermieter in der Wohnung des Hauptmieters. Der Gerichtsvollzieher, der die Wohnung des Schuldners durchsuchen will, muß notgedrungen die Wohnung der an der Vollstreckung ansonsten nicht beteiligten Dritten betreten. Falls diese dann aus Solidarität mit dem Schuldner oder auch von diesem dazu animiert sich auf ihr eigenes Recht auf Unverletzlichkeit der Wohnung berufen, hilft die richterliche Durchsuchungsanordnung gegen den Schuldner nicht weiter. Sie schränkt nur dessen Grundrecht ein, nicht das Dritter. Für eine eigene richterliche Durchsuchungsanordnung gegen die Dritten fehlt es an einer Rechtsgrundlage. § 809 ZPO zeigt deutlich, daß die Zwangsvollstreckung grundsätzlich die Gewahrsamssphäre Dritter nicht tangieren soll. Die Ausnahmevorschrift des § 739 ZPO ist allein auf das eheliche Zusammenleben zugeschnitten und auf andere Gemeinschaften nicht übertragbar.[36] Dennoch zwingt diese Konstellation nicht dazu, von der Zwangsvollstreckung in Räumen von Wohngemeinschaften usw. ganz abzusehen.[37] Bei genauerem Hinsehen liegt nämlich kein Problem zu Art. 13 Abs. 2 GG vor:[38] Beim Einzug in die Wohngemeinschaft, bei Aufnahme des Untermieters, bei Begründung der Lebensgemeinschaft in einer gemeinsamen Woh-

---

33 BVerfGE 32, 54 ff. (mit kritischer Anmerkung *Battis* in JuS 1973, 25, 29); 76, 83; BFH, DGVZ 1989, 169, 170; OLG Hamburg, NJW 1984, 2898; LG Aachen, JurBüro 1982, 618; LG Düsseldorf, MDR 1981, 679; LG München, NJW 1983, 2390; AG Gütersloh, MDR 1980, 503; AG Wuppertal, DGVZ 1980, 11; *Bischof*, ZIP 1983, 522; a. A. AG München, DGVZ 1995, 11; AG Tempelhof-Kreuzberg, MDR 1980, 62 und 502; *Baumbach/Lauterbach/Hartmann*, § 758 Rdn. 14; *Behr*, NJW 1992, 2125 f.; *Thomas/Putzo*, § 758 Rdn. 2.
34 BVerfGE 32, 54 ff. (77); 51, 97 ff. (106).
35 Bedenklich deshalb AG Hamburg, DGVZ 1981, 63, betreffend einen täglich – wenn auch nur für Stunden – genutzten festen Marktstand.
36 Siehe Vor §§ 735–745 Rdn. 3.
37 So aber LG München I, DGVZ 1981, 119 und JurBüro 1982, 1097; *Pawlowski*, NJW 1981, 670.
38 Im Ergebnis ebenso LG Hamburg, DGVZ 1984, 111; NJW 1985, 72; LG Hildesheim, DGVZ 1987, 122; LG Koblenz, DGVZ 1982, 90; LG Lübeck, DGVZ 1981, 25; LG München I, DGVZ 1984, 117; AG Berlin-Charlottenburg, DGVZ 1982, 189; AG München, DGVZ 1979, 156; DGVZ 1980, 63; AG Stuttgart, NJW 1982, 389; *Schneider*, NJW 1980, 2380.

nung haben alle Beteiligten ihr eigenes Recht auf ungestörtes Wohnen dahin freiwillig eingeschränkt, daß der andere die Besucher im Rahmen des sozial Üblichen empfangen darf, die er nach seiner freien Entscheidung empfangen möchte. Die richterliche Durchsuchungsanordnung gegen den Schuldner fingiert dessen Einverständnis mit dem Besuch des Gerichtsvollziehers. Der Gerichtsvollzieher darf sich nun überall dort in den gemeinsamen Räumlichkeiten aufhalten, wo sich auch der Schuldner aus eigenem Recht und die Besucher des Schuldners kraft dessen Gestattung aufhalten können.

Gewaltanwendung kann der Gerichtsvollzieher im Rahmen des allgemeinen Notwehrrechts abwehren. Die Befugnisse des Gerichtsvollziehers enden aber da, wo die Dritten auch dem Schuldner gegenüber Alleinbesitz oder Mitbesitz geltend machen könnten. Denn § 809 ZPO gilt auch in Wohngemeinschaften usw. uneingeschränkt.

Ähnlich wie bei der Vollstreckung in Wohngemeinschaften liegt die Problematik, wenn gegen den Schuldner in Räumen Dritter, die für den Besuch Fremder allgemein geöffnet sind, vollstreckt werden soll (Taschenpfändung beim Schuldner während des Aufenthalts in einer Gaststätte, Schankwirtschaft, in einem Wartesaal usw.).[39] Auch hier bedarf es keiner richterlichen Anordnung gegen den Dritten (Gastwirt usw.), für die es zudem keine Rechtsgrundlage gäbe. Durch die Öffnung seiner Räumlichkeiten für die Allgemeinheit hat der Inhaber des Wohnrechts Besuche dieser Art allgemein gestattet. Er hat damit darauf verzichtet, im Einzelfall noch besonders um seine Erlaubnis gefragt zu werden.

9

**9. Taschenpfändung:** Art. 13 Abs. 2 GG ist im Zusammenhang mit Abs. 1 und Abs. 3 zu lesen und bezieht sich deshalb nur auf die Durchsuchung der Wohnung und der Behältnisse in der Wohnung, nicht aber auf die Durchsuchung von Taschen und anderen Behältnissen, die der Schuldner außerhalb seiner Wohnung bei sich trägt, ebensowenig auf die Durchsuchung des PKW's des Schuldners. Vor einer sog. Taschenpfändung außerhalb der Räumlichkeiten des Schuldners ist deshalb keine richterliche Erlaubnis einzuholen.[40] Leistet der Schuldner insoweit Widerstand, gilt § 758 ZPO.

10

**III. Verfahren zur Erlangung einer Durchsuchungsanordnung:**

11

**1. Antrag des Gläubigers:** Erweist sich eine Durchsuchungsanordnung als erforderlich, so ist sie vom Gläubiger zu **beantragen**. Der Gerichtsvollzieher ist weder von sich aus berechtigt noch im Auftrage des Gläubigers dazu verpflichtet, seinerseits die

---

39 OLG Hamburg, NJW 1984, 2898; LG Düsseldorf, JurBüro 1987, 454. Für den Sonderfall des § 169 VwGO vergl. allerdings OVG Koblenz, NJW 1986, 1189.
40 OLG Köln, NJW 1980, 1531; LG Düsseldorf, DGVZ 1987, 76.

§ 758 *Durchsuchung; Gewaltanwendung*

Anordnung zu beantragen.[41] Der Antrag muß im Rahmen einer konkreten Vollstreckung für eine ganz bestimmte Wohnung gestellt werden.[42] Der Antrag kann sich also bei einem bekanntermaßen renitenten Schuldner nicht vorab auf »alle in Betracht kommenden Fälle« beziehen. Die Anordnung ist mit der konkreten Vollstreckungsmaßnahme, auf die sie sich bezog, verbraucht. Sie muß für jeden Fall, in dem sie sich wieder als erforderlich erweist, erneut beantragt werden.

12 Der Antrag muß von jedem Gläubiger, der die Wohnung des Schuldners im Rahmen der Vollstreckung durchsuchen lassen will, soweit keine der oben unter II erörterten Ausnahmen vorliegt, selbständig gestellt werden; denn die für einen Gläubiger erteilte Genehmigung wirkt nur für diesen und die von ihm beabsichtigte Vollstreckung.[43]

13 **2. Zuständigkeit zur Erteilung:** Zuständig für die Erteilung der Genehmigung, soweit später der Gerichtsvollzieher nach den Vorschriften der ZPO die Vollstreckung betreiben soll, ist der **Richter** des Amtsgerichts, in dessen Bezirk die zu durchsuchende Wohnung gelegen ist (analog § 761 Abs. 1 ZPO).[44] Im Hinblick auf § 802 ZPO ist die Zuständigkeit eine ausschließliche. Für die Erteilung der Durchsuchungsgenehmigung im Rahmen des (dem § 258 ZPO nachgebildeten) § 287 AO sind dagegen die Finanzgerichte,[45] im Rahmen der Vollstreckung öffentlich-rechtlicher Leistungsbescheide durch gemeindliche Vollstreckungsbeamte die Verwaltungsgerichte[46] zuständig.

Wie in § 761 Abs. 1 ZPO[47] handelt es sich **nicht** um eine Aufgabe des **Vollstreckungsgerichts**, so daß § 20 Nr. 17 RPflG nicht eingreift und es deshalb auch keines ausdrücklichen Richtervorbehalts bedurfte. Im übrigen verbietet schon Art. 13 Abs. 2 GG selbst eine Übertragung dieser Aufgabe auf den Rechtspfleger.

14 **3. Allgemeine Vollstreckungsvoraussetzungen:** Die Durchsuchungsanordnung ist schon ihrerseits Zwangsvollstreckung. Deshalb müssen alle Vollstreckungsvoraussetzungen vorliegen, ehe sie ergehen darf. Insbesondere muß dem Schuldner der Titel,

---

41 LG Aschaffenburg, DGVZ 1995, 185; LG Bamberg, DGVZ 1989, 152; LG Hannover, DGVZ 1983, 154; LG Koblenz, DGVZ 1981, 24; AG Heinsberg, NJW 1979, 1991; AG München, DGVZ 1981, 189; a.A. (Gerichtsvollzieher zur Antragstellung berechtigt) *Schneider*, NJW 1980, 2377; *Zöller/Stöber*, § 758 Rdn. 17.
42 LG Berlin, DGVZ 1979, 166. Nach LG Lüneburg, JurBüro 1993, 496 m. Anm. *Mümmler* liegt ein ordnungsgemäßer Antrag auf Erlaß einer Durchsuchungsanordnung auch dann vor, wenn sich Titelart, die erlassende Behörde sowie das Aktenzeichen und Datum des Titels nur aus den beigefügten Unterlagen ergeben.
43 Konsequenz aus BVerfG, NJW 1987, 2499; siehe auch oben Rdn. 3; a.A. (Ausnutzen der Genehmigung durch weitere Gläubiger möglich) *Zöller/Stöber*, § 758 Rdn. 12 mit weiteren Nachweisen.
44 OLG Frankfurt, JurBüro 1995, 609; LG Hamburg, FamRZ 1979, 1046.
45 BFH, BStBl. II 1977, 183; BFH, NJW 1980, 2096; *Koch*, AO 1977, § 287 AO Rdn. 2.
46 VGH München, NJW 1983, 1077; a.A. für die Vollstreckung von Bußgeldbescheiden VGH Mannheim, NJW 1986, 1190. Zur Zuständigkeit im Rahmen der Vollstreckung gerichtlicher Bußgeldbescheide LG Berlin, Rpfleger 1985, 320.
47 Siehe dort Rdn. 2.

der vollstreckt werden soll, bereits zugestellt[48] und es muß die Klausel erteilt sein. Die Erbringung der Sicherheitsleistung muß dagegen, falls Sicherungsvollstreckung nach § 720 a ZPO möglich ist, nicht nachgewiesen sein. Denn auch zur Sicherungsvollstreckung in der Wohnung des Schuldners gegen dessen Willen ist eine richterliche Durchsuchungsanordnung erforderlich.

4. **Rechtsschutzbedürfnis:** Die Anordnung ist nur zulässig, wenn für sie ein Rechtsschutzbedürfnis des Gläubigers besteht. Dieses Rechtsschutzbedürfnis ist nur zu bejahen, wenn der Schuldner unmißverständlich zu erkennen gegeben hat, daß er die Durchsuchung seiner Räumlichkeiten im Rahmen der Zwangsvollstreckung freiwillig nicht gestatten werde.[49] Der Verweigerung der Durchsuchung durch den Schuldner steht diejenige durch einen Angestellten oder Familienangehörigen gleich.[50] Deshalb kann die Durchsuchungsanordnung nicht einfach vorsichtshalber vorab vor dem ersten Vollstreckungsversuch beantragt werden.[51] Andererseits reicht es aus, wenn der Gerichtsvollzieher den Schuldner bei mehreren Vollstreckungsversuchen nicht angetroffen hat,[52] sofern mindestens ein Vollstreckungsversuch angekündigt war[53] oder andere konkrete Umstände darauf hindeuten, daß der Schuldner den Gerichtsvollzieher in absehbarer Zeit nicht in die Räumlichkeiten lassen werde (z. B. der Schuldner ist mit unbekanntem Ziel auf längere Zeit verreist). Ob es auch ausreichen kann, wenn der Schuldner bei mehreren unangekündigten Vollstreckungsversuchen nicht angetroffen wurde, hängt von den Umständen des Einzelfalles ab (z. B. Anzahl, Tages- und Wochenzeiten der Vollstreckungsversuche).[54] Andererseits sind nicht mehrere vergebliche Vollstreckungsversuche erforderlich, wenn die Unwilligkeit des Schuldners schon beim ersten deutlich wurde.[55] Insbesondere kann nicht verlangt werden, daß bei einem Schuldner, der bei einem angekündigten Besuch ohne Gründe nicht anwesend war, zunächst eine Vollstreckung zur Nachtzeit oder an Sonn- und Feiertagen versucht werde.[56] Auch diese wäre ja nur nach richterlicher Anordnung möglich.

15

Das Rechtsschutzbedürfnis fehlt nicht deshalb, weil die zu vollstreckende Forderung gering ist.[57] Gerade bei geringfügigen Forderungen kann der Schuldner sich den mit

16

---

48 LG Düsseldorf, MDR 1983, 238; a.A. LG Marburg, DGVZ 1982, 30.
49 Vergl. OLG Celle, Rpfleger 1987, 73; LG Aachen, DGVZ 1989, 172.
50 LG Berlin, DGVZ 1990, 137; LG Nürnberg-Fürth, DGVZ 1989, 14.
51 **A.A.** Zöller/Stöber, § 758 Rdn. 17.
52 OLG Bremen, DGVZ 1989, 40; OLG Celle u. LG Hildesheim, Rpfleger 1987, 73; OLG Düsseldorf, Rpfleger 1979, 146; OLG Köln, BB 1995, 16; LG Aachen, DGVZ 1989, 172; LG Berlin, DGVZ 1979, 166; LG Darmstadt und LG München II, beide JurBüro 1980, 775, 776; LG Zweibrücken, MDR 1980, 62; AG Elmshorn, DGVZ 1990, 28; AG Kiel, DGVZ 1981, 40; AG Lünen, DGVZ 1990, 28; besonders großzügig LG Berlin, DGVZ 1988, 74.
53 Vergl. OLG Köln, Rpfleger 1995, 167; LG Köln, DGVZ 1993, 190.
54 Siehe nochmals die Nachweise in Fn. 52.
55 LG Berlin, DGVZ 1990, 25; Zöller/Stöber, § 758 Rdn. 20.
56 LG Berlin, DGVZ 1979, 166; LG Dortmund, DGVZ 1985, 170; LG Frankfurt, DGVZ 1980, 23; LG München und LG Zweibrücken, beide DGVZ 1979, 185.
57 So aber LG Hannover, NJW-RR 1986, 1256 und JurBüro 1987, 932 mit Anm. *Mümmler;* **wie hier** OLG Düsseldorf, NJW 1980, 1171; LG Berlin, DGVZ 1979, 168; LG Konstanz, NJW 1980, 297; *Peters*, Festschr. für Baur, S. 550 ff.

der Durchsuchung verbundenen Belästigungen ohne großen Schaden durch freiwillige Leistung entziehen. Würde man hier im Rahmen einer Verhältnismäßigkeitsabwägung den Eingriff in die Unverletzlichkeit der Wohnung nicht zulassen, wären solche Forderungen nicht beitreibbar und würden zu Naturalobligationen degenerieren.[58] Der auch im Zwangsvollstreckungsrecht zu beachtende Grundsatz der Verhältnismäßigkeit[59] verlangt es nicht, den Gläubiger zunächst auf andere Vollstreckungsarten, die den Schuldner weniger belasten, zu verweisen.[60] Liegt es am Schuldner, die mit der Durchsuchung verbundenen Belästigungen durch zumutbare eigene Maßnahmen einzudämmen,[61] so können die Belästigungen auch kein Grund für die Verweigerung der Durchsuchungsanordnung sein. Das Rechtsschutzbedürfnis fehlt, wenn durch vorausgegangene Vollstreckungsversuche bereits feststeht, daß die Mobiliarvollstreckung in der Wohnung des Schuldners fruchtlos verlaufen wird. Die erneute Durchsuchung erwiese sich in diesem Falle als bloße Schikane.

17   5. **Glaubhaftmachung, rechtliches Gehör:** Der Gläubiger muß die Voraussetzungen für die Erlangung einer Durchsuchungsanordnung glaubhaft machen. Er wird dies in der Regel durch Vorlage des Gerichtsvollzieherprotokolls über den fehlgeschlagenen Vollstreckungsversuch tun. Dem Schuldner ist nach umstrittener Ansicht regelmäßig vor der Durchsuchungsanordnung rechtliches Gehör zu gewähren.[62] Falls allerdings die Sicherung gefährdeter Interessen des Gläubigers in besonderen Verfahrenslagen einen schnellen und überraschenden Zugriff erfordern, kann die richterliche Durchsuchungsanordnung auch ohne Anhörung des Schuldners ergehen; dann reicht eine nachträgliche Anhörung aus.[63]

18   6. **Erteilung durch Beschluß:** Die Durchsuchungsanordnung ergeht durch Beschluß. Dieser Beschluß ist – jedenfalls kurz – zu begründen. Er ist dem Schuldner bei Beginn der Durchsuchung zuzustellen.[64] Ist der Schuldner vor Erlaß des Beschlusses angehört worden, ist er ihm unabhängig davon, ob dann tatsächlich eine Durchsuchung durchgeführt wird, bekanntzugeben (§ 329 Abs. 2 S. 1 ZPO). Der Beschluß muß die Parteien der Zwangsvollstreckung, den zu vollstreckenden Titel und die zu durchsuchenden Räumlichkeiten genau bezeichnen. Er gilt dann auch nur für diese Räumlichkeiten. Bei einem Umzug des Schuldners ist für dessen neue Wohnung auch eine neue Durchsuchungsanordnung zu erwirken.

---

58 Siehe auch Vor §§ 753–763 Rdn. 5.
59 Zur Beachtung des Verhältnismäßigkeitsgrundsatzes im Verfahren auf Erlaß des Durchsuchungsbeschlusses siehe etwa BVerfGE 51, 97; 57, 346; LG Hannover, Rpfleger 1995, 471; *Brox/Walker*, Rdn. 329.
60 So aber *Behr*, DGVZ 1980, 52; *Rößler*, NJW 1979, 2138; wie hier KG, NJW 1982, 2326; LG Konstanz, MDR 1983, 238; *Peters*, Festschr. für Baur, S. 553.
61 Ein gutes Beispiel gibt LG Hannover, NJW-RR 1986, 288.
62 BVerfGE 57, 346, 358 f.; a. A. LG Darmstadt, DGVZ 1987, 86; LG Hannover, JurBüro 1987, 1059 mit Anm. *Hansens*, JurBüro 1987, 1568; JurBüro 1986, 1417.
63 BVerfGE 57, 346, 359; 51, 97, 111.
64 Wie hier LG Zweibrücken, DGVZ 1980, 27; a. A. *Cirullies*, DGVZ 1984, 177 u. JurBüro 1984, 1297 (Amtszustellung nach § 329 Abs. 3 ZPO); *Zöller/Stöber*, § 758 Rdn. 23 (keine Zustellung).

**IV. Rechtsmittel:** Vor Erlaß der Durchsuchungsanordnung muß der Richter des Amtsgerichts stets die konkreten Belange des Vollstreckungsgläubigers und des Vollstreckungsschuldners gegeneinander abwägen. Auch wenn der Schuldner – wie in der Regel – nicht angehört ist, ergeben sich dessen Einwände oder sein sonstiges Verhalten regelmäßig aus dem Protokoll des Gerichtsvollziehers. Die Durchsuchungsanordnung ist deshalb **in allen Fällen** eine Entscheidung im Rahmen des Vollstreckungsverfahrens und nicht eine bloße Vollstreckungsmaßnahme. Als solche ist sie **vom Schuldner** immer mit der **sofortigen Beschwerde** gemäß § 793 ZPO anzufechten[65] und nicht mit der unbefristeten Vollstreckungserinnerung gemäß § 766 ZPO.[66]

19

Gegen die Verweigerung der Durchsuchungsanordnung steht dem Gläubiger ebenfalls die sofortige Beschwerde zu.[67]

Wollen sich von der Durchsuchung nur mitbetroffene Dritte gegen die Durchsuchungsanordnung wehren, müssen sie nach § 766 ZPO vorgehen.[68] Denn ihre Belange werden in die ursprüngliche Abwägung durch den Richter nicht miteinbezogen. Ihnen gegenüber liegt somit zunächst keine Entscheidung vor.

Die Durchsuchungsanordnung bildet, solange sie zulässigerweise angefochten ist, keine Rechtsgrundlage für eine noch ausstehende Durchsuchung. Das Beschwerdegericht hat deshalb, sobald ihm die sofortige Beschwerde vorliegt, die Zwangsvollstreckung in der Wohnung des Schuldners einstweilen einzustellen. Solange die Frist des § 577 Abs. 2 S. 1 ZPO eingehalten ist, ist die Beschwerde auch noch nach Durchführung der Durchsuchung,[69] aber nur bis zur Beendigung der Zwangsvollstreckung[70] zulässig. Sie ist Grundlage für die Rechtmäßigkeit der in der Wohnung des Schuldners gegen dessen Willen durchgeführten Vollstreckungsmaßnahmen. Diese werden anfechtbar, auch wenn sie im übrigen völlig korrekt erledigt wurden, wenn die Durchsuchungsanordnung entfällt.

**V. Zwangsbefugnisse des Gerichtsvollziehers:** Die Durchsuchungsanordnung ermächtigt den Gerichtsvollzieher, verschlossene Haus-, Wohnungs- und Zimmertüren auch gegen den Willen des Schuldners zu öffnen bzw. von Fachleuten (Schlosser, Schlüsseldienst usw.) öffnen zu lassen (Abs. 2), damit er Zutritt zu den Räumlichkeiten erhält. Der Versuch, sich auf diese Weise zu den Räumlichkeiten des Schuldners Zutritt zu verschaffen, ist dem Schuldner vorher anzukündigen,[71] damit dieser Gelegenheit erhält, anwesend zu sein und gegebenenfalls durch freiwilliges Öffnen die Zwangsöffnung abzuwenden. Vor der gewaltsamen Wohnungsöffnung hat der Gerichtsvollzieher

20

---

65 Wie hier OLG Hamm, Rpfleger 1984, 151; OLG Koblenz, Rpfleger 1985, 496; OLG Stuttgart, NJW-RR 1987, 759; LG Koblenz, DGVZ 1982, 91; *Brox/Walker*, Rdn. 331; *Schneider*, NJW 1980, 2377.
66 So aber KG, NJW 1986, 1180; LG Arnsberg, NJW 1984, 499; LG Düsseldorf, MDR 1985, 62; LG Oldenburg, Rpfleger 1984, 471. Das OLG Karlsruhe, NJW-RR 1986, 550, will § 766 ZPO anwenden, wenn der Schuldner nicht angehört worden war, im Falle der Anhörung aber § 793 ZPO. *Zöller/Stöber*, § 758 Rdn. 25, gibt die einfache Beschwerde gem. § 567 ZPO.
67 LG Berlin, DGVZ 1979, 166.
68 KG, NJW-RR 1986, 1000.
69 So aber LG Frankfurt, NJW-RR 1987, 1343.
70 § 766 Rdn. 21.
71 So ausdrücklich § 107 Nr. 7 GVGA.

sich nochmals Gewißheit zu verschaffen, daß der Schuldner diese Räume auch noch bewohnt;[72] daran fehlt es etwa, wenn nach der endgültigen Trennung der Eheleute nur noch die (nicht schuldende) Ehefrau oder wenn gar ein Dritter als Nachmieter in den zu durchsuchenden Räumen wohnt. Zu den vom Schuldner nicht mitbewohnten Räumlichkeiten Dritter kann der Gerichtsvollzieher sich nicht aufgrund der Durchsuchungsanordnung gegen den Schuldner Zutritt verschaffen.

Ist die Öffnung von Türen und Behältnissen (Schränken, Schubladen usw.) zwangsläufig mit Beschädigungen verbunden, muß der Gerichtsvollzieher die Art der Öffnung wählen, die den geringsten Schaden erwarten läßt. Er hat aber – trotz Durchsuchungsanordnung – zunächst zu prüfen, ob er seinen Vollstreckungsauftrag nicht in anderer Weise (z. B. Taschenpfändung außerhalb der Wohnung; Pfändung des PKW's vor dem Haus usw.) ebenso gehörig und für den Gläubiger erfolgversprechend erledigen kann.[73] An eine Weisung des Gläubigers, auf jeden Fall in der Wohnung zu vollstrecken, ist der Gerichtsvollzieher nicht gebunden.

Soll die zwangsweise Öffnung und Durchsuchung der Wohnung erfolgen, um den Schuldner dort gem. § 901 ZPO zu verhaften, müssen Anhaltspunkte dafür vorliegen, daß der Schuldner sich derzeitig in dieser Wohnung aufhält, ehe Gewalt angewendet wird.[74]

Widersetzt sich der Schuldner der Durchsuchung oder will er mit Gewalt die Vollstreckung verhindern, so darf der Gerichtsvollzieher Gewalt gegen ihn anwenden (Abs. 3). Er darf aber nicht einer von ihm nur befürchteten Gewalt schon durch eigene überraschend angewendete Gewalt vorbeugen (»... wenn er Widerstand findet ...«).[75] Auch gegen Dritte, die der Zwangsvollstreckung gegen den Schuldner Widerstand leisten, ist Gewaltanwendung zulässig. Richtet sich der Widerstand der Dritten allerdings gegen den Eingriff in eigene Rechte (Verteidigung der eigenen Gewahrsamsphäre, §§ 809, 886 ZPO), so scheidet Gewaltanwendung gegen sie aus.[76] Ob der Gerichtsvollzieher persönlich den Widerstand bricht oder ob er **Polizeibeamte** um Unterstützung bittet, steht in seinem pflichtgemäßen Ermessen. Er hat dabei auch die Belange des Schuldners (Vermeidung unnötigen Aufsehens) zu berücksichtigen. Bei jedem Fall der Widerstandsleistung hat der Gerichtsvollzieher zur Vornahme der Vollstreckungshandlung **Zeugen** zuzuziehen (§ 759 ZPO).

21 **VI. Anwesenheitsrecht des Gläubigers:** Der Gerichtsvollzieher darf, obwohl die ZPO nichts über ein Anwesenheitsrecht des Gläubigers bei der Vollstreckung verlautet, den Gläubiger nicht davon abhalten, der Durchsuchung der Wohnung des Schuldners im Rahmen der Zwangsvollstreckung beizuwohnen.[77] Allerdings haben der Gläubiger oder von ihm bevollmächtigte Vertreter keine eigene Durchsuchungsbefugnis.[78] Sie können dem Gerichtsvollzieher Anregungen und Hinweise geben oder ihm auf Verlan-

---

72 AG Mönchengladbach, DGVZ 1976, 91; AG Offenbach, DGVZ 1976, 92.
73 BGH, JurBüro 1957, 360 = ZZP 1957 (Bd. 70), 252; siehe auch *K. Schmidt*, MDR 1972, 379.
74 AG Berlin-Charlottenburg, DGVZ 1980, 141.
75 AG Springe, NJW 1978, 834.
76 *Stein/Jonas/Münzberg*, § 758 Rdn. 8.
77 Vergl. § 62 Nr. 5 GVGA; enger LG Hannover, JurBüro 1988, 1578 mit Anm. *Jelinsky*; LG Stuttgart, NJW-RR 1992, 511 f. (nur ausnahmsweise Anwesenheitsrecht).
78 *Stein/Jonas/Münzberg*, § 758 Rdn. 9; *Zöller/Stöber*, § 758 Rdn. 28.

gen (Vorsicht geboten!) mit Handlangerdiensten behilflich sein. Stimmt der Schuldner der Anwesenheit des Gläubigers in seiner Wohnung nicht zu, so darf der Gerichtsvollzieher den Zutritt des Gläubigers zur Wohnung nur dann zwangsweise durchsetzen, wenn dies – ganz ausnahmsweise – in der richterlichen Durchsuchungsanordnung **ausdrücklich** gestattet ist. Da die Anwesenheit des Gläubigers in der Wohnung des Schuldners diesen zusätzlich erheblich belasten kann (man denke etwa an gegeneinander verbitterte frühere Eheleute), ist sie vom Richter nur in besonderen Ausnahmefällen, wenn die Zwangsvollstreckung sonst nicht sinnvoll durchführbar ist, zu gestatten.[79] Ist dem Gläubiger die Anwesenheit in der Wohnung des Schuldners gegen dessen Willen erlaubt worden, hat ihn der Gerichtsvollzieher gegebenenfalls vor Gewaltanwendung seitens des Schuldners oder Dritter zu schützen. Umgekehrt ist der Gerichtsvollzieher, da er die Vollstreckung leitet, dafür verantwortlich, daß es nicht zu unzulässigen Übergriffen des Gläubigers in die Rechtssphäre des Schuldners kommt.

**VII. Rechtsbehelfe gegen die Tätigkeit des Gerichtsvollziehers:** Lehnt der Gerichtsvollzieher die Durchsuchung ganz oder teilweise (etwa einzelner Räume oder Behältnisse) ab, kann sich der **Gläubiger** dagegen mit der Erinnerung nach § 766 ZPO wenden. Den gleichen Rechtsbehelf hat der **Schuldner** gegen die Durchsuchung, die Anwendung von Gewalt oder die sonstigen Umstände des Eindringens in seine Wohnung. Hat die Erinnerung Erfolg, sind die in zu beanstandender Weise erfolgten Vollstreckungsmaßnahmen für unzulässig zu erklären und vom Gerichtsvollzieher wieder aufzuheben.[80] Dadurch gewinnen andere in der Zwischenzeit korrekt begründete Pfandrechte den Vorrang. Eine – nachrangige – Neupfändung für den alten Gläubiger kommt nur in Betracht, wenn nunmehr ein korrektes Verfahren möglich ist. Da Verstöße gegen § 758 ZPO oder gegen das Gebot des Art. 13 Abs. 2 GG nur zur Anfechtbarkeit, nicht aber zur Nichtigkeit der erfolgten Vollstreckungsmaßnahmen führen, bleiben sie ohne Folgen für den Gläubiger, wenn sie nicht vor Beendigung der Zwangsvollstreckung erfolgreich gerügt wurden.[81]

**Dritten**, die sich durch die Durchsuchung, Gewaltanwendung oder durch die Umstände des Eindringens in die Räumlichkeiten **in eigenen Rechten** verletzt fühlen, ist ebenfalls die Möglichkeit der Erinnerung nach § 766 ZPO gegeben.

Für **Schäden**, die notwendigerweise bei der zulässigen Durchsuchung oder Gewaltanwendung an Sachen des Schuldners (etwa an Türen, Schlössern usw.) entstanden sind, muß der Schuldner selbst einstehen, ohne von jemandem Ersatz verlangen zu können. Für Schäden, die bei unzulässiger Gewaltanwendung oder durch Überschreiten des Erforderlichen entstanden sind, haftet nach Art. 34 GG, § 839 BGB der Staat als Dienstherr des Gerichtsvollziehers, nicht aber der Gläubiger, da der Gerichtsvollzieher bei der Vollstreckung weder sein Vertreter noch sein Verrichtungsgehilfe ist.[82] Bei der Haftung des Staates ist aber das Mitverschulden des Schuldners, der sich der Mitwirkung an der rechtmäßigen Zwangsvollstreckung verweigert und dadurch die Gefährdung seines Eigentums heraufbeschworen hat, mindernd zu berücksichtigen.

---

[79] Vergl. *Christmann*, DGVZ 1984, 83; AG Düren, NJW-RR 1986, 677.
[80] **A.A.** insoweit Zöller/Stöber, § 758 Rdn. 25.
[81] Näheres Vor §§ 803, 804 Rdn. 14.
[82] Vor §§ 753–763 Rdn. 4.

Erleiden Dritte bei der rechtmäßigen Vollstreckung Schäden (z. B. der Vermieter an der Wohnungstür, der Eigentümer an den dem Schuldner verliehenen und dort gewaltsam geöffneten Behältnissen), so steht ihnen ein Aufopferungsanspruch gegen den Staat zu, soweit sie vom Schuldner keinen Ersatz verlangen können. Für Schäden am Eigentum Dritter bei unrechtmäßiger Vollstreckung haftet der Staat als Dienstherr des Gerichtsvollziehers nach Art. 34 GG, § 839 BGB. Den Dritten kann das Mitverschulden des Schuldners nur insoweit entgegengehalten werden, als sich für sie hieraus ein anderweitiger Ersatzanspruch gegen den Schuldner ergibt.

23 **VIII. Verfolgungsrecht des Gerichtsvollziehers:** Die unter dem Stichwort »Verfolgungsrecht des Gerichtsvollziehers« erörterten Fragen[83] sind keine Probleme zu § 758 ZPO, auch nicht zu seiner analogen Anwendung; denn die Vorschrift hat ausschließlich die Befugnisse des Gerichtsvollziehers gegenüber dem Schuldner (und gegebenenfalls dessen Helfershelfern) in der Gewahrsamssphäre des Schuldners zum Gegenstand. Beim sog. »Verfolgungsrecht« geht es aber um die (im Ergebnis zu verneinende) Frage, ob der Gerichtsvollzieher Gegenstände, die er bereits wirksam beschlagnahmt hat, auch mit Gewalt zurückholen darf, wenn sie vom Schuldner (oder auch von Dritten gegen den Willen des Schuldners) aus dessen Gewahrsamsbereich entfernt werden, um sie der weiteren Vollstreckung zu entziehen, etwa wenn die sich vom Schuldner trennende Ehefrau bei ihrem Auszug beim Schuldner gepfändete Gegenstände in ihre neue Wohnung mitnimmt. Hier ergeben sich wie bei § 758 ZPO Probleme aus Art. 13 Abs. 2 GG. Sie sind ohne Eingreifen des Gesetzgebers nicht lösbar, weil die ZPO in vielen Einzelregelungen gerade zu erkennen gegeben hat, daß die Gewahrsamssphäre Dritter in der Zwangsvollstreckung grundsätzlich unantastbar ist. Das gilt selbst dann, wenn es im Rahmen von § 809 ZPO auf die Herausgabebereitschaft des Dritten wegen deren offensichtlich rechtsmißbräuchlichen Verhaltens nicht ankommen sollte.[84] Da die Praxis auch ohne »Verfolgungsrecht des Gerichtsvollziehers« gut zurecht kommt, ist ein Handlungsbedarf für den Gesetzgeber aber zu verneinen. Auch in dem geplanten neuen § 758a ZPO[85] ist ein solches Verfolgungsrecht nicht vorgesehen.

24 **IX. Kosten und Gebühren:** Der Rechtsanwalt erhält für die Erwirkung der Durchsuchungsanordnung nur dann eine Gebühr nach § 57 BRAGO, wenn er nur für das Verfahren nach § 758 ZPO beauftragt ist. Im übrigen ist das Erwirken einer Durchsuchungsanordnung keine besondere Angelegenheit (§ 58 Abs. 2 Nr. 3 ZPO analog) und daher durch die allgemeine Vollstreckungsgebühr des § 57 BRAGO abgegolten. Eine Gerichtsgebühr fällt insoweit nicht an (§ 1 Abs. 1 GKG). Für den Gerichtsvollzieher ist die Durchsuchung Teil der Pfändung, Wegnahme oder Verhaftung und in den Gebühren nach §§ 17 ff., 22-24, 26 GvKostG schon mitberücksichtigt (vergl. Nr. 1 Abs. 3 der Gerichtsvollzieherkostengrundsätze, GvKostGr[86]). Die Aufwendungen zur Entschädigung der zum Öffnen von Türen und Behältnissen sowie zur Durchsuchung von Schuldnern herangezogenen Personen sind Auslagen des Gerichtsvollzie-

---

83 Einzelheiten § 808 Rdn. 14.
84 Siehe dazu § 809 Rdn. 3.
85 Siehe Anhang zu § 758.
86 Abgedruckt als Anhang zur GVGA und GVO.

hers (§ 35 Abs. 1 Nr. 6 GvKostG), die nach den Regeln der §§ 3 ff. GvKostG erhoben werden. Angesetzt werden die tatsächlich entstandenen Beträge (Nr. 40 Abs. 4 GvKostGr). Ihr Nachweis muß sich aus den Akten des Gerichtsvollziehers ergeben (Nr. 40 Abs. 5 GvKostGr).

**X. ArbGG, VwGO, AO:** § 758 ZPO gilt auch bei der Vollstreckung von arbeitsgerichtlichen Titeln (§§ 62 Abs. 2, 85 Abs. 1 S. 1 ArbGG) und von Titeln nach § 168 VwGO (§ 167 Abs. 1 VwGO), soweit die Vollstreckung durch den Gerichtsvollzieher erfolgt. Richtet sich die Vollstreckung gem. § 169 (ggf. gem. § 170 Abs. 1 S. 3) VwGO nach dem VwVG, ergeben sich die Befugnisse des Vollziehungsbeamten gem. § 5 VwVG aus § 287 AO. Die Absätze 1 bis 3 dieser Vorschrift stimmen inhaltlich mit § 758 ZPO überein. Zuständig für die richterliche Durchsuchungsanordnung ist auch hier das Amtsgericht, in dessen Bezirk die Durchsuchung vorgenommen werden soll (§ 287 Abs. 4 AO), nicht dagegen das Finanzgericht.

**Anhang zu § 758: Richterliche Durchsuchungsanordnung nach dem Entwurf eines Zweiten Gesetzes zur Änderung zwangsvollstreckungsrechtlicher Vorschriften**

**Inhaltsübersicht**

| | | Rdn. |
|---|---|---|
| I. | Zweck der Regelung über die Notwendigkeit einer richterlichen Durchsuchungsanordnung | 1 |
| II. | Inhalt der geplanten Regelung eines neuen § 758 a ZPO | 2 |
| III. | Voraussetzungen für die Notwendigkeit einer Durchsuchungsanordnung (Abs. 1) | 3 |
| IV. | Besonderheiten bei Räumungstiteln und Haftbefehlen (Abs. 2) | 4–6 |
| V. | Duldungspflicht von Mitgewahrsamsinhabern (Abs. 3) | 7, 8 |
| VI. | Vorzeigen der richterlichen Durchsuchungsanordnung (Abs. 4) | 9 |

1 **I. Zweck der Regelung über die Notwendigkeit einer richterlichen Durchsuchungsanordnung:** Die Notwendigkeit einer richterlichen Anordnung der Durchsuchung von Wohnraum des Schuldners steht zwar seit dem Beschluß des Bundesverfassungsgerichts vom 3. April 1979[1] fest, aber es fehlt dazu bisher an einer gesetzlichen Regelung. Manche Fragen im Zusammenhang mit der richterlichen Durchsuchungsanordnung sind nach wie vor streitig, für andere Fragen haben sich in der Rechtsprechung bereits feste Grundsätze herausgebildet. Der geplante neue § 758a ZPO soll die vom Bundesverfassungsgericht bindend festgestellte Rechtslage klarstellen und einige besonders bedeutsame Zweifelsfragen zum Anwendungsbereich und zur Reichweite der Durchsuchungsanordnung sowie zur verfahrensrechtlichen Ausgestaltung klären.[2] Es werden aber bewußt nicht alle Einzelheiten geregelt, um das Gesetz nicht zu überfrachten.

2 **II. Inhalt der geplanten Regelung eines neuen § 758 a ZPO:** Nach § 758 ZPO soll folgender § 758 a ZPO eingefügt werden:[3]

(1) ¹Die Wohnung des Schuldners darf ohne dessen Einwilligung nur aufgrund einer Anordnung des Richters bei dem Amtsgericht durchsucht werden, in dessen Bezirk die Durchsuchung erfolgen soll. ²Dies gilt nicht, wenn die Einholung der Anordnung den Erfolg der Durchsuchung gefährden würde.

(2) Auf die Vollstreckung eines Titels auf Räumung oder Herausgabe von Räumen und auf die Vollstreckung eines Haftbefehls nach § 901 ist Absatz 1 nicht anzuwenden.

---
1 BVerfGE 51, 97.
2 BT-Drucks. 13/341, S. 15.
3 BT-Drucks. 13/341, S. 4.

(3) ¹Willigt der Schuldner in die Durchsuchung ein oder ist eine Anordnung gegen ihn nach Absatz 1 Satz 1 ergangen oder nach Absatz 1 Satz 2 entbehrlich, so haben Personen, die Mitgewahrsam an der Wohnung des Schuldners haben, die Durchsuchung zu dulden. ²Unbillige Härten gegenüber Mitgewahrsamsinhabern sind zu vermeiden.

(4) Die Anordnung nach Absatz 1 ist bei der Zwangsvollstreckung vorzuzeigen.

**III. Voraussetzungen für die Notwendigkeit einer Durchsuchungsanordnung (Abs. 1):** In Abs. 1 wird die Entscheidung des Bundesverfassungsgerichts vom 3. April 1979[4], die gem. § 31 Abs. 1 BVerfGG ohnehin Gesetzeskraft hat, in den Gesetzestext aufgenommen. Der Einwilligung des Schuldners, die eine Durchsuchungsanordnung entbehrlich macht, soll – ohne daß dies dem Gesetzestext zu entnehmen ist – die Einwilligung von mitwohnenden Familienangehörigen und bevollmächtigtem Personal in Geschäftsräumen gleichstehen.[5] Satz 2 definiert den Begriff »Gefahr im Verzug« in dem Sinne, wie er vom Bundesverfassungsgericht in seinem genannten Beschluß vom 3. April 1979 verwendet wurde. Eine nähere Ausfüllung des Gefährdungsbegriffs soll weiterhin der Rechtsprechung überlassen bleiben.

**IV. Besonderheiten bei Räumungstiteln und Haftbefehlen (Abs. 2):** Der vorgesehene Abs. 2 entspricht der geltenden Fassung des § 107 Nr. 8 Abs. 2, 1. Halbs. GVGA. Soweit die Praxis schon bisher danach verfahren ist, ändert sich also nichts. Entsprechend der schon bisher ganz h. M. stellt Abs. 2 klar, daß für die **Räumungsvollstreckung** eine richterliche Durchsuchungsanordnung nicht erforderlich ist.[6] Erstens sei eine Räumung keine Durchsuchung i.S.v. Art. 13 Abs. 2 GG. Zweitens wäre es widersprüchlich, wenn durch die Notwendigkeit einer richterlichen Anordnung gerade demjenigen grundsätzlich ein Recht auf ungestörte Wohnungsnutzung verliehen würde, dem durch vollstreckbare Gerichtsentscheidung das Recht auf Innehabung der Wohnung gerade abgesprochen wurde. Das soll auch bei einer Vollstreckung aus einem nicht richterlichen Titel (Räumungsvergleich; vom Rechtspfleger erlassener Zuschlagsbeschluß nach § 93 ZVG) gelten, zumal eine Räumung eben keine Durchsuchung sei und im Räumungsvergleich bereits die Einwilligung des Schuldners in die Durchsuchung liege.[7] Soweit es um die vom Rechtspfleger erlassenen Titel geht, übernimmt der Entwurf die Mindermeinung zur bisherigen Rechtslage.[8]

Die Klarstellung, daß für eine **Verhaftung** des Schuldners in seiner Wohnung eine richterliche Durchsuchungsanordnung nicht erforderlich ist, entspricht wiederum der h. M. zur bisherigen Rechtslage;[9] in dem Haftbefehl ist die notwendige richterliche Entscheidung bereits vorhanden.

4 BVerfGE 51, 97.
5 BT-Drucks. 13/341, S. 16.
6 Siehe schon § 758 Rdn. 2a.
7 Siehe insgesamt zur Begründung des Abs. 2 BT-Drucks. 13/341, S. 16.
8 Siehe § 758 Rdn. 2a.
9 Siehe nochmals § 758 Rdn. 2a.

**6** Entgegen verbreiteter Ansicht soll die **Herausgabevollstreckung bzgl. beweglicher Sachen** nicht von der Erforderlichkeit einer Durchsuchungsanordnung ausgenommen werden. Vor einer entsprechenden gesetzlichen Regelung soll die verfassungsrechtliche Klärung der Frage abgewartet werden, ob eine Wohnungsdurchsuchung im Rahmen der Herausgabevollstreckung ohne richterliche Erlaubnis mit Art. 13 Abs. 2 GG vereinbar wäre.[10]

**7** **V. Duldungspflicht von Mitgewahrsamsinhabern (Abs. 3):** Es entspricht schon der bisherigen Rechtslage (h. M.), daß Mitbewohner des Schuldners eine Durchsuchung dulden müssen, sofern nur für die Durchsuchung zwecks Vollstreckung gegen den Schuldner eine richterliche Erlaubnis vorliegt.[11] Diese Ansicht soll nunmehr Gesetz werden. Der geplante Abs. 3 stellt klar, daß eine Durchsuchungsanordnung gegen jeden einzelnen Mitbewohner nicht erforderlich ist. Die gegenteilige Lösung würde eine effektive Zwangsvollstreckung kaum zulassen; denn der Schuldner könnte bei jedem Vollstreckungsversuch einen neuen Mitbewohner präsentieren, gegen den dann erst wieder eine neue Durchsuchungsanordnung erwirkt werden müßte (für die es nicht einmal eine Rechtsgrundlage gibt).

**8** Durch Satz 2 soll klargestellt werden, daß für die Zulässigkeit der Wohnungsdurchsuchung die Person des Mitbewohners nicht völlig unbeachtlich ist.[12] Sieht dieser in der Durchsuchung für sich eine unbillige Härte, kann er dies mit der Vollstreckungserinnerung (§ 766 ZPO) gegen das Vorgehen des Gerichtsvollziehers oder mit der sofortigen Beschwerde (§ 793 ZPO) gegen die richterliche Durchsuchungsanordnung geltend machen. Auch in diesem Fall ist aber eine gesonderte Durchsuchungsanordnung gegen den Mitbewohner nicht erforderlich.

**9** **VI. Vorzeigen der richterlichen Durchsuchungsanordnung (Abs. 4):** Abs. 4 entspricht dem schon bisher geltenden § 761 Abs. 2 ZPO. Auch § 107 Nr. 5 GVGA enthält bereits eine solche Regelung. Insofern bestimmt Abs. 4 nichts Neues. Die Durchsuchungsanordnung muß nicht übergeben, sondern lediglich vorgezeigt werden.

---

10 BT-Drucks. 13/341, S. 17.
11 Zur Begründung dieser h. M. siehe § 758 Rdn. 8.
12 BT-Drucks. 13/341, S. 18.

§ 759  Zuziehung von Zeugen

Wird bei einer Vollstreckungshandlung Widerstand geleistet oder ist bei einer in der Wohnung des Schuldners vorzunehmenden Vollstreckungshandlung weder der Schuldner noch eine zu seiner Familie gehörige oder in dieser Familie dienende erwachsene Person anwesend, so hat der Gerichtsvollzieher zwei erwachsene Personen oder einen Gemeinde- oder Polizeibeamten als Zeugen zuzuziehen.

**Inhaltsübersicht**

| | | Rdn. |
|---|---|---|
| | Literatur | |
| I. | Zweck der Norm | 1 |
| II. | Rechtsfolgen bei Widerstand des Schuldners | 2 |
| | 1. Hinzuziehung von Zeugen | 2 |
| | 2. Erwachsene Personen | 3 |
| | 3. Eignung und Rechtsstellung der Zeugen | 4 |
| III. | ArbGG, VwGO, AO | 5 |

**Literatur:** *Alisch*, Die strafrechtliche Bedeutung des § 759 ZPO, DGVZ 1984, 108. Siehe ferner die Literatur zu § 758.

**I. Zweck der Norm:** Die Vorschrift soll sicherstellen, daß die Einhaltung eines rechtsstaatlichen Vollstreckungsverfahrens jederzeit kontrollierbar bleibt und daß das Ansehen der Vollstreckungsorgane nicht durch unklare Verhältnisse gefährdet wird. § 758 ZPO schützt daher den Gerichtsvollzieher (vor unzutreffenden Anschuldigungen) und den Schuldner (vor später vielleicht nicht nachweisbaren Übergriffen im Rahmen der Vollstreckung). Er ist zwingendes Recht[1] und kann nicht durch Vereinbarung des Gerichtsvollziehers mit dem Schuldner außer Kraft gesetzt werden. Dennoch führt seine Nichtbeachtung weder zur Nichtigkeit noch auch nur zur Anfechtbarkeit des Vollstreckungsaktes über § 766 ZPO.[2] Das Verhalten des Gerichtsvollziehers ist allerdings rechtswidrig, so daß der Widerstand leistende Schuldner nicht nach § 113 Abs. 1 StGB strafbar ist (§ 113 Abs. 3 StGB).[3] Er kann die Rechtswidrigkeit im Wege der Dienstaufsichtsbeschwerde geltend machen.

**II. Rechtsfolgen bei Widerstand des Schuldners:**

**1. Hinzuziehung von Zeugen:** Leistet der Schuldner der Vollstreckung Widerstand, ist diese sofort abzubrechen, bis es dem Gerichtsvollzieher gelungen ist, Zeugen hinzuzuziehen. Eine Ausnahme hiervon muß aber dann gelten, wenn die Unterbrechung mit

---

1 BGHSt 5, 93; ganz h. M.
2 MüKo/*Arnold*, § 759 Rdn. 30; *Stein/Jonas/Münzberg*, § 759 Rdn. 2; *Zöller/Stöber*, § 759 Rdn. 4; a. M. *Rosenberg/Gaul*, § 26 III 6.
3 MüKo/*Arnold*, § 759 Rdn. 29.

Sicherheit dazu führen würde, daß die Vollstreckung anschließend ins Leere ginge. Hier muß der Gerichtsvollzieher jedenfalls, bevor er die Zeugen hinzuzieht, soviel Gewalt anwenden dürfen, daß der Schuldner an einer Flucht vor Verhaftung[4] oder an einem Beiseiteschaffen pfändbarer Werte einstweilen gehindert wird (z. B. Festhalten, bis die Zeugen zur Stelle sind). Widerstand im Sinne des Vorstehenden ist jedes Verhalten, das geeignet ist, die Annahme zu begründen, die Zwangsvollstreckung werde sich nicht ohne Gewaltanwendung durchführen lassen (§ 108 Ziff. 3 GVGA).

3  2. **Erwachsene Personen:** Die »erwachsene Person«, die zur Familie des Schuldners gehört oder dort angestellt ist, muß keine volljährige Person sein. Entscheidend ist, daß die angetroffene Person in der Lage ist, den Vollstreckungsvorgang seiner Bedeutung nach zu erkennen und seine Beobachtungen wiederzugeben.[5] Ob dies der Fall ist, muß der Gerichtsvollzieher eigenverantwortlich entscheiden. Hat er Zweifel, muß er sich für die Zuziehung von Zeugen entscheiden.

4  3. **Eignung und Rechtsstellung der Zeugen:** Als Zeugen sollen nach § 108 Ziff. 2 Abs. 2 GVGA »unbeteiligte und einwandfreie Personen ausgewählt werden, die möglichst am Ort der Vollstreckung oder in dessen Nähe wohnen sollen«. Die Zeugen sollen das Protokoll mit unterzeichnen (§ 762 Abs. 2 Ziff. 4 ZPO sowie § 110 Ziff. 3 GVGA). Auf Verlangen ist ihnen eine angemessene Entschädigung zu zahlen, die die Beträge nicht übersteigen soll, die nach dem ZSEG zu zahlen wären. Die gezahlten Entschädigungen werden vom Gerichtsvollzieher als Auslagen beigetrieben (§ 35 Abs. 1 Nr. 5 GvKostG).

Ausnahmsweise kann, wenn andere Zeugen nicht greifbar sind, auch der Gläubiger[6] als Zeuge herangezogen werden oder die Person, die der Gerichtsvollzieher mit der Öffnung der Türen usw. beauftragt hatte. Allerdings sollte der Gerichtsvollzieher hier große Vorsicht walten lassen, um das Ziel der Regelung nicht zu gefährden.

5  III. **ArbGG, VwGO, AO:** Die Vorschrift gilt auch bei der Vollstreckung von arbeitsgerichtlichen Titeln (§§ 62 Abs. 2, 85 Abs. 1 S. 3 ArbGG) und von Titeln gem. § 168 VwGO (§ 167 Abs. 1 VwGO), sofern sie durch den Gerichtsvollzieher erfolgt. Für die Vollstreckung nach § 169 Abs. 1 (ggf. auch nach § 170 Abs. 1 S. 3) VwGO gilt gem. § 5 VwVG die Regelung des § 288 AO, die inhaltlich mit § 759 ZPO übereinstimmt. In § 288 AO ist die Vollstreckung in Geschäftsräumen derjenigen in Wohnräumen des Schuldners ausdrücklich gleichgestellt.

---

4 BGHSt 5, 93.
5 MüKo/*Arnold*, § 759 Rdn. 12; Zöller/*Stöber*, § 759 Rdn. 2.
6 Wie hier *Stein/Jonas/Münzberg*, § 759 Rdn. 3; Zöller/*Stöber*, § 759 Rdn. 3; a. A. MüKo/*Arnold*, § 759 Rdn. 22; *Thomas/Putzo*, § 759 Rdn. 3.

## § 760 Akteneinsicht; Aktenabschrift

Jeder Person, die bei dem Vollstreckungsverfahren beteiligt ist, muß auf Begehren Einsicht der Akten des Gerichtsvollziehers gestattet und Abschrift einzelner Aktenstücke erteilt werden.

### Inhaltsübersicht

| | | Rdn. |
|---|---|---|
| I. | Regelungsgegenstand | 1 |
| II. | Beteiligte am Vollstreckungsverfahren | 2 |
| III. | Antrag des Gläubigers | 3 |
| IV. | Akteneinsicht | 4 |
| V. | Rechtsbehelfe | 5 |
| VI. | ArbGG, VwGO | 6 |

**I. Regelungsgegenstand:** Die Vorschrift regelt, wem vom Gerichtsvollzieher auf Antrag Akteneinsicht zu gestatten und wem auf Antrag Abschrift einzelner Schriftstücke aus der Akte zu erteilen ist. Nicht angesprochen ist, welche Mitteilungen aus den Akten (oder auch über nicht urkundlich festgehaltene Vorgänge) der Gerichtsvollzieher von Amts wegen an wen zu machen hat. Nicht angesprochen ist zudem, wer über die in § 760 ZPO Genannten hinaus zwar nicht vom Gerichtsvollzieher, wohl aber von der Gerichtsverwaltung Akteneinsicht oder Abschriften aus den Akten erhalten kann. Die von Amts wegen zu machenden Mitteilungen sind in § 763 ZPO festgelegt.[1] Nach umstrittener Ansicht ist der Gerichtsvollzieher über § 760 ZPO hinaus verpflichtet, dem Gläubiger so von der durchgeführten Maßnahme zu unterrichten, daß dieser in die Lage versetzt wird, sein weiteres Vorgehen im Rahmen der begonnenen Zwangsvollstreckung zu planen. Dazu gehöre auch die Mitteilung, ob der Gerichtsvollzieher beim Schuldner pfändbare Sachen vorgefunden habe oder nicht.[2] Die Akteneinsicht durch Personen, die bei dem Vollstreckungsverfahren nicht beteiligt sind, ist in § 299 ZPO geregelt. 1

**II. Beteiligte am Vollstreckungsverfahren:** Am Vollstreckungsverfahren beteiligt sind neben dem Gläubiger und dem Schuldner alle Personen, die durch die Vollstreckung in eigenen Rechten betroffen oder mit eigenen Pflichten belegt sind. Das sind zum einen diejenigen, die sich am Gegenstand der Vollstreckung eines die Veräußerung hindernden oder die vorzugsweise Befriedigung gestattenden Rechts im Sinne der §§ 771, 805 ZPO berühmen. Dazu gehören ferner diejenigen, in deren Interesse Gegenstände des Schuldners der Pfändung nicht unterliegen (z. B. nach § 811 Nr. 1 und Nr. 5 ZPO), sowie diejenigen, deren Gegenstände bei einer Maßnahme nach § 758 ZPO beschädigt wurden oder in deren Besitzrecht eingegriffen wurde (§§ 809, 886 ZPO). Schließlich sind der von der Verwaltung ausgeschlossene Ehegatte im Falle des § 740 ZPO und der Erbe im Falle des § 748 Abs. 1 ZPO beteiligt. 2

---

1 Einzelheiten dort Rdn. 1.
2 LG Hannover, DGVZ 1981, 39 f.; LG Köln, DGVZ 1995, 170; a. M. OLG Hamm, DGVZ 1977, 40.

3 **III. Antrag des Gläubigers:** Der Gläubiger kann den erforderlichen Antrag schon mit dem Vollstreckungsantrag stellen. Es kann aber nicht in jedem Vollstreckungsantrag konkludent ein Antrag auf Mitteilung aller Umstände von Interesse gesehen werden.[3] Dies folgt schon aus § 36 Nr. 1 GvKostG, wonach für alle Abschriften Schreibauslagen zu erheben sind. Es ist auch nicht rechtsstaatswidrig,[4] es den Beteiligten zu überlassen, welche Kenntnisse sie sich gebührenpflichtig über das hinaus verschaffen wollen, was ihnen nach ZPO, GVO und GVGA von Amts wegen mitzuteilen ist. Gegebenenfalls kann der Gerichtsvollzieher bei Übernahme des Auftrages darauf hinweisen, daß nicht notwendige Mitteilungen nur auf Antrag und gegen Erstattung der Schreibauslagen erfolgen.

4 **IV. Akteneinsicht:** Zu den Akten, in die Einsicht zu gewähren ist, gehören auch die Belege über Kosten für mehrere zusammen bearbeitete Sachen und gemeinsame Belegblätter bei Sammelakten (§ 58 Nr. 4 GVO) sowie die Register (§ 65 GVO).[5] Die Einsichtnahme hat in Gegenwart des Gerichtsvollziehers zu erfolgen (§ 60 Nr. 1 GVO), so daß eine Übersendung der Akten zu treuen Händen nicht in Betracht kommt.[6] Der zur Einsicht berechtigte Beteiligte kann das Recht auch durch einen Bevollmächtigten wahrnehmen lassen. Die das Vollstreckungsverfahren allgemein umfassende Vollmacht des Verfahrensbevollmächtigten des Gläubigers bzw. des Schuldners umfaßt auch diese Berechtigung.

5 **V. Rechtsbehelfe:** Gegen die Ablehnung der Akteneinsicht oder der Einsicht in einzelne Teile der Akten sowie gegen die Verweigerung der Erteilung von Abschriften haben die betroffenen Beteiligten die Erinnerung nach § 766 ZPO, gegen den Ansatz der Schreibauslagen Erinnerung nach § 766 Abs. 2 ZPO bzw. § 9 GvKostG.[7]

Der Gerichtsvollzieher selbst hat gegen die einer Erinnerung stattgebende Entscheidung keinen Rechtsbehelf.

Die übrigen Beteiligten sind, bevor einem Antrag auf Akteneinsicht usw. stattgegeben wird, nicht zu hören. Erfahren sie dennoch davon und wollen sie der Akteneinsicht mit der Begründung entgegentreten, der Antragsteller sei nicht Beteiligter und ihre Rechte (Datenschutz) würden durch die Einsicht berührt, müssen sie ebenfalls nach § 766 ZPO vorgehen.

6 **VI. ArbGG, VwGO:** § 760 ZPO gilt auch bei der Vollstreckung von arbeitsgerichtlichen Titeln (§§ 62 Abs. 2, 85 Abs. 1 S. 3 ArbGG) und von Titeln nach § 168 VwGO (§ 167 Abs. 1 VwGO), sofern sie durch den Gerichtsvollzieher erfolgt.

---

3 BVerwG, NJW 1983, 896; *Stein/Jonas/Münzberg*, § 760 Rdn. 2; **a. A.** allerdings AG Itzehoe, DGVZ 1978, 15; *Seip*, DGVZ 1974, 170.
4 So aber *Zöller/Stöber*, § 760 Rdn. 3.
5 MüKo/*Arnold*, § 760 Rdn. 1; *Stein/Jonas/Münzberg*, § 760 Rdn. 1; **a.A.** *Zöller/Stöber*, § 760 Rdn. 1.
6 AG Berlin-Charlottenburg, DGVZ 1978, 159.
7 Siehe Vor §§ 753–763 Rdn. 10.

## § 761 Vollstreckung zur Nachtzeit und an Sonn- und Feiertagen

(1) Zur Nachtzeit (§ 188 Abs. 1) sowie an Sonntagen und allgemeinen Feiertagen darf eine Vollstreckungshandlung nur mit Erlaubnis des Amtsrichters erfolgen, in dessen Bezirk die Handlung vorgenommen werden soll.

(2) Die Verfügung, durch welche die Erlaubnis erteilt wird, ist bei der Zwangsvollstreckung vorzuzeigen.

## Inhaltsübersicht

Literatur

| | | Rdn. |
|---|---|---|
| I. | Zweck der Vorschrift | 1 |
| II. | Zuständigkeit | 2, 2a |
| III. | Voraussetzungen für die Erteilung der Erlaubnis | 3 |
| | 1. Antrag des Gläubigers | 3 |
| | 2. Allgemeine Vollstreckungsvoraussetzungen | 4 |
| | 3. Materielle Voraussetzung | 4a |
| IV. | Inhalt der Erlaubnis | 5 |
| V. | Vorzeigen der Erlaubnis (Abs. 2) | 6 |
| VI. | Rechtsbehelfe | 7 |
| VII. | Gebühren | 8 |
| VIII. | ArbGG, VwGO, AO | 9 |

**Literatur:** *App*, Rücksichtnahme auf jüdische Festtage bei der Zwangsvollstreckung, DGVZ 1995, 181; *Bauer*, Zustellung und Zwangsvollstreckung zur Nachtzeit, an Sonn- und allgemeinen Feiertagen, JurBüro 1961, 171; *Biede*, Erlaubnis nach § 761 ZPO durch den Rechtspfleger, NJW 1974, 89; *Henze*, Genehmigung der Vollstreckung zur Nachtzeit an Sonn- und Feiertagen (§ 761 ZPO) durch den Rechtspfleger, Rpfleger 1971, 10; *ders.*, § 761 ZPO – Rechtspflegersache?, Rpfleger 1974, 283; *Noack*, Zwangsvollstreckungen an Sonntagen, allgemeinen Feiertagen und zur Nachtzeit, MDR 1973, 549; *ders.*, Fehlen einer richterlichen Erlaubnis nach § 761 ZPO und einer richterlichen Anordnung nach Art. 13 GG und die Wirkung auf die Rechtmäßigkeit der Amtsausübung des Gerichtsvollziehers und auf einen vollzogenen Pfändungsakt, DGVZ 1980, 33; *Oberthür*, Rechtsunwirksame Beschlüsse nach § 761 ZPO, NJW 1963, 2112; *Schumacher*, Wohnungsdurchsuchung und Wohnungszustellung, WM 1963, 147; *Wieser*, Streitfragen zum »Nachtbeschluß« nach § 761 ZPO, Rpfleger 1988, 293.

**I. Zweck der Vorschrift:** Um die persönliche Lebensführung des Schuldners durch die Zwangsvollstreckung nicht unangemessen zu belasten, sind Vollstreckungshandlungen zur Nachtzeit sowie an Sonntagen (nicht Sonnabenden) und allgemeinen Feiertagen grundsätzlich unzulässig. Da in manchen Bereichen allerdings gerade zur Nachtzeit oder an Sonn- und Feiertagen besonders herausragende Einnahmen erzielt werden (Gaststätten; Taxiunternehmen; Schausteller usw. bei Schützenfesten, Kirmesveranstaltungen pp.) und die Gefahr groß ist, daß diese Einnahmen zu den »gewöhnlichen« Vollstreckungszeiten bereits wieder beiseitegeschafft sind, muß der Gläubiger ausnahmsweise die Möglichkeit haben, in begründeten Einzelfällen die Nacht- und Feiertagsruhe des Schuldners stören zu lassen. Darüber hinaus sind manche Schuldner während der Woche zu ständig wechselnden und schwer festlegbaren Aufenthaltsorten unterwegs, so daß, wenn ihre Anwesenheit bei der Vollstreckung erforderlich erscheint, auch nur Vollstreckungshandlungen am Wochenende erfolgversprechend sind. Zum Schutze des Schuldners ist die Entscheidung über die Erforderlichkeit der Vollstreckung zur Nachtzeit pp. nicht dem Ermessen des Gerichtsvollziehers überlassen, vielmehr dem Richter beim Amtsgericht anvertraut. Ein Verzicht auf eine richterliche Erlaubnis ist bei der Vollstreckung möglich;[1] der Schuldner ist ja auch nicht gezwungen, sich gegen einen Verstoß gegen § 761 ZPO mit Rechtsbehelfen[2] zu wehren.

2 II. **Zuständigkeit:** Zuständig für die Erteilung der Erlaubnis ist nach der noch geltenden Fassung des § 761 ZPO der **Richter des Amtsgerichts**, in dessen Bezirk die Handlung vorgenommen werden soll. Es handelt sich nicht um eine Aufgabe des Amtsgerichts als Vollstreckungsgericht (§ 764 Abs. 1 ZPO), so daß die Aufgabe nicht durch § 20 Nr. 17 RPflG automatisch dem Rechtspfleger übertragen ist.[3] Es handelt sich um eine originär richterliche Aufgabe, die nach noch geltendem Recht auch nicht im Einzelfall dem Rechtspfleger übertragen werden kann, weil es insoweit an einer Ermächtigungsgrundlage fehlt.[4] Eine vom Rechtspfleger dennoch erteilte Erlaubnis ist gem. § 8 Abs. 4 S. 1 RPflG unwirksam.[5]

2a Nach dem Entwurf eines Zweiten Gesetzes zur Änderung zwangsvollstreckungsrechtlicher Vorschriften vom 27.1.1995[6] soll allerdings in Abs. 1 das Wort »Amtsrichters« durch das Wort »Vollstreckungsgericht« ersetzt werden. Auf diese Weise wird die Zuständigkeit zur Entscheidung über einen Antrag nach § 761 ZPO dem Rechtspfleger übertragen (§ 20 Nr. 17 RPflG). Dadurch sollen die Richter entlastet werden. Falls ein Antrag nach § 761 ZPO zusammen mit einem solchen nach dem vorgesehenen neuen § 758a ZPO[7] gestellt wird, soll über beide Anträge der Richter entscheiden (§§ 5 Abs. 1 Nr. 4, 6 RPflG).[8]

---

1 MüKo/*Arnold*, § 761 Rdn. 7.
2 Dazu Rdn. 7.
3 So aber AG Gelsenkirchen-Buer, DGVZ 1975, 189; AG Pinneberg, DGVZ 1976, 60; AG Rinteln, Rpfleger 1974, 203; *Henze*, Rpfleger 1971, 10 und Rpfleger 1974, 283.
4 So zu Recht die heute h. M.; vergl. aus der Rspr. KG, DGVZ 1975, 57; OLG Düsseldorf, NJW 1978, 2205; OLG Hamburg, FamRZ 1979, 1046; LG Darmstadt, DGVZ 1977, 7; LG Hamburg, MDR 1977, 1026; LG Köln, DGVZ 1976, 10; MDR 1963, 225.
5 KG, DGVZ 1975, 57; OLG Düsseldorf, NJW 1978, 2205; LG Darmstadt, DGVZ 1977, 7.
6 BT-Drucks. 13/341, S. 4.
7 Siehe Anhang zu § 758.
8 Zur Begründung der geplanten Gesetzesänderung siehe BT-Drucks. 13/341, S. 18.

### III. Voraussetzungen für die Erteilung der Erlaubnis:

**1. Antrag des Gläubigers:** Die Erlaubnis wird nur auf Antrag des Gläubigers erteilt. Sie kann auch vom Gerichtsvollzieher beantragt werden (§ 65 Nr. 3 S. 2 GVGA),[9] der dazu aber nicht von Amts wegen verpflichtet ist.[10] Der Antrag ist zu begründen und kann nicht einfach vorsorglich gestellt werden.[11] Als Begründung ausreichend ist es, daß je ein vergeblicher Vollstreckungsversuch während und außerhalb der üblichen Arbeitszeit an einem Werktag durchgeführt wurde.[12] In jedem Fall muß auch die Erfolgsaussicht einer Vollstreckung zur Nachtzeit pp. dargelegt sein.[13]

**2. Allgemeine Vollstreckungsvoraussetzungen:** Die Erlaubnis zur Vollstreckung zur Nachtzeit pp. ist schon Beginn der Zwangsvollstreckung. Deshalb müssen mit dem Antrag die allgemeinen Vollstreckungsvoraussetzungen (einschließlich der Vollstreckungsklausel) nachgewiesen werden.[14] Dagegen sind die Vollstreckungsvoraussetzungen, die im Hinblick auf § 720 a ZPO erst in einem späteren Stadium nachgewiesen sein müssen, noch nicht erforderlich,[15] so die Sicherheitsleistung.

Das Rechtsschutzbedürfnis für eine Erlaubnis zur Vollstreckung zur Nachtzeit pp. fehlt nicht deshalb, weil nicht zunächst eine Zwangsdurchsuchung im Rahmen des § 758 ZPO versucht wurde.[16] Beide Eingriffe belasten den Schuldner in gleicher Weise. Sie sind aber nicht immer in gleicher Weise erfolgversprechend. Bei der Erteilung der Erlaubnis sind nicht nur die Belange des Gläubigers und des Schuldners entsprechend dem bisherigen Vollstreckungsverlauf gegeneinander abzuwägen, sondern auch die Interessen mitbetroffener Dritter mit in die Erwägungen einzubeziehen.[17] Um den Erfolg der Vollstreckung zu sichern, ist der Schuldner vor der Erlaubniserteilung allerdings nicht anzuhören.[18]

**3. Materielle Voraussetzung:** Die Vollstreckung zur Nachtzeit oder an einem Sonn- oder Feiertag muß **erforderlich** sein, um effektiv zu sein. Beispiele dazu siehe Rdn. 1. Die Erforderlichkeit muß vom Gläubiger dargelegt und ggf. glaubhaft gemacht werden (dazu Rdn. 3).

---

9 *Brox/Walker*, Rdn. 308; MüKo/*Arnold*, § 761 Rdn. 10; *Noack*, MDR 1973, 549; *Zöller/Stöber*, § 761 Rdn. 5; a. A. AG Düsseldorf, DGVZ 1981, 90; *Baumbach/Lauterbach/Hartmann*, § 761 Rdn. 5.
10 Wie hier AG Düsseldorf, DGVZ 1981, 90; a. A. § 65 Nr. 3 GVGA; *Noack*, MDR 1973, 549; *Zöller/Stöber*, § 761 Rdn. 5.
11 Vergl. auch § 758 Rdn. 11.
12 OLG Hamm, KTS 1984, 725; LG Trier, DGVZ 1981, 13; enger AG Gladbeck, MDR 1990, 1123.
13 LG Köln, MDR 1971, 588.
14 BFH, NJW 1980, 2096; LG Düsseldorf, MDR 1983, 238; a. A. LG Marburg, DGVZ 1982, 30 f.
15 Siehe auch § 758 Rdn. 14.
16 LG Köln, DGVZ 1972, 187.
17 Ein krasses Beispiel der Beeinträchtigung Dritter gibt AG Groß-Gerau, Rpfleger 1983, 407.
18 Es gilt das zu § 758 Rdn. 17 Gesagte.

5   **IV. Inhalt der Erlaubnis:** Die Ermächtigung ist regelmäßig zu befristen.[19] Sie muß zudem angeben, ob sie sich auf eine Durchsuchung zur Nachtzeit oder an einem Sonn- oder Feiertag bezieht oder auf beides. Sie kann nicht für unbegrenzt viele Vollstreckungsversuche erteilt werden.[20] Sie ist auch dann verbraucht, wenn der Vollstreckungsversuch, für den sie erteilt wurde, erfolglos war. Die Erlaubnis nach § 761 ZPO enthält nicht automatisch die Genehmigung zur Wohnungsdurchsuchung.

6   **V. Vorzeigen der Erlaubnis (Abs. 2):** Die Durchsuchungsermächtigung ist dem Schuldner nicht vorab zuzustellen,[21] wohl aber zu Beginn der Vollstreckungshandlung vorzuzeigen (Abs. 2). Ist der Schuldner ausnahmsweise vor der Entscheidung des Richters angehört worden, so ist ihm das Ergebnis auch dann mitzuteilen, wenn die Erlaubnis verweigert wurde.[22]

7   **VI. Rechtsbehelfe:** Gegen die Entscheidung, die die Erlaubnis versagt, hat der Gläubiger, gegen die Erteilung der Erlaubnis der Schuldner den Rechtsbehelf der sofortigen Beschwerde gem. § 793 ZPO.[23] Das gilt auch dann, wenn der Schuldner vor der Erteilung nicht gehört wurde.[24] Die Entscheidung ist, schon Teil des Vollstreckungsverfahrens (siehe schon Rdn. 4), so daß die einfache Beschwerde des § 567 ZPO[25] durch die Sonderregelung des § 793 ZPO verdrängt wird. Eine Entscheidung im Vollstreckungsverfahren und nicht eine bloße Vollstreckungsmaßnahme, die nach § 766 ZPO anzufechten wäre,[26] liegt hier auch ohne Anhörung des Schuldners deshalb vor, weil der Richter die individuellen Belange des Gläubigers und des Schuldners, wie sie sich aus dem bisherigen Vollstreckungsverlauf ergeben, in jedem Einzelfall abwägen muß. Hat unzulässigerweise an Stelle des Richters der Rechtspfleger entschieden, tritt an die Stelle des § 793 ZPO die befristete Rechtspflegererinnerung gem. § 11 Abs. 1 RPflG. Hat die sofortige Beschwerde Erfolg, ist die unter Verletzung des § 761 ZPO vorgenommene Vollstreckungshandlung auf die Erinnerung nach § 766 ZPO hin für unzulässig zu erklären. Sie ist aufzuheben (§ 776 ZPO) und nur dann neu vorzunehmen, wenn nunmehr alle Voraussetzungen einer ordnungsgemäßen Vollstreckung vorliegen. Die fehlende Erlaubnis nach § 761 ZPO hat also nicht automatisch die Nichtigkeit der Vollstreckungsmaßnahmen zur Folge. Die Pfändung führt zunächst zur – anfechtbaren – Verstrickung und zur Begründung eines – durch die Anfechtung auflösend bedingten – Pfändungspfandrechts. Erfolgt keine Anfechtung bis zum Abschluß

---

19 BFH, NJW 1980, 2096; OLG Stuttgart, NJW 1970, 1329.
20 LG Mönchengladbach, DGVZ 1972, 91; AG Mönchengladbach, MDR 1972, 245; **a. A.** LG Hagen, JurBüro 1967, 673.
21 BFH, NJW 1980, 2096.
22 Vergl. § 758 Rdn. 12.
23 Wie hier OLG Hamm, Rpfleger 1984, 151; OLG Koblenz, MDR 1984, 411; MDR 1986, 64; OLG Köln, Rpfleger 1976, 24; LG Berlin, Rpfleger 1981, 444; *Brox/Walker*, Rdn. 309; MüKo/*Arnold*, § 761 Rdn. 26; *Stein/Jonas/Münzberg*, § 761 Rdn. 3.
24 OLG Saarbrücken, Rpfleger 1993, 146 f.; **a. M.** KG, NJW 1986, 1180 f.
25 So aber LG Darmstadt, DGVZ 1977, 7; *Zöller/Stöber*, § 761 Rdn. 9.
26 Für § 766 aber OLG Stuttgart, Rpfleger 1970, 72; LG Düsseldorf, MDR 1985, 62; für § 766, wenn der Schuldner vorher nicht angehört wurde, KG, NJW 1986, 1180 f.; LG Karlsruhe, NJW-RR 1986, 550.

des Vollstreckungsverfahrens, sind die Vollstreckungshandlungen als von Anfang an wirksam zu behandeln.[27]

**VII. Gebühren:** Für den die Erlaubnis beantragenden Rechtsanwalt ist diese Tätigkeit mit der allgemeinen Vollstreckungsgebühr (§ 57 Abs. 1 BRAGO) abgegolten, also keine besondere Angelegenheit (§ 58 Abs. 2 Nr. 3 BRAGO). Gerichtsgebühren fallen durch die Erlaubniserteilung nicht an.

Wird der Gerichtsvollzieher aufgrund der Erlaubnis zur Nachtzeit oder an Sonn- und Feiertagen tätig, so erhebt er hierfür die doppelten Gebühren (§ 34 GvKostG), und zwar die doppelte Grundgebühr auch dann, wenn nur ein Teil der Amtshandlung in die Nachtzeit oder auf einen Sonn- oder Feiertag fällt, den doppelten Zeitzuschlag aber nur für die Stunden, die tatsächlich in die Nachtzeit oder auf einen Sonn- oder Feiertag fallen (Nr. 39 GvKostGr).

**VIII. ArbGG, VwGO, AO:** Siehe § 758 Rdn. 25. In der Abgabenvollstreckung, die gem. § 5 VwVG auch für eine Vollstreckung nach § 169 Abs. 1 (ggf. auch nach § 170 Abs. 1 S. 3) VwGO von Bedeutung ist, richtet sich die Vollstreckung zur Nachtzeit und an Sonn- und Feiertagen nach § 289 AO, der inhaltlich mit § 761 ZPO übereinstimmt. Für die Erteilung der Erlaubnis ist die Vollstreckungsbehörde zuständig.

---

[27] Einzelheiten: Vor §§ 803, 804 Rdn. 14.

## § 762 Protokoll über Vollstreckungshandlungen

(1) Der Gerichtsvollzieher hat über jede Vollstreckungshandlung ein Protokoll aufzunehmen.
(2) Das Protokoll muß enthalten:
1. Ort und Zeit der Aufnahme;
2. den Gegenstand der Vollstreckungshandlung unter kurzer Erwähnung der wesentlichen Vorgänge;
3. die Namen der Personen, mit denen verhandelt ist;
4. die Unterschrift dieser Personen und den Vermerk, daß die Unterzeichnung nach Vorlesung oder Vorlegung zur Durchsicht und nach Genehmigung erfolgt sei;
5. die Unterschrift des Gerichtsvollziehers.
(3) Hat einem der unter Nummer 4 bezeichneten Erfordernisse nicht genügt werden können, so ist der Grund anzugeben.

**Inhaltsübersicht**

| | | Rdn. |
|---|---|---|
| | Literatur | |
| I. | Zweck der Norm | 1 |
| II. | Begriff der Vollstreckungshandlung | 1a |
| III. | Inhalt des Protokolls | 2 |
| | 1. Abs. 2 Nr. 1 | 3 |
| | 2. Abs. 2 Nr. 2 | 4, 5 |
| | 3. Abs. 2 Nr. 3, 4 und Abs. 3 | 6 |
| IV. | Beweiskraft des Protokolls | 7 |
| V. | Gebühren | 8 |
| VI. | Rechtsfolgen von Verstößen gegen § 762 | 9 |
| VII. | ArbGG, VwGO, AO | 10 |

**Literatur:** *Holch,* Zum Vollstreckungsprotokoll für mehrere Gläubiger, DGVZ 1988, 177; *ders.,* Müssen unpfändbare Sachen ins Protokoll?, DGVZ 1993, 145; *Mager,* Das Protokoll des Gerichtsvollziehers und die Erteilung von Abschriften hiervon, DGVZ 1989, 182; *Midderhoff,* Zum Umfang des Pfändungsprotokolls bei fruchtloser Pfändung, DGVZ 1983, 4; *Schüler,* Zum Umfang des Protokolls über eine erfolglose Pfändung, DGVZ 1983, 81.

1 **I. Zweck der Norm:** Die Protokollierungspflicht dient der Beweissicherung im Interesse aller Beteiligten an der Zwangsvollstreckung. Durch das Protokoll sind einerseits im Rahmen möglicher Rechtsbehelfe die erforderlichen Nachweise leicht durch öffentliche Urkunden zu führen (§§ 415, 418 ZPO), andererseits sind auch für Anschlußpfän-

dungen (§ 826 ZPO) der Nachweis der Beschlagnahme, für das Verfahren nach §§ 807, 883 Abs. 2, 899 ff. ZPO die erforderlichen Bescheinigungen zur Glaubhaftmachung praktisch einfach zu erbringen.[1]

**II. Begriff der Vollstreckungshandlung:** Vollstreckungshandlung im Sinne von Abs. 1 sind nach § 110 Nr. 1 GVGA alle Handlungen, die der Gerichtsvollzieher zum Zwecke der Zwangsvollstreckung vornimmt. Dazu gehören etwa das Betreten der Wohnung des Schuldners, ihre Durchsuchung, die Aufforderung zur Zahlung und die Annahme der Zahlung, die nachträgliche Wegschaffung der gepfändeten Sachen und ihre Verwertung. Eine Vollstreckungshandlung liegt auch vor, wenn der Gerichtsvollzieher nach schriftlicher Zahlungsaufforderung den Schuldner zu einem Vollstreckungsversuch aufsucht, ihn nicht antrifft, von weiteren Maßnahmen aber absieht, weil schon frühere Vollstreckungen erfolglos verlaufen sind.[2] Dagegen liegt keine Vollstreckungshandlung vor, wenn der Gerichtsvollzieher eine im Titel bezeichnete oder ihm sonst vom Gläubiger benannte Adresse aufsucht, dort aber feststellt, daß der Schuldner unter dieser Anschrift gar nicht wohnt.[3] Ebenfalls keine Vollstreckungshandlungen sind Zustellungen, die der Gerichtsvollzieher im Rahmen der Vollstreckung durch andere Vollstreckungsorgane durchführt (z. B. von Beschlüssen nach §§ 829, 835 ZPO).

1a

**III. Inhalt des Protokolls:** Der notwendige Inhalt des Protokolls richtet sich nach §§ 762 Abs. 2 Nr. 1–5, Abs. 3, 763 Abs. 1 ZPO. Darüber hinausgehende Erläuterungen finden sich in § 110 Nr. 1–5 GVGA. Einzelheiten:

2

**1. Abs. 2 Nr. 1:** Hierzu bestimmt § 110 Nr. 3 GVGA, das Protokoll solle in unmittelbarem Anschluß an die Vollstreckungshandlung und an Ort und Stelle aufgenommen werden. Würden Abweichungen von dieser Regel notwendig, sollten die Gründe hierfür im Protokoll angegeben werden. Nehme das Geschäft mehrere Tage in Anspruch, so solle das Protokoll an jedem Tag abgeschlossen und unterzeichnet werden. Richten sich die Gebühren für die Vollstreckungshandlung auch nach der aufgewendeten Zeit (so für Pfändungen gem. § 17 Abs. 3 GvKostG), so ist hinsichtlich des Protokolls auch noch § 10 Nr. 1 Buchst. c GVGA zu beachten: Es ist dann dort auch die Zeitdauer der Vollstreckungshandlung unter Beachtung der für die Kosten maßgebenden Grundsätze nach den einzelnen Zeitabschnitten genau anzugeben (vergl. auch § 14 GvKostG).

3

**2. Abs. 2 Nr. 2:** Hierzu enthalten § 110 Nr. 1 und Nr. 2 GVGA allgemeine, für alle Vollstreckungshandlungen des Gerichtsvollziehers gleich geltende Einzelheiten. Für die einzelnen Vollstreckungsarten sind in der GVGA zusätzliche Details in §§ 135 (Besondere Vorschriften über das Pfändungsprotokoll), 167 Nr. 2 (Protokollierung der Anschlußpfändung), 152 Nr. 4 (Pfändungsprotokoll bei der Pfändung von Früchten, die vom Boden noch nicht getrennt sind), 175 Nr. 3 (Pfändung von Forderungen aus

4

---

1 Über die Annahme freiwilliger Zahlungen des Schuldners ist über die Aufnahme ins Protokoll hinaus nach § 106 Nr. 3 GVGA ein Aktenvermerk anzufertigen, wenn sie zur vollständigen Befriedigung des Gläubigers geführt und den Gerichtsvollzieher zur Aushändigung des Titels an den Schuldner veranlaßt hat.
2 AG Herne, DGVZ 1983, 27.
3 AG München, DGVZ 1983, 170; a. A. AG Reutlingen, DGVZ 1990, 76.

Papieren, die durch Indossament übertragen werden können), 176 Nr. 3 Abs. 2 (Protokoll über die Entgegennahme von Sachen im Rahmen der Zwangsvollstreckung in Ansprüche auf Herausgabe von beweglichen körperlichen Sachen), 179 Nr. 6 (Protokoll über die Wegnahme beweglicher Sachen), 180 Nr. 6 (Protokoll über die Vollstreckung von Ansprüchen auf Herausgabe unbeweglicher Sachen, insbesondere Wohnraum), 187 Nr. 2 (Protokoll über die Verhaftung von Personen), 185 Nr. 3 (Protokoll über die Beseitigung des Widerstandes des Schuldners gegen Handlungen, die er nach den §§ 887, 889 ZPO zu dulden hat) geregelt. Wesentliche Vorgänge, die in jedem Falle der Protokollierung bedürfen, sind das Angebot der Zug-um-Zug-Gegenleistung an den Schuldner und dessen Reaktion hierauf (§ 756 ZPO), die Durchsuchung der Wohnung des Schuldners gegen dessen Willen und die Anwendung von Gewalt hierbei (§ 758 ZPO), die Erklärungen Dritter im Rahmen des § 809 ZPO, die Überlassung oder das Angebot von Austauschgegenständen gem. §§ 811 a, 811 b ZPO, der Verzicht des Schuldners auf notwendige Zustellungen, auf die Einhaltung der Wartefrist (§ 750 ZPO),[4] auf den Pfändungsschutz hinsichtlich bestimmter Gegenstände;[5] wesentlich sind ferner alle in § 763 ZPO angesprochenen Aufforderungen.

5   Im einzelnen streitig ist, wie detailliert das Protokoll sein muß, wenn der Gerichtsvollzieher alle in der Wohnung des Schuldners vorgefundenen Gegenstände für unpfändbar hält, den Vollstreckungsversuch also erfolglos beendet. Nach einer Ansicht soll der Gerichtsvollzieher nicht verpflichtet sein, die in der Wohnung des Schuldners gefundenen und für unpfändbar erachteten Gegenstände im Pfändungsprotokoll zu verzeichnen; dies sei von § 762 Abs. 2 Nr. 2 ZPO, wonach der Gegenstand der Vollstreckungshandlung nur »unter kurzer Erwähnung der wesentlichen Vorgänge« zu protokollieren ist, nicht mehr gedeckt.[6] Eine genaue Bezeichnung der für unpfändbar gehaltenen Gegenstände sei auch dann nicht erforderlich, wenn der Gläubiger das ausdrücklich beantragt habe; denn durch seinen Antrag könne der Gläubiger keine im Gesetz nicht vorgesehenen Pflichten des Gerichtsvollziehers begründen.[7] Nach der Gegenansicht muß der Gerichtsvollzieher auf Antrag des Gläubigers die vorgefundenen, aber wegen Unpfändbarkeit nicht gepfändeten Gegenstände zumindest nach Art, Beschaffenheit und Wert so bezeichnen, daß der Gläubiger einen Anhalt für die Beurteilung der Frage gewinnen kann, ob die Pfändung zu Recht unterblieben ist und ob möglicherweise eine Austauschpfändung in Betracht kommt.[8] Diese u.a. mit der alten Fassung des § 135 Nr. 6 GVGA begründete Ansicht dient dem Interesse des Gläubigers an einer effektiven Zwangsvollstreckung, bedeutet aber auch eine erhebliche Mehrbelastung für die

---

4   Einzelheiten § 750 Rdn. 35.
5   Zur Zulässigkeit eines solchen Verzichts siehe § 811 Rdn. 9.
6   Für eine geringere Protokollierungspflicht des Gerichtsvollziehers LG Bonn, DGVZ 1993, 41, 43; LG Köln, DGVZ 1983, 44; AG Beckum und LG Münster, DGVZ 1984, 45, 46; AG Darmstadt, DGVZ 1983, 169; AG Frankfurt, DGVZ 1990, 77; AG Hadamar, DGVZ 1988, 31; AG Winsen/Luhe, DGVZ 1987, 61; *Midderhoff*, DGVZ 1983, 4; *Schüler*, DGVZ 1983, 81.
7   LG Bonn, DGVZ 1993, 41, 43.
8   OLG Bremen, DGVZ 1989, 40; OLG Oldenburg, JurBüro 1989, 261 ff.; LG Bochum, JurBüro 1994, 308; LG Duisburg, JurBüro 1990, 1049; LG Frankenthal, DGVZ 1985, 88; LG Hannover, DGVZ 1989, 25; LG Heilbronn, MDR 1985, 773; LG Lübeck, JurBüro 1990, 1369; LG Saarbrücken, DGVZ 1994, 30; LG Siegen, DGVZ 1994, 45.

Gerichtsvollzieher. Wohl aus letztgenanntem Grund wurde § 135 Nr. 6 GVGA mit Wirkung zum 1.11.1994 neu gefaßt. Danach soll grds. der allgemeine Hinweis im Protokoll genügen, daß eine Pfändung der im Besitz des Schuldners befindlichen Sachen wegen Unpfändbarkeit unterblieben ist. Lediglich Sachen, deren Pfändung der Gläubiger ausdrücklich beantragt hat oder bei denen eine Austauschpfändung in Betracht kommt, sind unter Angabe der Gründe, aus denen die Pfändung (die vorläufige Austauschpfändung) unterlassen wurde, zu bezeichnen (§ 135 Nr. 6 Buchst. a, c GVGA). Weitere Angaben im Protokoll können nach § 135 Nr. 6 Buchst. b und d GVGA erforderlich sein, wenn eine Pfändung von Früchten auf dem Halm oder von Tieren unterblieben ist.

**3. Abs. 2 Nr. 3 und 4 und Abs. 3:** Aufzunehmen sind nicht nur der Schuldner oder die an seiner Stelle angetroffenen zu seiner Familie gehörigen oder in dieser Familie dienenden erwachsenen Personen (§ 759 ZPO) oder herausgabebereite Dritte (§ 809 ZPO), sondern auch die hinzugezogenen Zeugen, Polizei- und Gemeindebeamten, ferner der anwesende Gläubiger oder dessen Bevollmächtigter. Nicht aufzunehmen sind im Regelfall die im übrigen herangezogenen Hilfspersonen (Gehilfen des Gerichtsvollziehers, Handwerker usw.). Sie sind dann zu erwähnen, wenn ihre Inanspruchnahme gebührenrechtliche Konsequenzen hat. Unterschreiben müssen sie das Protokoll nur, wenn sie gleichzeitig als Zeugen i. S. § 759 ZPO fungiert haben. Verweigert eine der in Nr. 4 genannten Personen die Unterzeichnung, so sind diese Tatsache und der für die Verweigerung genannte Grund zu protokollieren (**Abs. 3**). Gleiches gilt, wenn den übrigen der Unterzeichnung vorausgehenden Formalien der Nr. 4 nicht genügt werden konnte.

**IV. Beweiskraft des Protokolls:** Die Beweiskraft des Protokolls richtet sich nach §§ 415, 418 ZPO. Zur Widerlegung genügt es nicht, daß der Nachweis einer möglichen Unrichtigkeit geführt wird. Es muß vielmehr umgekehrt die Möglichkeit der Richtigkeit des Protokolls ausgeschlossen werden.[9]

**V. Gebühren:** Der Zeitaufwand für die Aufnahme des Protokolls ist bei der Berechnung des Zeitaufwandes der protokollierten Amtshandlung mitzuberücksichtigen (§ 14 GvKostG, Nr. 14 GvKostGr).

**VI. Rechtsfolgen von Verstößen gegen § 762:** Fehler des Protokolls oder Verstöße gegen § 762 ZPO berühren die Wirksamkeit der Vollstreckungsmaßnahmen nicht. Eine Ausnahme gilt für die Anschlußpfändung nach § 826 ZPO.[10] Über § 766 ZPO kann aber eine Berichtigung des Protokolls bewirkt werden.

**VII. ArbGG, VwGO, AO:** § 762 ZPO ist bei der Vollstreckung von arbeitsgerichtlichen Titeln (§§ 62 Abs. 2, 85 Abs. 1 S. 3 ArbGG) und von Titeln nach § 168 VwGO anwendbar (§ 167 Abs. 1 VwGO). Bei der Vollstreckung nach § 169 Nr. 1 (ggf. auch nach § 170 Abs. 1 S. 3) VwGO gilt gem. § 5 VwVG für die über die Vollstreckungshandlung zu erstellende Niederschrift § 291 AO, der inhaltlich mit § 762 ZPO übereinstimmt.

---

9 OLG Köln, NJW-RR 1986, 863.
10 Einzelheiten § 826 Rdn. 6.

## § 763 Aufforderungen und Mitteilungen des Gerichtsvollziehers

(1) Die Aufforderungen und sonstigen Mitteilungen, die zu den Vollstreckungshandlungen gehören, sind von dem Gerichtsvollzieher mündlich zu erlassen und vollständig in das Protokoll aufzunehmen.

(2) ¹Kann dies mündlich nicht ausgeführt werden, so hat der Gerichtsvollzieher eine Abschrift des Protokolls unter entsprechender Anwendung der §§ 181 bis 186 zuzustellen oder durch die Post zu übersenden. ²Es muß im Protokoll vermerkt werden, daß diese Vorschrift befolgt ist. ³Eine öffentliche Zustellung findet nicht statt.

### Inhaltsübersicht

| | Literatur | Rdn. |
|---|---|---|
| I. | Zweck der Norm | 1 |
| II. | Aufforderungen und Mitteilungen | 2 |
| III. | Protokollierung und schriftliche Übermittlung | 3 |
| IV. | Unbekannter Aufenthaltsort | 4 |
| V. | Rechtsfolgen eines Verstoßes gegen § 763 ZPO | 5 |
| VI. | ArbGG, VwGO, AO | 6 |

**Literatur:** *Adrian*, Enthält das – im Ergebnis negative – Gutachten des OLG Hamm zur Frage der Erteilung nicht beantragter Protokollabschriften neue Erkenntnisse, die der Gerichtsvollzieher zu beachten hat?, Der Gerichtsvollzieher 1971, 4/4; *Eberhardt*, Die Erteilung von Abschriften des gem. § 762 ZPO aufzunehmenden Protokolls durch den Gerichtsvollzieher, DGVZ 1971, 17; *Elias*, Zur Frage der abschriftlichen Übersendung von Protokollen der Zwangsvollstreckung an den nicht anwesenden Gläubiger von Amts wegen, DGVZ 1975, 33; *Ewers*, Erhält der bei der Zwangsvollstreckung nicht anwesend gewesene Gläubiger von Amts wegen eine Protokollabschrift, DGVZ 1974, 104; *Köhler*, Ist dem Gläubiger auch ohne Antrag eine Abschrift des Vollstreckungsprotokolls gemäß § 763 ZPO zu erteilen?, DGVZ 1970, 98; *Mager*, Protokollabschriften an Dritte und an den Gläubiger, DGVZ 1971, 58; *Mümmler*, Erteilung von Protokollabschriften durch den Gerichtsvollzieher an Dritte, DGVZ 1971, 12; *Noack*, Mängel der Zwangsvollstreckung und Erinnerung (– Protokollabschriften von amtswegen? –), DGVZ 1971, 49; *Paschold/Paschold*, Sind die Abschriften des Zwangsvollstreckungsprotokolls des Gerichtsvollziehers nur auf Antrag zu beglaubigen?, DGVZ 1992, 39; *Seip*, Enthält der Antrag auf Durchführung der Vollstreckung auch ohne besondere Erklärung den Antrag auf Erteilung einer Abschrift des Pfändungsprotokolls?, DGVZ 1974, 170; *Sträßle*, Gedanken zur Mitteilungspflicht des Gerichtsvollziehers und zur Erteilung von Protokollabschriften an Gläubiger, Der Gerichtsvollzieher 1972, 3/10; *Wölflick*, Praktische Überlegungen zum vorläufigen Zahlungsverbot und zur Erteilung der Protokollabschrift, DGVZ 1972, 56.

1 **I. Zweck der Norm:** Die Vorschrift dient allein dem Schuldnerschutz, nicht auch der – unerbetenen – Information des Gläubigers.[1] Sie kann deshalb nicht über die in Abs. 2

---

[1] BVerwG, NJW 1983, 898; OLG Hamm, JMBl.NW 1971, 33; DGVZ 1977, 40; LG Dortmund, DGVZ 1975, 74; LG Köln, DGVZ 1973, 169; AG Herne, DGVZ 1983, 28; AG Kerpen, DGVZ 1978, 119; *Rosenberg/Gaul*, § 26 IV 1 d; *Stein/Jonas/Münzberg*, § 760 Rdn. 2.

Aufforderungen und Mitteilungen des Gerichtsvollziehers § 763

vorgesehenen Fälle hinaus als Legitimation dafür dienen, dem Gläubiger – im Hinblick auf § 36 GvKostG stets gebührenpflichtige – Protokollabschriften zu übersenden, um die er nicht ausdrücklich gebeten hat. Auch aus dem Grundsatz »rechtsstaatlichen Verfahrens« läßt sich eine solche Informationspflicht nicht herleiten.[2] War die Vollstreckung erfolgreich, kann der Gläubiger dies auf seinem Konto feststellen oder er erhält den weggenommenen Gegenstand oder das Protokoll der nach der Verhaftung nun doch geleisteten Offenbarungsversicherung. War die Vollstreckung erfolglos, erhält er den Titel zurück. Will der Gläubiger unentgeltlich mehr erfahren, kann er gem. § 760 ZPO beim Gerichtsvollzieher Akteneinsicht nehmen. Im übrigen steht es ihm frei, jederzeit gebührenpflichtige Protokollabschriften zu beantragen. Der Antrag ist nicht konkludent in jedem Vollstreckungsauftrag mitenthalten,[3] wenn dort die Protokollabschrift nicht »abbestellt« ist; er muß ausdrücklich gestellt sein (formfrei).

**II. Aufforderungen und Mitteilungen: Aufforderungen** i. S. v. Abs. 1 sieht die ZPO selbst nicht ausdrücklich vor, setzt sie aber an vielen Stellen konkludent voraus (z. B. §§ 756, 758 ZPO). Die Einzelheiten insoweit sind in der GVGA geregelt (etwa §§ 84 Nr. 1, 105 Nr. 2, 131 Nr. 1). **Mitteilungen** sind etwa in §§ 806 a, 808 Abs. 3, 811 b Abs. 2, 826 Abs. 3, 885 Abs. 2 ZPO vorgesehen.

**III. Protokollierung und schriftliche Übermittlung:** Grundsätzlich sind die Mitteilungen und Aufforderungen mündlich zu erlassen und – zum Zweck der Beweissicherung – zu protokollieren. Ist die mündliche Mitteilung an den im Gesetz bzw. der GVGA vorgesehenen Adressaten nicht möglich, ist ihm eine Abschrift des Protokolls zuzusenden. Die Übersendung erfolgt in der Regel durch einfachen Brief, wenn eine Zustellung durch Übergabe seitens des Gerichtsvollziehers (§§ 181–186 ZPO) nicht sogleich möglich ist.

**IV. Unbekannter Aufenthaltsort:** Ist der Aufenthalt des zu Benachrichtigenden unbekannt, erfolgt keine fingierte Benachrichtigung durch öffentliche Zustellung (Abs. 2 S. 3). Es ist vielmehr nur im Protokoll zu vermerken, daß eine Benachrichtigung nicht möglich war. Letzteres ist nicht schon dann anzunehmen, wenn ein erster Benachrichtigungsversuch von der Post als unzustellbar, etwa weil die angegebene Adresse nicht zutreffe, zurückgesandt wird. Es müssen vielmehr in der Folgezeit zumutbare Versuche, die richtige Adresse zu ermitteln, erfolglos geblieben sein.[4]

**V. Rechtsfolgen eines Verstoßes gegen § 763 ZPO:** Die unterbliebene Protokollierung oder Benachrichtigung berühren die Wirksamkeit der durchgeführten Vollstreckungshandlungen nicht. Sie sind auch auf eine Erinnerung nach § 766 ZPO hin nicht für unzulässig zu erklären. Ziel einer Erinnerung kann nur sein, die Protokollierung oder Benachrichtigung nachzuholen, falls im Einzelfall hierfür ein Rechtsschutzinteresse besteht. Dieses Rechtsschutzbedürfnis bedarf jeweils der Begründung.

2
3
4
5

---

2 So aber LG Hannover, DGVZ 1981, 39; Zöller/Stöber, § 760 Rdn. 3.
3 So aber *Seip*, DGVZ 1974, 170.
4 LG Essen, MDR 1973, 414.

6  **VI. ArbGG, VwGO, AO:** § 763 ZPO gilt auch bei der Vollstreckung von arbeitsgerichtlichen Titeln (§§ 62 Abs. 2, 85 Abs. 1 S. 3 ArbGG) und von Titeln nach § 168 VwGO (§ 167 Abs. 1 VwGO), sofern sie der Gerichtsvollzieher durchführt. Für die Vollstreckung nach § 169 Abs. 1 (ggf. auch nach § 170 Abs. 1 S. 3) VwGO verweist § 5 VwVG auf § 290 AO. Diese Vorschrift ähnelt dem § 763 ZPO. Ein Verstoß gegen § 290 AO ist nicht mit der Erinnerung, sondern mit der Beschwerde nach § 349 AO anfechtbar.

## § 764 Vollstreckungsgericht

(1) Die den Gerichten zugewiesene Anordnung von Vollstreckungshandlungen und Mitwirkung bei solchen gehört zur Zuständigkeit der Amtsgerichte als Vollstreckungsgerichte.
(2) Als Vollstreckungsgericht ist, sofern nicht das Gesetz ein anderes Amtsgericht bezeichnet, das Amtsgericht anzusehen, in dessen Bezirk das Vollstreckungsverfahren stattfinden soll oder stattgefunden hat.
(3) Die Entscheidungen des Vollstreckungsgerichts können ohne mündliche Verhandlung ergehen.

**Inhaltsübersicht**

| | | Rdn. |
|---|---|---|
| | Literatur | |
| I. | Anwendungsbereich | 1 |
| | 1. Titel nach der ZPO | 1 |
| | 2. Titel nach ArbGG, VwGO und anderen Verfahrensordnungen | 2 |
| II. | Sachliche und örtliche Zuständigkeit | 3, 4 |
| III. | Funktionelle Zuständigkeit | 5 |
| IV. | Verfahren vor dem Vollstreckungsgericht (Abs. 3) | 6 |
| V. | Rechtsbehelfe | 7 |

Literatur: *Bernhard*, Rechtspfleger-, Richter- und Rechtsprechungsbegriff, DRiZ 1981, 361; *Gaul*, Zur Struktur der Zwangsvollstreckung, Rpfleger 1971, 1, 41, 81; *ders.*, Die Mitwirkung des Zivilgerichts an der Vollstreckung von Verwaltungsakten und verwaltungsgerichtlichen Entscheidungen, JZ 1979, 496; *Jakobs*, Mobiliarvollstreckung für Soziale Leistungsträger, DGVZ 1984, 163; *M. Wolf*, Richter und Rechtspfleger im Zivilverfahren, ZZP 1986, 361.

**I. Anwendungsbereich:** Die Vorschrift gilt für alle Vollstreckungshandlungen, die nach der ZPO zu betreiben sind,[1] soweit nicht die ZPO selbst das Prozeßgericht als Vollstreckungsorgan bestimmt hat (so in §§ 887 ff. ZPO).[2]

**1. Titel nach der ZPO:** Das gilt zunächst für die Vollstreckung aus allen Titeln nach der ZPO. Auch dann, wenn für den Erlaß des Titels ein besonderes Gericht der ordentlichen Gerichtsbarkeit zuständig ist, so etwa das Familiengericht, verbleibt es für die Vollstreckung dieses Titels bei der allgemeinen Regel des § 764 Abs. 1 ZPO.[3] Dies ist eine Konsequenz der in der ZPO weitestgehend durchgeführten Trennung von Prozeßgericht einerseits und Vollstreckungsgericht andererseits.

---

[1] Allgem. Vorbem. Rdn. 1.
[2] Zur ausnahmsweisen Tätigkeit des Prozeßgerichts als Vollstreckungsgericht in diesem Rahmen vergl. OLG Hamm, NJW-RR 1986, 421.
[3] So für familiengerichtliche Titel BGH, Rpfleger 1979, 195.

**2. Titel nach ArbGG, VwGO und anderen Verfahrensordnungen:** Richtet sich für Titel aus anderen Gerichtsbarkeiten oder aus besonderen Zweigen der Verwaltung die Vollstreckung aufgrund gesetzlicher Anordnung nach den Regeln des 8. Buches der ZPO, gilt dies auch für die Anwendbarkeit des § 764 ZPO: Dies gilt sowohl für Titel der Arbeitsgerichte (§§ 62 Abs. 2, 85 Abs. 1 S. 3 ArbGG) als auch für Kostenfestsetzungsbeschlüsse gem. § 19 Abs. 1 BRAGO, die von Verwaltungsgerichten,[4] Sozialgerichten oder Finanzgerichten erlassen wurden (§ 19 Abs. 2 S. 4 BRAGO), ferner für Titel eines Sozialhilfeträgers, soweit er gem. § 66 Abs. 4 SGB X vollstreckt,[5] sowie auch für Titel von Sozialversicherungsträgern, die nicht von diesen selbst, sondern von den Vollstreckungsorganen der ZPO durchzusetzen sind.[6] Vollstreckungsgericht in all diesen Fällen ist also das **Amtsgericht**.

Für die Vollstreckung von Titeln nach § 168 VwGO bestimmt § 167 Abs. 1 S. 2 VwGO, daß Vollstreckungsgericht das Gericht des ersten Rechtszuges ist, also grds. das Verwaltungsgericht. Im Rahmen der Verwaltungs- und verwaltungsgerichtlichen Vollstreckung ist § 764 ZPO aber dann von Bedeutung, wenn für einzelne Vollstreckungsmaßnahmen das zivile Vollstreckungsgericht (so nach § 322 Abs. 1 S. 2 AO[7]) in Anspruch zu nehmen ist. Wird zur Vollstreckung gegen oder für die öffentliche Hand der Gerichtsvollzieher in Anspruch genommen (§§ 169 Abs. 1 S. 2, 2. Halbs., 170 Abs. 1 S. 2, 3 VwGO), unterliegt er nach umstrittener Ansicht der Kontrolle (vergl. §§ 766, 765 a, 813 a ZPO) des Amtsgerichts als Vollstreckungsgericht.[8] Denn auch der im Wege der Amtshilfe tätige Gerichtsvollzieher ist als selbständiges Organ der Rechtspflege den für ihn geltenden Vorschriften unterworfen (siehe ausdrücklich auch § 170 Abs. 1 S. 3 VwGO). Zu diesen Vorschriften gehört auch die Kontrolle durch das Vollstreckungsgericht i.S.d. § 764 ZPO.

**II. Sachliche und örtliche Zuständigkeit:** Die in Abs. 1 und 2 geregelte sachliche und örtliche Zuständigkeit ist im Hinblick auf § 802 ZPO eine ausschließliche (also keiner Prorogation zugängliche), soweit die ZPO nicht im Einzelfall etwas anderes bestimmt. So findet sich in § 930 Abs. 1 S. 3 ZPO eine von Abs. 1 abweichende (ebenfalls ausschließliche) sachliche Zuständigkeitsregelung, in §§ 828 Abs. 2, 848 Abs. 1, 853, 854 Abs. 1 S. 2 und Abs. 2 S. 1, 855, 858 Abs. 2, 899, 902 Abs. 1 ZPO eine von Abs. 2 abweichende Regelung der örtlichen Zuständigkeit. Abzustellen ist jeweils auf den Zeitpunkt des Beginns der einzelnen Vollstreckungshandlung. Wechselt der Schuldner nach einer Vollstreckungshandlung den Wohnsitz, ist für jede neue Vollstreckungshandlung auch der neue Wohnsitz maßgebend;[9] ändert sich der Wohnsitz des Schuldners aber, während eine begonnene Vollstreckung noch abgewickelt wird, dauert die örtliche Zuständigkeit des ursprünglich zuständigen Vollstreckungsgerichts fort. So berührt eine Wohnsitzverlegung des Schuldners nach Erlaß des Pfändungsbeschlusses nicht die fort-

---

[4] OVG Lüneburg, AnwBl. 1984, 562; OVG Münster, Rpfleger 1986, 152 f.; LG Heilbronn, NJW-RR 1993, 575.
[5] Einzelheiten: *Jakobs*, DGVZ 1984, 163.
[6] OLG Frankfurt, Rpfleger 1977, 221; OLG München, OLGZ 1968, 176.
[7] *Koch/Wolf*, AO 1977, § 322 Rdn. 7, 19.
[8] *Gaul*, JZ 1979, 496, 508; *Rosenberg/Gaul*, § 4 II 3 b; **a.A.** OLG Nürnberg, NJW 1957, 717; *Baumbach/Lauterbach/Hartmann*, § 764 Rdn. 9.
[9] Allgem. Meinung; vergl. *Zöller/Stöber*, § 764 Rdn. 4.

dauernde örtliche Zuständigkeit des Vollstreckungsgerichts für nachfolgende Entscheidungen nach § 850 f ZPO.[10]

Kommt es unter mehreren möglicherweise zuständigen Amtsgerichten zu einem Kompetenzkonflikt, ist das zuständige Gericht in entsprechender Anwendung des § 36 Nr. 5 und Nr. 6 ZPO zu ermitteln.[11] Soll bei der Vollstreckung gegen mehrere Gesamtschuldner ein einheitliches Vollstreckungsgericht bestimmt werden, ist nach § 36 Nr. 3 ZPO zu verfahren.[12] Dies ist etwa notwendig, wenn eine mehreren Schuldnern gemeinschaftlich zustehende Forderung gepfändet werden soll, die Schuldner aber unterschiedliche persönliche Gerichtsstände haben.[13]

III. **Funktionelle Zuständigkeit**: Die Aufgaben, die nach den Regeln des 8. Buches der ZPO dem Vollstreckungsgericht zugewiesen sind, werden gem. § 20 Nr. 17 RPflG vom **Rechtspfleger** wahrgenommen. Dem Richter vorbehalten geblieben ist lediglich die Entscheidung über die Erinnerung nach § 766 ZPO. Keine Aufgaben des Vollstreckungsgerichts, sondern originäre Aufgaben des Richters beim Amtsgericht und deshalb auch von § 20 Nr. 17 RPflG überhaupt nicht tangiert sind die Ermächtigungen zur Wohnungsdurchsuchung (§ 758 ZPO) und zur Vollstreckung zur Nachtzeit pp. (§ 761 ZPO).[14]

In den Fällen der §§ 5, 6 RPflG hat der Rechtspfleger die ihm obliegenden Aufgaben an den Richter abzutreten, der dann an seiner Stelle entscheidet. Auch sonst wird ein Geschäft des Vollstreckungsgerichts, das der Richter – unberechtigterweise – an sich gezogen hat, nicht unwirksam oder auch nur anfechtbar (§ 8 Abs. 1 RPflG). Überschreitet dagegen der Rechtspfleger seine Befugnisse, indem er etwa eine Erinnerung nach § 766 ZPO, also ein ihm nicht übertragenes Geschäft, bearbeitet, ist die Entscheidung des Rechtspflegers nichtig (§ 8 Abs. 4 S. 1 ZPO). Bearbeitet der Rechtspfleger eine Sache weiter, die er nach §§ 5, 6 RPflG dem Richter im Einzelfall eigentlich hätte abgeben müssen, werden die Vollstreckungshandlungen des Rechtspflegers insoweit weder unwirksam oder auch nur anfechtbar (§ 8 Abs. 3 RPflG).

IV. **Verfahren vor dem Vollstreckungsgericht (Abs. 3)**: Hinsichtlich des Verfahrens vor dem Vollstreckungsgericht enthält Abs. 3 eine einzige gemeinsame Regel: Die mündliche Verhandlung ist in allen Fällen freigestellt. Im übrigen finden sich teilweise Sonderregeln im Rahmen der speziellen Ausgestaltung der einzelnen Tätigkeitsbereiche des Vollstreckungsgerichts (so in §§ 828 ff. ZPO zum rechtlichen Gehör, zur Zustellung, so insbesondere auch im ZVG). Inwieweit Regeln aus dem Erkenntnisverfahren (z. B. §§ 138, 139, 278 Abs. 3, 329 ZPO) entsprechend anzuwenden sind, ist nach den jeweiligen Besonderheiten des Verfahrens zu beurteilen und kann nicht einheitlich für alle Tätigkeiten des Vollstreckungsgerichts festgestellt werden.[15]

---

10 OLG München, Rpfleger 1985, 154; enger wohl *Rosenberg/Gaul*, § 27 IV 1.
11 BGH, NJW 1982, 2070; OLG Frankfurt, Rpfleger 1978, 260.
12 BayObLG, Rpfleger 1983, 288 und Rpfleger 1986, 98.
13 **A. A.** *Stein/Jonas/Münzberg*, § 764 Rdn. 4 sowie vor § 704 Rdn. 37 Fußn. 94, die § 36 Nr. 3 ZPO hier für grundsätzlich anwendbar halten.
14 Siehe § 758 Rdn. 13 und § 761 Rdn. 2.
15 Siehe den Überblick bei *Rosenberg/Gaul*, § 28 II–V.

7 **V. Rechtsbehelfe:** Zwangsvollstreckungsmaßnahmen des Vollstreckungsgerichts (sowohl des Rechtspflegers als auch – sollte er im Einzelfall einmal über §§ 5, 6 RPflG insoweit tätig werden – des Richters) können von allen Betroffenen (Gläubiger, Schuldner, beschwerte Dritte) mit der Erinnerung nach § 766 ZPO angegriffen werden. Entscheidungen des Rechtspflegers beim Vollstreckungsgericht sind dagegen mit der befristeten Erinnerung nach § 11 Abs. 1 S. 2 RPflG, Entscheidungen des Richters beim Vollstreckungsgericht mit der sofortigen Beschwerde nach § 793 ZPO anfechtbar. Eine **Vollstreckungsmaßnahme** liegt immer dann vor, wenn gegen den Schuldner[16] im Rahmen des Vollstreckungsverfahrens staatlicher Zwang ausgeübt wurde, ohne daß ihm vorher Gelegenheit zum rechtlichen Gehör gegeben wurde. Eine **Entscheidung** ist dagegen anzunehmen, wenn ein Antrag an das Vollstreckungsgericht abgewiesen wurde oder wenn einem Antrag nach Abwägung der konkreten Interessengegensätze von Gläubiger und Schuldner, in der Regel also nach Anhörung des Antragsgegners, stattgegeben wurde.[17]

16 Auch wenn letztlich ein Dritter davon betroffen ist.
17 Einzelheiten und Beispiele siehe insoweit § 766 Rdn. 5.

## § 765 Vollstreckungsgericht bei Leistung Zug um Zug

¹Hängt die Vollstreckung von einer Zug um Zug zu bewirkenden Leistung des Gläubigers an den Schuldner ab, so darf das Vollstreckungsgericht eine Vollstreckungsmaßregel nur anordnen, wenn der Beweis, daß der Schuldner befriedigt oder im Verzug der Annahme ist, durch öffentliche oder öffentlich beglaubigte Urkunden geführt wird und eine Abschrift dieser Urkunden bereits zugestellt ist. ²Der Zustellung bedarf es nicht, wenn bereits der Gerichtsvollzieher die Zwangsvollstreckung nach § 756 begonnen hatte und der Beweis durch das Protokoll des Gerichtsvollziehers geführt wird.

### Inhaltsübersicht

| | | Rdn. |
|---|---|---|
| | Literatur | |
| I. | Zweck der Norm | 1 |
| II. | Anwendungsbereich | 2 |
| III. | Nachweis der Befriedigung oder des Annahmeverzuges | 3 |
| IV. | Zustellung des Nachweises | 4 |
| V. | Nachweis einer Vollstreckungsmaßnahme des Gerichtsvollziehers nach dem geplanten § 756 Abs. 2 ZPO | 4a |
| VI. | Rechtsbehelfe | 5 |
| VII. | ArbGG, VwGO | 6 |

Literatur: Siehe die Angaben zu § 756.

**I. Zweck der Norm:** Die Vorschrift dient denselben Zwecken wie § 756 ZPO,[1] und zwar in den Fällen, in denen als Vollstreckungsorgan das Vollstreckungsgericht, das Prozeßgericht[2] oder das Grundbuchamt[3] tätig werden sollen. Da diese ihre Vollstreckungstätigkeit grundsätzlich »vom Gerichtsschreibtisch« aus erledigen, ist es ausgeschlossen, daß sie selbst dem Schuldner die Zug-um-Zug-Gegenleistung anbieten. Es muß ihnen vielmehr immer mit dem Vollstreckungsantrag der Nachweis vorgelegt werden, daß der Schuldner hinsichtlich der Gegenleistung schon befriedigt oder im Verzug der Annahme ist.

**II. Anwendungsbereich:** Auch § 765 kommt nur zur Anwendung, wenn der zu vollstreckende Titel im **Tenor** die Leistungspflicht von einer echten Zug-um-Zug-Gegen-

---

[1] Siehe dort Rdn. 1.
[2] LG Frankenthal, Rpfleger 1976, 109.
[3] OLG Hamm, Rpfleger 1983, 393.

leistung abhängig macht,[4] bzw., wenn die Leistung nach dem Titel erst nach Empfang der Gegenleistung zu erbringen ist.[5]

**3** **III. Nachweis der Befriedigung oder des Annahmeverzuges:** Zum Nachweis der Befriedigung des Schuldners oder seines Annahmeverzuges gilt das zu § 756 Ausgeführte.[6] Dem Grundbuchamt als Vollstreckungsorgan gegenüber (wenn also eine Zwangshypothek eingetragen werden soll) ist der Nachweis allerdings immer in der Form des § 29 GBO zu erbringen.[7] Hier reicht ein privates Geständnis des Schuldners, die Leistung erhalten zu haben, nie.

**4** **IV. Zustellung des Nachweises:** Abweichend von § 756 ZPO müssen die öffentlichen bzw. öffentlich beglaubigten Urkunden, die den Nachweis erbringen, daß der Schuldner befriedigt bzw. im Verzug der Annahme ist, dem Schuldner schon zugestellt sein, wenn der Vollstreckungsantrag gestellt wird. Der Zustellungsnachweis muß dem Antrag beigefügt werden. Ist der Annahmeverzug des Schuldners allerdings durch den örtlich zuständigen Gerichtsvollzieher[8] beurkundet worden, dann bedarf es zur Zulässigkeit der unbedingten Vollstreckung durch den Gläubiger nicht noch der Zustellung des Gerichtsvollzieher-Protokolls.[9] Der Schuldner hat ja dann das Protokoll entweder selbst unterzeichnet (§ 762 Abs. 2 Nr. 4 ZPO), oder es ist ihm schon nach § 763 Abs. 2 ZPO übermittelt worden. Dem Vollstreckungsgericht, Prozeßgericht oder Grundbuchamt, das die Vollstreckung durchführen soll, ist das Gerichtsvollzieher-Protokoll in diesen Fällen mit dem Vollstreckungsantrag vorzulegen.

**4a** **V. Nachweis einer Vollstreckungsmaßnahme des Gerichtsvollziehers nach dem geplanten § 756 Abs. 2 ZPO:** Nach dem Entwurf eines Zweiten Gesetzes zur Änderung zwangsvollstreckungsrechtlicher Vorschriften vom 27.1.1995[10] soll der bisherige Satz 1, 2. Halbsatz mit Satz 2 zu § 765 Nr. 1 ZPO werden und durch eine Nr. 2 ergänzt werden. Nach dieser Nr. 2 soll das Vollstreckungsgericht auch dann eine Vollstreckungsmaßregel anordnen können, wenn »der Gerichtsvollzieher eine Vollstreckungsmaßnahme nach § 758 Abs. 2 durchgeführt hat und diese durch das Protokoll des Gerichtsvollziehers nachgewiesen ist«. Nach dem geplanten neuen § 756 Abs. 2 ZPO darf bei Zug-um-Zug-Titeln der Gerichtsvollzieher auch dann mit der Zwangsvollstreckung beginnen, wenn der Schuldner auf das wörtliche Angebot des Gerichtsvollziehers erklärt, daß er die Leistung nicht annehmen werde.[11] Unter dieser Voraussetzung ist dem Gläubiger ein möglicherweise kostenintensives tatsächliches Angebot der Gegenleistung nicht mehr zuzumuten. Das gilt, wie der geplante neue § 765 Nr. 2

---

4 Siehe § 756 Rdn. 2 m.N.; zur Leistungspflicht Zug um Zug gegen Aushändigung eines Wechsels siehe darüber hinaus OLG Frankfurt, Rpfleger 1981, 312.
5 Siehe § 756 Rdn. 4.
6 Siehe dort Rdn. 9–11.
7 OLG Hamm, Rpfleger 1983, 393.
8 OLG Hamm, Rpfleger 1972, 148.
9 OLG Köln, Rpfleger 1986, 393.
10 BT-Drucks. 13/341, S. 4.
11 Zum Sinn dieser Regelung siehe § 756 Rdn. 5a.

ZPO klarstellt, auch dann, wenn nicht der Gerichtsvollzieher, sondern das Vollstreckungsgericht die Vollstreckungshandlung vorzunehmen hat.

**VI. Rechtsbehelfe:** Hinsichtlich der Rechtsbehelfe des Gläubigers, dessen Vollstreckungsantrag zurückgewiesen wurde, und des Schuldners, der den Nachweis als nicht gehörig erbracht ansieht, siehe § 756 Rdn. 13. Will der Schuldner geltend machen, ihm seien neue Zurückbehaltungsgründe erwachsen, obwohl der Gläubiger seine Gegenleistung schon erbracht habe, muß er Klage nach § 767 ZPO erheben.[12] Der Gläubiger, der seine Gegenleistung nicht mehr erbringen und den Schuldner mit ihr nicht mehr in Annahmeverzug versetzen kann, der aber glaubt sein Unvermögen sei vom Schuldner zu vertreten, muß die Frage in einem neuen Erkenntnisverfahren klären. Er kann gegebenenfalls auf Feststellung klagen, daß die Pflicht zur Erbringung der Zug-um-Zug-Gegenleistung sei weggefallen, der Titel sei nun unbedingt vollstreckbar. Im Vollstreckungsverfahren ist dieser Einwand nicht zu berücksichtigen.

5

**VII. ArbGG, VwGO:** § 765 ZPO gilt auch bei der Vollstreckung von arbeitsgerichtlichen Titeln (§§ 62 Abs. 2, 85 Abs. 1 S. 3 ArbGG) und von Titeln nach § 168 VwGO (§ 167 Abs. 1 VwGO), sofern das Vollstreckungsgericht wegen einer Forderung vollstreckt, die von einer Zug um Zug zu bewirkenden Leistung des Gläubigers an den Schuldner abhängt.

6

---

12 BGH, MDR 1962, 977.

**Vorbemerkung vor §§ 765 a–777 ZPO: Das Rechtsbehelfssystem der Zwangsvollstreckung.**
– Ein Überblick über den Rechtsschutz für Gläubiger, Schuldner und betroffene Dritte im Zusammenhang mit der Zwangsvollstreckung. –

**Inhaltsübersicht**

| | | Rdn. |
|---|---|---|
| | Literatur | |
| I. | Sinn der Rechtsbehelfe | 1 |
| II. | Rechtsbehelfe im Klauselverfahren | 1a |
| III. | Rechtsbehelfe gegen das Vollstreckungsverfahren | 2 |
| | 1. Gegen die Tätigkeit des Gerichtsvollziehers | 3 |
| | 2. Gegen Vollstreckungsmaßnahmen | 3a |
| | a) Des Vollstreckungsgerichts | 3a |
| | b) Des Grundbuchamtes | 3a |
| | c) Des Prozeßgerichts | 3a |
| | 3. Gegen Entscheidungen | 3b |
| | a) Des Vollstreckungsgerichts | 3b |
| | b) Des Prozeßgerichts | 3b |
| | c) Des Richters am Amtsgericht | 3b |
| | 4. Gegen die Verpflichtung zur Abgabe der eidesstattlichen Versicherung | 3c |
| | 5. Vorläufiger Rechtsschutz | 3d |
| IV. | Rechtsbehelfe aufgrund materiellrechtlicher Einwendungen | 4 |
| | 1. Rechtsbehelfe des Schuldners | 5 |
| | a) Anspruch nicht entstanden | 5 |
| | b) Anspruch weggefallen | 5 |
| | c) Anspruch einredebehaftet | 5 |
| | d) Vollstreckung sittenwidrig | 5 |
| | e) Verfassungswidrigkeit einer anspruchsbegründenden Norm | 5 |
| | 2. Rechtsbehelfe von Dritten | 6 |
| | a) Veräußerungshinderndes Recht | 6 |
| | b) Vorrangiges Befriedigungsrecht | 6 |
| | c) Vorrangiges Recht am Erlös | 6 |
| | 3. Beschränkte Haftung des Schuldners | 7 |
| V. | Allgemeine Härteklausel | 8 |
| VI. | Materiellrechtliche Ausgleichsansprüche nach dem Ende der Vollstreckung | 9 |
| | 1. Ansprüche des Schuldners | 9 |
| | 2. Ansprüche von Dritten | 9a |
| | a) §§ 812 ff. BGB | 9a |
| | b) Schadensersatz aus pFV | 9a |
| | c) Schadensersatz aus § 823 Abs. 1 BGB | 9a |
| VII. | Konkurrenz der Rechtsbehelfe | 10 |

**Literatur:** *Arens/Lüke*, Die Rechtsbehelfe im Vollstreckungsverfahren, Jura 1982, 455; *J. Blomeyer*, Die Rechtsbehelfe von Arbeitnehmer und Arbeitgeber im Falle der Arbeitslohnpfändung,

RdA 1974, 1; *Böhm,* Ungerechtfertigte Zwangsvollstreckung und materiellrechtliche Ausgleichsansprüche, 1971; *J. Braun,* Rechtskraft und Rechtskraftdurchbrechung von Titeln über sittenwidrige Ratenkreditverträge, 1986; *ders.,* Rechtskraftdurchbrechung bei rechtskräftigen Vollstreckungsbescheiden, ZIP 1987, 687; *M. Braun,* Rechtsbehelfe im Vollstreckungsrecht, JA, Übungsblätter für Referendare, 1990, 37, 92; *Bürck,* Erinnerung oder Klage bei Nichtbeachtung von Vollstreckungsvereinbarungen durch Vollstreckungsorgane, ZZP 1972, 391; *Gaul,* Zur Struktur der Zwangsvollstreckung, Rpfleger 1971, 41, 81; *ders.,* Zulässigkeit und Geltendmachung vertraglicher Vollstreckungsbeschränkungen, JuS 1971, 371; *ders.,* Das Rechtsbehelfssystem der Zwangsvollstreckung – Möglichkeiten und Grenzen einer Vereinfachung, ZZP 1972, 251; *ders.,* Ungerechtfertigte Zwangsvollstreckung und materielle Ausgleichsansprüche, AcP 1973, 323; *Geißler,* Die Vollstreckungsklagen im Rechtsbehelfssystem der Zwangsvollstreckung, NJW 1985, 1865; *ders.,* Das System der vollstreckungsinternen Rechtsbehelfe, JuS 1986, 280; *ders.,* Die Rechtskraft des Vollstreckungsbescheides auf dem Prüfstand des sittenwidrigen Ratenkreditgeschäfts, NJW 1987, 166; *ders.,* Meinungsstreit und Kostenfragen um das Beschwerderecht des Gerichtsvollziehers, DGVZ 1990, 105; *Gerlach,* Ungerechtfertigte Zwangsvollstreckung und ungerechtfertigte Bereicherung, 1986; *Gilles,* Vollstreckungsgegenklage, sog. vollstreckbarer Anspruch und Einwendungen gegen die Zwangsvollstreckung im Zwielicht prozessualer und zivilistischer Prozeßbetrachtung, ZZP 1970, 61; *Grunsky,* Voraussetzungen nach § 826 BGB bei sittenwidrigen Ratenkreditverträgen, ZIP 1986, 1361; *Kohte,* Rechtsschutz gegen die Vollstreckung des wucherähnlichen Rechtsgeschäfts nach § 826 BGB, NJW 1985, 2217; *Lippross,* Das Rechtsbehelfssystem der Zwangsvollstreckung, JA 1979, 9; *ders.,* Schadensersatzhaftung aus privatrechtswidrigen Zwangsvollstreckungsakten, JA 1980, 16; *ders.,* Grundlagen und System des Vollstreckungsschutzes, 1983; *Münzberg,* Materielle Einwendungen im Erinnerungsverfahren, DGVZ 1971, 167; *ders.,* Rechtsschutz gegen die Vollstreckung des wucherähnlichen Geschäfts nach § 826 BGB, NJW 1986, 361; *Neumüller,* Vollstreckungserinnerung, Vollstreckungsbeschwerde und Rechtspflegererinnerung, 1981; *E. Peters,* Materielle Rechtskraft der Entscheidungen im Vollstreckungsverfahren, ZZP 1977, 145; *Renkl,* Rechtsbehelfe und Klagen in der Zwangsvollstreckung, JuS 1981, 514, 588, 666; *Schreiber,* Rechtsbehelfe in der Zwangsvollstreckung, Jura 1992, 25; *Wetzel,* Grundfälle zu den Klagen und Rechtsbehelfen im Zwangsvollstreckungsrecht, JuS 1990, 198; *Windel,* Die Rechtsbehelfe des Schuldners gegen eine Vollstreckung aus einer wirksamen materiellen Urkunde – zugleich ein Beitrag zum Rechtsschutzsystem des 8. Buches der ZPO, ZZP 1989 (102), 175.

**I. Sinn der Rechtsbehelfe:** Die Zwangsvollstreckung ist mit erheblichen Eingriffen in die Grundrechtssphäre des Schuldners verbunden.[1] Sie kann darüber hinaus zu erheblichen Belästigungen unbeteiligter Dritter führen. Der Wettlauf mehrerer Gläubiger, die aus der oft unzureichenden, der Vollstreckung unterliegenden Habe des Schuldners Befriedigung suchen, kann Auseinandersetzungen um den Vorrang heraufbeschwören.[2] Der Gläubiger mag die Arbeit der Vollstreckungsorgane als zu schwerfällig oder zu schuldnerfreundlich empfinden. In allen diesen Fällen muß eine gerichtliche Klärung der Einwände, Ansprüche und Einwendungen ermöglicht werden. Da der Titel die materielle Rechtslage zwischen Gläubiger und Schuldner nur für den Augenblick der Titelerlangung fixiert, nachträgliche Rechtsänderungen aber nicht berücksichtigt, muß sichergestellt sein, daß solchen Veränderungen auch rechtzeitig Rechnung getragen werden kann, ehe durch eine in der Sache nicht mehr berechtigte Vollstreckung oft

1

---

1 Siehe den Überblick bei *Gerhardt,* ZZP 1982, 467 ff. und *Vollkommer,* JA 1982, 286 ff.
2 Zum Prioritätsprinzip siehe Vor §§ 803, 804 Rdn. 15 und § 804 Rdn. 3.

nicht mehr wiedergutzumachender Schaden angerichtet ist. Auch insoweit muß ein gerichtliches Verfahren bereitstehen. Es kann sich nicht in allen Fällen um das gleiche Verfahren handeln: Je nachdem, ob der einzelne Vollstreckungsakt oder der zu vollstreckende Anspruch im Zentrum des Angriffs steht, ist das Vollstreckungsgericht oder das Prozeßgericht sachnäher und deshalb auch entscheidungskompetenter. Je nachdem, ob der bloße Verfahrensablauf oder allein aus dem materiellen Recht abgeleitete Positionen zu beurteilen sind, ist ein eher formloses Beschlußverfahren, bei dem aber mehr Elemente der Amtsmaxime gelten, oder das förmliche streitige Erkenntnisverfahren sachgerechter. Je nachdem, welches Vollstreckungsorgan tätig war, muß auch ein Gericht mit mindestens gleicher Sachkompetenz die Fachaufsicht ausüben, wenn das Ergebnis alle Beteiligten befriedigen soll. Ein »Einheitsrechtsbehelf« für alle bis zur Beendigung der Zwangsvollstreckung zu beurteilenden Einwände gegen das Verfahren, Ansprüche auf den Vollstreckungsgegenstand und Einwendungen gegen den zu vollstreckenden Anspruch wäre somit kein Fortschritt im Hinblick auf einen besseren Rechtsschutz, sondern ein Verlust an Sachnähe und Sachkompetenz und deshalb eine Einbuße an Effizienz.[3]

**1a** II. **Rechtsbehelfe im Klauselverfahren:** Die Rechtsbehelfe des Klauselverfahrens[4] gehören, da das Klauselverfahren selbst als Annex des Erkenntnisverfahrens der Zwangsvollstreckung vorgelagert ist, nicht eigentlich in das Rechtsbehelfssystem der Zwangsvollstreckung. Dem steht nicht entgegen, daß diese Rechtsbehelfe auf Schuldnerseite auch noch während der bereits laufenden Zwangsvollstreckung möglich sind und daß in ihrem Rahmen nicht nur bis zur Entscheidung über den Rechtsbehelf eine einstweilige Einstellung der Zwangsvollstreckung erwirkt werden (§§ 732 Abs. 2, 769 Abs. 1 ZPO), sondern daß ihr Ergebnis auch die Unzulässigkeitserklärung der Zwangsvollstreckung aus der vollstreckbaren Ausfertigung sein kann (§ 768 ZPO), woraus sich unmittelbare Auswirkungen auf den Fortgang der Vollstreckung ergeben (§§ 775 Nr. 1, 776 ZPO). Denn auch während des streitigen Erkenntnisverfahrens sind Entscheidungen mit Auswirkung auf eine bereits laufende Vollstreckung keine Seltenheit (etwa §§ 707, 718, 719 ZPO), so daß aus diesen Wirkungen keine Zuordnung zum Vollstreckungsverfahren abgeleitet werden kann. Der Annexcharakter zum Erkenntnisverfahren wird besonders auch dadurch deutlich, daß zur Entscheidung aller in Betracht kommenden Klauselrechtsbehelfe (§§ 576 Abs. 1 ZPO, 11 RPflG, 731, 732, 768 ZPO) das Prozeßgericht berufen ist.

**2** III. **Rechtsbehelfe gegen das Vollstreckungsverfahren:** Hier ist zum einen danach zu unterscheiden, ob eine Vollstreckungsmaßnahme oder eine Entscheidung, die im Zwangsvollstreckungsverfahren ergangen ist, angefochten werden soll.[5] Zum anderen ist der Urheber der Maßnahme oder Entscheidung von Bedeutung (Gerichtsvollzieher, Rechtspfleger, Vollstreckungsrichter, Richter des Amtsgerichts, Grundbuchamt, Prozeßgericht). Hiernach ergibt sich folgende Einteilung der Rechtsbehelfe, mit denen Fehler des Vollstreckungs**verfahrens** gerügt werden können:

---

3 Im Ergebnis ebenso *Gaul*, ZZP 1972, 251 ff.; *Rosenberg/Gaul*, § 36 VI.
4 Siehe den Überblick bei Vor §§ 724–734 Rdn. 11.
5 Unterscheidungskriterien insoweit: § 766 Rdn. 5.

**1. Gegen die Tätigkeit des Gerichtsvollziehers:** Alle Handlungen und Maßnahmen des Gerichtsvollziehers im Rahmen der Zwangsvollstreckung (er trifft keine Entscheidungen im Sinne der obigen Unterscheidung) können von den durch sie Beschwerten mit der (unbefristeten) Erinnerung nach § 766 ZPO angefochten werden.

**2. Gegen Vollstreckungsmaßnahmen:**

a) **Des Vollstreckungsgerichts:** Alle Vollstreckungsmaßnahmen (Gegensatz: Entscheidungen im Rahmen der Zwangsvollstreckung) des Rechtspflegers[6] am Vollstreckungsgericht und des (an seiner Stelle gem. §§ 5, 6 RPflG tätigen) Richters am Vollstreckungsgericht[7] sind ebenfalls mit der Erinnerung nach § 766 ZPO anzufechten.

b) **Des Grundbuchamtes:** Vollstreckungsmaßnahmen des Grundbuchamtes sind mit der unbefristeten Erinnerung nach §§ 71 GBO, 11 RPflG, wenn – wie regelmäßig – der Rechtspfleger tätig war, bzw. mit der unbefristeten Beschwerde nach § 71 GBO, wenn – ausnahmsweise – der Richter tätig war, anzufechten.[8]

c) **Des Prozeßgerichts:** Das Prozeßgericht als Vollstreckungsorgan trifft i. S. der obigen Unterscheidung im Rahmen der Zwangsvollstreckung ausschließlich Entscheidungen (Folge aus § 891 ZPO). Sie sind mit der sofortigen Beschwerde nach § 793 ZPO anzufechten.

**3. Gegen Entscheidungen:**

a) **Des Vollstreckungsgerichts:** Entscheidungen des Vollstreckungsgerichts im Rahmen der Zwangsvollstreckung sind, wenn sie vom Rechtspfleger gefällt wurden, mit der befristeten Durchgriffserinnerung nach § 11 Abs. 1 S. 2 RPflG anzufechten, wenn sie vom Richter gefällt wurden, mit der sofortigen Beschwerde nach § 793 ZPO. Ist das Vollstreckungsgericht als Versteigerungsgericht im Rahmen des ZVG tätig geworden, werden § 11 RPflG bzw. § 793 ZPO durch die §§ 95–104 ZVG etwas modifiziert.

b) **Des Prozeßgerichts:** Es gilt § 793 ZPO.[9]

c) **Des Richters am Amtsgericht:** Entscheidungen des Richters am Amtsgericht, die er im Rahmen der Zwangsvollstreckung nicht als Vollstreckungsrichter zu fällen hat (Er-

---

[6] H. M.; siehe § 766 Rdn. 6; a. A. (§ 11 RPflG sei einschlägig) *Habscheid*, KTS 1973, 95; *Kümmerlein*, Rpfleger 1971, 11; *Kunz*, Erinnerung und Beschwerde, S. 287 ff.
[7] H. M.; a. A. (§ 793 ZPO sei einschlägig) *Kunz*, Erinnerung und Beschwerde, S. 120 ff.
[8] BayObLG, Rpfleger 1976, 66; *Baur/Stürner*, Rdn. 38.7; *Rosenberg/Gaul*, § 36 IV 1 c; a. A. (sofortige Beschwerde) *Baumbach/Lauterbach/Hartmann*, § 867 Rdn. 18; nach KG, NJW-RR 1987, 592 verdrängt § 71 GBO auch § 11 RPflG.
[9] Vergl. bereits Rdn. 3a unter c).

laubniserteilungen nach §§ 758, 761 ZPO)[10], sind mit der sofortigen Beschwerde nach § 793 ZPO anzufechten.[11]

3c 4. **Gegen die Verpflichtung zur Abgabe der eidesstattlichen Versicherung:** Ein Rechtsbehelf eigener Art, der die Erinnerung nach § 766 ZPO verdrängt, ist der **Widerspruch** des Schuldners gegen seine Verpflichtung zur Abgabe der **eidesstattlichen Versicherung** gem. § 900 Abs. 5 ZPO. Dieser Rechtsbehelf fällt insoweit aus dem Rahmen der übrigen hier unter III zusammengefaßten Rechtsbehelfe, als über ihn der Rechtspfleger, nicht der Richter entscheidet (der Richter befindet erst über das Rechtsmittel gegen die Widerspruchsentscheidung), und als er stets mündlich im Termin erhoben werden muß.[12]

3d 5. **Vorläufiger Rechtsschutz:** In allen vorstehend genannten Rechtsbehelfsverfahren ist vorläufiger Rechtsschutz, der die weitere Zwangsvollstreckung erst einmal hinausschiebt, möglich (§§ 766 Abs. 1 S. 2, 572 Abs. 2 und 3, 900 Abs. 5 S. 2 ZPO, 11 Abs. 4 RPflG, 76 GBO).

4 IV. **Rechtsbehelfe aufgrund materiellrechtlicher Einwendungen:** Bei den Rechtsbehelfen, durch die materiellrechtliche Einwendungen gegen die (Fortsetzung der) Zwangsvollstreckung oder Ansprüche auf den Vollstreckungserlös zur Geltung gebracht werden sollen, ist zum einen zu unterscheiden, wer die Einwendungen vorbringen will (Schuldner; weitere Gläubiger, die gegen denselben Schuldner vollstrecken; durch die Zwangsvollstreckung betroffene Dritte). Zum anderen ist auf das Ziel der Intervention (Beendigung der Zwangsvollstreckung, Freigabe eines Vollstreckungsobjektes, vorrangige Befriedigung aus dem Vollstreckungserlös) abzustellen. In allen Fällen soll die materielle Rechtslage unter den jeweils Beteiligten abschließend – d. h. mit materieller Rechtskraft – entschieden werden. Deshalb sind alle hier in Betracht kommenden Rechtsbehelfe als Klagen, über die in einem förmlichen streitigen Erkenntnisverfahren zu entscheiden ist, ausgestaltet. Folgende Situationen sind zu unterscheiden:

5 1. **Rechtsbehelfe des Schuldners:** Der Schuldner kann materiellrechtlich gegen den titulierten Anspruch folgendes einwenden:

a) **Anspruch nicht entstanden:**
aa) Soweit es sich um einen **Titel** handelt, der **der materiellen Rechtskraft fähig** ist, ist der Einwand vor Eintritt der Rechtskraft grundsätzlich nur mit den jeweils zulässigen Rechtsmitteln (Einspruch gegen Versäumnisurteile, Berufung, Revision, Beschwerde) möglich, danach aber – zum Schutze der Rechtskraft – ausgeschlossen. Nur wenn im Einzelfall ausnahmsweise die Voraussetzungen der Nichtigkeitsklage (§ 579 ZPO) oder der Restitutionsklage (§ 580 ZPO) vorliegen, kann über den Anspruch noch einmal in der Sache neu entschieden werden. Die Zwangsvollstreckung aus dem Titel muß im übrigen, obwohl er zur materiellen Rechtslage in Widerspruch

---

10 Vergl. § 758 Rdn. 13 und § 761 Rdn. 2.
11 § 758 Rdn. 19 und § 761 Rdn. 7.
12 Einzelheiten: § 900 Rdn. 15.

stehen mag, hingenommen werden. Es gibt insoweit also keinen Rechtsbehelf gegen die Zwangsvollstreckung.

bb) Ist der angebliche Anspruch dagegen in einer **vollstreckbaren Urkunde** tituliert, kann dieser Einwand mit der Vollstreckungsabwehrklage gem. § 767 ZPO geltend gemacht werden. Es gibt insoweit keine Präklusion.[13]

cc) Handelt es sich bei dem Titel schließlich um einen **Vergleich** (§ 794 Abs. 1 Nr. 1 ZPO), muß der Einwand (nach Anfechtung des Vergleichs gem. §§ 119 ff. BGB oder aufgrund des § 779 BGB) durch Fortsetzung des ursprünglichen Verfahrens verfolgt werden.[14] Bis zur Entscheidung über die Wirksamkeit des Vergleichs (gegebenenfalls in einem Zwischenurteil) kann die Zwangsvollstreckung gem. § 707 ZPO analog einstweilen eingestellt werden.

dd) Ist der Titel ein **Vollstreckungsbescheid**, kann sich der Schuldner gegen die Vollstreckung u. U. mit einer auf § 826 BGB gestützten Unterlassungsklage wehren. Voraussetzung ist, daß der Gläubiger den Titel in Ausnutzung der Tatsache, daß im Mahnverfahren keine Schlüssigkeitsprüfung durch das Gericht mehr stattfindet, und in der Erwartung, daß der Widerspruch bzw. Einspruch infolge der besonderen sozialen Situation des Schuldners wenig wahrscheinlich sei, sowie in Kenntnis aller Umstände, aus denen das Nichtbestehen des Anspruchs folgt, erschlichen hat.[15]

b) **Anspruch weggefallen:** Der Schuldner kann sich darauf berufen, die für einen **künftigen Anspruch auf wiederkehrende Leistungen** dem Titel zugrunde liegende Prognose treffe nicht mehr zu; aufgrund veränderter Umstände nach Titelerlaß sei **die Anspruchsgrundlage** ganz oder für einen Teil des titulierten Anspruchs entfallen. Dieser Einwand kann gegenüber allen Titeln (Urteil, Vollstreckungsbescheid, Beschluß, Urkunde, Vergleich) nur mit der Abänderungsklage gem. § 323 ZPO verfolgt werden. Bis zur Entscheidung kann die Zwangsvollstreckung aus dem – noch abzuändernden – ursprünglichen Titel in entsprechender Anwendung des § 769 ZPO[16] einstweilen eingestellt werden.

c) **Anspruch einredebehaftet:** Ferner kann der Schuldner geltend machen, gegen den Anspruch bestünden nunmehr Einwendungen und Einreden, die zum nachträglichen Erlöschen des Anspruchs oder zu seiner derzeitigen Nichtdurchsetzbarkeit geführt hätten. Diese Einwendungen sind gegenüber allen Titeln mit der **Vollstreckungsabwehrklage** gemäß § 767 ZPO geltend zu machen (unmittelbar oder über § 795 ZPO). Dabei ist bei Urteilen die Präklusion bestimmter Einwendungen gem. § 767 Abs. 2 ZPO,[17] bei Vollstreckungsbescheiden gem. § 796 Abs. 2 ZPO zu beachten.

---

13 Einzelheiten: § 767 Rdn. 34.
14 Einzelheiten: § 767 Rdn. 26.
15 Einzelheiten: Anh. § 767 Rdn. 2 ff. In diesem Verfahren kann bis zur Entscheidung die Zwangsvollstreckung aus dem Vollstreckungsbescheid analog §§ 707, 769 ZPO einstweilen eingestellt werden.
16 BGH, LM § 323 ZPO Nr. 1; KG, FamRZ 1978, 529; OLG Frankfurt, FamRZ 1982, 736; OLG Karlsruhe, NJW 1975, 314.
17 Einzelheiten: § 767 Rdn. 29 ff.

d) **Vollstreckung sittenwidrig:** Weiterhin kann der Schuldner vortragen, der titulierte Anspruch sei nachträglich entfallen, und er (der Schuldner) sei gehindert gewesen, dies rechtzeitig geltend zu machen. Der Gläubiger wisse von dem Wegfall des Anspruches, nutze aber trotzdem seinen erlangten Titel aus. Deshalb verstoße die **weitere Zwangsvollstreckung gegen die guten Sitten**.[18] Hier kann der Schuldner ausnahmsweise Leistungsklage auf Unterlassung der Zwangsvollstreckung, gestützt auf § 826 BGB, erheben.[19]

e) **Verfassungswidrigkeit einer anspruchsbegründenden Norm:** Schließlich kann der Schuldner einwenden, die Norm, auf die der in einer gerichtlichen Entscheidung titulierte Anspruch gestützt sei, sei später für verfassungswidrig erklärt worden. Hier läßt § 79 Abs. 2 BVerfGG, soweit die Zwangsvollstreckung noch nicht beendet ist, eine **Vollstreckungsabwehrklage** in entsprechender Anwendung des § 767 ZPO zu.

In allen Fällen, in denen der Schuldner die Unzulässigkeitserklärung der Zwangsvollstreckung auf Dauer erstrebt (also nicht nur, wie bei der Stundung, für eine begrenzte Zeit), kann er neben dem Antrag auf Unzulässigkeit der Zwangsvollstreckung (§ 767 ZPO) bzw. auf Unterlassung der Zwangsvollstreckung (§ 826 BGB) Herausgabe des Titels durch den Gläubiger verlangen. Anspruchsgrundlage insoweit ist § 371 BGB analog.[20]

**6**  2. **Rechtsbehelfe von Dritten:** Dritte, die sich eines Rechtes am Gegenstand der Vollstreckung berühmen, können folgendes geltend machen:

a) **Veräußerungshinderndes Recht:** Sie können sich darauf berufen, die Zwangsvollstreckung in diesen Gegenstand sei schlechthin unzulässig, da sie ein (sog. »die Veräußerung hinderndes«) Recht an diesem Gegenstand hätten,[21] das durch die Zwangsvollstreckung beeinträchtigt würde. Dieser Einwand ist mit der **Drittwiderspruchsklage** gem. § 771 ZPO geltend zu machen. Sonderfälle der Drittwiderspruchsklage regeln die §§ 772–774 ZPO. Anstelle des »die Veräußerung hindernden Rechts« tritt hier ein nur relatives Veräußerungsverbot, die Beeinträchtigung der Rechte des Nacherben oder die Zugehörigkeit zum ehelichen Gesamtgut.

b) **Vorrangiges Befriedigungsrecht:** Dritte können ferner geltend machen, ihr Recht hindere zwar den Fortgang der Zwangsvollstreckung nicht, berechtige sie aber zur Befriedigung aus dem Erlös vor dem die Zwangsvollstreckung betreibenden Gläubiger. Für diesen Einwand ist die **Klage auf vorzugsweise Befriedigung** gem. § 805 ZPO gegeben.

c) **Vorrangiges Recht am Erlös:** Schließlich können Dritte vortragen, sie seien am Vollstreckungserlös, der zugunsten mehrerer Gläubiger hinterlegt ist, besser berechtigt als andere Gläubiger, die im Verteilungsplan aber vorrangig berücksichtigt seien. Dieser Einwand ist mit der **Widerspruchsklage** gem. § 878 ZPO geltend zu machen.

---

18 BGH, NJW 1983, 2317 enthält ein einprägsames Beispiel.
19 Einzelheiten: Anh. § 767 Rdn. 2 ff.
20 Einzelheiten: Anh. § 767 Rdn. 6; ferner *Rosenberg/Gaul*, § 16 I 4.
21 Übersicht über »die Veräußerung hindernde Rechte«: § 771 Rdn. 14 ff.

**3. Beschränkte Haftung des Schuldners:** Der Schuldner kann noch einwenden, daß er 7
für den titulierten Anspruch nicht mit seinem ganzen Vermögen, sondern nur mit einer
bestimmten Vermögensmasse (Nachlaß, übernommenes Vermögen, Gesamtgut bzw.
zugeteilte Gegenstände aus dem früheren Gesamtgut, Gegenstand eines Vermächtnisses) hafte (Einwand der beschränkten Haftung). Obwohl es von der Sache her insoweit
nicht um Einwendungen gegen den titulierten Anspruch geht, sondern darum, bestimmte Gegenstände aus der Vollstreckung herauszuhalten, hat das Gesetz in
§§ 785, 786 ZPO für diese Einwendungen die **Vollstreckungsabwehrklage** gem.
§ 767 ZPO vorgesehen.

**V. Allgemeine Härteklausel:** Der **Schuldner** kann schließlich geltend machen, die an 8
sich formal in jeder Hinsicht ordnungsgemäße Vollstreckung eines materiellrechtlich
nach wie vor bestehenden titulierten Anspruchs bedeute für ihn aufgrund besonderer
Umstände eine ungewöhnliche Härte, die mit den guten Sitten nicht vereinbar sei. Dieser Einwand kann weder im Verfahren nach §§ 766, 793 ZPO, 11 RPflG berücksichtigt
werden, noch im Rahmen der Klage nach § 767 ZPO. Er ist **im besonderen Vollstreckungsschutzverfahren** nach § 765 a ZPO geltend zu machen. Dieses rechtsbehelfsmäßig ausgestaltete Verfahren weist dieselbe Besonderheit wie das oben unter III 4 dargestellte Verfahren gem. § 900 Abs. 5 ZPO auf: Über den Antrag entscheidet zunächst
nicht der Richter, sondern der Rechtspfleger. Der Richter wird erst im Rahmen der befristeten Durchgriffserinnerung (§ 11 Abs. 2 S. 5 RPflG) gegen die Entscheidung des
Rechtspflegers tätig.

**VI. Materiellrechtliche Ausgleichsansprüche:** Die Geltendmachung von Ausgleichs- 9
ansprüchen nach beendeter, materiellrechtlich ungerechtfertigter Zwangsvollstreckung
ist möglich. Auch nach Beendigung der Zwangsvollstreckung sind der Schuldner und
Dritte, in deren Rechtspositionen unberechtigterweise durch Zwangsvollstreckung eingegriffen wurde, nicht rechtlos:

**1. Ansprüche des Schuldners:** Dem Schuldner stehen, wenn der Titel später abgeändert oder aufgehoben wird, gegen den Gläubiger Schadensersatz- bzw. Bereicherungsansprüche nach § 717 Abs. 2 bzw. Abs. 3 ZPO zu.[22] Handelte es sich bei dem später
aufgehobenen Titel um einen Arrest oder eine einstweilige Verfügung oder hat sich deren Anordnung sonst als von Anfang an ungerechtfertigt erwiesen, so hat der Schuldner wegen der Vollziehung (= Vollstreckung) Schadensersatzansprüche nach § 945
ZPO.
Wurden Vermögensgegenstände des **Schuldners** verwertet, an denen der Gläubiger
kein Pfändungspfandrecht hatte,[23] kann der Schuldner vom Gläubiger Herausgabe
des ausgekehrten Erlöses aus Eingriffskondiktion (§ 812 Abs. 1 S. 1, 2. Fall BGB) verlangen. Der Gläubiger kann diesem Anspruch gegenüber allerdings mit seinem titulierten Anspruch aufrechnen, soweit nicht im Einzelfall § 394 BGB entgegensteht.[24] Daß
der Schuldner den Fortgang der unberechtigten Verwertung durch eine Erinnerung
nach § 766 ZPO hätte stoppen, den Vermögensverlust also noch im Verlaufe des Voll-

---

22 Einzelheiten: § 717 Rdn. 4, 21.
23 Einzelheiten: Vor §§ 803, 804 Rdn. 14.
24 § 767 Rdn. 43.

streckungsverfahrens hätte abwenden können, hindert den nachträglichen Bereicherungsanspruch nicht.

Hat der Gläubiger die Zwangsvollstreckung fortgesetzt, obwohl ihm der titulierte Anspruch zwischenzeitlich nicht mehr zustand, so steht dem **Schuldner** ebenfalls ein Anspruch aus Eingriffskondiktion gegen den Gläubiger auf Auskehr des empfangenen Erlöses zu. Auch dieser Anspruch scheitert nicht daran, daß der Schuldner es versäumt hat, mit einer Vollstreckungsabwehrklage (§ 767 ZPO) den Fortgang der Vollstreckung zu stoppen:[25]

9a  2. **Ansprüche von Dritten:** Dritte, die durch die Zwangsvollstreckung gegen den Schuldner einen unberechtigten Rechtsverlust erlitten haben, haben folgende Möglichkeiten:[26]

a) **§§ 812 ff. BGB:** Stand dem Dritten nach materiellem Recht der Verwertungserlös des Vollstreckungsobjektes zu, ist dieser aber, da der Dritte es versäumt hatte, nach § 771 ZPO vorzugehen, an den Gläubiger ausgekehrt worden, so kann der materiellrechtlich Berechtigte vom Gläubiger Herausgabe des Erlangten nach den Regeln der Eingriffskondiktion (§ 812 Abs. 1 S. 1, 2. Fall BGB) verlangen.[27] Gleiches gilt, wenn der Dritte aus dem Verwertungserlös vorrangig zu befriedigen gewesen wäre, die Geltendmachung seiner Rechte aber versäumt hatte.

b) **Schadensersatz aus pFV:** Hat der Gläubiger Eigentumsrechte Dritter am Vollstreckungsobjekt oder das Erlöschen seiner Forderung **fahrlässig** (oder gar vorsätzlich) mißachtet, ist er also dem Hinweis eines Dritteigentümers auf seine Rechte oder des Schuldners auf die Erfüllung der Forderung nicht sorgfältig nachgegangen und hat er die Zwangsvollstreckung fortgesetzt, ehe Rechtsbehelfe nach §§ 767, 771 ZPO oder vorläufige Maßnahmen nach § 769 ZPO zum Erfolg führen konnten, so ist er aus positiver Forderungsverletzung zum **Schadensersatz** verpflichtet. Durch den Zugriff oder weiteren Zugriff auf Gegenstände, an denen er kein Pfändungspfandrecht hatte, ist zwischen dem Gläubiger und dem Eigentümer ein gesetzliches Schuldverhältnis begründet worden, aus dem für den Gläubiger Sorgfaltspflichten erwuchsen.[28] Im Rahmen dieses Schuldverhältnisses hat der Gläubiger auch für das Verschulden von ihm eingeschalteter Dritter (Rechtsanwalt, Inkassobüro) gem. § 278 BGB einzustehen.

c) **Schadensersatz aus § 823 Abs. 1 BGB:** Gegen den vom Gläubiger eingeschalteten Rechtsanwalt, der, obwohl er die materiellrechtliche Nichtberechtigung der Vollstreckungsmaßnahme erkennen müßte, die Zwangsvollstreckung fortsetzen läßt, können Ansprüche aus § 823 Abs. 1 BGB (fahrlässiger Eigentumseingriff) bestehen.[29]

---

25 § 767 Rdn. 42.
26 Einzelheiten: *Brox/Walker*, Rdn. 456 ff.
27 Einzelheiten: Anh. § 771 Rdn. 1.
28 Einzelheiten: Anh. § 771 Rdn. 5; vergl. ferner BGHZ 58, 207; BGH, NJW 1977, 384; NJW 1994, 2755 m.w.N.; kritisch insoweit *Rosenberg/Gaul*, § 41 XII 5 b.
29 BGH, JR 1979, 460 mit Anm. *Alisch*.

**VII. Konkurrenz der Rechtsbehelfe:** Einwände, die die Anfechtbarkeit einer Vollstreckungsklausel ergeben, können nur mit den Klauselrechtsbehelfen (§§ 732, 768 ZPO) geltend gemacht werden, nicht auch mit der Erinnerung nach § 766 ZPO.[30]

Im Rahmen der Erinnerung nach § 766 ZPO, der Rechtspflegererinnerung nach § 11 RPflG und der sofortigen Beschwerde sind **nur** Einwände aus dem formellen Vollstreckungsrecht statthaft, nicht aber Einwendungen gegen die materielle Berechtigung zur Zwangsvollstreckung. Umgekehrt sind im Rahmen der Klagen nach §§ 767, 771, 805, 878 ZPO Einwände gegen das formelle Vollstreckungsverfahren als solche unstatthaft und nur insoweit von Bedeutung, als sie unmittelbar (also nicht erst nach einer Anfechtung des Vollstreckungsaktes) Auswirkungen auf die materielle Berechtigung zur Zwangsvollstreckung haben. Solange die Klagen nach §§ 767, 771, 805, 878 ZPO möglich sind, also bis zur Beendigung der Zwangsvollstreckung, sind Bereicherungs- oder Schadensersatzklagen aus materiellem Recht (oben VI) unzulässig. Die auf § 826 BGB gestützte Klage auf Unterlassung der Zwangsvollstreckung ist nur statthaft, wenn keine Klage nach § 767 ZPO möglich ist.

Soweit die ZPO für bestimmte Einwände besondere Verfahren vorgesehen hat (etwa §§ 767, 771 ZPO), verdrängen diese Verfahren die allgemeinen Rechtsbehelfe: So wäre eine Klage auf Feststellung, daß der Kläger Eigentümer einer Sache ist, unzulässig, wenn eine Drittwiderspruchsklage nach § 771 ZPO möglich ist. Ebenso ist eine Klage auf Feststellung, daß ein Anspruch durch Erfüllung erloschen ist, unzulässig, falls der Einwand von § 767 ZPO erfaßt wird.

Ist für das konkrete Begehren kein besonderer Rechtsbehelf vorgesehen, bleibt es bei den allgemeinen Klagen (Beispiel: Klage auf Feststellung, daß die Zug-um-Zug-Gegenleistung schon erbracht ist, falls der Nachweis nach § 756 ZPO nicht möglich ist.)[31]

---

30 Vergl. § 724 Rdn. 7.
31 Vergl. § 756 Rdn. 6, 13.

### § 765a  Allgemeine Härteklausel

(1) ¹Auf Antrag des Schuldners kann das Vollstreckungsgericht eine Maßnahme der Zwangsvollstreckung ganz oder teilweise aufheben, untersagen oder einstweilen einstellen, wenn die Maßnahme unter voller Würdigung des Schutzbedürfnisses des Gläubigers wegen ganz besonderer Umstände eine Härte bedeutet, die mit den guten Sitten nicht vereinbar ist. ²Betrifft die Maßnahme ein Tier so hat das Vollstreckungsgericht bei der von ihm vorzunehmenden Abwägung die Verantwortung des Menschen für das Tier zu berücksichtigen.
(2) Eine Maßnahme zur Erwirkung der Herausgabe von Sachen kann der Gerichtsvollzieher bis zur Entscheidung des Vollstreckungsgerichts, jedoch nicht länger als eine Woche, aufschieben, wenn ihm die Voraussetzungen des Absatzes 1 glaubhaft gemacht werden und dem Schuldner die rechtzeitige Anrufung des Vollstreckungsgerichts nicht möglich war.
(3) Das Vollstreckungsgericht hebt seinen Beschluß auf Antrag auf oder ändert ihn, wenn dies mit Rücksicht auf eine Änderung der Sachlage geboten ist.
(4) Die Aufhebung von Vollstreckungsmaßregeln erfolgt in den Fällen der Absätze 1 und 3 erst nach Rechtskraft des Beschlusses.

### Inhaltsübersicht

| | | Rdn. |
|---|---|---|
| | Literatur | |
| I. | Zweck der Norm | 1 |
| II. | Verhältnis zu den speziellen Schuldnerschutznormen | 2 |
| III. | Zum Anwendungsbereich der Norm – allgemein | 3 |
| | 1. Individualzwangsvollstreckung aus allen Titeln | 3 |
| | 2. Alle Arten der Individualzwangsvollstreckung | 4 |
| | 3. Zugunsten aller Schuldner | 5 |
| IV. | Besonderheiten bei einzelnen Vollstreckungsarten | 6 |
| | 1. Zwangsvollstreckung in bewegliche Sachen | 6 |
| | 2. Vollstreckung in Geldforderungen und Rechte | 6 |
| | 3. Immobiliarvollstreckung | 6 |
| V. | Zur Begründetheit des Antrages | 7 |
| | 1. Schutz vor konkreten Vollstreckungsmaßnahmen | 7 |
| | 2. Begründetheitsvoraussetzungen | 8 |
| | a) Ganz besondere Umstände | 9 |
| | b) Mit den guten Sitten unvereinbare Härte | 10 |
| | c) Berücksichtigung des Schutzbedürfnisses des Gläubigers | 11 |
| VI. | Verfahren | 12 |
| | 1. Antrag | 12 |
| | 2. Zuständiges Gericht | 13 |
| | 3. Maßgeblicher Zeitpunkt | 14, 14a |
| | 4. Form des Antrages | 15 |
| | 5. Rechtsschutzbedürfnis | 16 |
| | 6. Rechtliches Gehör | 17 |
| | 7. Einstweilige Anordnung | 17a |

Allgemeine Härteklausel § 765 a

    8. Form und Inhalt der Entscheidung     18
    9. Rechtskraft     19
VII. Rechtsmittel     20
VIII. Aufhebung wegen veränderter Sachlage (Abs. 3)     21
IX. Eilaufschub durch den Gerichtsvollzieher (Abs. 2)     22
X. Kosten des Vollstreckungsschutzantrages     23
    1. Kostenlast     23
    2. Gebühren     24
XI. ArbGG, VwGO, AO     25

**Literatur:** *Anheier,* Zur Gewährung von Vollstreckungsschutz im Zwangsversteigerungsverfahren, insbesondere auf Grund des § 765 a ZPO, NJW 1956, 1668; *Baur,* Ausgleich durch Richterspruch, JZ 1957, 193; *Behr,* Vollstreckungsschutz: Gläubiger- oder Schuldnerschutz?, Krit. Justiz 1980, 156; *ders.,* Generalklausel für Vollstreckungsschutz, Rpfleger 1989, 13; *Bindokat,* Vollstreckungsschutz gegen wegen Krankheit und Alters sittenwidrige Zwangsräumung, NJW 1992, 2872; *Bloedhorn,* Die neuere Rechtsprechung zu §§ 765 a, 811 und 813 a ZPO, DGVZ 1976, 104; *Brehm,* Ändern sich gesetzliche Entscheidungszuständigkeiten durch Treu und Glauben?, JZ 1978, 262; *Buche,* Die Rechtsprechung zur Räumungsfrist nach § 721 ZPO und zum Räumungsvollstreckungsschutz nach § 765 a ZPO, MDR 1972, 189; *Donau,* Die Zuständigkeit für die Änderung von Vollstreckungsschutzbeschlüssen, NJW 1954, 1315; *Dorn,* Zwangsräumung oder Räumungsschutz, Rpfleger 1989, 262; *Drischler,* Vollstreckungsschutz bei Zwangsvollstreckung in das unbewegliche Vermögen unter besonderer Berücksichtigung der Härteklausel des § 765 a ZPO, Rpfleger 1956, 91; *Fenge,* Die dogmatische Bedeutung des richterlichen Schuldnerschutzes in der Zwangsvollstreckung, Diss. Heidelberg 1961; *Fenger,* Vollstreckungsschutz bei Räumungsvergleichen, Rpfleger 1988, 55; *Fuchs-Wissemann,* Zur eigenartigen Entstehungsgeschichte des § 765 a ZPO, DRiZ 1978, 4; *Gaul,* Billigkeit und Verhältnismäßigkeit in der zivilgerichtlichen Vollstreckung öffentlichrechtlicher Abgaben, JZ 1974, 279; *ders.,* Treu und Glauben sowie gute Sitten in der Zwangsvollstreckung oder Abwägung nach »Verhältnismäßigkeit« als Maßstab der Härteklausel des § 765 a ZPO, Festschr. f. Gottfried Baumgärtel, 1990, S. 75; *Gerhardt,* Bundesverfassungsgericht, Grundgesetz und Zivilprozeß, speziell: Zwangsvollstreckung, ZZP 1982, 467; *Götte,* Das Verhältnis der beizutreibenden Forderung zu den Kosten der Zwangsvollstreckung, DGVZ 1986, 179; *ders.,* Zur Wiedereinführung einer Rangfolge der Zwangsvollstreckungsmittel, ZZP 1987, 412; *Grund,* § 765 a ZPO in der Mobiliarzwangsvollstreckung, NJW 1956, 126; *Hein,* Ist die Arglisteinrede in den Verfahren nach §§ 766 und 765 a ZPO in der Mobiliarzwangsvollstreckung in die eigene Abzahlungssache zulässig?, ZZP 1956, 231; *Jessen,* Nochmals: § 765 a ZPO in der Mobiliarzwangsvollstreckung, NJW 1956, 1059; *Leyerseder,* Zur Frage der Anwendbarkeit des § 765 a ZPO gegenüber der Zuschlagentscheidung im Zwangsversteigerungsverfahren, MDR 1956, 644; *Lippross,* Das Rechtsbehelfssystem der Zwangsvollstreckung, JA 1979, 9; *ders.,* Grundlagen und System des Vollstreckungsschutzes, 1983; *Mohrbutter,* Berufung auf § 765 a ZPO nach dem Schluß der Versteigerung (§ 73 ZVG), Rpfleger 1967, 102; *Mümmler,* Maßnahmen zur Verhinderung der Verschleuderung eines Grundstücks im Zwangsversteigerungsverfahren, JurBüro 1973, 689; *Münzberg,* Pfändungsschutz für Schuldnergefühle gegenüber Tieren?, ZRP 1990, 215; *Nieder,* Entwicklung und rechtspolitische Würdigung der vollstreckungsrechtlichen Generalklausel, Diss. Heidelberg 1960; *Noack,* Räumungsvollstreckung und Räumungsschutz mit Nebenwirkungen, ZNR 1978, 65; *Pöschl,* § 765 a ZPO und das Zwangsverwaltungsverfahren, NJW 1956, 372; *Quedenfeld,* Grenzen des Pfändungsschutzes bei der Kontenpfändung, DB 1973, 668; *Riedel,* § 765 a ZPO und das Zwangsversteigerungsverfahren, NJW 1955, 1705; *Riggers,* Grundstücksversteigerung wegen Bagatellforderung, JurBüro 1971, 490; *Scherer,* Vollstreckung bei Suizidgefahr, DGVZ 1995, 33; *E. Schneider,* Der Antrag aus § 765 a ZPO im fortgeschrittenen Stadium des

§ 765 a *Allgemeine Härteklausel*

Zwangsversteigerungsverfahrens, MDR 1980, 617; *ders.*, Bemerkungen zur kostenträchtigen Beitreibung von Minimalforderungen, DGVZ 1983, 132; *ders.*, Krankheit und Suizidgefahr als Vollstreckungshindernis, JurBüro 1994, 321; *Scholz*, Zwangsräumung und Vollstreckungsschutz, ZMR 1986, 227; *Schuler*, Die aufschiebende Wirkung des § 765 a Abs. 4 ZPO und der Schutz des Drittschuldners nach § 836 Abs. 2 ZPO, NJW 1961, 719; *Seibel*, Zur vorbereitenden Einstellung der Zwangsvollstreckung auf einen Antrag gemäß § 765 a ZPO, MDR 1964, 979; *Stöber*, Ist § 765 a ZPO bei der Zwangsversteigerung zur Aufhebung einer Gemeinschaft anwendbar?, Rpfleger 1960, 237; *Teufel*, § 765 a ZPO in der Teilungsversteigerung, Rpfleger 1976, 86; *Walker/Gruß*, Räumungsschutz bei Suizidgefahr und altersbedingter Gebrechlichkeit, NJW 1996, 352; *Wieser*, Die zwecklose Zwangsversteigerung, Rpfleger 1985, 96; *ders.*, Der Grundsatz der Verhältnismäßigkeit in der Zwangsvollstreckung, ZZP 1985, 50; *ders.*, Der Grundsatz der Verhältnismäßigkeit in der Zwangsvollstreckung, Köln, 1989.

1 **I. Zweck der Norm:** § 765 a ZPO ist Ausdruck des Grundsatzes, daß das Gebot der Beachtung von Treu und Glauben in der Abwicklung des Privatrechtsverkehrs (§ 242 BGB) und das Verbot unzulässiger Rechtsausübung (§ 226 BGB) auch für die Zwangsvollstreckung gelten. Darüber hinaus ist die Norm der Ansatzpunkt, die verfassungsmäßig gewährleisteten Grundrechte des Schuldners in der Zwangsvollstreckung zur Geltung zu bringen, soweit sie in den einzelnen Verfahrensregeln nicht schon ausdrücklich abgesichert sind:[1] Da der Staat die Zwangsvollstreckung als eigenes Recht betreibt,[2] also nicht der verlängerte Arm des Gläubigers ist, hat er im Rahmen ihrer Durchführung auch dafür Sorge zu tragen, daß durch einen solchen erheblichen Eingriff in die Eigentums- und Freiheitssphäre des Schuldners nicht einseitig dessen elementare Grundrechte verletzt werden. Schließlich ist das Recht auf menschenwürdige Lebensbedingungen für den Schuldner nicht nur gegen Eingriffe des Staates geschützt (Art. 1 Abs. 1 GG). Dieses Recht zu achten, ist vielmehr auch Verpflichtung jedes einzelnen Bürgers (Art. 1 Abs. 2 GG). Auf der anderen Seite darf nicht außer acht gelassen werden, daß der Staat das verfassungsmäßig garantierte Eigentumsrecht des Gläubigers (Art. 14 GG) im Interesse der Allgemeinheit schon dadurch beschränkt hat, daß er die Durchsetzung der Gläubigeransprüche nur in einem geordneten staatlichen Verfahren, das viele Erschwernisse zu Lasten des Gläubigers beinhaltet, zuläßt. Der Schutz der Schuldnerinteressen darf nicht zur völligen Enteignung des Gläubigers führen. Es muß vielmehr beachtet werden, daß der Schuldner durch freiwillige Zahlungen die Vollstreckung abwenden, die »Belästigungen« durch sie vermeiden könnte. Dagegen hat der Gläubiger nur den Weg der Zwangsvollstreckung, wenn der Schuldner zur freiwilligen Erfüllung seiner Verpflichtungen nicht bereit ist. § 765 a ZPO versucht, diesem Spannungsverhältnis gerecht zu werden.

2 **II. Verhältnis zu den speziellen Schuldnerschutznormen:** Die ZPO und das ZVG enthalten eine Vielzahl von speziellen Schuldnerschutzvorschriften: Im Interesse der Sicherung einer bescheidenen, aber menschenwürdigen Lebensführung des Schuldners und seiner Familie sind einzelne Vermögensgegenstände ganz oder teilweise dem Vollstreckungszugriff entzogen oder können ihm noch nachträglich entzogen werden

---

1 BVerfGE 42, 64; 46, 325; 49, 220; 52, 219; 61, 135; siehe ferner BVerfG, NJW 1991, 3207; 1992, 1155; 1994, 1272; 1994, 1719.
2 Allgem. Vorbem. Rdn. 3.

(§§ 811 ff., 850 a ff. ZPO). Vollstreckungen in das bewegliche Vermögen, bei denen von vornherein feststeht, daß sie noch nicht einmal zu einer Teilbefriedigung des Gläubigers führen werden, die also nur um ihrer selbst willen betrieben werden, sind unzulässig (§ 803 Abs. 2 ZPO). Zum Schutze vor einer Verschleuderung der Habe des Schuldners sind bei der Verwertung bestimmte Wertgrenzen zu erreichen (§§ 817 a ZPO, 85 a ZVG). Um es dem Schuldner zu ermöglichen, doch noch die Mittel für eine freiwillige Befriedigung des Gläubigers aufzubringen und so eine – in der Regel wirtschaftlich ungünstigere – Zwangsverwertung seines Vermögens zu vermeiden, ist ein zeitlicher Vollstreckungsaufschub vorgesehen (§§ 813 a ZPO, 30 a ff. ZVG). Um dem Schuldner Zeit für die Beschaffung von Ersatzwohnraum einzuräumen, kann ihm Räumungsschutz bewilligt werden (§§ 721, 794 a ZPO). Eine Vollstreckung zur Unzeit ist erschwert (§ 761 ZPO).

Diese Schutzvorschriften sind zum Teil von Amts wegen zu beachten, zum Teil wird der Schutz auf Antrag gewährt. Die Mißachtung der von Amts wegen zu beachtenden Vorschriften kann mit der Erinnerung (§ 766 ZPO) bzw. der Rechtspflegererinnerung, die Ablehnung von Schutzanträgen mit der Rechtspflegererinnerung (§ 11 RPflG) gerügt werden. Insoweit hat der Schuldner also bereits Rechtsbehelfe, um die Beachtung der Schutzvorschriften zu erzwingen. Kann der Schuldner diesen Weg gehen, so muß er dies auch. Die genannten Rechtsbehelfe sind spezieller und verdrängen, soweit sich das Schutzziel (z. B. Einstellung der Zwangsvollstreckung) deckt, § 765 a ZPO.[3] Andererseits kann Vollstreckungsschutz nach § 765 a ZPO aber auch dann noch gewährt werden, wenn etwa eine nach § 721 ZPO gewährte Räumungsfrist abgelaufen ist.[4]

Insofern ist dieser also ein Auffangrechtsbehelf,[5] durch den Gesichtspunkte zur Geltung gebracht werden sollen, die über das in den gesetzlich ausdrücklich geregelten Vollstreckungsschutzvorschriften Vorgesehene hinausgehen. Das bedeutet aber nicht, daß das, was über §§ 766 ZPO, 11 RPflG oder mit Hilfe spezieller Vollstreckungsschutzanträge im Vollstreckungsverfahren hätte geltend gemacht werden können, nicht später noch zur Begründung eines Antrages nach § 765 a ZPO herangezogen werden kann.[6]

Sind etwa die Fristen für speziellere Vollstreckungsschutzanträge versäumt worden, so ist es nicht ausgeschlossen, daß die Gründe, die dort hätten vorgebracht werden können und müssen, nunmehr zur Ausfüllung des Begriffs der »Härte, die mit den guten Sitten nicht vereinbar ist«, herangezogen werden.[7] Der Schuldner hat also zunächst stets zu prüfen, ob **jetzt noch** speziellerer Vollstreckungsschutz für ihn möglich ist. Wenn ja, muß er diesen Weg gehen; wenn nein, kann er alle Gesichtspunkte, in denen er eine besondere Härte zu seinen Lasten sieht, zur Begründung eines Antrages gem. § 765 a ZPO vorbringen.

---

3 *Brox/Walker*, Rdn. 1472.
4 OLG Frankfurt, Rpfleger 1981, 24; OLG Köln, NJW-RR 1995, 1163.
5 So auch *Henckel*, Prozeßrecht und materielles Recht, S. 369; *Rosenberg/Gaul*, § 43 I 2; **a. A.** wohl *Zöller/Stöber*, § 765 a Rdn. 13.
6 So aber im Ergebnis LG Göttingen, MDR 1967, 847; LG Wuppertal, MDR 1968, 52; *Rupp/Fleischmann*, Rpfleger 1985, 71.
7 LG Mannheim, MDR 1968, 925; *Zöller/Stöber*, § 765 a Rdn. 13.

**§ 765 a** *Allgemeine Härteklausel*

3 **III. Zum Anwendungsbereich der Norm – allgemein:**

1. **Individualzwangsvollstreckung aus allen Titeln:** Der Vollstreckungsschutzantrag ist gegen die Vollstreckung aus allen nach dem 8. Buch der ZPO zu vollstreckenden Titeln möglich.[8] Auch Vergleiche enthalten nicht immanent einen Verzicht auf die Geltendmachung allgemeiner Vollstreckungsschutzanträge.[9]

Die Norm gilt nur im Bereich der Individualzwangsvollstreckung, nicht im Konkurseröffnungsverfahren.[10] Denn sie verlangt immer eine Abwägung der konkreten Gläubiger- und Schuldnerinteressen im Einzelfall. Dies ist im Rahmen der Konkurseröffnung, wenn oft noch nicht einmal alle Gläubiger feststehen, nicht möglich. Zudem sind nicht alle Gläubigerinteressen gleichgelagert.

4 2. **Alle Arten der Individualzwangsvollstreckung:** § 765 a ZPO gilt für alle Arten der Individualzwangsvollstreckung: Für die Zwangsvollstreckung wegen Geldforderungen in das bewegliche Vermögen (§§ 803 ff. ZPO), in Geldforderungen und andere Vermögensrechte (§§ 828 ff. ZPO), in das unbewegliche Vermögen, auch soweit sie sich nach dem ZVG richtet,[11] für die Zwangsvollstreckung zur Erwirkung der Herausgabe von Sachen, insbesondere auch von Wohnraum,[12] und zur Erwirkung von Handlungen und Unterlassungen,[13] sowie für das Verfahren der eidesstattlichen Versicherung und Haft.[14] Keine Individualzwangsvollstreckung in diesem Sinne ist die Teilungsversteige-

---

8 A. A. OLG München, FamRZ 1978, 196 hinsichtlich familiengerichtlicher Titel auf Räumung nach der HausratsVO.
9 OLG Hamm, NJW 1965, 1386; LG Darmstadt, MDR 1957, 741; LG Mannheim, MDR 1963, 226.
10 OLG Nürnberg, KTS 1971, 291; LG Nürnberg-Fürth, MDR 1979, 590; *Kuhn/Uhlenbruck*, 10. Aufl., § 105 KO Rdn. 7; *Rosenberg/Gaul*, § 43 IV 1; a. A. aber BGH, MDR 1978, 37; *Baumbach/Lauterbach/Hartmann*, § 765 a Rdn. 7; *Stein/Jonas/Münzberg*, § 765 a Rdn. 36; *Zöller/Stöber*, § 765 a Rdn. 2.
11 BVerfG, NJW 1978, 368, Rpfleger 1979, 296; h. M.; Beispiele: OLG Bamberg, Rpfleger 1975, 144; OLG Celle, Rpfleger 1979, 116; OLG Düsseldorf, Rpfleger 1977, 266; OLG Frankfurt, Rpfleger 1979, 391.
12 BVerfGE 52, 221; NJW 1991, 3207; 1992, 1155; 1994, 1272; 1994, 1719; *Walker/Gruß*, NJW 1996, 352; h. M.; Beispiele: KG, NJW-RR 1986, 1510; OLG Frankfurt, JurBüro 1980, 1898; OLG Köln, NJW-RR 1986, 1163; LG Stuttgart, Rpfleger 1985, 71 (mit Anm. *Rupp/Fleischmann*); a. A. für den Fall, daß ein familiengerichtlicher Titel nach der HausratsVO vollstreckt wird OLG München, FamRZ 1978, 196.
13 LG Frankenthal, Rpfleger 1982, 479.
14 BVerfG, Rpfleger 1983, 80; OLG Hamm, NJW 1968, 2247; OLG Oldenburg, NdsRpfl 1965, 44.

rung nach §§ 180 ff. ZVG.[15] Hier bedarf es der Anwendung des § 765 a ZPO auch gar nicht, da in diesem Verfahren Verstöße gegen Treu und Glauben und gegen das Schikaneverbot schon die Antragsberechtigung selbst ausschließen können.

3. **Zugunsten aller Schuldner:** Der Vollstreckungsschutzantrag kann von jedem Schuldner gestellt werden, nicht nur von natürlichen Personen, sondern auch von Handelsgesellschaften und juristischen Personen. Auch der Konkursverwalter ist befugt, im Zwangsversteigerungsverfahren über ein dem Gemeinschuldner gehörendes Grundstück Vollstreckungsschutz gem. § 765 a ZPO zu beantragen.[16] Es ist dann nicht auf die persönlichen Belange des Gemeinschuldners abzustellen, sondern auf das Interesse der vom Konkursverwalter betreuten Konkursmasse.[17] Da ein solches Versteigerungsverfahren nicht Teil des Konkursverfahrens ist, bleibt auch der Gemeinschuldner selbst, soweit er eigene Belange geltend machen will, antragsbefugt.[18]

5

**IV. Besonderheiten bei einzelnen Vollstreckungsarten:**

6

1. **Zwangsvollstreckung in bewegliche Sachen:** Keine der besonderen Schutzvorschriften im Rahmen der Zwangsvollstreckung in bewegliche Sachen wegen Geldforderungen schließt im Einzelfall die Anwendung des § 765 a ZPO aus. So können über den Katalog des § 811 ZPO hinaus Sachen der Pfändung entzogen werden.[19] Über den § 813 a ZPO hinaus kann Aufschub bewilligt werden.[20] Trotz des Erreichens der Wertgrenze des § 817 a ZPO kann der Zuschlag verweigert werden.[21] Keine der genannten Schutzvorschriften enthält eine abschließende Entscheidung des Gesetzgebers dahingehend, daß es keine anderen unbilligen Härten geben könne, wenn nur diese Normen beachtet seien.

2. **Vollstreckung in Geldforderungen und Rechte:** Gleiches gilt für die Schuldnerschutzvorschriften im Rahmen der Pfändung von Geldforderungen und anderen Vermögensrechten. Auch hier sind in allen Fällen Ausnahmesituationen denkbar, in denen für die Anwendung des § 765 a ZPO noch Raum ist, obwohl die speziellen Schuldnerschutzvorschriften bereits ausgeschöpft sind oder für ihre Anwendung kein Platz ist.

---

15 Wie hier: OLG Hamm, OLGZ 1972, 319; Rpfleger 1960, 253; OLG Koblenz, NJW 1960, 828; OLG München, NJW 1961, 787; LG Braunschweig, NdsRpfl 1977, 106; LG Frankenthal, Rpfleger 1985, 315; *Baur/Stürner*, Rdn. 47.3; *Baumbach/Lauterbach/Hartmann*, § 765 a Rdn. 6; *Brox/Walker*, Rdn. 1473; *Drischler*, JurBüro 1981, 1441; MüKo/*Arnold*, § 765 a Rdn. 19; *Rosenberg/Gaul*, § 43 IV 1; *Schneider*, MDR 1980, 617; *Stein/Jonas/Münzberg*, § 765 a Rdn. 3; a.A. OLG Bamberg, NJW 1961, 129; OLG Bremen, Rpfleger 1979, 72; OLG Hamburg, MDR 1954, 369; OLG Karlsruhe, Rpfleger 1994, 223; OLG Köln, Rpfleger 1991, 197 f.; OLG München, NJW 1955, 149; OLG Schleswig-Holstein, JurBüro 1964, 612; LG Augsburg, MDR 1976, 231; LG Stuttgart, MDR 1993, 83; *Zöller/Stöber*, § 765 a Rdn. 2.
16 OLG Braunschweig, OLGZ 68, 62; OLG Celle, OLGZ 73, 252; ZIP 1981, 1005; OLG Hamm, NJW 1976, 1754; LG Köln, KTS 1968, 59.
17 OLG Braunschweig, OLGZ 68, 62; OLG Hamm, NJW 1976, 1754.
18 OLG Celle, ZIP 1981, 1005.
19 Beispiel: LG Heilbronn, DGVZ 1980, 111.
20 *Rosenberg/Gaul*, § 43 IV 2 a; a.A. LG Essen, MDR 1955, 50.
21 *Behr*, KritJustiz 1980, 165.

So kann weder gesagt werden, daß die fehlende Nennung einer Einkommensart in den §§ 850 a ff. ZPO der völligen oder teilweisen Unpfändbarkeitserklärung auf Dauer oder für eine bestimmte Zeit im Einzelfall ausnahmslos entgegensteht,[22] noch, daß etwa § 850 f ZPO es ausschlösse, im Einzelfall nicht nur Teile, sondern das gesamte Arbeitseinkommen dem Schuldner zu belassen.[23]

3. **Immobiliarvollstreckung:** Im Rahmen der Immobiliarvollstreckung ist neben § 30 a ZVG, wonach eine einstweilige Einstellung der Zwangsversteigerung möglich ist, wenn dadurch die Versteigerung vermieden werden kann und die Einstellung nicht unbillig ist, auch § 765 a ZPO anwendbar.[24] In einem Antrag nach § 30 a ZVG kann zugleich ein solcher nach § 765 a ZPO zu sehen sein.[25] Das ist jedoch nicht immer der Fall; es müssen zumindest Tatsachen vorgetragen sein, die auf die Möglichkeit einer Einstellung gem. § 765 a ZPO hindeuten.[26] Eine Ausnahme von der Anwendbarkeit scheint in § 30 d Abs. 2 ZVG geregelt zu sein. Danach soll § 765 a ZPO nicht mehr anzuwenden sein, wenn nach einer einstweiligen Einstellung nach § 30 a ZVG eine erneute Einstellung nach § 30 d Abs. 1 ZVG erfolgt ist. Die Vorschrift ist jedoch verfassungsrechtlich sehr bedenklich. Denn es ist kein vernünftiger Grund ersichtlich, warum neue Tatsachen, die bei der wiederholten Einstellung noch nicht berücksichtigt werden konnten und die eine unverhältnismäßige Härte zu Lasten des Schuldners neu begründen, unter keinen Umständen Berücksichtigung finden sollten. Trotz § 30 d Abs. 2 ZVG muß deshalb im Einzelfall ein weiterer Schuldnerschutz möglich bleiben.[27] Hinsichtlich der übrigen Schuldnerschutzvorschriften im ZVG ergeben sich keine besonderen Probleme: So ermöglicht § 765 a ZPO eine einstweilige Verfahrenseinstellung, wenn die Notfrist des § 30 b Abs. 1 ZVG versäumt wurde, oder eine Versagung des Zuschlages, obwohl die Möglichkeiten des § 85 a ZVG erschöpft sind. Zur verfahrensrechtlichen Frage, bis wann und wo der Vollstreckungsschutzantrag gestellt sein muß, siehe unten Rdn. 13, 14.

7   V. **Zur Begründetheit des Vollstreckungsschutzantrages:**

1. **Schutz vor konkreten Vollstreckungsmaßnahmen:** Ziel des Antrages kann nie die Unzulässigkeit jedweder Zwangsvollstreckung aus dem Titel schlechthin sein, sondern nur die Unzulässigkeit einzelner konkreter Zwangsvollstreckungsmaßnahmen.[28] Insbesondere kann mit § 765 a ZPO nicht geltend gemacht werden, der Titel sei sachlich

---

22 **A. A.** OLG Düsseldorf, NJW-RR 1986, 1512; *Rosenberg/Gaul*, § 43 IV 2; *Stein/Jonas/Münzberg*, § 765 a Rdn. 34; im Ergebnis wie hier OLG Frankfurt, MDR 1956, 41; OLG Hamm, NJW 1957, 68; OLG München, MDR 1957, 103; OLG Nürnberg, Rpfleger 1958, 319; LG Berlin, DGVZ 1979, 43; NJW 1955, 309.
23 **A. A.** *Bruns/Peters*, § 48 III 2; *Rosenberg/Gaul*, § 43 IV 2; *Stein/Jonas/Münzberg*, § 765 a Rdn. 34.
24 BGHZ 44, 138, 141.
25 BVerfGE 49, 220, 225.
26 OLG Karlsruhe, JurBüro 1995, 607.
27 Im Ergebnis ebenso KG, OLGZ 1966, 61; *Bruns/Peters*, § 48 III 3; *Henckel*, Prozeßrecht und materielles Recht, S. 384 ff.; *Rosenberg/Gaul*, § 43 IV 2.
28 Vergl. OLG Köln, NJW 1994, 1743.

Allgemeine Härteklausel § 765 a

unrichtig, er sei erschlichen, seine Vollstreckung verstoße deshalb schlechthin gegen die guten Sitten.[29] Dieser Einwand muß, je nach Art des Titels, mit der Vollstreckungsabwehrklage nach § 767 ZPO oder mit einer auf § 826 BGB gestützten Unterlassungsklage geltend gemacht werden.[30] Im Vollstreckungsverfahren – und § 765 a ZPO ist ein Teil dieses Verfahrens – ist vom Bestehen (also der Sittengemäßheit) des titulierten Anspruchs auszugehen, solange nicht eine andere materiellrechtliche Rechtslage durch Urteil festgestellt ist. Scheitert die Begründetheit einer Klage an § 767 Abs. 2 ZPO, kann der Schuldner sich mit der präkludierten Einwendung auch nicht durch die Hintertür des § 765 a ZPO Gehör verschaffen.[31]

**2. Begründetheitsvoraussetzungen:** Damit gegen eine Vollstreckungsmaßnahme im Einzelfall Vollstreckungsschutz gewährt werden kann, müssen **kumulativ** drei Voraussetzungen vorliegen: Es muß sich um »ganz besondere Umstände« handeln, die dazu führen, daß die Maßnahme für den Schuldner auch dann »eine Härte bedeutet, die mit den guten Sitten nicht vereinbar ist«, wenn diese Abwägung »unter voller Würdigung des Schutzbedürfnisses des Gläubigers« erfolgt. Im Mittelpunkt steht die Voraussetzung der sittenwidrigen Härte, bei deren Prüfung nur ganz besondere Umstände herangezogen werden dürfen und das Schutzbedürfnis des Gläubigers berücksichtigt werden muß.

8

**a) Ganz besondere Umstände:** Das Erfordernis »ganz besonderer Umstände« macht deutlich, daß der Vollstreckungsschutz über alle besonderen gesetzlichen Vollstreckungsschutzvorschriften hinaus[32] die krasse Ausnahme bleiben muß.[33] Allein der Schmerz über den Verlust von Gegenständen, die man mit erheblichem Aufwand erworben hat oder an denen man gefühlsmäßig besonders hängt, ist kein solcher »ganz besonderer Umstand«, da er mehr oder minder jeden Schuldner, ob alt oder jung, ob krank oder gesund, trifft. Gleiches gilt für die Notwendigkeit, trotz angespannter Vermögenslage als Folge der Zwangsvollstreckung neue finanzielle Aufwendungen machen zu müssen (Umzug in eine neue Wohnung;[34] Wiederbeschaffung von Gegenständen). Drohende Arbeitslosigkeit[35] oder das Angewiesensein auf Sozialhilfe[36] reichen ebenfalls nicht aus. Die besonderen Umstände müssen die konkrete Zwangsvollstreckung gegen diesen Schuldner von der Vollstreckung vergleichbarer Titel gegen andere

9

---

29 OLG Frankfurt, OLGZ 1981, 250; OLG Hamburg, MDR 1970, 426; LG Frankenthal, Rpfleger 1984, 68; *Bloedhorn*, DGVZ 1976, 104; *Bruns/Peters*, § 48 I 3; a.A. AG Braunschweig, DGVZ 1975, 12.
30 Vergl. Vor §§ 765 a–777 Rdn. 5 sowie Anh. § 767 Rdn. 3.
31 *Walker/Gruß*, NJW 1996, 352, 353.
32 Siehe oben Rdn. 2.
33 OLG Hamm, NJW 1965, 1386; OLG Karlsruhe, WM 1967, 1287; OLG Köln, MDR 1954, 232; LG Wiesbaden, MDR 1955, 620; i.E. ebenso *Brox/Walker*, Rdn. 1479.
34 Vergl. jedoch hierzu den Fall OLG Köln, NJW-RR 1995, 1039 f.
35 LG Wiesbaden, DGVZ 1994, 120.
36 OLG Düsseldorf, DGVZ 1986, 116.

§ 765 a                                              *Allgemeine Härteklausel*

Schuldner unterscheiden. Sie können in der Person des Schuldners (hohes Alter,[37] Krankheit,[38] körperliche oder psychische Gebrechen,[39] Schwangerschaft[40] u. ä.), des Gläubigers (erkennbare Absicht, den Schuldner zu schikanieren, ohne materielles Eigeninteresse an der Vollstreckung[41]), im Zeitpunkt der Vollstreckung (z. B. wenige Tage vor der Bezugsmöglichkeit einer Ersatzwohnung;[42] kurz vor Schulende bei einer Familie mit vier schul- bzw. kindergartenpflichtigen Kindern;[43] an einem Tag, für den schon seit längerem ein besonderes Familienfest geplant ist; am Beerdigungstag eines nahen Angehörigen usw.), im Ergebnis der Zwangsvollstreckung (Verlust eines nicht wiederzubeschaffenden Gegenstandes wegen einer recht geringfügigen Forderung) liegen. Eine Sonderregelung enthält Abs. 1 S. 2 für den Fall, daß durch die Zwangsvollstreckung ein Tier betroffen wird. Hier können die »besonderen Umstände« auch aus den Lebensumständen und der Psyche des Tieres herrühren.

10    b) **Mit den guten Sitten unvereinbare Härte:** Wegen dieser Umstände muß die Vollstreckungsmaßnahme für den Schuldner eine Härte bedeuten, die mit den guten Sitten nicht vereinbar ist. Es genügt also nicht die Feststellung, daß Umstände vorliegen, die diese Vollstreckung zu Lasten des Schuldners von anderen unterscheidet. Eine sittenwidrige Härte für den Schuldner ist zu bejahen, wenn eine ernsthafte Gefährdung[44] seiner Gesundheit (Gefahr eines Schlaganfalles, Selbstmordgefahr,[45] Gefahr einer Frühgeburt, erhebliche Verschlechterung eines Krankheitsbildes) oder eine gröbliche Mißachtung seiner Menschenwürde (Zwangsräumung der Wohnung eines Sterbenden,[46] auch wenn eine Beschleunigung des Todes nicht nachweisbar) droht. Selbst konkrete Gefahren für Leben oder Gesundheit des Schuldners sind aber keine absoluten Schuldnerschutzgründe, sondern erfordern eine Abwägung mit den Vollstreckungsinteressen des Gläubigers.[47] Unabhängig von einer konkreten Gesundheitsgefahr wird Vollstrek-

---

37 OLG Frankfurt, OLGZ 1980, 482; LG Heilbronn, DGVZ 1980, 111; LG Lübeck, ZMR 1970, 122; AG Lübeck, ZMR 1970, 372; AG Sonthofen, ZMR 1970, 372.
38 BVerfGE 62, 214, 220; KG, MDR 1967, 309; OLG Hamm, Rpfleger 1970, 405; LG Köln, DGVZ 1989, 185.
39 LG Mannheim, MDR 1965, 914.
40 OLG Frankfurt, OLGZ 1980, 482; LG Bonn, DGVZ 1994, 75.
41 OLG Frankfurt, JurBüro 1980, 1898. Vergl. *Zöller/Stöber*, § 765a Rdn. 9, 13 m.w.N. Keine Schikane ist es regelmäßig, wenn der Gläubiger, um die Vollstreckungsmöglichkeiten auszuloten, erst einmal wegen eines Teilbetrages Vollstreckungsauftrag erteilt (LG München II, DGVZ 1984, 28).
42 LG Köln, ZMR 1970, 122; LG Stuttgart, Rpfleger 1985, 71 (mit Anm. *Rupp/Fleischmann*); AG Köln, ZMR 1971, 158.
43 OLG Köln, NJW-RR 1995, 1163.
44 BVerfG, NJW 1979, 1719; KG, NJW-RR 1995, 848; OLG Köln, DGVZ 1990, 9; NJW 1993, 2248 f.; *Baumbach/Lauterbach/Hartmann*, § 765 a Rdn. 19 m.w.N.; *Brox/Walker*, Rdn. 1482 m.w.N.; *Zöller/Stöber*, § 765 a Rdn. 2.
45 BVerfG, NJW 1979, 2607; 1991, 3207; 1992, 1155; 1994, 1272; 1994, 1719; KG, NJW-RR 1995, 848; OLG Köln, NJW 1993, 2248 f.; *Walker/Gruß*, NJW 1996, 352.
46 Vergl. LG Stade, ZMR 1993, 339 f.
47 KG, NJW-RR 1995, 848; OLG Köln, NJW 1993, 2248, 2249; *Walker/Gruß*, NJW 1996, 352, 354.

# Allgemeine Härteklausel § 765 a

kungsschutz ferner sechs Wochen vor und acht Wochen nach einer Entbindung gewährt.[48] Ferner kann eine sittenwidrige Härte dann vorliegen, wenn etwa der Gläubiger eines Räumungsanspruches selbst (z. B. durch negative Informationen über den Schuldner) die Ursache dafür gesetzt hat, daß der Schuldner keine andere Wohnung findet.[49] Die Eigentumsbeeinträchtigung (Art. 14 GG) durch Verlust eines wertvollen Gegenstandes im Rahmen der Zwangsverwertung kann nur dann ausnahmsweise eine sittenwidrige Härte für den Schuldner darstellen, wenn der Gläubiger andere Möglichkeiten hat und nicht wahrnimmt, um seinen Anspruch zu befriedigen,[50] insbesondere, wenn dem Gläubiger ein zu seiner Befriedigung ausreichender Betrag bereitgestellt ist, dessen Auszahlung nur an einer mangelnden Mitwirkung des Gläubigers scheitert.[51] Dagegen kann das Mißverhältnis zwischen beizutreibender Forderung und dem Wert des Vollstreckungsobjekts allein, wenn für den Gläubiger keine andere Möglichkeit der Vollstreckung besteht, die Sittenwidrigkeit grds.[52] nicht begründen.[53] Ansonsten wären geringwertige Forderungen zu Naturalobligationen degradiert. Gerade bei geringwertigen Forderungen ist zu beachten, daß es dem Schuldner leichter fallen müßte, sie zu befriedigen, und daß es oft nicht Unvermögen zur freiwilligen Leistung, sondern Uneinsichtigkeit oder Rechthaberei (trotz des ergebnislosen Ausschöpfens aller Rechtsbehelfe) sind, die die Zwangsvollstreckung solcher Forderungen erforderlich machen. Aus dem gleichen Grunde ist es nicht sittenwidrig, wenn die Kosten einer Vollstreckungsmaßnahme die beizutreibende Forderung deutlich übersteigen, sofern der Gläubiger keine zumutbare kostengünstigere Vollstreckungsmöglichkeit hat.[54] Eine sittenwidrige Härte kann schließlich in ungewöhnlichen wirtschaftlichen Nebenfolgen für den Schuldner liegen, die mit dem eigentlichen Vollstreckungsvorgang nichts zu tun haben, z. B. wenn der Schuldner als Folge der Pfändung des an sich geringwertigen Anteils an einer Wohnungsbaugenossenschaft seine langjährig von ihm bewohnte Wohnung verlöre und infolge seiner geringen Einkünfte obdachlos würde.[55]

In der Einleitung eines Zwangsversteigerungsverfahrens liegt noch keine sittenwidrige Härte für den Schuldner darin, daß dem betreibenden Gläubiger soviele vorrangig Berechtigte vorgehen, daß vermutlich kein dem Gläubiger auszukehrender Barerlös

---

48 LG Bonn, DGVZ 1994, 75.
49 OLG Köln, NJW-RR 1995, 1039.
50 *Zeller/Stöber*, § 1 ZVG Rdn. 64.13; viel zu weitgehend BVerfGE 49, 220 ff., insbesondere das Minderheitenvotum *Böhmer*, a.a.O. S. 237.
51 OLG Koblenz, Rpfleger 1985, 499 und 1986, 62.
52 Ausnahmen (z. B. Versteigerung eines wertvollen Grundstücks wegen einer Restforderung von 10 DM) sind allerdings nicht vollständig ausgeschlossen.
53 So aber offensichtlich für die Zwangsversteigerung eines Grundstücks BVerfGE 49, 220 ff.; im Ergebnis wie hier OLG Celle, ZIP 1981, 1005; OLG Frankfurt, Rpfleger 1979, 391; Rpfleger 1976, 25; LG Frankenthal, Rpfleger 1979, 433; LG Wuppertal, NJW 1980, 297; AG Braunschweig, DGVZ 1981, 186; AG Dinslaken, DGVZ 1982, 159; AG Karlsruhe, DGVZ 1986, 92; AG Staufen, DGVZ 1978, 189.
54 LG Wuppertal, NJW 1980, 297; AG Dinslaken, DGVZ 1982, 159; a. A. AG Kamen, DGVZ 1983, 190.
55 OLG Frankfurt, ZMR 1984, 154.

verbleibt.[56] Das Ergebnis einer Grundstücksversteigerung ist selten vorab genau einzuschätzen;[57] zudem ist an die Möglichkeit des § 114 a ZVG zu denken.[58] §§ 30 a ff. ZVG bieten dem Schuldner im übrigen hinreichende Möglichkeiten, eine Befriedigung des Gläubigers auch noch nach Einleitung des Zwangsversteigerungsverfahrens in einer Weise anzustreben, daß letztlich die Versteigerung unterbleiben kann. Allenfalls dann, wenn eine Versteigerung offensichtlich zwecklos ist, kann nach einer Mindermeinung eine analoge Anwendung von § 803 II ZPO in Betracht kommen.[59]

Daß der Titel, der vollstreckt werden soll, noch nicht rechtskräftig ist und der Schuldner hofft, daß auf sein Rechtsmittel hin der Titel abgeändert wird, läßt die Vollstreckungsmaßnahmen für sich genommen nie als sittenwidrige Härte für den Schuldner erscheinen.[60] Ansonsten würde das Institut der vorläufigen Vollstreckbarkeit völlig ausgehöhlt. Der Schuldner muß in diesen Fällen die einstweilige Einstellung der Zwangsvollstreckung beim Prozeßgericht gem. §§ 707, 719 ZPO beantragen.[61]

In allen Fällen muß die Vollstreckungsmaßnahme eine besondere Härte für den Schuldner selbst, nicht nur für von der Vollstreckung mitbetroffene **Dritte** bedeuten.[62] Allerdings kann das Schicksal des Dritten im Einzelfall den Schuldner selbst so sehr persönlich berühren, daß im Betroffensein des Dritten auch eine sittenwidrige Härte für den Schuldner liegt.[63] Eine Ausnahme insoweit macht Abs. 1 S. 2, sofern die Vollstreckung dem Schuldner anvertraute Tiere betrifft. Deren Belange sind vom Gericht bei der Abwägung mit zu berücksichtigen.

Die Sittenwidrigkeit der Härte wird nicht schon dadurch ausgeschlossen, daß der Schuldner sich durch eigene Maßnahmen (etwa durch Übertragung wesentlicher Vermögensteile auf nahe Angehörige) selbst in eine wirtschaftliche Situation gebracht hat, daß ihn nun Vollstreckungsmaßnahmen in seiner Existenz gefährden und ungewöhnlich hart treffen.[64] Bei der erforderlichen Abwägung der Gläubiger- und Schuldnerinteressen (siehe Rdn. 11) kann dieses Schuldnerverhalten allerdings ins Gewicht fallen.[65] Insoweit ist es etwa bei der Räumungsvollstreckung zu berücksichtigen,

---

56 OLG Köln, MDR 1972, 877; LG Hannover, MDR 1984, 764; LG Lüneburg, MDR 1976, 1027; LG Oldenburg, Rpfleger 1982, 303.
57 OLG Koblenz, Rpfleger 1986, 25.
58 OLG Frankfurt, JurBüro 1976, 543 (mit Anm. *Mümmler*).
59 LG Augsburg, Rpfleger 1986, 146; LG Frankfurt, Rpfleger 1989, 35; LG Regensburg, NJW-RR 1988, 447; a. M. OLG Hamm, Rpfleger 1989, 34; LG Berlin, Rpfleger 1987, 209; LG Göttingen, Rpfleger 1988, 420; LG Krefeld, Rpfleger 1994, 35; LG Münster, Rpfleger 1989, 34 f.; LG Dortmund, JurBüro 1988, 1417; LG Freiburg, Rpfleger 1989, 469.
60 OLG Frankfurt, MDR 1981, 412.
61 LG Mannheim, MDR 1968, 590.
62 OLG Schleswig, SchlHA 1956, 115; AG Groß-Gerau, Rpfleger 1983, 407.
63 OLG Frankfurt, NJW-RR 1994, 81; LG Magdeburg, Rpfleger 1995, 470 f. (siebenköpfige Familie, von denen mehrere Kinder schwerbehindert bzw. schulpflichtig sind); AG Groß-Gerau, Rpfleger 1983, 407.
64 Wie hier *Brox/Walker*, Rdn. 1482; *Zöller/Stöber*, § 765 a Rdn. 7; a. A. KG, MDR 1960, 234; OLG Hamm, JurBüro 1960, 24.
65 LG Hildesheim, NJW-RR 1995, 1164; *Walker/Gruß*, NJW 1996, 352, 355.

wenn der Schuldner sich nicht um eine Ersatzwohnung bemüht[66] oder wenn der suizidgefährdete Schuldner nichts unternimmt, um seine extreme Reaktion auf die Vollstreckung zu verhindern.[67] Ferner spricht es im Zweifel gegen eine sittenwidrige Härte der Räumungsvollstreckung, wenn der Schuldner an den Gläubiger weder Miete noch sonst eine Nutzungsentschädigung zahlt.[68]

Die Sittenwidrigkeit ist objektiv an Hand der tatsächlichen Gegebenheiten festzustellen.[69] Es ist nicht erforderlich, daß den Gläubiger persönlich ein moralischer Vorwurf trifft.[70] Es genügt, daß allein das Ergebnis der Vollstreckungsmaßnahme das sittliche Bewußtsein aller billig und gerecht Denkenden verletzt.

c) **Berücksichtigung des Schutzbedürfnisses des Gläubigers:** Die Feststellung der Sittenwidrigkeit darf letztlich erst erfolgen, wenn nach Feststellung einer besonderen Härte der jeweiligen Maßnahme für den Schuldner auch eine Würdigung des Schutzbedürfnisses des Gläubigers vorgenommen wurde.[71] Hier ist insbesondere zu bedenken, daß der Gläubiger schon einen Titel erstritten hat:[72] Er kann darauf vertrauen, daß der Staat die Durchsetzung dessen, was er selbst für rechtens erklärt hat, nicht verweigern wird. Der Schuldner ist in der Regel auch nicht ohne sein Zutun Schuldner geworden: Er hat eine Leistung des Gläubigers erhalten, oder er hat diesem Schaden zugefügt. Es ist ein materielles Ungleichgewicht zu Lasten des Gläubigers entstanden, das wieder ausgeglichen werden muß. Dieses Ungleichgewicht kann um so drückender sein, wenn es sich etwa um Unterhaltsansprüche des Gläubigers oder um Ansprüche aus unerlaubter Handlung handelt. Im Einzelfall ist zugunsten des Gläubigers ferner in Rechnung zu stellen, daß er etwa selbst dringend auf den Bezug der vom Schuldner zu räumenden Wohnung[73] oder auf den Eingang von Zahlungen angewiesen ist, um seine eigenen Verpflichtungen zu erfüllen, seinen Betrieb fortführen oder gar den Insolvenzeintritt abwenden zu können.[74] Der Gläubiger kann deshalb nicht auf andere Vollstreckungsarten verwiesen werden, die erheblich unsicherer sind als die von ihm ge-

11

---

66 Vergl. OLG Köln, NJW-RR 1995, 1163; LG Hannover, Rpfleger 1986, 439; LG Heilbronn, WuM 1993, 364; LG Hildesheim, NJW-RR 1995, 1164; LG Wuppertal, DGVZ 1995, 41 f.; *Walker/Gruß*, NJW 1996, 352, 355.
67 BVerfG, NJW 1992, 1155; OLG Köln, NJW 1993, 2248; *E. Schneider*, JurBüro 1994, 321, 324; *Walker/Gruß*, NJW 1996, 352, 355.
68 Vergl. OLG Köln, WM 1987, 1347; LG Bonn, WuM 1991, 284; LG Braunschweig, DGVZ 1991, 187; LG Darmstadt, Rpfleger 1991, 117 f.; LG Heilbronn, WuM 1993, 364; LG Hildesheim, NJW-RR 1995, 1164; **a. M.** LG Stade, ZMR 1993, 339, falls der Schuldner nur noch eine geringe Lebenserwartung hat.
69 AG Hannover, Rpfleger 1990, 174.
70 *Bruns/Peters*, § 48 II 1.
71 Zu Einzelheiten zu den berücksichtigungsfähigen Gläubigerinteressen bei der Räumungsvollstreckung siehe *Walker/Gruß*, NJW 1996, 352, 355 f.
72 BVerfGE 52, 214, 222; OLG Hamm, NJW 1957, 68; LG Braunschweig, DGVZ 1991, 187; LG Kempten, MDR 1969, 1015; *E. Schneider*, JurBüro 1994, 321, 324; *Walker/Gruß*, NJW 1996, 352.
73 OLG Köln, NJW-RR 1995, 1163; *E. Schneider*, JurBüro 1994, 321, 324; *Walker/Gruß*, NJW 1996, 352, 355.
74 *Walker/Gruß*, NJW 1996, 352, 355 f.

wählte,[75] da ihm u. U. ein nutzloses Zuwarten, nutzlose weitere Kosten und das Risiko, am Ende noch am Prioritätsgrundsatz zu scheitern, zugemutet würden. Ebenso kann es dem Gläubiger nicht angelastet werden, daß er den kostengünstigsten Vollstreckungsversuch unternimmt oder zunächst nur die Vollstreckung eines Teilbetrages betreibt, da er sein Kostenrisiko natürlich mitberücksichtigen darf. Schließlich fällt zugunsten des Gläubigers ins Gewicht, daß es ihm nicht zuzumuten ist, die Aufgaben der Sozialbehörden zu übernehmen.[76]

Ein anderer Maßstab als an Privatpersonen als Gläubiger ist an die **öffentliche Hand** als Gläubigerin anzulegen. Für sie gilt auch im Rahmen der Zwangsvollstreckung das **Übermaßverbot**:[77] So ist z. B. eine Haftvollstreckung, die den Schuldner wegen einer geringfügigen Forderung zur Vermögensoffenbarung zwingen soll, abzubrechen, wenn sie nicht in angemessener Zeit zum Erfolg führt. Die Zwangsversteigerung des vom Schuldner selbst bewohnten Einfamilienhausgrundstücks durch die öffentliche Hand als Gläubigerin hat zu unterbleiben, wenn das Meistgebot deutlich unter der Grenze des § 85 a ZVG liegt, auch wenn kein anderes Schuldnervermögen vorhanden ist.[78]

Bei der Interessenabwägung auf Gläubigerseite sind ebensowenig wie auf Schuldnerseite die Interessen und das Schutzbedürfnis Dritter zu berücksichtigen, soweit die Belange der Dritten nicht gleichzeitig unmittelbare Belange des Gläubigers sind. Benötigt etwa der Gläubiger das Geld dringend, um die Zwangsversteigerung des Hauses seiner Ehefrau, in dem sich die gemeinschaftliche eheliche Wohnung befindet, abzuwenden, so stellt das Interesse der Ehefrau am Erhalt ihres Hauses auch ein eigenes dringendes Interesse des Ehemannes, also hier des Gläubigers, dar. Zur Berücksichtigung der schutzwürdigen Belange betroffener Tiere siehe oben Rdn. 9, 10.

12  VI. Verfahren:

1. **Antrag:** Vollstreckungsschutz nach § 765 a ZPO wird nur auf Antrag gewährt.[79] Dieses Antragserfordernis ist mit dem Grundgesetz vereinbar.[80] Denn in erster Linie muß der Schuldner selbst beurteilen, ob ihn etwas ungewöhnlich hart trifft oder ob er gegebenenfalls bereit ist, etwa zur Verringerung seiner Schulden Härten bewußt in Kauf zu nehmen. Der Antrag muß allerdings nicht ausdrücklich auf § 765 a ZPO bezogen werden. Es genügt ein Vorbringen, das zeigt, daß der Schuldner besondere Umstände, die die Vollstreckungsmaßnahme als unbillige Härte erscheinen lassen, geltend machen will.[81] Der Antrag kann auch mit anderen, insoweit ausdrücklich gestellten Anträgen verbunden sein, etwa mit der Erinnerung nach § 766 ZPO oder einem Einstellungsantrag nach § 30 a ZVG.[82] Ein Antrag nach § 30 a ZVG enthält aber nicht

---

75 *Zeller/Stöber*, § 1 ZVG Rdn. 64.13.
76 OLG Düsseldorf, DGVZ 1986, 116; OLG Frankfurt, Rpfleger 1981, 24; LG Braunschweig, DGVZ 1986, 116; DGVZ 1991, 187; *Walker/Gruß*, NJW 1996, 352, 353.
77 LG Wuppertal, DGVZ 1986, 90.
78 BVerfGE 46, 325 ff.
79 OLG Neustadt, MDR 1956, 750; LG Limburg, Rpfleger 1977, 219.
80 BVerfG, NJW 1983, 560 (mit Anm. *Weber* in JuS 1983, 385).
81 OLG Frankfurt, Rpfleger 1979, 391; *Brox/Walker*, Rdn. 1474; MüKo/*Arnold*, § 765 a Rdn. 77.
82 BVerfGE 49, 220, 225; *Rosenberg/Gaul*, § 43 V 2; *E. Schneider*, MDR 1980, 617 und MDR 1983, 246.

automatisch einen Antrag auf Vollstreckungsschutz nach § 765a ZPO.[83] Ergibt das Vorbringen des Schuldners die Möglichkeit, daß ein besonderer Härtefall i. S. § 765a Abs. 1 ZPO vorliegen könnte, so ist der Schuldner auf das Antragserfordernis gem. § 139 ZPO hinzuweisen. Ein solcher Hinweis würde keinen Befangenheitsantrag rechtfertigen. Er erscheint vielmehr sogar verfassungsrechtlich geboten,[84] um ein rechtstaatliches Verfahren zu gewährleisten. Das Unterlassen des Hinweises kann ein Verfahrensfehler i. S. § 83 Nr. 6 ZVG sein, der mit der Zuschlagsbeschwerde gerügt werden kann.

**2. Zuständiges Gericht:** Zuständig zur Entscheidung über den Antrag ist das Vollstreckungsgericht,[85] und zwar auch dann, wenn ein Titel eines Arbeitsgerichts oder eines Familiengerichts[86] vollstreckt wird. Das Vollstreckungsgericht, und nicht das Prozeßgericht, entscheidet auch, wenn Vollstreckungsschutz gegen eine drohende oder im Rahmen einer bereits angelaufenen Zwangsvollstreckung nach §§ 887 ff., 890 ZPO beantragt wird. So ist etwa der im Erkenntnisverfahren vergessene Antrag auf Gewährung einer Aufbrauchsfrist in Wettbewerbsstreitigkeiten[87] als besondere Form der einstweiligen Aussetzung der Zwangsvollstreckung beim Amtsgericht anzubringen, auch wenn der Unterlassungstitel vom Oberlandesgericht stammt. Über den Antrag entscheidet der Rechtspfleger (§ 20 Nr. 17 RPflG). Ist der Antrag zusammen mit einer Erinnerung nach § 766 ZPO gestellt, hat ihn der Richter gem. § 6 RPflG im Zusammenhang mitzuentscheiden. Wird der Antrag erstmals mit der sofortigen Beschwerde oder befristeten Durchgriffserinnerung gegen eine sonstige vollstreckungsgerichtliche Entscheidung gestellt, so ist er nicht mit vom Beschwerdegericht zu entscheiden, sondern von der Beschwerde, mit der er ja auch sachlich nicht zusammenhängt, zu trennen und zunächst vom Vollstreckungsgericht erstinstanzlich zu entscheiden.[88]

**3. Maßgeblicher Zeitpunkt:** Der Antrag kann ab dem Zeitpunkt gestellt werden, in dem die Zwangsvollstreckung droht.[89] Das ist in der Regel der Fall, sobald ein Vollstreckungstitel vorliegt. Bei der Räumungsvollstreckung ist es spätestens der Zeitpunkt der Ankündigung des Räumungstermins[90] bzw. des Ablaufs etwaiger Räumungsfristen gem. §§ 721, 794a ZPO; bei der Unterlassungsvollstreckung kann ab Rechtskraft des Titels ein Rechtsschutzbedürfnis für die Gewährung einer Aufbrauchsfrist gegeben sein. Im Verfahren auf Abgabe der eidesstattlichen Versicherung kann der Antrag ab

---

83 OLG Karlsruhe, JurBüro 1995, 607; siehe schon Rdn. 6.
84 BVerfGE 42, 64 ff.
85 Siehe § 764 Rdn. 1 und 3.
86 A. A. für familiengerichtliche Räumungstitel nach der HausratVO OLG München, FamRZ 1978, 196.
87 Einzelheiten hierzu *von Gamm*, Wettbewerbsrecht, 5. Aufl., I. Halbband, Kap. 18 Rdn. 63 und II. Halbband, Kap. 57 Rdn. 12.
88 OLG Köln, NJW-RR 1989, 189; *Brox/Walker*, Rdn. 1476; *Zöller/Stöber*, § 765a Rdn. 24; a. A. OLG Schleswig, JurBüro 1975, 1508; OLG Stuttgart, OLGZ 1968, 446; *E. Schneider*, MDR 1983, 546; MüKo/*Arnold*, § 765a Rdn. 79; *Stein/Jonas/Münzberg*, § 765a Rdn. 27.
89 LG Heilbronn, WuM 1993, 364; *Brox/Walker*, Rdn. 1477.
90 Zum Zeitpunkt des Antrags bei der Räumungsvollstreckung siehe auch Rdn. 14a.

Ladung zur Offenbarungsversicherung gestellt werden und nicht erst mündlich im Termin zusammen mit dem Widerspruch nach § 900 Abs. 5 ZPO.[91] Er kann verbunden sein mit einem Antrag nach § 900 Abs. 4 ZPO, aber auch isoliert gestellt werden. Die mit dem Widerspruch geltend zu machenden Gründe decken sich nicht mit dem, was zu § 765 a ZPO nachgewiesen werden muß. Deshalb besteht auch keine Notwendigkeit, mit der Entscheidung bis zum Termin zu warten.

Über den Antrag kann nur bis spätestens zur Beendigung der Zwangsvollstreckung entschieden werden,[92] da eine Entscheidung nach § 765 a ZPO wie alle vollstreckungsinternen Rechtsbehelfe die rechtskräftigen materiellrechtlichen Folgen der endgültig beendeten Vollstreckung nicht mehr rückgängig machen kann. Dabei ist jeweils abzustellen auf die konkrete Vollstreckungsmaßnahme, gegen die Schutz begehrt wird: So kann der Schuldner auch nach Räumung seiner Wohnung und der Besitzeinweisung des Gläubigers noch Vollstreckungsschutz nach § 765 a ZPO gegen die Maßnahmen beantragen, die der Gerichtsvollzieher hinsichtlich der geräumten beweglichen Sachen des Schuldners nach § 885 Abs. 2-4 ZPO trifft.[93] Andererseits kann der späteste Zeitpunkt für die Antragstellung durch zwingende Verfahrensvorschriften auch in ein früheres Stadium vor Beendigung der Zwangsvollstreckung vorverlegt sein. So muß ein Antrag, durch den die Zwangsversteigerung eines Grundstücks einstweilen aufgeschoben und der Zuschlag verhindert werden soll, schon vor der Entscheidung über den Zuschlag gestellt sein.[94] Dies folgt daraus, daß mit Rücksicht auf die besondere Regelung, welche die Zuschlagsbeschwerde im ZVG erfahren hat, mit diesem Rechtsbehelf neue, dem Versteigerungsgericht noch nicht bekannte Tatsachen und Beweismittel nicht geltend gemacht werden können (§ 100 ZVG), auch wenn es sich um Gründe nach § 765 a ZPO handelt.[95] Ähnlich wie bei § 30 d Abs. 2 ZVG muß eine Ausnahme aus verfassungsrechtlichen Gründen aber dann gelten, wenn die Grundrechte des Schuldners aus Art. 1 Abs. 1, 2 Abs. 2 GG gefährdet würden, falls man bei der Entscheidung über die Zuschlagsbeschwerde nicht entsprechende neue Gründe zu § 765 a ZPO berücksichtigen könnte. Insoweit muß dann § 100 ZVG verfassungskonform ausgelegt und ergänzt werden. Ist der Antrag nach § 765 a ZPO zwar vor der Entscheidung über den Zuschlag, aber erst unmittelbar vor dem Versteigerungstermin ge-

---

91 So aber KG, MDR 1960, 1018; OLG Hamm, NJW 1965, 1339; NJW 1968, 2247; OLG Köln, Rpfleger 1969, 173.
92 Allgem. Meinung; *Rosenberg/Gaul*, § 43 V 2; *Brox/Walker*, Rdn. 1478; zu einer Ausnahme bei nachwirkender Beeinträchtigung LG Hamburg, WuM 1993, 417.
93 KG, NJW-RR 1986, 1510.
94 BGHZ 44, 144; OLG Celle, NdsRpfl 1978, 56; OLG Frankfurt, Rpfleger 1979, 391, Rpfleger 1975, 326; OLG Koblenz, MDR 1956, 558; NJW 1956, 1683; LG Frankenthal, Rpfleger 1984, 194; *Brox/Walker*, Rdn. 1478; *Rosenberg/Gaul*, § 43 IV 2 c; *E. Schneider*, MDR 1980, 617; *Zeller/Stöber*, § 1 ZVG Rdn. 70.9; a. A. (Antrag auch erstmals mit der Zuschlagsbeschwerde in der Beschwerdeinstanz möglich) OLG Bamberg, Rpfleger 1975, 144 mit Anm. *Schiffhauer*; KG, NJW 1965, 2408; NJW 1957, 428; OLG Düsseldorf, JMBl.NW 1962, 127; HansOLG Hamburg, MDR 1958, 432; OLG Köln, JMBl.NW 1959, 181; OLG München, MDR 1959, 930; OLG Schleswig, SchlHA 1957, 76.
95 BGHZ 44, 144; *Zeller/Stöber*, § 1 ZVG Rdn. 70.9. Ein nach § 100 ZVG zulässiger Beschwerdegrund kann es allerdings sein, daß das Gericht es unterlassen hatte, den Schuldner auf die Möglichkeit des § 765 a hinzuweisen, wenn die Möglichkeit eines erfolgreichen Vollstreckungsschutzantrages nahelag.

stellt worden, kann über ihn wegen der Notwendigkeit, den übrigen Beteiligten rechtliches Gehör zu gewähren (Rdn. 16), nicht mehr vor dem Versteigerungstermin entschieden werden. Wenn der Antrag begründet ist, muß der Zuschlag versagt werden (§ 33 ZVG). Wenn er unbegründet ist, wird der Zuschlag erteilt; darin liegt automatisch die Ablehnung einer einstweiligen Einstellung aus § 765 a ZPO.[96] Der Schuldner kann sein Rechtsmittel gegen die Zuschlagserteilung auch auf einen Verstoß gegen § 765 a ZPO stützen.

Bei der Räumungsvollstreckung ist das Vertrauen des Gläubigers, nach Ablauf der gerichtlichen Räumungsfrist vollstrecken zu können, besonders schutzwürdig, da er im Vertrauen auf die Räumung möglicherweise weitervermietet, seine eigene Wohnung verkauft oder kündigt oder Renovierungsarbeiten in Auftrag gibt. Wenn der Schuldner erst kurzfristig vor dem Räumungstermin Vollstreckungsschutz nach § 765 a ZPO beantragt, besteht die Gefahr, daß die von dem Gläubiger im Hinblick auf den Räumungstermin getätigten Aufwendungen nutzlos werden. Um das zu vermeiden, sieht der Entwurf eines Zweiten Gesetzes zur Änderung zwangsvollstreckungsrechtlicher Vorschriften vom 27.1.1995[97] einen neuen Abs. 3 vor. Danach sollen »Anordnungen nach Abs. 1 in Räumungssachen nur ergehen, wenn der Antrag spätestens zwei Wochen vor dem festgesetzten Räumungstermin gestellt wird, es sei denn, daß die Gründe, auf denen der Antrag beruht, erst nach diesem Zeitpunkt entstanden sind oder der Schuldner ohne sein Verschulden an einer rechtzeitigen Antragstellung gehindert war.« Mit der Formulierung »sollen« wird klargestellt, daß in besonders gelagerten Ausnahmefällen auch ein später gestellter Antrag berücksichtigt werden kann. Die Dauer der Zwei-Wochen-Frist entspricht der für die Verlängerung der Räumungsfrist geltenden Regelung in §§ 721 Abs. 3 S. 2, 794 a Abs. 1 S. 2 ZPO.

**4. Form des Antrages:** Der Antrag ist an keine Form gebunden. Er kann also mündlich zu Protokoll oder schriftlich gestellt werden. Da der Schuldner den Antrag persönlich stellen kann, ist es nicht erforderlich, daß er § 765 a ZPO oder auch nur termini technici aus der Norm erwähnt. Der Antrag muß nur seinem Inhalt nach erkennen lassen, daß um Vollstreckungsschutz wegen besonderer persönlicher Umstände nachgesucht wird, die sich als ungewöhnliche Härte für den Schuldner darstellen.

Der Antrag kann nur vom Schuldner gestellt werden. Die Norm ist nicht entsprechend auf Dritte oder gar den Gläubiger anwendbar.[98]

**5. Rechtsschutzbedürfnis:** Das Rechtsschutzbedürfnis für eine Entscheidung nach § 765 a ZPO fehlt, wenn der Schuldner sein Ziel auf einfacherem und billigerem Wege erreichen kann. Ist etwa das Erkenntnisverfahren noch nicht abgeschlossen und besteht in diesem Verfahren noch die Möglichkeit, eine einstweilige Einstellung der Zwangsvollstreckung nach §§ 707, 719 ZPO durch das Prozeßgericht zu erwirken, besteht für einen auf § 765 a ZPO gestützten Einstellungsantrag an das Vollstreckungsgericht kein Rechtsschutzbedürfnis.[99] Ebenso fehlt das Rechtsschutzbedürfnis, wenn

---

96 OLG Karlsruhe, Rpfleger 1995, 471 f.
97 BT-Drucks. 13/341, S. 5.
98 A. A. *Pöschl*, BWNotZ 1967, 129; zutreffend hiergegen *Zeller/Stöber*, § 1 ZVG Rdn. 63.3.
99 LG Mannheim, MDR 1968, 590; **a. A.** *Stein/Jonas/Münzberg*, § 765 a Rdn. 21.

für das Rechtsschutzziel ein spezielleres Antragsverfahren in der ZPO vorgesehen ist und dieser Weg noch begangen werden kann.[100] Führt das speziellere Verfahren nicht zum gleichen Erfolg, können beide Anträge auch miteinander verbunden werden: § 850 f. Abs. 1 ZPO z. B. erlaubt es nur, »einen Teil« des pfändbaren Arbeitseinkommens dem Schuldner zusätzlich zu belassen. Über § 765 a ZPO kann für eine befristete Zeit auch der Rest der Vollstreckung entzogen werden.[101] Mit Beendigung der Zwangsvollstreckungsmaßnahme endet auch das Rechtsschutzinteresse für einen Antrag nach § 765 a ZPO. Eine Ausnahme ist möglich, wenn die Beeinträchtigung der Maßnahme noch fortwirkt.[102]

17   6. **Rechtliches Gehör:** Über den Antrag kann ohne mündliche Verhandlung entschieden werden (§ 764 Abs. 3 ZPO). In jedem Falle **muß** dem Gläubiger aber vor der Verhandlung rechtliches Gehör gewährt werden, da ansonsten dessen persönliche Belange nicht ausreichend berücksichtigt werden können.

17a  7. **Einstweilige Anordnung:** Da der Antrag nach § 765 a ZPO das Vollstreckungsverfahren nicht hemmt, hat das Vollstreckungsgericht die Möglichkeit, in entsprechender Anwendung der §§ 766 Abs. 1 S. 2, 732 Abs. 2 ZPO einstweilige Anordnungen zu erlassen, um vorläufig schwere Nachteile vom Schuldner abzuwenden. Voraussetzung ist, daß der Schuldner diese Nachteile glaubhaft gemacht hat.[103] Im Entwurf eines zweiten Gesetzes zur Änderung zwangsvollstreckungsrechtlicher Vorschriften vom 27. 1. 1995[104] ist vorgesehen, diese Befugnisse des Gerichts in einem neuen Satz 2 in Abs. 1 ausdrücklich zu regeln.

18   8. **Form und Inhalt der Entscheidung:** Die Entscheidung über den Antrag ergeht durch Beschluß. Hat eine mündliche Verhandlung stattgefunden, ist zu verkünden (§ 329 Abs. 1 S. 1 ZPO). Ist die Entscheidung ohne mündliche Verhandlung ergangen, ist sie zuzustellen (§ 329 Abs. 2 S. 2 ZPO). Wird dem Vollstreckungsschutzantrag durch den Beschluß stattgegeben, so kann die Entscheidung dahin lauten, daß die konkrete Vollstreckungsmaßnahme (nie die Zwangsvollstreckung schlechthin[105]) ganz oder teilweise aufgehoben, die Vornahme einer drohenden Vollstreckungsmaßnahme untersagt oder die Zwangsvollstreckung einstweilen eingestellt wird. Lautet der Tenor auf Aufhebung einer Vollstreckungsmaßregel, ist **Abs. 4** zu beachten; bei Aufhebung einer Forderungspfändung ist also schon im Tenor klar zu sagen, daß die Aufhebung erst mit Rechtskraft des Beschlusses erfolgt, damit der Drittschuldner nicht zu vorschnell an den Schuldner leistet.[106] Eine fälschlich erfolgte Aufhebung kann nicht rückwirkend aus der Welt geschafft werden. Es ist dann nur eine Neupfändung an bereiter Stelle,

---

100 Siehe oben Rdn. 2.
101 Einzelheiten § 850 f Rdn. 4.
102 LG Hamburg, WuM 1993, 417.
103 OLG Celle, MDR 1968, 333; *Brox/Walker*, Rdn. 1485; *Stein/Jonas/Münzberg*, § 765 a Rdn. 20.
104 BT-Drucks. 13/341, S. 4.
105 OLG Köln, Rpfleger 1994, 267; NJW-RR 1995, 1472.
106 Für diesen Fall vergl. OLG Stuttgart, NJW 1961, 34 mit Anm. *Riedel*.

Allgemeine Härteklausel § 765a

also gegebenenfalls mit Rangnachteilen für den Gläubiger möglich.[107] Auch wenn der Gerichtsvollzieher zur Aufhebung einer Pfändungsmaßnahme bezüglich einer beweglichen Sache angewiesen wird, sollte im Tenor klargestellt werden, daß er erst nach Rechtskraft des Beschlusses tätig werden darf. Fehlt eine solche Klarstellung, hat der Gerichtsvollzieher aber Abs. 4 auch von Amts wegen zu beachten.

Alle Maßnahmen sollten nur zeitlich befristet angeordnet werden, auch wenn Abs. 3 die Möglichkeit bietet (siehe unten Rdn. 21), auf Antrag den Beschluß später wieder aufzuheben oder abzuändern. Eine Untersagung der Vollstreckung ohne zeitliche Begrenzung kommt nur in ganz seltenen Ausnahmefällen in Betracht.[108] Erscheinen mehrere Maßnahmen möglich, um die besondere Härte für den Schuldner abzumildern oder von ihm abzuwenden, muß das Gericht sich für diejenige entscheiden, die den Gläubiger am wenigsten belastet.

9. **Rechtskraft:** Der Beschluß erwächst, wenn keine Rechtsmittel mehr gegen ihn möglich sind (siehe insoweit unten Rdn. 20), in formelle Rechtskraft (Abs. 4), er ist aber auch hinsichtlich der Gründe, die er beschieden hat, der materiellen Rechtskraft fähig.[109] Dies bedeutet, daß derselbe Antrag nicht aus den bereits beschiedenen Gründen, falls er nicht erfolgreich war, wiederholt werden kann. Ein solcher Antrag wäre unzulässig.[110] Dagegen steht die materielle Rechtskraft eines ersten erfolglosen Vollstreckungsschutzverfahrens, einem weiteren Vollstreckungsschutzverfahren nach § 765a ZPO nicht entgegen, wenn es auf neue Tatsachen gestützt ist, gleichgültig, ob diese schon früher geltend gemacht werden konnten.[111] Dies ist jedoch bei der Abwägung der Gläubiger- und Schuldnerinteressen zu berücksichtigen. 19

**VII. Rechtsmittel:** Gegen den Beschluß des Rechtspflegers, durch den dem Antrag stattgegeben wurde, kann der **Gläubiger** befristete Rechtspflegererinnerung gem. § 11 Abs. 1 S. 2 RPflG einlegen; den gleichen Rechtsbehelf hat der **Schuldner** gegen einen Beschluß, durch den sein Antrag zurückgewiesen wurde. Das Beschwerdegericht kann, wenn es den Antrag des Schuldners für begründet erachtet, selbst über den Vollstreckungsschutz entscheiden und dieselben Schutzmaßnahmen anordnen, die auch das Vollstreckungsgericht veranlassen könnte.[112] **Dritte,** die durch die Gewährung von Vollstreckungsschutz für den Schuldner indirekt belastet werden (z. B. der Meistbietende, der den Zuschlag wegen § 765a ZPO nicht erhält), können gegen die Vollstreckungsschutzentscheidung **nicht** ihrerseits Rechtspflegererinnerung einlegen, weil die Norm allein auf eine Abwägung der Gläubiger- und Schuldnerinteressen abstellt.[113] 20

Die Rechtspflegererinnerung ist bei dem Amtsgericht, dessen Rechtspfleger entschieden hat, einzulegen, nicht beim Beschwerdegericht.[114] Denn es hat ja noch der Amtsrichter darüber zu befinden, ob er der Erinnerung abhilft.

---

107 OLG Saarbrücken, OLGZ 1971, 425.
108 Dazu BVerfG, Rpfleger 1992, 259.
109 LG Traunstein, MDR 1962, 580; *Rosenberg/Gaul*, § 43 V 4; a. A. *Peters*, ZZP 1977, 145, 153.
110 OLG Hamburg, MDR 1959, 78.
111 OLG Köln, NJW 1993, 2248.
112 Die Möglichkeit, nach § 575 ZPO zurückzuverweisen, wird hierdurch nicht berührt.
113 OLG Saarbrücken, OLGZ 1966, 182.
114 OLG Stuttgart, MDR 1976, 852.

Gegen die Entscheidung des Beschwerdegerichts ist nur nach den allgemeinen Regeln der §§ 568 Abs. 2, 793 Abs. 2 ZPO weitere Beschwerde zulässig.[115]
Hat der Richter an Stelle des Rechtspflegers den Beschluß nach § 765 a ZPO erlassen, hat die durch die Entscheidung beschwerte Partei den Rechtsbehelf der sofortigen Beschwerde (§ 793 ZPO).
Einstweilige Maßnahmen (oben Rdn. 17) können bis zur eigentlichen Vollstreckungsschutzentscheidung mit der befristeten Rechtspflegererinnerung (§ 11 Abs. 1 S. 2 RPflG) angefochten werden, über die dann abschließend der Richter am Amtsgericht nach § 11 Abs. 2 S. 3 RPflG entscheidet (also keine Weiterleitung an das Beschwerdegericht).[116]

21 **VIII. Aufhebung wegen veränderter Sachlage (Abs. 3):** Ähnlich wie bei § 927 ZPO kann der Vollstreckungsschutzbeschluß auch nach Rechtskraft aufgehoben oder abgeändert werden, wenn die **Sachlage** (also nicht nur die Beweislage[117]) sich derart geändert hat, daß eine Reaktion geboten erscheint. Der Aufhebungs- oder Abänderungsbeschluß kann **nur auf Antrag** ergehen. Antragsberechtigt sind der eine (Teil-) Rücknahme des Vollstreckungsschutzes erstrebende Gläubiger und der eine Erweiterung erstrebende Schuldner. Der jeweilige Gegner ist zum Antrag zu hören. Es entscheidet immer das **erstinstanzliche** Vollstreckungsgericht, auch wenn der Vollstreckungsschutzantrag erst auf die Beschwerde hin in zweiter Instanz erlassen worden war.[118] Der Beschluß nach Abs. 3 ist nach denselben Regeln anfechtbar wie der ursprüngliche Beschluß nach Abs. 1 (oben Rdn. 20).

22 **IX. Eilaufschub durch den Gerichtsvollzieher (Abs. 2):** Wird dem Gerichtsvollzieher, der einen Anspruch auf Herausgabe von Sachen (einschließlich Wohnraum[119]) oder Personen zu vollstrecken hat (§§ 883–885 ZPO), glaubhaft gemacht, daß die Voraussetzungen des § 765 a ZPO zugunsten des Schuldners vorliegen **und** daß dem Schuldner die rechtzeitige Anrufung des Vollstreckungsgerichts nicht möglich war, so kann der Gerichtsvollzieher die Vollstreckung bis **längstens eine Woche**[120] hinausschieben. Die Vorschrift ist auf andere Vollstreckungen (insbesondere wegen Geldforderungen) **nicht** entsprechend anwendbar.[121] Der Gerichtsvollzieher hat bei seiner Entscheidung kein freies Ermessen, er ist vielmehr rechtlich gebunden, die Entscheidung nach den gleichen Kriterien zu treffen, die auch für das Vollstreckungsgericht gelten.[122] Auf Erwägungen, die das Vollstreckungsgericht seiner Entscheidung nicht zugrundelegen könnte (insbesondere materiellrechtliche Erwägungen zum zu vollstreckenden An-

---

115 OLG Karlsruhe, WuM 1956, 966.
116 *Rosenberg/Gaul*, § 43 V 2; a. A. (kein Rechtsmittel) OLG Celle, MDR 1968, 333.
117 Ebenso *Baumbach/Lauterbach/Hartmann*, § 765 a Rdn. 36.
118 *Donau*, NJW 1954, 1315; *Rosenberg/Gaul*, § 43 V 4.
119 LG Mannheim, MDR 1962, 907.
120 Auch in Ausnahmefällen kommt eine Fristverlängerung nicht in Betracht: AG Hameln, ZMR 1972, 285; AG Köln, MDR 1968, 248; AG Wuppertal, DGVZ 1993, 14; *Baumbach/Lauterbach/Hartmann*, § 765 a Rdn. 35.
121 *Baumbach/Lauterbach/Hartmann*, § 765 a Rdn. 34; *MüKo/Arnold*, § 765 a Rdn. 116.
122 A. A. (Ermessensentscheidung) *Hanke*, DGVZ 1986, 17 ff.; wie hier *Rosenberg/Gaul*, § 43 VI 2.

spruch), darf auch der Gerichtsvollzieher seine Aufschubsentscheidung nicht stützen. Wird dem Gerichtsvollzieher nach einer Woche nicht die Entscheidung des Vollstreckungsgerichts vorgelegt, **muß** er die Vollstreckung unverzüglich fortsetzen.

### X. Kosten des Vollstreckungsschutzantrages:

1. **Kostenlast:** Die Kosten des Vollstreckungsschutzantrages und die Entscheidung nach § 765 a ZPO sind grundsätzlich Kosten der Zwangsvollstreckung, die der Schuldner nach § 788 Abs. 1 ZPO zu tragen hat, auch wenn sein Antrag in der Sache erfolgreich war.[123] Es bedarf insoweit keiner ausdrücklichen Kostenentscheidung im Beschluß, wenn sie auch nicht schädlich ist.[124] Will das Gericht aber im Einzelfall von der Möglichkeit des § 788 Abs. 3 ZPO Gebrauch machen und dem Gläubiger die Kosten ganz oder teilweise auferlegen,[125] so bedarf es der ausdrücklichen entsprechenden Tenorierung. Nach § 788 Abs. 3 ZPO richtet sich die Kostenentscheidung auch dann, wenn die Parteien das Vollstreckungsschutzverfahren übereinstimmend für erledigt erklären.[126]

Die Kostenentscheidung für ein erfolgloses Beschwerdeverfahren ergibt sich aus § 97 ZPO. Bei einer erfolgreichen Beschwerde richtet sich die Kostenentscheidung nach §§ 91 ff. ZPO,[127] nicht nach § 788 Abs. 3.[128]

Die Verfahren nach § 765 a Abs. 1 und Abs. 3 ZPO sind gesonderte Verfahren, so daß eine Entscheidung im Ausgangsverfahren, § 788 Abs. 3 ZPO anzuwenden, nicht automatisch auch für das Aufhebungsverfahren gilt.

2. **Gebühren:** Jedes neue Verfahren nach § 765 a Abs. 1 oder Abs. 3 ZPO löst eine neue **Gerichtsgebühr** nach KV Nr. 1641 in Höhe von 20,- DM aus. Im Beschwerdeverfahren fällt nach KV Nr. 1905 eine Festgebühr von 50,- DM an, wenn die Beschwerde verworfen oder zurückgewiesen wird.

Der **Rechtsanwalt** erhält für jedes neue Verfahren nach § 765 a Abs. 1 und Abs. 3 ZPO eine 3/10-Gebühr der im § 31 BRAGO bestimmten Gebühren (§§ 57 Abs. 1, 58 Abs. 3 Nr. 3 BRAGO), die weder durch die allgemeine Vollstreckungsgebühr noch durch die sonstigen im Vollstreckungsverfahren bereits verdienten Gebühren (etwa durch ein Verfahren gem. § 766 ZPO) mit abgegolten ist.

Der für die Rechtsanwaltsgebühren maßgebliche **Streitwert** entspricht dem nach § 3 ZPO zu schätzenden Interesse des Schuldners an der beantragten Schutzmaßnahme (vergl. § 57 Abs. 2 S. 6 BRAGO), begrenzt durch den Wert des Vollstreckungsgegenstandes.[129] Das Interesse des Schuldners kann bei einem Räumungsschutzantrag nach

---

123 OLG Köln, NJW-RR 1995, 1163 f. ; LG Berlin, Rpfleger 1991, 219 f.
124 *Brox/Walker*, Rdn. 1488.
125 Einzelheiten § 788 Rdn. 27.
126 OLG Düsseldorf, NJW-RR 1996, 637.
127 BGH, NJW-RR 1989, 125 (zum erfolgreichen Erinnerungs- und Beschwerdeverfahren); *Baumbach/Lauterbach/Hartmann*, § 788 Rdn. 9; *Stein/Jonas/Münzberg*, § 788 Rdn. 42.
128 So aber OLG Karlsruhe, WuM 1986, 147; LG Göttingen, MDR 1956, 360; *Zöller/Stöber*, § 788 Rdn. 27.
129 *Thomas/Putzo*, § 765 a Rdn. 24.

der Höhe des für die begehrte Räumungsschutzzeit zu entrichtenden Miet- oder Nutzungsentgelts bemessen werden.[130]

**25 XI. ArbGG, VwGO, AO:**

§ 765 a ZPO gilt auch bei der Vollstreckung von arbeitsgerichtlichen Titeln (§§ 62 Abs. 2, 85 Abs. 1 S. 3 ArbGG) und von Titeln nach § 168 VwGO (§ 167 Abs. 1 VwGO). Für die Vollstreckung zugunsten der öffentlichen Hand gem. § 169 Abs. 1 VwGO verweist § 5 VwVG auf § 258 AO. Danach kann die Vollstreckungsbehörde die Vollstreckung »einstweilen einstellen oder beschränken oder eine Vollstreckungsmaßnahme aufheben«, »soweit im Einzelfall die Vollstreckung unbillig ist«.

---

130 LG Münster, Rpfleger 1996, 166.

## § 766 Erinnerung gegen Art und Weise der Zwangsvollstreckung

(1) ¹Über Anträge, Einwendungen und Erinnerungen, welche die Art und Weise der Zwangsvollstreckung oder das vom Gerichtsvollzieher bei ihr zu beobachtende Verfahren betreffen, entscheidet das Vollstreckungsgericht. ²Es ist befugt, die im § 732 Abs. 2 bezeichneten Anordnungen zu erlassen.

(2) Dem Vollstreckungsgericht steht auch die Entscheidung zu, wenn ein Gerichtsvollzieher sich weigert, einen Vollstreckungsauftrag zu übernehmen oder eine Vollstreckungshandlung dem Auftrag gemäß auszuführen, oder wenn wegen der von dem Gerichtsvollzieher in Ansatz gebrachten Kosten Erinnerungen erhoben werden.

### Inhaltsübersicht

| | | Rdn. |
|---|---|---|
| | Literatur | |
| I. | Anwendungsbereich der Norm | 1 |
| | 1. ArbGG, VwGO, AO | 2 |
| | 2. Vollstreckung im Grundbuch | 3 |
| | 3. Vollstreckung durch das Prozeßgericht | 4 |
| | 4. Abgrenzung zu §§ 793 ZPO, 11 Abs. 1 S. 2 RPflG | 5 |
| | 5. Abgrenzung zur unbefristeten Rechtspflegererinnerung | 6 |
| | 6. Vorrang des § 900 Abs. 5 ZPO | 7 |
| II. | Im Erinnerungsverfahren statthafte Einwendungen – allgemein: | 8 |
| | 1. Verfahrensrügen | 8 |
| | 2. Einwendungen aus Parteivereinbarungen | 9 |
| | 3. Abgrenzung zur Dienstaufsichtsbeschwerde | 10 |
| | 4. Zwangsmaßnahmen des Gerichtsvollziehers außerhalb der ZPO | 11 |
| | 5. Überprüfung des Kostenansatzes | 12 |
| III. | Erinnerungsbefugnis | 13 |
| | 1. Gläubiger | 14 |
| | 2. Schuldner | 15 |
| | 3. Betroffene Dritte | 16 |
| | 4. Gerichtsvollzieher | 17 |
| IV. | Ablauf des Erinnerungsverfahrens | 18 |
| | 1. Antrag | 18 |
| | 2. Zuständiges Gericht | 19 |
| | 3. Abhilfebefugnis | 20 |
| | 4. Zeitliche Grenzen | 21 |
| | 5. Rechtliches Gehör | 22 |
| | 6. Beweislast | 23 |
| | 7. Zulässigkeit der Erinnerung | 24 |
| | 8. Begründetheit der Erinnerung | 25, 26 |
| | 9. Maßgeblicher Zeitpunkt | 27 |
| | 10. Tenor der Erinnerungsentscheidung | 28 |
| | 11. Kostenentscheidung | 29 |
| | 12. Verkündung und Zustellung | 30 |

V. Rechtsmittel gegen die Entscheidung 31
VI. Rechtskraft der Entscheidung 32
VII. Einstweilige Maßnahmen 33

**Literatur:** *Bettermann,* Anfechtung und Kassation, ZZP 1975, 365; *Bischof,* Notwendige Sachentscheidung des Instanzgerichts bei Erinnerung, MDR 1976, 632; *J. Blomeyer,* Die Erinnerungsbefugnis Dritter in der Mobiliarvollstreckung, Diss. München 1966; *ders.,* Der Anwendungsbereich der Vollstreckungserinnerung, Rpfleger 1969, 279; *ders.,* Öffentliche Gewalt und Rechtsweg in der Zwangsvollstreckung, JR 1969, 289; *ders.,* Die Rechtsbehelfe von Arbeitnehmer und Arbeitgeber im Falle der Arbeitslohnpfändung, RdA 1974, 1; *Brehm,* Ändern sich gesetzliche Entscheidungszuständigkeiten durch Treu und Glauben?, JZ 1978, 262; *Brox/Walker,* Die Vollstreckungserinnerung, JA 1986, 57; *Bürck,* Erinnerung oder Klage bei Nichtbeachtung von Vollstreckungsvereinbarungen durch die Vollstreckungsorgane, ZZP 1972, 391; *Christmann,* Zum Beschwerderecht des Gerichtsvollziehers im Kostenprüfungsverfahren nach § 766 Abs. 2 ZPO, DGVZ 1990, 19; *Eickmann,* Das allgemeine Veräußerungsverbot nach § 106 KO und sein Einfluß auf das Grundbuch-, Vollstreckungs- und Zwangsversteigerungsverfahren, KTS 1974, 202; *Gaul,* Zulässigkeit und Geltendmachung vertraglicher Vollstreckungsbeschränkungen, JuS 1971, 371; *ders.,* Das Rechtsbehelfssystem der Zwangsvollstreckung - Möglichkeiten und Grenzen einer Vereinfachung, ZZP 1972, 251; *ders.,* Zur Rechtsstellung der Kreditinstitute als Drittschuldner in der Zwangsvollstreckung, 1978; *Geißler,* Das System des vollstreckungsinternen Rechtsschutzes, JuS 1986, 280; *ders.,* Meinungsstreit und Kostenfragen um das Beschwerderecht des Gerichtsvollziehers, DGVZ 1990, 105; *ders.,* Zum Beschwerderecht des Gerichtsvollziehers in der Zwangsvollstreckung, DGVZ 1985, 129; *Hein,* Ist die Arglisteinrede in den Verfahren nach §§ 766 und 765 a ZPO in der Mobiliarzwangsvollstreckung in die eigene Abzahlungssache zulässig?, ZZP 69, 231; *Hofstetter,* Materiellrechtliche Einwendungen gegen die Zwangsvollstreckung im Erinnerungswege, BB 1963, 282; *Jordan,* Worin unterscheiden sich Erinnerung nach § 766 ZPO und Dienstaufsichtsbeschwerde?, Die Justiz 1973, 447; *Koch,* Erhebung formeller Einwendungen als besondere Zulässigkeitsvoraussetzung der Erinnerung des § 766 ZPO?, JR 1966, 416; *Kümmerlein,* Zum Verhältnis von § 11 RPflG zu § 766 ZPO, Rpfleger 1971, 11; *Kunz,* Erinnerung und Beschwerde, 1980; *Lappe,* Die Anfechtung von Rechtspfleger-Entscheidungen, JR 1972, 103; *Lippross,* Das Rechtsbehelfssystem der Zwangsvollstreckung, JA 1979, 9; *Meyer-Stolte,* Einzelfragen zur Rechtspfleger-Erinnerung, Rpfleger 1972, 193; *Münzberg,* Materielle Einwendungen im Erinnerungsverfahren, DGVZ 1971, 167; *ders.,* Verteilungsverfahren und Erinnerung nach § 766 ZPO, Rpfleger 1986, 252; *Neumüller,* Vollstreckungserinnerung, Vollstreckungsbeschwerde und Rechtspflegererinnerung, 1981; *Noack,* Mängel der Zwangsvollstreckung und Erinnerung, DGVZ 1971, 49; *Pentz,* Schneller Abschied von der Durchgriffserinnerung in Kostensachen, DRiZ 1974, 154; *Peters,* Materielle Rechtskraft der Entscheidungen im Vollstreckungsverfahren, ZZP 1977, 145; *Säcker,* Zum Streitgegenstand der Vollstreckungserinnerung, NJW 1966, 2345; *K. Schmidt,* Die Vollstreckungserinnerung im Rechtssystem - Dogmatik und Praxis eines »Rechtsbehelfs eigener Art«, JuS 1992, 93; *Schneider,* Fehlerhafte Aufhebungsentscheidungen im Zwangsvollstreckungsverfahren, MDR 1984, 371; *Stöber,* Vollstreckungserinnerung (§ 766 ZPO) oder Rechtspflegererinnerung (§ 11 RPflG) in Fällen der Forderungspfändung, Rpfleger 1974, 52; *Weiß,* Beschränkte Erinnerung gegen Eintragungen im Grundbuch, DNotZ 1985, 524.

1   **I. Anwendungsbereich der Norm:** § 766 betrifft Einwendungen (Erinnerungen) gegen **Vollstreckungsmaßnahmen** des Vollstreckungsgerichts (§ 764 ZPO) und gegen das vom Gerichtsvollzieher im Rahmen der **Vollstreckung nach dem 8. Buch der ZPO** zu beobachtende Verfahren. Das gibt unabhängig davon, ob der durch diese Maßnah-

men zu vollstreckende Titel ein Urteil eines Gerichts der ordentlichen Gerichtsbarkeit (einschließlich der Familiengerichtsbarkeit) oder der Arbeitsgerichte, eine auf Normen des Privatrechts oder des öffentlichen Rechts basierende Urkunde usw. ist.

Nicht anwendbar ist die Norm demnach im Rahmen von Vollstreckungen durch Vollstreckungsbeamte im Verwaltungsvollstreckungsverfahren,[1] aber auch im Rahmen von Vollstreckungen nach der ZPO durch das Grundbuchamt und das Prozeßgericht. Nicht anwendbar ist die Norm ferner, wenn die Einwendungen sich gegen Entscheidungen (als Gegensatz zu Vollstreckungsmaßnahmen) des Vollstreckungsgerichts wenden (§ 793 ZPO).

Einzelheiten:

1. **ArbGG, VwGO, AO:** § 766 ZPO gilt auch bei der Vollstreckung von arbeitsgerichtlichen Titeln (§§ 62 Abs. 2, 85 Abs. 1 S. 3 ArbGG).[2] Zuständig ist das Amtsgericht als Vollstreckungsgericht. Gem. § 167 Abs. 1 VwGO ist § 766 ZPO ebenfalls bei der Vollstreckung von Titeln nach § 168 VwGO anwendbar. Zuständig ist gem. § 167 Abs. 1 S. 2 VwGO das Gericht des ersten Rechtszuges als Vollstreckungsgericht, i.d.R. also das Verwaltungsgericht. Auch soweit die öffentliche Hand aus verwaltungsgerichtlichen Urteilen gegen den Bürger vollstreckt (§ 169 VwGO), ist § 766 ZPO auf Rügen, die das Vollstreckungsverfahren betreffen, gemäß § 167 Abs. 1 S. 1 VwGO entsprechend anwendbar, so daß eine unbefristete Erinnerung an das erstinstanzliche Verwaltungsgericht möglich ist.[3] Soweit dagegen Verwaltungsakte (z. B. Gebührenbescheide) im Verwaltungsvollstreckungsverfahren vollstreckt werden, fehlt es an einer entsprechenden Verweisungsnorm. Rechtsschutz ist hier nur in der Weise möglich, daß der Vollstreckungsakt als Verwaltungsakt seinerseits gem. § 42 VwGO angefochten wird, wenn sich der Widerspruch als nicht erfolgreich erwiesen hat (§§ 68 ff. VwGO).[4] In der Abgabenvollstreckung können Einwendungen gegen die Vollstreckung gem. § 256 AO mit der Beschwerde nach § 349 AO geltend gemacht werden.[5]

2. **Vollstreckung im Grundbuch:** Soweit das Grundbuchamt als Vollstreckungsorgan tätig ist (Eintragung einer Zwangshypothek gem. §§ 867, 868 ZPO, aber auch einer Vormerkung oder eines Widerspruchs nach § 895 ZPO), ist die einfache Beschwerde nach §§ 71 ff. GBO, modifiziert durch § 11 Abs. 1 RPflG, sofern – wie in der Regel – der Rechtspfleger tätig war, der speziellere Rechtsbehelf, der an die Stelle des § 766

---

1 Zum umgekehrten Fall, daß der Bürger gegen die öffentliche Hand vollstrecken will, vergl. Einzelheiten § 882 a Rdn. 5 ff.
2 *Germelmann/Matthes/Prütting*, ArbGG, § 62 Rdn. 59; *Grunsky*, ArbGG, § 62 Rdn. 14.
3 OVG Berlin, NJW 1984, 1370; VGH München, NJW 1984, 2484; OVG Münster, NJW 1980, 1709; *Gaul*, JZ 1979, 498; *Kopp*, VwGO, § 169 Rdn. 2.
4 BVerwG, NJW 1961, 332 f.; NJW 1978, 335 ff.; *Kopp*, VwGO, § 167 Rdn. 18.
5 Die Finanzbehörde kann der Beschwerde abhelfen; anderenfalls entscheidet die nächsthöhere Behörde (§ 368 AO).

§ 766      *Erinnerung gegen Art und Weise der Zwangsvollstreckung*

ZPO tritt.⁶ Trotz des Doppelcharakters der vorgenannten Eintragungen als Vollstreckungsmaßnahme und als Akt des Grundbuchwesens werden allein die grundbuchrechtlichen Rechtsbehelfe den Sicherheitsanforderungen gerecht, die für das Grundbuch gelten müssen.

4    3. **Vollstreckung durch das Prozeßgericht:** Vollstreckungsmaßnahmen des Prozeßgerichts (§§ 887-890 ZPO) können nur mit der sofortigen Beschwerde gem. § 793 ZPO, **nie** mit der Erinnerung nach § 766 ZPO angefochten werden.⁷ Dies gilt auch dann, wenn dem Schuldner unter Verletzung des § 891 ZPO kein rechtliches Gehör gewährt wurde.⁸ Das hat seinen Grund zum einen darin, daß diese Vollstreckungsmaßnahmen immer »Entscheidungen« i. S. § 793 ZPO sind, da das Gericht in allen Fällen einen großen Spielraum hat, die ganz individuelle Situation der beteiligten Parteien zu berücksichtigen. Zum anderen ist für diese Entscheidungen meist eine erheblich intimere Kenntnis des Titels und des ihm zugrundeliegenden Rechtsgebiets erforderlich, die vom Vollstreckungsgericht nicht verlangt werden kann. Seine Einschaltung wäre deshalb auch nicht sachgerecht.

5    4. **Abgrenzung zu §§ 793 ZPO, 11 Abs. 1 S. 2 RPflG:** Im Hinblick auf § 793 ZPO ist, soweit die Einwendungen sich gegen »die Art und Weise der Zwangsvollstreckung« durch das **Vollstreckungsgericht** richten, weiter zu differenzieren, ob eine **Entscheidung** des Vollstreckungsgerichts angegriffen werden soll oder **Vollstreckungsmaßnahmen** (Vollstreckungshandlungen) des Vollstreckungsgerichts. Die Unterscheidung kann nicht danach vorgenommen werden, wer im Einzelfall für das Vollstreckungsgericht tätig war, der Richter oder der Rechtspfleger.⁹ Denn die Unterscheidung in der ZPO zwischen § 766 und § 793 ZPO ist älter als die Übertragung der wesentlichen Aufgaben des Vollstreckungsgerichts auf den Rechtspfleger durch § 20 Nr. 17 RPflG. Das Gesetz ging von Anfang an davon aus, daß der Vollstreckungsrichter nicht nur Entscheidungen trifft, sondern auch Vollstreckungshandlungen vornimmt. Nur soweit Entscheidungen, die früher dem Vollstreckungsrichter oblagen, dem Rechtspfleger übertragen worden sind, ist § 11 Abs. 1 S. 2 RPflG an die Stelle des § 793 ZPO getreten.

Entscheidend für die Einordnung gerichtlicher Maßnahmen als Vollstreckungsmaßnahme oder Entscheidung kann auch nicht die Bezeichnung (z. B. Beschluß oder Verfügung) sein, die der Richter (Rechtspfleger) ihnen gegeben hat. Ebensowenig ist der inhaltliche Gegenstand (z. B. Pfändungs- und Überweisungsbeschluß oder Eröffnung

---

6 BayObLG, Rpfleger 1976, 66; Rpfleger 1982, 98; OLG Frankfurt, Rpfleger 1981, 312; OLG Köln, OLGZ 1967, 499; OLG Stuttgart, WM 1985, 1371; LG Essen, Rpfleger 1975, 315; *Kunz*, Erinnerung und Beschwerde, S. 12. KG, NJW-RR 1987, 592 (m. w. Nachw.) will durch §§ 71 ff. GBO auch § 11 RPflG verdrängen lassen. *Baumbach/Lauterbach/Hartmann*, § 867 Rdn. 18 sehen dagegen sowohl die sofortige Beschwerde nach § 793 ZPO als auch die Beschwerde nach §§ 71 ff. GBO als zulässig an; beim Zusammentreffen beider Rechtsbehelfe sei die grundbuchmäßige Beschwerde als der umfassendere Rechtsbehelf zulässig.
7 Ganz h. M.; vergl. *Rosenberg/Gaul*, § 37 IV 3 mit zahlreichen Nachweisen.
8 A. A. (§ 766): *Blomeyer*, VollstrR, § 31 II 3.
9 *Bruns/Peters*, § 14 I; *Rosenberg/Gaul*, § 37 IV 2.

des Zwangsversteigerungsverfahrens) maßgebend. Es sind durchaus »Entscheidungen« möglich, die einen Vollstreckungsakt zum Gegenstand haben.[10] Ausschlaggebender Gesichtspunkt ist vielmehr, daß die Abgrenzung zwischen Entscheidung und Maßnahme kein Selbstzweck ist. Sie hängt vielmehr damit zusammen, daß über eine Erinnerung erneut das Vollstreckungsgericht, über eine sofortige Beschwerde dagegen das nächsthöhere Gericht entscheidet. Eine Selbstüberprüfung durch das Vollstreckungsgericht ist nur dann sinnvoll, wenn derjenige, der die Erinnerung einlegt, erstmals angehört wird und daher Argumente zur Sprache bringen kann, die bei Erlaß des angegriffenen Beschlusses noch nicht berücksichtigt werden konnten.[11] Dagegen ist eine Überprüfung nach § 793 ZPO durch die nächsthöhere Instanz sachgerecht, wenn die vom Beschwerdeführer vorgetragenen Gesichtspunkte schon vom Vollstreckungsgericht berücksichtigt werden konnten, so daß eine wiederholte Befassung des Vollstreckungsgerichts mit der Sache kaum zu einer anderen Entscheidung führt. Deshalb liegt eine vom nächsthöheren Gericht nach § 793 ZPO zu überprüfende Entscheidung vor, wenn das Gericht nach Anhörung des Schuldners die konkreten widerstreitenden Interessen des Schuldners und des Gläubigers abgewogen und erst dann über den Antrag des Gläubigers erkannt hat.[12]

Eine Entscheidung liegt ebenfalls vor, wenn das Vollstreckungsgericht den Vollstreckungsantrag des Gläubigers abweist,[13] und zwar auch dann, wenn der Schuldner vorher nicht angehört wurde. Hier hat zwar keine Abwägung widerstreitender Interessen stattgefunden; aber die Argumente des allein beschwerten Gläubigers wurden vom Vollstreckungsgericht bereits berücksichtigt, so daß es sachgerecht ist, wenn er sich sogleich nach § 793 ZPO an das nächsthöhere Gericht wenden muß.

Eine bloße Vollstreckungsmaßnahme ist dagegen anzunehmen, wenn **gegen den Schuldner** staatlicher Zwang ausgeübt wurde, ohne daß er vorher angehört wurde.[14] Mit seinen Argumenten hat sich das Vollstreckungsgericht nämlich bei Erlaß des Beschlusses noch nicht befaßt, so daß es sinnvoll ist, wenn es gem. § 766 ZPO seinen eigenen Beschluß – jetzt unter Berücksichtigung des Schuldnervorbringens – überprüft. Typische Beispiele für solche Vollstreckungsmaßnahmen sind der Pfändungs- und Überweisungsbeschluß und der Beschluß, das Zwangsversteigerungsverfahren zu er-

---

10 Beispiele: KG, Rpfleger 1978, 334; OLG Hamm, KTS 1977, 177 f.; LG Berlin, Rpfleger 1977, 222; LG Bochum, Rpfleger 1977, 178; LG Nürnberg-Fürth, Rpfleger 1977, 32; a. A. (Vollstreckungsakte des Vollstreckungsgerichts könnten nicht »Entscheidungen« sein) *Baur/Stürner*, Rdn. 43.4; *Neumüller*, Vollstreckungserinnerung, Vollstreckungsbeschwerde und Rechtspflegererinnerung, S. 91 ff.
11 *Brox/Walker*, Rdn. 1181.
12 Wie hier: OLG Bamberg, JurBüro 1978, 605; KG, MDR 1954, 690; OLG Frankfurt, JurBüro 1992, 568; OLG Köln, Rpfleger 1991, 360 f.; OLG Stuttgart, JR 1956, 379; LG Bonn, DB 1979, 94; LG Düsseldorf, Rpfleger 1990, 376; LG Frankenthal, Rpfleger 1982, 231; sowie die in Rdn. 8 genannte Rechtsprechung; *Blomeyer*, § 32 II 2; *Brox/Walker*, Rdn. 1177 ff.; MüKo/ *K. Schmidt*, § 766 Rdn. 17; *Rosenberg/Gaul*, § 37 IV 2; *Stein/Jonas/Münzberg*, § 766 Rdn. 3.
13 OLG Koblenz, NJW-RR 1986, 679; *Brox/Walker*, Rdn. 1182; *Stein/Jonas/Münzberg*, § 766 Rdn. 10.
14 *Brox/Walker*, Rdn. 1182; *Stein/Jonas/Münzberg*, § 766 Rdn. 3; *Zöller/Stöber*, § 766 Rdn. 2.

öffnen. Einzelheiten, welche der gegen den Schuldner gerichteten gesetzlichen Tätigkeiten des Vollstreckungsgerichts im Rahmen des 8. Buches der ZPO und des ZVG als Vollstreckungshandlungen bzw. Entscheidungen einzuordnen sind, siehe jeweils bei den entsprechenden Vorschriften. Aus den genannten Gründen kommt eine Erinnerung nach § 766 ZPO auch dann in Betracht, wenn eine notwendige Anhörung des Schuldners fälschlicherweise unterblieben ist; denn auch in diesem Fall hat sich das Vollstreckungsgericht bisher noch nicht mit den Argumenten des Schuldners befaßt.[15] Zusammengefaßt kommt es für die Einordnung einer vollstreckungsgerichtlichen Tätigkeit als Vollstreckungsmaßnahme oder als Entscheidung im Vollstreckungsverfahren in der Regel darauf an, ob derjenige, der den Rechtsbehelf einlegt, in diesem Verfahren erstmals angehört wird. Eine Vollstreckungsmaßnahme kann dabei nur dann vorliegen, wenn Adressat der vorausgegangenen Tätigkeit der nicht angehörte Schuldner war.

Ebenfalls nicht statthaft ist die Vollstreckungserinnerung gegen Beschlüsse des Richters beim Amtsgericht nach §§ 758, 761 ZPO. Das gilt hier ausnahmsweise auch dann, wenn die beantragte Erlaubnis oder Durchsuchungsanordnung ohne Anhörung des Schuldners erlassen worden ist;[16] denn der Richter muß die Belange des Schuldners bei Entscheidungen nach §§ 758, 761 ZPO ohnehin von Amts wegen berücksichtigen, weil dadurch die Grundrechte des Schuldners aus Art. 13 und 2 Abs. 1 GG berührt werden.[17] Statthafter Rechtsbehelf ist in diesen Fällen immer die sofortige Beschwerde nach § 793 Abs. 1 ZPO an die nächsthöhere Instanz.[18]

6  5. **Abgrenzung zur unbefristeten Rechtspflegererinnerung:** Aus dem Vorstehenden ergibt sich bereits, daß § 766 ZPO der Rechtsbehelf gegen Vollstreckungshandlungen des Vollstreckungsgerichts ist, und zwar unabhängig davon, ob der Rechtspfleger tätig wurde oder der Vollstreckungsrichter (trotz § 20 Nr. 17 RPflG etwa über § 5 RPflG oder als Beschwerdegericht, nachdem das erstinstanzliche Vollstreckungsgericht die Vollstreckungshandlung – meist den Erlaß eines Pfändungs- und Überweisungsbeschlusses – zunächst abgelehnt hatte[19]). Die unbefristete Rechtspflegererinnerung nach § 11 Abs. 1 S. 1 RPflG ist nicht für alle Handlungen des Rechtspflegers der speziellere Rechtsbehelf,[20] vielmehr wird umgekehrt § 766 ZPO den Erfordernissen des Vollstreckungsverfahrens gerechter:[21] Der Vollstreckungsrichter soll in jedem Falle

---

15 LG Braunschweig, MDR 1955, 748; LG Frankfurt, Rpfleger 1984, 472; *Brox/Walker*, Rdn. 1182; a. A. 1. Aufl.
16 OLG Saarbrücken, Rpfleger 1993, 146; *Brox/Walker*, Rdn. 1184; a. A. KG, NJW 1986, 1180, 1181; *Wieser*, Rpfleger 1988, 293, 297.
17 OLG Hamm, NJW 1984, 1972; OLG Koblenz, MDR 1986, 64.
18 OLG Saarbrücken, Rpfleger 1993, 146; *Brox/Walker*, Rdn. 1184; *Lackmann*, Rdn. 141; *Wieser*, Begriff und Grenzfälle der Zwangsvollstreckung, S. 52 f.
19 OLG Frankfurt, JurBüro 1973, 160 mit Anm. *Mümmler*; OLG Hamm, MDR 1975, 938.
20 So aber LG Trier, JurBüro 1972, 333; *Habscheid*, KTS 1973, 95; *Kümmerlein*, Rpfleger 1971, 11; *Kunz*, Erinnerung und Beschwerde, S. 287 ff.
21 KG, Rpfleger 1973, 32; OLG Celle, NdsRpfl 1963, 154; OLG Hamm, Rpfleger 1973, 222; OLG Koblenz, Rpfleger 1972, 220; OLG Köln, Rpfleger 1972, 65; LG Bochum, Rpfleger 1971, 409; LG Frankenthal, Rpfleger 1982, 231; *Brox/Walker*, Rdn. 1274; *Bruns/Peters*, § 14 I; *Rosenberg/Gaul*, § 37 IV 2; *Stein/Jonas/Münzberg*, § 766 Rdn. 4.

sich unter Begründungszwang mit der Sache auseinandersetzen müssen, nicht nur, wenn er die Erinnerung für erfolgreich hält. Zudem ist es nicht angemessen, das Beschwerdegericht automatisch mit jeder erfolglosen Erinnerung zu befassen, ohne daß der Gläubiger sich nochmals über das Beschreiten des Instanzenweges schlüssig werden müßte.

6. **Vorrang des § 900 Abs. 5 ZPO:** Im Verfahren auf Abgabe der eidesstattlichen Versicherung verdrängt der Widerspruch gem. § 900 Abs. 5 ZPO als der speziellere Rechtsbehelf die Erinnerung.[22] Da die eidesstattliche Versicherung einen entscheidenden Eingriff in die Sphäre des Schuldners darstellt und seine Teilnahme am Wirtschaftsleben oft auf längere Zeit drastisch einschränkt, soll der Rechtspfleger selbst, bevor er die Versicherung abnimmt, das bisherige Vollstreckungsverfahren noch einmal kritisch überdenken. Der Vollstreckungsrichter wird dann erst auf die befristete Durchgriffserinnerung hin mit der Sache befaßt.

7

## II. Im Erinnerungsverfahren statthafte Einwendungen – allgemein:

8

1. **Verfahrensrügen:** Im Erinnerungsverfahren sind grundsätzlich nur Einwendungen statthaft, die die Ordnungsgemäßheit und Rechtmäßigkeit des von den Vollstreckungsorganen bei der Zwangsvollstreckung zu beobachtenden Verfahrens betreffen. Ein Verfahrensmangel liegt z.B. vor, wenn das Vollstreckungsorgan die Zwangsvollstreckung betreibt, obwohl eine der allgemeinen[23] oder besonderen Vollstreckungsvoraussetzungen fehlt oder ein Vollstreckungshindernis[24] vorliegt. Dagegen können solche Einwendungen nicht mit der Erinnerung geltend gemacht werden, die sich gegen die materielle Berechtigung der Vollstreckung schlechthin oder des konkreten Vollstreckungsaktes wenden. Das Erinnerungsverfahren ist somit unzulässig für Einwendungen gegen den titulierten Anspruch,[25] auch für den Einwand, der Anspruch sei sittenwidrig und der Titel sei erschlichen.[26] Materiellrechtliche Einwände dieser Art können grundsätzlich nur mit der Vollstreckungsgegenklage nach § 767 ZPO oder allenfalls mit einer auf § 826 BGB gestützten Unterlassungsklage geltend gemacht werden.[27] Das gilt auch für sonstige Einwände, die darauf abzielen, die Vollstreckung sei nach den Vorschriften des materiellen Rechts, etwa des VerbrKrG,[28] unzulässig. Ebenso unzulässig sind Ein-

---

22 Allgem. Meinung; vergl. KG, NJW 1956, 1115; LG Limburg, Rpfleger 1982, 434; *Rosenberg/Gaul*, § 37 VI.
23 Siehe etwa BGH, NJW 1992, 2159 f. (Vollstreckungsklausel ist nicht auf den betreibenden Gläubiger umgeschrieben).
24 Zur Vollstreckungserinnerung bei einem Verstoß gegen das Vollstreckungshindernis des § 14 KO (ab 1.1.1999 § 89 InsO) siehe etwa OLG Frankfurt, ZIP 1995, 1689.
25 Auch wenn sie unter den Parteien unstreitig sind; h. M.; vergl. beispielhaft BGH, LM Nr. 15 zu § 767 ZPO; OLG Düsseldorf, Rpfleger 1977, 67 und 416; *Rosenberg/Gaul*, § 37 III 1 und XI 4; *Stein/Jonas/Münzberg*, § 766 Rdn. 54; a. A. OLG Köln, OLGZ 1988, 214; AG Melsungen, DGVZ 1971, 69; AG Nienburg, NdsRpfl 1964, 204 und 165, 43. Zum Sonderproblem des Einflusses des Vergleichsverfahrens auf einen titulierten Anspruch OLG Oldenburg, MDR 1954, 747; LG Köln, KTS 1961, 48.
26 Siehe auch Vor §§ 765 a–777 Rdn. 6.
27 Wegen der Unterlassungsklage siehe Anh. § 767.
28 LG Bielefeld, NJW 1970, 337 (noch zum Abzahlungsgesetz).

wendungen Dritter, die sich materiellrechtlicher Berechtigungen am Gegenstand der Zwangsvollstreckung berühmen.[29] Sie müssen mit der Drittwiderspruchsklage gem. § 771 ZPO oder gegebenenfalls mit der Klage nach § 805 ZPO geltend gemacht werden. Eine Ausnahme gilt für den Fall der Pfändung trotz evidenten Dritteigentums. Hier kann sich der Dritte statt mit § 771 ZPO auch mit der Erinnerung nach § 766 ZPO wehren.[30] Gehört die Sache nämlich ganz offensichtlich nicht zu dem der Forderung haftenden Vermögen, muß der Gerichtsvollzieher eine Pfändung unterlassen (vergl. § 119 Nr. 2, 3 GVGA).

Es ist allerdings zu beachten, daß nicht jede Berufung auf eine Norm des materiellen Rechts einen Einwand schon zum – im Verfahren nach § 766 unzulässigen – materiellrechtlichen Einwand macht. So kann die Berufung des Schuldners auf den rechtskräftigen Abschluß des Scheidungsverfahrens im Rahmen des § 1629 Abs. 3 S. 1 BGB gegenüber der Vollstreckung eines Titels auf Kindesunterhalt durch den als Prozeßstandschafter genannten Elternteil sowohl die Rüge der materielle Berechtigung beinhalten (nur nach § 767 ZPO geltend zu machen) als auch die Rüge, die Prozeßführungsbefugnis des Vollstreckenden sei erloschen (insoweit § 766 ZPO).[31] Der Hinweis, der Titel beruhe eindeutig nur auf § 1361 BGB, die Ehe sei aber rechtskräftig geschieden, beinhaltet nicht nur einen materiellrechtlichen Einwand gegen die Unterhaltsforderung, sondern auch den Einwand der Erschöpfung des Titels durch Zeitablauf (insoweit § 766 ZPO).[32] Die Berufung eines Hypothekengläubigers auf §§ 1120 ff. BGB im Zusammenhang mit der Pfändung von Grundstückszubehör kann neben dem materiellrechtlichen Einwand (insoweit nur § 771 ZPO) auch die Rüge der Verletzung des § 865 Abs. 2 ZPO (insoweit § 766 ZPO) beinhalten. Im Zweifelsfalle ist hier anzunehmen, daß nur die mit der Erinnerung zulässigen Einwendungen geltend gemacht werden sollten.

9  2. **Einwendungen aus Parteivereinbarungen:** Streitig ist, wie Einwendungen aus Parteivereinbarungen, die allein das Vollstreckungsverfahren betreffen (sog. Vollstreckungsverträge), geltend zu machen sind. Das betrifft etwa Vereinbarungen, einen Anspruch nicht oder nicht vor einem bestimmten Zeitpunkt zwangsweise beizutreiben oder nicht in bestimmte Gegenstände zu vollstrecken. Solche Vereinbarungen könnte man mit der Erinnerung nach § 766 ZPO geltend machen als Einwendungen, die das bei der Zwangsvollstreckung »zu beobachtende Verfahren betreffen«. Es ist aber auch an eine Klage nach § 767 ZPO zu denken, da die Einwendung ihren Grund in einem Vertrag der Parteien und nicht im für alle geltenden Verfahrensrecht hat. Während eine Auffassung[33] solche Einwendungen allein im Verfahren nach § 766 ZPO berück-

---

29 Zur Unzulässigkeit materiellrechtlicher Einwendungen gegen die Teilungsversteigerung OLG Karlsruhe, FamRZ 1970, 194; OLG Schleswig, Rpfleger 1979, 471; *Rosenberg/Gaul*, § 37 XI 5; a. A. OLG Bremen, FamRZ 1984, 272; OLG Zweibrücken, OLGZ 1976, 455.
30 *Brox/Walker*, Rdn. 259.
31 OLG Frankfurt, FamRZ 1983, 1268; a. A. (nur § 767 ZPO hier möglich) OLG München, FamRZ 1990, 653.
32 OLG Frankfurt, FamRZ 1982, 86; OLG Hamm, FamRZ 1980, 1060; AG Besigheim, FamRZ 1982, 1227 und MDR 1983, 238.
33 OLG Hamm, MDR 1977, 675; OLG Karlsruhe, NJW 1974, 2242; *Baur/Stürner*, Rdn. 10.9; *Bruns/Peters*, § 17 IV; *Emmerich*, ZZP 1969, 413.

sichtigen will, sieht eine andere[34] allein die Klage nach § 767 Abs. 1 ZPO, und zwar ohne die Einschränkung des § 767 Abs. 2 ZPO, als statthaft an. Eine dritte Auffassung[35] schließlich sieht beide Möglichkeiten als zulässig an, je nach dem Inhalt der Vereinbarung: die Erinnerung, wenn nur der Verfahrensablauf durch die Vereinbarung betroffen wird, die Vollstreckungsabwehrklage, wenn die Vollstreckbarkeit des Anspruchs schlechthin berührt ist. Diese letztgenannte Auffassung verdient im Ergebnis den Vorzug. Das entscheidende Kriterium für die Abgrenzung zwischen der Vollstreckungserinnerung und der Vollstreckungsgegenklage liegt aber darin, ob der Abschluß und der Inhalt der Vollstreckungsvereinbarung leicht festzustellen und damit dem Vollstreckungsorgan zuzumuten ist.[36] Falls das zu bejahen ist, handelt es sich bei der Vereinbarung um ein vom Vollstreckungsorgan zu beachtendes Vollstreckungshindernis. Wird die Zwangsvollstreckung trotzdem durchgeführt, liegt darin ein Verfahrensfehler, der mit der Erinnerung nach § 766 ZPO geltend gemacht werden kann. Falls dagegen der Inhalt oder die Wirksamkeit der Vereinbarung nur durch eine umfangreiche Prüfung (u.U. erst aufgrund einer Beweisaufnahme) festgestellt werden kann, obliegt diese Prüfung nicht dem Vollstreckungsorgan. Die Durchführung der Zwangsvollstreckung ist in einem solchen Fall nicht verfahrensfehlerhaft. Das Vorliegen einer der Vollstreckung entgegenstehenden Vereinbarung muß dann nach § 767 ZPO geltend gemacht werden.

Stellt eine schriftliche Vollstreckungsvereinbarung gleichzeitig eine Stundung dar, ist sie selbstverständlich über § 775 Nr. 4 ZPO zu beachten. Die Nichtbeachtung dieser Norm wäre ein mit § 766 ZPO zu rügender Verfahrensfehler. Ebenso läge ein Verfahrensfehler vor, würde eine vor Titelerlaß getroffene Vereinbarung, die zu einer Aufnahme der Vollstreckungsbeschränkung schon in den zu vollstreckenden Tenor gefunden hat, mißachtet.[37] Denn hier würde das Vollstreckungsorgan eine Weisung des Titels selbst außer acht lassen. Der vertragstreue Gläubiger hat es in der Hand, durch entsprechende Einschränkung seines Vollstreckungsauftrages[38] der Vollstreckungsvereinbarung von vornherein Geltung zu verschaffen und sich so die Klage nach § 767 Abs. 1 ZPO zu ersparen. Würde das Vollstreckungsorgan eine solche Einschränkung des Vollstreckungsauftrages durch den Gläubiger mißachten, wäre dies wieder ein Verfahrensfehler, der mit § 766 ZPO gerügt werden könnte.

**3. Abgrenzung zur Dienstaufsichtsbeschwerde:** Nur Einwendungen, die gerade das bei der Zwangsvollstreckung zu beobachtende Verfahren betreffen, nicht aber solche gegen das Verhalten des Vollstreckungsorgans im übrigen, können Gegenstand der Erinnerung sein. Geht es um die Einhaltung der allgemeinen Dienstpflichten, die jeden Beamten oder Richter treffen (Umgangston, Umgangsformen, Beachtung der Geheim-

10

---

34 BGH, NJW 1968, 700; OLG Hamburg, MDR 1972, 335; *A. Blomeyer*, § 34 IV 4; *J. Blomeyer*, ZZP 1976, 495 ff.; *Gaul*, JuS 1971, 349; *Rosenberg/Gaul*, § 33 VI.
35 OLG Frankfurt, OLGZ 1981, 112; OLG Karlsruhe, NJW 1974, 2242; LG Bonn, JR 1972, 157; *Bürk*, ZZP 1972, 391 ff.; *Christmann*, DGVZ 1985, 81; *Gerhardt*, § 14 I 1 b; MüKo/K. *Schmidt*, § 766 Rdn. 34 f.; *Stein/Jonas/Münzberg*, § 766 Rdn. 23 ff.
36 *Brox/Walker*, Rdn. 204, 1168.
37 BGH, MDR 1975, 747; OLG Düsseldorf, NJW-RR 1987, 640 (zur Berücksichtigung solcher Beschränkungen auch schon im Klauselverfahren).
38 Siehe Einzelheiten hierzu Vor §§ 753–763 Rdn. 6.

haltungspflichten und der datenschutzrechtlichen Regelungen), so muß die **Dienstaufsichtsbeschwerde** als Rechtsbehelf gewählt werden.[39] Dabei ist allerdings zu beachten, daß Maßnahmen der Dienstaufsicht nie in den eigentlichen Vollstreckungsablauf eingreifen und dort erworbene Rechte der Beteiligten antasten können.[40]

11  4. **Zwangsmaßnahmen des Gerichtsvollziehers außerhalb der ZPO:** Nicht jede Verwertung fremder Sachen durch öffentliche Versteigerung seitens des Gerichtsvollziehers und nicht jede zwangsweise Wegnahme von Sachen (oder Personen) durch den Gerichtsvollzieher ist Zwangsvollstreckung i. S. § 766 ZPO. So sind Wegnahmen im Rahmen des § 33 Abs. 2 FGG keine Zwangsvollstreckung im genannten Sinne.[41] Gleiches gilt für öffentliche Versteigerungen im Rahmen der §§ 1235 ff. BGB.[42] In beiden Fällen ist mangels »Zwangsvollstreckung« § 766 ZPO **nicht anwendbar**. Das gilt sowohl für den Gläubiger, wenn der Gerichtsvollzieher seine Mitwirkung verweigert, als auch für den Schuldner, dem etwas weggenommen oder dessen Sache versteigert werden soll.

12  5. **Überprüfung des Kostenansatzes:** Kraft ausdrücklicher Regelung in Abs. 2 kann neben dem Verfahrensablauf der Vollstreckung auch der **Kostenansatz des Gerichtsvollziehers** Gegenstand der Erinnerung sein. Beanstandet werden können alle Ansätze, die der Gerichtsvollzieher den Beteiligten in Rechnung gestellt hat.

13  **III. Erinnerungsbefugnis:** Die Erinnerung ist kein echtes Rechtsmittel, da sie sich nicht gegen eine Entscheidung inter partes wendet, sondern die Überprüfung eines Verfahrens, also weitgehend tatsächlicher Umstände, erstrebt. Durch diese tatsächlichen Umstände können weit mehr Personen betroffen sein, als nur die unmittelbaren Parteien der Zwangsvollstreckung. Auch ihnen muß Gelegenheit gegeben werden, ihr »Betroffensein« geltend zu machen. Andererseits sind Popularrechtsbehelfe dem Zivilverfahrensrecht fremd. Deshalb müssen für die Erinnerungsbefugnis klare Grenzen gezogen werden.

14  1. **Gläubiger:** Am einfachsten ist diese Abgrenzung beim Gläubiger. Er kann nur betroffen sein durch die teilweise oder gänzliche Ablehnung seines Vollstreckungsantrages sowie durch den Kostenansatz des Gerichtsvollziehers. Soweit die Ablehnung durch das Vollstreckungsgericht (Rechtspfleger oder Richter) erfolgt, handelt es sich allerdings um »Entscheidungen«, die nicht mit § 766 ZPO, sondern mit § 11 Abs. 1 RPflG bzw. § 793 ZPO anzufechten sind.[43] Es verbleibt somit die gänzliche oder teilweise Ablehnung[44] durch den Gerichtsvollzieher. Sie ist auch in den ersten beiden Alternativen des **Abs. 2** ausdrücklich angesprochen.

---

39 Zu deren Grenzen: LG München, DGVZ 1974, 157.
40 LG Heidelberg, DGVZ 1982, 119 sowie Vor §§ 753–763 Rdn. 10.
41 BayObLG, WM 1975, 1071; OLG Frankfurt, FamRZ 1980, 1038; siehe hierzu auch § 213 GVGA.
42 LG Mannheim, MDR 1973, 38; siehe hierzu auch §§ 237 ff. GVGA.
43 Siehe oben Rdn. 5; a. A. LG Koblenz, BB 1977, 1070 und MDR 1979, 844.
44 Eine teilweise Ablehnung liegt auch in der Erteilung einer Unpfändbarkeitsbescheinigung, deren Berechtigung der Gläubiger anzweifelt.

**2. Schuldner:** Der Schuldner ist durch jede gegen ihn gerichtete Vollstreckungsmaß- 15
nahme betroffen, aber auch durch die Ablehnung der Zwangsvollstreckung mangels
Erfolgsaussicht (Unpfändbarkeitsbescheinigung).[45] Er kann deshalb die Verletzung aller Verfahrensnormen während der gegen ihn gerichteten Vollstreckung rügen, wenn
diese Normen nicht ausnahmsweise **ausschließlich** dem Schutz Dritter dienen. Letzteres ist nur bei § 772 S. 1 ZPO[46] sowie bei § 809 ZPO (Pfändung beim nicht zur Herausgabe bereiten Dritten)[47] der Fall.

**3. Betroffene Dritte:** Dritte können in vielfacher Hinsicht durch eine Zwangsvollstrek- 16
kungsmaßnahme betroffen sein:
a) Werden sie **als Schuldner** in Anspruch genommen, obwohl der Titel sich gar nicht
gegen sie richtet, so können sie nicht nur das Fehlen des Titels als Voraussetzung
der Zwangsvollstreckung rügen, sondern auch alle anderen Verfahrensfehler, auf die ein
Schuldner sich berufen könnte.[48] Ebenfalls in vollem Umfange wie der Schuldner erinnerungsbefugt sind diejenigen, die die Zwangsvollstreckung kraft gesetzlicher Vorschrift (§§ 740 Abs. 1, 741, 745 Abs. 1, 748 Abs. 1 ZPO) **wie der Schuldner dulden
müssen**, ohne mit der Drittwiderspruchsklage die Inanspruchnahme ihres Vermögens
geltend machen zu können, obwohl der Titel sich nicht unmittelbar gegen sie richtet.[49]
Schließlich ist auch der **Drittschuldner** in vollem Umfange hinsichtlich aller Verfahrensnormen erinnerungsbefugt:[50] Er wird durch die Pfändung der Forderung in gleicher Weise beeinträchtigt wie der Schuldner, obwohl er ja keine Veranlassung zur
Zwangsvollstreckung gegeben hat. Deshalb muß er diese Beeinträchtigungen nur hinnehmen, wenn sie zwangsläufige Folge eines ordnungsgemäßen Vollstreckungsverfahrens sind.

b) **Nachrangige Gläubiger**, die durch die Aufhebung einer Vollstreckungsmaßnahme ihrerseits einen besseren Rang am Gegenstand der Vollstreckung erwerben würden, können alle Verfahrensfehler rügen, die zur Aufhebung der Beschlagnahme des
Gegenstandes und zu ihrem Nachrücken führen können,[51] nicht aber solche, die nur
Randerscheinungen des Vollstreckungsablaufes betreffen (etwa §§ 808 Abs. 2 S. 1,

---

45 LG Hamburg, MDR 1964, 1012.
46 Wie hier OLG Hamburg, MDR 1966, 515; *Brox/Walker*, Rdn. 1426; *Rosenberg/Gaul*, § 41 VI
 10 d; *Stein/Jonas/Münzberg*, § 772 Rdn. 10; *Thomas/Putzo*, § 772 Rdn. 5; a. A. (auch der
 Schuldner sei erinnerungsbefugt) *Baumbach/Lauterbach/Hartmann*, § 772 Rdn. 3; *Zöller/
 Schneider*, § 772 Rdn. 3.
47 *Brox/Walker*, Rdn. 1196; *MüKo/K. Schmidt*, § 766 Rdn. 25; *Rosenberg/Gaul*, § 37 V 2 a; *Schilken*, DGVZ 1986, 145 ff.
48 OLG Köln, JurBüro 1992, 702; *J. Blomeyer*, Die Erinnerungsbefugnis Dritter in der Mobiliarvollstreckung, S. 57 ff.; *Brox/Walker*, Rdn. 1199; *Rosenberg/Gaul*, § 37 V 3.
49 *J. Blomeyer*, a.a.O., S. 75 f.; *MüKo/K. Schmidt*, § 766 Rdn. 27; *Stein/Jonas/Münzberg*, § 766
 Rdn. 32.
50 BGHZ 69, 144; KG, MDR 1963, 853; Rpfleger 1976, 144; OLG Düsseldorf, VersR 1967, 750;
 OLG Hamburg, MDR 1954, 685; OLG Hamm, Rpfleger 1977, 109; OLG München, JurBüro
 1982, 1417; *J. Blomeyer*, a.a.O., S. 69 ff.; *Brox/Walker*, Rdn. 1200; *Rosenberg/Gaul*, § 37 V 3.
 Für den Drittschuldner ist die Möglichkeit der Erinnerung auch der einfachere und billigere
 Weg gegenüber einer Klage auf Feststellung, daß die Zwangsvollstreckung unwirksam sei, so
 daß für eine solche Klage das Rechtschutzinteresse fehlt (BGHZ 69, 144 ff.).
51 BGH, NJW-RR 1989, 636.

762, 763 ZPO), die Pfändung selbst aber nicht berühren[52] oder ihnen auch selbst kein Pfandrecht verschaffen können.[53]

c) Darüber hinaus können Dritte die Verletzung **einzelner Verfahrensvorschriften,** die entweder gerade zu ihrem Schutz bestimmt sind (Beispiele: §§ 772 Abs. 1 S. 1, 809 ZPO, 47 VerglO, 14 KO [ab 1.1.1999 § 89 InsO]) oder in deren Schutz sie jedenfalls neben dem Schuldner nach dem ausdrücklichen Gesetzeszweck miteinbezogen wurden (Beispiele: §§ 811 Nr. 1, 2, 5, 10; 850 c Abs. 1; 865 Abs. 2 ZPO) mit der Erinnerung rügen, soweit sie im Einzelfall durch die konkrete Vollstreckungsmaßnahme betroffen sind.[54] Ein faktisches Betroffensein durch die Zwangsvollstreckung genügt aber nicht, wenn der Dritte außerhalb des Schutzbereiches der verletzten Verfahrensnorm steht. So können der nichteheliche Lebensgefährte oder gar der Gast nicht die Unpfändbarkeit von Hausrat geltend machen, auch wenn ihr Zusammenleben mit dem Schuldner sich künftig weniger komfortabel gestalten. Das Sozialamt einer Gemeinde kann nicht mit § 766 ZPO die Unpfändbarkeit einer Forderung einwenden, auch wenn der Schuldner nach der Pfändung auf Sozialhilfe angewiesen ist.[55]

17   4. **Gerichtsvollzieher:** Nicht als Dritter, sondern als Organ der Zwangsvollstreckung ist der Gerichtsvollzieher am Vollstreckungsverfahren beteiligt. Er ist deshalb auch grundsätzlich nicht erinnerungsbefugt, wenn er Weisungen des Vollstreckungsgerichts, die ihm etwa im Rahmen einer Entscheidung nach § 766 ZPO erteilt werden, für unzutreffend hält.[56] Das gilt auch dann, wenn sein Gebühreninteresse durch eine Entscheidung nach § 766 Abs. 2 ZPO unmittelbar betroffen ist.[57] Der Gerichtsvollzieher hat diese Entscheidungen als für ihn bindend hinzunehmen, so wie etwa ein Instanzgericht die zurückverweisende Entscheidung des übergeordneten Gerichts auch dann hinnehmen muß, wenn es dessen Rechtsmeinung nicht teilt. Dem Gerichtsvollzieher wird damit nichts Ungewöhnliches zugemutet. Soweit es um den Gebührenansatz geht, ist unmittelbarer Gläubiger der Staat, dessen Gebühreninteresse der Richter schon bei der Entscheidung nach § 766 Abs. 2 ZPO berücksichtigt hat. Es ist nicht Aufgabe des Gerichtsvollziehers, »Anwalt des Staates« gegen den Vollstreckungsrichter zu sein.[58]

---

52 Weitergehend (alle Verfahrensrügen): *Brox/Walker,* Rdn. 1201; *Rosenberg/Gaul,* § 37 V 3.
53 Z. B. weil die nicht beachtete Unpfändbarkeit des Rechts auch ihnen gegenüber gelten würde; *Stein/Jonas/Münzberg,* § 766 Rdn. 32.
54 OLG Hamm, OLGZ 1984, 368; LG Berlin, MDR 1962, 62 und Rpfleger 1978, 268.
55 LG Koblenz, MDR 1982, 503.
56 Wie hier OLG Düsseldorf, NJW 1980, 1111; NJW-RR 1993, 1280; OLG Oldenburg, NdsRpfl 1955, 35; OLG Stuttgart, DGVZ 1979, 58; LG Düsseldorf, DGVZ 1978, 27; NJW 1979, 1990; *Brox/Walker,* Rdn. 1210; *Rosenberg/Gaul,* § 37 V 3; vergl. ferner Vor §§ 753–763 Rdn. 10; a. A. OLG Düsseldorf, NJW 1978, 2205; LG Hamburg, DGVZ 1977, 139; LG Osnabrück, DGVZ 1980, 124.
57 LG Koblenz, MDR 1978, 584; *Brox/Walker,* Rdn. 1258, 1210; *Zöller/Stöber,* § 766 Rdn. 37; a. A. insoweit OLG Karlsruhe, DGVZ 1974, 114; *Christmann,* DGVZ 1990, 19; *Geißler,* DGVZ 1985, 129; *Rosenberg/Gaul,* § 25 II a.
58 Vergl. insoweit auch BVerwG, NJW 1983, 896.

### IV. Der Ablauf des Erinnerungsverfahrens:

**1. Antrag:** Die Erinnerung setzt einen Antrag an das Gericht voraus, der keiner besonderen Form bedarf. Er kann also sowohl schriftlich als auch zu Protokoll der Geschäftsstelle gestellt werden und braucht den Terminus »Erinnerung« nicht zu enthalten. Es genügt, daß er erkennen läßt, daß Einwendungen der oben unter II beschriebenen Art erhoben werden sollen. Das Gericht muß die Eingaben notfalls interessengerecht auslegen.[59] Eine Eingabe an den Gerichtsvollzieher ist zunächst noch keine Erinnerung. Er sollte deshalb nachfragen, ob er die Eingabe dem Gericht vorlegen soll, ehe er u. U. nicht gewollte weitere Kosten[60] verursacht.

**2. Zuständiges Gericht:** Zuständig zur Entscheidung ist das Vollstreckungsgericht (§ 764 ZPO).[61] Seine Zuständigkeit ist eine ausschließliche (§ 802 ZPO). Wurde die angegriffene Vollstreckungsmaßnahme allerdings erst (ohne daß der Schuldner zuvor gehört wurde) vom Beschwerdegericht erlassen, ist dieses ausnahmsweise das zur Entscheidung berufene Vollstreckungsgericht.[62] Für die Entscheidung über Erinnerungen gegen Vollstreckungsmaßnahmen des Arrestgerichts (§ 930 Abs. 1 S. 3 ZPO) ist das Arrestgericht zuständig.[63]

Entscheidet fälschlicherweise anstelle des zuständigen Vollstreckungsgerichts das (für Beschwerdeentscheidungen zuständige) übergeordnete Landgericht, so greift nicht § 10 ZPO ein.[64] Die Unzuständigkeit stellt insoweit vielmehr einen neuen selbständigen Beschwerdegrund dar.

**3. Abhilfebefugnis:** Die Entscheidung des Vollstreckungsgerichts hat der **Richter** zu treffen (§ 20 Ziff. 17 RPflG). Jedoch kann der **Rechtspfleger**, der seine angefochtene Entscheidung nicht aufrechterhalten will, selbst der Erinnerung **abhelfen**.[65] So kann er einen Pfändungs- und Überweisungsbeschluß ganz oder teilweise wieder aufheben.[66] Tut er dies, so liegt in dieser Abhilfeentscheidung gleichzeitig eine Zurückweisung des Vollstreckungsantrages des Gläubigers, die von diesem nur mit der befristeten Durchgriffserinnerung nach § 11 Abs. 1 S. 2 RPflG angefochten werden kann.[67] Der **Gerichtsvollzieher** ist nur **beschränkt** zur **Abhilfe** befugt. Er kann in den Fällen des Abs. 2 auf die Erinnerung des Gläubigers hin die zunächst abgelehnte Vollstreckungs-

---

59 OLG Düsseldorf, FamRZ 1984, 727.
60 Siehe unten Rdn. 29.
61 Siehe § 764 Rdn. 3.
62 OLG Frankfurt, JurBüro 1973, 160; OLG Hamm, MDR 1975, 938; KTS 1970, 228.
63 BGH, NJW 1976, 1453; OLG Frankfurt, Rpfleger 1980, 485; OLG Hamm, JurBüro 1960, 451; OLG Karlsruhe, WM 1958, 1289; OLG Stuttgart, Rpfleger 1975, 407; LG Berlin, Rpfleger 1975, 229; *Schuschke* in Schuschke/Walker, Bd. II, § 930 Rdn. 16.
64 OLG Hamm, Rpfleger 1974, 75.
65 OLG Düsseldorf, JZ 1960, 258; OLG Frankfurt, Rpfleger 1979, 111; OLG Koblenz, Rpfleger 1978, 227; LG Bayreuth, JurBüro 1972, 336; LG Bochum, Rpfleger 1971, 409; LG Lübeck, Rpfleger 1974, 76; a. A. LG Berlin, Rpfleger 1965 (mit abl. Anm. *Biede*).
66 Gegen eine teilweise Abänderung LG Lüneburg, NdsRpfl 1981, 122.
67 Siehe oben Rdn. 6; ferner OLG Koblenz, MDR 1983, 413.

§ 766   *Erinnerung gegen Art und Weise der Zwangsvollstreckung*

maßnahme doch vornehmen oder seinen Kostenansatz nach unten hin berichtigen.[68] Er kann aber keine Pfändungsmaßnahmen aufheben oder sonst in die vom Gläubiger durch die angefochtene Vollstreckungsmaßnahme einstweilen erworbene Rechtsposition eingreifen.

21  4. **Zeitliche Grenzen:** Die Erinnerung ist grundsätzlich erst **ab Beginn** der konkreten angefochtenen Vollstreckungsmaßnahme zulässig, nicht aber vorbeugend mit dem Ziel, den Gerichtsvollzieher bei künftigen Vollstreckungen zu einem den Dienstvorschriften entsprechenden Verhalten anzuhalten.[69] Deshalb kann die bloße Ankündigung des Gerichtsvollziehers, er werde demnächst vollstrecken, grundsätzlich noch nicht mit der Erinnerung angegriffen werden.[70] Ausnahmsweise ist die Erinnerung schon gegen eine unmittelbar drohende Vollstreckungsmaßnahme zulässig, wenn bereits mit Beginn der Vollstreckung erheblich in Grundrechte eingegriffen würde (drohende Verhaftung, unmittelbar bevorstehende Zwangsräumung der Wohnung) und ein anderweitiger Rechtsschutz nicht möglich ist.[71] **Nach Beendigung** der Zwangsvollstreckung[72] insgesamt ist die Erinnerung grundsätzlich nicht mehr zulässig,[73] nach Beendigung der einzelnen Zwangsvollstreckungsmaßnahme nur, wenn diese noch als Voraussetzung für weitere Vollstreckungsmaßnahmen fortwirkt und der durch die Maßnahme erzielte Erfolg noch tatsächlich rückgängig gemacht werden kann.[74] So ist die Mobiliarpfändung zwar mit der Erteilung einer Unpfändbarkeitsbescheinigung an den auftraggebenden Gläubiger beendet; die Unpfändbarkeitsbescheinigung ist aber Grundlage für die Einleitung des Offenbarungsverfahrens und für die Erteilung weiterer Unpfändbarkeitsbescheinigungen gem. § 63 GVGA. Deshalb kann sie vom Schuldner mit der Erinnerung gem. § 766 ZPO angefochten werden,[75] allerdings nur bis zur Ladung zur Offenbarungsversicherung. Von da an verdrängt § 900 Abs. 5 ZPO als speziellerer Rechtsbehelf den § 766 ZPO.[76] Ist die versteigerte Sache dem Ersteher ausgehändigt und der Erlös dem Gläubiger ausgekehrt worden,[77] können diese Vollstreckungsergebnisse nicht mehr rückgängig gemacht werden. Das gilt auch dann, wenn gepfändetes Bargeld beim Gläubiger abgeliefert worden ist, wenn der Drittschuldner die gepfändete Forderung an den Gläubiger gezahlt hat oder die Überweisung an Zahlungs Statt wirksam geworden ist, wenn die geräumte Wohnung an den Gläubiger übergeben worden ist.

---

68 *Rosenberg/Gaul*, § 37 VI 1.
69 OLG Köln, JurBüro 1989, 870; LG Berlin, DGVZ 1991, 9; LG Köln, DGVZ 1972, 154; AG Ahrensburg, SchlHA 1965, 18.
70 KG, DGVZ 1994, 113 f.
71 KG, ZIP 1983, 497; OLG Hamm, DGVZ 1983, 137; OLG Köln, JurBüro 1992, 702, 703 (Ankündigung des Gerichtsvollziehers, eine Mauer abzureißen).
72 Zu den danach aber noch möglichen materiellrechtlichen Ausgleichsansprüchen siehe Vor §§ 765 a–777 Rdn. 9.
73 Allgem. Meinung; vergl. beispielhaft OLG Düsseldorf, ZIP 1982, 366; OLG Köln, JMBl.NW 1988, 17; LG Aachen, Rpfleger 1962, 449; LG Düsseldorf, Rpfleger 1982, 112; LG Memmingen, DGVZ 1973, 120; AG Köln, JurBüro 1965, 814; *Rosenberg/Gaul*, § 37 VI 2 b; *Stein/Jonas/Münzberg*, § 766 Rdn. 37.
74 *Brox/Walker*, Rdn. 1191; *Rosenberg/Gaul*, § 37 VI 2 b; *Stein/Jonas/Münzberg*, § 766 Rdn. 38.
75 OLG Hamburg, MDR 1964, 1012; LG Düsseldorf, DGVZ 1985, 152.
76 Siehe oben Rdn. 7.
77 LG Rottweil, DGVZ 1993, 57.

*Erinnerung gegen Art und Weise der Zwangsvollstreckung* § 766

In diesen Fällen könnte eine erfolgreiche Erinnerung auf den Vollstreckungsablauf nicht mehr einwirken.[78] Sie liefe deshalb auf eine bloße Feststellung hinaus, daß das beendete Vollstreckungsverfahren nicht in Ordnung war. Eine solche Feststellung wäre nutzlos, da ihr auch im Rahmen von Schadensersatzklagen des Schuldners oder eines Dritten keine Bedeutung zukäme.[79] Hier liegt der Grund für die Unzulässigkeit der Erinnerung nach beendeter Zwangsvollstreckung. Steht der Weg der Erinnerung nach § 766 ZPO nicht mehr zur Verfügung, kann die Feststellung der Rechtswidrigkeit einer Maßnahme des Gerichtsvollziehers oder des Vollstreckungsgerichts auch nicht im Verfahren nach den §§ 23 ff. EGGVG erwirkt werden.[80]

Bei der Frage, ob die Zwangsvollstreckung tatsächlich irreversibel beendet ist, darf allerdings nicht allein auf den Vollstreckungserfolg beim Gläubiger abgestellt werden. Für diesen ist die Räumungsvollstreckung mit der Rückerlangung des unmittelbaren Besitzes an der Wohnung beendet. Hat der Gerichtsvollzieher bei der Räumung Maßnahmen nach § 885 Abs. 3 ZPO getroffen, so bleiben diese für den Schuldner und gegebenenfalls auch Dritte anfechtbar, bis die ursprünglichen Besitzverhältnisse wiederhergestellt sind.[81] Umgekehrt kann die Vollstreckung für beteiligte Dritte bereits beendet sein, wenn der Vollstreckungserfolg zugunsten des Gläubigers noch nicht endgültig eingetreten ist. So endet die Möglichkeit, Erinnerung einzulegen, für nachrangige Gläubiger[82] schon, sobald die gesetzlichen Voraussetzungen für die Einleitung eines Verteilungsverfahrens gem. §§ 872 ff. ZPO vorliegen,[83] wenn auch die Auszahlung an den erfolgreichen Gläubiger erst viel später erfolgt.

**5. Rechtliches Gehör:** Hinsichtlich der mündlichen Verhandlung gilt § 764 Abs. 3 ZPO: Sie ist nicht notwendig, aber insbesondere da angebracht, wo die Parteien persönlich die Erinnerung eingelegt haben und eine mündliche Anhörung der Parteien zur Aufklärung (§ 139 ZPO) des möglicherweise unklaren Sachverhalts beitragen kann. Rechtliches Gehör jedenfalls im schriftlichen Verfahren ist immer dann zwingend geboten (Art. 103 Abs. 1 GG), wenn das Gericht der Erinnerung des Schuldners oder eines Dritten stattgeben, die vom Gläubiger bereits erworbene Position also verschlechtern will. Im Rahmen des Erinnerungsverfahrens des Gläubigers gegen die Ablehnung einer beantragten Vollstreckungsmaßnahme ist der Schuldner dagegen nicht notwendig zu hören, wenn die beantragte Zwangsvollstreckungsmaßnahme selbst ohne sein Gehör möglich gewesen wäre (§ 834 ZPO).[84]

22

**6. Beweislast:** Der Erinnerungsführer muß im Erinnerungsverfahren die die Erinnerung begründenden Tatsachen beweisen, nicht nur glaubhaft machen.[85] Soweit es dabei

23

---

78 LG Aachen, Rpfleger 1962, 449; LG Braunschweig, DGVZ 1975, 154; AG Köln, DGVZ 1978, 30.
79 Einzelheiten: § 767 Rdn. 9 und Anh. § 771; vergl. ferner LG Frankfurt, JurBüro 1983, 624.
80 KG, MDR 1982, 155; OLG Frankfurt, ZIP 1983, 497.
81 LG Hamburg, DGVZ 1981, 157.
82 Zu ihrer Erinnerungsbefugnis oben Rdn. 15.
83 OLG Koblenz, DGVZ 1984, 58; LG Frankfurt, MDR 1983, 676.
84 KG, NJW 1980, 1341.
85 AG Köln, JurBüro 1965, 240; *Bruns/Peters*, § 14 III; *Rosenberg/Gaul*, § 37 VI 3; *Stein/Jonas/Münzberg*, § 766 Rdn. 39.

um die Rüge geht, das Vollstreckungsorgan habe die Voraussetzungen der konkreten Vollstreckungsmaßnahme (d. h. die allgemeinen Vollstreckungsvoraussetzungen und die besonderen Voraussetzungen der gewählten Vollstreckungsart) zu Unrecht bejaht oder auch verneint, kann der Erinnerungsführer den Nachweis nur mit den Mitteln führen, die er auch dem Vollstreckungsorgan gegenüber zur Verfügung hätte.[86] Denn der Fehler des Vollstreckungsverfahrens ist dann gerade darin zu sehen, daß trotz ausreichender Nachweise nicht oder ohne hinreichende Nachweise doch vollstreckt wurde. Darf das Vollstreckungsorgan etwa zu einer Frage keine Zeugen vernehmen, kann dies auch das Vollstreckungsgericht im Rahmen des Erinnerungsverfahrens nicht. Kann z. B. der Gerichtsvollzieher anhand des Titels, ihm zusätzlich übergebener Urkunden, gegebenenfalls eingeholter Auskünfte bei der Gemeinde die Identität des angeblichen Schuldners mit der im Titel genannten Person nicht feststellen,[87] so kann das Vollstreckungsgericht zu dieser Frage keine Zeugen vernehmen, da diese Möglichkeit auch für den Gerichtsvollzieher nicht besteht.

Darf der Gerichtsvollzieher dem Einwand, eine ihm im Rahmen des § 775 Nr. 4 ZPO vorgelegte formell wirksame Quittung sei wegen Irrtums angefochten worden, nicht durch eine Beweisaufnahme klären, kann auch das Vollstreckungsgericht diese Frage nicht aufklären, selbst wenn ihm entsprechende Urkunden, Zeugen usw. präsentiert werden.[88] Rügt der Erinnerungsführer aber den Ablauf der Vollstreckungsmaßnahme, also das, was das Vollstreckungsorgan getan, gesagt, gesehen oder übersehen hat oder haben soll, hat er alle Beweismittel der ZPO zur Verfügung.[89] Das Gericht hat in diesem Falle zusätzlich im Rahmen des Freibeweises die Möglichkeit, eine amtliche Auskunft des Gerichtsvollziehers einzuholen (§§ 144, 358 a Nr. 2 ZPO).

24   7. **Zulässigkeit der Erinnerung:** Die Entscheidung über die Erinnerung ergeht durch **Beschluß**, der zu begründen ist. Im Rahmen der **Zulässigkeit des Rechtsbehelfs** prüft der Richter, ob

a) die Einwendungen im Erinnerungsverfahren **statthaft** sind (keine materiellrechtlichen Einwände gegen den zu vollstreckenden Anspruch oder im Hinblick auf das Vollstreckungsobjekt; keine Einwände gegen die Rechtmäßigkeit der formell ordnungsgemäßen Klausel; Angriff gegen das Verhalten des Gerichtsvollziehers in der Zwangsvollstreckung oder gegen eine Vollstreckungsmaßnahme des Vollstreckungsgerichts; kein speziellerer Rechtsbehelf vorgesehen, z. B. der Widerspruch im Offenbarungsverfahren);

b) das angerufene Gericht örtlich und sachlich zuständig ist;

c) der Erinnerungsführer auch erinnerungsbefugt ist; gegebenenfalls auch, ob die allgemeinen Prozeßhandlungsvoraussetzungen bei ihm vorliegen;

d) ob die Zwangsvollstreckung bereits begonnen hat (gegebenenfalls: unmittelbar bevorsteht) und ob sie noch nicht beendet ist.

---

86 Vergl. auch § 750 Rdn. 4.
87 Zu den Möglichkeiten der Identitätsfeststellung LG Verden, JurBüro 1986, 778; AG Leverkusen, DGVZ 1982, 175; AG München, DGVZ 1982, 172.
88 LG Mannheim, MDR 1967, 222.
89 *Rosenberg/Gaul*, § 37 VI 3.

**8. Begründetheit der Erinnerung:** Die Erinnerung ist **begründet,** wenn  25
a) die angefochtene Vollstreckungsmaßnahme unzulässig ist, weil die Voraussetzungen der Zwangsvollstreckung nicht sämtlich vorliegen oder weil bei der Durchführung der Vollstreckung Verfahrensfehler unterlaufen sind, die noch fortwirken (zur Heilung von Verfahrensfehlern unten Rdn. 26), oder wenn
b) der Vollstreckungsantrag vom Gerichtsvollzieher zu Unrecht zurückgewiesen oder nicht antragsgemäß erledigt wurde, oder wenn
c) der Kostenansatz des Gerichtsvollziehers unrichtig ist.

Da der Erinnerungsführer die Erinnerung nicht im einzelnen begründen muß, es vielmehr ausreicht, wenn er die von ihm beanstandete Maßnahme bezeichnet, muß der Richter bei der Prüfung der Begründetheit des Rechtsbehelfs das gesamte vom Vollstreckungsorgan zu beachtende Verfahren durchlaufen und darf sich nicht mit der Prüfung der vom Erinnerungsführer genannten Gründe für die Anfechtbarkeit der Maßnahme begnügen. Andererseits darf er über das vom Erinnerungsführer erstrebte Rechtsschutzziel nicht hinausgehen. Rügt der Schuldner etwa, der einzige in seinem Besitz befindliche Fernsehapparat habe nicht gepfändet werden dürfen, weil er nicht ihm gehöre, sondern nur geliehen sei, so wäre die vom Schuldner gegebene Begründung der Unpfändbarkeit zwar unzutreffend, das Gericht müßte aber die Unpfändbarkeit des Gerätes nach § 811 Nr. 1 ZPO[90] von Amts wegen berücksichtigen. Ebenso könnte es hier ungerügt berücksichtigen, daß der Titel sich nicht gegen diesen Schuldner richtet oder daß er noch nicht vollstreckbar ausgefertigt ist. Dagegen kann es nicht die sich etwa aus dem nämlichen Pfändungsprotokoll ergebende Pfändung auch des Küchenherdes von Amts wegen für unzulässig erklären, wenn dies nicht beantragt ist.[91]  26

**9. Maßgeblicher Zeitpunkt:** Für die Beurteilung, ob die Erinnerung zulässig und begründet ist, ist grundsätzlich der **Zeitpunkt der Beschlußfassung** durch das Gericht maßgeblich.[92] War der Rechtsbehelf bei seiner Einlegung noch unzulässig, weil die Vollstreckung noch nicht begonnen hatte, wird er mit Beginn der Maßnahme wirksam; ein bei seiner Einlegung zulässiger Rechtsbehelf wird, wenn etwa zwischenzeitlich die Zwangsvollstreckung irreversibel beendet ist, unzulässig. Eine zum Zeitpunkt ihrer Einlegung noch begründete Erinnerung wird unbegründet, wenn der Verfahrensfehler, der die Anfechtbarkeit auslöste, nachträglich beseitigt wird. Die nachträgliche Heilung anfechtbarer Vollstreckungsakte ist jederzeit möglich, während nichtige Vollstreckungsakte nur wiederholt, also fehlerfrei neu vorgenommen werden können.[93] Da die Erinnerung im Gegensatz zur Dienstaufsichtsbeschwerde nicht die Aufgabe hat, das persönliche Verhalten der Vollstreckungsorgane als Angehörige des öffentlichen Dienstes auf die jederzeitige Rechtmäßigkeit hin zu überprüfen, sondern die Rechtmäßigkeit des Vollstreckungszugriffs zu gewährleisten, besteht für eine Aufhebung der  27

---

90 Zur Unpfändbarkeit des einzigen Fernsehgerätes siehe § 811 Rdn. 13.
91 OLG Frankfurt, OLGZ 1982, 239.
92 OLG Düsseldorf, NJW 1978, 2603; OLG Hamburg, MDR 1974, 321; OLG Hamm, Rpfleger 1974, 204; *Baur/Stürner*, Rdn. 43.13; *Brox/Walker*, Rdn. 1233; *Rosenberg/Gaul*, § 37 VII 2; *Säcker*, NJW 1966, 2345; *Stein/Jonas/Münzberg*, § 766 Rdn. 42; **a. A.** KG, DGVZ 1966, 103 f.; *Bähr*, KTS 1969, 1, 19; *Bruns/Peters*, § 14 VI.
93 Einzelheiten: Vor §§ 803, 804 Rdn. 7.

Vollstreckungsmaßnahme kein Anlaß mehr, wenn sie sich nachträglich als rechtmäßig erweist. Die Aufhebung ist auch nicht deshalb erforderlich, weil etwa der Gläubiger durch die anfechtbare Maßnahme einen ungerechtfertigten Vorsprung vor anderen Gläubigern[94] erworben hat. Denn nicht der Gläubiger, sondern das staatliche Vollstreckungsorgan hat die Verfahrensvorschriften bei der Pfändung verletzt. Die anderen Gläubiger finden bei ihren Vollstreckungsversuchen schon ein äußerlich vorbelastetes Vermögensobjekt vor und können sich darauf einrichten. Sie können die vorrangige Pfändung mit der Erinnerung angreifen, wenn sich der vorrangige Gläubiger nicht zur Beseitigung des Verfahrensmangels entschließt.

Ist der Anfechtungsgrund nachträglich entfallen, bleibt für den Erinnerungsführer nur die Möglichkeit, die Hauptsache für erledigt zu erklären.[95] Es ist dann nur noch gem. § 91 a ZPO über die Kosten zu entscheiden.[96]

28   10. **Tenor der Erinnerungsentscheidung:** Hinsichtlich des Tenors der einer Erinnerung stattgebenden Entscheidung sind folgende Möglichkeiten zu unterscheiden: Obsiegt der Gläubiger gegen eine Weigerung des Gerichtsvollziehers, dem Antrag des Gläubigers entsprechend zu vollstrecken, so ist der Gerichtsvollzieher anzuweisen, entweder die Maßnahme dem Antrag entsprechend durchzuführen, oder, wenn noch nicht alle Voraussetzungen der Vollstreckung durch den Gerichtsvollzieher selbst geprüft waren, im Rahmen dieser Prüfung von den Bedenken abzusehen, die Gegenstand der Erinnerung waren. Hat der Schuldner oder ein Dritter gegen eine Pfändungsmaßnahme des Gerichtsvollziehers Erfolg, ist die Pfändung für unzulässig zu erklären. Das Gericht kann die Maßnahme nicht selbst aufheben, da nur der Gerichtsvollzieher das Pfandsiegel entfernen darf.[97] Es kann jedoch – muß aber nicht – den Gerichtsvollzieher im Beschluß anweisen, die Vollstreckung aufzuheben.[98] Zweckmäßigerweise schiebt das Gericht aber die Wirksamkeit seiner Entscheidung bis zur Rechtskraft entspr. § 572 ZPO hinaus. Denn mit der Entfernung des Pfandsiegels erlischt das Pfandrecht auch dann, wenn sich die Erinnerungsentscheidung im Rechtsmittelzug als nicht beständig erweist.[99] Wird der Erinnerung gegen eine vom Vollstreckungsgericht als Vollstreckungsorgan durchgeführte Pfändung stattgegeben, so hat das Gericht die Pfändung auch selbst aufzuheben. Damit der Gläubiger aber keinen Schaden erleidet, falls das Rechtsmittelgericht die Lage anders beurteilt, sollte das Vollstreckungsgericht die Aufhebung der Pfändung nur aufschiebend bedingt für den Fall der Rechtskraft der Erinnerungsentscheidung aussprechen. Denn ein durch Aufhebung erloschenes Pfandrecht lebt nicht an seinem alten Rang wieder auf, wenn das Rechtsmittelgericht die Erinnerungsentscheidung abändert und die Erinnerung zurückweist. Es muß durch Neu-

---

94 So aber *Bruns/Peters*, § 14 VI.
95 OLG Hamburg, MDR 1957, 234; LG Frankenthal, Rpfleger 1984, 361; *Rosenberg/Gaul*, § 37 VII 2; *Säcker*, NJW 1966, 2347.
96 Zur Kostenentscheidung allgemein siehe unten Rdn. 29.
97 OLG Oldenburg, MDR 1955, 300.
98 *Brox/Walker*, Rdn. 1237.
99 BGHZ 66, 394 f.; OLG Hamm, JMBl.NW 1955, 175.

*Erinnerung gegen Art und Weise der Zwangsvollstreckung* § 766

pfändung an bereiter Stelle neu begründet werden.[100] Die Neupfändung kann vom Beschwerdegericht selbst vorgenommen werden.

Wendet sich der Schuldner gegen die bevorstehende Wegnahme einer Sache oder die Räumung von Wohnraum, so ist die beabsichtigte Maßnahme für unzulässig zu erklären.

11. **Kostenentscheidung:** Die Entscheidung ist grundsätzlich mit einer Kostenentscheidung zu versehen. § 788 ZPO ist nicht einschlägig, da der obsiegende Schuldner durch diese Regelung benachteiligt wäre.[101] Die Kostenentscheidung ist den §§ 91 ff. ZPO zu entnehmen; insbesondere ist auch § 93 ZPO anwendbar. Bei erfolgloser Erinnerung muß nach § 97 Abs. 1 ZPO der Erinnerungsführer die außergerichtlichen Kosten tragen.[102] Gerichtsgebühren fallen im Erinnerungsverfahren nicht an, Auslagen können durch die Ladung zu einer mündlichen Verhandlung durch Postzustellungsurkunde und durch die Zustellung des Beschlusses selbst entstehen. Die Rechtsanwälte erhalten eine 3/10-Gebühr nach § 57 BRAGO,[103] die aber für den Rechtsanwalt des Gläubigers durch die bereits verdiente allgemeine Vollstreckungsgebühr mitabgegolten ist (§ 58 BRAGO).

29

12. **Verkündung und Zustellung:** Nach mündlicher Verhandlung ist die Entscheidung zu verkünden (§ 329 Abs. 1 ZPO) und zusätzlich zuzustellen. Im übrigen ist sie den Beteiligten, denen zuvor im Verfahren rechtliches Gehör gewährt worden war, zuzustellen (§ 329 Abs. 2 und 3 ZPO).

30

**V. Rechtsmittel gegen die Entscheidung:** Gegen die Entscheidung über die Erinnerung ist die sofortige Beschwerde gem. § 793 ZPO gegeben. Über sie entscheidet immer das im Rechtszug übergeordnete Gericht. Der Vollstreckungsrichter kann der Beschwerde nicht selbst abhelfen (§ 577 Abs. 3 ZPO). Gegen die Entscheidung des Beschwerdegerichts ist nur unter den Voraussetzungen der §§ 568 Abs. 2, 793 Abs. 2 ZPO weitere sofortige Beschwerde möglich.

31

**VI. Rechtskraft der Entscheidung:** Nach Ablauf der Frist zur Einlegung der sofortigen Beschwerde ist die Erinnerungsentscheidung **formell rechtskräftig** (§§ 793, 577 Abs. 2 ZPO). Der **materiellen Rechtskraft** ist die Entscheidung in entsprechender Anwendung des § 322 Abs. 1 ZPO nur insoweit fähig, als die Parteien, denen im Erinnerungsverfahren rechtliches Gehör gewährt worden war, die Rügen, die Gegenstand des formell rechtskräftigen Erinnerungsverfahrens waren, nicht zum Gegenstand einer er-

32

---

100 KG, MDR 1966, 515; OLG Frankfurt, JurBüro 1973, 160 (mit Anm. *Mümmler*); OLG Saarbrücken, OLGZ 1971, 425.
101 BGH, NJW-RR 1989, 125; *Bruns/Peters*, § 14 V; MüKo/*K. Schmidt*, § 766 Rdn. 49; *Rosenberg/Gaul*, § 37 VII 2; *Stein/Jonas/Münzberg*, § 766 Rdn. 41 a; **a. A.** (§ 788) LG Bochum, Rpfleger 1970, 357; *Thomas/Putzo*, § 766 Rdn. 30.
102 *Brox/Walker*, Rdn. 1241; *Bruns/Peters*, § 14 V; *Zöller/Stöber*, § 766 Rdn. 34.
103 Auch wenn sie einen betroffenen Dritten vertreten; LG Berlin, JurBüro 1974, 61.

neuten Erinnerung gegen die nämliche Vollstreckungsmaßnahme machen können.[104] Am Verfahren bisher unbeteiligten Dritten, soweit sie nicht nur Rechtsnachfolger der ursprünglichen Parteien sind, bleibt die Rüge dagegen erhalten.[105] Auch die am Erinnerungsverfahren Beteiligten können sie in anderen Rechtsstreitigkeiten als einem erneuten Erinnerungsverfahren (z. B. Klagen auf Schadensersatz oder Bereicherungsausgleich) ohne Präjudiz wiederholen. Andere Rügemöglichkeiten als die, über die konkret rechtskräftig entschieden wurde, können im Rahmen der nämlichen Zwangsvollstreckung ohne Einschränkung zum Gegenstand neuer Erinnerungsverfahren gemacht werden. Es schadet nicht, daß sie zur Zeit des ersten, rechtskräftig abgeschlossenen Erinnerungsverfahrens bekannt waren oder hätten bekannt sein müssen. § 767 Abs. 2 und 3 ZPO sind im Rahmen des § 766 ZPO nicht entsprechend anwendbar.[106] Alle Beteiligten haben Anspruch darauf, daß das Vollstreckungsverfahren mit äußerster Korrektheit abläuft. Während präkludierte materiellrechtliche Einwände nach Abschluß der Vollstreckung noch im Rahmen materiellrechtlicher Ausgleichsansprüche weiterverfolgt werden können,[107] sind bloße Verfahrensrügen, die nicht die Nichtigkeit der Verstrickung betrafen, nach Beendigung der Zwangsvollstreckung endgültig abgeschnitten. Deshalb würde eine Präklusion im Erinnerungsverfahren zu ungewollten Härten führen.

33 VII. **Einstweilige Maßnahmen:** Der Richter kann zur Vorbereitung seiner Erinnerungsentscheidung, da die Erinnerung selbst den Fortgang des Vollstreckungsverfahrens noch nicht berührt, einstweilige Anordnungen, wie sie in § 732 Abs. 2 ZPO bezeichnet sind, treffen (**Abs. 1 S. 2**). Insbesondere kann er anordnen, daß die weitere Vollstreckung einstweilen einzustellen sei oder daß sie nur gegen Sicherheitsleistung fortgesetzt werden dürfe. Die gleichen einstweiligen Anordnungen kann auch schon der Rechtspfleger treffen im Rahmen seiner Prüfung, ob er der Erinnerung nicht selbst abhelfen wolle.[108] Der Gerichtsvollzieher ist zu einer eigenmächtigen Einstellung der Zwangsvollstreckung außerhalb des § 765 a Abs. 2 ZPO nicht befugt. Einstweilige Maßnahmen des Richters sind grundsätzlich unanfechtbar,[109] es sei denn, daß er die Grenzen seines Ermessens überschritten oder umgekehrt ganz verkannt hat, daß ihm überhaupt ein Ermessensspielraum zusteht. In diesem Ausnahmefall ist die sofortige Beschwerde gem. § 793 ZPO gegeben. Gegen die einstweiligen Anordnungen des Rechtspflegers ist als Rechtsbehelf die befristete Rechtspflegererinnerung nach § 11 Abs. 1 S. 2 RPflG gegeben, über die der Richter des Amtsgerichts abschließend zu entscheiden hat. Eine Vorlage an das übergeordnete Gericht ist ausgeschlossen. Alle einstweiligen Anordnungen werden mit der Entscheidung über die Erinnerung selbst gegenstandslos.

---

104 *Brox/Walker*, Rdn. 1248; *Rosenberg/Gaul*, § 37 IX 2; *Stein/Jonas/Münzberg*, § 766 Rdn. 50; einschränkend (das Ganze nämlich nur als Problem des Rechtsschutzbedürfnisses behandelnd) *Bruns/Peters*, § 14 VII 4.
105 *Brox/Walker*, Rdn. 1249; MüKo/*K. Schmidt*, § 766 Rdn. 55; *Münzberg*, ZZP 1967, 497; *Rosenberg/Gaul*, § 37 IX 2.
106 *Brox/Walker*, Rdn. 1248; *Rosenberg/Gaul*, § 37 IX 2.
107 Siehe § 767 Rdn. 43.
108 LG Frankenthal, Rpfleger 1984, 424.
109 Vergl. § 732 Rdn. 16; ferner: OLG Celle, NdsRpfl 1954, 88; OLG Schleswig, SchlHA 1955, 224; LG Mannheim, ZMR 1969, 221.

## § 767 Vollstreckungsabwehrklage

(1) Einwendungen, die den durch das Urteil festgestellten Anspruch selbst betreffen, sind von dem Schuldner im Wege der Klage bei dem Prozeßgericht des ersten Rechtszuges geltend zu machen.
(2) Sie sind nur insoweit zulässig, als die Gründe, auf denen sie beruhen, erst nach dem Schluß der mündlichen Verhandlung, in der Einwendungen nach den Vorschriften dieses Gesetzes spätestens hätten geltend gemacht werden müssen, entstanden sind und durch Einspruch nicht mehr geltend gemacht werden können.
(3) Der Schuldner muß in der von ihm zu erhebenden Klage alle Einwendungen geltend machen, die er zur Zeit der Erhebung der Klage geltend zu machen imstande war.

### Inhaltsübersicht

| | | Rdn. |
|---|---|---|
| | Literatur | |
| I. | Zweck der Norm | 1 |
| II. | Abgrenzung zu anderen Rechtsbehelfen | 2 |
| | 1. Vollstreckungserinnerung | 3 |
| | 2. Restitutions- und Nichtigkeitsklage | 4 |
| | 3. Abänderungsklage | 5 |
| | 4. Negative Feststellungsklage | 6 |
| | 5. Unterlassungsanspruch nach § 826 BGB | 7 |
| | 6. Allgemeiner Vollstreckungsschutz gem. § 765 a ZPO | 8 |
| | 7. Bereicherungsausgleichsansprüche nach § 812 BGB | 9 |
| III. | Rechtsnatur der Klage – Streitgegenstand der Klage | 10 |
| | 1. Prozessuale Gestaltungsklage | 10 |
| | 2. Streitgegenstand – Klageänderung | 11 |
| IV. | Zulässigkeit der Klage | 12 |
| | 1. Statthaftigkeit | 12 |
| | 2. Zuständigkeit des Gerichts | 13 |
| | a) Klage gegen Vollstreckung aus Urteilen | 13 |
| | b) aus sonstigen gerichtlichen Entscheidungen | 13 |
| | c) aus vollstreckbaren Urkunden und Prozeßvergleichen | 13 |
| | 3. Zulässig ab Erlaß des Titels bis zur Beendigung der Zwangsvollstreckung | 14 |
| | 4. Einrede des Schiedsvertrages | 15 |
| | 5. Einrede der rechtskräftig entschiedenen Sache | 16 |
| | 6. Rechtschutzbedürfnis | 17 |
| V. | Begründetheit der Klage | 18 |
| | 1. Zulässige Einreden gegen durch Urteil titulierten Anspruch | 19 |
| | a) rechtshemmende Einwendungen | 20 |
| | b) rechtsvernichtende Einwendungen | 21 |
| | c) nachträgliche Gesetzesänderung | 22 |
| | d) spätere Änderung der Rechtsprechung | 23 |

|   |   |   |
|---|---|---|
| | e) spätere Änderung der tatsächlichen Verhältnisse | 24 |
| | f) Vollstreckungsvereinbarungen | 25 |
| | 2. Einwendungen gegen durch Vollstreckungsbescheid titulierten Anspruch | 26 |
| | 3. Vergleich als Titel | 27 |
| | 4. Notarielle Urkunde als Titel | 28 |
| | 5. Kostenfestsetzungsbeschluß als Titel | 29 |
| VI. | Präklusion nach Abs. 2, soweit der Anspruch tituliert ist | 30 |
| | 1. durch Urteil | 31 |
| | 2. durch Versäumnisurteil | 32 |
| | 3. durch Vollstreckungsbescheid | 33 |
| | 4. durch andere gerichtliche Entscheidung | 34 |
| | 5. in vollstreckbarer Urkunde und Prozeßvergleichen | 35 |
| | 6. Keine Präklusion hinsichtlich vollstreckungsbeschränkender Vereinbarungen | 36 |
| VII. | Vertraglicher Einwendungsausschluß | 37 |
| VIII. | Beweislast | 38 |
| IX. | Tenorierung | 39 |
| X. | Wirkungen des Urteils | |
| | 1. Keine unmittelbaren Auswirkungen auf den titulierten Anspruch | 40 |
| | 2. Präklusion nach Abs. 3 | 41 |
| XI. | Streitwert | 42 |
| XII. | Materiellrechtliche Ausgleichsansprüche des Schuldners nach beendeter Zwangsvollstreckung | 43 |
| XIII. | Sonderformen der Vollstreckungsabwehrklage | 44–47 |
| XIV. | Keine entsprechende Anwendung in der Abgabenvollstreckung nach der AO | 48 |

**Literatur** (zugleich auch zum Anhang zu § 767 ZPO: Unterlassungsklage aus § 826 BGB): *Arndt*, Vollstreckungsgegenklage zur Abwehr unzulässiger Vollstreckung aus Verwaltungsakten?, MDR 1964, 376; *Arens*, Prozeßrecht und materielles Recht, AcP 1973, 250; *Backhaus*, Befreiende Leistung des »bösgläubigen« Schuldners im Fall des § 407 Abs. 2 BGB und verwandter Vorschriften, JA 1983, 408; *Bamberg*, Die mißbräuchliche Titulierung von Ratenkreditschulden mit Hilfe des Mahnverfahrens, 1987; *Baumgärtel/Scherf*, Ist die Rechtsprechung zur Durchbrechung der Rechtskraft nach § 826 BGB weiterhin vertretbar?, JZ 1970, 316; *Baumgärtel/Scherf*, Zur Problematik des § 767 Abs. 3 ZPO, JR 1968, 368; *Beitzke*, Vollstreckungs-Abwehrklage gegen DDR-Urteile, IPRax 1983, 16; *Biester*, Die Präklusion von Gestaltungsrechten im Rahmen des § 767 Abs. 2 ZPO, Diss. Münster 1975; *Blomeyer*, Rechtskraft- und Gestaltungswirkung der Urteile im Prozeß auf Vollstreckungsgegenklage und Drittwiderspruchsklage, AcP 1965, 481; *Braun*, Rechtskraftdurchbrechung bei rechtskräftigen Vollstreckungsbescheiden, ZIP 1987, 687; *Braun*, Die Änderung der für die Verteilung maßgeblichen Verhältnisse. – Überlegungen zur Interpretation von § 323 I ZPO –, FamRZ 1994, 1145; *Braun*, Zinstitel und Abänderungsklage, ZZP 1995 (Bd. 108), 319; *Brehm*, Vollstreckungsgegenklage nach Beendigung der Zwangsvollstreckung, ZIP 1983, 1420; *Burgard*, Die Präklusion der zweiten Vollstreckungsgegenklage, ZZP 1993 (Bd. 106), 23; *Bürck*, Erinnerung oder Klage bei Nichtbeachtung von Vollstreckungsvereinbarungen durch die Vollstreckungsorgane, ZZP 1972, 391; *Deichfuß*, Die sogenannten Zukunftszinsen, MDR 1992, 334; *Denck*, Einwendungen des Arbeitgebers gegen die titulierte Forderung bei Lohnpfändung, ZZP 1979, 71; *Deneke-Stoll*, Zur Arglistklage gegen rechtskräftige Vollstreckungsbescheide, JuS 1989, 796; *Dreykluft*, Die Zulässigkeit von Gestaltungseinreden bei der Vollstreckungsgegenklage, Diss. Erlangen-Nürnberg 1970; *Ernst*, Gestaltungsrechte im Vollstreckungsverfahren, NJW 1986, 401; *Erting*, Abänderungsklage (§ 323 ZPO) oder Vollstreckungsgegenklage (§ 767 ZPO) zur Geltendmachung eigener Einkünfte des Kindes durch den außerehelichen Vater?, FamRZ 1965, 67; *Funke*, Rückzahlungsansprüche des Ratenkreditnehmers nach der Vollstreckung aus einem materiell unrichtigen Vollstreckungsbescheid, NJW 1991, 2001; *Gaul*, Materielle Rechtskraft, Vollstreckungsabwehr und zivilrechtliche Ausgleichsansprüche, JuS 1962, 1; *Gaul*, Ungerechtfertigte Zwangsvollstreckung und materielle Ausgleichsansprüche, AcP 1973, 323; *Gaul*, Zulässigkeit und Geltendmachung vertraglicher Vollstreckungsbeschränkung, JuS 1971, 347; *ders.*, Das Rechtsbehelfssystem der Zwangsvollstreckung – Möglichkeiten und Grenzen einer Vereinfachung, ZZP 1972, 251; *Geißler*, Die Rechtskraft des Vollstreckungsbescheides auf dem Prüfstand des sittenwidrigen Ratenkreditgeschäfts, NJW 1987, 166; *Geißler*, Die Vollstreckungsklagen im Rechtsbehelfssystem der Zwangsvollstreckung, NJW 1985, 1865; *Gilles*, Vollstreckungsklage, sog. vollstreckbarer Anspruch und Einwendungen gegen die Zwangsvollstreckung im Zwielicht prozessualer und zivilistischer Prozeßbetrachtung, ZZP 1970, 61; *Graba*, Die Vollstreckungsgegenklage bei Unterhaltsvergleich und Unterhaltsurteil, NJW 1989, 481; *Grün*, Verbraucherschutz contra Rechtskraft beim Versäumnisurteil über eine sittenwidrige Ratenkreditforderung, NJW 1991, 2401; *dies.*, Notwendigkeit und Zulässigkeit der Rechtskraftbeschränkung beim Vollstreckungsbescheid., NJW 1991, 2860; *Grün*, Die Zwangsvollstreckung aus Vollstreckungsbescheiden über sittenwidrige Ratenkreditanforderungen, 1990; *Grunsky*, Rechtskraft und Schadensersatzansprüche wegen Erwirkung eines Titels, ZIP 1987, 1021; *Grunsky*, Voraussetzungen und Umfang der Rechtskraftdurchbrechung nach § 826 BGB bei sittenwidrigen Ratenkreditverträgen, ZIP 1986, 1361; *Gutsche*, Überwindung der Rechtskraft von Vollstreckungstiteln durch § 826 BGB, DtZ-Inf. 1992, 72; *Haase*, Besondere Klagen im Vollstreckungsverfahren, JuS 1967, 561; *Hasler*, Vollstreckungsgegenklage gegen rechtskräftige »Bürgenurteile« aufgrund der neueren BVerFG-Rechtsprechung, MDR 1995, 1086; *Heinze*, Vollstreckungsgegenklage nach Erfüllung der durch einstweilige Anordnung gemäß § 620 ZPO titulierten Unterhaltsanspruchs, MDR 1980, 895; *Henckel*, Vorbeugender Rechtsschutz im Zivilrecht, AcP 1974, 97; *Hoffmann*, Prozessuale Präklusion und § 242 BGB hinsichtlich treuwidrig erklärter Prozeßaufrechnung, JR 1994, 265; *Hoppenz*, Zum Vorrang der Abänderungsklage vor der Vollstreckungsabwehrklage, FamRZ 1987, 1097; *Jakoby*, Das Verhältnis der Abänderungsklage gemäß § 323 ZPO zur Vollstreckungsgegenklage gemäß § 767 ZPO, 1991; *Kainz*, Die Funktion und dogmatische Einordnung der Vollstreckungsabwehrklage in das System der Zivilprozeßordnung, 1984; *Kohler*, Ungehorsam und Vollstreckung im Zivilprozeß, AcP 1980, 141; *Kohte*, Rechtsschutz gegen die Vollstreckung des wucherähnlichen Rechtsgeschäfts nach § 826 BGB, NJW 1985, 2217; *Kühne*, Materiellrechtliche Einwendungen gegen Prozeßvergleich und Vollstreckungsgegenklage, NJW 1967, 1115; *Lippross*, Das Rechtsbehelfssystem der Zwangsvollstreckung, JA 1979, 9; *Lorenz*, Schwebende Unwirksamkeit und Präklusion im Zwangsvollstreckungsrecht, NJW 1995, 2258; *Lukassen*, Informationspflichten im Unterhaltsrecht. Die Verpflichtung zur unaufgeforderten Information, Diss. Münster 1992; *Lukes*, Die Vollstreckungsabwehrklage bei sittenwidrig erschlichenen und ausgenutzten Urteilen, ZZP 1959, 99; *Lüke*, Vollstreckungsstandschaft, Vollstreckungsabwehrklage und Schuldnerschutz, JuS 1996, 588; *Münzberg*: Vollstreckungsabwehrklagen gegen prozessuale Kostenansprüche und Probleme bei der Fassung der Anträge?, NJW 1996, 2126; *Lüke*, Vollstreckungsabwehrklage und fehlgeschlagene Aufrechnung im Vorprozeß, JuS 1995, 685; *Lüke*, Zur Klage auf Herausgabe des Vollstreckungstitels, JZ 1956, 475; *Maihold*, Präklusion der Aufrechnung, JABl. 1995, 754; *Merz*, Die Vollstreckungsabwehrklage, Jura 1989, 449; *dies.*, Vollstreckungsbescheid über sittenwidrige Ratenkreditforderung, NJW 1990, 2865; *Mühlhausen*, Grenzen der Vollstreckung aus sittenwidrigen Ratenkreditverträgen, MDR 1995, 770; *Münch*, Die Beweislastverteilung bei der Vollstreckungsgegenklage, NJW 1991, 795; *Münzberg*, Der Anspruch des Schuldners auf Herausgabe der vollstreckbaren Urteilsausfertigung nach Leistung, KTS 1984, 193; *Münzberg*, Rechtschutz gegen die Vollstreckung des wucherähnlichen Rechtsgeschäfts nach § 826 BGB, NJW 1986, 361; *Münzberg*, Rechtsbehelfe nach Absinken rechtskräftig titulierter Verzugszinssätze, JuS 1988, 345; *Musielak*, Zur Klage nach § 826 gegen rechtskräftige Urteile, JA 1982, 7; *Otto*, Grundprobleme der Vollstreckungsgegenklage, JA 1981, 606, 649; *Otto*, Die inner- und außerprozessuale Präklusion im Fall der Vollstreckungsgegenklage, Festschr. f. Henckel, 1995, S. 615; *Pawlowski*, Neue Vollstreckungsabwehrklage durch Rechtsfortbildung, DZWir 1995, 20; *Prütting/Weth*, Rechtskraftdurchbrechung bei unrichtigen Titeln. Die Rechtsprechung zur Aufhebung sittenwidriger Entscheidungen und ihre Folgen für die Praxis, 2. Aufl. 1994; *Renck*, Vollstreckungsabwehrklage bei Vollstreckung aus Vergleich, NJW 1992, 2209; *Rieble/Rumler*, Zur Vollstreckungsabwehrklage gegen einen nichtigen Titel, MDR 1989, 499; *Rimmelspacher/Spellenberg*, Pfändung einer Gegenforderung und Aufrechnung, JZ 1973, 271; *Sandkühler*, Konsumentenratenkredite in der gerichtlichen Praxis, JA 1988, 1; *Saum*, Zur Aushändigung der vollstreckbaren Ausfertigung des Titels an den Schuldner, JZ 1981, 695; *Scherer*, Zulässigkeit der Vollstreckungsstandschaft, RPfleger 1995, 89; *Schlüter*, Erfüllung der Forderung als Erledigungsgrund im Arrestverfahren, ZZP 1967, 447; *Schmidt*, Zivilprozessuale und materiellrechtliche Aspekte des § 283 BGB, ZZP 1974, 49; *K. Schmidt*, Präklusion und Rechtskraft bei wiederholten Vollstreckungsgegenklagen. JR 1992, 89; *Scholz*, Moderner Schuldturm und Verbraucherschutz, MDR 1987, 7; *ders.*, Rechtskraft des Vollstreckungsbescheids und ihre Durchbrechung nach den Urteilen des BGH vom 24. 9. 1987, WM 1987, 1349; *Schuler*, Anfechtung, Aufrechnung und Vollstreckungsgegenklage, NJW 1956, 1497; *Stein*, Der Rechtsschutz in der Verwaltungsvollstreckung, DVBl. 1966, 595; *Steines*, Die Zuständigkeit für die verlängerte Vollstreckungsabwehrklage und für die neben der Vollstreckungsabwehrklage erhobene Zahlungsklage, KTS 1987, 27; *Steinmetz*, Sittenwidrige Ratenkreditverträge in der Rechtspraxis auf der Grundlage der BGH-Rechtsprechung, NJW 1991, 881; *Thran*, Die Vollstreckungsgegenklage nach §§ 767 ZPO, JuS 1995, 1111; *Thümmel*, Zum Gerichtsstand bei der Vollstreckungsabwehrklage durch Streitgenossen, NJW 1986, 556; *Völp*, Änderung der Rechts- und Sachlage bei Unterlassungstiteln, GRUR 1984, 486; *Waldner*, Kein Verstoß von § 323 ZPO gegen das Recht auf Gehör, NJW 1993, 2085; *Walter*, Vollstreckungsgegenklage, Abänderungsklage und Probleme der Rechtskraft., DAVorm 1993, 231; *Weidner*, Die Pflicht zu ungefragter Information im Unterhaltsrecht. Rechtsnatur, Inhalt Ansprüche bei Pflichtverletzungen., Diss. Bayreuth 1991; *Wein*, Wann sind im Falle des § 767 Abs. 2 ZPO die Gründe einer Einwendung entstanden, mit sich der Schuldner auf die von ihm selbst durch Ausübung eines Gestaltungsrechts geschaffene Rechtslage beruft?, Diss. Bochum 1971; *Zuck*, Die Beseitigung groben prozessualen Unrechts, JZ 1985, 921.

1  **I. Zweck der Norm:** Der Zeitpunkt der Errichtung des Titels, insbesondere des Erlasses eines Urteils, gibt nur eine Momentaufnahme der Rechtsbeziehungen zwischen Gläubiger und Schuldner wieder. Auch dann, wenn beide Parteien den Titel als zutreffende Fixierung ihrer Beziehungen in diesem Augenblick akzeptieren, können sich unmittelbar danach schon neue Einwendungen ergeben, die aus der Sicht des Schuldners dazu führen, daß der Titel der neuen Rechtslage nicht mehr gerecht wird: Der titulierte Anspruch ist durch freiwillige Zahlung oder Aufrechnung mit einer Gegenforderung erloschen; der ursprünglich fällige Anspruch ist zwischenzeitlich gestundet; infolge Abtretung oder Pfändung und Überweisung der Forderung oder infolge gesetzlichen Forderungsübergangs ist der Gläubiger nicht mehr Inhaber oder Einziehungsberechtigter der Forderung; die Geschäftsgrundlage für den Anspruch ist weggefallen; es sind sonstige nachträgliche Einwendungen gegen ihn entstanden. Alle diese Einwände können im Erinnerungsverfahren nicht geltend gemacht werden,[1] weil das Vollstrek-

---

1 Siehe § 766 Rdn. 8.

kungsorgan sie zu Recht außeracht zu lassen hat (sieht man von den Ausnahmen in § 775 Nr. 4 und 5 ZPO ab); sie betreffen nicht den Ablauf des Vollstreckungsverfahrens. Da das Vollstreckungsverfahren aber letztlich nur der Verwirklichung des – im Titel fixierten – materiellen Rechts dient, muß außerhalb des Vollstreckungsverfahrens die Möglichkeit eröffnet sein, die Vollstreckbarkeit des mit dem materiellen Recht nicht mehr übereinstimmenden Titels auf Dauer (oder gegebenenfalls auf Zeit) zu beseitigen. Die die Einreden des Schuldners begründenden Tatsachen werden häufig streitig sein. Deshalb kommt nur ein Klageverfahren in Betracht. Es muß beim Prozeßgericht angesiedelt sein, da dieses hinsichtlich aller den titulierten Anspruch selbst betreffenden Fragen die größte Sachkompetenz hat. Das Verfahren muß so gestaltet sein, daß die Rechtskraft des Titels, soweit er der Rechtskraft fähig ist, nicht unterlaufen wird. Diesen Anforderungen soll § 767 genügen.

**II. Abgrenzung zu anderen Rechtsbehelfen:** Die enge Zielsetzung der Vollstreckungsabwehrklage macht es erforderlich, diese Klage zu anderen in Betracht kommenden Rechtsbehelfen abzugrenzen[2] und die im Rahmen dieser Klage nicht statthaften Einwände des Schuldners anderweitig zuzuordnen: 

2

1. **Verfahrensrügen** gegen einzelne Vollstreckungsmaßnahmen[3] einschließlich der Rüge der Nichtbeachtung von § 775 Nrn. 1, 4, 5 ZPO[4] sind mit der Erinnerung nach § 766 ZPO bzw. mit §§ 793 ZPO, 11 RPflG geltend zu machen.[5] Bezieht die Rüge sich auf das Fehlen eines Titels bzw. die mangelnde Vollstreckbarkeit der als Titel vorgelegten Urkunde, muß der Weg der Klauselerinnerung beschritten werden (§ 732 ZPO).[6] Klauselerinnerung bzw. Klauselgegenklage sind auch zu erheben, wenn gerügt werden soll, die vom Gläubiger zu beweisenden Bedingungen der Vollstreckbarkeit des Titels (§ 726 Abs. 1 ZPO) seien noch nicht eingetreten. Handelt es sich dagegen um Bedingungen, deren Nichteintritt der Schuldner beweisen muß[7], so ist der Weg des § 767 ZPO einzuschlagen, so etwa, wenn in einer notariellen Urkunde vereinbart wurde, dem Gläubiger sei Klausel ohne Nachweis der Kündigung eines Darlehns zu erteilen, und wenn der Schuldner die mangelnde Fälligkeit der Darlehnsforderung rügen möchte[8].

3

Besteht der Verfahrensmangel in der Nichtbeachtung privater Vollstreckungsvereinbarungen zwischen Gläubiger und Schuldner, ist nicht § 766, sondern doch die Klage nach § 767 Abs. 1 der richtige Weg.[9]

---

2 Vor §§ 765–777 Rdn. 3, 5.
3 BGH, NJW 1960, 2286; siehe auch MüKo/*K. Schmidt*, § 767 Rdn. 7.
4 OLG Koblenz, FamRZ 1985, 819.
5 Zur Abgrenzung dieser Rechtsbehelfe: § 766 Rdn. 5, 6.
6 BGHZ 22, 54; 55, 255; BGH, NJW-RR 1987, 1149; BGH, NJW-RR 1990, 246; OLG Düsseldorf, OLGZ 1978, 248; MüKo/*K. Schmidt*, § 767 Rdn. 8; siehe auch § 732 Rdn. 2, 6. Zur Frage, ob der Schuldner den Weg des § 732 ZPO als billigeren Weg auch dann beschreiten muß, wenn er nicht nur die Unwirksamkeit des Titels. sondern zugleich das Fehlen des titulierten Anspruchs geltend machen kann, siehe unten Rdn. 17.
7 Siehe § 726 Rdn. 6.
8 OLG München, NJW-RR 1992, 125.
9 Siehe § 766 Rdn. 9; ferner BGH, NJW 1991, 2295 mit Anm. von *Schilken* in JR 1992, 283; OLG Köln, NJW-RR 1995, 576.

**§ 767** *Vollstreckungsabwehrklage*

4   2. Soll ein Urteil als Titel rückwirkend beseitigt, der in ihm titulierte materiellrechtliche Anspruch als **von Anfang an** nicht bestehend festgestellt werden, kommen nur die **Nichtigkeits-** bzw. **die Restitutionsklage** (§§ 579, 580 ZPO) mit ihren sehr engen Voraussetzungen in Betracht.

5   3. Soll ein Titel über eine künftig fällig werdende **wiederkehrende** Leistung (insbesondere über eine Unterhaltsleistung) für die Zukunft abgeändert werden, weil die ursprünglich angenommenen **anspruchsbegründenden** Voraussetzungen später weggefallen sind, so muß dies mit der **Abänderungsklage** nach § 323 ZPO geltend gemacht werden; denn § 767 läßt den anspruchsbegründenden Tatbestand unberührt und befaßt sich nur mit rechtsvernichtenden bzw. rechtshemmenden Einwänden.[10] Im Einzelfall können rechtsvernichtende Einreden und Umstände, die den Anspruchsgrund selbst berühren, auch einmal zusammentreffen. In einem solchen Fall ist es zulässig, Vollstreckungsabwehrklage und Abänderungsklage in objektiver Klagehäufung[11], aber auch in der Weise zu verbinden, daß in erster Linie ein Antrag aus § 767, hilfsweise ein Anspruch aus § 323 ZPO geltend gemacht wird.[12] Es ist allerdings zu beachten, daß einundderselbe Umstand nie gleichzeitig eine Vollstreckungsabwehr- und eine Abänderungsklage begründen kann.[13] Eine Wahlmöglichkeit zwischen beiden Klagen aufgrund des nämlichen Umstandes besteht deshalb nie.[14] Im Einzelfall kann die Abgrenzung, ob die anspruchsbegründenden Voraussetzungen betroffen sind oder ob eine rechtsvernichtende Einrede eingreift, schwierig sein: Die rechtskräftige Scheidung der Ehe beendet den Anspruch auf Trennungsunterhalt nach § 1361 BGB. Der nacheheliche Unterhalt ist mit dem Trennungsunterhalt nicht identisch.[15] Wird deshalb nach der rechtskräftigen Scheidung aus einem Urteil auf Trennungsunterhalt weitervollstreckt, ist § 767 der richtige Weg der Verteidigung, nicht § 323 ZPO.[16] Gegebenenfalls, wenn die Beschränkung des Titels auf § 1361 BGB offensichtlich ist, kann der Verbrauch des Titels auch mit § 766 ZPO geltend gemacht werden.[17] Soll der grundsätzliche Fortbestand des Unterhaltstitels dagegen nicht in Frage gestellt, son-

---

10   LG Darmstadt, NJW 1958, 1540 mit Anm. von *Lent*; LG Köln, MDR 1958, 522; LG Berlin, JR 1960, 102; LG Tübingen, FamRZ 1961, 279; OLG Köln, FamRZ 1962, 73; LG Saarbrücken, FamRZ 1969, 557; OLG Düsseldorf, MDR 1972, 56; OLG Zweibrücken, FamRZ 1979, 930; KG, FamRZ 1978, 528; OLG Düsseldorf, FamRZ 1981, 306; OLG Hamm, DAVorm. 1992, 362; BGH, NJW 1987, 3266 und NJW-RR 1991, 1154.
11   OLG München, FamRZ 1992, 213.
12   BGH, FamRZ 1979, 573 mit Anm. *Baumgärtel*, FamRZ 1979, 791; MüKo/*K.Schmidt*, § 767 Rdn. 4.
13   Wie hier *Rosenberg/Gaul*, § 40 XIV 4; *Rosenberg/Schwab/Gottwald*, § 158 IV.
14   A. A. insoweit: *Baumbach/Lauterbach/Hartmann*, § 323 Rdn. 3; *Meister*, FamRZ 1980, 8.
15   BGHZ 78, 130; OLG Oldenburg, FamRZ 1980, 1002; *Palandt-Diederichsen*, § 1361 Rdn. 7.
16   OLG Oldenburg, FamRZ 1980, 1002; OLG Hamm, FamRZ 1980, 1060; OLG Düsseldorf, FamRZ 1992, 943; BGH, FamRZ 1981, 242; *Zöller/Herget*, § 767 Rdn. 2.
17   Siehe § 766 Rdn. 8 und zum Fußn. 22. Einstweilige Anordnungen auf Trennungsunterhalt nach § 620 S. 1 Nr. 6 ZPO treten im Hinblick auf § 620 f. ZPO nicht automatisch mit der Scheidung außer Kraft; es bedarf jeweils erst einer anderweitigen Entscheidung, die auch ein Urteil nach § 767 ZPO sein kann; BGH, NJW 1983, 1330 und NJW 1985, 428; MüKo/*K. Schmidt*, § 767 Rdn. 31; a. A. OLG Hamm, FamRZ 1980, 1043; OLG Düsseldorf, FamRZ 1980, 1044 (negative Feststellungsklage statt § 767); *Baumbach/Lauterbach/Hartmann*, § 767 Rdn. 15.

dern nur eine Änderung der wirtschaftlichen Verhältnisse eingewendet werden, ist gegen Urteile und Vergleiche die Klage nach § 323 ZPO, gegen einstweilige Anordnungen das Verfahren nach § 620 b ZPO zu wählen.[18]

4. Ist streitig, wie der Titel auszulegen ist, welche Leistung der Gläubiger aus ihm zu beanspruchen hat (– ein solcher Streit kann insbesondere bei nach §§ 883, 887, 888, 890 ZPO zu vollstreckenden Titeln bei unpräziser Tenorierung auftreten –), so kann der Schuldner eine von ihm abgelehnte Auslegung nicht mit § 767 abwehren, sondern nur mit der negativen Feststellungsklage.[19] Denn er erhebt insoweit keine Einwendungen gegen den titulierten Anspruch, sondern bestreitet, daß der Anspruch, der gerade vollstreckt werden soll, überhaupt tituliert ist.

Im übrigen sind Klagen des Schuldners auf Feststellung, daß der titulierte Anspruch nicht oder nicht mehr besteht, soweit ein diesbezügliches Feststellungsinteresse (§ 256 ZPO) im Einzelfall besteht und die Rechtskraft des Titels dem nicht entgegensteht,[20] grundsätzlich neben § 767 möglich. Das Feststellungsinteresse ist allerdings nicht im Hinblick auf die Zwangsvollstreckung aus dem Titel zu bejahen; denn das Feststellungsurteil wäre als Entscheidung i. S. § 775 Nr. 1 ZPO ungeeignet und könnte den Fortgang der Vollstreckung nicht aufhalten.[21]

5. Hat der Gläubiger den Titel, ohne daß die Voraussetzungen des § 580 Nr. 1–4 ZPO vorliegen, erschlichen (z. B. Erwirkung eines Vollstreckungsbescheides im automatisierten Mahnverfahren über eine erkanntermaßen nicht schlüssige, weil etwa gegen die guten Sitten verstoßende Forderung in der Hoffnung, daß der geschäftlich ungewandte Schuldner nicht Einspruch einlegen werde)[22] oder vollstreckt der Gläubiger einen später als unrichtig erkannten Titel in einer Weise weiter, die gegen die guten Sitten verstößt,[23] so steht dem Schuldner nach gefestigter Rechtsprechung[24] ein materiellrechtlicher Schadensersatzanspruch aus § 826 BGB auf Unterlassung der weiteren

---

18 BGH, NJW 1983, 1331.
19 BGH, NJW 1973, 803; MüKo/K. Schmidt, § 767 Rdn. 18. Will der Schuldner allerdings geltend machen, ein Urteil sei nicht vollstreckungsfähig, weil auch durch Auslegung nicht zu ermitteln sei, über welchen Anspruch eigentlich entschieden sei, sodaß das Urteil gar nicht der Rechtskraft fähig sei, so soll dieser Einwand nach BGH, NJW 1994, 460 (mit Anm. von Foerste in ZZP 1994, 370) mit einer Klage gem. § 767 ZPO analog geltend zu machen sein. Für diese Klage seien Abs. 2 und 3 des § 767 nicht entsprechend anwendbar. Siehe auch unten Rdn. 44.
20 Dies ist bei Urteilen immer der Fall, nie dagegen bei vollstreckbaren Urkunden; BGH, NJW 1957, 23.
21 So schon RGZ 158, 149.
22 Beispiele: BGH, NJW 1987, 3256; NJW-RR 1987, 831; MDR 1969, 739; BSG, NJW 1987, 2038; OLG Düsseldorf, NJW-RR 1987, 938; OLG Hamm, NJW-RR 1987, 297; OLG Stuttgart, NJW 1987, 444 und 1994, 330; OLG Bremen, NJW 1986, 1499; OLG Schleswig, NJW-RR 1992, 239; LG Koblenz, NJW-RR 1987, 166; LG Hamburg, NJW-RR 1986, 1051 und MDR 1985, 764; LG Würzburg, NJW-RR 1992, 52; AG Bad Schwalbach, NJW-RR 1991, 2426.
23 BGH, NJW 1983, 2317; NJW 1986, 1751; NJW-RR 1987, 1032; OLG Köln, NJW-RR 1993, 570; OLG Bamberg, NJW-RR 1994, 454; LG Saarbrücken, NJW-RR 1986, 1049.
24 Einzelheiten siehe Anhang zu § 767: Klagen auf Unterlassung der Zwangsvollstreckung und auf Herausgabe des Titels.

Zwangsvollstreckung und Herausgabe des Vollstreckungstitels zu. Er ist mit der Leistungsklage geltend zu machen. Diese Klage kann nie mit der Vollstreckungsabwehrklage nach § 767 konkurrieren, weil es bei ihr nicht um Einreden oder Einwendungen gegen den dem Grunde nach nicht zu beanstandenden Anspruch, sondern um den Anspruchsgrund selbst geht.[25]

8   6. Ist der Schuldner der Ansicht, nicht die Zwangsvollstreckung schlechthin, wohl aber eine einzelne Vollstreckungsmaßnahme sei mit den guten Sitten nicht vereinbar, so muß er insoweit Vollstreckungsschutzantrag nach § 765 a ZPO stellen.[26] Da einzelne Vollstreckungsmaßnahmen nie Gegenstand einer Vollstreckungsabwehrklage sein können,[27] kommt eine Konkurrenz mit § 767 nie in Betracht.

9   7. Nach beendeter Zwangsvollstreckung, wenn eine Klage nach § 767 nicht mehr in Betracht kommt,[28] kann der Schuldner mit einer Leistungsklage auf Herausgabe der Bereicherung oder auf Schadensersatz vom Gläubiger das Vollstreckungsergebnis ganz oder teilweise zurückverlangen, wenn dieser vollstreckt hat, obwohl ihm die titulierte Forderung nicht mehr zustand.[29] Allerdings ist diese Klage nur begründet, wenn die Einreden gegen die Forderung nicht zuvor schon Gegenstand einer – erfolglosen – Klage nach § 767 waren. Beide Klagen sind also nie neben- oder hintereinander möglich. Solange die Möglichkeit einer Klage nach § 767 noch besteht, ist die Bereicherungs- bzw. Schadensersatzklage unzulässig.[30]

10  III. **Rechtsnatur der Klage – Streitgegenstand der Klage:** 1. Die Vollstreckungsabwehrklage ist eine **prozessuale Gestaltungsklage**, da erst durch das Urteil die bis dahin vorhandene Vollstreckbarkeit des Titels beseitigt wird.[31] Sie ist keine materielle Feststellungsklage, gerichtet auf das Nicht- bzw. Nichtmehrbestehen des titulierten Anspruchs.[32] Denn eine derartige Feststellung würde noch nicht die Vollstreckbarkeit des Titels, der sich insoweit vom materiellen Anspruch verselbständigt hat, beseitigen (§§ 775 Nr. 1, 776 ZPO). Sie ist auch keine prozessuale Feststellungsklage, gerichtet auf die Feststellung der Nicht-(Nichtmehr-)Vollstreckbarkeit des Titels, da der Titel nach Erlöschen des Anspruchs durchaus vollstreckbar geblieben ist: Die Vollstreckungsorgane müssen ihn solange beachten, bis die Vollstreckbarkeit ausdrücklich aufgehoben

---

25 So zutreffend OLG Stuttgart, OLGZ 1976, 333; a. A.: OLG Köln, NJW 1986, 1350.
26 Siehe § 765 a Rdn. 7.
27 BGH, NJW 1960, 2286.
28 Näheres hierzu unten Rdn. 14.
29 Einzelheiten unten Rdn. 43.
30 *Kainz*, Funktion und dogmatische Einordnung der Vollstreckungsgegenklage, S. 186; *Rosenberg/Gaul*, § 40 XIV 2.
31 H. M.; vergl.: BGHZ 22, 54; 55, 256; 85, 367; BGH, FamRZ 1984, 879; ZIP 1987, 945; OLG Düsseldorf, FamRZ 1966, 238; *Baumbach/Lauterbach/Hartmann*, § 767 Rdn. 1; *Baur/Stürner*, Rdn. 45.3; *Brox/Walker*, Rdn. 1313; *Bruns/Peters*, § 15 II (die aber auch die Einordnung als »Anordnungsklage« für vertretbar halten); *Geißler*, NJW 1985, 1866; *Gerhardt*, § 15 I; *MüKo/K. Schmidt*, § 767 Rdn. 3; *Rosenberg/Gaul*, § 40 II 2; *Stein/Jonas/Münzberg*, § 767 Rdn. 6; *Thomas/Putzo*, § 767 Rdn. 1; *Zöller/Herget*, § 767 Rdn. 1.
32 Hiergegen schon RGZ 75, 199; ferner *Förster/Kann*, § 767 Anm. 1.

wurde. Sie dürften materiellrechtliche Einwendungen, auch wenn deren Bestehen nachgewiesen wäre (Ausnahmen: § 775 Nrn. 4 und 5 ZPO), nicht beachten. Selbst in den Fällen des § 775 Nr. 4 und 5 ZPO führt der Nachweis der Erfüllung nur zur einstweiligen Einstellung der Zwangsvollstreckung (§ 776 S. 2 ZPO), die aber auf Verlangen des Gläubigers wieder fortzusetzen ist.[33]

2. **Streitgegenstand** der Klage ist die vollständige oder teilweise Beseitigung der Vollstreckbarkeit des Titels,[34] nicht das Fortbestehen des materiellrechtlichen Anspruchs.[35] Allerdings kann der materiellrechtliche Anspruch durch ausdrücklichen zusätzlichen Parteiantrag zum Gegenstand einer Zwischenfeststellungsklage gem. § 256 Abs. 2 ZPO gemacht werden.[36] Ist Streitgegenstand auch die Beseitigung der Vollstreckbarkeit, so doch nicht abstrakt in der Weise, daß nach rechtskräftiger Abweisung der Klage über alle zum Zeitpunkt der letzten mündlichen Verhandlung möglichen Einwendungen und Einreden auch rechtskräftig abschlägig entschieden wäre, unabhängig davon, ob sie tatsächlich in den Prozeß eingeführt wurden.[37] Dann wäre § 767 Abs. 3 ganz überflüssig. Neben der Gestaltungswirkung (Beseitigung der Vollstreckbarkeit) bestimmt vielmehr auch der konkrete Gestaltungsgrund (die jeweils geltend gemachte Einrede oder Einwendung) den Streitgegenstand mit der Folge, daß das Nachschieben jeder neuen Einwendung im Prozeß als Klageänderung zu behandeln und die Zulässigkeit nach § 263 ZPO zu beurteilen ist[38]. Im Hinblick auf Abs. 3 ist die Sachdienlichkeit allerdings großzügig zu beurteilen, um den Kläger nicht rechtlos zu stellen. Da der Kläger den Streitgegenstand bestimmt, können von ihm nicht geltend gemachte Einreden nicht von amtswegen berücksichtigt werden.[39]

11

**IV. Zulässigkeit der Klage: 1.** Die Klage ist nur **statthaft**, wenn der Vollstreckungsschuldner aufgrund materiellrechtlicher Einwendungen oder Einreden gegen den titulierten Anspruch[40] oder aufgrund von Einwendungen aus einer Vollstreckungsvereinbarung zwischen den Parteien die (gänzliche oder teilweise) Beseitigung der Vollstreckbarkeit eines an sich wirksamen Titels erstrebt. Bestreitet er das Vorliegen eines Titels überhaupt oder eines Titels mit vollstreckungsfähigem Inhalt oder rügt er den den gesetzlichen Verfahrensregeln nicht entsprechenden Ablauf des Vollstreckungsverfahrens, so ist die Klage mit diesen Einwendungen nicht statthaft und damit unzulässig.

12

---

33 Einzelheiten: § 775 Rdn. 13.
34 BGHZ 85, 367; FamRZ 1984, 878; *Brox/Walker*, Rdn. 1373; MüKo/*K. Schmidt*, § 767 Rdn. 2 und 41; *Rosenberg/Gaul*, § 40 XI 3; *Stein/Jonas/Münzberg*, § 767 Rdn. 6; *Zöller/Herget*, § 767 Rdn. 1.
35 So aber: *A. Blomeyer*, AcP 165, 481 ff.
36 BGHZ 43, 144; BGH, NJW 1969, 880; FamRZ 1984, 878.
37 BGHZ 45, 231 mit Anmerkungen von *Bötticher*, JZ 1966, 614, von *Schwab*, ZZP 1966, 463 und von *Schlechtriem*, NJW 1967, 107; *Geißler*, NJW 1985, 1868; kritisch hierzu: *Stein/Jonas/Münzberg*, § 767 Rdn. 54; MüKo/*K. Schmidt*, § 767 Rdn. 98; *Thomas/Putzo*, § 767 Rdn. 29.
38 BGHZ 45, 231; *Zöller/Herget*, § 767 Rdn. 22; a. A. (keine Klageänderung): MüKo/*K. Schmidt*, § 767 Rdn. 42; *Rosenberg/Gaul*, § 40 IX 1; *Stein/Jonas/Münzberg*, § 767 Rdn. 54.
39 So schon RGZ 109, 69.
40 Ob sie schlüssig dargelegt sind und im Ergebnis auch tatsächlich durchgreifen, ist eine Frage der Begründetheit; *Stein/Jonas/Münzberg*, § 767 Rdn. 16.

Ebenso unstatthaft ist die Klage mit materiellrechtlichen Einwendungen gegen Titel, die ihrerseits nach ihrem Inhalt keine Grundlage für eine Zwangsvollstreckung darstellen können, etwa Feststellungs- und Gestaltungsurteile (z. B. Klage gegen ein Feststellungsurteil mit dem Einwand, das festgestellte Rechtsverhältnis sei nachträglich entfallen).[41] Denn hier wäre Klageziel nicht die Beseitigung der (– sowieso nicht gegebenen –) Vollstreckbarkeit des Titels, sondern Abänderung des Titels selbst.

13   2. Hinsichtlich der (– gem. § 802 ZPO ausschließlichen –) Zuständigkeit des anzurufenden Gerichts ist nach der Art des Vollstreckungstitels zu unterscheiden:

a) Die Klage gegen **Urteile** ist beim **Prozeßgericht** des ersten Rechtszuges zu erheben, unabhängig davon, ob nach der Höhe des Streitwertes[42] ansonsten jetzt ein anderes Gericht zuständig wäre. Es muß allerdings nicht der nämliche Spruchkörper, der den ursprünglichen Titel erlassen hat, entscheiden. Der Geschäftsverteilungsplan kann, auch wenn dies von der Sache her wenig zweckmäßig erscheint, insoweit eine andere Zuordnung treffen. Hatte im Vorprozeß allerdings kraft Gesetzes ein besonderer Spruchkörper zu entscheiden (Familiengericht,[43] Kammer für Handelssachen, Kammer für Baulandsachen[44], Wohnungseigentumsgericht[45]), so ist die Zuständigkeit des Spruchkörpers für Sachen der entschiedenen Art auch für die Vollstreckungsabwehrklage maßgebend. Ändert sich die Zuständigkeit des Spruchkörpers für Sachen der entschiedenen Art nach Abschluß des Ursprungsverfahrens (etwa Familiensachen nach dem 1. 7. 1977), so bleibt es bei der Zuständigkeit des Gerichts, das den Titel geschaffen hat.[46] Gegen Urteile der Arbeitsgerichtsbarkeit ist das Arbeitsgericht des ersten Rechtszuges, gegen Entscheidungen des Bundespatentgerichts ist dieses wiederum zuständig.[47] Bei einer Klage gegen ein ausländisches Urteil ist das Gericht zuständig, das das Vollstreckungsurteil oder den Beschluß über die Zulassung der Zwangsvollstreckung erlassen hatte,[48] gegen ein Urteil eines Gerichtes der früheren DDR, das bei Inkrafttreten des Einigungsvertrages schon rechtskräftig war, das Gericht, das nunmehr in der Sache zur Entscheidung berufen wäre.[49]

b) Für Vollstreckungsabwehrklagen gegen **sonstige gerichtliche Entscheidungen** ist das Gericht zuständig, dessen Richter oder Rechtspfleger diese Entscheidungen erlas-

---

41   OLG Düsseldorf, WM 1984, 335; *Brox/Walker*, Rdn. 1329; *Bruns/Peters*, § 15 II; *Zöller/Herget*, § 767 Rdn. 5.
42   Einzelheiten zum Streitwert Rdn. 42.
43   BGH, NJW 1981, 346; OLG Hamburg, FamRZ 1984, 804; BGH, FamRZ 1992, 538. In diesem Fall ist dann für die Berufung auch der Familiensenat am OLG zuständig: OLG München, FamRZ 1978, 50; *Baumbach/Lauterbach/Hartmann*, § 767 Rdn. 43; *Zöller/Herget*, § 767 Rdn. 9.
44   BGH, Rpfleger 1975, 219; KG, OLGZ 1972, 292; OLG Stuttgart, FamRZ 1978, 3.
45   BayObLG, WE 1991, 201.
46   BGH, NJW 1980, 1393 (mit der Einschränkung, daß die Klage keine Regelung für den Fall der Scheidung betrifft); OLG Stuttgart, FamRZ 1978, 351; anders wohl (wenn auch letztlich offengelassen): BGH, NJW 1980, 189; a. A. auch OLG Hamm, FamRZ 1978, 523; MüKo/*K. Schmidt*, § 767 Rdn. 50.
47   BPatG, GRUR 1982, 483.
48   Siehe auch Art. 16 Ziff. 5 EuGVÜ und § 15 Abs. 2 AVAG; BGH, ZIP 1984, 1279.
49   Anl. I zum EinigungsVertr. Kap. III, Sachg. A, Abschn. III Ziff. 5 Buchst. i.

sen hat (entsprechende Anwendung des § 767 Abs. 1 über § 795 ZPO) bzw. das Gericht des ersten Rechtszuges insoweit.[50] Für Vollstreckungsbescheide gilt allerdings die Sonderregel des § 796 Abs. 3 ZPO: Zuständig ist das Gericht, das erstinstanzlich für eine Entscheidung des Ausgangsfalles im streitigen Verfahren zuständig gewesen wäre.

c) Für Klagen gegen vollstreckbare Urkunden (§ 794 Nr. 5) gilt die Sonderregel des § 797 Abs. 5 ZPO.[51] Urkunden i. S. dieser Vorschrift sind nicht Prozeßvergleiche.[52] Für diese ist das Gericht zuständig, bei dem der durch den Vergleich beendete Rechtsstreit in erster Instanz anhängig war.[53] Denn nur dieses Gericht besitzt die erforderliche Sachnähe zum Titel.

3. Die Einreichung der Vollstreckungsabwehrklage ist ab Erlaß des Urteils bzw. Errichtung des Titels möglich,[54] ohne daß eine konkrete Zwangsvollstreckungsmaßnahme oder auch nur die Zwangsvollstreckung schlechthin unmittelbar drohen müßte.[55] Deshalb braucht noch nicht einmal Klausel zum Titel beantragt zu sein. Allein die abstrakte Möglichkeit, daß aus diesem Titel gegen den klagenden Schuldner einmal vollstreckt werden könnte, ist ausreichend. Daher kann auch der Rechtsnachfolger, Firmenübernehmer oder Vermögensübernehmer auf Seiten des alten Schuldners bereits Klage erheben, sobald Klausel gegen ihn erteilt werden könnte, unabhängig davon, ob sie in concreto auch nur beantragt ist.[56] Umgekehrt ist die Klage gegen den Rechtsnachfolger des im Titel ausgewiesenen Gläubigers bereits möglich, wenn der Titel noch nicht auf ihn umgeschrieben wurde, aber die Zwangsvollstreckung durch ihn schon droht, etwa weil er die Titelumschreibung vorbereitet oder betreibt[57]. Die Klage ist solange möglich, wie aus dem Titel noch die Zwangsvollstreckung möglich ist. Das kann auch noch der Fall sein, wenn dem Schuldner der Titel bereits nach § 757 Abs. 1 ZPO ausgehändigt wurde, der Gläubiger aber sich noch einer nicht befriedigten Forderung aus dem Titel berühmt und die Gefahr besteht, daß er eine neue vollstreckbare Ausfertigung nach § 733 ZPO erhalten wird.[58] Ist die Zwangsvollstreckung aber tatsächlich beendet, so können materiellrechtliche Einwendungen des Schuldners nur noch im Rahmen einer Schadensersatz- oder Bereicherungsklage[59] von Bedeutung

14

---

50 BGH, NJW 1975, 829 (für Kostenfestsetzungsbeschlüsse); vergl. ferner BPatG, GRUR 1982, 483.
51 Zur arbeitsgerichtlichen Zuständigkeit insoweit OLG Frankfurt, MDR 1985, 330.
52 So aber OLG München, WM 1961, 768.
53 BGH, NJW 1980, 189; *Rosenberg/Gaul*, § 40 X 2; *MüKo/K. Schmidt*, § 767 Rdn. 51, *Zöller/Herget*, § 767 Rdn. 9.
54 H. M.; *Brox/Walker*, Rdn. 1332; *Bruns/Peters*, § 14 III 3; *Rosenberg/Gaul*, § 40 VIII; BGHZ 94, 29 f.; OLG Köln, JMBl 1990, 66.
55 A. A. insoweit (»sofern eine konkrete Vollstreckungsmaßnahme bevorsteht«): *Thomas/Putzo*, § 767 Rdn. 14.
56 BGH, NJW 1980, 2198 f.; OLG Celle, NdsRpfl 1963, 37; a. A. (Klausel muß bereits erteilt sein): *MüKo/K. Schmidt*, § 767 Rdn. 44.
57 BGH, NJW 1992, 2159 und NJW 1993, 1396.
58 Insoweit zu eng: *Brox/Walker*, Rdn. 1332.
59 Einzelheiten unten Rdn. 42.

sein. Eine Vollstreckungsabwehrklage ist dann nicht mehr zulässig,[60] weil ihr Ziel – die Beseitigung der Vollstreckbarkeit des Titels – bereits erreicht ist: Der Titel ist nach Beendigung der Zwangsvollstreckung verbraucht. Tritt die Beendigung der Zwangsvollstreckung während eines anhängigen Verfahrens über eine Vollstreckungsabwehrklage ein, ist eine Umstellung des Antrages auf Leistung von Schadensersatz oder Herausgabe der Bereicherung ohne weiteres nach § 264 Nr. 3 ZPO möglich.[61]

Auch für Vollstreckungsabwehrklagen gegen Kostenfestsetzungsbeschlüsse gelten hinsichtlich der Zulässigkeit vom Titelerlaß bis zur Beendigung der Zwangsvollstreckung keine Besonderheiten: Bei einer nach Kostenfestsetzung ergangenen Entscheidung, durch die der Streitwert abweichend niedriger festgesetzt wird, gilt die Frist des § 107 Abs. 2 ZPO nur für die erneute Kostenfestsetzung, nicht aber für die Vollstreckungsabwehrklage.[62]

15  4. Haben die Parteien für ihre Rechtsbeziehungen eine Schiedsabrede getroffen, so greift die **Einrede des Schiedsvertrages** auch gegenüber der Vollstreckungsabwehrklage durch, wenn die mit ihr geltend gemachte Einwendung der Schiedsabrede unterliegt.[63] Eine nicht der Schiedsvereinbarung unterliegende Einrede kann dagegen mit der Vollstreckungsabwehrklage verfolgt werden. Daß der Schuldner damit gegebenenfalls auf zwei Abwehrwege gedrängt wird, spricht nicht gegen die Zulässigkeit der Schiedseinrede. Er hätte an Stelle der Schiedsvereinbarung auf die Geltendmachung der Einrede vertraglich auch ganz verzichten können. Damit der Schiedsspruch über die Einwendung im Vollstreckungsverfahren Beachtung finden kann, muß in seine Vollstreckbarerklärung (§ 1042 ZPO) ein Ausspruch über die Unzulässigkeit der Zwangsvollstreckung aus dem Titel aufgenommen werden (§ 775 Nr. 1 ZPO).[64]

16  5. Ist die Vollstreckungsabwehrklage eines von mehreren Gesamtschuldnern abgewiesen worden, so steht der Klage der anderen, die an diesem Verfahren nicht beteiligt waren, nicht die **Einrede der rechtskräftig entschiedenen Sache** entgegen, ebenso wie der Erfolg dieser Klage den anderen nicht unmittelbar im Rahmen des § 775 Nr. 1 ZPO zugute gekommen wäre.[65] Die rechtskräftige Abweisung der Klage eines Hypothekenschuldners, der auch Grundstückseigentümer ist, gegen den Hypothekengläubiger auf Bewilligung der Löschung der Hypothek wegen Zahlung steht nur einer Vollstreckungsabwehrklage des Schuldners gegen einen die Hypothek und die Forderung umfassenden Vollstreckungstitel wegen des dinglichen Anspruchs entgegen, nicht aber wegen der persönlichen Haftung des Schuldners.[66]

---

60 Allgem. Meinung; *Brehm*, ZIP 1983, 1420; *Stein/Jonas/Münzberg*, § 767 Rdn. 43; BGH, WM 1978, 439; BayObLG, WE 1993, 278.
61 BGH, NJW 1980, 141 ff.
62 OLG München, MDR 1983, 137; *Thomas/Putzo*, § 107 Rdn. 2.
63 BGH, NJW 1987, 652; BGH, NJW-RR 1996, 508; MüKo/*K. Schmidt*, § 767 Rdn. 55; *Stein/Jonas/Schlosser*, § 1027 a Rdn. 5; *Zöller/Geimer*, § 1027 a Rdn. 3; gegen die Zulässigkeit der Schiedseinrede gegenüber Vollstreckungsabwehrklagen: *Schwab*, ZZP 1987, 456; *Schütze/Tscherning/Wais*, Handbuch des Schiedsverfahrens, 1985, Rdn. 45 und 135.
64 BGH, NJW 1987, 653.
65 LG Frankenthal, MDR 1983, 586.
66 BGH, ZZP 1954, 100.

6. Das **Rechtschutzbedürfnis** für die Vollstreckungsabwehrklage entfällt nicht durch die bloße Möglichkeit, gegen das Urteil, aus dem die Vollstreckung stattfindet, Berufung einlegen und mit dieser den Einwand gegen den im Urteil festgestellten Anspruch geltend machen zu können.[67] Der Schuldner hat vielmehr die Wahl zwischen Berufung und Klage. Dem Gläubiger erwächst hieraus kein Nachteil, da ihm in Verfahren nach § 767 keine höheren Kosten erwachsen. Hat der Schuldner sich für die Berufung entschieden, so fehlt für eine gleichzeitige Vollstreckungsabwehrklage aber das Rechtschutzbedürfnis.[68] Die Wahlmöglichkeit des Schuldners kann allerdings durch § 767 Abs. 2 einerseits, § 527 ZPO andererseits beschränkt sein.

Eine Einigung zwischen Gläubiger und Schuldner darüber, daß eine Zwangsvollstreckung nicht mehr in Betracht komme, beseitigt das Rechtsschutzinteresse des Schuldners an einer Vollstreckungsabwehrklage nicht, solange der Gläubiger den Vollstreckungstitel noch in Händen hat.[69] Dies gilt auch für einen schriftlichen Verzicht des Gläubigers auf seine Rechte aus dem Vollstreckungstitel ohne dessen Herausgabe an den Schuldner,[70] da §§ 775 Nr. 4, 776 ZPO den Schuldner nur unzureichend schützen.

Der allgemeine Grundsatz, daß für eine Klage das Rechtsschutzbedürfnis fehlt, wenn ihr Ziel auf einfacherem und kostengünstigerem Weg erreicht werden kann, gilt auch gegenüber der Vollstreckungsabwehrklage.[71] Es ist dabei allerdings zu beachten, daß Ziel der Klage die Beseitigung der Vollstreckbarkeit des Titels schlechthin, nicht nur die Abwehr einzelner konkreter Vollstreckungsmaßnahmen ist. Nur wenn der Schuldner **diesen** Erfolg mit dem einfacheren und kostengünstigeren Rechtsbehelf auch tatsächlich erreichen kann, kann das Rechtsschutzbedürfnis für die Klage verneint werden. Praktisch wird das nur der Fall sein, wenn der Schuldner neben den materiellrechtlichen Einreden gegen den titulierten Anspruch auch einwenden könnte, es liege in formeller Hinsicht kein Vollstreckungstitel i. S. der ZPO vor.[72] Hier würde der formelle Einwand im Rahmen der §§ 732, 766 ZPO zur Beseitigung der Vollstreckbarkeit der nur als Titel erscheinenden Urkunde auf Dauer führen.[73] In diesem Fall muß der Schuldner diesen Weg auch dann gehen, wenn er persönlich mehr an der Klärung seiner materiellrechtlichen Einwände interessiert wäre.[74] Leidet der Titel dagegen nur an beseitigbaren Mängeln, kann die Zwangsvollstreckung aus ihm in Zukunft also noch drohen, darf dem Schuldner die sofortige Klage nach § 767 nicht verwehrt werden.

**V. Zur Begründetheit** der Klage führende Einwendungen: Da durch § 767 die Rechtskraft, soweit die Titel ihrer fähig sind, nicht angetastet werden soll, ist hinsichtlich der erfolgversprechenden Einwendungen nach der Art des Titels zu differenzieren. Dar-

---

67 VGH Mannheim, BVlBW 1985, 185; BAG, NZA 1985, 709; *Rosenberg/Gaul*, § 40 V 3; *Stein/Jonas/Münzberg*, § 767 Rdn. 41.
68 BAG, NJW 1980, 141; BAG, NZA 1985, 709; OLG Hamm, ZIP 1993, 523; a. A. für die besondere Vollstreckungsabwehrklage gem. § 786 ZPO: OLG Frankfurt, NJW-RR 1992, 31.
69 BGH, DB 1976, 482 und NJW 1994, 1161.
70 BGH, NJW 1955, 1556 und NJW 1992, 2148; OLG Hamm, WRP 1992, 195.
71 *Brox/Walker*, Rdn. 1333; MüKo/K. Schmidt, § 767 Rdn. 43.
72 Siehe insoweit auch oben Rdn. 12.
73 BGHZ 15, 190 f.; 22, 54; 55, 255 f.
74 A. A. die wohl h. M.: BGH, NJW 1992, 2160 mit Anm. von *K. Schmidt*, JuS 1993, 166; OLG Koblenz, NJW-RR 1994, 682; *Baur/Stürner*, Rdn. 45.27; *Brox/Walker*, Rdn. 1333; *Rosenberg/Gaul*, § 13 I 2 h.

überhinaus ist zu unterscheiden zwischen materiellrechtlichen Einwendungen[75] und solchen, die aus einer Parteivereinbarung gegen die Vollstreckung als Verfahrensvorgang hergeleitet werden.[76]

19  1. Gegen »den durch ein **Urteil** festgestellten Anspruch« kommen nur rechtshemmende und rechtsvernichtende Einreden materiellrechtlicher Art, niemals rechtshindernde Einwendungen in Frage, da das Entstandensein des Anspruchs durch das Urteil im Rahmen der Zwangsvollstreckung außer Zweifel steht.[77]

20  a) **Rechtshemmende** Einwendungen sind insbesondere die Stundung,[78] das Zurückbehaltungsrecht,[79] die Einrede der fehlenden Fälligkeit[80], die Einrede des Notbedarfs des Schenkers (§ 519 BGB) bzw. des rückgabepflichtigen Beschenkten (§ 529 Abs. 2 BGB) sowie die Einrede der Verjährung, sei es des titulierten Haupt-Anspruchs selbst (§ 218 Abs. 1 BGB) oder des Zins-Anspruchs (§§ 218 Abs. 2, 197 BGB).[81] Einem dreißig Jahre lang befolgten Unterlassungsurteil kann allerdings nicht nach Ablauf der Frist des § 218 Abs. 1 BGB wegen Verjährung die Vollstreckbarkeit entzogen werden,[82] da fortbestehende Unterlassungsansprüche sonst im 30-Jahres-Turnus immer neu tituliert werden müßten. Ist der Schuldner nicht aus eigener Verbindlichkeit, sondern als Gesellschafter aus § 128 HGB rechtskräftig verurteilt worden, so ist dem Zweck des § 129 Abs. 1 HGB zu entnehmen, daß er gegenüber der Zwangsvollstreckung nicht geltend machen kann, die bisher nicht titulierte Forderung des Gläubigers gegen die Gesellschaft sei verjährt.[83]

21  b) **Rechtsvernichtende** Einreden sind insbesondere: die Erfüllung,[84] aber auch alle Erfüllungssurrogate wie die befreiende Hinterlegung,[85] die befreiende Leistung durch Dritte,[86] die Befriedigung aus bereits anderweitig erlangten Sicherheiten, die Aufrech-

---

75 Vor §§ 765a–777 Rdn. 6.
76 Siehe hierzu § 766 Rdn. 9.
77 Oben Rdn. 5.
78 BGH, WM 1967, 1199.
79 BGH, NJW 1962, 2004; BGHZ 61, 47; BGH, MDR 1978, 1011; Renkl, JuS 1981, 666; zu Recht ein Zurückbehaltungsrecht verneint wurde allerdings im Fall OLG Köln, JMBlNW 1983, 274; a. A. (nur § 766 ZPO möglich): KG, NJW-RR 1989, 638.
80 BGH, NJW 1993, 1394.
81 BGH, NJW 1985, 1711 und NJW 1993, 3318; LG Koblenz, DGVZ 1985, 62.
82 BGHZ 59, 72, 74.
83 BGH, NJW 1981, 2579.
84 LG Essen, MDR 1959, 399; LG Aachen, JurBüro 1969, 777; OLG Celle, JurBüro 1972, 827; LG Berlin, MDR 1976, 149; OLG Hamm, MDR 1977, 411; OLG Hamm, DGVZ 1980, 153; OLG Hamm, MDR 1983, 850; LG Bochum, MDR 1983, 65; OLG Bamberg, Rpfleger 1983, 79; BGH, NJW 1984, 2826; LAG Frankfurt, NZA 1992, 524.
85 LG Karlsruhe, DGVZ 1984, 155.
86 OLG Hamm, WM 1984, 830; BGHZ 70, 151 (Anrechnung von Kindergeldzahlungen auf den Unterhaltsanspruch); AG Tempelhof-Kreuzberg, FamRZ 1975, 581 (Anrechnung einer Geschiedenenwitwenrente auf den Unterhaltsanspruch).

nung;[87] ferner der Verzicht oder der Erlaß[88] und ein den Anspruch berührender späterer Vergleich;[89] der Rücktritt des Schuldners vom Vertrag, aus dem der titulierte Anspruch resultiert, nach Urteilserlaß;[90] die Anfechtung;[91] Wegfall der Aktivlegitimation des Gläubigers durch Abtretung, gesetzlichen Forderungsübergang,[92] durch Beendigung der gesetzlichen Prozeßstandschaft nach § 1629 Abs. 3 BGB[93] oder durch Pfändung und Überweisung der Forderung an einen Dritten[94] (– der Erfolg der Klage kann in diesen Fällen nicht durch eine der Prozeßstandschaft nachgebildete Vollstreckungsstandschaft unterlaufen werden;[95] sie ist dem deutschen Recht fremd. –); Wegfall der Passivlegitimation des Schuldners durch befreiende Schuldübernahme; Umwandlung des titulierten Anspruchs in einen anderen noch nicht titulierten im Falle des § 13 Abs. 3 VerbrKrG;[96] Wegfall des Räumungsanspruchs durch Ausübung eines Optionsrechts;[97] Wegfall des Anspruchs auf Trennungsunterhalt durch rechtskräftige Scheidung;[98] Wegfall des Unterhaltsanspruchs gegen den Scheinvater durch Feststellung der Nichtehelichkeit;[99] Wegfall des Anspruchs auf Barunterhalt nach Übernahme des

---

87 Dabei ist aber besonders auf die Präklusion nach Abs. 2 zu achten; Näheres unten Rdn. 31. Zur Auswirkung auf ein Urteil gem. § 767 ZPO, wenn mit einer in einem vorläufig vollstreckbaren Urteil titulierten Forderung gegen die Titelschuld aufgerechnet worden war, das Urteil über die Aufrechnungsforderung aber später, nachdem die Entscheidung gem. § 767 ZPO bereits vorliegt, abgeändert und die Klage abgewiesen wird: LG Amberg, MDR 1992, 1084.
88 OLG Düsseldorf, MDR 1958, 932.
89 LG Freiburg, MDR 1967, 503.
90 So schon RGZ 104, 17; siehe aber auch BGH, MDR 1978, 1011 zur Unzulässigkeit des Einwandes des Vertragsrücktritts des Zedenten gegenüber dem Zessionar.
91 Hier wirkt sich bei durch Urteil titulierten Ansprüchen die Präklusion nach Abs. 2 am stärksten aus, sodaß der Einwand nur selten Erfolg haben wird; vergl. *Zöller/Herget*, § 767 Rdn. 12 Stichwort »Anfechtung«; Einzelheiten unten Rdn. 31.
92 OLG Düsseldorf, Rpfleger 1977, 416; LG Karlsruhe, DGVZ 1984, 155; OLG Hamm, DtZ 1992, 87.
93 *Zöller/Herget*, § 767 Rdn. 12, Stichwort »Prozeßführungsbefugnis«; AG Berlin-Charlottenburg, FamRZ 1984, 506; OLG Köln, FamRZ 1985, 626; OLG München, FamRZ 1990, 653; OLG Celle, FamRZ 1992, 842; OLG Hamm, FamRZ 1992, 843; OLG Oldenburg, FamRZ 1992, 844; OLG Köln, FamRZ 1995, 308; a. A.: OLG Frankfurt, FamRZ 1983, 1268; KG, FamRZ 1984, 505; vergl. zu diesem Problem auch § 766 Rdn. 8.
94 BGH, ZIP 1985, 341; *Münzberg*, DGVZ 1985, 145.
95 BGH, NJW 1985, 558 mit krit. Anm. von *Brehm*, JZ 1985, 342 und von *Olzen*, JR 1985, 288; für die Zulässigkeit einer Vollstreckungsstandschaft insbesondere *Rosenberg/Gaul*, § 40 V 1 a; zur Problematik einer Vollstreckungsstandschaft siehe im übrigen auch vorn: § 727 Rdn. 25.
96 Vergl. zur insoweit vergleichbaren Problematik des früheren § 5 AbzG: AG Köln, ZZP 1958, 330; LG Flensburg, JurBüro 1965, 323; OLG Köln, JurBüro 1965, 815; LG Köln, JurBüro 1966, 709; LG Berlin, MDR 1974, 1025; BGH, BB 1976, 665; *Rosenberg/Gaul*, § 40 V 1; Brehm, JZ 1972, 153.
97 BGH, MDR 1985, 574
98 BGH, NJW 1981, 978; vergl. hierzu auch § 766 Rdn. 8. Der Einwand beruht auf der materiellrechtlichen Nichtidentität von Trennungs- und Scheidungsunterhalt. Der Unterhaltsanspruch des minderjährigen Kindes ist dagegen mit dem des volljährigen identisch, sodaß eine Vollstreckungsabwehrklage nicht allein auf die Volljährigkeit gestützt werden könnte: LG Köln, NJW 1967, 1377; KG, FamRZ 1983, 746; a. A. insoweit: AG Altena, FamRZ 1982, 323.
99 OLG Düsseldorf, FamRZ 1987, 166; LG Lahnstein, FamRZ 1984, 1236.

§ 767 Vollstreckungsabwehrklage

Unterhalts in Natur,[100] Wegfall der Geschäftsgrundlage[101]; nachträgliche, vom Schuldner nicht zu vertretende Unmöglichkeit der Leistung[102].

Nach **Konkurseröffnung** ergeben sich insbesondere folgende Einwendungen des Konkursverwalters gegen die Zulässigkeit der Zwangsvollstreckung von Massegläubigern oder Absonderungsberechtigten in die Konkursmasse: festgestellte Masseunzulänglichkeit (§ 60 Abs. 1 KO[103]);[104] Anfechtbarkeit des Erwerbs der Absonderungsberechtigung.[105] Umgekehrt kann der Vollstreckungsschuldner der Vollstreckung eines noch vom nachmaligen Gemeinschuldner erwirkten Urteils durch den Konkursverwalter mit dem Einwand entgegentreten, der Konkursverwalter habe nach § 17 KO[106] seinerseits die Vertragserfüllung abgelehnt.[107]

22   c) Hinsichtlich der **nachträglichen Änderung des Gesetzes,** auf dem der titulierte Anspruch beruht, muß unterschieden werden: Ein seinerzeit berechtigter einmaliger Zahlungsanspruch bleibt bestehen und kann deshalb auch weiter vollstreckt werden, wenn seine Anspruchsgrundlage vom Gesetzgeber später beseitigt wird;[108] stellt dagegen das BVerfG die Verfassungswidrigkeit der Anspruchsgrundlage später fest, gilt die Sonderregel des § 79 BVerfGG.[109] Wird eine titulierte vertretbare oder unvertretbare Handlung durch eine Gesetzesänderung später unzulässig, rechtfertigt dies die Vollstreckungsabwehrklage ebenso wie umgekehrt der Umstand, daß ein gesetzliches Unterlassungsgebot, das die Grundlage eines Unterlassungstitels bildete, aufgehoben oder inhaltlich abgeändert wird. Betrifft die Gesetzesänderung nicht den materiellrechtlichen Unterlassungsanspruch, sondern nur die Befugnis, einen derartigen Unterlassungsanspruch gerichtlich durchzusetzen, so rechtfertigt sie die Vollstreckungsabwehrklage allerdings nicht (Beispiel: Einschränkung der Verbandsklagebefugnis durch Änderung des § 13 UWG; ein von einem jetzt nicht mehr klagebefugten Verband früher erstrittener Titel bleibt vollstreckbar[110]). Ändert sich ein Gesetz, das materiellrechtliche Grundlage für die Titulierung eines künftigen Anspruchs oder wiederkehrender Ansprüche war, so rechtfertigt dieser Umstand die Abwehrklage wegen der noch nicht entstandenen (und nicht mehr entstehenden) Ansprüche.[111]

23   d) Eine **spätere Änderung der Rechtsprechung,** die dazu führt, daß der seinerzeit titulierte Anspruch heute nicht mehr tituliert würde, steht der weiteren Vollstreckbarkeit

---

100 Eine zeitweise Versorgung in Natur während eines Ferienaufenthaltes führt allerdings noch nicht zum Wegfall des Barunterhaltsanspruchs: BGH, NJW 1984, 2826.
101 LAG Hessen, NZA 1991, 960.
102 OLG Köln, NJW-RR 1991, 1022.
103 Ab 1.1.1999: § 209 InsO.
104 BAG, NJW 1980, 141; BAG, ZIP 1986, 1338; *Kilger/K. Schmidt,* § 60 KO Anm. 2; *Kuhn/Uhlenbruck,* § 60 KO Rdn. 3 h; MüKo/*K. Schmidt,* § 767 Rdn. 63.
105 BGHZ 22, 128.
106 Ab 1.1.1999: § 103 InsO.
107 BGH, NJW 1987, 1702; MüKo/*K. Schmidt,* § 767 Rdn. 65.
108 OLG Köln, WM 1985, 1539.
109 Einzelheiten unten Rdn. 45.
110 KG, NJW 1995, 1035 und 1036.
111 BGH, FamRZ 1977, 461; OLG Schleswig, FamRZ 1986, 70.

des Titels nicht entgegen, führt also nicht zum Erfolg der Abwehrklage.[112] Das gilt auch dann, wenn die neue Rechtsprechung auf einer Entscheidung des Bundesverfassungsgerichts beruht, die aber nicht zwischen den Beteiligten des konkreten Vollstreckungsverfahrens[113] ergangen ist.[114] Entscheidungen gelten nur inter partes. Sie stehen nie unter dem Vorbehalt gleichbleibender Rechtsansichten des Gerichts. Insoweit ergeben sich auch keine Abweichungen für Titel auf künftige wiederkehrende Leistungen.[115]

e) Hinsichtlich einer **späteren Änderung der tatsächlichen Verhältnisse** muß unterschieden werden: Stellt das Urteil bewußt nur auf die Verhältnisse zum Zeitpunkt der letzten mündlichen Verhandlung ab, ohne daß es zugleich eine Zukunftsprognose wie im Falle des § 259 ZPO mitenthält, so kann eine Veränderung der Verhältnisse den Anspruch auch nicht mehr berühren. So kann mit der Vollstreckungsgegenklage nicht geltend gemacht werden, das einer rechtskräftigen Verurteilung zur Zahlung von Verzugszinsen zugrundeliegende Zinsniveau habe sich nach dem Schluß der mündlichen Verhandlung verändert.[116] Das Zinsniveau ist hier bewußt festgeschrieben. Eine Änderung der Verhältnisse soll den Anspruch nicht mehr berühren.[117] Führt die Änderung der Verhältnisse dagegen zum nachträglichen Erlöschen des materiellrechtlichen Anspruchs, so kann hierauf auch die Vollstreckungsabwehrklage gestützt werden: Ist eine Werbeaussage als irreführend untersagt, so kann eine Veränderung der Umstände, durch die die Aussage nachträglich für die Zukunft wahrheitsgemäß wird, einen Einwand i. S. § 767 Abs. 1 stützen.[118] Kein nachträgliches Erlöschen des Anspruchs ist allerdings anzunehmen, wenn nicht die tatsächlichen Umstände, sondern nur die Möglichkeiten ihrer Bewertung und sachgerechten Beurteilung sich ändern, wenn etwa der Nachweis, daß eine Werbeaussage von Anfang an nicht täuschend war, durch neu entwickelte Beweismethoden erst später möglich wird.[119]

Erweist sich die im Rahmen des § 259 ZPO gestellte Prognose tatsächlicher Art später als unrichtig, so rechtfertigt dies § 767 Abs. 1,[120] wenn eine einmalige künftige Leistung in Rede steht.

f) Neben den Einwendungen, die den im Urteil festgestellten Anspruch betreffen, die also materiellrechtlich begründet sind, rechtfertigen auch Einwendungen aus bloßen

---

112 OLG Köln, WM 1985, 1539.
113 Insoweit griffe § 79 BVerfGG ein.
114 OLG Köln, WM 1985, 1539; OLG Stuttgart, NJW 1996, 1683; a. A. *Hasler*, MDR 1995, 1086; wohl auch: LG Deggendorf, ZIP 1984, 733.
115 Auch bei § 323 ZPO genügt eine Änderung der Rechtsprechung nicht: LG Kassel, FamRZ 1954, 87; a. A. insoweit allerdings: *Zöller/Vollkommer*, § 323 Rdn. 32.
116 Im Ergebnis zu dieser Frage ebenso BGH, NJW 1987, 3266; vergl. auch *Münzberg*, JuS 1988, 345; kritisch zur Rspr. des BGH: *Deichfuß*, MDR 1992, 334.
117 Ähnliches gilt für die Feststellung des Eigenbedarfs in einem Räumungsurteil; sein späterer Wegfall berührt den rechtskräftig titulierten Räumungsanspruch nicht mehr: AG Kemnath, MDR 1953, 232; AG Lübbecke, ZZP 1958, 331.
118 OLG Köln, NJW-RR 1987, 1471.
119 BGH, NJW 1973, 803.
120 Zur Abgrenzung zu § 323 ZPO insoweit vergl. oben Rdn. 5; siehe ferner *Zöller/Greger*, § 259 Rdn. 4; OLG Zweibrücken, JurBüro 1979, 914.

Vollstreckungsvereinbarungen die Vollstreckungsabwehrklage.[121] Der Grund, die Geltendmachung dieser Vereinbarungen nicht im Rahmen des § 766 ZPO zuzulassen, liegt darin, daß die Vollstreckungsorgane das wirksame Zustandekommen und den Fortbestand solcher Vereinbarungen mit ihren Erkenntnismöglichkeiten nicht hinreichend überprüfen könnten. Die Beurteilung derartiger Vereinbarungen ist eine typisch richterliche Tätigkeit. Sie kann im ordentlichen Erkenntnisverfahren am sachgerechtesten vorgenommen werden.

**26** 2. Gegen einen durch **Vollstreckungsbescheid** festgestellten Anspruch kommen die nämlichen Einwendungen in Betracht wie gegen durch Urteil titulierte Ansprüche. Denn auch der Vollstreckungsbescheid ist der Rechtskraft fähig.[122] Auch hier sind also rechtshindernde Einwendungen ausgeschlossen.[123]

**27** 3. **Vergleiche** sind der Rechtskraft nicht fähig. Deshalb sind gegen in Vergleichen festgestellte Ansprüche grundsätzlich auch rechtshindernde Einwendungen möglich.[124] Allerdings stellt sich dafür hier eine andere Problematik: Der Prozeßvergleich hat rechtlich eine Doppelnatur; neben dem materiellrechtlichen Vertrag, durch den der Anspruch festgestellt wird, enthält er übereinstimmende auf die Prozeßbeendigung zielende Prozeßhandlungen der Beteiligten.[125] Die beiden Seiten des Vergleichs sind untrennbar miteinander in der Weise verbunden, daß die anfängliche Unwirksamkeit der materiellrechtlichen Vereinbarung auch die prozeßbeendigende Wirkung der Prozeßerklärungen verhindert. In Fällen dieser Art fehlt es, wenn die Einwendung Erfolg hat, an einem Vollstreckungstitel, der mit § 767 angegriffen werden könnte; der ursprüngliche Rechtsstreit ist noch garnicht beendet; er muß deshalb fortgesetzt werden. Ist die Einwendung bestritten, muß sie im ursprünglichen Rechtsstreit, gegebenenfalls in einem Zwischenstreit, geklärt werden.[126] Ist die Fortsetzung des ursprünglichen Rechtsstreits ausnahmsweise aus verfahrensrechtlichen Gründen nicht möglich (z.B. abgeschlossenes einstweiliges Anordnungsverfahren in einer beendeten Familiensache), so muß die Überprüfung ausnahmsweise in einem gesonderten ordentlichen Klageverfahren (Feststellungsklage) erfolgen[127]; in einem solchen Fall wird man auch die Möglichkeit des § 767 ZPO nicht verneinen können.

---

121 Siehe auch § 766 Rdn. 9 sowie die Nachweise aus Lit. und Rspr. dort.
122 BGH, NJW 1987, 3256.
123 Siehe oben Rdn. 19; unrichtig (den Einwand der ursprünglichen Sittenwidrigkeit der Forderung zulassend): OLG Köln, ZIP 1986, 420; LG Münster, NJW-RR 1987, 506.
124 BGH, NJW 1953, 345; NJW-RR 1987, 1022; OLG Düsseldorf, NJW 1966, 2367.
125 Einzelheiten § 794 Rdn. 1; siehe ferner *Rosenberg/Gaul*, § 13 II 1 c.
126 *Jauernig*, § 12 I; *MüKo/K. Schmidt*, § 767 Rdn. 13; *Zöller/Herget*, § 767 Rdn. 7 Stichwort »Prozeßvergleiche«; BGHZ 28, 171; BGH, NJW 1971, 467; NJW 1977, 583; NJW 1983, 996; NJW 1986, 1348; OLG Düsseldorf, NJW 1966, 2367; OLG Zweibrücken, OLGZ 1970, 185; OLG Hamburg, JuS 1975, 253; OLG Bamberg, JurBüro 1987, 1796; BAG, NJW 1964, 687; BayObLG, WE 1991, 199. *Bruns/Peters*, § 15 I 4; *Kühne*, NJW 1967, 1115; *Rosenberg/Gaul*, § 40 VII 1 b sowie § 13 II, die auch hier die Abwehrklage gem. § 767 zulassen, verkennen, daß bei erfolgreicher Einwendung kein Titel mehr vorliegt, sondern nur noch der (vom Vollstreckungsorgan zu beachtende) Schein eines Titels. Wie *Rosenberg/Gaul* auch *Baur/Stürner*, Rdn. 16.11; *Brox/Walker*, Rdn. 1334.
127 OLG Hamm, FamRZ 1991, 582.

Einwendungen, die den Vergleich insgesamt rückwirkend vernichten und deshalb zur Fortsetzung des ursprünglichen Rechtsstreits nötigen, sind insbesondere: die Anfechtung wegen Irrtums nach §§ 119, 123 BGB, die Geltendmachung eines streitausschließenden Irrtums i. S. § 779 BGB, der Einwand der Nichtigkeit wegen Gesetzes- oder Sittenverstoßes; hierher gehören ferner die Einwendungen gegen die prozeßrechtliche Wirksamkeit des Vergleichs, etwa wegen Fehlens der Prozeßhandlungsvoraussetzungen. Bleibt nach dem Inhalt der Einwendungen dagegen der Vergleichsvertrag bestehen, erlischt nur der titulierte Anspruch oder wandelt er sich in seinem Inhalt, so bleibt die prozeßbeendigende Wirkung der Prozeßhandlungserklärungen unangetastet. Die Einwendungen müssen deshalb mit der Vollstreckungsabwehrklage geltend gemacht werden. Zu den mit § 767 geltend zu machenden Einwendungen gehören insbesondere: die Erfüllung, auch durch Leistungen Dritter;[128] das Fehlen oder der Wegfall der Geschäftsgrundlage, da beides nur zur Anpassung des fortbestehenden Vertrages führt;[129] der Rücktritt vom Vertrag nach §§ 320 ff. BGB, da er den Vertrag nur in ein Rückgewährschuldverhältnis wandelt;[130] die einverständliche Vertragsaufhebung, da sie nur ex nunc wirken kann;[131] auch der Streit über die Reichweite (Auslegung) eines Prozeßvergleichs ist im Wege der Vollstreckungsabwehrklage auszutragen, da er den Bestand des Vertrages selbst nicht berührt.[132]

4. Mit der Vollstreckungsabwehrklage gegen **notarielle Urkunden** können rechtshindernde Einreden neben rechtshemmenden und rechtsvernichtenden ohne Einschränkung vorgebracht werden, etwa der Einwand, es liege ein Scheinvertrag wegen Unterverbriefung vor,[133] die verbriefte Forderung sei wegen Verstoßes gegen die guten Sitten (z. B. wucherischer Kreditvertrag) nichtig[134] oder sie sei noch gar nicht zur Entstehung gelangt (z. B. Nichtvalutierung einer Hypothek).[135] Entscheidend für den Erfolg dieser Einreden ist natürlich immer das materielle Recht. So ist bei gem § 794 Abs. 1 Nr. 5 ZPO titulierten Grundschulden die Begrenzung der Einredemöglichkeiten durch § 1191 BGB zu beachten: Ist etwa zugunsten einer finanzierenden Bank wegen Forderungen gegen den Bauträger eine Globalgrundschuld eingetragen, steht die Behauptung einzelner Erwerber, die Forderung betreffe nicht ihr konkretes Bauvorhaben, der Zwangsvollstreckung aus der Grundschuld nicht entgegen[136]

5. Da im **Kostenfestsetzungsverfahren** materiellrechtliche Einwendungen gegen den Kostenerstattungsanspruch außer Betracht bleiben müssen, können sie uneingeschränkt mit der Vollstreckungsabwehrklage verfolgt werden,[137] etwa der Einwand

---

128 BGH, NJW 1978, 753.
129 BGH, NJW 1986, 1348; BVerwG, NJW 1994, 2306; OLG Köln, OLG-Report 1994, 230.
130 BGH, NJW 1984, 42; WM 1981, 792.
131 A. A. insoweit (Fortsetzung des alten Verfahrens): BAG, NJW 1983, 2212.
132 BGH, NJW 1977, 583.
133 AG Siegburg, JZ 1957, 62; OLG Düsseldorf, DNotZ 1983, 686 und OLGZ 1984, 93; BGH, MDR 1985, 479.
134 OLG Hamburg, NJW-RR 1986, 403.
135 OLG Köln, ZIP 1980, 112.
136 OLG Köln, OLG-Report 1995, 246.
137 LG Berlin, JR 1956, 305; LG Duisburg, JurBüro 1963, 769; OLG Düsseldorf, JurBüro 1964, 689; OLG München, MDR 1984, 501.

des prozeßrechtlich Unterlegenen oder die Klage Zurücknehmenden, ihm stehe ein Kostenerstattungsanspruch aus materiellem Recht zu oder man habe sich materiellrechtlich auf eine andere Kostenverteilung geeinigt, dem im Kostenfestsetzungsbeschluß ausgewiesenen Gläubiger habe also nie ein Anspruch auf die Kosten zugestanden. Allerdings kann der die Klage Zurücknehmende mit der Vollstreckungsabwehrklage nicht die Aufrechnung mit der von ihm zuvor mit der Klage verfolgten Forderung gegen den Kostenerstattungsanspruch aus § 269 Abs. 3 ZPO geltend machen[138]. Dies widerspräche der Zielsetzung des § 269 Abs. 3 S. 2 ZPO. Soweit aus dem Kostenfestsetzungsbeschluß auch hinsichtlich der festgesetzten Mehrwertsteuer die Zwangsvollstreckung betrieben wird, sind Einwendungen aus der Anrechnung abzugsfähiger Vorsteuerbeträge ebenfalls mit der Vollstreckungsabwehrklage geltend zu machen[139].

30   VI. Um den Schuldner anzuhalten, seine Verteidigung so früh als möglich vorzubringen und ein Unterlaufen der Rechtskraft der zu vollstreckenden Entscheidung weitgehend zu unterbinden, schränkt **Abs. 2** den Kreis der Einwendungen, die die Klage begründen können, nochmals ein (sog. **Präklusion**). Der Einwendungsausschluß führt, soweit er zum Tragen kommt, zur **Unbegründetheit**, nicht etwa zur Unzulässigkeit der Klage.[140] Im einzelnen ist zu unterscheiden:

31   1. Ist der Titel ein nach streitigem Verfahren ergangenes **Urteil**, so sind alle Einwendungen ausgeschlossen, die der Schuldner bis zum Schluß der letzten mündlichen Verhandlung theoretisch hätte geltend machen können. Ob er sie auch tatsächlich geltend machen konnte, weil sie ihm überhaupt bekannt waren, ist gleichgültig.[141] Entscheidend ist allein, wann der die Einwendung begründende Tatbestand entstanden ist. Diese streng objektive Betrachtungsweise ist zum Schutze der Rechtskraft erforderlich: Das rechtskräftige Urteil belegt nicht nur das Bestehen des Anspruchs, sondern auch seine einredefreie Durchsetzbarkeit zum Zeitpunkt der letzten mündlichen Verhandlung.[142]

Besteht die Einrede in der Ausübung eines Gestaltungsrechts (Anfechtung, Aufrechnung, Wandlung, Minderung, Kündigung, Rücktritt, Widerruf, auch nach dem VerbrKrG und dem HaustürWG[143] usw.), ist nach wie vor zwischen der Rechtspre-

---

138 OLG Bremen, NJW-RR 1992, 765; OLG Hamm, NJW-RR 1991, 1334.
139 LG Landshut und LG Augsburg, JurBüro 1993, 421 mit Anm. von *Mümmler*; LG München, NJW-RR 1992, 1342.
140 So schon RGZ 77, 352; allgem. M.; vergl. *Brox/Walker*, Rdn. 1339; *Rosenberg/Gaul*, § 40 V 2.
141 BGHZ 34, 274 ff.; 42, 37 ff.; 61, 25 ff.; VersR 1982, 791; BAG, SAE 1977, 3; NJW 1980, 141 ff.; LG Mannheim, ZMR 1966, 279; OLG Celle, OLGZ 1970, 357; OLG Dresden, OLG-NL 1995, 163; *Brox/Walker*, Rdn. 1342; *Rosenberg/Gaul*, § 40 V 2a; MüKo/K. Schmidt, § 767 Rdn. 77; sehr bedenklich: OLG Stuttgart, MDR 1986, 1034.
142 *Rosenberg/Gaul*, § 40 V 2 a.
143 OLG Hamm, NJW 1993, 140; a. A. insoweit (keine Präklusion): OLG Karlsruhe, NJW 1990, 2474; OLG Stuttgart, NJW 1994, 1225.

chung[144] einerseits und der wohl überwiegenden Auffassung in der Literatur[145] andererseits streitig, ob auf den Zeitpunkt der Ausübung des Gestaltungsrechts, (– so die überwiegende Literaturmeinung –) oder auf den Zeitpunkt abgestellt werden muß, in dem das Recht theoretisch hätte erstmalig ausgeübt werden können (– so die Rechtsprechung –). Trotz der durchaus beachtlichen Bedenken der Literatur ist letztlich der strengen Auffassung der Rechtsprechung zu folgen: Nur eine solche restriktive Auslegung macht den Ausnahmecharakter des § 767 deutlich und schützt grundsätzlich die Rechtskraft des den Titel bildenden Urteils. Der Schuldner wird genötigt, seine Verteidigung frühestmöglich offenzulegen;[146] der Gläubiger wird an der Verwirklichung seines oft mühsam erstrittenen Titels nicht durch Einwendungen gehindert, mit denen er nach dem Verfahrensverlauf nicht mehr zu rechnen brauchte. Die Gegenmeinung, die dahin argumentiert, daß erst mit Ausübung des Gestaltungsrechts der titulierte Anspruch vernichtet werde, also die gegen den Anspruch vorgebrachten Gründe auch erst mit der Ausübung des Gestaltungsrechts entstünden, stellt zu einseitig auf die materiellrechtliche Rechtslage ab und wird dem Ziel des § 767 Abs. 2 zu wenig gerecht, im Interesse eines zügigen Fortgangs der Vollstreckung Verzögerungen durch den Schuldner entgegenzuwirken und den rechtskräftigen Titel vor nachträglichen Einwendungen weitgehend zu schützen. Der Schuldner wird durch eine so weitgehende Präklusion nicht ganz rechtlos gestellt: Der Ausschluß des Aufrechnungseinwandes im Rahmen einer Vollstreckungsabwehrklage hindert den Schuldner nicht, seine Forderung im Rahmen einer selbständigen Leistungsklage geltend zu machen. An die Stelle anderer Gestaltungsrechte kann im Einzelfall, wenn sie selbst nicht mehr ausgeübt werden können, ein Schadensersatzanspruch aus culpa in contrahendo oder positiver Vertragsverletzung treten, der ebenfalls selbständig geltend gemacht werden kann. Der Bundesgerichtshof[147] und das Bundesarbeitsgericht[148] sind allerdings inkonsequent, wenn sie für einzelne vertraglich vereinbarte Gestaltungsrechte abweichend auf den Zeitpunkt der Ausübung abstellen wollen. Eine solche Differenzierung ist sachlich durch nichts gerechtfertigt[149] und daher abzulehnen.

2. Ist der Titel ein **Versäumnisurteil**, so sind durch Abs. 2 im Verfahren nach § 767 Abs. 1 alle Einwendungen ausgeschlossen, die zur Zeit ihrer Entstehung noch mit dem Einspruch gegen das Versäumnisurteil theoretisch hätten geltend werden

32

---

144 RGZ 64, 228; BGHZ 24, 97 f.; 34, 274 ff.; 38, 122 f.; 42, 39 ff.; 94, 29 ff.; BGH, NJW 1980, 2527 und NJW 1994, 2769; BAGE 3, 18 ff., OLG Düsseldorf, MDR 1983, 586; OLG Hamburg, FamRZ 1992, 328; für das WEG-Verfahren ebenso KG, NJW-RR 1995, 719; mit der Rspr.: *Ernst*, NJW 1986, 401; *Geißler*, NJW 1985, 1867; *MüKo/K. Schmidt*, § 767 Rdn. 80; *Zöller/Vollkommer*, vor § 322 Rdn. 62 ff.; *Zöller/Herget*, § 767 Rdn. 14.
145 *Baur/Stürner*, Rdn. 45.14; *Baumann/Brehm*, § 13 III 2 c; *Brox/Walker*, Rdn. 1346; *Bruns/Peters*, § 15 I 3; *Gerhardt*, § 15 II 1; *Otto*, JA 1981, 651 f.; *Rosenberg/Gaul*, § 40 V 2 b; *Stein/Jonas/Münzberg*, § 767 Rdn. 35; *Thomas/Putzo*, § 767 Rdn. 22; siehe aber auch: OLG Hamm, BauR 1989, 743.
146 Der Gedanke liegt etwa auch § 530 Abs. 2 ZPO zugrunde.
147 BGHZ 94, 29 ff.
148 JZ 1973, 4.
149 Vergl. auch *Rosenberg/Gaul*, § 40 V 2 b.

können. Hinsichtlich der Ausübung von Gestaltungsrechten gilt das Rdn. 31 Gesagte entsprechend.

33   3. Beim **Vollstreckungsbescheid** sind nach § 796 Abs. 2 ZPO nur solche Einwendungen im Prozeß nach § 767 zulässig, die nach Zustellung des Vollstreckungsbescheides entstanden sind und mit dem Einspruch nicht mehr geltend gemacht werden können. Die Rechtskraft von Vollstreckungsbescheiden ist auch nach Einführung des automatisierten Mahnverfahrens und dem damit verbundenen Wegfall der Schlüssigkeitsprüfung in diesem Verfahren grundsätzlich schützenswert. Der Fortbestand des § 796 Abs. 2 ZPO ist deshalb kein gesetzgeberisches Redaktionsversehen;[150] die dort vorgesehene Präklusion ist durchaus sinnvoll geblieben.[151]

34   4. Hinsichtlich **anderer gerichtlicher Entscheidungen** (vollstreckbarer Beschlüsse) als Titel, die grundsätzlich jedenfalls der formellen Rechtskraft fähig sind, muß hinsichtlich der entsprechenden Anwendung des Abs. 2 über § 795 ZPO differenziert werden: Einwendungen, die in dem dem Beschluß vorausgegangenen Verfahren hätten theoretisch geltend gemacht werden können, sind präkludiert.[152] Für Einwendungen, die dagegen in diesem Verfahren unbeachtlich waren, gilt die Schranke des § 767 Abs. 2 nicht. Da im Kostenfestsetzungsverfahren nach §§ 103 ff. ZPO materiellrechtliche Einwendungen gegen die Kostentragungspflicht nicht berücksichtigt werden können, weil der Rechtspfleger keine Entscheidungskompetenz hat, ob die zur Aufrechnung gestellte Gegenforderung besteht oder ob die abweichende Vereinbarung über die Pflicht zur Kostenübernahme wirksam ist, können derartige Einwendungen uneingeschränkt mit der Vollstreckungsabwehrklage verfolgt werden.[153] Da andererseits im Kostenfestsetzungsverfahren nach § 19 BRAGO materiellrechtliche Einwendungen gegen den Vergütungsanspruch die Titulierung verhindern können (§ 19 Abs. 4 BRAGO), müssen sie in diesem Festsetzungsverfahren auch geltend gemacht werden; die Präklusion nach Abs. 2 ist voll anwendbar.[154] Im Vergütungsfestsetzungsverfahren für den Insolvenzverwalter sind Schadensersatzansprüche wegen Pflichtverletzungen nicht zu berücksichtigen. Daher ist die Geltendmachung der Aufrechnung mit derartigen, vor der Festsetzung entstandenen Schadensersatzansprüchen im Wege der Vollstreckungsabwehrklage nicht durch Abs. 2 präkludiert[155] Im Verfahren auf Festsetzung des Rückerstattungsanspruchs des Geschädigten nach §§ 9, 11 WiStG können materiellrechtliche Gegenansprüche und sonstige Einwendungen aus dem materiellen Recht berücksichtigt werden. Deshalb sind bei der Vollstreckungsgegenklage gegen eine Rückerstat-

---

150 So aber OLG Köln, NJW 1986, 1350 ff.
151 BGH, NJW 1987, 3256 und 3259; NJW 1988, 828.
152 OLG Nürnberg, MDR 1975, 1029; BGH, MDR 1976, 914; OLG Frankfurt, MDR 1987, 331.
153 BGHZ 3, 381 ff.; OLG Hamburg, MDR 1953, 558; LG Berlin, JR 1956, 304; OLG Neustadt, MDR 1958, 614; OLG Düsseldorf, JurBüro 1964, 689; OLG Nürnberg, JurBüro 1965, 314; OLG Schleswig, SchlHA 1978, 22; OLG Karlsruhe, MDR 1977, 937; OLG Hamm, MDR 1984, 1034; OLG München, MDR 1984, 501.
154 OLG Hamm, NJW 1956, 1763 (mit Anm. von *Pohlmann*, NJW 1957, 107); OLG München, MDR 1957, 176; OLG Hamburg, MDR 1957, 367; OLG Hamburg, JZ 1959, 446 mit Anm. von *Pohle*; OLG Nürnberg, MDR 1975, 1029; BGH, MDR 1976, 914.
155 BGH, ZIP 1995, 290.

tungsanordnung auch die Einwendungen nach Abs. 2 ausgeschlossen, die vor Erlaß des Strafurteils (§ 11 Abs. 1 WiStG) oder vor Zustellung des Bußgeldbescheides (§ 11 Abs. 2 WiStG) entstanden sind[156] bzw. durch Ausübung eines Gestaltungsrechtes hätten zur Entstehung gebracht werden können.

5. Für **vollstreckbare Urkunden** erklärt § 797 Abs. 4 ZPO ausdrücklich § 767 Abs. 2 für **nicht** anwendbar. Mit der Vollstreckungsabwehrklage kann deshalb auch der Einwand verfolgt werden, der titulierte Anspruch habe schon bei Errichtung der Urkunde nicht bestanden (z. B. Scheingeschäft; ursprüngliche Sittenwidrigkeit des Vertrages usw.). Auch gegenüber **Prozeßvergleichen** ist Abs. 2 nicht anwendbar.[157] Hier ist allerdings zu beachten, daß Einwendungen, die zur rückwirkenden Vernichtung des Anspruchs führen, in Fortsetzung des ursprünglichen Verfahrens geltend zu machen sind, da sie mit dem Anspruch auch den Titel aus der Welt schaffen.[158]

35

6. Die Präklusion nach Abs. 2, soweit sie zum Zuge kommt (oben Rdn. 30–35), betrifft nur Vereinbarungen, die den im Titel festgestellten Anspruch betreffen, nicht aber Einwendungen aus vollstreckungsbeschränkenden Vereinbarungen.[159] Sie können auch dann, wenn sie ausnahmsweise schon im Titel hätten berücksichtigt werden können, uneingeschränkt mit der Vollstreckungsabwehrklage geltend gemacht werden.

36

VII. Über den gesetzlichen Einwendungsausschluß nach Abs. 2 hinaus können die Parteien auch **vertraglich** vereinbaren, bestimmte Einwendungen nicht mit der Vollstreckungsabwehrklage geltend zu machen.[160] Ein solcher vertraglicher Einwendungsausschluß führt hinsichtlich der von ihm erfaßten Einwendungen zum gleichen Ergebnis wie § 767 Abs. 2: Die Klage mit diesen Einwendungen ist unbegründet.

37

VIII. Hinsichtlich der **Beweislast** im Rahmen der Vollstreckungsabwehrklage ist zu unterscheiden: Ist das Entstehen des titulierten Anspruchs unstreitig oder steht der Anspruch jedenfalls aufgrund des Titels zwischen den Parteien fest, so muß der Schuldner alle Voraussetzungen der von ihm geltend gemachten rechtshemmenden oder rechtsvernichtenden Einwendungen beweisen.[161] Beruft sich der Schuldner dagegen darauf, der zu vollstreckende Anspruch habe nie bestanden, trifft den Gläubiger die Beweislast für das Entstehen des Anspruchs. Ob er den ihm obliegenden Beweis durch die zu vollstreckende Urkunde zunächst einmal geführt hat, sodaß der Schuldner ihn widerlegen müßte, hängt von den Umständen des Einzelfalles ab: So muß grundsätzlich der Vollstreckungsabwehrkläger beweisen, daß die Forderung, die nach dem zugrundeliegenden Sicherungsvertrag durch die vollstreckbare Grundschuld gesichert werden sollte, geringer sei als die Forderung, deretwegen der Gläubiger die Vollstreckung betreibt.

38

---

156 BGH, NJW 1982, 1047.
157 BGH, NJW 1953, 345; BGHZ 55, 255; BGHZ 85, 64 ff.; BGH, NJW-RR 1987, 1022; BAG, NJW 1968, 1301; BAG, NJW 1980, 800; LAG Mannheim, NJW 1978, 2055.
158 Einzelheiten vorn Rdn. 26.
159 BGH, NJW 1968, 700; OLG Hamburg, MDR 1972, 335; vergl. ferner § 766 Rdn. 9.
160 BGH, WM 1976, 907 ff.; BGH, NJW 1982, 2072; kritisch zum vereinbarten Einwendungsausschluß: *Rosenberg/Gaul*, § 40 VII 2.
161 BGHZ 34, 274 ff.; BGH, NJW 1981, 2756; *Rosenberg*, Die Beweislast, 5. Aufl. 1965, S. 394.

Ergibt sich aber aus der Bestellungsurkunde, daß bei Bestellung der Grundschuld die Höhe der zu sichernden Forderung noch nicht feststand und streiten im Rahmen der Vollstreckungsabwehrklage die bei der Grundschuldbestellung Beteiligten über das Bestehen und die Höhe der Forderung, so ist der Gläubiger diesbezüglich beweisbelastet.[162]

Ist die vollstreckbare Urkunde über einen Darlehnsrückzahlungsanspruch errichtet und ergibt die Urkunde, daß das Darlehen zum Zeitpunkt der Errichtung noch nicht ausgezahlt war, muß der Gläubiger das Entstehen des Rückzahlungsanspruchs beweisen.[163] Den Parteien steht es aber frei, schon in der notariellen Urkunde die Beweislast umzukehren, indem sie festlegen, der Gläubiger solle für die Vollstreckung vom Nachweis des Entstehens und der Fälligkeit der Zahlungsverpflichtung befreit sein.[164] In diesem Falle muß dann der Vollstreckungsgegenkläger beweisen, daß er die Darlehnssumme nicht oder nicht in voller Höhe erhalten hat. Handelt es sich bei der notariellen Urkunde allerdings um Allgemeine Geschäftsbedingungen i.S. des AGBG[165], so dürften derartige Klausel unwirksam sein (§ 11 Nr. 15 AGBG), da sie einseitig zu Lasten des Schuldners vom gesetzlichen Leitbild abweichen[166]

39 IX. Der **Tenor** des der Klage stattgebenden Urteils geht dahin, daß die Zwangsvollstreckung aus dem Titel ganz oder zum Teil, soweit der zu vollstreckende Anspruch nur teilweise erloschen ist[167], für unzulässig erklärt wird. Ist die Vollstreckung nur zeitlich befristet unzulässig, so wird dies im Tenor durch Angabe des Fristablaufes, wenn dieser bekannt ist (»... vor dem ... für unzulässig erklärt«), oder durch die Kenntlichmachung der Befristung in anderer Weise (»... zur Zeit für unzulässig erklärt«) verdeutlicht.[168] Wird der vollstreckbar titulierte Anspruch durch die vorgebrachten Einwendungen nicht in voller Höhe vernichtet, ist dies ebenfalls im Tenor auszudrücken (»... in Höhe von ... DM für unzulässig erklärt«).[169] Die Kostenentscheidung folgt den Regeln der §§ 91 ff. ZPO. Die vorläufige Vollstreckbarkeit richtet sich nach §§ 708 ff. ZPO. Bei der Berechnung der Sicherheitsleistung ist zu berücksichtigen, daß der obsiegende Kläger bereits vor Rechtskraft das Urteil im Rahmen des § 775 Nr. 1 ZPO vorlegen und die Aufhebung der bisherigen Vollstreckungsmaßnahmen nach § 776 ZPO erreichen kann. Sie darf sich deshalb nicht nur an den zu vollstreckenden Kosten orientieren.

---

162 BGH, WM 1976, 666.
163 *Brox/Walker*, Rdn. 1358; *Wolfsteiner*, NJW 1982, 2851.
164 Zur Wirksamkeit einer solchen Vereinbarung BGH, NJW 1981, 2756; *Brambring*, DNotZ 1977, 573.
165 Zur Frage, wann notarielle Verträge der Kontrolle des AGBG unterliegen: MüKo(BGB)/*Kötz*, 3. Aufl., § 1 AGBG Rdn. 8, 8a; *Ulmer/Brandner/Hensen*, 7. Aufl., § 1 AGBG Rdn. 31, 32.
166 OLG Nürnberg, NJW-RR 1990, 1467; OLG Koblenz, BauR 1988, 748; LG Köln, DNotZ 1990, 570; MüKo(BGB)/*Basedow*, § 11 AGBG Rdn. 239; *Ulmer/Brandner/Hensen*, § 11 Nr. 15 AGBG Rdn. 13. A. A.: OLG Hamm, BB 1991, 865; OLG München, NJW-RR 1991, 667.
167 BGH, NJW-RR 1991, 759.
168 OLG Koblenz, Rpfleger 1985, 200 und 449
169 BGH, NJW-RR 1987, 59 und NJW-RR 1991, 759.

X. **Wirkungen des Urteils:** 1. Das Urteil hat als Gestaltungsurteil[170] keine unmittelbaren Auswirkungen auf den titulierten Anspruch: Er erlischt nicht bei Erfolg der Vollstreckungsabwehrklage und er wird im Falle der Klageabweisung nicht positiv festgestellt.[171] Das obsiegende und zumindest vorläufig vollstreckbare Urteil beseitigt vielmehr nur die Vollstreckbarkeit des Titels (§ 775 Nr. 1 ZPO)[172], das klageabweisende Urteil attestiert die grundsätzliche Zulässigkeit der Zwangsvollstreckung (– nicht die Ordnungsgemäßheit einzelner Vollstreckungsmaßnahmen –) im Zeitpunkt der letzten mündlichen Verhandlung über die Abwehrklage.[173] War die Vollstreckungsabwehrklage damit begründet, der Schuldner habe mit einer Gegenforderung gegen den titulierten Anspruch aufgerechnet, so enthält das die Klage abweisende Urteil allerdings zugleich die der Rechtskraft fähige Feststellung, daß die Gegenforderung bis zur Höhe des Betrages, für den die Aufrechnung geltend gemacht wurde, nicht besteht (§ 322 Abs. 2 ZPO).[174]

2. Die Abweisung der Vollstreckungsabwehrklage bedeutet nicht, daß nunmehr Einwendungen gegen die weitere Vollstreckung des Titels auf Dauer ausgeschlossen sind. Grundsätzlich ist mit neuen Einwendungen auch wieder eine neue Klage möglich. Hierbei ist allerdings die Begrenzung durch **Abs. 3** zu beachten: Alle Einwendungen, die theoretisch bereits mit einer vorausgegangenen Vollstreckungsabwehrklage, Klauselgegenklage, Abänderungsklage gem. § 323 ZPO[175] oder in Verteidigung gegen eine Klage nach § 731 ZPO soweit über diese Klagen in der Sache entschieden wurde[176] hätten geltend gemacht werden können, sind ausgeschlossen.[177] Auf Kenntnis des Schuldners oder darauf, daß das Unterlassen der früheren Geltendmachung schuldhaft war, kommt es nicht an.[178] Es kann hier nichts anderes gelten wie bei § 767 Abs. 2. Für den Schuldner können im Ausgangsprozeß auf Erlangung des Titels, an dem er als Beklagter beteiligt ist, keine höheren Anforderungen aufgestellt werden als in einem nachfolgenden Rechtsstreit nach § 767 Abs. 1, in dem er als Kläger fungiert. Der Wortlaut des Abs. 3 (»... geltend zu machen imstande war.«) spricht nicht zwingend für die Ge-

---

170 Siehe oben Rdn. 10 und 11.
171 BGH, NJW 1960, 1460; BGH, MDR 1985, 138; BGH, WM 1985, 703.
172 Die bloße Klageerhebung hat im Hinblick auf § 775 Nr. 1 ZPO keinerlei Wirkung, darf also das Vollstreckungsorgan nicht zur vorläufigen Untätigkeit veranlassen: VGH Mannheim, NVwZ-RR 1993, 447.
173 BGH, MDR 1960, 743.
174 BGH, NJW 1968, 156; *Braun*, ZZP 1976, 93 ff.
175 OLG Hamm, FamRZ 1993, 581.
176 War eine dieser Klagen zwar rechtshängig, wurde sie aber später zurückgenommen oder in der Hauptsache für erledigt erklärt, kann sie die Präklusion nach Abs. 3 natürlich nicht bewirken: BGH, NJW 1991, 2280 mit Anm. von *Brehm*, JR 1992, 71.
177 BGHZ 61, 25 ff.; BGH, MDR 1967, 586; BGH, NJW-RR 1987, 59; OLG Celle, MDR 1963, 932; *Baumbach/Lauterbach/Hartmann*, § 767 Rdn. 58; *Thomas/Putzo*, § 767 Rdn. 29; *Geißler*, NJW 1985, 1868; *K. Schmidt*, JR 1992, 89; MüKo/*Schmidt*, § 767 Rdn. 90; Zöller/*Herget*, § 767 Rdn. 22.
178 BGH wie Fußn. 684.

genmeinung,[179] da das »Imstandesein« sowohl objektiv wie auch subjektiv verstanden werden kann. Der Schuldner ist also verpflichtet, alle Einwendungen, die während eines Verfahrens über eine Vollstreckungsabwehrklage entstehen, auch in diesem Verfahren bereits geltend zu machen, will er mit ihnen nicht im weiteren Vollstreckungsverfahren ausgeschlossen sein.[180] Da das Nachschieben derartiger Einwendungen in einem laufenden Verfahren eine Klageänderung darstellt,[181] muß die Sachdienlichkeit ihrer Zulassung großzügig beurteilt werden, soll der Schuldner nicht zwischen die Mühlen der Verspätung einerseits und des § 767 Abs. 3 andererseits geraten.[182]

42   XI. **Streitwert:** Der Streitwert richtet sich grundsätzlich nach dem Wert der titulierten Hauptforderung; Zinsansprüche oder die Kosten sind Nebenforderungen (§ 4 Abs. 1 ZPO) und nur dann zu berücksichtigen, wenn ihnen keine Hauptforderung mehr gegenübersteht.[183] Soll die Zwangsvollstreckung nur wegen eines Bruchteils des im Titel festgelegten Zahlungsanspruchs für unzulässig erklärt werden, so ist auch nur dieser Teilbetrag der Streitwertfestsetzung zugrunde zu legen.[184] Stützt der Kläger die Klage nur hilfsweise auf die Aufrechnung mit einer bestrittenen Gegenforderung, ist deren Wert streitwerterhöhend anzusetzen, falls über sie entschieden wird (§ 19 Abs. 3 GKG).

43   XII. **Materiellrechtliche Ausgleichsansprüche des Schuldners nach beendeter Zwangsvollstreckung:** Ist der Erlös der Versteigerung beweglicher Sachen oder der Zwangsversteigerung eines Grundstücks an den Gläubiger ausgehändigt, die überwiesene Forderung von ihm eingezogen worden, ist die Zwangsvollstreckung zwar beendet, eine Vollstreckungsabwehrklage nicht mehr möglich,[185] es steht aber auch dann nicht unwiderruflich fest, daß der Gläubiger den ihm aus der Vollstreckung zugeflossenen Vermögenszuwachs endgültig behalten darf. Denn unser Recht kennt keine sog. »materielle Vollstreckungskraft«, die das Behaltendürfen des zugewiesenen Erlöses rechtfertigen würde,[186] sobald zwangsvollstreckungsrechtliche Klagen und Rechtsbehelfe nicht mehr möglich sind. Der Rechtsgrund für das endgültige Behaltendürfen des durch den Vollstreckungserlös erzielten Vermögenszuwachses ist das Pfändungspfandrecht.[187] Ist es erloschen, weil die gesicherte Forderung erloschen ist, so ist der Gläubiger um den dennoch empfangenen Vollstreckungserlös ungerechtfertigt bereichert (§ 812 Abs. 1 S. 1, 2. Altern. BGB »in sonstiger Weise«).[188] Hat der Gläubiger

---

179 Ihre Hauptvertreter: *Baumann/Brehm*, § 13 III 2 c; *Blomeyer*, § 33 V 5 a; *Brox/Walker*, Rdn. 1357; *Bruns/Peters*, § 15 III 5; *Gerhardt*, § 15 III 2; *Münzberg*, ZZP 1974, 449 ff.; *Rosenberg/Gaul*, § 40 IX 2; *Stein/Jonas/Münzberg*, § 767 Rdn. 52.
180 BGH, NJW-RR 1987, 59.
181 Siehe Fußnote 34; ferner OLG Celle, MDR 1963, 932 mit Anm. von *Bötticher*.
182 Siehe oben Rdn. 11.
183 BGH, WM 1956, 144; OLG Hamburg, MDR 1957, 754; OLG Celle, JurBüro 1971, 1066.
184 OLG Frankfurt, JurBüro 1954, 375; OLG Köln, Rpfleger 1976, 138.
185 Oben Rdn. 14.
186 So aber in Analogie zur Rechtskraft: *Böhm*, Ungerechtfertigte Zwangsvollstreckung und materielle Ausgleichsansprüche, 1971, S. 85 ff.
187 Einzelheiten: vor §§ 803, 804 Rdn. 13.
188 BGHZ 4, 2; 83, 278; BGH, NJW 1993, 3318; OLG Frankfurt, MDR 1982, 934; OLG Hamm, FamRZ 1993, 74.

schuldhaft (vorsätzlich oder fahrlässig) die Zwangsvollstreckung weiter betreiben, obwohl er keinen Anspruch aus dem Titel mehr hatte oder obwohl er den Anspruch zur Zeit nicht weiter durchsetzen durfte, so ist er dem Schuldner zudem aus positiver Vertragsverletzung oder aus unerlaubter Handlung (fahrlässige Eigentumsverletzung, § 823 Abs. 1 BGB, gegebenenfalls auch § 826 BGB) zum Schadensersatz verpflichtet. Dem Schadensersatzanspruch kann nicht anspruchsmindernd (§ 254 BGB) entgegengehalten werden, daß der Schuldner es versäumt hat, Vollstreckungsabwehrklage zu erheben. Denn es besteht keine Verpflichtung zur Klageerhebung, auch nicht im Sinne einer analogen Präklusion zu § 767 Abs. 2 und 3, daß etwa materiellrechtliche Ausgleichsansprüche nicht mehr auf Einwendungen gestützt werden könnten, die schon während des Vollstreckungsverfahrens bestanden und theoretisch mit der Vollstreckungsabwehrklage hätten verfolgt werden können[189]. Hatte der Schuldner aber Vollstreckungsabwehrklage erhoben und war diese abgewiesen worden, so steht fest, daß die Zwangsvollstreckung jedenfalls nicht aus den Gründen, die Gegenstand der Klage waren, unrechtmäßig und pflichtwidrig war. Damit steht aber für eine auf die nämlichen Gründe gestützte spätere Schadensersatzklage des Schuldners auch schon fest, daß der Gläubiger nicht schuldhaft handelte.[190] Die Klage ist also, ohne daß eine erneute Sachaufklärung in Betracht käme, unbegründet. Aus den gleichen Gründen steht aufgrund eines solchen Urteils fest, daß der Gläubiger bei Empfang des Vollstreckungserlöses nicht bösgläubig i. S. § 819 Abs. 1 BGB war. Ob gleichzeitig feststeht, daß er durch den Vollstreckungserfolg überhaupt nicht rechtsgrundlos bereichert ist,[191] erscheint fraglich. Denn aufgrund des Mißerfolgs der Klage steht weder rechtskräftig fest, daß der zu vollstreckende Anspruch besteht, noch daß die Einwendung gegen ihn nicht besteht.[192] Eine Ausnahme gilt insoweit nur in analoger Anwendung des § 322 Abs. 2 ZPO hinsichtlich der Aberkennung einer vom Vollstreckungsabwehrkläger geltend gemachten Aufrechnungsforderung.[193] Dennoch muß letztlich eine Bindung des Prozeßgerichts im Bereicherungsprozeß an die Entscheidung über das Nichtbestehen der mit der Vollstreckungsabwehrklage ausdrücklich geltend gemachten und im Urteil beschiedenen Einwendungen bejaht werden.[194] Dies folgt daraus, daß das Gericht eben nicht einfach über die weitere Zulässigkeit der Zwangsvollstreckung, sondern auch über einen konkreten Sachverhalt, der dieses Ergebnis trug, entschieden hat. Es widerspräche dem mit der Rechtskraft verfolgten Zweck,[195] wenn der nämliche Sachverhalt zwischen den nämlichen Parteien – u. U. mit abweichendem Ergebnis – zum Gegenstand einer zweiten Entscheidung gemacht werden dürfte. Im Urteil nach § 767 nicht beschiedene Einwendungen können dagegen uneingeschränkt zur Begründung eines Bereicherungsanspruchs herangezogen werden.

---

189 *Stein/Jonas/Münzberg*, § 767 Rdn. 55.
190 *Brox/Walker*, Rdn. 1374; *Rosenberg/Gaul*, § 40 XI 3; *Stein/Jonas/Münzberg*, § 767 Rdn. 57; BGH, NJW 1960, 1460.
191 So *Rosenberg/Gaul*, § 40 XI 3.
192 BGH, MDR 1985, 138 und NJW- RR 1990, 48; a. A. (Rechtskrafterstreckung auf die festgestellten Einwendungen): MüKo/*K. Schmidt*, § 767 Rdn. 96.
193 BGHZ 48, 356 ff.; BGH, MDR 1985, 138; OLG Frankfurt, VersR 1986, 543 f.; *Otto*, JA 1981, 608.
194 So im Ergebnis auch *Stein/Jonas/Münzberg*, § 767 Rdn. 4.
195 Wenn auch hier nicht »gegen den Buchstaben« des § 322 Abs. 1 ZPO.

**44** **XIII. Sonderformen der Vollstreckungsabwehrklage:** 1. Ist ein Zahlungstitel nicht der materiellen Rechtskraft fähig, weil nicht erkennbar ist, über welchen Anspruch das Gericht entschieden hat, so kann der Schuldner, obwohl er insoweit weder einen materiellrechtlichen Einwand gegen die titulierte Forderung geltend macht noch sich auf eine Vollstreckungsvereinbarung beruft, nach Auffassung des Bundesgerichtshofs[196] mit einer prozessualen Gestaltungsklage analog § 767 ZPO beantragen, daß die Zwangsvollstreckung aus dem Titel für unzulässig erklärt wird. Bei derartigen Klagen ist § 767 Abs. 2 und Abs. 3 ZPO nicht anwendbar.

Haftet der Schuldner nur mit einer besonderen Vermögensmasse (so im Falle der beschränkten Erbenhaftung, in den Fällen der Vermögensübernahme, der Haftung mit aus dem Gesamtgut zugeteilten Gegenständen oder mit einer als Vermächtnis erworbenen Sache), so eröffnen ihm die §§ 785–786 a ZPO die Möglichkeit der Vollstreckungsabwehrklage zur Geltendmachung der Haftungsbeschränkung.

**45** 2. Beruht die zu vollstreckende Entscheidung auf einer Norm, die später vom Bundesverfassungsgericht, sei es im Rahmen eines Normenkontrollverfahrens (§ 13 Nr. 6 BVerfGG), sei es aufgrund einer Verfassungsbeschwerde (§ 13 Nr. 8 a BVerfGG), für nichtig erklärt wurde, so ist die weitere Vollstreckung unzulässig (§ 79 Abs. 2 S. 2 BVerfGG, gegebenenfalls i. V. mit § 95 Abs. 3 S. 3 BVerfGG). Die Unzulässigkeit ist, wenn der Gläubiger sie nicht von sich aus beachtet, in analoger Anwendung des § 767 ZPO geltend zu machen (§ 79 Abs. 2 S. 3 BVerfGG). Bereits vollstreckte Beträge können nicht aus ungerechtfertigter Bereicherung zurückgefordert werden (§ 79 Abs. 2 S. 4 BVerfGG). Die Regelung der §§ 79 Abs. 2, 95 Abs. 3 BVerfGG ist nicht entsprechend auf Fälle anwendbar, in denen nicht ein Gesetz unmittelbar oder mittelbar für verfassungswidrig erklärt worden ist, sondern eine gerichtliche Entscheidung, die ein an sich verfassungskonformes Gesetz in verfassungswidriger Weise analog auf gesetzlich nicht geregelte Fälle angewendet hat: Die Entscheidung des Bundesverfassungsgerichts kommt in diesem Fall nur demjenigen zugute, der sie selbst erstritten hat. Schuldner, die durch inhaltlich gleich begründete Entscheidungen (etwa im Rahmen einer »ständigen Rechtsprechung«), die aber nicht beim Bundesverfassungsgericht angegriffen waren, betroffen sind, müssen die Zwangsvollstreckung aus diesen Entscheidungen weiter hinnehmen.[197]

**46** 3. Auf eine spätere Rechtsprechung stellt § 19 AGBG ab: Ist einem AGB-Verwender die Benutzung einer bestimmten Klausel untersagt worden (§§ 13, 17 AGBG), ergeht aber nachträglich eine Entscheidung des Bundesgerichtshofes oder des Gemeinsamen Senats der Obersten Gerichtshöfe des Bundes, welche die Verwendung dieser Bestimmung für dieselbe Art von Rechtsgeschäften nicht untersagt, so kann er unter Hinweis darauf Vollstreckungsabwehrklage erheben, wenn die Vollstreckung aus dem Urteil gegen ihn seinen Geschäftsbetrieb in unzumutbarer Weise beeinträchtigen würde. Auf die nach §§ 13, 17 AGBG ebenfalls möglichen Unterlassungsurteile gegen AGB-Empfeh-

---

196 NJW 1994, 460 mit Anm. von *Foerste*, ZZP 1994, 365.
197 OLG Köln, WM 1985, 1539; OLG Stuttgart, NJW 1996, 1683; siehe auch oben Rdn. 22; a. A. (entsprechende Anwendung der §§ 95 Abs. 3, 79 BVerfGG): *Bauer/Moench*, NJW 1984, 468 ff.; *Loewisch*, DB 1984, 1246.

ler ist die Norm nicht entsprechend anzuwenden.[198] Erst recht scheidet eine Analogie außerhalb des AGBG, etwa im Hinblick auf wettbewerbsrechtliche Unterlassungsurteile aus.[199] In Anwendung des §795 ZPO ist § 19 AGBG auch einschlägig gegenüber in Beschlußform ergangenen einstweiligen Verfügungen und gegenüber Vergleichen, die eine Unterlassungsverpflichtung bezüglich bestimmter AGB-Klauseln enthalten. Auf Urteile, die zwischen einem AGB-Verwender und einem Kunden ergangen sind und deren Ergebnis dadurch mitbestimmt wird, daß eine bestimmte AGB-Klausel für nichtig und damit auf das Rechtsverhältnis zwischen den Parteien nicht anwendbar angesehen wurde, ist § 19 AGBG ohne jeden Einfluß: Sie bleiben uneingeschränkt ihrem ursprünglichen Inhalt nach vollstreckbar.[200]

4. Bei Arrest und einstweiliger Verfügung als Vollstreckungstitel tritt an die Stelle der Vollstreckungsabwehrklage der **Antrag auf Aufhebung** wegen veränderter Umstände, § 927 Abs. 1 ZPO. Einwendungen, die eine Vollstreckungsabwehrklage tragen könnten, rechtfertigen immer auch den Aufhebungsantrag, der als speziellerer Rechtsbehelf (sowohl im Hinblick auf das Verfahren als auch auf den erweiterten Kreis zulässiger Einwendungen) deshalb § 767 Abs. 1 ZPO keinen Raum mehr läßt.[201]  47

XIV. Keine Vollstreckungsabwehrklage in der **Abgabenvollstreckung:**  48
In der Abgabenvollstreckung nach der AO ist die Möglichkeit einer Vollstreckungsabwehrklage nicht eröffnet[202]. Je nach Konstellation muß der zu vollstreckende Bescheid oder die konkrete Vollstreckungsmaßnahme bei den Finanzgerichten angefochten werden. Im Einzelfall kann zur Abwendung erst drohender Vollstreckungsmaßnahmen eine vorbeugende Unterlassungs- oder Feststellungsklage in Betracht kommen[203].

---

198 *Ulmer/Brandner/Hensen*, 7. Aufl., § 19 AGBG Rdn. 5; *Erman/ Werner*, § 19 AGBG Rdn. 4; *Palandt/Heinrichs*, § 19 AGBG Rdn. 2; a. A.: MüKo(BGB)/*Gerlach*, 3. Aufl., § 19 AGBG Rdn. 13; *Staudinger/Schlosser*, § 19 AGBG Rdn. 13.
199 *Gaul*, Festschr. f. Beitzke, S. 1050; *Rosenberg/Gaul*, § 40 XIII 2; a. A.: *Baur/Stürner*, Rdn. 45.13.
200 Vergl. auch oben Rdn. 22 »Änderung der Rechtsprechung«.
201 Siehe auch OLG Koblenz, GRUR 1986, 94; OLG München, FamRZ 1993, 1101; *Walker* in Schuschke/Walker, Bd. 2, § 927 Rdn. 4; MüKo/*Heinze*, § 927 Rdn. 1; Stein/Jonas/*Grunsky*, § 928 Rdn. 3; a. A.: *Baumbach/Lauterbach/Hartmann*, § 936 Rdn. 17; *Zöller/Herget*, § 767 Rdn. 7, Stichwort »einstw. Verfügungen«, soweit die einstweiligen Verfügungen auf eine Geldleistung gerichtet sind.
202 BFH, BStBl. II 1971, 702; *Koch/Scholtz/Szymczak*, § 256 AO Rdn. 11.
203 Zu dieser Möglichkeit: *Koch/Scholtz/Szymczak*, § 256 Rd. 14.

**Anhang zu § 767: Klagen auf Unterlassung der Zwangsvollstreckung und auf Herausgabe des Vollstreckungstitels (§§ 826, 371 BGB).**

Literatur: siehe vor § 767 ZPO.

1 I. Ist der Schuldner rechtskräftig zu einer Leistung, sei es einer einmaligen (z. B. Rückzahlung eines Kredites nebst Zinsen), sei es einer fortlaufenden (z. B. Unterlassen eines bestimmten Tuns) oder einer regelmäßig wiederkehrenden (z. B. Zahlung einer Rente), verurteilt und ändert sich die Rechtsprechung in den die Entscheidung tragenden Grundsätzen später – in Entscheidungen, die zwischen anderen Parteien zur gleichen Rechtsfrage ergingen –, sodaß sich das Urteil nachträglich als »Fehlurteil« erweist, hilft dem Schuldner weder § 767 ZPO noch § 323 ZPO weiter: § 767 erweist sich als nicht anwendbar, weil es nicht um die Geltendmachung einer Einrede oder Einwendung gegen den (ursprünglich zu Recht) titulierten Anspruch geht, sondern darum, daß nach angeblich nunmehr geläuterter Rechtsauffassung der Anspruch des Gläubigers gegen den Schuldner von Anfang an dem Grunde nach nicht gegeben gewesen sein soll.[1] § 323 ZPO (– etwa im Hinblick auf künftige Rentenzahlungen –) ist nicht einschlägig, weil die anspruchsbegründenden (bzw. den Anspruch gerade von Anfang nicht tragenden) Tatsachen gleichgeblieben sind, nur ihre rechtliche Beurteilung sich geändert hat. Hier stellt sich die Frage, ob die Vollstreckung derartiger – aus der Sicht der gewandelten Rechtsprechung – Fehlurteile in der Zukunft weiter hingenommen werden muß oder ob die weitere Ausnutzung eines prozessual nicht mehr anfechtbaren, aber auch vom Gläubiger nunmehr als inhaltlich unrichtig erkannten Urteils »gegen die guten Sitten« verstößt. Die gleiche Frage stellt sich, wenn – mit oder ohne Zutun des Gläubigers – ein ganz oder teilweise inhaltlich unzutreffender Titel erlassen wurde, der aus Rechtsgründen oder aufgrund tatsächlicher Unmöglichkeit weder angefochten noch durch § 323 ZPO für die Zukunft abgeändert,[2] weder gemäß §§ 579 ff. ZPO beseitigt noch gemäß § 767 Abs. 1 ZPO hinsichtlich seiner Vollstreckbarkeit »entschärft« werden kann. Würde man in diesen Fällen immer die (– weitere –) Vollstreckung des Titels verweigern, weil die erkannte und bewußte Durchsetzung materiellrechtlichen Unrechts immer gegen »die guten Sitten«, das »Anstandsgefühl aller billig und gerecht Denkenden« verstoße, wäre das Institut der Rechtskraft, das schließlich dem Eintritt des Rechtsfriedens und dem Schutze der Rechtssicherheit dienen soll, weitgehend inhaltsleer geworden. Der Schuldner könnte unter Hinweis auf die guten Sitten immer wieder versuchen, das (– nunmehr –) »richtige Recht« durchzusetzen. Daß dies dem Willen des Gesetzgebers krass widerspräche, zeigt die relativ enge Regelung in den §§ 579, 580 ZPO. Andererseits wurde die Rechtsprechung immer wieder mit Fällen konfrontiert, in denen der Gläubiger nicht nur einen auch von ihm (– zwischenzeitlich oder von Anfang an –) als inhaltlich unrichtig erkannten Titel vollstreckte, sondern dies unter Umständen tat, die sich als rechtsstaatlichem Denken krass widersprechende Ausnutzung

---

[1] Vergl. § 767 Rdn. 23.
[2] Im Fall BGH, NJW 1983, 2317 z. B. war der Schuldner durch Strafhaft in der DDR gehindert, die Abänderungsklage während der Laufzeit der Unterhaltsrente zu erheben.

des formellen Rechts darstellten.³ In langer Tradition hat die höchstrichterliche Rechtsprechung Grundsätze zu einem Schadensersatzanspruch aus § 826 BGB entwickelt, der auf Unterlassung der weiteren Zwangsvollstreckung, Herausgabe des Vollstreckungstitels und Herausgabe des sittenwidrig erzielten Vollstreckungserfolges gerichtet ist. Dieser Anspruch muß trotz der immer wieder in der Literatur nicht unberechtigt geäußerten Bedenken⁴ zwischenzeitlich als gefestigtes **Gewohnheitsrecht** hingenommen werden. Er gilt für alle in der Bundesrepublik heute noch zu vollstreckenden Titel, soweit zwischen den Parteien materiellrechtlich deutsches Privatrecht gilt, und ist entgegen der Ansicht des BGH⁵ durch den Einigungsvertrag nicht für Titel aus der früheren DDR ausgeschlossen⁶. Denn es handelt sich insoweit nicht um einen vollstreckungsrechtlichen Rechtsbehelf, sondern um einen allgemeinen materiellrechtlichen Anspruch, der mit einer normalen Leistungsklage durchgesetzt wird.

Der Anspruch hat folgende **Voraussetzungen:**⁷

1. Die materielle Unrichtigkeit des Titels muß feststehen. Sie darf also nicht nur einseitig vom Titelschuldner behauptet werden mit dem Ziel, den Sachverhalt erneut aufzuklären, damit sich am Ende vielleicht ein anderer Sachverhalt als erwiesen herausstellt als der, der seinerzeit der Entscheidung zugrundegelegt wurde. Die Darlegungslast trägt insoweit der klagende Schuldner. Für die Frage der inhaltlichen Richtigkeit kommt es nicht darauf an, ob das damalige Gericht den Titel auch erlassen hätte, wenn es die heutigen Umstände schon gekannt hätte, sondern ob das jetzt über den Schadensersatzanspruch aus § 826 BGB entscheidende Gericht den titulierten Anspruch für berechtigt hält.⁸

2. Der Titelgläubiger muß die Unrichtigkeit des Titels kennen. Soweit der Schadensersatzanspruch darauf gerichtet ist, die Ergebnisse einer bereits durchgeführten Zwangs-

---

3 Vergl. die Rechsprechungsübersicht in: BGH, NJW 1987, 3257; ferner: *Musielak*, JA 1982, 7 ff. und *Braun*, Rechtskraft und Rechtskraftdurchbrechung von Titeln über sittenwidrige Ratenkreditverträge, 1986, S. 1 f., 32 ff; *Prütting/Weth*, Rechtskraftdurchbrechung bei unrichtigen Titeln, 2. Aufl., § 5.
4 *Baumgärtel/Scherf*, JZ 1970, 316; *Gaul*, JuS 1962, 3 ff.; *Gaul*, Möglichkeiten und Grenzen der Rechtskraftdurchbrechung, 1986, S. 39 ff.; *Rosenberg/Gaul*, § 40 XIV 6; *Musielak*, JA 1982, 11 ff.; *Baur/Stürner*, Rdn. 5.18 und 5.19; *Braun*, Rechtskraft und Rechtskraftdurchbrechung, 1986, S. 32 ff., jeweils mit weiteren Nachweisen; *Prütting/Weth*, Rechtskraftdurchbrechung bei unrichtigen Titeln, 2. Aufl., §§ 4 und 5.
5 MDR 1995, 630.
6 Siehe auch vorn: vor §§ 704–707 Rdn. 3.
7 Vergl. die Zusammenfassung in der Entscheidung: BGH, NJW 1987, 3256; vergl. ferner BSG, NJW 1987, 2038; BGH, NJW-RR 1987, 831 und 1032; BGH, NJW 1987, 3266; BGH, NJW 1988, 971; NJW 1991, 30 mit Anm. von *Vollkommer* NJW 1991, 1884; BVerfG, NJW-RR 1993, 232; aus der OLG-Rspr. siehe beispielhat: OLG Hamm, NJW 1991, 1361 und EWir 1992, 1079 sowie NJW-RR 1994, 1468; OLG Schleswig, NJW 1991, 986 und NJW-RR 1992, 239; OLG Köln, NJW-RR 1991, 173; OLG-Report 1992, 93; NJW-RR 1992, 304; NJW-RR 1993, 570; OLG Oldenburg, NJW-RR 1992, 445; OLG Stuttgart, NJW-RR 1994, 330; OLG Frankfurt, NJW-RR 1996, 110.
8 BGH, NJW 1987, 3257; BGH-RGRK-Steffen, § 826 BGB Rdn. 81.

vollstreckung wieder rückgängig zu machen, muß die Kenntnis im Zeitpunkt der Vollstreckung vorgelegen haben. Sie kann sich aus den besonderen Umständen des Falles prima facie ergeben, etwa aus einem ungewöhnlich hohen Zinssatz, der geltend gemacht worden war[9], aus der Art der geltend gemachten Forderung (etwa: Honorar für Partnerschaftsvermittlung[10]) oder aus der Verschleierung des wirklichen Anspruchshintergrundes (Angabe des Anspruchsgrundes »Darlehn« anstelle des wirklichen Anspruchsgrundes »Ehemäklerlohn«[11]). Soweit es nur um die Zulässigkeit einer künftigen Vollstreckung geht, genügt es dagegen, wenn dem Gläubiger diese Kenntnis erst durch das zur Entscheidung über den Anspruch aus § 826 BGB berufene Gericht vermittelt wird.[12]

4   3. Es müssen **zusätzlich** zu diesen beiden Voraussetzungen weitere besondere Umstände **hinzutreten**, aufgrund derer es dem Gläubiger zugemutet werden muß, die ihm unverdient zugefallene Rechtsposition aufzugeben.[13] Diese Umstände können in der Art und Weise der Titelerlangung liegen oder aber sich aus späteren Gegebenheiten, die einem gewissenhaften Gläubiger einen Verzicht auf die weitere Vollstreckung nahegelegt hätten, ergeben.[14] Solche »besonderen Umstände« spielen aber dann keine Rolle, wenn der Gläubiger nur das aus dem Titel vollstreckt, was ihm nach der objektiven Rechtslage tatsächlich gebührt, nicht weitere zu Unrecht mittitulierte Beträge.[15]

a) Daß der Richter im Ausgangsverfahren rechtlich fehlerhaft gearbeitet und der Gläubiger dies – als unerhofftes Geschenk – hingenommen hat, macht die Titelerlangung noch nicht anstößig[16]. Der Gläubiger muß vielmehr gezielt auf den inhaltlich unrichtigen Titel hingearbeitet haben. Dies ist insbesondere dann anzunehmen, wenn der Gläubiger bewußt den Weg des Mahnverfahrens ohne materielle Schlüssigkeitsprüfung gewählt hat, weil er befürchten mußte, im ordentlichen Verfahren mangels Schlüssig-

---

9 OLG Schleswig, NJW 1991, 986 und NJW-RR 1992, 239; kritisch insoweit: OLG Hamm, NJW-RR 1994, 1468.
10 AG Bad Schwalbach, NJW 1991, 2426; LG Frankfurt, NJW-RR 1995, 634; LG Erfurt, VuR 1996, 95.
11 LG Würzburg, NJW-RR 1992, 52; AG Braunschweig, NJW-RR 1993, 953; OLG Stuttgart, NJW 1994, 330.
12 BGH, NJW 1987, 3258; OLG Schleswig, NJW 1991, 986.
13 OLG Frankfurt, NJW-RR 1990, 307 und OLG Hamm, NJW-RR 1990, 307 wollen auf diese besonderen Umstände verzichten, wenn die titulierte Forderung grob sittenwidrig ist. Das ist entschieden zu weitgehend. So auch BGH, NJW 1991, 30: Auf das Vorliegen zusätzlicher besonderer Umstände kann nicht verzichtet werden. Ebenso: OLG Köln, NJW-RR 1991, 173. Das Rechtsstaatsprinzip des GG verlangt eine derartig weitgehende Durchbrechung der Rechtskraft nicht; denn auch der Schutz der Rechtskraft ist ein wesentliches Element des Rechtsstaats; so zu Recht BVerfG, MDR 1993, 232.
14 BGH, NJW 1987, 3257; BGH, NJW-RR 1987, 1032; BGH, NJW 1988, 971; NJW-RR 1989, 622; *Kohte*, NJW 1985, 2224; OLG Frankfurt, MDR 1990, 441.
15 BGH, NJW-RR 1989, 622.
16 OLG Hamm, NJW 1991, 1361; bedenklich daher: LG Köln, NJW 1991, 2427.

keit zu unterliegen.¹⁷ Der »Mißbrauch« des Mahnverfahrens muß dem Gläubiger dabei als solcher nicht bewußt gewesen sein.¹⁸ Andererseits genügt es nicht, daß der Kläger im ordentlichen Verfahren objektiv den Titel nicht in gleicher Höhe wie im Mahnverfahren erstritten hätte, da in seiner Forderungsberechnung ein unbeabsichtigter Rechenfehler enthalten war, der im ordentlichen Verfahren auch bei Beantragung eines Versäumnisurteils aufgefallen wäre¹⁹. In einem solchen Fall wurde das Mahnverfahren nicht mißbraucht. »Erschleichen« des Titels kann auch zu bejahen sein, wenn der Gläubiger die persönliche Verteidigungsunfähigkeit des Schuldners (Krankheit, besondere Belastungen u. ä.) gezielt ausnutzt, um ein Versäumnisurteil zu erreichen, weil er in dieser Situation fest damit rechnet, der Schuldner werde gegebene Einwendungen (Verjährung, Anfechtung, Wandlung usw.) nicht geltend machen.

b) Der Gläubiger, der erkennt, daß der Schuldner gehindert ist, die Abänderung eines ursprünglich zu Recht erstrittenen Titels über wiederkehrende Leistungen wegen veränderter Verhältnisse nach § 323 ZPO zu beantragen, und der in Ausnutzung dieses Umstandes den Titel in alter Höhe weitervollstreckt, kann durch dieses Verhalten gegen die guten Sitten verstoßen.²⁰ Ebenso verhält sich ein Gläubiger sittenwidrig, der, obwohl er im Gegensatz zum Schuldner weiß, daß ihm der Anspruch nicht mehr zusteht, die geänderten Umstände nicht offenbart, obwohl ihn wegen der ganz erheblichen Veränderung eine Offenbarungspflicht trifft, und unverändert weitervollstreckt. Dies ist etwa anzunehmen, wenn der Gläubiger eine rechtmäßig zuerkannte Unterhaltsrente weiterbetreibt, ohne die Aufnahme einer ihm ein nennenswertes Einkommen verschaffenden Erwerbstätigkeit zu offenbaren, die zum Wegfall des Unterhaltsanspruchs geführt hat.²¹

c) Ist der Schuldner in dem Verfahren, das zur Titelerlangung führt, anwaltlich vertreten und übersieht der Anwalt in Kenntnis des Sachverhalts Rügen, kann von einer Titelerschleichung durch den Gläubiger nicht mehr gesprochen werden.²² Der Gläubiger muß, wenn er im übrigen redlich handelt, den Schuldner nicht auf Schwachstellen seines Anspruchs hinweisen.

II. Sind die vorstehenden sachlichen Voraussetzungen gegeben, kann der Schuldner je nachdem, ob bereits vollstreckt worden ist oder ob die Vollstreckung erst droht, Ersatz des durch die Vollstreckung bereits entstandenen Schadens und soweit der Titel noch

---

17 BGH, NJW 1987, 3256 und 3259; BGH, NJW-RR 1987, 831; BGH, NJW-RR 1987, 1032; OLG Stuttgart, NJW 1987, 444; OLG Bremen, NJW 1986, 1499; BGH, NJW-RR 1990, 303; OLG Karlsruhe, NJW-RR 1990, 941; LG Freiburg, NJW-RR 1990, 1139; LG Lübeck, NJW 1990, 2892.
18 BGH, NJW 1987, 3258; OLG Zweibrücken, MDR 1990, 630; a. A.: OLG Hamm, NJW-RR 1994, 1468.
19 BGH, NJW 1991, 1884.
20 BGH, NJW 1983, 2317.
21 Zur Offenbarungspflicht erhöhten eigenen Einkommens bei der Vollstreckung infolge Wegfalls der Bedürftigkeit unrichtig gewordener Unterhaltstitel: BGH, NJW 1986, 1754 und 2049; FamRZ 1988, 271; OLG Bamberg, NJW-RR 1994, 454; OLG Celle, FamRZ 1992, 582.
22 BGH, NJW 1987, 3260.

nicht verbraucht und nach § 757 Abs. 1 ZPO zurückgegeben ist, Herausgabe des Titels oder aber Unterlassung der Zwangsvollstreckung und Herausgabe des Titels verlangen. Der Anspruch auf Titelherausgabe liegt darin begründet, daß die unerlaubte Handlung gerade auch in der Erschleichung oder im unredlichen Behalt des Titels liegt. Die Naturalrestitution führt deshalb dazu, dem Gläubiger den Titel wieder zu nehmen.

Die Klage kann sowohl am allgemeinen Gerichtsstand des Gläubigers (als des Schuldners des Anspruchs aus § 826 BGB) als auch gem. § 32 ZPO bei dem Gericht erhoben werden, in dessen Bezirk die Zwangsvollstreckung durchgeführt wurde oder droht.[23]

Die Klage kann nur vom Schuldner erhoben werden, nicht von einem außerhalb der Vertragsbeziehungen stehenden Dritten, etwa von einem Verbraucherschutzverein, vordergründig gekleidet in einen Anspruch nach §§ 1, 13 Abs. 2 Nr. 3 UWG.[24]

6   III. Ist die Zwangsvollstreckung aus einem Titel auf Dauer unzulässig, etwa weil der Schuldner mit einer Klage gem. § 767 ZPO Erfolg hatte oder weil er den Anspruch außerhalb der Zwangsvollstreckung vollständig erfüllt hat, weigert sich der Gläubiger aber, dem Schuldner den Titel auszuhändigen, um ihn so vor weiteren Vollstreckungsversuchen ein für allemal zu schützen, so hat der Schuldner in analoger Anwendung des § 371 S. 1 BGB einen Anspruch auf **Herausgabe des Titels**.[25] Der Schuldner darf in diesem Falle nicht schlechter stehen, als wenn die Zwangsvollstreckung durch Verbrauch des Titels unzulässig geworden wäre (§ 757 Abs. 1 ZPO). Die §§ 775 Nr. 1, 776 ZPO reichen insoweit als Schutz nicht immer aus. Die Klage auf Titelherausgabe kann die Vollstreckungsabwehrklage nicht verdrängen, weil sie **nicht** mit einem Antrag nach § 769 ZPO verbunden werden kann und weil ein ihr stattgebendes Urteil nicht die Wirkungen der §§ 775 Nr. 1, 776 ZPO auslöst. Ihre Bedeutung erschöpft sich somit in einer zusätzlichen – meist mehr psychologischen – Sicherung des Schuldners. Ihr Streitwert ist nach § 3 ZPO zu schätzen. Er liegt deutlich niedriger als der titulierte Anspruch.

---

23 OLG Hamm, NJW-RR 1987, 1337.
24 OLG Hamm, NJW-RR 1987, 459.
25 Im Ergebnis wie hier: OLG Düsseldorf, MDR 1953, 557; OLG Nürnberg, NJW 1965, 1867; *Baumbach/Lauterbach/Hartmann*, § 767 Rdn. 6; *Saum*, JZ 1981, 695 ff.; ablehnend gegen diesen Anspruch: *Baur/Stürner*, Rdn. 45.31; einschränkend (nur wenn bereits über eine Klage gem. § 767 ZPO entschieden ist oder wenn wenigstens gleichzeitig eine solche Klage erhoben wird): *Lüke*, JZ 1956, 475 ff.; *Münzberg*, KTS 1985, 193; OLG Köln, NJW 1986, 1353; BGH, NJW 1994, 3225.

## § 768 Klage gegen Vollstreckungsklausel

Die Vorschriften des § 767 Abs. 1, 3 gelten entsprechend, wenn in den Fällen des § 726 Abs. 1, der §§ 727 bis 729, 738, 742, 744, des § 745 Abs. 2 und des § 749 der Schuldner den bei der Erteilung der Vollstreckungsklausel als bewiesen angenommenen Eintritt der Voraussetzung für die Erteilung der Vollstreckungsklausel bestreitet, unbeschadet der Befugnis des Schuldners, in diesen Fällen Einwendungen gegen die Zulässigkeit der Vollstreckungsklausel nach § 732 zu erheben.

Literatur: *Renzing*, Die Beweislast bei der Klage gegen die Vollstreckungsklausel (§ 768 ZPO), MDR 1976, 286.

**I. Zweck der Norm:** Das formlose Klauselerinnerungsverfahren nach § 732 ZPO wäre nicht geeignet, materiellrechtlichen Einwendungen des Schuldners gegen den im Klauselerteilungsverfahren zunächst einmal als bewiesen angenommenen Eintritt der besonderen Voraussetzungen für die Erteilung der sog. qualifizierten Vollstreckungsklausel in den Fällen der §§ 726 Abs. 1, 727–729, 738, 742, 744, 745 Abs. 2, 749 ZPO mit der notwendigen Sorgfalt nachzugehen und insbesondere streitige Sachverhalte hinreichend zu klären. Das ordentliche streitige Erkenntnisverfahren bietet hier bessere Möglichkeiten. Zudem geht es dem Schuldner in den genannten Fällen nicht nur darum, die konkret angegriffene Klausel aufheben zu lassen, sondern es geht um die Unzulässigkeitserklärung der Zwangsvollstreckung aus der vorliegenden vollstreckbaren Ausfertigung schlechthin. Dieses Ziel, eine bis dahin zulässige Zwangsvollstreckung nunmehr unzulässig zu machen, ist nur durch eine prozessuale Gestaltungsklage zu erreichen.[1]

**II. Abgrenzung zur Klauselerinnerung:** Die Erinnerung gem. § 732 ZPO dient der Überprüfung der verfahrensmäßigen Ordnungsgemäßheit der Klauselerteilung, und zwar jeder Klausel, der einfachen wie der qualifizierten: Liegen die Voraussetzungen jedweder Klauselerteilung vor?[2] Sind die besonderen Voraussetzungen der qualifizierten Klausel schlüssig vorgetragen? Sind sie auch durch öffentliche oder öffentlich beglaubigte Urkunden nachgewiesen bzw. offenkundig?[3] **Diese** Fragen sind allein mit der Klauselerinnerung zu klären.[4] Werden dagegen gegen die Zwangsvollstreckung aus einer sog. qualifizierten Klausel **materiellrechtliche Einwendungen** erhoben, die sich auf die besonderen Voraussetzungen dieser Klausel (Rechtsnachfolge, Firmen- oder Vermögensübernahme, Nießbrauchbestellung am Vermögen des Schuldners usw.) beziehen, ist die Klage nach § 768 der richtige Rechtsbehelf. Nur soweit sich die beiden Fragenkreise überschneiden (etwa: Die behauptete Rechtsnachfolge ist schon garnicht ordnungsgemäß nachgewiesen. Die Abtretung der Forderung, die materiellrechtlich die Rechtsnachfolge begründen sollte, ist aber auch wegen Scheingeschäfts unwirksam.), hat der Schuldner die Wahl zwischen beiden Rechtsbehelfen.

---

1 H. M.; vergl. *Rosenberg/Gaul*, § 17 III 3 e; MüKo/*K. Schmidt*, § 768 Rdn. 6.
2 Siehe hierzu § 724 Rdn. 5, 6.
3 Vergl. hierzu § 726 Rdn. 10, 11 und § 727 Rdn. 30.
4 BGHZ 22, 54 ff.; BGH, DB 1964, 1850; BGH, WM 1971, 1165; OLG Koblenz, NJW 1992, 378.

Nur das will der Gesetzgeber mit dem Halbsatz »unbeschadet der Befugnis des Schuldners, in diesen Fällen Einwendungen gegen die Zulässigkeit der Vollstreckungsklausel nach § 732 zu erheben« zum Ausdruck bringen: Einer Klage nach § 768 fehlt nicht das Rechtschutzbedürfnis, wenn auch ein Vorgehen nach § 732, dem einfacheren und billigeren Rechtsbehelf, sei es auch mit einer anderen Begründung, möglich erscheint. Dagegen wird hiermit nicht zum Ausdruck gebracht, daß im Urteil nach § 768 auch rein formelle Rügen zu bescheiden wären, wenn nur mit der Klage auch (- etwa gar sachlich unbegründete -) materiellrechtliche Einwendungen erhoben worden waren[5]. Will der Schuldner alle seine denkbaren Einwendungen beschieden erhalten, kann es also durchaus sinnvoll sein, beide Rechtsbehelfe nebeneinander zu erheben.

3  III. **Zulässigkeit der Klage:** 1. Die Klage ist **statthaft,** wenn sie sich mit materiellrechtlichen Einwendungen der oben beschriebenen Art gegen eine konkrete qualifizierte Klausel wendet. Daß die Klausel fälschlicherweise vom Urkundsbeamten statt vom Rechtspfleger erteilt wurde, steht der Klage nicht entgegen[6].

2. **Zuständig** ist das Prozeßgericht des ersten Rechtszuges (§§ 767 Abs. 1, 802 ZPO). Es gelten die nämlichen Grundsätze wie zu § 767 ZPO.[7]

3. Daß der Schuldner den materiellrechtlichen Einwand schon – vergeblich – mit der Klauselerinnerung vorgebracht hatte, steht auch dann, wenn dort unzulässigerweise in der Sache über diesen Einwand entschieden worden war, der Zulässigkeit der Klage nicht entgegen.[8] Wohl aber greift der Einwand der rechtskräftig entschiedenen Sache (§ 322 ZPO), wenn die Klausel dem Gläubiger aufgrund einer Klage nach § 731 ZPO erteilt und hierbei über den Einwand entschieden worden war.[9]

4. Ein Richter, der schon an der – ja ebenfalls in der Regel (§§ 724 Abs. 2, 732 Abs. 1) vom Prozeßgericht zu treffenden – Entscheidung über die Klauselerinnerung mitgewirkt hat, ist nicht bei der Klauselgegenklage kraft Gesetzes vom Richteramt ausgeschlossen.[10]

5. Das **Rechtschutzbedürfnis** für die Klage ist gegeben, sobald die Klausel erteilt ist. Eine vorbeugende Klage auf Unterlassung der Klauselerteilung ist also nicht möglich. Andererseits braucht auch der Beginn der Zwangsvollstreckung nicht erst abgewartet zu werden. Die Klage ist möglich bis zur Beendigung der Zwangsvollstreckung. Ist die Klage versäumt worden, so schließt dies wie bei § 767 ZPO die spätere Geltendmachung von Bereicherungs- oder Schadensersatzansprüchen nicht aus.[11]

---

5 So ausdrücklich: OLG Koblenz, NJW 1992, 378; ferner: MüKo/*K. Schmidt*, § 768 Rdn. 4.
6 OLG Koblenz, NJW 1992, 378.
7 Siehe § 767 Rdn. 13.
8 BGH, MDR 1976, 838; MüKo/*K. Schmidt*, § 768 Rdn. 4.
9 Zur Präklusion des Einwandes, wenn er zwar nicht Gegenstand des Verfahrens nach § 731 ZPO war, dort aber hätte vorgebracht werden können, siehe unten Rdn. 7.
10 BGH, MDR 1976, 838.
11 BGHZ 4, 283; siehe ferner § 767 Rdn. 9.

6. Die Klage nach § 768 kann verbunden werden (– und muß dies im Hinblick auf § 767 Abs. 3 ZPO auch[12] –) mit einer Vollstreckungsabwehrklage nach § 767 ZPO[13]. So kann der als Schuldner in Anspruch Genommene etwa kumulativ einwenden, er sei nicht Rechtsnachfolger des ursprünglichen Schuldners, dieser habe im übrigen die Schuld auch schon selbst vor Eintritt der angeblichen Rechtsnachfolge getilgt.

**IV. Begründetheit der Klage:** 1. Die Klage ist begründet, wenn die bei der Klauselerteilung nach §§ 726 Abs. 1, 727–729, 738, 742, 744, 745 Abs. 2, 749 ZPO als erwiesen angenommenen Tatsachen im Zeitpunkt der letzten mündlichen Verhandlung nicht vorliegen, mögen sie auch zum Zeitpunkt der Klauselerteilung seinerzeit vorgelegen haben. Unerheblich ist es andererseits umgekehrt, wenn die als erwiesen angesehene Tatsache erst im Laufe des Rechtsstreits nachträglich eingetreten ist (– Der zunächst nur vermeintliche Erbe wurde erst durch Erbausschlagung seitens einer dritten Person nachträglich Erbe. – Die Bedingung für die Vollstreckbarkeit tritt erst wirksam im Laufe des Rechtsstreits ein; usw. –).[14] Die Klausel erweist sich dann letztlich als zu Recht erteilt. Allerdings kann nicht ein Klauselerteilungsgesichtspunkt während des Rechtsstreits nachträglich durch einen anderen ersetzt werden: Erweist es sich etwa, daß der Beklagte (Gläubiger) nicht Rechtsnachfolger als Erbe ist, kann die Klausel nicht mit der Begründung aufrechterhalten werden, er habe aber später die Forderung durch Abtretung seitens des Erben erworben. Denn das Prozeßgericht erteilt die Klausel nicht selbst. Es könnte die Klausel deshalb nicht inhaltlich abändern und den wirklichen Umständen anpassen. In einem solchen Fall muß der Gläubiger eine neue – nunmehr zutreffende – Klausel beim Rechtspfleger beantragen.

4

2. Die Beweislast für das Vorliegen der nach §§ 726 Abs. 1, 727 ff. usw. ZPO bei der Klauselerteilung nachzuweisenden Tatsachen trägt der Beklagte, also der Gläubiger der angegriffenen vollstreckbaren Ausfertigung.[15] Daß der Gläubiger die Klausel vom Rechtspfleger nach Prüfung bereits erhalten hat, rechtfertigt keine generelle Beweislastumkehr zu Lasten des Schuldners. Soweit der Beweis durch öffentliche oder öffentlich beglaubigte Urkunden dem Rechtspfleger gegenüber geführt war, muß allerdings der Kläger (Schuldner) den Urkundenbeweis seinerseits durch andere Beweismittel entkräften (§§ 415, 416 ZPO). Für den Fall, daß der klagende Schuldner sich gegen die Klausel nach § 727 ZPO auf seinen guten Glauben beim Erwerb der streitbefangenen Sache (§ 325 Abs. 2 ZPO) beruft, legt auch die Gegenmeinung dem beklagten Gläubiger die Beweislast für die Bösgläubigkeit auf.[16]

5

3. Der Tenor des obsiegenden Urteils lautet: »Die Zwangsvollstreckung auf Grund der zu dem Urteil des ... vom ... am ... erteilten Vollstreckungsklausel gegen den Kläger

6

---

12 Siehe unten Rdn. 7.
13 MüKo/*K. Schmidt*, § 768 Rdn. 5.
14 A. A. insoweit *Rosenberg/Gaul*, § 17 III 3 c.
15 *Brox/Walker*, Rdn. 145; *Renzing*, MDR 1986, 286; *Stein/Jonas/Münzberg*, § 768 Rdn. 6; *Zöller/ Herget*, § 768 Rdn. 2; OLG Köln, NJW-RR 1994, 893; a. A. (Kläger beweisbelastet): *Baumbach/Lauterbach/Hartmann*, § 768 Rdn. 2; *Rosenberg/Gaul*, § 17 III 3 c; MüKo/*K. Schmidt*, § 768 Rdn. 10.
16 *Rosenberg/Gaul*, § 17 III 3 c; MüKo/*K. Schmidt*, § 768 Rdn. 10.

wird für unzulässig erklärt.« Das Urteil ist nach den Regeln der §§ 708 ff. ZPO für vorläufig vollstreckbar zu erklären. Bei der Sicherheitsleistung ist zu berücksichtigen, daß der obsiegende Schuldner nicht nur seine Kosten vollstrecken kann, sondern daß schon das vorläufig vollstreckbare Urteil im Rahmen des § 775 Ziff. 1 ZPO vorgelegt werden kann mit dem Erfolg nach § 776 ZPO.

7 V. Die zeitliche Beschränkung des § 767 Abs. 2 ZPO gilt für die Klagen nach § 768 ZPO nicht, ist aber für diejenigen Einwendungen aus § 767 Abs. 1 ZPO zu beachten, die zulässigerweise mit der Klauselabwehrklage kombiniert werden. Dagegen gilt für weitere Klauselabwehrklagen **§ 767 Abs. 3 ZPO**. Die Vorschrift gilt nicht nur Einwendungen, die Gegenstand einer vorausgegangenen Klauselabwehrklage hätten sein können, sondern auch für solche, die der Schuldner in Verteidigung gegen eine Klage des Gläubigers nach § 731 ZPO hätte vorbringen können. Sie müssen dort bereits gebracht werden, wenn der Schuldner nicht mit ihnen ausgeschlossen werden will. Da die Vollstreckungsabwehrklage und die Klauselgegenklage uneingeschränkt miteinander verbunden werden können, nötigt § 767 Abs. 3 ZPO den Schuldner auch, schon mit der Klauselgegenklage alle Einwendungen gegen den titulierten Anspruch selbst vorzubringen, die theoretisch – also unabhängig von der subjektiven Kenntnis des Schuldners – bis zum Schluß der mündlichen Verhandlung vorgebracht werden können.

8 VI. **Streitwert:** Der Streitwert für die Klage ist nach § 3 ZPO festzusetzen. In aller Regel wird er deutlich niedriger anzusetzen sein als der titulierte Anspruch selbst.[17] Werden gleichzeitig auch Einwendungen gegen den titulierten Anspruch selbst geltend gemacht, gilt das zu § 767 ZPO in Rdn. 42 Ausgeführte.

9 VII. § 768 ist entsprechend anwendbar, wenn ein Gläubiger dem anderen mit materiellrechtlichen Einwänden das Recht auf die Klausel bestreitet.[18] Die ZPO enthält keinen eigenständigen Rechtsbehelf für diesen Fall. Die Klauselabwehrklage ist hier am ehesten geeignet, die materiellrechtlichen Argumente der Klauselprätendenten zu klären.

---

[17] *Schneider*, Streitwertkommentar für den Zivilprozeß, 10. Aufl., Rdn. 4930; OLG Köln, MDR 1980, 852.
[18] *Brox/Walker*, Rdn. 117; *Rosenberg/Gaul*, § 17 IV; *MüKo/K. Schmidt*, § 768 Rdn. 6; *Stein/Jonas/Münzberg*, § 727 Rdn. 47 ff.; *Zöller/Herget*, § 768 Rdn. 1.

§ 769   Vorläufige Anordnungen

(1) ¹Das Prozeßgericht kann auf Antrag anordnen, daß bis zum Erlaß des Urteils über die in den §§ 767, 768 bezeichneten Einwendungen die Zwangsvollstreckung gegen oder ohne Sicherheitsleistung eingestellt oder nur gegen Sicherheitsleistung fortgesetzt werde und daß Vollstreckungsmaßregeln gegen Sicherheitsleistung aufzuheben seien. ²Die tatsächlichen Behauptungen, die den Antrag begründen, sind glaubhaft zu machen.
(2) ¹In dringenden Fällen kann das Vollstreckungsgericht eine solche Anordnung erlassen, unter Bestimmung einer Frist, innerhalb der die Entscheidung des Prozeßgerichts beizubringen sei. ²Nach fruchtlosem Ablauf der Frist wird die Zwangsvollstreckung fortgesetzt.
(3) Die Entscheidung über diese Anträge kann ohne mündliche Verhandlung ergehen.

Inhaltsübersicht

| | | Rdn. |
|---|---|---|
| | Literatur | |
| I. | Zweck der Norm | 1 |
| II. | Das Verfahren nach Abs. 1 und Abs. 3 | |
| | 1. Antrag | 2 |
| | 2. Zuständigkeit | 3 |
| | 3. Zeitliche Grenzen | 4 |
| | 4. keine mündliche Verhandlung | 5 |
| | 5. Glaubhaftmachung | 6 |
| | 6. Begründung | 7 |
| III. | Zum Inhalt der Entscheidung nach Abs. 1 | |
| | 1. Erfolgsaussicht der beabsichtigten Klage | 8 |
| | 2. Zulässige Maßnahmen | 9 |
| | 3. Höhe der Sicherheitsleistung | 10 |
| IV. | Wirkungen der Entscheidung | 11 |
| V. | Notentscheidung nach Abs. 2 | 12 |
| VI. | Kosten | 13 |
| VII. | Rechtsbehelfe | |
| | 1. gegen Entscheidungen des Prozeßgerichts | 14 |
| | 2. gegen Entscheidungen des Vollstreckungsgerichts | 15 |
| | 3. Kostenentscheidung im Rechtsbehelfsverfahren | 16 |
| VIII. | Abgabenvollstreckung | 17 |

**Literatur:** *Burkhardt,* Anfechtbarkeit der einstweiligen Anordnungen nach § 769 ZPO, JurBüro 1958, 493; *Dunkl/Moeller/Baur/Feldmeier/Wetekamp,* Handbuch des vorläufigen Rechtsschutzes, 2. Aufl., 1991; *Grunz,* Ist die weitere Beschwerde gegen Beschlüsse gem. § 769 ZPO zulässig?, JR 1960, 93; *Hans,* Anfechtbarkeit von Einstellungsbeschlüssen nach § 769 ZPO, MDR 1962, 455; *Henckel,* Vorbeugender Rechtsschutz im Zivilrecht, AcP 1974, 97; *Künkel,* Die Anfechtbarkeit von Einstellungsentscheidungen nach §§ 707, 732 Abs. 2, 769 ZPO, MDR 1989, 309; *Messer,*

Die Anfechtung einstweiliger Anordnungen in der Zwangsvollstreckung, JuS 1969, 116; *Noack*, Der Erlös gepfändeter, versteigerter körperlicher Sachen, MDR 1973, 988; *Noack*, Schutz des Vermieterpfandrechts in der Zwangsvollstreckung, JurBüro 1975, 1303; *Noack*, Mobiliarvollstreckung und Insolvenzrecht, MDR 1975, 454; *Schneider*, Zulässigkeit und Begründung bei der Einstellungsbeschwerde, MDR 1985, 547; *Schneider*, Zustellung von Einstellungsbeschlüssen?, JurBüro 1974, 581; *Stöber*, Zuständigkeit des Rechtspflegers für eine Anordnung nach § 769 Abs. 2 ZPO im Zwangsversteigerungsverfahren, Rpfleger 1959, 304; *Teubner*, Die Anfechtbarkeit von Entscheidungen nach § 769 Abs. 1 ZPO, NJW 1974, 301.

1 **I. Zweck der Norm:** Die Erhebung einer Klage nach §§ 767, 768, 771–774, 785, 786, 805 ZPO hindert den Fortgang der Zwangsvollstreckung nicht, führt auch nicht von amtswegen zu einer einstweiligen Einstellung der Vollstreckung. Erst ein zumindest vorläufig vollstreckbares Urteil führt zum Erfolg der §§ 775 Nr. 1, 776 ZPO. Ist die Zwangsvollstreckung beendet, ehe es zur Entscheidung über die Klage gekommen ist, so wird die Klage unzulässig,[1] weil das Rechtschutzbedürfnis entfällt. Hier schließt § 769 eine Lücke und ermöglicht einstweilige Anordnungen, um eine Sachentscheidung in Ruhe zu ermöglichen. Über die im Gesetz genannten Fälle hinaus muß § 769 in vergleichbaren Verfahren, die ebenfalls auf eine Beseitigung der Vollstreckbarkeit des Titels hinauslaufen, Anwendung finden, nämlich im Rechtstreit nach § 323 ZPO auf Abänderung eines Titels auf wiederkehrende Leistungen[2] sowie im Rechtstreit über eine auf § 826 BGB gestützte Klage auf Unterlassung der Zwangsvollstreckung.[3] Im letzteren Fall bedarf es keiner selbständigen einstweiligen Verfügung zur Unterbindung der Zwangsvollstreckung aus dem Titel bis zur Entscheidung über den Unterlassungsanspruch in der Hauptsache.[4] Denn § 769 bietet einen einfacheren und auch sachgerechteren Weg[5]. Nicht entsprechend anwendbar ist § 769 im Rahmen von Klagen auf Titelherausgabe aus § 371 BGB,[6] die nicht mit einer Vollstreckungsabwehrklage verbunden sind.[7] Denn ein obsiegendes Urteil führt insoweit nicht automatisch zur Beendigung

---

1 Vergl. § 767 Rdn. 14.
2 BGH, NJW 1986, 2057; OLG Schleswig, JR 1949, 88; OLG Düsseldorf, JMBlNW 1966, 113; OLG Frankfurt, FamRZ 1978, 529; OLG München, FamRZ 1985, 495; OLG Frankfurt, NJW 1986, 1131; OLG Köln, FamRZ 1987, 963; OLG Zweibrücken, FamRZ 1995, 307; OLG Brandenburg, FamRZ 1996, 356; MüKo/*K. Schmidt*, § 769 Rdn. 4.
3 Wie hier: OLG Frankfurt, JurBüro 1969, 360; OLG Karlsruhe, FamRZ 1982, 400 und FamRZ 1986, 1141; OLG Zweibrücken, NJW 1991, 3041; OLG Karlsruhe, FamRZ 1992, 846; MüKo/ *K. Schmidt*, § 769 Rdn. 4; *Zöller/Herget*, § 769 Rdn. 1.
4 So aber die wohl h. M.; vergl. OLG München, MDR 1976, 763; LG Saarbrücken, NJW-RR 1986, 1049; OLG Hamm, MDR 1987, 505; OLG Frankfurt, NJW-RR 1992, 511; OLG Köln, NJW-RR 1995, 576; AG Bad Schwalbach, NJW-RR 1991, 1405; *Baumbach/Lauterbach/Hartmann*, § 769 Rdn. 1; *Stein/Jonas/Münzberg*, § 707 Rdn. 2 und § 769 Rdn. 4; *Braun*, Rechtskraft und Rechtskraftdurchbrechung von Titel über sittenwidrige Ratenkreditverträge, S. 115 will weder § 769 entsprechend anwenden noch den Weg der einstweiligen Verfügung beschreiten, sondern stattdessen § 707 ZPO analog anwenden.
5 Ist der einfachere Weg gem. § 769 ZPO möglich, ist eine einstweilige Verfügung auf Unterlassung der Zwangsvollstreckung schon mangels Rechtschutzinteresse ausgeschlossen: OLG Köln, NJW-RR 1995, 576.
6 Einzelheiten: Anh. § 767 Rdn. 6.
7 A. A.: OLG Düsseldorf, MDR 1953, 557.

## Vorläufige Anordnungen                                                        § 769

der Zwangsvollstreckung. Gleiches gilt für Verfahren über negative Feststellungsklagen,[8] daß der titulierte Anspruch nicht mehr bestehe,[9] oder auf Löschung einer in einer Urkunde nach § 794 Nr. 5 ZPO enthaltenen Grundschuld.[10] Auch hier kommt eine einstweilige Einstellung nach § 769 ZPO nicht in Betracht, weil auch das obsiegende Urteil seinerseits die Zwangsvollstreckung nicht beendet.[11] Da das Verfahren, in dessen Rahmen die einstweilige Einstellung der Zwangsvollstreckung aus dem Vollstreckungstitel erfolgen soll, am Ende zur Beseitigung des Vollstreckungstitels bzw. seiner Vollstreckbarkeit führen muß, kommt eine analoge Anwendung des § 769 schließlich auch nicht im Rahmen einer Vaterschaftsanfechtung im Hinblick auf einen bestandskräftigen Unterhaltstitel in Betracht.[12] Denn das Anfechtungsurteil beseitigt nicht unmittelbar die Vollstreckbarkeit des Unterhaltstitels.

**II. Das Verfahren nach Abs. 1 und Abs. 3: 1.** Eine Entscheidung nach § 769 Abs. 1 setzt einen **Antrag** voraus. Er kann mit der Klage zusammen eingereicht werden, darf aber dann erst mit Zustellung der Klage beschieden werden,[13] da der Schuldner sonst durch Nichteinzahlung der Gerichtskosten für die Klage die Zwangsvollstreckung schikanös verzögern könnte. Reicht der Schuldner allerdings mit dem Klageentwurf ein Prozeßkostenhilfegesuch ein, so kann über den gleichzeitigen Antrag nach § 769 schon im Prozeßkostenhilfeverfahren entschieden werden;[14] denn in diesem Falle geht die Verzögerung der Klagezustellung nicht zu Lasten des Schuldners und das Gericht prüft in diesem Verfahren ja auch schon die Erfolgsaussichten der Klage. 2

**2.** Zuständig zur Entscheidung ist grundsätzlich das Prozeßgericht, das sich auch mit der Klage nach § 767 ZPO usw. zu befassen hat. Der Antrag ist, wenn sich der Rechtsstreit selbst schon in einer höheren Instanz befindet, auch beim Gericht höherer Instanz zu stellen.[15] Hat das angerufene Gericht hinsichtlich seiner Zuständigkeit in der Sache Zweifel, die nicht sofort ausgeräumt werden können, so ist es nicht gehin- 3

---

8   Zur Möglichkeit derartiger Klagen siehe § 767 Rdn. 6.
9   Wie hier (keine Anwendung des § 769): OLG Hamm, FamRZ 1982, 411; OLG Hamburg, NJW-RR 1990, 7; *Stein/Jonas/Münzberg*, § 769 Rdn. 4; a. A. aber die wohl h. M.: BGH, NJW 1985, 1074; OLG Hamburg, NJW-RR 1990, 394; OLG Stuttgart, FamRZ 1992, 203; differenzierend: MüKo/*K. Schmidt*, § 769 Rdn. 4.
10  OLG Braunschweig, JurBüro 1974, 238.
11  Für analoge Anwendbarkeit des § 769 aber: OLG Düsseldorf, FamRZ 1980, 1046; OLG Hamburg, FamRZ 1982, 412; OLG Stuttgart, FamRZ 1982, 1033; OLG Düsseldorf, FamRZ 1985, 1149; OLG Hamburg, FamRZ 1985, 1273.
12  OLG Düsseldorf, FamRZ 1972, 49; OLG Köln, FamRZ 1973, 155; OLG Hamburg, MDR 1975, 234; OLG Saarbrücken, DAVorm. 1985, 155.
13  OLG Düsseldorf, JMBlNW 1955, 224; LG Köln, MDR 1960, 770; OLG Celle, NJW 1967, 1282 mit Anm. von *Weyer*, NJW 1967, 1969; *Rosenberg/Gaul*, § 40 XII 2.
14  Wie hier: OLG Stuttgart, MDR 1953, 50; OLG Hamburg, MDR 1958, 44; *Brox/Walker*, Rdn. 1359; *Baumbach/Lauterbach/Hartmann*, § 769 Rdn. 2; *Rosenberg/Gaul*, § 40 XII 2; *Stein/Jonas/Münzberg*, § 769 Rdn. 7; a. A. (erst nach Bewilligung der Prozeßkostenhilfe: KG, NJW 1956, 917; OLG Stuttgart, NJW 1963, 258; OLG Bamberg, FamRZ 1979, 732; OLG Hamburg, FamRZ 1982, 622; OLG Karlsruhe, FamRZ 1984, 186; OLG Schleswig, FamRZ 1990, 303; *Zöller/Herget*, § 769 Rdn. 4.
15  BGH, NJW 1952, 546; BGH, NJW 1982, 1397.

§ 769                                                                                                    *Vorläufige Anordnungen*

dert, zunächst den Einstellungsantrag nach § 769 zu bescheiden, wenn die übrigen Voraussetzungen zweifelsfrei vorliegen.[16] Stellt sich später die Unzuständigkeit des Gerichts heraus, bleibt die Einstellung dennoch wirksam.[17] Bei Kollegialgerichten entscheidet der Kollegialspruchkörper, nicht nur der Vorsitzende allein. Der Einzelrichter ist zur Entscheidung berufen, wenn ihm zu diesem Zeitpunkt auch bereits der Rechtsstreit zur Entscheidung gem. § 348 ZPO übertragen worden ist. Bei Kammern für Handelssachen entscheidet allerdings der Vorsitzende allein (§ 349 Abs. 2 Nr. 10 ZPO).

4   3. Daß die Zwangsvollstreckung schon begonnen hat oder auch nur konkret droht, ist zur Zulässigkeit des Antrages ebensowenig erforderlich wie zur Zulässigkeit der Vollstreckungsabwehrklage selbst.[18] Ist die Zwangsvollstreckung beendet, entfällt das Rechtschutzbedürfnis für eine Entscheidung, die keine Wirkungen mehr entfalten könnte.

5   4. Eine mündliche Verhandlung ist nicht erforderlich (Abs. 3), in der Praxis auch weitgehend unüblich. Dem Gläubiger ist allerdings vor der Entscheidung, falls der Antrag des Schuldners nicht schon offensichtlich unzulässig oder unbegründet ist, rechtliches Gehör (Art. 103 Abs. 1 GG) zu gewähren.

6   5. Der (klagende) Schuldner bzw. Dritte (im Falle des § 771 ZPO) muß alle tatsächlichen Behauptungen, die den Antrag auf einstweilige Anordnung begründen, glaubhaft machen (Abs. 1 S. 2)[19]. Die bloße Schlüssigkeit der eingereichten Klage reicht insoweit noch nicht aus. Das wird in der Praxis häufig – zu Lasten des von der Einstellung betroffenen Gläubigers – übersehen.

7   6. Die Entscheidung ergeht durch Beschluß, der in jedem Falle, also nicht nur, wenn der Antrag zurückgewiesen wird, kurz begründet werden sollte.[20] Denn erst diese Begründung läßt erkennen, ob und in welchem Umfang das Gericht das gegebene Ermessen auch tatsächlich ausgeübt hat.[21] Der Beschluß ist zuzustellen.

8   III. Zum Inhalt der Entscheidung nach Abs. 1: 1. Eine einstweilige Anordnung entsprechend Abs. 1 kann nur ergehen, wenn eine besondere Gefährdung des Schuldners durch den vorläufigen Fortgang der Zwangsvollstreckung glaubhaft gemacht ist und wenn zusätzlich die Klage nach ihrem Inhalt unter Berücksichtigung der vorgelegten Glaubhaftmachungsmittel Aussicht auf Erfolg verspricht: Sie muß zulässig sein; darüberhinaus muß das Vorbringen des Klägers im Hinblick auf seinen Antrag schlüssig

---

16 OLG Zweibrücken, MDR 1979, 324; OLG Hamburg, FamRZ 1984, 804.
17 OLG Koblenz, FamRZ 1983, 939.
18 Vergl. § 767 Rdn. 14.
19 Wird die Erforderlichkeit einer einstweiligen Anordnung mit der Gefährdung der wirtschaftlichen Existenz des Vollstreckungsschuldners begründet, so muß dieser gegebenenfalls auch darlegen und glaubhaft machen, daß er noch werbend am Wirtschaftsleben teilnimmt: BGH NJW-RR 1993, 356.
20 OLG Karlsruhe, FamRZ 1993, 225.
21 OLG Celle, NJW 1966, 936; OLG Hamburg, NJW 1978, 1272; *Thomas/Putzo*, § 769 Rdn. 10.

*Vorläufige Anordnungen* § 769

sein; es muß erkennbar sein, daß der Kläger für sein Vorbringen gegebenenfalls auch Beweismittel hat. Fehlt es an einer dieser Voraussetzungen, ist der Antrag zurückzuweisen, auch wenn eine einstweilige Einstellung der Zwangsvollstreckung gegen Sicherheitsleistung durch den Antragsteller für den Beklagten (Gläubiger) »ungefährlich« (und für das Gericht mit weniger Arbeit verbunden) erscheint.[22]

2. Die zulässigen Maßnahmen sind im wesentlichen die des § 707 Abs. 1 ZPO, wobei allerdings eine ausdrückliche Einschränkung wie in § 707 Abs. 1 S. 2 fehlt, sodaß der Ermessensspielraum des Gerichts noch etwas größer ist. Die Aufzählung der zulässigen Maßnahmen in § 769 Abs. 1 ist nicht abschließend. So kann etwa bei der Herausgabevollstreckung (§ 883 ZPO) als Minus zur gänzlichen Einstellung der Zwangsvollstreckung angeordnet werden, daß die Sache vorläufig nur an einen Sequester herauszugeben sei.[23] Bei der Frage, welche Maßnahme das Gericht wählt, hat es die den Beteiligten drohenden Nachteile abzuwägen[24] und nach Möglichkeit die den Gläubiger unter Berücksichtigung des Schutzbedürfnisses des Schuldners am wenigsten gefährdende Anordnung zu treffen. Im Arbeitsgerichtsprozeß ist bei Auswahl der Maßnahme dem Grundgedanken des § 62 Abs. 1 ArbGG Rechnung zu tragen.[25]

9

3. Wird die einstweilige Einstellung der Zwangsvollstreckung gegen Sicherheitsleistung angeordnet, so ist die Sicherheitsleistung danach zu bemessen, daß alle denkbaren Schäden des Gläubigers durch die zeitweilige Hemmung der Vollstreckung[26] abgedeckt sind (Gefahr der späteren Nichtbeitreibbarkeit von Hauptsumme, Zinsen, Kosten, Kosten der eigenen Sicherheitsleistung des Gläubigers usw.). Darf der Gläubiger umgekehrt die Zwangsvollstreckung nur gegen Sicherheitsleistung fortsetzen, hat sich die Höhe der Sicherheit am denkbaren Anspruch des Schuldners aus § 717 Abs. 2 und 3 ZPO bzw. an dem dem Dritten (§ 771 ZPO) durch den Verlust der Sache drohenden Schaden zu orientieren.

10

**IV. Wirkung der Entscheidung:** »Bis zum Erlaß des Urteils« ist die Entscheidung von den Vollstreckungsorganen auf Vorlage im Rahmen der §§ 775 Nr. 2, 776 S. 2, 2. Halbs. ZPO zu beachten. Mit Verkündung des Endurteils tritt sie automatisch außer Kraft,[27] wenn nicht im Urteil neue Anordnungen gem. § 770 ZPO getroffen sind. Lautet der Tenor, die Zwangsvollstreckung werde »einstweilen« eingestellt, so gilt hinsichtlich

11

---

22 Zur Ausnahme, wenn nicht sogleich klärbare Zweifel an der Zuständigkeit des angegangenen Gerichts vorliegen, siehe oben Rdn. 3.
23 Ebenso *Zöller/Herget*, § 769 Rdn. 7.
24 OLG Frankfurt, MDR 1969, 317; OVG Münster, DB 1970, 2073; LAG Frankfurt, BB 1985, 871.
25 LAG Hamm, MDR 1973, 259; LAG Baden-Württemberg, NZA 1988, 40; einschränkend: LAG Frankfurt, DB 1965, 225.
26 Eine Verjährung seiner Forderung infolge der Einstellung der Zwangsvollstreckung muß der Gläubiger allerdings nicht befürchten. Kann er keine verjährungsunterbrechende Vollstreckungshandlung vornehmen, weil ihm die Entscheidung nach § 769 ZPO zuvorkommt, so unterbricht der Beschluß nach § 769 ZPO seinerseits die Verjährung: BGH – III ZR 115/91 Urteil vom 29.4.1993.
27 BGHZ 32, 240 ff.

*Schuschke*

der zeitlichen Befristung nichts anderes. Das Gericht kann auf Antrag seinen Beschluß wegen veränderter Umstände (etwa weil eine zwischenzeitliche Beweisaufnahme die Haltlosigkeit des Klägervorbringens ergeben hat) wieder aufheben[28] oder inhaltlich abändern (etwa durch Erhöhung der Sicherheitsleistung[29]). War nach Einstellung der Zwangsvollstreckung die Klage durch Versäumnisurteil abgewiesen worden und wird vom Kläger rechtzeitig gegen dieses Versäumnisurteil Einspruch eingelegt, so bedarf es keiner erneuten Anordnung nach § 769; die ursprüngliche Anordnung lebt mit dem Einspruch wieder auf.[30]

12 **V. Die Notentscheidung nach Abs. 2:** Droht dem Schuldner durch die Fortsetzung der Zwangsvollstreckung ein nicht unerheblicher Nachteil, kann aber nicht rechtzeitig eine Entscheidung des Prozeßgerichts erreicht werden, so kann beim Vollstreckungsgericht eine vorläufige befristete Eilentscheidung beantragt werden. Ein derartiger dringender Fall liegt nicht vor, wenn der Schuldner aus Nachlässigkeit oder um sich die Prozeßkosten zu ersparen, sich nicht an das Prozeßgericht gewandt hat, dann aber in letzter Minute das Vollstreckungsgericht bemüht.[31]

Außer den allgemeinen Voraussetzungen für eine einstweilige Anordnung (oben Rdn. 8) muß der Antragsteller auch die besondere Dringlichkeit glaubhaft machen. Das Rechtschutzbedürfnis für eine Entscheidung des Vollstreckungsgerichts fehlt, wenn bereits eine Entscheidung des Prozeßgerichts vorliegt.[32]

Die Entscheidung ergeht durch Beschluß. Verfahren und Entscheidung obliegen dem Rechtspfleger (§ 20 Nr. 17 RPflG). Im Beschluß muß dem Antragsteller eine Frist gesetzt werden, innerhalb der die Entscheidung des Prozeßgerichts beizubringen ist. Nach fruchtlosem Ablauf der Frist tritt die Anordnung ohne weiteres außer Kraft; die Zwangsvollstreckung kann fortgesetzt werden. Der Fristablauf hindert den Antragsteller nicht, später einen eigenständigen neuen Antrag nach Abs. 1 an das Prozeßgericht zu stellen. Über ihn ist dann nach den allgemeinen Regeln zu entscheiden.

13 **VI.** Weder der Beschluß nach Abs. 1 noch der nach Abs. 2 ist mit einer Kostenentscheidung zu versehen. Die Kosten des Verfahrens nach § 769 und die durch die Ausführung des Beschlusses erwachsenden Kosten sind solche des anhängigen oder im Falle des Abs. 2 noch anhängig zu machenden Rechtsstreits.[33] Deshalb kann der obsiegende Kläger im Rahmen der §§ 91 ff. ZPO auch die Erstattung der Bürgschaftsprovision und der Kosten, die er zur Erlangung der Bankbürgschaft durch Abtretung und Bestellung von Grundschulden aufwenden mußte, verlangen. Kommt es in den Fällen des Abs. 2 ausnahmsweise nicht zur Durchführung eines Rechtsstreits, so sind die Kosten des Einstellungsverfahrens solche der Zwangsvollstreckung (§ 788 Abs. 1 S. 1 ZPO).

---

28 OLG Hamburg, JurBüro 1977, 1460.
29 Ebenso *Thomas/Putzo*, § 769 Rdn. 16.
30 OLG Hamm, NJW-RR 1986, 1508.
31 Zutreffend *Baumbach/Lauterbach/Hartmann*, § 769 Rdn. 8.
32 LG Berlin, JR 1949, 474.
33 OLG Köln, JurBüro 1974, 89; OLG Frankfurt, Rpfleger 1975, 437; OLG Hamburg, JurBüro 1977, 1627; OLG Düsseldorf, BB 1977, 1377; *Stein/Jonas/Münzberg*, § 769 Rdn. 20; *Zöller/Herget*, § 769 Rdn. 11.

*Vorläufige Anordnungen* § 769

Gerichtskosten entstehen in diesem Verfahren nicht, die Anwaltsgebühren richten sich nach § 49 Abs. 1 BRAGO.
Über die Kosten eines Beschwerdeverfahrens gegen eine Anordnung nach Abs. 1, 2 bzw. deren Verweigerung siehe unten Rdn. 16.

**VII. Rechtsbehelfe: 1.** Gegen **Entscheidungen des Prozeßgerichts** ist nur insoweit die sofortige Beschwerde statthaft, als ein grober Gesetzesverstoß der Vorinstanz oder die gänzliche Verkennung der Voraussetzungen einer Ermessensentscheidung gerügt wird.[34]
Ein grober Gesetzesverstoß liegt etwa vor, wenn jegliche Glaubhaftmachung fehlte,[35] wenn die gesetzlichen Voraussetzungen der Entscheidung verkannt wurden,[36] wenn kein rechtliches Gehör gewährt wurde[37]. Die Voraussetzungen einer Ermessensentscheidung sind verkannt, wenn übersehen wurde, daß überhaupt Ermessen besteht oder wenn eine Ermessensausübung jedenfalls nicht erkennbar ist. Nicht statthaft ist die Beschwerde dagegen mit dem Einwand, das Gericht habe die Erfolgsaussichten der Klage verkannt; denn eine Praejudizierung des Prozeßgerichts in der Hauptsache durch das Beschwerdegericht soll gerade nicht stattfinden[38]. 14

---

34 Wie hier: LG Karlsruhe, FamRZ 1962, 270; LG Düsseldorf, MDR 1963, 688; OLG Nürnberg, JurBüro 1965, 314; OLG Celle, NdsRpfl 1972, 91; OLG Hamburg, JuS 1975, 253; OLG München, OLGZ 1985, 474; OLG Hamm, FamRZ 1986, 1234; OLG Karlsruhe, MDR 1986, 1033; OLG Düsseldorf, JurBüro 1986, 622; KG, MDR 1982, 329; LG Koblenz, NJW-RR 1987, 506; OLG München, NJW-RR 1987, 767 und NJW-RR 1988, 1342; sowie NJW-RR 1991, 63; OLG Zweibrücken, MDR 1992, 76 und FamRZ 1995, 307; OLG Karlsruhe, FamRZ 1993, 225; OLG Nürnberg, NJW-RR 1993, 1216; OLG Saarbrücken, FamRZ 1994, 1538; OLG Köln, OLG-Report 1992, 162 und 223; OLG-Report 1994, 264; FamRZ 1995, 1003; OLG-Report 1995, 187; OLG Rostock, FamRZ 1996, 115; *Brox/Walker*, Rdn. 1363; *Schneider*, MDR 1985, 547; MüKo/*K. Schmidt*, § 769 Rdn. 33; *Stein/Jonas/Münzberg*, § 769 Rdn. 15; *Zöller/Herget*, § 769 Rdn. 13; *Thomas/Putzo*, § 769 Rdn. 18; enger als hier (unanfechtbar): OLG München, NJW 1961, 1123; OLG Düsseldorf, JMBlNW 1962, 94 und JurBüro 1964, 523; OLG Koblenz, MDR 1966, 336; OLG Düsseldorf, JMBlNW 1967, 88 und MDR 1967, 1019; OLG Schleswig, SchlHA 1968, 144; OLG Oldenburg, MDR 1971, 141; OLG Karlsruhe, MDR 1974, 407; OLG Hamm, NJW 1975, 1932 und MDR 1977, 322; OLG Hamburg, JurBüro 1977, 1460; OLG Hamm, JurBüro 1979, 1079 und FamRZ 1987, 499; OLG Hamburg, FamRZ 1989, 298; OLG Brandenburg, FamRZ 1996, 356; *Baur/Stürner*, Rdn. 45.26; für die uneingeschränkte sofortige Beschwerde: OLG Neustadt, ZZP 1959, 464; OLG Stuttgart, NJW 1959, 344; OLG München, NJW 1962, 1115; KG, NJW 1966, 785; OLG Saarbrücken, NJW 1966, 1133; OLG Köln, JMBlNW 1967, 208; OLG Frankfurt, NJW 1967, 576; OLG Köln, MDR 1968, 767 und MDR 1969, 317; OLG Nürnberg, OLGZ 1969, 56; OLG Düsseldorf, NJW 1969, 2150; OLG Zweibrücken, OLGZ 1972, 307; OLG Bamberg, JurBüro 1974, 508; OLG Karlsruhe, Justiz 1974, 256; KG, FamRZ 1978, 528; OLG Köln, MDR 1991, 1196 und OLG-Report 1993, 186; *Teubner*, NJW 1974, 301; wiederum a. A., nämlich: unanfechtbar, wenn die Anordnung erlassen wurde; mit der einfachen Beschwerde anfechtbar, wenn der Antrag zurückgewiesen wurde: *Künkel*, MDR 1989, 309; OLG Hamburg, NJW-RR 1990, 394.
35 OLG Braunschweig, JZ 1958, 668; OLG Hamburg, MDR 1970, 338.
36 OLG Celle, JurBüro 1978, 128; OLG Schleswig, SchlHA 1961,
37 OLG Celle, NdsRpfl 1990, 43; MüKo/*K. Schmidt*, § 769 Rdn. 33.
38 OLG Hamm, MDR 1988, 241.

Aus der eingeschränkten Überprüfbarkeit der Entscheidung folgt auch, daß neuer Tatsachenvortrag in der Beschwerdeinstanz entgegen § 570 ZPO nicht berücksichtigt werden kann.[39] Für den beschwerdeführenden Antragsgegner gilt dies allerdings nur, wenn er die in der Beschwerde erstmals vorgebrachten Tatsachen auch in erster Instanz im Rahmen des ihm gewährten rechtlichen Gehörs hätte vorbringen können.
Da das Beschwerdegericht nicht sein Ermessen an Stelle des Ermessens des erstinstanzlichen Gerichts setzen kann, wird es in der Regel im Falle des Beschwerdeerfolgs die Sache an das Prozeßgericht zur erneuten Entscheidung zurückzugeben haben.[40]
Eine *weitere Beschwerde* ist gem. § 568 Abs.2 S.1 ZPO nicht statthaft.

15  2. Gegen **Entscheidungen des Vollstreckungsgerichts** ist zunächst immer die befristete Erinnerung nach § 11 Abs. 1 S. 2 RPflG gegeben, wenn der Rechtspfleger entschieden hat. Über sie entscheidet endgültig der Amtsrichter[41] und nicht nach Durchgriffsvorlage das Beschwerdegericht. Hat – ausnahmsweise – sofort der Richter beim Vollstreckungsgericht über den Einstellungsantrag entschieden, ist seine Entscheidung unanfechtbar:[42] Hat er den Antrag abgelehnt, so mag der Schuldner einen neuen Antrag an das Prozeßgericht richten; hat er ihm stattgegeben, muß das Prozeßgericht sowieso innerhalb der gesetzten Frist mit der Sache befaßt werden.

16  3. Im Gegensatz zur erstinstanzlichen Entscheidung (oben Rdn. 13) hat die Beschwerdeentscheidung auch eine Kostenentscheidung zu enthalten.[43] Sie richtet sich nach §§ 91 ff., 97 ZPO. Der Beschwerdewert ist in der Regel deutlich niedriger als der Hauptsachewert anzusetzen.[44] Er mißt sich nach § 3 ZPO, nicht nach § 6 ZPO.[45]

17  VIII. Gem. § 262 Abs. 2 AO 1977 gilt § 769 entsprechend für die Einstellung der Vollstreckung und die Aufhebung von Vollstreckungsmaßnahmen in der Abgabenvollstreckung, soweit ein Dritter das Widerspruchsverfahren gem. § 262 Abs.1 AO betreibt. Zuständig sind insoweit die ordentlichen Gerichte (Prozeßgericht bzw. Vollstreckungsgericht im Falle des § 769 Abs. 2 S. 1 ZPO ), nicht die Finanzgerichte.[46]

---

39 OLG Hamburg, FamRZ 1984, 922; OLG Frankfurt, FamRZ 1987, 393; *Zöller/Herget*, § 769 Rdn. 13; für die Berücksichtigung in Ausnahmefällen: OLG Saarbrücken, FamRZ 1994, 1538.
40 OLG München, NJW-RR 1987, 767.
41 LG Frankenthal, Rpfleger 1981, 314; *Baur/Stürner*, Rdn. 762; *Brox/Walker*, Rdn. 1364; *Rosenberg/Gaul*, § 40 XII 6; *Zöller/Herget*, § 769 Rdn. 13.
42 Ebenso: *Baur/Stürner*, Rdn. 45.26; *Brox/Walker*, Rdn. 1364; *Rosenberg/Gaul*, § 40 XII 6; OLG Hamm, MDR 1977, 322; a. A. (sofortige Beschwerde zulässig, wenn dem Antrag stattgegeben wurde): *Stein/Jonas/Münzberg*, § 769 Rdn. 17; wiederum a. A. (sofortige Beschwerde uneingeschränkt zulässig): OLG Schleswig, SchlHA 1978, 146.
43 Wie hier: *Zöller/Herget*, § 769 Rdn. 11; a. A. (keine Kostenentscheidung erforderlich): LG Frankfurt, Rpfleger 1985, 208; MüKo/*K. Schmidt*, § 769 Rdn. 36.
44 OLG Köln, VersR 1976, 975; OLG München, VersR 1982, 173.
45 So jetzt auch KG, Rpfleger 1982, 308 gegen KG, Rpfleger 1970, 36.
46 FG Berlin, EFG 1983, 567; *Koch/Scholtz/Szymczak*, § 262 AO Rdn. 6.

§ 770 Vorläufige Anordnungen im Urteil

¹Das Prozeßgericht kann in dem Urteil, durch das über die Einwendungen entschieden wird, die in dem vorstehenden Paragraphen bezeichneten Anordnungen erlassen oder die bereits erlassenen Anordnungen aufheben, abändern oder bestätigen. ²Für die Anfechtung einer solchen Entscheidung gelten die Vorschriften des § 718 entsprechend.

**I. Zweck und Anwendungsbereich der Norm:** Die Anordnungen nach § 769 ZPO treten mit dem Urteil in dem Verfahren, in dem sie ergingen, automatisch außer Kraft.[1] Die Zwangsvollstreckung könnte im Falle der Klageabweisung also uneingeschränkt fortgesetzt werden, zumal die Einlegung eines Rechtsmittels nicht vollstreckungshemmend wirkt. Da das Vollstreckungsgericht eigene Anordnungen nach § 769 erst treffen kann, wenn es die Erfolgsaussichten des Rechtsmittels prüfen kann, in der Regel also erst nach Vorliegen der Berufungsbegründungsschrift, wäre die Zwangsvollstreckung oft beendet, ehe das Rechtsmittelgericht überhaupt tätig werden könnte. Das Rechtsmittel hätte sich dann gleich miterledigt. Hier schließt § 770 die Lücke, der es dem Prozeßgericht ermöglicht, den Schuldner durch einstweilige Anordnungen im Urteil weiter zu schützen.

Der Anwendungsbereich der Vorschrift entspricht dem des § 769 ZPO.[2] Sie ist also auch überall da entsprechend anwendbar, wo in analoger Anwendung des § 769 einstweilige Anordnungen während des Verfahrens getroffen werden können. 1

**II. Verfahren:** Die Anordnungen gem. § 770 werden im Urteilstenor getroffen. Ein vorheriger Antrag des Klägers ist nicht erforderlich, sie können also auch von amtswegen ergehen[3]. Es ist auch nicht erforderlich, daß im laufenden Verfahren bereits Anordnungen nach § 769 ergangen waren. Während das Urteil in seinem Hauptausspruch oft nur gegen Sicherheitsleistung vorläufig vollstreckbar sein wird (§ 709 ZPO), sind die in ihm enthaltenen einstweiligen Anordnungen sofort vollstreckbar (§§ 775 Nr. 2, 776 ZPO). Deshalb sind solche Anordnungen auch in einem der Klage stattgebenden, aber nur gegen Sicherheitsleistung vorläufig vollstreckbaren Urteil sinnvoll, wenn die vermögenslose Partei zur Sicherheitsleistung nicht in der Lage wäre, den Effekt des § 775 Nr. 1 ZPO also während der Rechtsmittelfrist nicht herbeiführen könnte. Ihrem Inhalt nach sind die gleichen Anordnungen zulässig wie bei § 769 ZPO.[4] Waren im Verfahren bereits einstweilige Anordnungen ergangen, so genügt zu ihrer Weitergeltung im Tenor die Formel, die Anordnungen im Beschluß vom ... würden einstweilen aufrechterhalten. Die Anordnungen nach § 770 treten außer Kraft, wenn das Rechtsmittelgericht sie aufhebt oder abändert, wenn das Rechtsmittelurteil ergeht oder wenn das Urteil, in dem sie enthalten sind, ohne Rechtsmittelentscheidung rechtskräftig wird. 2

---

1 § 769 Rdn. 11.
2 § 769 Rdn. 1.
3 MüKo/*K. Schmidt*, § 770 Rdn. 5.
4 § 769 Rdn. 9.

**3** **III. Rechtsbehelfe:** Die im Urteil enthaltenen einstweiligen Anordnungen sind nicht isoliert, sondern nur mit der Hauptsacheentscheidung nach den für diese geltenden Regeln anfechtbar.[5] Das Berufungsgericht kann auf Antrag über sie vorab gem. § 718 Abs. 1 ZPO verhandeln und entscheiden (§ 770 S. 2)[6]. Diese Entscheidung des Berufungsgerichts ist der Revision nicht zugänglich (§ 718 Abs. 2 ZPO), ebenso Anordnungen nach § 770 im Berufungsurteil.

Das Berufungsgericht kann auch eigene Anordnungen nach § 769 ZPO treffen.

**4** **IV.** Die Vorschrift gilt gem. § 262 Abs. 2 AO 1977 wie auch § 769 entsprechend in der Abgabenvollstreckung, wenn ein Dritter Widerspruchsklage gem. § 262 Abs. 1 AO erhebt.

---

5 Also Einspruch gegen Versäumnisurteil, Berufung gegen Endurteil erster Instanz, Revision gegen Berufungsurteil.
6 MüKo/*K. Schmidt*, § 770 Rdn. 8.

## § 771 Drittwiderspruchsklage

(1) Behauptet ein Dritter, daß ihm an dem Gegenstand der Zwangsvollstreckung ein die Veräußerung hinderndes Recht zustehe, so ist der Widerspruch gegen die Zwangsvollstreckung im Wege der Klage bei dem Gericht geltend zu machen, in dessen Bezirk die Zwangsvollstreckung erfolgt.
(2) Wird die Klage gegen den Gläubiger und den Schuldner gerichtet, so sind diese als Streitgenossen anzusehen.
(3) ¹Auf die Einstellung der Zwangsvollstreckung und die Aufhebung der bereits getroffenen Vollstreckungsmaßregeln sind die Vorschriften der §§ 769, 770 entsprechend anzuwenden. ²Die Aufhebung einer Vollstreckungsmaßregel ist auch ohne Sicherheitsleistung zulässig.

## Inhaltsübersicht

|  |  | Rdn. |
|---|---|---|
| | Literatur | |
| I. | Zweck der Norm | 1 |
| II. | Anwendungsbereich der Norm | 2 |
| III. | Rechtsnatur der Klage | 3 |
| IV. | Verhältnis zu anderen Rechtsbehelfen | |
| | 1. Vollstreckungserinnerung | 4 |
| | 2. Herausgabeklagen | 5 |
| | 3. Feststellungsklage | 6 |
| | 4. Klage auf vorzugsweise Befriedigung | 7 |
| V. | Zulässigkeit der Drittwiderspruchsklage | |
| | 1. Statthaftigkeit | 8 |
| | 2. Zuständigkeit | 9 |
| | 3. Antragsfassung | 10 |
| | 4. Rechtsschutzbedürfnis | 11, 12 |
| VI. | Begründetheit der Klage | |
| | A. Zum Begriff des die Veräußerung hindernden Rechts | 13 |
| | B. Einzelbeispiele | |
| | 1. Eigentum | 14 |
| | 2. Vorbehaltseigentum | 15 |
| | 3. Sicherungseigentum | 16 |
| | 4. Forderungsinhaberschaft | 17 |
| | 5. Anwartschaftsrecht des Vorbehaltskäufers | 18 |
| | 6. Anwartschaftsrecht des Sicherungsgebers | 19 |
| | 7. Nießbrauch | 20 |
| | 8. § 1120 BGB | 21 |
| | 9. Vertragspfandrechte nach §§ 1204 ff. BGB | 22 |
| | 10. Gesetzliche Pfandrechte | 23 |
| | 11. Besitz | 24 |
| | 12. Schuldrechtliche Herausgabeansprüche | 25 |

|  |  |  |
|---|---|---|
|  | 13. Familienrechtliche Verfügungsbeschränkungen und Übernahmerechte | 26 |
|  | 14. Erbrechtliche Bindungen | 27 |
|  | 15. Anfechtungsrecht des Konkursverwalters | 28 |
|  | 16. Anfechtungsrecht nach § 7 AnfG | 29 |
|  | 17. Vermögensrechtlicher Rückübertragungsanspruch | 29a |
|  | C. Beispiele nicht zum Widerspruch berechtigender Rechte | 30 |
| VII. | Einwendungen des Beklagten: | 31 |
|  | 1. Besseres Recht am Vollstreckungsobjekt | 32 |
|  | 2. Anfechtbarkeit des Widerspruchsrechts | 33 |
|  | 3. Einwand der unzulässigen Rechtsausübung gegen | 34 |
|  | a) den selbstschuldnerischen Bürgen | 35 |
|  | b) den persönlich haftenden Gesellschafter | 36 |
|  | c) den Vermögensübernehmer | 37 |
|  | d) den den Schuldner nur vorschiebenden Hintermann | 38 |
|  | e) den mit dem Schuldner gesamtschuldnerisch Haftenden | 39 |
|  | 4. Rechtsmißbrauch im übrigen | 40 |
| VIII. | Zum Verfahren im übrigen |  |
|  | 1. Beweislast | 41 |
|  | 2. Klageverbindung nach Abs. 2 | 42 |
|  | 3. Kostenentscheidung | 43 |
|  | 4. Vorläufige Vollstreckbarkeit | 44 |
| IX. | Einstweilige Anordnungen (Abs. 3) | 45 |
| X. | Streitwert; Kosten einstweiliger Anordnungen | 46 |

**Literatur:** *Arens/Lüke,* Einwand der Vermögensübernahme gegen Drittwiderspruchsklage – BGHZ 80, 296, JuS 1984, 263; *Arens,* Prozeßrecht und materielles Recht, AcP 1973, 250 ff.; *Becker-Eberhard,* Zur Anwendbarkeit des § 419 BGB auf die Sicherungsübereignung, AcP 1985, 429; *Blomeyer,* Neue Vorschläge zur Vollstreckung in die unter Eigentumsvorbehalt gelieferte Sache, ein Beispiel sinnvoller Rechtsrückbildung?, JR 1978, 271; *A. Blomeyer,* Rechtskraft und Gestaltungswirkung der Urteile im Prozeß auf Vollstreckungsgegenklage und Drittwiderspruchsklage, AcP 1965, 481; *Bettermann,* Die Interventionsklage als zivile Negatoria, Festschrift für Weber, 1975, 87; *Böttcher,* Die Intervention des Sicherungseigentümers: § 771 oder § 805 ZPO?, MDR 1950, 705; *Brox,* Das Anwartschaftsrecht des Vorbehaltskäufers, JuS 1984, 657; *Brox/Walker,* Die Drittwiderspruchsklage, JA 1986, 133; *Carl,* Das »Widerspruchsverfahren« im Rahmen des § 262 AO, DStZ 1984, 455; *Chen,* Die Zwangsvollstreckung in die auf Abzahlung verkaufte Sache, Diss. Saarbrücken 1972; *Cohn,* Reform des Interventionsprozesses. – Ein Beitrag zur Neugestaltung des Zivilprozeßrechts, Berlin 1931; *Eickmann,* Das allgemeine Veräußerungsverbot nach § 106 KO und sein Einfluß auf das Grundbuch-, Vollstreckungs- und Zwangsversteigerungsverfahren, KTS 1974, 202; *Elsing,* Probleme bei Schlüsselgewaltgeschäften minderjähriger Ehegatten, insbesondere der Zwangsvollstreckung, JR 1978, 494; *Frank,* Schutz von Pfandrechten an Eigentumsanwartschaften bei Sachpfändung durch Dritte, NJW 1974, 2211; *Fritze,* Das Widerspruchsrecht des mittelbar besitzenden Sicherungseigentümers, Diss. Frankfurt 1953; *Gaul,* Neuere »Verdinglichungs«-Tendenzen zur Rechtsstellung des Sicherungsgebers bei der Sicherungsübereignung, Festschr. f. Rolf Serick, 1992; siehe ferner die Literatur vor der Vorbemerkung zu §§ 765 a–777 ZPO; *Gerhardt,* Sicherungsübereignung und Pfändungsschutz, JuS 1972, 696; *Gerold,* Können Kosten einer Freigabeaufforderung erstattet verlangt werden?, JurBüro 1955, 170; *Grunsky,* Sicherungsübereignung, Sicherungsabtretung und Eigentumsvorbehalt in der Zwangsvollstreckung und im Konkurs, JuS 1984, 497; *Hahn,* Pfändung und Verwertung des Sicherungseigentums für andere Gläubiger des Sicherungsgebers, JurBüro 1958, 353; *Heide,* Die Berücksichtigung eines dem Gläubiger gegen den Dritten zustehenden materiellrechtlichen Anspruchs im Rahmen der Interventionsklage, Diss. Frankfurt 1958; *Henckel,* Grenzen der Vermögenshaftung, JuS 1985, 836; *Herbert,* Die Sicherungsübereignung in der Zwangsvollstreckung und im Konkurs, Diss. Erlangen 1948; *Herz,* Wesen und Grundlage der Widerspruchsklage, Diss. Erlangen 1950; *Jakobs,* Die Verlängerung des Eigentumsvorbehalts und der Ausschluß der Abtretung der Weiterveräußerungsforderung, BGHZ 56, 228; JuS 1973, 152; *Leonhardt,* Die Sicherungsübereignung und ihre Behandlung in der Zwangsvollstreckung, Diss. München 1952; *Mainka,* Der Rückgriffsanspruch des Vergleichsbürgen im Liquidationsvergleich, KTS 1970, 12; *Marotzke,* Das Anwartschaftsrecht – ein Beispiel sinnvoller Rechtsfortbildung, 1978; *Meyer,* Die Nichtbenachrichtigung des Sicherungs-(Vorbehalts-)eigentümers von einer bei dem Besitzer durchgeführten Pfändung der Sache – Betrug oder Unterschlagung, MDR 1974, 809; *Mordhorst,* Die Dritt-Widerspruchsklage, JurBüro 1950, 70; *Mittelstein,* Interventionsklage bei Überdeckung, MDR 1951, 720; *Morgner,* Weiterveräußerung einer unter Eigentumsvorbehalt gekauften Sache. Unmittelbarer Eigentumserwerb des Dritten, BB 1956, 447; *Müller,* Erneute Pfändung nach Interventionsurteil, DGVZ 1976, 1; *Müller,* Erweiterte Interventionsmöglichkeit bei Herausgabe- und Verschaffungsvollstreckung, DGVZ 1975, 104; *Münzberg/Brehm,* Altes und Neues zur Widerspruchsklage nach § 771 ZPO, Festschrift für Baur, 1981, 517; *Noack,* Vollstreckung gegen vom Titel nicht betroffene Dritte, JurBüro 1976, 1147; *Paulus,* Die Behelfe des Sicherungseigentümers gegen den Vollstreckungszugriff, ZZP 1951, 169; *Pfeifer,* Aussonderung und Widerspruchsklage. Ein Vergleich, Diss. Tübingen 1954; *Picker,* Die Drittwiderspruchsklage in ihrer geschichtlichen Entwicklung als Beispiel für das Zusammenwirken von materiellem Recht und Prozeßrecht, Köln 1981; *Pikart,* Die neueste Rechtsprechung des Bundesgerichtshofs zur Sicherung von Forderungen durch Hypotheken und Grundschulden, WM 1973, 830; *Pikart,* Die Rechtsprechung des Bundesgerichtshofes zum Miteigentum, VI. Verfahrensrechtliches, WM 1975, 409; *Pohle,* Zur Zwangsvollstreckung gegen Ehegatten bei Gütertrennung, ZZP 1955, 260; *ders.,* Freigabeaufforderung gegenüber mehreren Pfändungspfandgläubigern, JurBüro 1955, 425; *Prütting/Weth,* Die Drittwiderspruchsklage gemäß § 771 ZPO, JuS 1988, 505; *Quardt,* Kostenfragen bei Freigabeaufforderung, JurBüro 1958, 480; *Raacke,* Zur »Pfandverstrickung« von Vorbehaltsware, NJW 1975, 248; *Reinicke,* Zwangsvollstreckung gegen Ehegatten, DB 1965, 961 u. 1001; *Riedel,* Treuhänderschaft und Widerspruchsklage nach § 771 ZPO, JurBüro 1961, 277; *Schmitz-Beuting,* Die Anwendbarkeit der Widerspruchsklage in der Zwangsverwaltung, Diss. Köln 1951; *K. Schmidt,* Zwangsvollstreckung in anfechtbar veräußerte Gegenstände, JZ 1987, 889; *K. Schmidt,* Konkursanfechtung und Drittwiderspruchsklage, JZ 1990, 619; *E. Schneider,* Hinweise für die Prozeßpraxis – § 771 ZPO, JurBüro 1966, 549; *ders.,* Die außergerichtliche Klärungsfrist der Interventionsparteien (§§ 771, 93 ZPO), JurBüro 1966, 985; *Schwerdner,* Anwartschaftsrechte, Jura 1980, 609, 661; *Thomas,* Die rechtsgeschäftliche Begründung von Treuhandverhältnissen, NJW 1968, 1705; *Tiedtke,* Stille Abtretung und Pfändung künftiger Lohnforderungen, DB 1976, 397; *Trinkner,* Verwertung sicherungsübereigneter Gegenstände, BB 1962, 80; *Wagner,* Interventionsrecht des Kontoinhabers gegen die Zwangsvollstreckung in Oder-Konten?, WM 1991, 1145; *Weise,* Die Sicherungsübereignung im Verhältnis zur Widerspruchsklage und zum Aussonderungs- und Absonderungsrecht im Konkurs, Diss. Erlangen 1950; *Wolf,* Prinzipien und Anwendungsbereich der dinglichen Surrogation, JuS 1975, 710; *Wollburg,* Die vollstreckungsrechtliche Behandlung des Sicherungseigentums, Diss. Kiel 1952.

**I. Zweck der Norm,** Grundsätzlich darf der Gläubiger im Rahmen der Zwangsvollstreckung, sieht man von den durch das Anfechtungsgesetz eröffneten Möglichkeiten ab, sich nur aus dem Vermögen seines Schuldners befriedigen[1]. Die Vollstreckungsor- 1

---

1 vor §§ 803, 804 Rdn. 14.

gane prüfen aber in der Regel, bevor sie auf einen Gegenstand zugreifen, dessen tatsächliche Zugehörigkeit zum Schuldnervermögen nicht nach; sie begnügen sich vielmehr allein mit dem äußeren Anschein der Zuordnung des Gegenstandes zum Vermögen des Schuldners: So prüft der Gerichtsvollzieher, von besonderen Ausnahmen abgesehen[2], nur den Gewahrsam des Schuldners an den zu pfändenden Gegenständen (§ 808 Abs.1 ZPO); das Vollstreckungsgericht und das Grundbuchamt begnügen sich bei der Zwangsvollstreckung in Grundstücke mit der Eintragung des Schuldners im Grundbuch als Eigentümer (§ 17 ZVG); bei der Forderungspfändung genügt dem Vollstreckungsgericht gar die Angabe des Gläubigers, daß die Forderung »angeblich« dem Schuldner zugeordnet ist. Aufgrund dieser allein auf Förmlichkeiten beschränkten Nachprüfung besteht die Gefahr, daß in Rechte Dritter eingegriffen wird, ohne daß dabei irgendwelche Verfahrensvorschriften verletzt werden, sodaß § 766 ZPO dem Dritten insoweit keinen Schutz gewährt. Materiellrechtliche Ansprüche des Dritten gegen den Schuldner, etwa auf Herausgabe der zum Vollstreckungsobjekt gewordenen Sache, könnten die öffentlich-rechtliche Verstrickung nicht beseitigen und daher den Fortgang der Vollstreckung in die Sache letztlich nicht aufhalten. Würde man den Dritten allein darauf beschränken, seine Ansprüche aus materiellem Recht nach Beendigung der Zwangsvollstreckung gegen den Gläubiger zu verfolgen[3], liefe er Gefahr, im Hinblick auf § 818 Abs. 3 BGB weitgehend leer auszugehen. Da die materielle Berechtigung des Dritten oft streitig sein wird und der äußere Anschein (Besitz des Vollstreckungsschuldners oder dessen Eintragung im Grundbuch) meist zunächst gegen ihn spricht, bedurfte es eines Verfahrens, das es dem Dritten ermöglicht, vollen Beweis seiner Rechtsposition schon vor Beendigung der Vollstreckung zu erbringen und den Rechtsverlust durch die Vollstreckung zu verhindern. Diese Aufgabe soll § 771 leisten.

2 **II. Anwendungsbereich der Norm:** Drittwiderspruchsklage ist gegen die Vollstreckung aus jeder Art von Vollstreckungstitel, also auch Arrest und einstweiliger Verfügung, in bewegliche Sachen, in Forderungen und andere Vermögensrechte sowie in das unbewegliche Vermögen möglich. Darüberhinaus ist die Klage auch auf die Zwangsvollstreckung zur Erwirkung der Herausgabe von Sachen (§§ 883–886 ZPO) anwendbar.[4] Schließlich findet, obwohl es sich nicht um Zwangsvollstreckung handelt, die Widerspruchsklage auch gegenüber der Teilungsversteigerung zum Zwecke der Auseinandersetzung einer Gemeinschaft (§§ 180 ff. ZVG) statt,[5] soweit Gemeinschaftsmitglieder die Teilungsversteigerung aus materiellrechtlichen Gründen verhindern wollen.

Außerhalb des Zivilrechts erklärt § 262 Abs. 1 AO in der Abgabenvollstreckung die Widerspruchsklage vor den ordentlichen Gerichten für gegeben, wenn ein Dritter behauptet, daß ihm am Gegenstand der Vollstreckung ein die Veräußerung hinderndes

---

2 § 808 Rdn. 5.
3 Einzelheiten: Anh. § 771.
4 *Baur/Stürner*, Rdn. 46.3; *Bruns/Peters*, § 16 I; *Rosenberg/Gaul*, § 41 III 1; *Stein/Jonas/Münzberg*, § 771 Rdn. 9.
5 OLG Hamm, Rpfleger 1979, 20; SchlHOLG, Rpfleger 1979, 471; BGH, FamRZ 1984, 563; OLG Karlsruhe, KTS 1984, 159 und OLGZ 1983, 333; BGH, FamRZ 1985, 903; OLG Frankfurt, FamRZ 1985, 403; BGH, FamRZ 1991, 547; OLG Düsseldorf, FamRZ 1995, 309; OLG Hamm, FamRZ 1995, 1072; *Brox/Walker*, Rdn. 1409; MüKo/*K. Schmidt*, § 771 Rdn. 5.

Recht zustehe⁶. Die Zuweisung zu den ordentlichen Gerichten liegt darin begründet, daß es sich für den Dritten nicht um eine Abgabenangelegenheit handelt.⁷ Der Dritte soll, ehe er Klage erhebt, bei der Vollstreckungsbehörde Widerspruch erheben⁸. Dieser ist aber nicht Zulässigkeitsvoraussetzung der Klage, sondern im Falle der sofortigen Freigabeerklärung durch die Finanzverwaltung für die Kostenentscheidung von Bedeutung⁹.

**III. Rechtsnatur der Klage:** Die Rechtsnatur der Drittwiderspruchsklage ist sehr streitig.¹⁰ Sie muß ebenso wie die Vollstreckungsabwehrklage¹¹ als **prozessuale Gestaltungsklage** gesehen werden, da erst durch das Urteil die bis dahin ordnungsgemäße und – in der Regel – mit formellen Rügen nicht angreifbare öffentliche Verstrickung beseitigbar wird. Sie dient nicht der Feststellung der materiellen Berechtigung des klagenden Dritten am Vollstreckungsgegenstand, da letztlich gar nicht dieses Recht, sondern nur die weitere Vollstreckung in diesen Gegenstand prozessualer Streitgegenstand ist. Auch die Einordnung als zivile Negatoria¹² entsprechend § 1004 BGB wird dem § 771 nicht gerecht, weil sie die Klageberechtigung des nur obligatorisch Berechtigten¹³ nicht überzeugend zu begründen vermag.¹⁴ Trotz der Einordnung der Klage als prozessualer Gestaltungsklage ist die materielle Berechtigung, derer sich der Dritte berühmt, doch prozeßrechtlich nicht ohne Bedeutung. Die Problematik ähnelt insoweit der bei § 767 ZPO:¹⁵ Ist Streitgegenstand auch die Vollstreckungsbefugnis in den konkreten Gegenstand, so doch nicht abstrakt, sondern im Hinblick auf das konkrete »die Veräußerung hindernde Recht«, also eine ganz bestimmte materielle Berechtigung des Klägers.¹⁶ Wird die Klage abgewiesen, so kann der Kläger später nicht erfolgreich Schadensersatz- oder Bereicherungsklage wegen Eingriffs gerade in diese Berechtigung erheben¹⁷.

**IV. Verhältnis zu anderen Rechtsbehelfen:** 1. Erinnerung nach § 766 ZPO und Drittwiderspruchsklage sind, wenn sowohl Verfahrensnormen, die auch den Dritten schützen, verletzt wurden als auch in seine materielle Berechtigung eingegriffen wurde, nebeneinander zulässig.¹⁸ Das folgt schon aus dem unterschiedlichen Rechtsschutzziel der

---

6 Zu Einzelheiten des Verfahrens nach § 262 AO 1977 siehe: *Carl*, DStZ 1984, 455.
7 *Koch/Scholtz/Szymczak*, AO 1977, § 262 Rdn. 3.
8 *Koch/Schotz/Szymczak*, § 256 AO 1977 Rdn. 24.
9 Siehe auch unten Rdn. 43.
10 Vergl. die Übersichten bei *Rosenberg/Gaul*, § 41 II 2 und bei *Stein/Jonas/Münzberg*, §§ 771 Rdn. 4 und 5; ferner die Darstellung des historischen Hintergrundes des heutigen Meinungsstandes bei *Picker*, Die Drittwiderspruchsklage in ihrer geschichtlichen Entwicklung als Beispiel für das Zusammenwirken von materiellem Recht und Prozeßrecht, Köln 1981.
11 Vergl. § 767 Rdn. 10, 11.
12 So aber MüKo/*K. Schmidt*, § 771 Rdn. 1.
13 Siehe unten Rdn. 25.
14 So auch *Bruns/Peters*, § 16 III.
15 Vergl. § 767 Rdn. 11.
16 Ebenso *Bruns/Peters*, § 16 III; *Rosenberg/Gaul*, § 41 II 2.
17 MüKo/*K. Schmidt*, § 771 Rdn. 79.
18 OLG Bamberg, JR 1955, 25; OLG Koblenz, Rpfleger 1979, 203; OLG Schleswig, Rpfleger 1979, 471; *Baur/Stürner*, Rdn. 46.27; MüKo/*K. Schmidt*, § 771 Rdn. 9; *Stein/Jonas/Münzberg*, § 766 Rdn. 55.

beiden Rechtsbehelfe: Mit der Erinnerung wird nur eine konkrete Vollstreckungsmaßnahme auf ihre verfahrensrechtliche Zulässigkeit hin überprüft, während auf die Widerspruchsklage hin die weitere Vollstreckung aus dem fraglichen Titel in den Gegenstand ein für allemal für unzulässig erklärt wird: Hat der Dritte etwa mit einer auf die Verletzung des § 865 Abs. 2 ZPO gestützten Erinnerung Erfolg, ist er nicht davor gefeit, daß der Gegenstand, wenn er zwischenzeitlich vom Grundstück entfernt wurde, andernorts im Rahmen einer Vollstreckung aus dem nämlichen Titel gegen den nämlichen Schuldner wieder beschlagnahmt wird.

5    2. Auf die materielle Berechtigung gestüzte **Herausgabeklagen** gegen den Schuldner (etwa aus Vertrag oder § 985 BGB), wenn sie nicht gem. § 771 Abs. 2 mit einer Widerspruchsklage verbunden sind, oder gegen den Gläubiger (etwa auch §§ 985, 1006 BGB) nach Beginn der Zwangsvollstreckung in den Gegenstand sind unzulässig,[19] ebenso Bereicherungsklagen auf Zustimmung zur Auszahlung von aufgrund der Zwangsvollstreckung bei der Hinterlegungsstelle hinterlegten Geldes.[20] Die Widerspruchsklage ist insoweit der speziellere, die anderen Klagen ausschließende Rechtsbehelf, der die Besonderheiten der Vollstreckung in den Gegenstand (etwa durch den besonderen Gerichtsstand, aber auch durch die Möglichkeit einstweiliger Maßnahmen) berücksichtigt. Ein obsiegendes Urteil nach § 771 genügt auch den Anforderungen des § 13 Abs. 2 S. 1 Nr. 2 HinterlO, obwohl die Feststellung der Berechtigung nicht der eigentliche Streitgegenstand ist (siehe oben Rdn. 3).

6    3. Für eine selbständige **Feststellungsklage** gegen den Gläubiger auf positive Feststellung der Berechtigung hinsichtlich des Gegenstandes oder auf negative Feststellung der Befugnis, in diesen Gegenstand vollstrecken zu dürfen, oder auf Feststellung, daß ein Pfändungspfandrecht an dem Gegenstand nicht entstanden sei, fehlt das Feststellungsinteresse,[21] da die Drittwiderspruchsklage in der Zwangsvollstreckung mehr zu leisten vermag: Ein Feststellungsurteil hätte im Hinblick auf §§ 775 Nr. 1, 776 ZPO keinerlei Wirkung.

7    4. Von der **Klage auf vorzugsweise Befriedigung** gem. § 805 ZPO und der **Widerspruchsklage** gem. § 878 ZPO unterscheidet sich die Drittwiderspruchsklage durch das Recht am Vollstreckungsobjekt, dessen sich der Kläger berühmt; während die Widerspruchsklage gem. § 878 ZPO nur am Zwangsvollstreckungsverfahren beteiligten Gläubigern (Pfändungspfandgläubigern), die dem gerichtlichen Teilungsplan widersprochen haben, also nicht sonstigen am Vollstreckungserlös angeblich Berechtigten offensteht, müssen die nach § 805 ZPO Klagebefugten sich eines »Pfand- oder Vorzugs-

---

19  BGHZ 58, 213 (mit Anm. von *Henckel*, JZ 1973, 29); BGH, ZIP 1987, 577 ff.; *Brox/Walker*, Rdn. 1400; *Rosenberg/Gaul*, § 41 XII 2; MüKo/*K. Schmidt*, § 771 Rdn. 12. Vor Beginn der Vollstreckung kann ausnahmsweise eine vorbeugende Unterlassungsklage gegen den Gläubiger aus § 1004 BGB möglich sein, wenn ein berechtigtes Interesse besteht, den Gegenstand unter allen Umständen aus der Vollstreckung herauszuhalten: *Thomas/Putzo*, § 771 ZPO Rdn. 4; *Zöller/Herget*, § 771 ZPO Rdn. 5.
20  *Zöller/Herget*, § 771 Rdn. 4.
21  BGH, NJW 1981, 1835 f.

rechts«[22] berühmen, das nicht zum Besitz an der Sache berechtigt, sondern allein zur Befriedigung aus der Sache. § 805 ZPO und § 771 schließen sich allerdings insoweit nicht aus, als auch Inhaber von Rechten, die zum Besitz an der Sache und gleichzeitig zur Befriedigung aus der Sache berechtigen, sich mit der Vorzugsklage als minus zufriedengeben können, anstatt Drittwiderspruchsklage zu erheben.[23]

**V. Zulässigkeit der Drittwiderspruchsklage: 1.** Die Klage ist **statthaft**, wenn der Kläger sich eines »die Veräußerung hindernden Rechts«[24] am Gegenstand der Zwangsvollstreckung berühmt und deshalb die Unzulässigkeitserklärung der Zwangsvollstreckung in diesen Gegenstand erstrebt. Berühmt er sich eines Rechts, das nur die Vorzugsklage nach § 805 ZPO rechtfertigt, so dürfte eine Klageänderung insoweit nach entsprechendem Hinweis des Gerichts (§ 139 Abs. 1 S. 1 ZPO) immer sachdienlich sein, wenn nicht gar § 264 Nr. 2 ZPO zu bejahen ist[25]. Beruft der Kläger sich dagegen allein auf die Verletzung förmlichen Rechts, ist ausschließlich § 766 ZPO der richtige Rechtsbehelf. 8

2. Hinsichtlich der **Zuständigkeit des Gerichts** ist zu beachten, daß Abs. 1 nur die örtliche Zuständigkeit ausschließlich (§ 802 ZPO) regelt. Die sachliche Zuständigkeit richtet sich nach dem Streitwert (§§ 23 Nr. 1, 71 GVG).[26] Insoweit ist eine abweichende Vereinbarung der Parteien im Rahmen des § 38 ZPO bzw. Prorogation nach § 39 ZPO möglich.[27] Unabhängig von der Höhe des Streitwertes ist das Familiengericht (Amtsgericht) sachlich zuständig, wenn das Recht, dessen der Dritte sich berühmt, im ehelichen Güterrecht wurzelt.[28] Dadurch wird auch die Drittwiderspruchsklage zur Familiensache i. S. v. § 23 b Abs. 2 S. 2 Nr. 9 GVG. Dies gilt etwa für eine auf das Übernahmerecht nach § 1477 Abs. 2 BGB[29] oder die Mißachtung des § 1365 BGB[30] gestützte Widerspruchsklage gegen eine Teilungsversteigerung (§§ 180 ff. ZVG). Ob der Titel, aus dem vollstreckt wird, eine Familiensache zum Gegenstand hat, ist dagegen für die Zuständigkeit des Familiengerichts ohne Bedeutung,[31] da der titulierte Anspruch nicht Gegenstand des Rechtsstreits ist. Aus diesem Grunde ist auch **nie** das Arbeitsgericht zuständiges Gericht, wenn aus einem arbeitsgerichtlichen Titel vollstreckt wird. Es kommt insoweit immer nur die Zuständigkeit des Amts- oder Landgerichts in Betracht. 9

---

22 Siehe § 805 ZPO Rdn. 8 ff.
23 Überwiegende Meinung; vergl. *Baur/Stürner*, Rdn. 46.31; *Brox/Walker*, Rdn. 1453; *Rosenberg/Gaul*, § 42 III 2; *Stein/Jonas/Münzberg*, § 805 Rdn. 16; zweifelnd aber: *MüKo/K. Schmidt*, § 771 Rdn. 11.
24 Zum Begriff unten Rdn. 13.
25 A. A. insoweit (Antrag aus § 805 ZPO nicht als minus im Antrag gem. § 771 ZPO enthalten): *MüKo/K. Schmidt*, § 771 Rdn. 11.
26 Zur Berechnung des Streitwerts siehe unten Rdn. 46.
27 Siehe hierzu *Baumgärtel/Laumen*, JuS 1985, 386.
28 *Geißler*, NJW 1985, 1870; BGH, FamRZ 1985, 90.
29 BGH, NJW 1985, 3066; OLG Frankfurt, FamRZ 1985, 903.
30 A. A. insoweit: OLG Stuttgart, FamRZ 1982, 401; wie hier: OLG Hamm, DNotZ 1979, 98 und FamRZ 1995, 1072.
31 OLG Frankfurt, FamRZ 1985, 403; OLG Hamburg, FamRZ 1984, 804; a. A.: LG Baden-Baden, MDR 1983, 1031.

Bei der Anschlußpfändung (§ 826 ZPO) ist örtlich das Gericht, in dessen Bezirk die Hauptpfändung erfolgt ist, zuständig.

Ist der gepfändete Gegenstand nach der Pfändung vor Klageerhebung in einen anderen Bezirk verbracht worden, so ist die Klage weiterhin in dem Bezirk zu erheben, in dem die Pfändung erfolgte.[32]

In Abgabensachen nach der AO[33] ist das Amts- bzw. Landgericht (§§ 23, 71 GVG)[34] örtlich zuständig, in dessen Bezirk die Vollstreckung erfolgt (§ 262 Abs. 3 S. 1 AO).

10    3. Der korrekte **Klageantrag** (§ 253 Abs. 2 Nr. 2 ZPO) muß lauten, »... die Zwangsvollstreckung aus ... (genaue Bezeichnung des Titels) in ... (genaue Bezeichnung des Gegenstandes) für unzulässig zu erklären.« Ein in Verkennung der Rechtsnatur der Klage dahin formulierter Antrag, »den Gegenstand freizugeben in die Auszahlung des Betrages durch die Hinterlegungsstelle zuzustimmen«, ist auszulegen und im Tenor richtigzustellen.

11    4. Das **Rechtschutzbedürfnis** für die Klage ist in der Regel von dem Augenblick an zu bejahen, in dem der Gegenstand, an dem der Dritte berechtigt sein will, als Zugriffsobjekt der Zwangsvollstreckung feststeht[35]. Dies ist für gewöhnlich erst ab der Pfändung dieses Gegenstandes der Fall. Die Pfändung braucht allerdings nicht abgewartet zu werden, wenn vorher schon feststeht, daß der Gläubiger gerade auf diesen Gegenstand zugreifen will, etwa wenn vorbereitend ein Herausgabeanspruch auf den Gegenstand gepfändet wurde (§§ 846 ff. ZPO).[36] Wendet sich die Drittwiderspruchsklage gegen eine Herausgabevollstreckung (§§ 883 ff. ZPO), so ist sie immer schon vor Beginn der Vollstreckung, also schon vor Wegnahme der Sache durch den Gerichtsvollzieher, zulässig, da andernfalls Beginn und Ende der Vollstreckung zeitlich zusammenfielen, sodaß die Klage zu spät käme. Wird ein Gegenstand vom Gerichtsvollzieher ausschließlich im Wege der Hilfspfändung weggenommen (Kfz-Brief nach Pfändung des PKWs; Sparbuch nach Pfändung der Einlageforderung; usw.), so ist insoweit keine gesonderte Drittwiderspruchsklage zulässig[37]. Die Drittwiderspruchsklage muß sich in diesen Fällen gegen die Pfändung der »Hauptsache« (PKW, Forderung, usw.) richten. Bei einem Erfolg dieser Klage »erledigt« sich ohne weiteres auch die Hilfspfändung. Das Rechtschutzbedürfnis ist, ähnlich wie bei der Vollstreckungsabwehrklage, bis zur vollständigen Beendigung der Zwangsvollstreckung zu bejahen, sodaß die Klage auch noch möglich ist, wenn der im Eigentum des Dritten stehende Gegenstand bereits versteigert, der Erlös aber, jedenfalls zum Teil, noch nicht ausgekehrt ist.

12    Das Rechtschutzbedürfnis ist auch zu bejahen, wenn der Vollstreckungsakt, gegen den der Dritte sich wenden will, formell anfechtbar ist und der Dritte deshalb die Möglich-

---

32 *Geißler*, NJW 1985, 1870.
33 Siehe oben Rdn. 2.
34 Zur sachlichen Zuständigkeit: *Koch/Scholtz/Szymczak*, § 262 AO Rdn. 7.
35 *Baur/Stürner*, Rdn. 46.1.
36 BGHZ 72, 334 mit Anm. von *Olzen*, JR 1979, 285. Zu einer auf § 1004 BGB gestützten vorbeugenden Unterlassungsklage siehe vorn Fußn. 19.
37 KG, OLGZ 1994, 113.

keit hätte, nach § 766 ZPO vorzugehen;[38] so etwa, wenn die Pfändung einer beweglichen Sache bereits deshalb anfechtbar ist, weil die Sache als Zubehör eines Grundstücks nicht der Mobiliarvollstreckung durch den Gerichtsvollzieher unterliegt.[39] Der Anschein der Pfändung (Pfandsiegel) belastet den Dritten; eine Erinnerung würde nicht auf Dauer schützen.[40]

Schließlich ist das Rechtsschutzbedürfnis für eine Drittwiderspruchsklage auch dann zu bejahen, wenn die Pfändung deshalb unwirksam ist, weil die gepfändete Forderung oder das gepfändete sonstige Recht dem Schuldner im Zeitpunkt der Pfändung schon nicht mehr zustanden, sondern dem Dritten.[41] Auch hier belastet der Rechtsschein der Pfändung den Dritten als wahren Forderungsinhaber und stört sein Verhältnis zum Drittschuldner.[42] Die Klage stellt nicht deshalb eine unzulässige Rechtsausübung dar, weil der Eigentümer und Kläger zunächst im Rahmen des § 809 ZPO die Zwangsvollstreckung in den Gegenstand zugelassen hatte. Durch die Herausgabebereitschaft nach § 809 ZPO verliert der Eigentümer der gepfändeten Sachen grundsätzlich nicht das Recht, sein Dritteigentum durch Drittwiderspruchsklage geltend zu machen.[43]

Nach Beendigung der Zwangsvollstreckung entfällt das Rechtsschutzbedürfnis, auch wenn die Klage ursprünglich zulässigerweise eingeleitet wurde. Der Kläger kann der Klageabweisung entweder durch Erklärung der Erledigung der Hauptsache oder durch Übergang von der Widerspruchsklage zur Leistungsklage auf Schadensersatz oder Bereicherungsausgleich[44] entgehen. Der Übergang zur Leistungsklage ist eine gem. § 264 Nr. 3 ZPO zulässige Klageänderung.

## VI. Begründetheit der Klage: Die zum Widerspruch legitimierenden Drittrechte.

A. Die Klage ist begründet, wenn dem Kläger an dem Gegenstand der Vollstreckung »ein die Veräußerung hinderndes Recht« zusteht. Dieser Begriff ist sprachlich mißglückt. Sein Sinn muß aus dem Zweck der Norm abgeleitet werden: Der Gläubiger, der sich nur aus dem Vermögen seines Schuldners befriedigen darf, soll durch die Pfändung an Gegenständen im Gewahrsam des Schuldners keine weitergehenden Rechte erwerben als dem Schuldner selbst nach materiellem Recht zustehen: Kann ein Dritter den Schuldner, würde dieser den Gegenstand veräußern wollen, hieran hindern, weil der Schuldner durch ein solches Verhalten widerrechtlich in den Rechtskreis des Dritten eingriffe, so soll der Dritte auch den Gläubiger seines Schuldners daran hindern können, die Sache im Wege der Zwangsvollstreckung zu verwerten.[45]

13

---

38 OLG Bamberg, JR 1955, 25; OLG Koblenz, Rpfleger 1979, 203; OLG Schleswig, Rpfleger 1979, 471; *Baur/Stürner*, Rdn. 46.1; *Stein/Jonas/Münzberg*, § 766 Rdn. 55.
39 OLG Hamburg, MDR 1959, 933.
40 Siehe oben Rdn. 4.
41 BGH, NJW 1977, 385; BGH, WM 1981, 648.
42 KG, MDR 1973, 233.
43 BGH, JuS 1978, 492.
44 Einzelheiten Anh. § 771 ZPO Rdn. 2.
45 BGHZ 55, 20 ff.; MüKo/*K. Schmidt*, § 771 Rdn. 16; zu den Deutungsversuchen des Begriffes siehe auch *Rosenberg/Gaul*, § 41 IV.

14  B. **Einzelbeispiele:** Die Veräußerung hindernde Rechte sind insbesondere: 1. **Das Eigentum** (z. B. des Vermieters, Verleihers, Leasinggebers), und zwar sowohl das Alleineigentum wie auch das Gesamthandseigentum, wenn nur gegen den (die) anderen Eigentümer ein Titel vorliegt, nicht aber gegen den Kläger, die Sache jedoch als ganzes gepfändet wurde. Denn der Gläubiger eines Mit- bzw. Gesamthandeigentümers kann nur in dessen Miteigentumsanteil bzw. Anteil am Gesamthandsvermögen vollstrecken (§ 857 ZPO). Er muß dann, um die Sache selbst verwerten zu können, die Auflösung der Gemeinschaft betreiben.

15  2. Das **Vorbehaltseigentum** des Vorbehaltsverkäufers:[46] Würde man dem Vorbehaltseigentümer nur die Klage auf vorzugsweise Befriedigung (§ 805 ZPO) geben,[47] wäre er im Hinblick auf seine Rechte und seine Ansprüche aus dem Vertrag mit dem Käufer nicht ausreichend geschützt: Zum einen ist zu befürchten, daß wegen des bei Versteigerungen zu erwartenden geringen Erlöses noch nicht einmal der Restkaufpreis, geschweige denn die übrigen, sich etwa aus Verzug ergebenden Ansprüche abgedeckt werden. Zum anderen würde die grundsätzlich aus dem Eigentum herrührende Berechtigung, den Gegenstand auch anderweitig als durch Veräußerung zu nutzen, unterlaufen. Will der Gläubiger die Sache ohne Intervention des Vorbehaltsverkäufers verwerten, muß er das Anwartschaftsrecht des Käufers pfänden[48] und aus dieser Position heraus, da er durch die Pfändung die Widerspruchsmöglichkeiten des Schuldners nach § 267 Abs. 2 BGB ausgeschaltet hat,[49] den Restkaufpreis an den Verkäufer bezahlen. Sein Pfandrecht am Anwartschaftsrecht wird sodann zum Pfandrecht an der Sache, das die Verwertung der Sache ermöglicht.

Dem Vorbehaltsverkäufer steht die uneingeschränkte Drittwiderspruchsklage nach § 771 Abs. 1 und nicht nur die eingeschränkte Berechtigung aus § 772 ZPO zu.[50]

16  3. Das **Sicherungseigentum** (eigennützige Treuhand):[51] Der Sicherungsnehmer hat formell und materiell wirksam Eigentum erlangt. Er ist wirtschaftlich in erster Linie daran interessiert, das Kreditverhältnis mit dem Schuldner zuende abzuwickeln und hierfür eine vollwertige Sicherheit zu haben, die neben der Hauptsumme auch die Zinsen, Gebühren, Kosten usw. abdeckt. Eine vorzeitige Versteigerung des Sicherungsgutes würde hier wieder zu unzureichenden Ergebnissen führen. Deshalb ist die An-

---

46 BGHZ 54, 214 ff.; OLG Hamburg, MDR 1959, 398; *Brox/Walker*, Rdn. 1412; *Bruns/Peters*, § 16 I 1 a; *Medicus*, Bürgerliches Recht, 16. Aufl., Rdn. 486; *Rosenberg/Gaul*, § 41 VI 2; *Stein/Jonas/Münzberg*, § 771 Rdn. 18.
47 *Raiser*, Dingliche Anwartschaften, S. 19 ff.; *Schwerdtner*, Jura 1980, 661, 668.
48 Einzelheiten hierzu § 857 ZPO Rdn. 9–11.
49 OLG Celle, DB 1960, 1155.
50 So aber: *Marotzke*, Das Anwartschaftsrecht ein Beispiel sinnvoller Rechtsfortbildung, 1977, S. 94 ff., 108 ff.; dagegen zu Recht: *A. Blomeyer*, JR 1978, 271 ff.
51 BGHZ 7, 111; 12, 232; 72, 141; 80, 296; NJW 1987, 1880; OLG Karlsruhe, WM 1958, 1290; OLG Stuttgart, BB 1961, 842; OLG Hamm, BB 1976, 1047; LG Köln, MDR 1981, 592; *Baur/Stürner*, Rdn. 46.8; *Brox/Walker*, Rdn. 1417; *Bruns/Peters*, § 16 I 1 b; *Geißler*, NJW 1985, 1870; *Gerhardt*, § 16 III 1 c; *Grunsky*, JuS 1984, 500; *Medicus*, Bürgerliches Recht, Rdn. 513; *Rosenberg/Gaul*, § 41 VI 4 b; *Stein/Jonas/Münzberg*, § 771 Rdn. 26 (mit Einschränkungen).

*Drittwiderspruchsklage* § 771

sicht,[52] die dem Sicherungsgeber nur die Klage nach § 805 ZPO zugestehen will, abzulehnen. Ihr Hinweis, daß dann das Sicherungseigentum in der Einzelzwangsvollstreckung und im Konkurs unterschiedlich behandelt würde, da der Sicherungsnehmer im Konkurs nach ganz herrschender Ansicht nur ein Absonderungsrecht hat,[53] schlägt wegen der ganz unterschiedlichen Interessenlage im Konkurs nicht durch. Dort geht es um die rasche Gesamtverwertung des Schuldnervermögens, während außerhalb des Konkurses die Einzelrechte im Vordergrund stehen.

Der Gläubiger des Sicherungsgebers kann nur – je nach Ausgestaltung des Sicherungsvertrages – in die Forderung auf Rückübereignung der Sache nach Vertragserfüllung oder in die Anwartschaft auf Rückerwerb des Eigentums vollstrecken.

4. Die **Inhaberschaft oder Mitinhaberschaft einer Forderung:** Die Pfändung der »angeblichen« Forderung geht ins Leere, wenn die Forderung im Zeitpunkt der Pfändung dem Schuldner (auch infolge einer Sicherungsabtretung) nicht mehr zustand. Die in Wahrheit bestehende Forderung des Dritten gegen den Drittschuldner ist objektiv durch die Pfändung nicht berührt, auch nicht verstrickt. Der Drittschuldner ist durch kein Arrestatorium gehindert, an den Dritten, seinen tatsächlichen Gläubiger, zu zahlen.[54] Insbesondere, wenn der durch die Pfändung irritierte Drittschuldner hinterlegt, ist die Drittwiderspruchsklage aber sinnvoll.[55] 17

5. Das **Anwartschaftsrecht des Vorbehaltskäufers,** wenn ein Gläubiger des Vorbehaltsverkäufers oder eines Dritten (z. B. des Ehegatten unter Zuhilfenahme des § 739 ZPO) die Sache pfändet.[56] Der Anwartschaftsberechtigte bedarf des Schutzes des § 771, da sonst sein Anwartschaftsrecht im Falle der Verwertung der Sache erlöschen würde. Der Widerspruch ist nicht in analoger Anwendung des § 773 ZPO auf die Verwertung beschränkt,[57] da der Anwartschaftsberechtigte, solange er seine Verpflichtungen erfüllt, die Beeinträchtigungen durch eine Pfändung (Störung des ungehinderten Besitzes durch Pfandsiegel an der Sache) nicht hinnehmen muß, wie er auch Besitzstörungen durch den Vorbehaltsverkäufer nicht hinnehmen müßte.[58] Das gilt auch, wenn die Sache sich im Zeitpunkt der Pfändung nicht beim Anwartschaftsberechtigten, sondern beim Verkäufer (etwa zur Reparatur) befunden hat. Denn die Pfändung würde in 18

---

52 *Baumbach/Lauterbach/Hartmann,* § 771 Rdn. 26; *Paulus,* ZZP 1951, 169; LG Bielefeld, MDR 1950, 750; LG Berin, JR 1952, 249; OLG Bremen, OLGZ 1990, 74.
53 BGH, WM 1965, 84; *Kilger/K. Schmidt,* § 43 KO Anm. 9 und § 48 KO Anm. 5 a mit weiteren Nachw.
54 KG, MDR 1973, 233.
55 Siehe oben Rdn. 12.
56 BGHZ 20, 88 ff.; 55, 20 ff.; *Baur/Stürner,* Rdn. 46.6; *Brox,* JuS 1984, 657, 666; *Frank,* NJW 1974, 2211, 2213; *Gerhardt,* § 16 III 1 e; *Rosenberg/Gaul,* § 41 VI 2 b; *Stein/Jonas/Münzberg,* § 771 Rdn. 17 und 17a; im Ergebnis trotz Bedenken auch: *Medicus,* Bürgerliches Recht Rdn. 466; a. A. (kein Widerspruchsrecht): AG Hannover, JurBüro 1967, 931; OLG Braunschweig, MDR 1972.
57 So aber: *Baumann/Brehm,* § 13 III 5 b; *Brox/Walker,* Rdn. 1412; *Rosenberg/Gaul,* § 41 VI 2 b; *Stein/Jonas/Münzberg,* § 771 Rdn. 17 a.
58 Im Ergebnis wie hier: *A. Blomeyer,* JZ 1978, 273; *Frank,* NJW 1974, 2211 ff.

diesem Falle die Rückgabe der Sache an den vertragstreuen Anwartschaftsberechtigten behindern.

Hat der Anwartschaftsberechtigte sein Anwartschaftsrecht vor Erwerb des Vollrechts an einen Dritten (etwa als »nachrangige Sicherungsübereignung«) weiterübertragen, so kann der neue Anwartschaftsberechtigte seinerseits Drittwiderspruchsklage erheben, wenn die Sache bei seinem Rechtsvorgänger, dem Vorbehaltskäufer, von dessen Gläubigern gepfändet wird.[59]

19  6. **Das Anwartschaftsrecht des Sicherungsgebers** auf Rückerwerb seines Eigentums: Das Anwartschaftsrecht gibt dem Sicherungsgeber eine »Mitberechtigung an der Sache«, die ihre Pfändung durch Gläubiger des Sicherungsnehmers oder Dritter ausschließt. Das Widerspruchsrecht gilt allerdings nur bis zu dem Zeitpunkt, von dem an der Sicherungseigentümer die Sache verwerten darf, weil der Sicherungsgeber seinen Verpflichtungen nicht nachgekommen ist.[60] Denn wenn der Sicherungsnehmer auf die Sache zu seiner Befriedigung zugreifen darf, müssen dies auch dessen Gläubiger dürfen, da sonst vollstreckungsfreies Vermögen gebildet würde. Was für den Sicherungsgeber beweglicher Sachen gilt, gilt auch für den Treuhandzedenten einer Forderung. Für das Widerspruchsrecht des Treugebers ist die Publizität des Treuhandkontos nicht zwingend erforderlich.[61]

20  7. **Der Nießbrauch**: Er gewährt ein Widerspruchsrecht, soweit die Vollstreckung seinen Bestand oder seine Ausübung beeinträchtigt. Dies gilt allerdings nur, soweit der Nießbrauch nicht dem Recht, aus dem die Zwangsvollstreckung betrieben wird, im Rang nachgeht.[62] Im letzteren Fall hat der Nießbraucher von vornherein nur ein unter dem Vorbehalt des Entzuges durch vorrangige Gläubiger stehendes Recht erworben.

21  8. Das **Recht des Hypothekengläubigers aus § 1120 BGB**:[63] Es wird beeinträchtigt, wenn etwa Zubehörstücke des Grundstücks im Wege der Mobiliarzwangsvollstreckung gepfändet werden. Die Möglichkeit, hiergegen auch mit der Erinnerung nach § 766 ZPO vorzugehen, berührt die Zulässigkeit der Klage nicht.[64]

22  9. **Vertragspfandrechte nach §§ 1204 ff. BGB**: Sie gewähren ein Widerspruchsrecht, wenn sie dem Pfändungspfandrecht des betreibenden Gläubigers im Rang vorgehen.[65] Ob der Pfandgläubiger im Besitze der Sache ist (und damit regelmäßig auch die Verletzung des § 809 ZPO mit § 766 ZPO rügen kann) oder ob ihm der Besitz abhandenge-

---

59 BGHZ 20, 88 ff.; BGH, JZ 1978, 199 f.
60 BGHZ 72, 141 ff. mit Anm. von *Olzen*, JR 1979, 160; *Baur/Stürner*, Rdn. 46.8; *Brox/Walker*, Rdn. 1416; *Rosenberg/Gaul*, § 41 VI 4 b; *Stein/Jonas/Münzberg*, § 771 Rdn. 26; gegen diese Einschränkung: OLG Karlsruhe, NJW 1977, 1069; gegen ein Widerspruchsrecht dagegen: *Weber*, NJW 1976, 1601 ff.
61 BGH, NJW 1993, 2622 mit Anm. von *Lüke*, EWiR 1993, 1139.
62 RGZ 81, 150.
63 *Baur/Stürner*, Rdn. 46.10; *Zöller/Herget*, § 771 Rdn. 14 Stichwort »Hypothek«.
64 Oben Rdn. 12.
65 *Brox/Walker*, Rdn. 1418; *Rosenberg/Gaul*, § 41 VI 5; a. A. (nur § 805 ZPO): *Thomas/Putzo*, § 805 Rdn. 9 (a. A. wohl § 771 Rdn. 17); OLG Hamm, NJW-RR 1990, 233.

kommen (§ 935 BGB) ist, spielt insoweit keine Rolle.[66] Bei freiwilliger Besitzaufgabe (auch aufgrund von arglistiger Täuschung) wäre das Pfandrecht gem. § 1253 BGB erloschen und mit ihm das Widerspruchsrecht. Insoweit besteht dann auch kein Recht mehr zur vorzugsweisen Befriedigung gem. § 805 ZPO.

10. Die **notwendigerweise mit dem Besitz an der Sache verbundenen gesetzlichen Pfandrechte** (insbesondere das Werkunternehmerpfandrecht, § 647 BGB):[67]
Es gilt insoweit das zu den Vertragspfandrechten Gesagte entsprechend. Die besitzlosen gesetzlichen Pfandrechte (insbesondere das Vermieterpfandrecht, § 559 BGB) berechtigen dagegen nur zur Klage nach § 805 ZPO.[68]

11. Der **berechtigte Besitz an beweglichen Sachen:**[69] Daß der Besitzer auch durch §§ 809, 766 ZPO geschützt ist, steht dem Widerspruchsrecht nicht entgegen, zumal dieser Schutz nicht immer wirksam ist (etwa im Falle des § 739 ZPO).
Dagegen gibt der Besitz an Grundstücken kein Widerspruchsrecht, da er im Rahmen der Veräußerung eines Grundstücks ohne jeden Belang ist.

12. **Schuldrechtliche Herausgabeansprüche** gegen den Schuldner aus Vermietung, Verpachtung, Leihe, Hinterlegung, Auftrag, Werkvertrag u. ä. Rechtsverhältnissen;[70] denn auch der Vermieter usw., der nicht Eigentümer der Sache ist, könnte den Schuldner, wollte dieser den vermieteten usw. Gegenstand veräußern, daran hindern. Voraussetzung ist allerdings, daß die Sache nicht dem Schuldner gehört. Schuldrechtliche Ansprüche, die nur auf Verschaffung und Übereignung einer Sache gerichtet sind (so die Erfüllungsansprüche aus Kauf, Tausch, Werklieferungsvertrag, der Rückgewähranspruch aus ungerechtfertigter Bereicherung), geben kein Widerspruchsrecht, da die Sachen, auf die diese Ansprüche gerichtet sind, noch uneingeschränkt zum Schuldnervermögen gehören.

13. **Familienrechtliche Verfügungsbeschränkungen und Übernahmerechte:**

a) Hinsichtlich der Verfügungsbeschränkung nach § 1365 BGB ist zu unterscheiden: Betreibt der eine Ehegatte die Teilungsversteigerung eines gemeinschaftlichen Grund-

---

66 Auf den Besitz an der Sache stellen allerdings ab: *Brox/Walker*, Rdn. 1418; *Zöller/Herget*, § 771 Rdn. 14 Stichwort »Pfandrecht«.
67 *Brox/Walker*, Rdn. 1418; *Rosenberg/Gaul*, § 41 VI 5.
68 Siehe vorne Rdn. 7.
69 *Baumbach/Lauterbach/Hartmann*, § 771 Rdn. 15; *Baumann/Brehm*, § 13 III 5 b; *Stein/Jonas/Münzberg*, § 771 Rdn. 30; *Zöller/Herget*, § 771 Rdn. 14 Stichwort »Besitz«; dagegen stellen nicht auf den Besitz selbst, sondern auf das diesem zugrundeliegende »Recht zum Besitz«; ab: *Brox/Walker*, Rdn. 1420; *Rosenberg/Gaul*, § 41 VI 6.
70 OLG Karlsruhe, FamRZ 1970, 194; OLG Zweibrücken, OLGZ 1976, 455; OLG Hamm, FamRZ 1979, 128; OLG Bremen, FamRZ 1984, 272; BayObLG, FamRZ 1985, 1040; OLG Düsseldorf, FamRZ 1995, 309; *Erman/Heckelmann*, § 1365 Rdn. 21; *Palandt/Diederichsen*, § 1365 Rdn. 2. Nach BGH, NJW 1996, 1543 gibt auch der Herausgabeanspruch des Treugebers gegen einen Anwalt, der zu seinen Gunsten ein Treuhandkonto angelegt hat, über das der Anwalt bestimmungsgemäß nur mit Zustimmung des Treugebers verfügen kann, ein Widerspruchsrecht, wenn Gläubiger des Anwalts in dieses Konto vollstrecken.

stücks, so kann der andere, falls er nicht einwilligen will und die Voraussetzungen des § 1365 Abs. 1 BGB im übrigen vorliegen, das Fehlen seiner Einwilligung mit der Drittwiderspruchsklage geltend machen. Betreibt dagegen ein Gläubiger des einen Ehegatten aus einer Geldforderung die Zwangsvollstreckung in einen Gegenstand, der dessen wesentliches Vermögen darstellt, ist der andere Ehegatte nicht widerspruchsberechtigt:[71] Es liegt keine Verfügung i. S. des § 1365 Abs. 1 BGB vor, wenn ein Ehegatte gegen sich die Zwangsvollstreckung dulden muß. Daher kann der andere auch die Zwangsvollstreckung nicht verhindern. Hat allerdings der zu vollstreckende Titel des Dritten einen Herausgabeanspruch zum Gegenstand, der der Erfüllung eines gegen § 1365 BGB verstoßenden Rechtsgeschäfts dient, so kann der andere Ehegatte seine fehlende Zustimmung zu diesem Rechtgeschäft auch noch mit der Drittwiderspruchsklage geltend machen.[72]

b) Hinsichtlich der Verfügungsbeschränkung nach § 1369 BGB gilt das vorstehend zu § 1365 BGB Gesagte entsprechend.[73]

c) Das Recht zur Übernahme gegen Wertersatz aus § 1477 Abs. 2 BGB gewährt in der Teilungsversteigerung ebenfalls ein Widerspruchsrecht.[74]

d) Schließlich können auch familienrechtliche Sondervereinbarungen der Ehegatten im Teilungsversteigerungsverfahren ein Recht zur Klage nach § 771 geben, etwa die gegenseitige Verpflichtung, das Grundstück nur auf die gemeinsamen Kinder zu übertragen.[75]

27  14. **Erbrechtliche Bindungen:** Sie können in der Teilungsversteigerung zum Zwecke der Erbauseinandersetzung ein Widerspruchsrecht i. S. § 771 geben, etwa die Anordnung des Erblassers, ein Grundstück dürfe nicht »in fremde Hände« kommen.[76] Dritten, die berechtigterweise in den Nachlaß vollstrecken,[77] kann dagegen eine solche Anordnung des Erblassers nicht entgegengehalten werden.

28  15. **Das Anfechtungsrecht des Konkursverwalters nach § 37 KO**[78]: Obwohl der Anspruch auf Rückgewähr des anfechtbar Erlangten gem. § 37 KO nur schuldrechtlicher Natur ist,[79] muß dem Konkursverwalter abweichend von dem oben[80] zu sonstigen schuldrechtlichen Rückgewähransprüchen Gesagten die Widerspruchsklage zugebilligt

---

71 OLG Hamburg, MDR 1965, 748 und FamRZ 1970, 407; OLG Düsseldorf, NJW 1991, 851; KG, OLGZ 1992, 242; *Jauernig/Schlechtriem*, vor §§ 1365–1369 Anm. 3 d; *Rosenberg/Gaul*, § 20 I; siehe ferner § 739 Rdn. 18.
72 KG, FamRZ 1970, 194; *Rosenberg/Gaul*, § 20 I.
73 Siehe auch § 739 Rdn. 18.
74 BayObLG, MDR 1972, 53; OLG Bamberg, FamRZ 1983, 72; BGH, NJW-RR 1987, 69.
75 BGH, FamRZ 1984, 563.
76 BGH, FamRZ 1985, 278; OLG Hamburg, NJW 1961, 610.
77 Siehe insoweit Einf. vor §§ 747–749 Rdn. 1.
78 Ab 1.1.1999: § 143 InsO.
79 *Kuhn/Uhlenbruck*, 11. Aufl., § 37 KO Rdn. 9; *Kilger/K. Schmidt*, § 37 KO Anm. 1.
80 Rdn. 25.

werden,[81] da er nur auf diese Weise in die Lage versetzt wird, den Gegenstand schnell für die Masse zu verwerten.

**16. Das Anfechtungsrecht**[82] **nach § 7 AnfG:**[83] Obwohl der Anspruch letztlich nur auf Duldung der Zwangsvollstreckung in den anfechtbar erworbenen Gegenstand geht,[84] ist dem Anfechtungsberechtigten nicht immer mit einer Klage nach § 805 ZPO Genüge getan.[85] Das gilt insbesondere, wenn mehrere Möglichkeiten der Vollstreckung in den Gegenstand und seiner Verwertung zur Verfügung stehen und der Anfechtungsberechtigte den Vollstreckungserfolg selbst steuern will. 29

**17. Der vermögensrechtliche Rückübertragungsanspruch nach § 1 Abs. 3 VermG.**[86] 29a

**C. Kein** die Veräußerung hinderndes Recht sind dagegen außer den bereits Rdn. 20, 23, 24, 25, 26 erwähnten Beispielen (nachrangiger Nießbrauch, besitzlose gesetzliche Pfandrechte, Besitz an Grundstücken, schuldrechtliche Verschaffungsansprüche[87], familienrechtliche Verfügungsbeschränkungen im Verhältnis zu Dritten als Gläubigern einer Geldforderung) insbesondere: 30

1. die uneigennützige Treuhand bei Vollstreckung gegen den Treugeber;[88] denn haftungsrechtlich werden die Gegenstände trotz ihrer formalen Übertragung auf den Treuhänder weiter allein dem Treugeber zugeordnet.

2. der Anspruch des Mandanten auf Weiterleitung von Zahlungseingängen auf dem Geschäftskonto eines Rechtsanwalts an den Mandanten;[89] der Mandant ist nicht Forderungsinhaber gegenüber der Bank; er hat nur eine Forderung aus Auftrag gegen den Rechtsanwalt.

3. ein Zurückbehaltungsrecht gem. § 273 BGB eines Teilhabers gegenüber einem anderen Teilhaber in der von diesem betriebenen Zwangsversteigerung zur Aufhebung der Gemeinschaft.[90]

---

81 KG, JZ 1958, 441; OLG Karlsruhe, ZIP 1980, 260; *MüKo/K. Schmidt*, § 771 Rdn. 44; *Rosenberg/Gaul*, § 41 VI 8 b; *Zöller/Herget*, § 771 Rdn. 14 Stichwort »Anfechtungsrecht«; a. A.: BGH, NJW 1990, 990.
82 Zur Neufassung des AnfG ab 1.1.1999 siehe Art.1 §§ 1–20 EGInsO.
83 RGZ 40, 371; 67, 310; KG, JZ 1958, 441; *Baumbach/Lauterbach/Hartmann*, § 771 Rdn. 14; *Heckel*, JuS 1985, 842; *Zöller/Herget*, § 771 Rdn. 14 Stichwort »Anfechtungsrecht«.
84 *Kilger/Huber*, § 7 AnfG Anm. III 3a.
85 So aber: *Baur/Stürner*, Rdn. 46.13; *Brox/Walker*, Rdn. 1425; *Gerhardt*, § 16 III 1 f.; *Rosenberg/Gaul*, § 41 VI 8 a. *Stein/Jonas/Münzberg*, § 771 Rdn. 34 sieht zwar § 771 für möglich an, will aber § 805 vorziehen, weil er genüge.
86 BezG Potsdam, VIZ 1993, 77 mit Anm. von *Reichenbach*.
87 Selbst dann nicht, wenn der schuldrechtliche Verschaffungsanspruch durch eine Vormerkung gesichert ist: BGH, NJW 1994, 128.
88 BGHZ 11, 37 ff.; *Baur/Stürner*, Rdn. 46.7; *Rosenberg/Gaul*, § 41 VI 4 a; *Stein/Jonas/Münzberg*, § 771 Rdn. 22.
89 BGH, NJW 1971, 559.
90 BGHZ 63, 348 ff.

**31** VII. **Einwendungen des Beklagten:** Der Beklagte kann zunächst das geltend gemachte Recht des Klägers bestreiten, indem er schon dessen Entstehen bestreitet (z. B. Einwand des Scheingeschäfts) oder sich auf dessen zwischenzeitlichen Untergang beruft.[91] So kann er etwa geltend machen, der Schuldner habe zwischenzeitlich den Gegenstand zu Eigentum erworben; das Pfand sei freiwillig an den Schuldner zurückgegeben gewesen und nicht abhanden gekommen; das Anwartschaftsrecht sei bereits durch Rücktritt erloschen gewesen; usw. Der Beklagte kann aber auch das Recht, auf das der Kläger sich beruft, an sich nicht bestreiten, sich aber entweder seinerseits auf ein besseres Recht berufen oder die Anfechtbarkeit (§§ 5, 7 AnfG) des Rechts geltend machen oder schließlich dem Widerspruch die Einrede der unzulässigen Rechtsausübung entgegenhalten. Letztere greift insbesondere dann durch, wenn der Kläger seinerseits ebenfalls für die titulierte Forderung entweder gerade mit dem umstrittenen Gegenstand oder mit seinem ganzen Vermögen haftet[92] und diese Haftung bereits unumstößlich feststeht. Im einzelnen ist insoweit hervorzuheben:

**32** 1. Das **bessere Recht**, auf das der Gläubiger sich einredeweise gegen den Widerspruch berufen kann, muß ein anderes Recht sein als das Pfändungspfandrecht, gegen das sich gerade der Widerspruch richtet. Denn das Verhältnis zwischen Pfändungspfandrecht und Widerspruchsrecht wird ja schon auf die Klage hin geprüft. Folgende Fälle sind insbesondere denkbar: Der Vermieter hat wegen einer Mietzinsforderung einen Gegenstand in der Wohnung des Schuldners (Mieters) gepfändet, an dem der Dritte nach Bezug der Wohnung Sicherungseigentum erworben hat. Hier geht das Vermieterpfandrecht an dem eingebrachten Gegenstand (§ 559 BGB) dem späteren Sicherungseigentum vor.[93] Oder: Der Hypothekengläubiger pfändet wegen einer persönlichen Forderung Mietzinseinnahmen aus dem Grundstück. Der widersprechende Nießbraucher muß sich die vorrangige Hypothek entgegenhalten lassen.[94] Oder: Der Gläubiger hat beim Schuldner in den ihm sicherungsübereigneten Gegenstand vollstreckt. Der widersprechende Dritte besitzt nur das Anwartschaftsrecht auf Rückfall des Eigentums (Fälle der mehrfachen Sicherungsübereignung eines Gegenstandes).

Daß der Gläubiger über sein besseres Recht noch keinen Titel erwirkt hat, aus dem Recht selbst zur Zeit also noch nicht unmittelbar im Wege der Zwangsvollstreckung vorgehen könnte, ist für die Berechtigung seines Einwandes ohne Bedeutung.[95]

---

91 Etwa auf den Verlust des Eigentums an der Sache durch Einbau, Vermischung oder Verarbeitung (§§ 946 ff. BGB); vergl. OLG Hamm, NJW-RR 1986, 377.
92 Zum letzteren Fall meldet *K. Schmidt* erhebliche Bedenken an, die er allerdings aus Gründen der Prozeßökonomie im Ergebnis zurückstellt: JuS 1970, 549 und MüKo, § 771 Rdn. 49.
93 *Stein/Jonas/Münzberg*, § 771 Rdn. 46; RGZ 143, 275 ff. Entsprechende Fallkonstellationen sind auch mit dem Werkunternehmerpfandrecht, dem Pfandrecht des Kommissionärs oder dem Lagerhalterpfandrecht vorstellbar; vergl. OLG Hamburg, MDR 1959, 580.
94 Oben Rdn. 20.
95 *Rosenberg/Gaul*, § 41 IX 3.

2. Der Einwand, das Widerspruchsrecht des Klägers sei nach den Vorschriften des AnfG[96] **anfechtbar** erworben (§ 5 AnfG), der Kläger müsse deshalb trotz dieses Rechtes die Zwangsvollstreckung in den Gegenstand dulden (§ 7 AnfG),[97] setzt nicht nur das Vorliegen eines Anfechtungsgrundes (§ 3 AnfG) voraus, es müssen vielmehr schon bei Erhebung der Einrede außer dem Erfordernis eines Titels gegen den Schuldner (– hiervon dispensiert § 5 AnfG abweichend von § 2 AnfG einstweilen –) auch alle anderen Voraussetzungen der Anfechtungsberechtigung (§ 2 AnfG) gegeben sein.[98] Bis zur Entscheidung über die Klage muß dann auch in der vom Gericht hierfür gesetzten Frist der endgültige, rechtskräftige Titel gegen den Schuldner beigebracht werden. Da das Gericht vor Ablauf der dem Beklagten gesetzten Frist nicht entscheiden darf, die Frist aber großzügig bemessen werden muß, um den Beklagten (Vollstreckungsgläubiger) nicht rechtlos zu stellen,[99] kann die Erhebung der Anfechtungseinrede den Widerspruchsrechtsstreit erheblich verzögern. Für die Wahrung der Anfechtungsfrist ist auf die Erhebung der Einrede, nicht auf den oft späteren Zeitpunkt der Erlangung des Titels gegen den Schuldner abzustellen.

33

3. Haftet der Kläger selbst für die titulierte Forderung, insbesondere auch mit dem Gegenstand, in den der Beklagte vollstreckt hat, kann sich der Widerspruch als **unzulässige Rechtsausübung** darstellen und deshalb unbeachtlich sein. Keinesfalls reicht es insoweit allerdings aus, daß der Gläubiger dem Kläger aus irgendeiner mit der titulierten Forderung in keinem Zusammenhang stehenden Schuld verpflichtet ist.[100] Das gilt selbst dann, wenn dieser andere Anspruch seinerseits schon tituliert wäre.[101] Hervorzuheben sind insbesondere folgende Fälle:

34

a) Der Kläger hat sich für die titulierte Schuld selbstschuldnerisch verbürgt. Der Gläubiger besitzt entweder auch gegen den Bürgen bereits einen Titel[102] oder er weist im Rahmen der Drittwiderspruchsklage die Haftung des Bürgen nach.[103]

35

b) Der Kläger ist persönlich haftender Gesellschafter einer OHG oder einer KG. Im Rahmen einer gegen die Gesellschaft gerichteten Vollstreckung wurde ein im Besitz der Gesellschaft befindlicher Gegenstand des Klägers durch den Beklagten (Gläubiger der Gesellschaft) gepfändet. Der Gläubiger besitzt entweder auch einen Titel gegen den Gesellschafter (Kläger) oder er könnte ihn sich im Wege der Widerklage ohne Mühe verschaffen.[104] § 129 Abs. 4 HGB steht der Zulässigkeit des Einwandes, wenn der

36

---

96 Zur Neufassung des AnfG ab 1.1.1999 siehe Art. 1 §§ 1–20 EGInsO.
97 *Kilger/Huber*, § 5 AnfG Anm. 2 a; OLG München, WM 1972, 761; BGHZ 55, 28 f.; BGH, NJW 1986, 22.
98 *Kilger/Huber*, § 5 AnfG Anm. 5.
99 OLG Frankfurt, MDR 1976, 676.
100 OLG Hamburg, JZ 1960, 749 ff.
101 Wie hier: *A. Blomeyer*, § 37 II 6 c; dagegen für Arglisteinrede, wenn ein Titel vorliegt: *Rosenberg/Gaul*, § 41 IX.
102 BGH, LM § 771 ZPO Nr. 2.
103 *Brox/Walker* Rdn. 1439; *Zimmermann*, § 771 Rdn. 14.
104 *Baumbach/Lauterbach/Hartmann*, § 771 Rdn. 10; *Brox/Walker*, Rdn. 1438; *Rosenberg/Gaul*, § 41 IX 5 b; *Stein/Jonas/Münzberg*, § 771 Rdn. 48, 50; siehe ferner Einf. §§ 735, 736 Rdn. 5.

Gläubiger noch keinen Titel gegen die Gesellschaft besitzt, nicht entgegen.[105] Die Rechte des Gesellschafters werden im Rechtstreit nach § 771 hinreichend gewahrt, da er dort auch alle Einwendungen, die er im Rahmen einer gegen ihn zur Titelerlangung erhobenen Klage oder Widerklage gegen seine Haftung vorbringen könnte, geltend machen kann.

37 c) Der Dritte hat durch Vertrag mit dem Schuldner dessen Vermögen[106] übernommen, der Gläubiger vollstreckt wegen einer Forderung, die aus der Zeit vor der Vermögensübernahme resultiert, in einen zum übernommenen Vermögen gehörigen Gegenstand[107]. Als »Übernahme« ist dabei nicht nur der endgültige Erwerb durch Kauf usw. zu verstehen, sondern auch der nach dem Willen der Beteiligten nur vorübergehende im Wege der Sicherungsübereignung.[108] Dafür spricht, daß der Sicherungsnehmer nach außen hin volles Eigentum erwirbt. Er kann die Vollstreckung durch Dritte in das übernommene Gut mit § 771 abwehren. Dann aber ist es nur billig, mit den Vorteilen des Vollrechtserwerbs auch dessen Nachteile, etwa die Haftung aus § 419 BGB, in Kauf nehmen zu müssen. Der Gläubiger muß, um den Einwand des § 419 BGB erheben zu können, weder bereits einen eigenen Titel gegen den Dritten besitzen noch auch nur eine Titelumschreibung gem. § 729 ZPO gegen den Dritten vornehmen können:[109] Auch wenn die zeitliche Schranke des § 729 ZPO einer Titelumschreibung entgegensteht,[110] der Gläubiger also erst einen neuen Titel gegen den Dritten erstreiten müßte, kann er die aus der Vermögensübernahme resultierende Haftung des Dritten schon einredeweise, ohne seinerseits den Dritten mit einem Rechtstreit überziehen zu müssen, geltend machen. Es wäre nicht nur unökonomisch, sondern auch ein Verstoß gegen die guten Sitten im Rechtsverkehr, wollte man der Drittwiderspruchsklage zunächst stattgeben und dem Dritten damit Gelegenheit geben, den Gegenstand beiseite zu schaffen, und den Gläubiger dann auf einen selbständigen Rechtstreit verweisen, obwohl der Gläubiger einen Anspruch darauf hat, daß ihm der gepfändete Gegen-

---

105 So noch BGH, LM § 771 ZPO Nr. 2; OLG Hamburg, JZ 1960, 749; Bedenken auch: *Baur/Stürner*, Rdn. 46.20.
106 Es genügt das wesentliche Aktivvermögen; der Verbleib einzelner verhältnismäßig unbedeutender Werte beim Schuldner steht der Annahme einer »Vermögensübernahme« nicht entgegen: BGHZ 66, 218; 77, 293; 93, 138; BGH, ZIP 1982, 565; *Palandt/Heinrichs*, § 419 Rdn. 4.
107 Die Problematik wird sich in dieser Form ab dem 1.1.1999 nicht mehr stellen, da § 419 BGB mit Inkrafttreten des neuen Anfechtungsgesetzes (EGInsO Art. 1 §§ 1–20 ) entfallen wird (Art. 33 Nr. 16 EG InsO). Zu den Hintergründen der Streichung des § 419 BGB siehe auch *Palandt/Heinrichs*, § 419 BGB Rdn. 1.
108 So auch *Baur/Stürner*, Sachenrecht, § 57 V 4; *Brox/Walker*, Rdn. 1440; *Erman-Westermann*, § 419 Rdn. 4; *Jauernig/Stürner*, § 419 Anm. 3 a; *Palandt/Heinrichs*, § 419 Rdn. 9; gegen die Anwendbarkeit des § 419 BGB auf Sicherungsübereignungen: *Medicus*, Bürgerliches Recht Rdn. 524; MüKo(BGB)/*Möschel*, § 419, Rdn. 28; *Paulus*, ZZP 1951, 285; *Schricker*, JZ 1970, 265 ff.; für eine sehr begrenzte (subsidiäre) Anwendung: *Becker-Eberhard*, AcP 1985, 429 ff.; offengelassen ist die Frage (wegen der jeweils zu speziellen Fallkonstellation) in BGHZ 80, 296 ff.; BGH, NJW 1986, 1985.
109 BGHZ 80, 296 ff.; *Baumbach/Lauterbach/Hartmann*, § 771 Rdn. 10.; *Baur/Stürner*, Rdn. 46.18; *Brox/Walker*, Rdn. 1440; *Bruns/Peters*, § 16 II 3; MüKo/K. *Schmidt*, § 771 Rdn. 48; *Rosenberg/Gaul*, § 41 IX 5 c; *Stein/Jonas/Münzberg*, § 771 Rdn. 50.
110 Siehe § 729 Rdn. 5.

stand zum Zwecke der Zwangsvollstreckung überlassen wird. Der Dritte wird durch die Zulassung der Einwendung nicht in seiner Rechtsverteidigung beschnitten, da er alle ihm zustehenden Einwände auch im Verfahren nach § 771 geltend machen kann. Einer dieser Einwände wird häufig sein, daß er gem. § 419 Abs. 2 S. 2 BGB i. V. § 1991 Abs. 3 BGB berechtigt ist, sich vor den übrigen Gläubigern aus dem übernommenen Vermögen zu befriedigen. Dies ist der Fall, wenn er aus der Zeit vor der Vermögensübernahme selbst eine Forderung gegen den Schuldner hat, die er nicht wie die übrigen Altgläubiger nach Maßgabe des § 419 BGB gegen sich selbst titulieren kann.[111] Eine Forderung, die gerade mit der Vermögensübernahme in unmittelbarem Zusammenhang steht (z. B. das Darlehn, zu dessen Sicherung das Vermögen sicherungsübereignet wurde), reicht insoweit allerdings nicht aus,[112] auch wenn – zufällig oder gewollt – die einzelnen Teilakte zeitlich hintereinander geschaltet sind. Ein Vorwegbefriedigungsrecht, das dem Einwand der Haftung aus § 419 Abs. 1 BGB entgegengehalten werden kann, steht dem Dritten auch für Aufwendungsersatzansprüche zu, die ihm aus Leistungen zu Gunsten des übernommenen Vermögens erwachsen sind, etwa auch aus Zahlungen zur Entschuldung des übernommenen Vermögens.[113]

d) Eine Haftung des Dritten neben dem Schuldner für die titulierte Schuld kann im Einzelfall auch aus sog. wirtschaftlicher Identität, die ganz ausnahmsweise den Durchgriff vom Schuldner auf den Dritten zuläßt, herrühren. Hierher gehören die Fälle der Durchgriffshaftung des alleinigen Gesellschafters für die von ihm beherrschte und mit unzulänglichem Kapital ausgestattete GmbH.[114] Keinesfalls aber ist bei jeder Einmann-GmbH, die nur mit dem gesetzlichen Mindestkapital ausgestattet ist, ohne weiteres oder auch nur regelmäßig der Durchgriff auf den Gesellschafter möglich.[115] Es müssen Umstände hinzutreten, die die Trennung im Einzelfall als rechtsmißbräuchlich erscheinen lassen. Die Einzelheiten insoweit sind sehr streitig.[116] Haftet aber im einzelnen Ausnahmefall materiellrechtlich der Gesellschafter im Wege des Durchgriffs für die gegen die GmbH titulierte Schuld, so kann dieser Einwand auch seiner Widerspruchsklage gegen die Pfändung eines ihm gehörigen Gegenstandes in der Zwangsvollstreckung gegen die Gesellschaft entgegengehalten werden.[117] Der Einwand ist möglich, ohne daß es eines Titels gegen den Gesellschafter (auch nicht im Wege der Widerklage gegen die Widerspruchsklage) bedürfte. Umgekehrt kann der Einwand der wirtschaftlichen Identität auch der Widerspruchsklage einer Einmann-GmbH entgegengehalten werden, die sich auf ihr Eigentum an einem in der Zwangsvollstreckung

38

---

111 *Medicus*, Bürgerliches Recht, Rdn. 524; MüKo(BGB)/*Möschel*, § 419 Rdn. 47; *Rosenberg/Gaul*, § 41 IX 5 c; *Palandt/Heinrichs*, § 419 Rdn. 17; BGH, NJW 1986, 1985 ff.
112 BGHZ 66, 217 ff., 225; *Palandt/Heinrichs*, § 419 Rdn. 17; zweifelnd: *Erman/Westermann*, § 419 Rdn. 26.
113 BGHZ 66, 217 ff.
114 Siehe hierzu grundsätzlich: *Lutter*, ZGR 1982, 252; *K. Schmidt*, Gesellschaftsrecht, § 9 IV; *Wiedemann*, Gesellschaftsrecht, Bd. I, § 4 III 1.
115 BGHZ 95, 330.
116 Siehe die Übersicht bei *K. Schmidt*, Gesellschaftsrecht, § 9 IV.
117 Vergl. MüKo/*K. Schmidt*, § 771 Rdn. 50.

gegen ihren Gesellschafter gepfändeten Gegenstand beruft, wenn der gepfändete Gegenstand wirtschaftlich dem Vermögen des Alleingesellschafters zuzuordnen ist.[118]

39 e) Schließlich gehören hierher die Fälle gesamtschuldnerischer Haftung des Dritten mit dem Schuldner für die titulierte Verbindlichkeit: Haftung des Halters eines PKWs aus § 7 Abs. 1 StVG neben der des Fahrers aus § 18 Abs. 1 StVG; Haftung der Ehegatten aus § 1357 Abs. 1 BGB; Haftung beider Ehegatten aus einem gemeinsam abgeschlossenen Mietvertrag für die Mietzinsforderung[119] usw. Auch in diesen Fällen muß die Forderung gegen den Dritten nicht bereits tituliert sein. Die materiellrechtlichen Einwände des Dritten gegen seine Mithaftung sind im Rahmen der Drittwiderspruchsklage voll zu berücksichtigen.

40 4. Die Widerspruchsklage kann auch dann, wenn der Dritte für die titulierte Forderung nicht mithaftet, rechtsmißbräuchlich sein. Dies ist insbesondere anzunehmen, wenn die Position des Dritten nurmehr formeller Natur ist, der Gegenstand wirtschaftlich (– schon wieder –) dem Schuldner zuzuordnen ist. So handelt ein Sicherungseigentümer rechtsmißbräuchlich, wenn er im Hinblick auf sein Eigentum widerspricht, obwohl die durch die Übereignung gesicherte Forderung bereits getilgt und er zur alsbaldigen Rückübereignung des Gegenstandes verpflichtet ist.[120] Ebenso rechtsmißbräuchlich ist der Widerspruch eines Treuhänders, wenn die Pfändung dem treuhänderischen Zweck des Treuguts nicht zuwiderläuft und eigene Interessen des Treuhänders nicht berührt werden.[121]

41 **VIII. Zum Verfahren im übrigen:** 1. Aus der Tatsache, daß der gepfändete Gegenstand sich im Besitze des Schuldners befand, wird zunächst einmal vermutet, daß er auch im Eigentum des Schuldners steht. Deshalb muß der Dritte sein »die Veräußerung hinderndes Recht« in vollem Umfange nachweisen,[122] nicht etwa der Gläubiger seine Berechtigung, in diesen Gegenstand vollstrecken zu dürfen. Ist dieser Nachweis geführt, so muß der Gläubiger seine Einwände gegen den Widerspruch, die zu einer Duldungspflicht des Dritten führen sollen, nun seinerseits nachweisen. Wie ein non-liquet hinsichtlich des Widerspruchsrechts zu Lasten des Dritten geht, so geht ein non-liquet hinsichtlich der Duldungspflicht zu Lasten des Gläubigers.

42 2. Die Klage aus § 771 Abs. 1 gegen den Gläubiger kann mit einer Klage aus materiellem Recht (z. B. auf Herausgabe der Sache oder auf Einwilligung in die Auszahlung des hinterlegten Gegenwerts der Forderung) gegen den Schuldner verbunden werden (**Abs. 2**). Gläubiger und Schuldner sind dann einfache Streitgenossen.

43 3. Die **Kostenentscheidung** richtet sich nach §§ 91 ff. ZPO, wobei § 93 ZPO hier besondere Bedeutung erlangt. Der Gläubiger ist erst zur Freigabe des gepfändeten Ge-

---

118 OLG Hamm, NJW 1977, 1159 mit ablehnender Anm. von *Wilhelm*, NJW 1977, 1887. Bei einer solchen Zuordnung ist aber Zurückhaltung geboten: BGH, DB 1978, 882.
119 *Brox/Walker*, Rdn. 1441.
120 BGH, NJW 1987, 1880.
121 BGH, DB 1959, 620; OLG Bremen, OLGZ 1990, 73.
122 OLG Köln, MDR 1963, 141.

genstandes verpflichtet, wenn der Dritte sein die Veräußerung hinderndes Recht auch nachgewiesen hat.[123] Erkennt er den Anspruch nunmehr sogleich an, so hat er keine Veranlassung zur Klage gegeben. Sein Anerkenntnis ist auch dann noch ein »sofortiges«, wenn es erst nach (gegebenenfalls auch wiederholter) Beweisaufnahme erfolgte.[124] Dadurch wird das Kostenrisiko des Interventionsklägers nicht ungebührlich hoch angesetzt.[125] Der Gläubiger, der dem Dritten keine angemessene Zeit läßt, sein Recht gehörig nachzuweisen, und der ihn deshalb in die Klage treibt, um über einstweilige Maßnahmen nach Abs. 3 die Vollstreckung aufhalten zu können, hat seinerseits die Klage veranlaßt.[126] Zudem läuft dieser Gläubiger Gefahr, Schadensersatz leisten zu müssen.[127] Er muß deshalb gegebenenfalls auch vorprozessual eine einstweilige Einstellung der Zwangsvollstreckung bewilligen.

Erkennt der Gläubiger im Rechtstreit den Anspruch nicht gegenüber dem Gericht an, sondern erklärt er stattdessen sogleich gegenüber dem Vollstreckungsorgan die Freigabe des Gegenstandes, tritt Erledigung der Hauptsache ein. Auf die beiderseitige Erledigungserklärung der Parteien hin hat das Gericht im Rahmen der Entscheidung nach § 91 a ZPO auch den Gedanken des § 93 ZPO zu berücksichtigen.[128]

4. Das Urteil ist nach den allgemeinen Regeln der §§ 708 ff. ZPO für **vorläufig vollstreckbar** zu erklären. Bei der Sicherheitsleistung sind nicht nur die Kosten zu berücksichtigen,[129] sondern auch der Umstand, daß bereits das vorläufig vollstreckbare Urteil nach §§ 775 Nr. 1, 776 ZPO zur Einstellung der Zwangsvollstreckung und Aufhebung der Pfändung führt, falls im Urteil keine dies hindernden Anordnungen gem. §§ 771 Abs. 3, 770 getroffen sind (siehe Rdn. 45). Ist die Pfändung einmal aufgehoben, so wird sie durch ein die erstinstanzliche Entscheidung abänderndes Berufungsurteil nicht wiederhergestellt. Es muß vielmehr neu in den Gegenstand (mit allen Rangnachteilen für die Zwischenzeit) vollstreckt werden.

**IX. Einstweilige Anordnungen (Abs. 3):** Da die Klageerhebung die Zwangsvollstreckung nicht automatisch hemmt, besteht wie bei § 767 ZPO auch hier die Notwendigkeit, durch einstweilige Anordnungen die Beendigung der Zwangsvollstreckung hinauszuschieben, um den Kläger nicht rechtlos zu stellen.[130] Deshalb sind die in § 769 ZPO genannten Maßnahmen auch im Verfahren gem. § 771 möglich. Hinsichtlich

44

45

---

123 OLG Köln, OLG-Report, 1992, 248. Bloße Glaubhaftmachung durch eigene eidesstattliche Versicherung des Dritten genügt in der Regel nicht; a. A. insoweit OLG Frankfurt, MDR 1973, 60.
124 Wie hier: LG Düsseldorf, MDR 1954, 236; OLG Celle, MDR 1954, 490; OLG Düsseldorf, BB 1955, 1105; OLG Nürnberg, JurBüro 1955, 234; OLG Köln, MDR 1957, 754; OLG Stuttgart, Justiz 1974, 182; OLG München, WM 1979, 292 mit Anm. von *Weber*, 294; *Stürner*, Die Aufklärungspflicht der Parteien im Zivilprozeß, 1976, 284 f.
125 So aber *Rosenberg/Gaul*, § 41 X 4 b; *Stein/Jonas/Bork*, § 93, Rdn. 10.
126 *Baumbach/Lauterbach/Hartmann*, § 93 Rdn. 82 Stichwort »Widerspruchsklage«; *Stein/Jonas/Münzberg*, § 771 Rdn. 56; *Zöller/Herget*, § 771 Rdn. 17.
127 Einzelheiten: Anh. § 771 Rdn. 6.
128 *Stein/Jonas/Bork*, § 91 a Rdn. 29; einschränkend zur Anwendung des § 93: *Baumbach/Lauterbach/Hartmann*, § 91 a Rdn. 120.
129 Zum Streitwert unten Rdn. 46.
130 Siehe oben Rdn. 12.

des Verfahrens gilt das zu § 769 ZPO Dargestellte entsprechend.[131] Abweichend von § 769 Abs. 1 S. 1 ZPO[132] ist im Verfahren nach § 771 auch eine Anordnung, daß Vollstreckungsmaßregeln **ohne** Sicherheitsleistung aufzuheben seien, möglich (**Abs. 3 S. 2**). Eine solche Anordnung kommt wegen der erheblichen Nachteile für den Gläubiger (oben Rdn. 44 a. E.) nur in Betracht, wenn der Dritte sein Recht hinreichend nachgewiesen und überdies glaubhaft gemacht hat, daß ihm durch den Fortbestand der Pfändung erhebliche Nachteile drohen (Behinderung der Veräußerung der Sache; eigene Not, wenn über die Forderung nicht umgehend verfügt werden kann usw.). Hinsichtlich der Anfechtung der Entscheidungen über den Antrag auf Erlaß einstweiliger Anordnungen gilt das zu § 769 ZPO Dargestellte uneingeschränkt.[133]

Neben § 769 ZPO gilt auch § 770 ZPO im Verfahren nach § 771 (Abs. 3 S. 1). Hinsichtlich des Verfahrens insoweit, des Inhalts der Entscheidung und der Rechtsbehelfe kann vollinhaltlich auf das dort Dargestellte verwiesen werden.[134]

Einstweilige Anordnungen gelten nur zwischen den Parteien des Rechtsstreits, in dessen Rahmen sie erlassen wurden. Ist der Gegenstand zu Gunsten mehrerer Gläubiger gepfändet worden, richtet sich die Widerspruchsklage aber nur gegen einen, so können die übrigen die Zwangsvollstreckung unberührt von einer einstweiligen Anordnung nach §§ 771 Abs. 3, 769 uneingeschränkt fortsetzen.[135]

Die Möglichkeit, einstweilige Anordnungen nach Abs. 3 zu erwirken, schließt einen das gleiche Ziel verfolgenden Antrag auf Erlaß einer einstweiligen Verfügung aus.[136] Das Verfahren nach Abs. 3 ist insoweit das speziellere.

Erweist sich nachträglich die einstweilige Einstellung der Zwangsvollstreckung nach Abs. 3 als ungerechtfertigt, so sind zu Gunsten des Gläubigers § 717 Abs. 2 ZPO und vergleichbare Vorschriften nicht entsprechend anwendbar,[137] den Dritten trifft also keine verschuldensunabhängige Haftung. Bei nur leicht fahrlässiger Verkennung der Rechtslage haftet der Widerspruchskläger insoweit auch nicht nach § 823 Abs. 1 BGB für den dem Vollstreckungsgläubiger infolge der Einstellung entstandenen Schaden.[138] Gerade dann, wenn der Gläubiger sich gegenüber einem unbestreitbar gegebenen Widerspruchsrecht nur auf eine Duldungspflicht des Dritten beruft, ist die Rechtslage oft so schwierig, daß der Dritte rechtlos gestellt würde, wäre er mit einem Schadensersatzrisiko belastet, wenn er die gerichtliche Klärung sucht.

---

131 § 769 Rdn. 2–7 und Rdn. 12.
132 Siehe dort Rdn. 10.
133 Siehe § 769 Rdn. 14, 15; ferner OLG Karlsruhe, MDR 1974, 407.
134 § 770 Rdn. 2 und 3.
135 LG Frankenthal, Rpfleger 1983, 162.
136 OLG Karlsruhe, WM 1958, 1290.
137 BGHZ 95, 10 ff. mit zustimmender Anm. von *Gerhardt*, JR 1985, 508; *Rosenberg/Gaul*, § 41 XI 1; *Stein/Jonas/Münzberg*, § 771 Rdn. 44.
138 BGHZ 95, 14 ff.

**X. Streitwert der Widerspruchsklage; Kosten einstweiliger Anordnungen:** 1. Für die 46
Berechnung des Streitwertes einer Drittwiderspruchsklage im Rahmen einer Zwangsvollstreckung ist gem. § 6 ZPO die Forderung, wegen der die Zwangsvollstreckung betrieben wird, und zwar ohne Zinsen und Kosten (§ 4 Abs. 1 ZPO)[139] maßgeblich. Entscheidend ist die im Zeitpunkt der Klageerhebung noch offene Forderung,[140] also nicht der ursprünglich titulierte Betrag. Ist der Pfandgegenstand geringwertiger als die Vollstreckungsforderung, ist dessen Wert maßgeblich. Der Wert der Vollstreckungsforderung bzw. der Wert des Pfandgegenstandes ist auch dann maßgeblich, wenn die Klage sich gegen einen Gläubiger richtet, der nur ein nachrangiges Pfandrecht besitzt und im Falle der Verwertung des Gegenstandes nur einen Teil des Erlöses erhalten würde.[141] Richtet sich die Widerspruchsklage einheitlich gegen mehrere Gläubiger, so ist der Wert der Summe ihrer noch offenen Vollstreckungsforderungen bzw., wenn dieser niedriger ist, der Wert des Pfandgegenstandes maßgebend;[142] es ist also ein einheitlicher Streitwert festzusetzen, nicht ein gesonderter Wert für die Klage gegen jeden einzelnen Vollstreckungsgläubiger.[143]
Der Streitwert der Widerspruchsklage eines Mitberechtigten auf Unzulässigkeit der Auseinandersetzungsversteigerung (§ 180 ZVG) bestimmt sich dagegen nicht nach § 6 ZPO, sondern an dem Interesse des Klägers an der Aufrechterhaltung der Miteigentumsgemeinschaft (§ 3 ZPO).[144]

2. Für die Mitwirkung am Verfahren nach §§ 771 Abs. 3, 769 ZPO erhält der Anwalt Gebühren nach § 49 BRAGO. Gerichtsgebühren fallen insoweit nicht an. Zur Kostentragungspflicht in diesem Verfahren siehe im einzelnen Rdn. 13 und 16 zu § 769 ZPO. Zum Beschwerdewert im Verfahren auf einstweiligen Vollstreckungsschutz vergl. § 769 Rdn. 16.

---

139 BGH, WM 1983, 246; *Baumbach/Lauterbach/Hartmann*, Anh. § 3 ZPO Rdn. 139, Stichwort »Widerspruchsklage«; *Zöller/Herget*, § 3 ZPO Rdn. 16 Stichwort »Widerspruchsklage nach § 771«; a. A. (Kosten und Zinsen seien hinzuzurechnen): LG Stuttgart, ZZP 1959, 327.
140 SchlHOLG, JurBüro 1957, 179.
141 BGH, NJW 1952, 1335.
142 LG Essen, NJW 1952, 548 und NJW 1956, 1033 mit zustimmender Anm. von *Tschischgale*; *Zöller/Herget*, § 3 ZPO Rdn. 16 Stichwort »Widerspruchsklage nach § 771«.
143 So aber: OLG München, Rpfleger 1973, 257 und Rpfleger 1977, 335; OLG Frankfurt, JurBüro 1973, 152; *Thomas/Putzo*, § 771 ZPO Rdn. 25.
144 LG Frankfurt, Rpfleger 1975, 322; OLG Hamm, JurBüro 1977, 1616; BGH, FamRZ 1991, 547.

**Anhang zu § 771: Ungerechtfertigte Zwangsvollstreckung und materielle Ausgleichsansprüche betroffener Dritter.**

Literatur: *Böhm*, Ungerechtfertigte Zwangsvollstreckung und materiellrechtliche Ausgleichsansprüche, 1971; *Gaul*, Ungerechtfertigte Zwangsvollstreckung und materielle Ausgleichsansprüche, AcP 1973, 323; *Gerlach*, Ungerechtfertigte Zwangsvollstreckung und ungerechtfertigte Bereicherung, 1986; *Gloede*, Haftet der Vollstreckungsgläubiger, der in schuldnerfremde bewegliche Sache vollstrecken ließ, dem früheren Eigentümer aus ungerechtfertigter Bereicherung?, MDR 1972, 291; *ders.*, Nochmals: Vollstreckung in schuldnerfremde Sachen und Bereicherungsausgleich, JR 1973, 99; *Günther*, Mobiliarzwangsvollstreckung in schuldnerfremde Sachen und Bereicherungsausgleich, AcP 1978, 456; *Henckel*, Prozeßrecht und materielles Recht, 1970; *Kaehler*, Vollstreckung in schuldnerfremde Sachen und Bereicherungsausgleich, JR 1972, 445; *Lüke*, Die Bereicherungshaftung des Gläubigers bei der Zwangsvollstreckung in eine dem Schuldner nicht gehörige bewegliche Sache, AcP 1954, 533; *Pinger*, Der Gläubiger als Ersteigerer einer schuldnerfreien Sache, JR 1973, 94; *K. Schmidt*, Pfandrechtsfragen bei erlaubtem und unerlaubtem Eingriff der Mobiliarvollstreckung in schuldnerfremde Rechte, JuS 1970, 545; *Schünemann*, Befriedigung durch Zwangsvollstreckung, JZ 1985, 49; *Wasner*, Bereicherungsausgleich nach Verwertung schuldnerfremder Sachen, 1968.

**Inhaltsübersicht**

| | Rdn. |
|---|---|
| Literatur | |
| I. Kein Ausschluß materiellrechtlicher Ansprüche durch die Beendigung der Zwangsvollstreckung | 1 |
| II. Mögliche Ersatz- und Ausgleichsansprüche: | |
|   1. Gegen den Vollstreckungsgläubiger: | |
|     a) § 812 Abs. 1 S. 1 BGB | 2–5 |
|     b) Positive Forderungsverletzung | 6, 7 |
|     c) § 823 Abs. 1 BGB | 8 |
|     d) § 826 BGB | 9 |
|   2. Gegen den Vollstreckungsschuldner: | |
|     a) Ansprüche aus dem Grundverhältnis zum Dritten | 10 |
|     b) §§ 823 Abs. 1, 826 BGB | 11 |
|     c) Kein Bereicherungsanspruch | 12 |
|   3. Gegen den Rechtsanwalt des Gläubigers | 13 |
|   4. Gegen den Ersteher | 14 |
|   5. Gegen den Staat | |
|     a) § 839 BGB i.V. mit Art. 34 GG | 15 |
|     b) Kein Anspruch auf Enteignungsentschädigung | 16 |

**1** **I. Kein Ausschluß materiellrechtlicher Ausgleichsansprüche nach Beendigung der Zwangsvollstreckung:** Die Zwangsvollstreckung dient der Befriedigung der titulierten Ansprüche des Gläubigers aus dem Vermögen **seines** Schuldners. Es ist aber auch bei korrekter Verfahrensweise nicht auszuschließen, daß Gegenstände aus dem Vermögen unbeteiligter Dritter in die Vollstreckung mit einbezogen werden. War nun das Pfändungsobjekt wirksam öffentlich beschlagnahmt (verstrickt),[1] so erfolgt seine Verwertung durch die staatlichen Vollstreckungsorgane, stellt man nur auf den Verwertungsvorgang als solchen ab, auch wenn der Gläubiger kein materiellrechtliches Pfändungspfandrecht erwerben konnte,[2] rechtmäßig, wenn nur die zwingenden Verfahrensregeln hinsichtlich des Verwertungsvorganges eingehalten wurden.[3] Denn die Legitimation des Staates, die Versteigerung beweglicher Sachen vorzunehmen, gepfändetes Geld dem Gläubiger abzuliefern oder andere Gegenstände dem Gläubiger im Rahmen des § 825 ZPO zu Eigentum zuzuweisen, folgt nicht aus dem privaten Pfändungspfandrecht des Gläubigers, sondern allein aus der wirksamen öffentlichen Beschlagnahme. Die Feststellung, daß der Staat wirksame Vermögensverschiebungen vorgenommen hat (Ablieferung, Eigentumszuweisung usw.), besagt noch nichts darüber, daß die insoweit eingetretenen Vermögenszuwächse und Vermögensverluste auch endgültige sein sollen. Der Gesetzgeber hat dies verschiedentlich selbst, so in § 878 Abs. 2 ZPO, zum Ausdruck gebracht. Aus dem Umstand, daß nach Beendigung der Zwangsvollstreckung weder eine Drittwiderspruchsklage nach § 771 ZPO[4] noch eine (etwa die Verletzung des § 809 ZPO rügende) Erinnerung nach § 766 ZPO[5] für den in seinen Rechten betroffenen Dritten möglich ist, folgt keine der Rechtskraft vergleichbare »Vollstreckungskraft«,[6] die die Geltendmachung materiellrechtlicher Ansprüche gegen diejenigen, die in den Genuß der staatlichen Vermögenszuweisungen gekommen waren, ausschlösse.[7]

II. Folgende Ansprüche des betroffenen Dritten, der sein Eigentum am Pfändungsobjekt durch formal rechtmäßige Zwangsvollstreckung verloren hat, kommen in Betracht: 2

**1. Gegen den Gläubiger:**

a) ein Anspruch aus **§ 812 Abs. 1** auf Herausgabe des Vermögenszuwachses durch die Zuweisung des Vollstreckungserlöses als Bereicherung »in sonstiger Weise«.[8] Die Auskehr des Erlöses durch den Gerichtsvollzieher an den Gläubiger ist keine privatrechtliche Verfügung, also kein bürgerlichrechtliches Rechtsgeschäft, sondern Hoheitsakt, sodaß § 816 Abs. 1 S. 2 BGB und § 816 Abs. 2 BGB als Anspruchsgrundlage ausscheiden. Verfügungen »im Wege der Zwangsvollstreckung« sind in § 816 BGB anders als in §§ 135, 161, 184, 883 BGB nicht den privatrechtlichen Verfügungen gleichgestellt. Ein Anspruch aus § 816 Abs. 1 S. 2 BGB scheitert darüberhinaus auch daran, daß der Gerichtsvollzieher zur Ab-

---

1 Vor §§ 803, 804 Rdn. 2.
2 Vor §§ 803, 804 Rdn. 10 ff.
3 § 814 Rdn. 4.
4 § 771 Rdn. 12.
5 § 766 Rdn. 20.
6 So aber: *Böhm*, Ungerechtfertigte Zwangsvollstreckung und materielle Ausgleichsansprüche, 1971, S. 85 ff.
7 *Rosenberg/Gaul*, § 41 XII 5 a; *Rosenberg/Schilken*, § 53 V.
8 Im Ergebnis ebenso: BGHZ 32, 240 ff.; 55, 20 ff.; 66, 150; BGH, NJW 1987, 1881; *Brox/Walker*, Rdn. 470; *Erman/Westermann*, § 812 BGB Rdn. 74; *Lüke*, AcP 1952, 534 ff.; MüKo(BGB)/ *Lieb*, § 812 BGB Rdn. 276; *MüKo/Schilken*, § 804 Rdn. 38; *Palandt/Thomas*, § 812 BGB Rdn. 37; *Rosenberg/Schilken*, § 53 V 1 d; *Stein/Jonas/Münzberg*, § 771 Rdn. 73.

lieferung des Versteigerungserlöses an den Gläubiger aufgrund der Verstrickung des Pfändungsgutes und der ordnungsgemäßen Versteigerung verpflichtet war.

Die Unmittelbarkeit der Vermögensverschiebung zwischen Drittem und Gläubiger, soweit man dieses Merkmal im Rahmen der Eingriffskondiktion überhaupt noch für erforderlich hält,[9] wird nicht dadurch in Frage gestellt, daß ein Dritter, nämlich der Gerichtsvollzieher, den Eigentumswechsel veranlaßt hat.

Rechtsgrund für den Gläubiger, den Vollstreckungserlös endgültig als Vermögenszuwachs behalten zu dürfen, kann allein das materiellrechtliche Pfändungspfandrecht am Vollstreckungsobjekt sein.[10] Da dieses Pfändungspfandrecht an Sachen, die nicht im Eigentum des Schuldners stehen, nicht entstehen, sich folglich auch am Vollstreckungserlös aus der Verwertung derartiger Sachen nicht fortsetzen kann,[11] erfolgt die Vermögensverschiebung zwischen Dritteigentümer und Gläubiger ohne Rechtsgrund. Die Zuweisung durch den Gerichtsvollzieher bewirkt zwar zunächst den Eigentumswechsel am Erlös, ist aber im übrigen zivilrechtlich wertneutral. Der Vorgang ist ähnlich dem in den §§ 946–950 BGB geregelten zu sehen: Der Eigentumswechsel als solcher soll zwar endgültig bleiben, die in ihm liegende Vermögensverschiebung wird dadurch aber noch nicht gebilligt. Sie bedarf der besonderen Rechtfertigung, eben durch ein wirksames Pfändungspfandrecht. Dem kann weder mit dem Hinweis auf §§ 815 Abs. 3, 817 Abs. 4, 819 ZPO entgegengetreten werden,[12] noch mit dem Hinweis auf eine angebliche materielle »Vollstreckungskraft«, die das Behaltendürfen des zugewiesenen Erlöses rechtfertige.[13] Die §§ 815 Abs. 3, 817 Abs. 4, 819 ZPO regeln lediglich die Gefahrtragung für den Fall, daß die Befriedigung aus dem Vermögen des Schuldners versucht wurde. Den §§ 767, 771 ZPO ist keine materielle Vollstreckungskraft zu entnehmen. Die dort geregelten Verfahren haben nur während der laufenden Vollstreckung den Vorrang.

3   Der Anspruch des Dritten gegen den Gläubiger, der den Vollstreckungserlös ausgekehrt erhalten hat, ohne Pfändungspfandrechtsinhaber gewesen zu sein, geht auf Auszahlung des dem Gläubiger tatsächlich zugute gekommenen Erlösanteils. Die vom Gerichtsvollzieher unmittelbar einbehaltenen Vollstreckungskosten sind nicht vom Gläubiger zu erstatten.[14] Sie sind Aufwendungen, die dem Vollstreckungsgläubiger aus Anlaß des Erwerbs des Erlöses notwendig entstehen (§ 818 Abs. 3 BGB);[15] denn der Gerichtsvollzieher ist gem. §§ 6, 21 GvKostG, 169 Nr. 2 S. 1 GVGA gehalten, die Vollstreckungskosten zunächst in Abzug zu bringen, ehe er den Erlös auskehrt. Der Gläubiger kann dem nicht widersprechen. Dem kann nicht entgegengehalten werden,[16] der Gläubiger werde

---

9   Ablehnend etwa: *Medicus*, Bürgerliches Recht, Rdn. 730 a; MüKo(BGB)/*Lieb*, § 812 BGB Rdn. 16–18; *Reuter/Martinek*, Ungerechtfertigte Bereicherung, 1983, S. 237 ff.
10  Vor §§ 803, 804 Rdn. 13 ff.
11  Vor §§ 803, 804 Rdn. 14.
12  So aber: *Gloede*, MDR 1972, 291 und JR 1973, 99; *Günther*, AcP 1978, 445.
13  *Böhm*, a.a.O., S. 85 ff.
14  BGHZ 32, 244; 66, 150; *Baur/Stürner*, Rdn. 29.18; *Brox/Walker*, Rdn. 771; *Lüke*, AcP 1952, 545; *Rosenberg/Schilken*, § 53 V 1 d; *Zöller/Herget*, § 771 Rdn. 23.
15  Kritisch insoweit: *Reuter/Martinek*, Ungerechtfertigte Bereicherung, 1983, S. 622 ff.
16  So aber: *A. Blomeyer*, § 39 II 1; *A. Blomeyer*, MDR 1976, 925; *Baumann-Brehm*, § 13 III 5 e; *Gerlach*, Ungerechtfertigte Zwangsvollstreckung und ungerechtfertigte Bereicherung, 1986, S. 60 ff.; *Kaehler*, JR 1972, 445; *Stein/Jonas/Münzberg*, § 771 Rdn. 75.

durch die Einbehaltung der Gebühren von seiner eigenen Gebührenschuld (§ 3 GvKostG) befreit, erlange also auf Kosten des Dritten einen Vorteil. Eine solche Schuldbefreiung tritt bei der Aufwendung von Erwerbskosten immer ein. Jedoch steht auch schon die Schuldbegründung im ursächlichen Zusammenhang mit dem Bereicherungsvorgang.

Hätte der Dritte sich im Rahmen einer Widerspruchsklage nach § 771 ZPO entgegenhalten lassen müssen, daß er zur Duldung der Zwangsvollstreckung trotz seines Rechtes am Vollstreckungsgegenstand verpflichtet sei,[17] so steht ihm auch nach Beendigung der Zwangsvollstreckung wegen des Verlustes des Vollstreckungsgegenstandes kein Bereicherungsanspruch zu;[18] denn der Gläubiger ist in diesem Falle nicht auf Kosten des Dritten bereichert: Dem Erwerb des Erlöses steht der Verlust des Duldungsanspruchs gegen den Dritten gegenüber. Jedenfalls steht dem Bereicherungsanspruch in Fällen dieser Art aber der Einwand unzulässiger Rechtsausübung entgegen.[19]

4

Hat der Gläubiger den Gegenstand des Dritten selbst ersteigert, so kann der Dritte von ihm nicht die Rückübereignung des Gegenstandes als Bereicherungsausgleich verlangen.[20] Der Eigentumserwerb als solcher erfolgte wie bei jedem anderen Ersteher endgültig kraft vollstreckungsrechtlichen Hoheitsakts und somit nicht rechtsgrundlos.[21] Die Bereicherung des Gläubigers liegt in diesem Fall in der gem. § 817 Abs. 4 S. 1 ZPO angeordneten Befreiung von der Barzahlungspflicht. Diesen Vorteil erlangt der Gläubiger unmittelbar aus dem Vermögen des Dritten, weil dieser seinen Anspruch auf Zahlung des Versteigerungserlöses durch die Verrechnung mit der titulierten Forderung des Gläubigers verlor.[22] Auch hier mindert sich der Bereicherungsanspruch um die vom Gläubiger entrichteten Versteigerungskosten.

5

b) ein **Schadensersatzanspruch aus positiver Forderungsverletzung** des durch die Inanspruchnahme des Drittvermögens begründeten gesetzlichen Schuldverhältnisses zwischen Drittem und Gläubiger:[23] Liegen die verfahrensrechtlichen Voraussetzungen für die Pfändung eines bestimmten Gegenstandes im Rahmen eines konkreten Zwangsvollstreckungsverfahrens vor, so ergreift der Gerichtsvollzieher zu Recht von diesem Gegenstand Besitz, mittelt auch dem Gläubiger berechtigten mittelbaren Besitz an dem Gegenstand.[24] Solange der Gegenstand wirksam beschlagnahmt ist, bleibt der Besitz rechtmäßig. Grundsätzlich kann die Rechtmäßigkeit der Beschlagnahme nur mit

6

---

17 Siehe § 771 Rdn. 31 ff.
18 OLG Celle, BB 1962, 1178; BGH, NJW 1987, 1880.
19 BGH, NJW 1987, 1880 mit Anm. von *Brehm*, JZ 1987, 780.
20 BGH, NJW 1987, 1880 ff.; *Baur/Stürner*, Rdn. 29.18; *Rosenberg/Schilken*, § 53 V 1 d.
21 BGH, NJW 1987, 1881; *Stein/Jonas/Münzberg*, § 817 Rdn. 15; siehe ferner: § 817 ZPO Rdn. 7.
22 OLG Hamburg, MDR 1953, 103; OLG Neustadt, NJW 1964, 1802; BGH, NJW 1987, 1881; *Stein/Jonas/Münzberg*, § 817 Rdn. 15; *Zöller/Stöber*, § 817 Rdn. 12.
23 Im Ergebnis wie hier: BGHZ 58, 207 ff.; 74, 9 ff.; BGH, NJW 1977, 384; NJW 1985, 3080; BGB-RGRK-Alff, § 278 BGB Rdn. 17; *Brox/Walker*, Rdn. 466; *Henckel*, JZ 1973, 32: MüKo/K. Schmidt, § 771 Rdn. 70; ein derartiges Schuldverhältnis grundsätzlich ablehnend: *Lüke*, ZZP 1995, 452.
24 Zu den Besitzverhältnissen nach der Pfändung vergl. § 808 ZPO Rdn. 13.

der Widerspruchsklage gem. § 771 ZPO beseitigt werden. Dieser Umstand bedeutet aber nicht, daß der Gläubiger die Vollstreckung in einen beschlagnahmten Gegenstand ohne jede Rücksichtnahme weiter betreiben kann, wenn er berechtigte Zweifel haben muß, daß er ein Pfändungspfandrecht an dem Gegenstand erworben hat, daß der Gegenstand also zum Vermögen seines Schuldners gehört. Daß es die Verfahrensordnung ihm ermöglicht, auch auf Gegenstände, die nicht im Eigentum seines Schuldners stehen, zuzugreifen, verpflichtet den Gläubiger gleichzeitig, allen Hinweisen auf Dritteigentum sorgfältige Beachtung zu schenken, dem Dritten Gelegenheit zu geben, einen ordnungsgemäßen Nachweis seines Eigentums zu erbringen und Gegenstände freizugeben, bei denen der Nachweis, daß sie dem Dritten gehören, geführt ist. Diese Verpflichtung ist privatrechtlicher Natur. Sie hat ihren Grund nicht im verfahrensrechtlichen Vollstreckungsverhältnis, sondern in der tatsächlichen Eigentümer-Besitzer-Beziehung, die durch die §§ 989 ff. BGB nicht erfaßt wird, da der Gläubiger zum Besitz als solchem vorläufig berechtigt ist.[25] »Gesetzliche Sonderbeziehungen privatrechtlicher Art«, die durch den tatsächlichen, nicht rechtswidrigen Eingriff in fremde Rechte begründet werden, sind unserer Rechtsordnung nicht fremd, wie etwa die Rechtsprechung zum Abmahnverhältnis im Wettbewerbsrecht zeigt.[26]

Im Rahmen dieses gesetzlichen Schuldverhältnisses hat der Gläubiger über § 278 BGB auch für das Verschulden von ihm eingeschalteter Dritter, etwa seiner Angestellten oder seines Rechtsanwaltes[27] einzustehen.

7 Der Schadensersatzanspruch ist darauf gerichtet, den Dritten so zu stellen, wie er bei pflichtgemäßem Verhalten des Gläubigers stünde (§ 249 BGB). Der Gläubiger muß deshalb vollen Wertersatz für den versteigerten Gegenstand leisten, ohne die Versteigerungskosten in Abzug bringen zu können. Lag der Versteigerungserlös unter dem Verkehrswert des Gegenstandes, muß der Gläubiger auch die Wertdifferenz ersetzen, also mehr bezahlen als er selbst erhalten hat. Hat der Gläubiger den Gegenstand selbst ersteigert, ist er zur Naturalrestitution, also zur Rückübereignung des Gegenstandes verpflichtet.[28] Hier liegt ein wesentlicher Unterschied zum Bereicherungsanspruch.[29]

8 c) ein **Schadensersatzanspruch aus § 823 Abs. 1 BGB** wegen fahrlässiger (oder vorsätzlicher) Eigentumsverletzung.[30] Daß das Verfahren zur Verwertung des schuldnerfremden Gegenstandes als solches rechtmäßig war, weil das Vollstreckungsorgan alle Verfahrensregeln der ZPO gewissenhaft beachtet hatte, nimmt dem Eingriff des Gläubigers in die fremden Eigentumsrechte noch nicht die Rechtswidrigkeit. Sie wird vielmehr auch hier im Hinblick auf das Gläubigerverhalten durch die Rechtsgutverletzung

---

25 Einen Anspruch nach §§ 989 ff. BGB wollen aber geben: *Baumann/Brehm*, § 13 III 5; MüKo/ Schilken, § 804 Rdn. 37; *Rosenberg/Schilken*, § 53 V 1 d; *Stein/Jonas/Münzberg*, § 771 Rdn. 77a.
26 Vergl. *Teplitzky*, Wettbewerbsrechtliche Ansprüche, Kap. 41, Rdn. 50 ff.; *Schmukle* in *Schuschke/Walker*, Bd. 2, Anh. § 935 Rdn. 24.
27 BGHZ 58, 215; *Bruns/Peters*, § 16 II 5; *Henckel*, JZ 1973, 32.
28 Wie hier *Brox/Walker*, Rdn. 475; a. A. (nur Geldersatz): *Rosenberg/Schilken*, § 53 V 1.
29 Oben Rdn. 5.
30 BGHZ 55, 20; 58, 207 ff.; 67, 378 ff.

nach den allgemeinen Regeln indiziert[31]. Der Anspruch setzt allerdings ein persönliches Verschulden des Gläubigers voraus. Für in Anspruch genommene Dritte (Rechtsanwalt) kann der Gläubiger sich im Rahmen des § 831 BGB exculpieren.

d) ein **Schadensersatzanspruch aus § 826 BGB**, falls der Gläubiger in Kenntnis des Dritteigentums bewußt die Zwangsvollstreckung in den Gegenstand betrieben hat, um den Dritten – etwa im Zusammenwirken mit dem Schuldner – zu schädigen. 9

**2. Gegen den Schuldner:** 10

a) Schadensersatzansprüche aus dem Rechtsverhältnis heraus, aufgrund dessen der Schuldner den Gegenstand in Besitz hatte (Miete, Leihe, Sicherungsabrede usw.). Hat der Schuldner die rechtzeitige Benachrichtigung des Dritteigentümers über die Beschlagnahme der Sache unterlassen oder sich nicht selbst gegenüber dem Gläubiger intensiv um die Freigabe der Sache bemüht, so hat er seine dem Dritteigentümer obliegenden Sorgfaltspflichten hinsichtlich des überlassenen Gegenstandes verletzt und haftet für den hieraus entstandenen Schaden (Verlust des Gegenstandes).

b) Schadensersatzansprüche aus §§ 823 Abs. 1, 826 BGB, falls der Schuldner bewußt den Gegenstand des Dritten dem Vollstreckungsorgan »angedient« hat, etwa um eigene Vermögenswerte der Vollstreckung zu entziehen. 11

c) Dagegen ist **kein Bereicherungsanspruch** des Dritten gegen den Schuldner gegeben: Der Schuldner ist, wenn der Gläubiger aus dem Vermögen eines Dritten ohne dessen Zustimmung »befriedigt« wurde, nicht von seiner Schuld befreit. Eine Erfüllung der titulierten Forderung ist nicht eingetreten, da der Gläubiger zwar Eigentümer des ausgehändigten Erlöses wurde, die damit verbundene Vermögensmehrung aber nicht endgültig behalten darf.[32] Dem Schuldner droht deshalb weiterhin die Vollstreckung aus dem Titel. 12

Entfällt ausnahmsweise die Bereicherungshaftung des Gläubigers gegenüber dem früheren Dritteigentümer gem. § 818 Abs. 3 BGB und muß sich der Gläubiger aus diesem Grunde im Verhältnis zum Schuldner so behandeln lassen, als sei er befriedigt,[33] so kann der Dritteigentümer auch daraus keinen Bereicherungsanspruch gegen den Schuldner herleiten. Die nachträgliche Bereicherung des Schuldners steht in keinem Zusammenhang mehr mit dem ursprünglichen Rechtsverlust des Dritten.

**3. Gegen den für den Gläubiger die Zwangsvollstreckung betreibenden Rechtsanwalt:** Betreibt der Rechtsanwalt, der im Gläubigerauftrag die Zwangsvollstreckung eingeleitet und ihren Fortgang zu überwachen hat, nach Tilgung der Schuld aus eigener Fahrlässigkeit (ungenaue Überwachung der Eingänge auf den Konten, nachlässige Kontrolle des Posteinganges, Ermöglichung der Unterschlagung von Schecks durch Angestellte usw.; eine lediglich fahrlässige »falsche« Rechtsansicht genügt allerdings nicht[34]) 13

---

31 BGH, NJW 1992, 2014 (Einschränkung gegenüber BGHZ 74, 9).
32 Oben Rdn. 2.
33 Vergl. hierzu: BGH, NJW 1970, 194; *Blomeyer*, § 51 IV; *Wahl*, JZ 1971, 719.
34 BGHZ 74, 9 ff. (16).

die Verwertung des Pfändungsgutes weiter, so haftet er für die dem Dritten entstehenden Schäden selbst nach § 823 Abs. 1 BGB[35] unter dem Gesichtspunkt der fahrlässigen Eigentumsverletzung. Daß das Vollstreckungsorgan bei der Fortsetzung der Vollstreckung nachwievor rechtmäßig handelt, rechtfertigt das Verhalten des Rechtsanwalts nicht.[36]

14   4. **Gegen den Ersteher des Gegenstandes in der Versteigerung:** Er haftet nur **ausnahmsweise nach § 826 BGB**, wenn er bewußt mit dem Gläubiger oder dem Schuldner zusammengearbeitet hat, um in Kenntnis des Dritteigentums den Gegenstand in der Versteigerung zu erwerben.[37]

Dagegen besteht **kein Bereicherungsanspruch** gegen ihn: Die Ablieferung des bis dahin wirksam öffentlich beschlagnahmten Versteigerungsgutes an den Ersteher ist nicht nur formale Voraussetzung seines Eigentumserwerbs, sondern zugleich abschließender Rechtsgrund hierfür. Aufgrund der wirksamen Verstrickung und der in förmlicher Hinsicht ordnungsgemäßen Versteigerung war der Gerichtsvollzieher zur Eigentumsübertragung befugt. Der Ersteher, der in keiner rechtlichen Beziehung zum Gläubiger, zum Schuldner und zum Eigentümer der Pfandsache, sondern allein zum Staat, repräsentiert durch den Gerichtsvollzieher, steht, kann auch nicht mit Einreden aus dem Verhältnis dieser drei zueinander belastet werden.

Herausgabeansprüche gegen den Ersteher aus § 985 BGB scheiden aufgrund seines wirksamen Eigentumserwerbs am Versteigerungsgut aus.

15   **5. Gegen den Staat als Träger der Vollstreckung:**

a) **Schadensersatzansprüche aus § 839 BGB i. V. Art. 34 GG**, falls das Vollstreckungsorgan rechtswidrig und schuldhaft seine Amtspflichten im Rahmen der Vollstreckung gegenüber dem Dritteigentümer verletzt hat, so, wenn Sachen gepfändet wurden, die offensichtlich nicht im Eigentum des Schuldners standen,[38] oder wenn gleichzeitig der Gewahrsam des Dritten mißachtet wurde.[39] Konnte der Dritte durch eine Erinnerung nach § 766 ZPO bzw. durch Erhebung der Drittwiderspruchsklage und gegebenenfalls Beantragung einstweiliger Maßnahmen die Verwertung seines Eigentums abwenden und hat er von dieser Möglichkeit vorwerfbar keinen Gebrauch gemacht (– Verschulden gegen sich selbst –), so entfällt die Ersatzpflicht des Staates (§ 839 Abs. 3 BGB). Im übrigen kommen Ersatzansprüche gegen den Staat, falls das Vollstreckungsorgan nur fahrlässig gehandelt hat, erst in Betracht, wenn der Dritte seine möglichen Ersatzansprüche gegen die übrigen an der Vollstreckung beteiligten Personen (Gläubiger, Schuldner pp.) erfolglos ausgeschöpft hat (§ 839 Abs. 1 S. 2 BGB).

16   b) Dagegen hat der Dritte gegen den Staat **keinen** Ersatzanspruch aus **Enteignung** oder enteignungsgleichem Eingriff (Art. 14 GG), falls er dadurch Schaden erleidet,

---

35 BGH, JR 1979, 460 mit Anm. von *Allisch*; *Lippross*, JA 1980, 16 und 53.
36 Siehe oben Rdn. 8.
37 BGH, NJW 1979, 162 f.
38 BGH, BB 1957, 163; vergl. zu dieser Konstellation ferner § 808 Rdn. 5.
39 BGH, JZ 1978, 29.

daß seine Ersatzansprüche gegen die Beteiligten nicht dem eingebüßten Sachwert entsprechen oder daß die Vollstreckung gegen sie fruchtlos verläuft.[40] Trotz des öffentlichen Interesses an der Durchführung der Zwangsvollstreckung durch den Staat anstelle des anspruchsberechtigten Gläubigers wird das dem Dritteigentümer auferlegte Sonderopfer doch nicht für die Allgemeinheit, sondern allein zugunsten des Gläubigers erbracht.

---

40 BGHZ 32, 246; *Gaul*, AcP 1973, 326; *Stein/Jonas/Münzberg*, § 771 Rdn. 79; für Ansprüche aus enteignungsgleichem Eingriff aber: *Marotzke*, NJW 1978, 133 ff.

## § 772 Widerspruchsklage bei relativen Verfügungsverboten

¹Solange ein Veräußerungsverbot der in den §§ 135, 136 des Bürgerlichen Gesetzbuchs bezeichneten Art besteht, soll der Gegenstand, auf den es sich bezieht, wegen eines persönlichen Anspruchs oder auf Grund eines infolge des Verbots unwirksamen Rechtes nicht im Wege der Zwangsvollstreckung veräußert oder überwiesen werden. ²Auf Grund des Veräußerungsverbots kann nach Maßgabe des § 771 Widerspruch erhoben werden.

**Literatur:** *Eickmann*, Das allgemeine Veräußerungsverbot nach § 106 KO und sein Einfluß auf das Grundbuch-, Vollstreckungs- und Zwangsversteigerungsverfahren, KTS 1974, 202 ff.; *Fahland*, Das Verfügungsverbot nach §§ 135, 136 BGB in der Zwangsvollstreckung, 1976; *Mainka*, Der Rückgriffsanspruch des Vergleichsbürgen im Liquidationsvergleich, KTS 1970, 12.

**1** I. Anwendungsbereich der Vorschrift: 1. §§ 135, 136 BGB betreffen nur **relative**, d. h. nur dem Schutze bestimmter einzelner Personen dienende *Verfügungsverbote* (– der im BGB gewählte Begriff des Veräußerungsverbotes ist nach allgemeiner Auffassung zu eng[1] –). Für sie ordnet § 135 Abs. 1 S. 2 BGB an, daß den rechtsgeschäftlichen Verfügungen solche im Wege der Zwangsvollstreckung oder der Arrestvollziehung gleichgestellt sind. Hieraus wiederum zieht § 772 eine vollstreckungsrechtliche Konsequenz: Solange das Verfügungsverbot gilt, soll der Dritte zwar nicht die Pfändung, wohl aber die Verwertung des Gegenstandes verhindern können, auf den das Verfügungsverbot sich bezieht.

Beispiele relativer gesetzlicher Verfügungsverbote, auf die § 135 BGB anwendbar wäre, finden sich im BGB selbst nicht,[2] aber etwa in §§ 15, 98, 156 Abs. 1 VVG. Nicht zu verwechseln mit den in § 135 BGB angesprochenen Verfügungsverboten sind die im Gesetz zahlreich geregelten Verfügungs**beschränkungen** (etwa in §§ 1365 ff., 1643 ff., 1804 ff., 2211 BGB), die nicht das rechtliche Dürfen, sondern das Können selbst beschränken. Eine Verfügung außerhalb des Verfügen-Könnens führt zur Nichtigkeit gegenüber jedermann.[3] Ebenso nicht anwendbar ist § 135 BGB auf **absolute** Verfügungsverbote[4], wie sie sich etwa in §§ 290 ff., 443 StPO finden.[5]

**2** Praktische Bedeutung gewinnt § 135 BGB im wesentlichen erst durch seine Bezugnahme in § 136 BGB. »Behördliche« Veräußerungsverbote i. S. dieser Vorschrift sind

---

1 *Erman/Brox*, §§ 135, 136 BGB Rdn. 1; *Flume*, Allgemeiner Teil des Bürgerlichen Rechts, Bd. II, § 17, 6 e; *Jauernig*, §§ 135, 136 BGB Anm. 1; *Medicus*, Allgemeiner Teil des BGB, Rdn. 664; *Palandt/Heinrichs*, §§ 135, 136 BGB Rdn. 1; *Staudinger/Dilcher*, § 135 BGB Rdn. 1.
2 Wie hier *Medicus*, Allgemeiner Teil des BGB, Rdn. 671; *Staudinger/Dilcher*, § 135, Rdn. 9; BGHZ 13, 184; a. A.: *Zöller/Herget*, § 772 Rdn. 1 (zu § 1128 BGB); früher auch: RGZ 92, 398 und 93, 294 (zu § 719 BGB).
3 BGHZ 13, 184 im Hinblick auf § 719 BGB; vergl. auch *Rosenberg/Gaul*, § 41 VI 10 b.
4 MüKo/K. Schmidt, § 772 Rdn. 6.
5 A. A. zu § 290 StPO: *Medicus*, Allgemeiner Teil des BGB Rdn. 672.

insbesondere die gerichtlichen aufgrund einstweiliger Verfügungen (§§ 935, 940, 938 Abs. 2 ZPO) oder im Verfahren auf Eröffnung eines Konkurs-oder Vergleichsverfahrens (§§ 106 Abs. 1 S. 3 KO⁶, 13, 58 ff. VerglO) ergangenen Verfügungsverbote.

Obwohl auch die im Rahmen der Pfändung von Sachen, Forderungen und anderen Vermögensrechten sowie der Beschlagnahme von Grundstücken ausgesprochenen Verfügungsverbote nur relative Wirkung zugunsten der jeweiligen Vollstreckungsgläubiger haben (§§ 829 Abs. 1, 857 ZPO, 23, 148 ZVG), also unter § 136 BGB fallen, gilt für sie dem Zweck der Norm entsprechend § 772 ZPO nicht: Das Gesetz läßt ausdrücklich die Mehrfachpfändung (§§ 826, 853 ZPO) bzw. den Beitritt zum Versteigerungsverfahren zu (§ 27 ZVG). Der Schutz der Erstpfändenden ist durch die Rangfolge entsprechend dem Prioritätsprinzip (§§ 804 Abs. 3 ZPO, 10 ZVG) gewährleistet; er kann gegebenenfalls im Verteilungsverfahren mit der Widerspruchsklage nach § 878 ZPO erzwungen werden.⁷

Zu dem in §§ 6, 7 KO enthaltenen relativen Verfügungsverbot findet sich in §§ 14, 15 KO eine Sonderregelung, die ebenfalls die Anwendung des § 772 ausschließt⁸. Der Verstoß gegen § 14 KO kann vom Konkursverwalter mit der Erinnerung nach § 766 ZPO gerügt werden⁹.

**II. Grundgedanke der Vorschrift:** Für die typischen relativen Veräußerungsverbote (so §§ 935, 940, 938 Abs. 2 ZPO, 106 Abs. 1 S. 3 KO) ist es kennzeichnend, daß sie nur für eine vorübergehende Zeit (»einstweilen«) erlassen sind, in der eine endgültige Klärung der möglichen Ansprüche bzw. Berechtigungen des Dritten stattfindet. Danach steht entweder fest, daß die Zwangsvollstreckung in den Gegenstand auf Dauer ausgeschlossen ist oder daß der Dritte sich zu Unrecht berühmt hat und daß das Verfügungsverbot aufzuheben ist: Ist etwa dem gesetzlichen Erben ein Erbschein erteilt worden, dann aber auf Antrag eines angeblichen Testamentserben nach §§ 935, 938 Abs. 2 ZPO ein Verfügungsverbot über Nachlaßgegenstände gegen ihn erlassen worden, so stellt sich am Ende des Streits der Erbprätendenten heraus, wem die Nachlaßgegenstände zustehen. Ist zwischenzeitlich in einen Nachlaßgegenstand von einem Gläubiger des gesetzlichen Erben vollstreckt worden, so wäre die Pfändung gem. §§ 135, 136 BGB dem Testamentserben gegenüber, solange das Veräußerungsverbot gilt, relativ unwirksam. Ein guter Glaube des Vollstreckungsgläubigers an das Nichtbestehen des Verfügungsverbotes wäre ohne Belang, da § 135 Abs. 2 BGB nur für rechtsgeschäftliche Verfügungen, nicht aber für Vollstreckungsakte gilt.¹⁰ Da die Pfändung nur relativ unwirksam ist, im übrigen aber wirksam, wäre der Fortgang der Vollstreckung nicht gehindert. Ein Erwerber im Rahmen der Zwangsversteigerung könnte den Nachlaßgegenstand erwerben, ohne durch das relative Veräußerungsverbot gehindert zu sein, da nur die wirksame Verstrickung, nicht aber auch ein Pfändungspfandrecht

---

6 Ab 1.1.1999: § 21 Abs. 2 Nr. 2 InsO.
7 *Stein/Jonas/Münzberg*, § 772 Rdn. 2.
8 *MüKo/K. Schmidt*, § 772 Rdn. 7.
9 *Kilger/K. Schmidt*, § 14 KO Anm. 5; *Kuhn/Uhlenbruck*, § 14 KO Rdn. 17; *Häsemeyer*, Insolvenzrecht, Kap. 10, III 3. An die Stelle der §§ 14, 15 KO treten ab 1.1.1999 die §§ 89, 91 InsO.
10 *Brox/Walker*, Rdn. 1426; *Erman/Brox*, §§ 135, 136 BGB Rdn. 13; *Palandt/Heinrichs*, §§ 135, 136 BGB Rdn. 9; *Stein/Jonas/Münzberg*, § 772 Rdn. 7; a. A.: *MüKo(BGB)/Mayer/Maly*, § 135 BGB Rdn. 43.

des Vollstreckungsgläubigers Legitimation der wirksamen öffentlich-rechtlichen Eigentumszuweisung durch das Vollstreckungsorgan an den Ersteher ist.[11] Stellt sich nachträglich heraus, daß der Testamentserbe der wahre Erbe ist, ist der Gegenstand bereits unwiederbringlich in fremden Händen. Es ist also nicht die Pfändung, die den Testamentserben in der Zeit des Schwebezustandes belastet, sondern nur die Gefahr der Verwertung der Sache. Sie muß deshalb vorläufig verhindert werden. Ähnlich ist die Situation im Falle des § 106 Abs. 1 S. 3 KO: Zwischen dem Konkursantrag und dem Eröffnungsbeschluß gilt § 14 KO noch nicht.[12] Die Konkursgläubiger können aber durch ein relatives Veräußerungsverbot des Konkursgerichts vorläufig geschützt werden. Eine danach erfolgte Pfändung im Wege der Einzelvollstreckung ist dann ihnen gegenüber gem. §§ 135, 136 BGB relativ unwirksam. Wird das Konkursverfahren später eröffnet, greift nunmehr § 14 KO. Ist der Gegenstand aber vor der Konkurseröffnung bereits versteigert, so hat der Ersteher wirksam Eigentum erworben, der Gegenstand ist endgültig für die Konkursmasse verloren.

Hier nun setzt § 772 S. 1 ZPO ein: Solange das Veräußerungsverbot der in den §§ 135, 136 BGB bezeichneten Art besteht (– es muß also wirksam erlassen und darf nicht wieder aufgehoben sein –), darf der Gegenstand, auf den es sich bezieht, zwar gepfändet werden, er **soll** aber nicht durch Versteigerung (§ 817 ZPO), Eigentumszuweisung an den Gläubiger oder freihändigen Verkauf (als Formen besonderer Verwertung i. S. § 825 ZPO), Zwangsversteigerung (§ 35 ZVG) oder, soweit es sich um eine Forderung oder ein sonstiges Vermögensrecht handelt, durch Überweisung (§§ 835, 857 ZPO) veräußert, also verwertet werden, falls nicht die Vollstreckung wegen eines Rechts an der Sache erfolgt, das gegen den Dritten unabhängig vom Veräußerungsverbot wirkt (z. B. Zwangsvollstreckung aus einer Hypothek, die schon vor dem Verfügungsverbot am Grundstück bestellt war).

4 **III. Wirkung des Verbotes aus S. 1:** Es handelt sich um eine Ordnungsvorschrift, deren Nichtbeachtung nicht zur Nichtigkeit etwa doch durchgeführter Verwertungsmaßnahmen führt. Das Vollstreckungsorgan verletzt allerdings seine Amtspflichten, wenn es ein ihm bekanntgewordenes Verfügungsverbot i. S. der §§ 135, 136 BGB mißachtet.

5 **IV. Rechtsbehelfe:** 1. § 772 S. 1 schützt allein den Dritten, nicht den Schuldner. Deshalb kann auch nur der Dritte, nicht der Schuldner seine Nichtbeachtung mit der Erinnerung gem. § 766 ZPO rügen.[13] Der Gläubiger, der die Wirksamkeit des Verfügungsverbotes bestreitet und deshalb die Ablehnung der Verwertung als zu Unrecht erfolgt ansieht, kann seinerseits mit der Erinnerung nach § 766 Abs. 2 ZPO bzw. § 11 RPflG vorgehen.

6 2. Der Dritte kann darüberhinaus gem. S. 2 das Veräußerungsverbot mit der Drittwiderspruchsklage gem. § 771 ZPO geltend machen. Der Antrag muß dahingehen, die Veräußerung im Wege der Zwangsvollstreckung oder der Überweisung (nicht auch

---

11 Vergl. Anh. § 771 Rdn. 1 und § 817 Rdn. 7.
12 *Kilger/K. Schmidt*, § 14 KO Anm. 3.
13 OLG Hamburg, MDR 1966, 515; *Brox/Walker*, Rdn. 1426; *Rosenberg/Gaul*, § 41 VI 10 d; *Stein/Jonas/Münzberg*, § 772 Rdn. 10; a. A.: *Baumbach/Lauterbach/Hartmann*, § 772 Rdn. 3; *Zöller/Herget*, § 772 Rdn. 3.

die Pfändung) für unzulässig zu erklären. Entsprechend hat im Falle des Erfolges der Tenor der Entscheidung zu lauten.

3. Hatte die Klage Erfolg und wurde dementsprechend die Verwertung des Gegenstandes für unzulässig erklärt, so kann der Gläubiger, wenn das Veräußerungsverbot später entfällt, der Dritte der Forsetzung der Zwangsvollstreckung aber nicht zustimmt, mit einer Abwehrklage entsprechend § 767 ZPO der Fortwirkung des Urteils nach §§ 772, 771 entgegentreten.[14]

**V.** Gem. § 262 Abs. 1 AO gilt die Vorschrift auch im Rahmen der Abgebenvollstreckung.

---

[14] *Rosenberg/Gaul*, § 41 VI 10 c; *Stein/Jonas/Münzberg*, § 772 Rdn. 13; *Zöller/Herget*, § 772 Rdn. 3.

§ 773 Widerspruchsklage des Nacherben

¹Ein Gegenstand, der zu einer Vorerbschaft gehört, soll nicht im Wege der Zwangsvollstreckung veräußert oder überwiesen werden, wenn die Veräußerung oder die Überweisung im Falle des Eintritts der Nacherbfolge nach § 2115 des Bürgerlichen Gesetzbuchs dem Nacherben gegenüber unwirksam ist. ²Der Nacherbe kann nach Maßgabe des § 771 Widerspruch erheben.

1 **I. Grundgedanken der Vorschrift:** Um den Nachlaß nicht völlig auszuhöhlen, bevor er dem Nacherben zufällt, bestimmt § 2115 S. 1 BGB, daß Verfügungen über einen Erbschaftsgegenstand, die im Wege der Zwangsvollstreckung oder der Arrestvollziehung oder durch den Konkursverwalter erfolgten, im Falle des Eintritts der Nacherbfolge insoweit unwirksam sind, als sie das Recht des Nacherben vereiteln oder beeinträchtigen würden. Ausgenommen von dieser Regelung sind nach S. 2 Vollstreckungsakte von Nachlaßgläubigern (– die ja auch der Nacherbe aus dem Nachlaß befriedigen müßte –) und solchen Gläubigern, die aus Rechten am Nachlaßgegenstand vollstrecken, die im Falle des Eintritts der Nacherbfolge dem Nacherben gegenüber wirksam sind (z. B. Pfandrecht am Nachlaßgegenstand oder Hypothek am zum Nachlaß gehörigen Grundstück).¹ Ähnlich wie bei den in § 772 ZPO angesprochenen relativen Veräußerungsverboten bedarf die materiellrechtliche Regelung einer verfahrensrechtlichen Ergänzung, weil im Falle einer Versteigerung im Wege der Zwangsvollstreckung trotz der – relativ – unwirksamen Pfändung das Eigentum an den Nachlaßgegenständen durch das Vollstreckungsorgan auf den Ersteher übertragen werden könnte,² da § 2115 S. 1 BGB die wirksame öffentlichrechtliche Beschlagnahme (Verstrickung) nicht hindert. § 773 löst das Problem in der gleichen Weise wie § 772 ZPO: Der Nachlaßgegenstand darf zwar gepfändet werden, seine Verwertung zugunsten des Gläubigers ist aber untersagt. Für den Konkurs enthält § 128 KO eine vergleichbare Regelung.

2 **II.** Hinsichtlich der **Wirkung** der Norm und der **Rechtsbehelfe** im Falle ihrer Nichtbeachtung kann in vollem Umfang auf das zu § 772 ZPO Dargestellte verwiesen werden.³

3 **III.** Die Vorschrift ist **nicht** anwendbar auf die Teilungsversteigerung zum Zwecke der Auseinandersetzung unter Mitvorerben (§§ 180 ff. ZVG).⁴ Der Nacherbe kann ihr nicht widersprechen. Der im Grundbuch eingetragene Nacherbenvermerk hindert die Versteigerung nicht.

4 **IV.** Gem. § 262 Abs. 1 AO gilt die Vorschrift auch im Rahmen der Abgabenvollstreckung.

---

1  Im Falle der Befreiung des Vorerben nach § 2136 BGB können diese Rechte auch, soweit § 2113 Abs. 2 BGB beachtet ist, vom Vorerben bestellt sein; RGZ 133, 264.
2  Siehe § 772 Rdn. 3.
3  Siehe dort Rdn. 4–7; vergl. ferner: *Brox*, Erbrecht, Rdn. 353; *Rosenberg/Gaul*, § 21 II 7 b.
4  BayObLGZ 65, 212; OLG Hamm, NJW 1969, 516; *Erman/M. Schmidt*, § 2115 BGB Rdn. 2; *Jauernig/Stürner*, § 2115 BGB Anm. 4; *Palandt/Edenhofer*, § 2115 Rdn. 3.

## § 774 Widerspruchsklage des Ehegatten

Findet nach § 741 die Zwangsvollstreckung in das Gesamtgut statt, so kann ein Ehegatte nach Maßgabe des § 771 Widerspruch erheben, wenn das gegen den anderen Ehegatten ergangene Urteil in Ansehung des Gesamtgutes ihm gegenüber unwirksam ist.

**I. Zweck der Norm:** Die Vorschrift ergänzt § 741 ZPO:[1] Auch wenn das Vollstreckungsorgan sorgfältig die Voraussetzungen der Vollstreckung in das Gesamtgut aus einem gegen den Ehegatten gerichteten Titel, der das Gesamtgut nicht verwaltet, der aber selbständig ein Erwerbsgeschäft führt,[2] geprüft hat,[3] kann es oft doch nicht übersehen, ob das Gesamtgut auch tatsächlich – und nicht nur dem äußeren Schein nach – materiellrechtlich für die titulierte Schuld haftet. Die Haftung kann etwa ausgeschlossen sein, wenn es sich bei der angeblichen Geschäftsschuld um eine Privatverbindlichkeit des nichtverwaltenden Ehegatten handelt, wenn die Zustimmung zum Betrieb des Erwerbsgeschäfts nur deshalb nicht verweigert wurde, weil der verwaltende Ehegatte hiervon keine Kenntnis hatte oder wenn im Zeitpunkt des Rechtshängigwerdens der dem Titel zugrunde liegenden Klage bereits der Einspruch oder Widerspruch gegen das Erwerbsgeschäft im Güterrechtsregister eingetragen war, der verwaltende Ehegatte dies dem Vollstreckungsorgan aber nicht nachweist.[4] In diesen Fällen gibt § 774 dem verwaltenden Ehegatten die Möglichkeit, die fehlende Haftung des Gesamtguts mit einer Widerspruchsklage nach Maßgabe des § 771 ZPO geltend zu machen.[5]

**II. Widerspruchsklage:** Hinsichtlich der Zulässigkeit der Klage im allgemeinen gilt das zu § 771 ZPO Ausgeführte[6] entsprechend. Die Widerspruchsklage ist keine Familiensache,[7] auch wenn der Vollstreckungstitel, der Grundlage der Zwangsvollstreckung ist, seinerseits eine Familiensache betrifft.[8]

Im Rahmen der Begründetheit der Klage kann der Gläubiger, dem entgegengehalten wird, der Einspruch oder Widerspruch gegen das Erwerbsgeschäft sei rechtzeitig im Güterrechtsregister eingetragen gewesen, seinerseits einwenden, der verwaltende Ehegatte habe aber dem Einzelgeschäft, das dem Titel zugrundeliegt, zugestimmt[9].

**III.** Gem. § 262 Abs. 1 AO gilt die Vorschrift auch im Rahmen der Abgabenvollstreckung.

---

1 Siehe dort insbesondere Rdn. 5 und 6.
2 Siehe insoweit § 741 Rdn. 2.
3 Zum Prüfungsumfang siehe § 741 Rdn. 3.
4 Siehe hierzu § 741 Rdn. 3.
5 Zur Möglichkeit, im Einzelfall auch nach § 766 ZPO vorgehen zu können, siehe § 741 Rdn. 3 und *Stein/Jonas/Münzberg*, § 774 Rdn. 2.
6 Siehe dort Rdn. 9–12.
7 BGH, Rpfleger 1979, 99; MüKo/*K. Schmidt*, § 774 Rdn. 5.
8 Vergl. § 771 Rdn. 9 und dort Fußn. 25.
9 MüKo/*K. Schmidt*, § 774 Rdn. 4; *Zöller/Herget*, § 774 Rdn. 1.

## § 775 Einstellung und Beschränkung der Zwangsvollstreckung

Die Zwangsvollstreckung ist einzustellen oder zu beschränken:
1. wenn die Ausfertigung einer vollstreckbaren Entscheidung vorgelegt wird, aus der sich ergibt, daß das zu vollstreckende Urteil oder seine vorläufige Vollstreckbarkeit aufgehoben oder daß die Zwangsvollstreckung für unzulässig erklärt oder ihre Einstellung angeordnet ist;
2. wenn die Ausfertigung einer gerichtlichen Entscheidung vorgelegt wird, aus der sich ergibt, daß die einstweilige Einstellung der Vollstreckung oder einer Vollstreckungsmaßregel angeordnet ist oder daß die Vollstreckung nur gegen Sicherheitsleistung fortgesetzt werden darf;
3. wenn eine öffentliche Urkunde vorgelegt wird, aus der sich ergibt, daß die zur Abwendung der Vollstreckung erforderliche Sicherheitsleistung oder Hinterlegung erfolgt ist;
4. wenn eine öffentliche Urkunde oder eine von dem Gläubiger ausgestellte Privaturkunde vorgelegt wird, aus der sich ergibt, daß der Gläubiger nach Erlaß des zu vollstreckenden Urteils befriedigt ist oder Stundung bewilligt hat;
5. wenn ein Postschein vorgelegt wird, aus dem sich ergibt, daß nach Erlaß des Urteils die zur Befriedigung des Gläubigers erforderliche Summe zur Auszahlung an den letzteren bei der Post eingezahlt ist.

Inhaltsübersicht

| | Rdn. |
|---|---|
| Literatur | |
| I. Allgemeines | 1–3 |
| II. Begriffe: | |
|   1. Einstellung | 4 |
|   2. Beschränkung | 5 |
|   3. Aufhebung | 6 |
| III. Die einzelnen Fälle: | |
|   1. Nr. 1 | 7 |
|   2. Nr. 2 | 8 |
|   3. Nr. 3 | 9 |
|   4. Nr. 4 | 10 |
|   5. Nr. 5 | 11 |
| IV. Durchführung der Einstellung bzw. Beschränkung | 12 |
| V. Fortsetzung der Zwangsvollstreckung | 13 |
| VI. Rechtsbehelfe | 14, 15 |

Literatur: *Blumenröder*, Die Aufhebung der Zwangsvollstreckung in bewegliche Sachen samt daraus folgenden Einzelfragen, Diss. Köln 1953; *Brehm*, Ändern sich gesetzliche Entscheidungszuständigkeiten durch Treu und Glauben?, JZ 1978, 262; *Drischler*, Neuere Rechtsprechung zum Zwangsversteigerungs- und Zwangsverwaltungsrecht, KTS 1975, 283; *Kirberger*, Vollstreckungsverfahren nach Einstellung der Zwangsvollstreckung durch das Prozeßgericht, Rpfleger 1976, 8; *Lehr*, Das Erlöschen der Vollstreckbarkeit, Diss. Frankfurt 1968; *Noack*, Die Einstellung der Zwangsvollstreckung nach § 775 ZPO, die Herausgabevollstreckung bei Dritteigentum, die Pfän-

*Einstellung und Beschränkung der Zwangsvollstreckung* § 775

dung des Vollstreckungsanspruchs und sonstige Einzelfragen, DGVZ 1975, 97; *Noack,* Die vorläufige Einstellung und die Fortsetzung der Zwangsvollstreckung gem. § 775 Ziff. 4 u. 5 ZPO, DGVZ 1976, 149; *Scheld,* Vollstreckung übergeleiteter Urteilsforderungen (§§ 775, 776 ZPO), DGVZ 1984, 49; *Schmidt – von Rhein,* Die Hinterlegung der vom Schuldner entgegengenommenen Sicherheitsleistung durch den Gerichtsvollzieher, DGVZ 1981, 145; *Schmidt – von Rhein,* Zur analogen Anwendung der §§ 775, 815 ZPO bei der Pfändung titulierter Ansprüche., DGVZ 1988, 65; *Schneider,* Einstellung wegen ungerechtfertigter Kostenvollstreckung aus dem Vollstreckungsbescheid, DGVZ 1977, 129; *ders.,* Zahlungsnachweis »nach Erlaß des Urteils« (§ 775 Nr. 4, 5 ZPO) im Mahnverfahren, JurBüro 1978, 172; *Schumacher,* Bruttolohn-Urteile und ihre Vollstreckung, BB 1957, 440; *ders.,* Vollstreckungsbedenken gegen Bruttolohnurteile, AcP 1957, 300; *Sebode,* Die Einstellung der Zwangsvollstreckung nach § 775 ZPO, DGVZ 1964, 161; *Seip,* Sind die §§ 775, 776 ZPO änderungsbedürftig?, DGVZ 1972, 7; *Wieser,* Die Dispositionsbefugnis des Vollstreckungsgläubigers, NJW 1988, 665.

**I. Allgemeines:** Wird ein Urteil auf ein Rechtsmittel hin aufgehoben oder inhaltlich abgeändert, wird ein Titel im Rahmen einer Entscheidung nach § 323 ZPO abgeändert oder wird die Zwangsvollstreckung aus einem Titel oder einer vollstreckbaren Ausfertigung oder in einen bestimmten Gegenstand für unzulässig erklärt (§§ 732, 766, 767, 768, 771 ZPO), so benachrichtigt das entscheidende Gericht hiervon nicht selbst die Vollstreckungsorgane. Es kümmert es sich in der Regel noch nicht einmal darum, ob die Vollstreckung aus dem Titel oder der Ausfertigung tatsächlich schon betrieben wird, soweit nicht ausnahmsweise der Vollstreckungsbeginn Zulässigkeitsvoraussetzung der Klage ist (wie bei § 771 ZPO[1]) Auch die Einstellung, Beschränkung oder einstweilige Einstellung der Zwangsvollstreckung wird dem Vollstreckungsorgan nur dann unmittelbar bekannt, wenn es amtswegen selbst über die Einstellung zu entscheiden hatte (z. B. Prozeßgericht als Vollstreckungsorgan im Rahmen der §§ 887 ff. ZPO; Einstellung durch den Rechtspfleger nach § 765 a Abs. 1 ZPO oder den Gerichtsvollzieher nach § 765 a Abs. 2 ZPO).    1

Ähnlich ist die Situation, wenn der Schuldner, dem nachgelassen war, die Zwangsvollstreckung abzuwenden (z. B. nach §§ 711, 712 ZPO), die diesbezüglichen Auflagen (Sicherheitsleistung oder Hinterlegung) erfüllt hat: Das Vollstreckungsorgan erhält hiervon nicht automatisch Kenntnis. Der ursprüngliche vollstreckbare Titel befindet sich weiterhin in der Hand des Gläubigers oder des von ihm ersuchten Vollstreckungsorgans. Vollstreckungsakte, die nach einer den Titel selbst oder seine Vollstreckbarkeit aufhebenden Entscheidung ergehen, sind nicht nichtig, sondern nur anfechtbar;[2] denn der äußere Schein einer ordnungsgemäßen Vollstreckung spricht zunächst für sie. Vollstreckungsakte, die vorher vorgenommen wurden, verlieren nicht von selbst ihre Wirksamkeit. Die Verstrickung muß zunächst weiter beachtet werden; der Schuldner darf keinesfalls selbst das Pfandsiegel entfernen; hierzu ist nur das staatliche Vollstreckungsorgan berechtigt.[3]

Die Umsetzung der oben genannten Entscheidungen in das Vollstreckungsverfahren zu regeln, ist Ziel der §§ 775 Nr. 1–3, 776 ZPO.

---

1 Siehe dort Rdn. 11.
2 Näheres hierzu unten Rdn. 14; ferner LG Berlin, MDR 1975, 672.
3 OLG Oldenburg, MDR 1955, 300.

2　Darüberhinaus werden zwei Fälle des im Vollstreckungsverfahren selbst im übrigen unbeachtlichen Erfüllungs- bzw. Stundungseinwandes angesprochen: Vollstreckungsauftrag einerseits und freiwillige Erfüllung andererseits können sich kreuzen. Der Gläubiger mag die Erfüllung noch nicht bemerkt oder das Vollstreckungsorgan noch nicht von ihr benachrichtigt haben (Fälle der nachlässigen Sachbehandlung durch den Verfahrensbevollmächtigten usw.). Weist der Schuldner hier mit der für das Vollstreckungsverfahren erforderlichen förmlichen Klarheit und inhaltlichen Sicherheit gegenüber dem Vollstreckungsorgan die Erfüllung bzw. Stundung nach, wäre es unnötig kostentreibend, wenn er gezwungen wäre, eine gerichtliche Entscheidung über die einstweilige Einstellung der Zwangsvollstreckung (etwa nach § 769 Abs. 2 ZPO) herbeizuführen, bis der Gläubiger das Vollstreckungsorgan förmlich zur Einstellung und Aufhebung der Zwangsvollstreckung anweist. Hier einen einfacheren und praktikableren Weg zu eröffnen, ist Ziel der §§ 775 Nr. 4–5, 776 ZPO.

3　Über §§ 775, 776 ZPO hinaus sind folgende Fälle der Einschränkung bzw. Einstellung der Zwangsvollstreckung durch das Vollstreckungsorgan denkbar:
– Der Gerichtsvollzieher schiebt im Rahmen der Herausgabevollstreckung aus eigenem Recht gem. § 765 a Abs. 2 ZPO die Wegnahme der Sache bis zu einer Woche auf;[4] oder er hinterlegt gepfändetes Geld vorläufig nach § 815 Abs. 2 S. 1 ZPO.
– Der Gläubiger beantragt seinerseits beim Vollstreckungsorgan, die Zwangsvollstreckung einzustellen oder gar aufzuheben. Die Vollstreckungsorgane sind an diesen Antrag gebunden, da eine Vollstreckung gegen den Willen des Gläubigers ausgeschlossen ist.[5] Die Einzelheiten regelt § 111 GVGA.
– Der Schuldner hat freiwillig die gesamte offene Schuld einschließlich der Kosten an den Gerichtsvollzieher gezahlt. Der Gerichtsvollzieher hat daraufhin die Zwangsvollstreckung einzustellen (§§ 757 ZPO, 106 GVGA); zum Zeichen der endgültigen Einstellung erhält der Schuldner den Titel ausgehändigt.[6]
– Nach Übernahme des Vollstreckungsauftrages stellt der Gerichtsvollzieher fest, daß ein Teil der besonderen oder allgemeinen Vollstreckungsvoraussetzungen fehlt. Er hat die weitere Vollstreckung abzulehnen und die begonnene Vollstreckung einzustellen.
– Im Laufe des Versteigerungsverfahrens stellt sich heraus, daß bereits durch die Verwertung eines Teiles der gepfändeten Gegenstände die Vollstreckungsforderung einschließlich der Kosten getilgt ist. Der Gerichtsvollzieher hat sogleich die weitere Versteigerung einzustellen (§ 240 Nr. 6 GVGA).

4　**II. Begriffe: 1. Eingestellt** ist die Zwangsvollstreckung, wenn sie nach ihrem Beginn aufgrund eines Entschlusses des Vollstreckungsorgans nicht fortgesetzt oder wenn sie gegen den Antrag des Gläubigers nicht eingeleitet wird. Die Zwangsvollstreckung **ruht** dagegen nur, wenn sie tatsächlich nicht weiterbetrieben wird, weil es zu ihrer Fortsetzung einer weiteren Initiative des Gläubigers bedürfte (z. B. Zahlung eines Vorschusses), die vorläufig ausbleibt.

---

4　Siehe § 765 a Rdn. 22.
5　Siehe Allgem. Vorbem. vor § 704 Rdn. 5, Vorbem. §§ 753–753 ZPO Rdn. 6 sowie § 753 Rdn. 8.
6　Siehe § 757 Rdn. 2.

*Einstellung und Beschränkung der Zwangsvollstreckung* § 775

**2. Beschränkt** ist die Zwangsvollstreckung, wenn nur einzelne Vollstreckungsmaßnahmen eingestellt sind (etwa aufgrund vorläufigen Rechtschutzes nach §§ 766 Abs. 1 S. 2, 732 Abs. 2 ZPO in einem Erinnerungsverfahren, in dem es um die Unpfändbarkeit einzelner Gegenstände nach § 811 ZPO geht), während die Zwangsvollstreckung im übrigen in andere Gegenstände ungehindert weitergehen kann. 5

**3. Aufgehoben** ist die Zwangsvollstreckung, wenn eine bereits eingeleitete Vollstreckungsmaßnahme wieder rückgängig gemacht wird, das Pfandsiegel also z. B. entfernt, der Pfändungs- und Überweisungsbeschluß wieder aufgehoben wird. Die Aufhebung von Vollstreckungsmaßnahmen ist nicht in § 775, sondern erst in § 776 ZPO angesprochen. 6

**III. Die einzelnen Fälle: 1. Nr. 1: Vollstreckungshindernde Entscheidungen.** Hierunter fallen zunächst Urteile[7] und Beschlüsse, durch die der Vollstreckungstitel in der Sache aufgehoben wurde (inhaltlich dahingehend abgeändert, daß die Vollstreckungsforderung ganz oder teilweise entfiel). Dies sind zum einen Urteile in der Rechtsmittelinstanz, im Nachverfahren nach einem Vorbehaltsurteil (§§ 302 Abs. 4, 600 Abs. 2 ZPO), auf einen Einspruch gegen ein Versäumnisurteil oder einen Vollstreckungsbescheid hin (§§ 343, 700 Abs. 3 ZPO), im Abänderungsverfahren (§ 323 ZPO), oder im Wiederaufnahmeverfahren (§ 590 ZPO)[8], Beschlüsse zur Aufhebung einstweiliger Anordnungen auf Unterhaltszahlung,[9] zum anderen aber auch Beschwerdeentscheidungen zu vollstreckbaren Beschlüssen (z. B. zu einem Beschluß nach § 887 Abs. 2 ZPO), Urteile auf einen Widerspruch gegen einen durch Beschluß erlassenen Arrest oder eine durch Beschluß erlassene einstweilige Verfügung hin. 7

Ferner gehören hierher Entscheidungen, durch die die vorläufige Vollstreckbarkeit des zu vollstreckenden Urteils aufgehoben wird. Dies sind insbesondere die Teilurteile (Vorabentscheidungen) nach § 718 Abs. 1 ZPO, aber auch alle anderen die Vollstreckbarkeitserklärung im Titel aufhebenden oder abändernden Urteile (§ 717 Abs. 1 ZPO). Schließlich fallen unter Nr. 1 die Urteile und Beschlüsse, durch die die Zwangsvollstreckung aus einem Titel schlechthin (§ 767 ZPO), aus einer vollstreckbaren Ausfertigung des Titels (§§ 732, 768 ZPO), in einen bestimmten Gegenstand (§§ 766, 771 ZPO) für unzulässig erklärt wurde sowie Beschlüsse, durch die die Zwangsvollstreckung endgültig eingestellt wurde (Beschlüsse in besonderen Einzelfällen nach §§ 765 a Abs. 1, 766 ZPO). **Keine** Entscheidung i. S. Nr. 1 sind Vergleiche, in denen der Vollstreckungstitel aufgehoben oder sein vollstreckbarer Inhalt reduziert wurde.[10] Vergleichsausfertigungen können allenfalls als öffentliche Urkunden im Rahmen von Nr. 4 Bedeutung gewinnen.

Die Entscheidungen im vorstehenden Sinne müssen *vollstreckbar sein*, sie müssen also in Beschlüssen i. S. § 794 Nr. 3 ZPO, in rechtskräftigen oder für vorläufig vollstreckbar erklärten Urteilen i. S. § 704 Abs. 1 ZPO enthalten sein. Handelt es sich

---

7 Nicht etwa schon die derartige Verfahren einleitenden Klageschriften usw.: VGH Mannheim, NVwZ-RR 1993, 447.
8 MüKo/*K. Schmidt*, § 775 Rdn. 12.
9 OLG Stuttgart, Rpfleger 1985, 199; OLG Koblenz, FamRZ 1985, 819; MüKo/*K. Schmidt*, § 775 Rdn. 12.
10 LG Tübingen, JurBüro 1986, 624; MüKo/*K. Schmidt*, § 775 Rdn. 10.

um ein Urteil, das den Vollstreckungstitel in der Hauptsache aufhebt oder abändert, das aber seinerseits nur gegen Sicherheitsleistung vorläufig vollstreckbar ist, so bedarf es im Rahmen des § 775 nicht des Nachweises der Sicherheitsleistung, da nach § 717 Abs. 1 ZPO die vorläufige Vollstreckbarkeit des Vollstreckungstitels bereits mit Urteilsverkündung entfallen ist. Handelt es sich dagegen um ein nur gegen Sicherheitsleistung vorläufig vollstreckbares Urteil, durch das die Zwangsvollstreckung für unzulässig erklärt wurde (§§ 767, 768, 771 ZPO), so ist der Nachweis der Sicherheitsleistung erforderlich, wenn eine Einstellung oder Beschränkung der Zwangsvollstreckung erreicht werden soll.[11]

Die Ausfertigung der Entscheidung, die dem Vollstreckungsorgan vorgelegt wird, muß nicht ihrerseits mit einer Vollstreckungsklausel versehen sein; es genügt also eine einfache Ausfertigung, nicht aber eine bloße Abschrift.

Eine tatsächliche Vorlage der Entscheidung an das Vollstreckungsorgan ist nicht erforderlich, wenn die Entscheidung sich bereits in den Akten des Vollstreckungsorgans befindet. In diesen Fällen genügt eine Bezugnahme.

Ist durch ein Urteil gem. § 767 ZPO die Zwangsvollstreckung aus einer gerichtlichen Entscheidung für unzulässig erklärt worden, so erstreckt sich dieses Urteil nicht auch auf die im Vollstreckungstitel enthaltene Kostenentscheidung als Grundlage der Kostenfestsetzung.[12] Die Vorlage eines solchen Urteils könnte also nicht die weitere Zwangsvollstreckung aus dem Kostenfestsetzungsbeschluß, der auf der Grundlage des Vollstreckungstitels, auf den sich die Entscheidung gem. § 767 ZPO bezieht, ergangen war, hindern.

8  2. **Nr. 2:** Entscheidungen über die einstweilige Einstellung der Zwangsvollstreckung oder einer Vollstreckungsmaßregel oder über die Beschränkung der Vollstreckbarkeit dahin, daß die Vollstreckung nur gegen Sicherheitsleistung fortgesetzt werden darf. Hierunter fallen die eine spätere endgültige Entscheidung vorbereitenden Beschlüsse nach §§ 572 Abs. 3, 707, 719, 732 Abs. 2, 766 Abs. 1 S. 2, 769 ZPO, einstweilige Anordnungen in Urteilen nach §§ 767, 768, 771 ZPO bis zu deren Rechtskraft gem. § 770 ZPO sowie einstweilige Regelungen in Entscheidungen gem. § 765 a Abs. 1 ZPO. Auf die Vollstreckbarkeit dieser Entscheidungen kommt es nicht an, sodaß hier nicht im Hinblick auf § 794 Nr. 3 ZPO die Streitfrage von Bedeutung ist, ob Beschlüsse nach §§ 707, 719, 769 ZPO mit der Beschwerde anfechtbar sind. Ist die einstweilige Einstellung der Zwangsvollstreckung von einer Sicherheitsleistung abhängig, so ist diese vor der Einstellung nachzuweisen. Darf umgekehrt nach der Entscheidung die Zwangsvollstreckung nur noch gegen Sicherheitsleistung fortgesetzt werden, ist sie sogleich einzustellen. Der Gläubiger muß dann die Sicherheitsleistung in der Form des § 751 Abs. 2 ZPO nachweisen, wenn er den Fortgang der Vollstreckung erreichen will. Ist die einstweilige Einstellung der Zwangsvollstreckung unabhängig vom Nachweis einer Sicherheitsleistung angeordnet worden, so wirkt diese Entscheidung unabhängig von ihrer Vorlage an das Vollstreckungsorgan sofort,[13] d. h. sobald die Entscheidung die Ge-

---

11 LG Bonn, MDR 1983, 850.
12 BGH, NJW 1995, 3318.
13 BGHZ 25, 55; OLG Bremen, JurBüro 1962, 48; LG Berlin, MDR 1975, 672 und Rpfleger 1976, 26.

**Einstellung und Beschränkung der Zwangsvollstreckung** § 775

schäftsstelle des Gerichts verläßt. Nachträgliche, in Unkenntnis der Einstellungsentscheidung vorgenomme Vollstreckungsmaßnahmen sind unzulässig; allerdings sind dennoch etwaige Pfändungen nicht nichtig[14], sondern nur anfechtbar und deshalb auf die Erinnerung des Schuldners hin wieder aufzuheben.[15] Dies ist keine Frage zu § 776 ZPO, der nur Maßnahmen betrifft, die schon vor dem Einstellungsbeschluß vorgenommen waren. In Unkenntnis der Einstellung der Zwangsvollstreckung erwirkte Durchsuchungsanordnungen bleiben wirksam, wenn sie auch vorläufig nicht umgesetzt werden können.[16]

3. **Nr. 3**: Sicherheitsleistung zur Abwendung der Zwangsvollstreckung. Kann der Gläubiger in den Fällen des § 708 Nr. 4–11 ZPO ohne Sicherheitsleistung vollstrecken, so ist gem. § 711 ZPO dem Schuldner von amtswegen eine Abwendungsbefugnis durch Sicherheitsleistung oder Hinterlegung einzuräumen; die gleiche Befugnis kann ihm auf Antrag gem. § 712 ZPO auch bei den übrigen nach §§ 708, 709 ZPO vorläufig vollstreckbaren Entscheidungen eingeräumt werden. Schließlich räumt § 720 a Abs. 3 ZPO dem Schuldner gegen die Sicherungsvollstreckung eine Abwendungsbefugnis ein, falls sich der Gläubiger nicht doch seinerseits zur Sicherheitsleistung entschließt. Auf diese Fälle, die die Vollstreckbarkeit des Titels unmittelbar berühren, stellt Nr. 3 ab (im Gegensatz zur nur einstweiligen Einstellung der Zwangsvollstreckung in Nr. 2[17]). Der Nachweis der Sicherheitsleistung ist vom Schuldner in der gleichen Form zu führen, die auch dem Gläubiger nach § 751 Abs. 2 ZPO obliegt.[18]

9

4. **Nr. 4**: Befriedigung des Gläubigers oder Stundung der Forderung. Materiellrechtliche Einwände gegen die zu vollstreckende Forderung sind vom Vollstreckungsorgan grundsätzlich nicht zu beachten. Wenn, wie in Nr. 4, hiervon Ausnahmen zugelassen sind, müssen diese eng gehandhabt werden: Der Nachweis der Befriedigung des Gläubigers muß in öffentlicher Urkunde (§ 415 Abs. 1 ZPO), nicht nur öffentlich beglaubigter Privaturkunde enthalten sein[19] oder in einer vom Gläubiger ausgestellten, d. h. persönlich unterzeichneten Privaturkunde (§ 416 ZPO). Die Quittung eines Dritten, an den der Schuldner anstelle des Gläubigers geleistet hat, reicht nur, wenn an diesen Dritten kraft gesetzlicher Vorschrift zu zahlen war, so etwa bei sog. Bruttolohnurteilen[20] die Quittung des Finanzamtes wegen abgeführter Lohnsteuern, die Quittung der Sozialversicherungsbehörden wegen abgeführter Sozialversicherungsbeiträge u. ä.[21] Die Befriedigung des Gläubigers bzw. die Stundung der Forderung durch den Gläubiger muß **nach** Erlaß des zu vollstreckenden Urteils (Verkündung bzw. im

10

---

14 *MüKo/K. Schmidt*, § 775 Rdn. 27; *Rosenberg/Gaul*, § 45 I 5; *Stein/Jonas/Münzberg*, § 775 Rdn. 22.
15 LG Berlin, Rpfleger 1976, 26; *MüKo/K. Schmidt*, § 775 Rdn. 27.
16 OLG Köln, OLG-Report 1994, 139.
17 LG Berlin, Rpfleger 1971, 322.
18 Siehe dort Rdn. 9, 10.
19 *MüKo/K. Schmidt*, § 775 Rdn. 18.
20 Vergl. BAG, DB 1964, 848; WM 1966, 758; DB 1979, 702.
21 AG Offenbach, DGVZ 1974, 141; LG Freiburg, Rpfleger 1982, 347; LG Braunschweig, DGVZ 1982, 42; AG Köln, DGVZ 1983, 157; LG Köln, DGVZ 1983, 158; *Brox/Walker*, Rdn. 182; *Stein/Jonas/Münzberg*, § 775 Rdn. 19.

§ 775 *Einstellung und Beschränkung der Zwangsvollstreckung*

schriftlichen Verfahren Zustellung) oder nach Zustellung des Vollstreckungsbescheides[22] (§ 796 Abs. 2 ZPO) erfolgt sein, bei anderen Titeln nach deren Errichtung.[23] Zahlungen zu einem früheren Zeitpunkt (z. B. im Falle des Wiederfindens einer verlorengegangenen Quittung) können nicht berücksichtigt werden. Als Befriedigung des Gläubigers kommt nicht nur die Zahlung an den Gläubiger (oder einen berechtigten Dritten) in Betracht, sondern auch jede andere Art der Erfüllung (Aufrechnung, Erlaßvertrag, Verzicht seitens des Gläubigers[24]). Der Befriedigung des Gläubigers steht es gleich, wenn der Schuldner die titulierte Forderung hat pfänden und sich zur Einziehung überweisen lassen.[25] Ist die Forderung auf andere Weise als durch Befriedigung des Gläubigers erloschen, etwa die titulierte Kaufpreisforderung durch Rücktritt gem. § 13 VerbrKrG, So kann dies im Rahmen des § 775 Nr. 4 **nicht** berücksichtigt werden.[26] Der Schuldner muß in diesen Fällen nach § 767 ZPO vorgehen.

Weist der Schuldner nicht die vollständige, sondern nur die teilweise Befriedigung des Gläubigers nach, ist die Zwangsvollstreckung entsprechend zu beschränken.[27]

11  5. Nr. 5: »Postschein« über Einzahlung des geschuldeten Betrages zur Auszahlung an den Gläubiger. Dem Postschein als Quittung über eine Postanweisung zur Barauszahlung stehen zunächst alle nach Postrecht zulässigen Quittungen und Bescheinigungen über eine Zahlung an den Gläubiger gleich (Abschnitt einer Zahlkarte, Lastschriftzettel im Postgiroverkehr). Neben Quittungen der Post genügen aber auch Bareinzahlungsbelege bzw. Überweisungsbelege in Verbindung mit Abbuchungsbelegen (Kontoauszug) von Sparkassen und Banken (§ 112 Nr. 1 e GVGA).[28] In jedem Fall muß die vorgelegte Post-(Bank-)Bescheinigung zweifelsfrei ergeben, daß das Geld tatsächlich zur Auszahlung an den Gläubiger (oder einen berechtigten Dritten; vergl. Rdn. 10) angewiesen und entsprechend bar eingezahlt oder vom Konto des Schuldners abgebucht wurde. Vorstadien hierzu reichen nicht aus (Anweisung ohne Abbuchung; bloße Absendung eines Verrechnungsschecks u. ä.). Der Nachweis von Teilzahlungen führt zu einer entsprechenden Beschränkung der Zwangsvollstreckung.

---

22 *Rosenberg/Gaul*, § 45 I 3 b; *MüKo/K. Schmidt*, § 775 Rdn. 20 (der allerdings der Gegenmeinung gute Gründe zuspricht): *Stein/Jonas/Münzberg*, § 775 Rdn. 16; a. A. (nach Zustellung des Mahnbescheides; trotz § 700 Abs. 1 ZPO): *E. Schneider*, JurBüro 1978, 172; *Thomas/Putzo*, § 775 Rdn. 14.
23 *Thomas/Putzo*, § 775 Rdn. 14.
24 LG Freiburg, MDR 1955, 299; *Noack*, DGVZ 1976, 150.
25 *Rosenberg/Gaul*, § 45 I 3 b; *Stein/Jonas/Münzberg*, § 775 Rdn. 16.
26 Wie hier: LG Münster, MDR 1964, 603; LG Bonn, NJW 1965, 1387; AG Bensberg, JurBüro 1969, 366; OLG Düsseldorf, DB 1978, 692; *MüKo/K. Schmidt*, § 775 Rdn. 19; *Stein/Jonas/Münzberg*, § 775 Rdn. 17; *Zöller/Stöber*, § 775 Rdn. 7; a. A. (Nr. 4 entsprechend anwendbar): LG Köln, MDR 1963, 688; LG Flensburg, JurBüro 1965, 323; AG Köln, JurBüro 1966, 69.
27 OLG Hamm, JMBl. NW 1942.
28 *Baumbach/Lauterbach/Hartmann*, § 775 Rdn. 16; *Brox/Walker*, Rdn. 183; *Liesecke*, WM 1975, 214; *Stein/Jonas/Münzberg*, § 775 Rdn. 21; *Thomas/Putzo*, § 775 Rdn. 15; AG Berlin-Tempelhof, DGVZ 1982, 78; LG Düsseldorf, DGVZ 1990, 140; OLG Köln, NJW 1993, 3079. Künftig soll dies ausdrücklich im Gesetzestext klargestellt werden; so der Entwurf der 2. Zwangsvollstreckungsnovelle (BT-Drucks. 13/341).

**IV. Durchführung der Einstellung bzw. Beschränkung der Zwangsvollstreckung:** 12
Was das Vollstreckungsorgan zu veranlassen hat, damit die Zwangsvollstreckung vorläufig ruht (Einstellung) bzw. nur noch in eingeschränktem Rahmen fortgesetzt wird (Beschränkung), richtet sich im Einzelfall nach der jeweiligen Vollstreckungsart und dem Stand der Vollstreckung. Hat der Gerichtsvollzieher bisher nur einen Gegenstand gepfändet, aber die Verwertung noch nicht begonnen, so unterläßt er einfach weitere Aktivitäten. Sonst muß er je nach Verfahrensstand den festgesetzten Versteigerungstermin aufheben, die zur Zwangsräumung bestellten Fahrzeuge abbestellen usw. Der Rechtspfleger muß im Rahmen der Forderungspfändung den Drittschuldner benachrichtigen, damit dieser nicht freiwillig an den Gläubiger zahlt; im Rahmen der Zwangsversteigerung muß er etwa den Versteigerungstermin aufheben oder, wenn die Einstellung erst nach dem Termin erfolgt, den Zuschlag versagen (§ 33 ZVG). Durch die bloße Einstellung werden bisherige Vollstreckungsmaßnahmen nicht unwirksam. Sie verpflichtet das Vollstreckungsorgan auch nicht zur Aufhebung dieser Maßnahmen. Die Aufhebung kommt vielmehr allein in den in § 776 ZPO genannten Fällen in Betracht.
Die Einstellung wirkt nur zu Lasten derjenigen Gläubiger, gegen die in den Fällen der Nrn. 1 und 2 die Entscheidung ergangen ist[29] oder die die Befriedigung bzw. Stundung gegen sich gelten lassen müssen. Andere Gläubiger können weitervollstrecken. Umgekehrt wirkt sie auch nur zu Gunsten derjenigen Schuldner, die die Entscheidungen gem. Nr. 1 und 2 erwirkt haben oder denen Stundung bewilligt wurde (Nr. 3).[30]

**V. Fortsetzung der Zwangsvollstreckung:** In den Fällen der **Nrn. 1 und 2** kann der 13
Gläubiger erst wieder die Fortsetzung der Zwangsvollstreckung **beantragen**, wenn die gerichtliche Entscheidung, auf der die Einstellung beruht, aufgehoben oder außer Kraft getreten ist. Der Gläubiger hat dem Vollstreckungsorgan die neue gerichtliche Entscheidung, die die Aufhebung ausspricht oder auf der das Außerkrafttreten beruht (Berufungsurteil, das in Abänderung der ersten Instanz die Klage nach § 767 ZPO abweist; abweisendes Urteil zu § 767 ZPO, das die Entscheidung nach § 769 ZPO erledigt; die Erinnerung nach § 766 ZPO zurückweisender Beschluß, der die vorläufige Maßnahme nach §§ 766 Abs. 1 S. 2, 732 Abs. 2 ZPO erledigt; usw.[31]), **nachzuweisen**. Nur im Ausnahmefall des § 769 Abs. 2 S. 2 ZPO erfolgt nach einer Einstellung nach Nr. 2 von amtswegen wieder die Fortsetzung der Zwangsvollstreckung.
Ist die Zwangsvollstreckung aus einem Titel für unzulässig erklärt worden, weil sie »zur Zeit« unzulässig sei, weil der Schuldner »gegenwärtig Einwendungen geltend machen könne«, und ist sie deshalb nach Nr. 1 einstweilen eingestellt worden, so kann aus dem Titel ohne neue gerichtliche Entscheidung dann weiter vollstreckt werden, wenn der Wegfall des Hindernisses durch öffentliche oder öffentlich beglaubigte Urkunden nachgewiesen wird.[32]
In den Fällen der **Nr. 3** kann der Gläubiger die Fortsetzung beantragen, wenn er entweder die Rechtskraft des Urteils (mit der die Abwendungsbefugnis automatisch entfällt) oder eine Entscheidung nachweist, durch die die Abwendungsbefugnis aufgeho-

---

29 LG Frankenthal, Rpfleger 1983, 162; a. A.: *Rosenberg/Gaul*, § 45 I 2; *Stein/Jonas/Münzberg*, § 775 Rdn. 23.
30 KG, MDR 1967, 920.
31 Siehe etwa LG Kiel, JurBüro 1959, 135.
32 OLG Koblenz, Rpfleger 1985, 449.

§ 775 *Einstellung und Beschränkung der Zwangsvollstreckung*

ben wurde. Ist nach **Nr. 4 und 5** eingestellt worden, kann der Gläubiger jederzeit Fortsetzung der Zwangsvollstreckung verlangen, wenn er seine Befriedigung oder die Stundung bestreitet.[33] Das Vollstreckungsorgan ist nicht berechtigt, von sich aus nachzuprüfen, ob doch Befriedigung eingetreten oder Stundung gewährt wurde. Hierzu ist es funktionell nicht zuständig. Der Streit muß vielmehr vor dem Prozeßgericht im Rahmen einer Klage nach § 767 ZPO geklärt werden.

14 **VI. Rechtsbehelfe:** 1. Verneint das Vollstreckungsorgan die Voraussetzungen des § 775 und setzt es deshalb die Zwangsvollstreckung fort, so steht dem Schuldner (oder dem betroffenen Dritten), je nachdem, welches Vollstreckungsorgan tätig wurde, die Erinnerung nach § 766 ZPO (Gerichtsvollzieher; Vollstreckungsmaßnahmen des Rechtspflegers), die Erinnerung nach § 11 RpflG (Entscheidungen des Rechtspflegers), die sofortige Beschwerde nach § 793 ZPO (Prozeßgericht) oder die Grundbuchbeschwerde nach § 71 GBO (Grundbuchamt) zu. In den Fällen der Nrn. 1 und 2 stehen diese Rechtsbehelfe dem Schuldner, falls er nicht seinerseits noch die Leistung einer Sicherheit nachzuweisen hat, auch dann zu, wenn das Vollstreckungsorgan die gerichtliche Entscheidung nicht kannte und deshalb noch nicht berücksichtigen konnte.[34] Denn die Vorlage der Entscheidung ist nicht Voraussetzung ihrer Wirksamkeit. Sie ist vielmehr von ihrem Erlaß an zu beachten.

15 2. Wird die Zwangsvollstreckung eingestellt oder beschränkt, so stehen andererseits die Rdn. 14 genannten Rechtsbehelfe dem Gläubiger zu. Das gleiche gilt, wenn sein Begehren nach Fortsetzung der Zwangsvollstreckung (oben Rdn. 13) zurückgewiesen wird. Hat er insoweit die Rechtsbehelfe erfolglos ausgeschöpft, muß er in den Fällen der Nrn. 4 und 5 gegebenenfalls auf Feststellung, daß der titulierte Anspruch nicht befriedigt, daß die Stundungsvereinbarung nicht wirksam ist, klagen.

---

33 OLG Hamm, NJW 1970, 1556; OLG Hamm, MDR 1973, 857 mit Anm. von *Schneider*; OLG Frankfurt, MDR 1980, 63; OLG Hamm, DGVZ 1980, 154; LG Berlin, DGVZ 1985, 125; LG Trier, DGVZ 1978, 28; *Brox/Walker*, Rdn. 184; *Rosenberg/Gaul*, § 45 I 6; *Stein/Jonas/Münzberg*, § 775 Rdn. 32; *Thomas/Putzo*, § 775, Rdn. 17; a. A. LG Mannheim, MDR 1967, 222; AG Groß-Gerau, MDR 1982, 943.
34 Siehe auch oben Rdn. 9.

§ 776  Aufhebung von Vollstreckungsmaßregeln

¹In den Fällen des § 775 Nr. 1, 3 sind zugleich die bereits getroffenen Vollstreckungsmaßregeln aufzuheben. ²In den Fällen der Nummern 4, 5 bleiben diese Maßregeln einstweilen bestehen; dasselbe gilt in den Fällen der Nummer 2, sofern nicht durch die Entscheidung auch die Aufhebung der bisherigen Vollstreckungshandlungen angeordnet ist.

Literatur: *Blumenröder*, Die Aufhebung der Zwangsvollstreckung in bewegliche Sachen samt daraus folgenden Einzelfragen, Diss. Köln 1953; *Lutz*, Probleme der Pfandentstrickung, Diss. Kiel 1969.

**I. Unterschiedliche Folgen der Einstellung bzw. Beschränkung der Zwangsvollstreckung nach § 775 ZPO:** Die Einstellung bzw. Beschränkung der Zwangsvollstreckung läßt die zuvor bereits bewirkten Vollstreckungsmaßnahmen zunächst unberührt. In den Fällen des § 775 Nr. 4 und 5 ZPO bleibt dies auch weiter so, bis der Gläubiger den Gerichtsvollzieher anweist, die bisherigen Vollstreckungsmaßnahmen aufzuheben oder bis der Schuldner eine gerichtliche Entscheidung i. S. Nr. 1 oder Nr. 2 nachschiebt, oder bis der Gläubiger im Falle der Forderungs- oder Rechtspfändung in der Form des § 843 ZPO auf seine durch die Pfändung und Überweisung zur Einziehung erworbenen Rechte verzichtet oder der Gläubiger seinen Versteigerungsantrag bzw. Antrag auf Zwangsverwaltung zurücknimmt (§§ 29, 146 ZVG). In den Fällen der Nrn. 1 und 3 sind dagegen die bereits getroffenen Vollstreckungsmaßnahmen vom Vollstreckungsorgan sogleich aufzuheben (Einzelheiten hierzu Rdn. 2–5), ohne daß es dazu einer besonderen Anweisung in der gerichtlichen Entscheidung (Nr. 1) oder durch den Gläubiger bedürfte. Gläubiger und Schuldner selbst sind ohne Ermächtigung durch den Gerichtsvollzieher[1] nicht berechtigt, das vom Gerichtsvollzieher angebrachte Pfandsiegel einfach einvernehmlich zu entfernen. In den Fällen der Nr. 2 bleiben die bisherigen Vollstreckungsmaßnahmen zunächst bestehen, wenn nicht in der Entscheidung deren Aufhebung angeordnet ist. Erst wenn der vorläufigen Entscheidung eine endgültige i. S. von Nr. 1 gefolgt ist, sind in jedem Falle auch die bis zur Entscheidung über die einstweilige Einstellung schon ergangenen Vollstreckungsmaßnahmen aufzuheben.

**II. Aufhebung von Vollstreckungsmaßnahmen:** 1. Hatte der **Gerichtsvollzieher** einen Gegenstand gepfändet, so gibt er ihn, soweit er ihn schon in unmittelbarem Besitz hat, an den Schuldner zurück. Ist der Schuldner noch im Besitz des Gegenstandes, entfernt entweder der Gerichtsvollzieher selbst das Pfandsiegel oder ermächtigt hierzu den Schuldner (§ 171 Nr. 1 GVGA). Bis zu diesem Tätigwerden des Gerichtsvollziehers bleibt der Gegenstand öffentlich-rechtlich verstrickt.[2] Mit der Entfernung des Pfandsiegels oder der Rückgabe des entsiegelten Gegenstandes erlischt das Pfandrecht endgültig. Es lebt nicht wieder auf, wenn sich auf ein Rechtsmittel hin die Pfändung nach Ansicht des Rechtsmittelgerichts als zulässig erweist und in der Rechtsmittelent-

---

1 Siehe hierzu § 171 GVGA.
2 OLG Oldenburg, MDR 1955, 300.

scheidung die ursprüngliche Entscheidung (die den Ausspruch nach Nr. 1 enthielt) aufgehoben wird.[3] Es muß vielmehr neu an nunmehr bereiter Stelle gepfändet werden.

3  2. Das Vollstreckungsgericht hebt jeweils durch Beschluß seine Vollstreckungsmaßnahmen auf. Der Beschluß ist sofort wirksam und hängt nicht von der formellen Rechtskraft der aufhebenden Entscheidung ab.[4] Mit der Aufhebung, nicht schon mit der der Aufhebung zugrundeliegenden Entscheidung nach Nr. 1, erlischt das Pfändungspfandrecht.[5] Wird die Aufhebungsentscheidung später mit Erfolg angefochten, muß neu gepfändet werden. Das neue Pfandrecht entsteht an nunmehr bereiter Rangstelle, nicht automatisch im Rang des alten Pfandrechts[6]. Um dem Gläubiger den Verlust des Pfandrechts durch eine unrichtige Aufhebungsentscheidung zu ersparen, kann das Vollstreckungsgericht in entsprechender Anwendung des § 572 Abs. 2 ZPO anordnen, daß die Aufhebungsentscheidung erst mit Rechtskraft wirksam sein solle.[7] Eine solche Anordnung ist jedenfalls immer dann zu empfehlen, wenn mit einer Abänderung der der Aufhebungsentscheidung zugrundeliegenden Entscheidung nach Nr. 1 vernünftigerweise noch gerechnet werden kann.[8]

4  3. Bestand die Vollstreckungsmaßnahme in der Eintragung einer Zwangshypothek, enthält § 868 ZPO eine Sonderregelung zu §§ 775, 776 ZPO, die den Besonderheiten des Grundbuch- und Hypothekenrechts Rechnung trägt und deren Grundgedanke nicht verallgemeinert werden kann.[9]

5  4. Ist das Prozeßgericht Vollstreckungsorgan, so kann ein Zwangsgeld nach § 888 ZPO oder Ordnungsgeld nach § 890 ZPO festsetzender Beschluß in der Regel nur solange durch Beschluß nach § 776 wieder aufgehoben werden, wie nicht das Zwangs- bzw. Ordnungsgeld bereits beigetrieben ist.[10] Mit der Beitreibung ist die Zwangsvollstreckung beendet. Nach Beendigung der Zwangsvollstreckung kommt deren Aufhebung grundsätzlich nicht mehr in Betracht.

6  III. Rechtsbehelfe: Gegen Maßnahmen oder die Ablehnung von Maßnahmen im Rahmen des § 776 durch den Gerichtsvollzieher steht den Beschwerten die Erinnerung nach § 766 ZPO zu. Der Rechtspfleger beim Vollstreckungsgericht als Vollstreckungsorgan trifft im Rahmen des § 776 immer Entscheidungen, sodaß die Beschwerten immer nach § 11 RpflG vorgehen müssen. Entscheidungen des Prozeßgerichts sind mit der sofortigen Beschwerde gem. § 793 ZPO anzufechten.

---

3 KG, MDR 1966, 512; BGHZ 66, 394; OLG Köln, NJW 1976, 1453.
4 BGHZ 66, 394.
5 Wie hier: MüKo/*K. Schmidt*, § 776 Rdn. 7; *Stein/Jonas/Münzberg*, § 776 Rdn. 4; a. A.: OLG Oldenburg, MDR 1955, 300; BAG, DB 1963, 420.
6 BGHZ 66, 394; OLG Köln, NJW 1976, 113; MüKo/*K. Schmidt*, § 776 Rdn. 7.
7 BGHZ 66, 394; OLG Köln, Rpfleger 1986, 488; *Rosenberg/Gaul*, § 45 II 4; *Zöller/Stöber*, § 776 Rdn. 4.
8 OLG Saarbrücken, Rpfleger 1991, 513.
9 *Rosenberg/Gaul*, § 45 II 3; *Stein/Jonas/Münzberg*, § 776 Rdn. 4.
10 OLG Frankfurt, Rpfleger 1980, 199; OLG Koblenz, WRP 1983, 575; vergl. auch § 890 Rdn. 46 mit Hinweis auf mögliche Ausnahmen.

## § 777 Erinnerung bei genügender Sicherung des Gläubigers

¹Hat der Gläubiger eine bewegliche Sache des Schuldners im Besitz, in Ansehung deren ihm ein Pfandrecht oder ein Zurückbehaltungsrecht für seine Forderung zusteht, so kann der Schuldner der Zwangsvollstreckung in sein übriges Vermögen nach § 766 widersprechen, soweit die Forderung durch den Wert der Sache gedeckt ist. ²Steht dem Gläubiger ein solches Recht in Ansehung der Sache auch für eine andere Forderung zu, so ist der Widerspruch nur zulässig, wenn auch diese Forderung durch den Wert der Sache gedeckt ist.

**I. Zweck der Norm und Anwendungsbereich:** Die Vorschrift dient einem ähnlichen Zweck wie § 803 I S. 2 ZPO: Es soll eine Übersicherung des Gläubigers, die den Schuldner unnötig wirtschaftlich einengt, vermieden werden. Während allerdings § 803 ZPO schon eine erstmalige Überpfändung von Anfang an verhindern will, gibt § 777 nur ein Widerspruchsrecht gegen eine erfolgte Pfändung mit dem Ziel ihrer Aufhebung. Andererseits ist der Anwendungsbereich des § 777 erheblich weiter: Er gilt nicht nur für die Zwangsvollstreckung in das bewegliche Vermögen, sondern für alle Arten der Vollstreckung wegen Geldforderungen, also auch für die Immobiliarvollstreckung und das Offenbarungsverfahren.[1]

**II. Voraussetzungen:** 1. Der Gläubiger muß eine **bewegliche (körperliche) Sache** des Schuldners *in Besitz* haben. Es kann sich dabei um unmittelbaren Allein- oder Mitbesitz, aber auch um mittelbaren Besitz handeln. Letzterer muß allerdings so ausgestaltet sein, daß der Gläubiger auf die Sache zugreifen kann, ohne den Schuldner verklagen zu müssen (– Dies wäre bei Sicherungseigentum, das aufgrund Besitzkonstituts im Besitze des Schuldners verblieben ist, nicht der Fall[2]. –). Denn nur dann, wenn der Gläubiger sich jederzeit problemlos aus bereits vorhandenen Sicherheiten befriedigen kann, ist es gerechtfertigt, ihm die Vollstreckung in das übrige Vermögen des Schuldners im Hinblick auf die vorhandene Befriedigungsmöglichkeit zu verwehren. Kein Besitz des Gläubigers an beweglichen Zubehörstücken wird durch ein bloßes Grundpfandrecht des Gläubigers am Grundbesitz des Schuldners, das sich auch auf diese Zubehörstücke erstreckt, begründet.[3]

2. An der in seinem Besitz befindlichen beweglichen Sache muß dem Gläubiger ein **Pfandrecht** oder ein **Zurückbehaltungsrecht** zustehen, das gerade wegen der Vollstreckungsforderung besteht und das den Gläubiger berechtigt, sich aus der Sache zu befriedigen.

a) Als **Pfandrechte** kommen in Betracht: das Vertragspfandrecht nach §§ 1204 ff. BGB, das gesetzliche Pfandrecht des Vermieters (§ 559 BGB), des Verpächters (§ 583 BGB), des Gastwirts (§ 704 BGB), des Werkunternehmers (§ 647 BGB), des

---

[1] Wie hier: MüKo/*K. Schmidt*, § 777 Rdn. 3 ; Zöller/*Stöber*, § 777 Rdn. 2; a. A. hinsichtlich des Offenbarungsverfahrens: LG Limburg, Rpfleger 1982, 434.
[2] Stein/Jonas/*Münzberg*, § 777 Rdn. 3a; MüKo/*K. Schmidt*, § 777 Rdn. 13.
[3] So schon RGZ 98, 109; vergl. ferner Zöller/*Stöber*, § 777 Rdn. 3.

Kommissionärs (§ 397 HGB), des Spediteurs (§ 410 HGB), des Lagerhalters (§ 421 HGB) und des Frachtführers (§ 440 HGB), soweit der Gläubiger am Gegenstand unmittelbaren Besitz hat oder der Gegenstand sich nach dem Willen des Gläubigers im unmittelbaren Besitz eines Dritten (z. B. zur Reparatur) befindet, der seinerseits zur Rückgabe an den Gläubiger verpflichtet ist.

5   b) Dem Pfandrecht gleichgestellt ist das **Sicherungseigentum**, wenn die Sache dem Gläubiger oder an einen Dritten, der zur Herausgabe an den Gläubiger bereit ist, zum Zwecke der Verwertung übergeben wurde. Nicht ausreichend ist es, daß der Gläubiger vom Schuldner den Gegenstand zur Verwertung herausverlangen kann, solange der Schuldner nicht freiwillig diesem Verlangen nachkommt.

6   c) Ein **Pfandrecht an einer Forderung** genügt auch dann **nicht,** wenn sie durch Orderpapier (Wechsel pp.) verpfändet werden kann (§ 1192 BGB).[4] Ausnahmsweise genügt das Pfandrecht an einer Forderung, wenn diese aus einer Hinterlegung resultiert und sich gegen den Staat richtet.[5] Hat der Schuldner dem Gläubiger aufgrund einer gerichtlichen Entscheidung oder im Rahmen des § 720 a ZPO Sicherheit durch Hinterlegung von Geld geleistet, so ist das Geld Eigentum des Landes geworden (§ 7 Abs. 1 HinterlO), der Gläubiger hat aber nach § 233 BGB ein Pfandrecht an der Forderung auf Rückerstattung erworben. Ist der Titel vollstreckbar geworden, ohne daß der Schuldner die Vollstreckung noch unter Hinweis auf seine Sicherheitsleistung abwenden könnte, so kann der Gläubiger von der Hinterlegungsstelle unter Vorlage der entsprechenden Urkunden (Titel, Rechtskraftbescheinigung) unmittelbare Auszahlung der Sicherheit an sich verlangen (§§ 13 Abs. 2 Nr. 2 HinterlO, 378, 379 BGB). Deshalb ist die Sicherheit, die das Pfandrecht an der auf die Rückzahlung von Geld gerichteten Hinterlegungsforderung bildet, der eines Pfandrechts an einer beweglichen Sache völlig ebenbürtig. Anderes gilt aber, wenn zur Abwendung der Vollstreckbarkeit Sicherheitsleistung durch selbstschuldnerische Bürgschaft erbracht wurde: Hier kann der Gläubiger nach Rechtskraft seines Titels zwar auch unmittelbar den Bürgen in Anspruch nehmen,[6] zahlt der Bürge aber nicht freiwillig, so muß der Bürge erst auf Leistung verklagt werden.

7   d) **Zurückbehaltungsrechte** an beweglichen Sachen können sich aus §§ 273 Abs. 2, 972, 1000 BGB, 369 ff. HGB ergeben. Das Zurückbehaltungsrecht des Vermieters an der Mietkaution ist, obwohl es in der Regel nur durch Verweigerung der Zustimmung zur Auszahlung des Betrages durch das Kreditinstitut an den Schuldner ausgeübt wird, nicht durch körperliches Zurückhalten des Geldbetrages, dem Zurückbehaltungsrecht an beweglichen Sachen gleichzustellen.[7]

---

4   Inhaberpapiere werden dagegen wie bewegliche, körperliche Sachen behandelt, § 1293 BGB.
5   *Stein/Jonas/Münzberg*, § 777 Rdn. 4; ganz h. M.; einschränkend aber OLG Köln, OLGZ 1988, 214; weitergehend dagegen: MüKo/*K. Schmidt*, § 777 Rdn. 7: Analoge Anwendung auch für private Treuhandguthaben, von denen der Gläubiger Geld ohne Zustimmung des Schuldners abheben kann.
6   BGH, NJW 1978, 43.
7   AG und LG München, DGVZ 1984, 77.

e) Das Pfändungsrecht an beweglichen Sachen des Schuldners und ihm gleichstehend auch das Arrestpfandrecht sind **kein** Pfandrecht i. S. § 777.[8] Die Tatsache, daß der Gläubiger für die Vollstreckungsforderung bereits Pfändungspfandrechte erworben hat, ist vielmehr allein im Rahmen des § 803 Abs. 1 S. 2 ZPO zu berücksichtigen.

3. Die Vollstreckungsforderung muß durch den Wert der Sache voll, d. h. einschließlich Zinsen und Vollstreckungskosten, gedeckt sein. Sichert die Sache gleichzeitig auch noch eine andere Forderung als die Vollstreckungsforderung, so muß der Wert der Sache auch noch diese voll abdecken.

III. **Verfahren:** Der Widerspruch hindert das Vollstreckungsorgan zunächst nicht, die Vollstreckungsmaßnahme durchzuführen. Der Schuldner kann erst nachträglich die Entscheidung des Vollstreckungsgerichts gem. § 766 ZPO über seinen Widerspruch herbeiführen.

Hinsichtlich des Verfahrensablaufes gilt das zu § 766 ZPO in Rdn. 17–22 Gesagte entsprechend.

Die Erinnerung ist zulässig, wenn die zu § 766 ZPO in Rdn. 23 genannten Voraussetzungen vorliegen. Sie ist begründet, wenn dem Gläubiger tatsächlich eines der in Rdn. 4–7 genannten Sicherungsrechte an **anderen** Vermögensgegenständen des Schuldners im Hinblick auf die Vollstreckungsforderung zusteht, das den in Rdn. 9 genannten Anforderungen genügt. Vollstreckt der Gläubiger in die Sache, an der er auch das Pfandrecht (Zurückbehaltungsrecht) hat (§ 809 1. Alt. ZPO), ist § 777 nicht einschlägig.[9] Darlegungs- und beweispflichtig nicht nur für das Bestehen des Rechts, sondern auch die hinreichende Wertigkeit ist der Schuldner.

Zur Kostenentscheidung sowie zu den anfallenden Gebühren siehe § 766 ZPO Rdn. 28.

Gegen die Entscheidung nach § 766 ZPO über den Widerspruch kann die unterlegene Partei sofortige Beschwerde gem. § 793 ZPO einlegen.

Vor der Entscheidung können gem. § 766 Abs. 1 S. 2 ZPO einstweilige Maßnahmen angeordnet werden.[10]

---

8 Wie hier *Zöller/Stöber*, § 777 Rdn. 3; a. A.: *Stein/Jonas/Münzberg*, § 777 Rdn. 3a.
9 *Brox/Walker*, Rdn. 354.
10 Einzelheiten § 766 Rdn. 32.

## § 778 Zwangsvollstreckung vor Erbschaftsannahme

(1) Solange der Erbe die Erbschaft nicht angenommen hat, ist eine Zwangsvollstreckung wegen eines Anspruchs, der sich gegen den Nachlaß richtet, nur in den Nachlaß zulässig.

(2) Wegen eigener Verbindlichkeiten des Erben ist eine Zwangsvollstreckung in den Nachlaß vor der Annahme der Erbschaft nicht zulässig.

Literatur: siehe vor I. der Einführung vor §§ 747–749 ZPO: Zwangsvollstreckung in einen Nachlaß.

1 **I. Allgemeines:** 1. Zur Funktion der Norm im Rahmen der Regeln, die insgesamt bei der Zwangsvollstreckung in einen Nachlaß zu beachten sind, siehe zunächst Rdn. 1 der Einf. vor §§ 747–749 ZPO.

2. Die Vorschrift gilt für alle Arten der Zwangsvollstreckung in das Vermögen, auch für die Arrestvollziehung[1].

3. Der Erbe kann die Erbschaft ausdrücklich oder durch konkludentes Verhalten (z. B. Beantragung eines Erbscheines, Verkauf von Erbschaftsgegenständen; Geltendmachung von Erbschaftsansprüchen)[2] schon während der Ausschlagungsfrist (§ 1944 Abs. 1 und Abs. 3 BGB) annehmen (§ 1943, 1. Halbs. BGB). Mit dem Ablauf der Ausschlagungsfrist gilt die Erbschaft auch ohne jede Erklärung als angenommen (§ 1943, 2. Halbs. BGB).

4. Ansprüche, die sich gegen den Nachlaß richten, sind ausschließlich die Nachlaßverbindlichkeiten i. S. des § 1967 Abs. 2 BGB, nämlich die vom Erblasser herrührenden Schulden (Erblasserschulden), die gerade mit dem Erbfall entstehenden Verbindlichkeiten (Erbfallschulden) und die durch die Abwicklung des Nachlasses entstehenden Schulden (Erbschaftsverwaltungsschulden). Im Gegensatz hierzu stehen die Eigenschulden des Erben, die unabhängig von der besonderen erbrechtlichen Stellung des Erben in dessen Person vor oder nach dem Erbfall entstanden sind.

2 **II. Vollstreckung in den Nachlaß vor Annahme der Erbschaft:** Abs. 1 schließt die Zwangsvollstreckung in das Privatvermögen des Erben wegen Nachlaßverbindlichkeiten, die nicht auch gleichzeitig Eigenschulden des Erben sind (z. B. gesamtschuldnerische Verbindlichkeiten des Erblassers und des Erben), aus. Er sagt aber nicht, welche Voraussetzungen erfüllt sein müssen, damit schon vor Annahme der Erbschaft durch die Erben seitens eines Nachlaßgläubigers in den Nachlaß vollstreckt werden kann. Drei Fälle kommen in Betracht: Ist der Titel schon gegen den Erblasser erwirkt worden und hatte die Zwangsvollstreckung gegen diesen auch bereits begonnen, so greift hinsichtlich der Fortsetzung der Vollstreckung nach dem Tode des Erblassers § 779 ZPO

---

[1] MüKo/K. Schmidt, § 778 Rdn. 3; Zöller/Stöber, § 778 Rdn. 2.
[2] Zur Vorsicht bei der Annahme einer konkludenten Erbschaftsannahme: OLG Celle, OLGZ 1965, 30; OLG Köln, OLGZ 1980, 235.

ein. War der Titel schon gegen den Erblasser erstritten, hatte die Zwangsvollstreckung gegen ihn aber noch nicht begonnen, so muß der Gläubiger zunächst gem. § 1961 BGB die Bestellung eines **Nachlaßpflegers** zum Zwecke der Zwangsvollstreckung in den Nachlaß beantragen. Gegen diesen muß er dann gem. § 727 ZPO Vollstreckungsklausel zum Titel gegen den Erblasser erwirken. Lag schließlich noch kein Titel gegen den Erblasser vor, muß ebenfalls Antrag nach § 1961 BGB gestellt werden, um dann einen Titel gegen den Nachlaßpfleger zu erwirken (§ 1960 Abs. 3 BGB). Ein Prozeß gegen den Erben ist dagegen vor Erbschaftsannahme nicht möglich (§ 1958 BGB), ebensowenig kann gegen den Erben vor Erbschaftsannahme bereits Rechtsnachfolgeklausel zu einem Titel gegen den Erblasser erteilt werden. Der Bestellung eines Nachlaßpflegers bedarf es nicht, wenn Testamentsvollstreckung oder Nachlaßverwaltung angeordnet ist und der Testamentsvollstrecker (Nachlaßverwalter) sein Amt schon angetreten hat (§§ 1984, 2213 Abs. 2 BGB).

**III. Vollstreckung wegen Eigenverbindlichkeiten des Erben in den Nachlaß:** Sie ist vor Annahme der Erbschaft ausgeschlossen. Dadurch soll der (möglicherweise andere) wirkliche Erbe vor einer Aushöhlung des Nachlasses geschützt werden. Nach Annahme der Erbschaft haftet nicht nur das Eigenvermögen des Erben, sondern auch der Nachlaß für Eigenverbindlichkeiten des Erben, falls der Erbe Alleinerbe ist oder der Nachlaß bereits geteilt ist. Ansonsten ist § 747 ZPO zu beachten. 3

**IV. Rechtsmittel:** Im Falle der Nichtbeachtung des Abs. 1 kann der Erbe sowohl nach § 766 ZPO[3] als auch mit der Drittwiderspruchsklage nach § 771 ZPO vorgehen. Wird Abs. 2 nicht beachtet, können neben dem Schuldner auch andere Nachlaßgläubiger Erinnerung einlegen, da die Vorteile aus der Nichtbeachtung der Norm (Priorität) zu ihren Lasten gehen. 4

Zur Drittwiderspruchsklage sind neben dem vermeintlichen Erben auch der wahre Erbe und gegebenenfalls der Nachlaßpfleger, Nachlaßverwalter oder Testamentsvollstrecker befugt. Der Gläubiger, dessen Vollstreckungsantrag unter Berufung auf § 778 abgelehnt wurde, kann hiergegen je nach Vollstreckungsorgan Erinnerung nach § 766 Abs. 2 ZPO, Rechtspflegererinnerung nach § 11 Abs. 1 RpflG oder sofortige Beschwerde nach § 793 ZPO einlegen.

---

3 Bedenken gegen die Anwendbarkeit des § 766 ZPO äußert *K. Schmidt*, MüKo § 778 Rdn. 12; er stellt sie aber aus praktischen Erwägungen zurück und schließt sich letztlich der h.M. zur Anwendbarkeit des § 766 ZPO an: *Stein/Jonas/Münzberg*, § 778 Rdn. 3, 4; *Zöller/Stöber*, § 778 Rdn. 11.

## § 779 Tod des Schuldners nach Beginn der Zwangsvollstreckung

(1) Eine Zwangsvollstreckung, die zur Zeit des Todes des Schuldners gegen ihn bereits begonnen hatte, wird in seinen Nachlaß fortgesetzt.

(2) ¹Ist bei einer Vollstreckungshandlung die Zuziehung des Schuldners nötig, so hat, wenn die Erbschaft noch nicht angenommen oder wenn der Erbe unbekannt oder es ungewiß ist, ob er die Erbschaft angenommen hat, das Vollstreckungsgericht auf Antrag des Gläubigers dem Erben einen einstweiligen besonderen Vertreter zu bestellen. ²Die Bestellung hat zu unterbleiben, wenn ein Nachlaßpfleger bestellt ist oder wenn die Verwaltung des Nachlasses einem Testamentsvollstrecker zusteht.

Literatur: *Hagena*, Berichtigung des Grundbuchs durch Eintragung eines Verstorbenen, Rpfleger 1975, 389; *Mümmler*, nochmals: Fortsetzung der Zwangsvollstreckung nach § 779 Abs. 1, JurBüro 1976, 1445; *Noack*, Vollstreckung gegen vom Titel nicht betroffene Dritte, JurBüro 1976, 1147; *Noack*, Vollstreckung gegen Erben, JR 1969, 8; *Schmidt*, Vergütung des gemäß § 779 ZPO bestellten Erbenvertreters, JurBüro 1962, 261; *Schüler*, Wann kann eine Zwangsvollstreckung gegen einen Schuldner nach dessen Tod in den Nachlaß ohne Titelumschreibung betrieben werden, JurBüro 1976, 1003.
Weitere Literaturhinweise vor I der Einf. vor §§ 747–749 ZPO.

1 **I. Zweck und Anwendungsbereich der Vorschrift:** Die Vorschrift beinhaltet eine gewisse Erleichterung gegenüber § 750 ZPO: Hat die Zwangsvollstreckung schon zu Lebzeiten des Schuldners begonnen, so soll sie in den Nachlaß (nicht in das Eigenvermögen des Erben; vergl. § 778 Abs. 1 ZPO) ohne Rücksicht auf die Annahme der Erbschaft seitens des (der) Erben und ohne Rechtsnachfolgeklausel gegen den (die) Erben nach § 727 ZPO, ohne erneute Zustellung des Titels an die Erben forgesetzt werden können. Diese Regelung gilt nicht nur für die einzelne konkrete Vollstreckungsmaßnahme, die bereits begonnen hatte (z. B. Pfändung einer bestimmten beweglichen Sache),[1] sondern auch für zusätzliche weitere Vollstreckungsmaßnahmen aus dem selben Titel[2] (z. B. Antrag auf Zwangsversteigerung eines Nachlaßgrundstücks, nachdem sich die noch zu Lebzeiten des Schuldners eingeleitete Mobiliarvollstreckung als unzureichend erwiesen hat).

Die Regelung gilt aber nur für Vollstreckungsmaßnahmen aus ein und demselben Titel, nicht aus weiteren Titeln gegen den nämlichen Schuldner, aus denen bisher noch nicht vollstreckt worden war. Das gilt auch für den Kostenfestsetzungsbeschluß, wenn gegen den verstorbenen Schuldner nur aus dem Titel zur Hauptsache vollstreckt worden war.[3] Die Vorschrift ist auf alle Arten der Zwangsvollstreckung **in den Nachlaß**, also nicht auf Vollstreckungsmaßnahmen, die sich notwendigerweise gegen den Erben persönlich richten müssen (z. B. Offenbarungsversicherung, Haft als Ordnungs-

---

1 So aber LG Osnabrück, JurBüro 1957, 86; Schüler, JurBüro 1976, 1003.
2 H. M.; vergl. AG Melsungen, JurBüro 1957, 87; LG Verden, MDR 1969, 932; LG Dortmund, NJW 1973, 374; LG München, MDR 1979, 853; LG Stuttgart, DGVZ 1987, 12; MüKo/ K. Schmidt, § 779 Rdn. 6; Stein/Jonas/Münzberg, § 779 Rdn. 3; Zöller/Stöber, § 779 Rdn. 4.
3 Zöller/Stöber, § 779 Rdn. 5.

mittel) anwendbar. Geht es bei der Vollstreckung nicht um eine Befriedigung aus dem Nachlaß, sondern um eine Einflußnahme auf den Willen des Schuldners (Zwangsgeld nach § 888 ZPO, Ordnungsgeld nach § 890 ZPO), so erledigt sich ein gegen den Schuldner eingeleitetes Vollstreckungsverfahren mit dessen Tod.[4] Die Vollstreckung gegen die Erben muß nach den allgemeinen Regeln nach Klauselerteilung gem. § 727 ZPO neu beginnen. Vollstreckung in den Nachlaß ist aber die Beitreibung eines nach § 887 Abs. 2 ZPO festgesetzten Kostenvorschusses oder die tatsächliche Einwirkung auf Nachlaßgegenstände im Rahmen des § 887 Abs. 1 ZPO[5] (z. B. Beschneiden einer Hecke, Abriß einer Mauer usw.).

Handelte es sich bei der begonnenen Vollstreckungsmaßnahme gegen den (später verstorbenen) Schuldner um den Antrag auf Eintragung einer Zwangshypothek oder um den Antrag auf Zwangsversteigerung und war zur Erledigung des Antrages noch die Berichtigung des Grundbuches durch Eintragung des Schuldners als Eigentümer erforderlich (§§ 17 ZVG, 39 GBO), so kann diese Eintragung auch noch nach dem Tod des Schuldners erfolgen,[6] sodaß das Verfahren seinen Fortgang nehmen kann. Im Falle des § 894 ZPO gilt die Willenserklärung mit Eintritt der Rechtskraft des gegen den Schuldner gerichteten Titels als abgegeben, auch wenn der Schuldner schon vor Eintritt der Rechtskraft verstorben ist.[7]

**II. Bestellung eines besonderen Vertreters (Abs. 2):** Kann auch in den in Abs. 1 genannten Fällen ohne Klausel nach § 727 ZPO gegen den Erben weiter in den Nachlaß vollstreckt werden, als sei der Erblasser noch der Schuldner, so ist doch zum Fortgang der Vollstreckung in vielen Fällen ein »leibhaftiger Schuldner« erforderlich, weil an ihn Mitteilungen oder eine Zustellung erforderlich sind oder ihm rechtliches Gehör gewährt werden muß (etwa §§ 808 Abs. 3, 826 Abs. 3, 829 Abs. 2 S. 2, 844 Abs. 3, 875 Abs. 1, 885 Abs. 2 ZPO). Hat der Erbe die Erbschaft bereits angenommen oder sind ein Nachlaßverwalter oder ein Testamentsvollstrecker bestellt, so sind diese im Rahmen ihres jeweiligen Aufgabenkreises zuzuziehen. Fehlt aber ein solcher von Rechts wegen zuständiger Ansprechpartner, weil die Erbschaft noch nicht angenommen oder der Erbe unbekannt (nicht nur sein Aufenthalt, da dann über § 1911 BGB Abhilfe möglich ist[8]) oder noch ungewiß ist, ob er die Erbschaft angenommen hat (– die Anfechtung der Annahme nach §§ 1954 ff. BGB ist noch im Streit –), so hat der Gläubiger die Wahl, ob er nach § 1961 BGB beim Nachlaßgericht (§§ 72 ff. FGG) die Bestellung eines Nachlaßpflegers oder nach § 779 Abs. 2 S. 1 ZPO beim Vollstreckungsgericht (§ 764 ZPO) die Bestellung eines »einstweiligen besonderen Vertreters« **des Erben** (nicht des Nachlassers) beantragen will. Solange weder ein Nachlaßpfleger noch ein besonderer Vertreter bestellt ist, ruht die Vollstreckung (so für den Gerichtsvollzieher ausdrücklich § 92 Nr. 1 Abs. 2 S. 2 GVGA). Der Aufgabenkreis des nach § 779 Abs. 2 S. 1 bestellten besonderen Vertreters ist erheblich enger als der eines Nachlaß-

---

4 OLG Hamm, MDR 1986, 156; Obermaier, DGVZ 1973, 145; Stein/Jonas/Münzberg, § 779 Rdn. 4; a. A. (Fortsetzung möglich): MüKo/K. Schmidt, § 779 Rdn. 2.
5 Rosenberg/Gaul, § 21 II 1 a.
6 Hagena, Rpfleger 1975, 389; Zöller/Stöber, § 779 Rdn. 5; a. A.: KG, Rpfleger 1975, 133.
7 MüKo/K. Schmidt, § 779 Rdn. 2.
8 Zöller/Stöber, § 779 Rdn. 6.

pflegers; er hat nur die Befugnisse des Schuldners im Rahmen der jeweiligen Vollstreckungshandlungen, allerdings einschließlich der Befugnis, Rechtsbehelfe einzulegen.[9]

Da der besondere Vertreter nur für den Schuldner, aber nicht als Schuldner tätig wird, ist er nicht anstelle des Erben zur Offenbarungsversicherung verpflichtet.[10]

Die Stellung als besonderer Vertreter erlischt, ohne daß es insoweit eines besonderen Ausspruchs des Vollstreckungsgerichts bedürfte, sobald ein Nachlaßpfleger, Nachlaßverwalter oder Testamentsvollstrecker bestellt ist oder der Erbe nach Annahme der Erbschaft tatsächlich in das Vollstreckungsverfahren eintritt.

3 **III. Rechtsbehelfe:** Der Gläubiger, der die Berufung eines besonderen Vertreters nicht für geboten erachtet und der gegen den vorläufigen Stillstand der Vollstreckung vorgehen will, hat den Rechtsbehelf nach § 766 Abs. 2 ZPO bzw. § 11 Abs. 1 S. 2 RpflG, um das Vollstreckungsorgan zum Tätigwerden anzuhalten. Wird umgekehrt sein Antrag auf Bestellung eines besonderen Vertreters zurückgewiesen, steht ihm die befristete Erinnerung nach § 11 Abs. 1 S. 2 RpflG zu. Der Erbe hat gegen die Berufung des besonderen Vertreters keinen Rechtsbehelf; das Auftreten des Erben im Vollstreckungsverfahren ist aber als Annahme der Erbschaft und faktische Beendigung der besonderen Vertretung zu werten.

Hat das Vollstreckungsorgan in irriger Annahme der Voraussetzungen des § 779 Abs. 1 die Vollstreckung betrieben, anstatt die Voraussetzungen des § 750 ZPO gegen den Erben zu prüfen, ist die Vollstreckungsmaßnahme durch den Erben und andere Nachlaßgläubiger gem. § 766 Abs. 1 ZPO anfechtbar. Wird aber noch während des Rechtsbehelfsverfahrens Klausel nach § 727 ZPO gegen den Erben erteilt und ihm der Titel nebst Klausel entsprechend § 750 ZPO zugestellt, so wird der Rechtsbehelf nachträglich unbegründet.[11]

4 **IV. Kosten und Gebühren:** Der Beschluß zur Bestellung des besonderen Vertreters enthält keine Kostenentscheidung, Gerichtsgebühren fallen durch den Beschluß nicht an. Für den Rechtsanwalt ist der Antrag keine besondere Angelegenheit i. S. § 58 Abs. 3 BRAGO. Der Antrag ist durch die allgemeine Gebühr nach § 57 Abs. 1 BRAGO mit abgegolten.

Der besondere Vertreter erhält vom Gericht keine Vergütung. Der Gläubiger muß für dessen Unkosten zunächst aufkommen. Er kann sie aber nach § 788 ZPO als Kosten der Zwangsvollstreckung vom Schuldner wieder beitreiben.

---

9 MüKo/*K. Schmidt*, § 779 Rdn. 10; *Stein/Jonas/Münzberg*, § 779 Rdn. 8; *Zöller/Stöber*, § 779 Rdn. 8.
10 Allgem. Meinung; MüKo/*K. Schmidt*, § 779 Rdn. 10; *Stein/Jonas/Münzberg*, § 779 Rdn. 8.
11 LG Bielefeld, DGVZ 1987, 9.

## § 780 Vorbehalt der beschränkten Erbenhaftung

(1) Der als Erbe des Schuldners verurteilte Beklagte kann die Beschränkung seiner Haftung nur geltend machen, wenn sie ihm im Urteil vorbehalten ist.
(2) Der Vorbehalt ist nicht erforderlich, wenn der Fiskus als gesetzlicher Erbe verurteilt wird oder wenn das Urteil über eine Nachlaßverbindlichkeit gegen einen Nachlaßverwalter oder einen anderen Nachlaßpfleger oder gegen einen Testamentsvollstrecker, dem die Verwaltung des Nachlasses zusteht, erlassen wird.

Literatur: siehe Einführung vor §§ 747–749 ZPO: Zwangsvollstreckung in einen Nachlaß.

I. **Zur Funktion der Norm** im Rahmen der Regeln, die bei der Vollstreckung in einen Nachlaß zu beachten sind, siehe zunächst: Einf. vor §§ 747–749 ZPO, Rdn. 1. 1

II. **Beschränkung der Haftung des Erben auf den Nachlaß nach materiellem Recht:** 2
Gem. § 1967 BGB haftet der Erbe grundsätzlich für Nachlaßverbindlichkeiten unbeschränkt mit seinem gesamten Vermögen, d. h. mit dem Nachlaß und seinem Eigenvermögen. Gem. § 1975 BGB beschränkt sich seine Haftung aber lediglich auf den Nachlaß, wenn eine Nachlaßverwaltung (§§ 1981 ff. BGB) angeordnet oder der Nachlaßkonkurs (§§ 1980 BGB, 214 ff. KO) eröffnet ist. Gleiches gilt gem. § 113 Abs. 1 Nr. 4 VerglO für das Vergleichsverfahren zur Abwendung des Nachlaßkonkurses. Weitere Fälle der beschränkten Erbenhaftung finden sich in §§ 1973, 1974 BGB (Ausschließung von Nachlaßgläubigern im Aufgebotsverfahren oder durch Versäumung der Fünfjahresfrist), § 1989 BGB (Erschöpfungseinrede nach Beendigung des Nachlaßkonkurses), §§ 1990–1992 BGB (Dürftigkeitseinrede mangels zur Konkurseröffnung ausreichender Masse) und § 2059 BGB (Verweigerungsrecht des Miterben vor Teilung des Nachlasses). Gem. § 2144 BGB gelten die Vorschriften über die Beschränkung der Haftung des Erben auch für den Nacherben; nach § 2383 BGB kann auch der Erbschaftskäufer sich auf sie berufen, wenn der Verkäufer sich noch auf sie berufen konnte. Eine Beschränkung der Haftung des Vorerben nach Eintritt der Nacherbschaft auf das, »was ihm aus der Erbschaft gebührt«, enthält § 2145 Abs. 2 BGB.
Die die Haftung nicht endgültig beschränkenden, sondern nur aufschiebenden Einreden nach §§ 2014, 2015 BGB sind dagegen nicht im vorliegenden Zusammenhang, sondern nur im Rahmen der §§ 782, 783 ZPO von Bedeutung.

III. **Notwendigkeit eines Vorbehalts der Haftungsbeschränkung im Titel:** Die 3
Zwangsvollstreckung wegen Nachlaßverbindlichkeiten gegen den Erben kann sowohl aus Titeln stattfinden, die bereits gegen den Erblasser erwirkt worden waren als auch aus gegen den Erben selbst neu erstrittenen Titeln. Lag bereits ein Titel gegen den Erblasser vor, als der Erbfall eintrat, kann sich also naturgemäß im Titel noch kein Vorbehalt der beschränkten Haftung möglicher Erben des Schuldners finden, so wird auch im Klauselverfahren nach § 727 ZPO ein solcher Vorbehalt nicht aufgenommen, der Schuldner macht die Haftungsbeschränkung ohne weiteres mit der Klage nach §§ 785, 767 ZPO geltend. Muß der Gläubiger allerdings nach § 731 ZPO auf Erteilung der Klausel klagen, muß der Erbe in diesem Verfahren den Vorbehalt geltend machen, um nicht später nach § 767 Abs. 3 ZPO mit diesem Einwand präkludiert zu sein. Lag

noch kein Titel vor, als der Erbfall eintrat, so muß der als Erbe des Schuldners Beklagte den Vorbehalt **im Erkenntnisverfahren** geltend machen; der Vorbehalt muß bereits in den Titel aufgenommen werden, damit er später im Vollstreckungsverfahren noch Berücksichtigung finden kann (**Abs. 1**). Entsprechendes gilt für den Vorbehalt der beschränkten Haftung des Vorerben, Nacherben, Miterben, Erbschaftskäufers. Ist allerdings der Fiskus Erbe, der grundsätzlich nur mit dem Nachlaß haftet (§ 2011 BGB) oder ist der Titel über eine Nachlaßverbindlichkeit nicht gegen den Erben, sondern gegen einen Nachlaßpfleger, einen Nachlaßverwalter oder gegen einen zur Verwaltung des Nachlasses befugten Testamentsvollstrecker erlassen (– alle drei haften ebenfalls grundsätzlich nur mit dem Nachlaß, nicht mit ihrem Eigenvermögen –), so bedarf es des Vorbehalts nicht, da er für die Vollstreckungsorgane aus der besonderen Rolle dieser Vollstreckungsschuldner ohne weiteres offensichtlich ist (**Abs. 2**). War der Rechtsstreit noch gegen den Erblasser als Beklagten begonnen worden, ist aber während des Rechtsstreits der Erbfall eingetreten, so muß differenziert werden: Konnte der Erbe nach dem jeweiligen Verfahrensstand den Vorbehalt noch geltend machen,[1] so mußte er dies auch tun und die Aufnahme des Vorbehalts in das Urteil erwirken, wenn er die Beschränkung seiner Haftung später in der Zwangsvollstreckung geltend machen will. War ihm aber die Geltendmachung nicht mehr verfahrensrechtlich möglich, so ist er gleichzubehandeln, als wäre der Titel schon gegen den Erblasser endgültig ergangen gewesen.[2] Er kann also die Beschränkung seiner Haftung ohne weiteres nach §§ 785, 767 ZPO geltend machen.

4    IV. **Zur Aufnahme des Vorbehalts in den Titel:** 1. Ist der Titel, in den der Vorbehalt aufgenommen werden muß, ein **Urteil** (– es kommen insoweit nur Leistungsurteile in Betracht –), so muß der als Erbe des Schuldners Beklagte vor der Entscheidung **über den Grund**[3] des Anspruchs durch die Tatsacheninstanz **formlos beantragen,**[4] ihm die Beschränkung der Haftung vorzubehalten. Da der Einwand frei verzichtbar ist, muß der Beklagte auf diese Möglichkeit nicht durch das Gericht hingewiesen werden. Ist die Grundentscheidung ohne Vorbehalt rechtskräftig geworden, kann der Einwand im Höheverfahren nicht nachgeholt werden.[5] In der Revisionsinstanz ist der Einwand nur dann noch erstmals zulässig, wenn in den Tatsacheninstanzen für diese Einrede noch kein Anlaß vorlag oder ihre Erhebung noch nicht möglich war, weil der Erbfall erst nach Einlegung der Revision eingetreten ist.[6] Allerdings ist eine Revision, die ausschließlich dem Zweck dient, den in den Tatsacheninstanzen, die noch der Erblasser betrieb, nicht möglichen Vorbehalt zu beantragen, unzulässig,[7] da in einem solchen Fall die Beschränkung auch ohne Vorbehalt gem. §§ 785, 767 ZPO in der Vollstreckung geltend gemacht werden kann. Ist der Vorbehalt rechtzeitig in den Tatsacheninstanzen beantragt, vom Gericht aber übergangen worden, so kann das Revisionsgericht ihn im Rah-

---

1  Einzelheiten unten Rdn. 4.
2  BGHZ 54, 204.
3  OLG Köln, VersR 1968, 380; MüKo/*K. Schmidt,* § 780 Rdn. 21.
4  Der Antrag muß nicht förmlich gestellt sein, sondern sich lediglich aus dem Vorbringen des Beklagten ergeben; *Stein/Jonas/Münzberg,* § 780 Rdn. 5; MüKo/*K. Schmidt,* § 780 Rdn. 15.
5  OLG Köln, VersR 1968, 380.
6  BGHZ 17, 69 ff.; 54, 204; NJW 1962, 1250; DB 1976, 2302; MüKo/*K. Schmidt,* § 780 Rdn. 16; *Stein/Jonas/Münzberg,* § 780 Rdn. 5.
7  BGHZ 54, 204.

men einer im übrigen zulässigen Revision nachholen, auch wenn dies nicht ausdrücklich mit der Revisionsrüge geltend gemacht worden war.[8]

Dem Erlaß eines Anerkenntnisurteils steht es nicht entgegen, daß der Beklagte das Anerkenntnis nur unter dem Vorbehalt der beschränkten Erbenhaftung ausspricht.[9] Bei einem Versäumnisurteil ist der Vorbehalt nur möglich, wenn der Kläger seine Aufnahme beantragt.

Zur Begründung des Antrages auf Aufnahme des Vorbehalts genügt es, daß der Beklagte sich die zur Beschränkung seiner Haftung erforderlichen Maßnahmen noch vorbehält. Er muß nicht bereits Nachlaßkonkurs pp. beantragt haben. Das Gericht prüft grundsätzlich nicht nach, ob die Beschränkung tatsächlich schon eingetreten oder ob sie überhaupt noch möglich ist. Diese Prüfung bleibt der Klage im Rahmen der Vollstreckung (§§ 781, 785, 767 ZPO) vorbehalten. Ist im Einzelfall eine abschließende Prüfung bereits möglich, ist das Gericht allerdings nicht gehindert, wenn auch nicht genötigt, sie durchzuführen.[10] In diesem Fall spricht es dann nicht nur einen Vorbehalt der Haftungsbeschränkung, sondern schon die entsprechende Einschränkung der Vollstreckbarkeit aus[11]. 5

Der Vorbehalt (bzw. die Einschränkung der Vollstreckbarkeit) ist **im Tenor** auszusprechen. Er muß die für das Vollstreckungsverfahren erforderliche Klarheit haben, wenn auch die Entscheidungsgründe zu seiner Auslegung herangezogen werden können. Er kann etwa lauten: »Dem Beklagten wird als Erbe des ... die Beschränkung seiner Haftung auf den Nachlaß des Erblassers vorbehalten.«[12] 6

2. Hat der Gläubiger seinen Titel im Mahnverfahren erwirkt, muß der Erbe den Vorbehalt mit dem Einspruch (§ 700 Abs. 3 ZPO) geltend machen, will er die Möglichkeit der beschränkten Haftung in der Zwangsvollstreckung nicht verlieren.[13] 7

3. Über § 795 ZPO gilt § 780 Abs. 1 auch für alle anderen Vollstreckungstitel[14]. So muß der Erbe in den gerichtlichen Vergleich über eine Nachlaßverbindlichkeit den Vorbehalt der Haftungsbeschränkung aufnehmen lassen, wenn er den Einwand in der Vollstreckung geltend machen will. Die Bezeichnung einer Partei als Erbe im Protokoll über einen Prozeßvergleich drückt grundsätzlich allein noch nicht den Vorbehalt der beschränkten Erbenhaftung aus.[15] Gleiches gilt bei Errichtung einer notariellen Schuldurkunde über eine Nachlaßverbindlichkeit.[16] 8

---

8 BGH, NJW 1983, 2378.
9 *M. Wolf*, Das Anerkenntnis im Prozeßrecht, 1969, 76 f.; MüKo/*K.Schmidt*, § 780 Rdn. 18; OLG Celle, MDR 1960, 854.
10 BGH, NJW 1954, 635; OLG Celle, NdsRpfl 1962, 232; BGH, NJW 1983, 2378.
11 MüKo/*K. Schmidt*, § 780 Rdn. 20.
12 Ein anderer Vorschlag siehe: *Rosenberg/Gaul*, § 21 II 4 a.
13 OLG Köln, NJW 1952, 1145; *Stein/Jonas/Münzberg*, § 780 Rdn. 8.
14 BGH, NJW 1991, 2839.
15 BGH, NJW 1991, 2839.
16 *Brox/Walker*, Rdn. 1385; *Stein/Jonas/Münzberg*, § 780 Rdn. 8; *Wolfsteiner*, Die vollstreckbare Urkunde, 1978, Rdn. 53.2; *Zöller/Stöber*, § 780 Rdn. 6.

9  4. Bei **Kostenfestsetzungsbeschlüssen** ist zu unterscheiden: Ist der Prozeß bereits gegen den Erben geführt oder der sonstige Titel schon ursprünglich gegen den Erben errichtet worden, so sind die Kosten Eigenverbindlichkeit des Erben.[17] Ein im Urteil oder sonstigen Titel enthaltener Vorbehalt der beschränkten Erbenhaftung wirkt grundsätzlich nicht für das Kostenfestsetzungsverfahren. Ist allerdings im Urteil der Vorbehalt ausdrücklich auch auf die Kostenentscheidung erstreckt, so ist er ohne Prüfung, ob die Erstreckung materiellrechtlich berechtigt war, in den Kostenfestsetzungsbeschluß zu übernehmen.[18]

Ist das Urteil noch gegen den Erblasser ergangen und sind die Kosten auch noch gegen diesen festgesetzt worden, kann auch gegen die Vollstreckung aus dem Kostenfestsetzungsbeschluß ohne weiteres in der Vollstreckung gem. §§ 781, 785, 767 ZPO der Einwand der beschränkten Erbenhaftung geltend gemacht werden. Ist das Urteil dagegen noch gegen den Erblasser zu dessen Lebzeiten ergangen, werden die Kosten aber erst später gegen den Erben festgesetzt, so können (– und müssen –) die Erben den Einwand im Kostenfestsetzungsverfahren geltend machen, damit der Vorbehalt in den Kostenfestsetzungsbeschluß aufgenommen wird.[19]

10  Im Kostenfestsetzungsverfahren nach § 19 BRAGO führt die Einrede der beschränkten Erbenhaftung für eine schon als Erblasserschuld entstandene Anwaltsvergütung nicht zur Ablehnung der Festsetzung. Dem Erben ist hier lediglich die Beschränkung der Haftung auf den Nachlaß vorzubehalten.[20] Das gilt auch, wenn der Einwand mit der Dürftigkeit des Nachlasses (– dieser bestehe nur aus Schulden –) begründet wird.

11  5. Der Vorbehalt muß, wenn für das Rechtsverhältnis eine Schiedsabrede gilt, vom Erben bereits **im Schiedsverfahren** geltend gemacht und in den Schiedsspruch aufgenommen werden.[21] Im Verfahren über die Vollstreckbarerklärung kann der Erbe nur dann den Einwand noch erfolgreich erheben, wenn der Schiedsspruch schon gegen den Erblasser ergangen war.

12  6. Bei ausländischen Urteilen muß der Vorbehalt nicht im Urteil selbst enthalten sein. Es genügt der Vorbehalt im Vollstreckungsurteil nach §§ 722, 723 ZPO.

13  **V. Rechtsbehelf bei Vergessen des Vorbehalts durch das Gericht:** War der Vorbehalt rechtzeitig vom Erben im Rechtsstreit geltend gemacht, vom Gericht aber übersehen worden, ihn in das Urteil aufzunehmen, kann Urteilsergänzung nach § 321 ZPO beantragt

---

17 OLG Zweibrücken, NJW 1968, 1635; KG, JurBüro 1976, 377; OLG Stuttgart, JurBüro 1976, 675; OLG Frankfurt, Rpfleger 1977, 372; MüKo/*K. Schmidt*, § 780 Rdn. 21.
18 KG, MDR 1964, 932 und Rpfleger 1981, 365.
19 OLG Celle, NJW-RR 1988, 133; a. A. (keine Aufnahme des Vorbehalts in den Kostenfestsetzungsbeschluß): OLG Hamm, AnwBl. 1982, 385.
20 OLG Köln, AnwBl. 1972, 168; OLG Düsseldorf, VersR 1982, 150; OLG Schleswig, SchlHA 1984, 152.
21 *Rosenberg/Gaul*, § 21 II 4 a; *Stein/Jonas/Münzberg*, § 780 Rdn. 9.

werden, wenn gegen das Urteil im übrigen kein Rechtsmittel eingelegt werden soll.[22] Zur Geltendmachung des Vorbehalts im Berufungsverfahren und mit der Revision siehe oben Rdn. 4.

---

[22] *Zöller/Stöber*, § 780 Rdn. 13; MüKo/*K. Schmidt*, § 780 Rdn. 19; *Stein/Jonas/Münzberg*, § 780 Rdn. 10.

§ 781  Beschränkte Erbenhaftung in der Zwangsvollstreckung

Bei der Zwangsvollstreckung gegen den Erben des Schuldners bleibt die Beschränkung der Haftung unberücksichtigt, bis auf Grund derselben gegen die Zwangsvollstreckung von dem Erben Einwendungen gemacht werden.

1   I. Wird der Schuldner **als Erbe** eines Dritten, also für eine Nachlaßverbindlichkeit in Anspruch genommen, so kann er im Einzelfall berechtigt sein, die Beschränkung seiner Haftung auf den Nachlaß geltend zu machen.[1] Auch wenn ihm dieser Einwand bereits im Titel vorbehalten ist,[2] wird er im Vollstreckungsverfahren nicht von amtswegen berücksichtigt. Nur dann, wenn im Titel dem Schuldner nicht nur der Einwand als solcher vorbehalten, sondern die Vollstreckung bereits ausdrücklich auf bestimmte Gegenstände beschränkt ist,[3] muß schon das Vollstreckungsorgan die Beschränkung von vornherein selbst beachten. Pfändet es in einem solchen Falle dennoch andere Gegenstände, kann der Vollstreckungsschuldner dies mit § 766 ZPO rügen.[4]

Ansonsten findet zunächst die Vollstreckung in das gesamte Vermögen des Schuldners (Nachlaß und Eigenvermögen) statt, bis der Schuldner die Beschränkung seiner Haftung mit der Vollstreckungsabwehrklage (§§ 785, 767 ZPO) geltend macht.[5] Der Antrag einer solchen Klage muß lauten, die Vollstreckung in das nicht zum Nachlaß gehörende Vermögen, insbesondere in folgende Gegenstände (– genaue Bezeichnung der Gegenstände im einzelnen, in die vollstreckt worden ist –), für unzulässig zu erklären.[6]

2   II. Da für den Einwand eine bestimmte Form, nämlich die Vollstreckungsabwehrklage vorgeschrieben ist, braucht der Gläubiger gepfändete Gegenstände, die nicht zum Nachlaß gehören, nicht freizugeben, ehe sich der Schuldner zur Klage entschließt. Tut er dies erst nach Klageerhebung, aber sobald der Schuldner die Voraussetzungen der Haftungsbeschränkung und die Zugehörigkeit der Gegenstände zu seinem Eigenvermögen nachgewiesen hat, hat der klagende Erbe in Anwendung des § 93 ZPO die Kosten des Rechtsstreits zu tragen.[7]

---

1  Einzelheiten § 780 Rdn. 2.
2  Siehe hierzu § 780 Rdn. 4–11.
3  Vergl. § 780 Rdn. 5.
4  MüKo/*K. Schmidt*, § 781 Rdn. 6.
5  § 94 Abs. 2 GVGA läßt dem Gerichtsvollzieher aber die Möglichkeit, den Widerspruch des Schuldners gegen die Pfändung bestimmter Sachen zu berücksichtigen, wenn die übrigen pfändbaren Sachen im Gewahrsam des Schuldners ausreichen, um die Forderung des Gläubigers abzudecken.
6  BGH, FamRZ 1972, 449.
7  *Deubner*, JUS 1972, 207; enger: LG Krefeld, MDR 1970, 246.

## § 782 Einreden des Erben gegen Nachlaßgläubiger

¹Der Erbe kann auf Grund der ihm nach den §§ 2014, 2015 des Bürgerlichen Gesetzbuchs zustehenden Einreden nur verlangen, daß die Zwangsvollstreckung für die Dauer der dort bestimmten Fristen auf solche Maßregeln beschränkt wird, die zur Vollziehung eines Arrestes zulässig sind. ²Wird vor dem Ablauf der Frist die Eröffnung des Nachlaßkonkurses (ab 1. 1. 1999[1]: Nachlaßinsolvenzverfahrens) beantragt, so ist auf Antrag die Beschränkung der Zwangsvollstreckung auch nach dem Ablauf der Frist aufrechtzuerhalten, bis über die Eröffnung des Konkursverfahrens (ab 1. 1. 1999: Insolvenzverfahrens) rechtskräftig entschieden ist.

I. Nach § 2014 BGB ist der Erbe berechtigt, die Berichtigung einer Nachlaßverbindlichkeit bis zum Ablaufe der ersten drei Monate nach der Annahme der Erbschaft, jedoch nicht über die Errichtung des Inventars hinaus zu verweigern. Nach § 2015 Abs. 1 BGB ist der Erbe ferner zur vorläufigen Verweigerung der Berichtigung einer Nachlaßverbindlichkeit befugt, wenn er innerhalb eines Jahres nach Annahme der Erbschaft das Aufgebot der Nachlaßgläubiger beantragt hat und dieser Antrag zwischenzeitlich zugelassen ist. Das Verweigerungsrecht besteht in diesem Falle bis zur Beendigung des Aufgebotsverfahrens.[2] Macht der Erbe im Prozeß diese aufschiebenden Einreden geltend, hindert dies nicht seine unbedingte Verurteilung, jedoch ist gemäß § 305 Abs. 1 ZPO in den Tenor der Vorbehalt der beschränkten Erbenhaftung aufzunehmen. 1

II. In der Vollstreckung wirken die §§ 2014, 2015 BGB sich wie folgt aus: Trotz des Vorbehalts nach § 305 Abs. 1 ZPO im Urteil ist aus dem Titel zunächst die unbeschränkte Vollstreckung in das gesamte Vermögen des Erben möglich. Mit der **Klage nach §§ 785, 767 ZPO** kann der Erbe aber verlangen, daß die Vollstreckung für die Dauer der in §§ 2014, 2015 BGB bestimmten Fristen auf solche Maßnahmen beschränkt wird, die zur Vollziehung eines Arrests zulässig sind (§§ 928, 930–932 ZPO), also auf die Pfändung ohne Verwertung oder Überweisung oder auf die Eintragung einer Sicherungshypothek. Handelt es sich bei der Vollstreckungsforderung um einen Anspruch auf eine Individualleistung (§§ 883 ff. ZPO), insbesondere um einen Herausgabeanspruch, so ist in entsprechender Anwendung der Grundsätze der Sicherungsvollstreckung zwar die Herausgabe der Sache an den Gerichtsvollzieher zulässig (– Soweit es sich nicht um eine Wohnungsräumung handelt; insoweit ist jegliche Räumungsvollstreckung vorläufig unzulässig.[3] –), während ihre Weiterleitung an den Gläubiger für unzulässig zu erklären ist.[4] Nach Ablauf der Frist wird die Zwangsvollstreckung unbeschränkt fortgesetzt. Wird vor Ablauf der Frist die Eröffnung des Nachlasskonkurses (der zur Beschränkung der Erbenhaftung auf den Nachlaß führt) beantragt, so kann auf eine erneute Klage nach §§ 785, 767 ZPO hin die Beschränkung der Zwangsvollstreckung auch nach Fristablauf aufrechterhalten werden, bis über die Eröffnung des Konkursverfahrens rechtskräftig entschieden ist (**S. 2**). Ist dann der 2

---

1 Art. 18 Nr. 4 EGInsO.
2 Zum Zeitpunkt der Beendigung siehe auch § 2015 Abs. 2 und 3 BGB.
3 MüKo/*K. Schmidt*, § 782 Rdn. 7.
4 *Stein/Jonas/Münzberg*, § 782 Rdn. 6; MüKo/*K. Schmidt*, § 782 Rdn. 7.

Nachlaßkonkurs eröffnet, kann der Erbe, wenn ihm die beschränkte Haftung nach § 780 ZPO im Titel vorbehalten war, mit Klage nach §§ 785, 767 ZPO gem. § 784 ZPO die Aufhebung der Vollstreckungsmaßnahmen in sein Eigenvermögen verlangen, während der Fortgang der Einzelvollstreckung in den Nachlaß dann an §§ 14, 221 KO scheitert.

Die ganze Regelung ist sehr kompliziert und kostenaufwendig, da der Erbe u. U. zu drei Klagen hintereinander genötigt wird, um die Inanspruchnahme seines Privatvermögens für Verbindlichkeiten eines dürftigen Nachlasses abzuwenden: §§ 782 S. 1, 785 ZPO, um die Verwertung vorläufig hinauszuschieben; §§ 782 S. 2, 785 ZPO, um diesen Aufschub kurzfristig zu verlängern; §§ 784, 785 ZPO, um dann endlich die Aufhebung der Vollstreckungsmaßregel zu erreichen.

## § 783 Einreden des Erben gegen persönliche Gläubiger

In Ansehung der Nachlaßgegenstände kann der Erbe die Beschränkung der Zwangsvollstreckung nach § 782 auch gegenüber den Gläubigern verlangen, die nicht Nachlaßgläubiger sind, es sei denn, daß er für die Nachlaßverbindlichkeiten unbeschränkt haftet.

I. Der Erbe haftet nach Annahme der Erbschaft nicht nur mit seinem Eigenvermögen für Nachlaßverbindlichkeiten, sondern auch umgekehrt für Eigenverbindlichkeiten mit dem Nachlaß als Teil seines Gesamtvermögens. Könnten nun Nachlaßgläubiger nur unter der Beschränkung nach § 782 ZPO während der Überlegungsfrist der §§ 2014, 2015 BGB vollstrecken, während Eigengläubiger des Erben unbeschränkt auf den Nachlaß zugreifen könnten, würde das Ziel der §§ 2014, 2015 BGB weitgehend verfehlt. Deshalb gibt § 783 dem Erben die Möglichkeit, die Vollstreckung seiner Eigengläubiger in den Nachlaß wie die der Nachlaßgläubiger gem. § 782 ZPO zu beschränken. Hierzu bedarf es keines Vorbehalts im Titel, aus dem die Eigengläubiger vollstrecken. Eine §§ 305, 780 ZPO entsprechende Regelung fehlt[1].

II. Die Beschränkung wird, wie gegenüber den Nachlaßgläubigern, mit der Klage nach §§ 785, 769 ZPO geltend gemacht.
Zur Begründung der Klage muß der Erbe darlegen und beweisen, daß der Vollstreckungsgegenstand zum Nachlaß gehört und daß die Fristen der §§ 2014, 2015 BGB noch nicht abgelaufen sind. Der Gläubiger muß dagegen, will er die Klageabweisung erreichen, darlegen und beweisen, daß der Erbe bereits **generell**, also nicht nur im Verhältnis zu einzelnen Nachlaßgläubigern, oder jedenfalls ihm gegenüber unbeschränkt für Nachlaßverbindlichkeiten haftet[2].

---

[1] MüKo/K. Schmidt, § 783 Rdn. 3.
[2] Stein/Jonas/Münzberg, § 783 Rdn. 1; MüKo/K. Schmidt, § 783 Rdn. 6.

## § 784 Zwangsvollstreckung bei Nachlaßverwaltung und -konkurs

(1) Ist eine Nachlaßverwaltung angeordnet oder der Nachlaßkonkurs (ab 1. 1. 1999[1]: Nachlaßkonkursverfahren) eröffnet, so kann der Erbe verlangen, daß Maßregeln der Zwangsvollstreckung, die zugunsten eines Nachlaßgläubigers in sein nicht zum Nachlaß gehörendes Vermögen erfolgt sind, aufgehoben werden, es sei denn, daß er für die Nachlaßverbindlichkeiten unbeschränkt haftet.

(2) Im Falle der Nachlaßverwaltung steht dem Nachlaßverwalter das gleiche Recht gegenüber Maßregeln der Zwangsvollstreckung zu, die zugunsten eines anderen Gläubigers als eines Nachlaßgläubigers in den Nachlaß erfolgt sind.

1   I. Ist dem Erben die Beschränkung der Haftung im Urteil, aus dem die Vollstreckung erfolgt, vorbehalten (§ 780 ZPO) oder wird aus einem bereits gegen den Erblasser erwirkten Titel gegen ihn vollstreckt,[2] ist aber zwischenzeitlich die Haftungsbeschränkung endgültig eingetreten (§§ 1975, 1973, 1990 BGB),[3] so kann der Erbe mit der Klage nach §§ 785, 767 ZPO verlangen, daß Vollstreckungsmaßnahmen, die der die Vollstreckung betreibende Nachlaßgläubiger **in das Eigenvermögen** des Erben hat ausbringen lassen, für unzulässig erklärt werden (Tenorierung gem. § 775 Nr. 1 ZPO). Aufgrund dieser Entscheidung hebt das Vollstreckungsorgan sie dann gem. § 776 ZPO auf. Der klagende Erbe muß darlegen und beweisen, daß der Vollstreckungsgläubiger (nur) Nachlaßgläubiger ist, daß das gepfändete Objekt zum Eigenvermögen gehört und daß die Voraussetzungen des § 1975 (bzw. der §§ 1973 ff., 1990 BGB) eingetreten sind. Der Gläubiger muß demgegenüber darlegen und beweisen, daß der Erbe trotz Nachlaßkonkurs pp. unbeschränkt (– sei es generell, sei es diesem Gläubiger gegenüber –) haftet.

2   II. Ist Nachlaßverwaltung (§ 1981 BGB) angeordnet, hat aber entgegen § 1984 Abs. 2 BGB ein Eigengläubiger des Erben in den Nachlaß vollstrecken lassen, so kann der Nachlaßverwalter mit der Klage nach §§ 785, 769 ZPO die Zwangsvollstreckung für unzulässig erklären und sodann gem. § 776 ZPO die Vollstreckungsmaßregel aufheben lassen.

3   III. Im Falle des Nachlaßkonkurses geht § 221 KO[4] über § 14 KO[5] hinaus: Es ist nicht nur keine Einzelzwangsvollstreckung in den Nachlaß mehr neu nach Konkurseröffnung möglich, auch Vollstreckungsmaßnahmen, die in der Zeit zwischen dem Eintritt des Erbfalls und der Konkurseröffnung erfolgten, gewähren kein Recht zur abgesonderten Befriedigung. Auch diese Gläubiger müssen sich ohne Vorrechte am Konkursverfahren beteiligen. Der Konkursverwalter verwertet die von diesen Gläubigern gepfändeten Gegenstände ohne Besonderheiten mit der übrigen Masse. Setzt der Gläubiger entgegen § 221 KO die Vollstreckung fort, so braucht der Konkursverwalter nicht

---

1 Art. 18 Nr. 5 EGInsO.
2 In diesem bedarf es keines Vorbehalts; vergl. § 780 Rdn. 3.
3 Zur Anwendbarkeit auch in den Fällen der §§ 1973, 1990 BGB siehe auch *Stein/Jonas/Münzberg*, § 784 Rdn. 2 und *Brox*, Erbrecht, Rdn. 683.
4 Ab 1. 1. 1999: § 321 InsO.
5 Ab 1. 1. 1999: § 89 InsO.

nach §§ 785, 769 ZPO zu klagen. Er kann die Verletzung der §§ 14, 21 KO mit der Erinnerung nach § 766 ZPO rügen[6].

War die nach dem Erbfall eingeleitete Vollstreckungsmaßnahme eines Nachlaßgläubigers zum Zeitpunkt der Eröffnung des Nachlaßkonkurses bereits beendet, d. h. war der vollstreckende Gläubiger bereits vollständig befriedigt, greift § 221 KO nicht mehr ein.[7] Der Nachlaßgläubiger muß das aus dieser Vollstreckung Erlangte also nicht in jedem Falle in die Masse zurückerstatten, sondern nur dann, wenn die §§ 29 ff. KO[8] (Konkursanfechtung) eingreifen. Hatte dagegen ein Privatgläubiger des Erben bereits vor Eröffnung des Nachlaßkonkurses Befriedigung aus dem Nachlaß erlangt, hat die Masse gegen ihn einen Herausgabeanspruch aus ungerechtfertigter Bereicherung.[9] Denn er hat in diesem Falle Befriedigung nicht aus dem Vermögen seines Schuldners, sondern aus einem Drittvermögen (Nachlaß) erlangt.

IV. Gem. § 265 AO gelten die §§ 781-784 ZPO entsprechend auch in der Abgabenvollstreckung. Die Einreden können (– da eine § 785 ZPO entsprechende Vorschrift fehlt –) formlos im Vollstreckungsverfahren geltend gemacht werden. Werden sie nicht berücksichtigt, ist, soweit auch das Beschwerdeverfahren gem. § 349 AO erfolglos war, die Klage zum Finanzgericht eröffnet.[10] Gegebenenfalls kann einem erst zu erwartenden Vollstreckungsakt mit einer vorbeugenden Unterlassungs- oder Feststellungsklage zuvorgekommen werden.[11]

4

---

6 *MüKo/K. Schmidt*, § 784 Rdn. 3; *Zöller/Stöber*, § 784 Rdn. 6.
7 *Kilger/K. Schmidt*, § 221 KO Anm. 1.
8 Ab 1. 1. 1999: §§ 129 ff InsO.
9 *Kilger/K. Schmidt*, § 221 Anm. 1; *Kuhn/Uhlenbruck*, § 221 Rdn. 2.
10 *Koch/Scholtz/Szymczak*, § 265 AO Rdn. 5.
11 Einzelheiten: *Koch/Scholtz/Szymczak*, § 256 AO Rdn. 14 und § 265 AO Rdn. 6.

## § 785 Vollstreckungsabwehrklage des Erben

Die auf Grund der §§ 781 bis 784 erhobenen Einwendungen werden nach den Vorschriften der §§ 767, 769, 770 erledigt.

1 I. Die beschränkte Erbenhaftung wird auch dann, wenn sie dem Erben im Vollstreckungstitel als Einwand vorbehalten ist, nicht unmittelbar vom Vollstreckungsorgan bei der Vollstreckung berücksichtigt, sie muß vielmehr erst vom Erben (Testamentsvollstrecker, Nachlaßverwalter, Erbschaftskäufer[1]) durch Klage nach den Regeln des § 767 ZPO geltend gemacht werden. Erst nach Vorlage eines entsprechenden Urteils erfolgt dann die Umsetzung der Haftungsbeschränkung im Rahmen des § 776 ZPO. Allerdings erlaubt (keine Pflicht!) § 94 Abs. 2 GVGA dem Gerichtsvollzieher, um unnötige Prozesse zu vermeiden, den Widerspruch des Schuldners ohne Vorlage eines Urteils nach §§ 785, 767 ZPO dann formlos zu berücksichtigen, wenn genügend andere Gegenstände im Gewahrsam des Schuldners vorhanden sind, die vom Widerspruch nicht betroffen sind und zur Deckung der Forderung des Gläubigers ausreichen.

2 II. Die Klage ist beim Prozeßgericht des ersten Rechtszuges zu erheben (§ 767 Abs. 1 ZPO).[2] Der Klageantrag hat in den Fällen der §§ 781, 784 Abs. 1 ZPO dahin zu lauten, die Zwangsvollstreckung in das nicht zum Nachlaß des ... gehörende Vermögen, insbesondere in die konkret bezeichneten Gegenstände, die gepfändet waren, für unzulässig zu erklären.[3] Im Fall des § 784 Abs. 2 ZPO geht er dahin, die Zwangsvollstreckung in den Nachlaß für unzulässig zu erklären, in den Fällen der §§ 782, 783 ZPO, die Zwangsvollstreckung bis zum ... dahin zu beschränken, daß ... Das Rechtsschutzbedürfnis für die Klage ist, wie bei § 767 ZPO allgemein,[4] immer schon gegeben, sobald eine Zwangsvollstreckung gegen den Erben, Nachlaßverwalter usw. möglich ist,[5] nicht erst, wie bei Klagen nach § 771 ZPO, wenn die Vollstreckung in einen konkreten Gegenstand unmittelbar droht, in den sie aufgrund der Haftungsbeschränkung nicht oder nicht in diesem Umfange zulässig ist.[6]

3 III. Die Klage ist begründet, wenn die Voraussetzungen der §§ 782, 783 oder 784 ZPO vorliegen. Die Präklusion nach § 767 Abs. 2 ZPO gilt nicht, weil § 780 ZPO insoweit eine erschöpfende Sonderregelung enthält. Dagegen ist § 767 Abs. 3 ZPO zu berücksichtigen. Er kommt nicht nur im Hinblick auf vorausgegangene Vollstreckungsabwehrklagen zum Zuge, sondern auch, wenn der Gläubiger gegen den Erben im Zusam-

---

1 Vergl. § 780 Rdn. 2.
2 Einzelheiten: § 767 Rdn. 13.
3 So: BGH, FamRZ 1972, 449. MüKo/*K. Schmidt*, § 785 Rdn. 7 und Rdn. 17 sieht in dieser Antragsfassung eine Klagehäufung. Er empfiehlt deshalb der Deutlichkeit halber, die Ziele: »Beschränkung der Zwangsvollstreckung, Unzulässigkeitserklärung der Zwangsvollstreckung in konkrete Gegenstände« von vornherein auf zwei Anträge zu verteilen.
4 Vergl. § 767 Rdn. 14.
5 Wie hier *Baumbach/Lauterbach/Hartmann*, § 782 Rdn. 2; *Stein/Jonas/Münzberg*, § 785 Rdn. 4.
6 So aber *Thomas/Putzo*, § 785 Rdn. 6.

menhang mit der Vollstreckungsklausel nach § 731 ZPO bzw. der Erbe gegen den Gläubiger nach § 768 ZPO geklagt hat.

Da die Klage trotz ihrer Einordnung als Vollstreckungsabwehrklage in vielem auch der Drittwiderspruchsklage nach § 771 ZPO ähnelt,[7] kann sich der beklagte Gläubiger nicht nur dahin verteidigen, daß die erbrechtlichen Voraussetzungen der Haftungsbeschränkung (noch) nicht vorliegen, sondern auch, daß der Erbe den Gegenstand anfechtbar vom Erblasser erworben[8] oder ihn aus anderen Gründen zur Erbmasse zurückzugewähren hat oder daß der Schuldner ebenfalls für die Nachlaßverbindlichkeit (– wenn auch noch nicht tituliert –) haftet.[9]   4

IV. Im Rahmen der Kostenentscheidung ist § 93 ZPO von besonderer Bedeutung.   5
Das Urteil ist nach den allgemeinen Regeln (§ 708 ff. ZPO) für vorläufig vollstreckbar zu erklären. Ist das Urteil nur gegen Sicherheitsleistung vorläufig vollstreckbar, so muß der obsiegende Erbe deren Leistung nachweisen (§ 75 ZPO), ehe er über §§ 775 Nr. 1, 776 ZPO die Umsetzung des Urteils betreiben kann.[10]

V. Während des Rechtsstreits und im Urteil können einstweilige Anordnungen zugunsten des Klägers gem. §§ 769, 770 ZPO getroffen werden. Dies ist von Bedeutung, weil einerseits die Klageerhebung den Fortgang der bisherigen Vollstreckung noch nicht behindert, andererseits mit Beendigung der Zwangsvollstreckung die Klage aber unzulässig würde.[11]   6

---

7 So auch *Stein/Jonas/Münzberg*, § 785 Rdn. 2; MüKo/*K. Schmidt*, § 785 Rdn. 7.
8 LG Köln, ZIP 1981, 1385.
9 Einzelheiten § 771 Rdn. 33; siehe auch MüKo/*K. Schmidt*, § 785 Rdn. 19.
10 § 775 Rdn. 7.
11 § 767 Rdn. 14.

## § 786 Vollstreckungsabwehrklage in anderen Fällen beschränkter Haftung

Die Vorschriften des § 780 Abs. 1 und der §§ 781 bis 785 sind auf die nach § 1489 des Bürgerlichen Gesetzbuchs eintretende beschränkte Haftung, die Vorschriften des § 780 Abs. 1 und der §§ 781, 785 sind auf die nach den §§ 419[1], 1480, 1504, 2187 des Bürgerlichen Gesetzbuchs eintretende beschränkte Haftung entsprechend anzuwenden.

**1** I. Nach § 1489 Abs. 1 BGB haftet im Falle der fortgesetzten Gütergemeinschaft (Begriff: § 1483 Abs. 1 BGB) der überlebende Ehegatte für die Gesamtgutsverbindlichkeiten persönlich, auch wenn er bis zum Tode nicht persönlich verpflichtet war. Soweit die persönliche Haftung den überlebenden Ehegatten aber nur wegen des Eintritts der fortgesetzten Gütergemeinschaft trifft, finden die für die Haftung des Erben für Nachlaßverbindlichkeiten geltenden Vorschriften – somit auch die über die beschränkte Erbenhaftung – entsprechende Anwendung (§ 1489 Abs. 2 BGB). An die Stelle des Nachlasses tritt dabei das Gesamtgut in dem Bestande, den es zur Zeit des Eintritts der fortgesetzten Gütergemeinschaft hat. Dies bedeutet, daß der überlebende Ehegatte seine Haftung durch Gesamtgutsverwaltung (entspr. § 1981 BGB), Gesamtgutskonkurs (§ 236 KO[2]), die Unzulänglichkeits- bzw. Dürftigkeitseinrede, aber auch befristet durch die Einreden entsprechend §§ 2014, 2015 BGB beschränken kann. Konsequenterweise ordnet § 786 für die Geltendmachung dieser Einreden in der Vollstreckung die entsprechende Anwendung der §§ 780 Abs. 1, 781–785 ZPO an. Der überlebende Ehegatte kann also, wenn er sich die Beschränkung der Haftung gem. § 305 Abs. 2 ZPO im Urteil hat vorbehalten lassen, diese Beschränkung (§ 784 ZPO) bzw. die befristete Beschränkung der Vollstreckung (§§ 782, 783 ZPO) im Wege der Vollstreckungsabwehrklage geltend machen. Bis zum Erfolg dieser Klage bleiben die Einreden in der Vollstreckung unberücksichtigt (§ 781 ZPO), wobei der Gerichtsvollzieher aber gem. § 94 Abs. 1 GVGA verfahren kann.[3]

**2** II. Wird das eheliche Gesamtgut geteilt, bevor eine Gesamtgutverbindlichkeit berichtigt ist, so haftet auch der Ehegatte gem. § 1480 BGB dem Gläubiger persönlich, für den zur Zeit der Teilung eine solche Haftung nicht besteht. Seine Haftung beschränkt sich auf die ihm zugeteilten Gegenstände. § 1504 BGB enthält für die Haftung der Abkömmlinge nach Beendigung der fortgesetzten Gütergemeinschaft eine entsprechende Regelung. Die Umsetzung der Haftungsbeschränkung in der Zwangsvollstreckung setzt zunächst wieder einen Vorbehalt im Titel voraus (§ 780 Abs. 1 ZPO). Dieser Vorbehalt wird dann mit der Vollstreckungsabwehrklage gem. §§ 785, 767 ZPO geltend gemacht.

---

1 Ab 1. 1. 1999 wird § 419 BGB durch das EGInsO aufgehoben (Art. 33 Nr. 16 EGInsO). Die Vorschrift wird daher ab diesem Zeitpunkt durch Art. 18 Nr. 4 EGInsO im Text des § 786 ZPO gestrichen.
2 Ab 1. 1. 1999: § 332 InsO.
3 Siehe insoweit § 785 Rdn. 1.

III. Ein Vermächtnisnehmer, der seinerseits mit einem Vermächtnis oder einer Auflage beschwert ist, kann gemäß § 2187 Abs. 1 BGB die Erfüllung insoweit verweigern, als dasjenige, was er selbst aus dem Vermächtnis erhält, zur Erfüllung nicht ausreicht. Wird er auf Erfüllung in Anspruch genommen, muß er sich diese Haftungsbeschränkung im Titel vorbehalten (§ 780 Abs. 1 ZPO). Die Durchsetzung des Vorbehalts in der Zwangsvollstreckung erfolgt dann mit der Vollstreckungsabwehrklage nach §§ 785, 767 ZPO.

IV. Der Vermögensübernehmer kann seine Haftung für die Schulden des Veräußerers gem. § 419 BGB auf das übernommene Vermögen und die Ansprüche beschränken, die ihm aus dem Vertrage zustehen (§ 419 Abs. 2 BGB). Beruft er sich auf diese Haftungsbeschränkung, gelten die §§ 1990, 1991 BGB entsprechend. Um in der Vollstreckung Beachtung zu finden, muß die Haftungsbeschränkung im Titel vorbehalten sein (§ 780 Abs. 1 ZPO). Sie kann in diesem Falle dann mit der Vollstreckungsabwehrklage gem. §§ 785, 767 ZPO durchgesetzt werden.
§§ 786, 780 Abs. 1 ZPO sind auf die öffentlich-rechtliche Vollstreckung aus einem Leistungs- oder Haftungsbescheid nicht entsprechend anzuwenden.[4] Die Haftung kann auch ohne Vorbehalt in dem zu vollstreckenden Bescheid durch Klage gem. § 767 ZPO beim Verwaltungsgericht geltend gemacht werden.[5]

V. Hinsichtlich der entsprechenden Anwendung des § 786 ZPO auf dort nicht angesprochene Fälle muß differenziert werden:

1. Ist vertraglich vereinbart, daß sich die Haftung des Schuldners auf bestimmte Gegenstände oder eine bestimmte Vermögensmasse beschränkt,[6] so **kann** diese Haftungsbeschränkung bereits im Titel zum Ausdruck gebracht werden, indem die Gegenstände, in die allein die Vollstreckung möglich sein soll, oder die besondere Vermögensmasse genau bezeichnet werden. In diesem Fall kann der Schuldner, wenn in andere Gegenstände vollstreckt wird, die Mißachtung des Titels mit der Erinnerung gem. § 766 ZPO rügen.[7] Besteht Streit um die Auslegung der Vereinbarung oder sind die Gegenstände nicht so bezeichnet, daß ihre Identität im Vollstreckungsverfahren einwandfrei ermittelt werden kann, so ist die Vereinbarung mit der Klage nach § 767 ZPO geltend zu machen. Ist die Haftungsbeschränkung nicht schon im Titel zum Ausdruck gebracht, so kann sie nur, soweit § 767 Abs. 2 ZPO nicht greift, also etwa gegenüber Vergleichen oder notariellen Urkunden,[8] noch erfolgreich mit der Vollstreckungsabwehrklage durchgesetzt werden. Im übrigen aber ist sie als verspätet vorgebrachte materiellrechtliche Einrede präkludiert. Von der materiellrechtlichen Haftungsbeschränkung ist die bloße Vollstreckungsvereinbarung zu unterscheiden.[9] Für sie gilt § 767 Abs. 2 ZPO, da sie nicht den Anspruch selbst betrifft, nicht; sie kann also ohne Einschränkung

---

4 Zur Abgabenvollstreckung nach der AO siehe aber unten Rdn. 8.
5 VGH München, NJW 1984, 2307.
6 Beispiele: BGH, LM Nr. 3 zu § 780 ZPO; BGH, VersR 1975, 701; BGH, NJW 1979, 2304 ff.
7 Vergl. § 766 Rdn. 9.
8 Siehe insoweit § 767 Rdn. 26 und 34.
9 Zum Begriff: § 766 Rdn. 9 und § 767 Rdn. 3.

mit der Vollstreckungsabwehrklage geltend gemacht werden.[10] Für eine analoge Anwendung der §§ 786, 780 Abs. 1, 785 ZPO auf vertragliche Haftungs- und Vollstreckungsbeschränkungen besteht insgesamt kein Bedürfnis.[11]

7  2. Wird nach Beendigung des Konkursverfahrens der Gemeinschuldner persönlich wegen unbefriedigt gebliebener Masseansprüche in Anspruch genommen, so haftet er nur mit dem zurückerhaltenen Rest der Masse.[12] Der Fall ist § 419 Abs. 2 BGB entsprechend zu behandeln. Deshalb ist hier auch § 786 ZPO entsprechend anwendbar,[13] allerdings mit der Einschränkung, daß ein Vorbehalt der Haftungsbeschränkung im Titel dann nicht erforderlich ist, wenn der Titel schon gegen den Konkursverwalter erwirkt und später nur gegen den Gemeinschuldner umgeschrieben wurde[14].

8  VI. Für den Bereich der Abgabenvollstreckung ist § 266 AO dem § 786 ZPO nachgebildet. Die Haftungsbeschränkung kann zunächst im Vollstreckungsverfahren formlos geltend gemacht werden. Wird sie dann – gegebenenfalls nach erfolgloser förmlicher Beschwerde (§ 349 AO) – nicht beachtet, ist Klage zum Finanzgericht gegeben.[15]

---

10 Siehe § 767 Rdn. 35.
11 A. A.: *Rosenberg/Gaul*, § 21 II 6 d, der bei der vertraglichen Haftungsbeschränkung auf bestimmte Vermögensmassen (Vereinsvermögen, Gesellschaftsvermögen) § 786 entsprechend anwenden will, bei der vertraglichen Haftungsbeschränkung auf konkrete Gegenstände aber wie hier vertreten verfahren will. Wie hier: *Stein/Jonas/Münzberg*, § 786 Rdn. 7–9; MüKo/ *K. Schmidt*, § 786 Rdn. 11.
12 *Bötticher*, ZZP 1964, 55 f.
13 Wie hier: *Rosenberg/Gaul*, § 2 II 6 c; *Zöller/Stöber*, § 786 Rdn. 1; keinen Vorbehalt halten für erforderlich: *Stein/Jonas/Münzberg*, § 786 Rdn. 12; MüKo/*K. Schmidt*, § 786 Rdn. 12.
14 *Rosenberg/Gaul*, § 21 II 6 c.
15 *Koch/Scholtz/Szymczak*, § 266 AO Rdn. 3. Zur Möglichkeit einer vorbeugenden Unterlassungs- oder Feststellungsklage siehe: *Koch/Scholtz/Szymczak*, § 256 AO Rdn. 14.

§ 786a   Seerechtliche Haftungsbeschränkung

(1) Die Vorschriften des § 780 Abs. 1 und des § 781 sind auf die nach § 486 Abs. 1, 3, §§ 487 bis 487 d des Handelsgesetzbuchs eintretende beschränkte Haftung entsprechend anzuwenden.
(2) Ist das Urteil nach § 305 a unter Vorbehalt ergangen, so gelten für die Zwangsvollstreckung die folgenden Vorschriften:
1. Wird im Geltungsbereich dieses Gesetzes die Eröffnung eines Seerechtlichen Verteilungsverfahrens beanstragt, an dem der Gläubiger mit dem Anspruch teilnimmt, so entscheidet das Gericht nach § 5 Abs. 3 der Seerechtlichen Verteilungsordnung über die Einstellung der Zwangsvollstreckung; nach Eröffnung des Verteilungsverfahrens sind die Vorschriften des § 8 Abs. 4 und 5 der Seerechtlichen Verteilungsordnung anzuwenden.
2. Ist nach Artikel 11 des Haftungsbeschränkungsübereinkommens (§ 486 Abs. 1 des Handelsgesetzbuchs) von dem Schuldner oder für ihn ein Fonds in einem anderen Vertragsstaat des Übereinkommens errichtet worden, so sind, sofern der Gläubiger den Anspruch gegen den Fonds geltend gemacht hat, die Vorschriften des § 34 der Seerechtlichen Verteilungsordnung anzuwenden. ²Hat der Gläubiger den Anspruch nicht gegen den Fonds geltend gemacht oder sind die Voraussetzungen des § 34 Abs. 2 der Seerechtlichen Verteilungsordnung nicht gegeben, so werden Einwendungen, die auf Grund des Rechts auf Beschränkung der Haftung nach § 486 Abs. 1, 3, §§ 487 bis 487 d des Handelsgesetzbuchs erhoben werden, nach den Vorschriften der §§ 767, 769, 770 erledigt; das gleiche gilt, wenn der Fonds in dem anderen Vertragsstaat erst bei Geltendmachung des Rechts auf Beschränkung der Haftung errichtet wird.
(3) Ist das Urteil eines Gerichts, das seinen Sitz außerhalb des Geltungsbereichs dieses Gesetzes hat, unter dem Vorbehalt ergangen, daß der Beklagte das Recht auf Beschränkung der Haftung nach dem Haftungsbeschränkungsübereinkommen geltend machen kann, wenn ein Fonds nach Artikel 11 des Übereinkommens errichtet worden ist oder bei Geltendmachung des Rechts auf Beschränkung der Haftung errichtet wird, so gelten für die Zwangsvollstreckung wegen des durch das Urteil festgestellten Anspruchs die Vorschriften des Absatzes 2 entsprechend.

Literatur: *Herber,* Das neue Haftungsrecht der Schiffahrt, 1989.

I. Die Vorschrift ist durch Art. 3 Nr. 2 des Zweiten Seerechtsänderungsgesetzes vom 25. 7. 1986 (BGBl. I 1986, 1120) eingefügt worden und am 1. 9. 1987 in Kraft getreten (BGBl. II 1987, 406). Zusammen mit dem durch Art. 3 Nr. 1 des gleichen Gesetzes eingefügten § 305 a ZPO regelt sie die Umsetzung der in den §§ 486 Abs. 1 und 3, 487–487 d HGB geregelten Haftungsbeschränkung für Seeforderungen in der Zwangsvollstreckung. Ähnlich den anderen in §§ 780–786 ZPO angesprochenen Fällen wird auch diese Haftungsbeschränkung im Vollstreckungsverfahren nicht von amtswegen beachtet, sie muß vielmehr im Urteil gem. § 305 a S. 2 ZPO vorbehalten sein (§ 780 Abs. 1 ZPO) und vom Schuldner in der Vollstreckung geltend gemacht werden (§ 781 ZPO).

1

2 II. Der Verfahrensablauf ist unterschiedlich, je nachdem, ob ein Seerechtliches Verteilungsverfahren im Inland stattfindet oder nicht (**Abs. 2 Nr. 1 und Nr. 2**). Wegen der Einzelheiten sei auf die ausführliche Darstellung in der Amtlichen Begründung zum Zweiten Seerechtsänderungsgesetz (BT-Drucks. 10/3852 S. 37 und 38) verwiesen.

3 III. Nach Abs. 3 ist die Regelung nach Abs. 2 entsprechend anzuwenden, wenn die Zwangsvollstreckung aus dem Urteil eines ausländischen Gerichts erfolgt, sofern dieses Urteil unter dem Vorbehalt ergangen ist, daß der Beklagte das Recht auf Beschränkung der Haftung nach dem Haftungsbeschränkungsübereinkommen vom 19.11.1976 (BGBl. II 1986, 786) geltend machen kann, wenn ein Fond nach Art. 11 dieses Übereinkommens errichtet worden ist oder bei Geltendmachung des Rechts auf Beschränkung der Haftung errichtet wird. »Prozeßgericht des ersten Rechtszuges« i. S. §§ 8 Abs. 4 Seerechtliche Verteilungsordnung, 767 Abs. 1 ZPO ist in diesen Fällen das Gericht, das das Vollstreckungsurteil erlassen oder sonst aufgrund der jeweils einschlägigen Übereinkommen und Verträge die Vollstreckung zugelassen hat.[1]

1 MüKo/*K. Schmidt*, § 786a Rdn. 6.

## § 787 Zwangsvollstreckung bei herrenlosem Grundstück oder Schiff

(1) Soll durch die Zwangsvollstreckung ein Recht an einem Grundstück, das von dem bisherigen Eigentümer nach § 928 des Bürgerlichen Gesetzbuchs aufgegeben und von dem Aneignungsberechtigten noch nicht erworben worden ist, geltend gemacht werden, so hat das Vollstreckungsgericht auf Antrag einen Vertreter zu bestellen, dem bis zur Eintragung eines neuen Eigentümers die Wahrnehmung der sich aus dem Eigentum ergebenden Rechte und Verpflichtungen im Zwangsvollstreckungsverfahren obliegt.

(2) Absatz 1 gilt entsprechend, wenn durch die Zwangsvollstreckung ein Recht an einem eingetragenen Schiff oder Schiffsbauwerk geltend gemacht werden soll, das von dem bisherigen Eigentümer nach § 7 des Gesetzes über Rechte an eingetragenen Schiffen und Schiffsbauwerken vom 15. November 1940 (Reichsgesetzbl. I S. 1499) aufgegeben und von dem Aneignungsberechtigten noch nicht erworben worden ist.

I. Die Vorschrift entspricht für das Vollstreckungsverfahren weitgehend dem § 58 ZPO für das Verfahren zur Erlangung des Titels. Ist schon ein Vertreter nach § 58 ZPO bestellt, so genügt dieser auch für die Zwangsvollstreckung.[1] Die Vorschrift kommt also praktisch nur zum Zuge, wenn das Grundstück erst nach Titelerlaß herrenlos geworden ist. Da der alte Titel dann noch gegen den früheren Eigentümer lautet, muß gegen den Vertreter erst Klausel in entsprechender Anwendung des § 727 ZPO erwirkt werden.

Die Norm ist nicht anwendbar, wenn ein Grundstückseigentümer zwar durchaus vorhanden, dessen Person aber unbekannt ist,[2] oder wenn der Grundstückseigentümer sich durch Untertauchen dem Zugriff seiner Gläubigern entzogen hat.

II. Der Vertreter hat die sich aus dem Eigentum ergebenden Rechte und Verpflichtungen allein in Bezug auf das Zwangsvollstreckungsverfahren wahrzunehmen. Darüberhinaus reicht seine Vertretungsmacht nicht. Er kann im Zwangsvollstreckungsverfahren dieselben Rechtsbehelfe einlegen wie der Schuldner, insbesondere §§ 766–768 ZPO.

III. Im Vollstreckungsverfahren wird der Vertreter durch das Vollstreckungsgericht – dort den Rechtspfleger – bestellt. Durch die Bestellung fallen keine Gerichtsgebühren an. Für den Anwalt ist die Tätigkeit mit der Gebühr nach § 57 BRAGO abgegolten. Der Vertreter wird nicht vom Staat vergütet. Seine Vergütung ist vom Gläubiger, der seine Bestellung betreibt, vorzuschießen. Er kann nach § 788 Abs. 1 ZPO deren Erstattung durch den Schuldner verlangen.

IV. Rechtsbehelf: Befristete Durchgriffserinnerung nach § 11 Abs. 1 S. 2, Abs. 2 S. 3–5 RpflG.

---

1 *Stein/Jonas/Münzberg*, § 787 Rdn. 3.
2 *MüKo/K. Schmidt*, § 787 Rdn. 2.

## § 788 Kosten der Zwangsvollstreckung

(1) ¹Die Kosten der Zwangsvollstreckung fallen, soweit sie notwendig waren (§ 91), dem Schuldner zur Last; sie sind zugleich mit dem zur Zwangsvollstreckung stehenden Anspruch beizutreiben. ²Als Kosten der Zwangsvollstreckung gelten auch die Kosten der Ausfertigung und der Zustellung des Urteils.

(2) Die Kosten der Zwangsvollstreckung sind dem Schuldner zu erstatten, wenn das Urteil, aus dem die Zwangsvollstreckung erfolgt ist, aufgehoben wird.

(3) Die Kosten eines Verfahrens nach den §§ 765 a, 811 a, 811 b, 813 a, 850 k, 851 a und 851 b kann das Gericht ganz oder teilweise dem Gläubiger auferlegen, wenn dies aus besonderen, in dem Verhalten des Gläubigers liegenden Gründen der Billigkeit entspricht.

### Inhaltsübersicht

|  |  | Rdn. |
|---|---|---|
| | Literatur | |
| I. | Allgemeiner Überblick – Begriffsbestimmungen | 1 |
| | 1. Prozeßkosten – Vollstreckungskosten | 1 |
| | 2. Grundsätze zur Kostentragungspflicht | 2–5 |
| | 3. Unmittelbare – mittelbare Vollstreckungskosten | 6 |
| | 4. Notwendige Vollstreckungskosten | 7 |
| | 5. Anwendungsbereich der Vorschrift | 8, 9 |
| II. | Einzelfälle | |
| | A. Notwendige Kosten der Vorbereitung der Zwangsvollstreckung | 10–14 |
| | B. Notwendige Kosten der Durchführung der Zwangsvollstreckung | 15–18 |
| III. | Beitreibung der Vollstreckungskosten durch den Gläubiger | 19–21 |
| IV. | Erstattungsansprüche des Schuldners | 22–26 |
| V. | Kostenentscheidung nach Abs. 3 | 27 |
| VI. | Rechtsbehelfe | 28–30 |

Literatur: *Bauer,* Notwendige und nicht notwendige Kosten der Zwangsvollstreckung, JurBüro 1966, 989; *Becker-Eberhard,* Grundlagen der Kostenerstattung bei der Verfolgung zivilrechtlicher Ansprüche, 1985; *Behr/Hantke,* Prozeßkostenhilfe für die Zwangsvollstreckung, Rpfleger 1981, 265; *Biede,* Die Beitreibung der Vollstreckungskosten, DGVZ 1975, 19; *Brauer,* Die Erstattungsfähigkeit der Kosten für die Gestellung einer Bankbürgschaft – zur Schuldtitelvollstreckung oder zur Vermeidung einer Zwangsvollstreckung, JurBüro 1975, 1561; *Broxette,* Kostentragungspflicht bei der Zwangsräumung von Wohnraum, NJW 1989, 963; *Christmann,* Sinn und Zweck des § 788 ZPO, DGVZ 1985, 147; *Fäustle,* Vollstreckungskosten gem. § 788 ZPO, MDR 1970, 115; *Gerold,* Zwangsvollstreckungsgebühren bei freiwilliger Leistung, JurBüro 1956, 8; *Göttlich,* Kosten der Pfändung und Überweisung, JurBüro 1959, 231; *Hagen,* Inkassoauslagen als notwendige Kosten der Zwangsvollstreckung, JurBüro 1991, 1431; *Hansens,* Kosten der Drittschuldnererklärung nach § 840 ZPO als notwendige Kosten der Zwangsvollstreckung, JurBüro 1987, 1764; *Hansens,* Steuerberatungskosten als notwendige Kosten der Zwangsvollstreckung bei Pfändung des Lohnsteuer-Erstattungsanspruchs, JurBüro 1985, 1; *ders.,* Zur Erstattungsfähigkeit von Anwaltskosten für die Erteilung einer weiteren vollstreckbaren Ausfertigung des Vollstreckungstitels bei Verlust der ersten Ausfertigung, JurBüro 1985, 1121; *ders.*, Verfahrensrechtliche, kostenrechtliche und erstattungsrechtliche Betrachtungen zur eidesstattlichen Versicherung nach § 261 BGB, JurBüro 1986, 825; *Hansen,* Zur Erstattungsfähigkeit von Anwaltskosten für die Durchführung eines Arbeitsgerichtsprozesses gegen den Drittschuldner als Kosten der Zwangsvollstreckung gegen den Schuldner, JurBüro 1983, 1; *Haug,* Die Beitreibung der mittelbaren Kosten der Zwangsvollstreckung, NJW 1963, 1909; *Heider,* Inkassokosten: Notwendige Kosten der Zwangsvollstreckung?, DGVZ 1977, 82; *Herzig,* Gesamtschuldnerhaftung für Zwangsvollstreckungskosten, JurBüro 1965, 854; *Herzig,* Die Kostenrechnung des Gerichtsvollziehers, JurBüro 1969, 298; *Jäckle,* Erstattung der Inkassokosten, NJW 1995, 2767.*Johannsen,* Die Beitreibung der Vollstreckungskosten gem. § 788 ZPO, DGVZ 1989, 1; *Johannsen,* Die Umgehung der Kostenprüfung (§ 788 ZPO) durch eigenmächtige Verrechnung des Gläubigers gem. § 366 Abs. 2 367 BGB, DGVZ 1990, 51; *Krauthausen,* Die Gebühren des Rechtsanwalts in der Zwangsvollstreckung. – Zugleich: Die dem Vollstreckungsorgan mittelbar durch § 788 ZPO auferlegte Prüfungspflicht, DGVZ 1984, 180; *Lange,* Erstattungsfähigkeit der Kosten des Gläubigers für eine Sicherheitsleistung im Zwangsvollstreckungsverfahren, VersR 1972, 713; *Lappe,* Ist die Kosten-Vollstreckung gem. § 788 Abs. 1 ZPO mit dem Grundgesetz vereinbar?, MDR 1979, 795; *Lappe,* Die Erstattung der Vergütung eines Inkassobüros, Rpfleger 1985, 282; *Lorenschat,* Rechtsanwaltsgebühren für Anschriftenermittlung in der Zwangsvollstreckung?, DGVZ 1989, 150; *Mümmler,* Aus der Kostenpraxis – für die Praxis, JurBüro 1974, 1507; *Mümmler,* Entstehung und Erstattbarkeit von Anwaltsgebühren im Zwangsvollstreckungsverfahren, JurBüro 1986, 1121; *Mümmler,* Nochmals: Erstattungsfähigkeit von Vollstreckungskosten und ihre Beitreibung durch den Gerichtsvollzieher, DGVZ 1971, 177; *Mümmler,* Zur Erstattungsfähigkeit von Rechtsanwaltsgebühren im Zwangsvollstreckungsverfahren, DGVZ 1973, 184; *Noack,* Die Erstattungsfähigkeit von Vollstreckungskosten und ihre Beitreibung durch den Gerichtsvollzieher, DGVZ 1971, 129; *Noack,* Erstattungsfähige Auslagen für Leistung einer Sicherheit oder Bankbürgschaft, JurBüro 1973, 677; *Noack,* Die Gebühr für Vergleiche in Vollstreckungsverfahren und ihre Beitreibung, MDR 1976, 983; *ders.,* Wer trägt das Risiko für die entstehenden Vollstreckungskosten?, DGVZ 1976, 65; *Noack,* Die Kosten der Zwangsvollstreckung und ihrer Vorbereitung, ihre Beitreibung ohne besonderen Titel und andere Einzelfragen aus § 788 ZPO, DGVZ 1975, 145; *Ottersbach,* Der Ratenzahlungsvergleich in der Zwangsvollstreckung, Rpfleger 1990 283; *Schilken,* Die Beurteilung notwendiger Kosten der Zwangsvollstreckung nach Verrechnung von Teilzahlungen, DGVZ 1991, 1; *Schimpf,* Zur Haftung mehrerer Vollstreckungsschuldner für die Vollstreckungskosten, MDR 1985, 102; *Schmidt,* Auslagen für Auskünfte als erstattungsfähige Vollstreckungskosten, JurBüro 1962, 453; *Schneider,* Prüfungspflicht des Gerichtsvollziehers bei Vollstreckung von Restforderungen und Kosten, DGVZ 1982, 149; *Schneider,* Zur Erstattungsfähigkeit der Kosten für die Beschaffung einer Sicherheitsleistung, MDR 1974, 885; *Schröder,* Wie sind die Kosten einer durch Stundungsgesuche des Schuldners veranlaßten Korrespondenz in der Vollstreckungsinstanz geltend zu machen, JurBüro 1956, 353; *Schulhorn,* Welche Gebühr steht dem Rechtsanwalt zu, wenn er für seinen Auftraggeber die Offenlegung einer Lohnabtretung verlangt, JurBüro 1974, 1367; *Schulhorn,* Das Verfahren zur Beitreibung oder Festsetzung der Zwangsvollstreckungskosten des Rechtsanwaltes in Fällen, in denen der Gerichtsvollzieher keine Zwangsvollstreckung vorgenommen hat, JurBüro 1971, 497; *Stöver/Jäger,* Zur Erstattungsfähigkeit von Inkassokosten, JurBüro 1989, 1071; *Tschischgale,* Zur Frage der Auslösung der anwaltlichen Vergleichsgebühr in der Vollstreckungsinstanz, JurBüro 1957, 41; *ders.,* Die Kostenfestsetzung im Vollstreckungsschutzverfahren, JurBüro 1957, 235.

## I. Allgemeiner Überblick – Begriffsbestimmungen.

1. **Prozeßkosten –Vollstreckungskosten:** Der Ausspruch im Urteil, Vollstreckungsbescheid oder in der sonstigen als Vollstreckungstitel dienenden gerichtlichen Entscheidung, wem die Kosten des Rechtsstreits oder Verfahrens auferlegt werden, betrifft die

Prozeßkosten bzw. Verfahrenskosten, die auf dem Wege zum Titel in Verfolgung des geltend gemachten Rechts und durch die Verteidigung hiergegen entstanden sind. Gleiches gilt grundsätzlich für die Vereinbarung in einem Vergleich über die Kosten des Rechtsstreits.[1] Die Kostenentscheidung bzw. Kostenregelung im Titel verhält sich dagegen grundsätzlich nicht zu den nachfolgenden Kosten zur Verwirklichung des Titels. Wer im Innenverhältnis der am Vollstreckungsverfahren beteiligten Parteien diese Kosten (– und in welchem Umfang –) zu tragen hat, regelt auf der Basis der im Titel vorgenommenen Rollenverteilung als Gläubiger und Schuldner, aber unabhängig von der dort vorgenommenen Kostenverteilung, § 788.

2 **2. Grundsätze zur Kostentragungspflicht:** a) Kostenpflicht des **Schuldners** gegenüber dem Gläubiger: Im **Innenverhältnis** der Parteien des Vollstreckungsverfahrens zueinander hat der Vollstreckungsschuldner die notwendigen Vollstreckungskosten zu tragen, da sie durch seine Säumnis, die titulierte Forderung umgehend freiwillig zu erfüllen, und die dadurch bedingte Notwendigkeit, Schritte zur zwangsweisen Erfüllung einzuleiten und durchzuführen, verursacht sind (Abs. 1 S. 1, 1. Halbs. und Abs. 1 S. 2). Die Vorschrift hat **keine** Außenwirkung derart, daß Dritte, die im Rahmen der Zwangsvollstreckung tätig waren und dadurch Ansprüche erworben haben (z. B. der Rechtsanwalt des Gläubigers, der vom Gerichtsvollzieher zugezogene Handwerker oder Spediteur, der mit der zeitweiligen Verwahrung einer Sache beauftragte Sequester, der besondere Vertreter des Nachlasses oder des herrenlosen Grundstücks usw.) unmittelbare Ansprüche gegen den Vollstreckungsschuldner geltend machen könnten. Für sie bleibt allein ihr unmittelbarer Vertragspartner maßgeblich. Auch die Frage, an wen der Staat sich wegen der Gerichtskosten, Gerichtsvollziehergebühren usw. wenden kann, wird nicht durch § 788, sondern allein durch die verschiedenen Kostengesetze beantwortet.[2]

3 b) **Mehrheit von Schuldnern:** § 788 betrifft nur die Kosten, die **zur** Zwangsvollstreckung gegen **den jeweiligen** Schuldner notwendig geworden sind, nicht aber Kosten, die aus der Zwangsvollstreckung gegen andere, die mit dem Schuldner als Gesamtschuldner für die titulierte Forderung haften, deshalb entstanden sind, weil sie anstelle des Schuldners in Anspruch genommen wurden oder auch werden mußten.[3] Dies gilt auch, wenn gegen alle aus einunddemselben Titel vollstreckt wird. Die Vollstreckung gegen jeden der Gesamtschuldner ist gesondert abzurechnen; jeder trägt also nicht

---

1 LG Hamm, NJW 1966, 2415; OLG Köln, JurBüro 1973, 879; LG Berlin, Rpfleger 1973, 1984; KG, Rpfleger 1977, 372; KG, MDR 1979, 408; OLG Frankfurt, MDR 1980, 60; OLG Köln, JurBüro 1982, 1085; a. A. hinsichtlich einer Kostenregelung im Vergleich: OLG Schleswig, Jur-Büro 1987, 1814.
2 Einzelheiten unten Rdn. 4.
3 LG Osnabrück, MDR 1972, 700; LG Aurich, NdsRpflg 1973, 20; OLG München, NJW 1974, 957; OLG Köln, MDR 1977, 850; LG Berlin, MDR 1983, 140; LG Kassel, Rpfleger 1985, 153; LG Stuttgart, FamRZ 1993, 583; *Brox/Walker*, Rdn. 1673; *Rosenberg/Gaul*, § 46 II 1 c; *Stein/Jonas/Münzberg*, § 788 Rdn. 4a; *Zöller/Stöber*, § 788 Rdn. 10; a. A.: LG Hamburg, MDR 1969, 583; AG Walsrode, DGVZ 1985, 156; *Alisch*, DGVZ 1984, 36; *Schimpf*, MDR 1985, 102. Nach dem im Entwurf der 2. Zwangsvollstreckungsnovelle (BT-Drucks. 13/341) neu vorgesehenen Abs. 1 S. 2 sollen künftig Gesamtschuldner in der Hauptsache auch für die Kosten der gesamten Vollstreckung als Gesamtschuldner haften.

eine Quote von den Gesamtkosten, sondern allein die gegen ihn persönlich anfallenden Kosten.[4] Eine Ausnahme gilt nur dann, wenn die Zwangsvollstreckung von vornherein nach Art der geschuldeten Leistung nur Erfolg haben kann, wenn sie gegen alle Schuldner betrieben wird und wenn jeder Schuldner in dieser Situation auch den Erfolg der Vollstreckung gegen den anderen mitschuldet (Beispiel: Vollstreckung gegen beide Ehegatten zur Räumung der ehelichen Wohnung). In diesem Falle haften die Schuldner als Gesamtschuldner (also nicht anteilig nach Quote) für die gesamten Vollstreckungskosten.[5] Haftet jeder Gesamtschuldner nur für die gegen ihn selbst angefallenen Vollstreckungskosten, so ist auch für jeden isoliert zu prüfen, ob die gegen ihn angesetzten Kosten notwendig waren.[6]

Sind Kosten nur einmal angefallen, obwohl sie aus der Vollstreckung gegen mehrere Schuldner herrühren,[7] so sind sie nach Kopfteilen aufzuteilen, wenn kein anderer Verursacheranteil feststeht.

c) **Kostenhaftung gegenüber dem Staat:** Die Frage, von wem die staatlichen Vollstreckungsorgane die im Zuge der Vollstreckung angefallenen Gebühren und Auslagen beitreiben dürfen, beantwortet sich nach den für die Tätigkeit der verschiedenen Vollstreckungsorgane geltenden Kostengesetzen, also nach dem GKG, soweit Prozeßgericht und Vollstreckungsgericht (insbesondere: §§ 49, 53, 54 Nr. 4 GKG, zur Höhe § 11 GKG mit Nr. 1149–1152, 1500–1596 des Kostenverzeichnisses), nach dem GerKostG sowie den als Landesrecht geltenden, bundeseinheitlich erlassenen Durchführungsbestimmungen hierzu, den sog. Gerichtsvollzieherkostengrundsätzen (GVKostGr),[8] soweit der Gerichtsvollzieher (insbesondere: § 3 GVKostG), und nach der KostO, soweit das Grundbuchamt als Vollstreckungsorgan tätig waren (insbesondere: §§ 2, 3 Nr. 4 KostO). Die für den Rechtsstreit zur Titelerlangung bzw. zur Rechtsverteidigung in diesem Rechtsstreit gewährte **Prozeßkostenhilfe** gilt nicht automatisch für die Zwangsvollstreckung.[9] Sie muß vielmehr neu beantragt werden, und zwar vor jeder einzelnen Vollstreckungsmaßnahme bzw. vor jedem neuen Rechtsbehelf wieder. Eine Bewilligung für das Zwangsvollstreckungsverfahren schlechthin ist nicht möglich, da die Erfolgsaussichten (§ 114 ZPO) der einzelnen Maßnahmen nicht einheitlich beurteilt werden können.[10] Ist dem Gläubiger für die Zwangsvollstreckung wegen einer Geldforderung durch den Ge-

---

4 LG Trier, JurBüro 1972, 333 mit Anm. von *Mümmler*; OLG Düsseldorf, MDR 1983, 764 und AnwBl. 1984, 219; LG Berlin, AnwBl. 1985, 270.
5 LG Mannheim, Rpfleger 1971, 261.
6 OLG Hamburg, JurBüro 1977, 1739 und JurBüro 1979, 1721.
7 Beispiel: In einem einzigen Sachverständigengutachten sind die Kosten ermittelt, die zur Beseitigung der Mängel im Wege der Ersatzvornahme erforderlich sind, die verschiedene zur Mängelbeseitigung verurteilte Bauhandwerker unabhängig voneinander zu vertreten haben; siehe den Sachverhalt OLG Frankfurt, MDR 1983, 140.
8 Veröffentlichung wie: vor §§ 753–763 ZPO Fußn. 1.
9 Wie hier: *Baumbach/Lauterbach/Hartmann*, § 119 Rdn. 50; *Behr/Hantke*, Rpfleger 1981, 265; *Rosenberg/Gaul*, § 46 I 1; siehe ferner unten: Allgem. Vorbem. Rdn. 17.
10 *Behr/Hantke*, Rpfleger 1981, 265; MüKo/*Wax*, § 119 Rdn. 30; *Rosenberg/Gaul*, § 46 I 1; LG Bielefeld, AnwBl. 1982, 534; a. A.: *Baumbach/Lauterbach/Hartmann*, § 119 Rdn. 51; LG Detmold, AnwBl. 1983, 34; LG Bielefeld, Rpfleger 1985, 39; LG Münster, MDR 1994, 1254.

richtsvollzieher Prozeßkostenhilfe bewilligt worden, ist § 7 GVKostG zu beachten, der insoweit zu Lasten des Gläubigers § 122 Abs. 1 Nr. 1 a ZPO verdrängt.

5  d) **Kostenschuldner des Rechtsanwalts** hinsichtlich der in der Zwangsvollstreckung angefallenen Gebühren[11] ist der jeweilige Mandant, der den Rechtsanwalt beauftragt hat. Die jeweils geschuldeten Gebühren ergeben sich aus dem Vertrag und der BRAGO (insbesondere: §§ 57–60 BRAGO). Im Falle des § 126 ZPO kann der Anwalt des Gläubigers, dem Prozeßkostenhilfe gewährt wurde, seine Kosten unmittelbar beim Schuldner im eigenen Namen beitreiben.[12]

6  **3. Unmittelbare – mittelbare Vollstreckungskosten:** »Kosten der Zwangsvollstreckung« i. S. des Abs. 1 sind alle Aufwendungen, die gemacht werden, um unmittelbar die Vollstreckung aus dem Titel vorzubereiten oder die einzelnen Vollstreckungsakte durchzuführen.[13] Sie sind abzugrenzen gegen diejenigen Aufwendungen und Vermögenseinbußen, die der Gläubiger zwar auch deshalb erleidet, weil er zur Zwangsvollstreckung genötigt ist, die aber weder der Vorbereitung noch der Durchführung eines konkreten Vollstreckungsaktes dienen (mittelbare Aufwendungen aus Anlaß der Vollstreckung). Solche mittelbaren Vermögenseinbußen sind etwa der durch die Zinsen nicht abgedeckte Wertverlust der Forderung infolge langer Vollstreckungsdauer, der entgangene Gewinn aus Geschäften, die dem Gläubiger bei rechtzeitiger Erfüllung möglich gewesen wären, Aufwendungen zur Abwendung von Schäden am eigenen Vermögen infolge des langwierigen Vollstreckungsverfahrens (z. B. Sicherungsmaßnahmen zu Gunsten der vorhandenen Bausubstanz, weil die Ersatzvornahme zur Mängelbeseitigung sich hinauszögert). In zahlreichen Einzelfällen ist die Abgrenzung recht schwierig und umstritten.[14] Keine »Kosten der Zwangsvollstreckung« sind auch diejenigen Aufwendungen, die nur zufällig aus Anlaß der Zwangsvollstreckung anfallen, die aber in gleicher Art und Höhe angefallen wären, wenn der Schuldner freiwillig und pünktlich erfüllt hätte. Hierher zählen etwa die Aufwendungen zur Beschaffung und zum ordnungsgemäßen Angebot der eigenen Gegenleistung in den Fällen der §§ 756, 765 ZPO. Soweit hier durch die Einschaltung des Gerichtsvollziehers allerdings Mehrkosten entstehen, sind diese wiederum Kosten der Zwangsvollstreckung.[15]

Schließlich sind keine »Kosten der Zwangsvollstreckung« i. S. des Abs. 1 die aufgrund ausdrücklicher Kostenentscheidung einer Partei des Vollstreckungsverfahrens auferlegten Kosten eines besonderen Verfahrens, insbesondere Rechtsbehelfsverfahrens. So müssen die Entscheidungen nach §§ 732, 766, 793 ZPO, 11 RpflG immer

---

11 Einzelfragen zu diesen Gebühren siehe neben den Kommentaren zur BRAGO: *Krauthausen*, DGVZ 1984, 180; *Mümmler*, JurBüro 1986, 11.
12 *Zöller/Stöber*, § 788 Rdn. 23; a. A. LG Berlin, Rpfleger 1979, 345.
13 Insoweit besteht grundsätzlich noch Einigkeit; vergl. *Baur/Stürner*, Rdn. 49.5; *Blomeyer*, § 98 II 1; *Brox/Walker*, Rdn. 1674; *Rosenberg/Gaul*, § 46 II 2; *Stein/Jonas/Münzberg*, § 788 Rdn. 6.
14 Einzelheiten unten Rdn. 17, 18; siehe ferner OLG Koblenz, Rpfleger 1977, 66; OLG Hamburg, JurBüro 1973, 650.
15 *Stein/Jonas/Münzberg*, § 788 Rdn. 10 und 13; *Thomas/Putzo*, § 756 Rdn. 10; OLG Frankfurt, JZ 1980, 127.

eine Kostenentscheidung gem. §§ 91 ff. ZPO enthalten;[16] erst recht ist dies für die Urteile gem. §§ 731, 767, 768, 771 ZPO selbstverständlich. Kosten, die der Vorbereitung derartiger selbständiger Verfahren oder ihrer gütlichen vorgerichtlichen Beilegung dienen, sind diesem Verfahren zuzuordnen und unterfallen ebenfalls nicht § 788 Abs. 1.[17] Gleiches gilt für die Kosten einstweiliger Anordnungsverfahren im Vorfeld derartiger Verfahren (§§ 732 Abs. 2, 769 ZPO),[18] es sei denn, daß ein Hauptsacheverfahren nicht mehr stattfindet.[19] Welche »Verfahren« im Rahmen der Zwangsvollstreckung über die vorstehend genannten hinaus mit einer selbständigen Kostenentscheidung abzuschließen sind, sodaß auf deren Kosten § 788 nicht mehr anwendbar ist, ist im einzelnen (etwa für § 765 a oder §§ 887, 888, 890 ZPO) streitig.[20]

**4. Notwendige Vollstreckungskosten:** Die Kosten der Zwangsvollstreckung im vorstehenden Sinne kann der Gläubiger nur dann vom Schuldner erstattet verlangen, wenn diese Kosten auch »notwendig« waren. Insoweit verweist das Gesetz auf die Definition im § 91 ZPO, sodaß als »notwendig« alle diejenigen Kosten anzusehen sind, die zur »zweckentsprechenden Rechtsverfolgung« erforderlich sind. Dabei ist auf die Sicht des Gläubigers zum Zeitpunkt der Einleitung der jeweiligen Maßnahme abzustellen.[21] Erteilt der Gläubiger etwa nach Ablauf der von ihm dem Schuldner gesetzten Zahlungsfrist und einer angemessenen zusätzlichen Frist für die Übermittlung einer fristgerecht angewiesenen Überweisung[22] Vollstreckungsauftrag, weil das Geld nicht bei ihm eingegangen ist, so sind die durch die Auftragserteilung entstandenen Kosten notwendig, auch wenn eine Zwangsvollstreckung zu diesem Zeitpunkt objektiv nicht mehr erforderlich war, weil der Schuldner die geschuldete Summe zwischenzeitlich, wenn auch verspätet, abgesandt hatte.[23] Wird eine ursprünglich zu Recht eingeleitete Zwangsvollstreckungsmaßnahme später nicht zuende geführt, so bleiben die durch sie verursachten Kosten »notwendig« i. S. von Abs. 1, wenn der Abbruch der Vollstreckung sich nicht ausnahmsweise als Schikane des Gläubigers darstellt.[24] Die Kosten müssen **zur Zwangsvollstreckung** bzw. zu deren Vorbereitung notwendig sein. Ist die Zwangsvoll-

7

---

16 Str.; Einzelheiten: § 732 Rdn. 13; § 766 Rdn. 28; siehe ferner: OLG Nürnberg, JurBüro 1965, 811; LG Hamburg, MDR 1969, 583.
17 OLG Koblenz, Rpfleger 1977, 66.
18 OLG München, JurBüro 1986, 1583.
19 Siehe § 769 Rdn. 13.
20 Einzelheiten unten Rdn. 8. Ist eine Entscheidung aber – wenn auch zu Unrecht – mit einer Kostenentscheidung versehen, geht diese immer der Regelung in § 788 ZPO vor.
21 OLG München, Rpfleger 1968, 402; AG Hamburg, Rpfleger 1982, 392; LG Münster, NJW-RR 1988, 128; ferner: LG Nürnberg-Fürth, AnwBl. 1982, 122; OLG Schleswig, SchlHA 1983, 198; OLG Koblenz, JurBüro 1984, 408. War dem Gläubiger die Erfüllung seiner Forderung durch das Verschulden Dritter, die nicht in der Sphäre des Schuldners stehen, unbekannt geblieben, so muß der Gläubiger sich dies allerdings zurechnen lassen: LG Berlin, JurBüro 1968, 556; OLG Hamburg, JurBüro 1976, 1252;
22 Siehe hierzu: AG Köln, JurBüro 1965, 166 und DGVZ 1975, 75; LG Essen, DGVZ 1982, 118; ferner: AG Bonn, JurBüro 1962, 111; AG Gelsenkirchen-Buer, MDR 1968, 148; AG Nürnberg, DGVZ 1976, 174; LG Tübingen, AnwBl. 1982, 81; ArbG Mannheim, DGVZ 1980, 1683.
23 AG Hamburg, Rpfleger 1982, 392; LG Münster, NJW-RR 1988, 128.
24 OLG München, JurBüro 1968, 1019; OLG Stuttgart, JurBüro 1976, 523; a. A. für die Rücknahme eines Vollstreckungsantrages nach §§ 887 ff. ZPO: OLG Frankfurt, MDR 1978, 411.

streckung aus dem Titel noch gar nicht möglich und deshalb auch noch nicht absehbar, ob der Schuldner nicht schon vor einer möglichen Vollstreckung freiwillig zahlen werde, ist eine Androhung von Vollstreckungsmaßnahmen, die die Vollstreckungsgebühr nach § 57 BRAGO auslöst, auch noch nicht notwendig.[25] Gleiches gilt, wenn der an sich bereits vollstreckbare Titel dem Schuldner erst so kurzfristig zugegangen ist, daß vernünftigerweise nicht erwartet werden kann, daß der Schuldner eine Überweisung schon veranlassen konnte.[26] Da der Schuldner allerdings grundsätzlich seit Titelerlaß sich auf die Zahlung einstellen konnte, darf dem Gläubiger kein allzu langes Zuwarten zugemutet werden.[27] Hat der Schuldner rechtzeitig freiwillig bezahlt, aber – vermutlich infolge eines Rechenfehlers – einen geringfügigen Betrag zu wenig überwiesen, ist es nicht notwendig, wegen dieses Restbetrages Vollstreckungskosten (durch ein anwaltliches Mahnschreiben oder gar durch einen Vollstreckungsauftrag) zu verursachen, bevor der Schuldner vom Gläubiger auf seinen Irrtum hingewiesen und zur freiwilligen Zahlung auch des Restes aufgefordert wurde.[28] Allerdings ist grundsätzlich – bei Zahlungsverweigerung – die Zwangsvollstreckung auch wegen eines geringfügigen Betrages berechtigt; die durch sie verursachten Kosten sind auch dann notwendig, wenn sie den beizutreibenden Betrag übersteigen.[29]

Auch der Gläubiger, der berechtigt die Zwangsvollstreckung gegen seinen Schuldner einleitet, ist verpflichtet, die **Vollstreckungskosten niedrig zu halten** und von überflüssigen oder auch von vornherein erkennbar aussichtslosen Maßnahmen, die zusätzliche Vollstreckungskosten auslösen, abzusehen. Die Kosten derartig unnötiger Maßnahmen sind ihrerseits nicht notwendig i. S. Abs. 1.[30] Das gilt etwa für die Kosten erneuter Vollstreckungsaufträge, wenn die Vermögenslosigkeit des Schuldners bereits feststeht und der Gläubiger keinerlei Anhaltspunkte dafür hat, daß sich hieran etwas geändert hat.[31] Abzustellen ist auf die Sicht des Gläubigers bei Einleitung der Vollstreckungsmaßnahme. Übertriebene Anforderungen dürfen nicht an den Gläubiger gestellt werden. Vor allem ist ihm nicht anzulasten, daß er sich für die Vorgehensweise entscheidet, von der er sich am schnellsten und wirkungsvollsten Erfolg erhofft,[32]

---

25 OLG Hamm, JurBüro 1969, 1112; OLG Hamburg, JurBüro 1972, 422 mit Anm. von *Mümmler*; KG, JurBüro 1973, 74; OLG Bamberg, JurBüro 1977, 505; OLG Düsseldorf, VersR 1981, 755; OLG Köln, JurBüro 1982, 1525; AG Köln, DGVZ 1983, 191; LAG Hamm, MDR 1984, 1053; LAG Frankfurt, JurBüro 1986, 1205; KG, JurBüro 1987, 390.
26 LG Bayreuth, JurBüro 1974, 1398; AG Halle, JurBüro 1984, 1036 und AnwBl. 1984, 220; OLG Hamburg, AnwBl. 1985, 784 mit Anm. von *Mümmler*.
27 Zu weitgehend daher AG Mülheim, AnwBl. 1982, 123; siehe auch: LG Hamburg, JurBüro 1973, 1180; OLG Schleswig, SchlHA 1981, 152; LAG Hamm, AnwBl. 1984, 161.
28 AG Bergheim, DGVZ 1983, 29; AG Fürstenfeldbruck, DGVZ 1987, 93.
29 Einzelheiten: Vorbem. §§ 753–763 Rdn. 5.
30 OLG München, AnwBl. 1958, 76; LG Wiesbaden, ZMR 1970, 122; OLG Frankfurt, AnwBl. 1971, 209; OLG Hamburg, JurBüro 1979, 854; siehe ferner: AG Hadamar, JurBüro 1976, 1670; LG Frankfurt, JurBüro 1977, 216; AG Lüdinghausen, JurBüro 1982, 1040, alle drei Entscheidungen mit Anm. von *Mümmler*.
31 AG Köln, JurBüro 1964, 692; LG Berlin, Rpfleger 1970, 441; LG Osnabrück, JurBüro 1977, 1786; LG Aschaffenburg, DGVZ 1982, 190; AG Büdingen, DGVZ 1985, 78; AG Fritzlar, DGVZ 1987, 93.
32 OLG Frankfurt, AnwBl. 1971, 209; OLG Hamburg, JurBüro 1979, 854; OLG Frankfurt, VersR 1981, 287; OLG Hamburg, JurBüro 1990, 116.

auch wenn sich nachträglich das gewünschte Ergebnis nicht einstellt. Die Verpflichtung, die Kosten gering zu halten, zwingt den Gläubiger nicht dazu, auf die Einschaltung eines Rechtsanwalts zur Beitreibung der Forderung zu verzichten, wenn er selbst Rechtskenntnisse besitzt.[33] Kosten, die durch vom Gläubiger beantragte, aber wegen anfänglicher Unzulässigkeit abgelehnter Vollstreckungsmaßnahmen entstehen, sind nie notwendig.[34] Führt das Vollstreckungsorgan dagegen in eigener Regie Maßnahmen durch, die sich auf einen Rechtsbehelf hin als unzulässig erweisen (z. B. Pfändung unpfändbarer Gegenstände, Pfändung von Gegenständen im Eigentum Dritter), so sind die hierdurch dem Gläubiger entstandenen Vollstreckungskosten notwendig i. S. Abs. Entstehen Vollstreckungskosten durch Umstände, die allein im persönlichen Bereich des Gläubigers liegen, kann ihre Erstattung nicht verlangt werden. So führt etwa ein auf Unstimmigkeiten zwischen Anwalt und Mandant beruhender Anwaltswechsel nicht zur Erstattungsfähigkeit der dadurch hervorgerufenen Mehrkosten.[35]

Verwirklicht der Gläubiger über den titulierten vollstreckbaren Anspruch hinaus weitere – nach materiellem Recht an sich berechtigte – Ansprüche, so handelt es sich hierbei, auch wenn dem Gläubiger staatliche Organe insoweit irrtümlich behilflich sind, nicht um Zwangsvollstreckung i. S. v. Abs. 1. Die hierdurch entstandenen Kosten sind nicht erstattungsfähig.[36]

Ebenfalls keine Zwangsvollstreckung liegt vor, wenn der Gläubiger ohne Zuhilfenahme staatlicher Organe den titulierten Anspruch selbst durchsetzt (z. B. Ersatzvornahme ohne Ermächtigung nach § 887 Abs.2 ZPO). Die dem Gläubiger insoweit entstandenen Kosten fallen nicht unter § 788 ZPO.[37]

**5. Anwendungsbereich der Vorschrift:** § 788 Abs. 1 gilt für alle Arten der **Individualzwangsvollstreckung,** jedoch nicht darüber hinaus. Wird deshalb ein – ursprünglich berechtigter – Konkursantrag zurückgenommen, so sind die Kosten dieses Antrages keine »Kosten der Zwangsvollstreckung«.[38] § 788 differenziert nicht zwischen einseitigen Vollstreckungsmaßnahmen, vor denen der Schuldner nicht angehört wird (also etwa §§ 808, 829, 866, 867, 883 ZPO), und solchen, die stets nach Anhörung des Schuldners durch Entscheidung ergehen (so § 891 ZPO).[39] Deshalb ist die Vorschrift

8

---

33 AG Mülheim, AnwBl. 1984, 220; MüKo/*K. Schmidt,* § 788 Rdn. 22; *Stein/Jonas/Münzberg,* § 788 Rdn. 18a; a. A.: OLG Saarbrücken, DGVZ 1989, 91; AG Erkelenz, DGVZ 1993, 97.
34 OLG Celle, NdsRpfl. 1963, 35; AG Mönchengladbach, JurBüro 1964, 38; OLG Saarbrücken, OLGZ 1967, 34; KG, JurBüro 1968, 646; LG Mannheim, Justiz 1974, 88.
35 OLG Hamburg, JurBüro 1973, 448.
36 OLG Hamburg, JurBüro 1973, 650; OLG Stuttgart, Rpfleger 1983, 175.
37 OLG Köln, OLG-Report 1993, 13.
38 LG Berlin, MDR 1983, 587.
39 So aber ausführlich *Pastor,* Die Unterlassungsvollstreckung, 3. Aufl., S. 137 ff.; ihm überwiegend folgend: *Stein/Jonas/Münzberg,* § 788 Rdn. 11; siehe ferner: *Schneider,* JurBüro 1965, 685, 696; OLG München, MDR 1964, 769; OLGZ 1984, 66 und MDR 1983, 1029; OLG Koblenz, WRP 1978, 833; VersR 1983, 589 und WRP 1984, 347; OLG Hamm, MDR 1985, 590.

auch auf die Vollstreckung nach §§ 887, 888, 890 ZPO grundsätzlich anwendbar.[40] Das ist auch sachgerecht, da das in § 788 verankerte »Veranlassungsprinzip« der Vollstreckungssituation gerechter wird als das in § 91 ZPO zum Ausdruck kommende Erfolgsprinzip: Stellt sich ein Vollstreckungsantrag aus der Sicht eines verantwortungsbewußt entscheidenden Gläubigers zunächst als notwendig dar und stellt sich seine Unbegründetheit erst im Laufe des Verfahrens heraus, insbesondere aus Gründen, die dem Gläubiger nicht bekannt sein konnten, so kann die Kostenfrage nicht anders beantwortet werden als wenn der Gläubiger zunächst in der Erwartung, der Schuldner besitze pfändbare Habe, den Gerichtsvollzieher beauftragt, dann aber erfahren muß, der Schuldner sei vermögenslos. Im letzteren Fall zweifelt niemand daran, daß den Schuldner die Kostenlast der letztlich überflüssig eingeleiteten Zwangsvollstreckung trifft. Willkürliche und über das Ziel hinausschießende Vollstreckungsanträge verursachen keine »notwendigen« Vollstreckungskosten; zudem trifft für die Notwendigkeit im Streitfall den Gläubiger die Beweislast, sodaß der Schuldner hinreichend geschützt ist.

Wird in den Fällen der §§ 887 ff. ZPO allerdings abweichend von der hier vertretenen Auffassung eine Kostenentscheidung nicht entsprechend dem Grundgedanken des § 778 Abs. 1 S. 1, sondern nach §§ 91 ff. ZPO gefällt, verdrängt sie die Regelung des § 788. Dabei ist zu beachten, daß nach §§ 91 ff. ZPO verteilte Kosten nicht ohne gesonderten Kostenfestsetzungsbeschluß nach § 104 ZPO beigetrieben werden können; § 788 Abs. 1 Satz 1, 2. Halbs. gilt für sie nicht.

9   Zwangsvollstreckung ist auch die Vollziehung von Arresten und einstweiligen Verfügungen, sodaß § 788 auch insoweit gilt.

Schließlich gilt Abs. 1 auch, wie die Ausnahmeregelung in Abs. 3 zeigt, für die Schuldnerschutzverfahren nach §§ 765 a, 811 a, 811 b, 813 a, 850 k, 851 und 851 b ZPO,[41] soweit dort nicht ausnahmsweise eine andere Kostenverteilung aus Gründen der Billigkeit vorgenommen wurde.[42]

10  II. Einzelfälle:

A. Notwendige Kosten der Vorbereitung der Zwangsvollstreckung:

1. Anwaltliche Zahlungsaufforderung und Vollstreckungsandrohung nach Vollstreckungsreife: Fordert der prozeßbevollmächtigte Rechtsanwalt des Gläubigers,

---

40  Wie hier: *Brox/Walker*, Rdn. 1672; *Baumbach/Lauterbach/Hartmann*, § 788 Rdn. 24 und § 891 Rdn. 5; *Jacobs*, Formular-Kommentar Handels- und Wirtschaftsrecht III, 21. Aufl., Form. 3.647 Fußn. 22; *Thomas/Putzo*, § 788 Rdn. 3; *Zöller/Stöber*, § 788 Rdn. 13; AG Köln, JurBüro 1965, 240; OLG Bremen, NJW 1971, 58; OLG München, Rpfleger 1974, 320; OLG Hamm, JMBlNW 1978, 103; OLG Frankfurt, WRP 1977, 32 und MDR 1981, 1025; LG Koblenz, MDR 1984, 591; OLG Düsseldorf, MDR 1984, 323; KG, NJW-RR 1987, 192; OLG München, JurBüro 1992, 270; OLG Hamm, GRUR 1994, 83; siehe aber auch § 887 Rdn. 19 und § 888 Rdn. 29. Die im Entwurf der 2. Zwangsvollstreckungsnovelle (BT-Drucks. 13/341) vorgesehene Neufassung des § 891 S. 3 ZPO, für die Kostenentscheidung in den Fällen der §§ 887 ff. gelte § 91 »entsprechend«, ist nicht glücklich und entscheidet den Streit letztlich nicht; siehe auch § 890 Fußn. 154 und § 891 Rdn. 5.
41  Siehe auch § 765 a Rdn. 23.
42  Einzelheiten unten Rdn. 27.

nachdem dieser ihn mit der Durchführung der Vollstreckung beauftragt hatte, den Schuldner unter Androhung der Zwangsvollstreckung zur freiwilligen Leistung auf, so entsteht hierdurch die Vollstreckungsgebühr nach § 57 BRAGO.[43] Sie kann als notwendige Vollstreckungskosten vom Schuldner erstattet verlangt werden, wenn der Titel zur Zeit der Aufforderung dem Schuldner schon zugestellt, also bekannt, und grundsätzlich vollstreckbar war.[44] Der Schuldner muß vernünftigerweise Zeit gehabt haben, die Titelforderung zu erfüllen.[45] Ist der Titelschuldner die öffentliche Hand, so muß der Gläubiger eine gewisse Schwerfälligkeit des öffentlichen Kassenwesens in Rechnung stellen. Die Zwangsvollstreckungsandrohung ist insoweit erst angezeigt, wenn eine angemessene (etwas großzügiger angesetzte) Zeit nach Zustellung des Titels fruchtlos verstrichen ist[46]. Die Gebühr muß auch erstattet werden, wenn der Schuldner der ihm nach angemessener Wartezeit zugegangenen Aufforderung umgehend folgt, sodaß sich eine weitere Zwangsvollstreckung erübrigt. Dem kann nicht entgegengehalten werden,[47] eine solche Zahlungsaufforderung sei im Gesetz nicht vorgesehen, sie bereite auch nicht die Zwangsvollstreckung vor, sondern sei gerade »ein letzter Versuch«, diese zu vermeiden. Der Gläubiger darf sich immer eines Rechtsanwalts bedienen, um die Zwangsvollstreckung zu betreiben. Würde dieser Rechtsanwalt sofort Vollstreckungsantrag an ein Vollstreckungsorgan stellen, verdiente er auch die Gebühr des § 57 BRAGO. Umgekehrt verdient der Rechtsanwalt diese Gebühr nicht zweimal, wenn er zunächst eine letzte Zahlungsaufforderung an den Schuldner verschickt und erst nach Fristablauf Vollstreckungsantrag stellt.[48]

Bedient der Gläubiger sich eines Inkassobüros anstelle eines Rechtsanwalts, so sind dessen Kosten nur insoweit erstattungsfähig, als sie die Kosten eines ansonsten eingeschalteten Rechtsanwalts nicht übersteigen.[49]

**2. Vergleichsgebühr für Stundungs- und Ratenzahlungsvereinbarungen nach Titelerlaß:** Trifft der Rechtsanwalt des Gläubigers mit dem Schuldner, nachdem die Voraussetzungen der Zwangsvollstreckung vorliegen, eine Ratenzahlungs- oder Stundungsvereinbarung, so verdient er, wenn die Vereinbarung im Ganzen den Erfordernis- 11

---

43 Unstreitig; beispielsweise: OLG Celle, MDR 1968, 594; LG Bochum, JurBüro 1969, 863; AG Hamburg, AnwBl. 1970, 293; OLG München, Rpfleger 1977, 420; LG Freiburg, AnwBl. 1980, 378; AG Saarbrücken, AnwBl. 1982, 544; LG Tübingen, JurBüro 1982, 244; OLG Frankfurt, VersR 1983, 564; OLG Koblenz, MDR 1985, 943.
44 OLG Düsseldorf, NJW 1968, 1098; LG Aachen, AnwBl. 1970, 292; LG Karlsruhe, AnwBl. 1971, 55; OLG Düsseldorf, JurBüro 1977, 1569; KG, AnwBl. 1984, 217; LAG Bremen, VersR 1982, 1063; OLG Köln, JurBüro 1986, 1582; LG Berlin, JurBüro 1987, 718; OLG Nürnberg, NJW-RR 1993, 1534; LAG Hamm, MDR 1994, 202; *Mümmler*, JurBüro 1986, 1121 ff.; *Rosenberg/Gaul*, § 46 II 2 a; siehe hierzu auch oben Rdn. 7; zu eng: OLG Frankfurt, GRUR 1990, 636.
45 AG *Ellwangen/Jagst*, DGVZ 1992, 45.
46 BVerfG, NJW 1991, 2758: Jedenfalls mehr als 6 Wochen.
47 Insbesondere *Stein/Jonas/Münzberg*, § 788 Rdn. 13a.
48 AG Melsungen, JurBüro 1979, 547.
49 AG Friedberg und AG Bielefeld, DGVZ 1975, 61; LG Berlin, DGVZ 1975, 166; AG Wiesbaden, DGVZ 1976, 13; AG Mosbach, AnwBl. 1984, 220; AG Paderborn, JurBüro 1985, 1896; LG Landau, DGVZ 1988, 28; AG Ibbenbüren, DGVZ 1988, 78; LG Ravensburg, DGVZ 1989, 173.

sen des § 779 BGB entspricht⁵⁰ (also in ihr nicht nur eine Seite nachgibt), dadurch die Vergleichsgebühr des § 23 BRAGO,⁵¹ nicht nur die Vollstreckungsgebühr des § 57 BRAGO.⁵² Ist die Ratenzahlungsvereinbarung eine Folge der vorausgegangenen anwaltlichen Zahlungsaufforderung, so verdrängt die Vergleichsgebühr die geringere Vollstreckungsgebühr, es fallen also nicht beide nebeneinander an (§ 58 Abs. 1 BRAGO entspr.).⁵³ Die Vergleichsgebühr ist als »notwendige Kosten der Zwangsvollstreckung« unter den nämlichen Voraussetzungen nach § 788 Abs. 1 erstattungsfähig, unter denen dies die Gebühr nach § 57 BRAGO für eine anwaltliche Zahlungsaufforderung ist.⁵⁴ Auch hier gilt: Die Einschaltung eines Rechtsanwalts zur Beauftragung des Gerichtsvollziehers oder anderer Vollstreckungsorgane und zur Überwachung der Vollstreckung bis zur Beitreibung der Gesamtforderung wäre ebenfalls »notwendig« und für den Schuldner im Ergebnis nicht kostengünstiger gewesen.

Ob bei freiwilliger Zahlung an den Rechtsanwalt nach vorausgegangener Zahlungsaufforderung neben der Gebühr nach § 57 BRAGO bzw. der Vergleichsgebühr nach § 23 BRAGO auch die Hebegebühr nach § 22 BRAGO erstattungsfähig ist, hängt von den Umständen des Einzelfalles ab, ob es nämlich geboten erschien, die Zahlungseingänge durch einen Anwalt überwachen zu lassen⁵⁵ (z. B. schleppende Zahlungsweise, unregelmäßige Raten »nach Vermögen«).

---

50 MüKo/*K. Schmidt*, § 788 Rdn. 15.
51 LG Saarbrücken, JurBüro 1969, 878; LG Arnsberg, AnwBl. 1972, 285 mit Anm. von *Schmidt*, NJW 1972, 1420 und von *Raacke*, NJW 1972, 1868; LG Kassel, AnwBl. 1980, 263; LG Arnsberg, AnwBl. 1980, 512; LG Baden-Baden, AnwBl. 1982, 123; LG Heidelberg, AnwBl. 1984, 222; LG Darmstadt, Rpfleger 1985, 325.
52 So aber OLG Köln, JurBüro 1976, 332; LG Kassel, JurBüro 1980, 1029 hält dagegen § 118 Abs. 1 Nr. 1 BRAGO für einschlägig.
53 A. A. (beide Gebühren nebeneinander): LG Köln, AnwBl. 1984, 221.
54 Wie hier: LG Saarbrücken, JurBüro 1969, 878; LG Arnsberg, AnwBl. 1972, 285; AG Hamburg, AnwBl. 1973, 46; LG Oldenburg, DGVZ 1974, 42; LG Kassel, JurBüro 1980, 1029 mit Anm. von *Mümmler*; LG Arnsberg, AnwBl. 1980, 512; LG Baden-Baden, AnwBl. 1982, 123; LG Arnsberg, AnwBl. 1982, 544 und 1983, 573; LG Köln, JurBüro 1983, 1038; LG Heidelberg, AnwBl. 1984, 222; LG Darmstadt, Rpfleger 1985, 325; LG Landau, JurBüro 1987, 699; *Baumbach/Lauterbach/Hartmann*, § 788 Rdn. 46; a. A. (Vergleichsgebühr grundsätzlich nicht erstattungsfähig): LG Essen, Rpfleger 1971, 444; LG Freiburg, NJW 1972, 1332 mit Anm. von *Schmidt*; OLG Frankfurt, MDR 1973, 860; LG Wuppertal, DGVZ 1973, 75; LG Lübeck, DGVZ 1974, 40; LG Essen, DGVZ 1975, 155; LG Würzburg, DGVZ 1975, 44; LG Berlin, Rpfleger 1976, 438; OLG Köln, JurBüro 1979, 1642; AG Recklinghausen, DGVZ 1979, 13; AG Dinslaken, DGVZ 1980, 41; KG, VersR 1982, 246; LG Siegen, JurBüro 1983, 1569; LG Aachen, DGVZ 1985, 114; AG Aachen, JurBüro 1987, 702; AG Herborn, DGVZ 1992, 60; AG Rastatt, DGVZ 1991, 78; *Stein/Jonas/Münzberg*, § 788 Rdn. 13; wiederum a. A. (Gebühr nur erstattungsfähig, wenn der Schuldner sie ausdrücklich im Vergleich übernommen hat; sonst gelte § 98 ZPO): *Zöller/Stöber*, § 788 Rdn. 7; OLG Düsseldorf, JMBl.NW 1994, 130; LG Darmstadt, DGVZ 1995, 45; wiederum a. A. (Vergleich regelmäßig nicht »notwendig«, da dem Gläubiger keine Vorteile bringend): MüKo/*K. Schmidt*, § 788 Rdn. 15.
55 LG Frankenthal, JurBüro 1979, 1325; LG Koblenz, DGVZ 1984, 42; *Stein/Jonas/Münzberg*, § 788 Rdn. 10.

**3. Kosten der Sicherheitsleistung als Vollstreckungsvoraussetzung:** Ist das Urteil 12
nur gegen Sicherheitsleistung vorläufig vollstreckbar (§ 709 ZPO) oder muß der Gläubiger seinerseits Sicherheit leisten, um einer Sicherheitsleistung des Schuldners die Wirkung zu nehmen (z. B. §§ 711, 720 a Abs. 3 ZPO), so können ihm Kosten erwachsen durch die Hinterlegungsgebühren (§ 24 HinterlO), die Provision und die Zinsen für die Beschaffung einer Bankbürgschaft oder eines Barkredits, aber auch durch den Zinsverlust im Hinblick auf das hinterlegte eigene Geld, das ansonsten gewinnbringender angelegt war. Im Einzelfall kann im Hinterlegungsverfahren auch die Zuziehung eines Rechtsanwaltes, der dann hierfür die Gebühr nach § 57 BRAGO erhält, notwendig sein.[56] Alle diese Kosten sind Kosten der Zwangsvollstreckung, deren Notwendigkeit nach den allgemeinen Regeln[57] zu beurteilen sind. Sie sind grundsätzlich nach § 788 Abs. 1 zu erstatten. Für die Hinterlegungsgebühren[58] und die Kosten der Beschaffung einer Bankbürgschaft[59] entspricht dies heute der herrschenden Meinung. Es ist kein sachlicher Grund ersichtlich, die Kosten der Beschaffung der Hinterlegungssumme in bar (Kreditzinsen)[60] und der Hinterlegung eigenen Kapitals[61] anders zu behandeln. Vor wirtschaftlich unvernünftigen Entscheidungen des Gläubigers im Einzelfall ist der Schuldner durch das Erfordernis der »Notwendigkeit« hinreichend geschützt. So sind die Kosten für die Beschaffung der Sicherheit erst notwendig von dem Zeitpunkt an,

---

56 Zu dieser Möglichkeit: OLG München, AnwBl. 1964, 180; OLG Hamm, JurBüro 1970, 65; LG Essen, JurBüro 1973, 229; a. A. (mit der Prozeßgebühr schon abgegolten): OLG Frankfurt, JurBüro 1977, 1092 mit Anm. von *Mümmler*; OLG Schleswig, JurBüro 1968, 416; (nie notwendige Kosten): KG, MDR 1965, 316; OLG Celle, NJW 1968, 2246; OLG Düsseldorf, JurBüro 1968, 744; Zur Einschaltung eines Rechtsanwalts zur Beschaffung einer Bankbürgschaft vergl. KG, MDR 1976, 767.
57 Oben Rdn. 7, 8.
58 *Thomas/Putzo*, § 788 Rdn. 18.
59 H. M. seit BGH, NJW 1974, 693 (gegen die damals wohl überwiegende Auffassung in der Rspr.); wie der BGH seitdem etwa: OLG Düsseldorf, MDR 1975, 152 und Rpfleger 1975, 355; KG, JurBüro 1975, 78; OLG Koblenz, JurBüro 1976, 1698; OLG Frankfurt, JurBüro 1977, 1767; OLG Koblenz, WM 1980, 204; OLG Celle, Rpfleger 1983, 498; OLG Schleswig, SchlHA 1984, 61; OLG Düsseldorf, JurBüro 1984, 598; OLG Frankfurt, Rpfleger 1984, 199; OLG Koblenz, VersR 1985, 273; OLG Hamburg, VersR 1985, 504; KG, ZIP 1985, 706; OLG Karlsruhe, NJW-RR 1987, 128; OLG Köln, AnwBl. 1987, 288; OLG Düsseldorf, NJW-RR 1987, 1210; OLG Koblenz, AnwBl. 1990, 166; *Baumbach/Lauterbach/Hartmann*, § 788 Rdn. 39; *Brox/Walker*, Rdn. 1674; *MüKo/K. Schmidt*, § 788 Rdn. 17; *Rosenberg/Gaul*, § 46 II 2; *Zöller/Stöber*, § 788 Rdn. 5; nach wie vor a. A.: LG Braunschweig, WM 1977, 720; OLG Bamberg, JurBüro 1987, 933.
60 Wie hier: *Brox/Walker*, Rdn. 1675; *Baumbach/Lauterbach/Hartmann*, § 788 Rdn. 39; *Thomas/Putzo*, § 788 Rdn. 18; a. A.: OLG München, NJW 1970, 1195; OLG Celle, NdsRpfl 1973, 321; OLG Stuttgart, JurBüro 1976, 514; OLG Düsseldorf, NJW 1981, 437; OLG München, AnwBl. 1993, 138.
61 Wie hier: *Brox/Walker*, Rdn. 1675; *Baumbach/Lauterbach/Hartmann*, § 788 Rdn. 40; OLG Hamm, MDR 1982, 416 (begrenzt durch die Höhe der Kosten einer Bankbürgschaft); a. A. OLG Hamburg, MDR 1965, 396; OLG München, NJW 1968, 257; OLG Hamm, MDR 1968, 1021; KG, MDR 1974, 939; OLG Bamberg, JurBüro 1977, 1799; OLG Düsseldorf, Rpfleger 1981, 121; OLG Hamm, JurBüro 1982, 1419; *Baur/Stürner*, Rdn. 49.5; *Rosenberg/Gaul*, § 46 II 2; *Stein/Jonas/Münzberg*, § 788 Rdn. 15.

von dem an das Gericht die gewählte Form der Sicherheitsleistung auch gestattet hat,[62] und sie bleiben nur solange notwendig, wie das Erfordernis einer Sicherheitsleistung gegeben ist.[63] Ist die Sicherheitsleistung nicht wirksam erbracht,[64] ist auch kein Anspruch auf Erstattung ihrer Kosten gegeben. Hat der Gläubiger mehrere Möglichkeiten, die Sicherheitsleistung zu erbringen, muß er die kostengünstigste wählen.[65]

13  4. **Aufenthaltsermittlung des Schuldners:** Ist der Schuldner unbekannten Aufenthalts und läßt sich im Hinblick auf die Datenschutzbestimmungen seine Anschrift nicht durch amtliche Auskunft ermitteln, so sind die Kosten einer Detektei zur Aufenthaltsermittlung des Schuldners notwendige Vorbereitungskosten der Zwangsvollstreckung, die gem. Abs. 1 zu erstatten sind.[66]

14  5. Kosten der Vorbereitung der Zwangsvollstreckung sind kraft ausdrücklicher Regelung in Abs. 1 S. 2 auch die Kosten der **Ausfertigung** (– insbesondere auch der vollstreckbaren –) und der **Zustellung des Urteils**. Hierzu zählen insbesondere auch die Kosten der gem. §§ 726 ff. ZPO erforderlichen öffentlichen Urkunden,[67] die Kosten eines Sachverständigengutachtens, um den Bedingungseintritt nach § 726 ZPO oder die Ordnungsgemäßheit der Gegenleistung nach § 756 ZPO nachzuweisen,[68] die Kosten der Erstellung der nach § 750 Abs. 2 ZPO zuzustellenden Abschriften,[69] die Übersetzungskosten im Klauselverfahren nach dem EuGVÜ (Art. 48 Abs. 2 mit § 3 Abs. 3 AVAG), die Kosten eines Rechtskraft- oder Notfristzeugnisses (§ 706 ZPO)[70], die Kosten eines nach ausländischem Recht erforderlichen Exequaturverfahrens.[71]

15  **B. Notwendige Kosten der Durchführung der Zwangsvollstreckung:**

1. **Kosten einer Vorpfändung (§ 845 ZPO):** Insoweit können Rechtsanwaltskosten sowie Gebühren und Auslagen für den mit der Zustellung beauftragen Gerichtsvollzieher anfallen.[72]

16  2. Die Kosten einer **Sicherungsvollstreckung (§ 720 a ZPO)** sind ebenfalls notwendig und erstattungsfähig.[73]

---

62 OLG Frankfurt, NJW 1978, 1441; a. A.: OLG Braunschweig, WM 1955, 815.
63 OLG Hamburg, JurBüro 1985, 1734.
64 OLG München, VersR 1980, 174.
65 OLG Hamm, MDR 1982, 416.
66 LG Münster, MDR 1964, 683; LG Köln, JurBüro 1969, 362; AG Neuss, DGVZ 1976, 190; LG Berlin, JurBüro 1985, 628.
67 *Stein/Jonas/Münzberg*, § 788 Rdn. 7.
68 OLG Zweibrücken, JurBüro 1986, 467.
69 AG Darmstadt, JurBüro 1978, 750 mit Anm. von *Mümmler*.
70 *Zöller/Stöber*, § 788 Rdn. 13.
71 OLG Düsseldorf, Rpfleger 1990, 184.
72 AG Köln, JurBüro 1966, 55; OLG München, NJW 1973, 2070; OLG Hamburg, MDR 1990, 344; OLG Frankfurt, MDR 1994, 843; *Stein/Jonas/Münzberg*, § 788 Rdn. 10.
73 OLG Saarbrücken, AnwBl. 1979, 277.

3. Im Zuge der **Durchführung** der eigentlichen, auf Befriedigung des Gläubigers gerichteten Zwangsvollstreckung können sehr verschiedene erstattungsfähige notwendige Kosten anfallen. Hierher gehören etwa die Gebühren und Auslagen des Gerichtsvollziehers, die dieser nach dem GVKostG abrechnen kann; die Gerichtskosten für einen Pfändungs- und Überweisungsbeschluß (KostVerz. Nr. 1149)[74] oder für die Einleitung eines Zwangsversteigerungsverfahrens oder einer Zwangsverwaltung (KostVerz. Nr. 1500 ff.); die Kosten der Eintragung einer Zwangshypothek gem. § 867 ZPO, aber auch die Kosten der Eintragung einer im Wege der einstweiligen Verfügung erwirkten Vormerkung zur Sicherung des Anspruchs auf Eintragung einer Handwerkersicherungshypothek.[75] Ferner gehören hierher die Gebühren und Auslagen des Rechtsanwalts, der für den Gläubiger die Zwangsvollstreckung betreibt (insbesondere §§ 57, 58 BRAGO), soweit sie nicht schon in der Vorbereitung der Vollstreckung verdient waren.[76] Notwendige Kosten der Zwangsvollstreckung sind aber auch diejenigen Aufwendungen, die nicht durch den unmittelbaren Vollstreckungsakt selbst ausgelöst sind, sondern, um diesen überhaupt erst zu ermöglichen oder um in seinem Gefolge die tatsächliche Befriedigung des Gläubigers einzuleiten. Dazu zählen die Kosten des **Durchsuchungsbeschlusses** nach § 758 ZPO und die Kosten der bei der Wohnungsdurchsuchung zugezogenen Handwerker und Zeugen;[77] ebenso die Kosten eines *Steuerberaters*, um nach Pfändung und Überweisung des Lohnsteuererstattungsanspruchs des Schuldners den Jahresausgleich durchführen zu können;[78] die durch die gerichtliche Durchsetzung der Forderung gegen den Drittschuldner im **Einziehungsprozeß** entstandenen Kosten,[79] auch für die Vertretung durch einen Rechtsanwalt im Ver-

---

[74] Werden »ins Blaue hinein« Pfändungsbeschlüsse erwirkt, weil der Gläubiger nicht weiß, bei welchen Banken der Schuldner welche Konten unterhält, können die durch die Vielzahl der Beschlüsse entstandenen Kosten nicht als »notwendig« angesehen werden: AG Hochheim, DGVZ 1993, 31.

[75] LG Osnabrück, JurBüro 1954, 461; OLG Düsseldorf, JurBüro 1965, 657; OLG Düsseldorf, Rpfleger 1975, 265 und MDR 1985, 770; KG, Rpfleger 1991, 433; a. A. (keine Kosten der Zwangsvollstreckung): OLG München, MDR 1974, 939.

[76] KG, AnwBl. 1974, 187; LG Düsseldorf, AnwBl. 1982, 121; OLG Düsseldorf, VersR 1981, 737.

[77] AG Berlin-Neukölln, DGVZ 1979, 190 und DGVZ 1986, 78.

[78] AG Melsungen und LG Kassel, DGVZ 1983, 140; LG Heilbronn, JurBüro 1983, 1570 mit Anm. von *Mümmler*; einschränkend (wenn die Steuersache einen gewissen Schwierigkeitsgrad aufweist): LG Düsseldorf, DGVZ 1991, 11; a. A.: LG Berlin, DGVZ 1985, 43.

[79] LG Mainz, NJW 1973, 1134; KG, Rpfleger 1977, 178 und MDR 1989, 745; LG Berlin, JurBüro 1985, 1898; OLG Düsseldorf, Rpfleger 1990, 527; LG Oldenburg, Rpfleger 1991, 218; LG Karlsruhe, MDR 1994, 95; *Rosenberg/Gaul*, § 46 II 2; *MüKo/K. Schmidt*, § 788 Rdn. 12; *Stein/Jonas/Münzberg*, § 788 Rdn. 10; a. A. für den Arbeitsgerichtsprozeß: LAG Frankfurt, AnwBl. 1979, 28; a. A. allgemein: OLG München, JurBüro 1990, 1353; OLG Schleswig, JurBüro 1992, 500; OLG Bamberg, JurBüro 1994, 612.

fahren vor dem Arbeitsgericht (trotz § 12 a Abs. 1 ArbGG).[80] Nicht notwendig sind die Kosten einer Klage gegen den Drittschuldner auf Auskunftserteilung im Rahmen des § 840 ZPO,[81] da eine solche Klage von vornherein unbegründet ist.[82] Im Rahmen der Vollstreckung in bewegliche Sachen sind erstattungsfähig auch die **Kosten des Transportes** der gepfändeten Gegenstände zur Pfandkammer und zum Versteigerungsort, die Kosten der **Unterbringung** des Pfändungsgutes, soweit eine Lagerung in der Pfandkammer nicht in Betracht kam, die Kosten etwa erforderlicher **Sachverständigengutachten** im Rahmen der §§ 813, 817 a ZPO. Im Rahmen der *Räumungsvollstreckung* sind die Transport-, Einlagerungs- und gegebenenfalls auch Verwertungskosten des Räumungsgutes[83] erstattungsfähig, auch Ausfallkosten des vom Gerichtsvollzieher herangezogenen Spediteurs, der bei anderweitiger Erledigung des Räumungsbegehrens nicht mehr abbestellt werden konnte.[84] Zu den erstattungsfähigen Kosten, für die § 788 Abs. 1 gilt, zählen schließlich auch die Kosten der **Ersatzvornahme** nach § 887 Abs. 1 ZPO sowie die erstinstanzlichen Verfahrenskosten der Anträge nach §§ 888, 890 ZPO.[85] Die Kosten eines gesonderten Antrages nach § 890 Abs. 2 ZPO (Ordnungsmittelandrohung) sind dann nicht notwendig und erstattungsfähig, wenn der Antrag schon im Verfahren zur Titelerlangung (– und dann kostenfrei –) hätte gestellt werden können.

Lautet der Titel (– in der Regel einstweilige Verfügung –) auf **Herausgabe** einer beweglichen Sache an den Gerichtsvollzieher **zum Zwecke der Verwahrung** (Sicherstellung), so gehören die mit der Sicherstellung verbundenen Auslagen (Transport- und Lagerkosten) zu den notwendigen Kosten der Zwangsvollstreckung, deren Erstattung der Gläubiger nach Abs. 1 vom Schuldner verlangen kann.[86] Verursacht der Gerichts-

---

80 LG München, MDR 1966, 338; AG Herborn, AnwBl. 1966, 365; LAG Frankfurt, BB 1968, 630; LG Bielefeld, MDR 1970, 1021; LG Krefeld, MDR 1972, 788; OLG Köln, Rpfleger 1974, 164; LG Ulm, AnwBl. 1975, 239; LAG Düsseldorf, MDR 1978, 962; ArbG Würzburg, AnwBl. 1978, 238; LAG Baden-Württemberg, AuR 1979, 378; LG Berlin, AnwBl. 1980, 518; LG Düsseldorf, AnwBl. 1981, 75; LG Tübingen, Rpfleger 1982, 392; LG Bochum, Rpfleger 1984, 286; LG Mannheim, MDR 1989, 746; OLG Düsseldorf, JurBüro 1990, 1014; *Rosenberg/Gaul*, § 46 II 2; *Stein/Jonas/Brehm*, § 835 Rdn. 30; einschränkend bejahend: KG, Rpfleger 1977, 178; nun aber wie die h. M.: KG, MDR 1989, 745; a. A. (keine Erstattung): LG Hamburg, MDR 1962, 829; LG Oldenburg, Rpfleger 1982, 198; LAG Stuttgart, AnwBl. 1985, 648.
81 LAG Hamm, MDR 1979, 347.
82 BGH, NJW 1984, 1901; Einzelheiten § 840 Rdn. 1.
83 LG Bochum, Rpfleger 1986, 127; OLG Karlsruhe, Rpfleger 1974, 408 und Justiz 1974, 184; AG Hamburg-Harburg, DGVZ 1983, 122; LG Stade, DGVZ 1991, 119.
84 LG Berlin, DGVZ 1977, 118; LG Braunschweig, DGVZ 1983, 117; AG Wetzlar, DGVZ 1983, 126; LG Berlin, DGVZ 1986, 42; LG Kassel, JurBüro 1987, 1047 mit Anm. von *Mümmler*.
85 Siehe oben Rdn. 9.
86 LG Stuttgart, DGVZ 1981, 26; OLG Koblenz, VersR 1981, 1162; OLG Karlsruhe, DGVZ 1981, 20; KG, MDR 1982, 237 und NJW-RR 1987, 574; MüKo/*K. Schmidt*, § 788 Rdn. 23 Stichwort »Sequestration«; a. A.: LG Berlin, DGVZ 1976, 156.

vollzieher allerdings höhere Verwahrkosten als notwendig, weil er die Herausgabe der Gegenstände schuldhaft herauszögert, kann er diese Kosten nicht von den Vollstreckungsparteien erstattet verlangen.[87] Verwaltungs- und Wirtschaftskosten des Sequesters gehören nicht zu den nach § 788 Abs. 1 zu erstattenden Kosten.[88]

4. Entgegen der herrschenden Auffassung[89] sind auch die Unkosten, die dem Gläubiger entstehen, um den gepfändeten Gegenstand ohne einen die Vollstreckung hindernden Widerspruch Dritter verwerten zu können, zu den erstattungsfähigen Kosten der Zwangsvollstreckung[90] zu zählen. Zahlt also der Gläubiger nach Pfändung des Anwartschaftsrechts,[91] das dem Schuldner an einem unter Eigentumsvorbehalt erworbenen Gegenstand zusteht, den Restkaufpreis an den Veräußerer, um dann die Sache selbst in der Vollstreckung verwerten zu können, so kann er diese Aufwendungen nach § 788 Abs. 1 beitreiben. Sind die Aufwendungen allerdings höher als der zu erwartende Versteigerungserlös der Sache, sind sie unter dem Gesichtspunkt des § 803 Abs. 2 ZPO nicht als notwendig anzusehen. Dem Einwand der herrschenden Auffassung, es handle sich nur um mittelbare Aufwendungen anläßlich der Zwangsvollstreckung,[92] ist entgegenzuhalten, daß ohne diese Aufwendungen eine Sachverwertung nicht möglich wäre und daß es inkonsequent erscheint, die Sachpfändung bei der Pfändung des Anwartschaftsrechts für zulässig, ja notwendig zu erachten, Aufwendungen, die die Sache selbst aber erst verwertbar machen, nicht als notwendige Vollstreckungskosten anzuerkennen. 18

III. Beitreibung der Vollstreckungskosten durch den Gläubiger: 1. Der Gläubiger hat zwei Möglichkeiten, die ihm erwachsenen notwendigen Kosten der Zwangsvollstreckung gegen den Schuldner geltend zu machen: Er kann sie unmittelbar mit der Hauptforderung durch das Vollstreckungsorgan ohne einen zusätzlichen Titel beitreiben lassen, er kann sie aber auch zunächst in einem Kostenfestsetzungsbeschluß festsetzen und dann aus diesem Titel vollstrecken lassen. Beide Wege sind gleichwertig, d. h. auch in einfach gelagerten Fällen fehlt einerseits nicht das Rechtsschutzbedürfnis für eine gesonderte Kostenfestsetzung;[93] andererseits besteht kein Zwang, zur Erleichte- 19

---

87 OLG Frankfurt, DGVZ 1982, 57 mit Anm. von *Alisch*, DGVZ 1982, 110.
88 OLG München, JurBüro 1973, 66; OLG Koblenz, Rpfleger 1981, 319 und JurBüro 1991, 1560; siehe auch *Schuschke* in *Schuschke/Walker*, Bd. 2, § 938 ZPO Rdn. 25; a. A. (jedenfalls die Vergütungs des Sequesters nach § 788 beitreibbar): OLG Schleswig, JurBüro 1992, 703; OLG Karlsruhe, DGVZ 1993, 26.
89 *Brox/Walker*, Rdn. 1675; *Baur/Stürner*, Rdn. 49.6; *A. Blomeyer*, § 98 II 1 c; *Rosenberg/Gaul*, § 46 II 2 a; *MüKo/K. Schmidt*, § 788 Rdn. 23 Stichwort »Ablösungssumme«. *Stein/Jonas/ Münzberg*, § 788 Rdn. 15.
90 Wie hier: LG Aachen, Rpfleger 1968, 60; *Baumbach/Lauterbach/Hartmann*, § 788 Rdn. 25 »Gegenleistung«; *Bruns/Peters*, § 26 VI 3; *Jauernig*, § 20 III 2; *Zöller/Stöber*, § 788 Rdn. 13 Stichwort »Anwartschaft«.
91 Zur sog. Doppelpfändung siehe § 857 Rdn. 9.
92 Oben Rdn. 6.
93 BGH, NJW 1982, 2070; *Stein/Jonas/Münzberg*, § 788 Rdn. 23; *Rosenberg/Gaul*, § 46 II 3. Der Entwurf der 2. Zwangsvollstreckungsnovelle (BT-Drucksache 13/341) stellt in einem neuen Abs. 2 des § 788 ausdrücklich klar, daß der Gläubiger immer Antrag auf Festsetzung der Vollstreckungskosten stellen kann.

rung der Arbeit der Vollstreckungsorgane in »schwierigeren« Fällen, den Weg des Kostenfestsetzungsverfahrens zu wählen.[94] Beide Wege haben gleichermaßen zur Voraussetzung, daß zum Zeitpunkt der Antragstellung (an das Vollstreckungsorgan bzw. an den für die Kostenfestsetzung zuständigen Rechtspfleger[95]) der Vollstreckungstitel, aus dessen Vollstreckung die Kosten erwachsen sind, noch Bestand hat[96] und daß die Zwangsvollstreckung hinsichtlich der Hauptsache nicht bereits endgültig beendet ist.[97] Ansonsten muß der Gläubiger einen eigenen neuen Titel über die Kosten (– etwa als Verzugsschadensersatz –) erwirken. Der Vollstreckungstitel entfällt nicht nur dann, wenn er in einer höheren Instanz aufgehoben oder abgeändert wird, sondern auch, wenn die Parteien ihn durch einen Prozeßvergleich ersetzen. Deshalb ist der Vergleich nur dann Titel zur Beitreibung der aus der Vollstreckung des ursprünglichen Titels bereits entstandenen Kosten, wenn dies in ihm ausdrücklich geregelt ist.[98] Ansonsten sind diese Kosten nicht mehr nach § 788 Abs. 1 beitreibbar.

Grundlage sowohl für die Beitreibung der Kosten als auch deren Festsetzung ist der zu vollstreckende Ausspruch in der Hauptsache im Titel, nicht die dort geregelte Kostentragungspflicht.[99] Der in der Hauptsache vollstreckende Gläubiger kann **alle** zur Verwirklichung des titulierten Anspruchs notwendigen Kosten beitreiben bzw. festsetzen lassen, auch wenn er nach dem Titel einen Anteil an den Prozeßkosten selbst zu tragen hat. Ebenso wie die Kostenregelung im Titel ist auch eine Vereinbarung der Parteien über die Verfahrenskosten für die Vollstreckungskosten im Rahmen des § 788 ohne Belang.[100] Muß der Schuldner nach dem Titel, durch den seine ursprüngliche Verurteilung ganz aufgehoben worden ist, dennoch einen Teil der Kosten (etwa nach § 97 Abs. 2 oder nach § 344 ZPO) tragen, so ist diese Kostenentscheidung keine Grundlage dafür, die Kosten der – nachträglich rechtsgrundlosen – Vollstreckung des abgeänderten früheren Titels gegen den Schuldner ganz oder teilweise beizutreiben oder festzusetzen.[101]

20 2. Wählt der Gläubiger den Weg, die Kosten ohne besondere Festsetzung durch das Vollstreckungsorgan beitreiben zu lassen, muß er sie dem Vollstreckungsorgan in überprüfbarer Weise abrechnen.[102] Das Vollstreckungsorgan muß sowohl in der Lage sein, die Notwendigkeit der einzelnen Kosten zu prüfen als auch deren Höhe. Ist diese

---

94 Unrichtig daher AG Hannover, AnwBl. 1973, 47; zutreffend LG Göttingen, Rpfleger 1983, 489.
95 Einzelheiten unten Rdn. 21.
96 KG, NJW 1963, 661; OLG Hamm, NJW 1976, 1409; OLG Stuttgart, JurBüro 1978, 1571; OLG Frankfurt, JurBüro 1979, 604; KG, MDR 1979, 408; OLG Hamburg, MDR 1979, 944; OLG Frankfurt, VersR 1981, 138; OLG Hamburg, JurBüro 1981, 1397; OLG München, JurBüro 1983, 938; OLG Frankfurt, VersR 1984, 991.
97 AG Köln, JMBlNW 1964, 258.
98 OLG Köln, MDR 1971, 673; LG Berlin, Rpfleger 1973, 184; OLG Koblenz, NJW 1976, 719; OLG Hamm, JurBüro 1977, 1456; KG, JurBüro 1979, 767; OLG Frankfurt, JurBüro 1979, 1566; OLG Köln, JurBüro 1982, 1085; OLG Bremen, NJW-RR 1987, 1208; unrichtig deshalb: OLG Schleswig, JurBüro 1987, 1814.
99 Siehe oben Rdn. 1.
100 OLG Hamm, OLGZ 1966, 557; KG, Rpfleger 1977, 372.
101 OLG Köln, JurBüro 1973, 879; LG Limburg, DGVZ 1996, 43.
102 AG Köln, JurBüro 1965, 165; OLG Köln, JurBüro 1983, 871 mit Anm. von *Mümmler*; *Christmann*, DGVZ 1985, 150; *Stein/Jonas/Münzberg*, § 788 Rdn. 25.

Überprüfung im Einzelfall nur nach Vorlage einer Gesamtabrechnung (– die ansonsten nicht regelmäßig verlangt werden kann[103] –) möglich, hat der Gläubiger sie vorzulegen.[104] Die einfache Beitreibung der Kosten ist nicht nur hinsichtlich der Vollstreckungsmaßnahmen möglich, die das um Beitreibung ersuchte Vollstreckungsorgan selbst durchgeführt hat oder gerade durchführt, sondern auch wegen vorausgegangener Vollstreckungsmaßnahmen anderer Vollstreckungsorgane,[105] solange nur die Zwangsvollstreckung aus dem Titel nicht insgesamt beendet ist. Die Kostenbeitreibung ohne besonderes gerichtliches Festsetzungsverfahren ist weder unter dem Gesichtspunkt der Art. 103 GG[106] noch unter dem des Art. 19 Abs. 4 GG verfassungsrechtlich bedenklich.[107] Durch die Möglichkeit, im Rechtsbehelfsverfahren[108] die Berechtigung jedes einzelnen Kostenansatzes in vollem Umfange überprüfen zu lassen, ist der notwendige Schutz des Schuldners gewährleistet.[109]

3. Der Gläubiger kann sich die Kosten der Zwangsvollstreckung auch entsprechend §§ 103 ff. ZPO festsetzen lassen und dann aus dem Kostenfestsetzungsbeschluß als eigenem Titel (§ 794 Abs. 1 Nr. 2 ZPO) vollstrecken. Er wird diesen Weg insbesondere wählen, wenn er wegen der Vermögenslosigkeit des Schuldners mit langjährigen Versuchen der Beitreibung rechnen muß oder wenn das Vollstreckungsorgan die formlose Kostenabrechnung nicht ohne weiteres akzeptiert oder wenn die Forderung in der Hauptsache bereits seit längerem beigetrieben ist und nur noch restliche Vollstreckungskosten offenstehen.[110] Zuständig zur Kostenfestsetzung ist bei der Vollstreckung aus Urteilen, Vollstreckungsbescheiden, gerichtlichen Beschlüssen und Prozeßvergleichen der Rechtspfleger (§ 21 Abs. 1 Nr. 1 RpflG) des Prozeßgerichts des ersten Rechtszuges,[111] bei arbeitsgerichtlichen Titeln also auch der des Arbeitsgerichts,[112] bei der Vollstreckung aus vollstreckbaren Urkunden der Rechtspfleger beim Vollstreckungsgericht.[113] Der Rechtspfleger prüft Höhe und Notwendigkeit der geltend gemachten Ko- 21

---

103 Siehe hierzu § 753 Rdn. 4; ferner LG Berlin, Rpfleger 1971, 261; a. A. insoweit LG Nürnberg/Fürth, JurBüro 1977, 1285; LG München, JurBüro 1979, 274.
104 OLG Köln, JurBüro 1983, 871.
105 *Rosenberg/Gaul*, § 46 III 3.
106 So aber LG Köln, JurBüro 1966, 619.
107 So aber *Lappe*, MDR 1979, 795 und Rpfleger 1983, 248.
108 Siehe unten Rdn. 30.
109 Wie hier: *Christmann*, DGVZ 1981, 47; *Rosenberg/Gaul*, § 46 II 3; *Stein/Jonas/Münzberg*, § 788 Rdn. 23 Fußn. 258; LG Göttingen, JurBüro 1984, 141.
110 KG, DGVZ 1991, 170.
111 BGH NJW 1982, 2070; NJW 1984, 1968; NJW 1986, 2438; OLG Koblenz, VersR 1983, 467; KG, AnwBl. 1984, 363; LG Berlin, Rpfleger 1986, 67; BayObLG, RpflG 1987, 124; OLG Hamm, AnwBl. 1988, 66; BayObLG, MDR 1989, 918; OLG München, AnwBl. 1990, 568; *Baumbach/Lauterbach/Hartmann*, § 788 Rdn. 11; *Brox/Walker*, Rdn. 1679; *Baur/Stürner*, Rdn. 49.9; *Rosenberg/Gaul*, § 46 III 3; *Stein/Jonas/Münzberg*, § 788 Rdn. 27; a. A. (Vollstreckungsgericht): OLG München, MDR 1983, 586; OLG Hamm, MDR 1983, 674; MDR 1984, 589; AnwBl. 1985, 221; LG Osnabrück, AnwBl. 1985, 222; LG München I, AnwBl. 1985, 270; OLG München, Rpfleger 1986, 403; LG Darmstadt, AnwBl. 1988, 64.
112 BAG, NJW 1983, 1448.
113 LG München II, Rpfleger 1984; KG, Rpfleger 1986, 404; LG Berlin, JurBüro 1986, 929.

sten. Hinsichtlich des Nachweises gilt § 104 Abs. 2 ZPO,[114] es genügt also Glaubhaftmachung. Auf Antrag ist anzuordnen, daß die festgesetzten Kosten mit 4 Prozent zu verzinsen sind.[115] Eine Haftungsbeschränkung (etwa auf einen Nachlaß) ist nur dann in den Kostenfestsetzungsbeschluß aufzunehmen, wenn sie schon in dem der Kostenfestsetzung zugrundeliegenden Titel ausgesprochen war.[116]

Die Kosten des Kostenfestsetzungsverfahrens selbst sind notwendige Kosten der Zwangsvollstreckung dann, wenn der Gläubiger berechtigten Anlaß hatte, diesen Weg anstelle der formlosen Kostenbeitreibung zu wählen.[117]

22 IV. Erstattungsansprüche des Schuldners: 1. Anwendungsbereich des § 788 Abs. 2: Die Vorschrift ist als Ergänzung zu Abs. 1 zu sehen sowie als Erweiterung zu § 717 Abs. 2 ZPO: Kosten, die der Gläubiger nach Abs. 1 unmittelbar oder auf Grund eines Kostenfestsetzungsbeschlusses beigetrieben oder die der Schuldner an den Gläubiger insoweit freiwillig gezahlt hat, sind dem Schuldner in einem vereinfachten Verfahren auch wieder zu erstatten, wenn der Titel, der Grundlage des Vorgehens gegen den Schuldner war, sich in der Rückschau als von Anfang an unbeständig erwiesen hat. Dies ist der Fall, wenn der Titel auf Einspruch oder Widerspruch oder auf ein Rechtsmittel hin, aber auch im Nachverfahren auf einen Vorbehalt hin oder im Wiederaufnahmeverfahren aufgehoben oder abgeändert wurde oder wenn er infolge eines Vergleichs oder der Klagerücknahme (§ 269 Abs. 3 S. 1, 2. Halbs. ZPO) hinfällig wurde. Nicht ausreichend ist es, daß später nur wegen nachträglicher Entwicklungen die Vollstreckung aus dem Titel für unzulässig erklärt wurde (etwa gem. § 767 ZPO).[118] Da Abs. 2 nur aus Abs. 1 Konsequenzen ziehen will, gilt er nicht für Kosten, die der Schuldner nicht seinerseits zuvor dem Gläubiger erstattete, sondern die ihm nur selbst zur Abwehr der Zwangsvollstreckung oder einzelner Vollstreckungsmaßnahmen erwachsen sind, also nicht für die Kosten einer Sicherheitsleistung, die der Schuldner zur vorläufigen Abwendung der Vollstreckung erbrachte, oder für Kosten, die zur Löschung einer Sicherungshypothek oder einer Vormerkung zur Sicherung eines Anspruchs auf Eintragung einer Sicherungshypothek aufgewendet werden mußten.[119] Diese Kosten kann der Schuldner nur unter den Voraussetzungen des § 717 Abs. 2 ZPO als Schadensersatz geltend machen.[120]

---

114 *Stein/Jonas/Münzberg*, § 788 Rdn. 25.
115 *Zöller/Stöber*, § 788 Rdn. 19; *Lappe*, Rpfleger 1982, 38; a. A. (keine Verzinsung): AG Groß-Gerau, MDR 1982, 153; LG Bielefeld, Rpfleger 1986, 152.
116 KG, MDR 1976, 584; siehe auch § 780 Rdn. 9.
117 *Stein/Jonas/Münzberg*, § 788 Rdn. 27.
118 H. M.; vergl. *Baumbach/Lauterbach/Hartmann*, § 788 Rdn. 17; *Rosenberg/Gaul*, § 46 III 1; *Stein/Jonas/Münzberg*, § 788 Rdn. 31; *Thomas/Putzo*, § 788 Rdn. 28.
119 Wie hier: *Baur/Stürner*, Rdn. 49.11; *Brox/Walker*, Rdn. 1682; MüKo/K. Schmidt, § 788 Rdn. 37; *Rosenberg/Gaul*, § 46 III 1 b; *Stein/Jonas/Münzberg*, § 788 Rdn. 35; *Thomas/Putzo*, § 788 Rdn. 29; *Zöller/Stöber*, § 788 Rdn. 24; KG, JurBüro 1978, 764; Rpfleger 1978, 185; OLG Frankfurt, Rpfleger 1979, 222; OLG Stuttgart, Rpfleger 1981, 158; OLG Hamburg, AnwBl. 1985, 778; OLG Koblenz, JurBüro 1985, 943; OLG Köln, OLGZ 1994, 250; a. A. (auch diese Kosten nach Abs. 2 zu erstatten): *Baumbach/Lauterbach/Hartmann*, § 788 Rdn. 42; OLG Schleswig, JurBüro 1978, 122; OLG Oldenburg, Rpfleger 1983, 329; OLG Schleswig, JurBüro 1988, 257.
120 Siehe § 717 Rdn. 12 sowie unten Rdn. 25.

**2. Durchsetzung des Erstattungsanspruchs nach Abs. 2:** Der Schuldner kann die  23
nach Abs. 2 zu erstattenden Kosten nicht einfach unter Vorlage der den ursprünglichen
Titel aufhebenden Entscheidung formlos durch das Vollstreckungsorgan beitreiben lassen, so wie der Gläubiger dies zunächst nach Abs. 1 konnte,[121] er benötigt vielmehr
immer einen Kostenfestsetzungsbeschluß nach §§ 103 ff. ZPO,[122] für den die aufhebende Entscheidung als »zur Zwangsvollstreckung geeigneter Titel« (§ 103 Abs. 1
ZPO) dient. Dies folgt daraus, daß Abs. 2 keine entsprechende Anwendung von
Abs. 1 Satz 1, 2. Halbs. vorsieht, sodaß es an einer Legitimation der Vollstreckungsorgane für ein zwangsweises Vorgehen gegen den Gläubiger fehlen würde. Den Nachweis
seiner Leistungen wird der Schuldner in der Regel leicht an Hand der Vollstreckungsunterlagen erbringen können. Soweit bei freiwilligen Zahlungen an den Gläubiger ein
Nachweis dieser Art nicht möglich sein sollte und soweit in einem solchen Fall auch
die Glaubhaftmachungsmittel nicht ausreichen, bleibt dem Schuldner nur der Weg
der eigenständigen Schadensersatzklage.

**3. Teilweise Aufhebung des Titels:** Wird der Titel, auf dessen Grundlage der Gläubiger  24
Zwangsvollstreckungskosten beigetrieben hatte, nur teilweise aufgehoben oder abgeändert, so gelten die vorstehenden Grundsätze entsprechend: Dem Schuldner sind die
Kosten dann nur soweit zu erstatten, als sie nicht auch bei Vollstreckung des verblie-
benen Titels notwendig gewesen wären.[123]

**4. Aufwendungen des Schuldners zur Abwehr der Zwangsvollstreckung** (z. B. Kosten  25
einer Sicherheitsleistung), Kosten, die nicht nach Abs. 1, sondern aufgrund einer selbständigen Kostenentscheidung (etwa in einem Verfahren nach § 766 ZPO) beim Schuldner vollstreckt wurden und sonstige Vermögensnachteile, die dem Schuldner durch eine
voreilige, weil auf einem letztlich nicht bestandskräftigen Titel basierende Zwangsvollstreckung entstanden sind, muß der Schuldner als Schadensersatzanspruch gem. § 717
Abs. 2 S. 1 ZPO geltend machen. Ist es nicht möglich, diesen Anspruch nach § 717 Abs.
2 S. 2 ZPO noch in den laufenden Rechtsstreit (– des Gläubigers gegen den Schuldner –)
als Inzidentantrag einzubringen,[124] so muß der Schuldner ihn mit einer selbständigen
Leistungsklage geltend machen.

Kein Problem des § 788 Abs. 2 oder § 717 Abs. 2 ZPO sind die Kosten, die dem
Schuldner in einem von ihm erfolgreich durchgeführten Rechtsstreit nach § 767 ZPO
und in einem damit zusammenhängenden Verfahren nach § 769 ZPO entstanden
sind: Aufgrund der Kostenentscheidung im Urteil über die Vollstreckungsabwehrklage
kann der Schuldner (als Gläubiger) sich diese Kosten im gewöhnlichen Kostenfestsetzungsverfahren festsetzen lassen, um sie dann gegen den früheren Gläubiger (als
Schuldner) zu vollstrecken. Zu den »Kosten des Rechtsstreits« in diesem Zusammenhang zählen auch die Kosten einer Bankbürgschaft, die der Schuldner nach einer Ent-

---

121 So aber *Zöller/Stöber*, § 788 Rdn. 25; *Baumbach/Lauterbach/Hartmann*, § 788 Rdn. 18; OLG
    Celle, Rpfleger 1983, 498.
122 H. M.: *Brox/Walker*, Rdn. 1683; *Rosenberg/Gaul*, § 46 III 2; *Stein/Jonas/Münzberg*, § 788
    Rdn. 36; MüKo/*K. Schmidt*, § 788 Rdn. 40; *Thomas/Putzo*, § 788 Rdn. 30.
123 OLG Düsseldorf, JurBüro 1977, 1144.
124 Einzelheiten: § 717 Rdn. 18.

scheidung gem. § 769 ZPO beizubringen hatte, um die einstweilige Einstellung der Zwangsvollstreckung zu erreichen.[125]

26  5. Der Schuldner kann sich wegen seiner Erstattungsansprüche jeweils **nur an den Gläubiger** halten bzw. im Falle des § 126 Abs. 1 ZPO an dessen Rechtsanwalt, nicht aber an die Vollstreckungsorgane, die diese Kosten etwa unmittelbar einbehalten haben, oder an die Justizkasse. Das gilt auch, wenn der Gläubiger sich als zahlungsunfähig erweist. Eine Haftung des Staates, dessen Gerichte Urteile erlassen haben, die sich nachträglich nicht als beständig erwiesen haben und die letztlich Ursache für die Vermögenseinbußen des Schuldners sind, besteht nicht.

27  **V. Kostenentscheidung nach Abs. 3:** Auch die Entscheidungen des Rechtspflegers nach §§ 765 a, 811 a, 811 b, 813 a, 851 a, 851 b ZPO sind Teile des Zwangsvollstreckungsverfahrens, dessen notwendige Kosten in der Regel der Schuldner zu tragen hat. Sie ergehen deshalb regelmäßig ohne besondere Kostenentscheidung; für die durch sie dem Gläubiger entstandenen Kosten gilt § 788 Abs. 1.[126] Von dieser Regel ist dann eine Ausnahme zu machen, wenn es aus besonderen, in dem Verhalten des Gläubigers liegenden Gründen der Billigkeit entspricht, daß der Gläubiger die Kosten eines solchen Verfahrens ganz oder teilweise trägt. In einem solchen Fall ist die Entscheidung ausnahmsweise **mit einer Kostenentscheidung** zu versehen. Besondere Gründe, den Gläubiger mit Kosten zu belasten, liegen nicht schon darin, daß der Schuldner im Vollstreckungsschutzverfahren »obsiegt« hat;[127] denn der Gläubiger ist grundsätzlich nicht verpflichtet, vor der Vollstreckung die sozialen Gegebenheiten des Schuldners von sich aus zu erforschen. Ebenso reicht es nicht aus, daß der Gläubiger deutlich vermögender ist als der Schuldner.[128] Es muß sich immer um Umstände handeln, die ergeben, daß der Gläubiger das Vollstreckungsschutzverfahren oder die Ablehnung der Austauschpfändung **vorwerfbar**[129] herausgefordert hat, etwa, weil er trotz detaillierten Hinweises auf die besonderen Verhältnisse des Schuldners auf seinem Vollstreckungsantrag ohne Einschränkungen beharrte oder weil er einen erkennbar unzumutbaren Ersatzgegenstand zur Austauschpfändung anbot.
Abs. 3 gilt nur für die **erstinstanzlichen** Gebühren und Auslagen des Gerichts und der Parteien in den genannten Verfahren. Die Rechtsmittelentscheidungen sind immer

---

125 OLG Frankfurt, JurBüro 1976, 674.
126 OLG Schleswig, MDR 1957, 422; LG Darmstadt, MDR 1957, 109; AG Düsseldorf, AnwBl. 1965, 35; AG Hannover, Rpfleger 1969, 396; OLG Köln, NJW-RR 1995, 1163.
127 Allgem. Meinung; vergl. *Brox/Walker*, Rdn. 1685; *Rosenberg/Gaul*, § 46 IV a; *Stein/Jonas/Münzberg*, § 788 Rdn. 38.
128 Wie hier: *Rosenberg/Gaul*, § 46 IV a; *Zöller/Stöber*, § 788 Rdn. 26; a. A. (die wirtschaftlichen Verhältnisse der Parteien seien zu berücksichtigende Umstände): *Baur/Stürner*, Rdn. 49.14; *Brox/Walker*, Rdn. 1685.
129 *Stein/Jonas/Münzberg*, § 788 Rdn. 39: Verschulden des Gläubigers nicht erforderlich.

mit einer eigenen Kostenentscheidung, die nach den §§ 91 ff. ZPO zu ergehen hat, zu versehen.[130]

Liegen die Voraussetzungen des Abs. 3 vor, so **muß** das Gericht eine Kostenentscheidung zu Lasten des Gläubigers fällen, hat also keinen Ermessensspielraum.[131] Abs. 3 ist eine Ausnahmevorschrift, die auf andere als die dort genannten Verfahren **nicht** entsprechend übertragbar ist, etwa auf Verfahren nach §§ 850 f Abs. 1 oder 850 g ZPO.[132]

Ist eine Kostenentscheidung nach Abs. 3 zu Lasten des Gläubigers ergangen, kann der Schuldner seine außergerichtlichen Kosten nicht einfach nach Abs. 1 Satz 1, 2. Halbs. beim Gläubiger beitreiben; er muß sie vielmehr aufgrund der Kostenentscheidung nach §§ 103 ff. ZPO festsetzen lassen und dann aus dem Kostenfestsetzungsbeschluß vollstrecken.

**VI. Rechtsbehelfe: 1. Gläubiger:** Hat er die Beitreibung der Kosten ohne besondere Festsetzung beantragt und ist dieser Antrag ganz oder hinsichtlich einzelner Kosten abgelehnt worden, so kann die Ablehnung durch den Gerichtsvollzieher mit der Erinnerung nach § 766 ZPO, die Ablehnung durch den Rechtspfleger (die Kosten mit in den Pfändungs- und Überweisungsbeschluß aufzunehmen) mit der befristeten Erinnerung nach § 11 RpflG und die Ablehnung durch das Grundbuchamt (die Kosten mit bei einer Zwangshypothek zu berücksichtigen,) mit der Beschwerde gem. §§ 71 ff. GBO anfechten. Gegen eine den Rechtsbehelf nach § 766 ZPO zurückweisende Entscheidung ist die sofortige Beschwerde gem. § 793 ZPO gegeben. Hinsichtlich der Zulässigkeit der Beschwerden ist § 567 Abs. 2 ZPO zu beachten;[133] die Kosten, deren Beitreibung abgelehnt wurde, müssen also über 100,– DM liegen. Die weitere Beschwerde ist nach § 568 Abs. 3 ZPO ausgeschlossen.[134]

Hat der Gläubiger die Festsetzung seiner Kosten nach §§ 103 ff. ZPO beantragt, so steht ihm gegen die gänzliche oder teilweise Zurückweisung seines Antrages die befristete Erinnerung gem. §§ 104 Abs. 3 ZPO, 21 RpflG zu.[135] Sie ist der speziellere Rechtsbehelf gegenüber §§ 766 ZPO, 11 Abs. 1 RpflG.[136] Für die Zulässigkeit der Durchgriffsentscheidung des Beschwerdegerichts gilt § 567 Abs. 2 ZPO. Die weitere Beschwerde ist gem. § 568 Abs. 3 ZPO ausgeschlossen.

---

130 Siehe oben Rdn. 6. § 788 Abs. 3 ZPO bleibt aber anwendbar, wenn das erstinstanzliche Verfahren nach § 765 a ZPO usw. nicht aufgrund einer streitigen Entscheidung in der Sache endet, sondern durch übereinstimmende Erledigungserklärung abgeschlossen wird. In einem solchen Fall ist also nicht nach § 91 a ZPO, sondern nach § 788 Abs. 3 ZPO zu entscheiden: OLG Düsseldorf, NJW-RR 1996, 637.
131 Allgem. Meinung; vergl. *Rosenberg/Gaul*, § 46 IV b; *Stein/Jonas/Münzberg*, § 788 Rdn. 40.
132 Allgem. Meinung; vergl. *Baumbach/Lauterbach/Hartmann*, § 788 Rdn. 9; *Rosenberg/Gaul*, § 46 IV a.
133 LG Frankfurt, Rpfleger 1976, 367.
134 OLG Frankfurt, Rpfleger 1976, 368.
135 *Brox/Walker*, Rdn. 1680, wollen gegen die gänzliche Zurückweisung des Antrages die unbefristete Erinnerung geben; ebenso *Zöller/Stöber*, § 104 Rdn. 13; KG, Rpfleger 1985, 208.
136 *Stein/Jonas/Münzberg*, § 788 Rdn. 28; MüKo/*K. Schmidt*, § 788 Rdn. 34.

29   2. **Schuldner:** Materiellrechtliche Einwendungen (z. B. Erfüllung, Stundung) können im Kostenfestsetzungsverfahren nicht berücksichtigt werden. Sie muß der Schuldner mit der Vollstreckungsabwehrklage geltend machen (§ 767 ZPO).[137] Macht der Schuldner mit der Klage nach § 767 ZPO den Erfüllungseinwand geltend und begründet er ihn damit, die titulierte Schuld sei erloschen, da ein Teil der formlos nach § 788 Abs. 1 beigetriebenen Kosten zu Unrecht geltend gemacht worden seien, die entsprechenden Beträge also auf die Hauptforderung hätten verrechnet werden müssen, so muß das Gericht den zur Vollstreckung gebrachten Kostenansatz im ordentlichen Verfahren voll auf seine Notwendigkeit hin und der Höhe nach nachprüfen.[138]

30   Gegen die Beitreibung der Kosten (§ 788 Abs. 1) durch den Gerichtsvollzieher kann der Schuldner Einwendungen zum Grund und zur Höhe des Kostenansatzes im übrigen mit § 766 ZPO geltend machen, gegen die formlose Berücksichtigung im Pfändungs- und Überweisungsbeschluß durch den Rechtspfleger mit der befristeten Erinnerung nach § 11 Abs. 1 RpflG, gegen die Berücksichtigung bei der Eintragung einer Zwangshypothek mit der Erinnerung nach § 71 GBO. Sind die Kosten vom Rechtspfleger gem. §§ 103 ff. ZPO festgesetzt worden, ist die befristete Erinnerung nach §§ 103 Abs. 3 ZPO, 21 Abs. 2 RpflG der speziellere, §§ 766 ZPO, 11 RpflG verdrängende Rechtsbehelf.[139]

Ist bei einer der in Abs. 3 genannten Entscheidungen dem Vollstreckungsschutzantrag des Schuldners zwar stattgegeben, von einer Kostenentscheidung zu seinen Gunsten aber abgesehen worden, so ist dieser Teil der Entscheidung nicht isoliert anfechtbar (§ 99 Abs. 1 ZPO entspr.). Ist einem Kostenfestsetzungsantrag nach Abs. 2 nicht oder nur teilweise stattgegeben worden, hat der Schuldner die befristete Erinnerung nach §§ 103 Abs. 3 ZPO, 21 Abs. 2 RpflG. Daneben kann er die nicht festgesetzten Kosten auch selbständig als Schadensersatz (§ 717 Abs. 2 ZPO) einklagen.

---

137 AG Saarbrücken, AnwBl. 1972, 26; OLG Hamburg, MDR 1972, 335; OLG Düsseldorf, Rpfleger 1975, 355.
138 OLG Düsseldorf, Rpfleger 1975, 355. Zur Berücksichtigung von Einwendungen gegen die Notwendigkeit von Vollstreckungskosten im Rahmen der Vollstreckungsabwehrklage auch: OLG Stuttgart, Rpfleger 1982, 355; OLG Frankfurt, MDR 1983, 587.
139 OLG Koblenz, JurBüro 1975, 954.

## § 789 Mitwirkung von Behörden

Wird zum Zwecke der Vollstreckung das Einschreiten einer Behörde erforderlich, so hat das Gericht die Behörde um ihr Einschreiten zu ersuchen.

Die Vorschrift ist die Ausprägung des Art. 35 Abs. 1 GG im Vollstreckungsrecht. Sie betrifft nur die – seltenen – Fälle, in denen das die Vollstreckung betreibende Gericht (Vollstreckungsgericht, gegebenenfalls auch Prozeßgericht oder Grundbuchamt) der Hilfe einer anderen Behörde bedarf. Soweit der Gerichtsvollzieher Unterstützung durch die Polizei benötigt, ist dies schon in § 758 Abs. 3 ZPO selbständig geregelt.

Die Vorschrift ist auch nicht einschlägig, soweit der Gläubiger selbst befugt ist, eine Behörde um ihre Mithilfe zu ersuchen (Beispiel: § 792 ZPO).

## § 790 Zwangsvollstreckung gegen Soldaten

Aufgehoben durch Art. III KontrRG Nr. 34.

§ 791   Zwangsvollstreckung im Ausland

(1) Soll die Zwangsvollstreckung in einem ausländischen Staate erfolgen, dessen Behörden im Wege der Rechtshilfe die Urteile deutscher Gerichte vollstrecken, so hat auf Antrag des Gläubigers das Prozeßgericht des ersten Rechtszuges die zuständige Behörde des Auslandes um die Zwangsvollstreckung zu ersuchen.
(2) Kann die Vollstreckung durch einen Bundeskonsul erfolgen, so ist das Ersuchen an diesen zu richten.

Literatur: *Arnold,* Die Problematik von Rechtshilfeabkommen, NJW 1970, 1473; *Bauer,* Die Zwangsvollstreckung aus inländischen Schuldtiteln im Ausland, JurBüro 1965, 783, 859; 1967, 721; *ders.,* Die Zwangsvollstreckung aus inländischen Schuldtiteln im Ausland, Loseblattsammlung, 1974; *Bülow/Böckstiegel,* Der internationale Rechtsverkehr, Loseblattsammlung; *Dorsemagen,* Die Vollstreckung aus vollstreckbaren Urkunden inländischer Notare im Ausland, Mitt. d. Rhein. Notarkammer 1977, 1; *ders.,* Die Geltendmachung deutscher Urteile im Ausland, 1977; *ders.,* Deutsches Internationales Zivilprozeßrecht, 1985, S. 191–193; *Geimer,* Internationales Zivilprozeßrecht, 2.Aufl. 1993; *Geimer/Schütze,* Internationale Urteilsanerkennung, Bd. I 2, 1984; *Kropholler,* Europäisches Zivilprozeßrecht, 4. Aufl. 1993; *Müller/Hök,* Deutsche Vollstreckungstitel im Ausland, Loseblattsammlung, 1990 ff.; *Prütting,* Probleme des europäischen Vollstreckungsrechts, IPRax 1985, 137; *Schlemmer,* Internationaler Rechtshilfeverkehr, 1970; *Schütze,* Anerkennung und Vollstreckung deutscher Urteile im Ausland, 1973; *Schütze,* Rechtsverfolgung im Ausland, 1986; *Weßmann/Riedel,* Handbuch der internationalen Zwangsvollstreckung, 1992; *Wolff,* Vollstreckbarerklärung, in: Handbuch des Internationalen Zivilverfahrensrechts, Bd. III 2, 1984.

Vergl. ferner zur Durchführung der Zwangsvollstreckung in Frankreich, England, Italien, Spanien, den Vereinigten Staaten von Amerika, der Schweiz, Österreich und Griechenland den Überblick über die wichtigsten in diesen Ländern geltenden Besonderheiten bei *Baur/Stürner,* § 59.

1   I. Die Vorschrift hat keine praktische Bedeutung mehr,[1] da kein ausländischer Staat ohne eigene Prüfung und gesonderte Vollstreckbarerklärung deutsche Urteile vollstreckt, wie auch die Bundesrepublik ihrerseits keine ausländischen Ersuchen um Vollstreckungshilfe befolgt (vergl. § 89 der Rechtshilfeordnung für Zivilsachen – ZRHO).[2]

2   II. Die Frage, was der Gläubiger unternehmen muß, um einen inländischen Titel im Ausland vollstrecken zu können, richtet sich nach der Rechtsordnung des jeweiligen Staates, in dem die Vollstreckung stattfinden soll. Die Bundesrepublik Deutschland ist Partner mehrerer internationaler Übereinkommen, die das Verfahren zur Vollstreckbarerklärung von Titeln in den Partnerländern vereinfachen und vereinheitlichen. Die wichtigsten sind: das EWG-Gerichtsstands- und Vollstreckungsübereinkommen vom 27. 9. 1968 i. d. Fassung des Beitrittsübereinkommens vom 25. 10. 1982 (BGBl. 1983 II S. 805 mit 1988 II 454);[3] das Lugano-Übereinkommen über die gerichtliche Zuständigkeit und die Vollstreckung gerichtlicher Entscheidungen in Zivil- und Handelssa-

---

1 Ihre praktische Bedeutung war von Anfang an sehr gering; vergl. *Förster/Kann,* 3. Aufl. § 791 Anm. 1 und 2.
2 Zur Vollstreckung ausländischer Urteile im Inland siehe die Anmerkungen zu §§ 722, 723 ZPO.
3 Siehe vor §§ 722, 723 ZPO Rdn. 4.

chen vom 16.9.1988 (BGBl. II 1994, 2658 und 1995, 221)[4]; das Haager Unterhaltsvollstreckungsübereinkommen vom 2.10.1973 (BGBl. 1986 II S. 825 mit 1987 II S. 220). Mit einigen Ländern hat die Bundesrepublik darüberhinaus bilaterale Anerkennungs- und Vollstreckungsabkommen. Die bedeutsamsten sind die mit Griechenland, Israel, Norwegen, Österreich, der Schweiz und Tunesien.[5]

Der Gläubiger, der im Ausland vollstrecken muß, findet eine erste Orientierung, welche multi- und bilateralen Abkommen anwendbar sind, im Länderteil der Rechtshilfeordnung für Zivilsachen (ZRHO) vom 19. 10. 1956, die jeweils jährlich im Herbst überarbeitet und ergänzt wird.

III. Die Vollstreckung selbst richtet sich dann ausschließlich nach den jeweiligen innerstaatlichen Regeln des ausländischen Staates.

3

---

[4] Es stimmt inhaltlich weitgehend mit dem EuGVÜ überein; siehe: *Zöller/Geimer*, Art. 1 GVÜ Rdn. 2 sowie LugGVÜ. Zur Ratifizierung siehe: BGBl. II 1995, 221.
[5] Einzelheiten siehe: vor §§ 722, 723 Rdn. 6, 7.

## § 792 Erteilung von Urkunden an Gläubiger

Bedarf der Gläubiger zum Zwecke der Zwangsvollstreckung eines Erbscheins oder einer anderen Urkunde, die dem Schuldner auf Antrag von einer Behörde, einem Beamten oder einem Notar zu erteilen ist, so kann er die Erteilung an Stelle des Schuldners verlangen.

**Literatur:** *Behr/Spring,* Pfändung und Durchsetzung von Lohnsteuererstattungsansprüchen, NJW 1994, 3257; *Kahlstorff,* Urkundenausstellung für den Gläubiger, StAZ 1994, 229; *Schüler,* Zur Pfändbarkeit des Lohnsteuerjahresausgleichsanspruchs, DB 1973, 182.

1  I. Der Gläubiger benötigt des öfteren zur Vorbereitung oder weiteren Durchführung der Zwangsvollstreckung öffentliche oder öffentlich beglaubigte Urkunden, auf deren Erteilung nach den allgemeinen Regeln nur der Schuldner Anspruch hätte, der aber nichts unternimmt, dem Gläubiger das Vorgehen zu erleichtern. Eine Klage des Gläubigers gegen den Schuldner auf Herausgabe dieser Urkunden wäre nicht nur umständlich, die Anspruchsgrundlage wäre zumeist auch fraglich. Hier greift § 792 ein und gewährt dem Gläubiger an Stelle des Schuldners ein **eigenes Antragsrecht** auf Erteilung dieser Urkunden von einer Behörde, einem Beamten oder einem Notar.

2  1. »Zum Zwecke der Zwangsvollstreckung« als Antragsvoraussetzung ist nicht eng auszulegen: Die Urkunde kann zum Zwecke der Klauselerlangung benötigt werden, wie der Erbschein (§§ 2353 ff. BGB) im Falle des § 727 ZPO,[1] das Zeugnis über die Fortsetzung der Gütergemeinschaft (§ 1507 BGB) im Falle des § 745 ZPO, das Testamentsvollstreckerzeugnis (§ 2368 BGB) im Falle des § 749 ZPO, der notarielle Vertrag über die Vermögensübernahme im Falle des § 729 ZPO.[2] Sie kann aber auch in der Vollstreckung selbst erforderlich sein, wie der Erbschein zum Nachweis, daß der im Grundbuch nicht eingetragene Schuldner Erbe des zuletzt eingetragenen Grundstückseigentümers ist, im Falle der §§ 866, 867 ZPO, 17 ZVG, oder Erbe des eingetragenen Hypothekgläubigers im Fall der Pfändung einer Buchhypothek (§ 830 Abs. 1 S. 3 ZPO). Oder: Der Gläubiger, der den Anspruch des Schuldners auf Lohnsteuererstattung gepfändet hat, benötigt die vom Arbeitgeber beim Finanzamt eingereichte Lohnsteuerkarte (§ 29 Abs. 2 LStDV) zurück,[3] um den Erstattungsanspruch im Rahmen der Antragsveranlagung geltend machen zu können.

2. »Zwangsvollstreckung« i. S. von § 792 ist auch die Teilungsversteigerung.[4]

3  II. Der Gläubiger muß zum Nachweis seiner Legitimation den Vollstreckungstitel, allerdings keine vollstreckbare Ausfertigung (– die ja oft erst mit Hilfe der Urkunden er-

---

1 LG Hildesheim, MDR 1962, 56; LG Flensburg, JurBüro 1968, 558; BayObLG, FamRZ 1974, 393; FamRZ 1983, 834; OLG Hamm, FamRZ 1985, 1185.
2 LG Kiel, JurBüro 1960, 546.
3 *Behr, Spring,* NJW 1994, 3257; LG Berlin, JurBüro 1985, 235 und NJW 1994, 3303.
4 OLG Hamm, MDR 1960, 1018; LG Essen, Rpfleger 1986, 387.

langt werden soll –), vorlegen. Ist dem Anliegen des Gläubigers anstatt mit der beantragten auch mit einer weniger private Daten des Schuldners preisgebenden Urkunde (z. B. Auszug aus dem Melderegister statt Abschrift aus dem Familienbuch, um Heirat und Namensänderung des Schuldners nachzuweisen[5]) gedient, hat er auch nur Anspruch auf diese Urkunde. Die Behörde hat ihn auf diesen Umstand hinzuweisen und muß sein Begehren zurückweisen, wenn er auf seinem weitergehenden Antrag beharrt.

Der Gläubiger hat gegen die Verweigerung der Erteilung der Urkunde die Rechtsbehelfe, die auch dem Schuldner zustünden.[6] Müßte der Schuldner zur Erlangung der Urkunde zusätzliche Erklärungen abgeben (z. B. §§ 2354, 2356 Abs. 2 BGB), kann dies der Gläubiger an seiner Stelle tun.[7] Da er oft geringere Einblickmöglichkeiten als der Schuldner hat, dürfen die Anforderungen an ihn nicht überspannt werden.[8]

III. Die Kosten der Beantragung der Urkunde einschließlich der Gebühren des zu diesem Zwecke eingeschalteten Rechtsanwaltes (§ 118 BRAGO) sind Kosten der Zwangsvollstreckung i. S. § 788 ZPO.   4

---

5 LG Braunschweig, StAZ 1995, 144.
6 *Stein/Jonas/Münzberg*, § 792 Rdn. 2; siehe auch BayObLG, FamRZ 174, 393.
7 *Stein/Jonas/Münzberg*, § 792 Rdn. 1; *Zöller/Stöber*, § 792 Rdn. 1.
8 LG Hildesheim, MDR 1962, 56; LG Flensburg, JurBüro 1968, 558.

§ 793 Sofortige Beschwerde

(1) Gegen Entscheidungen, die im Zwangsvollstreckungsverfahren ohne mündliche Verhandlung ergehen können, findet sofortige Beschwerde statt.
(2) Hat das Landgericht über die Beschwerde entschieden, so findet, soweit das Gesetz nicht etwas anderes bestimmt, die sofortige weitere Beschwerde statt.

Inhaltsübersicht

| | Literatur | Rdn. |
|---|---|---|
| I. | Anwendungsbereich der Norm | 1 |
| II. | Zulässigkeitsvoraussetzungen | 2, 3 |
| III. | Begründetheit der Beschwerde | 4 |
| IV. | Beschwerdeverfahren | 5 |
| V. | Rechtsbehelf | 6 |
| VI. | Gebühren | 7 |
| VII. | ArbGG, VwGO, AO | 8 |

Literatur: Siehe zunächst I. der Vorbemerkung vor §§ 765 a–777.
*Geißler*, Zum Beschwerderecht des Gerichtsvollziehers in der Zwangsvollstreckung, DGVZ 1985, 129; *ders.*, Meinungsstreit und Kostenfragen um das Beschwerderecht des Gerichtsvollziehers, DGVZ 1990, 105; *Jost*, Zur Divergenz des Rechtsmittelzuges von Hauptsache und Beschwerde im Zivilprozeß, NJW 1990, 214; *Kunz*, Erinnerung und Beschwerde, 1980; *Neumüller*, Vollstreckungserinnerung, Vollstreckungsbeschwerde und Rechtspflegererinnerung, 1981.

1  **I. Anwendungsbereich der Norm:**[1] Die sofortige Beschwerde ist der Rechtsbehelf gegen die Erinnerungsentscheidungen des Richters nach § 766 ZPO, die Entscheidungen des Prozeßgerichts als Vollstreckungsorgan im Rahmen der Zwangsvollstreckung nach §§ 887, 888, 890 ZPO und gegen die Entscheidungen des Richters am Amtsgericht im Rahmen der §§ 758, 761 ZPO.[2] Sie ist ferner der richtige Rechtsbehelf gegen Entscheidungen[3] des Richters am Vollstreckungsgericht, die dieser an Stelle des an sich zuständigen Rechtspflegers (etwa nach §§ 5, 6 RPflG) getroffen hat. Entscheidungen des Vollstreckungsgerichts, die dieses durch den Rechtspfleger getroffen hat (§ 20 Nr. 17 RPflG), sind dagegen mit der befristeten Durchgriffserinnerung nach § 11 RPflG anzufechten.[4]

2  **II. Zulässigkeitsvoraussetzungen:** In § 793 ZPO ist nur die Statthaftigkeit der sofortigen Beschwerde im Zwangsvollstreckungsverfahren angesprochen. Die übrigen Zu-

---
1 Siehe auch Vor §§ 765 a–777 Rdn. 4.
2 Einzelheiten § 758 Rdn. 19 und § 761 Rdn. 7.
3 Zur Abgrenzung zu den bloßen Vollstreckungsmaßnahmen siehe § 766 Rdn. 5.
4 Einzelheiten: Anh. § 793.

lässigkeitsvoraussetzungen finden sich in den §§ 567 ff. ZPO. Zuständig zur Entscheidung ist also gem. § 568 Abs. 1 ZPO das im Rechtszug zunächst höhere Gericht.
Die Beschwerde ist innerhalb der Notfrist des § 577 Abs. 2 S. 1 ZPO[5] entweder beim Richter, der die Entscheidung erlassen hat, oder beim Beschwerdegericht einzulegen (§§ 569 Abs. 1, 577 Abs. 2 S. 2 ZPO). Sie wird durch Einreichung einer Beschwerdeschrift eingelegt (§ 569 Abs. 2 S. 1 ZPO). In den Fällen des § 569 Abs. 2 S. 2 ZPO genügt auch eine Erklärung zu Protokoll der Geschäftsstelle. Im übrigen ist § 78 Abs. 1 ZPO zu beachten: Beschwerden gegen landgerichtliche Entscheidungen nach §§ 887, 888, 890 ZPO können also beim Landgericht als judex a quo durch einen dort zugelassenen Rechtsanwalt eingelegt werden; wird die Beschwerde jedoch beim Oberlandesgericht als judex ad quem eingereicht, so ist die Zulassung des Anwalts bei diesem Gericht erforderlich.[6]
Betrifft die angefochtene Entscheidung nach § 766 ZPO den Ansatz von Vollstreckungskosten, ist auch § 567 Abs. 2 ZPO zu beachten.
Die Zulässigkeit der sofortigen Beschwerde darf nicht ausgeschlossen sein. Grundsätzlich unanfechtbar sind z.B. Beschlüsse, die eine einstweilige Einstellung der Zwangsvollstreckung anordnen (§§ 707 Abs. 2 S. 2, 719 Abs. 1 ZPO). Unzulässig ist die sofortige Beschwerde ferner dann, wenn eine Entscheidung nur wegen des Ausspruchs über die Kostenlast angefochten werden soll (§ 99 Abs. 1 ZPO).[7]

**Beschwerdebefugt** ist nur, wer durch die angefochtene Entscheidung in eigenen Rechten beschwert ist; das können bei Entscheidungen nach § 766 ZPO sowohl der Gläubiger als auch der Schuldner sowie betroffene Dritte sein,[8] niemals aber der Gerichtsvollzieher als Vollstreckungsorgan.[9] Richtet sich die sofortige Beschwerde gegen eine Entscheidung über die Verpflichtung, die Prozeßkosten zu tragen, muß der Beschwerdewert 200 DM übersteigen (§ 567 Abs. 2 S. 1 ZPO). Gegen andere Entscheidungen über Kosten ist die Beschwerde nur zulässig, wenn der Wert des Beschwerdegegenstandes 100 DM übersteigt (§ 567 Abs. 2 S. 2 ZPO).

3

Das **Rechtsschutzbedürfnis** besteht vom Beginn der Zwangsvollstreckung an bis zu deren vollständiger Beendigung.[10] Daß durch die angefochtene Entscheidung eine ursprünglich vollzogene Pfändung aufgehoben, also der Zustand vor Beginn der Zwangsvollstreckung wiederhergestellt wurde, beseitigt das Rechtsschutzinteresse nicht;[11] denn die aufgehobene Maßnahme kann durch das Beschwerdegericht oder, wenn sie vom Gerichtsvollzieher erlassen war, auf Anordnung des Beschwerdegerichts durch diesen wiederhergestellt werden, wenn auch ohne rückwirkende Kraft.

---

5 Zum Fristlauf, wenn die Zustellung der angefochtenen Entscheidung nicht feststellbar ist, vergl. OLG Koblenz, JurBüro 1990, 537; LG Köln, NJW 1986, 1179.
6 OLG Nürnberg, NJW 1983, 2950; OLG Stuttgart, MDR 1965, 391.
7 Ausnahme bei »greifbarer Gesetzeswidrigkeit« (OLG Hamm, DGVZ 1994, 27).
8 Siehe insoweit § 766 Rdn. 15; ferner KG, MDR 1963, 853.
9 Siehe § 766 Rdn. 16 sowie Vor §§ 753–763 Rdn. 10; ferner: OLG Düsseldorf, NJW 1980, 1111; NJW-RR 1993, 1280; OLG Stuttgart, DGVZ 1979, 58; *Brox/Walker*, Rdn. 1258; *Zöller/Stöber*, § 793 Rdn. 5; **a. A.** MüKo/*K. Schmidt*, § 793 Rdn. 7; *Stein/Jonas/Münzberg*, § 793 Rdn. 4a.
10 Zu weitgehend KG, NJW-RR 1987, 126.
11 *Baumbach/Lauterbach/Hartmann*, § 766 Rdn. 33; *Brox/Walker*, Rdn. 1257; *Stein/Jonas/Münzberg*, § 766 Rdn. 47 f.

4   **III. Begründetheit der Beschwerde:** Die Beschwerde ist begründet, wenn die angegriffene Entscheidung verfahrensmäßig nicht ordnungsgemäß zustandegekommen oder inhaltlich nicht zutreffend ist. Im Rahmen dieser Überprüfung hat das Beschwerdegericht auch neue Tatsachen zu beachten, die früher noch nicht berücksichtigt werden konnten (§ 570 ZPO), etwa weil sie erst nach Erlaß des angefochtenen Beschlusses entstanden sind oder weil die Parteien sie nicht vorher geltend gemacht haben.[12] Eine Präklusion, etwa entsprechend § 767 Abs. 2 ZPO, oder Verspätungsregeln, wie etwa in § 528 ZPO, gibt es hier nicht.[13]

Die Kostenentscheidung richtet sich nach §§ 91 ff. ZPO. Es handelt sich also nicht um einen Fall des § 788 Abs. 1 ZPO.[14]

5   **IV. Beschwerdeverfahren:** Grundsätzlich ist die mündliche Verhandlung im Beschwerdeverfahren in das Ermessen des Gerichts gestellt (§ 573 Abs. 1 ZPO). Sie ist insbesondere dann notwendig, wenn eine Beweisaufnahme durch Zeugenvernehmung oder Anhörung eines Sachverständigen erforderlich ist (etwa in den Verfahren nach §§ 887, 888, 890 ZPO). Ist im landgerichtlichen Verfahren die Beschwerde durch den dort zugelassenen Rechtsanwalt eingelegt worden, kann er die schriftliche Korrespondenz auch gegenüber dem Oberlandesgericht als Beschwerdegericht weiterführen (§ 573 Abs. 2 ZPO). In der mündlichen Verhandlung ist dann jedoch nur ein beim OLG zugelassener Rechtsanwalt postulationsfähig.[15]

Der Richter, der die angefochtene Entscheidung erlassen hat, ist zur Abhilfe auf die Beschwerde hin nicht befugt (§ 577 Abs. 3 ZPO). Er kann aber gem. § 572 Abs. 1 ZPO anordnen, daß die Vollziehung der Entscheidung bis zur Entscheidung des Beschwerdegerichts auszusetzen sei.

Auch das Beschwerdegericht kann **einstweilige Anordnungen** erlassen (§ 572 Abs. 3 ZPO). Diese sind grundsätzlich unanfechtbar,[16] ebenso deren Ablehnung.[17] Eine Ausnahme muß aber dann gelten, wenn die einstweilige Anordnung irrtümlich von einem funktionell unzuständigen Gericht erlassen wurde.[18]

6   **V. Rechtsbehelf:** Gegen die Beschwerdeentscheidung ist gem. § 793 Abs. 2 ZPO i.V.m. § 568 Abs. 2 ZPO die **weitere sofortige Beschwerde** möglich. Sie ist kein eigenständiges Rechtsmittel, sondern nur eine abermalige erste Beschwerde.[19] Für das Verfahren der weiteren Beschwerde gelten dieselben Voraussetzungen wie für die erste Beschwerde.[20]

---

12 BVerfG, NJW 1982, 1635.
13 *Brox/Walker*, Rdn. 1262.
14 Siehe auch § 788 Rdn. 6; a. A. LG Hamburg, MDR 1969, 583.
15 MüKo/*Braun*, § 573 Rdn. 5 f.
16 KG, NJW 1971, 473; *Baumbach/Lauterbach/Albers*, § 572 Rdn. 7; *Kunz*, Erinnerung und Beschwerde, S. 17 ff.; MüKo/*Braun*, § 572 Rdn. 6; *Stein/Jonas/Grunsky*, § 572 Rdn. 6; *Zöller/Schneider*, § 572 Rdn. 7.
17 OLG Celle, MDR 1960, 232; MüKo/*Braun*, § 572 Rdn. 6; *Stein/Jonas/Grunsky*, § 572 Rdn. 6.
18 OLG Stuttgart, OLGZ 1977, 115; mit Einschränkungen ebenso *Stein/Jonas/Grunsky*, § 572 Rdn. 6.
19 MüKo/*Braun*, § 568 Rdn. 3; *Stein/Jonas/Grunsky*, § 568 Rdn. 2.
20 Vergl. dazu Rdn. 2 ff.

Zulässig ist die weitere sofortige Beschwerde gem. § 568 Abs. 2 S. 1 ZPO nur in den Fällen, in denen dies vom Gesetz ausdrücklich für statthaft erklärt wird (so in §§ 568 a, 621 e Abs. 2 und 793 Abs. 2 ZPO). Weitere Zulässigkeitsvoraussetzung ist nach § 568 Abs. 2 S. 2 ZPO das Vorliegen eines neuen selbständigen Beschwerdegrundes (Difformitätsprinzip). Ein solcher ist dann gegeben, wenn die erste Entscheidung von derjenigen über die sofortige Beschwerde abweicht (duae difformes).

Ist der Beschwerde stattgegeben worden, liegt für den Beschwerdegegner ein neuer selbständiger Beschwerdegrund vor.

Wird die sofortige Beschwerde als unzulässig verworfen, ist für den Beschwerdeführer ein neuer Beschwerdegrund gegeben. Eine Ausnahme gilt nur für den Fall, daß schon die erste Entscheidung auf demselben formellen Unzulässigkeitsgrund beruhte.[21]

Wird die weitere Beschwerde als unbegründet zurückgewiesen, so ist das Vorliegen eines neuen selbständigen Beschwerdegrundes davon abhängig, ob der Beschwerdeführer durch die neue Entscheidung schlechter gestellt ist. Dies ist beispielsweise dann der Fall, wenn der Antrag vom Erstgericht als unzulässig, vom Beschwerdegericht jedoch als unbegründet angesehen wurde[22] und nun nicht erneut gestellt werden kann. Gleiches gilt im umgekehrten Fall.[23] Dagegen reicht allein eine andere rechtliche Begründung der Beschwerdeentscheidung nicht aus, um den Beschwerdeführer gegenüber der ersten Entscheidung zusätzlich zu beschweren.[24]

Auch bei übereinstimmenden Entscheidungen (duae conformes) wird von der h.M. das Vorliegen eines neuen selbständigen Beschwerdegrundes angenommen, wenn die Entscheidung des Beschwerdegerichts auf einem schweren Verfahrensfehler beruht.[25]

Ausgeschlossen ist die weitere sofortige Beschwerde gegen Entscheidungen der Landgerichte über Prozeßkosten (§ 568 Abs. 3 ZPO). War das Arbeitsgericht als Prozeßgericht Vollstreckungsorgan (nur in den Fällen der §§ 887, 888, 890 ZPO denkbar), endet der Beschwerderechtszug immer beim Landesarbeitsgericht; eine weitere Beschwerde ist also generell ausgeschlossen (§ 78 Abs. 2 ArbGG).

**VI. Gebühren:** Gerichtsgebühren fallen nur an, wenn die Beschwerde als unzulässig verworfen oder als unbegründet zurückgewiesen wird (KV Nr. 1906). Der Rechtsanwalt erhält eine 5/10-Gebühr nach § 61 Abs. 1 Nr. 1 BRAGO.

**VII. ArbGG, VwGO, AO:** Im arbeitsgerichtlichen Verfahren findet § 793 ZPO über §§ 62 Abs. 2 S. 1, 85 Abs. 1 S. 3 ArbGG Anwendung. Im Verwaltungsgerichtsprozeß

---

21 *Brox/Walker*, Rdn. 1268; *Stein/Jonas/Grunsky*, § 568 Rdn. 6.
22 OLG Köln, NJW-RR 1990, 383; *Brox/Walker*, Rdn. 1268; MüKo/*Braun*, § 568 Rdn. 10; *Stein/Jonas/Grunsky*, § 568 Rdn. 8.
23 KG, OLGZ 1980, 332, 333; MüKo/*Braun*, § 568 Rdn. 10; *Rosenberg/Schwab/Gottwald*, § 148 VI 2 b; *Thomas/Putzo*, § 568 Rdn. 15.
24 OLG Köln, NJW-RR 1990, 511; OLG Saarbrücken, DGVZ 1990, 44.
25 BVerfGE 49, 252, 256; KG, Rpfleger 1995, 469; OLG Celle, ZIP 1982, 1007; OLG Düsseldorf, NJW-RR 1994, 383, 384 (im entschiedenen Fall verneint); OLG Frankfurt, WM 1993, 178; Jur-Büro 1991, 724; OLG Hamm, NJW 1979, 170; OLG Köln, NJW 1979, 1834; OLG Saarbrücken, DGVZ 1990, 44; *Baur/Stürner*, Rdn. 44.4; *Baumbach/Lauterbach/Albers*, § 568 Rdn. 9; *Rosenberg/Gaul*, § 38 IV 2; *Thomas/Putzo*, § 568 Rdn. 13; a.A. *Stein/Jonas/Grunsky*, § 568 Rdn. 8.

tritt an die Stelle der sofortigen Beschwerde die Beschwerde nach §§ 146 ff. VwGO.[26] In der Abgabenvollstreckung spielt § 793 ZPO nur insoweit eine Rolle, wie die Amtsgerichte tätig werden;[27] im übrigen gibt es die außergerichtlichen Rechtsbehelfe des Einspruchs und vor allem der Beschwerde (§§ 348, 349 AO).

---

26 *Kopp*, VwGO, § 167 Rdn. 2.
27 *Koch/Scholtz*, AO, § 256 Rdn. 11/5 ff.

Anhang zu § 793: Die Rechtspflegererinnerung im Zwangsvollstreckungsverfahren

§ 11 Rechtspflegergesetz

(1) ¹Gegen die Entscheidungen des Rechtspflegers ist vorbehaltlich der Bestimmungen des Absatzes 5 die Erinnerung zulässig. ²Die Erinnerung ist binnen der für die sofortige Beschwerde geltenden Frist einzulegen, wenn gegen die Entscheidung, falls sie der Richter erlassen hätte, die sofortige Beschwerde oder kein Rechtsmittel gegeben wäre.

(2) ¹Der Rechtspfleger kann der Erinnerung abhelfen; in den Fällen des Absatzes 1 Satz 2 gilt dies nur für die Erinnerungen in den in § 21 Nr. 1 und 2 bezeichneten Festsetzungsverfahren. ²Erinnerungen, denen er nicht abhilft oder nicht abhelfen kann, legt er dem Richter vor. ³Der Richter entscheidet über die Erinnerung, wenn er sie für zulässig und begründet erachtet oder wenn gegen die Entscheidung, falls er sie erlassen hätte, ein Rechtsmittel nicht gegeben wäre. ⁴Andernfalls legt der Richter die Erinnerung dem Rechtsmittelgericht vor und unterrichtet die Beteiligten hiervon. ⁵In diesem Fall gilt die Erinnerung als Beschwerde gegen die Entscheidung des Rechtspflegers.

(3) Gegen die Entscheidung des Richters ist das Rechtsmittel gegeben, das nach den allgemeinen verfahrensrechtlichen Vorschriften zulässig ist.

(4) Auf die Erinnerung sind im übrigen die Vorschriften über die Beschwerde sinngemäß anzuwenden.

(5) ¹Gerichtliche Verfügungen, die nach den Vorschriften der Grundbuchordnung, der Schiffsregisterordnung, des Gesetzes über die Angelegenheiten der freiwilligen Gerichtsbarkeit und den für den Erbschein geltenden Bestimmungen wirksam geworden sind und nicht mehr geändert werden können, sind mit der Erinnerung nicht anfechtbar. ²Die Erinnerung ist ferner in den Fällen der §§ 694, 700 der Zivilprozeßordnung und gegen Entscheidungen über die Gewährung eines Stimmrechts (§§ 95, 96 der Konkursordnung, § 71 der Vergleichsordnung), über die Änderung eines Vergleichsvorschlages in den Fällen des § 76 Satz 2 der Vergleichsordnung sowie gegen die Anordnung oder Ablehnung einer Vertagung des Vergleichstermins nach § 77 der Vergleichsordnung ausgeschlossen.[1]

(6) ¹Das Erinnerungsverfahren ist gerichtsgebührenfrei. ²Eine Beschwerdegebühr wird nicht erhoben, wenn die Beschwerde vor einer gerichtlichen Verfügung zurückgenommen wird.

---

[1] Nach Art. 14 Nr. 2 EGInsO erhält Abs. 5 S. 2 ab 1.1.1999 folgende Fassung: »Die Erinnerung ist ferner in den Fällen der §§ 694, 700 der Zivilprozeßordnung und gegen die Entscheidung über die Gewährung eines Stimmrechts (§§ 77, 237 und 238 der Insolvenzordnung) ausgeschlossen.«

**Anhang zu § 793**

### Inhaltsübersicht

| | Rdn. |
|---|---|
| Literatur | |
| I. Anwendungsfälle im Vollstreckungsverfahren | 1–4 |
| II. Verfahren | 5 |
| III. Rechtsbehelfe | 6 |
| IV. Gebühren | 7 |

**Literatur:** Kommentare zum Rechtspflegergesetz: *Arnold/Meyer-Stolte*, 4. Aufl. 1994; *Bassenge/Herbst*, 7. Aufl. 1995; *Riedel*, 5. Aufl. 1982.

**Sonstiges:** *Kümmerlein*, Zum Verhältnis von § 11 RpflG zu § 766 ZPO, Rpfleger 1971, 11; *Lappe*, Die Anfechtung von Rechtspfleger-Entscheidungen, JR 1972, 103; *Meyer-Stolte*, Einzelfragen zur Rechtspflegererinnerung, Rpfleger 1972, 193; *Neumüller*, Vollstreckungserinnerung, Vollstreckungsbeschwerde und Rechtspflegererinnerung, 1981; *Stöber*, Vollstreckungserinnerung (§ 766 ZPO) oder Rechtspflegererinnerung (§ 11 RpflG) in Fällen der Forderungspfändung, Rpfleger 1974, 52; *Weiß*, Beschränkte Erinnerung gegen Eintragungen im Grundbuch, DNotZ 1985, 524.
Siehe ferner die Literaturhinweise vor I. der Vorbem. zu §§ 765 a–777.

1 **I. Anwendungsfälle im Vollstreckungsverfahren:** Entscheidungen (Gegensatz: Vollstreckungsmaßnahmen)[2] des Rechtspflegers im Vollstreckungsverfahren sind mit der befristeten Durchgriffserinnerung nach § 11 Abs. 1 S. 2 RPflG anzufechten; denn im Hinblick auf § 793 ZPO wären entsprechende Entscheidungen des Richters immer mit der sofortigen Beschwerde anfechtbar oder, wie im Falle der §§ 769 Abs. 2,[3] 813 a Abs. 5 S. 4 ZPO, unanfechtbar, jedenfalls aber nie mit der unbefristeten Beschwerde anzufechten.[4] Für Vollstreckungsmaßnahmen des Rechtspflegers ist § 766 ZPO der speziellere, den § 11 RPflG verdrängende Rechtsbehelf.[5] Bei Entscheidungen des Rechtspflegers im Vorfeld der Zwangsvollstreckung, nämlich im Klauselerteilungsverfahren, muß unterschieden werden: Hat der Rechtspfleger die Klauselerteilung abgelehnt, steht dem Gläubiger die unbefristete Erinnerung nach § 11 Abs. 1 S. 1, Abs. 2 RPflG zu;[6] gegen die Erteilung der Klausel hat der Schuldner dagegen nur die Erinnerung nach § 732 ZPO, die wieder als speziellerer Rechtsbehelf den § 11 RPflG verdrängt.[7]

2 Da dem Rechtspfleger im Vollstreckungsverfahren weitestgehend die Aufgabe des Vollstreckungsgerichts übertragen worden ist (§ 20 Nr. 17 RPflG), ist der Anwendungsbereich des § 11 Abs. 1 S. 2 RPflG sehr weit gespannt. Mit der befristeten Durchgriffser-

---

2 Zur Abgrenzung siehe § 766 Rdn. 5.
3 Siehe § 769 Rdn. 15.
4 Zur Anfechtung von »Entscheidungen« des Grundbuchamtes siehe unten Rdn. 3.
5 Siehe Vor §§ 765 a–777 Rdn. 4 und § 766 Rdn. 5.
6 Vor §§ 724–734 Rdn. 11.
7 Siehe § 732 Rdn. 1.

innerung anzufechtende Entscheidungen finden sich insbesondere in §§ 811 a, 825, 844, 850 b Abs. 2, 850 f, 850 k, 851 a, 851 b ZPO, 30 b Abs. 3, 74 a Abs. 5, 82, 83 (i. V. m. 96 ff.) ZVG.

Eine Besonderheit gilt für die Fälle, in denen das Grundbuchamt als Vollstreckungsorgan tätig wird (§§ 867, 866 ZPO). Auch diese Aufgabe ist dem Rechtspfleger übertragen (§ 3 Nr. 1 Buchst. h RPflG). Hier modifiziert aber § 71 GBO als speziellere Regel das Rechtsbehelfssystem des 8. Buches der ZPO:[8] Nicht die (an die Stelle des § 793 ZPO tretende) befristete Durchgriffserinnerung nach § 11 Abs. 1 S. 2 RPflG, sondern die unbefristete Erinnerung nach § 11 Abs. 1 S. 1 RPflG ist der richtige Rechtsbehelf. Das gilt nicht nur für die Zurückweisung eines Eintragungsantrages, sondern auch für den Fall, daß sich der Schuldner gegen die Eintragung einer Zwangshypothek zur Wehr setzen will; auch insoweit ist die Erinnerung nicht durch § 11 Abs. 5 S. 1 RPflG ausgeschlossen,[9] da die Eintragung nicht gänzlich unabänderbar, sondern durch die Eintragung eines Amtswiderspruchs jedenfalls beschränkt abänderbar ist.[10]   **3**

Eine Besonderheit gilt schließlich noch für das Verfahren auf Abgabe der Offenbarungsversicherung (§§ 899 ff. ZPO). Hier verdrängt ab Terminsbestimmung der Widerspruch gem. § 900 Abs. 5 ZPO als der speziellere Rechtsbehelf sowohl den § 766 ZPO als auch den § 11 RPflG.[11]   **4**

**II. Verfahren:** Die Erinnerung ist schriftlich oder zu Protokoll der Geschäftsstelle bei dem Gericht einzulegen, dessen Rechtspfleger die angefochtene Entscheidung erlassen hat (§§ 11 Abs. 4 RPflG, 561 Abs. 1, 1. Halbs. ZPO). Die unmittelbare Einlegung beim Beschwerdegericht, wie §§ 569 Abs. 1, 2. Halbs., 577 Abs. 2 S. 2 ZPO sie zulassen, kommt nicht in Betracht,[12] da grundsätzlich zunächst der erstinstanzliche Richter über die Abhilfe bzw. Nichtabhilfe zu entscheiden hat.[13]   **5**

Im Falle der unbefristeten Erinnerung (oben Rdn. 3) kann zunächst der Rechtspfleger selbst abhelfen, indem er die Eintragung eines Amtswiderspruchs verfügt.[14] Ist dagegen befristete Durchgriffserinnerung eingelegt (oben Rdn. 2), darf der Rechtspfleger nicht abhelfen (§ 11 Abs. 2 S. 1 RPflG). Er hat die Sache sogleich dem Richter (der geschäftsplanmäßig zu entscheiden gehabt hätte, gäbe es nicht die Übertragung auf den Rechtspfleger, § 28 RPflG) vorzulegen. Dieser entscheidet über die Erinnerung,

---

8 Vor §§ 765 a–777 Rdn. 4.
9 So aber BayObLGZ 1975, 398, 402; KG, NJW-RR 1987, 592; *Arnold/Meyer-Stolte*, § 11 RPflG Rdn. 54; *Kollhosser*, JA 1984, 714, 721.
10 Wie hier: *Bassenge/Herbst*, § 11 RPflG Anm. 2 c aa; *Brox/Walker*, Rdn. 1299; *Rosenberg/Gaul*, § 39 I 1 c; *Weiß*, DNotZ 1985, 524, 537.
11 Vor §§ 765 a–777 Rdn. 4.
12 **A. A.** OLG Bamberg, JurBüro 1975, 1498; OLG Bremen, Rpfleger 1979, 72; *Baumbach/Lauterbach/Hartmann*, § 793 Rdn. 5; *Stein/Jonas/Münzberg*, § 793 Rdn. 3.
13 Wie hier: OLG Köln, MDR 1975, 671; OLG Stuttgart, MDR 1976, 852; LG Augsburg, NJW 1971, 2316; LG Mönchengladbach, MDR 1973, 592; *Bassenge/Herbst*, § 11 Anm. 4 c; *Brox/Walker*, Rdn. 1276; *MüKo/Wolfsteiner*, § 793 Rdn. 23; *Rosenberg/Gaul*, § 39 II 1 b; *Zöller/Schneider*, § 577 Rdn. 14; differenzierend *Arnold/Meyer-Stolte*, § 11 Rdn. 13.
14 *Weiß*, DNotZ 1985, 539.

wenn er sie für zulässig und begründet erachtet oder wenn gegen die Entscheidung, falls er sie erlassen hätte, ein Rechtsmittel nicht gegeben wäre (so in den Fällen der §§ 769 Abs. 2, 813 a Abs. 5 S. 4 ZPO). Hilft er der Erinnerung aber in einem Fall, in dem gegen seine eigene Entscheidung ein Rechtsbehelf gegeben wäre, nicht ab, legt er sie dem Rechtsmittelgericht zur Entscheidung vor. Dieses entscheidet dann, als läge ihm eine sofortige Beschwerde vor.[15] Gegenstand dieser Entscheidung ist aber weiterhin die Entscheidung des Rechtspflegers, nicht die – ohne Begründung erfolgte – Nichtabhilfeentscheidung des Richters.[16]

Die Entscheidung ist mit einer Kostenentscheidung nach §§ 91 ff. ZPO zu versehen.

Vor der Entscheidung kann das Rechtsmittelgericht gem. § 572 Abs. 3 ZPO einstweilige Anordnungen treffen.

6 **III. Rechtsbehelfe:** Die Abhilfeentscheidung des Richters ist mit der sofortigen Beschwerde nach § 793 ZPO anfechtbar, wenn gegen die ursprünglich angefochtene Entscheidung, hätte diese schon der Richter erlassen, ein Rechtsmittel gegeben gewesen wäre. Andernfalls ist sie unanfechtbar.

Gegen die Entscheidung des Rechtsmittelgerichts ist nach den allgemeinen Regeln[17] die weitere sofortige Beschwerde möglich.

7 **IV. Gebühren:** Für das Erinnerungsverfahren fallen, solange nur die Abhilfeentscheidungen des Rechtspflegers und des Richters in Rede stehen, keine Gerichtsgebühren an (§ 11 Abs. 6 S. 1 RPflG). Wird die Durchgriffserinnerung vor der Entscheidung des Beschwerdegerichts zurückgenommen, wird ebenfalls keine Gerichtsgebühr erhoben. Auch in diesen Fällen sind aber die Auslagen des Gerichts nach den allgemeinen Regeln zu erstatten. Im übrigen gilt hinsichtlich der Gerichtsgebühren für das Beschwerdeverfahren das zu § 793 ZPO Gesagte.[18] Die außergerichtlichen Gebühren der Rechtsanwälte richten sich nach § 61 Abs. 1 Nr. 1 BRAGO, da die Rechtspflegererinnerung im Zwangsvollstreckungsverfahren immer eine im Gesetz ursprünglich vorgesehene Beschwerde ersetzt.

---

15 Siehe § 793 Rdn. 3 ff.
16 OLG München, Rpfleger 1983, 324.
17 § 793 Rdn. 6.
18 Siehe § 793 Rdn. 7.

## § 794 Weitere Vollstreckungstitel

(1) ¹Die Zwangsvollstreckung findet ferner statt:
1. aus Vergleichen, die zwischen den Parteien oder zwischen einer Partei und einem Dritten zur Beilegung des Rechtsstreits seinem ganzen Umfang nach oder in betreff eines Teiles des Streitgegenstandes vor einem deutschen Gericht oder vor einer durch die Landesjustizverwaltung eingerichteten oder anerkannten Gütestelle abgeschlossen sind, sowie aus Vergleichen, die gemäß § 118 Abs. 1 Satz 3 oder § 492 Abs. 3 zu richterlichem Protokoll genommen sind;
2. aus Kostenfestsetzungsbeschlüssen;
2a. aus Beschlüssen, die den Betrag des vom Vater eines nichtehelichen Kindes zu zahlenden Regelunterhalts, auch eines Zu- oder Abschlags hierzu, festsetzen;
2b. aus Beschlüssen, die über einen Antrag auf Abänderung eines Unterhaltstitels im Vereinfachten Verfahren entschieden;
3. aus Entscheidungen, gegen die das Rechtsmittel der Beschwerde stattfindet; dies gilt nicht für Entscheidungen nach § 620 Satz 1 Nr. 1, 3 und § 620 b in Verbindung mit § 620 Satz 1 Nr. 1, 3;
3a. aus einstweiligen Anordnungen nach den §§ 127 a, 620 Satz 1 Nr. 4 bis 9 und § 621 f;
4. aus Vollstreckungsbescheiden;
4a. aus den für vollstreckbar erklärten Schiedssprüchen, schiedsrichterlichen Vergleichen und Vergleichen nach § 1044 b Abs. 1, sofern die Entscheidung über die Vollstreckbarkeit rechtskräftig oder für vorläufig vollstreckbar erklärt ist; ferner aus den nach § 1044 b Abs. 2 für vorläufig vollstreckbar erklärten Vergleichen;
5. aus Urkunden, die von einem deutschen Gericht oder von einem deutschen Notar innerhalb der Grenzen seiner Amtsbefugnisse in der vorgeschriebenen Form aufgenommen sind, sofern die Urkunde über einen Anspruch errichtet ist, der die Zahlung einer bestimmten Geldsumme oder die Leistung einer bestimmten Menge anderer vertretbarer Sachen oder Wertpapiere zum Gegenstand hat, und der Schuldner sich in der Urkunde der sofortigen Zwangsvollstreckung unterworfen hat. ²Als ein Anspruch, der die Zahlung einer Geldsumme zum Gegenstand hat, gilt auch der Anspruch aus einer Hypothek, einer Grundschuld, einer Rentenschuld oder einer Schiffshypothek.

(2) Soweit nach den Vorschriften der §§ 737, 743, des § 745 Abs. 2 und des § 748 Abs. 2 die Verurteilung eines Beteiligten zur Duldung der Zwangsvollstreckung erforderlich ist, wird sie dadurch ersetzt, daß der Beteiligte in einer nach Absatz 1 Nr. 5 aufgenommenen Urkunde die sofortige Zwangsvollstreckung in die seinem Rechte unterworfenen Gegenstände bewilligt.

### Inhaltsübersicht

| | | Rdn. |
|---|---|---|
| | Literatur | |
| I. | Vollstreckungstitel | 1 |
| II. | Der Prozeßvergleich (Nr. 1) | 1 |

|  |  |  |
|---|---|---|
|  | 1. Rechtsnatur | 1 |
|  | 2. Notwendiger Inhalt | 2 |
|  | 3. Möglicher Inhalt | 3 |
|  | 4. Gegenseitiges Nachgeben | 4 |
|  | 5. Abschluß vor einem deutschen Gericht | 5, 6 |
|  | 6. Prozeßrechtliche Wirksamkeitsvoraussetzungen | 7–9 |
|  | 7. Materiellrechtliche Wirksamkeitsvoraussetzungen | 10 |
|  | 8. Prozeßvergleich unter Widerrufsvorbehalt | 11 |
|  | 9. Wirkungen des Prozeßvergleichs | 12 |
|  | 10. Auswirkungen prozessualer und materiellrechtlicher Mängel | 13 |
|  | 11. Geltendmachung prozessualer und materiellrechtlicher Mängel | 14–17 |
|  | 12. Beteiligung Dritter am Vergleich | 18 |
|  | 13. Prozeßvergleich als Vollstreckungstitel | 19–21 |
|  | 14. Sonstige Vergleiche im Rahmen von Abs. 1 Nr. 1 | 22 |
|  | 15. Außergerichtliche Vergleiche im übrigen | 23 |
| III. | Der Kostenfestsetzungsbeschluß als Vollstreckungstitel (Nr. 2) | 24 |
| IV. | Regelunterhaltsfestsetzungsbeschlüsse (Nr. 2 a) | 25 |
| V. | Unterhaltsabänderungsbeschlüsse (Nr. 2 b) | 26 |
| VI. | Beschwerdefähige Beschlüsse (Nr. 3) | 27, 28 |
| VII. | Einstweilige Anordnungen in Unterhalts- und Ehesachen (Nr. 3 a) | 29 |
| VIII. | Vollstreckungsbescheide (Nr. 4) | 30 |
| IX. | Für vollstreckbar erklärte Schiedssprüche, Schiedsvergleiche und außergerichtliche Anwaltsvergleiche (Nr. 4 a) | 31 |
| X. | Die vollstreckbare Urkunde (Nr. 5) | 32 |
|  | 1. Aufnahme vor einem deutschen Gericht oder Notar | 32, 33 |
|  | 2. Anspruch auf Zahlung einer bestimmten Geldsumme | 34 |
|  |    a) Sonstige Ansprüche nach geltendem Recht | 34 |
|  |    b) Sonstige Ansprüche nach der 2. Zwangsvollstreckungsnovelle | 34a |
|  |    c) Hinreichende Bestimmtheit des Anspruches | 35 |
|  |    d) Maßgeblichkeit der Bezeichnung des Anspruches im Titel | 36 |
|  | 3. Bestimmtheit von Gläubiger und Schuldner | 37 |
|  | 4. Rechtsgrundlage für den Anspruch | 38 |
|  | 5. Unterwerfung unter die sofortige Zwangsvollstreckung | 39–42 |
|  | 6. Unzulässigkeit einer Prozeßstandschaft | 43 |
|  | 7. Rechtsbehelfe | 44, 45 |
| XI. | Vollstreckbare Urkunde als Duldungstitel (Abs. 2) | 46 |
| XII. | Weitere Vollstreckungstitel | 47 |
| XIII. | ArbGG, VwGO, AO | 48 |

Literatur: Zu Vollstreckungstiteln allgemein siehe die Angaben Vor §§ 704–707.

Zu Nr. 1: *Albrand*, Prozeßvergleiche mit Fremdwirkung, Diss. Frankfurt 1969; *Arndt*, Der Prozeßvergleich, DRiZ 1965, 188; *Bassenge*, Der Vergleich im Verfahren der freiwilligen Gerichtsbarkeit, Rpfleger 1972, 237; *Baur*, Der schiedsrichterliche Vergleich, 1971; *Bergerfurth*, Der Widerrufsvergleich und seine Risiken, NJW 1969, 1797; *ders.*, Vergleich ohne Kostenregelung, NJW

1972, 1841; *Berges,* Die Anfechtung eines Vergleichs wegen einer arglistigen Täuschung, die ein Dritter ohne Wissen des Schuldners begangen hat, KTS 1970, 249; *Bernhardt,* Die Aufhebung des Prozeßvergleichs, JR 1967, 4; *Bettermann,* Die zivilprozessuale Zwangsvollstreckung aus verwaltungsgerichtlichen Vergleichen, NJW 1953, 1007; *Blomeyer,* Vollstreckbarkeit und Vollstreckung des für den Scheidungsfall geschlossenen Unterhaltsvergleichs, Rpfleger 1972, 385; *Bökelmann,* Zum Prozeßvergleich mit Widerrufsvorbehalt, Festschr. f. F. Weber 1975, S. 101; *Bonin,* Der Prozeßvergleich unter besonderer Berücksichtigung seiner personellen Erstreckung, 1957; *ders.*, Über die Wirkung außergerichtlicher Vereinbarungen auf den schwebenden Rechtsstreit, JZ 1958, 268; *Breetzke,* Der Vergleich bei verständigem Zweifel, NJW 1969, 1408; *ders.*, Die Beurkundung kraft des gerichtlichen Vergleichs (§ 127 a BGB), NJW 1971, 178 ff.; *ders.*, Zum verfahrensrechtlichen Ausgleich vor dem Schiedsgericht, DB 1973, 365; *Brill,* Der außergerichtliche Vergleich und das arbeitsgerichtliche Verfahren, DB 1965, 254; *Buchberger,* Die Zwangsvollstreckung aus einem vor dem Schiedsmann geschlossenen Vergleich, Schiedsmanns-Ztg. 1973, 10; *Clasen,* Beseitigung der prozeßbeendigenden Wirkung eines gerichtlichen Vergleichs durch übereinstimmende Erklärung der Parteien, NJW 1965, 382; *Dopfer,* Verlängerung der Widerrufsfrist beim Prozeßvergleich, Justiz 1966, 79; *Drischler,* Zur Zwangsvollstreckung aus vor einem Schiedsmann abgeschlossenen Vergleichen, Rpfleger 1984, 308; *Esser,* Heinrich Lehmann und die Lehre vom Prozeßvergleich, Festschr. f. H. Lehmann, 1956, 713; *Gerhardt,* Die Vollstreckung aus dem Vertrage zugunsten Dritter, JZ 1969, 691; *Gerold,* Vergleich mehrerer in verschiedenen Instanzen anhängiger Rechtsstreitigkeiten, JurBüro 1955, 426; *Gottwald/Hutmacher/Röhl/Strempel,* Der Prozeßvergleich – Möglichkeiten, Grenzen, Forschungsperspektiven, 1983; *Harnisch,* Prozeßvergleiche über den Unterhalt der Kinder im Scheidungsprozeß der Eltern, NJW 1971, 1016; *Hasse,* Strafandrohung im Prozeßvergleich, NJW 1969, 23; *Hegmanns,* Verjährungsunterbrechung durch Antragstellung bei der »Hamburger Gütestelle« trotz anderweitigen ausschließlichen Gerichtsstandes?, ZIP 1984, 925; *Hellwig,* Zur Systematik des zivilprozeßrechtlichen Vertrages, Bonner Rechtswissenschaftliche Abhandlungen, Band 78, 1968; *Henckel,* Prozeßrecht und materielles Recht, 1970; *ders.*, Fortsetzung des Zivilprozesses nach dem Rücktritt vom Prozeßvergleich?, Rechtswissenschaft und Gesetzgebung, 1973, S. 465; *Hiendl,* Nochmals: Prozeßvergleiche über den Unterhalt der Kinder im Scheidungsprozeß der Eltern, NJW 1972, 712; *Holzhammer,* Der Prozeßvergleich, Festschr. für H. Schima, 1969, S. 217; *Hornung/Blomeyer,* Vollstreckungsvoraussetzungen bei scheidungsabhängigen Unterhaltsvergleichen, Rpfleger 1973, 77; *Jauernig,* Prozeßbeendigung durch außergerichtlichen Vergleich, JZ 1958, 657; *ders.*, Zum Prozeßvergleich zugunsten eines Dritten, JZ 1960, 10; *Jessen,* Zur Anfechtung des Prozeßvergleichs, JR 1956, 8; *Joachim,* Der Prozeßvergleich in Arbeitssachen, BB 1960, 986; *Keßler,* Erfordert der Prozeßvergleich gegenseitiges Nachgeben?, DRiZ 1978, 79; *Kniffka,* Die Wirkung eines Prozeßvergleichs auf ein nicht rechtskräftiges Urteil, JuS 1990, 969;. *H. Lehmann,* Der Prozeßvergleich, 1911; *G. Lüke,* Die Beseitigung des Prozeßvergleichs durch Parteivereinbarung, JuS 1965, 482; *Michel,* Der Prozeßvergleich in der Praxis, JuS 1986, 41; *Pecher,* Über zivilrechtliche Vergleiche im Strafverfahren, NJW 1981, 2170; *ders.*, Zur Geltendmachung der Unwirksamkeit eines Prozeßvergleichs, ZZP 1984, 139; *Prütting,* Schlichten statt Richten, JZ 1985, 261; *Reinicke,* Rechtsfolgen eines formwidrig abgeschlossenen Prozeßvergleichs, NJW 1970, 306; *Rickhey,* Prozeßvergleiche mit Dritten, Diss. Göttingen 1956; *Roquette,* Räumungsvergleich mit Ersatzraumklausel, NJW 1965, 677; *Säkker,* Wiedereinsetzung gegen die Versäumung des gerichtlich zu erklärenden Widerrufs beim Prozeßvergleich, NJW 1967, 1117; *Schmidt,* Der Streitwert des gerichtlichen Vergleichs bei Einbeziehung unstreitiger Gegenstände, MDR 1975, 26; *Schmorrenberg,* Der Widerruf des Prozeßvergleichs, AnwBl. 1982, 404; *Schneider,* Zwangsvollstreckung aus Vergleichen mit Strafandrohung, JurBüro 1965, 355; *ders.*, Die Auflösung des Formzwanges für den gerichtlichen Vergleich in der neueren Rechtsprechung, JurBüro 1967, 529; *ders.*, Auslegungsschwierigkeiten bei der Kostenregelung im Prozeßvergleich, JurBüro 1968, 937; *ders.*, Der Prozeßvergleich, JuS 1976, 145; *ders.*, Der Prozeßvergleich im neuen Recht, JurBüro 1977, 145; *Segmüller,* Zwangsvollstreckung des durch einen Prozeßvergleich begünstigten Dritten, NJW 1975, 1685; *Stötter*, Die Abänderung von Prozeßvergleichen beim Wegfall der Geschäftsgrundlage, NJW 1967, 1111; *ders.*, Fortsetzung eines angefochtenen Vergleichs, NJW 1968, 522; *Tempel*, Der Prozeßvergleich – Die Bedeutung seiner Rechtsnatur für den Abschluß und seine Wirkungen, Festschr. f. Schiedermair 1976, S. 517; *Vogel*, Die prozessualen Wirkungen des außergerichtlichen Vergleichs und seine Abgrenzung vom Prozeßvergleich, Diss. Köln 1971; *Vollkommer*, Führen Protokollierungsmängel stets zur unheilbaren Nichtigkeit des Prozeßvergleichs?, Rpfleger 1973, 269; *Walchshöfer*, Die Erklärung der Auflassung in einem gerichtlichen Vergleich, NJW 1973, 1103; *Weber*, Der fehlerhafte Prozeßvergleich, Diss. Köln 1962.

Zu Nr. 2–4 a: *Baur*, Der schiedsrichterliche Vergleich, 1971; *Breetzke*, Zum verfahrensrechtlichen Ausgleich vor dem Schiedsgericht, DB 1973, 365; *Geimer*, Notarielle Vollstreckbarerklärung von Anwaltsvergleichen – Betrachtungen zu § 1044b ZPO, DNotZ 1991, 266; *Hansens*, Der Anwaltsvergleich, AnwBl 1991, 113; *Mümmler*, Vollstreckung wegen der Vergütung eines Gläubigerausschußmitgliedes und Konkursverfahren, JurBüro 1975, 739; *Schroeder*, Das Verfahren nach dem Gesetz zur vereinfachten Abänderung von Unterhaltsrenten, JurBüro 1976, 1235; *Schuschke*, Das Rechtspflegevereinfachungsgesetz 1988: Kein großer Wurf, ZRP 1988, 371; *Veeser*, Der vollstreckbare Anwaltsvergleich, 1996; *Ziege*, Der vollstreckbare außergerichtliche Vergleich nach § 1044 b ZPO (Anwaltsvergleich), NJW 1991, 1580.

Zu Nr. 5: *Bärmann*, Die Freizügigkeit der notariellen Urkunde, AcP 1960, 1; *Baur*, Vollstreckbare Urkunde und guter Glaube, Diss. Freiburg 1952; *ders.*, Einige Bemerkungen zur »Vollstreckbaren Urkunde«, Festschr. f. H. Demelius 1973, 315; *Bühling*, Die Ausdehnung der vollstreckbaren Urkunde, DNotZ 1953, 458; *Clemens*, Die Unterwerfung unter die sofortige Zwangsvollstreckung bei bedingten und künftigen Ansprüchen, Diss. Köln 1952; *Finger*, Vollstreckbare Urkunden und Abänderungsklage nach § 323 ZPO, MDR 1971, 350; *Knöchlein*, Der vollstreckungsfähige Inhalt der notariellen Urkunde, JR 1958, 367; *Köhler*, Titulierungsanspruch?, FamRZ 1991, 645; *Kümpel*, Persönliche Haftung und Vollstreckungsunterwerfung bei Grundpfandrechten und das AGBG, WM 1978, 746; *Lent*, Zur Vollstreckung aus notariellen Urkunden, DNotZ 1952, 411; *Mes*, Wertsicherung vollstreckbarer Urkunden, NJW 1973, 875; *Mümmler*, Die Wertsicherungsklausel in vollstreckungsrechtlicher und kostenrechtlicher Sicht, Rpfleger 1973, 124; *ders.*, Die vollstreckbare Ausfertigung von notariellen Urkunden, JurBüro 1987, 1285; *Münch*, Vollstreckbare Urkunde und prozessualer Anspruch, 1989; *ders.*, Die Reichweite der Vollstreckungsunterwerfung, ZIP 1991, 1041; *Nieder*, Entwicklungstendenzen und Probleme des Grundbuchverfahrensrechts, NJW 1984, 329; *Petermann*, Die vollstreckbare Ausfertigung der gerichtlichen und notariellen Urkunde, 1938; *Rastätter*, Zur Zulässigkeit des Verzichts auf den Nachweis der die Fälligkeit begründenden Tatsache bei notarieller Vollstreckungsunterwerfungsklauseln, NJW 1991, 392; *Sauer*, Bestimmtheit und Bestimmbarkeit im Hinblick auf die vollstreckbare notarielle Urkunde, 1986; *Schalhorn*, Braucht der Gläubiger, der sich auf Grund eines persönlichen Schuldtitels auf dem Grundstück des Schuldners gem. §§ 866 ff. ZPO eine Zwangssicherungshypothek hat eintragen lassen, einen weiteren dinglichen Vollstreckungstitel, um die Befriedigung aus dem Grundstück mit dem Rang der Zwangshypothek betreiben zu können?, JurBüro 1974, 562; *Stürner*, Die Kreditsicherung der Banken und das neue AGBG, JZ 1977, 431, 639; *Weirich*, Notarielle Unterwerfungsklausel bei Ehegatten, DNotZ 1962, 554; *ders.*, Die vollstreckbare Urkunde, Jura 1980, 630; *Werner*, Die Rechtsnatur der notariellen Unterwerfungsklausel, DNotZ 1969, 713; *Will*, Die Umschreibung von Vollstreckungsklauseln bei notariellen Urkunden, BWNotZ 1978, 156; *Windel*, Die Rechtsbehelfe des Schuldners gegen eine Vollstreckung aus einer wirksamen notariellen Urkunde – zugleich ein Beitrag zum Rechtsschutzsystem des 8. Buches der ZPO, ZZP 1989, 102, 175; *Winkler*, Einseitige Erklärungen des Käufers in der Angebotsurkunde des Verkäufers, DNotZ 1971, 354; *Wolfsteiner*, Schuldübernahme und Unterwerfung, DNotZ 1968, 392; *ders.*, Die vollstreckbare Urkunde, 1978; *ders.*, Beweislastumkehr durch Zwangsvollstreckungsunterwerfung, NJW 1982, 2851; *ders.*, Die Zwangsvollstreckung findet aus Urkunden statt, DNotZ 1990, 531.

**I. Vollstreckungstitel:** Zur Notwendigkeit eines Vollstreckungstitels als Grundlage 1 jeglicher Zwangsvollstreckung und zu den allgemeinen Anforderungen an jeden Vollstreckungstitel siehe die Ausführungen Vor §§ 704–707.

**II. Der Prozeßvergleich (Nr. 1): 1. Rechtsnatur:** Nach der in Rechtsprechung[1] und im Schrifttum[2] heute herrschenden Auffassung hat der Prozeßvergleich eine **Doppelnatur**. Danach ist er zugleich materiellrechtliche Vereinbarung und Prozeßvertrag. Diese Auffassung verdient Zustimmung. Die Parteien wollen den Prozeß beenden, weil sie hinsichtlich des streitigen Rechtsverhältnisses eine (vollständige oder teilweise) Einigung erzielt haben, die durch eine Streitentscheidung nur wieder Schaden nehmen könnte; aber die Einigung ist in ihrem Gehalt andererseits auch dadurch bestimmt, daß die Fortsetzung des Rechtsstreits (gegebenenfalls noch durch mehrere Instanzen) vermieden und ein jedenfalls erträglicher Zustand schon jetzt hergestellt wird. In der Regel wird also das gegenseitige Nachgeben erst durch den Prozeßvertrag erträglich, und der Prozeßvertrag ist umgekehrt nur sinnvoll, wenn die materiellrechtliche Vereinbarung tatsächlich Bestand hat. Diese Einordnung des Prozeßvergleichs als »doppelfunktioneller Vertrag«[3] läßt es durchaus zu, daß die Parteien im Einzelfall in einem Prozeß einen ausschließlich materiellrechtlichen Vergleichsvertrag nach § 779 Abs. 1 BGB schließen.[4] Die Lösung der prozeßrechtlichen Folgen der Vereinbarung bleibt dann dem Gericht überlassen. Umgekehrt können die Parteien allein eine prozeßrechtliche Vereinbarung treffen (z. B. Vereinbarung, daß an Stelle des angerufenen Gerichts ein privates Schiedsgericht den Streit entscheiden soll), ohne daß zugleich eine materiellrechtliche Vereinbarung über das streitige Rechtsverhältnis herbeigeführt wird.[5] Beide zuletzt genannten Arten von Vereinbarung haben Auswirkungen auf den weiteren Pro-

---

1 Zur Rspr. des BGH beispielhaft: BGHZ 14, 381; 16, 388; 28, 171; 41, 310; 46, 278; NJW 1967, 2014; NJW 1971, 467; NJW 1972, 159; NJW 1981, 823; FamRZ 1984, 372; NJW 1985, 1962; NJW 1993, 1995, 1996; zur Rspr. des BAG beispielhaft: BAGE 3, 43; 4, 84; 9, 319; JZ 1961, 452; AuR 1968, 57; NJW 1978, 1877; NJW 1983, 2213.
2 *Baumgärtel*, ZZP 1974, 133; *Brox/Walker*, Rdn. 84; MüKo/*Pecher*, § 779 BGB Rdn. 46; *Rosenberg/Gaul*, § 13 II 1 c; *Rosenberg/Schwab/Gottwald*, § 131 III 1 c; *Stein/Jonas/Münzberg*, § 794 Rdn. 3 ff.; *Thomas/Putzo*, § 794, Rdn. 3; *Zöller/Stöber*, § 794 Rdn. 3. A. A.: Eine rein prozeßrechtliche Auffassung vertreten *Baumbach/Lauterbach/Hartmann*, Anh. § 307 Rdn. 3. Für die Dominanz des privatrechtlichen Vertrages (mit nur prozessualen Wirkungen) *Bonin*, Der Prozeßvergleich, 1957; *Esser*, Festschr. f. H. Lehmann, 1956, 713 ff.; *H. Lehmann*, Der Prozeßvergleich, 1911. Für ein isoliertes Nebeneinander von privatrechtlichem Vergleich und abstraktem Prozeßbeendigungsvertrag (Lehre vom »Doppeltatbestand«) *Baumgärtel*, Wesen und Begriff der Prozeßhandlung einer Partei im Zivilprozeß, 1957, S. 194 ff.; *Holzhammer*, Festschr. f. Schima, 1969, S. 217; MüKo/*Wolfsteiner*, § 794 Rdn. 34 ff.; *Tempel*, Festschr. f. Schiedermair, 1976, S. 517.
3 *Rosenberg/Schwab/Gottwald*, § 131 III 1 c.
4 BGH, NJW 1952, 786; NJW 1982, 2072 und NJW 1985, 1962; OVG Münster, VerwRspr. 1978, 376.
5 BAG, MDR 1958, 953; LG Bielefeld, MDR 1969, 218; *Rosenberg/Gaul*, § 13 II 1 b.

zeß, sind aber dennoch kein Prozeßvergleich. Gleiches gilt für Vereinbarungen in Fragen, die der Dispositionsbefugnis der Parteien entzogen sind.[6] Sie regeln weder (auch nur teilweise) das streitige Rechtsverhältnis, noch wirken sie gestalterisch auf das Verfahrensrechtsverhältnis ein, obwohl sie als gemeinsame Anregungen letztendlich nicht unerheblichen Einfluß auf die richterliche Sachentscheidung haben können.

2 **2. Notwendiger Inhalt:** § 794 Abs. 1 Nr. 1 ZPO verlangt zwingend, daß der Prozeßvergleich »zur Beilegung des Rechtsstreits seinem ganzen Umfang nach oder in betreff eines Teiles des Streitgegenstandes« abgeschlossen wurde. Vereinbarungen, die den Streitgegenstand des Verfahrens, in dem sie geschlossen wurden, nicht berühren und eine Entscheidung über diesen Streitgegenstand in vollem Umfang weiterhin notwendig machen,[7] sind daher kein Prozeßvergleich im Sinne der Vorschrift, auch wenn sie andere streitige Rechtsverhältnisse der Parteien regeln und andere Verfahren vor anderen Gerichten vermeiden oder in der Hauptsache erledigen. »Zur Beilegung des Rechtsstreits« kann auch ein Vergleich nicht mehr beitragen, der sich zwar über den Streitgegenstand und die Kosten des Rechtsstreits verhält, aber erst nach rechtskräftigem Abschluß des Verfahrens geschlossen wurde.[8] Ein solcher Vergleich ist nur noch eine materiellrechtliche Vereinbarung, aber eben kein Prozeßvertrag mehr. Haben die Parteien in einem Vergleich eine Regelung hinsichtlich des Streitgegenstandes getroffen und die Hauptsache für erledigt erklärt, ohne sich über die Kosten zu einigen, so daß über letztere nach § 91 a ZPO entschieden werden muß,[9] so ist es für den Charakter der Vereinbarung als Prozeßvergleich ohne Bedeutung, daß das Gericht in der Entscheidung über die Kosten inzident doch die für erledigt erklärte Hauptsache mitabhandeln muß. Formell ist diese nicht mehr Streitgegenstand.

3 **3. Möglicher Inhalt:** Neben den notwendigen Vereinbarungen kann ein Prozeßvergleich alle nach den allgemeinen Regeln zulässigen materiellrechtlichen und prozeßrechtlichen Regelungen sonstigen Inhalts umfassen. Er kann insbesondere auch den Streitgegenstand anderer anhängiger Verfahren sowie die Verpflichtung mitregeln, in diesen anderen Verfahren bestimmte prozeßrechtliche Erklärungen abzugeben (z. B. Klagerücknahme, übereinstimmende Erklärung der Erledigung der Hauptsache). Er kann sich auch über den Streitgegenstand bereits rechtskräftig abgeschlossener anderer

---

6 Vergl. OLG Düsseldorf, FamRZ 1979, 843, wonach die gerichtlich protokollierte Vereinbarung der Ehegatten über das Recht des nicht sorgeberechtigten Elternteils zum persönlichen Verkehr mit dem gemeinsamen Kind keinen vollstreckungsfähigen Titel schafft; a. A. OLG Koblenz, FamRZ 1978, 605.
7 Die Problematik wurde besonders deutlich im Ehescheidungsrecht vor dem 1. 7. 1977, wenn die Partner einen Scheidungsfolgenvergleich protokollieren ließen, obwohl zuvor ein Verfahren über diese Scheidungsfolgen nicht zulässig war. Zu den Lösungsversuchen dieser Problematik damals vergl. beispielhaft OLG Hamm, NJW 1968, 1241; OLG München, NJW 1968, 945; ähnlich war die Rechtslage, wenn die Parteien sich allein über die Kosten des Scheidungsverfahrens als solche verglichen hatten (zur Bedeutung einer solchen Vereinbarung heute § 93 a Abs. 1 S. 3 ZPO); beispielhaft OLG Düsseldorf, JurBüro 1971, 796; OLG München, Rpfleger 1973, 438; OLG Nürnberg, JurBüro 1961, 567; OLG Stuttgart, JurBüro 1973, 68.
8 BGHZ 15, 190.
9 Zu dieser Möglichkeit: BGH, NJW 1965, 103; *Baumbach/Lauterbach/Hartmann*, § 98 Rdn. 41; *Bonin*, S. 21; a. A. (§ 98 ZPO verdränge § 91 a ZPO) *Rosenberg/Schwab/Gottwald*, § 87 II 4.

*Weitere Vollstreckungstitel* § 794

Verfahren verhalten[10] und die Kostentragungspflicht hinsichtlich dieser Verfahren neu regeln.[11] Der Vergleich kann unter einer Bedingung abgeschlossen sein, etwa der der rechtskräftigen Scheidung der Ehe der Parteien,[12] aber auch der, daß die Vergleichssumme bis zu einem bestimmten Zeitpunkt gezahlt werden müsse, anderenfalls der Rechtsstreit fortgesetzt werde.[13] Auch die im Vergleich versprochene Leistung kann nach den allgemeinen Regeln vom Eintritt einer Bedingung[14] abhängig gemacht werden. Schließlich kann der Vergleich Regelungen beinhalten, die am Rechtsstreit nicht beteiligte Dritte begünstigen oder diese, soweit sie der Vereinbarung als Vertragspartei beigetreten sind,[15] auch verpflichten.[16] Im Vergleich können auch Rechtsgeschäfte ihre Regelung finden, die nach den allgemeinen gesetzlichen Vorschriften der notariellen Beurkundung bedürfen (z. B. § 313 BGB). Gem. § 127 a BGB ersetzt das ordnungsgemäße Vergleichsprotokoll die notarielle Form (vergl. unten Rdn. 12 a.E.).

**4. Gegenseitiges Nachgeben:** Der Gesamtinhalt der Vereinbarungen muß, damit entsprechend der Definition in § 779 Abs. 1 BGB von einem Vergleich gesprochen werden kann, erkennen lassen, daß **beide** Parteien irgendwo nachgegeben haben.[17] Das Nachgeben muß nicht beiderseits im materiellrechtlichen Bereich liegen; so kann etwa einem vollen Anerkenntnis der Klageforderung eine Teilübernahme der Kosten gegenüberstehen oder einer vollständigen Klagerücknahme ein Zugeständnis in einem Punkt, der nicht Gegenstand des Rechtsstreits war. Eine Regelung, die in allen Punkten ausschließlich zu Lasten einer Partei geht, ist kein Prozeßvergleich.

4

**5. Abschluß vor einem deutschen Gericht:** Der Vergleich muß, um Prozeßvergleich zu sein, zur (gegebenenfalls auch nur teilweisen) Beilegung eines Rechtsstreits vor einem deutschen Gericht geschlossen worden sein. Rechtsstreit in diesem Sinne sind in erster Linie die streitigen Erkenntnisverfahren vor den ordentlichen Gerichten und vor den Arbeitsgerichten (siehe §§ 54, 57 ArbGG sowie die Verweisung in § 62 Abs. 2 ArbGG), einschließlich der Verfahren auf Erlaß eines Arrestes[18] oder einer einstweiligen Verfügung oder eines vorbereitenden oder begleitenden selbständigen Beweisverfahrens (§ 492 ZPO). Der Begriff des »Rechtsstreits« ist nicht eng zu verstehen. Es genügt jedes Verfahren mit mündlicher Verhandlung mit mehreren Beteiligten, auch wenn es nicht streitig geführt wird. Dies zeigt gerade § 630 Abs. 3 ZPO, der davon aus-

5

---

10 *Bonin*, S. 19; *Rosenberg/Schwab/Gottwald*, § 131 I 5; *Stein/Jonas/Münzberg*, § 794 Rdn. 11.
11 KG, MDR 1973, 860; OLG München, NJW 1969, 2149 (mit Anm. *E. Schneider*, JurBüro 1969, 1004); *Thomas/Putzo*, § 794 Rdn. 14; a. A. KG, Rpfleger 1972, 64; LG Berlin, JurBüro 1970, 64.
12 Siehe hierzu § 726 Rdn. 5 und die Nachweise dort in Fußn. 6 und 7; ferner OLG Saarbrücken, JBl. Saar 1966, 34; LG Hamburg, Rpfleger 1965, 276; LG Saarbrücken, JurBüro 1971, 632; *Diederichsen*, NJW 1977, 655.
13 OLG Hamm, JurBüro 1970, 65.
14 Siehe hierzu § 726 Rdn. 4.
15 Zu dieser Möglichkeit unten Rdn. 18.
16 Zur Zwangsvollstreckung gegen den Vergleich beigetretene Dritte unten Rdn. 20.
17 BAG, NJW 1958, 2085; KG, MDR 1973, 417; OLG München, MDR 1985, 327; *Brox/Walker*, Rdn. 84; *Rosenberg/Schwab/Gottwald*, § 131 I 6; *Thomas/Putzo*, § 794 Rdn. 15; *Zöller/Stöber*, § 794 Rdn. 3; **a. A.** (einseitiges Nachgeben ausreichend) *Keßler*, DRiZ 1978, 79.
18 BGH, Rpfleger 1991, 260 f.

geht, daß im Rahmen der sog. einverständlichen Scheidung ein Vergleich als »vollstreckbarer Schuldtitel« über die Gegenstände des § 630 Abs. 1 Nr. 3 ZPO geschlossen werden kann.[19] »Rechtsstreit« ist auch das Zwangsvollstreckungs- und Zwangsversteigerungsverfahren,[20] so daß nicht nur in der – gegebenenfalls anberaumten – mündlichen Verhandlung vor dem Richter zur Entscheidung über eine Erinnerung nach § 766 ZPO, eine sofortige Beschwerde nach § 793 ZPO oder über Anträge nach §§ 887, 888, 890 ZPO ein Vergleich protokolliert werden kann, sondern auch in mündlichen Verhandlungen vor dem Rechtspfleger (§ 764 Abs. 3 ZPO) etwa zur Entscheidung über Anträge nach §§ 765 a, 850 b, 851 a ZPO oder über den Zuschlag nach §§ 66, 74 ZVG.[21] Auch im Verfahren der freiwilligen Gerichtsbarkeit sind, soweit die Materie selbst überhaupt einer Parteivereinbarung zugänglich ist, Prozeßvergleiche möglich.[22] »Rechtsstreit« sind schließlich auch das Adhäsionsverfahren im Strafprozeß (§§ 403 ff. StPO)[23] und das Privatklageverfahren (§§ 374 ff. StPO).[24] Da auch vor den Verwaltungsgerichten (§§ 106, 168 Abs. 1 VwGO), den Kammern für Baulandsachen[25] und den Sozialgerichten (§§ 101, 195, 199 SGG) Vergleiche möglich sind, können auch dort über den jeweiligen Streitgegenstand hinaus Prozeßvergleiche i. S. § 794 Abs. 1 Nr. 1 ZPO geschlossen werden.[26] Der Klarstellung halber erwähnt § 794 Abs. 1 Nr. 1 ZPO ausdrücklich, daß auch die gem. § 118 Abs. 1 S. 3 ZPO oder § 492 Abs. 3 ZPO zu richterlichem Protokoll[27] genommenen Vergleiche Prozeßvergleiche sind.

6 Da der »Rechtsstreit« durch den Vergleich ganz oder teilweise beigelegt werden soll, muß er vor dem Vergleichsschluß jedenfalls anhängig sein. Unerheblich ist dabei, ob das Verfahren zulässig war oder ob die Klage (der Antrag) im Falle der Entscheidung als unzulässig hätte abgewiesen werden müssen.[28] Das gilt auch, wenn das angegangene Gericht örtlich oder sachlich nicht zuständig oder der falsche Rechtsweg gewählt worden war (Klage vor dem Arbeitsgericht in einer Sache, für die der ordentliche Rechtsweg gegeben war, oder umgekehrt).

---

19 *Baumbach/Lauterbach/Albers*, § 630 Rdn. 6 f.; *Rosenberg/Gaul*, § 13 II 1 d aa; *Thomas/Putzo*, § 630 Rdn. 16.
20 *Brox/Walker*, Rdn. 85; *Esser*, Festschr. f. H. Lehmann, S. 724; *Stein/Jonas/Münzberg*, § 794 Rdn. 18; *Zöller/Stöber*, § 794 Rdn. 4.
21 *Bruns/Peters*, § 7 II 2 a.
22 BGHZ 14, 381; BayObLG, FamRZ 1968, 663; OLG Düsseldorf, VersR 1980, 721; *Brox/Walker*, Rdn. 85; *Stein/Jonas/Münzberg*, § 794 Rdn. 19; bedenklich allerdings (da insoweit wohl keine verbindliche Regelungsbefugnis) OLG Koblenz, FamRZ 1978, 605; a. A. (Prozeßvergleiche im FGG-Verfahren ausgeschlossen) OLG München, NJW 1953, 708.
23 *Brox/Walker*, Rdn. 85; *Bruns/Peters*, § 7 II 2 a; *Rosenberg/Schwab/Gottwald*, § 131 I 1; *Stein/Jonas/Münzberg*, § 794 Rdn. 19.
24 OLG Hamburg, MDR 1958, 434.
25 OLG München, MDR 1976, 150.
26 *Rosenberg/Schwab/Gottwald*, § 131 I 1.
27 »Richterliches Protokoll« liegt auch dann vor, wenn der Vorsitzende gem. § 20 Nr. 4 a RPflG den Rechtspfleger mit der Beurkundung des Vergleichs beauftragt hat.
28 *Brox/Walker*, Rdn. 85; *MüKo/Wolfsteiner*, § 794 Rdn. 47; *Rosenberg/Schwab/Gottwald*, § 131 I 2; *Stein/Jonas/Münzberg*, § 794 Rdn. 16.

*Weitere Vollstreckungstitel* § 794

6. **Prozeßrechtliche Wirksamkeitsvoraussetzungen:** Da der Prozeßvergleich auch Prozeßvertrag ist, müssen alle Voraussetzungen für eine wirksame Prozeßhandlung vor dem Gericht, vor dem der Vergleichsschluß erfolgt, erfüllt sein. Dies bedeutet insbesondere, daß die den Vergleich schließenden Parteien postulationsfähig sein müssen, sich also in Verfahren mit Anwaltszwang eines bei dem Gericht zugelassenen Anwaltes bedienen müssen,[29] und zwar nicht nur vor dem Kollegium, sondern auch vor dem Einzelrichter.[30] Der Anwaltszwang kann nicht dadurch umgangen werden, daß der Einzelrichter den Rechtsstreit an sich selbst als »beauftragten Richter« verweist;[31] denn die Beauftragung ist nur durch das Kollegium und nur in den gesetzlich vorgesehenen Fällen möglich. Geht sie demgemäß ins Leere, so bleibt der Einzelrichter das Prozeßgericht und der Anwaltszwang besteht fort. Ist der Rechtsstreit allerdings zu Recht an den beauftragten oder ersuchten Richter verwiesen worden, kann im Hinblick auf § 78 Abs. 3 ZPO auch die anwaltlich nicht vertretene Partei am Vergleichsschluß mitwirken. Der für die Parteien des Rechtsstreits geltende Anwaltszwang gilt nicht für Dritte, die förmlich dem Vergleich beitreten;[32] denn § 78 ZPO gilt nur für die Parteien des Rechtsstreits, und der beitretende Dritte beteiligt sich allein am Vergleich, nicht aber am Rechtsstreit.

7

Nach §§ 160 Abs. 3 Nr. 1, 162 Abs. 1 ZPO muß der Vergleich ins Protokoll aufgenommen, den Parteien vorgelesen oder zur Durchsicht vorgelegt bzw. bei Aufnahme auf Tonträger zur Kontrolle abgespielt worden sein. Dies und die Genehmigung durch die Parteien muß ausdrücklich im Protokoll festgehalten sein. Das Protokoll muß ferner vom Vorsitzenden und von dem Urkundsbeamten entsprechend den Regeln des § 163 ZPO unterzeichnet sein. Wird diesen Mindestanforderungen in bezug auf die Form nicht genügt, ist **kein wirksamer** Prozeßvergleich zustandegekommen.[33] Die fehlende Unterzeichnung kann allerdings mit heilender Kraft nachgeholt werden, so-

8

---

29 Ganz h. M.; siehe z. B. BGH, FamRZ 1986, 458; OLG Bremen, Rpfleger 1969, 97; OLG Celle, OLGZ 1975, 353; OLG Frankfurt, FamRZ 1987, 737; OLG Hamm, NJW 1972, 1998; Rpfleger 1975, 403; OLG Karlsruhe, Justiz 1972, 116; Rpfleger 1976, 140; OLG Köln, AnwBl. 1982, 113; OLG München, NJW 1962, 351; OLG Stuttgart, JurBüro 1976, 91; OLG Zweibrücken, JurBüro 1983, 1866; FamRZ 1985, 1071; AG Hofgeismar, FamRZ 1984, 1027.
30 BGH, FamRZ 1986, 458; *Michel*, JuS 1986, 41; MüKo/*Wolfsteiner*, § 794 Rdn. 52; *Rosenberg/Schwab/Gottwald*, § 131 III 2 g; *Thomas/Putzo*, § 794 Rdn. 12 sowie die in Fußn. 29 Genannten. A. A. zum Ehescheidungsverfahren bis zum 1. 7. 1977: OLG Celle, MDR 1967, 407, Rpfleger 1974, 319; OLG Köln, FamRZ 1973, 376; OLG Neustadt, MDR 1958, 345; LG Köln, MDR 1963, 140.
31 BGH, FamRZ 1986, 458; OLG Frankfurt, FamRZ 1987, 737.
32 BGH, NJW 1983, 1433; *Stein/Jonas/Münzberg*, § 794 Rdn. 23; *Thomas/Putzo*, § 794 Rdn. 12; *Zöller/Stöber*, § 794 Rdn. 7; siehe auch unten Rdn. 18; a. A. MüKo/*Pecher*, § 779 BGB Rdn. 52; *Rosenberg/Schwab/Gottwald*, § 131 III g; *Rosenberg/Gaul*, § 13 II 1 d bb.
33 BGHZ 14, 381 ff.; 16, 388; BAG, AP Nr. 4 zu § 794 Abs. 1 Nr. 1 ZPO; DB 1969, 1996; DB 1970, 596; KG, FamRZ 1984, 284; OLG Frankfurt, NJW 1973, 1131; OLG Hamm, JurBüro 1954, 233; OLG Köln, FamRZ 1986, 1018; FamRZ 1994, 1048; OLG Nürnberg, MDR 1960, 931; OLG Oldenburg, MDR 1958, 850; LG Braunschweig, MDR 1975, 322; LG Köln, JMBl.NW 1980, 272; für weniger Formstrenge *Vollkommer*, Rpfleger 1973, 268.

lange die Unterzeichnenden noch bei dem Gericht, vor dem der Vergleich geschlossen wurde, tätig sind.[34] Die Parteien können auf die Einhaltung der Förmlichkeiten, etwa auf das nochmalige Vorspielen des Tonträgers, nicht wirksam verzichten; die prozeßrechtlichen Wirksamkeitsvoraussetzungen sind nicht dispositiv.[35] Die Protokollierung des Vergleichs**abschlusses** wird nicht dadurch überflüssig, daß das Gericht schriftlich oder zu Protokoll den Parteien einen Vergleichs**vorschlag** gemacht hatte, den die Parteien schriftlich angenommen haben.[36] Ein solcher schriftlich angenommener Vergleichsvorschlag wird auch nicht zum Titel, wenn eine Partei wider Treu und Glauben zur späteren Protokollierung nicht mehr erscheint.[37] Schreibfehler und ähnliche offenbare Unrichtigkeiten im Vergleichstext können nach § 164 ZPO berichtigt werden. Eine die Berichtigung zulassende offenbare Unrichtigkeit liegt aber nicht vor, wenn einer Partei in ihren eigenen Unterlagen bei Errechnung der Vergleichssumme ein Additionsfehler oder ähnliches unterlaufen ist, so daß ein »falscher« Betrag protokolliert wurde.[38]

9   Kein Wirksamkeitserfordernis eines formgültigen Prozeßvergleiches ist es, daß das Gericht, zu dessen Protokoll er aufgenommen wurde, vorschriftsmäßig besetzt war,[39] wenn nur ein dem äußeren Anschein nach vollständiger Spruchkörper anwesend war (kein wirksamer Vergleich vor nur zwei anwesenden Mitgliedern einer Zivilkammer). Der Vergleich ist auch nicht deshalb unwirksam, weil an der Protokollierung ein Richter mitgewirkt hat, der vom Richteramt in dieser Sache gem. § 41 ZPO ausgeschlossen war,[40] da die Protokollierung mit einer Entscheidung in der Sache nicht vergleichbar ist. Drängt ein in dieser Weise betroffener Richter allerdings auf einen Vergleichsabschluß, wird der Vergleich anfechtbar.[41]

10  **7. Materiellrechtliche Wirksamkeitsvoraussetzungen:** Da der Prozeßvergleich auch privatrechtlicher Vertrag ist, gelten insoweit die allgemeinen Regeln des materiellen Rechts über den wirksamen Vertragsschluß. Vereinbarungen, die gegen ein gesetzliches Verbot verstoßen (§ 134 BGB),[42] sind ebenso nichtig, wie solche, die die guten Sitten verletzen (§ 138 BGB),[43] oder die auf eine objektiv unmögliche Leistung gerichtet

---

34 OLG Stuttgart, Rpfleger 1976, 257 mit Anm. *Vollkommer; Baumbach/Lauterbach/Hartmann*, § 163 Rdn. 2.
35 OLG Frankfurt, FamRZ 1980, 907; *Schüler*, DGVZ 1982, 73.
36 OLG Hamburg, MDR 1965, 200; OVG Lüneburg, NJW 1978, 1543; **a. A.** OLG Celle, NJW 1965, 1970; LAG Schleswig-Holstein, BB 1965, 688.
37 A.A. LAG Schleswig-Holstein, BB 1965, 688.
38 OLG Frankfurt, MDR 1986, 152.
39 BGHZ 35, 309 mit Anm. *Baumgärtel* in ZZP 1963 (76), 215; BAG, DB 1969, 1996; *Stein/Jonas/Münzberg*, § 794 Rdn. 26; a. A. *H. Lehmann*, Der Prozeßvergleich, S. 211.
40 Wie hier *Stein/Jonas/Münzberg*, § 794 Rdn. 2; a. A. *Bonin*, S. 96; *Rosenberg/Schwab/Gottwald*, § 131 IV 1 a; offengelassen, aber wohl mehr *Rosenberg* zuneigend, BGHZ 35, 309, 314.
41 Die unsachliche, weil durch Eigeninteressen beeinflußte Einwirkung auf die Parteien ist der Drohung gegenüber den Parteien (vergl. BGH, DB 1966, 1645) gleichzusetzen. Zur Vergleichsanfechtung siehe unten Rdn. 14.
42 Etwa eine unzulässige Marktaufteilung in Wettbewerbsprozessen, BGH, NJW 1976, 194, oder ein unentgeltlicher Unterhaltsverzicht für die Zukunft (entgegen § 1614 Abs. 1 BGB), OLG Hamm, FamRZ 1981, 869.
43 BGHZ 51, 141; OLG Zweibrücken, FamRZ 1983, 930.

sind (§ 306 BGB).⁴⁴ Die auf den Vertragsschluß gerichteten Willenserklärungen sind nach den Regeln der §§ 119 ff. BGB wegen Willensmangels anfechtbar, wobei hinsichtlich der bei Vergleichsschluß tätigen Vertreter § 166 BGB zu beachten ist.⁴⁵ Für das anfängliche Fehlen der Geschäftsgrundlage enthält § 779 BGB eine Sonderregelung, die auch für den Prozeßvergleich gilt.⁴⁶ Bedarf ein Vertrag zu seiner Wirksamkeit nach materiellem Recht der Genehmigung einer Behörde (etwa nach § 3 WährG) oder des Vormundschaftsgerichts (etwa nach §§ 1821, 1822 BGB), so ist eine entsprechende Regelung im Prozeßvergleich erforderlich.

**8. Prozeßvergleich unter Widerrufsvorbehalt:** Es ist grundsätzlich möglich, den Prozeßvergleich unter dem Vorbehalt zugunsten einer oder beider Parteien zu schließen, daß er bis zum Ablauf einer bestimmten Frist widerrufen werden kann. Ein solcher Vorbehalt ist im Regelfall als eine aufschiebende Bedingung für die Wirksamkeit des Vergleichs⁴⁷ anzusehen. Die im Vergleich vereinbarte Widerrufsfrist beginnt bereits am Tage nach dem Vergleichsabschluß (§ 222 ZPO i.V.m. § 187 Abs. 1 BGB) zu laufen, nicht erst mit dem Zugang des Terminsprotokolls bei der Partei oder ihrem Bevollmächtigten.⁴⁸ Für den Fristablauf gelten, wenn nicht ausdrücklich etwas anderes vereinbart ist, die allgemeinen Regeln (§ 193 BGB). Fällt der Ablauf der Frist für den Widerruf also auf einen Sonnabend, so endet im Zweifel die Frist erst am nächsten Werktag.⁴⁹ Da es sich um eine vertraglich vereinbarte Frist handelt, kann sie nicht durch das Gericht verlängert werden.⁵⁰ Dagegen ist nach ganz h. M. eine außergerichtliche Verlängerung der Frist durch Vereinbarung der Parteien möglich,⁵¹ obwohl eine solche Vereinbarung als Abänderung des Prozeßvergleichs der prozeßrechtlich notwendigen Form (oben Rdn. 8) ermangelt. Eine Wiedereinsetzung in den vorigen Stand bei Fristversäumnis ist nicht möglich,⁵² da dies auf eine gerichtliche Vertragsänderung hinausliefe. Eine Anfechtung der Nichtausübung des Widerrufsrechts scheidet aus.⁵³ Die Parteien sind frei, im Vergleich festzulegen, in welcher Form der Widerruf zu erklären ist und wo die Erklärung eingehen soll. Ist keine Form bestimmt, so kommt auch ein telefonischer Widerruf in Betracht.⁵⁴ Ist nicht festgelegt, wo der Widerspruch eingehen soll, so genügt ein Eingang innerhalb der Frist sowohl bei Gericht als auch beim Gegner. Soll der Widerruf schriftlich gegenüber dem Gericht erklärt werden, so

---

44 Allgem. Meinung; BGH, NJW 1983, 2034; WM 1985, 673; BAG, MDR 1960, 1043; OLG Bamberg, JurBüro 1987, 1796.
45 LAG Frankfurt, BB 1970, 670.
46 Einzelheiten BGH, NJW 1986, 1348.
47 Ganz h. M.; BGHZ 46, 277; BGH, NJW 1984, 312; NJW-RR 1989, 1214, 1215; *Stein/Jonas/Münzberg*, § 794 Rdn. 61 f.
48 OLG Schleswig, NJW-RR 1987, 1022.
49 BGH, BB 1978, 1340.
50 BAG, DB 1978, 1181.
51 MüKo/*Wolfsteiner*, § 794 Rdn. 74; *Rosenberg/Schwab/Gottwald*, § 131 III 2 i; *Stein/Jonas/Münzberg*, § 794 Rdn. 66; *Thomas/Putzo*, § 794 Rdn. 23; **anders** 1. Aufl.
52 BGHZ 61, 394; JR 1955, 179; BAG, NJW 1978, 1876; LAG Schleswig-Holstein, BB 1969, 1481; OLG Hamm, NJW-RR 1992, 121; a. A. *Säcker*, NJW 1967, 1117.
53 OLG Celle, BB 1969, 1291.
54 BAG, MDR 1960, 708.

genügt es, wenn die Widerrufsschrift vor Ablauf des Tages in den Nachtbriefkasten geworfen[55] oder sonst in die Verfügungsgewalt des Gerichts gebracht wird.[56] Es kommt nicht darauf an, wann der Schriftsatz dann zu den Akten des jeweiligen Rechtsstreits gelangt. Die Parteien können aber auch detailliertere Anordnungen treffen: Soll der Schriftsatz bei einem konkreten Spruchkörper des Gerichts an einem bestimmten Ort eingehen, dann genügt es nicht, daß er bei einer anderen Dienststelle dieses Gerichts an einem anderen Ort eingeht[57] oder bei einer zentralen Postannahmestelle mehrerer Justizbehörden.[58] Soll er bis zu einer bestimmten Zeit auf der Geschäftsstelle eines Gerichts »abgegeben« werden, dann genügt kein Einwurf in den allgemeinen Gerichtsbriefkasten, wenn der Schriftsatz die vereinbarte Geschäftsstelle erst später erreicht. Eine so enge Auslegung kommt aber nur in Betracht, wenn die Parteien ihren entsprechenden Willen zweifelsfrei zum Ausdruck gebracht haben. In Zweifelsfällen ist immer anzunehmen, daß ein Eingang bei Gericht ausreichen soll. Der Widerruf kann nur von der Partei erklärt werden, der er im Vergleich auch vorbehalten wurde. Der von dem gemeinsamen Prozeßbevollmächtigten mehrerer Miterben als Gesamtschuldner oder Gesamtgläubiger ohne deren Kenntnis geschlossene Vergleich mit Widerrufsvorbehalt ist, wenn sich im Einzelfall nichts Gegenteiliges aus den Gesamtumständen ergibt, dahin auszulegen, daß jeder einzelne berechtigt ist, den Vergleich innerhalb der gesetzten Frist zu widerrufen und daß der Vergleich nur wirksam zustandekommt, wenn keiner von diesem Widerrufsrecht Gebrauch macht.[59]

Besteht vor dem Gericht Anwaltszwang, so kann der Widerruf nur von einem bei dem Gericht zugelassenen vertretungsberechtigten Prozeßbevollmächtigten, nicht aber von der Partei persönlich widerrufen werden.[60]

Der Widerruf des Prozeßvergleichs wirkt endgültig. Er kann nicht seinerseits prozeßrechtlich wirksam widerrufen werden.[61] Die Parteien müssen den Vergleich, wenn sie ihn als Titel nachträglich doch aufrechterhalten wollen, erneut formgerecht protokollieren lassen.[62]

12 **9. Wirkungen des Prozeßvergleichs:** Der wirksame Prozeßvergleich beendet (ganz oder teilweise) die Rechtshängigkeit des Rechtsstreits, in dem er abgeschlossen wurde.[63] Er läßt vorausgegangene, noch nicht rechtskräftige Urteile wirkungslos werden, wenn nicht ausdrücklich anderes vereinbart ist.[64] Soweit er auch Gegenstände re-

---

55 BVerfGE 52, 209; 60, 246; BGH, NJW 1980, 1752.
56 BAG, NJW 1986, 1373.
57 BGH, NJW 1980, 1753.
58 LAG München, NJW 1988, 439.
59 BGHZ 46, 277.
60 LAG Baden-Württemberg, DB 1976, 203; MüKo/*Wolfsteiner,* § 794 Rdn. 72.
61 BGH, BB 1953, 368.
62 BGH, NJW 1982, 2072; *Stein/Jonas/Münzberg,* § 794 Rdn. 67.
63 BGHZ 41, 311; BAG, BB 1982, 368; *Bonin,* S. 82 ff.; MüKo/*Wolfsteiner,* § 794 Rdn. 80; *Pecher,* ZZP 1984, 144; *Rosenberg/Schwab/Gottwald,* § 131 II 2; *Stein/Jonas/Münzberg,* § 794 Rdn. 3 und 31.
64 BGH, MDR 1964, 313; NJW 1969, 1481; MüKo/*Wolfsteiner,* § 794 Rdn. 82; *Stein/Jonas/Münzberg,* § 794 Rdn. 31; *Zöller/Stöber,* § 794 Rdn. 13; vergl. allerdings OLG Hamm, NJW 1988, 1988.

gelt, über die bereits rechtskräftig entschieden ist, wirkt er allerdings nicht unmittelbar auf das rechtskräftige Urteil und die Zwangsvollstreckung aus diesem ein. Er ist einer Entscheidung i. S. des § 775 Nr. 1 ZPO nicht gleichzusetzen,[65] sondern kann nur gegebenenfalls nach § 775 Nr. 4 ZPO Bedeutung erlangen. Im übrigen muß er über § 767 ZPO durchgesetzt werden. Die bedeutsamste prozessuale Wirkung des Prozeßvergleichs aber ist, daß er, sofern er einen vollstreckungsfähigen Inhalt hat, einen Vollstreckungstitel bildet.[66]

Soweit in gesetzlichen Vorschriften an das Vorliegen einer rechtskräftigen Entscheidung angeknüpft wird, ist dieser dem bestandskräftigen Prozeßvergleich **nicht** gleichzusetzen.[67] Materiellrechtlich begründet der Vergleich die in ihm geregelten Verpflichtungen und führt die in ihm durch Verfügungsgeschäft ausgesprochenen Rechtsänderungen (z. B. Forderungsübergang durch Abtretung, Erlöschen einer Forderung durch Verzicht) herbei. Der gerichtliche Prozeßvergleich[68] ersetzt gem. § 127 a BGB die für ein Rechtsgeschäft vorgeschriebene notarielle Beurkundung.[69] Für die Auflassungserklärung ist dies in § 925 Abs. 1 S. 3 BGB noch zusätzlich klargestellt. Wegen § 925 Abs. 2 BGB kann die Auflassung aber nicht in einem Widerrufsvergleich erklärt werden.[70] In einem solchen Fall kann nur die schuldrechtliche Verpflichtung zur Abgabe der Auflassungserklärung aufgenommen werden. Die Erklärung selbst muß dann nach Ablauf der Widerrufsfrist notariell beurkundet werden.

10. **Auswirkung prozessualer und materiellrechtlicher Mängel:** Werden die prozessualen Mindestvoraussetzungen (oben Rdn. 7, 8) nicht eingehalten, ist der gesamte Prozeßvergleich nichtig,[71] wenn die Parteien nicht ausnahmsweise zu erkennen gegeben haben, daß sie die materiellrechtliche Vereinbarung unabhängig vom Eintritt der prozeßrechtlichen Wirkungen des Vergleiches in jedem Falle treffen wollten.[72] An eine solche Annahme sind strenge Anforderungen zu stellen; denn sie betrifft eine seltene Ausnahme. Leidet die materiellrechtliche Vereinbarung an Mängeln, die ihre ursprüngliche Nichtigkeit zur Folge haben (etwa nach §§ 134, 138, 306 BGB), so sind auch die

13

---

65 Siehe auch § 775 Rdn. 7.
66 Einzelheiten unten Rdn. 19.
67 BGH, NJW-RR 1986, 22; OLG Frankfurt, OLGZ 1974, 358.
68 Str., ob dies nur für die ordentlichen Gerichte und Arbeitsgerichte auf dem Gebiet der streitigen und der freiwilligen Gerichtsbarkeit gilt (so die überwiegende Meinung; vergl. die Nachweise bei *Walchshöfer*, NJW 1973, 1102 und *Palandt/Bassenge*, § 925 Rdn. 7) oder auch für die Strafgerichte (so OLG Stuttgart, NJW 1964, 110) und die Verwaltungsgerichte. Mit *Walchshöfer*, a.a.O., ist der h. M. zu widersprechen. §§ 127 a, 925 Abs. 1 BGB differenzieren nicht zwischen den Gerichtsbarkeiten. In Betracht kommt also jeder Prozeßvergleich.
69 BGH, Rpfleger 1991, 260, 261.
70 H. M.; BGH, NJW 1988, 415; OLG Celle, DNotZ 1957, 660; *Jauernig*, § 925 BGB Anm. 2 c; *Palandt/Bassenge*, § 925 BGB Rdn. 16; *Walchshöfer*, NJW 1973, 1102 ff.; a. A. *Soergel/Baur*, § 925 BGB Rdn. 39.
71 BGHZ 28, 171; 41, 310; 51, 141; NJW 1983, 2034; OLG Köln, FamRZ 1994, 1048; *Bonin*, S. 96; *Rosenberg/Schwab/Gottwald*, § 131 IV 1 a; *Stein/Jonas/Münzberg*, § 794 Rdn. 47; *Zöller/Stöber*, § 794 Rdn. 15.
72 BGH, NJW 1982, 2072 und NJW 1985, 1962.

prozeßrechtlichen Wirkungen des Vergleichs nie eingetreten,[73] die Rechtshängigkeit war also nie beendet,[74] ein in der Sache vorliegendes nicht rechtskräftiges Urteil hat seine Wirkung nie verloren. Der unwirksame, aber formell ordnungsgemäße Vergleich behält allerdings zunächst den Schein eines Vollstreckungstitels.[75] Das gleiche gilt, wenn die Vereinbarung nach §§ 119 ff. BGB mit der Folge des § 142 Abs. 1 BGB angefochten wird[76] oder wenn der materiellrechtliche Vergleich nach § 779 Abs. 1 BGB von Anfang an unwirksam war, weil der nach seinem Inhalt als feststehend zugrundegelegte Sachverhalt nicht der Wirklichkeit entsprach und die durch den Vergleich beseitigte Ungewißheit bei Kenntnis der wahren Sachlage nicht entstanden wäre.[77] In allen vorgenannten Fällen wirkt sich die Doppelnatur des Vergleichs dahin aus, daß das einheitliche Rechtsgebilde »Prozeßvergleich« nicht zur Entstehung gelangt bzw. rückwirkend als von Anfang an nicht zur Entstehung gelangt angesehen wird. War der Vergleich aber einmal auch aus der Rückschau wirksam zustandegekommen und treten dann Umstände auf, die den materiellrechtlichen Vertrag nicht mehr als durchführbar erscheinen lassen (Rücktritt nach §§ 326 f. BGB, Wegfall der Geschäftsgrundlage, Aufhebungsvertrag aufgrund nachträglichen beiderseitigen Desinteresses), so kann nicht das gleiche gelten: Es steht nicht im Belieben der Parteien, wirksame Prozeßhandlungen zurückzunehmen. Der einmal wirksam beendete Prozeß bleibt beendet und kann nicht einfach fortgesetzt werden.[78] Die Doppelnatur des Prozeßvergleichs verlangt hier auch keine Ausnahme; denn im Falle des Rücktritts und des Wegfalls der Geschäftsgrundlage besteht der materiellrechtliche Vertrag fort, wenn auch mit verändertem Inhalt (Rückgewährschuldverhältnis bzw. angepaßtes Schuldverhältnis), im Falle des Aufhebungsvertrages fällt er lediglich ex nunc weg. Der Titel (Prozeßvergleich) gibt dann die sich aus der neuen Rechtslage ergebenden Ansprüche des Gläubigers nicht mehr richtig wieder, und der Gläubiger muß sich über seine neuen (oder ursprüngli-

---

73 BGH, NJW 1985, 1962; OLG Zweibrücken, FamRZ 1984, 930; *Bonin*, S. 97; *Pecher*, ZZP 1984, 150 ff.; *Rosenberg/Schwab/Gottwald*, § 131 IV 1 a; *Zöller/Stöber*, § 774 Rdn. 15.
74 A. A. aber BGH, NJW 1959, 532 und DB 1978, 2314 (die Rechtshängigkeit sei zunächst entfallen und könne nur später wieder aufleben).
75 Einzelheiten unten Rdn. 14.
76 BGH, WM 1985, 673; BAG, AP Nr. 8 zu § 794 Abs. 1 Nr. 1 ZPO; OLG Bamberg, JurBüro 1987, 1796.
77 Zur Abgrenzung des Sachverhaltsirrtums gem. § 779 BGB vom reinen Rechtsirrtum OLG Hamm, ZIP 1980, 1104.
78 Wie hier für alle drei genannten Fälle BGHZ 16, 388; 41, 310; NJW 1966, 1658; NJW 1977, 583; NJW 1986, 1348; für den Fall des Wegfalls der Geschäftsgrundlage wie hier auch BAG, DB 1969, 1658; SAE 1971, 62; für den Fall des Aufhebungsvertrages auch BSG, NJW 1963, 2292; BVerwG, DÖV 1962, 423; a. A. für den gesetzlichen Rücktritt BAGE 3, 43; 4, 84; NJW 1956, 1215; *Lüke*, JuS 1965, 482; *Rosenberg/Gaul*, § 13 II 1 c; *Rosenberg/Schwab/Gottwald*, § 131 IV 3 b; *Zöller/Stöber*, § 794 Rdn. 15; a. A. für den Fall des Wegfalls der Geschäftsgrundlage LG Braunschweig, NJW 1976, 1748; *Rosenberg/Schwab/Gottwald*, § 131 IV 5; *Zöller/Stöber*, § 794 Rdn. 15; a. A. für den Fall des Aufhebungsvertrages BAGE 8, 228; 9, 172; NJW 1983, 2212; *Lüke*, JuS 1965, 482; *Rosenberg/Schwab/Gottwald*, § 131 IV 4. Siehe zur Problematik auch § 767 Rdn. 26.

chen) Ansprüche auf dem gewöhnlichen Wege gegebenenfalls einen neuen Titel besorgen,[79] wie er es etwa nach einer Klagerücknahme auch müßte.

**11. Geltendmachung prozessualer und materiellrechtlicher Mängel:** Die Nichtigkeit 14
des Prozeßvergleichs von Anfang an, sei es aufgrund ursprünglicher (prozessualer oder materiellrechtlicher) Nichtigkeitsgründe, einer erfolgreichen Anfechtung (§ 142 BGB) oder infolge rechtzeitiger, formgerechter Ausübung des vorbehaltenen Widerrufsrechts, müssen der Gläubiger und der Schuldner durch Fortsetzung des alten Prozesses geltend machen,[80] und zwar der Gläubiger durch Weiterverfolgung seiner ursprünglichen Anträge,[81] der Schuldner durch Weiterverfolgung seines Klageabweisungsbegehrens. Er hat daneben nicht die Wahl, auch Klage nach § 767 ZPO zu erheben, da die Rechtshängigkeit des alten Prozesses fortbesteht und der Vergleich nur dem äußeren Schein nach ein wirksamer Titel ist.[82] Will der Gläubiger den Prozeß fortsetzen, während der Schuldner den Vergleich für wirksam hält, so ist die Klage als unzulässig abzuweisen, wenn der Vergleich wirksam ist. In der Sache ist zu entscheiden, wenn sich die Nichtigkeit des Vergleichs bestätigt. Will dagegen der Schuldner den Prozeß fortsetzen, während der Gläubiger auf der Wirksamkeit des Vergleichs beharrt, so ist durch Urteil festzustellen, daß der Rechtsstreit durch den Vergleich wirksam beendet ist,[83] wenn die Nichtigkeitsgründe nicht durchgreifen. Über die ursprüngliche Klage ist in der Sache zu entscheiden, wenn der Vergleich unwirksam ist. Will der Schuldner dagegen geltend machen, daß aus dem ursprünglich wirksam geschlossenen Vergleich wegen Rücktritts nach §§ 326 f. BGB, wegen Wegfalls der Geschäftsgrundlage oder nach einem Aufhebungsvertrag nicht mehr weiter vollstreckt werden könne, muß er insoweit Vollstreckungsgegenklage nach § 767 ZPO erheben. Er kann nicht den alten Prozeß wieder aufnehmen, da dieser wirksam abgeschlossen bleibt.[84] § 767 ZPO ist auch der richtige Weg für den Schuldner, Streitigkeiten über die Auslegung des Prozeßvergleichs zu klären,[85] falls Leistungen aus dem Vergleichstitel von ihm verlangt werden, die er nicht zu schul-

---

79 Zur Verteidigung des Schuldners gegen die weitere Zwangsvollstreckung aus dem Vergleich siehe unten Rdn. 14 und § 767 Rdn. 26.
80 Siehe Fußn. 70, 72, 75; ferner BGH, WM 1956, 1184; WM 1957, 851; MDR 1958, 915; MDR 1969, 460; WM 1985, 673; BAG, AP Nr. 1 zu § 794 Abs. 1 Nr. 1 ZPO; AP Nr. 3 und 8 zu § 794 Abs. 1 Nr. 1 ZPO; NJW 1960, 2211; DB 1961, 748; DB 1982, 500; BayObLG, WE 1991, 199; OLG Düsseldorf, NJW 1958, 1354; OLG Köln, MDR 1968, 332; LAG Bremen, VersR 1965, 296; siehe ferner: § 767 Rdn. 26. A. A. für den Fall, daß der Vergleich eine Folgesache in einem Scheidungsverfahren betrifft (nach Rechtskraft des Scheidungsurteils müsse die Nichtigkeit des Vergleiches mit einer neuen Klage geltend gemacht werden) OLG Frankfurt, FamRZ 1990, 178.
81 Er kann sie dann nach den allgemeinen Regeln ändern, teilweise zurücknehmen usw.
82 Siehe § 767 Fußn. 111.
83 BAG, MDR 1982, 526; *Bonin*, S. 109 f.; *Rosenberg/Schwab/Gottwald*, § 131 IV 1 b; zu den dogmatischen Erklärungsversuchen dieses Feststellungsurteils vergl. *Pecher*, ZZP 1984, 154 ff.; zur Möglichkeit eines Zwischenfeststellungsurteils *Pecher*, a.a.O., 168.
84 BGH, Warn. 1970 Nr. 290; siehe ferner § 767 Fußn. 112–115.
85 BGH, Rpfleger 1977, 99.

den meint. Die Auslegung des Vergleichs zur Frage, welche Kosten die Parteien übernommen haben, erfolgt allerdings im Kostenfestsetzungsverfahren.[86]

§ 767 Abs. 2 ZPO gilt für Vollstreckungsgegenklagen gegen eine im Prozeßvergleich titulierte Forderung nicht.[87]

15 Weder die Fortsetzung des alten Verfahrens noch eine Vollstreckungsgegenklage kommen in Betracht, wenn die anfängliche Nichtigkeit eines in einem Eilverfahren (§§ 916, 935, 940 ZPO) nicht nur den Verfügungs-(Arrest-)anspruch, sondern darüber hinaus auch die Hauptsache erledigenden Prozeßvergleichs aus Gründen, die die Regelung in der Hauptsache betreffen, geltend gemacht werden soll. Eine solche Überprüfung würde den Zweck des Eilverfahrens unterlaufen.[88] Will der Antragsteller die Nichtigkeit geltend machen, muß er Hauptsacheklage erheben; will der Antragsgegner die Vergleichsnichtigkeit überprüfen lassen, geht dies nur im Wege der negativen Feststellungsklage.

Macht derjenige, der die Wirksamkeit des Vergleichs bestreitet, keine Anstalten, die Frage gerichtlich klären zu lassen, so kann der Gegner selbständige Klage auf Feststellung der Wirksamkeit des Vergleichs erheben.[89] Das Feststellungsinteresse entfällt, wenn der andere dann doch noch (je nach Einwand) den alten Prozeß fortsetzt oder Vollstreckungsabwehrklage erhebt. Der Gläubiger schließlich, der glaubt, trotz einer im Vergleich enthaltenen allgemeinen Ausgleichsklausel[90] noch Ansprüche gegen den Schuldner geltend machen zu dürfen, muß die allgemeine Leistungsklage erheben. Innerhalb der Begründetheitsprüfung erfolgt dann die Vergleichsauslegung.

16 Wird ein durch Prozeßvergleich abgeschlossener Rechtsstreit wegen Nichtigkeit des Vergleichs aufgenommen, so kann das Gericht auf Antrag die **einstweilige Einstellung** der Zwangsvollstreckung aus dem Vergleich anordnen (§ 707 ZPO analog).[91] Im Rahmen von Klagen nach § 767 ZPO können einstweilige Regelungen gem. § 769 ZPO ergehen.

17 Soll gegenüber einem regelmäßige Unterhaltsansprüche oder sonstige Rentenansprüche titulierenden Vergleich geltend gemacht werden, die den Anspruch bestimmenden Verhältnisse hätten sich in der Folgezeit wesentlich verändert, muß Abänderungsklage nach § 323 ZPO erhoben werden.[92] § 323 Abs. 4 ZPO stellt die Zulässigkeit der Abänderungsklage ausdrücklich klar. Die Abänderungsklage kann gem. § 323 Abs. 3 ZPO im Erfolgsfalle nur zu einer Abänderung ab dem Zeitpunkt der Rechtshängigkeit führen. Für die Zeit davor kann im Einzelfall eine auf § 826 BGB gestützte Klage auf Un-

---

86 OLG Frankfurt, MDR 1963, 423; OLG Hamburg, JurBüro 1977, 562; OLG Koblenz, VersR 1980, 586; OLG München, MDR 1982, 760.
87 Siehe § 767 Rdn. 34.
88 OLG Hamm, MDR 1980, 1019; OLG Köln, MDR 1971, 671.
89 OLG Frankfurt, MDR 1975, 584.
90 Zur Auslegung einer solchen Klausel BAG, JZ 1973, 103; DB 1978, 2083; *Michel*, JuS 1986, 43.
91 OLG Düsseldorf, MDR 1974, 52.
92 BGH, FamRZ 1963, 558; OLG Celle, VersR 1969, 546; OLG Hamburg, FamRZ 1982, 1322.

terlassung der Zwangsvollstreckung Erfolg haben, wenn arglistig Umstände verschleiert wurden, die eine frühere Klage gerechtfertigt hätten.[93]

12. **Beteiligung Dritter am Vergleich:** Dritte können in mehrfacher Weise durch den Vergleich betroffen sein: Er kann seinem Inhalt nach als Vertrag zugunsten Dritter am Rechtsstreit und am Vergleichsschluß nicht beteiligte Personen begünstigen (§§ 328 ff. BGB). Die Dritten können aber auch neben den Parteien des Rechtsstreits unmittelbare Vertragspartei des Vergleichs sein; sie können sich einer Partei oder beiden gegenüber zu einer Leistung verpflichten. Sie können aber auch unmittelbare Ansprüche gegen die Parteien erwerben, wenn sich die Parteien ihnen gegenüber, nicht nur der anderen Prozeßpartei gegenüber, unmittelbar zur Leistung verpflichten. Eine besondere Form der Drittbegünstigung enthält § 1629 Abs. 3 BGB: Während des Getrenntlebens und der Zeit des Scheidungsrechtsstreits können die Eltern Unterhaltsansprüche der Kinder gegen den anderen Elternteil nur im eigenen Namen geltend machen; entsprechend schließen sie in diesem Verfahren einen Unterhaltsvergleich im eigenen Namen. Ein solcher Vergleich wirkt dennoch unmittelbar für und gegen das Kind. Wollen die Parteien und die Dritten abgesehen vom Fall des § 1629 Abs. 3 BGB erreichen, daß der Vergleich auch Vollstreckungstitel[94] für oder gegen den Dritten ist, so muß der Dritte im Termin dem Vergleich förmlich beitreten[95], und es muß im Vergleichstext hinreichend deutlich gesagt werden, wem der Dritte was schulden soll[96] oder von wem er was verlangen können soll. Der Beitritt muß ausdrücklich protokolliert sein. Es ist zweckmäßig, aber keine Wirksamkeitsvoraussetzung, den Dritten auch in das Rubrum des Vergleichs aufzunehmen, damit bei der Klauselerteilung und im Rahmen des § 750 ZPO keine Schwierigkeiten auftreten. Da der Dritte durch den Beitritt nur Partei des Vergleichsabschlusses, aber nicht Partei des Rechtsstreits wird, muß er auch im Anwaltsprozeß beim Beitritt nicht anwaltlich vertreten sein.[97] § 78 Abs. 1 ZPO stellt nur auf die Parteien des Rechtsstreits ab. Die ohne anwaltliche Vertretung beitretende Partei muß selbstverständlich partei- und prozeßfähig sein. Das gilt auch, soweit die Partei durch den Vergleich lediglich einen rechtlichen Vorteil erwerben soll. Für den anwaltlich nicht vertretenen Dritten hat das Gericht eine besondere Obhutspflicht. Es sollte ihn auf das Risiko eines Vergleichsbeitritts ohne vorherige anwaltliche Beratung hinweisen. Da der Dritte nicht Partei des Rechtsstreits ist, wirkt sich die Nichtigkeit seines Beitritts in prozessualer und materiellrechtlicher Hinsicht nicht unmittelbar auf den Vergleich zwischen den Prozeßparteien aus. Wenn die Parteien den alten Rechtsstreit wieder aufnehmen wollen, ist vielmehr zu prüfen, ob die Nichtigkeitsgründe auch im Verhältnis der Prozeßparteien untereinander vorliegen. Der Dritte kann, wenn er nicht schon Streitgenosse des Rechtsstreits war, das alte Verfahren **nie**

---

93 Einzelheiten siehe Anh. § 767; vergl. ferner BGH, MDR 1953, 155; JR 1960, 60 mit Anm. *Bökelmann.*
94 Zum Vergleich als Vollstreckungstitel im einzelnen siehe unten Rdn. 20.
95 BGH, FamRZ 1980, 342; OLG Celle, NJW 1966, 1367 mit Anm. *Kion*, NJW 1966, 2021 und Anm. *Jauernig*, JZ 1967, 29; OLG Hamm, JMBl.NW 1959, 137; KG, NJW 1973, 2032; OLG München, NJW 1957, 1367; FamRZ 1976, 639; OLG Stuttgart, Rpfleger 1979, 145; LG Berlin, FamRZ 1973, 98.
96 OLG Köln, Rpfleger 1985, 305.
97 Siehe die Nachweise in Fußn. 32.

von sich aus aufnehmen. Er kann **seine** Einwendungen gegen den Vergleich nur, soweit er Gläubiger ist, mit einer eigenständigen Leistungsklage, und, soweit er Schuldner ist, mit der Vollstreckungsgegenklage (§ 767 ZPO) geltend machen.

19  13. **Prozeßvergleich als Vollstreckungstitel:** Der wirksame Prozeßvergleich ist, soweit er einen vollstreckungsfähigen Inhalt hat, Vollstreckungstitel. Ob die versprochene Leistung generell vollstreckbar ist und ob sie ihrem Inhalt nach so genau umschrieben ist, daß dem für alle Titel geltenden Bestimmtheitserfordernis[98] genügt ist, richtet sich nach den allgemeinen Auslegungsregeln.[99] Verpflichtet sich beispielsweise eine Partei, »über einen freiwillig gezahlten Betrag hinaus« eine weitere Zahlung zu leisten, ist regelmäßig davon auszugehen, daß nicht der Gesamtanspruch, sondern nur der ursprünglich streitige, im Prozeßvergleich ausgehandelte »Spitzenbetrag« tituliert werden soll.[100] Auch beim Vergleich muß sich der genaue Umfang des zu vollstreckenden Anspruchs grundsätzlich aus dem Titel selbst und nicht aus sonstigen beizuziehenden Urkunden oder Unterlagen ergeben.[101] Wie bei jedem Titel muß auch beim Vergleich der Anspruch selbst und nicht nur eine Anspruchsgrundlage für mögliche künftige Ansprüche festgelegt sein. Deshalb ist etwa ein Vergleich, in dem die Verpflichtung zur Zahlung einer Vertragsstrafe für ein bestimmtes Verhalten übernommen worden ist, kein zur Zwangsvollstreckung geeigneter Titel,[102] da sich aus ihm nicht ergibt, ob und unter welchen Umständen die Vertragsstrafe auch verwirkt wurde.[103] Andererseits darf bei der Auslegung des Vergleichs nicht kleinlich am Wortlaut festgehalten werden. Vielmehr reicht es aus, wenn sich aus Sinn und Zusammenhang eine bestimmte und damit vollstreckungsfähige Leistungspflicht ergibt.[104]

Ein Kostenvergleich ist selbst noch kein Vollstreckungstitel, sondern nur die Festsetzungsgrundlage für einen späteren Kostenfestsetzungsbeschluß. Er braucht deshalb auch noch nicht seinerseits dem Bestimmtheitserfordernis zu genügen. So ist etwa im Verfahren der einstweiligen Verfügung ein Kostenvergleich des Inhalts möglich, daß sich die Kostenverteilung nach der künftigen Entscheidung in der Hauptsache richten solle. Die Kostenfestsetzung kommt dann allerdings erst nach Rechtskraft der Hauptsache in Betracht.[105] Da sich die Vollstreckbarkeit eines Prozeßvergleichs nicht auf das Verhältnis der Prozeßgegner zueinander beschränkt, kann auch eine im Vergleich ge-

---

98 Siehe insoweit Vor §§ 704–707 Rdn. 6–8.
99 Vor §§ 704–707 Rdn. 6.
100 BGH, Rpfleger 1993, 454.
101 Beispielhaft OLG Braunschweig, FamRZ 1979, 928; OLG Hamm, NJW 1974, 652; OLG Karlsruhe, OLGZ 1984, 341; OLG Koblenz, OLGZ 1976, 380; LG Berlin, Rpfleger 1974, 29; LG Köln, JurBüro 1976, 254; einschränkend für den Fall, daß die in bezug genommenen Schriftstücke dem Vergleichsprotokoll nach Maßgabe des § 160 V ZPO beigefügt sind: OLG Zweibrücken, MDR 1985, 84.
102 OLG Hamburg, MDR 1985, 584.
103 Unrichtig deshalb OLG Frankfurt, Rpfleger 1975, 326.
104 BGH, Rpfleger 1991, 260, 261 (Anerkenntnis einer Teilforderung im Vergleich mit Unterwerfung unter die sofortige Zwangsvollstreckung reicht aus).
105 KG, Rpfleger 1979, 388.

troffene Kostenregelung der Streitgenossen untereinander Grundlage der Kostenfestsetzung sein.[106]

Für und gegen Dritte, die nicht Prozeßpartei gewesen sind, ist der Vergleich nur dann Vollstreckungstitel, wenn sie ihm förmlich beigetreten sind[107] oder wenn im Einzelfall die Voraussetzungen der Titelumschreibung nach §§ 727 ff. ZPO vorliegen. Die bloße Begünstigung im Titel, auch wenn sie mit einem eigenen Forderungsrecht verbunden ist (§ 328 Abs. 1 BGB), reicht nicht aus.[108] Eine Ausnahme gilt für die von den Eltern im eigenen Namen gem. § 1629 Abs. 3 BGB geschlossenen Unterhaltsvergleiche. Sie bilden für die begünstigten Kinder nach Beendigung der Ehesache einen unmittelbaren Vollstreckungstitel,[109] ohne daß es einer Titelumschreibung bedarf (Klauselerteilung also nach §§ 724, 725 ZPO). Streitig ist, ob auch die Eltern aus derartigen Vergleichen den Kindesunterhalt im eigenen Namen nach Abschluß der Ehesache weitervollstrecken dürfen.[110] Die Frage ist zu verneinen.[111] § 1629 Abs. 3 BGB will nur verhindern, daß die Kinder in den Scheidungsrechtsstreit hineingezogen werden. Die Vorschrift will aber nicht den sorgeberechtigten Elternteil nach Abschluß des Verfahrens weiter begünstigen. Für zwei Gläubiger nebeneinander besteht zudem kein praktisches Bedürfnis.

20

Obwohl der Prozeßvergleich ein vollwertiger Vollstreckungstitel ist, so daß einer Klage auf die aus dem Vergleich geschuldete Leistung regelmäßig das Rechtsschutzinteresse fehlt, macht der Bundesgerichtshof[112] eine Ausnahme, wenn es sich bei der geschuldeten Leistung um die **Abgabe einer Willenserklärung** handelt. Der Vergleich müßte, da er einem der Rechtskraft fähigen Urteil, auf das allein § 894 ZPO zugeschnitten ist,[113] nicht vergleichbar ist, nach § 888 ZPO vollstreckt werden. Dieser Weg ist langwierig und in seinem Erfolg ungewiß. Ein Urteil führt über § 894 ZPO dagegen schnell und sicher ans Ziel. Dieser Rechtsprechung ist trotz der Bedenken gegen das Vorliegen zweier Titel über den nämlichen Anspruch aus praktischen Erwägungen zuzustimmen. Der Schuldner erscheint hier nicht schutzwürdig, da er die geschuldete Willenserklärung jederzeit abgeben kann. Er ist mit einem gutwilligen zahlungsunfähigen Schuldner nicht vergleichbar.

21

---

106 OLG Köln, JurBüro 1993, 356.
107 Siehe auch Vor §§ 724–734 Fußn. 17 sowie oben Rdn. 18; wie hier auch *Baumbach/Lauterbach/Hartmann*, § 794 Rdn. 9; MüKo/*Wolfsteiner*, § 794 Rdn. 103; *Rosenberg/Schwab/Gottwald*, § 131 I 4; Stein/Jonas/*Münzberg*, § 794 Rdn. 36; Zöller/*Stöber*, § 794 Rdn. 6.
108 A. A. *Baur/Stürner*, Rdn. 16.9; Stein/Jonas/*Münzberg*, § 794 Rdn. 36.
109 OLG Frankfurt, FamRZ 1983, 1268; OLG Hamburg, FamRZ 1985, 624; AG Berlin-Charlottenburg, FamRZ 1984, 506; *Brox/Walker*, Rdn. 85; Zöller/*Stöber*, § 794 Rdn. 6.
110 So OLG Hamburg, FamRZ 1984, 927; KG, FamRZ 1984, 505; LG Düsseldorf, FamRZ 1986, 87; vergl. auch OLG Hamm, FamRZ 1992, 843; OLG Oldenburg, FamRZ 1992, 844; OLG Schleswig, FamRZ 1990, 189; Palandt/*Diederichsen*, § 1629 BGB Rdn. 35 (»bis zur Volljährigkeit des Kindes«).
111 Ebenso die in Fußn. 109 Genannten.
112 BGH, NJW 1986, 2704; siehe auch schon KG, FamRZ 1969, 214.
113 Einzelheiten § 894 Rdn. 1.

22   14. **Sonstige Vergleiche im Rahmen von Abs. 1 Nr. 1:** Den vor Gericht abgeschlossenen Prozeßvergleichen sind die vor einer durch die Landesjustizverwaltung eingerichteten Gütestelle[114] gleichgestellt.[115] Näheres zur Vollstreckung aus diesen Vergleichen regelt § 797 a ZPO. Die hier angesprochenen Gütestellen sind nicht zu verwechseln mit den »Güteverfahren in bürgerlichen Rechtsstreitigkeiten« nach den – weitgehend ähnlichen – Schiedsmannsordnungen der Länder.[116] Die dort geschlossenen Vergleiche sind landesrechtliche Vollstreckungstitel nach § 801 ZPO. Sie sind etwa in § 32 Abs. 2 SchO NW und in § 36 Abs. 2 HessSchAG hinsichtlich der Zwangsvollstreckung den notariellen Urkunden gleichgestellt. Den in Abs. 1 Nr. 1 genannten staatlichen Gütestellen sind dagegen die von den Landesregierungen bei den Industrie- und Handelskammern errichteten Einigungsstellen nach § 27 a UWG[117] zur Beilegung von bürgerlichen Streitigkeiten aus dem UWG und dem RabattG (§ 13 RabattG) gleichgestellt. Auch für die vor diesen Stellen geschlossenen Vergleiche gilt § 797 a ZPO (§ 27 a Abs. 7 UWG).

23   15. **Außergerichtliche Vergleiche im übrigen:** Privatrechtliche Vergleiche, die die Parteien außerhalb eines gerichtlichen Verfahrens, wenn auch zur Beilegung eines anhängigen Rechtsstreits, geschlossen haben, wirken nicht unmittelbar auf den schwebenden Rechtsstreit ein.[118] Sie beenden nie ohne zusätzliche prozessuale Erklärungen (Klagerücknahme, Rechtsmittelrücknahme, Erledigungserklärung) automatisch die Rechtshängigkeit.[119] Hat eine Partei sich außergerichtlich zur Klagerücknahme oder zur Erledigungserklärung hinsichtlich der Hauptsache verpflichtet, so wird allerdings die Fortsetzung des Rechtsstreits unstatthaft.[120] Die Klage muß als nunmehr unzulässig abgewiesen werden. Haben die Parteien im außergerichtlichen Vergleich eine Kostenregelung vereinbart, schließt dies den Antrag auf gerichtliche Kostenentscheidung nach § 91 a ZPO aus.[121] Gleiches gilt für einen Antrag nach §§ 269 Abs. 3, 515 Abs. 3 ZPO, wenn die Parteien nicht nur die Klage-(Rechtsmittel-)Rücknahme, sondern gleichzeitig eine verbindliche Kostenregelung vereinbart haben.[122] Der außergerichtliche Vergleich ist kein Vollstreckungstitel, die in ihm getroffene Kostenregelung keine Grundlage für

---

114 Zum Für und Wider der Errichtung solcher Gütestellen siehe *Hendel*, RuP 1977, 9 sowie *Zugehör*, DRiZ 1984, 467.
115 Gütestellen dieser Art sind u. a. eingerichtet in München, Hamburg, Lübeck, Dortmund und Düsseldorf; Näheres: *Baumbach/Lauterbach/Hartmann*, § 794 Rdn. 4 sowie JMBl.NW 1989, 97 f. Zu den badisch-württembergischen Friedensgerichten vergl. LG Heidelberg, MDR 1961, 776.
116 Vergl. etwa die Schiedsmannsordnung für das Land Nordrhein-Westfalen vom 10. 3. 1970 i.d.F. vom 5. 7. 1983 (GV NW 1983, 236) und das hessische Schiedsamtsgesetz vom 23.3.1994 (GVBl. II, 29–4.).
117 Zu den DVOen der einzelnen Bundesländer insoweit siehe *Baumbach/Hefermehl*, Wettbewerbsrecht, 17. Aufl., § 27 a UWG Rdn. 2.
118 BGH, JZ 1964, 257; BAG, NJW 1963, 1469; NJW 1973, 918; LAG Düsseldorf, JurBüro 1993, 165; LAG Hamm, DB 1971, 972; *Rosenberg/Schwab/Gottwald*, § 131 VI 2; *Stein/Jonas/Münzberg*, § 794 Rdn. 68; *Zöller/Stöber*, § 794 Rdn. 17.
119 A. A. OLG Oldenburg, JZ 1958, 279; *MüKo/Wolfsteiner*, § 794 Rdn. 40.
120 *Rosenberg/Schwab/Gottwald*, § 131 VI 2.
121 BGH, JR 1970, 464; OLG Hamm, NJW 1976, 147.
122 BGH, MDR 1961, 219; KG, MDR 1979, 677.

eine Kostenfestsetzung nach §§ 103 ff. ZPO. Ruht der Rechtsstreit nur aufgrund des außergerichtlichen Vergleichs und erfüllt der Beklagte die im Vergleich vereinbarten Verpflichtungen nicht, kann der Kläger nach Fortsetzung des Rechtsstreits im Rahmen der §§ 263, 264 ZPO die Klage auf die Vergleichsansprüche umstellen.

**III. Der Kostenfestsetzungsbeschluß als Vollstreckungstitel (Nr. 2):** Das Urteil oder der sonstige eine Kostenentscheidung enthaltende Titel regeln die Kostentragungspflicht und die Kostenerstattungsansprüche nur dem Grunde nach. Die Höhe der zu erstattenden Kosten legt dann erst im Verfahren nach §§ 103 ff. ZPO der Rechtspfleger (§ 21 Abs. 1 Nr. 1 RPflG) im Kostenfestsetzungsbeschluß fest. Der Kostenfestsetzungsbeschluß wird in der Regel als isolierte Entscheidung ausgefertigt. Liegen die Voraussetzungen des § 105 ZPO vor, kann der Festsetzungsbeschluß auch auf die Ausfertigung des Urteils oder sonstigen gerichtlichen Titels gesetzt werden. Eine zusätzliche isolierte Ausfertigung erfolgt dann nicht. Der nach § 105 ZPO ausgefertigte Festsetzungsbeschluß bedarf zur Vollstreckung keiner eigenen Vollstreckungsklausel, wenn der Titel, auf dem er sich befindet, vollstreckbar ausgefertigt ist (§ 795 a ZPO). Aus einem isoliert ausgefertigten Kostenfestsetzungsbeschluß darf die Zwangsvollstreckung erst beginnen, wenn der Beschluß mindestens eine Woche vorher zugestellt ist (§ 798 ZPO). Für eine Vorpfändung (§ 845 ZPO) gilt dies allerdings nicht.[123] Ist der Titel, zu dessen Kosten sich der Festsetzungsbeschluß verhält, nur gegen Sicherheitsleistung vorläufig vollstreckbar, muß die im Titel genannte Sicherheitsleistung auch vor Vollstreckung des Kostenfestsetzungsbeschlusses nachgewiesen werden.[124] Es empfiehlt sich deshalb, bei anderen Verurteilungen als zu Geldleistungen (bei denen Hauptleistung und Kosten leicht auseinandergerechnet werden können) im Tenor die Sicherheitsleistung für die Hauptsache und für die Kosten getrennt auszuwerfen, damit gegebenenfalls eine isolierte Vollstreckung wegen der Kosten nach Sicherheitsleistung in vertretbarer Höhe ermöglicht wird.

Wegen der Vollstreckungsgegenklage gegen Kostenfestsetzungsbeschlüsse siehe § 767 Rdn. 28 und 33.

Kostenfestsetzungsbeschlüsse verlieren ohne weiteres ihre Wirksamkeit und damit auch ihre Funktion als Vollstreckungstitel, wenn der Titel, auf dem sie beruhen, aufgehoben worden ist (z. B. in der Rechtsmittelinstanz oder im Wiederaufnahmeverfahren). Zur Geltendmachung dieses Einwandes bedarf es keines eigenen Rechtsbehelfs, sondern nur der Vorlage der aufhebenden Entscheidung gegenüber dem Vollstreckungsorgan.

Die Vorschriften für isoliert ausgefertigte Kostenfestsetzungsbeschlüsse gelten gem. § 19 Abs. 2 S. 4 BRAGO entsprechend für Festsetzungsbeschlüsse, die der Rechtsanwalt gegen die eigene Partei erwirkt hat. Sie sind von einem Grundtitel nebst Kostenentscheidung und Entscheidung über eine Sicherheitsleistung unabhängig.

**IV. Regelunterhaltsfestsetzungsbeschlüsse (Nr. 2 a):** Es handelt sich um die nach einem Urteil nach § 642 ZPO vom Rechtspfleger (§ 20 Nr. 11 RPflG) im Verfahren nach §§ 642 a–642 d, 643 Abs. 2 ZPO erlassenen Beschlüsse. Ist das Grundurteil (§ 642 ZPO) nur gegen Sicherheit vorläufig vollstreckbar, gilt dies auch für die nachfolgenden

---

[123] KG, Rpfleger 1981, 240; OLG Düsseldorf, NJW 1975, 2210; *Münzberg*, DGVZ 1979, 164.
[124] Allgem. Meinung; vergl. *Rosenberg/Gaul*, § 13 III 3; *Zöller/Stöber*, § 794 Rdn. 18.

Beschlüsse nach § 642 a ZPO. In diesem Fall ist die Sicherungsvollstreckung nach § 720 a ZPO gem. § 795 S. 2 ZPO möglich. Vor der Vollstreckung ist die Wartefrist des § 798 ZPO zu beachten.

Die Beschlüsse bedürfen nach den allgemeinen Regeln der vollstreckbaren Ausfertigung (§§ 724 ff. ZPO).

26 **V. Unterhaltsabänderungsbeschlüsse (Nr. 2 b):** Es handelt sich um die Beschlüsse des Rechtspflegers (§ 20 Nr. 10 RPflG) nach § 641 p ZPO im Verfahren nach §§ 641 l ff. ZPO. Sie bedürfen nach den allgemeinen Regeln der vollstreckbaren Ausfertigung (§§ 724 ff. ZPO). Vor Beginn der Zwangsvollstreckung muß die Wartefrist des § 798 a ZPO abgewartet werden. Sie ist auf die Monatsfrist des § 641 a Abs. 3 ZPO abgestimmt.

27 **VI. Beschwerdefähige Beschlüsse (Nr. 3):** Nach dem Sinn der Vorschrift fallen unter Nr. 3 alle Entscheidungen, die nach ihrem Inhalt – ohne Rücksicht auf den Streitwert – mit der **Beschwerde der ZPO** anfechtbar wären, wenn die erste Instanz sie erlassen hätte und der Beschwerdewert erreicht wäre.[125] Es gibt keinen vernünftigen Grund, die letztinstanzlichen oder nach § 567 Abs. 2 und 3 ZPO unangreifbaren Beschlüsse nicht unmittelbar vollstrecken zu lassen.

Vollstreckungstitel nach Nr. 3 sind insbesondere die Beschlüsse nach §§ 99 Abs. 2, 109 Abs. 2, 135 Abs. 2, 519 b ZPO, §§ 380, 390, 409, 613 Abs. 2 ZPO (soweit in diesen Beschlüssen Kostenerstattungsansprüche der Parteien tituliert sind[126]), §§ 732, 766, 793, 830 Abs. 1, 836 Abs. 3, 887 ZPO (hinsichtlich des Kostenvorschusses für die Ersatzvornahme und der sonstigen Anordnungen zur Sicherung der Durchführung der Ersatzvornahme), § 890 ZPO (als Grundlage zur Kostenfestsetzung), §§ 82, 93 ZVG, 108 Abs. 1, 109 KO[127] (als Herausgabetitel für den Verwalter gegen den Gemeinschuldner[128]) sowie die Sequestrationsanordnung nach § 106 Abs. 1 S. 2 KO (als Herausgabetitel des Sequesters gegen den Schuldner[129]).

Die Entscheidungen nach § 620 S. 1 Nr. 1, 3 und § 620 b i. V. m. § 620 S. 1 Nr. 1, 3 ZPO sind nach der ausdrücklichen Regelung in § 794 Nr. 3, 2. Halbs. ZPO, die durch das UÄndG vom 20. 2. 1986[130] eingefügt wurde, kein Vollstreckungstitel i. S. der ZPO; sie werden nach § 33 FGG vollstreckt. Durch diese Gesetzesänderung ist ein jahrelanger Streit in der Rechtsprechung beendet worden.[131]

---

125 Ganz h. M.; *Baumbach/Lauterbach/Hartmann*, § 794 Rdn. 15; *Brox/Walker*, Rdn. 95; *Bruns/Peters*, § 7 II 1 c; MüKo/*Wolfsteiner*, § 794 Rdn. 117; *Rosenberg/Gaul*, § 13 II 2; *Stein/Jonas/Münzberg*, § 794 Rdn. 79; *Thomas/Putzo*, § 794 Rdn. 43; *Zöller/Stöber*, § 794 Rdn. 21.
126 Hinsichtlich des Ordnungsgeldes siehe unten Rdn. 28.
127 Ab 1.1.1999: §§ 27, 34 Abs. 2 InsO.
128 BGHZ 12, 389; NJW 1962, 1392; LG Düsseldorf, KTS 1957, 143 und 1963, 190; *Kilger/K. Schmidt*, § 117 KO Anm. 2 m. zahlr. w. Nachw.
129 Dazu *Lohkemper*, ZIP 1995, 1641, 1642 ff. (auch zu dem ab 1.1.1999 geltenden § 21 Abs. 2 InsO, S. 1649).
130 BGBl. I 301.
131 Zum früheren Streit beispielhaft einerseits (§ 883 ZPO) OLG Hamm, MDR 1979, 322; OLG München, FamRZ 1979, 317; OLG Oldenburg, FamRZ 1978, 911; andererseits (§ 33 FGG) BGH, NJW 1983, 2775; OLG Hamm, FamRZ 1985, 86; OLG Köln, FamRZ 1982, 508.

*Weitere Vollstreckungstitel* § 794

Die der Staatskasse aufgrund von Entscheidungen nach §§ 141 Abs. 3, 380, 390 Abs. 1, 409 Abs. 1, 613 Abs. 2, 890 ZPO zustehenden Ordnungsgelder und die nach § 888 ZPO verwirkten Zwangsgelder werden nicht unmittelbar nach dem 8. Buch der ZPO vollstreckt, sondern nach § 1 Abs. 1 Nr. 3 JBeitrO eingezogen, wobei allerdings nach § 6 JBeitrO die Vorschriften der ZPO weitgehend entsprechende Anwendung finden. Seinem Charakter nach handelt es sich um ein besonderes Verwaltungszwangsverfahren.[132]

28

**VII. Einstweilige Anordnungen in Unterhalts- und Ehesachen (Nr. 3 a):** Die ausdrückliche Erwähnung der einstweiligen Anordnungen nach den §§ 127 a, 620 S. 1 Nr. 4–9, 621 f ZPO dient mehr der Klarstellung im Hinblick auf die vorausgegangenen Nummern, da ein Teil dieser Anordnungen unanfechtbar ist. § 929 Abs. 1 ZPO ist auf diese einstweiligen Anordnungen nicht entsprechend anwendbar. Sie benötigen also immer eine Vollstreckungsklausel.[133]

29

**VIII. Vollstreckungsbescheide (Nr. 4):** Der Vollstreckungsbescheid gem. § 699 ZPO wird im Mahnverfahren (§§ 688 ff. ZPO) vom Rechtspfleger erlassen (§ 20 Nr. 1 RPflG) und steht gem. § 700 Abs. 1 ZPO einem vorläufig vollstreckbaren Versäumnisurteil gleich. Er bedarf zur Vollstreckung nur ausnahmsweise, nämlich in den Fällen der §§ 727–729, 738, 742, 744, 749 ZPO, einer Vollstreckungsklausel (§ 796 Abs. 1 ZPO). Zuständig ist dann das Amtsgericht, das den Mahnbescheid erlassen hat.[134] Zur Möglichkeit, der Zwangsvollstreckung aus einem unanfechtbaren Vollstreckungsbescheid mit einem Unterlassungsanspruch gem. § 826 BGB entgegenzutreten, siehe Anh. § 767 ZPO Rdn. 2–4.

30

**IX. Für vollstreckbar erklärte Schiedssprüche, Schiedsvergleiche und außergerichtliche Anwaltsvergleiche (Nr. 4 a):** Schiedssprüche und Schiedsvergleiche, die ein schiedsrichterliches Verfahren (§§ 1025 ff. ZPO) abschließen, sind nicht unmittelbar Vollstreckungstitel, sondern erst nach Vollstreckbarerklärung durch das staatliche Gericht (§§ 1042 ff., 1044 a ZPO). Der Vollstreckungsbeschluß, der gemäß § 1042 c ZPO für vorläufig vollstreckbar erklärt oder der schon rechtskräftig geworden ist, bzw. das Vollstreckungsurteil (§§ 1042 a Abs. 1 S. 2, 1042 c Abs. 2 ZPO) bilden dann im eigentlichen Sinne den Titel.[135] Wie ein schiedsrichterlicher Vergleich ist nach § 1044 b Abs. 1 ZPO ein außergerichtlicher, privatschriftlicher Vergleich zu behandeln, den alle beteiligten Parteien und deren Rechtsanwälte (Anwaltszwang!) unterschrieben haben und in dem sich der Schuldner der sofortigen Zwangsvollstreckung unterworfen hat. Er ist also mit einer Vollstreckbarerklärung nach § 1044 a ZPO ein vollwertiger Vollstreckungstitel. Nach § 1044 b Abs. 2 ZPO kann ein solcher Vergleich mit Zustimmung der Parteien statt vom Gericht auch von einem Notar in Verwahrung genommen

31

---

132 *Rosenberg/Gaul*, § 4 III.
133 Siehe Vor §§ 724–734 Rdn. 4.
134 BGH, ZIP 1993, 1729, 1730; OLG Hamm, Rpfleger 1994, 30; a. A. OLG Koblenz, Rpfleger 1994, 307 (Zuständigkeit des im Streitverfahren zuständigen Gerichts) m. ablehnender Anm. *Hintzen*.
135 *Schwab/Walter*, Schiedsgerichtsbarkeit, Kap. 26 I.

und für vollstreckbar erklärt werden. Für seinen Inhalt gelten nicht die Beschränkungen des § 794 Abs. 1 Nr. 5 ZPO. Er kann also auch andere Ansprüche als Zahlungsansprüche vollstreckbar regeln. Das gilt z. B. für Herausgabeansprüche, allerdings wegen § 1025 a ZPO nicht für solche auf Wohnraum, wenn nicht ein Fall des § 556 a Abs. 8 BGB (Vermietung zum vorübergehenden Gebrauch) vorliegt. Wie der Schiedsvergleich ersetzt auch der Anwaltsvergleich nicht die im Einzelfall vom materiellen Recht geforderte notarielle Beurkundung. Sie muß gegebenenfalls zusätzlich erfolgen.

32  X. Die vollstreckbare Urkunde (Nr. 5):

1. **Aufnahme vor einem deutschen Gericht oder Notar:** Es muß sich um Urkunden handeln, die von einem deutschen Gericht oder von einem deutschen Notar innerhalb der Grenzen seiner Amtsbefugnisse in der vorgeschriebenen Form aufgenommen sind. Seit dem 1. 1. 1970 (vergl. § 71 BeurkG) sind gerichtliche Beurkundungen von Ansprüchen nur noch im Rahmen des § 62 BeurkG zulässig, also die Beurkundung der Verpflichtung zur Erfüllung von Unterhaltsansprüchen eines nichtehelichen Kindes (oder zur Leistung einer anstelle des Unterhalts zu gewährenden Abfindung) sowie die Beurkundung der Verpflichtung zur Erfüllung von Ansprüchen einer Frau nach den §§ 1615 k und 1615 l BGB (Entbindungskosten und Unterhalt). Von diesen Ausnahmefällen abgesehen fallen unter Nr. 5 praktisch nur noch notarielle Urkunden. Die »vorgeschriebene Form« ist die notarielle Protokollierung nach §§ 8 ff. BeurkG. Die grundsätzliche Zuständigkeit des Notars zur Beurkundung ergibt sich aus §§ 1, 2 BNotO. Ob der Notar die Beurkundung innerhalb seines Amtsbezirks (§§ 10, 11 Abs. 1 BNotO) vorgenommen hat, ist für die Wirksamkeit der Beurkundung ohne Belang (§§ 11 Abs. 3 BNotO, 2 BeurkG), im Rahmen der Vollstreckung aus einer solchen Urkunde also auch nicht zu prüfen.

33  Gem. § 60 Abs. 1 KJHG ist Nr. 5 entsprechend anzuwenden auf die Vollstreckung der vom Jugendamt nach § 59 Abs. 1 Nr. 3, 4 KJHG aufgenommenen Urkunden. Aufgrund landesgesetzlicher Regelung (z. B. § 32 Abs. 2 der Schiedsmannsordnung in NRW, § 36 Abs. 2 des Hess. SchAG) werden auch die vor einem Schiedsmann geschlossenen Vergleiche im Hinblick auf die Zwangsvollstreckung wie notarielle Urkunden behandelt.[136]

34  2. **Anspruch auf Zahlung einer bestimmten Geldsumme:**

a) **Sonstige Ansprüche nach geltendem Recht:** Die Urkunde muß über einen Anspruch errichtet sein, der die Zahlung einer bestimmten Geldsumme oder die Leistung einer bestimmten Menge anderer vertretbarer Sachen oder Wertpapiere zum Gegenstand hat. Dagegen kann die Verpflichtung zur Räumung eines Grundstücks oder einer Wohnung nicht in notarieller Urkunde mit der Wirkung erklärt werden, daß hieraus unmittelbar die Zwangsvollstreckung zulässig wäre.[137] Der auf Duldung der Zwangsvollstreckung wegen einer bestimmten Geldsumme gerichtete Anspruch aus einer

---

136 Siehe oben Rdn. 22.
137 LG Koblenz, DGVZ 1982, 120.

Hypothek, einer Grundschuld, einer Rentenschuld oder einer Schiffshypothek wird dagegen wie ein Zahlungsanspruch behandelt (Nr. 5 S. 2).

b) **Sonstige Ansprüche nach der 2. Zwangsvollstreckungsnovelle:** Nach dem Gesetzentwurf des Bundesrates vom 27.1.1995 (2. Zwangsvollstreckungsnovelle)[138] soll die Vollstreckung aus notariellen Urkunden i.S.v. § 794 Abs. 1 Nr. 5 ZPO nicht nur wegen Ansprüchen auf Zahlung einer bestimmten Geldsumme oder Leistung einer bestimmten Menge vertretbarer Sachen, sondern wegen jedes Anspruches möglich sein, »der einer vergleichsweisen Regelung zugänglich, nicht auf Abgabe einer Willenserklärung gerichtet ist und nicht den Bestand eines Mietverhältnisses über Wohnraum betrifft«. Durch diese Erweiterung des § 794 Abs. 1 Nr. 5 ZPO auf grundsätzlich alle vollstreckungsfähigen Ansprüche sollen die Gerichte von Erkenntnisverfahren zum Zwecke der Titelverschaffung entlastet werden. Außerdem trägt diese Änderung zur Waffengleichheit der Parteien bei, weil nach der derzeitigen Regelung nur eine von zwei Vertragsparteien, die einen auf Geldzahlung gerichteten Anspruch hat, unmittelbar aus der Urkunde vollstrecken kann.[139] Es ist vorgesehen, daß die Neufassung nur für solche Urkunden anzuwenden ist, die nach dem Inkrafttreten der Änderung errichtet werden (Art. 3 Abs. 4 der Überleitungsvorschriften).

34a

c) **Hinreichende Bestimmtheit des Anspruches:** Hinsichtlich der Bestimmtheit des Zahlungs- bzw. Leistungsanspruchs gelten zunächst die allgemeinen Grundsätze wie für Urteile und sonstige Titel auch.[140] Danach ist der Anspruch bestimmt, wenn er entweder im Titel betragsmäßig festgelegt ist oder wenn er sich aus dem Titel selbst ohne weiteres errechnen läßt.[141] Dieses Erfordernis gilt auch, wenn in der Urkunde zulässigerweise[142] ein künftiger, zur Zeit der Errichtung noch nicht entstandener oder ein aufschiebend bedingter Anspruch tituliert ist. Die Bestimmtheit ist demgemäß zu verneinen, wenn die Urkunde nur auf eine mögliche, nicht schon im Betrag festliegende Forderung lautet, wie im Falle der Höchstbetragshypothek (§ 1190 BGB).[143] Ist in einer solchen Urkunde ein bestimmter Teilbetrag etwa als Mindestbetrag schon festgeschrieben, ist die Vollstreckung dieses bestimmten Teiles aus der Urkunde allerdings möglich.[144] Ein ähnliches Problem stellt sich bei Urkunden, die über Rentenleistungen mit einer Gleitklausel errichtet sind. Soll die Rente der Entwicklung eines bestimmten Beamtengehaltes, bestimmten Preissteigerungen oder ähnlichen Entwicklungen ange-

35

---

138 BT-Drucks. 13/314, S. 5.
139 BT-Drucks. 13/314, S. 11, 20.
140 Siehe: Vor §§ 704–707 Rdn. 6–8.
141 BGHZ 22, 54; WM 1981, 189; NJW 1983, 2262; siehe auch BGH, LM Nr. 22 zu § 794 Abs. 1 Ziff. 5 ZPO mit Anm. *Walker;* NJW 1996, 2165 f.
142 BGH, NJW 1980, 1050; NJW 1981, 2756; OLG Frankfurt, Rpfleger 1981, 59; *Wolfsteiner,* Die vollstreckbare Urkunde, Rdn. 29.1 ff.
143 BGH, NJW 1983, 2262; BayObLGZ 4, 196; OLG Frankfurt, Rpfleger 1977, 220; a. A. LG Osnabrück, JurBüro 1956, 150.
144 BGH, DNotZ 1971, 233.

paßt werden, ist die Vollstreckung unmittelbar aus der Urkunde nur wegen des bezifferten Grundbetrages möglich, nicht wegen der Steigerungsraten.[145] Denn der Steigerungsbetrag ergibt sich weder betragsmäßig aus der Urkunde noch läßt er sich allein aus der Urkunde errechnen. Es bedarf der Berücksichtigung anderweitiger Veröffentlichungen, oft auch noch der Klärung strittiger Rechtsfragen, etwa hinsichtlich der Berücksichtigung einmaliger Leistungen bei der Feststellung eines Beamtengehaltes. Vollstreckungsrechtlich zu unbestimmt ist auch die Bindung einer Unterhaltsverpflichtung an die »jeweils gültige Düsseldorfer Tabelle«.[146] Auch hier ist nur der konkret ausgewiesene Ausgangsbetrag aus der Urkunde unmittelbar vollstreckbar. Differenziert werden muß bei der Vereinbarung eines Höchstzinssatzes »... bis zu ... %«. Setzt dieser Zinssatz sich aus verschiedenen Zinsansprüchen, die teils bedingt, teils unbedingt sind, zusammen, nennt die Urkunde die Bedingungen für die Entstehung der bedingten Ansprüche zweifelsfrei und sind die bedingten Ansprüche für den Fall ihrer Entstehung genau beziffert, so ist der Zinsanspruch insgesamt der Höhe nach bestimmt,[147] und zwar sowohl für den Fall des Nichteintritts der Bedingung als auch für den Fall des Bedingungseintritts. Steht der Anspruch dagegen der Höhe nach noch nicht fest, soll er sich erst aus außerhalb der Urkunde liegenden Umständen errechnen lassen, ist der Anspruch vollstreckungsrechtlich zumindest dann nicht ausreichend bestimmt, wenn die exakte Leistungsbestimmung durchaus schon in der notariellen Urkunde möglich war;[148] denn es ist nicht die Aufgabe des Vollstreckungsorgans, die Anspruchshöhe durch eine zeitraubende Hinzuziehung außerurkundlicher Daten zu berechnen, wenn dies die Parteien bei Erwirken des Titels ohne weiteres selbst hätten vornehmen können. Das gilt allerdings nicht für den Fall, daß nur der Beginn des Zinslaufes vom Eintritt von Umständen, die sich nicht allein mit der Urkunde selbst nachweisen lassen (z. B. Verzinsung einer Grundschuld ab dem Tag der Eintragung dieser Grundschuld im Grundbuch), abhängt.[149] Hier genügt zur Vollstreckung der Nachweis der Eintragung durch öffentliche Urkunde.

36 d) **Maßgeblichkeit der Bezeichnung des Anspruches im Titel:** Bei der Frage der hinreichenden Bestimmtheit des Anspruchs ist allein auf die Benennung im Titel, nicht auf den tatsächlichen materiellrechtlichen Anspruch zur Zeit der Urkundenerrichtung abzustellen. Deshalb ist die Urkunde in der gebotenen Weise bestimmt, wenn der Schuldner in sie ohne Rücksicht auf die zur Zeit der Urkundenerrichtung noch nicht feststehende Höhe seiner Verbindlichkeit zum Zwecke der Zwangsvollstreckung einfach eine

---

145 Vergl. BGHZ 22, 54; OLG Celle, JurBüro 1979, 276 mit Anm. *Mümmler;* OLG Nürnberg, NJW 1957, 1286; LG Essen, NJW 1972, 2050; LG Stuttgart, DNotZ 1972, 671; LG Wiesbaden, DGVZ 1972, 59; AG Darmstadt, DGVZ 1980, 173; a. A. LG Göttingen, DNotZ 1972, 671.
146 OLG Koblenz, FamRZ 1987, 1291.
147 BGH, WM 1971, 165; NJW 1983, 2262; a. A. OLG Stuttgart, DNotZ 1983, 52.
148 Vergl. OLG Düsseldorf, OLGZ 1980, 339; OLG Köln, VersR 1993, 1505; weitergehend BGH, LM Nr. 22 zu § 794 Abs. 1 Ziff. 5 ZPO m. krit. Anm. *Walker* = Rpfleger 1995, 366 m. Anm. *Münzberg*. Entgegen KG, DNotZ 1983, 681, kann in einem solchen Fall die Bestimmung des Anspruchs der Höhe nach auch nicht dem Verfahren nach § 726 ZPO überlassen werden.
149 OLG Stuttgart, Rpfleger 1973, 222.

bestimmte (etwa von ihm geschätzte) Summe aufnehmen läßt.[150] Der Schuldner muß in einem solchen Fall gegebenenfalls später mit der Klage nach § 767 ZPO geltend machen, daß der Anspruch nie in der ausgewiesenen Höhe entstanden ist.[151]

3. **Bestimmtheit von Gläubiger und Schuldner:** Wie bei jedem anderen Titel müssen in der Urkunde ein bestimmter Gläubiger und ein bestimmter Schuldner genannt sein.[152] Diesem Erfordernis genügt nicht die Erklärung eines Grundstückseigentümers, er wolle gegenüber dem in der Urkunde noch nicht namentlich bezeichneten künftigen Inhaber der durch die Urkunde bestellten Grundschuld persönlich haftbar sein, und er unterwerfe sich wegen dieser persönlichen Schuld der sofortigen Zwangsvollstreckung.[153] Nicht zu verwechseln ist hiermit die in § 800 ZPO geregelte Möglichkeit, daß der Eigentümer eines Grundstücks nicht nur sich selbst, sondern auch jeden künftigen Eigentümer des Grundstücks der sofortigen Zwangsvollstreckung aus der Urkunde unterwirft. Hier stehen der ursprüngliche Schuldner aus dem Titel und seine Rechtsnachfolge fest.

37

4. **Rechtsgrundlage für den Anspruch:** Der in der vollstreckbaren Urkunde titulierte Zahlungsanspruch kann sowohl aus einem konkreten Schuldverhältnis (z. B. Kaufvertrag, Miete, Werkvertrag usw.) als auch aus einem abstrakten Schuldanerkenntnis herrühren. Ist ein bestimmter Anspruch aus einem konkret bezeichneten Schuldverhältnis tituliert, so kann auch nur dieser aus der Urkunde vollstreckt werden und nicht ein anderer, etwa aus materiellrechtlichen Gründen an seine Stelle tretender[154] (Anspruch auf Schadensersatz anstelle des Erfüllungsanspruchs, Anspruch auf Nutzungsentschädigung anstelle des Mietzinsanspruchs usw.). Eine nicht ihrerseits notariell beurkundete Abrede, den titulierten Anspruch auszuwechseln und für den neuen Anspruch aus der Urkunde haften zu wollen, ist vollstreckungsrechtlich unbeachtlich.[155]

38

5. **Unterwerfung unter die sofortige Zwangsvollstreckung:** Entscheidend für den Charakter der Urkunde als Vollstreckungstitel ist schließlich, daß der Schuldner sich in ihr der sofortigen Zwangsvollstreckung unterworfen hat. Der Fiktion in § 9 Abs. 1 S. 2 BeurkG ist zu entnehmen, daß der Anspruch einerseits und die Unterwerfungserklärung andererseits nicht tatsächlich in derselben Urkunde aufgenommen werden müssen. Bei der Beurkundung der Unterwerfungserklärung kann vielmehr auf den bereits in einer anderen Urkunde enthaltenen Anspruch verwiesen werden. Die Unterwerfungserklärung kann auch in »Allgemeinen Vertrags- oder Geschäftsbedingungen«, die formell ordnungsgemäß zum Gegenstand der Beurkundung gemacht werden, enthalten sein. Dann gilt das AGBG.[156] In der formularmäßigen Unterwerfung liegt keine

39

---

150 BGH, WM 1996, 1931, 1933; OLG Düsseldorf, NJW 1971, 436.
151 Zur Beweislast in diesem Rechtsstreit BGH, WM, 1996, 1931, 1933; NJW 1981, 2756.
152 BGH, WM 1958, 1194.
153 KG, JurBüro 1975, 1207.
154 BGH, NJW 1980, 1050; OLG Frankfurt, MDR 1987, 506; OLG Hamm, NJW-RR 1996, 1024.
155 BGH, NJW 1982, 2072.
156 BGH, NJW 1992, 2160, 2162 f.; OLG Düsseldorf, NJW-RR 1996, 148; OLG Stuttgart, OLGZ 1994, 101; a. M. *Kümpel,* WM 1978, 746.

unangemessene Benachteiligung des Schuldners i. S. d. § 9 Abs. 2 Nr. 1 AGBG,[157] da dieser über § 767 Abs. 1 ZPO hinreichenden Rechtsschutz hat. Ob ein Verstoß gegen § 11 Nr. 15 AGBG vorliegt, wenn der Schuldner formularmäßig auf den Nachweis der die Fälligkeit begründenden Tatsachen verzichtet, ist umstritten.[158] Ist die Unterwerfungserklärung in einer einseitigen notariellen Urkunde, die der Schuldner hat errichten lassen, enthalten und bezieht sie sich auf einen in einer anderen notariellen Urkunde enthaltenen Anspruch, so benötigt der Gläubiger nach § 51 Abs. 2 BeurkG die Zustimmung des Schuldners, um seinerseits vom Notar eine Ausfertigung der Unterwerfungsurkunde verlangen zu können.[159]

40  Die Unterwerfungserklärung ist eine ausschließlich auf das Zustandekommen eines Vollstreckungstitels gerichtete, einseitige prozessuale Willenserklärung, die nur prozeßrechtlichen Grundsätzen untersteht.[160] Die Vorschriften über die Willenserklärungen des materiellen Rechts, etwa §§ 119 ff., 185 BGB, sind auf sie grundsätzlich nicht anwendbar.[161] Die Nichtigkeit des materiellrechtlichen Rechtsgeschäfts, aus dem der zu vollstreckende Anspruch resultiert, führt **nicht** (etwa vergleichbar der Doppelnatur des Prozeßvergleichs) zugleich zur Unwirksamkeit der Zwangsvollstreckungsunterwerfungserklärung;[162] insbesondere ist § 139 BGB unanwendbar.[163] Der Zwangsvollstreckung aus einer derartigen Urkunde kann deshalb nicht gem. § 766 ZPO mit dem Argument entgegengetreten werden, es fehle an einem Titel. Das Fehlen eines materiellrechtlichen Anspruchs kann vielmehr nur mit der Klage nach § 767 ZPO geltend gemacht werden. Das gilt auch dann, wenn eine Unterwerfungserklärung in Allgemeinen Geschäftsbedingungen der Inhaltskontrolle nach dem AGBG, z.B. § 11 Nr. 15 (Änderung der Beweislast) nicht standhält;[164] denn trotz Vorliegen eines Unwirksamkeitsgrundes kann der Kläger aus der Urkunde vollstrecken.
Ist das materiellrechtliche Rechtsgeschäft von einer gerichtlichen oder behördlichen Genehmigung abhängig, etwa von der vormundschaftsgerichtlichen Genehmigung in den Fällen der §§ 1643, 1821, 1915 BGB, so bedarf die isoliert vom – genehmigten –

---

157 Wie hier: BGH, NJW 1987, 904; OLG Celle, NJW-RR 1991, 667; OLG Hamm, DNotZ 1993, 244 (zu §§ 3, 9 Abs. 1, 11 Nr. 15 AGBG); OLG München, NJW-RR 1992, 125, 126; OLG Stuttgart, NJW 1979, 222; LG Stuttgart, WM 1977, 1318; *Damm*, JZ 1994, 161 (auch zur EG-Richtlinie 93/13/EWG = NJW 1993, 1838); *Rosenberg/Gaul*, § 13 II 2 a; *Wolfsteiner*, Die vollstreckbare Urkunde, S. 6, 15; a. A. *Stürner*, JZ 1977, 432, 639.
158 **Bejahend** z. B. OLG Düsseldorf, NJW-RR 1996, 148; OLG Stuttgart, OLGZ 1994, 101; OLG Nürnberg, WM 1991, 426; **verneinend** z.B. OLG Celle, NJW-RR 1991, 667; OLG Hamm, WM 1991, 1055 f.; OLG München, NJW-RR 1992, 125.
159 OLG Hamm, JMBl.NW 1987, 234; LG Frankfurt, DNotZ 1985, 479 mit Anm. *Wolfsteiner*.
160 BGH, WM 1981, 189; NJW 1985, 2423; BGHZ 88, 62 ff.; 108, 372, 375; OLG Frankfurt, DNotZ 1972, 85; *Rosenberg/Gaul*, § 13 II 2 f; *Stein/Jonas/Münzberg*, § 794 Rdn. 92; *Wolfsteiner*, Die vollstreckbare Urkunde, S. 14; *Zöller/Stöber*, § 794 Rdn. 29.
161 LG Saarbrücken, NJW 1977, 584; *Brox/Walker*, Rdn. 89; *Rosenberg/Gaul*, § 13 II 2 f.
162 BGHZ 1, 181; NJW 1985, 2423; NJW 1994, 2755, 2756; *Stein/Jonas/Münzberg*, § 794 Rdn. 92; *Thomas/Putzo*, § 794 Rdn. 54; a. A. OLG Düsseldorf, DNotZ 1983, 686.
163 MüKo/*Wolfsteiner*, § 794 Rdn. 140; *Zöller/Stöber*, § 794 Rdn. 29.
164 OLG Hamm, WM 1991, 1055; OLG München, NJW-RR 1992, 125 f.; *Brox/Walker*, Rdn. 89; *Stein/Jonas/Münzberg*, § 794 Rdn. 93; vergl. allerdings OLG Stuttgart, OLGZ 1994, 101 sowie LG Mainz, DNotZ 1990, 567 (Erinnerung nach § 732).

Rechtsgeschäft abgegebene einseitige Zwangsvollstreckungsunterwerfungserklärung nicht ihrerseits der zusätzlichen vormundschaftsgerichtlichen Genehmigung. Der Notar sollte den Schuldner allerdings im Rahmen der Belehrung (§ 18 BeurkG) darauf hinweisen, daß die Unterwerfung unter der Bedingung der Erteilung der Genehmigung für das Rechtsgeschäft erklärt werden kann. Durch eine solche Bedingung i. S. v. § 726 ZPO läßt sich vermeiden, daß der Schuldner das Fehlen der Genehmigung später mit der Vollstreckungsgegenklage (§§ 767, 795 ZPO) geltend machen muß.

Zur Abgabe der Unterwerfungserklärung ist Prozeßfähigkeit (§ 52 ZPO) erforderlich. 41
Wie alle prozessualen Willenserklärungen muß auch die Unterwerfungserklärung nicht höchstpersönlich abgegeben werden. Vertretung ist möglich (§ 79 ZPO). Handelt der Vertreter ohne Vertretungsmacht, wird die Unterwerfung erst durch die Genehmigung des Vertretenen wirksam (§ 89 ZPO).[165] Wird die Genehmigung nicht persönlich zur Niederschrift des Notars erklärt, muß sie spätestens bei der Klauselerteilung in entsprechender Anwendung des § 726 Abs. 1 ZPO durch öffentliche oder öffentlich beglaubigte Urkunde nachgewiesen werden.[166] Das gleiche Formerfordernis gilt für den Nachweis der Vollmacht dessen, der als bevollmächtigter Vertreter auftritt.[167] Wie § 800 ZPO zeigt, kann der Eigentümer eines Grundstücks die Unterwerfungserklärung, für eine bestimmte Forderung aus dem Grundstück haften zu wollen, nicht nur für sich selbst, sondern auch für alle künftigen Eigentümer des Grundstücks abgeben.[168] Der künftige Erwerber haftet dann ohne weiteres dinglich aus dem Grundstück. Persönlicher Schuldner der der Unterwerfungserklärung zugrundeliegenden Forderung wird er aber nur, wenn er selbst diese Forderung zusätzlich übernimmt. Soll auch insoweit ein Vollstreckungstitel geschaffen werden, muß der Erwerber persönlich sich der Zwangsvollstreckung wegen dieser Forderung in notarieller Urkunde unterwerfen.

Die Unterwerfung des Schuldners unter die sofortige Zwangsvollstreckung befreit den 42
Gläubiger nicht von der Einhaltung sonstiger gesetzlicher Nachweispflichten oder vertraglicher Abreden, insbesondere über die Fälligkeit eines Darlehens und seine Kündigung, über den Zinsbeginn und die Zinshöhe.[169] Der Nachweis des Eintritts dieser Bedingungen ist im Klauselverfahren gem. § 726 Abs. 1 ZPO in der dort vorgeschriebenen Form zu erbringen. Die Parteien können aber in der Urkunde den Gläubiger vertraglich von dieser Nachweispflicht befreien.[170] Dies kann etwa durch eine Klausel geschehen, wonach der Gläubiger die vollstreckbare Ausfertigung unabhängig vom Nachweis des Entstehens und der Fälligkeit der Zahlungsverpflichtung verlangen

---

165 BGH, FamRZ 1970, 77; *Nieder,* NJW 1984, 329 ff.; *Rosenberg/Gaul,* § 13 II 2 g.
166 OLG Frankfurt, DNotZ 1972, 85.
167 Siehe hierzu § 726 Rdn. 5; a. A. OLG Köln, MDR 1969, 150.
168 Einzelheiten: § 800 Rdn. 2.
169 BGH, WM 1965, 767; BayObLG, DNotZ 1976, 366.
170 BGH, NJW 1981, 2756; OLG Düsseldorf, DNotZ 1977, 413; LG Düsseldorf, DGVZ 1984, 8. OLG Stuttgart, NJW-RR 1993, 1535 sowie LG Mainz, DNotZ 1990, 567 haben insoweit Bedenken im Hinblick auf § 11 Nr. 15 AGBG.

kann. In einem solchen Fall muß dann der Schuldner im Verfahren gem. § 767 ZPO nachweisen, daß die Forderung nicht besteht oder nicht fällig ist.[171]

43 **6. Unzulässigkeit einer Prozeßstandschaft:** Eine Abtretung der in einer vollstreckbaren Urkunde titulierten Forderung kann nicht wirksam mit der Abrede verknüpft werden, der in der Urkunde ausgewiesene Altgläubiger solle weiterhin berechtigt sein, im eigenen Namen für den Neugläubiger die Vollstreckung zu betreiben. Eine derartige »Vollstreckungsstandschaft«, die zu einem Auseinanderfallen von Titel- und Forderungsinhaberschaft führt, ist dem deutschen Vollstreckungsrecht fremd.[172] Der Neugläubiger muß sich unter den Voraussetzungen des § 727 ZPO selbst eine vollstreckbare Ausfertigung besorgen.

44 **7. Rechtsbehelfe:** Verweigert der Notar oder der Urkundsbeamte des Jugendamtes die Erteilung einer vollstreckbaren Ausfertigung, steht dem Gläubiger gem. § 54 BeurkG die Beschwerde nach §§ 19 ff. FGG zu.[173] Der Schuldner hat gegen die Erteilung der Klausel die Erinnerung nach § 732 ZPO.[174]

Bei Vollstreckungsabwehrklagen (§ 767 ZPO) gegen die Vollstreckung aus Urkunden gem. § 794 Abs. 1 Nr. 5 ZPO gilt die Präklusion nach § 767 Abs. 2 ZPO nicht.[175] Es kann also auch auf alle materiellrechtlichen Einwendungen vor Errichtung der Urkunde zurückgegriffen werden.

Ist in der Urkunde eine künftig fällig werdende wiederkehrende Leistung tituliert, können Abänderungen für die Zukunft gem. § 323 Abs. 4 ZPO mit der Abänderungsklage nach § 323 Abs. 1 ZPO verlangt werden. Ist eine Unterhaltsleistung tituliert, so ist gem. § 641 l Abs. 2 ZPO auch, soweit die Voraussetzungen hierfür vorliegen, das Vereinfachte Abänderungsverfahren (§§ 641 l–641 t ZPO) möglich.

45 Hat sich der Schuldner in einer Urkunde der sofortigen Zwangsvollstreckung unterworfen, besteht in der Regel kein Rechtsschutzbedürfnis für eine den titulierten Anspruch verfolgende Leistungsklage des Gläubigers. Eine Ausnahme kann dann gerechtfertigt sein, wenn der Schuldner gegenüber der Inanspruchnahme aus der Urkunde mit der Vollstreckungsgegenklage (§ 767 ZPO) droht. In diesem Fall muß der Gläubiger die Initiative der gerichtlichen Klärung nicht dem Schuldner überlassen.[176] Die bloße Möglichkeit, den Schuldner, der mit seinen Zahlungen in Verzug ist, zur Errichtung einer vollstreckbaren Urkunde auffordern zu können, anstatt den Klageweg zu beschreiten, nötigt den Gläubiger nicht, diesen Weg zu gehen, um ein Kostenrisiko im Rahmen des § 93 ZPO zu vermeiden.[177] Veranlassung zur Klage gibt der Schuldner bereits durch die Nichtzahlung der fälligen Schuld bzw. durch die unaufgeforderte Verweigerung der freiwilligen Titulierung bei künftigen Unterhaltsansprüchen und nicht erst

---

171 BGH, NJW 1981, 2756.
172 BGH, ZIP 1985, 247; NJW-RR 1992, 61; HansOLG Bremen, NJW-RR 1989, 574; KG, FamRZ 1989, 417, 418; *Brox/Walker*, Rdn. 117; *Münzberg*, NJW 1992, 1867, 1868.
173 Vergl. Vor §§ 724–734 Rdn. 11 sowie ferner KG, OLGZ 1973, 112; FamRZ 1974, 211.
174 Vergl. § 732 Rdn. 3.
175 Vergl. § 767 Rdn. 34.
176 OLG Köln, MDR 1960, 233.
177 So aber OLG Karlsruhe, FamRZ 1979, 630; OLG München, MDR 1984, 674.

durch die ablehnende Reaktion auf das ausdrückliche Begehren, eine vollstreckbare Urkunde zu errichten.

**XI. Vollstreckbare Urkunde als Duldungstitel (Abs. 2):** Soll in ein Vermögen, an dem ein Nießbrauch bestellt ist, wegen einer vor der Bestellung des Nießbrauchs entstandenen Verbindlichkeit des Bestellers oder soll nach Beendigung einer Gütergemeinschaft oder einer fortgesetzten Gütergemeinschaft vor deren Auseinandersetzung in das Gesamtgut oder soll schließlich in Nachlaßgegenstände, die der isolierten Verwaltung durch einen Testamentsvollstrecker unterliegen, vollstreckt werden, so ist nach §§ 737, 743, 745 Abs. 2, 748 Abs. 2 ZPO neben einem Leistungstitel gegen den Schuldner (also den Besteller des Nießbrauchs, den verwaltenden Ehegatten, den Erben) ein Duldungstitel gegen den mitbetroffenen Dritten (also den Nießbraucher, den anderen Ehegatten, die anteilsberechtigten Abkömmlinge oder den Testamentsvollstrecker) erforderlich. Dieser Duldungstitel kann auch dadurch geschaffen werden, daß der Dritte in einer notariellen Urkunde die sofortige Zwangsvollstreckung in die seinem Rechte unterworfenen Gegenstände bewilligt. Es besteht aber keine Verpflichtung des Dritten, eine solche Urkunde zu errichten. Er kann es auch vorziehen, sich verurteilen zu lassen. 46

Der Duldungstitel nach Abs. 2 unterliegt nicht den inhaltlichen Beschränkungen wie die Urkunden nach Abs. 1 Nr. 5.[178] Der Leistungstitel, den der Duldungstitel ergänzt, kann also auch einen Herausgabeanspruch oder etwa einen Anspruch nach § 7 AnfG[179] zum Gegenstand haben.

**XII. Weitere Vollstreckungstitel:** Wegen weiterer bundesrechtlicher Titel, die in §§ 704, 794 ZPO nicht angesprochen sind, siehe Vor §§ 704–707 Rdn. 2. Wegen landesrechtlicher Vollstreckungstitel siehe § 801 ZPO. 47

**XIII. ArbGG, VwGO, AO:** Im arbeitsgerichtlichen Verfahren findet § 794 ZPO gem. §§ 62 Abs. 2, 85 Abs. 1 S. 3 ArbGG (entsprechende) Anwendung. Es spielen aber nicht alle in § 794 ZPO genannten Titel eine Rolle.[180] Für den Verwaltungsgerichtsprozeß sind die Vollstreckungstitel in § 168 VwGO abschließend aufgezählt.[181] Die Abgabenvollstreckung erfolgt aufgrund vollstreckbarer Verwaltungsakte (§ 251 AO). 48

---

178 Oben Rdn. 33.
179 Ab 1.1.1999: § 11 AnfG (vergl. Art. 1 EGInsO i. d. F. v. 5.10.1994, BGBl. I S. 2911).
180 *Germelmann/Matthes/Prütting*, ArbGG, § 62 Rdn. 7 u. § 85 Rdn. 10; *Grunsky*, ArbGG, § 62 Rdn. 12 u. § 85 Rdn. 12.
181 *Kopp*, VwGO, § 168 Rdn. 2.

## § 794 a  Zwangsvollstreckung aus Räumungsvergleich

(1) ¹Hat sich der Schuldner in einem Vergleich, aus dem die Zwangsvollstreckung stattfindet, zur Räumung von Wohnraum verpflichtet, so kann ihm das Amtsgericht, in dessen Bezirk der Wohnraum belegen ist, auf Antrag eine den Umständen nach angemessene Räumungsfrist bewilligen. ²Der Antrag ist spätestens zwei Wochen vor dem Tage, an dem nach dem Vergleich zu räumen ist, zu stellen; §§ 233 bis 238 gelten sinngemäß. ³Die Entscheidung kann ohne mündliche Verhandlung ergehen. ⁴Vor der Entscheidung ist der Gläubiger zu hören. ⁵Das Gericht ist befugt, die im § 732 Abs. 2 bezeichneten Anordnungen zu erlassen.
(2) ¹Die Räumungsfrist kann auf Antrag verlängert oder verkürzt werden. ²Absatz 1 Sätze 2 bis 5 gilt entsprechend.
(3) ¹Die Räumungsfrist darf insgesamt nicht mehr als ein Jahr, gerechnet vom Tage des Abschlusses des Vergleichs, betragen. ²Ist nach dem Vergleich an einem späteren Tage zu räumen, so rechnet die Frist von diesem Tage an.
(4) Gegen die Entscheidung des Amtsgerichts findet die sofortige Beschwerde statt.
(5) Die Absätze 1 bis 4 gelten nicht für Mietverhältnisse über Wohnraum im Sinne des § 564 b Abs. 7 Nr. 4 und 5 und in den Fällen des § 564 c Abs. 2 des Bürgerlichen Gesetzbuchs.

### Inhaltsübersicht

Literatur

| | | Rdn. |
|---|---|---|
| I. | Funktion und Anwendungsbereich der Norm | 1 |
| II. | Verfahren zur Bewilligung einer Räumungsfrist | 2 |
| III. | Grundsätze zur Fristbewilligung | 3 |
| IV. | Fristverlängerung und -verkürzung (Abs. 2) | 4 |
| V. | Rechtsmittel | 5 |
| VI. | Kostenentscheidung und Gebühren | 6 |
| VII. | Ausnahmeregelung nach Abs. 5 | 7 |

Literatur: *Bodié*, Gerichtliche Verlängerung von Räumungsfristen bei Fehlen eines Räumungstitels, ZMR 1970, 99; *Dengler*, Zur Anrechenbarkeit einer vereinbarten Räumungsfrist auf die Frist nach § 794 a ZPO, ZMR 1966, 259; *Dorn*, Zwangsräumung oder Räumungsschutz?, Rpfleger 1989, 262; *Fenger*, Vollstreckungsschutz bei Räumungsvergleichen, Rpfleger 1988, 55; *Münch*, Der vollstreckbare Anwaltsvergleich als Räumungsvergleich, NJW 1993, 1181; *Münzberg*, Die Fristen für Anträge des Räumungsschuldners gemäß § 721 Abs. 2 S. 1, Abs. 3 S. 2, § 794 a Abs. 1 S. 2 ZPO, WuM 1993, 9; *Pergande*, Die verlängerten Räumungsfristen, DB 1966, 1007; *Röder*, Der Abschluß von Zeitmietverträgen und die Duldungsverpflichtung des Mieters bei Wohnungsmodernisierungen, NJW 1983, 2665; *Weimar*, Versäumung der Frist auf Beantragung einer Verlängerung der Räumungsfrist, DB 1971, 1559.

1   **I. Funktion und Anwendungsbereich der Norm:** Die Vorschrift enthält eine dem § 721 ZPO entsprechende Regelung für den Fall, daß der Schuldner sich in einem **gerichtlichen** Vergleich zur Räumung von **Wohnraum** verpflichtet hat. Sie will verhin-

dern, daß der Schuldner sich nur deshalb verurteilen läßt und eine vernünftige vergleichsweise Regelung ablehnt, um sich die Möglichkeit einer gerichtlichen Räumungsfristverlängerung, falls nach Vergleichsschluß Unvorhergesehenes eintritt, nicht abzuschneiden. Die Norm ist auf außergerichtliche Vergleiche, die keinen Vollstreckungstitel bilden,[1] nicht entsprechend anwendbar.[2] Bei einem vollstreckbaren[3] Anwaltsvergleich gem. § 1044 b ZPO kommt § 794 a ZPO mithin in Betracht.[4] Dagegen gilt die Vorschrift nicht für Räumungsvergleiche nach § 13 Abs. 3 HausratsVO[5] sowie bei Räumungstiteln über gewerbliche Räume.[6] Bei Mischmietverhältnissen über Wohnraum und andere Räumlichkeiten findet die Vorschrift auf das Gesamtmietobjekt Anwendung, wenn die Wohnraummiete im Vordergrund steht[7] oder wenn eine getrennte Rückgabe der Wohnräume einerseits und der Geschäftsräume andererseits tatsächlich möglich, wirtschaftlich sinnvoll und dem Vermieter zumutbar ist.[8] Die Vorschrift ist auch dann anwendbar, wenn im Vergleich ursprünglich keine Räumungsfrist vorgesehen war, sondern fristgerecht zum Auslaufen des Mietverhältnisses geräumt werden sollte (vergleichbar der Tendenz des § 721 Abs. 2 ZPO).[9] § 794 a ZPO enthält keine abschließende Regelung dergestalt, daß die Anwendung des § 765 a ZPO im Einzelfall ausgeschlossen wäre.[10] Die im Beschluß nach § 794 a ZPO zum Ausdruck gekommene Interessenabwägung muß aber bei einer Vollstreckungsschutzentscheidung mit berücksichtigt werden.

**II. Verfahren zur Bewilligung einer Räumungsfrist:** Erforderlich ist zunächst ein **Antrag** des Räumungsschuldners, welcher der Form des § 496 ZPO entsprechen muß. Der Antrag muß **spätestens zwei Wochen vor dem** im Vergleich festgelegten **Räumungstermin** gestellt werden.[11] Bei Fristversäumnis ist Wiedereinsetzung in entsprechender Anwendung der §§ 233–238 ZPO möglich, sofern der Räumungstitel nicht bereits vollstreckt worden ist. Ist die Beachtung der Frist aber schon nach dem Inhalt des Vergleichs ausgeschlossen, weil der Schuldner sich sofort oder in kürzerer Frist zur Räumung verpflichtet hat, ist § 794 a ZPO unanwendbar. Dann kommt also allein Vollstreckungsschutz nach § 765 a ZPO in Betracht.[12] Der Antrag ist an das ausschließlich (§ 802 ZPO) zuständige **Amtsgericht**, in dessen Bezirk der Wohnraum belegen ist, zu

---

1 Siehe § 794 Rdn. 23.
2 MüKo/*Wolfsteiner*, § 794 a Rdn. 3; *Stein/Jonas/Münzberg*, § 794 a Rdn. 1; *Zöller/Stöber*, § 794 a Rdn. 1; **a.A.** LG Hamburg, MDR 1981, 236; LG Ulm, MDR 1980, 944.
3 Siehe § 794 Rdn 31.
4 Zutreffend *Münch*, NJW 1993, 1181, 1182; *Stein/Jonas/Münzberg*, § 794 a Rdn. 1.
5 OLG Hamm, NJW 1969, 885; OLG München, NJW 1978, 548.
6 Vergl. insoweit § 721 Rdn. 10.
7 LG Mannheim, MDR 1968, 328.
8 LG Mannheim, ZMR 1994, 21, 22.
9 LG Wuppertal, WuM 1981, 113.
10 Siehe § 765 a Rdn. 3.
11 Fristberechnung wie § 721 Rdn. 7; vergl. ferner LG München I WuM 1980, 247.
12 Wie hier: *Bodié*, WuM 1965, 175; *Thomas/Putzo*, § 794 a Rdn. 4; a. A. MüKo/*Wolfsteiner*, § 794 a Rdn. 8; *Stein/Jonas/Münzberg*, § 794 a Rdn. 9 (entgegen der Vorauflage); *Zöller/Stöber*, § 794 a Rdn. 3 (die Zwei-Wochen-Frist beginne dann mit dem Vergleichsabschluß).

richten. Das Amtsgericht entscheidet als Prozeßgericht,[13] nicht als Vollstreckungsgericht.[14] Deshalb greift § 20 Nr. 1 RPflG nicht ein. Die Entscheidung obliegt dem **Richter** und kann dem Rechtspfleger nicht übertragen werden. Der Richter am Amtsgericht ist auch dann zur Entscheidung berufen, wenn der Vergleich vor einem Arbeitsgericht geschlossen worden war.[15] Da die konkreten Belange des Gläubigers immer mit in die Entscheidung einbezogen werden müssen, ist ihm **ausnahmslos** rechtliches Gehör zu gewähren; die mündliche Verhandlung ist aber freigestellt. Bis zur Entscheidung können die in § 732 Abs. 2 ZPO genannten einstweiligen Anordnungen getroffen werden.[16] Die Entscheidung ergeht durch Beschluß, der immer zu begründen ist.

3 **III. Grundsätze zur Fristbewilligung:** Entsprechend der Zielsetzung der Vorschrift gelten letztlich die gleichen materiellen Voraussetzungen für eine Fristverlängerung wie bei § 721 ZPO.[17] Allerdings müssen Umstände, die dem Räumungsschuldner bei Vergleichsschluß bekannt waren und die ihn damals nicht von der Zusage eines bestimmten Räumungstermins abgehalten haben, außer acht bleiben, da im Vergleichsschluß ein Verzicht auf ihre Geltendmachung zu sehen ist.[18] Immer hat eine Interessenabwägung zwischen den Belangen der Parteien stattzufinden.[19] Dabei kann auch berücksichtigt werden, daß der Schuldner seine Notlage schuldhaft selbst herbeigeführt hat.[20] Die dem Schuldner aufgrund des § 794 a ZPO (ohne Berücksichtigung der vom Gläubiger bereits im Vergleich gewährten Räumungsfrist) durch gerichtliche Entscheidung gewährte Räumungsfrist (einschließlich aller Verlängerungen nach Abs. 2) darf ein Jahr, gerechnet vom im Vergleich genannten Räumungstermin an, nicht übersteigen.[21] Die Formulierung in **Abs. 3** ist etwas mißverständlich und erklärt sich aus dem Versuch der sprachlichen Anlehnung an § 721 Abs. 5 ZPO. Die Länge der Frist im Einzelfall hängt von den persönlichen und finanziellen Verhältnissen des Schuldners, den Gründen für die Beendigung des Mietverhältnisses, den persönlichen und finanziellen Verhältnissen des Gläubigers, aber auch von objektiven Umständen wie der örtlichen Wohnungsmarktlage und Baumarktsituation (z. B. Streik im Baugewerbe)

---

13 LG Essen, NJW 1971, 2315; LG Hildesheim, MDR 1968, 55; *Stein/Jonas/Münzberg*, § 794 a Rdn. 8 m.w.N.
14 So aber AG Hildesheim, MDR 1968, 55.
15 LAG Tübingen, NJW 1970, 2046; AG Sonthofen, MDR 1968, 925; *Baumbach/Lauterbach/Hartmann*, § 794 a Rdn. 2; *Thomas/Putzo*, § 794 a Rdn. 3; **a. A.** (das ArbG ist zuständig) *Grunsky*, ArbGG, § 2 Rdn. 8.
16 Hinsichtlich deren Anfechtbarkeit gilt das bei § 732 Rdn. 16 Gesagte; für eine ausnahmslose Unanfechtbarkeit hier dagegen *Stein/Jonas/Münzberg*, § 794 a Rdn. 11.
17 Siehe dort Rdn. 11–13.
18 LG Kiel, WuM 1993, 555; LG Waldshut-Tiengen, WuM 1993, 621; einschränkend LG Mannheim, ZMR 1994, 21 f.
19 Beispiele überwiegenden Schuldnerinteresses: LG Kiel, WuM 1993, 555; LG Mannheim, ZMR 1966, 280; WuM 1993, 62; LG Stuttgart, Rpfleger 1985, 71; AG Bensberg, MDR 1967, 498; AG Köln, LG Köln, LG Mannheim, LG Münster, alle ZMR 1970, 373; AG Köln, ZMR 1971, 158.
20 LG Mannheim und LG Münster, beide ZMR 1970, 373.
21 Allgem. Meinung; vergl. *Bodié*, WuM 1965, 175; MüKo/*Wolfsteiner*, § 794 a Rdn. 5; *Stein/Jonas/Münzberg*, § 794 a Rdn. 4.

ab.²² Allgemeine Richtwerte gibt es nicht, sie widersprächen auch dem Zweck der Norm.

**IV. Fristverlängerung und -verkürzung (Abs. 2):** Abs. 2 stellt ausschließlich auf vom Amtsgericht gemäß Abs. 1 bereits gewährte Räumungsfristen ab. Nur sie können, wenn die im ursprünglichen Beschluß unterstellte Entwicklung anders als erwartet verläuft, durch erneute gerichtliche Entscheidung verlängert oder verkürzt werden. Geht es dagegen um die Verlängerung der vom Gläubiger im Vergleich selbst eingeräumten Frist, ist Abs. 1 einschlägig; d. h., daß eine gerichtliche Verkürzung dieser Frist im Verfahren nach § 794 a ZPO nicht in Betracht kommt.²³ Der Gläubiger muß gegebenenfalls nach den materiellrechtlichen Vorschriften vom Vergleich zurücktreten und seinen Räumungsanspruch erneut einklagen. Die ursprünglich nach Abs. 1 gewährte Frist und alle Verlängerungen dürfen die in Abs. 3 genannte Gesamtzeitspanne nicht überschreiten. Reicht diese Frist nicht, muß gegebenenfalls Vollstreckungsschutzantrag nach § 765 a ZPO gestellt werden (andere Zuständigkeiten beachten!).

**V. Rechtsmittel:** Gegen die Entscheidung des Amtsgerichts hat der durch sie Beschwerte (Gläubiger oder Schuldner, nicht aber ein durch die Räumung mitbetroffener Familienangehöriger) das Rechtsmittel der sofortigen Beschwerde (**Abs. 4**). Die weitere Beschwerde ist ausgeschlossen (§ 568 Abs. 2 ZPO).²⁴ § 793 Abs. 2 ZPO kommt nicht zur Anwendung, da das Verfahren noch nicht Teil des Vollstreckungsverfahrens ist.

**VI. Kostenentscheidung und Gebühren:** Die Kostenentscheidung richtet sich nach den §§ 91 ff. ZPO, so daß insbesondere erstinstanzlich § 93 ZPO, zweitinstanzlich § 97 ZPO von Bedeutung sein kann. Auch § 91 a ZPO findet im Verfahren nach § 794 a ZPO Anwendung.²⁵ Erstinstanzlich fallen keine Gerichtsgebühren an, die erfolglose Beschwerde löst die Gebühr nach KV Nr. 1905 aus. Die Anwaltsgebühren richten sich nach § 50 BRAGO.

Eine Billigkeitsentscheidung in entsprechender Anwendung des § 788 Abs. 3 ZPO ist grundsätzlich ausgeschlossen, da das Verfahren nicht zum Vollstreckungsverfahren zählt.

**VII. Ausnahmeregelung nach Abs. 5:** Die Ausnahme entspricht der Regelung in § 721 Abs. 7 ZPO. Durch sie soll verhindert werden, daß die materiellrechtliche Regelung der §§ 564 c Abs. 7 Nr. 4 u. 5, 564 c Abs. 2 BGB verfahrensrechtlich unterlaufen wird. Kein Fall des § 564 c Abs. 2 BGB liegt mehr vor, wenn der Vermieter im Räumungsvergleich selbst eine Frist gewährt hatte, durch die die Gesamtdauer des Mietverhältnisses fünf Jahre übersteigt. In einem solchen Fall ist das Mietverhältnis § 564 c Abs. 1 BGB zuzuordnen. § 794 a Abs. 1–4 ZPO sind dann uneingeschränkt anwendbar.

4

5

6

7

---

22 LG Mannheim, MDR 1968, 419.
23 Wie hier LG Bremen, WuM 1991, 564; LG Mannheim, DWW 1981, 175; MüKo/*Wolfsteiner*, § 794 a Rdn. 6; *Stein/Jonas/Münzberg*, § 794 a Rdn. 5; *Zöller/Stöber*, § 794 a Rdn. 2; **a. A.** LG Hamburg, MDR 1981, 236; *Stötter*, NJW 1967, 1113.
24 OLG Frankfurt, NJW-RR 1994, 715; OLG München, OLGZ 1994, 251, 252; OLG Stuttgart, MDR 1991, 788; *Stein/Jonas/Münzberg*, § 794 a Rdn. 12; *Thomas/Putzo*, § 794 a Rdn. 10; *Zöller/Stöber*, § 794 a Rdn. 5; **a. A.** *Baumbach/Lauterbach/Hartmann*, § 794 a Rdn. 5.
25 LG Waldshut-Tiengen, WuM 1993, 621.

## § 795 Zwangsvollstreckung aus Titeln nach § 794

¹Auf die Zwangsvollstreckung aus den in § 794 erwähnten Schuldtiteln sind die Vorschriften der §§ 724 bis 793 entsprechend anzuwenden, soweit nicht in den §§ 795 a bis 800 abweichende Vorschriften enthalten sind. ²Auf die Zwangsvollstreckung aus den in § 794 Abs. 1 Nr. 2, 2 a erwähnten Schuldtiteln ist § 720 a entsprechend anzuwenden, wenn die Schuldtitel auf Urteilen beruhen, die nur gegen Sicherheitsleistung vorläufig vollstreckbar sind.

**Inhaltsübersicht**

| Literatur | Rdn. |
|---|---|
| I. Funktion der Norm | 1 |
| II. Zur Bedeutung von Satz 2 | 2 |
| III. Besonderheiten im Hinblick auf die §§ 724 ff. ZPO | 3 |
| IV. ArbGG, VwGO | 4 |

1 **I. Funktion der Norm:** Da die in den §§ 704–793 ZPO enthaltenen allgemeinen Regeln zur Zwangsvollstreckung zunächst allein vom Urteil als Vollstreckungstitel ausgehen, bedurfte es einer Vorschrift, die die entsprechende Anwendbarkeit dieser Regeln auf die Schuldtitel des § 794 ZPO bestimmt. § 795 ZPO hat diese Aufgabe nur unvollkommen übernommen, da er viele Detailfragen offenläßt, die auch durch die Verweisung auf die §§ 795 a–800 ZPO nicht abgedeckt werden. Besonders viele offene Fragen sind hinsichtlich des Prozeßvergleichs als Vollstreckungstitel verblieben, der in den §§ 795 a–800 ZPO nicht mehr angesprochen wird. Die Fragen reichen von der Zuständigkeit für die Erteilung der Vollstreckungsklausel[1] bis zur Anwendbarkeit des § 767 Abs. 2 ZPO[2] und zur Frage der einstweiligen Einstellung der Zwangsvollstreckung, wenn die Unwirksamkeit eines Vergleichs durch Fortsetzung des alten Rechtsstreits geltend gemacht werden soll.[3] Sie sind im einzelnen bei den jeweils in Betracht kommenden Vorschriften näher besprochen, so daß hier auf die dortige Kommentierung verwiesen werden kann.

2 **II. Zur Bedeutung von Satz. 2:** Ist das Urteil, dessen Kostenentscheidung Basis eines Kostenfestsetzungsbeschlusses ist, nur gegen Sicherheitsleistung vorläufig vollstreckbar (§ 709 ZPO) oder ist aus ihm nur die Sicherungsvollstreckung zulässig (§ 712 Abs. 1 S. 2, 2. Fall ZPO), so ist auch der Kostenfestsetzungsbeschluß nur mit dieser Einschränkung vollstreckbar.[4] Da aus dem Urteil aber unter den Voraussetzungen des § 720 a ZPO schon vor Erbringung der Sicherheitsleistung wenigstens sicherungsvollstreckt werden kann, soll dies auch aus dem Kostenfestsetzungsbeschluß möglich sein. Das gilt auch dann, wenn das zugrunde liegende Urteil nicht in der Hauptsache, son-

---

1 Vergl. Vor §§ 724–734 Rdn. 7; § 724 Rdn. 9; § 794 Rdn. 20.
2 Vergl. § 767 Rdn. 34; § 794 Rdn. 14.
3 Vergl. § 794 Rdn. 16.
4 Siehe § 794 Rdn. 24.

dern nur im Kostenpunkt vollstreckbar ist (klageabweisendes Urteil).[5] Entsprechend ist die Situation bei Regelunterhaltsbeschlüssen:[6] Ist das Grundurteil (§ 642 ZPO) nur eingeschränkt vollstreckbar, gilt dies auch für die nachfolgenden Beschlüsse nach § 642 a ZPO. Auch hier soll aber unter den Voraussetzungen des § 720 a ZPO die Sicherungsvollstreckung möglich sein.

**III. Besonderheiten im Hinblick auf die §§ 724 ff. ZPO:** Soweit hinsichtlich der in §§ 795 a–800 ZPO angesprochenen Vollstreckungstitel Besonderheiten im Hinblick auf die entsprechende Anwendung der §§ 724 ff. ZPO bestehen, die sich nicht unmittelbar aus den §§ 795 a ff. ZPO ergeben, sind sie jeweils bei den einzelnen Vorschriften dargestellt; siehe ferner die Besprechung der einzelnen Titel bei § 794 ZPO. 3

**IV. ArbGG, VwGO:** Im arbeitsgerichtlichen Verfahren findet § 795 ZPO über die §§ 62 Abs. 2, 85 Abs. 1 S. 3 ArbGG Anwendung, soweit die Titel des § 794 ZPO eine Rolle spielen. Im Verwaltungsgerichtsprozeß gilt § 795 ZPO für diejenigen der in § 168 VwGO genannten Titel, die denen in § 794 ZPO entsprechen. 4

---

5 OLG Köln, Rpfleger 1996, 358 f.
6 Siehe § 794 Rdn. 25.

§ 795 a  Zwangsvollstreckung aus Kostenfestsetzungsbeschluß

Die Zwangsvollstreckung aus einem Kostenfestsetzungsbeschlusse, der nach § 105 auf das Urteil gesetzt ist, erfolgt auf Grund einer vollstreckbaren Ausfertigung des Urteils; einer besonderen Vollstreckungsklausel für den Festsetzungsbeschluß bedarf es nicht.

1   Ist der Kostenfestsetzungsbeschluß nach § 105 ZPO unmittelbar auf den Titel (Urteil, Vergleich, Beschluß[1]) gesetzt, bilden der Grundtitel und der Kostenfestsetzungsbeschluß einen einheitlichen Vollstreckungstitel, der einheitlich ausgefertigt und zugestellt wird. Die Klausel für den Grundtitel erstreckt sich auf die Kostenfestsetzung. Bei der Zwangsvollstreckung aus einem derartigen Kostenfestsetzungsbeschluß ist die Wartefrist des § 798 ZPO nicht einzuhalten. Da der Beschluß schon mit der Urteilsausfertigung zusammen nach § 317 Abs. 1 und 3 ZPO beiden Parteien von Amts wegen zugestellt wird, bedarf es vor der Vollstreckung keiner Parteizustellung mehr nach § 750 ZPO. Ist der Grundtitel selbst im Parteiwege zuzustellen (Vergleich), wird automatisch mit ihm der auf ihn gesetzte Kostenfestsetzungsbeschluß zugestellt. § 795 a ZPO gilt auch für Kostenfestsetzungsbeschlüsse außerhalb des Zivilprozesses (z. B. § 168 Abs. 1 Nr. 4 VwGO), sofern sie entsprechend § 105 ZPO auf das Urteil gesetzt sind.

---

1 Zur entsprechenden Anwendung des § 105 ZPO auf Beschlüsse und Vergleiche: *Baumbach/Lauterbach/Hartmann*, § 105 Rdn. 1; *Thomas/Putzo*, § 105 Rdn. 1; *Zöller/Schneider*, § 105 Rdn. 1.

## § 796 Zwangsvollstreckung aus Vollstreckungsbescheid

(1) Vollstreckungsbescheide bedürfen der Vollstreckungsklausel nur, wenn die Zwangsvollstreckung für einen anderen als den in dem Bescheid bezeichneten Gläubiger oder gegen einen anderen als den in dem Bescheid bezeichneten Schuldner erfolgen soll.

(2) Einwendungen, die den Anspruch selbst betreffen, sind nur insoweit zulässig, als die Gründe, auf denen sie beruhen, nach Zustellung des Vollstreckungsbescheids entstanden sind und durch Einspruch nicht mehr geltend gemacht werden können.

(3) Für Klagen auf Erteilung der Vollstreckungsklausel sowie für Klagen, durch welche die den Anspruch selbst betreffenden Einwendungen geltend gemacht werden oder der bei der Erteilung der Vollstreckungsklausel als bewiesen angenommene Eintritt der Voraussetzung für die Erteilung der Vollstreckungsklausel bestritten wird, ist das Gericht zuständig, das für eine Entscheidung im Streitverfahren zuständig gewesen wäre.

### Inhaltsübersicht

| | | Rdn. |
|---|---|---|
| I. | Zur Notwendigkeit einer Vollstreckungsklausel (Abs. 1) | 1 |
| II. | Präklusion von materiellrechtlichen Einwendungen (Abs. 2) | 2 |
| III. | Zuständigkeit für Klagen nach §§ 731, 767, 768 ZPO | 3 |
| IV. | Gebühren | 4 |
| V. | ArbGG, VwGO | 5 |

**I. Zur Notwendigkeit einer Vollstreckungsklausel:** Zur Zwangsvollstreckung im Inland bedürfen Vollstreckungsbescheide keiner Vollstreckungsklausel, wenn nicht einer der in §§ 727–729, 738, 742, 744 und 749 ZPO angesprochenen Fälle vorliegt.[1] Gleiches gilt für Urteile, durch die ein Vollstreckungsbescheid lediglich aufrechterhalten bleibt. Falls eine Klausel erforderlich ist, ist für deren Erteilung das Amtsgericht zuständig, das den Mahnbescheid erlassen hat.[2] Soll die Zwangsvollstreckung aus dem Vollstreckungsbescheid in einem Vertragsstaat des EUGVÜ stattfinden, ist nach § 33 AVAG eine Vollstreckungsklausel zu erteilen.

**II. Präklusion von materiellrechtlichen Einwendungen:** Durch Abs. 2 wird § 767 Abs. 2 ZPO modifiziert: Präkludiert sind Einwendungen, die auf Gründen beruhen, die schon vor Zustellung des Vollstreckungsbescheides entstanden sind und durch Einspruch hätten geltend gemacht werden können. Diese Präklusion dient dem Schutz der Rechtskraft des Vollstreckungsbescheides. Sie ist auch nach Einführung des automati-

1

2

---

[1] Siehe auch Vor §§ 724–734 Rdn. 4.
[2] BGH, Rpfleger 1994, 72; OLG Hamm, Rpfleger 1994, 30; a. M. OLG Koblenz, Rpfleger 1994, 307 (Amtsgericht, das im Streitverfahren zuständig gewesen wäre).

sierten Mahnverfahrens sinnvoll geblieben.[3] Soweit im Einzelfall ein Mahnbescheid erschlichen sein sollte und die darauf beruhenden Einwendungen aber an Abs. 2 scheitern sollten, kann eine Anwendung des § 826 BGB geboten sein.[4]

**3** **III. Zuständigkeit für Klagen nach §§ 731, 767, 768 ZPO:** Die in Abs. 3 enthaltene Regelung der sachlichen und örtlichen Zuständigkeit für Klagen nach §§ 731, 767, 768 ZPO folgt dem Gedanken des § 700 Abs. 3 ZPO. Die Zuständigkeit ist wegen § 802 ZPO eine ausschließliche. Hätte der Gläubiger im Streitverfahren wahlweise bei mehreren Gerichten Klage erheben können (z. B. Gerichtsstand des Wohnsitzes und Gerichtsstand der unerlaubten Handlung), bleibt die Wahlmöglichkeit auch für die Klagen nach §§ 731, 767, 768 ZPO erhalten.

**4** **IV. Gebühren:** Gerichtsgebühren fallen nur für Klagen nach Abs. 3 an; es handelt sich dabei um die Gebühren für Prozeßverfahren erster Instanz (KV Nr. 1201 ff.). Der Anwalt erhält im Falle des Abs. 3 die Gebühren nach §§ 31 ff. BRAGO. Die Erteilung der Vollstreckungsklausel nach Abs. 1 ist im Rahmen seiner Vollstreckungstätigkeit, für die ihm gem. § 57 BRAGO 3/10 der in § 31 BRAGO bestimmten Gebühren zustehen, keine besondere Angelegenheit (§ 58 Abs. 2 Nr. 1 BRAGO).

**5** **V. ArbGG, VwGO:** Die Vorschrift ist nur in solchen Prozeßarten von Bedeutung, in denen es ein Mahnverfahren gibt. Das ist im arbeitsgerichtlichen Urteilsverfahren der Fall (§ 46 a ArbGG), nicht aber im arbeitsgerichtlichen Beschlußverfahren (vergl. § 46 a Abs. 2 ArbGG) und auch nicht im Verwaltungsgerichtsprozeß, in dem keine Vollstreckungsbescheide erlassen werden (§ 168 VwGO).

---

3 Einzelheiten: § 767 Rdn. 32.
4 Einzelheiten hierzu: Anh. § 767 Rdn. 4–6; BVerfG, WM 1993, 1326 f.; BGH, NJW-RR 1990, 303 ff.

## § 797 Vollstreckbare Ausfertigung gerichtlicher und notarieller Urkunden

(1) Die vollstreckbare Ausfertigung gerichtlicher Urkunden wird von dem Urkundsbeamten der Geschäftsstelle erteilt, das die Urkunde verwahrt.
(2) ¹Die vollstreckbare Ausfertigung notarieller Urkunden wird von dem Notar erteilt, der die Urkunde verwahrt. ²Befindet sich die Urkunde in der Verwahrung einer Behörde, so hat diese die vollstreckbare Ausfertigung zu erteilen.
(3) Die Entscheidung über Einwendungen, welche die Zulässigkeit der Vollstreckungsklausel betreffen, sowie die Entscheidung über Erteilung einer weiteren vollstreckbaren Ausfertigung wird bei gerichtlichen Urkunden von dem im ersten Absatz bezeichneten Gericht, bei notariellen Urkunden von dem Amtsgericht getroffen, in dessen Bezirk der im zweiten Absatz bezeichnete Notar oder die daselbst bezeichnete Behörde den Amtssitz hat.
(4) Auf die Geltendmachung von Einwendungen, die den Anspruch selbst betreffen, ist die beschränkende Vorschrift des § 767 Abs. 2 nicht anzuwenden.
(5) Für Klagen auf Erteilung der Vollstreckungsklausel sowie für Klagen, durch welche die den Anspruch selbst betreffenden Einwendungen geltend gemacht werden oder der bei der Erteilung der Vollstreckungsklausel als bewiesen angenommene Eintritt der Voraussetzung für die Erteilung der Vollstreckungsklausel bestritten wird, ist das Gericht, bei dem der Schuldner im Inland seinen allgemeinen Gerichtsstand hat, und sonst das Gericht zuständig, bei dem nach § 23 gegen den Schuldner Klage erhoben werden kann.
(6) Auf Vergleiche nach § 1044 b Abs. 2 sind die Absätze 2 bis 5 entsprechend anzuwenden.

## Inhaltsübersicht

| | | Rdn. |
|---|---|---|
| | Literatur | |
| I. | Anwendungsbereich der Norm | 1 |
| II. | Erteilung vollstreckbarer Ausfertigungen von vollstreckbaren Urkunden | 2 |
| | 1. Gerichtliche Urkunden | 2 |
| | 2. Notarielle Urkunden und außergerichtliche Anwaltsvergleiche | 3–5 |
| | 3. Urkunden des Jugendamtes | 6 |
| | 4. Vergleiche nach den SchO der Länder | 7 |
| III. | Rechtsbehelfe im Klauselerteilungsverfahren | 8 |
| | 1. Zuständigkeit des Urkundsbeamten oder des Rechtspflegers | 8 |
| | 2. Zuständigkeit des Notars | 9 |
| | 3. Zuständigkeit des Jugendamtes | 10 |
| IV. | Besonderheiten zur Vollstreckungsabwehrklage | 11–12 |
| V. | Zuständigkeit nach Abs. 2 und 5 | 13 |
| VI. | Gebühren | 14 |
| VII. | ArbGG, VwGO | 15 |

**Literatur:** *Geimer*, Notarielle Vollstreckbarerklärung von Anwaltsvergleichen – Betrachtungen zu § 1044b ZPO, DNotZ 1991, 266. Siehe ferner die Hinweise unter Nr. 5 zu § 794.

§ 797 *Vollstreckbare Ausfertigung gerichtlicher und notarieller Urkunden*

**1  I. Anwendungsbereich der Norm:** Die Vorschrift gilt ausschließlich für die unter § 794 Abs. 1 Nr. 5 ZPO fallenden vollstreckbaren Urkunden sowie die beim Notar hinterlegten außergerichtlichen Anwaltsvergleiche.[1] Keine Urkunde in diesem Sinne ist deshalb der in § 794 Abs. 1 Nr. 1 ZPO besonders geregelte gerichtliche Vergleich, für den sich in den §§ 795 a ff. ZPO keine Sonderregelungen finden[2] und auf den § 797 ZPO auch nicht entsprechend anwendbar ist.[3] Nicht anzuwenden ist § 797 ZPO auch auf ausländische vollstreckbare Urkunden.[4] Sie sind allein nach den jeweiligen vertraglichen Regeln und den hierzu ergangenen Ausführungsgesetzen zu beurteilen. Dagegen gilt die Vorschrift für diejenigen bundes- und landesrechtlichen Titel, die ausdrücklich den Urkunden des § 794 Abs. 1 Nr. 5 ZPO gleichgestellt wurden.[5]

**2  II. Erteilung vollstreckbarer Ausfertigungen von vollstreckbaren Urkunden:**

**1. Gerichtliche Urkunden:** Vollstreckbare Ausfertigungen gerichtlicher Urkunden sind bei dem Gericht zu beantragen, das die Urkunde **verwahrt**. Ob dort dann der Urkundsbeamte oder der Rechtspfleger für die Erteilung zuständig sind, richtet sich nach den allgemeinen Regeln.[6] Maßgeblich hinsichtlich der Zuständigkeit des Gerichts ist die tatsächliche Verwahrung der Urschrift der Urkunde, nicht die Zuständigkeit, jetzt noch derartige Urkunden aufnehmen zu dürfen, oder der Umstand, daß die Urkunde seinerzeit durch ein anderes Gericht (etwa im Wege der Rechtshilfe), aufgenommen wurde. Das für die Ersterteilung einer vollstreckbaren Ausfertigung zuständige Gericht ist auch für die Erteilung weiterer Ausfertigungen (§ 733 ZPO) zuständig (**Abs. 3**). Die Entscheidung insoweit trifft immer der Rechtspfleger (§ 20 Nr. 12 RPflG). Hinsichtlich der Antragsberechtigung gelten die allgemeinen Regeln.[7] Vor Erteilung der Klausel hat das zuständige Organ nach den allgemeinen Regeln zu prüfen, ob ein formell ordnungsgemäßer Titel mit grundsätzlich vollstreckungsfähigem Inhalt vorliegt.[8] Ob der titulierte Anspruch materiellrechtlich – noch – besteht, ist im Klauselverfahren dagegen auch hier ohne Belang.[9]

**3  2. Notarielle Urkunden und außergerichtliche Anwaltsvergleiche:** Die erste vollstreckbare Ausfertigung einer notariellen Urkunde und eines beim Notar hinterlegten außergerichtlichen Anwaltsvergleichs (§ 1044 b Abs. 2 ZPO) wird von dem Notar erteilt, der das Original der Urkunde verwahrt (**Abs. 2 S. 1**). Das ist in der Regel der Notar, bei dem die Urkunde errichtet wurde (§ 25 Abs. 1 BNotO).[10] Befindet sich die Originalurkunde ausnahmsweise beim Amtsgericht (Fälle der §§ 45 Abs. 1, 51 Abs. 1

---

1 Näheres hierzu: § 794 Rdn. 32.
2 Siehe § 795 Rdn. 1.
3 H. M.; *Baumbach/Lauterbach/Hartmann*, § 797 Rdn. 2; *Stein/Jonas/Münzberg*, § 797 Rdn. 1; *Zöller/Stöber*, § 797 Rdn. 1; a. A. OLG München, NJW 1961, 2265.
4 *Rosenberg/Gaul*, § 13 Fußn. 79.
5 Siehe § 794 Rdn. 32.
6 Vor §§ 724–734 Rdn. 5, 6; § 724 Rdn. 9.
7 Vor §§ 724–734 Rdn. 2; § 724 Rdn. 3.
8 Vor §§ 724–734 Rdn. 9; § 724 Rdn. 57; § 794 Rdn. 34.
9 Vor §§ 724–734 Rdn. 9; § 724 Rdn. 6.
10 Ausnahmen hiervon regeln §§ 45 Abs. 1, 51 Abs. 1 BNotO.

BNotO), so ist dieses Amtsgericht zur Erteilung der vollstreckbaren Ausfertigung zuständig (**Abs. 2 S. 2**). Der Notar erteilt nicht nur die einfache vollstreckbare Ausfertigung, sondern auch die sog. qualifizierte Klausel.[11] Über die Erteilung einer weiteren vollstreckbaren Ausfertigung (§ 733 ZPO) entscheidet der Rechtspfleger (§ 20 Nr. 13 RPflG) des Amtsgerichts, in dessen Bezirk der Notar seinen Amtssitz hat (**Abs. 3**). Die Erteilung selbst erfolgt dann durch den Notar.[12] Er erhält deshalb auch die Gebühr des § 133 KostO, nicht das nach Abs. 3 entscheidende Gericht.[13]

Auch der Notar erteilt die Klausel nur auf Antrag.[14] **Antragsberechtigt** ist der in der Urkunde ausgewiesene Gläubiger oder dessen Rechtsnachfolger,[15] nicht aber ein durch den Gläubiger nur begünstigter Dritter.[16] Bei einseitigen nur vom Schuldner errichteten Urkunden ist zudem § 51 BeurkG zu beachten:[17] Der Schuldner muß dem Gläubiger das Recht, eine (einfache) Ausfertigung verlangen zu können, eingeräumt haben. § 52 BeurkG steht dem nicht entgegen und wird durch die Anwendbarkeit des § 51 BeurkG auch nicht sinnlos.[18] Seine Funktion ist es lediglich, klarzustellen (in Ergänzung des § 795 ZPO), daß die §§ 724 ff. ZPO uneingeschränkt, soweit § 797 ZPO keine Sonderregeln enthält, auch für vom Notar zu erteilende Klauseln gelten. Die §§ 724 ff. ZPO enthalten aber selbst unmittelbar nichts über die Berechtigung des Gläubigers, eine Ausfertigung, auf die dann die Klausel gesetzt werden könnte, zu erlangen. Wer eine Ausfertigung eines Urteils oder eines Beschlusses zu erhalten hat, ist an anderer Stelle in der ZPO geregelt (so in §§ 317, 329 ZPO). Hat der Gläubiger berechtigterweise eine Ausfertigung erlangt, tangiert § 51 BeurkG allerdings nicht mehr die Klauselerteilung auf diese Ausfertigung.

4

Vor Erteilung der Klausel **prüft der Notar** nach den allgemeinen Regeln, ob ein formell wirksamer Titel mit vollstreckungsfähigem Inhalt vorliegt.[19] Ob der materiellrechtliche Anspruch (noch) besteht, ist dagegen für die Klauselerteilung ohne Belang.[20] Die Unwirksamkeit des beurkundeten Rechtsgeschäfts berührt in aller Regel die Wirksamkeit der in der Urkunde enthaltenen prozeßrechtlichen Unterwerfungserklärung nicht.[21] Hat für den Schuldner ein Vertreter die Unterwerfungserklärung abgegeben, ohne daß dessen Vollmacht in öffentlicher oder öffentlich beglaubigter Urkunde oder durch Erklärung des Schuldners zu Protokoll des Notars nachgewiesen war, so

5

---

11 Vor §§ 724–734 Rdn. 5, 7.
12 OLG Düsseldorf, DNotZ 1977, 571 mit Anm. *Brambring*.
13 OLG Braunschweig, Rpfleger 1974, 237.
14 Vor §§ 724–734 Rdn. 6.
15 Vergl. BGH, NJW 1993, 1396, 1397.
16 § 724 Rdn. 3.
17 Vergl. § 794 Rdn. 38 und dort Fußn. 143; ferner: *Wolfsteiner*, Die vollstreckbare Urkunde, § 34; *Zöller/Stöber*, § 797 Rdn. 2; a. A. *Stein/Jonas/Münzberg*, § 797 Rdn. 2.
18 So aber *Stein/Jonas/Münzberg*, § 797 Fußn. 4.
19 Siehe insbesondere § 794 Rdn. 34; *Brox/Walker* Rdn. 108.
20 Vor §§ 724–734 Rdn. 9; § 724 Rdn. 6; ferner KG, ZZP 1983, 372 mit Anm. *Münzberg*; OLG Frankfurt, DNotZ 1995, 144 f.; OLGZ 1989, 418; LG Köln, MittRhNotK 1968, 564; einschränkend LG Koblenz, DNotZ 1972, 190.
21 BGH, NJW 1985, 2423; siehe ferner § 794 Rdn. 39.

muß der Gläubiger in entsprechender Anwendung des § 726 Abs. 1 ZPO den Nachweis der Bevollmächtigung des Vertreters vor der Klauselerteilung erbringen.[22] Es ist unrichtig, den Schuldner mit diesem Einwand erst im Rahmen einer Klage gemäß § 767 ZPO zu hören.[23] Denn es fehlt, wenn die Unterwerfungserklärung ohne Willen des Schuldners abgegeben wurde, bereits an einem Titel zu Lasten des Schuldners. Der Nachweis durch öffentliche oder öffentlich beglaubigte Urkunde erübrigt sich, wenn der Schuldner im Rahmen seiner Anhörung nach § 730 ZPO die Bevollmächtigung zugesteht.[24]

6   3. **Urkunden des Jugendamtes:** Die vollstreckbare Ausfertigung von Urkunden des Jugendamtes gem. § 59 Abs. 1 Satz 1 Nr. 3 und 4 SGB VIII[25] erteilt der Beamte (Angestellte) dieser Behörde, der auch zur Aufnahme derartiger Urkunden befugt ist (§ 60 Abs. 1 S. 3 Nr. 1 SGB VIII). Dies gilt für einfache Klauseln ebenso wie für qualifizierte.[26] Über die Erteilung einer weiteren vollstreckbaren Ausfertigung (§ 733 ZPO) entscheidet das Amtsgericht, in dessen Bezirk sich das Jugendamt befindet (§ 60 Abs. 1 S. 3 Nr. 2 SGB VIII). Die Entscheidung trifft nach den allgemeinen Regeln der Rechtspfleger. Die Ausfertigung selbst wird dann vom Jugendamt erteilt. Die Prüfungspflicht des Jugendamtes vor der Klauselerteilung entspricht der des Notars.[27]

7   4. **Vergleiche nach den SchO der Länder:** Die vor dem Schiedsmann geschlossenen Vergleiche werden nach den SchO der Länder (z.B. § 33 Abs. 2 S. 1 SchAG NW) wie Urkunden i. S. des § 794 Nr. 5 ZPO behandelt.[28] Die Klausel zu solchen Vergleichen erteilt das für den Amtssitz des Schiedsmannes zuständige Amtsgericht (vergl. z.B. § 33 Abs. 2 S. 2 SchAG NW). Die Zuständigkeit des Urkundsbeamten bzw. des Rechtspflegers dort folgt den allgemeinen Regeln.

8   III. **Rechtsbehelfe im Klauselerteilungsverfahren:**

1. **Zuständigkeit des Urkundsbeamten oder des Rechtspflegers:** Soweit die Klausel durch den Urkundsbeamten der Geschäftsstelle oder den Rechtspfleger verweigert wurde, gelten die gleichen Rechtsbehelfe wie im Klauselerteilungsverfahren zu Urteilen als Vollstreckungstitel.[29] Hat der Urkundsbeamte auf die Erinnerung nach § 576 Abs. 1 ZPO hin nicht selbst abgeholfen, entscheidet der Richter des Gerichts, dem der Urkundsbeamte zugeordnet ist. Wenn der Rechtspfleger auf die Erinnerung nach § 11 RPflG hin nicht abgeholfen hat, legt der Richter des Gerichts, bei dem der Rechtspfleger tätig ist, die Akte dem Beschwerdegericht vor, wenn er auch seinerseits nicht abhelfen will. Über Erinnerungen des Schuldners gegen die Klauselerteilung (§ 732

---

22 Vergl. § 726 Rdn. 5; ferner *Zöller/Stöber*, § 797 Rdn. 4.
23 So aber OLG Köln, MDR 1969, 150; *Stein/Jonas/Münzberg*, § 797 Rdn. 14.
24 § 726 Rdn. 11.
25 Früher KJHG.
26 KG, OLGZ 1973, 112 (noch zum JWG).
27 Oben Rdn. 5.
28 Siehe § 794 Rdn. 32a.
29 Vor §§ 724–734 Rdn. 11.

**Vollstreckbare Ausfertigung gerichtlicher und notarieller Urkunden**    § 797

ZPO)[30] entscheidet der Richter des Gerichts, dessen Rechtspfleger bzw. Urkundsbeamter die Klausel erteilt hat (**Abs. 3**).[31] Für Klagen auf Erteilung der Vollstreckungsklausel (§ 731 ZPO) sowie für Klauselgegenklagen (§ 768 ZPO), deren Zulässigkeit und Begründetheit im übrigen nach den allgemeinen Regeln zu beurteilen ist, ist nach **Abs. 5** das Gericht örtlich zuständig, bei dem der Schuldner seinen allgemeinen Gerichtsstand hat, und sonst das Gericht, bei dem nach § 23 ZPO gegen ihn Klage erhoben werden kann (beachte die Sonderregelung in § 800 Abs. 3 ZPO). Die sachliche Zuständigkeit bestimmt sich in beiden Fällen nach §§ 23 ff., 71 GVG.

**2. Zuständigkeit des Notars:** Soweit die Klausel durch den Notar verweigert wurde, hat der Gläubiger hiergegen die Beschwerde nach §§ 19 ff. FGG (§ 54 Abs. 1 und 2 BeurkG). Zuständig zur Entscheidung ist das Amtsgericht, in dessen Bezirk der Notar seinen Sitz hat. Der Notar kann seinerseits vor der Entscheidung des Gerichts abhelfen. Einwendungen des Schuldners sind nach den allgemeinen Regeln mit der Erinnerung gem. § 732 ZPO bzw. mit der Klauselgegenklage gem. § 768 ZPO geltend zu machen. Zuständig zur Entscheidung nach § 732 ZPO ist der Richter des **Amtsgerichts**, in dessen Bezirk der Notar seinen Amtssitz hat. Das Amtsgericht ist auch dann zuständig, wenn der in der notariellen Urkunde verbriefte Anspruch, würde er streitig geltend gemacht, zur Zuständigkeit der Arbeitsgerichte gehörte.[32] Zur Entscheidung über die Klauselgegenklage des Schuldners nach § 768 ZPO, aber auch über die Klage des Gläubigers auf Klauselerteilung nach § 731 ZPO ist das Gericht örtlich zuständig, bei dem der Schuldner im Inland seinen allgemeinen Gerichtsstand hat, ansonsten das Gericht gemäß § 23 ZPO (Ausnahme: § 800 Abs. 3 ZPO). Die sachliche Zuständigkeit folgt den §§ 23 ff., 71 GVG. Gehört die in der Urkunde titulierte Forderung zur Zuständigkeit der Arbeitsgerichte, so sind auch für die Klagen nach §§ 731, 768 ZPO die Gerichte für Arbeitssachen ausschließlich zuständig.[33] Dies folgt aus § 2 Abs. 1 Nr. 4 a ArbGG; denn im Rahmen beider Klagen kann der Schuldner auch Einwendungen geltend machen, die den titulierten Anspruch selbst betreffen,[34] und zwar auch solche Einwendungen, die sich gegen das ursprüngliche Entstehen des Anspruchs wenden.[35]

9

**3. Zuständigkeit des Jugendamtes:** Hat das Jugendamt die Klauselerteilung verweigert, so hat der Gläubiger die Beschwerde gem. §§ 54 BeurkG, 19 ff. FGG. Hinsichtlich der Klage auf Klauselerteilung (§ 731 ZPO), der Klauselerinnerung (§ 732 ZPO) und der Klauselgegenklage (§ 768 ZPO) gelten die Ausführungen zu den notariellen Urkunden (oben Rdn. 9) entsprechend.

10

---

30 Zum Verhältnis von § 732 ZPO zu den allgemeinen Rechtsbehelfen vergl. § 732 Rdn. 1.
31 Das Verfahren nach § 732 ZPO ist ein Verfahren der ordentlichen streitigen Gerichtsbarkeit, nicht der freiwilligen Gerichtsbarkeit; das gilt auch für das Beschwerdeverfahren. Vergl. OLG Frankfurt, Rpfleger 1981, 314.
32 *Münzberg*, ZZP 1974, 453; *Stein/Jonas/Münzberg*, § 797 Rdn. 18.
33 OLG Frankfurt, OLGZ 1985, 97. Zweifelnd *Stein/Jonas/Münzberg*, § 797 Rdn. 25 und *Münzberg*, ZZP 1974, 449. A. A. (immer die ordentlichen Gerichte) *Baumbach/Lauterbach/Hartmann*, § 797 Rdn. 11.
34 Vergl. § 731 Rdn. 7 und § 768 Rdn. 3.
35 Vergl. § 767 Rdn. 27.

11  **IV. Besonderheiten zur Vollstreckungsabwehrklage:** Die zeitliche Schranke des § 767 Abs. 2 ZPO gilt für Vollstreckungsabwehrklagen gegen die Zwangsvollstreckung aus Urkunden i. S. des § 794 Abs. 1 Nr. 5 ZPO nicht (**Abs. 4**). Mit der Vollstreckungsabwehrklage kann deshalb auch geltend gemacht werden, der titulierte Anspruch habe schon bei Errichtung der Urkunde nicht bestanden.[36] Die Parteien können solche Einwendungen in der Urkunde allerdings in den Grenzen des § 138 Abs. 1 BGB ausschließen.[37] Die Präklusion nach § 767 Abs. 3 ZPO gilt dagegen auch für Vollstreckungsabwehrklagen gegen die Zwangsvollstreckung aus vollstreckbaren Urkunden uneingeschränkt.[38] Auch hier kommt es nur auf das objektive Entstehen der Einwendung an, nicht aber darauf, ob die Geltendmachung in dem früheren Rechtsstreit verschuldet unterblieb.

12  Zuständig zur Entscheidung über die Vollstreckungsabwehrklage ist das Gericht, bei dem der Schuldner im Inland seinen allgemeinen Gerichtsstand hat, sonst das Gericht, bei dem nach § 23 ZPO gegen den Schuldner Klage erhoben werden kann (Ausnahme: § 800 Abs. 3 ZPO). Die sachliche Zuständigkeit folgt den §§ 23 ff., 71 GVG, so daß auch die Zuständigkeit der Familiengerichte in Betracht kommt, wenn die titulierte Forderung zur Zuständigkeit der Familiengerichte gehört.[39] Gleiches gilt für die Zuständigkeit der Arbeitsgerichte.[40]

13  **V. Zuständigkeit nach Abs. 2 und 5:** Die in Abs. 2 und 5 (Ergänzung in § 800 Abs. 3 ZPO) geregelten Zuständigkeiten sind im Hinblick auf § 802 ZPO ausschließliche. Sie können deshalb durch Parteivereinbarung (etwa in der zu vollstreckenden Urkunde) nicht geändert werden. Wollen allerdings mehrere Kläger mit verschiedenen allgemeinen Gerichtsständen gemeinsam gem. Abs. 5 gegen die Vollstreckung aus einer notariellen Urkunde vorgehen, können sie für ihre Klage gem. §§ 767, 768 ZPO unter den Gerichten, bei denen einer von ihnen seinen allgemeinen Gerichtsstand hat, wählen.[41]

14  **VI. Gebühren: Gerichtsgebühren** fallen nur für Klagen nach Abs. 5 an. Es handelt sich dabei um die Gebühren für Prozeßverfahren erster Instanz (KV Nr. 1201 ff.). Der **Anwalt** erhält im Falle des Abs. 5 die Gebühren nach §§ 31 ff. BRAGO. Die Erteilung der Vollstreckungsklausel nach Abs. 1 ist im Rahmen seiner Vollstreckungstätigkeit, für die ihm gem. § 57 BRAGO 3/10 der in § 31 BRAGO bestimmten Gebühren zustehen, keine besondere Angelegenheit (§ 58 Abs. 2 Nr. 1 BRAGO). Dagegen handelt es sich bei dem Verfahren nach Abs. 3 über Einwendungen gegen die Zulässigkeit der Vollstreckungsklausel gebührenrechtlich um eine besondere Angelegenheit (§ 58 Abs. 3 Nr. 1 BRAGO).

---

36 Vergl. § 767 Rdn. 34.
37 Vergl. BGH, WM 1976, 907; OLG Koblenz, WM 1994, 839 ff.
38 BGH, ZZP 1974, 447; OLG Köln, WM 1992, 713 ff.
39 BayObLG, NJW-RR 1992, 263 ff.
40 *Grunsky*, ArbGG, § 62 Rdn. 12; *Thomas/Putzo*, § 797 Rdn. 4; a. A. *Baumbach/Lauterbach/Hartmann*, § 797 Rdn. 11.
41 BGH, MDR 1992, 301.

**VII. ArbGG, VwGO:** Auf vollstreckbare Urkunden, die einen Anspruch betreffen, der 15
in die Zuständigkeit der Arbeitsgerichte fällt,[42] ist § 797 ZPO anwendbar. Im Verwaltungsgerichtsprozeß spielt diese Vorschrift keine Rolle, da die vollstreckbare Urkunde nicht zu den in § 168 VwGO aufgezählten Vollstreckungstiteln gehört.

---

42 Dazu *Grunsky*, ArbGG, § 62 Rdn. 11.

## § 797 a Vollstreckungsklausel bei Gütestellenvergleichen

(1) Bei Vergleichen, die vor Gütestellen der im § 794 Abs. 1 Nr. 1 bezeichneten Art geschlossen sind, wird die Vollstreckungsklausel von dem Urkundsbeamten der Geschäftsstelle desjenigen Amtsgerichts erteilt, in dessen Bezirk die Gütestelle ihren Sitz hat.
(2) Über Einwendungen, welche die Zulässigkeit der Vollstreckungsklausel betreffen, entscheidet das im Absatz 1 bezeichnete Gericht.
(3) § 797 Abs. 5 gilt entsprechend.
(4) ¹Die Landesjustizverwaltung kann Vorsteher von Gütestellen ermächtigen, die Vollstreckungsklausel für Vergleiche zu erteilen, die vor der Gütestelle geschlossen sind. ²Die Ermächtigung erstreckt sich nicht auf die Fälle des § 726 Abs. 1, der §§ 727 bis 729 und des § 733. ³Über Einwendungen, welche die Zulässigkeit der Vollstreckungsklausel betreffen, entscheidet das im Absatz 1 bezeichnete Gericht.

**Inhaltsübersicht**

| | | Rdn. |
|---|---|---|
| I. | Vollstreckbare Ausfertigung von Gütestellenvergleichen | 1 |
| II. | Rechtsbehelfe im Klauselerteilungsverfahren | 2 |
| III. | Besonderheiten zur Vollstreckungsabwehrklage | 3 |
| IV. | Gebühren | 4 |

1   **I. Vollstreckbare Ausfertigung von Gütestellenvergleichen:**[1] Die einfache vollstreckbare Ausfertigung[2] erteilt in der Regel der Urkundsbeamte der Geschäftsstelle des Amtsgerichts, in dessen Bezirk die Gütestelle ihren Sitz hat (**Abs. 1**). Die Landesjustizverwaltung kann den Vorsteher der Gütestelle aber ermächtigen, diese einfache Klausel selbst zu erteilen (**Abs. 4 S. 1**).[3] Die qualifizierten Klauseln werden dagegen allein vom Rechtspfleger des in Abs. 1 bezeichneten Amtsgerichts erteilt (**Abs. 4 S. 2** i. V. mit § 20 Nr. 12 RPflG). Er ist auch allein für die Erteilung weiterer vollstreckbarer Ausfertigungen (§ 733 ZPO) zuständig.

2   **II. Rechtsbehelfe in Klauselerteilungsverfahren:** Erteilen der Urkundsbeamte bzw. der Rechtspfleger die Klausel nicht, ist die Erinnerung nach § 576 Abs. 1 ZPO bzw. nach § 11 RPflG gegeben. Verweigert der ermächtigte Vorsteher der Gütestelle die Klausel, ist hiergegen die Anrufung des in Abs. 1 bezeichneten Amtsgerichts (es entscheidet der Richter) gegeben (**Abs. 4 S. 3**). Klagen auf Erteilung der Vollstreckungsklausel nach § 731 ZPO muß der Gläubiger bei dem Gericht (§§ 23 ff., 71 GVG) erheben, bei dem der Schuldner im Inland seinen allgemeinen Gerichtsstand hat, sonst im Gerichtsstand des § 23 ZPO (§§ 797 a Abs. 3, 797 Abs. 5).[4] Der Schuldner hat

---

1   Zum Gütevergleich als Vollstreckungstitel siehe auch § 794 Rdn. 22.
2   Zur einfachen und qualifizierten Klausel siehe Vor §§ 724–734 Rdn. 5.
3   Zur Ermächtigung des Vorstehers der Schlichtungsstelle in Zivilsachen beim AG München *Zöller/Stöber*, § 797 a Rdn. 5.
4   Siehe § 797 Rdn. 5.

die Rechtsbehelfe gem. §§ 732, 768 ZPO. Über die Erinnerung nach § 732 ZPO entscheidet das Amtsgericht, in dessen Bezirk die Gütestelle ihren Sitz hat (Abs. 2 und 4 S. 3). Für Klagen nach § 768 ZPO gilt § 797 Abs. 5 ZPO (Abs. 3).[5]

**III. Besonderheiten zur Vollstreckungsabwehrklage:** Zuständig ist das in § 797 Abs. 5 ZPO genannte Gericht (Abs. 3).[6] Wie bei Prozeßvergleichen, aber auch wie bei notariellen Urkunden gilt für Klagen gem. § 767 Abs. 1 ZPO gegen die Vollstreckung aus Gütestellenvergleichen die Präklusion nach § 767 Abs. 2 ZPO nicht.[7] Dagegen ist § 767 Abs. 3 ZPO uneingeschränkt anwendbar.  3

**IV. Gebühren: Gerichtsgebühren** fallen für die Erteilung der Vollstreckungsklausel nicht an. Der **Anwalt** erhält im Güteverfahren eine volle Gebühr nach § 65 Abs. 1 Nr. 1 BRAGO. Für seine Tätigkeit in der Zwangsvollstreckung stehen ihm 3/10 der im § 31 BRAGO bestimmten Gebühren zu (§ 57 BRAGO). Die Erteilung der Vollstreckungsklausel bildet insoweit keine besondere Angelegenheit (§ 58 Abs. 2 Nr. 1 BRAGO), wohl aber das Verfahren gem. Abs. 2 über Einwendungen gegen die Zulässigkeit der Vollstreckungsklausel (§ 58 Abs. 3 Nr. 1 BRAGO).  4

---

5 Vergl. § 797 Rdn. 8.
6 Vergl. § 797 Rdn. 12.
7 Vergl. § 767 Rdn. 34.

## § 798 Wartefrist

Aus einem Kostenfestsetzungsbeschlusse, der nicht auf das Urteil gesetzt ist, aus Beschlüssen nach § 794 Abs. 1 Nr. 2 a, aus Vergleichen nach § 794 Abs. 1 Nr. 4 a zweiter Halbsatz sowie aus den nach § 794 Abs. 1 Nr. 5 aufgenommenen Urkunden darf die Zwangsvollstreckung nur beginnen, wenn der Schuldtitel mindestens zwei Wochen vorher zugestellt ist.

### Inhaltsübersicht

Literatur                                                              Rdn.

I. Anwendungsbereich und Bedeutung der Norm                              1
II. Berechnung der Wartefrist                                            2
III. Zustellung der zu vollstreckenden Beschlüsse                        3
IV. Rechtsfolgen der Vollstreckung vor Ablauf der Wartefrist             4
V. Kosten einer vorzeitigen Vollstreckung                                5
VI. ArbGG, VwGO                                                          6

Literatur: *Braun*, Wartefrist gem. § 798 ZPO und Vorpfändung, DGVZ 1976, 145; *Christmann*, Die doppelte Wartefrist nach § 798 ZPO, DGVZ 1991, 106.

1   **I. Anwendungsbereich und Bedeutung der Norm:** Die Vorschrift enthält für die vier genannten Titel eine Ergänzung zu § 750 Abs. 1 und 2 ZPO: Über die dort genannten Voraussetzungen für den Beginn der Zwangsvollstreckung hinaus ist eine zweiwöchige Wartefrist, gerechnet vom Tage der Titelzustellung an, zu beachten. Will der Gläubiger aus dem Kostenfestsetzungsbeschluß oder Regelunterhaltsfestsetzungsbeschluß lediglich die Sicherungsvollstreckung nach § 720 a ZPO betreiben,[1] so muß er ohnehin immer die zweiwöchige Wartefrist des § 750 Abs. 3 ZPO[2] einhalten. So wie die Wartefrist des § 750 Abs. 3 ZPO gilt auch die des § 798 ZPO nicht für die Vorpfändung gemäß § 845 ZPO;[3] denn letztere setzt grundsätzlich keine Titelzustellung voraus.

2   **II. Berechnung der Wartefrist:** Die Wartefrist wird nach § 222 ZPO berechnet. Die Parteien können die Frist durch Vereinbarung nach den für Vollstreckungsvereinbarungen allgemein geltenden Regeln[4] verlängern und verkürzen.[5] Eine Verlängerung durch das Gericht ist ausgeschlossen (§ 224 Abs. 2 ZPO).[6] Die Frist läuft unbeeinflußt durch die Gerichtsferien (§ 202 GVG). Der Schuldner kann auf die Einhaltung der Wartefrist

---

1 Zu dieser Möglichkeit: § 795 Rdn. 2.
2 Siehe § 750 Rdn. 31.
3 Siehe § 750 Rdn. 32; ferner OLG Hamburg, MDR 1961, 329; *Braun*, DGVZ 1976, 145.
4 Allgem. Vorbem. Rdn. 6, 7.
5 Zur Geltendmachung der Nichtbeachtung derartiger Vereinbarungen siehe § 766 Rdn. 9 und § 767 Rdn. 3.
6 LG Itzehoe, MDR 1974, 1024.

nicht nur nachträglich (vergl. Rdn. 4), sondern auch im voraus (z. B. in der vollstreckbaren Urkunde) verzichten.[7]

III. **Zustellung der zu vollstreckenden Beschlüsse:** Ob die zu vollstreckenden Beschlüsse (§ 794 Nr. 2 und 2 a ZPO) von Amts wegen oder im Parteibetrieb zugestellt wurden, ist ohne Bedeutung. Die vollstreckbaren Urkunden müssen immer im Parteibetrieb zugestellt werden. Ist nach § 750 Abs. 2 ZPO auch die Zustellung der Vollstreckungsklausel erforderlich,[8] muß auch nach dieser Zustellung erst die Wartefrist des § 798 ZPO verstrichen sein, ehe mit der Vollstreckung begonnen werden darf.

3

IV. **Rechtsfolgen der Vollstreckung vor Ablauf der Wartefrist:** Ist vor Ablauf der Wartefrist bereits vollstreckt worden, ist die Vollstreckungsmaßnahme zwar – vom Schuldner oder nachpfändenden Gläubigern – anfechtbar, aber nicht nichtig.[9] Der Mangel wird durch den Ablauf der Wartefrist oder den nachträglichen Verzicht des Schuldners auf Einhaltung der Frist[10] geheilt. Allerdings kann durch Außerachtlassen der Wartefrist keine Priorität erschlichen werden: Das Pfandrecht entsteht erst mit Ablauf der Wartefrist.[11]

4

V. **Kosten einer vorzeitigen Vollstreckung:** Der Schuldner darf, bevor er freiwillig leistet, die Wartefrist voll ausschöpfen. Leitet der Gläubiger vor Ablauf der Frist schon Vollstreckungsmaßnahmen ein, beauftragt er insbesondere schon vorab einen Rechtsanwalt, den Schuldner zur Zahlung aufzufordern, handelt es sich bei den hierdurch entstandenen Kosten nicht um notwendige Kosten der Zwangsvollstreckung i. S. § 788 Abs. 1 ZPO.[12] Das gleiche gilt, wenn der Gläubiger unmittelbar nach Ablauf der Wartefrist mit der Vollstreckung beginnt, der Schuldner allerdings den Überweisungsauftrag bereits erteilt hat und ausreichend Deckung für dessen Ausführung vorhanden ist.[13] Die Gegenansicht, wonach der Schuldner zur Vermeidung der Kostenpflicht den Gläubiger von einer noch innerhalb der Frist veranlaßten Zahlung in Kenntnis zu setzen hat,[14] übersieht, daß der Schuldner bei einer Zahlung durch Überweisung die Leistungshandlung vollständig und rechtzeitig erbracht hat, wenn der Überweisungsauftrag fristgerecht beim Geldinstitut eingeht und das Konto ausreichend gedeckt ist.[15]

5

---

7 AG Montabaur, DGVZ 1975, 92; *Brox/Walker,* Rdn. 155; MüKo/*Wolfsteiner,* § 798 Rdn. 7; a. A. (gegen einen Vorausverzicht) *Rosenberg/Gaul,* § 22 I 2 b dd, II 2 b; *Stein/Jonas/Münzberg,* § 798 Rdn. 3; *Zöller/Stöber,* § 798 Rdn. 3.
8 § 750 Rdn. 28.
9 OLG Hamm, NJW 1974, 1516; LG Köln, Rpfleger 1974, 121.
10 *Brox/Walker,* Rdn. 155; *Rosenberg/Gaul,* § 22 II 2 b.
11 *Noack,* DGVZ 1977, 33; siehe ferner § 750 Rdn. 34.
12 Vergl. § 788 Rdn. 7.
13 LG Hannover, DGVZ 1991, 57, 58; AG Ellwangen, DGVZ 1992, 45; differenzierend *Thomas/Putzo,* § 798 Rdn. 4.
14 LG Münster, NJW-RR 1988, 128; *Christmann,* DGVZ 1991, 106, 107; *Zöller/Stöber,* § 798 Rdn. 9 c.
15 Vergl. BFH, WM 1986, 631; OLG Koblenz, NJW-RR 1993, 583; AG Ellwangen, DGVZ 1992, 45; *Palandt/Heinrichs,* BGB, § 270 Rdn. 7.

6  **VI. ArbGG, VwGO:** Soweit die in § 798 ZPO genannten Titel außerhalb des Zivilprozesses eine Rolle spielen (z. B. § 168 Abs. 1 Nr. 4, 5 VwGO), findet für die Vollstreckung aus ihnen § 798 ZPO Anwendung.

§ 798a Wartefrist bei Abänderungsbeschluß zu Unterhaltstitel

¹Aus einem Beschluß nach § 641 p darf die Zwangsvollstreckung nur beginnen, wenn der Beschluß mindestens einen Monat vorher zugestellt ist. ²Aus einem Kostenfestsetzungsbeschluß, der auf Grund eines Beschlusses nach § 641 p ergangen ist, darf die Zwangsvollstreckung nicht vor Ablauf der in Satz 1 bezeichneten Frist beginnen; § 798 bleibt unberührt.

I. **Satz 1:** Gegen Abänderungsbeschlüsse im Vereinfachten Verfahren nach § 641 p Abs. 1 ZPO kann der Antragsgegner unter den Voraussetzungen von § 641 q Abs. 1 und 2 ZPO innerhalb eines Monats nach Zustellung des Abänderungsbeschlusses (§ 641 q Abs. 3 ZPO) Abänderungsklage (§ 323 ZPO) erheben. Im Rahmen dieses Rechtsstreits kann er in entsprechender Anwendung des § 769 ZPO[1] einstweilige Einstellung der Zwangsvollstreckung beantragen. Durch die Wartefrist nach S. 1 soll dieser Rechtsschutz für den Antragsgegner gesichert werden, da in der Regel nicht zu erwarten sein wird, daß einmal beigetriebene Beträge praktisch wieder zurückerlangt werden können.

II. **Satz 2:** Ist mit dem Abänderungsbeschluß gleichzeitig oder jedenfalls innerhalb der Monatsfrist nach S. 1 ein Kostenfestsetzungsbeschluß ergangen, so darf dieser nach S. 2, 1. **Halbs.** nicht vor Ablauf der Frist nach S. 1 vollstreckt werden. Auch hierdurch sollen nicht wiedergutzumachende Schäden aus einer voreiligen Vollstreckung abgewendet werden. Die Wartefrist des § 798 ZPO läuft unabhängig von der Monatsfrist und ist auch dann zu beachten, wenn der Kostenfestsetzungsbeschluß erst nach Ablauf der Monatsfrist oder kurz vor ihrem Ablauf erlassen wurde und wenn feststeht, daß keine Abänderungsklage erhoben werden wird (S. 2, **2. Halbs.**).

---

1 Siehe § 769 Rdn. 1.

§ 799 Vollstreckbare Urkunde bei Rechtsnachfolge

Hat sich der Eigentümer eines mit einer Hypothek, einer Grundschuld oder einer Rentenschuld belasteten Grundstücks in einer nach § 794 Abs. 1 Nr. 5 aufgenommenen Urkunde der sofortigen Zwangsvollstreckung unterworfen und ist dem Rechtsnachfolger des Gläubigers eine vollstreckbare Ausfertigung erteilt, so ist die Zustellung der die Rechtsnachfolge nachweisenden öffentlichen oder öffentlich beglaubigten Urkunde nicht erforderlich, wenn der Rechtsnachfolger als Gläubiger im Grundbuch eingetragen ist.

1 I. Abweichung von § 750 Abs. 2 ZPO: Für den Fall der Zwangsvollstreckung gegen den dinglichen Schuldner (nicht den persönlichen[1]) enthält § 799 ZPO eine Einschränkung und Erleichterung gegenüber § 750 Abs. 2 ZPO: Mit der nach § 727 ZPO erteilten Klausel, die weiterhin nach § 750 Abs. 2 ZPO zuzustellen ist, sind die die Rechtsnachfolge nachweisenden Urkunden dann nicht zusätzlich vor Beginn der Zwangsvollstreckung zuzustellen, wenn der Rechtsnachfolger als Gläubiger im Grundbuch eingetragen ist. Dies ist bei der Abtretung einer Buchhypothek regelmäßig der Fall (§ 1154 Abs. 3 BGB), aber auch bei der Briefhypothek nicht ausgeschlossen (§ 1154 Abs. 2 BGB). Der Grund für diese Regelung ist, daß der Schuldner in der Regel die Eintragung des neuen Gläubigers schon nach § 55 GBO mitgeteilt erhalten hat und die der Eintragung zugrundeliegenden Urkunden beim Grundbuchamt einsehen kann (Konsequenz aus § 29 GBO). § 799 ZPO gilt allerdings auch dann, wenn die Mitteilung nach § 55 GBO versehentlich unterblieben ist. Die Eintragung im Grundbuch ist vom Gläubiger gegenüber dem Vollstreckungsorgan nachzuweisen.

2 II. Keine Abweichung von § 727 ZPO: § 799 ZPO modifiziert nur den § 750 Abs. 2 ZPO, nicht auch den § 727 Abs. 1 ZPO. Im Klauselerteilungsverfahren ist also die Rechtsnachfolge weiterhin durch öffentliche oder öffentlich beglaubigte Urkunden nachzuweisen.

---

[1] Allgem. Meinung; vergl. *Stein/Jonas/Münzberg*, § 799 Rdn. 2; *Zöller/Stöber*, § 799 Rdn. 1.

## § 800 Vollstreckbare Urkunde gegen jeweiligen Eigentümer

(1) ¹Der Eigentümer kann sich in einer nach § 794 Abs. 1 Nr. 5 aufgenommenen Urkunde in Ansehung einer Hypothek, einer Grundschuld oder einer Rentenschuld der sofortigen Zwangsvollstreckung in der Weise unterwerfen, daß die Zwangsvollstreckung aus der Urkunde gegen den jeweiligen Eigentümer des Grundstücks zulässig sein soll. ²Die Unterwerfung bedarf in diesem Falle der Eintragung in das Grundbuch.
(2) Bei der Zwangsvollstreckung gegen einen späteren Eigentümer, der im Grundbuch eingetragen ist, bedarf es nicht der Zustellung der den Erwerb des Eigentums nachweisenden öffentlichen oder öffentlich beglaubigten Urkunde.
(3) Ist die sofortige Zwangsvollstreckung gegen den jeweiligen Eigentümer zulässig, so ist für die im § 797 Abs. 5 bezeichneten Klagen das Gericht zuständig, in dessen Bezirk das Grundstück belegen ist.

### Inhaltsübersicht

| | | Rdn. |
|---|---|---|
| | Literatur | |
| I. | Zweck der Norm | 1 |
| II. | Unterwerfung unter die Vollstreckung gegen den jeweiligen Eigentümer (Abs. 1 S. 1) | 2–4 |
| III. | Grundbucheintragung der Unterwerfungserklärung (Abs. 1 S. 2) | 5 |
| IV. | Besonderheiten bzgl. der Zustellung (Abs. 2) | 6 |
| V. | Besonderheiten bzgl. der Zuständigkeit für Klagen nach §§ 731, 767, 768 ZPO (Abs. 3) | 7 |

Literatur: *Beck*, Die Auswirkungen der Pfandveränderung auf die dingliche Vollstreckungsklausel, JR 1963, 176; *Dieckmann*, Eintragung der Unterwerfung des jeweiligen Grundstückseigentümers unter die Zwangsvollstreckung im Grundbuch, Rpfleger 1963, 267; *Hornung*, Vollstreckungsunterwerfung und Höchstbetragshypothek, NJW 1991, 1649; *Muth*, Eintragung von Teilunterwerfungen in das Grundbuch, JurBüro 1984, 9; *ders.*, Teilunterwerfung und deren Eintragung ins Grundbuch, JurBüro 1984, 175; *Opalka*, Ausgewählte Probleme der Grundbuchbestellung, -abtretung und der Schuldübernahme, NJW 1991, 1796; *Riggers*, Aktuelles Grundbuchrecht, JurBüro 1974, 1092; *Schmid*, Nochmals: Die angebliche Rangeinheit von Haupt- und Veränderungsspalten in Abteilung II und III des Grundbuchs, Rpfleger 1984, 130; *Weirich*, Die vollstreckbare Urkunde, Jura 1980, 630; *Winkler*, Zwangsvollstreckungsunterwerfung bei Vertragsangebot und -annahme, DNotZ 1971, 354; *Wolfsteiner*, Schuldübernahme und Unterwerfung, DNotZ 1968, 392; *ders.*, Die vollstreckbare Urkunde, 1978.

**I. Zweck der Norm:** Die Vorschrift enthält eine Ergänzung und Erweiterung zu § 794 Abs. 1 Nr. 5 ZPO (Unterwerfung nicht nur des Schuldners selbst, sondern auch künftiger Grundstückseigentümer unter die sofortige Zwangsvollstreckung aus der Urkunde), ferner eine Einschränkung zu § 750 Abs. 2 ZPO (die die Rechtsnachfolge auf Schuldnerseite nachweisenden Urkunden müssen nicht zusammen mit der Rechtsnachfolgeklausel zugestellt werden) sowie eine Abweichung von § 797 Abs. 5 ZPO (andere Zuständigkeit für Klagen nach §§ 731, 767, 768 ZPO). Die Regelungen sollen es dem dinglichen Gläubiger einer Hypothek, Grundschuld oder Rentenschuld erleichtern, sein Recht auf Befriedigung aus dem Grundstück gegen den jeweiligen Grundstückseigentümer durchzusetzen. Hierdurch wird die Sicherheit und damit die Attraktivität der genannten dinglichen Sicherungsmittel für den Gläubiger erhöht.

2 **II. Unterwerfung unter die Vollstreckung gegen den jeweiligen Eigentümer (Abs. 1 S. 1):** Der Grundstückseigentümer kann sich wegen der **dinglichen Schuld** aus einer Hypothek, Grundschuld oder Rentenschuld in einer vollstreckbaren (notariellen) Urkunde nicht nur selbst (und damit auch seine Rechtsnachfolger) der sofortigen Zwangsvollstreckung in das Grundstück unterwerfen,[1] er kann die Unterwerfungserklärung vielmehr in der Weise abgeben, daß die Zwangsvollstreckung aus der Urkunde **gegen den jeweiligen Eigentümer** des Grundstücks, also auch gegen seine künftigen Rechtsnachfolger im Eigentum, zulässig sein soll (**Abs. 1 S. 1**). Die Erklärung muß in der Urkunde[2] eindeutig enthalten sein und darf sich nicht erst im Wege der Auslegung unter Zuhilfenahme nicht beurkundeter Umstände ermitteln lassen. Am zweckmäßigsten wird der Gesetzeswortlaut als Text gewählt. Eine gleichartige Unterwerfungserklärung auch wegen der persönlichen Schuld ist nicht möglich. Soll ein künftiger Grundstückseigentümer auch persönlich haften, so muß er jeweils die persönliche Schuld nach §§ 414 ff. BGB übernehmen und sich selbst insoweit der sofortigen Zwangsvollstreckung in einer Urkunde gem. § 794 Abs. 1 Nr. 5 ZPO unterwerfen.[3] Daß der Eigentümer, der die Unterwerfungserklärung nach Maßgabe des § 800 Abs. 1 ZPO abgegeben hat, sich selbst gleichzeitig auch persönlich in ein und derselben Urkunde wegen der eingegangenen Schuldverpflichtung der sofortigen Zwangsvollstreckung unterworfen hat, berührt die Wirksamkeit der Unterwerfungsklausel nach Abs. 1 selbstverständlich nicht.[4] Die Unterwerfungserklärung kann schon wirksam abgegeben werden, bevor sich der Unterwerfende das Grundstück, auf das sie sich bezieht, erworben hat.[5] Die Unterwerfungserklärung ist dann zusammen mit seiner Eintragung als Eigentümer und mit dem Grundpfandrecht ins Grundbuch einzutragen.[6] Eine Eintragung der Unterwerfungserklärung vor Eigentumsübergang auf den Erklärenden kommt dagegen auch mit Zustimmung des (Noch-)Eigentümers nicht in Betracht.[7] § 185 Abs. 2 BGB findet insoweit keine Anwendung, weil die Unterwerfung als prozessuale Erklärung keine Verfügung ist. Der Auflassungsempfänger kann vor Eigentumsumschreibung die Unterwerfung allerdings im Namen des Veräußerers als dessen Vertreter erklären. Unproblematisch kann die Unterwerfungserklärung auch für eine bereits eingetragene und valutierte Hypothek jederzeit nachträglich abgegeben werden. Ihrer

---

1 Siehe insoweit § 794 Rdn. 30–40.
2 Es muß nicht notwendig dieselbe Urkunde sein, in der die dingliche Schuld enthalten ist; vergl. § 794 Rdn. 38.
3 Siehe auch § 794 Rdn. 40.
4 OLG Düsseldorf, Rpfleger 1977, 68.
5 BayObLG, DNotZ 1987, 216; KG, NJW-RR 1987, 1229; OLG Saarbrücken, NJW 1977, 1202; Zöller/Stöber, § 800 Rdn. 5.
6 BayObLG, DNotZ 1987, 216.
7 OLG Frankfurt, Rpfleger 1972, 140.

Eintragung müssen die gleich- und nachrangigen Grundpfandgläubiger nicht zustimmen, da ihr materielles Recht durch die Verbesserung der prozessualen Stellung des einen Hypothekengläubigers nicht berührt wird. War die Grundschuld, hinsichtlich derer nachträglich die dingliche Zwangsvollstreckungsunterwerfung eingetragen werden soll, nur auf Grund öffentlich beglaubigter Eintragungsbewilligung im Grundbuch eingetragen, so bedarf es nicht der nochmaligen Bestellung der Grundschuld in öffentlicher Urkunde. Nur die nachträgliche Unterwerfungserklärung bedarf in einem solchen Fall dieser Form.[8]

Die Unterwerfungserklärung gilt nur für das Grundpfandrecht, für das sie abgegeben wurde. Die bei der Bestellung einer Hypothek erklärte Unterwerfung erstreckt sich deshalb nicht auf die durch Tilgung des gesicherten Darlehens entstehende Eigentümergrundschuld und die bei deren Abtretung entstehende Fremdgrundschuld. Es bedarf insoweit einer erneuten Unterwerfung.[9] Wird der Inhalt oder der Umfang der Verpflichtung, bezüglich derer die Unterwerfungserklärung abgegeben wurde, erweitert oder verändert, bedarf es ebenfalls einer neuen Unterwerfungserklärung.[10] Das gilt nur dann nicht, wenn die Veränderung lediglich in einer Einschränkung der Verpflichtung besteht.

3

Die durch § 800 Abs. 1 S. 1 ZPO eröffnete erweiterte Möglichkeit einer Titelschaffung nach § 794 Abs. 1 Nr. 5 ZPO kann nicht analog für andere dingliche Schulden herangezogen werden, etwa für die Erbbauzinsreallast.[11] Jeder neue Erbbauberechtigte, der nicht gleichzeitig allgemeiner Rechtsnachfolger des früheren Erbbauberechtigten ist, muß sich dem Grundstückseigentümer gegenüber neu in einer notariellen Urkunde der sofortigen Zwangsvollstreckung unterwerfen, wenn ein Titel nach § 794 Abs. 1 Nr. 5 ZPO gewünscht wird.

4

**III. Grundbucheintragung der Unterwerfungserklärung (Abs. 1 S. 2):** Die Unterwerfung bedarf, um gegen die künftigen Eigentümer wirksam zu werden, der **Eintragung** ins Grundbuch (Abs. 1 S. 2). Titel gegen den die Unterwerfung Erklärenden ist die notarielle Urkunde dagegen auch schon vor der Grundbucheintragung. Ins Grundbuch muß nicht der gesamte Wortlaut der Unterwerfungserklärung eingetragen werden. Es genügt eine Formulierung wie »vollstreckbar nach § 800 ZPO«.[12] Dagegen reicht eine bloße Bezugnahme auf die Eintragungsbewilligung nicht aus. Soll die Unterwerfung nicht für die gesamte dingliche Schuld aus der Hypothek usw. gelten, muß hinsichtlich der Eintragung unterschieden werden: Unterwirft sich der Grundstückseigentümer nur wegen »eines zuletzt zu zahlenden Teilbetrages« einer Grundschuld der

5

---

8 BGHZ 73, 15; OLG Frankfurt, Rpfleger 1978, 294; LG Stade, Rpfleger 1977, 262 mit Anm. *Haegele.*
9 OLG Hamm, Rpfleger 1987, 297.
10 KG, DNotZ 1954, 199.
11 BayObLG, DNotZ 1959, 402; DNotZ 1980, 94, 96; *Baumbach/Lauterbach/Hartmann,* § 800 Rdn. 1; MüKo/*Wolfsteiner,* § 800 Rdn. 5.
12 OLG Köln, Rpfleger 1974, 150; LG Weiden, Rpfleger 1961, 305; *Baumbach/Lauterbach/Hartmann,* § 800 Rdn. 5; *Stein/Jonas/Münzberg,* § 800 Rdn. 4; a.A. *Dieckmann,* Rpfleger 1963, 267; *Thomas/Putzo,* § 800 Rdn. 3.

sofortigen Zwangsvollstreckung, so erfordert die Eintragung dieser Erklärung ins Grundbuch nicht die Teilung der Grundschuld.[13] Eine Teilung ist jedoch erforderlich, wenn sich der Eigentümer wegen eines »letztrangigen Teilbetrages« der Zwangsvollstreckung unterwirft, da ein und dasselbe Grundpfandrecht nur einen einheitlichen Rang haben kann.[14]

6   IV. Besonderheiten bzgl. der Zustellung (Abs. 2): Abs. 2 macht nur die Zustellung der Urkunden überflüssig, die den Erwerb des Eigentums durch den späteren Eigentümer nachweisen, nicht aber die Zustellung der vollstreckbaren Ausfertigung gegen diesen. Insoweit gelten § 750 Abs. 1 und 2 ZPO uneingeschränkt.

7   V. Besonderheiten bzgl. der Zuständigkeit für Klagen nach §§ 731, 767, 768 ZPO (Abs. 3): Bei Titeln, die unter § 800 Abs. 1 ZPO fallen, ist für Klagen nach §§ 731, 767, 768 ZPO abweichend von § 797 Abs. 5 ZPO das Gericht **örtlich** zuständig, in dessen Bezirk das Grundstück belegen ist (**Abs. 3**). Hinsichtlich der sachlichen Zuständigkeit ergeben sich keine Abweichungen zu § 797 Abs. 5 ZPO.[15] Die Zuständigkeit nach Abs. 3 ist im Hinblick auf § 802 ZPO eine ausschließliche. Sie gilt nicht nur für den dinglichen, sondern auch für den persönlichen Anspruch.[16]

---

13 So aber früher OLG Hamm, Rpfleger 1984, 60; wie hier dagegen jetzt OLG Hamm, NJW 1987, 1090; ebenso BGH, NJW 1990, 258 mit Anm. *Probst*, JR 1990, 369 und *Wolfsteiner*, DNotZ 1990, 589.
14 OLG Hamm, NJW 1987, 1090 mit Anm. *Wolfsteiner*, DNotZ 1988, 234; siehe auch BGH, NJW 1990, 258.
15 Einzelheiten § 797 Rdn. 8, 9.
16 *Baumbach/Lauterbach/Hartmann*, § 800 Rdn. 10; *Stein/Jonas/Münzberg*, § 800 Rdn. 8; *Thomas/Putzo*, § 800 Rdn. 7; a. A. KG, NJW-RR 1989, 1407, 1408; MüKo/*Wolfsteiner*, § 800 Rdn. 40 (gespaltene Zuständigkeit).

§ 800 a  Vollstreckbare Urkunde für Schiffshypothek

(1) Die Vorschriften der §§ 799, 800 gelten für eingetragene Schiffe und Schiffsbauwerke, die mit einer Schiffshypothek belastet sind, entsprechend.
(2) Ist die sofortige Zwangsvollstreckung gegen den jeweiligen Eigentümer zulässig, so ist für die im § 797 Abs. 5 bezeichneten Klagen das Gericht zuständig, in dessen Bezirk das Register für das Schiff oder das Schiffsbauwerk geführt wird.

Die Vorschrift überträgt die Regeln der §§ 799, 800 ZPO auf Schiffe und Schiffsbauwerke, die mit einer Schiffshypothek belastet sind. Hinsichtlich des Gerichtsstandes trifft Abs. 2 eine dem § 800 Abs. 3 ZPO entsprechende Regelung. 1
   Gem. § 99 Abs. 1 LuftfzRG gilt die Regelung für Luftfahrzeuge, die in der Luftfahrzeugrolle eingetragen sind, entsprechend.

## § 801 Landesrechtliche Vollstreckungstitel

Die Landesgesetzgebung ist nicht gehindert, auf Grund anderer als der in den §§ 704, 794 bezeichneten Schuldtitel die gerichtliche Zwangsvollstreckung zuzulassen und insoweit von diesem Gesetz abweichende Vorschriften über die Zwangsvollstreckung zu treffen.

**Literatur:** *Buchberger*, Die Zwangsvollstreckung aus einem vor dem Schiedsmann geschlossenen Vergleich, Schiedsmanns-Ztg. 1973, 10; *Drischler*, Zur Zwangsvollstreckung aus vor einem Schiedsmann abgeschlossenen Vergleichen, Rpfleger 1984, 308.

1  Durch VO vom 15. 4. 1937, RGBl. I 466, sind landesrechtliche Titel zur Vollstreckung im ganzen Bundesgebiet zugelassen. So ist etwa ein nach Art. 26 BayVwZVG erlassener Leistungsbescheid einer bayerischen Gemeinde ein auch im übrigen Bundesgebiet vollstreckbarer landesrechtlicher Schuldtitel.[1] Dasselbe gilt für einen vor einem nordrhein-westfälischen Schiedsmann gem. § 26 SchAG NW geschlossenen und vom zuständigen Amtsgericht gem. § 33 Abs. 2 S. 1 SchAG NW vollstreckbar ausgefertigten Vergleich.[2] Dagegen stellt der Vergütungsbeschluß des Vormundschaftsgerichtes (§ 1836 BGB) keinen (landesrechtlichen) Schuldtitel dar.[3]

Die landesrechtlichen Titel müssen hinsichtlich ihrer inhaltlichen Bestimmtheit denselben Anforderungen entsprechen[4] wie alle bundesrechtlichen Titel. Nicht unter § 801 ZPO fallen diejenigen landesrechtlichen Titel, die nach den Regeln der Verwaltungsvollstreckung zu vollstrecken sind.

---

1 Siehe LG Berlin, Rpfleger 1971, 156.
2 Einzelheiten siehe bei § 794 Rdn. 22 und § 797 Rdn. 7; *Drischler*, Rpfleger 1984, 308 m.w.N.; *Stein/Jonas/Münzberg*, § 801 Fußn. 5.
3 OLG Hamm, Rpfleger 1984, 234 (für NW); LG Frankfurt, FamRZ 1990, 1034 (für Hessen).
4 Siehe Vor §§ 704–707 Rdn. 5–8.

§ 802   Ausschließliche Gerichtsstände

Die in diesem Buche angeordneten Gerichtsstände sind ausschließliche.

**Inhaltsübersicht**

|   |   | Rdn. |
|---|---|---|
| I. | Anwendungsbereich der Norm | 1 |
| II. | Klageänderung in der Berufungsinstanz | 2 |
| III. | Verweisung gem. § 281 ZPO | 3 |
| IV. | ArbGG, VwGO | 4 |

**I. Anwendungsbereich der Norm:** Die Vorschrift bezieht sich auf alle im gesamten 8. Buch der ZPO angeordneten Gerichtsstände, also nicht nur die im Vollstreckungsrecht, sondern auch im Verfahren auf Erlaß eines Arrestes oder einer einstweiligen Verfügung. Sie betrifft die Regelung der örtlichen Zuständigkeit ebenso wie der sachlichen,[1] soweit letztere in der jeweiligen Norm angesprochen ist. Gerichtsstandsregelungen finden sich insbesondere in den §§ 722 Abs. 2, 731, 732, 764, 767, 768, 771, 796 Abs. 3, 797 Abs. 3 und Abs. 5, 797 a, 800 Abs. 3, 805 Abs. 2, 828, 858 Abs. 2, 879, 889, 919, 937, 943 ZPO. Ist in der jeweiligen Vorschrift nur die örtliche Zuständigkeit abschließend angeordnet (so in §§ 722 Abs. 2, 771, 805, 879 ZPO), sind hinsichtlich der sachlichen Zuständigkeit des Amtsgerichts bzw. Landgerichts Vereinbarungen möglich, soweit sie sich im Rahmen der §§ 38 ff. ZPO halten. Dagegen kann eine ausschließliche Zuständigkeit nicht durch Vereinbarungen außer Kraft gesetzt werden (§ 40 Abs. 2 ZPO). § 802 ZPO geht dem ebenfalls eine ausschließliche Zuständigkeit regelnden § 621 Abs. 2 S. 1 ZPO, der nur für das Erkenntnisverfahren gilt, vor.[2]

**II. Klageänderung in der Berufungsinstanz:** Ist für eine Klage die Zuständigkeit des Prozeßgerichts erster Instanz bestimmt (so in §§ 767, 768 ZPO), so steht § 802 ZPO nicht entgegen, die Klage noch in der Berufungsinstanz im Wege der Klageänderung in den Rechtsstreit einzuführen, falls das Berufungsgericht auch zuständig wäre, wenn die Klage schon in erster Instanz erhoben worden wäre.[3] Dagegen könnte eine derartige Klage in der Berufungsinstanz nicht neu als Widerklage oder als kumulativer Antrag neben der bisherigen Klage eingeführt werden. Die geänderte Klage bleibt »die Klage« i. S. des § 767 Abs. 1 ZPO; sie wäre nicht erst im zweiten Rechtszuge erhoben. Das gilt dagegen nicht für eine neu erhobene Klage.

**III. Verweisung gem. § 281 ZPO:** § 802 ZPO steht, soweit die örtliche und sachliche Zuständigkeit in Rede stehen, der Anwendung des § 281 Abs. 2 S. 2 ZPO nicht entgegen.[4] Ergibt sich die ausschließliche Zuständigkeit des Gerichts, das die Verweisung

---

[1] Allgem. Meinung; vergl. MüKo/*Wolfsteiner*, § 802 Rdn. 1; *Rosenberg/Gaul*, § 24 II 2; *Stein/Jonas/Münzberg*, § 802 Rdn. 1; *Thomas/Putzo*, § 802 Rdn. 1; *Zöller/Stöber*, § 802 Rdn. 1.
[2] BGH, NJW 1980, 1393; a. A. OLG Hamburg, FamRZ 1984, 69.
[3] OLG Frankfurt, MDR 1976, 939.
[4] OLG Frankfurt, Rpfleger 1979, 390; *Rosenberg/Schwab/Gottwald*, § 39 II 2 e.

ausgesprochen hat, erst später, steht § 281 Abs. 2 S. 2 ZPO allerdings auch einer Zurückweisung an dieses Gericht nicht entgegen.[5]

4 **IV. ArbGG, VwGO:** Die Vorschrift gilt auch für die Vollstreckung arbeitsgerichtlicher Titel (§§ 62 Abs. 2 S. 1, 85 Abs. 1 S. 3 ArbGG) sowie für die Vollstreckung nach der VwGO (§ 167 Abs. 1 VwGO).

---

5 BGH, BB 1962, 1177.

# Zweiter Abschnitt. Zwangsvollstreckung wegen Geldforderungen

Vorbemerkung vor §§ 803–882a ZPO: Zum Begriff der Geldforderung in der Zwangsvollstreckung.

## Inhaltsübersicht

|  | | Rdn. |
|---|---|---|
| | Literatur | |
| I. | Forderung auf Zahlung einer Geldsumme | 1 |
| II. | Wahlrecht des Gläubigers oder des Schuldners | 2 |
| III. | Duldungsansprüche, Ansprüche auf Zahlung an Dritte, Freistellungsansprüche | 3 |
| IV. | Fremdwährungsschulden | 4 |

**Literatur:** *Bischof*, Der Freistellungsanspruch, ZIP 1984, 1444; *Damm*, Die Zwangsvollstreckung wegen Geldforderungen in das bewegliche und unbewegliche Vermögen, JurBüro 1951, 7; *Gerhardt*, Der Befreiungsanspruch, 1966; *ders.*, Die Vollstreckung aus dem Vertrag zugunsten Dritter, JZ 1969, 691; *Groß*, Die Zwangsvollstreckung wegen Geldforderungen, JurBüro 1956; *Hanisch*, Umrechnung von Fremdwährungsforderungen in Vollstreckung und Insolvenz, ZIP 1988, 341; *Köhnlechner*, Die Abgrenzung der einzelnen Vollstreckungsarten der Zivilprozeßordnung untereinander, Diss. Mainz 1953; *Maier-Reimer*, Fremdwährungsverbindlichkeiten, NJW 1985, 2049; *v. Maydell*, Geldschuld und Geldwert, 1974; *Medicus*, Ansprüche auf Geld, JuS 1983, 897; *Rimmelspacher*, Die Durchsetzung von Befreiungsansprüchen, JR 1976, 89 und 183; *K. Schmidt*, Geld und Geldschuld im Privatrecht, JuS 1984, 737; *ders.*, Fremdwährungsschuld und Fremdwährungsklage, ZZP 1985, 32; *Schulte*, Zwangsvollstreckung aus Befreiungstiteln, NJW 1960, 902; *Trinkl*, Befreiungsanspruch und Aufrechnung, NJW 1968, 1077.

**I. Forderung auf Zahlung einer Geldsumme:** Eine Geldforderung im Sinne des Zweiten Abschnitts liegt immer dann vor, wenn nach dem Titel eine bestimmte Geldsumme zu leisten ist. Ob die Forderung vor der Titulierung schon ursprünglich eine Geldforderung war oder erst später in eine solche übergegangen ist (vergl. etwa § 1228 Abs. 2 S. 2 BGB), ist gleichgültig, da für die vollstreckungsrechtliche Beurteilung allein der Titel maßgeblich ist. Urteile nach § 510b ZPO betreffen eine Geldforderung im vorgenannten Sinne, da nach §§ 888a ZPO, 61 Abs. 2 ArbGG nur die ersatzweise festgesetzte Entschädigungssumme zwangsvollstreckt werden kann. Lautet der Titel dagegen nicht auf eine Geldleistung, wandelt sich aber nach materiellem Recht die titulierte Forderung im Laufe des Vollstreckungsverfahrens in eine Geldforderung (siehe

1

§ 893 ZPO), so bedarf der Gläubiger eines neuen (nunmehr auf eine Geldforderung gerichteten) Titels (§ 893 Abs. 2 ZPO). Der ursprüngliche Titel deckt den späteren Zahlungsanspruch nicht ab.

2 **II. Wahlrecht des Gläubigers oder des Schuldners:** Ist dem Gläubiger im Titel ein Wahlrecht eingeräumt, ob er eine Geldleistung oder einen anderen Gegenstand verlangen will,[1] so muß er die Wahl mit dem Vollstreckungsauftrag ausüben. Steht das Wahlrecht dagegen dem Schuldner zu (nach § 262 BGB die Regel), muß dieser es bis zum Beginn der Zwangsvollstreckung ausüben, soll nicht das Wahlrecht dem vollstreckenden Gläubiger zufallen (§ 264 BGB). Fällt das Wahlrecht nach § 264 Abs. 1 BGB dem Gläubiger zu, kann der Schuldner allerdings immer noch freiwillig die andere Leistung erbringen und sich dadurch von seiner Schuld befreien, solange sich nicht der Gläubiger durch Zwangsvollstreckung tatsächlich befriedigt hat.

3 **III. Duldungsansprüche, Ansprüche auf Zahlung an Dritte, Freistellungsansprüche:** Eine Geldforderung liegt nicht nur dann vor, wenn der Schuldner an den Gläubiger einen bestimmten Betrag zu leisten hat (schlichter Zahlungstitel), sondern auch dann, wenn er wegen einer bestimmten Geldsumme die Zwangsvollstreckung in einen bestimmten Gegenstand zu dulden hat (etwa nach §§ 1147, 1192, 1233 Abs. 2 BGB oder nach § 7 AnfG). Eine Geldforderung des Gläubigers im Sinne des Zweiten Abschnitts liegt auch dann vor, wenn die Leistung des geschuldeten Geldbetrages nach dem Inhalt des Titels nicht an den Gläubiger allein (im Falle einer Gesamthandsforderung gem. § 432 Abs. 1 BGB), nicht unmittelbar an den Gläubiger persönlich (im Falle der Verurteilung zur Hinterlegung eines bestimmten Betrages als Sicherheit) oder durch Zahlung allein an einen Dritten erfolgen soll.[2] Auch im letzteren Fall hat die Vollstreckung nach §§ 803 ff. ZPO, nicht etwa nach § 887 ZPO zu erfolgen. Dagegen muß nach § 887 ZPO, nicht nach §§ 803 ff. ZPO vollstreckt werden, wenn der Titel dahin lautet, daß der Schuldner den Gläubiger einem Dritten gegenüber von einer bestimmten Geldschuld freizustellen habe.[3] Die Freistellung kann in sehr unterschiedlicher Weise, nicht nur durch Geldleistung an den Dritten erfolgen. So kann der Schuldner aufrechnen wollen oder die Möglichkeit haben, auf den Dritten mit dem Ziel eines Schuldnachlasses einwirken zu können. Nur der Erfolg der Freistellung ist aber geschuldet, nicht ein bestimmter Weg zu diesem Ziel. Die Gegenmeinung[4] mag das Vollstreckungsverfahren praktisch vereinfachen. Dies allein kann aber eine Umdeutung des Titels noch nicht rechtfertigen.

---

1 Beispiel: BGH, NJW 1962, 1568.
2 *Baur/Stürner,* Rdn. 27.03; *Brox/Walker,* Rdn. 206; *Rosenberg/Schilken,* § 48 II 4; *Stein/Jonas/Münzberg,* vor § 803 Rdn. 5.
3 BGHZ 25, 1; BGH, JR 1983, 499; BAG, KTS 1976, 143; KG, MDR 1970, 1018; OLG Hamburg, FamRZ 1983, 212; OLG Hamm, JurBüro 1956, 30; JurBüro 1960, 549; *Bischof,* ZIP 1984, 1444; *Brox/Walker,* Rdn. 206; *Bruns/Peters,* § 44 Fußn. 10; *Gerhardt,* Der Befreiungsanspruch, S. 14 ff.; *Rimmelspacher,* JR 1976, 89, 183; *Rosenberg/Schilken,* § 48 II 4 c; *Stein/Jonas/Münzberg,* vor § 803 Rdn. 6.
4 *Baur/Stürner,* Rdn. 27.03; *Schulte,* NJW 1960, 902; *Trinkl,* NJW 1968, 1077.

**IV. Fremdwährungsschulden:** Geldforderungen werden in der Regel in Deutsche Mark (DM) beziffert sein. Erforderlich ist dies aber nicht. Lautet der Titel auf Zahlung in fremder Währung, so ist die durch die fremde Währung umschriebene Valuta, nicht aber eine vertretbare Handlung (Aushändigung des Betrages in Banknoten der fremden Währung) geschuldet.[5] Ist ausnahmsweise etwas anderes gewollt, muß dies im Tenor deutlich gemacht werden.[6] Bei der Vollstreckung des auf Zahlung in ausländischer Währung lautenden Titels nimmt das Vollstreckungsorgan die Umrechnung in DM entsprechend § 244 BGB für den Zeitpunkt, in dem die Gefahr auf den Gläubiger übergeht, vor. Findet das Vollstreckungsorgan den im Tenor genannten Betrag in der Fremdwährung beim Schuldner vor, so hat es allerdings nach §§ 808 Abs. 1, 815 Abs. 1 ZPO zu verfahren, nicht nach § 821 ZPO. Der Gerichtsvollzieher liefert die Fremdwährung also unmittelbar beim Gläubiger ab und wechselt sie nicht erst in DM ein. Das Einverständnis des Gläubigers hierzu ist schon seinem Klageantrag und dem diesem entsprechenden Tenor zu entnehmen.

---

[5] BGHZ 104, 268, 274; OLG Düsseldorf, NJW 1988, 2185 mit Anm. *Hanisch*, JPrax 1989, 276; LG Köln, FamRZ 1968, 479; *Maier-Reimer*, NJW 1985, 2053; *K. Schmidt*, ZZP 1985, 46; *Stein/Jonas/Münzberg*, vor § 803 Rdn. 1.
[6] Beispiele: LG Düsseldorf, DGVZ 1989, 140; LG Frankfurt, NJW 1956, 65; *Maier-Reimer*, NJW 1985, 2053.

### Erster Titel. Zwangsvollstreckung in das bewegliche Vermögen

Übersicht vor §§ 803–863 ZPO: Das bewegliche Vermögen des Schuldners.

**Inhaltsübersicht**

Literatur                                                                 Rdn.

I. Unterscheidung zwischen beweglichem und
   unbeweglichem Vermögen                                                    1
II. Bestandteile des beweglichen Vermögens                                   2
III. Bedeutung der Zuordnung zu den Untergruppen
     des beweglichen Vermögens                                               3

**Literatur:** *Borggräfe*, Die Zwangsvollstreckung in bewegliches Leasinggut, 1976; *Götte*, Zur Wiedereinführung einer Rangfolge der Zwangsvollstreckungsmittel, ZZP 1987, 412; *Koch*, Software in der Zwangsvollstreckung, KTS 1988, 49; *Meister*, Die Pfändung aufschiebend bedingten und künftigen Eigentums, NJW 1959, 608; *Möschel*, Die Eigentumsanwartschaft an Zubehörstücken in der Grundstückszwangsversteigerung, BB 1970, 237; *Noack*, Die Pfändung von Früchten auf Grundstücken, Rpfleger 1969, 113; *ders.*, Wirtschaftliche und rechtliche Zusammengehörigkeit zwischen einem Grundstück und seinem Zubehör, DGVZ 1983, 177; *ders.*, Die Mobiliarvollstreckung von Scheinbestandteilen und fremdem Zubehör zu einem Grundstück, DGVZ 1985, 161; *Paschold*, Die Grundstücksbeschlagnahme nach § 20 ZVG und ihre Auswirkung auf die Fahrnisvollstreckung durch den Gerichtsvollzieher, DGVZ 1974, 53; *K. Schmidt*, Automatenaufstellungsvertrag und Zwangsvollstreckungsrecht, MDR 1972, 374; *Weimar*, Die Mobiliarpfändung von Gebäuden, DGVZ 1975, 161; *ders.*, Die Unzulässigkeit einer Mobiliarpfändung von Grundstückszubehör, DGVZ 1976, 116.

**1** **I. Unterscheidung zwischen beweglichem und unbeweglichem Vermögen:** Der dem Ersten Titel vorangestellte Begriff des »beweglichen Vermögens« ist ebenso wie der Begriff des »unbeweglichen Vermögens« im Zweiten Titel ein juristischer Kunstbegriff, der sich mit dem Wortgebrauch der Umgangssprache nicht deckt. Die Unterteilung des Vermögens in die beiden genannten Kategorien wurde gewählt, um den unterschiedlichen Zugriff auf die beiden Vermögensmassen in der Zwangsvollstreckung zu verdeutlichen und um gemeinsame Regeln für die jeweilige Zugriffsart entwickeln zu können. Der Zugriff auf das sog. »bewegliche Vermögen« erfolgt durch Pfändung, der Zugriff auf das sog. »unbewegliche Vermögen« dagegen durch Beschlagnahme (ohne Pfändung) oder durch Begründung eines Grundpfandrechtes (Zwangshypothek). Pfändung und Beschlagnahme sind beides Voraussetzungen für eine nachfolgende Verwertung des Vermögensgegenstands, während die Zwangshypothek der bloßen Sicherung ohne unmittelbare Verwertungsmöglichkeit dient.

**2** **II. Bestandteile des beweglichen Vermögens:** Das bewegliche Vermögen setzt sich zusammen aus den körperlichen Sachen, den Geldforderungen, den Ansprüchen auf Herausgabe oder Leistung körperlicher Sachen und »anderen Vermögensrechten, die nicht Gegenstand der Zwangsvollstreckung in das unbewegliche Vermögen sind«. Die Zuordnung zu diesen drei Gruppen erfolgt nicht ausnahmslos nach dem allgemeinen Sprachgebrauch, vielmehr werden teilweise körperliche Sachen (so in § 865 Abs. 2 ZPO), Geldforderungen (so in § 865 Abs. 1 ZPO mit §§ 1123 ff. BGB) oder sonstige bloße Vermögensrechte (so in § 864 ZPO) dem unbeweglichen Vermögen zugeordnet, dagegen werden mit dem Boden noch verbundene Grundstücksfrüchte teilweise (§ 810 ZPO) als bewegliche Sachen behandelt; »verbriefte Forderungen« schließlich werden teilweise wie bewegliche Sachen (§§ 821 ff., 831 ZPO), teilweise wie Forderungen (§§ 829, 830, 836 Abs. 3 ZPO) und teils wie sonstige Vermögensrechte gepfändet und verwertet. Das Anwartschaftsrecht auf Eigentumserwerb an körperlichen Sachen wird nach der in Literatur und Rechtsprechung überwiegenden Auffassung[1] sowohl nach den für körperliche Sachen als auch nach den für sonstige Vermögensrechte geltenden Regeln gepfändet (Theorie der Doppelpfändung).

Neben die durch die gesetzlichen Ausnahmen vom allgemeinen Sprachgebrauch bedingte Unübersichtlichkeit der Zuordnung zu einer der gesetzlichen Vermögenskategorien tritt die durch neue tatsächliche oder rechtliche Entwicklungen bedingte Einordnungsschwierigkeit überall dort, wo die Gesetzesbegriffe des 19. Jahrhunderts sich als unpassend erweisen. So kann bei den verschiedenen Leasingkonstruktionen die Zuordnung als bewegliche Sache oder als Vermögensrecht schwierig sein;[2] Ähnliches gilt für die Zuordnung von Software[3] auf Datenträgern in Dritteigentum.

**III. Bedeutung der Zuordnung zu den Untergruppen des beweglichen Vermögens:** 3
Die Zuordnung eines Vermögensgegenstandes zu einer der drei Untergruppen des sog. »beweglichen Vermögens« ist nicht nur von theoretischer Bedeutung für den Gläubiger: Zum einen ist die Pfändung und Verwertung körperlicher Sachen dem Gerichtsvollzieher, die Pfändung und Verwertung von Geldforderungen und sonstigen Vermögensrechten sowie die Beschlagnahme von unbeweglichem Vermögen dem Rechtspfleger beim Vollstreckungsgericht übertragen. Die Klärung der Zuständigkeit des Vollstreckungsorgans kann Kosten verursachen, die nicht zu den notwendigen Kosten der Zwangsvollstreckung zählen.[4] Die Beauftragung des falschen Vollstreckungsorgans kann zudem zu Prioritätsnachteilen führen. Zum anderen ist der Vollstreckungsschutz unterschiedlich ausgestaltet, je nachdem, ob ein Gegenstand als bloßes Vermögensrecht, als Teil des unbeweglichen Vermögens oder als körperliche Sache eingeordnet wird.[5] Die Zuordnung kann also entscheidend dafür sein, ob der Gegenstand dem Gläubiger überhaupt als Haftungsmasse zur Verfügung steht oder nicht.

---

1 Einzelheiten § 857 Rdn. 10–12.
2 Siehe den Überblick bei *Borggräfe*, Die Zwangsvollstreckung in bewegliches Leasinggut, 1976.
3 Siehe den Überblick bei *Koch*, KTS 1988, 49.
4 § 788 Rdn. 8.
5 Siehe § 811 Rdn. 2.

## I. Allgemeine Vorschriften

**Vorbemerkung vor §§ 803, 804 ZPO: Die Pfändung und ihre Folgen.**

### Inhaltsübersicht

| Literatur | Rdn. |
|---|---|
| I. Die Pfändung | 1 |
| II. Die Verstrickung | 2 |
|    1. Öffentliche Beschlagnahme | 2 |
|    2. Relatives Verfügungsverbot | 3 |
|    3. Wirksamkeitsvoraussetzungen | 4–7 |
|    4. Beendigung | 8, 9 |
| III. Das Pfändungspfandrecht | 10 |
|    1. Öffentlich-rechtliche Theorie | 11 |
|    2. Rein privatrechtliche Theorie | 12 |
|    3. Gemischt-privat-öffentlich-rechtliche Theorie | 13 |
|      a) Entstehung des Pfändungspfandrechts | 14 |
|      b) Materiellrechtliche Bedeutung | 15 |
|      c) Rang des Pfändungspfandrechts | 15a–16 |
|      d) Erlöschen durch gutgläubigen lastenfreien Erwerb | 17 |
|      e) Nachträgliche Unwirksamkeit gem. § 7 Abs. 3 GesO/§ 88 InsO | 18 |

Literatur: *Amend*, Das öffentlich-rechtliche Pfändungspfandrecht, Diss. Erlangen 1959; *Arndt*, Entsteht bei der Pfändung schuldnerfremder Sachen ein Pfändungspfandrecht?, MDR 1961, 368; *Bähr*, Die Heilung fehlerhafter Zwangsvollstreckungsakte, KTS 1969, 1; *Batsch*, Zum Tatbestand der »Vollstreckungsbefangenheit« eines Gegenstandes, ZZP 1974, 1; *A. Blomeyer*, Die Vollstreckung in belastetes Fahrniseigentum, JZ 1955, 5; *ders.*, Zur Lehre vom Pfändungspfandrecht, Festgabe für Ulrich von Lüptow, 1970, 803; *Emmerich*, Pfandrechtskonkurrenzen, 1909; *Fahland*, Das Verfügungsverbot nach §§ 135, 136 BGB in der Zwangsvollstreckung und seine Beziehung zu den anderen Pfändungsfolgen, 1976; *Fragistas*, Das Präventionsprinzip in der Zwangsvollstreckung, 1931; *Furtner*, Die Pfändung eigener Sachen des Gläubigers, MDR 1963, 445; *ders.*, Heilung von fehlerhaften Vollstreckungshandlungen, MDR 1964, 460; *Gaul*, Zur Struktur der Zwangsvollstreckung, Rpfleger 1971, 1; *Geib*, Die Pfandverstrickung, 1969; *Hansen*, Die Pfändung der eigenen Sache durch den Vorbehaltsverkäufer, Diss. Kiel 1954; *Hantke*, Rangverhältnis und Erlösverteilung bei der gleichzeitigen Pfändung durch den Gerichtsvollzieher für mehrere Gläubiger, DGVZ 1978, 105; *Henckel*, Prozeßrecht und materielles Recht, 1970; *Jestaedt*, Untersuchungen über das Pfändungspfandrecht, Diss. Marburg 1966; *Kerres*, Das Verfahren zur Pfändung und Versteigerung von Scheinbestandteilen (Gebäuden auf fremden Boden) und fremden Zubehör an einem Grundstück, DGVZ 1990, 55; *Kraemer*, Verstrickung und Pfändungspfandrecht, ZZP 1917, 146; *Kuchinke*, Pfändungspfandrecht und Verwertungsrecht bei der Mobiliarzwangsvollstreckung, JZ 1958, 198; *Lent*, Öffentlichrechtliche Gestaltung des Zwangsvollstreckungsrechts, ZAkDR 1937, 329; *Lindacher*, Fehlende oder irreguläre Pfändung und Wirksamkeit des vollstreckungsrechtlichen Erwerbs, JZ 1970, 360; *Lipp*, Das Pfändungspfandrecht, JuS 1988, 119; *Lüke*, Die öffentlich-rechtliche Theorie der Zwangsvollstreckung und ihre Grenzen, Diss. Frankfurt 1953;

*ders.,* Die Übereignung der gepfändeten Sache durch den Gerichtsvollzieher, ZZP 1954, 356; *ders.,* Die Bereicherungshaftung des Gläubigers bei der Zwangsvollstreckung in eine dem Schuldner nicht gehörige bewegliche Sache, AcP 1954, 533; *ders.,* Der Inhalt des Pfändungspfandrechts, JZ 1955, 484; *ders.,* Die Rechtsnatur des Pfändungspfandrechts, JZ 1957, 239; *ders.,* Die Zwangsvollstreckung des Verkäufers in die auf Abzahlung verkaufte Sache, JZ 1959, 114; *ders.,* Die Entwicklung der öffentlichrechtlichen Theorie in der Zwangsvollstreckung, Festschr. f. Nakamura, 1996, 389; *Marotzke,* Öffentlichrechtliche Verwertungsmacht und Grundgesetz, NJW 1978, 133; *Münzberg,* Die Gefährdung des Pfändungspfandrechts durch Vollstreckungsschuldner und Dritte, ZZP 1965, 287; *Naendrup,* Gläubigerkonkurrenz bei fehlerhaften Zwangsvollstreckungsakten, ZZP 1972, 311; *Noack,* Die Pfändungsvollstreckung, 1961; *ders.,* Die staatliche Verstrickung und das Pfändungspfandrecht, JurBüro 1978, 19; *Pinger,* Der Gläubiger als Ersteigerer einer schuldnerfremden Sache, JR 1973, 94; *Säcker,* Der Streit um die Rechtsnatur des Pfändungspfandrechts, JZ 1971, 156; *Schlosser,* Vollstreckungsrechtliches Prioritätsprinzip und verfassungsrechtlicher Gleichheitsgrundsatz, ZZP 1984, 121; *K. Schmidt,* Zur Anwendung des § 185 BGB in der Mobiliarvollstreckung, ZZP 1974, 316; *ders.,* Pfandrechtsfragen bei erlaubtem und unerlaubtem Eingriff der Mobiliarvollstreckung in schuldnerfremde Rechte, JuS 1970, 545; *Schneider,* Pfändung fremder Sachen durch den Gerichtsvollzieher, JurBüro 1970, 365; *Schroeter,* Grundfragen des Pfändungspfandrechts, Diss. München 1949; *Schwinge,* Der fehlerhafte Staatsakt im Mobiliarvollstreckungsrecht, 1930; *Stein,* Grundfragen der Zwangsvollstreckung, 1913; *Stöber,* Fehlerhafte Vollstreckungsakte, Rpfleger 1965, 9; *Uhrig,* Die Rechtsnatur des Pfändungspfandrechts an einer beweglichen Sache, Diss. München 1960; *Werner,* Die Bedeutung der Pfändungspfandrechtstheorien, JR 1971, 278; *Wolf,* Prinzipien und Anwendungsbereich der dinglichen Surrogation, JuS 1975, 643.
Siehe ferner die Literatur zu Anh. § 771.

**I. Die Pfändung:** Die Zwangsvollstreckung wegen Geldforderungen in das bewegliche Vermögen erfolgt durch Pfändung (§ 803 Abs. 1 S. 1 ZPO). Deren äußere Form ist unterschiedlich ausgestaltet, je nachdem, ob eine körperliche Sache erstmals (§ 808 ZPO) oder im Anschluß an eine bereits vorliegende Pfändung (§ 826 ZPO) oder ob eine Forderung (§§ 829, 830 ZPO) bzw. ein sonstiges Vermögensrecht gepfändet wird. Jede Pfändung ist ein **staatlicher Hoheitsakt**. Sie löst, sobald sie wirksam vorgenommen wurde,[1] regelmäßig zwei Folgen aus: Zum einen bewirkt sie die Verstrickung des Vollstreckungsobjekts, zum anderen begründet sie für den Gläubiger am Vollstreckungsobjekt, soweit dieses zum Schuldnervermögen gehört,[2] ein Pfändungspfandrecht (§ 804 Abs. 1 ZPO). Streitig ist, ob das mit der Pfändung einhergehende Verfügungsverbot über das Vollstreckungsobjekt als dritte selbständige Folge der Pfändung[3] oder nur als Folge und Inhalt der Verstrickung[4] anzusehen ist. Der letzteren Auffassung ist zu folgen.[5]

1

1 Zur Nichtigkeit einer Pfändung siehe unten Rdn. 4, 5.
2 Zur Vollstreckung in schuldnerfremde Sachen siehe unten Rdn. 14, 16.
3 So *A. Blomeyer,* Festgabe f. v. Lüptow, S. 822; *Fahland,* Das Verfügungsverbot nach §§ 135, 136 BGB in der Zwangsvollstreckung und seine Beziehung zu den anderen Pfändungsfolgen, S. 51 ff. u. 95 ff.; *Rosenberg/Schilken,* § 50 III 1 a bb.
4 So die h. M.; *Baumann/Brehm,* § 18 I 2 c; *Baumbach/Lauterbach/Hartmann,* Übers. § 803 Rdn. 6; *Brox/Walker,* Rdn. 361; *Bruns/Peters,* § 20 III 1; *Geib,* Die Pfandverstrickung, S. 10 ff.; *Stein/Jonas/Münzberg,* § 803 Rdn. 5; *Zöller/Stöber,* § 804 Rdn. 1.
5 Einzelheiten unten Rdn. 3.

2 **II. Die Verstrickung: 1. Öffentliche Beschlagnahme:** Sie ist die öffentlich-rechtliche Beschlagnahme des Vollstreckungsobjektes durch den Staat zum Zwecke der Zwangsvollstreckung. Der Staat erhält über das Vollstreckungsobjekt insoweit die Verfügungsmacht, als er zu dessen Verwertung im Rahmen eines gesetzlich verordneten Verfahrens berechtigt wird. Durch die Beschlagnahme körperlicher Sachen wird zudem ein öffentlicher Gewahrsam (in der Form des unmittelbaren oder mittelbaren Besitzes) begründet. Er ist durch § 136 StGB strafrechtlich besonders geschützt.[6]

3 **2. Relatives Verfügungsverbot:** Notwendige Kehrseite der staatlichen Verfügungsmacht und des öffentlichen Gewahrsams ist ein relatives Verfügungsverbot (§§ 135, 136 BGB) an den Schuldner bezüglich des Vollstreckungsgegenstandes. Dieses Verfügungsverbot ist als Folge der Pfändung von Geldforderungen, Herausgabeansprüchen und sonstigen Vermögensrechten in §§ 829 Abs. 1, 846, 857 Abs. 1 ZPO ausdrücklich geregelt,[7] gilt aber ebenso nach der Beschlagnahme körperlicher Sachen durch Pfändung.[8] Es ist Folge **jeder** wirksamen Verstrickung,[9] also vom Schuldner auch zu beachten, wenn bei ihm Gegenstände, die einem Dritten gehören, gepfändet wurden. Er kann, solange sie verstrickt sind, auch mit Genehmigung des Eigentümers nicht mit Wirkung gegen den Gläubiger über sie verfügen (wohl aber kann dies der Eigentümer selbst, an den das Verfügungsverbot sich nicht wendet).

4 **3. Wirksamkeitsvoraussetzungen:** Wirksam ist nicht nur die Verstrickung (Beschlagnahme), die unter Beachtung aller Verfahrensregeln und mit materieller Berechtigung gegenüber dem Schuldner erfolgte. Auch diejenige Verstrickung, die wegen Verfahrensmängeln angreifbar ist[10] oder der – ohne Verfahrensfehler – die materiellrechtliche Grundlage fehlt, ist wirksam, solange sie nicht erfolgreich angefochten oder nach §§ 767, 771 ZPO für unzulässig erklärt wurde.[11] Nur in seltenen Fällen ist **Nichtigkeit** der Pfändung und damit eine anfängliche Unwirksamkeit der Verstrickung anzunehmen. Die Pfändung als staatlicher Hoheitsakt ist insoweit weitgehend nach den Grundsätzen, die im öffentlichen Recht hinsichtlich der Nichtigkeit und Anfechtbarkeit von Verwaltungsakten entwickelt worden sind,[12] zu beurteilen; dabei ist allerdings modifizierend zu berücksichtigen, daß im Rahmen der Zwangsvollstreckung das öffentliche Recht der Verwirklichung privater Interessen dient. Nichtigkeit der Pfändung und anfängliche Unwirksamkeit der Beschlagnahme wird man deshalb nur dann bejahen kön-

---

6 Obwohl § 136 BGB dem Schutze des staatlichen Gewahrsams und nicht unmittelbar den Vermögensinteressen des Gläubigers dient, sieht die h. M. in ihm auch ein Schutzgesetz i. S. § 823 Abs. 2 BGB; vergl. MüKo/*Mertens*, § 823 BGB Rdn. 168; *Palandt/Thomas*, § 823 BGB Rdn. 149; RGRK/*Steffen*, § 823 BGB Rdn. 551; *Soergel/Zeuner*, § 823 BGB Rdn. 261; Staudinger/*Schäfer*, § 823 BGB Rdn. 600.
7 Hinsichtlich der der Verstrickung vergleichbaren Beschlagnahme unbeweglichen Vermögens findet sich ein entsprechendes relatives Veräußerungsverbot in §§ 20, 23 ZVG.
8 Allgem. Meinung; siehe Fußn. 3 und 4; streitig ist nur, ob Verstrickung und Verfügungsverbot notwendig miteinander verknüpft sind.
9 **A. A.** die in Fußn. 3 Genannten.
10 *Brox/Walker*, Rdn. 362; *Bruns/Peters*, § 20 III 1 a; *Rosenberg/Schilken*, § 50 III 1 c.
11 Allgem. Meinung; vergl. *Bruns/Peters*, § 20 III 1 a; *Rosenberg/Schilken*, § 50 III 1 c bb.
12 Vergl. § 44 VwVfG.

nen, wenn ein besonders schwerwiegender und bei verständiger Würdigung aller Umstände offenkundiger Fehler vorliegt.[13]

Dies ist in der Regel zu bejahen, wenn die Zwangsvollstreckung ohne jeglichen vollstreckungsfähigen Titel erfolgte,[14] wenn ein sachlich oder funktionell unzuständiges Vollstreckungsorgan tätig wurde[15] (z. B. wenn der Gerichtsvollzieher eine Forderung gepfändet hat), wenn gegen Personen, die der deutschen Gerichtsbarkeit nicht unterliegen, vollstreckt wurde[16] oder wenn es unterlassen wurde, die Pfändung nach außen hin kenntlich zu machen (also wenn bei der Sachpfändung § 808 Abs. 2 S. 2 ZPO oder bei der Forderungspfändung § 829 Abs. 2 S. 1 ZPO mißachtet wurde).[17] Bei der Forderungspfändung ist Nichtigkeit darüberhinaus anzunehmen, wenn der Vollstreckungsgegenstand, also die angebliche Forderung des Schuldners gegen den Drittschuldner, nicht existent ist, etwa weil die Forderung statt dem Schuldner einem Dritten zusteht.[18] Die Verhältnisse liegen hier anders als bei der Pfändung schuldnerfremder körperlicher Sachen: Dort existiert im Besitz des Schuldners eine körperliche Sache, an die das Pfandsiegel angeheftet ist. Hier existiert die Forderung dagegen gerade nicht; die tatsächlich existierende Forderung dagegen ist im Pfändungsbeschluß nicht als beschlagnahmt publik gemacht. 5

Die Verletzung anderer Verfahrensnormen (etwa der §§ 750, 758, 759, 760, 803 Abs. 2, 809, 811, 813, 850 c ZPO) führt nur zur Anfechtbarkeit der Pfändung. Bloße Anfechtbarkeit des Vollstreckungsaktes ist auch dann nur anzunehmen, wenn fälschlicherweise eine Person als Vollstreckungsschuldner in Anspruch genommen wurde, die weder im Titel noch in der Klausel namentlich bezeichnet ist (Personenverwechslung, Irrtum über die Identität des Schuldners usw.).[19] Wenn das gänzliche Fehlen der Klausel,[20] die Vollstreckung in schuldnerfremdes Vermögen (arg. § 771 ZPO),[21] die Vollstreckung in nur vermeintliches Schuldnervermögen beim herausgabebereiten Dritten und die Vollstreckung auf Antrag eines nicht legitimierten Gläubigers (z. B. des Testamentsvollstreckers nach Beendigung der Testamentsvollstreckung)[22] nach ganz überwiegender Meinung nur die Anfechtbarkeit des Vollstreckungsaktes zur Folge haben, so kann 6

---

[13] BGHZ 30, 173; 70, 313; BGH, NJW 1976, 851; NJW 1979, 2045; OLG Hamburg, MDR 1974, 321; *Baur/Stürner*, Rdn. 11.3; *Geib*, Die Pfandverstrickung, S. 100 ff.; *Rosenberg/Schilken*, § 50 III 1 c; *Schwinge*, Der fehlerhafte Staatsakt im Mobiliarvollstreckungsrecht, S. 21 ff. u. 45 ff.; *Stein/Jonas/Münzberg*, vor § 704 Rdn. 128 ff.; weitergehend BAG, NJW 1989, 2148.
[14] BGHZ 70, 313; *Brox/Walker*, Rdn. 364; *Rosenberg/Schilken*, § 50 III 1 c aa; a. A. *Baumann/Brehm*, § 18 I 2 a.
[15] *Brox/Walker*, Rdn. 364 (mit Einschränkung zu § 865 ZPO in Rdn. 363); *Rosenberg/Schilken*, § 50 III 1 c aa (ebenfalls mit Einschränkung zu § 865 ZPO in § 49 II 6 e).
[16] *Brox/Walker*, Rdn. 20; *Bruns/Peters*, § 20 III 1 a.
[17] *Brox/Walker*, Rdn. 333; *Rosenberg/Schilken*, § 50 III 1 c aa.
[18] Einzelheiten: § 829 Rdn. 47; ferner *Rosenberg/Schilken*, § 50 III 1 c aa und § 54 I 1 a.
[19] Wie hier BGHZ 30, 175; BGH, NJW 1979, 2045; *Baumbach/Lauterbach/Hartmann*, Grundz. vor § 704 Rdn. 56; *Baur/Stürner*, Rdn. 27.11; *Brox/Walker*, Rdn. 363; *Rosenberg/Schilken*, § 50 III 1 c cc.
[20] Siehe § 724 Rdn. 8.
[21] Wie Fußn. 11.
[22] Insoweit ist nur Klage nach § 767 ZPO möglich.

dies bei einem Irrtum über die Person des Schuldners nicht anders sein.[23] Der betroffene Nichtschuldner muß sich mit einem Rechtsbehelf zur Wehr setzen.

7 Eine nichtige Pfändung wird nicht nachträglich dadurch wirksam, daß nur der Fehler beseitigt wird; sie muß vielmehr neu und nunmehr fehlerfrei vorgenommen werden.[24] Dies bedeutet: Wurde etwa bei einem der deutschen Gerichtsbarkeit nicht unterliegenden Diplomaten gepfändet, so tritt keine Heilung des nichtigen Vollstreckungsaktes ein, wenn dieser Diplomat etwa später seine Immunität verliert und um Asyl bittet. Erfolgte die Zwangsvollstreckung, als noch kein Titel vorlag, so wird die Pfändung nicht nachträglich wirksam, wenn später ein Titel über die Forderung, wegen der bereits vollstreckt wurde, erwirkt wird. Bei der Pfändung schuldnerfremder Sachen ist allerdings nach umstrittener Ansicht § 185 Abs. 2 BGB, der für die Verfügung eines Nichtberechtigten gilt, entsprechend anwendbar. Danach erwirbt der Vollstreckungsgläubiger auch an schuldnerfremden Sachen ein Pfändungspfandrecht, wenn der Schuldner den gepfändeten Gegenstand erwirbt (§ 185 Abs. 2 S. 1, 2. Fall BGB) oder wenn der Eigentümer die Pfändung genehmigt.[25]

8 **4. Beendigung:** Die Verstrickung bleibt wirksam, bis der Vollstreckungserlös an den Gläubiger ausgehändigt[26] bzw. die Forderung durch den Gläubiger eingezogen ist, falls die Beschlagnahme nicht vorher durch das Vollstreckungsorgan oder das Vollstreckungsgericht aufgehoben wurde. Hinsichtlich der »Aufhebung« muß unterschieden werden: Hat der Gerichtsvollzieher die Beschlagnahme durchgeführt, kann auch er sie nur wieder aufheben. Gerichtliche Entscheidungen, die eine Vollstreckungsmaßnahme des Gerichtsvollziehers oder die Zwangsvollstreckung schlechthin für unzulässig erklären, beseitigen die durch den Gerichtsvollzieher herbeigeführte öffentliche Beschlagnahme noch nicht.[27] Vollstreckungsmaßnahmen des Vollstreckungsgerichts kann auch der über die Rechtspflegererinnerung entscheidende Richter (auch das Beschwerdegericht) aufheben.[28] Die durch Aufhebung der Pfändung erloschene Verstrickung lebt nicht wieder auf, wenn die Aufhebungsentscheidung in der Beschwerdeinstanz abgeändert wird. Es bedarf vielmehr eines neuen Pfändungsaktes, um den Gegenstand erneut zu verstricken.[29] Die Verstrickung erlischt auch, wenn das Vollstreckungsorgan den Pfändungsakt zu Unrecht (etwa weil der Gerichtsvollzieher sich irrigerweise zu ei-

---

23 A. A. aber *Bruns/Peters*, § 20 III 1 a; *Jauernig*, § 16 II; *Stein/Jonas/Münzberg*, vor § 704 Rdn. 129.
24 *Baur/Stürner*, Rdn. 11.8; *Rosenberg/Schilken*, § 50 III 1 c ee; *Stein/Jonas/Münzberg*, vor § 704 Rdn. 134.
25 BGH, NJW 1971, 1938, 1941 (anders nur, wenn der Schuldner eine gepfändete Forderung erst nachträglich erwirbt, weil die Pfändung einer schuldnerfremden Forderung im Gegensatz zur Pfändung einer schuldnerfremden Sache nicht nur anfechtbar, sondern nichtig ist); OLG München, NJW 1954, 1124 (auch bei der Pfändung einer schuldnerfremden Forderung); *Brox/Walker*, Rdn. 383; *K. Schmidt*, ZZP 1974, 320, 326 ff.
26 Die Beschlagnahme erstreckt sich nach der Verwertung des Vollstreckungsobjekts automatisch auf den Verwertungserlös; Einzelheiten siehe § 819 Rdn. 1, 2.
27 Siehe § 776 Rdn. 2; ferner OLG Oldenburg, MDR 1955, 300; *Stein/Jonas/Münzberg*, § 803 Rdn. 15.
28 Siehe § 776 Rdn. 3.
29 Siehe § 776 Rdn. 2, 3.

ner Billigkeitsentscheidung nach § 765 a ZPO für befugt hält)[30] aufhebt. Dagegen erlischt die Verstrickung beweglicher Sachen nicht, wenn der Gläubiger ohne Zustimmung des Gerichtsvollziehers den Schuldner zur Entfernung des Pfandsiegels ermächtigt.[31] Auch wenn die Zwangsvollstreckung im Interesse des Gläubigers erfolgt, so kann er doch nicht nach eigenem Gutdünken über staatliche Hoheitsakte verfügen. Der Gläubiger muß vielmehr den Vollstreckungsantrag zurücknehmen, damit dann der Gerichtsvollzieher seinerseits die Beschlagnahme aufhebt. Der Verzicht auf die Beschlagnahme einer Forderung ist in § 843 ZPO besonders geregelt. Auch insoweit genügt eine formlose Gläubigererklärung nicht.[32]

Veräußert der Schuldner die gepfändete körperliche Sache trotz des Verfügungsverbotes an einen gutgläubigen Dritten,[33] so führt dessen lastenfreier Eigentumserwerb am Pfändungsobjekt automatisch zur Beendigung der Verstrickung.[34] Nach der Gegenansicht[35] bleibt die Verstrickung als staatlicher Hoheitsakt bestehen und muß, wenn der Gläubiger den Gegenstand nicht frei gibt, mit der Klage nach § 771 ZPO beseitigt werden. Es besteht jedoch kein Grund, gerade bei der Pfändung beweglicher Sachen von der in § 135 Abs. 2 BGB bzw. der in § 23 Abs. 2 ZVG enthaltenen Regel abzuweichen, daß der gute Glaube auch das hoheitliche Veräußerungsverbot überwindet.[36]

**III. Das Pfändungspfandrecht:** Nach § 804 Abs. 1 ZPO erwirbt der Gläubiger durch die Pfändung ein Pfandrecht an dem gepfändeten Gegenstand. Die Bedeutung dieser Regelung und die Rechtsnatur des Pfändungspfandrechts sind lebhaft umstritten. Dieser Streit hat nur eine begrenzte praktische Bedeutung;[37] immerhin kommen die einzelnen Theorien in einigen wichtigen Fragen zu unterschiedlichen praktischen Ergebnissen, so daß in diesen Fällen eine Entscheidung des Streits nicht offen bleiben kann.[38]

**1. Öffentlich-rechtliche Theorie:** Nach der sog. öffentlich-rechtlichen Theorie[39] entsteht das Pfändungspfandrecht immer als notwendige Folge einer wirksamen Verstrik-

---

30 Siehe Vor §§ 753–763 Rdn. 5, § 765 a Rdn. 13.
31 Wie hier *Baur/Stürner*, Rdn. 9.16; *Brox/Walker*, Rdn. 369; *Bruns/Peters*, § 20 III 1 c; *Fahland*, a.a.O., S. 118 ff.; *Rosenberg/Schilken*, § 50 III 1 d bb; *Stein/Jonas/Münzberg*, § 803 Rdn. 18; a. A. BGH, KTS 1959, 156; *Blomeyer*, § 45 III 2.
32 Einzelheiten: § 843 Rdn. 3.
33 Zu dieser Möglichkeit unten Rdn. 17.
34 *Baumbach/Lauterbach/Hartmann*, § 804 Rdn. 4; *Brox/Walker*, Rdn. 370; *Gaul*, Rpfleger 1971, 1, 7; *Rosenberg/Schilken*, § 50 III 2 b; *Stein/Jonas/Münzberg*, § 804 Rdn. 43; *Thomas/Putzo*, § 803 Rdn. 11; *Zöller/Stöber*, § 804 Rdn. 13.
35 LG Köln, MDR 1965, 213; *Baur/Stürner*, Rdn. 27.4; *Bruns/Peters*, § 20 III; *Lüke*, JZ 1955, 484, 486 f.
36 *Münzberg*, ZZP 1965, 287, 297 ff.
37 So etwa *Brox/Walker*, Rdn. 386; *Gaul*, Rpfleger 1971, 6; *Lipp*, JuS 1988, 119; *Schmidt*, JuS 1970, 551; *ders.*, ZZP 1974, 318; *Thomas/Putzo*, § 804 Rdn. 3.
38 So auch *Rosenberg/Schilken*, § 50 III 3 a.
39 Siehe insbesondere *Baumbach/Lauterbach/Hartmann*, Übers. vor § 803 Rdn. 8 und § 804 Rdn. 2; *Geib*, Die Pfandverstrickung, S. 8; *Münzberg*, ZZP 1965, 287; *Lüke*, JZ 1955, 484; *ders.*, JZ 1957, 239; *ders.*, Festschr. f. Nakamura, 1996, 389; *Stein/Jonas/Münzberg*, § 804 Rdn. 1 ff.; *Thomas/Putzo*, § 803 Rdn. 8 und § 804 Rdn. 4; *Zöller/Stöber*, § 804 Rdn. 2.

kung, ohne daß es auf die Voraussetzungen des BGB für Entstehung und Bestand eines Pfandrechts (Akzessorietät zur gesicherten Forderung, § 1204 Abs. 1 BGB; Zugehörigkeit der Pfandsache zum Schuldnervermögen, § 1207 BGB) ankäme. Das Pfändungspfandrecht sei ein prozessuales und damit öffentliches Recht, das solange bestehe, wie die es begründende Verstrickung andauere, unabhängig vom Bestand der titulierten Forderung und unabhängig von der Zugehörigkeit des Vollstreckungsobjekts zum Schuldnervermögen. Die öffentlich-rechtliche Theorie geht von dem unbestrittenen Grundsatz aus, daß Ausgangspunkt der Vollstreckung nicht der materiellrechtliche Anspruch als solcher ist, sondern der vollstreckbare Titel, unabhängig davon, ob die in ihm ausgewiesene Forderung zum Zeitpunkt der Titulierung bestand oder nicht.[40] Diese Unabhängigkeit der Vollstreckung vom materiellen Anspruch bedeute nicht nur, daß das Tätigwerden der staatlichen Vollstreckungsorgane allein aufgrund des Titels erfolge, sondern müsse zur weiteren Konsequenz haben, daß auch das Entstehen und der Fortbestand des Pfändungspfandrechts **allein** von den formalen Kriterien des Vollstreckungsrechts und nicht von materiellrechtlichen Gegebenheiten bestimmt werde. Da das Pfändungspfandrecht losgelöst vom materiellen Recht gesehen werden müsse, sage es auch nichts darüber aus, ob der Gläubiger nach Verwertung des Pfändungsgutes den Verwertungserlös behalten dürfe. Dafür sei allein das materielle Recht auf der Basis des Titels maßgeblich.[41]

Der öffentlich-rechtlichen Theorie ist entgegenzuhalten, daß sie schon dem Wortlaut des § 804 Abs. 2 ZPO nicht gerecht wird, der auf das bürgerlichrechtliche Pfandrecht verweist. Es besteht auch keine Notwendigkeit, ein – im übrigen Recht unbekanntes – öffentliches Recht zugunsten privater Dritter zu konstruieren, insbesondere nicht als Konsequenz aus der kaum zu bezweifelnden Zuordnung des Vollstreckungsverfahrensrechts zum öffentlichen Recht. Es ist durchaus nicht unüblich, daß durch öffentlich-rechtlichen Akt, etwa durch ein Urteil, aber auch durch andere Staatsakte, Privatrechte begründet oder inhaltlich gestaltet werden.

12  2. **Rein privatrechtliche Theorie:** Dieses wiederum berücksichtigt zu wenig die rein privatrechtliche Theorie, die heute nur noch wenig vertreten wird.[42] Sie sieht das Pfändungspfandrecht allein als dritte Form des bürgerlich-rechtlichen Pfandrechts, auf das die §§ 1204 ff. BGB, soweit die ZPO keine Sonderregeln enthalte, uneingeschränkt Anwendung fänden. Dies gelte nicht nur für Entstehen, Bestand und Erlöschen des Pfandrechts, sondern auch für die Pfandverwertung. So könne der Ersteher an schuldnerfremden Sachen in der Versteigerung nur kraft guten Glaubens Eigentum erwerben.[43] Das Pfändungspfandrecht, nicht die Verstrickung, sei das Fundament des gesamten Vollstreckungsvorganges. Andererseits habe auch das Verfahrensrecht Bedeu-

---

40 Siehe Vor §§ 704–707 Rdn. 1.
41 *Stein/Jonas/Münzberg,* § 771 Rdn. 73; a. A. unter den Vertretern der öffentlich-rechtlichen Theorie (kein Ausgleichsanspruch, wenn ein förmlich ordnungsgemäß gepfändeter Gegenstand förmlich ordnungsgemäß verwertet wurde): *Baumbach/Lauterbach/Hartmann,* § 819 Rdn. 1; *Böhm,* Ungerechtfertigte Zwangsvollstreckung und materielle Ausgleichsansprüche, 1971, 85 ff.; *Gloede,* MDR 1972, 291; *Schünemann,* JZ 1985, 49.
42 Vergl. *Goldschmidt,* Zivilprozeßrecht, 2. Aufl. 1932, § 94, 1; *Wolff/Raiser,* Sachenrecht, 10. Bearbeitung, § 167 II und III; in neuerer Zeit: *Marotzke,* NJW 1978, 133 ff.
43 Zur h. M. dagegen siehe Anh. zu § 771 Rdn. 14.

tung für das materiellrechtliche Pfandrecht: Alle wesentlichen Verfahrensfehler müßten auf den Bestand des Pfändungspfandrechts als des zentralen Ergebnisses des Vollstreckungsverfahrens Rückwirkungen haben. Diese Betrachtungsweise gibt dem Pfandrecht eine Bedeutung, die dem öffentlich-rechtlichen Verfahren nicht gerecht wird. Der Staat wird in der Zwangsvollstreckung aus eigenem Recht, nicht als Gehilfe des Gläubigers tätig.[44] Seine Tätigkeit ist deshalb auch nach dem dem Staat eigenen öffentlichen Recht zu beurteilen. Umgekehrt erscheint es nicht notwendig, dem Verfahrensrecht, auf dessen Beachtung der Gläubiger nur beschränkten Einfluß hat, für das materielle Recht eine derart zentrale Bedeutung beizumessen.

**3. Gemischt-privat-öffentlich-rechtliche Theorie:** Den Einwänden gegen die zuvor genannten Theorien versuchen die verschiedenen gemischt-privat-öffentlich-rechtlichen Theorien[45] gerecht zu werden. Sie stimmen darin überein, daß sie zwischen dem Pfändungspfandrecht als einem privaten, materiellen Recht des Gläubigers zur Verwertung des Pfandobjektes, das den Rechtsgrund für das Behaltendürfen des Erlöses umschreibt, einerseits und der Verstrickung als der öffentlich-rechtlichen Legitimation des Staates, den Gegenstand auch gegen den Willen des Schuldners verwerten zu dürfen, andererseits unterscheiden. Die Einordnung des Pfändungspfandrechts als privates Recht am Vollstreckungsgegenstand wird der Verweisung in § 804 Abs. 2 ZPO gerecht. Sie führt auch im Hinblick auf alle Konkurrenzprobleme bezüglich des Vollstreckungsobjekts zu sachgerechten Ergebnissen. Durch die allein öffentlich-rechtliche Beurteilung der Tätigkeit der Vollstreckungsorgane wird andererseits ein reibungsloser Verfahrensablauf gewährleistet. Im Grundsatz ist den gemischt-privat-öffentlich-rechtlichen Theorien deshalb zuzustimmen. Hinsichtlich der Einzelheiten muß aber wie folgt differenziert werden:

13

**a) Entstehung des Pfändungspfandrechts:** Zur Entstehung des Pfandrechts ist zunächst eine verfahrensrechtlich wirksame, d. h. nicht nichtige, Pfändung erforderlich. Die Pfändung muß aber nicht nur wirksam sein; vielmehr müssen alle wesentlichen Vollstreckungsvoraussetzungen vorliegen, selbst wenn ihr Fehlen nicht zur Unwirksamkeit, sondern nur zur Anfechtbarkeit der Pfändung führen würde.[46] Diese Voraussetzung tritt an die Stelle der wirksamen Einigung und Übergabe bei der rechtsgeschäftlichen Begründung eines Pfandrechts. Lediglich die Verletzung von bloßen Ordnungsvorschriften (z. B. von § 761 ZPO) ist für die Entstehung des Pfändungspfandrechts unschädlich. Neben der Einhaltung der wesentlichen Verfahrensvorschriften müssen auch die materiellrechtlichen Mindesterfordernisse der §§ 1204 ff. BGB erfüllt sein, damit ein Pfandrecht am Vollstreckungsobjekt entstehen kann: Die

14

---

44 Siehe Allgem. Vorbem. Rdn. 3.
45 Grundlegend in der älteren Literatur *Förster/Kann*, § 804 Anm. 2 und § 817 Anm. 5; *Stein*, Grundfragen der Zwangsvollstreckung, 1913, S. 24 ff. Heutige Vertreter u. a. *Baumann/Brehm*, § 18 I 2; *Baur/Stürner*, Rdn. 27.10; *Brox/Walker*, Rdn. 393; *Bruns/Peters*, § 20 III 2; *Gaul*, Rpfleger 1971, 4 ff.; *Gerhardt*, § 7 II 2 und 3; *Jauernig*, § 16 III; *Rosenberg/Schilken*, § 50 III 3 a; in der Rspr. BGHZ 20, 88 ff.; 23, 293 ff.; 56, 339 ff.
46 Vergl. BGH, NJW 1959, 1873, 1874; *Baur/Stürner*, Rdn. 27.12; *Brox/Walker*, Rdn. 383; *Bruns/Peters*, § 20 III 2; *Rosenberg/Schilken*, § 50 III 3 b; a. A. *Gerhardt*, § 7 II 2 b; *Jauernig*, § 16 III C 4 a.

Forderung, wegen der die Vollstreckung betrieben wird, muß bestehen. Das Pfändungsobjekt muß zum Vermögen des Schuldners gehören.⁴⁷ Die Akzessorietät des Pfandrechts zur Forderung unterliegt allerdings einer gewissen Einschränkung. Ist die Forderung, obwohl sie materiellrechtlich gar nicht besteht, im Titel gerichtlich festgestellt, so ist der Titel auch Grundlage des Pfandrechts. Kann der Erlöschensgrund der Forderung nicht nach § 767 ZPO geltend gemacht werden, weil der Schuldner mit diesem Einwand nach § 767 Abs. 2 oder 3 ZPO ausgeschlossen ist, so ist er auch für den Fortbestand des Pfändungspfandrechts unbeachtlich.

15   b) **Materiellrechtliche Bedeutung:** Das Pfändungspfandrecht am Vollstreckungsobjekt bzw. später am Vollstreckungserlös ist der **Rechtsgrund für das Behaltendürfen** des durch den Vollstreckungserlös erzielten Vermögenszuwachses.⁴⁸ Bestand kein Pfandrecht am Vollstreckungsobjekt, etwa weil die Pfändung nichtig war, ist der Gläubiger auch dann um den an ihn ausgekehrten Erlös ungerechtfertigt bereichert, wenn die titulierte Forderung besteht.⁴⁹

15a  c) **Rang des Pfändungspfandrechts:** Der Rang des Pfändungspfandrechts im Verhältnis zu anderen Belastungen des Vollstreckungsgegenstandes (§ 804 Abs. 2 und 3 ZPO) bestimmt sich nach dem Zeitpunkt der wirksamen Verstrickung, sofern in diesem Zeitpunkt auch die materiellrechtlichen Voraussetzungen des Pfandrechts bereits vorlagen. Wird die Verstrickung später aufgehoben, die aufhebende Entscheidung aber ihrerseits im Beschwerdeverfahren abgeändert, kann das zusammen mit der Verstrickung zunächst erloschene Pfändungspfandrecht nur mit dem Rang neu begründet werden, der zum Zeitpunkt der erforderlichen Neupfändung frei ist. Die Beschwerdeentscheidung führt nicht zur rückwirkenden Wiederherstellung des Pfandrechts. Da die bloße Anfechtbarkeit der Pfändung den Bestand des Pfändungspfandrechts solange nicht berührt, wie die Pfändung nicht aufgehoben ist, wird der Rang des Pfandrechts durch die nachträgliche Heilung von Vollstreckungsfehlern, durch die die Anfechtbarkeit der Pfändung beseitigt wird, zwar gesichert, aber nicht erst begründet.⁵⁰ Die Frage, ob eine derartige Heilung die Pfändung rückwirkend unanfechtbar macht oder erst ex nunc, ist also irrelevant.⁵¹

16   Lagen zum Zeitpunkt der wirksamen Verstrickung die materiellrechtlichen Entstehungsvoraussetzungen des Pfandrechts nicht vor, gehörte etwa die gepfändete körperliche Sache nicht dem Schuldner oder war die Vollstreckungsforderung erloschen, traten diese Voraussetzungen aber später ein, etwa weil der Schuldner die gepfändete Sache zu Eigentum erwarb oder weil die erloschene Vollstreckungsforderung neu auflebte, so wird das Pfandrecht erst ex nunc ab dem Zeitpunkt begründet, in dem die ma-

---

47 Wie Fußn. 45 außer *Baumann/Brehm*, § 18 I 2; *Jauernig*, § 16 III C 4.
48 Siehe auch Anh. zu § 771 Rdn. 2; ferner *Rosenberg/Schilken*, § 50 III 2 sowie § 53 V 1 d.
49 Er kann gegen den Rückzahlungsanspruch dann allerdings mit seiner Forderung aufrechnen, soweit nicht ausnahmsweise ein Aufrechnungsverbot eingreift, und sich so letztlich aus dem Versteigerungserlös befriedigen.
50 Wie hier *Gerhardt*, § 7 II 3 b; *Jauernig*, § 16 III C 4 a.
51 Anders die in Fußn. 45 Genannten, da ihrer Meinung nach das Pfandrecht erst mit der Heilung der Mängel entsteht. Siehe ferner BGHZ 57, 108 und OLG Hamburg, MDR 1974, 321.

teriellrechtlichen Entstehungsvoraussetzungen vorlagen.[52] Dieser Zeitpunkt bestimmt dann auch den Rang des Pfandrechts. Eine Rückwirkung auf den Zeitpunkt der wirksamen Verstrickung scheidet insofern aus. Etwas anderes gilt aber dann, wenn die Pfändung der einem Dritten gehörigen Sache von diesem nachträglich genehmigt wird. Hier wirkt die Genehmigung zurück (§ 184 BGB).[53] Das Pfandrecht muß aber dennoch zwischenzeitlich begründete andere Pfandrechte im Rang vorgehen lassen.

d) **Erlöschen durch gutgläubigen lastenfreien Erwerb:** Als bürgerlichrechtliche Belastung des Vollstreckungsgutes kann das Pfandrecht, wenn ein Dritter die Sache gutgläubig, d. h. ohne Kenntnis von ihrer Beschlagnahme, erwirbt, gem. **§ 936 BGB** erlöschen. Die Verstrickung wird hierdurch ebenfalls beendet.[54] Der Gerichtsvollzieher ist daher, auch wenn er wieder in den Besitz des Gegenstandes kommt, nicht zur Fortsetzung der begonnenen Vollstreckung berechtigt. Der Erwerber muß also keine Klage nach § 771 ZPO erheben, um die Verwertung der Sache zu verhindern.   17

e) **Nachträgliche Unwirksamkeit gem. § 7 Abs. 3 GesO/§ 88 InsO:** In den neuen Bundesländern werden gem. § 7 Abs. 3 GesO mit Eröffnung der Gesamtvollstreckung über das Vermögen des Schuldners bereits eingeleitete, aber noch nicht abgeschlossene Vollstreckungsmaßnahmen unwirksam. Das gilt auch dann, wenn sie zugunsten des Gläubigers bereits zu einem Pfändungspfandrecht geführt haben;[55] denn allein mit der Entstehung eines Pfändungspfandrechts bewirkt noch keine Befriedigung, sondern nur eine Sicherung des Gläubigers, und eine Schmälerung der Haftungsmasse durch diejenigen Gläubiger, die vor Verfahrenseröffnung eine dingliche Sicherheit erlangt haben, soll durch § 7 Abs. 3 GesO gerade verhindert werden.   18
Am 1. 1. 1999 wird diese Regelung durch die im wesentlichen damit übereinstimmende Vorschrift des § 88 InsO abgelöst.[56] Davon werden dann aber nur solche Pfändungen erfaßt, die »nicht früher als einen Monat vor dem Antrag auf Eröffnung des Insolvenzverfahrens« erfolgt sind.[57]

---

52 *Baur/Stürner*, Rdn. 27.17; *Rosenberg/Schilken*, § 50 III 3 b cc.
53 *Baur/Stürner*, Rdn. 27.17; *Brox/Walker*, Rdn. 383 und 390; *Bruns/Peters*, § 20 III 2; *Rosenberg/Schilken*, § 50 III 3 b cc; *K. Schmidt*, ZZP 1974, 320 ff.
54 Siehe Rdn. 9.
55 BGH, WM 1995, 596 mit Anm. *Walker* in WuB 1995, 561; OLG Dresden, ZIP 1996, 795.
56 BGBl. I 1994, 2866.
57 Vergl. zur zeitlichen Begrenzung der Rückschlagsperren in §§ 7 Abs. 3 GesO, 88 InsO *Lohkemper*, KTS 1995, 221, 233 ff.; *Walker*, WuB 1995, 562, 563.

§ 803 Pfändung

(1) ¹Die Zwangsvollstreckung in das bewegliche Vermögen erfolgt durch Pfändung. ²Sie darf nicht weiter ausgedehnt werden, als es zur Befriedigung des Gläubigers und zur Deckung der Kosten der Zwangsvollstreckung erforderlich ist.

(2) Die Pfändung hat zu unterbleiben, wenn sich von der Verwertung der zu pfändenden Gegenstände ein Überschuß über die Kosten der Zwangsvollstreckung nicht erwarten läßt.

**Inhaltsübersicht**

| | Literatur | Rdn. |
|---|---|---|
| I. | Zwangsvollstreckung durch Pfändung | 1 |
| II. | Verbot der Überpfändung (Abs. 1 S. 2) | 2 |
| | 1. Überpfändung | 2 |
| | 2. Rechtsfolgen einer Überpfändung | 3 |
| | 3. Nachpfändung | 4 |
| III. | Verbot der zwecklosen Pfändung (Abs. 2) | 5 |
| | 1. Zweck des Verbots und Prüfung durch das Vollstreckungsorgan | 5 |
| | 2. Verwertung i. S. v. Abs. 2 | 6 |
| | 3. Anschlußpfändung | 7 |
| | 4. Anwendungsgrenzen | 8 |
| | 5. Rechtsfolgen eines Verstoßes gegen Abs. 2 | 9 |
| IV. | ArbGG, VwGO, AO | 10 |

Literatur: *Brehm*, Das Pfändungsverbot des § 803 Abs. 2 ZPO bei der Anschlußpfändung, DGVZ 1985, 65; *Gaul*, Billigkeit und Verhältnismäßigkeit in der zivilgerichtlichen Vollstreckung öffentlichrechtlicher Abgaben, JZ 1974, 279; *Müller*, Erneute Pfändung nach Interventionsurteil, DGVZ 1976, 1; *Mümmler*, Überprüfung und zwecklose Pfändung, JurBüro 1976, 25; *Stehle*, Weiterhin umständliche und oft nutzlose Zwangsvollstreckung, NJW 1960, 800; *Werner*, Erschweren rechtliche Schranken den Vollstreckungserfolg?, DGVZ 1986, 49 und 65; *Wieser*, Die zwecklose Sachpfändung, DGVZ 1985, 37; *ders.*, Die zwecklose Zwangsversteigerung, Rpfleger 1985, 96; *ders.*, Der Grundsatz der Geeignetheit in der Zwangsvollstreckung, ZZP 1985, 427; *ders.*, Der Grundsatz der Erforderlichkeit in der Zwangsvollstreckung, ZZP 1987, 146; *ders.*, Der Grundsatz der Verhältnismäßigkeit in der Zwangsvollstreckung, 1989.

1 **I. Zwangsvollstreckung durch Pfändung:** Zur dogmatischen Einordnung des Pfändungsvorganges und seiner Folgen (Verstrickung und Pfändungspfandrecht) siehe die »Vorbemerkung vor §§ 803, 804«. Die Pfändung erfolgt in der Form des § 808 ZPO (Inbesitznahme durch den Gerichtsvollzieher und gegebenenfalls Anlegung eines Pfandsiegels), soweit eine körperliche Sache gepfändet wird, in der Form des § 829 ZPO bzw. der §§ 847 ff. ZPO (Pfändungsbeschluß), soweit es um eine Forderung bzw. ein sonstiges Vermögensrecht geht. Die Pfändung als staatlicher Hoheitsakt kann nur durch ein staatliches Vollstreckungsorgan vollzogen werden. Zur Möglichkeit einer »Vorpfändung« durch den Gläubiger selbst siehe § 845 ZPO.

Pfändung § 803

**II. Verbot der Überpfändung (Abs. 1 S. 2):** 2

**1. Überpfändung:** Damit der Schuldner durch die Vollstreckung nicht unnötig in seiner wirtschaftlichen Bewegungsfreiheit gebunden und der Gläubiger nicht weitergehend gesichert wird, als dies zum Erfolg der Vollstreckung, also zur späteren Befriedigung seiner Forderung nebst Kosten notwendig ist, ist die sog. Überpfändung bei der Zwangsvollstreckung in das bewegliche Vermögen verboten. Die Vorschrift ist nicht entsprechend auf das Zwangsversteigerungsverfahren übertragbar.[1] Die Voraussetzungen des § 803 Abs. 1 Satz 2 ZPO sind vom jeweiligen Vollstreckungsorgan (Gerichtsvollzieher, Rechtspfleger beim Vollstreckungsgericht) zu prüfen. Auszugehen ist von der nach dem Inhalt des Titels noch zu vollstreckenden Forderung, nicht von der dem Titel zugrundeliegenden materiellen Forderung.[2] Auf der anderen Seite ist auf den Verwertungserlös abzustellen, der dem Gläubiger bei Beendigung der Vollstreckung zufließen wird. Er wird sich in der Regel bei beweglichen Sachen deutlich vom Schätzwert nach § 813 Abs. 1 ZPO unterscheiden und näher am Mindestgebot des § 817 a Abs. 1 u. 3 ZPO liegen. Bei Forderungen kann nur dann auf den Wert abgestellt werden, wenn schon eine positive Auskunft nach § 840 ZPO eines solventen Drittschuldners (Kreditinstitut, öffentliche Hand u. ä.) vorliegt oder wenn es sich um eine dinglich gesicherte Forderung an vorderster Rangstelle handelt. Sind mehrere Gegenstände gepfändet, sind sie gemeinsam zu bewerten.[3] Befinden sich unter ihnen Gegenstände, von denen der Schuldner behauptet, sie stünden im Eigentum eines Dritten oder seien vorrangig zugunsten eines Dritten belastet, so bleiben sie bei der Bewertung außer Betracht.[4] Ist nur ein pfändbarer Gegenstand vorhanden, so greift § 803 Abs. 1 S. 2 ZPO grundsätzlich nicht ein, selbst wenn der Gegenstand noch so wertvoll ist.[5] Im Einzelfall mag hier § 765 a ZPO zugunsten des Schuldners helfen.[6] Betreibt der Gläubiger gegen mehrere Schuldner wegen derselben Forderung die Zwangsvollstreckung, werden die bei den einzelnen Schuldnern gepfändeten Werte nicht zusammengerechnet.[7] Jeder Schuldner ist isoliert zu beurteilen. Erst wenn ein Schuldner den Gläubiger auch tatsächlich befriedigt hat, können die anderen mit der Klage nach § 767 ZPO gegen die Vollstreckung in ihr Vermögen vorgehen. Deshalb kann das Vollstreckungsorgan im Rahmen der Vollstreckung gegen einen von mehreren Gesamtschuldnern auch nicht verlangen, daß ihm die gegen die anderen Schuldner erteilten Titel ebenfalls vorgelegt werden.[8]

**2. Rechtsfolgen einer Überpfändung:** Durch eine Überpfändung wird weder die Pfändung als ganzes noch der überschießende Teil unwirksam. Das gesamte Pfän- 3

---

1 LG Stuttgart, ZZP 1959, 324; MüKo/*Schilken*, § 803 Rdn. 41; *Stein/Jonas/Münzberg*, § 803 Rdn. 25; a. A. LG Würzburg, DGVZ 1982, 61.
2 BGH, WM 1956, 456.
3 OLG Hamm, JurBüro 1960, 451.
4 OLG Hamm, JurBüro 1960, 451; LG Traunstein, MDR 1953, 112.
5 LG Stade, JurBüro 1959, 315.
6 Siehe § 765 a Rdn. 10.
7 *Stein/Jonas/Münzberg*, § 803 Rdn. 25.
8 LG Bremen, DGVZ 1982, 76; LG Stuttgart, Rpfleger 1983, 161; AG Groß-Gerau, Rpfleger 1981, 151 mit Anm. *Spangenberg*; Zöller/*Stöber*, § 803 Rdn. 7.

dungsgut ist verstrickt, an allen Gegenständen ist ein Pfändungspfandrecht entstanden. Die Pfändung ist aber mit der Erinnerung nach § 766 ZPO anfechtbar.[9] Maßgebend für die Entscheidung über die Erinnerung sind auch hier[10] die Verhältnisse zur Zeit ihres Erlasses, nicht diejenigen zur Zeit der Pfändung.[11] Der Schuldner trägt dabei die Beweislast für die die Überpfändung begründenden Umstände.[12] Der Gläubiger erweist sich durch eine Überpfändung keinen Gefallen, da § 803 Abs. 1 S. 2 ZPO auch Schutzgesetz i. S. des § 823 Abs. 2 BGB ist,[13] so daß der Gläubiger, wenn er die Überpfändung selbst erkennt,[14] dem Schuldner gegebenenfalls auf Schadensersatz haftet. Der mögliche Schaden kann darin liegen, daß die zuviel gepfändeten Gegenstände als Kreditgrundlage ausfielen oder nicht gewinnbringend veräußert werden konnten.

4   3. **Nachpfändung:** Dem Gebot an den Gerichtsvollzieher, Überpfändungen zu vermeiden (siehe auch § 132 Nr. 7 GVGA), steht die Pflicht gegenüber, von Amts wegen eine Nachpfändung vorzunehmen, wenn er aufgrund einer Neuschätzung in einem späteren Zeitpunkt zu dem Ergebnis kommt, die bisherigen Pfändungen sicherten nicht die volle Befriedigung des Gläubigers (§ 132 Nr. 9 GVGA).[15] Der Rechtspfleger wird dagegen nur auf Antrag tätig, wenn der Gläubiger die Pfändung neuer Forderungen und Rechte für notwendig erachtet, weil die bisher gepfändeten sich als notleidend erwiesen. Stellt der Gerichtsvollzieher erst bei der Abholung der zunächst gepfändeten Sachen fest, daß er zu wenig gepfändet hatte, kann er die Nachpfändung abweichend von § 808 Abs. 2 ZPO in der Weise durchführen, daß er sogleich weitere pfändbare Gegenstände zur einheitlichen Verwertung mitnimmt.[16]

5   III. **Verbot der zwecklosen Pfändung (Abs. 2):**

1. **Zweck des Verbots und Prüfung durch das Vollstreckungsorgan:** Zweck der Zwangsvollstreckung ist die Befriedigung des Gläubigers. Deshalb sind Vollstreckungsmaßnahmen, die erkennbar nicht wenigstens zu einer Teilbefriedigung des Gläubigers, sondern allenfalls zur Deckung der Vollstreckungskosten führen, untersagt. Die Regelung dient dem Schutze des Schuldners und des Gläubigers. Auch letzterer soll davor bewahrt werden, Kosten für eine zwecklose Zwangsvollstreckung nachschießen zu müssen.[17] Für die Hausratspfändung geht § 812 ZPO einen Schritt über § 803 Abs. 2 hinaus: Sie soll schon dann unterbleiben, wenn zwar ein geringer Überschuß über die Kosten zu erwarten ist, der Erlös aber doch zu dem Wert der Gegenstände außer allem Verhältnis stehen würde. Ob die Pfändung wegen Zweckverfehlung zu un-

---

9 BGH, NJW 1975, 738.
10 Vergl. § 766 Rdn. 27.
11 *Brox/Walker*, Rdn. 351.
12 *Baumbach/Lauterbach/Hartmann*, § 803 Rdn. 10.
13 BGH, JZ 1985, 631.
14 Eine Anwendung des § 831 BGB im Hinblick auf die Vollstreckungsorgane kommt nicht in Betracht.
15 Allgem. Meinung; vergl. *Rosenberg/Schilken*, § 50 II 2; *Stein/Jonas/Münzberg*, § 803 Rdn. 26; *Zöller/Stöber*, § 803 Rdn. 8.
16 OLG Karlsruhe, MDR 1979, 237.
17 LG Berlin, MDR 1983, 501; *Stein/Jonas/Münzberg*, § 803 Rdn. 33.

terbleiben hat, ist vom Vollstreckungsorgan nach pflichtgemäßem Ermessen zu beurteilen.[18] Bei der Forderungs- und Rechtspfändung wird der Rechtspfleger nach Abs. 2 nur entscheiden dürfen, wenn schon der Nennwert der Forderung die Vollstreckungskosten nicht deckt, da es keine verläßlichen Kriterien im übrigen dafür gibt, ob eine Forderung realisierbar sein wird. Der Gerichtsvollzieher kann dagegen die Erfahrung seiner Versteigerungspraxis berücksichtigen. Unterläßt der Gerichtsvollzieher die Pfändung, weil der Schuldner nur Sachen besitzt, von deren Verwertung ein Überschuß über die Kosten der Zwangsvollstreckung nicht zu erwarten ist, so genügt grds. im Protokoll der allgemeine Hinweis, daß eine Pfändung aus diesem Grunde unterblieben ist (§ 135 Nr. 6 S. 1 GVGA).[19]

**2. Verwertung i.S.v. Abs. 2:** Verwertung i. S. von Abs. 2 ist jede im Gesetz vorgesehene Verwertungsart, also auch § 825 ZPO.[20] Würde der Gegenstand deshalb zwar unter den üblichen Voraussetzungen in der Versteigerung nicht hinreichenden Erlös versprechen, sichert aber der Gläubiger zu, selbst ein die zu erwartenden Kosten übersteigendes Gebot abzugeben oder den Gegenstand im Fall der Zuweisung nach § 825 ZPO zu einem ausreichenden Betrag zu übernehmen, kann die Pfändung nicht unter Hinweis auf § 803 Abs. 2 ZPO abgelehnt werden.[21] Bei der gleichzeitigen Pfändung für mehrere Gläubiger darf nicht darauf abgestellt werden, was auf den einzelnen im Falle einer anteiligen Aufteilung des Erlöses entfiele; die Prüfung muß vielmehr für jeden Gläubiger isoliert durchgeführt werden ohne Rücksicht auf die übrigen.[22] Einigen sich die Gläubiger später nicht, ist nach § 827 ZPO zu verfahren.[23]

**3. Anschlußpfändung:** Für die Anschlußpfändung gilt § 803 Abs. 2 ZPO nur, wenn sie schon als Erstpfändung nach dieser Vorschrift unzulässig wäre. Ansonsten steht die Vorschrift einer Anschlußpfändung nicht entgegen, weil nicht auszuschließen ist, daß vorrangige Gläubiger verzichten oder auf ein Rechtsmittel hin aus der Konkurrenz ausscheiden.[24] So wie bei der Anschlußpfändung die vorrangigen Pfändungen außer Betracht bleiben, werden ganz allgemein vorrangige sonstige Belastungen (z. B. Vermieterpfandrecht) unberücksichtigt gelassen, da das Vollstreckungsorgan nicht abschätzen kann, inwieweit sie tatsächlich wirksam bestehen und ob der Berechtigte sie überhaupt geltend machen wird.[25] Es bleibt dem Gläubiger, der das Kostenrisiko gering halten

---

18 AG und LG Köln, DGVZ 1983, 44.
19 Einzelheiten siehe § 762 Rdn. 5; zum Meinungsstand insoweit siehe dort Fußn. 6–8; AG Recklinghausen, JurBüro 1995, 159.
20 Allgem. Meinung; vergl. LG Berlin, JurBüro 1982, 460; LG Essen, DGVZ 1972, 186; LG Lübeck, SchlHA 1970, 116.
21 LG Köln, JurBüro 1987, 1810; AG Neustadt/Rbge, DGVZ 1979, 94; AG Walsrode, DGVZ 1985, 157.
22 Zöller/Stöber, § 803 Rdn. 9; a. A. LG Berlin, DGVZ 1983, 42 mit abl. Anm. *Maaß*.
23 *Maaß*, DGVZ 1983, 42.
24 Wie hier *Brehm*, DGVZ 1985, 65; *Brox/Walker*, Rdn. 356; *Rosenberg/Schilken*, § 50 II 3; *Stein/Jonas/Münzberg*, § 803 Rdn. 29; a. A. *Lorenz*, MDR 1952, 663; *Wieser*, DGVZ 1985, 37; *Zöller/Stöber*, § 803 Rdn. 9.
25 *Wieser*, DGVZ 1985, 37; a. A. *Baumbach/Lauterbach/Hartmann*, § 803 Rdn. 13; *Zöller/Stöber*, § 803 Rdn. 9.

will, unbenommen, den Gerichtsvollzieher im Rahmen des Vollstreckungsantrages anzuweisen, von der Pfändung solcher Gegenstände abzusehen, an denen sich bereits Rechte Dritter befinden.[26]

8   4. **Anwendungsgrenzen:** Das Gebot des § 803 Abs. 2 ZPO gilt für alle Arten der Zwangsvollstreckung wegen Geldforderungen in das bewegliche Vermögen, auch für Kassen-[27] und Taschenpfändungen,[28] nicht dagegen nach überwiegender Ansicht für die Zwangsvollstreckung in das unbewegliche Vermögen.[29] Kein Fall von § 803 Abs. 2 ZPO liegt vor, wenn es darum geht, dem Schuldner empfindliche Einbußen an öffentlichem Ansehen durch die Art der Zwangsvollstreckung (z. B. Taschenpfändung) zu ersparen, die außer Verhältnis zum Vollstreckungserfolg stehen (geringwertige Forderung, geringe Befriedigung des Gläubigers). Soweit der Gläubiger nicht erkennbar allein vollstreckungsfremde Ziele verfolgt, müssen derartige Verhältnismäßigkeitsabwägungen außerhalb des § 765 a ZPO außer Betracht bleiben.[30]

9   5. **Rechtsfolgen eines Verstoßes gegen Abs. 2:** Ein Verstoß gegen Abs. 2 macht die Pfändung lediglich anfechtbar (§ 766 ZPO). Erinnerungsbefugt sind sowohl der Schuldner als auch der Gläubiger (Abwehr unnötiger Vollstreckungskosten). Die Vollstreckungsorgane sind nicht befugt, von sich aus eine gegen Abs. 2 verstoßende Pfändung wieder rückgängig zu machen, wenn keiner der Erinnerungsbefugten die Verletzung der Norm rügt[31] und der Gläubiger einer Aufhebung widerspricht (§ 125 Abs. 2 GVGA). Ist die Verletzung des Abs. 2 bis zur Beendigung der Zwangsvollstreckung nicht mit der Erinnerung geltend gemacht worden, können die vereinnahmten Vollstreckungskosten nicht mehr nachträglich über § 839 BGB, Art. 34 GG vom Staat erstattet verlangt werden, da die – nutzlose – Verwertung der Sache durch die Verstrickung legitimiert war.[32]

10  **IV. ArbGG, VwGO, AO:** Für die Vollstreckung von arbeitsgerichtlichen Titeln gilt § 803 ZPO (§§ 62 Abs. 2, 85 Abs. 1 S. 3 ArbGG). Soweit Titel nach § 168 VwGO durch Vollstreckung in das bewegliche Vermögen durchgesetzt werden sollen, findet gem. § 167 Abs. 1 VwGO ebenfalls § 803 ZPO Anwendung. Für Vollstreckungen zugunsten der öffentlichen Hand gilt allerdings gem. § 169 VwGO das VwVG, welches in § 5 VwVG auf die AO verweist. Nach § 281 AO erfolgt die Vollstreckung in das bewegliche Vermögen ebenfalls durch Pfändung. Die Vorschrift entspricht inhaltlich dem § 803 ZPO. Für Vollstreckungen gegen die öffentliche Hand bestimmt gem. § 170

---

26 Zur Bindung des Gerichtsvollziehers an eine derartige Weisung siehe Vor §§ 753–763 Rdn. 6.
27 AG Frankfurt, DGVZ 1975, 95.
28 AG Passau, DGVZ 1974, 190.
29 OLG Hamm, Rpfleger 1989, 34; LG Berlin, Rpfleger 1987, 209; LG Freiburg, Rpfleger 1989, 469; LG Göttingen, Rpfleger 1988, 420; LG Krefeld, Rpfleger 1994, 35; LG Marburg, Rpfleger 1984, 406; a. A. LG Augsburg, Rpfleger 1986, 146; LG Frankfurt, Rpfleger 1989, 35; LG Regensburg, NJW-RR 1988, 447; *Baumbach/Lauterbach/Hartmann*, § 803 Rdn. 14.
30 Siehe Vor §§ 753–763 Rdn. 5; ferner *Rosenberg/Schilken*, § 50 II 3.
31 Wie hier *Rosenberg/Schilken*, § 50 II 2; *Stein/Jonas/Münzberg*, § 803 Rdn. 28; a. A. offensichtlich *Thomas/Putzo*, § 803 Rdn. 17; ferner *Mümmler*, JurBüro 1976, 25.
32 A. A. *Stein/Jonas/Münzberg*, § 803 Fußn. 56.

Abs. 1 S. 2 VwGO das Gericht des ersten Rechtszugs die vorzunehmenden Vollstrekkungsmaßnahmen und es ersucht die zuständige Stelle um deren Vornahme. Handelt es sich bei dieser Stelle um eine Behörde gem. § 4 VwVG,[33] richtet sich die Pfändung gem. § 170 Abs. 1 S. 3 VwGO i.V.m. § 5 VwVG nach § 281 AO. Wird dagegen der Gerichtsvollzieher ersucht,[34] gilt § 803 ZPO (§ 170 Abs. 1 S. 3 VwGO).

---

[33] *Kopp*, VwGO, § 170 Rdn. 4.
[34] *Redeker/von Oertzen*, VwGO, § 170 Rdn. 8.

## § 804 Pfändungspfandrecht

(1) Durch die Pfändung erwirbt der Gläubiger ein Pfandrecht an dem gepfändeten Gegenstande.
(2) Das Pfandrecht gewährt dem Gläubiger im Verhältnis zu anderen Gläubigern dieselben Rechte wie ein durch Vertrag erworbenes Faustpfandrecht; es geht Pfand- und Vorzugsrechten vor, die für den Fall eines Konkurses den Faustpfandrechten nicht gleichgestellt sind.
(3) Das durch eine frühere Pfändung begründete Pfandrecht geht demjenigen vor, das durch eine spätere Pfändung begründet wird.

**Inhaltsübersicht**

| Literatur | Rdn. |
|---|---|
| I. Dogmatische Einordnung des Pfändungspfandrechts | 1 |
| II. Rangverhältnis zu anderen dinglichen Gläubigern (Abs. 2) | 2 |
| III. Rangverhältnis zu anderen Pfändungspfandgläubigern (Abs. 3) | 3, 4 |
| IV. Gutgläubiger Erwerb eines Vorrangs | 5 |
| V. Ablösungsrecht dinglich Berechtigter in der Zwangsvollstreckung (§ 268 BGB) | 6 |
| VI. ArbGG, VwGO, AO | 7 |

Literatur: Vergl. die Literaturangaben Vor §§ 803, 804.

1 **I. Dogmatische Einordnung des Pfändungspfandrechts:** Zur dogmatischen Einordnung des Pfändungspfandrechtes nach Abs. 1, zu den Voraussetzungen seiner Entstehung und zu seiner Bedeutung als Rechtsgrund für das Behaltendürfen des Vollstreckungserlöses siehe die Vorbemerkung vor §§ 803, 804, insbesondere dort Rdn. 10-17.

2 **II. Rangverhältnis zu anderen dinglichen Gläubigern (Abs. 2):** Im Verhältnis zu anderen dinglichen Gläubigern, die nicht ihrerseits durch ein Pfändungspfandrecht gesichert sind, gewährt das Pfändungspfandrecht dem Vollstreckungsgläubiger dieselben Rechte wie ein vertragliches Faustpfandrecht. Entsprechend den §§ 1208, 1209 BGB ist für den Rang des Pfandrechts deshalb der Zeitpunkt seiner Entstehung maßgebend. Dies gilt sowohl im Verhältnis zu Faustpfandrechten als auch zu gesetzlichen Pfandrechten und zu den in § 49 Abs. 1 Nr. 1, 3, 4 KO[1] gleichgestellten Rechten. Die am ursprünglichen Vollstreckungsgegenstand begründete Rangordnung der einzelnen Berechtigungen setzt sich nach der Verwertung des Gegenstandes durch Versteigerung am Vollstreckungserlös fort.[2] Derselbe Gläubiger kann sowohl ein Pfändungspfandrecht

---

[1] Ab 1.1.1999: § 51 InsO.
[2] BGHZ 52, 99; BGH, Rpfleger 1972, 213.

Pfändungspfandrecht § 804

als auch ein gesetzliches Pfandrecht nebeneinander an der Sache haben.[3] Es bleibt dann seiner Wahl überlassen, aus welchem der Rechte er die Verwertung betreiben will. Im Verhältnis zu anderen Gläubigern bestimmt in einem solchen Fall das ältere Pfandrecht den eventuellen Vorrang, soweit beide die gleiche Forderung absichern. Zurückbehaltungsrechten, die nicht unter § 49 Abs. 1 Nr. 3 und 4 KO[4] fallen, geht auch ein zeitlich später begründetes Pfändungspfandrecht im Rang vor (Abs. 2, 2. Halbs.).

Der Rang ist nur für die zwangsweise Realisierung der Pfand- und Vorzugsrechte sowie für die abgesonderte Befriedigung im Konkurs von Bedeutung. Er hindert den Schuldner im übrigen nicht, freiwillig nachrangige Gläubiger (allerdings nicht aus der belasteten Sache) zuerst zu befriedigen. Erlischt ein vorrangiges Pfandrecht, etwa durch Befriedigung, so rücken die nachrangigen Gläubiger ohne weiteres nach.

**III. Rangverhältnis zu anderen Pfändungspfandgläubigern (Abs. 3):** Mehrere Gläubiger können ein und denselben Gegenstand gleichzeitig oder zeitlich hintereinander pfänden lassen. Hinsichtlich der Pfändung beweglicher Sachen sieht § 168 GVGA vor, der Gerichtsvollzieher habe alle Vollstreckungsaufträge, die bis zur tatsächlichen Durchführung einer Pfändung bei ihm eingehen, als gleichzeitige zu behandeln und für sie alle die Pfändung zugleich zu bewirken. Auf die Reihenfolge des Eingangs der Vollstreckungsaufträge beim Gerichtsvollzieher komme es nicht an.[5] Die Regelung erscheint bedenklich, weil der Gerichtsvollzieher durch längeres Zuwarten damit das Prioritätsprinzip weitgehend unterlaufen kann.[6] Für die zeitlich nachrangige Anschlußpfändung in körperliche Sachen enthält § 826 ZPO eine Verfahrensregelung. Zeitlich nachfolgende Pfändungen stehen den früheren im Rang nach, wenn auch das Pfändungspfandrecht schon bei der früheren Pfändung mitentstanden war.[7] Hat die Pfändung dagegen zunächst nur die Verstrickung ausgelöst und ist das Pfandrecht erst später entstanden,[8] so ist der letztere Zeitpunkt für den Rang maßgeblich. In diesem Punkte erhalten die unterschiedlichen Pfändungspfandtheorien[9] Bedeutung. Nach der hier vertretenen Auffassung[10] entsteht bei einer bloß verfahrensrechtlich anfechtbaren Pfändung das Pfandrecht sogleich mit der Verstrickung. Es bleibt bestehen, solange die Verstrickung nicht aufgehoben wird. Die Frage des nachträglichen Entstehens eines Pfändungspfandrechts ex nunc oder ex tunc stellt sich also in diesem Zusammenhang nicht. Entfällt ein zunächst begründetes Pfändungspfandrecht später, rücken die nachfolgenden Pfändungspfandrechte sowie die sonstigen Pfand- und Vorzugsrechte im Rang ohne weiteres nach. Verständigen die Pfändungspfandgläubiger sich nicht über die Rangfolge, so ist ein Verteilungsverfahren nach §§ 872 ff. ZPO durchzuführen.

3

---

3 OLG Frankfurt, Rpfleger 1974, 430.
4 Ab 1.1.1999: § 51 Nr. 2 und 3 InsO.
5 Das Pfändungspfandrecht kann Mietzinsforderungen u. U. in weiterem Umfange sichern als das gesetzliche Vermieterpfandrecht; siehe § 563 BGB. Die h. M. will dagegen das Pfändungspfandrecht in den gegebenenfalls besseren Rang des gesetzlichen Pfandrechts einrücken lassen; vergl. *Stein/Jonas/Münzberg*, § 804 Rdn. 39; *Thomas/Putzo*, § 804 Rdn. 12.
6 Kritisch deshalb auch zu Recht *Rosenberg/Schilken*, § 50 IV 1 m. w. N.
7 Vor §§ 803, 804 Rdn. 14.
8 Vor §§ 803, 804 Rdn. 17.
9 Vor §§ 803, 804 Rdn. 11 ff.
10 Vor §§ 803, 804 Rdn. 14.

§ 804 *Pfändungspfandrecht*

4 Billigkeitserwägungen oder der Hinweis auf die »materielle Gleichgewichtigkeit« von Forderungen können den durch Priorität begründeten Rang nicht beeinflussen.[11] Eine gewisse Einschränkung insoweit ergibt sich aus § 850 d ZPO für die Pfändung wegen Unterhaltsansprüchen in den Teil des Einkommens, der den übrigen Gläubigern entzogen ist. Ist der Rang im Einzelfall sittenwidrig erschlichen worden, können die durch diesen Rechtsmißbrauch benachteiligten anderen Gläubiger seiner Geltendmachung im Rahmen des § 805 ZPO oder des Verteilungsverfahrens nach §§ 872 ff. ZPO den Einwand der unzulässigen Rechtsausübung entgegenhalten.[12]

5 **IV. Gutgläubiger Erwerb eines Vorranges:** Der durch zeitlich frühere Pfändung erworbene **Rang** kann **verlorengehen**, wenn ein Dritter an dem Gegenstand gutgläubig ein vorrangiges Vertragspfandrecht erwirbt (§ 1208 BGB).[13] Durch nachrangige Pfändung kann dagegen nie gutgläubig ein Vorrang erworben werden, da das Pfändungspfandrecht in seiner Entstehung von gutem oder bösem Glauben unabhängig ist. Ebenso ist bei gesetzlichen Pfandrechten der gutgläubige Erwerb des Vorranges vor früher begründeten Pfändungspfandrechten ausgeschlossen.[14] Ein gutgläubig erworbenes vorrangiges Vertragspfandrecht wird bei der Verwertung nicht von Amts wegen beachtet. Gesteht der Pfändungsgläubiger den Vorrang nicht von sich aus zu, muß der Berechtigte nach §§ 771, 805 ZPO vorgehen.

Im Konkurs muß das prioritätsältere Pfändungspfandrecht auch gegenüber den Rechten des Staates und der Gemeinden pp. aus § 49 Abs. 1 Nr. 1 KO zurücktreten (§ 49 Abs. 2 KO).[15]

6 **V. Ablösungsrecht dinglich Berechtigter in der Zwangsvollstreckung (§ 268 BGB):** Die Zwangsverwertung einer Sache bringt selten den Verkehrswert. Durch sie drohen deshalb den an der Sache Berechtigten in der Regel wirtschaftliche Verluste. Wer die Zwangsvollstreckung nicht nach § 771 ZPO ganz abwenden, sondern nur an ihr im Rahmen des § 805 ZPO partizipieren kann, wird prüfen, ob es nicht wirtschaftlich vorteilhafter ist, den Vollstreckungsgläubiger nach § 268 BGB auszuzahlen. Der Forderungsübergang nach § 268 Abs. 3 BGB führt zu einer Stärkung der Position des Ablösenden. Mit der Forderung geht auch das für sie begründete Pfändungspfandrecht nach § 401 BGB auf den Ablösenden über. Er kann die Zwangsvollstreckung seinerseits allerdings erst fortsetzen, wenn der Titel des ursprünglichen Vollstreckungsgläubigers nach § 727 ZPO auf ihn umgeschrieben wurde.

---

11 Unrichtig insofern, weil zu allgemein, LG Mannheim, MDR 1970, 245.
12 BGHZ 57, 108.
13 Zu dieser Möglichkeit siehe Vor §§ 803, 804 Rdn. 18; vergl. ferner *Baumbach/Lauterbach/Hartmann*, § 804 Rdn. 12; *Thomas/Putzo*, § 804 Rdn. 11; *Zöller/Stöber*, § 804 Rdn. 4.
14 Str.; wie hier BGHZ 34, 122; 87, 274; *Brox/Walker*, Rdn. 383; *Palandt/Bassenge*, § 1257 BGB Rdn. 2; *Tiedtke*, Gutgläubiger Erwerb im bürgerlichen Recht, im Handels- und Wertpapierrecht sowie in der Zwangsvollstreckung, S. 86, jeweils m.w.N.; a.A. etwa MüKo/*Damrau*, § 1257 BGB Rdn. 3, ebenfalls m.w.N.
15 Ab dem 1.1.1999 gilt dieses Vorrecht nicht mehr (vergl. § 51 Nr. 4 InsO).

**VI. ArbGG, VwGO, AO:** Soweit die Vollstreckung arbeitsgerichtlicher oder verwaltungsgerichtlicher Titel durch Pfändung erfolgt, gilt auch § 804 ZPO. Für die Pfändung nach der AO, die gem. § 5 VwVG auch in den Fällen des § 169 VwGO (ggf. auch des § 170 Abs. 1 S. 3 VwGO) von Bedeutung ist, gilt die Sonderregel des § 282 AO, die inhaltlich mit § 804 ZPO übereinstimmt.

7

§ 805 Klage auf vorzugsweise Befriedigung

(1) Der Pfändung einer Sache kann ein Dritter, der sich nicht im Besitz der Sache befindet, auf Grund eines Pfand- oder Vorzugsrechts nicht widersprechen; er kann jedoch seinen Anspruch auf vorzugsweise Befriedigung aus dem Erlös im Wege der Klage geltend machen, ohne Rücksicht darauf, ob seine Forderung fällig ist oder nicht.
(2) Die Klage ist bei dem Vollstreckungsgericht und, wenn der Streitgegenstand zur Zuständigkeit der Amtsgerichte nicht gehört, bei dem Landgericht zu erheben, in dessen Bezirk das Vollstreckungsgericht seinen Sitz hat.
(3) Wird die Klage gegen den Gläubiger und den Schuldner gerichtet, so sind diese als Streitgenossen anzusehen.
(4) ¹Wird der Anspruch glaubhaft gemacht, so hat das Gericht die Hinterlegung des Erlöses anzuordnen. ²Die Vorschriften der §§ 769, 770 sind hierbei entsprechend anzuwenden.

Inhaltsübersicht

| | | Rdn. |
|---|---|---|
| | Literatur | |
| I. | Anwendungsbereich und Zweck der Norm | 1 |
| II. | Rechtsnatur der Vorzugsklage | 2 |
| III. | Zulässigkeit der Klage | 3 |
| | 1. Statthaftigkeit | 3 |
| | 2. Zuständigkeit des Gerichts | 4 |
| | 3. Klageantrag | 5 |
| | 4. Rechtsschutzbedürfnis | 6 |
| IV. | Verbindung mit Klage aus materiellem Recht | 7 |
| V. | Begründetheit der Klage | 8 |
| | 1. Besitzlose Pfandrechte | 8 |
| | a) Vermieterpfandrecht | 8 |
| | b) Allgemeines Verpächterpfandrecht | 8 |
| | c) Landverpächterpfandrecht | 8 |
| | d) Pfandrecht des Gastwirts | 8 |
| | e) Pfandrecht des Frachtführers nach § 440 Abs. 3 HGB | 8 |
| | 2. Vorzugsrechte gem. § 49 I KO | 9 |
| | a) Verbrauchssteuern (Nr. 1) | 9 |
| | b) Allgemeine Zurückbehaltungsrechte (Nr. 3) | 9 |
| | c) Kaufmännisches Zurückbehaltungsrecht (Nr. 4) | 9 |
| | 3. Sicherungs- und Vorbehaltseigentum | 10 |
| VI. | Einwendungen des Beklagten | 11 |
| VII. | Verfahrensfragen | 12 |
| | 1. Beweislast | 12 |
| | 2. Entscheidung über Kosten und Vollstreckbarkeit | 12 |
| VIII. | Einstweilige Anordnungen (Abs. 4) | 13 |
| IX. | Vollstreckung | 14 |
| X. | Streitwert und Gebühren | 15 |
| XI. | ArbGG, VwGO, AO | 16 |

*Klage auf vorzugsweise Befriedigung* § 805

Literatur: *Brox/Walker*, Die Klage auf vorzugsweise Befriedigung, JA 1987, 57; *Eckert*, Das Vermieterpfandrecht im Konkurs des Mieters, ZIP 1984, 663; *Gerhardt*, Sicherungsübereignung und Pfändungsschutz, JuS 1972, 696; *Grunsky*, Sicherungsübereignung, Sicherungsabtretung und Eigentumsvorbehalt in der Zwangsvollstreckung und im Konkurs des Schuldners, JuS 1984, 497; *Huber*, Rechtskrafterstreckung bei Urteilen über präjudizielle Rechtsverhältnisse, JuS 1972, 621; *Noack*, Schutz des Vermieterpfandrechts in der Zwangsvollstreckung, JurBüro 1975, 1303; *Trinkner*, Verwertung sicherungsübereigneter Gegenstände, BB 1962, 80.
Siehe ferner die Literaturangaben zur Vorbemerkung vor §§ 765 a–777.

**I. Anwendungsbereich und Zweck der Norm:** Die Vorschrift gilt nur im Rahmen der Zwangsvollstreckung wegen Geldforderungen in das bewegliche Vermögen. Deshalb steht sie auch im Zusammenhang der §§ 803–807 ZPO und nicht bereits im Ersten Abschnitt des 8. Buches der ZPO im Zusammenhang mit § 771 ZPO, den sie ergänzt. Ihr Ziel ist es, mit dem Pfändungspfandgläubiger konkurrierenden Gläubigern, deren Berechtigung am Pfändungsobjekt allein auf Befriedigung eines Geldanspruchs aus der Sache abzielt, die Teilhabe am Vollstreckungserlös entsprechend ihrem Rang zu ermöglichen. In Fällen dieser Art würde die Klage nach § 771 ZPO, die darauf abzielt, den Gegenstand ganz aus der Vollstreckung herauszunehmen, obwohl sein Wert den gesicherten Geldanspruch vielleicht weit übersteigt, über das Ziel hinausschießen und dem Pfändungsgläubiger ohne Not ein Zugriffsobjekt entziehen. 1

**II. Rechtsnatur der Vorzugsklage:** Die Klage ist prozessuale Gestaltungsklage. Es gilt das zu § 771 ZPO Dargelegte insoweit entsprechend.[1] 2

**III. Zulässigkeit der Klage:** 3

**1. Statthaftigkeit:** Die Klage ist statthaft, wenn der Kläger, der sich nicht im Besitz des Vollstreckungsobjekts befindet, sich eines »Pfand- und Vorzugsrechts«[2] an diesem, das ihn zur Befriedigung aus der Sache berechtigt, berühmt oder aber, wenn er sich eines Rechts zur Befriedigung aus der Sache berühmt, das auch nach § 771 ZPO geltend gemacht werden könnte.[3] Berühmt sich der Kläger eines vorrangigen Pfändungspfandrechts an der Sache, muß er die Hinterlegung des Verwertungserlöses nach § 827 Abs. 2 ZPO und die Durchführung eines Teilungsverfahrens nach §§ 872 ff. ZPO betreiben. Kommt es im Teilungsverfahren nicht zur Anerkennung seines Vorrechts, muß er nach § 878 ZPO Klage erheben. Dieser Weg ist für ihn der speziellere gegenüber einer Klage nach § 805 ZPO.[4]

**2. Zuständigkeit des Gerichts:** Hinsichtlich der Zuständigkeit des Gerichts (Abs. 2) gilt das zu § 771 ZPO Ausgeführte weitgehend entsprechend.[5] Allerdings ist bei § 805 ZPO auch die sachliche Zuständigkeit (Amts- oder Landgericht entsprechend 4

---

1 Siehe dort Rdn. 3.
2 Zum Begriff siehe unten Rdn. 8–9.
3 Siehe § 771 Rdn. 7.
4 A. A. (bis zur Hinterlegung des Erlöses auch Klage nach § 805 möglich) *Stein/Jonas/Münzberg*, § 805 Rdn. 6; *Thomas/Putzo*, § 805 Rdn. 9; wie hier *Baumbach/Lauterbach/Hartmann*, § 805 Rdn. 3.
5 Siehe dort Rdn. 9.

§§ 23, 71 GVG) ausschließlich geregelt.[6] Eine Zuständigkeit des Familiengerichts kommt hier nie in Betracht, da es Pfand- und Vorzugsrechte, die im ehelichen Güterrecht wurzeln, nicht gibt. In Abgabensachen enthält § 293 Abs. 2 S. 1 AO eine eigene Zuständigkeitsregelung.

5   3. **Klageantrag:** Der korrekte Klageantrag hat dahin zu lauten, »daß der Kläger aus dem Reinerlös (Verwertungserlös abzüglich Verwertungskosten) der (genau bezeichneten) Sache bis zur Höhe seiner (genau bezifferten) Forderung vor dem Beklagten zu befriedigen ist«. Dieser Antrag gilt auch dann noch, wenn der Reinerlös bereits nach Abs. 4 hinterlegt ist. Begehrt in diesem Falle der Kläger fälschlicherweise die Einwilligung zur Auszahlung des hinterlegten Betrages, so ist dieser Leistungsantrag ohne weiteres in einen Antrag auf ein dem Abs. 1 entsprechendes Gestaltungsurteil umzudeuten.[7]

6   4. **Rechtsschutzbedürfnis:** Das Rechtsschutzbedürfnis für die Klage besteht ab dem Zeitpunkt der Pfändung der Sache, an der der Kläger sich eines Vorzugsrechtes berühmt, bis zur Beendigung der Zwangsvollstreckung, d. h. bis zur Auskehr des Verwertungserlöses der Sache oder bis zu einer Eigentumszuweisung an der Sache an den Vollstreckungsgläubiger (§ 825 ZPO). Entfällt das Rechtsschutzbedürfnis erst während des Rechtsstreits durch Beendigung der Zwangsvollstreckung, ist eine Klageänderung in eine Leistungsklage auf Herausgabe der Bereicherung oder auf Schadensersatz auch ohne Zustimmung des Beklagten gem. § 264 Nr. 3 ZPO möglich.[8]

7   **IV. Verbindung mit Klage aus materiellem Recht:** Die Klage nach § 805 Abs. 1 ZPO gegen den Pfändungsgläubiger kann mit einer Klage aus materiellem Recht gegen den Schuldner, der etwa ebenfalls das Pfandrecht bestreitet, verbunden werden.[9] Eine solche Klage ist neben dem Fall des § 1233 Abs. 2 BGB insbesondere dann notwendig, wenn der Verwertungserlös hinterlegt ist und der Schuldner einer Auszahlung an den Vorzugsberechtigten nicht zustimmt. Vollstreckungsgläubiger und Schuldner sind im Falle einer derartigen Klageverbindung Streitgenossen (Abs. 3).[10]

8   **V. Begründetheit der Klage:**

1. **Besitzlose Pfandrechte:** Zu den Pfand- und Vorzugsrechten, die zur vorzugsweisen Befriedigung legitimieren, gehören zunächst die nicht mit dem Besitz an der Sache verbundenen Pfandrechte des BGB und des HGB:

a) **Vermieterpfandrecht:** Das ist das Vermieterpfandrecht (§ 559 BGB), solange der Vermieter die Sache nicht bereits zur Pfandverwertung berechtigt in Besitz hat.[11] Hin-

---

6 *Brox/Walker*, Rdn. 1457; *Zöller/Stöber*, § 805 Rdn. 8.
7 BGH, JZ 1986, 686.
8 Siehe auch § 771 Rdn. 12 sowie Anh. zu § 771 Rdn. 2.
9 Die Klage ist nach h. M. auf »Duldung der Zwangsvollstreckung« zu richten; *Brox/Walker*, Rdn. 1457 a. E.; *Stein/Jonas/Münzberg*, § 805 Rdn. 18. Nach a. A. (1. Aufl.) muß sie dem jeweiligen materiellrechtlichen Anspruch angepaßt sein.
10 Siehe auch § 771 Rdn. 42.
11 In einem solchen Falle dürfte allerdings schon § 809 ZPO eine weitere Pfändung verhindern.

*Klage auf vorzugsweise Befriedigung* § 805

sichtlich der Höhe der durch das Vermieterpfandrecht abgesicherten Forderungen ist § 563 BGB zu beachten, der aus Gründen des Schutzes von Drittgläubigern den Umfang der bevorrechtigten Forderungen begrenzt. Der Vollstreckungsgläubiger kann dem Vermieter die Verweisungseinrede aus § 560 S. 2 BGB entgegenhalten.[12] Die zurückbleibenden Sachen reichen »offenbar« zur Sicherung des Vermieters aus, wenn ohne nähere Untersuchung auch für den Vermieter ersichtlich sein muß, daß der voraussichtliche Verwertungserlös seine berechtigten Forderungen (§§ 559 S. 2, 563 BGB) absichert.[13] Greift die Verweisungseinrede, ist die Vorzugsklage unbegründet.

b) **Allgemeines Verpächterpfandrecht:** Auch für das allgemeine Verpächterpfandrecht (§§ 581 Abs. 2, 559 BGB) gilt die Beschränkung des § 563 BGB gem. § 592 S. 4 BGB nicht.[14]

c) **Landverpächterpfandrecht:** Für das Verpächterpfandrecht des Landverpächters (§ 592 BGB) gilt § 563 BGB nicht, da § 592 S. 4 BGB nur die §§ 560 bis 562 BGB für entsprechend anwendbar erklärt.

d) **Pfandrecht des Gastwirts (§ 704 BGB).**

e) **Pfandrecht des Frachtführers nach § 440 Abs. 3 HGB:** Das Pfandrecht nach § 440 Abs. 1 und 2 HGB berechtigt grundsätzlich dagegen zur Drittwiderspruchsklage nach § 771 ZPO. Hat der Pfandrechtsinhaber den Besitz allerdings verloren, ohne daß dadurch das Pfandrecht erloschen ist, kommt nur eine Klage nach § 805 ZPO in Betracht.[15]

2. **Vorzugsrechte gem. § 49 I KO:**[16] Ferner gehören hierher die Vorzugsrechte des § 49 Abs. 1 Nr. 1, 3, 4 KO, deren Inhaber im Falle des Konkurses des Schuldners zur Absonderung berechtigt wären.

9

a) **Verbrauchssteuern (Nr. 1):** Zu den durch § 49 Abs. 1 Nr. 1 KO[17] abgesicherten Verbrauchssteuern zählt nicht die Umsatzsteuer.[18] Es geht vielmehr nur um eine Absicherung der Rechte aus § 76 AO.

b) **Allgemeine Zurückbehaltungsrechte (Nr. 3):** Zu den durch § 49 Abs. 1 Nr. 3 KO[19] abgesicherten Zurückbehaltungsrechten wegen Verwendungen zum Nutzen der Sache zählen insbesondere die Rechte aus §§ 450, 547, 601, 994 BGB i. V. m. §§ 273, 1000 BGB. Das Zurückbehaltungsrecht ist jeweils nur solange gesichert, wie der Berechtigte

---

12 BGHZ 27, 227.
13 *Palandt/Putzo*, § 560 BGB Rdn. 10; *BGB-RGRK/Gelhaar*, § 560 Rdn. 8.
14 *Brox/Walker*, Rdn. 1459; *Rosenberg/Gaul*, § 42 IV 1, Fußn. 24.
15 *Brox/Walker*, JA 1987, 57, 62.
16 Ab 1.1.1999: § 51 InsO.
17 Ab 1.1.1999: § 51 Nr. 4 InsO.
18 *Kilger/K. Schmidt*, § 49 KO Anm. 2.
19 Ab 1.1.1999: § 51 Nr. 2 InsO.

die Sache in Besitz hat.[20] Praktisch wird die Vorzugsklage in diesen Fällen deshalb nur, wenn der Berechtigte unter dem Vorbehalt seiner Rechte die Pfändung nach § 809 ZPO zugelassen hatte. Wurde gegen seinen Willen bei ihm gepfändet, kann er nach § 766 ZPO vorgehen.

c) **Kaufmännisches Zurückbehaltungsrecht (Nr. 4):** § 49 Abs. 1 Nr. 4 KO[21] betrifft das kaufmännische Zurückbehaltungsrecht nach §§ 369 ff. HGB. Das vorstehend unter b) Ausgeführte gilt hier entsprechend.

10   3. **Sicherungs- und Vorbehaltseigentum:** Unbeschadet ihres Rechts, sich mit einer Vorzugsklage nach § 805 ZPO begnügen zu können, sind der Sicherungseigentümer[22] und der Vorbehaltseigentümer[23] nicht auf diese Klage beschränkt; sie können vielmehr Drittwiderspruchsklage erheben. Dagegen steht dem nach dem AnfG[24] Anfechtungsberechtigten nur die Klage nach § 805 ZPO zu.[25] Denn sein Anspruch ist nur auf Duldung der Zwangsvollstreckung in den betreffenden Gegenstand gerichtet. Über diesen Anspruch würde die Möglichkeit, die Vollstreckung nach § 771 ZPO zu verhindern, hinausgehen.

11   **VI. Einwendungen des Beklagten:** Der Beklagte kann zunächst das geltend gemachte Recht des Klägers in Frage stellen, indem er dessen Entstehen bestreitet oder sich auf dessen zwischenzeitlichen Untergang beruft. Er kann sich aber auch, wie der Beklagte einer Klage nach § 771 ZPO, mit der Einrede der Anfechtbarkeit des Rechts oder der unzulässigen Rechtsausübung verteidigen.[26]

12   **VII. Verfahrensfragen:**

1. **Beweislast:** Der Kläger muß nach den allgemeinen Beweislastregeln alle Voraussetzungen des Entstehens des Vorzugsrechts beweisen, während dem Beklagten die Beweislast für dessen Untergang sowie für die Voraussetzungen der Arglisteinrede usw. obliegt.[27]

2. **Entscheidung über Kosten und Vollstreckbarkeit:** Die Kostenentscheidung im Urteil richtet sich nach den §§ 91 ff. ZPO; der Gläubiger kann durch ein sofortiges Aner-

---

20 *Kilger/K. Schmidt,* § 49 KO Anm. 6.
21 Ab 1.1.1999: § 51 Nr. 3 InsO.
22 Siehe § 771 Rdn. 16.
23 Siehe § 771 Rdn. 15; *Brox/Walker,* Rdn. 1412.
24 Zur Neufassung des AnfG ab 1.1.1999 siehe Art. 1 §§ 1–20 EGInsO.
25 *Brox/Walker,* JA 1987, 57, 63; *Rosenberg/Gaul,* § 41 VI 8a; *Stein/Jonas/Münzberg,* § 771 Rdn. 34; zum Rückgewähranspruch nach § 37 KO ebenso BGH, ZIP 1990, 246, 247; a. A. KG, NJW 1958, 914; *Baumbach/Lauterbach/Hartmann,* § 771 Rdn. 14; *K. Schmidt,* ZIP 1990, 619, 622; hier § 771 Rdn. 29.
26 Einzelheiten: § 771 Rdn. 31 ff.
27 BGH, JZ 1986, 686 mit Anm. *Baumgärtel; Zöller/Stöber,* § 805 Rdn. 7; siehe ferner § 771 Rdn. 41.

kenntnis eine Kostenentscheidung zu Lasten des Klägers herbeiführen.[28] Das Urteil ist nach den allgemeinen Regeln der §§ 708 ff. ZPO für vorläufig vollstreckbar zu erklären.

**VIII. Einstweilige Anordnungen (Abs. 4):** Da der Kläger die Zwangsvollstreckung nicht beenden will, es ihm vielmehr nur um eine vorrangige Beteiligung am Verwertungserlös geht, kommt als einstweilige Anordnung, die den möglichen Klageerfolg sichern soll, **nur** die Anordnung der vorläufigen Hinterlegung des Vollstreckungserlöses in Betracht, bis zur Hauptsache entschieden ist. Das Verfahren der einstweiligen Anordnung richtet sich nach §§ 769, 770 ZPO. Es gilt auch das dort[29] zur Anfechtung einer derartigen einstweiligen Anordnung Gesagte.   13

**IX. Vollstreckung:** Die Vollstreckung des obsiegenden Urteils erfolgt durch Vorlage gegenüber dem Gerichtsvollzieher bzw. der Hinterlegungsstelle. Diese zahlen dann an den Kläger den im Tenor genannten Betrag aus.   14

**X. Streitwert und Gebühren:** Der Streitwert der Klage nach § 805 ZPO ist in entsprechender Anwendung des § 6 ZPO[30] festzusetzen: Die Forderungen beider Parteien, für die die Sache haftet, und der zur Auskehrung bereitstehende Erlös sind zu vergleichen. Der niedrigste dieser drei Beträge bestimmt den Streitwert. Es fallen **Gerichtsgebühren** nach KV Nr. 1201 ff. an. Für das Verfahren der einstweiligen Anordnung (Abs. 4) entstehen keine Gerichtsgebühren. Die **Anwaltsgebühren** richten sich nach §§ 31 ff. BRAGO. Für das Verfahren nach Abs. 4 fallen nur dann Gebühren an, wenn eine abgesonderte mündliche Verhandlung stattfindet (vergl. § 37 Nr. 3 BRAGO); sie betragen dann 3/10 der in § 31 BRAGO bestimmten Gebühren (§ 49 Abs. 1 BRAGO).   15

**XI. ArbGG, VwGO, AO:** Gem. §§ 62 Abs. 2, 85 Abs. 1 S. 3 ArbGG findet § 805 ZPO auch bei der Vollstreckung arbeitsgerichtlicher Titel Anwendung. Vollstreckungsgericht ist das Amtsgericht. Über § 167 Abs. 1 VwGO gilt § 805 ZPO ferner bei der Vollstreckung aus verwaltungsgerichtlichen Titeln. Vollstreckungsgericht ist gem. § 167 Abs. 1 S. 2 VwGO das Gericht des ersten Rechtszuges, also grundsätzlich das Verwaltungsgericht. In der Abgabenvollstreckung, die auch für die Vollstreckung gem. § 169 Abs. 1 (ggf. auch § 170 Abs. 1 S. 3) VwGO von Bedeutung ist, gilt § 293 AO. Diese Vorschrift entspricht inhaltlich dem § 805 Abs. 1–3 ZPO; Abs. 4 wurde nicht in die AO übernommen.   16

---

28 Siehe auch § 771 Rdn. 43.
29 Siehe § 769 Rdn. 14.
30 *Brox/Walker,* Rdn. 1457; *Zöller/Herget,* § 3 ZPO Rdn. 16 Stichwort »Vorzugsweise Befriedigung«.

§ 806   Keine Gewähr bei Pfandverkauf

Wird ein Gegenstand auf Grund der Pfändung veräußert, so steht dem Erwerber wegen eines Mangels im Recht oder wegen eines Mangels der veräußerten Sache ein Anspruch auf Gewährleistung nicht zu.

**Inhaltsübersicht**

| | Rdn. |
|---|---|
| I. Verhältnis der Norm zum materiellen Recht | 1 |
| II. Anwendungsbereich der Norm | 2, 3 |
| III. Materiellrechtliche Ansprüche des Erwerbers | 4 |
| IV. ArbGG, VwGO, AO | 5 |

1   **I. Verhältnis der Norm zum materiellen Recht:** Die Vorschrift, die rein materiellrechtlichen Inhalt hat, ergänzt die §§ 461, 935 Abs. 2 BGB. Entsprechende Regelungen finden sich in §§ 56 S. 3 ZVG, 283 AO. Die Vorschrift wird, auch wenn der ursprüngliche Gesetzgeber der ZPO von 1900[1] dies noch nicht so deutlich gesehen hat, in besonderem Maße der heutigen öffentlich-rechtlichen Sicht der Verwertung in der Zwangsvollstreckung[2] gerecht.[3]

2   **II. Anwendungsbereich der Norm:** Sie gilt für alle Arten der Verwertung von körperlichen Sachen und Rechten (Forderungen und sonstigen Vermögensrechten) im Wege der **Zwangsvollstreckung**, also für die Fälle der §§ 814, 821-823, 825, 844, 857 Abs. 4 u. 5 ZPO. Keine Zwangsvollstreckung ist der Selbsthilfeverkauf unter Einschaltung des Gerichtsvollziehers nach §§ 383, 385 BGB, 373 Abs. 2 HGB. Der Gewährleistungsausschluß gilt zugunsten des Gläubigers, des Schuldners und des Staates[4] (als Dienstherrn des Vollstreckungsorgans). Er betrifft sowohl Rechts- als auch Sachmängel sowie das Fehlen zugesicherter Eigenschaften.[5] Sollten ausnahmsweise der Gläubiger oder der Schuldner außerhalb der öffentlich-rechtlichen Verwertung gegenüber dem Erwerber einen eigenen privatrechtlichen Garantievertrag abgeschlossen haben, haften sie aus dieser selbständigen Vereinbarung, nicht aus §§ 459 ff. BGB. An die Annahme einer solchen Vereinbarung sind aber sehr strenge Maßstäbe zu legen. Auskünfte während des Versteigerungstermins oder im Rahmen einer Vorbesichtigung des Versteigerungsgutes genügen insoweit nicht.

3   Der Gewährleistungsausschluß gilt unabhängig davon, ob der Ersteher vor dem Erwerb im Einzelfall die Sache auf ihre Mangelfreiheit untersuchen konnte oder ob hierzu keine Möglichkeit bestand. Der Ersteher handelt insoweit allein auf eigenes Ri-

---

1   RGBl. 1898 I, 256 ff.
2   Einzelheiten: § 814 Rdn. 2 und Allgem. Vorbem. Rdn. 3.
3   So schon *Förster/Kann*, § 806 Anm. 2.
4   OLG München, DGVZ 1980, 122; LG Aachen, DGVZ 1986, 184 f.
5   *Baumbach/Lauterbach/Hartmann*, § 806 Rdn. 2; *Stein/Jonas/Münzberg*, § 806 Rdn. 3; *Thomas/Putzo*, § 806 Rdn. 3.

siko.⁶ Er kann, wenn dieses Risiko sich verwirklicht, auch nicht dadurch den unvorteilhaften Erwerb rückgängig machen, daß er sein Gebot nach §§ 119, 123 BGB anficht.⁷

**III. Materiellrechtliche Ansprüche des Erwerbers:** Nicht berührt durch § 806 ZPO wird die Möglichkeit des Erwerbers, im Einzelfall gegen Gläubiger oder Schuldner Schadensersatzansprüche nach §§ 823 Abs. 2 BGB i. V. m. § 263 StGB oder nach § 826 BGB geltend zu machen, wenn sie durch besondere Manipulationen die Mangelfreiheit der Sache arglistig vorgetäuscht oder den Gerichtsvollzieher als argloses Werkzeug zu unzutreffenden Zusicherungen veranlaßt haben. Ebenso kann ein Ersatzanspruch nach § 839 BGB, Art. 34 GG gegen den Staat gegeben sein, wenn der Gerichtsvollzieher selbst ins Blaue hinein Zusicherungen, von deren Berechtigung er sich nicht überzeugt hat oder deren Nichtberechtigung ihm sogar bekannt war, gemacht hat.⁸ Der Gerichtsvollzieher muß die Gegenstände aber nicht auf ihre Mangelfreiheit hin untersuchen.⁹ Die Nichtbekanntgabe von Mängeln beinhaltet deshalb auch keine – leichtfertige – Zusicherung der Mangelfreiheit.

**IV. ArbGG, VwGO, AO:** Soweit die Vollstreckung aus arbeitsgerichtlichen und verwaltungsgerichtlichen Titeln durch Pfändung erfolgt, gilt § 806 ZPO. In der Abgabenvollstreckung, die gem. § 5 VwVG auch im Rahmen von § 169 (ggf. auch von § 170 Abs. 1 S. 3) VwGO von Bedeutung ist, gilt der mit § 806 ZPO wörtlich übereinstimmende § 283 AO.

---

6 OLG München, DGVZ 1980, 122; MüKo/*Schilken*, § 806 Rdn. 4.
7 Einzelheiten: § 817 ZPO Rdn. 5; *Brox/Walker*, Rdn. 409 m. w. N.; a. A. AG Neustadt, DGVZ 1964, 156 m. zust. Anm. *Mümmler*.
8 *Rosenberg/Gaul*, § 25 IV 1 b.
9 OLG München, DGVZ 1980, 122; anderes gilt insofern für eine Verwertung im Rahmen der AO; vergl. *Koch/Zwank*, AO 1977, § 283 AO Rdn. 3.

## § 806 a Ermittlung von Forderungen des Schuldners durch den Gerichtsvollzieher

(1) Erhält der Gerichtsvollzieher anläßlich der Zwangsvollstreckung durch Befragung des Schuldners oder durch Einsicht in Schriftstücke Kenntnis von Geldforderungen des Schuldners gegen Dritte und konnte eine Pfändung nicht bewirkt werden oder wird eine bewirkte Pfändung voraussichtlich nicht zur vollständigen Befriedigung des Gläubigers führen, so teilt er Namen und Anschriften der Drittschuldner sowie den Grund der Forderungen und für diese bestehende Sicherheiten dem Gläubiger mit.

(2) ¹Trifft der Gerichtsvollzieher den Schuldner in der Wohnung nicht an und konnte eine Pfändung nicht bewirkt werden oder wird eine bewirkte Pfändung voraussichtlich nicht zur vollständigen Befriedigung des Gläubigers führen, so kann der Gerichtsvollzieher die zum Hausstand des Schuldners gehörenden erwachsenen Personen nach dem Arbeitgeber des Schuldners befragen. ²Diese sind zu einer Auskunft nicht verpflichtet und vom Gerichtsvollzieher auf die Freiwilligkeit ihrer Angaben hinzuweisen. ³Seine Erkenntnisse teilt der Gerichtsvollzieher dem Gläubiger mit.

### Inhaltsübersicht

| | | Rdn. |
|---|---|---|
| | Literatur | |
| I. | Zweck der Norm | 1 |
| II. | Auskünfte des Schuldners und Erkenntnisse aus der Wohnungsdurchsuchung (Abs. 1) | 2 |
| III. | Befragung der Angehörigen (Abs. 2) | 3 |
| IV. | Kosten | 4 |
| V. | Rechtsbehelfe | 5 |
| VI. | ArbGG, VwGO, AO | 6 |

Literatur: *Brehm*, Möglichkeiten der Reform der Zwangsvollstreckung, DGVZ 1986, 97; *Eich*, Mehr als eine Notwendigkeit: Die Reform der Gerichtsvollzieherzwangsvollstreckung, ZRP 1988, 454; *Krauthausen*, Die Befragung und Mitteilung gem. § 806 a ZPO, DGVZ 1995, 68; *Münzberg*, Reform der Zwangsvollstreckung in das bewegliche Vermögen, Rpfleger 1987, 269.

1  **I. Zweck der Norm:** Die Vorschrift wurde durch das Rechtspflegevereinfachungsgesetz vom 17. 12. 1990[1] mit Wirkung zum 1. 4. 1991 neu in die ZPO eingefügt. Sie entspricht einer langjährigen Forderung aus dem Kreise der Gerichtsvollzieher[2] und insbesondere der Rechtspfleger. Die Vorschrift soll es überflüssig machen, daß Gläubiger nach erfolgloser Zwangsvollstreckung durch den Gerichtsvollzieher nur deshalb das Verfahren der Offenbarungsversicherung nach § 807 ZPO einleiten, um den Arbeitgeber des Schuldners oder die Erbringer regelmäßiger Sozialleistungen an den Schuldner zu erfahren, damit sie dann den Zugriff auf diese Forderungen versuchen können. Die

---

1 BGBl. I 1990, 2847.
2 *Eich*, ZRP 1988, 454.

Norm rechtfertigt nunmehr die Weitergabe von Erkenntnissen, die der Gerichtsvollzieher im Rahmen seiner Vollstreckungstätigkeit gewonnen hat, an den Gläubiger und schließt damit einen Verstoß gegen § 353 b Abs. 1 StGB schon tatbestandsmäßig aus.[3]

**II. Auskünfte des Schuldners und Erkenntnisse aus der Wohnungsdurchsuchung (Abs. 1):** Der Gerichtsvollzieher ist im Rahmen der Vollstreckung von Geldforderungen in das bewegliche Vermögen des Schuldners (§§ 808 ff. ZPO) befugt, den Schuldner danach zu befragen, ob ihm Geldforderungen gegen Dritte zustehen und gegebenenfalls gegen wen. Der Schuldner ist selbstverständlich zur Beantwortung dieser Fragen nicht verpflichtet. Darüber braucht der Gerichtsvollzieher ihn aber nicht zu belehren. Das ergibt sich im Umkehrschluß aus Abs. 2 S. 2. Findet der Gerichtsvollzieher im Rahmen einer erlaubten Wohnungsdurchsuchung (§ 758 ZPO) Urkunden oder Schriftstücke, die darauf hindeuten, daß der Schuldner Geldforderungen gegen Dritte besitzt, so ist zu unterscheiden: Handelt es sich bei den Urkunden um Wertpapiere, die unter §§ 808 Abs. 2, 821 ZPO fallen,[4] werden sie zum Zwecke der Pfändung schlicht weggenommen. Die Pfändung wird als solche protokolliert. Handelt es sich bei den vorgefundenen Papieren um indossable Papiere über Forderungen, so verfährt der Gerichtsvollzieher nach § 831 ZPO.[5] Handelt es sich um ein Bank- oder Sparkassensparbuch, so nimmt es der Gerichtsvollzieher gem. § 156 GVGA vorläufig an sich und gibt dem Gläubiger Gelegenheit, innerhalb von zwei Wochen die Pfändung der Forderung nachzuholen. Handelt es sich dagegen bei den vorgefundenen Urkunden um Papiere, die über Forderungen des Schuldners Auskunft geben, ohne sie unmittelbar zu verbriefen (z. B. Korrespondenz, Schuldanerkenntnis, Mieterkartei, Vertragsunterlagen, Rentenbescheide u. ä.), so notiert der Gerichtsvollzieher lediglich die Art der Forderung sowie Namen und Adresse des Drittschuldners, ferner, ob für diese Forderung Sicherheiten bestellt worden sind (soweit sich dies aus den Papieren entnehmen läßt). Führt die Zwangsvollstreckung durch den Gerichtsvollzieher dann nicht zur Befriedigung des Gläubigers oder ist schon abzusehen, daß dies jedenfalls nicht der Fall sein wird, so teilt der Gerichtsvollzieher die über mögliche Forderungen des Schuldners gewonnenen Erkenntnisse dem Gläubiger mit.[6] Dabei hat er jedoch den Datenschutz zu beachten und etwaige Betriebs- oder Geschäftsgeheimnisse zu wahren. Führt die Vollstreckung durch den Gerichtsvollzieher aber doch zur Befriedigung des Gläubigers, so **muß** die Mitteilung unterbleiben. Denn die Vorschrift dient nicht dem Zweck, dem Gläubiger etwa die künftige Zwangsvollstreckung aus anderen Titeln vorbereitend zu erleichtern. Eine solche Mitteilung kann gegen § 353 b Abs. 1 StGB verstoßen.

**III. Befragung der Angehörigen (Abs. 2):** Trifft der Gerichtsvollzieher den Schuldner bei seinem Vollstreckungsversuch nicht an, so braucht er nicht von der Vollstreckung abzulassen. Soweit er dann im Rahmen der Wohnungsdurchsuchung auf Urkunden oder sonstige Schriftstücke über Forderungen des Schuldners stößt, gilt Abs. 1 unmittelbar und ohne Einschränkung. Abs. 2 gibt dem Gerichtsvollzieher **über Abs. 1 hinaus** die Befugnis, die bei der Vollstreckung anwesenden erwachsenen Hausgenossen

---

3 *Münzberg*, Rpfleger 1987, 269.
4 Einzelheiten: § 821 Rdn. 2.
5 Einzelheiten dort Rdn. 1, 2.
6 Zur Form der Mitteilung siehe § 753 ZPO.

des Schuldners nach dessen Arbeitgeber, nicht jedoch nach Mietern oder Leistungsträgern nach dem Sozialgesetzbuch, zu befragen. Er muß sie aber vor der Befragung unmißverständlich über ihr Recht belehren, keine Angaben zu machen. Hinsichtlich der Berechtigung des Gerichtsvollziehers, den Inhalt dieser Auskünfte dem Gläubiger mitzuteilen, gilt das oben[7] zu Abs. 1 Ausgeführte: Auch diese Mitteilung ist nur zulässig, wenn die bisherige Zwangsvollstreckung nicht zur Befriedigung des Gläubigers führen wird. Für Umfragen (Erkundungen) bei Mitbewohnern im Hause oder in der Nachbarschaft sowie bei Bekannten ist § 806 a ZPO keine Rechtsgrundlage. Sie würden gegen den Schutz des Persönlichkeitsrechts des Schuldners verstoßen und sind daher unzulässig.[8]

4 IV. **Kosten:** Die Kosten der Mitteilungen nach Abs. 1 und 2[9] sind als notwendige Kosten der Zwangsvollstreckung vom Schuldner zu tragen (§ 788 Abs. 1 ZPO). Im Verfahren nach § 806 a ZPO fallen keine besonderen Gebühren an.

5 V. **Rechtsbehelfe:** Gegen eine Maßnahme des Gerichtsvollziehers oder deren Unterlassung steht dem davon Betroffenen die Erinnerung (§ 766 ZPO) zu. Darüber hinaus können wegen unberechtigter Handlungsweise des Gerichtsvollziehers Amtshaftungsansprüche (§ 839 BGB, Art. 34 GG) entstehen.

6 VI. **ArbGG, VwGO, AO:** Soweit die Vollstreckung von arbeitsgerichtlichen Titeln und solchen nach § 168 VwGO durch Pfändung durch den Gerichtsvollzieher erfolgt, stehen diesem die Befugnisse nach § 806 a ZPO zu (vergl. §§ 62 Abs. 2 S. 1, 85 Abs. 1 S. 3 ArbGG; § 167 Abs. 1 VwGO). Für die Abgabenvollstreckung durch den Vollziehungsbeamten (§§ 281, 285 AO), die über § 5 VwVG auch für die Vollstreckung nach § 169 Abs. 1 (ggf. auch § 170 Abs. 1 S. 3) VwGO von Bedeutung ist, fehlt es an einer vergleichbaren Vorschrift.

---

7 Rdn. 2.
8 *Zöller/Stöber*, § 806 a Rdn. 7.
9 Siehe auch § 763 Rdn. 1.

## § 807 Eidesstattliche Versicherung

(1) ¹Hat die Pfändung zu einer vollständigen Befriedigung des Gläubigers nicht geführt oder macht dieser glaubhaft, daß er durch Pfändung seine Befriedigung nicht vollständig erlangen könne, so ist der Schuldner auf Antrag verpflichtet, ein Verzeichnis seines Vermögens vorzulegen und für seine Forderungen den Grund und die Beweismittel zu bezeichnen. ²Aus dem Vermögensverzeichnis müssen auch ersichtlich sein
1. die im letzten Jahre vor dem ersten zur Abgabe der eidesstattlichen Versicherung anberaumten Termin vorgenommenen entgeltlichen Veräußerungen des Schuldners an seinen Ehegatten, vor oder während der Ehe, an seine oder seines Ehegatten Verwandte in auf- oder absteigender Linie, an seine oder seines Ehegatten voll- oder halbbürtigen Geschwister oder an den Ehegatten einer dieser Personen;
2. die im letzten Jahre vor dem ersten zur Abgabe der eidesstattlichen Versicherung anberaumten Termin von dem Schuldner vorgenommenen unentgeltlichen Verfügungen, sofern sie nicht gebräuchliche Gelegenheitsgeschenke zum Gegenstand hatten;
3. die in den letzten zwei Jahren vor dem ersten zur Abgabe der eidesstattlichen Versicherung anberaumten Termin von dem Schuldner vorgenommenen unentgeltlichen Verfügungen zugunsten seines Ehegatten.
³Sachen, die nach § 811 Nr. 1, 2 der Pfändung offensichtlich nicht unterworfen sind, brauchen in dem Vermögensverzeichnis nicht angegeben zu werden, es sei denn, daß eine Austauschpfändung in Betracht kommt.

(2) ¹Der Schuldner hat zu Protokoll an Eides Statt zu versichern, daß er die von ihm verlangten Angaben nach bestem Wissen und Gewissen richtig und vollständig gemacht habe. ²Die Vorschriften der §§ 478 bis 480, 483 gelten entsprechend.

## Inhaltsübersicht

| | | Rdn. |
|---|---|---|
| | Literatur | |
| I. | Prozessuale und materiellrechtliche Offenbarungsverpflichtungen | 1, 2 |
| II. | Zweck der prozessualen Offenbarungsverpflichtung | 3 |
| III. | Voraussetzungen der Offenbarungsverpflichtung nach § 807 ZPO | 4 |
| | 1. Vollstreckbarer Titel über eine Geldforderung | 4, 5 |
| | 2. Antrag des Gläubigers | 6 |
| | 3. Rechtsschutzbedürfnis | 7 |
| | 4. Fruchtlose Pfändung und deren Nachweis | 8 |
| |    a) Fruchtlosigkeitsbescheinigung oder Pfändungsprotokoll | 8 |
| |    b) Kenntnis des Gläubigers vom Vorhandensein sonstiger Vermögenswerte | 9 |
| |    c) Verweigerung der Wohnungsdurchsuchung | 10, 10a |
| |    d) Wiederholtes Nichtantreffen des Schuldners | 10b |
| |    e) Nachweis | 11 |
| | 5. Aussichtslosigkeit einer Pfändung | 12 |

IV. Der zur Offenbarungsversicherung Verpflichtete — 13
  1. Natürliche Person als Schuldner — 13
  2. Juristische Person als Schuldner — 14
  3. Partei kraft Amtes — 15
V. Der Inhalt der Offenbarungsverpflichtung — 16
  1. Körperliche Sachen — 17
  2. Forderungen — 18
  3. Sonstige Vermögensrechte — 19
  4. Unbewegliches Vermögen — 20
  5. Offenbarungspflicht über zurückliegende Vermögensverfügungen — 21, 21a
VI. Ergänzung des unvollständigen Vermögensverzeichnisses — 22, 23
VII. Die eidesstattliche Versicherung (Abs. 2) — 24
VIII. Verfahren im übrigen — 25
IX. Ansprüche des Schuldners wegen leichtfertiger Einleitung des Offenbarungsverfahrens — 26
X. ArbGG, VwGO, AO — 27

Literatur: *Behr*, Örtliche Zuständigkeit für die »sogenannte« Ergänzungs- oder Nachbesserungs-Offenbarungsversicherung in den Fällen der §§ 807, 883 ZPO, JurBüro 1977, 897; *ders.*, Abgabe der Offenbarungsversicherung bei einer Mehrheit von gesetzlichen Vertretern, Rpfleger 1978, 41; *ders.*, Verfahren zur Abgabe der Offenbarungsversicherung, Rpfleger 1988, 1; *Belzer*, Hat der Schuldner im Offenbarungseidsverfahren ein Recht zur Auskunftsverweigerung?, NJW 1961, 446; *Bierbach*, Offenbarungseidsverfahren nach § 807 ZPO bei bekannten Schuldnerforderungen, MDR 1956, 78; *Dempewolf*, Wie alt darf eine Fruchtlosigkeitsbescheinigung sein?, BB 1977, 1630; *Dressel*, Unpfändbarkeit des Schuldners als besondere Voraussetzung des eV-Verfahrens, DGVZ 1988, 22; *ders.*, Sicherungsvollstreckung im Offenbarungsverfahren, Rpfleger 1991, 43; *Gaul*, Grundüberlegungen zur Neukonzipierung und Verbesserung der Sachaufklärung in der Zwangsvollstreckung, ZZP 1995, 3; *Heintz*, Die Stellung gesetzlicher Vertreter beim prozessualen Offenbarungseid, Diss. München 1962; *Herzig*, Die Angaben des Offenbarungseidsschuldners zu Lebensversicherungen und Sterbekassen, JurBüro 1967, 169; *ders.*, Die Pflicht des Schuldners im Offenbarungseidsverfahren zur Offenlegung früheren Vermögens, JurBüro 1968, 931; *Heß*, Auslandssachverhalte im Offenbarungsverfahren, Rpfleger 1996, 89; *Jenisch*, Offenbarungspflicht bei Aussichtslosigkeit der Pfändung, Rpfleger 1988, 461; *Leisner*, Durchsuchungsverweigerung und Unpfändbarkeit, Rpfleger 1989, 443; *Limberger*, Offenbarungsversicherung durch prozeßunfähige Schuldner, DGVZ 1984, 129; *Lippross*, Schadensersatzhaftung aus privatrechtswidrigen Zwangsvollstreckungsakten, JA 1980, 16; *Lipschitz*, Offenbarungseide Minderjähriger, DRiZ 1963, 150; *Mümmler*, Örtliche Zuständigkeit zur Abgabe der eidesstattlichen Versicherung nach § 807, JurBüro 1978, 989; *ders.*, Probleme der Offenbarungsversicherung, JurBüro 1987, 647; *Noack*, Offenbarungseid und Haft, MDR 1969, 524; *ders.*, Die Vollstreckungstätigkeit des Gerichtsvollziehers im Verfahren auf Abnahme der eidesstattlichen Versicherung nach §§ 807, 889, 900 ff. ZPO, DGVZ 1981, 164; *Otto*, Reform des Zwangsvollstreckungsrechts: Abnahme der eV durch den Gerichtsvollzieher bei der Verhaftung, DGVZ 1994, 17; *Scherer*, Offenbarungspflichten hinsichtlich des Taschengeldanspruchs im Verfahren der eidesstattlichen Versicherung, DGVZ 1995, 81; *Schilken*, Gedanken zu Anwendungsbereich und Reform des § 807 ZPO, DGVZ 1991, 97; *Schmidt*, Der Offenbarungseid des unter elterlicher Sorge stehenden Schuldners, MDR 1960, 980; *ders.*, Streitwert der eidesstattlichen Versicherung nach § 807 ZPO, Rpfleger 1983, 303; *Schmidt-Jortzig*, Die Gestattung der Einsichtnahme und der Erteilung von Abschriften des Vermögensverzeichnisses im Offenbarungseidverfahren, JurBüro 1970, 445; *E. Schneider*, Die Fruchtlosigkeitsbescheinigung als Beweismittel (§ 807 Abs. 1 ZPO), MDR 1976, 533; *ders.*, Offenbarungsversicherung bei

*Eidesstattliche Versicherung* § 807

Niederlegung der gesetzlichen Vertretung, MDR 1983, 724; *ders.*, Zur Reform des Verfahrens auf Abgabe der eidesstattlichen Versicherung im Zwangsvollstreckungsverfahren (§§ 807, 900, 903 ZPO), DRiZ 1986, 416; *Schuler*, Offenbarungseid trotz Befriedigung des Gläubigers, MDR 1954, 80; *Siegelmann*, Der Offenbarungseid des Gemeinschuldners (§ 125 KO), KTS 1963, 412; *Treysse*, Nochmals: Sicherungsvollstreckung und eidesstattliche Versicherung, Rpfleger 1981, 340; *Weinbörner*, Offenbarungsversicherung der GmbH nach Amtslöschung, Rpfleger 1984, 261.

**I. Prozessuale und materiellrechtliche Offenbarungsverpflichtungen:** Im Rahmen des Zwangsvollstreckungsverfahrens ist in zwei Fällen die **prozeßrechtliche** Pflicht des Schuldners bestimmt, sein Vermögen zu offenbaren und die Richtigkeit seiner diesbezüglichen Angaben an Eides Statt zu versichern: Im Rahmen der Zwangsvollstreckung wegen Geldforderungen in das bewegliche Vermögen in § 807 ZPO und im Rahmen der Zwangsvollstreckung auf Herausgabe bestimmter beweglicher Sachen in § 883 Abs. 2 ZPO. Die Offenbarung und die eidesstattliche Versicherung sind in beiden Fällen **Teil des Vollstreckungsverfahrens.** Der Ablauf dieses Verfahrens im einzelnen ist dann in den §§ 899–915 h ZPO geregelt. Eine ähnliche prozessuale Offenbarungspflicht findet sich noch in den §§ 125 KO, 69 Abs. 2 VerglO.[1] Die §§ 284, 315 AO, die den §§ 807, 883 Abs. 2 ZPO nachgebildet sind, enthalten ebenfalls verfahrensrechtliche Pflichten. 1

Zu unterscheiden hiervon ist die Verpflichtung des Schuldners aufgrund materiellen Rechts, die Richtigkeit von Abrechnungen oder Auskünften an Eides Statt zu versichern. Derartige materiellrechtliche Verpflichtungen finden sich etwa in §§ 259 Abs. 2, 260 Abs. 2, 2006, 2028, 2057 BGB. Die freiwillige Erfüllung dieser Verpflichtungen erfolgt nach §§ 261 BGB, 163, 79 FGG. Ist die Verpflichtung tituliert worden, erfolgt die Zwangsvollstreckung nach §§ 889, 888 ZPO. 2

**II. Zweck der prozessualen Offenbarungsverpflichtung:** Sinn der Versicherung an Eides Statt im Vollstreckungsverfahren wegen Geldforderungen in das bewegliche Vermögen ist es, dem Gläubiger, der erfolglos die Vollstreckung seines Titels betrieben hat, die weitere Verfolgung seiner Rechte zu erleichtern, indem ihm mögliche Kenntnis von weiteren Vermögensstücken verschafft wird, die seinem Zugriff unterliegen könnten. Die Verpflichtung zur prozessualen Offenbarungsversicherung ist eine angemessene Folge des staatlichen Zwangsmonopols bei der Durchsetzung privater Geldforderungen. Es »besteht ein öffentliches Interesse daran, dem Vollstreckungsgläubiger, dem der Staat als Inhaber des Zwangsmonopols die Selbsthilfe verbietet, die Verwirklichung seines Anspruchs und als Voraussetzung dafür die mit der Offenlegung bezweckte Feststellung der pfändbaren Vermögensgegenstände zu ermöglichen. Dieses Interesse dient der Wahrung des Rechtsfriedens und der Rechtsordnung, welche ihrerseits Grundbestandteil der rechtsstaatlichen Ordnung ist.«[2] Durch dieses öffentliche Interesse ist auch der mit der Offenbarungsverpflichtung verbundene Eingriff in das Grundrecht der sog. »informationellen Selbstbestimmung«[3] gerechtfertigt. 3

---

1 Vergl. ab 1.1.1999: §§ 98 Abs. 1, 153 Abs. 2 InsO.
2 BVerfGE 61, 126.
3 Zu diesem Begriff siehe die »Volkszählungsentscheidung« BVerfGE 65, 1.

**4** III. Voraussetzungen der Offenbarungsverpflichtung nach § 807 ZPO:

1. **Vollstreckbarer Titel über eine Geldforderung:** Da die Offenbarungsverpflichtung Teil des Zwangsvollstreckungsverfahrens wegen Geldforderungen ist, muß der Gläubiger zunächst einen **vollstreckbaren Titel** über eine **Geldforderung** besitzen. Es genügt ein vorläufig vollstreckbarer Titel. Als solcher kommen auch ein Arrestbefehl und eine – ausnahmsweise – auf Zahlung einer bestimmten Geldsumme lautende einstweilige Verfügung[4] in Betracht.[5] Ist das Urteil, aus dem die Vollstreckung betrieben wird, nur gegen Sicherheitsleistung vorläufig vollstreckbar, so ist die Sicherheitsleistung durch den Gläubiger **nicht** Voraussetzung der Offenbarungsverpflichtung durch den Schuldner;[6] denn schon eine erfolglose Sicherungsvollstreckung nach § 720 a ZPO, die dem Gläubiger ja für die Fortsetzung der Vollstreckung nach Rechtskraft des Urteils den Rang wahren soll, rechtfertigt das Offenbarungsverfahren, da die Möglichkeit der Sicherungsvollstreckung ansonsten oft leerliefe.[7]

**5** Weil die Offenbarungsversicherung die Fortsetzung der Zwangsvollstreckung ermöglichen soll, muß nach den allgemein im Vollstreckungsverfahren geltenden Maßstäben sicher sein, daß der Gläubiger aus dem Titel noch eine Forderung vollstrecken kann; d. h. der Titel selbst darf nicht aufgrund von Teilquittungen Zweifel daran aufkommen lassen, daß der Gläubiger nicht etwa schon befriedigt ist. In einem solchen Fall kann vom Gläubiger ausnahmsweise eine Forderungsaufstellung zum Titel verlangt werden.[8]

**6** 2. **Antrag des Gläubigers:** Der Gläubiger muß die Offenbarungsversicherung ausdrücklich beantragen. Der Antrag muß denselben Anforderungen wie jeder Vollstreckungsantrag entsprechen.[9] Es genügt also kein Vordruck mit Faksimileunterschrift.[10]

**7** 3. **Rechtsschutzbedürfnis:** Für den Antrag muß, wie für jeden Vollstreckungsantrag, ein Rechtsschutzbedürfnis bestehen. Ergibt sich aus den eigenen Angaben des Gläubigers, daß er die Vermögensverhältnisse des Schuldners im einzelnen genau kennt[11] oder daß die Vermögenslosigkeit des Schuldners von vornherein gesichert feststeht,[12] so ist ein Rechtsschutzinteresse für eine Offenbarungsversicherung nicht ersichtlich. Aller-

---

4 Zu derartigen Befriedigungsverfügungen siehe Band II, Vor § 935 Rdn. 17, 26 ff.
5 *Rosenberg/Schilken*, § 60 I 1 a; *Stein/Jonas/Münzberg*, § 807 Rdn. 5.
6 A. A. aber OLG Koblenz, Rpfleger 1979, 273; LG Essen, JurBüro 1985, 936 mit Anm. *Mümmler*.
7 Ebenso KG Rpfleger 1989, 291 mit Anm. *Behr*; OLG Düsseldorf, NJW 1980, 2717; OLG Hamm, MDR 1982, 416; OLG Koblenz, JurBüro 1991, 126; OLG München, JurBüro 1991, 128; OLG Stuttgart, NJW 1980, 1698; LG Darmstadt, Rpfleger 1981, 362; LG Frankenthal, Rpfleger 1982, 190; *Baumbach/Lauterbach/Hartmann*, § 807 Rdn. 2; *Rosenberg/Schilken*, § 60 I 1 a; *Stein/Jonas/Münzberg*, § 807 Rdn. 5.
8 OLG Stuttgart, JurBüro 1987, 1813; LG Darmstadt, Rpfleger 1985, 119.
9 Siehe § 750 Rdn. 9–11; siehe ferner § 900 Rdn. 1.
10 LG Aurich, Rpfleger 1984, 323; LG Berlin, MDR 1976, 148.
11 LG Köln, NJW-RR 1987, 1407; AG Köln, JurBüro 1965, 410; vergl. auch LG Berlin, MDR 1975, 497 (Kenntnis der Arbeitsstelle des Schuldners allein reicht insoweit nicht aus, um schon das Rechtsschutzbedürfnis zu verneinen).
12 BVerfG, NJW 1983, 559; LG Itzehoe, Rpfleger 1985, 153; MüKo/*Eickmann*, § 807 Rdn. 20.

dings reicht die bloße Behauptung des Schuldners, seine Vermögensverhältnisse seien dem Gläubiger bekannt, nicht aus, um dessen Rechtsschutzinteresse zu verneinen.[13] Die völlige Vermögenslosigkeit einer GmbH ist noch nicht dadurch evident, daß ein Antrag auf Eröffnung des Konkursverfahrens über ihr Vermögen kurz zuvor mangels Masse abgelehnt und sie daraufhin aufgelöst worden war.[14] Das Rechtsschutzbedürfnis fehlt jedoch dann, wenn gegen den Schuldner bereits Konkursantrag gestellt wurde und im Rahmen der Prüfung zur Konkurseröffnung ein allgemeines Veräußerungsverbot nach § 106 Abs. 1 S. 3 KO[15] erlassen worden ist.[16] Zwar macht der Konkursantrag die Vermögenslosigkeit nicht evident. Der Gläubiger ist aber bereits im Konkurseröffnungsverfahren an der Einzelzwangsvollstreckung gehindert;[17] denn ansonsten wäre die erfolgreiche Vorbereitung des Konkursverfahrens, zu der insbesondere die Sicherung des Schuldnervermögens gehört, gefährdet.[18] Der Schuldner kann das Rechtsschutzbedürfnis des Gläubigers an der Durchführung der Offenbarungsversicherung nicht dadurch unterlaufen, daß er einen amtlichen Vermögensfragebogen ausfüllt, die Richtigkeit und Vollständigkeit in einer privaten Erklärung eidesstattlich versichert und seine Unterschrift notariell beglaubigen läßt.[19] Ein solches Verfahren gibt dem Gläubiger nicht die gleiche Gewißheit wie das staatlich geordnete Verfahren nach §§ 899 ff. ZPO.

Reichen die beim Schuldner vorgefundenen und gepfändeten Gegenstände erkennbar zur Befriedigung des Gläubigers nicht aus, so hindert ein erfolgreicher Antrag des Schuldners nach § 813 a ZPO den Vollstreckungsgläubiger nicht, zwischenzeitlich das Offenbarungsversicherungsverfahren zu betreiben, da der Verwertungsaufschub und zwischenzeitliche freiwillige Teilleistungen des Schuldners den Gläubiger auch an weiteren Pfändungen, soweit ihm neues Vermögen bekannt würde, nicht hinderten.[20] Im Einzelfall mag hier, wenn das Vorgehen des Gläubigers schikanös erscheint, eine Entscheidung nach § 765 a ZPO angemessen sein.[21]

---

13 LG Berlin, Rpfleger 1992, 168 f.
14 LG Düsseldorf, JurBüro 1987, 458.
15 Ab 1.1.1999: § 21 Abs. 2 Nr. 2 InsO. Vergl. zur Zulässigkeit von Einzelzwangsvollstreckungsmaßnahmen im Insolvenzeröffnungsverfahren: *Lohkemper*, ZIP 1995, 1641, 1648 ff.
16 LG Braunschweig, NdsRpfl 1976, 135; LG Köln, Rpfleger 1988, 422 f.; LG München, DGVZ 1972, 74, 75; *Baumbach/Lauterbach/Hartmann*, § 807 Rdn. 3; *Brox/Walker*, Rdn. 1133; *Kuhn/Uhlenbruck*, KO, § 106 Rdn. 4 e; a. A. LG Detmold, Rpfleger 1989, 300 f.; LG Frankfurt, NJW-RR 1988, 191; *Stein/Jonas/Münzberg*, § 807 Rdn. 22; *Thomas/Putzo*, § 807 Rdn. 2.
17 Für ein uneingeschränktes Vollstreckungsverbot, das auch Pfändungsmaßnahmen erfaßt: LG Köln, Rpfleger 1988, 422, 423; LG München, DGVZ 1972, 74; AG Bonn, DGVZ 1979, 76; *Brox/Walker*, Rdn. 191; *Lohkemper*, ZIP 1995, 1641, 1646 ff.; siehe auch hier § 772 Rdn. 3. Nach wohl h. M. sollen nur Zwangsvollstreckungsmaßnahmen unzulässig sein, die zu einer Verwertung führen; vergl. KG, ZIP 1995, 53, 54; OLG Hamm, ZIP 1995, 140, 142; LG Hannover, DGVZ 1990, 42; *Kilger/K. Schmidt*, KO, § 106 Anm. 3; *MüKo/K. Schmidt*, § 772 Rdn. 16; *Stein/Jonas/Münzberg*, § 772 Rdn. 5.
18 Ab dem 1.1.1999 ist das Vollstreckungsverbot im Insolvenzeröffnungsverfahren in § 21 Abs. 2 Nr. 3 InsO ausdrücklich geregelt.
19 LG Düsseldorf, Rpfleger 1981, 151; LG Frankenthal, Rpfleger 1985, 33.
20 LG Essen, MDR 1961, 1023.
21 OLG Hamm, MDR 1962, 139.

**8** **4. Fruchtlose Pfändung und deren Nachweis:** Besondere Zulässigkeitsvoraussetzung des Antrages auf Einleitung des Offenbarungsversicherungsverfahrens ist, daß der Gläubiger nachweist, daß die Pfändung nicht zu seiner vollständigen Befriedigung geführt hat, oder daß er glaubhaft macht, durch Pfändung nicht seine vollständige Befriedigung erlangen zu können.[22]

a) **Fruchtlosigkeitsbescheinigung oder Pfändungsprotokoll:** Der Nachweis der ergebnislosen Pfändung wird in der Regel durch eine Fruchtlosigkeits-(Pfandlosigkeits-)Bescheinigung des Gerichtsvollziehers (§ 63 Nr. 1 GVGA)[23] oder durch Vorlage des Protokolls eines ohne Erfolg verlaufenen Pfändungsversuchs (§ 110 Nr. 2 GVGA) erbracht. Das Protokoll muß jüngeren Datums sein, wobei sich eine absolute Zeitgrenze nicht aufstellen läßt,[24] auch ein Jahr kann u. U. noch nicht zu weit zurückliegend sein,[25] etwa wenn sich die Zwangsvollstreckung deshalb verzögert, weil der Schuldner durch gelegentliche kleinere Raten den Gläubiger von der Antragstellung zunächst abhielt. Eine bei Antragstellung zur Einleitung des Offenbarungsversicherungsverfahrens ausreichende Bescheinigung bleibt auch für den Fortgang des Verfahrens ausreichend, selbst wenn dieses sich in die Länge zieht.[26] Hat der Schuldner mehrere Wohnsitze oder eine Geschäfts- und eine Privatadresse oder mehrere Geschäftsniederlassungen, müssen die Bescheinigungen ergeben, daß unter allen Adressen erfolglos die Vollstreckung versucht wurde oder aber, warum vom Aufsuchen der einen oder anderen Adresse als von vornherein nicht erfolgversprechend abgesehen wurde.[27]

**9** b) **Kenntnis des Gläubigers vom Vorhandensein sonstiger Vermögenswerte:** Die Fruchtlosigkeitsbescheinigung ist dann kein ausreichender Nachweis, wenn sich aus ihr selbst oder aus anderen dem Gericht vorliegenden Unterlagen des Gläubigers ergibt, daß dem Gläubiger sonstige Vermögenswerte des Schuldners, z. B. Geldforderungen[28] oder bewegliche Gegenstände im Besitze Dritter oder des Gläubigers selbst,[29] bekannt sind, auf die ein Zugriff möglich ist. Der Gläubiger muß erst eine ihm bekannte

---

22 Zur Aussichtslosigkeit der Pfändung siehe Rdn. 12.
23 Zum erforderlichen Inhalt einer solchen Bescheinigung siehe OLG Köln, DGVZ 1990, 22.
24 LG Frankenthal, MDR 1987, 65; LG Hamburg, MDR 1983, 140; LG Mainz, Rpfleger 1974, 123; *Baumbach/Lauterbach/Hartmann*, § 807 Rdn. 6; MüKo/*Eickmann*, § 807 Rdn. 13; *E. Schneider*, MDR 1976, 533.
25 LG Essen, MDR 1969, 676; LG Hagen, MDR 1975, 497; LG Kiel, MDR 1977, 586; **a.A.** (ein Jahr zu weit zurückliegend) LG Köln, JurBüro 1965, 817; JurBüro 1966, 68; AG Köln, JurBüro 1965, 931; *Bruns/Peters*, § 47 II 2.
26 OLG Frankfurt, JurBüro 1977, 730; LG Berlin, MDR 1972, 333; a. A. OLG Frankfurt, JurBüro 1975, 243.
27 OLG Köln, Rpfleger 1975, 441; OLG Stuttgart, Rpfleger 1977, 220; LG Berlin, DGVZ 1973, 190; LG Essen, Rpfleger 1975, 408; LG Köln, JurBüro 1967, 927; LG Oldenburg, JurBüro 1992, 570; LG Wuppertal, MDR 1964, 1012; **a. A.** (Pfändungsversuch am Hauptwohnsitz ausreichend) OLG Frankfurt, Rpfleger 1977, 145; differenzierend MüKo/*Eickmann*, § 807 Rdn. 12.
28 KG, MDR 1968, 56; LG Berlin, MDR 1975, 497.
29 OLG Schleswig, SchlHA 1956, 204; AG Köln, JurBüro 1966, 435.

*Eidesstattliche Versicherung* § 807

Forderung pfänden, bevor er die Vorlage eines Vermögensverzeichnisses verlangt.[30] Allerdings ist es ihm nicht zuzumuten, die Forderung auch noch gegen den Drittschuldner einzuklagen.[31] Die Zwangsvollstreckung in das unbewegliche Vermögen muß der Gläubiger dagegen nicht zuvor versucht haben.[32] Ebensowenig muß er in eigene Sachen, die sich etwa aufgrund eines Abzahlungskaufs im Besitze des Schuldners befinden, vollstrecken, da er nicht genötigt werden kann, die Folgen des § 13 VerbrKrG auszulösen.[33] Er kann auch nicht darauf verwiesen werden, zunächst noch eine anderweitige Verwertung der vom Gerichtsvollzieher als nicht im Wege der Versteigerung verwertbar bezeichneten Gegenstände zu versuchen.[34]

c) **Verweigerung der Wohnungsdurchsuchung:** Kein Unpfändbarkeitsnachweis ist nach noch geltendem Recht die Protokollnotiz des Gerichtsvollziehers, daß der Schuldner ihm das Betreten und die Durchsuchung der Wohnung nicht gestattet habe.[35] Hier muß der Gläubiger sich zunächst um eine richterliche Durchsuchungsanordnung[36] bemühen, um mit deren Hilfe einen Pfändungsversuch zu unternehmen. Dies gilt schon deshalb, weil die Offenbarungsversicherung dem Gläubiger die Beantragung der Durchsuchungsanordnung letztlich doch nicht ersparen würde, soweit der Schuldner kein außerhalb seiner Wohnung belegenes Vermögen offenbart. 10

Der Entwurf eines Zweiten Gesetzes zur Änderung zwangsvollstreckungsrechtlicher Vorschriften vom 27.1.1995[37] sieht insoweit eine entscheidende Änderung vor. Danach soll der Schuldner auch dann zur Vorlage eines Vermögensverzeichnisses und zur Abgabe der eidesstattlichen Versicherung verpflichtet sein, »wenn der Schuldner die Durchsuchung (§ 758) verweigert hat« (§ 807 Abs. 1 S. 1 Nr. 3 des Entwurfs).[38] Durch diese Erweiterung soll verhindert werden, daß der Schuldner durch eine (oft mißbräuchliche) Verweigerung der Durchsuchung einen Vollstreckungsaufschub erreicht. Die Ergänzung des § 807 ZPO dient also der Beschleunigung und damit der Effektivität der Zwangsvollstreckung. Der Schuldner wird dadurch nicht unbillig benachteiligt. 10a

---

30 LG Heilbronn, WM 1993, 1489, 1490; MüKo/*Eickmann*, § 807 Rdn. 21.
31 *Brox/Walker*, Rdn. 1128.
32 *Rosenberg/Schilken*, § 60 I 1 d; *Zöller/Stöber*, § 807 Rdn. 15.
33 So (noch zu § 5 AbzG) OLG Saarbrücken, MDR 1966, 768; LG Bonn, JMBl.NW 1952, 237; a. A. AG Köln, JurBüro 1965, 931.
34 So allerdings LG Oldenburg, NJW 1969, 2243; *Zöller/Stöber*, § 807 Rdn. 17.
35 OLG Stuttgart, Rpfleger 1981, 152; LG Berlin, DGVZ 1994, 89; LG Bonn, Rpfleger 1987, 424; LG Düsseldorf, DGVZ 1990, 26; LG Frankenthal, Rpfleger 1989, 247; LG Frankfurt, DGVZ 1990, 27; LG Hannover, DGVZ 1991, 189; LG Kassel, DGVZ 1991, 40; LG Köln, DGVZ 1990, 28; LG Oldenburg, DGVZ 1992, 13; LG Stuttgart, NJW 1988, 570; *Baur/Stürner*, 48.3; *Brox/Walker*, Rdn. 1128; *Zöller/Stöber*, § 807 Rdn. 14; a. A. (ausreichend) LG Aachen, Rpfleger 1981, 444; LG Ansbach, Rpfleger 1992, 119; LG Aschaffenburg, JurBüro 1991, 1268; LG Detmold, NJW 1986, 2261; LG Dortmund, Rpfleger 1987, 165; LG Düsseldorf, NJW-RR 1988, 698; LG Lüneburg, DGVZ 1993, 76; LG Nürnberg-Fürth, DGVZ 1993, 93; LG Osnabrück, MDR 1989, 463; AG Duisburg, DGVZ 1995, 152; *Baumbach/Lauterbach/Hartmann*, § 807 Rdn. 11; *Thomas/Putzo*, § 807 Rdn. 8.
36 Siehe § 758 Rdn. 1.
37 BT-Drucks. 13/341.
38 BT-Drucks. 13/341, S. 5.

§ 807

Er kann die Offenbarungsversicherung vermeiden, indem er den geschuldeten Betrag zahlt oder dem Gläubiger den zwangsweisen Zugriff auf pfändbare Sachen ermöglicht. Falls sein pfändbares Vermögen zur Tilgung nicht ausreicht, liegen ohnehin die Voraussetzungen für die Offenbarungsversicherung vor.[39]

10b d) **Wiederholtes Nichtantreffen des Schuldners:** Ferner sieht der Entwurf eine Erweiterung des § 807 ZPO in Abs. 1 S. 1 Nr. 4[40] für den Fall vor, daß »der Gerichtsvollzieher den Schuldner wiederholt in seiner Wohnung nicht angetroffen hat, nachdem er einmal die Vollstreckung mindestens zwei Wochen vorher angekündigt hatte«. In diesem Fall könnte ebenso wie bei einer Verweigerung der Durchsuchung eine gerichtliche Durchsuchungsanordnung beantragt werden,[41] so daß Nr. 4 des Entwurfs eine konsequente Ergänzung zu Nr. 3 ist. Durch die Zwei-Wochen-Frist soll auch demjenigen Schuldner die Abwendung der Offenbarungsversicherung ermöglicht werden, der nur selten (z. B. am Wochenende) in seiner Wohnung erreichbar ist. Die erweiterte Pflicht zur Offenbarungsversicherung soll nach dem Entwurf nicht bestehen, »wenn der Schuldner seine Abwesenheit genügend entschuldigt und den Grund glaubhaft macht.« Diesen Einwand kann der Schuldner im Widerspruchsverfahren nach § 900 Abs. 5 ZPO geltend machen.

11 e) **Nachweis:** Die Fruchtlosigkeit der versuchten Pfändung muß – anders als die Aussichtslosigkeit der Pfändung –[42] vom Gläubiger **nachgewiesen**, nicht nur glaubhaft gemacht werden. Deshalb sind dem Antrag die erforderlichen **Urkunden** beizufügen. Eine eidesstattliche Versicherung des Gläubigers würde nicht ausreichen.

12 5. **Aussichtslosigkeit einer Pfändung:** Da der Gläubiger nicht in unnötige Vollstreckungskosten getrieben werden soll, kann von ihm nicht in jedem Fall verlangt werden, daß er tatsächlich Vollstreckungsversuche einleitet. Drängt es sich nach den Umständen auf, daß ein Pfändungsversuch fruchtlos verlaufen muß, so kann von ihm abgesehen werden. Die Umstände sind dann vom Gläubiger dem Gericht **glaubhaft** zu machen (ein Minus zum Nachweis der fruchtlosen Pfändung). Als derartige Umstände kommen in Betracht: Obdachlosigkeit des Schuldners,[43] Vorliegen eines noch unerledigten Haftbefehls in einem von einem anderen Gläubiger derzeit betriebenen Offenbarungsversicherungsverfahren,[44] Unpfändbarkeitsbescheinigungen, die der Gerichtsvollzieher erst kürzlich anderen Gläubigern ausgestellt hat. Die Glaubhaftmachung erfolgt in der Regel durch die **Vorlage** der Urkunden, die die fraglichen Umstände belegen sollen.

---

39 Zur Begründung des Entwurfs siehe BT-Drucks. 13/341, S. 21–23.
40 BT-Drucks. 13/341, S. 5 mit Begründung S. 23.
41 Siehe § 758 Rdn. 15.
42 Siehe Rdn. 12.
43 OLG Stuttgart, Rpfleger 1981, 152.
44 LG Aachen, JurBüro 1990, 261; LG Bielefeld, JurBüro 1984, 782; LG Bochum, Rpfleger 1990, 128; LG Frankenthal, Rpfleger 1984, 472; LG Hanau, JurBüro 1984, 783 mit Anm. *Mümmler*; LG Kassel, JurBüro 1987, 457 mit Anm.; LG Konstanz, JurBüro 1990, 117; LG Limburg, JurBüro 1990, 1052; LG Mosbach, JurBüro 1990, 489 mit Anm. *Mümmler*; LG Wuppertal, JurBüro 1990, 655 f.; **a. A.** (kein hinreichender Umstand) LG Berlin, Rpfleger 1984, 188 und 361.

Befinden die Urkunden sich jedoch in Händen des Gerichts, so genügt die Angabe des zutreffenden Aktenzeichens und der Antrag, die betreffenden Urkunden beizuziehen. Kein Nachweis der Aussichtslosigkeit einer Pfändung erbringt ein der Drittwiderspruchsklage gegen den Gläubiger stattgebendes Urteil, durch das dieser die Gegenstände, die er bisher gepfändet hatte, wieder freigeben mußte. Es ist insoweit der weitere Nachweis erforderlich, daß diese Gegenstände seinerzeit die einzigen pfändbaren waren.[45]

**IV. Der zur Offenbarungsversicherung Verpflichtete:** 13

1. **Natürliche Person als Schuldner:** Zur Offenbarung verpflichtet ist der **Schuldner**, in dessen Vermögen anschließend weiter vollstreckt werden kann. Dies gilt auch dann, wenn der – prozeßfähige – Schuldner sein Vermögen aufgrund privatrechtlicher Vereinbarung durch einen Dritten verwalten läßt (z. B. durch den Ehegatten, einen »Finanzberater« oder einen professionellen Vermögensverwalter), also keine spontanen Kenntnisse der Einzelheiten des aktuellen Vermögensstandes hat. Der »unkundige« Schuldner kann sich nicht durch einen Dritten vertreten lassen, er muß sich vielmehr kundig machen und hierzu alle erreichbaren Aufklärungsmittel einsetzen.[46] Ist der Schuldner nicht prozeßfähig, so ist an seiner Stelle sein gesetzlicher Vertreter zur Offenbarungsversicherung verpflichtet. Entscheidend ist insoweit der Termin zur Abgabe der Versicherung: Ist der ursprünglich prozeßunfähige (z. B. minderjährige) Schuldner nach der Terminsbestimmung, aber vor dem Termin prozeßfähig (z. B. volljährig) geworden, muß er selbst, nicht sein vormaliger gesetzlicher Vertreter die Versicherung abgeben.[47] Sind mehrere nur gemeinschaftlich zur gesetzlichen Vertretung berechtigt (z. B. gem. § 1629 BGB), müssen sie auch alle der Offenbarungspflicht genügen.[48] Ist der Schuldner partiell prozeßfähig (z. B. im Rahmen der §§ 112 Abs. 1, 113 Abs. 1 BGB), so ist er **in diesem Rahmen** auch offenbarungspflichtig, d. h. in der Zwangsvollstreckung in das Vermögen, hinsichtlich dessen er voll geschäftsfähig ist, und wegen Geldforderungen, die aus einer Tätigkeit herrühren, für die er voll geschäftsfähig war.[49] Der Schuldner bleibt offenbarungspflichtig, solange er für die Schuld, wegen der vollstreckt wird, haftet, auch wenn das Vermögen, in dessen Rahmen er die Verbindlichkeit einmal eingegangen ist, seinen Inhaber gewechselt hat (etwa nach § 419 Abs. 1 BGB[50] oder § 22 HGB) und der neue Inhaber des Vermögens nunmehr neben ihm haftet. Bei der durch das Betreuungsgesetz vom 12.9.1990[51] abgelösten Gebrechlichkeitspflegschaft war der Gebrechlichkeitspfleger (§ 1910 BGB) nur dann zur Offenbarung an Stelle des Schutzempfohlenen verpflichtet, wenn ihm die Verwaltung

---

45 OLG Düsseldorf, OLGZ 1969, 460; LG Köln, Rpfleger 1971, 229; MüKo/*Eickmann*, § 807 Rdn. 10.
46 BGH, GA 1957, 53; LG München, JurBüro 1985, 448 mit Anm. *Limberger*.
47 LG Köln, FamRZ 1969, 51.
48 LG Koblenz, FamRZ 1972, 471; *Limberger*, DGVZ 1984, 129; vergl. auch MüKo/*Eickmann*, § 807 Rdn. 32.
49 KG, NJW 1968, 2245; MüKo/*Eickmann*, § 807 Rdn. 30; *Stein/Jonas/Münzberg*, § 807 Rdn. 44; *Zöller/Stöber*, § 807 Rdn. 6; weitergehend AG Köln, JurBüro 1966, 529.
50 Ab 1.1.1999 ist § 419 BGB aufgehoben; vergl. Art. 33 Nr. 16 EGInsO.
51 BGBl. I, 2002; in Kraft seit dem 1.1.1992.

des Schuldnervermögens insgesamt und nicht nur in einzelnen Teilbereichen (z. B. im Hinblick auf eine Gesellschaftsbeteiligung[52]) übertragen worden ist. Gleiches gilt jetzt für den Betreuer (§§ 1896 ff. BGB).

**14**  2. **Juristische Person als Schuldner:** Für juristische Personen[53] sind ihre gesetzlichen Vertreter offenbarungspflichtig, und zwar diejenigen, die diese Position im Zeitpunkt des Offenbarungstermins innehaben,[54] für den Verein also die vertretungsberechtigten Vorstandsmitglieder,[55] für die GmbH der oder die Geschäftsführer,[56] für die OHG und KG die geschäftsführenden Gesellschafter, für die in Liquidation befindliche Gesellschaft die Liquidatoren.[57] Ob die Versicherung von einem oder mehreren Vertretern abgegeben werden muß, richtet sich nach der Ausgestaltung der Vertretungsmacht im Gesellschaftsvertrag oder in der Satzung.[58] Sind mehrere vorhandene Vertreter jeweils alleinvertretungsberechtigt, so wählt das Gericht denjenigen aus, den es lädt.[59] Alle bleiben zur Offenbarungsversicherung verpflichtet, bis einer sie mit befreiender Wirkung für alle geleistet hat.[60] Legt der zur Offenbarung verpflichtete gesetzliche Vertreter sein Amt vor dem Termin nieder, ohne daß für ihn ein Nachfolger bestellt wird, so spricht eine Vermutung dafür, daß dies geschehen ist, um die Offenbarung zu vereiteln. Der abgelöste Vertreter bleibt in diesem Fall – unter dem Gesichtspunkt der Unbeachtlichkeit rechtsmißbräuchlichen Verhaltens –, weiter zur Offenbarung verpflichtet, bis ein neuer Vertreter bestellt wird.[61] Erfolgte die Ablösung dagegen ohne Bezug zur Offenbarungsverpflichtung, muß der Gläubiger gegebenenfalls die Bestellung eines Notvertreters betreiben.

Die gesetzlichen Vertreter geben die Versicherung im Namen des Schuldners ab. Sie bezieht sich auch nur auf das Vermögen des Schuldners, nicht auch auf hiervon getrenntes Privatvermögen des Vertreters. Das gilt auch dann, wenn der Vertreter im Einzelfall der Vollstreckung aus einem gegen den Schuldner gerichteten Titel in sein Privatvermögen nicht erfolgreich widersprechen könnte.[62]

**15**  3. **Partei kraft Amtes:** Ist für ein Vermögen eine Partei kraft Amtes bestellt und muß zur Vollstreckung in dieses Vermögen auch ein Titel gegen diese Partei kraft Amtes vor-

---

52 BGHZ 44, 101; LG Bonn, MDR 1964, 418.
53 KG, MDR 1968, 930.
54 OLG Düsseldorf, MDR 1961, 328; OLG Frankfurt, JurBüro 1976, 386; OLG Hamm, MDR 1984, 854; Rpfleger 1985, 121; OLG Schleswig, Rpfleger 1979, 73; LG Nürnberg-Fürth, DGVZ 1996, 139; *E. Schneider*, MDR 1983, 724.
55 LG Köln, Rpfleger 1970, 406 mit Anm. *Schweyer*; MüKo/*Eickmann*, § 807 Rdn. 31.
56 Siehe Fußn. 54; ferner OLG Köln, MDR 1983, 676; OLG Stuttgart, GmbHRdsch 1984, 100.
57 OLG Frankfurt, OLGZ 1983, 75; NJW-RR 1988, 807.
58 *Thomas/Putzo*, § 807 Rdn. 16.
59 LG Frankfurt/Main, Rpfleger 1993, 502; *Behr*, Rpfleger 1978, 41.
60 LG Köln, Rpfleger 1970, 406.
61 OLG Hamm, MDR 1984, 854; OLG Schleswig, Rpfleger 1979, 73; OLG Zweibrücken, DGVZ 1990, 40; LG Hannover, DGVZ 1981, 60; *Brox/Walker*, Rdn. 1142; MüKo/*Eickmann*, § 807 Rdn. 34 m.w.N.; *Stein/Jonas/Münzberg*, § 807 Rdn. 46; *Zöller/Stöber*, § 807 Rdn. 8; enger (nur wenn dem abgelösten Geschäftsführer der Rechtsmißbrauch im Einzelfall nachgewiesen sei) OLG Köln, MDR 1983, 676; *E. Schneider*, MDR 1983, 724.
62 Einzelheiten: § 771 Rdn. 38.

liegen, so ist sie als Vollstreckungsschuldner auch offenbarungspflichtig. Dies gilt etwa für Konkursverwalter (bei der Vollstreckung von Masseverbindlichkeiten), Zwangsverwalter oder Testamentsvollstrecker. Die Offenbarungspflicht bezieht sich auf das der Verwaltung unterliegende Vermögen. Der Verpflichtung des Konkursverwalters zur eidesstattlichen Offenbarungsversicherung steht nicht entgegen, daß der Gemeinschuldner bereits eine Versicherung nach § 125 KO[63] abgegeben und der Verwalter diese dem Gläubiger zugänglich gemacht hat.[64] Das Wissen des Gemeinschuldners und des Verwalters beruhen auf durchaus unterschiedlichen Erkenntnismöglichkeiten.

**V. Der Inhalt der Offenbarungsverpflichtung:** § 807 ZPO verpflichtet den Schuldner zur Erstellung und Vorlage eines Vermögensverzeichnisses sowie – aus der Funktion der Norm folgend, dem Gläubiger den Zugriff auf weitere Vermögenswerte zum Zwecke der Zwangsvollstreckung zu eröffnen – zur zusätzlichen Auskunft über gewisse, die Forderungen des Schuldners betreffende Umstände und über bestimmte Vermögensverfügungen in der Vergangenheit. Der Gläubiger soll zwar keine umfassende Ausforschung betreiben dürfen,[65] wohl aber überblicken können, welche weiteren Möglichkeiten einer Zwangsvollstreckung bestehen. In der Praxis werden zur Erstellung des Vermögensverzeichnisses Formulare benutzt, die das Gericht dem Schuldner zur Verfügung stellt. Diese Handhabung berechtigt den Schuldner nicht, Vermögenswerte, die er glaubt, keiner Rubrik zuordnen zu können, wegzulassen, da die Formulare nicht den Inhalt der Offenbarungspflicht begrenzen, sondern nur eine Hilfestellung sein sollen.[66] Umgekehrt ist der Schuldner zur Angabe von Umständen, die vom Zweck des § 807 ZPO nicht umfaßt werden, nicht verpflichtet, auch wenn der Gläubiger ein starkes persönliches oder wirtschaftliches Interesse haben mag, die Umstände kennenzulernen. So ist der Schuldner zur Angabe persönlicher Verhältnisse nur verpflichtet, soweit sie zur Bestimmung des Trägers pfändbarer Vermögensstücke und ihrer Rechtsform erforderlich sind und ihr Verschweigen dem Gläubiger den Zugriff erschweren oder unmöglich machen würde.[67] Ein Kaufmann muß weder seine Bezugsquellen insgesamt noch seine Kundenkartei als Ganzes offenlegen, da dieser »good will« trotz seines hohen wirtschaftlichen Wertes für den Schuldner und trotz des möglicherweise ebenso hohen Interesses für den Gläubiger, an ihm partizipieren zu können, als solcher nicht der Zwangsvollstreckung unterliegt.[68] Vielmehr müssen nur die Lieferanten und Abnehmer namhaft gemacht werden, gegen die noch Forderungen bestehen[69] oder gegen die aufgrund von Rahmenverträgen, Dauerbezugsverpflichtungen oder ähnlichen Vereinbarungen mit absehbarer Gewißheit künftig Forderungen erwachsen werden.[70] Deshalb sind auch die Kunden eines Maklers aus laufenden Ge-

16

---

63 Vergl. ab 1.1.1999: §§ 98 Abs. 1, 153 Abs. 2 InsO.
64 *Stein/Jonas/Münzberg*, § 807 Rdn. 47.
65 LG Berlin, Rpfleger 1996, 34; LG Tübingen, Rpfleger 1995, 221.
66 LG Aschaffenburg, JurBüro 1993, 751 f.; LG Mannheim, JurBüro 1994, 501 m. Anm. *Behr*.
67 BGHSt 8, 399; BGH, NJW 1956, 599; MDR 1958, 437; DB 1965, 287; NJW 1968, 1388; Rpfleger 1980, 339; LG Hannover, NJW-RR 1990, 1216.
68 Einzelheiten: § 857 Rdn. 34, 41, 42; siehe auch OLG Hamm, Rpfleger 1979, 468.
69 *Zöller/Stöber*, § 807 Rdn. 29.
70 OLG Hamm, Rpfleger 1979, 468; LG Hannover, JurBüro 1954, 185; vergl. auch LG Kassel, JurBüro 1991, 604; LG Münster, MDR 1990, 614.

schäften zu benennen, und zwar selbst dann, wenn der provisionsbegründende Hauptvertrag noch nicht geschlossen wurde;[71] denn auch diese in der Abwicklung befindlichen Geschäfte lassen Einnahmen erwarten. Bloße Erwerbsaussichten oder Erwerbshoffnungen, auch wenn sie realistisch sind (z. B. lebensbedrohliche Erkrankung des »Erbonkels«) sind nicht offenzulegen.[72]

17    1. **Körperliche Sachen:** Sie müssen so bestimmt, auch hinsichtlich ihres Aufbewahrungsortes, angegeben werden, daß ein Auffinden und eine Identifizierung möglich ist.[73] Die Angabe eines Kaufmannes, es befänden sich »diverse Büromöbel in der Wohnung« wäre etwa unzureichend.[74] Auch unpfändbare Gegenstände sind grundsätzlich aufzuführen,[75] es sei denn, sie fallen offensichtlich unter § 811 Nr. 1 und 2 ZPO und eine Austauschpfändung kommt nicht in Betracht (**Abs. 1 S. 3**). Ob Gegenstände »offensichtlich« nach § 811 Nr. 1 und 2 ZPO unpfändbar sind, ist keine Ermessensentscheidung des Schuldners, sondern objektiv festzustellen.[76] Anzugeben sind zum einen alle Sachen, deren Eigentümer oder Miteigentümer der Schuldner ist, zum anderen aber auch Sachen, an denen er aufgrund Vorbehaltskaufs ein **Anwartschaftsrecht** auf Eigentumserwerb[77] oder aufgrund Sicherungsvertrages ein Anwartschaftsrecht auf Rückübereignung oder Rückfall des Eigentums hat.[78] Ob die Sachen sich im Besitz des Schuldners oder eines Dritten befinden, ist unerheblich.[79] Auch Gegenstände, die mit Pfand- und Vorzugsrechten zugunsten Dritter belastet sind, müssen aufgeführt werden. Gemietete, geliehene oder aufgrund Leasingvertrages im Besitz des Schuldners befindliche Gegenstände,[80] die nach dem jeweiligen Vertrag auch nicht zu einem späteren Zeitpunkt in das Eigentum des Schuldners fallen sollen, sind nicht anzugeben, da sie dem Zugriff des Gläubigers nicht unterliegen. Eine bloße Erwerbsmöglichkeit durch den Schuldner ist unbeachtlich. Gegenstände, die offensichtlich wertlos sind, können weggelassen werden. Wertlos sind Gegenstände dann, wenn für sie weder allein noch in ihrer Gesamtheit ein die Kosten der Zwangsvollstreckung deckender Erlös zu erwarten ist.

18    2. **Forderungen:** Sie sind nicht nur hinsichtlich des Grundes und des Betrages genau zu bezeichnen, es sind auch die ihrer Identifizierung und Durchsetzung dienenden Beweismittel anzugeben. So genügt es nicht, die Höhe nur mit einem »ca.«-Betrag zu um-

---

71 BGH, Rpfleger 1991, 377, 378.
72 BGH, Rpfleger 1980, 339; Rpfleger 1991, 377.
73 OLG Frankfurt, Rpfleger 1975, 442 und MDR 1976, 320.
74 LG Oldenburg, Rpfleger 1983, 163.
75 BGH, LM Nr. 10 zu § 807 ZPO.
76 *Müller*, NJW 1979, 905.
77 BGH, DB 1955, 311; MDR 1961, 71; AG Köln, JurBüro 1968, 840.
78 BGH, BB 1960, 12; LG Krefeld, Rpfleger 1979, 146.
79 *Noack*, DGVZ 1972, 81.
80 Hinsichtlich des Leasinggutes streitig; wie hier LG Berlin, Rpfleger 1976, 145; *Stein/Jonas/Münzberg*, § 807 Rdn. 26; *Zöller/Stöber*, § 807 Rdn. 20; a. A. *Thomas/Putzo*, § 807 Rdn. 22.

*Eidesstattliche Versicherung* § 807

schreiben[81] oder als Grund »Gelegenheitsarbeiten für verschiedene Bekannte« anzugeben.[82] Im letzteren Fall sind nicht nur die Auftraggeber namhaft zu machen, die den Lohn noch nicht (vollständig) entrichtet haben, sondern im Hinblick auf § 850 h ZPO alle Auftraggeber des letzten Jahres.[83] Wer als »Hausfrau« für einen anderen angeblich gegen Kost und Logis tätig ist, muß diesen anderen ebenfalls in Hinblick auf § 850 h ZPO benennen.[84] Der Schutz der Intimsphäre steht einer solchen Offenbarungspflicht nicht entgegen. Die Tätigkeit für den Dritten ist nicht nur abstrakt, sondern durch konkrete Tatsachenangaben zu beschreiben.[85] Auch sonstige Tätigkeiten, die mit Rücksicht auf § 850 h Abs. 2 ZPO bedeutsam sind, müssen angegeben werden.[86] Selbst der Taschengeldanspruch, der als Bestandteil des Unterhaltsanspruches eines Ehegatten (vergl. § 1360 BGB) gem. § 850 b Abs. 1 Nr. 2 ZPO bedingt pfändbar ist,[87] muß offenbart werden.[88] Dafür kann es erforderlich sein, daß der Schuldner Angaben zum Einkommen seines Ehegatten macht.[89] Zur Angabe des Grundes der Forderung gehört auch die Bezeichnung des Drittschuldners mit Name und Anschrift.[90] Ein Arbeitnehmer darf die Angaben zu seinem Arbeitgeber auch nicht verschleiern, wenn er durch mögliche Lohnpfändungen Nachteile am Arbeitsplatz befürchtet. Arbeitsverhältnisse sind nicht nur dann bekannt zu geben, wenn der Arbeitnehmer bereits Lohn aus ihnen zu beanspruchen hat, sondern auch, wenn der den Arbeitgeber bereits bindende Vertrag erst später zu laufen beginnt, so daß aus ihm erst in fernerer Zeit fällige Ansprüche hergeleitet werden können.[91] Anzugeben sind auch künftige Rentenansprüche, sobald eine rechtlich geschützte Anwartschaft besteht und die Ansprüche pfändbar sind.[92] Ein Rechtsanwalt als Schuldner eines Verfahrens zur Abgabe der eidesstattlichen Versicherung ist verpflichtet, die Namen und Anschriften seiner Mandanten und die Höhe seiner Honorarforderungen zu offenbaren.[93] Diese Angaben fallen nicht unter seine Schweigepflicht. Die gleichen Angaben muß auch ein

---

81 LG Oldenburg, JurBüro 1983, 1414; zur Detailgenauigkeit der Angaben zur Höhe siehe auch LG Köln, NJW-RR 1988, 695.
82 LG Berlin, Rpfleger 1979, 113; LG Frankenthal, Rpfleger 1985, 73; LG Frankfurt, NJW-RR 1988, 383; LG Mönchengladbach, MDR 1982, 504.
83 OLG Köln, JurBüro 1994, 408; LG Frankenthal und LG Mönchengladbach wie Fußn. 82.
84 LG Frankenthal, JurBüro 1994, 409; LG München, MDR 1984, 764; AG Backnag, JurBüro 1995, 330 f.
85 LG Heilbronn, MDR 1992, 711.
86 OLG Hamm, GoltdArch 1975, 180; LG Heilbronn, Rpfleger 1992, 359.
87 Siehe § 850 b Rdn. 11.
88 OLG Köln, NJW 1993, 3335; LG Augsburg, DGVZ 1994, 88; LG Bielefeld, JurBüro 1995, 46; LG Bonn, DGVZ 1993, 29; LG Hildesheim, DGVZ 1994, 88; LG Karlsruhe, DGVZ 1993, 92; LG Köln, Rpfleger 1993, 455.
89 LG Stade, JurBüro 1993, 31.
90 LG Berlin, JurBüro 1995, 331 f.; LG Hamburg, MDR 1981, 61; LG Münster, JurBüro 1995, 330 f.; LG Stade, Rpfleger 1984, 324.
91 BGH, MDR 1958, 257.
92 LG Berlin, JurBüro 1995, 548; LG Bielefeld, JurBüro 1995, 46 f.; LG Essen, JurBüro 1995, 46; LG Hannover, DGVZ 1995, 142; LG Heilbronn, Rpfleger 1995, 510; LG Oldenburg, JurBüro 1995, 662; LG Stade, JurBüro 1995, 331; *Brox/Walker*, Rdn. 1411, 509.
93 OLG Frankfurt, JurBüro 1977, 728; LG Frankfurt, AnwBl. 1985, 258; LG Wiesbaden, Rpfleger 1977, 179.

zur Offenbarungsversicherung verpflichteter Steuerberater machen.⁹⁴ Rechtsanwälte, Wirtschaftsprüfer, Finanzberater, Unternehmensberater usw. müssen auch Forderungen offenlegen, die sie nur treuhänderisch für Dritte innehaben.⁹⁵ Es ist Sache des Gläubigers, den Charakter der jeweiligen Treuhand zu bewerten. Schließlich müssen auch Forderungen aus Verträgen offenbart werden, die der Schuldner zugunsten Dritter abgeschlossen hat. Dies gilt auch für Lebensversicherungen mit unwiderruflicher Bezugsberechtigung Dritter, etwa der Ehefrau des Schuldners.⁹⁶

Ob eine Forderung bestritten ist oder nicht, spielt für die Verpflichtung zur Offenbarung keine Rolle.⁹⁷ Der Gläubiger kann auch nicht verlangen, daß der Schuldner bei Auflistung seiner Forderungen jeweils mitteilt, daß und warum sie bestritten sind.⁹⁸ Derartige Auskünfte, die dem Gläubiger sicherlich die Arbeit des Einzugs der Forderung erleichtern könnten, liegen außerhalb des Zwecks des § 807 ZPO. Gleiches gilt für sonstige Auskünfte, die nicht der Identifizierung und Belegbarkeit der Forderung, sondern der Erleichterung ihrer Geltendmachung dienen.⁹⁹ Zu den Beweismitteln, die der Schuldner hinsichtlich der Forderung benennen muß, gehören auch etwa vorliegende vollstreckbare Titel,¹⁰⁰ Bürgschaften sowie etwaige Pfand- und Vorzugsrechte.

19  3. **Sonstige Vermögensrechte:** Offenbarungspflichtige sonstige Vermögensrechte sind insbesondere Anwartschaften,¹⁰¹ Gesellschaftsanteile, Geschäftsanteile an Genossenschaften, Erbanteile, aber auch Urheberrechte, Patente, Gebrauchs- und Geschmacksmuster, schließlich Eigentümergrundschulden und Grundschulden an fremden Grundstücken. Im Grundbuch noch als solche eingetragene Eigentümergrundschulden sind auch dann anzugeben, wenn sie zwischenzeitlich abgetreten sind. Es sind dann der neue Gläubiger und die Höhe seiner Ansprüche zu nennen.¹⁰² Daß ein Gesellschaftsanteil derzeit wertlos ist, weil die Tätigkeit der Gesellschaft ruht und Gesellschaftsvermögen praktisch nicht vorhanden ist, steht der Offenbarungspflicht nicht entgegen.¹⁰³

20  4. **Unbewegliches Vermögen:** Als unbewegliches Vermögen sind Grundstücke und Grundstücksanteile einschließlich der dazugehörigen, der Immobiliarvollstreckung unterliegenden Gegenstände, unter Angabe der valutierten Belastungen namhaft zu machen.¹⁰⁴ Die Angabe, inwieweit Belastungen valutiert sind, ermöglicht dem Gläubiger die Ermittlung verdeckter Eigentümergrundschulden.

---

94 OLG Köln, MDR 1993, 1007.
95 KG, JR 1985, 161; LG Münster, JurBüro 1994, 298 u. 502 f.
96 OLG Hamburg, JurBüro 1960, 23; LG Duisburg, NJW 1955, 717.
97 BGH, NJW 1953, 390; OLG Hamm, JMBl.NW 1969, 128.
98 Derartiges mag unter die Auskunftpflicht nach § 836 Abs. 3 ZPO fallen. Dieses Auskunftsbegehren ist nur mit Hilfe einer gesonderten Klage durchsetzbar, die im Erfolgsfalle nach § 888 ZPO zu vollstrecken ist.
99 AG und LG Hamburg, Rpfleger 1982, 387; a. A. LG Koblenz, MDR 1985, 63; LG Köln, MDR 1976, 150; LG Krefeld, MDR 1985, 63.
100 LG Hamburg, MDR 1981, 61.
101 Siehe auch oben Rdn. 18.
102 LG Berlin, Rpfleger 1978, 229.
103 A. A. BGH, BB 1958, 891.
104 LG Berlin, Rpfleger 1978, 229; a. A. hinsichtlich der Belastungen Zöller/Stöber, § 807 Rdn. 28.

**5. Offenbarungspflicht über zurückliegende Vermögensverfügungen:** Die in Abs. 1 **21**
S. 2 Nr. 1-3[105] angeordnete Offenbarungspflicht über zurückliegende Vermögensverfügungen, die zu einer Minderung der beim Schuldner noch vorzufindenden Vermögenswerte geführt haben,[106] dient der Überprüfung von Anfechtungsmöglichkeiten nach dem AnfG.[107] Allerdings sind nicht alle Anfechtungsgründe des § 3 AnfG aufgegriffen, § 3 Abs. 1 Nr. 1 ist vielmehr gar nicht angesprochen, da eine Offenbarungspflicht insoweit den Schuldner überfordern würde. Soweit die Formulierungen in § 807 Abs. 1 S. 2 Nr. 1–3 ZPO von denen in § 3 Abs. 1 Nr. 2–4 AnfG geringfügig abweichen, ist dies sachlich ohne Bedeutung,[108] weil lediglich auf redaktionelle Fehlüberlegungen zurückzuführen.[109] Es kann hinsichtlich der einzelnen Nummern deshalb voll auf die entsprechende Lit. und Rspr. zu § 3 AnfG zurückgegriffen werden,[110] also hinsichtlich Nr. 1 auf § 3 Abs. 1 Nr. 2 AnfG, hinsichtlich Nr. 2 auf § 3 Abs. 1 Nr. 3 AnfG und hinsichtlich Nr. 3 auf § 3 Abs. 1 Nr. 4 AnfG.

»Veräußerungen« i. S. von Nr. 1 sind alle Übertragungen von Sachen und Rechten, nicht bloße Verpflichtungsgeschäfte, deren Erfüllung noch aussteht, und auch nicht bloße Belastungen. Die »Veräußerungen« müssen nicht rechtsgeschäftlich erfolgt sein, es genügen sogar Übertragungen im Wege der Zwangsvollstreckung.[111] »Verfügungen« i. S. von Nr. 2 und 3 sind nicht nur Übertragungen, sondern auch Belastungen, inhaltliche Änderungen, der Erlaß von Forderungen, ihre Stundung, der Verzicht auf Einwendungen oder die Überlassung zur unentgeltlichen Nutzung (soweit nicht gebräuchlich). Offenbarungspflichtig sind nach allen drei Nummern nicht nur Veräußerungen bzw. Verfügungen bis zum »ersten zur Abgabe der eidesstattlichen Versicherung anberaumten Termin«, sondern erst recht alle Veräußerungen und Verfügungen nach diesem Termin bis zur tatsächlichen Abgabe der eidesstattlichen Versicherung.[112] Dies ergibt sich trotz des unglücklichen Gesetzestextes aus dem eindeutigen Sinn der Vorschrift.

Ab dem 1.1.1999 gilt ein neugefaßtes Anfechtungsgesetz.[113] Die Anfechtungsvorschriften sind insgesamt verschärft worden, um gläubigerbenachteiligende Handlungen des Schuldners wirksamer als bisher begegnen zu können.[114] Insbesondere die Verlängerung der Zeiträume, in denen anfechtbare Handlungen erfolgen können (vergl. §§ 3 Abs. 2, 4 Abs. 1 AnfG n.F.), hat eine Anpassung von § 807 Abs. 1 S. 2 ZPO erforderlich gemacht. Ab dem 1.1.1999 gilt folgende neue Fassung:[115]   **21a**

---

105 Ab 1.1.1999 gilt eine Neufassung von § 807 Abs. 1 S. 2 ZPO; Einzelheiten unter Rdn. 21a.
106 Siehe dazu LG Flensburg, Rpfleger 1995, 424.
107 Zur Neufassung des AnfG ab 1.1.1999 siehe Art. 1 §§ 1–20 EGInsO.
108 Wie hier *Rosenberg/Schilken*, § 60 II 4 a; *Zöller/Stöber*, § 807 Rdn. 30; a. A. *Stein/Jonas/Münzberg*, § 807 Rdn. 36.
109 Siehe ausführlich *Zöller/Stöber*, § 807 Rdn. 30.
110 *Rosenberg/Gaul*, § 35 IV; LG Flensburg, DGVZ 1995, 119.
111 *Stein/Jonas/Münzberg*, § 807 Rdn. 38.
112 *Richthofen*, NJW 1953, 1858; *Zöller/Stöber*, § 807 Rdn. 30.
113 Art. 1 §§ 1–20 EGInsO.
114 Vergl. die allgemeine Begründung des Regierungsentwurfs einer Insolvenzordnung, BT-Drucks. 12/2443 unter 4. b) gg).
115 Siehe Art. 18 Nr. 8 EGInsO.

»Aus dem Vermögensverzeichnis müssen auch ersichtlich sein

1. die in den letzten zwei Jahren vor dem ersten zur Abgabe der eidesstattlichen Versicherung anberaumten Termin vorgenommenen entgeltlichen Veräußerungen des Schuldners an eine nahestehende Person (§ 138 der Insolvenzordnung);

2. die in den letzten vier Jahren vor dem ersten zur Abgabe der eidesstattlichen Versicherung anberaumten Termin von dem Schuldner vorgenommenen unentgeltlichen Leistungen, sofern sie sich nicht auf gebräuchliche Gelegenheitsgeschenke geringen Werts richteten.«

22 VI. **Ergänzung des unvollständigen Vermögensverzeichnisses:** Der Gläubiger ist berechtigt, bei der Erstellung des Vermögensverzeichnisses durch den Schuldner **anwesend** zu sein. Er hat das Recht, Fragen zu stellen,[116] über deren Zulassung im Zweifelsfall der Rechtspfleger entscheidet. Dieser ist seinerseits nicht zu einer extensiven Schuldnerbefragung verpflichtet und braucht ihm auch keinen pauschalen schriftlichen Fragenkatalog ohne Bezug zum konkreten Fall vorzulegen.[117] Bleiben bei der Ausfüllung des Vermögensverzeichnisses Fragen, hinsichtlich derer eine Offenbarungspflicht besteht, offen oder sind die Antworten insoweit mehrdeutig, so daß über den Inhalt der Offenbarung Ungewißheit besteht, so ist der Schuldner zu einer Ergänzung seines Vermögensverzeichnisses erneut zu laden.[118] Die Ergänzung ist keine wiederholte eidesstattliche Versicherung i. S. § 903 ZPO, dessen Voraussetzungen deshalb insoweit auch nicht vorliegen müssen. Es handelt sich vielmehr um eine bloße Nachbesserung der bisher noch nicht hinreichend erfüllten Pflicht aus § 807 ZPO.[119] Eine Nachbesserung kommt dann nicht in Betracht, wenn die Angaben des Schuldners zwar objektiv unvollständig sind, der Gläubiger aber kein nachvollziehbares Interesse an den fehlenden Antworten hat.[120] Wurde auch dem berechtigten Ergänzungsverlangen nur unvollkommen nachgekommen, kann erneute Ergänzung verlangt werden.[121] Ist das Verzeichnis allerdings vollständig und unmißverständlich ausgefüllt, erscheinen die Angaben dort dem Gläubiger nur unglaubwürdig, so rechtfertigt dies keinen Ergänzungstermin.[122] Es ist das Risiko des Schuldners, über das er durch den Rechtspfleger

---

116 KG, DGVZ 1981, 75; LG Göttingen, JurBüro 1994, 194 f. (bereits bei der Antragstellung auf Abnahme der eidesstattlichen Versicherung); LG Freiburg, JurBüro 1994, 407; LG Heilbronn, Rpfleger 1996, 34, 35; LG Memmingen u. LG München, JurBüro 1994, 407; AG Cuxhaven u. AG Remscheid, JurBüro 1994, 372 f.
117 LG Konstanz, Rpfleger 1996, 75; LG Heilbronn, Rpfleger 1996, 34; LG Tübingen, JurBüro 1995, 326.
118 OLG Düsseldorf, OLGZ 1985, 375; OLG Köln, FamRZ 1995, 1431; LG Berlin, MDR 1974, 408; Rpfleger 1979, 112; LG Düsseldorf, JurBüro 1986, 940; LG Frankenthal, JurBüro 1985, 623; LG Koblenz, MDR 1974, 148; MDR 1976, 150; LG Köln, MDR 1960, 146; LG Krefeld, MDR 1972, 245; Rpfleger 1979, 146; LG München, Rpfleger 1982, 231.
119 LG Regensburg, JurBüro 1993, 31; LG Stade, JurBüro 1993, 31 f.; LG Stuttgart, DGVZ 1993, 114.
120 LG Düsseldorf, MDR 1975, 673; LG Frankenthal, Rpfleger 1981, 363; AG Köln, JurBüro 1966, 893.
121 LG Hannover, MDR 1979, 237.
122 LG Koblenz, MDR 1972, 1041 und MDR 1973, 858 mit Anm. *E. Schneider*.

eindringlich zu belehren ist, mit der eidesstattlichen Versicherung, die sich an die Aufstellung des Vermögensverzeichnisses anschließt, eine Straftat gem. § 156 StGB zu begehen.

Der Schuldner wird von seiner Verpflichtung, ein unvollständiges oder ungenaues Vermögensverzeichnis zu ergänzen und in einem vom Vollstreckungsgericht bestimmten Termin insoweit neu eidesstattlich zu versichern, durch die schriftliche Vervollständigung seines bisherigen versicherten Vermögensverzeichnisses nicht befreit.[123] Dieser Art von Ergänzung fehlte die Strafbewehrung durch § 156 StGB. Zudem entfiele die Möglichkeit des klarstellenden Nachfragens. Die Ladung des Schuldners zur Ergänzung des unvollständigen Vermögensverzeichnisses darf nicht dadurch erschwert und verzögert werden, daß sie von der Zahlung eines Auslagenvorschusses für die Zustellung abhängig gemacht wird.[124]

**VII. Die eidesstattliche Versicherung (Abs. 2):** Um den Schuldner zu größter Gewissenhaftigkeit bei der Erstellung des Vermögensverzeichnisses anzuhalten und um dem Gläubiger größtmögliche Sicherheit hinsichtlich des Wahrheitsgehaltes der Auskünfte zu geben, verpflichtet das Gesetz den Schuldner, die Richtigkeit und Vollständigkeit des Verzeichnisses an Eides Statt zu versichern. Hinsichtlich der Modalitäten der Abgabe der Versicherung an Eides Statt gelten die Vorschriften der §§ 478–480, 483 ZPO, in denen die Eidesleistung geregelt ist, entsprechend: Der Offenbarungspflichtige muß die Versicherung in Person leisten.[125] Er ist über die Bedeutung der eidesstattlichen Versicherung und über § 156 StGB zu belehren. Insbesondere ist er auch darauf hinzuweisen, daß die Pflicht zur Versicherung nicht deshalb entfällt, weil der Schuldner sich bei wahrheitsgemäßen Angaben einer strafbaren Handlung bezichtigen müßte.[126] Dem hierdurch möglicherweise begründeten Aussagenotstand trägt § 157 StGB hinreichend Rechnung. Da die eidesstattliche Versicherung kein Eid ist, kann sie auch von dem nicht verweigert werden, der aus weltanschaulichen Gründen an Stelle des Eides die Bekräftigung nach § 484 ZPO wählen dürfte.[127] Daß die Formel der Versicherung dahin lautet, daß der Versichernde die von ihm verlangten Angaben »nach bestem Wissen und Gewissen« richtig und vollständig gemacht habe, erhebt nicht das subjektive Wissen an Stelle des objektiven Sachverhalts, auf den sich die Aussage bezieht, zum Maßstab der Richtigkeit oder Unrichtigkeit der Versicherung i. S. v. § 156 StGB,[128] so daß bewußte Desinformation nicht zum Vorteil gereicht.

---

123 LG Berlin, Rpfleger 1973, 34.
124 LG Frankenthal, Rpfleger 1984, 194.
125 Siehe auch oben Rdn. 13, 14.
126 BGHZ 41, 318; LG Düsseldorf, MDR 1977, 586; LG Koblenz, MDR 1976, 587.
127 LG Berlin, Rpfleger 1974, 123.
128 BGH, JR 1955, 187.

25  VIII. **Verfahren im übrigen:** Hinsichtlich der Zuständigkeit des Gerichts, des vom Gläubiger und vom Rechtspfleger zu beachtenden Verfahrens bis zur Anfertigung des Vermögensverzeichnisses durch den Schuldner, hinsichtlich der Erzwingung der eidesstattlichen Versicherung durch Haft sowie hinsichtlich der Folgen der eidesstattlichen Versicherung für den Schuldner siehe §§ 899–915 h ZPO.

Zu den Rechtsmitteln des Gläubigers gegen die Ablehnung des Antrages auf Terminsanberaumung sowie des Schuldners gegen seine Offenbarungsverpflichtung siehe § 900 Rdn. 19–26.

Zum Gegenstandswert des Verfahrens auf Abgabe der eidesstattlichen Versicherung nach § 807 ZPO und zu den insoweit anfallenden Gerichts- und Rechtsanwaltsgebühren siehe § 900 Rdn. 30.

26  IX. **Ansprüche des Schuldners wegen leichtfertiger Einleitung des Offenbarungsverfahrens:** Die Durchführung des Offenbarungsversicherungsverfahrens kann für den Schuldner verheerende wirtschaftliche Folgen haben.[129] Die durch den Vollstreckungseingriff zwischen Gläubiger und Schuldner begründete gesetzliche Sonderbeziehung privatrechtlicher Art, die den Gläubiger auch zur Wahrung der Interessen des Schuldners verpflichtet,[130] hat zur Folge, daß der Gläubiger das Offenbarungsverfahren jedenfalls dann nicht mehr fortsetzen darf, wenn die beizutreibende Schuld gänzlich getilgt ist und hierüber zwischen den Parteien Einvernehmen herrscht. Setzt er wider besseren Wissens – vorsätzlich oder leichtfertig – das Verfahren fort, so ist er dem Schuldner zum Ersatz des hieraus entstandenen Schadens verpflichtet.[131] Anderes gilt, wenn der Gläubiger irrtümlich davon ausgeht, noch Ansprüche aus dem Titel gegen den Schuldner zu haben. Dieses »Recht auf Irrtum« muß dem Gläubiger grundsätzlich zugestanden werden, damit seine prozessuale Entschluß- und Handlungsfähigkeit nicht durch ein unüberschaubares Haftungsrisiko unzumutbar beeinträchtigt wird.[132]

27  X. **ArbGG, VwGO, AO:** Die Vorschrift gilt auch bei frucht- oder aussichtslosen Pfändungen aufgrund von arbeitsgerichtlichen Titeln (vergl. §§ 62 Abs. 2 S. 1, 85 Abs. 1 S. 3 ArbGG) und von Titeln nach § 168 VwGO (§ 167 Abs. 1 VwGO). Die Vollstreckung für und gegen die öffentliche Hand richtet sich allerdings gem. § 169 Abs. 1 S. 1 (ggf. auch gem. § 170 Abs. 1 S. 3) VwGO nach dem VwVG. Dieses verweist in § 5 auf die AO. Dort ist die eidesstattliche Versicherung in § 284 AO geregelt, dessen Absätze 1 und 2 dem § 807 ZPO entsprechen. Allerdings kann nach § 284 Abs. 2 S. 2 AO die Vollstreckungsbehörde von der Abnahme der eidesstattlichen Versicherung absehen.

---

129 Vergl. § 915 Rdn. 10.
130 Allgem. Vorbem. Rdn. 13.
131 BGHZ 74, 9; BGH NJW 1985, 3080.
132 BGH NJW 1985, 3080.

## II. Zwangsvollstreckung in körperliche Sachen

**Vorbemerkung vor §§ 808-827 ZPO.**

In der Zwangsvollstreckung in körperliche Sachen durch Pfändung und nachfolgende Versteigerung liegt der Haupttätigkeitsbereich des **Gerichtsvollziehers** im Vollstreckungsverfahren. Die dem Gerichtsvollzieher hier zugewiesenen Aufgaben können durch andere Vollstreckungsorgane nicht wirksam wahrgenommen werden. Sie wären insoweit funktionell unzuständig, ihre Vollstreckungshandlung (z. B. die Pfändung einer körperlichen Sache durch das Vollstreckungsgericht) nichtig.[1] Zum amtlichen Status des Gerichtsvollziehers, zur Haftung für ein Fehlverhalten des Gerichtsvollziehers und zu den Rechtsbehelfen gegen seine Tätigkeit siehe den Überblick in der Vorbemerkung vor §§ 753-763. Zum Vollstreckungsantrag siehe die Anmerkungen zu § 753. Über die Wirkung freiwilliger Zahlungen des Schuldners an den Gerichtsvollzieher zur Abwendung der Zwangsvollstreckung siehe § 754 Rdn. 2-10.

In der Abgabenvollstreckung führt die Vollstreckungsbehörde die Vollstreckung in bewegliche Sachen durch Vollziehungsbeamte aus (§ 285 Abs. 1 AO).

1

---

1 Einzelheiten: Vor §§ 803, 804 Rdn. 5.

## § 808 Pfändung beim Schuldner

(1) Die Pfändung der im Gewahrsam des Schuldners befindlichen körperlichen Sachen wird dadurch bewirkt, daß der Gerichtsvollzieher sie in Besitz nimmt.
(2) ¹Andere Sachen als Geld, Kostbarkeiten und Wertpapiere sind im Gewahrsam des Schuldners zu belassen, sofern nicht hierdurch die Befriedigung des Gläubigers gefährdet wird. ²Werden die Sachen im Gewahrsam des Schuldners belassen, so ist die Wirksamkeit der Pfändung dadurch bedingt, daß durch Anlegung von Siegeln oder auf sonstige Weise die Pfändung ersichtlich gemacht ist.
(3) Der Gerichtsvollzieher hat den Schuldner von der erfolgten Pfändung in Kenntnis zu setzen.

### Inhaltsübersicht

Literatur

| | | Rdn. |
|---|---|---|
| I. | Alleingewahrsam des Schuldners | 1–3 |
| II. | Bedeutung der materiellen Berechtigung an der Sache | 4–6 |
| III. | Rechtsschutzbedürfnis bei Eigentum des Gläubigers | 7 |
| IV. | Durchführung der Pfändung durch Inbesitznahme (Abs. 1) | 8 |
| | 1. Geld, Wertpapiere und Kostbarkeiten | 9 |
| | 2. Andere körperliche Sachen | 10 |
| | a) Kenntlichmachen durch Siegelanlegen | 10 |
| | b) Wegnahme bei Gefährdung der Gläubigerinteressen | 11 |
| | c) Kosten der Wegnahme | 12 |
| V. | Besitzverhältnisse am Pfändungsgut nach der Pfändung | 13 |
| VI. | Kein Verfolgungsrecht des Gerichtsvollziehers | 14 |
| VII. | Rechtsfolgen der Pfändung | 15 |
| VIII. | Benachrichtigung des Schuldners (Abs. 3) und des Gläubigers | 16, 17 |
| IX. | Rechtsbehelfe | 18 |
| X. | Gebühren | 19 |
| XI. | ArbGG, VwGO, AO | 20 |

Literatur: *Brehm*, Die Pfändung von Computerprogrammen, in: Festschr. für Wolfgang Gitter zum 65. Geburtstag, 1995, 145; *Breidenbach*, Computersoftware in der Zwangsvollstreckung, CR 1989, 873; *Christmann*, Die Anwesenheit des Gläubigers bei der Mobiliarpfändung in der Wohnung des Schuldners, DGVZ 1984, 83; *Furtner*, Fortsetzung der Vollstreckung durch Abholung von Gegenständen, an denen ein Dritter nach der Pfändung Gewahrsam erlangt hat, DGVZ 1965, 49; *Herde*, Probleme der Pfandverfolgung, Diss. Göttingen 1978; *Hoffmann*, Muß das Zwangsvollstreckungsorgan in den Fällen der §§ 736 ff. ZPO ausnahmsweise prüfen, ob das Vollstreckungsobjekt zum Schuldnervermögen gehört?, DGVZ 1973, 97; *Mümmler*, Betrachtungen zur Hilfspfändung, DGVZ 1972, 161; *ders.*, Die Zwangsvollstreckung des Abzahlungsverkäufers wegen der Kaufpreisforderung in die unter Eigentumsvorbehalt gelieferte Abzahlungssache, JurBüro 1977, 1657; *ders.*, Effizientere Sachpfändung, JurBüro 1991, 145; *Noack*, Überlegungen zur Pfändung von Sachen bei bestehendem Eigentum Dritter, DGVZ 1972, 81; *ders.*, Die Wegnahme des Kraftfahrzeugbriefes im Wege der Hilfspfändung, DGVZ 1972, 65; *ders.*, Warenbestände, Rohstoffe und Halbfertigfabrikate in der Pfändungsvollstreckung, DB 1977, 195; *ders.*, Der Einzelkaufmann und der Gewerbetreibende in der Zwangsvollstreckung, JurBüro 1978, 976; *ders.*, Zur Mobiliarvollstreckung in Gebäude als bewegliche körperliche Sachen, ZMR 1982, 97; *Paulus*, Die Software in der Vollstreckung, Rechtsschutz und Verwertung von Computerprogrammen, 2. Aufl., 1993, 831; *Pawlowski*, Zum sogenannten Verfolgungsrecht des Gerichtsvollziehers, AcP 1975, 189; *Raacke*, Zur »Pfandverstrickung« von Vorbehaltsware, NJW 1975, 248; *Röhl*, Der Gewahrsam in der Zwangsvollstreckung, Diss. Kiel 1973; *Wasner*, Die gewaltsame Wegnahme gepfändeter Sachen, die vom Schuldner zum Dritten geschafft sind, ZZP 1966, 113; *Weyland*, Automatenaufstellungsvertrag – Vertrag, Besitz, Zwangsvollstreckung –, 1989; *Winterstein*, Probleme der Zwangsvollstreckung gegen Personen- und Kapitalgesellschaften, DGVZ 1984, 1.

Siehe ferner die Literaturangaben zu § 739 und § 809.

**I. Alleingewahrsam des Schuldners:** § 808 Abs. 1 bezieht sich nur auf körperliche Sachen, die sich im Alleingewahrsam des Schuldners befinden. Soweit sich körperliche Sachen im Allein- oder Mitgewahrsam Dritter oder des Gläubigers selbst befinden, gilt § 809 ZPO. Alleingewahrsam ist die tatsächliche alleinige Sachherrschaft, so daß der Mitbesitz (§ 866 BGB), der mittelbare Besitz (§ 868 BGB) und der nicht tatsächlich ausgeübte, sondern nur kraft Gesetzes fingierte Erbenbesitz (§ 857 BGB)[1] keinen ausreichenden Alleingewahrsam begründen. Die tatsächliche Sachherrschaft ist nicht mit der tatsächlichen Inhaberschaft einer Sache identisch, so daß der Besitzdiener keinen Gewahrsam ausübt. Ebenso übt das Organ einer juristischen Person oder einer Handelsgesellschaft oder der gesetzliche Vertreter einer natürlichen Person den Gewahrsam für den Vertretenen aus, so daß dieser und nicht der Vertreter als Gewahrsamsinhaber anzusehen ist.[2] Abzustellen ist hierbei auf eine natürliche Betrachtungsweise und nicht schematisch auf die äußerliche Bezeichnung der Gewahrsamssphäre. So kann etwa eine GmbH durchaus auch an Gegenständen in der Privatwohnung ihres Geschäftsführers Alleingewahrsam haben,[3] oder es kann trotz der Nutzung derselben Räumlichkeiten durch mehrere Personen oder Gesellschaften an bestimmten Gegenständen durchaus Alleingewahrsam einer Person oder Gesellschaft vorliegen.[4] Ergibt das äußere Erscheinungsbild, das wesentlich durch die Verkehrsanschauung mitgeprägt wird, den Anschein des Alleingewahrsams einer Person, so hat der Gerichtsvollzieher keine juristischen Überlegungen anzustellen, um etwa eine andere Gewahrsamszuordnung vorzunehmen.[5] Weisen allerdings erkennbare äußere Umstände (z. B. Schilder zweier Gesellschaften an den Türen der Geschäftsräume) auf eine gemeinschaftliche Nutzung hin, hat der Gerichtsvollzieher vom Mitgewahrsam beider Gesellschaften an den Einrichtungsgegenständen auszugehen.[6] Dann gilt bei der Vollstreckung gegen eine von ihnen nicht § 808 ZPO, sondern § 809 ZPO.

1

---

1 A.A. *Blomeyer*, § 45 I 1; *Rosenberg/Schilken*, § 51 I 1 a; *Stein/Jonas/Münzberg*, § 808 Rdn. 7; **wie hier** *Brox/Walker*, Rdn. 236; *Bruns/Peters*, § 21 III 1; *Zöller/Stöber*, § 808 Rdn. 7.
2 BGHZ 56, 166; LG Kassel, DGVZ 1978, 114; AG Köln, JMBl.NW 1967, 257.
3 LG Mannheim, DB 1983, 1481.
4 OLG Frankfurt, MDR 1969, 676.
5 OLG Frankfurt, MDR 1969, 676.
6 *Brox/Walker*, Rdn. 243; *MüKo/Schilken*, § 808 Rdn. 10.

2   Auch dann, wenn weder Besitzdienerschaft noch Organschaft oder Vertretungsbefugnis im engeren Sinne vorliegen, kann die Geschäftsbesorgung für einen Dritten im Einzelfall dazu führen, daß nach der Verkehrsanschauung der tatsächliche Besitz des Beauftragten dem Auftraggeber als Alleingewahrsam zuzurechnen ist. Hat etwa eine KG ihrem Kommanditisten, der kraft Gesetzes von der Geschäftsführung ausgeschlossen ist (§ 164 HGB), zur Besorgung einzelner Gesellschaftsangelegenheiten einen Firmenwagen als »Dienstfahrzeug« zur Verfügung gestellt, so ist dieser Kommanditist, der insoweit nur die Besitzrechte der KG ausübt, nicht als Gewahrsamsinhaber anzusehen, sondern allein die KG.[7]

3   Eine spezielle Gewahrsamsvermutung für Ehegatten stellt § 739 ZPO auf.[8] Die Vermutung ist im Rahmen eheähnlicher Gemeinschaften nicht entsprechend anwendbar.[9]

4   **II. Bedeutung der materiellen Berechtigung an der Sache:** Hat der Gerichtsvollzieher festgestellt, daß ein Gegenstand sich nach dem äußeren Erscheinungsbild im Alleingewahrsam des Schuldners befindet, hat er darüber hinaus grundsätzlich **keine Prüfung** anzustellen, ob der Gegenstand **materiellrechtlich zum Schuldnervermögen** gehört.[10] Auch ein ausdrücklicher Hinweis des Schuldners oder eines sein Eigentum behauptenden Dritten, etwa unter Vorlage von Vorbehaltskauf- oder Sicherungsübereignungs- oder Leasingverträgen,[11] dürfen den Gerichtsvollzieher nicht von der Pfändung abhalten.[12] Er wird allerdings, da er dem Gläubiger nicht unnötige Kosten verursachen soll, von der Pfändung derartiger Gegenstände dann absehen, wenn er genügend andere, zur Befriedigung des Anspruchs des Gläubigers ausreichende Gegenstände vorfindet.

5   Ist für alle Beteiligten ausnahmsweise **offensichtlich**, daß ein im Besitz des Schuldners befindlicher Gegenstand im Eigentum eines Dritten steht, so bei dem Handwerker zur Reparatur, dem Frachtführer zum Transport, dem Pfandleiher zum Pfand übergebenen Sachen oder dem Rechtsanwalt zu den Akten gegebenen Klagewechseln, unterläßt der Gerichtsvollzieher auch dann die Pfändung, wenn er keine anderen pfändbaren Sachen vorfindet.[13] Etwas anderes gilt nur dann, wenn der Gläubiger ausdrücklich die Pfändung verlangt oder wenn der unzweifelhaft als Eigentümer in Betracht kommende Dritte sie erlaubt.[14]

---

[7] KG, Rpfleger 1977, 329; *Brox/Walker*, Rdn. 245; MüKo/*Schilken*, § 808 Rdn. 10; *Zöller/Stöber*, § 808 Rdn. 12; a. A. *Baumbach/Lauterbach/Hartmann*, § 808 Rdn. 13; einschränkend *Stein/Jonas/Münzberg*, § 808 Rdn. 16 mit Fußn. 125.
[8] Einzelheiten: § 739 Rdn. 5–12.
[9] Einzelheiten: Vor §§ 739–745 Rdn. 3.
[10] Siehe auch § 119 Nr. 1 GVGA.
[11] AG Frankfurt, DGVZ 1974, 26; LG Dortmund, NJW-RR 1986, 1497; AG Sinzig, NJW-RR 1987, 508.
[12] BGH, NJW 1957, 544; BGHZ 80, 296.
[13] *Brox/Walker*, Rdn. 259 m. weiteren Bespielen. Siehe auch § 119 Nrn. 2–4 GVGA.
[14] § 119 Nr. 2 S. 2 GVGA.

Hat der Gerichtsvollzieher nicht im Vermögen des Schuldners schlechthin zu pfänden, **6**
sondern nach Maßgabe des Titels nur in einer besonderen Vermögensmasse, etwa in einem von einem Nachlaßverwalter verwalteten Nachlaß, so muß er ausnahmsweise nicht nur den Gewahrsam des Nachlaßverwalters prüfen, sondern darüber hinaus feststellen, daß der Gegenstand auch zum Sondervermögen gehört.[15]

**III. Rechtsschutzbedürfnis bei Eigentum des Gläubigers:** Ergibt sich aus dem Titel **7**
oder aus der dem Gerichtsvollzieher vom Gläubiger erteilten Weisung,[16] daß der zu pfändende Gegenstand im Eigentum des Gläubigers steht, etwa wenn der Titel über die Kaufpreisforderung in den unter Eigentumsvorbehalt verkauften Gegenstand vollstreckt werden soll, darf der Gerichtsvollzieher die Pfändung nicht wegen mangelnden Rechtsschutzbedürfnisses ablehnen,[17] weil der Gläubiger an eigenen Sachen kein Pfändungspfandrecht erwerben kann.[18] Die durch die Pfändung bewirkte Verstrickung des Gegenstandes[19] gibt dem Gläubiger die Möglichkeit, die Sache verwerten zu lassen und auf diese Weise seine Forderung zu realisieren. Er erspart sich die Herausgabeklage und die eigenen Mühen um einen anderweitigen Verkauf der Sache, zumal wenn der Verkauf gebrauchter Sachen nicht in seinen Gewerbebetrieb paßt. Auch für den Schuldner ist dieses Verfahren kostengünstiger als die Herausgabeklage. Diese Gesichtspunkte reichen aus, um ein Rechtsschutzbedürfnis des Gläubigers für die Pfändung eigener Sachen zu bejahen.[20] Daß die titulierte Forderung möglicherweise, nämlich soweit § 13 Abs. 3 VerbrKrG (früher § 5 AbzG) eingreift,[21] mit der Abholung der Sache zur Versteigerung (nicht schon mit der bloßen Pfändung[22]) erlischt, ist für den Gerichtsvollzieher ohne Belang. Diesen materiellrechtlichen Einwand muß der Schuldner gegebenenfalls mit der Klage nach § 767 ZPO geltend machen.[23]

**IV. Durchführung der Pfändung durch Inbesitznahme (Abs. 1):** Die Pfändung kör- **8**
perlicher Sachen durch den Gerichtsvollzieher erfolgt durch (zumindest konkludenten) Ausspruch der Pfändung[24] und gleichzeitige Inbesitznahme der Sache durch den Gerichtsvollzieher (Abs. 1). Die Inbesitznahme und ihre Kenntlichmachung gehören zu den unverzichtbaren Wirksamkeitsvoraussetzungen einer Pfändung. Ohne erkennbare Inbesitznahme tritt keine wirksame Verstrickung ein,[25] mangels Verstrickung entsteht

---

15 *Baumbach/Lauterbach/Hartmann*, § 808 Rdn. 6; *Baur/Stürner*, Rdn. 28.9; *Bruns/Peters*, § 21 III 5; *MüKo/Schilken*, § 808 Rdn. 12; *Rosenberg/Schilken*, § 51 I 1 c; *Stein/Jonas/Münzberg*, § 808 Rdn. 5; a. A. *Hofmann*, DGVZ 1973, 99.
16 Zur Zulässigkeit derartiger Weisungen: Vor §§ 753–763 Rdn. 9.
17 So aber LG Oldenburg, DGVZ 1984, 91.
18 Siehe Vor §§ 803, 804 Rdn. 14.
19 Siehe Vor §§ 803, 804 Rdn. 3.
20 Im Ergebnis wie hier *Baumbach/Lauterbach/Hartmann*, § 804 Rdn. 6; *Rosenberg/Schilken*, § 51 I 1 b; *Stein/Jonas/Münzberg*, § 804 Rdn. 13.
21 Vergl. BGHZ 15, 173; 39, 98; 55, 59.
22 BGHZ 39, 97.
23 Siehe § 767 Rdn. 21.
24 *A. Blomeyer*, § 45 I 3; *Rosenberg/Schilken*, § 51 II 1.
25 Einzelheiten: Vor §§ 803, 804 Rdn. 5.

kein Pfändungspfandrecht.²⁶ Die Inbesitznahme erfolgt je nach der Art des zu pfändenden Gegenstandes und den Umständen des Einzelfalles in unterschiedlicher Weise:

9   1. **Geld, Wertpapiere und Kostbarkeiten:** Diese Sachen nimmt der Gerichtsvollzieher in der Regel sofort mit sich (Abs. 2 S. 1).²⁷ Kostbarkeiten sind Gegenstände, die im Verhältnis zu ihrer Größe besonders wertvoll sind,²⁸ wie Gegenstände aus Edelmetall,²⁹ aus Edelsteinen oder Perlen, Kunstwerke, herausragende Antiquitäten, aber auch Münz- und Briefmarkensammlungen. Während der Gerichtsvollzieher gepfändetes Geld unmittelbar im Anschluß an die Wegnahme dem Gläubiger abliefert (§ 815 Abs. 1 ZPO), soweit nicht ausnahmsweise die Voraussetzungen für eine Hinterlegung vorliegen (§ 815 Abs. 2 ZPO), hat er Wertpapiere und Kostbarkeiten in eigene Verwahrung zu nehmen. Die Verwahrung soll deutlich getrennt von eigenen Geldern und Wertgegenständen erfolgen.³⁰ Für sie dürfen keine besonderen Auslagen in Rechnung gestellt werden, es sei denn, daß wegen des außergewöhnlich hohen Wertes der Gegenstände im Einzelfall besondere zusätzliche Schutzmaßnahmen notwendig wurden.³¹ In die Verwahrung des Schuldners oder eines Dritten dürfen Kostbarkeiten nur gegeben werden, wenn der Gläubiger und der Schuldner ausdrücklich zustimmen³² (dies ist dann zu protokollieren) oder wenn der Gerichtsvollzieher keine eigene sichere Verwahrungsmöglichkeit hat. Als Dritter bietet sich insbesondere eine sichere Bank oder eine öffentliche Sparkasse an.³³ Gepfändete und mitgenommene Verrechnungsschecks kann der Gerichtsvollzieher sogleich der bezogenen Bank vorlegen, um dann den durch Einlösung erlangten Betrag unmittelbar wie gepfändetes Bargeld dem Gläubiger auszuhändigen.³⁴

10  2. **Andere körperliche Sachen:**

a) **Kenntlichmachen durch Siegelanlegen:** Andere körperliche Sachen als Geld, Wertpapiere und Kostbarkeiten gibt der Gerichtsvollzieher, nachdem er sie zunächst in unmittelbaren Besitz genommen hat, im Regelfall sogleich wieder dem Schuldner zur Verwahrung zurück. Er macht in diesem Falle die Inbesitznahme durch Anlegen eines Pfandsiegels oder durch Anbringen einer Pfandanzeige deutlich. Das Siegel muß zwar nicht so am Gegenstand befestigt sein, daß es jedermann sofort ins Auge springt,³⁵ es darf aber keinesfalls so verborgen angebracht werden, daß die Pfändung

---

26 Einzelheiten: Vor §§ 803, 804 Rdn. 14.
27 Siehe auch § 132 Nr. 1 GVGA. Das gilt auch für das Geld in Spielautomaten; vergl. OVG München, NJW 1958, 1460.
28 BGH, NJW 1953, 902.
29 Auch Geld kann wie eine Kostbarkeit zu behandeln sein, wenn (z. B. bei Sammlermünzen) der tatsächliche Wert erheblich über dem Nennwert liegt (OLG Köln, JurBüro 1991, 1406).
30 § 138 Nr. 2 GVGA.
31 § 140 Nr. 2 S. 2 GVGA.
32 BGH, NJW 1953, 902.
33 LG Koblenz, DGVZ 1986, 28; siehe ferner § 138 Nr. 2, 2. Halbs. GVGA.
34 LG Göttingen, NJW 1983, 635.
35 OLG Oldenburg, JR 1954, 33; AG Göttingen, DGVZ 1972, 32.

für außenstehende Dritte nicht mehr kenntlich wäre.[36] Durch die unterlassene Kenntlichmachung wäre die Pfändung nicht nur unwirksam, der Gerichtsvollzieher hätte hierdurch vielmehr auch sowohl dem Gläubiger als auch dem Schuldner gegenüber eine Amtspflicht verletzt, für die der Staat nach § 839 BGB, Art. 34 GG einzutreten hätte.[37] In der Regel ist an jedem einzelnen Pfandstück das Siegel zu befestigen. Für eine Mehrzahl von Pfandstücken, insbesondere eine größere Anzahl gleichartiger Waren oder sonstiger vertretbarer Sachen (Vieh in einem Stall, Vorräte in einem Lager usw.), genügt eine gemeinsame Pfandanzeige, wenn sie sich so anbringen läßt, daß die gepfändeten Gegenstände deutlich von nichtgepfändeten Gegenständen zu unterscheiden sind[38] und daß einzelne Gegenstände aus der gepfändeten Gesamtheit nicht ohne Beschädigung der Pfandanzeige oder sonst ins Auge springende Umstände entfernt werden können.[39]

b) **Wegnahme bei Gefährdung der Gläubigerinteressen:** Wird durch das Belassen der Gegenstände beim Schuldner die spätere Befriedigung des Gläubigers gefährdet, so muß der Gerichtsvollzieher auch andere Sachen als Geld, Wertpapiere und Kostbarkeiten sogleich mitnehmen. Eine solche Gefährdung ist etwa anzunehmen, wenn der Schuldner die Pfandsiegel, die der Gerichtsvollzieher bei einem ersten Pfändungsversuch angebracht hatte, wieder entfernt hat,[40] oder wenn er die zunächst gepfändeten Gegenstände sogar veräußert oder verbraucht hat.[41] In Fällen dieser Art würde der Gerichtsvollzieher eine Amtspflicht gegenüber dem Gläubiger verletzen, wenn er das Pfändungsgut bzw. die ersatzweise von ihm neu gepfändeten Gegenstände nicht sogleich aus dem Gewahrsam des Schuldners entfernte. Die Gefährdung des Befriedigungsinteresses des Gläubigers kann sich auch, unabhängig vom Verhalten des Schuldners im Einzelfall aus der Natur des gepfändeten Gegenstandes selbst ergeben. So wird infolge der Gefahren des Straßenverkehrs bei Kraftfahrzeugen in der Regel davon auszugehen sein, daß Beschädigungen und ein Wertverlust in der Zeit zwischen Pfändung und Versteigerung so naheliegen, daß eine Weiterbenutzung des Fahrzeugs durch seine sofortige Wegnahme verhindert werden muß.[42] Mit dem Fahrzeug sind Kraftfahrzeugschein und -brief mitzunehmen. Beläßt der Gerichtsvollzieher ausnahmsweise das Fahrzeug beim Schuldner, muß er in jedem Fall den Kraftfahrzeugbrief mitnehmen, um die Veräußerung des Kraftfahrzeugs an gutgläubige Dritte auszuschließen.[43] Zu diesem Zweck erfolgt eine »Hilfspfändung« des Briefes,[44] der im Hinblick auf § 952 BGB[45] keinen Eigenwert besitzt.

11

---

36 § 132 Nr. 2 S. 3–5 GVGA.
37 BGH, NJW 1959, 1775.
38 BGH, KTS 1959, 156; OLG Stuttgart, NJW 1959, 992; LG Frankfurt, DGVZ 1990, 59.
39 § 132 Nr. 2 und Nr. 3 GVGA.
40 BGH, MDR 1959, 282.
41 OLG Karlsruhe, MDR 1979, 237.
42 OLG Düsseldorf, MDR 1968, 424; OLG Hamburg, MDR 1967, 763; LG Kiel, MDR 1970, 597; siehe auch §§ 157–164 GVGA.
43 BGH, NJW 1975, 735; NJW 1981, 226; JZ 1984, 231.
44 Vergl. *Noack*, DGVZ 1972, 65; siehe ferner § 160 Nr. 1 GVGA.
45 Zur Anwendung des § 952 BGB auf den Kfz-Brief: BGHZ 88, 13.

12  c) **Kosten der Wegnahme:** Nimmt der Gerichtsvollzieher Gegenstände mit, so sind die Kosten der Lagerung[46] Kosten der Zwangsvollstreckung.[47] Die Unterbringung hat in der Weise zu erfolgen, daß einerseits Beschädigungen oder ein Verlust der Pfandsachen vermieden werden,[48] daß aber andererseits nicht mehr als die angemessenen und unbedingt notwendigen Kosten entstehen. Der Gläubiger ist hinsichtlich dieser Kosten vorschußpflichtig. Daher kann der Gerichtsvollzieher bei besonders kostenintensiven Maßnahmen verpflichtet sein, mit dem Gläubiger Rücksprache zu halten, ob die beabsichtigte Maßnahme auch von dem erteilten Zwangsvollstreckungsauftrag gedeckt ist.[49] Der Gerichtsvollzieher kann die – nicht ganz unerhebliche – Kosten verursachende Verwahrung eines Vollstreckungsgegenstandes beenden, wenn der Gläubiger hierfür trotz Aufforderung keinen Vorschuß zahlt.[50]

13  **V. Die Besitzverhältnisse am Pfändungsgut nach der Pfändung:** Mit der wirksamen Pfändung wird zunächst der Staat, vertreten durch den Gerichtsvollzieher, unmittelbarer Besitzer der Pfandsache, während der Gläubiger mittelbarer Besitzer wird, der Schuldner schließlich mittelbarer Besitzer zweiter Stufe. Beläßt der Gerichtsvollzieher die Sache gem. Abs. 2 anschließend bis zum Versteigerungstermin beim Schuldner, erlangt dieser den unmittelbaren Besitz zurück und vermittelt ihn nunmehr für den Gerichtsvollzieher (Staat) und den Gläubiger (§ 868 BGB). Entfernt der Schuldner später das Pfandsiegel und gibt die Sache an einen Dritten weiter, so endet damit zwar nicht die Verstrickung, selbst wenn der Dritte gutgläubig lastenfreies Eigentum erwirbt;[51] Gerichtsvollzieher (Staat) und Gläubiger verlieren aber ihren mittelbaren Besitz, da beim Dritten der zur Aufrechterhaltung des Besitzmittlungsverhältnisses erforderliche Besitzmittlungswille fehlt. War der Dritte bösgläubig, ist das Pfändungspfandrecht also nicht erloschen,[52] kann der Pfändungsgläubiger von ihm gem. §§ 1227, 985 BGB Wiederherstellung seines und des Gerichtsvollziehers (Staates) Besitzes verlangen.

14  **VI. Kein Verfolgungsrecht des Gerichtsvollziehers:** Die in diesem Zusammenhang aufgeworfene Frage, ob der Gerichtsvollzieher nicht aufgrund der Verstrickung des Gegenstandes berechtigt ist, die Pfandsache »zu verfolgen«, wohin auch immer sie gegen den Willen des Vollstreckungsorgans verbracht wird, ist mit der heute h. M. zu verneinen.[53] Es handelt sich dabei nicht um ein Problem des § 809 ZPO, da die Pfändung

---

46 Siehe § 140 GVGA.
47 Vergl. § 788 Rdn. 17.
48 Im einzelnen hierzu § 139 GVGA.
49 Dazu AG Gotha, DGVZ 1995, 119, 120 f.
50 OLG Frankfurt, DGVZ 1982, 57; zu weitgehend aber LG Aachen, DGVZ 1989, 23, das den Gerichtsvollzieher in diesem Falle sogar für berechtigt hält, die Pfändung selbst aufzuheben.
51 Siehe hierzu: Vor §§ 803, 804 Rdn. 18.
52 Die Entfernung des Pfandsiegels berührt es ebensowenig wie die Verstrickung.
53 LG Bochum, DGVZ 1990, 73; *Baumann/Brehm,* § 18 II 3 b; *Baur/Stürner,* Rdn. 28.22; *Brox/Walker,* Rdn. 373; *Bruns/Peters,* § 21 V 1; *Gerhardt,* § 8 I 2; *Herde,* Probleme der Pfandverfolgung, 1978, S. 6 ff.; *MüKo/Schilken,* § 808 Rdn. 24a; *Pawlowski,* AcP 1975, 189 ff.; *Rosenberg/Schilken,* § 51 II 3; *Stein/Jonas/Münzberg,* § 808 Rdn. 37; a. A. in der älteren Rspr. LG Köln, MDR 1965, 213; LG Saarbrücken, DGVZ 1975, 170; LG Stuttgart, MDR 1969, 275; AG Köln, JurBüro 1959, 255; ferner in der Lit. *Wasner,* ZZP 1966, 113.

bereits erfolgt ist und noch fortwirkt, es also nicht mehr um die Herausgabebereitschaft des Dritten zum Zwecke der Pfändung, sondern nur noch um die Wiederbeschaffung der bereits gepfändeten Sache zum Zwecke der Fortsetzung der bereits rechtswirksam begonnenen Vollstreckung geht. Auch § 750 ZPO, der einen Titel gegen denjenigen Schuldner verlangt, gegen den sich konkret die Vollstreckung richtet, ist nicht einschlägig, da es sich bei der Wiederbeschaffung der Sache nicht um eine Vollstreckung gegen den Dritten handelt. Es fehlt jedoch an einer im Hinblick auf Art. 13 Abs. 2 GG erforderlichen gesetzlichen Ermächtigungsgrundlage für den Gerichtsvollzieher, gegen den Dritten gewaltsam vorzugehen. Auch für eine richterliche Anordnung insoweit ist eine Rechtsgrundlage nicht ersichtlich. Der Gerichtsvollzieher muß also ebenso wie der Gläubiger[54] notfalls den Zivilrechtsweg, gestützt auf § 1006 BGB, beschreiten. Eine Ausnahme gilt dann, wenn dem Dritten die gepfändete Sache offensichtlich nur zum Zwecke der Vollstreckungsvereitelung übergeben worden ist und er sich dieser Gewahrsamsverschiebung berühmt;[55] denn in diesem Fall ist selbst eine Pfändung ohne die ansonsten gem. § 809 ZPO erforderliche Herausgabebereitschaft des Dritten möglich,[56] so daß Gleiches auch für die Verfolgung der bereits gepfändeten Sache gelten muß. In der Praxis wird sich die Frage nach dem Verfolgungsrecht des Gerichtsvollziehers oft dadurch erübrigen, daß die strafrechtlichen Ermittlungsbehörden im Verfahren zur Aufklärung einer Straftat nach § 136 StGB von sich aus den alten Besitzstand wieder herstellen.

**VII. Rechtsfolgen der Pfändung:** Hinsichtlich der Wirkungen der Pfändung im einzelnen (Verstrickung, Pfändungspfandrecht) siehe die Vorbemerkung vor §§ 803, 804. 15

**VIII. Benachrichtigung des Schuldners (Abs. 3) und des Gläubigers:** War der **Schuldner** bei der Pfändung nicht anwesend, hat ihn der Gerichtsvollzieher von der erfolgten Pfändung **in Kenntnis** zu setzen (Abs. 3). Dies gilt sowohl, wenn im Gewahrsamsbereich des Schuldners (auch unter Beachtung des § 759 ZPO[57]) gepfändet wurde, als auch, wenn die Pfändung gem. § 809 ZPO bei einem herausgabebereiten Dritten oder beim Gläubiger durchgeführt wurde. Die Benachrichtigung geschieht durch Übersendung des Pfändungsprotokolls (§ 763 ZPO). 16

Der **Gläubiger** ist auf seinen Antrag schon vor Durchführung der Pfändung vom beabsichtigten Termin zu verständigen, damit er auf Wunsch bei der Vollstreckung anwesend sein kann.[58] Das Vollstreckungsprotokoll erhält der Gläubiger nicht von Amts wegen zugesandt, sondern nur auf seinen Antrag hin, und zwar gebührenpflichtig[59] (keine vom Schuldner zu erstattenden notwendigen Kosten der Zwangsvollstreckung). 17

**IX. Rechtsbehelfe:** Die Verletzung von Verfahrensnormen einschließlich der Verwaltungsvorschriften in der GVGA bei Durchführung der Pfändung können Gläubiger, 18

---

54 Siehe insoweit oben Rdn. 13 a. E.
55 *Brox/Walker*, Rdn. 374.
56 Siehe § 809 Rdn. 3.
57 Siehe insbesondere § 759 Rdn. 3, 4.
58 Einzelheiten hierzu: § 758 Rdn. 21.
59 Einzelheiten: § 760 Rdn. 3.

Schuldner und betroffene Dritte, soweit sie jeweils beschwert sind, mit der Erinnerung nach § 766 ZPO geltend machen. Materiellrechtliche Einwendungen des Schuldners gegen den zu vollstreckenden Anspruch können nur mit der Klage nach § 767 ZPO, materiellrechtliche Berechtigungen Dritter an der Sache nur mit den Klagen nach §§ 771, 805 ZPO verfolgt werden.

19 **X. Gebühren:** Für die Tätigkeit des Gerichtsvollziehers werden Gebühren und Auslagen nach den Vorschriften des GvKostG erhoben. Die Höhe der Gebühren für die Pfändung von beweglichen Sachen richtet sich nach den §§ 17 ff. GvKostG.

20 **XI. ArbGG, VwGO, AO:** Die Vorschrift gilt auch bei der Pfändung beweglicher Sachen aufgrund von arbeitsgerichtlichen Titeln (vergl. §§ 62 Abs. 2 S. 1, 85 Abs. 1 S. 3 ArbGG) und solchen nach § 168 VwGO (§ 167 Abs. 1 VwGO). Die Vollstreckung für und gegen die öffentliche Hand richtet sich allerdings gem. § 169 Abs. 1 S. 1 (ggf. auch § 170 Abs. 1 S. 3) VwGO nach dem VwVG. Dessen § 5 verweist auf die AO. Die Pfändung im Rahmen der Abgabenvollstreckung ist in § 286 AO geregelt. Dessen Absätze 1 bis 3 stimmen inhaltlich mit § 808 ZPO überein.

## § 809 Pfändung beim Gläubiger oder bei Dritten

Die vorstehenden Vorschriften sind auf die Pfändung von Sachen, die sich im Gewahrsam des Gläubigers oder eines zur Herausgabe bereiten Dritten befinden, entsprechend anzuwenden.

### Inhaltsübersicht

| | Literatur | Rdn. |
|---|---|---|
| I. | Anwendungsbereich der Norm | 1 |
| II. | Dritter i. S. v. § 809 ZPO | 2 |
| III. | Herausgabebereitschaft des Dritten | 3 |
| IV. | Rechte des Dritten trotz freiwilliger Herausgabe | 4 |
| V. | Verhältnis zwischen § 809 ZPO und 758 ZPO | 5 |
| VI. | Bedeutung der materiellen Berechtigung an der Sache | 6 |
| VII. | Maßgeblicher Zeitpunkt | 7 |
| VIII. | Rechtsfolgen bei Verstoß gegen § 809 ZPO | 8 |
| IX. | ArbGG, VwGO, AO | 9 |

Literatur: *Göhler*, Die Herausgabebereitschaft des Gewahrsamsinhabers im Falle der mehrfachen Pfändung nach §§ 809, 826 ZPO, MDR 1965, 339; *Grasmann*, Muß der Dritte, der die Sache im Gewahrsam hat, auch bei Anschlußpfändungen herausgabebereit sein?, MDR 1955, 74; *Herzig*, Zur Rechtslage bei Pfändungsversuchen in Gegenstände, an denen der Schuldner keinen Alleingewahrsam hat, JurBüro 1968, 367; *Medicus*, Drittbeziehungen im Schuldverhältnis, JuS 1974, 613; *Noack*, Zwangsvollstreckung und Verhaftung in Räumen Dritter, MDR 1967, 894; *ders.*, Der Erlös gepfändeter versteigerter körperlicher Sachen, MDR 1973, 988; *ders.*, Vollstreckung gegen vom Titel nicht betroffene Dritte, JurBüro 1976, 1147; *Pawlowski*, Drittgewahrsam und Verstrickung, DGVZ 1976, 33; *Schilken*, Zur Pfändung von Sachen in Gewahrsam Dritter, DGVZ 1986, 145; *Sonnenberger*, Kann der Gewahrsamsinhaber seine Herausgabebereitschaft gem. § 809 ZPO beschränken?, MDR 1962, 22; *Werner*, Erschweren rechtliche Schranken den Vollstreckungserfolg?, DGVZ 1986, 49, 65.
Siehe ferner die Literaturangaben zu § 739 und § 808.

**I. Anwendungsbereich der Norm:** Ob nicht der Schuldner, sondern statt seiner der 1 Gläubiger oder ein Dritter **Gewahrsam** an dem zu pfändenden Gegenstand hat, beurteilt sich nach denselben Kriterien wie der Gewahrsam des Schuldners in § 808 ZPO.[1] Auch dann, wenn der Gläubiger oder der Dritte nur **Mitgewahrsam** zusammen mit dem Schuldner hat, ist § 809 ZPO einschlägig,[2] da § 808 ZPO nur den (gegebenenfalls auch nach § 739 ZPO fingierten) Alleingewahrsam des Schuldners betrifft. Der auf der ehelichen Lebensgemeinschaft beruhende Mitgewahrsam des Ehegatten bleibt wegen

---

[1] Siehe § 808 Rdn. 1, 2; siehe ferner OLG Hamm, JMBl.NW 1962, 293.
[2] Allgem. Meinung; LG Berlin, MDR 1975, 939; *Brox/Walker*, Rdn. 249; *Rosenberg/Schilken*, § 51 I 3; *Stein/Jonas/Münzberg*, § 808 Rdn. 17; *Zöller/Stöber*, § 809 Rdn. 4.

§ 739 ZPO unberücksichtigt.³ Die Frage des Mitgewahrsams mit dem Schuldner stellt sich insbesondere bei eheähnlichen Lebensgemeinschaften⁴ und Wohngemeinschaften. Auch hier ist zwar Alleingewahrsam des Schuldners an einzelnen Gegenständen, insbesondere solchen zum persönlichen Gebrauch, vorstellbar,⁵ meist aber wird die Vermischung der Lebensbereiche auch zu gemeinsamem Gewahrsam führen. Da § 809 ZPO nur auf den Gewahrsam des Dritten oder eines zur Herausgabe bereiten Dritten abstellt, kommt es nicht darauf an, ob der Gewahrsam rechtmäßig oder rechtswidrig erlangt worden ist. Eine derartig materiellrechtlichen Prüfung wäre dem Gerichtsvollzieher in aller Regel auch nicht möglich.

2 **II. Dritter i. S. v. § 809 ZPO:** Dritter im Sinne dieser Norm ist jeder, der weder Schuldner noch Gläubiger ist. Soweit kein eigener Titel gegen den Dritten vorliegt, ist es auch unerheblich, ob der Dritte etwa nach materiellem Recht selbst für die Forderung gegen den Schuldner haftet und ob sein Widerspruch nach § 771 ZPO letztlich begründet wäre oder nicht;⁶ denn § 809 ZPO stellt allein auf den Gewahrsam, nicht auf die Vermögenszugehörigkeit ab. Die Vorschrift ist deshalb auch dann einschlägig, wenn der Gläubiger die Zwangsvollstreckung in eigene Sachen betreiben will, die sich beim Dritten befinden.⁷ Dritter i. S. des § 809 ZPO ist nach h. M.⁸ auch der im Konkurseröffnungsverfahren gem. § 106 Abs. 1 S. 2 KO eingesetzte Sequester;⁹ denn er wird mit Anordnung der Sequestration unmittelbarer Fremdbesitzer des die künftige Konkursmasse bildenden Sachvermögens des Schuldners. § 809 ZPO gilt ebenfalls bei einem gem. § 848 ZPO oder § 938 Abs. 2 ZPO eingesetzten Sequester.¹⁰ Dritter, bei dem eine Pfändung vorgenommen werden kann, kann auch der Gerichtsvollzieher selbst sein, wenn er aus freiwilliger Zahlung des Schuldners Geld für den Gläubiger in Besitz hat und nunmehr von Gläubigern des Gläubigers mit der Zwangsvollstreckung beauftragt wird.¹¹ Dagegen ist er nicht Dritter im Sinne der Vorschrift, wenn er einen beim Schuldner gepfändeten Gegenstand in Besitz genommen hat und nun-

---

3 Einzelheiten siehe § 739 Rdn. 9–12; OLG Celle, FamRZ 1956, 121.
4 Für sie ist § 739 ZPO auch nicht entsprechend anwendbar; vergl. Vor §§ 739–745 Rdn. 3; ferner LG Frankfurt, NJW 1986, 729.
5 LG Hamburg, NJW 1985, 72.
6 Zum Einwand der unzulässigen Rechtsausübung gegenüber der Drittwiderspruchsklage siehe im einzelnen § 771 Rdn. 33–40; vergl. auch BGH, JZ 1958, 29.
7 LG Oldenburg, DGVZ 1984, 91.
8 *Häsemeyer*, Insolvenzrecht, S. 149; *Kilger*, in: Festschr. 100 Jahre KO 1877–1977, 1977, S. 189, 206 f.; *Kilger/K. Schmidt*, § 106 Anm. 3; *Noack*, KTS 1957, 73, 76; *ders.*, MDR 1967, 639, 641; a. A. *Lohkemper*, ZIP 1995, 1641, 1646; distanzierend zur h. M. *Gerhardt*, in: Festschr. 100 Jahre KO 1877–1977, 1977, S. 111, 120.
9 Ab dem 1.1.1999 kann das Gericht im Insolvenzeröffnungsverfahren gem. § 21 Abs. 2 Nr. 1 InsO einen »vorläufigen Insolvenzverwalter« bestellen.
10 *Brox/Walker*, Rdn. 252.
11 AG Cham und LG Regensburg, DGVZ 1995, 186 f.; AG Rheine, DGVZ 1984, 122; *Brox/Walker*, Rdn. 250; *Stein/Jonas/Münzberg*, § 809 Rdn. 3; auch insoweit § 809 verneinend *Rosenberg/Schilken*, § 51 I 3.

mehr aufgrund der Behauptung, der Gegenstand gehöre nicht diesem Schuldner, sondern einem anderen, mit einem Titel gegen diesen anderen Schuldner in denselben Gegenstand vollstrecken soll.[12] Denn er hat den Besitz nicht uneingeschränkt, sondern nur als Vollstreckungsorgan gegen den ersten Schuldner erlangt. Dessen Herausgabebereitschaft ist nur im Verhältnis zu seinem eigenen Gläubiger durch Wegnahme ersetzt worden. Dagegen ist sein Widerspruchsrecht nach § 809 ZPO erhalten geblieben, soweit Gläubiger eines Dritten in den Gegenstand vollstrecken wollen. Es kann nicht durch eine Herausgabebereitschaft des Gerichtsvollziehers überspielt werden.

III. **Herausgabebereitschaft des Dritten:** Gegenstände im Gewahrsam eines Dritten dürfen nur gepfändet werden, wenn dieser zur Herausgabe bereit ist. Die Erklärung der Herausgabebereitschaft ist eine prozeßrechtliche Willenserklärung, die, sobald der Gegenstand gepfändet wurde, **unwiderruflich** ist.[13] Die Erklärung kann ausdrücklich, aber auch durch konkludentes Verhalten abgegeben werden. Sie darf sich allerdings nicht nur auf die Anlegung eines Pfandsiegels beschränken; vielmehr muß sich das Einverständnis auch auf den zum Zwecke der Verwertung noch zu erfolgenden Gewahrsamsverlust beziehen. Die Erklärung ist vom Gerichtsvollzieher im Pfändungsprotokoll festzuhalten. Der Gerichtsvollzieher muß das Pfändungsprotokoll vom Dritten unterzeichnen lassen.[14] Als prozeßrechtliche Willenserklärung kann die Herausgabebereitschaft nur unbedingt erklärt werden.[15] Sie bezieht sich nur auf das Zwangsvollstreckungsverfahren, in dem sie abgegeben wurde. Der Gerichtsvollzieher kann also in den Gegenstand nicht nachträglich, ohne die erneute Zustimmung des Dritten einzuholen, für weitere Gläubiger vollstrecken.[16] Betreibt der Gerichtsvollzieher gleichzeitig für mehrere Gläubiger die Zwangsvollstreckung, so kann der Dritte seine Herausgabebereitschaft auf bestimmte Gläubiger beschränken;[17] denn trotz der gemeinsamen Vollstreckung bleiben die Verfahren der einzelnen Gläubiger selbständig, und in jedem Verfahren gilt § 809 ZPO. Dies wird insbesondere deutlich, wenn einer der Gläubiger seinen Vollstreckungsantrag nachträglich zurückzieht. Die Herausgabebereitschaft des Dritten ist auch dann erforderlich, wenn der Dritte im Zusammenwirken mit dem Schuldner den Gegenstand gerade deshalb in seinen Besitz gebracht hatte, um ihn der Zwangsvollstreckung zu entziehen, wenn er also dem Schuldner Beihilfe zu einer Straftat nach § 288 StGB leisten wollte.[18] Denn der Gerichtsvollzieher ist nicht

---

12 AG Homburg/Saar, DGVZ 1993, 116; *Brox/Walker*, Rdn. 250, 251; *Gerlach*, ZZP 1976, 320; *Göhler*, MDR 1965, 339; *Rosenberg/Schilken*, § 51 I 3; *Stein/Jonas/Münzberg*, § 809 Rdn. 2; *Schilken*, DGVZ 1986, 145.
13 *Rosenberg/Schilken*, § 51 I 3; *Stein/Jonas/Münzberg*, § 809 Rdn. 9.
14 Siehe § 762 Rdn. 6.
15 *Zöller/Stöber*, § 809 Rdn. 6; **a. A.** (Bedingung der Vorabbefriedigung eigener Ansprüche sei zulässig) *Rosenberg/Schilken*, § 51 I 3; *Schilken*, DGVZ 1986, 145.
16 OLG Düsseldorf, OLGZ 1973, 51; AG Tempelhof-Kreuzberg, MDR 1957, 236; *Brox/Walker*, Rdn. 251; *Thomas/Putzo*, § 809 Rdn. 3.
17 *Baumann/Brehm*, § 18 II 2 c; *Göhler*, MDR 1965, 339; *MüKo/Schilken*, § 809 Rdn. 9; *Rosenberg/Schilken*, § 51 I 3; *Schilken*, DGVZ 1986, 145; *Stein/Jonas/Münzberg*, § 809 Rdn. 9; *Zöller/Stöber*, § 809 Rdn. 6; **a. A.** *Baumbach/Lauterbach/Hartmann*, § 809 Rdn. 5; *Sonnenberger*, MDR 1962, 22; *Thomas/Putzo*, § 809 Rdn. 3.
18 Täter nach § 288 StGB kann immer nur der Vollstreckungsschuldner selbst sein; vergl. *Dreher/Tröndle*, § 288 StGB Rdn. 5.

befugt, das Vorliegen einer Straftat festzustellen; für ihn sind allein die Vorschriften des Vollstreckungsrechts maßgeblich.[19] Der Gläubiger muß in einem solchen Fall nach dem AnfG gegen den Dritten vorgehen, um doch noch in den Gegenstand vollstrecken zu können. Erwächst ihm durch dieses etwas langwierige Verfahren ein Vermögensnachteil, verbleibt ihm ein Schadensersatzanspruch aus § 826 BGB. Zudem kann er den Anfechtungsanspruch gegen den Dritten einstweilig dadurch sichern, daß er nach § 938 Abs. 2 ZPO die vorläufige Sequestration des Gegenstandes oder ein Verfügungsverbot zu Lasten des Dritten erwirkt. Allenfalls kann die Herausgabebereitschaft des Dritten entbehrlich sein, wenn dessen rechtsmißbräuchliches Verhalten für den Gerichtsvollzieher offensichtlich ist.[20] Auch dann, wenn der Gläubiger aus materiellem Recht bereits einen Herausgabeanspruch gegen den Dritten hat, der aber noch nicht tituliert ist, gilt § 809 ZPO uneingeschränkt.[21] Der Gerichtsvollzieher ist nicht dazu berufen, das Bestehen dieses Anspruchs wirksam festzustellen. Zudem kann der Dritte nicht schlechter dastehen als der Schuldner selbst: So wie der Gläubiger gegen den Schuldner, der ihm materiellrechtlich unzweifelhaft zur Herausgabe verpflichtet ist, dennoch einen Titel benötigt, um die Sache zwangsweise herauszuholen, muß er auch einen Titel erwirken, wenn er einen zur Herausgabe verpflichteten Dritten in Anspruch nehmen will.

4   IV. **Rechte des Dritten trotz freiwilliger Herausgabe:** Gibt der Dritte den Gegenstand freiwillig heraus, verzichtet er dadurch gleichzeitig auf seine Rechte aus § 771 ZPO, soweit sie sich allein aus dem Besitz ergeben.[22] Dagegen bleibt die **Widerspruchsklage** möglich, soweit er andere die Veräußerung hindernde Rechte geltend machen will, etwa wenn er irrtümlich eigene Sachen an den pfändenden Gerichtsvollzieher herausgegeben hat.[23] Ebenso verliert er nicht die Möglichkeit der **Klage aus § 805 ZPO**.[24] Hat der Gerichtsvollzieher den gepfändeten Gegenstand zunächst in entsprechender Anwendung des § 808 Abs. 2 ZPO beim Dritten belassen, so ist ein späterer Widerspruch des Dritten gegen die Abholung der gepfändeten Sachen durch den Gerichtsvollzieher zur Verwertung unbeachtlich, da die einmal erklärte Herausgabebereitschaft bis zur Beendigung der Zwangsvollstreckung unwiderruflich fortgilt. Verweigert der Dritte dem Gerichtsvollzieher bei der Abholung den Zutritt zu seiner

---

19 LG Oldenburg, DGVZ 1984, 91; *Baur/Stürner*, Rdn. 28.10; *Brox/Walker*, Rdn. 254; *MüKo/Schilken*, § 809 Rdn. 6; *Rosenberg/Schilken*, § 51 I 3; *Stein/Jonas/Münzberg*, § 809 Rdn. 4 a; a. A. OLG Köln, MDR 1972, 332; LG Stuttgart, DGVZ 1969, 1568; AG Dortmund, DGVZ 1994, 12; *Baumbach/Lauterbach/Hartmann*, § 809 Rdn. 1; *Blomeyer*, § 45 III 2; *Göhler*, MDR 1965, 339; *Werner*, DGVZ 1986, 53; *Zöller/Stöber*, § 809 Rdn. 5.
20 Vergl. AG Dortmund, DGVZ 1994, 12; AG Flensburg, DGVZ 1995, 60.
21 *Baur/Stürner*, Rdn. 28.10; *Brox/Walker*, Rdn. 254; *Bruns/Peters*, § 21 III 3; *Gerhardt*, § 8 I 2; *Rosenberg/Schilken*, § 51 I 3; a.A. *Baumbach/Lauterbach/Hartmann*, § 809 Rdn. 1.
22 BGH, MDR 1978, 401; *Brox/Walker*, Rdn. 255; *Gerlach*, ZZP 1976, 328; *MüKo/Schilken*, § 809 Rdn. 12; *Zöller/Stöber*, § 809 Rdn. 8; Ob sich allein aus dem Besitz überhaupt ein Recht i.S.d. § 771 ZPO ergibt, ist streitig; dagegen etwa *Brox/Walker*, Rdn. 1420.
23 *Baumbach/Lauterbach/Hartmann*, § 809 Rdn. 5; *Brox/Walker*, Rdn. 255; *Thomas/Putzo*, § 809 Rdn. 5.
24 BGH, MDR 1978, 401; allgem. Meinung.

Wohnung, gilt § 758 ZPO nicht entsprechend.[25] Die prozessuale Bereitschaftserklärung bildet keine Rechtsgrundlage für eine richterliche Durchsuchungsanordnung. Der Gläubiger muß notfalls einen auf § 1006 BGB bzw. §§ 1227, 985 BGB gestützten Herausgabetitel gegen den Dritten erwirken. Der Dritte haftet dann auch für den möglichen Verzögerungsschaden des Gläubigers.

**V. Verhältnis zwischen § 809 ZPO und § 758 ZPO:** § 809 ZPO gilt nur für die **Pfändung** von Sachen im Gewahrsam eines Dritten. Er gilt nicht für die Frage, inwieweit der Gerichtsvollzieher eine gemeinsame Wohnung des Schuldners und Dritter **betreten** darf, um dann dort Gegenstände, die sich im Alleingewahrsam des Schuldners befinden, aufzusuchen und zu pfänden.[26] Zur Durchsuchung von Wohngemeinschaften usw. siehe vielmehr § 758 Rdn. 8.

**VI. Bedeutung der materiellen Berechtigung an der Sache:** Während der Gerichtsvollzieher bei der Pfändung von Sachen, die sich im Gewahrsam des Schuldners befinden, in der Regel die materiellrechtliche Zugehörigkeit zum Schuldnervermögen nicht zu überprüfen hat,[27] weil diese Vermögenszugehörigkeit durch den Gewahrsam für das Vollstreckungsverfahren unwiderlegbar vermutet wird, muß bei der Pfändung von Gegenständen im Gewahrsam Dritter eine solche Prüfung durchgeführt werden.[28] Die bloße Angabe des zur Herausgabe bereiten Dritten, daß die Sache wohl dem Schuldner gehöre, reicht insoweit nicht aus. Andererseits kann der Gerichtsvollzieher keine tiefgreifenden materiellrechtlichen Überlegungen anstellen. Er muß aber ernsthafte Hinweise auf Dritteigentum berücksichtigen.

**VII. Maßgeblicher Zeitpunkt:** Der für § 809 ZPO maßgebliche Zeitpunkt ist derjenige der Pfändung. Wird der Gegenstand erst nach der Pfändung vom Schuldner zum Dritten oder vom herausgabebereiten Dritten zu einem anderen verbracht, ist dies kein Problem zu § 809 ZPO. Ein in diesem Zusammenhang diskutiertes »Verfolgungsrecht« des Gerichtsvollziehers gibt es nicht.[29]

**VIII. Rechtsfolgen bei Verstoß gegen § 809 ZPO:** Die Pfändung gegen den Widerspruch des nicht zur Herausgabe bereiten Dritten ist nicht nichtig, sondern nur mit der **Erinnerung** nach § 766 ZPO anfechtbar.[30] Anfechtungsbefugt insoweit ist nur der Dritte, nicht auch der Schuldner.[31] Will der Dritte materiellrechtliche Rechtspositionen am Pfändungsgut geltend machen, muß er nach § 771 ZPO bzw. § 805 ZPO kla-

---

25 Vergl. MüKo/*Schilken*, § 809 Rdn. 10 i.V.m. § 808 Rdn. 23 ff.; *Stein/Jonas/Münzberg*, § 809 Rdn. 6.
26 LG Wiesbaden, DGVZ 1981, 60.
27 Siehe § 808 Rdn. 4.
28 MüKo/*Schilken*, § 809 Rdn. 4; *Stein/Jonas/Münzberg*, § 809 Rdn. 4; a. A. *Zöller/Stöber*, § 809 Rdn. 7.
29 Einzelheiten: § 758 Rdn. 23 und 808 Rdn. 14.
30 Soweit der Gegenstand zum Schuldnervermögen gehört, entsteht mit der Verstrickung auch ein Pfändungspfandrecht; siehe Vor §§ 803, 804 Rdn. 14; a. A. insoweit *Rosenberg/Schilken*, § 51 I 3.
31 Siehe § 766 Rdn. 14.

gen. Die Möglichkeit, auch Erinnerung einlegen zu können, berührt das Rechtsschutzbedürfnis für diese Klagen nicht.[32]

9 **IX. ArbGG, VwGO, AO:** Siehe § 808 Rdn. 20. Für die Abgabenvollstreckung ist die Pfändung von Sachen im Gewahrsam Dritter in § 286 Abs. 4 AO geregelt, der inhaltlich mit § 809 ZPO übereinstimmt.

32 Siehe § 771 Rdn. 12.

## § 810 Pfändung ungetrennter Früchte

(1) ¹Früchte, die von dem Boden noch nicht getrennt sind, können gepfändet werden, solange nicht ihre Beschlagnahme im Wege der Zwangsvollstreckung in das unbewegliche Vermögen erfolgt ist. ²Die Pfändung darf nicht früher als einen Monat vor der gewöhnlichen Zeit der Reife erfolgen.
(2) Ein Gläubiger, der ein Recht auf Befriedigung aus dem Grundstück hat, kann der Pfändung nach Maßgabe des § 771 widersprechen, sofern nicht die Pfändung für einen im Falle der Zwangsvollstreckung in das Grundstück vorgehenden Anspruch erfolgt ist.

**Inhaltsübersicht**

| | | Rdn. |
|---|---|---|
| | Literatur | |
| I. | Zweck der Norm | 1 |
| II. | Früchte | 2 |
| III. | Zeitraum der Pfändbarkeit | 3 |
| IV. | Voraussetzungen und Durchführung der Pfändung | 4 |
| V. | Rechtsfolgen bei Verstößen gegen § 810 ZPO | 5 |
| VI. | Rechte der Realgläubiger (Abs. 2) | 6 |
| VII. | ArbGG, VwGO, AO | 7 |

Literatur: *Hoche*, Zum Widerspruchsrecht des Hypothekengläubigers gegen die Pfändung von Grundstückserzeugnissen, NJW 1952, 961; *Kerres*, Das Verfahren zur Pfändung und Versteigerung von Scheinbestandteilen (Gebäuden auf fremden Boden) und fremdem Zubehör zu einem Grundstück, DGVZ 1990, 55 und 1992, 53; *Noack*, Die Pfändung von Früchten auf Grundstücken, Rpfleger 1969, 113; *Prinzing*, Die Rechtsnatur der Pfändung ungetrennter Bodenfrüchte, Diss. Tübingen 1960; *Rheker*, Das Früchtepfandrecht, JurBüro 1958, 399.

**I. Zweck der Norm:** Früchte auf dem Halm sind nach § 94 Abs. 1 BGB wesentliche Bestandteile des Grundstücks, auf dem sie wachsen. Nach § 93 BGB können sie deshalb, solange sie vom Grundstück nicht getrennt sind, nicht Gegenstand besonderer Rechte sein. Hiervon macht schon § 592 BGB eine Ausnahme, der dem Verpächter an den Früchten bereits vor Trennung ein Pfandrecht für seine Forderungen aus dem Pachtverhältnis einräumt. Es entsteht, sobald im Verlaufe des natürlichen Wachstums die Früchte als solche bezeichnet werden können.[1] Ebenfalls vor Trennung der Früchte entsteht schon das gesetzliche Pfandrecht nach dem Gesetz zur Sicherung der Düngemittel- und Saatgutversorgung vom 19. 1. 1949.[2] Dieses Pfandrecht geht grundsätzlich allen anderen an den Früchten bestehenden dinglichen Belastungen im Rang vor (§ 2 Abs. 4 des gen. Gesetzes). Nach der Trennung der Früchte vom Boden richtet sich das Eigentum an ihnen nach §§ 953, 956 BGB. Es steht grundsätzlich dem Grundstückseigentümer zu, wenn er nicht einem anderen, etwa durch Pachtvertrag, die An-

1

---
1 *Jauernig/Teichmann*, § 592 BGB Anm. 3 b.
2 WiGBl. 1949, 8.

eignung gestattet hat. Im letzteren Fall steht es mit der Trennung vom Boden dem Aneignungsberechtigten zu. Die Früchte sind nach der Trennung dann ganz gewöhnliche bewegliche Sachen, die, soweit sie nicht ausnahmsweise als Grundstückszubehör einzustufen sind (§ 97 BGB), ihren eigenen rechtlichen Weg gehen könnten. Dies wird auch in § 1122 Abs. 1 BGB deutlich. § 810 ZPO sucht nun einen vollstreckungsrechtlichen Kompromiß zu diesen materiellrechtlichen Gegebenheiten zu finden: Früchte sollen schon eine gewisse Zeit vor ihrer Trennung vom Boden nicht mehr ausschließlich der Zwangsvollstreckung nach §§ 864 ff. ZPO unterliegen, sondern wie andere körperliche Sachen gepfändet werden können, solange nicht ihre Beschlagnahme im Wege der Zwangsvollstreckung in das unbewegliche Vermögen erfolgt ist, und sofern sie nicht nach der Trennung Grundstückszubehör wären (§ 865 Abs. 2 ZPO).[3] Durch die Vorverlegung des Zeitpunktes der Pfändbarkeit wird der Zugriff für den Gläubiger, der ansonsten den Erntezeitpunkt jeweils hätte abpassen müssen, erleichtert und einem praktischen Bedürfnis Rechnung getragen.

**2** II. **Früchte:** Früchte i. S. des § 810 ZPO sind nicht alle Früchte i. S. des § 99 BGB, sondern nur solche, die periodisch geerntet werden,[4] regelmäßig also Getreide, Futterpflanzen, Obst, Gemüse, und ebenso regelmäßig nicht Teile der eigentlichen Bodensubstanz (Grundstücksbestandteile) wie Mineralien, Kies, Kohle, Torf, aber auch nicht zur Dauerbepflanzung des Grundstücks bestimmte Pflanzen wie Bäume und Sträucher. Anderes gilt für die zum Verkauf bestimmten Bäume und Sträucher einer Baumschule.[5] Sie sind Grundstücksfrüchte.[6]

**3** III. **Zeitraum der Pfändbarkeit:** Die Pfändung der Früchte auf dem Halm ist **frühestens** einen Monat vor der gewöhnlichen Zeit der Reife zulässig (**Abs. 1 S. 2**). Dieser Zeitpunkt ist nach dem Durchschnitt der örtlichen Verhältnisse zu bestimmen,[7] also nicht ganz konkret hinsichtlich jeden einzelnen Feldes usw. Durch die Frist soll erreicht werden, daß die Früchte bei Abholung ihren optimalen Verkaufswert erreicht haben und daß nicht andererseits durch Überreife unnötige Zusatzkosten entstehen. Die Pfändung darf **nicht mehr** erfolgen, wenn die Früchte schon im Wege der Zwangsvollstreckung in das unbewegliche Vermögen beschlagnahmt sind. Stehen die Früchte dem Grundstückseigentümer zu, so erfolgt die Beschlagnahme im Rahmen des Zwangsversteigerungsverfahrens gem. §§ 20, 21 Abs. 1 ZVG sogleich mit dem Wirksamwerden der Beschlagnahme des Grundstücks selbst (§ 22 ZVG), im Rahmen des Zwangsverwaltungsverfahrens gem. § 148 Abs. 1 ZVG ebenfalls mit der Beschlagnahme des Grundstücks (§§ 146, 148, 151 ZVG). Ist das Grundstück aber verpachtet und der Pächter zum Fruchtgenuß berechtigt, berühren die Anordnung der Zwangsversteigerung oder Zwangsverwaltung des Grundstücks selbst die Pfändbarkeit der Früchte zu Lasten des Pächters nicht (§ 21 Abs. 3 ZVG).

---

3 *Baur/Stürner*, Rdn. 28.2; *Brox/Walker*, Rdn. 231; *MüKo/Schilken*, § 810 Rdn. 2; *Rosenberg/Schilken*, § 49 III 3; *Stein/Jonas/Münzberg*, § 810 Rdn. 3; *Zöller/Stöber*, § 810 Rdn. 3.
4 Allgem. Meinung; vergl. *Brox/Walker*, Rdn. 231; *MüKo/Schilken*, § 810 Rdn. 4; *Noack*, Rpfleger 1969, 113; *Stein/Jonas/Münzberg*, § 810 Rdn. 3; *Zöller/Stöber*, § 810 Rdn. 2.
5 AG Elmshorn, DGVZ 1995, 12; *Stein/Jonas/Münzberg*, § 810 Rdn. 3.
6 LG Bayreuth, DGVZ 1985, 42.
7 RGZ 42, 382.

*Pfändung ungetrennter Früchte* § 810

**IV. Voraussetzungen und Durchführung der Pfändung:** Die Pfändung wird nach 4
den für die Pfändung beweglicher Sachen geltenden Regeln durchgeführt: Es ist also
der Alleingewahrsam des Schuldners festzustellen (§ 808 ZPO) bzw. bei Gewahrsam
(Mitgewahrsam) eines Dritten dessen Herausgabebereitschaft (§ 809 ZPO). Ferner
muß trotz § 810 Abs. 1 ZPO geprüft werden, ob die Früchte dem Zugriff des Gerichtsvollziehers nicht deshalb entzogen sind, weil es sich um Zubehör des Grundstücks handelt (§ 865 Abs. 2 ZPO).[8] Die Eigenschaft als Grundstückszubehör wäre etwa bei Futterpflanzen für das Vieh des Milch- oder Fleischwirtschaft betreibenden Landwirts zu
bejahen.[9] Schließlich sind die für körperliche Sachen geltenden Pfändungsschutzvorschriften, insbesondere die Nrn. 2–4 von § 811 ZPO, zu beachten.

Die Pfändung selbst ist in geeigneter Weise für jedermann kenntlich zu machen. Dies
wird in der Regel durch Aufstellung von Pfandtafeln oder Pfandzeichen mit einer vom
Gerichtsvollzieher unterschriebenen Pfandanzeige unter Beifügung des Dienstsiegels
geschehen.[10] Steht zu erwarten, daß der Wert der zu pfändenden Früchte 1000,– DM
übersteigt, ist gem. § 813 Abs. 3 ZPO schon zur Pfändung ein landwirtschaftlicher
Sachverständiger hinzuzuziehen, der dann die Schätzung nach § 813 Abs. 1 S. 1
ZPO vornimmt, sich zum Umfang des nach § 811 Nr. 4 ZPO unpfändbaren Teiles
der Früchte äußert sowie den Zeitpunkt der Reife begutachtet.[11] Die Angaben des
Sachverständigen sind ins Pfändungsprotokoll aufzunehmen.

**V. Rechtsfolgen bei Verstößen gegen § 810 ZPO:** Verstöße des Gerichtsvollziehers ge- 5
gen § 810 Abs. 1 ZPO (z. B. Pfändung vor dem nach Abs. 1 S. 2 zulässigen Zeitpunkt)
machen die Pfändung nicht unwirksam, aber mit der **Erinnerung** nach § 766 ZPO anfechtbar. Gleiches gilt für Verstöße gegen §§ 811 Nr. 4, 813 Abs. 3 ZPO. Das gleiche
muß schließlich auch gelten, wenn der Gerichtsvollzieher, der ja zur Pfändung körperlicher Sachen grundsätzlich funktionell zuständig ist, übersehen hat, daß das Grundstück bereits nach §§ 20, 21, 148 ZVG beschlagnahmt war, daß seine Zuständigkeit
in diesem konkreten Fall also nicht mehr vorlag.[12] Dieser Mangel ist nicht so ins
Auge fallend, daß Nichtigkeit der Pfändung angenommen werden müßte.[13] Die Erinnerung wird nachträglich unbegründet, wenn der Mangel später wegfällt,[14] wenn also
die Monatsfrist nach Abs. 1 S. 2 zwischenzeitlich verstrichen[15] oder die Beschlagnahme
im Rahmen des ZVG wieder aufgehoben ist.

**VI. Rechte der Realgläubiger (Abs. 2):** Rangbessere Realgläubiger (Gläubiger, die ein 6
Recht zur Befriedigung aus dem Grundstück haben) können auch gegen eine an sich
nach Abs. 1 S. 1 zulässige Pfändung Drittwiderspruchsklage (§ 771 ZPO) erheben.
Der Rang richtet sich nach §§ 10–12 ZVG. Die nur an den Früchten rangbesser Berech-

---

8 Siehe oben Rdn. 1 sowie Fußn. 3.
9 *Brox/Walker*, Rdn. 231.
10 Siehe § 152 Nr. 2 GVGA.
11 Siehe § 152 Nr.. 3 GVGA.
12 *Brox/Walker*, Rdn. 232; *Stein/Jonas/Münzberg*, § 810 Rdn. 12.
13 Siehe auch Vor §§ 803, 804 Rdn. 5 und § 865 Rdn. 9.
14 Siehe § 766 Rdn. 26.
15 *Baumbach/Lauterbach/Hartmann*, § 810 Rdn. 5; *MüKo/Schilken*, § 810 Rdn. 7; *Stein/Jonas/
Münzberg*, § 810 Rdn. 8; *Zöller/Stöber*, § 810 Rdn. 12.

tigten, so der Verpächter und der Pfandgläubiger nach § 2 Düngemittel- und SaatgutG, müssen dieses Recht nach § 805 ZPO geltend machen. Die Drittwiderspruchsklage ist auch noch zulässig, wenn die Früchte abgeerntet worden sind.[16] Sie ist unabhängig davon begründet, ob zwischenzeitlich tatsächlich die Beschlagnahme des Grundstücks erfolgte oder nicht. Da mit der Widerspruchsklage nur erreicht wird, daß die Früchte auf dem Grundstück verbleiben, bis dieses selbst zwangsverwertet ist, kann der an schnellerer Befriedigung seiner eigenen Ansprüche interessierte besserrangige Realgläubiger sich auch mit der Klage nach § 805 ZPO anstelle der Widerspruchsklage begnügen.[17] Wenn die Früchte nicht zum Haftungsverband des Grundstücks gehören (§ 21 Abs. 3 ZVG), entfällt für die Realgläubiger die Möglichkeit der Drittwiderspruchsklage nach Abs. 2.

7   VII. ArbGG, VwGO, AO: Siehe § 808 Rdn. 20.
Für die Abgabenvollstreckung ist die Pfändung von ungetrennten Früchten in § 294 AO geregelt, der inhaltlich mit § 810 ZPO übereinstimmt.

---

16 *Rosenberg/Schilken*, § 49 III 3 c; *Thomas/Putzo*, § 810 Rdn. 7.
17 Allgem. Meinung; *Rosenberg/Schilken*, § 49 III 3 c; *Stein/Jonas/Münzberg*, § 810 Rdn. 15; *Zöller/Stöber*, § 810 Rdn. 13.

§ 811 Unpfändbare Sachen

Folgende Sachen sind der Pfändung nicht unterworfen:
1. die dem persönlichen Gebrauch oder dem Haushalt dienenden Sachen, insbesondere Kleidungsstücke, Wäsche, Betten, Haus- und Küchengerät, soweit der Schuldner ihrer zu einer seiner Berufstätigkeit und seiner Verschuldung angemessenen, bescheidenen Lebens- und Haushaltsführung bedarf; ferner Gartenhäuser, Wohnlauben und ähnliche Wohnzwecken dienende Einrichtungen, die der Zwangsvollstreckung in das bewegliche Vermögen unterliegen und deren der Schuldner oder seine Familie zur ständigen Unterkunft bedarf;
2. die für den Schuldner, seine Familie und seine Hausangehörigen, die ihm im Haushalt helfen, auf vier Wochen erforderlichen Nahrungs-, Feuerungs- und Beleuchtungsmittel oder, soweit für diesen Zeitraum solche Vorräte nicht vorhanden und ihre Beschaffung auf anderem Wege nicht gesichert ist, der zur Beschaffung erforderliche Geldbetrag;
3. Kleintiere in beschränkter Zahl sowie eine Milchkuh oder nach Wahl des Schuldners statt einer solchen insgesamt zwei Schweine, Ziegen oder Schafe, wenn diese Tiere für die Ernährung des Schuldners, seiner Familie oder Hausangehörigen, die ihm im Haushalt, in der Landwirtschaft oder im Gewerbe helfen, erforderlich sind; ferner die zur Fütterung und zur Streu auf vier Wochen erforderlichen Vorräte oder, soweit solche Vorräte nicht vorhanden sind und ihre Beschaffung für diesen Zeitraum auf anderem Wege nicht gesichert ist, der zu ihrer Beschaffung erforderliche Geldbetrag;
4. bei Personen, die Landwirtschaft betreiben, das zum Wirtschaftsbetrieb erforderliche Gerät und Vieh nebst dem nötigen Dünger sowie die landwirtschaftlichen Erzeugnisse, soweit sie zur Sicherung des Unterhalts des Schuldners, seiner Familie und seiner Arbeitnehmer oder zur Fortführung der Wirtschaft bis zur nächsten Ernte gleicher oder ähnlicher Erzeugnisse erforderlich sind;
4a. bei Arbeitnehmern in landwirtschaftlichen Betrieben die ihnen als Vergütung gelieferten Naturalien, soweit der Schuldner ihrer zu seinem und seiner Familie Unterhalt bedarf;
5. bei Personen, die aus ihrer körperlichen oder geistigen Arbeit oder sonstigen persönlichen Leistungen ihren Erwerb ziehen, die zur Fortsetzung dieser Erwerbstätigkeit erforderlichen Gegenstände;
6. bei den Witwen und minderjährigen Erben der unter Nummer 5 bezeichneten Personen, wenn sie die Erwerbstätigkeit für ihre Rechnung durch einen Stellvertreter fortführen, die zur Fortführung dieser Erwerbstätigkeit erforderlichen Gegenstände;
7. Dienstkleidungsstücke sowie Dienstausrüstungsgegenstände, soweit sie zum Gebrauch des Schuldners bestimmt sind, sowie bei Beamten, Geistlichen, Rechtsanwälten, Notaren, Ärzten und Hebammen die zur Ausübung des Berufes erforderlichen Gegenstände einschließlich angemessener Kleidung;
8. bei Personen, die wiederkehrende Einkünfte der in den §§ 850 bis 850 b bezeichneten Art beziehen, ein Geldbetrag, der dem der Pfändung nicht unterworfenen Teil der Einkünfte für die Zeit von der Pfändung bis zu dem nächsten Zahlungstermin entspricht;
9. die zum Betrieb einer Apotheke unentbehrlichen Geräte, Gefäße und Waren;

Walker

10. die Bücher, die zum Gebrauch des Schuldners und seiner Familie in der Kirche oder Schule oder einer sonstigen Unterrichtsanstalt oder bei der häuslichen Andacht bestimmt sind;
11. die in Gebrauch genommenen Haushaltungs- und Geschäftsbücher, die Familienpapiere sowie die Trauringe, Orden und Ehrenzeichen;
12. künstliche Gliedmaßen, Brillen und andere wegen körperlicher Gebrechen notwendige Hilfsmittel, soweit diese Gegenstände zum Gebrauch des Schuldners und seiner Familie bestimmt sind;
13. die zur unmittelbaren Verwendung für die Bestattung bestimmten Gegenstände.

Inhaltsübersicht

| | | Rdn. |
|---|---|---|
| | Literatur | |
| I. | Grundgedanke des sozialen Pfändungsschutzes | 1 |
| II. | Sachlicher Anwendungsbereich der Norm | 2 |
| | 1. Vollstreckung wegen einer Geldforderung in bewegliche Sachen | 2 |
| | 2. Eigentumsverhältnisse an den Sachen | 3 |
| | 3. Geplanter neuer Abs. 2 | 3a–3d |
| III. | Maßgeblicher Zeitpunkt für den Pfändungsschutz | 4 |
| IV. | Persönlicher Schutzbereich der Norm | 5 |
| V. | Rechtsfolgen eines Verstoßes gegen Pfändungsschutzvorschriften | 6 |
| VI. | Parteivereinbarungen über den Pfändungsschutz | 7 |
| | 1. Zugunsten des Schuldners | 7 |
| | 2. Zu Lasten des Schuldners | 8 |
| | 3. Verzicht auf den Pfändungsschutz im Einzelfall während der Pfändung | 9 |
| VII. | Bedeutung des § 811 ZPO außerhalb der Zwangsvollstreckung | 10 |
| VIII. | Rechtsbehelfe bei Verstößen gegen Pfändungsschutzvorschriften | 11 |
| IX. | Zu den einzelnen Nrn. | 12 |
| | 1. Zu Nr. 1 | 12 |
| |    a) Differenzierungsmöglichkeit aufgrund der Angemessenheitsklausel | 12 |
| |    b) Einzelheiten | 13–15 |
| | 2. Zu Nr. 2 | 16 |
| | 3. Zu Nr. 3 | 17 |
| | 4. Zu Nr. 4 | 18 |
| | 5. Zu Nr. 4a | 19 |
| | 6. Zu Nr. 5 | 20 |
| |    a) Natürliche Personen | 20 |
| |    b) Persönliche Arbeitsleistung | 21–24 |
| |    c) Erforderlichkeit für die Fortsetzung der Erwerbstätigkeit | 25 |
| |    d) Drittschützende Wirkung der Nr. 5 | 26 |
| |    e) Möglichkeit der Austauschpfändung | 27 |
| |    f) Einzelheiten | 28 |
| | 7. Zu Nr. 6 | 29 |
| | 8. Zu Nr. 7 | 30, 31 |
| | 9. Zu Nr. 8 | 32 |

| | |
|---|---|
| 10. Zu Nr. 9 | 33 |
| 11. Zu Nr. 10 | 34 |
| 12. Zu Nr. 11 | 35–38 |
| 13. Zu Nr. 12 | 39 |
| 14. Zu Nr. 13 | 40 |
| X. Weitere Pfändungsbeschränkungen außerhalb von § 811 ZPO | 41, 42 |
| 1. Gesetzlich angeordnete Unpfändbarkeit | 41 |
| 2. Unpfändbarkeit wegen Unübertragbarkeit | 42 |
| XI. Kosten des Pfändungsschutzes | 43 |
| XII. ArbGG, VwGO, AO | 44 |

**Literatur:**
**A. Allgemein:** *Alisch*, Die sozialen Schutzbestimmungen des Vollstreckungsrechts, Rpfleger 1979, 290; *ders.*, Wege zur interessengerechteren Auslegung vollstreckungsrechtlicher Normen, 1981; *ders.*, Aktuelle Tendenzen zur Ausdehnung des Schuldnerschutzes in der Zwangsvollstreckung, DGVZ 1981, 106; *Bauer*, Arglist des Schuldners bei Berufung auf den Vollstreckungsschutz des § 811 ZPO für auf Abzahlung und unter Eigentumsvorbehalt erworbene Sachen?, WuM 1967, 128; *Bechtloff*, Der Schuldnerschutz bei Verwertung unpfändbarer Sachen aufgrund vertraglicher und gesetzlicher Sicherungsrechte, ZIP 1996, 994; *Behr*, Vollstreckungsschutz, Gläubiger- oder Schuldnerschutz, KJ 1980, 156; *Bloedhorn*, Die neuere Rechtsprechung zu §§ 765 a, 811 und 813 a ZPO, DGVZ 1976, 104; *Bohn*, § 811 Abs. 1 ZPO in der Praxis, DGVZ 1973, 167; *Derleder*, Sozialer Rückschritt beim Pfändungsschutz für Arbeitseinkommen infolge bargeldloser Auszahlung?, AuR 1975, 65; *Fenge*, Die dogmatische Bedeutung des rechtlichen Schuldnerschutzes in der Zwangsvollstreckung, 1961; *Föttinger*, Rechte des Schuldners nach Zwangsverwertung einer unpfändbaren Sache, Diss. Erlangen 1955; *Geist*, Über die Unpfändbarkeit und die Möglichkeit eines Verzichts auf die Rechtswohltat der Unpfändbarkeit, Diss. Frankfurt 1953; *Hein*, Ist die Arglisteinrede in den Verfahren nach §§ 766 und 765 a ZPO in der Mobiliarzwangsvollstreckung in die eigene Abzahlungssache zulässig?, ZZP 1956, 230; *Kalter*, Das konkursfreie Vermögen, KTS 1975, 1; *Kleffner*, Die Zulässigkeit des Verzichts auf den Pfändungsschutz des § 811 ZPO, DGVZ 1991, 108; *Lippross*, Grundlagen und System des Vollstreckungsschutzes, 1983; *Lüke*, Pfändungsschutz und Arglisteinwand, NJW 1954, 1316; *Markwardt*, Privilegierte Sachpfändung durch den Vorbehaltsverkäufer, DGVZ 1994, 1; *Münzberg/Brehm*, Privilegierte Sachpfändungen nach französischem Vorbild, DGVZ 1980, 72; *Mümmler*, § 811 ZPO im Falle des Eigentumsvorbehalts und der Sicherungsübereignung, JurBüro 1974, 148; *ders.*, Die Behandlung von Räumungsgut, JurBüro 1974, 809; *ders.*, Die Zwangsvollstreckung des Abzahlungsverkäufers wegen der Kaufpreisforderung in die unter Eigentumsvorbehalt gelieferte Abzahlungssache, JurBüro 1977, 1657; *Noack*, Die Herausgabevollstreckung auf Grund des Konkurseröffnungsbeschlusses und die Vollstreckungsbeschränkung des § 811 ZPO, KTS 1966, 149; *ders.*, Allgemeine Grundsätze des Schuldnerschutzes nach § 811 ZPO, Hinweise für seine Anwendung in der Praxis des Gerichtsvollziehers, DGVZ 1969, 113; *ders.*, Der Erlös gepfändeter versteigerter körperlicher Sachen, MDR 1973, 988; *ders.*, Die Gesellschaft bürgerlichen Rechts in der Zwangsvollstreckung (Einzelfragen), MDR 1974, 811; *ders.*, Aktuelle Fragen der Pfändungsvollstreckung gegen Ehegatten, JurBüro 1978, 1425; *Ochs*, Auf welchen Zeitpunkt ist bei der Entscheidung über die Unpfändbarkeit gem. § 811 ZPO abzustellen?, NJW 1959, 180; *Ohr*, Steht das Kahlpfändungsverbot des § 811 ZPO dem Gläubiger auch entgegen, wenn er wegen seiner Kaufpreisforderung in die verkaufte Sache vollstreckt?, NJW 1954, 787; *Peters*, Die Pfändung einer unter Eigentumsvorbehalt veräußerten Sache, Diss. Freiburg 1970; *Quardt*, Erstreckt sich § 811 ZPO auch auf die dem Gläubiger gehörenden Gegenstände?, JurBüro 1960, 374; *Quedenfeld*, Grenzen des Pfändungsschutzes bei der Konten-

pfändung, DB 1973, 668; *Schmidt-von Rhein,* Zur privilegierten Sachpfändung des Kaufpreisgläubigers im Falle des Eigentumsvorbehaltes, DGVZ 1986, 81; *E. Schneider,* Hinweise für die Prozeßpraxis: Pfändbarkeit des Surrogationserlöses an unpfändbaren Sachen, JurBüro 1974, 437; *Schneider/Becher,* Probleme der »unpfändbaren Sachen« in der Judikatur (§ 811 ZPO), DGVZ 1980, 177; *Seip,* Eigentumsvorbehalt und Unpfändbarkeit, DGVZ 1975, 113; *Simon,* Die Verwertung sicherungsübereigneter Gegenstände durch den Sicherungsnehmer, BB 1957, 600; *Vollkommer,* Verfassungsmäßigkeit des Vollstreckungszugriffs, Rpfleger 1982, 1; *Wacke,* Lieferantenkredit versus Unpfändbarkeit, JZ 1987, 381; *Wangemann,* Pfändungsschutz und Arglist bei der Zwangsvollstreckung in Sicherungs- und Vorbehaltseigentum, MDR 1953, 593; *Weimar,* Der Vollstreckungsschutz des Arztes, DGVZ 1978, 184; *Zeiss,* Aktuelle vollstreckungsrechtliche Fragen aus der Sicht des Gerichtsvollziehers, JZ 1974, 564.

**B. Zu den einzelnen Nummern:**

**1. Zu Nr. 1:** *Bohn,* § 811 Abs. 1 ZPO in der Praxis, DGVZ 1973, 167; *Friederichs,* Zur Unpfändbarkeit von Rundfunkgeräten, MDR 1953, 469; *Kürzel,* Inwieweit sind moderne Haushaltsgegenstände pfändbar?, ZMR 1972, 262; *G. Lüke/Beck,* Grundgesetz und Unpfändbarkeit eines Farbfernsehgeräts - BFHE 159, 421, JuS 1994, 22; *Pardey,* Zur Pfändbarkeit eines Fernsehgerätes, DGVZ 1978, 102; *ders.,* Die Wahl zwischen Hausratsgegenständen, insbesondere zwischen Fernsehen und Rundfunkgeräten, i. S. der §§ 811 Nr. 1, 812 ZPO, DGVZ 1987, 111; *Schmittmann,* Zur Pfändbarkeit von teilnehmereigenen Telekommunikationsendgeräten, DGVZ 1994, 49; *Urban,* Vollstreckungsrechtliche Folgerungen aus dem Fernsehurteil des BFH, DGVZ 1990, 103; *Willenberg,* Zur Frage der Pfändbarkeit von Elektro-Haushaltswaschmaschinen, MDR 1962, 959.

**2. Zu Nr. 2:** *Brauer,* Zwangsvollstreckung in Wohngeld, JurBüro 1975, 1027.

**3. Zu Nr. 4:** *Noack,* Die Pfändungsvollstreckung gegen Ehegatten und der Schutz des § 811 Nr. 4 und 5 ZPO für den Ehegatten des Schuldners, der eine Landwirtschaft oder ein Gewerbe betreibt, MDR 1966, 809; *ders.,* Vollstreckung in der Landwirtschaft, DGVZ 1968, 129; *ders.,* Umfang des Vollstreckungsschutzes für intensiv bearbeitete Landwirtschaft und bei Koppelung verschiedener Betriebsarten, DGVZ 1973, 17; *ders.,* Die Landwirtschaft, die landwirtschaftlichen Betriebsmittel und der Landwirt in der Zwangsvollstreckung, JurBüro 1979, 649; *Walbaum,* Unpfändbarkeit landwirtschaftlicher Erzeugnisse, RdL 1969, 230.

**4. Zu Nr. 5, 6:** *App,* Pfändbarkeit von Arbeitsmitteln einer GmbH, DGVZ 1985, 97; *ders.,* Zum Vollstreckungsschutz der GmbH, GmbHRdsch 1987, 420; *Noack,* Der Vollstreckungsschutz des § 811 Nr. 5 ZPO (unpfändbare Sachen) für Minderkaufleute und sonstige Gewerbetreibende, BB 1966, 1007; *ders.,* Aktuelle Fragen der Zwangsvollstreckung gegen die OHG, DB 1970, 1817; *ders.,* Der Kaufmann (Minder- oder Vollkaufmann) und sein Betrieb in der Zwangsvollstreckung, DB 1974, 1369; *ders.,* Warenbestände, Rohstoffe und Halbfertigfabrikate in der Pfändungsvollstreckung, DB 1977, 195; *ders.,* Der Einzelkaufmann und der Gewerbetreibende in der Zwangsvollstreckung, JurBüro 1978, 974; *Pardey,* Der Vollstreckungsschutz des Kraftfahrzeughalters nach §§ 811, 812, 850 f. ZPO, DGVZ 1987, 162; *Paulus,* Die Pfändung von EDV-Anlagen, DGVZ 1990, 151; *ders.,* Die Software in der Vollstreckung, Rechtsschutz und Verwertung von Computerprogrammen, 2. Aufl. 1993, 831; *Schumacher,* Zur Frage des Pfändungsschutzes bei dem Schwarzarbeiter, ZZP 1955, 165.

**5. Zu Nr. 8:** *Berner,* Der erweiterte Pfändungsschutz für bestimmte unpfändbare Renten und andere sozialrechtliche Ansprüche nach Überweisung auf das Konto bei einem Geldinstitut, Rpfleger 1970, 313; *Gilleßen/Jakobs,* Pfändungsschutz nach § 811 Nr. 8 ZPO, DGVZ 1978, 129; *Mümmler,* Zur Pfändung von Arbeitseinkommen und Sozialleistungen, die auf ein Konto des Leistungsempfängers überwiesen worden sind, JurBüro 1976, 1451; *Terpitz,* Die Pfändungsschutzklausel des § 149 Arbeitsförderungsgesetz, BB 1969, 999; *ders.,* Pfändungsschutz bei Kontenpfändung nach § 55 des 1. Buches des Sozialgesetzbuches, BB 1976, 1564;

6. **Zu Nr. 9:** *Kotzur,* Der Vollstreckungsschutz des Apothekers nach § 811 Nr. 9 ZPO, DGVZ 1989, 165.

7. **Zu Nr. 12:** *Schmidt-Futterer,* Die Unpfändbarkeit von Kraftfahrzeugen Körperbeschädigter, DAR 1961, 219; *Schneider,* Problemfälle aus der Praxis. Luxuswagen als Gebrechlichkeitshilfe, MDR 1986, 726.

8. **Zu Nr. 13:** *Christmann,* Die Pfändbarkeit des Grabsteins, DGVZ 1986, 56; *Dillenburger/Pauly,* Die Problematik der Grabsteinpfändung unter besonderer Berücksichtigung der geplanten 2. Zwangsvollstreckungsnovelle, DGVZ 1994, 180; *Pauly,* Prozessuale und materielle Probleme bei der Grabsteinpfändung – OLG Köln, OLGZ 1993, 113, JuS 1996, 682; *Wacke,* Die Grabsteinpfändung, DGVZ 1986, 161.

**I. Grundgedanke des sozialen Pfändungsschutzes:** Da der Staat die Vollstreckung als eigenes Recht betreibt, also nicht der verlängerte Arm des Gläubigers ist,[1] hat er bei der Pfändung auch dafür Sorge zu tragen, daß durch einen solchen erheblichen Eingriff in die Eigentums- und Freiheitssphäre des Schuldners nicht einseitig dessen elementare Grundrechte verletzt werden. Es muß deshalb durch entsprechende Verfahrensnormen sichergestellt bleiben, daß die Würde des Schuldners gewahrt, sein Freiheitsraum nur in dem zur Erreichung der Vollstreckungsziele notwendigen Umfang eingeschränkt und ihm eine gewisse Existenzgrundlage erhalten wird, die ihm eine bescheidene, aber menschenwürdige Lebensführung ermöglicht. Diese Rücksichtnahme auf den Schuldner liegt nicht nur im Hinblick auf Art. 1 Abs. 1 GG im öffentlichen Interesse, sondern dient der Vermeidung einer Notsituation auf seiten des Schuldners, die den Staat nach den Vorschriften des BSHG zwingen würde, durch Gewährung von Sozialhilfe aus öffentlichen Mitteln einzugreifen.[2] Wäre eine »Kahlpfändung« des Schuldners uneingeschränkt möglich, würde der Gläubiger letztlich auf Kosten des Staates, d. h. der Gemeinschaft der Steuerzahler, befriedigt werden. Für eine derartige Begünstigung des Gläubigers durch die Allgemeinheit fehlt aber jede innere Rechtfertigung. Es gehört zu seinem allgemeinen Lebensrisiko, in privatrechtliche Beziehungen zu einem Schuldner getreten zu sein, der seine Verpflichtungen nicht erfüllt oder nicht erfüllen kann. Es ist deshalb auch nicht berechtigt, umgekehrt davon zu sprechen, daß Lasten der Allgemeinheit auf den Gläubiger abgewälzt würden oder auf seine Kosten Sozialpolitik betrieben werde.[3] Das Recht auf menschenwürdige Lebensbedingungen ist schließlich nicht nur in Art. 1 Abs. 1 GG gegen Eingriffe des Staates geschützt; es zu achten, ist vielmehr auch Verpflichtung eines jeden einzelnen Bürgers (Art. 1 Abs. 2 GG). Verhält sich der Gläubiger entsprechend dieser Maxime, läßt er von sich aus bei seinem Vollstreckungsversuch das außer Betracht, was der Schuldner zur Erhaltung seiner menschenwürdigen Existenz benötigt, so respektiert er nur die Grenzen, die im Umgang von Mitbürgern untereinander einzuhalten sind. Daß diese Grenzen in §§ 811 ff. ZPO ebenso wie bei der Forderungspfändung in §§ 850 ff. ZPO schematisiert wurden, erleichtert die Orientierung des Gläubigers und die Arbeit der Vollstreckungsorgane. Um andererseits dem ständigen gesellschaftlichen Wandel und den zeitbedingten wirtschaftlichen und technischen Umständen Rechnung tragen zu können, ohne zu ständigen kurzlebigen Gesetzesänderungen gezwungen zu sein, konnte

---

1 Einzelheiten: Allgem. Vorbem. § 704 Rdn. 3.
2 Zu diesem Gesichtspunkt auch *Stein/Jonas/Münzberg,* § 811 Rdn. 3.
3 So *Henckel,* ZZP 1971, 451.

§ 811 *Unpfändbare Sachen*

die Schematisierung nicht so weit gehen, daß Generalklauseln und durch Wertungen auszufüllende Begriffe überflüssig geworden wären. Sie finden sich in nahezu allen Nummern des § 811 ZPO und fordern die ständige Neubesinnung der Vollstreckungsorgane. Besonders deutlich ist dieser ständige Wandel bei der Frage der Unpfändbarkeit von Fernsehgeräten geworden.[4]

**2** **II. Sachlicher Anwendungsbereich der Norm:**

**1. Vollstreckung wegen einer Geldforderung in bewegliche Sachen:** § 811 ZPO gilt nur bei der Zwangsvollstreckung wegen Geldforderungen in bewegliche Sachen. Deshalb kann gegenüber der Vollstreckung eines Herausgabetitels **nicht** eingewendet werden, die herauszugebende Sache sei unpfändbar.[5] Gleiches gilt gegenüber der Vollstreckung eines Urteils nach § 7 AnfG,[6] die Zwangsvollstreckung in einen bestimmten Gegenstand zu dulden:[7] War der anfechtbar erworbene Gegenstand beim ursprünglichen Vollstreckungsschuldner unpfändbar, so hätte dies schon im Anfechtungsprozeß unter dem Gesichtspunkt fehlender Gläubigerbenachteiligung geltend gemacht werden müssen. Daß der Gegenstand nunmehr zum unpfändbaren Teil des Vermögens des Anfechtungsgegners gehört, ist ohne Belang, da gegen ihn nicht wegen einer (gegen ihn gerichteten) Geldforderung, sondern aus einem Duldungstitel vollstreckt wird. § 811 ZPO gilt auch nicht bei der Zwangsvollstreckung in das unbewegliche Vermögen. Ob Zubehörstücke oder Grundstücksbestandteile unpfändbar wären, wenn man ihre Beziehung zum Grundstück außer acht ließe, ist deshalb belanglos. Umgekehrt gilt allerdings auch, daß § 811 ZPO auf Scheinzubehör und Scheinbestandteile eines Grundstücks, etwa nur für vorübergehende Zeit auf dem Grundstück errichtete Gebäude,[8] uneingeschränkt anwendbar ist. § 811 ZPO ist nicht entsprechend anwendbar auf die Pfändung eines Anspruchs des Schuldners auf Rückübereignung eines vom Schuldner einem Dritten zur Sicherheit übereigneten Gegenstandes, auch wenn der Gegenstand selbst unpfändbar wäre.[9] Diese Unpfändbarkeit kann erst, wenn der Gegenstand selbst sich wieder im Vermögen des Schuldners befindet, geprüft werden. Im Rahmen der sog. »Doppelpfändung« eines Anwartschaftsrechts[10] findet § 811 ZPO auf die Sachpfändung, nicht aber auf die Rechtspfändung Anwendung.

**3** **2. Eigentumsverhältnisse an den Sachen:** Grundsätzlich spielt es für den Pfändungsschutz keine Rolle, in wessen Eigentum die zu pfändenden Gegenstände stehen. Dies

---

4 Einzelheiten unten Rdn. 13.
5 Allgem. Meinung; beispielhaft *Stein/Jonas/Münzberg*, § 811 Rdn. 10.
6 Ab 1. 1. 1999 § 11 AnfG n. F. (vergl. Art. 1 EGInsO).
7 OLG Hamm, MDR 1963, 319.
8 AG Braunschweig, DGVZ 1973, 14.
9 LG Lübeck, SchlHA 1970, 116 mit Anm. *Bürck*, SchlHA 1970, 207; zur Pfändung von **Ansprüchen auf Herausgabe** von unpfändbaren Sachen siehe allerdings § 847 Rdn. 1.
10 Einzelheiten § 857 Rdn. 10–12.

gilt nach noch geltendem Recht[11] auch dann, wenn der Gegenstand im Vorbehaltseigentum des Gläubigers steht und dieser wegen der noch offenstehenden Kaufpreisforderung vollstreckt,[12] oder wenn der Gegenstand dem Gläubiger gerade wegen der Forderung, die Gegenstand des Vollstreckungstitels ist, sicherungsübereignet wurde.[13] In beiden Fällen kann der Schuldner sich auf § 811 ZPO berufen,[14] ohne daß dem erfolgreich mit dem Arglisteinwand begegnet werden könnte. Zum einen übersteigt es die Kompetenz des Gerichtsvollziehers, die Wirksamkeit eines Eigentumsvorbehalts oder einer Sicherungsübereignung zu überprüfen; zum anderen wäre einer Umgehung des § 811 ZPO »Tür und Tor« dadurch geöffnet, daß Gläubiger dann das Zustandekommen von Verträgen von der Sicherungsübereignung auch der unpfändbaren Habe abhängig machen würden. Der Gläubiger, der auf die in seinem Eigentum stehenden, im Besitz des Schuldners aber unpfändbaren Gegenstände zugreifen will, muß einen Herausgabetitel anstelle des Zahlungstitels erwirken.[15]

**Geplanter neuer Abs. 2:** Nach dem Entwurf eines Zweiten Gesetzes zur Änderung zwangsvollstreckungsrechtlicher Vorschriften vom 27.1.1995[16] soll die Pfändung von Sachen, die der Gläubiger unter **Eigentumsvorbehalt** verkauft hat, erleichtert werden. Es ist vorgesehen, daß der bisherige Wortlaut des § 811 ZPO zu Abs. 1 wird und diesem folgender Abs. 2 angehängt wird:

3a

---

11 Zur geplanten Neufassung des § 811 siehe Rdn. 3a.
12 Anders aber OLG Hamburg, MDR 1954, 686; OLG Hamm, MDR 1954, 427 (Rechtsmißbrauch); LG Freiburg, DGVZ 1973, 74; LG Rottweil, DGVZ 1975, 59; LG Stuttgart, DGVZ 1991, 59; AG Frankfurt, DGVZ 1975, 76; AG Kempten, DGVZ 1991, 44; AG Offenbach, NJW 1987, 387; AG Siegen, DGVZ 1977, 29; *Baumann/Brehm*, § 5 II 2; *Baumbach/Lauterbach/Hartmann*, § 811 Rdn. 6; *Bruns/Peters*, § 22 IV 4; *Schmidt-von Rhein*, DGVZ 1986, 81.
13 Anders aber OLG München, MDR 1971, 580; LG Bielefeld, MDR 1952, 433; LG Bremen, MDR 1951, 752; LG Frankfurt, BB 1952, 673; LG Hamburg, MDR 1952, 561; LG Limburg, DGVZ 1975, 73; LG Lüneburg, DGVZ 1975, 121; LG Hamburg, MDR 1957, 427; AG Marburg, JurBüro 1969, 276; AG Würzburg, DGVZ 1975, 78.
14 Wie hier im Hinblick auf **Vorbehaltseigentum** BGHZ 15, 171; OLG Bremen, MDR 1952, 237; OLG Celle, DGVZ 1972, 153; MDR 1973, 58; OLG München, MDR 1957, 427; OLG Schleswig, DGVZ 1978, 9; LG Aachen, MDR 1951, 751; LG Berlin, JurBüro 1968, 837; DGVZ 1973, 71; LG Göttingen, MDR 1954, 238; LG Hannover, NdsRpfl 1961, 203; LG Hildesheim, MDR 1961, 511; LG Köln, JMBl.NW 1953, 200; JurBüro 1954, 185; DGVZ 1979, 60; LG Oldenburg, DGVZ 1991, 119; LG Saarbrücken, DGVZ 1976, 90; AG Trier, DGVZ 1984, 94; wie hier im Hinblick auf **Sicherungseigentum** OLG Köln, Rpfleger 1969, 439; OLG Oldenburg, BB 1956, 1010; OLG Stuttgart, NJW 1971, 50; LG Berlin, DGVZ 1979, 8; LG Braunschweig, NdsRpfl 1954, 70; LG Detmold, DGVZ 1979, 59; LG Mannheim, Justiz 1977, 99; LG Oldenburg, MDR 1979, 1032; LG Rottweil, DGVZ 1993, 57, 58; LG Stuttgart, MDR 1952, 688; AG Fritzlar, DGVZ 1975, 76.
15 Im Ergebnis wie hier *Baur/Stürner*, Rdn. 23.3; *Brox/Walker*, Rdn. 299; *Gerhardt*, § 8 I 1 c; *Jauernig*, § 32 II A; *Münzberg/Brehm*, DGVZ 1980, 72; *Rosenberg/Schilken*, § 52 III 2; *Stein/Jonas/Münzberg*, § 811 Rdn. 15; *Zöller/Stöber*, § 811 Rdn. 7.
16 BT-Drucks. 13/341, S. 5.

»(2) Eine in Absatz 1 Nr. 1, 4, 5 bis 7 bezeichnete Sache kann gepfändet werden, wenn der Verkäufer wegen einer durch Eigentumsvorbehalt gesicherten Geldforderung aus ihrem Verkauf vollstreckt. Die Vereinbarung des Eigentumsvorbehaltes ist durch Urkunden nachzuweisen.«

Der Eigentumsvorbehaltsverkäufer wird also in den Fällen privilegiert, in denen er wegen der Kaufpreisforderung die unter Eigentumsvorbehalt stehende Sache pfändet, sofern diese unter Nr. 1, 4, 5 bis 7 des § 811 ZPO fällt. Bei der Frage, welche Gegenstände in die Neuregelung einbezogen werden sollen, hat der Gesetzgeber sich zunächst an § 811 a ZPO orientiert. Die zusätzliche Einbeziehung der in Nr. 4 und Nr. 7 genannten Sachen beruht auf der richtigen Überlegung, daß diese Sachen den Gegenständen der Nr. 5 vergleichbar sind.[17] Um die in Rdn. 3 angesprochene Problematik zu entschärfen, ob der Gerichtsvollzieher die Kompetenz hat, den Eigentumsvorbehalt zu prüfen, muß der Gläubiger nach dem neuen Abs. 2 S. 2 den Eigentumsvorbehalt durch Urkunden nachweisen. Die Neuregelung soll zu einer Vereinfachung und Beschleunigung der Vollstreckung beitragen, ohne die Interessen des Schuldners und der Allgemeinheit im Ergebnis zu beeinträchtigen. Letzteres wäre in der Tat auch nicht der Fall, da der Schuldner eine Herausgabevollstreckung nach § 883 ZPO ohnehin nicht verhindern kann. Da der Vorbehaltsverkäufer als Gläubiger aber in erster Linie nicht an der Sache selbst, sondern an dem Kaufpreis interessiert sein wird, ist es sachgerecht, ihm den Zugriff auf die Vorbehaltssache ohne den zeit- oder kostenaufwendigen Umweg über die Herausgabeklage zu ermöglichen. Die Problematik, wie sich die Rücktrittsfiktion des § 13 Abs. 3 VerbrKrG auswirkt, wenn der Vorbehaltsverkäufer die verkaufte Sache pfändet,[18] bleibt von der geplanten Regelung in Abs. 2, daß § 811 Abs. 1 (neu) ZPO der Pfändung nicht entgegenstehen soll, unberührt.

3b Nach der Begründung zu dem Gesetzesentwurf[19] soll diese erleichterte Pfändungsmöglichkeit auch für den **weitergegebenen (einfachen) Eigentumsvorbehalt** gelten. Deshalb stellt der Gesetzestext auch nicht auf die Eigentümerstellung des Vollstreckungsgläubigers ab; vielmehr wird auch derjenige Vorbehaltsverkäufer erfaßt, der die Sache seinerseits unter Eigentumsvorbehalt erworben hat.

3c Der geplante neue Abs. 2 bezieht sich dagegen **nicht** auf die Formen des **erweiterten Eigentumsvorbehalts** (Kontokorrent-, Konzernvorbehalt). Sobald der Schuldner die unter Eigentumsvorbehalt gekaufte Sache bezahlt hat, unterliegt diese also auch dann, wenn der erweiterte Vorbehalt wegen einer anderen Forderung des Gläubigers nicht erlischt, dem Pfändungsschutz des § 811 Abs. 1 (neu) ZPO. Gleiches gilt beim **verlängerten Eigentumsvorbehalt**: Die Sache, die im Falle der Weiterveräußerung, Verbindung oder Verarbeitung an die Stelle der unter Eigentumsvorbehalt erworbenen Sache tritt, ist nach § 811 Abs. 1 (neu) ZPO unpfändbar.

3d Trotz ähnlicher Interessenlage ist in dem Entwurf eines neuen § 811 Abs. 2 ZPO der **Sicherungseigentümer**, der die ihm gehörende Sache pfänden will, **nicht** in den Kreis

---

17 BT-Drucks. Nr. 13/341, S. 25 f.
18 Siehe dazu Anh. zu § 825.
19 BT-Drucks. 13/341, S. 24 f.

*Unpfändbare Sachen* § 811

der privilegierten Gläubiger einbezogen worden. Die unterschiedliche Behandlung gegenüber dem Vorbehaltseigentümer wird damit begründet, daß der Sicherungseigentümer schon dadurch, daß er sich die Sache habe übereignen lassen, pfändungsfreies Vermögen des Schuldners tangiert habe. Außerdem stehe das Sicherungseigentum wirtschaftlich einem besitzlosen Pfandrecht gleich, welches es aber nach dem Willen des Gesetzgebers (§§ 559 S. 3, 592 S. 3, 704 S. 2 BGB) nicht geben soll.[20]

**III. Maßgeblicher Zeitpunkt für den Pfändungsschutz:** Die Pfändbarkeit eines Gegenstandes richtet sich grundsätzlich nach den Verhältnissen des Schuldners im Zeitpunkt der Pfändung. Besonderheiten gelten jedoch dann, wenn sich die Verhältnisse, die zur Beurteilung des Pfändungsschutzes maßgeblich sind, im Zeitraum zwischen der Pfändung und der Entscheidung über die Erinnerung ändern. Fallen die Voraussetzungen des Pfändungsverbots **nachträglich weg**, ist die nunmehr eingetretene Pfändbarkeit bei der Erinnerungsentscheidung zu berücksichtigen.[21] Das ergibt sich bereits aus § 811d ZPO; denn auch bei der Vorwegpfändung hat der Gesetzgeber es für die Pfändbarkeit ausreichen lassen, wenn die entsprechenden Voraussetzungen nachträglich eintreten.[22] Wird hingegen eine ursprünglich pfändbare Sache **erst nach der Pfändung** unpfändbar (Beispiel: Das Zweitfernsehgerät war gepfändet worden; der dem Schuldner belassene andere Apparat wird später unreparierbar, so daß der Schuldner nunmehr kein taugliches Gerät mehr besitzt.), so soll die Pfändung nach h. M. nicht anfechtbar sein.[23] Ansonsten wären Manipulationen seitens des Schuldners »Tür und Tor« geöffnet, ohne daß dem Gläubiger der Nachweis der Manipulation immer möglich wäre. In Härtefällen müsse der Schuldner von der Möglichkeit des § 765 a ZPO Gebrauch machen. Dem kann nicht gefolgt werden. Auch in dem Fall, daß die Voraussetzungen der Unpfändbarkeit erst nach der Pfändung eintreten, ist – wie im umgekehrten Fall – auf den Zeitpunkt der Erinnerungsentscheidung abzustellen.[24] Die Zwangsvollstreckung muß nicht nur bei Vornahme des Pfändungsakts, sondern während des gesamten Vollstreckungsverfahrens rechtmäßig sein. Aus diesem Grunde ist z. B. bei Klagen gegen die Zwangsvollstreckung nach §§ 767, 771 ZPO auf den Zeitpunkt der letzten mündlichen Verhandlung abzustellen. § 811 ZPO ist allerdings nur dann zu berücksichtigen, wenn der Schuldner die nachträgliche Unpfändbarkeit nicht rechtsmißbräuchlich herbeigeführt hat. Die Beweislast obliegt insoweit dem Schuldner.[25]

**IV. Persönlicher Schutzbereich der Norm:** Ein Teil der Schutzvorschriften des § 811 ZPO kommt neben dem Schuldner auch dessen Familienangehörigen (so Nr. 1, 2, 3, 4,

---

20 BT-Drucks. 13/341, S. 25.
21 *Brox/Walker*, Rdn. 294; MüKo/*Schilken*, § 811 Rdn. 13; *Stein/Jonas/Münzberg*, § 811 Rdn. 17; *Thomas/Putzo*, § 811 Rdn. 3; *Zöller/Stöber*, § 811 Rdn. 9.
22 Einzelheiten bei § 811 d Rdn. 15.
23 LG Berlin, Rpfleger 1977, 262; LG Bochum, DGVZ 1980, 37; AG Sinzig, DGVZ 1990, 95; *Baumann/Brehm*, § 5 II 2 a; *Baumbach/Lauterbach/Hartmann*, § 811 Rdn. 13; *Baur/Stürner*, Rdn. 23.8; *Gerhardt*, § 8 I 1 c; *Jauernig*, § 32 II E; *Thomas/Putzo*, § 811 Rdn. 3; *Zöller/Stöber*, § 811 Rdn. 9.
24 So *Brox/Walker*, Rdn. 295; *Lackmann*, § 15 V 4; MüKo/*Schilken*, § 811 Rdn. 14; *Rosenberg/Schilken*, § 52 III 3; *Stein/Jonas/Münzberg*, § 811 Rdn. 17.
25 *Brox/Walker*, Rdn. 295; MüKo/*Schilken*, § 811 Rdn. 14; *Stein/Jonas/Münzberg*, § 811 Rdn. 17.

4 a, 5, 10, 11) oder beim Schuldner angestellten Personen (so Nr. 1, 2, 3, 4, 6) zugute. Insoweit ist bei der Prüfung der Pfändbarkeit auch auf deren Lebensumstände und Bedürfnisse mit abzustellen: Gegenstände, die im Haushalt einer alleinstehenden Person zu einer bescheidenen Lebensführung nicht erforderlich sein mögen, können bei einer mehrköpfigen Familie durchaus unentbehrlich und damit unpfändbar sein. Gegenstände, die die Schuldnerin als Hausfrau zur Haushaltsführung nicht benötigt, können für die Erwerbstätigkeit ihres Ehemannes unverzichtbar und deshalb auch bei der Ehefrau unpfändbar sein.[26] Die Frage der Einbeziehung Dritter in den Pfändungsschutz (mit der Möglichkeit, auch selbständig Erinnerung nach § 766 ZPO einlegen zu können) ist bei jeder der Nrn. des § 811 ZPO gesondert nach dem Zweck der Norm zu beantworten.

6   **V. Rechtsfolgen eines Verstoßes gegen Pfändungsschutzvorschriften:** Ein Verstoß gegen § 811 ZPO macht die Pfändung nicht unwirksam, sondern nur anfechtbar.[27] Mit der Verstrickung entsteht zunächst auch ein Pfändungspfandrecht.[28] Wird die Pfändungsmaßnahme später auf die Erinnerung hin aufgehoben, entfällt auch das Pfandrecht wieder. Wird bis zur Beendigung der Zwangsvollstreckung nicht Erinnerung eingelegt, legitimiert das Pfandrecht auch das Behaltendürfen des Erlöses endgültig. Der Schuldner kann also nicht Herausgabe des zur Wiederbeschaffung des Gegenstandes erforderlichen Betrages vom Gläubiger verlangen.[29] In seltenen Fällen kann allenfalls ein Schadensersatzanspruch gem. § 826 BGB in Betracht kommen.[30] Erkennt der Gerichtsvollzieher nachträglich, daß ein von ihm gepfändeter Gegenstand in Wahrheit unpfändbar war, kann er den Fehler nicht wieder aus eigener Initiative korrigieren. Stimmt der Gläubiger nicht von sich aus der Freigabe des Gegenstandes zu, muß der Gerichtsvollzieher eine eventuelle Erinnerungsentscheidung des Gerichts abwarten.[31]

7   **VI. Parteivereinbarungen über den Pfändungsschutz:**

   **1. Zugunsten des Schuldners:** Vereinbarungen zugunsten des Schuldners, wonach über § 811 ZPO hinaus auch weitere Gegenstände nicht gepfändet werden sollen, sind unbegrenzt zulässig.[32] Der Gerichtsvollzieher kann sie bei der Zwangsvollstreckung aber nur berücksichtigen, wenn der **Gläubiger** sie ihm mitteilt, also den Vollstreckungsauftrag entsprechend einengt. Dagegen muß er sie unberücksichtigt lassen,

---

26 Einzelheiten unter Rdn. 26.
27 H. M.; vergl. *Brox/Walker*, Rdn. 305; *Rosenberg/Schilken*, § 52 III; *Stein/Jonas/Münzberg*, § 811 Rdn. 22; *Zöller/Stöber*, § 811 Rdn. 38; a. A. *Henckel*, ZZP 1971, 453.
28 Siehe Vor §§ 803, 804 Rdn. 14; a. A. insoweit *Rosenberg/Schilken*, § 52 III.
29 *Brox/Walker*, Rdn. 305, 456 ff.; *Stein/Jonas/Münzberg*, § 811 Rdn. 22; zu weit gehend *Baumbach/Lauterbach/Hartmann*, § 811 Rdn. 2, wonach ein deliktischer Schadensanspruch immer dann gegeben sein soll, »wenn der Gläubiger schuldhaft handelt«.
30 Siehe Anh. zu § 767.
31 So schon § 120 Nr. 2 Abs. 1 GVGA.
32 Allgem. Meinung; beispielhaft *Baur/Stürner*, Rdn. 10.9; *Brox/Walker*, Rdn. 201; *Zöller/Stöber*, vor § 704 Rdn. 25.

wenn sich nur der Schuldner bei der Vollstreckung auf sie beruft, selbst wenn der Schuldner ein schriftliches Exemplar der Vollstreckungsvereinbarung vorlegt.[33] Denn der Gerichtsvollzieher ist nicht in der Lage, die Wirksamkeit und den Fortbestand der Vereinbarung zu überprüfen. Deshalb kann in einem solchen Fall die Nichtberücksichtigung der Vollstreckungsvereinbarung auch nicht mit der Erinnerung nach § 766 ZPO geltend gemacht werden, sondern nur mit der Abwehrklage nach § 767 ZPO,[34] wobei die Präklusion des § 767 Abs. 2 ZPO naturgemäß nicht gilt, auch wenn die Vereinbarung schon vor Titelerlaß getroffen wurde.[35] Die Pfändung eines Gegenstandes, in den nach einer Vereinbarung zwischen den Parteien nicht hätte vollstreckt werden dürfen, ist zunächst wirksam, bis sie auf die Abwehrklage des Schuldners hin wieder aufgehoben wird. Bis dahin besteht auch ein Pfändungspfandrecht an dem Gegenstand. Je nach dem Inhalt der Vollstreckungsvereinbarung können dem Schuldner Schadensersatzansprüche erwachsen, wenn der Gläubiger die Vereinbarung nicht einhält.

2. **Zu Lasten des Schuldners:** Vereinbarungen zu Lasten des Schuldners, daß auch in Gegenstände vollstreckt werden dürfe, die dem Pfändungsschutz nach § 811 ZPO unterliegen, sind **vor** einem konkreten Vollstreckungsversuch, etwa in Sicherungsübereignungs- oder Abzahlungskaufverträgen, nicht zulässig und gem. § 134 BGB nichtig.[36] Der Vollstreckungsschutz in § 811 ZPO dient nicht nur dem Interesse des Schuldners, sondern auch öffentlichen Interessen, etwa der Vermeidung von Sozialhilfeansprüchen, so daß der Schuldner auf diesen Schutz nicht verzichten kann. Vor der Vollstreckung kann der Schuldner seine spätere Vermögenslage, insbesondere auch die Frage, ob er zu einer bescheidenen menschenwürdigen Lebensführung gerade diesen Gegenstand benötigen wird, nicht überblicken. Seinem späteren Sozialhilfegesuch könnte kaum mit § 25 Abs. 2 Nr. 1 BSHG begegnet werden. Die Zulassung vorheriger Vereinbarungen zu Lasten des Schuldners würde über ihre Aufnahme in Allgemeine Geschäftsbedingungen zu einer praktischen Beseitigung des sozialen Schuldnerschutzes führen. Dem kann nicht entgegengehalten werden, der Schuldner könne über unpfändbare Gegenstände auch jederzeit durch Übereignung verfügen.[37] Selbst im AGBG sei die Sicherungsübereignung unpfändbarer Gegenstände nicht grundsätzlich ausgeschlossen.[38] An Sicherungsübereignungen ist der Staat – im Gegensatz zur Vollstreckung – nicht be-

8

---

33 Er wird in einem solchen Fall aber mit dem Gläubiger Rücksprache nehmen müssen, um unnötige Kosten zu vermeiden.
34 Einzelheiten: § 766 Rdn. 9 und § 767 Rdn. 24.
35 § 767 Rdn. 35 m. w. N.
36 BayObLG, MDR 1950, 558; KG, NJW 1960, 682; OLG Köln, Rpfleger 1969, 439; LG Oldenburg, DGVZ 1980, 39; AG Köln, MDR 1973, 48; *Baur/Stürner*, Rdn. 10.3; *Baumbach/Lauterbach/Hartmann*, § 811 Rdn. 4; *Brox/Walker*, Rdn. 302; *Bruns/Peters*, § 22 IV 5; *Rosenberg/Schilken*, § 52 III 1; *Stein/Jonas/Münzberg*, § 811 Rdn. 8; *Zöller/Stöber*, § 811 Rdn. 10; ausführlich auch *Lippross*, Grundlagen und System des Vollstreckungsschutzes, 1983, S. 183; a. A. aber KG, JR 1952, 281; OLG Bamberg, MDR 1981, 50; LG Bonn, MDR 1965, 303; AG Essen, DGVZ 1978, 175; *Emmerich*, ZZP 1969, 426; *Scherf*, Vollstreckungsverträge, 1972, S. 78 ff.
37 Zur Wirksamkeit der Übereignung von Gegenständen, die nach § 811 ZPO Pfändungsschutz verdienen BGH, WM 1961, 243; OLG Bamberg, MDR 1981, 50; OLG Frankfurt, BB 1973, 215; a. A. OLG Stuttgart, MDR 1971, 132.
38 Wenn auch solchen Verträgen unter dem Gesichtspunkt des § 138 BGB (Knebelungsvertrag) enge Grenzen gesetzt sind; vergl. *Palandt/Bassenge*, § 138 BGB Rdn. 39, 97.

teiligt. Das Sozialstaatsprinzip (Art. 20 Abs. 1 GG) wirkt sich deshalb nicht in gleicher Weise unmittelbar aus. Aus praktischer Sicht ist schließlich anzumerken, daß der Gerichtsvollzieher die Wirksamkeit derartiger Vereinbarungen, wenn der Schuldner Einwendungen erhebt, nicht überprüfen könnte. Er müßte deshalb zunächst vom Gesetz, nämlich von § 811 ZPO, ausgehen. Der Gläubiger hätte dann im Vollstreckungsverfahren, da § 766 ZPO nicht anwendbar ist, keine Möglichkeit der Durchsetzung der Vereinbarung.

**9** **3. Verzicht auf den Pfändungsschutz im Einzelfall während der Pfändung:** Während der Pfändung kann der Schuldner einer weit verbreiteten Ansicht zufolge im Einzelfall auf den Pfändungsschutz verzichten und dem Gerichtsvollzieher unpfändbare Gegenstände von sich aus zur Pfändung anbieten.[39] Für diese Auffassung spricht zwar, daß der Schuldner im Gegensatz zum vorherigen Verzicht nunmehr überblicken kann, welche Einschränkungen er auf sich nimmt und daß er auch nach der Vollstreckung in einen unpfändbaren Gegenstand auf die Einlegung der Erinnerung verzichten kann.[40] Zudem übt der Gerichtsvollzieher, der den Pfändungsschutz zunächst von Amts wegen zu beachten und den Schuldner darauf auch hinzuweisen hat, eine zusätzliche Warnfunktion aus. Auch greift im Falle des Verzichts trotz Warnung § 25 Abs. 2 Nr. 1 BSHG ein, so daß der Schuldner nicht Sozialhilfe zur Wiederbeschaffung gerade dieses Gegenstandes verlangen kann. Trotzdem besteht das öffentliche Interesse daran, daß der Gerichtsvollzieher als staatliches Organ keine Kahlpfändung des Schuldners betreibt, unverändert fort. Es entspricht also eher dem Zweck des § 811 ZPO,[41] die Pfändungsschutzvorschriften trotz eines während oder nach der Pfändung erklärten Verzichts des Schuldners einzuhalten.[42] Dem stehen nicht die Einwände entgegen, daß die freie Entscheidung des Schuldners, welche unpfändbaren Gegenstände er besitzt und auf welche er ganz verzichten will, um dadurch seine Schulden geringer zu halten, zu respektieren sei und daß er zudem nicht gehindert sei, die fraglichen Gegenstände zu verkaufen, um aus dem Erlös den Gläubiger zu befriedigen. Mit einer solchen Argumentation ließe sich nämlich auch ein wirksamer Verzicht vor der Pfändung rechtfertigen, was allerdings zu Recht allgemein abgelehnt wird.[43] Läßt man entgegen der hier vertretenen Ansicht die Vollstreckung in einen nach § 811 ZPO unpfändbaren Gegenstand zu, sofern ein entsprechender Verzicht des Schuldners vorliegt, muß der Gerichtsvollzieher den Verzicht ausdrücklich im Pfändungsprotokoll vermerken. Der Verzicht muß dann unwiderruflich sein, damit der Schuldner nicht nachträglich im Wege der Erinnerung noch den Verstoß gegen § 811 ZPO rügen kann. Könnte der Schuldner

---

39 KG, DGVZ 1956, 89; NJW 1960, 682; AG Essen, DGVZ 1978, 175; *Baumbach/Lauterbach/Hartmann*, § 811 Rdn. 3; *Baur/Stürner*, Rdn. 10.4; *Gaul*, Rpfleger 1971, 3; *Henckel*, Prozeßrecht und materielles Recht, 1961, 337; *Jauernig*, § 32 II A; MüKo/*Schilken*, § 811 Rdn. 9 f.; *Rosenberg/Schilken*, § 52 III 1.
40 Für diese Möglichkeit auch *Brox/Walker*, Rdn. 304; *Stein/Jonas/Münzberg*, § 811 Rdn. 9.
41 Dazu Rdn. 1.
42 AG Sinzig, NJW-RR 1987, 757; *Brox/Walker*, Rdn. 304; *Bruns/Peters*, § 22 IV 5; *Lippross*, Grundlagen und System des Vollstreckungsschutzes, S. 183; *Stein/Jonas/Münzberg*, § 811 Rdn. 8; *Thomas/Putzo*, § 811 Rdn. 5; *Zöller/Stöber*, § 811 Rdn. 10; einschränkend *Kleffner*, DGVZ 1991, 108 ff.
43 Dazu bereits Rdn. 8.

ohne die Zustimmung Dritter nicht über den Gegenstand verfügen (so des Ehegatten in den Fällen der §§ 1365, 1369 BGB), kann er ohne die entsprechende Einwilligung auch nicht auf den Pfändungsschutz für diesen Gegenstand verzichten. Bejaht man die Möglichkeit des Schuldners zum Verzicht auf den Pfändungsschutz, können Dritte, die in den Schutz der jeweiligen Vorschrift mit einbezogen und mit dem Verzicht einverstanden sind, die Verletzung des Pfändungsverbots später nicht mehr mit der Erinnerung rügen.

**VII. Bedeutung des § 811 ZPO außerhalb der Zwangsvollstreckung:** An unpfändbaren Gegenständen kann der Vermieter nach § 559 S. 3 BGB kein Vermieterpfandrecht erwerben. Allerdings kann der Gerichtsvollzieher im Rahmen der Wohnraum-Räumungsvollstreckung (§ 885 ZPO) diese materiellrechtliche Norm nicht gegen den Willen des Gläubigers dadurch durchsetzen, daß er unpfändbare Sachen auch dann aus der zu räumenden Wohnung mitnimmt, wenn der Gläubiger den Räumungsauftrag insoweit ausdrücklich eingeschränkt hat.[44] Es bleibt dem Schuldner überlassen, Herausgabeklage zu erheben.

Nach § 592 S. 3 BGB erstreckt sich das Verpächterpfandrecht des Landverpächters mit Ausnahme der in § 811 Nr. 4 ZPO genannten Sachen nicht auf Gegenstände, die der Pfändung nicht unterworfen sind.

Im Falle des Konkurses fallen Gegenstände, die nicht gepfändet werden sollen, mit Ausnahme der in § 811 Nr. 4 und Nr. 9 ZPO genannten Gegenstände und der Geschäftsbücher des Schuldners, nicht in die Konkursmasse (§ 1 Abs. 2 und 4 KO[45]). In sie ist deshalb mit Einwilligung des Schuldners auch nach Konkurseröffnung die Einzelzwangsvollstreckung möglich.

10

**VIII. Rechtsbehelfe bei Verstößen gegen Pfändungsschutzvorschriften:** Sind zu Lasten des Gläubigers Gegenstände als unpfändbar behandelt worden, die der Pfändung unterliegen, kann er den Gerichtsvollzieher mit der Erinnerung (§ 766 ZPO) zur Pfändung dieser Gegenstände anhalten lassen. Damit der Gläubiger die Möglichkeit der Überprüfung hat, muß der Gerichtsvollzieher die als unpfändbar behandelten Sachen jedenfalls in groben Zügen im Pfändungsprotokoll aufführen.[46] Der Schuldner und die in den Schutzbereich der Norm miteinbezogenen Dritten[47] können die Verletzung des § 811 ZPO ebenfalls mit der Erinnerung geltend machen. Ein bloßes Interesse eines Dritten (z. B. des Eigentümers), daß in den Gegenstand nicht vollstreckt werde, reicht, wenn er in den Schutzbereich der gerügten Nr. des § 811 ZPO nicht miteinbezogen ist, nicht zur Erinnerungsbefugnis. Der Verstoß gegen den § 811 ZPO zugunsten des Schuldners erweiternde Vollstreckungsvereinbarungen kann nur mit der Klage nach § 767 ZPO geltend gemacht werden.[48] Klageberechtigt ist allein der Schuldner selbst.

11

---

44 *E. Schneider*, MDR 1982, 984 und DGVZ 1982, 73; siehe ferner § 885 Rdn. 10; a. A. insoweit AG Königswinter, MDR 1982, 1028.
45 Ab 1. 1. 1999: § 36 Abs. 1 und 2 InsO.
46 Siehe auch § 762 Rdn. 5 m. w. N.
47 Oben Rdn. 5.
48 § 766 Rdn. 9 und § 767 Rdn. 24.

Die vorstehenden Rechtsbehelfe sind nur solange möglich, wie die Zwangsvollstreckung nicht beendet ist.[49] Danach bestehen, wenn der gesetzliche Pfändungsschutz nicht beachtet war, weder Bereicherungs- noch Schadensersatzansprüche.[50]

12 IX. Zu den einzelnen Nrn.:

1. Zu Nr. 1: a) **Differenzierungsmöglichkeit aufgrund der Angemessenheitsklausel:** Die Vorschrift dient dem Schutz einer angemessenen, bescheidenen Lebens- und Haushaltsführung des Schuldners, seiner Familie und der mit ihm zusammenlebenden übrigen Haushaltsangehörigen.[51] Auch die noch nicht endgültig auf Dauer vom Schuldner getrennt lebende Ehefrau kann diesen Schutz mit in Anspruch nehmen.[52] Bei der Frage, was im einzelnen zu einer »angemessenen, bescheidenen Lebens- und Haushaltsführung« erforderlich ist, ist zum einen auf die allgemeinen gesellschaftlichen Anschauungen, dann aber auf die konkreten Lebensumstände des Schuldners (Alter, Gesundheitszustand, Familienstand, Zahl der Familienangehörigen, deren Alter und Gesundheitszustand, berufliche Stellung, persönliche Belastungen) Rücksicht zu nehmen. Die Schuldner sollen nicht alle gleich auf den gemeinsamen Stand eines Sozialhilfeempfängers zurückgestuft werden, das Erfordernis der »Angemessenheit« ermöglicht es vielmehr, individuell zugunsten wie zu Lasten des einzelnen Schuldners zu differenzieren, ohne daß dabei allerdings »Klassenunterschiede« entstehen dürfen. Kann der Schuldner aufgrund seiner besonderen Lebensumstände einen Gegenstand nicht nutzen, der im übrigen allgemein als unpfändbar angesehen wird (Beispiel: Fernsehgerät des zu langjähriger Haftstrafe verurteilten Schuldners), so bedarf er im Gegensatz zu anderen dieses Gegenstandes nicht zur bescheidenen Lebensführung, er ist also bei ihm abweichend vom Regelfall pfändbar.[53] Bei der Beurteilung der Unentbehrlichkeit von Pfandstücken ist nicht allein auf die im Eigentum des Schuldners stehende Habe abzustellen, vielmehr sind Gegenstände Dritter, die sich im (Mit-)Besitz des Schuldners befinden und die er zu seiner Haushaltsführung ungestört verwenden kann,[54] etwa die vom nichtehelichen Lebenspartner zur gemeinschaftlichen Nutzung mitgebrachten Sachen, mitzuberücksichtigen. Daß ein Haushaltsgegenstand bereits einmal vor Jahren durch gerichtliche Entscheidung bei diesem Schuldner für unpfändbar erklärt wurde, entbindet den Gerichtsvollzieher bei einem Jahre später durchzuführenden Vollstreckungsversuch nicht von der erneuten Prüfung der Unpfändbarkeit, da die Lebensumstände des Schuldners sich gerade im Bereich der Haushaltsführung in relativ kurzer Zeit entscheidend verändern können (Wegzug von Kindern, Scheidung, kleinere Wohnung und ähnliche Umstände).[55] Der Wert eines an sich unentbehrlichen

---

49 § 766 Rdn. 20.
50 Oben Rdn. 6.
51 LG Düsseldorf, MDR 1952, 62; LG Schweinfurt, DGVZ 1957, 108; *Noack*, MDR 1966, 809 und DGVZ 1966, 129; *Stein/Jonas/Münzberg*, § 811 Rdn. 31.
52 OLG Bamberg, JR 1953, 424.
53 OLG Köln, DGVZ 1982, 62.
54 OLG Celle, NdsRpfl 1969, 160; OLG Hamburg, MDR 1955, 175; OLG Schleswig, JurBüro 1956, 67; LG Berlin, MDR 1966, 245.
55 LG Braunschweig, NdsRpfl 1955, 54.

*Unpfändbare Sachen* § 811

Gegenstandes ist ohne Belang, wenn der Gläubiger keine Austauschpfändung (§ 811 a ZPO) anbietet.

b) **Einzelheiten:** Unpfändbar sind die zur korrekten, bescheidenen Einrichtung der konkreten Wohnung des Schuldners erforderlichen **Möbel**,[56] das für seinen Hausstand erforderliche **Geschirr** und **Besteck**, ein **Küchenherd** (ein zusätzlicher Mikrowellenherd wäre pfändbar, ebenso ein zusätzlicher Grill oder Tischgrill), ein **Kühlschrank**[57] (eine Gefriertruhe dagegen ist pfändbar[58]), bei fehlender allgemeiner Warmwasserinstallation ein elektrischer (oder Gas-) **Warmwasserbereiter**,[59] unabhängig von der Größe der Familie auch eine **Waschmaschine**[60] und eine **Kaffeemaschine** (eine Kaffeemühle dürfte pfändbar sein). Ein **Staubsauger**,[61] ein **Mikrowellengerät**, eine **Geschirr- oder Bügelmaschine** (nicht Bügeleisen) ist dagegen allgemein zu einer bescheidenen Lebensführung nicht erforderlich und deshalb pfändbar.[62] Gleiches gilt grundsätzlich auch für eine **Nähmaschine**[63] und einen **Wäschetrockner**.[64] Anderes kann aber bei einer kinderreichen Familie gelten. Teppiche sind in der Regel Ausweis eines gehobenen Lebensstils und pfändbar; unpfändbar sind aber die **Gebetsteppiche**[65] islamischer Schuldner und die ihrer Wohnungsgenossen. Grundsätzlich unpfändbar ist ein **Radiogerät**,[66] damit der Schuldner die Möglichkeit der Information und der bescheidenen

13

---

56 OLG Schleswig, SchlHA 1955, 201. Das gilt auch, wenn diese Möbel zur Zeit vom Schuldner nicht genutzt werden können, weil sie im Zuge der Räumungsvollstreckung eingelagert wurden; LG Frankfurt, DGVZ 1990, 59.
57 OLG Frankfurt, Rpfleger 1964, 276; LG Traunstein, MDR 1963, 58; AG Hagen, DGVZ 1972, 125; AG München, DGVZ 1974, 95; *Stein/Jonas/Münzberg*, § 811 Rdn. 28; *Zöller/Stöber*, § 811 Rdn. 15; a. A. BFH, DB 1956, 320; LG Berlin, JR 1965, 184; LG Darmstadt, MDR 1959, 310; LG Hannover, MDR 1964, 155; AG Krefeld, JurBüro 1958, 47; AG Wolfsburg, MDR 1971, 76; einschränkend (wenn geeigneter kühler Lagerraum vorhanden) *Baumbach/Lauterbach/Hartmann*, § 811 Rdn. 22.
58 LG Kiel, DGVZ 1978, 115; AG Itzehoe, DGVZ 1984, 44.
59 AG Bochum-Langendreer, DGVZ 1967, 188.
60 LG Berlin, NJW-RR 1992, 1038, 1039; LG Traunstein, MDR 1963, 58; *Baumbach/Lauterbach/Hartmann*, § 811 Rdn. 23; *Brox/Walker*, Rdn. 278; *E. Schneider*, DGVZ 1980, 184; *Stein/Jonas/Münzberg*, § 811 Rdn. 28; *Zöller/Stöber*, § 811 Rdn. 15; a. A. (nur bei größeren Haushalten unpfändbar) OLG Köln, MDR 1969, 151; LG Konstanz, DGVZ 1991, 25; AG Berlin-Schöneberg, DGVZ 1990, 15; AG Bocholt, MDR 1969, 227; *Bloedhorn*, DGVZ 1976, 109; a.A. (immer pfändbar) AG Köln, JurBüro 1965, 322; AG Schleswig, DGVZ 1960, 234; AG Syke, DGVZ 1974, 173; *Willenberg*, DGVZ 1962, 959.
61 Zu einem Ausnahmefall AG Wiesbaden, DGVZ 1993, 158.
62 *Bohn*, DGVZ 1973, 167, 168; MüKo/*Schilken*, § 811 Rdn. 43; *Stein/Jonas/Münzberg*, § 811 Rdn. 28.
63 OLG Köln, MDR 1969, 151; LG Hannover, NJW 1960, 2248.
64 MüKo/*Schilken*, § 811 Rdn. 49; einschränkend *Stein/Jonas/Münzberg*, § 811 Rdn. 28 (Pfändbarkeit nur bei einem kinderlosen Haushalt).
65 AG Hannover, DGVZ 1987, 31.
66 KG, MDR 1953, 78; MDR 1962, 745; OLG Hamm, JurBüro 1951, 396; OLG Nürnberg, MDR 1950, 750; LG Aurich, NJW 1962, 1779; LG Kassel, MDR 1951, 45; LG Lübeck, DB 1949, 430; a. A. LG Hannover, NJW 1953, 229.

Unterhaltung hat. Auch neben einem Rundfunkgerät (also nicht nur an seiner Stelle[67]) gehört heutzutage ein **Fernsehgerät**[68] zur angemessenen bescheidenen Lebensführung: Entscheidende politische Informationen sind nur über dieses Medium zu erlangen; in den Schulen werden bestimmte Programme zum Unterrichtsgegenstand gemacht. Das Fernsehen ermöglicht auch eine beschränkte Teilnahme am kulturellen Leben; es ist heute ein kaum entbehrlicher Teil des Alltagslebens geworden. Auf ein wertvolles Farbfernsehgerät kann allerdings im Wege der Austauschpfändung (§ 811 a ZPO) zugegriffen werden.[69]

Dagegen sind Stereo-, CD- und Videoanlagen sowie andere Geräte der Unterhaltungselektronik pfändbar;[70] Gleiches gilt für den privaten Kleincomputer, soweit er nicht wegen der beruflichen Nutzung im Einzelfall unter Nr. 5 fällt. Pfändbar sind auch Sport- und Fitnessgeräte, soweit ausnahmsweise nicht Nr. 12 einschlägig ist. An **Kleidung** müssen dem Schuldner Kleidungsstücke zum Wechseln für alle Jahreszeiten verbleiben. Deshalb ist auch ein Pelzmantel als einziger Wintermantel unpfändbar, wenn der Gläubiger keine Austauschpfändung anbietet. **Schmuck** ist, soweit nicht Nr. 11 eingreift, grundsätzlich pfändbar; nicht zum Schmuck zu zählen ist eine Armbanduhr, auf die der Schuldner auch bei bescheidener Lebensführung nicht zu verzichten braucht. Ist die einzige Armbanduhr des Schuldners von erheblichem Wert, kommt wieder nur eine Austauschpfändung (§ 811a ZPO) in Betracht.[71]

14 Auch heute noch ist es einem Schuldner grundsätzlich zuzumuten, öffentliche Verkehrsmittel in Anspruch zu nehmen oder zu Fuß zu gehen. Dabei müssen auch Umsteigen, Wartezeiten und ähnliche Widrigkeiten in Kauf genommen werden. Deshalb sind unter dem Aspekt der Nr. 1 grundsätzlich **Kraftfahrzeuge**,[72] Motorräder und

---

67 So aber OLG Frankfurt, NJW 1970, 152 mit Anm. *Blumenthal;* NJW 1970, 570; OLG Stuttgart, Justiz 1967, 217; LG Bayreuth, DGVZ 1972, 167; LG Berlin, MDR 1973, 506; DGVZ 1973, 156; LG Bochum, JurBüro 1983, 301; LG Bremen, DGVZ 1988, 12; LG Essen, NJW 1970, 153; LG Hamburg, MDR 1968, 57; LG Hildesheim, JurBüro 1966, 622; LG Limburg, DGVZ 1973, 119; LG Lübeck, DGVZ 1985, 153; LG Wiesbaden, DGVZ 1990, 63; JurBüro 1992, 52; DGVZ 1994, 43; AG Borken, AG Bremerhaven, AG Düren, alle DGVZ 1988, 12; AG Duisburg, MDR 1965, 304; AG Fritzlar, DGVZ 1975, 77; AG Ibbenbüren, DGVZ 1981, 175; AG Lüdenscheid, JurBüro 1966, 253 mit Anm. *Herzig;* AG Wiesbaden, DGVZ 1993, 78; *Pardey*, DGVZ 1987, 111.
68 BFH, NJW 1990, 1871; OLG Stuttgart, NJW 1987, 196; LG Augsburg, DGVZ 1993, 55; LG Detmold, DGVZ 1990, 26; LG Essen, MDR 1969, 581; LG Hannover, DGVZ 1990, 60; LG Itzehoe, LG Bonn, beide DGVZ 1988, 11; LG Lahn-Gießen, NJW 1979, 769; LG Nürnberg-Fürth, DGVZ 1977, 171; AG Bersenbrück, DGVZ 1987, 159; AG Wetzlar, DGVZ 1987, 174; FG Münster, DGVZ 1990, 31; *Zöller/Stöber*, § 811 Rdn. 15; a. A. (immer pfändbar) KG, NJW 1965, 1387; OLG Düsseldorf, JMBl.NW 1966, 140; LG Hamburg, MDR 1968, 57; AG Dillenburg, JurBüro 1971, 189; AG Hannover, NJW 1970, 764; AG Köln, JurBüro 1965, 503; AG Landau, DGVZ 1991, 14; AG Wolfsburg, MDR 1971, 56.
69 BFH, NJW 1990, 1871, 1872; OLG Stuttgart, NJW 1987, 196; siehe auch § 811 a Rdn. 4.
70 VGH Mannheim, NJW 1995, 2804; LG Duisburg, MDR 1986, 682.
71 OLG München, OLGZ 1983, 325.
72 Ausnahme, soweit der Schuldner abgelegen wohnt und keine öffentlichen Verkehrsmittel nutzen kann; vergl. *Brox/Walker*, Rdn. 278.

*Unpfändbare Sachen* § 811

**Fahrräder**[73] pfändbar. Soweit das Fahrzeug beruflich benötigt wird, richtet sich die Prüfung der Unpfändbarkeit nach den Kriterien der Nr. 5;[74] soweit der Schuldner aus gesundheitlichen Gründen auf ein Kraftfahrzeug angewiesen ist, muß nach den Maßstäben der Nr. 12 geprüft werden.[75]

Nach **Nr. 1, 2. Halbs.** sind Gartenhäuser, Wohnbaracken und Wohnlauben, soweit sie nicht Bestandteile des Grundstücks sind, auf dem sie stehen, dann unpfändbar, wenn der Schuldner und seine Familie sie bewohnen und ihrer zur ständigen Unterkunft bedürfen. Deshalb sind Wochenend- und Ferienhäuser sowie nur in der Freizeit genutzte Gartenlauben, Jagdhütten u. ä. uneingeschränkt pfändbar.[76] Den mit dem Boden vorläufig festverbundenen Baracken usw. sind bewegliche Unterkünfte wie Wohnwagen, Hausboote o. ä. gleichzubehandeln. Auf den Wert der jeweiligen Unterkunft und die Frage, ob sie einfach oder luxuriös gestaltet ist, kommt es, wenn der Schuldner die Unterkunft bewohnt und keine andere hat, nicht an.[77] Der Gläubiger kann allerdings eine Austauschpfändung (§ 811 a ZPO) vornehmen lassen. Soweit die Baracken aber Bestandteil des Grundstücks sind, unterliegen sie nur der Immobiliarvollstreckung nach §§ 864 ff. ZPO. Sie können dann nicht Gegenstand gesonderter Rechte sein (§ 93 BGB).[78] § 811 Nr. 1 ZPO kommt hier nicht zum Zuge. 15

**2. Zu Nr. 2:** Auch hier sind neben dem Schuldner die in seinem Haushalt mit ihm zusammenlebenden Personen ohne Rücksicht auf verwandtschaftliche Beziehungen (also auch Lebenspartner, Pflegekinder, Haushälterinnen) mit in den Schutz einbezogen. Hinsichtlich der in der Vorschrift genannten Naturalien selbst ist die Norm von keiner großen praktischen Bedeutung mehr. Dagegen spielt sie bei der Bargeldpfändung durchaus noch eine Rolle. Nur das für die in Nr. 2 ausdrücklich genannten Naturalien, nicht auch das für andere lebensnotwendige Bedürfnisse (so für Miete, Bekleidung, Versicherungen u. ä.) benötigte Geld für einen Zeitraum von höchstens 4 Wochen im voraus ist unpfändbar. Die Beschaffung dieser Naturalien ist »auf anderem Wege gesichert«, wenn dem Schuldner durch einen Beschluß nach §§ 850 i und k ZPO oder aufgrund des § 55 SGB I auf einem Konto die erforderliche Summe beschlagnahmefrei zur Verfügung steht oder wenn sichere Zahlungen an den Schuldner unmittelbar bevorstehen. Einen über Nr. 2 hinausgehenden Schutz für Schuldner, die Einkünfte der in §§ 850–850 b ZPO bezeichneten Art beziehen, bietet **Nr. 8**. 16

Luxusnahrungsmittel und Genußmittel fallen nicht unter den Begriff der »Nahrungsmittel« in Nr. 2. Deshalb ist etwa der Bestand des Weinkellers ohne Einschränkung pfändbar. Gleiches gilt für die Holzvorräte für den nicht der Heizung dienenden Zierkamin.

---

73 Zum Fahrrad a. A. OLG Braunschweig, NJW 1952, 751.
74 Siehe unten Rdn. 28.
75 Unten Rdn. 39; nach *Stein/Jonas/Münzberg*, § 811 Rdn. 29 ist auch in diesem Fall Nr. 1 anzuwenden.
76 *Stein/Jonas/Münzberg*, § 811 Rdn. 32; *Zöller/Stöber*, § 811 Rdn. 16.
77 OLG Zweibrücken, Rpfleger 1976, 328; a. A. (auf einen »bescheidenen Zuschnitt« abstellend) OLG Hamm, MDR 1951, 738.
78 BGH, NJW 1988, 2789.

17   **3. Zu Nr. 3:** Die Vorschrift gilt nicht nur für Landwirte, sondern für alle, die sich, ihre Familie und ihre Hausangehörigen mit den Produkten selbstgehaltener Haustiere (sei es mit deren Fleisch, sei es mit deren Erzeugnissen wie Milch und Eier) ernähren. Darauf, daß der Schuldner nach seinen sonstigen Einkommensverhältnissen sich diese Lebensmittel auch anderweitig kaufen könnte, statt sie selbst zu produzieren, kommt es nicht an, sondern nur darauf, daß der Schuldner tatsächlich den Weg der Selbstversorgung geht. Bei der Frage der »Erforderlichkeit« ist auf die Größe der Familie und deren Nahrungsbedarf abzustellen. Soweit Nr. 3 dem Schuldner zwischen bestimmten Haustieren die Wahl läßt, übt sie der Gerichtsvollzieher aus, wenn der Schuldner keine Entscheidung trifft. Neben den Tieren sind auch die zu ihrer Fütterung und zur Streu für 4 Wochen im voraus erforderlichen Vorräte bzw. der zu ihrer Beschaffung benötigte Geldbetrag unpfändbar. Soweit der Schuldner die Tiere zu anderen Zwecken als zur Selbstversorgung benötigt, kann Pfändungsschutz nach Nr. 4, 5, 6, 12 oder nach § 811 c ZPO in Betracht kommen.

18   **4. Zu Nr. 4:** Durch diese Vorschrift soll der landwirtschaftliche Betrieb als solcher erhalten bleiben, solange ein Konkurs vermieden werden kann (siehe § 1 Abs. 2 KO[79]). Sie dient also nicht der dauerhaften Bestandsgarantie für bäuerliche Betriebe, sondern der Sicherung des Arbeitsplatzes des Landwirts und seiner Gehilfen, solange dieser Arbeitsplatz nicht als ganzer zugunsten der Gläubiger des Landwirts verwertet werden muß. Landwirtschaftliche Betriebe i. S. der Vorschrift sind nicht nur die »klassischen« bäuerlichen Betriebe mit einer Kombination von Ackerbau und Viehzucht, sondern auch Wein- und Obstanbaubetriebe[80] und Baumschulen, forstwirtschaftliche Betriebe, reine Vieh-[81] und Geflügelzuchtbetriebe,[82] Fischzucht und Imkerei, nicht aber Betriebe, die nur Landwirten bei ihrer Arbeit unterstützend zur Seite stehen, wie Vermieter von landwirtschaftlichen Maschinen, Lohndruschunternehmen[83] oder Saatguthandlungen. Der Schutz gilt nur für den landwirtschaftlichen Betrieb selbst, nicht auch für Nebenbetriebe des Landwirts,[84] wie Hausbrauereien oder Brennereien, Gasthöfe oder Fremdenpensionen. Andererseits ist nicht erforderlich, daß die Landwirtschaft dem Schuldner als Haupterwerbsquelle dient. Auch landwirtschaftliche Nebenerwerbsbetriebe genießen den Pfändungsschutz. Wieviel Vieh und Gerät im Einzelfall zum Wirtschaftsbetrieb erforderlich ist, hängt vom Zuschnitt des einzelnen Unternehmens,[85] nicht von den persönlichen Fähigkeiten des konkreten Schuldners ab. Der Gerichtsvollzieher hat insoweit einen Sachverständigen hinzuzuziehen (§ 813 Abs. 3 ZPO). Die landwirtschaftlichen Erzeugnisse sind nicht nur unpfändbar, soweit sie selbst, nicht nur ihr Erlös,[86] zur Fortführung des Betriebes bis zur nächsten Ernte gleicher oder

---

79 Ab 1. 1. 1999: § 36 Abs. 2 Nr. 2 InsO.
80 Zu eng daher AG Oldenburg, DGVZ 1988, 79.
81 AG Aachen, DGVZ 1961, 141; a. A. für eine Pferdezucht LG Oldenburg, DGVZ 1980, 170 (im Ergebnis nicht vertretbar).
82 LG Göttingen, NdsRpfl 1957, 74; LG Hildesheim, NdsRpfl 1971, 257.
83 OLG Düsseldorf, JMBl.NW 1968, 18.
84 Ebenso *Stein/Jonas/Münzberg*, § 811 Rdn. 38.
85 LG Bonn, DGVZ 1983, 153; LG Oldenburg und LG Kleve, beide DGVZ 1980, 38; LG Rottweil, MDR 1985, 1034; AG Neuwied, DGVZ 1979, 62.
86 OLG Celle, MDR 1962, 139; a. A. *Stein/Jonas/Münzberg*, § 811 Rdn. 39.

*Unpfändbare Sachen* § 811

ähnlicher Erzeugnisse erforderlich sind, sondern auch, soweit sie (ohne die Befristung nach Nr. 3) zur Sicherung des Unterhalts des Schuldners, seiner Familie und seiner Arbeitnehmer benötigt werden.[87] »Erforderlich« ist weniger als »unentbehrlich«, so daß ein großzügiger Maßstab anzulegen ist.[88] Der durch Nr. 4 gewährte Schutz wird ergänzt duch § 851 a ZPO, durch den in beschränktem Rahmen auch die aus dem landwirtschaftlichen Betrieb erzielten Forderungen unpfändbar werden können. Darüber hinaus greift das Pfändungsverbot des § 865 Abs. 2 S. 1 ZPO i. V. m. § 1120 BGB ein, wenn die betroffenen Sachen der Hypothekenhaftung unterliegen.

5. **Zu Nr. 4 a:** Naturalien i. S. der Vorschrift sind nicht nur der Ernährung dienende Gegenstände, sondern auch Heizmaterialien, Bekleidung, Futter für eigenes Vieh des Arbeitnehmers u. ä. Es muß sich nicht um Erzeugnisse aus dem landwirtschaftlichen Betrieb handeln, in dem der Arbeitnehmer tätig ist, es kann sich vielmehr auch um betriebsfremde Naturalien handeln. Welche Funktion der Arbeitnehmer im landwirtschaftlichen Betrieb ausübt (landwirtschaftlicher Facharbeiter, Haushälterin, Kindermädchen usw.), ist ohne Belang. Neben dem Schuldner sind auch seine Familienangehörigen (nicht nur im eherechtlichen Sinne, also auch uneheliche Kinder, Pflegekinder und Lebensgefährten) in den Schutz der Norm miteinbezogen. Die Vorschrift ist nicht analog anzuwenden auf Deputate, die Arbeitnehmer in anderen als landwirtschaftlichen Betrieben ebenfalls zur Teilbefriedigung ihres Unterhaltsbedarfs erhalten. Die Pfändbarkeit dieser Deputate ist allein nach dem Maßstab der Nr. 1 und 2 zu prüfen. Für sie gilt also insbesondere die Vier-Wochen-Grenze der Nr. 2.

19

6. **Zu Nr. 5:** a) **Natürliche Personen:** Der Pfändungsschutz nach dieser Vorschrift kommt nur natürlichen Personen, nicht auch juristischen Personen zugute. Bei Personenhandelsgesellschaften ist nach dem Gewicht der persönlichen Tätigkeit der Gesellschafter zu unterscheiden. Erledigen die persönlich haftenden Gesellschafter allein alle anfallenden Arbeiten, gilt § 811 Nr. 5 ZPO auch bei einer Pfändung gegen die Gesellschaft.[89] Gesellschaften des bürgerlichen Rechts sind wie eine Mehrzahl natürlicher Personen zu behandeln.[90] Sie können sich also auf den Schutz der Nr. 5 berufen, wenn die übrigen Voraussetzungen vorliegen, insbesondere also die persönliche Tätigkeit der Gesellschafter im Vordergrund steht.[91] Der Grund für diese Einschränkung des persönlichen Geltungsbereichs liegt darin, daß es anders als in Nr. 4 nicht Ziel der Vorschrift ist, den Betrieb als Wirtschaftseinheit zu erhalten, solange ein Konkurs vermieden werden kann,[92] sondern daß es nur dem Schuldner persönlich ermöglicht werden

20

---

87 Zum Umfang der Unpfändbarkeit landwirtschaftlicher Erzeugnisse siehe auch AG Plöne, SchlHA 1958, 287.
88 Ebenso *Stein/Jonas/Münzberg*, § 811 Rdn. 39.
89 OLG Oldenburg, NJW 1964, 505; *Baumbach/Lauterbach/Hartmann*, § 811 Rdn. 33 f.; *Brox/Walker*, Rdn. 284; *MüKo/Schilken*, § 811 Rdn. 28; *Stein/Jonas/Münzberg*, § 811 Rdn. 43; *Zöller/Stöber*, § 811 Rdn. 26; a. A. *App*, DGVZ 1985, 97 und GmbHRdsch 1987, 420; *Noack*, DB 1977, 195; *Thomas/Putzo*, § 811 Rdn. 18; *Jauernig*, § 32 II 2.
90 *Noack*, DB 1973, 1157.
91 Siehe unten Rdn. 21.
92 Zur Behandlung der Zubehörstücke eines Gewerbebetriebes im Konkurs *Noack*, BB 1966, 1007.

soll, durch seinen eigenen Arbeitseinsatz den Unterhalt für sich und seine Familie zu erwirtschaften.[93] Bei juristischen Personen und Handelsgesellschaften steht grundsätzlich nicht der persönliche Einsatz des Schuldners im Vordergrund. Wenn dies im Einzelfall einmal so ist (der Alleingesellschafter einer GmbH erledigt alle im Betrieb anfallenden Arbeiten allein), so rechtfertigt dies nur dann eine Ausnahme, wenn die tatsächlichen Verhältnisse offensichtlich sind;[94] denn die Aufklärungsmöglichkeiten in der Zwangsvollstreckung gehen nicht soweit, das Verhältnis von Kapital- und Arbeitseinsatz in einer Kapital- oder Handelsgesellschaft im Einzelfall zu ermitteln.

21  b) **Persönliche Arbeitsleistung:** Auch natürliche Personen genießen den Schutz der Nr. 5 nur dann, wenn im Rahmen ihrer Erwerbstätigkeit die **persönliche Leistung** die Ausnutzung der **sächlichen Betriebsmittel** überwiegt.[95] Dabei ist nicht auf den reinen wirtschaftlichen Wert der eingesetzten Betriebsmittel einerseits und den Preis der geleisteten Arbeit andererseits abzustellen,[96] sondern darauf, ob bei natürlicher Betrachtungsweise die Arbeit des Schuldners als »Betriebsmittel« im Vordergrund steht, der die Maschinen usw. nur als Hilfsmittel dienen, oder ob Kapital und Maschinen das Bild des Betriebes prägen und der Mensch nur eine untergeordnete Rolle spielt.[97] So steht typischerweise bei Arbeitnehmern, Handelsvertretern, Künstlern, persönlich tätigen Handwerkern, Architekten, Steuerberatern,[98] Privatlehrern und anderen Freiberuflern (für bestimmte meist freiberufliche Tätigkeiten gilt aber die Sonderregelung der Nr. 7) die persönliche Arbeitsleistung im Vordergrund, selbst wenn der Wert der eingesetzten sächlichen Betriebsmittel hoch ist (Computer im Büro des Steuerberaters[99]), während bei Händlern in der Regel der Einsatz des Kapitals und der Warenumsatz,[100] bei Fabrikanten der Einsatz fremder Arbeitskräfte und Maschinen, bei Hoteliers[101] die Zurverfügungstellung der Räume im Vordergrund stehen, auch wenn der Betriebsinhaber persönlich einen hohen Arbeitseinsatz leistet. Auch beim Betrieb eines Sonnenstudios überwiegt der Einsatz von Sachwerten gegenüber der eigenen Tätigkeit des Betreibers, so daß für die verwendeten Sonnenbänke kein Pfändungsschutz besteht.[102] Bei vielen Dienstleistungsunternehmen ist eine branchentypische Aussage gar nicht möglich, vielmehr nur eine Beurteilung des jeweiligen Einzelunternehmens: So fällt der Taxiunternehmer, der seinen einzigen Wagen selbst fährt, sicher unter

---

93 Zutreffend *Stein/Jonas/Münzberg*, § 811 Rdn. 42.
94 Vergl. AG Düsseldorf, DGVZ 1991, 175; *Stein/Jonas/Münzberg*, § 811 Rdn. 43; *Zöller/Stöber*, § 811 Rdn. 26; ferner AG Steinfurt, DGVZ 1990, 62.
95 LG Berlin, DGVZ 1976, 71; LG Hamburg, DGVZ 1984, 26; LG Hildesheim, DGVZ 1976, 27; AG Heidenheim, DGVZ 1975, 75; AG Schweinfurt, JurBüro 1977, 1287 mit Anm. *Mümmler; Brox/Walker*, Rdn. 284; *Zöller/Stöber*, § 811 Rdn. 25.
96 So aber AG Hannover, DGVZ 1975, 15; vergl. auch *Stein/Jonas/Münzberg*, § 811 Rdn. 25.
97 *Thomas/Putzo*, § 811 Rdn. 22; *Zöller/Stöber*, § 811 Rdn. 25.
98 Unzutreffend daher AG Köln, ZZP 1958, 329.
99 LG und OLG Hamburg, DGVZ 1984, 57 (wenn auch im konkreten Einzelfall die Unpfändbarkeit wegen des Zuschnitts des Betriebes im übrigen verneinend).
100 OLG Frankfurt, BB 1959, 645; OLG Köln, DB 1967, 422; LG Düsseldorf, DGVZ 1985, 74; *Brox/Walker*, Rdn. 284; *Noack*, DB 1977, 195; *Thomas/Putzo*, § 811 Rdn. 22.
101 Vergl. *Stein/Jonas/Münzberg*, § 811 Rdn. 46.
102 LG Oldenburg, DGVZ 1993, 12, 13.

Nr. 5, derjenige, der mehrere Wagen durch Angestellte fahren läßt, nicht.[103] Beim Gastwirt, der selbst kocht und bedient (ggf. mit Unterstützung seiner Familienangehörigen), überwiegt der persönliche Arbeitseinsatz den Warenumsatz, während bei größeren Betrieben die Ausnutzung fremder Arbeitsleistung und der Warenumsatz im Vordergrund stehen. Ähnliches gilt für viele Werkunternehmer: Beim Bauunternehmer überwiegt der Einsatz von Arbeitskräften, Material und Maschinen in der Regel,[104] doch kann bei dem nur auf einzelne Gewerke spezialisierten Bauhandwerker auch einmal die persönliche Arbeitsleistung das Charakteristikum sein.[105] Wird ein Gewerbe vollkaufmännisch betrieben, liegt im Regelfall eine gewinnorientierte Erwerbstätigkeit vor, so daß der Pfändungsschutz nach Nr. 5 entfällt.[106] Der zur Veräußerung bestimmte Warenbestand ist allerdings auch bei einem Minderkaufmann regelmäßig pfändbar.[107]

Der Einsatz fremder Arbeitskräfte schließt die Anwendung der Nr. 5 nicht grundsätzlich aus. Jedoch muß bei der natürlichen Bewertung des Betriebsgeschehens der Arbeitseinsatz des Schuldners selbst im Vordergrund stehen.[108] Dies wird bei einer größeren Angestelltenzahl in der Regel nicht der Fall sein, da hier der Einsatz von Kapital und Fremdarbeit überwiegen dürfte; ausgeschlossen ist es aber auch da nicht (Beispiel: Steuerberater mit mehreren Schreibkräften; Architekt mit Schreibkraft und technischem Zeichner).

22

Nicht erforderlich ist es schließlich, daß es sich bei der Tätigkeit, der die Betriebsmittel dienen, um deren Pfändung es geht, um den Hauptberuf des Schuldners handelt.[109] Es kommt auch nicht darauf an, ob der Schuldner aus einer seiner Tätigkeiten bereits ausreichend für eine bescheidene Lebensführung verdient,[110] da es nicht Aufgabe des Vollstreckungsrechts ist, den Schuldner auf eine bestimmte berufliche Tätigkeit zu beschränken und insoweit vielleicht sogar noch die Auswahl zu treffen. Andererseits muß der Schuldner die Erwerbstätigkeit nicht nur einmalig oder sporadisch ausüben, sondern sie muß auf eine gewisse Dauer angelegt sein. Es spielt keine Rolle, ob die Einnahmen zur Bestreitung des Lebensunterhalts ausreichen oder ob der Schuldner nicht besser beraten wäre, die Tätigkeit einzustellen.[111] Wenn die Tätigkeit nur vorübergehend ruht (Saisonabhängigkeit; vorübergehende Unrentabilität wegen Straßenbaumaßnahmen; o. ä.), ihre Wiederaufnahme aber relativ gesichert erscheint, bleiben die Ge-

23

---

103 OLG Hamburg, DGVZ 1984, 57.
104 LG Hamburg, JurBüro 1951, 453; *Stein/Jonas/Münzberg*, § 811 Rdn. 46.
105 LG Bielefeld, MDR 1954, 426; AG Schönau, DGVZ 1974, 61.
106 LG Saarbrücken, DGVZ 1994, 30; *Brox/Walker*, Rdn. 284; MüKo/*Schilken*, § 811 Rdn. 27; *Stein/Jonas/Münzberg*, § 811 Rdn. 47; *Thomas/Putzo*, § 811 Rdn. 22; einschränkend *Zöller/Stöber*, § 811 Rdn. 24a.
107 LG Göttingen, DGVZ 1994, 89, 90; vergl. auch *Stein/Jonas/Münzberg*, § 811 Rdn. 53.
108 Allgem. Meinung; beispielhaft *Baumbach/Lauterbach/Hartmann*, § 811 Rdn. 34; *Brox/Walker*, Rdn. 284; *Zöller/Stöber*, § 811 Rdn. 25.
109 OLG Hamm, Rpfleger 1956, 46; OLG Koblenz, JurBüro 1956, 29; LG Rottweil, DGVZ 1993, 57; AG Karlsruhe, DGVZ 1989, 141; *Stein/Jonas/Münzberg*, § 811 Rdn. 43; *Thomas/Putzo*, § 811 Rdn. 18; *Zöller/Stöber*, § 811 Rdn. 26.
110 Abzulehnen LG Regensburg, DGVZ 1978, 45; diesem aber zustimmend *Baumbach/Lauterbach/Hartmann*, § 811 Rdn. 36.
111 *Stein/Jonas/Münzberg*, § 811 Rdn. 42 »bis zur Grenze des Konkurses«.

genstände auch während der Tätigkeitsunterbrechung unpfändbar.[112] Der Schuldner ist in einem solchen Falle beweispflichtig für die Umstände, die für die spätere Fortsetzung der Tätigkeit sprechen.[113]

24 Der Pfändungsschutz besteht schon vor der eigentlichen Aufnahme der Erwerbstätigkeit, wenn der Schuldner die Gegenstände bereits im Hinblick auf die künftige Tätigkeit angeschafft hat und der Beginn der Tätigkeit nicht völlig ungewiß ist.[114] Hierunter fallen auch die der Ausbildung für einen bestimmten Beruf, der später als Erwerbstätigkeit ausgeübt werden soll, dienenden Gegenstände.[115]

25 c) **Erforderlichkeit für die Fortsetzung der Erwerbstätigkeit:** Bei der Frage, welche Gegenstände zur Fortsetzung der Erwerbstätigkeit »erforderlich« sind, ist bei Gewerbetreibenden auf die Branchenüblichkeit und die Gewährleistung der Konkurrenzfähigkeit in der Branche vor Ort abzustellen.[116] Aber auch die besondere persönliche Situation des Schuldners bei seiner Berufsausübung (z. B. Schwerbehinderung[117]) ist zu berücksichtigen. Bei Arbeitnehmern muß den vom Arbeitgeber vorgegebenen Anforderungen (Arbeitskleidung, eigenes Gerät, Fachbücher) Rechnung getragen und eine Möglichkeit, den Arbeitsplatz zu erreichen, erhalten werden. Die Tätigkeit soll jedenfalls mit demselben Erfolg wie bisher fortgesetzt werden können, so daß dem Schuldner nicht entgegengehalten werden kann, andere, weniger erfolgreiche Mitkonkurrenten kämen mit weniger Gerät usw. aus.[118]

26 d) **Drittschützende Wirkung der Nr. 5:** Da Nr. 5 nicht nur dem Schutze der Erwerbstätigkeit des Schuldners, sondern auch der Sicherung des Familienunterhalts dient,[119] Ehegatten und Familienangehörige also in den Schutzbereich der Norm miteinbezogen sind, sind auch Gegenstände im Besitz des Schuldners, die der Ehegatte oder im Haushalt lebende Familienangehörige (auch Lebensgefährten) ihrerseits zur Fortsetzung ihrer Erwerbstätigkeit benötigen, unpfändbar.[120] So kann der PKW der nichtberufstäti-

---

112 OLG Celle, MDR 1954, 427; LG Tübingen, DGVZ 1976, 28.
113 OLG Köln, JMBl.NW 1956, 64; vergl. auch FG des Saarlandes, DGVZ 1995, 171, 172 mit krit. Anm. *Schmittmann*, wonach allein die Berufung des beschäftigungslosen Versicherungsvertreters darauf, daß er die Sache – hier ein Telefaxgerät – zur Anbahnung neuer Geschäftsbeziehungen benötige, nicht ausreichen soll.
114 LG Göttingen, BB 1953, 183; LG Hannover, NJW 1953, 1717.
115 Allgem. Meinung; beispielhaft AG Heidelberg, DGVZ 1989, 15; *Baumbach/Lauterbach/Hartmann*, § 811 Rdn. 38; *Stein/Jonas/Münzberg*, § 811 Rdn. 48; *Zöller/Stöber*, § 811 Rdn. 24a.
116 LG Bochum, DGVZ 1982, 44; LG Frankfurt, DGVZ 1990, 58; AG Melsungen, DGVZ 1978, 92.
117 LG Kiel, SchlHA 1984, 75.
118 *Baumbach/Lauterbach/Hartmann*, § 811 Rdn. 36; *Stein/Jonas/Münzberg*, § 811 Rdn. 50; *Zöller/Stöber*, § 811 Rdn. 27.
119 Heute allgem. Meinung; beispielhaft *Brox/Walker*, Rdn. 283; *Stein/Jonas/Münzberg*, § 811 Rdn. 55.
120 OLG Hamm, MDR 1984, 855; LG Nürnberg-Fürth, FamRZ 1963, 650; LG Siegen, NJW-RR 1986, 224; *Brox/Walker*, Rdn. 283; *Stein/Jonas/Münzberg*, § 811 Rdn. 55; a. A. OLG Stuttgart, FamRZ 1963, 650.

gen Ehefrau nicht gepfändet werden, wenn ihn der etwa als Handelsvertreter oder Bauleiter tätige Ehemann zur Ausübung seines Berufes benötigt.

e) **Möglichkeit der Austauschpfändung:** Soweit die dem Schuldner nach Nr. 5 zu belassenden Gegenstände sehr wertvoll sind, der durch die Unpfändbarkeit geschützte Zweck aber auch durch weniger wertvolle Gegenstände erreicht werden kann, kommt nach § 811 a Abs. 1 ZPO eine Austauschpfändung in Betracht (Austausch des vom Handelsvertreter gefahrenen Neuwagens gegen ein älteres, noch fahrtüchtiges Gebrauchtwagenmodell).[121] Im übrigen spielt aber der Wert der Gegenstände für ihre Unpfändbarkeit keine Rolle, da Nr. 5 allein auf die Gegenstände als solche abstellt.

27

f) **Einzelheiten:** Ein **PKW** ist bei **Gewerbetreibenden**, die nicht ausschließlich ortsgebunden tätig sind und die nicht ausnahmsweise ohne Verlust an Flexibilität öffentliche Verkehrsmittel in Anspruch nehmen können, unpfändbar. Das gilt für den PKW des Handelsvertreters,[122] des Immobilienmaklers,[123] des mehrere Baustellen betreuenden Architekten,[124] Bauingenieurs oder Bauhandwerkers, des nicht nur in seiner Werkstatt, sondern auch vor Ort beim Kunden arbeitenden Handwerkers[125] (Installateur, Fernsehtechniker,[126] Heizungstechniker, Elektrotechniker, usw.). Dagegen ist der PKW eines Einzelhändlers, auch wenn er damit selbst Waren einkauft und gelegentlich ausfährt, in der Regel pfändbar,[127] ebenso der PKW des Großhändlers zur Warenauslieferung.[128] Die zur Vermietung bestimmten Fahrzeuge eines »Leihwagen«-Unternehmens sind immer pfändbar.[129] Bei **Arbeitnehmern** sind der **PKW**, ein Fahrrad oder ein Motorrad unpfändbar, wenn sie diese für die täglichen Fahrten zum Arbeitsplatz nutzen und ihnen die Benutzung öffentlicher Verkehrsmittel wegen ungünstiger Verbindungen oder zu langer Wartezeiten und ein Fußweg wegen der Länge der Strecke nicht zugemutet werden kann.[130] Auf die Bildung von Fahrgemeinschaften mit Arbeitskollegen kann ein Arbeitnehmer grundsätzlich nicht verwiesen werden.[131]

28

Der **LKW** des Fuhrunternehmers ist nur dann unpfändbar, wenn er der einzige ist und wenn der Schuldner mit diesem LKW in seinem Unternehmen persönlich mitarbeitet.[132] Der Klein-LKW des Schaustellers, der mit einer Wurf- oder Losbude o. ä.

---

121 Zur Austauschpfändung, wenn der Gegenstand einem Dritten sicherungsübereignet ist, siehe AG Mosbach, MDR 1969, 151.
122 KG, Rpfleger 1958, 225; OLG Hamm, JurBüro 1955, 409; LG Braunschweig, MDR 1970, 338; LG Göttingen, BB 1953, 183; AG Würzburg, DGVZ 1974, 141.
123 LG Koblenz, JurBüro 1989, 1470.
124 AG Mannheim, BB 1952, 301.
125 OLG Celle, MDR 1969, 226.
126 A. A. insoweit LG Göttingen, JurBüro 1963, 568.
127 LG Göttingen, NdsRpfl 1954, 9; AG Hamburg, JurBüro 1964, 288.
128 OLG Düsseldorf, MDR 1957, 428; LG Hannover, JurBüro 1956, 28; **a. A.** OLG Hamm, MDR 1961, 420.
129 LG Lüneburg, MDR 1955, 748.
130 OLG Hamm, DGVZ 1984, 138; OLG Oldenburg, MDR 1962, 486; LG Detmold, DGVZ 1996, 120 f.; LG Heidelberg, DGVZ 1994, 9; LG Heilbronn, NJW 1988, 148; LG Hildesheim, DGVZ 1989, 172; LG Rottweil, DGVZ 1993, 57; LG Stuttgart, DGVZ 1986, 78.
131 OLG Hamm, DGVZ 1984, 138.
132 LG Bonn, MDR 1960, 770; **a. A.** (auch dann noch pfändbar) LG Darmstadt, NJW 1955, 347.

über die Jahrmärkte zieht, ist unpfändbar.[133] Dagegen ist der LKW des Markthändlers, mit dem dieser von Marktplatz zu Marktplatz fährt, in der Regel pfändbar, da beim Händler der Warenumsatz die persönliche Leistung überwiegt. Pfändbar ist auch der LKW des Bauunternehmers, bei dem der Maschineneinsatz dominiert.

**Fernsehgeräte,** Tonbandgeräte oder Plattenspieler sind regelmäßig in Gaststätten unpfändbar, wenn sie dort zur Unterhaltung der Gäste eingesetzt werden[134] und wenn die übrigen Voraussetzungen der Nr. 5 vorliegen. Dort kann auch ein Farbfernsehgerät regelmäßig nicht mehr im Wege der Austauschpfändung durch ein Schwarz-Weiß-Gerät ersetzt werden, da dies von den Kunden der Gaststätte nicht in gleicher Weise angenommen wird.

**Moderne Schreibgeräte,**[135] **Bürocomputer,**[136] **Anrufbeantworter**[137], **Kopier-**[138] und **Diktiergeräte**[139] gehören inzwischen zum unentbehrlichen und deshalb unpfändbaren Büroinventar der meisten Freiberufler.

Auch ein **Kiosk,** der nach § 95 BGB nicht Grundstücksbestandteil ist, kann im Einzelfall unpfändbar sein, wenn nach einer Gesamtschau der in ihm betriebene Handel wirtschaftlich nicht die persönliche Tätigkeit des Schuldners überwiegt.[140]

Welches technische Gerät und welches Geschäftsinventar für welchen Handwerksbetrieb im einzelnen unpfändbar ist, läßt sich abschließend nicht aufzählen und ist im Hinblick auf die technische Entwicklung auch starken Veränderungen unterworfen.[141]

29 **7. Zu Nr. 6:** Da Nr. 5 auf die persönliche Erwerbstätigkeit des Schuldners abstellt, könnten Betriebe, die nach dem Tode des persönlich tätigen Inhabers im Auftrage der Witwe oder der minderjährigen Erben durch einen angestellten Stellvertreter fortgeführt werden, sogleich kahlgepfändet werden. Das wäre ein volkswirtschaftlich unerwünschter Zustand. Dem soll durch Nr. 6 abgeholfen werden. Die zur Fortführung

---

133 AG Köln, JurBüro 1965, 932.
134 So schon LG Lübeck, SchlHA 1955, 336 und 1958, 174; vergl. auch LG Göttingen, NdsRpfl 1959, 36.
135 So schon OLG Köln, JMBl.NW 1953, 105; vergl. allerdings zur Pfändbarkeit eines Schreibautomaten in einem kleinen Anwaltsbüro ohne Notariat OLG Hamburg, DGVZ 1984, 57 f.
136 LG und OLG Hamburg, DGVZ 1984, 57; LG Heilbronn, Rpfleger 1994, 370; LG Hildesheim, DGVZ 1990, 30; LG Frankfurt, DGVZ 1990, 58; DGVZ 1994, 28; LG Koblenz, JurBüro 1992, 264 f.; AG Bersenbrück, DGVZ 1990, 78; *Paulus,* DGVZ 1990, 151 f.; vergl. aber zur Pfändbarkeit einer Computeranlage eines Versicherungsagenten LG Koblenz, JurBüro 1992, 264 f.
137 LG Düsseldorf, DGVZ 1986, 44; LG Mannheim, BB 1974, 1458; vergl. zur Pfändbarkeit sonstiger teilnehmereigener Telekommunikationsendgeräte (z. B. schnurloses Telefon, Telefax) FG des Saarlandes, DGVZ 1995, 171; *Schmittmann,* DGVZ 1994, 49 ff.
138 LG Frankfurt, DGVZ 1990, 58 (bei einem Architekten).
139 LG Mannheim, MDR 1966, 516 (bei einem Rechtsanwalt).
140 So schon LG Aschaffenburg, NJW 1952, 752; LG München, JurBüro 1950, 123; AG Hamburg-Wandsbek, MDR 1952, 753; a. A. (immer pfändbar) OLG Celle, NdsRpfl 1958, 191; AG Hamburg, JurBüro 1951, 391.
141 Siehe etwa die Übersicht bei *Bloedhorn,* DGVZ 1976, 104 ff.; ferner LG Augsburg, NJW-RR 1989, 1356. Zur Unpfändbarkeit der zum Betreiben eines Zirkus erforderlichen Ausstattungsgegenstände siehe AG Oberhausen, DGVZ 1996, 159.

des Betriebes erforderlichen Gegenstände, auch wenn sie erst nach dem Tode des Erblassers angeschafft wurden, sind unpfändbar. Zur Frage der Erforderlichkeit gilt das zu Nr. 5 Gesagte. Abzustellen ist auf den Zuschnitt des Betriebes im Zeitpunkt der Pfändung, nicht des Erbfalles. Es können also, weil der Betrieb Aufschwung genommen hat, Gegenstände unpfändbar geworden sein, die, als der Erblasser sie noch benutzte, damals pfändbar waren. Führen die Erben nicht den alten Betrieb fort, sondern haben sie einen neuen eröffnet, gilt Nr. 6 nicht, auch wenn das Betriebskapital des neuen Betriebes aus der Erbschaft oder der Auflösung des alten Betriebes stammt.

8. **Zu Nr. 7:** Die Vorschrift ergänzt für bestimmte Berufsgruppen die Nr. 5. Diese Berufsgruppen werden insofern privilegiert, als die Möglichkeit der **Austauschpfändung** in § 811 a Abs. 1 ZPO **nicht** vorgesehen ist. Sie können also auch wertvolle, für ihre berufliche Betätigung erforderliche Gegenstände weiter nutzen, obwohl ein erheblich preiswerterer Gegenstand derselben Art die gleichen Zwecke ausreichend erfüllen würde.[142] So könnte etwa der Arzt seine Patientenbesuche auch in einem kleineren Gebrauchtwagen durchführen statt in dem von ihm tatsächlich genutzten komfortablen Neuwagen; dennoch ist der eigene PKW des Arztes, der ihn zu Krankenbesuchen benötigt, ohne Austauschmöglichkeit unpfändbar.[143] Hinsichtlich der **Erforderlichkeit** der einzelnen Gegenstände zur Ausübung des Berufes gilt das zu Nr. 5 und 6 Gesagte entsprechend: Es kommt auf den jeweiligen Zuschnitt der Rechtsanwalts-, Notar-, Arzt- oder Hebammenpraxis an. Ein **Diktier-**,[144] aber auch ein **Fotokopiergerät**[145] sind heute in jeder Rechtsanwalts- und Notarpraxis erforderlich. Gleiches gilt wohl schon für einen Bürocomputer. Eine Röntgenanlage ist heute in einer Zahnarztpraxis auch dann unpfändbar, wenn am Praxisort andere Gelegenheiten zu Röntgenaufnahmen vorhanden sind;[146] denn es wird vom Zahnarzt allgemein heute verlangt, daß er über die Therapiemöglichkeiten für einen Zahn sofort entscheiden kann.

**Beamte** i. S. der Nr. 7 sind auch Angestellte im öffentlichen Dienst und Richter. **Dienstkleidung** und **Dienstausrüstungsgegenstände** sind nur die durch Gesetz oder vom Arbeitgeber im öffentlichen Dienst vorgeschriebene Bekleidung (Polizei, Bundeswehr, Feuerwehr, Zoll, usw.) und Ausrüstung (Dienstpistole usw.), nicht freiwillig getragene Uniformen (Privatchauffeur o. ä.). »Geistliche« umfaßt die religiösen Amtsträger aller Religionsgemeinschaften, unabhängig von ihrer Nationalität. Unpfändbar ist daher etwa der Koran des türkischen Imam.

---

142 Kritisch zur Notwendigkeit einer solchen Privilegierung heute *Stein/Jonas/Münzberg*, § 811 Rdn. 59.
143 Zur Unpfändbarkeit des PKW eines Arztes, der auch Hausbesuche macht, *Zöller/Stöber*, § 811 Rdn. 31; a. A. noch LG Hildesheim, DGVZ 1950, 42. Dagegen ist der PKW eines Zahnarztes, der nahezu ausschließlich in seinen Praxisräumen tätig ist, pfändbar; siehe AG Sinzig, NJW-RR 1987, 508. Gleiches gilt für den in einer Großstadt praktizierenden Facharzt; dazu FG Bremen, DGVZ 1994, 14.
144 LG Mannheim, MDR 1966, 516.
145 A. A. LG Berlin, DGVZ 1985, 142.
146 A. A. noch OLG Hamm, JMBl.NW 1953, 40.

**32**  9. **Zu Nr. 8:** Die Vorschrift ergänzt § 850 k ZPO und enthält für die Bezieher der in §§ 850–850 b ZPO bezeichneten Einkommen die gleiche Regelung, wie sie in § 55 Abs. 4 SGB I für die Empfänger von Sozialleistungen vorgesehen ist. Sie bezieht sich nur auf **Bargeld**. Auf die Frage, ob das vorgefundene Bargeld tatsächlich aus den geschützten Einkünften stammt, kommt es nicht an. Gleichgültig ist auch, ob der Schuldner noch Beträge auf dem Konto hat oder nicht. Der Gerichtsvollzieher hat zunächst den unpfändbaren Teil der Bezüge zwischen zwei Zahlungsterminen zu berechnen und sodann den Anteil hiervon vom Tage der Pfändung bis zum nächsten Zahlungstermin. Der so errechnete Betrag ist dem Schuldner zu belassen. Behauptet der Schuldner bei der Pfändung, der Gerichtsvollzieher habe den Betrag unzutreffend berechnet, so muß der Gerichtsvollzieher die Ablieferung des gepfändeten Geldes an den Gläubiger in entsprechender Anwendung des § 835 Abs. 3 ZPO bis zu maximal 2 Wochen hinausschieben, um dem Schuldner Gelegenheit zur Erinnerung nach § 766 ZPO zu geben.[147] Ansonsten wäre der durch § 850 k ZPO bezweckte Schuldnerschutz ausgehöhlt.

**33**  10. **Zu Nr. 9:** Die Vorschrift dient nicht nur dem Schuldnerschutz, sondern auch dem öffentlichen Interesse an einer gesicherten medizinischen Versorgung.[148] Dieser Gesichtspunkt muß auch bei der Frage der »Unentbehrlichkeit« neben rein wirtschaftlichen Überlegungen berücksichtigt werden. Im Konkurs des Apothekers fallen die nach Nr. 9 unpfändbaren Geräte, Gefäße und Waren uneingeschränkt in die Konkursmasse (§ 1 Abs. 2 KO[149]).

**34**  11. **Zu Nr. 10:** Die Vorschrift ergänzt die Nrn. 5 und 7. Auf den Wert der Bücher und ihre Unentbehrlichkeit für den Schuldner kommt es nicht an,[150] da allein auf ihre »Bestimmung« abgestellt wird. Eine Austauschpfändung kommt nicht in Betracht (§ 811 a Abs. 1 ZPO). Sind die Bücher erkennbar nicht zu den in Nr. 9 genannten Zwecken »bestimmt«, sondern Teil einer Kunstsammlung oder Kapitalanlage (es entscheidet aber nicht der Wert, sondern die äußeren Umstände), so sind sie pfändbar. Es ist also nicht jedes religiöse Buch per se der Pfändung entzogen. »Kirche« bedeutet jede Religionsgemeinschaft, die Schutz nach Art. 4 GG genießt. »Schule oder sonstige Unterrichtsanstalt« sind alle staatlichen und privaten Schulen, Universitäten, Volkshochschulen, Musikschulen, Fachschulen und sonstigen Lehranstalten. Ob der Schuldner und seine Familienangehörigen die Ausbildung an dieser Lehranstalt noch »benötigen« oder ob es sich um eine freiwillige Zusatzausbildung handelt, ist ohne Belang.

**35**  12. **Zu Nr. 11:** Die Vorschrift dient dem Schutz der geschäftlichen wie privaten Intimsphäre: Bestimmte schriftliche Unterlagen, die für den persönlichen Gebrauch angefertigt wurden, sollen nicht über die Verwertung in der Zwangsvollstreckung Dritter oder gar der Allgemeinheit zugänglich gemacht werden. **Geschäftsbücher** im Sinne der Vorschrift sind nicht nur die nach dem HGB und den steuerrechtlichen Vorschriften notwendigen Handelsbücher, sondern alle Aufzeichnungen des Schuldners über seine ge-

---

147 *Gilleßen/Jakobs*, DGVZ 1978, 129; *Stein/Jonas/Münzberg*, § 811 Rdn. 63.
148 OLG Köln, NJW 1961, 975.
149 Ab 1.1.1999: § 36 Abs. 2 Nr. 2 InsO.
150 AG Bremen, DGVZ 1984, 157.

*Unpfändbare Sachen* § 811

schäftlichen Belange, unabhängig davon, ob es sich bei dem Schuldner um einen Kaufmann handelt oder nicht. Auf die »Buch«-Form der Aufzeichnungen kommt es nicht an, so daß auch Loseblattsammlungen mit Belegen, Rechnungen, Geschäftskorrespondenz, Vertragsurkunden usw. sowie Karteien hierunter fallen. Dies gilt auch für die **Kundenkartei** des Schuldners,[151] die nicht selten für Interessierte einen erheblichen wirtschaftlichen Wert darstellen mag. Sie hat aber ebenfalls einen ganz persönlichen Charakter im Hinblick auf den Geschäftsbetrieb des Schuldners, der ihren Pfändungsschutz rechtfertigt, solange der Geschäftsbetrieb fortbesteht. Im Falle des Konkurses des Schuldners entfällt dieser Schutz nach § 1 Abs. 3 KO.[152]

Im Zeitalter der elektronischen Datenaufzeichnung müssen auch elektronische Datenträger (Karten, Disketten, Festplatten) als »Geschäftsbücher« behandelt werden. Dagegen fallen nicht unter Nr. 11 die Aufzeichnungsgeräte als solche. Diese Hardware ist allein nach den Regeln der Nrn. 5 und 6 unpfändbar.

**Familienpapiere** im Sinne der Vorschrift sind alle Urkunden, die etwas über die persönlichen Verhältnisse des Schuldners und seiner Familie aussagen, und zwar auch im Hinblick auf eine weit zurückliegende Vergangenheit, so daß auch wertvolle alte Urkunden, die einen eigenen Marktwert besitzen, unpfändbar sind. Den Urkunden gleichzustellen sind Familienfotografien, auch ganze Fotoalben,[153] nicht aber Gemälde von Familienangehörigen, so daß die sog. »Ahnengalerie« der Pfändung unterliegt (ihr fehlt von vornherein die Intimität der privaten Papiere). Urkunden im vorstehenden Sinne sind nicht nur öffentliche Urkunden, sondern auch private Papiere, etwa ein Briefwechsel. 36

**Trauringe** sind nur solche Ringe, die als Zeichen der Eheschließung benutzt wurden, nicht auch solche, die nur anläßlich der Eheschließung angeschafft wurden. Ob die Ehe noch besteht und ob der ursprüngliche Trauring noch getragen wird, spielt für die Unpfändbarkeit keine Rolle. Dem Trauring des Schuldners ist der von ihm verwahrte Trauring seines verstorbenen Ehegatten gleichzustellen, nicht aber der Verlobungsring[154] oder der sog. Freundschaftsring (hier würden sonst Manipulationen »Tür und Tor« geöffnet werden). 37

**Orden und Ehrenzeichen** sind nur **staatliche** Auszeichnungen, die dem Schuldner oder – mit der Bestimmung, im Besitze seiner Familie verbleiben zu dürfen – einem seiner verstorbenen Familienmitglieder von einer in- oder ausländischen Regierung oder einer gleichgestellten (etwa supranationalen) Institution verliehen wurden,[155] nicht aber private Auszeichnungen, etwa bei sportlichen Wettkämpfen errungene Pokale, bei privaten Festivals erzielte Medaillen oder ähnliche privatverliehene Anerken- 38

---

151 OLG Frankfurt, OLGZ 1979, 338.
152 Ab 1. 1. 1999: § 36 Abs. 2 S. 1 InsO.
153 Wie hier *Baumbach/Lauterbach/Hartmann*, § 811 Rdn. 51; *Stein/Jonas/Münzberg*, § 811 Rdn. 68; *Thomas/Putzo*, § 811 Rdn. 35; a. A. *Zöller/Stöber*, § 811 Rdn. 35.
154 Wie hier *Baumbach/Lauterbach/Hartmann*, § 811 Rdn. 51; *Zöller/Stöber*, § 811 Rdn. 35; a. A. *Stein/Jonas/Münzberg*, § 811 Rdn. 68.
155 Allgem. Meinung; beispielhaft *Baumbach/Lauterbach/Hartmann*, § 811 Rdn. 51; *Stein/Jonas/Münzberg*, § 811 Rdn. 69.

nungen. Hat der Schuldner sich wegen des Verlustes des Originalehrenzeichens eine Dublette anfertigen lassen, ist auch diese unpfändbar,[156] nicht aber zusätzlich neben dem Original.

39  13. **Zu Nr. 12:** »Notwendig« i. S. der Vorschrift sind alle Hilfsmittel, die erforderlich sind, um dem körperlich behinderten Schuldner oder Familienangehörigen des Schuldners einen Ausgleich derart zu verschaffen, daß sie im Rahmen des Möglichen sich einem Gesunden gleich betätigen können. Neben den schon ausdrücklich genannten künstlichen Gliedmaßen und Brillen kommen als Hilfsmittel dieser Art in Betracht: Hör- und Verständigungshilfen, Rollstühle, der Behinderung angepaßte Möbel,[157] Blindenhunde, aber auch ein der Behinderung angepaßter PKW des gehbehinderten Schuldners[158] (etwa ein auf reine Handschaltung hin ausgerüstetes Fahrzeug[159]), ferner medizinische Apparate zur Regulierung und Unterstützung von Körperfunktionen. Auf den Wert der Gegenstände kommt es nicht an. Eine Austauschpfändung ist in § 811 a Abs. 1 ZPO nicht vorgesehen. Sie ist auch nicht in analoger Anwendung dieser Vorschrift zuzulassen.[160] Notwendig ist das Hilfsmittel nur solange, wie es vom Schuldner selbst zum Gebrauch als Ausgleich seiner Behinderung bestimmt ist. Hat der Schuldner etwa schon ein neues Hilfsmittel gekauft und sich zur Veräußerung des alten entschlossen, so wird letzteres pfändbar.[161]

40  14. **Zu Nr. 13:** Die Vorschrift schützt nicht Bestattungsunternehmen, Sargfabrikanten, Friedhofsgärtner usw., sondern die Familie des Schuldners, in der selbst ein Todesfall zu beklagen war.[162] Sie ist also kein Spezialfall zu Nr. 5, vielmehr geht es in ihr um die Respektierung der Pietätsgefühle der Trauernden und der Bevölkerung allgemein.

---

156 So auch *Stein/Jonas/Münzberg*, § 811 Rdn. 69; a. A. *Baumbach/Lauterbach/Hartmann*, § 811 Rdn. 51; *Zöller/Stöber*, § 811 Rdn. 35.
157 LG Kiel, SchlHA 1984, 75.
158 OLG Celle, JurBüro 1967, 768; AG und LG Bielefeld, DGVZ 1972, 126; LG Hannover, DGVZ 1985, 121; LG Köln, MDR 1964, 604; LG Lübeck, DGVZ 1979, 25; AG Germersheim, DGVZ 1980, 127; *Schmidt/Futterer*, DAR 1961, 219; a. A. OLG Köln, Rpfleger 1986, 57; LG Düsseldorf, DGVZ 1989, 14; *E. Schneider*, MDR 1986, 726.
159 Ersetzt das Fahrzeug nicht die eingeschränkte Fortbewegungsmöglichkeit, wird es in der Regel nicht unter Nr. 12 fallen, sondern gegebenenfalls unter Nr. 5.
160 A. A. OLG Köln, Rpfleger 1986, 57.
161 OLG Hamm, JMBl.NW 1961, 235.
162 Allgem. Meinung; beispielhaft *Baumbach/Lauterbach/Hartmann*, § 811 Rdn. 53; *Stein/Jonas/Münzberg*, § 811 Rdn. 71; *Zöller/Stöber*, § 811 Rdn. 37.

*Unpfändbare Sachen* § 811

Die Ausrüstungsgegenstände der Bestattungsunternehmer sind bei diesen dagegen allenfalls nach Nr. 5 und 6 unpfändbar. »Unmittelbar für die Bestattung bestimmt« sind nicht nur die Leichenkleidung und der Sarg, sondern auch der Grabstein.[163] Er ist deshalb auch nicht für den Werklohnanspruch des Steinmetzen oder sonstigen Grabsteinherstellers pfändbar.[164] Pietät ist insoweit unteilbar. Deshalb scheidet auch eine Austauschpfändung aus. Dem kann, ähnlich wie auch in den Fällen des Vorbehalts- und Sicherungseigentums,[165] nicht entgegengehalten werden, eine Berufung auf die Unpfändbarkeit sei in diesem Falle treuwidrig. Der Lieferant mag vor der vollständigen Bezahlung von einer endgültigen Montage des Grabsteines absehen und sein Vorbehaltseigentum im Wege der Herausgabeklage geltend machen.

Die Vorschrift ist auf andere Gegenstände, die ebenfalls einen ausgeprägten Gefühlswert haben (Trau- und Taufkleider u. ä.), **nicht** entsprechend anwendbar.[166]

**X. Weitere Pfändungsbeschränkungen außerhalb von § 811 ZPO:** 41

1. **Gesetzlich angeordnete Unpfändbarkeit:** Aufgrund besonderer Vorschriften sind insbesondere folgende Gegenstände unpfändbar:

a) Die Nutzungen der Erbschaft sowie die Nutzungen des Gesamtgutes einer fortgesetzten Gütergemeinschaft in den Fällen des § 863 ZPO;

b) Postsendungen, die sich im Gewahrsam der Deutschen Bundespost befinden (§ 23 Abs. 1 PostG);

c) Fahrbetriebsmittel aller Eisenbahnen, welche Güter oder Personen im öffentlichen Verkehr befördern (Gesetz vom 3. 5. 1886 – RGBl. I S. 131);

d) Hochseekabel mit Zubehör (KabelpfandG vom 31. 3. 1925 – RGBl. I S. 37);

e) Originale von urheberrechtlich geschützten Werken, soweit der Urheber bzw. dessen Rechtsnachfolger nicht zustimmen (§§ 114 Abs. 1, 116 Abs. 1 UrhG); Vorrichtungen zur Vervielfältigung derartiger Werke, soweit die Pfändung in § 119 UrhG nicht ausnahmsweise zugelassen ist. Ausnahmen zu §§ 114 Abs. 1, 116 Abs. 1 UrhG finden sich jeweils in Abs. 2 der genannten Vorschriften;

f) Bargeld, das offenkundig aus Miet- und Pachtzinszahlungen herrührt und ebenso offenkundig vom Schuldner zur laufenden Unterhaltung des Grundstücks, zur Vornahme

---

163 LG Oldenburg, JurBüro 1990, 1680; AG Aalen, DGVZ 1989, 188; AG Bad Schwalbach, DGVZ 1984, 61; AG Mönchengladbach, DGVZ 1996, 78; AG Walsrode, DGVZ 1989, 188; *Baumbach/Lauterbach/Hartmann*, § 811 Rdn. 53; *Dillenburger/Pauly*, DGVZ 1994, 180 ff.; *Stein/Jonas/Münzberg*, § 811 Rdn. 71.
164 A. A. OLG Köln, VersR 1991, 1393; LG Hamburg, DGVZ 1990, 90; LG Koblenz, DGVZ 1988, 11; LG Mönchengladbach, DGVZ 1996, 139; LG Oldenburg, DGVZ 1992, 91; vergl. auch LG Stuttgart, DGVZ 1991, 59; LG Weiden, DGVZ 1990, 142; LG Wiesbaden, NJW-RR 1989, 575; AG Miesbach, MDR 1983, 499; AG Wiesbaden, DGVZ 1985, 79; *Christmann*, DGVZ 1986, 56; *Thomas/Putzo*, § 811 Rdn. 37; *Wacke*, DGVZ 1986, 161; *Zöller/Stöber*, § 811 Rdn. 37.
165 Siehe oben Rdn. 3.
166 *Stein/Jonas/Münzberg*, § 811 Rdn. 71.

laufender Instandsetzungsarbeiten und zur Befriedigung der in § 851 b Abs. 1 S. 1 ZPO genannten Ansprüche unbedingt benötigt wird (§ 851 b Abs. 2 S. 2 ZPO);

g) Bargeld im Falle des § 811 a Abs. 3 ZPO;

h) weitere Unpfändbarkeitsvorschriften finden sich u. a. im VersicherungsaufsichtsG, im HypothekenbankG, im PfandbriefeG und im SchiffsbankG.[167]

i) besonderen Schutz genießen schließlich Haustiere gem. § 811 c ZPO.

42    2. **Unpfändbarkeit wegen Unübertragbarkeit:** Da die Pfändung nicht Selbstzweck ist, sondern als öffentlich-rechtliche Legitimation für die spätere Verwertung der gepfändeten Sachen dient, ist darüber hinaus die Pfändung aller Sachen unzulässig, deren Veräußerung, sei es aufgrund besonderer Vorschrift (Beispiele in § 126 GVGA), sei es nach den allgemeinen Regeln (sog. res extra commercium[168]) unzulässig ist.

43    **XI. Die Kosten des Pfändungsschutzes:** Bleibt ein Pfändungsversuch erfolglos, weil der Schuldner ausschließlich unpfändbare Gegenstände besitzt, handelt es sich bei den Kosten dieses Versuchs um notwendige Kosten der Zwangsvollstreckung, die dem Schuldner zur Last fallen. Wird die Zwangsvollstreckung erst auf die Erinnerung (§ 766 ZPO) hin wegen der Unpfändbarkeit des Gegenstandes für unzulässig erklärt und daraufhin der Gegenstand vom Gerichtsvollzieher zum Schuldner zurückgeschafft, so fallen auch diese Kosten dem Schuldner zur Last,[169] es sei denn, der Gerichtsvollzieher hat die Pfändung gerade auf Weisung des Gläubigers hin vorgenommen.[170]

44    **XII. ArbGG, VwGO, AO:** § 811 ZPO gilt auch für die Vollstreckung von arbeitsgerichtlichen Titeln (§§ 62 Abs. 2, 85 Abs. 1 S. 3 ArbGG) und von Titeln nach § 168 VwGO (§ 167 Abs. 1 VwGO), sofern sie durch Pfändung beweglicher Sachen erfolgt. Für die Vollstreckung nach § 169 Abs. 1 VwGO gilt das VwVG, welches in § 5 VwVG auf § 295 AO verweist. Danach gelten für die Pfändung im Rahmen der Abgabenvollstreckung wiederum die §§ 811 bis 812 und 813 Abs. 1–3 ZPO. Aufgrund dieser Verweisung hat § 811 ZPO für die Pfändung beweglicher Sachen einen umfassenden Anwendungsbereich.

---

167 Einzelheiten bei *Stein/Jonas/Münzberg*, § 811 Rdn. 78.
168 Beispiele: *Palandt/Heinrichs*, Überbl. v. § 90 BGB Rdn. 7 ff.
169 Siehe § 788 Rdn. 8; a. A. AG Köln, JurBüro 1966, 68 (für eine Kostentragungspflicht des Gläubigers).
170 Siehe § 788 Fußn. 34.

## § 811a Austauschpfändung

(1) Die Pfändung einer nach § 811 Nr. 1, 5 und 6 unpfändbaren Sache kann zugelassen werden, wenn der Gläubiger dem Schuldner vor der Wegnahme der Sache ein Ersatzstück, das dem geschützten Verwendungszweck genügt, oder den zur Beschaffung eines solchen Ersatzstückes erforderlichen Geldbetrag überläßt; ist dem Gläubiger die rechtzeitige Ersatzbeschaffung nicht möglich oder nicht zuzumuten, so kann die Pfändung mit der Maßgabe zugelassen werden, daß dem Schuldner der zur Ersatzbeschaffung erforderliche Geldbetrag aus dem Vollstreckungserlös überlassen wird (Austauschpfändung).

(2) [1]Über die Zulässigkeit der Austauschpfändung entscheidet das Vollstreckungsgericht auf Antrag des Gläubigers durch Beschluß. [2]Das Gericht soll die Austauschpfändung nur zulassen, wenn sie nach Lage der Verhältnisse angemessen ist, insbesondere wenn zu erwarten ist, daß der Vollstreckungserlös den Wert des Ersatzstückes erheblich übersteigen werde. [3]Das Gericht setzt den Wert eines vom Gläubiger angebotenen Ersatzstückes oder den zur Ersatzbeschaffung erforderlichen Betrag fest. [4]Bei der Austauschpfändung nach Absatz 1 Halbsatz 1 ist der festgesetzte Betrag dem Gläubiger aus dem Vollstreckungserlös zu erstatten; er gehört zu den Kosten der Zwangsvollstreckung.

(3) Der dem Schuldner überlassene Geldbetrag ist unpfändbar.

(4) Bei der Austauschpfändung nach Absatz 1 Halbsatz 2 ist die Wegnahme der gepfändeten Sache erst nach Rechtskraft des Zulassungsbeschlusses zulässig.

## Inhaltsübersicht

| | | Rdn. |
|---|---|---|
| | Literatur | |
| I. | Zweck und Anwendungsbereich der Norm | 1 |
| II. | Antrag des Gläubigers | 2 |
| III. | Arten der Ersatzleistung | 3 |
| | 1. Vergleichbares Ersatzstück | 4 |
| | 2. Geldbetrag für ein Ersatzstück | 5 |
| | 3. Geldbetrag aus dem Vollstreckungserlös | 6 |
| IV. | Verfahren auf Zulassung der Austauschpfändung | 7 |
| | 1. Prüfung des Antrags durch das Vollstreckungsgericht | 7 |
| | 2. Gewährung rechtlichen Gehörs | 8 |
| | 3. Prüfung der Angemessenheit der Austauschpfändung | 9 |
| | 4. Entscheidung durch Beschluß | 10 |
| V. | Durchführung der Austauschpfändung | 11–15 |
| VI. | Rechtsverhältnis zwischen Gläubiger und Schuldner aufgrund der Ersatzgewährung | 16 |
| VII. | Rechtsbehelfe der Beteiligten | 17 |
| | 1. Vollstreckungsrechtliche Rechtsbehelfe | 17 |
| | 2. Materiellrechtliche Ansprüche | 18 |
| VIII. | Kosten und Gebühren | 19 |
| IX. | ArbGG, VwGO, AO | 20 |

§ 811 a									*Austauschpfändung*

Literatur: *Hartmann*, Die Austauschpfändung, Diss. Frankfurt 1952; *ders.*, Kritische Bemerkungen zur gesetzlichen Regelung der Austauschpfändung, NJW 1953, 1856; *ders.*, Die Rechtsnatur der Eigentumsübertragung bei der Austauschpfändung, ZZP 1954, 199; *Noack*, Die Austauschpfändung, JurBüro 1969, 97; *Pardey*, Austauschpfändung bei Hausratsgegenständen, DGVZ 1989, 54; *E. Schneider*, Problemfälle aus der Praxis. Luxuswagen als Gebrechlichkeitshilfe, MDR 1986, 726; *Schumacher*, Zum Geltungsbereich der Austauschpfändung, ZZP 1954, 255; *Tschentscher*, Die Austauschpfändung, Diss. Erlangen 1953; *Ziege*, Die Zulassung der Austauschpfändung: Voraussetzungen und Verfahren, NJW 1955, 48.

1  **I. Zweck und Anwendungsbereich der Norm:** Nicht in allen Fällen des § 811 ZPO ist es zum Schutze des Schuldners erforderlich und dem Gläubiger aus übergeordneten sozialstaatlichen Erwägungen zumutbar, wertvolle Gegenstände dem Schuldner zu belassen. Oft ist es möglich, ihm einfachere und billigere, dem gleichen Zweck dienliche Gegenstände zur Verfügung zu stellen. Dem will die Zulassung der Austauschpfändung Rechnung tragen. § 811 a ZPO dient also dem Vollstreckungsinteresse des Gläubigers. Man kann durchaus darüber streiten, ob der Gesetzgeber sinnvoll handelte, als er die Austauschpfändung durch ausdrückliche Aufzählung allein auf die Nrn. 1, 5 und 6 des § 811 ZPO beschränkte.[1] Der unzweideutige Wortlaut läßt aber eine analoge Anwendung der Vorschrift auf andere Fälle der Unpfändbarkeit **nicht** zu.[2] Zu einer solchen ausdrücklichen Korrektur des Gesetzgebers ist nur dieser selbst, nicht die Rechtsprechung berufen. Läßt sich die Unpfändbarkeit eines Gegenstandes aus mehreren Nrn. des § 811 ZPO herleiten, von denen auch nur eine nicht in § 811 a Abs. 1 ZPO genannt ist, so ist die Austauschpfändung ausgeschlossen, da ansonsten der Sinn der Beschränkung auf nur 3 Fälle der Unpfändbarkeit ausgehöhlt würde.[3]

2  **II. Antrag des Gläubigers:** Die Austauschpfändung wird nicht von Amts wegen eingeleitet, es bedarf vielmehr im Regelfall (zur vorläufigen Austauschpfändung siehe § 811 b ZPO) eines ausdrücklichen **Antrages** des Gläubigers an das Vollstreckungsgericht auf Zulassung der Austauschpfändung und eines zusätzlichen Antrages des Gläubigers an den Gerichtsvollzieher auf Durchführung der zugelassenen Austauschpfändung. Das ist sinnvoll, da sich der Gläubiger zunächst klar werden muß, ob der mit der Austauschpfändung verbundene Aufwand für ihn vertretbar ist, zumal der Verwertungserlös gepfändeter Gegenstände meist unter ihrem Verkehrswert liegt.

3  **III. Arten der Ersatzleistung:** Ersatz dafür, daß ihm ein bis dahin an sich unpfändbarer Gegenstand durch Zwangsvollstreckung entzogen wird, kann dem Schuldner in dreifacher Weise geleistet werden: Durch Zurverfügungstellung eines Ersatzstückes, das dem geschützten Verwendungszweck genügt, durch Bereitstellung des Geldbetrages, der zur Beschaffung eines solchen Ersatzstücks erforderlich ist, und ausnahmsweise,

---

1 So schon kritisch kurz nach Einfügung der Vorschrift in die ZPO *Schumacher*, ZZP 1954, 255.
2 Ganz überwiegende Auffassung: AG Bremen, DGVZ 1984, 157; *Brox/Walker*, Rdn. 289; MüKo/*Schilken*, § 811 a Rdn. 2; *Rosenberg/Schilken*, § 52 IV; *Stein/Jonas/Münzberg*, § 811 a, Rdn. 2; *Zöller/Stöber*, § 811 Rdn. 2; a. A. jedenfalls für einen PKW in § 811 Nr. 12 ZPO OLG Köln, NJW-RR 1986, 488; *Pardey*, DGVZ 1987, 180, 182 f.; *E. Schneider*, MDR 1986, 726; *Thomas/Putzo*, § 811 a Rdn. 1.
3 Wie Fußn. 2; ferner *Noack*, JurBüro 1969, 97; *Ziege*, NJW 1955, 49.

wenn dem Gläubiger die Zurverfügungstellung des Ersatzstückes oder die Vorableistung des erforderlichen Geldbetrages nicht möglich oder nicht zumutbar ist, durch Überlassung des zur Ersatzbeschaffung erforderlichen Geldbetrages aus dem Vollstreckungserlös.

1. **Vergleichbares Ersatzstück:** Das Ersatzstück, das der Gläubiger zur Verfügung stellt, muß dem gleichen Zweck dienen wie der zu pfändende Gegenstand, es muß aber nicht gleicher Art sein.[4] Dies wäre etwa für ein einfaches Radio anstelle einer Musiktruhe mit eingebautem Radio,[5] für eine einfache Armbanduhr anstelle einer goldenen, gleichzeitig zum Schmuckstück bestimmten Uhr,[6] für ein Schwarzweiß-Fernsehgerät anstelle eines Farbfernsehgerätes,[7] im Einzelfall (bei nur kurzem Fahrtweg zur Arbeitsstelle) auch für ein Moped anstelle eines PKW zu bejahen. Das Ersatzstück muß sich immer in einem zur Benutzung tauglichen Zustand befinden, und es muß im Rahmen der Zweckbestimmung eine ähnliche Lebensdauer haben wie der zu pfändende Gegenstand (also: wohl Ersatz eines neuen Gegenstandes durch einen schon gebrauchten, aber nicht durch einen, der kurz vor dem Ende der Nutzungsmöglichkeit steht). Im Rahmen der Nr. 1 darf das Ersatzstück den Schuldner nicht sozial deklassieren (z. B. Zurverfügungstellung einer bloß auf den Boden zu legenden Matratze als Schlafstelle anstelle einer Schlafcouch; Zurverfügungstellung einfachster Gartenmöbel anstelle der Wohnzimmereinrichtung). Im Rahmen der Nrn. 5 und 6 darf der Schuldner nicht zur Änderung des Betriebscharakters genötigt werden (z. B. Umstellung auf Handfertigung mit Werkzeugen anstelle maschineller Fertigung; erhebliche Verlangsamung des Produktionsablaufs; Zwang zu unwirtschaftlicher Produktion, die die Konkurrenzfähigkeit beschneidet).

2. **Geldbetrag für ein Ersatzstück:** Der zur Beschaffung eines solchen Ersatzstücks dem Schuldner vorab zur Verfügung gestellte Geldbetrag muß so bemessen sein, daß der Schuldner mit seinen Möglichkeiten umgehend das Ersatzstück erwerben kann. Es dürfen also zwar besondere, günstige Erwerbsmöglichkeiten des Schuldners, nicht aber solche, die nur dem Gläubiger oder anderen Dritten zur Verfügung stehen, berücksichtigt werden. Genügt der bloße Erwerb des Ersatzstücks nicht zur Zwecksicherung, sind vielmehr noch Transport- und Montagekosten, Zoll- oder TÜV-Gebühren oder sonstige Nebenkosten aufzuwenden, müssen diese bei der Bestimmung des Geldbetrages mitberücksichtigt werden.

3. **Geldbetrag aus dem Vollstreckungserlös:** Die dritte Ersatzmöglichkeit kommt nur ausnahmsweise[8] – nach kritischer Prüfung – in Betracht, da der Schuldner durch sie in Einschränkung des Grundgedankens des § 811 ZPO genötigt wird, zeitweilig ohne den unpfändbaren Gegenstand oder ein Ersatzstück auszukommen. Dem Gläubiger nicht möglich oder nicht zumutbar wird die vorherige Ersatzstückbeschaffung nur dann

---

4 Allgem. Meinung; OLG Hamm, JR 1954, 423.
5 LG Göttingen, NdsRpfl 1963, 82.
6 OLG München, OLGZ 1983, 325.
7 BFH, NJW 1990, 1871, 1872; OLG Stuttgart, NJW 1987, 196; LG Frankfurt, DGVZ 1988, 154, 155; LG Nürnberg-Fürth, NJW 1978, 113; FG Münster, DGVZ 1990, 31.
8 LG Zweibrücken, MDR 1954, 559.

sein, wenn er selbst nur das existenznotwendige Einkommen besitzt und mehr auf den Erfolg der Zwangsvollstreckung angewiesen ist als der Schuldner auf den ununterbrochenen Besitz des fraglichen Gegenstandes. Insbesondere bei der Unterhaltsvollstreckung kann ein solcher Fall anzunehmen sein.

7   IV. **Verfahren auf Zulassung der Austauschpfändung:**

1. **Prüfung des Antrages durch das Vollstreckungsgericht:** Der Antrag des Gläubigers auf Zulassung der Austauschpfändung[9] kann schriftlich oder zu Protokoll der Geschäftsstelle des **Vollstreckungsgerichts** (§ 764 ZPO) gestellt werden. Anwaltszwang besteht nicht (vergl. § 78 Abs. 3 ZPO). Das Vollstreckungsgericht entscheidet durch den Rechtspfleger (§ 20 Nr. 17 RPflG). Im Antrag ist anzugeben, welche Art der Ersatzleistung[10] der Gläubiger erbringen möchte, damit deren Zulässigkeitsvoraussetzungen geprüft werden können. Der Gläubiger kann auch alternativ die Zulassung mehrerer Arten der Ersatzleistung beantragen.[11] Will er dem Schuldner ein Ersatzstück anbieten lassen, muß es mit derselben Genauigkeit beschrieben sein wie etwa eine Zug-um-Zug-Gegenleistung im Rahmen des § 756 ZPO oder ein wegzunehmender Gegenstand im Herausgabetitel (§ 883 ZPO), da der Gerichtsvollzieher später anhand des Zulassungsbeschlusses (der sich wiederum am Antrag orientiert) in der Lage sein muß zu überprüfen, ob das ihm (oder bereits vorher dem Schuldner) übergebene Ersatzstück dem zugelassenen entspricht. Zudem ist der Wert des Ersatzstückes anzugeben, da er im stattgebenden Beschluß ausdrücklich festgesetzt werden muß (**Abs. 2 S. 3**).

8   2. **Gewährung rechtlichen Gehörs:** Vor der Entscheidung ist dem Schuldner rechtliches Gehör zu gewähren.[12] Eine mündliche Verhandlung steht im Ermessen des Gerichts (§ 764 Abs. 3 ZPO).

9   3. **Prüfung der Angemessenheit der Austauschpfändung:** Die Zulassung der Austauschpfändung setzt nicht nur voraus, daß das vom Gläubiger vorgeschlagene Ersatzstück zur Zwecksicherung geeignet ist, der Austausch muß auch »nach Lage der Verhältnisse **angemessen**« sein. Dies setzt insbesondere voraus, daß zu erwarten ist, daß der Vollstreckungserlös den Wert des Ersatzstücks (oder den als zur Ersatzbeschaffung erforderlich festgesetzten Betrag) erheblich übersteigen werde.[13] Bei der Beurteilung dieser Frage ist von dem zu erwartenden Versteigerungserlös als Ganzem auszugehen und nicht nur von dem, was auf den Gläubiger davon entfallen wird (etwa nach Abzug vorrangiger Belastungen).[14] Der Regelung in Abs. 2 S. 2 liegt ein ähnlicher Gedanke zugrunde wie § 803 Abs. 2 ZPO: Die Zwangsvollstreckung soll nicht um ihrer selbst willen betrieben werden. Den Nachteilen, die dem Schuldner erwachsen, soll jedenfalls

---

9 Siehe oben Rdn. 2.
10 Oben Rdn. 4–6.
11 *Stein/Jonas/Münzberg*, § 811 a Rdn. 13.
12 Einschränkend *Zöller/Stöber*, § 811 a Rdn. 8: Keine Anhörung des Schuldners, wenn der Vollstreckungserfolg gefährdet wäre.
13 Siehe auch LG Mainz, NJW-RR 1988, 1150.
14 OLG Hamm, JMBl.NW 1958, 267.

eine Teilbefriedigung des titulierten Anspruchs des Gläubigers gegenüberstehen. Sonst liefe die Zwangsvollstreckung allein auf eine reine »Bestrafung« des Schuldners wegen Nichterfüllung des Titels hinaus. Entscheidender Zeitpunkt zur Beurteilung der »Angemessenheit« ist derjenige der ansonsten unzulässigen Pfändung.[15]

Da § 811 a ZPO eine Ausnahme zum grundsätzlichen Pfändungsschutz gem. § 811 ZPO darstellt, ist die Austauschpfändung unabhängig vom Wert des Gegenstandes und des bei der Verwertung zu erwartenden Erlöses auch immer dann nicht »angemessen«, wenn dem Gläubiger noch andere von vornherein pfändbare Gegenstände als Vollstreckungsobjekte zur Verfügung stehen, die die Forderung in gleicher Weise abdecken wie der unpfändbare Gegenstand, dessen Austausch erstrebt wird. Der Gläubiger hat keinen Anspruch auf Befriedigung aus einem bestimmten Gegenstand.[16] Er muß deshalb mit seinem Antrag auf Zulassung der Austauschpfändung auch immer darlegen, daß genügend andere der Pfändung durch den Gerichtsvollzieher unterliegende Gegenstände, die ohne weiteres pfändbar sind, beim Schuldner nicht vorgefunden wurden. Dagegen bedarf es keiner Darlegung, daß auch sonstiges Vermögen (Forderungen, Grundstücke) nicht vorhanden sind.[17] Es ist Sache des Schuldners, durch Zurverfügungstellung dieser anderen Vermögenswerte die Zwangsvollstreckung in den Gegenstand abzuwenden, wenn er dies wünscht.

**4. Entscheidung durch Beschluß (Abs. 2 S. 1):** Die Entscheidung des Rechtspflegers über die Zulassung ergeht durch Beschluß. Im Tenor sind der zu pfändende Gegenstand, gegebenenfalls das zu übergebende Ersatzstück und dessen Wert genau zu bezeichnen, andernfalls der zur Ersatzbeschaffung erforderliche Betrag festzusetzen. Bei Zulassung der Austauschpfändung nach Abs. 1 Halbs. 2 ist diese Modalität schon mit Rücksicht auf Abs. 4 ebenfalls im Tenor unmißverständlich klarzustellen. Auch der zulassende Beschluß ist **zu begründen**, da die Ausfüllung des dem Rechtspfleger zustehenden Ermessensspielraums nachvollziehbar sein muß. Der zulassende Beschluß ist dem Gläubiger und dem Schuldner zuzustellen, der ablehnende Beschluß nur dem Gläubiger. 10

**V. Durchführung der Austauschpfändung:** Die auszutauschende Sache wird **mit Erlaß** des Beschlusses nach Abs. 2 **pfändbar**.[18] Die im Beschluß genannten Modalitäten (Ersatzstückübergabe usw.) sind nicht Bedingungen der Pfändung, sondern erst der Wegnahme bzw. im Falle von Abs. 1 Halbs. 2 auch noch der Erlösauskehrung. 11

Ist der Austausch durch einen konkreten Gegenstand zugelassen, so hat der Gläubiger vor der Wegnahme des gepfändeten Gegenstandes dem Gerichtsvollzieher entweder das Ersatzstück in Natur auszuhändigen, damit dieser es dem Schuldner überläßt, oder durch öffentliche bzw. öffentlich beglaubigte Urkunde nachzuweisen (Analogie zu §§ 756, 765 ZPO),[19] daß er selbst das Ersatzstück bereits dem Schuldner übereignet hat. In beiden Fällen muß der Gerichtsvollzieher zunächst in eigener Verantwortung 12

---

15 OLG Düsseldorf, MDR 1961, 62.
16 Siehe auch Vor §§ 753–763 Rdn. 6.
17 **A. A.** *Stein/Jonas/Münzberg*, § 811 a Rdn. 8; *Ziege*, NJW 1955, 49.
18 *Hartmann*, ZZP 1954, 200; *Stein/Jonas/Münzberg*, § 811 a Rdn. 14.
19 *Stein/Jonas/Münzberg*, § 811 a Rdn. 24.

prüfen, ob dieses Ersatzstück dem im Zulassungsbeschluß beschriebenen entspricht. Er hat es sodann, wenn die Übereignung an den Schuldner noch nicht erfolgt ist, dem Schuldner nach § 929 BGB zu **übereignen**.[20] Die Einigungserklärung des Gläubigers über den Eigentumsübergang wird vom Gerichtsvollzieher übermittelt, der insoweit als privatrechtlicher Erklärungsbote des Gläubigers tätig wird. Der Annahmeerklärung des Schuldners bedarf es zum Eigentumsübergang nicht, da sie durch den Zulassungsbeschluß ersetzt wird.[21] Die Situation ist der bei Zustandekommen des Bürgschaftsvertrages im Rahmen des § 751 Abs. 2 ZPO[22] vergleichbar (sog. Zwangsvertrag). Der Eigentumsübergang vollzieht sich also ausschließlich privatrechtlich, nicht kraft öffentlich-rechtlicher Eigentumszuweisung wie etwa bei der Ablieferung im Rahmen der Versteigerung. Deshalb ist auch § 932 BGB anwendbar, falls der Gläubiger dem Schuldner ein Ersatzstück aushändigen läßt, dessen Eigentümer er selbst nicht war. Nach Aushändigung des Ersatzstückes ist dem Schuldner der gepfändete Gegenstand wegzunehmen. Dessen Versteigerung erfolgt dann nach den allgemeinen Regeln. Der im Zulassungsbeschluß festgesetzte Wert des Ersatzstücks ist dem Gläubiger aus dem Vollstreckungserlös zu erstatten; er ist Teil der Kosten der Zwangsvollstreckung (**Abs. 2 S. 4**), die vorab zu befriedigen sind, ehe eine Ausschüttung auf die titulierte Forderung erfolgt.

13 Ist die Austauschpfändung gegen Überlassung eines Geldbetrages zugelassen, so ist ebenfalls entweder der Geldbetrag dem Gerichtsvollzieher zu übergeben, damit er ihn bei Wegnahme des Pfandes dem Schuldner aushändigen kann, oder es ist dem Gerichtsvollzieher die bereits erfolgte Zahlung durch öffentliche bzw. öffentlich beglaubigte Urkunde nachzuweisen. Lehnt der Schuldner die Annahme des Geldes ab, ist es zu hinterlegen.[23]

14 Ist die Austauschpfändung nach Abs. 1 Halbs. 2 zugelassen, darf die Wegnahme der Pfandsache erst erfolgen, wenn der Zulassungsbeschluß rechtskräftig ist (**Abs. 4**). Der Schuldner muß nach der Wegnahme für einige Zeit auf den sich nach § 811 ZPO für notwendig oder erforderlich erachteten Gegenstand verzichten, bis er sich aus dem Versteigerungserlös ein Ersatzstück beschaffen kann. Dies muß der Gerichtsvollzieher bei seiner Terminplanung berücksichtigen. Kann der Gegenstand im ersten Termin mangels Interesse oder wegen zu geringer Gebote (§ 817 a ZPO) nicht versteigert werden, ist er dem Schuldner bis zum nächsten Termin wieder auszuhändigen.[24] Dies folgt aus dem Zweck des Abs. 4.

---

20 Allgem. Meinung; *Brox/Walker*, Rdn. 290; *Hartmann*, ZZP 1954, 200; *Rosenberg/Schilken*, § 52 IV; *Stein/Jonas/Münzberg*, § 811 a Rdn. 25.
21 A. A. die h. M., die aber anstelle der tatsächlichen Übereignung ein den Schuldner in Annahmeverzug setzendes Angebot ausreichen läßt; vergl. *Stein/Jonas/Münzberg*, § 811 a Rdn. 26; *Hartmann*, NJW 1953, 1857; *Zöller/Stöber*, § 811 a Rdn. 11.
22 *Brox/Walker*, Rdn. 168.
23 *Hartmann*, NJW 1953, 1857.
24 Entgegen *Stein/Jonas/Münzberg*, § 811 a Rdn. 19 gilt dies gerade und in besonderem Maße für den Fall des Abs. 1 Halbs. 2.

Der dem Schuldner aus dem Vermögen des Gläubigers oder aus dem Versteigerungserlös zur Ersatzstückbeschaffung überlassene Geldbetrag ist unpfändbar (**Abs. 3**). Dabei ist auf die Geldsumme, nicht etwa nur auf die konkreten Geldscheine abzustellen. Wird der Betrag also auf ein Konto des Schuldners eingezahlt, ist auch der Auszahlungsanspruch nicht im Wege der Forderungspfändung pfändbar. Eine Ausnahme hiervon muß aber aus dem Schutzzweck heraus für den Lieferanten des Ersatzstücks gemacht werden, soweit er wegen seines Kaufpreisanspruchs die Zwangsvollstreckung betreibt.[25]

**VI. Rechtsverhältnis zwischen Gläubiger und Schuldner aufgrund der Ersatzgewährung:** Durch die Ersatzgewährung wird zwischen Gläubiger und Schuldner hinsichtlich des Ersatzstücks ein **kaufähnliches Rechtsverhältnis** (§ 493 BGB) begründet, in dessen Rahmen die §§ 440, 459 ff. BGB soweit anwendbar sind, wie der besondere Zweck der Austauschpfändung dem nicht entgegensteht.[26] Der Gewährleistungsanspruch ist, wenn das Ersatzstück zwar tauglich, aber minderwertiger als im Zulassungsbeschluß angegeben ist, auf Zahlung des Differenzbetrages, wenn das Ersatzstück untauglich ist, auf Zahlung des Betrages gerichtet, der zur Reparatur des Ersatzstücks oder zur Beschaffung eines fehlerfreien Ersatzes erforderlich ist. Statt eines Geldbetrages kann der Schuldner vom Gläubiger auch Nachlieferung verlangen, sofern das Ersatzstück im Zulassungsbeschluß nur der Gattung nach bestimmt war.[27] Für Mangelfolgeschäden haftet der Gläubiger aus positiver Forderungsverletzung. Die kaufrechtlichen Gewährleistungsansprüche des Schuldners unterliegen der kurzen Verjährungsfrist nach § 477 Abs. 1 BGB.[28]

**VII. Rechtsbehelfe der Beteiligten:**

**1. Vollstreckungsrechtliche Rechtsbehelfe:** Gläubiger und Schuldner können den Zulassungsbeschluß wegen Nichtbeachtung der formellen Voraussetzungen des § 811 a ZPO mit der **befristeten Rechtspflegererinnerung** (§ 11 Abs. 1 S. 2 RPflG) anfechten.[29] Dem Gläubiger steht dieser Rechtsbehelf zu, wenn sein Zulassungsantrag ganz oder teilweise zurückgewiesen wurde, dem Schuldner, soweit die Austauschpfändung zugelassen wurde. Neben dem Schuldner können auch in den Schutzbereich der Nrn. 1, 5 und 6 des § 811 ZPO einbezogene Dritte **Erinnerung** gegen den Beschluß einlegen, soweit sie durch den Entzug des Pfandstückes beschwert sind (Beispiel: Der Ehegatte des Schuldners benutzt den PKW für Fahrten zur Arbeit; er kann das ersatzweise zur Verfügung gestellte Moped aus Gesundheitsgründen nicht fahren). Ihre Erinnerung richtet sich nach § 766 ZPO, da sie vor dem Zulassungsbeschluß nicht

---

25 *Stein/Jonas/Münzberg*, § 811 a Rdn. 30.
26 *Brox/Walker*, Rdn. 290; *Bruns/Peters*, § 22 IV 3 c; *Hartmann*, NJW 1953, 1856; *MüKo/Schilken*, § 811 a Rdn. 5; *Rosenberg/Schilken*, § 52 IV; *Stein/Jonas/Münzberg*, § 811 a Rdn. 28; *Thomas/Putzo*, § 811 a Rdn. 7; *Zöller/Stöber*, § 811 a Rdn. 11.
27 *MüKo/Schilken*, § 811 a Rdn. 5; *Stein/Jonas/Münzberg*, § 811 a Rdn. 19; **a. A.** *Baumbach/Lauterbach/Hartmann*, § 811 a Rdn. 8, wonach der Schuldner nur Minderung verlangen kann.
28 *Stein/Jonas/Münzberg*, § 811 a Rdn. 29.
29 *Baumbach/Lauterbach/Hartmann*, § 811 a Rdn. 10 i.V.m. § 793 Rdn. 5; *Bruns/Peters*, § 22 IV 3 a; *MüKo/Schilken*, § 811 a Rdn. 15; *Stein/Jonas/Münzberg*, § 811 a Rdn. 16; *Zöller/Stöber*, § 811 a Rdn. 15; *Thomas/Putzo*, § 811 a Rdn. 8.

zu hören sind. Hat die Erinnerung des Schuldners nach § 11 RPflG oder die des Dritten nach § 766 ZPO Erfolg, so ist nicht nur der Zulassungsbeschluß aufzuheben, sondern gleichzeitig die bereits erfolgte Pfändung für unzulässig zu erklären. Der Vollzug eines solchen Beschlusses erfolgt dann nach §§ 775 Nr. 1, 776 ZPO.[30]

18  2. **Materiellrechtliche Ansprüche:** Mängelgewährleistungsansprüche des Schuldners und Ansprüche auf Schadensersatz aus positiver Forderungsverletzung[31] sind mit der Leistungsklage außerhalb des Zwangsvollstreckungsverfahrens geltend zu machen. Im Rahmen einer solchen Klage ist § 769 ZPO nicht entsprechend anwendbar, so daß mit einer derartigen Klage der Fortgang der Vollstreckung nicht gehindert werden kann.

19  VIII. **Kosten und Gebühren:** Das Zulassungsverfahren löst keine Gebühren des Gerichts aus. Für den Anwalt des Gläubigers wie des Schuldners ist das Austauschverfahren eine besondere Angelegenheit (§ 58 Abs. 3 Nr. 4 BRAGO), die die 3/10-Gebühr des § 57 BRAGO auslöst. Bei der Durchführung der Austauschpfändung erwächst für den Gerichtsvollzieher nur die Gebühr nach § 17 GVKostG wie bei jeder sonstigen Pfändung. Die Kosten der Austauschpfändung sind Kosten der Zwangsvollstreckung i. S. v. § 788 ZPO.

20  IX. **ArbGG, VwGO, AO:** Siehe § 811 Rdn. 44. In der Abgabenvollstreckung entscheidet über die Zulässigkeit der Austauschpfändung anstelle des Vollstreckungsgerichts die Vollstreckungsbehörde (§ 295 S. 2 AO).

---

30 Einzelheiten: § 775 Rdn. 7 und § 776 Rdn. 2.
31 Siehe Rdn. 16.

## § 811 b Vorläufige Austauschpfändung

(1) ¹Ohne vorgängige Entscheidung des Gerichts ist eine vorläufige Austauschpfändung zulässig, wenn eine Zulassung durch das Gericht zu erwarten ist. ²Der Gerichtsvollzieher soll die Austauschpfändung nur vornehmen, wenn zu erwarten ist, daß der Vollstreckungserlös den Wert des Ersatzstückes erheblich übersteigen wird.
(2) Die Pfändung ist aufzuheben, wenn der Gläubiger nicht binnen der Frist von zwei Wochen nach Benachrichtigung von der Pfändung einen Antrag nach § 811 a Abs. 2 bei dem Vollstreckungsgericht gestellt hat oder wenn ein solcher Antrag rechtskräftig zurückgewiesen ist.
(3) Bei der Benachrichtigung ist dem Gläubiger unter Hinweis auf die Antragsfrist und die Folgen ihrer Versäumung mitzuteilen, daß die Pfändung als Austauschpfändung erfolgt ist.
(4) ¹Die Übergabe des Ersatzstückes oder des zu seiner Beschaffung erforderlichen Geldbetrages an den Schuldner und die Fortsetzung der Zwangsvollstreckung erfolgen erst nach Erlaß des Beschlusses gemäß § 811 a Abs. 2 auf Anweisung des Gläubigers. ²§ 811 a Abs. 4 gilt entsprechend.

### Inhaltsübersicht

|  |  | Rdn. |
|---|---|---|
|  | Literatur |  |
| I. | Zweck der Norm | 1 |
| II. | Gang des Verfahrens | 2 |
| III. | Rechtsbehelfe | 3 |
| IV. | ArbGG, VwGO, AO | 4 |

Literatur: Siehe die Literaturangaben zu § 811 a.

**I. Zweck der Norm:** Durchsucht der Gerichtsvollzieher im Rahmen eines Pfändungsversuchs die Wohnung (den Betrieb) des Schuldners und stellt er dabei fest, daß der Schuldner nicht genügend allgemein pfändbare Gegenstände besitzt, so wird er in dem einen oder anderen Fall aber gleichzeitig Gegenstände finden, für die eine Austauschpfändung nach § 811 a ZPO in Betracht käme. Da der Gerichtsvollzieher nach § 811 a ZPO ohne den gerichtlichen Zulassungsbeschluß und ohne Antrag des Gläubigers auf Durchführung des Beschlusses nicht pfänden darf, müßte er zunächst untätig bleiben, und der Schuldner gewänne Zeit, die Gegenstände noch vor Erlaß des Zulassungsbeschlusses zu veräußern oder beiseite zu schaffen. Hier will § 811 b ZPO jedenfalls für die Fälle vorbeugen, in denen der Gerichtsvollzieher aufgrund seiner Berufserfahrung davon ausgeht, das Gericht werde auf einen entsprechenden Antrag hin die Austauschpfändung sicher zulassen. In einem solchen Falle darf der Gerichtsvollzieher die Gegenstände **vorläufig pfänden,** um dem Gläubiger die Gelegenheit zu geben, die Zulassung nachzuholen.

§ 811 b                                                                                                           Vorläufige Austauschpfändung

2   **II. Gang des Verfahrens:** Hat der Gerichtsvollzieher im Rahmen pflichtgemäßen Ermessens die Voraussetzungen des Abs. 1 geprüft und bejaht,[1] so pfändet er den Gegenstand nach § 808 Abs. 1 ZPO und beläßt ihn auch dann gesichert durch ein Pfandsiegel im Besitze des Schuldners zurück, wenn er ihn nach den Regeln des § 808 Abs. 2 S. 1 ZPO im übrigen gleich mitnähme. Er benachrichtigt dann sogleich den Gläubiger von der Austauschpfändung unter Hinweis darauf, daß dieser binnen **zwei Wochen** ab Zugang der Benachrichtigung einen Zulassungsantrag nach § 811 a Abs. 2 S. 1 ZPO bei Gericht einreichen muß, wenn die Pfändung Bestand haben soll (**Abs. 3**). Zur sicheren Berechnung der Zwei-Wochen-Frist erfolgt die Benachrichtigung zweckmäßigerweise durch Zustellung. Letztere ist aber nicht zwingend vorgeschrieben. Da es sich nicht um eine Notfrist handelt (§ 223 Abs. 3 ZPO), scheidet eine Wiedereinsetzung aus. Erfolgt die Benachrichtigung ohne eine Belehrung nach Abs. 3, hat dennoch eine Aufhebung der Pfändung nach Abs. 2 zu erfolgen.[2] Dem Gläubiger können allerdings Amtshaftungsansprüche (Art. 34 GG, § 839 BGB) zustehen.

Der benachrichtigte Gläubiger entscheidet, ob er die Austauschpfändung will oder nicht. Entsprechend stellt er entweder Antrag nach § 811 a Abs. 2 S. 1 ZPO oder er gibt den Gegenstand durch Erklärung gegenüber dem Gerichtsvollzieher frei. Ist der Antrag positiv beschieden und beantragt der Gläubiger nun den Fortgang der Vollstreckung, wird der Austausch nach den Regeln des § 811 a ZPO durchgeführt.[3] Vor der Entscheidung über den Antrag ruht das Verfahren vorläufig (**Abs. 4**). Unternimmt der Gläubiger auf die Benachrichtigung hin nichts oder weist er jedenfalls dem Gerichtsvollzieher innerhalb der Zwei-Wochen-Frist nicht nach, daß er den Zulassungsantrag eingereicht hat (es genügt die Mitteilung des Aktenzeichens, da der Gerichtsvollzieher dann selbst die Akten des Vollstreckungsgerichts einsehen kann), so muß der Gerichtsvollzieher die Pfändung **von Amts wegen** aufheben (**Abs. 2**). Gleiches gilt, wenn der Zulassungsantrag rechtskräftig aufgehoben wurde. Die Pfändung **muß** auch dann aufgehoben werden (bedeutsam für andere Gläubiger, für die der Gerichtsvollzieher ebenfalls nach § 811 b ZPO tätig war, die aber die Frist nicht versäumt haben), wenn der Gläubiger erst nach Fristablauf einen Antrag nach § 811 a Abs. 2 S. 1 ZPO gestellt hat und zu erwarten ist, daß diesem entsprochen wird.[4] Der Gerichtsvollzieher muß in einem solchen Fall nach Erlaß des Zulassungsbeschlusses erneut pfänden, wenn der Gläubiger dies beantragt.

3   **III. Rechtsbehelfe:** Gegen das Verhalten des Gerichtsvollziehers können Gläubiger und Schuldner sowie mitgeschützte Dritte Erinnerung nach § 766 ZPO einlegen, soweit sie jeweils beschwert sind.[5] Gegen den Zulassungsbeschluß wie gegen die Zurück-

---

1 Einen zweifelsfreien Beispielsfall bietet OLG München, OLGZ 1983, 325 (vorläufige Austauschpfändung einer wertvollen goldenen Armbanduhr).
2 *Baumbach/Lauterbach/Hartmann*, § 811 b Rdn. 5; *MüKo/Schilken*, § 811 b Rdn. 5; *Stein/Jonas/Münzberg*, § 811 b Rdn. 3; a. A. LG Berlin, DGVZ 1991, 91.
3 § 811 a Rdn. 11–15.
4 *Stein/Jonas/Münzberg*, § 811 b Rdn. 3.
5 AG Bad Segeberg, DGVZ 1992, 126, 127.

weisung des Antrages ist die befristete Erinnerung nach § 11 Abs. 1 S. 2 RPflG gegeben.⁶

**IV. ArbGG, VwGO, AO:** Siehe § 811 Rdn. 44. 4

---

6 Einzelheiten § 811 a Rdn. 17.

§ 811c  Pfändungsschutz für Haustiere

(1) Tiere, die im häuslichen Bereich und nicht zu Erwerbszwecken gehalten werden, sind der Pfändung nicht unterworfen.
(2) Auf Antrag des Gläubigers läßt das Vollstreckungsgericht eine Pfändung wegen des hohen Wertes des Tieres zu, wenn die Unpfändbarkeit für den Gläubiger eine Härte bedeuten würde, die auch unter Würdigung der Belange des Tierschutzes und der berechtigten Interessen des Schuldners nicht zu rechtfertigen ist.

**Inhaltsübersicht**

| Literatur | Rdn. |
|---|---|
| I. Anwendungsbereich der Norm | 1 |
| II. Verfahren der Pfändungszulassung | 2 |
| III. Entscheidung durch Beschluß | 3 |
| IV. Rechtsbehelfe | 4 |
| V. ArbGG, VwGO, AO | 5 |

Literatur: *Grunsky*, Sachen, Tiere - Bemerkungen zu einem Gesetzesentwurf, Festschr. f. Jauch, 1990, S. 93; *Mühe*, Das Gesetz zur Verbesserung der Rechtsstellung des Tieres im bürgerlichen Recht, NJW 1990, 2238; *Münzberg*, Pfändungsschutz für Schuldnergefühle gegenüber Tieren?, ZRP 1990, 215.

1 **I. Anwendungsbereich der Norm:** Die Vorschrift ist aufgrund des Gesetzes zur Verbesserung der Rechtsstellung des Tieres im bürgerlichen Recht[1] ab 1. 9. 1990 an die Stelle des bisherigen § 811 Nr. 14 ZPO getreten. Für die Unpfändbarkeit des Tieres ist im Gegensatz zum alten Recht der Verkehrswert des Tieres ohne Belang. Der Schutz betrifft auch wertvolle und durchaus handelsgängige Tiere, aus deren Verwertung ein nennenswerter Erlös zugunsten des Gläubigers zu erwarten wäre. Ebenso ohne Bedeutung ist es, ob das Tier im herkömmlichen Sprachgebrauch als »Haustier« bezeichnet wird oder nicht. Entscheidend ist nur, daß es im häuslichen Bereich und nicht zu Erwerbszwecken gehalten wird. Die Zuordnung zum häuslichen Bereich des Schuldners wird nicht aufgehoben, wenn das Tier nur vorübergehend anderweitig untergebracht ist (Quarantäne vor Tierschau im Ausland; Ausleihe zu Zuchtzwecken; Unterbringung während der Urlaubszeit). Zu Erwerbszwecken wird ein Tier auch dann gehalten, wenn es dem Schuldner nur einen regelmäßigen Nebenerwerb beschert (z. B. Stammhündin einer regelmäßigen Hundezucht), es sei denn, der Erwerb tritt als völlige Nebensächlichkeit ganz in den Hintergrund (ausnahmsweises Zurverfügungstellen eines Rüden zu Zuchtzwecken gegen ein geringes Entgelt o. ä.). Entscheidend ist eine unbefangene wirtschaftliche Betrachtungsweise. Der Gerichtsvollzieher muß die Gesamtumstände vor Ort miteranziehen.

---

1 BGBl. I 1990, 1762.

**II. Verfahren der Pfändungszulassung:** Im Einzelfall kann es unbillig sein, dem Schuldner ein sehr wertvolles Tier zu belassen, während der Gläubiger seine Forderung nicht realisieren kann. Hier greift **Abs. 2** ein: **Auf Antrag** des Gläubigers kann das Vollstreckungsgericht die Pfändung eines besonders wertvollen Tieres ausnahmsweise zulassen. In die erforderliche **Abwägung** sind nicht nur die **Interessen des Gläubigers und des Schuldners** einzubeziehen, sondern auch die **Belange des Tierschutzes**. Dabei sind die Bindung des Tieres an den Schuldner und seine Familie, die besonderen Möglichkeiten des Tieres gerade beim Schuldner (geräumiger Stall, großer Garten u. ä.), die Erwartungen bei der Verwertung des Tieres (Interesse etwa nur von Versuchslaboren), das Alter des Tieres[2], sein Gesundheitszustand, seine Bedeutung für andere Tiere im Hausstand des Schuldners zu berücksichtigen. Das Tier ist im Rahmen dieser Abwägung als Lebewesen ernst zu nehmen und nicht nur als wertvolle Sache zu betrachten. Es geht also nicht, wie in der Kritik zum Gesetz angemerkt wurde,[3] um eine Rücksichtnahme auf gefühlsmäßige Bindungen des Schuldners, sondern um etwas im bisherigen Zivilrecht Neues: die Aufwertung des in Gemeinschaft mit dem Menschen lebenden Tieres von der reinen Sache zu einem Gegenstand, der eigenständige Rücksicht verdient.

**III. Entscheidung durch Beschluß:** Über den Antrag des Gläubigers entscheidet der Rechtspfleger beim Vollstreckungsgericht (§ 20 Nr. 17 RPflG). Die Voraussetzungen der Pfändbarkeit nach Abs. 2 hat der Gläubiger darzulegen und im Bestreitensfalle zu beweisen. Der Schuldner ist vor der Entscheidung regelmäßig anzuhören, da die Belange des Tierschutzes aufgrund einseitiger Angaben des Gläubigers kaum sachgerecht beurteilt werden können. Schweigen des Schuldners bedeutet allerdings nach den allgemeinen Regeln Zugeständnis der Angaben des Gläubigers. Die Entscheidung des Rechtspflegers ergeht durch einen zu **begründenden Beschluß**. Die Gründe müssen die tragenden Erwägungen der Interessenabwägung erkennen lassen. Der Zulassungsbeschluß bewirkt die Pfändbarkeit des Tieres nur zugunsten des antragstellenden Gläubigers. Für die Anschlußpfändung eines weiteren Gläubigers ist ein neuer Zulassungsbeschluß notwendig.

**IV. Rechtsbehelfe:** Der Beschluß kann, je nach Beschwer, vom Gläubiger und vom Schuldner mit der befristeten Rechtspflegererinnerung angefochten werden (§ 11 Abs. 1 S. 2 RPflG). Dritte können durch einen Beschluß nach § 811 c ZPO nie unmittelbar beschwert sein, allenfalls durch die nachfolgende Pfändung. Deshalb können sie, soweit sie im Einzelfall betroffen sind, auch nur gegen die Pfändung nach § 766 ZPO vorgehen. Tierschutzorganisationen sind nicht als »Sachwalter« der betroffenen Tiere erinnerungsbefugt.

Neben der Erinnerung kann für den Schuldner im Einzelfall ein Vollstreckungsschutzantrag gem. § 765 a ZPO in Betracht kommen, etwa, wenn die Pfändung eines Tieres, das auch regelmäßigen Erwerbszwecken dient, zugelassen wurde, so daß schon die Anwendbarkeit des § 811 c Abs. 1 ZPO zweifelhaft war.

---

2 AG Paderborn, DGVZ 1996, 44 (Unpfändbarkeit eines 20-jährigen Pferdes, welches vom Schuldner das »Gnadenbrot« erhält).
3 *Münzberg*, ZRP 1990, 215; siehe auch *Stein/Jonas/Münzberg*, § 811 c Rdn. 1.

5  **V. ArbGG, VwGO, AO:** Siehe § 811 Rdn. 44. In der Abgabenvollstreckung entscheidet über die Zulässigkeit der Pfändung von wertvollen Tieren anstelle des Vollstreckungsgerichts die Vollstreckungsbehörde (§ 295 S. 2 AO).

*Die Vorwegpfändung* § 811 d

**§ 811 d Die Vorwegpfändung**

(1) ¹Ist zu erwarten, daß eine Sache demnächst pfändbar wird, so kann sie gepfändet werden, ist aber im Gewahrsam des Schuldners zu belassen. ²Die Vollstreckung darf erst fortgesetzt werden, wenn die Sache pfändbar geworden ist.

(2) Die Pfändung ist aufzuheben, wenn die Sache nicht binnen eines Jahres pfändbar geworden ist.

**Inhaltsübersicht**

| | Literatur | Rdn. |
|---|---|---|
| I. | Zweck und Anwendungsbereich der Norm | 1 |
| II. | Rechtsfolgen und Aufhebung der Vorwegpfändung | 2 |
| III. | Rechtsbehelfe | 3 |
| IV. | ArbGG, VwGO, AO | 4 |

Literatur: *Herzig*, Die Vorwegpfändung nach § 811 c ZPO, JurBüro 1968, 851 ff.

**I. Zweck und Anwendungsbereich der Norm:** Da Fälle denkbar sind, daß ein noch 1 unpfändbarer Gegenstand in für den Gerichtsvollzieher und den Gläubiger absehbarer Zeit seinen Pfändungsschutz (nicht nur nach § 811 ZPO, sondern auch nach anderen Vorschriften) verliert und da der Schuldner in einem solchen Fall gehindert werden soll, den Gegenstand noch kurz vor seiner Pfändbarkeit zu veräußern, läßt § 811 d ZPO die »Vorwegpfändung« eines solchen Gegenstandes zu. Gedacht ist etwa an Fälle, daß der Ruhestand des Schuldners unmittelbar bevorsteht und er dann nicht mehr den PKW für Fahrten zur Arbeitsstelle benötigt, daß der Schuldner kurz vor seinem Umzug aus seiner Wohnlaube in ein neu errichtetes Haus steht oder daß durch die unmittelbar bevorstehende Inbetriebnahme neuangeschaffter Maschinen der geschützte Gebrauch bald anderweitig gewährleistet ist. Dagegen betrifft der Begriff der demnächstigen Pfändbarkeit nicht den Fall, daß eine noch schuldnerfremde Sache demnächst in das Eigentum des Schuldners gelangt.[1] Denn die Frage des Eigentums spielt im Rahmen des Pfändungsschutzes keine Rolle.[2]

**II. Rechtsfolgen und Aufhebung der Vorwegpfändung:** Durch die Vorwegpfändung, 2 deren Voraussetzungen der Gerichtsvollzieher von Amts wegen zu prüfen hat, entstehen sogleich Verstrickung und Pfändungspfandrecht. Die Pfändung ist aufzuheben, wenn die Sache nicht binnen eines Jahres pfändbar geworden ist (Abs. 2). Die Aufhebung der Pfändung erfolgt durch den Gerichtsvollzieher von **Amts wegen,** ohne daß es eines Antrages des Schuldners bedürfte. Die Jahresfrist bemißt sich für jeden Gläubiger gesondert von dem Zeitpunkt an, an dem der Gegenstand für ihn gepfändet wurde.[3]

---

1 Zutreffend AG Gronau, MDR 1967, 223. Zur sog. Doppelpfändung eines Anwartschaftsrechts siehe § 857 Rdn. 10–12.
2 Siehe auch § 811 Rdn. 3.
3 AG Berlin-Tempelhof-Kreuzberg, DGVZ 1958, 109.

Bevor der Gegenstand nicht pfändbar geworden ist, darf er dem Schuldner oder – im Fall des § 809 ZPO – dem Dritten **nicht weggenommen werden** (Abs. 1 S. 1). Auch alle anderen über die bloße Pfändung hinausgehenden Vollstreckungsschritte sind bis zu diesem Zeitpunkt unzulässig (Abs. 1 S. 2).

3  III. **Rechtsbehelfe:** Der Schuldner kann gegen die Pfändung, der Gläubiger gegen ihre Ablehnung und gegen ihre Wiederaufhebung durch den Gerichtsvollzieher Erinnerung nach § 766 ZPO einlegen. Gleiches gilt für die durch die Vorwegpfändung unmittelbar betroffenen Dritten.

4  IV. **ArbGG, VwGO, AO:** Siehe § 811 Rdn. 44.

## § 812 Pfändung von Hausrat

Gegenstände, die zum gewöhnlichen Hausrat gehören und im Haushalt des Schuldners gebraucht werden, sollen nicht gepfändet werden, wenn ohne weiteres ersichtlich ist, daß durch ihre Verwertung nur ein Erlös erzielt werden würde, der zu dem Wert außer allem Verhältnis steht.

### Inhaltsübersicht

| | Rdn. |
|---|---|
| I. Zweck der Norm | 1 |
| II. Voraussetzungen des Pfändungsschutzes | 2 |
|    1. Gewöhnlicher Hausrat | 2 |
|    2. Benötigung im Haushalt des Schuldners | 3 |
|    3. Erkennbar unverhältnismäßig geringer Verwertungserlös | 4 |
| III. Rechtsbehelfe | 5 |
| IV. ArbGG, VwGO, AO | 6 |

**I. Zweck der Norm:** Die Vorschrift erweitert den Pfändungsschutz nach § 811 Nr. 1 ZPO: Obwohl die vorrangige Prüfung nach § 811 Nr. 1 ZPO ergeben hat, daß die fraglichen, zum gewöhnlichen Hausrat zählenden Gegenstände pfändbar sind, **muß** von ihrer Pfändung, wenn die Voraussetzungen des § 812 ZPO vorliegen, **abgesehen werden.** Da die Gegenstände, um die es hier geht, somit grundsätzlich pfändbar sind und nur nicht gepfändet werden sollen, unterliegen sie einerseits nach § 559 S. 3 BGB dem Vermieterpfandrecht,[1] fallen aber andererseits nach § 1 Abs. 4 KO[2] nicht in die Konkursmasse. 1

Der Vorschrift liegt der Gedanke zugrunde, daß einerseits der Veräußerungswert gebrauchter Hausratsgegenstände gering sein dürfte, daß diese aber andererseits im Rahmen der persönlichen Lebensgewohnheiten und des Lebensstils des Schuldners einen erheblichen Stellenwert haben können. Ihr Verlust trifft dann den Schuldner in seiner Persönlichkeit unvergleichlich mehr, als ihre Veräußerung dem Gläubiger einen Vorteil bringt.

**II. Voraussetzungen des Pfändungsschutzes:** Damit der Gerichtsvollzieher von einer Pfändung der Gegenstände gem. § 812 ZPO absieht, müssen folgende Voraussetzungen erfüllt sein: 2

**1. Gewöhnlicher Hausrat:** Die Gegenstände müssen zum gewöhnlichen Hausrat gehören. »Hausrat« umfaßt zum einen die in § 811 Nr. 1 ZPO aufgezählten Gegenstände, also auch Kleidungsstücke, Schuhe, Wäsche u. ä.,[3] darüber hinausgehend auch sonstige

---
[1] LG Köln, MDR 1964, 599; *Haase*, JR 1971, 323.
[2] Ab 1.1.1999: § 36 Abs. 3 InsO.
[3] LG Darmstadt, MDR 1958, 345.

im Haushalt des Schuldners im Rahmen der gewöhnlichen Lebensführung genutzte Sachen.[4] Gewerblich genutzte Gegenstände sind nicht Hausrat.[5] Was zum »gewöhnlichen« Hausrat zählt und was nur Luxusbedürfnissen dient (und demnach nicht von § 812 ZPO erfaßt ist), entscheidet sich nach der allgemeinen Lebensanschauung.

3   2. **Benötigung im Haushalt des Schuldners:** Die Gegenstände müssen »im Haushalt des Schuldners gebraucht werden«. Das heißt nicht, daß sie sich im Zeitpunkt der Pfändung gerade in Benutzung befinden müssen, sie dürfen aber auch nicht zur reinen Vorratshaltung verwahrt werden. Unter § 812 ZPO fallen also Wäsche und Kleidung zum Wechseln, nur gelegentlich eingesetzte Haushaltsgeräte, aber nicht auf dem Speicher verwahrte alte Möbel.

4   3. **Erkennbar unverhältnismäßig geringer Verwertungserlös:** Es muß ohne weiteres für den Gerichtsvollzieher ersichtlich sein,[6] daß durch die Verwertung dieser Gegenstände nur ein Erlös erzielt werden würde, der zu dem Wert außer Verhältnis steht. Deckt der voraussichtliche Erlös nur allenfalls die Kosten der Zwangsvollstreckung, greift schon § 803 Abs. 2 ZPO ein. Es sind also auch Fälle erfaßt, in denen ein Überschuß zugunsten des Gläubigers zu erwarten ist, der aber außer Verhältnis zur Werteinbuße für den Schuldner steht. Die Vorschrift ist demnach eine Ausnahme von der Regel, wonach der Gläubiger seine Befriedigung, wenn nicht anders möglich, auch in kleinsten Schritten betreiben darf. Hat der Gerichtsvollzieher an der Unverhältnismäßigkeit Zweifel, so muß er zunächst pfänden.

5   III. **Rechtsbehelfe:** Dem Gläubiger, dem Schuldner und den zum Haushalt des Schuldners zählenden Personen steht die Erinnerung nach § 766 ZPO zu, wenn sie gegen die Entscheidung des Gerichtsvollziehers Einwände haben. Damit dem Gläubiger die Entscheidung des Gerichtsvollziehers, von einer Pfändung aus Gründen des § 812 ZPO abzusehen, überhaupt bekannt wird, muß der Gerichtsvollzieher die Gegenstände, die er zu pfänden unterlassen hat, im Protokoll namhaft machen (§ 135 Nr. 6 GVGA).

6   IV. **ArbGG, VwGO, AO:** Siehe § 811 Rdn. 44.

---

[4] So hat das LG Essen, DGVZ 1973, 24 seinerzeit ein Fernsehgerät zwar nicht unter § 811 Nr. 1 ZPO, wohl aber unter § 812 ZPO fallend angesehen.
[5] Wie hier *Baumbach/Lauterbach/Hartmann*, § 812 Rdn. 2; *MüKo/Schilken*, § 812 Rdn. 2; *Thomas/Putzo*, § 812 Rdn. 1; *Zöller/Stöber*, § 812 Rdn. 1; a. A. *Stein/Jonas/Münzberg*, § 812 Rdn. 1.
[6] LG Kiel, DGVZ 1978, 115.

## § 813 Schätzung

(1) ¹Die gepfändeten Sachen sollen bei der Pfändung auf ihren gewöhnlichen Verkaufswert geschätzt werden. ²Die Schätzung des Wertes von Kostbarkeiten soll einem Sachverständigen übertragen werden. ³In anderen Fällen kann das Vollstreckungsgericht auf Antrag des Gläubigers oder des Schuldners die Schätzung durch einen Sachverständigen anordnen.

(2) Ist die Schätzung des Wertes bei der Pfändung nicht möglich, so soll sie unverzüglich nachgeholt und ihr Ergebnis nachträglich in der Niederschrift über die Pfändung vermerkt werden.

(3) Zur Pfändung von Früchten, die von dem Boden noch nicht getrennt sind, und zur Pfändung von Gegenständen der in § 811 Nr. 4 bezeichneten Art bei Personen, die Landwirtschaft betreiben, soll ein landwirtschaftlicher Sachverständiger zugezogen werden, sofern anzunehmen ist, daß der Wert der zu pfändenden Gegenstände den Betrag von 1000 Deutsche Mark übersteigt.

(4) Die Landesjustizverwaltung kann bestimmen, daß auch in anderen Fällen ein Sachverständiger zugezogen werden soll.

**Inhaltsübersicht**

| | | Rdn. |
|---|---|---|
| | Literatur | |
| I. | Zweck der Norm | 1 |
| II. | Anwendungsbereich der Norm | 2 |
| III. | Schätzung durch den Gerichtsvollzieher oder einen Sachverständigen | 3–6 |
| IV. | Besonderheiten bei landwirtschaftlichen Betrieben (Abs. 3) | 7, 8 |
| V. | Rechtsfolgen bei Verstößen gegen § 813 ZPO | 9–12 |
| VI. | Vergütung für die Schätzung | 13 |
| VII. | ArbGG, VwGO, AO | 14 |

Literatur: *Mümmler*, Die Beteiligung von Sachverständigen bei der Mobiliarzwangsvollstreckung, DGVZ 1973, 81; *Paschold*, Recht und Pflicht des Gerichtsvollziehers zur Sachverständigen-Beauftragung zum Zwecke der Wertschätzung gepfändeter Sachen, DGVZ 1995, 52; *Schultes*, Zum Ermessen des Gerichtsvollziehers, einen Sachverständigen mit der Schätzung gemäß § 813 ZPO zu beauftragen, DGVZ 1994, 161.

**I. Zweck der Norm:** In mehreren Vorschriften spielt direkt (so in § 817 a ZPO) oder indirekt als Berechnungsgröße für den zu erwartenden Vollstreckungserlös (so in §§ 803, 811 a Abs. 2, 811 b Abs. 1, 812 ZPO) der gewöhnliche Verkaufswert der gepfändeten Gegenstände eine Rolle. Bei Gold- und Silbersachen ist ferner der reine Materialwert von Bedeutung (§ 817 a Abs. 3 ZPO). Es bedarf der rechtzeitigen Ermittlung und Festsetzung dieser Werte, damit der Schuldner vor Schaden bewahrt wird, wenn es zur Veräußerung der Pfandsachen kommt (§§ 817, 821, 825 ZPO).

Beim vollstreckungsrechtlichen Eingriff in einen landwirtschaftlichen Betrieb bedarf es besonderer Sachkunde, um die bäuerliche Existenz nicht unnötig zu gefährden.

Der Lösung beider vorgenannter Probleme dient § 813 ZPO.

1

§ 813 *Schätzung*

**2** **II. Anwendungsbereich der Norm:** Die Vorschrift findet bei der Zwangsvollstreckung in bewegliche Sachen Anwendung, soweit deren Verwertung nach §§ 814 ff. ZPO erfolgt, also nicht nur im Gefolge einer Pfändung nach § 808 ZPO, sondern auch bei einer Verwertung nach § 127 Abs. 1 KO oder bei der besonderen Verwertung beweglicher Sachen nach § 65 ZVG. Zur Vollstreckung aus sonstigen Titeln außerhalb der ZPO siehe Rdn. 14.

Entgegen der wohl herrschenden Auffassung[1] ist die Vorschrift darüber hinaus entsprechend heranzuziehen, wenn eine Forderung oder ein sonstiges Recht durch Versteigerung statt durch Überweisung verwertet werden soll (§§ 844, 857 ZPO).[2]

**3** **III. Schätzung durch den Gerichtsvollzieher oder einen Sachverständigen:** Die Schätzung erfolgt in aller Regel **durch den Gerichtsvollzieher** bei der Pfändung; ihr Ergebnis ist im Protokoll festzuhalten (§§ 132 Nr. 8, 135 Nr. 1 Buchst. a) GVGA). Zu schätzen ist der »**gewöhnliche Verkaufswert**«. Das ist derjenige Preis, der sich unter Berücksichtigung der allgemeinen Marktlage und der besonderen örtlichen Verhältnisse durch einen durchschnittlichen Verkäufer im freien Verkehr erzielen ließe. Aufpreise, die allein der Schuldner durch besondere Beziehungen usw. erzielen könnte, sind ebensowenig zu berücksichtigen wie der mögliche Preisverfall, der sich einzustellen pflegt, wenn die besondere Zwangslage des Verkäufers bekannt wird. Der Gerichtsvollzieher hat bei der Schätzung seine beruflichen Erfahrungen zu nutzen. Handelt es sich bei den Gegenständen nicht um Kostbarkeiten, darf der Gerichtsvollzieher nicht von sich aus einen Sachverständigen hinzuziehen.[3] Hält er sich für nicht ausreichend kompetent, hat er vielmehr seine Bedenken dem Gläubiger und dem Schuldner mitzuteilen. Sie können dann beim **Vollstreckungsgericht beantragen**, daß es die Schätzung durch einen Sachverständigen anordnet (**Abs. 1 S. 3**). Dritte, die ihrerseits ein Interesse am Gegenstand der Vollstreckung haben, sind nach dem eindeutigen Wortlaut von Abs. 1 S. 3 insoweit **nicht** neben Gläubiger und Schuldner zur Antragstellung befugt.[4] Auch dann, wenn der Gerichtsvollzieher bereits eine Schätzung vorgenommen hat, kann der Gläubiger oder der Schuldner, falls er das Ergebnis für unzutreffend hält, jederzeit bis zum Versteigerungstermin den Antrag nach Abs. 1 S. 3 stellen. Das Gericht muß ihm nicht in jedem Fall entsprechen, kann aber nicht seine eigene Schätzung einfach an die Stelle derjenigen des Gerichtsvollziehers setzen.[5] Hält es die Zweifel des Antragstellers für berechtigt, kann es nur Schätzung durch einen Sachverständigen anordnen.

---

1 MüKo/*Schilken*, § 813 Rdn. 2; *Stein/Jonas/Münzberg*, § 813 Rdn. 2; *Stöber*, Forderungspfändung, Rdn. 1473.
2 Wie hier LG Essen, NJW 1957, 108; LG Münster, DGVZ 1969, 172; LG Krefeld, Rpfleger 1979, 147.
3 Wie hier LG Aachen, JurBüro 1986, 1256; LG München II, Rpfleger 1978, 456; MüKo/*Schilken*, § 813 Rdn. 3; *Rosenberg/Schilken*, § 51 II 1; *Schilken*, AcP 1981, 355, 365; *Stein/Jonas/Münzberg*, § 813 Rdn. 4; *Thomas/Putzo*, § 813 Rdn. 6; *Zöller/Stöber*, § 813 Rdn. 3; a. A. *Baumbach/Lauterbach/Hartmann*, § 813 Rdn. 4; *Mümmler*, DGVZ 1973, 81; *Pawlowski*, ZZP 1977, 367.
4 LG Berlin, Rpfleger 1978, 268; MüKo/*Schilken*, § 813 Rdn. 5; *Stein/Jonas/Münzberg*, § 813 Rdn. 7.
5 OLG Hamm, JMBl.NW 1961, 236.

Handelt es sich bei den gepfändeten Gegenständen allerdings um **Kostbarkeiten,**[6] so hat schon der Gerichtsvollzieher von sich aus die Schätzung einem Sachverständigen zu übertragen (**Abs. 1 S. 2**). Ob eine Kostbarkeit vorliegt, entscheidet der Gerichtsvollzieher.[7] Sofern es sich um Gold- und Silbersachen handelt, hat der Sachverständige neben dem gewöhnlichen Verkaufswert im Hinblick auf § 817 a Abs. 3 ZPO auch den Gold- und Silberwert, also den reinen Materialwert zu schätzen.

4

Der vom Gericht bestimmte oder vom Gerichtsvollzieher hinzugezogene Sachverständige hat seine Schätzung schriftlich oder zu Protokoll des Gerichtsvollziehers abzugeben (§ 132 Nr. 8 S. 4 GVGA). Das Ergebnis ist den Parteien unverzüglich mitzuteilen. Hat der Sachverständige die ursprüngliche eigene Schätzung des Gerichtsvollziehers nach unten korrigiert, muß der Gerichtsvollzieher eine Nachpfändung vornehmen,[8] bis die volle Befriedigung des Gläubigers wieder gesichert erscheint (§ 132 Nr. 9 GVGA).

5

Eine **erneute Schätzung** durch den Gerichtsvollzieher oder einen Sachverständigen ist nach Eintritt neuer Tatsachen angebracht, z. B. bei einer Änderung der allgemeinen oder der örtlichen wirtschaftlichen Verhältnisse.[9] Erfolgte die Schätzung durch einen Sachverständigen auf Anordnung des Gerichts nach Abs. 1 S. 3, setzt die Nachschätzung eine erneute gerichtliche Anordnung voraus.[10] Führt der Gerichtsvollzieher eine Neubewertung durch, so hat er sie in seinem Protokoll zu vermerken und unverzüglich den Parteien mitzuteilen (§ 132 Nr. 8 S. 6 GVGA). Gegebenenfalls muß er aus ihr die Konsequenz der Nachpfändung ziehen. Er ist dagegen nicht befugt, von sich aus einen Teil der bisherigen Pfändungen aufzuheben, wenn die Neuschätzung eine Überpfändung ergibt.[11] Der Gläubiger muß dann die Freigabe oder das Gericht auf eine Erinnerung hin die Pfändung teilweise für unzulässig erklären.

6

**IV. Besonderheiten bei landwirtschaftlichen Betrieben (Abs. 3):** Beim vollstreckungsrechtlichen Eingriff in einen landwirtschaftlichen Betrieb, sei es durch Pfändung von Früchten, die vom Boden noch nicht getrennt sind, sei es durch Pfändung von Gegenständen der in § 811 Nr. 4 ZPO bezeichneten Art, hat der Gerichtsvollzieher immer einen Sachverständigen hinzuzuziehen, sofern anzunehmen ist, daß der Wert der zu pfändenden Gegenstände den Betrag von 1 000,- DM übersteigt (Abs. 3). Der landwirtschaftliche Sachverständige hat zu begutachten, ob die gewöhnliche Zeit der Reife binnen eines Monats zu erwarten ist (§ 810 Abs. 1 S. 2 ZPO) und ob die Früchte, die Geräte oder das Vieh ganz oder zum Teil zur Fortführung der Landwirtschaft erforderlich sind (§§ 150 Nr. 2, 152 Nr. 3 GVGA). Ferner hat er den gewöhnlichen Verkaufswert der gepfändeten Gegenstände zu schätzen. Ist der Landwirt nicht nur Pächter, sondern Eigentümer des Grundstücks, hat der Sachverständige schließlich auch zu begutachten, ob die Gegenstände, deren Pfändung beabsichtigt ist, zum Hypothekenverband

7

---

6 Zum Begriff siehe § 808 Rdn. 9.
7 MüKo/*Schilken*, § 813 Rdn. 3.
8 Zur Nachpfändung siehe auch § 803 Rdn. 4.
9 *Stein/Jonas/Münzberg*, § 813 Rdn. 14; *Zöller/Stöber*, § 813 Rdn. 8.
10 *Zöller/Stöber*, § 813 Rdn. 8.
11 Siehe auch § 803 Rdn. 9.

(§§ 1120 ff. BGB) zählen und daher der Pfändung durch den Gerichtsvollzieher gem. § 865 Abs. 4 ZPO entzogen sind (§ 150 Nr. 2 GVGA).

8 Aufgrund der Ermächtigung in **Abs. 4** haben die Landesjustizverwaltungen in §§ 150 Nr. 1, 152 Nr. 3 a und b GVGA auch für Fälle, in denen der Wert der zu pfändenden landwirtschaftlichen Gegenstände 1 000,- DM nicht übersteigt, die Schätzung durch einen landwirtschaftlichen Sachverständigen angeordnet. Danach soll der Gerichtsvollzieher einen Sachverständigen hinzuziehen, wenn eine sachgemäße Entscheidung nur auf Grund des Gutachtens eines Sachverständigen ergehen kann (§ 152 Nr. 3 a GVGA) oder wenn der Schuldner die Zuziehung verlangt und hierdurch die Zwangsvollstreckung weder verzögert wird noch unverhältnismäßige Kosten entstehen (§ 152 Nr. 3 b GVGA).

9 **V. Rechtsfolgen bei Verstößen gegen § 813 ZPO:** Unterläßt der Gerichtsvollzieher in den Fällen der Abs. 1 S. 2, Abs. 3 und 4 die Hinzuziehung eines Sachverständigen und trifft er die erforderlichen Feststellungen selbst, so wird die Pfändung dadurch nicht unwirksam, sondern nur mit der Erinnerung nach § 766 ZPO **anfechtbar**. Die Erinnerung ist nur begründet, wenn der Anfechtende schlüssige Anhaltspunkte dafür vorträgt, daß die Hinzuziehung des Sachverständigen andere Ergebnisse gebracht hätte.

10 Das Ergebnis der Schätzung durch den Gerichtsvollzieher ist nicht mit der Erinnerung anfechtbar.[12] Halten der Gläubiger oder der Schuldner das Ergebnis für unzutreffend, müssen sie beim Vollstreckungsgericht Antrag auf Schätzung der Gegenstände durch einen Sachverständigen stellen (Abs. 1 S. 3). Wird das Ergebnis einer Schätzung durch einen Sachverständigen beanstandet, ist ebenfalls nicht die Erinnerung nach § 766 ZPO gegeben,[13] vielmehr ist Antrag auf erneute Schätzung, gegebenenfalls durch einen anderen Sachverständigen in entsprechender Anwendung von Abs. 1 S. 3 zu stellen.[14]

11 Die Berufung eines Sachverständigen, seine Auswahl sowie die Ablehnung seiner Berufung durch das Vollstreckungsgericht, das gem. § 20 Nr. 17 RPflG durch den Rechtspfleger entscheidet, sind mit der befristeten Rechtspflegererinnerung nach § 11 Abs. 1 RPflG anfechtbar.

12 Wettbewerbern des Gläubigers oder des Schuldners i. S. § 13 Abs. 2 Nr. 1 UWG kann gegen den Gerichtsvollzieher wegen Förderung fremden unlauteren Wettbewerbs ein Unterlassungsanspruch nach §§ 1, 3 UWG zustehen, wenn er fahrlässig die ihm von den Beteiligten in unlauterem Zusammenspiel genannten »Mondpreise« des Pfändungsguts in seine Schätzung übernimmt und den Bietinteressenten bei der Versteigerung dadurch eine günstigere Erwerbsmöglichkeit vorspiegelt.[15] Der Anspruch ist vor den ordentlichen Gerichten geltend zu machen.

---

12 LG Aachen, JurBüro 1986, 1256; allgem. Meinung; beispielhaft *Brox/Walker*, Rdn. 348; *Stein/Jonas/Münzberg*, § 813 Rdn. 13.
13 So aber *Thomas/Putzo*, § 813 Rdn. 7; *Zöller/Stöber*, § 813 Rdn. 10.
14 Wie hier LG Köln, DGVZ 1957, 122; *MüKo/Schilken*, § 813 Rdn. 9; *Stein/Jonas/Münzberg*, § 813 Rdn. 13.
15 KG, NJW-RR 1986, 201.

**VI. Vergütung für die Schätzung:** Für den Gerichtsvollzieher ist die Schätzung Teil 13
des Pfändungsvorganges und mit den allgemeinen Gebühren insoweit abgegolten.
Dem Sachverständigen ist für seine Tätigkeit eine Vergütung nach dem ortsüblichen
Preis zu gewähren (§§ 150 Nr. 4, 152 Nr. 3 GVGA). Ist ein ortsüblicher Preis nicht
zu ermitteln, sind die Sätze des ZSEG maßgebend. Die Vergütung wird dem Sachverständigen vom Gerichtsvollzieher ausgezahlt. Gegen die Festsetzung seiner Gebühren
durch den Gerichtsvollzieher hat der Sachverständige die Erinnerung nach § 766 ZPO.

**VII. ArbGG, VwGO, AO:** Siehe § 811 Rdn. 44. Im Bereich der Abgabenvollstreckung 14
ist für die Schätzung – sofern sie nicht einem Sachverständigen übertragen wird – der
Vollziehungsbeamte (vergl. § 285 AO) zuständig. An die Stelle des Vollstreckungsgerichts (§ 813 Abs. 1 S. 3 ZPO) tritt die Vollstreckungsbehörde (§ 295 S. 2 AO).

§ 813 a  Aussetzung der Verwertung

(1) Das Vollstreckungsgericht kann auf Antrag des Schuldners die Verwertung gepfändeter Sachen unter Anordnung von Zahlungsfristen zeitweilig aussetzen, wenn dies nach der Persönlichkeit und den wirtschaftlichen Verhältnissen des Schuldners sowie nach der Art der Schuld angemessen erscheint und nicht überwiegende Belange des Gläubigers entgegenstehen.
(2) Wird der Antrag nach Absatz 1 nicht binnen einer Frist von zwei Wochen nach der Pfändung gestellt, so ist er ohne sachliche Prüfung zurückzuweisen, wenn das Vollstreckungsgericht der Überzeugung ist, daß der Schuldner den Antrag in der Absicht der Verschleppung oder aus grober Nachlässigkeit nicht früher gestellt hat.
(3) Anordnungen nach Absatz 1 können mehrmals ergehen und, soweit es nach Lage der Verhältnisse, insbesondere wegen nicht ordnungsmäßiger Erfüllung der Zahlungsauflagen, geboten ist, auf Antrag aufgehoben oder abgeändert werden.
(4) Die Verwertung darf durch Anordnungen nach Absatz 1 und Absatz 3 nicht länger als insgesamt ein Jahr nach der Pfändung hinausgeschoben werden.
(5) ¹Vor den in Absatz 1 und in Absatz 3 bezeichneten Entscheidungen ist, soweit dies ohne erhebliche Verzögerung möglich ist, der Gegner zu hören. ²Die für die Entscheidung wesentlichen tatsächlichen Verhältnisse sind glaubhaft zu machen. ³Das Gericht soll in geeigneten Fällen auf eine gütliche Abwicklung der Verbindlichkeiten hinwirken und kann hierzu eine mündliche Verhandlung anordnen. ⁴Die Entscheidungen nach den Absätzen 1, 2 und 3 sind unanfechtbar.
(6) In Wechselsachen findet eine Aussetzung der Verwertung gepfändeter Sachen nicht statt.

## Inhaltsübersicht

| | | Rdn. |
|---|---|---|
| | Literatur | |
| I. | Anwendungsbereich der Norm | 1–3 |
| II. | Voraussetzungen des Verwertungsaufschubs | 4 |
| | 1. Sicherheit des Gläubigers | 4 |
| | 2. Antrag des Schuldners | 5 |
| | 3. Einhaltung der Zwei-Wochen-Frist | 6, 6a |
| | 4. Sachliche Voraussetzungen | 7 |
| | a) Persönlichkeit des Schuldners | 8 |
| | b) Wirtschaftliche Verhältnisse des Schuldners | 9 |
| | c) Art der zu tilgenden Schuld | 10 |
| | d) Überwiegende Belange des Gläubigers | 11 |
| III. | Das Bewilligungsverfahren | 12 |
| IV. | Entscheidung durch Beschluß | 13 |
| | 1. Inhalt des Beschlusses | 13 |
| | 2. Jahresfrist für den Verwertungsaufschub | 14 |
| | 3. Einstweilige Einstellung der Zwangsvollstreckung | 15, 15a |
| | 4. Kosten | 16 |

| | |
|---|---|
| V. Änderungsanordnungen (Abs. 3) | 17 |
| VI. Wirkungen der Aussetzung | 18, 19 |
| VII. Rechtsbehelfe | 20 |
| VIII. Verwertungsaufschub durch den Gerichtsvollzieher | 21, 21a |
| IX. Gebühren | 22 |
| X. ArbGG, VwGO, AO | 23 |

Literatur: *Behr*, Ratenzahlungsbewilligung durch den Gerichtsvollzieher, DGVZ 1977, 162; *Bloedhorn*, Die neuere Rechtsprechung zu §§ 765 a, 811 und 813 a ZPO, DGVZ 1976, 104; *Friese*, Schutz des Gläubigers gegen Vollstreckungsschutz, NJW 1955, 447; *Herzig*, Zum verspäteten Antrag des Schuldners auf Verwertungsaufschub, JurBüro 1967, 634; *ders.*, Verwertungsmoratorium, weitere Vollstreckungsmaßnahmen und Leistung des Offenbarungseids, JurBüro 1968, 366; *Holch*, Ratenzahlung statt Pfandverwertung, DGVZ 1990, 133; *Käfer*, Das Verhältnis von § 765 a ZPO zu § 813 a ZPO, MDR 1955, 339; *Noack*, Das Verwertungsmoratorium des § 813 a ZPO, JR 1967, 369; *Pawlowski*, Die rechtlichen Grundlagen der »ratenweisen Vollstreckung«, DGVZ 1991, 177; *Rasehorn*, Bedeutung, Einordnung und Probleme des Ratenzahlungsverfahrens gem. § 813 a ZPO aus der Sicht der Gerichtspraxis, Diss. Köln 1954; *ders.*, Probleme des Zwangsvollstreckungsnotrechts, KTS 1955, 185; *Schallhorn*, Welche Rechtsbehelfe hat der die Vollstreckung betreibende Gläubiger gegen einen Stundungsbeschluß nach § 813 a, JurBüro 1971, 117; *E. Schneider*, Schutzbeschlüsse nach § 813 a ZPO, JurBüro 1965, 183; *ders.*, Zur Glaubhaftmachung bei Vollstreckungsschutzanträgen nach § 813 a ZPO, JurBüro 1970, 366; *Seither*, Kann von der Zahlungsfrist des § 813 a Abs. 4 ZPO bei Einverständnis des Gläubigers abgewichen werden?, Rpfleger 1968, 381; *ders.*, Verwertungsaufschub (§ 813 a ZPO) in vereinfachter Form und im Verwaltungszwangsverfahren, Rpfleger 1969, 232; *Wieser*, Die Aussetzung der Verwertung mit Zustimmung des Gläubigers, DGVZ 1987, 49;

**I. Anwendungsbereich der Norm:** § 813 a ZPO regelt die Möglichkeit eines **gerichtlichen** Vollstreckungsaufschubes **nach** der **Pfändung** beweglicher Sachen, um dem Schuldner die Chance zu geben, seine Schuld freiwillig abzutragen und das Pfändungsgut nicht durch Zwangsverwertung zu verlieren. Die Vorschrift ist im Rahmen der Forderungspfändung nicht entsprechend anwendbar.[1] Sie gilt wegen ihres Ziels, den Schuldner zur Geldleistung an den Gläubiger anzuhalten, ferner nicht, wenn der Gerichtsvollzieher nur Bargeld gepfändet hat (vergl. dazu § 815 Abs. 1 ZPO). Durch die Vorschrift werden weder weitere Pfändungen unterbunden, soweit ihnen nicht § 803 Abs. 1 S. 2 ZPO entgegensteht, noch sonstige, nicht auf die Verwertung der konkreten Sachen abzielende andere Vollstreckungsmaßnahmen, etwa die Einleitung des Verfahrens auf Abgabe der Offenbarungsversicherung.[2] Wo eine Verwertung des Pfändungsgutes von vornherein nicht in Betracht kommt, etwa im Rahmen der Arrestvollziehung, scheidet eine Anwendung des § 813 a ZPO naturgemäß aus.

In **Abs. 6** ist der Anwendungsbereich der Vorschrift darüber hinaus dahin eingeschränkt, daß ein Verwertungsaufschub in **Wechselsachen** generell ausscheidet. Eine Wechselsache liegt immer dann vor, wenn die zu vollstreckende Geldforderung mate-

---

1 Allgem. Meinung; beispielhaft *Baumbach/Lauterbach/Hartmann*, § 813 a Rdn. 2; *Zöller/Stöber*, § 813 a Rdn. 2.
2 LG Essen, MDR 1961, 1023.

riellrechtlich aus einem Wechsel hergeleitet wird, unabhängig davon, ob sie im Wechselverfahren oder im gewöhnlichen Mahn- oder Prozeßverfahren, auch durch Prozeßvergleich, tituliert worden ist.³ Abs. 6 ist auf Schecksachen nicht entsprechend anwendbar,⁴ da der Scheck, insbesondere der sog. Euroscheck, weitgehend als Bargeldersatz und nicht als Sicherungsmittel eingesetzt wird und eine Gleichsetzung des Scheckgläubigers mit dem Wechselgläubiger heute nicht mehr gerechtfertigt ist.

3 § 813 a ZPO ist keine die Anwendung des § 765 a ZPO verdrängende Sondervorschrift, da sie letztlich anderen Zielen dient als dieser.⁵ Es gelten vielmehr die allgemeinen Regeln⁶ zum Verhältnis von allgemeinem und besonderem Vollstreckungsschutz.

4 **II. Voraussetzungen eines Verwertungsaufschubs:**

1. **Sicherheit des Gläubigers:** Der Gerichtsvollzieher muß schon gepfändet haben, so daß der Gläubiger bereits einstweilige Sicherheit erlangt hat. Ein vorbeugender Verwertungsaufschub ist nicht denkbar, auch wenn der Schuldner nur wenige pfändbare Gegenstände hat, so daß der Zugriff auf sie mehr als wahrscheinlich ist.

5 2. **Antrag des Schuldners:** Es muß ein Antrag des Schuldners an das **Vollstreckungsgericht** (§ 764 ZPO) vorliegen (**Abs. 1**). Der Antrag kann schriftlich oder zu Protokoll der Geschäftsstelle gestellt werden; es besteht kein Anwaltszwang. Der Gerichtsvollzieher hat den Schuldner über die Möglichkeit eines solchen Antrages zu belehren (§ 112 Nr. 5 GVGA). Die Belehrung ist zu protokollieren.

6 3. **Einhaltung der Zwei-Wochen-Frist:** Der Antrag kann zwar grundsätzlich bis zur Durchführung der Verwertung gestellt werden; wird er aber nicht binnen einer Frist von zwei Wochen nach der Pfändung gestellt, so ist er ohne Prüfung auf seine sachliche Begründetheit hin zurückzuweisen, wenn das Vollstreckungsgericht der Überzeugung ist, daß der Schuldner den Antrag aus Verschleppungsabsicht oder aus grober Nachlässigkeit nicht früher gestellt hat (**Abs. 2**). Die Frist ist keine Notfrist, so daß es bei ihrer Versäumung nicht die Wiedereinsetzung in den vorigen Stand gibt.⁷ Sie kann aber auch nicht auf Antrag verlängert werden. Fristüberschreitungen müssen also immer begründet entschuldigt werden, um eine Überzeugungsbildung des Gerichts zu ermöglichen. Ist Verschleppungsabsicht erkennbar oder liegt grobe Nachlässigkeit vor, hat das Gericht kein Ermessen mehr, den Antrag etwa aus Billigkeitserwägungen zuzulassen.

---

3 LG Traunstein, MDR 1962, 745.
4 Wie hier: *Zöller/Stöber*, § 813 a Rdn. 2; a. A. die wohl h. M., z. B. *Baumbach/Lauterbach/Hartmann*, § 813 a Rdn. 2; *MüKo/Schilken*, § 813 a Rdn. 8; *Thomas/Putzo*, § 813 a Rdn. 1; *Stein/Jonas/Münzberg*, § 813 a Rdn. 7.
5 H. M.; beispielhaft *Rosenberg/Gaul*, § 43 IV 2 a; *Thomas/Putzo*, § 813 a Rdn. 1; a. A. LG Essen, MDR 1955, 50.
6 Siehe § 765 a Rdn. 6.
7 *MüKo/Schilken*, § 813 a Rdn. 11; *Thomas/Putzo*, § 813 a Rdn. 3.

Sollte es zur geplanten Einfügung des neuen § 813 a ZPO[8] kommen, darf konsequenterweise die Zwei-Wochen-Frist des bisherigen § 813 a Abs. 2 ZPO nicht mehr mit der Pfändung beginnen. Andernfalls wäre die Antragsfrist regelmäßig bereits abgelaufen, wenn der vom Gerichtsvollzieher gem. § 813 a Abs. 2 S. 3 und 4 ZPO in der Fassung des Entwurfs der 2. Zwangsvollstreckungsnovelle[9] durch Unterrichtung des Schuldners über den Widerspruch des Gläubigers oder durch Verzug des Schuldners endet. Deshalb sieht der Entwurf eine Änderung des bisherigen § 813 a Abs. 2 ZPO vor, wonach »die Frist ... im Falle des Verwertungsaufschubs nach (dem neuen) § 813 a mit dessen Ende im übrigen mit der Pfändung« beginnt.[10]

**4. Sachliche Voraussetzungen:** In sachlicher Hinsicht ist Voraussetzung der Bewilligung eines Verwertungsmoratoriums, daß dies »nach der Persönlichkeit« des Schuldners und seinen wirtschaftlichen Verhältnissen sowie nach der Art der Schuld angemessen erscheint und überwiegende Belange des Gläubigers nicht entgegenstehen. Auszugehen ist dabei vom Zweck der Norm, dem Schuldner die Chance einzuräumen, doch noch durch freiwillige Geldleistungen den titulierten Anspruch zu tilgen.

a) **Persönlichkeit des Schuldners:** Der Schuldner ist schutzunwürdig, wenn sich aus seinem bisherigen Verhalten ergibt, daß er das Moratorium nicht zweckentsprechend nutzen wird, sondern nur bestrebt ist, das Verfahren in die Länge zu ziehen und die Anspruchsbefriedigung letztlich zu vereiteln. Anhaltspunkte hierfür können sich aus der Prozeßgeschichte, aus dem Verhalten bei früheren Vollstreckungsversuchen, aus dem bisherigen Ablauf des vorliegenden Vollstreckungsverfahrens (Vielzahl sonstiger das Verfahren verzögernder Eingaben pp.) oder auch aus der Antragsbegründung ergeben.

b) **Wirtschaftliche Verhältnisse des Schuldners:** Sie müssen so beschaffen sein, daß eine gewisse Wahrscheinlichkeit besteht, daß der Schuldner zur Erbringung von Raten überhaupt in der Lage ist und künftige Zahlungsfristen einhalten kann. Ist nicht ersichtlich, woraus die Zahlungen je geleistet werden könnten (es ist z. B. kein pfändbares Einkommen vorhanden, die vom Schuldner bezogenen Sozialleistungen liegen im untersten Bereich), würde ein Verwertungsaufschub den Zweck der Vorschrift verfehlen.

c) **Art der zu tilgenden Schuld:** Bei ihr ist insbesondere zu berücksichtigen, ob sie ihrer Natur nach zur Sicherung des laufenden Lebensunterhalts des Gläubigers bestimmt ist (z. B. laufende Unterhalts- und Lohnansprüche) oder ob sie den Gläubiger erst seinerseits in die Lage versetzen soll, Verpflichtungen zu erfüllen (z. B. Heizungskosten, um wieder Brennstoff besorgen zu können[11]). In Fällen dieser Art wäre es unangemessen, die Gesamtbefriedigung des Anspruchs des Gläubigers hinauszuzögern und ihn auf kleine, seinen eigenen Bedarf nicht deckende Raten zu verweisen. Gleiches kann

---

8 Siehe dazu Anhang zu § 813 a.
9 BT-Drucks. 13/341, S. 6.
10 BT-Drucks. 13/341, S. 6 mit Begründung S. 30.
11 AG Köln, MDR 1956, 486; MüKo/*Schilken*, § 813 a Rdn. 6; *Thomas/Putzo*, § 813 a Rdn. 4.

auch bei Schadensersatzansprüchen wegen vorsätzlichen Verhaltens des Schuldners gelten.[12]

11 d) **Überwiegende Belange des Gläubigers:** Sie stehen einem Verwertungsaufschub entgegen, wenn der Gläubiger auf die sofortige Befriedigung seines Anspruchs angewiesen ist, um gravierenden Schaden von sich abzuwenden. Dies ist insbesondere anzunehmen, wenn ihm selbst die Zwangsvollstreckung durch eigene Gläubiger oder ein Konkursantrag droht oder wenn er sich im Falle eigenen Zahlungsverzuges erheblichen Schadensersatzansprüchen aussetzen würde.

12 III. **Das Bewilligungsverfahren:** Über den Antrag des Schuldners entscheidet der Rechtspfleger (§ 20 Nr. 17 RPflG) beim Vollstreckungsgericht. Er hat den Gläubiger vor der Entscheidung **zu hören** (Abs. 5 S. 1). Mündliche Verhandlung ist freigestellt. Sie ist zweckmäßig, wenn zu erwarten ist, daß ein Gespräch mit den Parteien zu einer gütlichen Einigung über die Ratenhöhe, die Zahlungsfristen und zu einer Klärung strittiger Fragen führen kann (**Abs. 5 S. 3**).

Gläubiger und Schuldner müssen ihre tatsächlichen Angaben, die für die Entscheidung von Bedeutung sind, **glaubhaft machen (Abs. 5 S. 2)**. Darlegungs- und beweispflichtig für die Fähigkeit und ernsthafte Absicht, die Schuld später und gegebenenfalls in Raten zu tilgen, ist der Schuldner. Der Gläubiger muß die persönliche Schutzunwürdigkeit des Schuldners und das Überwiegen seiner eigenen Belange darlegen und beweisen.

13 IV. **Entscheidung durch Beschluß:** Die Entscheidung ergeht durch **Beschluß**, der zu begründen ist.

1. **Inhalt des Beschlusses:** Die Anordnung muß nicht nur exakt bestimmen, für wie lange die Verwertung ausgesetzt wird, sie muß vielmehr auch ganz konkrete Zahlungsfristen für den Schuldner enthalten (Abs. 1 und 3). Möglich ist sowohl die Anordnung, den Gesamtbetrag bis zu einer bestimmten Frist zu zahlen, als auch die Anordnung von Ratenzahlungen zu jeweils festgelegten Fristen.[13] Andere Auflagen als Zahlungsfristen sieht Abs. 1 nicht vor; sie sind deshalb mangels Ermächtigungsgrundlage unzulässig.[14] Insbesondere kann das Verwertungsmoratorium nicht an die gleichzeitige Tilgung anderer Schulden gegenüber dem Gläubiger oder die Erfüllung sonstiger, möglicherweise sogar nichttitulierter Ansprüche des Gläubigers gebunden werden.[15] Ein solches Junktim können nur die Parteien in freiwilliger Stundungsvereinbarung schaffen.

14 2. **Jahresfrist für den Verwertungsaufschub:** Der Verwertungsaufschub darf insgesamt **ein Jahr** nicht überschreiten (**Abs. 4**). War die Frist auf den ersten Antrag des Schuldners hin nicht ausgeschöpft worden und liegen die Voraussetzungen nach

---

12 MüKo/*Schilken*, § 813 a Rdn. 6; *Stein/Jonas/Münzberg*, § 813 a Rdn. 6.
13 Wie hier *Baumbach/Lauterbach/Hartmann*, § 813 a Rdn. 11; MüKo/*Schilken*, § 813 a Rdn. 13; *Stein/Jonas/Münzberg*, § 813 a Rdn. 16; **a. A.** (nur letzteres) *Zöller/Stöber*, § 813 a Rdn. 11.
14 Wie hier *Baumbach/Lauterbach/Hartmann*, § 813 a Rdn. 11; *Thomas/Putzo*, § 813 a Rdn. 9.
15 So aber MüKo/*Schilken*, § 813 a Rdn. 13; *Stein/Jonas/Münzberg*, § 813 a Rdn. 16; *Zöller/Stöber*, § 813 a Rdn. 11.

Abs. 1 nach Ablauf der vom Gericht gesetzten Frist weiterhin vor, kann der Schuldner den Antrag (gegebenenfalls auch mehrfach) erneuern. Nach Ablauf der Jahresfrist kann der Schuldner im Einzelfall nur noch nach § 765 a ZPO weiteren Verwertungsaufschub erhalten.[16] Um den Gläubiger nicht unnötig zu belasten und den Schuldner zu zügiger Erfüllung im Rahmen seiner Möglichkeiten anzuhalten, ist es zweckmäßig, nicht schon auf den ersten Antrag des Schuldners hin die Jahresfrist auszuschöpfen, sondern zunächst zu sehen, inwieweit sich die günstige Zukunftsprognose überhaupt bestätigt. Die Jahresfrist des Abs. 4 gilt nicht, wenn der Gläubiger freiwillig Vollstreckungsaufschub gewährt hat.[17]

**3. Einstweilige Einstellung der Zwangsvollstreckung:** Da die Aufklärung nach Abs. 1 und 4 sowie ein Güteversuch nach Abs. 5 S. 3 eine gewisse Zeit beanspruchen, kann der Rechtspfleger bis zu seiner endgültigen Entscheidung in entsprechender Anwendung der §§ 766 Abs. 1 S. 2, 732 Abs. 2 ZPO die Zwangsvollstreckung einstweilen einstellen.[18] Die Einstellung kann bereits mit ersten Zahlungsfristen verknüpft werden. Verstreichen diese Fristen erfolglos, wird die einstweilige Einstellung nicht automatisch wirkungslos. Sie besteht fort, bis der Rechtspfleger seine endgültige Entscheidung trifft oder bis er sie schon vor seiner endgültigen Entscheidung wieder aufhebt.

15

Nach dem Entwurf eines Zweiten Gesetzes zur Änderung zwangsvollstreckungsrechtlicher Vorschriften soll die Möglichkeit des Vollstreckungsgerichts, die Zwangsvollstreckung einstweilen einzustellen, ausdrücklich in § 813 b ZPO, in den sich der jetzige § 813 a ZPO verwandelt, vorgesehen werden. Dem Abs. 1 soll folgender Satz angefügt werden: »Es ist befugt, die in § 732 Abs. 2 bezeichneten Anordnungen zu erlassen.«[19] Für diese Möglichkeit besteht auch trotz der geplanten Regelung des neuen § 813 a ZPO[20] in denjenigen Fällen ein Bedürfnis, in denen der Gläubiger bereits bei Erteilung des Vollstreckungsauftrags eine Zahlung in Teilbeträgen ausgeschlossen hatte oder in denen er nachträglich einem Aufschub der Verwertung der gepfändeten Sachen widerspricht.[21]

15a

**4. Kosten:** Die endgültige Entscheidung des Rechtspflegers **kann** mit einer **Kostenentscheidung** versehen werden (§ 788 Abs. 3 ZPO). Geschieht dies nicht, sind die Kosten des Verfahrens nach § 813 a ZPO notwendige Kosten der Zwangsvollstreckung, die dem Schuldner zur Last fallen.[22] Gründe, die Kosten ganz oder teilweise dem Gläubiger aufzuerlegen, können nur in einem Verhalten liegen, das den Antrag nach § 813 a ZPO vorwerfbar herausgefordert hat (z. B. Ablehnung eines Ratenzahlungsangebots des Schuldners ohne Grund).

16

---

16 § 765 a Rdn. 6.
17 Siehe dazu Rdn. 21.
18 Allgem. Meinung; vergl. *Baumbach/Lauterbach/Hartmann,* § 813 a Rdn. 10; *MüKo/Schilken,* § 813 a Rdn. 9; *Stein/Jonas/Münzberg,* § 813 a Rdn. 10; *Thomas/Putzo,* § 813 a Rdn. 7; *Zöller/ Stöber,* § 813 a Rdn. 18.
19 BT-Drucks. 13/341, S. 6.
20 Siehe dazu Anh. zu § 813 a.
21 Zur Begründung der geplanten Ergänzung siehe BT-Drucks. 13/341, S. 29 f.
22 Einzelheiten: § 788 Rdn. 27.

17 **V. Änderungsanordnungen (Abs. 3):** Zeigt sich während des angeordneten Moratoriums, daß der Schuldner die angeordneten Raten nicht oder nur sehr unzuverlässig zahlt, kann das Gericht **auf Antrag** des Gläubigers die Aussetzung der Verwertung wieder aufheben. Ebenso kann es auf Antrag die festgesetzten Raten erhöhen oder die Zahlungsfristen verkürzen, wenn eine wesentliche Veränderung der Bedürfnisse des Gläubigers eingetreten ist, die die bisherige Regelung als unzumutbar erscheinen läßt. Schließlich kann der Schuldner nicht nur nach Ablauf des Moratoriums dessen Verlängerung innerhalb der Grenzen der Jahresfrist beantragen,[23] sondern er kann auch schon während des Moratoriums um die Anpassung der Raten und Fristen an seine veränderten Möglichkeiten ersuchen.

18 **VI. Wirkungen der Aussetzung:** Die Aussetzungsanordnung ist eine ausschließlich verfahrensrechtliche Maßnahme. Sie beendet nicht den Verzug des Schuldners, so daß die Verzugszinsen weiterlaufen und die Verantwortlichkeit des Schuldners für sonstige Verzugsschäden fortbesteht. Der Gläubiger ist durch sie nicht gehindert, neben dem Schuldner mithaftende Dritte, etwa einen Bürgen, zwischenzeitlich in Anspruch zu nehmen.

19 Hat der Schuldner den Gläubiger während des Moratoriums entsprechend den Anordnungen befriedigt, führt dies nicht von Amts wegen zur Aufhebung der bisherigen Pfändungsmaßnahmen. Der Gläubiger muß, wie auch bei jeder freiwilligen Erfüllung durch den Schuldner sonst, die Gegenstände freigeben. Tut er dies nicht, bleibt dem Schuldner nur der Weg über § 767 ZPO.
Ist die im Aussetzungsbeschluß gesetzte Frist abgelaufen, verliert er von selbst seine Wirksamkeit. Auf Antrag des Gläubigers setzt der Gerichtsvollzieher dann die Vollstreckung durch Verwertung der gepfändeten Gegenstände ohne weiteres fort.

20 **VII. Rechtsbehelfe:** Gegen die Entscheidungen des Rechtspflegers nach Abs. 1 bis 3 kann der jeweils Beschwerte (Gläubiger im Falle des Verwertungsaufschubs, Schuldner im Falle der Ablehnung des Aussetzungsantrages) **Rechtspflegererinnerung** nach § 11 Abs. 1 RPflG einlegen. Da die Entscheidungen im Rahmen des § 813 a ZPO unanfechtbar wären, hätte sie von vornherein der Richter getroffen (**Abs. 5 S. 4**), muß die Erinnerung in der Zwei-Wochen-Frist des § 577 Abs. 2 ZPO eingelegt werden (§ 11 Abs. 1 S. 2 RPflG). Die Entscheidung des Richters, ob er nun der Erinnerung abhilft oder nicht, ist grundsätzlich **unanfechtbar** (Abs. 5 S. 4). Wie bei Entscheidungen nach § 707 Abs. 1[24] und § 769 Abs. 1 ZPO[25] ist aber ausnahmsweise die **sofortige Beschwerde** (§ 793 ZPO) dann zulässig, wenn das Gericht offensichtlich über den gesetzlichen Rahmen richterlichen Ermessens hinausgeht oder wenn die Entscheidung grob

---

23 Oben Rdn. 14.
24 Siehe § 707 Rdn. 17.
25 Siehe § 769 Rdn. 14.

verfahrensfehlerhaft zustandegekommen ist (greifbare Gesetzeswidrigkeit).[26] Bloße Falschausübung des Ermessens innerhalb des gesetzlichen Rahmens oder die Mißachtung der Frist nach Abs. 4 begründen dagegen die Zulässigkeit der Beschwerde nicht. Da das Beschwerdegericht in Fällen dieser Art nicht in den Ermessensspielraum des Vollstreckungsgerichts eingreifen darf, kann es, wenn es die Beschwerde für begründet erachtet, nicht selbst Anordnungen nach § 813 a ZPO treffen; es muß die Sache vielmehr an das Vollstreckungsgericht zur erneuten Entscheidung zurückverweisen.

**VIII. Verwertungsaufschub durch den Gerichtsvollzieher:** § 813 a ZPO in seiner derzeitigen Fassung gibt nur dem Vollstreckungsgericht, nicht auch dem Gerichtsvollzieher die Möglichkeit, gegen den Willen des Gläubigers die Verwertung des Pfändungsgutes einstweilen auszusetzen. Der Gläubiger kann aber freiwillig, durch nachträgliche Beschränkung seines Vollstreckungsantrages, die Verwertung einstweilen aussetzen lassen. Der Gerichtsvollzieher ist an eine derartige Anordnung, das Vollstreckungsverfahren vorläufig nicht weiter zu betreiben, gebunden.[27] Einzelheiten des Verfahrens des Gerichtsvollziehers in einem solchen Fall regelt § 141 Nr. 2 GVGA. Vermutet der Gerichtsvollzieher, der Gläubiger werde der Bitte des Schuldners um Verwertungsaufschub und Bewilligung einer Ratenzahlung nachkommen, kann er ausnahmsweise von sich aus vorläufigen Vollstreckungsaufschub gewähren, um unverzüglich eine Entscheidung des Gläubigers herbeizuführen (§ 141 Nr. 2 Abs. 2 GVGA). Verweigert der Gläubiger aber die Zustimmung, muß der Gerichtsvollzieher das Verfahren umgehend fortsetzen. Tut er dies nicht, hat der Gläubiger den Rechtsbehelf nach § 766 ZPO. Die Weigerung des Gerichtsvollziehers stellte darüber hinaus eine Amtspflichtverletzung dar, so daß der Staat dem Gläubiger für einen möglichen Verzögerungsschaden nach Art. 34 GG, § 839 BGB haften würde. Für einen vom Gläubiger freiwillig gewährten Vollstreckungsaufschub gilt die Jahresfrist des § 813 a Abs. 4 ZPO nicht.[28] Bei einer über 6 Monate hinausgehenden Frist soll nach § 141 Nr. 2 Abs. 4 GVGA allerdings nicht mehr der Gerichtsvollzieher die Zahlungseingänge überwachen, sondern dies dem Gläubiger selbst überlassen.

21

In der geplanten Regelung eines neuen § 813 a ZPO, wonach unter bestimmten Voraussetzungen auch der Gerichtsvollzieher zur Aussetzung der Verwertung berechtigt ist, siehe den Anh. zu § 813 a.

21a

---

26 OLG Celle, NJW 1954, 723; OLG Frankfurt, NJW 1955, 1486; OLG Hamm, JurBüro 1958, 87; OLG München, OLGZ 1968, 176; LG Essen, JurBüro 1975, 638; LG Lübeck, SchlHA 1959, 81; *Baumbach/Lauterbach/Hartmann,* § 813 a Rdn. 14; *Zöller/Stöber,* § 813 a Rdn. 17; *Thomas/Putzo,* § 813 a Rdn. 14; a. A. (zweifelhaft, ob Ermessensüberschreitung anfechtbar) *Stein/Jonas/Münzberg,* § 813 a Rdn. 18 mit Fußn. 53.
27 Allgem. Meinung; beispielhaft *Bruns/Peters,* § 22 V (mit zahlreichen Nachw. in Fußn. 53); *Zöller/Stöber,* § 813 a Rdn. 19.
28 MüKo/*Schilken,* § 813 a Rdn. 15; *Thomas/Putzo,* § 813 a Rdn. 9; *Zöller/Stöber,* § 813 a Rdn. 11; **a. A.** OLG Celle, NJW 1954, 723; *Baumbach/Lauterbach/Hartmann,* § 813 a Rdn. 5; *Stein/Jonas/Münzberg,* § 813 a Rdn. 9.

22  IX. **Gebühren:** Für die **gerichtliche** Entscheidung nach § 813 a ZPO (positiv wie negativ) entsteht die Festgebühr nach KV Nr. 1642. Jedes Verfahren nach § 813 a ZPO ist für den **Anwalt** eine besondere Angelegenheit (§ 58 Abs. 3 Nr. 3 BRAGO), für die er jeweils wieder neu die 3/10-Gebühr gem. § 57 Abs. 1 BRAGO erhält. Der Gegenstandswert ist gem. § 3 ZPO zu ermitteln und entspricht dem Interesse des Schuldners, den gepfändeten Gegenstand behalten zu dürfen. In der Regel wird es der Differenz zwischen dem Wiederbeschaffungswert und dem zu erwartenden Versteigerungserlös entsprechen.[29] Der **Gerichtsvollzieher** erhält für seine Vermittlungsbemühungen im Rahmen des § 141 Nr. 2 GVGA keine besondere Gebühr. Die Tätigkeit ist mit der allgemeinen Gebühr abgegolten. Für den Anwalt erwächst dagegen, wenn er an einer Ratenzahlungsvereinbarung mitwirkt, eine volle Vergleichsgebühr.[30]

23  X. **ArbGG, VwGO, AO:** Die Vorschrift gilt auch bei der Pfändung beweglicher Sachen aufgrund von arbeitsgerichtlichen Titeln (vergl. §§ 62 Abs. 2 S. 1, 85 Abs. 1 S. 3 ArbGG) und solchen nach § 168 VwGO (§ 167 Abs. 1 VwGO). Die Vollstreckung für die öffentliche Hand richtet sich allerdings gem. § 169 Abs. 1 S. 1 VwGO nach dem VwVG. Dieses verweist in § 5 auf die AO. Gleiches kann gem. § 170 Abs. 1 S. 3 VwGO bei der Vollstreckung gegen die öffentliche Hand der Fall sein. Die AO bestimmt in § 297, daß die Aussetzung der Verwertung möglich ist, wenn die alsbaldige Verwertung unbillig wäre. Diese Vorschrift entspricht im wesentlichen dem § 813 a Abs. 1 ZPO. Anstelle des Vollstreckungsgerichts entscheidet die Vollstreckungsbehörde.

---

29 AG Hannover, NdsRpfl 1970, 177.
30 Siehe auch § 788 Rdn. 12.

**Anhang zu § 813 a: Aussetzung der Verwertung durch den Gerichtvollzieher nach dem Entwurf eines Zweiten Gesetzes zur Änderung zwangsvollstreckungsrechtlicher Vorschriften**

## Inhaltsübersicht

| | Rdn. |
|---|---|
| I. Zweck der Ermächtigung des Gerichtsvollziehers zur Aussetzung der Verwertung | 1 |
| II. Inhalt der geplanten Regelung eines neuen § 813 a ZPO | 2 |
| III. Voraussetzungen für einen Verwertungsaufschub durch den Gerichtsvollzieher | 3 |
|    1. Keine Notwendigkeit eines ausdrücklichen Antrags | 3 |
|    2. Einverständnis des Gläubigers | 4 |
|    3. Verpflichtung des Schuldners zur Zahlung innerhalb eines Jahres | 5 |
| IV. Anordnung des Gerichtsvollziehers | 6 |
| V. Ausschluß eines Verwertungsaufschubs durch den Gerichtsvollzieher | 7 |

**I. Zweck der Ermächtigung des Gerichtsvollziehers zur Aussetzung der Verwertung:** § 813 a ZPO in der jetzigen Fassung hat in der Vollstreckungspraxis offenbar keine wesentliche Bedeutung. Das mag vor allem an der Schwerfälligkeit des Verfahrens liegen. Diese beruht insbesondere darauf, daß der Antrag auf Aussetzung der Verwertung nicht sogleich beim Gerichtsvollzieher als dem zuständigen Vollstreckungsorgan, sondern beim Vollstreckungsgericht zu stellen ist. Dieses muß unter den Voraussetzungen des Abs. 5 vor seiner Entscheidung den Gegner erst anhören und kann sogar eine mündliche Verhandlung anberaumen. Eine Aussetzung der Verwertung unter erleichterten Voraussetzungen wird aber allgemein als wünschenswert angesehen. Sie liegt nämlich dann, wenn der Schuldner wenigstens zu einer ratenweisen Abtragung der Schuld bereit ist, nicht nur im Interesse des Schuldners, sondern auch im Interesse des Gläubigers, sofern dieser nicht gerade auf eine sofortige (Teil-)Befriedigung angewiesen ist. Tatsächlich praktizieren die Gerichtsvollzieher die Beitreibung im Wege der Ratenzahlungsbewilligung offenbar auch mit gutem Erfolg.[1] Dafür gibt es bisher aber bis auf die in § 813 a Rdn. 21 genannten Fälle keine rechtliche Grundlage. Deshalb ist im Schrifttum schon mehrfach gefordert worden, die Aussetzungsbefugnis auf den Gerichtsvollzieher zu übertragen.[2] Dieser Vorschlag wird in dem Entwurf eines Zweiten Gesetzes zur Änderung zwangsvollstreckungsrechtlicher Vorschriften[3] aufgegriffen. 1

---

1 BT-Drucks. 13/341, S. 27.
2 Siehe etwa *Alisch*, DGVZ 1982, 33, 35; *Behr*, DGVZ 1977, 162, 164 f.; Deutscher Gerichtsvollzieherbund, DGVZ 1987, 129, 132; *Eich*, DGVZ 1989, 49, 52 ff.; *Gottschalk*, DGVZ 1988, 35, 39; *Hanke*, DGVZ 1986, 17, 23; *Schilken*, DGVZ 1989, 161, 164; *Werner*, DGVZ 1986, 65 f.
3 BT-Drucks. 13/341, S. 26 ff.

2  II. **Inhalt der geplanten Regelung eines neuen § 813 a ZPO:** Vorgesehen ist die Einfügung eines neuen § 813 a ZPO, wonach der Gerichtsvollzieher die Verwertung gepfändeter Sachen unter bestimmten Voraussetzungen aufschieben kann. Dadurch soll der bisherige § 813 a ZPO aber nicht entfallen, sondern (mit geringfügigen Modifikationen[4]) zu § 813 b ZPO werden.[5] Das Vollstreckungsgericht soll also weiterhin neben dem Gerichtsvollzieher unter den bisherigen Voraussetzungen die Möglichkeit haben, einen Verwertungsaufschub anzuordnen. Der neue § 813 a ZPO soll folgende Fassung erhalten:

### § 813 a

(1) [1]Hat der Gläubiger eine Zahlung in Teilbeträgen nicht ausgeschlossen, kann der Gerichtsvollzieher die Verwertung gepfändeter Sachen aufschieben, wenn sich der Schuldner verpflichtet, den Betrag, der zur Befriedigung des Gläubigers und zur Deckung der Kosten der Zwangsvollstreckung erforderlich ist, innerhalb eines Jahres zu zahlen; hierfür kann der Gerichtsvollzieher Raten nach Höhe und Zeitpunkt festsetzen. [2]Einen Termin zur Verwertung kann der Gerichtsvollzieher auf einen Zeitpunkt bestimmen, der nach dem nächsten Zahlungstermin liegt; einen bereits bestimmten Termin kann er auf diesen Zeitpunkt verlegen.

(2) [1]Hat der Gläubiger einer Zahlung in Teilbeträgen nicht bereits bei Erteilung des Vollstreckungsauftrags zugestimmt, hat ihn der Gerichtsvollzieher unverzüglich über den Aufschub der Verwertung und über die festgesetzten Raten zu unterrichten. [2]In diesem Fall kann der Gläubiger dem Verwertungsaufschub widersprechen. [3]Der Gerichtsvollzieher unterrichtet den Schuldner über den Widerspruch; mit der Unterrichtung endet der Aufschub. [4]Dieselbe Wirkung tritt ein, wenn der Schuldner mit einer Zahlung ganz oder teilweise in Verzug kommt.

3  III. **Voraussetzungen für einen Verwertungsaufschub durch den Gerichtsvollzieher:**

1. **Keine Notwendigkeit eines ausdrücklichen Antrags:** Ein förmlicher Antrag des Schuldners ist nicht erforderlich. Er wird regelmäßig in dem Angebot von Teilzahlungen zu sehen sein. Der Gläubiger wird dadurch nicht benachteiligt. Er ist nicht gezwungen, sich auf Ratenzahlungen einzulassen, so daß es erst gar nicht zu einem Verwertungsaufschub kommt. Ferner kann er bereits die erste oder jede spätere Teilzahlung verweigern und dadurch den Verwertungsaufschub beenden (Abs. 2 S. 4).

4  2. **Einverständnis des Gläubigers:** Der Gerichtsvollzieher soll – anders als das Vollstreckungsgericht nach dem bisherigen § 813 a ZPO – nicht die Möglichkeit erhalten, gegen den Willen des Gläubigers dem Schuldner einen Verwertungsaufschub mit Ra-

---

4 Siehe § 813 a Rdn. 6a, 15a.
5 BT-Drucks. 13/341, S. 6.

tenzahlungen einzuräumen. Vielmehr muß der Gläubiger entweder einer Zahlung in Teilbeträgen schon im Vollstreckungsauftrag zugestimmt haben (Abs. 2 S. 1), oder er darf auf die Unterrichtung durch den Gerichtsvollzieher von dem Verwertungsaufschub nicht widersprechen (Abs. 2 S. 2). Bis zu einem Widerspruch wird die Zustimmung des Gläubigers vermutet, zumal er im Zweifel eher an einer in Raten erfolgenden Befriedigung als an einer schnellen Verwertung mit begrenzten Erfolgsaussichten interessiert ist.[6] Der Gerichtsvollzieher trifft also nicht etwa unter Abwägung bestimmter Vorgaben eine kontradiktorische Ermessensentscheidung, was seinen herkömmlichen Funktionsbereich deutlich ausweiten würde. Wenn der Gläubiger die Zahlung in Teilbeträgen von vornherein ausschließt (Abs. 1 S. 1) oder ihr nach Unterrichtung durch den Gerichtsvollzieher widerspricht (Abs. 2 S. 2) scheidet ein Verwertungsaufschub durch den Gerichtsvollzieher von vornherein aus (Abs. 1 S. 1), oder er wird nachträglich beendet (Abs. 2 S. 3). Der Schuldner hat dann nur noch die Möglichkeit, nach § 813 a ZPO in der bisherigen Fassung (also dem künftigen § 813 b ZPO) beim Vollstreckungsgericht die Aussetzung der Verwertung zu beantragen.

**3. Verpflichtung des Schuldners zur Zahlung innerhalb eines Jahres:** Der Schuldner muß sich verpflichten, den titulierten Betrag einschließlich der Kosten der Zwangsvollstreckung innerhalb eines Jahres zu zahlen. Diese Regelung orientiert sich an dem geltenden § 813 a Abs. 4 ZPO, wonach die Verwertung nicht länger als insgesamt ein Jahr nach der Pfändung hinausgeschoben werden darf.[7] Kommt der Schuldner mit der vom Gerichtsvollzieher festgesetzten (Abs. 1 S. 1, 2. Halbs.) Zahlung ganz oder teilweise in Verzug, endet der Aufschub (Abs. 2 S. 4). Es kommt dann allenfalls ein wiederholter Aufschub in Betracht.[8]

**IV. Anordnungen des Gerichtsvollziehers:** Der Gerichtsvollzieher kann für die Zahlung der titulierten Forderung und der Vollstreckungskosten Raten nach Höhe und Zeitpunkt festsetzen (Abs. 1 S. 1, 2. Halbs.). Ferner kann er die Verwertung nicht nur für insgesamt ein Jahr aussetzen; er hat vielmehr die Möglichkeit, einen Verwertungstermin auf einen Zeitpunkt nach dem nächsten Zahlungstermin zu bestimmen (Abs. 1 S. 2). Das ist im Interesse einer effektiven Vollstreckung regelmäßig auch zu empfehlen; denn der Schuldner wird am ehesten unter dem Eindruck der unmittelbar bevorstehenden Verwertung der gepfändeten Sachen bereit sein, die jeweils fällige Rate zu zahlen.[9] Ein wiederholter Verwertungsaufschub ist bis zur Gesamtgrenze von einem Jahr möglich. Davon ist der Gläubiger erneut zu unterrichten, damit er ggf. sein Widerspruchsrecht ausüben kann. Hat er einmal einer Zahlung in Teilbeträgen widersprochen, kommt eine wiederholte Bewilligung nicht in Betracht.

**V. Ausschluß eines Verwertungsaufschubs durch den Gerichtsvollzieher:** Die Zulassung von Ratenzahlungen durch den Gerichtsvollzieher ist ausgeschlossen, wenn dieser erfolglos eine Pfändung versucht hat. Eine Verwertung, die ausgesetzt werden könnte, ist ohne erfolgreiche Pfändung ohnehin nicht möglich. Vor allem fehlt dann,

---

6 BT-Drucks. 13/341, S. 28.
7 BT-Drucks. 13/341, S. 28.
8 Siehe dazu Rdn. 6.
9 BT-Drucks. 13/341, S. 29.

wenn der Schuldner keine pfändbaren beweglichen Sachen hat, ein Druckmittel, um den Schuldner zur Einhaltung der versprochenen Ratenzahlungen anhalten zu können.[10] Der Schuldner hat im Verfahren zur Abnahme der eidesstattlichen Versicherung gem. § 900 Abs. 4 ZPO die Möglichkeit, die Fortsetzung der Vollstreckung durch Ratenzahlungen abzuwenden.

---

10 BT-Drucks. 13/341, S. 28.

**Vorbemerkung vor § 814 ZPO: Die Verwertung gepfändeter beweglicher Sachen.
– Ein Überblick.**

**Inhaltsübersicht**

| | Rdn. |
|---|---|
| Literatur | |
| I. Gläubigerbefriedigung als Ziel der Zwangsvollstreckung | 1 |
| II. Durchführung der Verwertung | 2–4 |
| III. Auskehr des Verwertungserlöses | 5 |

*Literatur: Alisch*, Die Berücksichtigung von Drittinteressen durch den Gerichtsvollzieher bei der Pfandverwertung, DGVZ 1979, 81; *Dünkel*, Öffentliche Versteigerung und gutgläubiger Erwerb, 1970; *Eickmann*, Die Versteigerung eines Erbanteils durch den Gerichtsvollzieher, DGVZ 1984, 65; *Fleischmann/Rupp*, Pfändung und Verwertung verderblicher Warenvorräte, Rpfleger 1987, 8; *Geißler*, Ordnungsprinzipien und Streitfragen bei der Versteigerung gepfänder Sachen, DGVZ 1994, 33; *Huber*, Die Versteigerung gepfänder Sachen, Diss. München, 1970; *Lüke*, Die Verwertung der gepfändeten Sache durch eine andere Person als den Gerichtsvollzieher, NJW 1954, 254; *ders.*, Die Versteigerung der gepfändeten Sache durch den Gerichtsvollzieher, ZZP 1955, 341; *Otto*, Ist ein strafrechtlicher Schutz öffentlicher Versteigerungen, insbesondere der Zwangsversteigerung, gegen das Abhalten vom Bieten erforderlich?, Rpfleger 1979, 41; *Pawlowski*, Die Wirtschaftlichkeit der Zwangsvollstreckung, ZZP 1977, 345; *Riedel*, Die freiwillige Versteigerung, Jur-Büro 1974, 421; *Schünemann*, Befriedigung durch Zwangsvollstreckung, JZ 1985, 49; *Wieser*, Die Aussetzung der Verwertung mit Zustimmung des Gläubigers, DGVZ 1987, 49.

**I. Gläubigerbefriedigung als Ziel der Zwangsvollstreckung:** Ziel der Zwangsvollstreckung in bewegliche Sachen durch Pfändung wegen einer Geldforderung ist es in der Regel, durch Verwertung der Sachen den Geldbetrag zu erlösen, der zur Befriedigung des Gläubigers erforderlich ist. Abweichend von dieser Regel ist Ziel der Pfändung im Rahmen einer Arrestvollziehung nur eine Sicherung des Gläubigers durch Beschlagnahme von Vermögensbestandteilen (§ 930 ZPO). Zur Verwertung der beschlagnahmten Gegenstände bedarf es in diesem Fall noch des auf Geldleistung gerichteten Hauptsachetitels.[1] Aus dem Arresttitel selbst ist nur ausnahmsweise eine Verwertung beweglicher körperlicher Sachen möglich (§ 930 Abs. 3 ZPO), die aber dann auch nur zu einer Sicherung des Gläubigers durch Hinterlegung des Erlöses führt. Zwischen dem Regelfall und dem Ausnahmefall der Arrestvollziehung liegt die Sicherungsvollstreckung nach § 720 a ZPO: Sie erfolgt aus dem gleichen Titel, der später auch Grundlage der Verwertung ist. Sie endet aber zunächst mit der Pfändung, bis entweder durch den Gläubiger Sicherheit geleistet (§ 720 a Abs. 1 S. 2 ZPO) oder der Titel zwischenzeitlich auch ohne Sicherheitsleistung vollstreckbar wird. 1

**II. Durchführung der Verwertung:** Hinsichtlich der Durchführung der Verwertung muß nach der Art der gepfändeten Sachen unterschieden werden:
– Gepfändetes Geld ist dem Gläubiger schlicht abzuliefern (§ 185 Abs. 1 ZPO). 2

---

1 Es muß sich nicht um ein Urteil im Hauptsacheverfahren handeln, sondern es kann auch ein Vergleich oder eine notarielle Urkunde sein; LG Köln, Rpfleger 1974, 121.

– Gepfändete Wertpapiere, die einen Börsen- oder Marktpreis haben, sind vom Gerichtsvollzieher aus freier Hand zum Tageskurse zu verkaufen (§ 821, 1. Alt. ZPO).
– Gold- und Silbersachen, für die bei einem Versteigerungsversuch kein dem § 817 a Abs. 1 und Abs. 3 S. 1 ZPO entsprechendes Gebot abgegeben wurde, sind ebenfalls aus freier Hand zu verkaufen (§ 817 Abs. 3 S. 2 ZPO).
– Sonstige gepfändete bewegliche Sachen werden durch den Gerichtsvollzieher öffentlich versteigert (§ 814 ZPO).

Bei allen gepfändeten beweglichen Sachen außer bei gepfändetem Geld kann das Vollstreckungsgericht (der Rechtspfleger, § 20 Nr. 17 RPflG) auf Antrag des Gläubigers oder des Schuldners eine andere Art der Verwertung anordnen (§ 825 ZPO), wenn hierdurch ein höherer Verwertungserlös zu erwarten ist als bei der Regelverwertung.

3   Schließlich können sich Gläubiger und Schuldner auf jede andere Art der »Verwertung« derart einigen, daß der Gläubiger den Vollstreckungsauftrag zurückzieht, auf das Pfandrecht verzichtet und im Einverständnis des Schuldners eine Sachverwertung außerhalb der Zwangsvollstreckung privat durchführt (§ 364 BGB), soweit nicht Rechte Dritter an dem Pfändungsobjekt (z. B. Anschlußpfändungen) dem entgegenstehen. Insofern gelten die Verfahrensregeln und Schutzvorschriften der ZPO dann nicht, da keine »Zwangs«-Vollstreckung mehr vorliegt. Eine vorherige Vereinbarung dieser Art dürfte allerdings unzulässig sein, wenn der Schuldner hierbei auf seinen Schutz nach § 817 a ZPO verzichtet. Es gelten insoweit dieselben Überlegungen wie zu § 811 ZPO.[2]

4   Hat der Gläubiger sowohl ein Pfändungspfandrecht an einem Gegenstand als auch ein gesetzliches Pfandrecht (der Vermieter hat z. B. eine Sache, an der auch schon sein gesetzliches Vermieterpfandrecht besteht, aufgrund eines Zahlungstitels über rückständige Miete pfänden lassen), so hat der Gläubiger zwar die Wahl, ob er die gepfändete Sache vom Gerichtsvollzieher öffentlich versteigern (§ 814 ZPO) oder wegen des gesetzlichen Pfandrechts nach §§ 1234 ff. BGB verwerten lassen will. Die Herausgabe der Sache an den Gläubiger zur Verwertung aufgrund seines Vermieterpfandrechts kann jedoch nur erfolgen, wenn dieser zuvor sein Pfändungspfandrecht aufgibt;[3] denn die Verstrickung der Sache verhindert deren Verwertung durch jedermann, auch durch den Gläubiger selbst.

5   III. Auskehr des Verwertungserlöses: Mit der Verwertung des Pfändungsgutes ist die Zwangsvollstreckung noch nicht beendet; es bedarf dazu noch der Auskehr des Verwertungserlöses oder, im Falle des § 825 ZPO, der Ablieferung der Sache[4] an den Gläubiger.[5] Bis zu diesem Zeitpunkt bleiben die Rechtsbehelfe des Vollstreckungsverfahrens (§§ 766, 793 ZPO, § 11 RPflG), die Vollstreckungsabwehrklage (§ 767 ZPO) und die

---

2 § 811 Rdn. 8.
3 OLG Frankfurt, Rpfleger 1974, 430.
4 Einzelheiten: § 825 Rdn. 14.
5 KG, OLGZ 1974, 306; LG Berlin, DGVZ 1983, 93.

Drittwiderspruchsklage (§ 771 ZPO) zulässig; bis zu diesem Zeitpunkt ist auch die Anschlußpfändung in den Erlös möglich. Nach beendeter Zwangsvollstreckung sind die Betroffenen dagegen allein auf mögliche zivilrechtliche Ausgleichsansprüche verwiesen.[6]

---

6 Einzelheiten für den Schuldner: § 767 Rdn. 42; für Dritte: Anh. zu § 771 Rdn. 2 ff.

## § 814 Öffentliche Versteigerung

Die gepfändeten Sachen sind von dem Gerichtsvollzieher öffentlich zu versteigern.

**Inhaltsübersicht**

| | Rdn. |
|---|---|
| Literatur | |
| I. Regelverwertung durch öffentliche Versteigerung | 1 |
| II. Öffentlich-rechtliche Einordnung der Versteigerung | 2 |
| III. Verwertungshindernisse | 3 |
| IV. Zwingende Verfahrensvorschriften | 4 |
| V. Gebühren und Auslagen | 5 |
| VI. ArbGG, VwGO, AO | 6 |

Literatur: Siehe die Literaturangaben Vor § 814.

1 **I. Regelverwertung durch öffentliche Versteigerung:** Die Regelverwertung gepfändeter körperlicher Sachen in der Zwangsvollstreckung ist nach den Vorstellungen der ZPO[1] die öffentliche Versteigerung dieser Sachen durch den Gerichtsvollzieher. Der Gerichtsvollzieher ist von sich aus nicht befugt, eine andere ihm erfolgversprechendere Art der Verwertung zu wählen. Auch die Parteien können ihn nicht von sich aus ermächtigen, in amtlicher Funktion[2] eine andere Form der Verwertung durchzuführen. Er bedarf hierzu immer der Ermächtigung durch das Vollstreckungsgericht (§ 825 ZPO). Gleiches gilt, wenn nicht der Gerichtsvollzieher, sondern ein Auktionator die Versteigerung durchführen soll.[3]

Die Regelverwertung führt der Gerichtsvollzieher von Amts wegen durch, ohne daß es über den ursprünglichen Pfändungsauftrag hinaus (§ 753 ZPO) eines besonderen Antrages oder einer sonstigen Ermächtigung durch den Gläubiger bedürfte (Ausnahme: § 811 b Abs. 4 ZPO). Zuständig ist der Gerichtsvollzieher, der auch die Pfändung vorgenommen hat. Er bestimmt in der Regel den Termin zur öffentlichen Versteigerung sogleich bei der Pfändung, falls die Parteien nicht beiderseits mit einer späteren Terminsbestimmung einverstanden sind (§ 142 Nr. 1 Buchst. a GVGA). Die Einzelheiten der Durchführung der öffentlichen Versteigerung regeln die §§ 814, 816-819 ZPO sowie ergänzend die §§ 456, 458 BGB sowie die §§ 142-146, 153, 161 GVGA.

---

1 Zur geringen Bedeutung der öffentlichen Versteigerung in der Praxis siehe *Bruns/Peters*, § 22 V; *Gerhardt*, JA 1981, 19; *Rosenberg/Schilken*, § 53 I; *Stein/Jonas/Münzberg*, § 817 Rdn. 2.
2 Verzichtet der Gläubiger auf das Pfändungspfandrecht, so können die Beteiligten aber durchaus den Gerichtsvollzieher als Privatperson mit einer anderen Form der Veräußerung beauftragen. Der Gerichtsvollzieher wird insoweit außerhalb seines Dienstes tätig.
3 Dazu *Birmanns*, DGVZ 1993, 107.

## Öffentliche Versteigerung § 814

**II. Öffentlich-rechtliche Einordnung der Versteigerung:** Die öffentliche Versteigerung ist allein ein Vorgang des **öffentlichen Rechts**,[4] den der Gerichtsvollzieher als Hoheitsträger durchführt, nicht etwa als Vertreter des Gläubigers. Legitimation dafür, die öffentliche Versteigerung einleiten und durchführen zu dürfen, ist die wirksame (öffentlich-rechtliche) Verstrickung[5] der Pfandsache, nicht der materiellrechtliche Anspruch des Gläubigers gegen den Schuldner oder das Pfändungspfandrecht des Gläubigers an der Sache. Deshalb ist ein Versteigerungsvorgang als solcher, bei dem die zwingenden öffentlich-rechtlichen Verfahrensvorschriften[6] eingehalten werden, nicht deshalb fehlerhaft, weil die zu versteigernde Sache gar nicht dem Schuldner gehört oder weil der materiellrechtliche Anspruch des Gläubigers gegen den Schuldner nicht mehr besteht.[7] Derartige Einwendungen können nur mit den Klagen nach §§ 771, 767 ZPO, und auch nur bis zur Beendigung der Zwangsvollstreckung[8] verfolgt werden. Danach sind nur noch materiellrechtliche Ausgleichsansprüche, die mit der Leistungsklage verfolgt werden müßten, möglich.[9]

2

**III. Verwertungshindernisse:** Da die Verwertung Teil der Zwangsvollstreckung ist, ist sie trotz wirksamer Pfändung solange nicht zulässig, als die Zwangsvollstreckung einstweilen eingestellt ist (etwa nach §§ 707, 719, 732, 769 ZPO) oder ihrer Fortsetzung Vollstreckungshindernisse (etwa § 775 Nr. 2, 4, 5 ZPO) entgegenstehen. Gleiches gilt, wenn die Verwertung der Gegenstände durch eine Entscheidung nach § 813 a ZPO oder nach § 765 a ZPO einstweilen (im Falle des § 765 a ZPO ausnahmsweise auch endgültig) ausgesetzt wurde. Spezielle Verwertungshindernisse enthalten die §§ 772, 773 ZPO.

3

**IV. Zwingende Verfahrensvorschriften:** Zu den zwingenden öffentlich-rechtlichen Verfahrensvorschriften, die beachtet werden müssen, damit die Versteigerungsfolgen (Eigentumserwerb des Erstehers am Versteigerungsgut und des Gläubigers am zugewiesenen Erlös[10]) eintreten, gehören neben der in § 814 ZPO angesprochenen Öffentlichkeit der Versteigerung deren öffentliche Bekanntmachung (§ 816 Abs. 3 ZPO), die Ablieferung der Sache nur nach vorausgegangenem Zuschlag, und zwar nur an den Meistbietenden und, soweit Meistbietender nicht der Gläubiger selbst war, nur gegen Barzahlung (§ 817 ZPO).[11] Dagegen gehört die Beachtung des Mindestgebots nach § 817 a Abs. 1 S. 1 ZPO nicht zu den zwingenden Wirksamkeitsvoraussetzungen der Versteigerung. Ein Fehler des Gerichtsvollziehers insoweit wäre nicht so evident,

4

---

4 Ganz h. M.; *Baur/Stürner*, Rdn. 29.7; *Brox/Walker*, Rdn. 395; *Bruns/Peters*, § 23 IV 3; *Rosenberg/Schilken*, § 53 III 1; *Stein/Jonas/Münzberg*, § 814 Rdn. 2; *Zöller/Stöber*, § 814 Rdn. 3.
5 Siehe Vor §§ 803, 804 Rdn. 2 ff.
6 Siehe unten Rdn. 4.
7 Siehe auch Vor §§ 803, 804 Rdn. 14.
8 Siehe § 767 Rdn. 14 und § 771 Rdn. 11.
9 § 767 Rdn. 42 und Anh. § 771 Rdn. 2 ff.
10 Einzelheiten: § 817 Rdn. 7.
11 *Brox/Walker*, Rdn. 413–415.

daß er sich jedem Ersteigerer aufdrängen müßte, so daß dessen Vertrauen in die Wirksamkeit des öffentlichen Handelns des Hoheitsträgers Gerichtsvollzieher zurücktreten müßte.[12] Öffentlich ist die Versteigerung nur dann, wenn jeder Bietinteressent, der sich am Ort der Versteigerung befindet, an ihr auch teilnehmen kann. Ist der Versteigerungsraum abgeschlossen (etwa um Störer fernzuhalten) oder ist die Versteigerung in einen anderen Raum verlegt worden als den, der in der Bekanntmachung angegeben war, und ist die Verlegung ihrerseits nicht deutlich bekannt gemacht, so ist die Öffentlichkeit nicht gewahrt.[13] Die Öffentlichkeit ist auch dann nicht gewahrt, wenn die Versteigerung an einem Ort stattfindet, der nicht alle Bietinteressenten aufnehmen kann, so daß ein Teil von ihnen von der Teilnahme ausgeschlossen werden muß.[14]

5   **V. Gebühren und Auslagen:** Der Gerichtsvollzieher erhält für die Versteigerung Gebühren nach § 21 GvKostG. Dazu kommen die Auslagen z. B. für die Bekanntmachung, die Anmietung eines Saales, die Hinzuziehung eines Sachverständigen (vergl. § 35 GvKostG). Die Gebühren und Auslagen sind notwendige Kosten der Zwangsvollstreckung i. S. § 788 ZPO.

6   **VI. ArbGG, VwGO, AO:** Sachen, die aufgrund eines arbeitsgerichtlichen Titels oder eines Titels nach § 168 VwGO gepfändet wurden, werden nach § 814 ZPO grundsätzlich öffentlich versteigert (§§ 62 Abs. 2 S. 1, 85 Abs. 1 S. 3 ArbGG; § 167 Abs. 1 VwGO). Die Verwertung im Rahmen der Abgabenvollstreckung, die über § 5 VwVG auch für die Vollstreckung nach § 169 Abs. 1 (ggf. auch nach § 170 Abs. 1 S. 3) VwGO von Bedeutung ist, erfolgt nach § 296 Abs. 1 AO ebenfalls durch öffentliche Versteigerung. Diese wird auf Anordnung der Vollstreckungsbehörde in der Regel durch den Vollziehungsbeamten durchgeführt.

---

12 Wie hier OLG Frankfurt, VersR 1980, 50; *Brox/Walker*, Rdn. 416; *Geißler*, DGVZ 1994, 33, 37; *Schreiber*, JR 1979, 237; *Thomas/Putzo*, § 817 a Rdn. 3, § 817 Rdn. 9; a. A. (bei bekanntgegebenem Mindestgebot) MüKo/*Schilken*, § 817 a Rdn. 3; *Stein/Jonas/Münzberg*, § 817 Rdn. 23.
13 *Zöller/Stöber*, § 814 Rdn. 2, will Einschränkungen der Öffentlichkeit aus Sicherheitserwägungen zulassen. Dem kann nicht zugestimmt werden. Kann die Versteigerung an einem Ort nicht sicher durchgeführt werden, ist sie unter entsprechender Bekanntgabe an einen anderen Ort zu verlegen.
14 *Baumbach/Lauterbach/Hartmann*, § 814 Rdn. 2; *Zöller/Stöber*, § 814 Rdn. 2; a. A. MüKo/*Schilken*, § 814 Rdn. 7; *Stein/Jonas/Münzberg*, § 814 Rdn. 5; *Thomas/Putzo*, § 814 Rdn. 5.

## § 815 Gepfändetes Geld

(1) Gepfändetes Geld ist dem Gläubiger abzuliefern.

(2) ¹Wird dem Gerichtsvollzieher glaubhaft gemacht, daß an gepfändetem Geld ein die Veräußerung hinderndes Recht eines Dritten bestehe, so ist das Geld zu hinterlegen. ²Die Zwangsvollstreckung ist fortzusetzen, wenn nicht binnen einer Frist von zwei Wochen seit dem Tage der Pfändung eine Entscheidung des nach § 771 Abs. 1 zuständigen Gerichts über die Einstellung der Zwangsvollstreckung beigebracht wird.

(3) Die Wegnahme des Geldes durch den Gerichtsvollzieher gilt als Zahlung von seiten des Schuldners, sofern nicht nach Absatz 2 oder nach § 720 die Hinterlegung zu erfolgen hat.

**Inhaltsübersicht**

| | Literatur | Rdn. |
|---|---|---|
| I. | Geld | 1 |
| II. | Ablieferung | 2 |
| III. | Entnahme der Kosten | 3 |
| IV. | Hinterlegung (Abs. 2) | 4 |
| | 1. Sinn der Regelung | 5 |
| | 2. Glaubhaftmachung | 6 |
| | 3. Befristung | 7 |
| V. | Hinterlegung in anderen Fällen | 8 |
| VI. | Rechtsfolgen der Wegnahme | 9 |
| | 1. Gefahrtragung | 9 |
| | 2. Eigentumsverhältnisse | 10 |
| VII. | Rechtsfolgen der freiwilligen Zahlung | 11 |
| VIII. | Rechtsbehelfe | 12 |
| IX. | ArbGG, VwGO, AO | 13 |

Literatur: *Braun*, Erfüllung, Verzugsbeendigung und Verzugszinsen bei Abwehrleistung und vorläufiger Vollstreckung, AcP 1984, 152; *Kerwer*, Die Erfüllung in der Zwangsvollstreckung, 1996; *Schmidt-v. Rhein*, Die Hinterlegung der vom Schuldner entgegengenommenen Sicherheitsleistung durch den Gerichtsvollzieher, DGVZ 1981, 145; *ders.*, Zur analogen Anwendung der §§ 775, 815 bei der Pfändung titulierter Ansprüche, DGVZ 1988, 65; *Schünemann*, Befriedigung durch Zwangsvollstreckung, JZ 1985, 49.

**I. Geld:** Geld wird durch Wegnahme gepfändet (§ 808 Abs. 2 ZPO). Seine Verwertung erfolgt durch Ablieferung an den Gläubiger (**Abs. 1**). Geld i. S. dieser Vorschrift sind nur gültige **inländische Zahlungsmittel**, und zwar sowohl Papiergeld als auch Münzen. Ausländisches Geld[1] dagegen wird nach § 821 ZPO wie Wertpapiere verwertet,[2]

---

[1] Soweit es sich um ein derzeit noch gültiges Zahlungsmittel handelt.
[2] Allgem. Meinung; siehe *Baumbach/Lauterbach/Hartmann*, § 815 Rdn. 2; *MüKo/Schilken*, § 815 Rdn. 2; *Rosenberg/Schilken*, § 53 II; *Stein/Jonas/Münzberg*, § 815 Rdn. 3; *Thomas/Putzo*, § 815 Rdn. 2; *Zöller/Stöber*, § 815 Rdn. 1.

in der Regel also zum Tageskurs an ein Kreditinstitut verkauft. Münzen, die kein gültiges Zahlungsmittel mehr sind oder deren Wert aus anderen Gründen den Nennwert übersteigt (z. B. Sammlermünzen), werden meist als »Kostbarkeiten«[3] zu behandeln sein.[4] Gültige **inländische Wertzeichen** (Briefmarken, Stempelmarken, Kostenmarken u. ä.) werden letztlich wie Bargeld behandelt; der Gerichtsvollzieher wechselt sie ohne weiteres zum Nennwert in Bargeld um und verfährt dann so, als hätte er von Anfang an Bargeld beschlagnahmt.[5]

2   **II. Ablieferung:** Die Ablieferung geschieht entweder durch Übergabe in Natur oder durch Überweisung[6] (sei es zur Barauszahlung durch die Post, sei es zur Gutschrift auf einem Konto des Gläubigers, sei es mittels Verwendung eines Verrechnungsschecks). In beiden Fällen wird der Gerichtsvollzieher **hoheitlich** tätig.[7] Bei der Übergabe in Natur weist der Gerichtsvollzieher dem Gläubiger kraft hoheitlicher Verfügungsbefugnis durch öffentlich-rechtlichen Übertragungsakt[8] das **Eigentum** an den Geldstücken zu, unabhängig davon, ob das Geld vorher tatsächlich im Eigentum des Schuldners stand oder nicht. Die Übergabe bzw. Überweisung erfolgt regelmäßig an den Gläubiger persönlich. Soll die Auszahlung an einen Dritten erfolgen, etwa an den Prozeßbevollmächtigten des Gläubigers, muß dieser seine Geldempfangsvollmacht schriftlich nachweisen.[9]

3   **III. Entnahme der Kosten:** Vor der Ablieferung des Geldes an den Gläubiger entnimmt der Gerichtsvollzieher zunächst ohne besondere Anweisung dem gepfändeten Geld den Betrag, der den noch offenen Kosten der Zwangsvollstreckung, soweit der Gerichtsvollzieher sie zu beanspruchen hat, entspricht (arg. § 817 Abs. 4 ZPO).[10] Soweit der Gläubiger Vollstreckungskosten bereits vorgeschossen hat (§ 5 GvKostG), erhält er das Geld ungekürzt ausgezahlt. Das einbehaltene Geld wird entweder gem. § 948 BGB oder durch Einzahlung auf das Dienstkonto des Gerichtsvollziehers Eigentum des Bundeslandes, bei dem der Gerichtsvollzieher angestellt ist.

4   **IV. Hinterlegung (Abs. 2):** Abweichend von der Regel des Abs. 1 ist gepfändetes Geld nicht an den Gläubiger abzuliefern (ihm auch nicht der Vollstreckungskostenanteil des Gerichtsvollziehers zu entnehmen), wenn dem Gerichtsvollzieher bei oder nach der Pfändung glaubhaft gemacht wird, daß ein Dritter an dem gepfändeten Geld ein die

---

3   Zum Begriff: § 808 Rdn. 9.
4   OLG Köln, NJW 1992, 50.
5   Allgem. Meinung; beispielhaft *Rosenberg/Schilken*, § 53 II; *Stein/Jonas/Münzberg*, § 815 Rdn. 2.
6   Nach § 73 GVO hat der Gerichtsvollzieher sich dabei des Postgiroverkehrs zu bedienen.
7   Allgem. Meinung; beispielhaft *Brox/Walker*, Rdn. 418; *Bruns/Peters*, § 23 III 1; MüKo/*Schilken*, § 815 Rdn. 4; *Stein/Jonas/Münzberg*, § 815 Rdn. 15; *Zöller/Stöber*, § 815 Rdn. 1.
8   *Bruns/Peters*, § 23 III 1, will statt eines einseitigen Übertragungsaktes einen öffentlich-rechtlichen Übertragungsvertrag in entspr. Anwendung des § 929 S. 1 BGB annehmen.
9   LG Braunschweig, DGVZ 1977, 22.
10  Siehe auch § 6 GvKostG.

Veräußerung hinderndes Recht i. S. des § 771 ZPO[11] hat. In diesem Fall ist das Geld zunächst zu hinterlegen (Abs. 2).

1. **Sinn der Regelung:** Diese Regelung bedeutet auch eine Ausnahme von dem Grundsatz, daß den Gerichtsvollzieher materiellrechtliche Berühmungen hinsichtlich des Pfändungsgutes nicht zu interessieren und vom Fortgang der Zwangsvollstreckung nicht abzuhalten haben.[12] Diese Ausnahme ist dadurch gerechtfertigt, daß der Pfändung sonstiger beweglicher Sachen die Verwertung erst in gewissem zeitlichen Abstand nachfolgt (§ 816 Abs. 1 S. 1 ZPO), so daß dem Dritten Gelegenheit zur Drittwiderspruchsklage und zur Beantragung einstweiliger Anordnungen nach § 771 Abs. 3 ZPO verbleibt. Die Ablieferung gepfändeten Geldes hat aber schnellstmöglich (»unverzüglich«, § 138 Nr. 1 GVGA) zu erfolgen. Der Dritte wäre dann allein auf Bereicherungsansprüche angewiesen, verbunden mit der Gefahr des § 818 Abs. 3 BGB.

Wegen der gleichen Interessenlage gilt Abs. 2 entsprechend, wenn mit den Klagen nach §§ 781, 785 ZPO und nach § 805 ZPO geltend zu machende Berechtigungen glaubhaft gemacht werden.[13]

2. **Glaubhaftmachung:** Der Dritte muß sich nicht selbst seiner Berechtigung berühmen; auch der Schuldner kann das Recht des Dritten geltend machen.[14] Das Recht ist dem Gerichtsvollzieher gegenüber glaubhaft zu machen. Es sind alle Glaubhaftmachungsmittel des § 294 Abs. 1 ZPO erlaubt. Eine Beweisaufnahme kann der Gerichtsvollzieher jedoch nicht durchführen.[15] Ob die Glaubhaftmachung gelungen ist, entscheidet der Gerichtsvollzieher selbst. Ist die Glaubhaftmachung nicht gelungen, ist der Gerichtsvollzieher nicht berechtigt, die Ablieferung von sich aus hinauszuschieben, um dem Dritten eine »Nachbesserung« zu ermöglichen.

3. **Befristung:** Die Hinterlegung nach Abs. 2 ist befristet: Wird dem Gerichtsvollzieher nicht binnen einer Frist von zwei Wochen seit dem Tage der Pfändung eine Entscheidung des Prozeßgerichts nach § 771 Abs. 1 ZPO (bzw. nach §§ 785, 767 Abs. 1 ZPO bzw. nach § 805 Abs. 2 ZPO) über die Einstellung der Zwangsvollstreckung (§ 771 Abs. 3 mit § 769 Abs. 1 ZPO) beigebracht, hat er **von Amts wegen**, ohne daß es also eines weiteren Antrages des Gläubigers bedürfte, die Zwangsvollstreckung fortzusetzen. Er nimmt dann das hinterlegte Geld zurück (aus diesem Grunde muß er sich bei der Hinterlegung die Rücknahme ausdrücklich vorbehalten) und liefert es nach Abs. 1 dem Gläubiger ab. Eine Eilentscheidung des Vollstreckungsgerichts nach § 769 Abs. 2 ZPO genügt nicht zur Aufrechterhaltung der Hinterlegung. Die Ablieferung nach Abs. 1 kann der Gerichtsvollzieher auch dadurch bewirken, daß er gegenüber der Hinterlegungsstelle die Auszahlung allein an den Gläubiger bewilligt und es dann diesem

---

11 Siehe dort Rdn. 13 ff.
12 Siehe § 808 Rdn. 4.
13 Allgem. Meinung; beispielhaft *Brox/Walker*, Rdn. 420; *MüKo/Schilken*, § 815 Rdn. 5; *Rosenberg/Schilken*, § 53 II; *Stein/Jonas/Münzberg*, § 815 Rdn. 5; *Thomas/Putzo*, § 815 Rdn. 7.
14 Allgem. Meinung; vergl. *MüKo/Schilken*, § 815 Rdn. 6; *Stein/Jonas/Münzberg*, § 815 Rdn. 6.
15 Wie hier *Wieczorek*, § 815 Anm. B I b 3; a. A. (Gerichtsvollzieher darf auch Zeugen vernehmen) *Baumbach/Lauterbach/Hartmann*, § 815 Rdn. 4; *Stein/Jonas/Münzberg*, § 815 Rdn. 6.

überläßt, die Herausgabe an sich zu beantragen.[16] In jedem Falle entnimmt der Gerichtsvollzieher nach Fristablauf vor der Ablieferung erst seine Kosten aus der hinterlegten Summe.[17]

8 **V. Hinterlegung in anderen Fällen:** Abs. 2 regelt nicht den einzigen Fall, in dem der Gerichtsvollzieher gepfändetes Geld zu hinterlegen hat: Darf der Schuldner nach dem Titel die Zwangsvollstreckung durch Sicherheitsleistung abwenden, ist nach § 720 ZPO zu hinterlegen, bis diese Befugnis des Schuldners entfällt.[18] Ist für mehrere Gläubiger gleichzeitig gepfändet und sind sie über die Auszahlung uneinig, ist nach § 827 ZPO zu hinterlegen. In diesem Fall schließt sich das Verteilungsverfahren nach §§ 872 ff. ZPO an. Ist vor Ablieferung des Geldes die Zwangsvollstreckung einstweilen eingestellt worden (etwa nach §§ 707, 719, 769 ZPO), so führt die Beschränkung der Vollstreckung nach §§ 775 Nr. 2, 776 ZPO ebenfalls zur vorläufigen Hinterlegung des Geldes. Sie dauert fort, solange die Zwangsvollstreckung eingestellt ist.

9 **VI. Rechtsfolgen der Wegnahme:**

1. **Gefahrtragung:** Hat der Gerichtsvollzieher dem Schuldner Geld zum Zwecke der Pfändung weggenommen, um es dem Gläubiger abzuliefern, also nicht nur zum Zwecke der vorläufigen Hinterlegung, so **gilt** die Wegnahme des Geldes bereits als Zahlung von seiten des Schuldners an den Gläubiger (**Abs. 3**). Die Vorschrift enthält eine **reine Gefahrtragungsregel**[19] und keine materiellrechtliche Aussage zur Erfüllungswirkung.[20] Erfüllt ist die Forderung des Gläubigers erst, wenn er das abgelieferte Geld auch endgültig in seinem Vermögen behalten darf. Das ist weder der Fall, wenn dem Gläubiger Geld aus dem Vermögen eines Dritten, dem er anschließend Bereicherungsausgleich zu leisten hat,[21] abgeliefert wurde,[22] noch, wenn der Schuldner den Titel noch mit Rechtsmitteln bekämpft, so daß der Vermögenszuwachs durch Vollstreckung nicht endgültig gesichert ist.[23] Die Gefahrtragungsregel des Abs. 3 hat aber zur Folge, daß der Gläubiger vom Schuldner nicht noch einmal Leistung verlangen kann, wenn das ihm gebührende Geld beim Gerichtsvollzieher abhanden kommt. Die Forderung ist auf dem Titel abzuschreiben,[24] soweit sie durch das weggenommene Geld ge-

---

16 *Zöller/Stöber,* § 815 Rdn. 5.
17 Siehe oben Rdn. 3.
18 Einzelheiten: § 720 Rdn. 3.
19 Herrschende Meinung; vergl. *Baumbach/Lauterbach/Hartmann,* § 815 Rdn. 6; *Brox/Walker,* Rdn. 421; *Bruns/Peters,* § 23 III 1; *MüKo/Schilken,* § 815 Rdn. 10; *Rosenberg/Schilken,* § 53 II; *Stein/Jonas/Münzberg,* § 815 Rdn. 18.
20 So aber *Schünemann,* JZ 1985, 49; wohl auch *Thomas/Putzo,* § 815 Rdn. 10; *Zöller/Stöber,* § 815 Rdn. 2; beide verweisen nämlich auf § 362 BGB.
21 Einzelheiten: Anh. § 771 Rdn. 2.
22 H. M.; *Baur/Stürner,* Rdn. 29.2; *Brox/Walker,* Rdn. 421; *Bruns/Peters,* § 23 III 1; *Rosenberg/Schilken,* § 53 II; *Stein/Jonas/Münzberg,* § 815 Rdn. 16; a. A. *Gloede,* MDR 1972, 291; *Günther,* AcP 1978, 456.
23 Vergl. *Braun,* AcP 1984, 152 ff.
24 Vergl. auch § 757 Rdn. 4.

*Gepfändetes Geld* § 815

deckt ist. Der Titel ist insoweit endgültig verbraucht, obwohl die Forderung des Gläubigers nicht erfüllt ist.

**2. Eigentumsverhältnisse:** Bis zur Ablieferung des Geldes an den Gläubiger bleiben die bisherigen Eigentumsverhältnisse unverändert. Es sind deshalb Anschlußpfändungen möglich. Rechte Dritter bestehen fort. Gläubiger dieser Dritten können ihrerseits in das Geld vollstrecken. Steht das Geld im Eigentum Dritter, gilt die Gefahrtragungsregel des Abs. 3, die allein dem Schutz des Schuldners dient, selbstverständlich nicht.[25] Da der Schuldner durch die Leistung aus dem Vermögen des Dritten von seiner Schuld nicht befreit worden wäre, kann ihm auch der Verlust dieses Geldes des Dritten nicht zugute kommen. 10

**VII. Rechtsfolgen der freiwilligen Zahlung:** Zahlt der Schuldner freiwillig an den Gerichtsvollzieher, entsteht an dem dem Gerichtsvollzieher übergebenen Geld kein Pfändungspfandrecht.[26] Da die Empfangnahme freiwilliger Zahlungen des Schuldners auf den titulierten Anspruch aber zu den amtlichen Obliegenheiten des Gerichtsvollziehers zählt, muß hinsichtlich der Gefahrtragung § 815 Abs. 3 ZPO entsprechend angewendet werden: Die Gefahr, daß das Geld im Bereich des Gerichtsvollziehers abhanden kommt, geht auch nach freiwilligen Zahlungen zu Händen des Gerichtsvollziehers auf den Gläubiger über.[27] Es wäre unsinnig, wenn der Schuldner sich nach der in § 105 GVGA ausdrücklich vorgesehenen Aufforderung, freiwillig zu zahlen, das Geld wegnehmen lassen müßte, um nicht das Risiko des Abhandenkommens der geleisteten Beträge übernehmen zu müssen. 11

**VIII. Rechtsbehelfe:** Dem Gläubiger steht gegen die Hinterlegung nach Abs. 2 die Erinnerung nach § 766 ZPO zu. Mit dem gleichen Rechtsbehelf kann er den Gerichtsvollzieher zur Fortsetzung der Zwangsvollstreckung anhalten, falls dieser nach Ablauf der Zwei-Wochen-Frist des Abs. 2 S. 2 die Vollstreckung nicht von Amts wegen wieder aufnimmt und die Auskehr des hinterlegten Betrages betreibt. Der Schuldner und der Dritte haben, wenn die Hinterlegung abgelehnt wird, nur dann den Rechtsbehelf der Erinnerung nach § 766 ZPO, wenn die Hinterlegung als grundsätzlich nicht möglich verweigert wurde. Ob die Glaubhaftmachungsmittel im einzelnen ausreichen oder nicht, ist dagegen nicht erinnerungsfähig. Bringt der Dritte aber einen Einstellungsbeschluß nach § 771 Abs. 3 ZPO bei, bevor das Geld an den Gläubiger ausgekehrt ist, dann muß nunmehr Hinterlegung nach §§ 775 Nr. 2, 776 ZPO erfolgen. 12

**IX. ArbGG, VwGO, AO:** Siehe § 814 Rdn. 6. Für die Abgabenvollstreckung enthält § 296 Abs. 2 AO eine dem § 815 Abs. 3 ZPO entsprechende Regelung. Die Wegnahme des Geldes durch den Vollziehungsbeamten führt anders als bei § 815 Abs. 3 ZPO nicht nur zum Gefahrübergang, sondern sogleich zum Eigentumserwerb des Fiskus. 13

---

25 *Brox/Walker*, Rdn. 421; *MüKo/Schilken*, § 815 Rdn. 12; *Rosenberg/Schilken*, § 53 II; *Stein/Jonas/Münzberg*, § 815 Rdn. 19.
26 Einzelheiten zu den Rechtswirkungen freiwilliger Zahlungen an den Gerichtsvollzieher: § 754 Rdn. 2 ff.
27 Sehr str.; Einzelheiten § 754 Rdn. 8.

§ 816   Zeit und Ort der Versteigerung

(1) Die Versteigerung der gepfändeten Sachen darf nicht vor Ablauf einer Woche seit dem Tage der Pfändung geschehen, sofern nicht der Gläubiger und der Schuldner über eine frühere Versteigerung sich einigen oder diese erforderlich ist, um die Gefahr einer beträchtlichen Wertverringerung der zu versteigernden Sache abzuwenden oder um unverhältnismäßige Kosten einer längeren Aufbewahrung zu vermeiden.
(2) Die Versteigerung erfolgt in der Gemeinde, in der die Pfändung geschehen ist, oder an einem anderen Ort im Bezirk des Vollstreckungsgerichts, sofern nicht der Gläubiger und der Schuldner über einen dritten Ort sich einigen.
(3) Zeit und Ort der Versteigerung sind unter allgemeiner Bezeichnung der zu versteigernden Sachen öffentlich bekanntzumachen.
(4) Bei der Versteigerung gelten die Vorschriften des § 1239 Abs. 1 Satz 1, Abs. 2 des Bürgerlichen Gesetzbuchs entsprechend.

**Inhaltsübersicht**

| | | Rdn. |
|---|---|---|
| | Literatur | |
| I. | Wochenfrist (Abs. 1) | 1, 2 |
| II. | Ort der Versteigerung (Abs. 2) | 3 |
| III. | Öffentliche Bekanntmachung (Abs. 3) | 4, 5 |
| IV. | Bietberechtigung des Gläubigers, Eigentümers und Schuldners (Abs. 4) | 6 |
| V. | Bietberechtigung des Gerichtsvollziehers | 7 |
| VI. | Rechtsfolgen eines Verstoßes gegen § 816 ZPO | 8 |
| VII. | Rechtsfolgen eines Verstoßes gegen § 456 BGB | 9 |
| VIII. | Kosten | 10 |
| IX. | ArbGG, VwGO, AO | 11 |

Literatur: *Geißler*, Ordnungsprinzipien und Streitfragen bei der Versteigerung gepfändeter Sachen, DGVZ 1994, 33.

1   **I. Wochenfrist (Abs. 1):** Die Wochenfrist des Abs. 1 soll dem Schuldner Gelegenheit geben, die Versteigerung doch noch durch eine freiwillige Zahlung abzuwenden. Darüber hinaus sollen Gläubiger und Schuldner die Möglichkeit erhalten, Bietinteressenten zu gewinnen, um den Versteigerungstermin so effektiv wie möglich zu gestalten. Ein früherer Versteigerungstermin ist nur in den drei im Gesetz genannten Ausnahmefällen möglich. In Anbetracht der erheblichen Überbelastung der Gerichtsvollzieher[1] hat die Norm wenig praktische Bedeutung. Der wichtigste Anwendungsfall, in dem eine frühere Versteigerung geboten ist, ist die Pfändung leicht verderblicher Waren.[2] Praktisch wichtiger ist die Frist in § 142 Nr. 3 Abs. 3 GVGA: Der Termin soll in der Regel nicht

---

1 Vergl. die Zahlen bei *Eich*, ZRP 1988, 454.
2 Einzelheiten bei *Fleischmann/Rupp*, Rpfleger 1987, 8.

später als einen Monat nach der Pfändung stattfinden; wird er später angesetzt, so muß der Gerichtsvollzieher den Grund in den Akten vermerken. Ein Verstoß gegen diese Soll-Vorschrift ist allerdings folgenlos.

Die Frist des Abs. 1 gilt für jeden Gläubiger gesondert; sie ist also auch bei Anschluß- 2 pfändungen zu beachten:[3] Reicht die Versteigerung eines Teiles des Pfändungsgutes aus, um die Gläubiger, deren Pfändung fristgerecht erfolgte, zu befriedigen, muß die Versteigerung des Restes aufgeschoben werden, bis auch für die Anschlußgläubiger die Frist abgelaufen ist. Gläubiger und Schuldner können aber Abweichendes vereinbaren. Eine derartige Vereinbarung kann aus Kostengründen (neue Bekanntmachung, neue Saalmiete usw.) naheliegen.

**II. Ort der Versteigerung (Abs. 2):** Um unnötige Transport- und Lagerkosten zu ver- 3 meiden, ordnet Abs. 2 an, daß die Versteigerung nach Möglichkeit in der Gemeinde, in der die Pfändung vollzogen wurde, jedenfalls aber an einem Ort im Bezirk des Vollstreckungsgerichts stattzufinden habe. Eine Versteigerung in der Wohnung des Schuldners gegen dessen Willen verbietet sich aber nicht nur im Hinblick auf Art. 13 GG,[4] sondern auch wegen der im übrigen mit ihr verbundenen Persönlichkeitsbeeinträchtigung für den Schuldner und dessen Familie. Sie kann deshalb auch nicht auf den einseitigen Antrag des Gläubigers hin vom Rechtspfleger gem. § 825 ZPO angeordnet werden. Wenn Gläubiger und Schuldner sich darüber einigen, kann die Versteigerung auch außerhalb des Bezirks des Vollstreckungsgerichts stattfinden. Einer Einschaltung des Rechtspflegers beim Vollstreckungsgericht nach § 825 ZPO bedarf es in diesem Falle nicht. Sieht der Gerichtsvollzieher aufgrund seiner Erfahrung Möglichkeiten einer günstigeren Verwertung außerhalb des Vollstreckungsgerichtsbezirks, so hat er die Parteien darauf hinzuweisen (§ 142 Nr. 2 S. 2 GVGA). Einigen die Parteien sich nicht, kann jede Partei beim Vollstreckungsgericht gem. § 825 ZPO beantragen, daß Versteigerung außerhalb des Vollstreckungsgerichtsbezirks angeordnet werde. Liegt der so bestimmte Ort außerhalb des Gerichtsvollzieherbezirks, muß der Gerichtsvollzieher den Antrag an seinen örtlich zuständigen Amtskollegen abgeben. Näheres regeln §§ 30, 29 Nr. 2 GVO.[5] Ist der Schuldner nach der Pfändung unter Mitnahme der Pfandstücke in einen anderen Vollstreckungsgerichtsbezirk verzogen, muß die Versteigerung in diesem neuen Bezirk durch den dort zuständigen Gerichtsvollzieher stattfinden. Die Zuständigkeit wechselt automatisch; einer gerichtlichen Anordnung nach § 825 ZPO bedarf es insoweit nicht.[6] Einzelheiten der Weitergabe des Vollstreckungsauftrages regelt § 32 GVO.

Interessierte Dritte können den Antrag nach § 825 ZPO, den Versteigerungsort zu verlegen, nicht stellen. Die Befugnis insoweit haben nur der Gläubiger und der Schuldner.

---

3 *Stein/Jonas/Münzberg*, § 816 Rdn. 1; *Zöller/Stöber*, § 817 Rdn. 2.
4 So auch OLG Hamm, Rpfleger 1984, 324; LG Mönchengladbach, DGVZ 1965, 7; *Brox/Walker*, Rdn. 397; MüKo/*Schilken*, § 816 Rdn. 3.
5 In der ab 1.4.1980 geltenden Fassung mit späteren Änderungen und Ergänzungen zuletzt ab 1.11.1994.
6 Ebenso *Brox/Walker*, Rdn. 397; MüKo/*Schilken*, § 816 Rdn. 2; *Stein/Jonas/Münzberg*, § 816 Rdn. 2; *Zöller/Stöber*, § 816 Rdn. 3.

4   III. Öffentliche Bekanntmachung (Abs. 3): Um möglichst viele Bietinteressenten zu verständigen und die Öffentlichkeit der Versteigerung (§ 814 ZPO) zu gewährleisten, sind Zeit und Ort der Versteigerung unter allgemeiner Bezeichnung der zu versteigernden Sachen öffentlich bekanntzumachen (Abs. 3). Die Einzelheiten des Zeitpunktes, des Ortes und der Art der Bekanntmachung regelt § 143 GVGA. Ziel dieser sehr detaillierten Regelung ist, möglichst viele Interessenten kostengünstig und umfassend auf die bevorstehende Versteigerung hinzuweisen, um letztlich ein möglichst günstiges Versteigerungsergebnis zu sichern (§ 143 Nr. 3 Abs. 2 GVGA). Die Bekanntmachung darf, um die Persönlichkeit des Schuldners nicht unnötig zu beeinträchtigen, weder den Namen des Schuldners enthalten[7] noch sonstige Hinweise auf seine Person, wenn der Schuldner nicht einer anderen Regelung zustimmt (etwa im Interesse zu erwartender höherer Versteigerungserlöse).

5   Unabhängig von der öffentlichen Bekanntmachung sind alle Gläubiger und der Schuldner vom Versteigerungstermin besonders zu benachrichtigen, wenn ihnen der Termin nicht bereits anderweit durch den Gerichtsvollzieher bekanntgegeben worden ist, etwa durch die übersandte Abschrift des Pfändungsprotokolls (§ 142 Nr. 4 GVGA). Ist der Aufenthalt eines Schuldners allerdings nicht zu ermitteln, darf die Versteigerung der bei ihm gepfändeten Gegenstände auch ohne seine Benachrichtigung durchgeführt werden.[8]
Abs. 3 gilt auch für jeden weiteren Versteigerungstermin, wenn etwa beim ersten Versuch keine dem § 817 a ZPO entsprechenden Gebote abgegeben wurden oder wenn der erste Termin wegen einer einstweiligen Einstellung der Zwangsvollstreckung abgebrochen wurde. Es genügt also nicht die Bekanntgabe nur an die beim ersten Termin zufällig Anwesenden.

6   IV. Bietberechtigung des Gläubigers, Eigentümers und Schuldners (Abs. 4): Durch die Verweisung auf § 1239 Abs. 1 S. 1 und Abs. 2 BGB regelt Abs. 4 die Befugnis des Gläubigers, des Eigentümers der Pfandsache und des Schuldners, im Versteigerungstermin mitzubieten. Da Eigentümer und Schuldner den Versteigerungstermin durch Bezahlung der Schuld hätten vermeiden können, liegt ihre mangelnde Zahlungsfähigkeit nahe, wenn es doch zum Termin kommt. Deshalb darf nach § 1239 Abs. 2 S. 1 BGB und muß sogar nach § 145 Nr. 2 Buchst. b GVGA der Gerichtsvollzieher das Gebot des Eigentümers bzw. des Schuldners zurückweisen, wenn der gebotene Betrag nicht sofort in bar hinterlegt wird. In das vom Schuldner hinterlegte Geld können der die Versteigerung betreibende Gläubiger und auch andere Gläubiger pfänden lassen, wenn der Schuldner nicht den Zuschlag erhält. Deshalb ist das Mitbieten durch den Schuldner für diesen gefährlich und eine nur wenig praktische Möglichkeit.
Der Gläubiger ist auch dann nicht gehindert, mitzubieten, wenn er bereits Eigentümer der gepfändeten Sache ist, etwa weil er sie dem Schuldner von vornherein nur unter Eigentumsvorbehalt verkauft hatte und der Kaufpreis noch nicht gezahlt ist.[9] Gleiches gilt für den sonstigen Eigentümer der gepfändeten Sache, der etwa von einer

---

7 Siehe auch § 143 Nr. 2 Abs. 3 GVGA.
8 LG Essen, MDR 1973, 414.
9 Zu den Auswirkungen des VerbrKreditG auf die Zwangsvollstreckung des Gläubigers in Sachen, an denen er selbst noch Vorbehaltseigentum hat, siehe Anh. § 825 Rdn. 4.

Klage nach § 771 ZPO absieht, weil er sich wegen möglicher Einreden des Vollstrekkungsgläubigers[10] trotz seines Eigentums keinen Erfolg verspricht. Bietet der Gläubiger, der gleichzeitig Eigentümer der Sache ist, mit, gilt § 1239 Abs. 2 S. 1 BGB nicht.

**V. Bietberechtigung des Gerichtsvollziehers:** Der Gerichtsvollzieher selbst, die von ihm bei der Versteigerung zugezogenen Gehilfen (etwa der Sachverständige) sowie ein etwa bestellter Protokollführer sind gem. § 456 BGB nicht nur persönlich als Bieter ausgeschlossen, sie dürfen sich auch nicht durch einen Vertreter oder (in verdeckter Vertretung) durch einen Strohmann indirekt als Bieter beteiligen oder als Vertreter eines Dritten mitbieten. Die Vorschrift dient der Sicherung der Unparteilichkeit des Verfahrens.

**VI. Rechtsfolgen eines Verstoßes gegen § 816 ZPO:** Verstöße gegen § 816 Abs. 1, 2 und 4 ZPO sowie gegen die Detailregelungen der §§ 142-144 GVGA machen die nachfolgende Versteigerung **nicht nichtig**. Das Verfahren kann aber, solange die Zwangsvollstreckung noch nicht beendet ist, mit der Erinnerung nach § 766 ZPO angefochten werden. Die Eigentumszuweisung an den Ersteher[11] als Ergebnis einer nur anfechtbaren, aber noch nicht angefochtenen Versteigerung ist voll wirksam und mit einer Erinnerung nicht mehr rückgängig zu machen. Hinsichtlich eines Verstoßes gegen Abs. 3 muß unterschieden werden: War die Versteigerung überhaupt nicht bekanntgemacht worden, ist die Öffentlichkeit der Versteigerung insgesamt (§ 814 ZPO) nicht gewahrt. Die Versteigerung ist in diesem Falle unwirksam. Es erfolgt keine wirksame Eigentumszuweisung an den Ersteher. Ist zwar bekanntgemacht worden, sind dabei aber die Vorgaben des örtlichen Vollstreckungsgerichts oder des übergeordneten Landgerichts oder die Detailregelungen des § 143 GVGA nicht beachtet worden, ist die Versteigerung nur anfechtbar. Die Wirksamkeit der Eigentumszuweisung an den Ersteher wird durch die bloße Möglichkeit der Anfechtung nicht berührt.

**VII. Rechtsfolgen eines Verstoßes gegen § 456 BGB:** Die Folgen einer Mißachtung des § 456 BGB regelt § 458 BGB: Hat eine der nach § 456 BGB ausgeschlossenen Personen dennoch den Zuschlag erhalten und ist ihr die Sache abgeliefert worden, ist der Eigentumserwerb zunächst schwebend unwirksam. Die Wirksamkeit hängt von der Genehmigung durch alle beteiligten Parteien, also den oder die Gläubiger und den Schuldner, ab. Der Ersteher kann die Beseitigung des Schwebezustands beschleunigen, indem er die Parteien zur Erklärung auffordert. Sodann findet § 177 Abs. 2 BGB entsprechende Anwendung. Tritt der Versteigerungserfolg endgültig nicht ein, so muß der ausgeschlossene Ersteher die Kosten eines erneuten Versteigerungstermins tragen. Zudem haftet er sowohl dem Gläubiger als auch dem Schuldner für einen möglichen Mindererlös bei einer erneuten Versteigerung (§ 458 Abs. 2 BGB).

Entsteht einem der Beteiligten durch die Nichtbeachtung der §§ 816 ZPO, 456 BGB, 142–144 GVGA ein Schaden, so haftet zudem der Staat im Rahmen des § 839 BGB i. V. m. Art. 34 GG.

---

10 Siehe insoweit § 771 Rdn. 32 ff.
11 Einzelheiten: § 817 Rdn. 7.

10  **VIII. Kosten:** Die Kosten der Bekanntmachung, der Anmietung eines Raumes zur Versteigerung und der Durchführung der Versteigerung selbst sind notwendige Kosten der Zwangsvollstreckung i. S. d. § 788 ZPO.

11  **IX. ArbGG, VwGO, AO:** Siehe § 814 Rdn. 6. Für die Abgabenvollstreckung gilt § 298 AO, der inhaltlich weitgehend mit § 816 Abs. 1, 3 u. 4 ZPO übereinstimmt.

## § 817 Zuschlag und Ablieferung

(1) Dem Zuschlag an den Meistbietenden soll ein dreimaliger Aufruf vorausgehen; die Vorschriften des § 156 des Bürgerlichen Gesetzbuchs sind anzuwenden.
(2) Die Ablieferung einer zugeschlagenen Sache darf nur gegen bare Zahlung geschehen.
(3) ¹Hat der Meistbietende nicht zu der in den Versteigerungsbedingungen bestimmten Zeit oder in Ermangelung einer solchen Bestimmung nicht vor dem Schluß des Versteigerungstermins die Ablieferung gegen Zahlung des Kaufgeldes verlangt, so wird die Sache anderweit versteigert. ²Der Meistbietende wird zu einem weiteren Gebot nicht zugelassen; er haftet für den Ausfall, auf den Mehrerlös hat er keinen Anspruch.
(4) ¹Wird der Zuschlag dem Gläubiger erteilt, so ist dieser von der Verpflichtung zur baren Zahlung so weit befreit, als der Erlös nach Abzug der Kosten der Zwangsvollstreckung zu seiner Befriedigung zu verwenden ist, sofern nicht dem Schuldner nachgelassen ist, durch Sicherheitsleistung oder durch Hinterlegung die Vollstreckung abzuwenden. ²Soweit der Gläubiger von der Verpflichtung zur baren Zahlung befreit ist, gilt der Betrag als von dem Schuldner an den Gläubiger gezahlt.

## Inhaltsübersicht

Literatur

| | | Rdn. |
|---|---|---|
| I. | Regelung über den Ablauf der Versteigerung | 1 |
| II. | Vorbereitung der Versteigerung | 2, 3 |
| III. | Bekanntgabe der Versteigerungsbedingungen | 4 |
| IV. | Das Gebot | 5 |
| V. | Der Zuschlag | 6 |
| VI. | Die Ablieferung der Sache (Abs. 2) | 7 |
| VII. | Barzahlung | 8 |
| VIII. | Anderweitige Versteigerung (Abs. 3) | 9 |
| IX. | Ersteigerung durch den Gläubiger (Abs. 4) | 10, 11 |
| X. | Rechtsbehelfe nach Ablieferung | 12–14 |
| XI. | ArbGG, VwGO, AO | 15 |

Literatur: *Alisch*, Die Berücksichtigung von Drittinteressen durch den Gerichtsvollzieher bei der Pfandverwertung, DGVZ 1979, 81; *Böhm*, Ungerechtfertigte Zwangsvollstreckung und materiellrechtliche Ausgleichsansprüche, 1971; *Dünkel*, Öffentliche Versteigerung und gutgläubiger Erwerb, 1970; *Frank/Veh*, Gutgläubiger Erwerb beweglicher Sachen im Wege öffentlicher Versteigerung, JA 1983, 249; *Gaul*, Ungerechtfertigte Zwangsvollstreckung und materielle Ausgleichsansprüche, AcP 1973, 232; *Geißler*, Ordnungsprinzipien und Streitfragen bei der Versteigerung gepfändeter Sachen, DGVZ 1994, 33; *von Gerkan*, Der Erwerb einer schuldnerfremden beweglichen Sache durch den Vollstreckungsgläubiger als Ersteher, MDR 1962, 784; *ders.*, Die Zwangsvollstreckung in schuldnerfremde bewegliche Sachen in den Fällen des § 817 Abs. 4 ZPO, NJW 1963, 1140; *Gerlach*, Ungerechtfertigte Zwangsvollstreckung und ungerechtfertigte

Bereicherung, 1986; *Gloede*, Haftet der Vollstreckungsgläubiger, der in schuldnerfremde bewegliche Sachen vollstrecken ließ, deren früherem Eigentümer aus ungerechtfertigter Bereicherung?, MDR 1972, 291; *ders.*, Nochmals: Vollstreckung in schuldnerfremde Sachen und Bereicherungsausgleich, JR 1973, 99; *Günther*, Mobiliarzwangsvollstreckung in schuldnerfremde Sachen und Bereicherungsausgleich, AcP 1978, 456; *Kaehler*, Vollstreckung in schuldnerfremde Sachen und Bereicherungsausgleich, JR 1972, 445; *Kerwer*, Die Erfüllung in der Zwangsvollstreckung, 1996; *Krüger*, Bereicherung durch Versteigerung – BGH NJW 1987, 1880, JuS 1989, 182; *Lindacher*, Fehlende oder irreguläre Pfändung und Wirksamkeit des vollstreckungsrechtlichen Erwerbs, JZ 1970, 360; *Lüke*, Die Übereignung der gepfändeten Sache durch den Gerichtsvollzieher, ZZP 1954, 356; *ders.*, Die Bereicherungshaftung des Gläubigers bei der Zwangsvollstreckung in eine dem Schuldner nicht gehörige bewegliche Sache, AcP 153, 533; *ders.*, Die Versteigerung der gepfändeten Sache durch den Gerichtsvollzieher, ZZP 1955, 341; *Marotzke*, Öffentlichrechtliche Verwertungsmacht und Grundgesetz, NJW 1978, 133; *Nikolaou*, Der Schutz des Eigentums an beweglichen Sachen Dritter bei Vollstreckungsversteigerungen, 1993; *Noack*, Aktuelle Probleme aus dem Versteigerungsgeschäft, JurBüro 1973, 261; *ders.*, Mißbrauch staatlicher Vollstreckungseinrichtungen zur Durchführung von Ausverkäufen, DGVZ 1975, 27; *Pinger*, Der Gläubiger als Ersteigerer einer schuldnerfreien Sache, JR 1973, 94; *Schmitz*, Nochmals: Ansprüche des Interventionsberechtigten gegen den Vollstreckungsgläubiger als Ersteher der Pfandsache, NJW 1962, 2335; *Tiedtke*, Gutgläubiger Erwerb im bürgerlichen Recht, im Handels- und Wertpapierrecht sowie in der Zwangsvollstreckung, 1985; ergänzend siehe die Literaturangaben im Anh. zu § 771.

**1** I. **Regelungen über den Ablauf der Versteigerung:** Die §§ 814, 816, 817, 817 a ZPO enthalten nur die wichtigsten Grundsätze über die Vorbereitung und den Ablauf des Versteigerungstermins. Viele Einzelheiten erschienen dem Gesetzgeber aus dem Kontext der Bestimmungen heraus so selbstverständlich, daß er sie deshalb nicht geregelt hat, andere sind bewußt der verwaltungsmäßigen Ausgestaltung durch die Landesjustizverwaltungen überlassen worden. Diese haben auch in der GVGA umfangreiche Detailregelungen getroffen (§§ 141–146, 153, 155, 161–165, 166 a).

**2** II. **Vorbereitung der Versteigerung:** Da die gepfändeten Sachen gem. § 808 Abs. 2 ZPO in der Regel zunächst beim Schuldner zu belassen sind,[1] muß der Gerichtsvollzieher sie vor der Versteigerung zunächst einmal ins Versteigerungslokal oder in seine Pfandkammer abholen. Hatte der Schuldner ihm schon bei der Pfändung den Zutritt zu seiner Wohnung verweigert und war deshalb richterliche Durchsuchungsanordnung im Rahmen des § 758 ZPO ergangen, so bedarf es zur Abholung der Pfandstücke keiner erneuten richterlichen Anordnung.[2] Verweigert der Schuldner aber erstmalig zur Abholung der Pfandstücke den Zutritt zu seiner Wohnung, kann ihn der Gerichtsvollzieher nicht von sich aus aufgrund seines öffentlich-rechtlichen Gewahrsams an den Pfandstücken erzwingen; der Gläubiger muß auch in diesem Stadium gegebenenfalls noch eine richterliche Anordnung erwirken. Allein das unmittelbare Bevorstehen des Versteigerungstermins ist noch keine »Gefahr im Verzuge« i. S. Art. 13 Abs. 2 GG.

**3** Bevor die eigentliche Versteigerung beginnt, sind die Sachen den Bietinteressenten zur Besichtigung bereitzustellen. Gegebenenfalls sind die Sachen zuvor zu reinigen und im Interesse des Erzielens eines angemessenen Erlöses etwas ansehnlicher herzurichten

---

1 Einzelheiten: § 808 Rdn. 10, 11.
2 Siehe § 758 Rdn. 3 a. E.

*Zuschlag und Ablieferung* § 817

(z. B. Kleidung zu bügeln, Silber blank zu putzen, Möbel zu polieren usw.). Die hierdurch entstehenden Kosten sind notwendige Kosten der Zwangsvollstreckung i. S. § 788 ZPO, wenn sie nicht außer Verhältnis zum Wert der »hergerichteten« Gegenstände stehen. Einzelheiten zum Bereitstellen der Pfandstücke regelt § 144 GVGA. Veränderungen an den Pfandstücken, die Kosten verursachen (Ergänzen fehlender Teile, Reparaturen, Neuanstrich usw.) darf der Gerichtsvollzieher auch dann, wenn sie eine wesentliche Wertsteigerung bewirkten, nur im Einvernehmen beider Parteien, also des Gläubigers und des Schuldners, durchführen lassen. Solche Veränderungen gehen über das »Herrichten zum Verkauf« hinaus.

**III. Bekanntgabe der Versteigerungsbedingungen:** Bei der Eröffnung des Termins gibt der Gerichtsvollzieher zunächst die Versteigerungsbedingungen bekannt. Sie beinhalten grundsätzlich die Notwendigkeit der Beachtung des Mindestgebotes (§ 817a ZPO), die Verpflichtung zur Barzahlung vor Ablieferung (Abs. 2), soweit kein Ausnahmefall nach Abs. 4 vorliegt, sowie den spätesten Zeitpunkt für das Ablieferungsverlangen (Abs. 3).
Weitere Bedingungen können im Einzelfall aufgrund der Beschaffenheit des Versteigerungsgutes notwendig sein, so, wenn für den Erwerb der Gegenstände besondere Erlaubnisse erforderlich sind oder wenn die Gegenstände sich in Behältnissen befinden, die nicht dem Schuldner gehören und auch nicht mitversteigert werden (§ 145 Nr. 1 Abs. 2 und 3 GVGA). Abweichungen von den zwingenden gesetzlichen Bedingungen[3] sind auch im Einvernehmen der Parteien nur möglich, wenn sie das Vollstreckungsgericht gem. § 825 ZPO angeordnet hat.

4

**IV. Das Gebot:** Nach Bekanntgabe der Bedingungen fordert der Gerichtsvollzieher die Anwesenden zum Bieten auf. Das **Gebot** ist trotz des Hinweises in Abs. 1 auf § 156 BGB kein zivilrechtliches Angebot zum Abschluß eines Kaufvertrages,[4] sondern eine **Prozeßhandlung**,[5] nämlich ein Antrag auf Abschluß eines öffentlich-rechtlichen Vertrages im Rahmen des hoheitlichen Verwertungsverfahrens. Der Bietende muß deshalb alle Prozeßhandlungsvoraussetzungen erfüllen; insbesondere muß er prozeßfähig sein.[6] Als Prozeßhandlung sind Gebote bedingungsfeindlich und nicht nach §§ 119 ff. BGB wegen Willensmangels anfechtbar.[7] Derjenige, der von seinem Gebot abrücken will, kann es aber, falls ihm der Zuschlag erteilt wurde, schlicht unterlassen, die Ablieferung des Pfändungsgutes an sich zu beantragen. Die in Abs. 3 hierfür vor-

5

---

3 Oben Rdn. 4.
4 So allerdings die Vorstellung des historischen Gesetzgebers; im Ergebnis folgen noch dieser Vorstellung: *Baumbach/Lauterbach/Hartmann*, § 817 Rdn. 2; *Marotzke*, NJW 1978, 133; *Pinger*, JR 1973, 94; *Säcker*, JZ 1971, 156.
5 So die heute ganz h. M.; vergl. BGHZ 119, 75, 76 ff.; *Baur/Stürner*, Rdn. 29.6 (mit Einschränkungen); *Brox/Walker*, Rdn. 409; *Lüke*, ZZP 1955, 350; *MüKo/Schilken*, § 817 Rdn. 5; *Rosenberg/Schilken*, § 53 III 1 a; *Stein/Jonas/Münzberg*, § 817 Rdn. 8; *Thomas/Putzo*, § 817 Rdn. 3; *Zöller/Stöber*, § 817 Rdn. 5.
6 *Rosenberg/Schilken*, § 53 III 1 a; *Thomas/Putzo*, § 817 Rdn. 3; *Wieczorek*, § 817 Anm. A III a.
7 *Brox/Walker*, *Rosenberg/Schilken*, *Stein/Jonas/Münzberg*, *Thomas/Putzo* wie Fußn. 5; ferner *Noack*, DGVZ 1975, 38; a. A. *Baur/Stürner*, Rdn. 29.6; *Blomeyer*, § 15 VI 4; *Zöller/Stöber*, § 817 Rdn. 7.

gesehenen Folgen[8] ähneln im Ergebnis denen des § 122 BGB. Jedes Gebot muß, um überhaupt Berücksichtigung finden zu können, dem Mindestgebot des § 817 a ZPO entsprechen.[9]

Ein Gebot erlischt, sobald ein höheres Gebot abgegeben wird (sog. Übergebot) oder sobald der Versteigerungstermin ohne Ergebnis abgebrochen wird (etwa wegen einstweiliger Einstellung der Zwangsvollstreckung). Der Gerichtsvollzieher kann die zeitliche Dauer der Versteigerung nicht von vornherein begrenzen. Solange weitere Übergebote abgegeben werden, ist die Versteigerung fortzusetzen. **Meistgebot** ist das höchste wirksam abgegebene Gebot, dem keine Übergebote mehr folgen. Der Meistbietende hat keinen einklagbaren Anspruch auf Erteilung des Zuschlages.[10] Er erwirbt aber eine prozeßrechtliche Position, kraft derer er erinnerungsbefugt ist nach § 766 ZPO, falls der Gerichtsvollzieher den Zuschlag verweigert. Das Prozeßgericht weist den Gerichtsvollzieher in diesem Falle an, dem Erinnerungsführer den Zuschlag zu erteilen. Ein Zuschlag, der unter Mißachtung des Meistgebotes auf ein darunterliegendes Gebot (sog. Untergebot) erteilt wird, ist unwirksam.[11] Auf ihm können die weiteren Verwertungsfolgen nicht wirksam basieren.

Bevor ein Gebot als Meistgebot festgestellt wird, soll ein dreimaliger Aufruf vorausgehen (**Abs. 1** mit § 145 Nr. 4 GVGA). Die Aufrufe sollen ohne Übereilung erfolgen, damit weniger reaktionsschnelle Bieter nicht benachteiligt werden und damit der Eindruck der Parteilichkeit zugunsten einzelner Bieter vermieden wird.[12]

**6** V. **Der Zuschlag:** Der Zuschlag, der dem Meistbietenden zu erteilen ist, ist eine öffentlich-rechtliche Erklärung des Gerichtsvollziehers, durch die zwischen dem Staat und dem Meistbietenden ein öffentlich-rechtlicher Vertrag über die Berechtigung zustandekommt, die Ablieferung der versteigerten Sache verlangen zu dürfen (§ 817 Abs. 3 ZPO). Umstritten ist dagegen, ob durch Gebot und Zuschlag überhaupt ein Vertrag zustande kommt. Während teilweise vertreten wird, daß zwischen dem Meistbietenden und dem Staat, vertreten durch den Gerichtsvollzieher, ein kaufrechtsähnlicher öffentlich-rechtlicher Vertrag geschlossen wird[13], handelt es sich nach anderer Ansicht[14] bei dem Zuschlag um einen auf das Meistgebot reagierenden einseitigen staatlichen Hoheitsakt. Der Streit ist aber von geringer praktischer Bedeutung;[15] denn über die Folgen des Zuschlags herrscht wieder weitgehend Einigkeit: Er gibt dem Ersteher keinen einklagbaren Anspruch auf Ablieferung der Sache, dem Gerichtsvollzieher keinen Anspruch auf Zahlung des Erlöses, wie Abs. 3 zeigt. Der Ersteher kann seinen »An-

---

8 Einzelheiten unten Rdn. 9.
9 Einzelheiten dort Rdn. 3.
10 *Brox/Walker*, Rdn. 407; *Bruns/Peters*, § 23 IV 2; *Jauernig*, § 18 IV A; *Rosenberg/Schilken*, § 53 III 1 a; *Stein/Jonas/Münzberg*, § 817 Rdn. 16.
11 Siehe auch § 814 Rdn. 4.
12 Siehe insbesondere unten Rdn. 8.
13 OLG München, DGVZ 1980, 123; *Baumann/Brehm*, § 5 II 4 a; *Baumbach/Lauterbach/Hartmann*, § 817 Rdn. 4; *Baur/Stürner*, Rdn. 29.6; *Bruns/Peters*, § 23 IV 2; *Gerhardt*, § 8 II 2 b 1; *Jauernig*, § 18 IV A; *MüKo/Schilken*, § 817 Rdn. 3; *Rosenberg/Schilken*, § 53 III 1 a.
14 So *Geißler*, DGVZ 1994, 34; *Lüke*, ZZP 1955, 349; *Stein/Jonas/Münzberg*, § 817 Rdn. 4; *Zöller/Stöber*, § 817 Rdn. 7.
15 So ausführlich auch *Brox/Walker*, Rdn. 407 ff.

spruch« nur mit § 766 ZPO verfolgen. Der Staat haftet nicht vertraglich für etwaige Mängel des Versteigerungsgutes (§ 806 ZPO).

**VI. Die Ablieferung der Sache (Abs. 2):** Eigentum am Versteigerungsgut erwirbt der Ersteher nicht bereits durch den Zuschlag, sondern erst mit der Ablieferung der Sache an ihn durch den Gerichtsvollzieher. Die Ablieferung setzt grds. voraus, daß der Gerichtsvollzieher dem Ersteher durch Übergabe der Sache unmittelbaren Besitz verschafft. Ausnahmsweise kann die Einräumung mittelbaren Besitzes ausreichen.[16] Die Rechtsnatur der Ablieferung ist streitig: Sie wird teils als zivilrechtliche Übereignung nach §§ 929 ff. BGB,[17] teils als öffentlich-rechtliche Eigentumsübertragung, auf die aber die §§ 929 ff. BGB entsprechend anzuwenden seien,[18] teils als einseitiger staatlicher Hoheitsakt der Eigentumszuweisung[19] gesehen. Der letzteren Auffassung ist zuzustimmen. Die Ablieferung nach Abs. 2 hat keinen rechtsgeschäftlichen Inhalt. Sie ist ausschließlich die faktische Besitzübertragung des versteigerten Gutes auf den Erwerber, mit der kraft Gesetzes die Eigentumsübertragung als Hoheitsakt verbunden ist, wenn das versteigerte Gut wirksam öffentlich beschlagnahmt, also verstrickt, war[20] und wenn die zwingenden Verfahrensregeln der Versteigerung beachtet worden waren.[21] Nur diese Auffassung wird der Versteigerung als Vorgang des öffentlich-rechtlichen Verfahrensrechts gerecht und berücksichtigt, daß das Eigentum am Versteigerungsgut im gesamten Ablauf des Vollstreckungsverfahrens keine Rolle gespielt hat,[22] so daß es inkonsequent wäre, gerade beim Erwerb in der Versteigerung auf das Eigentum des Schuldners oder den guten Glauben daran abzustellen. Da das Eigentum am Versteigerungsgut also nicht nach § 929 BGB auf den Ersteher übergeht, sondern kraft staatlichen Hoheitsaktes, spielen die Gutglaubensvorschriften der §§ 932, 1244 BGB weder unmittelbar[23] noch in analoger Anwendung[24] im Rahmen des Eigentumserwerbs eine Rolle.[25] Es kommt noch nicht einmal auf den Willen des Erstehers, Eigentum erwerben zu wollen, an. So wie der böse Glaube hinsichtlich des Eigentums des Schuldners am Versteigerungsgut für den Eigentumserwerb des Erstehers nicht schädlich ist, so nützt umgekehrt dem Ersteher sein guter Glaube daran nichts, daß das Versteigerungsgut ordnungsgemäß verstrickt war oder daß die zwingenden Vorschriften

---

16 OLG Köln, Rpfleger 1996, 296 f.
17 So *Marotzke*, NJW 1978, 133; *Pinger*, JR 1973, 98; *Wieczorek*, § 817 Anm. D I b; *Wolff/Raiser*, Sachenrecht, § 167 III, Fußn. 7.
18 So *Säcker*, JZ 1971, 156; *Bruns/Peters*, § 23 IV 3; *Rosenberg/Schilken*, § 53 III 1 b.
19 BGHZ 119, 75, 76 ff.; 55, 25; BGH, NJW 1987, 1880; OLG Köln, Rpfleger 1996, 296 f.; *Baur/Stürner*, Rdn. 29.7; *Brox/Walker*, Rdn. 411; *Gerhardt*, § 8 II 2 b; *Jauernig*, § 18 IV A; *Lüke*, ZZP 1954, 362; *MüKo/Schilken*, § 817 Rdn. 14; *Stein/Jonas/Münzberg*, § 817 Rdn. 21.
20 Siehe Vor §§ 803, 804 Rdn. 2 ff.
21 § 814 Rdn. 4.
22 Siehe insbesondere Vor §§ 803, 804 Rdn. 3, 4 und § 808 Rdn. 4.
23 So aber *Marotzke*, NJW 1978, 133; *Pinger*, JR 1973, 98; *Staudinger/Wiegand*, § 1257 BGB Rdn. 29.
24 So aber *Bruns/Peters*, § 23 IV 3 b; *Huber*, Die Versteigerung gepfändeter Sachen, S. 147 ff.
25 Wie hier *Baumbach/Lauterbach/Hartmann*, § 817 Rdn. 7; *Baur/Stürner*, Rdn. 29.7; *Brox/Walker*, Rdn. 411; *Gerhardt*, § 8 II 2 b; *Jauernig*, § 18 IV A; *Rosenberg/Schilken*, § 53 III 1 b, bb; *Stein/Jonas/Münzberg*, § 817 Rdn. 21; *Tiedtke*, Gutgläubiger Erwerb, S. 293; *Thomas/Putzo*, § 817 Rdn. 8; *Zöller/Stöber*, § 817 Rdn. 8.

des Versteigerungsverfahrens eingehalten wurden.²⁶ War die Sache zum Zeitpunkt der Versteigerung nicht verstrickt, etwa weil der Gerichtsvollzieher die Kenntlichmachung der Pfändung unterlassen²⁷ oder weil der Schuldner das Pfändungsgut heimlich ausgetauscht hatte,²⁸ so erwirbt auch der Ersteher kein Eigentum, dem diese Vorgänge unbekannt waren.

Ein Dritter, der in der Versteigerung sein Eigentum verloren hat, kann sich in der Regel (wenn nicht ausnahmsweise § 826 BGB eingreift) nur an den Gläubiger und den Schuldner halten, um Ersatz zu erlangen, nicht an den Ersteher oder an den Staat.²⁹

Nach der Übergabe der versteigerten Sache an den Ersteigerer haftet der Staat grundsätzlich nicht mehr für die Verwahrung des ersteigerten Gegenstandes.³⁰

8    VII. **Barzahlung:** Die Ablieferung an den Ersteher darf, soweit nicht der Ausnahmefall des Abs. 4 vorliegt, nur gegen Barzahlung des gesamten Betrages, zu dem der Zuschlag erteilt wurde, erfolgen. Ein durch Scheckkarte gesicherter Scheck steht dem Bargeld nicht gleich. Der Gerichtsvollzieher darf ihn nur ausnahmsweise annehmen, wenn der Gläubiger dem zustimmt (§ 145 Nr. 5 GVGA). Der Gerichtsvollzieher und die Parteien sind nicht befugt, dem Ersteher die Zahlung über das Ende des Versteigerungstermins hinaus zu stunden. Dies kann nur das Vollstreckungsgericht nach § 825 ZPO. Wollen Gläubiger und Schuldner dem Erwerber hinsichtlich der Zahlung entgegenkommen, müssen sie von der öffentlichen Verwertung der Sache absehen und die Verwertung in der Form eines privaten Kaufvertrages außerhalb des Vollstreckungsverfahrens durchführen.³¹

9    VIII. **Anderweitige Versteigerung (Abs. 3):** Verlangt der Ersteher bis zum Ende des Versteigerungstermins nicht die Ablieferung und zahlt er bis zu diesem Zeitpunkt auch nicht das »Kaufgeld«, muß die Sache erneut und anderweitig versteigert werden (Abs. 3 S. 1). Der säumige Meistbietende ist dann zu einem weiteren Gebot nicht zuzulassen. Er hat, wenn nunmehr ein geringerer Erlös erzielt wird, dem hierdurch Betroffenen (Gläubiger, Schuldner, eventuell auch Dritteigentümer der Sache) den Ausfall zu ersetzen (Abs. 3 S. 2). Da der säumige Meistbietende durch den ihm zunächst erteilten Zuschlag noch nicht Eigentümer der Sache geworden war und auch sonst noch keine Rechte an der Sache erworben hatte, hat er auch keinen Anspruch auf den Mehrerlös, falls bei der neuerlichen Versteigerung ein solcher gegenüber seinem früheren Meistgebot erzielt wird.

10   IX. **Ersteigerung durch den Gläubiger (Abs. 4):** Besonderheiten gegenüber Abs. 2 ergeben sich, wenn der Gläubiger selbst das Pfandobjekt ersteigert. Es wäre widersinnig, ihn zunächst das gesamte »Kaufgeld« bar entrichten zu lassen, um ihm dann den Erlös, soweit er ihm nach dem Titel gebührt, wieder auszuhändigen. Deshalb ordnet Abs. 4

---

26 So aber *Bruns/Peters*, § 23 IV 3 b; *Lindacher*, JZ 1970, 360.
27 Siehe § 808 Rdn. 10.
28 Vergl. BGH, NJW 1987, 1881.
29 Einzelheiten hinsichtlich der Ersatzansprüche Dritter, deren Sachen zu Unrecht versteigert wurden, siehe Anh. § 771 Rdn. 2 ff. sowie *Brox/Walker*, Rdn. 456 ff.
30 LG Heidelberg, DGVZ 1991, 138.
31 Siehe zu dieser Möglichkeit Vor § 814 Rdn. 3.

für diesen Fall an, daß der Gläubiger von der baren Zahlung des »Kaufgeldes« so weit befreit ist, als der Erlös nach Abzug der Kosten der Zwangsvollstreckung zu seiner Befriedigung zu verwenden ist. Soweit der Gläubiger von der Verpflichtung zur Barzahlung befreit ist, gilt der Betrag als vom Schuldner an den Gläubiger bezahlt (Abs. 4 S. 2). Die Vorschrift ist nicht materiellrechtlich zu verstehen,[32] sondern rein verfahrensrechtlich,[33] kommt also auch dann zur Anwendung, wenn dem Gläubiger der durch den Erlös verkörperte Vermögensvorteil letztlich nicht zusteht, weil die versteigerte Sache nicht im Eigentum des Schuldners, sondern eines Dritten stand. Der Dritteigentümer hat in einem solchen Fall gegen den Gläubiger einen Bereicherungsanspruch in der Höhe, in der er von der Pflicht zur Barzahlung befreit war.

Die Befreiung des Gläubigers von der Barzahlungspflicht gilt dann nicht, wenn der Schuldner befugt ist, die Zwangsvollstreckung durch Sicherheitsleistung abzuwenden (§§ 711, 712 Abs. 1 S. 1 ZPO). Da in einem solchen Fall der Erlös gem. § 720 ZPO zu hinterlegen ist, muß auch der Gläubiger den Betrag bar abliefern. Ist der Erlös verfahrensrechtlich nicht zur Befriedigung desjenigen Gläubigers zu verwenden, der den Zuschlag erhalten hat, weil er nur zur Befriedigung vorrangiger Gläubiger ausreicht, muß der Gläubiger natürlich ebenfalls das volle »Kaufgeld« bar entrichten.

**X. Rechtsbehelfe nach Ablieferung:** Die wirksam vollzogene Ablieferung führt zum endgültigen Eigentumserwerb des Erstehers. Sie ist durch Rechtsbehelfe, mit denen das vorausgegangene Verfahren gerügt wird, nicht rückgängig zu machen. Deshalb fehlt für eine Erinnerung oder eine sofortige Beschwerde (§§ 766, 793 ZPO), die darauf abzielen, den Verlust des Pfändungsgutes selbst zu verhindern, nach vollzogener Ablieferung das Rechtsschutzbedürfnis. Diese Rechtsbehelfe sind dann nur noch insoweit zulässig, als sie auf die Erlösverteilung Einfluß nehmen können. So führt etwa die Rüge, der versteigerte und abgelieferte Gegenstand sei nach § 811 Nr. 1 oder Nr. 5 ZPO unpfändbar gewesen, dazu, daß der Erlös nicht dem Gläubiger ausgekehrt, sondern dem Schuldner zur Neuanschaffung eines solchen Gegenstandes überlassen wird. Dagegen fehlte für die Rüge eines Dritten, sein Besitz nach § 809 ZPO sei mißachtet worden, nach der Ablieferung des Gegenstandes an den Ersteher das Rechtsschutzbedürfnis, da der Besitz nunmehr nicht wieder hergestellt werden könnte.

Mit der Ablieferung erlöschen nicht nur das bisherige Eigentum an der Sache, sondern auch alle sonstigen Rechte, etwa ein Vermieter- oder Werkunternehmerpfandrecht oder ein Anwartschaftsrecht des Schuldners, der den Gegenstand nur auf Abzahlung unter Eigentumsvorbehalt erworben hatte. Daher bewirkt die Ablieferung den Rücktritt vom Vertrage nach § 13 Abs. 3 VerbrKrG.[34]

---

32 So aber *Kaehler,* JR 1972, 449; *Schmitz,* NJW 1962, 853 und 2335; *Wieczorek,* § 771 Anm. C III b 1.
33 Wie hier BGHZ 100, 95, 99; *Brox/Walker,* Rdn. 415; *v. Gerkan,* MDR 1962, 784 und NJW 1963, 1140; *Stein/Jonas/Münzberg,* § 817 Rdn. 15; *Zöller/Stöber,* § 817 Rdn. 12.
34 Einzelheiten zum Verhältnis VerbrKrG einerseits, Verwertung in der Zwangsvollstreckung andererseits siehe Anh. § 825 Rdn. 4; MüKo/*Schilken,* § 817 Rdn. 21; *Zöller/Stöber,* § 817 Rdn. 15.

14 War das Versteigerungsgut im Zeitpunkt der Ablieferung aber nicht verstrickt oder waren vor der Ablieferung die wesentlichen Verfahrensregeln des Versteigerungsverfahrens nicht beachtet worden und hat der Ersteher mit der Ablieferung kein Eigentum erworben,[35] so können die durch die Ablieferung Beschwerten (Schuldner, Eigentümer) mit der Erinnerung erzwingen, daß der Gerichtsvollzieher die Rückgabe der Sache betreibt. Der Ersteher hat, da er an der Sache kein Eigentum erworben hat und da der Zweck der Versteigerung verfehlt wurde, kein Recht zum Besitz. Er hat allerdings ein Zurückbehaltungsrecht, bis ihm das »Kaufgeld« erstattet wird. Beruht die Zweckverfehlung bei der Versteigerung auf Fehlern des Gerichtsvollziehers, so haftet der Staat den Betroffenen gem. § 839 BGB, Art. 34 GG für mögliche Schäden.

15 **XI. ArbGG, VwGO, AO:** Siehe § 814 Rdn. 6. Für die Abgabenvollstreckung gilt § 299 AO, der fast wörtlich mit § 817 ZPO übereinstimmt.

---

35 Siehe oben Rdn. 8.

## § 817 a Mindestgebot

(1) ¹Der Zuschlag darf nur auf ein Gebot erteilt werden, das mindestens die Hälfte des gewöhnlichen Verkaufswertes der Sache erreicht (Mindestgebot). ²Der gewöhnliche Verkaufswert und das Mindestgebot sollen bei dem Ausbieten bekanntgegeben werden.
(2) ¹Wird der Zuschlag nicht erteilt, weil ein das Mindestgebot erreichendes Gebot nicht abgegeben ist, so bleibt das Pfandrecht des Gläubigers bestehen. ²Er kann jederzeit die Anberaumung eines neuen Versteigerungstermins oder die Anordnung anderweitiger Verwertung der gepfändeten Sache nach § 825 beantragen. ³Wird die anderweitige Verwertung angeordnet, so gilt Absatz 1 entsprechend.
(3) ¹Gold- und Silbersachen dürfen auch nicht unter ihrem Gold- oder Silberwert zugeschlagen werden. ²Wird ein den Zuschlag gestattendes Gebot nicht abgegeben, so kann der Gerichtsvollzieher den Verkauf aus freier Hand zu dem Preise bewirken, der den Gold- oder Silberwert erreicht, jedoch nicht unter der Hälfte des gewöhnlichen Verkaufswertes.

**Inhaltsübersicht**

| | | Rdn. |
|---|---|---|
| | Literatur | |
| I. | Zweck der Norm | 1 |
| II. | Rechtsfolgen eines Verstoßes gegen § 817 a ZPO | 2 |
| III. | Einzelheiten zum Mindestgebot | 3 |
| IV. | Rechtsfolgen bei Nichterreichung des Mindestgebots (Abs. 2 u. Abs. 3 S. 2) | 4 |
| V. | Aufhebung der Pfändung | 5 |
| VI. | Unanwendbarkeit des § 817 a ZPO bei besonderer Eile | 6 |
| VII. | Anwendbarkeit der Vorschrift aufgrund anderer Verfahrensordnungen | 7 |

Literatur: *Ammermann*, Umfang der Amtshaftung bei Verstoß gegen § 817 a ZPO, MDR 1975, 458; *Geißler*, Ordnungsprinzipien und Streitfragen bei der Versteigerung gepfändeter Sachen, DGVZ 1994, 33; *Noack*, Das Versteigerungsgeschäft und die Bedeutung des Mindestgebotes für die Verwertung, DGVZ 1967, 34; *ders.*, Aktuelle Probleme aus dem Versteigerungsgeschäft, Jur-Büro 1973, 261; *Schreiber*, Die Verschleuderung von Schuldnervermögen, JR 1979, 236; *Wieser*, Der Grundsatz der Verhältnismäßigkeit in der Zwangsvollstreckung, 1989.

**I. Zweck der Norm:** Durch die Vorschrift soll verhindert werden, daß das Vermögen 1 des Schuldners in wirtschaftlich nicht vertretbarer Weise verschleudert wird (etwa durch Versteigerungen – kaufmännisch gesehen – am falschen Ort oder zur falschen Zeit). Sie ist letztlich Ausfluß der Verfassungsgarantie des Art. 14 GG.[1] Da es dem Schuldner selbst unbenommen ist, auch unverhältnismäßige Vermögenseinbußen freiwillig hinzunehmen, kann er in der Versteigerung im Einzelfall den Gerichtsvollzieher

---
[1] BVerfGE 46, 325, 334.

von der Beachtung des Mindestgebotes befreien und dem Zuschlag zu einem Untergebot zustimmen.² Ein vorheriger allgemeiner Verzicht auf den Schutz des § 817 a ZPO ist dagegen aus denselben Erwägungen unwirksam wie ein Verzicht auf den Pfändungsschutz nach § 811 ZPO.³ Widerspricht im Einzelfall der Verzicht des Schuldners den Interessen des Gläubigers, da dieser günstigere Verwertungsmöglichkeiten sieht, kann der Gläubiger durch Gewährung eines freiwilligen Verwertungsaufschubes und einen Antrag an das Vollstreckungsgericht nach § 825 ZPO die Verschleuderung verhindern und eine einträglichere Verwertung durchsetzen.

**2** **II. Rechtsfolgen eines Verstoßes gegen § 817 a ZPO:** Der Gerichtsvollzieher muß die Vorschrift von Amts wegen beachten, auch wenn keiner der Beteiligten sich auf sie beruft. Die Vorschrift gehört aber nicht zu den derart wesentlichen Verfahrensregeln der Versteigerung, daß ihre Nichtbeachtung zum Nichteintritt der Versteigerungsfolgen, insbesondere zur Unwirksamkeit des Eigentumserwerbs bei der Ablieferung der Sache an den Ersteher führt.⁴ Es ist im Einzelfall für den Ersteher kaum überprüfbar, ob der Gerichtsvollzieher den gewöhnlichen Verkaufswert einer Sache richtig geschätzt und auf dieser Grundlage das Mindestgebot richtig festgesetzt hat. Die Nichtbeachtung der Vorschrift durch den Gerichtsvollzieher führt aber zu einem Schadensersatzanspruch des Schuldners (Eigentümers) gegen den Staat aus § 839 BGB i. V. m. Art. 34 GG. Ein Bereicherungsanspruch gegen den Ersteher, weil dieser die Sache zu günstig erworben habe, oder gegen den Gläubiger, weil dieser Befriedigung aus der Sache erlangt hat, obwohl die Versteigerung richtigerweise hätte unterbleiben müssen, ist dagegen nicht gegeben.⁵ Der Ersteher hat die Sache mit Rechtsgrund aufgrund der – nur anfechtbaren – Versteigerung erlangt. Der Gläubiger erhält den Erlös, sofern er ein Pfändungspfandrecht an der Sache hatte, ebenfalls mit Rechtsgrund.⁶

**3** **III. Einzelheiten zum Mindestgebot:** Das Mindestgebot, unter dem der Zuschlag nicht von Amts wegen erteilt werden darf, muß wenigstens die Hälfte des gewöhnlichen Verkaufswertes der Sache erreichen. Der gewöhnliche Verkaufswert wird in der Regel schon bei der Pfändung festgelegt (§ 813 Abs. 1 ZPO).⁷ Ergeben sich Anhaltspunkte, daß die Schätzung unrichtig war, kann auch im Versteigerungstermin noch eine Korrektur erfolgen.⁸ Bei Gold- und Silbersachen ist als weiteres Mindestgebot der volle Edelmetallwert zu erreichen. Er ist durch einen Sachverständigen zu ermitteln (§ 813

---

2 So auch § 145 Nr. 2 Buchst. c Abs. 2 GVGA; wie hier auch MüKo/*Schilken*, § 817 a Rdn. 3; *Stein/Jonas/Münzberg*, § 817 a Rdn. 6; *Zöller/Stöber*, § 817 a Rdn. 2; einschränkend (»nicht ohne weiteres«) OLG München, NJW 1959, 1832.
3 Siehe § 811 Rdn. 8, 9.
4 Überwiegende Meinung; siehe *Brox/Walker*, Rdn. 416; *Schreiber*, JR 1979, 236; *Thomas/Putzo*, § 817 a Rdn. 3; *Zöller/Stöber*, § 817 a Rdn. 6; **a. A.** für den Fall, daß das Mindestgebot bekanntgegeben, dann aber nicht beachtet worden war, MüKo/*Schilken*, § 817 Rdn. 12; *Stein/Jonas/ Münzberg*, § 817 a Rdn. 7.
5 OLG München, NJW 1959, 1832; *Stein/Jonas/Münzberg*, § 817 a Rdn. 7.
6 Siehe Vor §§ 803, 804 Rdn. 15.
7 Einzelheiten: § 813 Rdn. 3–6.
8 § 813 Rdn. 6; zur Notwendigkeit, den Betroffenen (Gläubiger, Schuldner) bei einer Abänderung der Schätzung rechtliches Gehör zu gewähren, siehe § 145 Nr. 2 Buchst. f GVGA.

Abs. 1 S. 2 ZPO). Der Begriff Gold- und Silbersachen wird zumeist eng ausgelegt,[9] obwohl eine entsprechende Anwendung der Vorschrift auf andere Edelmetalle[10] sachgerecht erscheint.

Der geschätzte gewöhnliche Verkaufswert, das aus ihm errechnete Mindestgebot und der Edelmetallwert von Gold- und Silbersachen sind beim Ausbieten der Gegenstände als Teil der Versteigerungsbedingungen bekanntzugeben. Ein Unterlassen der Bekanntgabe ist unschädlich, wenn dann beim Bieten tatsächlich höhere Gebote abgegeben werden. Da schon die gänzliche Nichtbeachtung des Mindestgebotes nicht zur Unwirksamkeit der nachträglichen Versteigerung, sondern nur zu deren Anfechtbarkeit und gegebenenfalls zu Ersatzansprüchen nach § 839 BGB i. V. m. Art. 34 GG führt, gilt dies erst recht für die bloße Nichtbekanntmachung als mögliche Ursache einer späteren Nichtbeachtung.

**IV. Rechtsfolgen bei Nichterreichung des Mindestgebots (Abs. 2 u. 3 S. 2):** Die Nichterreichung des Mindestgebotes nach Abs. 1 S. 1 oder nach Abs. 3 S. 1 führt nicht zur Aufhebung der Pfändung und zur Beendigung der Zwangsvollstreckung in diesen Gegenstand. Der Gegenstand bleibt vielmehr verstrickt, der Gerichtsvollzieher führt aber nicht von Amts wegen (wegen der damit verbundenen Kosten) einen erneuten Versteigerungsversuch durch, sondern wartet auf einen entsprechenden **Antrag** des Gläubigers. Handelt es sich bei dem Versteigerungsgut um Gold- oder Silbersachen, so kann der Gerichtsvollzieher aus eigener Initiative – also ohne besonderen Antrag des Gläubigers - einen freihändigen Verkauf der Gegenstände durchführen, wenn die zuvor versuchte Versteigerung nicht Gebote in Höhe des Edelmetallwertes erbracht hat. Auch bei diesem freihändigen Verkauf muß ein Preis erzielt werden, der dem Mindestgebot nach Abs. 1 S. 1 und Abs. 3 S. 1 entspricht. In jedem Falle hat der Gläubiger die Möglichkeit, seinerseits im Rahmen des § 825 ZPO eine andere Art der Verwertung beim Vollstreckungsgericht zu beantragen. Auch hierbei darf aber kein Betrag als Erlös zugelassen werden, der die vorgenannten Mindestgebote unterschreitet[11] (**Abs. 2 S. 3**).                                            4

**V. Aufhebung der Pfändung:** Stellt sich ein Gegenstand auch nach mehreren Versteigerungs- oder sonstigen Verwertungsversuchen als im Hinblick auf die Hürde des § 817 a ZPO nicht verwertbar heraus, so darf der Gerichtsvollzieher in entsprechender Anwendung des § 803 Abs. 2 ZPO die Pfändung aufheben,[12] falls der Gläubiger nicht ausdrücklich widerspricht. Diesem muß der Gerichtsvollzieher zuvor Gelegenheit zur Stellungnahme geben (§ 145 Nr. 2 Buchst. c Abs. 1 S. 3 und 4 GVGA). Diese Ausnahme von der Regel, daß der Gerichtsvollzieher selbst eine einmal ausgebrachte Pfändung ohne Entscheidung des Vollstreckungsgerichts nicht wieder aufheben darf,[13] rechtfertigt sich daraus, daß hier im Schweigen des Gläubigers ausnahmsweise eine                                            5

---

9 MüKo/*Damrau*, § 1240 BGB Rdn. 1; *Palandt/Bassenge*, § 1240 BGB Rdn. 1; *Soergel/Mühl*, § 1240 BGB Rdn. 1.
10 So *Baumbach/Lauterbach/Hartmann*, § 817 a Rdn. 1; *Staudinger/Wiegand*, § 1240 BGB Rdn. 4.
11 Siehe auch § 825 Rdn. 13.
12 A. A. *Baumbach/Lauterbach/Hartmann*, § 817 a Rdn. 4, wonach nur das Vollstreckungsgericht die Pfändung aufheben darf.
13 Siehe § 803 Rdn. 9.

Freigabe der Pfandsache gesehen werden kann, weil das Schweigen sein Desinteresse an weiteren Versteigerungsversuchen vermuten läßt. Widerspricht der Gläubiger aber, so muß der Schuldner seinerseits den Fortbestand der Pfändung mit § 766 ZPO (weil diese nunmehr gegen § 803 Abs. 2 ZPO verstoße) angreifen.[14]

6  VI. **Unanwendbarkeit des § 817 a ZPO bei besonderer Eile:** Obwohl der Wortlaut des § 817 a ZPO diese Einschränkung nicht enthält, gilt die Vorschrift nicht, wenn die Versteigerung unter besonderer Eile durchzuführen ist, um die Gefahr einer beträchtlichen Wertverringerung der zu versteigernden Sache abzuwenden (§ 816 Abs. 1 ZPO) oder um unverhältnismäßige Kosten für eine längere Aufbewahrung zu vermeiden.[15] Diese Einschränkung des Anwendungsbereichs, die § 145 Nr. 2 Buchst. c Abs. 2 GVGA dem Gerichtsvollzieher gestattet, rechtfertigt sich aus dem Verhältnismäßigkeitsgrundsatz. Ein gänzlicher Verlust der Gegenstände durch Verderb bei längerem Zuwarten wäre für den Schuldner belastender als ein Untererlös. Anderseits wäre es eine unzumutbare Beschränkung für den Gläubiger, wenn die Pfändung leicht verderblicher Waren praktisch häufig an der Hürde des § 817 a ZPO scheitern würde.

7  VII. **ArbGG, VwGO, AO:** Siehe § 814 Rdn. 6. Für die Abgabenvollstreckung gilt § 300 AO, der inhaltlich weitgehend mit § 817 a ZPO übereinstimmt. Die Bestimmung eines neuen Termins nach Abs. 2 S. 2 kann nach der AO unmittelbar durch die Vollstreckungsbehörde erfolgen. Sie ist auch zuständig für die Anordnung des freihändigen Verkaufs nach Abs. 3 S. 2.

---

14 A. A. insoweit *Zöller/Stöber*, § 817 a Rdn. 4, der annimmt, der Gläubiger müsse den Gerichtsvollzieher mit § 766 ZPO von der Aufhebung der Pfändung abhalten lassen (so wohl auch MüKo/*Schilken*, § 817 a Rdn. 5). Wie hier *Stein/Jonas/Münzberg*, § 817 a Rdn. 10 Fußn. 17.
15 Allgem. Meinung; *Stein/Jonas/Münzberg*, § 817 a Rdn. 3; *Zöller/Stöber*, § 817 a Rdn. 2.

## § 818 Einstellung der Versteigerung

Die Versteigerung wird eingestellt, sobald der Erlös zur Befriedigung des Gläubigers und zur Deckung der Kosten der Zwangsvollstreckung hinreicht.

**Inhaltsübersicht** | Rdn.
--- | ---
I. Voraussetzungen der Einstellung | 1
II. Andere vorrangige Gläubiger | 2
III. Folgen der Einstellung | 3
IV. Rechtsbehelfe gegen die Einstellung | 4
V. ArbGG, VwGO, AO | 5

**I. Voraussetzungen der Einstellung:** Hat der Gerichtsvollzieher eine Mehrheit von Sachen gepfändet, reicht aber der Erlös eines Teiles dieser Sachen bereits aus, um die Forderung des Gläubigers einschließlich aller Kostenerstattungsansprüche und die Kosten der Zwangsvollstreckung einschließlich der Versteigerungskosten abzudecken, so hat der Gerichtsvollzieher die Versteigerung der weiteren Sachen einzustellen, wenn nicht noch weitere Gläubiger an dem Verfahren beteiligt sind. Liegen Anschlußpfändungen vor, so wird für diese die Versteigerung nur dann sogleich weiterbetrieben, wenn die Wochenfrist des § 816 Abs. 1 ZPO abgelaufen ist. Ansonsten ist für diese Gläubiger ein neuer Termin anzuberaumen, soweit dies nicht schon bei der Anschlußpfändung geschehen ist. 1

**II. Andere vorrangige Gläubiger:** Berühmen sich andere Gläubiger eines nicht durch ein vorrangiges Pfändungspfandrecht gesicherten Rechts auf vorzugsweise Befriedigung vor dem Gläubiger, für den die Versteigerung stattfindet, so ist zu unterscheiden: Ist ihr Recht schon durch ein Urteil nach § 805 Abs. 1 ZPO festgestellt oder liegt zu ihren Gunsten eine einstweilige Anordnung nach § 805 Abs. 4 ZPO vor, so ist der von ihnen zu beanspruchende Betrag ebenfalls bei der Versteigerung zu erlösen, ehe eine Einstellung nach § 818 ZPO in Betracht kommt. Liegt eine solche gerichtliche Entscheidung aber noch nicht vor, wird der Anspruch der Dritten nicht berücksichtigt. Etwas anderes gilt nur dann, wenn der Gläubiger, der Schuldner und etwaige zusätzlich betroffene Gläubiger dem Gerichtsvollzieher gegenüber einer vorrangigen Befriedigung dieses Dritten aus dem Erlös zustimmen[1] oder wenn im Falle, daß andere Gläubiger nicht vorhanden sind, der Schuldner eine nachrangige Befriedigung des Dritten nach dem betreibenden Gläubiger bewilligt. In einem solchen Fall ist die Versteigerung ebenfalls bis zur Befriedigung aller Ansprüche fortzusetzen. 2

---

[1] Vergl. *Zöller/Stöber*, § 818 Rdn. 1 (Einwilligung aller Beteiligten); a. A. (lediglich Zustimmung des Schuldners erforderlich) *Baumbach/Lauterbach/Hartmann*, § 818 Rdn. 1; *MüKo/Schilken*, § 818 Rdn. 2; *Stein/Jonas/Münzberg*, § 818 Rdn. 1.

**3** **III. Folgen der Einstellung:** Ist die Versteigerung eingestellt und auch nicht demnächst für andere Gläubiger fortzusetzen, so gibt der Gerichtsvollzieher dem Schuldner die übriggebliebenen gepfändeten Gegenstände zurück. Er kann nicht von sich aus, ohne daß der Gläubiger zustimmt, die Pfändungen aufheben.[2] Erklärt der Gläubiger nicht die Freigabe, muß der Schuldner, soweit ihm der Titel nach § 757 ZPO »abgeschrieben« zurückgegeben wurde,[3] die Aufhebung der Pfändung, die nicht mehr durch einen Titel gerechtfertigt ist, über § 766 ZPO erzwingen, im übrigen über § 767 ZPO.

**4** **IV. Rechtsbehelfe gegen die Einstellung:** Auch der Gläubiger sowie betroffene Dritte haben den Rechtsbehelf aus § 766 ZPO, wenn der Gerichtsvollzieher ihrer Meinung nach die Versteigerung zu früh eingestellt hat.

**5** **V. ArbGG, VwGO, AO:** Siehe § 814 Rdn. 6. Für die Abgabenvollstreckung gilt § 301 Abs. 1 AO, der inhaltlich mit § 818 ZPO übereinstimmt.

---

[2] A. A. MüKo/*Schilken*, § 818 Rdn. 3; *Stein/Jonas/Münzberg*, § 818 Rdn. 1, der eine Entsiegelung durch den Gerichtsvollzieher auch gegen den Willen des Gläubigers zuläßt.
[3] Einzelheiten: § 757 Rdn. 2.

## § 819 Wirkung des Erlösempfanges

Die Empfangnahme des Erlöses durch den Gerichtsvollzieher gilt als Zahlung von seiten des Schuldners, sofern nicht dem Schuldner nachgelassen ist, durch Sicherheitsleistung oder durch Hinterlegung die Vollstreckung abzuwenden.

**Inhaltsübersicht**

| | Rdn. |
|---|---|
| Literatur | |
| I. Wirkungen der Zahlung des Erlöses an den Gerichtsvollzieher | 1 |
|    1. Rechtsverhältnisse am Erlös | 1 |
|    2. Rechtsbehelfe Dritter | 2 |
|    3. Pfändbarkeit des Erlöses | 3 |
|    4. Gefahrübergang | 4 |
| II. Auszahlung des Erlöses | 5 |
|    1. Abzug der Kosten | 5 |
|    2. Rechtswirkung der Auszahlung | 6 |
|    3. Technische Abwicklung der Erlösauskehr | 7 |
| III. Rechtsbehelfe nach Auskehr des Erlöses | 8 |
| IV. ArbGG, VwGO, AO | 9 |

**Literatur:** *Bittmann*, Dürfen Gerichtsvollzieherkosten zugunsten eines kostenbefreiten Gläubigers aus dem Erlös entnommen werden?, DGVZ 1986, 9; *Braun/Raab-Gaudin*, Auswirkungen des § 11 VerbrKrG auf die Zwangsvollstreckung, DGVZ 1992, 1; *Kerwer*, Die Erfüllung in der Zwangsvollstreckung, 1996; *Noack*, Der Erlös gepfändeter versteigerter körperlicher Sachen, MDR 1973, 988; *Schünemann*, Befriedigung durch Zwangsvollstreckung, JZ 1985, 49; *Stellwaag*, Privilegierung des Gläubigers contra Kostenentnahmerecht des Gerichtsvollziehers, MDR 1989, 601.

### I. Wirkungen der Zahlung des Erlöses an den Gerichtsvollzieher:

**1. Rechtsverhältnisse am Erlös:** Mit der Empfangnahme des vom Ersteher gezahlten »Kaufgeldes« durch den Gerichtsvollzieher setzen sich die bisherigen Rechte am abgelieferten Gegenstand (der seinerseits unbelastet in das Eigentum des Erstehers übergeht) nunmehr am Geld fort: Der Schuldner oder der sonstige Eigentümer der versteigerten Sache ist nunmehr ohne weiteres Eigentümer des Geldes. Der Gläubiger, der ein Pfändungspfandrecht an der versteigerten Sache hatte, erwirbt ein Pfändungspfandrecht am Geld. Soweit sonstige Rechte Dritter am Gegenstand bestanden, bestehen sie jetzt an dem vom Gerichtsvollzieher in Empfang genommenen Erlös. Das Geld ist sogleich öffentlich-rechtlich beschlagnahmt (verstrickt). Diese Rechtsfolgen sind in der ZPO nicht ausdrücklich angesprochen, aber im Ergebnis unstreitig. Ob man sie aus einer analogen Anwendung des § 1247 S. 2 BGB herleitet[1] oder als Selbstver-

---

[1] So *Rosenberg/Schilken*, § 53 III 1 c; *Thomas/Putzo*, § 819 Rdn. 1; *Wieczorek*, § 819 Anm. A I.

ständlichkeit ansieht, die erst keiner Normierung bedurfte,² ist letztlich ohne Belang, da sich aus dieser unterschiedlichen Begründung keine weiteren Folgen ergeben.³

2   2. **Rechtsbehelfe Dritter:** Solange der Gerichtsvollzieher den Erlös nicht ausgekehrt hat, ist die Zwangsvollstreckung noch nicht beendet. Dritte, die am abgelieferten Gegenstand ein die Veräußerung hinderndes Recht i. S. v. § 771 ZPO hatten, können dieses deshalb jetzt noch im Hinblick auf den Erlös geltend machen; Gleiches gilt für Rechte auf vorzugsweise Befriedigung i. S. des § 805 ZPO.⁴ Mängel des Vollstreckungsverfahrens, die sich noch auf die bevorstehende Auskehr des Erlöses auswirken können (die Ablieferung des Versteigerungsgutes selbst ist in diesem Zeitpunkt schon nicht mehr rückgängig zu machen⁵), können noch mit der Erinnerung nach § 766 ZPO geltend gemacht werden.⁶ War etwa der abgelieferte Gegenstand nach § 811 ZPO unpfändbar, so führt die diesbezügliche Erinnerungsentscheidung über §§ 775 Nr. 1, 776 ZPO dazu, daß der Erlös nicht an den Gläubiger, sondern an den Schuldner auszukehren ist.

3   3. **Pfändbarkeit des Erlöses:** Da der Erlös vor seiner Auskehr an den Gläubiger noch im Eigentum des ursprünglichen Eigentümers des Versteigerungsgutes, in der Regel also des Schuldners, steht, sind in ihn Anschlußpfändungen nach § 826 ZPO möglich; ebenso können Gläubiger eines möglichen Dritteigentümers den Erlös pfänden lassen. Sie müssen ihr Recht dann, da sie am vorliegenden Versteigerungs- und Verteilungsverfahren nicht beteiligt sind, bis zur Erlösauskehr an den Vollstreckungsgläubiger in entsprechender Anwendung des § 771 ZPO geltend machen. Nach der Auskehr verbleiben ihnen nur noch (wie dem Dritteigentümer, ihrem Vollstreckungsschuldner) materiellrechtliche Ausgleichsansprüche.⁷

4   4. **Gefahrübergang:** Soweit das vom Gerichtsvollzieher in Empfang genommene Geld zur Befriedigung des Gläubigers (und nicht nur zur Auskehr an ihn) bestimmt ist, geht die Gefahr des Verlustes oder der Unterschlagung auf den Gläubiger über. Dieser gilt von diesem Zeitpunkt an in Höhe des ihm gebührenden Betrages als befriedigt, obwohl der materiellrechtliche Erfüllungserfolg erst mit der Ablieferung des Geldes eintritt. Kommt das Geld beim Gerichtsvollzieher abhanden, kann der Gläubiger nicht noch einmal Zahlung seitens des Schuldners verlangen. Es gilt insoweit das gleiche wie bei § 815 Abs. 3 ZPO.⁸ War der Erlös nicht an den Gläubiger abzuliefern, sondern wegen §§ 720, 805 Abs. 4, 827 Abs. 2 und 3 ZPO zu hinterlegen, gilt diese Gefahrtragungsregel nicht. In diesen Fällen verbleibt die Gefahr beim Schuldner. Auch insoweit gleicht die Regelung der in § 815 Abs. 3 ZPO.

---

2   So *Stein/Jonas/Münzberg*, § 819 Rdn. 1.
3   Vergl. auch *Brox/Walker*, Rdn. 452.
4   Vergl. *Stein/Jonas/Münzberg*, § 819 Rdn. 2; *Zöller/Stöber*, § 819 Rdn. 2.
5   Einzelheiten: § 817 Rdn. 13.
6   *Baumbach/Lauterbach/Hartmann*, § 819 Rdn. 3; *Stein/Jonas/Münzberg*, § 819 Rdn. 13; *Zöller/Stöber*, § 819 Rdn. 2.
7   Einzelheiten: Anh. § 771 Rdn. 2 ff.
8   Einzelheiten: § 815 Rdn. 9, 10.

*Wirkung des Erlösempfanges* § 819

**II. Auszahlung des Erlöses:** 5

1. **Abzug der Kosten:** Bevor der Gerichtsvollzieher den Erlös an den Gläubiger bzw. einen eventuellen Übererlös auch an den Schuldner auskehrt, entnimmt er zunächst dem Gesamterlös die in § 21 GvKostG vorgesehenen Gebühren für die Versteigerung (§ 6 S. 1 GvKostG). Nach Befriedigung der Ansprüche von vorab zu befriedigenden Gläubigern (§ 805 Abs. 1 ZPO) entnimmt er dann dem verbleibenden Rest vom Gläubiger etwa noch nicht vorgeschossene (§ 5 GvKostG) und an den Gerichtsvollzieher zu zahlende weitere Vollstreckungskosten (§ 6 S. 2 GvKostG). Die Entnahme der Versteigerungs- bzw. der sonstigen Vollstreckungskosten erfolgt aus eigenem öffentlichen Recht, also ohne daß es einer Ermächtigung hierzu durch den Gläubiger bedürfte.[9]

2. **Rechtswirkungen der Auszahlung:** Die Auszahlung (Ablieferung) des dem Gläubiger ausweislich des Titels gebührenden Erlösanteils ist ein Vorgang des **öffentlichen Rechts**.[10] Unabhängig davon, ob die Auszahlung in bar oder durch Überweisung erfolgt, erwirbt der Gläubiger bzw. dessen Bank kraft des Hoheitsaktes des Gerichtsvollziehers als Staatsorgan unbelastetes Eigentum an den Geldscheinen. Der mit diesem Eigentumserwerb verbundene Vermögenszuwachs verbleibt dem Gläubiger allerdings nur dann endgültig, wenn er zuvor ein Pfändungspfandrecht am Versteigerungsgut bzw. am Versteigerungserlös hatte. Ansonsten bestehen Ausgleichsansprüche des materiell in Wahrheit Berechtigten gegen ihn.[11] 6

Soweit ein Übererlös an den Schuldner auszukehren ist, erfolgt diese Auszahlung ohne öffentlichrechtliche Eigentumszuweisung, weil der Gerichtsvollzieher insoweit vom bereits bestehenden Eigentum des Schuldners ausgeht.[12] Der Eigentumserwerb erfolgt dann erst gegebenenfalls nach §§ 948, 949 BGB.

3. **Technische Abwicklung der Erlösauskehr:** Die technischen Einzelheiten der Abwicklung der Erlösauskehr regeln die §§ 169, 170 GVGA als Verwaltungsvorschriften (Form der Abrechnung, der Quittung; Wartefrist, wenn eine unmittelbar bevorstehende Entscheidung nach §§ 771, 781, 786, 805 ZPO glaubhaft gemacht wird; Durchführung des Einbehalts der Gebühren). 7

**III. Rechtsbehelfe nach Auskehr des Erlöses:** Nach der Auskehr des Erlöses sind Rechtsbehelfe, die das Vollstreckungsverfahren betreffen, nicht mehr möglich. Eine Ausnahme bildet die Erinnerung nach § 766 Abs. 2 ZPO gegen die vom Gerichtsvollzieher angesetzten (und von ihm auch bereits einbehaltenen) Kosten der Zwangsvollstreckung. Hat die Erinnerung Erfolg, sind die Kosten an denjenigen zu erstatten, dem dieser Erlösteil gebührt hätte, wenn der Gerichtsvollzieher die Kosten nicht einbehalten hätte. 8

---

9 Zum Entnahmerecht, wenn der Gläubiger oder der Schuldner kostenbefreit (§ 8 GvKostG) ist, vergl. *Bittmann*, DGVZ 1986, 9.
10 Siehe auch § 815 Rdn. 2; vergl. ferner *Brox/Walker*, Rdn. 454; *Rosenberg/Schilken*, § 53 III 1 c; *Stein/Jonas/Münzberg*, § 819 Rdn. 8, 9.
11 Einzelheiten: § 767 Rdn. 42 und Anh. § 771 Rdn. 2 ff.
12 *Brox/Walker*, Rdn. 455.

**9** **IV. ArbGG, VwGO, AO:** Siehe § 814 Rdn. 6. Für die Abgabenvollstreckung gilt § 301 Abs. 2 AO, der inhaltlich weitgehend mit § 819 ZPO übereinstimmt. Allerdings führt die Empfangnahme des Erlöses durch den versteigernden Beamten nicht nur zu einem Gefahrübergang, sondern sogleich zum Eigentumsübergang auf den Fiskus.

§ 820

Aufgehoben durch Gesetz vom 20. 8. 53, BGBl. I S. 952.

Die Vorschrift entsprach im Wortlaut dem heutigen § 817 a Abs. 3 S. 1 und S. 2, 1. Halbs.

§ 821   Verwertung von Wertpapieren

Gepfändete Wertpapiere sind, wenn sie einen Börsen- oder Marktpreis haben, von dem Gerichtsvollzieher aus freier Hand zum Tageskurse zu verkaufen und, wenn sie einen solchen Preis nicht haben, nach den allgemeinen Bestimmungen zu versteigern.

**Inhaltsübersicht**

| Literatur | Rdn. |
|---|---|
| I. Wertpapiere | 1, 2 |
| II. Verwertung | 3 |
| 1. Wertpapiere mit Börsen- oder Marktpreis | 3, 4 |
| 2. Wertpapiere ohne Börsen- oder Marktpreis | 5 |
| 3. Inhaberschecks | 6 |
| III. Gebühren | 7 |
| IV. ArbGG, VwGO, AO | 8 |

Literatur: *Bauer*, Die Zwangsvollstreckung in Aktien und andere Rechte des Aktiengesetzes, JurBüro 1976, 869; *Berner*, Die Pfändung von Investmentzertifikaten und ihre Verwertung, Rpfleger 1960, 33; *Mader*, Zur Zwangsvollstreckung in Wechsel, JR 1970, 266; *Prost*, Die Pfändung und zwangsweise Verwertung von Schecks im Inlandverkehr, NJW 1958, 1618; *Schmalz*, Die Zwangsvollstreckung in Blankowechsel, NJW 1964, 141; *Weimar*, Die Zwangsvollstreckung in Wertpapiere und sonstige Urkunden, JurBüro 1982, 357.

1 **I. Wertpapiere:** Wertpapiere, deren Pfändung als bewegliche Sachen nach § 808 Abs. 2 ZPO dem Gerichtsvollzieher obliegt und über deren Verwertung sich § 821 ZPO verhält, sind ausschließlich solche Papiere, bei denen das Recht aus dem Papier dem Recht am Papier folgt und an denen deshalb selbständige Rechte begründet werden können. Folgen die Papiere dagegen der Forderung nach, die sie verbriefen, so wird im eigentlichen Sinne auch nur die Forderung gepfändet und verwertet, und zwar nach §§ 829 ff. ZPO, während das Papier nur im Wege einer sog. »Hilfspfändung« dem Forderungsinhaber weggenommen wird (§ 836 Abs. 3 S. 2 ZPO; zum Hypothekenbrief: § 830 Abs. 1 S. 2 ZPO). Zwischen den Wertpapieren, über die § 821 ZPO sich verhält, und den Legitimationspapieren, die ausschließlich nach den §§ 829 ff. ZPO behandelt werden, liegen die Forderungen aus Wechseln und anderen Papieren, die durch Indossament übertragen werden können, die einerseits nach § 808 Abs. 2 ZPO vom Gerichtsvollzieher gepfändet werden (§ 831 ZPO), deren Verwertung aber nicht nach § 821 ZPO, sondern nach § 835 ZPO (gegebenenfalls nach § 844 ZPO) erfolgt.

2 Wertpapiere i. S. d. § 821 ZPO sind danach alle Inhaberpapiere,[1] so Inhaberschuldverschreibungen (§§ 793 ff. BGB), Inhaberverpflichtungsscheine (§ 807 BGB), Inhaberak-

---

[1] Zum Begriff *Baumbach/Hefermehl*, Wechsel- und Scheckgesetz, WPR Rdn. 31 ff.; *Brox*, Handelsrecht und Wertpapierrecht, Rdn. 484 ff.; *Hueck/Canaris*, Recht der Wertpapiere, § 2 III 3.

*Verwertung von Wertpapieren* § 821

tien, Investment- und Immobilienzertifikate[2] auf den Inhaber, Inhaberschecks,[3] Inhabergrund- und Rentenschuldbriefe, aber auch ausländische Banknoten;[4] ferner alle Namenspapiere,[5] wie etwa Namensaktien, bergrechtliche Kuxen, Investmentzertifikate auf den Namen, auf den Namen umgeschriebene Schuldverschreibungen.

II. **Verwertung:** Hinsichtlich der Verwertung der unter § 821 ZPO fallenden Wertpapiere muß unterschieden werden: 3

1. **Wertpapiere mit Börsen- oder Marktpreis:** Haben sie im Inland einen Börsen- oder Marktpreis, so sind sie vom Gerichtsvollzieher aus freier Hand zum Tageskurse zu verkaufen. »Börsenpreis« ist der jeweilige amtliche Kurs eines an der Börse zum Handel zugelassenen Papiers, »Marktpreis« dagegen der am inländischen Handelsplatz festgelegte Ankaufspreis. Ob ein Börsen- oder Marktpreis besteht, ist vom Gerichtsvollzieher durch Einholung von Auskünften (Börse, Bank, Makler) oder durch das Studium entsprechender Veröffentlichungen umgehend festzustellen. Der Verkauf hat dann so schnell als möglich zu erfolgen; die Spekulation auf eine spätere günstigere Kursentwicklung ist also nicht statthaft, wenn nicht der Gläubiger selbst um einen Aufschub der Verwertung nachsucht.

Auch der »Verkauf aus freier Hand« durch den Gerichtsvollzieher ist ein Vorgang des **öffentlichen Rechts**, kein privatrechtliches Rechtsgeschäft nach §§ 433 ff. BGB.[6] Es gilt uneingeschränkt der Gewährleistungsausschluß gem. § 806 ZPO. Der Eigentumserwerb vollzieht sich öffentlich-rechtlich unabhängig vom guten Glauben des Erwerbers.[7] Das im Papier verbriefte Recht geht bei Inhaberpapieren mit der Übergabe des veräußerten Papiers auf den Erwerber über. Bei Namenspapieren stellt der Gerichtsvollzieher unter Beachtung des § 822 ZPO (Ermächtigung durch das Vollstreckungsgericht) die zum Rechtsübergang erforderlichen Erklärungen aus. 4

Der Verkauf aus freier Hand darf, wenn das Vollstreckungsgericht nach § 825 ZPO nichts anderes angeordnet hat, nur gegen sofortige Barzahlung erfolgen (§ 817 Abs. 2 ZPO).

Soll der freihändige Verkauf nicht durch den Gerichtsvollzieher, sondern durch eine Bank oder einen Finanzmakler erfolgen, bedarf es einer Anordnung des Vollstreckungsgerichts nach § 825 ZPO.[8] In einem solchen Fall erfolgt die Veräußerung dann ausschließlich privatrechtlich (§§ 433 ff. BGB), ebenso die Übereignung (§§ 929 ff. BGB).

---

2 LG Berlin, Rpfleger 1970, 261.
3 Zu ihrer Verwertung siehe aber unten Rdn. 6.
4 MüKo/*Schilken*, § 821 Rdn. 5; *Stein/Jonas/Münzberg*, § 821 Rdn. 2; *Zöller/Stöber*, § 821 Rdn. 5.
5 *Baumbach/Hefermehl* (wie Fußn. 1), WPR Rdn. 60 ff.; *Brox*, (wie Fußn. 1), Rdn. 494 ff.; *Hueck/Canaris* (wie Fußn. 1), § 2 III 1.
6 *Stein/Jonas/Münzberg*, § 821 Rdn. 7.
7 A. A. insoweit (Übereignung nach §§ 929 ff. BGB) *Bruns/Peters*, § 23 V; *Zöller/Stöber*, § 821 Rdn. 10.
8 Wie hier MüKo/*Schilken*, § 821 Rdn. 5; a.A. *Baumbach/Lauterbach/Hartmann*, § 821 Rdn. 5; *Stein/Jonas/Münzberg*, § 821 Rdn. 7.

5   2. **Wertpapiere ohne Börsen- oder Marktpreis:** Haben die Wertpapiere keinen Börsen- oder Marktpreis, sind sie wie gewöhnliche körperliche Sachen zu versteigern. Beim Zuschlag ist dann § 817 a Abs. 1 S. 1 ZPO (Mindestgebot) zu beachten. Zur Schätzung des gewöhnlichen Verkaufswertes als der Basis der Errechnung des Mindestgebotes ist ein Sachverständiger hinzuzuziehen (§ 813 Abs. 1 S. 2 ZPO).[9]

6   3. **Inhaberschecks:** Handelt es sich bei dem gepfändeten Papier um einen Inhaberscheck (auch Verrechnungsscheck[10]), so erfolgt die Verwertung dadurch, daß der Gerichtsvollzieher den Scheck der bezogenen Bank vorlegt und den durch die Einlösung (in der Regel Gutschrift auf seinem Dienstkonto) erlangten Betrag, abzüglich der noch nicht vorgestreckten Vollstreckungskosten, dem Gläubiger abliefert.[11] Bei Verrechnungsschecks kann, wenn Vollstreckungskosten nicht mehr vorab abzuziehen sind, eine Einziehung auch unmittelbar auf das Konto des Gläubigers erfolgen.

7   **III. Gebühren:** Für den freihändigen Verkauf von Wertpapieren fallen die gleichen **Gerichtsvollziehergebühren** an wie bei einer Versteigerung (§ 21 Abs. 1 GvKostG). Hinsichtlich des Entnahmerechts des Gerichtsvollziehers gilt § 6 GvKostG.

8   **IV. ArbGG, VwGO, AO:** Siehe § 814 Rdn. 6. Für die Abgabenvollstreckung gilt § 302 AO, der inhaltlich mit § 821 ZPO übereinstimmt.

---

9 *Zöller/Stöber*, § 821 Rdn. 9, will § 813 Abs. 1 S. 3 ZPO anwenden und einen Sachverständigen nur auf Antrag und nach Anordnung des Vollstreckungsgerichts hinzuziehen.
10 LG Göttingen, NJW 1983, 635.
11 *Post*, NJW 1958, 1618; *Stein/Jonas/Münzberg*, § 821 Rdn. 11.

## § 822 Umschreibung von Namenspapieren

Lautet ein Wertpapier auf Namen, so kann der Gerichtsvollzieher durch das Vollstreckungsgericht ermächtigt werden, die Umschreibung auf den Namen des Käufers zu erwirken und die hierzu erforderlichen Erklärungen an Stelle des Schuldners abzugeben.

### Inhaltsübersicht

| | Rdn. |
|---|---|
| I. Zweck der Norm | 1 |
| II. Rechtsbehelfe des Gläubigers und des Erwerbers | 2 |
| III. Gebühren | 3 |
| IV. ArbGG, VwGO, AO | 4 |

**I. Zweck der Norm:** Bei Namenspapieren genügt die Aushändigung des Papiers an den Erwerber nach dem freihändigen Verkauf oder nach der Versteigerung nicht, um den Erwerber als Eigentümer und nunmehr Forderungsberechtigten zu legitimieren. Es bedarf vielmehr einer Abtretungserklärung, eines Indossaments oder eines Umschreibungsantrages, je nach den für das jeweilige Papier geltenden besonderen Vorschriften. Da nicht erwartet werden kann, daß der Schuldner diese Erklärungen freiwillig abgibt und da es zu umständlich wäre, ihn zu diesen Erklärungen etwa durch Zwangsmittel anzuhalten, sieht § 822 ZPO vor, daß der Gerichtsvollzieher an Stelle des Schuldners tätig werden darf. Allerdings bedarf er hierzu der Ermächtigung durch das Vollstreckungsgericht. Zuständig ist nach § 20 Nr. 17 RPflG der Rechtspfleger. Den Antrag an das Vollstreckungsgericht kann der Gerichtsvollzieher aus eigener Initiative stellen.[1] Die Abtretung, das Indossament oder der Umschreibungsantrag sollten den Ermächtigungsbeschluß als Grundlage für das Tätigwerden des Gerichtsvollziehers ausdrücklich erwähnen.[2]

Für Orderpapiere, die eine Forderung verbriefen (insbesondere also für Wechsel), gilt § 822 ZPO nicht, da sie gem. § 831 ZPO nicht durch den Gerichtsvollzieher verwertet werden.[3]

**II. Rechtsbehelfe des Gläubigers und des Erwerbers:** Der Gerichtsvollzieher kann über § 766 ZPO sowohl vom Gläubiger als auch vom Erwerber zur Einholung der Ermächtigung und zur ordnungsgemäßen Abgabe der erforderlichen Erklärungen mittels des Vollstreckungsgerichts angehalten werden. Verweigert der Rechtspfleger den Ermächtigungsbeschluß, haben der Gläubiger und der Erwerber hiergegen den Rechtsbehelf der befristeten Rechtspflegererinnerung gem. § 11 Abs. 1 RPflG.

---

[1] Wie hier *Stein/Jonas/Münzberg*, § 822 Rdn. 1; *Thomas/Putzo*, § 822 Rdn. 1 (Gerichtsvollzieher oder der Gläubiger); a. A. (Gläubiger oder Erwerber stellen den Antrag) *Zöller/Stöber*, § 822 Rdn. 1.
[2] Vergl. auch *Zöller/Stöber*, § 822 Rdn. 1.
[3] Siehe auch § 821 Rdn. 1 und § 831 Rdn. 2.

3 **III. Gebühren:** Der Ermächtigungsbeschluß ergeht gerichtsgebührenfrei. Auch der Gerichtsvollzieher erhält für seine Umschreibetätigkeit keine gesonderten Gebühren. Die Tätigkeit ist vielmehr mitvergütetes Nebengeschäft zur Versteigerung bzw. zum freihändigen Verkauf (§ 21 GvKostG, Nr. 1 Abs. 3 Buchst. d GvKostGr.).

4 **IV. ArbGG, VwGO, AO:** Siehe § 814 Rdn. 6. Für die Abgabenvollstreckung gilt § 303 AO, der inhaltlich mit § 822 ZPO übereinstimmt. Zur Umschreibung ist die Vollstreckungsbehörde berechtigt.

### § 823 Außer Kurs gesetzte Inhaberpapiere

Ist ein Inhaberpapier durch Einschreibung auf den Namen oder in anderer Weise außer Kurs gesetzt, so kann der Gerichtsvollzieher durch das Vollstreckungsgericht ermächtigt werden, die Wiederinkurssetzung zu erwirken und die hierzu erforderliche Erklärungen an Stelle des Schuldners abzugeben.

### Inhaltsübersicht

|      |                         | Rdn. |
|------|-------------------------|------|
| I.   | Bedeutung der Norm      | 1    |
| II.  | Ermächtigungsbeschluß   | 2    |
| III. | Gebühren                | 3    |
| IV.  | ArbGG, VwGO, AO         | 4    |

**I. Bedeutung der Norm:** Die Vorschrift ist wegen Art. 176 EGBGB, Art. 26 EGHGB praktisch weitgehend bedeutungslos. Sie ist allerdings entsprechend anzuwenden auf Inhaberpapiere, die gem. § 806 BGB in Namenspapiere umgeschrieben worden waren und die zum Zwecke der leichteren Verwertung wieder in ein Inhaberpapier rückverwandelt werden sollen.[1] Bei Papieren dieser Art hat der Gerichtsvollzieher also die Wahl, welchen Weg der Verwertung er für den günstigeren hält, es sei denn, der Gläubiger weist ihn an, nur auf einem der beiden Wege vorzugehen. 1

**II. Ermächtigungsbeschluß:** Den Ermächtigungsbeschluß erläßt der Rechtspfleger beim Vollstreckungsgericht (§ 20 Nr. 17 RPflG). Er wird wie der Beschluß nach § 822 ZPO[2] vom Gerichtsvollzieher selbst beantragt. 2

**III. Gebühren:** Besondere Gebühren entstehen wie bei § 822 ZPO[3] weder für das Gericht noch für den Gerichtsvollzieher. 3

**IV. ArbGG, VwGO, AO:** Siehe § 814 Rdn. 6. Für die Abgabenvollstreckung gilt § 303 AO, der inhaltlich mit § 823 ZPO übereinstimmt. Zur Erwirkung der Rückverwandlung ist die Vollstreckungsbehörde berechtigt. 4

---

[1] Allgem. Meinung; siehe *Baumbach/Lauterbach/Hartmann*, § 823 Rdn. 1; *Stein/Jonas/Münzberg*, § 823 Rdn. 1; *Zöller/Stöber*, § 823 Rdn. 1.
[2] Siehe dort Rdn. 1.
[3] Siehe dort Rdn. 3.

## § 824 Verwertung ungetrennter Früchte

¹Die Versteigerung gepfändeter, von dem Boden noch nicht getrennter Früchte ist erst nach der Reife zulässig. ²Sie kann vor oder nach der Trennung der Früchte erfolgen; im letzteren Falle hat der Gerichtsvollzieher die Aberntung bewirken zu lassen.

### Inhaltsübersicht

| | Rdn. |
|---|---|
| Literatur | |
| I. Zeitgrenze für die Verwertung | 1 |
| II. Verwertungsmöglichkeiten nach Reife | 2 |
|    1. Verwertung vor der Trennung | 3 |
|    2. Verwertung nach der Trennung | 4 |
| III. Rechte der Realgläubiger | 5 |
| IV. ArbGG, VwGO, AO | 6 |

Literatur: Siehe die Literaturangaben zu § 810.

**1** **I. Zeitgrenze für die Verwertung:** Die Vorschrift ergänzt § 810 ZPO. Läßt jener die Pfändung von Früchten,[1] die vom Boden noch nicht getrennt waren, entgegen § 93 BGB zu, so regelt § 824 ZPO die Verwertung der solcherart gepfändeten Früchte. Während die Pfändung bereits einen Monat vor der gewöhnlichen (also nicht tatsächlichen) Zeit der Reife möglich ist, darf die Verwertung erst **nach der wirklichen Reife** durchgeführt werden. Das gilt auch dann, wenn die Aberntung üblicherweise vor der Reife erfolgt. Die Parteien können übereinstimmend den Gerichtsvollzieher von der Beachtung dieser Zeitgrenze entbinden. Auf Antrag nur einer Partei kann das Vollstreckungsgericht nach § 825 ZPO eine vorzeitige Verwertung anordnen, wenn dies einen höheren Erlös verspricht.

**2** **II. Verwertungsmöglichkeiten nach Reife:** Ist die wirkliche Reife eingetreten, so hat der Gerichtsvollzieher zwei Möglichkeiten der Verwertung: Er kann die Früchte bereits vor ihrer Trennung vom Boden versteigern oder erst nach der Ernte. Hierüber entscheidet er – gegebenenfalls nach Anhörung eines Sachverständigen (§ 153 Nr. 1 S. 3 GVGA) – insbesondere mit Rücksicht darauf, auf welche Weise voraussichtlich ein höherer Erlös zu erzielen ist. Nach diesem Gesichtspunkt entscheidet er auch, ob die Versteigerung im ganzen oder in einzelnen Teilen geschehen soll (§ 153 Nr. 1 S. 4 GVGA). Hinsichtlich der beiden Verwertungsmöglichkeiten ergeben sich folgende Unterschiede.

**3** **1. Verwertung vor der Trennung:** Sollen die reifen Früchte vor ihrer Aberntung versteigert werden, so soll der Versteigerungstermin in der Regel an Ort und Stelle durchgeführt werden (§ 153 Nr. 2 GVGA). Einer Einverständniserklärung des Schuldners

---
1 Zum Früchte-Begriff siehe § 810 Rdn. 2.

*Verwertung ungetrennter Früchte* § 824

bedarf es dazu nicht.² In den Versteigerungsbedingungen ist zu bestimmen, innerhalb welcher Frist der potentielle Erwerber die Früchte von Grund und Boden wegzuschaffen hat.
Bei der Versteigerung selbst sind dann die allgemeinen Regeln, insbesondere § 817 a ZPO, zu beachten; letzteres gilt nur dann nicht, wenn der rasche Verderb der Früchte droht und einen Wiederholungstermin nach § 817 a Abs. 2 ZPO ausschließt.³ Die Ablieferung an den Ersteher erfolgt durch Besitzeinweisung, die auch in der Gestattung der Aberntung liegen kann,⁴ und durch gleichzeitige Eigentumszuweisung. Der Ersteher wird also abweichend von § 93 BGB schon Eigentümer der Früchte auf fremdem Boden⁵ und nicht erst mit der Aberntung. Die Ablieferung des Erlöses an den Gläubiger soll erst erfolgen, wenn der Erwerber die Früchte vom Grundstück weggeschafft hat oder wenn die ihm für die Fortschaffung bestimmte Frist abgelaufen ist (§ 153 Nr. 3 S. 2 GVGA). Der Grund hierfür liegt in den Gefahren einer Beschlagnahme des Grundstücks im Wege der Immobiliarvollstreckung.⁶

**2. Verwertung nach der Trennung:** Sollen die Früchte erst nach der Trennung vom Boden versteigert werden, so läßt sie der Gerichtsvollzieher durch eine zuverlässige Person abernten. Er kann im Einzelfall hierfür auch den Schuldner wählen. Die Vergütung für die Aberntung soll der Gerichtsvollzieher im voraus vereinbaren (§ 153 Nr. 2 Abs. 2 S. 3 GVGA). Um den Ertrag der Ernte mit Sicherheit festzustellen, sollte der Gerichtsvollzieher, soweit möglich, die Aberntung beaufsichtigen. Er hat auch dafür Sorge zu tragen, daß die Ernte zwischen Aberntung und Versteigerung sicher und schonend verwahrt wird. Die Verwahrung sollte nach Möglichkeit nicht auf dem Grundstück des Schuldners erfolgen. Die Versteigerung selbst erfolgt wieder nach den allgemeinen Regeln, insbesondere unter Beachtung des § 817 a ZPO. Der Ersteher erwirbt mit der Ablieferung Eigentum an den Früchten. 4

**III. Rechte der Realgläubiger:** Realgläubiger haben die Möglichkeit, einer Pfändung der vom Grundstück nicht getrennten Früchte zu widersprechen (siehe § 810 Abs. 2 ZPO).⁷ Diese Möglichkeit besteht bis zur Ablieferung an den Ersteher. Wird das Grundstück nach der Pfändung, aber vor der Ablieferung der Früchte an den Ersteher beschlagnahmt, so erstreckt sich die Beschlagnahme auch auf die vom Boden noch nicht getrennten Früchte sowie die Früchte nach ihrer Trennung, die Zubehör des Grundstücks sind (§ 21 Abs. 1 ZVG). Der Pfändungsgläubiger muß dann sein Recht nach § 37 Abs. 4 ZVG geltend machen. Die Einzelzwangsvollstreckung in die Früchte wird in diesem Fall nach der Beschlagnahme des Grundstücks nicht mehr fortgesetzt; der Gerichtsvollzieher stellt sie vielmehr vorläufig ein (§ 153 Nr. 4 GVGA). Erfolgt die Beschlagnahme nach der Trennung der Früchte, so ist zu unterscheiden, ob die Be- 5

---

2 LG Bayreuth, DGVZ 1985, 42.
3 Siehe § 817 a Rdn. 6.
4 MüKo/*Schilken*, § 824 Rdn. 4; *Noack*, Rpfleger 1969, 177; *Stein/Jonas/Münzberg*, § 824 Rdn. 2; *Zöller/Stöber*, § 824 Rdn. 2.
5 MüKo/*Schilken*, § 824 Rdn. 4; *Stein/Jonas/Münzberg*, § 824 Rdn. 2; *Thomas/Putzo*, § 824 Rdn. 3; *Zöller/Stöber*, § 824 Rdn. 2.
6 Näheres unten Rdn. 5.
7 Einzelheiten siehe § 810 Rdn. 6.

schlagnahme durch Anordnung der Zwangsversteigerung oder der Zwangsverwaltung erfolgte: Ist die Zwangsversteigerung angeordnet, erfaßt sie die bereits getrennten Früchte nicht mehr (§ 21 Abs. 1 ZVG). Die Vollstreckung durch den Gerichtsvollzieher läuft ungehindert weiter. Ist Zwangsverwaltung angeordnet, so werden auch bereits getrennte Früchte mit beschlagnahmt (§ 148 Abs. 1 ZVG). Die Fortsetzung der Einzelvollstreckung in die Früchte muß deshalb eingestellt werden. Waren die Früchte, ob getrennt oder nicht getrennt, bereits versteigert **und** abgeliefert, so erfaßt eine nachfolgende Beschlagnahme des Grundstücks diese Früchte auch dann nicht mehr, wenn sie noch nicht vom Grundstück fortgeschafft worden sind,[8] da sie nicht mehr im Eigentum des Schuldners stehen. Der Ersteher muß dann sein Eigentum gegebenenfalls nach § 37 Nr. 5 ZVG geltend machen.

6 **IV. ArbGG, VwGO, AO:** Siehe § 814 Rdn. 6. Für die Abgabenvollstreckung gilt § 304 AO, der inhaltlich mit § 824 ZPO übereinstimmt.

---

[8] MüKo/*Schilken*, § 824 Rdn. 4; *Stein/Jonas/Münzberg*, § 824 Rdn. 2; *Zöller/Stöber*, § 824 Rdn. 2; a. A. AK-ZPO/*Schmidt-von Rhein*, § 824 Rdn. 2; *Thomas/Putzo*, § 824 Rdn. 3. Aufgrund dieses Meinungsstreits soll die Erlösauskehrung auch erst nach der Wegschaffung erfolgen; siehe dazu Rdn. 3 a. E.

## § 825 Andere Verwertungsart

Auf Antrag des Gläubigers oder des Schuldners kann das Vollstreckungsgericht anordnen, daß die Verwertung einer gepfändeten Sache in anderer Weise oder an einem anderen Ort, als in den vorstehenden Paragraphen bestimmt ist, stattzufinden habe oder daß die Versteigerung durch eine andere Person als den Gerichtsvollzieher vorzunehmen sei.

**Inhaltsübersicht**

| | | Rdn. |
|---|---|---|
| | Literatur | |
| I. | Zweck der Norm | 1 |
| II. | Voraussetzungen für die Notwendigkeit einer gerichtlichen Verwertungsanordnung | 2 |
| III. | Zulässigkeit eines Antrages auf abweichende Verwertung | 3 |
| | 1. Antragsberechtigung | 3 |
| | 2. Zuständigkeit | 4, 4a |
| | 3. Zeitlicher Rahmen und Rechtsschutzbedürfnis | 5 |
| IV. | Gewährung rechtlichen Gehörs | 6 |
| V. | Begründetheit des Antrags | 7 |
| | 1. Verstrickung der Sache | 7 |
| | 2. Günstigere Verwertungsart | 8 |
| VI. | Abweichende Verwertungsarten | 9 |
| | 1. Anderer Ort als § 816 Abs. 2 ZPO | 10 |
| | 2. Andere Art als §§ 814 ff. ZPO | 11 |
| | 3. Andere Person als der Gerichtsvollzieher | 12 |
| | 4. Eigentumszuweisung an eine bestimmte Person | 13–15 |
| VII. | Rechtsbehelfe | 16 |
| VIII. | Gebühren und Kosten | 17 |
| IX. | ArbGG, VwGO, AO | 18 |

**Literatur:** *Birmanns*, Die Versteigerung von Pfandgegenständen durch öffentlich bestellten Auktionator, DGVZ 1993, 107; *Bull*, Sicherungsübereignung und Gläubigernöte, BB 1950, 108; *Frey*, Beachtung des Ausverkaufs- und Ersteigererrechtes im Vollstreckungsverfahren?, BB 1964, 202; *Gaul*, Sachenrechtsordnung und Vollstreckungsordnung im Konflikt, NJW 1989, 2509; *Göttlich*, Antrag gem. § 825 ZPO gebührenrechtlich »besondere Angelegenheit« der Zwangsvollstreckung?, JurBüro 1959, 267; *Herminghausen*, Zur Zwangsüberweisung nach § 825 ZPO, DRiZ 1954, 49; *Landgrebe*, Die Übereignung der Pfandsache nach § 825 ZPO, DGVZ 1964, 83; *Lüke*, Die Verwertung der gepfändeten Sache durch eine andere Person als den Gerichtsvollzieher (§ 825 ZPO), NJW 1954, 254; *Noack*, Aktuelle Fragen der anderweitigen Verwertung gemäß § 825 ZPO, JR 1968, 49; *ders.*, Schutz des Vermieterpfandrechts in der Zwangsvollstreckung, JurBüro 1975, 1303; *Riedel*, Die freiwillige Versteigerung, JurBüro 1974, 421; *Sander*, Die anderweitige Verwertung nach § 825 ZPO, JurBüro 1955, 121; *Schröder*, Zur Zwangsüberweisung nach § 825 ZPO, DRiZ 1954, 94; *Steines*, Die Zuweisung der gepfändeten beweglichen Sache an den Schuldner, KTS 1989, 309; *Wangemann*, Die Zwangsübereignung und ihr Rechtsbehelf gemäß § 825 ZPO, NJW 1953, 1012.

# § 825 *Andere Verwertungsart*

1   **I. Zweck der Norm:** Ziel der Verwertung beschlagnahmten Schuldnervermögens in der Zwangsvollstreckung ist es, unter geringstmöglichen Opfern für den Schuldner die titulierte Forderung des Gläubigers einschließlich der Nebenforderungen (Kosten usw.) aus dem Verwertungserlös zu befriedigen. Hierfür sieht das Gesetz einen Regelweg (§ 814 ZPO) vor, der hinsichtlich des Verfahrens im einzelnen ausgestaltet ist (§§ 816–824 ZPO).[1] Es ist aber durchaus denkbar, daß beide Parteien oder auch nur eine Partei erfolgversprechendere Möglichkeiten der Verwertung sehen. Dabei kann es um eine ganz andere Verwertungsart gehen oder nur um ein teilweise abweichendes Verfahren im Rahmen der Regelverwertung.

2   **II. Voraussetzungen für die Notwendigkeit einer gerichtlichen Verwertungsanordnung:** Soweit nur einzelne Verfahrensregeln zur Abwicklung der Versteigerung in Rede stehen (Ort der Versteigerung, Frist zwischen Pfändung und Versteigerung, Beachtung des Mindestgebotes), können beide Beteiligten (Gläubiger und Schuldner) den Gerichtsvollzieher **übereinstimmend** ermächtigen, abweichend von der gesetzlichen Regelung zu verfahren. In diesem Fall bedarf es keiner Einschaltung des Vollstreckungsgerichts. Ebenso bedarf es keiner gerichtlichen Ermächtigung, wenn die Parteien sich darauf verständigen wollen, die Verwertung ohne Mitwirkung des Staates unter Verzicht auf die öffentliche Beschlagnahme – die Entstrickung führt der Gerichtsvollzieher auf Antrag (»Freigabeerklärung«) des Gläubigers durch – in eigener Regie durchzuführen.[2] Wünschen aber beide Parteien im Rahmen der staatlichen Zwangsvollstreckung eine andere Verwertungsart als die Versteigerung durch den Gerichtsvollzieher oder wünscht gar eine Partei dies nur oder aber wünscht nur eine Partei eine von den gesetzlichen Regeln abweichende Verfahrensgestaltung bei der Versteigerung durch den Gerichtsvollzieher, so müssen sie einen **Antrag an das Vollstreckungsgericht** stellen, diese Art der Verwertung **anzuordnen**. Eine ohne eine solche Anordnung durchgeführte von der Regel abweichende Verwertung wäre fehlerhaft.

3   **III. Zulässigkeit des Antrags auf abweichende Verwertung:**

1. **Antragsberechtigung:** Antragsberechtigt sind nur der Gläubiger und der Schuldner, im Falle des § 127 Abs. 2 S. 2 KO[3] auch der Konkursverwalter. Sonstige interessierte Dritte können keinen Antrag stellen,[4] auch nicht der Gerichtsvollzieher. Dieser hat allerdings, wenn er selbst eine günstigere Verwertungsmöglichkeit sieht, die Parteien darauf hinzuweisen und einen Antrag nach § 825 ZPO nahezulegen (§ 141 Nr. 1 GVGA). Der Antrag muß die angestrebte Verwertung genau bezeichnen; denn das Gericht ent-

---

1 Siehe den Überblick über die Verwertungsmöglichkeiten Vor § 814 Rdn. 2–4.
2 Zu dieser Möglichkeit Vor § 814 Rdn. 3.
3 Ab dem 1.1.1999: § 173 Abs. 2 S. 2 InsO. Hier ist allerdings zu berücksichtigen, daß die Insolvenzordnung die Verwertung von Gegenständen mit Absonderungsrechten in den §§ 166 ff. völlig neu regelt.
4 LG Berlin, DGVZ 1978, 114.

scheidet nicht darüber, ob irgendeine andere Verwertung an Stelle der gesetzlichen Regelverwertung zuzulassen ist, sondern nur, ob die ganz konkret von der Partei gewollte angeordnet werden darf.[5]

2. **Zuständigkeit:** Über den Antrag hat das Amtsgericht zu entscheiden (§ 802 ZPO), in dessen Bezirk sich die zu verwertende Sache derzeit befindet, auch wenn eine Verwertung an einem ganz anderen Ort angestrebt wird.[6] Beim Amtsgericht entscheidet der Rechtspfleger (§ 20 Nr. 17 RPflG).

4

Das Vollstreckungsverfahren könnte vereinfacht und beschleunigt werden, wenn die Entscheidung über eine vom Regelfall abweichende Verwertung nicht dem Vollstreckungsgericht vorbehalten wäre, sondern sogleich vom Gerichtsvollzieher selbst getroffen werden könnte. Dieser kann aufgrund seiner Erfahrungen ohnehin besser als das Vollstreckungsgericht beurteilen, ob durch eine abweichende Verwertung ein günstigeres wirtschaftliches Ergebnis erzielt werden kann. Deshalb sieht der Entwurf eines Zweiten Gesetzes zur Änderung zwangsvollstreckungsrechtlicher Vorschriften eine Änderung des § 825 ZPO[7] vor, wonach über eine vom gesetzlichen Regelfall abweichende Weise der Verwertung und über einen anderen Ort der Verwertung auf Antrag des Gläubigers oder des Schuldners der Gerichtsvollzieher entscheidet (§ 825 Abs. 1 S. 1 des Entwurfs). Er muß über die beabsichtigte Verwertung den Antragsgegner unterrichten und dort ohne dessen Zustimmung die Sache nicht vor Ablauf von zwei Wochen nach Zustellung der Unterrichtung verwerten (§ 825 Abs. 1 S. 2 und 3 des Entwurfs). Dadurch soll dem Antragsgegner Gelegenheit gegeben werden, gegen die anderweitige Verwertung Erinnerung einzulegen. Die Entscheidung über eine Verwertung durch eine andere Person als den Gerichtsvollzieher soll nach § 825 Abs. 2 des Entwurfs dem Vollstreckungsgericht vorbehalten bleiben.

3. **Zeitlicher Rahmen und Rechtsschutzbedürfnis:** Der Antrag kann frühestens ab der Pfändung der Sache gestellt werden; er ist nicht mehr zulässig, wenn schon der Zuschlag in der Versteigerung erteilt ist. Es ist nicht erforderlich, daß bereits ein vergeblicher Versteigerungsversuch stattgefunden hat,[8] wenn nur nachvollziehbar dargelegt wird, daß bei einer Versteigerung ein gleich hoher Erwerbspreis nicht zu erzielen sein wird wie bei der erstrebten Verwertungsart. Diese Darlegung wird in der Regel nicht möglich sein, wenn ohne jeglichen Versteigerungsversuch beantragt wird, die Sache dem Gläubiger lediglich zum Mindestgebot zu Eigentum zuzuweisen.[9] Da schon die vorliegende Einigung der Parteien ausreicht, die erstrebte Verwertung durchzuführen,[10] fehlt für die beantragte gerichtliche Anordnung das Rechtsschutzbedürfnis. Das

5

---

5 Ebenso *Brox/Walker*, Rdn. 431. Keine konkrete Maßnahme ist es, wenn dem Gerichtsvollzieher ein Wahlrecht zwischen verschiedenen Verwertungsmöglichkeiten eingeräumt werden soll (LG Nürnberg-Fürth, Rpfleger 1978, 332).
6 *Brox/Walker*, Rdn. 430; *Rosenberg/Schilken*, § 53 III 3; *Stein/Jonas/Münzberg*, § 825 Rdn. 4.
7 BT-Drucks. 13/341, S. 6 mit Begründung S. 30 f.
8 MüKo/*Schilken*, § 825 Rdn. 3; *Stein/Jonas/Münzberg*, § 825 Rdn. 2; a. A. LG Berlin, Rpfleger 1973, 34.
9 LG Freiburg, DGVZ 1982, 186; LG Koblenz, MDR 1981, 236; AG Westerstede, MDR 1965, 143.
10 Siehe Rdn. 2.

Rechtsschutzbedürfnis fehlt dagegen nicht, wenn der Gläubiger die Eigentumszuweisung des gepfändeten Gegenstandes an sich selbst[11] beantragt, obwohl er bereits Eigentümer der Sache ist; denn die Zuweisung führt zu einem originären Eigentumserwerb und damit zum Erlöschen etwaiger Rechte Dritter an der Sache.

6    **IV. Gewährung rechtlichen Gehörs:** Die jeweils andere Partei ist zum Antrag vor der Entscheidung zu hören.[12] Dies folgt nicht nur aus dem allgemeinen verfassungsrechtlichen Anspruch auf rechtliches Gehör (Art. 103 Abs. 1 GG), sondern schon aus dem Zweck des § 825 ZPO, die bestmögliche Verwertung zu erleichtern. Dazu ist immer eine Abwägung aller denkbaren Aspekte notwendig. Die Durchführung einer mündlichen Verhandlung steht dagegen im Ermessen des Gerichts. Um dem Gericht Zeit zur Prüfung zu ermöglichen, kann es in entsprechender Anwendung der §§ 766 Abs. 1 S. 2, 732 Abs. 2 ZPO einstweilige Anordnungen erlassen.[13]

7    **V. Begründetheit des Antrages:**

**1. Verstrickung der Sache:** Da durch die gerichtliche Anordnung eine Verwertung in der Zwangsvollstreckung ermöglicht werden soll, müssen die verfahrensmäßigen Voraussetzungen einer Zwangsverwertung vorliegen; der Gegenstand muß also wirksam verstrickt sein.[14] Ob die Verstrickung aufgrund von Verfahrensmängeln anfechtbar ist, spielt, solange keine Anfechtung erfolgt ist, keine Rolle, da auch eine anfechtbare Verstrickung zunächst eine wirksame Verstrickung ist und eine solche auch bleibt, falls keine Anfechtung erfolgt.[15] Deshalb kann sich der Schuldner gegenüber einem Antrag nach § 825 ZPO auch nicht mit das Vollstreckungsverfahren betreffenden Mängelrügen, die nicht zur Nichtigkeit der Pfändung führen, zur Wehr setzen. Das gilt auch für den Einwand, der zu verwertende Gegenstand sei unpfändbar.[16] Es ist kein unnötiger Formalismus, den Schuldner insoweit auf das Verfahren nach § 766 ZPO zu verweisen,[17] da dieses Verfahren dem Richter vorbehalten ist, während die Entscheidung nach § 825 ZPO der Rechtspfleger trifft.

8    **2. Günstigere Verwertungsart:** Das Gericht muß nach Abwägung aller Umstände zu der Überzeugung gelangt sein, daß die beantragte Verwertung günstiger ist als die Re-

---

11 Siehe dazu Rdn. 13 f.
12 *Brox/Walker*, Rdn. 444; *Bruns/Peters*, § 23 VI; *Stein/Jonas/Münzberg*, § 825 Rdn. 5. Nach *Baur/Stürner*, Rdn. 29.12, und *Rosenberg/Schilken*, § 53 III 3, ist die Anhörung dagegen nicht erforderlich, sondern nur angebracht bzw. tunlich.
13 *Zöller/Stöber*, § 825 Rdn. 9.
14 Zur Verstrickung als Legitimation jeder Verwertung in der Zwangsvollstreckung: Vor §§ 803, 804 Rdn. 2.
15 Einzelheiten: Vor §§ 803, 804 Rdn. 4, 6.
16 Wie hier *Brox/Walker*, Rdn. 436; *Stein/Jonas/Münzberg*, § 825 Rdn. 5; *Zöller/Stöber*, § 825 Rdn. 7. *Münzberg* und *Stöber* nehmen aber an, daß der Einwand immer als Erinnerung nach § 766 ZPO zu behandeln und deshalb grundsätzlich dem Richter zur Entscheidung vorzulegen sei. Nach diesseitiger Auffassung genügt ein Hinweis an den Schuldner auf die Unzuständigkeit des Rechtspflegers.
17 So *Lüke*, JuS 1970, 630; im Ergebnis ebenso *Thomas/Putzo*, § 825 Rdn. 3.

gelverwertung. Dies ist, da im Rahmen der Regelverwertung ein gerichtlicher Dispens vom Mindestgebot nach § 817 a ZPO nicht möglich ist,[18] nur der Fall, wenn die Einhaltung des Mindestgebotes sicher gewährleistet ist (§ 817 a Abs. 2 S. 3 ZPO). Ein Dispens von § 817 a Abs. 1 ZPO wäre also nie eine mögliche andere Verwertungsart.

**VI. Abweichende Verwertungsarten:** Zu den möglichen abweichenden Verwertungsarten, die beantragt und angeordnet werden können, enthält § 825 ZPO keine abschließende Aufzählung, sondern nennt nur Beispiele.[19]

**1. Anderer Ort als § 816 Abs. 2 ZPO:** Die öffentliche Versteigerung durch den Gerichtsvollzieher an einem anderen Ort als in § 816 Abs. 2 ZPO vorgesehen ist,[20] ist dann zu wählen, wenn an dem anderen Ort (etwa einer nahegelegenen größeren Stadt oder einem Ort mit einem spezielleren Publikum für die angebotenen Gegenstände) eine größere Resonanz zu erwarten ist oder wenn die Versteigerungskosten dort erheblich geringer gehalten werden können. Die Wohnung des Schuldners ist aber auch unter dem Aspekt der Kostenersparnis gegen seinen Willen kein geeigneter anderer Ort.[21]

**2. Andere Art als §§ 814 ff. ZPO:** Eine »andere Weise« der Verwertung durch den Gerichtsvollzieher als die Regelverwertung ist der freihändige Verkauf über die im Gesetz vorgesehenen Fälle hinaus (§§ 817 a Abs. 3 S. 2, 821 ZPO). Er ist eine hoheitliche Form der Verwertung, bei der der Gerichtsvollzieher als Amtsperson tätig wird und öffentlich-rechtlich Eigentum überträgt. Es gelten insoweit uneingeschränkt die Ausführungen zu §§ 817 Abs. 3 S. 2, 821 ZPO.[22]

**3. Andere Person als der Gerichtsvollzieher:** Wird die Versteigerung der Gegenstände durch eine andere Person als den Gerichtsvollzieher angeordnet, so liegt darin nicht die Ermächtigung dieser Person, hoheitlich tätig zu werden.[23] Die Versteigerung durch eine Privatperson richtet sich ganz nach den Regeln des BGB, also den §§ 433 ff. BGB. Allerdings gilt, wenn deutlich gemacht wurde, daß die Versteigerung »aufgrund der Pfändung« des Gegenstandes erfolgt, der **Gewährleistungsausschluß** nach § 806 ZPO[24] bzw. nach § 461 BGB,[25] soweit nicht erkennbar war, daß die »Pfandversteigerung« im Rahmen einer Zwangsvollstreckung erfolgte. War der freihändige Verkauf durch einen Dritten angeordnet und hat dieser Dritte es unterlassen, einen Gewährleistungsausschluß im Umfang des § 806 ZPO mit dem Erwerber der Sache zu vereinbaren, so haftet dieser Dritte persönlich nach §§ 459 ff. BGB; denn er führt die Veräußerung zwar auf fremde Rechnung, aber im eigenen Namen und somit nicht als Vertreter

---

18 Zur Möglichkeit eines von den Parteien gegenüber dem Gerichtsvollzieher ausgesprochenen Dispenses siehe § 817 a Rdn. 1.
19 Allgem. Meinung; vergl. *Rosenberg/Schilken*, § 53 III 3.
20 Siehe hierzu auch § 816 Rdn. 3.
21 Siehe § 816 Fußn. 4.
22 Siehe § 821 Rdn. 4; ferner *Brox/Walker*, Rdn. 427.
23 BGH, NJW 1992, 2570; dazu EWiR 1993, 207 *(Brehm)*; AG Cham, DGVZ 1995, 189.
24 Siehe dazu § 806 Rdn. 2.
25 Ebenso *Brox/Walker*, Rdn. 426.

des Schuldners, des Gläubigers oder des Staates durch.²⁶ Sowohl im Falle der Versteigerung als auch des freihändigen Verkaufs durch eine Privatperson anstelle des Gerichtsvollziehers erfolgt die »Ablieferung« der Sache an den Erwerber als privatrechtliche Übereignung nach den §§ 929 ff. BGB. Stand der veräußerte Gegenstand nicht im Eigentum des Schuldners, erlangt der Erwerber also nur im Falle der Gutgläubigkeit Eigentum.²⁷ Den Erlös hat der veräußernde Dritte nicht an den Gläubiger, sondern an den Gerichtsvollzieher abzuliefern. Zweckmäßigerweise ist dies schon im Beschluß nach § 825 ZPO klarzustellen. Sobald der Gerichtsvollzieher den Erlös erhalten hat, also nicht schon, wenn der Dritte den Kaufpreis erlangt hat, gilt § 819 ZPO. Der Gerichtsvollzieher nimmt dann nach den Regeln, die auch bei einer Versteigerung durch ihn selbst gelten,²⁸ die Ablieferung an den Gläubiger vor. Einen etwaigen Mehrerlös händigt er dem Schuldner aus.

13  4. **Eigentumszuweisung an eine bestimmte Person:** Eine »andere Art der Verwertung«, bei der Vollstreckungsgericht und Gerichtsvollzieher mitwirken, ist auch die Eigentumszuweisung der gepfändeten Gegenstände an eine bestimmte Person gegen Zahlung eines festgelegten Entgelts ohne vorausgegangene Versteigerung. Dieser Weg kommt in Betracht, wenn der Gegenstand so speziell ist, daß von vornherein nur ein Interessent in Betracht kommt, oder wenn bereits ein vergeblicher Versteigerungsversuch unternommen wurde. Das festzusetzende Entgelt darf das Mindestgebot nach § 817a Abs. 1 ZPO nicht unterschreiten (§ 817a Abs. 2 S. 3 ZPO).²⁹ Die Eigentumszuweisung kann nur an eine Person erfolgen, die sich zuvor zur Abnahme des Gegenstandes bereit erklärt hat (vergleichbar dem Gebot in der Versteigerung).³⁰ Dies kann auch der Gläubiger³¹ und sogar der Schuldner selbst sein.³²

14  Die Zuweisung erfolgt durch Beschluß des Rechtspflegers. Mit ihr erwirbt der Interessent noch nicht das Eigentum. Sie ersetzt vielmehr nur den Zuschlag.³³ Erforderlich ist weiter die Ablieferung des Gegenstandes durch den Gerichtsvollzieher an den Erwerber.³⁴ Dies gilt auch dann, wenn der Gläubiger selbst der Erwerber ist.³⁵ Die Ablieferung erfolgt nach denselben Regeln wie die Ablieferung nach dem Zuschlag in der Ver-

---

26 Ebenso *Stein/Jonas/Münzberg*, § 825 Rdn. 13.
27 BGH, NJW 1992, 2570; dazu EWiR 1993, 207 *(Brehm)*.
28 Einzelheiten: § 819 Rdn. 6.
29 LG Frankfurt/M., DGVZ 1993, 112; vergl. auch LG Essen, DGVZ 1996, 120.
30 *Brox/Walker*, Rdn. 428.
31 Siehe LG Essen, DGVZ 1996, 120; LG Frankfurt/M., DGVZ 1993, 112.
32 *Baumbach/Lauterbach/Hartmann*, § 825 Rdn. 12; MüKo/*Schilken*, § 825 Rdn. 9; *Stein/Jonas/ Münzberg*, § 825 Rdn. 81; *Zöller/Stöber*, § 825 Rdn. 6; zweifelnd *Baur/Stürner*, Rdn. 29.13 mit Fußn. 38.
33 Ebenso *Baumbach/Lauterbach/Hartmann*, § 825 Rdn. 12; *Brox/Walker*, Rdn. 428; MüKo/ *Schilken*, § 825 Rdn. 9; *Rosenberg/Schilken*, § 53 III 3 c; *Zöller/Stöber*, § 825 Rdn. 17.
34 OLG Celle, MDR 1961, 858; OLG München, MDR 1971, 1018; *Bruns/Peters*, § 23 VI; ferner wie Fußn. 24.
35 A. A. insoweit RGZ 126, 21; wie hier die in Fußn. 33 Genannten; ferner *Stein/Jonas/Münzberg*, § 825 Rdn. 15.

steigerung:³⁶ Neben der Besitzverschaffung beinhaltet sie die Eigentumsübertragung auf den Erwerber durch einseitigen Hoheitsakt. Unabhängig von seinem guten Glauben erlangt der Erwerber auch dann Eigentum an den ihm übergebenen Gegenständen, wenn sie zuvor nicht im Eigentum des Schuldners standen. Das gilt auch dann, wenn an der Sache selbständige Rechte nicht begründet werden können, weil es sich um einen wesentlichen ungetrennten Bestandteil eines Grundstücks handelt;³⁷ denn die lediglich anfechtbare Pfändung führt zu einer wirksamen Verstrickung des Bestandteils, so daß er der Zwangsverwertung unterliegt.³⁸ Entsprechend § 817 Abs. 2 ZPO darf die Ablieferung nur gegen Barzahlung erfolgen, sofern nicht im Beschluß über die andere Verwertungsart auch hierzu ausdrücklich eine abweichende Regelung (z. B. Stundung) getroffen wurde. Soweit der Gläubiger der Erwerber ist, gilt § 817 Abs. 4 ZPO entsprechend: Er muß nur die Kosten sowie diejenigen Beträge, die nicht zu seiner Befriedigung bestimmt sind, in bar entrichten.³⁹

Hinsichtlich der Wirkung der Empfangnahme des Entgelts durch den Gerichtsvollzieher und der Ablieferung dieses Betrages an den Gläubiger gilt das zu § 819 ZPO Gesagte ohne Einschränkung.⁴⁰

Zu den Besonderheiten, die sich ergeben, wenn die einem Dritten (oder dem Gläubiger selbst) zu Eigentum zugewiesene Sache dem Schuldner vom Gläubiger auf Abzahlung unter Eigentumsvorbehalt verkauft worden war und noch im Eigentum des Gläubigers stand, siehe Anh. zu § 825: »Zu den Auswirkungen der Zwangsvollstreckung des Verkäufers in die unter Eigentumsvorbehalt verkaufte Sache.«⁴¹

**VII. Rechtsbehelfe:** Nach der wohl h. M.⁴² handelt es sich bei dem Beschluß immer um eine Entscheidung des Vollstreckungsgerichts, gegen die stets die befristete Rechtspflegererinnerung nach § 11 Abs. 1 S. 2 RPflG stattfindet. Nach der zutreffenden Gegenansicht ist nach allgemeinen Regeln zu unterscheiden, ob der Rechtspfleger eine Vollstreckungsmaßnahme oder eine Entscheidung im Zwangsvollstreckungsverfahren getroffen hat.⁴³ Ergeht ein die abweichende Verwertung anordnender Beschluß ohne Anhörung der Gegenseite, liegt eine Maßnahme vor, die mit der Vollstreckungserinnerung nach § 766 ZPO anfechtbar ist. Erfolgt eine Ablehnung des Antrags oder gibt der

---

36 Einzelheiten: § 817 Rdn. 8; einschränkend bei Versendung nach auswärts LG Nürnberg-Fürth, DGVZ 1992, 136.
37 *Brox/Walker*, Rdn. 429; *Gaul*, NJW 1989, 2509, 2512 ff.; *MüKo/Schilken*, § 825 Rdn. 8 mit Fußn. 28; a. A. BGH, NJW 1988, 2789; *Baur/Stürner*, Rdn. 29.13 mit Fußn. 39; *Thomas/Putzo*, § 825 Rdn. 3.
38 Siehe oben Rdn. 7.
39 Einzelheiten: § 817 Rdn. 11, 12.
40 Siehe dort Rdn. 4, 6.
41 Dort insbesondere Rdn. 4.
42 KG, NJW 1956, 1885; LG Aachen, MDR 1958, 611; LG Braunschweig, MDR 1968, 249; LG Essen, MDR 1957, 301; LG Hamburg, MDR 1959, 45; LG Münster, Rpfleger 1962, 215; LG Nürnberg-Fürth, Rpfleger 1978, 332, 333; *MüKo/Schilken*, § 825 Rdn. 13; *Stein/Jonas/Münzberg*, § 825 Rdn. 7; *Thomas/Putzo*, § 825 Rdn. 13; *Wieser*, Begriff und Grenzfälle der Zwangsvollstreckung, S. 34 f.; *Zöller/Stöber*, § 825 Rdn. 12.
43 LG Braunschweig, MDR 1955, 748; LG Siegen, JMBl.NW 1955, 209; *Baumbach/Lauterbach/Hartmann*, § 825 Rdn. 16 f.; *Baur/Stürner*, Rdn. 29.12; *Brox/Walker*, Rdn. 446.

Rechtspfleger dem Antrag nach Anhörung des Gegners statt, kommt gegen diese Entscheidung die befristete Rechtspflegererinnerung nach § 11 Abs. 1 S. 2 RPflG i. V. m. § 793 ZPO in Betracht. Für die Erinnerung – sei es nach § 766 ZPO oder nach § 11 Abs. 1 S. 2 RPflG – fehlt das Rechtsschutzbedürfnis, wenn sie den Eigentumsverlust an dem Gegenstand verhindern soll, der versteigerte oder einem Dritten zu Eigentum zugewiesene Gegenstand aber bereits wirksam abgeliefert ist. Denn ein Erfolg des Rechtsmittels könnte den Eigentumsübergang nicht mehr rückgängig machen.[44] Gegen das Verfahren des Gerichtsvollziehers in Ausführung des Beschlusses ist die Erinnerung nach § 766 ZPO als Rechtsbehelf zulässig, solange die Zwangsvollstreckung nicht beendet ist.

17 **VIII. Gebühren und Kosten:** Durch den Beschluß nach § 825 ZPO fallen keine Gerichtsgebühren an. Für den Anwalt gilt das Verfahren als besondere Angelegenheit in der Zwangsvollstreckung (§ 58 Abs. 3 Nr. 4 a BRAGO). Der Gerichtsvollzieher erhält für die Mitwirkung bei der anderweitigen Verwertung die Gebühren nach § 21 Abs. 5 GvKostG. Die im erfolgreichen Verfahren nach § 825 ZPO angefallenen Kosten sind notwendige Kosten der Zwangsvollstreckung. Der ablehnende Beschluß ist mit einer Kostenentscheidung nach § 91 ZPO zu versehen, damit der Schuldner die Erstattung seiner eigenen Kosten durchsetzen kann.

18 **IX. ArbGG, VwGO, AO:** Siehe § 814 Rdn. 6. Für die Abgabenvollstreckung gilt § 305 AO, der im wesentlichen mit § 825 ZPO übereinstimmt. Die besondere Verwertung wird von der Vollstreckungsbehörde angeordnet.

---

44 OLG Celle, MDR 1961, 858.

Anhang zu § 825 ZPO: Zu den Auswirkungen der Zwangsvollstreckung des Verkäufers in die unter Eigentumsvorbehalt verkaufte Sache.

**Inhaltsübersicht**

| | | Rdn. |
|---|---|---|
| | Literatur | |
| I. | Zulässigkeit der Vollstreckung in eine unter Eigentumsvorbehalt verkaufte Sache | 1 |
| II. | Bedeutung des § 13 Abs. 3 VerbrKrG für die Vollstreckung in eine unter Eigentumsvorbehalt verkaufte Sache | 2–4 |
| III. | Rechte des Schuldners | 5, 6 |
| IV. | Rechtslage beim finanzierten Abzahlungskauf | 7 |
| V. | Zur Bedeutung des § 13 Abs. 3 VerbrKrG für die Entscheidung über den Antrag nach § 825 ZPO | 8 |
| VI. | Rechtsfolgen einer erfolgreichen Klage des Schuldners nach § 767 ZPO | 9 |

**Literatur:** Die nachstehende Literatur zum früheren Abzahlungsgesetz behält auch zum ab dem 1. 1. 1991 geltenden Verbraucherkreditgesetz ihre Bedeutung. *Brehm*, Zwangsvollstreckung und § 5 AbzG, JZ 1972, 153; *Bülow*, Verbraucherkreditgesetz, Kommentar, 1991; *Chen*, Die Zwangsvollstreckung in die auf Abzahlung verkaufte Sache, Diss. Saarbrücken, 1972; *Hadamus*, Die Zuweisung gemäß § 825 ZPO in Abzahlungsfällen, Rpfleger 1980, 420; *Hampel*, Abzahlungskauf und Zuweisung der Kaufsache an den Verkäufer in der Zwangsvollstreckung, JR 1958, 401; *Herminghausen*, Überweisung zu Eigentum gem. § 825 ZPO und AbzG, NJW 1954, 667; *G. Lüke*, Die Zwangsvollstreckung des Verkäufers in die auf Abzahlung verkaufte Sache, JZ 1959, 114; *Müller-Laube*, Die »Rücktrittsfiktion« beim Abzahlungskauf, JuS 1982, 797; *Noack*, Das Abzahlungsgeschäft in der Zwangsvollstreckung des Verkäufers in Sachen, die auf Abzahlung geleistet worden sind, Diss. Würzburg 1968; *ders.*, Die Übereignung gem. § 825 ZPO der auf Abzahlung verkauften Sache an den Verkäufer, MDR 1969, 180; *ders.*, Der Abzahlungsverkäufer als Gläubiger in der Zwangsvollstreckung, DB 1972, 1661; *Niedzwicki*, Die besondere Art der Verwertung (§ 825 ZPO) bei auf Abzahlung verkauften Sachen, 1979; *Nöldeke*, Zur Zwangsüberweisung einer Abzahlungssache an den Abzahlungsverkäufer gemäß § 825 ZPO, NJW 1964, 2243; *Pauli*, Die Zwangsvollstreckung des Abzahlungsverkäufers in die unter Eigentumsvorbehalt verkaufte Sache, Diss. München, 1955; *Schneider*, Zur Pfandverwertung der Abzahlungssache gem. § 825 ZPO, Jur-Büro 1964, 868; *Schröter*, Rückbuchung eines Teilzahlungsvertrages und Zwangsüberweisung gem. § 825 ZPO bei den auf Abzahlung unter Eigentumsvorbehalt verkauften Gegenständen, Diss. Köln, 1957; *Selb*, Zwangsvollstreckung des Abzahlungsverkäufers in die verkaufte Sache und Wiederansichnahme im Sinne des § 5 des Abzahlungsgesetzes, JZ 1959, 585; *Vinke*, Die Zwangsvollstreckung des Verkäufers in die unter Eigentumsvorbehalt verkaufte Sache, Diss. Göttingen, 1953; *Wangemann*, Die Bedeutung des § 5 AbzG für den Zuweisungsantrag gem. § 825 ZPO, NJW 1956, 732.

**I. Zulässigkeit der Vollstreckung in eine unter Eigentumsvorbehalt verkaufte Sache:** Obwohl an eigenen Sachen des Gläubigers kein Pfändungspfandrecht entstehen kann,[1] darf der Gerichtsvollzieher den Antrag des Gläubigers, in Gegenstände beim Schuldner zu vollstrecken, an denen noch Vorbehaltseigentum des Gläubigers besteht, 1

---

1 Vor §§ 803, 804 Rdn. 14.

nicht wegen fehlenden Rechtsschutzinteresses zurückweisen.² Da der Gläubiger nur einen Anspruch auf Befriedigung seiner Geldforderung aus dem Vermögen des Schuldners hat, nicht aber aus einzelnen von ihm zu bestimmenden Gegenständen aus diesem Vermögen, ist der Gerichtsvollzieher an Weisungen, in erster Linie in bestimmte Gegenstände zu vollstrecken, allerdings nur sehr beschränkt gebunden.³

Handelt es sich bei den Gegenständen, die der Schuldner vom Gläubiger unter Eigentumsvorbehalt gekauft hat, um solche, die unter den Katalog des § 811 ZPO fallen, so steht dem Pfändungsschutz nicht entgegen, daß die Gegenstände noch im Eigentum des Gläubigers stehen und daß diesem nach Rücktritt vom Kaufvertrag ein materiellrechtlicher Rückgewährungsanspruch gegen den Schuldner zusteht.⁴

**2** **II. Bedeutung des § 13 Abs. 3 VerbrKrG für die Vollstreckung in eine unter Eigentumsvorbehalt verkaufte Sache:** Nach § 13 Abs. 3 VerbrKrG (früher § 5 AbzG) gilt es als Ausübung des Rücktrittsrechts vom Abzahlungskaufvertrag, wenn der Verkäufer aufgrund seines Vorbehaltseigentums die verkaufte Sache wieder an sich nimmt. Durch diese Vorschrift soll eine Umgehung des § 13 Abs. 2 VerbrKrG (früher §§ 1–3 AbzG) verhindert und der Abzahlungskäufer davor geschützt werden, den Besitz und die Nutzungsmöglichkeiten der Sache zu verlieren und dennoch weiter den Kaufpreis zu schulden.

**3** Durch die Pfändung einer dem Gläubiger gehörenden Sache verliert der Schuldner wegen § 808 Abs. 2 ZPO zunächst in der Regel noch nicht den Besitz.⁵ Die Nutzungsmöglichkeiten der Sache werden durch das mit der Pfändung verbundene Verfügungsverbot⁶ nur begrenzt eingeschränkt. Deshalb ist allein die Pfändung einer »Ansichnahme« i. S. v. § 13 Abs. 3 VerbrKrG noch nicht gleichzustellen.⁷ Dies gilt umso mehr, als im Hinblick auf §§ 813 a, 817 a ZPO nur ein Teil aller Pfändungen schließlich in der erfolgreichen Verwertung der Sachen mündet. Oft behält der Schuldner den Gegenstand oder erhält ihn jedenfalls zurück. Auch die Abholung der gepfändeten Gegenstände zur Verwertung kann deshalb noch nicht als »Ansichnahme« i. S. v. § 13 Abs. 3 VerbrKrG angesehen werden,⁸ da auch hier weiter die Möglichkeit besteht, daß der Schuldner den Gegenstand alsbald zurückerhält. Zudem erlangt in diesem Stadium der Vollstreckung der Gläubiger seinerseits weder die Sachsubstanz noch ihren Gegenwert, so daß es insoweit an einem wesentlichen Element der Ansichnahme fehlt.

---

2 § 808 Rdn. 7.
3 Vor §§ 753–763 Rdn. 6.
4 § 811 Rdn. 3.
5 § 808 Rdn. 10.
6 Vor §§ 803, 804 Rdn. 3.
7 So aber OLG Karlsruhe, DGVZ 1955, 118; *Klaurs/Ose*, Kommentar zum Gesetz betr. die Abzahlungsgeschäfte, 1979, Rdn. 604; *Kubisch*, NJW 1957, 568; zu Recht dagegen BGHZ 39, 98.
8 So aber MüKo/*Habersack*, § 13 VerbrKrG Rdn. 56; *Palandt/Putzo*, § 13 VerbrKrG Rdn. 10; vergl. ferner zu § 5 AbzG LG Mönchengladbach, NJW 1958, 66; *Quardt*, JurBüro 1960, 361; *Serick*, Eigentumsvorbehalt und Sicherungsübertragung, Bd. I S. 191; *Wangemann*, NJW 1956, 732; auch hiergegen BGHZ 39, 98.

Wird der Gegenstand aber in der Versteigerung dem Ersteher (oder nach einer Entscheidung gem. § 825 ZPO dem Erwerber) abgeliefert, so verliert der Schuldner endgültig sein Anwartschaftsrecht und das aus diesem abgeleitete Besitzrecht. Er kann den Gegenstand endgültig nicht mehr nutzen. Deshalb ist dieser Zeitpunkt als die »Ansichnahme« i. S. d. § 13 Abs. 3 VerbrKrG anzusehen.[9] Der Gläubiger erhält zwar nicht die Sache selbst zurück, wohl aber den durch sie verkörperten Wert in Form des Versteigerungserlöses. Eine unmittelbare Ansichnahme liegt sogar vor, wenn der Gläubiger den Gegenstand selbst ersteigert oder zugewiesen erhält.

**III. Rechte des Schuldners:** Daß die erfolgreiche Zwangsvollstreckung, die der Gläubiger in eine von ihm dem Schuldner auf Abzahlung verkaufte Sache wegen der Kaufpreisforderung betrieben hat, letztlich die Umwandlung des Kaufvertrages in ein durch § 13 Abs. 2 VerbrKrG inhaltlich bestimmtes Rückgewährschuldverhältnis und damit den Untergang der titulierten Forderung zur Folge hat, steht der Zwangsvollstreckung in einen solchen Gegenstand dennoch nicht entgegen: Weder der Gerichtsvollzieher noch der Rechtspfleger (beim Beschluß nach § 825 ZPO) haben den Bestand der titulierten Forderung oder materiellrechtlicher Einwendungen gegen die Forderung zu berücksichtigen.[10] Es ist Sache des Schuldners, Einwendungen dieser Art mit der Klage nach § 767 ZPO geltend zu machen.[11] Der Gläubiger kann seine Gegenforderungen auf Nutzungsentschädigung usw. in diesem Verfahren mit der Widerklage geltend machen. Er kann sie sich vorab dadurch sichern, daß er einen Arrest gegen den Schuldner erwirkt und in den Vollstreckungserlös vollzieht.

Übersteigt der vom Schuldner im Falle des Rücktritts gem. §§ 13 Abs. 2 VerbrKrG, 346 S. 1 BGB zu beanspruchende Betrag (bisher bezahlter Kaufpreis) den voraussichtlichen Versteigerungserlös deutlich, so verliert der Schuldner schon bei Abholung der Sache zum Zwecke der Versteigerung die Sicherheit, die ihm außerhalb der Zwangsvollstreckung § 348 S. 1 BGB gewährt. Könnte er erst Klage nach § 767 ZPO erheben, sobald der Kaufvertrag in ein Rückgewährschuldverhältnis umgewandelt wäre, also mit Ablieferung der Sache an den Ersteher, bliebe als Sicherheit nur der oft deutlich unter dem Verkehrswert der Sache liegende Versteigerungserlös. Noch ungünstiger würde sich die Lage des Schuldners im Falle einer Eigentumszuweisung nach § 825 ZPO an den Gläubiger darstellen, da einerseits erst die Ablieferung der Sache an den Gläubiger die Kaufpreisforderung zum Erlöschen bringt, andererseits in diesem Zeitpunkt § 348 S. 1 BGB praktisch schon gegenstandslos ist, da der Schuldner dann nichts mehr besitzt, was er zurückbehalten könnte. Würde man in diesen Fällen dem Gerichtsvollzieher oder dem

---

9 BGHZ 55, 59; *Baumbach/Lauterbach/Hartmann*, § 825 Rdn. 11; *Brehm*, JZ 1972, 153; *Brox/Walker*, Rdn. 439; MüKo/*Schilken*, § 817 Rdn. 21; *Rosenberg/Schilken*, § 53 III 1 c; *Stein/Jonas/Münzberg*, § 814 Rdn. 12–14; *Zöller/Stöber*, § 817 Rdn. 15. – *Ostler/Weidner*, Abzahlungsgesetz, 6. Aufl., § 5 AbzG Anm. 140 stellen schon auf die Antragstellung des Gläubigers auf anderweitige Verwertung nach § 825 ZPO als maßgeblichen Zeitpunkt ab; zustimmend MüKo/*Habersack*, § 13 VerbrKrG Rdn. 56.
10 § 808 Rdn. 7; § 766 Rdn. 8; § 767 Rdn. 21.
11 *Brox/Walker*, Rdn. 438, 443; MüKo/*Schilken*, § 817 Rdn. 21; *Ostler/Weidner*, § 5 AbzG Anm. 151; *Rosenberg/Schilken*, § 53 III 1 c; *Staudinger/Honsell*, § 455 BGB Rdn. 81; *Stein/Jonas/Münzberg*, § 814 Rdn. 14; *Zöller/Stöber*, § 817 Rdn. 15 und § 825 Rdn. 18.

Rechtspfleger unmittelbar die Möglichkeit einräumen,[12] zur Sicherung der Gegenansprüche des Schuldners entweder die Verwertung der Sache ganz abzulehnen oder von der Zahlung der Ausgleichsleistungen an den Schuldner abhängig zu machen, würde systemwidrig in die Zuständigkeitsverteilung im Vollstreckungsverfahren eingegriffen: Die Berücksichtigung materiellrechtlicher Einwände gegen die titulierte Forderung – auch wenn diese Einwände noch so offensichtlich sind – obliegt allein dem Prozeßgericht im Rahmen des § 767 ZPO. Nur in diesem Verfahren können notfalls Beweise zur Höhe der Ansprüche erhoben werden. Deshalb kann eine Lösung des Problems auch nur im Rahmen des § 767 ZPO erfolgen:[13] Die Klage muß schon ab Pfändung der auf Abzahlung erworbenen Gegenstände vorbeugend möglich sein, zwar mit dem Ziel, die Zwangsvollstreckung schlechthin in diese Gegenstände für unzulässig zu erklären,[14] wohl aber mit dem Ziel, die Verwertung der Gegenstände nur Zug um Zug gegen Zahlung der dem Schuldner nach §§ 13 Abs. 2 VerbrKrG, 346 BGB zustehenden Beträge zu gestatten. Im Rahmen dieser Klage kann der Schuldner über § 769 ZPO einen vorläufigen Aufschub der Verwertung erreichen.

7 **IV. Rechtslage beim finanzierten Abzahlungskauf:** Die vorstehenden Ausführungen gelten entsprechend, wenn nicht der Verkäufer selbst, sondern im Falle des finanzierten Abzahlungskaufes der Finanzier die Zwangsvollstreckung in die ihm sicherungsübereignete Sache betreibt (§§ 9, 13 Abs. 3 S. 2 VerbrKrG).[15]

8 **V. Zur Bedeutung des § 13 Abs. 3 VerbrKrG für die Entscheidung über den Antrag nach § 825 ZPO:** Hat der Schuldner aber die Klage nach § 767 ZPO unterlassen und entsprechend auch nicht einstweiligen Rechtsschutz über § 769 ZPO erwirkt, **dürfen** weder der Rechtspfleger noch der Gerichtsvollzieher die Verwertung einstellen oder aussetzen, nur weil der Schuldner sich auf das VerbrKrG beruft. Insbesondere darf der Rechtspfleger den Einwand **nicht** in einen Antrag nach **§ 765 a ZPO** umdeuten und etwa in diesem Rahmen dann die Zwangsvollstreckung nur noch fortsetzen lassen, wenn der Gläubiger die Ansprüche des Schuldners aus §§ 13 Abs. 2 VerbrKrG, 346 BGB erfüllt.[16] Nicht zu beanstanden und etwa als Befangenheit zu werten ist es,

---

12 Für eine Berücksichtigung des Einwandes durch den Rechtspfleger bei seiner Entscheidung nach § 825 ZPO aber LG Düsseldorf, MDR 1961, 696; LG Göttingen, MDR 1953, 370; LG Krefeld, MDR 1964, 1013; MDR 1966, 61; LG Mönchengladbach, MDR 1960, 680; LG Münster, Rpfleger 1962, 215; LG Stuttgart, MDR 1967, 54; AG Delmenhorst, BB 1956, 864; AG Düsseldorf, NJW 1956, 753; *Baumbach/Lauterbach/Hartmann*, § 825 Rdn. 7; *Bruns/Peters*, § 23 VI; *Furtner*, MDR 1963, 447; *Petermann*, Rpfleger 1958, 169; *Wangemann*, NJW 1958, 67.
13 Wie hier OLG München, MDR 1969, 60; LG Berlin, DGVZ 1975, 8; LG Bonn, NJW 1956, 753; LG Flensburg, SchlHA 1965, 214; LG Hannover, NdsRpfl 1961, 204; *Baur/Stürner*, Rdn. 29.10, 29.13; *Brehm*, JZ 1970, 156; *Brox/Walker*, Rdn. 443; *G. Lüke*, JZ 1959, 118; MüKo/*Schilken*, § 817 Rdn. 21; *Ostler/Weidner*, § 5 AbzG Anm. 151; *Rosenberg/Schilken*, § 53 III 1 c; *Staudinger/Honsell*, § 455 BGB Rdn. 81; *Stein/Jonas/Münzberg*, § 814 Rdn. 12, 14; *Zöller/Stöber*, § 817 Rdn. 15 und § 825 Rdn. 18.
14 Diese Klage kommt erst ab der Ablieferung der Sache in Betracht; siehe oben Rdn. 6.
15 LG Osnabrück, Rpfleger 1979, 263.
16 So aber *Nöldecke*, NJW 1964, 2244; wie hier MüKo/*Schilken*, § 817 Rdn. 21; einschränkend *Baumbach/Lauterbach/Hartmann*, § 825 Rdn. 7; *Zöller/Stöber*, § 825 Rdn. 18.

wenn der Rechtspfleger den Schuldner im Rahmen der Anhörung vor der Entscheidung nach § 825 ZPO auf die Klagemöglichkeit nach § 767 ZPO hinweist.

**VI. Rechtsfolgen einer erfolgreichen Klage des Schuldners nach § 767 ZPO:** Hat der Schuldner mit der Klage nach § 767 ZPO die endgültige Unzulässigkeit der Zwangsvollstreckung aus dem Titel über die Kaufpreisschuld erreicht,[17] muß der Gerichtsvollzieher den vom Ersteher der Sache gezahlten Erlös an den Schuldner auszahlen (§§ 775 Nr. 1, 776 ZPO), da der Erlös an die Stelle der Sache getreten ist, die nun ihrerseits nicht mehr entstrickt und dem Schuldner zurückgegeben werden kann. Für die materiellrechtliche Überlegung, daß die versteigerte Sache im Eigentum des Gläubigers stand und deshalb auch der Erlös materiellrechtlich Eigentum des Gläubigers bleibt (Surrogationsprinzip[18]), ist im Rahmen der §§ 775 Nr. 1, 776 ZPO kein Raum.[19] Der Gläubiger muß seinen materiellrechtlichen Herausgabeanspruch seinerseits titulieren lassen.

9

---

17 Oben Rdn. 6 und Fußn. 14.
18 Siehe auch § 819 Rdn. 1.
19 Vergl. auch § 171 Nr. 2 GVGA.

## § 826 Anschlußpfändung

(1) Zur Pfändung bereits gepfändeter Sachen genügt die in das Protokoll aufzunehmende Erklärung des Gerichtsvollziehers, daß er die Sachen für seinen Auftraggeber pfände.
(2) Ist die erste Pfändung durch einen anderen Gerichtsvollzieher bewirkt, so ist diesem eine Abschrift des Protokolls zuzustellen.
(3) Der Schuldner ist von den weiteren Pfändungen in Kenntnis zu setzen.

**Inhaltsübersicht**

| | Literatur | Rdn. |
|---|---|---|
| I. | Abgrenzung der Anschlußpfändung von mehrfachen Pfändungen | 1, 2 |
| II. | Voraussetzungen für eine Anschlußpfändung in vereinfachter Form | 3 |
| | 1. Wirksamkeit der Erstpfändung | 3 |
| | 2. Derselbe Schuldner | 4 |
| | 3. Pfändungsvoraussetzungen für die Anschlußpfändung | 5 |
| III. | Durchführung der vereinfachten Anschlußpfändung | 6 |
| IV. | Unabhängigkeit der Anschlußpfändung von der Erstpfändung | 7 |
| V. | Gebühren | 8 |
| VI. | ArbGG, VwGO, AO | 9 |

**Literatur:** *Binder*, Die Anschlußpfändung, Diss. Frankfurt, 1975; *Brehm*, Das Pfändungsverbot des § 803 Abs. 2 ZPO bei der Anschlußpfändung, DGVZ 1985, 62; *Gerlach*, Die Anschlußpfändung nach § 826 ZPO gegenüber einem anderen Schuldner, ZZP 1976, 294; *Göhler*, Die Herausgabebereitschaft des Gewahrsamsinhabers im Falle der mehrfachen Pfändung nach §§ 809, 826 ZPO, MDR 1965, 339; *Grasmann*, Muß der Dritte, der die Sache im Gewahrsam hat, auch bei Anschlußpfändungen herausgabebereit sein?, MDR 1955, 74; *Lorenz*, Zwecklose Anschlußpfändungen, MDR 1952, 663; *Mümmler*, Probleme der Anschlußpfändung, DGVZ 1963, 181; *ders.*, Zweifelsfragen bei der Durchführung einer Anschlußpfändung, DGVZ 1973, 20; *ders.*, Probleme der Anschlußpfändung, JurBüro 1988, 1461; *Sonnenberger*, Kann der Gewahrsamsinhaber seine Herausgabebereitschaft gemäß § 809 ZPO beschränken?, MDR 1962, 22.

1 **I. Abgrenzung der Anschlußpfändung von mehrfachen Pfändungen:** Die Pfändung ein und desselben Gegenstandes kann gleichzeitig für mehrere Gläubiger erfolgen, die dann gleichrangige Pfandrechte erwerben.[1] Sie kann ferner für denselben Gläubiger aufgrund mehrerer Titel auf einmal erfolgen; der Gläubiger erwirbt dann ein einheitliches Pfandrecht in Höhe der Summe aller titulierten Forderungen.[2] Sie kann aber auch, nachdem der Gegenstand bereits gepfändet ist, später ein weiteres Mal für denselben Gläubiger oder für einen oder mehrere andere Gläubiger desselben Schuldners erfolgen; sie erwerben dann ein dem bereits bestehenden Pfandrecht nachrangiges Pfandrecht. Schließlich kann ein vom Gläubiger eines bestimmten Schuldners gepfändeter Gegenstand später auch noch vom Gläubiger eines anderen Schuldners gepfändet wer-

---
1 § 804 Rdn. 3.
2 Siehe auch die vergleichbare Regelung in § 866 Abs. 3 S. 2 ZPO.

den, etwa ein in der ehelichen Wohnung befindlicher Gegenstand jeweils aufgrund der Vermutung des § 739 ZPO: einmal von einem Gläubiger des Ehemannes und einmal von einem Gläubiger der Ehefrau. In diesem Falle wird der Gegenstand zwar für beide Gläubiger verstrickt, ein Pfändungspfandrecht erwirbt aber nur der Gläubiger, dessen Schuldner der Alleineigentümer des Gegenstandes ist.[3] Waren die Eheleute Miteigentümer, so hat keiner der Gläubiger ein Pfändungspfandrecht am Gegenstand erworben, da der jeweilige Miteigentumsanteil nach § 857 ZPO hätte gepfändet werden müssen.[4]

In allen Fällen der gleichzeitigen Pfändung eines Gegenstandes erfolgt die Pfändung für alle Gläubiger in der Form des § 808 ZPO. Gleiches gilt, wenn die Gläubiger verschiedener Schuldner nacheinander in denselben Gegenstand vollstrecken.[5] **Nur** für den Fall, daß in denselben Gegenstand zeitlich einer bereits bestehenden Pfändung nachfolgend zu Lasten **desselben Schuldners** für denselben oder einen anderen Gläubiger nochmals gepfändet wird, ist von einer »Anschlußpfändung« i. S. der ZPO zu sprechen.[6] Nur diesen Fall spricht § 826 ZPO an. Auch in diesen Fällen ist eine Pfändung in der vollen Form des § 808 ZPO wirksam möglich und bei Zweifeln an der Wirksamkeit der Erstpfändung sogar empfehlenswert.[7] Hier ist aber auch die vereinfachte Pfändung in der Form, die § 826 ZPO anbietet, möglich. Diese Form zuzulassen, ist die alleinige Aufgabe des § 826 ZPO. Er enthält keine Aussagen zu einer Bestätigung oder Heilung einer etwa anfechtbaren Erstpfändung.[8]

**II. Voraussetzungen einer wirksamen Anschlußpfändung in vereinfachter Form:** 3

1. **Wirksamkeit der Erstpfändung:** Der Gegenstand muß bereits wirksam gepfändet sein.[9] Unter »Pfändung« ist hier die öffentlichrechtliche **Verstrickung** zu verstehen; unerheblich ist, ob der erstpfändende Gläubiger auch ein materiellrechtliches Pfändungspfandrecht erworben hat oder nicht.[10] Diese Frage ist nur für die materiellrechtliche Berechtigung am Erlös von Bedeutung. Wirksam ist die Erstpfändung auch dann, wenn sie anfechtbar (aber im Zeitpunkt der Anschlußpfändung noch nicht angefochten) ist.[11] Wäre die Erstpfändung nichtig (Fälle dieser Art sind praktisch ganz selten[12]), so führte eine vereinfachte Anschlußpfändung in der Form des § 826 ZPO nicht zur

---

3 Vor §§ 803, 804 Rdn. 14.
4 Zur Pfändung von Miteigentumsanteilen siehe § 857 Rdn. 15; vergl. ferner BGH, NJW 1984, 1969.
5 A. A. insoweit *Gerlach*, ZZP 1976, 294.
6 Ganz h. M.; vergl. *Baur/Stürner*, Rdn. 28.25; *Brox/Walker*, Rdn. 344; *MüKo/Schilken*, § 826 Rdn. 2; *Rosenberg/Schilken*, § 51 IV 2; *Stein/Jonas/Münzberg*, § 826 Rdn. 1; *Thomas/Putzo*, § 826 Rdn. 1.
7 § 167 Nr. 4 GVGA.
8 *Zöller/Stöber*, § 826 Rdn. 4.
9 § 167 Nr. 3 S. 1 GVGA; *Baur/Stürner*, Rdn. 28.25; *Brox/Walker*, Rdn. 344; *Bruns/Peters*, § 21 VII 1; *Gerhardt*, § 8 I 3 d; *Zöller/Stöber*, § 826 Rdn. 2. Den äußeren Anschein einer wirksamen Pfändung lassen dagegen ausreichen: *Baumann/Brehm*, § 18 IV 3; *Stein/Jonas/Münzberg*, § 826 Rdn. 8; *Thomas/Putzo*, § 826 Rdn. 3.
10 Zum Unterschied von Verstrickung und Pfändungspfandrecht siehe Vor §§ 803, 804 Rdn. 13.
11 Vor §§ 803, 804 Rdn. 4.
12 Vor §§ 803, 804 Rdn. 5.

§ 826 *Anschlußpfändung*

wirksamen öffentlichen Beschlagnahme des Gegenstandes. Mangels Verstrickung entstünde auch kein Pfandrecht.[13] Die spätere Anfechtung der Erstpfändung berührt die Wirksamkeit der Anschlußpfändung nicht mehr.

4   2. **Derselbe Schuldner:** Die Erstpfändung und die Anschlußpfändung müssen sich gegen denselben Schuldner richten.[14] Sie müssen nicht vom selben Gerichtsvollzieher vorgenommen worden sein (**Abs. 2**). Die Erstpfändung kann, wenn sie in einer dem § 808 ZPO entsprechenden Weise offenkundig gemacht wurde, auch eine Verwaltungsvollstreckung sein.[15] Den Fall der Anschlußpfändung nach einer Abgabenvollstreckung als Erstpfändung regelt § 307 Abs. 2 S. 2 AO ausdrücklich. Umgekehrt läßt § 307 Abs. 2 S. 1 AO die Abgabenvollstreckung als Anschlußpfändung hinter einer Erstpfändung durch den Gerichtsvollzieher zu.

5   3. **Pfändungsvoraussetzungen für die Anschlußpfändung:** Für die Anschlußpfändung müssen alle Voraussetzungen einer Erstpfändung vorliegen. Im Hinblick auf § 803 Abs. 2 ZPO sind jedoch die vorausgegangenen Pfändungen ohne Bedeutung,[16] da nicht abzusehen ist, wieweit sie Bestand haben werden. Befindet sich der gepfändete Gegenstand im Besitze eines Dritten, der der Erstpfändung zugestimmt hatte, so ist dennoch auch für die Anschlußpfändung eine erneute Zustimmung nach § 809 ZPO erforderlich.[17] Hat der Gerichtsvollzieher den beim Dritten mit dessen Zustimmung erstmals gepfändeten Gegenstand bereits zum Zwecke der Verwertung in die Pfandkammer mitgenommen, wird er nicht selbst nunmehr zum Dritten, der Anschlußpfändungen zustimmen könnte. Vielmehr muß auch jetzt noch der Dritte zur Herausgabe i. S. § 809 ZPO zum Zwecke der Anschlußpfändung bereit sein.[18]

6   III. **Durchführung der vereinfachten Anschlußpfändung:** Nach Prüfung des Vorliegens einer Erstpfändung[19] protokolliert der Gerichtsvollzieher lediglich die Erklärung, daß er die schon gepfändeten Gegenstände auch für seinen Auftraggeber pfände. Das Protokoll muß neben der Erklärung selbst auch die Zeit enthalten, zu der sie abgegeben wurde. Hatte ein anderer Gerichtsvollzieher die Erstpfändung durchgeführt, so ist diesem eine Abschrift des Protokolls zuzustellen (Abs. 2). Der Schuldner ist von jeder Anschlußpfändung in Kenntnis zu setzen (Abs. 3), da er sie dem gepfändeten Gegenstand selbst mangels Anlegung eines Pfandsiegels nicht ansehen kann. Die Anschlußpfändung wird nicht dadurch unwirksam oder anfechtbar, daß die in Abs. 2 und Abs. 3 vorgeschriebenen Benachrichtigungen unterblieben sind. Erwächst einem der Beteiligten allerdings durch das Unterlassen ein Schaden, haftet der Staat gem. § 839 BGB,

---

13   Vor §§ 803, 804 Rdn. 14.
14   Siehe oben Rdn. 2.
15   Wie hier MüKo/*Schilken*, § 826 Rdn. 3; *Stein/Jonas/Münzberg*, § 826 Rdn. 3; *Thomas/Putzo*, § 826 Rdn. 5; *Zöller/Stöber*, § 826 Rdn. 6; einschränkend § 167 Nr. 10 GVGA. A. A. (nur Erstpfändung nach den Regeln der ZPO) *Baumbach/Lauterbach/Hartmann*, § 826 Rdn. 2.
16   Einzelheiten: § 803 Rdn. 7 und *Brehm*, DGVZ 1985, 65; vergl. auch § 167 Nr. 5 GVGA.
17   § 809 Rdn. 3; siehe ferner *Rosenberg/Schilken*, § 51 IV 2 b.
18   OLG Düsseldorf, OLGZ 1973, 50; *Schilken*, DGVZ 1986, 150; a. A. *Baumbach/Lauterbach/Hartmann*, § 826 Rdn. 3.
19   Dazu § 167 Nr. 3 GVGA.

Art. 34 GG. Auch bei der in § 167 Nr. 3 GVGA vorgeschriebenen persönlichen Überprüfung der Erstpfändung an Ort und Stelle handelt es sich um eine reine Ordnungsvorschrift.[20] Wirksamkeitsvoraussetzungen der Anschlußpfändung sind allein das tatsächliche Vorliegen einer Erstpfändung und die Protokollierung. Fehlt es auch nur an einer dieser Voraussetzungen, ist die Anschlußpfändung **nichtig**.

**IV. Unabhängigkeit der Anschlußpfändung von der Erstpfändung:** Ist die Anschlußpfändung einmal wirksam erfolgt, ist ihr weiteres Schicksal von dem der Erstpfändung unabhängig. Sie bleibt bestehen, wenn die Erstpfändung erfolgreich angefochten oder wenn auf sie verzichtet wird. Es kann aus ihr die Verwertung der Sache betrieben werden, auch wenn der Erstpfändende dem Schuldner Stundung bewilligt hat. Ein Beschluß nach § 813 a ZPO wirkt nur zu Lasten des Gläubigers, gegen den er ausdrücklich ergangen ist.

Regeln zur Zuständigkeit für das weitere Verfahren, wenn Erst- und Anschlußpfändung durch verschiedene Gerichtsvollzieher erfolgt sind, enthält § 827 Abs. 1 ZPO.

**V. Gebühren:** Der Gerichtsvollzieher erhält für eine Anschlußpfändung die gleichen Gebühren wie für eine Erstpfändung (§ 17 GvKostG).

**VI. ArbGG, VwGO, AO:** Siehe § 814 Rdn. 6. Für die Abgabenvollstreckung gilt § 307 AO, der inhaltlich dem § 826 ZPO entspricht.

---

20 OLG Bremen, DGVZ 1971, 4; LG Braunschweig, NdsRpfl 1961, 277; AG Fürth, DGVZ 1977, 14; *Stein/Jonas/Münzberg*, § 826 Rdn. 5; *Thomas/Putzo*, § 826 Rdn. 5; *Zöller/Stöber*, § 826 Rdn. 3; a. A. AG Elmshorn, DGVZ 1992, 46.

## § 827 Verfahren bei mehrfacher Pfändung

(1) ¹Auf den Gerichtsvollzieher, von dem die erste Pfändung bewirkt ist, geht der Auftrag des zweiten Gläubigers kraft Gesetzes über, sofern nicht das Vollstreckungsgericht auf Antrag eines beteiligten Gläubigers oder des Schuldners anordnet, daß die Verrichtungen jenes Gerichtsvollziehers von einem anderen zu übernehmen seien. ²Die Versteigerung erfolgt für alle beteiligten Gläubiger.

(2) ¹Ist der Erlös zur Deckung der Forderungen nicht ausreichend und verlangt der Gläubiger, für den die zweite oder eine spätere Pfändung erfolgt ist, ohne Zustimmung der übrigen beteiligten Gläubiger eine andere Verteilung als nach der Reihenfolge der Pfändungen, so hat der Gerichtsvollzieher die Sachlage unter Hinterlegung des Erlöses dem Vollstreckungsgericht anzuzeigen. ²Dieser Anzeige sind die auf das Verfahren sich beziehenden Schriftstücke beizufügen.

(3) In gleicher Weise ist zu verfahren, wenn die Pfändung für mehrere Gläubiger gleichzeitig bewirkt ist.

### Inhaltsübersicht

| | Literatur | Rdn. |
|---|---|---|
| I. | Zuständigkeit für das weitere Verfahren nach der Pfändung desselben Gegenstandes durch mehrere Gerichtsvollzieher | 1 |
| II. | Erlösverteilung nach mehrfacher Pfändung | 2, 3 |
| III. | Gebühren | 3a |
| IV. | ArbGG, VwGO, AO | 4 |

Literatur: *Burkhardt*, Die Erledigung konkurrierender Zwangsvollstreckungen, JurBüro 1967, 609; *Forgach*, Die Doppelpfändung beim Bankkontokorrent und das Verfügungsrecht des Schuldners während der Rechnungsperiode, DB 1974, 809; *Hantke*, Rangverhältnis und Erlösverteilung bei der gleichzeitigen Pfändung durch den Gerichtsvollzieher für mehrere Gläubiger, DGVZ 1978, 105; *Klein*, Die Erlösverteilung nach gleichzeitiger Pfändung, DGVZ 1972, 54; *Mühl*, Die Erlösverteilung nach gleichzeitiger Pfändung, DGVZ 1972, 166; *Mümmler*, Nochmals: Die Erlösverteilung nach gleichzeitiger Pfändung, DGVZ 1972, 100.

1 **I. Zuständigkeit für das weitere Verfahren nach der Pfändung desselben Gegenstandes durch mehrere Gerichtsvollzieher:** Grundsätzlich soll der Gerichtsvollzieher, der die erste Pfändung bewirkt hat, das Verfahren für alle an demselben Vollstreckungsobjekt berechtigten Vollstreckungsgläubiger einheitlich weiterführen. Deshalb sieht **Abs. 1** vor, daß die an die übrigen Gerichtsvollzieher erteilten Vollstreckungsaufträge jeweils mit Vollzug der Anschlußpfändung kraft Gesetzes auf den Gerichtsvollzieher der Erstpfändung übergehen, der dann das weitere Verfahren für alle Gläubiger betreibt. Die übrigen Gerichtsvollzieher händigen ihm zu diesem Zweck den Schuldtitel nebst den sonstigen für die Vollstreckung erforderlichen Unterlagen aus (§ 167 Nr. 6 GVGA). Gläubiger und Schuldner sind von der neuen Zuständigkeit zu unterrichten. Der Auftragsübergang gilt nur für die tatsächlich mehrfach gepfändeten Gegenstände, nicht auch für die Zwangsvollstreckung in Sachen, die anläßlich einer Anschlußpfändung noch zusätzlich und erstmals gepfändet wurden. Um die Verzögerungen und

**Verfahren bei mehrfacher Pfändung**  § 827

Mehrkosten zu vermeiden, die dadurch entstehen, daß in derartigen Fällen dann doch mehrere Gerichtsvollzieher nebeneinander tätig sind, sieht § 167 Nr. 9 GVGA vor, daß der zweite Gerichtsvollzieher bei seinem Auftraggeber anregt, mit der Erledigung des ganzen Vollstreckungsauftrages – also auch wegen der neu gepfändeten Sachen – durch den Gerichtsvollzieher einverstanden zu sein, dem die Versteigerung der früher (und mehrfach) gepfändeten Sachen zusteht.

Wird dieses Einverständnis erteilt, so ist der Auftrag wegen der neu gepfändeten Sachen an den anderen Gerichtsvollzieher abzugeben. Jeder der beteiligten Gläubiger und der Schuldner können nach § 825 ZPO beim Vollstreckungsgericht die Anordnung beantragen, daß die an sich dem erstpfändenden Gerichtsvollzieher obliegenden Verrichtungen von einem anderen Gerichtsvollzieher (oder auch einer dritten Privatperson) zu übernehmen seien. In jedem Falle erfolgt die Versteigerung (oder sonstige Veräußerung) für alle beteiligten Gläubiger gemeinsam.

**II. Erlösverteilung nach mehrfacher Pfändung:** Der Gerichtsvollzieher entnimmt  2
dem Erlös zunächst die Versteigerungskosten.[1] Den Rest verteilt er, soweit er nicht zur Befriedigung aller ausreicht, an die Gläubiger nach der Reihenfolge ihrer Pfändungen (Prioritätsprinzip) bzw., wenn die mehreren Gläubiger gleichrangig sind,[2] nach dem Verhältnis der Forderungen zueinander.[3] Hat ein Gläubiger nacheinander mehrere Pfändungen in denselben Gegenstand ausgebracht, so erfolgt die Auszahlung (und Abschreibung auf den einzelnen Titeln) nach dem gleichen Prinzip: Unabhängig vom Alter der Forderung und von § 366 BGB wird der Erlös zunächst auf die Forderung gutgebracht, für die zuerst gepfändet wurde.[4] Wird auf diese Weise eine titulierte Forderung nicht vollständig befriedigt, so erfolgt die Verrechnung auf sie nach § 367 BGB. Haben dagegen mehrere Pfändungspfandrechte desselben Gläubigers aufgrund gleichzeitiger Pfändung wegen verschiedener Forderungen denselben Rang, ist der Erlös nicht etwa gleichmäßig auf alle Forderungen zu verrechnen.[5] Vielmehr kann der Gläubiger entsprechend § 366 Abs. 2 BGB bestimmen, auf welche Forderungen der Erlös verrechnet werden soll.[6] Das ergibt sich daraus, daß der Gläubiger auch durch Rücknahme des Vollstreckungsauftrages hinsichtlich einzelner Forderungen erreichen könnte, daß durch den Erlös nur bestimmte von mehreren Forderungen getilgt werden.

Ist einer der nachrangig oder gleichrangig beteiligten Gläubiger mit der Reihenfolge  3
der Erlösausschüttung oder mit der Errechnung der Quoten nicht einverstanden, so ist zunächst eine Einigung der Gläubiger anzustreben. Kommt sie zustande, ist entsprechend dieser Einigung zu verteilen. Kommt sie nicht zustande, so muß der Gerichtsvollzieher den Erlös hinterlegen und die Sachlage dem Vollstreckungsgericht unter Beifügung aller sich auf das Vollstreckungsverfahren beziehenden Schriftstücke anzeigen. Das Vollstreckungsgericht leitet dann von Amts wegen das Verteilungsverfahren nach

---

1 Einzelheiten: § 819 Rdn. 5.
2 Siehe hierzu § 804 Rdn. 3.
3 Vergl. § 168 Nr. 5 GVGA.
4 A. A. MüKo/*Schilken*, § 827 Rdn. 5; *Stein/Jonas/Münzberg*, § 827 Rdn. 4; *Zöller/Stöber*, § 827 Rdn. 5.
5 So aber *Baumbach/Lauterbach/Hartmann*, § 827 Rdn. 6.
6 *Brox/Walker*, Rdn. 451; MüKo/*Heinrichs*, § 366 BGB Rdn. 5; MüKo/*Schilken*, § 819 Rdn. 8.

§§ 872 ff. ZPO ein. Waren bei der ursprünglichen Einleitung der mehreren Vollstreckungsverfahren verschiedene Vollstreckungsgerichte zuständig, so ist jetzt allein das Vollstreckungsgericht zuständig, dem der erstpfändende Gerichtsvollzieher zugeordnet ist.

3a  III. **Gebühren:** Gerichtsgebühren fallen für die Bestimmung eines Gerichtsvollziehers nach Abs. 1 S. 1 nicht an. Der Antrag des ohnehin in der Zwangsvollstreckung tätigen Rechtsanwalts auf Bestimmung eines Gerichtsvollziehers ist für diesen Anwalt gebührenrechtlich keine besondere Angelegenheit (§ 58 Abs. 2 Nr. 4 BRAGO). Der Gerichtsvollzieher erhält die Gebühren für die Verwertung (§ 21 GvKostG) nur einmal, auch wenn die Verwertung für mehrere Gläubiger erfolgt (§ 15 GvKostG).

4  IV. **ArbGG, VwGO, AO:** Siehe § 814 Rdn. 6. Für die Abgabenvollstreckung gilt § 308 AO, der dem § 827 ZPO vergleichbare Regelungen enthält. Auch hier hat die Hinterlegung bei dem für die Erstpfändung zuständigen Amtsgericht zu erfolgen.[7] § 308 AO regelt nicht nur die mehrfache Pfändung durch Vollziehungsbeamte, sondern auch den Fall, daß dieselbe Sache sowohl durch Vollziehungsbeamte als auch durch Gerichtsvollzieher gepfändet wird.

---

[7] *Baumbach/Lauterbach/Hartmann*, § 827 Rdn. 1; *Koch*, Abgabenordnung, § 308 AO Rdn. 5.

## III. Zwangsvollstreckung in Forderungen und andere Vermögensrechte

### Vorbemerkung vor §§ 828–863 ZPO:

**Allgemeine Literatur zur Zwangsvollstreckung in Forderungen und Rechte:**
*Bruns*, Die Vollstreckung in künftige Vermögensstücke des Schuldners, AcP 1971, 358; *Bürgle*, Zur Pfändung von Forderungen, welche dem Vollstreckungsschuldner nicht zustehen, Diss. München, 1957; *Christmann*, Arrestatorium und Inhibitorium (§ 829 Abs. 1 ZPO) bei der Vollstreckung gepfändeter Urteilsforderungen, DGVZ 1985, 81; *Erkel*, Die Stellung von Gläubiger, Schuldner und Drittschuldner bei der Forderungspfändung unter besonderer Berücksichtigung von Prozeßstandschaft und Rechtskraft, Diss. Frankfurt, 1952; *Etschel*, Die Befriedigung des Gläubigers bei der Zwangsvollstreckung wegen Geldforderungen nach heutigem deutschen Recht. Das Problem des Gläubigerschutzes, Diss. Freiburg, 1957; *Fahland*, Das Verfügungsverbot nach §§ 135, 136 BGB in der Zwangsvollstreckung und seine Beziehung zu den anderen Pfändungsfolgen, 1976; *Geißler*, Dogmatische Grundfragen bei der Zwangsvollstreckung in Geldforderungen, JuS 1986, 614; *Göttlich*, Pfändung und Überweisung, 2. Aufl. 1960; *Groß*, Die Zwangsvollstreckung in Forderungen und andere Vermögensrechte, JurBüro 1956, 367; *V. Gerkan*, Zur Pfändbarkeit von Geldforderungen, die dem Vollstreckungsschuldner gegen den Vollstreckungsgläubiger zustehen, Rpfleger 1963, 369; *Hillebrand*, Zur Unpfändbarkeit zweckgebundener Forderungen, Rpfleger 1986, 464; *Hintzen*, Taktik in der Zwangsvollstreckung II: Forderungspfändung, 2. Aufl. 1994; *Jecht*, Zur Stellung des Vollstreckungsschuldners nach Pfändung der Forderung durch einen Dritten, MDR 1962, 182; *Kimmel*, Die Pfändung von Geldforderungen »in Höhe« der beizutreibenden Anspruchs, Diss. Erlangen, 1952; *Kohler*, Die Pfändbarkeit zukünftiger Forderungen, Mainz, 1952; *Luttner*, Die Stellung des Drittschuldners bei der Zwangsvollstreckung in Forderungen, Diss. Erlangen; *Münzberg*, Zur Pfändung titulierter Ansprüche, DGVZ 1985, 145; *Philipp*, Die künftige Forderung als Gegenstand des Rechtsverkehrs, Diss. Hamburg, 1965; *Puderbach*, Die Situation des Drittschuldners bei der Forderungspfändung. Eine systematische Darstellung unter Berücksichtigung der Rechtslage in Österreich und der Schweiz, Diss. Bonn 1991; *Scharlach*, Relative Beschränkungen der Zwangsvollstreckung in Forderungen in der Entwicklung von Gesetzgebung und Rechtsprechung und unter besonderer Berücksichtigung des Gedankens der Zweckgebundenheit, Diss. Heidelberg, 1952; *Schlosser*, Forderungspfändung und Bereicherung, ZZP 1963, 73; *Schlosser*, Die Zwangsvollstreckung in Forderungen und forderungsähnliche Vermögenswerte, Jura 1984, 139; *Smid*, Automation der Forderungspfändung, Rpfleger 1988, 393; *Stöber*, Forderungspfändung. Erläuterungsbuch für die Praxis, 11. Aufl. 1996; *Stöcker*, Die Rechtsstellung des Pfändungsgläubigers bei der Zwangsvollstreckung in Geldforderungen, Diss. Münster, 1955; *Sühr*, Bearbeitung von Pfändungsbeschluß und Drittschuldnererklärung, 2. Aufl., 1985; *Tiedtke*, Pfändungspfandrecht an einer nach Pfändung wiedererworbenen Forderung, NJW 1972, 746; *Zunft*, Teilweise Verpfändung und Pfändung von Forderungen, NJW 1955, 441.

**Literatur zur Zwangsvollstreckung in Forderungen mit Auslandsberührung:**
*Brauer*, Drittschuldner im Ausland, Exterritoriale als Drittschuldner, JurBüro 1975, 1165; *Herzig*, Pfändungs- und Überweisungsbeschlüsse gegen Drittschuldner im Ausland?, JurBüro 1967, 693; *Marquardt*, Das Recht der internationalen Forderungspfändung, Diss. Köln, 1975; *Mülhausen*, Zwangsvollstreckungsmaßnahmen deutscher Gerichte in Bankguthaben von Inländern bei Auslandsfilialen, WM 1986, 985; *Quardt*, Forderungspfändung gegen Ausländer, JurBüro 1955, 205; *Schack*, Internationale Zwangsvollstreckung in Geldforderungen, Rpfleger 1980, 175; *Schack*, Internationales Zivilverfahrensrecht, 2. Aufl. 1996; *Schima*, Zur Zwangsvollstreckung in Forderungen im internationalen Rechtsverkehr, 1963; *Schmidt*, Pfändung und Überweisung von Forderungen bei im Ausland wohnhaften Schuldnern, Diss. Mainz, 1954; *Schmidt*, Pfändung ausländischer

Forderungen und Zustellung von Pfändungsbeschlüssen, wenn der Drittschuldner im Ausland wohnt, MDR 1956, 204.

1 **I. Die Systematik der §§ 828–863 ZPO**, § 828 und § 851 gelten für die Zwangsvollstreckung in alle Arten von Forderungen und von sonstigen Vermögensrechten. Die §§ 829–845 und § 853 enthalten allgemeine Regeln für die Zwangsvollstreckung in Geldforderungen. Diese werden in den §§ 850–850 k, 851 a–852, 863 durch Sonderregeln für bestimmte Geldforderungen (Arbeits- und Diensteinkommen; Einkommen aus Landwirtschaft, aus Vermietung und Verpachtung; Ansprüche auf Pflichtteil und aus Schenkung) ergänzt. Die Zwangsvollstreckung in Herausgabeansprüche regeln die §§ 846–849, 854–855 a. Die §§ 857–860 schließlich regeln die Zwangsvollstreckung in »andere Vermögensrechte«.

Wichtige Ergänzungen zu den Vorschriften über die Zwangsvollstreckung in Geldforderungen finden sich in den §§ 54, 55 SGB I zur Pfändbarkeit von Ansprüchen auf Sozialleistungen.

Die abgabenrechtliche Vollstreckung in Forderungen und andere Vermögensrechte ist in §§ 309–321 AO geregelt. Die Regelung entspricht weitgehend der in §§ 829 ff. ZPO. Eine wichtige Regelung für die Vollstreckung durch Pfändung in abgabenrechtliche Erstattungsansprüche enthält § 46 AO.

2 **II. Internationale Forderungsvollstreckung durch deutsche Gerichte:** 1. § 829 ZPO unterscheidet bei Geldforderungen nicht, welche Rechtsordnung der Forderung zugrunde liegt, ob sie also nach deutschem oder ausländischem Recht begründet ist. Ebensowenig spielt es, wenn die grundsätzliche Zuständigkeit eines inländischen Amtsgerichts nach § 828 Abs. 2 ZPO zum Erlaß des Pfändungsbeschlusses gegeben ist,[1] eine Rolle, ob Schuldner oder Drittschuldner zum Zeitpunkt des Erlasses des Beschlusses ihren Wohnsitz im Inland haben.[2] Praktische Schwierigkeiten ergeben sich aber daraus, daß nach § 829 Abs. 3 ZPO die Forderungspfändung erst wirksam wird, wenn der Pfändungsbeschluß dem Drittschuldner zugestellt ist. Eine solche Zustellung ist zwar mit Hilfe der ausländischen Behörden, soweit diese mitwirkungsbereit sind, möglich, weshalb auch der Erlaß des Beschlusses nicht schon mit der Begründung abgelehnt werden kann, es fehle für ihn ein Rechtsschutzbedürfnis.[3] Die ausländischen Behörden werden aber praktisch selten zu einer Mitwirkung in Form der Zustellung des deutschen Pfändungsbeschlusses bereit sein.[4]

Die internationalen Vollstreckungsabkommen, deren Partner die Bundesrepublik ist, helfen in der Regel nicht weiter, da sie die Vollstreckung deutscher Titel im Ausland durch die ausländischen Vollstreckungsbehörden nach deren Recht betreffen, nicht aber die Mitwirkung an deutschen Vollstreckungsakten im Ausland.[5] Eine öffentliche

---

1 Siehe § 828 Rdn. 5–8.
2 § 829 Abs. 2 S. 4 ZPO enthält sogar für den Fall, daß der Schuldner im Ausland wohnt, eine besondere Regelung.
3 Siehe auch § 829 Rdn. 2 für den Fall, daß der ausländische Staat selbst der Drittschuldner ist.
4 *Schack*, Rpfleger 1980, 176; *Marquardt*, Das Recht der internationalen Forderungspfändung, 1975, S. 63; *Stöber*, Forderungspfändung, Rdn. 39.
5 Siehe hierzu § 791 Rdn. 2.

Zustellung an den Drittschuldner im Inland ist unzulässig,[6] da er nicht »Partei« i. S. des § 203 Abs. 1 ZPO ist. Daß die »Zustellung« durch Aufgabe eines einfachen oder eingeschriebenen Briefes zur Post nicht als Ausweg in Betracht kommt,[7] ergibt die ausdrückliche Regelung insoweit hinsichtlich der Zustellung an den Schuldner in § 829 Abs. 2 S. 4 ZPO. Daß es an einer entsprechenden Regelung für den Drittschuldner fehlt, zeigt, daß dieser Weg bewußt ausgeschlossen wurde. Grundsätzlich ist eine Heilung von Zustellungsmängeln nach § 187 ZPO zwar auch bei der Übermittlung an den Drittschuldner möglich,[8] doch wird der Nachweis des Zugangs des Arrestatoriums an den Drittschuldner und des im Hinblick auf den Rang der Pfändung wichtigen Zeitpunktes des Zuganges äußerst schwierig sein.

Für die Praxis empfiehlt sich deshalb zunächst die sorgfältige Recherche, ob der Drittschuldner nicht einen inländischen Zustellungsbevollmächtigten hat (Zweigniederlassung, Repräsentant usw.). Ein gutwilliger Drittschuldner mag auch in die Bestellung eines inländischen Zustellungsbevollmächtigten einwilligen; § 174 Abs. 2 ZPO ist auf den Drittschuldner aber nicht anwendbar. Kommt eine Zustellung im Inland nicht in Frage, wird zu prüfen sein, inwieweit die Vollstreckung als Ganzes im Ausland nach dem jeweiligen Landesrecht möglich ist.[9] Dies wird vielfach weniger problematisch sein als der Versuch, ausländische Hilfe zu einem deutschen Vollstreckungsakt zu erlangen[10].

2. Zu den Besonderheiten, wenn eine inländische Stelle eines ausländischen Staates **3** (z. B. eine diplomatische Vertretung oder eine sonstige Immunität genießende Person oder Organisation) Vollstreckungsschuldner ist, siehe § 829 Rdn. 21, 22.

3. Ist der Schuldner eine im Ausland lebende Privatperson, während der Drittschuldner **4** seinen Wohnsitz im Inland hat, ergeben sich infolge der Regelungen der §§ 828 Abs. 2, 2. Alt.[11], 829 Abs. 2 S. 4 ZPO[12] keine Schwierigkeiten bei der Forderungspfändung.

---

6 Siehe auch § 829 Rdn. 5.
7 Diesen Weg empfiehlt allerdings *Schack*, *Rpfleger* 1980, 176.
8 § 829 Rdn. 44.
9 Hinweise hierzu finden sich im sog. Länderteil der Rechtshilfeordnung für Zivilsachen (ZRHO); siehe auch § 791 Rdn. 2
10 Diesen Weg empfiehlt daher auch *Stein/Jonas/Brehm*, § 829 Rdn. 27.
11 Siehe § 828 Rdn. 5.
12 Siehe § 829 Rdn. 45.

## § 828 Zuständigkeit

(1) Die gerichtlichen Handlungen, welche die Zwangsvollstreckung in Forderungen und andere Vermögensrechte zum Gegenstand haben, erfolgen durch das Vollstreckungsgericht.

(2) Als Vollstreckungsgericht ist das Amtsgericht, bei dem der Schuldner im Inland seinen allgemeinen Gerichtsstand hat, und sonst das Amtsgericht zuständig, bei dem nach § 23 gegen den Schuldner Klage erhoben werden kann.

Literatur: *Gaul*, Die Mitwirkung des Zivilgerichts an der Vollstreckung von Verwaltungsakten und verwaltungsgerichtlichen Entscheidungen, JZ 1979, 496; *Quardt*, Welches Gericht ist für den Erlaß eines Pfändungsbeschlusses zuständig, wenn der Vollstreckungstitel eine einstweilige Verfügung ist?, JurBüro 1958, 378.

1 I. **Funktionell** zuständiges **Vollstreckungsorgan** zur Vollstreckung in Forderungen und andere Vermögensrechte ist das **Vollstreckungsgericht**. Der Gerichtsvollzieher wird in diesem Bereich nur ausnahmsweise bei der Hilfspfändung nach §§ 830 Abs. 1, 836 Abs. 3 ZPO, bei der Pfändung indossabler Papiere nach § 831 ZPO sowie als Empfänger der herauszugebenden Sachen nach § 847 ZPO tätig. **Sachlich** als Vollstreckungsgericht zuständig ist das **Amtsgericht**. Hiervon macht § 930 Abs. 1 S. 3 ZPO eine Ausnahme für die Pfändung einer Forderung aufgrund eines Arrestbefehls als Titel. In diesem Falle ist das Arrestgericht das Vollstreckungsgericht.[1] § 930 Abs. 1 S. 3 ZPO gilt nur für Arrestbefehle als Vollstreckungstitel, nicht auch für einstweilige Verfügungen. Soweit also aus Leistungsverfügungen in Forderungen und andere Vermögensrechte vollstreckt wird, verbleibt es bei der Regel des § 828.

Das Amtsgericht ist auch dann Vollstreckungsgericht, wenn der Titel von einem Arbeitsgericht oder einer besonderen Abteilung eines ordentlichen Gerichts, etwa von einem Familiengericht, erlassen wurde.[2]

2 Bei der abgabenrechtlichen Vollstreckung nach §§ 309 ff. AO tritt an die Stelle des Vollstreckungsgerichts die Vollstreckungsbehörde (§ 249 AO). Für die Vollstreckung verwaltungsgerichtlicher auf eine Geldforderung gerichteter Titel in Geldforderungen und in andere Vermögensrechte ist gem. § 167 Abs. 1 S. 2 VwGO das Verwaltungsgericht des ersten Rechtszuges das Vollstreckungsgericht.[3] Die Vollstreckung zugunsten der Behörde richtet sich im übrigen nach den Verwaltungsvollstreckungsgesetzen des Bundes und der Länder (§§ 169 Abs. 1 VwGO, 1 Abs. 2 VwGO), die Vollstreckung gegen die Behörde nach § 170 VwGO.

---

1 Das gilt nicht nur für den Erlaß des Pfändungsbeschlusses, sondern auch für die Erinnerung gem. § 766 ZPO gegen einen solchen Pfändungsbeschluß; h. M.; vergl. *Schuschke* in *Schuschke/Walker*, Bd. 2, § 930 ZPO Rdn. 16; *Stein/Jonas/Brehm*, § 828 Rdn. 3; *Thomas/Putzo*, § 828 Rdn. 2; *Zöller/Stöber*, § 828 Rdn. 1.
2 Siehe auch § 764 Rdn. 1
3 Siehe auch *Gaul*, JZ 1979, 496.

## § 828

**II.** Die Aufgaben des Vollstreckungsgerichts bei der Vollstreckung in Forderungen und in andere Vermögensrechte (– also insbesondere den Erlaß des Pfändungs- und Überweisungsbeschlusses –) nimmt nach § 20 Nr. 17 RpflG der **Rechtspfleger** wahr. Dies gilt nach § 20 Nr. 16 RpflG grundsätzlich auch für die Forderungspfändung aufgrund eines Arrestbefehls. In diesem letzteren Fall kann also gegebenenfalls der Rechtspfleger beim Landgericht oder beim Arbeitsgericht als Arrestgericht einen Pfändungsbeschluß erlassen. Allerdings kann die Arrestpfändung auf Antrag auch sogleich mit dem Arrestbefehl verbunden werden. Dann erläßt der Richter (– oder die Zivilkammer usw. –) ausnahmsweise den Pfändungsbeschluß[4]. Sollen später aufgrund des nämlichen Arrestbefehls noch weitere Forderungen gepfändet werden, ist wieder der Rechtspfleger zuständig.[5]

Vollstreckungsgericht i. S. des Abs. 1 sind auch der Richter, der über eine Erinnerung nach § 766 ZPO gegen die Ablehnung eines Pfändungs- und Überweisungsbeschlusses zu entscheiden hat, und die Richter des Beschwerdegerichts, die nach § 793 ZPO über eine Erinnerungsentscheidung nach §766 ZPO befinden. Sie können deshalb mit ihrer Erinnerungs- und Beschwerdeentscheidung auch den Vollstreckungsakt (– also den Pfändungs- und den Überweisungsbeschluß –) erlassen.[6] Sie können diese Maßnahme aber ebensogut dem Rechtspfleger überlassen (§ 575 ZPO).

**III. Örtlich** zuständig als Vollstreckungsgericht ist das Amtsgericht, bei dem der Vollstreckungsschuldner (– also nicht etwa der Drittschuldner der zu pfändenden Forderung –) im Inland seinen allgemeinen Gerichtsstand (§§ 13–19 ZPO) hat (**Abs. 2, 1. Halbs.**). Hat der Schuldner keinen allgemeinen Gerichtsstand in der Bundesrepublik, so ist das Vollstreckungsgericht örtlich zuständig (Abs. 2, 2. Halbs.), in dessen Bezirk der Schuldner des Schuldners, also der Drittschuldner, seinen Wohnsitz hat (§ 23 S. 2 ZPO), und, wenn für die Forderung eine Sache zur Sicherheit haftet, wahlweise auch der Ort, wo diese Sache sich befindet (§ 23 S. 2, 2. Halbs. ZPO).

Die Zuständigkeitsregelung des Abs. 2 gilt auch dann, wenn eine Partei kraft Amtes (Testamentsvollstrecker, Nachlaßverwalter, Konkursverwalter, Zwangsverwalter) Vollstreckungsschuldner ist. Auch dann ist also der Wohnsitz (§ 13 ZPO) dieser Partei kraft Amtes, nicht aber der Sitz des Gemeinschuldners, der Wohnsitz des Erben usw. maßgeblich.[7] Abgesehen davon, daß diese Lösung den Wortlaut des Abs. 2 für sich hat, ist sie auch interessengerecht, da die genannten Personen die ihnen obliegende Verwaltung fremden Vermögens in der Regel vom Wohn-(Geschäfts-)sitz aus betreiben werden. Nach allgem. Ansicht ist Abs. 2 auch bei der Zwangsvollstreckung gegen einen Nachlaßpfleger anzuwenden, also hinsichtlich der örtlichen Zuständigkeit an dessen Wohnsitz anzuknüpfen, obwohl er für den Nachlaß nicht als Partei kraft Amtes, sondern als gesetzlicher Vertreter der unbekannten Erben tätig wird.[8] Dem ist zuzustimmen,[9] da

---

4 Einzelheiten: *Schuschke* in *Schuschke/Walker*, Bd. 2, § 930 Rdn. 7.
5 OLG München, Rpfleger 1975, 34.
6 Allgem. Meinung; beispielhaft: *Stöber*, Forderungspfändung, Rdn. 727.
7 BGHZ 88, 331.
8 *Baumbach/Lauterbach/Hartmann*, § 828 Rdn. 3; *Stein/Jonas/Brehm*, § 828 Rdn. 4; *Stöber*, Forderungspfändung, Rdn. 450.
9 Gegen die h. M. allerdings LG Berlin, JR 1954, 464.

auch § 780 Abs. 2 ZPO nicht zwischen der Nachlaßverwaltung und der Nachlaßpflegschaft differenziert.

7 Sind nach dem Titel mehrere Schuldner mit unterschiedlichen Gerichtsständen vorhanden, so muß bei der Vollstreckung gegen jeden einzelnen Schuldner das jeweils für diesen zuständige Vollstreckungsgericht angerufen werden, im Extremfall also für jeden der Schuldner ein anderes Gericht; schulden die mehreren Schuldner aber nicht nur gemeinsam dem Gläubiger, sind sie auch gleichzeitig gemeinsam Gläubiger oder Inhaber des Rechts, in das zur Befriedigung der titulierten Forderung vollstreckt werden soll, bedarf es deshalb also eines gemeinsamen Pfändungs- und Überweisungsbeschlusses, so ist das zuständige gemeinsame Vollstreckungsgericht in entsprechender Anwendung des § 36 Nr. 3 ZPO zu ermitteln.[10]

8 Der entscheidende Zeitpunkt für die Ermittlung der örtlichen Zuständigkeit ist der des Erlasses des Pfändungsbeschlusses. Wechselt der Schuldner also nach dem Antrag des Gläubigers auf Erlaß des Pfändungsbeschlusses, aber bevor das Gericht den Beschluß auch erlassen hat, den Wohnsitz, ist der Antrag als unzulässig zurückzuweisen.[11] Findet der Wohnsitzwechsel aber erst nach Erlaß des Beschlusses statt, so bleibt das bisherige Vollstreckungsgericht für alle weiteren Entscheidungen, die diese begonnene Vollstreckung betreffen, zuständig. Neue Pfändungsbeschlüsse müssen aber vom nunmehr zuständig gewordenen neuen Vollstreckungsgericht erlassen werden.

9 IV. Für die sachliche und örtliche Zuständigkeit nach Abs. 2 gilt § 802 ZPO. Gläubiger und Schuldner können also keine abweichende Zuständigkeit vereinbaren (– etwa in den AGB des Gläubigers –). Ein unzuständiges Gericht wird auch durch rügelose Einlassung des Schuldners nicht zuständig. Das Gericht muß seine Zuständigkeit immer von amtswegen prüfen.

10 V. Verstöße gegen die örtliche und sachliche Zuständigkeit führen zwar zur **Anfechtbarkeit**, nicht aber zur Nichtigkeit des vom unzuständigen Gericht erlassenen Pfändungsbeschlusses.[12] Hinsichtlich der funktionellen Unzuständigkeit muß unterschieden werden: Forderungspfändungen durch den Gerichtsvollzieher sind **nichtig**.[13] Hat dagegen der Rechtspfleger oder Richter des Prozeßgerichts anstelle des Vollstreckungsgerichts den Pfändungsbeschluß erlassen, ist der Beschluß nur **anfechtbar**;[14] denn der Makel der Unzuständigkeit ist hier nicht für jedermann evident. Wie § 930

---

10 BayObLG, MDR 1960, 57 und Rpfleger 1983, 288; *Rosenberg/Schilken*, § 54 II; *Stöber*, Forderungspfändung, Rdn. 452.
11 Soweit der Gläubiger nicht einen Verweisungsantrag gestellt hat; vergl. insoweit *Stöber*, Forderungspfändung, Rdn. 455.
12 Ganz überwiegende Meinung; beispielhaft: *Rosenberg/Schilken*, § 54 II; *Thomas/Putzo*, § 828 Rdn. 5; *Zöller/Stöber*, § 828 Rdn. 3; OLG München, JurBüro 1985, 945; a. A. (Unwirksamkeit, wenn Pfändungsbeschluß vom Rechtspfleger erlassen wurde): MüKo/*Smid*, § 828 Rdn.10.
13 Allgemeine Meinung; beispielhaft: *Rosenberg/Schilken*, § 54 II; *Gaul*, Rpfleger 1971, 88.
14 Wie hier: *Gaul*, Rpfleger 1971, 88 f.; *Rosenberg/Schilken*, § 54 II; *Stöber*, Forderungspfändung, Rdn. 457; a. A. für den Fall, daß nicht der Richter, sondern der Rechtspfleger des unzuständigen Gerichts entschieden hat (Nichtigkeit): *Stein/Jonas/Brehm*, § 828 Rdn. 10.

Abs. 1 S. 3 ZPO zeigt, ist es nicht ausgeschlossen, daß andere Gerichte als das Amtsgericht Pfändungsbeschlüsse erlassen. Landgerichtliche Pfändungsbeschlüsse könnten schließlich auch im Beschwerdeverfahren erlassen worden sein.[15] Die Rechtssicherheit gebietet es deshalb, derartige gerichtliche Maßnahmen als wirksam zu behandeln, bis ihre Unzulässigkeit durch gerichtliche Entscheidung festgestellt ist.

Ist ein Pfändungsbeschluß entgegen § 20 Nr. 17 RpflG vom Richter des zuständigen Vollstreckungsgerichts erlassen worden, ist er von Anfang an voll wirksam und nicht anfechtbar (§ 8 Abs. 1 RpflG).

**VI.** Der Entwurf einer 2. Zwangsvollstreckungsnovelle[16] sieht in einem neuen Abs. 3 vor: »Ist das angegangene Gericht nicht zuständig, gibt es die Sache auf Antrag des Gläubigers an das zuständige Gericht ab. Die Abfage ist nicht bindend.« In dieser Weise kann auch heute schon verfahren werden. Die Neufassung bringt nur eine Klarstellung.

11

---

15 Siehe oben Rdn. 4.
16 BT-Drucks. 13/341.

§ 829   Pfändung von Geldforderungen

(1) ¹Soll eine Geldforderung gepfändet werden, so hat das Gericht dem Drittschuldner zu verbieten, an den Schuldner zu zahlen. ²Zugleich hat das Gericht an den Schuldner das Gebot zu erlassen, sich jeder Verfügung über die Forderung, insbesondere ihrer Einziehung, zu enthalten.
(2) ¹Der Gläubiger hat den Beschluß dem Drittschuldner zustellen zu lassen. ²Der Gerichtsvollzieher hat den Beschluß mit einer Abschrift der Zustellungsurkunde dem Schuldner sofort zuzustellen, sofern nicht eine öffentliche Zustellung erforderlich wird. ³Ist die Zustellung an den Drittschuldner auf unmittelbares Ersuchen der Geschäftsstelle durch die Post erfolgt, so hat die Geschäftsstelle für die Zustellung an den Schuldner in gleicher Weise Sorge zu tragen. ⁴An Stelle einer an den Schuldner im Ausland zu bewirkenden Zustellung erfolgt die Zustellung durch Aufgabe zur Post.
(3) Mit der Zustellung des Beschlusses an den Drittschuldner ist die Pfändung als bewirkt anzusehen.

Inhaltsübersicht                                                              Rdn.

Literatur zur Durchführung und zu den Folgen einer Forderungspfändung
  allgemein
Literatur zur Pfändung einzelner Gruppen von Forderungen
  1. Forderungen aus Arbeitsverhältnissen
  2. Forderungen aus Bankverträgen
  3. Forderungen aus Notar-Anderkonten
  4. Forderungen auf Steuer- und Abgabenrückerstattung
  5. Forderungen aus privaten Versicherungsverträgen
  6. Geldforderungen aus Gesellschaftsrecht
  7. Geldforderungen auf Schadensersatz
  8. Geldforderungen aus Sozialleistungsansprüchen

  I. Zum Begriff der Geldforderung i. S. der §§ 829 ff. ZPO
     1. Grundsatz                                                                1
     2. Ausnahmen
        a) Geldforderungen, die zum Hypothekenverband gehören                    2
        b) Wertpapiere                                                           3
        c) Hypothekenforderungen                                                 4
        d) Postspurguthaben                                                      5
     3. Betagte, bedingte, künftige Geldforderungen und Naturalobligationen      6
        a) Künftige Forderungen                                                  7
        b) Naturalobligationen                                                   8
     4. Forderungen aus öffentlichem Recht                                       9
     5. »Ansprüche« auf Auszahlung gegen Gerichtsvollzieher,
        Rechtspfleger, Notare und andere staatliche Organe                      10
     6. Forderungen gegen den Gläubiger selbst                                  11
     7. Von einer Gegenleistung abhängige Forderungen                           12

| | |
|---|---|
| II. Zugehörigkeit der Forderung zum Schuldnervermögen | 13 |
| 1. Forderungen, die auf einen Treuhänder übertragen sind | 14 |
| 2. Forderungen auf dem Treuhandkonto eines Dritten | 15, 16 |
| 3. Forderungen, die mehreren Gläubigern zustehen | 17 |
| 4. Gläubigereigene Forderungen | 18 |
| 5. Forderungen auf Leistung an einen Dritten | 19 |
| III. Unpfändbarkeit von Geldforderungen | 20 |
| 1. a) Forderungen Exterritorialer | 21 |
| b) Forderungen gegen Exterritoriale | 22 |
| 2. Nichtübertragbare Forderungen | 23 |
| 3. Sozialer Pfändungsschutz | 24 |
| 4. Unpfändbarkeit nach § 46 Abs. 6 AO | 25 |
| 5. Folgen der Pfändung unpfändbarer Forderungen | 26–30 |
| IV. Die praktische Durchführung der Forderungspfändung | |
| 1. Gläubigerantrag | 31 |
| 2. Prüfung durch das Vollstreckungsgericht | 32, 33 |
| 3. Anhörung des Schuldners | 34 |
| 4. Rechtschutzbedürfnis | 35 |
| 5. Der Pfändungsbeschluß | 36 |
| a) Bestimmtheitsgrundsatz | 37 |
| b) Bezeichnung des Drittschuldners | 38 |
| c) Bezeichnung des Vollstreckungsschuldners | 39 |
| d) Sonstiger Inhalt | 40 |
| e) Pfändung mehrerer Forderungen in einem Beschluß | 41 |
| 6. Die Zustellung des Pfändungsbeschlusses | |
| a) Gläubiger | 42 |
| b) Drittschuldner | 43, 44 |
| c) Schuldner | 45 |
| 7. Die Anschlußpfändung | 46 |
| V. Die Wirkungen der Pfändung | |
| 1. Pfändung einer nicht bestehenden Forderung | 47 |
| 2. Die Pfändungsfolgen | 48 |
| a) Folgen verbotswidriger Zahlungen | 49–52 |
| b) Folgen des Inhibitoriums | 53 |
| c) Pfändungspfandrecht | 54 |
| VI. Der Umfang der Pfändung | |
| 1. Erfassung der Forderung | 55, 56 |
| 2. Zinsen, Neben- und Vorzugsrechte | 57 |
| 3. Urkunden | 58 |
| VII. Rechtsbehelfe | |
| 1. Des Gläubigers | 59 |
| 2. Des Schuldners | 60–62 |
| 3. Des Drittschuldners | 63 |
| 4. Sonstiger Dritter | 64 |
| 5. Gegen Hilfstätigkeiten des Gerichtsvollziehers | 65 |
| VIII. Gebühren und Kosten | |
| 1. Gerichtsgebühren | 66 |

2. Anwaltsgebühren 67
3. Kosten des Drittschuldners 68
4. Kostentragung nach § 788 ZPO 69

**Literatur zur Durchführung und zu den Folgen einer Forderungspfändung allgemein:** Siehe zunächst die Literaturangaben vor I der Vorbem. vor §§ 829–863 ZPO. Ferner: *Ahrens*, Personengesellschaft und -Gesellschafter als Drittschuldner des Pfändungs- und Überweisungsbeschlusses, ZZP 1990, 34; *Behr*, Der schnelle Vollstreckungszugriff – die sog. »Verdachtspfändungen«, JurBüro 1995, 348; *Dempewolf*, Zum Erfordernis der eigenhändigen Unterschrift bei Anträgen im Zwangsvollstreckungsverfahren, MDR 1977, 801; *Denck*, Die Aufrechnung gegen gepfändete Vertragsansprüche mit Forderungen aus demselben Vertrag, AcP 1976, 518; *Denck*, Einwendungsverlust bei pfändungswidriger Zahlung des Drittschuldners an den Schuldner?, NJW 1979, 2375; *Derleder*, Zur Unwirksamkeit einer Forderungspfändung wegen mangelnder Schuldnerbezeichnung und ihrer Heilung, JurBüro 1995, 11; *Diepold*, Hat § 49 b BRAGO Auswirkungen auf die Pfändbarkeit von Vergütungsforderungen von Rechtsanwälten?, MDR 1995, 23; *Geißler*, Ordnungspunkte zur Praxis der Zwangsvollstreckung in Geldforderungen, JurBüro 1986, 961; *Hamme*, Die Übergabe eines Pfändungs- und Überweisungsbeschlusses im Wege der Ersatzzustellung an den Schuldner, NJW 1994, 1035; *Hein*, Zum Bestimmtheitserfordernis bei der Pfändung von Sicherheitsrückgewähransprüchen, WM 1986, 1379; *Hoeren*, Der Pfändungs- und Überweisungsbeschluß: Praktikabilität von Verfassungsrecht, NJW 1991, 410; *Kahlke*, Nochmals: Der Pfändungs- und Überweisungsbeschluß: Praktikabilität von Verfassungsrechr?, NJW 1991, 2688; *Lappe*, Die Kostenerstattung bei der Forderungspfändung, Rpfleger 1983, 248; *Lieb*, Bereicherungsrechtliche Fragen bei Forderungspfändung, ZIP 1982, 1153; *Noack*, Zustellung und Ersatzzustellung eines Pfändungs- und Überweisungsbeschlusses an Drittschuldner und Schuldner. Folgen einer fehlerhaften Ersatzzustellung für das Entstehen eines Pfändungspfandrechts an der gepfändeten Forderung, DGVZ 1981, 33; *Reinicke*, Die zweckentfremdete Aufrechnung, NJW 1972, 793 und 1697; *Richert*, Kann auf Zustellung des Pfändungs- und Überweisungsbeschlusses an die Drittschuldner und ihren angeblich richtigen, jedoch vom Beschluß abweichenden Zunamen bestanden werden?, JurBüro 1968, 177; *Rimmelspacher/Spellenberg*, Pfändung einer Gegenforderung und Aufrechnung, JZ 1973, 271; *Schmidt*, Zur Pfändung mehrerer Forderungen in einem Beschluß, JurBüro 1961, 423; *Sühr*, Die Bearbeitung von Pfändungsbeschluß und Dritt-Schuldnererklärung, 2. Aufl. 1985; *Tiedtke*, Zwangsvollstreckung in die vom Schuldner vor der Pfändung anfechtbar abgetretene Forderung, JZ 1993, 73; *Weimar*, Pfändungsankündigung und Forderungspfändung, MDR 1968, 297; *Werner*, Zweckentfremdete Aufrechnung?, NJW 1972, 1697; *Zunft*, Zustellung von Pfändungsbeschlüssen an Gemeinschuldner ist unzulässig, MDR 1957, 212.

**Literatur zur Pfändung einzelner Gruppen von Forderungen:**

**1. Forderungen aus Arbeitsverhältnissen:** *Bathe*, Pfändung und Abtretung von Lohn und Gehalt, 1968; *Baur*, Einige Bemerkungen zur Pfändung künftiger Lohnforderungen, DB 1968, 251; *Behr*, Zur Pfändung von Lohn- und Gehaltskonten, JurBüro 1995, 119; *Bengelsdorf*, Auswirkungen der Lohnpfändung auf Arbeitsverhältnis und Arbeitseinkommen, AuR 1995, 349; *Boewer/Bommermann*, Lohnpfändung und Lohnabtretung in Recht und Praxis, 1987; *Brehm*, Zur Reformbedürftigkeit des Lohnpfändungsrechts, in Festschr. f. Henckel, 1995, S. 41; *Brill*, Zum Anspruch des Arbeitgebers auf Ersatz von Lohnpfändungskosten, DB 1976, 2400; *Denck*, Einwendungen des Arbeitgebers gegen die titulierte Forderung bei Lohnpfändung, ZZP 1979, 71; *Franke*, Pfändung von Bezügen eines Soldaten, NJW 1968, 830; *Helwich*, Pfändung des Arbeitseinkommens, 2. Aufl., 1993; *Henze*, Fragen zur Lohnpfändung, Rpfleger 1980, 456; *Kniebes/Holdt/Voß*, Die Pfändung von Arbeitseinkommen, 1993; *Müller-Gloege*, Pfändung und Abtretung von Arbeitnehmerbezügen im Prozeß, DB 1987, Beil. 22; *Napierala,* Die Berechnung des pfändbaren Arbeitseinkommens, Rpfleger 1992, 49; *Pfeifer,* Pfändung urlaubsrechtlicher Ansprüche, NZA 1996, 738; *Pohle,* Kann der Drittschuldner der Klage aus einem Pfändungsbeschluß die Pfändungsverbote der §§ 850 ff. ZPO entgegenhalten?, JZ 1962, 344; *Reetz,* Die Rechtsstellung des Arbeitgebers als Drittschuldner in der Zwangsvollstreckung, 1985; *Seibert,* Drittschuldnerschutz – Grenzen des Zahlungsverbots bei der Lohnpfändung, WM 1984, 521; *Sikora/Schwitale:* Lohnpfändung wegen Unterhaltsforderungen, DAVorm 1996, 342; *Pfeifer,* Pfändung urlaubsrechtlicher Ansprüche, NZA 1996, 738; *Tiedtke,* Stille Abtretung und Pfändung künftiger Lohnforderungen, DB 1976, 421; *Wagner,* Umstellungen im Lohnpfändungsrecht in den neuen Bundesländern, NJ 1991, 167.

**2. Forderungen aus Bankverträgen:** *Bach-Heuker,* Pfändung in die Ansprüche aus Bankverbindung und Dittschuldnererklärung der Kreditinstitute.,1993; *Baßlsperger,* Das Girokonto in der Zwangsvollstreckung, Rpfleger 1985, 177; *Behr,* Vollstreckung in Gemeinschaftskonten, JurBüro 1995, 182; *ders.,* »Kontenleihe«, JurBüro 1995, 512; *Berger,* Nochmals: Pfändung von Giroguthaben, ZIP 1981, 583; *Birkenbusch,* Die Pfändung der Rechte des Kunden aus dem Girovertrag bei einem Bankkontokorrent, Diss. Köln 1953; *Brinkmann,* Die Pfändung des täglichen und jährlichen Kontokorrentsaldos im deutschen und ausländischen Recht, Diss. Köln 1959; *Buser,* Zur Pfändung und Überweisung gegenwärtiger und künftiger Girokontoguthaben, AcP 1956, 418; *Capeller,* Die Pfändung von Fremdkonten, MDR 1954, 708; *David,* Vollstreckungspraxis: Tips zur Kontenpfändung, MDR 1993, 108; *Ehlenz,* Pfändung eines Giroguthabens bei Führung mehrerer Girokonten, JurBüro 1982, 1767; *Ehlenz/Diefenbach,* Pfändung in Bankkonten und andere Vermögenswerte, 1985; *Erman,* Zur Pfändbarkeit der Ansprüche eines Kontokorrentkunden gegen seine Bank aus deren Kreditzusage, Gedächtnisschr. f. Rud. Schmidt, 1966, S. 261; *Forgach,* Die Doppelpfändung beim Bankkontokorrent und das Verfügungsrecht des Schuldners während der Rechnungsperiode, DB 1974, 809 und 1852; *Gaul,* Die Zwangsvollstreckung in den Geldkredit, KTS 1989, 3; *Gaul,* Zur Rechtsstellung des Kreditinstituts als Drittschuldner in der Zwangsvollstreckung, Festschr. f. d. Sparkassenakademie, 1978, S. 75; *Gleisberg,* Pfändung von Kontokorrentguthaben, DB 1980, 865; *Grigat,* Die Doppelpfändung von Kontokorrentguthaben, BB 1952, 335; *ders.,* Pfändung von Kontokorrentguthaben, Diss. Frankfurt 1952; *Gröger,* Die zweifache Doppelpfändung des Kontokorrentes, BB 1984, 25; *Grube,* Die Pfändung von Ansprüchen aus dem Giroverhältnis unter besonderer Berücksichtigung von Kontokorrentkrediten, Diss. Bochum 1994; *Grunsky,* Zur Durchsetzung einer Geldforderung durch Kreditaufnahme des Schuldners in der Zwangsvollstreckung, ZZP 1982, 264; *Häuser,* Ist der Anspruch des Kontoinhabers auf Besorgung einer Giroüberweisung pfändbar?, WM 1990, 129; *Häuser,* Die Reichweite der Zwangsvollstreckung bei debitorischen Girokonten, ZIP 1983, 891; *Herz,* Pfändung von Forderungen aus dem Bankkontokorrent, DB 1974, 1851; *Hintzen,* Girokontenpfändung und -kontenschutz, ZAP 1993, 23; *Klee,* Pfändung von Bankkonten, BB 1951, 686; *Kühne,* Die verschiedenen Formen von Kontokorrentverhältnissen und ihre rechtliche Behandlung, insbesondere die Pfändung des Kontokorrentsaldos, Diss. Hamburg 1960; *Koch,* Pfändbarkeit einer vereinbarten Überziehungskreditforderung, JurBüro 1986, 1761; *Luther,* Die Pfändbarkeit von Kredit- und Darlehnsansprüchen, BB 1985, 1886; *Nassall,* Unterliegen Dispositionskredite der Pfändung?, NJW 1986, 168; *Olzen,* Die Zwangsvollstreckung in Dispositionskredite, ZZP 1984, 1; *Peckert,* Pfändbarkeit des Überziehungs- und Dispositionskredits, ZIP 1986, 1232; *Ploch,* Pfändbarkeit der Kreditlinie, DB 1986, 1961; *Ruthke,* Drittschuldnerschutz für die Bank bei der Kontenpfändung, ZIP 1984, 538; *Schebesta,* Rechtsfragen bei CpD-Konten sowie »Und«-Konten, WM 1985, 1329; *Schmies,* Die Pfändbarkeit der vertraglich eingeräumten Kreditlinie, Diss, Münster 1993; *Sickmöller,* Abtretung, Verpfändung und Pfändung von Postscheck- und Postspargutgaben, NWB 1970. 2067; *Stirnberg,* Pfändung von Girokonten, 1983; *Stöber,* Zur Pfändung eines Postbankgirokontos, Rpfleger 1995, 277; *Terpitz,* Zur Pfändung von Ansprüchen aus Bankkonten, WM 1979, 570; *Uhlmannsiek,* Pfändungen ins Girokonto, JABl 1993, 238; *Wagner,* Pfändung der Deckungsgrundlage

– ungeklärte Fragen bei der Zwangsvollstreckung in Girokonten, ZIP 1985, 849; *ders.,* Zur Pfändbarkeit nicht zweckgebundener Kontokorrentkreditforderungen, JZ 1985, 718; *Weimar,* Zur Pfändbarkeit des Anspruchs auf Auszahlung eines Darlehns, DB 1976, 1756 und JurBüro 1976, 566; *Werner/Machunsky,* Zur Pfändung von Ansprüchen aus Girokonten – insbesondere beim debitorisch geführten Kontokorrent, BB 1982, 1581; *Zwicker,* Die Pfändung kontokorrentzugehöriger Forderungen, DB 1984, 1713.

**3. Forderungen aus Notar-Anderkonten:** *Göttlich,* Pfändung von Forderungen aus dem Notar-Anderkonto, JurBüro 1960, 463; *Märker,* Vollstreckungszugriff bei Zahlung über Notaranderkonto, Rpfleger 1992, 52; *Rupp/Fleischmann,* Pfändbare Ansprüche bei notarieller Kaufpreishinterlegung, NJW 1983, 2368; *Schneider,* Die Zwangsvollstreckung in den beim Notar hinterlegten Kaufpreis, JurBüro 1964, 779.

**4. Forderungen auf Steuer- und Abgabenrückerstattung:** *Bauer,* Die Zwangsvollstreckung in den Lohn- und Kirchensteuerjahresausgleichsanspruch, JurBüro 1971, 893; *Behr/Spring,* Pfändung und Durchsetzung von Lohnsteuererstattungsansprüchen, NJW 1994, 3257; *Borggreve,* Rechtsprobleme im Zusammenhang mit der Pfändung von Lohnsteuererstattungsansprüchen, JurBüro 1978, 1585; *Brockhahn,* Zur Pfändung des Erstattungsanspruchs aus dem Lohnsteuerjahresausgleich, MDR 1973, 286; *Buciek,* Die Vorpfändung von Steuererstattungsansprüchen, DB 1985, 1428; *David,* Zwangsvollstreckungspraxis: Tips zur Pfändung von Steuererstattungsansprüchen, MDR 1993, 412; *Forgach,* Die Bezeichnung des zuständigen Finanzamtes bei Pfändung des Erstattungsanspruchs aus dem Lohnsteuer-Jahresausgleich oder aus der Einkommensteuerveranlagung, BB 1976, 266; *Globig,* Die Pfändung von Lohnsteuer- und Einkommensteuererstattungsansprüchen, NJW 1982, 915; *Halaczinsky,* Abtretung, Verpfändung und Pfändung von Steuererstattungs- und Steuervergütungsansprüchen, ZIP 1985, 1442; *Heim,* Die Pfändung des Anspruchs auf Rückzahlung von Konjunkturzuschlägen, NJW 1972, 422; *Hübner,* Zur Pfändung des Anspruchs auf Lohnsteuerjahresausgleich, DB 1971, 423; *Lübbing,* Zur Pfändbarkeit des Anspruchs aus dem Lohnsteuerjahresausgleich, NJW 1968, 879; *Mümmler,* Zur Pfändung von Lohnsteuererstattungsansprüchen aus dem Jahre 1977, JurBüro 1978, 1117; *ders.,* Probleme bei der Pfändung von Lohnsteuererstattungsansprüchen, JurBüro 1979, 145; *Riedel,* Pfändung von Steuererstattungsansprüchen, Rpfleger 1996, 275; *Schulz,* Aktuelle Probleme bei Abtretung und Verpfändung, Pfändung und Vorpfändung von Steuererstattungsansprüchen, DStZ 1983, 466; *Schüler,* Zur Pfändbarkeit des Lohnsteuerjahresausgleichsanspruchs, DB 1973, 182; *Schwarz,* Die Pfändung von Steuererstattungsansprüchen gegenüber dem Finanzamt, StW 1973, 49; *Schwarz,* Pfändung des Erstattungsanspruchs aus dem Lohnsteuer-Jahresausgleich, AR-Blattei 1974, 287; *Stöber,* Die Pfändung des Anspruchs auf den rückzahlbaren Konjunkturzuschlag, Rpfleger 1972, 161; *Stöber,* Pfändung des Lohnsteuer-Jahresausgleichs, Rpfleger 1973, 116; *Tiedtke,* Die Pfändung von Lohnsteuererstattungsansprüchen, NJW 1979, 1640; *Urban,* Die Wegnahme der Lohnsteuerkarte beim Vollstreckungsschuldner gem. § 836 Abs. 3 ZPO, DGVZ 1994, 101.

**5. Forderungen aus privaten Versicherungsverträgen:** *Bohn,* Die Zwangsvollstreckung in Rechte des Versicherungsnehmers aus dem Versicherungsvertrag und der Konkurs des Versicherungsnehmers, Festschr. f. Schiedermair, 1976, S. 33; *Hülsmann,* Berufsunfähigkeitszusatzversicherung: Unpfändbarkeit gem. § 850 b Abs. 1 Nr. 1 ZPO, MDR 1994, 537; *Kurzka,* Der Zugriff Dritter auf den Rechtsschutzversicherungsanspruch, VersR 1980, 12; *Oswald,* Zur Zwangsvollstreckung in Lebensversicherungen, JurBüro 1959, 146; *Sieg,* Kritische Betrachtungen zum Recht der Zwangsvollstreckung in Lebensversicherungsforderungen, Festschr. f. Klingmüller, 1974, S. 447.

**6. Geldforderungen aus Gesellschaftsrecht:** *Ahrens,* Personengesellschaft und Gesellschafter als Drittschuldner des Pfändungs- und Überweisungsbeschlusses, ZZP 1990, 34; *Bauer,* Die Zwangsvollstreckung in Aktien und andere Rechte des Aktiengesetzes, JurBüro 1976, 869; *Muth,* Übertragbarkeit und Pfändbarkeit des Kapitalentnahmeanspruchs von Personenhandelsgesellschaften, DB 1986, 1761; *Müller,* Zur Pfändung der Einlageforderung der AG, DAG 1971, 1.

7. **Geldforderungen auf Schadensersatz:** *Krebs,* Zur Pfändbarkeit von Schadensersatzforderungen, VersR 1962, 389; *Müller,* Die Pfändbarkeit des Anspruchs aus § 651 f Abs. 2 BGB, JurBüro 1986, 1461.

8. **Geldforderungen aus Sozialleistungsansprüchen:** *Bracht,* Unpfändbarkeit der Grundrente bei der sozialen Entschädigung, NJW 1980, 1505; *Danzer,* Nochmals: Die Pfändung künftiger Rentenansprüche, NJW 1992, 1026; *David,* Die Pfändung künftiger Rentenansprüche, NJW 1991, 2615; *Denck,* Drittschuldnerschutz im Sozialrecht, ZZP 1989, 1; *Eberhardt,* Die Pfändung von Sozialleistungen gem. § 54 SGB I, DGVZ 1980, 120; *Fischer,* Pfändbarkeit des Kindergeldes?, DB 1983, 1902; *Hornung,* Billigkeitspfändung von Sozialleistungen, Rpfleger 1981, 423 und Rpfleger 1982, 45; *Hornung,* Reform der Pfändung von Sozialleistungen, Rpfleger 1988, 213, 347; *Hornung,* Zur Pfändung von Sozialgeldansprüchen, Rpfleger 1978, 237; *ders.,* Säumnisfolgen für die Billigkeitsprüfung bei Pfändung von Sozialgeldansprüchen, Rpfleger 1979, 84; *Kamprad,* Die Pfändbarkeit künftiger Rentenansprüche, SGB 1990, 184; *Kohte,* Sozialleistungspfändung zwischen formeller und materieller Billigkeit. Zur Konkretisierung einer Generalklausel durch offene Interessenabwägung, KTS 1990, 541; *ders.,* Praktische Fragen der Sozialleistungspfändung, NJW 1992, 393; *Meierkamp,* Pfändung von Sozialleistungsansprüchen, Rpfleger 1987, 349; *Mümmler,* Angaben des Gläubigers bei Pfändung von Sozial- oder Sozialgeldansprüchen, JurBüro 1979, 1282; *ders.,* Pfändung laufender Arbeitslosengeldbezüge, JurBüro 1980, 1149; *Mümmler,* Pfändung von Sozialleistungen für nichtprivilegierte Geldforderungen, JurBüro 1982, 961; *ders.,* Pfändung von Arbeitslosengeld, JurBüro 1983, 489; *Müller/Wolff,* Pfändbarkeit von Kindergeldansprüchen, NJW 1979, 299; *Nieuwenhuis,* Nochmals: Zur Pfändung künftiger Rentenansprüche, NJW 1992, 2007; *Riedel,* Pfändung von Sozialleistungen nach dem Zweiten Gesetz zur Änderung des SGB, NJW 1994, 2812; *Sauer/Meiendresch:* Zur Pfändbarkeit von Pflegegeldansprüchen, NJW 1996, 795; *Schmeken,* Rechtsmittel der Pfändung von Sozialleistungen, ZIP 1982, 1295; *Schmitz-Pfeiffer,* Zur Pfändbarkeit des Anspruchs auf Kindergeld, BB 1986, 458; *Schreiber,* Die Pfändung von Sozialleistungsansprüchen, NJW 1977, 279; *Schreiber,* Die Pfändung von Sozialleistungsansprüchen, NJW 1977, 279; *ders.,* Zur Pfändbarkeit sozialrechtlicher Dienst- und Sachleistungsansprüche, Rpfleger 1977, 295; *Steder,* Pfändung und »Anrechnung« von Kindergeld, DAVorm 1996, 350; *Stöber,* Zur Pfändung von Sozialleistungsansprüchen, Rpfleger 1977, 117.

**I. Zum Begriff der Geldforderung i. S. der §§ 829 ff. ZPO:** 1. Forderungen des Schuldners als Gläubiger, die auf eine Geldleistung gerichtet sind,[1] gegen einen Dritten als Schuldner (– sog. Drittschuldner in der Terminologie der §§ 828 ff. ZPO –) können aus den unterschiedlichsten Rechtsverhältnissen herrühren. Sie können ihre Wurzel im Privatrecht haben oder im öffentlichen Recht; sie können sich unmittelbar aus dem Gesetz herleiten oder aus einem vereinbarten Rechtsverhältnis begründet sein. Sie können auf eine Geldleistung in inländischer oder in ausländischer Währung[2] gerichtet sein. § 829 differenziert insoweit nicht: Ist die auf eine Geldleistung gerichtete Forderung

1

---

1 Siehe hierzu auch die Vorbem. vor §§ 803–882 a ZPO.
2 Zur Zwangsvollstreckung in Forderungen gegen ausländische Drittschuldner siehe: vor §§ 829–863 ZPO Rdn. 2; andererseits siehe zur Zwangsvollstreckung aus einem Titel, der auf Zahlung in einer ausländischen Währung lautet: vor §§ 803–882 a ZPO Rdn. 20.

im Einzelfall überhaupt pfändbar³ und richtet sich die Zwangsvollstreckung in die Forderung überhaupt nach den Regeln der ZPO,⁴ so finden grundsätzlich gleich die §§ 829 ff. ZPO Anwendung.

**2**  2. Hiervon gibt es allerdings einige wichtige Ausnahmen:

a) Geldforderungen, auf die sich bei Grundstücken die Hypothek erstreckt (§ 1120 BGB), unterliegen nach § 865 Abs. 2 S. 2 ZPO der Zwangsvollstreckung durch das Vollstreckungsgericht nach §§ 829 ff. nur solange, wie nicht ihre Beschlagnahme im Wege der Zwangsvollstreckung in das unbewegliche Vermögen erfolgt ist. Die Beschlagnahme erfolgt unterschiedlich, je nachdem ob die Zwangsvollstreckung in das unbewegliche Vermögen durch Zwangsverwaltung oder Zwangsversteigerung betrieben wird: Mit dem Wirksamwerden der Beschlagnahme des Grundstücks selbst zur Zwangsverwaltung (§§ 146, 150, 151 ZVG) werden auch die in §§ 1123, 1126, 1127 BGB genannten Forderungen beschlagnahmt; das sind die Miet- und Pachtzinsforderungen, die mit dem Eigentum am Grundstück verbundenen Rechte auf wiederkehrende Leistungen (Ansprüche aus Reallasten, Erbbauzinsrechte, Überbau- und Notwegrenten) und Versicherungsforderungen, die aus dem Verlust, dem Untergang oder der Beschädigung von Gegenständen herrühren, die ihrerseits zum Haftungsverband der Hypothek gehörten (Gebäude und andere Bestandteile, Erzeugnisse, Zubehör).

Erfolgt die Beschlagnahme des Grundstücks zum Zwecke der Zwangsversteigerung (§§ 20, 22 ZVG), so werden gleichzeitig nur die Versicherungsforderungen nach §§ 1127 ff. BGB beschlagnahmt (nicht dagegen die in §§ 1123, 1126 BGB genannten Forderungen und Rechte).

Die Beschlagnahme nur einzelner zum Hypothekenverband zählender Forderungen »im Wege der Zwangsvollstreckung in das unbewegliche Vermögen« kann schließlich auch in der Weise erfolgen, daß ein Gläubiger aufgrund eines dinglichen Titels (z. B. nach § 1147 BGB) in eine solche Forderung nach §§ 829 ff. vollstreckt: Die Forderung ist dann dem Zugriff aller persönlichen Gläubiger durch Pfändung nach §829 seitens des Vollstreckungsgerichts entzogen.⁵ Bereits erfolgte Pfändungen für persönliche Gläubiger bleiben wirksam, treten aber im Rahmen der §§ 1123, 1124 BGB im Rang hinter der dinglichen Beschlagnahme zurück.⁶ Dingliche Gläubiger können weiter in die Forderung vollstrecken; der Rang ihrer Pfandrechte richtet sich aber nicht nach dem Prioritätsprinzip, sondern nach dem dinglichen Rangverhältnis.⁷

**3**  b) Verbriefte Forderungen, bei denen das Recht aus dem Papier dem Recht am Papier folgt,⁸ werden wie bewegliche Sachen nach § 808 Abs. 2 ZPO durch den Gerichtsvollzieher gepfändet. Ihre Verwertung geschieht nach § 821 ZPO. Forderungen aus Wech-

---

3 Zur Unpfändbarkeit allgemein siehe unten Rdn. 20.
4 Zur Verwaltungsvollstreckung und zur abgabenrechtlichen Vollstreckung siehe: Allg. Einl. vor § 704 Rdn. 1 und: vor §§ 828-863 Rdn. 1.
5 Vergl. *Brox/Walker*, Rdn. 518; MüKo(BGB)/*Eickmann*, § 1123 BGB Rdn. 22; *Lauer*, MDR 1984, 977; *Stöber*, Forderungspfändung, Rdn. 233.
6 *Stöber*, Forderungspfändung, Rdn. 233.
7 *Lauer*, MDR 1984, 977; *Stöber*, Forderungspfändung, Rdn. 233; RGZ 103, 137.
8 Siehe § 821 Rdn. 2.

*Pfändung von Geldforderungen* § 829

seln und anderen Papieren, die durch Indossament übertragen werden können, werden gem. § 831 ZPO wie bewegliche Sachen nach § 808 Abs. 2 ZPO gepfändet, aber dann wie Forderungen nach § 835 ZPO verwertet.[9]

c) Für Forderungen, für die eine Hypothek bestellt ist, enthält § 830 ZPO (– für Schiffshypotheken § 830 a ZPO –) über § 829 hinausgehende Sonderregeln. 4

d) Forderungen auf Auszahlung des Guthabens oder eines Teiles des Guthabens auf einem Postsparbuch werden nach § 23 Abs. 4 S. 4 PostG wie Forderungen aus Wechseln gepfändet, also durch Wegnahme des Sparbuchs gem. § 808 Abs. 2 ZPO durch den Gerichtsvollzieher. Die Ausweiskarte verbleibt zunächst beim Schuldner (§ 175 Ziff. 3 Abs. 2 GVGA).[10] Die Verwertung des Guthabens erfolgt dann durch Überweisungsbeschluß des Vollstreckungsgerichts. Der Überweisungsbeschluß ist dem Leiter des im Sparbuch ausgewiesenen Postsparkassenamtes zuzustellen.[11] 5

3. Geldforderungen i. S. des § 829 sind nicht nur solche auf eine Geldleistung gerichteten Ansprüche, deren Bezahlung sogleich verlangt werden kann, also fällige, sofort durchsetzbare Forderungen, sondern auch noch nicht fällige und sogar künftige Ansprüche auf eine Geldleistung, sowie an sich bestehende Ansprüche, die aber nicht oder nicht mehr gerichtlich durchgesetzt werden können. 6

a) Daß künftige Ansprüche pfändbar sind, ist im Grundsatz unstreitig und wird auch vom Gesetz als selbstverständlich vorausgesetzt, wie die Regelung der §§ 832, 833 ZPO für künftige Lohn- und Gehaltsforderungen zeigt. Ebenso unstreitig ist, daß bloße Chancen und Hoffnungen noch nicht pfändbar sind,[12] etwa der mögliche Erbauseinandersetzungsanspruch des möglichen Miterben für den Fall, daß später überhaupt einmal der Erbfall eintreten wird. Eine bloße Hoffnung stellt es auch dar, daß ein Rechtsanwalt künftig in Prozeßkostenhilfeverfahren armen Parteien beigeordnet werden könnte, sodaß seine eventuellen Ansprüche auf Erstattung der Gebühren durch die Staatskasse (»alle künftigen beim Amtsgericht X für RA Y anfallenden Ansprüche aus seiner Beiordnung im Wege der Prozeßkostenhilfe«) vor einer tatsächlichen Beiordnung nicht pfändbar sind.[13] Gleiches gilt für den vermeintlichen künftigen Anspruch eines Arbeitnehmers auf Konkursausfallgeld, wenn die Insolvenz des Arbeitgebers noch garnicht eingetreten ist, sondern aufgrund der allgemeinen wirtschaftlichen Lage nur möglich erscheint.[14] Als bloße Chance unpfändbar ist auch der künftige 7

---

9 Siehe auch § 821 Rdn. 1.
10 *Baumbach/Lauterbach/Hartmann*, § 831 Rdn. 1.
11 *Stöber*, Forderungspfändung, Rdn. 2096.
12 *Baumbach/Lauterbach/Hartmann*, § 829 Rdn. 1; *Baur/Stürner*, Rdn. 30.3; *Brox/Walker*, Rdn. 509; *Bruns/Peters*, § 24 III; Geißler, JuS 1986, 615; *Jauernig*, § 19 IV; *Stein/Jonas/Brehm*, § 829 Rdn. 6; *Stöber*, Forderungspfändung, Rdn. 28; *Thomas/Putzo*, § 829 Rdn. 10; etwas weitergehend *Gerhard*, § 9 I 1 und *Rosenberg/Schilken*, § 54 I a, die auf die Abtretbarkeit der (künftigen) Forderung abstellen; abtretbar sind gegebenenfalls auch nur erhoffte Forderungen.
13 So schon AG Berlin-Schöneberg, JR 1951, 535.
14 § 141 l AFG stellt dies klar; vergl.: LG Würzburg, Rpfleger 1978, 388; Einzelheiten: § 850 Rdn. 18.

Lohnanspruch eines Arbeitnehmers, der zur Zeit noch eine vom Arbeitsamt bezahlte Umschulungs- oder Arbeitsbeschaffungsmaßnahme durchführt, für den Fall, daß der Arbeitgeber ihn später in ein ordentliches Arbeitsverhältnis übernehmen sollte, wenn für eine solche Übernahme noch keinerlei Zusagen vorliegen.[15]

Daß der Schuldner gegen einen Drittschuldner einmal Ansprüche in der Vergangenheit hatte, begründet, wenn keinerlei konkrete Anhaltspunkte für zukünftige Rechtsbeziehung bestehen, ganz allgemein allenfalls die (– nicht pfändbare –) Hoffnung, es könnten ihm in Zukunft wieder einmal Ansprüche erwachsen[16]. Deshalb endet die Pfändung von künftigem Arbeitslohn auch mit dem den Lohnanspruch begründenden Arbeitsverhältnis.[17] Künftige Ansprüche für den Fall, daß der Arbeitnehmer irgendwann einmal zu diesem Arbeitgeber zurückkehrt, werden von der Pfändung nicht erfaßt, es sei denn, daß ausnahmsweise die spätere Wiederaufnahme des Arbeitsverhältnisses schon fest vereinbart war (§ 832 ZPO)[18]. Damit von einer künftigen, aber jetzt schon pfändbaren Forderung gesprochen werden kann, muß zwischen Schuldner und Drittschuldner im Zeitpunkt der Pfändung bereits eine Rechtsbeziehung bestehen, aus der die künftige (– noch nicht bestehende –) Forderung nach ihrem Rechtsgrund und nach der Person des Drittschuldners einwandfrei bestimmt werden kann.[19] Durch diese Begrenzung wird der Rechtssicherheit Genüge getan (– über eine wie lange Zeit sollte es sich der potentielle Drittschuldner sonst merken müssen, daß früher einmal eine Verdachtspfändung ausgesprochen worden war? –) und dem Bestreben, ins Blaue hinein zu pfänden, um nur irgendetwas zu bekommen, ein Riegel vorgeschoben. Künftige, aber pfändbare Forderungen sind neben den künftigen Lohn- und Gehaltsforderungen etwa künftige Miet- und Pacht- oder Erbbauzinsansprüche oder der Anspruch auf die Auszahlungen künftiger Aktivsalden aus einem Girovertrag, einem Bankkontokorrentvertrag,[20] der Anspruch auf künftige Versicherungsleistung auch vor Eintritt des Versicherungsfalles,[21] der mögliche Kostenerstattungsanspruch schon ab Klageeinreichung,[22] der dem Schuldner verbleibende mögliche Erlösüberschuß einer Versteigerung durch den Gerichtsvollzieher oder einer Zwangsversteigerung eines Grundstücks schon ab Einleitung des Verfahrens,[23] der Anspruch auf Auszahlung des Gewinnanteils eines Gesellschafters für kommende Geschäftsjahre.

15 LG Kleve, MDR 1970, 770.
16 OLG Köln, Rpfleger 1987, 28; kritisch hierzu allerdings: MüKo/*Smid*, § 829 Rdn. 10.
17 BAG, NJW 1993, 2701 = EWiR 1993, 725.
18 BAG, EWiR 1993, 727.
19 BGHZ 20, 131; 53, 32; 80, 181; BGH, NJW 1981, 817; NJW 1982, 2195; OLG Oldenburg, WM 1979, 591; LG Berlin, MDR 1971, 766; LG Itzehoe, NJW-RR 1987, 819; LG Wiesbaden, MDR 1988, 63.
20 BGHZ 80, 172; 84, 325; 84, 371; LG Paderborn, MDR 1952, 171; LG Hamburg, Betr. 1965, 249; LG Berlin, MDR 1971, 766; OLG Oldenburg, WM 1979, 591; *Brox/Walker*, Rdn. 526, 527; *Rosenberg/Schilken*, § 54 I 1 a, bb; *Stein/Jonas/Brehm*, § 829 Rdn. 11; *Stöber*, Forderungspfändung, Rdn. 164 ff.; *Wagner*, JZ 1985, 718; *Zwicker*, DB 1984, 1713; Einzelheiten zur Pfändung von Ansprüchen aus Bankverbindung siehe Anh. § 829 Rdn. 2–13.
21 BGHZ 32, 44; BFH, FamRZ 1992, 178; *Rosenberg/Schilken*, § 54 I 1 a, cc; *Stein/Jonas/Brehm*, § 829 Rdn. 15.
22 *Stöber*, Forderungspfändung, Rdn. 169.
23 *Noack*, MDR 1973, 988; *Stöber*, Forderungspfändung, Rdn. 129 (allerdings erst vom Zuschlag an; diese Einschränkung ist nicht gerechtfertigt).

Auch künftige Sozialleistungsansprüche[24] sind, soweit sie nicht noch materiellrechtlich von einem im Belieben des Berechtigten stehenden Antrag abhängig sind[25] (– in diesem Falle wären sie vor der Antragstellung noch kein künftiger Anspruch, sondern nur eine Chance im Rahmen unseres Sozialsystems –), grundsätzlich pfändbar.[26] Allerdings wird bei Ansprüchen auf eine einmalige Geldleistung praktisch vielfach § 54 Abs. 2 SGB I einer Pfändung entgegenstehen, da die erforderliche Abwägung meist nicht mit der notwendigen Sicherheit in die Zukunft hinein möglich sein wird.[27] Entscheidend sind immer die Umstände des Einzelfalles.

Künftige Ansprüche auf Steuererstattung sind wegen § 46 Abs. 6 AO nie pfändbar.[28]

b) Da die gerichtliche Durchsetzbarkeit nicht Voraussetzung der Pfändbarkeit einer Forderung ist, sind auch Naturalobligationen, soweit sie auf Geld gerichtet sind, (Anspruch auf Ehemäklerlohn, Ansprüche aus – nicht verbotenem – Spiel und aus Wette), pfändbare Geldforderungen i. S. der §§ 829 ff. ZPO.[29] Da nicht von der Hand zu weisen ist, daß der Drittschuldner derartige Forderungen freiwillig erfüllt, fehlt auch nicht das Rechtschutzinteresse an der Pfändung derartiger Ansprüche. Gleiches gilt für bereits verjährte Ansprüche, selbst wenn sich der Drittschuldner dem Schuldner gegenüber schon auf die Einrede der Verjährung berufen haben sollte. Auch hier ist nicht auszuschließen, daß an den pfändenden Gläubiger noch gezahlt wird.

4. Daß eine Forderung ihren Rechtsgrund im **öffentlichen Recht** hat, etwa als Steuererstattungsanspruch[30] oder als Anspruch auf öffentliche Sozialleistungen,[31] als Anspruch auf Enteignungsentschädigung oder auf eine öffentlich-rechtliche Ersatzleistung sonstiger Art, als Subventionsanspruch oder als Anspruch des Beamten auf Gehalt oder des Abgeordneten auf Diäten, steht grundsätzlich einer Pfändung nach §§ 829 ff. ZPO nicht entgegen, soweit die jeweiligen öffentlich-rechtlichen Sondergesetze die Forderung im Einzelfall im Hinblick auf die besondere Zweckrichtung der Leistung nicht für ausnahmsweise generell oder teilweise unpfändbar erklären. Wichtige Einschränkungen insoweit enthalten z. B. § 46 Abs. 6 AO zur Pfändung künftiger Steuererstattungsansprüche, §§ 54, 55 SGB I zur Pfändung von Sozialleistungen schlechthin, § 14 BEG zur Pfändung von Entschädigungsansprüchen nach dem BEG, § 60 BSeuchG für Entschädigungen nach diesem Gesetz.

---

24 Einzelheiten zur Pfändung künftiger Sozialleistungsansprüche siehe: Anh. § 829 Rdn. 24 b.
25 Siehe hierzu: *Mrozynski*, SGB I, 2. Aufl., § 40 Rdn. 12.
26 BFH, FamRZ 1992, 178; OLG Oldenburg, NJW-RR 1992, 512; OLG Stuttgart, NJW 1993, 604; LG Heidelberg, NJW 1992, 2774; *Stöber*, Forderungspfändung, Rdn. 1359 b (mit umfangreichem Überblick über den Meinungsstand); *Mrozynski*, SGB I, § 54 Rdn. 9.
27 Vergl., allerdings noch zu der bis zum 13.6.1994 geltenden Fassung der Abs. 2 und 3 des § 54 SGB I: OLG Köln, FamRZ 1993, 92; OLG Hamm, FamRZ 1993, 90; BSG, NZS 1994, 185.
28 Einzelheiten: Anh. § 829 Rdn. 28.
29 *Stein/Jonas/Brehm*, § 829 Rdn. 2; *Stöber*, a.a.O. Rdn. 36.
30 Einzelheiten siehe Anh. § 829 Rdn. 26.
31 Einzelheiten siehe Anh. § 829 Rdn. 21.

**10** 5. **Kein öffentlichrechtlicher Anspruch** auf eine Geldleistung, der nach § 829 pfändbar wäre, liegt vor, wenn ein an einem öffentlichrechtlich geordneten Verfahren Beteiligter einen »Anspruch« darauf hat, daß ein Staatsorgan eine Geldsumme, die nicht aus dem Staatsvermögen zu bezahlen ist, entsprechend den Verfahrensregeln an ihn auskehre. Obwohl auch hier für den Betroffenen wirtschaftlich die Geldleistung im Vordergrund steht, handelt es sich nicht um einen Leistungsanspruch, sondern nur um das Verfahrensrecht, den korrekten Verfahrensablauf notfalls mit Rechtsbehelfen durchsetzen zu können. Hierher gehören die Berechtigung des Gläubigers, den Erlös einer Versteigerung durch den Gerichtsvollzieher (§ 819 ZPO) oder den Rechtspfleger (§ 117 ZVG) ausgekehrt zu erhalten,[32] aber auch das Recht eines Beteiligten, daß ein Notar einen in einem von ihm abzuwickelnden Verfahren bei ihm hinterlegten Betrag an diesen Beteiligten auszahlt.[33] In diesen Fällen kann der Berechtigte nie auf Leistung an sich klagen, sondern nur mit der Erinnerung nach § 766 ZPO bzw. der Beschwerde nach § 15 Abs. 1 S. 2 BNotO ein gesetzmäßiges Verhalten des Amtsträgers durchsetzen. Der vom Amtsträger auszukehrende Geldbetrag ist damit dem Zugriff der Gläubiger des Berechtigten nicht entzogen: Gläubiger des Vollstreckungsgläubigers müssen vielmehr dessen Anspruch gegen seinen Schuldner, der dem Vollstreckungsverfahren zugrundeliegt, pfänden lassen,[34] Gläubiger des durch eine notarielle Amtspflicht Begünstigten dessen materiellrechtlichen Anspruch gegen den (die) anderen Verfahrensbeteiligten.[35]

**11** 6. Wie es für die Anwendbarkeit des § 829 grundsätzlich unerheblich ist, ob Drittschuldner eine Privatperson oder eine Körperschaft, Anstalt usw. des öffentlichen Rechts ist, so ist es auch unerheblich, ob die zu pfändende Forderung des Schuldners sich etwa **gegen den Gläubiger selbst** als Drittschuldner richtet.[36] Entgegen der Auffassung der Rechtsprechung[37] muß der Gläubiger, der die Pfändung einer gegen ihn selbst gerichteten Forderung beantragt, auch kein besonderes Rechtsschutzbedürfnis

---

32 *Stein/Jonas/Brehm*, § 829 Rdn. 2; *Stöber*, Forderungspfändung, Rdn. 23.
33 KG, DNotZ 1978, 182; OLG Köln, DNotZ 1980, 503; OLG Hamm, DNotZ 1983, 61; *Stein/Jonas/Brehm*, § 829 Rdn. 23 a; *Göbel*, DNotZ 1984, 258; *Haug*, DNotZ 1982, 602; *Fleischmann/Rupp*, NJW 1983, 2368.
34 AG Hannover, Rpfleger 1968, 362; *Stöber*, Forderungspfändung, Rdn. 126.
35 Wie hier: *Göbel*, DNotZ 1984, 258; *Haug*, DNotZ 1982, 603; für den Fall, daß noch ein Anspruch gegen den Dritten besteht, ebenso BGH, NJW 1989, 230 (für die übrigen Fälle vom BGH ausdrücklich offen gelassen) mit Anm. von *Grunsky*, EWiR 1988, 827; a. A. für den Fall, daß der Dritte mit der Hinterlegung beim Notar seine Schuld gegenüber dem Begünstigten bereits erfüllt hat (insoweit Pfändung des »Anspruchs« gegen den Notar): *Rupp/Fleischmann*, NJW 1983, 2368; *Schneider*, JurBüro 1964, 780; *Stein/Jonas/Brehm*, § 829, Rdn. 23 a; *Stöber*, Forderungspfändung, Rdn. 1781; a. A. (immer der »Anspruch« gegen den Notar zu pfänden): OLG Celle, DNotZ 1984, 256; a. A. OLG Hamm, DNotZ 1983, 61 (die Rechtsposition des Schuldners sei ein sonstiges Vermögensrecht ohne Drittschuldner, das nach § 857 Abs. 2 ZPO zu pfänden sei).
36 *Brox/Walker*, Rdn. 513; *Baumbach/Lauterbach/Hartmann*, § 829 Rdn. 8; v. *Gerkan*, Rpfleger 1963, 369; *Rimmelspacher/Spellenberg*, JZ 1973, 274; *Stöber*, Forderungspfändung, Rdn. 33; LG Düsseldorf, MDR 1964, 332; OLG Stuttgart, Rpfleger 1983, 409.
37 LG Düsseldorf, MDR 1964, 332; LAG Berlin, BB 1969, 1353 (L); OLG Stuttgart, Rpfleger 1983, 409.

hierfür nachweisen,[38] etwa, daß eine Aufrechnung mit Schwierigkeiten verbunden sei. Die Prüfung, ob eine Aufrechnung etwa wegen § 767 Abs. 2 ZPO nicht geltend gemacht werden könnte, gehört nicht in die Kompetenz des Vollstreckungsgerichts; zudem ist es nie ein einfacherer Weg, gegebenenfalls nach § 767 Abs. 1 ZPO vorgehen zu müssen.

7. Daß die Geldforderung nicht isoliert besteht, sondern nur Zug um Zug **gegen eine vom Schuldner** an den Drittschuldner zu erbringende **Gegenleistung**, berührt ihren Charakter als »Geldforderung« i. S. § 829 und ihre Pfändbarkeit nicht.[39] Die Abhängigkeit von der Gegenleistung wirkt sich erst nach der Überweisung bei der Einziehung der Forderung aus.

**II. Zugehörigkeit der Forderung zum Schuldnervermögen:** Grundsätzlich soll sich jede Zwangsvollstreckung nur gegen das Vermögen des Vollstreckungsschuldners richten. Während bei der Zwangsvollstreckung in bewegliche Sachen die Zugehörigkeit zum Schuldnervermögen aufgrund des Gewahrsams des Schuldners vermutet wird, der Gläubiger also insoweit keine Angaben zu machen braucht, ergibt sich die Zugehörigkeit einer Forderung zum Schuldnervermögen nur aus der Behauptung des Gläubigers, der Schuldner sei seinerseits Gläubiger dieser Forderung. Diese Behauptung ist deshalb notwendig und in der Regel ausreichend. Sie wird vom Vollstreckungsgericht, das stets nur die »angebliche« Forderung des Schuldners pfändet,[40] auch nicht auf ihren Wahrheitsgehalt nachgeprüft. Will allerdings der Gläubiger erkennbar ins Blaue hinein pfänden lassen, ohne auch nur Anhaltspunkte dafür zu haben, daß der Schuldner gegen den genannten Drittschuldner Ansprüche hat (Pfändung der angeblichen Ansprüche des Schuldners gegen alle Banken im Umkreis in der Hoffnung, daß der Schuldner schon irgendwo ein Konto unterhält), so müßte der Antrag wegen Rechtsmißbrauchs zurückgewiesen werden.[41]

Dennoch ergeben sich einige Problemfälle:

1. Sind Forderungen einem Dritten **treuhänderisch übertragen** worden, sei es zur Sicherung eigener Forderungen des Dritten gegen den Schuldner, sei es auch in uneigennütziger Treuhand, um dem Dritten im eigenen Namen Verhandlungen zugunsten des Schuldners (– etwa zur Erzielung eines außergerichtlichen Vergleichs –) zu ermöglichen, zählen die Forderungen wirtschaftlich zum Vermögen des Schuldners, Forderungsinhaber ist aber dennoch der Dritte. Da § 829 auf die **rechtliche** Forderungsinhaberschaft abstellt,[42] kann ein Gläubiger des Treugebers die Forderung demnach nicht unter Hinweis auf die wirtschaftliche Zuordnung pfänden.[43] Er muß vielmehr in die

---

38 Wie hier: *Rimmelspacher/Spellenberg*, JZ 1973, 274; *Stöber*, Forderungspfändung, Rdn. 33.
39 Allgem. Meinung; beispielhaft: *Brox/Walker*, Rdn. 507; *Stöber*, Forderungspfändung, Rdn. 26.
40 Einzelheiten unten Rdn. 32.
41 OLG München, OLGZ 1991, 322.
42 Hier liegt die Vergleichbarkeit zum Abstellen allein auf den Gewahrsam bei der Fahrnispfändung.
43 BGHZ 11, 37; BGH, WM 1987, 191.

beim Treugeber verbliebene Forderung gegen den Treuhänder auf Rückübertragung der Forderung nach Zweckerreichung oder auf Herausgabe des Erlangten vollstrecken.

15  2. Verwaltet ein Dritter treuhänderisch auf einem Konto, das auf seinen Namen lautet, Gelder des Schuldners, so ist er Inhaber des Auszahlungsanspruchs gegen das Kreditinstitut, auch wenn der durch das Konto verkörperte Vermögenswert wirtschaftlich dem Schuldner zuzuordnen ist. Der Auszahlungsanspruch kann deshalb auch nur von Gläubigern des Dritten, nicht aber des Treugebers gepfändet werden.[44] Dies gilt nicht nur für verdeckte, sondern auch für offene **Treuhandkonten**, soweit sie nicht ausdrücklich als echte Fremdkonten geführt werden. Treuhandkonten im genannten Sinne sind auch die sog. »**Anderkonten**« der Notare, Rechtsanwälte, Steuerberater usw.[45] Da Kontoinhaber allein der Rechtsanwalt usw. ist, können nur seine Gläubiger den Auszahlungsanspruch unmittelbar pfänden, während die Gläubiger des Mandanten dessen Anspruch gegen den Rechtsanwalt usw. auf Herausgabe des aus der Geschäftsbesorgung Erlangten pfänden müssen. Allerdings kann der Mandant der Pfändung des Anderkontos mit der Drittwiderspruchsklage begegnen.[46] Um dem Gläubiger unnötige Kosten zu ersparen, ist deshalb ein Pfändungsbeschluß, durch den »die Konten« eines Rechtsanwalts bei einem bestimmten Kreditinstitut gepfändet werden, dahin auszulegen, daß die Pfändung sich nicht auf die Anderkonten erstreckt.[47] Ist etwas anderes gewollt, muß es ausdrücklich im Pfändungsbeschluß gesagt sein.

16  Im Einzelfall kann zweifelhaft sein, ob ein Treuhandkonto oder ein Fremdkonto vorliegt, insbesondere bei sog. »**Sonderkonten**«, die neben dem Namen des das **Sonderkonto** unmittelbar Verwaltenden auch den Namen des durch das Konto allein wirtschaftlich Begünstigten ausweisen. Hier muß anhand aller Umstände ermittelt werden, wer der rechtliche Forderungsinhaber ist.[48] Nur dessen Gläubiger können unmittelbar den Auszahlungsanspruch pfänden. Sind beide namentlich Genannten Forderungsinhaber, ist nach den nachstehend unter Rdn. 17 dargestellten Grundsätzen zu verfahren.

17  3. Sind **mehrere Personen Gläubiger** einer Forderung, so ist hinsichtlich der Vermögenszugehörigkeit zu entscheiden, ob die Forderung allen gemeinschaftlich zur gesamten Hand oder in Bruchteilsgemeinschaft zusteht oder ob jeder Gläubiger die Leistung insgesamt oder in Teilen an sich allein verlangen kann.[49] Soweit jeder Leistung an sich allein verlangen kann, kann die Forderung auch von den jeweiligen Gläubigern dieses Gläubigers gepfändet werden, da jeder, der selbständig Leistung an sich allein verlangen kann (vergl. §§ 420, 428 BGB), i. S. des § 829 auch Forderungsinhaber ist.[50] Steht

---

44 BGH, WM 1958, 1222; LG Köln, NJW-RR 1987, 1365; *Brox/Walker*, Rdn. 511; *Stöber*, Forderungspfändung, Rdn. 402; *Stein/Jonas/Brehm*, § 829 Rdn. 20.
45 *Göttlich*, JurBüro 1960, 463; *Dumoulin*, DNotZ 1963, 103; *Mümmler*, JurBüro 1984, 1472; *Stein/Jonas/Brehm*, § 829 Rdn. 20; *Stöber*, Forderungspfändung, Rdn. 404.
46 *Stöber*, a. a. O. Rdn. 405; BGH, NJW 1996, 1543.
47 *Capeller*, MDR 1954, 709; *Dumoulin*, DNotZ 1963, 103; *Stöber*, a.a.O., Rdn. 406.
48 BGHZ 21, 148; 61, 72; *Stein/Jonas/Brehm*, § 829 Rdn. 20.
49 *Brox/Walker*, Rdn. 512; *Stöber*, a. a. O. Rdn. 61 ff.
50 MüKo/*Smid*, § 829 Rdn. 7.

die Forderung mehreren in Bruchteilsgemeinschaft zu, so ist sie als ganze nicht dem Vermögen eines der Gemeinschaftsmitglieder zuzurechnen. Sie kann deshalb auch nicht mit einem Titel allein gegen ein Gemeinschaftsmitglied gepfändet werden. Pfändbar in diesem Fall ist nur der Anteil des jeweiligen Schuldners an der Bruchteilsgemeinschaft als solcher nach § 857 ZPO. Bei Gesamthandsforderungen ist immer nur die Gesamthand (Erbengemeinschaft, BGB-Gesellschaft) Forderungsinhaber. Gläubiger des einzelnen Mitgliedes der Gesamthand können deshalb nie in eine derartige Forderung vollstrecken. Sie müssen sich an den Gesamthandsanteil halten.

4. Eine Forderung, deren Inhaber der Gläubiger selbst ist (sog. »**gläubigereigene Forderung**«), kann naturgemäß im hier interessierenden Sinne nicht zum Schuldnervermögen gehören, selbst wenn sie ihm wirtschaftlich noch zuzuordnen ist, etwa weil der Schuldner sie dem Gläubiger nur zur Sicherheit abgetreten hat. Dennoch wird teilweise die Auffassung vertreten,[51] der Gläubiger könne mit einem Titel gegen den Schuldner in eine derartige Forderung vollstrecken, wenn er ein Rechtschutzbedürfnis habe. Ein solches sei insbesondere zu bejahen, wenn er mit Hilfe der Pfändung seine Berechtigung an der Forderung anderen Gläubigern des Schuldners gegenüber, die auf die Forderung zuzugreifen beabsichtigen, besser nachweisen könne (etwa bei nur mündlicher Sicherungsabtretung).[52] Schließlich sei es auch zulässig, daß der Gläubiger eigene bewegliche Sachen pfänden lasse.[53] Dem kann nicht zugestimmt werden.[54] Die Parallele zur Sachpfändung überzeugt nicht; denn dort wird die Zugehörigkeit zum Schuldnervermögen wenigstens äußerlich durch den Sachbesitz des Schuldners oder eines in der Vollstreckung gerade gegen den Schuldner herausgabebereiten Dritten fingiert. Bei der Forderungspfändung dagegen wird die Zugehörigkeit zum Schuldnervermögen nur durch die Bezeichnung des Schuldners als Forderungsinhaber verdeutlicht. Diese Bezeichnung ist dem Gläubiger aber bei gläubigereigenen Forderungen gerade nicht möglich.

18

5. Forderungen, aufgrund derer der Forderungsinhaber die Geldleistung **an einen Dritten** verlangen kann, gehören grundsätzlich zum Vermögen des Forderungsinhabers; sie gehören aber auch, soweit der Dritte selbst Leistung an sich verlangen kann (§ 328 Abs. 1 BGB), zum Vermögen des Dritten. Sie sind aber nur »Geldforderung« dessen i. S. von § 829, an den das Geld nach dem Vertragsinhalt zu zahlen ist, unabhängig davon, ob das Verlangen vom vertragsschließenden Versprechensempfänger oder vom begünstigten Dritten ausgeht. Ist das Geld allein an den Dritten zu zahlen, können auch nur dessen Gläubiger den Zahlungsanspruch nach § 829 pfänden; kann aber der vertragsschließende Versprechensempfänger wahlweise Zahlung auch an sich selbst beanspruchen, so können auch seine Gläubiger ebenfalls auf diesen Anspruch zugreifen.

19

---

51 RGZ 86, 135; OLG Köln, WM 1978, 383; *Brox/Walker*, Rdn. 514; *Stein/Jonas/Münzberg*, § 804 Rdn. 13; *Thomas/Putzo*, § 829 Rdn. 10.
52 OLG Köln, WM 1978, 383.
53 Siehe insoweit § 808 Rdn. 7.
54 Wie hier: LG Bremen, Rpfleger 1956, 199; *Baur/Stürner*, Rdn. 30.5; *Rosenberg/Schilken*, § 54 I 1 a., a. E.

**20** III. **Unpfändbarkeit von Geldforderungen:** Geldforderungen im oben dargestellten Sinne, die auch zum Vermögen des Schuldners zählen, unterliegen dennoch nicht der Pfändung, wenn sie aufgrund gesetzlicher Regelung oder aufgrund sonstigen vorrangigen Rechts (z. B. des Völkerrechts) **unpfändbar** sind.

**21** 1. a) Die Befreiung der Mitglieder diplomatischer Missionen, konsularischer Vertretungen und sonstiger Exterritorialer nach §§ 18, 19, 20 GVG von der deutschen Gerichtsbarkeit wirkt sich in gleichem Rahmen auch in der Zwangsvollstreckung aus.[55] Hoheitlichen Zwecken dienende Forderungen, wie etwa Forderungen aus einem laufenden, allgemeinen Bankkonto einer Botschaft eines fremden Staates, das im Inland errichtet ist und zur Deckung der Ausgaben und Kosten der Botschaft bestimmt ist, unterliegen demnach nicht der Pfändung,[56] auch wenn der Titel gegen den ausländischen Staat an sich zu Recht ergangen war, weil er eine privatrechtliche Tätigkeit dieses Staates betraf.[57] Dagegen ist die Pfändung der Konten eines selbständig rechtsfähigen ausländischen Staatsunternehmens wegen einer Forderung aus der privatrechtlichen Tätigkeit dieses Unternehmens auch dann unbedenklich,[58] wenn aus den Einnahmen des Unternehmens die hoheitliche Tätigkeit des ausländischen Staates ganz wesentlich mitfinanziert wird.

**22** b) Kein unmittelbares Problem der Immunität ausländischer Staaten und ihrer diplomatischen Vertretungen ist die Pfändung von Forderungen, deren Drittschuldner ein ausländischer Staat, eine diplomatische Vertretung oder ein Exterritorialer ist;[59] denn durch den Pfändungsbeschluß als solchen wird zunächst nur das Vermögen des Schuldners betroffen, in ausländische Hoheitsrechte aber noch nicht eingegriffen. Die Zustellung des Pfändungsbeschlusses an den ausländischen Staat als Drittschuldner und die Durchsetzung des Arrestatoriums verlangen aber die Mitwirkungsbereitschaft des ausländischen Staates, die praktisch selten gegeben sein wird. Dennoch kann das Rechtschutzbedürfnis zur Erlangung eines solchen Pfändungsbeschlusses nicht davon abhängig gemacht werden, daß der Gläubiger zunächst die Mitwirkungsbereitschaft des ausländischen Staates nachweist.[60]

Besondere Regeln gelten für die Zwangsvollstreckung durch Pfändung der Bezüge von Angehörigen ausländischer Streitkräfte aus dem NATO-Verbund, die in der Bundesrepublik stationiert sind.[61] Diese Regeln finden sich in erster Linie im Zusatzabkommen zum Nato-Truppenstatut vom 3.8.1959[62] und im Gesetz zum Nato-Truppenstatut und den Zusatzvereinbarungen vom 18.8.1961.[63]

---

55 Siehe auch Allg. Einl. vor § 704 ZPO Rdn. 4.
56 BVerfGE 46, 342 ff. mit Anm. von *Bleckmann*, NJW 1978, 1092.
57 BVerfGE 16, 27.
58 BVerfGE 64, 23 mit Anm. von *Seidl-Hohenveldern*, RIW/AWD 1983, 613; OLG Frankfurt, NJW 1981, 2650.
59 LG Bonn, MDR 1966, 935; *Stöber*, Forderungspfändung, Rdn. 41.
60 *Stöber*, Forderungspfändung, Rdn. 41.
61 Einzelheiten: *Bauer*, JurBüro 1964, 247; *Schwenk*, NJW 1976, 1562; *Stöber*, Forderungspfändung, Rdn. 45 ff.
62 BGBl. 1961 II S. 1183.
63 BGBl. 1961 II S. 1183.

2. Da die Pfändung der Forderung nicht Selbstzweck ist, sondern deren Verwertung zum Zwecke der Befriedigung des Gläubigers vorbereitet, da aber die Verwertung durch Übertragung der Forderung selbst oder jedenfalls der Einziehungsbefugnis erfolgt (§§ 835, 836 ZPO), sieht § 851 Abs. 1 ZPO folgerichtig vor, daß Forderungen nur insoweit der Pfändung unterworfen sind, als sie übertragbar sind.[64] Um Manipulationen mit Hilfe dieses Grundsatzes zu Lasten des Gläubigers auszuschließen, läßt § 851 Abs. 2 ZPO die Pfändung nicht übertragbarer Forderungen allerdings insoweit zu, als die Nichtübertragbarkeit allein auf privatrechtlicher Abrede zwischen dem Forderungsinhaber und dem Drittschuldner beruht.[65]

3. Wären alle nicht unter § 851 Abs. 1 ZPO fallenden Geldforderungen uneingeschränkt pfändbar, hätte dies verheerende soziale Folgen; denn die wichtigsten Geldforderungen, die der Mehrheit der Bevölkerung zustehen, sind einerseits der Anspruch auf Lohn, Gehalt, Ruhegehalt und ähnliche aus einem Beschäftigungsverhältnis herrührende Entgelte, andererseits die Ansprüche aus dem Netzwerk der sozialen Sicherheit für diejenigen, die ohne (– hinreichende –) entgeltliche Beschäftigung sind. Geldforderungen dieser Art sind in der Regel abtretbar, also nicht schon per se unpfändbar. Wie in §§ 811 ff. ZPO hinsichtlich der zur angemessenen Lebensführung und Berufsausübung erforderlichen Gegenstände ein besonderer Pfändungsschutz geregelt ist, sind deshalb auch hinsichtlich der Arbeitseinkommen und sonstigen dem Lebensunterhalt dienenden Bezüge Sonderregelungen notwendig. Sie finden sich hinsichtlich der Bezüge aus Dienst- und Arbeitsverhältnissen in den §§ 850–850 g ZPO, hinsichtlich anderer fortlaufender, dem Lebensunterhalt dienender Bezüge in §§ 851 a (Einkommen der Landwirte), 851 b (Einnahmen aus Vermietung und Verpachtung), 863 ZPO (Einnahmen aus Erträgen einer Erbschaft) und hinsichtlich der Ansprüche auf Sozialleistungen in §§ 54, 55 SGB I.[66]

4. Nicht dem Schuldnerschutz, sondern dem Schutz des Drittschuldners, der Finanzverwaltung, dient die Regelung des § 46 Abs. 6 AO, die die Pfändung künftiger Ansprüche auf Erstattung von Steuern, Haftungsbeträgen, steuerlichen Nebenleistungen und auf Gewährung von Steuervergünstigungen ausschließt,[67] soweit die Finanzverwaltung Drittschuldner dieser Ansprüche ist. Ist der Steuererstattungsanspruch ausnahmsweise gegen eine Privatperson, insbesondere den Arbeitgeber gerichtet, gilt die Regelung dagegen nicht.[68]

5. Pfändet das Vollstreckungsgericht eine Forderung, die der Pfändung nicht unterliegt, so ist hinsichtlich der Wirkungen, die von einem solchen Pfändungsbeschluß ausgehen, zunächst zu unterscheiden, worauf die Unpfändbarkeit beruht:

---

64 Einzelheiten: § 851 Rdn. 2 ff.
65 Einzelheiten: § 851 Rdn. 8 ff.
66 Einzelheiten hierzu: Anh. § 829 Rdn. 21 ff.
67 Einzelheiten hierzu: Anh. § 829 Rdn. 28.
68 Siehe Anh. § 829 Rdn. 26; ferner *Stöber*, Forderungspfändung, Rdn. 383; a.A. insoweit: MüKo/ *Smid*, § 829 Rdn. 13.

27 a) Ist eine dem Zugriff der deutschen Gerichtsbarkeit nicht unterliegende Forderung[69] gepfändet worden, ist die Pfändung **nichtig,** es ist also weder Verstrickung eingetreten noch ein Pfändungspfandrecht begründet worden.[70]

28 b) Ebenso **nichtig** ist die Pfändung eines künftigen Steuererstattungsanspruchs entgegen § 46 Abs. 6 AO.[71] Nähme man hier Anfechtbarkeit oder aufschiebend (– durch das Entstehen des Erstattungsanspruchs –) bedingte Wirksamkeit der Pfändung an, so würde der Zweck der Norm, die Finanzverwaltung zu entlasten und sie von der Beachtung derartiger künftiger Vorgänge freizustellen, verfehlt.

29 c) Dagegen führt die Verletzung des § 851 Abs. 1 ZPO und der besonderen Unpfändbarkeitsregeln der §§ 850 a ff. ZPO zunächst zur – **lediglich anfechtbaren**[72] – Verstrickung der Forderung, die vom Schuldner und vom Drittschuldner bis zu ihrer Aufhebung auf ein Rechtsmittel hin zu beachten ist. Dagegen entsteht abweichend von den Regeln zur Pfändung unpfändbarer beweglicher Sachen **kein Pfändungspfandrecht.**[73] Der Grund hierfür liegt in den §§ 400, 1274 Abs. 2 BGB. Da das Pfändungspfandrecht grundsätzlich ein bürgerlich-rechtliches Pfandrecht ist,[74] wenn seine Entstehung auch zugleich auf öffentlich-rechtlichen Tatbeständen beruht, müssen die genannten bürgerlichrechtlichen Vorschriften bereits bei der Entstehung des Pfändungspfandrechts an Forderungen insoweit durchschlagen, als die ZPO keine Sonderregelungen (– wie in § 851 Abs. 2 ZPO –) enthält: Was der Schuldner selbst mit Zustimmung seines Drittschuldners nicht freiwillig verpfänden kann, kann er auch nicht durch Unterlassen eines vollstreckungsrechtlichen Rechtsbehelfs zur Haftungsgrundlage für seine Schulden bestimmen. Da es nach der Pfändung und Verwertung einer nach §§ 851 Abs. 1, 850 a ff. ZPO unpfändbaren Forderung an einem Rechtsgrund für das Behaltendürfen des Vollstreckungserlöses fehlt,[75] muß der Gläubiger diesen Vermögenszuwachs als ungerechtfertigte Bereicherung nach § 812 Abs. 1 BGB an den Schuldner zurückerstatten.[76] Der Gläubiger kann gegen diesen Anspruch nicht mit seiner titulierten Forde-

---

69 Oben Rdn. 21.
70 Zur Nichtigkeit einer Pfändung allgemein siehe: vor §§ 803, 804 Rdn. 4, 5.
71 Heute h. M.; vergl. *Baur/Stürner,* Rdn. 30.4; *Borggreve,* JurBüro 1979, 145; MüKo/*Smid,* § 829 Rdn. 13; *Rosenberg/Schilken,* § 54 I 1 a, dd; *Stein/Jonas/Brehm,* § 829 Rdn. 9; *Stöber,* Forderungspfändung, Rdn. 370; *Tiedtke,* NJW 1979, 1640; OLG Frankfurt, Rpfleger 1978, 229; OLG Schleswig, Rpfleger 1978, 387.
72 Wie hier, wenn auch mit teilweise unterschiedlicher Begründung: *Baur/Stürner,* Rdn. 24.34; *Brox/Walker,* Rdn. 539; *Bruns/Peters,* § 25 V; *Gerhardt,* § 9 II 3 b; *Rosenberg/Schilken,* § 54 I 1 c; *Stöber,* Forderungspfändung, Rdn. 750; a.A. (auch keine Verstrickung): *Stein/Jonas/Brehm,* § 850 Rdn. 19; a. A. (Nichtigkeit der Pfändung): *Henckel,* ZZP 1971, 453.
73 Wie hier: *Baur/Stürner,* Rdn.24.34; *Bruns/Peters,* § 20 III 2 d, bb; *Gerhardt,* § 9 II 3 b; *Rosenberg/Schilken,* § 54 I 1 c; a. A. die Vertreter der sog. öffentlich-rechtlichen Pfändungspfandrechtstheorie; siehe insoweit: vor §§ 803, 804 Rdn. 11.
74 Siehe dazu im einzelnen: vor §§ 803, 804 Rdn. 13, 14.
75 Dazu, daß allein das Pfändungspfandrecht die causa für das Behaltendürfen des Vollstreckungserlöses ist, siehe im einzelnen: vor §§ 803, 804 Rdn. 15.
76 A. A. insoweit *Stöber,* Forderungspfändung, Rdn. 750.

*Pfändung von Geldforderungen* § 829

rung aufrechnen, da ansonsten letztlich das Übertragungsverbot doch umgangen würde. § 394 BGB ist insoweit entsprechend anzuwenden.[77]

d) Auch die Nichtbeachtung der Unpfändbarkeit von Sozialleistungen führt lediglich zur Anfechtbarkeit einer dennoch erfolgten Pfändung. Es gilt insoweit das zur Mißachtung der §§ 850 a ff. ZPO Dargestellte[78] entsprechend. 30

IV. Die praktische Durchführung der Forderungspfändung: 1. Erforderlich ist zunächst ein **Antrag** des Gläubigers. Obwohl eine bestimmte Form nicht vorgeschrieben ist, der Antrag also auch mündlich zu Protokoll der Geschäftsstelle erklärt werden kann, ist es schon, um Rückfragen und Verzögerungen zu vermeiden, ratsam, die gängigen im Handel erhältlichen Antragsformulare zu benutzen. Im Antrag ist die zu pfändende Forderung nach Anspruchsgrund und Drittschuldner so genau anzugeben, daß diese Angaben in den Pfändungsbeschluß übernommen werden können[79] und dort dem Bestimmtheitserfordernis[80] genügen. Soll die bezeichnete Forderung nicht in voller Höhe gepfändet werden, sondern nur wegen eines Teilbetrages, ist dieser genau zu bezeichnen.[81] Wird die Vollstreckung nicht wegen des titulierten Anspruchs insgesamt betrieben, sondern nur wegen eines Teilbetrages und/oder eines Teiles der (näher bezeichneten) Vollstreckungskosten, so kann das Vollstreckungsgericht vor Erlaß des Pfändungsbeschlusses vom Gläubiger nicht verlangen, daß dieser eine dem § 367 BGB entsprechende Abrechnung vorlegt in Form einer ins einzelne gehenden Forderungsaufstellung einschließlich der einschlägigen Belege.[82] Es genügt vielmehr die Angabe des Betrages der Hauptforderung, der Zinsen und der Kosten, der beigetrieben werden soll. Soweit zur Errechnung der Zinsen erforderlich, sind die Daten zwischenzeitlich geleisteter Teilzahlungen mitzuteilen. Die Kosten sind darüberhinaus, soweit sie nicht bereits gesondert tituliert sind,[83] zu belegen.[84] Es gilt hier insgesamt nichts anderes als bei einem auf eine Restforderung beschränkten Vollstreckungsauftrag an den Gerichtsvollzieher.[85] Dem Antrag beizufügen sind der Titel in vollstreckbarer Ausfertigung, soweit nicht ausnahmsweise eine Klausel entbehrlich ist,[86] der Zustellungsnachweis, sowie die Nachweise über das Vorliegen der jeweiligen besonderen Vollstreckungsvoraussetzungen des konkreten Titels (z. B. §§ 751 Abs. 2, 765 ZPO). Ergeht 31

---

77 Wie hier: *Gerhardt*, § 9 II 3 b.
78 Oben Rdn. 29.
79 Die gängigen Formulare überbürden dem Gläubiger sowieso die Last des Entwurfs eines Pfändungsbeschlusses.
80 Näheres hierzu unten Rdn. 37.
81 Ansonsten ist die Forderung in voller Höhe gepfändet, auch wenn die titulierte Forderung niedriger ist als die gepfändete; vergl. BGH, NJW 1975, 738. Bestehen ernsthafte Zweifel, in welcher Höhe die Forderung gepfändet sein soll, ist die Pfändung nichtig: OLG Frankfurt, MDR 1977, 676.
82 So aber LG Gießen, Rpfleger 1985, 245; LG Paderborn, Rpfleger 1987, 318.
83 Zu dieser Möglichkeit siehe: § 788 Rdn. 21.
84 Wie hier LG Braunschweig, Rpfleger 1974, 29 und Rpfleger 1978, 461; LG Kaiserslautern, DGVZ 1982, 157; LG Kassel, DGVZ 1987, 44; *Stöber*, Forderungspfändung, Rdn. 464; siehe ferner: § 788 Rdn. 20.
85 Siehe insoweit: § 753 Rdn. 4 mit zahlreichen Nachweisen zum Meinungsstand.
86 Siehe insoweit: vor §§ 724–734 Rdn. 4.

Schuschke

der Pfändungsbeschluß allerdings unzulässigerweise ohne diese Nachweise, ist er nicht nichtig, sondern nur anfechtbar.[87] Wird der Antrag von einem Bevollmächtigten des Gläubigers gestellt, ist die Vollmacht nachzuweisen. Ist der Bevollmächtigte ein Anwalt, gelten aber § 88 Abs. 1 und 2 ZPO. Wird der Pfändungsbeschluß aufgrund des Antrages eines vollmachtlosen Vertreters erlassen, ist er nicht nichtig.[88] Der Gläubiger kann den Antrag nachträglich genehmigen. Geschieht dies nicht, kann der Pfändungsbeschluß vom Gläubiger, Schuldner und Drittschuldner angefochten werden.

32    2. **Vor der Entscheidung** über den Antrag **prüft** das Vollstreckungsgericht das Vorliegen der allgemeinen und besonderen Vollstreckungsvoraussetzungen und deren gehörigen Nachweis. Ob die zu pfändende Forderung besteht, wird dagegen grundsätzlich nicht überprüft. Das Gericht pfändet stets nur die »angebliche« Forderung des Schuldners gegen den Drittschuldner.[89] Da jedoch kein Rechtschutzbedürfnis dafür besteht, offensichtlich ins Leere gehende gerichtliche Entscheidungen zu erwirken, ist der Antrag ausnahmsweise dann zurückzuweisen, wenn die zu pfändende Forderung schon nach den eigenen Angaben des Gläubigers offensichtlich nicht bestehen kann[90] oder ersichtlich ist, daß der Gläubiger ohne jeden Anhaltspunkt für eine Forderung einfach ins Blaue hinein pfänden lassen will.[91] Offensichtlichkeit der Nichtexistenz der Forderung ist nicht mehr zu bejahen, wenn das Gericht diffizilere rechtliche Erwägungen anstellen muß, um die Möglichkeit einer derartigen Forderung zu verneinen.

33    Materiellrechtliche Einwendungen gegen die titulierte Forderung spielen wie auch sonst in der Zwangsvollstreckung bei der Pfändung keine Rolle.[92] Das Gericht hat von der Rechtmäßigkeit des Vollstreckungstitels auszugehen, auch wenn zwischenzeitlich ein Rechtsmittelverfahren läuft. Das gilt auch dann, wenn der Schuldner Verfassungsbeschwerde gegen den Titel erhoben hat.[93]

34    3. Vor der Entscheidung über den Antrag ist der Schuldner grundsätzlich **nicht** (§ 834 ZPO), der Drittschuldner aber nie **zu hören**. Abweichend vom Grundsatz des § 834 ZPO ist der Schuldner dennoch dann anzuhören, wenn eine nur bedingt pfändbare Forderung (§ 850 b Abs. 3 ZPO) oder eine grundsätzlich unpfändbare Forderung aufgrund von Ausnahmebestimmungen (z. B. § 850 f Abs. 2 ZPO oder § 54 Abs. 2 SGB I) im Einzelfall doch gepfändet werden soll, der Gläubiger aber die Voraussetzungen der Pfändbarkeit nicht von sich aus darlegen kann. Da in diesen Ausnahmefällen eine individuelle Abwägung der konkreten Gläubiger- und Schuldnerinteressen erforderlich ist, muß dem Schuldner Gelegenheit gegeben werden, seine Interessen darzulegen, wenn der Gläubiger dies nicht schon in seinem Antrag nachvollziehbar getan hat. Er

---

87 BGHZ 66, 79.
88 OLG Saarbrücken, Rpfleger 1991, 513.
89 Allgem. Meinung; beispielhaft: *Stein/Jonas/Brehm*, § 829 Rdn. 37; *Stöber*, Forderungspfändung, Rdn. 485 a.
90 OLG Hamm, Rpfleger 1956, 197; LG Kempten-Allgäu, Rpfleger 1968, 291 mit Anm. von *Mes*; OLG Frankfurt, Rpfleger 1978, 229.
91 Siehe oben Rdn. 13.
92 Bedenklich deshalb: LG Frankenthal, Rpfleger 1985, 245; OLG Köln, Rpfleger 1984, 29.
93 LG Bochum, Rpfleger 1985, 448.

*Pfändung von Geldforderungen* § 829

kann damit nicht erst auf das Rechtsmittel verwiesen werden.[94] Beantragt der Gläubiger in sonstigen Fällen abweichend von § 834 ZPO die vorherige Anhörung des Schuldners, etwa um von ihm nähere Angaben zur Spezifikation der zu pfändenden Forderung zu erhalten, ist dem stattzugeben, da das Anhörungsverbot allein den Interessen des Gläubigers dient.[95]

4. Das Pfändungsersuchen ist, auch wenn die allgemeinen und besonderen Vollstreckungsvoraussetzungen vorliegen und die zu pfändende Forderung schlüssig behauptet ist,[96] zurückzuweisen, wenn es sich als **rechtsmißbräuchlich** erweist. Rechtsmißbräuchlich sind insbesondere reine Ausforschungs- und Verdachtspfändungen, bei denen die Pfändung selbst im Hintergrund steht und die in erster Linie der bloßen Ermittlung von Schuldnervermögen dienen.[97] Der Gläubiger ist in einem solchen Fall auf den Weg der eidesstattlichen Versicherung zu verweisen. Dagegen ist die Pfändung nicht rechtsmißbräuchlich, wenn sie zwar erkennbar vorläufig zu keinem Erfolg führen wird, weil der Schuldner derzeit nur über ein unter der Freigrenze des § 850 c ZPO liegendes Einkommen verfügt, aber dem Gläubiger für den Fall künftiger Einkommenssteigerungen den Rang sichert.[98] Hat der Gläubiger sich unter Zuhilfenahme unredlicher Methoden (Verleitung zum Bruch des Bankgeheimnisses, Mißachtung datenschutzrechtlicher Bestimmungen) Kenntnis von der Pfändung unterliegenden Forderungen des Schuldners, die ihm sonst nicht bekannt geworden wären, verschafft, so steht einem auf diesem Wissen basierenden Pfändungsgesuch nicht die Einrede des Rechtsmißbrauchs entgegen.[99] Denn der Gläubiger hat grundsätzlich Anspruch darauf, sich aus dem gesamten der Vollstreckung unterliegenden Vermögen des Schuldners zu befriedigen. Der Schuldner müßte es ihm im Verfahren der eidesstattlichen Versicherung selbst offenlegen. Gereicht einem Gläubiger das Gebrauchmachen von einem aus nachträglicher Sicht zu Unrecht erlangten Urteil nicht zum rechtlichen Vorwurf,[100] dann handelt er schließlich auch nicht rechtsmißbräuchlich, wenn er zur Befriedigung des titulierten Anspruchs die Pfändung des Ersatzanspruchs des Schuldners gegen dessen Anwalt, der im Vorprozeß ein Rechtsmittel versäumt hat, beantragt und diesen Ersatzanspruch damit begründet, das im Vorprozeß ergangene – jetzt zu vollstreckende – Urteil sei unrichtig.[101]

5. Die Pfändung wird durch **Beschluß** ausgesprochen. Dann, wenn der Schuldner zu dem Zweck angehört wurde, die individuellen Interessen beider Parteien konkret abwägen zu können, ist der Beschluß, der das Ergebnis dieser Abwägung enthält, zu begründen.[102] Im übrigen ist keine Begründung vorgeschrieben. Die gängigen Formulare

35

36

---

94 Einzelheiten: § 834 Rdn. 4.
95 OLG Celle, MDR 1972, 958; Einzelheiten: § 834 Rdn. 3.
96 Siehe oben Rdn. 32.
97 LG Hannover, ZIP 1985, 60; OLG München, OLGZ 1991, 322; siehe auch oben Rdn. 13.
98 OLG Celle, NdsRpfl 1953, 108.
99 BGH, DB 1973, 1987.
100 Zum Anspruch aus § 826 BGB auf Unterlassen der Zwangsvollstreckung aus einem vorwerfbar zu Unrecht erlangten Titel, siehe Anh. § 767 Rdn. 2 ff.
101 BGH, VersR 1982, 975.
102 Allgem. Meinung; beispielhaft: LG Wiesbaden, Rpfleger 1981, 491; LG Düsseldorf, Rpfleger 1983, 255; *Stöber*, Forderungspfändung, Rdn. 476; *Thomas/Putzo*, § 829 Rdn. 19.

sehen deshalb hierfür auch keinen Platz vor. Der Tenor des Beschlusses muß nach § 829 **Abs. 1** drei wesentliche Elemente enthalten: Die eigentliche Anordnung, daß eine konkret bezeichnete Forderung gepfändet sei; das Verbot gegenüber dem Drittschuldner, an den Schuldner zu zahlen; das Gebot an den Schuldner, sich jeder Verfügung über die Forderung, insbesondere ihrer Einziehung zu enthalten.

37 a) Die gepfändete Forderung muß in dem Beschluß so genau bezeichnet werden, daß sowohl der Schuldner und der Drittschuldner als auch unbeteiligte Dritte – also etwa weitere an der Vollstreckung interessierte Gläubiger – keine vernünftigen Zweifel haben dürfen, welche konkrete Forderung gemeint ist (sog. **Bestimmtheitsgrundsatz**).[103] Der Bestimmtheitsgrundsatz dient dem nämlichen Zweck wie das Erfordernis der deutlichen Kenntlichmachung bei der Pfändung beweglicher Sachen: Die Beschlagnahme soll jedem Interessierten offenkundig sein. Ist nicht sicher feststellbar, welche Forderung beschlagnahmt ist, so ist die Pfändung **nichtig**. Immer dann, wenn berechtigte Zweifel offen bleiben, ist gegen den Vollstreckungsgläubiger zu entscheiden. So erfaßt ein Pfändungsbeschluß z. B. künftige Forderungen, wenn nicht § 832 ZPO eingreift, nur, wenn sich aus dem Beschluß selbst entnehmen läßt, daß er sich auch auf diese künftigen Forderungen (z. B. auf die künftigen Salden des gepfändeten Kontokorrentkontos) erstreckt.[104]

Zur Auslegung des Pfändungsbeschlusses, um die beschlagnahmte Forderung zu bestimmen, dürfen Umstände, die nicht in der Beschlußurkunde selbst enthalten sind, nicht herangezogen werden; denn sie sind nicht jedem Dritten, der sich über die Beschlagnahme informieren will, jederzeit zugänglich. Die gerade im Vollstreckungsverfahren erforderliche erhöhte Rechtssicherheit wäre nicht gewährleistet. Da der Gläubiger allerdings die Vermögensverhältnisse des Schuldners selten im Detail kennen wird, dürfen die Anforderungen an die hinreichende Bestimmtheit der Angabe der gepfändeten Forderung nicht überspitzt werden.[105]

So werden in der Rechtsprechung folgende Bezeichnungen als noch **hinreichend bestimmt** angesehen: alle Ansprüche »auf Lohn, Gehalt oder sonstiges Arbeitseinkommen«;[106] alle Ansprüche »aus Lieferungen und Leistungen« gegen einen bestimmten Besteller, auch wenn der Werkunternehmer für diesen Besteller teilweise als Haupt- und teilweise als Subunternehmer tätig war;[107] »alle Guthaben sämtlicher von dem

---

103 Im Grundsatz allgemeine Meinung: BGHZ 13, 42; BGH, MDR 1965, 738; WM 1970, 848; NJW 1975, 980; Rpfleger 1978, 247; NJW 1983, 486; NJW 1988, 2543; BSG, NJW 1984, 256; LAG Hamm, BB 1965, 1189; OLG Hamburg, MDR 1971, 141; OLG Düsseldorf, Rpfleger 1978, 265; OLG Köln, OLGZ 1979, 485; OLG Stuttgart, MDR 1979, 324; KG, JurBüro 1981, 784; OLG Frankfurt, NJW 1981, 468; LG Köln, ZIP 1980, 114; LG Frankenthal, Rpfleger 1981, 445; LG Bochum, NJW 1986, 3149; LG Limburg, NJW 1986, 3148; LG Bielefeld, Rpfleger 1987, 116; LG Aachen, Rpfleger 1991, 326; OLG Stuttgart, WM 1994, 1140; LG Landshut, JurBüro 1994, 307.
104 OLG Karlsruhe, NJW-RR 1993, 242.
105 BGH, WM 1965, 517; NJW 1980, 584; NJW 1983, 886.
106 BAG, JurBüro 1975, 904; LAG Frankfurt, NZA 1988, 660; siehe auch § 850 Rdn. 17.
107 BGH, NJW 1983, 886; OLG Köln, MDR 1970, 150; ähnlich auch der Tenor, mit dem der BGH, NJW 1986, 977 sich zu befassen hatte.

Drittschuldner geführten Konten des Schuldners«,[108] selbst wenn daneben ein Konto mit konkreter Nummer bezeichnet wird; »alle Steuererstattungsansprüche des Schuldners« gegen ein genau bezeichnetes Finanzamt;[109] die Ansprüche an den Drittschuldner auf »Rückübertragung aller gegebenen Sicherheiten«;[110] der Anspruch des Schuldners auf »Arbeitslosengeld und/oder -hilfe«.[111]

Dagegen wurden als **zu unbestimmt** folgende Angaben beurteilt: alle Forderungen »aus jedem Rechtsgrund«;[112] »alle Ansprüche auf Zahlungen jeglicher Art aus laufender Geschäftsverbindung«[113], Ansprüche aus der Nichtvalutierung von Grundschulden, falls die Grundschulden nicht grundbuchmäßig genau bezeichnet sind;[114] Ansprüche auf »Zahlung sämtlicher Geldleistungen nach dem AFG«[115] oder »auf Zahlung aller Leistungen des Arbeitsamtes«;[116] alle »Ansprüche aus Sozialversicherung«;[117] alle Ansprüche gegen die Hinterlegungsstelle aus »sämtlichen den Schuldner betreffenden Hinterlegungsgeschäften«;[118,119] die Ansprüche »auf Rückübertragung von Sicherheiten«;[120] die angebliche Forderung eines Bundeslandes gegen den Bund »aus Haushaltsmitteln«.[121]

b) Neben dem Rechtsgrund der Forderung muß ihr Schuldner – also der Drittschuldner – im Pfändungsbeschluß so genau bezeichnet sein, daß er jedenfalls bei verständiger Auslegung unzweifelhaft festgestellt werden kann.[122] Soweit allerdings eine solche Bestimmung durch Auslegung zweifelsfrei möglich ist, etwa aus dem im Beschluß angegebenen Schuldgrund (Rechnungsnummer, Aktenzeichen, Daten usw.) heraus, beeinträchtigen unrichtige oder unvollständige Angaben zum Namen, zur Rechtsform oder zur Adresse des Drittschuldners die Wirksamkeit des Pfändungsbeschlusses nicht[123].

38

---

108 BGH, NJW 1988, 2543; LG Oldenburg, Rpfleger 1982, 112; LG Frankenthal, Rpfleger 1981, 445; LG Berlin, Rpfleger 1971, 262.
109 OLG Stuttgart, Justiz 1979, 98; bedenklich weit; a. A. (zu unbestimmt): BFH, NJW 1990, 2645 mit abl. Anm. von *Grunsky* in EWiR 1989, 1245.
110 LG Berlin, Rpfleger 1976, 223; LG Bielefeld, Rpfleger 1987, 116; LG Dachau, Rpfleger 1990, 215; LG Berlin Rpfleger 1991, 28; siehe auch BGH, NJW 1981, 1505 (Anspruch »auf Auszahlung des Überschusses aus Verwertung der gegebenen Sicherheiten«); a.A. insoweit: LG Aachen, Rpfleger 1991, 326; LG Landshur, JurBüro 1994, 307.
111 LG Würzburg, Rpfleger 1978, 388.
112 BGHZ 13, 42.
113 OLG Stuttgart, WM 1994, 1140.
114 BGH, NJW 1975, 980.
115 BSG, NJW 1984, 256.
116 OLG Düsseldorf, Rpfleger 1978, 265; BSG, SGb 1993, 70 mit Anm. von *Schuler*.
117 OLG Köln, OLGZ 1979, 485; AG Groß-Gerau, MDR 1985, 680; AG Heidelberg, MDR 1985, 680.
118 OLG Frankfurt, NJW 1981, 468.
119 KG, Rpfleger 1981, 240.
120 LG Köln, ZIP 1980, 114; LG Limburg, NJW 1986, 3148.
121 LG Mainz, Rpfleger 1974, 166.
122 BGH, MDR 1961, 408; BGH, NJW 1967, 821; AG Moers, MDR 1976, 410.
123 LAG Köln, NZA 1994, 912.

§ 829            *Pfändung von Geldforderungen*

Fehlt im Beschluß das Verbot an den Drittschuldner, an den Schuldner zu zahlen, so ist die Pfändung (– abgesehen von den Fällen des § 857 Abs. 2 ZPO –) unheilbar nichtig.[124] Es kann also nicht nachgeschoben werden, sondern es muß insgesamt ein neuer Pfändungsbeschluß erlassen werden.

39    c) Der im Pfändungsbeschluß angegebene Gläubiger der zu pfändenden Forderung muß notwendig mit dem Vollstreckungsschuldner identisch sein. Sind die in den Beschluß aufgenommenen Angaben zum Vollstreckungsschuldner so dürftig oder unrichtig, daß der Drittschuldner auch bei verständiger Auslegung nicht ermitteln kann, um welche Forderung es sich handelt (z. B. bei zahlreichen Arbeitnehmern mit gleichem Namen, die alle nicht unter der angegebenen Adresse wohnen), ist die Pfändung nichtig.[125] Das Gebot an den Vollstreckungsschuldner, sich jeder Verfügung über die Forderung zu enthalten, ist zwar nach Abs. 1 zwingender Bestandteil des Pfändungsbeschlusses, abgesehen von den Fällen des § 857 Abs. 2 ZPO aber nicht Wirksamkeitsvoraussetzung der Pfändung. Es kann deshalb, wenn es vergessen wurde, nachgeholt werden.

40    d) Die übrigen in den Formularen für Pfändungsbeschlüsse vorgesehenen Details, insbesondere die in allen Einzelheiten zutreffende Angabe des Vollstreckungstitels, sind nicht Wirksamkeitsvoraussetzung der Pfändung. So ist es ohne Einfluß, wenn etwa Aktenzeichen oder Datum des Titels fehlen oder Schreibfehler aufweisen.[126] Angaben über für die zu pfändende Forderung etwa bestehende Sicherheiten sind nicht erforderlich, aber auch unschädlich, sollten sie unzutreffend sein.[127] Der Angabe der Anschrift des Vollstreckungsgläubigers bedarf es ausnahmsweise dann nicht, wenn die Identität des Gläubigers für alle Beteiligten zweifelsfrei feststeht, schutzwürdige Interessen des Gläubigers die Geheimhaltung seiner Anschrift erfordern (– die geschiedene Ehefrau will sich vor körperlichen Mißhandlungen durch ihren früheren Ehemann, den Vollstreckungsschuldner, schützen –) und schutzwürdige Belange des Vollstreckungsschuldners durch die fehlende Adressenangabe nicht beeinträchtigt werden (– etwa weil die Adresse eines Prozeßbevollmächtigten angegeben ist, dem notfalls Klagen nach §§ 323, 767 ZPO zugestellt werden können –).[128]

41    e) Sind in ein und demselben Antrag des Gläubigers wegen des nämlichen titulierten Anspruchs die Pfändung und Überweisung mehrerer Forderungen des Schuldners gegen verschiedene Drittschuldner beantragt, so steht es im pflichtgemäßen Ermessen des Vollstreckungsgerichts, ob es den Antrag in einem einzigen Beschluß bescheidet (– der dann in je einer gesonderten Ausfertigung den einzelnen Drittschuldnern zuzustellen ist –) oder ob es die Verfahren trennt und mehrere eigenständige Beschlüsse erläßt.[129]

---

124 So schon RGZ 30, 325.
125 LAG Rheinland/Pfalz, BB 1968, 709; OLG Stuttgart, WM 1993, 2020.
126 LAG Düsseldorf, DB 1968, 1456.
127 LG Frankfurt, Rpfleger 1976, 26.
128 KG, FamRZ 1995, 311.
129 KG, Rpfleger 1976, 327. Nach dem Entwurf der 2. Zwangsvollstreckungsnovelle (BT-Drucks. 13/341) soll künftig die Pfändung in einem Beschluß jedenfalls dann die Regel sein, wenn der Gläubiger dies beantragt (neuer § 829 Abs. 1 S. 2).

***Pfändung von Geldforderungen*** § 829

Umgekehrt kann das Gericht auch mehrere Anträge zusammenfassen, die Forderungen des Vollstreckungsschuldners gegen den nämlichen Drittschuldner betreffen, zusammenfassen und in einem einzigen Pfändungsbeschluß bescheiden.[130] Die Parteien haben keinen Anspruch darauf, daß das Gericht immer den für sie kostengünstigsten Weg wählt.

**6. Die Zustellung des Beschlusses (Abs. 2 und Abs. 3): a)** Dem beantragenden Gläubiger ist der Beschluß gem. § 329 Abs. 2 ZPO formlos mitzuteilen, wenn er dem Pfändungsantrag in vollem Umfang stattgibt; er ist ihm förmlich zuzustellen (§ 329 Abs. 3 ZPO), wenn durch ihn der Antrag ganz oder teilweise abgelehnt wird. 42

b) Dem Drittschuldner wird der Beschluß nicht von amtswegen zugestellt, sondern nur auf Betreiben des Gläubigers. Dieser kann aber die Geschäftsstelle um Vermittlung der Zustellung ersuchen. Dieses Ersuchen kann schon vorab mit dem Pfändungsantrag gestellt werden.[131] Die Geschäftsstelle schaltet dann entweder gem. §§ 166, 168 ZPO den Gerichtsvollzieher ein (Regelfall) oder ersucht gem. §§ 196, 166 Abs. 2 ZPO unmittelbar die Post um die Bewirkung der Zustellung. Hinsichtlich der Durchführung der Zustellung gelten die allgemeinen Regeln, sodaß grundsätzlich auch eine Ersatzzustellung in Betracht kommt. Allerdings muß § 185 ZPO entsprechend im Verhältnis vom Schuldner zum Drittschuldner Anwendung finden.[132] Dies gebieten schon die schwerwiegenden Folgen, die aus der Nichtbeachtung des Pfändungsbeschlusses für den Drittschuldner erwachsen können. Ein möglicher Schadensersatzanspruch gegen den Schuldner wegen Nichtweiterleitung des Beschlusses ist wirtschaftlich oft bedeutungslos und deshalb allein kein hinreichender Schutz des Drittschuldners. Eine öffentliche Zustellung an den Drittschuldner ist immer unzulässig.[133] Er ist nicht Partei i. S. des § 203 ZPO. Die Zustellung darf nur an den im Pfändungsbeschluß konkret bezeichneten Drittschuldner erfolgen, nicht etwa auch an dessen »Nachfolger« (z. B. den neuen Arbeitgeber bei einem Arbeitsplatzwechsel des Schuldners).[134] Dem Drittschuldner ist eine korrekte, unverkürzte Ausfertigung des Pfändungsbeschlusses zuzustellen,[135] damit die Pfändung wirksam werden kann. Die Ausfertigung muß, um die Wirkung des Abs. 3 herbeizuführen, auch den Rechtspfleger, der den Beschluß erlassen hat, erkennen lassen.[136] Bei mehreren Drittschuldnern als Gesamtschuldnern ist der Beschluß jedem von ihnen einzeln zuzustellen. Er wird wirksam (Abs. 3) erst mit der Zustellung an den letzten Drittschuldner. 43

---

130 LG Detmold, Rpfleger 1991, 427.
131 Es ist deshalb auf den gängigen Antragsformularen als Möglichkeit vorgesehen.
132 Wie hier: BAG, NJW 1981, 1399; ArbG Hamburg, BB 1969, 405; OLG Hamm, NJW 1994, 1036; *Brox/Walker*, Rdn. 508; MüKo/*Smid*, § 829 Rdn. 29; *Thomas/Putzo*, § 185 Rdn. 2; a. A. (auch Ersatzzustellung an den Schuldner möglich): Noack, DGVZ 1981, 33; *Stein/Jonas/Brehm*, § 829 Rdn. 56; *Stöber*, Forderungspfändung, Rdn. 530.
133 Ganz allgem. Meinung; beispielhaft: *Schack*, Rpfleger 1980, 176; *Stein/Jonas/Brehm*, § 829 Rdn. 57; *Stöber*, Forderungspfändung, Rdn. 531.
134 AG Stuttgart, DGVZ 1973, 61.
135 ArbG Saarbrücken, FamRZ 1967, 689.
136 BGH, NJW 1981, 2256.

**44** Nur bei mangelfreier Zustellung an den Drittschuldner (– abgesehen von den Fällen des § 857 Abs. 2 ZPO –) wird die Forderung wirksam gepfändet (**Abs. 3**). Eine Heilung von Zustellungsmängeln nach § 187 ZPO ist zwar möglich,[137] sie wirkt aber nie zurück. Dies macht es für den Gläubiger u. U. sehr schwierig, den Rang seines Pfandrechts richtig zu bestimmen. Es empfiehlt sich deshalb, bei Feststellung von Zustellungsmängeln sofort eine Neuzustellung zu veranlassen. Nach § 173 Abs. 5 GVGA muß der Gerichtsvollzieher, wenn er feststellt, daß die von ihm veranlaßte Zustellung durch die Post mangelhaft war, von amtswegen selbst umgehend die erneute Zustellung vornehmen.

**45** c) Die Zustellung des Pfändungsbeschlusses an den Schuldner ist nach erfolgter Zustellung an den Drittschuldner ohne weiteren Zustellungsauftrag, ja sogar, wenn der Gläubiger dem widerspricht[138], von amtswegen vorzunehmen, es sei denn, daß ausnahmsweise eine öffentliche Zustellung erforderlich ist. Letztere erfolgt nur auf Antrag des Gläubigers. War die Zustellung an den Drittschuldner durch den Gerichtsvollzieher erfolgt, so führt dieser auch die Zustellung an den Schuldner durch. Neben dem Pfändungsbeschluß muß dem Schuldner auch eine (in der Regel vom Gerichtsvollzieher hergestellte) beglaubigte Abschrift der Urkunde über die Zustellung an den Drittschuldner zugestellt werden. Hatte die Geschäftsstelle die Zustellung unmittelbar durch die Post veranlaßt (§ 196 ZPO), so hat sie in gleicher Weise für die Zustellung an den Schuldner von amtswegen Sorge zu tragen. Müßte die Zustellung an den Schuldner (– durch den Gerichtsvollzieher oder auf Veranlassung der Geschäftsstelle –) im Ausland erfolgen, so werden die Schriftstücke stattdessen einfach zur Post aufgegeben (Abs. 2 S. 4 i. V. m. § 175 ZPO). Die Zustellung an den Schuldner ist kein Wirksamkeitserfordernis der Pfändung. Deshalb haben auch Zustellungsmängel keine Auswirkungen auf die Pfändung. Umgekehrt kann eine wirksame fehlerfreie Zustellung an den Schuldner Zustellungsmängel im Verhältnis zum Drittschuldner nicht heilen.

**46** 7. Ein und dieselbe Forderung kann auch **mehrfach gepfändet** werden, sowohl für den nämlichen Gläubiger, als auch für unterschiedliche Gläubiger. Die Zweitpfändung und die folgenden Pfändungen erfolgen in der gleichen Weise wie die Erstpfändung. Es gibt also kein dem § 826 ZPO bei der Anschlußpfändung beweglicher Sachen vergleichbares vereinfachtes Verfahren. Der Rang der Pfandrechte an der Forderung richtet sich nach dem jeweiligen Zeitpunkt des Wirksamwerdens (Abs. 3) der einzelnen Pfändungen. Gleichzeitigkeit bewirkt Ranggleichheit. Bei der Pfändung einer Forderung gegen eine Bank, über die ein Sparbuch ausgestellt ist, ist der Zeitpunkt maßgeblich, in dem die einzelnen Pfändungsbeschlüsse zugestellt wurden, nicht etwa der spätere Zeitpunkt, in dem der Gerichtsvollzieher (– dann meist im Auftrag aller Gläubiger zugleich –) im Wege der Hilfspfändung dem Schuldner das Sparbuch weggenommen hat.[139]

**47** V. **Die Wirkungen der Pfändung:** 1. Die Pfändung kann Rechtswirkungen nur erzeugen, wenn die im Pfändungsbeschluß umschriebene »angebliche« Forderung auch

---

137 BGH, NJW 1980, 1754; OLG Zweibrücken, OLGZ 1978, 108.
138 *Stöber*, Forderungspfändung, Rdn. 536; MüKo/*Smid*, § 829 Rdn. 31.
139 AG Berlin-Charlottenburg, DGVZ 1992, 62.

tatsächlich besteht bzw. aufgrund des zur Zeit der Pfändung schon bestehenden Rechtsgrundes auch tatsächlich künftig zur Entstehung gelangt. Die im Beschluß umschriebene Forderung besteht nicht nur dann nicht, wenn der angegebene Rechtsgrund unzutreffend ist (– der Schuldner unterhält kein Bankkonto bei der Drittschuldnerin; er ist beim Drittschuldner nicht mehr als Arbeitnehmer beschäftigt; usw. –) oder die Forderung bereits durch Erfüllung erloschen war, sondern auch, wenn die ursprünglich dem Schuldner zustehende Forderung bereits vor der Pfändung an einen Dritten abgetreten war, sodaß dieser Dritte Gläubiger des Drittschuldners geworden war. Das gilt nicht nur für den Fall der endgültigen Forderungsabtretung, sondern auch für die Sicherungsabtretung.[140] Die Pfändung einer nicht dem Schuldner zustehenden Forderung, als deren Gläubiger der Schuldner aber im Pfändungsbeschluß bezeichnet wurde, geht gänzlich ins Leere. Sie bewirkt also, anders als die Pfändung schuldnerfremder beweglicher Sachen, auch keine Verstrickung.[141] Das Verhältnis des wahren Forderungsinhabers zum Drittschuldner wird durch den Pfändungsbeschluß nicht berührt.[142] Da ein nichtiger Pfändungsakt nicht durch nachträgliche Umstände geheilt werden kann,[143] sondern, um wirksam zu werden, gänzlich neu vorgenommen werden muß, wird die ursprünglich ins Leere gehende Pfändung auch nicht dadurch nachträglich wirksam, daß der Dritte sie später an den Vollstreckungsgläubiger zurückabtritt oder daß der Vollstreckungsgläubiger die Abtretung an den Dritten wegen Gläubigerbenachteiligung wirksam anficht.[144] Es bedarf auch hier eines neuen Pfändungsbeschlusses. Die Beweislast dafür, daß die Pfändung ins Leere gegangen war, daß er also zur Zahlung an den Vollstreckungsgläubiger nicht verpflichtet ist, trifft im Einziehungsprozeß den Drittschuldner.[145] Von dem zuvor angesprochenen Fall zu unterscheiden ist der, daß der Gläubiger in Kenntnis der Abtretung die künftige Forderung seines Schuldners gegen den Drittschuldner pfändet für den Fall, daß die Forderung an den Schuldner zurückabgetreten wird. Hier erfaßt die Pfändung die Forderung im Zeitpunkt der Rückabtretung.[146] Aus Gründen der Klarheit des Rechtsverkehrs muß allerdings im Pfändungsbeschluß deutlich gesagt sein, daß die Pfändung dieser künftigen Forderung gewollt ist. Eine schlichte Umdeutung einer ins Leere gehenden Pfändung einer abgetretenen Forderung in die Pfändung der künftigen Forderung nach Rückabtretung kommt also nicht in Betracht.

140 BGH, NJW 1956, 912; BGHZ 56, 339; BGH, DB 1976, 919; BGHZ 100, 36 mit Anm. von *Gerhardt*, JR 1987, 415, und von *Münzberg*, ZZP 1988, 436; BAG, DB 1980, 835; KG, MDR 1973, 233; OLG Hamm, Rpfleger 1962, 451; LAG Hamm, DB 1970, 114; BAG, NJW 1993, 2699 und 2701; EWiR 1993, 725; LG Münster, Rpfleger 1991, 379.
141 So aber OLG München, NJW 1955, 347.
142 KG, MDR 1973, 233. Einer Drittwiderspruchsklage, um den »Schein« einer Pfändung zu beseitigen, fehlt aber nicht das Rechtsschutzbedürfnis; vergl. § 771 Rdn. 12.
143 Siehe: vor §§ 803, 804 Rdn. 5 und 7.
144 BGHZ 56, 339; *Baumann/Brehm*, § 20 I 1 b; *Baumbach/Lauterbach/Hartmann*, § 829 Rdn. 3; *Baur/Stürner*, Rdn. 30.16; *Geib*, Die Pfandverstrickung, 1969, S. 75; *Gerhardt*, § 9 I 4 a; *Jauernig*, § 19 V 3; *Rosenberg/Schilken*, § 55 I 3; *MüKo/Smid*, § 829 Rdn. 33; *Stein/Jonas/Brehm*, § 829 Rdn. 68; *Stöber*, Forderungspfändung, Rdn. 769; A. A. aber in analoger Anwendung des § 185 Abs. 2 BGB: A. *Blomeyer*, § 55 II; *Brox/Walker*, Rdn. 615; *Denck*, DB 1980, 1396; *K. Schmidt*, ZZP 1974, 316, 326; *Tiedtke*, NJW 1972, 746; LAG Hamm, WM 1993, 84.
145 BGH, NJW 1956, 912.
146 *Rosenberg/Schilken*, § 55 I 3 a; BAG, NJW 1993, 2699.

**48** 2. Besteht die im Pfändungsbeschluß genannte Forderung, so bewirkt die Zustellung des Beschlusses[147] an den Drittschuldner deren **Verstrickung**, d. h. deren öffentliche Beschlagnahme. Diese ist die Legitimation für die weitere gerichtliche Anordnung, die den Gläubiger zur Verwertung der Forderung ermächtigt (sog. Überweisung; vergl. § 835 ZPO). Unmittelbare Folgen der Verstrickung sind das Verbot an den Drittschuldner, noch weiterhin an den Schuldner auf die Forderung zu leisten (sog. **Arrestatorium**) und ein Verfügungsverbot an den Schuldner (sog. **Inhibitorium**). Liegen auch die materiellrechtlichen Voraussetzungen für die Entstehung eines Pfändungspfandrechts vor,[148] so entsteht zudem an der Forderung ein Pfandrecht zugunsten des Gläubigers.

**49** a) Leistet der Drittschuldner verbotswidrig an den Schuldner, tritt im Verhältnis zum Gläubiger keine Erfüllungswirkung ein (§§ 135 Abs. 1, 136 BGB). Der Gläubiger kann also, sobald ihm die Forderung zur Einziehung überwiesen wurde, weiterhin Leistung an sich verlangen. Erfolgte die Leistung des Drittschuldners an den Schuldner allerdings in Unkenntnis des Arrestatoriums, muß sie der Gläubiger in entsprechender Anwendung der §§ 1275, 407, 409 BGB gegen sich gelten lassen.[149] Bei der Frage der Kenntnis muß sich der Drittschuldner das Wissen derjenigen Personen zurechnen lassen, die aufgrund ihrer Vollmacht befugt wären, im Namen des Schuldners die Leistung zu erbringen, auch wenn konkret dann ein weiterer Mitarbeiter des Schuldners die Leistung in Unkenntnis des Arrestatoriums erbringt.[150] So erhält etwa eine Behörde als Drittschuldner nicht schon bei Annahme der Zustellung durch die Posteingangsstelle Kenntnis, sondern erst, wenn das Arrestatorium dem jeweiligen Sachbearbeiter vorgelegt wird.[151] Hat der Drittschuldner vor Kenntnis von der Pfändung die zur Erfüllung gegenüber dem Schuldner erforderlichen Leistungshandlungen vorgenommen, sodaß der Erfüllungserfolg lediglich vom Tätigwerden Dritter abhängt (Gutschrift seitens der angewiesenen Bank; Aushändigung eines Postbarschecks durch den Postbeamten usw.), so ist er nach Kenntniserlangung vom Arrestatorium grundsätzlich nicht verpflichtet, den Eintritt des Leistungserfolges durch aktives Handeln noch zu verhindern.[152] Die Beweislast dafür, daß das Arrestatorium dem Drittschuldner ordnungsgemäß zugestellt wurde, trifft den Gläubiger, die Beweislast dafür aber, daß er trotz Zustellung (– auch Ersatzzustellung –) von der Pfändung nichts wußte, den Drittschuldner.[153]

**50** Die nur relative Unwirksamkeit der verbotswidrigen Leistung des Drittschuldners an den Schuldner gegenüber dem Vollstreckungsgläubiger, die dazu führt, daß im Verhält-

---

147 Soweit er den notwendigen Mindestinhalt hat; vergl. oben Rdn. 36 ff.
148 Vor §§ 803, 804 Rdn. 14.
149 BGHZ 86, 337; LAG Hamm, MDR 1983, 964; LAG Berlin, BB 1969, 1353; *Brox/Walker*, Rdn. 620; *Bruns/Peters*, § 24 V 4; *Rosenberg/Schilken*, § 55 I 3 b; *Seibert*, WM 1984, 521; *Stein/Jonas/Brehm*, § 829 Rdn. 101; *Stöber*, Forderungspfändung, Rdn. 566; *Thomas/Putzo*, § 829 Rdn. 37.
150 *Rosenberg/Schilken*, § 55 I 3 b.
151 LAG Hamm, MDR 1983, 964.
152 BGH, WM 1988, 1762 mit Anm. von *Münzberg*, EWiR 1989, 103.
153 LAG Berlin, BB 1969, 13.

nis zum Schuldner (relative) Erfüllungswirkung eintritt und nachträgliche Einwendungen gegen die durch Erfüllung erloschene Forderung ausgeschlossen werden, hat nicht zur Folge, daß der Drittschuldner diese Einwendungen auch gegenüber dem Gläubiger verliert, wenn dieser ihn auf Zahlung in Anspruch nimmt.[154] Der Drittschuldner darf durch die Fiktion des Fortbestandes der Forderung nicht schlechter gestellt werden, als wenn er sich dem gerichtlichen Verbot entsprechend verhalten hätte. §§ 829 Abs. 1 ZPO, 135, 136 BGB wollen den Gläubiger schützen, aber nicht noch darüberhinaus begünstigen.

Das Arrestatorium muß vom Drittschuldner auch dann weiter beachtet werden, wenn der Schuldner sich wider das Inhibitorium nachträglich einen Titel gegen den Drittschuldner verschafft hat und aus diesem die Vollstreckung betreibt. Der Drittschuldner wird gegenüber dem Gläubiger nicht frei, wenn er die Zwangsvollstreckung durch den Schuldner erdulden mußte.[155] 51

Solange die Forderung dem Gläubiger noch nicht zur Einziehung überwiesen ist, kann der Drittschuldner sich von seiner Schuld nur durch Zahlung an Schuldner und Gläubiger **gemeinsam** befreien (§ 1281 BGB). Wirken nicht beide an der Einziehung der fälligen Forderung mit, kann der Drittschuldner zugunsten beider hinterlegen und dabei, um Erfüllung zu erreichen, auf das Recht zur Rücknahme gegenüber der Hinterlegungsstelle verzichten (§§ 376 Abs. 2 Nr. 1, 378 BGB). Erst ab der Überweisung (§ 835 ZPO) hat es der Drittschuldner dann nur noch mit dem Gläubiger zu tun.[156] 52

b) Der Schuldner ist nach der Pfändung Inhaber der Forderung verblieben; durch das Inhibitorium ist ihm aber jede Verfügung über die Forderung untersagt, die die Rechtstellung des Gläubigers, die diesem aus dem Pfändungspfandrecht erwachsen ist, beeinträchtigen könnte. Trotz des jede Verfügung schlechthin verbietenden Wortlauts des Abs. 1 S. 2 sind dagegen Verfügungen, die den Gläubiger nicht beeinträchtigen, weiterhin möglich.[157] So kann der Schuldner die Forderung, soweit erforderlich, kündigen,[158] sie im Konkurs des Drittschuldners oder in einem Zwangsversteigerungsverfahren gegen diesen anmelden, einen Arrest zu ihrer Sicherung erwirken, an der Bestellung einer vertraglichen Sicherheit für die Forderung (z. B. Faustpfandrecht) mitwirken oder, soweit die Voraussetzungen des § 256 ZPO erfüllt sind, auch auf Feststellung des Bestehens der Forderung klagen. Er verliert, wenn er über die Forderung vor der Pfän- 53

---

154 BGHZ 58, 25; BGH, WM 1981, 305; OLG Düsseldorf, NJW 1962, 1920; LG Kaiserslautern, NJW 1955, 1761; LG Aachen, ZIP 1981, 784; MüKo/*Smid*, § 829 Rdn. 63; *Brox/Walker*, Rdn. 658; *Blomeyer*, § 55 IV 1 a; *Rosenberg/Schilken*, § 55 II 1 c; *Stein/Jonas/Brehm*, § 829 Rdn. 111; *Stöber*, Forderungspfändung, Rdn. 573. A. A. (Aufrechnung sei nicht mehr möglich): OLG Hamburg, MDR 1958, 432; *Baur/Stürner*, Rdn. 30.35; *Bruns/Peters*, § 24 IX 2 b, ee; *Denck*, NJW 1979, 2375; *Reinicke*, NJW 1972, 793 u. 1698; *Thomas/Putzo*, § 829 Rdn. 39.
155 BGH, NJW 1983, 886 mit zustimmender Anm. von *K. Schmidt*, JuS 1983, 471.
156 Zur Stellung des Drittschuldners nach der Überweisung und insbesondere zu seinen Einredemöglichkeiten im Einziehungsprozeß siehe im einzelnen: § 835 Rdn. 8–12.
157 *Berner*, Rpfleger 1968, 318; *Böttcher*, Rpfleger 1985, 381; *Brox/Walker*, Rdn. 619; *Rosenberg/Schilken*, § 55 I 3 a; *Stöber*, Forderungspfändung, Rdn. 561.
158 Nach der Überweisung geht diese Befugnis auf den Gläubiger über.

dung bereits einen Rechtsstreit begonnen hatte, durch die Pfändung nicht die Befugnis, den Rechtsstreit zuende zu führen (§ 265 Abs. 2 ZPO). Er muß seinen Antrag allerdings dem materiellen Recht (§§ 1281, 1282 BGB) anpassen. Da er auch nach Antragsänderung den Rechtsstreit im eigenen Namen weiterführt und das Inhibitorium nur materiellrechtliche Verfügungen über die Forderung verbietet, ist der Schuldner als Kläger nicht gehindert, gegenüber dem beklagten Drittschuldner die Verpflichtung – etwa in einem Prozeßvergleich – einzugehen, die Berufung gegen ein die Klage abweisendes Urteil zurückzunehmen.[159] Erhebt der Schuldner wider das Inhibitorium nach der Pfändung noch Klage auf Leistung an sich, so unterbricht diese Klage gem. § 209 Abs. 1 BGB die Verjährung, weil der Schuldner Inhaber, wenn auch nicht mehr Alleineinziehungsberechtigter der Forderung geblieben ist.[160] Die fortbestehende Inhaberschaft wird auch dadurch deutlich, daß der Schuldner, soweit er die Position des Gläubigers nicht beeinträchtigt, sich mit der Forderung gegen Ansprüche des Drittschuldners verteidigen darf. So kann er sich, wenn der erforderliche Zusammenhang besteht, gegenüber einer Forderung des Drittschuldners auf ein Zurückbehaltungsrecht mit dem Erfolg berufen, daß er seinerseits zur Zahlung an den Drittschuldner nur mit der Maßgabe verurteilt werden kann, daß dieser Zug um Zug die früher dem Pfändungsschuldner gebührende Leistung an den Pfändungsgläubiger bewirkt.[161]

54   c) Ist die gepfändete Forderung wirksam (– wenn auch möglicherweise anfechtbar[162] –) verstrickt und besteht die Vollstreckungsforderung, so erwirbt der Gläubiger mit der Pfändung ein **Pfandrecht** an der Forderung. Dieses Pfandrecht ist sowohl im Verhältnis zum Vollstreckungsschuldner als auch zu anderen Gläubigern, denen nachrangige Rechte an der Forderung (z. B. ebenfalls Pfändungspfandrechte) zustehen, der Rechtsgrund für das Behaltendürfen des aus der Forderung Erlösten. Erlischt das Pfändungspfandrecht bei fortbestehender Verstrickung, so behält der Gläubiger zwar zunächst die aus der Verstrickung und einer gegebenenfalls erfolgten Überweisung erwachsenden formellen Befugnisse (solange der Schuldner nicht aus § 767 ZPO klagt), er muß aber entweder auf die Widerspruchsklage (§ 878 ZPO) eines nachrangigen Gläubigers im Verteilungsverfahren seinen Rang aufgeben oder den eingezogenen Erlös an den nach materiellem Recht Berechtigten gem. § 812 BGB herausgeben.[163]

55   **VI. Der Umfang der Pfändung:** 1. Die Pfändung erfaßt die Forderung in ihrem tatsächlichen Bestand zum Zeitpunkt der Zustellung des Arrestatoriums an den Drittschuldner. Hatte der Schuldner unwirksam auf einen Teil der Forderung verzichtet (etwa § 4 TVG), so erfaßt deshalb die Pfändung auch diesen Teil unabhängig davon, ob der Schuldner ihn je geltend machen würde oder nicht.[164] Enthält der Pfändungs-

---

159 BGH, NJW 1989, 39.
160 BGH, WM 1985, 1500.
161 OLG Braunschweig, JR 1955, 342.
162 Siehe: vor §§ 803, 804 Rdn. 4.
163 Siehe insoweit den Anhang zu § 771.
164 ArbG Herforth, BB 1959, 232.

ausspruch keine Beschränkung der Höhe nach, so wird die Forderung auch dann voll erfaßt, wenn der titulierte Anspruch einschließlich der Kosten niedriger ist.[165] Eine derartige Pfändung verstößt in der Regel nicht gegen § 803 Abs. 1 S. 2 ZPO (Verbot der Überpfändung), da sich im Zeitpunkt der Pfändung die Zahlungswilligkeit und Zahlungsfähigkeit des Drittschuldners meist nicht abschätzen läßt. Steht die Überpfändung im Einzelfall doch fest, kann der Schuldner sie mit § 766 ZPO geltend machen. Wird die Forderung aber, wie in den meisten gängigen Formularen, nur »wegen und bis zur Höhe« der zu vollstreckenden Forderung gepfändet, so ist der den Betrag der Vollstreckungsforderung (einschließlich Zinsen und Kosten) übersteigende Teil der gepfändeten Forderung weder beschlagnahmt noch mit einem Pfandrecht belastet.[166] Der Schuldner kann diesen Teil dann weiter selbst einziehen, abtreten usw. Das Gebot der Klarheit gerade im Rahmen der Forderungspfändung erfordert eine solche strenge am Wortlaut des Pfändungsbeschlusses orientierte Auslegung, auch wenn sie nicht immer den Interessen des Gläubigers gerecht wird. Der Gläubiger kann durch eine entsprechende Antragsfassung auf einer Vollpfändung bestehen.

Die vorstehenden Erwägungen gelten entsprechend für die Pfändung künftiger Forderungen. Auch hier ist in erster Linie der Wortlaut des Pfändungsbeschlusses dafür maßgebend, in welchem Umfang die Forderung beschlagnahmt zur Entstehung gelangen wird. Dies ist besonders wichtig (– und deshalb schon bei der Antragstellung zu berücksichtigen –) bei der Vielzahl denkbarer künftiger Forderungen aus einem Bankvertrag betreffend ein Giro- oder Kontokorrentverhältnis.[167] Sonderregeln enthalten die §§ 832, 833 ZPO: Werden Gehaltsforderungen oder ähnliche fortlaufende Bezüge gepfändet (Miete, Pacht, Zinsen, fortlaufender Provisionsanspruch u. ä.), so erstreckt sich die Pfändung auch auf die künftig fällig werdenden Beträge, selbst wenn dies im Pfändungsbeschluß nicht ausdrücklich erwähnt ist.[168] Wechselt der Arbeitnehmer beim gleichen Arbeitgeber die Position oder erhöht sich sein Gehalt sonst, so ergreift die Pfändung automatisch auch das neue Gehalt.[169]

56

2. Mit der Forderung werden von der Pfändung auch **Zinsen und Neben- und Vorzugsrechte** erfaßt (§§ 1289, 401 BGB), rückständige Zinsen allerdings nur, wenn diese ausdrücklich im Pfändungsbeschluß aufgeführt sind.[170] Entgegen der h. M.[171] besteht keine Veranlassung, insoweit von der in § 1289 BGB enthaltenen Regelung Abstand zu nehmen. Um dem Meinungsstreit auszuweichen, sollte der Gläubiger die rückständigen Zinsen deshalb in seinem Antrag gesondert als zu pfändende Forderung auffüh-

57

---

165 BGH, NJW 1975, 738; NJW 1986, 977; *Brox/Walker*, Rdn. 631; MüKo/*Smid*, § 829 Rdn. 38; *Rosenberg/Schilken*, § 54 III 2 c; *Stein/Jonas/Brehm*, § 829 Rdn. 74; *Stöber*, Forderungspfändung, Rdn. 761.
166 BGH, NJW 1975, 738; *Brox/Walker*, Rdn. 632; *Stein/Jonas/Brehm*, § 829 Rdn. 78; a. A. (auch hier Vollpfändung der Forderung): RGZ 151, 285; *Stöber*, Forderungspfändung, Rdn. 762.
167 Einzelheiten Anh. § 829 Rdn. 2–7.
168 Einzelheiten § 832 Rdn. 1.
169 Einzelheiten § 833 Rdn. 2.
170 Wie hier: OLG Düsseldorf, Rpfleger 1984, 473; Palandt/*Bassenge*, § 1289 BGB Rdn. 1.
171 *Rosenberg/Schilken*, § 55 I 4; *Stein/Jonas/Brehm*, § 829 Rdn. 80; *Stöber*, Forderungspfändung, Rdn. 695.

ren. Hinsichtlich eines Faustpfandes als Nebenrecht ist bei der Verwertung § 838 ZPO zu beachten. Soweit für die Forderung eine Hypothek bestellt ist, muß schon bei der Pfändung § 830 ZPO beachtet werden. Nebenrechte i. S. § 401 Abs. 1 BGB sind neben den Pfandrechten (auch den gesetzlichen des Vermieters usw.) und den Hypotheken insbesondere Ansprüche aus einer für die Forderung bestellten Bürgschaft oder einem sie sichernden Schuldbeitritt,[172] ferner Ansprüche auf Auskunft und Rechnungslegung (nicht zu verwechseln mit der selbständigen Obliegenheit des Drittschuldners aus § 840 Abs. 1 ZPO).[173] Ist der Regreßanspruch eines Schuldners gegen seinen Rechtsanwalt, der ihn in einem Verfahren schlecht vertreten haben soll, gepfändet worden, so erstreckt sich die Pfändung auch auf den Sekundäranspruch, der dem Schuldner nach der Rechtssprechung des Bundesgerichtshofes für den Fall zusteht, daß der Rechtsanwalt ihn nicht rechtzeitig und ausreichend über den Regreßanspruch aufgeklärt hat.[174] Vorzugsrechte (§ 401 Abs. 2 BGB) sind insbesondere Pfändungspfandrechte, Beschlagnahmerechte in einer Zwangsvollstreckung in das unbewegliche Vermögen (§§ 20, 148 ZVG) sowie die Vorzugsrechte aus §§ 47, 61, 62 KO, 8 Abs. 2 VerglO.

**Keine** Nebenrechte i. S. des § 401 Abs. 1 BGB sind alle selbständigen Sicherungsrechte wie das Sicherungs- oder Vorbehaltseigentum,[175] die Sicherungsgrundschuld,[176] die zur Sicherung abgetretene Forderung.[177] In diese selbständigen Sicherungsrechte muß auch selbständig vollstreckt werden. Dabei ist allerdings das Recht des vertragstreuen Sicherungsgebers, den Zugriff durch Klage gem. § 771 ZPO abzuwenden,[178] zu beachten.

58    3. Die Pfändung erstreckt sich ferner auf die über die Forderung zu Legitimationszwecken ausgestellten Urkunden.[179] Gibt der Schuldner sie nicht freiwillig an den Gläubiger heraus, kann dieser sie dem Schuldner im Wege der sog. Hilfspfändung[180] durch den Gerichtsvollzieher wegnehmen lassen.[181] Urkunden, die zur Geltendmachung des Anspruchs als solche nicht erforderlich sind, die vielmehr nur den Rechtsgrund der Forderung, ihre Höhe, Zahlungstermine usw. belegen, wie etwa Vertragsurkunden, Leistungsbescheide über Sozialleistungen,[182] Versicherungspolicen[183] werden von der Pfändung nicht erfaßt und verbleiben beim Schuldner, der aber nach § 836 Abs. 3 S. 1 ZPO verpflichtet sein kann, die in ihnen enthaltenen Daten dem Gläubiger mitzuteilen.

---

172 BGH, NJW 1972, 438.
173 Einzelheiten insoweit § 840 Rdn. 2.
174 BGH, NJW 1996, 48.
175 BGHZ 42, 56; *Stein/Jonas/Brehm*, § 829 Rdn. 82.
176 BGH, NJW 1974, 101.
177 BGHZ 78, 143.
178 Siehe § 771 Rdn. 17, 18.
179 Siehe auch § 821 Rdn. 1.
180 Der Begriff ist unglücklich, da die Urkunden bereits mit der Forderung gepfändet sind.
181 Einzelheiten § 836 Rdn. 8, 9 sowie 156 GVGA.
182 LG Hannover, Rpfleger 1986, 143.
183 Soweit sie nicht im Einzelfall zur Geltendmachung von Ansprüchen vorgelegt werden müssen.

**Pfändung von Geldforderungen**　§ 829

**VII. Rechtsbehelfe:** 1. Ist der beantragte Pfändungsbeschluß ganz oder teilweise zurückgewiesen worden, so hat der **Gläubiger** hiergegen stets die befristete Rechtspflegererinnerung gem. § 11 Abs. 1 RpflG.[184] Der Richter am Vollstreckungsgericht kann, wenn er der Erinnerung stattgeben will, sowohl selbst den Pfändungsbeschluß erlassen,[185] als auch die Entscheidung des Rechtspflegers aufheben und diesem dann die Pfändung überlassen. Die gleichen Möglichkeiten hat das Beschwerdegericht, wenn der Richter am Vollstreckungsgericht der Erinnerung nicht abgeholfen und sie deshalb dem Beschwerdegericht vorgelegt hatte (§ 11 Abs. 2 S. 4 RpflG). Der Rechtspfleger selbst kann der Erinnerung des Gläubigers nicht von sich aus abhelfen (§ 11 Abs. 2 S. 1 RpflG).

59

2. Der **Schuldner** hat gegen den Pfändungsbeschluß, soweit er gegen ihn formelle Einwendungen erheben will, in der Regel die Erinnerung nach § 766 ZPO.[186] Dieser Erinnerung kann der Rechtspfleger auch selbst abhelfen.[187] Tut er dies, so steht dem Gläubiger gegen diese Entscheidung wieder die befristete Rechtspflegererinnerung zu. Das Verfahren entspricht dem oben dargestellten.[188] Hatte der Rechtspfleger die Wirksamkeit seiner Entscheidung nicht entsprechend § 572 Abs. 2 ZPO ausgesetzt, ist die Pfändung mit dem Abhilfebeschluß erloschen und muß vom Vollstreckungsrichter oder vom Beschwerdegericht neu ausgesprochen werden.[189] Der neue Pfändungsbeschluß hat keine Rückwirkung. Zweckmäßigerweise beantragt der Gläubiger auf eine Erinnerung des Schuldners hin deshalb nicht nur deren Zurückweisung, sondern hilfsweise vorläufige Aussetzung der Wirksamkeit einer für ihn negativen Erinnerungsentscheidung. Mußte der Schuldner vor Erlaß des Pfändungsbeschlusses ausnahmsweise gehört werden,[190] so muß er gegen den daraufhin erlassenen Pfändungsbeschluß die befristete Durchgriffserinnerung nach § 11 RpflG einlegen.[191] Ist er dagegen unnötigerweise oder ausschließlich auf Antrag des Gläubigers hin[192] angehört worden, verbleibt es bei der Erinnerung nach § 766 ZPO.[193] Gegen eine ihm negative Erinnerungsentscheidung nach § 766 ZPO hat der Schuldner die sofortige Beschwerde nach § 793 ZPO.

60

Wird der Erinnerung auf die sofortige Beschwerde hin stattgegeben, so hat der Gläubiger gegen diese Entscheidung die weitere sofortige Beschwerde (§ 568 Abs. 2 ZPO). Auch das Gericht der weiteren Beschwerde kann den Pfändungsbeschluß selbst neu erlassen, wenn die Beschwerdeentscheidung den ursprünglichen Pfändungsbeschluß auf-

61

---

184 Einzelheiten zur Rechtspflegererinnerung: Anh. § 793 Rdn. 1 ff.; LG Koblenz, MDR 1990, 1123 will auch für den Gläubiger § 766 ZPO geben.
185 Siehe auch § 828 Rdn. 4.
186 Einzelheiten: § 766 Rdn. 5.
187 OLG Düsseldorf, JZ 1960, 258; OLG Frankfurt, Rpfleger 1979, 111; siehe auch: § 766 Rdn. 19.
188 Rdn. 59; siehe auch OLG Koblenz, MDR 1983, 413.
189 OLG Köln, NJW-RR 1987, 380; OLG Saarbrücken, OLGZ 1971, 425.
190 Dazu oben Rdn. 34.
191 § 766 Rdn.5; ferner: MüKo/*Smid*, § 829 Rdn. 70.
192 Oben Rdn. 34.
193 § 766 Rdn. 5.

§ 829

gehoben hatte.[194] Es kann den Pfändungsbeschluß aber auch dem Rechtspfleger beim Vollstreckungsgericht überlassen. Auch dieser Pfändungsbeschluß begründet Priorität erst ab seiner Zustellung an den Drittschuldner und wirkt nicht auf den Zeitpunkt des ersten (an sich zu Recht erlassenen) Pfändungsbeschlusses zurück.

62 Materiellrechtliche Einwendungen gegen die Vollstreckungsforderung muß der Schuldner mit der Klage nach § 767 ZPO geltend machen. Für eine Feststellungsklage des Schuldners, daß die gepfändete Forderung nicht besteht, dürfte in der Regel das Feststellungsinteresse fehlen.[195]

63 3. Auch der **Drittschuldner** kann formelle Mängel des Vollstreckungsverfahrens mit der Erinnerung gem. § 766 ZPO geltend machen.[196] Er kann zudem, wenn er rügen will, die Pfändung sei ins Leere gegangen, weil die Forderung an Stelle des Schuldners einem Dritten zustehe, negative Feststellungsklage erheben,[197] es sei denn, daß im Einzelfall insoweit als einfacherer Weg auch die Erinnerung möglich ist.[198] Das Feststellungsinteresse folgt aus dem Interesse, Eingriffe in die Rechtsbeziehung zum Schuldner, die die Zusammenarbeit mit diesem beeinträchtigen können, abzuwehren.

64 4. **Dritte**, denen die Forderung vom Schuldner abgetreten wurde oder die sonst anstelle des Schuldners Inhaber der im Pfändungsbeschluß genannten Forderung sind, können die Auswirkungen der an sich ins Leere gegangenen nichtigen Pfändung (Verunsicherung des Drittschuldners, Hinterlegung des geschuldeten Betrages) durch eine Drittwiderspruchsklage nach § 771 ZPO abwehren. Trotz der nichtigen Pfändung fehlt nicht das Rechtschutzinteresse für eine solche Klage, da jedenfalls der Schein der Pfändung den Forderungsinhaber belastet.[199] Dagegen ist es dem Dritten nicht möglich, Mängel des Vollstreckungsverfahrens gegen den Schuldner (– etwa die Mißachtung von Pfändungsschutzvorschriften –) mit der Erinnerung nach § 766 ZPO geltend zu machen. Er ist an diesem Vollstreckungsverfahren nicht beteiligt. Eine dem § 809 ZPO vergleichbare Situation ist im Rahmen der Forderungspfändung nicht denkbar.

65 5. Soweit der **Gerichtsvollzieher** im Rahmen der Forderungspfändung mit tätig wurde (Zustellung nach § 829 Abs. 2; Hilfspfändung nach § 836 Abs. 3 ZPO), können die durch seine Amtsführung Beschwerten Erinnerung nach § 766 ZPO einlegen; so der Gläubiger, wenn ein Zustellungsersuchen zurückgewiesen[200] oder eine Hilfspfändung unterlassen wurde; so aber auch ein Dritter, bei dem entgegen § 809 ZPO Urkunden über die Forderung trotz seines Widerspruchs beschlagnahmt wurden.

---

194 Siehe oben Rdn. 60; vergl. ferner OLG Koblenz, Rpfleger 1986, 229; OLG Köln, NJW-RR 1988, 380 und ZIP 1980, 578.
195 Anderes gilt für eine Feststellungsklage des Drittschuldners in Fällen dieser Art; siehe unten Rdn. 63.
196 Siehe auch § 766 Rdn. 15; vergl. ferner BGHZ 69, 144.
197 Stöber, Forderungspfändung, Rdn. 674.
198 BGHZ 69, 148.
199 Siehe auch § 771 Rdn. 12.
200 *Midderhoff*, DGVZ 1982, 23.

*Pfändung von Geldforderungen* § 829

**VIII. Gebühren und Kosten: 1.** Für die Beantragung des Pfändungs- und Überweisungsbeschlusses ist an **Gerichtsgebühren** unabhängig von der Höhe der Vollstreckungsforderung oder der Forderung, in die vollstreckt wird, die Festgebühr der Nr. 1149 des Kostenverzeichnisses zu zahlen. Die Gebühr fällt auch dann nur einmal an, wenn in einem Antrag wegen des gleichen titulierten Anspruchs die Pfändung mehrerer Forderungen des gleichen Schuldners begehrt wird.[201] Richtet sich die Zwangsvollstreckung nach dem Antrag aber gegen mehrere Schuldner (– etwa als Gesamtschuldner des titulierten Anspruchs –), so handelt es sich um mehrere Vollstreckungsverfahren, für die die Gebühr mehrfach zu erheben ist, auch dann, wenn der nämliche Anspruch dieser Schuldner als Gesamtgläubiger gegen den gleichen Drittschuldner gepfändet wird.[202] 66

**2.** Die **anwaltliche Tätigkeit** im Rahmen der Erlangung eines Pfändungs- und Überweisungsbeschlusses ist durch die Vollstreckungsgebühr des § 57 BRAGO abgegolten. Hatte der Anwalt diese Gebühr nicht bereits durch eine vorausgegangene Tätigkeit (etwa die Zahlungsaufforderung an den Schuldner mit Fristsetzung und Vollstreckungsandrohung) verdient, errechnet sie sich nach dem Gegenstandswert der noch zu vollstreckenden Forderung einschließlich der noch beizutreibenden Zinsen und Kosten.[203] 67

**3.** Der **Drittschuldner** kann die ihm durch die Pfändung entstandenen **Kosten** in der Regel nicht vom Vollstreckungsgläubiger oder vom Vollstreckungsschuldner ersetzt verlangen,[204] soweit sich nicht aus besonderen Absprachen (z. B. Kostenzusage) eine besondere Anspruchsgrundlage ergibt. Erstattet der Vollstreckungsgläubiger dem Drittschuldner ohne Notwendigkeit Kosten, kann er sie nicht auf den Vollstreckungsschuldner abwälzen. 68

**4.** Die dem Gläubiger notwendig erwachsenen Kosten (Gerichts- und Anwaltsgebühren, Zustellungskosten u. ä.) muß der Schuldner nach § 788 ZPO erstatten. Dies gilt aber nur für Kosten der Zwangsvollstreckung gerade gegen diesen Schuldner. Der Vollstreckungsschuldner haftet dagegen nicht für Kosten, die dem Gläubiger durch eine allein gegen einen mithaftenden Gesamtschuldner gerichtete Zwangsvollstreckungsmaßnahme entstanden sind.[205] 69

---

201 OLG Frankfurt, NJW 1964, 1080; OLG Köln, JurBüro 1986, 1371; *Stöber*, Forderungspfändung, Rdn. 846.
202 LG Braunschweig, JurBüro 1980, 107 mit Anm. von *Mümmler*; A. A. (nur eine Gebühr): OLG Frankfurt, JurBüro 1964, 277; *Stöber*, Forderungspfändung, Rdn. 847.
203 § 22 Abs. 1 GKG gilt insoweit also nicht; vergl. Zöller/*Stöber*, § 829 Rdn. 34.
204 BGH, NJW 1985, 1155; BAG, NJW 1985, 1181; *Stein/Jonas/Brehm*, § 840 Rdn. 35; *Stöber*, Forderungspfändung, Rdn. 843 b; A. A. (Erstattungsanspruch aus §§ 261 Abs. 3, 811 Abs. 2 BGB analog): *Baumbach/Lauterbach/Hartmann*, § 840 Rdn. 13; *Baur/Stürner*, Rdn. 30.20; *Brox/Walker*, Rdn. 623; *Rosenberg/Schilken*, § 55 I 3 b, gg; *Helwich*, Pfändung des Arbeitseinkommens, 2. Aufl., S. 25 will die »tatsächlichen« Kosten (etwa Porto) erstatten, anteilige Personalkosten jedoch nicht.
205 LG Kassel, Rpfleger 1985, 153.

**Anhang zu § 829: Zusammenfassender Überblick zu einigen besonderen Forderungsarten.**

**Inhaltsübersicht**

|  | Rdn. |
|---|---|
| I. Ansprüche aus Bankvertrag | |
|   1. Allgemeines | 1 |
|   2. Ansprüche auf Auszahlung der Guthaben auf Kontokorrent- und Girokonten | 2, 3 |
|   3. Ansprüche auf Auszahlung des nicht in Anspruch genommenen Überziehungskredits bei Kontokorrent- und Girokonten | 4, 5 |
|   4. Nebenansprüche aus dem Vertrag über die Unterhaltung des Kontokorrent- oder Girokontos | 6, 7 |
|   5. Pfändung von »Oder«-Konten und von Gemeinschaftskonten | 8 |
|   6. Forderungen aus allgemeinen Sparverträgen | 9 |
|   7. Forderungen aus Prämiensparverträgen | 10–12 |
|   8. Rückgewähransprüche auf Kreditsicherheiten | 13 |
| II. Ansprüche aus Versicherungsvertrag | |
|   1. Ansprüche aus einer Lebensversicherung | 14, 15 |
|   2. Ansprüche aus Unfallversicherung | 16 |
|   3. Ansprüche aus Haftpflichtversicherung | 17 |
|   4. Ansprüche aus Rechtschutzversicherung | 18 |
|   5. Ansprüche aus Sachschadensversicherung | 19 |
| III. Ansprüche aus Arbeits- und Dienstvertrag | 20 |
| IV. Ansprüche auf Zahlung von Sozialleistungen | |
|   1. Die Regelung der §§ 54, 55 SGB I | 21 |
|   2. Bestimmtheitsgrundsatz | 22 |
|   3. Pfändung einmaliger Sozialleistungen | |
|     a) Anhörung des Schuldners | 23 |
|     b) Billigkeitsabwägung | 24 |
|   4. Pfändung laufender Sozialleistungsansprüche | 24a |
|   5. Pfändung künftiger Ansprüche auf Sozialleistungen | 24b |
|   6. Rechtsbehelfe | 25 |
|   7. Auskunftspflicht des Drittschuldners und Sozialgeheimnis | 25a |
| V. Ansprüche auf Erstattung von Steuern und Abgaben | |
|   1. § 46 AO | 26 |
|   2. Bestimmtheitserfordernis | 27 |
|   3. Keine Pfändung künftiger Erstattungsansprüche | 28 |
|   4. Lohnsteuererstattungsansprüche | 29 |
|   5. Keine Heilung einer nichtigen Pfändung | 30 |

**I. Ansprüche aus Bankvertrag: 1.** Aus vertraglicher Beziehung zu einem Kreditinstitut  1
können dem Kunden eine Vielzahl von Ansprüchen zustehen: Ansprüche auf Auszahlung des Aktivsaldos oder sonstiger Guthaben aus einem Kontokorrent- oder Girovertrag, Ansprüche auf Auszahlung von Sparguthaben aus allgemeinen oder speziellen Sparverträgen, auf Auszahlung von vertraglich eingeräumten oder einseitig zugesagten Krediten, Ansprüche auf Rückgewähr von Sicherheiten oder auf Auszahlung eines Überschusses nach Verwertung von Sicherheiten, Ansprüche auf Rechnungslegung über die Abwicklung von Geschäften, auf Vornahme von Buchungen usw. Da eine solche Vielzahl von Ansprüchen denkbar ist, genügt es dem »Bestimmtheitserfordernis«[1] nicht, wenn undifferenziert die Pfändung »aller Ansprüche aus Bankvertrag aller Ansprüche aus Kontokorrent- oder Girovertrag« beantragt wird.[2] Andererseits braucht der Gläubiger keine Kontonummer zu nennen und auch nicht sicher wissen, ob der Schuldner etwa nur einen oder mehrere Sparverträge mit dem Kreditinstitut abgeschlossen, ob er bei diesem ein oder mehrere Girokonten unterhält. Die Bezeichnung »alle Ansprüche auf Auszahlung der Guthaben aus Sparverträgen das gegenwärtige und alle künftigen Guthaben aus Girovertrag« ist daher hinreichend bestimmt. Immer muß deutlich gemacht werden, ob nur die Zahlungsansprüche (also Geldforderungen) aus einer bestimmten Vereinbarung mit dem Kreditinstitut (Sparvertrag, Girovertrag, Kreditvertrag usw.) oder auch die übrigen aus dieser Vereinbarung folgenden Ansprüche (etwa auf Durchführung von Buchungen oder auf Abrechnung) gepfändet werden sollen. Ein zu unbestimmt abgefaßter Pfändungsbeschluß geht insgesamt ins Leere,[3] er kann nicht etwa in der denkbar engsten Auslegung als wirksam aufrechterhalten werden.

**2. Ansprüche auf Auszahlung der Guthaben auf Kontokorrent- und Girokonten:**  2
a) Besteht hinsichtlich eines Kontos eine **Kontokorrent**abrede (§§ 355 ff. HGB), so sind nach der Sonderregelung des § 357 HGB, die § 851 Abs. 2 ZPO vorgeht,[4] die einzelnen positiven Rechnungsposten, die in die laufende Rechnung eingestellt werden, nicht pfändbar.[5] Pfändbar ist zunächst der Tagessaldo am Tage der Zustellung des Pfändungsbeschlusses an den Drittschuldner,[6] ferner, soweit dies zusätzlich beantragt ist, der Saldo am Ende der laufenden Rechnungsperiode.[7] Wenn dies im Pfändungsbeschluß **ausdrücklich gesagt** ist (– also nicht einfach bei der Pfändung »aller Ansprüche auf Auszahlung aus Kontokorrent« –)[8], können auch weitere künftige Aktivsalden gepfändet werden, da der

---

1 § 829 Rdn. 37.
2 § 829 Rdn. 37.
3 § 829 Rdn. 37.
4 BGHZ 80, 172.
5 BGHZ 80, 172; 93, 315; BGH, WM 1982, 233; BFH, NJW 1984, 1919; *Brox/Walker*, Rdn. 525; *Rosenberg/Schilken*, § 54, I 1 a, bb; *Stöber*, Forderungspfändung Rdn. 158.
6 BGHZ 80, 172.
7 Zur Notwendigkeit des ausdrücklichen Antrages: BGHZ 80, 172.
8 OLG Karlsruhe, NJW-RR 1993, 242.

Bankvertrag als Rechtsgrundlage zur Bestimmung der künftigen Ansprüche ausreicht.[9] Beschlagnahmt für diesen Gläubiger sind dann nicht nur die möglichen Aktivsalden aus künftigen periodischen Rechnungsabschlüssen,[10] sondern auch Zustellungssalden, die jeweils bei der Zustellung weiterer Pfändungsbeschlüsse durch nachrangige Vollstreckungsgläubiger gebildet werden,[11] solange bis die Vollstreckungsforderung des ersten Vollstreckungsgläubigers getilgt ist. Sodann wiederholt sich der Vorgang jeweils für den nächsten nachrangigen Gläubiger.

**3** b) Beim **Girovertrag** hat der Kunde nicht nur Anspruch auf Auszahlung des Aktivsaldos bei Abschluß der jeweiligen Rechnungsperioden, sondern kann über jedes Guthaben auch zwischen den förmlichen Rechnungsabschlüssen verfügen.[12] Der Anspruch auf Auszahlung dieser Guthaben ist eine Geldforderung und nach § 829 ZPO pfändbar,[13] wobei allerdings die Pfändungsschutzvorschriften für Gehaltskonten (§ 850 k ZPO) und Konten, auf die Sozialleistungen überwiesen werden (§ 55 SGB I), zu berücksichtigen sind. Bei der Berechnung des jeweiligen Guthabens sind die Ein- und Abgänge des Tages, an dem die Zustellung des Pfändungsbeschlusses an den Drittschuldner erfolgte, sowie die bis zu diesem Tage fälligen Kontoführungsgebühren, Überziehungsprovisionen und Sollzinsen mit dem bisherigen Kontostand zu saldieren (sog. Tagessaldo),[14] nicht aber auch künftige Ansprüche der Bank, die an diesem Tage bereits dem Grunde nach absehbar waren, aber erst durch spätere Handlungen des Schuldners (z. B. spätere Ausstellung von Euroschecks unter Benutzung der Euro-Scheck-Karte) zur Entstehung gebracht worden sind.[15] Ergibt sich bei dieser Abrechnung ein Debetsaldo, geht die Pfändung auch dann ins Leere, wenn im Laufe des Tages größere Habenposten in die Saldierung einbezogen wurden.[16]

**4** 3. **Ansprüche auf Auszahlung des nicht in Anspruch genommenen Überziehungskredits bei Kontokorrent- und Girokonten:** a) Mit der Eröffnung eines Kontokorrent- oder eines Girokontos bei einem Kreditinstitut ist in der Regel die Einräumung eines Überziehungskredits bis zu einem bestimmten Höchstbetrag (sog. Kreditlinie) verbunden. Der Kreditrahmen und die Zurverfügungstellung des Kredits können dabei zwischen der Bank und dem Kunden verbindlich vereinbart sein, die Bank kann aber auch nur einseitig die Kontoüberziehung dulden, ohne daß der Kunde bei der Bestim-

---

9 Siehe auch § 829 Rdn. 7.
10 BGH wie Fußn. 5; ferner: *Baur/Stürner*, Rdn. 30.7; *Baßlsperger*, Rpfleger 1985, 177; *Brox/Walker*, Rdn. 526; *Canaris*, Großkommentar zum HGB, § 357 HGB Rdn. 23; *Gröger*, BB 1984, 25; *Rosenberg/Gaul*, § 54 I 1a, bb; *Ruthke*, ZIP 1984, 538; *Stein/Jonas/Brehm*, § 829 Rdn. 72; *Wagner*, JZ 1985, 718; *Werner/Machunsky*, BB 1982, 1581.
11 *Gröger*, BB 1984, 25; kritisch hierzu: *Grunsky*, AcP 1993 (Bd. 193), 278.
12 *Brox/Walker*, Rdn. 527; *Rosenberg/Schilken*, § 54 I 1 a, bb.
13 BGHZ 84, 325 mit Anm. von *Behr*, Rpfleger 1983, 78 und Anm. von *Rehbein*, JR 1983, 111; LG Koblenz, MDR 1976, 232; LG Detmold, Rpfleger 1978, 150; LG Göttingen, Rpfleger 1980, 237 und NdsRpfl 1980, 152; OLG Celle, ZIP 1981, 496; *Rosenberg/Schilken*, § 54 I 1 a, bb; *Stöber*, Forderungspfändung Rdn. 166 a.
14 *Rosenberg/Schilken*, § 54 I 1 a, bb.
15 OLG Düsseldorf, ZIP 1984, 566.
16 BFH, NJW 1984, 1919; BGHZ 93, 315.

mung des Kreditrahmens und der Kreditbedingungen vertraglich mitgewirkt hat. Weder im ersten[17] noch im zweiten[18] Fall können Gläubiger des Bankkunden durch Pfändung »der nicht ausgeschöpften Kreditlinie« den Schuldner zur Begleichung der titulierten Schuld durch Kreditaufnahme zwingen. Im ersten Fall scheitert die Pfändung daran, daß der Anspruch auf Ausschöpfung der Kreditlinie höchstpersönlicher Natur und damit von seinem Charakter her nach § 851 Abs. 1 ZPO unpfändbar ist. Zum einen hat die Bank den Kreditrahmen auf die persönlichen Umstände des Kunden zugeschnitten, zum anderen ist aber die Entscheidung des Schuldners, ob er sich in höherem Maße verschulden will, höchstpersönlich: In der Regel sind die Kosten für die Inanspruchnahme eines Überziehungskredits höher als die dem Vollstreckungsgläubiger geschuldeten Zinsen, sodaß nicht eine Schuld durch eine gleichwertige andere ausgetauscht, sondern der Schuldner zu einer weitergehenden Verschuldung gezwungen würde. Da die Unpfändbarkeit dem Anspruch auf Ausschöpfung des Kreditrahmens seiner Natur nach innewohnt und nicht auf einer bloßen Vereinbarung zwischen Bank und Kunde beruht, ist § 851 Abs. 2 ZPO nicht einschlägig.[19] Im zweiten Fall (bloße Duldung einer Kontoüberziehung) besteht schon kein Anspruch, der gepfändet werden könnte.[20] Da die Bank bereits dem Kunden gegenüber zur Duldung nicht verpflichtet ist, kann auch eine Pfändung eine solche Pflicht nicht begründen. Während im ersten Fall (Anspruch auf Kreditgewährung innerhalb des Kreditrahmens) die Pfändung zunächst eine Verstrickung bewirkt, die allerdings auf die Erinnerung nach § 766 ZPO hin wieder zu beseitigen ist,[21] geht im zweiten Fall (bloße Duldung) die Pfändung von vornherein ins Leere.

b) Von der Nichtausschöpfung eines Kreditrahmens zu unterscheiden ist der Fall, daß der Schuldner einen **konkreten Kredit** beantragt und zugesagt erhalten, gegebenenfalls sogar auf einem Konto als Habenposten gutgeschrieben bekommen hat. Hier hat der Schuldner die Entscheidung, sich tatsächlich unter von ihm akzeptierten Konditionen zu verschulden, bereits getroffen. Ob in den Anspruch auf Auszahlung dieses Kredits vollstreckt werden kann, hängt davon ab, ob dieser Kredit zweckgebunden verwendet werden muß (z. B. Anschaffungsdarlehn bei gleichzeitig vereinbarter Sicherungsübereignung des zu erwerbenden Gegenstandes; Baudarlehn, das am Grundstück dinglich abgesichert werden soll; u. ä.) oder ob er zur freien Disposition des Schuldners steht.

5

---

17 Wie hier im Ergebnis: LG Münster, WM 1984, 1312; LG Dortmund, NJW 1986, 997; LG Lübeck, NJW 1986, 1115; LG Hannover, WM 1986, 254 und Rpfleger 1988, 372; OLG Schleswig, NJW 1992, 579; *Baur/Stürner*, Rdn. 6.65 und 30.7; *Brox/Walker*, Rdn. 529; *Häuser*, ZIP 1983, 891; *Nasall*, NJW 1986, 168; *Olzen*, ZZP 1984, 1; *Rosenberg/Schilken*, § 54 I 1 a, bb; *Stöber*, Forderungspfändung Rdn. 116; *Peckert*, ZIP 1986, 1232; *Koch*, JurBüro 1986, 1761; a. A.: OLG Köln, ZIP 1983, 810; LG Düsseldorf, JurBüro 1985, 470; LG Hamburg, NJW 1986, 998 mit Anm. von *Baßlsperger*, Rpfleger 1986, 266; LG Itzehoe, NJW-RR 1987, 819; *Grunsky*, ZZP 1982, 264; *Lutter*, BB 1985, 1886; *Ploch*, DB 1986, 1964; *Wagner*, ZIP 1985, 849; *Werner/Machunsky*, BB 1982, 1581; *Gaul*, KTS 1989, 3.
18 Wie hier: BGHZ 93, 315; *Brox/Walker*, Rdn. 529; *Olzen*, ZIP 1984, 1; *Stöber*, Forderungspfändung Rdn. 119; a. A.: *Grunsky*, JZ 1985, 487.
19 *Brox/Walker*, Rdn. 529.
20 BGHZ 93, 315.
21 § 829 Rdn. 29 und 60.

Im ersteren Fall ist der Anspruch nach § 851 Abs. 1 ZPO aufgrund der nämlichen Erwägungen, wie sie für die nichtausgeschöpfte vereinbarte Kreditlinie gelten, unpfändbar.[22] Im zweiten Fall handelt es sich um eine gewöhnliche pfändbare Geldforderung. Auch der zweckgebundene Kredit kann allerdings ausnahmsweise von denjenigen Gläubigern gepfändet werden, deren Forderungen nach der Zweckvereinbarung durch den Kredit gerade abgedeckt werden sollten, soweit die Pfändung der Befriedigung eben dieser Forderungen dient.[23]

6   **4. Nebenansprüche aus dem Vertrag über die Unterhaltung des Kontokorrent- oder Girokontos:** a) Der Vertrag über die Errichtung und Unterhaltung eines laufenden Kontos bei einem Kreditinstitut umfaßt auch den Anspruch gegen das Institut, für dieses Konto bestimmte Neueingänge auch dem Konto gutzuschreiben. Dieser Anspruch ist selbständig pfändbar.[24] Durch die Pfändung und Überweisung dieses Anspruchs erwirbt der Gläubiger zwar nicht das Recht, Auszahlung dieser Eingänge unmittelbar an sich selbst zu verlangen, da es sich um unselbständige Rechungsposten innerhalb des Kontokorrents handelt. Er kann aber auf diese Weise den Schuldner hindern, der Bank Anweisung zu geben, die Eingänge anderweit zu verbuchen und das Konto damit auszuhungern. Der Gläubiger sichert durch diese zusätzliche Pfändung nur den möglichen Erfolg einer in den Auszahlungsanspruch aus dem laufenden Konto selbst ausgebrachten Pfändung. Er kann den Schuldner durch diese Pfändung allerdings nicht hindern, schon die Drittschuldner anzuweisen, von vornherein auf ein anderes Konto einzuzahlen.

7   b) Mit der Eröffnung eines laufenden Kontos ist Anspruch gegen das Kreditinstitut verbunden, über die Buchungen auf diesem Konto durch regelmäßige Kontoauszüge Auskunft zu erteilen und Rechnung zu legen.[25] Dieser Anspruch, der nicht mit der Obliegenheit nach § 840 Abs. 1 ZPO verwechselt werden darf, ist selbständig pfändbar,[26] soweit durch die Offenlegung gegenüber dem Gläubiger nicht höchstpersönliche Geheimnisse oder Betriebsgeheimnisse des Schuldners zu offenbaren sind. Für solche höchstpersönlichen Auskünfte gilt § 851 Abs. 1 ZPO. Hat der Gläubiger schon den Zahlungsanspruch aus dem laufenden Konto gepfändet, ist der Auskunftsanspruch als Nebenforderung schon von dieser Pfändung erfaßt,[27] braucht also nicht noch zusätzlich gepfändet zu werden.

8   **5. Pfändung von »Oder«-Konten und von Gemeinschaftskonten:** Ob zur Zwangsvollstreckung in ein Gemeinschaftskonto der Titel gegen nur einen der Kontoinhaber

---

22 *Baur/Stürner*, Rdn. 25.6; *Brox/Walker*, Rdn. 529; *Rosenberg/Schilken*, § 54 I 1 b, bb; *Stöber*, Forderungspfändung, Rdn. 80.
23 *Bauer*, JurBüro 1963, 65.
24 BGH WM 1973, 892; BGHZ 93, 315; OLG Köln, ZIP 1983, 810; *Brox/Walker*, Rdn. 528; *Rosenberg/Schilken*, § 54 I 1 a, bb; *Stein/Jonas/Brehm*, § 829 Rdn. 12; *Stöber*, Forderungspfändung, Rdn. 166 e; a. A.: OLG Köln, ZIP 1981, 964.
25 BGH, NJW 1985, 2699.
26 AG Rendsburg, NJW-RR 1987, 819; LG Itzehoe, NJW-RR 1988, 1394.
27 LG Frankfurt, Rpfleger 1986, 186; *Rosenberg/Schilken*, § 54 I 1 b, bb; *Stöber*, Forderungspfändung, Rdn. 166 k; siehe auch § 829 Rdn. 57.

ausreicht, hängt davon ab, ob im Außenverhältnis zum Kreditinstitut alle Kontoinhaber Gesamthandsgläubiger oder Gesamtgläubiger sind.[28]

Ist nach den Vereinbarungen mit dem Kreditinstitut jeder von ihnen allein berechtigt, über das jeweilige Guthaben selbständig unbeschränkt Verfügungen jeder Art zu treffen, kann auch mit Titeln gegen nur jeweils einen von ihnen unbeschränkt in das Konto vollstreckt werden.[29] Daß die Kontoinhaber in ihrem Innenverhältnis untereinander Bindungen unterliegen, die die Befugnisse gegenüber dem Kreditinstitut erheblich einengen, ist insoweit ohne Bedeutung. Es kann nur zu Ausgleichsansprüchen im Innenverhältnis führen. Handelt es sich aber um ein echtes Gesamthandskonto, bedarf es auch eines Titels gegen die Gesamthand, um unmittelbar auf die Guthaben auf dem Konto zugreifen zu können. Ansonsten kann nur in den Gesamthandsanteil des jeweiligen Vollstreckungsschuldners vollstreckt werden. Nach Auseinandersetzung der Gesamthand kann dann der dem Vollstreckungsschuldner zustehende Überschuß eingezogen werden (Drittschuldner insoweit sind die übrigen Gesamthandsmitglieder).

6. Forderungen aus **allgemeinen Sparverträgen**, über die ein **Sparbuch** ausgestellt ist, werden wie gewöhnliche Geldforderungen nach § 829 ZPO gepfändet und nach § 835 ZPO verwertet. Gibt der Schuldner das Sparbuch nicht freiwillig nach § 836 Abs. 3 S. 1 ZPO an den Gläubiger heraus, kann dieser es aufgrund des Pfändungs- und Überweisungsbeschlusses durch den Gerichtsvollzieher im Wege der Hilfspfändung nach § 836 Abs. 3 S. 2 ZPO wegnehmen lassen. Forderungen aus **Postsparverträgen** werden nach § 23 Abs. 4 S. 4 PostG abweichend von dieser Regel wie bewegliche Sachen nach §§ 831, 808 ZPO durch Wegnahme des Sparbuchs gepfändet, aber nach § 835 ZPO wie Forderungen verwertet.[30]

9

7. Forderungen aus **Prämiensparverträgen**[31] sind grundsätzlich wie Forderungen aus allgemeinen Sparverträgen pfändbar.[32] Nach Überweisung kann der Gläubiger dann auch schon vor Ablauf der Sperrfrist prämienschädlich über das angesparte Guthaben abzüglich der rückzubuchenden Prämien und rückzuzahlenden Sparzulagen[33] verfügen, wenn dies nach dem Inhalt des Sparvertrages auch der Kontoinhaber bereits könnte.[34] Hat dieser für sich selbst vor Ablauf der Sperrfrist die Verfügung über das Konto ausgeschlossen, kann auch der Gläubiger Auszahlung des Guthabens erst nach dieser Frist verlangen.[35] Ist der Gläubiger zu prämienschädlichen Verfügungen über das Guthaben berechtigt, kann im Einzelfall, wenn die Sperrfrist fast abgelaufen ist und die rückzubuchenden bzw. zurückzuzahlenden Beträge erheblich sind, in einer

10

---

28 Allgemein zu diesem Problem: § 829 Rdn. 17.
29 BGHZ 93, 321; OLG Nürnberg, NJW 1961, 510; KG, NJW 1976, 807; OLG Koblenz, NJW-RR 1990, 1385; *Canaris*, NJW 1973, 825.
30 *Stöber*, Forderungspfändung, Rdn. 2092–2097; zur Durchführung der Pfändung siehe ferner § 175 Nr. 1–4 GVGA.
31 Spar-Prämiengesetz i. d. Fassung vom 10. 2. 1982, BGBl. 1983, I S. 126.
32 LG Essen, Rpfleger 1973, 147; LG Bamberg, MDR 1987, 243; *Bauer*, JurBüro 1975, 288; *Muth*, DB 1985, 1381; Weimar, JurBüro 1977, 163; a. A.: LG Karlsruhe, MDR 1980, 765.
33 *Stöber*, Forderungspfändung Rdn. 335.
34 LG Essen, Rpfleger 1973, 147; *Stöber*, a. a. O. Rdn. 335.
35 *Muth*, DB 1979, 1118.

solchen Zwangsvollstreckung eine unbillige Härte für den Schuldner liegen, der mit § 765 a ZPO begegnet werden kann[36] (z. B. Überweisung mit der Maßgabe, daß die Einziehung erst nach Ablauf der Sperrfrist erfolgen kann).

11 Von der Spareinlage selbst, hinsichtlich derer das Kreditinstitut Drittschuldner ist, zu unterscheiden ist die nach dem jeweils geltenden Vermögensbildungsgesetz[37] von einem Teil der Arbeitnehmer zu beanspruchende **Arbeitnehmersparzulage**. Sie wird zwar praktisch oft vom Arbeitgeber ausgezahlt, stammt aber (durch Verkürzung der abzuführenden Lohnsteuer) aus staatlichen Mitteln und ist deshalb nicht Lohnbestandteil. Sie wird von einer Lohnpfändung nicht mit erfaßt, ist aber selbständig pfändbar.[38] Die Sparzulage wird rechtlich gesehen vom Finanzamt erstattet (§§ 13 Abs. 9 und 14 Abs.1 des 5. VermBG). Dieses ist Drittschuldner (§ 46 Abs. 7 AO). Hinsichtlich der Pfändung künftiger Ansprüche ist daher § 46 Abs. 6 AO zu beachten.[39]

12 Von der Arbeitnehmersparzulage ebenso wie von der gesamten Spareinlage als solcher zu unterscheiden sind schließlich die vom Arbeitgeber zu erbringenden vermögenswirksamen Leistungen. Sie sind arbeitsrechtlich Teil des Lohnes, aber nach § 13 Abs. 8 S. 2 des 5. VermBG i. V. mit § 851 Abs. 1 ZPO unpfändbar. Sind die Leistungen aber auf das Sparkonto des Schuldners geflossen, also Teil der Gesamtspareinlage geworden, teilen sie deren Schicksal in der Zwangsvollstreckung.[40]

13 8. Kredite werden von Kreditinstituten in der Regel nicht ohne Gestellung von Sicherheiten gegeben.[41] Diese fallen nach den AGB nach Rückzahlung des Kredits in der Regel nicht automatisch an den Sicherungsgeber zurück,[42] sie müssen vielmehr rückübertragen («freigegeben»[43]) werden. Dieser **Rückgewähranspruch** ist nach §§ 846 ff. ZPO pfändbar. Ist der Kredit in der Weise zurückgeführt worden, daß die Bank die Sicherheiten verwertet hat[44] und ist dabei ein dem Schuldner gebührender Überschuß verblieben, so ist der Anspruch auf diesen Mehrerlös nur dann selbständig pfändbar, wenn das Geld dem Schuldner ansonsten bar auszuzahlen wäre. Nach den AGB der Kreditinstitute[45] ist dem Schuldner aber in der Regel nur eine Gutschrift im Rahmen der laufenden Rechnung zu erteilen. Dieser Anspruch ist als kontokorrentgebundene Einzelforderung nicht isoliert pfändbar.[46] Der Zwangsvollstreckung unterliegt dann nur der Aktivsaldo aus der laufenden Rechnung.[47]

---

36 LG Essen, Rpfleger 1973, 1147; *Stöber*, Forderungspfändung, Rdn. 336.
37 5. VermBG vom 19. 2. 1987, BGBl. 1987 I S. 630.
38 BAG, Rpfleger 1977, 18; BGH, FamRZ 1980, 984; LG Siegen, Rpfleger 1973, 185 mit Anm. von *Stöber*; ferner: *Stöber*, Forderungspfändung, Rdn. 919–924.
39 Näheres hierzu unten Rdn. 26; vergl. ferner § 829 Rdn. 25 und 28.
40 Also oben Rdn. 10.
41 Vergl. etwa Nr. 13 Abs. 1 AGB Banken in der Fassung vom 1.1.1993.
42 Vergl. etwa Nr. 15 Abs. 4 AGB Banken.
43 So Nr. 16 Abs. 2 AGB Banken.
44 Vergl. Nr. 17 Abs. 1 AGB Banken.
45 So Nr. 17 Abs. 2 AGB Banken.
46 BGH, NJW 1982, 1150.
47 Siehe oben Rdn. 2.

**II. Ansprüche aus Versicherungsvertrag: 1.** Ansprüche aus einer **Lebensversicherung** sowohl in Form der auf den Erlebens- oder Todesfall abgeschlossenen Kapital- als auch Rentenversicherung sind grundsätzlich vor wie auch nach Eintritt des Versicherungsfalles pfändbar, wenn die aus ihnen resultierenden Ansprüche (– jedenfalls auch –) zum Vermögen des Schuldners gehören.[48] Ausnahmen hierzu finden sich in § 850 Abs. 3 Buchst. b ZPO[49] und in § 850 b Abs. 1 Nr. 4 ZPO.[50] Die Pfändung einer Kapitallebensversicherung wird nicht nach § 54 SGB I oder §§ 850 ff ZPO ausgeschlossen oder beschränkt, wenn die Versicherung eine »befreiende« gem. Art. 2 § 1 AnVNG ist und Voraussetzung für die Entlassung aus der gesetzlichen Rentenversicherung.[51] Die Ansprüche aus dem Lebensversicherungsvertrag gehören zum Vermögen des Versicherungsnehmers, wenn ein begünstigter Dritter im Vertrag nicht genannt ist oder wenn die Begünstigung noch widerrufen werden kann (siehe hierzu § 166 VVG). Die Widerrufsberechtigung ist ein Nebenrecht aus dem Versicherungsvertrag, das auf den Gläubiger übergeht, wenn er den Anspruch auf die Versicherungsleistung selbst gepfändet hat.[52] Er muß sie ausüben, wenn er verhindern will, daß der Anspruch im Versicherungsfall endgültig in der Person des begünstigten Dritten entsteht (§ 166 Abs. 2 VVG). Ist der Dritte dagegen unwiderruflich begünstigt, so können in jedem Falle seine Gläubiger den Anspruch auf die Versicherungsleistung pfänden. Die Gläubiger des Versicherungsnehmers können daneben die Ansprüche für den Fall pfänden, daß der begünstigte Dritte wegfällt (§ 168 VVG) oder die Begünstigung ausschlägt (§ 333 BGB). Im Falle der widerruflichen Begünstigung kann der Begünstigte mit Zustimmung des Versicherungsnehmers den Verlust seiner Ansprüche durch die Zwangsvollstreckung dadurch abwenden, daß er nach § 177 VVG in den Versicherungsvertrag eintritt und den Gläubiger nach dem derzeitigen Status auszahlt.[53]

Mit der Pfändung des Anspruchs auf die Versicherungsleistung werden als weitere Nebenrechte auch das Recht auf Kündigung (§ 165 VVG) und das Recht auf Umwandlung der Versicherung in eine prämienfreie Versicherung (§ 174 VVG) beschlagnahmt.[54] Mit der Überweisung des Anspruchs erwirbt der Gläubiger die Berechtigung, auch diese Gestaltungsrechte auszuüben. Im Falle der Kündigung erstreckt sich die Pfändung auch auf den Erstattungsanspruch nach § 176 VVG. Andererseits kann der Gläubiger, wenn der Versicherungsnehmer nach der Pfändung die Prämienzahlung einstellt, auch seinerseits die Prämien weiterzahlen, um eine Kündigung des Vertrages zu verhindern. Der Versicherer kann die Annahme dieser Leistung nicht ablehnen (§ 35 a Abs. 1 VVG). Der Gläubiger kann die von ihm erbrachten Prämienzahlungen als Kosten der Zwangsvollstreckung (§ 788 ZPO) geltend machen. Es gelten insoweit die nämli-

---

48 *Bohn*, Festschr. f. *Schiedermair*, 1976, S. 33; *Heilmann*, NJW 1955, 135; *Rosenberg/Schilken*, § 54 I 1 a, cc; *Stein/Jonas/Brehm*, § 829 Rdn. 15; *Stöber*, Forderungspfändung, Rdn. 192.
49 Einzelheiten: § 850 Rdn. 16.
50 Einzelheiten: § 850 b Rdn. 16, 17.
51 BFH, FamRZ 1992, 178.
52 *Stein/Jonas/Brehm*, § 829 Rdn. 15; *Stöber*, a. a. O. Rdn. 205.
53 Einzelheiten: *Pröls/Martin*, 25.Aufl. 1992, § 177 VVG Anm. 2; *Stöber*, a. a. O. Rdn. 212.
54 *Stein/Jonas/Brehm*, § 829 Rdn. 81.

chen Erwägungen wie für Leistungen, die zur Erstarkung eines Anwartschaftsrechts zum Vollrecht erbracht werden.[55]

16  2. Bei **Unfallversicherungen** ist zu unterscheiden (§ 179 Abs. 1 VVG), ob sie abgeschlossen wurden gegen Unfälle, die dem Versicherungsnehmer selbst zustoßen, oder gegen Unfälle, die einem anderen zustoßen (z. B. Insassenunfallversicherung). Die Eigenunfallversicherung gehört zum Vermögen des Versicherungsnehmers. Sie ist grundsätzlich vor und nach Eintritt des Versicherungsfalles pfändbar. Es gilt das für Lebensversicherungen ohne bindend Begünstigten oben Ausgeführte[56] entsprechend. Die das Risiko Dritter versichernde Unfallversicherung zählt wirtschaftlich bereits zum Vermögen des Dritten. Steht dieser Dritte bereits fest (so § 179 Abs. 3 VVG), so kann die Forderung aus der Versicherung auch nur noch von seinen Gläubigern gepfändet werden. Steht der Dritte aber vor Eintritt des konkreten Versicherungsfalles noch nicht fest (Insassenunfallversicherung), verwaltet der Versicherungsnehmer den Anspruch treuhänderisch für den Begünstigten (§§ 76, 80 VVG). Der Anspruch zählt dann formal zum Vermögen des Versicherungsnehmers und kann von dessen Gläubigern gepfändet werden, wobei der Begünstigte bei Eintritt des Versicherungsfalles Drittwiderspruchsklage gem. § 771 ZPO erheben kann.

17  3. Der Anspruch aus einer **Haftpflichtversicherung** ist nicht auf Geldleistung, sondern auf Freistellung des Versicherten von einer Schuld gerichtet.[57] Als Freistellungsanspruch ist er für die Gläubiger des Versicherten nicht pfändbar. Eine Ausnahme gilt für die Haftpflichtgläubiger wegen der Ansprüche, die die Versicherung gerade abdecken soll. Sie können den Anspruch selbst dann pfänden, wenn sie wie im Falle des § 3 Nr. 1 PflichtVersG einen eigenen Anspruch gegen den Versicherer haben.[58] Hat der Versicherte die Schuld, die durch die Versicherung abgedeckt werden soll, aus anderen Mitteln selbst getilgt, wandelt sich der Freistellungsanspruch in einen Zahlungsanspruch, der gepfändet werden kann. Ebenfalls gepfändet werden können die aus dem Haftpflichtversicherungsvertrag resultierenden auf Zahlung gerichteten Nebenansprüche wie der Anspruch auf Beitragsrückvergütung oder auf Rückerstattung zuviel geleisteter Beiträge bei vorzeitiger Vertragsbeendigung (z. B. Verkauf oder Abmeldung des PKW).

18  4. Auch der Anspruch aus einer Rechtschutzversicherung ist in erster Linie ein Freistellungsanspruch. Für ihn gilt deshalb das vorstehend zu den Haftpflichtversicherungsansprüchen Gesagte entsprechend.[59]

19  5. Bei der Pfändung von Ansprüchen aus **Sachschadensversicherungen** sind die die Pfändbarkeit gem. § 851 Abs. 1 ZPO einschränkenden §§ 15 VVG (Ersatz für unpfänd-

---

55 Siehe im einzelnen § 788 Rdn. 18; hinsichtlich der Versicherungsprämien wie hier auch *Stöber*, Forderungspfändung Rdn. 204
56 Rdn. 14.
57 BGHZ 7, 244.
58 A. A. insoweit (kein Rechtschutzinteresse): AG München, NJW 1967, 786 mit abl. Anm. von *Prölss*.
59 LG Wuppertal, AnwBl 1984, 276; *Bergmann*, VersR 1981, 512; *Kurzka*, VersR 1980, 12; a. A. (pfändbar): OLG Hamm, WM 1984, 704.

bare Sachen) und 97, 98 VVG (Beschränkung der Verpflichtung auf Wiederherstellung eines durch Feuer beschädigten Gebäudes) zu beachten. Ferner ist die Zuordnung bestimmter Versicherungen zum Hypothekenverband und damit zur Zwangsvollstreckung in das unbewegliche Vermögen zu beachten.[60] Im übrigen sind diese Ansprüche aber uneingeschränkt pfändbar.

III. Hinsichtlich der Ansprüche aus **Arbeits- und Dienstvertrag** siehe die Anmerkungen zu §§ 832, 833 ZPO sowie die Anmerkungen zu § 850 ZPO.

IV. Ansprüche auf Zahlung von **Sozialleistungen**:

1. Für die Pfändung von Ansprüchen auf Sozialleistungen (Definition: § 11 SGB I[61]) enthalten die §§ 54, 55 SGB I[62] wichtige Sonderregelungen.

Die Vorschriften lauten:

§ 54 Pfändung

(1) Ansprüche auf Dienst- und Sachleistungen können nicht gepfändet werden.
(2) Ansprüche auf einmalige Geldleistungen können nur gepfändet werden, soweit nach den Umständen des Falles, insbesondere nach den Einkommens- und Vermögensverhältnissen des Leistungsberechtigten, der Art des beizutreibenden Anspruchs sowie der Höhe und der Zweckbestimmung der Geldleistung, die Pfändung der Billigkeit entspricht.
(3) Unpfändbar sind Ansprüche auf
1. Erziehungsgeld und vergleichbare Leistungen der Länder,
2. Mutterschaftsgeld nach § 13 Abs. 1 des Mutterschutzgesetzes, soweit das Mutterschaftsgeld nicht aus einer Teilzeitbeschäftigung während des Erziehungsurlaubs herrührt oder anstelle von Arbeitslosenhilfe gewährt wird, bis zur Höhe des Erziehungsgeldes nach § 5 Abs. 1 des Bundeserziehungsgeldgesetzes,
3. Geldleistungen, die dafür bestimmt sind, den durch einen Körper- oder Gesundheitsschaden bedingten Mehraufwand auszugleichen.
(4) Im übrigen können Ansprüche auf laufende Geldleistungen wie Arbeitseinkommen gepfändet werden.
(5) Ein Anspruch des Leistungsberechtigten auf Geldleistungen für Kinder (§ 48 Abs. 1 S. 2) kann nur wegen gesetzlicher Unterhaltsansprüche eines Kindes, das bei der Festsetzung der Geldleistungen berücksichtigt wird, gepfändet werden.
Für die Höhe des pfändbaren Betrages bei Kindergeld gilt:
1. Gehört das unterhaltsberechtigte Kind zum Kreis der Kinder, für die dem Leistungsberechtigten Kindergeld bezahlt wird, so ist eine Pfändung bis zu dem Betrag möglich, der bei gleichmäßiger Verteilung des Kindergeldes auf jedes dieser Kinder entfällt. Ist das Kindergeld durch die Berücksichtigung eines weiteren Kin-

---

60 Siehe insoweit § 829 Rdn. 2.
61 Entschädigungsansprüche nach dem BEG fallen nicht hierunter; siehe hierzu auch LG Berlin, Rpfleger 1978, 150, 151. Zur Pfändung von Ansprüchen nach dem BEG siehe § 14 BEG.
62 In der Fassung des 2. Änderungsgesetzes zum SGB I, BGBl. I 1994, 1229.

des erhöht, für das einer dritten Person Kindergeld oder dieser oder dem Leistungsberechtigten eine andere Geldleistung für Kinder zusteht, so bleibt der Erhöhungsbetrag bei der Bestimmung des pfändbaren Betrages des Kindergeldes nach S. 1 außer Betracht.

2. Der Erhöhungsbetrag (Nr. 1 S. 2) ist zugunsten jedes bei der Festsetzung des Kindergeldes berücksichtigten unterhaltsberechtigten Kindes zu dem Anteil pfändbar, der sich bei gleichmäßiger Verteilung auf alle Kinder, die bei der Festsetzung des Kindergeldes zugunsten des Leistungsberechtigten berücksichtigt werden, ergibt.

§ 55 Kontenpfändung und Pfändung von Bargeld

(1) Wird eine Geldleistung auf das Konto des Berechtigten bei einem Geldinstitut überwiesen, ist die Forderung, die durch die Gutschrift entsteht, für die Dauer von sieben Tagen seit der Gutschrift der Überweisung unpfändbar. Eine Pfändung des Guthabens gilt als mit der Maßgabe ausgesprochen, daß sie das Guthaben in Höhe der in Satz 1 bezeichneten Forderung während der sieben Tage nicht erfaßt.

(2) Das Geldinstitut ist dem Schuldner innerhalb der sieben Tage zur Leistung aus dem nach Abs. 1 S. 2 von der Pfändung nicht erfaßten Guthaben nur soweit verpflichtet, als der Schuldner nachweist oder als dem Geldinstitut sonst bekannt ist, daß das Guthaben von der Pfändung nicht erfaßt ist. Soweit das Geldinstitut hiernach geleistet hat, gilt Abs. 1 S. 2 nicht.

(3) Eine Leistung, die das Geldinstitut innerhalb der sieben Tage aus dem nach Abs. 1 S. 2 von der Pfändung nicht erfaßten Guthaben an den Gläubiger bewirkt, ist dem Schuldner gegenüber unwirksam. Das gilt auch für eine Hinterlegung.

(4) Bei Empfängern laufender Geldleistungen sind die in Abs. 1 genannten Forderungen nach Ablauf von sieben Tagen seit der Gutschrift sowie Bargeld insoweit nicht der Pfändung unterworfen, als ihr Betrag dem unpfändbaren Teil der Leistungen für die Zeit von der Pfändung bis zum nächsten Zahlungstermin entspricht.

Die Regelungen lehnen sich insbesondere an die Vorschriften über die Pfändung von und den Pfändungsschutz für Arbeitseinkommen in den §§ 850–850 k ZPO an, begünstigen den Empfänger bestimmter Sozialleistungen aber noch weitergehend.

22   2. Da die Zahl der in Betracht kommenden Sozialleistungen auch dann noch beträchtlich ist, wenn schon über die Bezeichnung des Drittschuldners eine Einengung vorgenommen worden ist (Bundesanstalt für Arbeit, Bundes- oder Landesversicherungsanstalt, Berufsgenossenschaft usw.), muß der Antrag auch hinsichtlich der Art der Sozialleistung selbst noch eine Einengung vornehmen, um dem Bestimmtheitserfordernis zu genügen. Die Angabe »die Ansprüche des Schuldners auf Sozialleistungen« ist unzureichend.[63] Andererseits braucht der Gläubiger nicht derart über die Verhältnisse

---

[63] KG, MDR 1982, 417; *Mrozynski*, SGB I, 2. Aufl., § 54 Rdn. 39; siehe auch die Beispiele § 829 Rdn. 37.

des Schuldners Bescheid wissen, daß er etwa zwischen Arbeitslosengeld und Arbeitslosenhilfe differenzieren muß.[64]

Drittschuldner ist die Behörde, Anstalt usw., die die jeweilige Leistung nach dem Gesetz schuldet, nicht unbedingt das Amt, das die Auszahlung an den Schuldner vornimmt, so etwa die Bundesanstalt für Arbeit und nicht das örtliche Arbeitsamt.[65] Der örtlichen Behörde kann aber wirksam zugestellt werden, wenn ihr tatsächlich die Leistungsverwaltung gegenüber dem Schuldner obliegt.

3. Die Pfändung einmaliger Sozialleistungen (§ 54 Abs. 2 SGB I): a) Die nach § 54 Abs. 2 SGB I bei der Pfändung von Ansprüchen auf **einmalige** Geldleistungen erforderliche Billigkeitsabwägung kann durch das Vollstreckungsgericht nur vorgenommen werden, wenn entweder der Gläubiger mit seinem Antrag bereits alle Umstände vorträgt, die zu einer konkreten und individuellen Abwägung erforderlich sind,[66] oder der Schuldner, falls der Gläubiger seine Anhörung trotz § 834 ZPO beantragt hatte[67], entsprechende Billigkeitsmomente geltend macht. Äußert sich der Schuldner trotz Aufforderung nicht, so kann sein Schweigen als Zugeständnis gewertet werden, daß keine Umstände vorliegen, die einer Pfändung entgegenstünden.[68] Diese Folge ist allerdings nicht zwingend. Sind dem Vollstreckungsgericht Umstände bekannt, die gegen eine solche Annahme sprechen, hat es den Gläubiger darauf hinzuweisen und sie gegebenenfalls zu berücksichtigen. Der – oft unbeholfene – Schuldner ist in einem solchen Fall nicht lediglich auf eine mögliche Erinnerung zu verweisen.[69]

23

b) Die Billigkeitsabwägung durch das Vollstreckungsgericht muß individuell und konkret erfolgen. Sie muß den Zweck der zu pfändenden Sozialleistung ebenso berücksichtigen wie die Besonderheiten des zu vollstreckenden Anspruchs. Deshalb kann einundderselbe Sozialleistungsanspruch wegen der einen Forderung durchaus pfändbar sein und wegen anderer nicht.[70] Damit der Schuldner erkennen kann, ob und in welchem Umfang eine Billigkeitsabwägung stattgefunden hat und welche Gesichtspunkte für die Zulassung der Pfändung maßgeblich waren, ist der Beschluß stets – jedenfalls kurz – zu begründen.[71]

24

---

64 LG Berlin, MDR 1977, 1027; BSGE 64, 17.
65 LG *Mosbach*, Rpfleger 1982, 297; OLG Karlsruhe, Rpfleger 1982, 387.
66 LG Osnabrück, Rpfleger 1977, 31; LG Berlin, Rpfleger 1977, 31; OLG Düsseldorf, Rpfleger 1977, 330; LG Flensburg, JurBüro 1977, 1628; OLG Frankfurt, Rpfleger 1978, 264; KG, Rpfleger 1982, 74; LG Hamburg, Rpfleger 1985, 34; eine Darlegungspflicht des Gläubigers besteht allerdings nicht: BGH, NJW 1985, 976; OLG Köln, NJW 1989, 2956.
67 Zur Anhörung des Schuldners auf Antrag des Gläubigers siehe § 834 Rdn. 3.
68 OLG Düsseldorf, Rpfleger 1977, 330.
69 OLG Hamm, Rpfleger 1977, 180.
70 Siehe etwa OLG Stuttgart, FamRZ 1984, 88 einerseits, OLG Düsseldorf, MDR 1984, 152 andererseits.
71 LG Berlin, Rpfleger 1977, 222 mit Anm. von *Hornung*; LG Wiesbaden, Rpfleger 1981, 491; LG Düsseldorf, Rpfleger 1983, 255; OLG Köln, NJW 1989, 2956; *Stöber*, Forderungspfändung Rdn. 1397; a. A. (keine Begründung erforderlich): LG Braunschweig, Rpfleger 1981, 489 mit Anm. von *Hornung*.

4. Die Pfändung **laufender** auf Geld gerichteter Sozialleistungsansprüche (Abs. 4 ), soweit diese nicht von vornherein nach § 54 Abs. 3 und Abs. 5 gänzlich unpfändbar oder nur für bestimmte Gläubiger pfändbar sind, erfolgt ohne vorherige Anhörung des Schuldners nach den Regeln der §§ 850 c ff. ZPO.[72] Laufende Geldleistungen sind solche, die regelmäßig wiederkehrend für bestimmte Zeitabschnitte gewährt werden (etwa laufende, monatlich fällige Sozialrenten).[73] Soweit der Berechtigte besondere Bedürfnisse hat, die durch die Beträge im Rahmen des § 850c ZPO nicht abgedeckt werden, werden diese individuellen Lebensumstände, auch wenn sie gerichtsbekannt sein sollten, nicht wie in den Fällen des Abs. 2 von amtswegen berücksichtigt, der Schuldner muß vielmehr nach § 850 f ZPO selbst tätig werden, wenn er die Freigabe erhöhter Beträge erreichen will. Das dürfte manchen Sozialleistungsberechtigten deutlich überfordern.

24 a
5. Bei der Pfändung **künftiger** Sozialleistungsansprüche muß zwischen einmaligen und laufenden Geldleistungsansprüchen unterschieden werden: Bei einmaligen künftigen Ansprüchen wird, soweit es sich überhaupt schon um Ansprüche und nicht nur um bloße – noch nicht pfändbare – Chancen aufgrund des geltenden Sozialsystems handelt, meist die nach Abs. 2 erforderliche Billigkeitsabwägung in eine fernere Zukunft hinein nicht möglich sein. Künftige laufende Geldleistungsansprüche sind dagegen wie alle künftigen Ansprüche pfändbar. Es sind ohne sonstige Billigkeitserwägungen allein die Schranken der §§ 850 c ff. ZPO zu beachten.[74] Die von der Rechtssprechung früher insoweit häufig geäußerten Bedenken gegen eine Pfändbarkeit sind durch die Neufassung des § 54 Abs. 4 SGB I gegenstandslos geworden.

25
6. Da eine individuelle Abwägung der ganz konkreten Gläubiger-und Schuldnerinteressen stattzufinden hat und der Beschluß sich nicht allein in allgemeinen sozialpolitischen Erwägungen ergehen darf, handelt es sich bei der Pfändung gem. § 54 Abs. 2 SGB I immer um eine Entscheidung des Vollstreckungsgerichts und nicht um eine bloße Vollstreckungsmaßnahme.[75] Der Pfändungsbeschluß ist vom **Schuldner** deshalb mit der befristeten Rechtspflegererinnerung nach § 11 RpflG anzufechten[76] und nicht mit der unbefristeten Vollstreckungserinnerung nach § 766 ZPO.[77] Die Pfändung laufender Geldleistungen erfolgt dagegen, da keine individuelle Abwägung stattfindet, gem. § 834 ZPO regelmäßig ohne Anhörung des Schuldners. Der Rechtsbehelf des Schuldners gegen einen derartigen Pfändungsbeschluß ist daher die Vollstreckungserinnerung gem. § 766 ZPO. Der **Gläubiger** muß gegen die Zurückweisung seines Antrages nach den allgemeinen Regeln[78] befristete Rechtspflegererinnerung einlegen. Der **Drittschuldner**, dessen Interessen (etwa seine konkrete Zielsetzung hin-

---

[72] Näheres siehe bei § 850 i ZPO.
[73] *Mrozynski*, SGB I, § 54 Rdn. 19.
[74] *Mrozynski*, SGB I, § 54 Rdn. 8; LG Bremen, Rpfleger 1996, 210.
[75] Zur Abgrenzung zwischen Entscheidung und Vollstreckungsmaßnahme allgemein siehe: § 766 Rdn. 5 und Anh. § 793 Rdn. 1.
[76] Siehe auch: Anh. § 793 Rdn. 5.
[77] A. A. die h. M., die allein darauf abstellt, ob der Schuldner tatsächlich angehört wurde oder nicht; vergl. *Stöber*, Forderungspfändung Rdn. 729, 1127, 1384: Wurde der Schuldner nicht angehört, dann § 766 ZPO.
[78] § 766 Rdn. 5.

sichtlich der einmaligen Geldleistung) in die konkrete Abwägung nicht einbezogen waren, kann gegen den Pfändungsbeschluß mit der unbefristeten Erinnerung nach § 766 ZPO vorgehen, solange die Zwangsvollstreckung nicht durch Einziehung der Forderung beendet ist.

7. Das **Sozialgeheimnis** (§ 35 SGB I) steht der Erfüllung der Auskunftsobliegenheit nach § 840 ZPO des Leistungsträgers als Drittschuldner nicht entgegen. Der Gläubiger ist »Befugter« i.S. § 35 Abs.1 S.2 SGB I.[79]

25 a

**V. Ansprüche auf Erstattung von Steuern und Abgaben:** 1. Hier ist zunächst zu unterscheiden, ob der Anspruch sich, wie in der Regel, gegen die Finanzbehörde richtet oder ausnahmsweise gegen eine Privatperson. Letzteres ist etwa im Falle des § 42 b EStG (Lohnsteuerjahresausgleich durch den Arbeitgeber[80]) anzunehmen. Soweit ein privater Dritter erstattungspflichtig ist, handelt es sich um eine gewöhnliche Geldforderung. Es gelten keine Besonderheiten zu § 829 ZPO.[81] Richtet sich der Anspruch aber gegen die Finanzbehörde, so ist § 46 AO zu beachten. Die Vorschrift lautet:

26

**§ 46 AO Abtretung, Verpfändung, Pfändung**

(1) Ansprüche auf Erstattung von Steuern, Haftungsbeträgen, steuerlichen Nebenleistungen und auf Steuervergütungen können abgetreten, verpfändet und gepfändet werden.

(2) Die Abtretung wird jedoch erst wirksam, wenn sie der Gläubiger in der nach Absatz 3 vorgeschriebenen Form der zuständigen Finanzbehörde nach Entstehung des Anspruchs anzeigt.

(3) Die Abtretung ist der zuständigen Finanzbehörde unter Angabe des Abtretenden, des Abtretungsempfängers sowie der Art und Höhe des abgetretenen Anspruchs und des Abtretungsgrundes auf einem amtlich vorgeschriebenen Vordruck anzuzeigen. Die Anzeige ist vom Abtretenden und vom Abtretungsempfänger zu unterschreiben.

(4) Der geschäftsmäßige Erwerb von Erstattungs- oder Vergütungsansprüchen zum Zwecke der Einziehung oder sonstigen Verwertung auf eigene Rechnung ist nicht zulässig. Dies gilt nicht für die Fälle der Sicherungsabtretung. Zum geschäftsmäßigen Erwerb und zur geschäftsmäßigen Einziehung der zur Sicherung abgetretenen Ansprüche sind nur Unternehmen befugt, denen das Betreiben von Bankgeschäften erlaubt ist.

(5) Wird der Finanzbehörde die Abtretung angezeigt, so müssen Abtretender und Abtretungsempfänger der Finanzbehörde gegenüber die angezeigte Abtretung gegen sich gelten lassen, auch wenn sie nicht erfolgt oder nicht wirksam oder wegen Verstoßes gegen Abs. 4 nichtig ist.

---

79 *Mrozynski*, SGB I, § 54 Rdn. 38.
80 Dieser ist auch nach dem Steueränderungsgesetz 1992, das den Lohnsteuerjahresausgleich durch das Finanzamt abschaffte, erhalten geblieben.
81 LG Landau, Rpfleger 1982, 31; LG Darmstadt, Rpfleger 1984, 473; LAG Hamm, NZA 1989, 529; a. A.: LG Aachen, Rpfleger 1988, 418; MüKo/*Smid*, § 829 Rdn. 13.

(6) Ein Pfändungs- und Überweisungsbeschluß oder eine Pfändungs- und Einziehungsverfügung dürfen nicht erlassen werden, bevor der Anspruch entstanden ist. Ein entgegen diesem Verbot erwirkter Pfändungs- und Überweisungsbeschluß oder erwirkte Pfändungs- und Einziehungsverfügung sind nichtig. Die Vorschriften der Abs. 2 bis 5 sind auf die Verpfändung sinngemäß anzuwenden.

(7) Bei Pfändung eines Erstattungs- oder Vergütungsanspruchs gilt die Finanzbehörde, die über den Anspruch entschieden oder zu entscheiden hat, als Drittschuldner im Sinne der §§ 829, 845 der Zivilprozeßordnung.

27   2. Der Antrag und entsprechend der Ausspruch der Pfändung müssen nach den allgemeinen Regeln dem Bestimmtheitserfordernis entsprechen. Die Pfändung »aller Steuererstattungsansprüche gegen ein näher bezeichnetes Finanzamt« ohne Angabe der Steuerart ist ungenügend,[82] da das Spektrum zwischen Lohn- und Einkommensteuer, Umsatzsteuer, Gewerbesteuer, Vermögenssteuer, Erbschaftssteuer usw. zu weit ist. Gibt es in einem Ort mehrere Finanzämter, so genügt zur richtigen Bezeichnung des Drittschuldners auch nicht die allgemeine Bezeichnung »Finanzamt X«,[83] zumal nicht auszuschließen ist, daß für verschiedene gepfändete Erstattungsansprüche sogar unterschiedliche Finanzämter zuständig sind; es muß also das konkrete zuständige Finanzamt bezeichnet werden.[84] Diesem Finanzamt, nicht irgendeiner Finanzbehörde zur Weiterleitung an die zuständige Stelle, muß der Pfändungsbeschluß gem. § 829 Abs. 3 dann auch zugestellt werden, damit die Pfändung wirksam wird.[85]

28   3. § 46 Abs. 6 S. 1 AO verbietet die Pfändung künftiger Steuer- und Abgabenerstattungsansprüche (allgemeine Definition des Erstattungsanspruchs: § 37 Abs. 2 AO). Der Erstattungsanspruch entsteht grundsätzlich erst, wenn der Tatbestand, der die Steuerpflicht auslöst, vollkommen verwirklicht ist (§ 38 AO). Das Verbot dient ausschließlich dem Schutz der Finanzbehörden. Es soll den Verwaltungsaufwand, den die Vormerkung künftiger Pfändungen verursacht, eindämmen und von den Finanzbehörden Regreßansprüche konkurrierender Gläubiger fernhalten. Aus dieser Zielrichtung des Verbots folgt einerseits, daß Pfändungen, die trotz des Verbotes erfolgen, nichtig sind,[86] da nur eine nichtige Verstrickung von den Finanzbehörden nicht beachtet werden muß und keine unerwünschte Mehrarbeit erfordert; andererseits widerspricht es dem Schutzzweck nicht, wenn Teilakte der Pfändung, die die Finanzbehörden noch nicht tangieren, bereits vor dem Entstehungsstichtag der Erstattungsforderung vorgenommen werden. So kann nicht nur der Pfändungsantrag vor diesem Stichtag bereits gestellt werden, auch der Pfändungsbeschluß kann vorher

---

82 A. A. aber OLG Stuttgart, MDR 1979, 324. Wie hier: MüKo/*Smid*, § 829 Rdn. 23; *Stöber*, Forderungspfändung Rdn. 367; BFH, NJW 1990, 2645 mit abl. Anm. von *Grunsky* in EWiR 1989, 1245.
83 OLG Hamm, Rpfleger 1975, 443.
84 MüKo/*Smid*, § 829 Rdn. 23; *Stein/Jonas/Münzberg*, § 829 Rdn. 46.
85 *Koch/Scholtz/Hoffmann*, § 46 AO Rdn. 11.
86 Vergl. zunächst § 829 Rdn. 28 und Fußn. 60 und 61 dort; wie hier ferner: OLG Hamburg, MDR 1972, 151; OLG Köln, DB 1978, 2263; LG Bonn, Rpfleger 1978, 106; a. A. ferner: OLG Bamberg, JurBüro 1979, 287.

*Steuererstattungsansprüche* **Anhang zu § 829**

schon abgefaßt werden, wenn nur sichergestellt ist, daß seine Zustellung erst nach dem Stichtag erfolgen kann,[87] also in jedem Fall vermieden wird, daß eine nichtige Pfändung erfolgt (z. B. Herausgabe des Beschlusses erst nach dem Stichtag). Was für die Pfändung selbst gilt, gilt auch für eine Vorpfändung (§ 845 ZPO). Sie ist grundsätzlich möglich[88], aber auch sie kann erst nach dem Stichtag zugestellt werden, der Auftrag an den Gerichtsvollzieher kann aber bereits vorher ergehen.

4. **Lohnsteuererstattungsansprüche** sind nur noch im Wege der Einkommensteuererklärung zum Zwecke der Antragsveranlagung (§ 46 Abs. 2 Nr. 8 EStG) geltend zu machen, also nicht in einem besonderen Lohnsteuerjahresausgleichsverfahren.[89] Sie entstehen grundsätzlich erst nach Ablauf des Kalenderjahres, in dem zuviel Steuer gezahlt worden ist.[90] Etwas anderes gilt nur, wenn die Einkommensteuerpflicht ausnahmsweise bereits während des Jahres unabwendbar wegfällt (z. B. Tod des Steuerpflichtigen). Die Pfändung dieser Ansprüche, soweit das Finanzamt Drittschuldner ist, ist deshalb auch erst zu Beginn des nachfolgenden Kalenderjahres möglich. Mit der Pfändung und Überweisung des Erstattungsanspruchs erwirbt der Gläubiger gleichzeitig das Recht, gegenüber dem Finanzamt die Veranlagung des Vollstreckungsschuldners zu beantragen, wenn der Schuldner den Antrag noch nicht gestellt hat.[91] Als unselbständige, aus dem Erstattungsanspruch folgende Befugnis kann das Antragsrecht nicht selbständig gepfändet werden.[92] Hat der Schuldner den Antrag schon selbst gestellt, ist der Gläubiger nach der Pfändung am weiteren Verfahren durch das Finanzamt automatisch zu beteiligen.[93] Entsprechend § 836 Abs. 3 S. 2 ZPO kann, um dem Gläubiger die Geltendmachung des Erstattungsanspruches nach Durchführung der Veranlagung zu ermöglichen, im Pfändungsbeschluß angeordnet werden, daß der Schuldner die Lohnsteuerkarte und gegebenenfalls auch weitere (– allerdings genau zu bezeichnende[94] –) Urkunden an den

29

---

87 Wie hier LG Zweibrücken, MDR 1979, 325 (allerdings noch zum alten § 46 Abs. 6 AO vor 1980); a. A.: OLG Schleswig, Rpfleger 1978, 387 (der Beschluß kann erst nach dem Stichtag ergehen); *Stöber*, Forderungspfändung Rdn. 383 a (Unterzeichnung des Beschlusses durch den Rechtspfleger darf erst nach dem Stichtag erfolgen).
88 *Koch/Scholtz/Hoffmann*, § 46 AO Rdn. 12.
89 Dieses wurde durch das Steueränderungsgesetz 1992 vom 25.2.1992, BGBl. I 1992, 297, abgeschafft.
90 Allgem. Meinung; beispielhaft: OLG Frankfurt, Rpfleger 1978, 229; LG Landau, Rpfleger 1978, 107.
91 BFH, Rpfleger 1974, 69; LG Essen, Rpfleger 1973, 146.
92 LG Bonn, Rpfleger 1978, 106; LG Landau, Rpfleger 1978, 107; OLG Frankfurt, Rpfleger 1978, 229; LG Braunschweig, JurBüro 1984, 945 mit Anm. von *Mümmler*.
93 FG Düsseldorf, MDR 1978, 964.
94 LG Berlin, Rpfleger 1975, 229.

Gläubiger herauszugeben habe.⁹⁵ Sie können dem Schuldner dann im Wege der Hilfspfändung durch den Gerichtsvollzieher weggenommen werden. Eine Hilfspfändung bei Dritten, um auch von diesen Urkunden herauszuerlangen, die zur Durchführung der Veranlagung benötigt werden (z. B. bei der Ehefrau, um auch deren Lohnsteuerkarte zu erhalten), ist nicht möglich.⁹⁶ Der Gläubiger, der die Mitwirkungsansprüche des Schuldners gegen Dritte nicht automatisch mit der Pfändung des Erstattungsanspruchs gegen die Finanzbehörde mitbeschlagnahmt, muß diese Ansprüche notfalls gesondert pfänden und nach Überweisung im Klagewege durchsetzen, soweit es sich nicht im Einzelfall um höchstpersönliche Ansprüche handelt, für die § 851 Abs. 1 ZPO gilt.⁹⁷

30   5. Eine nichtige Pfändung kann nicht durch Zeitablauf nachträglich wirksam werden.⁹⁸ Sie muß vielmehr in vollem Umfang neu vorgenommen werden (neuer Antrag an das Vollstreckungsgericht, neuer Pfändungsbeschluß usw.). Deshalb können die Kosten einer vor dem Stichtag vorgenommenen unzulässigen Pfändung auch niemals notwendige Kosten der Zwangsvollstreckung sein.

---

95 LG Essen, Rpfleger 1973, 146; LG München, Rpfleger 1973, 439; LG Berlin, Rpfleger 1974, 122; AG Duisburg, MDR 1982, 856; LG Darmstadt, Rpfleger 1984, 473; LG Freiburg, JurBüro 1994, 368; LG Göttingen, JurBüro 1994, 369; LG Berlin, NJW 1994, 3303; LG Köln, JurBüro 1995, 440; LG Karlsruhe, JurBüro 1995, 441; *Behr*, JurBüro 1993, 705; *Behr/Spring*, NJW 1994, 3257; *Baumbach/Lauterbach/Hartmann*, § 836 Rdn. 6; a.A. für die Zeit nach dem Steueränderungsgesetz 1992: LG Marburg, Rpfleger 1994, 512; LG Krefeld, MDR 1995, 414; *David*, MDR 1993, 412; *Stöber*, Forderungspfändung, Rdn. 387; *Zöller/Stöber*, § 829 Rdn. 33 Stichwort »Steuererstattung«.
96 LG Berlin, Rpfleger 1975, 229.
97 Siehe insoweit § 851 Rdn. 3.
98 Vor §§ 803, 804 Rdn. 7.

## § 830 Pfändung von Hypothekenforderungen

(1) ¹Zur Pfändung einer Forderung, für die eine Hypothek besteht, ist außer dem Pfändungsbeschluß die Übergabe des Hypothekenbriefes an den Gläubiger erforderlich. ²Wird die Übergabe im Wege der Zwangsvollstreckung erwirkt, so gilt sie als erfolgt, wenn der Gerichtsvollzieher den Brief zum Zwecke der Ablieferung an den Gläubiger wegnimmt. ³Ist die Erteilung des Hypothekenbriefes ausgeschlossen, so ist die Eintragung der Pfändung in das Grundbuch erforderlich; die Eintragung erfolgt auf Grund des Pfändungsbeschlusses.

(2) Wird der Pfändungsbeschluß vor der Übergabe des Hypothekenbriefes oder der Eintragung der Pfändung dem Drittschuldner zugestellt, so gilt die Pfändung diesem gegenüber mit der Zustellung als bewirkt.

(3) ¹Diese Vorschriften sind nicht anzuwenden, soweit es sich um die Pfändung der Ansprüche auf die im § 1159 des Bürgerlichen Gesetzbuchs bezeichneten Leistungen handelt. ²Das gleiche gilt bei einer Sicherungshypothek im Falle des § 1187 des Bürgerlichen Gesetzbuchs von der Pfändung der Hauptforderung.

Literatur: *Gramm*, Die Eigentümergrundpfandrechte einschließlich ihrer Behandlung in der Zwangsvollstreckung, Diss. Heidelberg 1951; *Haegele*, Die Pfändung einer Buchhypothek, JurBüro 1954, 255; *ders.*, Die Pfändung einer Briefhypothek, JurBüro 1955, 81; *Hahn*, Die Pfändung der Hypothek, JurBüro 1958, 161; *Hintzen/Wolf*, Die Pfändung von Hypothekenforderungen und Drittschuldnerschutz, Rpfleger 1995, 94; *Lüke*, Pfändung einer hypothekarisch gesicherten Forderung ohne Grundbucheintragung mit Folgen, JuS 1995, 202; *Pöschl*, Vollstreckungsmöglichkeiten bei Hypotheken und Grundschulden, BB 1956, 508; *Tempel*, Zwangsvollstreckung in Grundpfandrechte, JuS 1967, 75, 117, 167, 215, 268.

**I. Allgemeines und Anwendungsbereich der Norm:** § 830 ergänzt für die Pfändung von Hypothekenforderungen den § 829 ZPO, indem er teilweise zusätzliche Erfordernisse zur Wirksamkeit der Pfändung aufstellt. Für die Überweisung derartiger Forderungen ergänzt dann § 837 ZPO die §§ 835, 836 ZPO.

Nach § 1153 Abs. 2 BGB kann die Forderung, die durch die Hypothek am Grundstück abgesichert ist, nicht ohne die Hypothek, diese aber ebensowenig ohne die Forderung übertragen werden. § 1154 BGB berücksichtigt dies bei der Festlegung der Form, in der die Übertragung einer hypothekarisch gesicherten Forderung zu erfolgen hat; § 1274 BGB schreibt die gleiche Form für die Verpfändung der Hypothek vor. § 830 ZPO überträgt nun diese Formvorschriften auf die Pfändung einer Hypothekenforderung im Wege der Zwangsvollstreckung. Kraft ausdrücklicher Anordnung in **Abs. 3** gelten diese besonderen Regeln allerdings nicht für die Pfändung der Ansprüche auf rückständige Hypothekenzinsen und andere Nebenleistungen sowie für die Pfändung der Ansprüche auf Erstattung von Kosten, für die das Grundstück nach § 1118 BGB haftet. Diese Ansprüche werden ohne Einschränkung wie reine Geldforderungen nach § 829 ZPO gepfändet und nach § 835 ZPO verwertet. Auch mit dieser Regelung folgt die ZPO dem materiellen Recht, nämlich § 1159 BGB. Eine weitere Ausnahme, für die die Abs. 1 und 2 ebenfalls nicht gelten, stellt die Pfändung von durch Hypothek gesicherten Forderungen aus Inhaber- und Orderpapieren dar (§ 1187 BGB). Hier tritt die Hypothek in den Hintergrund. Die Forderungen werden gem. § 831 ZPO durch den Gerichtsvollzieher nach § 808 ZPO durch Wegnahme der Inhaber- bzw. Orderpapiere gepfändet. Eine weitere Ausnahme schließlich ergibt sich aus § 1190 Abs. 4 BGB i. V. mit § 837 Abs. 3 ZPO: Die Pfändung einer durch eine Höchstbetragshypothek gesicherten Forderung erfolgt dann allein nach § 829 ZPO, wenn der Gläubiger die Überweisung der Forderung ohne die Hypothek an Zahlungs Statt beantragt.

2 § 830 ZPO geht davon aus, daß die Forderung im Zeitpunkt der Pfändung **bereits durch eine Hypothek gesichert** ist.[1] Steht die Hypothekenbestellung erst bevor, wenn auch bereits ein – gegebenenfalls durch eine Vormerkung gesicherter – Anspruch auf sie besteht, ist nur die Geldforderung allein nach § 829 ZPO zu pfänden. Das Pfandrecht erstreckt sich dann auch gem. § 401 BGB auf den Anspruch auf Bestellung einer Hypothek als Nebenrecht der Forderung und nach Bestellung der Hypothek auch auf die Hypothek.[2] Es bedarf hierzu weder der Eintragung im Grundbuch noch der Übergabe des nachträglich ausgestellten Hypothekenbriefes an den Gläubiger. Händigt in einem solchen Fall der Grundstückseigentümer als Drittschuldner sofort den Brief dem Vollstreckungsgläubiger aus und nicht erst seinem eigenen Gläubiger, dem Vollstreckungsschuldner, so genügt dies dem § 1117 BGB: Mit Übergabe des Briefes an den Vollstreckungsgläubiger erwirbt der Vollstreckungsschuldner die Hypothek und zugleich der Gläubiger an dieser ein Pfandrecht.[3] Um den Vollstreckungsschuldner an Verfügungen über die Hypothek zugunsten Gutgläubiger zu hindern, empfiehlt es sich in jedem Fall, das Pfandrecht im Grundbuch nachträglich eintragen bzw. dem Schuldner den Brief wegnehmen (§ 836 Abs. 3 ZPO) zu lassen.

3 **II. Die Pfändung einer Briefhypothek:** Zunächst muß ein allen Erfordernissen des § 829 ZPO entsprechender **Pfändungsbeschluß** ergehen. In ihm muß nicht nur die zu pfändende Forderung genau bezeichnet sein, sondern auch die Hypothek.[4] Letzteres ist erforderlich, da der Pfändungsbeschluß zugleich Titel[5] zur Wegnahme des Briefs beim Schuldner und Grundlage für die Eintragung ins Grundbuch ist. Entgegen § 829 Abs. 3 ZPO muß dieser Beschluß nicht, um die Pfändung wirksam werden zu lassen, dem Drittschuldner zugestellt werden. Stattdessen muß der Gläubiger **Besitz am Hypothekenbrief** erlangen. Dies kann in zweifacher Weise geschehen: Der Schuldner oder auch ein (den Brief besitzender) Dritter können den Brief freiwillig an den Gläubiger aushändigen. Geschieht dies nicht, muß der Gläubiger den Gerichtsvollzieher beauftragen, dem Schuldner den Brief zum Zwecke der Ablieferung an den Gläubiger wegzunehmen. Die Wegnahme folgt den Regeln der §§ 883 ff. ZPO. Titel ist der Pfändungsbeschluß, und zwar auch dann, wenn er die Legitimation zur Wegnahme nicht ausdrücklich ausspricht.[6] Eine gesonderte Vollstreckungsklausel zum Pfändungsbeschluß ist nicht erforderlich; der Beschluß muß aber dem Schuldner vor der Wegnahme

---

1 OLG Hamm, Rpfleger 1980, 483; *Stöber*, Forderungspfändung Rdn. 1801; *Thomas/Putzo*, § 830 Rdn. 2.
2 *Stöber*, a. a. O. Rdn. 1845.
3 OLG Hamm, Rpfleger 1980, 483.
4 *Brox/Walker*, Rdn. 674; *Stein/Jonas/Brehm*, § 830 Rdn. 7; *MüKo/Smid*, § 830 Rdn. 4; *Thomas/Putzo*, § 830 Rdn. 3; a. A. (Bezeichnung der Hypothek sei rechtlich nicht notwendig, aber praktisch regelmäßig nicht zu entbehren): *Stöber*, a. a. O. Rdn. 1804.
5 BGH, NJW 1979, 2045.
6 *Brox/Walker*, Rdn. 678; *Rosenberg/Schilken*, § 55 IV 1 a.

zugestellt werden.⁷ Mit der Wegnahme des Briefes durch den Gerichtsvollzieher gilt gem. **Abs. 1 S. 2** die Übergabe an den Gläubiger als bewirkt; die Pfändung wird in diesem Augenblick wirksam.

Ist ein Dritter im Besitz des Briefes, dient der Pfändungsbeschluß auch als Grundlage, die Herausgabeansprüche des Schuldners gegen diesen Dritten gem. § 886 ZPO zu pfänden und an den Gläubiger zur Einziehung zu überweisen.⁸ Gibt der Dritte den Brief nicht freiwillig heraus, muß der Gläubiger Herausgabeklage gegen ihn erheben.⁹ Erst wenn die Herausgabe dann tatsächlich erfolgt, wird die Pfändung der Hypothek durch den Gläubiger endlich wirksam.¹⁰  4

Eine **Zustellung** des Pfändungsbeschlusses ist abweichend von § 829 Abs. 3 ZPO **nicht** noch zusätzliches Erfordernis der Wirksamkeit der Pfändung. Dennoch ist die Zustellung nicht ohne Bedeutung, da der Zeitpunkt der Wirksamkeit der Pfändung im Verhältnis zum Drittschuldner gem. **Abs. 2** auf den Zustellungszeitpunkt vorverlegt wird, falls die Zustellung vor der Briefübergabe erfolgt. Diese Fiktion greift allerdings nur, wenn die Briefübergabe später auch tatsächlich nachfolgt.¹¹ Dritten gegenüber gilt diese Vorverlegung nicht.¹² Das ist insbesondere für die Rangverhältnisse von Bedeutung, falls ein anderer Gläubiger, der später den Pfändungsbeschluß erwirkt hat, früher in den Besitz des (– etwa bei Dritten befindlichen –) Hypothekenbriefes gelangt.  5

Hat der Gläubiger die Briefhypothek nur hinsichtlich eines **Teilbetrages gepfändet**, so hat er keinen Anspruch auf Herausgabe des über die gesamte Hypothek ausgestellten Hypothekenbriefes. Wohl aber kann er vom Schuldner verlangen, daß dieser den Brief dem Grundbuchamt zur Bildung von Teilhypothekenbriefen vorlegt.¹³ Weigert sich der Schuldner, kann der Gläubiger den Gerichtsvollzieher mit der Wegnahme des Briefes¹⁴ und dessen Weiterleitung an das Grundbuchamt (– nicht an den Gläubiger selbst! –) beauftragen. Das Grundbuchamt leitet den Teilhypothekenbrief über den gepfändeten Teil dann unmittelbar dem Gläubiger zu. Erst jetzt wird die Pfändung wirksam,¹⁵ nicht schon mit der Wegnahme des ursprünglichen Briefes, da diese eben nicht unmittelbare Vorstufe der Briefübergabe (Abs. 1 S. 2) war. Die Bildung eines Teilhypothekenbriefes kann nicht dadurch umgangen werden, daß Gläubiger und Schuldner  6

---

7 *Thomas/Putzo*, § 830 Rdn. 6.
8 BGH, NJW 1979, 2045; *Brox/Walker*, Rdn. 679; *Rosenberg/Schilken*, § 55 IV 1 a; *Stein/Jonas/ Brehm*, § 830 Rdn. 17; *Thomas/Putzo*, § 830 Rdn. 6; *MüKo/Smid*, § 830 Rdn. 10, 11; a. A. (Pfändung erfolge nach §§ 808, 821 ZPO aus dem ursprünglichen Titel, nicht nach § 886 aufgrund des Pfändungsbeschlusses): *Stöber*, a. a. O. Rdn. 1822; *Tempel*, JuS 1967, 122.
9 *MüKo/Smid*, § 830 Rdn. 16; *Stein/Jonas/Brehm*, § 830 Rdn. 20.
10 *Stein/Jonas/Brehm*, § 830 Rdn. 20; a. A. (schon mit dem Erwerb des Herausgabeanspruchs): Tempel, JuS 1967, 122.
11 *Thomas/Putzo*, § 830 Rdn. 3.
12 OLG Düsseldorf, NJW 1961, 1266.
13 OLG Oldenburg, Rpfleger 1970, 100.
14 Wie oben Rdn. 3.
15 Wie hier: *Brox/Walker*, Rdn. 682.

vereinbaren, der Schuldner solle den ursprünglichen Hypothekenbrief teils als Eigenbesitzer, teils als Fremdbesitzer für den Gläubiger besitzen.[16]

7 **III. Die Pfändung einer Buchhypothek:** Neben dem Pfändungsbeschluß[17] ist hier die **Eintragung** der Pfändung in das Grundbuch erforderlich. Grundlage für das Eintragungsbegehren, das nicht vom Vollstreckungsgericht ausgeht, sondern vom Gläubiger gestellt werden muß (§ 13 GBO), ist der Pfändungsbeschluß (**Abs. 1 S. 3**). Er ersetzt auch die Eintragungsbewilligung seitens des Schuldners. Ist erst noch die Voreintragung des Schuldners, der die Hypothek außerhalb des Grundbuchs (z. B. durch Erbgang) erworben hat,[18] erforderlich, ist der Vollstreckungsgläubiger aufgrund des Pfändungsbeschlusses befugt, Berichtigung des Grundbuches zu verlangen (§ 14 GBO). Er muß den Nachweis der Berichtigungsbedürftigkeit des Grundbuches dann durch öffentliche bzw. öffentlich beglaubigte Urkunden führen, die er sich gegebenenfalls nach § 792 ZPO beschaffen kann. Erst mit der Eintragung im Grundbuch wird die Pfändung der Hypothek wirksam[19], bei Gesamthypotheken erst mit der Eintragung beim letzten Grundstück.[20] Solange die Buchhypothek noch nicht wirksam gepfändet ist, können keine Verwertungsmaßnahmen angeordnet werden. Deshalb ist es in diesen Fällen unzulässig, den Überweisungsbeschluß zugleich mit dem Pfändungsbeschluß zu erlassen[21]. Haben mehrere Gläubiger die nämliche Buchhypothek nacheinander gepfändet, richtet sich der Rang nach dem Zeitpunkt der Eintragung, nicht etwa der vorausgegangene Zeitpunkt der Zustellung des Pfändungsbeschlusses an den Drittschuldner.[22] Daß diese in der Reihenfolge des Eingangs der Anträge beim Grundbuchamt erfolgt, sichert § 17 GBO.

8 **IV.** Ist die Hypothek zu Unrecht für den Schuldner im Grundbuch eingetragen oder ist er zu Unrecht im Hypothekenbrief als Gläubiger ausgewiesen, so erwirbt der Vollstreckungsgläubiger durch die Pfändung kein Pfandrecht an der in Wahrheit einem Dritten zustehenden Hypothek. Diese wird auch nicht verstrickt. Es gelten insoweit die allgemeinen Regeln zur Pfändung von Forderungen, die dem Schuldner nicht zustehen.[23] Der gute Glaube an die Richtigkeit des Grundbuchs oder der Eintragungen im Hypothekenbrief nützt nichts beim Erwerb dinglicher Rechte durch Zwangsvollstreckung.[24]

9 **V. Rechtsbehelfe:** Hinsichtlich der das Verfahren betreffenden Rechtsbehelfe ist zu unterscheiden, ob die Tätigkeit (bzw. Untätigkeit) des Vollstreckungsgerichts als des maß-

---

16 BGHZ 85, 263.
17 Siehe oben Rdn. 3.
18 Zum Fall, daß der Schuldner die Hypothek selbst erst noch durch Eintragung erwerben muß, siehe oben Rdn. 2.
19 BGH, NJW 1994, 3225 mit Anm. von *Diepold*, MDR 1995, 455 und von *Walker*, EWiR 1994, 1251.
20 So schon RGZ 63, 74.
21 BGH, NJW 1994, 3225; sehr kritisch hierzu *Diepold*, MDR 1995, 455.
22 OLG Köln, Rpfleger 1991, 241 mit Anm. von *Hintzen*.
23 Siehe § 829 Rdn. 47.
24 BGH, NJW 1981, 1941.

geblichen Vollstreckungsorgans, die Hilfstätigkeit des Gerichtsvollziehers bei der Briefwegnahme oder die Tätigkeiten des Grundbuchamtes im Rahmen der Grundbucheintragungen oder der Erstellung eines Teilhypothekenbriefes gerügt werden sollen. Hinsichtlich der Tätigkeiten des Vollstreckungsgerichts gelten die allgemeinen Regeln zu § 829 ZPO:[25] Gegen Vollstreckungsmaßnahmen ist die Erinnerung nach § 766 ZPO, gegen Entscheidungen die befristete Erinnerung nach § 11 RpflG gegeben. Das Verfahren des Gerichtsvollziehers ist immer mit § 766 ZPO zu rügen. Gegen die Tätigkeiten des Grundbuchamtes, das im Rahmen des § 830 nie als Vollstreckungsorgan tätig wird,[26] ist die Beschwerde nach § 71 GBO bzw. die Rechtspflegererinnerung nach § 11 Abs. 1 S. 1 RpflG gegeben.

Materiellrechtliche Einwendungen des Schuldners gegen die Zwangsvollstreckung sind entsprechend den allgemeinen Regeln nach § 767 ZPO, solche betroffener Dritter nach § 771 ZPO zu verfolgen.

**VI.** Auf die Pfändung von Grundschulden, auch Eigentümergrundschulden, ist § 830 kraft der Verweisung in § 857 Abs. 6 ZPO entsprechend anzuwenden.[27]

10

---

25 Siehe § 829 Rdn. 59 ff.
26 Allgemeine Meinung; beispielhaft: *Rosenberg/Schilken*, § 55 IV 1 a; MüKo/*Smid*, § 830 Rdn. 18. Der Streit, welche Rechtsbehelfe gegen die Tätigkeit des Grundbuchamtes als Vollstreckungsorgan gegeben sind (vergl. § 766 Rdn. 3), spielt hier deshalb keine Rolle.
27 Einzelheiten: § 857 Rdn. 18 ff.

§ 830 a    Pfändung von Schiffshypothekenforderungen

(1) Zur Pfändung einer Forderung, für die eine Schiffshypothek besteht, ist die Eintragung der Pfändung in das Schiffsregister oder in das Schiffsbauregister erforderlich; die Eintragung erfolgt auf Grund des Pfändungsbeschlusses.

(2) Wird der Pfändungsbeschluß vor der Eintragung der Pfändung dem Drittschuldner zugestellt, so gilt die Pfändung diesem gegenüber mit der Zustellung als bewirkt.

(3) ¹Diese Vorschriften sind nicht anzuwenden, soweit es sich um die Pfändung der Ansprüche auf die im § 53 des Gesetzes über Rechte an eingetragenen Schiffen und Schiffsbauwerken vom 15. November 1940 (Reichsgesetzbl. I S. 1499) bezeichneten Leistungen handelt. ²Das gleiche gilt, wenn bei einer Schiffshypothek für eine Forderung aus einer Schuldverschreibung auf den Inhaber, aus einem Wechsel oder aus einem anderen durch Indossament übertragbaren Papier die Hauptforderung gepfändet wird.

Literatur: *Bauer*, Die Zwangsvollstreckung in Luftfahrzeuge einschließlich Konkurs- und Vergleichsverfahren, JurBüro 1974, 1.

1   I. Die Vorschrift ist den Regelungen über die Pfändung einer Buchhypothek in § 830 ZPO nachgebildet, da Schiffshypotheken nach § 8 Abs. 1 SchiffsRG immer Buchrechte sind. Abs. 3 enthält eine dem § 830 Abs. 3 ZPO vergleichbare Regelung, da auch § 53 SchiffsRG materiellrechtlich eine dem § 1159 BGB vergleichbare Regelung enthält.

Hinsichtlich des Verfahrens gelten alle Ausführungen zur Pfändung von Buchhypotheken[1] hier entsprechend.

2   II. Die Vorschrift gilt gem. § 99 Abs. 1 LuftfzRG sinngemäß für die Pfändung des Registerpfandrechts an einem Luftfahrzeug.[2]

---

1 Siehe § 830 Rdn. 7
2 MüKo/*Smid*, § 830a Rdn. 4.

## § 831 Pfändung indossabler Papiere

Die Pfändung von Forderungen aus Wechseln und anderen Papieren, die durch Indossament übertragen werden können, wird dadurch bewirkt, daß der Gerichtsvollzieher diese Papiere in Besitz nimmt.

Literatur: *Benisch*, Zwangsvollstreckung in die Urkunden des § 952 BGB, Diss. Köln 1950; *Feudner*, Die Zwangsvollstreckung in Blankowechsel, NJW 1963, 1239; *Geißler*, Die vollstreckungsrechtliche Behandlung der Order-Papiere des § 831 ZPO, DGVZ 1986, 110; *Krieger*, Die Zwangsvollstreckung in Wertpapiere (unter Ausschluß der Briefgrundpfandrechte), Diss. München 1950; *Schmalz*, Die Zwangsvollstreckung in Blancowechsel, NJW 1964, 141; *Schmalz*, Die Zwangsvollstreckung in Blankowechsel, Diss. Frankfurt 1951; *Weimar*, Rechtfragen zum Blancowechsel, MDR 1965, 20.
Siehe ferner die Literaturangaben zu § 821 ZPO.

I. Die Vorschrift befaßt sich nur mit indossablen Papieren, die über Forderungen ausgestellt sind. Zur Pfändung anderer »verbriefter Forderungen« siehe dagegen den Überblick bei § 821 ZPO.[1] Indossable Papiere, die nicht über Forderungen ausgestellt sind, so die Namensaktien (§§ 67, 68 Abs. 1 AktG)[2], werden wie Inhaber- und Rektapapiere behandelt; die Zwangsvollstreckung in sie richtet sich also nach §§ 808, 821 ZPO. Neben den in § 831 ausdrücklich angesprochenen Wechseln gilt die Vorschrift insbesondere für die handelsrechtlichen Papiere des § 363 HGB, soweit sie an Order lauten (kaufmännische Anweisung, kaufmännischer Verpflichtungsschein, Konnossemente der Verfrachter, Ladescheine der Frachtführer, Lagerscheine der staatlich zur Ausstellung solcher Urkunden ermächtigten Anstalten,[3] Transportversicherungspolicen). Obwohl es sich beim Postsparbuch nicht um ein Orderpapier handelt, ist die Vorschrift ferner kraft ausdrücklicher Regelung in § 23 Abs. 4 PostG auf die Pfändung von Postsparbüchern anzuwenden.

II. Die vorgenannten Orderpapiere werden **durch den Gerichtsvollzieher** durch **Wegnahme gepfändet**. Ein Pfändungsbeschluß des Vollstreckungsgerichts ist, obwohl es sich um eine Forderungspfändung handelt, nicht erforderlich. Das Vollstreckungsgericht wird vielmehr erst zur Verwertung der Forderung durch den Gläubiger eingeschaltet (§ 835 ZPO)[4]. Der Gerichtsvollzieher verwahrt die in Besitz genommene Urkunde solange, bis das Gericht sie entweder einfordert oder bis ihm ein Beschluß des Vollstreckungsgerichts vorgelegt wird, durch den die Überweisung der Forderung an den Gläubiger ausgesprochen (– dann Übergabe der Urkunde an den Gläubiger zur weiteren Veranlassung –) oder eine andere Art der Verwertung der Forderung nach § 844 ZPO angeordnet wird. Ein Postsparbuch übersendet der Gerichtsvollzieher

---

1 § 821 Rdn. 1 und 2.
2 MüKo/*Smid*, § 831 Rdn. 5.
3 Siehe die VO über Orderlagerscheine vom 16. 3. 1931, RGBl. 1931 I 763/1932 I 424.
4 MüKo/*Smid*, § 831 Rdn. 10.

dem Postsparkassenamt, und zwar erst, nachdem diesem der Überweisungsbeschluß zugestellt ist.[5]

**3** Da es sich bei Forderungen aus Wechseln und ähnlichen Papieren um Vermögensstücke von ungewissem Wert handelt, soll der Gerichtsvollzieher sie nach § 1 Nr. 2 GVGA nur pfänden, wenn die Zahlungsfähigkeit des Drittschuldners unzweifelhaft feststeht oder wenn der Gläubiger ihn hierzu ausdrücklich anweist oder wenn andere zur Befriedigung des Gläubigers ausreichende Pfandstücke nicht vorhanden sind. Für den Fall, daß gepfändete Wechsel oder Schecks bereits zahlbar werden, bevor eine gerichtliche Entscheidung über ihre Verwertung ergangen ist, hat der Gerichtsvollzieher nach § 175 Nr. 5 GVGA in Vertretung des Gläubigers für eine rechtzeitige Vorlegung, eventuell auch für die Protesterhebung zu sorgen. Wird in diesen Fällen der Wechsel oder Scheck bezahlt, so hinterlegt der Gerichtsvollzieher den gezahlten Betrag und benachrichtigt den Gläubiger und den Schuldner hiervon.

**4** III. Auch ein **Blancowechsel** wird nach § 831 duch Wegnahme seitens des Gerichtsvollziehers gepfändet, obwohl es sich vor Komplettierung noch nicht um einen vollgültigen Wechsel handelt.[6] Mit der Pfändung des Blanketts durch den Gerichtsvollzieher wird als aus der berechtigten Inhaberschaft der Urkunde folgende Berechtigung automatisch die Befugnis mitgepfändet, die Urkunde durch Ausfüllen vervollständigen zu dürfen.[7] Es bedarf insoweit keines gesonderten Pfändungsbeschlusses durch das Vollstreckungsgericht.[8] Nach der Überweisung kann der Gläubiger den vervollständigten Wechsel einziehen.[9] Gleiches wie für Blancowechsel gilt auch für Blancoschecks, soweit sie unter § 831 fallen.[10]

**5** IV. Wird irrtümlich eine Sache, über die ein Orderkonnossement ausgestellt ist, nicht durch Inbesitznahme dieser Urkunde seitens des Gerichtsvollziehers gepfändet, sondern durch Pfändung des Herausgabeanspruchs durch das Vollstreckungsgericht nach §§ 846, 847 ZPO, dann ist eine solche Pfändung zwar fehlerhaft, aber nicht wirkungslos und nichtig.[11] Gibt deshalb der Verfrachter den Gegenstand der gerichtlichen Weisung entsprechend an den Gerichtsvollzieher heraus, ist der Gegenstand verstrickt und ein Pfändungspfandrecht an ihm entstanden. Die Verwertung eines solchen Gegenstandes durch den Gerichtsvollzieher nach §§ 814 ff. ZPO ist rechtmäßig, solange der Pfändungsbeschluß nicht wirksam angefochten ist. Der Ersteher einer solchen Sache erwirbt uneingeschränkt Eigentum.

---

5 § 175 Nr. 4 GVGA.
6 Allgemeine Meinung; beispielhaft: *Brox/Walker*, Rdn. 696; *Stöber*, Forderungspfändung, Rdn. 2090; *Stein/Jonas/Brehm*, § 831 Rdn. 3; *Schmalz*, NJW 1964, 141; *Weimar*, JurBüro 1982, 357.
7 *Brox/Walker*, Rdn. 696; *Geißler*, NJW 1986, 110; MüKo/*Smid*, § 831 Rdn. 2; *Schmalz*, NJW 1964, 141; *Stöber*, Forderungspfändung, Rdn. 2090; *Zöller/Stöber*, § 831 Rdn. 5; LG Darmstadt, DGVZ 1990, 157.
8 So aber abweichend von den Fußn. 7 genannten *Feudner*, NJW 1963, 1239.
9 *Geißler*, NJW 1986, 110.
10 Hinsichtlich der Inhaberschecks siehe § 821 Rdn. 2 und 6.
11 BGH, DB 1980, 1937.

**V. Rechtsmittel:** Das Verhalten des Gerichtsvollziehers im Rahmen des § 831 ist mit der Erinnerung nach § 766 ZPO anfechtbar. Hatte irrtümlich das Vollstreckungsgericht einen Pfändungsbeschluß erlassen, ist gegen ihn ebenfalls § 766 ZPO gegeben.

6

## § 832 Pfändungsumfang bei fortlaufenden Bezügen

Das Pfandrecht, das durch die Pfändung einer Gehaltsforderung oder einer ähnlichen in fortlaufenden Bezügen bestehenden Forderung erworben wird, erstreckt sich auch auf die nach der Pfändung fällig werdenden Beträge.

Literatur: *Baur,* Einige Bemerkungen zur Pfändung künftiger Lohnforderungen, DB 1968, 251; *Leiminger,* Lohnpfändung bei Unterbrechung des Arbeitsverhältnisses, BB 1958, 122; *Osthold,* Der Umfang der Lohnpfändung, DB 1957, 357; *Quardt,* Lohnpfändung und Unterbrechung des Arbeitsverhältnisses, JurBüro 1958, 146; *Riedel,* Vom Fortwirken der Forderungspfändungen bei suspendierten Arbeitsverhältnissen, MDR 1958, 897; *Schneider,* Erstreckung des Pfandrechts nach § 832 ZPO bei Unterbrechung des Arbeitsverhältnisses, JurBüro 1965, 354.

1 I. **Anwendungsbereich der Norm:** Grundsätzlich werden von der Pfändung eines Anspruchs nur der derzeit fällige Betrag erfaßt, nicht auch künftige Forderungen, soweit dies nicht ausdrücklich ausgesprochen ist.[1] Aus Gründen der Arbeitserleichterung für den Gläubiger und der Kostenersparnis für den Schuldner macht § 832 von dieser Regel eine Ausnahme für die Pfändung von Gehaltsforderungen und anderen, ähnlichen in fortlaufenden Bezügen bestehenden Forderungen. Hier gilt der umgekehrte Grundsatz: Ist nichts anderes beantragt und im Pfändungsbeschluß ausdrücklich gesagt, erfaßt die Pfändung einer derartigen Forderung auch die erst nach der Pfändung fällig werdenden weiteren Beträge.

2 **Gehaltsforderungen** sind nicht nur das Arbeitseinkommen i. S. des § 850 Abs. 2 und 3 ZPO, sondern auch die Provisionsansprüche des aufgrund einer festen Vertragsbeziehung tätigen Handelsvertreters,[2] der Anspruch des Kellners auf Auszahlung des dem Wirt ausgehändigten Trinkgeldes,[3] Ansprüche auf Sozialleistungen wie Arbeitslosengeld und Arbeitslosenhilfe,[4] oder Sozialrente. Auch der Anspruch auf die Arbeitnehmersparzulage, der durch die Pfändung des Lohnes selbst nicht mit erfaßt ist,[5] gehört hierher sowie der Anspruch auf Auszahlung des vom Arbeitgeber (– nicht vom Finanzamt![6] –) auszuzahlenden Lohnsteuerjahresausgleichs (§ 42 b EStG).[7]

3 **Ähnliche fortlaufende Bezüge** sind zum einen andere den Unterhalt des Schuldners sichernde, aus **einem einheitlichen Schuldgrund** herrührende Forderungen wie Unterhaltsrenten, Schadensersatzrenten, Renten aus privaten Versicherungen, aber auch die aus der entsprechenden Rahmenvereinbarung resultierenden Ansprüche des Kas-

---

1 Siehe § 829 Rdn. 56 und Anh. § 829 Rdn. 2; OLG Karlsruhe, NJW-RR 1993, 242.
2 *Stein/Jonas/Brehm,* § 832 Rdn. 4; *Stöber,* Forderungspfändung, Rdn. 965.
3 BAG, NJW 1966, 469; LG Hildesheim, Rpfleger 1963, 247.
4 BSG, MDR 1989, 1187; zur Pfändbarkeit künftiger Sozialleistungen siehe auch: Anh. § 829 Rdn. 24 b.
5 Einzelheiten: Anh. § 829 Rdn. 11.
6 Hier greift § 46 Abs. 6 AO ein.
7 Siehe insoweit: Anh. § 829 Rdn. 26; LAG Hamm, NZA 1989, 529. § 46 Abs. 6 AO gilt hier nicht.

senarztes aus der Kassenpraxis,[8] zum anderen aber auch der Anspruch des Vermieters und Verpächters auf Miet- und Pachtzinszahlungen,[9] Ansprüche aus Reallasten (z. B. Überbaurenten, Entschädigungen für Notwegerechte usw.), Ansprüche auf fortlaufende Zinszahlungen,[10] soweit diese – was möglich ist – ohne die dazugehörige Hauptforderung gepfändet wurden,[11] Ansprüche auf fortlaufende Ratenzahlungen auf einen Erbteil[12] usw.

II. Voraussetzung der Erstreckung des Pfandrechts auch auf die künftig fällig werdenden Beträge ist in jedem Falle, daß sie alle aus dem **gleichen einheitlichen Rechtsverhältnis herrühren**. Die Frage, ob ein einheitliches Rechtsverhältnis vorliegt oder ob nacheinander neue, selbständige Rechtsverhältnisse (– auf die die Pfändung sich dann nicht automatisch erstreckt –) begründet worden sind, ist nicht rechtlich, sondern nach der Verkehrsauffassung zu beantworten: Die zeitweilige Unterbrechung eines Arbeitsverhältnisses mit dem Willen, später einen neuen ähnlichen Arbeitsvertrag abzuschließen, und die spätere Wiederbegründung eines Arbeitsverhältnisses unter den selben Parteien lassen z. B. die mehreren Arbeitsverträge als ein Rechtsverhältnis erscheinen.[13] Fälle dieser Art liegen etwa vor, wenn der Schuldner zeitweilig untertaucht, um sich seinen Gläubigern zu entziehen,[14] wenn er zeitweilig statt bei seinem eigentlichen Arbeitgeber bei einer Arbeitsgemeinschaft angestellt war, an der sein Arbeitgeber beteiligt ist,[15] wenn er das Arbeitsverhältnis unterbrochen hatte, um eine Freiheitsstrafe anzutreten,[16] wenn er regelmäßig nur saisonmäßig beschäftigt wird.[17] Ebenso ist bei der Pfändung von Krankengeld ein einheitliches Rechtsverhältnis zu bejahen, wenn der Schuldner zwischen zwei längeren Krankheiten kurz die Wiederaufnahme der Arbeit versucht;[18] bei der Pfändung von Arbeitslosengeld, wenn die Arbeitslosigkeit durch kurze Arbeitsphasen unterbrochen wird;[19] bei der Pfändung von Arbeitslosengeld, wenn dem Schuldner nach entsprechendem Zeitablauf Anschluß-Arbeitslosenhilfe (§ 134 Abs. 1 S. 1 Nr. 4 Buchst. a AFG) bewilligt wird.[20]

4

Dagegen liegt **kein einheitliches Rechtsverhältnis** vor, wenn nach Kündigung eines Arbeitsverhältnisses zwischen den gleichen Parteien kurze Zeit später nur aufgrund zufäl-

5

---

8 *Stein/Jonas/Brehm*, § 829 Fußn. 26; *Stöber*, a. a. O., Rdn. 965.
9 *Baumbach/Lauterbach/Hartmann*, § 832 Rdn. 4; *Brox/Walker*, Rdn. 630; MüKo/*Smid*, § 832 Rdn. 8; *Stein/Jonas/Brehm*, § 832 Rdn. 4; *Thomas/Putzo*, § 832 Rdn. 1; a. A. (§ 832 ist auf Bezüge aus persönlichen Dienstleistungen beschränkt): *Stöber*, a. a. O. Rdn. 966.
10 *Stein/Jonas/Brehm*, § 832 Rdn. 4; *Thomas/Putzo*, § 832 Rdn. 1.
11 Zur Erstreckung des Pfandrechts an der Hauptforderung auch auf die Zinsen siehe § 829 Rdn. 57.
12 OLG Hamm, WM 1993, 2225.
13 Seit BAG, NJW 1957, 439 allgemeine Meinung; beispielhaft: BAG, EWiR 1993, 725; *Brox/Walker*, Rdn. 630; *Stöber*, a. a. O. Rdn. 969. Früher schon: LG Lübeck, NJW 1954, 1125.
14 OLG Düsseldorf, NZA 1985, 564.
15 LAG Baden-Württemberg, BB 1967, 80.
16 LG Essen, MDR 1963, 226.
17 LAG Düsseldorf, DB 1969, 712; *Brox/Walker*, Rdn. 630.
18 A. A. BSG, NJW 1963, 556.
19 BSG, JurBüro 1982, 1176 und NJW 1983, 958; *Stein/Jonas/Brehm*, § 832 Rdn. 2; a. A.: SozG Münster, JurBüro 1979, 289; AG Bottrop, JurBüro 1987, 462 mit Anm. von *Mümmler*.
20 BSG, MDR 1989, 187.

liger Umstände, die nicht vorhergeplant waren, ein neuer Arbeitsvertrag geschlossen wird[21], etwa weil der bisherige Arbeitgeber einen neuen Betrieb, bei dem der Arbeitnehmer sich zwischenzeitlich beworben hat, übernimmt, oder weil der Arbeitgeber nach dem unvorhergesehenen Ausfall anderer Arbeitskräfte den ausgeschiedenen Arbeitnehmer zurückgewinnen muß. Die Zulassung eines Rechtsanwalts bei einem Gericht begründet kein einheitliches Rechtsverhältnis hinsichtlich der ihm aus der Beiordnung im Wege der Prozeßkostenhilfe erwachsenden Gebührenansprüche.[22] Ebensowenig entsteht aus der Tatsache, daß ein Rechtsanwalt eine Partei regelmäßig in ihren Rechtsangelegenheiten vertritt bereits ein einheitliches Rechtsverhältnis hinsichtlich aller zukünftigen Gebührenansprüche, oder aus der Tatsache, daß ein Arzt regelmäßig bestimmte Privatpatienten behandelt ein einheitliches Rechtsverhältnis hinsichtlich aller künftigen Honoraransprüche.[23]

6   Ist im Einziehungsprozeß zwischen dem Gläubiger und dem Drittschuldner in tatsächlicher Hinsicht streitig, ob den Beziehungen des Drittschuldners zum Schuldner eine einheitliche Rechtsbeziehung zugrundeliegt, muß der Gläubiger die entsprechenden Umstände darlegen und beweisen. Daß ein Arbeitnehmer nach zeitlicher Unterbrechung wieder beim selben Arbeitgeber beschäftigt ist, begründet allein noch keine tatsächliche Vermutung dafür, daß diese Neubeschäftigung von Anfang an geplant war.

6a  Daß zum Zeitpunkt der Pfändung bereits eine fällige (Teil-)Forderung des Schuldners gegen den Drittschuldner besteht, ist nicht Voraussetzung dafür, daß auch künftige fortlaufende Forderungen beschlagnahmt werden können, wenn nur der Rechtsgrund für diese Forderungen schon gelegt ist. Hatte ein Arbeitnehmer etwa seine Lohnansprüche im Zeitpunkt der Pfändung abgetreten, sodaß die Pfändung zunächst ins Leere ging, so werden doch die künftigen Lohnansprüche, die dem Arbeitnehmer nach Beendigung der Abtretung wieder zustehen, von der Pfändung erfaßt.[24] Das Pfandrecht entsteht in dem Moment, in dem die Forderung wieder dem Schuldner zusteht.

7   III. Liegen die Voraussetzungen des § 832 vor, so entstehen die künftigen Teilforderungen jeweils von vornherein verstrickt und mit einem Pfändungspfandrecht belastet. Die Pfändung wirkt fort, bis die im Pfändungsbeschluß als Grundlage der Pfändung genannte Forderung einschließlich der titulierten Zinsen und der Kosten getilgt ist. Danach bedarf es auch dann keiner besonderen Aufhebung des Pfändungsbeschlusses, wenn die Beschlagnahme in ihm nicht ausdrücklich »bis zur Höhe« der zu vollstreckenden Forderung begrenzt[25] ist. Sieht der Pfändungsbeschluß vor, daß nur bestimmte künftige Raten, die die titulierte Forderung nicht voll abdecken, gepfändet sein sollen

---

21 BAG, EWiR 1993, 725. Künftig soll dies anders sein. Der im Entwurf der 2. Zwangsvollstreckungsnovelle (BT-Drucks. 13/341) neu vorgesehene § 833 Abs. 2 bestimmt, daß sich eine Pfändung immer auch auf Bezüge des Schuldners vom nämlichen Arbeitgeber erstreckt, die aus einem bis zu neun Monaten nach Beendigung des ersten Arbeitsverhältnisses neu begründeten weiteren Arbeitsverhältnis herrühren.
22 *Stein/Jonas/Brehm*, § 832 Rdn. 5.
23 *Stöber*, a. a. O., Rdn. 965.
24 LAG Hamm, NZA 1993, 855; BAG, DB 1993, 1245 = EWiR 1993, 727.
25 Zu diesem Erfordernis ansonsten vergl. § 829 Rdn. 55.

(z. B. »das pfändbare Arbeitseinkommen des Schuldners für die Monate Januar bis April 19...«), so ist diese Begrenzung maßgeblich.[26] Beschlagnahmt umgekehrt der Beschluß ausdrücklich bestimmte Raten, die die Vollstreckungsforderung übersteigen, ist dies ebenfalls wirksam. Der Schuldner muß die Erfüllung mit der Klage nach § 767 ZPO geltend machen, wenn der Gläubiger die zuviel beschlagnahmten Raten nicht freiwillig freigibt.

IV. Ist einunddieselbe in fortlaufenden Raten zu befriedigende Forderung mehrfach gepfändet worden, so gelten die allgemeinen Regeln wie zu § 829 ZPO.[27]

8

---

26 *Stöber*, a. a. O., Rdn. 968.
27 Siehe dort Rdn. 46.

§ 833   Pfändungsumfang bei Diensteinkommen

(1) Durch die Pfändung eines Diensteinkommens wird auch das Einkommen betroffen, das der Schuldner infolge der Versetzung in ein anderes Amt, der Übertragung eines neuen Amtes oder einer Gehaltserhöhung zu beziehen hat.
(2) Diese Vorschrift ist auf den Fall der Änderung des Dienstherrn nicht anzuwenden.

1   I. **Anwendungsbereich der Norm:** Die Vorschrift gilt nur für die Pfändung von Diensteinkommen i. S. der §§ 850 ff. ZPO (Lohn, Gehalt, sonstige Arbeitsvergütung), nicht entsprechend für die sonstigen fortlaufenden Bezüge i. S. des § 832 ZPO. Sie stellt klar, daß die Einheitlichkeit des Rechtsverhältnisses durch innerbetriebliche Versetzungen, Beförderungen, Höhergruppierungen oder Gehaltserhöhungen, auch wenn diese auf Änderungsverträgen zum Arbeitsvertrag beruhen, nicht berührt wird. Gleiches gilt für eine Statusänderung dahingehend, daß der Arbeiter ins Angestelltenverhältnis, der Angestellte ins Beamtenverhältnis wechselt oder umgekehrt. Ob das alte und das neue »Amt« miteinander vergleichbar sind, spielt, wenn der Dienstherr der gleiche bleibt, keine Rolle, so etwa, wenn der bisherige Landesbeamte zum Richter im Landesdienst ernannt, der bisherige städtische Angestellte zum Wahlbeamten der nämlichen Kommune berufen wird.

2   II. **Wechselt** der Dienstverpflichtete (Arbeitnehmer) aber den **Dienstherrn,** so wird auch dann ein neues Rechtsverhältnis, das einen neuen Pfändungs- und Überweisungsbeschluß erfordert, begründet, wenn der Arbeitnehmer letztlich seine Position nicht ändert (– der Beamte des Bundeslandes A läßt sich in gleicher Position und bei gleichen Bezügen in das Bundesland B versetzen; der Landesbeamte wechselt in den Bundesdienst; der bei einer Mitgliedsfirma einer Bau-ARGE angestellte Arbeitnehmer wechselt zu einer anderen Mitgliedsfirma innerhalb der ARGE unter Beibehaltung seiner bisherigen tatsächlichen Funktionen[1] –). Die stellt Abs. 2 ausdrücklich klar.[2]

3   III. **Kein** Wechsel des Dienstherrn i. S. des Abs. 2 liegt vor, wenn der Dienstherr nur die Rechtsform ändert (Erstarken der BGB-Gesellschaft zur OHG, Umwandlung der OHG in eine KG, Übernahme des einzelkaufmännischen Betriebes durch eine GmbH u. Co. KG mit dem bisherigen Betriebsinhaber als wirtschaftlichem Alleininhaber der Gesellschaft usw.) oder wenn der Betrieb, in dem der Arbeitnehmer tätig ist, im Wege der Betriebsnachfolge samt den Arbeitsverhältnissen gem. § 613 a BGB auf einen anderen Inhaber übergeht.[3] Erst recht gilt dies, wenn der bisherige Betriebsinhaber verstirbt und eine oder mehrere Personen im Wege des Erbgangs an seine Stelle treten.
Da der Drittschuldner trotz des Arrestatoriums durch Leistung an seinen alten Gläubiger (– den Vollstreckungsschuldner –) von seiner Verbindlichkeit befreit wird, wenn

---

1   LAG Baden-Württemberg, BB 1967, 80; MüKo/*Smid*, § 833 Rdn. 5.
2   Zur geplanten Neufassung des Abs. 2 siehe § 832 Fußn. 21.
3   LAG Hamm, DB 1976, 440; *Baumbach/Lauterbach/Hartmann*, § 633 Rdn. 1; *Helmich*, Pfändung des Arbeitseinkommens, 2. Aufl., S. 15.

diese Leistung in unverschuldeter Unkenntnis des Arrestatoriums erfolgt,[4] der Erbe oder Betriebsübernehmer sich aber die Kenntnis ihres Rechtsvorgängers nicht zurechnen lassen müssen, wenn sie sie nicht selbst aus den Geschäftsunterlagen hätten gewinnen können, empfiehlt es sich für den Gläubiger jedenfalls bei kleineren Betrieben als Drittschuldner, an den neuen Betriebsinhaber nochmals zuzustellen, um ihm Kenntnis von der Pfändung zu geben.[5]

---

[4] Einzelheiten: § 829 Rdn. 49.
[5] Ebenso *Stein/Jonas/Brehm*, § 833 Rdn. 3.

## § 834 Kein Gehör des Schuldners

Vor der Pfändung ist der Schuldner über das Pfändungsgesuch nicht zu hören.

Literatur: *Hoeren,* Der Pfändungs- und Überweisungsbeschluß: Praktikabilität vor Verfassungsrecht?, NJW 1991, 410; *Kahlke,* Nochmals: Der Pfändungs- und Überweisungsbeschluß – Praktikabilität vor Verfassungsrecht?, NJW 1991, 2688; *Münzberg,* Anhörung vor Überweisung an Zahlungs Statt, Rpfleger 1982, 329; *Schneider* Weitere Beschwerde wegen Verletzung des § 834 ZPO, MDR 1972, 912.

1   I. **Zweck der Vorschrift:** Geldforderungen sind, insbesondere in den Händen zahlungsunwilliger Schuldner, ein leicht gefährdetes Vollstreckungsobjekt: Oft lassen sie sich ohne Aufwand schnell realisieren; sie können schnell abgetreten werden, ohne daß eine Gläubigerbenachteiligungsabsicht sicher nachweisbar wäre. Um solche Manipulationen von vornherein auszuschließen, soll der Schuldner durch den Pfändungsbeschluß überrascht werden. Dies ist nur zu erreichen, wenn er vor dem Pfändungsbeschluß weder schriftlich noch mündlich von der Pfändungsabsicht verständigt wird. Art. 103 Abs. 1 GG steht dem nicht entgegen, da der Schuldner im Rahmen des weitgefächerten Rechtsbehelfssystems in der Zwangsvollstreckung (§§ 766, 767, gegebenenfalls auch 765 a; einstweiliger Rechtschutz nach §§ 766 Abs. 1 S. 2, 769 ZPO) hinreichende Möglichkeiten hat, seine Gegenansichten zur Geltung zu bringen, ohne vorher einen endgültigen Rechtsverlust befürchten zu müssen.[1] Die Vorschrift ist zwingend;[2] es steht also nicht im Ermessen des Rechtspflegers, wie im Falle des § 730 ZPO, ob er nicht im Einzelfall den Schuldner doch anhört. Entsteht dem Gläubiger durch die unzulässige Anhörung des Schuldners ein Schaden, haftet der Staat nach § 839 BGB, Art. 34 GG.[3]

2   II. **Reichweite der Norm:** Das Anhörungsverbot gilt nicht nur für den Pfändungsbeschluß selbst, sondern auch für den mit ihm in einer Entscheidung verbundenen Überweisungsbeschluß[4]. Es gilt ferner für Anträge des Gläubigers, die den Pfändungsbeschluß unmittelbar vorbereiten, wie ein Prozeßkostenhilfegesuch[5] oder einen Antrag

---

1   BVerfGE 9, 98; 57, 348; zum vergleichbaren Fall der Anordnung der Zwangsversteigerung nach dem ZVG: BGH, NJW 1984, 2166.
2   BGH, NJW 1983, 1859; BAG, NJW 1977, 75; *Baumbach/Lauterbach/Hartmann,* § 834 Rdn. 1; kritisch zum ausnahmslosen Ausschluß der Anhörung: *Maunz/Dürig/Schmidt-Aßmann,* Art. 103 GG Rdn. 93.
3   *Stein/Jonas/Brehm,* § 834 Rdn. 6; *Baumbach/Lauterbach/Hartmann,* § 834 Rdn. 7; MüKo/ *Smid,* § 834 Rdn. 5.
4   *Kahlke,* NJW 1991, 2688; MüKo/*Smid,* § 834 Rdn. 1; *Stöber,* Forderungspfändung, Rdn. 482; a. A. insoweit: *Hoeren,* NJW 1991, 410; ihm zustimmend: *Hager,* KTS 1992, 327 (in kritischer Besprechung des »Zöller« zu § 834 ZPO).
5   *Zöller/Stöber,* § 834 Rdn. 2.

auf Bestimmung des zuständigen Gerichts.[6] Das Verbot gilt auch in der Rechtsmittelinstanz weiter, wenn der Gläubiger gegen die Ablehnung seines Pfändungsgesuches vorgeht.[7] Ist der Pfändungsbeschluß aber erlassen, so ist zu nachfolgenden Anträgen, etwa einem gesonderten Überweisungsantrag oder einem Antrag auf anderweitige Verwertung der Schuldner nach den allgemeinen Regeln zu hören.

**III. Ausnahmen:** Eine ausdrückliche Ausnahmen regelt § 850 b Abs. 3 ZPO. Da das Anhörungsverbot allein dem Schutze des Gläubigers dient, ist der Schuldner darüberhinaus aber auch immer anzuhören, wenn der Gläubiger dies beantragt.[8] Ein solcher Antrag kann zum einen angebracht sein, wenn der Gläubiger, um dem Bestimmtheitserfordernis[9] zu genügen, detaillierende Angaben des Schuldners benötigt, zum anderen dann, wenn der Gläubiger, um mit seinem Antrag Erfolg zu haben, auch Angaben zu den persönlichen Verhältnissen des Schuldners und zur Billigkeit des Vollstreckungszugriffs machen muß. Solche Angaben sind etwa beim erweiterten Zugriff nach § 850 f Abs. 2 und 3 ZPO erforderlich.[10] Da der Gläubiger die Lebensumstände des Schuldners nicht immer kennen kann, darf der Rechtspfleger, soweit ihm Angaben des Gläubigers fehlen, den Antrag nicht sofort zurückweisen, er muß vielmehr anregen, daß sich der Gläubiger mit einer Anhörung des Schuldners zu den maßgeblichen Umständen einverstanden erklärt. Verweigert der Gläubiger die Zustimmung, findet die Anhörung nicht, wie im Falle der §§ 850 b Abs. 3 ZPO, 54 Abs. 2 SGB I[11], von amtswegen statt.[12] Der Antrag des Gläubigers ist dann vielmehr zurückzuweisen.

**IV.** Da der Schuldner vor der Pfändung regelmäßig nicht zu hören ist, kann er die Pfändung auch nicht durch vorbeugende Rechtsmittel abwenden. Er muß vielmehr abwarten, ob und in welchem Umfang der Pfändungsbeschluß ergeht, um diesen dann nach seinem Erlaß gegebenenfalls mit der Erinnerung anzugreifen.[13] Mußte der Schuldner vor Erlaß des Pfändungsbeschlusses ausnahmsweise gehört werden (§ 850 b Abs. 3 ZPO), ist sein Rechtsmittel gegen den Pfändungsbeschluß die Rechtspflegererinnerung nach § 11 RpflG; erfolgte die Anhörung, obwohl im Gesetz an sich nicht vorgesehen, allein auf Antrag des Gläubigers, verbleibt es bei der Erinnerung nach § 766 ZPO.[14]

---

6 BGH, FamRZ 1983, 578; siehe auch BayObLG, NJW-RR 1986, 421.
7 KG, FamRZ 1980, 614; LG Aurich, Rpfleger 1962, 413; OLG Köln, MDR 1988, 683; *Stöber*, Forderungspfändung Rdn. 483; *Stein/Jonas/Brehm*, § 834 Rdn. 1; *Baumbach/Lauterbach/Hartmann*, § 834 Rdn. 5; MüKo/*Smid*, § 834 Rdn. 1.
8 OLG Celle, MDR 1972, 958; LG Braunschweig, Rpfleger 1981, 489 mit Anm. von *Hornung*; *Baumbach/Lauterbach/Hartmann*, § 834 Rdn. 2; *Schneider*, MDR 1972, 913; *Stein/Jonas/Brehm*, § 834 Rdn. 4; *Stöber*, Forderungspfändung, Rdn. 481.
9 Einzelheiten: § 829 Rdn. 31, 37.
10 Einzelheiten: § 850 f Rdn. 8 ff. und Rdn. 13.
11 Siehe insoweit: Anh. § 829 ZPO Rdn. 23.
12 Weitergehend (Anhörung von amtswegen): OLG Hamm, NJW 1973, 1322.
13 OLG Köln, NJW-RR 1988, 14.
14 Einzelheiten siehe: § 829 Rdn. 60.

§ 835   Überweisung von Geldforderungen

(1) Die gepfändete Geldforderung ist dem Gläubiger nach seiner Wahl zur Einziehung oder an Zahlungs Statt zum Nennwert zu überweisen.
(2) Im letzteren Falle geht die Forderung auf den Gläubiger mit der Wirkung über, daß er, soweit die Forderung besteht, wegen seiner Forderung an den Schuldner als befriedigt anzusehen ist.
(3) ¹Die Vorschriften des § 829 Abs. 2, 3 sind auf die Überweisung entsprechend anzuwenden. ²Wird ein bei einem Geldinstitut gepfändetes Guthaben eines Schuldners, der eine natürliche Person ist, dem Gläubiger überwiesen, so darf erst zwei Wochen nach der Zustellung des Überweisungsbeschlusses an den Drittschuldner aus dem Guthaben an den Gläubiger geleistet oder der Betrag hinterlegt werden.

Inhaltsübersicht

| | Literatur | Rdn.: |
|---|---|---|
| I. | Allgemeines | 1-2 |
| II. | Das Verfahren zur Überweisung | 3 |
| III. | Die Wirkungen der Überweisung zur Einziehung, allgemein | 4, 5 |
| IV. | Die Wirkungen der Überweisung im sog. Einziehungsprozeß | 6 |
| | 1. Zulässigkeitsprobleme im Einziehungsprozeß | 7 |
| | 2. Einwendungen des Drittschuldners im Einziehungsprozeß gegen seine Zahlungspflicht | |
| | a) materiellrechtliche Einwendungen | 8, 9 |
| | b) Einwand förmlicher Mängel des Vollstreckungsverfahrens | 10 |
| | c) insbesondere: Verstoß gegen Unpfändbarkeitsvorschriften | 11 |
| | d) Unwirksamkeit des die Vollstreckungsforderung titulierenden Vergleichs | 12 |
| | e) einstweilige Einstellung der Zwangsvollstreckung gegen den Schuldner | 13 |
| V. | Auswirkungen der Überweisung zur Einziehung in anderen Verfahren | 14 |
| VI. | Die Überweisung an Zahlungs Statt | 15, 16 |
| VII. | Leistungssperre nach Abs. 2 S. 3 | 17 |
| VIII. | Überweisung an mehrere Gläubiger | 18 |
| IX. | Kosten und Gebühren der Überweisung | 19 |

**Literatur:** *Bauer,* Aufnahme der Geldempfangsvollmacht des Prozeßbevollmächtigten in den Vollstreckungsbefehl oder Pfändungs- und Überweisungsbeschluß, JurBüro 1976, 1297; *Benöhr,* Einredeverzicht des Drittschuldners, NJW 1976, 174; *Brill,* Zum Anspruch des Arbeitgebers auf Ersatz von Lohnpfändungskosten, DB 1976, 2400; *Denck,* Einwendungsverlust bei pfändungswidriger Zahlung des Drittschuldners an den Schuldner?, NJW 1979, 2375; *ders.,* Einwendungen des Arbeitgebers gegen die titulierte Forderung bei Lohnpfändung, ZZP 1979, 71; *Hamme,* Die Übergabe eines Pfändungs- und Überweisungsbeschlusses im Wege der Ersatzzustellung an den Schuldner, NJW 1994, 1035; *Hoeren,* Der Pfändungs- und Überweisungsbeschluß: Praktikabilität vor Verfassungsrecht?, NJW 1991, 410; *Holz,* Die Einwendungen des Drittschuldners im Prozeß mit dem Vollstreckungsgläubiger, Diss. Heidelberg 1951; *Joost,* Risikoträchtige Zahlungen des

Drittschuldners bei der Forderungspfändung, WM 1981, 82; *Kahlke,* Nochmals: Der Pfändungs- und Überweisungsbeschluß – Praktikabilität vor Verfassungsrecht, NJW 1991, 2688; *Staab,* Die Drittschuldnerklage vor dem Arbeitsgericht., NZA 1993, 439; *Lieb,* Bereicherungsrechtliche Fragen bei Forderungspfändungen, ZIP 1982, 1153; *Meyer ter Vehn,* Pfändungsschutz bei Gehaltskonten, NJW 1978, 1240; *Münzberg,* Anhörung vor Überweisung an Zahlungs Statt, Rpfleger 1982, 329; *Olschewski,* Drittschuldnererklärung durch Rechtsanwalt – Gebührenanspruch und Kostenersatz –, MDR 1974, 714; *Olshausen,* Gläubigerrecht und Schuldnerschutz bei Forderungsübergang und Regreß, 1988; *Olzen,* Die Zwangsvollstreckung in Dispositionskredite, ZZP 1984, 1; *Pohle,* Kann der Drittschuldner der Klage aus einem Pfändungsbeschluß die Pfändungsverbote der §§ 850 ff. ZPO entgegenhalten?, JZ 1962, 344; *Reinicke,* Die zweckentfremdete Aufrechnung, NJW 1972, 793 und 1698; *Rimmelspacher/Spellenberg,* Pfändung einer Gegenforderung und Aufrechnung, JZ 1973, 271; *Rixecker,* Der Irrtum des Drittschuldners über den Umfang der Lohnpfändung, JurBüro 1982, 1761; *Röder,* Die Pfändung von Geldmarktanteilen (Geldmarktfonds) als Geldmarktsondervermögen von Kapitalgesellschaften, DGVZ 1995, 110; *Ruthke,* Drittschuldnerschutz für die Bank bei Kontenpfändung, ZIP 1984, 538; *Schlosser,* Forderungspfändung und Bereicherung, ZZP 1963, 73; *Schmidt-Jortzig,* Die Auswirkung der Forderungsüberweisung zur Einziehung (§ 835 Abs. 1 ZPO). Eine Untersuchung über die »Berechtigung zur Einziehung« bei der Forderungspfändung, Diss. Kiel, 1969; *Schneider,* Zur Prozeßführungsbefugnis des Schuldners nach Pfändung und Überweisung einer Forderung zur Einziehung, JurBüro 1966, 191; *Schopp,* Zahlungsvermerke auf Überweisungsbeschlüssen über Gläubigerforderungen, Rpfleger 1966, 326; *Schultes,* Zur Nichtigkeit des den Arrest vollziehenden Überweisungsbeschlusses, JR 1995, 136; *Schünemann,* Befriedigung durch Zwangsvollstreckung, JZ 1985, 49; *Seibert,* »Drittschuldnerschutz« Grenzen des Zahlungsverbots bei der Lohnpfändung, WM 1984, 521; *Weimar,* Vertrauensschutz des Erwerbers bei verbriefter Scheinschuld, MDR 1968, 556; *Werner,* Zweckentfremdete Aufrechnung?, NJW 1972, 1697; *Wessel,* Der Unpfändbarkeitseinwand des Drittschuldners gegenüber der Klage des Pfändungs- und Überweisungsgläubigers, ZZP 1949 (Bd. 61), 62.

**I. Allgemeines:** Gepfändete (§ 829 ZPO) Forderungen werden regelmäßig in der Weise verwertet, daß sie an den Gläubiger überwiesen werden. In der Praxis werden Pfändung und Verwertung für gewöhnlich in einem gemeinsamen Beschluß des Vollstreckungsgerichts (Rechtspfleger) angeordnet, dem sog. »Pfändungs- und Überweisungsbeschluß«. Es gibt aber auch Beschlüsse, in denen die Pfändung allein ausgesprochen werden muß, da eine Verwertung der Forderung noch nicht gestattet ist (Sicherungsvollstreckung nach § 720 a ZPO und Arrestpfändung nach § 930 ZPO), sodaß es nachfolgend bei Verwertungsreife auch zu isolierten Überweisungsbeschlüssen kommen kann. 1

Ein reiner Überweisungsbeschluß ohne vorangegangenen oder gleichzeitigen Pfändungsbeschluß ist nichtig, da nur aus der staatlichen Beschlagnahme der Forderung (– bzw., wenn die gepfändete »angebliche« Forderung nicht besteht, aus dem äußeren Schein der Beschlagnahme –) die Legitimation zur Verwertung folgt.[1] Ist die Verwertungsbefugnis trotz Verstrickung der Forderung kraft Gesetzes ausgeschlossen (Vollziehung eines Arrestbefehls, Durchführung einer Sicherungsvollstreckung), ist ein dennoch erlassener Überweisungsbeschluß ebenfalls nichtig.[2] 2

---

1 Siehe: vor §§ 803, 804 Rdn. 13.
2 BGH, NJW 1993, 735.

§ 835 *Überweisung von Geldforderungen*

Die Überweisung kann nach **Abs. 1** in zwei Formen erfolgen, zur Einziehung oder an Zahlungs Statt zum Nennwert. Daneben können oder müssen sogar, wenn nach dem Charakter des gepfändeten Rechts (§ 857 ZPO) eine Überweisung zur Einziehung oder an Zahlungs Statt nicht in Betracht kommt (etwa bei einem GmbH-Anteil[3]) nach § 844 ZPO im Einzelfall auch noch andere Formen der Verwertung zugelassen werden. Welche Form der Verwertung (– soweit sie im übrigen zulässig ist –) durch das Gericht anzuordnen ist, richtet sich allein nach dem *Antrag* des Gläubigers. Keine der Verwertungsformen ist ein Minus zu den anderen derart, daß das Gericht sie von sich aus anordnen dürfte, wenn es gegen die vom Gläubiger beantragte Bedenken hat. Hat der Gläubiger es unterlassen, im Antrag eine bestimmte Verwertungsart zu bezeichnen, so ist er zur Ergänzung seines Antrages anzuhalten. Hat er nur Überweisung an sich beantragt, ist im Zweifel davon auszugehen, daß die Überweisung lediglich zur Einziehung gewollt ist.[4] Im Falle des § 839 ZPO entfällt die Wahlmöglichkeit des Gläubigers. Hier kommt allein die Überweisung zur Einziehung in Betracht.

3 **II. Das Verfahren zur Überweisung:** Beide Überweisungsformen werden durch **Beschluß** des Vollstreckungsgerichts ausgesprochen. Ist die Überweisung nicht mit dem Pfändungsbeschluß verbunden, so muß der isolierte Überweisungsbeschluß die überwiesene Forderung so bestimmt und konkret bezeichnen,[5] daß Zweifel beim Drittschuldner ausgeschlossen sind. Zur Konkretisierung genügt in der Regel die Bezugnahme auf den die Forderung bereits bezeichnenden Pfändungsbeschluß. Beantragt der Gläubiger oder sein Vertreter darüberhinaus, daß die Weisung in den Beschluß aufgenommen werde, Zahlungen sollten allein an den Bevollmächtigen erfolgen, so muß diesem Antrag nicht entsprochen werden,[6] weil es sich um eine Angabe außerhalb des förmlichen Vollstreckungsrechts handeln würde (kein Fall etwa des § 844 ZPO). Es ist aber zulässig und unschädlich, einen solchen Antrag in der Form im Beschluß wiederzugeben, daß es sich um eine Bitte des Gläubigers handle, die das Gericht ohne Gewähr weiterleite.[7] Für einen isolierten Überweisungsbeschluß gilt § 834 ZPO nicht,[8] dem Schuldner kann also vorher rechtliches Gehör gewährt werden. Der Überweisungsbeschluß ist dem Drittschuldner auf Betreiben des Gläubigers, dem Schuldner danach von amtswegen zuzustellen (**Abs. 3 S. 1**). Die Überweisung wird erst mit Zustellung an den Drittschuldner wirksam. Die Ausführungen zu § 829 Abs. 2 und Abs. 3 ZPO[9] gelten insoweit entsprechend.

---

3 siehe: § 857 Rdn. 33.
4 Allgem. Meinung; beispielhaft: MüKo/*Smid*, § 835 Rdn. 11; *Thomas/Putzo*, § 835 Rdn. 4; *Stein/Jonas/Brehm*, § 835 Rdn. 7.
5 Zum Bestimmtheitserfordernis beim Pfändungsbeschluß: § 829 Rdn. 37.
6 LG Essen, Rpfleger 1959, 166 mit Anm von *Petermann*; MüKo/*Smid*, § 835 Rdn. 10; *Stein/Jonas/Brehm*, § 835 Rdn. 6; Stöber, Forderungspfändung Rdn. 494; a. A. (Anspruch des Gläubigers auf Aufnahme eines entsprechenden Vermerks): LG Nürnberg-Fürth, Rpfleger 1964, 380 mit abl. Anm. von *Berner*.
7 MüKo/*Smid*, *Stein/Jonas/Brehm* und *Stöber* wie in der vorausgegangenen Fußnote.
8 § 834 Rdn. 2; die Anhörung darf erst erfolgen, wenn der vorausgegangene Pfändungsbeschluß durch Zustellung an den Drittschuldner wirksam geworden ist.
9 Siehe dort Rdn. 42–45.

Ist die Überweisung nicht gegenüber dem Pfändungsbeschluß ausdrücklich eingeschränkt, so bezieht sie sich auf die Forderung in dem Umfang, der von der Pfändung erfaßt wurde.[10] Sie gilt also auch für die Nebenforderungen und Nebenrechte, auf die das Pfandrecht sich erstreckt.

**III. Die Wirkungen der Überweisung zur Einziehung, allgemein:** Der Vollstreckungsschuldner bleibt Inhaber der Forderung; der Gläubiger erwirbt aber die aus der Forderungsinhaberschaft resultierenden Rechte gegenüber dem Drittschuldner, die zur Einziehung der Forderung erforderlich sind.[11] Er kann also die Forderung kündigen und Leistung an sich verlangen oder andererseits mit einer eigenen Schuld gegenüber dem Drittschuldner aufrechnen. Hatte der Schuldner die Forderung bereits tituliert, so kann er diesen Titel auf sich als Rechtsnachfolger nach § 727 ZPO umschreiben lassen,[12] obwohl die Rechtsnachfolge nicht die Inhaberschaft des Rechts, sondern nur die Befriedigungsbefugnis aus dem Recht betrifft. Da die Überweisung noch nicht zur Befriedigung des Gläubigers führt, sondern erst der tatsächliche Eingang der Zahlungen des Drittschuldners beim Gläubiger, trägt der Schuldner weiterhin allein das Risiko, daß die Forderung wegen späterer Vermögenslosigkeit des Drittschuldners nicht mehr beizutreiben ist. § 842 ZPO mindert dieses Risiko nur teilweise.[13]

Die durch die Überweisung zur Einziehung erlangte Position des Vollstreckungsgläubigers ist kein selbständiges Vermögensrecht, das von dessen Gläubigern isoliert gepfändet werden könnte; sie ist vielmehr ein unselbständiges Nebenrecht der Vollstreckungsforderung und wird von deren Pfändung miterfaßt.[14] Wird die Vollstreckungsforderung an den Gläubiger des Vollstreckungsgläubigers zur Einziehung überwiesen, erwirbt er auch die Einziehungsbefugnis hinsichtlich der zugunsten der Vollstreckungsforderung überwiesenen Forderung. Dem steht nicht entgegen, daß die Wirksamkeit der Überweisung und damit der durch sie erteilten Einziehungsbefugnis nicht von der Existenz des Pfändungspfandrechts abhängig ist[15] und damit zunächst auch nicht vom Fortbestand der Vollstreckungsforderung. Die Unselbständigkeit folgt aus dem Ziel der Überweisung, allein Hilfe zur Verwirklichung der Vollstreckungsforderung sein zu wollen.

---

10 § 829 Rdn. 55–58.
11 Auch die Kehrseite der Einziehungsbefugnis, nämlich das Recht zur Stundung der Forderung, geht auf den Einziehungsbefugten über. Gewährt er Stundung, wird die Verjährung der Forderung gehemmt; vergl. BGH, NJW 1978, 1914 mit Anm. von *Marotzke*, JA 1979, 94. Die Stundung darf sich allerdings nicht zu Lasten des Vollstreckungsgläubigers auswirken, § 842 ZPO; vergl. insoweit: *Brox/Walker*, Rdn. 639 a. E.; a. A. (keine Stundungskompetenz des Vollstreckungsgläubigers): MüKo/*Smid*, § 835 Rdn. 12; *Stöber*, Forderungspfändung, Rdn. 604.
12 Siehe § 727 Rdn. 10.
13 Siehe dort Rdn. 2.
14 OLG Stuttgart, Rpfleger 1983, 409; *Baur/Stürner*, Rdn. 30.30; *Brox/Walker*, Rdn. 638; *Stöber*, Forderungspfändung, Rdn. 590; a. A.: BAG, AP § 829 ZPO Nr. 6; LG Osnabrück, NJW 1956, 1076 mit ablehnender Anm. von *Fleischmann*; MüKo/*Smid*, § 835 Rdn. 12; *Stein/Jonas/Brehm*, § 835 Rdn. 26.
15 Vor §§ 803, 804 Rdn. 8.

6  IV. Die Wirkungen der Überweisung im sog. Einziehungsprozeß: Die Überweisung bringt für den Gläubiger nicht mehr und andere Möglichkeiten, die Forderung gegenüber dem Drittschuldner zu realisieren, als sie auch der Schuldner als Forderungsinhaber gehabt hätte. Müßte der Schuldner die Forderung einklagen, so muß dies auch der Gläubiger, da ihm sein Vollstreckungstitel gegen den Schuldner ebensowenig wie der Überweisungsbeschluß unmittelbare Vollstreckungsmöglichkeiten gegen den Drittschuldner bieten. Abgesehen von der freiwilligen Leistung des Drittschuldners erübrigt sich der Einziehungsprozeß nur dann, wenn schon der Schuldner einen Titel erwirkt hatte (– wegen der Möglichkeit nach § 727 ZPO vorzugehen fehlt dann das Rechtschutzinteresse[16] –). Der Schuldner muß in diesem Fall den Titel im Rahmen des § 836 Abs. 3 S. 1 ZPO an den Vollstreckungsgläubiger weitergeben. Der Gläubiger macht im Einziehungsprozeß die ihm überwiesene Forderung im eigenen Namen und auf Leistung zu seinen Händen geltend. Hatte der Schuldner die Klage bereits erhoben, als die Forderung gepfändet wurde, gilt § 265 ZPO: Der Schuldner kann den Rechtsstreit zuende führen, muß aber seinen Antrag auf Leistung an den Gläubiger umstellen.[17] Will der Gläubiger an Stelle des Schuldners den Prozeß auf Klägerseite übernehmen, liegt eine subjektive Klageänderung vor, deren Zulässigkeit sich nach § 263 ZPO richtet. Der Gläubiger kann in einem solchen Fall aber auch nach § 265 Abs. 2, 66 ZPO als Nebenintervenient auf Seiten des Schuldners dem Rechtsstreit beitreten.[18]

7  1. Zulässigkeitsprobleme im Einziehungsprozeß: Der Gläubiger muß in der Gerichtsbarkeit und vor dem Gericht klagen, bei dem auch der Schuldner seine Klage hätte anhängig machen müssen. So ist für die Klage des Vollstreckungsgläubigers gegen das Finanzamt als Drittschuldner auf Auszahlung eines (gepfändeten und überwiesenen) Steuererstattungsanspruchs der Finanzrechtsweg gegeben,[19] für die Klage gegen die Arbeitsverwaltung auf Auszahlung von (gepfändeter und überwiesener) Arbeitslosenhilfe der Rechtsweg zu den Sozialgerichten,[20] für die Klage auf Zahlung von Arbeitslohn der Rechtsweg zu den Arbeitsgerichten usw. Aus welchem Rechtsverhältnis die Vollstreckungsforderung herrührt, ist dagegen für den Rechtsweg im Verhältnis Gläubiger – Drittschuldner ohne Belang, selbst wenn Rechtsfragen aus der Beziehung Gläubiger – Schuldner inzident im Einziehungsprozeß eine Rolle spielen sollten. Wird während des Einziehungsprozesses der Überweisungsbeschluß aufgehoben, wird die Klage unzulässig (nicht nur unbegründet), da die Befugnis, ein fremdes Recht für eigene Rechnung und im eigenen Namen geltend machen zu dürfen, erloschen ist. Der Gläubiger ist verpflichtet, im Einziehungsprozeß dem Schuldner den Streit zu verkünden (§ 841 ZPO). Kommt er dieser Verpflichtung nicht nach, so berührt dies aber die Zulässigkeit des Rechtsstreits gegen den Drittschuldner nicht.[21]

---

16 Oben Rdn. 4.
17 BGH, NJW 1968, 2059; *Stein/Jonas/Brehm*, § 835 Rdn. 23.
18 MüKo/*Smid*, § 835 Rdn. 14.
19 BFH, NJW 1988, 1407.
20 SG Düsseldorf, MDR 1978, 963.
21 § 841 Rdn. 3.

2. **Einwendungen des Drittschuldners im Einziehungsprozeß gegen seine Zahlungspflicht**: a) Der Drittschuldner hat zunächst alle **materiellrechtlichen** Einwendungen gegen den Anspruch selbst, die er auch dem Schuldner gegenüber bis zur Überweisung hätte geltend machen können (§ 404 BGB).[22] Hinsichtlich der Aufrechnung gegenüber dem Gläubiger mit Forderungen gegen den Schuldner gilt aber die Einschränkung der §§ 392, 406 BGB: Diese Forderungen müssen vor Zustellung des Überweisungsbeschlusses bereits bestanden haben und sie dürfen nicht erst nach der Pfändung und später als die gepfändete Forderung fällig geworden sein.[23] Darüberhinaus hat der Drittschuldner alle materiellrechtlichen Einwendungen gegen die Forderung, die aus seinen unmittelbaren Beziehungen zum Gläubiger erwachsen (vom Gläubiger bewilligte Stundung; Zahlung an den Gläubiger; Aufrechnung mit einer eigenen Forderung gegen den Gläubiger usw.). Schließlich behält der Drittschuldner dem Gläubiger gegenüber solche Einwendungen, die er dem Schuldner gegenüber infolge von dem Arrestatorium widersprechenden Rechtsgeschäften (– die dem Gläubiger gegenüber deshalb unwirksam sind –) nicht mehr geltend machen kann; so behält der Gläubiger, der verbotswidrig die gepfändete Forderung doch noch an den Schuldner bezahlt hat, eine ihm gegen den Schuldner zuvor mögliche Aufrechnungsbefugnis im Verhältnis zum Gläubiger, obwohl er dem Schuldner gegenüber wegen der Erfüllung durch Zahlung nicht mehr aufrechnen könnte.[24] Einreden, die der Drittschuldner einem Vollstreckungsgläubiger gegenüber erhalten hatte, bleiben ihm erhalten, wenn dieser die Forderung an einen Dritten abtritt und erst dieser Dritte die Einziehung betreibt. So kann der Drittschuldner auch dem neuen Gläubiger entgegenhalten, daß der frühere Inhaber des titulierten Anspruchs verpflichtet ist, ihn von der gepfändeten und zur Einziehung überwiesenen Forderung freizustellen.[25]

Materiellrechtliche Einwendungen und Einreden sowie sonstige Gegenrechte, die dem Vollstreckungsschuldner gegenüber dem Gläubiger zustehen, kann der Drittschuldner dem Gläubiger nicht entgegenhalten, es sei denn, sie sind abtretbar und ihm auch abgetreten worden. So kann etwa der Drittschuldner nicht mit einer Forderung des Schuldners gegen den Gläubiger seinerseits aufrechnen.[26] Er kann dem Gläubiger, solange dies nicht in einem Rechtstreit zwischen dem Vollstreckungsschuldner und dem Gläubiger nach § 767 ZPO festgestellt ist, auch nicht entgegenhalten, die Vollstreckungsforderung, die der Pfändung und Überweisung zugrunde liegt, sei zwischenzeitlich anderweitig erloschen oder sie habe gar von Anfang an wegen Sittenwidrigkeit nie bestanden.[27] Materiellrechtliche Einwendungen dieser Art kann allein der Schuldner mit der Klage nach § 767 ZPO geltend machen. Die in diesem Verfahren ausgespro-

8

9

---

22 OLG Stuttgart, NJW 1960, 204 mit Anm. von *Kubisch*, NJW 1960, 683.
23 BGHZ 58, 327; 68, 379; BGH, JR 1980, 278; BAG, NJW 1967, 459; LG Aachen, ZIP 1981, 784.
24 Siehe § 829 Rdn. 50.
25 BGH, NJW 1985, 1768.
26 AG Langen, MDR 1981, 237.
27 BGHZ 81, 311; BGH, WM 1968, 947; WM 1976, 713; BAG, NJW 1964, 687; NJW 1989, 1053; *Baur/Stürner*, Rdn. 30.35; *Brox/Walker*, Rdn. 661; *Stein/Jonas/Brehm*, § 829 Rdn. 115; *Stöber*, Forderungspfändung, Rdn. 577, 664; a. A. aus dem Gedanken der arbeitsrechtlichen Fürsorgepflicht für den Lohnforderungen des Vollstreckungsschuldners betreffenden Einziehungsprozeß: LAG Baden-Württemberg, NJW 1986, 1709; *Denck*, ZZP 1979, 71.

chene Unzulässigkeit der Zwangsvollstreckung kommt dann auch dem Drittschuldner im Einziehungsprozeß zugute.

10 b) **Förmliche Mängel** des Vollstreckungsverfahrens können im Einziehungsprozeß nur dann geltend gemacht werden, wenn sie die Nichtigkeit der Pfändung und Überweisung zur Folge haben.[28] So kann der Drittschuldner mit Erfolg rügen, der Beschluß sei ihm nicht wirksam zugestellt worden, die Forderung sei dem Zugriff der deutschen Gerichtsbarkeit entzogen, die Überweisung sei wegen Verstoßes gegen § 46 Abs. 6 AO nichtig, die Forderung sei im Pfändungs- und Überweisungsbeschluß nicht bestimmt genug bezeichnet gewesen;[29] eine Überweisung sei von Rechts wegen grundsätzlich ausgeschlossen (Arrestvollziehung; Sicherungsvollstreckung) und daher sei der Überweisungsbeschluß nichtig.[30] Ist die Überweisung nichtig, so fehlt die Befugnis des Gläubigers, die fremde Forderung im eigenen Namen einzuklagen. Förmliche Fehler im Vollstreckungsverfahren, die nicht zur Nichtigkeit der Vollstreckungsmaßnahme, also des Pfändungs- und Überweisungsbeschlusses, führen, sondern nur ihre Anfechtung ermöglichen, sind im Einziehungsprozeß solange ohne Belang, wie die Anfechtung nicht im Verfahren nach § 766 ZPO (gegebenenfalls § 11 RpflG) erfolgreich durchgeführt wurde. Erst die Aufhebung des Pfändungs- und Überweisungsbeschlusses oder eine sie vorbereitende einstweilige Einstellung der Zwangsvollstreckung führen zum (– endgültigen oder vorläufigen –) Verlust der Einziehungsbefugnis des Gläubigers. Solange eine fehlerhafte, aber nicht nichtige Zwangsvollstreckungsmaßnahme nicht wirksam angefochten ist, ist sie als rechtswirksam zu behandeln und von allen zu beachten.[31] Das gilt auch für den Einziehungsprozeß.[32] Die Anfechtung kann nicht inzident im Einziehungsprozeß erklärt werden, da zur Entscheidung über sie allein das Vollstreckungsgericht berufen ist. Dem Prozeßgericht fehlt insoweit die funktionelle Zuständigkeit.

11 c) Da die Legitimation für die Verwertung der Forderung durch den Gläubiger aus deren Verstrickung und Überweisung folgt, während das Pfändungspfandrecht im Verhältnis zum Forderungsinhaber den Rechtsgrund für das Behaltendürfen des Erlöses der eingezogenen Forderung darstellt,[33] kann der Drittschuldner im Einziehungsprozeß auch nicht mit dem Einwand gehört werden, die Forderung sei zwar beschlagnahmt und überwiesen, jedoch nicht mit einem Pfändungspfandrecht belastet. Führt deshalb die Nichtbeachtung von Pfändungsbeschränkungen im Einzelfall nur dazu, daß kein Pfändungspfandrecht entsteht, während die gepfändete Forderung bis zur erfolgreichen Durchführung einer Vollstreckungserinnerung vorläufig wirksam verstrickt ist,[34] kann die Nichtbeachtung dieser Pfändungsbeschränkungen auch nicht im Einzie-

---

28 BGH, NJW 1976, 851; BAG, NJW 1989, 2148; MüKo/*Smid*, § 835 Rdn. 19.
29 OLG Frankfurt, Rpfleger 1983, 322.
30 BGH, NJW 1993, 735. Dazu: *Schultes*, JR 1995, 136.
31 Vor §§ 803, 804 Rdn. 4–6.
32 BGHZ 66, 79.
33 Vor §§ 803, 804 Rdn. 15.
34 Einzelheiten insoweit § 829 Rdn. 27–30.

hungsprozeß durch den Drittschuldner gerügt werden.[35] Dies gilt unabhängig davon, ob die Pfändungsbeschränkungen sich aus vollstreckungsrechtlichen Sondervorschriften oder aus allgemeinen materiellrechtlichen Regeln in Verbindung mit § 851 Abs. 1 ZPO ergeben.[36] Es ist nicht entscheidend, daß im letzteren Fall das Prozeßgericht die gleiche Sachkunde wie das Vollstreckungsgericht besitzt, sondern daß allein das Vollstreckungsgericht die wirksame Verstrickung beseitigen kann. Das Prozeßgericht muß sie bis zu ihrer Aufhebung dagegen uneingeschränkt beachten.

d) Besonderheiten ergeben sich, wenn es sich bei dem Vollstreckungstitel, der dem Pfändungs- und Überweisungsbeschluß, aufgrund dessen der Einziehungsprozeß betrieben wird, zugrunde lag, um einen Prozeßvergleich handelte. Aufgrund der Doppelnatur des Prozeßvergleichs als materiellrechtlichem Rechtsgeschäft einerseits und prozeßrechtlichem Institut andererseits[37] wirken sich materiellrechtliche Mängel, die zur Nichtigkeit des materiellrechtlichen Vertrages führen, dahin aus, daß auch die prozeßbeendigenden Erklärungen entfallen. Mit dem materiellrechtlichen Vertrag entfällt damit auch der Titel. Nach den allgemeinen Regeln sind Zwangsvollstreckungsmaßnahmen, die ohne Titel erfolgen, nichtig.[38] Konsequenterweise müßte der Drittschuldner diese Nichtigkeit im Einziehungsprozeß geltend machen können.[39] Dem steht aber entgegen, daß dem Drittschuldner Einwände aus dem materiellen Recht des Schuldners generell verwehrt sind[40] und daß deshalb solche Einwände allein vom Schuldner durch Fortsetzung des alten Prozesses geklärt werden können.[41] Aus diesem Grunde muß ein Prozeßvergleich, der nach den förmlich-prozeßrechtlichen Regeln ordnungsgemäß zustande gekommen ist,[42] im Einziehungsprozeß solange als Titel respektiert werden, wie nicht seine Unwirksamkeit im Rechtsstreit zwischen Gläubiger und Schuldner festgestellt ist.

e) Ist die Zwangsvollstreckung aus dem Titel, der dem Pfändungs- und Überweisungsbeschluß zugrunde liegt, **einstweilen eingestellt**, ohne daß die bisherigen Vollstreckungsmaßnahmen aufgehoben wurden (§§ 775 Nr. 2, 776 S. 2 ZPO), so ist die Einziehungsbefugnis des Gläubigers nicht endgültig entfallen, wohl aber einstweilen gehemmt.[43] Ein bereits begonnener Einziehungsprozeß darf einstweilen nicht fortgesetzt werden, weil die Befugnis des Gläubigers, das Recht des Schuldners im eigenen Namen und für eigene Rechnung geltend zu machen, derzeit nicht besteht. Da dieses Recht aber jederzeit wieder aufleben kann, wäre es nicht ökonomisch, die Klage so-

---

35 BGHZ 66, 79; BAG, NJW 1961, 1180; *Baumbach/Lauterbach/Hartmann*, § 829 Rdn. 64; *Brox/Walker*, Rdn. 653; *Rosenberg/Schilken*, § 55 II 1 c; *Gerhardt*, § 9 II 1; a. A.: *Baumann/Brehm*, § 6 II 6 b; *Baur/Stürner*, Rdn. 30.35; *Stein/Jonas/Brehm*, § 829 Rdn. 107 ff.; *J. Blomeyer*, RdA 1974, 13; *Henckel*, ZZP 1971, 453.
36 A. A. für den letzteren Fall aber: BAG, NJW 1977, 75; BGH, Rpfleger 1978, 248; *Jauernig*, § 33 I J; *Stöber*, Forderungspfändung, Rdn. 752; *Rosenberg/Schilken*, § 55 II 1 c, cc.
37 Einzelheiten: § 767 Rdn. 26 und § 794 Rdn. 1.
38 Vor §§ 803, 804 Rdn. 5.
39 Dies nimmt auch BAG, NJW 1964, 687 an.
40 Siehe oben Rdn. 9.
41 § 767 Rdn. 26.
42 Zu diesen Förmlichkeiten: § 794 Rdn. 7–9.
43 *Stein/Jonas/Brehm*, § 835 Rdn. 11.

gleich abzuweisen und es dem Gläubiger zu überlassen, später neue Klage zu erheben. Der Rechtstreit ist gem. § 148 ZPO bis zur Entscheidung auszusetzen, ob die Zwangsvollstreckung fortgesetzt werden kann oder endgültig aufzuheben ist.

14 **V. Die Auswirkungen der Überweisung zur Einziehung in anderen Verfahren:** Ist zur Einziehung der Forderung – unabhängig von einem Rechtstreit mit einem zahlungsunwilligen Drittschuldner – die Einleitung eines geregelten Verfahrens notwendig, kann der Gläubiger anstelle des Schuldners die erforderlichen Anträge selbst stellen. Das gilt auch für den Antrag gegenüber dem Finanzamt auf Veranlagung zur Ermittlung des Steuererstattungsbetrages.[44] Im Konkurs des Drittschuldners hat der Gläubiger alle Gläubigerbefugnisse: Er kann die Forderung im eigenen Namen anmelden, hat Stimmrecht in der Gläubigerversammlung, an ihn sind die Abschlagszahlungen und die Schlußzahlung zu leisten, soweit die Überweisung reicht, usw.

15 **VI. Die Überweisung an Zahlungs Statt:** Sie hat zum Nennwert der gepfändeten Forderung (– also ohne irgendwelche Sicherheitsabschläge als Risikoausgleich –), allerdings begrenzt durch die Höhe der dem Gläubiger zustehenden Forderung nebst Zinsen und Kosten zu erfolgen. Besteht die Forderung im Zeitpunkt der Überweisung, so geht sie in Höhe der Überweisung auf den Gläubiger gem. **Abs. 2** mit der Wirkung über, daß er wegen seiner Forderung an den Schuldner als befriedigt anzusehen ist, unabhängig davon, ob es ihm gelingt, die Forderung tatsächlich beizutreiben oder nicht. Er trägt also das volle Risiko der Zahlungsfähigkeit des Drittschuldners. Obwohl die Zwangsvollstreckung mit der Überweisung bereits beendet ist, ist sie erst irreversibel[45], wenn der Drittschuldner auch tatsächlich geleistet hat oder wenn mit ihm abschließende andere Vereinbarungen (Erlaß, Verrechnung usw.) getroffen wurden. Deshalb ist auch bis zu diesem Zeitpunkt noch die Erinnerung gegen den Überweisungsbeschluß möglich.[46] Aus diesem Grunde ist es nicht erforderlich, abweichend von § 834 ZPO vor Erlaß eines Pfändungs- und Überweisungsbeschlusses, der eine Überweisung an Zahlungs Statt ausspricht, den Schuldner anzuhören.[47] Sein Rechtsschutz ist auch im nachhinein effektiv gewährleistet, da zwischen der Überweisung und der Zahlung durch den Drittschuldner immer ein hinreichender Zeitraum liegen dürfte.

44 OLG Düsseldorf, MDR 1973, 414; BFH, Rpfleger 1974, 69; FG Düsseldorf, MDR 1978, 964; siehe ferner: Anh. § 829 Rdn. 29.
45 A. A.: *Münzberg*, Rpfleger 1992, 329; MüKo/*Smid*, § 829 Rdn. 25, die eine Rückgängigmachung der Überweisung auch vor Zahlung des Drittschuldners für ausgeschlossen halten und eine Rückabwicklung daher nur noch nach Bereicherungsrecht (– gegebenenfalls in einem Prozeß vor dem Prozeßgericht –) zulassen. Dem ist entgegenzuhalten, daß auch der mit seiner Verkündung zunächst wirksame Zuschlag nach dem ZVG (§ 89 ZVG), der sofort zu einem Eigentumswechsel geführt hat, auf ein Rechtsmittel hin wieder aufgehoben werden kann, sodaß auch hier mit einem verfahrensrechtlichen Rechtsbehelf in materielles Recht eingegriffen werden kann.
46 OLG Düsseldorf, Rpfleger 1982, 192; *Stöber*, Forderungspfändung, Rdn. 598: a. A.: *Baur/Stürner*, Rdn. 30.31; *Brox/Walker*, Rdn. 664; MüKo/*Smid*, § 835 Rdn. 25; *Münzberg*, Rpfleger 1992, 329; *Rosenberg/Schilken*, § 55 II 2.
47 So aber *Baur/Stürner*, Rdn. 30.31; *Eickmann*, Rpfleger 1982, 449; *Münzberg*, Rpfleger 1982, 329; *Stein/Jonas/Brehm*, § 835 Rdn. 44; *Rosenberg/Schilken*, § 55 II 2; ferner: LG Düsseldorf, Rpfleger 1982, 112.

Auch nach einer Überweisung an Zahlungs Statt muß der Gläubiger die Forderung notfalls im Einziehungsprozeß einklagen, wenn der Drittschuldner nicht freiwillig leistet. Der Gläubiger hat dann uneingeschränkt die Position, die einem Zessionar nach rechtsgeschäftlicher Abtretung zukommt (§§ 398 ff. BGB). Die Stellung des Drittschuldners in diesem Prozeß ist die gleiche wie im Einziehungsprozeß nach einer Überweisung nur zur Einziehung.[48] 16

**VII. Leistungssperre nach Abs. 3 S. 2:** Damit der Schuldner Gelegenheit erhält, einen Antrag nach § 850 k ZPO zu stellen und dessen Erfolg abzuwarten, verbietet Abs. 3 S. 2 einem Geldinstitut (Bank, Sparkasse, Postscheckamt), als Drittschuldner aus einem gepfändeten Guthaben einer natürlichen Person als Schuldner[49] vor Ablauf von zwei Wochen nach Zustellung des Überweisungsbeschlusses an den Gläubiger Zahlungen zu leisten oder den gepfändeten Betrag zu hinterlegen. Das Verbot gilt kraft Gesetzes, also auch dann, wenn es im Überweisungsbeschluß nicht erwähnt wurde.[50] Das sollte den Rechtspfleger aber nicht davon abhalten, zum Schutze des Drittschuldners deklaratorisch das Verbot in den Beschluß aufzunehmen. Das Verbot gilt unabhängig davon, ob der Schuldner im Einzelfall den Schutzantrag nach § 850 k ZPO stellen wird und stellen kann. Der Gläubiger kann also auch dann nicht vorzeitige Zahlung verlangen, wenn feststeht, daß der Schuldner noch andere Konten besitzt, die sein Auskommen sichern. Leistet das Geldinstitut vorzeitig und wird dem Schuldner noch Schutz nach § 850 k ZPO gewährt, so ist es dem Schuldner gegenüber, soweit die Pfändung aufgehoben wird, nicht freigeworden. Weiter reicht der Schutz nach Abs. 3 S. 2 allerdings nicht. Ist vorzeitig gezahlt und wird dann kein Schutz nach § 850 k ZPO gewährt, so kann der Schuldner für die Zeit der vorzeitigen Zahlung z. B. nicht die Gutschrift von Habenzinsen verlangen. 17

**VIII. Überweisung an mehrere Gläubiger:** So wie die Forderung für mehrere Gläubiger gepfändet werden kann,[51] kann sie auch mehreren überwiesen werden, und zwar sowohl zur Einziehung als auch an Zahlungs Statt. Für den Rang ist der Zeitpunkt der Pfändung, nicht der der Überweisung (– falls diese zeitlich auseinanderfallen –) maßgebend. Ist die Forderung mehreren an Zahlungs Statt überwiesen, so gilt zunächst die erstrangige Vollstreckungsforderung als befriedigt, soweit danach noch ein Recht verbleibt, die zweitrangige, usw. Ist die Forderung zur Einziehung überwiesen worden, ist grundsätzlich jeder Gläubiger einziehungsberechtigt, der Drittschuldner kann aber dem Zahlungsanspruch der nachrangigen Gläubiger entgegenhalten, daß er zunächst die vorrangigen befriedigen müsse[52]. Der Drittschuldner, der sich aus dem Rangstreit mehrerer Vollstreckungsgläubiger heraushalten will, kann sich nach § 853 ZPO durch Hinterlegung befreien. Verlangt es einer der Vollstreckungsgläubiger, so muß er dies sogar tun. Die irrtümliche Leistung an einen nachrangigen Vollstreckungsgläubiger befreit den Drittschuldner nicht von seinen Verpflichtungen gegenüber dem vorrangigen. 18

---

48 Oben Rdn. 8–13.
49 Die Vorschrift ist auf die Konten juristischer Personen und von Handelsgesellschaften nicht entsprechend anzuwenden: MüKo/*Smid*, § 835 Rdn. 31.
50 *Stöber*, Forderungspfändung, Rdn. 588.
51 § 829 Rdn. 46.
52 MüKo/*Smid*, § 835 Rdn. 27.

Muß er deshalb nochmals an den vorrangigen Gläubiger zahlen, so kann er den an den nachrangigen Gläubiger gezahlten Betrag von diesem aus ungerechtfertigter Bereicherung zurückverlangen und muß sich insoweit nicht an den Vollstreckungsschuldner halten (condictio wegen Zweckverfolgung).[53]

19 **IX. Kosten und Gebühren der Überweisung:** Hinsichtlich der anfallenden Gerichts- und Anwaltsgebühren gilt das zu § 829 ZPO Dargestellte.[54] Auch wenn kein einheitlicher Pfändungs- und Überweisungsbeschluß ergeht, sondern der Überweisungsbeschluß eigenständig zeitlich nachfolgt, erwachsen keine zusätzlichen Gebühren, wohl aber zusätzliche Auslagen für die erneut notwendigen Zustellungen.

Die Überweisungskosten sind notwendige Kosten i. S. des § 788 ZPO.

Der Drittschuldner kann, soweit keine ausdrücklichen anderslautenden Absprachen bestehen, seine durch die Überweisung verursachten Kosten nicht auf den Gläubiger oder den Schuldner abwälzen.[55] Soweit einem Arbeitgeber durch die Beachtung von Lohnpfändungen zusätzliche Buchhaltungskosten usw. erwachsen, ist es Ausfluß seiner allgemeinen Fürsorgepflicht, diese Kosten allein zu tragen. Die Überwälzung auf die Arbeitnehmer im vorformulierten Arbeitsvertrag scheiterte an § 9 Abs. 1, Abs. 2 Nr. 1 AGBG.

---

53 BGHZ 82, 28; a. A.: OLG München, VersR 1978, 951.
54 Siehe dort Rdn. 66 und 67.
55 Streitg; siehe: § 829 Rdn. 68.

## § 836 Wirkung der Überweisung

(1) Die Überweisung ersetzt die förmlichen Erklärungen des Schuldners, von denen nach den Vorschriften des bürgerlichen Rechts die Berechtigung zur Einziehung der Forderung abhängig ist.

(2) Der Überweisungsbeschluß gilt, auch wenn er mit Unrecht erlassen ist, zugunsten des Drittschuldners dem Schuldner gegenüber so lange als rechtsbeständig, bis er aufgehoben wird und die Aufhebung zur Kenntnis des Drittschuldners gelangt.

(3) ¹Der Schuldner ist verpflichtet, dem Gläubiger die zur Geltendmachung der Forderung nötige Auskunft zu erteilen und ihm die über die Forderung vorhandenen Urkunden herauszugeben. ²Die Herausgabe kann von dem Gläubiger im Wege der Zwangsvollstreckung erwirkt werden.

Literatur: *Algner*, Die Sicherungskarte des Sparers bei der Vollstreckung nach § 836 Abs. 3 ZPO, DGVZ 1978, 8; *Arnold*, Die Hilfsvollstreckung, insbesondere in Anwartschaftsrechte und Urkunden, Diss. Heidelberg 1958; *Behr/Spring*, Pfändung und Durchsetzung von Lohnsteuererstattungsansprüchen, NJW 1994, 3257; *Denck*, Drittschuldnerschutz nach § 836 Abs. 2 ZPO, JuS 1979, 408; *Joost*, Risikoträchtige Zahlungen des Drittschuldners bei der Forderungspfändung, WM 1981, 82; *Lieb*, Bereicherungsrechtliche Fragen bei Forderungspfändung, ZIP 1982, 1153; *Lüke*, Die Erklärungspflicht des Drittschuldners und die Folgen ihrer Verletzung, ZZP 1974, 284; *Noack*, Die Pfändung vor und während des Konkursverfahrens, JurBüro 1976, 273; *Seibert*, Drittschuldnerschutz, WM 1984, 521; *Stöber*, Überweisung und Überweisungswirkungen bei der Pfändung einer Hypothekenforderung, NJW 1996, 1180; *Urban*, Die Wegnahme der Lohnsteuerkarte beim Vollstreckungsschuldner gemäß § 836 Abs. 3 ZPO, DGVZ 1994, 101; *Wolf*, Pfändung von Hypothekenforderungen und Drittschuldnerschutz, Rpfleger 1995, 94.

**I. Allgemeines:** Die Vorschrift ergänzt im Hinblick auf die Folgen der Überweisung § 835 ZPO in dreifacher Hinsicht: **Abs. 1** stellt klar, daß der Überweisungsbeschluß gegebenenfalls für die Forderungsabtretung oder eine rechtsgeschäftliche Einziehungsermächtigung bestehende Formerfordernisse ersetzt. **Abs. 2** regelt den Drittschuldnerschutz, falls der Überweisungsbeschluß zu Unrecht ergangen ist. **Abs. 3** regelt einen Teil der Pflichten des Schuldners gegenüber dem Gläubiger nach der Überweisung und ermöglicht hinsichtlich der Pflicht zur Urkundenherausgabe eine vereinfachte Durchsetzung durch den Gläubiger. Abs. 2 entspricht der für die Abtretung in § 409 BGB getroffenen Regelung, Abs. 3 der Regelung in § 402 BGB.

**II. Formerfordernisse nach materiellem Recht:** Die Abtretung einer durch eine Hypothek gesicherten Forderung bedarf der Form des § 1154 BGB. Sie wird durch den Überweisungsbeschluß ersetzt. Gleiches gilt für die in Art. 18 WG und Art. 23 SchG vorgesehene Form des Inkassoindossaments. Dagegen hat die Überweisung nicht die Wirkung eines Vollindossaments auf Wechseln oder Schecks, da dieses den wechselmäßigen Rückgriff (Art. 43 WG) gegen den Schuldner ermöglichen würde, eine Wirkung, die über § 835 ZPO hinausginge.[1]

---

[1] *Baumbach/Lauterbach/Hartmann*, § 836 Rdn. 1; *Thomas/Putzo*, § 836 Rdn. 1.

**3** **III. Drittschuldnerschutz:** In Abs. 2 ist der allgemeine Grundsatz zum Ausdruck gebracht, daß der Schuldner vor der Gefahr einer nochmaligen Zahlung geschützt werden muß, wenn er an einen unrechtmäßigen Gläubiger leistet, der durch formale, den Schuldner bindende staatliche Hoheitsakte als Gläubiger der Forderung ausgewiesen wird:[2] Der Drittschuldner kennt die der Pfändung zugrundeliegenden Umstände oft nicht. Er ist auch oft nicht darüber informiert, was der Schuldner gegen die Pfändung unternimmt. Erreicht dieser die Aufhebung der Pfändung oder auch nur eine einstweilige Einstellung der Zwangsvollstreckung, entfällt sofort die Einziehungsbefugnis des Gläubigers.[3] Die Mitteilung an den Drittschuldner hierüber kann mit erheblicher zeitlicher Verzögerung ergehen. Die Eröffnung des Konkursverfahrens über das Vermögen des Schuldners führt mit sofortiger Wirkung zur Unzulässigkeit jeder Einzelzwangsvollstreckung,[4] auch wenn die öffentliche Bekanntmachung der Konkurseröffnung erst später nachfolgt. Durch Abs. 2 soll der Drittschuldner vor dem Risiko einer Zahlung in Unkenntnis der Unwirksamkeit der ihm zuvor förmlich mitgeteilten Überweisung geschützt werden.dies gilt sowohl, wenn der Überweisungsbeschluß zunächst wirksam, wenn auch anfechtbar war[5], als auch, wenn er von vornherein nichtig war, weil die ihm zugrunde liegende Pfändung nicht wirksam geworden war.[6] Eine Ausnahme muß allerdings gelten, wenn auch der Drittschuldner die Nichtigkeit des Überweisungsbeschlusses ohne weiteres sogleich erkennen konnte. Offensichtlich unwirksame Staatsakte können keinen Vertrauensschutz begründen. Ob eine solche offensichtliche Nichtigkeit anzunehmen ist, wenn der Überweisungsbeschluß in Vollzug eines Arrestbefehls erlassen wurde,[7] ist allerdings zweifelhaft. Grundsätzlich soll der Drittschuldner sich auf den Überweisungsbeschluß solange verlassen können, bis dieser aufgehoben und die Aufhebung ihm zur Kenntnis gelangt ist. Dieser Schutz gilt allerdings nur im Verhältnis des Drittschuldners zum Schuldner und zu nachrangigen Pfändungsgläubigern, die im Falle der Unwirksamkeit einer vorrangigen Pfändung und Überweisung im Rang aufrücken.[8] Durch Abs. 2 erwirbt der unrechtmäßige Gläubiger keinen Anspruch auf Zahlung; der Drittschuldner ist nicht gehindert, ihm die Unzulässigkeit der Zwangsvollstreckung entgegenzuhalten.[9] Abs. 2 ist auch kein Rechtsgrund für den Gläubiger, im Verhältnis zum Drittschuldner Zahlungen behalten zu dürfen, falls dieser sie zurückverlangt[10], um sie an den in Wahrheit berechtigten Schuldner leisten zu können.[11] Schließlich sichert Abs. 2 den Drittschuldner nicht gegenüber Dritten, die sich berühmen, in Wahrheit anstelle des Vollstreckungsschuldners Forderungsinhaber zu sein. Ist zweifelhaft, ob der Vollstreckungsschuldner Inhaber der

---

2 BGHZ 23, 324.
3 BGHZ 66, 394.
4 LG Berlin, KTS 1963, 185.
5 BGH, NJW 1993, 735.
6 BGH, NJW 1994, 3225.
7 so BGH, NJW 1993, 735.
8 BGHZ 66, 394.
9 OLG Stuttgart, NJW 1961, 34 mit Anm. von *Riedel*.
10 Dazu, daß der Gläubiger, der zu Unrecht Leistungen des Drittschuldners empfangen hat, Gegner des Bereicherungsanspruchs des Drittschuldners ist, nicht der Vollstreckungsschuldner, siehe: *Lieb*, ZIP 1982, 1153.
11 LG Bremen, NJW 1971, 1366 mit Anm. von *Medicus*, JuS 1971, 545.

gepfändeten und überwiesenen Forderung ist, leistet der Drittschuldner an den Pfändungsgläubiger auf eigene Gefahr. Der Drittschuldner wird nicht frei, wenn der Anspruch dem Vollstreckungsschuldner nie zugestanden hat, der Pfändungsgläubiger mithin von diesem auch keine Rechte erlangt haben konnte.[12] Ebensowenig schützt Abs. 2 den Drittschuldner, der den Rang des Vollstreckungsgläubigers, der von ihm Zahlung verlangt, unrichtig beurteilt und deshalb irrtümlich an einen nachrangigen Vollstreckungsgläubiger bezahlt. Er muß nochmals an den vorrangigen leisten.[13] Da in diesen Fällen der Vollstreckungsgläubiger die Zahlung aber immer ohne Rechtsgrund erhalten hat, kann der Drittschuldner den Betrag von ihm aus ungerechtfertigter Bereicherung zurückverlangen und muß sich insoweit nicht an den Vollstreckungsschuldner halten.[14]

Der Drittschuldnerschutz nach Abs. 2 gilt nur solange, wie die Aufhebung des Überweisungsbeschlusses dem Drittschuldner nicht zur **Kenntnis** gelangt ist. Es genügt jede Form der Kenntniserlangung, eine förmliche Mitteilung an den Drittschuldner mittels Zustellung ist nicht erforderlich. Ist der Zeitpunkt der Kenntniserlangung streitig und entscheidungserheblich, muß je nach Anspruch der Pfändungsgläubiger oder der Schuldner die Kenntnis des Drittschuldners nachweisen, nicht aber dieser seine Unkenntnis.[15] Da, wo die Kenntnis als Folge einer öffentlichen Bekanntmachung fingiert wird, genügt der Nachweis des Zeitpunkts dieser Bekanntmachung.[16] Im übrigen reicht aber ein Kennenmüssen nicht aus, da der Drittschuldner nicht verpflichtet ist, bloßen Zweifeln am Fortbestand des Überweisungsbeschlusses von sich aus nachzugehen.[17]

**IV. Unterstützungspflicht des Schuldners nach Abs. 3:** Da der Gläubiger die Vereinbarungen seines Schuldners mit dem Drittschuldner meist nicht kennt, verpflichtet Abs. 3 S. 1 den Schuldner, dem Gläubiger alle die **Auskünfte** zu erteilen, die zur erfolgreichen Einziehung der Forderung erforderlich sind (Zeitpunkt der Fälligkeit der Forderung; Mitteilung, ob die Forderung schon tituliert ist; Mitteilung von Daten, die zur Errechnung der Forderung von Bedeutung sind;[18] Mitteilung über sonstige zur Durchsetzung des Leistungsanspruchs wesentliche Umstände[19]).

Dieser Auskunftsanspruch besteht zwar aufgrund des Überweisungsbeschlusses, ist aber noch nicht durch diesen tituliert. Der Gläubiger muß vielmehr die von ihm für erforderlich gehaltenen Auskünfte notfalls einklagen und den auf diese Weise erstrittenen Titel nach § 888 ZPO vollstrecken.[20] Die Auskunftsklage ist auch dann, wenn der

---

12 BGH, NJW 1988, 495; a. A.: OLG Düsseldorf, ZIP 1980, 622.
13 BGHZ 82, 28.
14 BGHZ 82, 28; a. A.: OLG München, VersR 1978, 951; *Seibert*, WM 1984, 521.
15 BGHZ 66, 394; OLG Stuttgart, NJW 1961, 34.
16 LG Berlin, KTS 1963, 185.
17 *Baumbach/Lauterbach/Hartmann*, § 836 Rdn. 4.
18 Unrichtig deshalb LG Essen, MDR 1975, 673, das bei Pfändung des Lohnsteuererstattungsanspruchs eine Mitteilungspflicht über die Zeiträume, in denen während des Jahres nicht gearbeitet wurde, verneint.
19 Etwa bis wann Versicherungsprämien gezahlt wurden, wenn Anspruch aus einer Versicherung gepfändet ist; vergl. AG Recklinghausen, JurBüro 1959, 477.
20 LG Essen, MDR 1975, 673; OLG Nürnberg, FamRZ 1979, 524; LG Hamburg und AG Hamburg, Rpfleger 1982, 387.

Anspruch, der vollstreckt wird, oder der Anspruch, in den vollstreckt worden ist, dem Familiengericht zuzuordnen wäre, keine Familiensache.[21] Die Auskunftspflicht erfaßt nicht nur Tatsachen, die sich vor dem Überweisungsbeschluß ereigneten, sondern auch auf nachträgliche Umstände (z. B. Bestellung einer zusätzlichen Sicherheit). Eine Verletzung der Auskunftspflicht macht den Schuldner schadensersatzpflichtig (z. B. Verpflichtung, dem Gläubiger unnötige Prozeßkosten gegen den Drittschuldner zu erstatten), unabhängig davon, daß für den nämlichen Schaden auch der Drittschuldner nach § 840 Abs. 2 S. 2 ZPO haften kann.

6 Über die Pflicht zur Auskunft hinaus ist der Schuldner verpflichtet, dem Gläubiger diejenigen Urkunden herauszugeben, die über die Forderung vorhanden und im Besitz des Schuldners sind. Diese Pflicht besteht unabhängig davon, ob sie bereits im ursprünglichen Pfändungs- und Überweisungsbeschluß ausdrücklich genannt war oder nicht. Die Aufzählung im Überweisungsbeschluß ist nur für die Zwangsvollstreckung des Herausgabeanspruchs von Bedeutung.[22] Herauszugeben sind zum einen die Urkunden, deren Vorlage erforderlich ist, um den Anspruchsteller als zur Empfangnahme der Leistung berechtigt zu legitimieren. Zum anderen muß der Schuldner auch solche Urkunden herausgeben, die die Geltendmachung des Anspruchs wesentlich erleichtern, wenn sie auch im strengen Sinne zur Geltendmachung des Anspruchs nicht unabdingbar sind[23]. Letzteres gilt insbesondere für Schuldscheine, für Versicherungspolicen im Falle der Überweisung von Versicherungsansprüchen[24] und für die Lohnsteuerkarte im Falle der Überweisung des Lohnsteuererstattungsanspruchs.[25] Hier ist aber zu beachten, daß der Schuldner nur seine eigene Lohnsteuerkarte herausgeben muß, nicht auch die seiner Ehefrau[26] und daß zur Herausgabe nach Abs. 3 nur der Schuldner selbst verpflichtet ist, nicht aber Dritte, etwa der Arbeitgeber, die die Karte in Besitz haben.[27] Will der Gläubiger gegen diese Dritten vorgehen, muß er den Herausgabeanspruch des Schuldners pfänden und sich zur Einziehung überweisen lassen und dann gegebenenfalls klageweise gegen den Dritten vorgehen. Ein unmittelbarer Anspruch gegen den

---

21 OLG Nürnberg, FamRZ 1979, 524.
22 Siehe unten Rdn. 8.
23 Zu eng (nur Urkunden, die den Bestand der Forderung beweisen): LG Hof, DGVZ 1991, 138. Zu weitgehend dagegen LG Bielefeld, JurBüro 1995, 384: Es seien auch die beim Schuldner vorhandenen Pfändungsbeschlüsse über vorrangige Pfändungen herauszugeben. Diese Urkunden erleichtern zwar die Kontrolle des Drittschuldners, aber nicht der Durchsetzbarkeit der gepfändeten Forderung selbst.
24 OLG Frankfurt, Rpfleger 1977, 221.
25 Siehe: Anh. § 829 Rdn. 29; ferner: LG Berlin, Rpfleger 1974, 122; LG Essen, Rpfleger 1973, 146; LG Hamburg, Rpfleger 1973, 147; LG München, Rpfleger 1973, 439; LG Hannover, Rpfleger 1974, 442; LG Darmstadt, Rpfleger 1984, 473; LG Berlin, JurBüro 1985, 468; LG Kassel, DGVZ 1994, 115; LG Freiburg, JurBüro 1994, 368 mit Anm. von *Hoeren*, CR 1994, 399; LG Stuttgart, Rpfleger 1995, 264; LG Zweibrücken, JurBüro 1995, 437; LG Köln, JurBüro 1995, 440; LG Karlsruhe, JurBüro 1995, 441; LG Marburg, JurBüro 1996, 106; LG Münster, MDR 1996, 528; *Behr/Spring*, NJW 1994, 3257; MüKo/*Smid*, § 836 Rdn. 13; a. A.: LG Essen, JurBüro 1971, 275; LG Braunschweig, MDR 1980, 585; LG Koblenz, DGVZ 1994, 57.
26 LG Berlin, Rpfleger 1975, 229.
27 A. A. insoweit: LG Mannheim, DB 1974, 1487; AG Duisburg, MDR 1982, 856; LAG Düsseldorf, MDR 1983, 85.

Arbeitgeber auf Herausgabe der Lohnsteuerkarte seines Arbeitnehmers ergibt auch § 840 ZPO nicht; zum einen ist das Finanzamt und nicht der Arbeitgeber Drittschuldner, zum anderen begründet § 840 ZPO nicht mehr als eine Auskunftsobliegenheit. Herauszugeben sind schließlich auch solche Urkunden, die dem Gläubiger im Einziehungsprozeß als Beweismittel für den Bestand, die Höhe, die Fälligkeit und die Einredefreiheit der Forderung dienen (z. B. einen Vertrag über den Verzicht auf die Einrede der Verjährung; ein deklaratorisches Schuldanerkenntnis; ein Kündigungsschreiben).

Hinsichtlich der Urkunden, die zur Geltendmachung der Forderung nicht unabdingbar sind, sondern nur deren Überprüfung und Berechnung erleichtern, ist das Interesse des Gläubigers gegen das des Schuldners abzuwägen, persönliche Dinge, die sich aus den Urkunden ergeben könnten, nicht Dritten kundtun zu müssen. Überwiegt das Geheimhaltungsinteresse des Schuldners, entfällt der Herausgabeanspruch. Der Gläubiger muß sich dann mit einer Auskunft über die Dinge zufriedengeben, die für ihn unabdingbar sind. So besteht in der Regel kein Anspruch des Gläubigers auf Herausgabe der Leistungsbescheide des Arbeitsamtes über Unterhalts- bzw. Arbeitslosengeld oder Arbeitslosenhilfe,[28] da sie schutzwürdige Sozialdaten enthalten. Vergleichbares gilt für spezifizierte Lohnabrechnungen, aus denen sich Abtretungen, vorrangige Pfändungen, Krankheitszeiten usw. ergeben.[29]

**V. Die Durchsetzung des Herausgabeanspruchs:** Der Gläubiger braucht seinen Anspruch auf Herausgabe der von ihm benötigten Urkunden nicht klageweise gegen den Schuldner geltend zu machen. Der Pfändungs- und Überweisungsbeschluß ist Herausgabetitel, wenn in ihm die wegzunehmenden Urkunden so genau bezeichnet sind, daß der Gerichtsvollzieher die Identität jedes einzelnen Schriftstücks zweifelsfrei feststellen kann.[30] Waren die Urkunden im ursprünglichen Überweisungsbeschluß noch nicht enthalten, etwa weil der Gläubiger erst später von ihrer Existenz oder auch nur von der Möglichkeit des Abs. 3 S. 2 erfahren hat, kann der Gläubiger einen Ergänzungsbeschluß beantragen.[31] Der Überweisungsbeschluß bzw. der Ergänzungsbeschluß bedürfen zur Vollstreckung keiner Klausel;[32] sie müssen aber vor bzw. zu Beginn der Vollstreckung gem. § 750 ZPO zugestellt werden. Die Zwangsvollstreckung wird dann durch den Gerichtsvollzieher gem. § 883 Abs. 1 ZPO durchgeführt. Werden die Urkunden nicht gefunden, so kann der Schuldner gem. § 883 Abs. 2 ZPO zur eidesstattlichen Versicherung geladen werden.[33] Für die Zwangsvollstreckung nach Abs. 3 S. 2 gegen den Schuldner einschließlich der Ladung zur eidesstattlichen Versicherung fehlt nicht deshalb das Rechtschutzinteresse, weil der Gläubiger das, was er in den Urkun-

---

28 LG Hannover, Rpfleger 1986, 143.
29 AG Bonn, Rpfleger 1963, 125; LG Hannover, DGVZ 1989, 26; LG Hildesheim, DGVZ 1994, 156; a. A.: (diese Lohnabrechnungen seien gerade wegen ihrer detaillierten Auskünfte immer herauszugeben): LG Münster, DGVZ 1994, 155; OLG Hamm, DGVZ 1994, 188.
30 AG Dortmund, DGVZ 1980, 29; LG Darmstadt, DGVZ 1991, 9; AG Köln, DGVZ 1994, 157.
31 Allgem. Meinung; *Thomas/Putzo*, § 836 Rdn. 15; *Zöller/Stöber*, § 836 Rdn. 9.
32 Vor §§ 724–734 Rdn. 4; siehe ferner: *Baumbach/Lauterbach/Hartmann*, § 836 Rdn. 7; *Stein/Jonas/Brehm*, § 836 Rdn. 15; *Zöller/Stöber*, § 836 Rdn. 9; a. A.: AG Bad Schwartau, DGVZ 1981, 63.
33 *Herzig*, JurBüro 1966, 909.

den zu finden glaubt, auch über § 840 ZPO durch eine Auskunft des Drittschuldners in Erfahrung bringen könnte.[34] Zum einen sind derartige Auskünfte nicht erzwingbar, zum andern fehlt die Gewißheit der Richtigkeit und Vollständigkeit.

Befinden sich die herauszugebenden Urkunden im Besitze eines Dritten (z. B. des Steuerberaters oder des Rechtsanwalts des Schuldners), gilt § 886 ZPO entsprechend.[35] Gibt der Dritte die Urkunden nicht freiwillig heraus, muß der Gläubiger notfalls gegen ihn auf Herausgabe klagen.

9   Die Urkunden gehen nach der Ablieferung durch den Gerichtsvollzieher an den Gläubiger nicht in dessen Eigentum über. Der Gläubiger muß sie vielmehr, sobald die Zwangsvollstreckung gegen den Schuldner beendet ist, an diesen zurückgeben. Ein Hinweis darauf im Überweisungsbeschluß ist nicht erforderlich, aber nützlich. Ist die Forderung dem Gläubiger allerdings an Zahlungs Statt überwiesen, gilt für Schuldurkunden im eigentlichen Sinne § 952 BGB.

10  **VI.** Der Entwurf einer 2. Zwangsvollstreckungsnovelle[36] sieht als Stärkung der Stellung des Gläubigers vor, den Schuldner, der die gewünschten Auskünfte[37] nicht freiwillig erteilt, dazu zu verpflichten, diese Auskünfte zu Protokoll zu geben und seine Angaben an Eides Statt zu versichern.

---

34 Ebenso: *Stein/Jonas/Brehm*, § 836 Rdn. 18; MüKo/*Smid*, § 836 Rdn. 17. a. A. (§ 840 ginge vor): *Zöller/Stöber*, § 836 Rdn. 9.
35 *Thomas/Putzo*, § 836 Rdn. 16; a. A. (es bedürfe keiner gesonderten Überweisung, um den Herausgabeanspruch gegen den Dritten geltend machen zu können; die Möglichkeit folge schon aus der Überweisung der Forderung): *Zöller/Stöber*, § 836 Rdn. 9; MüKo/*Smid*, § 836 Rdn. 16.
36 BT-Drucks. 13/341.
37 Siehe oben Rdn. 5.

## § 837 Überweisung einer Hypothekenforderung

(1) ¹Zur Überweisung einer gepfändeten Forderung, für die eine Hypothek besteht, genügt die Aushändigung des Überweisungsbeschlusses an den Gläubiger. ²Ist die Erteilung des Hypothekenbriefes ausgeschlossen, so ist zur Überweisung an Zahlungs Statt die Eintragung der Überweisung in das Grundbuch erforderlich; die Eintragung erfolgt auf Grund des Überweisungsbeschlusses.
(2) ¹Diese Vorschriften sind nicht anzuwenden, soweit es sich um die Überweisung der Ansprüche auf die im § 1159 des Bürgerlichen Gesetzbuchs bezeichneten Leistungen handelt. ²Das gleiche gilt bei einer Sicherungshypothek im Falle des § 1187 des Bürgerlichen Gesetzbuchs von der Überweisung der Hauptforderung.
(3) Bei einer Sicherungshypothek der im § 1190 des Bürgerlichen Gesetzbuchs bezeichneten Art kann die Hauptforderung nach den allgemeinen Vorschriften gepfändet und überwiesen werden, wenn der Gläubiger die Überweisung der Forderung ohne die Hypothek an Zahlungs Statt beantragt.

**I. Allgemeines:** Die Vorschrift ergänzt und modifiziert teilweise den § 835 ZPO für die Überweisung von Forderungen, für die eine Hypothek bestellt ist. Die Abweichungen bauen auf den besonderen Regeln über die Pfändung einer Hypothek in § 830 ZPO auf.

**II. Im einzelnen ist zu unterscheiden: 1.** Eine **Briefhypothek** wird, wenn die Pfändung der Forderung bereits nach § 830 ZPO erfolgt ist, abweichend von § 835 Abs. 3 ZPO dadurch wirksam überwiesen, daß der Überweisungsbeschluß an den Gläubiger ausgehändigt wird. Ist die Pfändung noch nicht wirksam geworden,[1] so treten trotz Aushändigung des Überweisungsbeschlusses an den Gläubiger die Überweisungswirkungen (§ 836 Abs. 1) auch erst mit Wirksamwerden der Pfändung ein. Der BGH[2] hält es deshalb in diesen Fällen für geboten, den Überweisungsbeschluß nicht zusammen mit dem Pfändungsbeschluß zu erlassen, damit nicht zunächst immer ein unwirksamer (– weil noch nicht durch eine wirksame Pfändung gedeckter –) Überweisungsbeschluß ergehe.[3] Die Überweisung wird weder im Brief noch im Grundbuch eingetragen. Das gilt sowohl für die Überweisung zur Einziehung wie für die Überweisung an Zahlungs Statt. Im letzteren Fall ersetzt der Überweisungsbeschluß die öffentlich beglaubigte Abtretungserklärung gem. § 1155 BGB.

**2.** Für die Überweisung einer **Buchhypothek** zur Einziehung gilt das zur Briefhypothek Gesagte ohne Einschränkung entsprechend. Auch hier wird die Überweisung nicht ins Grundbuch eingetragen. Erfolgt die Überweisung aber an Zahlungs Statt, ist sie zusätzlich zur Pfändung ins Grundbuch einzutragen (**Abs. 1 S. 2**). Die Eintragung ist durch den Gläubiger zu beantragen. Er hat zur Legitimation den Überweisungsbeschluß vorzulegen.

**3.** Ist die Forderung durch eine **Höchstbetragssicherungshypothek** (§ 1190 BGB) gesichert, so hat der Gläubiger zwei Möglichkeiten: Er kann die Forderung samt Buch-

---
1 § 830 Rdn. 3–5.
2 NJW 1994, 3225 mit Anm. von *Walker*, EWiR 1994, 1251.
3 Sehr kritisch hierzu *Diepold*, MDR 1995, 455, und *Stöber*, NJW 1996, 1180.

hypothek sich nach den allgemeinen Regeln der §§ 830 Abs. 1, 837 Abs. 1 ZPO pfänden und überweisen lassen. Er kann aber auch, da § 1190 Abs. 4 BGB abweichend von der Grundregel des § 1153 BGB eine Übertragung der Forderung ohne die Hypothek zuläßt, die Forderung allein nach § 829 ZPO pfänden und sich nach § 835 Abs. 1 ZPO **an Zahlungs Statt** überweisen lassen (**Abs. 3**). Der Gläubiger muß dies dann **schon in seinem Pfändungsantrag** deutlich zum Ausdruck bringen. Auch der dem Antrag folgende Pfändungs- und Überweisungsbeschluß muß dann die Trennung von Hypothek und Hauptforderung kenntlich machen.

5 III. Die durch eine Hypothek gesicherten Forderungen, die nach § 830 Abs. 3 ZPO wie reine Geldforderungen gepfändet werden,[4] werden konsequenterweise auch nach § 835 ZPO (und nicht nach § 837 Abs. 1) überwiesen (**Abs. 2**); erfolgt die Pfändung nach §§ 831, 808 ZPO (Schuldverschreibungen auf den Inhaber, für die eine Sicherungshypothek bestellt ist), so richtet sich die Verwertung nach § 821 ZPO.[5]

6 IV. Der Gläubiger, dem die Hypothek zur Einziehung überwiesen wurde, kann (– und muß –) dem Drittschuldner, der an ihn zahlt, löschungsfähige Quittung (§ 1144 BGB) erteilen,[6] nicht aber eine abstrakte Löschungsbewilligung.[7] Letztere kann nur der tatsächliche Hypothekengläubiger ausstellen, der Vollstreckungsgläubiger also nur, wenn ihm die Hypothek an Zahlungs Statt überwiesen wurde. Auch wegen der Aushändigung des Hypothekenbriefes (§ 1144 BGB) muß der Drittschuldner sich weiterhin an den Schuldner als den Eigentümer des Briefes halten, es sei denn, die Hypothek ist dem Gläubiger an Zahlungs Statt überwiesen worden.

---

4 Einzelheiten: § 830 Rdn. 1.
5 § 830 Rdn. 1.
6 LG Düsseldorf, MittRhNotK 1982, 23; OLG Hamm, Rpfleger 1985, 187.
7 Hinsichtlich der Unterschiede zur löschungsfähigen Quittung vergl. OLG Frankfurt, Rpfleger 1976, 401.

§ 837a   Überweisung einer Schiffshypothekenforderung

(1) ¹Zur Überweisung einer gepfändeten Forderung, für die eine Schiffshypothek besteht, genügt, wenn die Forderung zur Einziehung überwiesen wird, die Aushändigung des Überweisungsbeschlusses an den Gläubiger. ²Zur Überweisung an Zahlungs Statt ist die Eintragung der Überweisung in das Schiffsregister oder in das Schiffsbauregister erforderlich; die Eintragung erfolgt auf Grund des Überweisungsbeschlusses.
(2) ¹Diese Vorschriften sind nicht anzuwenden, soweit es sich um die Überweisung der Ansprüche auf die im § 53 des Gesetzes über Rechte an eingetragenen Schiffen und Schiffsbauwerken vom 15. November 1940 (Reichsgesetzbl. I S. 1499) bezeichneten Leistungen handelt. ²Das gleiche gilt, wenn bei einer Schiffshypothek für eine Forderung aus einer Schuldverschreibung auf den Inhaber, aus einem Wechsel oder aus einem anderen durch Indossament übertragbaren Papier die Hauptforderung überwiesen wird.
(3) Bei einer Schiffshypothek für einen Höchstbetrag (§ 75 des im Absatz 2 genannten Gesetzes) gilt § 837 Abs. 3 entsprechend.

I. Schiffshypotheken sind grundsätzlich Buchhypotheken (§§ 3, 8 SchiffsRG). So wie § 830 a ZPO für ihre Pfändung der Pfändung einer Buchhypothek entsprechende Regelungen enthält,[1] paßt auch § 837 a die Regeln der Überweisung denen der Überweisung einer Forderung, für die eine Buchhypothek bestellt ist, an. Abs. 2 knüpft an § 830 a Abs. 3 ZPO an.

    Abs. 3 zieht die Kosenquenz daraus, daß nach § 75 SchiffsRG Höchstbetragsschiffshypotheken den Sicherungshypotheken aus § 1190 BGB entsprechend geregelt sind.

1

II. Gem. § 99 Abs. 1 LuftfzRG gilt § 837 a entsprechend für die Überweisung gepfändeter Registerpfandrechte an Luftfahrzeugen.

2

---

1 § 830 a Rdn. 1.

§ 838   Überweisung einer Faustpfandforderung

Wird eine durch ein Pfandrecht an einer beweglichen Sache gesicherte Forderung überwiesen, so kann der Schuldner die Herausgabe des Pfandes an den Gläubiger verweigern, bis ihm Sicherheit für die Haftung geleistet wird, die für ihn aus einer Verletzung der dem Gläubiger dem Verpfänder gegenüber obliegenden Verpflichtungen entstehen kann.

1   I. Nach § 401 BGB erstreckt sich das Pfandrecht an einer Forderung, zu deren Sicherheit ein Faustpfandrecht bestellt ist, auch auf dieses Faustpfandrecht als Nebenrecht. Die Überweisung führt nach §§ 836 Abs. 1 ZPO, 1251 Abs. 1 BGB dazu, daß der Vollstreckungsgläubiger vom Schuldner die Herausgabe des Pfandes verlangen kann. Erfüllt der Vollstreckungsgläubiger die auf ihn gem. § 1251 Abs. 2 S. 1 BGB übergegangenen Verwahrungs-, Sorgfalts- und Mitwirkungspflichten nicht, so haftet der Schuldner dem Drittschuldner gegenüber gem. § 1251 Abs. 2 S. 2 BGB für die aus diesen Pflichtverletzungen entstandenen Schäden wie ein selbstschuldnerischer Bürge. Um ihn gegen dieses Haftungsrisiko abzusichern, gibt § 838 dem Schuldner als aufschiebende Einrede einen Anspruch auf Sicherheitsleistung. Die Sicherheitsleistung richtet sich nach §§ 232 ff. BGB. Die §§ 108 ff. ZPO sind hier nicht einschlägig, da das Verlangen nach Sicherheit materiellrechtlich und nicht nach prozessualen Regeln begründet ist.[1]

2   II. Kommt der Schuldner der Verpflichtung zur Herausgabe des Pfandes Zug um Zug gegen den Nachweis der Sicherheitsleistung nicht freiwillig nach, so kann der Gläubiger ihm die Pfandsache nicht im Wege der Hilfspfändung nach § 836 Abs. 3 S. 2 ZPO wegnehmen lassen,[2] er muß vielmehr selbständige Herausgabeklage erheben.[3] Denn die Möglichkeit der Hilfspfändung ist auf die Fälle beschränkt, in denen der Gläubiger eine Sache zur weiteren Durchsetzung, nicht aber nur zur weiteren Sicherung der überwiesenen Forderung benötigt. Der Gläubiger ist hinsichtlich der Sicherheitsleistung nicht vorleistungspflichtig.[4] § 274 Abs. 1 BGB ist hier entsprechend anzuwenden.[5] Der Gerichtsvollzieher darf im Rahmen der Herausgabevollstreckung die Sache dann erst wegnehmen, wenn er gleichzeitig dem Schuldner den Nachweis der Sicherheit aushändigt (§ 756 ZPO).

---

1 Allgem. Meinung; beispielhaft: *Stein/Jonas/Brehm*, § 838 Rdn. 2.
2 So aber *Baumbach/Lauterbach/Hartmann*, § 838 Rdn. 2.
3 Wie hier: *Brox/Walker*, Rdn. 647; *Rosenberg/Schilken*, § 55 II 1 b; MüKo/*Smid*, § 838 Rdn. 2; *Stein/Jonas/Brehm*, § 838 Rdn. 1; *Stöber*, Forderungspfändung, Rdn. 704; *Thomas/Putzo*, § 838 Rdn. 1; *Zimmermann*, § 838 Rdn. 1; *Zöller/Stöber*, § 838 Rdn. 2.
4 So aber *Stein/Jonas/Brehm*, § 838 Rdn. 2.
5 Wie hier: MüKo/*Smid*, § 838 Rdn. 2; *Stöber*, Forderungspfändung, Rdn. 704; *Zöller/Stöber*, § 838 Rdn. 2.

## § 839 Überweisung bei Vollstreckungsabwendung

Darf der Schuldner nach § 711 Satz 1, § 712 Abs. 1 Satz 1 die Vollstreckung durch Sicherheitsleistung oder Hinterlegung abwenden, so findet die Überweisung gepfändeter Geldforderungen nur zur Einziehung und nur mit der Wirkung statt, daß der Drittschuldner den Schuldbetrag zu hinterlegen hat.

I. Die Vorschrift entspricht den Regelungen in §§ 720, 815 Abs. 3, 819 ZPO und verfolgt die nämlichen Ziele für den Bereich der Forderungsvollstreckung. Sie ist über die Fälle der §§ 711 S. 1, 712 Abs. 1 S. 1 ZPO hinaus nicht entsprechend anwendbar.[1] Die Einschränkung, daß der Drittschuldner die dem Gläubiger zur Einziehung überwiesene Forderung nicht durch Zahlung, sondern nur durch Hinterlegung befriedigen dürfe, muß bereits in den Überweisungsbeschluß aufgenommen werden. Eine Überweisung an Zahlungs Statt scheidet in diesen Fällen von vornherein aus.

II. Hinterlegt der Drittschuldner, so wird er dem Schuldner gegenüber von seiner Verbindlichkeit befreit. Der Schuldner wird Inhaber des Anspruchs gegen die Hinterlegungsstelle, während sich das frühere Pfandrecht des Gläubigers an der Forderung als Pfandrecht am Anspruch des Schuldners gegen die Hinterlegungsstelle fortsetzt. Hat der Drittschuldner nicht Geld, sondern andere hinterlegungsfähige Gegenstände hinterlegt, die mit der Hinterlegung ins Eigentum des Schuldners übergehen, erwirbt der Gläubiger ein Pfandrecht an diesen Gegenständen.

---

[1] LG Hamburg, MDR 1952, 45; BGHZ 49, 117; a. A.: AG Hamburg-Blankenese, MDR 1970, 426.

## § 840 Erklärungspflicht des Drittschuldners

(1) Auf Verlangen des Gläubigers hat der Drittschuldner binnen zwei Wochen, von der Zustellung des Pfändungsbeschlusses an gerechnet, dem Gläubiger zu erklären:
1. ob und inwieweit er die Forderung als begründet anerkenne und Zahlung zu leisten bereit sei;
2. ob und welche Ansprüche andere Personen an die Forderung machen;
3. ob und wegen welcher Ansprüche die Forderung bereits für andere Gläubiger gepfändet sei.

(2) ¹Die Aufforderung zur Abgabe dieser Erklärungen muß in die Zustellungsurkunde aufgenommen werden. ²Der Drittschuldner haftet dem Gläubiger für den aus der Nichterfüllung seiner Verpflichtung entstehenden Schaden.

(3) ¹Die Erklärungen des Drittschuldners können bei Zustellung des Pfändungsbeschlusses oder innerhalb der im ersten Absatz bestimmten Frist an den Gerichtsvollzieher erfolgen. ²Im ersteren Fall sind sie in die Zustellungsurkunde aufzunehmen und von dem Drittschuldner zu unterschreiben.

### Inhaltsübersicht

| | | Rdn. |
|---|---|---|
| | Literatur | |
| I. | Zweck der Vorschrift | 1, 2 |
| II. | Voraussetzungen des Auskunftsverlangens | 3–5 |
| III. | Die Abwicklung der Auskunftserteilung | 6 |
| IV. | Der Inhalt der Auskunft | 7 |
| V. | Der Rechtscharakter der erteilten Auskunft | 8 |
| VI. | Der Schadensersatzanspruch nach Abs. 2 S. 2 | 9 |
| | 1. Voraussetzungen des Anspruchs | 10 |
| | 2. Der Umfang des Anspruchs | 11–13 |
| | 3. Durchsetzung des Schadensersatzanspruchs | 14 |
| VII. | Abwehrfeststellungsklage des Drittschuldners | 15 |
| VIII. | Entsprechende Anwendung des Abs. 2 S. 2 | 16 |
| IX. | Gebühren | 17 |

**Literatur:** *Bach-Heucker*, Pfändung in die Ansprüche aus Bankverbindung und Drittschuldnererklärung der Kreditinstitute, 1993; *Bauer*, Verpflichtung des Drittschuldners zur Benachrichtigung des Gläubigers von der Beendigung des Arbeitsverhältnisses in der Lohnpfändung?, JurBüro 1963, 251; *ders.*, Der Umfang der Auskunftspflicht der Banken nach § 840 ZPO, JurBüro 1973, 697; *Benöhr*, Einredeverzicht des Drittschuldners?, NJW 1976, 6; *Brauer*, Die Zwangsvollstreckung in Sparprämienguthaben, JurBüro 1975, 288; *ders.*, Umfang der Auskunftspflicht des Drittschuldners in der Lohnpfändung, JurBüro 1975, 437; *Brill*, Zum Anspruch des Arbeitgebers auf Ersatz von Lohnpfändungskosten, DB 1976, 2400; *Brüne/Liebscher*, Die fehlende oder falsche Drittschuldnerauskunft durch den Arbeitgeber, BB 1996, 743; *Cebulka*, Erstattung von Anwaltskosten des Drittschuldners, AnwBl. 1979, 409; *Diekhoff*, Umstrittene Fragen der Kostentragung bei Lohnpfändungen, BB 1960, 989; *Eckert,* Die Kostenerstattung bei der Drittschuldnererklärung nach § 840 Abs. 1 ZPO, MDR 1986, 799; *Feiber,* Zur Auskunftsklage gegen den Drittschuldner bei Sicherungspfändung, DB 1978, 477; *Flieger,* Die Behauptungslast bei Abgabe der Erklärung des Drittschuldners nach § 840 Abs. 1 ZPO, MDR 1978, 797; *Grunau,* Lohnpfändung. Schadensersatz aus § 840 ZPO. Umfang der Auskunftspflicht. JurBüro 1962, 241; *Hansens,* Kosten der Drittschuldnererklärung nach § 840 ZPO als notwendige Kosten der Zwangsvollstreckung, JurBüro 1987, 1764; *Heers,* Klage auf Auskunft gem. § 840 Abs. 1 ZPO im Verfahren vor dem Arbeitsgericht, DB 1971, 1525; *Heyer,* Ausschließliche Zuständigkeit des Arbeitsgerichts für Rechtsstreitigkeiten aus Lohnpfändungen und Folgen, MDR 1955, 657; *Jakobs,* Kann die Aufforderung nach § 840 ZPO auch durch die Post zugestellt werden?, DGVZ 1987, 1; *Lang,* Die Erklärung des Drittschuldners nach § 840 Abs. 1 (Ziff. 1) ZPO, Diss. Freiburg, 1982; *Linke,* Die Erklärungspflicht des Drittschuldners und die Folgen ihrer Verletzung, ZZP 1974, 284; *Marburger,* Das Anerkenntnis des Drittschuldners nach § 840 Abs. 1 Ziff. 1 ZPO, JR 1972, 7; *Meier,* Ersatz der Anwaltskosten aus Drittschuldnerklagen vor den Arbeitsgerichten, BB 1964, 557; *Mümmler,* Betrachtungen zur Drittschuldnererklärung, JurBüro 1986, 333; *Neumann,* Kollektivvereinbarung über die Wirksamkeit von Lohnabtretung, BB 1957, 111; *Olschewski,* Drittschuldnererklärung durch Rechtsanwalt – Gebührenanspruch und Kostenersatz –, MDR 1974, 714; *Petersen,* Erstattung von Rechtsanwaltskosten bei Abgabe der Drittschuldnererklärung nach § 840 ZPO, BB 1986, 188; *Quardt,* Auskunftspflicht des Drittschuldners bei der Forderungspfändung, BB 1956, 648; *ders.,* Kostenerstattung im Arbeitsgerichtsprozeß durch den Drittschuldner, JurBüro 1958, 75; *ders.,* In welchem Umfang hat der Arbeitgeber dem Drittschuldner dem Gläubiger Auskunft zu erteilen, JurBüro 1958, 278; *ders.,* Umfang der Auskunftspflicht in der Lohnpfändung, JurBüro 1959, 350; *ders.,* Auskunftspflicht des Arbeitgebers in der Lohnpfändung, BB 1959, 484; *ders.,* Die Zustellung gem. § 840 ZPO durch die Post?, JurBüro 1960, 287; *ders.,* Welches Gericht ist zuständig für die Geltendmachung der vor dem Arbeitsgericht gegen den Drittschuldner entstandenen Kosten?, JurBüro 1961, 114; *Reetz,* Die Rechtsstellung des Arbeitgebers als Drittschuldner in der Zwangsvollstreckung, 1985; *Rewolle,* Muß der Drittschuldner in der Lohnpfändung die Unterhaltsverpflichtung des Schuldners feststellen?, BB 1968, 1387; *Riedel,* Drittschuldnererklärung bei Forderungspfändung, JurBüro 1963, 260; *Rudershausen,* Die Klagemöglichkeiten nach § 840 ZPO, Diss. Heidelberg, 1975; *Schalhorn,* Kann der Anspruch des Pfändungsgläubigers auf Abgabe der in § 840 ZPO vorgesehenen Erklärungen im Klagewege gegen den Drittschuldner durchgesetzt werden?, JurBüro 1970, 565; *ders.,* In welchem Umfang ist der Drittschuldner nach § 840 ZPO zu Erklärungen gegenüber dem Gläubiger verpflichtet?, JurBüro 1973, 788; *ders.,* Welche Gebühr steht dem Rechtsanwalt zu, wenn er für seinen Auftraggeber die Offenlegung einer Lohnabtretung verlangt, JurBüro 1974, 1367; *Scherer,* Herausgabe der Lohnabrechnung und Auskunft bei Lohnpfändungen, Rpfleger 1995, 446; *Schmidt,* Hat der Rechtsanwalt des Gläubigers für die Aufforderung gem. § 840 ZPO eine besondere Gebühr zu beanspruchen?, JurBüro 1962, 75; *Schneider,* Ist die Klage auf Erzwingung der Erklärungspflicht des Drittschuldners gem. § 840 ZPO zulässig?, JurBüro 1967, 265; *Schroeder,* Muß der Drittschuldner bei genau berechneter Pfändung den pfändbaren Teil des Lohnes berechnen?, JurBüro 1960, 179; *Staab,* Die Drittschuldnerklage vor dem Arbeitsgericht, NZA 1993, 439; *Stehl,* Erstattung von Anwaltskosten als Schadensersatz gem. § 840 ZPO im Verfahren vor den Arbeitsgerichten, NJW 1966, 1349; *Sühr,* Die Pfändung von Auskunfts- und Rechnungslegungsansprüchen gegenüber Kreditinstituten als Drittschuldner, WM 1985, 741; *Tschischgale,* Zum Problem des Ersatzes der Anwaltskosten aus Drittschuldnerklagen vor dem Arbeitsgericht, JurBüro 1964, 849; *Wenzel,* Drittschuldnerklage vor dem Arbeitsgericht, MDR 1966, 971.

**1  I. Zweck der Vorschrift:** Der Gläubiger pfändet die »angebliche Forderung« des Schuldners gegen den Drittschuldner oft, ohne Einzelheiten der Forderung zu kennen. Die Angaben, die der Schuldner im Rahmen des § 836 Abs. 3 ZPO macht, sind in vielen Fällen unvollständig oder auch unrealistisch. Um dem Gläubiger unnötige Aufwendungen zur Durchsetzung der möglicherweise nicht existenten oder aber einredebehafteten Forderung zu ersparen und ihm eine vernünftige Planung seines weiteren Vorgehens zu ermöglichen, verpflichtet **Abs. 1** den Drittschuldner, dem Gläubiger auf Verlangen bestimmte Auskünfte über die Forderung zu geben. Es handelt sich bei dieser Pflicht um eine für den Fall der Nicht- oder Schlechterfüllung mit einem Schadensersatzanspruch bewehrte **Obliegenheit**, die nicht mit einer selbständigen Auskunftsklage des Gläubigers gegen den Drittschuldner durchgesetzt werden kann.[1] Daß den Drittschuldner nur eine Obliegenheit trifft, zeigt zum einen die unterschiedliche Formulierung in Abs. 1 S. 1 im Vergleich zu § 836 Abs. 3 S. 1 ZPO, der gegen den Schuldner einen durchsetzbaren Anspruch gibt. Zum anderen würde ein solcher Anspruch dem Gläubiger gegen den Drittschuldner eine erheblich stärkere Position geben, als sie zuvor der Schuldner, von dem der Gläubiger seine Rechte herleitet, hatte. Da das allein auf § 840 gestützte Auskunftsverlangen als solches schon nicht mit der Klage durchsetzbar ist, kann erst recht nicht eine Ergänzung oder Vervollständigung einer bereits erteilten Auskunft durch Klage erzwungen werden.[2]

**2**  Von der Auskunftsobliegenheit nach Abs. 1 zu unterscheiden ist eine dem Drittschuldner möglicherweise aufgrund seiner Rechtsbeziehung zum Schuldner diesem gegenüber bestehende Auskunftspflicht, die als Nebenrecht zur gepfändeten Forderung von deren Pfändung gem. § 401 BGB mit erfaßt wird.[3] Dieser materiellrechtliche Auskunftsanspruch kann vom Gläubiger nach der Überweisung der Forderung in dem Umfange gegen den Drittschuldner geltend gemacht werden, in dem ihn zuvor der Schuldner hätte geltend machen können.[4] Ein solcher Anspruch kann auch mit der Klage im Einziehungsprozeß verfolgt werden. Ein selbständiger Auskunftsanspruch als Annex der Forderung wird insbesondere bei Rechtsverhältnissen zu bejahen sein, in denen Schuldner und Drittschuldner in laufender Rechnung zusammenarbeiten. Da dieser materiellrechtliche Auskunftsanspruch auch im übrigen nicht den Regeln

---

1 Offengelassen noch in BGHZ 68, 298 und BGH, WM 1978, 676. Wie hier sodann: BGHZ 91, 126 mit Anm. von *Brehm*, JZ 1984, 675 und Anm. von *Waldner*, JR 1984, 468; ferner: LG Braunschweig, MDR 1955, 490; ArbG Wesel, BB 1968, 753; OLG München, NJW 1975, 174; OLG Düsseldorf, WM 1981, 1147; LG Nürnberg-Fürth, ZZP 1983, 118 mit Anm. von *Waldner*, ZZP 1983, 121; *Baumann/Brehm*, § 20 III 1 b; *Baumbach/Lauterbach/Hartmann*, § 840 Rdn. 2; *Brox/Walker*, Rdn. 624; *MüKo/Smid*, § 840 Rdn. 1; *Stein/Jonas/Brehm*, § 840 Rdn. 19; *Stöber*, Forderungspfändung, Rdn. 652; *Thomas/Putzo*, § 840 Rdn. 1; *Zöller/Stöber*, § 840 Rdn. 15; *Lüke*, ZZP 1995, 438; a. A.: LG München, NJW 1965, 1185; LAG Baden-Württemberg, DB 1968, 2134; LAG Düsseldorf, MDR 1969, 425; OLG Köln, MDR 1978, 941; *Blomeyer*, § 55 IV 2 a; *Linke*, ZIP 1974, 284; *Reetz*, Die Rechtsstellung des Arbeitgebers als Drittschuldner, S. 140; *Staab*, NZA 1995, 439; *Rosenberg/Schilken*, § 55 I 1 b mit weiteren Nachweisen in Fußn. 45. Auch *Baur/Stürner*, Rdn. 30.20 bezeichnet die h.M. und die BGH-Rspr. als wenig überzeugend.
2 BGH, NJW 1983, 687.
3 Siehe § 829 Rdn. 57; a. A.: LG Berlin, Rpfleger 1978, 64; AG Göppingen, DGVZ 1989, 29.
4 OLG Karlsruhe, Justiz 1980, 143; AG Dorsten, Rpfleger 1984, 424.

des § 840 ZPO folgt, empfiehlt es sich für den Gläubiger bei der Geltendmachung, den Drittschuldner darauf hinzuweisen, daß er nicht nur wegen der Obliegenheit aus § 840 in Anspruch genommen werde.

**II. Voraussetzungen des Auskunftsverlangens:** Der Gläubiger kann das Auskunftsverlangen ab Zustellung des Pfändungsbeschlusses stellen;[5] eine Überweisung der Forderung an ihn ist nicht erforderlich. Die Zustellung einer Vorpfändung nach § 845 ZPO genügt nicht.[6] Die Pfändung muß **formell** wirksam erfolgt sein; Verfahrensfehler, die die Pfändung nur anfechtbar machen, stehen der Berechtigung des Auskunftsverlangens nicht entgegen, solange die Anfechtung nicht erfolgt ist. Daß die Pfändung ins Leere geht, weil die gepfändete Forderung nicht besteht oder jedenfalls dem Schuldner nicht zusteht, hindert das Entstehen der Auskunftsobliegenheit ebenfalls nicht, da durch die Auskunft gerade aufgeklärt werden soll, ob die Forderung besteht (Abs. 1 Nr. 1).[7] Deshalb handelt es sich auch streng genommen bei Abs. 1 nicht nur um eine Obliegenheit des (tatsächlichen) Drittschuldners, sondern jedes Dritten, der durch die Zustellung eines Pfändungsbeschlusses zunächst als Drittschuldner erscheint. Auch eine Arrestpfändung gem. § 930 Abs. 1 ZPO ermächtigt den Gläubiger schon, das Auskunftsverlangen zu stellen.[8] Denn auch der Arrestgläubiger hat ein berechtigtes Interesse, zu wissen, ob er etwa weitere Vollziehungsmaßnahmen durchführen muß.

Das Auskunftsverlangen muß dem Drittschuldner mit dem Pfändungsbeschluß oder im Anschluß an ihn **durch den Gerichtsvollzieher** zugestellt werden.[9] Eine Zustellung durch die Post reicht nicht aus.[10] Der Drittschuldner hat von der Zustellung an 2 Wochen Zeit, die Auskunft zu erteilen. Der Gläubiger kann die Frist nicht verkürzen, auch wenn er im Einzelfall ein berechtigtes Interesse an einer schnelleren Auskunft hat.

Der Drittschuldner kann seinerseits die Auskunftserteilung nicht davon abhängig machen, daß der Gläubiger ihm die durch die Erstattung der Auskunft anfallenden Kosten ersetzt.[11] Das gilt sowohl für den eigenen Arbeitsanfall (Erstellung von Kontoauszügen, Auflistung vorrangiger Pfändungen usw.)[12] als auch für die Kosten eines mit der

---

5 BGHZ 68, 289.
6 BGHZ 68, 298; *Rosenberg/Schilken*, § 55 I 3 b, bb; *Zöller/Stöber*, § 840 Rdn. 2; a. A.: OLG Stuttgart, BB 1959, 360.
7 OLG Schleswig, NJW-RR 1990, 448.
8 Wie hier: *Schreiber*, JR 1977, 464; *Schuschke* in Schuschke/Walker, Bd. 2, § 930 Rdn. 8; *Stein/Jonas/Brehm*, § 840 Rdn. 3; a. A.: *Rosenberg/Schilken*, § 55 I 3 b, bb.
9 *Rosenberg/Schilken*, § 55 I 3 b, aa; *Zöller/Stöber*, § 840 Rdn. 8.
10 *Jakobs*, DGVZ 1987, 1; *Stöber*, Forderungspfändung, Rdn. 633; LG Tübingen, MDR 1974, 677.
11 Wie hier: BAG, NJW 1985, 1181 mit Anm. von *Petersen*, BB 1986, 188 und von *Eckert*, MDR 1986, 799; BVerwG, Rpfleger 1995, 261; AG Münster, JurBüro 1991, 276; MüKo/*K. Schmidt*, § 788 Rdn. 8; *Stein/Jonas/Brehm*, § 840 Rdn. 35; *Stöber*, Forderungspfändung, Rdn. 647; *Zöller/Stöber*, § 840 Rdn. 11; offengelassen: BGH, NJW 1985, 1155 mit Anm. von *Brehm*, JZ 1985, 632; a. A. (Kostenerstattungspflicht des Gläubigers): *Baur/Stürner*, Rdn. 30.20; *Brox/Walker*, Rdn. 623; *Rosenberg/Schilken*, § 55 I 3 b, gg; MüKo/*Smid*, § 840 Rdn. 8; *Thomas/Putzo*, § 840 Rdn. 12; AG Hamburg, AnwBl. 1980, 302; AG Offenbach, AnwBl. 1982, 386.
12 Hinsichtlich der »tatsächlichen« Kosten (Portokosten u.ä.) a. A.: *Helwich*, Pfändung des Arbeitseinkommens, 2. Aufl., S. 25.

§ 840 *Erklärungspflicht des Drittschuldners*

Abwicklung der Auskunft beauftragten Rechtsanwalts.[13] Die Auskunftserteilung im Rahmen des § 840 ZPO gehört, soweit die Forderung des Schuldners gegen den Drittschuldner besteht, zu den in Begleitung der Erfüllung geschuldeten Obliegenheiten; im übrigen handelt es sich um eine allgemeine Obliegenheit, die hingenommen werden muß, um das Funktionieren der Forderungsvollstreckung im Interesse der Allgemeinheit zu gewährleisten. Daß die Auskunft grundsätzlich kostenfrei zu erteilen ist, hindert Gläubiger und Drittschuldner selbstverständlich nicht, eine Vergütung freiwillig zu vereinbaren, etwa im Hinblick auf die Beschleunigung oder die erbetene Ausführlichkeit der Auskunft.

6  III. **Die Abwicklung der Auskunftserteilung:** Der Drittschuldner kann die Erklärung innerhalb der Frist des Abs. 1 schriftlich gegenüber dem Gläubiger (oder dessen Bevollmächtigten) abgeben; er kann sie aber auch zu Protokoll des Gerichtsvollziehers abgeben, wenn dieser den Pfändungsbeschluß nebst Aufforderung oder (– der Zustellung des Pfändungsbeschlusses nachfolgend –) die Aufforderung allein zustellt (**Abs. 3 S. 1**). In diesem Fall muß die Aufforderung in die Zustellungsurkunde aufgenommen und vom Drittschuldner unterschrieben werden (**Abs. 3 S. 2**). Der Drittschuldner hat schließlich die Möglichkeit, die Erklärung innerhalb der Zweiwochenfrist des Abs. 1 dem Gerichtsvollzieher gegenüber schriftlich oder zu Protokoll abzugeben (Abs. 3 S. 1, 2. Alternative). Der Gerichtsvollzieher ist aber nicht verpflichtet, auf Weisung des Gläubigers den Drittschuldner aufzusuchen, allein um dessen Auskunft zu protokollieren.[14] Der Gläubiger kann einen solchen Besuch deshalb auch nicht mit der Erinnerung nach § 766 ZPO erzwingen. Die Ergänzung einer bereits erteilten Auskunft kann der Gläubiger nicht verlangen.[15] Im Hinblick auf die Schadensersatzpflicht nach Abs. 2 wird der Drittschuldner, der wesentliche Umstände vergessen hatte, von sich aus eine Ergänzung vornehmen. Ereignen sich allerdings erst nach ordnungsgemäß und vollständig erteilter Auskunft Umstände, die für den Gläubiger von Interesse sein dürften, ist der Drittschuldner nicht von sich aus verpflichtet, diese Umstände dem Gläubiger nachzumelden, um Schadensersatzansprüche zu vermeiden.[16]

7  IV. **Der Inhalt der Auskunft:** Grundsätzlich bestimmt sich der Umfang der Auskunftsobliegenheit nach dem Inhalt der Aufforderung durch den Gläubiger. Jedoch braucht der Drittschuldner über die in Abs. 1 Nr. 1–3 genannten Gegenstände hinaus keine Auskunft zu erteilen. In keinem Fall kann aus Abs. 1 eine Pflicht zur Rechnungslegung[17] oder zur Vorlage von laufenden Kontoauszügen[18] abgeleitet werden. Die Auskunft zu Nr. 1 braucht über eine Willenserklärung hinsichtlich des eigenen Verhaltens nicht hinauszugehen,[19] insbesondere braucht zu Nr. 1 nichts über den Grund des An-

---

13 LG München I, NJW 1963, 1509; AG Bad Bramstedt, MDR 1981, 854.
14 LG München II, DGVZ 1976, 187; LG Arnsberg, DGVZ 1977, 155; AG Arolsen, DGVZ 1978, 94; OLG Frankfurt, DGVZ 1978, 156; OLG Hamm, JurBüro 1978 mit Anm. von *Mümmler*; a. A.: AG Aachen, JMBlNW 1965, 210.
15 BGH, NJW 1983, 687; *Stöber*, Forderungspfändung, Rdn. 651a.
16 AG Nürnberg, MDR 1962, 745; OLG Köln, ZIP 1981, 964.
17 LAG Frankfurt, JurBüro 1956, 232.
18 OLG Köln, ZIP 1981, 964.
19 LG Braunschweig, NJW 1962, 2308.

*Erklärungspflicht des Drittschuldners*  § 840

spruchs oder darüber mitgeteilt zu werden, daß der Schuldner sich höherer Ansprüche berühme als man anzuerkennen bereit sei. Eine umfassende Auskunft wird aber dennoch meist den Interessen aller Beteiligten entsprechen, da sie unnötige weitere Schritte vermeiden hilft und überflüssige Kosten erspart.[20] Die Auskünfte zu Nr. 2 und 3 können sich auf die dort genannten Tatsachen beschränken. Rechtsansichten über die Begründetheit der Ansprüche Dritter brauchen nicht mitgeteilt zu werden.

**V. Der Rechtscharakter der erteilten Auskunft:** Teilt der Drittschuldner auf die Frage zu Nr. 1 mit, daß er die Forderung in einer bestimmten Höhe anerkenne, so liegt darin in der Regel weder ein abstraktes (konstitutives) noch auch nur ein deklaratorisches Schuldanerkenntnis,[21] sondern lediglich eine rein tatsächliche Auskunft (sog. Wissenserklärung).[22] Sie ist im Einziehungsprozeß allerdings nicht völlig bedeutungslos, sondern führt insofern zu einer Umkehr der Beweislast, als der Drittschuldner jetzt darlegen und beweisen muß, warum die Forderung nunmehr nur noch in geringerer Höhe oder gar nicht bestehen soll.[23] Materiellrechtlich bewirkt die Erklärung, die Forderung anzuerkennen, eine Unterbrechung der Verjährung.[24] Würde man ein abstraktes oder deklaratorisches Schuldanerkenntnis annehmen wollen, würde man einerseits dem Gläubiger zu einer durch das Vollstreckungsverfahren nicht notwendig bedingten Aufbesserung seiner Position verhelfen, da er aus dem Vermögen eines Dritten eine Befriedigung erlangen könnte, die dem Schuldner nicht möglich gewesen wäre, andererseits würde dem Drittschuldner im Hinblick auf die kurze Frist des Abs. 1 und dem Schadensersatzanspruch nach Abs. 2 S. 2 nahezu Unzumutbares zugemutet. 8

**VI. Der Schadensersatzanspruch nach Abs. 2 S. 2:** Erteilt der Drittschuldner die Auskunft schuldhaft nicht, falsch, unvollständig oder verspätet, so hat er dem Gläubiger den aus dieser Obliegenheitsverletzung entstandenen Schaden zu ersetzen. 9

**1. Voraussetzung** des Schadensersatzanspruchs ist zunächst, daß die Auskunftsobliegenheit formell wirksam begründet wurde.[25] Sodann muß der Drittschuldner objektiv seiner Obliegenheit im geschuldeten Umfang[26] nicht, zu spät oder inhaltlich fehlerhaft[27] nachgekommen sein. Schließlich muß den Drittschuldner an der Obliegenheitsverletzung ein Verschulden i. S. des § 276 BGB treffen.[28] Da die Obliegenheit aus ei- 10

---

20 So zu Recht: *Helwich*, Pfändung des Arbeitseinkommens, 2. Aufl. S. 23.
21 So aber OLG München, NJW 1975, 174; OLG Braunschweig, NJW 1977, 1888; OLG Köln, WM 1978, 383.
22 BGHZ 69, 328; LG Aachen, ZIP 1981, 784; *Brox/Walker*, Rdn. 622; *Marburger*, JZ 1972, 7; MüKo/*Smid*, § 840 Rdn. 16; *Rosenberg/Schilken*, § 55 I 3 b, dd; *Thomas/Putzo*, § 840 Rdn. 11; *Zöller/Stöber*, § 840 Rdn. 5.
23 BGHZ 69, 328; *Rosenberg/Schilken*, § 55 I 3 b, dd.
24 BGH, NJW 1978, 1914 mit Anm. von *Marotzke*, JA 1979, 94.
25 Oben Rdn. 3 und 4.
26 Oben Rdn. 7.
27 BGHZ 69, 328; BGH, ZIP 1982, 1482; VersR 1983, 981; NJW 1987, 64.
28 BGHZ 79, 275; BGH, NJW 1987, 64; OLG Düsseldorf, WM 1980, 202; OLG Düsseldorf, WM 1981, 1147; *Brox/Walker*, Rdn. 625; *Rosenberg/Schilken*, § 55 I 3 b, ee; *Stöber*, Forderungspfändung, Rdn. 648; a. A. (kein Verschulden erforderlich): OLG Karlsruhe, WM 1980, 349; *Liesecke*, WM 1975, 319.

Schuschke

nem durch die Pfändung begründeten gesetzlichen Schuldverhältnis herrührt, ist § 278 BGB anwendbar. Der Drittschuldner muß also auch für das Verschulden des von ihm mit der Auskunftserteilung beauftragten Rechtsanwalts, Steuerberaters usw. einstehen, ohne daß eine Exkulpationsmöglichkeit besteht.[29] Soweit es im Rahmen des Verschuldens auf die Kenntnis oder das Kennenmüssen von Umständen ankommt, muß der Drittschuldner sich in entsprechender Anwendung des § 166 Abs. 1 BGB auch das Wissen derjenigen seiner Vertreter, die die Auskunft in concreto nicht erteilen, anrechnen lassen.[30] So kann eine Bank sich nicht darauf berufen, ihrem auskunftserteilenden Vertreter seien nicht alle an anderer Stelle der Bank gesammelten Informationen zugänglich gewesen. Da der Gläubiger die Hintergründe, warum der Drittschuldner seine Obliegenheit schlecht erfüllt hat, nicht kennen kann, ihm daher ein Verschuldensnachweis selten möglich wäre, muß der **Drittschuldner beweisen**, daß ihn an der Schlechterfüllung kein Verschulden trifft.[31] Für den objektiven Tatbestand dagegen ist der Gläubiger beweispflichtig.

11    2. Der **Umfang** des Schadensersatzanspruchs richtet sich nach § 249 BGB: Der Gläubiger ist so zu stellen, wie er sich stünde, wenn ihm von Anfang an die richtige und vollständige Auskunft erteilt worden wäre (– also nicht so, als wäre die erteilte Auskunft tatsächlich richtig –). Ersatzfähig sind dabei allerdings ausschließlich Schäden im Rahmen des konkreten Zwangsvollstreckungsverfahrens gegen den Schuldner, nicht aber Schäden, die der Gläubiger deshalb erleidet, weil er bei seinen sonstigen wirtschaftlichen Dispositionen außerhalb der Befriedigung der titulierten Forderung auf die Richtigkeit der Drittschuldnererklärung vertraut hat.[32] Schadensersatzansprüche insoweit können sich nur aus den allgemeinen Normen ergeben, etwa aus § 826 BGB,[33] wenn eine bewußt falsche Auskunft erteilt wurde. Soweit den Gläubiger an der Entstehung des Schadens oder an seinem Umfang ein Mitverschulden trifft, ist dies nach § 254 BGB zu berücksichtigen.[34]

12    Zum ersatzfähigen Schaden, den der Gläubiger geltend machen kann, gehören insbesondere die Kosten des Einziehungsprozesses gegen den Drittschuldner, der unterblieben wäre, wäre eine richtige Auskunft erteilt worden.[35] Hierzu zählen sowohl die Gerichts- als auch die Anwaltskosten. Handelt es sich bei der einzuziehenden Forderung aber um eine solche, die vor den Arbeitsgerichten geltend zu machen ist, greift § 12 a Abs. 1 ArbGG nicht zu Lasten des Drittschuldners ein: Obwohl der Gläubiger im Fall des Obsiegens gegen den Drittschuldner im Einziehungsprozeß keine Kostenerstattung verlangen kann, kann er, wenn die Voraussetzungen des § 840 Abs. 2 S. 2 gegeben

---

29 BGHZ 79, 275.
30 *Rosenberg/Schilken*, § 55 I 3 b, ee.
31 BGHZ 79, 275.
32 LG Detmold, ZIP 1980, 1080; vergl. auch BGHZ 68, 289.
33 BGH, NJW 1987, 64.
34 BGH, ZIP 1982, 1482; OLG Hamm, MDR 1987, 770.
35 *Brox/Walker*, Rdn. 625; *Zöller/Stöber*, § 840 Rdn. 13.

sind, Erstattung der unnötig aufgewendeten Kosten verlangen.³⁶ Denn diese Vorschrift einerseits und § 12 a Abs. 1 ArbGG dienen anderen Zwecken. Es geht hier nicht darum, den Arbeitnehmer zu entlasten, sondern dem Arbeitgeber die Folgen eigenen Verschuldens anzulasten. Er kann deshalb diese Kosten auch nie auf den Arbeitnehmer überwälzen.

Der Gläubiger dagegen kann die Kosten des vergeblichen Einziehungsprozesses überdies im Rahmen des § 788 ZPO gegen den Schuldner geltend machen, soweit er sie vom Drittschuldner nicht ersetzt erhält.³⁷ Er muß dem Schuldner dann aber den Anspruch aus § 840 Abs. 2 S. 2 ZPO abtreten.³⁸

Ersatzfähiger Schaden sind ferner die Einbußen, die der Gläubiger dadurch erlitten hat, daß er im Vertrauen auf die Richtigkeit der Auskunft andere Vollstreckungsmaßnahmen aufgrund des nämlichen Titels unterlassen oder zeitlich zurückgestellt hat.³⁹ Daß der Gläubiger dagegen aus anderen Titeln vorläufig ebenfalls nicht weitervollstreckt hat, ist im Rahmen des § 840 Abs. 2 S. 2 ohne Belang.⁴⁰ Das Mitverschulden des Gläubigers an der Entstehung seines Schadens, wenn er wegen einer Auskunft weitere sichere Vollstreckungsmaßnahmen unterläßt, kann allerdings im Einzelfall erheblich sein.⁴¹

13

3. Der Gläubiger kann seinen Schaden mit einer selbständigen Leistungsklage gegen den Drittschuldner geltend machen. Zuständig insoweit sind ausschließlich die ordentlichen Gerichte.⁴² Er kann aber auch, wenn er bereits den Einziehungsprozeß begonnen hatte, als sich herausstellt, daß die gepfändete Forderung nicht der Auskunft entsprechend besteht, den Schadensersatzanspruch im Wege der Klageänderung in diesen Prozeß einführen.⁴³ Soweit er den Schaden noch nicht beziffern kann, kann der geänderte Antrag auch auf Feststellung der Schadensersatzverpflichtung lauten.⁴⁴ War der Einziehungsprozeß beim Arbeitsgericht rechtshängig, so kann auch der Rechtsstreit mit der geänderten Klage nach § 2 Abs. 3 ArbGG beim Arbeitsgericht fortgesetzt wer-

14

---

36 LAG Frankfurt, NJW 1956, 1334; LAG Baden-Württemberg, BB 1960, 291; LG Hamburg, MDR 1965, 587; AG Herne, BB 1965, 670; LG Kiel, NJW 1966, 800; LAG Baden-Württemberg, DB 1967, 1183; LAG Düsseldorf, DB 1972, 1396; LG Ulm, AnwBl. 1975, 239; LG Tübingen, NJW 1982, 1890; LG Rottweil, NJW-RR 1989, 1469; LG Köln, NJW-RR 1990, 125; BAG, NJW 1990, 2643 unter ausdrücklicher Aufgabe der bisherigen Rechtsprechung; *Baur/Stürner*, Rdn. 30.20; *Grunsky*, ArbGG, § 12 a Rdn. 3 a; *Stein/Jonas/Brehm*, § 840 Rdn. 26; *Stöber*, Forderungspfändung, Rdn. 962; MüKo/*Smid*, § 840 Rdn. 21; *Thomas/Putzo*, § 840 Rdn. 18; *Zöller/Stöber*, § 840 Rdn. 14; a. A. die ältere Rspr. des BAG; beispielhaft: NJW 1973, 1061; ferner: *Wenzel*, MDR 1966, 974.
37 Siehe § 788 Rdn. 17.
38 OLG Köln, OLG-Report 1992, 168.
39 *Benöhr*, NJW 1975, 1731; BGHZ 69, 328.
40 BGH, ZIP 1986, 1482.
41 BGH, MDR 1983, 308.
42 BAG, NJW 1985, 1181; *Thomas/Putzo*, § 840 Rdn. 19.
43 *Brox/Walker*, Rdn. 625; *Stein/Jonas/Brehm*, § 840 Rdn. 27; BGHZ 79, 275; BGH, JurBüro 1979, 1640.
44 BGHZ 79, 275.

den.⁴⁵ Haben beide Parteien im Einziehungsprozeß die Hauptsache übereinstimmend für erledigt erklärt, so kann im Rahmen der Kostenentscheidung nach § 81 a ZPO berücksichtigt werden, daß der Drittschuldner durch seine fehlende oder falsche Auskunft Veranlassung zur Klage des Gläubigers gegeben hat und daß er diesem hinsichtlich der Kosten des unnötigen Prozesses ersatzpflichtig ist.⁴⁶ Erklärt allerdings der Gläubiger den Einziehungsprozeß nur einseitig für erledigt, so müssen ihm die Kosten des Rechtsstreits auferlegt werden, wenn die einzuziehende Forderung entgegen der Auskunft von Anfang an nicht bestand. Denn der Streitgegenstand des Einziehungsprozesses erledigt sich nicht durch die nachträgliche zutreffende Auskunft.⁴⁷ Der Gläubiger muß also, schließt sich der Drittschuldner seiner Erledigungserklärung nicht an, die Klage nochmals ändern und zur Schadensersatzfeststellungsklage übergehen.

15  VII. **Abwehrfeststellungsklage des Drittschuldners:** Der Drittschuldner kann, wenn er das Bestehen der gepfändeten angeblichen Forderung bestreitet und Gewißheit über die diesbezügliche Rechtslage haben will, grundsätzlich negative Feststellungsklage gegen den Gläubiger erheben.⁴⁸ Er darf damit aber nicht unnötige Kosten provozieren. Das Feststellungsinteresse wird daher in der Regel erst zu bejahen sein, wenn der Gläubiger den Drittschuldner zur Auskunft nach § 840 ZPO aufgefordert und es nachfolgend abgelehnt hatte, auf dessen Verlangen hin in der Form des § 843 ZPO auf die Rechte aus der Pfändung zu verzichten.⁴⁹ Dieser Weg ist einfacher und billiger und entspricht zudem dem von der ZPO vorgesehenen Verfahrensablauf.

16  VIII. **Entsprechende Anwendung des Abs. 2 S. 2:** Antwortet der Drittschuldner auf eine formlose oder fehlerhaft übermittelte⁵⁰ Anfrage des Gläubigers nicht, so erwächst dem Gläubiger kein Schadensersatzanspruch nach § 840 Abs. 2 S. 2, da durch eine solche Anfrage keine Auskunftsobliegenheit begründet wird. Antwortet er aber fehlerhaft, so erweckt er durch die Antwort den Anschein, er akzeptiere den Formverstoß und sei ohne Rücksicht auf ihn zur Antwort bereit. Dann aber begründet er durch dieses sein Verhalten die Obliegenheit, zutreffend und vollständig zu antworten. Es ist deshalb in einem solchen Fall gerechtfertigt, ihn in entsprechender Anwendung von Abs. 2 S. 2 nach den oben⁵¹ dargelegten Grundsätzen für falsche oder unvollständige Auskünfte haften zu lassen.⁵²

---

45 *Zinke*, ZZP 1974, 284; *Stein/Jonas/Brehm*, § 840 Rdn. 33; *Thomas/Putzo*, § 840 Rdn. 19; LAG Köln, AnwBl. 1990, 277.
46 OLG Köln, JurBüro 1980, 466; *Baur/Stürner*, Rdn. 30.20; *Rosenberg/Schilken*, § 55 I 3 b, ee; *Stein/Jonas/Brehm*, § 840 Rdn. 25; einschränkend: LAG Hamm, MDR 1982, 695.
47 BGH, MDR 1979, 1000; BGHZ 79, 275.
48 BGHZ 69, 144; *Rosenberg/Schilken*, § 55 I 3 b, hh; *Stöber*, Forderungspfändung, Rdn. 674; siehe auch § 829 Rdn. 64.
49 *Rosenberg/Schilken*, § 55 I 3 b, hh; BGHZ 69, 144; a. A. (die Klage ist auch ohne diese Einschränkung zulässig): *Denck*: ZZP 1979, 71; *Stein/Jonas/Brehm*, § 829 Rdn. 118.
50 Siehe oben Rdn. 4.
51 Rdn. 10–13.
52 *Brox/Walker*, Rdn. 625; *Rosenberg/Schilken*, § 55 I 3 b, ff.; *Stein/Jonas/Brehm*, § 840 Rdn. 32; *Stöber*, Forderungspfändung, Rdn. 653.

**IX. Gebühren:** Der **Rechtsanwalt des Gläubigers** erhält für die Aufforderung an den Drittschuldner die 3/10 Vollstreckungsgebühr des § 57 BRAGO. Hat er diese allerdings bereits verdient, fällt keine neue weitere Gebühr an. Das gilt auch, falls er wegen der Auskunft mehrfach schreiben und mahnen muß.[53] Alle weiteren Tätigkeiten gegenüber dem Drittschuldner (Einziehungsprozeß, Schadensersatzklage nach § 840 Abs. 2 S. 2; Abwehr einer negativen Feststellungsklage des Drittschuldners) sind von der Gebühr nach § 57 BRAGO nicht umfaßt und nach den allgemeinen Vorschriften (§§ 31 ff. BRAGO) zu vergüten. Hatte der Rechtsanwalt bereits Auftrag zum Einziehungsprozeß gegen den Drittschuldner, als dieser doch noch verspätet Auskunft erteilte, durch die die Drittschuldnerklage hinfällig wurde, steht ihm eine 5/10 Prozeßgebühr zu.[54] Sie wird vom Schadensersatzanspruch gem. Abs. 2 S. 2 erfaßt, ist dem Gläubiger also vom säumigen Drittschuldner zu erstatten. Der **Rechtsanwalt des Drittschuldners** erhält für die Abfassung der Auskunft im Auftrag des Drittschuldners und die Korrespondenz im Zusammenhang mit dieser Auskunft die Gebühren nach §§ 118, 120 BRAGO,[55] nicht die 3/10-Gebühr nach § 57 BRAGO,[56] da gegenüber dem Drittschuldner keine Zwangsvollstreckung betrieben wird. Für die Vertretung des Drittschuldners im Einziehungsprozeß usw. erhält der Rechtsanwalt die Gebühren nach §§ 31 ff. BRAGO. Die Gebühren des **Gerichtsvollziehers** richten sich nach §§ 16 Abs. 3, 36 Abs. 1 Nr. 4 und Abs. 2, 37 GVKostG.

17

---

53 A. A. insoweit: AG Wuppertal, JurBüro 1961, 248.
54 OLG Köln, OLG-Report 1992, 168.
55 Wie hier: *Olschewski*, MDR 1974, 714; *Stein/Jonas/Brehm*, § 840 Rdn. 35; *Stöber*, Forderungspfändung, Rdn. 864.
56 So aber: AG Düsseldorf, JurBüro 1985, 723; *Zöller/Stöber*, § 840 Rdn. 17.

## § 841 Pflicht zur Streitverkündung

Der Gläubiger, der die Forderung einklagt, ist verpflichtet, dem Schuldner gerichtlich den Streit zu verkünden, sofern nicht eine Zustellung im Ausland oder eine öffentliche Zustellung erforderlich wird.

Literatur: *Burkhard*, Streitverkündung des Pfändungsgläubigers aus § 841 ZPO, JurBüro 1958, 493.

1 I. Die **Pflicht des Gläubigers**, in einem Prozeß gegen den Drittschuldner auf Zahlung der gepfändeten und überwiesenen Forderung oder auf Hinterlegung des geschuldeten Betrages oder gegebenenfalls auch auf Feststellung des Bestehens der gepfändeten Forderung[1] dem Schuldner den Streit zu verkünden, besteht sowohl in den Fällen, in denen die Forderung dem Gläubiger nur zur Einziehung überwiesen wurde wie in denen der Überweisung an Zahlungs Statt. Die Pflicht (– nicht die Möglichkeit –) zur Streitverkündung entfällt nur dann, wenn eine Zustellung im Ausland oder eine öffentliche Zustellung erforderlich wäre. Zweck der Vorschrift ist es, es dem Schuldner zu ermöglichen, im Einziehungsprozeß Entscheidungen zu seinen Lasten (Versäumung von Beweisantritten, Verzicht auf Beweismittel, Nichtvorlage von Urkunden usw.) entgegentreten zu können.

2 II. Die Streitverkündung erfolgt in der **Form** des § 73 ZPO. Ihre **Wirkungen** richten sich nach §§ 74, 68 ZPO. Dem armen Schuldner ist nach den allgemeinen Regeln Prozeßkostenhilfe zu gewähren.[2] In Prozessen vor dem Arbeitsgericht, für die § 841 ohne Einschränkung gilt, sind insoweit §§ 11, 11 a ArbGG zu beachten.

3 III. Hat der Gläubiger die Streitverkündung **versäumt**, so macht er sich dem Schuldner gegenüber **schadensersatzpflichtig**: Er muß sich so behandeln lassen, als habe er mit Unterstützung des Schuldners den Einziehungsprozeß geführt. Der Schadensersatzanspruch geht auf Freistellung von der titulierten Verbindlichkeit in der Höhe, in der die überwiesene Forderung bei richtiger Prozeßführung hätte durchgesetzt werden können. Der Schuldner kann seinen Einwand notfalls mit der Klage nach § 767 ZPO durchsetzen. Im Verhältnis zum Drittschuldner hat die Nichtbeteiligung des Schuldners am Einziehungsprozeß keine Folgen.[3] Insbesondere ist die Einziehungsklage nicht unzulässig, wenn der Gläubiger bewußt den Schuldner nicht beteiligt.

---

1 MüKo/*Smid*, § 841 Rdn. 1; *Stein/Jonas/Brehm*, § 840 Rdn. 1.
2 Bedenklich insoweit OLG Hamm, JMBlNW 1952, 96.
3 OLG Karlsruhe, WM 1980, 350; MüKo/*Smid*, § 841 Rdn. 6.

## § 842 Schadensersatz bei verzögerter Beitreibung

Der Gläubiger, der die Beitreibung einer ihm zur Einziehung überwiesenen Forderung verzögert, haftet dem Schuldner für den daraus entstehenden Schaden.

**I. Zweck der Norm:** Da der Gläubiger, ist ihm die Forderung nur zur Einziehung überwiesen, erst dann befriedigt ist, wenn ihm die Einziehung auch tatsächlich gelungen ist, trägt der Schuldner das Risiko, daß die Forderung wegen einer späteren Verschlechterung der Vermögensverhältnisse des Drittschuldners nicht mehr beizutreiben ist. Andererseits kann der Schuldner die Beitreibung zugunsten des Gläubigers nur noch in beschränktem Umfange beschleunigen: Er kann zwar noch, solange der Gläubiger selbst keinen Titel hat, auf Leistung an den Gläubiger klagen; hat aber der Gläubiger bereits einen Titel, kann er dessen Vollstreckung durch den Gläubiger nicht forcieren. Deshalb verpflichtet § 842 den Gläubiger, die Einziehung der Forderung ohne Verzögerung zu betreiben. Anderenfalls ist der Gläubiger dem Schuldner für den Verzögerungsschaden verantwortlich.[1]

**II. Einzelheiten:** Das Verzögerungsverbot gilt für die gerichtliche wie außergerichtliche Beitreibung der Forderung. Nur **schuldhaftes** Verhalten des Gläubigers (§ 276 BGB) verpflichtet zum Schadensersatz.[2] § 278 BGB ist anwendbar, sodaß für das Verschulden des eingeschalteten Rechtsanwalts oder Inkassobüros zu haften ist. Hinsichtlich des Umfangs des zu ersetzenden Schadens gilt § 249 BGB.[3] Ein Mitverschulden des Schuldners (verzögerliche Herausgabe von Urkunden, falsche Auskünfte im Rahmen des § 836 Abs. 3 ZPO usw.) ist gem. § 254 BGB zu berücksichtigen.

**III.** War die Forderung dem Gläubiger an Zahlungs Statt überwiesen, gilt § 842 nicht[4]: Da der Gläubiger schon mit der Überweisung befriedigt ist, treffen ihn Verzögerungen bei der Beitreibung naturgemäß allein. Die Position des Schuldners wird nicht mehr berührt.

---

1 Der Anwalt des Gläubigers, der die Zwangsvollstreckung dem Gläubiger selbst überläßt, hat diesen auf das Schadensersatzrisiko hinzuweisen: BGH, WM 1958, 531.
2 Allgem. Meinung; beispielhaft: *Stein/Jonas/Brehm*, § 842 Rdn. 1.
3 MüKo/*Smid*, § 842 Rdn. 2.
4 MüKo/*Smid*, § 842 Rdn. 1.

## § 843 Verzicht des Pfandgläubigers

¹Der Gläubiger kann auf die durch Pfändung und Überweisung zur Einziehung erworbenen Rechte unbeschadet seines Anspruchs verzichten. ²Die Verzichtleistung erfolgt durch eine dem Schuldner zuzustellende Erklärung. ³Die Erklärung ist auch dem Drittschuldner zuzustellen.

1 I. Verzichtet der Gläubiger auf die titulierte Forderung selbst, so erlischt diese Forderung (§ 397 BGB), wenn das materielle Recht nicht im Einzelfall den Verzicht für unwirksam erklärt (so in §§ 1614, 1360 a Abs. 3, 1615 e Abs. 1 BGB, 2 Abs. 3 BBesG, 4 Abs. 4 S. 1 TVG, 9 LFZG). Mit dem Erlöschen der Forderung erlischt auch das für sie in der Zwangsvollstreckung an einer Forderung des Schuldners erworbene Pfändungspfandrecht, da dieses vom Bestand der titulierten Forderung abhängig ist.[1] Die Verstrickung der gepfändeten Forderung besteht in einem solchen Fall aber fort. Der Schuldner muß ihr gegebenenfalls mit der Klage nach § 767 ZPO entgegentreten.

2 Vom Verzicht auf die titulierte Forderung zu unterscheiden ist der Verzicht auf die bei ihrer zwangsweisen Vollstreckung an einer Forderung des Schuldners gegen einen Dritten (Drittschuldner) erworbenen Rechte, nämlich das Pfändungspfandrecht und die Einziehungsbefugnis. Allein diesen Verzicht spricht § 843 an. Die titulierte Forderung bleibt nach einem solchen Verzicht unberührt bestehen. Auch der Titel als Grundlage für weitere Vollstreckungsmaßnahmen behält uneingeschränkt seine Wirksamkeit. Der Gläubiger wird durch einen Verzicht nach § 843 weder gehindert, in andere Gegenstände oder Vermögenswerte des Schuldners weiterzuvollstrecken, noch später die nämliche Forderung (– etwa wenn Differenzen mit dem Drittschuldner ausgeräumt sind –) erneut zu pfänden.[2]

3 II. Die in S. 2 und S. 3 vorgeschriebene **Form**, daß die Verzichtserklärung dem Schuldner und dem Drittschuldner zuzustellen sei, ist **nicht** in der Weise **zwingend**, daß eine formlos (mündlich oder durch konkludentes Verhalten) abgegebene oder übermittelte (etwa durch einfachen Brief) Verzichtserklärung unwirksam wäre.[3] Durch die Beachtung der Form soll lediglich der Rechtssicherheit in den Beziehungen zwischen Gläubiger, Schuldner und Drittschuldner Rechnung getragen werden. An die Annahme eines formlosen Verzichts sind allerdings besonders strenge Anforderungen zu stellen. So bedeutet es noch keinen Verzicht auf das Pfändungspfandrecht, wenn der Gläubiger das Pfandrecht zunächst nicht voll ausschöpft (etwa durch Abschluß eines Ratenzahlungsvertrages mit dem Drittschuldner).[4] Ist der Verzicht nicht in der Form des § 843 aus-

---

1 Vergl. vor §§ 803, 804 Rdn. 14.
2 AG Berlin-Neukölln, DGVZ 1986, 78.
3 Wie hier: BGH, NJW 1983, 886; NJW 1986, 977; OLG Celle, JurBüro 1956, 350; AG Marl, JurBüro 1956, 350; BAG, DB 1963, 420; MüKo/*Smid*, § 843 Rdn. 3; *Stöber*, Forderungspfändung, Rdn. 681; Zöller/*Stöber*, § 843 Rdn. 2; a. A. (Zustellung an den Schuldner Wirksamkeitsvoraussetzung für den Verzicht): Rosenberg/*Schilken*, § 55 II 1 b; Stein/Jonas/*Brehm*, § 843 Rdn. 4; Thomas/*Putzo*, § 843 Rdn. 1.
4 ArbG Kiel, SchlHA 1966, 225.

*Verzicht des Pfandgläubigers* § 843

gesprochen worden, so trifft die Beweislast für den Zugang der Verzichtserklärung denjenigen, der sich auf die Wirksamkeit des Verzichts beruft, also den weitere Vollstreckungsmaßnahmen durchführenden Gläubiger im Hinblick auf die Übermaßeinrede (§ 803 Abs. 1 S. 2 ZPO) des Schuldners, den Drittschuldner im Einziehungsprozeß, den Gläubiger, der das Feststellungsinteresse im Hinblick auf eine negative Feststellungsklage des Drittschuldners leugnet, usw.

Nicht erforderlich ist es, daß der Gläubiger gerade den Terminus »Verzicht« verwendet. Nimmt er etwa nach Erlaß des Pfändungs- und Überweisungsbeschlusses des Antrag auf Erlaß eines solchen Beschlusses zurück, liegt darin ein Fall des § 843 ZPO.[5] Die Rücknahmeerklärung ist daher vom Vollstreckungsgericht dem Schuldner und dem Drittschuldner zuzustellen.

III. Der Verzicht kann sich sowohl auf die Rechte aus der Pfändung **und** der Überweisung erstrecken als auch auf die Rechte allein aus der Überweisung.[6] Im ersteren Fall erlischt nicht nur das materiellrechtliche Pfändungspfandrecht an der Forderung, es entfällt vielmehr auch die Verstrickung, ohne daß es einer gerichtlichen Aufhebung des Pfändungs- und Überweisungsbeschlusses bedürfte.[7] Für einen Antrag, diese Aufhebung dennoch deklaratorisch (– zur Klarstellung –)[8] auszusprechen, wird nur in Ausnahmefällen ein Rechtschutzbedürfnis bestehen,[9] etwa wenn es gilt, die Unsicherheiten mitbetroffener Dritter (z. B. nachrangiger Vollstreckungsgläubiger oder potentieller Kreditgeber) auszuräumen. Ist allein auf die Rechte aus der Überweisung verzichtet worden, bleibt die Forderung beschlagnahmt und das Pfändungspfandrecht an ihr bestehen. 4

IV. Kein nach § 843 zu beurteilender Fall liegt vor, wenn der Vollstreckungsgläubiger mit einem nachrangig an der Forderung Berechtigten einen Rangtausch vereinbart.[10] Der Schuldner muß an einer solchen Vereinbarung nicht mitwirken, insbesondere ist seine Zustimmung nicht erforderlich. Der Drittschuldner ist zweckmäßigerweise von ihr zu verständigen (§ 409 BGB). Der Bestand des Pfändungspfandrechts und der Verstrickung werden durch eine solche Vereinbarung nicht betroffen. Der Rang der betroffenen Rechte ändert sich jedoch mit materiellrechtlicher Wirkung. 5

V. Ob der Schuldner auch die **Kosten** der Pfändung, auf die später verzichtet wurde, zu tragen hat, richtet sich nach § 788 ZPO: Konnte der Gläubiger zunächst vom Bestand und von der Einredefreiheit der Forderung ausgehen und verzichtet er später, um die höheren Kosten einer erfolgversprechenden negativen Feststellungsklage des Dritt- 6

---

5 OLG Köln, OLG-Report 1995, 121.
6 Allgem. Meinung; beispielhaft: *Stein/Jonas/Brehm*, § 843 Rdn. 1; *Stöber*, Forderungspfändung, Rdn. 677.
7 Allgemeine Meinung; beispielhaft: *Brox/Walker*, Rdn. 626; *Stöber*, Forderungspfändung, Rdn. 679.
8 So OLG Köln, OLG-Report 1995, 121.
9 Weitergehend (Antrag immer zulässig): *Baumbach/Lauterbach/Hartmann*, § 843 Rdn. 3 (»auf Antrag wünschenswert«); *Stein/Jonas/Brehm*, § 843 Rdn. 5; *Stöber*, Forderungspfändung, Rdn. 682.
10 LAG Berlin, AP Nr. 1 zu § 843 ZPO.

schuldners zu vermeiden, auf die aus der Pfändung und Überweisung erworbenen Rechte,[11] war die Zwangsvollstreckung einschließlich des späteren Verzichts »notwendig« i. S. des § 788 ZPO.

---

11 Siehe auch § 840 Rdn. 15.

## § 844 Andere Art der Verwertung

(1) Ist die gepfändete Forderung bedingt oder betagt oder ist ihre Einziehung wegen der Abhängigkeit von einer Gegenleistung oder aus anderen Gründen mit Schwierigkeiten verbunden, so kann das Gericht auf Antrag an Stelle der Überweisung eine andere Art der Verwertung anordnen.

(2) Vor dem Beschluß, durch welchen dem Antrag stattgegeben wird, ist der Gegner zu hören, sofern nicht eine Zustellung im Ausland oder eine öffentliche Zustellung erforderlich ist.

Literatur: *Erk*, Zwangsvollstreckung in sammelverwahrte Wertpapiere, Rpfleger 1991, 236; *Noack*, Die Versteigerung von Rechten (§ 844 ZPO), insbesondere eines GmbH-Anteils, MDR 1970, 890; *Petermann*, Die Verwertung des gepfändeten GmbH-Anteils, Rpfleger 1973, 387; *Olzen*, Die Zwangsvollstreckung in Dispositionskredite, ZZP 1984, 1.

I. **Allgemeines:** Die Bedeutung der Vorschrift für die Verwertung schlichter Geldforderungen ist gering; ihr Hauptanwendungsbereich liegt in der entsprechenden Anwendung über § 857 Abs. 1 ZPO bei der Verwertung anderer Vermögensrechte, insbesondere von Geschäftsanteilen an einer GmbH.[1] Die andere Art der Verwertung an Stelle der Überweisung zur Einziehung oder an Zahlungs Statt steht nicht im Belieben des Gläubigers, sie kommt nur subsidiär in Betracht, wenn die Einziehung der Forderung mit Schwierigkeiten verbunden ist, weil die gepfändete Forderung bedingt, betagt, von einer Gegenleistung abhängig oder aus anderen Gründen nur schwer durchsetzbar ist. Solche anderen Gründe können darin liegen, daß der Drittschuldner zahlungsunfähig oder schon im Konkurs ist; im Einzelfall kann es auch ausreichen, daß die Einziehung mit Sicherheit einen geringeren Erlös erbringen wird als die andere Verwertungsart.

1

II. **Andere Verwertungsarten:** Es kommen in Betracht die Versteigerung, der freihändige Verkauf, die Überlassung des Rechts zur Ausübung an einen Dritten gegen Entgelt, die Überweisung an Zahlungs Statt zu einem Schätzwert, der unter dem Nennwert liegt. Schließlich können als andere Form der Verwertung die durch die Überweisung zur Einziehung begründeten Befugnisse des Gläubigers[2] erweitert werden, indem er etwa ermächtigt wird, sich mit dem Drittschuldner auch über die Höhe der Forderung zu vergleichen, ohne sich dem Schuldner gegenüber schadensersatzpflichtig zu machen.[3]

2

III. Die andere Verwertungsart kann nie von amtswegen angeordnet werden. Es ist immer ein **Antrag** des Gläubigers, des Schuldners oder eines im Rang nachgehenden

3

---

1 Beispiele: AG Mannheim, BB 1953, 129; OLG Frankfurt, BB 1976, 1147 und DB 1977, 2040; LG Gießen, MDR 1986, 155.
2 Vergl. § 835 Rdn. 4 ff.
3 Wie hier: *Blomeyer*, § 55 VI 3; *Bruns/Peters*, § 24 IX 3; *MüKo/Smid*, § 844 Rdn. 10; *Rosenberg/Schilken*, § 55 III; *Stein/Jonas/Brehm*, § 844 Rdn. 14; a. A.: *Stöber*, Forderungspfändung, Rdn. 1479; *Zöller/Stöber*, § 844 Rdn. 2.

Gläubigers[4], der durch die andere Art der Verwertung möglicherweise noch am Verwertungserlös partizipieren kann, erforderlich. Ein Antrag des Drittschuldners reicht nicht aus.[5] Der Antrag ist an das Vollstreckungsgericht (§ 828 ZPO) zu richten. Es entscheidet der Rechtspfleger. Vor der Entscheidung ist immer der Schuldner anzuhören (**Abs. 2**). Es gelten insofern die nämlichen Erwägungen wie zu § 825 ZPO.[6] Eine Anhörung des Drittschuldners ist nicht erforderlich.[7] Der Rechtspfleger darf bei seiner Entscheidung vom Antrag nicht abweichen, also nicht nach eigenem Ermessen eine andere als die konkret beantragte Verwertungsart anordnen.

4   **IV. Durchführung der Verwertung:** Ist die öffentliche Versteigerung der Forderung oder des Rechts angeordnet, so wird diese durch den Gerichtsvollzieher nach den §§ 816 ff. ZPO durchgeführt. Der freihändige Verkauf kann je nach Anordnung des Vollstreckungsgerichts durch den Gerichtsvollzieher oder durch eine Privatperson erfolgen. Im ersteren Fall liegt eine hoheitliche Verwertungsform vor,[8] im letzteren Fall ein privatrechtliches Rechtsgeschäft. Ebenfalls ein privatrechtliches Rechtsgeschäft ist die freihändige Versteigerung durch eine Privatperson. Wird deshalb eine durch eine Buchhypothek gesicherte Forderung auf Anordnung des Vollstreckungsgerichts durch eine Privatperson versteigert, so vollzieht sich der Übergang von Hypothek und Forderung allein nach bürgerlichem Recht, dessen Formvorschriften insoweit beachtet werden müssen (– anders als wenn der Gerichtsvollziehr tätig war –). §§ 892 ff. BGB sind hinsichtlich eines gutgläubigen Erwerbs anwendbar.[9] Soweit das Vollstreckungsgericht im Rahmen der anderweitigen Verwertung den Wert der Forderung oder des Rechts festsetzen muß, schätzt es ihn selbst nach pflichtgemäßem Ermessen (notfalls mit Hilfe eines Sachverständigen).[10] § 813 ZPO ist nicht einschlägig.[11] § 817 a ZPO ist nicht zu beachten.[12]

5   **V.** Bei der Anordnung der anderweitigen Verwertung handelt es sich immer um eine Entscheidung des Vollstreckungsgerichts.[13] Der richtige Rechtsbehelf ist daher die **befristete Erinnerung** nach § 11 RpflG. Er kann nicht nur, je nach Beschwer, vom Gläubiger oder Schuldner eingelegt werden, sondern, soweit die Anordnung den Drittschuldner belastet, auch von diesem.[14]

---

4   MüKo/*Smid*, § 844 Rdn. 4; *Stein/Jonas/Brehm*, § 844 Rdn. 2.
5   *Stein/Jonas/Brehm*, § 844 Rdn. 2.
6   Siehe § 825 Rdn. 6.
7   A. A.: MüKo/*Smid*, § 844 Rdn. 6.
8   Vergl. auch § 825 Rdn. 11.
9   BGH, MDR 1964, 999.
10  LG Krefeld, Rpfleger 1979, 147.
11  MüKo/*Smid*, § 844 Rdn. 13; *Stöber*, Forderungspfändung, Rdn. 1473; a. A.: LG Essen, NJW 1957, 108.
12  LG Berlin, DGVZ 1962, 173; LG Krefeld, Rpfleger 1979, 147; MüKo/*Smid*, § 844 Rdn. 13; a. A.: LG Münster, DGVZ 1969, 172.
13  Zur Unterscheidung zwischen Vollstreckungsmaßnahme und Entscheidung vergl. § 766 Rdn. 5.
14  OLG Frankfurt, Rpfleger 1976, 372.

**VI.** Durch die Entscheidung des Gerichts über die Zulässigkeit der anderweitigen Verwertung erfallen **keine Gerichtsgebühren.** Die Tätigkeit des Rechtsanwalts bei der Antragstellung und im Rahmen der Anhörung ist durch die Vollstreckungsgebühr nach § 57 BRAGO abgegolten. Der Gerichtsvollzieher erhält für die Mitwirkung bei der Veräußerung die Gebühren nach § 21 GvKostG. Die anfallenden Gebühren und Kosten sind Kosten der Zwangsvollstreckung gem. § 788 ZPO.

6

## § 845 Vorpfändung

(1) ¹Schon vor der Pfändung kann der Gläubiger auf Grund eines vollstreckbaren Schuldtitels durch den Gerichtsvollzieher dem Drittschuldner und dem Schuldner die Benachrichtigung, daß die Pfändung bevorstehe, zustellen lassen mit der Aufforderung an den Drittschuldner, nicht an den Schuldner zu zahlen, und mit der Aufforderung an den Schuldner, sich jeder Verfügung über die Forderung, insbesondere ihrer Einziehung, zu enthalten. ²Der Gerichtsvollzieher hat die Benachrichtigung mit den Aufforderungen selbst anzufertigen, wenn er von dem Gläubiger hierzu ausdrücklich beauftragt worden ist. ³Der vorherigen Erteilung einer vollstreckbaren Ausfertigung und der Zustellung des Schuldtitels bedarf es nicht.

(2) ¹Die Benachrichtigung an den Drittschuldner hat die Wirkung eines Arrestes (§ 930), sofern die Pfändung der Forderung innerhalb eines Monats bewirkt wird. ²Die Frist beginnt mit dem Tage, an dem die Benachrichtigung zugestellt ist.

### Inhaltsübersicht

| | | Rdn. |
|---|---|---|
| | Literatur | |
| I. | Zweck der Norm | 1 |
| II. | Anwendungsbereich der Norm | 2 |
| III. | Voraussetzungen der Vorpfändung | 3 |
| IV. | Durchführung der Vorpfändung | 4, 5 |
| V. | Wirkungen einer wirksamen Vorpfändung | 6–9 |
| VI. | Vorpfändung und Konkurs- bzw. Vergleichsverfahren | 10 |
| VII. | Rechtsbehelfe | 11 |
| VIII. | Kosten, Gebühren, Prozeßkostenhilfe | 12 |

Literatur: *Arnold,* Die Vollstreckungsnovelle vom 1. Februar 1979, MDR 1979, 358; *Bauer,* Sinn und Zweck des vorläufigen Zahlungsverbotes, DGVZ 1972, 37; *Braun,* Wartefrist gem. § 798 ZPO und Vorpfändung, DGVZ 1976, 145; *Buciek,* Die Vorpfändung von Steuererstattungsansprüchen, DB 1985, 1428; *Burghardt,* Die vorläufige Benachrichtigung gem. § 845 ZPO durch den Gerichtsvollzieher, JurBüro 1970, 549; *Burkhardt/Noack/Polzius,* Zur Auslegung des § 845 ZPO, DGVZ 1972, 17; *Coing,* Zur Frage der Auslegung des § 845 ZPO, DGVZ 1971, 161; *Gaul,* Zur Reform des Zwangsvollstreckungsrechts, JZ 1973, 473; *Gilleßen/Jakobs,* Die Übertragung der Vorpfändung auf den Gerichtsvollzieher, DGVZ 1979, 103; *Groth,* Die Reform des Zwangsvollstreckungsrechts, AnwBl. 1974, 293; *Haegele,* Private Vorpfändung von Forderungen, Der Gemeindehaushalt 1969, 155; *Lipschitz,* Vorpfändungen und Pfändungsschutz für Arbeitseinkommen, DRiZ 1954, 30; *ders.,* Vorschläge zur Änderung der ZPO, die den Geschäftsgang hemmen oder verkomplizieren, ZZP 1956, 262; *Löscher,* Die Vorpfändung von Hypotheken, JurBüro 1962, 252; *Mümmler,* Betrachtungen zur Vorpfändung, JurBüro 1975, 1413; *Müller,* Das Gesetz zur Änderung zwangsvollstreckungsrechtlicher Vorschriften, NJW 1979, 905; *Münzberg,* Die Vorpfändung des Gerichtsvollziehers, DGVZ 1979, 161; *Noack,* Die Bedeutung der Vorpfändung (§ 845 ZPO), Rpfleger 1967, 136; *ders.,* Die Vorpfändung als Vollstreckungsmittel und ihre Bedeutung für die Praxis, DGVZ 1974, 161; *Pentz,* Die vorläufige Benachrichtigung gemäß § 845 ZPO, NJW

1972, 520; *Schneider,* Die Wiederholung der Vorpfändung, JurBüro 1969, 1027; *ders.,* »Privat-Zustellung« des Gläubigers über § 187 ZPO?, DGVZ 1983, 33; *Schütz,* Vorpfändung und endgültige Pfändung, NJW 1965, 1009; *Seip,* Die vorläufige Benachrichtigung gemäß § 845 ZPO durch den Gerichtsvollzieher, NJW 1970, 130; *ders.,* Die vorläufige Benachrichtigung gem. § 845 ZPO durch den Gerichtsvollzieher, DGVZ 1970, 161; *ders.,* Die vorläufige Benachrichtigung gemäß § 845 ZPO, NJW 1972, 1983.

**I. Zweck der Norm:** Durch die Möglichkeit der Vorpfändung sollen Verzögerungen, die bei der Bearbeitung des Pfändungsantrages durch das Gericht auftreten können, zu Gunsten des Gläubigers überbrückt werden. Der durch den Titel vorgewarnte Schuldner soll gehindert werden, Außenstände noch schnell einzuziehen oder durch Abtretung seine Forderungen »in Sicherheit zu bringen«, um so den Erfolg der Zwangsvollstreckung zu vereiteln. Darüberhinaus ermöglicht die Vorpfändung es, die gesetzlichen Wartefristen des § 750 Abs. 3 ZPO (im Hinblick auf eine geplante Sicherungsvollstreckung nach § 720 a ZPO)[1] und des § 798 ZPO[2] zu überspielen und dem Gläubiger eine Priorität zu sichern, die er mit Hilfe der staatlichen Vollstreckungsorgane nicht erreichen könnte.

**II. Anwendungsbereich der Norm:** Eine Vorpfändung kommt nur in Betracht im Rahmen der Vollstreckung wegen Geldforderungen in Geldforderungen (§§ 829 ff. ZPO), in Ansprüche auf Sachen (§§ 846 ff. ZPO) und in sonstige Vermögenswerte (§ 857 ZPO)[3], soweit diese Forderungen und Rechte nicht der Zwangsvollstreckung in das unbewegliche Vermögen[4] oder nach § 831 ZPO der Zwangsvollstreckung durch den Gerichtsvollzieher[5] unterliegen. Als Titel über eine Geldforderung kommen nicht nur Urteile in Frage, sondern auch alle sonstigen Titel nach § 794 ZPO sowie Arrestbefehle[6] und auf Zahlung einer Geldleistung gerichtete einstweilige Verfügungen (sog. Leistungsverfügungen)[7]. Ob die nachfolgend erstrebte Zwangsvollstreckung bereits zur endgültigen Befriedigung des Gläubigers führen soll oder ob nur eine Sicherungsvollstreckung erstrebt wird, ist ohne Belang.[8]

---

1 Daß die Wartefrist des § 750 Abs. 3 ZPO für die Vorpfändung nicht gilt, ist h. M.; vergl.: BGHZ 93, 71; KG, Rpfleger 1981, 240; LG Hannover, Rpfleger 1981, 363; LG Frankfurt, Rpfleger 1983, 32; AG München, DGVZ 1986, 47; *Münzberg,* DGVZ 1979, 161; *Rosenberg/Schilken,* § 54 III 3; MüKo/*Smid,* § 845 Rdn. 2; *Thomas/Putzo,* § 845 Rdn. 2; a. A.: *Gilleßen/Jakobs,* DGVZ 1979, 103.
2 Ebenfalls h. M.; vergl.: OLG Hamburg, MDR 1961, 329; OLG Düsseldorf, NJW 1975, 2210; BGH, NJW 1982, 1150; MüKo/*Smid,* § 845 Rdn. 4; *Stein/Jonas/Brehm,* § 845 Rdn. 4; *Thomas/Putzo,* § 845 Rdn. 2; a. A.: *Stöber,* Forderungspfändung, Rdn. 798.
3 MüKo/*Smid,* § 845 Rdn. 5.
4 Siehe hierzu § 829 Rdn. 2.
5 Siehe hierzu § 829 Rdn. 2 und § 831 Rdn. 2.
6 *Schuschke* in *Schuschke/Walker,* Bd. 2, § 930 Rdn. 11.
7 Zur Leistungsverfügung siehe: *Brox/Walker,* Rdn. 1612 ff.; *Schilken,* Die Befriedigungsverfügung, Berlin 1976; *Stein/Jonas/Grunsky,* vor § 935 Rdn. 32; *Teplitzky,* JuS 1980, 884; *Schuschke* in *Schuschke/Walker,* Bd. 2, vor § 935 Rdn. 26–29.
8 Vergl. die Fußn. 1 genannte Rspr.

**3  III. Voraussetzungen der Vorpfändung:** Der Gläubiger muß einen auf eine Geldforderung lautenden, grundsätzlich vollstreckbaren Titel erlangt haben, wobei nicht notwendig ist, daß er den Titel bereits in Besitz hat.[9] So braucht ihm z. B. noch nicht die Ausfertigung des bereits erlassenen Urteils gem. § 317 ZPO zugestellt worden zu sein. Die im Titel genannten besonderen Bedingungen der Vollstreckbarkeit (§§ 726, 751 Abs. 1, 765 ZPO) müssen eingetreten sein.[10] Dagegen braucht die vorgesehene Sicherheitsleistung noch nicht erbracht zu sein (arg. ex § 720 a ZPO).[11] Da der Gläubiger den Titel noch nicht einmal in Händen haben muß, braucht ihm erst recht keine Vollstreckungsklausel zum Titel erteilt worden zu sein.[12] Der Titel muß dem Schuldner nicht zugestellt sein, ebensowenig die in § 750 ZPO genannten Urkunden. Die gesetzlichen Wartefristen (§§ 750 Abs. 3, 798 ZPO) müssen noch nicht abgelaufen sein.[13]

**4  IV. Die Durchführung der Vorpfändung:** Der Gläubiger muß, um eine Vorpfändung auszubringen, dem Drittschuldner und dem Schuldner die Benachrichtigung **zustellen** lassen, daß die Pfändung der Forderung oder des Rechts bevorstehe, verbunden mit der Aufforderung an den Drittschuldner, nicht an den Schuldner zu leisten, und mit der Aufforderung an den Schuldner, sich jeder Verfügung über die Forderung, insbesondere ihrer Einziehung, zu enthalten. Eine formlose Übermittlung der Aufforderung durch den Gläubiger selbst oder durch die Post ist unwirksam.[14] Eine Heilung insoweit nach § 187 ZPO ist ausgeschlossen,[15] auch wenn der Drittschuldner den Empfang des Schreibens zugesteht. Die Aufforderung muß die Forderung bzw. das Recht so genau umschreiben, daß der Drittschuldner zweifelsfrei feststellen kann, welche Forderung betroffen ist.[16] Es gelten die nämlichen Bestimmtheitsanforderungen wie für den gerichtlichen Pfändungsbeschluß.[17] Die Aufforderung kann vom Gläubiger oder seinen Bevollmächtigten privatschriftlich abgefaßt sein. Auf ausdrückliches Verlangen des Gläubigers hin muß sie auch der Gerichtsvollzieher anfertigen. Der Gerichtsvollzieher darf allerdings nicht aus sich aus im nur vermuteten Einverständnis des Gläubigers tätig werden.[18] Dies ist durch die ZPO-Reform von 1979 in **Abs. 1 S. 2** ausdrücklich klargestellt worden.[19] Der Gerichtsvollzieher handelt, soweit er im Auftrag des Gläubigers die Aufforderungen anfertigt, als dessen Bevollmächtigter, nicht als staatliches Vollstreckungsorgan aus eigenem Recht. Der Gerichtsvollzieher muß einen entsprechenden

---

9 LG Frankfurt, Rpfleger 1984, 32.
10 *Bruns/Peters*, § 24 VIII; MüKo/*Smid*, § 845 Rdn. 2.
11 BGHZ 93, 71.
12 BGH, JR 1956, 185; KG, Rpfleger 1981, 240; LG Frankfurt, Rpfleger 1983, 32.
13 Siehe oben Rdn. 1.
14 LG und OLG Koblenz, DGVZ 1984, 58; LG Marburg, DGVZ 1983, 119.
15 Wie hier: *Schneider*, DGVZ 1983, 33; *Stöber*, Forderungspfändung, Rdn. 800 a; a. A.: AG Biedenkopf, MDR 1983, 588; AG Kassel, JurBüro 1985, 1738. § 187 ZPO ist allerdings anwendbar, soweit es um die Heilung von Fehlern geht, die dem Gerichtsvollzieher bei der Durchführung der Zustellung unterlaufen sind; vergl. LG Marburg, DGVZ 1983, 119; BGHZ 93, 71.
16 OLG Düsseldorf, MDR 1974, 409.
17 Einzelheiten: § 829 Rdn. 37.
18 *Münzberg*, DGVZ 1979, 161; *Stöber*, Forderungspfändung, Rdn. 801 b.
19 *Müller*, NJW 1979, 905; *Münzberg*, DGVZ 1979, 161. Zum Meinungsstreit vor der Reform vergl.: OLG Frankfurt, Rpfleger 1972, 33.

*Vorpfändung* § 845

Auftrag des Gläubigers annehmen.[20] Eine unberechtigte Weigerung wäre eine Amtspflichtverletzung. Der Gerichtsvollzieher darf seine Aufforderung an den Drittschuldner nicht mit einem Auskunftsverlangen nach § 840 ZPO verbinden,[21] da die Vorpfändung noch keine Auskunftsobliegenheit begründet. Hat der Gläubiger die von ihm selbst abgefaßte Vorpfändungsanzeige unzulässigerweise mit einem Auskunftsverlangen verbunden, darf der Gerichtsvollzieher deren Zustellung nicht deshalb ablehnen.[22] Er hat den Drittschuldner dann aber auf die Unbeachtlichkeit des Auskunftsverlangens hinzuweisen und dessen Auskünfte auch nicht zu Protokoll zu nehmen.[23]

In den Fällen der Rechtspfändung nach § 857 ZPO gilt kraft ausdrücklicher Regelung in **§ 857 Abs. 7 ZPO** die Vorschrift des § 845 Abs. 1 S. 2 nicht. Hier kann also der Gerichtsvollzieher nicht bindend damit beauftragt werden, die Vorpfändungsanzeige nebst den dazu gehörenden Aufforderungen selbst anzufertigen. Kommt er aber einem derartigen Verlangen des Gläubigers dennoch nach, wäre die Vorpfändung nicht unwirksam, da der Gläubiger privatrechtlich jedermann, der zur Auftragsannahme bereit ist, beauftragen kann, diese Schreibarbeiten für ihn als Bevollmächtigter zu erledigen. 5

**V. Wirkungen einer wirksamen Vorpfändung:** Mit Zustellung der formgerechten Benachrichtigung an den Drittschuldner erwirbt der Gläubiger an der Forderung ein Arrestpfandrecht, sofern der vom Gläubiger noch zu erwirkende Pfändungsbeschluß des Vollstreckungsgerichts (§ 829 ZPO) innerhalb eines Monats ab Wirksamwerden der Vorpfändung zur Pfändung der Forderung führt (**Abs. 2 S. 1**). Das durch den gerichtlichen Pfändungsbeschluß[24] begründete Pfändungspfandrecht nimmt dann hinsichtlich der Priorität den Rang des Arrestpfandrechts ein. Für die Berechnung der Monatsfrist gelten §§ 222 ZPO, 187 BGB. Wird die Frist versäumt, wird die Vorpfändung rückwirkend wirkungslos.[25] Eine Wiedereinsetzung in den vorigen Stand kommt nicht in Betracht. Ein nach der Monatsfrist ergehender Pfändungsbeschluß begründet, soweit er für sich betrachtet, wirksam ist, ein Pfändungspfandrecht dann erst vom Zeitpunkt seiner Zustellung an den Drittschuldner. 6

War die Vorpfändung unwirksam, weil es an einer wirksamen Zustellung fehlte oder weil die zu pfändende Forderung aus ihr nicht ersichtlich war oder weil man nicht erkennen konnte, für welche titulierte Forderung die Pfändung erfolgen sollte, oder weil der Titel gar ganz fehlte, als die Vorpfändung schon erlassen wurde, so wird sie nicht nachträglich durch den korrekten gerichtlichen Pfändungsbeschluß geheilt.[26] Sie bleibt 7

---

20 *Stöber*, Forderungspfändung, Rdn. 801 e; MüKo/*Smid*, § 845 Rdn. 18.
21 BGHZ 68, 289.
22 AG Nienburg, NdsRPfl. 1964, 43.
23 Erteilt der Drittschuldner dennoch eine Auskunft und ist diese falsch, haftet er dem Gläubiger in entspr. Anwendung des § 840 Abs. 2 S. 2 ZPO: vergl. § 840 Rdn. 16; siehe ferner OLG Stuttgart, NJW 1959, 581 mit Anm. von *Zunft*, NJW 1959, 1229; MüKo/*Smid*, § 845 Rdn. 18.
24 Es kann sich auch um eine Sicherungspfändung nach § 720 a ZPO handeln; vergl. BGHZ 93, 71.
25 OLG Hamm, JurBüro 1971, 175.
26 *Münzberg*, DGVZ 1979, 161.

§ 845 *Vorpfändung*

vielmehr nicht existent. Der Pfändungsbeschluß zeitigt Wirkungen erst ab seiner eigenen Zustellung an den Drittschuldner.

8   Die Vorpfändung kann, wenn der Erlaß des Pfändungsbeschlusses sich verzögert, beliebig oft wiederholt werden. Jede neue, förmlich wirksam ausgebrachte Vorpfändung läßt die Monatsfrist wieder von vorn beginnen. Die Wirkungen des Abs. 2 S. 1 löst aber nur die Vorpfändung aus, der fristgerecht die endgültige Pfändung durch das Vollstreckungsgericht folgt. Pfandrechte aus vorausgegangenen Vorpfändungen, die vor der Monatsfrist liegen, erlöschen rückwirkend. Liegen mehrere vorsichtshalber ausgebrachte Vorpfändungen innerhalb der Monatsfrist rückwärts ab Wirksamwerden des Pfändungsbeschlusses des Vollstreckungsgerichts, löst nur die älteste die Folgen des Abs. 2 S. 1 aus; die jüngeren stehen jeweils unter der auflösenden Bedingung, daß keine ältere wirksam bleibt.

9   Hat der Schuldner wider das mit der Vorpfändung ausgesprochene Inhibitorium Verfügungen über die Forderung vorgenommen, während die Monatsfrist noch lief, und folgt dann nicht bis zum Fristablauf die Pfändung durch das Vollstreckungsgericht nach, so sind diese Verfügungen nachträglich als von Anfang an wirksam anzusehen. Eine nach Fristablauf erfolgte wirksame Pfändung berührt diese Verfügungen nicht mehr. Zwangsvollstreckungsmaßnahmen anderer Gläubiger in die Forderung, die während der erfolglos verstrichenen Monatsfrist erfolgten, muß der Gläubiger, der verspätet den Pfändungsbeschluß erwirkt, seinem Pfändungspfandrecht vorgehen lassen.

10   **VI. Vorpfändung und Konkurs- bzw. Vergleichsverfahren:** Da die Vorpfändung eine vollwertige Vollstreckungsmaßnahme innerhalb der Einzelzwangsvollstreckung darstellt, ist sie nach § 14 KO[27] während der Dauer des Konkursverfahrens unzulässig.[28] Eine innerhalb der Monatsfrist vor der Konkurseröffnung ausgebrachte Vorpfändung, der bis zur Konkurseröffnung bzw. bis zum Erlaß eines allgemeinen Veräußerungsverbotes nach § 106 KO[29] keine endgültige Pfändung nachfolgte, wird mit Konkurseröffnung automatisch rückwirkend wirkungslos, da im Hinblick auf § 14 KO eine wirksame Pfändung nicht mehr fristgerecht nachfolgen kann. Wurde die Vorpfändung oder auch nur die nachfolgende endgültige Pfändung innerhalb der Sperrfrist des § 27 VerglO[30] erwirkt und kommt es zur Eröffnung des Vergleichsverfahrens und zur Bestätigung des Vergleichs, so verlieren sie ihre Wirksamkeit (§ 87 VerglO). Soweit die gepfändete Forderung bereits eingezogen worden war, ist das Erlangte nach den Vorschriften einer ungerechtfertigten Bereicherung herauszugeben.

11   **VII. Rechtsbehelfe:** Ist die Vorpfändung verfahrensfehlerhaft ausgebracht worden, haben der Schuldner und der Drittschuldner den Rechtsbehelf der **Erinnerung nach**

---

27 Ab 1.1.1999: § 89 InsO.
28 LG Detmold, KTS 1977, 126; MüKo/*Smid*, § 845 Rdn. 13.
29 Ab 1.1.1999: § 21 InsO.
30 §§ 27, 87 VerglO haben insoweit keine Entsprechung in der InsO.

§ 766 ZPO. Denn bei der Vorpfändung handelt es sich um eine echte Vollstreckungsmaßnahme, obwohl kein staatliches Vollstreckungsorgan an ihr mitwirkt.[31] Weigert sich der Gerichtsvollzieher, die Vorpfändungsanzeige zuzustellen oder dem ausdrücklichen Antrag des Gläubigers zu folgen, die Anzeige selbst anzufertigen, hat der Gläubiger hiergegen den Rechtsbehelf des § 766 ZPO. Es geht zwar im strengen Sinne nicht um das vom Gerichtsvollzieher »bei der Zwangsvollstreckung zu beobachtende Verfahren«, aber doch im weiteren Sinne um eine Tätigkeit im Rahmen des Zwangsvollstreckungsverfahrens. Ist der Vorpfändung die endgültige Pfändung bereits nachgefolgt, kann die Vorpfändung mit der Erinnerung nur noch angefochten werden, wenn es darum geht, gerade die rangsichernden Wirkungen der Vorpfändung zu beseitigen, nicht die Beschlagnahme der Forderung schlechthin oder gar nur die mit der Vorpfändung verbundene Kostenbelastung.[32] Soweit es um die Beseitigung der Beschlagnahme der Forderung geht, muß sich die Erinnerung gegen die endgültige Pfändung durch das Vollstreckungsgericht richten.[33] Wird diese aufgehoben, wird automatisch auch die Vorpfändung wirkungslos, wenn die Monatsfrist verstrichen ist, sodaß nicht noch rechtzeitig ein neuer Pfändungsbeschluß ergehen kann. Wird die Erinnerungsentscheidung später auf die sofortige Beschwerde hin aufgehoben und erneut die Pfändung der Forderung ausgesprochen, so bleibt die Vorpfändung nur wirksam, wenn die erneute Pfändung noch innerhalb der Monatsfrist liegt. Ansonsten begründet die neue Pfändung nur Priorität vom Zeitpunkt ihres eigenen Wirksamwerdens an.[34] Das Beschwerdegericht kann nur die gerichtliche Pfändung selbst aussprechen, nicht aber die Vorpfändung. Eine ursprünglich aufgehobene, später aber für zulässig erachtete Vorpfändung kann daher nur vom Gläubiger erneut ausgebracht werden[35] (– keine Rückwirkung auf die Priorität der früheren Vormerkung! –).

**VIII. Kosten, Gebühren, Prozeßkostenhilfe:** Der **Gerichtsvollzieher** erhält für die Anfertigung der Vorpfändungsanzeige, unabhängig davon, an wieviele Schuldner oder Drittschuldner die Zustellung zu erfolgen hat, einmal die Gebühr des § 16 a GVKostG; hinzu kommen die Schreibauslagen nach § 36 Nr. 1 a GVKostG und die gewöhnlichen Zustellungsauslagen. Diese Gebühren und Auslagen fallen bei jeder Wiederholung der Vorpfändung erneut an. Für den **Rechtsanwalt** ist die Mitwirkung bei Abfassung der Vorpfändungsanzeige durch die Vollstreckungsgebühr nach § 57 BRAGO abgegolten.

Die Frage, wer die Kosten einer Vorpfändung zu tragen hat, beantwortet sich **nach § 788 ZPO.** Die Kosten sind daher nicht stets erstattungsfähig, sondern nur bei Notwendigkeit der Maßnahme nach den Umständen des Einzelfalles.[36] Entscheidend ist die Sicht bei Ausbringung der Vorpfändung, sodaß eine solche Maßnahme sich auch dann als notwendig darstellen kann, wenn später die Monatsfrist nicht eingehalten wer-

---

31 Die Tätigkeit des Gerichtsvollziehers liegt allein im Bereich der Zustellung. Er handelt insoweit nicht als Vollstreckungsorgan.
32 OLG Köln, Rpfleger 1991, 261.
33 OLG Hamm, JurBüro 1971, 175.
34 Siehe auch § 829 Rdn. 48.
35 OLG Köln, DGVZ 1989, 39.
36 OLG München, Rpfleger 1973, 374.

den kann, obwohl der Gläubiger sich unverzüglich um den Pfändungsbeschluß bemüht hatte[37], oder wenn die endgültige Pfändung unterbleibt, weil der Drittschuldner bereits auf die Vorpfändung hin mit Zustimmung des Schuldners erfüllt.[38] Auch mehrere Vorpfändungen hintereinander können im Einzelfall notwendig i. S. des § 788 ZPO sein.[39]

Die für die Forderungspfändung bewilligte **Prozeßkostenhilfe**[40] erstreckt sich, wenn keine ausdrückliche Einschränkung vorgenommen wurde, auch auf die Vorpfändung. Es bedarf deshalb keines gesonderten Prozeßkostenhilfeantrages für die Vorpfändung neben dem Antrag, für die Forderungspfändung selbst Prozeßkostenhilfe zu gewähren.

---

37 LAG Köln, NZA 1993, 1152.
38 LG Frankenthal, Rpfleger 1985, 245.
39 *Mümmler*, JurBüro 1975, 1418; *Stöber*, Forderungspfändung, Rdn. 812; *Stein/Jonas/Brehm*, § 845 Rdn. 27; werden mehrere Forderungen desselben Schuldners gegen verschiedene Drittschuldner vorgepfändet, ist dennoch nur eine Vollstreckungsgebühr des hiermit beauftragten Rechtsanwalts erstattungsfähig, wenn dieser die Angelegenheit im Rahmen eines einheitlichen Auftrags hätte erledigen können: LG Kempten, JurBüro 1990, 1050 mit Anm. von *Mümmler*
40 Einzelheiten: *Behr*, Rpfleger, 1981, 266.

**§§ 846–849:** Die Zwangsvollstreckung in Ansprüche auf Herausgabe oder Leistung von Sachen.

## § 846 Zwangsvollstreckung in Herausgabeansprüche

Die Zwangsvollstreckung in Ansprüche, welche die Herausgabe oder Leistung körperlicher Sachen zum Gegenstand haben, erfolgt nach den §§ 829 bis 845 unter Berücksichtigung der nachstehenden Vorschriften.

**I. Zweck der Vorschrift:** Befindet sich ein Gegenstand aus dem Vermögen des Schuldners im Besitz eines Dritten, so kann der Gläubiger auf diesen Gegenstand nur zugreifen, wenn der Dritte zur Herausgabe des Gegenstandes bereit ist (§ 809 ZPO). Hat der Schuldner Anspruch darauf, daß ein Gegenstand, der noch nicht zu seinem Vermögen gehört, ihm übereignet und abgeliefert wird, so kann der Gläubiger, solange der Schuldner diesen seinen Anspruch nicht geltend gemacht und durchgesetzt hat, nicht in den Gegenstand (– da noch nicht Teil des Schuldnervermögens –) vollstrecken. Der Schuldner könnte so, indem er seine Herausgabe- und Leistungsansprüche nicht geltend macht, seinen Gläubigern u. U. beachtliche Vermögenswerte vorenthalten. Daß die Herausgabe- und Leistungsansprüche als solche der Pfändung nach §§ 829 ff. ZPO unterworfen sind, hilft dem Gläubiger nicht unmittelbar weiter, weil er sich aus den Ansprüchen selbst noch nicht endgültig befriedigen kann. Es bedarf zusätzlich des Zugriffs auf die Sache und deren Verwertung. Dem tragen die die §§ 829–845 ergänzenden Regelungen in den §§ 847–849 Rechnung.

1

**II. Begriffsbestimmungen:** Ansprüche auf Herausgabe einer Sache können schuldrechtlicher (z. B. aus Miete, Pacht, Leihe, Sicherungsabrede, Auftrag usw.) oder dinglicher Natur (z. B. aus §§ 985, 1006 BGB) sein. **Herausgabe** bedeutet Übertragung des unmittelbaren Besitzes. **Leistung** dagegen bedeutet Besitz- **und Eigentumsübertragung**. Typische Leistungsansprüche sind der Anspruch des Käufers aus § 433 Abs. 1 S. 2 BGB oder des Bestellers aus § 651 Abs. 1 S. 1 BGB. Hierher gehören aber auch die Ansprüche auf Rückgewähr vertretbarer Sachen (§ 607 Abs. 1) oder auf Erfüllung eines auf bestimmte oder vertretbare Gegenstände gerichteten Vermächtnisses (§§ 1939, 2147, 2155 BGB). Der Titel, aus dem die **Zwangsvollstreckung** betrieben wird, muß auf eine Geldforderung gerichtet sein. Lautet der Titel gegen den Schuldner schon auf Herausgabe, befindet sich die herauszugebende Sache aber im Gewahrsam eines Dritten, so sind nicht die §§ 846 ff., sondern § 886 ZPO einschlägig. **Körperliche Sachen** i. S. des § 846 sind sowohl bewegliche Sachen einschließlich der Wertpapiere (§ 808 Abs. 2 ZPO)[1] als auch unbewegliche Sachen.

2

---

1 MüKo/*Smid*, § 846 Rdn. 2.

## § 847 Herausgabeansprüche auf bewegliche Sachen

(1) Bei der Pfändung eines Anspruchs, der eine bewegliche körperliche Sache betrifft, ist anzuordnen, daß die Sache an einen vom Gläubiger zu beauftragenden Gerichtsvollzieher herauszugeben sei.
(2) Auf die Verwertung der Sache sind die Vorschriften über die Verwertung gepfändeter Sachen anzuwenden.

**Literatur:** *Bull*, Sicherungsübereignung und Gläubigernöte, BB 1950, 108; *Flume*, Die Rechtsstellung des Vorbehaltskäufers, AcP 1962, 385; *Hübner*, Zur dogmatischen Einordnung der Rechtsposition des Vorbehaltskäufers, NJW 1980, 729; *Noack*, Die durch einstweilige Verfügung angeordnete Sequestration, MDR 1967, 168; *ders.*, Vollstreckung gegen vom Titel nicht betroffene Dritte, JurBüro 1976, 1147; *ders.*, Warenbestände, Rohstoffe und Halbfertigfabrikate in der Pfändungsvollstreckung, DB 1977, 195; *ders.*, Aktuelle Fragen zur Pfändung von Ansprüchen auf Herausgabe beweglicher Sachen gegen Dritte (§§ 847, 886 ZPO), DGVZ 1978, 97; *Wolf*, Prinzipien und Anwendungsbereich der dinglichen Surrogation, JuS 1975, 643.

1   **I. Anwendungsbereich:** Da die Pfändung und Überweisung des Herausgabeanspruchs, wie Abs. 2 zeigt, der Vorbereitung der Vollstreckung in die Sache selbst dient, bezieht die Vorschrift sich auch nur auf Herausgabeansprüche, die Gegenstände betreffen, die ihrerseits nach §§ 808 ff. ZPO pfändbar und nach §§ 814 ff. ZPO zu verwerten sind. Herausgabeansprüche auf bewegliche Sachen, die der Zwangsvollstreckung in das unbewegliche Vermögen unterliegen (§ 865 ZPO) fallen ebensowenig in den Anwendungsbereich des § 847 wie Herausgabeansprüche auf Sachen, an denen isolierte Rechte nicht begründet werden können (§ 952 BGB), so auf Hypothekenbriefe, Sparbücher, Kraftfahrzeugbriefe.[1] Ist der herauszugebende Gegenstand seinerseits nach § 811 ZPO unpfändbar, scheidet die Pfändung des Herausgabeanspruchs nach § 847 ebenfalls aus.[2] Es wäre zu spät, den Pfändungsschutz erst berücksichtigen zu wollen, wenn der Gegenstand vom Drittschuldner schon an den Gerichtsvollzieher herausgegeben worden ist.[3] Höchstpersönliche Herausgabeansprüche, die nicht auf Dritte übertragen werden könnten, sind mit Rücksicht auf § 851 Abs. 1 ZPO auch dann unpfändbar, wenn die Gegenstände, auf die sie sich beziehen, an sich pfändbar sind. Höchstpersönlich ist z. B. der Anspruch des Ehegatten aus § 1361 a Abs. 1 S. 1 BGB.[4]

2   **II. Die Pfändung des Herausgabeanspruchs:** Sie erfolgt durch Pfändungsbeschluß des Vollstreckungsgerichts (§ 828 ZPO) gem. § 829 Abs. 1 ZPO. Zuständig ist der Rechts-

---

1 *Brox/Walker*, Rdn. 701; *Stein/Jonas/Brehm*, § 847 Rdn. 2; LG Berlin, DGVZ 1962, 186
2 AG Dietz/Lahn, DGVZ 1962, 126; *Brox/Walker*, Rdn. 701; *Baumbach/Lauterbach/Hartmann*, § 847 Rdn. 1; MüKo/*Smid*, § 847 Rdn. 2; *Stöber*, Forderungspfändung, Rdn. 2015; *Zöller/Stöber*, § 847 Rdn. 11.
3 So aber LG Lübeck, SchlHA 1970, 116.
4 *Stöber*, Forderungspfändung, Rdn. 2015; a.A.: MüKo/*Smid*, § 846 Rdn. 4.

pfleger. Zur bestimmten Umschreibung der Forderung im Antrag des Gläubigers und im Pfändungsbeschluß[5] gehört auch die genaue Bezeichnung der Gegenstände, die herauszugeben sind.[6] Das folgt schon daraus, daß der mit der Empfangnahme der Gegenstände beauftragte Gerichtsvollzieher erkennen können muß, ob er den Gegenstand entgegenzunehmen hat oder nicht. Aber auch der Drittschuldner muß einwandfrei wissen, welcher Gegenstand gemeint ist. Der Pfändungsbeschluß muß enthalten: den Ausspruch der Pfändung des Anspruchs; das Verbot an den Drittschuldner, den Gegenstand an den Schuldner herauszugeben oder zu leisten; das Gebot an den Schuldner, sich jeder Verfügung über den Herausgabeanspruch zu enthalten, ihn insbesondere nicht durch Inempfangnahme der Sache zu verwirklichen; die Anordnung gegenüber dem Drittschuldner, daß die Sache an einen vom Gläubiger zu beauftragenden Gerichtsvollzieher herauszugeben sei (**Abs. 1**). Wirksam wird der Pfändungsbeschluß mit Zustellung des Arrestatoriums an den Drittschuldner.[7] Wird die zusätzliche Anordnung, daß der Gegenstand an einen Gerichtsvollzieher herauszugeben sei, versehentlich unterlassen, kann sie jederzeit (also auch noch nach Eröffnung des Konkursverfahrens) nachgeholt werden.[8] Die Wirksamkeit des Pfändungsbeschlusses wird hiervon nicht berührt.

**III. Die Wirkungen der Pfändung des Herausgabeanspruchs:** Die Pfändung des Anspruchs gibt dem Gläubiger noch kein Pfandrecht an der Sache selbst. Dieses entsteht erst, und zwar mit Wirkung ex nunc, wenn der Gerichtsvollzieher die Sache in Besitz nimmt.[9] War der Schuldner noch nicht Eigentümer der Sache, so wird er dies ebenfalls in dem Augenblick, in dem der Gerichtsvollzieher Besitz an der Sache erlangt. Das Eigentum ist dann sogleich mit dem Pfändungspfandrecht des Gläubigers belastet. Gibt der Drittschuldner die Sache nicht freiwillig an den Gerichtsvollzieher heraus, so stellt die im Pfändungsbeschluß enthaltene Herausgabeanordnung noch keinen Herausgabetitel zugunsten des Gläubigers dar.[10] Wohl aber legitimiert bereits die mit der Pfändung verbundene Herausgabeanordnung den Gläubiger, den Drittschuldner auf Herausgabe zu verklagen. Einer Überweisung der Forderung zur Einziehung bedarf es hierzu nicht (– die Überweisung an Zahlungs Statt scheidet nach § 849 ZPO ganz aus –).[11] Daß schon die Herausgabeanordnung und nicht erst die Überweisung[12] dem Gläubiger Klagebefugnis verleiht, liegt darin begründet, daß auch der nach § 720 a ZPO Vollstrek-

3

---

[5] Zum Bestimmtheitserfordernis siehe auch § 829 Rdn. 37.
[6] LG Lübeck, SchlHA 1956, 204; LG Köln, ZIP 1980, 114; MüKo/*Smid*, § 847 Rdn. 3; *Noack*, DGVZ 1978, 97; *Stein/Jonas/Brehm*, § 847 Rdn. 4; *Stöber*, Forderungspfändung, Rdn. 2016; a. A. (Bezeichnung der Gegenstände im einzelnen nicht erforderlich): LG Berlin, MDR 1977, 59.
[7] Einzelheiten: § 829 Rdn. 42 ff.
[8] MüKo/*Smid*, § 847 Rdn. 5; *Stein/Jonas/Brehm*, § 847 Rdn. 4; *Stöber*, Forderungspfändung, Rdn. 2018.
[9] BGH, NJW 1977, 384.
[10] Ganz allgemeine Meinung; beispielhaft: MüKo/*Smid*, § 847 Rdn. 11.
[11] Wie hier: *Blomeyer*, § 58 III 2; *Brox/Walker*, Rdn. 706; *Bruns/Peters*, § 26 II 1; MüKo/*Smid*, § 847 Rdn. 12; *Stein/Jonas/Brehm*, § 847 Rdn. 10; *Stöber*, Forderungspfändung, Rdn. 2026; *Hoche*, NJW 1955, 163.
[12] So aber: *Baumann/Brehm*, § 21 II 2 b; *Baur/Stürner*, Rdn. 31.9; *Jauernig*, § 20 II; *Rosenberg/Schilken*, § 57 I.

kende die Sache bereits beim Gerichtsvollzieher muß in Sicherheit bringen können. Zu einer Verwertung der Sache kommt es allerdings erst, wenn alle Voraussetzungen der endgültigen Vollstreckung in die Sache vorliegen. Verklagt der Gläubiger den Drittschuldner auf Herausgabe, muß er dem Schuldner gem. § 841 ZPO den Streit verkünden. Muß der Gläubiger den Drittschuldner nicht nur auf Herausgabe der Sache an den Gerichtsvollzieher, sondern zusätzlich auch auf Übereignung an den Schuldner verklagen, so erwirbt der Gläubiger noch kein Pfandrecht an dem Gegenstand, wenn er das vorläufig vollstreckbare Herausgabeurteil vollstrecken läßt. Da der Schuldner erst nach § 894 ZPO mit Rechtskraft des auf Abgabe der Übereignungserklärung gerichteten Urteils Eigentümer der Sache wird, erwirbt der Gläubiger auch erst in diesem Zeitpunkt ein Pfändungspfandrecht.[13] Die Klage auf Abgabe der Übereignungserklärung kann der Gläubiger erst erheben, wenn ihm der Leistungsanspruch des Schuldners auch zur Einziehung überwiesen wurde. Die Herausgabeanordnung reicht insoweit (– anders als bei der Herausgabeklage –) nicht aus, da zur Sicherung des Gläubigers zunächst die Inbesitznahme des Gegenstandes durch den Gerichtsvollzieher ausreicht. Der Drittschuldner kann sich dem Herausgabeverlangen nicht dadurch entziehen, daß er den Gegenstand hinterlegt.[14] Auch § 853 ZPO ist insoweit nicht anwendbar. Der Drittschuldner muß also gegebenenfalls den hinterlegten Gegenstand zurücknehmen, um ihn dem Gerichtsvollzieher auszuhändigen.

4   **IV. Einwendungen des Drittschuldners:** Der Drittschuldner hat dem Herausgabeverlangen des Gläubigers gegenüber die Einwendungen, die er auch dem Schuldner gegenüber geltend machen könnte. So kann er etwa ein Recht zum Besitz an der Sache, ein Zurückbehaltungsrecht oder die Einrede des nicht erfüllten Vertrages geltend machen. Er kann sich ferner darauf berufen, daß der Gegenstand schon zum Zeitpunkt der Pfändung des Herausgabeanspruchs nicht mehr in seinem Besitz war.

5   **V. Pfändung durch mehrere Gläubiger:** Pfänden mehrere Gläubiger den Herausgabeanspruch, so ist der Zeitpunkt der Anspruchspfändung nicht nur für die Rangfolge der Pfandrechte am Anspruch von Bedeutung, sondern auch für die spätere Rangfolge der Pfandrechte an der Sache selbst. Obwohl diese Pfandrechte alle gleichzeitig in dem Augenblick entstehen, in dem der Gerichtsvollzieher den Besitz an der Sache erhält, entstehen sie also nicht im gleichen Rang (– anders als bei der Pfändung nach § 808 ZPO[15] –), sondern von vornherein im Rang gestuft.[16] Pfandrechte, die nach der Anspruchspfändung, aber vor der Inbesitznahme der Gegenstände durch den Gerichtsvollzieher an der Sache selbst begründet werden (z. B., weil der besitzende Dritte insoweit herausgabebereit war), gehen allerdings den Pfandrechten, die erst bei Besitz-

---

13 A. A.: *Stein/Jonas/Brehm*, § 847 Rdn. 12.
14 *Rosenberg/Schilken*, § 57 I; *Stein/Jonas/Brehm*, § 847 Rdn. 8; *Stöber*, Forderungspfändung, Rdn. 2033; *Zöller/Stöber*, § 847 Rdn. 4.
15 Siehe insoweit § 804 Rdn. 3.
16 *Brox/Walker*, Rdn. 707; MüKo/*Smid*, § 847 Rdn. 11; *Rosenberg/Schilken*, § 57 I; *Stein/Jonas/Brehm*, § 847 Rdn. 13; *Zöller/Stöber*, § 847 Rdn. 6

ergreifung durch den Gerichtsvollzieher entstehen, im Rang vor.[17] Der Drittschuldner kann sich allerdings dadurch, daß er eine Pfändung unmittelbar in die Sache zugelassen hat, dem Gläubiger gegenüber schadensersatzpflichtig machen.[18]

**VI. Die Verwertung der Sachen:** Hat der Gerichtsvollzieher die Gegenstände in Besitz genommen, leitet er, soweit nicht nur die Sicherungsvollstreckung oder Arrestvollziehung betrieben wird, nach den Vorschriften der §§ 814 ff. ZPO die Verwertung ein, so als ob er die Gegenstände von Anfang an beim Schuldner gepfändet gehabt hätte. Die Schätzung gem. § 813 ZPO ist vor der Versteigerung nachzuholen. Der Gerichtsvollzieher prüft selbständig, ob die Voraussetzungen der Zwangsvollstreckung aus dem Titel noch vorliegen, wenn er die Verwertung einleitet.

**VII. Rechtsbehelfe:** Gegen den Pfändungsbeschluß können der Schuldner und der Drittschuldner, soweit Verstöße gegen das Vollstreckungsverfahrensrecht gerügt werden, Erinnerung nach § 766 ZPO einlegen, so etwa, wenn die Unpfändbarkeit des herauszugebenden Gegenstandes nach § 811 ZPO oder die Unpfändbarkeit des Herausgabeanspruchs selbst (§ 851 ZPO) geltend gemacht werden sollen. Der Gläubiger, dessen Pfändungsantrag zurückgewiesen wurde, muß befristete Erinnerung nach § 11 Abs. 1 RPflG einlegen. Berühmt sich ein Dritter, an dem beim Drittschuldner befindlichen Gegenstand ein die Veräußerung hinderndes Recht zu haben, so kann er bereits ab Pfändung des Herausgabeanspruchs, also nicht erst ab Pfändung der Sache selbst, Drittwiderspruchsklage nach § 771 ZPO erheben.[19] Das Rechtsschutzbedürfnis besteht schon zu diesem Zeitpunkt, da der Gegenstand selbst bereits jetzt als Zugriffsobjekt der Zwangsvollstreckung feststeht. Die Drittwiderspruchsklage wird nicht dadurch unzulässig, daß der Drittschuldner die Sache mit Zustimmung des Gläubigers an einen weiteren Vollstreckungsgläubiger herausgibt, der sie auch für den pfändenden Gläubiger verwahren soll. Denn hierdurch entfällt nicht die Möglichkeit, daß der Gegenstand auch zu Gunsten des Gläubigers und zu Lasten des betroffenen Dritten im Vollstreckungswege verwertet wird.[20]

Wird auf einen Rechtsbehelf hin die Zwangsvollstreckung in den Herausgabeanspruch aufgrund von Vollstreckungsverfahrensfehlern für unzulässig erklärt und hat zu diesem Zeitpunkt der Gerichtsvollzieher den Gegenstand bereits im Besitz, so entfällt mit der Aufhebung des Pfändungsbeschlusses nicht automatisch das Pfandrecht an der Sache. Der Schuldner oder der Drittschuldner müssen in diesem Zeitpunkt vielmehr auch die Sachpfändung angreifen, wenn die Inbesitznahme durch den Gerichtsvollzieher die Voraussetzungen einer selbständigen Pfändung erfüllt.[21]

---

17 BGHZ 72, 334; *Stein/Jonas/Brehm*, § 847 Rdn. 13; *Zöller/Stöber*, § 847 Rdn. 6; a. A. (auch diese Pfändung reiht sich in den Rahmen der übrigen Pfändungen ein): MüKo/*Smid*, § 847 Rdn. 11.
18 *Stöber*, Forderungspfändung, Rdn. 2031.
19 BGHZ 72, 334 mit Anm. von *Olzen*, JR 1979, 283.
20 BGHZ 72, 334.
21 *Rosenberg/Schilken*, § 57 I.

9   VIII. **Gebühren des Gerichtsvollziehers:** Für die Übernahme beweglicher Sachen zum Zwecke der Verwahrung erhält der Gerichtsvollzieher die Hälfte der vollen Gebühr nach dem Betrag der beizutreibenden Forderung (§§ 18 Abs. 1, 13 GvKostG). Für die Verwertung erhält er dieselben Gebühren wie bei einer Verwertung nach originärer Pfändung durch den Gerichtsvollzieher.[22]

---

22 Näheres: § 814 Rdn. 5.

§ 847 a   Herausgabeansprüche bei Schiffen

(1) Bei der Pfändung eines Anspruchs, der ein eingetragenes Schiff betrifft, ist anzuordnen, daß das Schiff an einen vom Vollstreckungsgericht zu bestellenden Treuhänder herauszugeben ist.
(2) ¹Ist der Anspruch auf Übertragung des Eigentums gerichtet, so vertritt der Treuhänder den Schuldner bei der Übertragung des Eigentums. ²Mit dem Übergang des Eigentums auf den Schuldner erlangt der Gläubiger eine Schiffshypothek für seine Forderung. ³Der Treuhänder hat die Eintragung der Schiffshypothek in das Schiffsregister zu bewilligen.
(3) Die Zwangsvollstreckung in das Schiff wird nach den für die Zwangsvollstreckung in unbewegliche Sachen geltenden Vorschriften bewirkt.
(4) Die vorstehenden Vorschriften gelten entsprechend, wenn der Anspruch ein Schiffsbauwerk betrifft, das im Schiffsbauregister eingetragen ist oder in dieses Register eingetragen werden kann.

Literatur: *Bauer,* Die Zwangsvollstreckung in Luftfahrzeuge einschließlich Konkurs- und Vergleichsverfahren, JurBüro 1974, 1.

I. Im Schiffsregister eingetragene Schiffe und Belastungen solcher Schiffe werden in der Zwangsvollstreckung regelmäßig (vergl. auch §§ 830 a, 837 a, 870 a ZPO) ähnlich wie Grundstücke und Grundstücksbelastungen behandelt. Deshalb ist auch § 847 a in allen Einzelheiten dem § 848 ZPO angeglichen: Anstelle des Sequesters tritt lediglich ein Treuhänder; die Schiffshypothek (Abs. 2 S. 2) ist immer eine Sicherungshypothek.[1]

Schiffe und Schiffsbauwerke, die nicht eingetragen sind bzw. nicht eingetragen werden können (Abs. 4), werden wie bewegliche Sachen behandelt. Herausgabeansprüche, die solche Schiffe betreffen, werden demgemäß nach § 847 ZPO gepfändet.[2]

II. Für in der Luftfahrzeugrolle eingetragene Luftfahrzeuge gilt gem. § 99 LuftfzRG die Regelung des § 847 a sinngemäß.[3]

---

[1] MüKo/*Smid,* § 847 a Rdn. 2.
[2] MüKo/*Smid,* § 847 a Rdn. 1.
[3] Einzelheiten: *Bauer,* JurBüro 1974, 1; *Stein/Jonas/Brehm,* § 847 a Rdn. 3.

§ 848 Herausgabeansprüche bei Grundstücken

(1) Bei Pfändung eines Anspruchs, der eine unbewegliche Sache betrifft, ist anzuordnen, daß die Sache an einen auf Antrag des Gläubigers vom Amtsgericht der belegenen Sache zu bestellenden Sequester herauszugeben sei.

(2) [1]Ist der Anspruch auf Übertragung des Eigentums gerichtet, so hat die Auflassung an den Sequester als Vertreter des Schuldners zu erfolgen. [2]Mit dem Übergang des Eigentums auf den Schuldner erlangt der Gläubiger eine Sicherungshypothek für seine Forderung. [3]Der Sequester hat die Eintragung der Sicherungshypothek zu bewilligen.

(3) Die Zwangsvollstreckung in die herausgegebene Sache wird nach den für die Zwangsvollstreckung in unbewegliche Sachen geltenden Vorschriften bewirkt.

Inhaltsübersicht

| Literatur | Rdn. |
|---|---|
| I. Bedeutung der Regelung | 1 |
| II. Die Pfändung des bloßen Herausgabeanspruchs | 2-4 |
| III. Die Pfändung des Übereignungsanspruchs, bevor eine Auflassungsanwartschaft entstanden ist (Abs. 2) | 5 |
| 1. Der Erwerb der Sicherungshypothek | 6 |
| 2. Der Rang der Sicherungshypothek | 7-9 |
| IV. Die Pfändung einer Auflassungsanwartschaft | 10 |
| V. Mängel der Pfändung und ihre Folgen | 11 |
| VI. Die Zwangsvollstreckung in das Grundstück | 12 |
| VII. Rechtsbehelfe | 13 |

Literatur: *Hieber,* Die »dingliche Anwartschaft« bei der Grundstücksübereignung, DNotZ 1959, 350; *Hoche,* Verpfändung und Pfändung des Anspruchs des Grundstückskäufers, NJW 1955, 161; ders., Die Pfändung des Anwartschaftsrechts aus der Auflassung, NJW 1955, 931; *Mümmler,* Zur Pfändung des Rückauflassungsanspruchs, JurBüro 1978, 1762; *Münzberg,* Abschied von der Pfändung der Auflassungsanwartschaft, Festschrift für Schiedermair, 1976, S. 439; *Noack,* Der vollstreckungsrechtliche Sequester als verwaltender Treuhänder, KTS 1957, 73; ders., Sequesterbestellung auf Grund einstweiliger Verfügung, JurBüro 1977, 1317; *Reinicke,* Das Anwartschaftsrecht des Auflassungsempfängers und die Formbedürftigkeit der Aufhebung eines Grundstückskaufvertrages, NJW 1982, 2281; *Schmidt,* Vergütung des zum Sequester (§ 848 ZPO) bestellten Rechtsanwalts, JurBüro 1962, 74; *Stöber,* Verpfändung des Eigentumsübertragungsanspruchs und Grundbucheintragung, DNotZ 1985, 587.

1 **I. Bedeutung der Regelung:** Die Norm befaßt sich mit zwei Fällen, nämlich mit der Pfändung des reinen Herausgabeanspruchs, der auf eine unbewegliche Sache (Grundstück, Wohnungseigentum, Erbbaurecht) gerichtet ist, sowie mit der Pfändung eines auf Herausgabe unter gleichzeitiger Eigentumsübertragung gerichteten Anspruchs. Der erstere Fall ist ohne große praktische Bedeutung, da zur Zwangsvollstreckung in

das Grundstück selbst (– siehe Abs. 3 –) nicht erforderlich ist, daß der den Antrag auf Zwangsversteigerung oder Zwangsverwaltung stellende Gläubiger Besitzer des Grundstücks ist oder auch nur dem Schuldner den Besitz am Grundstück entzieht. Die Pfändung des reinen Herausgabeanspruchs kann allenfalls dann einmal wirtschaftlich bedeutsam sein, wenn die praktische (– nicht die rechtliche –) Durchführung der Zwangsvollstreckung in das Grundstück dadurch erleichtert wird, daß ein ganz bestimmter Drittschuldner nicht mehr Besitzer des Grundstücks ist[1] oder ein ganz bestimmter Schuldner nicht wieder unmittelbarer Besitzer des Grundstücks wird. Bedeutsam ist die Vorschrift aber für den zweiten in ihr angesprochenen Fall, nämlich die Zwangsvollstreckung in einen Übereignungsanspruch. Könnte der Gläubiger auf diesen Anspruch nicht zugreifen, so wäre es dem Schuldner ein Leichtes, den Grundstückswert schon vor Eigentumserlangung wirtschaftlich völlig auszuhöhlen und den Gläubiger leer ausgehen zu lassen.

**II. Die Pfändung des bloßen Herausgabeanspruchs** erfolgt durch Pfändungsbeschluß des Vollstreckungsgerichts (§ 828 ZPO) nach § 829 ZPO, wobei der Beschluß über den Pfändungsausspruch, das Arrestatorium und das Inhibitorium hinaus zusätzlich anzuordnen hat (**Abs. 1**), daß das Grundstück an einen auf **Antrag** des Gläubigers vom Amtsgericht der belegenen Sache zu bestellenden Sequester herauszugeben sei. Ist das Vollstreckungsgericht zufällig auch das Gericht der belegenen Sache, so kann die Sequesterbestellung bereits im Pfändungsbeschluß selbst erfolgen.

2

Dem Antrag des Gläubigers an das Amtsgericht auf Sequesterbestellung ist der Pfändungsbeschluß beizufügen. Er wird dem Gericht nicht unmittelbar vom Vollstreckungsgericht übermittelt. Der Gläubiger kann dem Gericht Vorschläge hinsichtlich der Person des zu bestellenden Sequesters machen, muß dies aber nicht tun. Denn das Gericht (dort: der Rechtspfleger; § 20 Nr. 17 RPflG) ist an diese Vorschläge nicht gebunden.[2] Zum Sequester können sowohl natürliche wie juristische Personen bestellt werden, aber auch Handels- und BGB-Gesellschaften.[3] Da der zum Sequester Berufene das Amt nicht annehmen muß (– ohne für die Weigerung Gründe angeben zu müssen –), empfiehlt es sich, schon vorher das Einverständnis des zu Bestellenden einzuholen. Von der Bestellung des Gerichtsvollziehers zum Sequester sollte regelmäßig abgesehen werden, da dieser hinreichende andere (orginäre) Aufgaben in der Zwangsvollstreckung hat.[4] Auf Antrag erhält der Sequester eine Vergütung, die von dem Gericht, das den Sequester bestellt hat, festzusetzen ist.[5] Die Vergütung ist vom Gläubiger vorzuschießen (– nur er haftet dem Sequester insoweit[6] –), der sie vom Schuldner im Rahmen des § 788 ZPO erstattet verlangen kann. Der Antrag des Sequesters auf Fest-

3

---

1 So für den Fall, daß der besitzende Drittschuldner die Durchführung der Zwangsverwaltung behindert: BGHZ 96, 61.
2 *Stöber*, Forderungspfändung, Rdn. 2038.
3 *Stein/Jonas/Brehm*, § 848 Rdn. 2 Fußn. 4.
4 Zur vergleichbaren Problematik bei § 938 ZPO siehe *Schuschke* in Schuschke/Walker, Bd. 2, § 938 Rdn. 20, 22.
5 Wie hier: *Stöber*, Forderungspfändung, Rdn. 2039; a. A. (Vollstreckungsgericht sei zuständig): LG München I, Rpfleger 1951, 320.
6 *Stöber*, Forderungspfändung, Rdn. 2040.

setzung einer Vergütung ist unzulässig, wenn der Sequester für seine Tätigkeit vom Gläubiger bereits privat entlohnt wurde.[7]

4   Mit Wirksamkeit der Pfändung (§ 829 Abs. 3 ZPO) des Herausgabeanspruchs entsteht an diesem Anspruch ein Pfändungspfandrecht. Weder das Pfändungspfandrecht noch die mit der Pfändung verbundene Herausgabeanordnung ermächtigen den Gläubiger unmittelbar, gegen den Drittschuldner, der die Herausgabe an den Sequester verweigert, zwangsweise vorzugehen. Der Gläubiger (– oder auch der Schuldner –) muß den Herausgabeanspruch notfalls einklagen und dann nach § 885 ZPO mit der Maßgabe vollstrecken, daß die Herausgabe an den Sequester erfolgt. Der Sequester selbst ist nicht zur Herausgabeklage befugt.[8] Ist der Sequester im Besitz des Grundstücks, ist die Zwangsvollstreckung nach § 848 Abs. 1 beendet. Anders als in dem in Abs. 2 geregelten Fall erwirbt der Gläubiger also keine weitere Sicherheit an dem Grundstück.

5   **III. Die Pfändung des Übereignungsanspruchs, bevor eine Auflassungsanwartschaft entstanden ist (Abs. 2):** Hier muß der Pfändungsbeschluß neben der Anordnung nach Abs. 1[9] die weitere Anordnung enthalten, daß die Auflassung des Grundstücks an den Schuldner zu Händen des zu bestellenden Sequesters zu erfolgen habe. Der Sequester, dem gegenüber die Auflassung an den Schuldner erklärt wurde, ist dann seinerseits befugt, die Annahmeerklärung des Schuldners in der nach § 29 GBO erforderlichen Form abzugeben[10] und den Antrag auf Eintragung des Schuldners ins Grundbuch beim Grundbuchamt zu stellen. Erklärt der Drittschuldner nicht freiwillig die Auflassung an den Sequester als Vertreter des Schuldners, so muß der Gläubiger ihn auf Abgabe dieser Erklärung verklagen. Die Klagebefugnis folgt nicht erst aus der Überweisung des Anspruchs zur Einziehung, sondern schon aus der Anordnung im Pfändungsbeschluß.[11] Die Vollstreckung des obsiegenden Urteils erfolgt nach § 894 ZPO.

6   1. Mit der Eintragung des Schuldners als Eigentümer des Grundstücks im Grundbuch erwirbt der Gläubiger eine **Sicherungshypothek** am Grundstück (**Abs. 2 S. 2**). Die vom Sequester zu veranlassende Eintragung dieser Hypothek (Abs. 2 S.) hat für deren Entstehung keine konstitutive Wirkung, sondern nur die Funktion der Grundbuchberichtigung.[12] Wird die Eintragung unterlassen, besteht allerdings die Gefahr des gutgläubigen lastenfreien Erwerbs durch Dritte (§ 892 BGB). Die Sicherungshypothek nach Abs. 2 S. 2 ist nicht mit der Zwangshypothek gem. § 867 ZPO zu verwechseln. Für sie gilt insbesondere § 866 Abs. 3 ZPO nicht;[13] sie kann also auch für Forderungen

---

7  OLG Frankfurt, JurBüro 1970, 103.
8  *Stein/Jonas/Brehm*, § 848 Rdn. 3 Fußn. 8.
9  Oben Rdn. 2.
10 OLG Celle, DGVZ 1979, 308.
11 *Stein/Jonas/Brehm*, § 848 Rdn. 5; *Stöber*, Forderungspfändung, Rdn. 2044.
12 *Baumbach/Lauterbach/Hartmann*, § 848 Rdn. 7; *Thomas/Putzo*, § 848 Rdn. 6; BayObLG, NJW-RR 1992, 1369; a. A.: *MüKo/Smid*, § 848 Rdn. 8: Der Gläubiger müsse noch nach § 866 vorgehen.
13 Ganz überwiegende Meinung; beispielhaft: *Baumbach/Lauterbach/Hartmann*, § 848 Rdn. 7; *Stöber*, Forderungspfändung, Rdn. 2036; a. A. aber *MüKo/Smid*, § 848 Rdn. 8 und BayObLG, HRR 1932 Nr. 1389.

unter 500,– DM eingetragen werden. Gesichert werden der titulierte Anspruch nebst Zinsen und Kosten.

2. Hinsichtlich des Ranges dieser Sicherungshypothek im Hinblick auf andere Belastungen des Grundstücks, die vor ihrer Eintragung bewilligt oder gar eingetragen wurden, ist zu unterscheiden:

a) Belastungen des Grundstücks, die vor dem Eigentumserwerb des Schuldners vorhanden waren und vom Schuldner mitübernommen wurden, gehen im Rang natürlich vor. Das gleiche gilt aber für Belastungen, die der Schuldner im Zusammenhang mit dem Grundstückserwerb vereinbart und bewilligt, wenn auch ihre Eintragung erst in der Folge der Eintragung des Schuldners als Grundstückseigentümer erfolgen kann (Restkaufgeldhypothek;[14] Dienstbarkeit zugunsten eines beim bisherigen Eigentümer verbleibenden Grundstückteils;[15] usw.). Da das Grundbuchamt diesen materiellrechtlichen Vorrang (– das Eigentum ist von vornherein durch die Belastung beschränkt –)[16] nicht von amtswegen berücksichtigen kann, wenn der Sequester seinen Eintragungsantrag früher gestellt hat, muß der Sequester den Vorrang notfalls bewilligen. Tut er das nicht, müssen die vorrangig Berechtigten die Eintragung eines Widerspruchs betreiben (– kein Amtswiderspruch[17] –).

b) Belastungen des Grundstücks, die der Schuldner vor oder nach Pfändung seines Eigentumsübertragungsanspruchs, aber vor seiner Eintragung im Grundbuch ohne unmittelbaren Zusammenhang mit dem Grundstückserwerbsvertrag bereits bewilligt hatte, gehen im Rang der Sicherungshypothek nach § 848 Abs. 2 S. 2 nach. Denn es handelt sich insoweit um Verfügungen eines Nichtberechtigten, die erst nach der Eintragung des Schuldners im Grundbuch wirksam werden können. Mit der Eintragung des Schuldners im Grundbuch entsteht aber bereits zeitgleich die Hypothek nach Abs. 2 S. 2.[18]

c) Belastungen des Grundstücks im Wege der Zwangsvollstreckung, deren Eintragung nach der Eintragung des Schuldners im Grundbuch als Eigentümer, aber vor Antragstellung auf Eintragung der Sicherungshypothek beantragt wird, gehen der Sicherungshypothek im Rang nach, da ein gutgläubiger Erwerb des Vorrangs im Wege der Zwangsvollstreckung nicht möglich ist. Dagegen kann der Schuldner gegenüber Gut-

---

14 LG Frankenthal, Rpfleger 1985, 231; *Böttcher*, Rpfleger 1988, 253; *Baumbach/Lauterbach/Hartmann*, § 848 Rdn. 8; *Stein/Jonas/Brehm*, § 848 Rdn. 9; *Thomas/Putzo*, § 848 Rdn. 6.
15 BayObLG, Rpfleger 1972, 182.
16 Das kann nur für Rechte, die dem bisherigen Eigentümer oder vom bisherigen Eigentümer für Dritte bewilligt werden, gelten, nicht für Rechte, die der Grundstückskäufer außerhalb des Kaufvertrages (– wenn auch wirtschaftlich zu dessen Finanzierung –) bewilligt; denn letztere beschränken nicht von vornherein das zu übertragende Eigentum; wie hier: *Baumbach/Lauterbach/Hartmann*, § 848 Rdn. 8; LG Fulda, Rpfleger 1988, 252 mit ablehnender Anmerkungen von *Böttcher*, Rpfleger 1988, 253 und Anm. von *Kerbusch*, Rpfleger 1988, 475.
17 A. A.: LG Frankenthal, Rpfleger 1985, 231 mit ablehnender Anm. von *Lehmann*, BWNotZ 1986, 38.
18 LG Fulda, Rpfleger 1988, 252.

gläubigen über den Vorrang solange wirksam rechtsgeschäftlich verfügen, bis die Sicherungshypothek eingetragen ist. Es gehört deshalb zu den Amtspflichten des Sequesters, den Antrag auf Eintragung der Sicherungshypothek frühestmöglich[19] zu stellen.

10 **IV. Die Pfändung einer Auflassungsanwartschaft:** Ist die Auflassung vom Verkäufer dem Schuldner gegenüber bereits erklärt, diesem auch bereits eine formgerechte Eintragungsbewilligung ausgehändigt worden (§ 873 Abs. 2 BGB) und hat der Schuldner darüberhinaus auch bereits beim Grundbuchamt Eintragungsantrag gestellt bzw. ist stattdessen zu seinen Gunsten eine Vormerkung eingetragen oder von ihm zur Eintragung beantragt, so ist zu Gunsten des Schuldners bereits eine **Anwartschaft** auf den Eigentumserwerb entstanden.[20] Auf sie passen die Regelungen des § 848 Abs. 2 S. 1 und S. 3 nicht mehr, da der Verkäufer, also der Drittschuldner, bereits alles seinerseits zur Erfüllung der Übereignungsverpflichtung Notwendige getan hat, ein Arrestatorium ihm gegenüber also leerläuft. Das Anwartschaftsrecht ist deshalb nach § 857 Abs. 2 ZPO durch Zustellung eines Pfändungsbeschlusses allein an den Schuldner zu pfänden.[21] Wird der Schuldner als Eigentümer im Grundbuch eingetragen, erwirbt der Gläubiger gem. §§ 857 Abs. 1, 848 Abs. 2 S. 2 ZPO sogleich eine **Sicherungshypothek** an dem Grundstück. Hinsichtlich des Ranges dieser Sicherungshypothek gilt das oben Gesagte[22] entsprechend. Da das Anwartschaftsrecht jedenfalls dann, wenn keine Vormerkung bestellt war, durch eine Zurückweisung des Eintragungsantrages des Schuldners (– er zahlt z. B. die Gebühren nicht –) gefährdet werden kann,[23] empfiehlt es sich aus Gründen der äußersten Vorsicht, in Fällen dieser Art neben der Anwartschaft **zusätzlich** den Übereignungsanspruch nach § 848 Abs. 2 S. 1 zu pfänden.[24] Für diese »Doppelpfändung« fehlt auch nicht deshalb das Rechtschutzbedürfnis, weil der Gläubiger mit der Pfändung der Anwartschaft das Recht erwirbt, auch seinerseits (– ohne daß es der Einschaltung eines Sequesters bedürfte –) die Eintragung des Schuldners als Eigentümer im Grundbuch zu beantragen.[25] Geht sein Antrag erst ein, wenn der Antrag des Schuldners schon zurückgewiesen ist, könnte er das ursprüngliche Anwartschaftsrecht nicht mehr wiederaufleben lassen. Sein Pfandrecht wäre dann mit dem Anwartschaftsrecht erloschen.

---

19 Zur Behandlung des Antrages, wenn er eingeht, bevor der Schuldner als Eigentümer im Grundbuch eingetragen ist: LG Düsseldorf, Rpfleger 1985, 305 mit Anm. von *Münzberg*.
20 BGHZ 45, 186; 49, 197; 83, 395; 89, 41; BGH, DNotZ 1976, 96; NJW 1989, 1093; LG Essen, NJW 1955, 1041; LG Wuppertal, NJW 1963, 1255.
21 BGHZ 49, 204; BGH, Rpfleger 1975, 432; OLG Düsseldorf, Rpfleger 1981, 199; *Münzberg*, Rpfleger 1985, 306 m. w. Nachw.
22 LG Düsseldorf, Rpfleger 1985, 305 mit Anm. von *Münzberg*
23 BGH, WM 1975, 255.
24 Ausführlich: *Münzberg*, Festschr. f. Schiedermair, 1976, S. 444; siehe ferner: MüKo/*Smid*, § 848 Rdn. 8; *Reinicke/Tiedtke*, NJW 1982, 2284; *Stein/Jonas/Brehm*, § 848 Rdn. 6; *Stöber*, Forderungspfändung, Rdn. 2070; *Rosenberg/Schilken*, § 57 II; a. A. (nur § 857 ZPO): *Hoche*, NJW 1955, 931.
25 *Kerbusch*, Rpfleger 1988, 477.

**V. Mängel der Pfändung und ihre Folgen:** Die nur anfechtbare Pfändung ist nach den allgemeinen Regeln[26] wirksam (– und damit Grundlage für die Sicherungshypothek –), bis sie erfolgreich angefochten ist. Ist die Pfändung aber unwirksam oder erfolgreich angefochten, so ist die Sicherungshypothek für den Gläubiger von Anfang an trotz Eintragung nicht entstanden. Sie kann sich daher bei Aufhebung der Pfändung auch nicht in eine Eigentümergrundschuld umwandeln. Die Sequesterbestellung bleibt bei unwirksamer oder erfolgreich angefochtener Pfändung zunächst wirksam, ist aber nun ihrerseits anfechtbar. Die dem anfechtbar bestellten Sequester gegenüber abgegebenen Erklärungen bleiben wirksam, sodaß der aufgrund derartiger Erklärungen als Eigentümer eingetragene Schuldner Eigentümer bleibt, wenn die Sequesterbestellung später aufgehoben wird.[27]

11

**VI. Die Zwangsvollstreckung in das Grundstück:** Ist der Schuldner als Eigentümer und für den Gläubiger eine Sicherungshypothek eingetragen, ist die Zwangsvollstreckung nach § 848 beendet. Sie führt also nie zur Befriedigung der titulierten Geldforderung des Gläubigers. Will dieser auf das Grundstück, das über den Weg nach Abs. 2 Eigentum des Schuldners geworden ist, selbst zugreifen, muß er einen neuen Vollstreckungsantrag, nunmehr nach den Regeln des ZVG, stellen (**Abs. 3**). Er kann, wenn er den Rang der nach Abs. 2 S. 2 erworbenen Sicherungshypothek nutzen will, auch auf Duldung der Zwangsvollstreckung aus dieser Hypothek klagen (§ 1147 BGB) und dann weiter aus dem dinglichen Titel vorgehen.

12

**VII. Rechtsbehelfe:** Es ist zu unterscheiden: Hinsichtlich des Pfändungsbeschlusses des Vollstreckungsgerichts und der Sequesterbestellung gilt das zu § 847 ZPO Dargestellte:[28] § 766 ZPO für den Schuldner und den Drittschuldner, § 11 Abs. 1 S. 2 RPflG für den Gläubiger bei erfolglosem Antrag. Soll aber das Verhalten des Grundbuchamtes angegriffen werden, verdrängt § 71 GBO die Rechtsbehelfe des Vollstreckungsrechts.[29]

13

---

26 Vor §§ 803, 804 Rdn. 4.
27 *Stein/Jonas/Brehm*, § 848 Rdn. 8.
28 § 847 Rdn. 7
29 Siehe auch § 766 Rdn. 3.

## § 849 Keine Überweisung an Zahlungs Statt

Eine Überweisung der im § 846 bezeichneten Ansprüche an Zahlungs Statt ist unzulässig.

1 **Zweck der Norm:** Im Rahmen der Zwangsvollstreckung nach §§ 846 ff. ZPO ist die Überweisung insgesamt von untergeordneter Bedeutung.[1] Die Überweisung an Zahlungs Statt ist deshalb unzulässig, da die in § 846 angesprochenen Ansprüche nie einen Nennwert i. S. des § 835 Abs. 1 ZPO haben können. Zudem kann die Vollstreckung nach §§ 846 ff. gar nicht zur Befriedigung des Gläubigers durch Erfüllung des titulierten Anspruchs führen, sondern immer nur diese Befriedigung durch eine nachfolgende weitere Vollstreckung vorbereiten.[2]

---

[1] Siehe insbesondere § 847 Rdn. 3.
[2] MüKo/*Smid*, § 849 Rdn. 1.

§§ 850–850 k ZPO: Besonderheiten bei der Pfändung von Arbeitseinkommen und von vergleichbaren Bezügen.

§ 850 Pfändungsschutz für Arbeitseinkommen

(1) Arbeitseinkommen, das in Geld zahlbar ist, kann nur nach Maßgabe der §§ 850 a bis 850 i gepfändet werden.
(2) Arbeitseinkommen im Sinne dieser Vorschrift sind die Dienst- und Versorgungsbezüge der Beamten, Arbeits- und Dienstlöhne, Ruhegelder und ähnliche nach dem einstweiligen oder dauernden Ausscheiden aus dem Dienst- oder Arbeitsverhältnis gewährte fortlaufende Einkünfte, ferner Hinterbliebenenbezüge sowie sonstige Vergütungen für Dienstleistungen aller Art, die die Erwerbstätigkeit des Schuldners vollständig oder zu einem wesentlichen Teil in Anspruch nehmen.
(3) Arbeitseinkommen sind auch die folgenden Bezüge, soweit sie in Geld zahlbar sind:
a) Bezüge, die ein Arbeitnehmer zum Ausgleich für Wettbewerbsbeschränkungen für die Zeit nach Beendigung seines Dienstverhältnisses beanspruchen kann;
b) Renten, die auf Grund von Versicherungsverträgen gewährt werden, wenn diese Verträge zur Versorgung des Versicherungsnehmers oder seiner unterhaltsberechtigten Angehörigen eingegangen sind.
(4) Die Pfändung des in Geld zahlbaren Arbeitseinkommens erfaßt alle Vergütungen, die dem Schuldner aus der Arbeits- oder Dienstleistung zustehen, ohne Rücksicht auf ihre Benennung oder Berechnungsart.

**Inhaltsübersicht**

| | | Rdn. |
|---|---|---|
| | Literatur | |
| I. | Übersicht über die Pfändung und Verwertung von Arbeitseinkommen | 1, 2 |
| II. | Rechtsgrund des Pfändungsschutzes nach §§ 850 ff. ZPO | 3, 4 |
| III. | Rechtsnatur der Pfändungsschutzvorschriften | 5, 6 |
| IV. | Folgen einer Mißachtung der Pfändungsschutzvorschriften, Rechtsschutz | 7, 8 |
| V. | Begriff des Arbeitseinkommens i.S. der Pfändungsvorschriften (Abs. 2) | 9 |
| | 1. Allgemeines | 9 |
| | 2. Einzelheiten | 10 |
| | a) Dienst- und Versorgungsbezüge der Beamten | 10 |
| | b) Arbeits- und Dienstlöhne | 11 |
| | c) Ruhegelder u. ä. | 12 |
| | d) Hinterbliebenenbezüge | 13 |
| | e) Sonstige Vergütungen für Dienstleistungen | 14 |
| VI. | Dem Arbeitseinkommen gleichgestellte Bezüge (Abs. 3) | 15 |
| | 1. Karenzentschädigungen (Buchst. a) | 15 |
| | 2. Versicherungsrenten (Buchst. b) | 16 |
| VII. | Umfang der Pfändung (Abs. 4) | 17 |
| VIII. | Entsprechende Anwendung der §§ 850 ff. auf die Pfändung von Sozialleistungsansprüchen; Besonderheiten beim Konkursausfallgeld | 18 |
| IX. | ArbGG, VwGO, AO | 19 |

**Literatur:** Siehe zunächst die Literaturangaben zu § 829 ZPO.
Ferner: *Adam-Lermer,* Pfändungsschutz für Arbeitseinkommen, 11. Aufl. 1972; *Andresen,* Die Lohnpfändung in Stichworten, 1960; *Arnold,* Der neue Pfändungsschutz für Arbeitseinkommen und für Gehaltskonten, BB 1978, 1314; *Bauer,* Vereitelung der Lohnpfändung durch eine vorherige Lohnabtretung für Miete, JurBüro 1962, 310; *ders.,* Die Zwangsvollstreckung gegen Soldaten der Bundeswehr, JurBüro 1964, 15; *ders.,* Ungenutzte Rechte des Gläubigers in der Lohnpfändung, JurBüro 1966, 179; *Bengelsdorf,* Auswirkungen der Lohnpfändung auf Arbeitsverhältnis und Arbeitseinkommen, AuR 1995, 349; *Bischoff-Rochlitz,* Die Lohnpfändung, Kommentar, 1965; *Blomeyer,* Die Rechtsbehelfe von Arbeitnehmer und Arbeitgeber im Fall der Arbeitslohnpfändung, RdA 1974, 1; *Börker,* Sicherungsabtretung und Pfändung derselben Lohnforderung zugunsten verschiedener Gläubiger, NJW 1970, 1104; *Boewer,* Die Lohnpfändung in der betrieblichen Praxis, 1972; *Bohn-Berner,* Pfändbare und unpfändbare Forderungen und andere Vermögensrechte, 3. Aufl. 1972; *Brehm,* Zur Reformbedürftigkeit des Lohnpfändungsrechts, Festschrift f. Henckel, 1995, 41; *Burkhardt,* Schwierigkeiten bei der Lohnpfändung, JurBüro 1957, 321; *Burness,* Die Pfändbarkeit des Wehrsoldes, MDR 1962, 14; *Christmann,* Der Rechtsschutz bei der Pfändung des Arbeitseinkommens, Rpfleger 1988, 458; *Denck,* Die Aufrechnung des Arbeitgebers gegen die Titelforderung bei Lohnpfändungen wegen Unterhalts, RdA 1977, 140; *ders.,* Die nicht ausgeschöpfte Lohnabtretung, DB 1980, 1396; *Frisinger,* Privilegierte Forderungen in der Zwangsvollstreckung und bei der Aufrechnung, Diss. Hamburg 1967; *Geißler,* Ordnungspunkte zur Praxis der Zwangsvollstreckung in Geldforderungen, JurBüro 1986, 961; *von Glasow,* Zum Pfändungsschutz des kassenärztlichen Honorars, Rpfleger 1987, 289; *Göttlich,* Pfändung von Provisionsansprüchen, JurBüro 1959, 337; *Grunau,* Der Gläubiger und Drittschuldner im heutigen Lohnpfändungsrecht, JurBüro 1961, 267; *ders.,* Pfändbarkeit des Einkommens des Soldaten, JurBüro 1961, 569; *Grunsky,* Probleme des Pfändungsschutzes bei mehreren Arbeitseinkommen des Schuldners, ZIP 1983, 908; *Gutzmann,* Die Erstattung der Kosten des Arbeitgebers als Drittschuldner bei Lohnpfändungen, BB 1976, 700; *Helwich,* Pfändung des Arbeitseinkommens, 2. Aufl. 1993; *Herzig,* Können die Bezüge eines deutschen Angestellten bei der Botschaft eines auswärtigen Staates in der Bundesrepublik gepfändet werden?, JurBüro 1964, 777; *Hohn,* Abfindungen anläßlich der Beendigung des Arbeitsverhältnisses, BB 1963, 1100; *ders.,* Pfändung, Aufrechnung und Abtretung bei Urlaubsansprüchen, BB 1965, 751; *ders.,* Pfändung von Urlaubsgeld und Gratifikation, BB 1966, 1272; *Hornung,* Fünftes Gesetz zur Änderung der Pfändungsfreigrenzen, Rpfleger 1984, 125; *Kenter,* Zur Pfändbarkeit von Geldforderungen Strafgefangener, Rpfleger 1991, 488; *Kohls,* Bezüge aus der Wahrnehmung von Mitgliedschaften in kommunalen Vertretungskörperschaften und ihre Behandlung in der Zwangsvollstreckung, NVwZ 1984, 294; *Lemke,* Sind Leistungen des Arbeitgebers für betriebliche Versorgungseinrichtungen Arbeitslohn?, BB 1957, 512; *Lippross,* Grundlagen und System des Vollstreckungsschutzes, 1983; *Mayer,* Neuerungen im Lohnpfändungsverfahren, BB 1977, 655; *Mayer-Maly,* Die Berücksichtigung von Sozialleistungen bei der Berechnung des pfändbaren Arbeitseinkommens, DB 1965, 706; *Mohrbutter,* Rechtsfragen zum Zusammentreffen von Lohnabtretung und Lohnpfändung, JurBüro 1956, 78; *Nuppeney,* Nochmals: Die Pfändung von Wehrsold, Rpfleger 1962, 199; *Peters,* Zur Pfändbarkeit des Urlaubsentgelts, DB 1966, 1133; *Pohlmann,* Die Zwangsvollstreckung in das Arbeitseinkommen von Servierkellnern und inkassobevollmächtigten Handelsvertretern, JurBüro 1957, 97; *Quardt,* Lohnpfändung bei mehreren Arbeitseinkommen, BB 1957, 619; *ders.,* Lohnpfändung und Unterbrechung des Arbeitsverhältnisses, JurBüro 1958, 146; *ders.,* Wer hat die dem Drittschuldner durch die Lohnpfändung entstandenen Kosten zu tragen, JurBüro 1959, 230; *ders.,* Die Lohnabtretung in der Zwangsvollstreckung, JurBüro 1963, 425; *Rauscher,* Die Pfändbarkeit von Urlaubsvergütung und Urlaubsabgeltung, MDR 1963, 11; *Rewolle,* Zum Begriff des Arbeitseinkommens im Bereich der Lohnpfändung, DB 1962, 936; *ders.,* Abreden zwischen Schuldner, Drittschuldner und Gläubiger über den pfändbaren Teil des Arbeitseinkommens des Schuldners, BB 1967, 338; *Rochlitz,* Die Berücksichtigung von Renten bei der Lohnpfändung, BB 1958, 1098; *Roellecke,* Pfändung

von Handelsvertreterprovisionen, BB 1957, 1158; *Rössler*, Vorausverfügungen über das Arbeitsentgelt und ihre Einwirkung auf die Berechnung des pfändbaren Arbeitseinkommens, Diss. Erlangen 1950; *Rohr*, Pfändung von Wehrsold und Entlassungsgeld, JurBüro 1963, 387; *Rüschen/Walter*, Wie können Lohnpfändungs- und Lohnabtretungskosten gesenkt werden?, BB 1961, Beilage zu Heft 10; *Schmidt*, Erfaßt die Pfändung des Wehrsoldes auch das Entlassungsgeld?, JurBüro 1965, 887; *Schneider*, Erfaßt die Lohnpfändung auch vergleichsweise Zahlungen anläßlich eines Rechtsstreits zwischen Arbeitnehmer und Arbeitgeber (Schuldner und Drittschuldner)?, JurBüro 1965, 448; *Schoele*, Die Lohnpfändung, 2. Aufl. 1973; *Schroeder*, Die Auswirkungen von Lohn- und Gehaltsvorschüssen auf die Gehaltpfändung, JurBüro 1955, 41; *Schweer*, Die Pfändbarkeit von Urlaubsvergütung und Urlaubsabgeltung, BB 1961, 680; *Sibben*, Die Zulässigkeit der Pfändung von Prämien, DGVZ 1988, 4; *Sikinger*, Genießt der Anspruch auf Erfindervergütung den Lohnpfändungsschutz der §§ 850 ff. ZPO, GRUR 1985, 785; *Stehle*, Nochmals: Ist Wehrsold wirklich pfändbar?, NJW 1962, 854; *ders.*, Pfändbarkeit des Urlaubsentgelts, DB 1964, 334; *ders.*, Betriebsnahe Lohnpfändungen, DB 1965, 1138; *Süße*, Die Drittschuldnerklage bei der Lohnpfändung, BB 1970, 671; *Timm*, Der Gesellschafter-Geschäftsführer im Pfändungs- und Insolvenzrecht, ZIP 1981, 10; *Wagner*, Umstellungen im Lohnpfändungsrecht in den neuen Bundesländern, NJ 1991, 167; *Walter*, Kommentar zum Lohnpfändungsrecht, 3. Aufl. 1972; *Weber*, Unpfändbarkeit der Urlaubsvergütung?, BB 1961, 608; *ders.*, Keine Lohnpfändung nach billigem Ermessen!, NJW 1965, 1699.

**I. Übersicht über die Pfändung und Verwertung von Arbeitseinkommen:** Arbeitseinkommen, das in Geld zahlbar[1] ist, wird nach den allgemeinen Regeln des § 829 ZPO gepfändet.[2] Es gelten insbesondere der Bestimmtheitsgrundsatz im Hinblick auf den Vollstreckungsantrag und den ihm folgenden Pfändungsausspruch,[3] die allgemeinen Regeln hinsichtlich des Wirksamwerdens der Pfändung[4] und der Wirkungen einer wirksam erfolgten Pfändung.[5] Hinsichtlich des Pfändungsumfanges sind die Sonderregelungen der §§ 832,[6] 833 ZPO sowie § 850 Abs. 4 ZPO zu beachten. Die Pfändung von Arbeitseinkommen erfolgt durch das Vollstreckungsgericht i. S. § 828 ZPO, also immer das Amtsgericht, nicht etwa das Arbeitsgericht[7] oder (bei öffentlich-rechtlichen Bezügen) das Verwaltungsgericht. Zuständig ist der Rechtspfleger. Die Verwertung des gepfändeten Arbeitseinkommens erfolgt nach § 835 ZPO durch Überweisung der Forderung an den Gläubiger. Auch insoweit gelten die allgemeinen Grundsätze wie für alle anderen Geldforderungen uneingeschränkt.[8] Der Einziehungsprozeß[9] dagegen muß vor dem Gericht geführt werden, vor dem auch der Schuldner seinen Lohn- oder Gehaltsanspruch gegen seinen Arbeitgeber oder Dienstherrn einklagen müßte, gegebenenfalls also vor dem Arbeitsgericht oder dem Verwaltungsgericht.

1 Zur Lohnpfändung bei Naturalleistungen: OLG Saarbrücken, BB 1958, 271. Zur Berücksichtigung von Naturalleistungen (z. B. Stellung eines Firmenwagens), die der Schuldner neben seinem in Geld zahlbaren Einkommen erhält, bei der Berechnung des pfändbaren Arbeitseinkommens siehe § 850 e Rdn. 11.
2 Einzelheiten: § 829 Rdn. 31 ff.
3 § 829 Rdn. 37.
4 § 829 Rdn. 43, 44.
5 § 829 Rdn. 47 ff.
6 Siehe dort insbesondere Rdn. 2, 4.
7 Siehe auch § 828 Rdn. 1.
8 Siehe insbesondere § 835 Rdn. 3.
9 § 835 Rdn. 6–9.

**2** Die in den §§ 828 ff. ZPO enthaltenen Regeln über das Verfahren bei der Pfändung von Arbeitseinkommen werden in den §§ 850 ff. ZPO ergänzt durch Vorschriften über den Pfändungsschutz aus sozialen Gründen. Soweit in diesen Vorschriften teilweise (so in §§ 850 b Abs. 2, 850 f Abs. 2 ZPO) die Pfändbarkeit des grundsätzlich unpfändbaren Arbeitseinkommens für ganz bestimmte Ausnahmefälle im Einzelfall zugelassen wird, enthalten sie in Ergänzung zu § 829 ZPO auch Regeln über das bei der Pfändung zu beachtende Verfahren (z. B. ein zusätzliches Antragserfordernis, zusätzliche Darlegungslasten für den Gläubiger,[10] Pflicht zur Anhörung des Schuldners vor der Pfändung).

**3** **II. Rechtsgrund des Pfändungsschutzes nach §§ 850 ff. ZPO:** Die Pfändungsschutzvorschriften der §§ 850 ff. dienen vor allem dem öffentlichen Interesse. Durch sie soll zum einen verhindert werden, daß die Gemeinschaft mit Sozialhilfeleistungen einspringen muß, weil der Gläubiger dem Schuldner nicht das zur Deckung der elementaren Lebensbedürfnisse erforderliche Arbeitseinkommen beläßt; zum anderen sind sie Ausdruck des Sozialstaatsprinzips nach Art. 20 Abs. 1 GG. Der Staat, der das Zwangsmonopol hat, übt es nur in sozial verträglicher Weise aus. Der Schuldner, der zur Begleichung seiner Verbindlichkeiten gezwungen wird, soll sich zwar einschränken müssen, aber nicht in Not geraten. Seine auch durch Art. 1 Abs. 1 GG geschützte Arbeitsfreude soll nicht durch den gänzlichen Entzug jeglichen Arbeitsentgeltes lahmgelegt werden.

**4** Obwohl die Vorschriften die Möglichkeiten des Gläubigers, seine Forderungen zu befriedigen, im öffentlichen Interesse beschränken, beinhalten sie keine Enteignung des Gläubigers. Es ist nicht berechtigt, davon zu sprechen, daß Lasten der Allgemeinheit auf den Gläubiger abgewälzt werden oder daß auf seine Kosten Sozialpolitik betrieben wird.[11] Wer in privatrechtliche Beziehungen zu einem Dritten tritt, muß auch das allgemeine Lebensrisiko tragen, enttäuscht zu werden. Das Recht auf menschenwürdige Lebensbedingungen ist nicht nur gegen Eingriffe des Staates geschützt (Art. 1 Abs. 1 GG); es zu achten, ist vielmehr auch Verpflichtung jedes einzelnen Bürgers (Art. 1 Abs. 2 GG). Verhält sich der Gläubiger entsprechend dieser Maxime, läßt er also von sich aus bei seinen Vollstreckungsversuchen das außer Betracht, was der Schuldner zur Erhaltung einer menschenwürdigen Existenz benötigt, so respektiert er nur die Grenzen, die im Umgang von Mitbürgern miteinander einzuhalten sind. Daß diese Grenzen in den §§ 850 ff. ZPO schematisiert wurden, erleichtert die Orientierung des Gläubigers und die Arbeit der Vollstreckungsorgane und Drittschuldner. In Notsituationen des Gläubigers und des Schuldners ermöglichen § 850 f Abs. 1 und Abs. 2 ZPO in begrenztem Umfange individuelle Einzelfallentscheidungen.

**5** **III. Rechtsnatur der Pfändungsschutzvorschriften:** Die Vorschriften der §§ 850 ff. ZPO sind **zwingendes Recht**. Der Schuldner kann auf den Pfändungsschutz weder generell vorab noch im konkreten Einzelfall verzichten. Letzteres unterscheidet die Schutzvorschriften der §§ 850 ff. von § 811 ZPO.[12] Der Grund hierfür liegt in §§ 400, 1274 Abs. 2 BGB. Während der Schuldner unpfändbare bewegliche Sachen

---

10 Zur Darlegungslast bei § 850 h Abs. 2 ZPO vergl. etwa LAG Düsseldorf, NZA 1994, 1056.
11 So aber *Henckel,* ZZP 1971, 451.
12 Siehe dort Rdn. 9.

durchaus übereignen und deshalb z. B. an Erfüllungs Statt zur Befriedigung seiner Gläubiger weggeben kann, ist es ihm nicht möglich, unpfändbare Forderungen abzutreten. Was der Schuldner aber auch mit Zustimmung des Drittschuldners nicht freiwillig auf seine Gläubiger übertragen kann, das kann er auch nicht zur Haftungsgrundlage für seine Schulden in der Zwangsvollstreckung machen.[13] Die Pfändungsschutzvorschriften sind deshalb vom Vollstreckungsgericht auch schon bei Erlaß des Pfändungsbeschlusses von Amts wegen von Anfang an zu beachten, nicht erst auf einen Rechtsbehelf des Schuldners hin. Eine Ausnahme bilden nur § 850 f Abs. 1 und § 850 k ZPO: Will der Schuldner einen über den pauschalierten Pfändungsschutz hinausgehenden weiteren individuellen Pfändungsschutz in Anspruch nehmen, muß er dies unter Darlegung seiner besonderen Notlage beantragen (§ 850 f ZPO). Wird ein Girokonto des Schuldners gepfändet, ist nicht von vornherein abzusehen, ob auf dieses Konto dem Pfändungsschutz unterliegendes Arbeitseinkommen überwiesen wird oder nicht. Der Schuldner muß dies deshalb auch von sich aus geltend machen (§ 850 k ZPO).

Der Pfändungsschutz nach §§ 850 ff. ZPO ist nicht in der Weise abschließend geregelt, daß sich **zugunsten** des Schuldners im Einzelfall die Anwendung des § 765 a ZPO verböte.[14] Die Regelungen haben andere Schwerpunkte: Bei den §§ 850 ff. ZPO dominieren allgemeine sozialpolitische Erwägungen, bei § 765 a ZPO ist allein die ganz individuelle persönliche Härte der Vollstreckungsmaßnahme für den Schuldner in einer bestimmten Einzelfallsituation maßgeblich. Auch § 850 f Abs. 1 ZPO enthält noch Pauschalierungen, die im Einzelfall durch § 765 a ZPO aufgelöst werden können.[15]

**IV. Folgen einer Mißachtung der Pfändungsschutzvorschriften, Rechtsschutz**[16]: Pfändet das Vollstreckungsgericht eine Forderung, die der Pfändung nicht unterliegt, so wird die Forderung dennoch verstrickt,[17] es entsteht aber **kein** – durch die erfolgreiche Einlegung eines Rechtsmittels auflösend bedingtes – Pfändungspfandrecht.[18] Die Einordnung einer Forderung unter §§ 850 a, b ZPO, ja die Erkenntnis, daß es sich überhaupt um Arbeitseinkommen handelt, kann im Einzelfall so schwierig sein, daß ein Fehler dieser Art nicht zur Nichtigkeit der Vollstreckungsmaßnahme, sondern nur zu deren Anfechtbarkeit führen kann.[19] Daß dennoch kein Pfändungspfandrecht entsteht, ist nach der hier vertretenen gemischt privat-öffentlich-rechtlichen Pfändungspfandrechtstheorie[20] eine Folge aus § 1274 Abs. 2 BGB: Unpfändbare Forderungen sind nicht übertragbar (§ 400 BGB). An nicht übertragbaren Forderungen kann

6

7

---

13 *Baur/Stürner*, Rdn. 10.4; *Jauernig*, § 33 I J; *Rosenberg/Schilken*, § 56 VII 3.
14 Siehe § 765 a Rdn. 2.
15 Vergl. § 765 a Rdn. 6.
16 Dazu *Christmann*, Rpfleger 1988, 458.
17 Wie hier BGH, NJW 1979, 2045, 2046; *Baur/Stürner*, Rdn. 24.34; *Bruns/Peters*, § 25 V; *Gerhardt*, § 9 II 3 b; *MüKo/Smid*, § 850 Rdn. 17; *Thomas/Putzo*, § 850 Rdn. 5; **a. A.** (keine Verstrickung) *Henckel*, ZZP 1971, 453; jetzt auch *Stein/Jonas/Brehm*, § 850 Rdn. 19.
18 So auch *Baur/Stürner, Bruns/Peters, Gerhardt, Stein/Jonas/Brehm* a.a.O.; *Rosenberg/Schilken*, § 56 VII 2; **a. A.** (auch Pfändungspfandrecht entsteht) *Thomas/Putzo, MüKo/Smid* a.a.O.
19 So auch *Brox/Walker*, Rdn. 539 a.E. Zur Nichtigkeit von Vollstreckungsakten siehe Vor §§ 803, 804 Rdn. 5.
20 Einzelheiten: Vor §§ 803, 804 Rdn. 13, 14.

kein Pfandrecht begründet werden (§ 1274 Abs. 2 BGB). Die bürgerlich-rechtlichen Vorschriften über das Faustpfandrecht gelten aber auch für das Pfändungspfandrecht (§ 804 Abs. 2 ZPO), soweit die ZPO nicht im Einzelfall (wie etwa in § 851 Abs. 2 ZPO) abweichende Regelungen enthält.

8   Ist eine unpfändbare Forderung nicht nur gepfändet, sondern verwertet, also vom Gläubiger eingezogen worden, so kann der Schuldner vom Gläubiger gemäß § 812 BGB Ausgleich verlangen, weil es an einem Rechtsgrund (nämlich dem Pfändungspfandrecht[21]) für das Behaltendürfen des Verwertungserlöses fehlt. Einer Aufrechnung des Gläubigers gegen diesen Bereicherungsanspruch mit seiner titulierten Forderung steht § 394 BGB in entsprechender Anwendung entgegen.[22] Der Gläubiger soll sich durch eine gesetzwidrige Pfändung nicht Vorteile verschaffen können, die ihm der Schuldner durch freiwillige Abtretung oder Verpfändung der Forderung nicht verschaffen könnte.

9   **V. Begriff des Arbeitseinkommens i. S. der Pfändungsschutzvorschriften (Abs. 2):**

1. **Allgemeines:** Die Aufzählung in Abs. 2 ist nur beispielhaft und deckt den Begriff des »Arbeitseinkommens« i. S. der §§ 850 ff. ZPO nicht vollständig ab. Erfaßt werden **alle Vergütungen aus Dienst- und Arbeitsverhältnissen,** unabhängig davon, ob sie privat- oder öffentlich-rechtlich ausgestaltet sind, ob es sich um Haupt- oder Nebentätigkeiten handelt und unabhängig davon, ob dem Dienst- oder Arbeitsvertrag deutsches oder ausländisches Recht zugrundeliegt.

Dagegen fallen Vergütungen aus anderen Tätigkeiten, die im Einzelfall ebenfalls die ganze Arbeitskraft des Schuldners beanspruchen (einmalige Werkleistungen,[23] Verkauf von Waren), die aber nicht aufgrund der fortlaufenden »Beschäftigung« durch einen Dritten (Arbeitgeber, Dienstherr, Dauerauftraggeber, usw.) erbracht werden, nicht unter die §§ 850 ff. ZPO. Gleiches gilt für fortlaufende Bezüge, die aufgrund familienrechtlicher Bindung über den in Natur oder durch Vorschußleistung gewährten Unterhalt (§ 1360 a BGB) hinaus[24] dem den Haushalt führenden Ehegatten in bar geleistet werden (sog. **Taschengeld**). Taschengeld ist nach umstrittener Ansicht als Bestandteil des Unterhaltsanspruches (§§ 1360, 1360 a BGB) gem. § 850 b ZPO bedingt pfändbar.[25] Hilfreich bei der Auslegung, ob ein Dienst- oder Arbeitseinkommen anzunehmen ist, sind die §§ 19 EStG, 14 SGB IV, die den Begriff weitgehend abdecken. Jedoch sind auch Bezüge aus Dienstverhältnissen, die »freiberuflich« organisiert sind, den §§ 850 ff. ZPO zuzuordnen, und zwar nicht nur fortlaufende Bezüge, sondern auch einmalige Vergütungen (arg. e § 850 i ZPO). Insoweit wird die Unpfändbarkeit allerdings nicht schon im Pfändungsbeschluß von Amts wegen berücksichtigt; der Freiberufler muß sie vielmehr erst nachträglich bei Gericht durchsetzen (§ 850 i Abs. 1

---

21 Siehe Vor §§ 803, 804 Rdn. 15.
22 *Gerhardt,* § 9 II 3 b, Fußn. 76.
23 Gewisse einmalige Forderungen aus Werkleistungen im Grenzbereich von Dienst- und Werkvertrag schützt allerdings § 850 i ZPO. Einzelheiten siehe dort Rdn. 2, 3.
24 Zu Unterhaltsrenten in Geld siehe § 850 b Rdn. 10.
25 Siehe § 850 b Rdn. 11 m. N.

ZPO).²⁶ Die §§ 850 ff. ZPO betreffen immer nur **Forderungen** aus Arbeits- bzw. Dienstleistungen entweder unmittelbar gegen den Arbeitgeber oder Dienstherrn oder im Hinblick auf § 850 k ZPO gegen das Kreditinstitut, an das der Dienstherr aufgrund Vereinbarung mit dem Dienstverpflichteten das Geld auf dessen Lohn- oder Gehaltsgirokonto überweist. Der Pfändungsschutz nach §§ 850 ff. ZPO besteht auch dann weiter fort, wenn der Drittschuldner die unpfändbare Forderung hinterlegt.²⁷ Ist das Geld in bar an den Arbeitnehmer ausgezahlt oder vom Gehaltskonto schon abgehoben worden, greifen die §§ 850 ff. nicht mehr. Hier ist dann § 811 Nr. 8 ZPO einschlägig.²⁸

**2. Einzelheiten (Abs. 2):**   10

a) **Dienst- und Versorgungsbezüge der Beamten:** Beamte i. S. des Abs. 2 sind nicht nur die förmlich in ein Beamtenverhältnis nach §§ 2 BBG, 2 BRRG Berufenen, unabhängig davon, ob sie auf Zeit, auf Lebenszeit, auf Probe oder auf Widerruf berufen wurden, sondern auch die Richter, die Soldaten, die Minister, die Abgeordneten des Europaparlaments, des Bundestages und der Landtage, ferner die von den Kirchen beamtengleich angestellten Geistlichen sowie alle, die ohne Beamte im staatsrechtlichen Sinne zu sein, in einem öffentlich-rechtlichen Rechtsverhältnis mit fortlaufenden Bezügen zum Staat oder einer öffentlich-rechtlichen Körperschaft stehen. Deshalb unterfallen den §§ 850 ff. ZPO nicht nur die Gehälter einschließlich aller Amtszulagen, gleich welche Bezeichnung diese tragen, und die Versorgungsbezüge, sondern auch der Unterhaltszuschuß der Referendare,²⁹ der Wehrsold der Wehrpflichtigen³⁰ und der Sold des Zivildienstleistenden, das Übergangs-³¹ und das Entlassungsgeld³² der Soldaten, die Diäten der Abgeordneten³³ einschließlich der Aufwandsentschädigungen für Abgeordnete in Kommunalparlamenten und des nach dem Ausscheiden aus dem Parlament gezahlten Übergangsgeldes.³⁴

b) **Arbeits- und Dienstlöhne:** Ob das Arbeits- oder Dienstverhältnis auf Dauer oder   11
auf Zeit angelegt ist, ob der Arbeitnehmer im versicherungsrechtlichen Sinne Arbeiter oder Angestellter oder im betriebsverfassungsrechtlichen Sinne leitender Angestellter ist, hat keine Bedeutung. Auch Auszubildende, bei denen die Arbeitsleistung noch nicht immer im Vordergrund steht, sind Arbeitnehmer i. S. der §§ 850 ff. ZPO, ferner alle arbeitnehmerähnlich Tätigen wie die Heimarbeiter i. S. des HeimArbG (§ 850 i

---

26 Einzelheiten: § 850 i Rdn. 4.
27 LG Düsseldorf, MDR 1977, 586.
28 Siehe dort Rdn. 32.
29 OLG Bamberg, Rpfleger 1974, 30; OLG Braunschweig, NJW 1955, 1599.
30 OLG Neustadt, Rpfleger 1962, 383; LG Aachen, NJW 1962, 2357; LG Aurich, MDR 1962, 661; LG Essen, MDR 1962, 911; LG Flensburg, SchlHA 1962, 87; JurBüro 1962, 232; LG Hagen, Rpfleger 1962, 215; LG Zweibrücken, Rpfleger 1962, 385; *Stöber*, Forderungspfändung, Rdn. 905.
31 BGH, NJW 1980, 229; AG Krefeld, MDR 1979, 853.
32 OLG Hamm, OLGZ 1984, 457; LG Koblenz, MDR 1969, 769; AG Freudenstadt, DAVorm 1976, 361.
33 OLG Düsseldorf, JMBl.NW 1985, 21.
34 AG Bremerhaven, MDR 1980, 504.

Abs. 3 ZPO) oder die gegen Gage tätigen Künstler oder gegen Gehalt tätigen Gesellschafter.[35] Auf die Bezeichnung des Arbeits- oder Dienstlohnes kommt es nicht an (Lohn, Gehalt, Tantieme, Gratifikation, Vergütung, Honorar, Gage, Provision, Gewinn- oder Ergebnisbeteiligung,[36] Entgeltfortzahlung nach §§ 3 u. 9 EntgeltFG[37] usw.). Entscheidend ist, daß die Vergütung vom Arbeitgeber oder Dienstherrn geschuldet wird, nicht etwa als Sozialleistung (wenn auch gerade wegen der Arbeitnehmereigenschaft) vom Staat gewährt oder als freiwilliges Geschenk von Dritten gemacht wird (persönliches Trinkgeld für den Kellner, Friseur, Taxifahrer usw.). So ist etwa der vom Arbeitgeber dem Kellner, Taxifahrer usw. geschuldete Anteil an den Betriebseinnahmen (»10 % Bedienungsgeld im Preis enthalten« usw.) anders als das vom Kunden individuell persönliche Trinkgeld dagegen normales Arbeitseinkommen.[38] Ebenfalls zum Arbeitseinkommen zählen zwar die vom Arbeitgeber vereinbarungsgemäß gezahlten **vermögenswirksamen Leistungen**; diese sind jedoch gem. § 2 Abs. 7 des 5. VermBG[39] nicht übertragbar und daher gem. § 851 Abs. 1 ZPO unpfändbar. Von diesen vermögenswirksamen Leistungen des Arbeitgebers zu unterscheiden sind die Arbeitnehmersparzulagen, die als staatliche Leistungen schon gar kein Arbeitseinkommen darstellen (§ 13 Abs. 3 5. VermBG) und gesonderter Pfändung bedürfen.[40] Arbeitseinkommen sind schließlich auch Vergütungen, die als Zuschuß für arbeitsfreie Zeit (Urlaubsgeld[41]) oder als Nachwirkungen aus einem bereits beendeten Arbeitsverhältnis gewährt werden (Abfindungen nach dem KSchG;[42] Sozialplanleistungen[43]). Beim **Streikgeld** handelt es sich zwar nicht um eine vom Arbeitgeber geschuldete Vergütung; es tritt aber an deren Stelle und unterliegt wie diese Arbeitsvergütung dem Vollstreckungsschutz der §§ 850 ff. ZPO. Entgelte, deren Schuldner nur zufällig der Dienstherr ist, die aber – auch im weitesten Sinne – rechtlich nicht aus dem Arbeitsverhältnis herrühren, sind kein Arbeitseinkommen, so etwa Lizenzgebühren für die Überlassung des Rechts zur Benutzung einer freien Erfindung[44] oder Honorare für belletristische Beiträge in der Betriebszeitung. Nicht wie Arbeitseinkommen i.S.d. §§ 850 ff. ZPO wird das **Arbeitsentgelt eines Strafgefangenen** nach den §§ 39, 43 ff. StVollzG behandelt; denn den Maßstab für die Pfändungseinschränkungen der §§ 850 ff. ZPO bilden die Bedürfnisse eines in Freiheit lebenden und arbeitenden Menschen.[45] Von dem Arbeitsentgelt ist das sog. Eigengeld des Strafgefangenen, welches nach Abzug der Beträge verbleibt, die als Hausgeld, Haftkostenbeitrag, Unterhaltsbeitrag oder Überbrückungsgeld in Anspruch genommen werden (§ 52 StVollzG), ohne Beachtung der Pfändungsgrenzen

---

35 OLG Düsseldorf, MDR 1970, 934.
36 LG Berlin, Rpfleger 1959, 132.
37 BGBl. 1994 I, 1014, 1065.
38 LG Hildesheim, JurBüro 1963, 715; LAG Düsseldorf, DB 1972, 1540.
39 BGBl. I 1989, 138.
40 Einzelheiten: Anh. § 829 Rdn. 11.
41 BAG, NJW 1966, 222; ArbG Bremen, BB 1956, 562.
42 BAG, Rpfleger 1960, 247; NJW 1980, 800.
43 BAG, NZA 1992, 384; OLG Düsseldorf, MDR 1980, 63; AG Krefeld, MDR 1979, 853.
44 BGHZ 93, 82; OLG Karlsruhe, WM 1958, 1289; siehe aber § 850 i Rdn. 2.
45 BVerfG, NJW 1982, 1583.

des § 850 c ZPO pfändbar, sofern nicht § 51 Abs. 4 S. 2 StVollzG eingreift.[46] Das Überbrückungsgeld ist gem. § 51 Abs. 4 S. 1 StVollzG unpfändbar, sofern die Pfändung nicht wegen der in § 850 d ZPO genannten Unterhaltsansprüche erfolgt (§ 51 Abs. 5 StVollzG). Das Hausgeld des Strafgefangenen (§ 47 StVollzG) wird wegen Zweckbindung als unpfändbar angesehen.[47]

c) **Ruhegelder und ähnliche nach dem einstweiligen oder dauernden Ausscheiden aus dem Dienst- oder Arbeitsverhältnis gewährte fortlaufende Einkünfte:** Angesprochen sind hier nicht die Renten aus der gesetzlichen Rentenversicherung (für deren Pfändung sind die Vorschriften des SGB maßgeblich), sondern allein aufgrund des Arbeits- oder Dienstvertrages (sei es nach individueller Vereinbarung, sei es aufgrund einer Betriebsvereinbarung oder eines Tarifvertrages) geschuldete Ruhegelder, insbesondere Betriebsrenten aller Art sowie die Pensionen der Beamten. Ist Drittschuldner der Arbeitgeber selbst, gilt § 832 ZPO, soweit zuvor schon das Gehalt gepfändet war; ist Drittschuldner eine rechtlich eigenständige Pensionskasse, muß dieser ein eigener Pfändungsbeschluß zugestellt werden. Auch betriebliche Teilrenten, die neben einem Arbeitsentgelt für verringerte Arbeitsleistung gewährt werden (Teilruhestand) fallen hierunter. Wie Arbeitseinkommen sind schließlich auch nach § 7 Abs. 3 VRG die Vorruhestandsleistungen nach dem Vorruhestandsgesetz von 1984[48] zu behandeln.[49]

12

d) **Hinterbliebenenbezüge:** Auch hier ist nicht die gesetzliche Rentenversicherung angesprochen. Es handelt sich um die Bezüge, die den Hinterbliebenen eines Arbeitnehmers (auch eines Beamten) vom Arbeitgeber selbst oder von an seine Stelle getretenen Versorgungseinrichtungen gezahlt werden, und zwar als Folge des früheren Arbeitsverhältnisses des Verstorbenen. Hinsichtlich der Bezüge aus Witwen- und Waisenkassen ist § 850 b Abs. 1 Nr. 4 ZPO zu beachten.

13

e) **Sonstige Vergütungen für Dienstleistungen aller Art, die die Erwerbstätigkeit des Schuldners vollständig oder zu einem wesentlichen Teil in Anspruch nehmen:** Der Auffangtatbestand ermöglicht es, Schuldner, die ihre Arbeitskraft fortlaufend im Dienste Dritter einsetzen und hieraus ihre wesentlichen Einkünfte erzielen, wie Arbeitnehmer in der Zwangsvollstreckung zu schützen. Die Einkünfte müssen weder regelmäßig in gleicher Höhe zufließen wie Lohn- und Gehaltszahlungen noch in gleicher zeitlicher Regelmäßigkeit. Es muß sich auch nicht um die einzigen Einkünfte des Schuldners handeln. Wesentlich ist aber, daß es sich um wiederkehrend zahlbare Vergütungen[50] handelt und daß die zugrundeliegende Tätigkeit einen wesentlichen, wenn

14

---

46 OLG Karlsruhe, Rpfleger 1994, 370; LG Berlin, Rpfleger 1992, 128; LG Itzehoe, Rpfleger 1991, 521; a. A. OLG Frankfurt, Rpfleger 1984, 425; LG Karlsruhe, NJW-RR 1989, 1536.
47 LG Münster, Rpfleger 1992, 129; *Baumbach/Lauterbach/Hartmann*, § 850 Rdn. 7; wohl auch BVerfG, NJW 1982, 1583; a. A. *Zöller/Stöber*, § 829 Rdn. 33 »Gefangenengelder«.
48 BGBl. I, 601.
49 Einzelheiten: *Stöber*, Forderungspfändung, Rdn. 884 a.
50 Zur Pfändbarkeit von nicht wiederkehrend zahlbaren Vergütungen für persönlich geleistete Dienste siehe § 850 i Rdn. 2 ff.

auch nicht den überwiegenden Teil der Erwerbstätigkeit (Gegensatz: Freizeit, Hobby) des Schuldners beansprucht.[51] Hierher gehören die Ansprüche der Handels- und Versicherungsvertreter auf Provision und Fixum,[52] die Ansprüche eines Anwalts oder Steuerberaters auf das vereinbarte Fixum für die regelmäßige Beratung eines Unternehmers, die fortlaufenden Bezüge des Vorstandsmitglieds einer Aktiengesellschaft oder des Geschäftsführers einer GmbH,[53] die Ansprüche gegen die kassenärztliche Vereinigung wegen kassenärztlicher Tätigkeiten,[54] die Ansprüche eines Handwerkers wegen regelmäßiger Werkleistungen (laufende Wartungsverträge u. ä.),[55] eines Autors wegen regelmäßiger Beiträge in einer periodisch erscheinenden Zeitschrift. Für einmalige Ansprüche aus Dienstverträgen der genannten Art gewährt § 850 i ZPO einen gewissen Schutz.

15 **VI. Dem Arbeitseinkommen gleichgestellte Bezüge (Abs. 3):**

1. **Karenzentschädigungen (Buchst. a):** Sie werden nach Beendigung des Arbeits- oder Dienstverhältnisses bezahlt, damit der Anspruchsberechtigte für eine begrenzte Zeit bestimmte Tätigkeiten unterläßt. Der Anspruch kann sich aus dem Gesetz ergeben (§§ 74, 82 a, 90 a HGB, 133 f GewO) oder aus freiwilliger Vereinbarung. Wird die Karenzentschädigung nicht, wie regelmäßig, in fortlaufenden Raten, sondern als einmalige Summe ausgezahlt, ist nicht Abs. 3 Buchst. a maßgeblich, sondern § 850 i ZPO.[56]

16 2. **Versicherungsrenten (Buchst. b):** Gemeint sind wiederum nicht die Renten aus der gesetzlichen Rentenversicherung. Für sie gelten die Sonderregelungen der §§ 54, 55 SGB I.[57] Es handelt sich vielmehr um Ansprüche aus privatrechtlichen Versicherungsverträgen, die abgeschlossen wurden, um die Versorgung des Arbeitnehmers oder Dienstverpflichteten und seiner Hinterbliebenen im Alter oder im Falle der Arbeitsunfähigkeit zu sichern oder zu ergänzen (Lebens- und Unfallversicherungen). Der Versicherungsvertrag kann vom Arbeitnehmer selbst abgeschlossen worden sein oder vom Arbeitgeber als Vertrag zugunsten Dritter. Buchst. b gilt nur für Versicherungsrenten, nicht für den Kapitalanspruch, auch wenn der Arbeitnehmer den Versicherungsvertrag mit Genehmigung der Bundesversicherungsanstalt für Angestellte abgeschlossen hatte, um von seiner Rentenversicherungspflicht befreit zu werden.[58] Im Gegensatz zu Rentenzahlungen fällt die Forderung auf einmalige Auszahlung der Versicherungssumme aus einer Kapitallebensversicherung nicht unter § 850 Abs. 3 Buchst. b ZPO; denn eine derartige Kapitalleistung ist nicht in gleichem Maße wie eine Rentenzahlung geeig-

---

51 *Brox/Walker*, Rdn. 545; *Stein/Jonas/Brehm*, § 850 Rdn. 42; *Stöber*, Forderungspfändung, Rdn. 885 ff.
52 BAG, NJW 1962, 1221; OLG Hamm, BB 1972, 855; LAG Baden-Württemberg, BB 1960, 50; LG Berlin, VersR 1962, 217.
53 BGH, NJW 1978, 756; NJW 1981, 2465.
54 BGH, NJW 1986, 2362 mit Anm. *Brehm*, JZ 1986, 500 und *Uhlenbruck*, MedR 1987, 46.
55 BAG, Rpfleger 1975, 220.
56 *Brox/Walker*, Rdn. 546; *Stein/Jonas/Brehm*, § 850 Rdn. 46; *Stöber*, Forderungspfändung, Rdn. 890.
57 Siehe Anh. § 829 Rdn. 21–25.
58 BFH, Rpfleger 91, 466; LG Lübeck, MDR 1984, 61.

net, dem öffentlichen Interesse an einer funktionierenden privaten Vorsorge zu genügen.[59] Für Kapitalansprüche, die ausschließlich den Hinterbliebenen des Versicherungsnehmers erwachsen sollen, gilt § 850 b Abs. 1 Nr. 4 ZPO. Versorgungsrenten, die nicht aus Versicherungsverträgen herrühren, sondern aus anderer Vereinbarung, und die nicht schon unter Abs. 2 fallen, werden von Buchst. b nicht erfaßt. So fallen etwa auf vertraglicher Grundlage gewährte Renten wegen Verletzung des Körpers und der Gesundheit unter § 850 b Abs. 1 Nr. 1 ZPO,[60] Unterhaltsrenten unter § 850 b Abs. 1 Nr. 2 ZPO, Altenteilsrenten unter § 850 b Abs. 1 Nr. 3 ZPO. Auf den Namen der Versorgungsrente kommt es, soweit die Voraussetzungen von Buchst. b vorliegen, nicht an. Deshalb gehören auch eine Berufsunfähigkeitsrente[61] sowie die »Tagegelder« aus Krankenversicherungsverträgen hierher.[62]

**VII. Umfang der Pfändung (Abs. 4):** Sind die »Ansprüche des Schuldners auf Arbeitseinkommen« gegen einen bestimmten Drittschuldner gepfändet worden, so erfaßt die Pfändung alle nach den vorstehenden Ausführungen zum Arbeitseinkommen zu zählenden Ansprüche, auch wenn sie in verschiedenen Vorschriften des Arbeits- oder Dienstvertrages ihre Grundlage haben und demgemäß aus der Sicht der Vertragsparteien unterschiedliche Bezeichnungen führen (Lohn, Prämie, Urlaubsgeld[63] usw.). Voraussetzung ist natürlich die Zugehörigkeit der Forderung zum Schuldnervermögen; es darf also keine wirksame Vorausabtretung erfolgt sein, da die Pfändung sonst ins Leere geht.[64] Im Hinblick auf die §§ 832, 833 ZPO werden auch Teile des Arbeitseinkommens von der Pfändung erfaßt, die erst künftig fällig werden und von Umständen abhängen, die im Zeitpunkt der Pfändung im einzelnen noch nicht absehbar sind (Erfolgsprämien, die erst später ausgelobt werden; der vom Arbeitgeber gem. § 42 b EStG durchgeführte Lohnsteuerjahresausgleich;[65] Zuschläge, die erst durch einen späteren Tarifvertrag neu eingeführt wurden; neue Nebenleistungen, die mit einer neuen Stelle beim nämlichen Arbeitgeber verbunden sind; u. ä.). Abs. 4 stellt keine Ausnahme vom Bestimmtheitserfordernis bei der Forderungspfändung[66] dar; denn die Forderung ist durch die Bezeichnung des Arbeitsverhältnisses und des Drittschuldners hinreichend bestimmt. Die einzelnen Vergütungsteile stellen insoweit nur Rechnungsposten dar. Das Risiko, das Arbeitseinkommen im Rahmen der Pfändung falsch zu bestimmen und Teile unberücksichtigt zu lassen, die mitgerechnet werden müßten, oder umgekehrt Teile einzubeziehen, die nicht Arbeitseinkommen sind, trägt der Arbeitgeber als Drittschuldner.[67] Nicht von der Pfändung erfaßt wird die Arbeitnehmersparzulage.

---

59 BFH, Rpfleger 1991, 466, 467.
60 BGHZ 70, 206; OLG Oldenburg, MDR 1994, 257.
61 OLG Nürnberg, JR 1970, 386.
62 *Berner*, Rpfleger 1957, 197; *Brox/Walker*, Rdn. 547; *Stöber*, Forderungspfändung, Rdn. 893.
63 Siehe insoweit aber auch § 850 a Nr. 2 ZPO.
64 BAG, NJW 1993, 2701.
65 Kein Lohnbestandteil ist die vom Finanzamt zu erstattende Lohnsteuer; Einzelheiten: Anh. § 829 Rdn. 26 sowie § 832 Rdn. 2; vergl. darüber hinaus LAG Hamm, NZA 1989, 529; LAG Saarbrücken, DB 1976, 1870.
66 Siehe § 829 Rdn. 37.
67 BAG, Rpfleger 1977, 18 mit Anm. *Nickel* und *Pabst* in SAE 1977, 266.

Sie gehört nicht zu dem Arbeitseinkommen i. S. von Abs. 4, da es sich nicht um Mittel des Arbeitgebers handelt, auch wenn der Arbeitgeber die Auszahlung bewirkt.[68]

**18** VIII. **Entsprechende Anwendung der §§ 850 ff. ZPO auf die Pfändung von Sozialleistungsansprüchen:** Nach § 54 Abs. 4 SGB I können Ansprüche auf laufende Geldleistungen wie Arbeitseinkommen gepfändet werden, sofern diese Sozialleistungsansprüche nicht nach § 54 Abs. 3 SGB I unpfändbar sind oder nach § 54 Abs. 5 SGB I nur wegen der gesetzlichen Unterhaltsansprüche eines zu berücksichtigenden Kindes gepfändet werden können.

Um eine Sozialleistung handelt es sich nach § 3 Abs. 2 Nr. 4 i. V. m. § 11 SGB I zwar auch bei dem **Konkursausfallgeld**[69] nach §§ 141 a ff. AFG. Hierfür gelten aber die Sonderregelungen der §§ 141 k Abs. 2, 141 l AFG. War der Anspruch des Schuldners auf Arbeitsentgelt vor Stellung des Antrages auf Konkursausfallgeld bereits gepfändet, so erstreckt sich die Pfändung auf den Anspruch auf Konkursausfallgeld, obwohl der Drittschuldner wechselt (§ 148 AFG). Einer erneuten Zustellung des Pfändungs- und Überweisungsbeschlusses an das örtlich zuständige Arbeitsamt bedarf es nicht; sie ist aber ratsam, um eine Auszahlung an den Schuldner zu verhindern.[70] Hinsichtlich des Pfändungsschutzes gelten die §§ 850 a ff. ZPO wie zuvor bei der Pfändung des Arbeitseinkommens weiter. Selbständig pfändbar ist das Konkursausfallgeld erst ab Antragstellung durch den Berechtigten (§ 141 l Abs. 1 S. 1 AFG), also nicht als künftige Forderung. Erfolgt dennoch eine vorzeitige Pfändung, ist diese nicht unwirksam, begründet Priorität aber erst auf den Zeitpunkt der Beantragung des Konkursausfallgeldes (§ 141 l Abs. 1 S. 2 AFG), so daß alle verfrühten Antragsteller gleichen Rang haben.[71] Auch bei der selbständigen Pfändung des Konkursausfallgeldes finden die für Arbeitseinkommen geltenden Regeln ohne Einschränkung Anwendung. Drittschuldner bei der selbständigen Pfändung des Konkursausfallgeldes ist das örtlich zuständige Arbeitsamt (§ 148 AFG), nicht die Zentrale der Bundesanstalt für Arbeit.

**19** IX. **ArbGG, VwGO, AO:** Der Pfändungsschutz der §§ 850 ff. ZPO gilt auch bei der Vollstreckung von arbeitsgerichtlichen Titeln (§§ 62 Abs. 2, 85 Abs. 1 S. 3 ArbGG) und von Titeln nach § 168 VwGO (§ 167 Abs. 1 VwGO). Für die Vollstreckung nach § 169 (ggf. auch nach § 170 Abs. 1 S. 3) VwGO verweist § 5 VwVG auf die Vorschriften der Abgabenordnung. Gem. § 319 AO gelten für die Vollstreckung nach der AO die §§ 850–852 ZPO sinngemäß. Die Pfändung erfolgt durch Pfändungsverfügung der Vollstreckungsbehörde (§ 309 AO). Ein Verstoß gegen § 850 ZPO ist nicht mit der Erinnerung, sondern mit der Beschwerde nach § 349 AO geltend zu machen (§ 256 AO).

---

68 Siehe schon Rdn. 11 und Anh. § 829 Rdn. 11.
69 Einzelheiten: *Hornung*, Rpfleger 1975, 196, 235, 285; *Stöber*, Forderungspfändung, Rdn. 1449–1460.
70 Zu den Folgen einer Auszahlung in Unkenntnis der Pfändung SozG Kassel, ZIP 1981, 1013.
71 **A. A.** *Stöber*, Forderungspfändung, Rdn. 1459.

§ 850 a Unpfändbare Bezüge

Unpfändbar sind
1. zur Hälfte die für die Leistung von Mehrarbeitsstunden gezahlten Teile des Arbeitseinkommens;
2. die für die Dauer eines Urlaubs über das Arbeitseinkommen hinaus gewährten Bezüge, Zuwendungen aus Anlaß eines besonderen Betriebsereignisses und Treugelder, soweit sie den Rahmen des Üblichen nicht übersteigen;
3. Aufwandsentschädigungen, Auslösungsgelder und sonstige soziale Zulagen für auswärtige Beschäftigungen, das Entgelt für selbstgestelltes Arbeitsmaterial, Gefahrenzulagen sowie Schmutz- und Erschwerniszulagen, soweit diese Bezüge den Rahmen des Üblichen nicht übersteigen;
4. Weihnachtsvergütungen bis zum Betrage der Hälfte des monatlichen Arbeitseinkommens, höchstens aber bis zum Betrage von 540 Deutsche Mark;
5. Heirats- und Geburtsbeihilfen, sofern die Vollstreckung wegen anderer als der aus Anlaß der Heirat oder der Geburt entstandenen Ansprüche betrieben wird;
6. Erziehungsgelder, Studienbeihilfen und ähnliche Bezüge;
7. Sterbe- und Gnadenbezüge aus Arbeits- oder Dienstverhältnissen;
8. Blindenzulagen.

Inhaltsübersicht

| | | Rdn. |
|---|---|---|
| | Literatur | |
| I. | Zweck und Bedeutung der Norm | 1 |
| II. | Absolut unpfändbare Ansprüche | 2 |
| | 1. Die Hälfte der Mehrarbeitsvergütung (Nr. 1) | 2 |
| | 2. Urlaubsgeld, Jubiläumszuwendungen, Treugelder (Nr. 2) | 3 |
| |   a) Urlaubsgeld | 3 |
| |   b) Jubiläumszuwendungen, Treugelder | 4 |
| |   c) Rahmen des Üblichen | 5 |
| |   d) Kontenpfändung | 6 |
| | 3. Aufwandsentschädigungen und ähnliche Zulagen (Nr. 3) | 7 |
| |   a) Aufwandsentschädigungen | 7, 8 |
| |   b) Auslösungsgelder und ähnliche Zulagen | 9 |
| |   c) Rahmen des Üblichen | 10 |
| | 4. Weihnachtsvergütungen (Nr. 4) | 11 |
| | 5. Heirats- und Geburtsbeihilfen (Nr. 5) | 12 |
| | 6. Erziehungsgelder, Studienbeihilfen und ähnliche Bezüge (Nr. 6) | 13 |
| | 7. Sterbe- und Gnadenbezüge aus Arbeits- oder Dienstverhältnissen (Nr. 7) | 14 |
| | 8. Blindenzulagen | 15 |
| III. | Verstöße gegen § 850 a ZPO | 16 |
| IV. | Rechtsbehelfe | 17 |
| V. | ArbGG, VwGO, AO | 18 |

# § 850 a — Unpfändbare Bezüge

Literatur: *Berner*, Die Pfändbarkeit des Urlaubsentgelts, Rpfleger 1960, 5; *Bink*, Die Weihnachtsgratifikation in der Lohnpfändung, JurBüro 1967, 945; *Denck*, Lohnvorschuß und Pfändung, BB 1979, 480; *Faecks*, Die Ansprüche des Arbeitnehmers auf Urlaubsentgelt und Urlaubsabgeltung in der Zwangsvollstreckung, NJW 1972, 1448; *D. Gaul*, Zur pfändungsrechtlichen Beurteilung des Urlaubsabgeltungsanspruchs, NZA 1987, 473; *Hoffmann*, Zur Ausbildungsbeihilfe für Lehrlinge, BB 1959, 853; *Hohn*, Pfändung, Aufrechnung und Abtretung bei Urlaubsansprüchen, BB 1965, 751; *ders.*, Pfändung von Urlaubsgeld und Gratifikationen, BB 1966, 1273; *ders.*, Unpfändbarkeit von Auswärtszulagen?, BB 1968, 548; *Köst*, Ausgewählte Fragen des Urlaubsrechts, BB 1956, 564; *Kohls*, Bezüge aus der Wahrnehmung von Mitgliedschaften in kommunalen Vertretungskörperschaften und ihre Behandlung in der Zwangsvollstreckung, NVwZ 1984, 294; *Notzel*, Die Vergütung des Auszubildenden, DB 1970, 2267; *Peters*, Zur Pfändbarkeit von Urlaubsentgelt, 1133; *Pfeifer*, Pfändung urlaubsrechtlicher Ansprüche, NZA 1996, 738; *Sibben*, Zur Zulässigkeit der Pfändung von Prämien, DGVZ 1988, 4; *Tschöpe*, Die Aufrechnung gegen Urlaubsabgeltungsansprüche, BB 1981, 1902.

**1** **I. Zweck und Bedeutung der Norm:** Teils aus sozialen Gründen, teils wegen der Zweckgebundenheit der Bezüge werden in den Nrn. 1–8 bestimmte Ansprüche aus Arbeits- und Dienstverhältnissen, die ansonsten nach den Grundsätzen zu § 850 Abs. 2 und 3 ZPO Arbeitseinkommen sind, für absolut unpfändbar erklärt. Sie werden also bei der Ermittlung des Arbeitseinkommens nach § 850 Abs. 4 ZPO nicht mitberücksichtigt und gem. § 850 e Nr. 1 ZPO nicht mitgerechnet, sondern ohne Rücksicht auf die Pfändung des Arbeitseinkommens in voller Höhe an den Schuldner ausgezahlt, es sei denn, gerade diese Bezüge wären ausdrücklich im (insoweit anfechtbaren[1]) Pfändungsbeschluß als gepfändet bezeichnet. Wird die Zwangsvollstreckung wegen Unterhaltsansprüchen betrieben, schränkt allerdings § 850 d Abs. 1 ZPO die Unpfändbarkeit der in Nrn. 1, 2 und 4 genannten Ansprüche ein. Die in den Nrn. 3, 5–8 genannten Ansprüche sind auch den Unterhaltsgläubigern in vollem Umfange entzogen. In die in Nr. 5 genannten Ansprüche kann im Rahmen der besonderen Zweckbindung vollstreckt werden. Warum der Gesetzgeber dies nicht auch hinsichtlich der in Nr. 7 genannten Bezüge im Hinblick auf die Bestattungskosten vorgesehen hat, ist nicht einsichtig.

**2** **II. Absolut unpfändbare Ansprüche:**

**1. Die Hälfte der Mehrarbeitsvergütung (Nr. 1):** Leistet der Schuldner über die in seinem Betrieb übliche Arbeitszeit (z. B. 37-Stundenwoche; die Üblichkeit kann einzelvertraglich, durch Betriebsvereinbarung oder Tarifvertrag festgelegt sein) hinaus Mehrarbeit und erhält er hierfür eine Vergütung in Geld, so ist die Hälfte der **gesamten** auf die Mehrarbeit entfallenden Bezüge, die in der Regel aus dem Grundlohn und einem Zuschlag für die Mehrarbeit bestehen, unpfändbar, also nicht nur der Zuschlag. Ob überhaupt ein Zuschlag gewährt wird oder nicht, ist für die Beurteilung der Vergütung als Mehrarbeitsvergütung unerheblich. Wird die Mehrarbeit allerdings unentgeltlich geleistet, wird dadurch nicht ein Teil der für die Arbeit während der üblichen Arbeitszeit zu beanspruchenden Vergütung unpfändbar. Ob die Mehrarbeit im Rahmen des Hauptarbeitsverhältnisses oder einer Nebentätigkeit geleistet wird (Beispiel: Die als Packerin tätige Schuldnerin arbeitet nach Beendigung ihrer normalen Arbeitszeit noch als Putzfrau im Betrieb), ist für die Anwendbarkeit der Nr. 1 ebenso unerheblich

---

[1] Siehe hierzu unten Rdn. 16 sowie § 850 Rdn. 7.

wie, ob sie für den gleichen Arbeitgeber geleistet wird.[2] Keine Mehrarbeit liegt aber vor, wenn der Arbeitnehmer bei verschiedenen Arbeitgebern relativ kurze Zeit arbeitet, seine Gesamtarbeitszeit aber über der gesetzlichen Arbeitszeit des ArbZG liegt (Beispiel: Die Putzfrau hat viele »Putzstellen«, bei denen sie jeweils wöchentlich nur 4-6 Stunden arbeitet; ihre Gesamtarbeitszeit in der Woche beträgt jedoch 50 Stunden). Hier fehlt es an einer »üblichen« Arbeitszeit, von der aus die Mehrarbeitsstunden bestimmt werden könnten. Nr. 1 stellt allein auf die Arbeitszeit ab, nicht auf den Arbeitserfolg. Zuschläge, die für einen höheren Arbeitserfolg innerhalb der üblichen Arbeitszeit gezahlt werden (Akkordprämien, Zuschläge bei vorzeitiger Fertigstellung eines Werkes oder bei geringerer Ausschußproduktion u. ä.) genießen nicht den Schutz nach Nr. 1.[3] Sie sind nur ein Rechnungsposten innerhalb der allgemeinen Lohnberechnung.

Da Nr. 1 dem Schuldner die tatsächliche Hälfte der für die Mehrarbeit gezahlten Vergütung belassen will, muß bei der Berechnung des Betrages auf den Bruttoanspruch abgestellt werden;[4] die für die Gesamtvergütung zu zahlenden Steuern und Sozialabgaben sind bei der Berechnung des dem Gläubiger auszuzahlenden Betrages (§ 850 e Nr. 1 ZPO) vom restlichen pfändbaren Einkommen einschließlich der anderen Hälfte der Mehrarbeitsvergütung abzuziehen, so daß dem Schuldner im Ergebnis mehr als die Hälfte des Nettomehrverdienstes verbleibt. Nr. 1 mutet dem Arbeitgeber damit u. U. eine schwierige Berechnung zu.

**2. Urlaubsgeld, Jubiläumszuwendungen, Treugelder (Nr. 2):** 3

a) **Urlaubsgeld:** Aus Anlaß des **Urlaubs** können dem Arbeitnehmer dreierlei verschiedene Vergütungsansprüche erwachsen: Er erhält seinen Lohn oder seine Dienstbezüge während des Urlaubs fortbezahlt, als würde er die übliche Arbeit weiterleisten (sog. **Urlaubsvergütung**). Er erhält darüber hinaus einen Betrag als Zuschuß zu den Mehrkosten, die ein Erholungsurlaub verursachen kann (sog. **Urlaubsgeld;** u. U. auch sog. 14. Monatsgehalt). Er erhält dafür, daß er keinen Urlaub nimmt, sondern (bei zeitlich befristetem Arbeitsverhältnis) durcharbeitet, neben seinem für diese Arbeit gezahlten Lohn die Urlaubsvergütung (Lohnfortzahlung), die er im Falle des Urlaubs erhalten hätte (**Urlaubsabgeltung**). Nr. 2 betrifft ausschließlich das Urlaubsgeld.[5] Die Urlaubsvergütung ist wie gewöhnlicher Arbeitslohn pfändbar.[6] Der Urlaubsabgeltungs-

---

2 OLG Hamm, AP Nr. 3 zu § 850 a ZPO mit zustimmender Anm. *Pohle.*
3 *Stein/Jonas/Brehm,* § 850 a Rdn. 7; *Stöber,* Forderungspfändung, Rdn. 983; a. A. MüKo/*Smid,* § 850 a Rdn. 4; *Wieczorek,* § 850 a Anm. B I b 2; Zöller/*Stöber,* § 850 a Rdn. 2.
4 *Stein/Jonas/Brehm,* § 850 a Rdn. 12; *Stöber,* Forderungspfändung, Rdn. 984; **a. A.** (Nettoverdienst ausschlaggebend) *Thomas/Putzo,* § 850 a Rdn. 1; *Wieczorek,* § 850 a Anm. B I c.
5 *Baumbach/Lauterbach/Hartmann,* § 850 a Rdn. 4; *Brox/Walker,* Rdn. 551; MüKo/*Smid,* § 850 a Rdn. 8; *Stein/Jonas/Brehm,* § 850 a Rdn. 15; *Stöber,* Forderungspfändung, Rdn. 987; *Thomas/Putzo,* § 850 a Rdn. 3.
6 Allgem. Meinung; siehe nur BAG, AP Nr. 5 zu § 850 ZPO mit zustimmender Anm. *Pohle;* BGH, NJW 1972, 1703; *Stöber,* Forderungspfändung, Rdn. 987.

anspruch dagegen ist seinem Wesen nach höchstpersönlicher Natur wie der Anspruch auf Urlaubsgewährung auch. Er ist deshalb nicht abtretbar und somit nach § 851 Abs. 1 ZPO unpfändbar.[7] Wegen seiner besonderen Zweckbestimmung, dem Arbeitnehmer später doch noch einen Erholungsurlaub zu ermöglichen, ist er auch nicht als Mehrarbeitsvergütung nach Nr. 1 einzuordnen[8] und deshalb auch dem Zugriff der Unterhaltsgläubiger entzogen.

4 b) **Jubiläumszuwendungen, Treugelder:** Sie können sowohl aus Anlaß eines Jubiläums des Betriebes, des Betriebsinhabers als auch des Arbeitnehmers gewährt werden. Im letzteren Fall ist der Begriff mit dem des Treugeldes identisch. Weitere besondere Betriebsereignisse, die Anlaß einer Zuwendung i. S. von Nr. 2 sein können, sind einmalige betriebliche Erfolge (Beispiele: Der zehnmillionste PKW läuft vom Band. Erstmals wird die Milliardenumsatzgrenze überschritten. Die 100. Filiale wird eröffnet. U. ä.). Regelmäßige Erfolgsbeteiligungen (Tantiemen, Erfolgsprämien der Fußball-Lizenzspieler usw.) fallen dagegen nicht unter Nr. 2, sondern sind normales Arbeitseinkommen.

5 c) **Rahmen des Üblichen:** Der Anspruch auf Urlaubsgeld, Jubiläumszuwendung oder Treugeld ist nicht in unbeschränkter Höhe unpfändbar, sondern nur, soweit er den Rahmen des Üblichen nicht übersteigt. Die Üblichkeit ist nach den Gepflogenheiten vergleichbarer Betriebe zu beurteilen, nicht danach, was im konkreten Unternehmen bisher üblich war. Eine starre Höchstgrenze wie in Nr. 4 gilt hier nicht; Nr. 4 kann auch nicht als Anhaltspunkt für das Übliche herangezogen werden.[9] Der das Übliche übersteigende Teil des Anspruchs ist Teil des gewöhnlichen Arbeitseinkommens und wie dieses pfändbar.

6 d) **Kontenpfändung:** Absolut unpfändbar ist nur der Anspruch auf die in Nr. 2 (ebenso wie in den anderen Nummern) genannten Bezüge. Sobald das Geld auf ein Konto des Schuldners überwiesen ist, gilt § 850 k ZPO. Hat der Schuldner das Geld dann anderweitig angelegt (Sparbuch, Wertpapiere), ist die anderweitige Anlage nach den normalen Regeln pfändbar, ohne daß ein Nachweis zu berücksichtigen wäre, die gesamte Anlage stamme ausschließlich aus nach § 850 a ZPO absolut unpfändbaren Bezügen.[10]

---

[7] BAG, AP Nr. 42 zu § 611 BGB (Urlaubsrecht); ArbG Hannover, BB 1961, 253; *Brox/Walker*, Rdn. 551; *Stöber*, Forderungspfändung, Rdn. 988; a. A. (§ 851 Abs. 2 sei einschlägig; deshalb sei die Urlaubsabgeltung wie Arbeitseinkommen pfändbar) LAG Berlin, NZA 1992, 122; LAG Köln ARSt. 1990, 156; ARSt. 1991, 215 f.; *Baumbach/Lauterbach/Hartmann*, § 850 a Rdn. 4; *D. Gaul*, NZA 1987, 473; *Leinemann/Linck*, Urlaubsrecht, § 7 BUrlG Rdn. 201; *Stein/Jonas/Brehm*, § 850 a Rdn. 15; *Tschöpe*, BB 1981, 1902.
[8] So aber *Faecks*, NJW 1972, 1448.
[9] Wie hier vergl. MüKo/*Smid*, § 850 a Rdn. 7; *Zöller/Stöber*, § 850 a Rdn. 6; a. A. (Grenze nach Nr. 4 auch hier Höchstgrenze) *Henze*, Rpfleger 1980, 456; *Thomas/Putzo*, § 850 a Rdn. 3.
[10] LG Essen, Rpfleger 1973, 148.

### 3. Aufwandsentschädigungen und ähnliche Zulagen (Nr. 3):

a) **Aufwandsentschädigungen:** Aufwandsentschädigung ist die Erstattung von Aufwendungen, die im Zusammenhang mit einer Tätigkeit im Einzelfall oder regelmäßig notwendig werden und die nicht mit dem eigentlichen Entgelt für die Tätigkeit (Lohn, Gehalt, Provision usw.) bereits abgegolten sind. Wird immer ein über dem Üblichen liegender Lohn bezahlt, dafür aber erwartet, daß der Arbeitnehmer alle Nebenkosten selbst trägt, ist Nr. 3 nicht einschlägig.[11] Für diesen Fall enthält § 850 f Abs. 1 ZPO eine besondere Regelung. Als Aufwendungen kommen beispielsweise in Betracht: Reisekosten, Kosten auswärtiger Übernachtung, erhöhter Verpflegungsaufwand, Unterhaltung eines Büros oder Lagerraums, Fortbildungskosten,[12] erhöhte Telefonkosten. Die Entschädigung hierfür kann konkret gegen Nachweis der einzelnen Aufwendungen (Kilometergeld,[13] Spesenersatz) oder pauschal erfolgen (Tagegeld,[14] Übernachtungsgeld, Fahrtkostenpauschale, Berufskleidungszulage, Bürokostenpauschale usw.). Mehrere Aufwandsentschädigungen, die demselben Zweck dienen, sind bei der Prüfung der Unpfändbarkeit zusammenzurechnen, bevor festgestellt werden kann, ob sie den Rahmen des Üblichen übersteigen.[15] Nr. 3 schützt nicht nur die an (abhängige) Arbeitnehmer gezahlten Aufwandsentschädigungen, sondern gilt auch für freiberuflich tätige Handelsvertreter.[16] Die Vorschrift erfaßt aber weder ganz noch teilweise den Anspruch eines Kassenarztes gegen seine Kassenärztliche Vereinigung,[17] obwohl mit dieser Leistung auch alle Personal- und Laborkosten abgegolten werden. Auch in diesem Fall kann § 850 f Abs. 1 ZPO eingreifen.

Unter Nr. 3 fallen schließlich auch Aufwandsentschädigungen, die ehrenamtlich Tätigen gezahlt werden,[18] so die Sitzungsgelder für Mitglieder von Gemeinderäten, für Schöffen, ehrenamtliche Richter, Mitglieder von Ausschüssen und Facharbeitskreisen in Politik, Wirtschaft und im sozialen Bereich. Keine Aufwandsentschädigung i. S. von Nr. 3, auch wenn sie in der Umgangssprache häufig so bezeichnet wird, ist die Entschädigung für Verdienstausfall. Sie hat volle Lohnersatzfunktion und ist deshalb auch wie Lohn zu pfänden.[19]

---

11 LAG Baden-Württemberg, BB 1958, 1057; LAG Hamm, BB 1972, 855; *Stöber*, Forderungspfändung, Rdn. 992; *Stein/Jonas/Brehm*, § 850 a Rdn. 21.
12 Beispiel: BAG, DB 1973, 672.
13 LAG Düsseldorf, VersR 1970, 432; LG Essen, MDR 1970, 516.
14 BAG, BB 1971, 1197.
15 BezG Frankfurt/O., Rpfleger 1993, 457.
16 BGH, NJW 1986, 2363 (»... allenfalls noch Handelsvertreter«); OLG Hamm, BB 1956, 668; BB 1972, 855.
17 BGH, NJW 1986, 2362.
18 H. M.; OLG Düsseldorf, Rpfleger 1978, 461; NJW 1988, 977 (Vergütung für Volkszähler); OLG Hamm, FamRZ 1980, 997; *Baumbach/Lauterbach/Hartmann*, § 850 a Rdn. 5; MüKo/*Smid*, § 850 a Rdn. 11; *Stein/Jonas/Brehm*, § 850 a Rdn. 19; *Stöber*, Forderungspfändung, Rdn. 998; *Thomas/Putzo*, § 850 a Rdn. 4; a. A. (nicht Nr. 3, sondern nur § 851 Abs. 1 ZPO sei einschlägig) *Kohls*, NVwZ 1984, 294.
19 *Stein/Jonas/Brehm*, § 850 a Rdn. 19.

§ 850 a                                                                                                                    Unpfändbare Bezüge

9   b) **Auslösungsgelder und ähnliche Zulagen:** Das sind Ersatzleistungen für Mehraufwendungen durch ständige auswärtige Beschäftigung.[20] Zu den sozialen Zulagen für auswärtige Beschäftigung gehören auch die Umzugskostenzuschüsse. Schließlich sind durch Nr. 3 noch die Gefahrenzulagen, die Schmutz- und Erschwerniszulagen[21] sowie das Entgelt für selbstgestelltes Arbeitsmaterial (auch PKW) geschützt. Nicht um Erschwerniszulagen handelt es sich bei solchen Zulagen, die nur als Ausgleich für eine ungünstige Arbeitszeit (z. B. Sonn-, Feiertags- und Nachtschichtzuschläge)[22] gewährt werden.

10  c) **Rahmen des Üblichen:** Um Lohnverschleierungen durch angebliche Zulagen zu verhindern, sind die in Nr. 3 genannten Bezüge nur soweit unpfändbar, wie sie den Rahmen des Üblichen nicht übersteigen. Abzustellen ist wie bei Nr. 2 auf das allgemein Übliche, nicht auf die Gepflogenheiten im konkreten Betrieb. Immer als üblich wird das anzusehen sein, was die Finanzverwaltung als steuerfreie Bezüge anerkennt,[23] jedoch können die unpfändbaren Beträge im Einzelfall auch darüber hinausgehen, da die Pauschalierungen der Finanzbehörden der Wirklichkeit nicht immer gerecht werden. Jedenfalls sind häusliche Ersparnisse von den pfändungsfreien Zulagen abzuziehen, soweit sie steuerlich nicht berücksichtigt werden.[24] Soweit Aufwandsentschädigungen usw. im Gesetz, in Rechtsverordnungen, Tarifverträgen oder Betriebsvereinbarungen der Höhe nach festgelegt sind, entsprechen diese Beträge der Üblichkeit. Entscheidend für die Frage, ob verschleierter Lohn oder eine Aufwandsentschädigung vorliegt, ist, ob die Beträge die Mehraufwendungen, die sie ausgleichen sollen, in etwa abdecken oder ob sie so berechnet sind, daß der Arbeitnehmer notwendigerweise einen spürbaren Gewinn macht.

11  **4. Weihnachtsvergütungen (Nr. 4):** Es muß, da § 850 a ZPO nur unpfändbare Forderungen regelt, ein **Anspruch** auf Weihnachtsgeld bestehen. Tatsächliche freiwillige Geldgeschenke des Arbeitgebers aus Anlaß des Weihnachtsfestes werden von der Vorschrift nicht erfaßt. Ein Anspruch kann sich aber nicht nur aus Gesetz, Tarifvertrag, Betriebsvereinbarung, betrieblicher Übung oder einzelvertraglicher Vereinbarung ergeben, sondern auch aus einer einseitigen schriftlichen Ankündigung des Arbeitgebers.[25] Die Zahlung muß im sachlichen und zeitlichen Zusammenhang mit dem Weihnachtsfest stehen, wenn das Geld auch nicht unbedingt ausschließlich zusammen mit dem Dezembergehalt ausgezahlt werden muß.[26] Die bloße Bezeichnung als »Weihnachtsgeld« schafft allein diesen Zusammenhang nicht, wenn die Auszahlung schon im Sommer oder verteilt auf alle Monate des Jahres erfolgt. Umgekehrt steht eine anderweitige Bezeichnung, etwa als 13. Monatsgehalt oder als Jahresendbezüge[27] in den fünf neuen Bundesländern, bei entsprechendem Bezug zum Weihnachtsfest der Anwendung des

---

20 ArbG Wilhelmshaven, BB 1962, 410.
21 Hierzu die Erläuterung durch den BMI in BB 1952, 859.
22 LAG Frankfurt, DB 1989, 1732.
23 BGH, NJW 1986, 2362; BAG, BB 1971, 1197.
24 LG Essen, Rpfleger 1970, 179; *Hohn*, BB 1968, 548; *Stöber*, Forderungspfändung, Rdn. 990.
25 BAG, NJW 1964, 1690 und BB 1961, 531.
26 *Stein/Jonas/Brehm*, § 850 a Rdn. 27; *Stöber*, Forderungspfändung, Rdn. 999.
27 *Smid*, NJW 1992, 1935.

§ 850 a Nr. 4 ZPO nicht entgegen. Für die Berechnung des unpfändbaren Betrages ist das Bruttomonatseinkommen maßgebend,[28] nicht der Nettoverdienst.[29] Höchstgrenze sind aber 540 DM.[30] Hinsichtlich des Abzuges von Steuern und Sozialabgaben gilt das oben zu Nr. 1 Gesagte.[31]

**5. Heirats- und Geburtsbeihilfen (Nr. 5):** Hierher gehören nicht nur Ansprüche aus den genannten Anlässen gegen den Arbeitgeber, sondern auch der Anspruch gegen den nichtehelichen Vater nach § 1615 k BGB,[32] nicht aber Ansprüche aus der Sozialversicherung. Für letztere gilt § 54 SGB I.[33] Nr. 5 ist entsprechend anzuwenden bei Beihilfen, die im öffentlichen Dienst anläßlich einer Heirat oder Geburt gewährt werden.[34] Die in Nr. 5 genannten Ansprüche sind für diejenigen Gläubiger uneingeschränkt pfändbar, die wegen Ansprüchen die Vollstreckung betreiben, die gerade aus Anlaß der Heirat oder Geburt entstanden sind. Hierzu zählen die Bewirtungskosten anläßlich der Hochzeitsfeier, aber auch der Kaufpreis für die Möbel zur Neueinrichtung der gemeinsamen Wohnung und für neuangeschafften Hausrat, die Entbindungskosten (Arzt, Hebamme, Krankenhaus), die Kosten für Drucksachen u. ä. Die Beweislast für den Zusammenhang der titulierten Forderung mit der Hochzeit oder Geburt trägt der Gläubiger.

12

**6. Erziehungsgelder, Studienbeihilfen und ähnliche Bezüge (Nr. 6):** Es kann sich um private Leistungen des Arbeitgebers, Leistungen privater oder öffentlicher Stiftungen, aber auch um Leistungen der öffentlichen Hand, soweit sie nicht Sozialleistungen i. S. des SGB sind, handeln. Unerheblich ist, ob der Jugendliche selbst oder sein unterhaltspflichtiges Elternteil anspruchsberechtigt ist. Nicht unter Nr. 6 fällt das Erziehungsgeld nach dem BErzGG, weil es Lohnersatzfunktion hat und im Gegensatz zu den anderen in Nr. 6 genannten Leistungen nicht zweckgebunden ist. Es ist aber gem. § 54 Abs. 3 SGB I unpfändbar. Leistungen nach dem BAföG werden auch nicht von § 850 a Nr. 6 ZPO erfaßt; für ihre Pfändbarkeit gelten die §§ 18, 54 f. SGB I. Ebenfalls nicht unter Nr. 6 fallen Lehrlingsvergütungen, der Unterhaltszuschuß für Referendare und das Entlassungsgeld für Wehrpflichtige. Diese Bezüge sind Arbeitseinkommen und im Rahmen der allgemeinen Regeln nach §§ 850 c ff. ZPO pfändbar.[35] Gleiches gilt für den je nach Kinderzahl erhöhten Ortszuschlag der Beamten.

13

---

28 Ebenso MüKo/*Smid*, § 850 a Rdn. 16; *Stein/Jonas/Brehm*, § 850 a Rdn. 28; *Stöber*, Forderungspfändung, Rdn. 999.
29 So aber *Baumbach/Lauterbach/Hartmann*, § 850 a Rdn. 7.
30 Der Betrag wurde durch Art. 1 Nr. 1 des 6. Gesetzes zur Änderung der Pfändungsfreigrenzen vom 1.4.1992 (BGBl. I, 745) ab 1.7.1992 von 470 DM auf nunmehr 540 DM erhöht.
31 Oben Rdn. 2.
32 Wie hier *Stein/Jonas/Brehm*, § 850 a Rdn. 30; *Stöber*, Forderungspfändung, Rdn. 1001; a. A. (§ 850 b Abs. 1 Nr. 2 ZPO sei anzuwenden) *Brüggemann*, FamRZ 1971, 144; *Palandt/Diederichsen*, § 1615 k BGB Rdn. 1.
33 Siehe dazu Anh. zu § 829 Rdn. 21, § 850 d Rdn. 21.
34 LG Münster, Rpfleger 1994, 473.
35 Vergl. auch § 850 Rdn. 10.

14  **7. Sterbe- und Gnadenbezüge aus Arbeits- oder Dienstverhältnissen (Nr. 7):** Auch hier sind Ansprüche aus der öffentlichen Sozialversicherung, deren Pfändung sich nach § 54 SGB I richtet, nicht angesprochen. Ansprüche aus nur auf den Todesfall abgeschlossenen Lebensversicherungen fallen unter § 850 b Abs. 1 Nr. 4 ZPO.[36] Eine Sonderregelung hinsichtlich des Sterbegeldanspruchs nach dem Tode eines Beamten enthält § 51 Abs. 3 BeamtVG. Dieser Anspruch ist zwar grundsätzlich absolut unpfändbar, der Dienstherr kann aber bestimmte Ansprüche gegen diesen Anspruch verrechnen. Auf Ansprüche, die unter Nr. 7 fallen, können weder die privilegierten Gläubiger nach § 850 d ZPO zugreifen noch solche Gläubiger, die ihrerseits wegen Ansprüchen vollstrecken, die mit dem Todesfall unmittelbar zusammenhängen. Eine entsprechende Regelung wie in Nr. 5, wonach die dort genannten Beihilfen im Rahmen ihrer Zweckbindung gepfändet werden können, hat der Gesetzgeber aus nicht einsichtigen Gründen in Nr. 7 nicht aufgenommen.

15  **8. Blindenzulagen:** Ob der Anspruch aus öffentlichem Recht herrührt oder aus dem Arbeits- oder Dienstvertrag, ist unerheblich. Für Blindenzulagen nach § 35 BVG greift der Pfändungsschutz nach §§ 54 f. SGB I ein.

16  **III. Verstöße gegen § 850 a ZPO:** Auf die Unpfändbarkeit der in § 850 a ZPO genannten Bezüge kann weder generell vorab noch im Einzelfall verzichtet werden.[37] Eine Pfändung entgegen § 850 a ZPO führt aber dennoch zur – anfechtbaren – Verstrickung der Forderung. Ein Pfändungspfandrecht entsteht allerdings nicht.[38] Einer Aufrechnung mit dem titulierten Anspruch gegen einen Bereicherungsanspruch des Schuldners nach Einziehung der unpfändbaren Forderung durch den Gläubiger steht § 394 BGB entgegen.[39] Der Bereicherungsanspruch des Schuldners ist in entsprechender Anwendung des § 850 a ZPO ebenfalls unpfändbar.

17  **IV. Rechtsbehelfe**[40]**:** Sowohl der Schuldner als auch der Drittschuldner können die absolute Unpfändbarkeit der Forderung mit der Erinnerung nach § 766 ZPO geltend machen.[41] Im Einziehungsprozeß ist der Einwand dagegen unbeachtlich, da das Prozeßgericht ansonsten in die Kompetenzen des Vollstreckungsgerichts eingreifen würde.[42]

18  **V. ArbGG, VwGO, AO:** Siehe § 850 Rdn. 19.

---

36 LG Mainz, VersR 1972, 142.
37 Einzelheiten: § 850 Rdn. 5.
38 Einzelheiten: § 829 Rdn. 29.
39 § 829 Rdn. 29 und § 850 Rdn. 7.
40 Dazu *Christmann*, Rpfleger 1988, 458.
41 Zur Erinnerungsbefugnis des Drittschuldners siehe § 829 Rdn. 63 und § 766 Rdn. 15.
42 Einzelheiten: § 835 Rdn. 11.

## § 850 b Bedingt pfändbare Bezüge

(1) Unpfändbar sind ferner
1. Renten, die wegen einer Verletzung des Körpers oder der Gesundheit zu entrichten sind;
2. Unterhaltsrenten, die auf gesetzlicher Vorschrift beruhen, sowie die wegen Entziehung einer solchen Forderung zu entrichtenden Renten;
3. fortlaufende Einkünfte, die ein Schuldner aus Stiftungen oder sonst auf Grund der Fürsorge und Freigebigkeit eines Dritten oder auf Grund eines Altenteils oder Auszugsvertrags bezieht;
4. Bezüge aus Witwen-, Waisen-, Hilfs- und Krankenkassen, die ausschließlich oder zu einem wesentlichen Teil zu Unterstützungszwecken gewährt werden, ferner Ansprüche aus Lebensversicherungen, die nur auf den Todesfall des Versicherungsnehmers abgeschlossen sind, wenn die Versicherungssumme 4140 Deutsche Mark nicht übersteigt.

(2) Diese Bezüge können nach den für Arbeitseinkommen geltenden Vorschriften gepfändet werden, wenn die Vollstreckung in das sonstige bewegliche Vermögen des Schuldners zu einer vollständigen Befriedigung des Gläubigers nicht geführt hat oder voraussichtlich nicht führen wird und wenn nach den Umständen des Falles, insbesondere nach der Art des beizutreibenden Anspruchs und der Höhe der Bezüge, die Pfändung der Billigkeit entspricht.

(3) Das Vollstreckungsgericht soll vor seiner Entscheidung die Beteiligten hören.

## Inhaltsübersicht

| | | Rdn. |
|---|---|---|
| | Literatur | |
| I. | Bedeutung der bedingten Pfändbarkeit | 1 |
| II. | Voraussetzungen einer Pfändung nach Abs. 2 | 2 |
| | 1. Erfolglosigkeit der Vollstreckung in das sonstige bewegliche Vermögen | 2 |
| | 2. Billigkeit der Pfändung | 3 |
| III. | Das Verfahren der Pfändung | 4 |
| | 1. Antrag | 4 |
| | 2. Anhörung des Schuldners (Abs. 3) | 5 |
| | 3. Entscheidung durch Beschluß | 6 |
| IV. | Vorpfändung der in Abs. 1 genannten Bezüge | 7 |
| V. | Rechtsbehelfe gegen einen Beschluß nach Abs. 1 | 8 |
| VI. | Unpfändbare Bezüge nach Abs. 1 | 9 |
| | 1. Renten wegen Körper- oder Gesundheitsverletzung (Nr. 1) | 9 |
| | 2. Gesetzliche Unterhaltsrenten (Nr. 2) | 10–13 |
| | 3. Fortlaufende Einkünfte aufgrund der Fürsorge eines Dritten u.a. (Nr. 3) | 14 |
| | a) Unentgeltliche Zuwendungen | 14 |
| | b) Altenteils- und Auszugsansprüche | 15 |
| | 4. Bezüge aus Witwen-, Waisen-, Hilfs- und Krankenkassen (Nr. 4) | 16–17 |
| VII. | Gebühren | 18 |
| VIII. | ArbGG, VwGO, AO | 19 |

**Literatur:** *Bauer*, Umfang und Begrenzung der Zwangsvollstreckung in verkehrsunfallbedingten Schadensersatzforderungen, JurBüro 1962, 655; *ders.*, Ungenutzte Rechte des Gläubigers in der Lohnpfändung, JurBüro 1966, 179; *Berner*, Sind die Versicherungssummen mehrerer Kleinlebensversicherungen bei der Ermittlung der Pfändungsfreigrenze von DM 1500 wirklich zusammenzurechnen?, Rpfleger 1964, 68; *Bodmann*, Die Pfändbarkeit des Taschengeldanspruchs des nicht erwerbstätigen Ehegatten, Diss. Göttingen 1980; *Bohn*, Die Zwangsvollstreckung in Rechte des Versicherungsnehmers aus dem Versicherungsvertrag und der Konkurs des Versicherungsnehmers, Festschr. f. Schiedermair, 1976, S. 33; *Bracht*, Unpfändbarkeit der Grundrente bei der sozialen Entschädigung, NJW 1980, 1505; *Büttner*, Unterhalt und Zwangsvollstreckung, FamRZ 1994, 1433; *Denck*, Lohnvorschuß und Pfändung, BB 1979, 480; *Derleder*, Die Pfändung des Taschengeldanspruchs einkommens- und vermögensloser Ehegatten, JurBüro 1994, 129, 195; *Egner*, Änderung der Lohnpfändungsbestimmungen, NJW 1972, 672; *Geißler*, Ordnungspunkte zur Praxis der Zwangsvollstreckung in Geldforderungen, JurBüro 1986, 961; *Grunau*, Pfändbarkeit des Taschengeldanspruchs der Ehefrau, JurBüro 1962, 113; *Haegele*, Abtretung, Vorpfändung und Pfändung einer Lebensversicherung, BWNotZ 1974, 141; *Hornung*, Nochmals: Zur Pfändung von Sozialgeldansprüchen, Rpfleger 1978, 237; *Hülsmann*, Zur Unstatthaftigkeit eines Blankettbeschlusses bei Pfändung gem. § 850 b ZPO, NJW 1995, 1521; *ders.*, Berufsunfähigkeitszusatzversicherung: Unpfändbarkeit gemäß § 850 b I Nr. 1 ZPO, MDR 1994, 537; *Huken*, Zur Pfändung in den Anspruch auf Taschengeld, KKZ 1987, 111; *Kellner*, Der in § 850 b Abs. 1 Ziff. 4 ZPO normierte Pfändungsschutz von Lebensversicherungen, VersR 1979, 177; *Krebs*, Zur Pfändbarkeit von Schadensersatzforderungen, VersR 1962, 389; *Küpper*, Die Pfändung des Anspruchs auf Zahlung eines regelmäßigen Taschengeldes, KKZ 1972, 221; *Mayer*, Die Pfändung des Taschengeldanspruchs, Rpfleger 1990, 281; *Mümmler*, Pfändbarkeit von Rentenansprüchen, JurBüro 1977, 161; *Quardt*, Taschengeldanspruch der Ehefrau in der Zwangsvollstreckung, JurBüro 1961, 116; *Rupp/Fleischmann*, Zum Pfändungsschutz für Schadensersatzansprüche wegen Unterhaltsverpflichtungen, Rpfleger 1983, 377; *Sauer/Meiendresch*, Zur Pfändung des Taschengeldanspruchs, FamRZ 1994, 1441; *dies.*, Zur Pfändbarkeit von Pflegegeldansprüchen, NJW 1996, 765; *E. Schneider*, Ausländisches Recht bei Forderungspfändung, JurBüro 1979, 27; *Smid*, Taschengeldanspruch und Pfändbarkeit, JurBüro 1988, 1105.

1 **I. Bedeutung der bedingten Pfändbarkeit:** Die in § 850 b Abs. 1 ZPO genannten Bezüge sind **grundsätzlich**[1] **für alle Gläubiger unpfändbar**, auch für die bevorzugten Unterhaltsgläubiger des § 850 d ZPO. Diese Bezüge können jedoch auf Antrag im Einzelfall unter bestimmten Voraussetzungen[2] vom Vollstreckungsgericht für »nach den für Arbeitseinkommen geltenden Vorschriften« pfändbar erklärt werden. Der Umfang der Pfändbarkeit richtet sich dann je nach Gläubiger nach § 850 c ZPO oder nach § 850 d ZPO. Die Vorschrift des § 850 b ZPO ist ebenso zwingend wie § 850 a ZPO;[3] der Schuldner kann also auch auf diesen Pfändungsschutz nicht verzichten oder das Gericht von der in Abs. 2 vorgesehenen Billigkeitsprüfung befreien. Die Pfändbarerklärung kann immer nur in einem konkreten Vollstreckungsverfahren erfolgen, nicht etwa isoliert, nur um das mit der Unpfändbarkeit verbundene Aufrechnungs- (§ 394 BGB) oder Abtretungsverbot (§ 400 BGB) aufzuheben.[4] Die Pfändbarkeit nach einem Beschluß gem. Abs. 2 gilt nur für den Gläubiger, der den Beschluß

---

1 RGZ 106, 206.
2 Einzelheiten unten Rdn. 2 und 3.
3 Siehe dort Rdn. 16.
4 LG Berlin, JurBüro 1975, 1510; LG Hamburg, MDR 1984, 1035; *Stein/Jonas/Brehm*, § 850 b Rdn. 34; zu einer Ausnahme vom Abtretungsverbot siehe BGHZ 21, 112.

erwirkt hat. Dritten ermöglicht dieser Beschluß weder die Aufrechnung[5] noch den Forderungserwerb kraft Abtretung. Wurden die in § 850 b ZPO genannten Bezüge bereits an den Schuldner ausgezahlt, sind diese Beträge nach Maßgabe der §§ 811 Nr. 8, 850 k ZPO gegen Pfändungen geschützt.

## II. Voraussetzungen einer Pfändung nach Abs. 2:

**1. Erfolglosigkeit der Vollstreckung in das sonstige bewegliche Vermögen:** Der Gläubiger muß zunächst entweder vergeblich aus dem übrigen pfändbaren beweglichen Vermögen des Schuldners seine Befriedigung durch Zwangsvollstreckung versucht haben, oder er muß schlüssig darlegen können, daß eine Zwangsvollstreckung in das bewegliche Vermögen des Schuldners voraussichtlich nicht zum Erfolg der **vollständigen** Befriedigung führen werde, so daß sie aus Kostenersparnisgründen erst gar nicht versucht werde. Meist wird zu diesem Zweck eine sog. Fruchtlosigkeitsbescheinigung oder eine amtliche Auskunft des Gerichtsvollziehers vorgelegt. Eine Zwangsvollstreckung in unbewegliches Vermögen muß hingegen nicht versucht worden sein. Ihr Unterlassen kann aber im Rahmen der Billigkeitsprüfung[6] von Bedeutung sein. Die Offenbarungsversicherung nach § 807 ZPO muß nicht beantragt oder gar durchgeführt worden sein, bevor ein Antrag nach Abs. 2 gestellt wird.[7]

**2. Billigkeit der Pfändung:** Die Pfändung der an sich unpfändbaren Bezüge muß im konkreten Einzelfall unter Berücksichtigung aller Umstände,[8] insbesondere nach der Art des beizutreibenden Anspruchs und der Höhe der Bezüge, der Billigkeit entsprechen. Die Höhe der unter Abs. 1 fallenden Bezüge kann im Einzelfall beträchtlich sein. Umgekehrt kann der Gläubiger dringend auf die Durchsetzung der titulierten Ansprüche angewiesen sein. Es widerspräche u. U. dem allgemeinen Gerechtigkeitsgefühl, dem Schuldner diese Bezüge nur wegen ihrer grundsätzlichen sozialen Zweckbestimmung ungeschmälert zu belassen und im Gegenzug den Gläubiger auf Grund der Uneinbringlichkeit seiner Forderung der sozialen Fürsorge der Allgemeinheit anheimfallen zu lassen. Billigkeitsmomente zugunsten des Gläubigers sind etwa der Umstand, daß sein Anspruch aus einer vorsätzlichen unerlaubten Handlung herrührt,[9] daß dem Schuldner die zu pfändenden Bezüge gerade auch zur Abdeckung der Bedürfnisse, wegen der vollstreckt wird, gewährt werden (z. B. Unterhalt zur Begleichung u. a. der Wohnungsmiete),[10] daß der Gläubiger seine Forderung schon sehr lange gestundet und hierfür Arbeit und Kosten aufgewendet hat,[11] daß der Gläubiger sich in einer großen Notlage befindet[12] oder jedenfalls wirtschaftlich schlechter dasteht als der Schuld-

---

5 OLG Karlsruhe, FamRZ 1984, 1090; vergl. auch BGHZ 30, 36 und 31, 210.
6 Siehe unten Rdn. 3.
7 *Stein/Jonas/Brehm*, § 850 b Rdn. 28.
8 Die ausführlichere Beschreibung der zu berücksichtigenden Umstände in § 54 Abs. 2 SGB I ist auch zur Konkretisierung des § 850 b Abs. 2 ZPO heranzuziehen.
9 BGH, JR 1994, 283 m. Anm. *Probst*; LG Kiel, JurBüro 1975, 241; *Baumbach/Lauterbach/Hartmann*, § 850 b Rdn. 15.
10 LG Berlin, MDR 1977, 147.
11 OLG Köln, JurBüro 1975, 1381.
12 BGH, NJW 1970, 282, 283.

ner auch im Falle einer Pfändung. Billigkeitsmomente zugunsten des Schuldners sind etwa, daß der Nutzen des Gläubigers außer Verhältnis zum Schaden steht, den eine Vollstreckung dem Schuldner zufügen würde (z. B. Verlust aller Ansprüche aus einem Versicherungsvertrag[13]), daß die Bezüge gerade ausreichen, um die besonderen Bedürfnisse zu befriedigen, wegen der sie gewährt werden (erhöhte Lebenshaltungskosten wegen einer Körperverletzung). Billigkeitsmomente zu Lasten des Schuldners können etwa der Umstand sein, daß von ihm nur etwas zurückgefordert wird, was er fahrlässig zu Unrecht bezogen hat,[14] daß er offensichtlich Nebeneinnahmen aus Schwarzarbeit hat, die sich aber der Höhe nach nicht nachweisen lassen, weil der Schuldner sie weitgehend verschleiert.[15]

**4** **III. Das Verfahren der Pfändung:**

**1. Antrag:** Zunächst ist ein Antrag des Gläubigers an das **Vollstreckungsgericht** erforderlich, der auf die Pfändung eines der in Abs. 1 Nr. 1-4 genannten Bezüge gerichtet ist. Hinsichtlich des Bestimmtheitserfordernisses gelten die allgemeinen Grundsätze.[16] Im Antrag sind bereits die beiden in Rdn. 2 und Rdn. 3 genannten Voraussetzungen der Zulässigkeit der Pfändung dieser Bezüge **schlüssig darzulegen.**[17] Soweit eine Darlegung der persönlichen Verhältnisse des Schuldners erforderlich ist, dürfen die Anforderungen an die Substantiiertheit des Gläubigervorbringens aber nicht überspannt werden, da der Gläubiger in der Regel Einzelheiten der Privatverhältnisse des Schuldners nicht kennen kann.[18]

**5** **2. Anhörung des Schuldners (Abs. 3):** Zum Antrag des Gläubigers ist der Schuldner trotz der Formulierung als Sollvorschrift und in Abweichung von § 834 ZPO[19] vor Erlaß des Pfändungsbeschlusses zu hören (Abs. 3).[20] Die Anhörung kann schriftlich oder in mündlicher Verhandlung erfolgen. Zuständig ist der Rechtspfleger (§ 20 Nr. 17 RPflG) des Vollstreckungsgerichts. Die Anhörung muß immer durchgeführt werden, weil nur auf diese Weise gewährleistet ist, daß die individuellen Belange des Schuldners hinreichend Berücksichtigung finden. Der Schuldner kann nicht darauf verwiesen werden, diese Belange erst im Erinnerungsverfahren geltend zu machen.[21] Bestreitet der

---

13 LG Mainz, VersR 1972, 142.
14 LG Ulm, FamRZ 1968, 401.
15 LG Mannheim, MDR 1965, 144.
16 Siehe § 829 Rdn. 37.
17 OLG Düsseldorf, DB 1977, 1658; OLG Hamm, DB 1977, 1004; OLG München, NJW-RR 1988, 894; OLG Stuttgart, FamRZ 1983, 940; LG Frankenthal, NJW 1977, 395; LG Hamburg, Rpfleger 1985, 34; LG Köln, Rpfleger 1993, 455.
18 LG Frankenthal, NJW 1977, 395; *Brox/Walker*, Rdn. 560; zur Darlegung der Voraussetzungen für einen pfändbaren Taschengeldanspruch vergl. OLG Hamm, Rpfleger 1989, 207 mit Anm. *Otto*.
19 Siehe auch dort Rdn. 3.
20 Ausführlich *Baumbach/Lauterbach/Hartmann*, § 850 b Rdn. 16 m. N.; *Stein/Jonas/Brehm*, § 850 b Rdn. 29; a. A. (Anhörung nur auf Antrag des Gläubigers) OLG Hamm, DB 1977, 1004.
21 Dem Gläubiger erwachsen durch die Anhörung kaum Nachteile, da der Schuldner die Ansprüche nicht durch Abtretung »beiseiteschaffen« kann.

Schuldner die entscheidungserheblichen Behauptungen des Gläubigers, so muß der Gläubiger sie **beweisen**.[22] In Betracht kommen sowohl der Urkundsbeweis wie alle anderen Beweismittel der ZPO. Äußert sich der Schuldner nicht zum Pfändungsantrag, so ist sein Schweigen im Regelfall dahin zu würdigen, daß die Verhältnisse des Schuldners, soweit sie sich nicht aus den Angaben des Gläubigers ergeben, einer Pfändung nicht entgegenstehen.[23]

Neben dem Schuldner soll das Gericht auch diejenigen **Dritten** zum Pfändungsantrag hören, die durch die Entscheidung unmittelbar betroffen werden, insbesondere den Drittschuldner.[24]

3. **Entscheidung durch Beschluß:** Das Gericht (der Rechtspfleger) entscheidet durch Beschluß, der immer zu begründen ist,[25] damit die Einzelheiten der Interessenabwägung nachvollzogen werden können. Der Beschluß spricht entweder die beantragte Pfändung aus oder weist den Antrag des Gläubigers zurück. Wird dem Antrag des Gläubigers entsprochen, richtet sich die Pfändung des Anspruchs nach den für gewöhnliches Arbeitseinkommen maßgeblichen Bestimmungen, also nach den §§ 850 c bis g ZPO. Daher darf der Pfändungsbeschluß die Forderung nicht in voller Höhe erfassen, sondern nur im Rahmen des § 850 c ZPO bzw. bei bevorrechtigten Unterhaltsgläubigern im Rahmen des § 850 d ZPO. Bei einmaligen Bezügen kann dabei auch die Vorschrift des § 850 i ZPO entsprechend anzuwenden sein.

6

IV. **Vorpfändung der in Abs. 1 genannten Bezüge:** Vor der Zulassung der Pfändung durch das Vollstreckungsgericht sind die in Abs. 1 genannten Ansprüche unpfändbar. Eine Vorpfändung dieser Ansprüche ist deshalb **immer unzulässig**.[26] Ist sie dennoch erfolgt, bewirkt sie, wenn der Pfändungsbeschluß rechtzeitig nachfolgt (§ 845 Abs. 2 ZPO), trotzdem die Verstrickung der Forderung ab Zustellung der Vorpfändung,[27] aber kein Pfändungspfandrecht ab diesem Zeitpunkt. Das Pfandrecht entsteht erst mit Zustellung des gerichtlichen Pfändungsbeschlusses. Denn die gerichtliche Entscheidung, die grundsätzlich unpfändbare Forderung für – begrenzt – pfändbar zu erklären, wirkt nur ex nunc. Eine Rückwirkung ist nirgends vorgesehen. Der Gläubiger kann also durch eine unzulässige Vorpfändung keine materielle Priorität erreichen. Schuldner und Drittschuldner können gegen die unzulässige Beschlagnahme durch die Vorpfändung mit der Erinnerung nach § 766 ZPO vorgehen.[28]

7

---

22 *Stein/Jonas/Brehm*, § 850 b Rdn. 26; *Stöber*, Forderungspfändung, Rdn. 1027.
23 OLG Düsseldorf, DB 1977, 1658; OLG Hamm, Rpfleger 1979, 271, 272; **a. A.** wohl *Stöber*, Forderungspfändung, Rdn. 1227.
24 *Stein/Jonas/Brehm*, § 850 b Rdn. 29; *Stöber*, Forderungspfändung, Rdn. 1029.
25 LG Düsseldorf, Rpfleger 1983, 255; *Stein/Jonas/Brehm*, § 850 b Rdn. 29.
26 *Stein/Jonas/Brehm*, § 850 b Rdn. 33; *Stöber*, Forderungspfändung, Rdn. 1035.
27 **A. A.** (Vorpfändung nichtig) *Stöber*, Forderungspfändung, Rdn. 1035.
28 Siehe auch § 845 Rdn. 11.

**8 V. Rechtsbehelfe gegen einen Beschluß nach Abs. 1:** Für den richtigen Rechtsbehelf kommt es darauf an, ob es sich bei dem Beschluß um eine Vollstreckungsmaßnahme oder um eine Entscheidung des Vollstreckungsgerichts handelt.[29] Der den Antrag des Gläubigers ablehnende Beschluß ist eine Entscheidung. Diese ist für den Gläubiger mit der befristeten Rechtspflegererinnerung gem. § 11 Abs. 1 S. 2 RPflG[30] anfechtbar, ausnahmsweise mit der sofortigen Beschwerde gem. § 793 ZPO, falls der Richter den Beschluß erlassen hat. Hatte der Rechtspfleger die Pfändung abgelehnt, kann das Beschwerdegericht, wenn es der Beschwerde stattgeben will, den Pfändungsbeschluß selbst erlassen.[31] Gegen einen stattgebenden Beschluß haben der Schuldner und der Drittschuldner ebenfalls die Möglichkeit der befristeten Rechtspflegererinnerung oder ausnahmsweise der sofortigen Beschwerde gem. § 793 ZPO, falls sie vor dem Beschluß angehört werden. Wurde der Schuldner oder der Drittschuldner nicht angehört, kann er Erinnerung gem. § 766 ZPO einlegen.

**9 VI. Unpfändbare Bezüge nach Abs. 1:**

**1. Renten wegen Körper- oder Gesundheitsverletzung (Nr. 1):** Hierunter fallen – unabhängig von ihrer Höhe – insbesondere Rentenansprüche nach §§ 618 Abs. 3, 843 BGB, 62 Abs. 3 HGB, 8 HpflG, 13 Abs. 2 StVG, 38 LuftVG, 30 Abs. 2 AtomG, aber auch auf vertraglicher Grundlage[32] (z. B. private Unfall- oder Berufsunfähigkeitszusatzversicherung[33] oder über § 618 BGB hinausgehende arbeitsvertragliche Regelung) gewährte Renten wegen Körperverletzung oder Gesundheitsbeschädigung.[34] Nicht unter Nr. 1 fallen die Renten nach den Sozialversicherungsgesetzen und nach dem BeamtVG. Für sie enthält § 54 SGB I eine abschließende Sonderregelung.[35] Ebenfalls nicht unter Nr. 1 fällt eine Schmerzensgeldrente nach § 847 BGB.[36] Da der Schmerzensgeldanspruch grundsätzlich pfändbar ist, kann die Pfändbarkeit nicht durch eine Verrentung vereitelt werden. Schließlich werden auch Entschädigungsansprüche für Strafverfolgungsmaßnahmen gem. StrEG nicht von Nr. 1 erfaßt, solange sie nicht rechtskräftig festgestellt sind; bis dahin sind sie nämlich nicht übertragbar (§§ 8, 9, 13 Abs. 2 StrEG) und daher auch nicht pfändbar (§ 851 ZPO). Nach rechtskräftiger Entscheidung oder Zuerkennung im Justizverwaltungsverfahren ist der Anspruch auf Auszahlung der Entschädigung pfändbar.[37] Die Unpfändbarkeit der unter Nr. 1 fallenden Renten geht nicht dadurch verloren, daß sich größere Rückstände, die eine Mo-

---

29 MüKo/*Smid*, § 850 b Rdn. 20; *Stein/Jonas/Brehm*, § 850 b Rdn. 31 f. Zur Unterscheidung zwischen Vollstreckungsmaßnahme und Entscheidung im Vollstreckungsverfahren siehe § 766 Rdn. 5.
30 Einzelheiten des Verfahrens: Anh. § 793 Rdn. 5.
31 Siehe auch § 829 Rdn. 59.
32 BGHZ 70, 206.
33 OLG Oldenburg, MDR 1994, 257; *Hülsmann*, MDR 1994, 537.
34 BGH, NJW 1988, 820; OLG Düsseldorf, MDR 1955, 674.
35 Siehe hierzu Anh. § 829 Rdn. 21–25 sowie § 850 Rdn. 18 und § 850 d Rdn. 21; *Stein/Jonas/Brehm*, § 850 b Rdn. 9 m. N.
36 *Brox/Walker*, Rdn. 555; *Krebs*, VersR 1962, 391; *Stein/Jonas/Brehm*, § 850 b Rdn. 8; *Stöber*, Forderungspfändung, Rdn. 329; a. A. LG Düsseldorf, MDR 1955, 674.
37 OLG Hamm, NJW 1975, 2075.

natsrente weit übersteigen, angesammelt haben;[38] sonst hätte es der Drittschuldner in der Hand, durch Säumnis die Aufrechnungsmöglichkeit herbeizuführen. Wird die Rente allerdings einverständlich kapitalisiert, entfällt die Unpfändbarkeit. Der Anspruch auf die Kapitalabfindungssumme ist nach den allgemeinen Regeln pfändbar.[39] Dagegen ist der Anspruch auf Kapitalisierung – etwa nach § 1585 Abs. 2 BGB – als solcher nicht (als Nebenrecht) pfändbar. Hat sich ein Dritter für die Rentenansprüche verbürgt, sind auch die Ansprüche gegen diesen Bürgen unpfändbar, da dem Schuldner ansonsten die Rente auf dem Umweg des Vorgehens gegen den Bürgen entzogen werden könnte.

**2. Gesetzliche Unterhaltsrenten (Nr. 2):** Kraft Gesetzes einander unterhaltspflichtig sind Verwandte in gerader Linie (§§ 1589, 1601, 1615 a BGB), auch wenn die Verwandtschaft auf Ehelichkeitserklärung (§§ 1723, 1739 BGB) oder Adoption (§ 1754 BGB) beruht, die getrennt lebenden Ehegatten (§ 1361 BGB) und unter den Voraussetzungen der §§ 1569 ff. BGB auch die geschiedenen Ehegatten. Auf Gesetz beruht ferner auch der Unterhaltsanspruch der nichtehelichen Mutter gem. § 1615 l BGB.[40] Unterhaltsrente i. S. von Nr. 2 sind nicht nur die fortlaufenden monatlichen Bezüge, sondern auch einmalige Ansprüche auf Sonderunterhalt (Arzt- und sonstige Krankheitskosten,[41] Prozeßkosten,[42] Kosten einmaliger Fortbildungsmaßnahmen u. ä.).[43] Bei ihnen entspricht allerdings in der Regel die Pfändung nur dann der Billigkeit, wenn gerade derjenige die Zwangsvollstreckung betreibt, wegen dessen Ansprüchen der Sonderunterhalt beansprucht wurde.[44] Der Charakter einer Unterhaltsforderung ändert sich auch nicht dadurch, daß in den Vorgang der Auszahlung ein Dritter eingeschaltet wird, sei es, daß der Unterhaltsverpflichtete einen Teil seiner Gehaltsansprüche[45] oder seiner Sozialversicherungsrente[46] an den Unterhaltsberechtigten abgetreten hat und die Auszahlung demgemäß durch den Arbeitgeber oder den Rentenversicherungsträger erfolgt, sei es, daß die Zahlungen an einen von den Beteiligten eingeschalteten Rechtsanwalt erfolgen,[47] der sie an den Berechtigten weiterleitet, sei es, daß der Gerichtsvollzieher die Beträge beigetrieben hat, so daß der Unterhaltsberechtigte sich an diesen wegen der Auszahlung wenden muß,[48] sei es, daß eine Lebensversiche-

10

---

[38] BGHZ 70, 206.
[39] KG, JurBüro 1980, 1093; *Bohn*, Festschr. f. Schiedermair, 1976, S. 43.
[40] Zum Anspruch auf Erstattung der Entbindungskosten siehe § 850 a Rdn. 12.
[41] A. A. KG, NJW 1980, 1341.
[42] OLG Karlsruhe, FamRZ 1984, 1090; mit anderer Begründung (§ 851): BGHZ 94, 316, 322; a. A. *Stöber*, Forderungspfändung, Rdn. 1012.
[43] Grundsätzlich zu Sonderunterhaltsforderungen wie hier OLG Düsseldorf, FamRZ 1982, 498; *Thomas/Putzo*, § 850 b Rdn. 8; grundsätzlich a. A. (kein Schutz durch Nr. 2) *Stein/Jonas/Brehm*, § 850 b Rdn. 13.
[44] KG, VersR 1980, 931; vergl. auch BGHZ 94, 316, 322.
[45] LG Mannheim, Rpfleger 1987, 465; a. A. (Verlust der Unpfändbarkeit) für den Fall, daß andere Forderungen zur Erfüllung der Unterhaltspflicht abgetreten werden, OLG Stuttgart, Rpfleger 1985, 407, 408; *Stöber*, Forderungspfändung, Rdn. 1014.
[46] OLG Stuttgart, Rpfleger 1985, 407, 408.
[47] LG Koblenz, FamRZ 1956, 121.
[48] LG Berlin, DGVZ 1976, 154; AG Berlin-Charlottenburg, DGVZ 1976, 77.

rung, die der Unterhaltsverpflichtete abgeschlossen hat, die Unterhaltsansprüche abdeckt.[49] Wird zur Abgeltung des Unterhaltsanspruchs nach §§ 1585 Abs. 2, 1585 c BGB eine Kapitalabfindung vereinbart, ist § 850 b Abs. 1 Nr. 2 ZPO nicht mehr anwendbar.[50] Nicht unter Nr. 2 fallen der auf einen Zweitverpflichteten, der Unterhalt geleistet hat, übergegangene Anspruch gegen den Erstverpflichteten (§§ 1607 Abs. 2, 1608, 1615 b BGB),[51] ferner der bereicherungsrechtliche Rückzahlungsanspruch dessen, der zuviel Unterhalt geleistet hat,[52] schließlich der Schadensersatz von Eltern gegen einen Arzt, weil sie für ein unerwünschtes Kind Unterhalt leisten müssen.[53]

11   Solange Ehegatten in häuslicher Gemeinschaft miteinander leben, haben sie gemäß § 1360 BGB gegeneinander nur Anspruch auf einen angemessenen Beitrag zum Familienunterhalt, nicht auf eine persönliche Unterhaltsrente. Das vom alleinverdienenden Ehegatten dem anderen zur Verfügung gestellte »Haushaltsgeld« dient der Bestreitung des gemeinsamen Unterhalts, ist also keine Rente i. S. von Nr. 2,[54] also auch nicht mit einem Titel gegen den nichtverdienenden Ehegatten bedingt nach Abs. 2 pfändbar.[55] Der Gläubiger hat auch keinen Anspruch darauf, daß aus dem gemeinsamen Familienunterhalt eine persönliche Unterhaltsrente für den nichtverdienenden Ehegatten »ausgesondert« wird, auf die dann beschränkt ein Zugriff möglich wäre.[56] Sonst wäre der verdienende Ehegatte nämlich doch gezwungen, die Schulden seines Ehepartners aus den eigenen Einkünften zu begleichen. Anders verhält es sich nach h. M. mit dem sog. **Taschengeldanspruch** des nichtverdienenden Ehegatten, der Bestandteil des Unterhaltsanspruches gem. §§ 1360 f. BGB ist und im Gegensatz zu dem übrigen Unterhalt auf Geldzahlung gerichtet ist. Er beträgt nach allg. Ansicht grds. 5 % des um einkommensmindernde Aufwendungen und den Barkindesunterhalt bereinigten monatlichen Nettoeinkommens des verdienenden Ehegatten.[57] Bei dem Taschengeldanspruch

---

49 LG Freiburg, DGVZ 1987, 88.
50 OLG Celle, NJW 1960, 1015; *Stöber*, Forderungspfändung, Rdn. 1013.
51 Vergl. BGH, NJW 1982, 515, 516.
52 OLG Bamberg, JurBüro 1987, 1817.
53 *Rupp/Fleischmann*, Rpfleger 1983, 377, 379 f.
54 LG Berlin, Rpfleger 1978, 334; LG Frankenthal, Rpfleger 1983, 256; LG Mannheim, Rpfleger 1980, 237.
55 Mißverständlich *Palandt/Diederichsen*, § 1360 BGB Rdn. 5.
56 LG Berlin, Rpfleger 1978, 334.
57 OLG Celle, NJW 1991, 1960; OLG Frankfurt, Rpfleger 1996, 77; OLG Hamm, NJW-RR 1990, 1224; OLG Köln, NJW-RR 1994, 32; LG Frankfurt, JurBüro 1995, 606, 607; LG Mönchengladbach, Rpfleger 1996, 77; LG Trier, JurBüro 1991, 1564 f.; LG Würzburg, JurBüro 1994, 406.

handelt es sich um eine Geldrente, die gem. § 850 b ZPO bedingt pfändbar ist.[58] Allerdings wird die Pfändung selten der Billigkeit entsprechen (vergl. Abs. 2); denn das Taschengeld dient nur dazu, die Befriedigung kleinerer höchstpersönlicher Bedürfnisse zu ermöglichen.[59] Die Ansicht, die einen vollständigen Ausschluß der Pfändbarkeit damit begründet, daß andernfalls den Ehepartnern unvertretbar die Festlegung eines Barbetrages als Taschengeld aufgezwungen würde, berücksichtigt zu wenig die berechtigten Gläubigerinteressen.

Der Höhe nach sind die auf Gesetz beruhenden Unterhaltsrenten insoweit unpfändbar bzw. nach Nr. 2 bedingt pfändbar, als sie die gesetzliche bzw. durch Urteil festgelegte Höhe nicht überschreiten. Ist vertraglich ein höherer Unterhaltsanspruch vereinbart, ist der überschießende Teil unbedingt pfändbar,[60] während der Teil, durch den der gesetzliche Anspruch lediglich vertraglich ausgestaltet wird, gem. § 850 b Nr. 2 ZPO bedingt pfändbar ist.[61] Beruht die Unterhaltsrente allein auf Vertrag oder letztwilliger Verfügung, ohne daß ein gesetzlicher Unterhaltsanspruch bestünde, ist Nr. 2 nicht einschlägig, allenfalls Nr. 3. Eine in einem echten Grundstückskaufvertrag als Entgelt ausbedungene Leibrente genießt daher nach keiner Ziffer den Pfändungsschutz des § 850 b ZPO.[62] 12

Kraft ausdrücklicher Erwähnung in Nr. 2 stehen den gesetzlichen Unterhaltsansprüchen solche Renten gleich, die dem früheren Unterhaltsberechtigten wegen Entziehung seiner Ansprüche infolge des Todes des Unterhaltsverpflichteten gegen einen Dritten zustehen; Anspruchsgrundlage einer solchen Rente können §§ 844 Abs. 2,[63] 618 Abs. 13

---

58 OLG Bamberg, Rpfleger 1988, 154; OLG Celle, MDR 1962, 830; MDR 1973, 322; FamRZ 1991, 726; OLG Frankfurt, Rpfleger 1975, 263; FamRZ 1991, 727; Rpfleger 1996, 77; OLG Hamm, NJW 1979, 1369; FamRZ 1990, 547; OLG Karlsruhe, JurBüro 1992, 570, 571; OLG Köln, FamRZ 1991, 587; NJW 1993, 3335; Rpfleger 1994, 32; Rpfleger 1995, 76; OLG München, OLGZ 1975, 58; NJW-RR 1988, 894; OLG Stuttgart, Justiz 1983, 255; FamRZ 1986, 196; LG Bielefeld, JurBüro 1995, 46; LG Bonn, MDR 1982, 1027; LG Dortmund, JurBüro 1990, 1060 mit Anm. *Mümmler*; LG Frankfurt, JurBüro 1995, 606; LG Heilbronn, JurBüro 1992, 635; LG Kiel, NJW 1974, 2096; LG Köln, JurBüro 1993, 549; FamRZ 1983, 520; LG Mannheim, Rpfleger 1966, 82; LG Mönchengladbach, Rpfleger 1996, 77; LG München, NJW 1976, 1948; LG Münster, NJW 1959, 681; LG Trier, JurBüro 1991, 1564; LG Verden, MDR 1973, 138; Rpfleger 1986, 100; LG Würzburg, JurBüro 1994, 406; LG Wuppertal, Rpfleger 1987, 254; *Baumbach/Lauterbach/Hartmann*, § 850 b Rdn. 4; *Brox/Walker*, Rdn. 556; *Palandt/Diederichsen*, § 1360 a BGB Rdn. 4; *Stein/Jonas/Brehm*, § 850 b Rdn. 12; *Stöber*, Forderungspfändung, Rdn. 1015; *Thomas/Putzo*, § 850 b Rdn. 8. A. M. 1. Aufl. sowie OLG Celle, FamRZ 1986, 196; LG Berlin, NJW 1967, 204; LG Braunschweig, MDR 1972, 610; LG Essen, MDR 1965, 485; FamRZ 1965, 382; NJW 1971, 896; LG Frankenthal, Rpfleger 1985, 120; LG Köln, MDR 1965, 47; LG Mainz, MDR 1962, 487; LG München, NJW 1961, 1408; AG Dieburg, FamRZ 1991, 729; *Braun*, AcP 195, 311, 335 ff.
59 OLG Celle, NJW 1991, 1960; LG Dortmund, Rpfleger 1989, 467; LG Köln, JurBüro 1993, 549; *Otto*, Rpfleger 1989, 207, 208.
60 *Stöber*, Forderungspfändung, Rdn. 1012.
61 BGHZ 31, 210, 218.
62 LG Göttingen, Rpfleger 1960, 341.
63 Vergl. hierzu z. B. BGH, NJW 1980, 2196.

3 BGB, 62 Abs. 3 HGB, 8 Abs. 2 HpflG, 13 Abs. 2 StVG, 38 Abs. 2 LuftVG, 28 Abs. 2 AtomG oder 36 Abs. 2 BGrenzSchG sein.

14  3. **Fortlaufende Einkünfte auf Grund der Fürsorge eines Dritten u.a. (Nr. 3):**

a) **Unentgeltliche Zuwendungen:** Den fortlaufenden – nicht einmaligen – Bezügen aus Stiftungen, auf Grund von Fürsorge und Freigebigkeit eines Dritten ist gemeinsam, daß sie dem Schuldner **unentgeltlich** zugewendet werden. Es muß allerdings, damit auch nur eine bedingte Pfändbarkeit in Betracht kommt, ein Anspruch des Schuldners bestehen.[64] Er kann auf Vertrag, einseitiger Auslobung oder letztwilliger Verfügung (z. B. Vermächtnis) beruhen. Erforderlich ist dabei die Absicht des Dritten, die Lebenshaltung des Schuldners zu verbessern und zu erleichtern.[65] Hat der Schuldner für die Rente eine Gegenleistung erbracht (z. B. ein Verkauf auf Leibrentenbasis), ist der Anspruch uneingeschränkt pfändbar.[66] Freiwillige Leistungen an einen Untersuchungsgefangenen seitens seiner (nicht unterhaltsverpflichteten) Verwandtschaft, um ihm eine bessere Verpflegung zu ermöglichen, fallen unter Nr. 3 und sind deshalb nur bedingt pfändbar.[67]

15  b) **Altenteils- und Auszugsansprüche:** Dabei handelt es sich um Versorgungsansprüche des Übergebers eines Grundstücks (oder landwirtschaftlichen Hofes) gegen den Übernehmer aus Anlaß der Übernahme im Rahmen der Generationenfolge,[68] nicht eines gewöhnlichen Grundstücksverkaufs. Daher sind etwa nähere persönliche Beziehungen, wenn auch nicht zwingend verwandtschaftlicher Natur, als regelmäßige Voraussetzung für eine Qualifizierung als Altenteilsanspruch anzusehen.[69] Unpfändbar sind sowohl laufende Einkünfte aus einem dinglich gesicherten als auch aus einem nur schuldrechtlich vereinbarten Altenteil.[70] Wie bei Unterhaltsrenten geht die Unpfändbarkeit nicht dadurch verloren, daß sich größere Rückstände auf die Forderung angesammelt haben.[71] Auf die Bezeichnung des Vertrages, aus dem die Versorgungsansprüche hergeleitet werden, als Altenteilvertrag kommt es nicht an. Entscheidend ist der materielle Inhalt.[72]

---

64 Zur Unpfändbarkeit bloßer Erwartungen und Hoffnungen siehe § 829 Rdn. 7.
65 MüKo/*Smid*, § 850 b Rdn. 11; Stein/Jonas-*Brehm*, § 850 b Rdn. 15 m. N.
66 OLG Hamm, OLGZ 1970, 49.
67 LG Düsseldorf, Rpfleger 1960, 304; LG München, NStZ 1982, 437; AG Köln, JurBüro 1965, 814.
68 Wobei zwischen dem Übergebenden und dem Übernehmenden keine verwandtschaftlichen, wohl aber persönliche Beziehungen bestehen müssen; vergl. OLG Düsseldorf, JMBl.NW 1961, 237; OLG Hamm, Rpfleger 1969, 396; LG Lübeck, SchlHA 1956, 116; LG Oldenburg, Rpfleger 1982, 298.
69 KG, MDR 1960, 234; OLG Hamm, OLGZ 1970, 49; LG Göttingen, Rpfleger 1960, 341; *Stöber*, Forderungspfändung, Rdn. 1018; Zöller/*Stöber*, § 850 b Rdn. 8.
70 BGHZ 53, 41.
71 BGHZ 53, 41.
72 OLG Düsseldorf, JMBl.NW 1961, 237; LG Oldenburg, Rpfleger 1982, 298 m. krit. Anm. *Hornung*.

*Bedingt pfändbare Bezüge* § 850 b

**4. Bezüge aus Witwen-, Waisen-, Hilfs- und Krankenkassen (Nr. 4):** Diese Bezüge 16
sind nach Abs. 1 unpfändbar, sofern sie ausschließlich oder zu einem wesentlichen
Teil zu Unterstützungszwecken gewährt werden; Gleiches gilt für Ansprüche aus bestimmten Lebensversicherungen (Nr. 4). Nicht unter Nr. 4 fallen die Ansprüche auf Unterstützungsleistungen gegen Sozialversicherungsträger nach den Sozialversicherungsgesetzen. Ihre Pfändbarkeit richtet sich nach § 54 SGB I.[73] Im übrigen ist es für die
Anwendbarkeit von § 850 b Abs. 1 Nr. 4 ZPO aber gleichgültig, ob die Ansprüche
aus privatrechtlichen Verträgen (Arbeitsvertrag, Versicherungsvertrag) oder aus öffentlichem Recht resultieren (Beamtenversorgung, Blindengeld[74]). Ebenso ist es unerheblich, ob es sich um fortlaufende Bezüge oder um einmalige Ansprüche handelt.[75]
Auch Ansprüche auf Krankenhaustagegeld für Verdienstausfall sind, allerdings nur
bis zur Pfändungsfreigrenze der §§ 850 c, d ZPO, »Bezüge aus Krankenkassen« i. S.
der Vorschrift.[76] Nach dem Tode des Unterstützungsberechtigten verlieren die Ansprüche auf rückständige Leistungen in der Hand des Erben den Schutz der Nr. 4. Es handelt
sich dann um gewöhnliche Nachlaßforderungen.[77] Ob der Unterstützungsberechtigte
die Leistung tatsächlich ganz oder teilweise benötigt, ist für die grundsätzliche Unpfändbarkeit nach Abs. 1 ohne Bedeutung, im Rahmen des Abs. 2 allerdings wesentlich.

Die Unpfändbarkeit der Ansprüche aus **Kleinstlebensversicherungen** auf den Todesfall soll es den Angehörigen ermöglichen, die Bestattungskosten, ohne selbst in Not zu 17
geraten, zu begleichen.[78] Kleinstlebensversicherungen, die auch nach Ablauf einer bestimmten Frist im Erlebensfall auszuzahlen sind, fallen nicht unter Nr. 4, auch wenn
der Versicherungsnehmer tatsächlich den entsprechenden Zeitpunkt nicht erlebt.[79]
Schwierigkeiten macht die vorgesehene **Höchstversicherungssumme:** Übersteigt die
Versicherungssumme den Höchstbetrag, so wird trotz des mißglückten Wortlauts nicht
der Gesamtbetrag uneingeschränkt pfändbar, sondern nur der überschießende Betrag.[80]
Hat der Schuldner mehrere Versicherungen abgeschlossen, die jeweils einzeln die
Höchstversicherungssumme nicht übersteigen, wohl aber in ihrer Gesamtsumme, so
sind entgegen der h. M.,[81] welche die Versicherungssummen sogleich addieren und

---

73 So etwa bzgl. Leistungen der AOK; vergl. OLG Köln, NJW 1989, 2956; MüKo/*Smid*, § 850 b Rdn. 13.
74 BGH, VersR 1988, 181.
75 BGH, NJW 1988, 2676; KG, OLGZ 1985, 86; LG Oldenburg, Rpfleger 1983, 33; *Bohn*, Festschrift f. Schiedermair, 1976, 33, 39.
76 LG Hannover, Rpfleger 1995, 511; LG Oldenburg, Rpfleger 1983, 33; *Bohn*, Festschrift f. Schiedermair, 1976, 40; *Brox/Walker*, Rdn. 558; *Stöber*, Forderungspfändung, Rdn. 1019.
77 KG, OLGZ 1985, 86; *Stein/Jonas/Brehm*, § 850 b Rdn. 19.
78 LG Mainz, VersR 1972, 142; *Kellner*, VersR 1979, 117.
79 BGHZ 35, 261; BFH, Rpfleger 1991, 466, 467; KG, VersR 1964, 326; *Stöber*, Forderungspfändung, Rdn. 1020.
80 OLG Bamberg, JurBüro 1985, 1739; MüKo/*Smid*, § 850 b Rdn. 15; *Stein/Jonas/Brehm*, § 850 b Rdn. 21; a. A. AG Fürth, VersR 1982, 59; *Stöber*, Forderungspfändung, Rdn. 1021; Zöller/*Stöber*, § 850 b Rdn. 10.
81 OLG Hamm, MDR 1962, 661; LG Essen, VersR 1962, 245; AG Fürth, VersR 1982, 59; AG Kiel, VersR 1971, 617; AG Kirchheimbolanden, VersR 1970, 897; *Baumbach/Lauterbach/Hartmann*, § 850 b Rdn. 10; *Stöber*, Forderungspfändung, Rdn. 1021; *Thomas/Putzo*, § 850 b Rdn. 10.

den die Höchstsumme übersteigenden Betrag sofort der unbeschränkten Pfändung unterwerfen will, zunächst alle Ansprüche nach Abs. 1 unpfändbar; erst im Verfahren nach Abs. 2 kann berücksichtigt werden, daß die Gesamtsumme aus den einzelnen Versicherungen über der Höchstsumme nach Nr. 4 liegt.[82] Nur so bleibt die in der Zwangsvollstreckung notwendige Klarheit und Sicherheit für alle Beteiligten erhalten. Insbesondere läßt sich nur so zweifelsfrei die Rangfolge mehrerer Pfändungspfandrechte ermitteln. Entsprechend dem Schutzzweck sind die Lebensversicherungen bis zur Höchstsumme nicht nur in Händen des Versicherungsnehmers, sondern auch in denen des im Vertrag Begünstigten unpfändbar. Mit der Unpfändbarkeit der Lebensversicherung selbst verbietet sich auch die Pfändung des Rechts auf Kündigung der Versicherung.[83] Zulässig ist aber die Pfändung des Anspruchs auf Auszahlung des Rückkaufswertes für den Fall der Kündigung durch den Schuldner oder den Drittschuldner (die Versicherungsgesellschaft).[84] Dessen Erben jedoch genießen hinsichtlich dieser Versicherungsansprüche keinen Pfändungsschutz mehr.

Einen besonderen Pfändungsschutz für Handwerkerlebensversicherungen bis zum Höchstbetrag von 10.000 DM, die vor dem 1. 1. 1962 abgeschlossen wurden, regelt § 22 Abs. 1 der 1. DVO zum Handwerkerversicherungsgesetz vom 13.7.1939.[85] Überschreitet eine solche Versicherung den Höchstbetrag von 10.000 DM, ist der Mehrbetrag pfändbar.[86]

18 VII. **Gebühren:** Der Antrag nach Abs. 2 löst über die normalen Gebühren bei Beantragung eines Pfändungs- und Überweisungsbeschlusses[87] keine zusätzlichen Gerichtsgebühren aus. Auch der Anwalt des Gläubigers oder des Schuldners erhält über die allgemeine Vollstreckungsgebühr des § 57 BRAGO hinaus keine weiteren Gebühren.

19 VIII. **ArbGG, VwGO, AO:** Siehe § 850 Rdn. 19. In der Abgabenvollstreckung erfolgt die Entscheidung nach Abs. 2, 3 nicht durch das Vollstreckungsgericht, sondern durch die Vollstreckungsbehörde.

---

82 Im Ergebnis wie hier OLG Düsseldorf, VersR 1961, 111; *Berner*, Rpfleger 1964, 68; MüKo/*Smid*, § 850 b Rdn. 15; *Stein/Jonas/Brehm*, § 850 b Rdn. 23.
83 OLG Düsseldorf, VersR 1961, 111; *Berner*, Rpfleger 1964, 69.
84 *Berner*, a. a. O.; *Stöber*, Forderungspfändung, Rdn. 1020 a. E.
85 RGBl. I, 1255. Zu diesem Pfändungsschutz siehe BGH, NJW 1966, 155.
86 LG Berlin, Rpfleger 1973, 223.
87 Siehe § 829 Rdn. 66.

§ 850 c  Pfändungsgrenzen für Arbeitseinkommen

(1) ¹Arbeitseinkommen ist unpfändbar, wenn es, je nach dem Zeitraum, für den es gezahlt wird, nicht mehr als
  1209 Deutsche Mark monatlich,
  279 Deutsche Mark wöchentlich oder
  55,80 Deutsche Mark täglich
beträgt. ²Gewährt der Schuldner auf Grund einer gesetzlichen Verpflichtung seinem Ehegatten, einem früheren Ehegatten oder einem Verwandten oder nach §§ 1615 l, 1615 n des Bürgerlichen Gesetzbuchs der Mutter eines nichtehelichen Kindes Unterhalt, so erhöht sich der Betrag, bis zu dessen Höhe Arbeitseinkommen unpfändbar ist, auf bis zu
  3081 Deutsche Mark monatlich,
  711 Deutsche Mark wöchentlich oder
  142,20 Deutsche Mark täglich,
und zwar um
  468 Deutsche Mark monatlich,
  108 Deutsche Mark wöchentlich oder
  21,60 Deutsche Mark täglich
für die erste Person, der Unterhalt gewährt wird, und um je
  351 Deutsche Mark monatlich,
  81 Deutsche Mark wöchentlich oder
  16,20 Deutsche Mark täglich
für die zweite bis fünfte Person.

(2) ¹Übersteigt das Arbeitseinkommen den Betrag, bis zu dessen Höhe es je nach der Zahl der Personen, denen der Schuldner Unterhalt gewährt, nach Absatz 1 unpfändbar ist, so ist es hinsichtlich des überschießenden Betrages zu einem Teil unpfändbar, und zwar in Höhe von drei Zehnteln, wenn der Schuldner keiner der in Absatz 1 genannten Personen Unterhalt gewährt, zwei weiteren Zehnteln für die erste Person, der Unterhalt gewährt wird, und je einem weiteren Zehntel für die zweite bis fünfte Person. ²Der Teil des Arbeitseinkommens, der 3796 Deutsche Mark monatlich (876 Deutsche Mark wöchentlich, 175,20 Deutsche Mark täglich) übersteigt, bleibt bei der Berechnung des unpfändbaren Betrages unberücksichtigt.

(3) ¹Bei der Berechnung des nach Absatz 2 pfändbaren Teils des Arbeitseinkommens ist das Arbeitseinkommen, gegebenenfalls nach Abzug des nach Absatz 2 Satz 2 pfändbaren Betrages, wie aus der Tabelle ersichtlich, die diesem Gesetz als Anlage 2 beigefügt ist, nach unten abzurunden, und zwar bei Auszahlung für Monate auf einen durch 20 Deutsche Mark, bei Auszahlung für Wochen auf einen durch 5 Deutsche Mark oder bei Auszahlung für Tage auf einen durch 1 Deutsche Mark teilbaren Betrag. ²Im Pfändungsbeschluß genügt die Bezugnahme auf die Tabelle.

(4) Hat eine Person, welcher der Schuldner auf Grund gesetzlicher Verpflichtung Unterhalt gewährt, eigene Einkünfte, so kann das Vollstreckungsgericht auf Antrag des Gläubigers nach billigem Ermessen bestimmen, daß diese Person bei der Berechnung des unpfändbaren Teils des Arbeitseinkommens ganz oder teilweise

unberücksichtigt bleibt; soll die Person nur teilweise berücksichtigt werden, so ist Absatz 3 Satz 2 nicht anzuwenden.

## Inhaltsübersicht

Literatur                                                                                      Rdn.

I. Stellung der Norm im System des Pfändungsschutzes für Arbeitseinkommen  1
II. Übersicht über den Aufbau der Norm                                     2
III. Berechnung des Grundfreibetrages (Abs. 1)                              3
    1. Monatliches, wöchentliches oder tägliches Arbeitseinkommen  3
    2. Höhe des Grundfreibetrages                                   4
IV. Der pfändungsfreie Mehrverdienst (Abs. 2 und 3)                         5
V. Durchführung der Pfändung                                                6
VI. Berücksichtigung eigenen Einkommens von Unterhaltsberechtigten (Abs. 4) 7
    1. Außerbetrachtlassung eines Unterhaltsberechtigten           7
    2. Maßgebliches Einkommen des außer Betracht zu lassenden Unterhaltsberechtigten  8
    3. Entscheidung des Vollstreckungsgerichts über einen Antrag nach Abs. 4  9
VII. Rechtsbehelfe                                                          10
VIII. Entsprechende Anwendung des § 850 c ZPO bei der Pfändung von Sozialleistungen für gewöhnliche Gläubiger  11
IX. ArbGG, VwGO, AO                                                         12

Literatur: *Arnold*, Der neue Pfändungsschutz für Arbeitseinkommen und für Gehaltskonten, BB 1978, 1314; *Behr*, Gläubigervorteile und Schuldnerschutz nach dem 4. Gesetz zur Änderung der Pfändungsfreigrenzen, JurBüro 1979, 305; *ders.*, Probleme der Unterhaltsvollstreckung in Arbeitseinkommen, Rpfleger 1981, 382; *Bengelsdorf*, Probleme bei der Ermittlung des pfändbaren Teils des Arbeitseinkommens, NZA 1996, 176; *Brühl*, Pfändungsgrenze und Sozialhilfebedürftigkeit, JurBüro 1987, 801; *Büchmann*, Privilegierte Lohnpfändung aus Vollstreckungsbescheiden bei unerlaubter Handlung, NJW 1987, 172; *Büttner*, Der praktische Fall – Vollstreckungsrechtsklausur: Wieviel Geld braucht der Mensch?, JuS 1994, 243; *Denck*, Die Verrechnung von privilegierter Pfändung und Abtretung, MDR 1979, 450; *ders.*, Lohnvorschuß und Pfändung, BB 1979, 480; *Ekkert*, Ratenkreditverträge und die Pfändungsfreigrenze des § 850 c ZPO, WM 1987, 945; *Egner*, Änderung der Lohnpfändungsbestimmungen, NJW 1972, 671; *Etzel*, Die Entwicklung des Arbeitsrechts im Jahre 1984, NJW 1985, 2619; *Finger*, Die Berechnung der pfändbaren Beträge bei gemeinsam verdienenden Ehegatten, RdA 1970, 73; *Grunsky*, Probleme des Pfändungsschutzes bei mehreren Arbeitseinkommen des Schuldners, ZIP 1983, 908; *Hartmann*, Der Schuldnerschutz im Vierten Pfändungsfreigrenzengesetz, NJW 1978, 609; *Hein*, Gestaltungswirkung einer Herabsetzung der Pfändungsfreigrenze, Rpfleger 1984, 260; *Henckel*, Zusammentreffen der Lohnpfändung und Lohnabtretung, JR 1971, 18; *Henze*, Unterhaltsberechtigte mit eigenen Einkünften, Rpfleger 1981, 52; *Hintzen*, Änderung der Pfändungsfreigrenzen zum 1.7.1992, AnwBl. 1992, 305; *ders.*, Nichtberücksichtigung eines Unterhaltsberechtigten, NJW 1995, 1861; *Horn*, Zum Pfändungsvorrecht des Sozialhilfeamtes, MDR 1967, 170; *Hornung*, Fünftes Gesetz zur Änderung der Pfändungsfreigrenzen, Rpfleger 1984, 125; *Liese*, Feststellung von Unterhaltspflichten des Arbeitnehmers bei der Lohnpfändung – Auswirkungen der Steuerreform, DB 1990, 2064; *Mahnkopf*, Ratenzahlungsvereinbarungen bei der Zwangsvollstreckung in Arbeitseinkommen, RdA 1985,

289; *Mertes,* Zusammenrechnung bei Pfändung mehrerer Arbeitseinkommen, Rpfleger 1984, 453; *Mümmler,* Berücksichtigung von Freibeträgen für Unterhaltsberechtigte im Rahmen einer Lohnpfändung, JurBüro 1981, 177; *Oswald,* Zwangsvollstreckung im Bereich des Vermögensbildungsgesetzes, AnwBl. 1974, 365; *Quardt,* Wem obliegt in der Lohnpfändung die Feststellung der Unterhaltsverpflichtungen des Schuldners?, BB 1967, 251; *Rewolle,* Abreden zwischen Schuldner, Drittschuldner und Gläubiger über den pfändbaren Teil des Arbeitseinkommens des Schuldners, BB 1967, 338; *ders.,* Muß der Drittschuldner in der Lohnpfändung die Unterhaltsverpflichtung des Schuldners feststellen?, BB 1968, 1375; *Schalhorn,* Inwieweit wirken sich Unterhaltszahlungen des Vaters für Kinder an die geschiedene Ehefrau bei Pfändungs- und Überweisungsbeschlüssen gegen die Frau auf die nach § 850 c ZPO vorzunehmende Berücksichtigung des pfändungsfreien Betrages aus?, JurBüro 1971, 119; *Schröder,* Die neuen Pfändungsfreigrenzen ab 1. April 1984, JurBüro 1984, 481; *Weimar,* Wann ist bei berufstätigen Eltern bei Pfändung von Arbeitseinkommen der Kinderfreibetrag gem. § 850 c ZPO zu berücksichtigen?, MDR 1960, 733.

Siehe ferner die Literaturangaben zu § 829 ZPO.

**I. Stellung der Norm im System des Pfändungsschutzes für Arbeitseinkommen:** 1
§ 850 ZPO steckt grundsätzlich den Rahmen ab, welche Bezüge als »Arbeitseinkommen« zu klassifizieren sind. § 850 a ZPO erklärt einige dieser Bezüge für generell unpfändbar. Umgekehrt ermöglichen die §§ 850 b ZPO, 54 SGB I für einige Bezüge, die ihrem Wesen nach kein Arbeitseinkommen sind, unter bestimmten Voraussetzungen die Pfändung wie Arbeitseinkommen. Schließlich sagt § 850 e ZPO, wie das als pfändbar festgestellte Arbeitseinkommen insgesamt als Ausgangspunkt für die Feststellung dessen, was dem Schuldner in jedem Falle zu verbleiben hat und was den Gläubigern zur Verfügung steht, zu berechnen ist (Ermittlung des Nettoeinkommens). § 850 c ZPO bestimmt schließlich für die Pfändung **laufenden Arbeitseinkommens**[1] durch **gewöhnliche Gläubiger** im einzelnen den unpfändbaren, dem Zugriff dieser Gläubiger entzogenen Teil und ermöglicht die Feststellung dessen, was an die Gläubiger auszuzahlen ist. § 850 c ZPO steht also am Ende der gedanklichen Schritte, die nach der Pfändung fortlaufender Bezüge vorzunehmen sind. Die Vorschrift hat darüber hinaus auch für die Pfändung von Arbeitseinkommen durch bevorrechtigte Unterhaltsgläubiger (§ 850 d ZPO) und für die Pfändung einmaliger Bezüge aus einem Arbeits- oder Dienstverhältnis (§ 850 i ZPO) insofern Bedeutung, als aus ihr die dem Schuldner höchstens zu belassenden Beträge zu entnehmen sind. Die nach § 850 c ZPO für den Regelfall errechneten Beträge können im Einzelfall dann noch unter den Voraussetzungen des § 850 f ZPO zugunsten des Gläubigers oder des Schuldners aufgestockt werden.[2]

**II. Übersicht über den Aufbau der Norm:** Abs. 1 gibt die unpfändbaren Grundbeträge an, die dem Schuldner **in jedem Falle** verbleiben sollen. Die Beträge sind gestaffelt unter Berücksichtigung der gesetzlichen Unterhaltsverpflichtungen des Schuldners, damit nicht nur der Schuldner, sondern auch seine von ihm abhängigen Angehörigen nach Möglichkeit vor der Verweisung auf die öffentliche Fürsorge geschützt sind. 2

---

1 Auf einmalige Bezüge ist § 850 c als Ganzes weder unmittelbar noch analog anwendbar. Insoweit enthält § 850 i eine Sonderregelung; vergl. BAG, DB 1980, 358; LG Berlin, Rpfleger 1981, 445. Diese Ungleichbehandlung ist nicht verfassungswidrig (BVerfG, NJW 1982, 1583).
2 Dazu AG Hamburg, WM 1991, 1529; AG Lörrach, WM 1991, 1529.

Übersteigt das Nettoeinkommen den Grundbetrag, ist ein bestimmter Teil des überschießenden Betrages (Mehreinkommen) nach Abs. 2 ebenfalls unpfändbar, um dem Schuldner nicht jeden Anreiz zur Erzielung eines höheren Einkommens zu nehmen. Hierbei wird dann allerdings mit 3796 DM eine Höchstgrenze für das, was dem Schuldner unter Berücksichtigung aller Unterhaltsverpflichtungen auch bei höchstem Einkommen zu verbleiben hat, festgesetzt. Abs. 4 schließlich ermöglicht es, Personen, denen der Schuldner gesetzlich unterhaltsverpflichtet ist, bei der Errechnung der Freibeträge dann ganz oder teilweise unberücksichtigt zu lassen, wenn diese über ausreichende (wenn auch den Unterhaltsanspruch noch nicht entfallen lassende) eigene Einkünfte verfügen. Der Gesetzgeber hat für die Praxis die Rechenarbeit dadurch erleichtert, daß er zu Abs. 3 eine umfangreiche Tabelle beigefügt hat,[3] in der die sich für den Regelfall errechnenden Beträge bei monatlicher, wöchentlicher oder täglicher Lohnauszahlung an den Schuldner verzeichnet sind.

3   III. Berechnung des Grundfreibetrages (Abs. 1):

1. **Monatliches, wöchentliches oder tägliches Arbeitseinkommen:** Ob bei der Berechnung des Grundfreibetrages monatliches, wöchentliches oder tägliches Arbeitseinkommen zugrunde zu legen ist, bestimmt sich nach dem tatsächlichen Auszahlungsmodus aufgrund der arbeitsvertraglichen Vereinbarungen zwischen dem Schuldner und seinem Arbeitgeber. Das Vollstreckungsgericht kann nicht von sich aus anordnen, von welchem Auszahlungszeitraum bei der Berechnung auszugehen sei.[4] Ändert sich bei fortlaufender Lohnpfändung der Auszahlungsmodus (z. B. Umstellung von wöchentlicher auf monatliche Auszahlung), so tritt automatisch der neue Grundfreibetrag an die Stelle des bisherigen, auch wenn der Schuldner sich hierdurch schlechter stellt (der dreißigfache Tagesgrundfreibetrag bzw. der 4,5-fache Wochengrundfreibetrag sind jeweils höher als der Monatsgrundfreibetrag). Der Grundfreibetrag ist bei wechselnden Monats-(Wochen-, Tages-)Bezügen für jeden Auszahlungsstichtag neu zu berechnen; es ist also nicht für einen größeren Abschnitt (z. B. ein Jahr) ein Durchschnittseinkommen zu errechnen, auch wenn der Schuldner sich hierbei günstiger stünde.[5] Allerdings errechnet sich der pfändbare Betrag im Falle eines längeren Bezugs von Krankengeld nicht nach der Tages-, sondern nach der Monatstabelle.[6] Arbeitet der Schuldner infolge Krankheit, Kündigung usw. im Einzelfall nicht den vollen periodischen Abrechnungszeitraum (Monat, Woche), ist dennoch der Grundfreibetrag für den gesamten Zeitraum zugrunde zu legen,[7] denn dieser Grundfreibetrag muß ja den Lebensunterhalt für den gesamten Zeitraum sichern. Nachzahlungen sind zur Berechnung des pfändbaren Betrages dem Auszahlungszeitraum zuzurechnen, für den – und nicht in dem – sie gezahlt werden. Solche Nachzahlungen, also für Abrechnungszeit-

---

3   Siehe Anh. § 850 c.
4   LG Bochum, Rpfleger 1985, 370.
5   OLG Köln, NJW 1957, 879; a. A. LG Essen, NJW 1956, 1930.
6   BSG, NJW 1993, 811; LSG Berlin, NZA 1992, 328.
7   ArbG Münster, BB 1990, 1708; *Stein/Jonas/Brehm*, § 850 c Rdn. 13; *Stöber*, Forderungspfändung, Rdn. 1038.

räume vor der gegenwärtigen Pfändung, werden dabei von dieser Pfändung unter Berücksichtigung der Freibeträge und des bereits gezahlten Einkommensteils erfaßt.[8]

**2. Höhe des Grundfreibetrages:** Hinsichtlich der Höhe des Grundfreibetrages unterscheidet Abs. 1, ob der Schuldner nur sich selbst zu versorgen hat oder ob er aufgrund **gesetzlicher Verpflichtung**[9] einer der in Abs. 1 S. 2 genannten Personen Unterhalt tatsächlich – freiwillig oder durch Beitreibung – **leistet**.[10] Falls der Schuldner dagegen freiwillig, d. h. ohne gesetzliche Verpflichtung, einem Dritten (z. B. dem nichtehelichen Lebensgefährten[11] oder einem volljährigen Kind[12]) Unterhalt leistet, etwa weil er sich moralisch hierzu verpflichtet sieht, muß dies im Rahmen des § 850 c ZPO außer Betracht bleiben. Auch über § 850 f ZPO kommt hinsichtlich derartig freiwillig übernommener Unterhaltsverpflichtungen keine Erhöhung des Freibetrages in Betracht.[13] Gleichfalls nicht berücksichtigungsfähig – auch nicht in entsprechender Anwendung der Vorschrift – sind schadensersatzweise geschuldete Unterhaltsrenten,[14] sofern es an dem sozialen Näheverhältnis zwischen Schuldner und Unterhaltsgläubiger fehlt, das Hintergrund der Regelung des Abs. 1 S. 1 ist. Daß der Schuldner für bestimmte Personen nicht allein zum Unterhalt verpflichtet ist und daß auch ein Dritter (z. B. der nichteheliche Vater) tatsächlich den Unterhalt mitträgt, ist für die volle Berücksichtigung der Unterhaltspflicht im Rahmen von Abs. 1 S. 2 ohne Bedeutung.[15] Gleiches gilt für den Fall, daß der Ehegatte, mit dem der Schuldner einen gemeinsamen Haushalt führt, eigene Einkünfte hat, die u. U. die des Schuldners deutlich übersteigen.[16] Solche Umstände können allein über Abs. 4 Berücksichtigung finden.[17] Die zusammen lebenden Ehegatten sind einander grundsätzlich ohne Rücksicht auf das Einkommen des anderen zu einem Beitrag zum gemeinsamen Familienunterhalt verpflichtet (§ 1360 BGB); § 850 c Abs. 1 S. 2 ZPO unterscheidet dabei auch nicht, ob dieser Verpflichtung durch Barzahlung oder auf andere Weise nachgekommen wird. Ob der vom Schuldner geleistete Unterhaltsbeitrag höher oder niedriger ist als der Freibetrag nach Abs. 1 S. 2, spielt für die Berücksichtigung des Freibetrages keine Rolle. Eine Mehrbelastung des Schuldners durch erheblich höhere Unterhaltsleistungen kann insoweit nur im Rahmen des § 850 f ZPO Berücksichtigung finden.

---

8 ArbG Wetzlar, BB 1988, 2320; *Stein/Jonas/Brehm*, § 850 c Rdn. 13; *Zöller/Stöber*, § 850 c Rdn. 3.
9 Eine vertragliche Konkretisierung schadet dabei nicht: OLG Frankfurt/M., Rpfleger 1980, 198.
10 BAG, NJW 1966, 903; LG Verden, JurBüro 1995, 385.
11 LG Schweinfurt, FamRZ 1984, 45.
12 BAG, NJW 1987, 1573.
13 LG Schweinfurt, Rpfleger 1984, 69.
14 MüKo/*Smid*, § 850 c Rdn. 11; *Stein/Jonas/Brehm*, § 850 c Rdn. 15.
15 BAG, NJW 1975, 1296; LAG Hamm, MDR 1965, 165; LG Bayreuth, MDR 1993, 621; zur Berücksichtigung im Rahmen einer Entscheidung nach Abs. 4 vergl. LG Frankfurt/M., Rpfleger 1994, 221.
16 BAG, NJW 1966, 903; MDR 1983, 788 mit Anm. *Fenn*, ZIP 1983, 1250; a. A. BAG, NJW 1975, 1296; LAG Berlin, DB 1976, 1114.
17 BAG, FamRZ 1975, 488 mit Anm. *Fenn*; *Zöller/Stöber*, § 850 c Rdn. 5 a. E.

**5  IV. Der pfändungsfreie Mehrverdienst (Abs. 2 und 3):** Über den nach Abs. 1 berechneten Grundfreibetrag hinaus ist auch ein Teil des Mehrverdienstes unpfändbar, und zwar drei Zehntel, wenn der Schuldner nur sich selbst zu versorgen hat, zwei weitere Zehntel für den ersten Unterhaltsberechtigten i. S. Abs. 1 S. 2, je ein weiteres Zehntel für den zweiten bis fünften. Weitere Unterhaltsberechtigte werden wie in Abs. 1 S. 2 nicht berücksichtigt, so daß der Schuldner maximal über den Grundfreibetrag hinaus neun Zehntel des Mehrverdienstes pfändungsfrei für sich behalten kann, umgekehrt der Gläubiger bei einem über dem Grundfreibetrag liegenden Arbeitseinkommen des Schuldners immer eine, wenn auch u. U. geringfügige Zugriffsmöglichkeit hat. Liegt aber das Nettoarbeitseinkommen (Berechnung nach § 850 e ZPO) über 3796 DM monatlich (876 DM wöchentlich; 175,20 DM täglich), ist der Mehrbetrag uneingeschränkt pfändbar. Zur Erleichterung der Errechnung des pfändungsfreien Teils des Einkommens ordnet Abs. 3 schließlich zum einen das Abrunden des Arbeitseinkommens auf glatte Beträge an und verweist darüber hinaus auf eine dem § 850 c ZPO als Anlage beigefügte Tabelle.

**6  V. Durchführung der Pfändung:** Das Vollstreckungsgericht errechnet im Pfändungs- und Überweisungsbeschluß nicht im einzelnen den Betrag, den der Drittschuldner an den Gläubiger abzuführen hat. Es nennt auch nicht die Zahl der zu berücksichtigenden unterhaltsberechtigten Personen (Ausnahme: Abs. 4). Es gibt dem Drittschuldner vielmehr nur in Form eines Blankettbeschlusses abstrakt die Grundsätze an, nach denen er den gepfändeten Betrag – auf eigenes Risiko – berechnen bzw. aus der Tabelle ablesen kann (Abs. 3 S. 2).[18] Der Drittschuldner darf sich bei der Ermittlung der zu berücksichtigenden Unterhaltsberechtigten auf die ihm vorliegenden Unterlagen, insbesondere die Eintragungen auf der Lohnsteuerkarte,[19] verlassen und muß grundsätzlich keine eigenen Nachforschungen anstellen.[20] Erfährt er allerdings derartige Umstände, muß er sich gegebenenfalls Gewißheit verschaffen und Konsequenzen ziehen. In Zweifelsfällen sollte der Drittschuldner den Gläubiger über die von ihm beabsichtigte Berechnung informieren. Notfalls ist an eine Hinterlegung zu denken (§ 372 S. 2 BGB).[21] Ist dem Drittschuldner der Wegfall einer in seinen Unterlagen noch nachgewiesenen Unterhaltsverpflichtung nicht bekannt geworden, zahlt er deshalb objektiv zu wenig an den Gläubiger aus, ist er in entsprechender Anwendung des § 407 BGB geschützt;[22] läßt er umgekehrt zu Lasten des Schuldners eine hinzugekommene Unterhaltsverpflichtung unberücksichtigt, weil sie ihm nicht angezeigt wurde, zahlt er also zuviel an den Gläubiger aus, ist er in entsprechender Anwendung des § 409 BGB geschützt.[23] Ein Ausgleich findet in beiden Fällen nur unmittelbar zwischen Gläubiger und Schuldner nach § 812 BGB statt, während der gutgläubige Drittschuldner beiden gegenüber

---

18 Zu eng: LG Osnabrück, Rpfleger 1989, 248.
19 Zu der seit der Neufassung des § 39 EStG durch Gesetz vom 25.7.1988 (BGBl. I, 1093) geschwundenen Aussagekraft der Eintragungen auf der Lohnsteuerkarte vergl. *Stein/Jonas/Brehm*, § 850 c Rdn. 21; *Zöller/Stöber*, § 850 c Rdn. 9.
20 LAG Frankfurt/M., BB 1985, 2246; *Brox/Walker*, Rdn. 566; a. A. *Liese*, DB 1990, 2064; *Thomas/Putzo*, § 850 c Rdn. 2.
21 *Stöber*, Forderungspfändung, Rdn. 1057.
22 *Stein/Jonas/Brehm*, § 850 c Rdn. 23.
23 LAG Mainz, BB 1966, 741.

freigeworden ist. Der Drittschuldner hat allerdings auch die Möglichkeit, an den wahren Berechtigten nochmals zu leisten und mit seinem Bereicherungsanspruch gegen den tatsächlichen Empfänger der rechtsgrundlosen Leistung aufzurechnen. Ablesefehler in der Tabelle oder unzutreffende Schlußfolgerungen zur Unterhaltspflicht aus einem an sich richtigen Sachverhalt gehen zu Lasten des Drittschuldners. Obwohl das Vorliegen von – insbesondere mehreren – Pfändungen den Drittschuldner somit nicht unerheblich belasten kann, stellen sie keinen zulässigen Kündigungsgrund hinsichtlich des Arbeitsverhältnisses dar.[24] Der Arbeitgeber muß diese Belastungen als sozial üblich tragen.

## VI. Berücksichtigung eigenen Einkommens von Unterhaltsberechtigten (Abs. 4): 7

**1. Außerbetrachtlassung eines Unterhaltsberechtigten:** Da der Schuldner auch seinem besserverdienenden Ehepartner[25] und seinen vermögenden minderjährigen Kindern (§ 1602 Abs. 2 BGB) gegenüber unterhaltsverpflichtet ist, da ferner die unterhaltsberechtigten Kinder beiden Elternteilen gegenüber Unterhaltsansprüche haben und auch von beiden Eltern in der Regel Unterhalt erhalten, kann es im Einzelfall unbillig sein, dem Schuldner den erhöhten Grundfreibetrag zuzubilligen, obwohl der Unterhaltsberechtigte auf die Leistungen des Schuldners nicht angewiesen ist oder diese nicht in Anspruch nimmt. Auf ausdrücklichen **Antrag**[26] des Gläubigers kann das Vollstreckungsgericht deshalb anordnen, daß diese Person bei der Berechnung des unpfändbaren Teils des Arbeitseinkommens des Schuldners ganz oder teilweise außer Betracht bleibt. Der Antrag kann sogleich mit dem Pfändungs- und Überweisungsantrag gestellt, aber auch bis zur Beendigung der Zwangsvollstreckung jederzeit nachgeholt werden. Im ersteren Fall wird er sogleich im Pfändungs- und Überweisungsbeschluß mitbeschieden, ansonsten ergeht ein Änderungsbeschluß, der ab seiner Zustellung an den Drittschuldner wirksam ist. Ein Beschluß nach Abs. 4 wirkt immer nur zugunsten des Gläubigers, der ihn erwirkt hat.[27] Hinsichtlich aller anderen Gläubiger ist die Person als Unterhaltsberechtigter weiterhin mitzuzählen. Der Beschluß eröffnet auch dem Schuldner keine erweiterten Abtretungsmöglichkeiten zugunsten anderer Gläubiger.[28] Der Gläubiger muß in seinem Antrag die Umstände schlüssig darlegen, die die Nichtberücksichtigung der betreffenden Person rechtfertigen sollen.[29] Er muß seine Angaben gegebenenfalls beweisen.[30] Der Rechtspfleger überprüft die dargelegten Umstände im übrigen von Amts wegen. Er trifft seine Entscheidung über eine teilweise oder vollständige Nichtberücksichtigung des Unterhaltsberechtigten »nach billigem Ermessen« unter Abwägung der Interessen des Gläubigers, des Schuldners und des Unterhaltsberechtigten.

---

24 BAG, NJW 1982, 1062; *Spix*, BB 1981, 1151; *Stöber*, Forderungspfändung, Rdn. 934.
25 Siehe oben Rdn. 4.
26 Eine konkludente Antragstellung soll ausreichen nach LG Marburg, Rpfleger 1991, 167.
27 BAG, NZA 1985, 126; LAG Hamm, DB 1982, 1676; a. A. *Hein*, Rpfleger 1984, 260.
28 LAG Hamm, DB 1982, 1676; ArbG Bamberg, JurBüro 1990, 264.
29 Zu den Möglichkeiten der Informationsbeschaffung durch den Gläubiger: *Hintzen*, NJW 1995, 1861.
30 *Arnold*, BB 1978, 1319; *Stein/Jonas/Brehm*, § 850 c Rdn. 31.

8  **2. Maßgebliche Einkünfte des außer Betracht zu lassenden Unterhaltsberechtigten:** Zu den eigenen Einkünften des Unterhaltsberechtigten zählen nicht nur eigenes Arbeitseinkommen, eigene Einnahmen aus gewerblicher Tätigkeit, aus Vermietung und Verpachtung[31] oder aus Kapitalvermögen, sondern auch Unterhaltszahlungen Dritter, etwa des anderen Elternteiles,[32] sowie Sozialleistungen[33] (z. B. Arbeitslosengeld), soweit sie nicht automatisch zum Rückgriff gegen den Unterhaltsverpflichteten führen (z. B. Hilfe zum Lebensunterhalt nach dem BSHG).[34] Es muß sich um fortlaufende Einkünfte handeln; eine Einmalzahlung wird nicht nach Abs. 4 berücksichtigt.[35] Die eigenen Einkünfte müssen, wenn die Person ganz unberücksichtigt bleiben soll, mindestens so hoch sein, daß der Unterhaltsberechtigte unter gewöhnlichen Umständen jedenfalls den Betrag zur Verfügung hat, der dem Schuldner als eigener Freibetrag gewährt würde. Daß der Unterhaltsberechtigte seine eigenen Einkünfte durch Eingehung finanzieller Verbindlichkeiten weitgehend gebunden hat und deshalb faktisch auf die Unterstützung durch den Schuldner angewiesen ist, kann aber bei der Interessenabwägung keine Berücksichtigung finden, auch dann nicht, wenn diese Bindungen auf gerichtlichen Auflagen beruhen;[36] sonst würde der Gläubiger an den Lasten des Dritten beteiligt.

9  **3. Entscheidung des Vollstreckungsgerichts über einen Antrag nach Abs. 4:** Die Entscheidung des Rechtspflegers ergeht, wenn sie bereits im Pfändungsbeschluß erfolgt, ohne Anhörung des Schuldners (§ 834 ZPO)[37] und des Unterhaltsberechtigten.[38] Vor einer nachträglichen Entscheidung ist dem Schuldner grundsätzlich Gehör zu gewähren. Ergeht die Entscheidung dahin, daß der Unterhaltsberechtigte ganz unberücksichtigt bleiben soll, ist lediglich dies im Beschluß auszusprechen; im übrigen kann dann auf die Tabelle verwiesen werden. Soll aber der Unterhaltsberechtigte nur teilweise unberücksichtigt bleiben, muß der pfändungsfreie Betrag genau angegeben werden (Abs. 4, 2. Halbs.). Die Tenorierung kann etwa lauten: »Gemäß § 850 c Abs. 4 ZPO wird bestimmt, daß die Ehefrau des Schuldners bei der Feststellung der Unterhaltsverpflichtungen nur teilweise zu berücksichtigen ist. Der nach der Tabelle ohne Berücksichtigung der Ehefrau festgestellte Betrag ist lediglich um x,- DM zu erhö-

---

31 Zu den Einschränkungen vergl.: *Hornung*, Rpfleger 1978, 353, 356; *Stöber*, Forderungspfändung, Rdn. 1060.
32 LG Paderborn, JurBüro 1984, 787; *Stöber*, Forderungspfändung, Rdn. 1060.
33 LG Dortmund, ZIP 1981, 783; **differenzierend:** *Hintzen*, NJW 1995, 1862; *Stein/Jonas/Brehm*, § 850 c Rdn. 28 a. E.; *Zöller/Stöber*, § 850 c Rdn. 12; a. A. LG Hagen, Rpfleger 1993, 30 (bzgl. Erziehungsgeld).
34 OLG Braunschweig, OLGZ 1967, 313; *Hornung*, Rpfleger 1978, 353; *Stein/Jonas/Brehm*, § 850 c Rdn. 28.
35 A. A. *Hornung*, Rpfleger 1978, 353; *MüKo/Smid*, § 850 c Rdn. 21; *Stöber*, Forderungspfändung, Rdn. 1060.
36 OLG Köln, NJW-RR 1986, 1125. A. A. (Verbindlichkeiten des Dritten sind zu berücksichtigen) *Stöber*, Forderungspfändung, Rdn. 1066.
37 Ebenso *Hintzen*, NJW 1995, 1861, 1866; a. A. *MüKo/Smid*, § 850 c Rdn. 27 f.; *Stein/Jonas/Brehm*, § 850 c Rdn. 30.
38 *Henze*, Rpfleger 1981, 52; *Hintzen*, NJW 1995, 1864; *MüKo/Smid*, § 850 c Rdn. 28 a. E.; *Stein/Jonas/Brehm*, § 850 c Rdn. 31 a. E.; a. A. *Arnold*, BB 1978, 1319; *Hartmann*, NJW 1978, 610.

hen.«³⁹ Der Beschluß ist, soweit dem Antrag des Gläubigers zumindest teilweise entsprochen wurde und er nicht sowieso mit dem Pfändungsbeschluß verbunden ist, dem Drittschuldner und dem Schuldner zuzustellen, nicht dagegen dem betroffenen Unterhaltsberechtigten. Im Falle der vollständigen Ablehnung des Antrags des Gläubigers ist der Beschluß jedoch nur diesem zuzustellen.

VII. **Rechtsbehelfe:** Dem Gläubiger steht gegen eine ablehnende Entscheidung des Rechtspflegers die befristete Erinnerung gem. § 11 Abs. 1 S. 2 RPflG zu. Der Schuldner hat gegen eine Entscheidung (auch nach Abs. 4), die entsprechend § 834 ZPO ohne seine Anhörung erging, die Erinnerung nach § 766 ZPO, gegen eine nachträgliche Entscheidung nach Abs. 4 aber die befristete Erinnerung nach § 11 Abs. 1 S. 2 RPflG. Der unterhaltsberechtigte Dritte, der entgegen einer Entscheidung nach Abs. 4 Berücksichtigung finden will, muß anstelle eines Rechtsbehelfs einen Antrag nach § 850 g S. 2 ZPO stellen. Dieses Verfahren ist gegenüber § 766 ZPO der speziellere Weg.⁴⁰ Ist der Rechtsbehelf darauf gerichtet, einen Dritten als unterhaltsberechtigt zu berücksichtigen, oder umgekehrt darauf, einen Dritten schon nach Abs. 1–3 unberücksichtigt zu lassen, so muß in jedem Falle der Schuldner darlegen und beweisen, daß er diesem Dritten auch tatsächlich Unterhalt leistet.⁴¹ Wendet sich dagegen der Gläubiger gegen einen ablehnenden Beschluß zu Abs. 4, so hat er die Voraussetzungen einer Billigkeitsentscheidung zu seinen Gunsten zu beweisen.

10

VIII. **Entsprechende Anwendung des § 850 c ZPO bei der Pfändung von Sozialleistungen für gewöhnliche Gläubiger:** Auch gewöhnliche Gläubiger, nicht nur bevorzugte Unterhaltsgläubiger,⁴² können in Ansprüche auf laufende Sozialleistungen wie in Arbeitseinkommen, d. h. unter Berücksichtigung der oben dargestellten Freibeträge für den Schuldner sowie der Sonderregelungen in §§ 850 d und 850 f ZPO, vollstrecken (§ 54 Abs. 4 SGB I). Diese Vollstreckung ist durch die Neufassung des § 54 SGB I⁴³ gegenüber dem früheren Recht⁴⁴ wesentlich vereinfacht worden. Auf die Billigkeit der Pfändung sowie darauf, ob der Leistungsberechtigte (Schuldner) durch die Pfändung hilfebedürftig i. S. d. BSHG wird, kommt es nicht mehr an. Lediglich die in § 54 Abs. 3 SGB I aufgezählten Sozialleistungsansprüche (Erziehungsgeld, Mutterschaftsgeld, Leistung zum Ausgleich der Mehraufwendungen aufgrund eines Körper- oder Gesundheitsschadens) sind unpfändbar. Ansprüche auf Geldleistungen für Kinder sind gem. § 54 Abs. 5 SGB I nur bedingt pfändbar wegen der gesetzlichen Unterhalts-

---

39 Siehe auch *Stöber*, Forderungspfändung, Rdn. 1069.
40 OLG Oldenburg, Rpfleger 1991, 261; OLG Stuttgart, Rpfleger 1987, 255; *Henze*, Rpfleger 1981, 52, 53; *Hintzen*, NJW 1995, 1861, 1866; *Stöber*, Forderungspfändung, Rdn. 1073; *Thomas/Putzo*, § 850 c Rdn. 11; *Zöller/Stöber*, § 850 c Rdn. 16; **a. A.** *Baumbach/Lauterbach/Hartmann*, § 850 c Rdn. 12; *MüKo/Smid*, § 850 c Rdn. 36; *Stein/Jonas/Brehm*, § 850 c Rdn. 41 a. E.
41 OLG Celle, MDR 1966, 596.
42 Zur Zwangsvollstreckung bevorrechtigter Unterhaltsgläubiger in Sozialleistungen, insbesondere in das Kindergeld, siehe § 850 d Rdn. 21–24 ff.
43 Den Wortlaut des § 54 SGB I i. d. F. des 2. Änderungsgesetzes zum SGB I vom 13. 6. 1994, BGBl. I, 1229 siehe Anh. § 829 Rdn. 21.
44 Siehe dazu 1. Aufl. § 850 c Rdn. 11.

**Anhang zu § 850 c** — *Tabelle gem. § 850 c Abs. 3 S. 1 ZPO*

ansprüche eines Kindes, das bei der Festsetzung der Geldleistungen berücksichtigt wird.

1  IX. ArbGG, VwGO, AO: Siehe § 850 Rdn. 19.

**Anlage zu § 850 c ZPO: Tabelle gem. § 850 c Abs. 3 S. 1 ZPO:**[1]

| Nettolohn monatlich | Pfändbarer Betrag bei Unterhaltspflicht *) für | | | | | |
|---|---|---|---|---|---|---|
| | 0 | 1 | 2 | 3 | 4 | 5 und mehr Personen |
| | in DM | | | | | |
| bis 1 219,99        | –      | –      | – | – | – | – |
| 1 220,00 bis 1 239,99 | 7,70   | –      | – | – | – | – |
| 1 240,00 bis 1 259,99 | 21,70  | –      | – | – | – | – |
| 1 260,00 bis 1 279,99 | 35,70  | –      | – | – | – | – |
| 1 280,00 bis 1 299,99 | 49,70  | –      | – | – | – | – |
| 1 300,00 bis 1 319,99 | 63,70  | –      | – | – | – | – |
| 1 320,00 bis 1 339,99 | 77,70  | –      | – | – | – | – |
| 1 340,00 bis 1 359,99 | 91,70  | –      | – | – | – | – |
| 1 360,00 bis 1 379,99 | 105,70 | –      | – | – | – | – |
| 1 380,00 bis 1 399,99 | 119,70 | –      | – | – | – | – |
| 1 400,00 bis 1 419,99 | 133,70 | –      | – | – | – | – |
| 1 420,00 bis 1 439,99 | 147,70 | –      | – | – | – | – |
| 1 440,00 bis 1 459,99 | 161,70 | –      | – | – | – | – |
| 1 460,00 bis 1 479,99 | 175,70 | –      | – | – | – | – |
| 1 480,00 bis 1 499,99 | 189,70 | –      | – | – | – | – |
| 1 500,00 bis 1 519,99 | 203,70 | –      | – | – | – | – |
| 1 520,00 bis 1 539,99 | 217,70 | –      | – | – | – | – |
| 1 540,00 bis 1 559,99 | 231,70 | –      | – | – | – | – |
| 1 560,00 bis 1 579,99 | 245,70 | –      | – | – | – | – |
| 1 580,00 bis 1 599,99 | 259,70 | –      | – | – | – | – |
| 1 600,00 bis 1 619,99 | 273,70 | –      | – | – | – | – |
| 1 620,00 bis 1 639,99 | 287,70 | –      | – | – | – | – |
| 1 640,00 bis 1 659,99 | 301,70 | –      | – | – | – | – |
| 1 660,00 bis 1 679,99 | 315,70 | –      | – | – | – | – |
| 1 680,00 bis 1 699,99 | 329,70 | 1,50   | – | – | – | – |
| 1 700,00 bis 1 719,99 | 343,70 | 11,50  | – | – | – | – |
| 1 720,00 bis 1 739,99 | 357,70 | 21,50  | – | – | – | – |
| 1 740,00 bis 1 759,99 | 371,70 | 31,50  | – | – | – | – |
| 1 760,00 bis 1 779,99 | 385,70 | 41,50  | – | – | – | – |
| 1 780,00 bis 1 799,99 | 399,70 | 51,50  | – | – | – | – |
| 1 800,00 bis 1 819,99 | 413,70 | 61,50  | – | – | – | – |
| 1 820,00 bis 1 839,99 | 427,70 | 71,50  | – | – | – | – |
| 1 840,00 bis 1 859,99 | 441,70 | 81,50  | – | – | – | – |
| 1 860,00 bis 1 879,99 | 455,70 | 91,50  | – | – | – | – |
| 1 880,00 bis 1 899,99 | 469,70 | 101,50 | – | – | – | – |
| 1 900,00 bis 1 919,99 | 483,70 | 111,50 | – | – | – | – |
| 1 920,00 bis 1 939,99 | 497,70 | 121,50 | – | – | – | – |
| 1 940,00 bis 1 959,99 | 511,70 | 131,50 | – | – | – | – |
| 1 960,00 bis 1 979,99 | 525,70 | 141,50 | – | – | – | – |
| 1 980,00 bis 1 999,99 | 539,70 | 151,50 | – | – | – | – |

*) Zu berücksichtigen sind Unterhaltsleistungen des Schuldners gegenüber seinem Ehegatten, einem früheren Ehegatten, einem Verwandten oder der Mutter eines nichtehelichen Kindes nach 1615 l, 1615 n des Bürgerlichen Gesetzbuches.

1  Anlage eingefügt durch Gesetz vom 26.2.1959 (BGBl. I, 49) und zuletzt neugefaßt durch Gesetz vom 1.4.1992 (BGBl. I, 745). Die durch die Neufassung eingeführten Pfändungsfreigrenzen gelten ab 1.7.1992. Die frühere Bezeichnung »Anlage 2 (zu § 850 c ZPO)« wurde durch Gesetz vom 10.10.1994 (BGBl. I, 2954) mit Wirkung zum 1.1.1995 geändert in »Anlage (zu § 850 c ZPO)«.

Tabelle gem. § 850 c Abs. 3 S. 1 ZPO                         Anhang zu § 850 c

| Nettolohn monatlich | Pfändbarer Betrag bei Unterhaltspflicht *) für | | | | | |
|---|---|---|---|---|---|---|
| | 0 | 1 | 2 | 3 | 4 | 5 und mehr Personen |
| | in DM | | | | | |
| 2 000,00 bis 2 019,99 | 553,70 | 161,50 | – | – | – | – |
| 2 020,00 bis 2 039,99 | 567,70 | 171,50 | – | – | – | – |
| 2 040,00 bis 2 059,99 | 581,70 | 181,50 | 4,80 | – | – | – |
| 2 060,00 bis 2 079,99 | 595,70 | 191,50 | 12,80 | – | – | – |
| 2 080,00 bis 2 099,99 | 609,70 | 201,50 | 20,80 | – | – | – |
| 2 100,00 bis 2.119,99 | 623,70 | 211,50 | 28,80 | – | – | – |
| 2 120,00 bis 2 139,99 | 637,70 | 221,50 | 36,80 | – | – | – |
| 2 140,00 bis 2 159,99 | 651,70 | 231,50 | 44,80 | – | – | – |
| 2 160,00 bis 2 179,99 | 665,70 | 241,50 | 52,80 | – | – | – |
| 2 180,00 bis 2 199,99 | 679,70 | 251,50 | 60,80 | – | – | – |
| 2 200,00 bis 2 219,99 | 693,70 | 261,50 | 68,80 | – | – | – |
| 2 220,00 bis 2 239,99 | 707,70 | 271,50 | 76,80 | – | – | – |
| 2 240,00 bis 2 259,99 | 721,70 | 281,50 | 84,80 | – | – | – |
| 2 260,00 bis 2 279,99 | 735,70 | 291,50 | 92,80 | – | – | – |
| 2 280,00 bis 2 299,99 | 749,70 | 301,50 | 100,80 | – | – | – |
| 2 300,00 bis 2 319,99 | 763,70 | 311,50 | 108,80 | – | – | – |
| 2 320,00 bis 2.339,99 | 777,70 | 321,50 | 116,80 | – | – | – |
| 2 340,00 bis 2 359,99 | 791,70 | 331,50 | 124,80 | – | – | – |
| 2 360,00 bis 2 379,99 | 805,70 | 341,50 | 132,80 | – | – | – |
| 2 380,00 bis 2 399,99 | 819,70 | 351,50 | 140,80 | 0,30 | – | – |
| 2 400,00 bis 2 419,99 | 833,70 | 361,50 | 148,80 | 6,30 | – | – |
| 2 420,00 bis 2 439,99 | 847,70 | 371,50 | 156,80 | 12,30 | – | – |
| 2 440,00 bis 2 459,99 | 861,70 | 381,50 | 164,80 | 18,30 | – | – |
| 2 460,00 bis 2 479,99 | 875,70 | 391,50 | 172,80 | 24,30 | – | – |
| 2 480,00 bis 2 499,99 | 889,70 | 401,50 | 180,80 | 30,30 | – | – |
| 2 500,00 bis 2 519,99 | 903,70 | 411,50 | 188,80 | 36,30 | – | – |
| 2 520,00 bis 2 539,99 | 917,70 | 421,50 | 196,80 | 42,30 | – | – |
| 2 540,00 bis 2 559,99 | 931,70 | 431,50 | 204,80 | 48,30 | – | – |
| 2 560,00 bis 2 579,99 | 945,70 | 441,50 | 212,80 | 54,30 | – | – |
| 2 580,00 bis 2 599,99 | 959,70 | 451,50 | 220,80 | 60,30 | – | – |
| 2 600,00 bis 2 619,99 | 973,70 | 461,50 | 228,80 | 66,30 | – | – |
| 2 620,00 bis 2 639,99 | 987,70 | 471,50 | 236,80 | 72,30 | – | – |
| 2 640,00 bis 2 659,99 | 1 001,70 | 481,50 | 244,80 | 78,30 | – | – |
| 2 660,00 bis 2 679,99 | 1 015,70 | 491,50 | 252,80 | 84,30 | – | – |
| 2 680,00 bis 2 699,99 | 1 029,70 | 501,50 | 260,80 | 90,30 | – | – |
| 2 700,00 bis 2 719,99 | 1 043,70 | 511,50 | 268,80 | 96,30 | – | – |
| 2 720,00 bis 2 739,99 | 1 057,70 | 521,50 | 276,80 | 102,30 | – | – |
| 2 740,00 bis 2 759,99 | 1 071,70 | 531,50 | 284,80 | 108,30 | 2,00 | – |
| 2 760,00 bis 2 779,99 | 1 085,70 | 541,50 | 292,80 | 114,30 | 6,00 | – |
| 2 780,00 bis 2 799,99 | 1 099,70 | 551,50 | 300,80 | 120,30 | 10,00 | – |
| 2 800,00 bis 2 819,99 | 1 113,70 | 561,50 | 308,80 | 126,30 | 14,00 | – |
| 2 820,00 bis 2 839,99 | 1 127,70 | 571,50 | 316,80 | 132,30 | 18,00 | – |
| 2 840,00 bis 2 859,99 | 1 141,70 | 581,50 | 324,80 | 138,30 | 22,00 | – |
| 2 860,00 bis 2 879,99 | 1 155,70 | 591,50 | 332,80 | 144,30 | 26,00 | – |
| 2 880,00 bis 2 899,99 | 1 169,70 | 601,50 | 340,80 | 150,30 | 30,00 | – |
| 2 900,00 bis 2 919,99 | 1 183,70 | 611,50 | 348,80 | 156,30 | 34,00 | – |
| 2 920,00 bis 2 939,99 | 1 197,70 | 621,50 | 356,80 | 162,30 | 38,00 | – |
| 2 940,00 bis 2 959,99 | 1 211,70 | 631,50 | 364,80 | 168,30 | 42,00 | – |
| 2 960,00 bis 2 979,99 | 1 225,70 | 641,50 | 372,80 | 174,30 | 46,00 | – |
| 2 980,00 bis 2 999,99 | 1 239,70 | 651,50 | 380,80 | 180,30 | 50,00 | – |
| 3 000,00 bis 3 019,99 | 1 253,70 | 661,50 | 388,80 | 186,30 | 54,00 | – |
| 3 020,00 bis 3 039,99 | 1 267,70 | 671,50 | 396,80 | 192,30 | 58,00 | – |
| 3 040,00 bis 3 059,99 | 1 281,70 | 681,50 | 404,80 | 198,30 | 62,00 | – |
| 3 060,00 bis 3 079,99 | 1 295,70 | 691,50 | 412,80 | 204,30 | 66,00 | – |
| 3 080,00 bis 3 099,99 | 1 309,70 | 701,50 | 420,80 | 210,30 | 70,00 | – |
| 3 100,00 bis 3 119,99 | 1 323,70 | 711,50 | 428,80 | 216,30 | 74,00 | 1,90 |
| 3 120,00 bis 3 139,99 | 1 337,70 | 721,50 | 436,80 | 222,30 | 78,00 | 3,90 |
| 3 140,00 bis 3 159,99 | 1 351,70 | 731,50 | 444,80 | 228,30 | 82,00 | 5,90 |
| 3 160,00 bis 3 179,99 | 1 365,70 | 741,50 | 452,80 | 234,30 | 86,00 | 7,90 |
| 3 180,00 bis 3 199,99 | 1 379,70 | 751,50 | 460,80 | 240,30 | 90,00 | 9,90 |

*) Zu berücksichtigen sind Unterhaltsleistungen des Schuldners gegenüber seinem Ehegatten, einem früheren Ehegatten, einem Verwandten oder der Mutter eines nichtehelichen Kindes nach 1615l, 1615n des Bürgerlichen Gesetzbuches.

# Anhang zu § 850 c

*Tabelle gem. § 850 c Abs. 3 S. 1 ZPO*

| Nettolohn monatlich | Pfändbarer Betrag bei Unterhaltspflicht *) für | | | | | |
|---|---|---|---|---|---|---|
| | 0 | 1 | 2 | 3 | 4 | 5 und mehr Personen |
| | in DM | | | | | |
| 3 200,00 bis 3 219,99 | 1 393,70 | 761,50 | 468,80 | 246,30 | 94,00 | 11,90 |
| 3 220,00 bis 3 239,99 | 1 407,70 | 771,50 | 476,80 | 252,30 | 98,00 | 13,90 |
| 3 240,00 bis 3 259,99 | 1 421,70 | 781,50 | 484,80 | 258,30 | 102,00 | 15,90 |
| 3 260,00 bis 3 279,99 | 1 435,70 | 791,50 | 492,80 | 264,30 | 106,00 | 17,90 |
| 3 280,00 bis 3 299,99 | 1 449,70 | 801,50 | 500,80 | 270,30 | 110,00 | 19,90 |
| 3 300,00 bis 3 319,99 | 1 463,70 | 811,50 | 508,80 | 276,30 | 114,00 | 21,90 |
| 3 320,00 bis 3 339,99 | 1 477,70 | 821,50 | 516,80 | 282,30 | 118,00 | 23,90 |
| 3 340,00 bis 3 359,99 | 1 491,70 | 831,50 | 524,80 | 288,30 | 122,00 | 25,90 |
| 3 360,00 bis 3 379,99 | 1 505,70 | 841,50 | 532,80 | 294,30 | 126,00 | 27,90 |
| 3 380,00 bis 3 399,99 | 1 519,70 | 851,50 | 540,80 | 300,30 | 130,00 | 29,90 |
| 3 400,00 bis 3 419,99 | 1 533,70 | 861,50 | 548,80 | 306,30 | 134,00 | 31,90 |
| 3 420,00 bis 3 439,99 | 1 547,70 | 871,50 | 556,80 | 312,30 | 138,00 | 33,90 |
| 3 440,00 bis 3 459,99 | 1 561,70 | 881,50 | 564,80 | 318,30 | 142,00 | 35,90 |
| 3 460,00 bis 3 479,99 | 1 575,70 | 891,50 | 572,80 | 324,30 | 146,00 | 37,90 |
| 3 480,00 bis 3 499,99 | 1 589,70 | 901,50 | 580,80 | 330,30 | 150,00 | 39,90 |
| 3 500,00 bis 3 519,99 | 1 603,70 | 911,50 | 588,80 | 336,30 | 154,00 | 41,90 |
| 3 520,00 bis 3 539,99 | 1 617,70 | 921,50 | 596,80 | 342,30 | 158,00 | 43,90 |
| 3 540,00 bis 3 559,99 | 1 631,70 | 931,50 | 604,80 | 348,30 | 162,00 | 45,90 |
| 3 560,00 bis 3 579,99 | 1 645,70 | 941,50 | 612,80 | 354,30 | 166,00 | 47,90 |
| 3 580,00 bis 3 599,99 | 1 659,70 | 951,50 | 620,80 | 360,30 | 170,00 | 49,90 |
| 3 600,00 bis 3 619,99 | 1 673,70 | 961,50 | 628,80 | 366,30 | 174,00 | 51,90 |
| 3 620,00 bis 3 639,99 | 1 687,70 | 971,50 | 636,80 | 372,30 | 178,00 | 53,90 |
| 3 640,00 bis 3 659,99 | 1 701,70 | 981,50 | 644,80 | 378,30 | 182,00 | 55,90 |
| 3 660,00 bis 3 679,99 | 1 715,70 | 991,50 | 652,80 | 384,30 | 186,00 | 57,90 |
| 3 680,00 bis 3 699,99 | 1 729,70 | 1 001,50 | 660,80 | 390,30 | 190,00 | 59,90 |
| 3 700,00 bis 3 719,99 | 1 743,70 | 1 011,50 | 668,80 | 396,30 | 194,00 | 61,90 |
| 3 720,00 bis 3 739,99 | 1 757,70 | 1 021,50 | 676,80 | 402,30 | 198,00 | 63,90 |
| 3 740,00 bis 3 759,99 | 1 771,70 | 1 031,50 | 684,80 | 408,30 | 202,00 | 65,90 |
| 3 760,00 bis 3 779,99 | 1 785,70 | 1 041,50 | 692,80 | 414,30 | 206,00 | 67,90 |
| 3 780,00 bis 3 796,00 | 1 799,70 | 1 051,50 | 700,80 | 420,30 | 210,00 | 69,90 |
| Der Mehrbetrag über 3 796,00 DM ist voll pfändbar. | | | | | | |

*) Zu berücksichtigen sind Unterhaltsleistungen des Schuldners gegenüber seinem Ehegatten, einem früheren Ehegatten, einem Verwandten oder der Mutter eines nichtehelichen Kindes nach 1615l, 1615n des Bürgerlichen Gesetzbuches.

Tabelle gem. § 850 c Abs. 3 S. 1 ZPO          Anhang zu § 850 c

| Nettolohn wöchentlich | Pfändbarer Betrag bei Unterhaltspflicht*) für | | | | | |
|---|---|---|---|---|---|---|
| | 0 | 1 | 2 | 3 | 4 | 5 und mehr Personen |
| | in DM | | | | | |
| bis 279,99 | — | — | — | — | — | — |
| 280,00 bis 284,99 | 0,70 | — | — | — | — | — |
| 285,00 bis 289,99 | 4,20 | — | — | — | — | — |
| 290,00 bis 294,99 | 7,70 | — | — | — | — | — |
| 295,00 bis 299,99 | 11,20 | — | — | — | — | — |
| 300,00 bis 304,99 | 14,70 | — | — | — | — | — |
| 305,00 bis 309,99 | 18,20 | — | — | — | — | — |
| 310,00 bis 314,99 | 21,70 | — | — | — | — | — |
| 315,00 bis 319,99 | 25,20 | — | — | — | — | — |
| 320,00 bis 324,99 | 28,70 | — | — | — | — | — |
| 325,00 bis 329,99 | 32,20 | — | — | — | — | — |
| 330,00 bis 334,99 | 35,70 | — | — | — | — | — |
| 335,00 bis 339,99 | 39,20 | — | — | — | — | — |
| 340,00 bis 344,99 | 42,70 | — | — | — | — | — |
| 345,00 bis 349,99 | 46,20 | — | — | — | — | — |
| 350,00 bis 354,99 | 49,70 | — | — | — | — | — |
| 355,00 bis 359,99 | 53,20 | — | — | — | — | — |
| 360,00 bis 364,99 | 56,70 | — | — | — | — | — |
| 365,00 bis 369,99 | 60,20 | — | — | — | — | — |
| 370,00 bis 374,99 | 63,70 | — | — | — | — | — |
| 375,00 bis 379,99 | 67,20 | — | — | — | — | — |
| 380,00 bis 384,99 | 70,70 | — | — | — | — | — |
| 385,00 bis 389,99 | 74,20 | — | — | — | — | — |
| 390,00 bis 394,99 | 77,70 | 1,50 | — | — | — | — |
| 395,00 bis 399,99 | 81,20 | 4,00 | — | — | — | — |
| 400,00 bis 404,99 | 84,70 | 6,50 | — | — | — | — |
| 405,00 bis 409,99 | 88,20 | 9,00 | — | — | — | — |
| 410,00 bis 414,99 | 91,70 | 11,50 | — | — | — | — |
| 415,00 bis 419,99 | 95,20 | 14,00 | — | — | — | — |
| 420,00 bis 424,99 | 98,70 | 16,50 | — | — | — | — |
| 425,00 bis 429,99 | 102,20 | 19,00 | — | — | — | — |
| 430,00 bis 434,99 | 105,70 | 21,50 | — | — | — | — |
| 435,00 bis 439,99 | 109,20 | 24,00 | — | — | — | — |
| 440,00 bis 444,99 | 112,70 | 26,50 | — | — | — | — |
| 445,00 bis 449,99 | 116,20 | 29,00 | — | — | — | — |
| 450,00 bis 454,99 | 119,70 | 31,50 | — | — | — | — |
| 455,00 bis 459,99 | 123,20 | 34,00 | — | — | — | — |
| 460,00 bis 464,99 | 126,70 | 36,50 | — | — | — | — |
| 465,00 bis 469,99 | 130,20 | 39,00 | — | — | — | — |
| 470,00 bis 474,99 | 133,70 | 41,50 | 0,80 | — | — | — |
| 475,00 bis 479,99 | 137,20 | 44,00 | 2,80 | — | — | — |
| 480,00 bis 484,99 | 140,70 | 46,50 | 4,80 | — | — | — |
| 485,00 bis 489,99 | 144,20 | 49,00 | 6,80 | — | — | — |
| 490,00 bis 494,99 | 147,70 | 51,50 | 8,80 | — | — | — |
| 495,00 bis 499,99 | 151,20 | 54,00 | 10,80 | — | — | — |
| 500,00 bis 504,99 | 154,70 | 56,50 | 12,80 | — | — | — |
| 505,00 bis 509,99 | 158,20 | 59,00 | 14,80 | — | — | — |
| 510,00 bis 514,99 | 161,70 | 61,50 | 16,80 | — | — | — |
| 515,00 bis 519,99 | 165,20 | 64,00 | 18,80 | — | — | — |
| 520,00 bis 524,99 | 168,70 | 66,50 | 20,80 | — | — | — |
| 525,00 bis 529,99 | 172,20 | 69,00 | 22,80 | — | — | — |
| 530,00 bis 534,99 | 175,70 | 71,50 | 24,80 | — | — | — |
| 535,00 bis 539,99 | 179,20 | 74,00 | 26,80 | — | — | — |
| 540,00 bis 544,99 | 182,70 | 76,50 | 28,80 | — | — | — |
| 545,00 bis 549,99 | 186,20 | 79,00 | 30,80 | — | — | — |

*) Zu berücksichtigen sind Unterhaltsleistungen des Schuldners gegenüber seinem Ehegatten, einem früheren Ehegatten, einem Verwandten oder der Mutter eines nichtehelichen Kindes nach §§ 1615l, 1615n des Bürgerlichen Gesetzbuchs.

Anhang zu § 850 c    Tabelle gem. § 850 c Abs. 3 S. 1 ZPO

| Nettolohn wöchentlich | Pfändbarer Betrag bei Unterhaltspflicht*) für | | | | | |
|---|---|---|---|---|---|---|
| | 0 | 1 | 2 | 3 | 4 | 5 und mehr Personen |
| | in DM | | | | | |
| 550,00 bis 554,99 | 189,70 | 81,50 | 32,80 | 0,30 | — | — |
| 555,00 bis 559,99 | 193,20 | 84,00 | 34,80 | 1,80 | — | — |
| 560,00 bis 564,99 | 196,70 | 86,50 | 36,80 | 3,30 | — | — |
| 565,00 bis 569,99 | 200,20 | 89,00 | 38,80 | 4,80 | — | — |
| 570,00 bis 574,99 | 203,70 | 91,50 | 40,80 | 6,30 | — | — |
| 575,00 bis 579,99 | 207,20 | 94,00 | 42,80 | 7,80 | — | — |
| 580,00 bis 584,99 | 210,70 | 96,50 | 44,80 | 9,30 | — | — |
| 585,00 bis 589,99 | 214,20 | 99,00 | 46,80 | 10,80 | — | — |
| 590,00 bis 594,99 | 217,70 | 101,50 | 48,80 | 12,30 | — | — |
| 595,00 bis 599,99 | 221,20 | 104,00 | 50,80 | 13,80 | — | — |
| 600,00 bis 604,99 | 224,70 | 106,50 | 52,80 | 15,30 | — | — |
| 605,00 bis 609,99 | 228,20 | 109,00 | 54,80 | 16,80 | — | — |
| 610,00 bis 614,99 | 231,70 | 111,50 | 56,80 | 18,30 | — | — |
| 615,00 bis 619,99 | 235,20 | 114,00 | 58,80 | 19,80 | — | — |
| 620,00 bis 624,99 | 238,70 | 116,50 | 60,80 | 21,30 | — | — |
| 625,00 bis 629,99 | 242,20 | 119,00 | 62,80 | 22,80 | — | — |
| 630,00 bis 634,99 | 245,70 | 121,50 | 64,80 | 24,30 | — | — |
| 635,00 bis 639,99 | 249,20 | 124,00 | 66,80 | 25,80 | 1,00 | — |
| 640,00 bis 644,99 | 252,70 | 126,50 | 68,80 | 27,30 | 2,00 | — |
| 645,00 bis 649,99 | 256,20 | 129,00 | 70,80 | 28,80 | 3,00 | — |
| 650,00 bis 654,99 | 259,70 | 131,50 | 72,80 | 30,30 | 4,00 | — |
| 655,00 bis 659,99 | 263,20 | 134,00 | 74,80 | 31,80 | 5,00 | — |
| 660,00 bis 664,99 | 266,70 | 136,50 | 76,80 | 33,30 | 6,00 | — |
| 665,00 bis 669,99 | 270,20 | 139,00 | 78,80 | 34,80 | 7,00 | — |
| 670,00 bis 674,99 | 273,70 | 141,50 | 80,80 | 36,30 | 8,00 | — |
| 675,00 bis 679,99 | 277,20 | 144,00 | 82,80 | 37,80 | 9,00 | — |
| 680,00 bis 684,99 | 280,70 | 146,50 | 84,80 | 39,30 | 10,00 | — |
| 685,00 bis 689,99 | 284,20 | 149,00 | 86,80 | 40,80 | 11,00 | — |
| 690,00 bis 694,99 | 287,70 | 151,50 | 88,80 | 42,30 | 12,00 | — |
| 695,00 bis 699,99 | 291,20 | 154,00 | 90,80 | 43,80 | 13,00 | — |
| 700,00 bis 704,99 | 294,70 | 156,50 | 92,80 | 45,30 | 14,00 | — |
| 705,00 bis 709,99 | 298,20 | 159,00 | 94,80 | 46,80 | 15,00 | — |
| 710,00 bis 714,99 | 301,70 | 161,50 | 96,80 | 48,30 | 16,00 | — |
| 715,00 bis 719,99 | 305,20 | 164,00 | 98,80 | 49,80 | 17,00 | 0,40 |
| 720,00 bis 724,99 | 308,70 | 166,50 | 100,80 | 51,30 | 18,00 | 0,90 |
| 725,00 bis 729,99 | 312,20 | 169,00 | 102,80 | 52,80 | 19,00 | 1,40 |
| 730,00 bis 734,99 | 315,70 | 171,50 | 104,80 | 54,30 | 20,00 | 1,90 |
| 735,00 bis 739,99 | 319,20 | 174,00 | 106,80 | 55,80 | 21,00 | 2,40 |
| 740,00 bis 744,99 | 322,70 | 176,50 | 108,80 | 57,30 | 22,00 | 2,90 |
| 745,00 bis 749,99 | 326,20 | 179,00 | 110,80 | 58,80 | 23,00 | 3,40 |
| 750,00 bis 754,99 | 329,70 | 181,50 | 112,80 | 60,30 | 24,00 | 3,90 |
| 755,00 bis 759,99 | 333,20 | 184,00 | 114,80 | 61,80 | 25,00 | 4,40 |
| 760,00 bis 764,99 | 336,70 | 186,50 | 116,80 | 63,30 | 26,00 | 4,90 |
| 765,00 bis 769,99 | 340,20 | 189,00 | 118,80 | 64,80 | 27,00 | 5,40 |
| 770,00 bis 774,99 | 343,70 | 191,50 | 120,80 | 66,30 | 28,00 | 5,90 |
| 775,00 bis 779,99 | 347,20 | 194,00 | 122,80 | 67,80 | 29,00 | 6,40 |
| 780,00 bis 784,99 | 350,70 | 196,50 | 124,80 | 69,30 | 30,00 | 6,90 |
| 785,00 bis 789,99 | 354,20 | 199,00 | 126,80 | 70,80 | 31,00 | 7,40 |
| 790,00 bis 794,99 | 357,70 | 201,50 | 128,80 | 72,30 | 32,00 | 7,90 |
| 795,00 bis 799,99 | 361,20 | 204,00 | 130,80 | 73,80 | 33,00 | 8,40 |
| 800,00 bis 804,99 | 364,70 | 206,50 | 132,80 | 75,30 | 34,00 | 8,90 |
| 805,00 bis 809,99 | 368,20 | 209,00 | 134,80 | 76,80 | 35,00 | 9,40 |
| 810,00 bis 814,99 | 371,70 | 211,50 | 136,80 | 78,30 | 36,00 | 9,90 |
| 815,00 bis 819,99 | 375,20 | 214,00 | 138,80 | 79,80 | 37,00 | 10,40 |
| 820,00 bis 824,99 | 378,70 | 216,50 | 140,80 | 81,30 | 38,00 | 10,90 |

*) Zu berücksichtigen sind Unterhaltsleistungen des Schuldners gegenüber seinem Ehegatten, einem früheren Ehegatten, einem Verwandten oder der Mutter eines nichtehelichen Kindes nach §§ 1615l, 1615n des Bürgerlichen Gesetzbuchs.

Tabelle gem. § 850 c Abs. 3 S. 1 ZPO  Anhang zu § 850 c

| Nettolohn wöchentlich | Pfändbarer Betrag bei Unterhaltspflicht\*) für | | | | | |
|---|---|---|---|---|---|---|
| | 0 | 1 | 2 | 3 | 4 | 5 und mehr Personen |
| | in DM | | | | | |
| 825,00 bis 829,99 | 382,20 | 219,00 | 142,80 | 82,80 | 39,00 | 11,40 |
| 830,00 bis 834,99 | 385,70 | 221,50 | 144,80 | 84,30 | 40,00 | 11,90 |
| 835,00 bis 839,99 | 389,20 | 224,00 | 146,80 | 85,80 | 41,00 | 12,40 |
| 840,00 bis 844,99 | 392,70 | 226,50 | 148,80 | 87,30 | 42,00 | 12,90 |
| 845,00 bis 849,99 | 396,20 | 229,00 | 150,80 | 88,80 | 43,00 | 13,40 |
| 850,00 bis 854,99 | 399,70 | 231,50 | 152,80 | 90,30 | 44,00 | 13,90 |
| 855,00 bis 859,99 | 403,20 | 234,00 | 154,80 | 91,80 | 45,00 | 14,40 |
| 860,00 bis 864,99 | 406,70 | 236,50 | 156,80 | 93,30 | 46,00 | 14,90 |
| 865,00 bis 869,99 | 410,20 | 239,00 | 158,80 | 94,80 | 47,00 | 15,40 |
| 870,00 bis 874,99 | 413,70 | 241,50 | 160,80 | 96,30 | 48,00 | 15,90 |
| 875,00 bis 876,00 | 417,20 | 244,00 | 162,80 | 97,80 | 49,00 | 16,40 |
| Der Mehrbetrag über 876,00 DM ist voll pfändbar. | | | | | | |

\*) Zu berücksichtigen sind Unterhaltsleistungen des Schuldners gegenüber seinem Ehegatten, einem früheren Ehegatten, einem Verwandten oder der Mutter eines nichtehelichen Kindes nach §§ 1615l, 1615n des Bürgerlichen Gesetzbuchs.

Anhang zu § 850 c          Tabelle gem. § 850 c Abs. 3 S. 1 ZPO

| Nettolohn täglich | Pfändbarer Betrag bei Unterhaltspflicht*) für ||||||
|---|---|---|---|---|---|---|
| | 0 | 1 | 2 | 3 | 4 | 5 und mehr Personen |
| | in DM ||||||
| bis 55,99 | — | — | — | — | — | — |
| 56,00 bis 56,99 | 0,14 | — | — | — | — | — |
| 57,00 bis 57,99 | 0,84 | — | — | — | — | — |
| 58,00 bis 58,99 | 1,54 | — | — | — | — | — |
| 59,00 bis 59,99 | 2,24 | — | — | — | — | — |
| 60,00 bis 60,99 | 2,94 | — | — | — | — | — |
| 61,00 bis 61,99 | 3,64 | — | — | — | — | — |
| 62,00 bis 62,99 | 4,34 | — | — | — | — | — |
| 63,00 bis 63,99 | 5,04 | — | — | — | — | — |
| 64,00 bis 64,99 | 5,74 | — | — | — | — | — |
| 65,00 bis 65,99 | 6,44 | — | — | — | — | — |
| 66,00 bis 66,99 | 7,14 | — | — | — | — | — |
| 67,00 bis 67,99 | 7,84 | — | — | — | — | — |
| 68,00 bis 68,99 | 8,54 | — | — | — | — | — |
| 69,00 bis 69,99 | 9,24 | — | — | — | — | — |
| 70,00 bis 70,99 | 9,94 | — | — | — | — | — |
| 71,00 bis 71,99 | 10,64 | — | — | — | — | — |
| 72,00 bis 72,99 | 11,34 | — | — | — | — | — |
| 73,00 bis 73,99 | 12,04 | — | — | — | — | — |
| 74,00 bis 74,99 | 12,74 | — | — | — | — | — |
| 75,00 bis 75,99 | 13,44 | — | — | — | — | — |
| 76,00 bis 76,99 | 14,14 | — | — | — | — | — |
| 77,00 bis 77,99 | 14,84 | — | — | — | — | — |
| 78,00 bis 78,99 | 15,54 | 0,30 | — | — | — | — |
| 79,00 bis 79,99 | 16,24 | 0,80 | — | — | — | — |
| 80,00 bis 80,99 | 16,94 | 1,30 | — | — | — | — |
| 81,00 bis 81,99 | 17,64 | 1,80 | — | — | — | — |
| 82,00 bis 82,99 | 18,34 | 2,30 | — | — | — | — |
| 83,00 bis 83,99 | 19,04 | 2,80 | — | — | — | — |
| 84,00 bis 84,99 | 19,74 | 3,30 | — | — | — | — |
| 85,00 bis 85,99 | 20,44 | 3,80 | — | — | — | — |
| 86,00 bis 86,99 | 21,14 | 4,30 | — | — | — | — |
| 87,00 bis 87,99 | 21,84 | 4,80 | — | — | — | — |
| 88,00 bis 88,99 | 22,54 | 5,30 | — | — | — | — |
| 89,00 bis 89,99 | 23,24 | 5,80 | — | — | — | — |
| 90,00 bis 90,99 | 23,94 | 6,30 | — | — | — | — |
| 91,00 bis 91,99 | 24,64 | 6,80 | — | — | — | — |
| 92,00 bis 92,99 | 25,34 | 7,30 | — | — | — | — |
| 93,00 bis 93,99 | 26,04 | 7,80 | — | — | — | — |
| 94,00 bis 94,99 | 26,74 | 8,30 | 0,16 | — | — | — |
| 95,00 bis 95,99 | 27,44 | 8,80 | 0,56 | — | — | — |
| 96,00 bis 96,99 | 28,14 | 9,30 | 0,96 | — | — | — |
| 97,00 bis 97,99 | 28,84 | 9,80 | 1,36 | — | — | — |
| 98,00 bis 98,99 | 29,54 | 10,30 | 1,76 | — | — | — |
| 99,00 bis 99,99 | 30,24 | 10,80 | 2,16 | — | — | — |
| 100,00 bis 100,99 | 30,94 | 11,30 | 2,56 | — | — | — |
| 101,00 bis 101,99 | 31,64 | 11,80 | 2,96 | — | — | — |
| 102,00 bis 102,99 | 32,34 | 12,30 | 3,36 | — | — | — |
| 103,00 bis 103,99 | 33,04 | 12,80 | 3,76 | — | — | — |
| 104,00 bis 104,99 | 33,74 | 13,30 | 4,16 | — | — | — |
| 105,00 bis 105,99 | 34,44 | 13,80 | 4,56 | — | — | — |
| 106,00 bis 106,99 | 35,14 | 14,30 | 4,96 | — | — | — |
| 107,00 bis 107,99 | 35,84 | 14,80 | 5,36 | — | — | — |
| 108,00 bis 108,99 | 36,54 | 15,30 | 5,76 | — | — | — |
| 109,00 bis 109,99 | 37,24 | 15,80 | 6,16 | — | — | — |

*) Zu berücksichtigen sind Unterhaltsleistungen des Schuldners gegenüber seinem Ehegatten, einem früheren Ehegatten, einem Verwandten oder der Mutter eines nichtehelichen Kindes nach §§ 1615l, 1615n des Bürgerlichen Gesetzbuchs.

*Tabelle gem. § 850 c Abs. 3 S. 1 ZPO*      **Anhang zu § 850 c**

| Nettolohn täglich | Pfändbarer Betrag bei Unterhaltspflicht*) für | | | | | |
|---|---|---|---|---|---|---|
| | 0 | 1 | 2 | 3 | 4 | 5 und mehr Personen |
| | in DM | | | | | |
| 110,00 bis 110,99 | 37,94 | 16,30 | 6,56 | 0,06 | — | — |
| 111,00 bis 111,99 | 38,64 | 16,80 | 6,96 | 0,36 | — | — |
| 112,00 bis 112,99 | 39,34 | 17,30 | 7,36 | 0,66 | — | — |
| 113,00 bis 113,99 | 40,04 | 17,80 | 7,76 | 0,96 | — | — |
| 114,00 bis 114,99 | 40,74 | 18,30 | 8,16 | 1,26 | — | — |
| 115,00 bis 115,99 | 41,44 | 18,80 | 8,56 | 1,56 | — | — |
| 116,00 bis 116,99 | 42,14 | 19,30 | 8,96 | 1,86 | — | — |
| 117,00 bis 117,99 | 42,84 | 19,80 | 9,36 | 2,16 | — | — |
| 118,00 bis 118,99 | 43,54 | 20,30 | 9,76 | 2,46 | — | — |
| 119,00 bis 119,99 | 44,24 | 20,80 | 10,16 | 2,76 | — | — |
| 120,00 bis 120,99 | 44,94 | 21,30 | 10,56 | 3,06 | — | — |
| 121,00 bis 121,99 | 45,64 | 21,80 | 10,96 | 3,36 | — | — |
| 122,00 bis 122,99 | 46,34 | 22,30 | 11,36 | 3,66 | — | — |
| 123,00 bis 123,99 | 47,04 | 22,80 | 11,76 | 3,96 | — | — |
| 124,00 bis 124,99 | 47,74 | 23,30 | 12,16 | 4,26 | — | — |
| 125,00 bis 125,99 | 48,44 | 23,80 | 12,56 | 4,56 | — | — |
| 126,00 bis 126,99 | 49,14 | 24,30 | 12,96 | 4,86 | — | — |
| 127,00 bis 127,99 | 49,84 | 24,80 | 13,36 | 5,16 | 0,20 | — |
| 128,00 bis 128,99 | 50,54 | 25,30 | 13,76 | 5,46 | 0,40 | — |
| 129,00 bis 129,99 | 51,24 | 25,80 | 14,16 | 5,76 | 0,60 | — |
| 130,00 bis 130,99 | 51,94 | 26,30 | 14,56 | 6,06 | 0,80 | — |
| 131,00 bis 131,99 | 52,64 | 26,80 | 14,96 | 6,36 | 1,00 | — |
| 132,00 bis 132,99 | 53,34 | 27,30 | 15,36 | 6,66 | 1,20 | — |
| 133,00 bis 133,99 | 54,04 | 27,80 | 15,76 | 6,96 | 1,40 | — |
| 134,00 bis 134,99 | 54,74 | 28,30 | 16,16 | 7,26 | 1,60 | — |
| 135,00 bis 135,99 | 55,44 | 28,80 | 16,56 | 7,56 | 1,80 | — |
| 136,00 bis 136,99 | 56,14 | 29,30 | 16,96 | 7,86 | 2,00 | — |
| 137,00 bis 137,99 | 56,84 | 29,80 | 17,36 | 8,16 | 2,20 | — |
| 138,00 bis 138,99 | 57,54 | 30,30 | 17,76 | 8,46 | 2,40 | — |
| 139,00 bis 139,99 | 58,24 | 30,80 | 18,16 | 8,76 | 2,60 | — |
| 140,00 bis 140,99 | 58,94 | 31,30 | 18,56 | 9,06 | 2,80 | — |
| 141,00 bis 141,99 | 59,64 | 31,80 | 18,96 | 9,36 | 3,00 | — |
| 142,00 bis 142,99 | 60,34 | 32,30 | 19,36 | 9,66 | 3,20 | — |
| 143,00 bis 143,99 | 61,04 | 32,80 | 19,76 | 9,96 | 3,40 | 0,08 |
| 144,00 bis 144,99 | 61,74 | 33,30 | 20,16 | 10,26 | 3,60 | 0,18 |
| 145,00 bis 145,99 | 62,44 | 33,80 | 20,56 | 10,56 | 3,80 | 0,28 |
| 146,00 bis 146,99 | 63,14 | 34,30 | 20,96 | 10,86 | 4,00 | 0,38 |
| 147,00 bis 147,99 | 63,84 | 34,80 | 21,36 | 11,16 | 4,20 | 0,48 |
| 148,00 bis 148,99 | 64,54 | 35,30 | 21,76 | 11,46 | 4,40 | 0,58 |
| 149,00 bis 149,99 | 65,24 | 35,80 | 22,16 | 11,76 | 4,60 | 0,68 |
| 150,00 bis 150,99 | 65,94 | 36,30 | 22,56 | 12,06 | 4,80 | 0,78 |
| 151,00 bis 151,99 | 66,64 | 36,80 | 22,96 | 12,36 | 5,00 | 0,88 |
| 152,00 bis 152,99 | 67,34 | 37,30 | 23,36 | 12,66 | 5,20 | 0,98 |
| 153,00 bis 153,99 | 68,04 | 37,80 | 23,76 | 12,96 | 5,40 | 1,08 |
| 154,00 bis 154,99 | 68,74 | 38,30 | 24,16 | 13,26 | 5,60 | 1,18 |
| 155,00 bis 155,99 | 69,44 | 38,80 | 24,56 | 13,56 | 5,80 | 1,28 |
| 156,00 bis 156,99 | 70,14 | 39,30 | 24,96 | 13,86 | 6,00 | 1,38 |
| 157,00 bis 157,99 | 70,84 | 39,80 | 25,36 | 14,16 | 6,20 | 1,48 |
| 158,00 bis 158,99 | 71,54 | 40,30 | 25,76 | 14,46 | 6,40 | 1,58 |
| 159,00 bis 159,99 | 72,24 | 40,80 | 26,16 | 14,76 | 6,60 | 1,68 |
| 160,00 bis 160,99 | 72,94 | 41,30 | 26,56 | 15,06 | 6,80 | 1,78 |
| 161,00 bis 161,99 | 73,64 | 41,80 | 26,96 | 15,36 | 7,00 | 1,88 |
| 162,00 bis 162,99 | 74,34 | 42,30 | 27,36 | 15,66 | 7,20 | 1,98 |
| 163,00 bis 163,99 | 75,04 | 42,80 | 27,76 | 15,96 | 7,40 | 2,08 |
| 164,00 bis 164,99 | 75,74 | 43,30 | 28,16 | 16,26 | 7,60 | 2,18 |

*) Zu berücksichtigen sind Unterhaltsleistungen des Schuldners gegenüber seinem Ehegatten, einem früheren Ehegatten, einem Verwandten oder der Mutter eines nichtehelichen Kindes nach §§ 1615l, 1615n des Bürgerlichen Gesetzbuchs.

# Anhang zu § 850 c

*Tabelle gem. § 850 c Abs. 3 S. 1 ZPO*

| Nettolohn täglich | Pfändbarer Betrag bei Unterhaltspflicht*) für | | | | | |
|---|---|---|---|---|---|---|
| | 0 | 1 | 2 | 3 | 4 | 5 und mehr Personen |
| | in DM | | | | | |
| 165,00 bis 165,99 | 76,44 | 43,80 | 28,56 | 16,56 | 7,80 | 2,28 |
| 166,00 bis 166,99 | 77,14 | 44,30 | 28,96 | 16,86 | 8,00 | 2,38 |
| 167,00 bis 167,99 | 77,84 | 44,80 | 29,36 | 17,16 | 8,20 | 2,48 |
| 168,00 bis 168,99 | 78,54 | 45,30 | 29,76 | 17,46 | 8,40 | 2,58 |
| 169,00 bis 169,99 | 79,24 | 45,80 | 30,16 | 17,76 | 8,60 | 2,68 |
| 170,00 bis 170,99 | 79,94 | 46,30 | 30,56 | 18,06 | 8,80 | 2,78 |
| 171,00 bis 171,99 | 80,64 | 46,80 | 30,96 | 18,36 | 9,00 | 2,88 |
| 172,00 bis 172,99 | 81,34 | 47,30 | 31,36 | 18,66 | 9,20 | 2,98 |
| 173,00 bis 173,99 | 82,04 | 47,80 | 31,76 | 18,96 | 9,40 | 3,08 |
| 174,00 bis 174,99 | 82,74 | 48,30 | 32,16 | 19,26 | 9,60 | 3,18 |
| 175,00 bis 175,20 | 83,44 | 48,80 | 32,56 | 19,56 | 9,80 | 3,28 |
| Der Mehrbetrag über 175,20 DM ist voll pfändbar. | | | | | | |

*) Zu berücksichtigen sind Unterhaltsleistungen des Schuldners gegenüber seinem Ehegatten, einem früheren Ehegatten, einem Verwandten oder der Mutter eines nichtehelichen Kindes nach §§ 1615l, 1615n des Bürgerlichen Gesetzbuchs.

## § 850 d Pfändungsgrenzen bei der Vollstreckung von Unterhaltsansprüchen

(1) ¹Wegen der Unterhaltsansprüche, die kraft Gesetzes einem Verwandten, dem Ehegatten, einem früheren Ehegatten oder nach §§ 1615 l, 1615 n des Bürgerlichen Gesetzbuchs der Mutter eines nichtehelichen Kindes zustehen, sind das Arbeitseinkommen und die in § 850 a Nr. 1, 2 und 4 genannten Bezüge ohne die in § 850 c bezeichneten Beschränkungen pfändbar. ²Dem Schuldner ist jedoch so viel zu belassen, als er für seinen notwendigen Unterhalt und zur Erfüllung seiner laufenden gesetzlichen Unterhaltspflichten gegenüber den dem Gläubiger vorgehenden Berechtigten bedarf; von den in § 850 a Nr. 1, 2 und 4 genannten Bezügen hat ihm mindestens die Hälfte des nach § 850 a unpfändbaren Betrages zu verbleiben. ³Der dem Schuldner hiernach verbleibende Teil seines Arbeitseinkommens darf den Betrag nicht übersteigen, der ihm nach den Vorschriften des § 850 c gegenüber nicht bevorrechtigten Gläubigern zu verbleiben hätte. ⁴Für die Pfändung wegen der Rückstände, die länger als ein Jahr vor dem Antrag auf Erlaß des Pfändungsbeschlusses fällig geworden sind, gelten die Vorschriften dieses Absatzes insoweit nicht, als nach Lage der Verhältnisse nicht anzunehmen ist, daß der Schuldner sich seiner Zahlungspflicht absichtlich entzogen hat.

(2) Mehrere nach Absatz 1 Berechtigte sind mit ihren Ansprüchen in folgender Reihenfolge zu berücksichtigen, wobei mehrere gleich nahe Berechtigte untereinander gleichen Rang haben:
a) die minderjährigen unverheirateten Kinder, der Ehegatte, ein früherer Ehegatte und die Mutter eines nichtehelichen Kindes mit ihrem Anspruch nach §§ 1615 l, 1615 n des Bürgerlichen Gesetzbuchs; für das Rangverhältnis des Ehegatten zu einem früheren Ehegatten gilt jedoch § 1582 des Bürgerlichen Gesetzbuchs entsprechend; das Vollstreckungsgericht kann das Rangverhältnis der Berechtigten zueinander auf Antrag des Schuldners oder eines Berechtigten nach billigem Ermessen in anderer Weise festsetzen; das Vollstreckungsgericht hat vor seiner Entscheidung die Beteiligten zu hören;
b) die übrigen Abkömmlinge, wobei die Kinder den anderen vorgehen;
c) die Verwandten aufsteigender Linie, wobei die näheren Grade den entfernteren vorgehen.

(3) Bei der Vollstreckung wegen der in Absatz 1 bezeichneten Ansprüche sowie wegen der aus Anlaß einer Verletzung des Körpers oder der Gesundheit zu zahlenden Renten kann zugleich mit der Pfändung wegen fälliger Ansprüche auch künftig fällig werdendes Arbeitseinkommen wegen der dann jeweils fällig werdenden Ansprüche gepfändet und überwiesen werden.

Inhaltsübersicht

| | | Rdn. |
|---|---|---|
| | Literatur | |
| I. | Überblick über den Inhalt der Norm | 1 |
| II. | Voraussetzungen für eine bevorrechtigte Vollstreckung | 2 |
| | 1. Kreis der bevorrechtigten Personen | 2–3 |
| | 2. Gesetzliche Unterhaltsansprüche | 4 |
| | 3. Unterhaltsschuldner | 5 |

|  |  |  |
|---|---|---|
|  | 4. Unterhaltsberechtigung und Anspruchsübergang | 6 |
|  | 5. Notwendiger Unterhalt des Schuldners | 7 |
|  | 6. Notwendiger Unterhalt Dritter | 8 |
|  | 7. Rangfolge der Unterhaltsberechtigten | 9 |
| III. | Modifizierung des dem Schuldner zu verbleibenden Betrages (Abs. 1 S. 2 und 3) | 10, 11 |
| IV. | Die Vollstreckung wegen Unterhaltsrückstände (Abs. 1 S. 4) | 12 |
| V. | Die Rangfolge der Unterhaltsberechtigten (Abs. 2) | 13 |
|  | 1. Erster Rang | 13 |
|  | 2. Zweiter Rang | 14 |
|  | 3. Dritter Rang | 15 |
| VI. | Die Vorratspfändung (Abs. 3) | 16, 17 |
| VII. | Das Verfahren bei der Pfändung wegen bevorrechtigter Unterhaltsansprüche | 18, 19 |
| VIII. | Rechtsbehelfe | 20 |
| IX. | Anhang: Bevorrechtigte Vollstreckung in Sozialleistungen, insbesondere in Kindergeld | 21 |
|  | 1. Grundsatz | 21 |
|  | 2. Zusammentreffen von laufenden Sozialleistungen und gewöhnlichem Arbeitseinkommen | 22 |
|  | 3. Kindergeld | 23 |
| X. | Anhang: Zusammentreffen der Pfändung wegen gewöhnlicher und wegen bevorrechtigter Forderungen | 24 |
| XI. | Gebühren | 25 |
| XII. | ArbGG, VwGO, AO | 26 |

**Literatur:** *Baer,* Die Rechtsgrundlage der Vorratspfändung, NJW 1962, 574; *Bauer,* Die Zulässigkeit von Kindergeldpfändungen, MDR 1978, 871; *Baur,* Einige Bemerkungen zur Pfändung künftiger Lohnforderungen, DB 1968, 251; *Behr,* Probleme der Unterhaltsvollstreckung in Arbeitseinkommen, Rpfleger 1981, 382; *Berner,* Nochmals: Die völlig unzulänglichen Freigrenzen wegen Unterhaltsforderungen (§ 850 d ZPO), Rpfleger 1958, 303; *ders.,* Dauerpfändungen und Vorzugs-(Vorrats-)pfändungen, Rpfleger 1962, 237; *Bethke,* Privilegierte Pfändung nach § 850 d ZPO wegen übergeleiteter Unterhaltsansprüche?, FamRZ 1991, 397; *Büttner,* Unterhalt und Zwangsvollstreckung, FamRZ 1994, 1433; *Ernst,* Prioritätsanspruch des Unterhaltsgläubigers gemäß § 850 d I ZPO, JurBüro 1991, 173; *Fischer,* Pfändbarkeit des Kindergeldes?, DB 1983, 1902; *Frisinger,* Privilegierte Forderungen in der Zwangsvollstreckung und bei der Aufrechnung, 1967; *Grund,* Der notwendige Unterhalt nach § 850 d I ZPO, NJW 1955, 1587; *Heilemann,* Der direkte Zugriff auf Sozialleistungen des Unterhaltsverpflichteten nach § 48 SGB I, FamRZ 1995, 1401; *Henckel,* Zusammentreffen der Lohnpfändung und Lohnabtretung, JR 1971, 18; *Hetzel,* Ist bei der Bemessung der Pfändungsfreigrenze des § 850 d Abs. 1 Satz 2 ZPO das Arbeitseinkommen der Ehefrau des Schuldners zu berücksichtigen?, MDR 1959, 353; *Hintzen,* Nichtberücksichtigung eines Unterhaltsberechtigten, NJW 1995, 1861; *Hoffmann,* Die materiellrechtliche Qualifikation des titulierten Anspruchs bei der privilegierten Vollstreckung nach §§ 850 d und 850 f Abs. 2 ZPO, NJW 1973, 1111; *Horn,* Zum Pfändungsvorrecht des Sozialhilfeamtes, MDR 1967, 170; *Hornung,* Keine Pfändung des Kindergeldes (Zählkindvorteils) wegen des Unterhalts eines Zählkindes, Rpfleger 1983, 216; *Kabath,* Pfändung wegen älterer Unterhaltsrückstände, Rpfleger 1991, 292; *Kandler,* Das Verhältnis des Prioritätsgrundsatzes zum § 850 d ZPO, NJW 1958, 2048; *Mellinghoff,* Probleme der Kindergeldpfändung wegen gesetzlicher Unterhaltsansprüche von Zählkindern, Rpfleger 1984, 50; *Müller*, Über die Pfändbarkeit der durch das Zählkind bewirkten Kindergelderhöhung, ZfdFürsorgewesen 1978, 150; *Müller/Wolff*, Pfändbarkeit von Kindergeldansprüchen, NJW 1979, 299; *Mümmler*, Pfändung von Kindergeld für nichtprivilegierte Forderungen, JurBüro 1986, 161; *ders.*, Berücksichtigung von Freibeträgen für Unterhaltsberechtigte im Rahmen einer Lohnpfändung, JurBüro 1981, 177; *Quardt*, Die Vorratspfändung, JurBüro 1961, 520; *Rupp/Fleischmann*, Zum Pfändungsschutz für Schadensersatzansprüche wegen Unterhaltsverpflichtungen, Rpfleger 1983, 377; *Schmitz-Pfeiffer*, Zur Pfändbarkeit des Anspruchs auf Kindergeld, BB 1986, 458; *Weimar*, Gilt das Pfändungsvorrecht des § 850 d ZPO für den Anspruch auf Zahlung des Prozeßkostenvorschusses und Erstattung der Prozeßkosten im Rahmen eines Unterhaltsrechtsstreits?, NJW 1959, 2102.

**I. Überblick über den Inhalt der Norm:** Abs. 1 eröffnet bestimmten Unterhaltsberechtigten erweiterte Vollstreckungsmöglichkeiten wegen ihrer laufenden Unterhaltsansprüche sowie in eingeschränktem Umfange auch wegen rückständiger Unterhaltsrenten. Abs. 2 regelt die Konkurrenz mehrerer vorrangig nach Abs. 1 Berechtigter. Abs. 3 schließlich eröffnet sowohl den nach Abs. 1 vorrangig Berechtigten als auch Gläubigern, die wegen Rentenansprüchen aus Anlaß einer Körper- oder Gesundheitsverletzung vollstrecken, abweichend von § 751 ZPO die Möglichkeit, rangwahrend wegen künftiger Ansprüche in erst künftig fällig werdendes Arbeitseinkommen zu vollstrecken (sog. Vorratspfändung). Insgesamt will die Vorschrift die Verwirklichung der gesetzlichen Unterhaltsansprüche gegen den Schuldner nach Möglichkeit sicherstellen und verfahrensmäßig erleichtern. 1

**II. Voraussetzungen für eine bevorrechtigte Vollstreckung:** 2

**1. Kreis der bevorrechtigten Personen:** Gesetzlich unterhaltsberechtigt sind die Verwandten in gerader Linie (§ 1601 BGB) einschließlich der nichtehelichen Kinder, der Adoptivkinder und der für ehelich erklärten Kinder, ferner die Ehegatten (§§ 1360, 1361 BGB), der frühere Ehegatte unter den Voraussetzungen der §§ 1569 ff. BGB sowie die Mutter eines nichtehelichen Kindes im Rahmen der §§ 1615 l und 1615 n BGB. Zu den Unterhaltsansprüchen dieses Personenkreises gehören nicht nur der Anspruch auf fortlaufende Unterhaltsrente bzw. bei zusammenlebenden Ehegatten auf Wirtschaftsgeld,[1] sondern auch Ansprüche auf einmaligen Sonderunterhalt wie etwa auf Prozeßkostenvorschuß nach § 1360 a Abs. 4 BGB.[2] Teil des Unterhaltsanspruchs sind auch diejenigen Kosten, die zur Verwirklichung des Anspruchs gegen den Verpflichteten erforderlich sind (Prozeß-[3] und Vollstreckungskosten[4]). Sie genießen bei der Vollstrek-

---
1 LG Essen, MDR 1964, 416.
2 Und zwar unabhängig vom Inhalt des beabsichtigten Prozesses; siehe *Baumbach/Lauterbach/Hartmann*, § 850 d Rdn. 2; *Friesinger*, Privilegierte Forderungen in der Zwangsvollstreckung, S. 42; *Stein/Jonas/Brehm*, § 850 d Rdn. 9; *Stöber*, Forderungspfändung, Rdn. 1084; a. A. (nur, wenn Prozeß auf Unterhaltszahlung gerichtet) LG Aachen, FamRZ 1963, 48; AG Köln, MDR 1959, 848; *Weimar*, NJW 1959, 2102; a. A. (kein Vorrecht) LG Bremen, Rpfleger 1970, 214; LG Essen, Rpfleger 1960, 250; MDR 1965, 662; AG Bochum, JurBüro 1966, 530.
3 OLG Hamm, Rpfleger 1977, 109; *Behr*, Rpfleger 1981, 381; a. A. *Stein/Jonas/Brehm*, § 850 d Rdn. 10.
4 OLG Hamm, Rpfleger 1977, 109; LG Berlin, JurBüro 1958, 301; *Behr*, Rpfleger 1981, 381; *Stein/Jonas/Münzberg*, § 850 d Rdn. 9; *Stöber*, Forderungspfändung, Rdn. 1086.

kung daher die gleiche Bevorrechtigung wie der in der Hauptsache titulierte Unterhaltsanspruch selbst.[5] Verzugszinsen für rückständige Unterhaltsleistungen sind dagegen kein Unterhalt. Sie genießen deshalb nicht das Vorrecht des Abs. 1 S. 1, sondern sind nach § 850 c ZPO zu vollstrecken.

3   Privilegiert in gleicher Weise wie die Unterhaltsansprüche selbst sind auch diejenigen Schadensersatzansprüche, die dem Unterhaltsberechtigten wegen Entziehung bevorrechtigter gesetzlicher Unterhaltsansprüche zustehen (z. B. Ansprüche aus § 844 BGB),[6] und zwar nicht nur dann, wenn sie auf vorsätzlich sittenwidriger Schädigung beruhen.[7] Der Schadensersatzanspruch tritt an die Stelle des erloschenen Unterhaltsanspruchs. Die Bevorrechtigung ist ein Teil des Schadensersatzes, da der Berechtigte durch den Schadensfall eben nicht nur den Anspruch, sondern auch die Bevorrechtigung nach § 850 d ZPO eingebüßt hat. Die entgegengesetzte Ansicht, die den Schadensersatzgläubiger auf § 850 h Abs. 2 ZPO verweist, führt zu dem sachwidrigen Ergebnis, daß dem Unterhaltsgläubiger sein Vorrecht durch eine unerlaubte Handlung genommen werden kann; denn die Privilegierung des Gläubigers nach § 850 h Abs. 2 ZPO bleibt hinter derjenigen des § 850 d ZPO zurück.

4   **2. Gesetzliche Unterhaltsansprüche:** Das Vorrecht des Abs. 1 S. 1 steht den obengenannten Personen nur wegen ihrer gesetzlichen Unterhaltsansprüche zu,[8] nicht wegen darüber hinausgehender vertraglicher Ansprüche. Die gesetzlichen Unterhaltsansprüche verlieren ihren Charakter jedoch nicht dadurch, daß die Parteien sie vertraglich, etwa in einem Prozeßvergleich oder in einem notariellen Vertrag, festschreiben. Gewährt der Schuldner Personen Unterhalt, die keinen gesetzlichen Anspruch gegen ihn haben (Stiefkinder, nichteheliche Lebensgefährten), erwächst daraus kein Recht zur bevorrechtigten Vollstreckung.[9]

5   **3. Unterhaltsschuldner:** Abgesehen von den oben (Rdn. 3) genannten Schadensersatzansprüchen besteht das Vorrecht nur gegen den Unterhaltsschuldner persönlich, nicht auch gegen Personen, die, ohne unterhaltsverpflichtet zu sein, neben ihm (Bürgen, Schuldmitübernehmer) oder an seiner Stelle (Erben) für die Unterhaltsschulden haften. Der Anspruch gegen diese Personen beruht nicht mehr unmittelbar auf der gesetzlichen Unterhaltspflicht, sondern auf zusätzlichen Umständen (Vertrag, Erbgang).

---

5   Ebenso MüKo/*Smid*, § 850 d Rdn. 5; **A. A.** hinsichtlich der Prozeßkosten (kein Vorrang) LG Berlin, MDR 1963, 320; LG Offenburg, JR 1964, 347; *Stöber,* Forderungspfändung, Rdn. 1085; **a. A.** auch hinsichtlich der Vollstreckungskosten *Baumbach/Lauterbach/Hartmann,* § 850 d Rdn. 2.
6   *Stein/Jonas/Brehm,* § 850 d Rdn. 8; *Stöber,* Forderungspfändung, Rdn. 1079.
7   So aber MüKo/*Smid*, § 850 d Rdn. 5; *Rupp/Fleischmann,* Rpfleger 1983, 377; *Stein/Jonas/ Brehm,* § 850 d Rdn. 10.
8   OLG Frankfurt, Rpfleger 1980, 198.
9   OLG Frankfurt, Rpfleger 1980, 198; OLG Hamm, Rpfleger 1954, 631; *Rosenberg/Schilken,* § 56 V.

**4. Unterhaltsberechtigung und Anspruchsübergang:** Grundsätzlich steht das Vorrecht nur demjenigen zu, der persönlich unterhaltsberechtigt ist.[10] Deshalb können die Erben des Unterhaltsberechtigten[11] nicht nach § 850 d Abs. 1 ZPO vorgehen. In ihrer Hand hat der Anspruch seinen Charakter als Unterhaltsanspruch verloren. Hat der Dritte allerdings die Forderung erworben, weil er als Bürge anstelle des Unterhaltsverpflichteten dem Berechtigten Unterhalt gewährt hat, ist er zu dem bevorrechtigten Personenkreis nach § 850 d ZPO zu zählen; denn seine Leistung kommt der Allgemeinheit zugute, deren Schutz letztlich von § 850 d ZPO bezweckt wird.[12] Etwas anderes gilt auch für den Sozialhilfeträger, auf den der Unterhaltsanspruch nach §§ 90, 91 BSHG übergegangen ist,[13] für den Leistungsträger, auf den der Unterhaltsanspruch nach § 37 Abs. 1 BAföG übergegangen ist,[14] sowie für die nachrangig Unterhaltsverpflichteten, die den Anspruch des Unterhaltsberechtigten erfüllt haben und auf die der Unterhaltsanspruch kraft Gesetzes übergegangen ist (§§ 1607 Abs. 2, 1608, 1615 b BGB).[15] Sie müssen die Privilegierung des § 850 d ZPO schon deshalb genießen, weil sich der vorrangig zur Unterhaltsleistung Verpflichtete ansonsten durch Zahlungsverweigerung gezielt Vorteile in der Zwangsvollstreckung verschaffen könnte. Allerdings darf sich dieser Übergang der Privilegierung nicht zum Nachteil des unmittelbar Unterhaltsberechtigten auswirken. Ob dies der Fall ist, kann jeweils erst in der Zwangsvollstreckung, wenn beide konkurrierend als Gläubiger auftreten, festgestellt werden.[16] Falls das zu bejahen ist, muß der aus übergegangenem Recht Vollstreckende gegenüber dem unmittelbar Unterhaltsberechtigten nachrangig i.R.d. § 850 d ZPO behandelt werden und ggf. in die Grenzen des § 850 c ZPO zurücktreten.

**5. Notwendiger Unterhalt des Schuldners:** Für den Schuldner selbst ist nur der »notwendige Unterhalt« anzusetzen. Für seine Bemessung ist nicht der sog. »Selbstbehalt« maßgeblich, den das Prozeßgericht bei der Festsetzung des geschuldeten Unterhaltsbetrages im Titel berücksichtigt hat;[17] ansonsten wäre eine Vollstreckung wegen Unterhaltsrückständen ausgeschlossen. Ausgangspunkt der Berechnung muß vielmehr das sein, was dem Schuldner nach den Vorschriften des BSHG als laufende Hilfe zum Le-

---

10 Ausführlich *Bethke*, FamRZ 1991, 397 und *Büttner*, FamRZ 1994, 1433.
11 LG Würzburg, MDR 1961, 1024.
12 OLG Hamm, Rpfleger 1977, 109; *Brox/Walker*, Rdn. 569 m.N.
13 Wie hier BAG, NJW 1971, 2094; OLG Celle, NJW 1968, 456; OLG Hamm, Rpfleger 1977, 109; OLG Koblenz, FamRZ 1977, 68; LG Aachen, JurBüro 1983, 1732; LG Berlin, Rpfleger 1961, 364; LG Braunschweig, NJW 1966, 457; LG Duisburg, JMBl.NW 1956, 199; LG Göttingen, FamRZ 1956, 121; LG Waldshut, FamRZ 1966, 48; *Brox/Walker*, Rdn. 569; *Stein/Jonas/Brehm*, § 850 d Rdn. 11; *Stöber*, Forderungspfändung, Rdn. 1082; a. A. OVG Lüneburg, NJW 1967, 2221; LG Hanau, NJW 1965, 767; AG Köln, FamRZ 1956, 121; *Baumbach/Lauterbach/Hartmann*, § 850 d Rdn. 1; *Frisinger*, a. a. O. (Fußn. 2) S. 56.
14 LG Stuttgart, Rpfleger 1996, 119.
15 *Brox/Walker*, Rdn. 569; *Kropholler*, FamRZ 1965, 413, 416; *Stein/Jonas/Brehm*, § 850 d Rdn. 12; *Stöber*, Forderungspfändung, Rdn. 1081.
16 OLG Koblenz, FamRZ 1977, 68.
17 LG Essen, MDR 1958, 433; LG Kassel, Rpfleger 1974, 76.

bensunterhalt zu gewähren wäre.[18] Das gilt grundsätzlich auch dann, wenn die Sozialhilfe den Freibetrag nach § 850 c ZPO ausnahmsweise übersteigt.[19] Dieser Betrag muß dann aber, um die Arbeitsbereitschaft des Schuldners nicht völlig zu zerstören und damit letztlich doch die öffentlichen Kassen zu belasten, noch leicht aufgestockt werden.[20] Feste Prozentsätze kann es insoweit nicht geben. Es ist vielmehr auf die Umstände des Einzelfalles, etwa die vom Schuldner ausgeübte Arbeit, abzustellen. Darüber hinaus ist der individuelle notwendige Mehrbedarf des Schuldners, soweit bekannt, zu berücksichtigen (z. B. höhere Fahrtkosten zur Arbeitsstelle; überdurchschnittlicher Verschleiß an Arbeitskleidung; Notwendigkeit der Neuanschaffung bescheidenen Hausrats nach Auszug aus der ehelichen Wohnung;[21] u. U. auch eingegangene Verbindlichkeiten), damit der Schuldner nicht zwangsläufig auf den Weg des § 850 f Abs. 1 ZPO gedrängt wird. Die sich aus dem BSHG und den dazu ergangenen landesrechtlichen Bestimmungen ergebenden Beträge können im Einzelfall auch einmal kurzfristig zu Lasten des Schuldners unterschritten werden;[22] ein solches Unterschreiten bedarf dann aber einer besonders sorgfältigen Begründung.[23] Ein Grund, den Schuldner zusätzlich zu beschränken, kann darin liegen, daß er sein Einkommen ohne Not erheblich gemindert hat, indem er eine für ihn ungünstige Steuerklasse gewählt hat,[24] oder daß er einen wesentlichen Teil seines Arbeitseinkommens in Erwartung der auf ihn zukommenden Unterhaltsvollstreckung abgetreten hat.[25] Dagegen kann zu Lasten des für den Schuldner persönlich verbleibenden Betrages nicht berücksichtigt werden, daß der Ehegatte des Schuldners eigenes Einkommen hat und in der Lage ist, dem Schuldner seinerseits Unterhalt zu leisten.[26] Ansonsten würde der Ehegatte unmittelbar an der Schuldentilgung beteiligt, ohne selbst Schuldner zu sein.[27] Ebensowenig kann berücksichtigt werden, daß ein dringender Verdacht dahingehend besteht, der Schuldner habe durch Schwarzarbeit ein zusätzliches Einkommen in unbekannter Höhe;[28] denn dann würde der Schuldner geradezu zur Schwarzarbeit genötigt. Es ist

---

18 KG, Rpfleger 1994, 373; NJW-RR 1987, 132 mit Anm. *Brühl*, JurBüro 1987, 801; OLG Hamm, Rpfleger 1974, 30; JurBüro 1984, 1900; OLG Köln, FamRZ 1994, 93 f.; OLG Stuttgart, NJW-RR 1987, 758; LG Detmold, Rpfleger 1993, 357; AG Limburg, DGVZ 1976, 75; *Brox/Walker*, Rdn. 573; *Rosenberg/Schilken*, § 56 V; *Stein/Jonas/Brehm*, § 850 d Rdn. 21; *Stöber*, Forderungspfändung, Rdn. 1095.
19 OLG Stuttgart, NJW-RR 1987, 758; a. A. LG Hamburg, NJW-RR 1992, 264, 265 f.
20 LG Hannover, JurBüro 1981, 294; *Henze*, Rpfleger 1980, 456; *Stein/Jonas/Brehm*, § 850 d Rdn. 21.
21 OLG Hamm, Rpfleger 1954, 631.
22 A. A. OLG Stuttgart, NJW-RR 1987, 758.
23 OLG Hamm, JurBüro 1984, 1900.
24 OLG Zweibrücken, NJW-RR 1989, 517.
25 LG Saarbrücken, Rpfleger 1986, 23 mit Anm. *Lorenschat*, Rpfleger 1986, 309; a. A. *Stein/Jonas/Brehm*, § 850 d Rdn. 21.
26 OLG Frankfurt, MDR 1957, 750; LG Bremen, Rpfleger 1959, 384; LG Hildesheim, FamRZ 1965, 278; LG Lüneburg, MDR 1955, 428.
27 Etwas anderes ist die Berücksichtigung des eigenen Einkommens der Ehefrau des Schuldners bei der Frage, in welcher Höhe dem Schuldner auch ein Freibetrag wegen seiner Unterhaltsverpflichtungen gegenüber seinem Ehepartner zu gewähren ist. Insoweit siehe unten Rdn. 8.
28 A. A. LG Mannheim, MDR 1965, 144.

auch nicht Sache des Vollstreckungsgerichts, bei der Festsetzung des dem Schuldner verbleibenden Teils seines in Geld auszuzahlenden Arbeitseinkommens zu berücksichtigen, daß der Schuldner es unterläßt, sich zusätzliche Tätigkeiten bei Dritten, die üblicherweise gegen Entgelt ausgeübt werden, vergüten zu lassen.[29] Dieses mögliche verschleierte Arbeitseinkommen der Höhe nach festzusetzen, ist Sache des Prozeßgerichts im Einziehungsprozeß. Erhält der Schuldner als Arbeitsentgelt teils Bargeld, teils Naturalien, so ist bei der Festlegung des dem Schuldner verbleibenden Bargeldes zu berücksichtigen, daß sein Unterhaltsbedarf bereits teilweise durch Sachleistungen gedeckt ist,[30] so daß der als pfändungsfrei festzusetzende Bargeldbetrag durchaus niedriger sein kann als der Richtsatz der Sozialhilfe.

**6. Notwendiger Unterhalt Dritter:** Für die übrigen Unterhaltsberechtigten, denen der Schuldner außer dem vollstreckenden Gläubiger auch noch kraft Gesetzes Unterhalt schuldet und auch bezahlt, ist als Freibetrag nicht nur der notwendige Unterhalt, etwa bemessen nach den Regelsätzen der Sozialhilfe, anzusetzen, sondern der volle Unterhalt,[31] soweit er auch tatsächlich geleistet oder auch durch Zwangsvollstreckung beigetrieben wird. Bei der Berechnung dessen, was an Unterhalt geschuldet wird, sind eigene Einkünfte des Unterhaltsberechtigten anzurechnen,[32] denn sie mindern die Unterhaltsbedürftigkeit und wirken sich dadurch auf den Anspruch aus. Die Situation ist hier insoweit anders als bei § 850 c Abs. 1 ZPO,[33] da dort Abs. 4 als Korrektiv wirkt. Besteht Streit, ob der Schuldner an einen Berechtigten tatsächlich Unterhalt leistet, ist der Schuldner darlegungs- und beweispflichtig. Das gleiche gilt beim Streit darüber, ob eine Person überhaupt gesetzlich unterhaltsberechtigt und damit berücksichtigungsfähig ist (z. B. volljährige Kinder).

**7. Rangfolge der Unterhaltsberechtigten:** Reicht das Arbeitseinkommen des Schuldners nicht aus, um alle Unterhaltsberechtigten voll zu befriedigen, so sieht das Gesetz eine Rangfolge vor,[34] nach der die Gläubiger zu befriedigen sind. Der Betrag, der zur Erfüllung der dem betreibenden Gläubiger vorrangigen oder zur gleichmäßigen Befriedigung der dem Gläubiger gleichstehenden Unterhaltsansprüche erforderlich ist, ist dem Schuldner voll zu belassen. »Gleichmäßige« Befriedigung[35] bedeutet dabei aber nicht unbedingt eine Aufteilung streng nach Kopfteilen, da auch unterschiedliche Bedürfnisse berücksichtigt werden müssen, wenn eine objektive Besserstellung einzelner vermieden werden soll.[36]

---

29 LG Frankenthal, MDR 1984, 856.
30 KG, JR 1958, 260.
31 A. A. OLG Köln, FamRZ 1993, 1226; *Stein/Jonas/Brehm*, § 850 d Rdn. 22.
32 OLG Celle, FamRZ 1966, 203; LG Bielefeld, FamRZ 1955, 222; LG Göttingen, FamRZ 1965, 579; LAG Frankfurt, NJW 1965, 2075; AG Bonn, MDR 1961, 948; teilweise a. A. *Stein/Jonas/Brehm*, § 850 d Rdn. 30.
33 Siehe dort Rdn. 4.
34 Einzelheiten unten Rdn. 14 ff.
35 Dazu OLG Köln, NJW-RR 1993, 1156 f.
36 Vergl. *Stöber*, Forderungspfändung, Rdn. 1101.

10 **III. Modifizierung des dem Schuldner zu verbleibenden Betrages (Abs. 1 S. 2 und 3):** Das, was dem Schuldner nach den vorstehenden Regeln an sich zu verbleiben hat, wird durch zwei zusätzliche Grenzen in Abs. 1 S. 2, 2. Halbs. und S. 3 modifiziert: Erstens muß von den Bezügen gem. § 850 a Nr. 1, 2 und 4 ZPO dem Schuldner mindestens die Hälfte des ansonsten unpfändbaren Betrages neben dem notwendigen Unterhalt verbleiben. Zweitens darf das dem Schuldner insgesamt nach § 850 d ZPO pfändungsfrei verbleibende Arbeitseinkommen den Betrag nicht übersteigen, der dem Schuldner bei einer Zwangsvollstreckung nach § 850 c ZPO verbliebe;[37] denn § 850 d ZPO will die Unterhaltsgläubiger bevorzugen, nicht benachteiligen. Da die tatsächlich geschuldeten Unterhaltsbeträge für vor- und gleichrangige Unterhaltsgläubiger über den pauschalierten Freibeträgen nach § 850 c Abs. 1 S. 2 ZPO liegen können, da auch zahlenmäßig mehr bevorrechtigte Unterhaltsgläubiger vorhanden sein können, als im Rahmen des § 850 c Abs. 1 S. 2 ZPO berücksichtigt werden, kann die Grenze bei hohen Unterhaltsverpflichtungen des Schuldners durchaus zu Lasten seiner Familie Bedeutung erhalten.

11 Was dem Schuldner dann schließlich nach den dargestellten Regeln bei einer Zwangsvollstreckung nach § 850 d ZPO unter Berücksichtigung seiner Unterhaltsverpflichtungen als Mindesteinkommen zu belassen ist, bildet auch das Minimum, das ihm bei jeglicher sonstiger Vollstreckung (§ 850 f Abs. 2 ZPO) verbleiben muß. Diese unterste Grenze des Sozialschutzes darf dann auch ein Arbeitgeber nicht überschreiten, der gegen den Arbeitnehmer Gegenforderungen wegen einer von diesem im Rahmen seines Arbeitsverhältnisses begangenen vorsätzlichen unerlaubten Handlung hat.[38]

12 **IV. Die Vollstreckung wegen Unterhaltsrückständen (Abs. 1 S. 4):** Unterhaltsrückstände, die **weniger als ein Jahr vor dem Antrag** auf Erlaß des Pfändungsbeschlusses fällig geworden sind, werden wie der laufende Unterhalt bevorrechtigt vollstreckt. **Überjährige Rückstände** können dagegen nur im allgemeinen Rahmen des § 850 c ZPO vollstreckt werden, soweit nicht nach Lage der Dinge anzunehmen ist, daß der Schuldner sich seiner Zahlungspflicht absichtlich entzogen hat. Der Gläubiger muß die Umstände, aus denen diese Absicht abzuleiten ist, in seinem Antrag schlüssig darlegen.[39] In der Regel wird es insoweit ausreichend sein, darzulegen, daß der Schuldner zahlungsfähig ist und besondere Umstände nicht ersichtlich sind, die die Unterhaltspflicht für den Schuldner zweifelhaft erscheinen lassen könnten.[40] Solche Umstände können etwa in einem Rechtsstreit liegen, in dem der Schuldner durchaus vertretbar, wenn auch letztlich nicht erfolgreich, aus Rechtsgründen seine Unterhaltspflicht bestritten hat.[41] Der Schuldner muß den vom Gläubiger dargelegten Sachverhalt gegebenenfalls widerlegen. Er trägt die Beweislast.[42] Da der Schuldner vor Erlaß des Pfän-

---

37 Str. Wie hier LG Hamburg, NJW-RR 1992, 264, 265 f.; **a. A.** OLG Stuttgart, NJW-RR 1987, 758.
38 BAG, DB 1960, 1131; MDR 1965, 79.
39 KG, MDR 1966, 683; OLG Köln, NJW-RR 1993, 1156, 1157.
40 KG, Rpfleger 1986, 394; ebenso (z. T. noch weitergehend) *Kabath*, Rpfleger 1991, 292; *Thomas/Putzo*, § 850 d Rdn. 11; **a. A.** *Stein/Jonas/Brehm*, § 850 d Rdn. 43.
41 LG Braunschweig, JurBüro 1986, 1422.
42 OLG Hamm, JMBl.NW 1963, 261; OLG Oldenburg, MDR 1958, 172.

dungsbeschlusses nicht angehört wird, kann er seine Gegenargumente allerdings erst mit der Erinnerung nach § 766 ZPO geltend machen.

**V. Die Rangfolge der Unterhaltsberechtigten (Abs. 2):** 13

1. **Erster Rang:** Den ersten Rang nehmen die minderjährigen unverheirateten Kinder, der Ehegatte, ein früherer Ehegatte und die Mutter eines nichtehelichen Kindes mit ihrem Anspruch nach §§ 1615 l, 1615 n BGB ein. Ihre Ansprüche sind, wenn der Schuldner insoweit zahlungsfähig ist, gleichmäßig zu befriedigen. »Gleichmäßig« bedeutet dabei nicht unbedingt »nach Kopfteilen«.[43] Reicht das zur Verfügung stehende Einkommen nicht zur Befriedigung aller erstrangiger Gläubiger aus, dann kann es innerhalb des ersten Ranges zu einer weiteren Abstufung kommen: So gewährt § 1582 BGB dem früheren Ehegatten dann, wenn die übrigen Voraussetzungen dieser Norm vorliegen, den Vorrang vor dem neuen Ehegatten.[44] Darüber hinaus können **auf Antrag** des Schuldners oder eines Unterhaltsberechtigten weitere Rangabstufungen nach billigem Ermessen festgesetzt werden (**Abs. 2 Buchst. a S. 3**). Die Priorität der Pfändung spielt für den festzusetzenden Vorrang hingegen keine Rolle.[45] Laufenden Unterhaltsansprüchen wird der Vorrang vor Unterhaltsrückständen einzuräumen sein,[46] persönlichen Ansprüchen vor Erstattungsansprüchen des Sozialhilfeträgers. Eine Differenzierung zwischen ehelichen und nichtehelichen Kindern ist nicht statthaft; sie läßt sich auch nicht mit Art. 6 GG begründen. Ältere minderjährige Kinder sind nicht weniger schützenswert als Kleinkinder.[47] Die Rangabstufung und die Regelung möglicher Bevorrechtigungen können nicht außerhalb eines Vollstreckungsverfahrens eigenständig angeordnet werden, sie setzen vielmehr zunächst eine Pfändung bzw. einen Pfändungsantrag voraus.[48]

2. **Zweiter Rang:** Den zweiten Rang nehmen die übrigen, von Buchst. a nicht erfaßten Abkömmlinge ein, also die verheirateten und volljährigen Kinder, die Enkel, Urenkel usw. Die Kinder gehen innerhalb dieses Ranges den Abkömmlingen entfernteren Grades vor. Letztere sind dann unabhängig von der Generationenfolge untereinander gleichberechtigt. Die Volljährigkeit von Kindern (und damit deren Zuordnung zum zweiten Rang) beurteilt sich allein nach dem Lebensalter, nicht nach der vollen Geschäftsfähigkeit. Deshalb sind auch geistig behinderte volljährige Kinder nicht den minderjährigen gleichgestellt.[49] 14

3. **Dritter Rang:** Den dritten Rang nehmen dann die Verwandten aufsteigender Linie (Eltern, Großeltern usw.) ein, wobei die näheren Grade den entfernteren vorgehen. Soweit der Sozialhilfeträger Verwandten aufsteigender Linie Unterhalt gewährt hat, ist 15

---

43 Oben Rdn. 10; ferner LG Bremen, Rpfleger 1961, 126.
44 LG Frankenthal, Rpfleger 1984, 106; vergl. auch BGH, NJW 1988, 1722; AG Bochum, FamRZ 1990, 1003.
45 LG Bamberg, MDR 1986, 245; LG Mannheim, MDR 1970, 245.
46 LG Frankenthal, Rpfleger 1984, 106.
47 AG Hildesheim, FamRZ 1955, 222.
48 LG Mannheim, MDR 1971, 308.
49 BGH, FamRZ 1984, 1012.

§ 91 Abs. 1 BSHG zu beachten: Gegen einen nach bürgerlichem Recht Unterhaltsverpflichteten, der mit dem Berechtigten nur im zweiten oder einem entfernteren Grad verwandt ist (also gegen den Enkel, Urenkel usw.), darf der Anspruchsübergang nach § 90 BSHG nicht bewirkt werden. Insoweit kommt deshalb auch eine Vollstreckung des Sozialhilfeträgers gegen den Verpflichteten nicht in Betracht.

16 **VI. Die Vorratspfändung (Abs. 3):** Wird wegen bereits fälliger Unterhaltsansprüche oder bereits fälliger Ansprüche auf Rentenzahlung wegen Körper- oder Gesundheitsverletzung in das Arbeitseinkommen des Schuldners vollstreckt, so kann damit die Vollstreckung auch wegen erst künftig fällig werdender Ansprüche in das künftige Arbeitseinkommen (§§ 832, 833 ZPO) verbunden werden. Der Gläubiger erwirbt durch diese sog. Vorratspfändung[50] ein Pfandrecht wegen seiner noch gar nicht fälligen Forderung mit der Priorität der Zustellung des Pfändungsbeschlusses. Dadurch unterscheidet sich die Vorratspfändung, die eine Ausnahme vom Grundsatz des § 751 ZPO darstellt, von der durch die Rechtsprechung und Literatur im Rahmen des § 751 ZPO entwickelten sog. Voraus- oder Dauerpfändung.[51] Hier entsteht das Pfandrecht jeweils erst im Rang des Fälligkeitstermins der künftigen Forderung,[52] sichert den Gläubiger in der Zwischenzeit also nur sehr bedingt. Eine isolierte Vorratspfändung ausschließlich wegen künftiger Ansprüche ist nicht möglich.[53] Der Schuldner muß seine Unzuverlässigkeit in dem so sensiblen und auch für die Öffentlichkeit so wichtigen Bereich der Unterhaltspflichten vielmehr bereits unter Beweis gestellt haben, um es zu rechtfertigen, ihn schon im voraus mit einer Pfändung zu belasten. Maßgeblicher Zeitpunkt hierfür ist der Erlaß des Pfändungsbeschlusses.[54] Wegen der Nachteile des Vorliegens einer Pfändung für die Kreditwürdigkeit des Schuldners kann die weitere Ausnutzung einer zunächst zu Recht ausgebrachten Vorratspfändung rechtsmißbräuchlich werden (und die Aufhebung der Pfändung auf eine Erinnerung hin rechtfertigen), wenn der Schuldner die Unterhaltsrückstände vollständig getilgt hat und nach den Umständen mit großer Sicherheit erwartet werden kann, daß er künftig seine Unterhaltspflicht pünktlich erfüllen wird.[55]

17 Abs. 3 stellt somit eine eng auszulegende Sondernorm dar.[56] Sie ist daher auch keiner Analogie zugänglich,[57] weder bei der Vollstreckung für andere Forderungen als Unterhaltsforderungen und Schadensersatzrenten für Körper- und Gesundheitsschäden,

---

50 Siehe auch § 751 Rdn. 5.
51 Einzelheiten: § 751 Rdn. 6.
52 OLG Hamm, WM 1993, 2225, 2226.
53 KG, MDR 1960, 931; OLG Frankfurt, NJW 1954, 1774; OLG Hamm, WM 1993, 2225, 2227; LG Berlin, MDR 1966, 596; LG Essen, NJW 1966, 1822; LG Münster, Rpfleger 1971, 324; LG Saarbrücken, Rpfleger 1973, 373.
54 LG Göttingen, NdsRpfl. 1967, 225 f.
55 OLG Düsseldorf, Rpfleger 1976, 373; a. A. OLG Hamm, JMBl.NW 1956, 234.
56 OLG Hamm, WM 1993, 2225, 2227.
57 Siehe auch § 751 Rdn. 5.

noch bei der Vollstreckung in andere Forderungen als Arbeitseinkommen.[58] Über § 54 SGB I gilt die Norm allerdings auch bei der Vollstreckung in Sozialleistungsansprüche.[59] Will der Unterhaltsgläubiger sich die fortlaufende Wiederholung der Pfändung in andere Ansprüche als Arbeitseinkommen ersparen, muß er den Weg der Voraus- oder Dauerpfändung[60] gehen, der ihm aber keine Priorität der künftigen Pfändungen auf den Zeitpunkt der Zustellung des (Dauer-)Pfändungsbeschlusses sichert.

**VII. Das Verfahren bei der Pfändung wegen bevorrechtigter Unterhaltsansprüche:** 18
Daß die Zwangsvollstreckung nach dem Titel wegen einer Unterhaltsforderung betrieben wird, führt nicht automatisch dazu, daß das Arbeitseinkommen in dem weitergehenden Umfang des § 850 d Abs. 1 ZPO gepfändet wird. Beantragt der Gläubiger einfach nur die Pfändung, so erfolgt sie lediglich im Rahmen des § 850 c ZPO. Der Gläubiger muß sein Vorrecht mit dem **Antrag** ausdrücklich oder jedenfalls unmißverständlich konkludent geltend machen. Er muß ferner die Voraussetzungen für sein Vorrecht nachweisen, daß nämlich der zu vollstreckende Anspruch ein Unterhaltsanspruch der in Abs. 1 genannten Art ist. In der Regel wird sich dies unmittelbar aus dem Titel ergeben, der Nachweis kann aber gegebenenfalls auch in anderer Form erfolgen.[61] Ferner muß der Gläubiger nachvollziehbar darlegen, nach welchen Gesichtspunkten der dem Schuldner zu belassende Freibetrag zu bemessen sei: Hierzu muß er Angaben zur Zahl der vorrangig und gleichrangig Unterhaltsberechtigten, zur Art der Tätigkeit des Schuldners sowie dazu machen, ob ihm besondere Umstände bekannt sind, die einen höheren Unterhaltsbedarf des Schuldners rechtfertigen. Beweismittel zu diesen Angaben müssen nicht beigefügt werden. Hat das Gericht aufgrund der Angaben des Gläubigers Zweifel, kann es vom Gläubiger aber nachträglich Belege verlangen. Eine Anhörung des Schuldners scheidet wegen § 834 ZPO aus,[62] wenn sie der Gläubiger nicht selbst beantragt.[63]

Über den Antrag entscheidet der Rechtspfleger. Er legt im Pfändungsbeschluß **genau** 19
den für den eigenen Unterhaltsbedarf des Schuldners und für den Unterhaltsbedarf der dem vollstreckenden Gläubiger bevorrechtigten Unterhaltsgläubiger bestimmten Freibetrag fest, der nicht gepfändet und daher weiterhin an den Schuldner auszuzahlen ist. Die dem Schuldner ebenfalls zu belassenden Beträge zur gleichmäßigen Befriedigung der mit dem vollstreckenden Gläubiger gleichrangigen Unterhaltsberechtigten können dagegen nur in einer Quote des den summenmäßig festgesetzten Freibetrag übersteigenden Betrages festgesetzt werden. Ansonsten würde bei schwankendem Einkommen

---

[58] OLG Hamm, JurBüro 1963, 52; OLG Schleswig, SchlHA 1964, 149; LG Berlin, Rpfleger 1978, 331; 1982, 434; LG Essen, Rpfleger 1967, 419; AG Bad Homburg, WM 1985, 843; *Brox/Walker*, Rdn. 159 ff.; a. A. LG Saarbrücken, Rpfleger 1973, 373; *Thomas/Putzo*, § 850 d Rdn. 1, 14.
[59] Einzelheiten unten Rdn. 21 ff.; siehe ferner BSG, NJW 1983, 958; LG Berlin, Rpfleger 1968, 126; 1970, 441.
[60] Oben Rdn. 17 sowie § 751 Rdn. 6; vergl. ferner *Stöber*, Forderungspfändung, Rdn. 691, 692.
[61] OLG Frankfurt, Rpfleger 1980, 198; *Stein/Jonas/Brehm*, § 850 d Rdn. 41; enger: *Hoffmann*, NJW 1973, 1111.
[62] LG Berlin, Rpfleger 1977, 30; *Stöber*, Forderungspfändung, Rdn. 1118; a. A. *Stein/Jonas/ Brehm*, § 850 d Rdn. 42.
[63] Siehe auch § 834 Rdn. 3.

der betreibende Gläubiger benachteiligt.[64] Vollstreckt beispielsweise ein volljähriges Kind, sind daneben noch die Ehefrau des Schuldners, ein minderjähriges Kind und zwei weitere volljährige unterhaltsberechtigte Kinder vorhanden, so kann der Tenor lauten, daß »vom Nettoarbeitseinkommen des Schuldners, soweit es den für seinen eigenen notwendigen Unterhalt bestimmten Betrag von ... DM sowie den für den Unterhalt der Ehefrau des Schuldners und seines Kindes X bestimmten zusätzlichen Betrag von ... DM übersteigt, ein Drittel gepfändet wird, zwei Drittel aber zusätzlich pfandfrei bleiben.« Einer Begründung, warum gerade die konkreten Freibeträge eingesetzt wurden, bedarf es im Pfändungsbeschluß nicht, wenn die Regelsätze der Sozialhilfe nicht unterschritten werden.[65] Sie ist aber durchaus nützlich, da sie den Beteiligten die Ermessensentscheidung des Gerichts durchsichtig macht. Soll eine Vorratspfändung ausgesprochen werden, so ist im Pfändungsbeschluß deutlich zu sagen, daß die Pfändung auch wegen der erst nach Erlaß des Beschlusses fällig werdenden Raten des titulierten Anspruchs in das künftige Arbeitseinkommen erfolgt.

20 **VIII. Rechtsbehelfe:** Liegen dem Beschluß unrichtige Annahmen z. B. im Hinblick auf die Zahl der übrigen Unterhaltsberechtigten zugrunde, können der Schuldner und der Drittschuldner[66] Erinnerung nach § 766 ZPO einlegen. Der Schuldner, **nie** aber der Drittschuldner, kann auch Antrag nach § 850 f Abs. 1 ZPO stellen, wenn der Pfändungsbeschluß den objektiven Sachverhalt (Zahl der Unterhaltsberechtigten usw.) zwar zutreffend zugrundelegt, aber den besonderen, notwendigen Bedürfnissen entweder des Schuldners selbst oder der ihm gegenüber Unterhaltsberechtigten nicht gerecht wird. Der Schuldner sowie ein ganz oder teilweise übergangener Unterhaltsberechtigter, nie wiederum der Drittschuldner,[67] können Änderungsantrag nach § 850 g ZPO stellen, wenn sich die Voraussetzungen für die Bemessung des Freibetrages geändert haben (z.B. ein gleich- oder besserberechtigter Unterhaltsgläubiger kommt hinzu oder fällt weg) oder von Anfang an unrichtig waren (dann nur der Unterhaltsberechtigte). Bewirkt die Änderung der Verhältnisse, daß sich nachträglich der dem Schuldner belassene Freibetrag als zu hoch erweist, kann der Gläubiger ebenfalls Antrag nach § 850 g ZPO stellen. War der Freibetrag von Anfang an nach Ansicht des Gläubigers zu hoch bemessen, ist zu differenzieren: Hatte der Gläubiger selbst einen bestimmten Freibetrag in seinem Antrag genannt, stellt die Gewährung eines höheren Freibetrages eine Teilrückweisung des Vollstreckungsantrages dar; der Gläubiger kann dann befristete Rechtspflegererinnerung nach § 11 Abs. 1 S. 1 RPflG einlegen.[68] Hatte der Gläubiger keinen bestimmten Freibetrag beantragt, hält er aber nachträglich die Berechnung des Freibetrages für fehlerhaft, so kann er dies mit der Erinnerung nach § 766 ZPO geltend machen.[69]
Im Einziehungsprozeß kann der Drittschuldner grundsätzlich der Forderung nicht entgegenhalten, der Freibetrag für den Schuldner sei unrichtig festgesetzt, die Forde-

---

64 Siehe die Beispiele bei *Stöber*, Forderungspfändung, Rdn. 1123.
65 Siehe oben Rdn. 8.
66 BAG, NJW 1961, 1180; LG Frankfurt, JurBüro 1954, 303; a. A. LG Essen, Rpfleger 1969, 24; vergl. ferner § 766 Rdn. 15 und § 829 Rdn. 63.
67 A. A. insoweit *Thomas/Putzo*, § 850 g Rdn. 2; Einzelheiten siehe § 850 g Rdn. 2.
68 Einzelheiten § 766 Rdn. 5 und Anh. § 793 Rdn. 1.
69 OLG Koblenz, Rpfleger 1978, 226.

rung reduziere sich entsprechend.⁷⁰ Das Gericht des Einziehungsprozesses ist an die Festsetzung durch das Vollstreckungsgericht gebunden, auch wenn diese – etwa wegen Übergehens eines vorrangigen Unterhaltsberechtigten – erkennbar unrichtig ist.⁷¹

Für Dritte, die nach materiellem Recht unterhaltspflichtig werden (nachrangig verpflichtete Verwandte) oder die aufgrund öffentlichen Rechts (BSHG) Leistungen erbringen müssen, weil wegen des für den Schuldner festgesetzten pfändungsfreien Betrages Unterhaltsansprüche gegen den Schuldner nicht in vollem Umfange durchgesetzt werden können, besteht dagegen keine Berechtigung, gegen die Festsetzung des Freibetrages ihrerseits Erinnerung einzulegen. Sie werden durch § 850 d ZPO nicht geschützt; ihre bloß indirekte Betroffenheit begründet noch keine Erinnerungsbefugnis.⁷²

### IX. Anhang: Bevorrechtigte Vollstreckung in Sozialleistungen, insbesondere in Kindergeld:

**1. Grundsatz:** Nach § 54 Abs. 4 SGB I⁷³ können Ansprüche auf Sozialleistungen abgesehen von dem Ausnahmekatalog des Abs. 3 als laufende Geldleistungen (Einzelheiten: §§ 18 ff. SGB I) auch wegen gesetzlicher Unterhaltsansprüche uneingeschränkt wie Arbeitseinkommen gepfändet werden. Dies bedeutet, daß die Unterhaltsberechtigten im Rahmen der §§ 850 c, 850 d ZPO in diese Ansprüche vollstrecken können, und zwar auch wegen künftiger Unterhaltsansprüche (§ 850 d Abs. 3 ZPO). Soweit es sich bei der Sozialleistung allerdings um Kindergeld handelt, enthält § 54 Abs. 5 SGB I eine Sonderregelung, die den Zugriff nur den durch das Kindergeld Begünstigten gestattet.⁷⁴

**2. Zusammentreffen von laufenden Sozialleistungen und gewöhnlichem Arbeitseinkommen:** Bezieht der Schuldner laufende Sozialleistungen neben gewöhnlichem Arbeitseinkommen, so ist dies unter zweierlei Gesichtspunkten von Bedeutung: Zum einen stellt sich die Frage der Zusammenrechnung nach § 850 e Nr. 2 a ZPO bei der Berechnung des insgesamt zur Pfändung zur Verfügung stehenden Einkommens.⁷⁵ Zum anderen sind die Sozialleistungen bei der Frage von Bedeutung, ob der notwendige eigene Unterhalt des Schuldners und derjenige der vor- und gleichrangig ihm gegenüber Unterhaltsberechtigten bei einer Pfändung über die Freigrenzen des § 850 c ZPO hinaus noch gesichert ist (§ 850 d Abs. 1 S. 2 ZPO).⁷⁶ Hier sind die Sozialleistungen, ohne daß es des formellen Vorgehens nach § 850 e Nr. 2 a ZPO bedürfte, bei der Beurteilung, was dem Schuldner nach der Pfändung bleibt, mit heranzuziehen.⁷⁷

**3. Kindergeld:** Das Kindergeld nach dem BKGG ist laufende Sozialleistung (§ 25 SGB I) i. S. des § 54 Abs. 4 SGB I. Nach der Sonderregelung des § 54 Abs. 5 SGB I⁷⁸ kann es aber

---

70 BAG, NJW 1961, 1180; LAG Frankfurt, DB 1990, 639; siehe ferner § 835 Rdn. 11.
71 BAG, NJW 1962, 510; LAG Saarland, JurBüro 1990, 115.
72 Zur Erinnerungsbefugnis Dritter siehe auch § 766 Rdn. 15.
73 Zum Gesetzeswortlaut siehe Anh. § 829 Rdn. 21.
74 Siehe insoweit unten Rdn. 23.
75 Siehe dazu § 850 e Rdn. 7 ff.
76 Oben Rdn. 8, 9.
77 LG Kaiserslautern, Rpfleger 1981, 446.
78 Den Wortlaut der Vorschrift siehe Anh. § 829 Rdn. 21.

nur wegen gesetzlicher Unterhaltsansprüche eines Kindes, das bei der Festsetzung des Kindergeldes – und wenn auch nur als Zählkind – berücksichtigt ist, gepfändet werden. Dem Zugriff jedes einzelnen Kindes unterliegt nicht das gesamte Kindergeld, das dem Vollstreckungsschuldner für alle Kinder gemeinsam ausgezahlt wird, auch nicht der für das konkrete Kind tatsächlich bezahlte Betrag (z. B. »Kindergeld für das 3. Kind«); vielmehr ist, soweit ein Kind vollstreckt, für das der Schuldner Kindergeld ausgezahlt erhält, eine Pfändung höchstens bis zu dem Betrag möglich, der bei **gleichmäßiger** Verteilung des gesamten Kindergeldes auf alle Kinder, für die dem Schuldner Kindergeld ausgezahlt wird, auf jedes dieser Kinder entfällt. Bei der Berechnung des gleichmäßig aufzuteilenden Betrages bleibt ein sog. »Zählkindervorteil«, der sich daraus ergibt, daß nur für das erste und das zweite Kind ein gleich hohes (200 DM), für das dritte (300 DM) und das vierte Kind (350 DM) ein höheres Kindergeld gezahlt wird (§ 6 BKGG), außer Betracht (§ 54 Abs. 5 Nr. 1 S. 2 SGB I). Ein **Zählkind** kann nur in den Teil des Zählkindervorteils vollstrecken, der sich bei gleichmäßiger Verteilung dieses Erhöhungsbetrages auf alle Kinder, die bei der Festsetzung des Kindergeldes zugunsten des Vollstreckungsschuldners berücksichtigt werden, ergibt (§ 54 Abs. 5 Nr. 2 SGB I).

24 **X. Anhang: Zusammentreffen der Pfändung wegen gewöhnlicher und wegen bevorrechtigter Forderungen:** Hier ist danach zu unterscheiden, ob der bevorrechtigte Unterhaltsgläubiger als erster oder erst nachfolgend die Pfändung ausgebracht hat. Hat er als erster gepfändet, aber sein Vorrecht nach § 850 d Abs. 1 S. 1 ZPO nicht ausgenutzt, gibt § 850 e Nr. 4 ZPO dem nachfolgend wegen einer gewöhnlichen Forderung pfändenden Gläubiger die Möglichkeit, ihn zur Ausnutzung dieses Vorteils zu zwingen.[79] Hat dagegen der nicht bevorrechtigte Gläubiger als erster gepfändet, so setzt § 850 d ZPO das Prioritätsprinzip des § 804 Abs. 3 ZPO nicht außer Kraft.[80] Der bevorrechtigte Gläubiger kann sich aber aus der Differenz zwischen dem den normalen Gläubigern nach § 850 c ZPO zur Verfügung stehenden Betrag und dem, was zusätzlich für ihn nach § 850 d Abs. 1 ZPO pfändbar ist, befriedigen. Reicht dies nicht aus, so muß er hinsichtlich des Restes im Rang nach dem prioritätsälteren normalen Gläubiger auf das allgemein pfändbare Einkommen zugreifen. Da der Pfändungs- und Überweisungsbeschluß die Berechnung dessen, was an die einzelnen Gläubiger auszuzahlen ist, grundsätzlich dem Drittschuldner zumutet, können auf diesen insoweit erhebliche Schwierigkeiten zukommen.

25 **XI. Gebühren:** Siehe § 829 Rdn. 66 ff. und § 835 Rdn. 19. Für die Berechnung des Gegenstandswertes bei einer Vorratspfändung gem. § 850 d Abs. 3 ZPO gilt gem. § 57 Abs. 2 S. 3 BRAGO die Regelung des § 17 Abs. 1 und 2 GKG.

26 **XII. ArbGG, VwGO, AO:** Bei der Vollstreckung von Titeln nach dem ArbGG, der VwGO und der AO spielt § 850 d ZPO keine Rolle, weil es insoweit nicht um die Vollstreckung von Unterhaltsansprüchen geht. Die Vorschrift ist allenfalls im Rahmen von § 850 e Nr. 4 ZPO von Bedeutung, wenn nämlich die Pfändung wegen eines der in § 850 d ZPO bezeichneten Ansprüche mit der Pfändung wegen eines sonstigen Anspruches zusammentrifft.

---

79 Einzelheiten § 850 e Rdn. 13.
80 LAG Düsseldorf, DAVorm. 1977, 148, 149.

## § 850 e Berechnung des pfändbaren Arbeitseinkommens

Für die Berechnung des pfändbaren Arbeitseinkommens gilt folgendes:

1. ¹Nicht mitzurechnen sind die nach § 850 a der Pfändung entzogenen Bezüge, ferner Beträge, die unmittelbar auf Grund steuerrechtlicher oder sozialrechtlicher Vorschriften zur Erfüllung gesetzlicher Verpflichtungen des Schuldners abzuführen sind. ²Diesen Beträgen stehen gleich die auf den Auszahlungszeitraum entfallenden Beträge, die der Schuldner
    a) nach den Vorschriften der Sozialversicherungsgesetze zur Weiterversicherung entrichtet oder
    b) an eine Ersatzkasse oder an ein Unternehmen der privaten Krankenversicherung leistet, soweit sie den Rahmen des Üblichen nicht übersteigen.
2. ¹Mehrere Arbeitseinkommen sind auf Antrag vom Vollstreckungsgericht bei der Pfändung zusammenzurechnen. ²Der unpfändbare Grundbetrag ist in erster Linie dem Arbeitseinkommen zu entnehmen, das die wesentliche Grundlage der Lebenshaltung des Schuldners bildet.
2a. ¹Mit Arbeitseinkommen sind auf Antrag auch Ansprüche auf laufende Geldleistungen nach dem Sozialgesetzbuch zusammenzurechnen, soweit diese der Pfändung unterworfen sind. ²Der unpfändbare Grundbetrag ist, soweit die Pfändung nicht wegen gesetzlicher Unterhaltsansprüche erfolgt, in erster Linie den laufenden Geldleistungen nach dem Sozialgesetzbuch zu entnehmen. ³Ansprüche auf Geldleistungen für Kinder dürfen mit Arbeitseinkommen nur zusammengerechnet werden, soweit sie nach § 54 Abs. 5 des Ersten Buches Sozialgesetzbuch gepfändet werden können.
3. ¹Erhält der Schuldner neben seinem in Geld zahlbaren Einkommen auch Naturalleistungen, so sind Geld- und Naturalleistungen zusammenzurechnen. ²In diesem Falle ist der in Geld zahlbare Betrag insoweit pfändbar, als der nach § 850 c unpfändbare Teil des Gesamteinkommens durch den Wert der dem Schuldner verbleibenden Naturalleistungen gedeckt ist.
4. ¹Trifft eine Pfändung, eine Abtretung oder eine sonstige Verfügung wegen eines der in § 850 d bezeichneten Ansprüche mit einer Pfändung wegen eines sonstigen Anspruchs zusammen, so sind auf die Unterhaltsansprüche zunächst die gemäß § 850 d der Pfändung in erweitertem Umfang unterliegenden Teile des Arbeitseinkommens zu verrechnen. ²Die Verrechnung nimmt auf Antrag eines Beteiligten das Vollstreckungsgericht vor. ³Der Drittschuldner kann, solange ihm eine Entscheidung des Vollstreckungsgerichts nicht zugestellt ist, nach dem Inhalt der ihm bekannten Pfändungsbeschlüsse, Abtretungen und sonstigen Verfügungen mit befreiender Wirkung leisten.

## Inhaltsübersicht

| | | Rdn. |
|---|---|---|
| | Literatur | |
| I. | Anwendungsbereich und Inhalt der Norm | 1 |
| II. | Ermittlung des Nettoeinkommens (Nr. 1) | 2 |
| | 1. Grundsatz | 2 |

    2. Berechnung bei Lohnvorschüssen                                           3
    3. Bedeutung von Lohnabtretungen und vorrangigen Pfändungen                 4
III. Zusammenrechnung mehrerer Arbeitseinkommen (Nr. 2)                         5
    1. Zweck der Zusammenrechnung und Antrag auf Zusammenrechnung              5
    2. Beschluß des Vollstreckungsgerichts                                     5a
    3. Wirkungen der Zusammenrechnung                                           6
IV. Zusammenrechnung von Arbeitseinkommen und Sozialleistungen
    oder von mehreren Sozialleistungen (Nr. 2 a)                                7
    1. Grundsatz                                                                7
    2. Sonderfälle                                                              8
    3. Mehrere Sozialleistungen                                                 9
    4. Voraussetzung und Wirkung des Zusammenrechnungsbeschlusses              10
V. Berücksichtigung des Anspruchs des Schuldners auf
    Naturalleistungen (Nr. 3)                                                  11
    1. Bewertung der Naturalleistungen und Zusammenrechnung
       mit Geldleistungen                                                      11
    2. Berücksichtigung des Freibetrages bei den Naturalleistungen             12
VI. Zusammentreffen von Verfügungen wegen bevorrechtigter
    Unterhaltsansprüche mit einer Pfändung wegen eines sonstigen
    Anspruchs (Nr. 4)                                                          13
    1. Antrag auf Verrechnung                                                  13
    2. Vertrauensschutz des Drittschuldners                                    14
    3. Verrechnungsbeschluß und Rechtsbehelfe                                 14a
VII. Gebühren                                                                  15
VIII. ArbGG, VwGO, AO                                                          16

**Literatur:** *Denck*, Die Verrechnung von privilegierter Pfändung und Abtretung, MDR 1979, 450; *Grunsky*, Probleme des Pfändungsschutzes bei mehreren Arbeitseinkommen des Schuldners, ZIP 1983, 908; *Kryczun*, Bewertung der Sachbezüge bei Wehrsoldpfändung, JurBüro 1971, 721; *Mayer-Maly*, Die Berücksichtigung von Sozialleistungen bei der Berechnung des pfändbaren Arbeitseinkommens, DB 1965, 706; *Mertes*, Zusammenrechnung bei Pfändung mehrerer Arbeitseinkommen, Rpfleger 1984, 453; *Müller-Michels*, Zusammenrechnung von Arbeitseinkommen und Versicherungs- oder Versorgungsrenten?, NJW 1959, 615; *Napierala*, Die Berechnung des pfändbaren Arbeitseinkommens, Rpfleger 1992, 49; *Sauer/Meiendresch*, Zur Pfändbarkeit von Pflegegeldansprüchen, NJW 1996, 765.

1  **I. Anwendungsbereich und Inhalt der Norm:** Die Norm, die Regeln für die Errechnung des pfändbaren Arbeitseinkommens enthält, gilt auch für die einmaligen Vergütungen i. S. des § 850 i ZPO[1] und für verschleiertes Arbeitseinkommen i. S. des § 850 h ZPO. Erst wenn der Ausgangsbetrag nach § 850 e Nr. 1 ZPO feststeht, können die erforderlichen Berechnungen nach § 850 c und § 850 d ZPO angestellt werden.

---

1   Rosenberg/Schilken, § 56 IV 3; Stein/Jonas/Brehm, § 850 e Rdn. 1 u. 51; Thomas/Putzo, § 850 e Rdn. 1; a. A. Grunsky, ZIP 1983, 908; Stöber, Forderungspfändung, Rdn. 1242; widersprüchlich MüKo/Smid, § 850 e Rdn. 1 u. 24.

**Berechnung des pfändbaren Arbeitseinkommens** § 850 e

Darüber hinaus enthält die Vorschrift Regeln über die Zusammenrechnung mehrerer Einkünfte, die den Regeln der §§ 850 ff. ZPO, 54 SGB I unterliegen.

**II. Ermittlung des Nettoeinkommens (Nr. 1):** 2

**1. Grundsatz:** Zunächst sind vom Arbeitseinkommen die nach § 850 a ZPO der Pfändung entzogenen Bezüge ihrem vollen Umfang nach abzuziehen. Gleiches gilt bis zu einer Entscheidung nach § 850 b Abs. 2 ZPO für die bedingt pfändbaren Bezüge nach § 850 ZPO.[2] Soweit auf diese unpfändbaren Bezüge Steuern und Sozialabgaben entfallen, sind diese aus dem übrigen pfändbaren Arbeitseinkommen zu entnehmen.[3] Ist nur ein Teil der in § 850 a ZPO genannten Bezüge unpfändbar (die Hälfte der Mehrarbeitsvergütung; das 13. Monatsgehalt nur bis 470 DM usw.), so ist auch nur dieser Teil brutto abzuziehen. Sodann sind die laufende Lohnsteuer und Kirchensteuer, die auf den jeweils fälligen Teil der Bezüge vom Arbeitgeber abzuführen sind, abzuziehen, nicht jedoch Steuern, die der Arbeitnehmer selbst erst am Jahresende als Folge seiner Einkommensteuererklärung über die bereits gezahlte Lohnsteuer hinaus nachzahlen muß.[4] Ebenso bleiben ausländische Steuern außer Berücksichtigung, die nicht der Arbeitgeber einbehält, sondern die der Arbeitnehmer unmittelbar selbst entrichten muß.[5] Abzuziehen sind sodann die vom Arbeitseinkommen unmittelbar einzubehaltenden und vom Arbeitgeber abzuführenden Soziallasten, also der Arbeitnehmeranteil an den Beiträgen zur gesetzlichen Kranken-, Pflege- und Rentenversicherung sowie zur Arbeitslosenversicherung. Der Arbeitgeberanteil bleibt von vornherein bei den Berechnungen nach § 850 e ZPO außer Ansatz, weil es sich dabei nicht um Arbeitseinkommen i. S. der §§ 850 ff. ZPO handelt. Keine Soziallast, auch wenn im Einzelfall der Beitrag unmittelbar vom Arbeitgeber einbehalten wird, sind die Gewerkschaftsbeiträge[6] oder Beiträge zu sonstigen Berufsverbänden. Den auf Gesetz beruhenden Soziallasten gleichgestellt sind Nr. 1 S. 2 Buchst. a Beträge, die der Schuldner nach den Sozialversicherungsgesetzen zur freiwilligen Weiterversicherung entrichtet, nachdem er der Versicherungspflicht entwachsen ist. Freiwillige Zahlungen zur – nach den Sozialversicherungsgesetzen möglichen – Höherversicherung sind dagegen nicht abzuziehen. Nach S. 2 Buchst. b sind schließlich die Beträge zu berücksichtigen, die der Schuldner an eine Ersatzkrankenkasse oder private Krankenversicherung leistet, soweit diese Beiträge das zur vollen Abdeckung des Krankheitsrisikos (einschließlich der Kosten eines Krankenhausaufenthalts) Notwendige nicht übersteigen.[7] Für im öffentlichen Dienst Beschäftigte heißt dies, daß nur eine Versicherung, die die von der Beihilfe nicht erstattbaren Kosten abdeckt, nicht aber eine Vollversicherung abzuziehen ist.[8] Schließlich sind vermögenswirksame Leistungen sowie eine gezahlte Arbeitnehmersparzulage ab-

---

2 OLG Köln, FamRZ 1990, 190; *Stein/Jonas/Brehm*, § 850 e Rdn. 2.
3 Siehe § 850 a Rdn. 2.
4 BAG, DB 1980, 835, 837; *Stöber*, Forderungspfändung, Rdn. 1134.
5 BAG, NJW 1986, 2208, zugleich mit dem Hinweis, daß eine Erhöhung des pfändungsfreien Betrages nach § 850 f Abs. 1 ZPO in Betracht kommt.
6 *Stein/Jonas/Brehm*, § 850 e Rdn. 9.
7 Weitergehend LG Berlin, VersR 1962, 217; AG Brakel, VersR 1970, 153.
8 KG, Rpfleger 1985, 154; LG Hannover, JurBüro 1983, 1423.

zuziehen; denn dabei handelt es sich entweder um gar kein oder um ein unpfändbares Arbeitseinkommen.[9]

**3**  2. **Berechnung bei Lohnvorschüssen:** Das auf diese Weise ermittelte Nettoeinkommen bildet den Ausgangspunkt für die Ermittlung des pfändungsfreien Betrages nach der Tabelle zu § 850 c ZPO. Wenn der Schuldner vor der Pfändung einen Lohnvorschuß erhalten hatte, der durch monatliche Lohnabzüge verrechnet werden sollte, so ist nach h. M. der Lohnabzug dem unpfändbaren Teil des Einkommens zuzuordnen mit der für den Gläubiger günstigen Folge, daß er den nach der Tabelle pfändbaren Betrag ohne Berücksichtigung des Lohnabzuges ausgezahlt bekommt.[10] Nach der Gegenansicht ist das für den pfändbaren Betrag maßgebliche Nettoeinkommen nur der nach Abzug der Vorauszahlung verbleibende und tatsächlich zur Auszahlung vorgesehene Nettobetrag.[11] Für diese Lösung spricht, daß sie am ehesten dem Schutzzweck des § 850 c ZPO gerecht wird. Der Vorschuß steht dem Schuldner in der Regel nämlich nicht mehr für den laufenden Unterhalt zur Verfügung. Der Schuldner müßte also u. U. öffentliche Hilfe in Anspruch nehmen, wenn die Lohnabzüge für den Vorschuß auf den pfändungsfreien Betrag verrechnet würden. Das aber will § 850 c ZPO gerade nach Möglichkeit ausschließen.

**4**  3. **Bedeutung von Lohnabtretungen und vorrangigen Pfändungen:** Lohnabtretungen und vorrangige Pfändungen spielen bei der Berechnung nach § 850 e Nr. 1 ZPO keine Rolle. Sie sind für den Drittschuldner erst nach Errechnung des für Pfändungen zur Verfügung stehenden Betrages von Bedeutung, da er sie aus diesem Betrag nach dem Range ihrer Priorität zu befriedigen hat. Der Mindestbehalt des Schuldners wird dagegen mit wachsenden Schulden nicht geringer. Der Schuldner kann sich auf diesen Mindeststandard einrichten.

**5**  III. **Zusammenrechnung mehrerer Arbeitseinkommen (Nr. 2):**

1. **Zweck der Zusammenrechnung und Antrag auf Zusammenrechnung:** Was der Schuldner **bei einem Arbeitgeber** (auch aus verschiedenen Tätigkeiten) verdient, ist im Sinne der §§ 850, 850 e ZPO **ein Arbeitseinkommen** (§ 850 Abs. 4 ZPO).[12] Eine Vielzahl von Tätigkeiten bei einem Arbeitgeber kann allenfalls für § 850 a Nr. 1 ZPO von Bedeutung sein.[13] Der Arbeitgeber hat alle einzelnen Rechnungsposten (Haupt- und Nebenverdienst, Zuschläge usw.) schon von sich aus zusammenzurechnen, ehe er nach Nr. 1 das Nettoeinkommen errechnet. Anders ist die Situation, wenn der Schuldner für **mehrere Arbeitgeber** tätig ist. Da eine zu pfändende Forde-

---

9 Siehe § 850 Rdn. 11.
10 BAG, NZA 1987, 485; NJW 1956, 926; *Denck*, BB 1979, 480; MüKo/*Smid*, § 850 e Rdn. 7; *Stein/Jonas/Brehm*, § 850 e Rdn. 15.
11 *Bischoff*, BB 1952, 434; *Stöber*, Forderungspfändung, Rdn. 1266.
12 § 850 Rdn. 17. Nach BAG, NZA 1991, 147 gilt dies selbst dann, wenn der Arbeitgeber und eine rechtlich selbständige Pensionskasse des Betriebes gleichzeitig Leistungen an den Arbeitnehmer erbringen.
13 § 850 a Rdn. 2.

rung immer ganz wesentlich durch die Person des Drittschuldners bestimmt wird,[14] ist die Pfändung aller Arbeitseinkommen des Schuldners durch einen Beschluß undenkbar; es kann durch einen Beschluß immer nur das Arbeitseinkommen bei einem bestimmten Drittschuldner gepfändet werden. Geschieht dies aber unabhängig voneinander, gilt für jede einzelne Pfändung zunächst § 850 c ZPO; der Schuldner erhält also mehrfach den gesamten pfändungsfreien Grundbetrag zuzüglich der jeweils isoliert berechneten Mehrbeträge. Dadurch wird den Gläubigern allerdings mehr entzogen, als zur Existenzsicherung des Schuldners erforderlich ist. Deshalb gibt Nr. 2 dem Gläubiger und dem Schuldner[15] (nicht aber den verschiedenen Drittschuldnern) die Möglichkeit, beim **Vollstreckungsgericht** die Zusammenrechnung der mehreren vom Antragsteller zu benennenden Arbeitseinkommen zu **beantragen**. Die Drittschuldner können also nicht von sich aus, etwa in Absprache mit dem Gläubiger, die Zusammenrechnung und ihre Modalitäten vereinbaren.[16] Es reicht aus, wenn der Antrag konkludent mit dem Pfändungsgesuch gestellt ist.[17] Beantragt der Gläubiger die Zusammenrechnung, ist der Schuldner vorher nicht zu hören,[18] weder wenn der Antrag vor Erlaß der Pfändungsbeschlüsse überhaupt (dann schon § 834 ZPO), noch wenn er erst nachträglich gestellt wird. Der Schuldner muß von vornherein mit einem solchen Antrag rechnen.

**2. Beschluß des Vollstreckungsgerichts:** Die Zusammenrechnung wird durch Beschluß des Vollstreckungsgerichts (Rechtspfleger) angeordnet. In dem Beschluß muß das Einkommen bezeichnet werden, dem der unpfändbare Grundfreibetrag (§ 850 c Abs. 1 ZPO) oder, im Falle einer Pfändung nach § 850 d ZPO, der festgesetzte Freibetrag für den Schuldner und die ihm gegenüber gesetzlich Unterhaltsberechtigten zu entnehmen ist. Es soll dies in erster Linie das Einkommen sein, das die wesentliche Grundlage der Lebenshaltung des Schuldners bildet (Nr. 2 S. 2). Das gilt unabhängig davon, ob dieses bereits gepfändet ist oder nicht. Ferner ist die Reihenfolge der Heranziehung der Einkommen anzugeben. Dagegen scheidet eine gerichtliche Verteilung des Grundbetrages auf mehrere Einkommen grds. aus. Die weitergehende Berechnung ist dann Sache der Drittschuldner,[19] die sich vor jedem Auszahlungszeitpunkt erneut verständigen müssen, um die jeweilige Gesamtnettoeinkommenshöhe zu ermitteln. Würde man verlangen, daß auch die zusätzlichen Freibeträge (§ 850 c Abs. 2 ZPO) schon im Beschluß **summenmäßig** genau festgelegt und aufgeteilt würden, ergäbe sich bei schwankendem Einkommen (z. B. Akkordentlohnung) monatlich die Notwendigkeit, Änderungsbeschlüsse nach § 850 g ZPO zu beantragen. Dies widerspräche dem

5a

---

14 § 829 Rdn. 38.
15 So auch MüKo/*Smid*, § 850 e Rdn. 18; *Stein/Jonas/Brehm*, § 850 e Rdn. 44; **a. A.** *Zöller/Stöber*, § 850 e Rdn. 4.
16 *Zöller/Stöber*, § 850 e Rdn. 3.
17 OLG München, Rpfleger 1979, 223 f.
18 OLG München, Rpfleger 1979, 223 f.; LG Frankenthal, Rpfleger 1982, 231; **a. A.** *Stein/Jonas/Brehm*, § 850 e Rdn. 45; ebenso für den nachträglichen Antrag MüKo/*Smid*, § 850 e Rdn. 16; *Stöber*, Forderungspfändung, Rdn. 1140.
19 Wie hier *Stöber*, Forderungspfändung, Rdn. 1141; **a. A.** die h. M. LAG Düsseldorf, Rpfleger 1986, 100; *Grunsky*, ZIP 1983, 908; *Mertes*, Rpfleger 1984, 453; *Stein/Jonas/Brehm*, § 850 e Rdn. 47.

§ 850 e            *Berechnung des pfändbaren Arbeitseinkommens*

Grundgedanken der §§ 829 ff. ZPO, mit den Modalitäten der Abwicklung der Forderungsvollstreckung weitgehend den Drittschuldner zu belasten.

6    3. **Wirkungen der Zusammenrechnung:** Daß die Forderungen, die zusammengerechnet werden sollen, alle ihrerseits gepfändet sind oder gepfändet werden sollen, ist nicht erforderlich; es genügt, wenn eine dieser Forderungen gepfändet ist.[20] Eine Zusammenrechnung bewirkt in diesem Fall allerdings keine Erweiterung der Beschlagnahme. Der Gläubiger kann Befriedigung weiterhin nur aus den zu seinen Gunsten beschlagnahmten Forderungen erlangen. Daraus kann sich ein rechnerischer Nachteil für den Gläubiger ergeben, wenn gerade der von ihm gepfändeten Forderung der unpfändbare Grundbetrag zu entnehmen ist.[21] Einer Zusammenrechnung steht nicht entgegen, daß der Gläubiger seine mehreren Forderungspfändungen nach unterschiedlichen Grundsätzen erwirkt hat, also etwa neben einer Pfändung nach § 850 c ZPO auch durch eine Pfändung mit Vorrecht gem. § 850 d ZPO.[22] Fällt eine der berücksichtigten Einnahmequellen weg, muß der Schuldner gegebenenfalls einen Änderungsbeschluß nach § 850 g ZPO erwirken. Zusammengerechnet werden können immer nur mehrere Einkommen des Schuldners persönlich. Dagegen ist es nicht möglich, mit den Einnahmen des Schuldners das Einkommen Dritter zusammenzurechnen, etwa des dem Schuldner unterhaltspflichtigen Ehegatten[23] oder der vom Schuldner beherrschten Gesellschaft. Der Zusammenrechnungsbeschluß wirkt immer nur zugunsten des Gläubigers, der ihn erwirkt hat.[24] Jeder weitere Gläubiger muß für seine Vollstreckung unabhängig die Zusammenrechnung beantragen. Es ist auch durchaus möglich, daß nicht für jeden Gläubiger dieselben Forderungen zusammengerechnet werden, da nicht jeder Gläubiger den gleichen Kenntnisstand hat. Das Gericht darf nicht aus eigener Kenntnis Forderungen in die Zusammenrechnung einbeziehen, die der Gläubiger in seinem Antrag nicht genannt hat.[25] Der Zusammenrechnungsbeschluß als solcher begründet weder ein Pfandrecht an den in ihm genannten Forderungen noch berührt er den Rang von den bereits vor dem Beschluß in einzelne Forderungen ausgebrachten Pfändungen. Erst recht kann er bereits begründete Pfandrechte anderer Gläubiger nicht mehr dadurch in ihrem Bestand berühren, daß er einen weitergehenderen Teil einer Forderung für unpfändbar erklärt, als dies bei einer isolierten Betrachtung dieser Forderung nach § 850 c ZPO der Fall wäre.[26]

---

20 LG Itzehoe, SchlHA 1978, 215; *Stein/Jonas/Brehm*, § 850 e Rdn. 28, 29; *Stöber*, Forderungspfändung, Rdn. 1147; *Thomas/Putzo*, § 850 e Rdn. 5.
21 Zu den Gefahren der Zusammenrechnung für den Gläubiger siehe die Rechenbeispiele bei *Stein/Jonas/Brehm*, § 850 e Rdn. 31 ff.
22 LG Frankfurt, Rpfleger 1983, 449.
23 LG Marburg, Rpfleger 1992, 167, (zugleich mit dem Hinweis auf eine Umdeutung in einen Antrag nach § 850 c Abs. 4 ZPO); *Thomas/Putzo*, § 850 e Rdn. 5.
24 LAG Düsseldorf, Rpfleger 1986, 100.
25 *Grunsky*, ZIP 1983, 908.
26 A. A. *Grunsky*, ZIP 1983, 908.

**Berechnung des pfändbaren Arbeitseinkommens** § 850 e

**IV. Zusammenrechnung von Arbeitseinkommen und Sozialleistungen oder von mehreren Sozialleistungen (Nr. 2a):** 7

1. **Grundsatz:** Die durch Gesetz vom 11. 12. 1975 eingefügte und durch das 1. SGB-ÄndG vom 20. 7. 1988[27] sowie durch das 2. SGB-ÄndG vom 13. 06. 1994[28] geänderte Vorschrift beendete den Streit, ob laufende inländische[29] Sozialleistungen (§§ 18–29 SGB I) und Arbeitseinkommen im Rahmen der Vollstreckung zusammengerechnet werden dürfen. Nr. 2 a in der Fassung des 1. SGB-ÄndG vom 20.7.1988 ließ die Zusammenrechnung grundsätzlich zu, machte sie aber von einer Billigkeitsprüfung abhängig.[30] Durch das 2. SGB-ÄndG vom 13.6.1994 wurde diese Billigkeitsprüfung ebenso wie die damit zusammenhängende Pflicht zur Anhörung des Schuldners und des Gläubigers vor der Entscheidung über die Zusammenrechnung wieder abgeschafft. Heute sind Sozialleistungen dann mit dem Arbeitseinkommen zusammenzurechnen, wenn sie pfändbar sind. Das richtet sich gem. § 54 Abs. 4 SGB I[31] nach denselben Vorschriften wie die Pfändbarkeit des Arbeitseinkommens, sofern nicht die pfändungsbeschränkenden Sonderregeln des § 54 Abs. 3 und 5 SGB I eingreifen. Für die Zusammenrechnung ist zunächst wieder ein **Antrag** des Gläubigers (oder des Schuldners) erforderlich, in dem die zusammenzurechnenden Forderungen zu bezeichnen sind. Im Zusammenrechnungsbeschluß ist wie bei Nr. 2 zu bestimmen, aus welchen Bezügen der unpfändbare Grundbetrag zu entnehmen ist. Dies sollen bei der Zusammenrechnung von Arbeitseinkommen und laufenden Sozialleistungen in der Regel die laufenden Geldleistungen nach dem SGB sein,[32] weil es sich dabei um den sichereren Bestandteil der Einnahmen handelt.

2. **Sonderfälle:** Die Zusammenrechnung von Arbeitseinkommen und Ansprüchen auf **Geldleistungen für Kinder** ist überhaupt nur zulässig, wenn diese Ansprüche nach § 54 Abs. 5 SGB I pfändbar sind. Das setzt voraus, daß es sich bei der titulierten Forderung um den gesetzlichen Unterhaltsanspruch eines Kindes handelt, das bei der Festsetzung der Geldleistungen berücksichtigt wird.[33] Das **Erziehungsgeld** nach dem BErzGG, das **Mutterschaftsgeld** nach § 13 Abs. 1 MuSchuG (sofern es anstelle des Erziehungsgeldes gezahlt wird) sowie **Geldleistungen für den Ausgleich des durch einen Körper- oder Gesundheitsschaden** bedingten Mehraufwandes sind gem. § 54 Abs. 3 SGB I unpfändbar, so daß eine Zusammenrechnung mit dem Arbeitseinkommen ausscheidet. Das **Wohngeld** ist zwar eine laufende Sozialleistung, und es fällt auch nicht unter die Pfändungsbeschränkungen des § 54 Abs. 3 u. 5 SGB I. Trotzdem kann es in aller Regel nicht durch Zusammenrechnung mit dem Arbeitseinkommen ge- 8

---

27 BGBl. 1988 I, 1046.
28 BGBl. 1994 I, 1229.
29 LG Aachen, MDR 1992, 521.
30 Siehe dazu 1. Aufl., § 850 e Rdn. 7.
31 Der Wortlaut des § 54 SGB I ist abgedruckt im Anh. § 829 Rdn. 21.
32 *Stein/Jonas/Brehm*, § 850 e Rdn. 57.
33 Einzelheiten § 850 d Rdn. 23 u. Anh. § 829 Rdn. 21.

pfändet werden, weil es sich dabei um eine zweckgebundene Sozialleistung handelt, die gem. § 851 ZPO nur ausnahmsweise pfändbar ist, wenn sie nämlich durch die Pfändung ihrer Zweckbestimmung zugeführt wird.[34]

9   3. **Mehrere Sozialleistungen:** Obwohl Nr. 2 a allein von der Zusammenrechnung von Arbeitseinkommen mit Sozialleistungen spricht, ist die Vorschrift auch anwendbar, wenn nur **mehrere pfändbare Sozialleistungen** zusammengerechnet werden sollen.[35] Nach altem Recht hatte in solchen Fällen eine doppelte Billigkeitsprüfung stattzufinden, nämlich im Hinblick auf die Pfändung der Sozialleistungen nach § 54 Abs. 3 Nr. 2 SGB I a. F. und im Hinblick auf ihre Zusammenrechnung (und damit die Verkürzung des dem Schuldner verbleibenden Freibetrages) nach § 850 e Nr. 2 a. Durch das 2. SGB-ÄndG vom 13.6.1994 ist diese doppelte Billigkeitsprüfung durch einen Katalog der unpfändbaren und der bedingt pfändbaren Sozialleistungen in § 54 Abs. 3 und 5 SGB I[36] ersetzt worden. Grundsätzlich ist eine Zusammenrechnung mehrerer laufender Sozialgeldleistungen allerdings möglich, wenn sie wie Arbeitseinkommen pfändbar sind (§ 54 Abs. 4 SGB I).

10  4. **Voraussetzung und Wirkung des Zusammenrechnungsbeschlusses:** Wie bei Nr. 2 kommt eine Zusammenrechnung auch im Rahmen der Nr. 2 a grundsätzlich nur im Zusammenhang mit einer Zwangsvollstreckung in Betracht, nicht aber als isolierter Beschluß, etwa um einem Zessionar, dem Rentenansprüche, »soweit sie pfändbar sind«, abgetreten wurden, einen weitergehenden Zugriff auf die Renten zu ermöglichen.[37] Die Zusammenrechnung aufgrund eines Beschlusses nach Nr. 2 a wirkt wie ein Beschluß nach Nr. 2 nur zugunsten des Gläubigers, der ihn erwirkt hat.[38]

11  V. **Berücksichtigung des Anspruchs des Schuldners auf Naturalleistungen (Nr. 3):**

1. **Bewertung der Naturalleistungen und Zusammenrechnung mit Geldleistungen:** Der Pfändungsschutz gem. § 850 c ZPO soll es dem Schuldner ermöglichen, mit dem ihm verbleibenden Einkommen die Kosten für Unterkunft, Verpflegung, Kleidung usw. zu bestreiten. Erhält der Schuldner nach seinem Arbeitsvertrag Naturalleistungen, die einen Teil dieser Bedürfnisse unmittelbar befriedigen (Dienstwohnung, Dienstkleidung, freie Kost, Heizungsmaterialien usw.), so wäre es unangebracht nachteilig für den Gläubiger, dem Schuldner den vollen Freibetrag nach § 850 c ZPO auch noch in Geld zu belassen, zumal die Naturalleistungen selbst gem. § 811 ZPO weitestgehend der Pfändung entzogen sind. Deshalb ordnet Nr. 3 die Zusammenrechnung von in Geld zahlbarem Einkommen und Einkommen in Form von Naturalleistungen an. Hinsichtlich des Verfahrens ist zu unterscheiden: Kann der Schuldner **vom selben Arbeitgeber** sowohl Geld als auch Naturalleistungen beanspruchen, muß schon der Arbeit-

---

34 *Brox/Walker*, Rdn. 563; *Hornung*, Rpfleger 1994, 442, 445; *Riedel*, NJW 1994, 2812 f.; a. A. (grds. für Zusammenrechnung) LG Dortmund u. LG Saarbrücken, JurBüro 1995, 492 f. mit zust. Anm. *Behr.*
35 *Hornung*, Rpfleger 1982, 45; *Stein/Jonas/Brehm*, § 850 e Rdn. 67.
36 Zum Wortlaut des § 54 SGB I siehe Anh § 829 Rdn. 21.
37 A. A. AG Leck, MDR 1968, 57; *Grunsky*, ZIP 1983, 908.
38 LAG Düsseldorf, Rpfleger 1986, 100.

geber, ohne daß es einer gerichtlichen Anordnung bedarf, die Zusammenrechnung gem. Nr. 3 vornehmen. Anzusetzen ist der objektive Wert der Naturalien, wobei zum Zwecke der Vereinfachung auf »amtliche« Wertfestsetzungen zurückgegriffen werden kann, so etwa auf die Bewertungsrichtlinien des BM der Verteidigung[39] bei der Bewertung der Sachbezüge eines Wehrpflichtigen (freie Unterkunft und Verpflegung, Ersparnis eigener Kleidung)[40] oder auf den Wert des sog. Haftkostenbeitrages bei der Bewertung der Leistungen einer Strafanstalt an einen Gefangenen.[41] Einigen sich Arbeitgeber und Gläubiger nicht auf den Wert, kann eine klarstellende Entscheidung des Vollstreckungsgerichts herbeigeführt werden,[42] die dann auch das Prozeßgericht im Einziehungsprozeß bindet.[43] Ansonsten hat das Prozeßgericht die Bewertung im Einziehungsprozeß vorzunehmen. Leisten **mehrere Arbeitgeber** Geld- und Naturalleistungen, so kann jeder nur seine eigenen Leistungen von sich aus zusammenrechnen. Sollen alle Arbeitseinkommen bei verschiedenen Drittschuldnern zusammengerechnet werden, bedarf es eines Beschlusses des Vollstreckungsgerichts nach Nr. 2, der dann zweckmäßigerweise nicht nur festlegt, aus welchem in Geld zahlbaren Einkommen der nicht durch die Naturalleistungen abgedeckte Grundfreibetrag zu entnehmen ist, sondern auch die einzelnen Naturalleistungen bewertet.

**2. Berücksichtigung des Freibetrages bei den Naturalleistungen:** Bei der Frage, was dem Schuldner zu verbleiben hat und was an den Gläubiger ausgezahlt werden muß, ist der Freibetrag für den Schuldner zunächst mit den Naturalien zu verrechnen und in Geld nur insoweit vom Bareinkommen abzuziehen, als die Naturalleistungen nicht den Unterhaltsbedarf des Schuldners decken; der Rest des Geldes gebührt dem Gläubiger (**Nr. 3 S. 2**). Besteht die Naturalleistung nicht in kostenlosen Sachbezügen, sondern in der verbilligten Überlassung von Gegenständen (z. B. Dienstwohnung gegen eine ungewöhnlich geringe Miete), so ist als Sachleistung nur die Differenz zwischen dem üblichen Sachwert und der vom Schuldner verlangten Leistung anzusetzen[44] (z. B. Vergleichsmiete abzüglich tatsächlicher Miete) und beim Freibetrag des Schuldners zu berücksichtigen.

**VI. Zusammentreffen von Verfügungen wegen bevorrechtigter Unterhaltsansprüche mit einer Pfändung wegen eines sonstigen Anspruchs (Nr. 4):**

**1. Antrag auf Verrechnung:** Durch die durch § 850 d ZPO eröffnete Möglichkeit, in Einkommensteile zu vollstrecken, die den übrigen Gläubigern entzogen sind, wird der Prioritätsgrundsatz (§ 804 ZPO) nicht außer Kraft gesetzt.[45] Die bevorrechtigten Gläubiger nehmen mit ihrem Pfandrecht an dem gem. § 850 c ZPO allen Gläubigern zugänglichen Einkommensteil nur den Rang entsprechend dem Zeitpunkt ihrer Pfän-

---

39 Siehe ihren Wortlaut bei *Stöber*, Forderungspfändung, Rdn. 1171.
40 OLG Hamm, MDR 1963, 227; OLG Neustadt, MDR 1962, 996; LG Essen, Rpfleger 1967, 52.
41 OLG Frankfurt, Rpfleger 1984, 425.
42 OLG Hamm, MDR 1963, 227; LG Tübingen, JurBüro 1995, 325.
43 *Brox/Walker*, Rdn. 564; *Stöber*, Forderungspfändung, Rdn. 1170; a. A. *Stein/Jonas/Brehm*, § 850 e Rdn. 74.
44 OLG Saarbrücken, NJW 1958, 227.
45 Siehe auch § 850 d Rdn. 25.

dung ein. Ihnen gehen also prioritätsältere Pfändungen wegen nichtbevorrechtigter Forderungen vor. Sie haben lediglich die Möglichkeit, zusätzlich und unabhängig von jeder Priorität in den Differenzbetrag zwischen dem dem Schuldner in jedem Falle verbleibenden Notbehalt (§ 850 d Abs. 1 ZPO) und dem allgemeinen Freibetrag (§ 850 c ZPO) zu vollstrecken. Unter mehreren bevorrechtigten Gläubigern gilt anstelle des Prioritätsgrundsatzes die Rangfolge des § 850 d Abs. 2 ZPO, soweit von der Bevorrechtigung Gebrauch gemacht wird.

Hat ein bevorrechtigter Unterhaltsgläubiger zeitlich vorrangig vor einem sonstigen Gläubiger ohne Inanspruchnahme seiner Bevorrechtigung, also im Rahmen des § 850 c ZPO, gepfändet und reicht die verbleibende Forderung nicht aus, den nachrangigen Gläubiger zu befriedigen, so kann dieser beim Vollstreckungsgericht beantragen, daß die Unterhaltsansprüche zunächst auf die gem. § 850 d ZPO der Pfändung in erweitertem Umfang unterliegenden Teile des Arbeitseinkommens verrechnet werden. Auch der Schuldner und der Drittschuldner[46] können diesen Antrag stellen, werden aber regelmäßig kein Interesse daran haben. Indem der bevorrechtigte Gläubiger gezwungen wird, auf den nur ihm zugänglichen Teil des Einkommens zuzugreifen, vergrößert sich der den anderen Gläubigern zur Verfügung stehende Betrag. Nr. 4 gilt auch dann, wenn der bevorrechtigte Gläubiger nicht gepfändet hat, sondern wenn Teile des Arbeitseinkommens an ihn zur Befriedigung seiner Unterhaltsforderung abgetreten wurden oder wenn sonst zu seinen Gunsten über einen Teil des Einkommens verfügt wurde (z. B. Aufrechnungsvereinbarung). Auch in diesem Fall kann der nachrangige gewöhnliche **Pfändungsgläubiger** den Antrag nach Nr. 4 stellen. Ist dagegen zugunsten des gewöhnlichen Gläubigers nur durch Abtretung oder in vergleichbarer Weise rechtsgeschäftlich verfügt worden (also keine Pfändung in der Zwangsvollstreckung) und wird sein rechtsgeschäftlich erworbenes Recht dadurch beeinträchtigt, daß ein vorrangiger Unterhaltsgläubiger seine Möglichkeiten nach § 850 d ZPO nicht ausnutzt, so kann er keinen Antrag auf Verrechnung nach Nr. 4 stellen.[47] Seine Stellung ist mit der eines Pfändungsgläubigers nicht vergleichbar, so daß auch kein Bedürfnis für eine Analogie besteht.

14  2. **Vertrauensschutz des Drittschuldners:** Nach dem Wortlaut der Nr. 4 ist für die dort geregelte Verrechnung die Anordnung des Vollstreckungsgerichts nicht konstitutiv.[48] Der Drittschuldner kann die Verrechnung bei seinen Auszahlungen an den Schuldner und den Gläubiger von sich aus vornehmen. Das ist für ihn allerdings mit einem Risiko verbunden. Deshalb gewährt ihm Nr. 4 S. 3 einen Vertrauensschutz: Solange dem Drittschuldner die Entscheidung des Vollstreckungsgerichts über die beantragte Verrechnung nicht **zugestellt** worden ist, kann er mit befreiender Wirkung weiterhin so leisten, wie sich dies aus den ihm vorliegenden Pfändungsbeschlüssen, Abtretungen und sonstigen Verfügungen ergibt. Das gilt nicht nur für seine Zahlungen

---

46 *Stein/Jonas/Brehm*, § 850 e Rdn. 82; *Thomas/Putzo*, § 850 e Rdn. 8; a. A. *Baumbach/Lauterbach/Hartmann*, § 850 e Rdn. 13; *MüKo/Smid*, § 850 e Rdn. 46; *Stöber*, Forderungspfändung, Rdn. 1277.

47 LG Gießen, Rpfleger 1985, 370; *Stein/Jonas/Brehm*, § 850 e Rdn. 86; *Stöber*, Forderungspfändung, Rdn. 1278; a. A. *Denck*, MDR 1979, 450; *Thomas/Putzo*, § 850 e Rdn. 8.

48 *Stein/Jonas/Brehm*, § 850 e Rdn. 80; *Stöber*, Forderungspfändung, Rdn. 1276; a. A. *Behr*, Rpfleger 1981, 382, 390 f.

an die Gläubiger des Schuldners, sondern vor allem auch für die Auskehrung des (höheren) Freibetrages nach § 850 c ZPO an den Schuldner.

**3. Verrechnungsbeschluß und Rechtsbehelf:** Die Entscheidung des Vollstreckungsgerichts trifft der Rechtspfleger (§ 20 Nr. 17 RPflG) nach Anhörung aller Beteiligten durch Beschluß. Bei mehreren Pfändungsbeschlüssen von (wegen Wohnsitzwechsels des Schuldners) verschiedenen Vollstreckungsgerichten ist für die Verrechnung dasjenige Vollstreckungsgericht zuständig, das den ersten Beschluß erlassen hat.[49] Gegen den Beschluß ist die befristete Rechtspflegererinnerung gem. § 11 Abs. 1 S. 2 RPflG gegeben; falls nach § 5 RPflG der Richter entschieden hat, kommt eine sofortige Beschwerde gem. § 793 ZPO in Betracht.

14a

**VII. Gebühren:** Beschlüsse des Vollstreckungsgerichts nach § 850 e Nr. 2, 2 a, 3,[50] 4 ZPO ergehen gerichtsgebührenfrei. Für den Rechtsanwalt ist die Antragstellung mit der allgemeinen Vollstreckungsgebühr (§ 57 BRAGO) abgegolten.

15

**VIII. ArbGG, VwGO, AO:** Siehe § 850 Rdn. 19.

16

---

49 MüKo/*Smid*, § 850 e Rdn. 48; *Stein/Jonas/Brehm*, § 850 e Rdn. 83; **a. A.** *Stöber*, Forderungspfändung, Rdn. 1277.
50 Dazu OLG Hamm, MDR 1963, 227; siehe auch Rdn. 11.

§ 850 f   Änderung des unpfändbaren Betrages

(1) Das Vollstreckungsgericht kann dem Schuldner auf Antrag von dem nach den Bestimmungen der §§ 850 c, 850 d und 850 i pfändbaren Teil seines Arbeitseinkommens einen Teil belassen, wenn
   a) der Schuldner nachweist, daß bei Anwendung der Pfändungsfreigrenzen entsprechend der Anlage zu diesem Gesetz (zu § 850 c) der notwendige Lebensunterhalt im Sinne des Abschnitts 2 des Bundessozialhilfegesetzes für sich und für die Personen, denen er Unterhalt zu gewähren hat, nicht gedeckt ist,
   b) besondere Bedürfnisse des Schuldners aus persönlichen oder beruflichen Gründen oder
   c) der besondere Umfang der gesetzlichen Unterhaltspflichten des Schuldners, insbesondere die Zahl der Unterhaltsberechtigten, dies erfordern
und überwiegende Belange des Gläubigers nicht entgegenstehen.
(2) Wird die Zwangsvollstreckung wegen einer Forderung aus einer vorsätzlich begangenen unerlaubten Handlung betrieben, so kann das Vollstreckungsgericht auf Antrag des Gläubigers den pfändbaren Teil des Arbeitseinkommens ohne Rücksicht auf die in § 850 c vorgesehenen Beschränkungen bestimmen; dem Schuldner ist jedoch so viel zu belassen, wie er für seinen notwendigen Unterhalt und zur Erfüllung seiner laufenden gesetzlichen Unterhaltspflichten bedarf.
(3) ¹Wird die Zwangsvollstreckung wegen anderer als der in Absatz 2 und in § 850 d bezeichneten Forderungen betrieben, so kann das Vollstreckungsgericht in den Fällen, in denen sich das Arbeitseinkommen des Schuldners auf mehr als monatlich 3744 Deutsche Mark (wöchentlich 864 Deutsche Mark, täglich 172,80 Deutsche Mark) beläuft, über die Beträge hinaus, die nach § 850 c pfändbar wären, auf Antrag des Gläubigers die Pfändbarkeit unter Berücksichtigung der Belange des Gläubigers und des Schuldners nach freiem Ermessen festsetzen. ²Dem Schuldner ist jedoch mindestens so viel zu belassen, wie sich bei einem Arbeitseinkommen von monatlich 3744 Deutsche Mark (wöchentlich 864 Deutsche Mark, täglich 172,80 Deutsche Mark) aus § 850 c ergeben würde.

Inhaltsübersicht

Literatur                                                                     Rdn.

I.   Allgemeines                                                                1
     1. Zweck der Norm                                                          1
     2. Notwendigkeit eines Antrags und Zuständigkeit des
        Vollstreckungsgerichts                                                  2
     3. Bedeutung der Norm bei der Vollstreckung in laufende Sozialleistungen   3
II.  Erweiterter Pfändungsschutz zugunsten des Schuldners (Abs. 1)              4
     1. Sozialhilfebedarf (Buchst. a)                                          4a
     2. Besondere Bedürfnisse des Schuldners aus persönlichen oder beruflichen
        Gründen (Buchst. b)                                                     5
     3. Besonderer Umfang der Unterhaltspflichten des Schuldners (Buchstabe c)  6
     4. Überwiegende Belange des Gläubigers                                     7

| | |
|---|---:|
| III. Privilegierte Pfändung bei Forderungen aus vorsätzlich begangener unerlaubter Handlung (Abs. 2) | 8 |
| 1. Vorsätzlich begangene unerlaubte Handlung | 8 |
| 2. Prüfungspflicht des Vollstreckungsgerichts | 9 |
| 3. Ermessensentscheidung | 10 |
| 4. Äußerste Grenze der Pfändbarkeit | 11 |
| 5. Prioritätsprinzip | 12 |
| IV. Erweiterte Vollstreckung in höhere Arbeitseinkommen (Abs. 3) | 13 |
| V. Rechtsbehelfe | 14 |
| VI. Gebühren und Kosten | 15 |
| VII. ArbGG, VwGO, AO | 16 |

Literatur: *App*, Pfändung wegen vorsätzlich begangener unerlaubter Handlungen durch Finanzbehörden, ZIP 1990, 910; *Bauer*, Ungenützte Rechte des Gläubigers in der Lohnpfändung, JurBüro 1966, 187; *Berner*, Die Zuständigkeit des Rechtspflegers bei der begünstigten Pfändung von Arbeitseinkommen wegen einer Forderung aus einer vorsätzlich begangenen unerlaubten Handlung (§ 850 f Abs. 2 ZPO), Rpfleger 1962, 299; *Buciek*, Vollstreckung von Steuerforderungen und § 850 f ZPO, DB 1988, 882; *Büchmann*, Privilegierte Lohnpfändung aus Vollstreckungsbescheiden bei unerlaubter Handlung, NJW 1987, 172; *Bull*, Verfahren und Urteil bei Klage aus vorsätzlich unerlaubter Handlung, SchlHA 1962, 230; *Christmann*, Sozialbedürftigkeit des Schuldners als persönlicher Härtegrund nach § 850 f I lit. a ZPO, JurBüro 1990, 425; *Frisinger*, Privilegierte Forderungen in der Zwangsvollstreckung und bei der Aufrechnung, Hamburg 1967; *Gross*, Pfändbarkeit der Sozialrenten für Schadensersatzansprüche des Arbeitgebers gegen den Arbeitnehmer aus dessen vorsätzlicher unerlaubter Handlung gegen den Arbeitgeber, MDR 1969, 12; *Grunau*, Unerlaubte Handlung und Lohnpfändung, NJW 1959, 1515; *Hager*, Die Prüfungskompetenz des Vollstreckungsgerichts im Rahmen des § 850 f Abs. 2 ZPO, KTS 1991, 1; *Hiendl*, Unerlaubte Handlung und Lohnpfändung, NJW 1962, 901; *Hoffmann*, Die materiellrechtliche Qualifikation des titulierten Anspruchs bei der privilegierten Vollstreckung nach §§ 850 d und 850 f Abs. 2 ZPO, NJW 1973, 1111; *Kalter*, Das konkursfreie Vermögen, KTS 1975, 1; *Künzel*, Feststellungsklage über den Rechtsgrund eines titulierten Anspruchs, JR 1991, 91; *Smid*, Die Privilegierung der Vollstreckung aus Forderungen wegen vorsätzlicher unerlaubter Handlung, ZZP 1989, 22.

## I. Allgemeines:

**1. Zweck der Norm:** Die schematischen Grenzen in § 850 c ZPO werden zwar einer Vielzahl von Fällen gerecht und erleichtern das Vollstreckungsverfahren für die Beteiligten erheblich. Sie können aber den Interessen des Schuldners an einer Erhöhung des pfändungsfreien Betrages wegen eigenen Sozialhilfebedarfs, wegen besonderer persönlicher Umstände oder wegen eines erhöhten Unterhaltsbedarfs seiner Angehörigen nicht Rechnung tragen. Die Ausnahmeregelung des § 765 a ZPO ist hierfür ebenfalls kein geeignetes Instrument. Deshalb hat der Gesetzgeber in § 850 f Abs. 1 ZPO eine Möglichkeit geschaffen, die Pfändungsfreigrenzen über die Grenzen des § 850 c ZPO hinaus anzuheben, um den Schuldner nicht sozial schlechter dastehen zu lassen als den vom Gesetzgeber bei Festlegung der Freigrenzen ins Auge gefaßten »Normalschuldner«.

Andererseits gibt es Fälle, in denen es den Belangen des Gläubigers nicht gerecht wird, dem Schuldner die Freibeträge nach § 850 c ZPO in voller Höhe zu belassen, während der Anspruch des Gläubigers nicht oder nur nach unzumutbar langer Zeit befriedigt werden kann. Besonders mißlich mag ein so weitreichender Schuldnerschutz in Fällen erscheinen, in denen wegen einer Forderung aus vorsätzlich begangener unerlaubter Handlung vollstreckt wird oder in denen dem Schuldner ein überdurchschnittliches Einkommen pfändungsfrei verbleibt. Hier ermöglichen **Abs. 2 und 3** des § 850 f ZPO eine Erweiterung der Zugriffsmöglichkeiten des Gläubigers, und zwar Abs. 2 für den Fall, daß wegen Forderungen aus einer vorsätzlich begangenen unerlaubten Handlung vollstreckt wird, Abs. 3 auch für nichtprivilegierte Forderungen bei höherem Schuldnereinkommen.

2   **2. Notwendigkeit eines Antrags und Zuständigkeit des Vollstreckungsgerichts:** In allen drei Fällen wird das Vollstreckungsgericht nicht von Amts wegen tätig, sondern nur auf Antrag. In den Fällen des Abs. 1 ist nur der Schuldner antragsberechtigt, nicht auch der Drittschuldner[1] oder ein Unterhaltsberechtigter,[2] in den Fällen des Abs. 3 nur der Gläubiger. Es entscheidet in allen drei Fällen der Rechtspfleger.[3] Zuständig zur Entscheidung über die Anträge ist das für den Erlaß des Pfändungsbeschlusses zuständige bzw. zuständig gewesene Vollstreckungsgericht (§ 828 ZPO).[4] Verlegt der Schuldner also nach Erlaß des Pfändungsbeschlusses seinen Wohnsitz, berührt dies nicht die fortdauernde örtliche Zuständigkeit des ursprünglich zuständigen Vollstreckungsgerichts.[5]

3   **3. Bedeutung der Norm bei der Vollstreckung in laufende Sozialleistungen:** Im Rahmen der Vollstreckung in **laufende Sozialleistungen** hat § 850 f ZPO nach der Neuregelung des § 54 SGB I durch das 2. SGB-ÄndG vom 13.6.1994[6] und dem damit erfolgten Wegfall der nach altem Recht erforderlichen Billigkeitsprüfung an Bedeutung gewonnen. Besondere Belange des Schuldners und des Gläubigers können jetzt praktisch nur noch im Rahmen von § 850 f ZPO berücksichtigt werden, wenn man einmal die Ausnahmeregelung des § 765 a ZPO außer Betracht läßt.

4   **II. Erweiterter Pfändungsschutz zugunsten des Schuldners (Abs. 1):** Der Schuldner muß in seinem Antrag die besonderen Umstände, die es rechtfertigen sollen, ihm einen Teil des an sich nach §§ 850 c, 850 d, 850 i ZPO pfändbaren Arbeitseinkommens zusätzlich zu belassen, nachvollziehbar darlegen.[7] Der Gläubiger **muß** zum Antrag **gehört** werden. Das Ergebnis einer Entscheidung nach Abs. 1 kann **nie** sein, daß das ge-

---

1   LG Essen, Rpfleger 1969, 64; MüKo/*Smid*, § 850 f Rdn. 2; *Stöber*, Forderungspfändung, Rdn. 1186; a. A. Stein/Jonas/Brehm, § 850 f Rdn. 18.
2   **A. A.** insoweit *Baumbach/Lauterbach/Hartmann*, § 850 f Rdn. 13; Stein/Jonas/Brehm, § 850 f Rdn. 18; *Stöber*, Forderungspfändung, Rdn. 1186.
3   OLG Düsseldorf, NJW 1973, 1133; *Stöber*, Forderungspfändung, Rdn. 1187, 1199; **a. A.** AG Essen, Rpfleger 1962, 347 (der Richter sei zuständig).
4   Nicht das Arbeitsgericht (BAG, NJW 1991, 2038). Einzelheiten: § 828 Rdn. 5 ff.
5   OLG München, Rpfleger 1985, 154.
6   BGBl. I, 1229. Der Gesetzeswortlaut ist abgedruckt im Anh. zu § 829 Rdn. 21.
7   Zöller/*Stöber*, § 850 f Rdn. 13.

samte Arbeitseinkommen des Schuldners für unpfändbar erklärt wird. Ein Rest des nach § 850 c ZPO pfändbaren Einkommensteils muß immer dem Gläubiger verbleiben.[8] Ist dies im Einzelfall unbillig, muß der Schuldner zusätzlich einen Antrag nach § 765 a ZPO stellen und auch dessen Voraussetzungen darlegen.[9] Falls das Vollstreckungsgericht die Pfändungsfreigrenze erhöht, sollte es die Wirkung der Entscheidung von der Rechtskraft des Beschlusses abhängig machen. Jedenfalls führt nur dann eine ändernde Rechtsmittelentscheidung dazu, daß der Rang der ursprünglichen Pfändung gewahrt bleibt.[10] Nicht jeder Antrag, mit dem der Schuldner die Höhe des gepfändeten Betrages beanstandet und die Belassung eines höheren pfändungsfreien Einkommensteils begehrt, ist ein Antrag nach § 850 f Abs. 1 ZPO. Macht der Schuldner geltend, von vornherein auch ohne einen besonderen Antrag seinerseits hätte nur ein geringerer Betrag gepfändet werden dürfen, liegt eine Erinnerung gem. § 766 ZPO vor.[11] Der Schuldner muß Umstände geltend machen, die von Amts wegen beim Pfändungsbeschluß noch keine Berücksichtigung finden konnten. Solche Umstände sind:

1. **Sozialhilfebedarf (Buchst. a):** Früher war es umstritten, ob das pfändungsbedingte Herabsinken des verbleibenden Einkommens unter die Sozialhilfesätze ein Härtefall i. S. des jetzigen Buchst. b) darstellte.[12] Diese Frage hat der Gesetzgeber durch die Einfügung des neuen Buchst. a)[13] ausdrücklich geregelt. Der erweiterte Pfändungsschutz bis zur Grenze des Sozialhilfebedarfs paßt zu dem Grundgedanken des sozialen Pfändungsschutzes, wonach kein Gläubiger zu Lasten des Sozialstaats befriedigt werden soll.[14] Für den erforderlichen Nachweis der Voraussetzungen wird es in der Regel als ausreichend anzusehen sein, wenn der Schuldner dem Vollstreckungsgericht eine Bescheinigung des Sozialamtes vorlegt, wonach er – bei Erfüllung der weiteren Voraussetzungen der §§ 11 ff. BSHG – einen Anspruch auf Sozialhilfe hätte. Eine Bindung des Vollstreckungsgerichts an die Feststellung des Sozialamtes besteht jedoch nicht.[15] Dies gilt insbesondere deshalb, weil der errechnete Anspruch aufgrund der entsprechenden Regelsatzverordnung bestimmte Bedürfnisse des Schuldners außer Ansatz läßt, da diesbezüglich gegebenenfalls gesonderte Sozialansprüche bestehen können (Wohngeld, Sozialhilfe in Form einmaliger Leistungen). Hier ist daher ein entsprechender prozentualer Aufschlag auf den Regelbedarfssatz zu berücksichtigen.[16]

4 a

---

8 OLG Koblenz, JurBüro 1987, 306; LG Aachen, JurBüro 1990, 121 f.; *Hornung*, Rpfleger 1992, 336; MüKo/*Smid*, § 850 f Rdn. 13.
9 Siehe § 765 a Rdn. 6.
10 OLG Köln, JurBüro 1992, 635; *Brox/Walker*, Rdn. 581.
11 OLG Köln, NJW-RR 1989, 189; LG Frankenthal, Rpfleger 1984, 362; zum Verhältnis von § 850 f Abs. 1 und § 766 ZPO siehe auch OLG Hamm, Rpfleger 1977, 224.
12 **Bejahend** 1. Aufl., § 850 f Rdn. 5 a. E.; OLG Köln, FamRZ 1989, 996; OLG Stuttgart, NJW-RR 1987, 758; **verneinend** wohl LG Duisburg, Rpfleger 1991, 514.
13 Gesetz vom 1.4.1992, BGBl. I, 745.
14 Zum Zweck der Regelung siehe BT-Drucks. 12/1754, S. 18.
15 OLG Köln, Rpfleger 1996, 118; FamRZ 1993, 584; OLG Stuttgart, Rpfleger 1993, 357; LG Köln, JurBüro 1995, 103; *Hornung*, Rpfleger 1992, 334; *Schilken*, FamRZ 1993, 1228.
16 Zu den Aufschlägen siehe LG Hamburg, Rpfleger 1991, 515; *Stein/Jonas/Brehm*, § 850 f Rdn. 2 a.

5   **2. Besondere Bedürfnisse des Schuldners aus persönlichen oder beruflichen Gründen (Buchst. b):** Erhöhte Bedürfnisse können etwa aus einer Erkrankung herrühren, die eine Diät[17] oder besondere Bekleidung oder sonstige Hilfsmittel erforderlich macht, die nicht von einer Krankenkasse übernommen werden. Beruflich bedingte besondere Bedürfnisse sind etwa ungewöhnlich hohe Fahrtkosten zur Arbeitsstelle,[18] die Notwendigkeit doppelter Haushaltsführung, die Auflage des Arbeitgebers, ein eigenes Büro zu unterhalten,[19] teure Berufskleidung, die einem hohen Verschleiß unterliegt, oder die Praxiskosten eines Kassenarztes.[20] Ältere Verbindlichkeiten, die der Schuldner noch abtragen muß, sind grundsätzlich kein Umstand, der eine Erhöhung des Pfändungsfreibetrages rechtfertigt.[21] Eine Ausnahme kommt allenfalls dann in Betracht, wenn die Verbindlichkeiten zur Befriedigung von besonderen persönlichen Bedürfnissen eingegangen wurden (z. B. zur Anschaffung teurer medizinischer Hilfsmittel) und diese Bedürfnisse in der Gegenwart noch fortbestehen.[22] Bei allen geltend gemachten Bedürfnissen ist immer zu prüfen, ob sie nicht im Grundfreibetrag bereits berücksichtigt sind. Ist dies der Fall, können sie im Rahmen des § 850 f Abs. 1 Buchst. b ZPO nicht in Ansatz gebracht werden,[23] da durch die Vorschrift ja nur die Benachteiligung bestimmter Schuldner gegenüber dem »Normalschuldner« ausgeglichen werden soll.

6   **3. Besonderer Umfang der gesetzlichen Unterhaltspflichten des Schuldners (Buchst. c):** Unterhaltsverpflichtungen, die nicht auf Gesetz beruhen, sondern vom Schuldner freiwillig eingegangen wurden (z. B. gegenüber dem nichtehelichen Lebenspartner), können grundsätzlich keine Berücksichtigung finden.[24] In Härtefällen kann im Einzelfall ausnahmsweise § 765 a ZPO eingreifen. Buchst. c will insbesondere Schwierigkeiten ausräumen, die daraus entstehen, daß die Tabelle zu § 850 c ZPO nur maximal fünf Unterhaltsberechtigte berücksichtigt. Darüber hinaus kann die Limitierung des für die Unterhaltsberechtigten zur Verfügung stehenden Betrages im Einzelfall den konkreten Notwendigkeiten des einzelnen Unterhaltsberechtigten nicht gerecht werden (z. B. behindertes oder krankes Kind).[25] Die Berücksichtigung der erhöhten Bedürfnisse eines nachrangigen Unterhaltsbedürftigen (§ 850 d Abs. 2 ZPO) darf allerdings nie auf Kosten eines vorrangigen Unterhaltsberechtigten gehen; vollstreckt also ein vorrangiger Unterhaltsberechtigter, gehen dessen »normale« Ansprüche auch einem erhöhten Bedarf eines nachrangigen vor.[26]

---

17 Dazu LG Essen, LG Frankenthal, LG Mainz, Rpfleger 1990, 470; LG Hannover, WM 1991, 68, 69.
18 Gewisse Fahrtkosten hat nahezu jeder Arbeitnehmer. Dies berücksichtigt schon der Grundfreibetrag nach § 850 c Abs. 1 ZPO; vergl. OLG Schleswig, JurBüro 1957, 511. **A. A.** (alle Fahrtkosten zu berücksichtigen) OLG Köln, FamRZ 1989, 996.
19 KG, VersR 1962, 174.
20 BGH, NJW 1986, 2362.
21 OLG Oldenburg, MDR 1959, 134.
22 OLG Hamm, Rpfleger 1977, 110.
23 OLG Hamm, Rpfleger 1977, 224; LG Berlin, Rpfleger 1993, 120; *Brox/Walker*, Rdn. 581; *Rosenberg/Schilken*, § 56 VII 5 a aa.
24 LG Koblenz, NJW-RR 1986, 680; LG Schweinfurt, FamRZ 1984, 45; MüKo/*Smid*, § 850 f Rdn. 7.
25 OLG Düsseldorf, FamRZ 1981, 76.
26 LG Braunschweig, JurBüro 1986, 1422, 1425.

*Änderung des unpfändbaren Betrages* § 850 f

4. **Überwiegende Belange des Gläubigers:** Eine Erhöhung des dem Schuldner zu belassenden Freibetrages kommt trotz erhöhter Bedürfnisse des Schuldners oder der ihm gegenüber Unterhaltsberechtigten nicht in Betracht, wenn überwiegende Belange des Gläubigers[27] entgegenstehen. Im Rahmen der insoweit erforderlichen konkreten Abwägung sind die Persönlichkeit des Gläubigers (Alter, Gesundheitszustand), seine wirtschaftliche Lage (er müßte seinerseits das Sozialamt in Anspruch nehmen, wenn man die ihm nach § 850 c ZPO gebührenden Beträge kürzt[28]), seine Unterhaltsverpflichtungen, aber auch der Charakter der Vollstreckungsforderung zu berücksichtigen: Vollstreckt der Gläubiger wegen einer vom Schuldner vorsätzlich begangenen unerlaubten Handlung, so daß er an sich sogar nach Abs. 2 Heraufsetzung des pfändbaren Betrages verlangen könnte, werden die berechtigten Interessen des Gläubigers in der Regel einer Erhöhung des Freibetrages für den Schuldner entgegenstehen. 7

**III. Privilegierte Pfändung bei Forderungen aus vorsätzlich begangener unerlaubter Handlung (Abs. 2):** 8

1. **Vorsätzlich begangene unerlaubte Handlung:** Hat der Schuldner den Gläubiger vorsätzlich durch eine unerlaubte Handlung geschädigt, so soll er selbst erhöhte Entbehrungen hinnehmen müssen, um den Schaden so schnell wie möglich wieder gutzumachen. Dies ist der Grundgedanke des Abs. 2. Grobe, auch bewußte Fahrlässigkeit als Verschuldensform reicht nicht aus, um die Forderung in der Zwangsvollstreckung zu privilegieren. Ansprüche aus unerlaubter Handlung sind nicht nur die aus den §§ 823 ff. BGB, einschließlich § 847 BGB, sondern auch die aus Sondertatbeständen außerhalb des BGB, etwa aus dem UWG,[29] aus §§ 97 UrhG, 139 PatG, aus §§ 7, 17 StVG, in denen der Eingriff in absolut geschützte Gläubigerrechte (eingerichteter und ausgeübter Gewerbebetrieb, geistiges Eigentum, Sacheigentum, Körper und Gesundheit) zur Grundlage von Schadensersatzansprüchen gemacht wird. Dagegen handelt es sich bei einer bloßen Steuerforderung, auch wenn sie im Zusammenhang mit einer Steuerhinterziehung steht, nicht um eine vorsätzliche unerlaubte Handlung, sondern um einen öffentlich-rechtlichen Leistungsanspruch.[30] Die Privilegierung des Abs. 2 gilt auch für den Rechtsnachfolger des Gläubigers und gegen denjenigen des Schuldners.[31] An der Privilegierung des Anspruchs selbst nehmen die Prozeßkosten, die zur Titulierung des Anspruchs erforderlich geworden sind,[32] sowie die Vollstreckungskosten[33] teil, nicht aber etwaige Verzugszinsen.[34] Daß dem Gläubiger Prozeß-

---

27 Dazu OLG Celle, Rpfleger 1990, 376 f.
28 OLG Celle, Rpfleger 1990, 376 f.; a. A. *Stein/Jonas/Brehm*, § 850 f Rdn. 2a a. E.
29 Zum Verhältnis von Normen des UWG zu §§ 823 ff. BGB vergl. *Baumbach/Hefermehl*, Wettbewerbsrecht, Einl. UWG Rdn. 61 sowie vor §§ 14, 15 UWG Rdn. 29–35.
30 BAG, NJW 1989, 2148.
31 *Frisinger*, Privilegierte Forderungen in der Zwangsvollstreckung, S. 111 ff.; *Stöber*, Forderungspfändung, Rdn. 1192.
32 KG, Rpfleger 1972, 67; *Baumbach/Lauterbach/Hartmann*, § 850 f Rdn. 6; *Brox/Walker*, Rdn. 579; MüKo/*Smid*, § 850 f Rdn. 14; a. A. LG Hannover, Rpfleger 1982, 232; *Stein/Jonas/Brehm*, § 850 f Rdn. 8; *Stöber*, Forderungspfändung, Rdn. 1191; *Thomas/Putzo*, § 850 f Rdn. 8.
33 KG, Rpfleger 1972, 67; *Stein/Jonas/Brehm*, § 850 f Rdn. 8.
34 *Stöber*, Forderungspfändung, Rdn. 1191.

und Vollstreckungskosten erwachsen, sind mehr oder minder unmittelbare Folgen der unerlaubten Handlung. Der Verzug ist dagegen insoweit ein unabhängiger Tatbestand. Die Privilegierung der Prozeßkosten gilt aber nur für die zur Titulierung des Anspruchs erforderlichen Kosten, nicht auch für Kosten, die durch die Inanspruchnahme eines Rechtsanwalts im Strafverfahren gegen den Schädiger entstehen.[35]

9   2. **Prüfungspflicht des Vollstreckungsgerichts:** Ob die Vollstreckungsforderung aus einer vorsätzlich begangenen unerlaubten Handlung resultiert, hat das Vollstreckungsgericht in erster Linie an Hand des vom Gläubiger vorgelegten Titels zu prüfen. Nicht erforderlich ist, daß dies bereits der Tenor erkennen läßt;[36] es genügt, wenn die Entscheidungsgründe die vorsätzlich begangene Handlung des Schuldners ergeben.[37] Unzureichend ist die formularmäßige Angabe in einem Vollstreckungsbescheid »Forderung aus vorsätzlicher unerlaubter Handlung«.[38] Ließe man sie allein ausreichen, müßte man den Schuldner, der einen Mahnbescheid mit dieser Angabe zugestellt erhält, veranlassen, auch dann Widerspruch einzulegen, wenn er die Forderung der Höhe nach gar nicht bestreitet, aber der Ansicht ist, es liege lediglich eine fahrlässige unerlaubte Handlung vor.[39] Dies widerspräche jeglicher Prozeßökonomie. Die Angaben im Titel binden das Vollstreckungsgericht mit der Folge, daß der Schuldner nicht mehr das Vorliegen einer vorsätzlich begangenen unerlaubten Handlung im Vollstreckungsverfahren bestreiten kann,[40] wenn das Gericht bei Erstellung des Titels dies zumindest aufgrund einer Schlüssigkeitsprüfung festgestellt hat (Versäumnisurteil) oder wenn der Schuldner dies selbst im Titel zugestanden hat (notarielle Urkunde), aber nicht, wenn die Klassifizierung der Forderung auf einer einseitigen, bei Titulierung nicht überprüften Angabe des Gläubigers beruht. Ergibt der Titel selbst keinen Hinweis auf den Charakter der Forderung, ist eine privilegierte Vollstreckung nach § 850 f Abs. 2 ZPO nicht grundsätzlich ausgeschlossen;[41] der Gläubiger muß dann im Vollstreckungsverfahren den Nachweis erbringen, daß die titulierte Forderung aus einer vorsätzlich begangenen unerlaubten Handlung resultiert.[42] Der Nachweis kann auch dadurch erbracht werden, daß der Schuldner dies bei seiner Anhörung einräumt. Ist im Titel aber ausdrücklich ein anderer Schuldgrund genannt, ist auch im Vollstreckungsverfahren der Nachweis

---

35  LG Hannover, Rpfleger 1982, 232; a. A. *Baumbach/Lauterbach/Hartmann*, § 850 f Rdn. 6; MüKo/*Smid*, § 850 f Rdn. 14.
36  Ganz h. M.; beispielhaft *Stein/Jonas/Brehm*, § 850 f Rdn. 10; a. A. aber *Hoffmann*, NJW 1973, 1111.
37  *Stöber*, Forderungspfändung, Rdn. 1193a.
38  AG Freyung, MDR 1986, 595; *Baumbach/Lauterbach/Hartmann*, § 850 f Rdn. 7; *Brox/Walker*, Rdn. 579; *Stein/Jonas/Brehm*, § 850 f Rdn. 10; a. A. (Angabe ausreichend) OLG Düsseldorf, NJW 1973, 1133; LG Wuppertal, MDR 1976, 54; MüKo/*Smid*, § 850 f Rdn. 16; *Stöber*, Forderungspfändung, Rdn. 1193; *Thomas/Putzo*, § 850 f Rdn. 8.
39  So auch *Brox/Walker*, Rdn. 579.
40  LG Aachen, JurBüro 1980, 468.
41  So aber LG Koblenz, MDR 1969, 151; *Berner*, Rpfleger 1965, 277.
42  OLG Hamm, NJW 1973, 1332; LG Bonn, Rpfleger 1994, 264 f.; LG Darmstadt, Rpfleger 1985, 155; LG Düsseldorf, NJW-RR 1987, 758; LG Krefeld, MDR 1983, 325; LG Stuttgart, MDR 1985, 150; *Baumbach/Lauterbach/Hartmann*, § 850 f Rdn. 7; *Brox/Walker*, Rdn. 579; *Frisinger*, Privilegierte Forderungen in der Zwangsvollstreckung, S. 122; *Stöber*, Forderungspfändung, Rdn. 1193; a. A. LG Augsburg, DGVZ 1995, 26; *Stein/Jonas/Brehm*, § 850 f Rdn. 10.

ausgeschlossen, daß die Forderung auch auf eine vorsätzlich begangene unerlaubte Handlung hätte gestützt werden können. Ist etwa im Titel ausdrücklich nur eine Forderung aus Kaufvertrag zugesprochen, kann der Gläubiger im Vollstreckungsverfahren nicht nachtragen, der Schuldner habe den Abschluß des Kaufvertrages erschlichen, die Forderung könne auch aus einem Eingehungsbetrug hergeleitet werden.[43] Ließe man einen solchen »Nachweis« im Vollstreckungsverfahren zu, würde das Vollstreckungsgericht den Anspruch praktisch neu titulieren. Kann der Gläubiger in einem Fall, in dem dies zulässig wäre, den Nachweis des Rechtscharakters der Forderung im Vollstreckungsverfahren mit den dort möglichen Beweismitteln zunächst nicht erbringen, hat er die Möglichkeit, Feststellungsklage zu erheben, um dann mit dem obsiegenden Urteil den Nachweis zu führen.[44]

**3. Ermessensentscheidung:** Der Rechtspfleger muß dem Antrag des Gläubigers nicht immer schon dann stattgeben, wenn dieser nachgewiesen hat, daß er wegen eines Anspruchs aus vorsätzlich begangener unerlaubter Handlung vollstreckt. Im Rahmen seines Ermessens (»kann«) hat er vielmehr neben den Belangen des Gläubigers (Unrechtsgehalt der Tat,[45] der vom Schuldner erzielte Vorteil, Ausmaß des Schadens beim Gläubiger) auch die Belange des Schuldners und der diesem gegenüber Unterhaltsberechtigten zu berücksichtigen. So kommt eine Herabsetzung z. B. nicht in Betracht, wenn der Schuldner dann außerstande wäre, eine gegen ihn verhängte Geldstrafe ratenweise zu tilgen, und wenn er deshalb eine Ersatzfreiheitsstrafe antreten müßte.[46] Die Herabsetzung darf sich auch niemals zu Lasten der dem Schuldner gegenüber Unterhaltsberechtigten auswirken, so daß der Schuldner ihnen dann nicht mehr in vollem Umfange Unterhalt gewähren könnte.[47]

10

**4. Äußerste Grenze der Pfändbarkeit:** Kommt eine Herabsetzung in Betracht, ist das, was dem Schuldner auch nach § 850 d Abs. 1 ZPO zu verbleiben hätte, die äußerste Grenze der zulässigen Belastbarkeit.[48] Umstritten ist, ob bei der Bestimmung des dem Schuldner zur Erfüllung seiner Unterhaltspflichten zu Belassenden das Kindergeld, auf das der Schuldner Anspruch hat, voll mit anzurechnen ist.[49] Diese Frage ist zu bejahen, weil das Kindergeld den Unterhaltsberechtigten zugute kommen soll. Die eingeschränkte Pfändbarkeit des Kindergeldes gem. § 54 Abs. 5 SGB I spricht

11

---

43 *Stöber*, Forderungspfändung, Rdn. 1193; a. A. *Frisinger*, Privilegierte Forderungen in der Zwangsvollstreckung, S. 124.
44 BGHZ 109, 275; OLG Oldenburg, NJW-RR 1992, 573; LG Koblenz, MDR 1969, 151; LG München, NJW 1965, 768; *Stöber*, Forderungspfändung, Rdn. 1193; *Thomas/Putzo*, § 850 f Rdn. 8; a. A. (keine Feststellungsklage möglich) LG Krefeld, MDR 1970, 768 und MDR 1983, 335; *Hager*, KTS 1991, 1 ff.
45 MüKo/*Smid*, § 850 f Rdn. 19; a. A. *Stein/Jonas/Brehm*, § 850 f Rdn. 14.
46 LG Frankfurt, NJW 1960, 2249.
47 AG Groß-Gerau, FamRZ 1983, 1264.
48 Siehe auch § 850 d Rdn. 12; ferner LG Düsseldorf, MDR 1985, 150; LG Krefeld, JurBüro 1979, 1084.
49 **Bejahend** OLG Düsseldorf, MDR 1972, 152; MDR 1976, 410; LG Essen, Rpfleger 1971, 325; **a. A.** (Kindergeld nicht anzurechnen) LG Frankfurt, Rpfleger 1996, 298; LG Mannheim, Rpfleger 1971, 114.

nicht gegen eine Anrechnung; denn hier geht es nicht um die Pfändung des Kindergeldes, sondern nur um die Frage, ob der Schuldner unter Berücksichtigung des Kindergeldes seine Unterhaltspflichten erfüllen kann. Für den persönlichen Bedarf des Schuldners ist diesem wenigstens der Betrag zu belassen, den der Schuldner auch von der Sozialhilfe als Hilfe zum Lebensunterhalt bekäme.[50] Da das monatliche Einkommen des Schuldners schwanken kann, ist es möglich, daß ein als dem Schuldner zu belassender festgesetzter Betrag im Zeitpunkt der Festsetzung unter der Grenze des § 850 c ZPO lag, später aber mehr ausmacht, als das, was nichtbevorrechtigten Gläubigern in der Vollstreckung entzogen ist. Deshalb muß die Einschränkung des § 850 d Abs. 1 S. 3 ZPO dem Beschluß hinzugefügt werden.[51]

12   5. Prioritätsprinzip: Ein Beschluß nach Abs. 2 durchbricht das Prioritätsprinzip (§ 804 Abs. 3 ZPO) ebensowenig wie ein Beschluß nach § 850 d Abs. 1 ZPO.[52] Der Gläubiger, der den Beschluß nach Abs. 2 erwirkt hat, erwirbt an dem dem Zugriff aller Gläubiger offenstehenden Einkommensteil ein Pfandrecht nur mit dem Rang, der sich aus dem Zeitpunkt der Pfändung ergibt. Er erwirbt aber zusätzlich ein Pfandrecht an dem Einkommensteil, der nur ihm aufgrund des Beschlusses nach Abs. 2 zur Verfügung steht; denn dieser Beschluß wirkt nur zugunsten des Gläubigers, der ihn beantragt hatte.[53] Trifft eine Pfändung nach § 850 f Abs. 2 ZPO mit der Pfändung eines bevorrechtigten Unterhaltsgläubigers nach § 850 d ZPO zusammen, so gilt für das allgemein zugängliche Einkommen der Prioritätsgrundsatz. Beim Zugriff auf die nach § 850 c ZPO nicht pfändbaren Einkommensteile geht aber unabhängig von der Priorität der Pfändung der Unterhaltsberechtigte vor, da sich ein Beschluß nach § 850 f Abs. 2 ZPO nie zu Lasten der dem Schuldner gegenüber gesetzlich Unterhaltsberechtigten auswirken darf.[54]

13   IV. Erweiterte Vollstreckung in höheres Arbeitseinkommen (Abs. 3): Beläuft sich das nach den Regeln des § 850 e ZPO errechnete Arbeitseinkommen des Schuldners auf mehr als 3796 DM monatlich (876 DM wöchentlich; 175,20 DM täglich), so genießt der dieses Limit übersteigende Betrag keinen Pfändungsschutz mehr im Rahmen des § 850 c Abs. 2 ZPO. Die Tabelle endet bei diesen Beträgen. Immerhin behält ein alleinstehender, niemandem zum Unterhalt verpflichteter Schuldner mit einem Monatsnettoeinkommen von 3796 DM pfändungsfrei 1799,70 DM. Das kann im Einzelfall auch gegenüber einem Gläubiger, der nicht wegen einer gesetzlichen Unterhaltsforderung oder einer Forderung aus vorsätzlich begangener unerlaubter Handlung vollstreckt, grob unbillig erscheinen. Deshalb kann auf Antrag eines solchen Gläubigers (nie des Drittschuldners) das Vollstreckungsgericht zusätzliche Beträge für pfändbar erklären, falls der Schuldner ein höheres monatliches Nettoeinkommen als 3744 DM (wöchentlich 864 DM; täglich 172,80 DM) hat. Als Mindestbetrag ist dem Schuldner aber das zu belassen, was er bei einem Arbeitseinkommen von 3744 DM monatlich gem. § 850 c ZPO

---

50 LG Hannover, Rpfleger 1991, 212; LG Koblenz, JurBüro 1992, 636; LG Stuttgart, Justiz 1984, 426.
51 LG Berlin, JurBüro 1974, 376.
52 Siehe § 850 d Rdn. 25.
53 BAG, MDR 1983, 699; ArbG Koblenz, MDR 1979, 611.
54 *Stöber*, Forderungspfändung, Rdn. 1197.

behielte. Im übrigen entscheidet der Rechtspfleger nach billigem Ermessen unter Berücksichtigung der konkreten Belange des Gläubigers und des Schuldners. Der Gläubiger hat die Umstände, die es grob unbillig erscheinen lassen, dem Schuldner den ungekürzten Freibetrag nach § 850 c ZPO zu belassen, schlüssig und überprüfbar darzulegen. Im Hinblick auf § 834 ZPO ist der Schuldner nicht in jedem Falle vor der Entscheidung zu hören[55] (er könnte sonst das 3744 DM monatlich übersteigende Arbeitseinkommen durch Abtretung beiseiteschaffen). Der Gläubiger kann aber die Anhörung des Schuldners als Ergänzung seines Vortrages jederzeit beantragen. Die Entscheidung des Rechtspflegers ist immer zu begründen, damit die Beteiligten die Ermessensausübung nachvollziehen können.

V. **Rechtsbehelfe:** In den Fällen des Abs. 1 und Abs. 3 liegt immer eine Entscheidung des Rechtspflegers vor, da eine ganz konkrete Abwägung der Einzelumstände auf seiten des Gläubigers und des Schuldners vorgenommen werden muß und diese Abwägung auch in der Begründung des Pfändungsbeschlusses zum Ausdruck kommen muß. Deshalb ist der Rechtsbehelf für alle Beteiligten die **befristete Erinnerung nach § 11 Abs. 1 S. 2 RPflG.** Anders verhält es sich bei Beschlüssen nach Abs. 2. Hier bedarf es zunächst nur einer formalisierten Prüfung (Titel über eine Forderung aus vorsätzlich begangener unerlaubter Handlung; Notbedarf des Schuldners wie bei § 850 d ZPO). Deshalb hat der Schuldner hier, wenn der Beschluß – wie in der Regel[56] – ohne seine Anhörung ergangen ist, die **Erinnerung nach § 766 ZPO.**[57] Ist der Schuldner aber, etwa auf Antrag des Gläubigers, gehört worden, so muß auch der Schuldner den Beschluß mit der befristeten Rechtspflegererinnerung anfechten. Der Gläubiger, dessen Antrag ganz oder teilweise zurückgewiesen wurde, muß immer mit der befristeten Erinnerung nach § 11 Abs. 1 S. 2 RPflG vorgehen. Der Drittschuldner hat dieselben Rechtsbehelfe wie der Schuldner. Zur späteren Abänderung einer Entscheidung nach § 850 f ZPO wegen Änderung der maßgeblichen Verhältnisse vergl. auch die Ausführungen bei § 850 g.

VI. **Gebühren und Kosten:** Gerichtsgebühren werden für die Beschlüsse nach § 850 f ZPO nicht erhoben; es entstehen über die (u. U. bereits angefallene) allgemeine Vollstreckungsgebühr (§ 57 BRAGO) hinaus auch keine besonderen Rechtsanwaltsgebühren (§ 58 BRAGO).[58] Es bedarf deshalb in den Beschlüssen nach § 850 f ZPO nie einer besonderen Kostenentscheidung.[59] Entstehen Kosten (Zustellungsgebühren; erstmalige Einschaltung eines Rechtsanwaltes), ergibt sich die Kostentragungspflicht ohne weiteres aus § 788 ZPO. Wer die Kosten eines eventuellen Rechtsmittels zu tragen hat, richtet sich nach der gesonderten Kostenentscheidung in der jeweiligen Rechtsmittelentscheidung.

---

55 A. A. OLG Hamm, NJW 1973, 1332.
56 Zöller/Stöber, § 850 f Rdn. 16 m. N.; a. A. Stein/Jonas/Brehm, § 850 f Rdn. 22.
57 OLG Düsseldorf, NJW 1973, 1133; OLG Koblenz, MDR 1975, 939; LG Koblenz, MDR 1979, 944; Stöber, Forderungspfändung, Rdn. 729; a. A. (auch im Falle des Abs. 2 immer nur Rechtspflegererinnerung) OLG Hamm, NJW 1973, 1332; Thomas/Putzo, § 850 f Rdn. 11.
58 AG Hanau, Rpfleger 1967, 426.
59 AG Hannover, Rpfleger 1969, 396.

**16** **VII. ArbGG, VwGO, AO:** Siehe § 850 Rdn. 19. In der Abgabenvollstreckung[60] entscheidet anstelle des Vollstreckungsgerichts die Vollstreckungsbehörde.[61]

---

60 Zur Bedeutung des § 850 f ZPO in der Abgabenvollstreckung über § 319 AO siehe Buciek, DB 1988, 882.
61 Offengelassen von BAG, NJW 1989, 2148, 2149.

## § 850 g Änderung der Unpfändbarkeitsvoraussetzungen

¹Ändern sich die Voraussetzungen für die Bemessung des unpfändbaren Teils des Arbeitseinkommens, so hat das Vollstreckungsgericht auf Antrag des Schuldners oder des Gläubigers den Pfändungsbeschluß entsprechend zu ändern. ²Antragsberechtigt ist auch ein Dritter, dem der Schuldner kraft Gesetzes Unterhalt zu gewähren hat. ³Der Drittschuldner kann nach dem Inhalt des früheren Pfändungsbeschlusses mit befreiender Wirkung leisten, bis ihm der Änderungsbeschluß zugestellt wird.

**Inhaltsübersicht**

| | Literatur | Rdn. |
|---|---|---|
| I. | Anwendungsbereich der Norm | 1 |
| II. | Antragsberechtigung | 2 |
| III. | Änderung der maßgeblichen Umstände | 3 |
| IV. | Verfahren | 4 |
| V. | Rechtsbehelfe | 5 |
| VI. | Gebühren | 6 |
| VII. | ArbGG, VwGO, AO | 7 |

Literatur: *Berner*, Zur Frage der Rückwirkung von Änderungsbeschlüssen in Lohnpfändungssachen, Rpfleger 1964, 329; *Riecker*, Der Irrtum des Drittschuldners über den Umfang der Lohnpfändung, JurBüro 1982, 1761.

**I. Anwendungsbereich der Norm:** Sind bereits im Pfändungsbeschluß unrichtige Verhältnisse zugrundegelegt worden (es wurde z. B. in einem Beschluß nach § 850 d ZPO die Zahl der Unterhaltsberechtigten unzutreffend angenommen), so haben die hierdurch Beschwerten den Rechtsbehelf der Erinnerung nach § 766 ZPO, gegebenenfalls den der Rechtspflegererinnerung nach § 11 RPflG.[1] Es bedarf keines besonderen Änderungsverfahrens. Hier ist § 850 g ZPO lediglich insoweit von Bedeutung, als die Vorschrift auch die Änderung eines bereits im Erinnerungsverfahren überprüften Pfändungsbeschlusses ermöglicht, sofern die maßgeblichen Umstände zur Zeit der Erinnerungsentscheidung zwar schon vorlagen, aber nicht Gegenstand der Entscheidung waren.[2] Ist ein Blankettbeschluß nach § 850 c Abs. 3 S. 2 ZPO ergangen, so muß der Drittschuldner von Anfang an von sich aus die zur Ermittlung des pfändungsfreien Betrages erforderlichen Umstände aufklären.[3] Ändern sich später diese Umstände (z. B.: die Zahl der Unterhaltsberechtigten ändert sich), so hat der Drittschuldner, sobald er hiervon Kenntnis erhält, die neuen Umstände seinen Zahlungen an den Gläubiger und den Schuldner zugrundezulegen, ohne daß es einer Einschaltung des Vollstreckungsgerichts bedürfte.[4] Treten erst nach Erlaß des Pfändungsbeschlusses Umstände

1

---

1 LG Düsseldorf, Rpfleger 1982, 300.
2 OLG Köln, Rpfleger 1994, 426 f.
3 § 850 c Rdn. 6.
4 § 850 c Rdn. 6.

auf, die einen über § 850 c ZPO hinausgehenden Freibetrag für den Schuldner rechtfertigen, kann der Schuldner sogleich Antrag nach § 850 f Abs. 1 ZPO stellen. In allen vorgenannten Fällen ist also § 850 g ZPO nicht erforderlich. Ist aber in einem Beschluß nach §§ 850 d, 850 f ZPO der unpfändbare Teil des Einkommens des Schuldners abweichend von § 850 c ZPO individuell festgesetzt worden, so fällt dieser Beschluß nicht automatisch weg und paßt sich auch nicht automatisch den neuen Verhältnissen an, falls die Voraussetzungen, auf denen er beruht, sich ändern. In diesen Fällen kommt ein Änderungsbeschluß durch das Vollstreckungsgericht (Rechtspfleger) in Betracht. Die Voraussetzungen dafür ergeben sich aus § 850 g ZPO.

2   II. **Antragsberechtigung:** Eine gerichtliche Änderung des Pfändungsbeschlusses setzt den Antrag eines Berechtigten voraus. Der Antrag ist bei dem Vollstreckungsgericht einzureichen, das den Pfändungsbeschluß erlassen hat.[5] Antragsberechtigt ist nach S. 1 der Gläubiger oder der Schuldner, je nachdem, für wen der Fortbestand des alten Beschlusses sich negativ auswirkt. Der Antrag ist nicht an eine Frist gebunden. Der Drittschuldner ist insoweit nicht antragsberechtigt.[6] Eine Sonderregelung enthält S. 2 für Personen, denen der Schuldner kraft Gesetzes unterhaltspflichtig ist. Sie können sowohl dann, wenn sie schon im ursprünglichen Beschluß vergessen wurden, als auch dann, wenn ihre Unterhaltsansprüche erst nachträglich entstanden sind, ihre Berücksichtigung bei den dem Schuldner zugestandenen Freibeträgen mit einem Änderungsantrag nach § 850 g ZPO durchsetzen. Im erstgenannten Fall ist der Änderungsantrag sogar der speziellere Weg, der eine unmittelbare Erinnerung durch den Unterhaltsberechtigten ausschließt.[7]

3   III. **Änderung der maßgeblichen Umstände:** Der dem Schuldner selbst im Rahmen der §§ 850 d Abs. 1, 850 f Abs. 2 ZPO zugebilligte notwendige Unterhalt kann etwa durch den Umzug vom Land in eine teure Großstadt unzureichend geworden sein.[8] Es können neue Unterhaltsberechtigte hinzugekommen, aber auch bisher berücksichtigte entfallen sein. Die Höhe des für einen Unterhaltsberechtigten angesetzten Betrages kann wegen erhöhter notwendiger Ansprüche dieses Berechtigten unzureichend geworden sein. Eine bei der Zusammenrechnung nach § 850 e ZPO berücksichtigte Einnahmequelle kann in Wegfall gekommen sein.[9] Es kann aber auch allgemein wegen gestiegener Lebenshaltungskosten der Regelsatz der Hilfe zum Lebensunterhalt im Rahmen der Sozialhilfe angehoben worden sein.

---

5   BGH, Rpfleger 1990, 308; OLG München, Rpfleger 1985, 154, 155; *Baumbach/Lauterbach/Hartmann*, § 850 g Rdn. 1; *MüKo/Smid*, § 850 g Rdn. 3; a. A. (für eine Zuständigkeit des Wohnsitzgerichts des Schuldners bei Antragstellung) *Stöber*, Forderungspfändung, Rdn. 1203; *Zöller/Stöber*, § 850 g Rdn. 2.
6   MüKo/*Smid*, § 850 g Rdn. 5; *Stöber*, Forderungspfändung, Rdn. 1202; *Zöller/Stöber*, § 850 g Rdn. 1; a. A. LAG Frankfurt, DB 1990, 639; *Stein/Jonas/Brehm*, § 850 g Rdn. 4; *Thomas/Putzo*, § 850 g Rdn. 2.
7   Siehe auch § 850 d Rdn. 20.
8   LG Hamburg, MDR 1988, 154.
9   Vergl. hierzu *Grunsky*, ZIP 1983, 913.

*Änderung der Unpfändbarkeitsvoraussetzungen* § 850 g

**IV. Verfahren:** Das Vollstreckungsgericht, das den Pfändungsbeschluß erlassen hat 4
(siehe Rdn. 2), entscheidet auf Antrag durch Beschluß. Vor der Entscheidung über einen Antrag des Schuldners ist der Gläubiger stets zu hören. Vor der Entscheidung über einen Antrag des Gläubigers wird der Schuldner nur dann angehört, wenn der Gläubiger dies beantragt (§ 834 ZPO);[10] denn eine Änderung zugunsten des Gläubigers ist eine neue Pfändung des zusätzlichen Einkommensteils. Der Beschluß muß den Grund für die Änderung ausdrücklich angeben. Ein Beschluß auf Antrag des Schuldners ist den Beteiligten (Schuldner, Gläubiger, Drittschuldner) von Amts wegen zuzustellen (§ 329 Abs. 3 ZPO). Ein Beschluß auf Antrag des Gläubigers, der eine erweiterte Pfändung ausspricht, ist wie ein Beschluß nach § 829 ZPO zu behandeln und entsprechend zuzustellen.[11] Der Drittschuldner kann solange wirksam nach dem Inhalt des bisherigen Beschlusses verfahren, bis ihm der Änderungsbeschluß zugestellt wird (S. 3). Grundsätzlich kann im Änderungsbeschluß eine **Rückwirkung** auf den Zeitpunkt der Änderung der tatsächlichen Verhältnisse angeordnet werden.[12] Dies muß ausdrücklich beantragt worden und dem Beschluß zumindest durch Auslegung unzweifelhaft zu entnehmen sein.[13] Gegenüber dem Drittschuldner wirkt eine solche Anordnung aber nur insoweit, als er nicht schon vor Zustellung des Änderungsbeschlusses entsprechend der bisherigen Rechtslage gezahlt hatte. War dies bereits geschehen, gibt es nur Bereicherungsansprüche zwischen Gläubiger und Schuldner.

**V. Rechtsbehelfe:** Wird dem Antrag des Gläubigers, des Schuldners oder eines Unter- 5
haltsberechtigten nicht entsprochen, hat der Beschwerte das Rechtsmittel der befristeten Rechtspflegererinnerung gem. § 11 Abs. 1 S. 2 RPflG. Der Schuldner hat dagegen den Rechtsbehelf der Erinnerung nach § 766 ZPO, wenn einem Antrag des Gläubigers stattgegeben wurde, ohne daß der Schuldner vorher angehört worden war.

**VI. Gebühren:** Gerichtsgebühren fallen für die Änderung der Unpfändbarkeitsvoraus- 6
setzungen nicht an. Der Anwalt erhält für seine Tätigkeit in dem Abänderungsverfahren die 3/10-Gebühr nach § 57 BRAGO nur dann, wenn diese Gebühr nicht ohnehin schon angefallen ist; denn die Tätigkeit im Rahmen von § 850 g ZPO ist keine besondere Angelegenheit i. S. v. § 58 BRAGO.

**VII. ArbGG, VwGO, AO:** Siehe § 850 Rdn. 19. In der Abgabenvollstreckung ent- 7
scheidet statt des Vollstreckungsgerichts die Vollstreckungsbehörde.

---

10 Vergl. a. A. *Stöber*, Forderungspfändung, Rdn. 1204; **differenzierend** Müko/*Smid*, § 850 g Rdn. 6.
11 Einzelheiten insoweit § 829 Rdn. 42–45; wie hier *Baumbach/Lauterbach/Hartmann*, § 850 g Rdn. 1; a. A. (auch hier Zustellung an alle von Amts wegen) *Stöber*, Forderungspfändung, Rdn. 1205; *Zöller/Stöber*, § 850 g Rdn. 2; einschränkend *Stein/Jonas/Brehm*, § 850 g Rdn. 8, 11.
12 *Berner*, Rpfleger 1964, 329.
13 Vergl. BAG, NJW 1991, 1774, 1775; Rpfleger 1962, 169, 170 (zu § 850 d ZPO); OLG Köln, Rpfleger 1988, 419.

§ 850 h   Verschleiertes Arbeitseinkommen

(1) ¹Hat sich der Empfänger der vom Schuldner geleisteten Arbeiten oder Dienste verpflichtet, Leistungen an einen Dritten zu bewirken, die nach Lage der Verhältnisse ganz oder teilweise eine Vergütung für die Leistung des Schuldners darstellen, so kann der Anspruch des Drittberechtigten insoweit auf Grund des Schuldtitels gegen den Schuldner gepfändet werden, wie wenn der Anspruch dem Schuldner zustände. ²Die Pfändung des Vergütungsanspruchs des Schuldners umfaßt ohne weiteres den Anspruch des Drittberechtigten. ³Der Pfändungsbeschluß ist dem Drittberechtigten ebenso wie dem Schuldner zuzustellen.

(2) ¹Leistet der Schuldner einem Dritten in einem ständigen Verhältnis Arbeiten oder Dienste, die nach Art und Umfang üblicherweise vergütet werden, unentgeltlich oder gegen eine unverhältnismäßig geringe Vergütung, so gilt im Verhältnis des Gläubigers zu dem Empfänger der Arbeits- und Dienstleistungen eine angemessene Vergütung als geschuldet. ²Bei der Prüfung, ob diese Voraussetzungen vorliegen, sowie bei der Bemessung der Vergütung ist auf alle Umstände des Einzelfalles, insbesondere die Art der Arbeits- und Dienstleistung, die verwandtschaftlichen oder sonstigen Beziehungen zwischen dem Dienstberechtigten und dem Dienstverpflichteten und die wirtschaftliche Leistungsfähigkeit des Dienstberechtigten Rücksicht zu nehmen.

Inhaltsübersicht

| | | Rdn. |
|---|---|---|
| | Literatur | |
| I. | Zweck der Norm | 1 |
| II. | Lohnschiebung (Abs. 1) | 2 |
| | 1. Verpflichtung des Schuldners zur Leistung an einen Dritten | 2 |
| | 2. Gegenstand der Leistung an den Dritten | 3 |
| | 3. Pfändung des verschobenen Vergütungsanspruchs | 4 |
| | 4. Einziehungsprozeß | 5 |
| | 5. Rechtsbehelfe | 6 |
| III. | Lohnverschleierung (Abs. 2) | 7 |
| | 1. Üblicherweise vergütete Arbeits- oder Dienstleistung in einem ständigen Verhältnis | 7 |
| | 2. Dienste im Betrieb des Ehegatten | 8 |
| | 3. Dienste in eheähnlichen Lebensgemeinschaften | 9 |
| | 4. Unentgeltlichkeit oder unverhältnismäßig geringe Vergütung | 10 |
| | 5. Entscheidung des Vollstreckungsgerichts | 11 |
| | 6. Bestimmung der angemessenen Vergütung im Einziehungsprozeß | 12–14 |
| | 7. Fiktion des Abs. 2 und Prioritätsprinzip | 14a |
| | 8. Lohnrückstände | 15 |
| | 9. Rechtsbehelfe | 16 |
| IV. | ArbGG, VwGO, AO | 17 |

Literatur: *Behr*, Zur Drittwirkung einer Entscheidung gem. § 850 h Abs. 2 ZPO, JurBüro 1995, 288; *Bobrowski*, Mitarbeitspflicht des Ehemannes und Arbeitseinkommen, Rpfleger 1959, 12;

*Brommann*, Die Konkurrenz mehrerer Lohnpfändungsgläubiger im Rahmen der Pfändung fiktiven Einkommens, SchlHA 1986, 49, 65; *Fenn*, Die Bedeutung verwandtschaftlicher Beziehungen für die Pfändung des »Arbeitseinkommens« nach § 850 h Abs. 2 ZPO, AcP 1967, 148; *ders.*, Die juristische Qualifikation der Mitarbeit bei Angehörigen und ihre Bedeutung für die Vergütung, FamRZ 1968, 291; *Geißler*, Fragen zur Zwangsvollstreckung bei verschleiertem Arbeitseinkommen, JurBüro 1986, 1295; *ders.*, Zur Pfändung in Lohnrückstände bei verschleiertem Arbeitsverhältnis, Rpfleger 1987, 5; *Göttlich*, Pfändung bei Lohnschiebungen und verschleiertem Arbeitsverhältnis, JurBüro 1956, 233; *Grunsky*, Gedanken zum Anwendungsbereich von § 850 h Abs. 2 ZPO, Festschr. f. Baur, 1981, 403; *Jaeger*, Die Pfändbarkeit von Vergütungsansprüchen auf Grund der §§ 850 c, 850 d ZPO, ZZP 1947, 74; *Lepke*, Probleme der Anwendung des § 850 h Abs. 2 ZPO, AuR 1971, 333; *G. Lüke*, Mehrfache Pfändung einer Forderung aus verschleiertem Arbeitseinkommen - BAG NJW 1995, 414, JuS 1995, 872; *Prelinger*, Unterhaltsklagen bei verschleiertem Arbeitseinkommen, JR 1961, 454; *Scholz*, Möglichkeiten und Grenzen der Pfändung in »verschleiertes« Arbeitseinkommen, Diss. Freiburg, 1975; *Sitz*, Beweislastfragen bei der »angemessenen« Lohnpfändung nach § 850 h II ZPO, MDR 1995, 344; *Voß*, Wirkliche und angebliche Hinterziehung pfändbarer Dienstvergütungen, ZZP 1912, 484.

**I. Zweck der Norm:** Der Schuldner und der Drittschuldner können ein Interesse daran haben, daß Gläubiger nicht auf das Arbeitseinkommen des Schuldners im Wege der Zwangsvollstreckung zugreifen. So mag der Schuldner kein Interesse an weiterer Arbeit haben, wenn es sich wegen drohender Pfändungen nicht mehr lohnt, während der Drittschuldner auf die Weiterarbeit des Schuldners angewiesen ist. In einem solchen Fall kann der Drittschuldner anregen, den Lohn unmittelbar an den Ehepartner, Lebensgefährten usw. des Schuldners auszahlen zu wollen, wenn der Schuldner nur weiterarbeite (sog. **Lohnschiebung**). Vergleichbar ist die Interessenlage, wenn Schuldner und Drittschuldner letztlich »aus einem Topf« wirtschaften (Mitarbeit im Betrieb des Ehegatten oder der Eltern). Arbeitet der Schuldner hier nach außen hin umsonst, so braucht er dennoch keine Not zu leiden, da der Drittschuldner ihn schon, ohne daß es greifbar wäre, aus dem »ersparten Lohn« versorgt (sog. **Lohnverschleierung**). In beiden Fällen besteht keine »Forderung« des Schuldners gegen den Drittschuldner auf Arbeitslohn. Der Gläubiger findet also nichts, worauf er zugreifen könnte. Dennoch arbeitet der Schuldner wirtschaftlich betrachtet nicht umsonst. Der Sinn des § 850 h ZPO ist es, dem Gläubiger den Zugriff auf den wirtschaftlichen Gegenwert der Arbeit des Schuldners zu ermöglichen, so als erhielte der Schuldner »ganz gewöhnlichen« Arbeitslohn.

1

**II. Lohnschiebung (Abs. 1):**

2

**1. Verpflichtung des Schuldners zur Leistung an einen Dritten:** Für die Anwendbarkeit des Abs. 1 ist es erforderlich, daß der Drittschuldner aufgrund eines Schuldverhältnisses mit dem Schuldner[1] diesem gegenüber verpflichtet ist, die Vergütung für dessen Arbeitsleistung ganz oder teilweise an einen Dritten zu leisten, so daß der Dritte einen unmittelbaren Zahlungsanspruch gegen den Drittschuldner hat (§ 328 BGB – echter Vertrag zugunsten Dritter).[2] Eine Vereinbarung allein zwischen dem Schuldner und dem Dritten, daß dieser den Vergütungsanspruch als eigenes Recht erwerben solle

---

1 BAG, ZIP 1996, 1567.
2 *Brox/Walker*, Rdn. 533.

(Lohnabtretung), ist nicht ausreichend. Einer Lohnabtretung mit dem Ziel, die Lohnansprüche des Schuldners dem Zugriff von dessen Gläubigern zu entziehen, kann nur mit einer Anfechtung nach dem AnfG begegnet werden. Die Anwendung des Abs. 1 setzt nicht voraus, daß der Drittschuldner die Gläubigerbenachteiligungsabsicht kannte oder gar an ihr mitwirken wollte. Gleiches gilt für den Dritten.[3] Haben Drittschuldner oder Dritter bewußt mit dem Schuldner zum Nachteil des Gläubigers zusammengewirkt, kann gegen sie unabhängig von § 850 h ZPO ein eigener Schadensersatzanspruch nach § 826 BGB bestehen.[4]

3   **2. Gegenstand der Leistung an den Dritten:** Bei dem »verschobenen« Vergütungsanspruch des Schuldners muß es sich nicht um fortlaufendes Arbeitseinkommen handeln. Auch einmalige Ansprüche, etwa aufgrund eines Werkvertrages fallen hierunter (§ 850 i Abs. 1 ZPO). So ist Abs. 1 anwendbar, wenn der Handwerksbetrieb des Schuldners formell auf den Namen des Ehegatten läuft, der Schuldner dort aber allein die Leistungen gegenüber den Drittschuldnern erbringt, während der Ehegatte im Betrieb praktisch gar nicht tätig ist.[5] Auf den Namen der Vergütung kommt es nicht an, ebensowenig darauf, ob die Arbeitsleistung des Schuldners der einzige Grund dafür ist, daß der Dritte die Vergütung erhält. So kann der Dritte seinerseits auch Dienste für den Drittschuldner leisten, aber ein Entgelt hierfür erhalten, das unverhältnismäßig hoch über dem Wert der Arbeitsleistung liegt,[6] oder der Dritte kann dem Drittschuldner ein Darlehen gewährt haben, auf das nun ungewöhnlich hohe Zinsen gezahlt werden, die nur durch die Arbeitsleistungen des Schuldners für den Drittschuldner erklärt werden können.[7] Entscheidend ist also immer, daß einerseits der Schuldner tatsächlich für den Drittschuldner arbeitet,[8] hierfür aber keine oder eine ungewöhnlich niedrige Vergütung erhält, während der Dritte dem Drittschuldner keine oder nur eine geringwertige Gegenleistung für das erbringt, was er (und zwar auch auf Veranlassung des Schuldners hin) vom Drittschuldner erhält.

4   **3. Pfändung des verschobenen Vergütungsanspruchs:** Die Pfändung des verschobenen Vergütungsanspruchs kann sowohl in der Weise erfolgen, daß der Anspruch des Schuldners gegen den Drittschuldner auf Arbeitsentgelt gepfändet wird, als auch in der Weise, daß der Anspruch des Dritten gegen den Drittschuldner gepfändet wird. Im ersteren Fall ist eine förmliche Beteiligung des Dritten durch Zustellung des Pfändungsbeschlusses an ihn nicht erforderlich. Der Beschluß wird trotz Abs. 1 S. 3 bereits durch Zustellung an den Drittschuldner (§ 829 Abs. 3 ZPO) wirksam.[9] Dem zweiten Weg steht nicht entgegen, daß der Titel nicht gegen den Dritten lautet.[10] Es ist auch keine Titelumschreibung erforderlich, weil sich die Pfändung auch in diesem Fall gegen

---

3   Allgem. Meinung; beispielhaft: BGH, RdA 1969, 64; NJW 1979, 1600; *Brox/Walker*, Rdn. 533; *Stein/Jonas/Brehm*, § 850 h Rdn. 8; *Stöber*, Forderungspfändung, Rdn. 1212.
4   BGH, FamRZ 1964, 360.
5   *Stöber*, Forderungspfändung, Rdn. 1210.
6   *Stein/Jonas/Brehm*, § 850 h Rdn. 7.
7   *Brox/Walker*, Rdn. 533; *Göttlich*, JurBüro 1956, 233.
8   BAG, FamRZ 1973, 627.
9   *Stöber*, Forderungspfändung, Rdn. 1218.
10  *Stein/Jonas/Brehm*, § 850 h Rdn. 10; *Stöber*, Forderungspfändung, Rdn. 1216.

den Schuldner richtet. Da es sich in jedem Falle um die Pfändung von Arbeitseinkommen des Schuldners handelt, muß der Beschluß die Einschränkungen nach § 850 c ZPO enthalten oder, soweit nach diesen Vorschriften vorgegangen wird, den nach §§ 850 d, 850 f Abs. 2 ZPO erforderlichen Inhalt haben.

4. **Einziehungsprozeß:** Der Einziehungsprozeß gegen den Drittschuldner ist bei dem Gericht zu führen, bei dem der Schuldner, hätte er seinen Vergütungsanspruch nicht »verschoben«, gegen den Drittschuldner auf Erfüllung klagen müßte. Bei Ansprüchen auf Arbeitsentgelt ist dies regelmäßig das Arbeitsgericht (§ 2 ArbGG), bei Ansprüchen auf Werklohn oder sonstige Dienstvergütung (z. B. Rechtsanwaltsgebühren) in der Regel das ordentliche Gericht. Der Drittschuldner kann neben den im Einziehungsprozeß auch sonst zulässigen Einwendungen[11] ferner geltend machen, eine Lohnschiebung liege nicht vor, weil die eigene Leistung des Dritten doch die volle Gegenleistung wert sei oder die Arbeitsleistung des Schuldners nicht mehr wert sei als das, was tatsächlich an ihn bezahlt werde.

5

5. **Rechtsbehelfe:** Der Dritte kann gegen die Pfändung mit der Klage nach § 771 ZPO vorgehen, wenn er das Vorliegen einer Lohnschiebung bestreitet. Soweit er formelle Mängel der Pfändung rügen will, kann er dies mit der Erinnerung nach § 766 ZPO tun. Den gleichen Rechtsbehelf haben insoweit der Schuldner und der Drittschuldner. Der Drittschuldner kann, wenn er im Zweifel ist, ob er an den Gläubiger oder an den Dritten leisten muß, die geschuldete Summe gem. § 372 S. 2, 2. Alt. BGB hinterlegen. Der Gläubiger muß dann den Dritten aus § 812 BGB auf Zustimmung zur Auszahlung an ihn verklagen, wenn dieser nicht freiwillig zustimmt.

6

### III. Lohnverschleierung (Abs. 2):

7

1. **Üblicherweise vergütete Arbeits- oder Dienstleistung in einem ständigen Verhältnis:** Für die Anwendbarkeit des Abs. 2 ist es erforderlich, daß der Schuldner dem Drittschuldner »in einem ständigen Verhältnis« Arbeiten oder Dienste leistet. Eine einmalige Dienst- oder Werkleistung reicht also anders als bei Abs. 1 nicht aus. Das »ständige Verhältnis« muß kein Arbeitsverhältnis sein; in Betracht kommen z. B. auch ein Werkvertrag oder ein Gesellschaftsverhältnis.[12] Es kann auch ganz an einer rechtsgeschäftlichen Abrede zwischen dem Schuldner und dem Drittschuldner fehlen.[13]
Die Dienste müssen **tatsächlich** geleistet werden. Es genügt nicht, daß der Dritte (z. B. der Ehegatte) den Schuldner in seinem Betrieb beschäftigen könnte und daß es vielleicht sogar einer »moralischen« Verpflichtung entspräche, ihn zu beschäftigen.[14] Es muß sich um Dienste und Arbeiten handeln, die **üblicherweise** nicht umsonst, sondern **gegen Entgelt** geleistet werden. Dieses Entgelt müßte, würde es gezahlt, für den

---

[11] Einzelheiten: § 835 Rdn. 6–12.
[12] OLG Düsseldorf, OLGZ 1979, 223; NJW-RR 1989, 390.
[13] Brox/Walker, Rdn. 535; wohl auch Stein/Jonas/Brehm, § 850 h Rdn. 21.
[14] BAG, FamRZ 1973, 451. Es gibt keine Vermutung dahingehend, daß ein arbeitsloser Ehegatte im Betrieb des anderen Ehegatten mitarbeitet; LAG Hamm, NZA 1988, 657.

zahlenden Betrieb Betriebsausgabencharakter haben,[15] weil die bezahlten Leistungen ihm, nicht etwa einem Dritten, zugute kommen. Dienste, die üblicherweise ehrenamtlich geleistet werden, wenn es auch nicht ausgeschlossen ist, daß sie ausnahmsweise einmal gegen Entgelt erbracht werden, können auch vom Schuldner ehrenamtlich geleistet werden.

8   2. **Dienste im Betrieb des Ehegatten:** Ob es sich um Arbeiten oder Dienste handelt, die nach Art und Umfang üblicherweise vergütet werden, ist im Einzelfall besonders schwierig zu beurteilen, wenn die Dienste im Betrieb des Ehegatten[16] oder der Eltern erbracht werden. Die eheliche Lebensgemeinschaft (§ 1353 BGB) kann im Einzelfall auch zu Dienstleistungen im Betrieb des Ehepartners verpflichten;[17] diese Verpflichtung ist auch nach Neufassung des § 1356 Abs. 2 BGB im Jahre 1977 nicht entfallen.[18] Die Mitarbeit im Betrieb des Ehegatten kann schließlich auch der geschuldete Unterhaltsbeitrag (§ 1360 S. 1 BGB) sein.[19] Nach § 1619 BGB sind im Haushalt der Eltern lebende Kinder verpflichtet, in einer ihren Kräften und ihrer Lebensstellung entsprechenden Weise im Geschäfte der Eltern Dienste zu leisten.[20] Die **allein** aufgrund der familienrechtlichen Verpflichtung geleistete Mitarbeit ist grundsätzlich unentgeltlich.[21] Jedoch schließt es die familienrechtliche Pflicht zur Mitarbeit nicht aus, daß Dienste geleistet werden, die außerhalb dieses Rahmens liegen und die üblicherweise vergütet werden.[22] Dabei kommt es nicht auf die Bewertung dieser Arbeit durch die beteiligten Ehegatten, Eltern oder Kinder an, sondern darauf, ob aus der Sicht eines verständigen, objektiven **Dritten** eine üblicherweise zu vergütende Mitarbeit anzunehmen ist.[23] Es genügt insoweit, daß neben der familienrechtlichen Mitarbeit eine darüber hinausgehende Teilzeitarbeit festgestellt werden kann.[24] Typische Fälle der üblicherweise zu vergütenden Mitarbeit liegen vor, wenn etwa ein in Konkurs gegangener Schuldner später in einem Gewerbe gleicher Art seiner nicht fachkundigen Ehefrau ganztägig unentgeltlich tätig ist,[25] oder wenn ein Schuldner ganztägig das Handelsgeschäft seines anderweitig beschäftigen Ehegatten betreibt.[26] Denn ein durchgängig die gesamte Arbeitszeit ausfüllender Einsatz im Betrieb des Ehegatten oder der Eltern überschreitet immer den Rahmen der familienrechtlichen Verpflichtungen, weil er keinen Raum mehr für eine Betätigung kraft eigener Entscheidung läßt.

---

15 BFH, DB 1964, 1503.
16 Grundlegend insoweit BAG, NJW 1978, 343; siehe auch *Fenn*, AcP 1967, 148.
17 BGH, NJW 1974, 2046; 1980, 2197.
18 *Palandt/Diederichsen*, § 1356 BGB Rdn. 6.
19 LG Konstanz, FamRZ 1962, 260; *Palandt/Diederichsen*, § 1356 BGB Rdn. 9.
20 Zur Mitarbeitspflicht im elterlichen Handwerksbetrieb BGH, FamRZ 1960, 359; zur Mitarbeit im landwirtschaftlichen Betrieb der Eltern BGH, NJW 1979, 1600; OLG Schleswig, FamRZ 1956, 253.
21 *Palandt/Diederichsen*, § 1619 BGB Rdn. 10.
22 BAG, NJW 1978, 343; LAG Frankfurt, NJW 1965, 2075.
23 BAG, NJW 1978, 343; *Brox/Walker*, Rdn. 535.
24 LAG Hamm, NZA 1988, 657.
25 LAG Baden-Württemberg, DB 1967, 691.
26 LAG Baden-Württemberg, DB 1970, 836.

**3. Dienste in eheähnlichen Lebensgemeinschaften:** Die eherechtlichen Grundsätze 9
über eine Dienstverpflichtung gelten nicht für eheähnliche Lebensgemeinschaften.
Deshalb stellt sich hier – mangels Pflichten – die Abgrenzungsfrage nicht in dieser
Form.[27] Aber auch ohne Verpflichtung kann es sozialtypisch und damit üblich sein,
in diesem Rahmen bestimmte Dienste unentgeltlich zu leisten (insbesondere im Rahmen der Krankenpflege, aber durchaus auch im Rahmen geschäftlicher Hilfen), die
man fremden Personen gegenüber nur gegen Entgelt ausüben würde.

**4. Unentgeltlichkeit oder unverhältnismäßig geringe Vergütung:** Unentgeltlich 10
oder gegen eine unverhältnismäßig geringe Vergütung leistet der Schuldner die Dienste
dann, wenn er für seine Tätigkeit ein deutlich im Mißverhältnis zum Marktwert der Arbeitsleistung stehendes Entgelt erhält. Dies ist anzunehmen, wenn der für diese Arbeit
festgelegte tarifliche Mindestlohn[28] (soweit es sich um eine in einem Tarifvertrag erfaßte Tätigkeit handelt) oder die ortsübliche Mindestvergütung unterschritten wird.
Die Vergütung des Schuldners kann also unter dem liegen, was der Schuldner für seine
Tätigkeit bei einem anderen Arbeitgeber erzielen könnte, ohne daß bereits der Verdacht
verschleierten Arbeitseinkommens aufkommen muß. Der Vorteil für den Drittschuldner, daß Angehörige schon einmal aus familiärer Rücksicht billiger arbeiten, wird durch
§ 850 h Abs. 2 ZPO nicht voll beseitigt, sondern nur, soweit die Vergütung »unverhältnismäßig« gering ist. Bei der Bewertung der Vergütung sind auch Naturalleistungen
miteinzubeziehen. Als Naturalleistungen können allerdings die Vorteile nicht angesetzt
werden, die der Drittschuldner dem Schuldner auch ohne Arbeitsleistung aus familienrechtlichen Gründen schuldet (Kost, Logis, Bekleidung für den Ehegatten und die Kinder).

**5. Entscheidung des Vollstreckungsgerichts:** Das Vollstreckungsgericht **bestimmt** bei 11
der Pfändung **die geschuldete angemessene Vergütung nicht,**[29] sondern pfändet nach
den allgemeinen Regeln nur den angeblichen Anspruch des Schuldners, wobei es entweder in Form des Blankettbeschlusses (§ 850 c Abs. 3 S. 2 ZPO) auf die Beschränkungen des § 850 c ZPO hinweist, oder soweit eine Pfändung nach §§ 850 d, 850 f Abs. 2
ZPO ausgesprochen wird, den pfändungsfreien Betrag festsetzt. Die Pfändung wirkt
nur zugunsten des Gläubigers, der sie erwirkt hat; sie gibt also weder dem Schuldner
einen Anspruch auf Auszahlung des pfändungsfreien Betrages, wenn der Schuldner seinerseits mit dem Drittschuldner Unentgeltlichkeit vereinbart hatte,[30] noch gibt sie einem vorrangigen Gläubiger, dem der Schuldner etwa seine Lohnansprüche abgetreten
hatte, einen Zahlungsanspruch gegen den Drittschuldner.[31]

---

27 OLG Hamm, MDR 1975, 161; FamRZ 1984, 498; LG Frankenthal, MDR 1984, 856.
28 BAG, BB 1965, 1027.
29 LG Frankenthal, MDR 1984, 856.
30 LAG Baden-Württemberg, DB 1970, 836.
31 LAG Schleswig, DB 1971, 2414; ArbG Lübeck, MDR 1984, 174. Etwas anderes gilt allerdings
 für Gläubiger, die vorrangig die »Lohnansprüche« des Schuldners gepfändet hatten, da eine
 solche Pfändung auch den fingierten Teil der Lohnansprüche erfaßt; vergl. BGH, ZIP 1990,
 1627.

**12** **6. Bestimmung der angemessenen Vergütung im Einziehungsprozeß:** Die Bestimmung des gepfändeten und an den Gläubiger abzuführenden Betrages erfolgt, wenn Gläubiger und Drittschuldner sich nicht einigen können, im **Einziehungsprozeß** durch das Prozeßgericht. Ist die Tätigkeit des Schuldners beim Drittschuldner unabhängig von der etwaigen familiären Bindung als die eines Arbeitnehmers oder einer arbeitnehmerähnlichen Person i. S. des § 5 Abs. 1 ArbGG einzuordnen, so ist das Arbeitsgericht zur Entscheidung zuständig.[32] Der Gläubiger trägt im Einziehungsprozeß die **Darlegungs- und Beweislast** für Grund und Höhe des fingierten Zahlungsanspruchs, insbesondere für die Stellung des Schuldners im Betrieb des Drittschuldners, für die Art und den zeitlichen Umfang der ausgeübten Tätigkeit.[33] Es gibt keine tatsächliche Vermutung dafür, daß ein arbeitsloser, körperlich und geistig gesunder Schuldner im Betrieb seines Ehegatten mitarbeitet.[34] Soweit es allerdings für die Höhe des fingierten Zahlungsanspruchs auf die wirtschaftliche Leistungsfähigkeit des Drittschuldners ankommt, obliegt die Darlegungs- und Beweislast dem zahlungspflichtigen Unternehmen, welches die geringen Zahlungen mit seinen schlechten wirtschaftlichen Verhältnissen begründet.[35]

**13** Bei der Bemessung der festzusetzenden Vergütung muß das Gericht zunächst anhand des einschlägigen Tarifvertrages[36] oder, soweit ein solcher nicht feststellbar ist, anhand des Ortsüblichen die Vergütung ermitteln, die für Dienste, wie sie der Schuldner leistet, üblich ist. Sodann sind die in Abs. 2 S. 2 genannten Umstände und alle Besonderheiten des Einzelfalles heranzuziehen und abzuwägen. Dies kann mit Rücksicht auf die besonderen Umstände des Falles dazu führen, daß, soweit nicht allgemeinverbindliche tarifliche Mindestlöhne dem entgegenstehen, bei der Festsetzung der »angemessenen« Vergütung gewisse Abstriche von der »üblichen« Vergütung zu machen sind,[37] damit etwa die Mitarbeit des Familienangehörigen nicht zur eigenen Existenzgefährdung des Drittschuldners führt.

**14** Die Verpflichtung des Drittschuldners zur Zahlung des gepfändeten Teiles des fingierten Arbeitseinkommens an den Gläubiger dauert nicht länger als sein »ständiges Verhältnis« (Abs. 2 S. 1) zum Schuldner.[38] Stellt dieser die Mitarbeit ein, etwa weil die Ehe gescheitert ist oder weil er das elterliche Haus verläßt, so kann der Drittschuldner einer weiteren Vollstreckung aus dem vom Gläubiger im Einziehungsprozeß für die Zukunft erstrittenen Titel mit der Abwehrklage gem. § 767 ZPO begegnen. Da der Schuldner auch in jedem anderen Arbeitsverhältnis seine Arbeit einstellen kann, um sich der Vollstreckung zu entziehen, kann er auch seine Mitarbeit, die Grundlage für die Pfändung nach Abs. 2 war, jederzeit beenden. Ansprüche des Gläubigers gegen

---

32 BGHZ 68, 127.
33 LAG Hamm, NZA 1988, 657.
34 LAG Hamm, NZA 1988, 657.
35 OLG Oldenburg, MDR 1995, 344 mit zust. Anm. *Sitz;* MüKo/*Smid,* § 850 h Rdn. 23; *Stein/Jonas/Brehm,* § 850 h Rdn. 48.
36 LAG Hamm, ZIP 1993, 610, 611.
37 BAG, BB 1965, 1027; LAG Hamm, ZIP 1993, 610, 611 (bis 30%).
38 BAG, BB 1968, 833; ArbG Heilbronn, BB 1968, 1159.

den Drittschuldner, weil dieser der Arbeitseinstellung zugestimmt oder diese gar veranlaßt habe, bestehen nicht.

**7. Fiktion des Abs. 2 und Prioritätsprinzip:** Wenn das Arbeitseinkommen von mehreren Gläubigern gepfändet wurde, gehen demjenigen Gläubiger, der zuerst den nach Abs. 2 fingierten Anspruch gegen den Drittschuldner einklagt, die zeitlich früheren Pfändungen anderer Gläubiger vor, auch wenn diese noch nicht gegen den Drittschuldner geklagt haben. Das Prioritätsprinzip des § 804 Abs. 3 ZPO wird durch § 850 h Abs. 2 ZPO nicht verdrängt.[39] Die Fiktion des Abs. 2 gilt für alle Pfändungsgläubiger, nicht nur für diejenigen, die den Anspruch auf verschleiertes Arbeitseinkommen gerichtlich geltend machen. Allerdings reicht das Prioritätsprinzip nach der Rechtsprechung des BGH[40] nicht so weit, daß der nachrangige Gläubiger auf das verschleierte Arbeitseinkommen erst dann zugreifen kann, wenn die vorrangigen Gläubiger tatsächlich voll befriedigt worden sind. Vielmehr ist für die Frage, wann der nachrangige Gläubiger zum Zuge kommt, entscheidend, in welchem Umfang die rangbesseren Gläubiger bei richtiger Berechnung des pfändbaren Teils des Arbeitseinkommens unter Berücksichtigung des § 850 h Abs. 2 ZPO zu befriedigen waren. Haben sie diese Möglichkeit mangels Geltendmachung des § 850 h Abs. 2 ZPO nicht ausgeschöpft, geht das nicht zum Nachteil der nachrangigen Gläubiger.[41]

**8. Lohnrückstände:** Aus verschleiertem Arbeitseinkommen resultierende Lohnrückstände werden von der Pfändung der »angemessenen Vergütung« nur erfaßt, wenn dies dem Pfändungsbeschluß zu entnehmen ist.[42] Das ist durch Auslegung zu ermitteln.[43] Ob Lohnrückstände bestehen, entscheidet nicht das Vollstreckungs-, sondern das Prozeßgericht. Im Zweifel ist davon auszugehen, daß der Drittschuldner, hätte er den Schuldner in der Vergangenheit bezahlen müssen, voll ausbezahlt hätte, so daß keine Rückstände bestehen.[44] Denn letztlich will § 850 h ZPO den Gläubiger nicht besser stellen, als er bei einer korrekten Vergütung des Schuldners stehen würde.[45]

**9. Rechtsbehelfe:** Förmliche Fehler bei Erlaß des Pfändungs- und Überweisungsbeschlusses können der Schuldner und der Drittschuldner nach den allgemeinen Regeln mit der Erinnerung gem. § 766 ZPO geltend machen. Der Gläubiger hat gegen die Ab-

---

39 BGH, JZ 1991, 243 mit zust. Anm. *Grunsky*; BAG, NJW 1995, 414; *G. Lüke*, JuS 1995, 872, 874; *a. M. Behr*, JurBüro 1995, 288, 289 f.
40 BGH, JZ 1991, 243, 244 f.
41 Dem BGH zustimmend *Brox/Walker*, Rdn. 536; *Grunsky*, JZ 1991, 245, 246; *Stein/Jonas/Brehm*, § 850 h Rdn. 45; *Zöller/Stöber*, § 850 h Rdn. 9; **kritisch** dagegen *G. Lüke*, JuS 1995, 872, 874.
42 *Stöber*, Forderungspfändung, Rdn. 1229.
43 *Brox/Walker*, Rdn. 537; *MüKo/Smid*, § 850 h Rdn. 21; *Stein/Jonas/Brehm*, § 850 h Rdn. 35; **a. M.** *Stöber*, Forderungspfändung, Rdn. 1228, wonach die Rückstände ausdrücklich gepfändet sein müssen.
44 *Geißler*, JurBüro 1986, 1295; *Grunsky*, Festschr. f. Baur, S. 411; *Stöber*, Forderungspfändung, Rdn. 1228; Einzelheiten zum Meinungsstand bei *Brox/Walker*, Rdn. 537; grundsätzlich gegen jegliche Pfändbarkeit von Rückständen *Rosenberg/Schilken*, § 56 VI 2.
45 LAG Hamm, DB 1990, 1339.

lehnung seines Pfändungsantrages die befristete Rechtspflegererinnerung gem. § 11 Abs. 1 S. 2 RPflG. Im Einziehungsprozeß kann der Drittschuldner sich nicht nur damit verteidigen, daß der Schuldner gar nicht bei ihm mitarbeite, sondern auch damit, daß die tatsächlich ausgeübte Tätigkeit üblicherweise nicht vergütet werde oder daß eine angemessene Vergütung zur Zeit nicht über den pfändungsfreien Beträgen liege. Endet die Tätigkeit des Schuldners, nachdem ein Zahlungsanspruch des Gläubigers auch für die Zukunft gegen den Drittschuldner bereits im Einziehungsprozeß tituliert worden ist (§ 259 ZPO[46]), kann der Drittschuldner Abwehrklage gem. § 767 ZPO erheben.

17  IV. ArbGG, VwGO, AO: Siehe § 850 Rdn. 19.

---

[46] *Stein/Jonas/Brehm*, § 850 h Rdn. 47.

## § 850 i Sonderfälle

(1) ¹Ist eine nicht wiederkehrend zahlbare Vergütung für persönlich geleistete Arbeiten oder Dienste gepfändet, so hat das Gericht dem Schuldner auf Antrag so viel zu belassen, als er während eines angemessenen Zeitraums für seinen notwendigen Unterhalt und den seines Ehegatten, eines früheren Ehegatten, seiner unterhaltsberechtigten Verwandten oder der Mutter eines nichtehelichen Kindes nach §§ 1615 l, 1615 n des Bürgerlichen Gesetzbuchs bedarf. ²Bei der Entscheidung sind die wirtschaftlichen Verhältnisse des Schuldners, insbesondere seine sonstigen Verdienstmöglichkeiten, frei zu würdigen. ³Dem Schuldner ist nicht mehr zu belassen, als ihm nach freier Schätzung des Gerichts verbleiben würde, wenn sein Arbeitseinkommen aus laufendem Arbeits- oder Dienstlohn bestände. ⁴Der Antrag des Schuldners ist insoweit abzulehnen, als überwiegende Belange des Gläubigers entgegenstehen.
(2) Die Vorschriften des Absatzes 1 gelten entsprechend für Vergütungen, die für die Gewährung von Wohngelegenheit oder eine sonstige Sachbenutzung geschuldet werden, wenn die Vergütung zu einem nicht unwesentlichen Teil als Entgelt für neben der Sachbenutzung gewährte Dienstleistungen anzusehen ist.
(3) Die Vorschriften des § 27 des Heimarbeitsgesetzes vom 14. März 1951 (Bundesgesetzbl. I S. 191) bleiben unberührt.
(4) Die Bestimmungen der Versicherungs-, Versorgungs- und sonstigen gesetzlichen Vorschriften über die Pfändung von Ansprüchen bestimmter Art bleiben unberührt.

## Inhaltsübersicht

| | | Rdn. |
|---|---|---|
| | Literatur | |
| I. | Übersicht über die Regelungen der Norm | 1 |
| II. | Pfändung einer nicht wiederkehrend zahlbaren Vergütung für persönlich geleistete Arbeiten und Dienste (Abs. 1) | 2 |
| | 1. Geschützte Vergütungsansprüche | 2, 3 |
| | 2. Antrag auf Pfändungsschutz und Verfahren | 4 |
| | 3. Umfang des Pfändungsschutzes | 5 |
| | 4. Rechtsbehelf | 6 |
| III. | Pfändungsschutz für gemischte Ansprüche aus Sachnutzungsgewährung und Dienstleistung (Abs. 2) | 7 |
| IV. | Pfändungsschutz nach dem Heimarbeitsgesetz (Abs. 3) | 8 |
| V. | Versicherungs- und Versorgungsvorschriften, Pfändungsschutz für Sozialleistungen | 9 |
| VI. | Gebühren | 10 |
| VII. | ArbGG, VwGO, AO | 11 |

§ 850 i                                                                    Sonderfälle

Literatur: *Herzig*, Entlassungsgeld eines Wehrpflichtigen als »Vergütung« im Sinne des § 850 i ZPO?, JurBüro 1968, 272; *Riecker*, Ist das Entlassungsgeld wehrpflichtiger Soldaten pfändbar?, JurBüro 1981, 321.
  Zur Pfändung von Sozialleistungsansprüchen (Abs. 4) siehe die Literaturangaben unter 5. vor § 829, ferner zu § 850 d und zu § 850 e (Zusammenrechnung von Sozialleistungen).

1   **I. Übersicht über die Regelungen der Norm:** Abs. 1 enthält Regelungen für Einkommen, das der Definition des § 850 Abs. 2 ZPO unterfällt, dessen Behandlung nach den §§ 850 c–f ZPO aber Schwierigkeiten macht, da es sich um einmalige Bezüge handelt. Abs. 2 läßt diese Regeln auch für bestimmte Einkommen, die im Rechtssinne nicht Arbeitseinkommen sind, aber praktisch wesentlich durch den Arbeitseinsatz des die Einnahmen Erzielenden verdient werden, gelten. Abs. 3 und Abs. 4 stellen das Verhältnis der §§ 850 ff. ZPO zu Pfändungsschutzregelungen in anderen Gesetzen, nämlich im Heimarbeitsgesetz und im Sozialgesetzbuch, klar.

2   **II. Pfändung einer nicht wiederkehrend zahlbaren Vergütung für persönlich geleistete Arbeiten und Dienste (Abs. 1):**

  1. **Geschützte Vergütungsansprüche:** Hierunter fallen zunächst einmal die **Honoraransprüche der freiberuflich Tätigen**, also etwa der Ärzte, Rechtsanwälte, Architekten, Steuerberater, freiberuflichen Journalisten,[1] Künstler, der Handelsvertreter und Handwerker und ähnlicher Berufe, soweit es sich nicht um wiederkehrend zahlbare Vergütungen handelt, die schon problemlos von den §§ 850 Abs. 2, 850 c-f ZPO erfaßt werden.[2] Allen ist gemeinsam, daß die persönliche Arbeitsleistung und nicht der Kapital- und Materialeinsatz der Gegenwert ist, für den die Vergütung geschuldet wird, und daß dem Freiberufler wie einem Arbeitnehmer die Lebensgrundlage entzogen würde, wenn alle seine Honoraransprüche einschränkungslos von den Gläubigern gepfändet und eingezogen werden könnten. Hierher sind auch die GEMA-Gebühren von Komponisten,[3] die Tantiemen der VG Wort für Schriftsteller, die Lizenzgebühren freier Erfinder[4] (soweit bei der Erfindung nicht der Einsatz von Maschinen, fremden Arbeitskräften und Kapital maßgeblich beteiligt war), die Abfindungen für vergütungspflichtige schöpferische Leistungen von Arbeitnehmern[5] zu zählen. Bei ihnen handelt es sich zwar im strengen Sinne nicht um eine »Vergütung für persönlich geleistete Arbeiten und Dienste«, sondern um ein Entgelt für die Übertragung von Rechten. Jedoch stellen sie oft die »lohnähnliche« Lebensgrundlage des schöpferisch Tätigen dar und sind ohne den persönlichen Arbeitseinsatz des Urhebers nicht zu verdienen.

---

1  LG Mannheim, MDR 1972, 152.
2  Siehe hierzu § 850 Rdn. 14.
3  KG, Rpfleger 1957, 86.
4  *Stein/Jonas/Brehm*, § 850 i Rdn. 6.
5  LG Berlin, WRP 1960, 291. Solche Ansprüche werden nicht bereits von der Pfändung des Arbeitslohnes miterfaßt; vergl. hierzu § 850 Rdn. 11. **A. A.** (Lizenzansprüche nicht von § 850 i Abs. 1 erfaßt): *Stöber*, Forderungspfändung, Rdn. 1233.

Schließlich zählen zu den von Abs. 1 erfaßten Vergütungen die **Abfindungen für Ar-** **3**
**beitnehmer** nach §§ 112, 113 BetrVG[6] und §§ 9, 10 KSchG[7] sowie freiwillige vertragliche Abfindungen bei vorzeitigem Ausscheiden aus dem Arbeitsverhältnis.[8] Diese Abfindungen haben Lohnersatzfunktion für die Zukunft, teilweise auch für die Vergangenheit. Den genannten Abfindungen gleichzustellen sind das Entlassungsgeld für Wehrpflichtige nach § 9 WehrsoldG,[9] der Ausgleichsanspruch des Handelsvertreters nach § 89 b HGB sowie einmalige Karenzentschädigungen aus vertraglichen Wettbewerbsverboten.

**2. Antrag auf Pfändungsschutz und Verfahren:** Alle vorgenannten einmaligen Vergütungen werden zunächst, soweit der Gläubiger nicht von vornherein seinen Antrag beschränkt, in vollem Umfange, also nicht nur in den Grenzen des § 850 c ZPO, gepfändet. Der Schuldner muß, um Pfändungsschutz zu erlangen, von sich aus aktiv werden. Erforderlich ist ein Antrag an das Vollstreckungsgericht.[10] Der Arbeitgeber (Drittschuldner) ist nicht verpflichtet, den Arbeitnehmer (Schuldner) auf die Möglichkeit eines Vollstreckungsschutzantrages nach § 850 i ZPO hinzuweisen; denn dieser Vollstreckungsschutz betrifft nicht das Arbeitsverhältnis, sondern allein das Verhältnis zwischen dem Arbeitnehmer (Schuldner) und seinem Gläubiger.[11] Neben dem Schuldner sind auch die nach § 850 g S. 2 ZPO antragsberechtigten Personen befugt, diesen Antrag (beschränkt auf den für ihren Unterhalt erforderlichen Betrag) zu stellen. Der Antragsteller muß alle bei der Entscheidung zu berücksichtigenden Umstände, die seine Person und die der ihm gegenüber Unterhaltsberechtigten betreffen, darlegen und gegebenenfalls beweisen. Unklarheiten über seine wirtschaftlichen Verhältnisse gehen zu seinen Lasten.[12] Der Gläubiger, der ja einen Teil seiner bereits erworbenen Sicherheit wieder einbüßen soll, **ist vor der Entscheidung zu hören.** Die Frist zur Stellungnahme für den Gläubiger kann im Einzelfall sehr kurz bemessen werden, wenn dringende Interessen des Schuldners das erfordern. Um zu verhindern, daß der Gläubiger die Forderung einzieht, ehe über den Vollstreckungsschutzantrag entschieden ist, kann das Gericht einstweilige Anordnungen entsprechend § 732 Abs. 2 ZPO erlassen.[13] Es entscheidet der Rechtspfleger (§ 20 Nr. 17 RPflG).

**3. Umfang des Pfändungsschutzes:** Wieviel im Einzelfall dem Schuldner auf seinen **5**
Antrag hin zu belassen ist, hängt zum einen davon ab, für welche Zeit der Schuldner

---

6 BAG, NZA 1992, 384; OLG Düsseldorf, NJW 1979, 2520; AG Krefeld, MDR 1979, 853.
7 Ganz h. M.; siehe nur BAG, SAE 1980, 165; OLG Stuttgart, MDR 1984, 947; LG Düsseldorf, Rpfleger 1977, 183; *Brox/Walker*, Rdn. 583; *Stein/Jonas/Brehm*, § 850 i Rdn. 7; *Stöber*, Forderungspfändung, Rdn. 1234.
8 OLG Köln, OLGZ 1990, 236; LG Aachen, Rpfleger 1983, 288.
9 OLG Hamm, OLGZ 1984, 457; LG Koblenz, MDR 1969, 769; AG Neunkirchen, JurBüro 1968, 313; vergl. ferner § 850 Rdn. 10.
10 BAG, NZA 1992, 384, 385.
11 BAG, NZA 1992, 384, 385.
12 LG Mannheim, MDR 1972, 152.
13 *Stöber*, Forderungspfändung, Rdn. 1236. Wird der Antrag allerdings erst gestellt, wenn der Drittschuldner schon an den Gläubiger gezahlt hat, fehlt für eine Pfändungsschutzentscheidung das Rechtsschutzinteresse; OLG Köln, OLGZ 1990, 236.

für sich selbst aus der Vergütung seinen Unterhalt bestreiten und Unterhalt an die ihm gegenüber kraft Gesetzes unterhaltsberechtigten Personen leisten muß. Ferner spielt es eine Rolle, welche Verdienstmöglichkeiten und welches Vermögen er im übrigen noch hat. Insoweit ist allerdings die dem Schuldner zustehende Sozialhilfe nicht zu berücksichtigen; denn diese dient nicht dazu, die Vollstreckungsmöglichkeiten des Gläubigers zu erweitern. Vielmehr soll umgekehrt § 850 i ZPO verhindern, daß der Schuldner wegen der Pfändung Sozialhilfe in Anspruch nehmen muß.[14] Zum anderen ist aber auch auf den Charakter der Vollstreckungsforderung abzustellen: Vollstreckt ein »gewöhnlicher« Gläubiger, sollte sich der pfändungsfreie Betrag an § 850 c ZPO orientieren,[15] da der Schuldner letztlich so dastehen sollte, als wäre er Arbeitnehmer mit wiederkehrenden Bezügen; vollstreckt ein bevorrechtigter Gläubiger i. S. der §§ 850 d, 850 f Abs. 2 ZPO, sollten auch die insoweit geltenden Grenzen (letztlich also der Regelsatz für laufende Hilfe zum Lebensunterhalt nach dem BSHG) maßgeblich sein.[16] Das Gericht hat hier einen Ermessensspielraum und sollte auch nicht schematisch entscheiden. Einen wesentlichen Unterschied zum Schutz wiederkehrenden Arbeitseinkommens nach §§ 850 c ff. ZPO enthält **Abs. 1 S. 4**: Der Pfändungsschutz kann, obwohl auf seiten des Schuldners seine objektiven Voraussetzungen vorliegen, ganz versagt werden (mit der Folge einer Kahlpfändung des Schuldners), wenn überwiegende Belange des Gläubigers dagegen sprechen, dem Schuldner etwas aus dem gepfändeten Anspruch zu belassen. Für die Umstände, die diese überwiegenden Belange ergeben sollen, ist der Gläubiger darlegungs- und beweispflichtig.

Der Beschluß ist dem Schuldner, ggfls. dem antragstellenden Unterhaltsberechtigten, dem Gläubiger und dem Drittschuldner von Amts wegen (§ 329 Abs. 3 ZPO) zuzustellen.

6      4. **Rechtsbehelf:** Da der Beschluß immer eine Entscheidung im Vollstreckungsverfahren darstellt, ist der zutreffende Rechtsbehelf für alle durch den Beschluß Beschwerten die befristete Rechtspflegererinnerung nach § 11 Abs. 1 S. 2 RPflG. Der Beschluß unterliegt der vollen Nachprüfung, also auch im Hinblick auf die Ermessensausübung. Ein durch die teilweise Aufhebung der Pfändung erloschenes Pfandrecht lebt durch eine Beschwerdeentscheidung zugunsten des Gläubigers, die den Pfändungsschutzantrag des Schuldners zurückweist, nicht wieder auf. Die Forderung muß vielmehr (auch durch das Beschwerdegericht) insoweit neu gepfändet werden.

7      III. **Pfändungsschutz für gemischte Ansprüche aus Sachnutzungsgewährung und Dienstleistung (Abs. 2):** Hierher gehören etwa die Ansprüche des Zimmervermieters, der dem Mieter gleichzeitig Verpflegung oder das Aufräumen und Reinigen des Zimmers oder ähnliche Dienste schuldet;[17] wichtig ist insoweit allerdings, daß diese Dienste vom Schuldner persönlich oder von den mit ihm zusammenlebenden Angehörigen

---

14  OLG Köln, OLGZ 1990, 236, 240.
15  *Stein/Jonas/Brehm*, § 850 i Rdn. 10.
16  OLG Hamm, OLGZ 1984, 457, will immer diesen niedrigeren Betrag als »notwendigen Unterhalt« ansetzen.
17  OLG Hamm, NJW 1957, 68. Entgegen OLG Braunschweig, NdsRPfl. 1958, 238, ist Abs. 2 nicht nur auf gelegentliche Zimmervermietungen anwendbar, sondern auch, wenn ein langdauerndes Mietverhältnis vereinbart wurde.

Sonderfälle § 850 i

erbracht werden, nicht etwa von angestellten Dritten, so daß größere Hotelbetriebe u. ä., auch wenn sie einer einzelnen natürlichen Person gehören, nicht hierher zählen. Sachnutzung kombiniert mit Dienstleistungen schuldet etwa derjenige, der eine Maschine (z. B. im Bereich der Landwirtschaft, aber etwa auch eine Computeranlage) vermietet und gleichzeitig verpflichtet ist, bei der Bedienung der Anlage mitzuwirken. Die Dienstleistung darf dabei für den Vertragspartner nicht ganz von untergeordneter Bedeutung sein; umgekehrt ist auch nicht erforderlich, daß sie im Vordergrund steht. Der Sachnutzung steht die Nutzung von Rechten und Ideen (z. B. Computersoftware), wenn sie mit einer Dienstleistungsverpflichtung kombiniert ist, gleich.[18]

Das Verfahren und der Umfang des möglichen Schutzes entsprechen dem zu Abs. 1 Gesagten.

IV. Pfändungsschutz nach dem Heimarbeitsgesetz (Abs. 3): § 27 Heimarbeitsgesetz vom 14. 3. 1951[19] lautet: **8**

§ 27 Pfändungsschutz

Für das Entgelt, das den in Heimarbeit Beschäftigten oder den Gleichgestellten gewährt wird, gelten die Vorschriften über den Pfändungsschutz für Vergütungen, die auf Grund eines Arbeits- oder Dienstverhältnisses geschuldet werden, entsprechend.

Damit gilt grundsätzlich für gewöhnliche Gläubiger § 850 c ZPO, für bevorrechtigte Gläubiger kommen aber auch §§ 850 d, 850 f Abs. 2 ZPO in Betracht. Wird für mehrere Gläubiger Heimarbeit geleistet, ist Zusammenrechnung nach § 850 e Nr. 2 ZPO möglich. Ist in der Heimarbeitsvergütung auch ein Entgelt für vom Heimarbeiter selbst zu stellende Maschinen oder Materialien enthalten, ist § 850 a Nr. 3 ZPO anzuwenden: Der entsprechende Teil der Vergütung, soweit er den Rahmen des Üblichen nicht übersteigt, ist absolut unpfändbar.[20]

V. Versicherungs- und Versorgungsvorschriften, Pfändungsschutz für Sozialleistungen (Abs. 4): Diese Regelung ist heute weitgehend ohne Bedeutung. Sie stellt nur klar, daß durch § 850 i ZPO ältere Vorschriften außerhalb der ZPO über die Pfändung bestimmter Forderungen nicht aufgehoben werden sollen. Bei diesen Vorschriften geht es im wesentlichen um den Pfändungsschutz für Sozialleistungen. Dieser ist seit dem 1.1.1976 in §§ 54, 55 SGB I[21] geregelt. Diese Vorschriften sind jünger als § 850 i ZPO, so daß ihre Geltung neben § 850 i ZPO auch ohne die Regelung in Abs. 4 unproblematisch ist. Zum Verfahren bei der Pfändung von Sozialleistungsansprüchen siehe Rdn. 22-25 des Anh. zu § 829. Zur Anwendung des § 850 c ZPO bei der Pfändung von Sozialleistungsansprüchen für gewöhnliche Gläubiger siehe § 850 c Rdn. 11. Hinsichtlich der bevorrechtigten Vollstreckung durch Unterhaltsgläu- **9**

---

18 Vergl. *Stein/Jonas/Brehm*, § 850 i Rdn. 23.
19 BGBl. I, 191.
20 *Stein/Jonas/Brehm*, § 850 i Rdn. 31, 33.
21 Den Wortlaut der Vorschriften siehe Anh. § 829 Rdn. 21. § 54 SGB I wurde neu gefaßt durch das 2. SGB-Änderungsgesetz vom 13. 6. 1994, BGBl. I, 1229 ff.

biger in Sozialleistungen, insbesondere in Kindergeld, vergl. § 850 d Rdn. 22–24. Zur Zusammenrechnung von Arbeitseinkommen mit Sozialleistungen und von Sozialleistungen mit anderen Sozialleistungen siehe § 850 e Rdn. 7–10. Zum Pfändungsschutz schließlich für auf ein Konto überwiesene Sozialleistungen (§ 55 SGB I) siehe § 850 k Rdn. 14 ff. Hinsichtlich der bei der Pfändung von Konkursausfallgeld zu beachtenden Besonderheiten vergl. § 850 Rdn. 18.

10  VI. **Gebühren:** Gerichtsgebühren fallen nicht an. Bzgl. der Anwaltsgebühren ist zu unterscheiden: Für den Anwalt des Schuldners, der diesen ohnehin in der Zwangsvollstreckung vertritt, ist der Antrag nach § 850 i ZPO keine besondere Angelegenheit (§ 58 Abs. 1 BRAGO). Wird der Antrag dagegen von dem Anwalt eines Unterhaltsberechtigten gestellt (Rdn. 4), der im übrigen nicht an der Zwangsvollstreckung beteiligt ist, fällt für diesen Anwalt eine 3/10-Gebühr nach § 57 BRAGO an.

11  VII. **ArbGG, VwGO, AO:** Siehe § 850 Rdn. 19.

## § 850 k   Pfändungsschutz für Bankguthaben

(1) Werden wiederkehrende Einkünfte der in den §§ 850 bis 850 b bezeichneten Art auf das Konto des Schuldners bei einem Geldinstitut überwiesen, so ist eine Pfändung des Guthabens auf Antrag des Schuldners vom Vollstreckungsgericht insoweit aufzuheben, als das Guthaben dem der Pfändung nicht unterworfenen Teil der Einkünfte für die Zeit von der Pfändung bis zu dem nächsten Zahlungstermin entspricht.

(2) ¹Das Vollstreckungsgericht hebt die Pfändung des Guthabens für den Teil vorab auf, dessen der Schuldner bis zum nächsten Zahlungstermin dringend bedarf, um seinen notwendigen Unterhalt zu bestreiten und seine laufenden gesetzlichen Unterhaltspflichten gegenüber den dem Gläubiger vorgehenden Berechtigten zu erfüllen oder die dem Gläubiger gleichstehenden Unterhaltsberechtigten gleichmäßig zu befriedigen. ²Der vorab freigegebene Teil des Guthabens darf den Betrag nicht übersteigen, der dem Schuldner voraussichtlich nach Absatz 1 zu belassen ist. ³Der Schuldner hat glaubhaft zu machen, daß wiederkehrende Einkünfte der in den §§ 850 bis 850 b bezeichneten Art auf das Konto überwiesen worden sind und daß die Voraussetzungen des Satzes 1 vorliegen. ⁴Die Anhörung des Gläubigers unterbleibt, wenn der damit verbundene Aufschub dem Schuldner nicht zuzumuten ist.

(3) Im übrigen ist das Vollstreckungsgericht befugt, die in § 732 Abs. 2 bezeichneten Anordnungen zu erlassen.

**Inhaltsübersicht**

| | | Rdn. |
|---|---|---|
| | Literatur | |
| I. | Zweck der Norm | 1 |
| II. | Voraussetzungen für die Anwendbarkeit der Norm | 2 |
| | 1. Wiederkehrende Einkünfte | 2 |
| | 2. Überweisung auf ein Konto des Schuldners bei einem Geldinstitut | 3, 4 |
| III. | Möglichkeiten des Pfändungsschutzes | 5 |
| | 1. Pfändungsaufhebung (Abs. 1) | 6 |
| | a) Antrag des Schuldners | 6 |
| | b) Anhörung des Gläubigers | 7 |
| | c) Entscheidung durch Beschluß | 8 |
| | 2. Die Vorabfreigabe (Abs. 2) | 9 |
| | a) Zweck | 9 |
| | b) Voraussetzungen | 10 |
| | c) Inhalt des Beschlusses | 11 |
| | d) Wirkung des Beschlusses | 12 |
| | 3. Einstweilige Anordnungen (Abs. 3) | 13 |
| IV. | Pfändungsschutz für Sozialleistungen auf Konten bei Geldinstituten (§ 55 SGB I) | 14 |
| | 1. Anwendungsbereich und Pflicht zur Beachtung der Norm | 15 |
| | 2. Rechtslage während der Sieben-Tage-Frist | 16 |

    3. Inhalt des Pfändungsschutzes     17
    4. Verhältnis zur Zwei-Wochen-Frist des § 835 Abs. 3 S. 2 ZPO     18
    5. Pfändungsschutz nach Ablauf der Sieben-Tage-Frist     19
    6. Bedeutung des § 55 SGB für andere Kontoguthaben als Sozialleistungen     20
V. Überziehungskredit     21
VI. Rechtsbehelfe     22
VII. Gebühren     23
VIII. ArbGG, VwGO, AO     24

Literatur: *Arnold*, Der neue Pfändungsschutz für Arbeitseinkommen und für Gehaltskonten, BB 1978, 1314; *Behr*, Gläubigervorteile und Schuldnerschutz nach dem 4. Gesetz zur Änderung der Pfändungsfreigrenzen, JurBüro 1979, 305; *ders.*, Erweiterung des Kontenschutzes gem. § 850 k Abs. 1 ZPO, Rpfleger 1989, 52; *Berger*, Pfändung von Girokontoguthaben, ZIP 1980, 946; *Derleder*, Sozialer Rückschritt beim Pfändungsschutz für Arbeitseinkommen infolge bargeldloser Auszahlung, AuR 1975, 65; *Meyer ter Vehn*, Pfändungsschutz bei Gehaltskonten, NJW 1978, 1240; *Mümmler*, Pfändung von Kontoguthaben, bestehend aus unpfändbaren Bezügen, JurBüro 1974, 1095; *Schroeder*, Die neuen Pfändungsfreigrenzen ab 1. 4. 1978, JurBüro 1978, 465; *Terpitz*, Zur Pfändung von Ansprüchen aus Bankkonten, WM 1979, 570; *Werner/Machunsky*, Zur Pfändung von Ansprüchen beim debitorisch geführten Kontokorrent, BB 1982, 1581.

Siehe ferner die Literaturhinweise vor Rdn. 15 und unter II 2 zu § 829.

**1** **I. Zweck der Norm:** Die §§ 850 a ff. ZPO schützen zunächst nur **Ansprüche** des Schuldners auf Arbeitseinkommen gegen den Arbeitgeber, Dienstherrn, die Versorgungskasse usw. vor dem uneingeschränkten Vollstreckungszugriff der Gläubiger. Sind diese Ansprüche bereits erfüllt, schützt § 811 Nr. 8 ZPO das Bargeld im Besitz des Schuldners.[1] Da Arbeitseinkommen heute überwiegend bargeldlos ausgezahlt wird, könnte eine Lücke im Vollstreckungsschutz entstehen zwischen dem Eingang des Geldes auf dem Konto des Schuldners und der Abhebung des Geldes durch den Schuldner.[2] Hier greift § 850 k ZPO ein, ergänzt durch § 835 Abs. 3 S. 2 ZPO.[3]

**2** **II. Voraussetzungen für die Anwendbarkeit der Norm:**

**1. Wiederkehrende Einkünfte:** Ansprüche des Schuldners auf wiederkehrende Einkünfte der in den §§ 850–850 b ZPO bezeichneten Art müssen durch Überweisung auf ein Konto befriedigt worden sein. Der Kontenschutz gilt somit von vornherein nicht, soweit nur Vergütungen der in § 850 i Abs. 1 S. 1 und Abs. 2 ZPO bezeichneten Art überwiesen wurden. Der klare Wortlaut der Norm schließt darüber hinaus auch den Schutz einmaliger unter §§ 850 a und b ZPO fallender Vergütungen und Leistungen aus, sobald sie überwiesen wurden. Eine analoge Anwendung der Vorschrift auf

---

1 Einzelheiten: § 811 Rdn. 32.
2 Dazu, daß eine solche Lücke auch vor Einführung des § 850 k ZPO nach dem damaligen Recht geschlossen werden konnte, siehe *Derleder*, AuR 1975, 65.
3 Siehe dort Rdn. 17.

einmalige Leistungen[4] hat der BGH[5] ausdrücklich abgelehnt.[6] Für solche einmaligen Leistungen, die vor der Gutschrift von dem Pfändungsschutz erfaßt werden, gilt nur noch die allgemeine Schutzvorschrift des § 765 a ZPO.[7] Da Einkünfte aus Heimarbeit nach § 27 HeimarbG[8] denen aus Arbeitsverhältnissen gleichgestellt sind, gilt § 850 k ZPO auch insoweit, als Einkünfte dieser Art auf Konten überwiesen werden.[9] Zum Schutz bargeldlos überwiesener Sozialleistungen enthält § 55 SGB I eine von § 850 k ZPO abweichende Sonderregelung.[10]

**2. Überweisung auf ein Konto des Schuldners bei einem Geldinstitut:** Auf das Konto **überwiesen** sind die Bezüge nicht nur dann, wenn der Drittschuldner (Arbeitgeber usw.) sie unmittelbar auf dieses Konto hat überweisen lassen, sondern auch, wenn der Schuldner von ihm einen Verrechnungsscheck erhalten hat, den er dann erst selbst auf sein Konto einziehen mußte.[11] Keine Überweisung liegt dagegen vor, wenn der Schuldner bar erhaltenes Geld seinerseits auf ein Konto einzahlt, etwa auf ein Sparbuch. Das Konto, auf das überwiesen wurde, muß ein **Konto des Schuldners** sein, wobei ein »Und«- oder »Oder-Konto«, über das neben dem Schuldner noch andere natürliche Personen, etwa der Ehegatte, verfügen können, ausreicht.[12] Dagegen reicht ein Konto eines Dritten (in das dann ja auch nur mit einem Titel gegen den Dritten vollstreckt werden kann) nicht aus,[13] um dem Schuldner oder dem Dritten ein Antragsrecht nach § 850 k ZPO zu geben mit der Behauptung, auf dieses Konto fließe der gesamte Arbeitslohn des Schuldners. Das Konto des Schuldners muß bei einem **Geldinstitut** eingerichtet sein, also bei einer Bank oder Sparkasse. Ein »Konto« bei einer Privatperson, die das Vermögen des Schuldners verwaltet, oder etwa beim Arbeitgeber reicht nicht, ebensowenig die Zahlstelle einer Haftanstalt.[14]

3

Daß auf das Konto ausschließlich oder auch nur überwiegend das Arbeitseinkommen und nicht auch andere Forderungen des Schuldners überwiesen werden, ist nicht erforderlich. Es muß auch nicht das gesamte Arbeitseinkommen allein auf dieses Konto fließen.[15] Ferner ist nicht notwendig, daß vor dem Antrag schon einmal das Arbeitsein-

4

---

4 So noch LG Oldenburg, JurBüro 1983, 778 und Rpfleger 1983, 33; offengelassen von KG, WM 1985, 209.
5 BGHZ 104, 309, 315 f.
6 So auch die ganz h. M.; vergl. *Baumbach/Lauterbach/Hartmann*, § 850 k Rdn. 2; MüKo/*Smid*, § 850 k Rdn. 10; *Stein/Jonas/Brehm*, § 850 k Rdn. 10; *Stöber*, Forderungspfändung, Rdn. 1282; *Thomas/Putzo*, § 850 k Rdn. 2.
7 BGHZ 104, 309, 315.
8 Siehe § 850 i Rdn. 8.
9 Allgem. Meinung; beispielhaft *Brox/Walker*, Rdn. 585; *Stein/Jonas/Brehm*, § 850 k Rdn. 6.
10 Siehe unten Rdn. 14.
11 *Stein/Jonas/Brehm*, § 850 k Rdn. 6.
12 Allgem. Meinung; beispielhaft *Stöber*, Forderungspfändung, Rdn. 1282.
13 BGH, NJW 1988, 709 (für Pfändungsschutz nach § 55 SGB I).
14 LG Berlin, Rpfleger 1992, 138.
15 Wie hier *Münzberg*, ZZP 1985, 358; *Stein/Jonas/Brehm*, § 850 k Rdn. 8; *Stöber*, Forderungspfändung, Rdn. 1282 a; a. A. (dann kein Schutz) *Arnold*, BB 1978, 1314.

kommen auf das fragliche Konto überwiesen worden war.[16] Auch das erste überwiesene Einkommen genießt bereits den Schutz.[17] Daß das Guthaben, das zur Zeit der Pfändung auf dem Konto ausgewiesen ist, gerade aus Arbeitseinkommen herrührt, ist nicht notwendig; das Arbeitseinkommen kann also etwa zum Ausgleich eines Debetsaldos herangezogen worden sein, das nachfolgende Guthaben dann auf Eingänge zurückzuführen sein, die nicht den §§ 850-850 b ZPO unterfallen.

5 III. **Möglichkeiten des Pfändungsschutzes:** Liegen die Voraussetzungen des Pfändungsschutzes nach § 850 k ZPO grundsätzlich vor, so unterscheidet das Gesetz noch drei Möglichkeiten des Schutzes: die endgültige Pfändungsaufhebung (Abs. 1), die Vorabfreigabe (Abs. 2) sowie einstweilige Anordnungen (Abs. 3).

6 1. **Die Pfändungsaufhebung (Abs. 1):**

a) **Antrag des Schuldners:** Die Pfändungsaufhebung erfolgt nur auf Antrag. Antragsberechtigt ist allein der Schuldner, also weder der Drittschuldner noch ein dem Schuldner gegenüber Unterhaltsberechtigter. Der Antrag kann bis zur Beendigung der in das Konto gerichteten Zwangsvollstreckung gestellt werden. Da der Antrag auf Aufhebung der Pfändung gerichtet ist, muß die Pfändung des Kontos bereits erfolgt sein. Ein prophylaktischer Antrag, um den Zugriff auf das Konto von vornherein auszuschließen, wäre unzulässig. Ist das Konto aber beschlagnahmt und erfaßt die Pfändung auch künftige Eingänge auf diesem Konto,[18] so kann auch die Aufhebung der Pfändung hinsichtlich künftiger Eingänge beantragt werden,[19] damit der Schuldner nicht jeweils zu Monatsanfang erneut das Vollstreckungsgericht bemühen muß. Der Antrag ist an das Vollstreckungsgericht zu richten. Es entscheidet der Rechtspfleger. Mit dem Antrag muß der Schuldner dem Gericht alle Umstände nachvollziehbar mitteilen, die für die Gewährung von Vollstreckungsschutz wesentlich sind. Das sind zum einen die näheren Umstände hinsichtlich des Kontos (siehe oben Rdn. 3 f.), zum anderen die die Unpfändbarkeit des Arbeitseinkommens ergebenden Umstände (Art und Höhe des Einkommens, Zahl der Unterhaltsberechtigten; gegebenenfalls auch Umstände zu § 850 f Abs. 1 ZPO).

7 b) **Anhörung des Gläubigers:** Der Gläubiger ist vor der endgültigen Aufhebung der Pfändung immer zu hören (Umkehrschluß aus Abs. 2 S. 4). Er hat, wenn er nach §§ 850 d, 850 f Abs. 2 ZPO über den Rahmen des § 850 c ZPO hinaus auf das Guthaben auf dem Konto zugreifen will, die besonderen Voraussetzungen dieser Normen darzulegen.

---

16 So aber *Arnold*, BB 1978, 1314; *Baumbach/Lauterbach/Hartmann*, § 850 k Rdn. 2; *Stöber*, Forderungspfändung, Rdn. 1282.
17 Wie hier MüKo/*Smid*, § 850 k Rdn. 11; *Stein/Jonas/Brehm*, § 850 k Rdn. 8; *Thomas/Putzo*, § 850 k Rdn. 4.
18 Zum Umfang der Beschlagnahme eines Girokontos durch Pfändung siehe Anh. § 829 Rdn. 2, 3.
19 KG, Rpfleger 1992, 307; LG Bad Kreuznach, JurBüro 1990, 402; LG Hannover, JurBüro 1986, 1886; LG Oldenburg, Rpfleger 1983, 33 und JurBüro 1983, 778.

c) **Entscheidung durch Beschluß:** Der Ausspruch der Pfändungsaufhebung erfolgt 8
durch Beschluß. In diesem Beschluß müssen die pfändungsfreien Beträge genau beziffert sein;[20] ein Hinweis auf die Tabelle zu § 850 c ZPO ist unzureichend. Der dem Schuldner pfändungsfrei zu belassende Betrag setzt sich sowohl aus den nach §§ 850 a, b ZPO unpfändbaren Bezügen als auch aus dem nach § 850 c ZPO errechneten Betrag zusammen, allerdings nur anteilig für die Zeit bis zum nächsten Zahlungstermin. Hat ein bevorrechtigter Gläubiger gepfändet und beruft er sich auf dieses Vorrecht, ist der Betrag, hinsichtlich dessen die Pfändung aufgehoben wird, entsprechend §§ 850 d, 850 f Abs. 2 ZPO zu reduzieren. Hat der Schuldner Arbeitseinkommen teils bar, teils durch Überweisung oder durch Überweisung auf mehrere Konten bezogen, sind die Beträge entsprechend § 850 e ZPO zusammenzurechnen, so daß das Guthaben auf dem Konto nicht isoliert vollen Pfändungsschutz erhält.[21] Für welchen Zeitraum der pfändungsfreie Bedarf des Schuldners zu errechnen ist, richtet sich nach den Soll-Zahlungsterminen seines Arbeitseinkommens.

Ist ein Betrag auf dem Konto einmal für pfändungsfrei erklärt worden, bleibt er diesem Gläubiger gegenüber pfändungsfrei, auch wenn er nach Eingang der nächsten Lohnzahlung auf dem Konto stehengeblieben war.[22] Anderen Gläubigern gegenüber gilt dies aber nicht. Sie können auf diesen Überschuß zugreifen.

**2. Die Vorabfreigabe (Abs. 2):** 9

a) **Zweck:** Die Vorabfreigabe soll verhindern, daß der Schuldner öffentliche Fürsorge in Anspruch nehmen muß, weil sich die Entscheidung nach Abs. 1 verzögert. Deshalb kommt eine Vorabfreigabe, wenn auch künftige Guthaben gepfändet wurden und aus diesem Grunde nach Abs. 1 auch die Freigabe künftiger Beträge beantragt wurde, nur für den ersten Zahlungszeitraum in Betracht.[23] Sollte dann – ausnahmsweise – die endgültige Entscheidung noch nicht vorliegen, müßte für den nächsten Zahlungstermin eine erneute Vorabfreigabe beantragt und gesondert beschlossen werden. Die Vorabfreigabe braucht, wenn ein Antrag nach Abs. 1 gestellt ist, nicht zusätzlich gesondert beantragt zu werden,[24] soweit ihre Voraussetzungen schlüssig dargelegt und mit den Mitteln des § 294 ZPO glaubhaft gemacht sind. Allerdings ist ein gesonderter Antrag nicht schädlich.

b) **Voraussetzungen:** Eine Vorabfreigabe kommt nur in Betracht, wenn eine endgültige 10
Pfändungsaufhebung gem. Abs. 1 nach dem Antrag möglich erscheint, weil der Schuldner deren Voraussetzungen **glaubhaft** gemacht hat (Abs. 2 S. 3). Darüber hinaus muß der Schuldner glaubhaft machen, daß er jedenfalls auf einen Teil des Kontoguthabens **dringend angewiesen** ist, um seinen eigenen notwendigen Unterhalt zu bestreiten und seine laufenden (den Ansprüchen des pfändenden Gläubigers vorrangigen) gesetzlichen Unterhaltspflichten erfüllen zu können. Auch vor der Entscheidung über eine

---

20 LG Köln, ZIP 1985, 642.
21 *Stein/Jonas/Brehm*, § 850 k Rdn. 8.
22 LG Hannover, JurBüro 1986, 1886.
23 *Thomas/Putzo*, § 850 k Rdn. 10.
24 MüKo/*Smid*, § 850 k Rdn. 17; *Stöber*, Forderungspfändung, Rdn. 1294; **a. A.** (Antrag erforderlich) *Hornung*, Rpfleger 1978, 353.

Vorabfreigabe ist der Gläubiger grundsätzlich zu hören, wobei die Frist zur Stellungnahme sehr kurz bemessen sein darf. Die Anhörung darf nur dann entfallen, wenn der mit ihr verbundene (auch kurze) Aufschub dem Schuldner nicht zuzumuten ist, wenn er also sofort über einen Teil seines Guthabens verfügen können muß, um nicht in eine akute Notsituation zu geraten (Abs. 2 S. 4).

11  c) **Inhalt des Beschlusses:** Der vorab freigegebene Betrag ist im Beschluß genau zu beziffern. Er hat sich, auch wenn ein nichtbevorrechtigter Gläubiger die Zwangsvollstreckung betreibt, der Höhe nach an dem zu orientieren, was dem Schuldner in jedem Falle auch bei einer Zwangsvollstreckung nach § 850 d ZPO verbliebe. Das sollte in der Regel weniger sein als das, was schließlich nach Abs. 1 freigegeben werden wird. In jedem Falle bildet aber der nach Abs. 1 endgültig zu belassende Betrag die Obergrenze der Vorabfreigabe (Abs. 2 S. 2).

12  d) **Wirkung des Beschlusses:** Der Beschluß ist dem Schuldner, dem Gläubiger und dem Drittschuldner gem. § 329 ZPO von Amts wegen zuzustellen. Er wirkt aber bereits, sobald er die interne Sphäre des Gerichts verlassen hat. Deshalb hat ihn das Geldinstitut auch dann zu beachten, wenn er ihm selbst noch nicht zugestellt ist, ihm aber vom Schuldner vorgelegt wird. Das Institut hat dann dem Schuldner auf Verlangen den freigegebenen Betrag auszuzahlen, wenn es sich dem Schuldner gegenüber nicht schadensersatzpflichtig machen will.

13  **3. Einstweilige Anordnungen (Abs. 3):** Dem Schuldner sind vielfach die Möglichkeiten nach § 850 k ZPO nicht bekannt. Bis er erfahren hat, was er unternehmen muß, ist die Frist des § 835 Abs. 3 S. 2 ZPO fast abgelaufen. Ist dem Geldinstitut bis zum Ablauf dieser Frist keine anderslautende Mitteilung des Gerichts zugegangen, muß es an den Vollstreckungsgläubiger im Umfange der Pfändung auszahlen. Freizugebende Beträge für eine Entscheidung nach Abs. 1 oder Abs. 2 sind danach meist nicht mehr vorhanden. Für Fälle dieser Art ermöglicht es Abs. 3, einstweilige Anordnungen der in § 732 Abs. 2 ZPO bezeichneten Art zu erlassen. Die Auszahlung an den Gläubiger kann dann weiterhin befristet hinausgeschoben oder vom Nachweis einer Sicherheitsleistung des Gläubigers abhängig gemacht werden. Das Gericht wird in jedem Falle sicherstellen, daß so viel auf dem Konto zugunsten des Schuldners verbleibt, wie bei einer Vorabfreigabe dem Schuldner zugestanden würde. Hinsichtlich der Anhörung des Gläubigers gilt Abs. 2 S. 4 entsprechend.

Hinsichtlich der Zustellung der einstweiligen Anordnung und ihrer Wirksamkeit gilt das oben Rdn. 12 Gesagte entsprechend. Die einstweilige Anordnung verliert ihre Wirksamkeit, sobald der Vorabfreigabebeschluß nach Abs. 2 oder, soweit ein solcher nicht erfolgt, der endgültige Aufhebungsbeschluß nach Abs. 1 ergeht.

14  **IV. Pfändungsschutz für Sozialleistungen auf Konten bei Geldinstituten (§ 55 SGB I):** Auch Sozialleistungen werden heute überwiegend nicht bar ausgezahlt, sondern auf ein Konto des Schuldners bei einem Geldinstitut überwiesen (siehe § 47 SGB I). Für viele Empfänger von Sozialleistungen wäre die Regelung des § 850 k ZPO, die ein rasches Tätigwerden des Schuldners verlangt und die ihm ein erhebliches Maß an Darlegungs- und Glaubhaftmachungslast aufbürdet, zu kompliziert. Das würde vielfach dazu führen, daß die öffentliche Fürsorge erneut helfend eingreifen

müßte. Deshalb ist in § 55 SGB I eine schuldnerfreundlichere, einfachere Lösung gefunden worden, die allerdings die Geldinstitute mehr belastet. Die Vorschrift lautet:

§ 55 Kontenpfändung und Pfändung von Bargeld

(1) ¹Wird eine Geldleistung auf das Konto des Berechtigten bei einem Geldinstitut überwiesen, ist die Forderung, die durch die Gutschrift entsteht, für die Dauer von sieben Tagen seit der Gutschrift der Überweisung unpfändbar. ²Eine Pfändung des Guthabens gilt als mit der Maßgabe ausgesprochen, daß sie das Guthaben in Höhe der in Satz 1 bezeichneten Forderung während der sieben Tage nicht erfaßt.
(2) ¹Das Geldinstitut ist dem Schuldner innerhalb der sieben Tage zur Leistung aus dem nach Absatz 1 Satz 2 von der Pfändung nicht erfaßten Guthaben nur soweit verpflichtet, als der Schuldner nachweist oder als dem Geldinstitut sonst bekannt ist, daß das Guthaben von der Pfändung nicht erfaßt ist. ²Soweit das Geldinstitut hiernach geleistet hat, gilt Absatz 1 Satz 2 nicht.
(3) ¹Eine Leistung, die das Geldinstitut innerhalb der sieben Tage aus dem nach Absatz 1 Satz 2 von der Pfändung nicht erfaßten Guthaben an den Gläubiger bewirkt, ist dem Schuldner gegenüber unwirksam. ²Das gilt auch für eine Hinterlegung.
(4) Bei Empfängern laufender Geldleistungen sind die in Absatz 1 genannten Forderungen nach Ablauf von sieben Tagen seit der Gutschrift sowie Bargeld insoweit nicht der Pfändung unterworfen, als ihr Betrag dem unpfändbaren Teil der Leistungen für die Zeit von der Pfändung bis zum nächsten Zahlungstermin entspricht.

**Literatur:** *Liesecke*, Das Bankguthaben in Gesetzgebung und Rechtsprechung, Teil IV: Die Zwangsvollstreckung in Bankguthaben, WM 1975, 314; *Mümmler*, Zur Pfändung von Arbeitseinkommen und Sozialleistungen, die auf ein Konto des Leistungsempfängers überwiesen worden sind, JurBüro 1976, 1451; *Noack*, Pfändung und Vollstreckungsschutz von Kontoguthaben, DGVZ 1976, 112; *Terpitz*, Pfändungsschutz bei Kontenpfändung nach § 55 des Ersten Buches des Sozialgesetzbuches, BB 1976, 1564.

**1. Anwendungsbereich und Pflicht zur Beachtung der Norm:** Die Vorschrift gilt in gleichem Maße für einmalige wie für wiederkehrende Sozialleistungen,[25] sobald sie auf dem Konto des Schuldners eingegangen sind. Hinsichtlich des Kontos gilt das oben zu § 850 k Abs. 1 ZPO Gesagte entsprechend.[26] Die Vorschrift ist bei jeder Pfändung zu beachten, auch wenn Unterhaltsgläubiger vollstrecken. Im Pfändungsbeschluß muß nicht (und wird auch regelmäßig nicht) darauf hingewiesen sein, daß Sozialgeldleistungen von der Pfändung des Guthabens auf dem Konto während der ersten sieben Tage seit der Gutschrift der Überweisung nicht erfaßt werden. § 55 Abs. 1 S. 2 SGB I schränkt die Pfändung automatisch ein, ohne daß das Vollstreckungsgericht die Voraus-

15

---

[25] Nicht erfaßt werden dagegen Erstattungszahlungen von Dritten, an die etwa aufgrund einer Abtretung die Sozialleistung ausgezahlt worden ist (LG Bremen, JurBüro 1990, 1672).
[26] Siehe oben Rdn. 3.

setzungen dieser Norm überhaupt prüfen muß.²⁷ Das Geldinstitut muß die Vorschrift von sich aus beachten.

16  2. **Rechtslage während der Sieben-Tage-Frist:** Für die Berechnung der sieben Tage gelten die §§ 187 Abs. 1, 188 Abs. 1, 222 Abs. 2 BGB. Innerhalb dieser Frist hat das Geldinstitut Verfügungen des Schuldners (Abhebungen, Überweisungen) aus dem durch die Sozialleistungen gebildeten Guthaben ohne Rücksicht auf den das Konto betreffenden Pfändungsbeschluß auszuführen, wenn dem Institut (etwa aus dem Eingangsbeleg) bekannt ist, daß das Guthaben aus der Gutschrift einer Sozialleistung herrührt oder wenn der Schuldner dies vor der Verfügung **nachweist** (eine bloße Versicherung des Schuldners, es handele sich um Sozialgeldleistungen, reicht also nicht).

17  3. **Inhalt des Pfändungsschutzes:** Der Pfändungsschutz zugunsten des Schuldners ist aber von diesem Nachweis nicht abhängig. Leistungen, die das Geldinstitut aufgrund der Pfändung und Überweisung an den Gläubiger innerhalb der Sieben-Tage-Frist in Unkenntnis des Charakters der der Gutschrift zugrundeliegenden Leistung erbracht hat, sind dem Schuldner gegenüber unwirksam (Abs. 3 S. 1). Das gilt auch für Hinterlegungen (Abs. 3 S. 2). Das Geldinstitut muß an den Schuldner, wenn dieser den gehörigen Nachweis erbringt, nochmals leisten.²⁸ Gegenüber dem Gläubiger besteht ein Rückzahlungsanspruch aus § 812 BGB.²⁹ Hat das Institut deshalb Zweifel, ob ein Guthaben auf einem gepfändeten Konto aus Sozialgeldleistungen herrührt, kann es dem Gläubiger gegenüber in den ersten sieben Tagen nach der Gutschrift der Leistungen auf dem Schuldnerkonto die Auszahlung verweigern, ohne in Verzug zu geraten.³⁰

18  4. **Verhältnis zur Zwei-Wochen-Frist des § 835 Abs. 3 S. 2 ZPO:** Die Sieben-Tage-Frist des § 55 SGB I hat nichts mit der Zwei-Wochen-Frist des § 835 Abs. 3 S. 2 ZPO zu tun, die für alle Konten natürlicher Personen gilt, unabhängig davon, aus welcher Art von Ansprüchen die Gutschriften auf dem Konto herrühren. Die beiden Fristen können sich – zufälligerweise – überschneiden, müssen dies aber nicht. Die Frist des § 835 Abs. 3 S. 2 ZPO tangiert die Pfändung des Guthabens nicht.

19  5. **Pfändungsschutz nach Ablauf der Sieben-Tage-Frist:** Nach Ablauf der Sieben-Tage-Frist besteht für Schuldner, die Empfänger **laufender Sozialgeldleistungen** sind, weiterhin insoweit Pfändungsschutz, als die aus den Sozialleistungen herrührende Gutschrift auf dem Konto bzw. vom Schuldner abgehobenes Bargeld bis zu demjenigen Betrag der Pfändung nicht unterworfen ist, der dem unpfändbaren Teil der Leistungen für die Zeit von der Pfändung bis zum nächsten Zahlungstermin entspricht (**Abs. 4**). Die Höhe des Betrages ergibt sich aus § 54 Abs. 4 SGB I³¹ unter Berücksichtigung der seit dem Eingang der Gutschrift bereits verflossenen Zeit. Beträgt also etwa der

---

27 LG Heilbronn, Rpfleger 1994, 117.
28 LG Heilbronn, Rpfleger 1994, 117.
29 Vergl. auch KassKomm-*Seewald*, § 55 SGB I Rdn. 13; *Stöber*, Forderungspfändung, Rdn. 1435.
30 *Terpitz*, BB 1976, 1564.
31 Den Wortlaut des § 54 SGB I in der durch Gesetz vom 13.6.1994 (BGBl. I, 1229) geänderten Fassung siehe Anh. § 829 Rdn. 21.

pfändungsfreie Betrag für einen ganzen Monat 600 DM, ist die Sieben-Tage-Frist aber am 10. eines Monats abgelaufen, beträgt der jetzt noch unpfändbare Teil bis zum nächsten Zahlungseingang 400 DM, da ein Drittel des Monats bereits verflossen war. Diesen Teil des nach Ablauf der Sieben-Tage-Frist noch auf dem Konto befindlichen Guthabens darf das Geldinstitut, wenn der Gläubiger nicht ausdrücklich zustimmt, nicht einfach an den Schuldner auszahlen. Er ist nämlich zunächst gepfändet, da für das Guthaben nach Ablauf der Sieben-Tage-Frist eine dem Abs. 1 S. 2 entsprechende Vorschrift fehlt. Der Schuldner muß die Unpfändbarkeit nunmehr mit der Erinnerung nach § 766 ZPO geltend machen.[32] Um eine Auszahlung des Betrages an den Gläubiger vorab zu verhindern, kann eine einstweilige Anordnung nach §§ 766 Abs. 1 S. 2, 732 Abs. 2 ZPO ergehen. Für **einmalige** Sozialleistungen besteht nach Ablauf der Sieben-Tage-Frist, soweit das Geld auf dem Konto verblieben ist, kein Pfändungsschutz mehr. Da der Wortlaut des Abs. 4 insoweit eindeutig ist, kann auch § 54 Abs. 2 SGB I nicht entsprechend angewendet werden.[33] Die sieben Tage müssen dem Schuldner ausreichen, um das Geld seiner bestimmungsgemäßen Verwendung zuzuführen.

**6. Bedeutung des § 55 SGB I für andere Kontoguthaben als Sozialleistungen:** Befinden sich auf dem Konto sowohl Gutschriften über Sozialleistungen als auch über andere Einkünfte, gilt der Schutz des § 55 SGB I nur für den Teil des Guthabens, der der Gutschrift der Sozialleistungen entspricht. Der Rest des Guthabens ist von Anfang an gepfändet. Ihn kann das Geldinstitut nach Ablauf der Frist des § 835 Abs. 3 S. 2 ZPO an den Gläubiger auszahlen. Ist für diese anderen Einkünfte § 850 k ZPO anwendbar, kann der Schuldner hinsichtlich des nicht durch Sozialleistungen gebildeten Guthabens die Möglichkeiten dieser Vorschrift[34] ausschöpfen. 20

**V. Überziehungskredit:** Zur Frage, ob im Rahmen der Kontenpfändung der Gläubiger auch auf den vom Schuldner nicht voll ausgeschöpften Überziehungskredit zugreifen kann, siehe Anh. § 829 Rdn. 4, 5. 21

**VI. Rechtsbehelfe:** Beschlüsse im Rahmen des § 850 k Abs. 1 ZPO sind ausnahmslos Entscheidungen, die deshalb vom Beschwerten immer mit der befristeten Rechtspflegererinnerung nach § 11 Abs. 1 S. 2 RPflG anzufechten sind. Soweit der Gläubiger zu einer Vorabfreigabe nach § 850 k Abs. 2 ZPO nicht angehört wurde, kann er die Vorabfreigabe mit der Erinnerung nach § 766 ZPO angreifen; in den übrigen Fällen des Abs. 2 ist auch § 11 Abs. 1 S. 2 RPflG der richtige Rechtsbehelf für Gläubiger und Schuldner. Einstweilige Anordnungen nach Abs. 3 sowie Beschlüsse, die den Erlaß einer einstweiligen Anordnung ablehnen, sind wie die Entscheidungen im Rahmen des § 732 Abs. 2 ZPO nicht anfechtbar,[35] soweit sie ausnahmsweise vom Richter erlassen wurden. Entscheidungen des Rechtspflegers nach Abs. 3 sind dagegen mit der befristeten Erinnerung nach § 11 Abs. 1 S. 2, Abs. 2 S. 3 RPflG anfechtbar, über die abschließend der Richter beim Vollstreckungsgericht entscheidet. 22

---

32 LG Oldenburg, ZIP 1981, 1325; KassKomm-*Seewald*, § 55 SGB I Rdn. 17; *Zöller/Stöber*, § 850 i Rdn. 51.
33 *Brox/Walker*, Rdn. 597.
34 Siehe oben Rdn. 5.
35 Siehe § 732 Rdn. 16.

Im Rahmen des § 55 Abs. 1–3 SGB I ergehen keine gerichtlichen Entscheidungen, so daß auch keine vollstreckungsrechtlichen Rechtsbehelfe in Betracht kommen. Soweit der Schuldner im Rahmen des § 55 Abs. 4 SGB I gegen die Pfändung unpfändbarer Sozialleistungen auf seinem Konto Erinnerung nach § 766 ZPO eingelegt hat, entscheidet der Richter am Vollstreckungsgericht. Seine Entscheidung ist mit der sofortigen Beschwerde nach § 793 ZPO anzufechten.

23 **VII. Gebühren:** Die Entscheidungen des Vollstreckungsgerichts nach § 850 k Abs. 1–3 ZPO ergehen gerichtsgebührenfrei. Für den Anwalt ist seine Tätigkeit mit der allgemeinen Vollstreckungsgebühr nach § 57 BRAGO, soweit sie schon angefallen ist, abgegolten; denn seine Tätigkeit im Rahmen von § 850 k ZPO ist keine besondere Angelegenheit i. S. v. § 58 BRAGO.

24 **VIII. ArbGG, VwGO, AO:** Siehe § 850 Rdn. 19. In der Abgabenvollstreckung gilt § 850 k ZPO über § 319 AO nur sinngemäß; für den Vollstreckungsschutzantrag nach § 850 k ZPO ist nicht das Amtsgericht als Vollstreckungsgericht, sondern die Vollstreckungsbehörde zuständig.[36]

---

36 OLG Hamm, Rpfleger 1995, 170 f.; **a. A.** LG Frankfurt, Rpfleger 1992, 168 (für die Zuständigkeit bei Pfändungsschutz in Justizbeitreibungsfällen).

## § 851 Nicht übertragbare Forderungen

(1) Eine Forderung ist in Ermangelung besonderer Vorschriften der Pfändung nur insoweit unterworfen, als sie übertragbar ist.

(2) Eine nach § 399 des Bürgerlichen Gesetzbuchs nicht übertragbare Forderung kann insoweit gepfändet und zur Einziehung überwiesen werden, als der geschuldete Gegenstand der Pfändung unterworfen ist.

### Inhaltsübersicht

| | | Rdn. |
|---|---|---|
| | Literatur | |
| I. | Zweck der Norm | 1 |
| II. | Unpfändbarkeit wegen Nichtübertragbarkeit | 2 |
| | 1. Nichtübertragbarkeit kraft Gesetzes | 2 |
| | 2. Höchstpersönliche Forderungen | 3 |
| | 3. Zweckgebundene Forderungen | 4 |
| | a) Beispiele | 4 |
| | b) Zeitpunkt der Zweckbindung | 5 |
| | c) Art der Zweckbindung | 6 |
| | 4. Unselbständige Nebenrechte | 7 |
| III. | Pfändbarkeit bei vertraglich vereinbarter Unübertragbarkeit (Abs. 2) | 8 |
| | 1. Zweck des Abs. 2 | 8 |
| | 2. Sonderregel des § 354 a HGB | 8a |
| | 3. Anwendungsbereich des Abs. 2 | 9 |
| | 4. Gegenstand der Pfändung unterworfen | 10 |
| | 5. Nachträgliche Vereinbarung der Abtretbarkeit | 11 |
| IV. | Rechtsbehelfe | 12 |
| V. | ArbGG, VwGO, AO | 13 |

**Literatur:** *Bauer*, Umfang und Begrenzung der Zwangsvollstreckung in verkehrsunfallbedingten Schadensersatzforderungen, JurBüro 1962, 655; *ders.*, Die Zwangsvollstreckung in Baugelder, JurBüro 1963, 65; *ders.*, Abtretung von und Zwangsvollstreckung in Sparkassenbriefe, JurBüro 1974, 1354; *ders.*, Die Zwangsvollstreckung in Sparprämienguthaben, JurBüro 1975, 288; *Becker*, Sind Untermietzinsforderungen pfändbar?, NJW 1954, 1595; *Bohn*, Die Zwangsvollstreckung in Rechte des Versicherungsnehmers aus dem Versicherungsvertrag und der Konkurs des Versicherungsnehmers, Festschr. f. Schiedermair, 1976, 33; *Borrmann*, Zur Pfändbarkeit vermögenswirksamer Leistungen, DB 1974, 382; *Brych/Borrmann*, Zur Pfändbarkeit vermögenswirksamer Leistungen, DB 1974, 2054; *Hillebrand*, Zur Unpfändbarkeit zweckgebundener Forderungen, Rpfleger 1986, 464; *Jakobs*, Die Verlängerung des Eigentumsvorbehalts und der Ausschluß der Abtretung der Weiterveräußerungsforderung (BGHZ 56, 228), JuS 1973, 152; *Jansen*, Rangvorbehalt und Zwangsvollstreckung, AcP 1952/53, 508; *Kurzka*, Der Zugriff auf den Rechtsschutzversicherungsanspruch, VersR 1980, 12; *Liebs*, Die unbeschränkbare Verfügungsbefugnis, AcP 1975, 1; *Muth*, Zur Pfändbarkeit vermögenswirksamer Leistungen nach dem 3. VermBilG, DB 1979, 1118; *ders.*, Übertragbarkeit und Pfändbarkeit des Kapitalentnahmeanspruchs von Personenhandelsgesellschaften, DB 1986, 1761; *Oswald*, Zwangsvollstreckung im Bereich des Vermögensbildungsgesetzes, AnwBl. 1974, 365; *Schalhorn*, Wann kann die Justizverwaltung gegen den Anspruch eines Freigesprochenen aus dem Strafentschädigungsgesetz eine Aufrechnung mit einer ihr zustehenden

Kostenforderung erklären?, JurBüro 1974, 303; *ders.*, Ist die Pfändung eines Guthabens, das der Auftraggeber bei seinem Rechtsbeistand (Rechtsanwalt) hat, durch einen Gläubiger zulässig?, Jur-Büro 1975, 1315; *Schütz*, Abtretung und Pfändung im Akkreditiv-Verkehr, BB 1964, 332; *E. Wagner*, Materiell-rechtliche und prozessuale Probleme des § 354a HGB, WM 1996, Sonderbeilage 1; *M. Wagner*, Abtretung, Verpfändung und Pfändung nach dem Unterhaltssicherungsgesetz, Rpfleger 1973, 206; *Weimar*, Die Pfändung von Guthaben aus Sparverträgen aufgrund des Vermögensbildungsgesetzes, JurBüro 1976, 437; *Wilhelm*, Das Merkmal »auf Kosten« als notwendiges Kriterium der Leistungskondiktion, JuS 1973, 1.

1 **I. Zweck der Norm:** Die Vorschrift korrespondiert in Abs. 1 mit § 400 BGB, nach dem Forderungen nicht abgetreten werden können, soweit sie der Pfändung nicht unterworfen sind. Die Vorschrift ist zum Schutze der Abtretungsverbote erforderlich, da die Verwertung einer gepfändeten Forderung, die Überweisung, in ihren Auswirkungen einer Übertragung in vielfacher Hinsicht gleichkommt. Umgekehrt dient § 400 BGB dem Schutz der Pfändungsverbote, damit diese nicht durch (etwa dem schwächeren Vertragspartner schon in AGB aufgezwungene) Abtretungsvereinbarungen unterlaufen werden.

Die Nichtübertragbarkeit einer Forderung oder eines Rechts kann sich ausdrücklich aus dem Gesetz ergeben, sie kann aus der Höchstpersönlichkeit des Anspruchs (§ 399, 1. Fall BGB) oder aus der Zweckbindung der zu beanspruchenden Leistung folgen (forderungsimmanente Nichtübertragbarkeit) oder aber schlicht rechtsgeschäftlich vereinbart sein (§ 399, 2. Fall BGB). Da der Schuldner durch die Vereinbarung der Nichtübertragbarkeit einen wesentlichen Teil seines Vermögens willkürlich der Zwangsvollstreckung entziehen könnte, enthält Abs. 2 für diese Fälle der Nichtübertragbarkeit eine Einschränkung zum Grundsatz des Abs. 1.

2 **II. Unpfändbarkeit wegen Nichtübertragbarkeit:**

**1. Nichtübertragbarkeit kraft Gesetzes:** Nichtübertragbar kraft ausdrücklicher gesetzlicher Anordnung sind z. B. die Mehrzahl der Ansprüche, die den Gesellschaftern einer BGB-Gesellschaft oder einer Personenhandelsgesellschaft aus dem Gesellschaftsverhältnis gegeneinander zustehen (§ 717 S. 1 BGB). Ferner sind zu nennen die Ansprüche aus § 1300 BGB vor ihrem Anerkenntnis oder Rechtshängigkeit;[1] vor Eintragung der Gesellschaft die Anteilsrechte an einer Aktiengesellschaft (§ 41 Abs. 4 AktG), die in § 51 Abs. 3 BeamtVG genannten Ansprüche sowie die Ansprüche aus §§ 613, 664 BGB vor der ausdrücklichen Vereinbarung der Übertragbarkeit. Das Vollstreckungshindernis des § 14 KO[2] begründet kein gesetzliches Abtretungsverbot i. S. v. § 400 BGB.[3]

---

1 Bis zum Änderungsgesetz vom 14. 3. 1990 (BGBl. I, 478) zählte hierher auch der Anspruch aus § 847 BGB.
2 Ab dem 1.1.1999: § 89 InsO.
3 BGHZ 125, 116, 122.

**2. Höchstpersönliche Forderungen:** Höchstpersönlich ist etwa der an die Stelle des Anspruchs auf Urlaub getretene Anspruch auf Urlaubsabgeltung,[4] ferner der Anspruch des nichtehelichen Kindes gem. § 1934 d BGB auf vorzeitigen Erbausgleich, solange er nicht notariell anerkannt oder rechtshängig gemacht ist,[5] das Recht der Eltern aus § 1649 Abs. 2 BGB, Einkünfte aus Kindesvermögen zum eigenen Unterhalt verwenden zu dürfen, das Recht des Mieters auf Gebrauchsüberlassung, auch wenn der Vermieter dem Mieter im Einzelfall die Untervermietung der Räume gestattet hat[6] (der Gläubiger kann also nicht an Stelle des Schuldners Teile von dessen Wohnung untervermieten; hat der Schuldner aber selbst untervermietet, ist sein Anspruch auf den Untermietzins selbstverständlich pfändbar),[7] das Recht des Bankkunden, im Rahmen der vereinbarten Kreditlinie das Konto überziehen zu dürfen,[8] der Rangvorbehalt gem. § 881 BGB,[9] der Anspruch des Straf- und Untersuchungsgefangenen auf Auszahlung des sog. Eigengeldes,[10] sowie der Anspruch auf Auszahlung eines Vorschusses auf die Haftentschädigung.[11]

Nicht zu den höchstpersönlichen Ansprüchen zählt der zum Unterhaltsanspruch nach § 1360 BGB gehörende Anspruch eines Ehegatten auf Taschengeld.[12] Auch der Schmerzensgeldanspruch ist nach Wegfall des § 847 Abs. 1 S. 2 BGB durch Gesetz vom 14. 3. 1990[13] pfändbar.[14] Gleiches gilt für einen Anspruch aus einer Kapitallebensversicherung.[15]

**3. Zweckgebundene Forderungen:** Sie sind dann unpfändbar, wenn der mit der versprochenen oder geschuldeten Leistung bezweckte Erfolg nicht erreicht werden kann, falls die Leistung an den Gläubiger zur Befriedigung von dessen titulierter Forderung erfolgt. Umgekehrt heißt dies: Liegt die Befriedigung des vollstreckenden Gläubigers im Rahmen der Zweckbindung, so ist in diesem Rahmen für ihn die Forderung auch pfändbar.

a) **Beispiele:** So ist der Anspruch des Ehegatten auf **Prozeßkostenvorschuß** gem. § 1360 a BGB grundsätzlich unpfändbar; wegen der Gebührenansprüche aus dem kon-

---

4 BAG, BB 1959, 340; *Stöber*, Forderungspfändung, Rdn. 988; a. A. LAG Berlin, NZA 1992, 122, 123; LAG Köln, ARSt. 1990, 156; *D. Gaul*, NZA 1987, 473, 475. Einzelheiten: § 850 a Rdn. 3.
5 MüKo/*Smid*, § 851 Rdn. 5; *Stöber*, Forderungspfändung, Rdn. 123; a. A. wohl *Stein/Jonas/Brehm*, § 852 Rdn. 4.
6 OLG Hamburg, MDR 1954, 685.
7 OLG Frankfurt, NJW 1953, 1597; MDR 1956, 41; OLG Hamm, JurBüro 1956, 308; LG Berlin, NJW 1955, 309; LG Frankfurt, NJW 1953, 1598.
8 Einzelheiten: Anh. § 829 Rdn. 4.
9 BGHZ 12, 238.
10 OLG Stuttgart, Rpfleger 1976, 146; LG Berlin, Rpfleger 1966, 311; **einschränkend** LG Frankfurt, Rpfleger 1989, 33; a. A. OLG Karlsruhe, Rpfleger 1994, 370; LG Hannover, Nds.Rpfl 1966, 122; AG Köln, JurBüro 1965, 814; *Baumbach/Lauterbach/Hartmann*, § 851 Rdn. 3.
11 OLG Hamm, NJW 1975, 2075.
12 Siehe zur Pfändbarkeit dieses Anspruchs § 850 b Rdn. 11.
13 BGBl. I, 478.
14 Unzutreffend MüKo/*Smid*, § 851 Rdn. 5.
15 BFH, Rpfleger 1991, 466.

kreten Prozeß können aber die Gerichtskasse und der Prozeßbevollmächtigte des Ehegatten auf diesen Anspruch zugreifen.[16] Der **Freistellungsanspruch** des Arbeitnehmers gegen den Arbeitgeber von Ansprüchen eines Betriebsfremden auf Schadensersatz wegen fahrlässiger Schadenszufügung ist nur für den geschädigten Dritten pfändbar.[17] Der Anspruch des Bauherrn gegen die Bank auf Auszahlung des **Baudarlehens** ist nur für die an dem durch dieses Darlehen mitfinanzierten Bau beteiligten Handwerker, Architekten usw., nicht aber für Dritte, deren Tätigkeit sich nicht auf die Errichtung dieses Bauwerks bezieht, pfändbar.[18] In den Anspruch auf Befreiung von einer Verbindlichkeit kann nur der Gläubiger dieser Verbindlichkeit vollstrecken.[19] Auf den Anspruch auf Auszahlung einer **Subvention** können nur diejenigen Gläubiger im Wege der Zwangsvollstreckung zugreifen, deren Ansprüche vom Zweck der Subvention gedeckt sind.[20] **Treuhänderisch** verwaltete Gelder sind nur im Rahmen des mit der Treuhand verfolgten Zweckes pfändbar.[21] Unpfändbar ist ferner der Anspruch auf Kindesunterhalt nach § 1629 Abs. 3 BGB. Gegen ihn kann deshalb auch nicht mit Ansprüchen aufgerechnet werden, die nicht im Zusammenhang mit der Durchsetzung des Kindesunterhalts stehen.[22]

5   b) **Zeitpunkt der Zweckbindung:** Die Zweckbindung des Anspruchs, die seiner allgemeinen Pfändbarkeit entgegensteht, muß sich aus dem materiellen Recht ergeben und bereits vor der Pfändung bestanden haben. Ein Zahlungsanspruch, für den nach materiellem Recht eine die Pfändung hindernde Zweckbindung nicht besteht, bleibt auch insoweit pfändbar, als er durch einstweilige Verfügung zu einem dringlichen Zweck zugebilligt wird.[23] Umgekehrt kann die ursprüngliche Zweckbindung aufgrund nachträglicher Entwicklungen verloren gehen und der Anspruch dann allgemein pfändbar werden: Während etwa eine beschränkte persönliche Dienstbarkeit (z. B. Wohnrecht) unpfändbar ist,[24] ist der als Ersatzforderung für eine mit dem Zuschlag in der Zwangsversteigerung erloschene Dienstbarkeit entstandene Erlösanspruch (§§ 92, 121 ZVG) als gewöhnliche Geldforderung ohne weiteres pfändbar.[25] Der Anspruch der GmbH gegen ihre Gesellschafter auf Einzahlung des Stammkapitals gem. § 19 GmbHG ist grundsätzlich nur für Gläubiger pfändbar, die der Gesellschaft eine vollwertige Gegenleistung haben zufließen lassen,[26] damit auch das Haftkapital tatsächlich aufgebracht wird. Hat die Gesellschaft aber ihren Geschäftsbetrieb endgültig eingestellt und ist

---

16 BGHZ 94, 316, 322; OLG Frankfurt, FamRZ 1956, 110; OLG Köln, FamRZ 1993, 1462, 1463; LG Berlin, FamRZ 1971, 173.
17 BAG, AP Nrn. 37, 45 zu § 611 BGB Haftung des Arbeitnehmers; LG Berlin, MDR 1972, 153; *Brox/Walker*, Rdn. 523.
18 LG Aachen, Rpfleger 1962, 449; *Brox/Walker*, Rdn. 522; *Rosenberg/Schilken*, § 54 I 1 b; *Stein/Jonas/Brehm*, § 851 Rdn. 21; *Stöber*, Forderungspfändung, Rdn. 80.
19 BGHZ 41, 203; KG, VersR 1980, 931.
20 *Rosenberg/Schilken*, § 54 I 1 b; *Stein/Jonas/Brehm*, § 851 Rdn. 21.
21 BGH, Rpfleger 1978, 248.
22 BGH, WM 1991, 878, 879 f.
23 OLG Düsseldorf, OLGZ 1966, 315.
24 Siehe auch § 857 Rdn. 27.
25 LG Frankfurt, Rpfleger 1974, 122.
26 BGHZ 53, 71; OLG Frankfurt, GmbH-Rdsch 1977, 249; *A. Blomeyer*, Vollstreckungsverfahren, § 54 I 1 b; *Rosenberg/Schilken*, § 54 I 1 b.

die Erhaltung des Grundkapitals nicht mehr erforderlich, so entfällt auch die Einschränkung der Pfändbarkeit.[27]

c) **Art der Zweckbindung:** Die »Zweckbindung« muß über die allgemeine Bestimmung jeder Forderung in einem Synallagma, auch die Erfüllung der Gegenforderung zu erreichen, hinausgehen. Das Recht, nicht erfüllen zu müssen, ehe nicht auch die Gegenleistung erbracht wird (§ 320 Abs. 1 BGB), steht nicht schon der Pfändung entgegen, sondern hindert erst die Einziehung der gepfändeten Forderung und ist demgemäß erst vom Drittschuldner im Einziehungsprozeß geltend zu machen.[28] Die »Zweckbindung«, um die es vorliegend geht, muß den Empfänger der Leistung verpflichten, mit ihr in einem bestimmten Sinne, an dessen Erreichung auch der Leistende interessiert ist, zu verfahren.

4. **Unselbständige Nebenrechte:** Unpfändbar sind schließlich auch unselbständige Nebenrechte, die nicht ohne die Hauptforderung übertragen werden können, andererseits automatisch mit der Übertragung der Hauptforderung auf den Zessionar übergehen.[29] Solche Nebenrechte werden von der Pfändung der Hauptforderung, ohne daß dies im Pfändungsbeschluß gesagt werden müßte, miterfaßt; mit der Überweisung geht das Recht, sie geltend machen zu dürfen, auf den Gläubiger über.[30]

III. **Pfändbarkeit bei vertraglich vereinbarter Unübertragbarkeit (Abs. 2):**

1. **Zweck des Abs. 2:** Wäre jede nach materiellem Recht nicht übertragbare Forderung unpfändbar, hätten es im Hinblick auf § 399, 2. Fall BGB Schuldner und Drittschuldner in der Hand, ohne sachliche Rechtfertigung wesentliche Teile des Schuldnervermögens allen Gläubigern zu entziehen. Dem will die Regelung des **Abs. 2** entgegenwirken.[31] Die Vorschrift ist allerdings im Falle vertraglicher Abtretungsverbote trotz dieses ursprünglichen Normzweckes unabhängig davon anzuwenden, ob dem Abtretungsverbot im Einzelfall nicht doch beachtliche sachliche Erwägungen zugrundeliegen.[32] So hindert es die Anwendung der Norm nicht, daß ein Lohnabtretungsverbot tarifvertraglich vereinbart[33] ist oder daß das Verbot der Forderungsabtretung in amtlich genehmigten Versicherungsbedingungen[34] oder in den Vergabebedingungen der öffentlichen Hand oder in der Satzung einer Körperschaft des öffentlichen Rechts[35] geregelt wurde. Entscheidend ist allein, daß das Abtretungsverbot nicht bereits kraft Gesetzes wirkt, sondern erst durch Vereinbarung (wenn auch in AGB usw.) wirksam wurde.

---

27 OLG Hamm, DB 1992, 1082, 1083; *Baur/Stürner*, Rdn. 25.7.
28 Kritisch insoweit *Bruns*, AcP 1971, 358.
29 Siehe auch § 829 Rdn. 57.
30 Siehe auch *Rosenberg/Schilken*, § 54 I 1 b, bb.
31 Zum Normzweck siehe auch BGHZ 56, 232.
32 BGH, MDR 1978, 839; *Stein/Jonas/Brehm*, § 851 Rdn. 29.
33 LAG Frankfurt, DB 1972, 243.
34 OLG Hamburg, VersR 1972, 631; LG Frankfurt, VersR 1978, 1058.
35 OLG München, Rpfleger 1991, 262; LG Oldenburg, Rpfleger 1985, 449.

8a  **2. Sonderregel des § 354 a HGB:** Als Sonderregel zu § 399, 2. Fall BGB ist der neu eingeführte[36] § 354 a HGB[37] zu beachten. Nach S. 1 dieser Vorschrift ist eine gem. § 399, 2. Fall BGB ausgeschlossene Abtretung einer Geldforderung gleichwohl wirksam, wenn das Rechtsgeschäft, das diese Forderung begründet hat, für beide Teile ein Handelsgeschäft oder der Schuldner eine juristische Person des öffentlichen Rechts oder ein öffentlich-rechtliches Sondervermögen ist. Liegen die Voraussetzungen des § 354 a HGB vor, geht die abgetretene Geldforderung in das Vermögen des Zessionars über und kann von Gläubigern des Zedenten nicht mehr gepfändet werden (bis zur Einführung des § 354 a HGB galt diesbezüglich § 851 Abs. 2 ZPO). Gläubiger des Zessionars hingegen können nunmehr die abgetretene Geldforderung pfänden und sich überweisen lassen.

9 **3. Anwendungsbereich des Abs. 2:** Obwohl Abs. 2 schlechthin auf § 399 BGB Bezug nimmt, gilt er nur für den 2. Fall der Vorschrift (vertragliches Abtretungsverbot), nicht auch für der 1. Fall (Inhaltsänderung).[38] Der 1. Fall ist ausschließlich schon von Abs. 1 erfaßt.[39] Dies ergibt sich nicht nur aus der Entstehungsgeschichte der Norm,[40] sondern auch aus ihrem Sinn, der einfach auf den 1. Fall des § 399 BGB nicht paßt. Die Norm würde hier zu schwer verständlichen Ergebnissen führen.

10 **4. Gegenstand der Pfändung unterworfen:** Liegen die Voraussetzungen des § 399, 2. Fall BGB vor, so ist die Forderung dann pfändbar, wenn der Gegenstand, auf dessen Leistung die Forderung gerichtet ist, als solcher der Pfändung unterworfen ist. Der Pfändbarkeit des Gegenstandes kann etwa § 811 ZPO entgegenstehen. Geld ist in aller Regel pfändbar, so daß die genannte Einschränkung der Pfändbarkeit einer Geldforderung selten entgegensteht. Ist eine Forderung nur nach Abs. 2 pfändbar, so kann sie dem Gläubiger nicht an Zahlungs Statt, sondern nur zur Einziehung überwiesen werden.[41] Dadurch bleibt jedenfalls die Forderungsinhaberschaft des Schuldners gewahrt.

Eine von § 851 Abs. 2 ZPO abweichende Besonderheit gilt bei Forderungen, die in das **Kontokorrent** (§ 355 HGB) eingebettet sind. Zwar liegt in der Kontokorrentabrede eine Vereinbarung i. S. v. § 399, 2. Fall BGB, wonach die einzelne Forderung ihre rechtliche Selbständigkeit verliert und nicht abgetreten werden kann. Es kommt aber trotzdem keine Pfändung nach § 851 Abs. 2 ZPO i. V. m. § 399 BGB in Betracht; denn aus § 357 HGB folgt, daß nur der Kontokorrentsaldo, nicht dagegen die einzelne

---

36 Eingeführt mit dem (zweiten) Gesetz zur Änderung des DM-Bilanzgesetzes und anderer handelsrechtlicher Bestimmungen vom 25.7.1994 (BGBl. I, 1682).
37 Zur Bedeutung des § 354 a HGB im Rahmen von § 851 ZPO vergl. *E. Wagner*, WM 1996, Sonderbeilage 1, S. 21 f.
38 Wie hier *Baur/Stürner*, Rdn. 25.8; *A. Blomeyer*, Vollstreckungsverfahren, § 54 I 3 b; *Brox/Walker*, Rdn. 524; *Rosenberg/Schilken*, § 54 I 1 b, cc; *Stöber*, Forderungspfändung, Rdn. 15; a. A. *Baumbach/Lauterbach/Hartmann*, § 851 Rdn. 16; einschränkend *Stein/Jonas/Brehm*, § 851 Rdn. 28.
39 Siehe oben Rdn. 4.
40 Zu Recht *A. Blomeyer*, Vollstreckungsverfahren, § 54 I 3 b.
41 Vergl. BGHZ 56, 228, 232; *MüKo/Smid*, § 851 Rdn. 13; *Stein/Jonas/Brehm*, § 851 Rdn. 40.

**Nicht übertragbare Forderungen** § 851

in das Kontokorrent eingestellte Forderung pfändbar ist.[42] § 357 HGB geht dem § 851 Abs. 2 ZPO als Spezialregelung vor.

**5. Nachträgliche Vereinbarung der Abtretbarkeit:** War die Forderung trotz eines Abtretungsverbotes (zunächst unwirksam) abgetreten und hat der Gläubiger sie danach beim Schuldner (als nach wie vor Forderungsinhaber) gem. § 851 Abs. 2 ZPO gepfändet, so können Schuldner und Drittschuldner das Pfandrecht nicht dadurch vereiteln, daß sie nachträglich das Abtretungsverbot beseitigen und die Abtretbarkeit vereinbaren. Eine solche Vereinbarung würde nicht auf die vor der Pfändung vorgenommene unzulässige Abtretung zurückwirken und die Pfändung dadurch auch nicht leerlaufen lassen.[43] 11

**IV. Rechtsbehelfe:** Ein Verstoß gegen das Pfändungsverbot nach Abs. 1 führt zunächst dennoch zur Verstrickung der Forderung; es entsteht allerdings kein Pfändungspfandrecht.[44] Der Schuldner und der Drittschuldner können die Nichtbeachtung der Unpfändbarkeit mit der Erinnerung gem. § 766 ZPO geltend machen.[45] Streitig ist, ob der Drittschuldner diesen Einwand auch erfolgreich im Einziehungsprozeß vorbringen kann. Entgegen einer weitverbreiteten Ansicht[46] ist dies zu verneinen.[47] Die Überweisung, die den Schuldner zur Einziehung legitimiert, ist wirksam, solange sie nicht vom Vollstreckungsgericht beseitigt wurde. 12

Wird der Pfändungsantrag des Gläubigers mit Hinweis auf die Unpfändbarkeit der Forderung zurückgewiesen, kann dieser die befristete Rechtspflegererinnerung gem. § 11 Abs. 1 S. 2 RPflG einlegen. Hat der Gläubiger eine nach § 851 Abs. 1 ZPO unpfändbare Forderung eingezogen, steht dem Schuldner ein Rückzahlungsanspruch aus § 812 BGB zu. Der Gläubiger kann gegen diesen Anspruch nicht mit seiner titulierten Forderung aufrechnen, da sonst das Pfändungsverbot praktisch unterlaufen würde (§ 394 BGB analog).[48]

**V. ArbGG, VwGO, AO:** Siehe § 850 Rdn. 19. 13

---

42 BGHZ 80, 172, 175; OLG Stuttgart, ZIP 1994, 222, 224.
43 BGHZ 70, 299.
44 Einzelheiten § 829 Rdn. 29; siehe ferner *Bruns/Peters*, § 25 IX 6.
45 *Bruns/Peters*, § 25 IX 6; *Rosenberg/Schilken*, § 54 I 1 c; siehe ferner § 829 Rdn. 63.
46 *Baumann/Brehm*, § 6 II 6 b; *Baur/Stürner*, Rdn. 30.35; *J. Blomeyer*, RdA 1974, 13; *Henckel*, ZZP 1971, 453; *Stein/Jonas/Brehm*, § 829 Rdn. 107 ff.
47 BGHZ 66, 79; BAG, NJW 1961, 1180; *Baumbach/Lauterbach/Hartmann*, § 829 Rdn. 64; *Brox/Walker*, Rdn. 653; *Gerhardt*, § 9 II 1; *Rosenberg/Schilken*, § 55 II 1 c. Einzelheiten zur hier vertretenen Auffassung siehe § 835 Rdn. 11.
48 Einzelheiten: § 829 Rdn. 29.

## § 851 a  Pfändungsschutz für Landwirte

(1) Die Pfändung von Forderungen, die einem die Landwirtschaft betreibenden Schuldner aus dem Verkauf von landwirtschaftlichen Erzeugnissen zustehen, ist auf seinen Antrag vom Vollstreckungsgericht insoweit aufzuheben, als die Einkünfte zum Unterhalt des Schuldners, seiner Familie und seiner Arbeitnehmer oder zur Aufrechterhaltung einer geordneten Wirtschaftsführung unentbehrlich sind.

(2) Die Pfändung soll unterbleiben, wenn offenkundig ist, daß die Voraussetzungen für die Aufhebung der Zwangsvollstreckung nach Absatz 1 vorliegen.

**Inhaltsübersicht**

| | | Rdn. |
|---|---|---|
| | Literatur | |
| I. | Zweck und Anwendungsbereich der Norm | 1 |
| II. | Voraussetzungen des Pfändungsschutzes | 2 |
| | 1. Forderungen aus dem Verkauf landwirtschaftlicher Erzeugnisse | 2 |
| | 2. Unentbehrlichkeit der Einkünfte | 3 |
| III. | Verfahren | 4 |
| | 1. Antrag auf Aufhebung der Pfändung | 4 |
| | 2. Zurückweisung des Pfändungsantrages | 5 |
| IV. | Rechtsbehelfe | 6 |
| V. | Gebühren und Kosten | 7 |
| VI. | ArbGG, VwGO, AO | 8 |

Literatur: *Eggert*, Der landwirtschaftliche Vollstreckungsschutz, Diss. Münster 1952; *Funk*, Landwirtschaft und Vollstreckung, RdL 1951, 109; *Weimar*, Schranken bei der Zwangsvollstreckung gegen Landwirte, MDR 1973, 197.

1   **I. Zweck und Anwendungsbereich der Norm:** Die Vorschrift ergänzt den Vollstreckungsschutz für Landwirte in § 811 Nr. 3 und 4 ZPO. Wie dort[1] ist es auch hier nicht erforderlich, daß der landwirtschaftliche Betrieb als Haupterwerb dient; auch kleinere Nebenerwerbsbetriebe und sog. Siedler verdienen den Schutz.[2] Der Begriff des »landwirtschaftlichen Betriebes« ist überdies hier genauso weit und den heutigen Verhältnissen angepaßt auszulegen wie in § 811 Nr. 4 ZPO.[3]

---

1   Siehe § 811 Rdn. 18.
2   OLG Schleswig, SchlHA 1956, 356.
3   Einzelheiten § 811 Rdn. 18.

**II. Voraussetzungen des Pfändungsschutzes:** Die folgenden Voraussetzungen des 2
§ 851 a ZPO müssen im Zeitpunkt der Entscheidung über den Antrag[4] vorliegen:

**1. Forderungen aus dem Verkauf landwirtschaftlicher Erzeugnisse:** Es muß sich um Forderungen handeln, die dem Landwirt »aus dem Verkauf von landwirtschaftlichen Erzeugnissen« zustehen, also etwa Milchgeldforderungen oder Forderungen aus dem Verkauf von Vieh, Getreide, Gemüse, Obst usw. Der Getreidepreisausgleichsanspruch oder ähnliche Subventionen sind einer Forderung aus dem Verkauf gleichzustellen,[5] weil sie letztlich den Kaufpreis ergänzen. Nicht unter den Schutz des § 851 a ZPO fallen dagegen Forderungen aus der Vermietung von Fremdenzimmern, von landwirtschaftlichen Maschinen oder von Lagerraum. Gleiches gilt für Forderungen aus der Verpachtung landwirtschaftlicher Flächen sowie für Forderungen auf Steuererstattung.

**2. Unentbehrlichkeit der Einkünfte:** Die Einkünfte aus diesen Forderungen müssen 3
zum Unterhalt des Schuldners, seiner Familie, seiner Arbeitnehmer oder zur Aufrechterhaltung einer geordneten Wirtschaftsführung unentbehrlich sein. Abzustellen ist wie in § 850 d Abs. 1 oder § 850 i Abs. 1 ZPO allein auf den notwendigen Unterhalt. Was zur Aufrechterhaltung »einer geordneten Wirtschaftsführung« unentbehrlich ist, hängt vom Zuschnitt des konkreten Betriebes ab. Notfalls muß das Gericht einen Sachverständigen anhören. Daß bestimmte Anschaffungen, für die das Geld benötigt wird, für den Betrieb nützlich wären, reicht nicht aus. Ergibt sich die »Unentbehrlichkeit« daraus, daß zuvor ein anderer Gläubiger bereits Pfändungen vorgenommen hat, die den Betrieb bis an den Rand der Existenzgefährdung gebracht haben, so kann der Schuldner nicht darauf verwiesen werden, er möge gegen die anderen Pfändungen vorgehen, dann entfalle die Unentbehrlichkeit. Hier wirkt sich der Prioritätsgrundsatz zu Lasten des zweiten pfändenden Gläubigers aus.[6] Wird objektiv die Unentbehrlichkeit festgestellt, wobei den Schuldner die Darlegungs- und Beweislast trifft, so findet nicht noch (anders als in § 850 i Abs. 1 ZPO) eine Abwägung der Belange des Gläubigers statt. Der Schutz der Landwirte geht insoweit über den anderer Freiberufler hinaus.

**III. Verfahren:** 4

**1. Antrag auf Aufhebung der Pfändung:** Die in Abs. 1 genannten Forderungen sind zunächst uneingeschränkt pfändbar. Der Schuldner muß – ähnlich wie in § 850 i Abs. 1 ZPO – seinerseits an das Vollstreckungsgericht herantreten und einen Antrag stellen, die Pfändung aufzuheben. Antragsberechtigt ist allein der Schuldner. Nicht antragsberechtigt sind dagegen seine Familienangehörigen oder Arbeitnehmer. Der Gläubiger ist vor der Entscheidung zu hören. Das Gericht kann bis zur Entscheidung einstweilige Anordnungen in entsprechender Anwendung des § 766 Abs. 1 S. 2 ZPO treffen, um

---

4 Wie hier *Baumbach/Lauterbach/Hartmann*, § 851 a Rdn. 3; a. M. OLG Köln, JurBüro 1990, 878, 879 (grds. bei der Antragstellung, nur dann bei Erlaß des Pfändungs- und Überweisungsbeschlusses, wenn der Schuldner dabei nicht gehört wurde und den Aufhebungsantrag unverzüglich nachholt).
5 OLG Schleswig, SchlHA 1969, 122.
6 LG Bonn, DGVZ 1983, 153.

den Schutzantrag nicht durch vorzeitige Beendigung der Zwangsvollstreckung leerlaufen zu lassen.

5   2. **Zurückweisung des Pfändungsantrages:** Ist offenkundig, daß einem Aufhebungsantrag nach Abs. 1 stattgegeben werden müßte, kann das Gericht schon den Pfändungsantrag des Gläubigers zurückweisen (**Abs. 2**). Da der Schuldner vor der Pfändung nicht zu hören ist (§ 834 ZPO), muß sich die Offenkundigkeit bereits aus den Angaben im Gläubigerantrag oder aus gerichtsbekannten Umständen (z. B. einem vorausgegangenen Verfahren) ergeben.

6   **IV. Rechtsbehelfe:** Ist eine unter Abs. 1 fallende Forderung gepfändet worden, verdrängt die Möglichkeit, Antrag nach Abs. 1 stellen zu können, für den Schuldner die Erinnerung nach § 766 ZPO auch dann, wenn er meint, der Rechtspfleger habe zu Unrecht nicht schon nach Abs. 2 entschieden.[7] Ist ein Antrag des Schuldners nach Abs. 1 zurückgewiesen worden, hat der Schuldner hiergegen die befristete Rechtspflegererinnerung nach § 11 Abs. 1 S. 2 RPflG. Den gleichen Rechtsbehelf hat der Gläubiger, wenn einem Antrag des Schuldners stattgegeben wurde.

7   **V. Gebühren und Kosten:** Gerichtsgebühren fallen durch den Antrag nach Abs. 1 nicht an.[8] Durch die Einschaltung eines Sachverständigen können aber erhebliche Auslagen entstehen.

Für den Rechtsanwalt ist die Mitwirkung an einem Verfahren nach Abs. 1 eine besondere Angelegenheit (§ 58 Abs. 3 Nr. 3 BRAGO), die nicht mit der allgemeinen Vollstreckungsgebühr abgegolten ist (§§ 57, 58 Abs. 1 BRAGO).

Die gesamten Kosten sind notwendige Kosten der Zwangsvollstreckung (§ 788 ZPO). Das Gericht kann aber nach § 788 Abs. 3 ZPO aus Billigkeitsgründen ausnahmsweise abweichend von der Grundregel des § 788 Abs. 1 ZPO die Kosten ganz oder teilweise dem Gläubiger auferlegen.[9]

8   **VI. ArbGG, VwGO, AO:** Siehe § 850 Rdn. 19. In der Abgabenvollstreckung erfolgt die Aufhebung der Pfändung nicht durch das Vollstreckungsgericht, sondern durch die Vollstreckungsbehörde.

---

[7] A. A. *Baumbach/Lauterbach/Hartmann*, § 851 a Rdn. 4, der den Antrag nach Abs. 1 für eine Erinnerung gem. § 766 ZPO hält und deshalb auch sogleich den Richter, nicht den Rechtspfleger, über ihn entscheiden läßt.

[8] A. A. *Baumbach/Lauterbach/Hartmann*, § 851 a Rdn. 5, der KV Nr. 1181 (seit KostRÄndG v. 24.6.1994 [BGBl. I, 1325] Nr. 1906) anwenden will.

[9] Einzelheiten § 788 Rdn. 27.

§ 851 b  Pfändungsschutz bei Miet- und Pachtzinsen

(1) ¹Die Pfändung von Miet- und Pachtzinsen ist auf Antrag des Schuldners vom Vollstreckungsgericht insoweit aufzuheben, als diese Einkünfte für den Schuldner zur laufenden Unterhaltung des Grundstücks, zur Vornahme notwendiger Instandsetzungsarbeiten und zur Befriedigung von Ansprüchen unentbehrlich sind, die bei einer Zwangsvollstreckung in das Grundstück dem Anspruch des Gläubigers nach § 10 des Gesetzes über die Zwangsversteigerung und die Zwangsverwaltung vorgehen würden. ²Das gleiche gilt von der Pfändung von Barmitteln und Guthaben, die aus Miet- oder Pachtzinszahlungen herrühren und zu den in Satz 1 bezeichneten Zwecken unentbehrlich sind.
(2) ¹Die Vorschriften des § 813 a Abs. 2, 3 und Abs. 5 Satz 1 und 2 gelten entsprechend. ²Die Pfändung soll unterbleiben, wenn offenkundig ist, daß die Voraussetzungen für die Aufhebung der Zwangsvollstreckung nach Absatz 1 vorliegen.

Inhaltsübersicht

|  |  | Rdn. |
|---|---|---|
|  | Literatur |  |
| I. | Anwendungsbereich der Norm | 1 |
| II. | Materielle Voraussetzungen des Pfändungsschutzes | 2 |
|  | 1. Unentbehrlichkeit der Einkünfte zur laufenden Unterhaltung | 3 |
|  | 2. Unentbehrlichkeit der Einkünfte zur Befriedigung vorrangiger Gläubiger | 4 |
| III. | Verfahren | 5 |
|  | 1. Antrag des Schuldners | 5 |
|  | 2. Entscheidung des Rechtspflegers | 6 |
| IV. | Rechtsbehelfe | 7 |
| V. | Gebühren und Kosten | 8 |
| VI. | ArbGG, VwGO, AO | 9 |

Literatur: *Lauer*, Die Pfändung der dinglichen Miet- und Pachtzinsansprüche, MDR 1984, 977; *Noack*, Zur Pfändung von Miet- und Pachtzinsen sowie von Untermieten, ZMR 1973, 290.

**I. Anwendungsbereich der Norm:** Die Vorschrift ermöglicht einen gewissen Pfändungsschutz für Forderungen auf Miet- und Pachtzinsen aus der Vermietung (Verpachtung) von Grundstücken (Eigentumswohnungen) sowie für Bargeld und Guthaben, die aus Miet- und Pachtzinszahlungen auf derartige Forderungen herrühren. S. 1 spricht zwar ganz allgemein von Miet- und Pachtzinsen; aus dem weiteren Hinweis, daß die Einkünfte zur laufenden Unterhaltung »des Grundstücks« oder zur Befriedigung von Ansprüchen unentbehrlich sein müssen, die bei einer Zwangsvollstreckung »in das Grundstück« dem Anspruch des Gläubigers nach § 10 ZVG vorgehen würden, läßt sich jedoch entnehmen, daß Miet- und Pachtzinsforderungen aus der Vermietung oder Verpachtung beweglicher Sachen oder Rechte nicht den Pfändungsschutz nach § 851 b ZPO in Anspruch nehmen können. Aus der Zweckrichtung der Norm, die Unterhaltung und Instandhaltung des Grundstücks zu sichern,[1] folgt auch, daß der

1

---

[1] Allgemeine Meinung; beispielhaft *Baumbach/Lauterbach/Hartmann*, § 851 b Rdn. 1; *Brox/Walker*, Rdn. 600; *Zöller/Stöber*, § 851 b Rdn. 1.

Schutz nicht für Forderungen des Hauptmieters gegen den Untermieter sowie Barmittel und Guthaben aus solchen Forderungen gelten kann,[2] da Untermietforderungen nicht diesen Zwecken dienen. Der Schutz gilt nicht nur für Schuldner, die Eigentümer des Grundstücks sind, sondern auch für Schuldner, die nur Nießbraucher, Inhaber eines dinglichen Wohnrechts, dessen Ausübung weiterübertragen werden darf, oder Erbbauberechtigte sind. Der Nießbraucher eines Mietgrundstücks kann den Schutz des § 851 b ZPO allerdings dann nicht in Anspruch nehmen, wenn der Grundstückseigentümer gegen ihn vollstreckt.[3] Der Schutz gilt nicht für frühere Grundstückseigentümer usw., die nach Veräußerung des Grundstücks keine Instandhaltungslasten mehr haben, aber noch rückständige Mietzinsen einziehen dürfen.[4]

**2**   **II. Materielle Voraussetzungen des Pfändungsschutzes:** Die Einkünfte aus den Miet- und Pachtzinsforderungen müssen für den Schuldner **unentbehrlich** sein zur laufenden Unterhaltung des Grundstücks, zur Vornahme notwendiger Instandsetzungsarbeiten und zur Befriedigung von Ansprüchen, die bei einer Zwangsvollstreckung in das Grundstück dem Anspruch des Gläubigers nach § 10 ZVG vorgehen würden. Unentbehrlich sind die Miet- und Pachtzinsen für die genannten Zwecke nie, wenn dem Schuldner noch andere hinreichende Mittel zur Verfügung stehen.[5] Darlegungs- und beweispflichtig insoweit ist der Schuldner.

**3**   **1. Unentbehrlichkeit der Einkünfte zur laufenden Unterhaltung:** Zur laufenden **Unterhaltung** des Grundstücks aufgewendet werden die Kosten für die Energieversorgung (z. B. Hausbeleuchtung, Sammelheizung), die Entsorgung (Müllabfuhr, Kanalgebühren), die Gemeinschaftseinrichtungen, die vorgeschriebenen Versicherungen. Notwendige **Instandsetzungsarbeiten** sind insbesondere die Reparaturen, die der Werterhaltung und ordnungsgemäßen Benutzbarkeit des Grundstücks dienen. Alle Maßnahmen, die einer Verbesserung oder einer Nutzungsänderung des Grundstücks dienen, gehen über die laufende Unterhaltung und Instandsetzung hinaus. Zu ihrer Finanzierung kann der Vollstreckungsschutz nicht in Anspruch genommen werden. Der Begriff der »laufenden« Unterhaltung darf nicht dahin mißverstanden werden, daß bereits abgeschlossene Reparatur- und Sanierungsmaßnahmen, die noch nicht bezahlt sind, nicht zur Begründung des Pfändungsschutzantrages herangezogen werden könnten.[6] Ein gewisser – großzügig zu sehender – zeitlicher Zusammenhang zwischen zu finanzierenden Aufwendungen und den von der Pfändung auszunehmenden Einkünften muß aber bestehen, da sonst schon von einer »Unentbehrlichkeit« gerade dieser Einkünfte für die Unterhaltung des Grundstücks nicht mehr gesprochen werden

---

2   OLG Frankfurt, MDR 1956, 41; OLG Hamm, NJW 1957, 68; *Stein/Jonas/Brehm*, § 851 b Rdn. 3; *Stöber*, Forderungspfändung, Rdn. 247; *Zöller/Stöber*, § 851 b Rdn. 2; a. A. (gilt auch für Untermietforderungen) OLG München, MDR 1957, 103; *Thomas/Putzo*, § 851 b Rdn. 1.
3   OLG Hamm, JurBüro 1960, 24.
4   KG, NJW 1969, 1860.
5   KG, NJW 1969, 1860; OLG Köln, Rpfleger 1991, 427 f.; JurBüro 1991, 1402, 1404.
6   Wie hier MüKo/*Smid*, § 851 b Rdn. 8; *Stein/Jonas/Brehm*, § 851 b Rdn. 5; *Stöber*, Forderungspfändung, Rdn. 251; *Zöller/Stöber*, § 851 b Rdn. 3. **A. A.** (Bezahlung von Rückständen kein Grund für Pfändungsschutz) *Baumbach/Lauterbach/Hartmann*, § 851 b Rdn. 2.

kann. Auch noch nicht in Auftrag gegebene, sondern erst demnächst anstehende Arbeiten, über die bereits konkrete Vorstellungen bestehen, können im Einzelfall schon Berücksichtigung finden, da es dem Schuldner durch § 851 b ZPO auch ermöglicht werden soll, auf ihn zukommende notwendige Kosten anzusparen.[7]

**2. Unentbehrlichkeit der Einkünfte zur Befriedigung vorrangiger Gläubiger:** 4
Durch die Regelung, daß auch die nach § 10 ZVG vorrangigen Ansprüche Dritter zur Begründung eines Pfändungsschutzantrages herangezogen werden können, soll vermieden werden, daß diese Gläubiger zu einer Zwangsvollstreckung in das Grundstück selbst getrieben werden, nur um ihren Vorrang vor dem betreibenden Gläubiger zu sichern. Da der betreibende Gläubiger in jedem Falle in § 10 Abs. 1 Nr. 5 ZVG rangmäßig einzuordnen wäre, da ein Fall der Nr. 1 nicht vorliegen kann, wenn noch die Einzelzwangsvollstreckung in die Mieten möglich ist, kann es sich bei den vorrangigen Gläubigern nur um solche aus § 10 Abs. 1 Nr. 2-4 ZVG handeln. Hinsichtlich der Nr. 4 kann es nur um die Ansprüche gehen, die nicht allein durch Zwangsversteigerung zu befriedigen wären, also nur um die Ansprüche auf die laufenden Zins- und Tilgungsraten, nicht um das gesamte Hypotheken- bzw. Grundschuldkapital.[8] Die in Betracht kommenden Ziffern 2-4 des § 10 Abs. 1 ZVG sehen folgende Rangfolge vor:

»2. bei einem land- oder forstwirtschaftlichen Grundstücke die Ansprüche der zur Bewirtschaftung des Grundstücks oder zum Betrieb eines mit dem Grundstücke verbundenen land- oder forstwirtschaftlichen Nebengewerbes angenommenen, in einem Dienst- oder Arbeitsverhältnisse stehenden Personen, insbesondere des Gesindes, der Wirtschafts- und Forstbeamten, auf Lohn, Kostgeld und andere Bezüge wegen der laufenden und der aus dem letzten Jahre rückständigen Beträge;«

»3. die Ansprüche auf Entrichtung der öffentlichen Lasten des Grundstücks wegen der aus den letzten vier Jahren rückständigen Beträge; wiederkehrende Leistungen, insbesondere Grundsteuern, Zinsen, Zuschläge oder Rentenleistungen, sowie Beträge, die zur allmählichen Tilgung einer Schuld als Zuschlag zu den Zinsen zu entrichten sind, genießen dieses Vorrecht nur für die laufenden Beträge und für die Rückstände aus den letzten zwei Jahren. Untereinander stehen öffentliche Grundstückslasten, gleichviel ob sie auf Bundes- oder Landesrecht beruhen, im Range gleich. Die Vorschriften des § 112 Abs. 1 und der §§ 113 und 116 des Gesetzes über den Lastenausgleich vom 14. August 1952 (Bundesgesetzbl. I S. 446)[9] bleiben unberührt;«

»4. die Ansprüche aus Rechten an dem Grundstück, soweit sie nicht infolge der Beschlagnahme dem Gläubiger gegenüber unwirksam sind, einschließlich der Ansprüche auf Beträge, die zur allmählichen Tilgung einer Schuld als Zuschlag zu den Zinsen zu entrichten sind; Ansprüche auf wiederkehrende Leistungen, insbesondere Zinsen, Zuschläge, Verwaltungskosten oder Rentenleistungen, genießen das Vorrecht dieser Klasse nur wegen der laufenden und der aus den letzten zwei Jahren rückständigen Beträge;«

---

7 Wie hier auch MüKo/*Smid*, § 851 b Rdn. 8.
8 Vergl. *Baumbach/Lauterbach/Hartmann*, § 851 b Rdn. 2.
9 Jetzt in der Fassung der Bekanntmachung vom 1. 10. 1969 (BGBl. I 1969, 1909) mit den Änderungen durch das Gesetz vom 22. 2. 1972 (BGBl. I 1972, 189).

## III. Verfahren:

**1. Antrag des Schuldners:** Der Pfändungsschutz wird regelmäßig nicht von Amts wegen berücksichtigt. Es bedarf vielmehr eines Antrages des Schuldners auf Aufhebung der bereits erfolgten Pfändung. Wie bei § 851 a ZPO[10] gilt eine Ausnahme vom Antragserfordernis dann, wenn offenkundig ist, daß alle Voraussetzungen für den Erfolg eines Aufhebungsantrages vorliegen (**Abs. 2 S. 2**). Im übrigen richtet sich das Verfahren nach § 813 Abs. 2, 3 und Abs. 5 S. 1 und 2 ZPO in entsprechender Anwendung (Abs. 2 S. 1). Das bedeutet: Der Pfändungsschutzantrag ist zwar von der Pfändung an bis zur Beendigung der Zwangsvollstreckung möglich, er kann aber ohne sachliche Prüfung zurückgewiesen werden, wenn er erst mehr als 2 Wochen nach der Pfändung gestellt wird und das Vollstreckungsgericht der Überzeugung ist, daß der Antrag in der Absicht der Verschleppung der Vollstreckung oder aus grober Nachlässigkeit nicht früher gestellt wurde.[11] Das Gericht kann seinen Beschluß nachträglich zugunsten wie zu Lasten des Schuldners abändern, wenn die Lage der Verhältnisse dies erfordert, wenn die Notwendigkeit der vom Schuldner geplanten Reparaturmaßnahmen etwa entfällt oder wenn der Schuldner umgekehrt höhere Mittel unabweislich benötigt. Der Schuldner ist gehalten, die für die Entscheidung wesentlichen Verhältnisse glaubhaft zu machen. Der Gläubiger ist vor der Entscheidung zu hören.

**2. Entscheidung des Rechtspflegers:** Die Entscheidung wird vom Rechtspfleger getroffen.[12] Er kann, um den Pfändungsschutz nicht durch eine beschleunigte Beendigung der Zwangsvollstreckung leerlaufen zu lassen, bis zu seiner Entscheidung einstweilige Anordnungen entsprechend § 766 Abs. 1 S. 2 ZPO treffen. Die Entscheidung gem. Abs. 1 ist dem Gläubiger, dem Schuldner und dem Drittschuldner von Amts wegen zuzustellen.

**IV. Rechtsbehelfe:** Es gelten die Ausführungen zu § 851 a ZPO entsprechend.[13]

**V. Gebühren und Kosten:** Insoweit gilt das zu § 851 a ZPO Gesagte entsprechend.[14] Auch hier ist § 788 Abs. 3 ZPO zu beachten.

**VI. ArbGG, VwGO, AO:** Siehe § 850 Rdn. 19. In der Abgabenvollstreckung erfolgt die Aufhebung der Pfändung nicht durch das Vollstreckungsgericht, sondern durch die Vollstreckungsbehörde.

---

10 Siehe dort Rdn. 5.
11 MüKo/*Smid*, § 851 b Rdn. 3; *Zöller/Stöber*, § 851 b Rdn. 5.
12 KG, NJW 1960, 1016.
13 Siehe dort Rdn. 6.
14 Siehe dort Rdn. 7.

§ 852 Pfändung von Pflichtteilsanspruch und Anspruch des Schenkers

(1) Der Pflichtteilsanspruch ist der Pfändung nur unterworfen, wenn er durch Vertrag anerkannt oder rechtshängig geworden ist.
(2) Das gleiche gilt für den nach § 528 des Bürgerlichen Gesetzbuchs dem Schenker zustehenden Anspruch auf Herausgabe des Geschenkes sowie für den Anspruch eines Ehegatten auf den Ausgleich des Zugewinns.

**Inhaltsübersicht**

| | Literatur | Rdn. |
|---|---|---|
| I. | Zweck der Norm | 1 |
| II. | Vertragliches Anerkenntnis | 2 |
| III. | Rechtshängigkeit | 3, 4 |
| IV. | Verfahren und Rechtsbehelfe | 5, 6 |
| V. | ArbGG, VwGO, AO | 7 |

**Literatur:** *Greve*, Zur Pfändung eines Pflichtteils nach § 852 ZPO, ZIP 1996, 699; *Kuchinke*, Der Pflichtteilsanspruch als Gegenstand des Gläubigerzugriffs, NJW 1994, 1769.

**I. Zweck der Norm:** Die Vorschrift ergänzt für bestimmte ihrer Natur nach höchstpersönliche Ansprüche den § 851 Abs. 1 ZPO. Nach materiellem Recht (§§ 528, 1378 Abs. 3 S. 1, 2317 Abs. 2 BGB) sind diese Ansprüche an sich von Anfang an übertragbar. Durch ihre Geltendmachung wird aber störend in sehr persönliche Beziehungen eingegriffen. Diese Möglichkeit soll dem Gläubiger des Anspruchsberechtigten solange verwehrt sein, wie dieser nicht selbst in die persönliche Beziehung rechtlich eingegriffen und den Anspruch entweder durch einen Vertrag oder durch Rechtshängigkeit gesichert hat.[1]

**II. Vertragliches Anerkenntnis:** Das Anerkenntnis bedarf nicht der Schriftform des § 781 BGB, da es sich um ein deklaratorisches Anerkenntnis handeln würde,[2] erst recht ist dann keine notarielle Form erforderlich. Es genügt vielmehr jede Art der Einigung des Berechtigten mit seinem Schuldner (dem Drittschuldner), die dem Grunde nach die Anerkennung der Verpflichtung zum Ausdruck bringt. Der Schutz des § 852 ZPO steht nur dem ursprünglich Berechtigten zu. Hat er den – bestrittenen – Anspruch abgetreten, so ist dieser durch die Gläubiger des Zessionars ohne weiteres pfändbar, auch wenn der Drittschuldner von Anfang an jede Anerkennung des Anspruchs verweigert hat;[3] denn zwischen dem Zessionar und dem Drittschuldner besteht nicht mehr jenes höchstpersönliche Verhältnis, das § 852 ZPO schützen will.

---

1 Zum Zweck des § 852 ZPO siehe auch BGH, NJW 1993, 2876.
2 *Baumbach/Lauterbach/Hartmann*, § 852 Rdn. 1; *Stein/Jonas/Brehm*, § 852 Rdn. 5; *Thomas/Putzo*, § 852 Rdn. 2; *Zöller/Stöber*, § 852 Rdn. 2; a. A. LG Köln, VersR 1973, 679.
3 *MüKo/Smid*, § 852 Rdn. 3; *Stöber*, Forderungspfändung, Rdn. 272.

3 III. **Rechtshängigkeit:** Die Rechtshängigkeit einer Klage ergibt sich aus § 261 ZPO i. V. m. § 253 Abs. 1 ZPO. Zur Rechtshängigkeit eines im Mahnverfahren geltend gemachten Anspruchs siehe §§ 696 Abs. 3, 700 Abs. 2 ZPO. Wie ein Anerkenntnis dem Grunde nach genügt, so genügt auch die auf die Festschreibung des Grundes gerichtete Feststellungsklage. Vom Zweck des § 852 ZPO her ist es erforderlich, daß zum Zeitpunkt der Pfändung die Rechtshängigkeit entweder noch fortdauert oder der Anspruch bereits tituliert ist. Wurde eine einmal erhobene Klage später wieder zurückgenommen, bevor die Pfändung wirksam wurde, ist eine wirksame Pfändung nicht mehr möglich, da sich der Gläubiger nunmehr wieder gegen den Willen des Schuldners in die persönliche Beziehung drängen würde.[4] War die Forderung allerdings noch rechtshängig, als sie gepfändet wurde, kann eine spätere Klagerücknahme das wirksam entstandene Pfandrecht nicht mehr beseitigen.[5] Der Schuldner ist, nachdem das Pfandrecht entstanden ist, infolge des Inhibitoriums nicht mehr frei in seiner Entscheidung.

4 Ein bloßer Prozeßkostenhilfeantrag und ein Mahngesuch bewirken noch nicht die Rechtshängigkeit und sind ihr im Rahmen des § 852 ZPO auch nicht gleichzusetzen. Sie ermöglichen also noch nicht die Pfändung des Anspruchs.[6]

5 IV. **Verfahren und Rechtsbehelfe:** Will der Gläubiger einen der in § 852 ZPO genannten Ansprüche pfänden (wobei der Pflichtteilsergänzungsanspruch nach §§ 2325 ff. BGB wie der in Abs. 1 genannten Pflichtteilsanspruch selbst zu behandeln ist[7]), so muß er mit seinem Antrag schlüssig das Anerkenntnis bzw. die Rechtshängigkeit darlegen und auch nachvollziehbar darstellen, worauf seine Kenntnis beruht. Ein voller Nachweis, etwa gar durch öffentliche Urkunden, ist nicht erforderlich, wäre vom Gläubiger auch kaum zu erbringen. Ergibt sich aus den Angaben des Gläubigers nicht die Pfändbarkeit des Anspruchs, **muß** der Rechtspfleger den Antrag zurückweisen. Der Schuldner ist nicht zu hören (§ 834 ZPO), es sei denn, der Gläubiger beantragt ausdrücklich seine Anhörung, um Zweifel hinsichtlich der Zulässigkeit des Antrages auszuräumen.[8]

Die Ansprüche dürfen, wenn die Voraussetzungen des § 852 ZPO noch nicht vorliegen, als aufschiebend bedingte Ansprüche gepfändet werden für den Fall, daß später einmal Anerkennung oder Rechtshängigkeit vorliegen sollte.[9] Dadurch wird nämlich die Entscheidungsfreiheit des Schuldners, ob er die Ansprüche überhaupt rechtlich geltend machen will, nicht beeinträchtigt. Ein Pfändungspfandrecht erwirbt der Gläubiger erst bei Bedingungseintritt (vertragliche Anerkennung oder Rechtshängigkeit). Durch die Pfändung kann der Gläubiger verhindern, daß der Schuldner den Pflichtteilsan-

---

4 *Stein/Jonas/Brehm*, § 852 Rdn. 5; *Stöber*, Forderungspfändung, Rdn. 270; *Zöller/Stöber*, § 852 Rdn. 2.
5 *Stein/Jonas/Brehm*, § 852 Rdn. 5.
6 *Stöber*, Forderungspfändung, Rdn. 270.
7 Allgem. Meinung; beispielhaft *Brox/Walker*, Rdn. 530.
8 Einzelheiten: § 834 Rdn. 3.
9 BGH, NJW 1993, 2876; *Brox/Walker*, Rdn. 530; *Greve*, ZIP 1996, 699, 700; *Stöber*, Forderungspfändung, Rdn. 271; **a. A.** *Baumbach/Lauterbach/Hartmann*, § 852 Rdn. 1; *Kuchinke*, NJW 1994, 1769, 1770.

spruch durch Abtretung an einen Dritten (§ 2317 Abs. 2 BGB) dem Gläubigerzugriff entzieht.[10]

Der Pfändungsbeschluß muß erkennen lassen, ob der Rechtspfleger von einer Anerkennung oder Rechtshängigkeit des Anspruchs ausgegangen ist. Lagen die Voraussetzungen entgegen den Angaben des Gläubigers nicht vor oder hat der Rechtspfleger § 852 ZPO übersehen, ist die Pfändung nicht nichtig. Der Anspruch ist verstrickt; es ist aber kein Pfändungspfandrecht entstanden. Der Schuldner, der Drittschuldner und durch die Pfändung benachteiligte Dritte[11] können die unzulässige Pfändung mit der Erinnerung nach § 766 ZPO anfechten. Der Gläubiger hat, wenn sein Antrag zurückgewiesen wurde, den Rechtsbehelf der befristeten Rechtspflegererinnerung gem. § 11 Abs. 1 S. 2 RPflG. Wird der Anspruch erst nach der Pfändung pfändbar, weil er später anerkannt oder rechtshängig wird, und besteht die Verstrickung in diesem Zeitpunkt noch, entsteht nachträglich ein Pfändungspfandrecht. Der Rang wird nicht durch den Zeitpunkt der Verstrickung bestimmt, sondern durch den des Eintritts der Pfändbarkeit. Im Einziehungsprozeß kann der Drittschuldner die Unpfändbarkeit nicht geltend machen, solange die Verstrickung fortbesteht; denn die Einziehungsbefugnis beruht nicht auf dem materiellrechtlichen Pfandrecht, sondern auf der Überweisung. Diese aber findet als Akt der Verwertung ihre Rechtfertigung in der öffentlich-rechtlichen Beschlagnahme der Forderung, also der Verstrickung.[12]

**V. ArbGG, VwGO, AO:** Siehe § 850 Rdn. 19.

---

10 BGH, NJW 1993, 2876.
11 *Brox/Walker*, Rdn. 531.
12 Einzelheiten: § 835 Rdn. 11.

§ 853 Mehrfache Pfändung einer Geldforderung

Ist eine Geldforderung für mehrere Gläubiger gepfändet, so ist der Drittschuldner berechtigt und auf Verlangen eines Gläubigers, dem die Forderung überwiesen wurde, verpflichtet, unter Anzeige der Sachlage und unter Aushändigung der ihm zugestellten Beschlüsse an das Amtsgericht, dessen Beschluß ihm zuerst zugestellt ist, den Schuldbetrag zu hinterlegen.

**Inhaltsübersicht**

|  |  | Rdn. |
|---|---|---|
| I. | Zweck der Norm | 1 |
| II. | Abgrenzung zu § 372 BGB | 2, 3 |
| III. | Verfahren bei der Hinterlegung nach § 853 ZPO | 4, 5 |
| IV. | Wirkung der Hinterlegung | 6 |
| V. | Kosten | 7 |
| VI. | ArbGG, VwGO, AO | 8 |

1   **I. Zweck der Norm:** Ist eine Geldforderung durch mehrere Gläubiger gepfändet worden,[1] so kann für den Drittschuldner die Beurteilung, welche Beträge an welchen Gläubiger auszuzahlen sind, mit großen Schwierigkeiten verbunden sein: Vorpfändungen, Pfändungen, die im Laufe ein und desselben Tages zugestellt wurden, Pfändungen mit Bevorrechtigung nach § 850 d ZPO, Pfändungen, deren Wirksamkeit zweifelhaft ist, können, wenn sie zusammentreffen, für den juristisch nicht vorgebildeten Drittschuldner eine so undurchsichtige Lage schaffen, daß es unzumutbar wäre, alle Schwierigkeiten auf seinem Rücken auszutragen. Andererseits kann ein Streit unter mehreren Gläubigern über Höhe und Rangfolge ihrer Berechtigungen für einen zahlungsschwachen Drittschuldner ein willkommener Anlaß sein, die Zahlung überhaupt hinauszuzögern und damit letztendlich alle Gläubiger zu gefährden. § 853 ZPO will den Drittschuldner wie die beteiligten Gläubiger vor diesen Gefahren der mehrfachen Pfändung schützen, indem er den Drittschuldner berechtigt und auf Verlangen eines Gläubigers verpflichtet, den Schuldbetrag zu hinterlegen und damit die Voraussetzung für die Durchführung des Verteilungsverfahrens nach §§ 872 ff. ZPO zu schaffen.

2   **II. Abgrenzung zu § 372 BGB:** Während im Fall des § 853 ZPO die Ungewißheit über die Person oder den Rang des Gläubigers für die Beteiligten ihre Ursache in einem Vorgang der Zwangsvollstreckung hat, nämlich der Pfändung, beruht diese Ungewißheit im Falle des § 372 BGB entweder auf rein tatsächlichen Umständen oder auch auf einem rechtsgeschäftlichen Verhalten des Schuldners, nämlich einer Mehrfachabtretung der Forderung. Auch § 372 BGB berechtigt den Schuldner zur Hinterlegung, allerdings nicht beim Vollstreckungsgericht, sondern beim Gericht des Leistungsortes (§ 374 BGB). Eine Hinterlegung nach § 372 BGB führt nicht zur Durchführung des Verteilungsverfahrens nach §§ 872 ff. ZPO;[2] der Gläubiger, der die Auszahlung durch die

---

[1] Einzelheiten zur Möglichkeit und zum Verfahren bei der Mehrfachpfändung einer Forderung siehe bei § 829 Rdn. 46.
[2] LG Berlin, Rpfleger 1981, 453.

Hinterlegungsstelle an sich erreichen will, muß vielmehr alle übrigen Gläubiger, zu deren Gunsten ebenfalls hinterlegt wurde, aus § 812 BGB (Bereicherung um die aus § 13 HinterlO folgende Möglichkeit, die Auszahlung an den Gläubiger zu verhindern) auf Zustimmung zur Auszahlung verklagen.[3]

Besteht zwischen einem Zessionar und einem Pfändungsgläubiger Streit, ist nicht § 853 ZPO, sondern nur § 372 BGB einschlägig.[4] Der Zessionar muß sein vermeintliches Vorrecht gegen den Pfändungsgläubiger mit der Klage nach § 771 ZPO und nicht mit der auf § 812 BGB gestützten Klage auf Zustimmung geltend machen.[5] Dagegen muß der Pfändungsgläubiger sein vermeintliches Vorrecht gegenüber dem Zessionar mit der auf § 812 BGB gestützten Klage verfolgen. Die Einleitung eines Verteilungsverfahrens kommt nicht in Betracht. Besteht sowohl unter mehreren Pfändungsgläubigern als auch unter mehreren Zessionaren und unter beiden Gruppen untereinander Streit, so kann der Schuldner wählen, ob er beim Vollstreckungsgericht oder beim Gericht des Leistungsortes hinterlegen will. Da eine doppelte Hinterlegung unzumutbar wäre, müssen alle Gläubiger die Wahl gegen sich gelten lassen. Ihren Streit untereinander um die Auszahlung müssen sie dann aber auf den verschiedenen dargestellten Ebenen (§§ 872 ff. ZPO, § 771 ZPO, § 812 BGB) getrennt austragen. 3

III. Verfahren bei der Hinterlegung nach § 853 ZPO: Der Drittschuldner, der sich mehreren pfändenden Gläubigern gegenübersieht, **kann**, muß aber nicht hinterlegen. Auch Pfändungen im Rahmen der Sicherungsvollstreckung (§ 720 a ZPO) und der Arrestvollziehung berechtigen den Drittschuldner zur Hinterlegung;[6] es ist nicht erforderlich, daß die Forderung bereits einem Gläubiger überwiesen ist. Die Hinterlegung verlangen mit der Folge, daß der Drittschuldner diesem Verlangen auch nachkommen **muß** (gegebenenfalls gezwungen durch eine Klage nach § 856 ZPO), kann aber nur ein Gläubiger, dem die Forderung auch überwiesen ist (die Hinterlegung ersetzt ja die Zahlung an ihn). 4

Hinterlegen darf der Drittschuldner nur den Teil der Forderung, der der Pfändung unterworfen ist, bei Lohnpfändungen also nicht den unpfändbaren Teil des Lohnes.[7] Zu hinterlegen ist beim Gericht des Leistungsortes (§ 374 Abs. 1 BGB).[8] Gleichzeitig muß der Drittschuldner demjenigen Amtsgericht (dort dem Rechtspfleger) das ihm als erstes einen Pfändungsbeschluß zugestellt hat, von der Hinterlegung und den mehrfachen Pfändungen **Anzeige** machen und dem Gericht die ihm zugestellten Beschlüsse aushändigen. Ist der dem Drittschuldner zugestellte Pfändungsbeschluß erst im Beschwerdeverfahren von einem höheren Gericht erlassen worden,[9] so ist die Anzeige entweder 5

---

3 BGHZ 35, 170; 82, 286; BGH, NJW 1970, 463.
4 AG Köln, MDR 1966, 931; ArbG Hamburg, BB 1968, 83; *Baumbach/Lauterbach/Hartmann*, § 853 Rdn. 1; *Thomas/Putzo*, § 853 Rdn. 3; *Zöller/Stöber*, § 853 Rdn. 2.
5 Einzelheiten: § 771 Rdn. 5.
6 *Stöber*, Forderungspfändung, Rdn. 783 Fußn. 4.
7 LAG Frankfurt, DB 1951, 860.
8 *Stöber*, Forderungspfändung, Rdn. 788; *Stein/Jonas/Brehm*, § 853 Rdn. 1; *Zöller/Stöber*, § 853 Rdn. 4.
9 Zu dieser Möglichkeit siehe § 829 Rdn. 59.

bei diesem Gericht oder unmittelbar bei dem nachgeordneten Amtsgericht einzureichen, und dort sind auch die Pfändungsbeschlüsse auszuhändigen. Werden Anzeige und Pfändungsbeschlüsse vom Land- oder Oberlandesgericht entgegengenommen, sind sie von dort an das nachgeordnete Amtsgericht abzugeben.[10] Nur wenn sowohl Hinterlegung als auch Anzeige erfolgt sind, ist der Drittschuldner gegenüber dem Schuldner und den Gläubigern in Höhe des hinterlegten Betrages von seinen Verpflichtungen freigeworden.[11] Erst die Anzeige schafft auch die endgültige Voraussetzung, das Verteilungsverfahren nach § 872 ZPO zu eröffnen. Lehnt der Rechtspfleger (z. B., weil er sich für unzuständig hält) die Entgegennahme der Anzeige ab, können der Drittschuldner[12] und die beteiligten Gläubiger hiergegen befristete Rechtspflegererinnerung nach § 11 Abs. 1 S. 2 RPflG einlegen. Eine Anzeige auch an den Schuldner als den ursprünglichen Gläubiger der Forderung, wie § 374 Abs. 2 BGB sie bei der Hinterlegung nach § 372 BGB vorsieht, ist bei der Hinterlegung nach § 853 ZPO nicht erforderlich.

6  IV. **Wirkung der Hinterlegung:** Ist wirksam hinterlegt und die Hinterlegung ordnungsgemäß angezeigt, so ist der Drittschuldner in Höhe des hinterlegten Betrages gegenüber dem Schuldner von seiner Verbindlichkeit, gegenüber den Gläubigern von den aus der Pfändung und Überweisung folgenden Verpflichtungen freigeworden. Die Hinterlegung ist insoweit vollwertige Erfüllung.

7  V. **Kosten:** Die Kosten der Hinterlegung sind Kosten der Zwangsvollstreckung, die gem. § 788 ZPO der Schuldner zu tragen hat. Da der Drittschuldner bei der Hinterlegung diese Kosten zunächst also vorlegen muß, kann er sie, weil ihn letztlich in gar keinem Fall die Kosten treffen, von der zu hinterlegenden Summe abziehen.[13] Hat er dies vergessen, kann er den Betrag vom Schuldner aus § 812 BGB (Befreiung von einer Verbindlichkeit) zurückverlangen.

8  VI. **ArbGG, VwGO, AO:** § 853 ZPO gilt gem. §§ 62 Abs. 2, 85 Abs. 1 S. 3 ArbGG auch bei der Vollstreckung von arbeitsgerichtlichen Titeln und gem. § 167 Abs. 1 VwGO bei der Vollstreckung von Titeln nach § 168 VwGO. Für die Vollstreckung nach § 169 VwGO verweist § 5 VwVG auf die Vorschriften der Abgabenordnung; gem. § 320 AO sind die §§ 853 – 856 ZPO bei der Pfändung einer Forderung durch mehrere Vollstreckungsbehörden oder durch eine Vollstreckungsbehörde und ein Gericht entsprechend anzuwenden. Fehlt es an einem Amtsgericht, das nach den §§ 853, 854 ZPO zuständig wäre, ist bei dem Amtsgericht zu hinterlegen, in dessen Bezirk diejenige Vollstreckungsbehörde ihren Sitz hat, deren Pfändungsverfügung dem Drittschuldner zuerst zugestellt worden ist (§ 320 Abs. 2 AO).

---

10 Zum Meinungsstand bzgl. des zuständigen Gerichts siehe nur *Stein/Jonas/Brehm*, § 853 Rdn. 7 f.; *Stöber*, Forderungspfändung, Rdn. 789; *Thomas/Putzo*, § 853 Rdn. 5.
11 LG Berlin, Rpfleger 1981, 453.
12 OLG Frankfurt, Rpfleger 1977, 184.
13 *Baumbach/Lauterbach/Hartmann*, § 853 Rdn. 4.

## § 854 Mehrfache Pfändung eines Anspruchs auf bewegliche Sachen

(1) ¹Ist ein Anspruch, der eine bewegliche körperliche Sache betrifft, für mehrere Gläubiger gepfändet, so ist der Drittschuldner berechtigt und auf Verlangen eines Gläubigers, dem der Anspruch überwiesen wurde, verpflichtet, die Sache unter Anzeige der Sachlage und unter Aushändigung der ihm zugestellten Beschlüsse dem Gerichtsvollzieher herauszugeben, der nach dem ihm zuerst zugestellten Beschluß zur Empfangnahme der Sache ermächtigt ist. ²Hat der Gläubiger einen solchen Gerichtsvollzieher nicht bezeichnet, so wird dieser auf Antrag des Drittschuldners von dem Amtsgericht des Ortes ernannt, wo die Sache herauszugeben ist.

(2) ¹Ist der Erlös zur Deckung der Forderungen nicht ausreichend und verlangt der Gläubiger, für den die zweite oder eine spätere Pfändung erfolgt ist, ohne Zustimmung der übrigen beteiligten Gläubiger eine andere Verteilung als nach der Reihenfolge der Pfändungen, so hat der Gerichtsvollzieher die Sachlage unter Hinterlegung des Erlöses dem Amtsgericht anzuzeigen, dessen Beschluß dem Drittschuldner zuerst zugestellt ist. ²Dieser Anzeige sind die Schriftstücke beizufügen, die sich auf das Verfahren beziehen.

(3) In gleicher Weise ist zu verfahren, wenn die Pfändung für mehrere Gläubiger gleichzeitig bewirkt ist.

### Inhaltsübersicht

| | | Rdn. |
|---|---|---|
| I. | Zweck der Norm | 1 |
| II. | Die Regelung der Herausgabe | 2 |
| III. | Die Hinterlegung des Versteigerungserlöses | 3 |
| IV. | Regelung bei gleichzeitiger Pfändung für mehrere Gläubiger | 4 |
| V. | Gebühren des Gerichtsvollziehers | 5 |
| VI. | ArbGG, VwGO, AO | 6 |

**I. Zweck der Norm:** Die Vorschrift knüpft an die Zwangsvollstreckung nach §§ 846 ff. ZPO an. Haben mehrere Gläubiger den Herausgabeanspruch gepfändet[1] und unterschiedliche Gerichtsvollzieher benannt, an die die Sache herauszugeben sei, oder haben sie noch gar keinen Gerichtsvollzieher beauftragt, so bedarf es der Regelung, wie der Drittschuldner mit der ungewissen Situation zurechtkommen und den für ihn u. U. aufgrund der mehrfachen Pfändung des Herausgabeanspruchs lästigen Gegenstand befreiend herausgeben kann. Ebenso bedarf es einer Regelung, wie in Fällen dieser Art der herausgegebene Gegenstand zu verwerten sei. § 854 ZPO findet hier Lösungen in Anlehnung an § 853 ZPO. 1

**II. Die Regelung der Herausgabe:** Ist der Herausgabeanspruch mehrfach gepfändet, so **kann** der Drittschuldner von sich aus den Gegenstand unter **Anzeige** der Sachlage und unter Herausgabe der ihm zugestellten Beschlüsse an den Gerichtsvollzieher herausgeben, der ihm als zur Empfangnahme befugt im ersten ihm zugestellten Beschluß 2

---

[1] Einzelheiten zu dieser Möglichkeit: § 847 Rdn. 5.

benannt worden war. War im ersten Beschluß ein solcher Gerichtsvollzieher nicht benannt, so darf der Drittschuldner nicht einfach an einen anderen, in einem der nachfolgenden Beschlüsse genannten Gerichtsvollzieher herausgeben; er muß sich vielmehr an das Amtsgericht (dort: Rechtspfleger) des Leistungsortes (§ 269 BGB) wenden, damit dieses einen zur Annahme befugten Gerichtsvollzieher ernennt. An diesen haben dann Herausgabe **und** Anzeige zu erfolgen. Der Drittschuldner **muß** in der vorbeschriebenen Weise verfahren, wenn auch nur einer der mehreren Gläubiger, die den Herausgabeanspruch gepfändet haben, dies verlangt. Mit der Herausgabe **und** der ordnungsgemäßen Anzeige[2] wird der Drittschuldner gegenüber seinem Gläubiger, dem Vollstreckungsschuldner, von seiner materiellrechtlichen Schuld, gleichzeitig aber auch gegenüber allen pfändenden Gläubigern von seinen Verpflichtungen aus den Pfändungs- und Überweisungsbeschlüssen befreit. Die Inbesitznahme der Sache durch den Gerichtsvollzieher **und** der Erhalt der Anzeige bewirken zusammen, daß an dem Gegenstand die Pfändungspfandrechte entsprechend der Rangfolge, in der die Forderung gepfändet war, entstehen.[3] Besitz der Sache und der Anzeige legitimieren den Gerichtsvollzieher, soweit nicht nur Sicherungsvollstreckungen und Arrestpfändungen vorliegen, sodann die Sache für alle Gläubiger nach §§ 814 ff. ZPO zu verwerten.[4]

3   III. **Die Hinterlegung des Versteigerungserlöses:** Hat der Gerichtsvollzieher den Gegenstand versteigert und aus dem Erlös die Versteigerungskosten entnommen,[5] so verteilt er den Erlös, als hätte er den Gegenstand selbst von vornherein für mehrere Gläubiger gepfändet gehabt.[6] Reicht der Erlös nicht zur Befriedigung aller Gläubiger und verlangt der Gläubiger, für den die zweite oder eine spätere Pfändung erfolgt ist, eine andere Erlösverteilung als nach der Reihenfolge der Pfändungen, ohne daß die betroffenen Gläubiger dem zustimmen, so hat der Gerichtsvollzieher den Erlös unter Anzeige der Sachlage bei dem Amtsgericht zu hinterlegen, dessen Pfändungsbeschluß dem Drittschuldner als erster zugestellt worden war (**Abs. 2**). Diese Regelung entspricht praktisch der in § 827 Abs. 2 ZPO.[7] Die Hinterlegung **zusammen** mit der Anzeige bilden die Grundlage für die Einleitung des Verteilungsverfahrens nach §§ 872 ff. ZPO durch das Vollstreckungsgericht.

4   IV. **Regelung bei gleichzeitiger Pfändung für mehrere Gläubiger:** Haben nicht mehrere Gläubiger nacheinander die Forderung gepfändet, sondern gleichzeitig,[8] so daß die Pfändungspfandrechte aller an der Forderung und später auch an der Sache selbst gleichrangig sind, so gelten die vorstehenden Regelungen entsprechend (**Abs. 3**).

2   Vergl. die ähnliche Regelung § 853 Rdn. 5.
3   Siehe § 847 Rdn. 3 und Rdn. 5.
4   Siehe § 847 Rdn. 6.
5   Siehe § 818 Rdn. 5.
6   Einzelheiten: § 827 Rdn. 2.
7   Einzelheiten: § 827 Rdn. 3.
8   Siehe hierzu auch § 829 Rdn. 46.

**V. Gebühren des Gerichtsvollziehers:** Es gilt das zu § 847 ZPO Ausgeführte[9] entsprechend. Die noch beizutreibenden Forderungen der mehreren Gläubiger sind für den Geschäftswert zusammenzurechnen.[10]

**VI. ArbGG, VwGO, AO:** Siehe § 853 Rdn. 8.

---

9 Siehe § 847 Rdn. 9.
10 Siehe *Zöller/Stöber*, § 854 Rdn 4.

## § 855 Mehrfache Pfändung eines Anspruchs auf Grundstücke

Betrifft der Anspruch eine unbewegliche Sache, so ist der Drittschuldner berechtigt und auf Verlangen eines Gläubigers, dem der Anspruch überwiesen wurde, verpflichtet, die Sache unter Anzeige der Sachlage und unter Aushändigung der ihm zugestellten Beschlüsse an den von dem Amtsgericht der belegenen Sache ernannten oder auf seinen Antrag zu ernennenden Sequester herauszugeben.

### Inhaltsübersicht

| Literatur | Rdn. |
| --- | --- |
| I. Allgemeines | 1 |
| II. Verfahren | 2 |
| III. Rechtsfolgen des Eigentumsübergangs auf den Schuldner | 3 |
| IV. Gebühren | 4 |
| V. ArbGG, VwGO, AO | 5 |

**Literatur:** *Noack*, Die durch einstweilige Verfügung angeordnete Sequestration, MDR 1967, 168.

1   **I. Allgemeines:** Die Vorschrift knüpft an die Zwangsvollstreckung nach § 848 ZPO an. Sie regelt das Verfahren für den Fall, daß mehrere Gläubiger einen Anspruch auf Herausgabe eines Grundstücks (Erbbaurechts, Wohnungseigentums) gepfändet haben, in Anlehnung an die Regelungen in §§ 853, 854 Abs. 1 ZPO.

2   **II. Verfahren:** Nach der mehrfachen Pfändung eines solchen Anspruchs **kann** der Drittschuldner das Grundstück an den vom Amtsgericht der belegenen Sache bereits benannten[1] oder auf Antrag des Drittschuldners noch zu benennenden Sequester[2] herausgeben. Er hat ihm gleichzeitig die Sachlage anzuzeigen und die ihm zugestellten Pfändungsbeschlüsse auszuhändigen. Auf Verlangen eines der pfändenden Gläubiger, dem der Anspruch auch überwiesen wurde, **muß** der Drittschuldner so verfahren.

3   **III. Rechtsfolgen des Eigentumsübergangs auf den Schuldner:** Lautete der gepfändete Anspruch nicht nur auf Herausgabe, sondern auch auf Übertragung des Eigentums,[3] so erwerben die Gläubiger mit dem nach § 848 Abs. 2 ZPO herbeigeführten Eigentumsübergang auf den Schuldner Sicherungshypotheken in der Reihenfolge der Pfändung des Herausgabe- und Übereignungsanspruchs. Ihre Eintragung[4] hat der Sequester zu bewilligen (§ 848 Abs. 2 S. 3 ZPO). Die Zwangsvollstreckung nach §§ 848, 855 ZPO führt nie zur endgültigen Befriedigung der Gläubiger aus dem Grundstück. Wollen die Gläubiger, nachdem der Schuldner Eigentümer des Grundstücks geworden

---

1   Einzelheiten: § 848 Rdn. 2, 3.
2   Zur Auswahl des Sequesters siehe § 848 Rdn. 3.
3   Einzelheiten: § 848 Rdn. 5.
4   Einzelheiten des Verfahrens: § 848 Rdn. 6.

ist, die Zwangsversteigerung betreiben, müssen sie neuen Vollstreckungsantrag, jetzt nach den Vorschriften des ZVG, stellen.[5]

**IV. Gebühren:** Gerichtsgebühren fallen durch die Ernennung eines Sequesters nicht an. Für den Rechtsanwalt des Gläubigers ist der Antrag auf Sequesterbestellung durch die allgemeine Vollstreckungsgebühr des § 57 BRAGO mit abgegolten (§ 58 Abs. 2 Nr. 4 BRAGO). Der Rechtsanwalt des Drittschuldners erhält für seine Mitwirkung bei der Bestellung eines Sequesters die 3/10-Gebühr des § 57 BRAGO.

**V. ArbGG, VwGO, AO:** Siehe § 853 Rdn. 8.

---

5 Siehe hierzu § 848 Rdn. 12.

§ 855 a  Mehrfache Pfändung eines Anspruchs auf Schiffe

(1) Betrifft der Anspruch ein eingetragenes Schiff, so ist der Drittschuldner berechtigt und auf Verlangen eines Gläubigers, dem der Anspruch überwiesen wurde, verpflichtet, das Schiff unter Anzeige der Sachlage und unter Aushändigung der Beschlüsse dem Treuhänder herauszugeben, der in dem ihm zuerst zugestellten Beschluß bestellt ist.

(2) Absatz 1 gilt sinngemäß, wenn der Anspruch ein Schiffsbauwerk betrifft, das im Schiffsbauregister eingetragen ist oder in dieses Register eingetragen werden kann.

1  I. **Regelungsinhalt:** Die Vorschrift knüpft an § 847 a ZPO an.[1] Das Verfahren entspricht dem in § 855 ZPO geregelten. An die Stelle des Sequesters tritt der **Treuhänder**, der in dem dem Drittschuldner zuerst zugestellten Pfändungsbeschluß gem. § 847 a Abs. 1 ZPO bestellt ist. Da das Vollstreckungsgericht in den Pfändungsbeschlüssen nach § 847 a Abs. 1 ZPO immer selbst einen Treuhänder bestellt, besteht anders als in §§ 854 Abs. 1, 855 ZPO keine Notwendigkeit, dem Drittschuldner auch selbst ein Antragsrecht zu geben.

2  II. **Anwendung bei Luftfahrzeugen:** Gem. § 99 Abs. 1 LuftfzRG gilt § 855 a ZPO entsprechend für die mehrfache Pfändung des Anspruchs auf Herausgabe eines in der Luftfahrzeugrolle eingetragenen Luftfahrzeugs.[2]

3  III. **ArbGG, VwGO, AO:** Siehe § 853 Rdn. 8.

---

1 Siehe deshalb auch dort Rdn. 1.
2 Einzelheiten bei *Bauer*, JurBüro 1974, 1.

## § 856 Klage bei mehrfacher Pfändung

(1) Jeder Gläubiger, dem der Anspruch überwiesen wurde, ist berechtigt, gegen den Drittschuldner Klage auf Erfüllung der nach den Vorschriften der §§ 853 bis 855 diesem obliegenden Verpflichtungen zu erheben.
(2) Jeder Gläubiger, für den der Anspruch gepfändet ist, kann sich dem Kläger in jeder Lage des Rechtsstreits als Streitgenosse anschließen.
(3) Der Drittschuldner hat bei dem Prozeßgericht zu beantragen, daß die Gläubiger, welche die Klage nicht erhoben und dem Kläger sich nicht angeschlossen haben, zum Termin zur mündlichen Verhandlung geladen werden.
(4) Die Entscheidung, die in dem Rechtsstreit über den in der Klage erhobenen Anspruch erlassen wird, ist für und gegen sämtliche Gläubiger wirksam.
(5) Der Drittschuldner kann sich gegenüber einem Gläubiger auf die ihm günstige Entscheidung nicht berufen, wenn der Gläubiger zum Termin zur mündlichen Verhandlung nicht geladen worden ist.

### Inhaltsübersicht

| | | Rdn. |
|---|---|---|
| I. | Gegenstand der Regelung | 1 |
| II. | Verfahrensbesonderheiten | 2, 3 |
| III. | Einwendungen des Drittschuldners | 4 |
| IV. | Rechtskraft der Entscheidung | 5 |
| V. | Gebühren | 6 |
| VI. | ArbGG, VwGO, AO | 7 |

**I. Gegenstand der Regelung:** Die Pfändung und Überweisung eines Anspruchs berechtigen den Gläubiger zwar, vom Drittschuldner Leistung an sich, statt an den Schuldner zu verlangen. Der Überweisungsbeschluß ist aber kein Titel, der es dem Gläubiger unmittelbar ermöglichen würde, gegen den Drittschuldner die Zwangsvollstreckung zu betreiben.[1] Der Gläubiger muß gegebenenfalls im Einziehungsprozeß gegen den Drittschuldner vorgehen.[2] Die Ausgestaltung dieses Einziehungsprozesses für den Fall, daß der Anspruch von mehreren Gläubigern gepfändet worden war, und die Rechtskrafterstreckung einer Entscheidung in diesem Prozeß regelt § 856 ZPO.   1

**II. Verfahrensbesonderheiten:** Klage auf Erfüllung der sich aus §§ 853–855 a ZPO ergebenden Pflichten (je nach Art des Anspruchs: Hinterlegung, Herausgabe an einen Gerichtsvollzieher, Sequester oder Treuhänder) kann jeder Gläubiger, dem der Anspruch überwiesen wurde, der also auch zu seiner Einziehung berechtigt ist, gegen den Drittschuldner erheben (**Abs. 1**). Hat aber einer dieser Gläubiger Klage erhoben, so können die anderen nicht mehr selbständige Klage erheben, sie können sich nur   2

---

[1] Siehe auch § 835 Rdn. 6.
[2] Einzelheiten zum Einziehungsprozeß: § 835 Rdn. 7–12.

noch der Klage des ersten Gläubigers als Streitgenossen anschließen.³ Die dem Rechtsstreit beigetretenen Gläubiger sind notwendige Streitgenossen (§ 62 ZPO). Da die gerichtliche Geltendmachung der sich aus den §§ 853–855 a ZPO für den Drittschuldner ergebenden Verpflichtungen nur eine besondere Art des Einziehungsprozesses darstellt, gilt auch § 841 ZPO: Der klagende Gläubiger muß dem Schuldner den Streit verkünden.⁴ Sind nicht alle Gläubiger, die den Anspruch gepfändet haben, dem Rechtsstreit beigetreten, so hat der Drittschuldner die übrigen dem Gericht namhaft zu machen, das diese dann zur ersten mündlichen Verhandlung lädt (Abs. 3). Diese Beiladung ist keine Streitverkündung. Unterbleibt sie aber, hat dies im Hinblick auf Abs. 5 nachteilige Folgen für den Drittschuldner.⁵ Den Beigeladenen steht es frei, ob sie sich dem Rechtsstreit nach Abs. 2 als Streitgenossen anschließen wollen.

**3** Beitreten nach Abs. 2 können dem Rechtsstreit auch Gläubiger, die nicht selbständig Klage erheben könnten, weil sie den Anspruch zwar gepfändet haben, er ihnen aber noch nicht überwiesen wurde (Sicherungsvollstreckung, Arrestpfändung). Deshalb sind auch diese Gläubiger nach Abs. 3 beizuladen. Gläubiger, die nicht selbständig klagen können, können den Rechtsstreit, dem sie nach Abs. 2 beigetreten sind, auch nicht selbständig fortsetzen, falls alle nach Abs. 1 klagebefugten Gläubiger ihre Klage zurücknehmen.

**4** III. **Einwendungen des Drittschuldners:**⁶ Da die Klage auf Hinterlegung (bzw. Herausgabe an einen Gerichtsvollzieher, Sequester, Treuhänder) gerichtet ist und eine solche Verpflichtung des Drittschuldners nur besteht, wenn er sich einer Mehrheit von Pfändungsgläubigern gegenübersieht, ist die Klage abzuweisen, wenn eine **Mehrheit von Gläubigern**, die dem Drittschuldner gegenüber Rechte haben, nicht (mehr) vorhanden ist. Das ist zum einen der Fall, wenn die gepfändete Forderung nicht besteht, die Pfändung also insgesamt entweder von Anfang an ins Leere gegangen ist, oder wenn die ursprünglich wirksam gepfändete Forderung durch Erfüllung gegenüber einem Besserberechtigten erloschen ist. Zum anderen ist dies der Fall, wenn nur ein Gläubiger die Forderung wirksam beschlagnahmt hat, während die übrigen Pfändungen nichtig sind, also auch keine Verstrickung bewirkt haben. Im letzteren Fall kann der einzige Gläubiger, der wirksam gepfändet hat, aber die Klage auf Leistung an sich ändern, wenn ihm die Forderung auch überwiesen wurde. Die Klage ist schließlich auch dann nicht begründet, wenn die gepfändete Forderung zwar besteht und auch wirksam gepfändet ist, der Drittschuldner aber auch an den Schuldner derzeit nicht leisten müßte, weil die Forderung noch nicht fällig ist oder ein Zurückbehaltungsrecht geltend gemacht werden kann.

**5** IV. **Rechtskraft der Entscheidung:** Eine Sachentscheidung über den mit der Klage geltend gemachten Anspruch wirkt **zugunsten aller Gläubiger**, aber nur zu Lasten

---

3 *Baumbach/Lauterbach/Hartmann*, § 856 Rdn. 1; *Stein/Jonas/Brehm*, § 856 Rdn. 1; *Thomas/ Putzo*, § 856 Rdn. 2.
4 Einzelheiten: § 841 Rdn. 2; MüKo/*Smid*, § 856 Rdn. 2.
5 Näheres unten Rdn. 5.
6 Zu den im Einziehungsprozeß möglichen Einwendungen des Drittschuldners siehe auch § 835 Rdn. 8–13.

derjenigen Gläubiger, die entweder nach Abs. 2 beigetreten sind oder wenigstens nach Abs. 3 beigeladen waren (**Abs. 4 und 5**). Die Wirkung beschränkt sich auf »den in der Klage erhobenen Anspruch«, also auf den Anspruch auf Hinterlegung in Höhe des Gesamtbetrages der Pfändungen oder auf Herausgabe an den Gerichtsvollzieher usw. Sie erstreckt sich also nicht darauf, ob ein einzelner der beteiligten Gläubiger Leistung an sich selbst verlangen kann. Das Urteil erwächst auch nicht in Rechtskraft gegenüber dem Schuldner, hindert diesen also nicht, nach Aufhebung der Pfändungen die Forderung seinerseits einzuklagen. Da das Urteil auch zugunsten derjenigen Gläubiger wirkt, die sich am Rechtsstreit nicht beteiligt haben und auch nicht beigeladen waren, kann jeder dieser Gläubiger in entsprechender Anwendung des § 727 ZPO sich Vollstreckungsklausel zu diesem Urteil erteilen lassen.[7]

**V. Gebühren:** Für die Klage gegen den Drittschuldner fallen Gerichtsgebühren nach KV Nr. 1201 ff. und Anwaltsgebühren nach §§ 31 ff. BRAGO an.

**VI. ArbGG, VwGO, AO:** Siehe § 853 Rdn. 8.

---

[7] Allgem. Meinung; beispielhaft OLG Saarbrücken, NJW-RR 1990, 1472; *Baumbach/Lauterbach/Hartmann*, § 856 Rdn. 5 ; *Zöller/Stöber*, § 856 Rdn. 5.

**§§ 857–863: Zwangsvollstreckung wegen Geldforderungen in andere Vermögensrechte als Geldforderungen und Herausgabeansprüche**

**§ 857   Zwangsvollstreckung in andere Vermögensrechte**

(1) Für die Zwangsvollstreckung in andere Vermögensrechte, die nicht Gegenstand der Zwangsvollstreckung in das unbewegliche Vermögen sind, gelten die vorstehenden Vorschriften entsprechend.

(2) Ist ein Drittschuldner nicht vorhanden, so ist die Pfändung mit dem Zeitpunkt als bewirkt anzusehen, in welchem dem Schuldner das Gebot, sich jeder Verfügung über das Recht zu enthalten, zugestellt ist.

(3) Ein unveräußerliches Recht ist in Ermangelung besonderer Vorschriften der Pfändung insoweit unterworfen, als die Ausübung einem anderen überlassen werden kann.

(4) ¹Das Gericht kann bei der Zwangsvollstreckung in unveräußerliche Rechte, deren Ausübung einem anderen überlassen werden kann, besondere Anordnungen erlassen. ²Es kann insbesondere bei der Zwangsvollstreckung in Nutzungsrechte eine Verwaltung anordnen; in diesem Falle wird die Pfändung durch Übergabe der zu benutzenden Sache an den Verwalter bewirkt, sofern sie nicht durch Zustellung des Beschlusses bereits vorher bewirkt ist.

(5) Ist die Veräußerung des Rechtes selbst zulässig, so kann auch diese Veräußerung von dem Gericht angeordnet werden.

(6) Auf die Zwangsvollstreckung in eine Reallast, eine Grundschuld oder eine Rentenschuld sind die Vorschriften über die Zwangsvollstreckung in eine Forderung, für die eine Hypothek besteht, entsprechend anzuwenden.

(7) Die Vorschrift des § 845 Abs. 1 Satz 2 ist nicht anzuwenden.

Inhaltsübersicht

|  |  | Rdn. |
|---|---|---|
|  | Literatur |  |
| I. | Andere pfändbare Vermögensrechte | 1 |
|  | 1. Notwendigkeit einer Auffangnorm | 1 |
|  | 2. Vermögensrechte und Nichtvermögensrechte | 2 |
|  | 3. Selbständige und unselbständige Vermögensrechte | 3 |
| II. | Allgemeine Regeln zur Vollstreckung in »andere Vermögensrechte« | 4 |
|  | 1. Entsprechende Anwendung der §§ 829 ff. ZPO | 4, 5 |
|  | 2. Bestimmung des Drittschuldners | 6 |
|  | 3. Zustellung an den Drittschuldner und an den Schuldner (Abs. 2) | 7 |
|  | 4. Möglichkeit der Vorpfändung | 8 |
|  | 5. Verwertungsmöglichkeiten | 9 |
| III. | Zu einzelnen Vermögensrechten | 10 |
|  | 1. Anwartschaftsrecht auf Eigentumserwerb an beweglichen Sachen | 10–12 |
|  | 2. Auflassungsanwartschaft | 13 |
|  | 3. Bruchteilseigentum | 14 |
|  |    a) Miteigentum an einem Grundstück | 14 |

|  |  |  |
|---|---|---|
|  | b) Miteigentum an beweglichen Sachen | 15 |
|  | c) Mitberechtigung an Forderungen und Rechten | 16 |
| 4. | Grundschulden, Reallasten und Rentenschulden | 17 |
|  | a) Fremdgrundschulden | 18, 19 |
|  | b) Eigentümergrundschulden | 20 |
|  | c) Anspruch auf Rückübertragung einer Grundschuld | 21 |
|  | d) Anspruch auf Bestellung einer Grundschuld | 22 |
|  | e) Rentenschulden | 23 |
|  | f) Reallasten | 24 |
| 5. | Nießbrauch | 25, 26 |
| 6. | Wohnungsrecht | 27 |
| 7. | Dauerwohnrecht | 28 |
| 8. | Gesellschaftsanteile an BGB-Gesellschaften und Personenhandelsgesellschaften | 29 |
| 9. | GmbH-Geschäftsanteile | 30–33 |
| 10. | Immaterialgüterrechte und gewerbliche Schutzrechte | 34 |
|  | a) Urheberrecht | 35–37 |
|  | b) Gebrauchs- und Geschmacksmusterrechte | 38 |
|  | c) Patentrechte | 39, 40 |
|  | d) Markenrecht | 41 |
|  | e) Firma | 42 |
| 11. | Nutzungsrecht des Leasingnehmers und des Mieters | 43 |
| 12. | Sonstige pfändbare Vermögensrechte | 44 |
| IV. | Rechtsbehelfe | 45 |
| V. | Gebühren | 46 |
| VI. | ArbGG, VwGO, AO | 47 |

Literatur: 1. Zwangsvollstreckung in Anwartschaftsrechte: *Ahlers*, Das Vorbehaltseigentum in der Einzelvollstreckung, Diss. Kiel 1950; *Arnold*, Die Hilfsvollstreckung, insbesondere in Anwartschaftsrechte und Urkunden, Diss. Heidelberg 1958; *Ascher*, Die Pfändung des Anwartschaftsrechts aus bedingter Übereignung – und kein Ende, NJW 1955, 46; *Banke*, Das Anwartschaftsrecht aus Eigentumsvorbehalt in der Einzelzwangsvollstreckung, 1991; *Bauknecht*, Die Pfändung des Anwartschaftsrechts aus bedingter Übereignung, NJW 1954, 1749 und NJW 1955, 451; *Blomeyer*, Neue Vorschläge zur Vollstreckung in die unter Eigentumsvorbehalt gelieferte Sache, ein Beispiel sinnvoller Rechtsrückbildung?, JR 1978, 271; *Boecker*, Die Zwangsvollstreckung in das Anwartschaftsrecht aus aufschiebend bedingter Übereignung, Diss. Köln 1956; *Brox*, Das Anwartschaftsrecht des Vorbehaltskäufers, JuS 1984, 657; *Flume*, Die Rechtsstellung des Vorbehaltskäufers, AcP 161, 385; *Frank*, Schutz von Pfandrechten an Eigentumsanwartschaften bei Sachpfändung durch Dritte, NJW 1972, 2211; *Geißler*, Das Anwartschaftsrecht des Vorbehaltskäufers mit seinen Berührungspunkten zur Mobiliarvollstreckung, DGVZ 1990, 81; *Hintzen*, Pfändung des Eigentumverschaffungsanspruches und des Anwartschaftsrechtes aus der Auflassung, Rpfleger 1989, 439; *Hoche*, Die Pfändung des Anwartschaftsrechts aus der Auflassung, NJW 1955, 931; *Huber*, Die Zwangsvollstreckung in das Anwartschaftsrecht des Vorbehaltskäufers, Diss. München, 1959; *Hübner*, Zur dogmatischen Einordnung der Rechtsposition des Vorbehaltskäufers, NJW 1980, 729; *Kiel*, Die Pfändung der Anwartschaft, Diss. Köln 1954; *Kniffler*, Abtretung, Verpfändung und Pfändung des Anwartschaftsrechts aus der Auflassung, Diss. Köln 1963; *Liermann*, Anwartschaft auf Eigentumserwerb und Zwangsvollstreckung, JZ 1962, 658; *Löwisch/*

*Friederich*, Das Anwartschaftsrecht des Auflassungsempfängers und die Sicherung des Eigentümers bei rechtsgrundloser Auflassung, JZ 1972, 302; *Medicus*, Das Anwartschaftsrecht des Auflassungsempfängers, DNotZ 1990, 275; *Meister*, Die Pfändung aufschiebend bedingten und künftigen Eigentums, NJW 1959, 608; *Mümmler*, Zur Pfändung des Rückauflassungsanspruchs, JurBüro 1978, 1762; *ders.*, Pfändung des Anwartschaftsrechts bei Eigentumsvorbehalt, JurBüro 1979, 1775; *Münzberg*, Abschied von der Pfändung der Auflassungsanwartschaft, Festschr. für Schiedermair 1976, 439; *Peters*, Die Pfändung einer unter Eigentumsvorbehalt veräußerten Sache, Diss. Freiburg 1970; *Quardt*, Eigentumsvorbehalt und Anwartschaftsrecht in der Zwangsvollstreckung, JurBüro 1958, 1; *ders.*, Das Recht auf Eigentumsanwartschaft in der Zwangsvollstreckung, JurBüro 1960, 505; *Raacke*, Zur »Pfandverstrickung« von Vorbehaltsware, NJW 1975, 248; *Raiser*, Dingliche Anwartschaften, 1961; *Reinicke*, Zur Lehre vom Anwartschaftsrecht aus bedingter Übereignung, MDR 1959, 613; *Reinicke/Tiedtke*, Das Anwartschaftsrecht des Auflassungsempfängers und die Formbedürftigkeit der Aufhebung eines Grundstückskaufvertrages, NJW 1982, 2281; *Ronke*, Zur Pfändung und Verpfändung des mit der Auflassung entstehenden sogenannten dinglichen Anwartschaftsrechts, Festschr. f. Nottarp 1961, 91; *Rothoeft*, Die Bedeutung und Tragweite des Prinzips der Publizität im Vollstreckungsrecht, 1966; *Schumann*, Die Zivilprozeßrechtsklausur, JuS 1975, 165; *Sebode*, Die Pfändung des Anwartschaftsrechts, DGVZ 1960, 145; *Sponer*, Das Anwartschaftsrecht und seine Pfändung, Bielefeld 1965 (besprochen von *Fenn*, AcP 1966, 510); *Strutz*, Pfändung der Eigentumsanwartschaft bei einer beweglichen Sache und Zustellung an den Drittschuldner, NJW 1969, 831; *Thalhofer*, Die Anwartschaft aus aufschiebend bedingter Übereignung und ihre Pfändung, Diss. Erlangen 1959; *Tiedtke*, Die verdeckte Pfändung des Anwartschaftsrechts, NJW 1972, 1404; *ders.*, Die Auflassungsvormerkung, Jura 1981, 354.

2. **Zwangsvollstreckung in Bruchteilseigentum:** *Andreae*, Zwangsvollstreckung in Miteigentumsanteile an Grundstücken, Diss. Freiburg, 1973; *Furtner*, Zwangsvollstreckung in Grundstücksmiteigentum, NJW 1957, 1620; *ders.*, Zwangsvollstreckung in Bruchteilseigentum, NJW 1969, 871; *Hoffmann*, Zwangsvollstreckung in Miteigentumsanteile an Grundstücken, JuS 1971, 20; *Marotzke*, Wie pfändet man Miteigentumsanteile an beweglichen Sachen?, Erlanger Festschr. für Karl Heinz Schwab, 1990, 77; *K. Schmidt*, Prozeß- und Vollstreckungsprobleme der Gemeinschaftsteilung, JR 1979, 317.

3. **Zwangsvollstreckung in Grundschulden:** *Bohn*, Die Pfändung von Hypotheken, Grundschulden, Eigentümerhypotheken und Eigentümergrundschulden, 6. Aufl., 1964; *Capeller*, Die Zwangsvollstreckung in die durch den Schuldner zur Sicherheit eines Kontokorrentkredits bestellte Grundschuld, MDR 1953, 153; *Dempewolf*, Die Pfändung eines Anspruchs auf Rückgewähr einer Sicherungsgrundschuld, NJW 1959, 556; *Frantz*, Die Hilfsvollstreckung zur Erlangung des Briefs zwecks Pfändung einer Brief-Eigentümergrundschuld, NJW 1955, 169; *Gadge*, Die Pfändung von Eigentümergrundschulden, JurBüro 1956, 225; *Gramm*, Die Eigentümergrundpfandrechte einschließlich ihrer Behandlung in der Zwangsvollstreckung, Diss. Heidelberg 1951; *Hintzen*, Pfändung und Verwertung dinglicher Vermögensrechte, JurBüro 1991, 755; *Huber*, Die Pfändung der Grundschuld, BB 1965, 609; *Mümmler*, Die Zwangsvollstreckung in Eigentümergrundpfandrechte, JurBüro 1969, 789; *Pikart*, Die neueste Rechtsprechung des Bundesgerichtshofs zur Sicherung von Forderungen durch Hypotheken und Grundschulden, WM 1973, 830; *Quardt*, Nach welcher Vorschrift erfolgt die Pfändung einer Eigentümergrundschuld?, JurBüro 1959, 154; *Schneider*, Zwangsvollstreckung in Grundschulden, insbesondere in Eigentümergrundschulden, Diss. Köln 1950; *ders.*, Die Pfändung einer nichtvalutierten oder nichtvollvalutierten Sicherungsgrundschuld, JW 1938, 1630; *Simon*, Die Pfändung von Eigentümergrundschulden, JurBüro 1956, 43; *Sottung*, Die Pfändung der Eigentümergrundschuld, Köln 1957 (besprochen von *Baumgärtel*, AcP 1958, 417); *Stöber*, Zweifelsfragen bei der Pfändung von Eigentümergrundschulden und Eigentümerhypotheken, Rpfleger 1958, 251; *ders.*, Die Pfändung des (Rück-)Übertragungsanspruches bei Sicherungsgrundschulden, Rpfleger 1959, 84; *ders.*, Pfändung einer Grundschuld und der durch sie gesicherten Forderung, BB 1964, 1457; *Tempel*, Zwangsvollstreckung

in Grundpfandrechte, JuS 1967, 75, 117, 167, 215, 268; *Weidmann,* Die Pfändung der Eigentümergrundschuld, Diss. München 1950.

4. **Zwangsvollstreckung in Immaterialgüterrechte und gewerbliche Schutzrechte:** *Berges,* Die Goodwill-Treuhand als Grundform des europäischen Konkurses, KTS 1974, 125; *Bleta,* Software in der Zwangsvollstreckung, 1994; *Breidenbach,* Computersoftware in der Zwangsvollstreckung, CR 1989, 1074; *Busch,* Unternehmen, Name und Firma als Vollstreckungsobjekte, Diss. Heidelberg 1958; *Fabis,* Firma und good will in Zwangsvollstreckung und Konkurs, Diss. Köln 1953; *Göttlich,* Die Zwangsvollstreckung in Schutzrechte, MDR 1957, 11; *Hubmann,* Die Zwangsvollstreckung in Persönlichkeits- und Immaterialgüterrechte, Festschr. f. H. Lehmann, 1956, S. 812; *Kochmann,* Die Zwangsvollstreckung im Urheberrecht, Diss. Köln 1958; *Müller,* Das Warenzeichen als Gegenstand der Vollstreckung, Diss. Hamburg, 1952; *Paulus,* Die Software in der Vollstreckung, Rechtsschutz und Verwertung von Computerprogrammen, 2. Aufl. 1993, 831; *ders.,* Software in Vollstreckung und Insolvenz, ZIP 1996, 2; *Pfister,* Das technische Geheimnis »know how« als Vermögensrecht, 1974; *Pinzger,* Zwangsvollstreckung in das Erfinderrecht, ZZP 1947, 415; *Repenn/Spitz,* Die Pfändung und Verwertung von Warenzeichen, WRP 1993, 737; *Schramm,* Pfändung und Sequestration ausländischer Patente, GRUR 1958, 480; *Schuhknecht,* Zwangsvollstreckung in die Rechte des geistigen Schöpfers, Diss. Göttingen 1950; *Schulte,* Pfändung eines Patentrechts, GRUR 1961, 527; *Tetzner,* Gläubigerzugriff in Erfinderrechte und Patentanmeldungen, JR 1951, 166; *Weimann,* Software in der Einzelzwangsvollstreckung, Rpfleger 1996, 12.

5. **Zwangsvollstreckung in GmbH-Anteile:** *Bayer,* Abtretung und Pfändung der GmbH-Stammeinlageforderung, ZIP 1989, 8; *Bischoff,* Zur pfändungs- und konkursbedingten Einziehung von Geschäftsanteilen, GmbH-Rdsch 1984, 61; *Buchwald,* Verpfändung und Pfändung von GmbH-Anteilen, GmbH-Rdsch 1959, 254 und 1960, 5; *Fischer,* Pfändung und Verwertung eines GmbH-Geschäftsanteils, GmbH-Rdsch 1961, 21; *Gottschling,* Gesellschaftsrechtliche Abfindungsklauseln im Zwangsvollstreckungsrecht, GmbH-Rdsch 1965, 52; *Heckelmann,* Vollstreckungszugriff und GmbH-Statut, ZZP 1979, 28; *Kalbfleisch,* Die Zwangsvollstreckung in den Geschäftsanteil an einer GmbH, 1990; *Marotzke,* Zwangsvollstreckung in Gesellschaftsanteile nach Abspaltung der Vermögensansprüche, ZIP 1988, 1509; *Michalski,* Die Zwangseinziehung eines GmbH-Anteils im Falle der Anteilspfändung, ZIP 1991, 147; *Noack,* Aktuelle Fragen der Zwangsvollstreckung gegen die GmbH, insbes. in den GmbH-Anteil, DB 1969, 471; *ders.,* Versteigerung von Rechten (§ 844 ZPO), insbesondere eines GmbH-Anteils, MDR 1970, 890; *ders.,* Pfändung und Verwertung eines GmbH-Anteils, Einzelfragen, JurBüro 1976, 1603; *Petermann,* Die Verwertung des gepfändeten GmbH-Anteils, Rpfleger 1973, 387; *Pfaff,* Zur Pfändung eines GmbH-Anteils, GmbH-Rdsch 1964, 92; *Polzius,* Die Versteigerung von GmbH-Anteilen nach der ZPO und dem GmbHG, DGVZ 1987, 17, 33; *Priester,* Grundsatzregelung, Wertmaßstäbe und Zahlungsmodalitäten des Einziehungsentgelts für GmbH-Anteile bei Pfändung oder Konkurs, GmbH-Rdsch 1976, 5; *Sachs,* Neue Rechtsprechung zur Einziehung von Geschäftsanteilen, GmbH-Rdsch 1978, 169; *ders.,* Zur Einziehung von Geschäftsanteilen wegen Pfändung, GmbH-Rdsch 1974, 84; *Schneider,* Die Sicherung der Familien-GmbH vor dem Eindringen Familienfremder, GmbH-Rdsch 1964, 219; *Schuler,* Die Pfändung von GmbH-Anteilen und die miterfaßten Ersatzansprüche, NJW 1960, 1423; *ders.,* Einziehung gepfändeter GmbH-Anteile, NJW 1961, 2281; *Seydel,* Zwangsvollstreckung in den Geschäftsanteil der GmbH, GmbH-Rdsch 1950, 135; *Wohlany,* Bedingte Einziehbarkeit gepfändeter GmbH-Geschäftsanteile, Festschr. f. H. C. Nipperdey, 1965, S. 975.

6. **Zwangsvollstreckung in sonstige vermögenswerte Rechte:** *Behr,* Vollstreckung in Leasingansprüche, JurBüro 1995, 457; *Gessler,* Pfändungen in Akkreditive, Diss. Köln 1967; *Haegele,* Wohnungsrecht, Leibgeding und ähnliche Rechte in Zwangsvollstreckung, Konkurs und Vergleich, DNotZ 1976, 5; *Jansen,* Rangvorbehalt und Zwangsvollstreckung, AcP 1952, 508;

*Luthardt*, Die Pfändung von Gestaltungsrechten, Diss. Göttingen 1953; *Meissner*, Die Ermächtigung zur Geltendmachung des Berichtigungsanspruches (insbesondere Pfändung), Diss. Köln 1948; *Möller*, Die Pfändung der Rechte in Abteilung II des Grundbuchs, JurBüro 1958, 269; *Mümmler*, Zur Pfändung eines Nießbrauchrechtes, JurBüro 1984, 145; *Röder*, Die Pfändung von Geldmarktanteilen (Geldmarktfonds) als Geldmarkt-Sondervermögen von Kapitalgesellschaften, DGVZ 1995, 110; *Schebesta*, Rechtsfragen bei CpD-Konten sowie »und«-Konten, WM 1985, 1329; *Schopp*, Wohnbesitz und Wohnbesitzbrief, Rpfleger 1976, 380; *Schreiber*, Zur Pfändbarkeit sozialrechtlicher Dienst- und Sachleistungsansprüche, Rpfleger 1977, 295; *Schüller*, Die Zwangsvollstreckung in den Nießbrauch, 1978; *Stachels*, Über die Pfändung und Verwertung eines Wiederkaufsrechts an einem Grundstück, JR 1954, 130; *Strutz*, Probleme bei der Pfändung eines Grundstücksnießbrauchs, Rpfleger 1968, 145; *Vortmann*, Pfändung von Kontovollmachten, NJW 1991, 1038; *Weimar*, Die Instandhaltungsrücklage der Wohnungseigentümer in der Zwangsvollstreckung, KTS 1978, 82; *Weyrich*, Die Zwangsvollstreckung wegen Geldforderungen in Gestaltungsrechte (Ein Beitrag zur Auslegung des § 857 ZPO), Diss. Heidelberg 1951.

1   I. Andere pfändbare Vermögensrechte:

1. **Notwendigkeit einer Auffangnorm:** Es ist das Interesse des Gläubigers, seinen titulierten Anspruch möglichst rasch aus dem Vermögen des Schuldners zu befriedigen. Da meistens mehrere Gläubiger konkurrieren, Sicherungsübereignungen und -abtretungen die vorhandene Masse auch noch schmälern, ist die Suche nach verdeckten Vermögenswerten, an deren Nutzung der Schuldner und andere Gläubiger noch nicht gedacht haben, verständlich. Grundsätzlich steht dem Gläubiger in der Einzelzwangsvollstreckung wie der Gläubigergemeinschaft im Konkurs das gesamte »Vermögen« (vergl. § 1 Abs. 1 KO[1]) des Schuldners als Haftungsobjekt zur Verfügung, soweit nicht Vollstreckungsschutzbestimmungen greifen. Viele Vermögenswerte lassen sich in die ausführlich geregelten Haftungsobjekt-Gruppen »körperliche bewegliche Sachen«, »Geldforderungen«, »Herausgabeansprüche« und »unbewegliches Vermögen« nicht einordnen. Ihre Vergleichbarkeit mit einer dieser Gruppen ist nicht immer zweifelsfrei; das dort geregelte Verfahren paßt zudem nicht immer, auch hinsichtlich der Verwertung könnten Zweifel bestehen. Hier greift die Auffangnorm des § 857 ZPO mit – wenn auch unvollkommen – Regelungen zur Pfändung und Verwertung »anderer Vermögensrechte« ein. Sie verweist grundsätzlich auf die Zwangsvollstreckung in Geldforderungen. Vollstreckungsorgan ist damit das Vollstreckungsgericht (der Rechtspfleger), eine in Anbetracht der zahlreichen rechtlichen Schwierigkeiten und Zweifelsfragen sachgerechte Lösung.

2   2. **Vermögensrechte und Nichtvermögensrechte:** Da nur das Vermögen des Schuldners der Zwangsvollstreckung unterliegt,[2] scheidet der Zugriff auf alle »**Nichtvermögensrechte**« aus, auch wenn es dem Gläubiger im Einzelfall durchaus geldwert erscheinen mag, ein Nichtvermögensrecht des Schuldners an dessen Stelle ausüben zu können. Nicht zum Vermögen zählen die allgemeinen und besonderen **Persönlichkeitsrechte** (z. B. Namensrecht, Urheberpersönlichkeitsrecht,[3] das Recht auf körperliche Unver-

---

1   Ab 1.1.1999: § 35 InsO.
2   Siehe auch Allgem. Vorbem. Rdn. 2.
3   Verwertungsrechte aus bereits erbrachten geistigen Leistungen sind dagegen Teil des Vermögens; siehe unten Rdn. 34 ff.

sehrtheit, auf informationelle Selbstbestimmung, Recht am eigenen Bild usw.), die personenbezogenen familienrechtlichen Rechte und Ansprüche (Recht der elterlichen Sorge, Anspruch auf eheliche Lebensgemeinschaft, auf Mitarbeit im Haushalt, aber auch auf Mitwirkung des anderen Ehegatten bei der gemeinsamen Steuererklärung[4] u. ä.), die Mitgliedschaftsrechte in Idealvereinen, die öffentlichen Bürgerrechte (z. B. aktives und passives Wahlrecht). Diese Rechte sind so sehr an die jeweilige Person gebunden, daß auch dann, wenn einzelne aus ihnen herrührende Berechtigungen zur Ausübung auf Dritte ganz oder teilweise übertragen werden können (z. B. Gestattung der Namensnutzung für gewerbliche Zwecke,[5] Möglichkeit der Vermarktung des eigenen Bildes, Übertragung von Erziehungsrechten auf eine Internatsleitung, Übertragung des Stimmrechts in einem Verein usw.), die Entscheidung, ob in welchem Umfang, an wen, für wielange eine solche Übertragung vorgenommen werden soll, beim originären Rechtsträger als Teil seines unantastbaren Persönlichkeitsrechts verbleiben muß. Für solche Rechte gilt deshalb auch § 857 Abs. 3 ZPO nicht, da auch diese Vorschrift allein auf Vermögensrechte abstellt (Beispiele unveräußerlicher Vermögensrechte[6] i. S. Abs. 3: Nießbrauch gem. § 1059 BGB; Wohnungsrecht gem. § 1092 BGB). Auch eine Kontovollmacht ist nicht pfändbar.[7] Die nach § 167 BGB erteilte Befugnis zum rechtsgeschäftlichen Handeln in fremdem Namen stellt zwar ein Recht dar, hat aber keinen Vermögenswert.

**3. Selbständige und unselbständige Vermögensrechte:** Nicht nach § 857 ZPO selbständig pfändbar sind solche »anderen Vermögensrechte«, die mit einem anderen Recht oder mit einer Sache in der Weise rechtlich untrennbar verbunden sind, daß sie deren Schicksal ohne weiteres teilen. Solche unselbständigen Vermögensrechte werden von der Pfändung des Rechts, dem sie zugeordnet sind, miterfaßt. Sie können nicht losgelöst von diesem Recht geltend gemacht werden. Unselbständige Rechte dieser Art[8] sind einmal alle akzessorischen Rechte (Bürgschaft, Vormerkung, Pfandrecht), zum anderen die aus einer Rechtsstellung (z. B. der Inhaberschaft einer Forderung) fließenden Gestaltungsrechte (z. B. Kündigungs- und Anfechtungsrecht) sowie die die Verwirklichung eines Rechts nur begleitenden Berechtigungen (Anspruch auf Auskunft und Rechnungslegung;[9] Grundbuchberichtigungsanspruch[10]). Unselbständige Rechte können, soweit dies zur Vollstreckung in das Hauptrecht erforderlich ist, allerdings ausnahmsweise Gegenstand einer Hilfspfändung sein.[11] Diese wird in der gleichen

3

---

4 LG Hechingen, FamRZ 1990, 1127; LG Karlsruhe, JurBüro 1979, 611; siehe auch Anh. § 829 Rdn. 29.
5 Zur »Firma« in der Zwangsvollstreckung siehe unten Rdn. 42; vergl. auch *Brox/Walker*, Rdn. 720.
6 Einzelheiten unten Rdn. 5, 25–27.
7 FG Kassel, WM 1996, 1908, 1910; *Brox/Walker*, Rdn. 719; *Vortmann*, NJW 1991, 1038.
8 Siehe hierzu auch § 829 Rdn. 57; zur öffentlich-rechtlichen Arzneimittelzulassung als unselbständigem Nebenrecht siehe BGH, NJW 1990, 2931.
9 Einzelheiten siehe § 840 Rdn. 2.
10 BGHZ 33, 76; OLG Köln, OLGZ 1971, 151; *Stein/Jonas/Brehm*, § 857 Rdn. 5; *Stöber*, Forderungspfändung, Rdn. 1513; *Thomas/Putzo*, § 857 Rdn. 6.
11 BGHZ 33, 76; *Brox/Walker*, Rdn. 722; *Bruns/Peters*, § 25 IX 1 c; *Stein/Jonas/Brehm*, § 857 Rdn. 5; *Stöber*, Forderungspfändung, Rdn. 1514; *Thomas/Putzo*, § 857 Rdn. 6.

Form durchgeführt, wie sie gewählt werden müßte, wenn das Recht selbständig pfändbar wäre. So kann der Grundbuchberichtigungsanspruch (§ 894 BGB) beispielsweise dann nach § 857 ZPO gepfändet werden, wenn der Gläubiger die Eintragung des Schuldners erreichen will, um anschließend eine hypothekarisch gesicherte Forderung pfänden zu können;[12] denn diese Pfändung ist gem. § 830 Abs. 1 S. 3 ZPO im Grundbuch einzutragen, was ohne eine Voreintragung des Schuldners nicht möglich ist (vergl. § 39 GBO).

4 II. **Allgemeine Regeln zur Vollstreckung in »andere Vermögensrechte«:**

1. **Entsprechende Anwendung der §§ 829 ff. ZPO:** Nach Abs. 1 richtet sich die Pfändung solcher Rechte grundsätzlich nach den für die Pfändung von Geldforderungen geltenden Regeln, also nach § 829 ZPO: Auf Antrag des Gläubigers[13] an das Vollstreckungsgericht (§ 828 ZPO) pfändet dieses (der Rechtspfleger) das »angebliche« Recht, nachdem es geprüft hat, daß dieses Recht nach den Angaben des Gläubigers grundsätzlich bestehen kann,[14] nicht aber, ob es dem Schuldner auch tatsächlich zusteht[15] (für die Pfändung von Grundschulden gelten allerdings wegen der Beteiligung des Grundbuchamtes insoweit Besonderheiten[16]). Die Pfändung hat zu unterbleiben, wenn das zu pfändende Recht nach den allgemeinen Regeln (§§ 811, 850 ff., 851 ZPO) oder nach sondergesetzlichen Vorschriften unpfändbar ist. Ist etwa der Gegenstand, dessen Miteigentümer der Schuldner ist, nach § 811 ZPO unpfändbar, so ist auch der Miteigentumsanteil selbst unpfändbar;[17] Gleiches gilt für die Mitberechtigung an einer nach §§ 850 a, b ZPO unpfändbaren Forderung. Ein ausdrückliches Pfändungsverbot findet sich z. B. in § 377 Abs. 1 BGB (Recht auf Rücknahme des Hinterlegten),[18] § 54 Abs. 1 SGB I (Ansprüche auf Sach- und Dienstleistungen nach dem SGB). Auch § 851 Abs. 1 ZPO ist bei der Pfändung anderer Vermögensrechte zu beachten: Ist das Recht nicht übertragbar und beruht die Nichtübertragbarkeit nicht allein auf Parteivereinbarung (§ 851 Abs. 2 ZPO), so ist seine Pfändung ausgeschlossen. Nicht übertragbar sind etwa gem. § 881 BGB der Rangvorbehalt des Grundstückseigentümers,[19] die subjektiv-dingliche Reallast nach § 1110 BGB, die Einzelrechte des Gesellschafters der BGB- oder Personenhandelsgesellschaft auf gesellschaftsinterne Mitwirkung oder Kontrolle gem. § 717 S. 1 BGB,[20] der Unterlassungsanspruch aus dem UWG.[21]

---

12 BGHZ 33, 76, 83.
13 Einzelheiten: § 829 Rdn. 31.
14 LG Arnsberg, JurBüro 1969, 896.
15 Siehe auch § 829 Rdn. 32.
16 Siehe unten Rdn. 34.
17 LG Krefeld, NJW 1973, 2304 mit Anm. *Schmidt,* NJW 1974, 323; *Brox/Walker,* Rdn. 802; *Stein/Jonas/Brehm,* § 857 Rdn. 13.
18 Siehe auch *Stöber,* Forderungspfändung, Rdn. 1644.
19 BGHZ 12, 238; *Jansen,* AcP 1952, 508.
20 Einzelheiten: § 859 Rdn. 3.
21 *Baumbach/Hefermehl,* Wettbewerbsrecht, § 13 UWG Rdn. 5; *Teplitzky,* Wettbewerbsrechtliche Ansprüche, Kap. 15 Rdn. 2-4.

In Abweichung von § 851 Abs. 1 ZPO ist ein unveräußerliches »sonstiges Vermögensrecht«, wenn dies im Einzelfall nicht anders geregelt ist, insoweit pfändbar, als seine Ausübung einem Dritten überlassen werden kann (**Abs. 3**). So ist ein Wohnrecht (§ 1093 BGB) als solches gem. § 1092 Abs. 1 S. 1 BGB nicht übertragbar, wohl aber kann die Übertragung der Ausübung des Rechts an Dritte gestattet sein (§ 1092 Abs. 1 S. 2 BGB). Nach § 1059 BGB ist der Nießbrauch ebenfalls nicht übertragbar, während seine Ausübung einem anderen überlassen werden kann.[22] In Fällen dieser Art wird mit der Pfändung des Rechts[23] die Ausübungsbefugnis beschlagnahmt. Abweichende Sonderregelungen zur Grundregel des Abs. 3 enthalten für die Zwangsvollstreckung in Rechte aus dem UrhG die §§ 113–118 UrhG.[24]

5

**2. Bestimmung des Drittschuldners:** Der Pfändungsbeschluß enthält in der Regel, wie in § 829 Abs. 1 ZPO vorgesehen,[25] neben dem Ausspruch der Pfändung das an den Schuldner gerichtete Inhibitorium und das an den Drittschuldner gerichtete Arrestatorium. Der Begriff des »Drittschuldners« ist im Rahmen des § 857 ZPO dabei weit zu sehen. Er bezieht alle mit ein, die an dem gepfändeten Vermögensrecht beteiligt sind und deren Recht durch die Pfändung berührt wird,[26] auch wenn sie dem Vollstreckungsschuldner das Recht nicht »schulden«. So schulden beispielsweise die Mitgesellschafter einer Personenhandelsgesellschaft einander nicht den Gesellschaftsanteil, die Miterben einander nicht ihren Erbteil, der Grundstückseigentümer schuldet nicht die bereits bestellte Grundschuld (sondern die Duldung der Zwangsvollstreckung aus ihr). Sie alle sind aber im Rahmen der entsprechenden Anwendung der §§ 829 ff. ZPO als Drittschuldner anzusehen. Es ergeht an sie das Verbot, an den Schuldner aufgrund des gepfändeten Rechts Leistungen zu erbringen, also etwa dem Mitgesellschafter seinen Jahresgewinnanteil auszuschütten, an den Miterben im Wege der Erbauseinandersetzung Zahlungen zu leisten oder auf die Grundschuld zu zahlen. Ist ein Beteiligter in diesem weiten Sinne nicht festzustellen, entfällt im Beschluß die Anordnung des Arrestatoriums.

6

**3. Zustellung an den Drittschuldner und an den Schuldner (Abs. 2):** Der Pfändungsbeschluß wird grundsätzlich entspr. § 829 Abs. 3 ZPO mit der Zustellung an den (oder die) Drittschuldner wirksam. Bei mehreren Drittschuldnern (Mitgesellschaftern, Miterben) wird die Pfändung erst mit der Zustellung an den letzten von ihnen wirksam.[27] Ist kein Drittschuldner feststellbar, etwa beim Verwertungsrecht aus einem Patent, entsteht das Pfandrecht bereits mit der Zustellung des Inhibitoriums an den Schuldner (**Abs. 2**). In diesen Fällen ist im Gegensatz zu § 829 Abs. 3 ZPO die Zustellung an

7

---

22 Dazu näher unten Rdn. 25 f.
23 Gepfändet wird also nicht nur die Ausübungsbefugnis, sondern das Recht selbst; vergl. BGHZ 62, 133.
24 Einzelheiten unten Rdn. 35.
25 Einzelheiten: § 829 Rdn. 36 ff.
26 Vergl. BGHZ 49, 197, 204; *Brox/Walker*, Rdn. 727; *Rosenberg/Schilken*, § 58 I 2; *Stein/Jonas/Brehm*, § 857 Rdn. 97.
27 Siehe auch § 829 Rdn. 43.

den Schuldner dann notwendige Entstehungsvoraussetzung für das Pfandrecht.[28] Unterbleibt die Zustellung an den Schuldner, ist der gesamte Pfändungsvorgang nichtig.

8   4. **Möglichkeit der Vorpfändung:** Eine Vorpfändung »anderer Vermögensrechte« ist grundsätzlich, wie Abs. 1 und Abs. 7 zeigen, möglich. Allerdings muß der Gläubiger die enstprechenden Benachrichtigungen mit den Aufforderungen selbst (bzw. durch seinen Verfahrensbevollmächtigten) anfertigen und kann nicht den mit der Zustellung der Vorpfändung beauftragten Gerichtsvollzieher zu ihrer Anfertigung bevollmächtigen. Abs. 7 schließt die entsprechende Anwendung des § 845 Abs. 1 S. 2 ZPO ausdrücklich aus.[29]

9   5. **Verwertungsmöglichkeiten:** Für die Verwertung anderer Vermögensrechte gelten grundsätzlich die §§ 835, 844 ZPO. Eine Überweisung an Zahlungs Statt kommt auf entsprechenden Antrag des Gläubigers nur in Betracht, wenn das Recht einen Nennwert hat und seine Übertragung auf den Gläubiger möglich ist;[30] das ist etwa bei Eigentümergrundschulden der Fall, beim Anspruch auf Rückabtretung einer Geldforderung oder auf Rückgabe zur Sicherheit übertragener Wertpapiere mit festgestelltem Kurs. Die Überweisung zur Einziehung ist möglich bei allen Vermögensrechten, die der Gläubiger an Stelle des Schuldners einziehen (bzw. geltend machen) kann (vertretbare Handlungen dieser Art sind etwa der Einzug von Lizenzgebühren aus der Verwertung von Urheber- oder Patentrechten, die Geltendmachung einer Grundschuld, das Betreiben der Auseinandersetzung einer Gemeinschaft). Eine andere Art der Verwertung nach § 844 ZPO sind insbesondere der Verkauf oder die öffentliche Versteigerung des Rechts, etwa eines GmbH-Anteils. Daß der Verkauf des Rechtes bei veräußerlichen Rechten als Verwertungsform in Betracht zu ziehen ist, stellt **Abs. 5** ausdrücklich klar.[31] Eine Erweiterung der Möglichkeiten der besonderen Verwertung bringt **Abs. 4:** Ist das Recht als solches unveräußerlich, kann seine Ausübung aber einem anderen überlassen werden (so ist das Nutzungsrecht des Mieters nicht veräußerlich, der Mieter ist aber möglicherweise zur Untervermietung berechtigt), kann das Vollstreckungsgericht (der Rechtspfleger) besondere Anordnungen erlassen, die eine effektive Nutzung des Rechts zugunsten des Gläubigers ermöglichen. Hier kommt insbesondere die Anordnung einer Verwaltung des Rechts durch einen von ihm berufenen Verwalter in Betracht (Abs. 4 S. 2). Dieser nimmt dann etwa die Untervermietung vor, zieht die Früchte und Nutzungen aus dem Nießbrauch ein. Entscheidet sich das Gericht für eine Verwalterbestellung, so ordnet es im Pfändungsbeschluß gleichzeitig an, daß der Schuldner die Sache an den Verwalter herauszugeben hat. Dieser Pfändungsbeschluß wird dann nicht nur, wie der auch hier geltende § 829 Abs. 3 ZPO es vorsieht, durch Zustellung an den Drittschuldner wirksam, sondern auch schon mit der Herausgabe der Sache an den Verwalter, falls dieser Vorgang zeitlich früher liegt (Abs. 4 S. 2, 2. Halbs.). Gibt der Schuldner die Sache nicht freiwillig an den Verwalter heraus, so kann der Gläubiger sie ihm im Wege der Hilfsvollstreckung (Grundlage ist

---

28 BGHZ 49, 197; *Rosenberg/Schilken*, § 58 I 2; *Stein/Jonas/Brehm*, § 857 Rdn. 98.
29 Siehe auch § 845 Rdn. 5.
30 *Brox/Walker*, Rdn. 731; *Rosenberg/Schilken*, § 58 II.
31 Zu den möglichen Veräußerungsformen siehe auch § 844 Rdn. 2; vergl. ferner *Stöber*, Forderungspfändung, Rdn. 1472–1476.

### III. Zu einzelnen Vermögensrechten:

1. **Anwartschaftsrecht auf Eigentumserwerb an beweglichen Sachen:** Erwirbt der Schuldner eine Sache mit der Abrede, daß er Eigentum an ihr erst erlangen soll, wenn er den Kaufpreis voll bezahlt hat (§ 455 BGB), so erwirbt er mit der Aushändigung der Sache neben dem Besitz und den Nutzungsmöglichkeiten bereits eine Eigentumsanwartschaft, die einen selbständigen Vermögenswert darstellt. Überträgt der Schuldner einem Dritten an einer ihm gehörigen Sache Sicherungseigentum und ist vereinbart, daß das Eigentum auf den Schuldner ohne weiteres zurückfallen soll, wenn er die gesicherte Forderung getilgt hat, so behält der Schuldner eine Eigentumsanwartschaft. Das Anwartschaftsrecht ist als bloßer Anspruch auf Eigentumserwerb ein Minus gegenüber dem Eigentum und nur sehr beschränkt ein »dingliches« Recht an der Sache, obwohl es sich in ihr verkörpert und nicht ohne sie bestehen kann.[32] Andererseits ist es in vielfacher Hinsicht, etwa im Hinblick auf die Möglichkeit eines gutgläubigen Erwerbs[33] oder den Schutz nach § 823 Abs. 1 BGB, dem dinglichen Recht angenähert. Es berechtigt zur Drittwiderspruchsklage nach § 771 ZPO[34] und ist auch im Konkurs des Eigentümers nicht mehr beliebig zerstörbar.[35] Aufgrund dieser Zwitterstellung besteht ein Streit darüber, wie in das Anwartschaftsrecht an beweglichen Sachen zu vollstrecken ist. Nach der **Theorie der Rechtspfändung**[36] erfolgt die Pfändung des Anwartschaftsrechts nach den §§ 828 ff. ZPO. Der vom Vollstreckungsgericht erlassene Pfändungsbeschluß wird mit Zustellung an den Vorbehaltsverkäufer als Drittschuldner wirksam (vergl. § 829 Abs. 3 ZPO) und entzieht dem Vollstreckungsschuldner die Verfügungsbefugnis über sein Anwartschaftsrecht. Erlischt das Anwartschaftsrecht mit Bedingungseintritt, also mit Zahlung der letzten Kaufpreisrate, bleibt der Vollstreckungsgläubiger allerdings nur dann gesichert, wenn sich das Pfandrecht am Anwartschaftsrecht in ein Pfandrecht an der Sache umwandelt. Das läßt sich nach der Theorie der Rechtspfändung aber nicht begründen; denn es fehlt der für die Begründung eines Pfändungspfandrechts an einer beweglichen Sache erforderliche Publizitätsakt in Form der Inbesitznahme und Kenntlichmachung.[37] Diese Voraussetzung

---

32 Zur Diskussion um den Rechtscharakter des Anwartschaftsrechts beispielhaft BGHZ 28, 16; 45, 186; 49, 197; 75, 221; BGH, NJW 1955, 544; 1982, 1639; *Brox*, JuS 1984, 657; *Erman/Hagen*, § 925 BGB Rdn. 44; *Jauernig*, § 929 BGB Anm. 6 F; *Medicus*, Bürgerliches Recht, § 20; *Palandt/Bassenge*, § 929 BGB Rdn. 37 ff.; *Schwerdner*, Jura 1980, 609, 661.
33 BGHZ 10, 73; 75, 221.
34 Siehe § 771 Rdn. 18, 19.
35 BGHZ 27, 360; BGH, NJW 1962, 2296; weitergehend noch als die Rspr. *Baur/Stürner*, Sachenrecht, § 59 III 1 a; *Flume*, AcP 1962, 404; *Kuhn/Uhlenbruck*, § 17 KO Rdn. 18d; *Palandt/Bassenge*, § 929 BGB Rdn. 60; *Wieser*, NJW 1970, 913.
36 So *Baur/Stürner*, Sachenrecht, § 59 V 4 a; *Baur/Stürner*, Rdn. 32.17; *Flume*, AcP 1962, 404; *Medicus*, Bürgerliches Recht, Rdn. 485.
37 Siehe auch Vor §§ 803, 804 Rdn. 5 und § 808 Rdn. 8.

erfüllt zwar die **Theorie der reinen Sachpfändung**,[38] wonach die Pfändung des Anwartschaftsrechts auf den Erwerb einer beweglichen Sache durch eine gem. § 808 ZPO durchzuführende Pfändung der Sache selbst erfolgt. Der Nachteil dieser Theorie liegt allerdings darin, daß vor dem Bedingungseintritt immer eine Vollstreckung in eine schuldnerfremde Sache vorliegt, was dem Vorbehaltskäufer die Möglichkeit eröffnet, sich unter Berufung auf sein Eigentum mit der Drittwiderspruchsklage nach § 771 ZPO erfolgreich gegen die Pfändung zu wehren. Daher hat sich in der Praxis die von der h. M. vertretene **Theorie der Doppelpfändung**[39] durchgesetzt. Diese Ansicht stimmt der Theorie der reinen Rechtspfändung zunächst insoweit zu, als es zur Pfändung des Anwartschaftsrechts als Recht auf gesicherten späteren Eigentumserwerb ausreicht, wenn es durch Pfändungsbeschluß gem. §§ 857 Abs. 1, 829 ZPO beschlagnahmt wird. Soll nur das Anwartschaftsrecht – ohne Zugriff auf die Sache – verwertet werden, so habe dies in den Formen der §§ 857 Abs. 1 und 5, 835, 844 ZPO durch Überweisung oder ggfls. Veräußerung zu erfolgen. Eine solche Verwertung kann jedoch allenfalls dann sinnvoll sein, wenn der Eigentumserwerb durch den Schuldner noch in weiter Ferne liegt und es unwirtschaftlich erscheint, die Verpflichtungen des Schuldners gegenüber dem Eigentümer vorzeitig abzulösen. Soll aber – wie in der Regel – das Pfandrecht am Anwartschaftsrecht sich als Pfandrecht an der Sache fortsetzen, sobald der Schuldner Eigentümer der Sache geworden ist, muß der Gläubiger nach der Theorie der Doppelpfändung sowohl das Anwartschaftsrecht als auch die Sache selbst – diese durch den Gerichtsvollzieher – pfänden lassen. Damit wird die Offenkundigkeit der Beschlagnahme erreicht, die bei der Pfändung beweglicher Sachen unverzichtbare Wirksamkeitsvoraussetzung für die Entstehung des Pfandrechts (nicht für seinen Fortbestand) ist. Da an schuldnerfremden Sachen ein Pfandrecht nicht erworben werden kann,[40] das Pfandrecht also zunächst nur am Recht entsteht, sich aber dann nahtlos an der Sache fortsetzt, wenn die Sache im Zeitpunkt des Eigentumserwerbs durch den Schuldner bereits beschlagnahmt war, wird der Rang des Pfandrechts an der Sache durch den Zeitpunkt der Pfändung des Rechts bestimmt.[41] Gläubiger, die nur die Sache und nicht auch das Recht gepfändet haben, erwerben ein Pfandrecht erst ab dem Zeitpunkt, in dem der Schuldner Eigentümer der Sache wurde.[42] Gläubiger, die schon das Anwartschaftsrecht zusätzlich gepfändet hatten, gehen ihnen also im Rang vor. Die Theorie der Doppelpfändung führt zu sachgerechten Ergebnissen. Sie erfordert aller-

---

38 So *Bauknecht*, NJW 1954, 1749; *Hübner*, NJW 1980, 733; *Kupisch*, JZ 1976, 425; *Liermann*, JZ 1962, 659; *Marotzke*, JZ 1977, 87; *Raiser*, Dingliche Anwartschaften, 1961, S. 91.

39 BGH, MDR 1953, 18; NJW 1954, 1325; MDR 1956, 593; BFH, WM 1977, 603; *Baumann/Brehm*, § 21 III 2 a; *Baumbach/Lauterbach/Hartmann*, § 857 Rdn. 5; *Blomeyer*, § 63 II 2 b; *Bruns/Peters*, § 26 VI 3; *Jauernig*, § 20 III 2; *Gerhardt*, § 10 II 3 d; *Lackmann*, § 26 III 1; *MüKo/Smid*, § 857 Rdn. 22; *Rosenberg/Schilken*, § 58 III 4; *Zöller/Stöber*, § 857 Rdn. 6. *Stöber*, Forderungspfändung, Rdn. 1489 ff., 1495 f., befürwortet zwar auch eine Doppelpfändung, hält aber die Sachpfändung für das Entscheidende und die Rechtspfändung nur für eine Hilfspfändung, um das Widerspruchsrecht des Eigentümers auszuschalten.

40 Siehe auch Vor §§ 803, 804 Rdn. 14.

41 *Jauernig*, § 20 III 2; *Lackmann*, § 26 III 1; *MüKo/Smid*, § 857 Rdn. 21; *Reinicke*, MDR 1959, 616; *Stein/Jonas/Brehm*, § 857 Rdn. 88; **a. A.** (Zeitpunkt der Sachpfändung) *Stöber*, Forderungspfändung, Rdn. 1496; *Thomas/Putzo*, § 857 Rdn. 13. Vergl. zur Rangwahrung nach der Theorie der Rechtspfändung in Form der Sachpfändung *Brox/Walker*, Rdn. 816.

42 Siehe auch Vor §§ 803, 804 Rdn. 17.

dings ein umständliches Vollstreckungsverfahren.⁴³ Deshalb schlägt die **Theorie der Rechtspfändung in Form der Sachpfändung**⁴⁴ vor, daß die Pfändung des Anwartschaftsrechts (nicht der Sache selbst) nach § 808 ZPO in Form der Sachpfändung durchgeführt wird mit der Folge, daß der notwendige Publizitätsakt für die spätere Entstehung des Pfändungspfandrechts an der beweglichen Sache gegeben ist, aber eben vor dem Bedingungseintritt noch keine Vollstreckung in eine schuldnerfremde Sache vorliegt. Im Unterschied zur Theorie der Doppelpfändung bedarf es keines zusätzlichen Verfahrens nach §§ 828 ff. ZPO. In der Praxis hat sich diese Theorie allerdings nicht durchgesetzt.

Der Eigentümer kann einer bloßen Pfändung der Sache im Rahmen der Anwartschaftspfändung oder, sofern man der Theorie der Rechtspfändung in Form der Sachpfändung folgt, einer Pfändung des Anwartschaftsrechts durch Inbesitznahme der Sache nach § 808 ZPO nicht mit der Klage nach § 771 ZPO widersprechen, solange der Schuldner seine Verpflichtungen pünktlich erfüllt,⁴⁵ wohl aber jedem Versuch, die Sache zu verwerten. Denn die bloße Pfändung beeinträchtigt seine Rechte nicht: Er kann auch ohne die Pfändung die Sache nicht vom Schuldner herausverlangen oder zu Lasten dessen Anwartschaftsrechts nach §§ 931, 934 BGB über sie verfügen. Kommt der Schuldner seinen Verpflichtungen nicht nach, so kann der Gläubiger an seiner Stelle nach § 267 BGB leisten und dadurch den Eigentumsübergang auf den Schuldner herbeiführen. Der Schuldner ist durch die Pfändung gehindert, der Leistung seitens des Gläubigers nach § 267 Abs. 2 BGB zu widersprechen.⁴⁶ Lehnt der Eigentümer die Leistung des Gläubigers ab, steht seiner Klage nach § 771 ZPO der Einwand der unzulässigen Rechtsausübung entgegen.⁴⁷ Die dem Gläubiger durch die Zahlung an Stelle des Schuldners entstehenden Kosten sind Kosten der Zwangsvollstreckung i. S. § 788 ZPO,⁴⁸ können also ohne eigenständige Titulierung beigetrieben werden.⁴⁹

11

Ist die Sache, an der der Schuldner das Anwartschaftsrecht hat, nach § 811 ZPO selbst nicht pfändbar, muß nach der Theorie der Doppelpfändung differenziert werden. So steht das Pfändungsverbot der Rechtspfändung nach §§ 857 Abs. 1, 829 ZPO nicht entgegen,⁵⁰ wohl aber der gleichzeitigen Sachpfändung nach § 808 ZPO. Entfällt der Pfändungsschutz später und kann die Sachpfändung nachgeholt werden, ehe das Anwartschaftsrecht zum Vollrecht erstarkt ist, wahrt die Rechtspfändung auch den Rang des Pfandrechts an der Sache. Kann die Sache aber nicht gepfändet werden, erlischt mit

12

---

43 *Brox/Walker*, Rdn. 816.
44 *Brox/Walker*, Rdn. 812 ff.; *Stein/Jonas/Münzberg*, 19. Aufl., § 857 Anm. II 9 m. Fn. 191; *Stein/Jonas/Brehm*, § 857 Rdn. 87 (de lege ferenda).
45 *Brox/Walker*, Rdn. 815.
46 OLG Celle, JR 1960, 345; *Bruns/Peters*, § 26 VI 3; *Lackmann*, § 26 III 1; MüKo/*Smid*, § 857 Rdn. 24 .
47 OLG Celle, JR 1960, 345.
48 Einzelheiten: § 788 Rdn. 18.
49 Einzelheiten: § 788 Rdn. 19.
50 A. A. *Stöber*, Forderungspfändung, Rdn. 1495, der auch die Rechtspfändung in einem solchen Fall für unzulässig hält.

dem Anwartschaftsrecht auch das Pfandrecht, sobald der Schuldner das Vollrecht erwirbt.

13  2. **Die Auflassungsanwartschaft:** Hat der bisherige Eigentümer das Grundstück nicht nur an den Erwerber aufgelassen, sondern auch bereits Antrag auf Eigentumsumschreibung beim Grundbuchamt gestellt oder ist stattdessen für den Erwerber bereits eine Auflassungsvormerkung im Grundbuch eingetragen, so hat der Erwerber damit eine Anwartschaft auf den Eigentumserwerb am Grundstück erworben (sog. »Auflassungsanwartschaft«).[51] Dieses eigenständige Vermögensrecht ist nach § 857 ZPO pfändbar.[52] Da der bisherige Eigentümer bereits alles seinerseits zum Eigentumsübergang Erforderliche getan hat, bedarf es zum einen – im Unterschied zur Pfändung des bloßen Übereignungsanspruchs (vgl. § 848 ZPO) – keiner Bestellung eines Sequesters; zum anderen hat der Veräußerer seine Verpflichtungen vollständig erfüllt, so daß er nicht mehr Drittschuldner ist.[53] Die Pfändung der Anwartschaft erfolgt nach § 857 Abs. 2 ZPO durch Zustellung des Pfändungsbeschlusses an den Schuldner.[54] Der Gläubiger erwirbt durch die Pfändung das Recht, ohne Mitwirkung des Schuldners dessen Eintragung als Eigentümer beim Grundbuchamt zu betreiben. Mit der Eintragung des Schuldners als Eigentümer entsteht gem. §§ 848 Abs. 2 S. 2, 857 Abs. 1 ZPO zugunsten des Gläubigers eine Sicherungshypothek.[55] Sie geht im Rang den Rechten am Grundstück nach, die der frühere Eigentümer noch bewilligt hat, den Rechten aber vor, die der Schuldner seinerseits vor seiner Eintragung (und ohne Zusammenhang mit dem Kauf des Grundstücks) bereits bewilligt hat.[56]

14  3. **Bruchteilseigentum**

a) **Miteigentum an einem Grundstück:** Der Miteigentumsbruchteil an einem Grundstück oder grundstücksgleichen Recht (§§ 1008–1011, 741 ff. BGB) unterliegt als solcher wie das Grundstück als Ganzes der Zwangsvollstreckung in das unbewegliche Vermögen (§ 864 Abs. 2 ZPO). Die jedem Bruchteilsmiteigentümer zustehende Befugnis, die Aufhebung der Gemeinschaft verlangen zu können (§ 749 BGB) mit der Möglichkeit, die Aufhebung in der Teilungsversteigerung (§§ 180 ff. ZVG) auch durchzusetzen, ist nicht isoliert abtretbar und deshalb auch nicht isoliert pfändbar (§§ 857 Abs. 1, 851 Abs. 1 ZPO).[57] Sie kann aber demjenigen zur Ausübung für den Miteigen-

---

51 So die h. M.; vergl. BGH, DNotZ 1976, 96; BGHZ 83, 395; 89, 41; BGH, NJW 1989, 1093 mit Anm. *Hintzen*, Rpfleger 1989, 439; Rpfleger 1996, 100, 101. Nach einer weitergehenden Ansicht entsteht das Anwartschaftsrecht bereits mit der Auflassung; vergl. *Erman/Hagen*, § 925 BGB Rdn. 39; *Hoche*, NJW 1955, 652; *Reinicke/Tiedke*, NJW 1982, 2281.
52 Einzelheiten siehe ausführlicher § 848 Rdn. 10. Vergl. ferner *Brox/Walker*, Rdn. 820, 821; *Lackmann*, § 26 III 2; *Rosenberg/Schilken*, § 57 II; kritisch *Medicus*, Bürgerliches Recht, Rdn. 486.
53 BGHZ 49, 197, 204.
54 BGHZ 49, 197.
55 BGHZ 49, 197, 206; BayObLG, Rpfleger 1994, 162; LG Düsseldorf, Rpfleger 1985, 305; *Rosenberg/Schilken*, § 57 II; *Stöber*, Forderungspfändung, Rdn. 2058; Einzelheiten ferner § 848 Rdn. 8, 10.
56 Siehe auch § 848 Rdn. 8.
57 BGHZ 90, 207; KG, NJW 1953, 1832; OLG Hamm, NJW-RR 1992, 665, 666.

tümer überlassen werden, dem der Miteigentümer seinen künftigen Anspruch auf Auskehr des auf den Miteigentumsanteil entfallenden Anteils am Auseinandersetzungsguthaben abgetreten hat. Deshalb kann diese Befugnis nach § 857 Abs. 3 ZPO auch von denjenigen gepfändet werden, die den Anspruch auf Auskehr des Erlöses gepfändet haben oder gleichzeitig mitpfänden.[58] Drittschuldner, denen der Pfändungsbeschluß zuzustellen ist, sind die übrigen Miteigentümer. Ist der Auseinandersetzungsanspruch dem Gläubiger überwiesen worden, kann er auf dem Wege der §§ 180 ff. ZVG die Versteigerung des gesamten Grundstücks betreiben, um dann den auf den Schuldner entfallenden Erlösanteil einzuziehen.

b) **Miteigentum an beweglichen Sachen:** Der Bruchteils-Miteigentumsanteil an beweglichen Sachen kann gem. § 747 BGB übertragen werden, ist deshalb als Vermögensrecht gem. §§ 857 Abs. 1, 851, 829 ZPO pfändbar. Drittschuldner, denen der Pfändungsbeschluß zuzustellen ist, sind die übrigen Miteigentümer. Wird der Anteil dem Gläubiger gem. § 835 ZPO zur Einziehung überwiesen, kann er, sobald sein Titel nicht mehr bloß vorläufig vollstreckbar ist, anstelle des Schuldners gem. § 751 S. 2 BGB die Aufhebung der Gemeinschaft verlangen, selbst wenn der Schuldner dies aufgrund seiner Vereinbarungen mit den Miteigentümern nicht könnte. Die Auseinandersetzung unter den Miteigentümern erfolgt dann nach §§ 752, 753 BGB.   15

c) **Mitberechtigung an Forderungen und Rechten:** Die Bruchteils-Mitberechtigung an Forderungen und Rechten wird ebenfalls nach §§ 857 Abs. 1, 829 ZPO gepfändet. Drittschuldner sind die übrigen Mitberechtigten einerseits, der Schuldner der Forderung andererseits. Ihnen allen ist gem. § 829 Abs. 3 ZPO zuzustellen. Die Verwertung geschieht durch Überweisung zur Einziehung. Der Gläubiger kann nach der Überweisung die Aufhebung der Gemeinschaft gem. § 751 S. 2 BGB verlangen. Die Auseinandersetzung erfolgt gem. § 754 BGB durch gemeinschaftliche Einziehung der Forderung und Teilung des Erlöses.   16

**4. Grundschulden, Reallasten und Rentenschulden:** Gemäß **Abs. 6** sind auf die Zwangsvollstreckung in Grundschulden, Reallasten und Rentenschulden die Vorschriften über die Zwangsvollstreckung in eine Forderung, für die eine Hypothek bestellt ist, entsprechend anzuwenden, d. h. also hinsichtlich der Pfändung die §§ 830, 829 ZPO, hinsichtlich der Überweisung die §§ 837, 835 ZPO. Im einzelnen sind dabei folgende Besonderheiten zu beachten:   17

a) **Fremdgrundschulden:** Grundschulden, die zugunsten des Schuldners am Grundstück eines Dritten bestellt sind, werden durch Pfändungsbeschluß nach § 829 ZPO und zusätzlich entweder durch Eintragung im Grundbuch (Buchgrundschulden) oder durch Übergabe bzw. Wegnahme des Grundschuldbriefes (Briefgrundschulden) gepfändet (§§ 857 Abs. 6, 830 Abs. 1 ZPO) und durch Überweisung gem. § 837   18

---

58 BGHZ 90, 207; OLG Hamm, NJW-RR 1992, 665, 666; OLG Köln, Rpfleger 1969, 170; LG Aachen, Rpfleger 1983, 119; LG Berlin, JurBüro 1975, 1512; LG Hamburg, MDR 1977, 1019; *Brox/Walker*, Rdn. 804; *Furtner*, NJW 1957, 1620; *Rosenberg/Schilken*, § 58 III 3; *Stöber*, Forderungspfändung, Rdn. 1544; kritisch *Stein/Jonas/Brehm*, § 857 Rdn. 17, der die Pfändung des Aufhebungsanspruchs für überflüssig erachtet.

ZPO verwertet. Zur Zwangsvollstreckung in das Grundstück benötigt der Gläubiger dann noch einen Titel auf Duldung der Zwangsvollstreckung (§ 1147 BGB), den er (legitimiert durch die Überweisung der Grundschuld) im Einziehungsprozeß erwirken kann. Ist die Grundschuld als **Sicherungsgrundschuld**[59] bestellt, ändert sich grundsätzlich an diesem Verfahren nichts. Da das Arrestatorium bei der Pfändung der Grundschuld dem Drittschuldner aber nur verbietet, an den Schuldner auf die Grundschuld zu leisten, nicht aber, die gesicherte persönliche Forderung zu befriedigen, läuft der Gläubiger Gefahr, leer auszugehen, wenn er nicht zusätzlich zur Grundschuld auch die gesicherte Forderung pfändet. Denn die Zahlung des Drittschuldners auf die Forderung berührt zwar nicht unmittelbar die Grundschuld, gibt dem Drittschuldner aber eine dauernde Einrede gem. §§ 812, 821 BGB bzw. aus dem Sicherungsvertrag gegen seine Inanspruchnahme aus der Grundschuld,[60] die er auch dem Vollstreckungsgläubiger entgegenhalten kann (§§ 1192 Abs. 1, 1157 BGB).[61]

19      Hat sich eine gem. § 91 ZVG durch den Zuschlag in der Zwangsversteigerung des Grundstücks erloschene Grundschuld in ein Recht auf Befriedigung aus dem Anspruch gegen den Ersteher umgewandelt, so gelten für die Pfändung dieses Rechtes nicht mehr die §§ 857 Abs. 6, 830 ZPO über die Pfändung der Grundschuld, sondern die §§ 857 Abs. 1, 829 ZPO.[62] Drittschuldner ist in diesem Falle der Ersteher; hat er den Erlös hinterlegt, so ist der Pfändungsbeschluß der Hinterlegungsstelle zuzustellen.[63]

20      b) **Eigentümergrundschulden:** Auch die Pfändung einer Eigentümergrundschuld hat nach **Abs. 6** i. V. mit § 830 ZPO zu erfolgen[64] und nicht durch schlichte Zustellung des Pfändungsbeschlusses gem. Abs. 2 an den Schuldner;[65] denn an den Rechtsübergang durch Pfändung und Überweisung können keine geringeren Formanforderungen (Eintragung im Grundbuch bzw. Briefübergabe) gestellt werden als an die rechtsgeschäftliche Übertragung bzw. Verpfändung (§§ 1291, 1274, 1192, 1154, 873 BGB). Der Pfändungsbeschluß ersetzt lediglich den notariellen Vertrag. Dem können auch nicht die praktischen Schwierigkeiten[66] entgegengehalten werden, die sich hieraus für die Pfändung einer verdeckten Eigentümergrundschuld, die noch als Fremdgrundschuld oder Fremdhypothek im Grundbuch eingetragen ist, ergeben. Stimmt der fälschlich Einge-

---

59 Zum Begriff der Sicherungsgrundschuld vergl. *Jauernig*, § 1191 BGB Anm. II; *Medicus*, Bürgerliches Recht, Rdn. 493, 499 ff.; *Palandt/Bassenge*, § 1191 BGB Rdn. 12; jeweils m. w. N.
60 *Palandt/Bassenge*, § 1191 BGB Rdn. 20 ff.; *Stöber*, Forderungspfändung, Rdn. 1883.
61 *Brox/Walker*, Rdn. 753; *Stöber*, Forderungspfändung, Rdn. 1883; kritisch hierzu *Tempel*, JuS 1967, 168.
62 BGHZ 58, 298.
63 BGHZ 58, 298.
64 Wie hier BGH, NJW 1961, 601; Rpfleger 1979, 299; OLG Celle, NJW 1968, 1682; OLG Düsseldorf, ZZP 1959, 262, Rpfleger 1969, 65; OLG Frankfurt, NJW 1955, 1483; OLG Hamburg, Rpfleger 1976, 371; OLG Karlsruhe, WM 1956, 107; OLG Köln, NJW 1961, 368; OLG Oldenburg, Rpfleger 1970, 100; *Baumbach/Lauterbach/Hartmann*, § 857 Rdn. 15; *Brox/Walker*, Rdn. 742; *MüKo/Smid*, § 857 Rdn. 40; *Stein/Jonas/Brehm*, § 857 Rdn. 62 ff.; *Stöber*, Forderungspfändung, Rdn. 1929; *Thomas/Putzo*, § 857 Rdn. 11; *Zöller/Stöber*, § 857 Rdn. 18.
65 So aber LG Frankfurt, NJW 1952, 629; *Baur/Stürner*, Rdn. 32.20; *Bruns/Peters*, § 26 III; *Jauernig*, § 20 III 3; *Rosenberg/Schilken*, § 58 III 1 b.
66 Siehe insoweit *Brox/Walker*, Rdn. 739 und *Bruns/Peters*, § 26 III.

tragene der vor der Eintragung der Pfändung erforderlichen Grundbuchberichtigung nicht zu oder ist er nicht zur Rückgabe des Briefes bereit, muß der Gläubiger auch diese Ansprüche des Schuldners pfänden und gegebenenfalls gegen den Eingetragenen durchsetzen.[67] Besteht anstelle der eingetragenen Hypothek nach entsprechender Tilgung nur teilweise eine Eigentümergrundschuld, teilweise aber weiterhin eine Fremdhypothek, muß der Gläubiger demnach neben der Teileigentümergrundschuld notfalls zusätzlich entweder den Anspruch auf Grundbuchberichtigung oder kumulativ das Miteigentum am Brief und die Ansprüche auf Aufhebung der Gemeinschaft am Brief, auf Vorlage des Briefes beim Grundbuchamt zur Bildung eines Teilhypothekenbriefes sowie auf Aushändigung dieses Teilbriefes pfänden und gegebenenfalls im Klagewege durchsetzen.[68] Diese Schwierigkeiten sind nicht größer als bei einer Verpfändung der verdeckten Teileigentümergrundschuld gegen den Willen des im Grundbuch als Rechtsinhaber Eingetragenen.

Die Verwertung der Eigentümergrundschuld erfolgt gem. § 837 ZPO durch Überweisung, sofern nicht im Einzelfall gem. § 844 ZPO die Veräußerung an einen Dritten (die zur Umwandlung in eine Fremdgrundschuld führt) zugelassen wird. Auch dann, wenn die Überweisung nur zur Einziehung erfolgte, kann der Gläubiger aus der Eigentümergrundschuld nach Erlangung eines entsprechenden Duldungstitels die Zwangsvollstreckung in das Grundstück betreiben.[69] § 1197 Abs. 1 BGB greift nicht ein,[70] da die Vorschrift nur auf den Grundstückseigentümer selbst zugeschnitten ist. Wird die Eigentümergrundschuld dem Gläubiger an Zahlungs Statt überwiesen, wird sie damit zur Fremdgrundschuld am Grundstück des Schuldners. Der Gläubiger kann nun aus ihr wie jeder andere Grundschuldgläubiger vorgehen.

c) **Anspruch auf Rückübertragung einer Grundschuld:** Keine Eigentümergrundschuld entsteht, wenn der Schuldner, an dessen Grundstück eine Sicherungsgrundschuld bestellt ist, Rückzahlungen lediglich auf die gesicherte Forderung leistet (wie dies nach den AGB der Kreditinstitute die Regel ist). Der Eigentümer kann dann zwar nicht mehr aus der Grundschuld in Anspruch genommen werden,[71] sie besteht aber formal weiter. Je nach Sicherungsabrede hat der Eigentümer gegen den Grundschuldgläubiger einen Anspruch auf Rückübertragung der Grundschuld oder auf Verzicht. In beiden Fällen entsteht eine Eigentümergrundschuld erst, wenn der Grundschuldgläubiger den Anspruch erfüllt (§§ 1192 Abs. 1, 1168, 1177 BGB). Bereits der Anspruch auf Rückübertragung oder Verzicht ist als selbständiges Vermögensrecht pfändbar.[72] Verzichtet der Grundschuldgläubiger dann bzw. überträgt er die Grund-

21

---

67 *Brox/Walker*, Rdn. 739, 740; *Stein/Jonas/Brehm*, § 857 Rdn. 65, 66.
68 So schon RGZ 59, 313.
69 BGHZ 103, 30, 36 ff.; OLG Köln, NJW 1959, 2161; LG Hof, Rpfleger 1965, 369; *Baumbach/Lauterbach/Hartmann*, § 857 Rdn. 15; *Baur/Stürner*, Rdn. 32.22; *Brox/Walker*, Rdn. 744; *Rosenberg/Schilken*, § 58 III 1 b; *Stein/Jonas/Brehm*, § 857 Rdn. 109; *Stöber*, Forderungspfändung, Rdn. 1960; *Westermann*, NJW 1960, 1723.
70 So aber OLG Düsseldorf, NJW 1960, 1723 mit abl. Anm. *H. Westermann*; *Schumacher*, BB 1961, 273.
71 Siehe oben Rdn. 17.
72 BGH, MDR 1991, 1201 f. (auch zu den Bestimmtheitserfordernissen); OLG Frankfurt, VersR 1985, 71; LG Berlin, JurBüro 1974, 764 und Rpfleger 1978, 331.

schuld auf den Eigentümer, setzt sich das Pfandrecht am Anspruch als Pfandrecht an der nunmehr entstehenden Eigentümergrundschuld fort.[73] Bereits mit der Pfändung des Anspruchs erwirbt der Vollstreckungsgläubiger das Recht, vom bisherigen Grundschuldgläubiger (Drittschuldner) den Grundschuldbrief herauszuverlangen,[74] damit dann die Pfändung der Grundschuld eingetragen werden kann. Die Pfändung des Rückgewähranspruchs ist nicht im Grundbuch eintragbar.[75] Der Rückgewähranspruch kann bereits als künftiger Anspruch gepfändet werden, wenn die gesicherte Forderung noch nicht erfüllt ist. Die Pfändung erfaßt als Nebenrecht den Anspruch des Schuldners auf Auskunft darüber, in welcher Höhe die gesicherte Forderung noch besteht. Einer selbständigen Pfändung dieses Auskunftsanspruchs bedarf es nicht.[76] Hat ein Gläubiger des Grundstückseigentümers dessen Anspruch gegen einen Grundschuldgläubiger auf Rückübertragung der Grundschuld gepfändet, erlischt die Grundschuld aber vor ihrer Rückübertragung in der Zwangsversteigerung des Grundstücks durch Erteilung des Zuschlages, dann setzt sich das Pfandrecht an dem Rückübertragungsanspruch fort als Pfandrecht an dem Anspruch des Grundstückseigentümers auf einen entsprechenden Teil des Versteigerungserlöses.[77]

22  d) **Anspruch auf Bestellung einer Grundschuld:** Ist noch keine Grundschuld eingetragen, besteht aber ein vertraglicher Anspruch auf Bestellung einer Grundschuld, so ist auch dieser Anspruch bereits als selbständiges Vermögensrecht pfändbar.[78] Das Pfandrecht an dem Anspruch setzt sich aber nicht einfach an der später eingetragenen Grundschuld fort. Die Pfändung der Grundschuld muß vielmehr in der Form der §§ 857 Abs. 6, 830 ZPO erfolgen. Durch die Pfändung und Überweisung des Anspruchs auf Bestellung der Grundschuld erreicht der Gläubiger aber, daß kein anderer Gläubiger vor ihm auf die Grundschuld zugreifen kann.

23  e) **Rentenschulden:** Die Pfändung von Rentenschulden (§ 1199 BGB) entspricht der von Fremdgrundschulden.[79] Soll nicht die Rentenschuld selbst gepfändet werden, sondern nur der Anspruch auf einzelne Leistungen, so gelten die Regeln für die Pfändung von Hypothekenzinsen entsprechend (§ 1200 BGB). Rückständige Leistungen werden daher gem. §§ 857 Abs. 6, 830 Abs. 3 ZPO wie gewöhnliche Geldforderungen schlicht nach § 829 ZPO gepfändet.

24  f) **Reallasten:** Subjektiv-dingliche Reallasten sind unpfändbar;[80] subjektiv-persönliche Reallasten (§§ 1105 Abs. 1, 1111 Abs. 1 BGB) werden wie Buchhypotheken gepfändet (§§ 857 Abs. 6, 830 ZPO), soweit der Anspruch auf die einzelne Leistung übertragbar ist. Ist dies nicht der Fall, ist das Recht ebenfalls unpfändbar (§ 851 Abs. 1 ZPO). Letzteres gilt etwa für das Altenteilsrecht (§ 850 b Abs. 1 Nr. 3 ZPO). Für die Vollstreckung

---

73 OLG Celle, JR 1956, 145; OLG Frankfurt, VersR 1985, 71.
74 LG Berlin, Rpfleger 1978, 331.
75 LG Karlsruhe, NJW 1971, 2032.
76 **A. A.** AG Dorsten, Rpfleger 1984, 424.
77 BGH, MDR 1961, 675.
78 OLG Bremen, NJW 1984, 2478; OLG Hamburg, Rpfleger 1983, 289.
79 Oben Rdn. 17.
80 Siehe auch oben Rdn. 4.

in den Anspruch auf einzelne Leistungen aus der Reallast gilt das oben[81] hinsichtlich der Rentenschulden Dargelegte entsprechend.

5. **Nießbrauch:** Der Nießbrauch[82] ist nach § 1059 S. 1 BGB nicht übertragbar, nach S. 2 kann seine Ausübung aber anderen überlassen werden. Die Zwangsvollstreckung in den Nießbrauch richtet sich deshalb nach § 857 Abs. 3 ZPO. Gepfändet wird der Nießbrauch selbst als dingliches Recht,[83] nicht nur das schuldrechtliche Recht auf Ausübung des Nießbrauchs.[84] Das hat zur Folge, daß der Schuldner nach Pfändung des Nießbrauchs nicht mehr wirksam über das Recht verfügen, insbesondere nicht auf den Nießbrauch verzichten kann.[85] Drittschuldner, dem der Pfändungsbeschluß zuzustellen ist, ist der Grundstückseigentümer. Einer Eintragung der Pfändung im Grundbuch bedarf es nicht, da der Nießbrauch in Abs. 6 nicht genannt ist. Die Überweisung kann, da der Nießbrauch als solcher nicht übertragbar ist, nicht den Nießbrauch selbst betreffen, sondern nur die Befugnis zur Ausübung des Rechts.[86] Gem. **Abs. 4** kann das Vollstreckungsgericht besondere Anordnungen zur Verwertung treffen, insbesondere einen Verwalter bestellen.

25

Daß der Nießbrauchsberechtigte und der Grundstückseigentümer die Überlassung der Ausübung des Nießbrauchs an Dritte mit dinglicher Wirkung vertraglich ausgeschlossen haben (Eintragung im Grundbuch erforderlich), steht der Pfändung des Rechts in der Zwangsvollstreckung nicht entgegen (§§ 857 Abs. 1, 851 Abs. 2 ZPO).[87] Ist im Vertrag über die Bestellung des Nießbrauchs für den Fall der Pfändung vereinbart, daß der Nießbrauch erlöschen soll,[88] ist die Pfändung dadurch zwar nicht von vornherein ausgeschlossen. Sie nutzt dem Vollstreckungsgläubiger aber nichts, da nach dem Erlöschen des Nießbrauchsrechts aus diesem keine Befriedigung mehr möglich ist. Vollstreckt der Gläubiger aber nur mit dem Ziel, den Schuldner zu schädigen, kann das Rechtsschutzinteresse an der Pfändung fehlen;[89] zumindest wird regelmäßig eine sittenwidrige Härte i. S. des § 765 a ZPO vorliegen.[90] Davon abgesehen kann das Erlöschen des Nießbrauchsrechts vom Grundstückseigentümer mit der Klage gem. § 771 ZPO geltend gemacht werden.

26

---

81 Rdn. 23.
82 Ausführlich zur Zwangsvollstreckung in den Nießbrauch Vor §§ 737, 738 Rdn. 2 ff.
83 BGHZ 62, 133; OLG Frankfurt, ZIP 1990, 1357; LG Bonn, Rpfleger 1979, 349; *Brox/Walker*, Rdn. 763; MüKo/*Smid*, § 857 Rdn. 17; *Mümmler*, JurBüro 1984, 660; *Rosenberg/Schilken*, § 58 III 2; *Stein/Jonas/Brehm*, § 857 Rdn. 28; *Stöber*, Forderungspfändung, Rdn. 1710; *Zöller/Stöber*, § 857 Rdn. 12.
84 So aber OLG Frankfurt, NJW 1961, 1928; *Palandt/Bassenge*, § 1059 BGB Rdn. 6.
85 OLG Bremen, NJW 1969, 2147; *Brox/Walker*, Rdn. 763.
86 BGHZ 62, 133.
87 BGH, NJW 1985, 2827.
88 Vergl. zur Zulässigkeit der Bestellung eines Nießbrauchsrechts unter der auflösenden Bedingung der Pfändung MüKo/*Petzold*, § 1030 BGB Rdn. 31.
89 *Brox/Walker*, Rdn. 1483 (im Fall d); vergl. auch OLG Oldenburg, MDR 1991, 968.
90 OLG Frankfurt, OLGZ 1980, 482; *Brox/Walker*, Rdn. 1482 (im Fall d).

**27**  **6. Das Wohnungsrecht:** Das Wohnungsrecht (§ 1093 BGB) ist als beschränkte persönliche Dienstbarkeit nicht übertragbar (§ 1092 Abs. 1 S. 1 BGB). Seine Ausübung kann nicht generell einem Dritten überlassen werden, sondern nach § 1092 Abs. 1 S. 2 BGB nur dann, wenn dies nach dem ausdrücklich vereinbarten Inhalt der Dienstbarkeit so gestattet ist. Die Übertragbarkeit der Ausübungsbefugnis muß nicht im Grundbuch eingetragen sein;[91] ihre Eintragung ist aber zweckmäßig, damit sie auch dem Rechtsnachfolger des ursprünglich Gestattenden entgegengehalten werden kann.[92] Pfändbar ist das Wohnungsrecht nach **Abs. 3** nur dann, wenn die Überlassung der Ausübungsbefugnis an einen anderen in concreto gestattet ist.[93] Wird sie erst nachträglich vereinbart, ist das Wohnungsrecht auch erst ab diesem Zeitpunkt pfändbar. Die Verwertung erfolgt entweder durch Überweisung der Ausübungsbefugnis (nicht des Rechtes selbst) zur Einziehung[94] oder durch besondere Anordnungen nach Abs. 4, insbesondere die Anordnung der Verwaltung.

**28**  **7. Dauerwohnrecht:** Das Dauerwohnrecht gem. §§ 31 ff. WEG ist ein veräußerliches Recht (§ 33 Abs. 1 S. 1 WEG) und als solches uneingeschränkt pfändbar (§§ 857 Abs. 1, 851 Abs. 1 ZPO). Die Pfändung erfolgt in entsprechender Anwendung des **Abs. 6** in der Form des § 830 ZPO.[95] Die Pfändung wird also erst mit ihrer Eintragung im Grundbuch wirksam. Drittschuldner ist der Grundstückseigentümer. Die Verwertung erfolgt nach §§ 844, 857 Abs. 5 ZPO durch Veräußerung.

**29**  **8. Gesellschaftsanteile an BGB-Gesellschaften und Personenhandelsgesellschaften:** Zur Zwangsvollstreckung in den Gesellschaftsanteil an einer BGB-Gesellschaft oder einer Personenhandelsgesellschaft siehe die Ausführungen zu § 859.[96] Zur Pfändung von Inhaber- und Namensaktien siehe § 821.[97]

**30**  **9. GmbH-Geschäftsanteile:** Der Geschäftsanteil an einer GmbH ist als selbständiges Vermögensrecht nach §§ 857 Abs. 1, 829 ZPO pfändbar.[98] Die Pfändbarkeit besteht auch schon im Gründungsstadium vor Eintragung der Gesellschaft im Handelsregister.[99] Ist im Gesellschaftsvertrag die Abtretung der Geschäftsanteile von der Zustimmung der Gesellschaft abhängig gemacht, so steht das gem. § 851 Abs. 2 ZPO ihrer Pfändung nicht entgegen.[100] Sieht die Satzung für den Fall der Pfändung die Einzie-

---

91 BGH, MDR 1962, 728; *Palandt/Bassenge*, § 1092 BGB Rdn. 5; a. A. KG, NJW 1968, 1883; *Jauernig*, § 1092 BGB Anm. 2.
92 BGH, MDR 1962, 728.
93 BGH, MDR 1962, 728; MDR 1964, 51.
94 Vergl. *Stöber*, Forderungspfändung, Rdn. 1522.
95 *Stein/Jonas/Brehm*, § 857 Rdn. 100; *Thomas/Putzo*, § 857 Rdn. 3.
96 Dort insbesondere Rdn. 2–11.
97 Dort Rdn. 2.
98 Allgemeine Meinung; beispielhaft *Baumbach/Hueck*, GmbHG, § 15 Rdn. 59; *Brox/Walker*, Rdn. 796; *Michalski*, ZIP 1991, 147, 148; *Rosenberg/Schilken*, § 58 III 3 d; *Roth*, GmbHG, § 15 Anm. 4.3; *K. Schmidt*, Gesellschaftsrecht, § 35 II 2; *Stein/Jonas/Brehm*, § 859 Rdn. 18; *Stöber*, Forderungspfändung, Rdn. 1612; *Thomas/Putzo*, § 857 Rdn. 2.
99 *Brox/Walker*, Rdn. 796.
100 BGHZ 32, 151; *Baumbach/Hueck*, GmbHG, § 15 Rdn. 60.

hung des Geschäftsanteiles vor, so ist eine solche Bestimmung nur wirksam, wenn die Zahlung eines gleichwertigen,[101] nicht unbedingt vollwertigen Entgelts vorgesehen ist.[102] Ein Entgelt, bei dem neben dem Firmenwert auch noch die stillen Reserven unberücksichtigt bleiben und die letzte Steuerbilanz maßgebend sein soll, wäre nicht mehr gleichwertig.[103] Das Pfandrecht am Gesellschaftsanteil setzt sich bei dessen Einziehung am Anspruch des Gesellschafters auf das satzungsgemäße Entgelt fort.

Drittschuldner, dem der Pfändungsbeschluß zuzustellen ist, ist die GmbH.[104] Die Pfändung erfaßt nur den im Pfändungsbeschluß bezeichneten Geschäftsanteil. Besitzt der Schuldner mehrere Geschäftsanteile, so kann jeder selbständig gepfändet werden. Will der Gläubiger alle Geschäftsanteile des Schuldners an der GmbH pfänden, muß dies im Pfändungsbeschluß unmißverständlich zum Ausdruck gebracht werden.

31

Durch die Pfändung des Geschäftsanteils wird der Gesellschafter grundsätzlich nicht gehindert, sein Stimmrecht in der Gesellschaft weiter auszuüben.[105] Er darf mit seiner Stimme jedoch keine Beschlüsse herbeiführen, die die Stellung des Gläubigers beeinträchtigen könnten. Fraglich ist, ob mit dem Gesellschaftsgeschäftsanteil automatisch der Gewinnanspruch des Gesellschafters mitgepfändet wird,[106] oder ob der Gläubiger, der nicht nur den im Geschäftsanteil als solchem liegenden Vermögenswert realisieren, sondern auch oder sogar in erster Linie auf den Gewinnanspruch zugreifen will, diesen als Geldforderung nach § 829 ZPO gesondert pfänden muß.[107] Für die zweite Möglichkeit sprechen die Regelungen in den §§ 1273 Abs. 2, 1213 Abs. 2 BGB, wonach sich die Vermutung, daß der Pfandgläubiger zur Fruchtziehung berechtigt ist, nicht auf das Pfandrecht an Rechten erstreckt. Andererseits ist zu berücksichtigen, daß der Gewinnanspruch des Gesellschafters gerade zu den Rechten gehört, die aus dem (gepfändeten) Geschäftsanteil fließen.[108] Ungeachtet dessen ist dem Vollstreckungsgläubiger zu raten, neben der Pfändung des Geschäftsanteils ausdrücklich auch die Pfändung des An-

32

---

101 BGHZ 32, 151; 65, 22; OLG Frankfurt, DB 1974, 84 und Rpfleger 1976, 372; *Baumbach/Hueck*, GmbHG, § 15 Rdn. 60; *Fischer/Lutter/Hommelhoff*, GmbHG, § 15 Rdn. 33.
102 Zur Erleichterung der Berechnung des Entgelts sind Abstriche bei der Bewertung gegenüber dem vollen Handelswert des Anteils, die in der Satzung auch für den Fall der Einziehung des Anteils ohne fristlose Kündigung vorgesehen sind, und die den Anteil nicht weitgehend entwerten, möglich; siehe BGHZ 65, 22; *Roth*, GmbHG, § 15 Anm. 6.6.2.
103 A. A. OLG Frankfurt, DB 1977, 2040. Für die Zulässigkeit weitergehender Abstriche auch OLG Hamburg, DB 1982, 2344; *Geißler*, GmbH-Rdsch 1984, 32; *Priester*, GmbH-Rdsch 1976, 9.
104 *Baumbach/Hueck*, GmbHG, § 15 Rdn. 59; *Brox/Walker*, Rdn. 797; MüKo/*Smid*, § 859 Rdn. 27; *Rosenberg/Schilken*, § 58 III 3 d; *K. Schmidt*, Gesellschaftsrecht, § 35 II 2; *Stein/Jonas/Brehm*, § 859 Rdn. 18; *Thomas/Putzo*, § 857 Rdn. 10; *Zöller/Stöber*, § 859 Rdn. 13; a. A. (§ 857 Abs. 2) *Schuler*, NJW 1960, 1423.
105 LG Köln, Rpfleger 1991, 511; *Baumbach/Hueck*, GmbHG, § 15 Rdn. 61; *Wiedemann*, Die Übertragung und Vererbung von Mitgliedschaftsrechten bei Handelsgesellschaften, 1965, S. 429.
106 Dazu *Baur/Stürner*, Rdn. 32.10; *Rosenberg/Schilken*, § 58 III 3 d; *Zöller/Stöber*, § 859 Rdn. 13.
107 So *Baumbach/Hueck*, GmbHG, § 15 Rdn. 61; *Scholz/Winter*, GmbHG, § 15 Rdn. 187; *Schuler*, NJW 1960, 1423; *Stein/Jonas/Brehm*, § 859 Rdn. 18.
108 *Baur/Stürner*, Rdn. 32.10; *Rosenberg/Schilken*, § 58 III 3 d; *Zöller/Stöber*, § 859 Rdn. 13.

spruchs auf Gewinnauszahlung zu beantragen.[109] Gerät die Gesellschaft nach der Pfändung des Geschäftsanteils in Liquidation, erstreckt sich das Pfandrecht am Geschäftsanteil auch auf den Anteil des Gesellschafters am Liquidationsguthaben.[110]

33 Die **Verwertung** des gepfändeten Geschäftsanteils **muß** nach §§ 857 Abs. 5, 844 ZPO, in der Regel durch Veräußerung erfolgen.[111] Die **Überweisung** sowohl zur Einziehung wie an Zahlungs Statt ist im Regelfall **unzulässig**.[112] Die Überweisung an Zahlungs Statt scheidet aus, weil der Anteil keinen objektiven Nennwert hat, die Überweisung zur Einziehung, weil im GmbHG anders als in §§ 725 BGB, 135 HGB keine Kündigungsmöglichkeit für den Fall der Pfändung vorgesehen ist.[113] Wird die Verwertung durch freihändigen Verkauf zugelassen, ist die Form des § 15 Abs. 3 GmbHG zu beachten.[114] Daß der Gesellschaftsvertrag den Verkauf der Anteile beschränkt (§ 15 Abs. 5 GmbHG), behindert die Veräußerung in der Zwangsvollstreckung nicht; insbesondere ist keine Genehmigung durch die Gesellschaft erforderlich.

34 10. **Immaterialgüterrechte und gewerbliche Schutzrechte:** Immaterialgüterrechte, wie das Urheberrecht und gewerbliche Schutzrechte, wie Patent-, Geschmacksmuster- und Gebrauchsmusterrechte sowie die durch das MarkenG[115] geschützten Marken, können einen beträchtlichen wirtschaftlichen Wert verkörpern. Der Pfändung unterliegen sie aber nur, soweit sie selbständig übertragbar sind (§ 851 Abs. 1 ZPO) oder soweit ihre Ausübung (Nutzung) einem anderen überlassen werden kann (Abs. 3). Im einzelnen gilt folgendes:

35 a) **Urheberrecht:** Das Urheberrecht (§ 1 UrhG) ist als Persönlichkeitsrecht nicht übertragbar (§ 29 S. 2 UrhG). Deshalb ist es als solches auch nicht pfändbar. Der Urheber kann aber die Verwertung der urheberrechtlich geschützten Werke Dritten überlassen (§§ 15 ff. UrhG einerseits, §§ 31 ff. UrhG andererseits). Ob er dies tut und durch wen, stellt regelmäßig eine höchstpersönliche Entscheidung dar. Die Veröffentlichung eines Werkes gegen den Willen des Autors oder in einem von ihm abgelehnten Umfeld kann eine erhebliche Persönlichkeitsverletzung bewirken. Deshalb kann auch im Wege der Zwangsvollstreckung nicht beliebig auf das Verwertungsrecht des Urhebers zugegriffen werden. Die §§ 112–118 UrhG enthalten insoweit Sonderregeln. Die Vorschriften lauten:

---

109 Vergl. *Baur/Stürner*, Rdn. 32.10; *Brox/Walker*, Rdn. 797.
110 BGH, BB 1972, 10; OLG Hamburg, DB 1982, 2344.
111 LG Berlin, Rpfleger 1987, 379; LG Gießen, MDR 1986, 155; *Baumbach/Hueck*, GmbHG, § 15 Rdn. 62; *Brox/Walker*, Rdn. 798; *Rosenberg/Schilken*, § 58 III 3 d; *K. Schmidt*, Gesellschaftsrecht, § 35 II 2; *Stein/Jonas/Brehm*, § 859 Rdn. 20; *Thomas/Putzo*, § 857 Rdn. 14; *Zöller/Stöber*, § 859 Rdn. 13.
112 Dazu LG Köln, Rpfleger 1989, 511 f.
113 Eine Ausnahme gilt nur dann, wenn ausnahmsweise im Gesellschaftsvertrag die Kündigung für den Fall der Pfändung vorgesehen ist; vergl. *Stein/Jonas/Brehm*, § 859 Rdn. 20.
114 RGZ 164, 162, 170 f. Bei der Verwertung durch öffentliche Versteigerung gilt das Formerfordernis nicht; vergl. *Polzius*, DGVZ 1987, 17, 33.
115 Vom 25.10.1995; BGBl. I, 3082.

## § 112 Zulässigkeit

Die Zulässigkeit der Zwangsvollstreckung in ein nach diesem Gesetz geschütztes Recht richtet sich nach den allgemeinen Vorschriften, soweit sich aus den §§ 113 bis 119 nichts anderes ergibt.

## § 113 Urheberrecht

¹Gegen den Urheber ist die Zwangsvollstreckung wegen Geldforderungen in das Urheberrecht nur mit seiner Einwilligung und nur insoweit zulässig, als er Nutzungsrechte einräumen kann (§ 31). ²Die Einwilligung kann nicht durch den gesetzlichen Vertreter erteilt werden.

## § 114 Originale von Werken

(1) ¹Gegen den Urheber ist die Zwangsvollstreckung wegen Geldforderungen in das Urheberrecht nur mit seiner Einwilligung und nur insoweit zulässig, als er Nutzungsrechte einräumen kann (§ 31). ²Die Einwilligung kann nicht durch den gesetzlichen Vertreter erteilt werden.
(2) ¹Der Einwilligung bedarf es nicht,
1. soweit die Zwangsvollstreckung in das Original des Werkes zur Durchführung der Zwangsvollstreckung in ein Nutzungsrecht am Werk notwendig ist,
2. zur Zwangsvollstreckung in das Original eines Werkes der Baukunst,
3. zur Zwangsvollstreckung in das Original eines anderen Werkes der bildenden Künste, wenn das Werk veröffentlicht ist.

²In den Fällen der Nummern 2 und 3 darf das Original des Werkes ohne Zustimmung des Urhebers verbreitet werden.

## § 115 Urheberrecht

¹Gegen den Rechtsnachfolger des Urhebers (§ 30) ist die Zwangsvollstreckung wegen Geldforderungen in das Urheberrecht nur mit seiner Einwilligung und nur insoweit zulässig, als er Nutzungsrechte einräumen kann (§ 31). ²Der Einwilligung bedarf es nicht, wenn das Werk erschienen ist.

## § 116 Originale von Werken

(1) Gegen den Rechtsnachfolger des Urhebers (§ 30) ist die Zwangsvollstreckung wegen Geldforderungen in die ihm gehörenden Originale von Werken des Urhebers nur mit seiner Einwilligung zulässig.

(2) ¹Der Einwilligung bedarf es nicht
1. in den Fällen des § 114 Abs. 2 Satz 1,
2. zur Zwangsvollstreckung in das Original eines Werkes, wenn das Werk erschienen ist.
²§ 114 Abs. 2 Satz 2 gilt entsprechend.

§ 117 Testamentsvollstrecker

Ist nach § 28 Abs. 2 angeordnet, daß das Urheberrecht durch einen Testamentsvollstrecker ausgeübt wird, so ist die nach den §§ 115 und 116 erforderliche Einwilligung durch den Testamentsvollstrecker zu erteilen.

§ 118

Die §§ 113 bis 117 sind sinngemäß anzuwenden
1. auf die Zwangsvollstreckung wegen Geldforderungen gegen den Verfasser wissenschaftlicher Ausgaben (§ 70) und seinen Rechtsnachfolger,
2. auf die Zwangsvollstreckung wegen Geldforderungen gegen den Lichtbildner (§ 72) und seinen Rechtsnachfolger.

36    Zu Lebzeiten des Urhebers ist die Zwangsvollstreckung in übertragbare Nutzungsrechte nur mit seiner Einwilligung möglich.[116] Die Einwilligung kann für einzelne Nutzungsarten beschränkt erteilt werden. Sie muß für jeden Gläubiger neu erteilt werden. Daß der Urheber sie einem Gläubiger erteilt hat, bindet ihn gegenüber anderen Gläubigern nicht. Der Erbe des Urhebers (§§ 29, 30 UrhG) muß allerdings nur dann noch in die Zwangsvollstreckung in Nutzungsrechte einwilligen, wenn das Werk noch nicht veröffentlicht ist. Führt die Zwangsvollstreckung in die Nutzungsrechte der Erben bei bereits veröffentlichten Werken zu einer empfindlichen Beeinträchtigung der Ehre des verstorbenen Urhebers, kann im Einzelfall über § 765 a ZPO Schutz erlangt werden.

37    Die Pfändung erfolgt gem. § 857 Abs. 2 durch Zustellung des Pfändungsbeschlusses an den Urheber bzw. dessen Rechtsnachfolger, da ein Drittschuldner nicht vorhanden ist. Eine Verwertung durch Überweisung an Zahlungs Statt kommt nicht in Betracht, da das Urheberrecht keinen Nennwert hat. Gegen eine Überweisung zur Einziehung spricht, daß sich aus dem Urheberrecht als solches keine Zahlungsansprüche gegen Dritte ergeben; Leistungen erhält der Rechtsinhaber aufgrund der geschlossenen Nut-

---

116 Vergl. zum Zweck des Einwilligungserfordernisses *Hubmann*, Urheber- und Verlagsrecht, § 61 I 1.

zungsvereinbarung.¹¹⁷ Die Verwertung erfolgt gem. § 844 ZPO durch Anordnung der Veräußerung oder der Verwaltung.¹¹⁸ Urkunden sind nach § 836 Abs. 3 ZPO herauszugeben. Von der Pfändung und Verwertung der Nutzungsrechte des Urhebers (§ 31 UrhG) zu unterscheiden ist die Zwangsvollstreckung in den Vergütungsanspruch des Urhebers, wenn er von seinem Nutzungsrecht bereits selbst Gebrauch gemacht hat. Der Vergütungsanspruch ist eine reine Geldforderung, die nach § 829 ZPO pfändbar und bei der eine Überweisung an Zahlungs Statt und zur Einziehung möglich ist; gegebenenfalls besteht aber nach § 850 i ZPO Vollstreckungsschutz. Nach dem konkreten Vollstreckungsobjekt ist auch zu unterscheiden, wenn der Gläubiger auf die **Software** des Vollstreckungsschuldners Zugriff nehmen will. Vollstreckt der Gläubiger in das Softwarerecht, das als subjektives (Immaterialgüter-)Recht nach §§ 2 Abs. 1, 69 a UrhG¹¹⁹ entsteht, sobald die geistige Leistung erbracht ist, gilt das zur Pfändung und Verwertung eines Urheberrechts Gesagte entsprechend.¹²⁰ Handelt es sich bei dem Vollstreckungsobjekt um das sog. Softwarepaket, also das auf einem Datenträger gespeicherte Computerprogramm nebst Sicherheitssperren und Installationsanweisungen,¹²¹ gelten die Vorschriften über die Mobiliarvollstreckung (§§ 808 ff., 814 ff. ZPO).¹²²

b) **Gebrauchsmuster- und Geschmacksmusterrechte:** Sie sind übertragbar (§§ 22 Abs. 1 GebrMG, 3 GeschmMG) und deshalb auch pfändbar (§ 851 Abs. 1 ZPO). Die Pfändung erfolgt nach **Abs. 2**, da ein Drittschuldner nicht vorhanden ist.

38

c) **Patentrechte:** Das Recht **aus einem Patent** und die aus der Anmeldung zum Patent begründete **Anwartschaft auf Erteilung eines Patents** sind unbeschränkt übertragbar (§ 15 Abs. 1 PatG) und deshalb auch pfändbar.¹²³ Das Pfändungspfandrecht an der durch die Anmeldung begründeten Anwartschaft wandelt sich nach Erteilung des Patents in ein Pfandrecht an diesem um.¹²⁴ Da ein Drittschuldner nicht vorhanden ist, gilt wieder **Abs. 2**. Das Recht eines Erfinders, seine Erfindung zum Patent anmelden zu dürfen, ist dagegen ein höchstpersönliches Recht. Niemand kann durch Zwangsvollstreckung gezwungen werden, gegen seinen Willen ein Patent anzumelden. Nutzt der Erfinder sein Geheimverfahren allerdings wirtschaftlich, so stellt es als solches unabhängig von der Patentierung ein pfändbares Vermögensrecht dar.¹²⁵ Vom Patent zu unterscheiden sind die Ansprüche aus vom Schuldner bereits abgeschlossenen **Lizenzverträgen**. Sie werden von der Pfändung des Patents nicht mitumfaßt, müssen vielmehr als reine Geldforderungen selbständig gem. § 829 ZPO gepfändet werden.

39

---

117 *Ulmer*, Urheber- und Verlagsrecht, § 135 II 4; vergl. aber auch *Hubmann*, Urheber- und Verlagsrecht, § 61 I 3.
118 MüKo/*Smid*, § 857 Rdn. 50; *Stöber*, Forderungspfändung, Rdn. 1764; *Zöller/Stöber*, § 857 Rdn. 7.
119 Vergl. zu den §§ 69 a–g UrhG BGBl. I 1993, 910.
120 *Stein/Jonas/Brehm*, § 857 Rdn. 22 a; *Weimann*, Rpfleger 1996, 12, 13 f.
121 Einzelheiten zur »Software als körperliche Sache« bei *Weimann*, Rpfleger 1996, 12, 14.
122 *Stein/Jonas/Brehm*, § 857 Rdn. 22a; *Weimann*, Rpfleger 1996, 12, 14 ff.
123 BGH, BB 1994, 1246.
124 BGH, BB 1994, 1246, 1247; *Göttlich*, MDR 1957, 11, 12.
125 BGHZ 16, 172. Vergl. auch §§ 17 ff. UWG zum Schutz von Betriebsgeheimnissen.

40  Die **Verwertung** eines gepfändeten Patents, Anwartschaftsrechts auf ein Patent oder wirtschaftlich genutzten Geheimverfahrens erfolgt nach **Abs. 4** und **Abs. 5** i. V. mit § 844 ZPO. In Betracht kommen sowohl die Veräußerung als auch die Anordnung der Verwaltung. Als Maßnahmen der Verwaltung bieten sich insbesondere die Lizenzerteilung und die Gestattung der Eigennutzung des Patents durch den Gläubiger an (**Abs. 4**).[126]

41  d) **Markenrecht:** Marken, geschäftliche Bezeichnungen und geographische Herkunftsangaben werden nach dem MarkenG[127] geschützt (vergl. § 1 MarkenG). Der Markenschutz entsteht durch Eintragung in das vom Patentamt geführte Register, durch die Benutzung im geschäftlichen Verkehr oder durch die notorische Bekanntheit (§ 4 MarkenG). Ein so begründetes Markenrecht kann verpfändet werden und es unterliegt der Zwangsvollstreckung (§ 29 Abs. 2 MarkenG). Es gelten die §§ 857, 829, 844 ZPO.

42  e) **Firma:** Die Firma eines Kaufmanns oder eines Unternehmens ist untrennbar mit dem Handelsgeschäft verbunden und kann ohne dieses nicht veräußert werden (§ 23 HGB). Sie ist deshalb auch nicht selbständig pfändbar.[128]

43  11. **Nutzungsrecht des Leasingnehmers und des Mieters:** Das Nutzungsrecht des Leasingnehmers ist pfändbar, wenn der Leasingnehmer berechtigt ist, das Leasingobjekt einem Dritten zur Ausübung der Nutzung zu überlassen[129] (Abs. 3). Die Verwertung erfolgt dann nach Abs. 4.[130] Eine Besonderheit gilt, wenn die Leasingraten den Substanzwert des Leasingobjekts erreichen. Es solcher Leasingvertrag entspricht einem Abzahlungskauf unter Eigentumsvorbehalt, bei dem die Einräumung eines Nutzungsrechts gegenüber dem künftigen Erwerb des Eigentums am Leasingobjekt in den Hintergrund tritt. Dann kommt eine Pfändung des Anwartschaftsrechts des Leasingnehmers in Betracht.[131] Das Nutzungsrecht des Mieters oder Pächters von Wohnraum, gewerblichen Räumen oder Gewerbegrundstücken ist nur dann pfändbar, wenn der Mieter (Pächter) generell zur Untervermietung oder Unterverpachtung berechtigt ist (vergl. § 549 Abs. 1 S. 1 BGB). Es reicht nicht aus, wenn ihm nur im Einzelfall einmal die Untervermietung gestattet wurde.[132] Ist die Pfändung zulässig, erfolgt die Verwertung nach Abs. 4.

44  12. **Sonstige pfändbare Vermögensrechte:** Der Anspruch des Schuldners, daß ihm zur Sicherheit an einen Dritten abgetretene Forderungen nach Erfüllung des Sicherungs-

---

126 Vergl. auch *Stöber*, Forderungspfändung, Rdn. 1725.
127 I.d.F. v. 25.10.1994; BGBl. I, 3082. Das MarkenG ist am 1.1.1995 an die Stelle des Warenzeichengesetzes getreten.
128 *Stein/Jonas/Brehm*, § 857 Rdn. 25.
129 OLG Düsseldorf, NJW 1988, 1676; AG Neuwied, DGVZ 1996, 142; *Behr*, JurBüro 1995, 457, 458.
130 *Behr*, JurBüro 1995, 457, 458; *Borggräfe*, Die Zwangsvollstreckung in bewegliches Leasinggut, 1976, S. 134.
131 *Brox/Walker*, Rdn. 725; MüKo/*Smid*, § 857 Rdn. 26; vergl. auch *Behr*, JurBüro 1995, 457, 458.
132 OLG Frankfurt, MDR 1964, 52; OLG Hamburg, MDR 1954, 685.

zweckes zurückabgetreten werden, ist ein pfändbares Vermögensrecht.[133] Gleiches gilt für die Rechtsposition eines durch die Hinterlegung von Geld bei einem Notar Begünstigten:[134] Da die Auszahlungspflicht des Notars eine Amtspflicht darstellt, hat der Berechtigte keinen einklagbaren Zahlungsanspruch gegen den Notar, sondern nur die Möglichkeit, den Notar im Wege der Dienstaufsichtsbeschwerde zur Auszahlung zu zwingen. Diese Rechtsposition ist ein nach §§ 857, 835 ZPO pfändbares und überweisbares »anderes Vermögensrecht«. Mit der Pfändung und Überweisung dieser Rechtsposition entsteht eine Amtspflicht des Notars gegenüber dem Vollstreckungsgläubiger auf Auszahlung, bei deren Verletzung Ansprüche nach § 19 BNotO entstehen können.

**IV. Rechtsbehelfe:** Die Rechtsbehelfe des Gläubigers, des Schuldners und möglicher Drittschuldner im Zusammenhang mit der Pfändung und Überweisung »sonstiger Vermögensrechte« sind die gleichen wie bei der Pfändung und Überweisung von Geldforderungen.[135] Soweit das Recht zur Einziehung überwiesen wurde, gelten auch die allgemeinen Regeln zum Einziehungsprozeß[136] entsprechend.

45

**V. Gebühren:** Für das Verfahren über einen Antrag auf Vollstreckung nach § 857 ZPO fällt eine Gerichtsgebühr von 20 DM an (KV Nr. 1640). Der Anwalt erhält eine 3/10 Gebühr nach § 57 BRAGO; seine Tätigkeit bei der Durchführung der Verwaltung (§ 857 Abs. 4 ZPO) gilt gem. § 58 Abs. 3 Nr. 5 BRAGO als besondere Angelegenheit, für die eine weitere 3/10 Gebühr anfällt.

46

**VI. ArbGG, VwGO, AO:** Die Vorschrift gilt gem. §§ 62 Abs. 2, 85 Abs. 1 S. 3 ArbGG auch bei der Vollstreckung von arbeitsgerichtlichen Titeln und gem. § 167 VwGO bei der Vollstreckung von Titeln nach § 168 VwGO. Die Vollstreckung von Titeln nach § 169 VwGO erfolgt gem. § 5 VwVG nach der AO. In § 321 AO ist die Vollstreckung in andere Vermögensrechte wie in § 857 ZPO geregelt; anstelle des Gerichts ist die Vollstreckungsbehörde zuständig.

47

---

133 LG Berlin, MDR 1977, 59 und 412; LG Landshut, JurBüro 1994, 307 m. Anm. *Mümmler* (auch zu den Bestimmtheitserfordernissen); LG Verden, Rpfleger 1986, 394; *Baumbach/Lauterbach/Hartmann*, § 857 Rdn. 2; *Thomas/Putzo*, § 857 Rdn. 6; a. A. *Stöber*, Forderungspfändung, Rdn. 1258 (pfändbar sei nur die künftige Forderung in Händen des Schuldners nach Rückabtretung).
134 OLG Hamm, DNotZ 1983, 61.
135 Siehe § 829 Rdn. 59–65.
136 Siehe § 835 Rdn. 6–12.

§ 858    Zwangsvollstreckung in Schiffspart

(1) Für die Zwangsvollstreckung in die Schiffspart (§§ 489 ff. des Handelsgesetzbuches) gilt § 857 mit folgenden Abweichungen:
(2) Als Vollstreckungsgericht ist das Amtsgericht zuständig, bei dem das Register für das Schiff geführt wird.
(3) ¹Die Pfändung bedarf der Eintragung in das Schiffsregister; die Eintragung erfolgt auf Grund des Pfändungsbeschlusses. ²Der Pfändungsbeschluß soll dem Korrespondentreeder zugestellt werden; wird der Beschluß diesem vor der Eintragung zugestellt, so gilt die Pfändung ihm gegenüber mit der Zustellung als bewirkt.
(4) ¹Verwertet wird die gepfändete Schiffspart im Wege der Veräußerung. ²Dem Antrag auf Anordnung der Veräußerung ist ein Auszug aus dem Schiffsregister beizufügen, der alle das Schiff und die Schiffspart betreffenden Eintragungen enthält; der Auszug darf nicht älter als eine Woche sein.
(5) ¹Ergibt der Auszug aus dem Schiffsregister, daß die Schiffspart mit einem Pfandrecht belastet ist, das einem andern als dem betreibenden Gläubiger zusteht, so ist die Hinterlegung des Erlöses anzuordnen. ²Der Erlös wird in diesem Fall nach den Vorschriften der §§ 873 bis 882 verteilt; Forderungen, für die ein Pfandrecht an der Schiffspart eingetragen ist, sind nach dem Inhalt des Schiffsregisters in den Teilungsplan aufzunehmen.

Inhaltsübersicht

|  | Literatur | Rdn. |
|---|---|---|
| I. | Schiffspart | 1 |
| II. | Pfändung | 2 |
| III. | Verwertung | 3 |
| IV. | Gebühren | 4 |
| V. | ArbGG, VwGO, AO | 5 |

Literatur: *Quardt*, Schiffsparten in der Zwangsvollstreckung, JurBüro 1961, 271.

1    I. **Schiffspart:** Die Schiffspart ist der Anteil eines Mitreeders an einer Reederei (§ 489 Abs. 1 HGB). Da § 489 HGB nur die gemeinsame Verwendung von Schiffen zur Seeschiffahrt anspricht, begründet das Miteigentum an Binnenschiffen keine Schiffspart.[1] In den Miteigentumsanteil an Binnenschiffen wird gem. §§ 870 a, 864 Abs. 2 ZPO vollstreckt.

2    II. **Pfändung:** Bei der Vollstreckung in die Schiffspart: Es ergeht Pfändungsbeschluß nach §§ 857 Abs. 1, 829 ZPO. Drittschuldner sind die Korrespondentreeder (§ 492 HGB) oder, falls ein solcher fehlt, die Mitreeder.[2] Zuständig zum Erlaß des Pfändungs-

---
1 LG Würzburg, JurBüro 1977, 1289.
2 Wie hier *Stein/Jonas/Brehm*, § 858 Rdn. 2; a. A. *Quardt*, JurBüro 1961, 271, 273; *Stöber*, Forderungspfändung, Rdn. 1746; *Zöller/Stöber*, § 858 Rdn. 3.

beschlusses ist das Amtsgericht (Rechtspfleger), bei dem das Register für das Schiff geführt wird (**Abs. 2**). Zur Wirksamkeit der Pfändung ist die Eintragung in das Schiffsregister erforderlich (**Abs. 3 S. 1**). Ob die Pfändung der Schiffspart automatisch die laufenden Gewinnanteile aus der Mitgliedschaft in der Reederei erfaßt, ist umstritten, wird aber überwiegend bejaht.[3] Die Rechtslage entspricht insoweit derjenigen bei der Pfändung eines GmbH-Anteils.[4] Auf jeden Fall ist es ratsam, den Anspruch auf Gewinnauszahlung ausdrücklich mitpfänden zu lassen. Die Gewinnanteile können aber auch selbständig als Geldforderung gem. § 829 ZPO gepfändet werden.

**III. Verwertung:** Die Verwertung erfolgt ausschließlich in der Form der Veräußerung (**Abs. 4**); jede Form der Überweisung ist also ausgeschlossen. Auch die Verwaltung kommt entgegen der h. M.[5] nicht in Betracht, da die Gewinnbeteiligungsansprüche ja gesondert zu pfänden sind. 3

Hinsichtlich der durch die Veräußerung entstehenden Gebühren und Kosten gilt das zu § 844 ZPO Gesagte.[6]

**IV. Gebühren:** Für das Verfahren über einen Antrag auf Vollstreckung nach § 858 ZPO fällt eine Gerichtsgebühr von 20 DM an (KV Nr. 1640). Der Anwalt erhält eine 3/10-Gebühr nach § 57 BRAGO. 4

**V. ArbGG, VwGO, AO:** Die Vorschrift gilt gem. §§ 62 Abs. 2, 85 Abs. 1 S. 3 ArbGG auch bei der Vollstreckung von arbeitsgerichtlichen Titeln und gem. § 167 VwGO bei der Vollstreckung von Titeln nach § 168 VwGO. Die Vollstreckung aus Titeln nach § 169 Abs. 1 VwGO erfolgt gem. § 5 VwVG nach der AO. Nach § 321 Abs. 7 AO gelten die Vorschriften der §§ 858-863 ZPO sinngemäß. 5

---

3 *Baumbach/Lauterbach/Hartmann*, § 858 Rdn. 1; *MüKo/Smid*, § 858 Rdn. 2; *Stein/Jonas/Brehm*, § 858 Rdn. 2; *Stöber*, Forderungspfändung, Rdn. 1750.
4 Siehe § 857 Rdn. 31.
5 *MüKo/Smid*, § 858 Rdn. 6; *Quardt*, JurBüro 1961, 271, 274; *Stein/Jonas/Brehm*, § 858 Rdn. 6; *Stöber*, Forderungspfändung, Rdn. 1751; *Wieczorek*, § 858 Anm. B; *Zöller/Stöber*, § 858 Rdn. 4.
6 Siehe § 844 Rdn. 6.

## § 859 Pfändung von Gesamthandanteilen

(1) ¹Der Anteil eines Gesellschafters an dem Gesellschaftsvermögen einer nach § 705 des Bürgerlichen Gesetzbuchs eingegangenen Gesellschaft ist der Pfändung unterworfen. ²Der Anteil eines Gesellschafters an den einzelnen zu dem Gesellschaftsvermögen gehörenden Gegenständen ist der Pfändung nicht unterworfen.
(2) Die gleichen Vorschriften gelten für den Anteil eines Miterben an dem Nachlaß und an den einzelnen Nachlaßgegenständen.

### Inhaltsübersicht

| | Literatur | Rdn. |
|---|---|---|
| I. | Pfändbarkeit von Gesamthandanteilen | 1 |
| II. | Zwangsvollstreckung in den Gesellschaftsanteil an einer BGB-Gesellschaft | 2 |
| | 1. Pfändungsbeschluß | 2 |
| | 2. Rechtswirkungen der Pfändung | 3–6 |
| | 3. Verwertung | 7 |
| III. | Zwangsvollstreckung in den Gesellschaftsanteil an einer OHG | 8–10a |
| IV. | Zwangsvollstreckung in Gesellschaftsanteile einer KG | 11 |
| V. | Zwangsvollstreckung in die Beteiligung eines stillen Gesellschafters | 12 |
| VI. | Zwangsvollstreckung eines Gesellschaftsgläubigers in das Gesellschaftsvermögen | 13 |
| VII. | Zwangsvollstreckung in einen Miterbenanteil | 14 |
| | 1. Pfändung des Anteils | 14 |
| | 2. Wirkungen der Pfändung | 15 |
| | 3. Verwertung des Anteils | 16, 17 |
| | 4. Besonderheiten bei Vorerbschaft | 18 |
| VIII. | ArbGG, VwGO, AO | 19 |

**Literatur:**
1. Zwangsvollstreckung in Gesellschaftsanteile an BGB-Gesellschaften und Personenhandelsgesellschaften: *Becker*, Zwangsvollstreckung in die Gesellschafterrechte bei den Personengesellschaften, GmbH-Rdsch 1959, 133; *Clasen*, Vollstreckungs- und Kündigungsrecht des Gläubigers einer OHG gegen Gesellschaft und Gesellschafter, NJW 1965, 2141; *Emmerich*, Zur Stellung des Gläubigers im Recht der Personengesellschaften des Handelsrechts. Die Pfändung des »Gesellschaftsanteils« eines persönlich haftenden Gesellschafters, Diss. Frankfurt 1970; *Furtner*, Pfändung der Mitgliedsrechte bei Personengesellschaften, MDR 1965, 613; *Marotzke*, Zwangsvollstreckung in Gesellschaftsanteile nach Abspaltung der Vermögensansprüche, ZIP 1988, 1509; *Mümmler*, Zwangsvollstreckung in das Gesellschaftsvermögen und in Gesellschaftsanteile der Gesellschaft des bürgerlichen Rechts und der offenen Handelsgesellschaft, JurBüro 1982, 1607; *Muth*, Übertragbarkeit und Pfändbarkeit des Kapitalentnahmeanspruchs von Personenhandelsgesellschaftern, DB 1984, 1761; *Noack*, Die Kommanditgesellschaft (KG) im Prozeß und in der Vollstreckung, DB 1973, 1157; *ders.*, Die Gesellschaft bürgerlichen Rechts in der Zwangsvollstreckung (Einzelfragen), MDR 1974, 811; *Rupp/Fleischmann*, Probleme bei der Pfändung von Gesellschaftsanteilen, Rpfleger 1984, 223; *K. Schmidt*, Der unveräußerliche Gesamthandsanteil – ein Vollstreckungsgegenstand?, JR 1977, 177; *ders.*, Zur Vermögensordnung der Gesamthands-BGB-Gesellschaft, JZ

1985, 909; *Smid*, Probleme der Pfändung von Anteilen an Personengesellschaften (§ 859 I ZPO), JuS 1988, 613; *Schünemann*, Grundprobleme der Gesamthandsgesellschaft unter besonderer Berücksichtigung des Vollstreckungsrechts, 1975; *Winnefeld*, Übertragung und Pfändung des Kapital-Entnahmeanspruchs i. S. des § 122 Abs. 1 HGB, DB 1977, 897; *Ziegler*, Die Wirksamkeit von Abfindungsklauseln bei der Zwangsvollstreckung in die Beteiligung an einer offenen Handelsgesellschaft, Diss. Freiburg 1966; *Zimmer*, Zwangsvollstreckung gegen Gesellschafter einer Personengesellschaft, Diss. Bochum 1978.
Vergl. ferner die Literaturangaben Vor §§ 735, 736.

2. Zwangsvollstreckung in Miterbenanteile: *Bauer*, Die Zwangsvollstreckung in einen Nachlaßanteil, JurBüro 1958, 95; *Eickmann*, Die Versteigerung des Erbanteils durch den Gerichtsvollzieher, DGVZ 1984, 65; *Hill*, Kann ein Miterbe, dessen Miterbenanteil gepfändet wurde, im Zwangsversteigerungsverfahren zum Zwecke der Aufhebung der Gemeinschaft einen Einstellungsantrag gem. § 180 Abs. 2 ZVG stellen?, MDR 1959, 92; *Lehmann*, Die Konkurrenz zwischen Vertragspfandrecht und nachrangigem Pfändungspfandrecht am Anteil eines Miterben, NJW 1971, 1545; *Liermann*, Zweifelsfragen bei der Verwertung eines gepfändeten Miterbenanteils, NJW 1962, 2189; *Löscher*, Grundbuchberichtigung bei Erbteilspfändung, JurBüro 1962, 391; *Mümmler*, Pfändung eines Miterbenanteils, JurBüro 1983, 817; *Quardt*, Kann der Schuldner, dessen Miterbenanteil an einem Grundstück gepfändet worden ist, die Teilungsversteigerung gem. § 180 ZVG betreiben?, JurBüro 1963, 262; *Richert*, Zur Streitfrage der Pfändbarkeit des Miterbenanteils am Nachlaß mit dazugehöriger Reichsheimstätte, JurBüro 1970, 1029; *Ripfel*, Das Pfändungspfandrecht am Erbteil, NJW 1958, 692; *Senter*, Die Pfändung und Verpfändung des Miterbenanteils, Diss. Köln 1966; *Stöber*, Antrag auf Teilungsversteigerung nach Pfändung des Miterbenanteils und Einstellungsantrag nach § 180 Abs. 2 ZVG des Pfändungsschuldners, Rpfleger 1963, 337; *ders.*, Grundbucheintragung der Erben nach Pfändung des Erbanteils, Rpfleger 1976, 197; *H. P. Westermann*, Haftung für Nachlaßschulden bei Beerbung eines Personengesellschafters durch eine Erbengemeinschaft, AcP 1973, 24.
Siehe ferner die Literaturangaben Vor §§ 747–749 ZPO.

**I. Pfändung von Gesamthandanteilen:** Die Gesellschaft bürgerlichen Rechts (§§ 705 ff. BGB) und die Miterbengemeinschaft (§§ 2032 ff. BGB) sind Gesamthandsgemeinschaften: Jedes Mitglied ist mit einem Anteil (Gesellschaftsanteil, Erbteil), der unterschiedlich groß sein kann, am Gesamthandsvermögen als Ganzem beteiligt (§§ 718, 2032 BGB). In seiner Funktion als Anteilsinhaber kann das einzelne Mitglied weder über einzelne zum Gesamthandsvermögen gehörende Gegenstände noch über das Gesamthandsvermögen als solches verfügen (§§ 719 Abs. 1, 2033 Abs. 2 BGB). Der Gesellschaftsanteil als ganzer (also nicht nur die bloße Vermögensbeteiligung, § 719 Abs. 1 BGB) ist übertragbar,[1] ebenso der Erbanteil (§ 2033 Abs. 1 BGB). Gem. §§ 105 Abs. 2, 161 Abs. 2 HGB gelten die Grundsätze über die BGB-Gesellschaft, soweit das HGB nicht Sonderregelungen enthält, auch für die Personenhandelsgesellschaften. Auch die Gesellschaftsanteile an einer OHG und KG sind grundsätzlich übertragbar.[2] § 859 ZPO zieht aus diesen materiellrechtlichen Grundsätzen die vollstreckungsrechtliche Konsequenz: Der Anteil am Gesamthandsvermögen ist als solcher pfändbar, der

---

1 BGHZ 13, 179; 24, 106; 44, 229; 45, 221; *Flume*, Festschr. f. Larenz 1973, S. 769 ff.; *K. Schmidt*, Gesellschaftsrecht, § 45 III 2, jeweils m. N.
2 Grundlegend RG (GS), DNotZ 1944, 195; vergl. auch BGHZ 79, 374; 81, 82; 86, 367; ferner: *Baumbach/Duden/Hopt*, § 124 HGB Rdn. 12; *Heymann/Emmerich*, § 109 HGB Rdn. 33, jeweils m. N.

Anteil an den einzelnen zum Gesamthandsvermögen gehörenden Gegenständen aber nicht. Die Pfändung selbst richtet sich nach § 857 ZPO. Hinsichtlich der Wirkungen der Pfändung und im Hinblick auf die Verwertung enthalten die §§ 725 BGB, 135 HGB gewisse Sonderregeln. Im einzelnen gilt:

2 **II. Zwangsvollstreckung in den Gesellschaftsanteil an einer BGB-Gesellschaft:**

1. **Pfändungsbeschluß:** Die Pfändung erfolgt aufgrund eines Titels gegen den Gesellschafter durch Beschluß gem. §§ 857 Abs. 1, 829 Abs. 1 ZPO. Der Beschluß muß erkennen lassen, daß der Gesellschaftsanteil und nicht nur einzelne Ansprüche des Gesellschafters gegen die Gesellschaft (§ 717 S. 2 BGB) gepfändet sind. Die Gesellschaft muß, insbesondere wenn der Schuldner an mehreren Gesellschaften beteiligt ist, identifizierbar bezeichnet sein.[3] Unschädlich ist insoweit allerdings, daß die bezeichnete Gesellschaft in Wahrheit eine Liquidationsgesellschaft ist oder daß das Ausscheiden des Gesellschafters, ohne daß die Abfindung schon ausgezahlt und das Ausscheiden bereits abgewickelt wäre, zwischen den Gesellschaftern schon vereinbart war, als der Pfändungsbeschluß erging.[4] Die Pfändung erfaßt dann das, was dem Gesellschafter noch an der Gesellschaft zusteht.

Der Pfändungsbeschluß ist den übrigen Gesellschaftern als Drittschuldnern zuzustellen; sind einzelne Gesellschafter von der Geschäftsführung ausgeschlossen, genügt nach inzwischen h. M. die Zustellung an die geschäftsführenden Gesellschafter zur Wirksamkeit der Pfändung.[5] Nach a. A. reicht die Zustellung an die geschäftsführenden Gesellschafter nicht aus, weil Drittschuldner alle übrigen Gesellschafter seien und nicht die Gesamthand, für welche die geschäftsführenden Gesellschafter handeln.[6]

3 2. **Rechtswirkungen der Pfändung:** Die Pfändung erfaßt den Gesellschaftsanteil mit den aus ihm resultierenden abtretbaren vermögensrechtlichen Ansprüchen, insbesondere dem Gewinnanspruch und dem Anspruch auf das Auseinandersetzungsguthaben für den Fall der Auflösung der Gesellschaft (§ 717 S. 2 BGB). Diese Ansprüche können zwar als künftige Ansprüche auch gesondert gepfändet werden. Eine solche Pfändung wird jedoch gegenstandslos, wenn vor Entstehung der Ansprüche über den Gesellschaftsanteil verfügt wird.[7] Dagegen werden die Geschäftsführungs- und Verwaltungsbefugnisse durch die Pfändung nicht berührt (§ 725 Abs. 2 BGB). Insbesondere werden die Gesellschafter (einschließlich des Schuldners, auch wenn er alleiniger Geschäftsführer ist) nicht gehindert, über einzelne Gesellschaftsgegenstände zu verfügen.[8] Die Pfändung kann deshalb auch nicht bei den zum Gesellschaftsvermögen gehörenden Grund-

---

3 BGH, MDR 1961, 408.
4 BGH, NJW 1972, 259.
5 BGH, Rpfleger 1986, 308; OLG Köln, NJW-RR 1994, 1517, 1518; MüKo/*Smid*, § 859 Rdn. 8; *Rosenberg/Schilken*, § 58 III 3 a; *K. Schmidt*, JR 1977, 177; *Stein/Jonas/Brehm*, § 859 Rdn. 3; *Stöber*, Forderungspfändung, Rdn. 1557; *Thomas/Putzo*, § 859 Rdn. 3.
6 *Brox/Walker*, Rdn. 775; MüKo/*Ulmer*, § 725 BGB Rdn. 10.
7 OLG Köln, NJW-RR 1994, 1517, 1518.
8 OLG Hamm, NJW-RR 1987, 723.

stücken als Verfügungsbeschränkung im Grundbuch eingetragen werden.⁹ Da der Gläubiger aufgrund der Pfändung, abgesehen von den in §§ 717 S. 2, 725 Abs. 2 BGB genannten Ansprüchen, keine sich aus dem Gesellschaftsverhältnis ergebenden Rechte des Schuldners als Gesellschafter geltend machen kann, kann ein Gläubiger, der den Anteil seines Schuldners an einer Grundstücksgesellschaft bürgerlichen Rechts gepfändet hat, auch nicht die Teilungsversteigerung verlangen.¹⁰ Er ist darauf beschränkt, die Gesellschaft fristlos zu kündigen.¹¹

Daß die Übertragung des Gesellschaftsanteils im Gesellschaftsvertrag ausdrücklich ausgeschlossen ist, steht einer Pfändung nicht entgegen (§ 851 Abs. 1 ZPO). War der Schuldner zum Zeitpunkt der Pfändung bereits wirksam aus der Gesellschaft ausgeschieden oder ausgeschlossen und war dieser Vorgang bereits abgeschlossen, geht die Pfändung des Gesellschaftsanteils ins Leere.¹² Ist der angebliche Gesellschaftsanteil in Wahrheit seinerseits nur Teil eines größeren Gesellschaftsvermögens (Gemeinschaftskonto als Gesellschaftskonto), ist die Pfändung nicht unwirksam, aber wegen Verstoßes nach **Abs. 1 S. 2** anfechtbar.

4

Bereits die Pfändung,¹³ nicht erst die Überweisung¹⁴ gibt dem Gläubiger die Möglichkeit, die Gesellschaft fristlos zu **kündigen**, vorausgesetzt, der Titel, aus dem er vollstreckt, ist nicht nur vorläufig vollstreckbar (§ 725 Abs. 1 BGB). Je nach der Regelung im Gesellschaftsvertrag müssen die Gesellschafter nach dieser Kündigung die Gesellschaft durch Auseinandersetzung liquidieren (nach §§ 730 ff. BGB die Regel) oder, falls der Gesellschaftsvertrag für den Fall der Kündigung eine Fortsetzung der Gesellschaft nur unter den übrigen Gesellschaftern vorsieht (§§ 736, 737 BGB), das Auseinandersetzungsguthaben des Ausscheidenden ermitteln (§ 738 BGB). In jedem Falle erstreckt sich das Pfandrecht am Gesellschaftsanteil automatisch auch auf den Anspruch auf das Auseinandersetzungsguthaben. Auszahlung dieses Guthabens an sich kann der Gläubiger erst verlangen, wenn ihm der gepfändete Gesellschaftsanteil auch zur Einziehung überwiesen wurde. Die Befugnis zur Kündigung gibt dem Gläubiger nicht das weitergehende Recht, nunmehr seinerseits etwa Anträge nach § 180 ZVG zur Versteigerung des Grundbesitzes der Gesellschaft zu stellen.¹⁵ Andererseits ist er aber nicht darauf angewiesen, von seinem Gesellschafter-Schuldner (notfalls klageweise) zu verlangen, daß dieser die zur Auseinandersetzung erforderlichen Anträge stellt. Vielmehr

5

---

9 OLG Hamm, BB 1987, 569 f.; OLG Zweibrücken, Rpfleger 1982, 413; AG Arensburg, JurBüro 1964, 844; **a. A.** *Hintzen,* Anm. zu BGH, Rpfleger 1992, 260, 263.
10 LG Hamburg, Rpfleger 1983, 35.
11 Siehe unten Rdn. 5.
12 OLG Frankfurt, JurBüro 1977, 103.
13 *Brox/Walker,* Rdn. 775; MüKo/*Ulmer,* § 725 BGB Rdn. 10; Palandt/*Thomas,* § 725 BGB Rdn. 3; Stein/Jonas/*Brehm,* § 859 Rdn. 5.
14 So aber *Stöber,* Forderungspfändung, Rdn. 1566.
15 RGZ 95, 231, 233; LG Hamburg, Rpfleger 1983, 35; Rpfleger 1989, 519; Stein/Jonas/*Brehm,* § 859 Rdn. 7; *Stöber,* Forderungspfändung, Rdn. 1572. A. A. (Gläubiger könne nun die Auseinandersetzung selbst betreiben) *Behr,* Rpfleger 1983, 36; Rosenberg/Schilken, § 58 III 3 a. Ob ein solcher Antrag vom Gläubiger unmittelbar an das Vollstreckungsgericht gestellt werden kann, wurde ausdrücklich offengelassen von BGH, WM 1992, 366, 369.

kann er nach Kündigung der Gesellschaft selbst den Anspruch des Gesellschafter-Schuldners gegen die Mitgesellschafter auf Durchführung der Auseinandersetzung ausüben.[16] Der titulierte Anspruch ist nach § 888 ZPO zu vollstrecken. Erschöpft sich der Zweck der Gesellschaft in der Verwaltung eines einzigen Vermögensgegenstandes, kann der Gläubiger nicht nur allgemein die Auseinandersetzung verlangen, sondern konkret auf Duldung der öffentlichen Veräußerung dieses Gegenstandes und auf Auszahlung des dem Gesellschafter-Schuldner gebührenden Anteils am Reinerlös klagen, sofern eine bessere Verwertungsart nicht ersichtlich ist.[17]

6 Da die Kündigung alle Gesellschafter berührt, nicht nur die zur Geschäftsführung befugten, muß sie auch **allen** Gesellschaftern gegenüber erklärt werden.[18] Weil § 725 Abs. 1 BGB nur von der Einhaltung einer Kündigungsfrist befreit, müssen im Gesellschaftsvertrag etwa vorgesehene Formerfordernisse für die Kündigung (z. B. eingeschriebener Brief) auch durch den Gläubiger beachtet werden. Die Möglichkeit zu kündigen verpflichtet den Gläubiger nicht, diesen Schritt zu tun. Er kann sich auch damit begnügen, den Anspruch des Schuldners auf den jeweiligen Jahresgewinnanteil geltend zu machen. Die Gesellschafter ihrerseits können die Kündigung dadurch abwenden, daß sie den Gläubiger befriedigen. Der Schuldner kann dem nicht widersprechen, der Gläubiger die Leistung nicht ablehnen (§ 268 Abs. 1 BGB).[19]

7 3. **Verwertung:** Die Verwertung des gepfändeten Gesellschaftsanteils kann allein durch Überweisung zur Einziehung erfolgen.[20] Eine »Verwaltung« nach § 857 Abs. 4 ZPO scheitert zum einen daran, daß weder der Gläubiger noch ein Verwalter die persönlichen Gesellschafterbefugnisse wahrnehmen können (§ 725 Abs. 2 BGB), zum anderen ist sie auch nicht notwendig, weil die Pfändung des Anteils ohnehin alle Ansprüche auf finanzielle Ausschüttungen aufgrund der Gesellschaftsbeteiligung erfaßt.

8 III. **Zwangsvollstreckung in den Gesellschaftsanteil an einer OHG:** Grundsätzlich gilt das zur BGB-Gesellschaft Dargestellte auch für die Zwangsvollstreckung in den Gesellschaftsanteil an einer OHG. Jedoch ergeben sich einige Besonderheiten: Der Pfändungsbeschluß ist an die OHG als Drittschuldnerin, zu Händen der geschäftsführenden Gesellschafter zuzustellen.[21] § 135 HGB schränkt das Recht zur **Kündigung** der Gesellschaft gegenüber § 725 Abs. 1 BGB ein: Innerhalb der letzten 6 Monate vor der Erwirkung des Pfändungs- und Überweisungsbeschlusses muß bereits durch irgendeinen Gläubiger, nicht notwendig den kündigenden,[22] ein Vollstreckungsversuch

---

16 BGH, WM 1992, 366, 369; **anders** noch RGZ 95, 231, 233, wonach der Gläubiger ausschließlich auf Ansprüche gegen seinen Schuldner beschränkt war.
17 BGH, WM 1992, 366, 369.
18 BGH, DB 1993, 529; *Stöber*, Forderungspfändung, Rdn. 1565.
19 MüKo/*Ulmer*, § 725 BGB Rdn. 17; *K. Schmidt*, JR 1977, 177, 178; *Stöber*, Forderungspfändung, Rdn. 1578.
20 *Stöber*, Forderungspfändung, Rdn. 1575.
21 BGH, Rpfleger 1986, 308; *Baumbach/Lauterbach/Hartmann*, Anh. 1 zu § 859; *K. Schmidt*, Gesellschaftsrecht, § 45 IV 3; *Thomas/Putzo*, § 859 Rdn. 3.
22 *Baumbach/Duden/Hopt*, § 135 HGB Rdn. 6; *Heymann/Emmerich*, § 135 HGB Rdn. 9; *K. Schmidt*, Gesellschaftsrecht, § 52 IV 8.

in das bewegliche Vermögen des Schuldners außerhalb seines Gesellschaftsanteils erfolglos, d. h. nicht zur vollen Befriedigung führend, verlaufen sein. Die Pfändung in den Gesellschaftsanteil muß aufgrund eines nicht nur vorläufig vollstreckbaren Schuldtitels erfolgt sein. Anstelle der Pfändung des Gesellschaftsanteiles schlechthin genügt allerdings auch die Pfändung des Anspruchs auf das Auseinandersetzungsguthaben.[23] Der Gesellschaftsanteil bzw. dieser Anspruch **müssen** dem Gläubiger auch zur Einziehung überwiesen worden sein. Die Pfändung allein genügt – anders als beim Anteil an einer BGB-Gesellschaft[24] – nicht.

Liegen diese Voraussetzungen vor, kann der Gläubiger die Gesellschaft **sechs Monate** vor Ende des Geschäftsjahres zu diesem Zeitpunkt kündigen. Die Kündigungserklärung ist **allen** Gesellschaftern gegenüber auszusprechen, nicht nur gegenüber den geschäftsführenden.[25] Eine Erklärung gegenüber der Gesellschaft oder den Geschäftsführern genügt nur dann, wenn diese noch innerhalb der Frist die Erklärung an alle Gesellschafter weiterübermitteln.[26] Die Beweislast für den rechtzeitigen Zugang trifft im Streitfall den Vollstreckungsgläubiger.

9

Ist die Kündigung wirksam ausgesprochen, ist entweder die Gesellschaft zum Ende des Geschäftsjahres durch Auseinandersetzung zu liquidieren oder, falls der Gesellschaftsvertrag eine Fortsetzung der Gesellschaft unter den übrigen Gesellschaftern ohne den Schuldner vorsieht (§§ 141, 142 HGB), das Abfindungsguthaben des Schuldners zu errechnen und der errechnete Betrag flüssig zu machen. Der Gläubiger ist, wie bei der BGB-Gesellschaft,[27] nicht befugt, seinerseits an der Auseinandersetzung aktiv mitzuwirken.[28] Er kann aber seinen Schuldner auf Betreiben der Auseinandersetzung in Anspruch nehmen und von ihm zusätzlich Ersatz des durch die verzögerte Auseinandersetzung entstandenen Schadens verlangen.[29]

10

Ebenso wie ein Gesellschaftsanteil an einer OHG ist auch der Gesellschaftsanteil an einer Europäischen wirtschaftlichen Interessenvereinigung (EWiV) pfändbar.[30] Diese ist der OHG weitgehend gleichgestellt (§ 1 EWiV-AusführungsG[31]). Vertreten wird die EWiV durch Geschäftsführer (Art. 19, 20 EWG-VO[32]). An einen von ihnen ist der Pfändungsbeschluß zuzustellen (Art. 19 EWG-VO). Die Kündigung (§ 135 HGB i. V. m. § 1 EWiV-AusführungsG) der EWiV durch den Pfändungsgläubiger führt nicht zur Auflösung, sondern nur zum Ausscheiden des Schuldners aus der EWiV (Art. 9 S. 1 EWiV-AusführungsG). Auf dessen Auseinandersetzungsguthaben erstreckt sich dann die Pfändung.

10a

---

23 *K. Schmidt*, Gesellschaftsrecht, § 45 IV 3 sowie JR 1977, 180.
24 Siehe oben Rdn. 5.
25 *Heymann/Emmerich*, § 135 HGB Rdn. 14.
26 BGH, LM Nr. 7 zu § 142 HGB.
27 Siehe oben Rdn. 5.
28 *Heymann/Emmerich*, § 135 HGB Rdn. 16–18.
29 RGZ 95, 231; BGHZ 51, 84.
30 *Stöber*, Forderungspfändung, Rdn. 1597.
31 Vom 14.4.1988, BGBl. I, 514.
32 Vom 25.7.1985, Amtsblatt der Europäischen Gemeinschaften Nr. L 199 v. 31.7.1985, S. 1.

**11  IV. Zwangsvollstreckung in Gesellschaftsanteile an einer KG:** Hinsichtlich der Zwangsvollstreckung in Gesellschaftsanteile an einer Kommanditgesellschaft gelten die Regeln zur Zwangsvollstreckung in einen OHG-Anteil uneingeschränkt entsprechend. Es spielt dabei keine Rolle, ob es sich um den Anteil eines Komplementärs oder eines Kommanditisten handelt. Die Kündigung gem. § 135 HGB ist auch den Kommanditisten gegenüber auszusprechen. Das gilt auch für die Publikums-KG.

**12  V. Zwangsvollstreckung in die Beteiligung eines stillen Gesellschafters:** Auch der Gläubiger eines stillen Gesellschafters, der dessen Beteiligung gepfändet hat, hat nach § 234 Abs. 1 HGB das Kündigungsrecht des § 135 HGB. Er ist auf diese Kündigung angewiesen, wenn er sich aus dem Auseinandersetzungsguthaben des stillen Gesellschafters (§ 235 HGB) befriedigen will, ehe die Gesellschaft nach dem Gesellschaftsvertrag ihr vorgesehenes Ende findet.

**13  VI. Zwangsvollstreckung eines Gesellschaftsgläubigers in das Gesellschaftsvermögen:** Von der in den vorstehenden Ziff. dargestellten Zwangsvollstreckung eines Privatgläubigers eines der Gesellschafter in den Gesellschaftsanteil als ein sonstiges Vermögensrecht dieses Gesellschafters zu unterscheiden ist die Zwangsvollstreckung eines Gläubigers der Gesellschaft in das Gesellschaftsvermögen. Insoweit ist § 859 ZPO nicht einschlägig. Wegen der Einzelheiten siehe Vor §§ 735, 736[33] sowie die Ausführungen zu § 736.[34] Da der Gesellschaftsgläubiger sich aus dem gesamten Gesellschaftsvermögen befriedigen kann, ist es nicht notwendig, ihm ein Recht zur Kündigung der Gesellschaft zu geben. § 135 HGB gilt für ihn nicht, auch soweit er den für die Verbindlichkeiten der Gesellschaft persönlich haftenden Gesellschafter allein in Anspruch nimmt.[35]

**14  VII. Zwangsvollstreckung in einen Miterbenanteil:** Der Anteil des Miterben am Nachlaß insgesamt ist pfändbar, nicht aber der an den einzelnen Nachlaßgegenständen (Abs. 2).

**1. Pfändung des Anteils:** Die Pfändung des Miterbenanteils erfolgt nach §§ 857 Abs. 1, 829 ZPO. Der Pfändungsbeschluß muß, damit die Pfändung wirksam wird (§ 829 Abs. 3 ZPO), allen übrigen Miterben oder, falls ein solcher bestellt ist, dem Testamentsvollstrecker zugestellt werden. Mit der Pfändung erwirbt der Gläubiger ein Pfändungspfandrecht am Miterbenanteil, nicht aber an den einzelnen zum Nachlaß gehörenden Gegenständen. Auf einzelne Gegenstände erstreckt sich das Pfandrecht erst, wenn sie im Wege der Teilauseinandersetzung dem Schuldner zugesprochen wurden und der Gläubiger den Herausgabeanspruch des Schuldners gem. § 847 ZPO mit gepfändet hat.[36] Das Pfandrecht am Miterbenanteil hat gem. § 804 Abs. 2 ZPO dieselben Wirkungen wie ein durch Erbteilsverpfändung entstandenes Pfandrecht.[37] Es gelten also die §§ 1273 ff. BGB. Der Gläubiger erwirbt daher gem. §§ 1273 Abs. 2, 1258

---

33 Siehe dort Rdn. 4, 5.
34 Siehe dort Rdn. 1, 2.
35 *Baumbach/Duden/Hopt*, § 135 HGB Rdn. 4; *Heymann/Emmerich*, § 135 HGB Rdn. 5.
36 BGH, NJW 1967, 200; Einzelheiten siehe unten Rdn. 16.
37 OLG Hamm, DB 1977, 579.

BGB auch die Rechte, die sich aus der Tatsache der Miterbengemeinschaft in Ansehung der Verwaltung des Nachlasses und der Art seiner Benutzung ergeben (Mitverwaltungs- und Mitverfügungsrechte). Er kann auch ohne Mitwirkung des Schuldners jederzeit die Auseinandersetzung des Nachlasses verlangen (§ 2042 BGB) und in diesem Rahmen, soweit zum Nachlaß Grundbesitz gehört, auch den Antrag auf Teilungsversteigerung nach §§ 180 ff. ZVG stellen.[38]

**2. Wirkungen der Pfändung:** Den anderen Miterben gegenüber bewirkt die Pfändung nicht nur, daß sie ohne Zustimmung des Gläubigers nicht mehr über den Nachlaß als Ganzes verfügen können; auch zu gemeinschaftlichen Verfügungen über einzelne Nachlaßgegenstände gem. § 2040 Abs. 1 BGB sind sie ohne seine Mitwirkung nicht mehr in der Lage, da der Gläubiger auch insoweit in die Position seines Schuldners eingerückt ist. Würde man dem Schuldner Verfügungen über einzelne Nachlaßgegenstände zusammen mit den anderen Miterben auch nach der Pfändung des Erbteils gestatten, könnte er den Wert des Nachlasses völlig aushöhlen und damit indirekt doch über seinen Anteil zu Lasten des Gläubigers verfügen. Gehören Grundstücke zum Nachlaß, kann diese Verfügungsbeschränkung auch ins Grundbuch eingetragen werden.[39] Um die Eintragung zu erreichen, muß der Gläubiger nur den Pfändungsbeschluß sowie den Nachweis der Wirksamkeit der Pfändung (Zustellung an alle Miterben, § 829 Abs. 3 ZPO) beim Grundbuchamt vorlegen; einer Eintragungsbewilligung der Erben bedarf es nicht. Sind die Miterben noch nicht im Grundbuch als Grundstückseigentümer eingetragen, muß der Gläubiger zunächst ihre Voreintragung herbeiführen.[40]

15

**3. Verwertung des Anteils:** Die Verwertung des gepfändeten Erbteils kann sowohl gem. §§ 857 Abs. 1, 835 ZPO durch Überweisung zur Einziehung erfolgen als auch gem. § 857 Abs. 5, 844 ZPO durch Anordnung der Veräußerung.[41] Ist dem Gläubiger der Anteil zur Einziehung überwiesen, kann er die Ansprüche, die dem Schuldner in der Auseinandersetzung zustehen, im eigenen Namen geltend machen. An Forderungen, die dem Schuldner von der Gemeinschaft in der Auseinandersetzung zugeteilt werden, setzt sich das Pfandrecht am Erbteil ohne weiteres fort.[42] Dagegen sind bewegliche körperliche Sachen nur gepfändet, wenn der Gläubiger auch eine Anordnung

16

---

38 BayObLGZ 1959, 50; LG Frankenthal, Rpfleger 1985, 500; *Stöber*, Forderungspfändung, Rdn. 1674.
39 BayObLGZ 1959, 50; OLG Frankfurt, Rpfleger 1979, 205; MüKo/*Smid*, § 859 Rdn. 15; *Rosenberg/Schilken*, § 58 III 3 e; *Stöber*, Forderungspfändung, Rdn. 1682.
40 Einzelheiten des Verfahrens: *Brox/Walker*, Rdn. 789.
41 Die Veräußerung erfolgt auch dann durch freihändigen Verkauf oder öffentliche Versteigerung nach den Regeln der ZPO, nicht des ZVG, wenn zum Nachlaß ein Grundstück gehört; denn es wird nicht das Grundstück, sondern der Erbteil veräußert; vergl. OLG Frankfurt, JR 1954, 183 mit Anm. *Riedel* und *Werner*.
42 BGHZ 52, 99; BayObLG, Rpfleger 1983, 112.

nach § 847 Abs. 1 ZPO erwirkt hat und die dem Schuldner zugeteilten Sachen tatsächlich an den Gerichtsvollzieher herausgegeben wurden. Solange sich die einzelnen Sachen im Mitbesitz der Miterben oder im Besitz des Schuldners oder auch des Gläubigers befinden, sind sie mangels Evidenz der Beschlagnahme noch nicht gepfändet.[43] Findet die Auseinandersetzung in der Weise statt, daß die einzelnen Nachlaßgegenstände verkauft werden, um den Erlös schließlich zu teilen, setzt sich das Pfandrecht am Erbteil automatisch fort am Anspruch des Schuldners gegen die Gemeinschaft auf Auszahlung des Erlösanteils.

17 Wirken die anderen Miterben nicht freiwillig an der Auseinandersetzung mit, ist der Gläubiger berechtigt, das Nachlaßgericht um Vermittlung der Auseinandersetzung gem. §§ 86 ff. FGG zu ersuchen. Der gerichtliche Auseinandersetzungsplan (§ 93 FGG) bildet dann den Ausgangspunkt für die tatsächliche Verteilung. Auch hier erstreckt sich das Pfandrecht am Erbteil auf den Anspruch auf Übertragung der dem Schuldner zugesprochenen Forderungen sowie auf diese Forderungen nach ihrer Zuteilung, nicht aber ohne Pfändung seitens des Gerichtsvollziehers auf einzelne bewegliche körperliche Sachen, die dem Schuldner zugeteilt werden. Der Gläubiger sollte deshalb immer mit dem Erbteil auch die Ansprüche des Schuldners auf Herausgabe einzelner ihm zugeteilter beweglicher Sachen gegen die Erbengemeinschaft mitpfänden, damit der Gerichtsvollzieher, nachdem der Auseinandersetzungsplan feststeht, nach § 847 ZPO vorgehen kann.

18 **4. Besonderheiten bei Vorerbschaft:** Ist der Schuldner nur als **Vorerbe** an einer Erbengemeinschaft beteiligt, steht dies der Pfändung seines Anteils nicht entgegen.[44] Drittschuldner sind nur die Miterben, nicht auch der Nacherbe. Der Gläubiger hat nach der Pfändung keine weitergehenden Rechte als der Vorerbe selbst. Ist der Vorerbe nicht gem. § 2136 BGB von seinen Bindungen befreit, kann der Gläubiger praktisch nur den Anteil des Schuldners an den Nutzungen des Nachlasses einziehen. Die an sich mögliche Veräußerung des Vorerbenanteils an der Miterbengemeinschaft (§§ 857 Abs. 5, 844 ZPO) dürfte nicht praktisch werden.

19 **VIII. ArbGG, VwGO, AO:** Siehe § 858 Rdn. 5.

---

43 MüKo/*Smid*, § 859 Rdn. 21, 22; *Stein/Jonas/Brehm*, § 859 Rdn. 32; *Stöber*, Forderungspfändung, Rdn. 1693; **a. A.** die h. M., die ein Pfandrecht auch an beweglichen körperlichen Sachen ohne Inbesitznahme durch den Gerichtsvollzieher annimmt; vergl. *Liermann*, NJW 1962, 2189; *Rosenberg/Schilken*, § 58 III 3 e.
44 *Baumbach/Lauterbach/Hartmann*, § 859 Rdn. 4; *Stöber*, Forderungspfändung, Rdn. 1705.

## § 860 Pfändung von Gesamtgutsanteilen

(1) ¹Bei dem Güterstand der Gütergemeinschaft ist der Anteil eines Ehegatten an dem Gesamtgut und an den einzelnen dazu gehörenden Gegenständen der Pfändung nicht unterworfen. ²Das gleiche gilt bei der fortgesetzten Gütergemeinschaft von den Anteilen des überlebenden Ehegatten und der Abkömmlinge.
(2) Nach der Beendigung der Gemeinschaft ist der Anteil an dem Gesamtgut zugunsten der Gläubiger des Anteilsberechtigten der Pfändung unterworfen.

### Inhaltsübersicht

| | Literatur | Rdn. |
|---|---|---|
| I. | Zwangsvollstreckung in das Gesamtgut | 1 |
| II. | Pfändung von Gesamtgutsanteilen während der Gütergemeinschaft | 2–4 |
| III. | Pfändung der Anteile nach Beendigung der Gütergemeinschaft (Abs. 2) | 5, 6 |
| IV. | ArbGG, VwGO, AO | 7 |

Literatur: *Tiedtke*, Gesamthand- und Gesamtschuldklage im Güterstand der Gütergemeinschaft, FamRZ 1975, 538.

**I. Zwangsvollstreckung in das Gesamtgut:** Zu den Voraussetzungen der Zwangsvollstreckung in das Gesamtgut selbst (also nicht nur den Anteil eines Ehegatten hieran) siehe die Anmerkungen zu den §§ 740–745 ZPO. 1

**II. Pfändung von Gesamtgutsanteilen während der Gütergemeinschaft:** Haben die Ehegatten durch Ehevertrag Gütergemeinschaft vereinbart (§ 1415 BGB), so wird ihr Vermögen gemeinschaftliches Vermögen, sog. Gesamtgut (§ 1416 BGB), soweit nicht ausnahmsweise Sondergut (§ 1417 BGB) oder Vorbehaltsgut (§ 1418 BGB) vorliegt. Die Ehegatten können im Ehevertrag auch vereinbaren, daß die Gütergemeinschaft nach dem Tode eines Ehegatten zwischen dem überlebenden Ehegatten und den Abkömmlingen fortgesetzt wird, sog. fortgesetzte Gütergemeinschaft (§ 1483 BGB). Sowohl bei der Gütergemeinschaft wie bei der fortgesetzten Gütergemeinschaft können die Teilhaber an der Gemeinschaft (Ehegatten, Abkömmlinge) nicht über ihren Anteil am Gesamtgut und an den einzelnen Gegenständen, die zum Gesamtgut gehören, verfügen; sie können während des Bestehens der Gütergemeinschaft auch nicht Teilung verlangen (§§ 1419, 1487 BGB). 2

Der materiellrechtlichen Regelung entspricht die vollstreckungsrechtliche: Die Anteile der Ehegatten bzw. der Abkömmlinge am Gesamtgut sind nicht pfändbar (**Abs. 1**). Eine dennoch ausgesprochene Pfändung wäre nicht nur anfechtbar, sondern **nichtig**; dies folgt aus dem Zweck der materiellrechtlichen Vorschriften, die verhindern wollen, daß Dritte in die Gemeinschaft eindringen und deren Auseinandersetzung betreiben könnten. Schon im Hinblick auf die erforderliche vollstreckungsrechtliche Sicherheit aller Beteiligten kann eine solche Pfändung auch nicht einfach umgedeutet werden in 3 die aufschiebend bedingte Pfändung des Anteils für den Fall der Beendigung der Gemeinschaft oder die Pfändung des künftigen Auseinandersetzungsguthabens.

4   Während des Bestehens der Gemeinschaft kommt eine solche aufschiebend bedingte Pfändung des Anteils aber auch dann nicht in Betracht, wenn sie ausdrücklich als solche beantragt ist.[1] Das ergibt sich aus der Formulierung des Abs. 2, daß die Pfändung überhaupt erst »nach der Beendigung der Gemeinschaft« möglich ist. Auch der künftige Anspruch auf das »Auseinandersetzungsguthaben« ist nicht pfändbar.[2] Eine solche Pfändung wäre, abgesehen davon, ob es sich überhaupt um einen künftigen Anspruch und nicht um eine bloße Möglichkeit handelt, zu unbestimmt, da die Auseinandersetzung auch in Form der völligen Realteilung erfolgen kann, so daß nicht feststellbar wäre, worauf sich denn die Pfändung erstrecken soll.

5   III. Die Pfändung der Anteile nach Beendigung der Gemeinschaft (Abs. 2): Die Ehegatten können die Gütergemeinschaft jederzeit durch Vereinbarung aufheben; unter bestimmten Voraussetzungen besteht aber auch ein Anspruch auf Aufhebung der Gemeinschaft (§ 1469 BGB). Vergleichbares gilt für die fortgesetzte Gütergemeinschaft (§§ 1492, 1495 BGB). Nach Beendigung der Gütergemeinschaft findet die Auseinandersetzung statt (§ 1471 BGB). Auch im Zuge der Auseinandersetzung sind die Anteile nicht übertragbar (§§ 1471 Abs. 2, 1419 Abs. 1 BGB). In Abweichung von der Regel des § 851 Abs. 1 ZPO läßt § 860 Abs. 2 ZPO dennoch nunmehr die Pfändung der Anteile zu. Drittschuldner, an die die Zustellung des Pfändungsbeschlusses erfolgen muß (§ 829 Abs. 3 ZPO), sind die übrigen Mitglieder der beendeten, aber noch nicht auseinandergesetzten Gütergemeinschaft. Die Pfändung gibt dem Gläubiger einen Anspruch gegen den Schuldner, die Auseinandersetzung praktisch zu betreiben.[3] Dieser Anspruch ist, wenn er tituliert worden ist, gegebenenfalls nach § 888 ZPO durchsetzbar. Die Verwertung kann allein durch Überweisung zur Einziehung erfolgen.[4] Einer Veräußerung des Anteils gem. §§ 857 Abs. 5, 844 ZPO stehen die §§ 1471 Abs. 2, 1419 BGB entgegen. Hinsichtlich der Fortsetzung des Pfandrechts am Anteil an den in der Auseinandersetzung zugeteilten Gegenständen gilt das zu § 859 ZPO im Hinblick auf die Erbauseinandersetzung Gesagte entsprechend.[5]

6   Die Pfändung des Anteils am Gesamtgut erfolgt durch Zustellung des Pfändungsbeschlusses an die übrigen Mitglieder der beendeten Gemeinschaft. Aufgrund der Pfän-

---

1 *Stein/Jonas/Brehm*, § 860 Rdn. 1; *Stöber*, Forderungspfändung, Rdn. 1639.
2 LG Frankenthal, Rpfleger 1981, 241; *Baumbach/Lauterbach/Hartmann*, § 860 Rdn. 1; *Stöber*, Forderungspfändung, Rdn. 1639. A. A. wohl BGH, MDR 1966, 750, der den künftigen Anspruch auf das Auseinandersetzungsguthaben jedenfalls für abtretbar hält.
3 A. A. die h. M., die dem Gläubiger selbst die Möglichkeit gibt, die Auseinandersetzung seinerseits zu betreiben; siehe unten Rdn. 6.
4 *Baumbach/Lauterbach/Hartmann*, § 860 Rdn. 2; *Rosenberg/Schilken*, § 58 III 3 e; *Stein/Jonas/Brehm*, § 860 Rdn. 3; *Stöber*, Forderungspfändung, Rdn. 1643.
5 Siehe § 859 Rdn. 16, 17.

dung kann der Vollstreckungsgläubiger nach §§ 99 Abs. 1, 86 FGG beim Nachlaßgericht (§ 99 Abs. 2 FGG) die Vermittlung der Auseinandersetzung beantragen.[6]

**IV. ArbGG, VwGO, AO:** Siehe § 858 Rdn. 5. 7

---

6 *Brox/Walker*, Rdn. 784; MüKo/*Smid*, § 860 Rdn. 3; *Rosenberg/Schilken*, § 58 III 3 e; *Stein/Jonas/Brehm*, § 860 Rdn. 3; *Stöber*, Forderungspfändung, Rdn. 1643; *Thomas/Putzo*, § 860 Rdn. 2; **a. A.** 1. Aufl.

## §§ 861, 862

Die beiden Vorschriften betrafen die Unpfändbarkeit des Rechts der Nutznießung des Ehemannes am eingebrachten Gute der Ehefrau bzw. der Eltern am Vermögen der Kinder. Sie sind durch Art. 2 Nr. 2 des Gleichberechtigungsgesetzes vom 18. 6. 1957[1] aufgehoben worden.

---

[1] BGBl. I, 609.

## § 863 Pfändungsbeschränkungen bei Erbschaftsnutzungen

(1) ¹Ist der Schuldner als Erbe nach § 2338 des Bürgerlichen Gesetzbuchs durch die Einsetzung eines Nacherben beschränkt, so sind die Nutzungen der Erbschaft der Pfändung nicht unterworfen, soweit sie zur Erfüllung der dem Schuldner seinem Ehegatten, seinem früheren Ehegatten oder seinen Verwandten gegenüber gesetzlich obliegenden Unterhaltspflicht und zur Bestreitung seines standesmäßigen Unterhalts erforderlich sind. ²Das gleiche gilt, wenn der Schuldner nach § 2338 des Bürgerlichen Gesetzbuchs durch die Ernennung eines Testamentsvollstreckers beschränkt ist, für seinen Anspruch auf den jährlichen Reinertrag.
(2) Die Pfändung ist unbeschränkt zulässig, wenn der Anspruch eines Nachlaßgläubigers oder ein auch dem Nacherben oder dem Testamentsvollstrecker gegenüber wirksames Recht geltend gemacht wird.
(3) Diese Vorschriften gelten entsprechend, wenn der Anteil eines Abkömmlings an dem Gesamtgut der fortgesetzten Gütergemeinschaft nach § 1513 Abs. 2 des Bürgerlichen Gesetzbuchs einer Beschränkung der im Absatz 1 bezeichneten Art unterliegt.

### Inhaltsübersicht

| | | Rdn. |
|---|---|---|
| | Literatur | |
| I. | Regelungsgegenstand des Abs. 1 und 2 | 1 |
| II. | Regelungsgegenstand des Abs. 3 | 2 |
| III. | ArbGG, VwGO, AO | 3 |

**Literatur:** *Liebs*, Die unbeschränkbare Verfügungsbefugnis, AcP 1975, 1.

**I. Regelungsgegenstand des Abs. 1 und 2:** § 2338 BGB eröffnet verschiedene Möglichkeiten, die Substanz eines Nachlasses vor verschwenderischen oder hoch überschuldeten pflichtteilsberechtigten Erben zu schützen. Sie erhalten dann nur die Nutzungen oder den jährlichen Reinertrag des Nachlasses.[1] Soweit diese Einnahmen erforderlich sind, damit der Schuldner seinen eigenen standesgemäßen Unterhalt bestreiten und seine gesetzlichen Unterhaltspflichten erfüllen kann, sind sie für gewöhnliche persönliche Gläubiger unpfändbar (**Abs. 1**). Nachlaßgläubigern gegenüber gilt diese Pfändungsbeschränkung nicht (**Abs. 2**). Da die Unpfändbarkeit in der Regel, wenn der Gläubiger nicht schon mit seinem Antrag entsprechende Umstände vorträgt, bei Erlaß des Pfändungsbeschlusses nicht erkennbar ist, müssen sie der Schuldner oder die Unterhaltsberechtigten sie mit der Erinnerung nach § 766 ZPO geltend machen. Obwohl § 850 d ZPO für Einkünfte der in § 863 ZPO angesprochenen Art nicht unmittelbar gilt, kann der Schuldner dann, wenn Unterhaltsberechtigte die Zwangsvollstreckung in die Nachlaßnutzungen bzw. den jährlichen Reinertrag betreiben, nicht den »standesgemäßen« eigenen Unterhalt als unpfändbar geltend machen. Es muß dann vielmehr

---
[1] Siehe beispielhaft OLG Bremen, FamRZ 1984, 213.

§ 1603 BGB mitherangezogen werden,[2] was letztlich doch zur indirekten Berücksichtigung des § 850 d Abs. 1 S. 2 ZPO führt.

2 **II. Regelungsgegenstand des Abs. 3:** Eine Verweisung auf die nach § 2338 BGB möglichen Beschränkungen enthält § 1513 Abs. 2 BGB für den Fall der fortgesetzten Gütergemeinschaft. Auch hier soll der verschwenderische oder überschuldete Abkömmling hinsichtlich seines Anteils am Gesamtgut auf Nutzungen beschränkt werden können. Er genießt dann den Pfändungsschutz nach Abs. 1 (**Abs. 3**).

3 **III. ArbGG, VwGO, AO:** Siehe § 858 Rdn. 5.

---

[2] *Stein/Jonas/Brehm*, § 863 Rdn. 2.

## Zweiter Titel. Zwangsvollstreckung in das unbewegliche Vermögen

## Übersicht vor §§ 864–871.

### Inhaltsübersicht

| | | Rdn. |
|---|---|---|
| | Literatur | |
| I. | Übersicht über die gesetzlichen Regelungen | 1–4 |
| II. | Allgemeine Voraussetzungen der Vollstreckung in das unbewegliche Vermögen | 5 |
| III. | Rechtsbehelfe im Rahmen der Zwangsvollstreckung in das unbewegliche Vermögen | 6, 7 |
| IV. | ArbGG, VwGO, AO | 8 |

Allgemeine Literatur zur Zwangsvollstreckung in das unbewegliche Vermögen:

1. **Kommentare, Lehr- und Handbücher:** *Balser/Bögner/Ludwig*, Vollstreckung ins Grundbuch, 8. Aufl. 1987; *Behr/Eickmann*, Pfändung von Grundpfandrechten und ihre Auswirkungen auf die Zwangsversteigerung, 1989; *Böttcher*, Gesetz über die Zwangsversteigerung und die Zwangsverwaltung mit Erläuterungen, 1991; *Dassler/Schiffhauer/Gerhardt/Muth*, Zwangsversteigerungsgesetz, 12. Aufl. 1991; *Eickmann*, Zwangsversteigerungs- und Zwangsverwaltungsrecht, 1991; *Hagemann*, Immobilarzwangsvollstreckung, 4. Aufl. 1982; *Hintzen*, Zwangsversteigerung, 1993; *Jaeckel/Güthe*, Kommentar zum Zwangsversteigerungsgesetz, 7. Aufl. 1937; *Korintenberg/Wenz*, Kommentar zum Zwangsversteigerungsgesetz, 6. Aufl. 1935; *Mohrbutter/Drischler/Radtke/Tiedemann*, Die Zwangsversteigerungs- und Zwangsverwaltungspraxis, 7. Aufl. 1986/1990; *Muth*, Zwangsversteigerungspraxis, 1989; *Schiffhauer*, Zwangsvollstreckung in das unbewegliche Vermögen, 4. Aufl. 1976; *Steiner/Eickmann/Hagemann/Storz/Teufel*, Zwangsversteigerung und Zwangsverwaltung, 9. Aufl. 1984/1986; *Stöber*, Zwangsvollstreckung in das unbewegliche Vermögen, 6. Aufl. 1992; *Stöber/Schiffhauer*, Praxis der Zwangsversteigerung, 2. Aufl. 1983; *Storz*, Praxis des Zwangsversteigerungsverfahrens, 6. Aufl. 1991; *Teufel*, Zwangsversteigerung und Zwangsverwaltung, 2. Aufl. 1984; Vogel/Korn, Immobilarzwangsvollstreckung, 2. Aufl. 1959; *Wolff*, Zwangsversteigerungs- und Zwangsverwaltungsrecht, 2. Aufl. 1983; *Zeller/Stöber*, Zwangsversteigerungsgesetz, 13. Aufl. 1989.

2. **Aufsätze:** *Drischler*, Neuere Rechtsprechung zum Zwangsversteigerungs- und Zwangsverwaltungsrecht, KTS 1981, 389; 1982, 377; 1983, 535; 1984, 579; *Gaul*, Sachenrechtsordnung auch Vollstreckungsordnung im Konflikt, NJW 1989, 2509; *Gerhardt*, Grundzüge und Probleme der Zwangsversteigerung, JA 1981, 12; *Kropp*, Die Zwangsvollstreckung in das unbewegliche Vermögen eines Minderjährigen. Umgehung des Vormundschaftsgerichts?, MDR 1960, 464; *Räfle*, Aus der neueren Rechtsprechung des Bundesgerichtshofes zur Immobiliarvollstreckung, ZIP 1981, 821; *Schiffhauer*, Soziale Aspekte im Zwangsversteigerungsverfahren, Rpfleger 1978, 397; *Tauscher*, Immobilarzwangsvollstreckung bei fremdem Güterstand, Rpfleger 1988, 89; *Wacke*, Die Nachteile des Grundbuchzwangs in der Immobiliarvollstreckung, ZZP 1969, 377; *Wieser*, Die zwecklose Zwangsversteigerung, Rpfleger 1985, 96.

**1  I. Übersicht über die gesetzlichen Regelungen:** Das Verfahren der Vollstreckung wegen Geldforderungen in das unbewegliche Vermögen ist in den §§ 864–871 ZPO nur recht unvollkommen geregelt. Die praktisch bedeutsameren Verfahrensregeln finden sich im **Gesetz über die Zwangsversteigerung und Zwangsverwaltung** vom 24. 3. 1897 (**ZVG**), auf das § 869 ZPO verweist. Das ZVG wird durch diese Verweisung zu einem (aus mehr historisch bedingten Gründen ausgegliederten) Teil des 8. Buches der ZPO. Die Grundsätze und allgemeinen Regeln des Vollstreckungsrechts der ZPO gelten damit auch für die Zwangsversteigerung und Zwangsverwaltung, soweit das ZVG nicht ausdrücklich abweichende Bestimmungen enthält. So müssen etwa zur Einleitung der Zwangsversteigerung und Zwangsverwaltung alle allgemeinen Voraussetzungen der Zwangsvollstreckung vorliegen, nicht anders als vor der Vollstreckung in körperliche Sachen oder in Geldforderungen.

**2**  Für bestimmte, grundsätzlich der Zwangsvollstreckung in das unbewegliche Vermögen unterliegende Gegenstände finden sich zudem in den einschlägigen Sondergesetzen ergänzende Regeln, die die Anwendbarkeit der allgemeinen Bestimmungen der §§ 864 ff. ZPO und des ZVG einschränken: So ist die Zwangsverwaltung oder Zwangsversteigerung einer Heimstätte wegen einer dinglich nicht gesicherten Schuld nach dem inzwischen aufgehobenen,[1] aber für die bis zum 1. 10. 1993 schon bestehenden Forderungen noch bis zum 31. 12. 1998 anzuwendenden[2] § 20 Abs. 1 RHeimstG unzulässig (Ausnahme hiervon wiederum § 20 Abs. 3 RHeimstG); die Möglichkeit der Eintragung einer Sicherungshypothek ist sehr beschränkt (§ 20 Abs. 2 RHeimstG). Die Zwangsvollstreckung in ein Erbbaurecht darf ein vertraglich vereinbartes Zustimmungserfordernis des Grundstückseigentümers zu Verfügungen über das Erbbaurecht (§ 5 ErbbauVO) nicht beeinträchtigen (§ 8 ErbbauVO); Gleiches gilt gem. § 12 Abs. 3 S. 2 WEG für das Erfordernis der Zustimmung anderer Wohnungseigentümer zur Veräußerung von Wohnungseigentum.

**3**  Gem. § 99 Abs. 1 LuftfzRG werden in die Luftfahrzeugrolle eingetragene Luftfahrzeuge wie unbewegliches Vermögen der Zwangsvollstreckung nach §§ 864 ff. ZPO unterworfen,[3] ebenso gem. § 24 des Kabelpfandgesetzes vom 31. 3. 1925[4] Hochseekabel. Andererseits kann das Landesrecht bestimmte Grundstücke (Bahneinheiten i. S. Art. 112 EGBGB) ganz vom Zugriff nach §§ 864 ff. ZPO ausnehmen (§ 871 ZPO[5]).

**4**  In der Abgabenvollstreckung gelten gem. § 322 AO die §§ 864 ff. ZPO und das ZVG mit einigen Einschränkungen und Abweichungen entsprechend.[6] Einzelheiten siehe Rdn. 8.

**5  II. Allgemeine Voraussetzungen der Vollstreckung in das unbewegliche Vermögen:** Der Gläubiger muß gegen den Schuldner einen auf eine Geldleistung lautenden voll-

---

1 Gesetz v. 17.6.1993, BGBl. I, 912.
2 Art. 6 § 1 Abs. 1, Art. 7 des Aufhebungsgesetzes vom 17.6.1993, BGBl. I, 912.
3 Siehe auch *Rosenberg/Schilken*, § 49 II 5 b; siehe ferner §§ 171 a–171 n ZVG.
4 RGBl. I, 37.
5 Einzelheiten siehe dort Rdn. 1.
6 Einzelheiten: *Koch/Wolf*, § 322 AO Rdn. 3–6.

streckbaren Titel haben. Nicht erforderlich ist, daß die Geldschuld am Grundstück (Erbbaurecht, Wohnungseigentum usw.) dinglich abgesichert ist, daß der Titel also ausdrücklich auf Duldung der Zwangsvollstreckung in das Grundstück wegen dieser Geldleistung (§ 1147 BGB) gerichtet ist. Die allgemeinen und besonderen Voraussetzungen der Zwangsvollstreckung aus diesem Titel müssen vorliegen (Zustellung, Klausel, gegebenenfalls Sicherheitsleistung) und zusammen mit dem Vollstreckungsantrag nachgewiesen werden. Der Antrag muß konkret bezeichnen, welche Art der Zwangsvollstreckung in das unbewegliche Vermögen gewollt ist. Er ist, wenn eine Zwangshypothek erwirkt werden soll, an das Grundbuchamt, bei Zwangsverwaltung und Zwangsversteigerung an das Vollstreckungsgericht (Rechtspfleger) zu richten.

III. **Rechtsbehelfe im Rahmen der Zwangsvollstreckung in das unbewegliche Vermögen:** Auch hier zeigt sich, daß das ZVG Teil des 8. Buches der ZPO ist: Materiellrechtliche Einwendungen des Schuldners gegen die titulierte Forderung werden auch dann, wenn der Gläubiger die Immobiliarzwangsvollstreckung betreibt, mit der Klage gem. § 767 ZPO geltend gemacht, die Veräußerung hindernde Rechte Dritter am Vollstreckungsobjekt mit der Klage gem. § 771 ZPO. Gegen Vollstreckungsmaßnahmen[7] des Vollstreckungsgerichts hat der Schuldner die Vollstreckungserinnerung nach § 766 ZPO. Entscheidungen des Vollstreckungsgerichts können, soweit sie der Rechtspfleger getroffen hat, vom Gläubiger wie vom Schuldner mit der befristeten Rechtspflegererinnerung gem. § 11 RPflG, und soweit sie der Richter getroffen hat, mit der sofortigen Beschwerde gem. § 793 ZPO angefochten werden. Soweit nach den allgemeinen Regeln die befristete Rechtspflegererinnerung bzw. die sofortige Beschwerde der richtige Rechtsbehelf ist, finden sich in den §§ 95–104 ZVG dann einige ergänzende Sondervorschriften, die gewisse Einschränkungen gegenüber den allgemeinen Regeln des RPflG bzw. der ZPO zu den entsprechenden Rechtsbehelfen enthalten: § 95 ZVG beschränkt dabei den Kreis der Entscheidungen des Rechtspflegers vor der Zuschlagsentscheidung, die der Anfechtung nach § 11 RPflG unterliegen, während die §§ 96–104 ZVG Sonderregelungen für die Anfechtung des Zuschlagsbeschlusses selbst enthalten.

6

Die Entscheidungen des Grundbuchamtes im Rahmen der Eintragung der Zwangshypothek unterliegen allerdings nicht den Rechtsbehelfen des Vollstreckungsrechts (§§ 766, 793 ZPO, 11 RPflG), sondern nur denen der Grundbuchordnung (§§ 71 ff. GBO) bzw. des Rechtspflegergesetzes (§ 11 RPflG).[8] Trotz des Doppelcharakters der Eintragung der Zwangshypothek als Vollstreckungs- und als Grundbuchmaßnahme werden allein die grundbuchrechtlichen Rechtsbehelfe den Sicherungsanforderungen gerecht, die für das Grundbuch gelten müssen. Auch dies ist aber keine Besonderheit der Zwangsvollstreckung in das unbewegliche Vermögen, sondern gilt überall da, wo das Grundbuchamt im Rahmen der Zwangsvollstreckung tätig ist.[9]

7

IV. **ArbGG, VwGO, AO:** Wenn wegen einer Geldforderung in das unbewegliche Vermögen vollstreckt werden soll, gelten die §§ 864–871 ZPO gem. §§ 62 Abs. 2, 85 Abs. 1

8

---

[7] Zur Begriffsklärung siehe § 766 Rdn. 5.
[8] BayObLG, Rpfleger 1976, 66; OLG Köln, OLGZ 1967, 499; *Baur/Stürner*, Rdn. 38.7.
[9] Siehe auch § 830 Rdn. 9.

S. 3 ArbGG auch für die Vollstreckung aus arbeitsgerichtlichen Titeln und gem. § 167 Abs. 1 VwGO für die Vollstreckung aus Titeln nach § 168 VwGO. Für die Vollstreckung zugunsten öffentlicher Rechtsträger verweist § 169 Abs. 1 VwGO auf das VwVG, dessen § 5 weiter auf § 322 AO verweist. Für die Abgabenvollstreckung in das unbewegliche Vermögen sind gem. § 322 Abs. 1 S. 2 AO die §§ 864–871 ZPO anzuwenden. Die für die Vollstreckung erforderlichen Anträge des Gläubigers stellt die Vollstreckungsbehörde (§ 322 Abs. 3 AO). Zwangsversteigerung und Zwangsverwaltung soll die Vollstreckungsbehörde nur beantragen, wenn die Vollstreckung in das bewegliche Vermögen aussichtslos ist (§ 322 Abs. 4 AO). Als Rechtsbehelfe kommen gegen Anträge der Vollstreckungsbehörde die Beschwerde nach § 349 AO, in Grundbuchangelegenheiten gegen eine Entscheidung des Richters die Beschwerde nach § 71 GBO, gegen eine Entscheidung des Rechtspflegers die Rechtspflegererinnerung nach § 11 RPflG und gegen eine Entscheidung des Amtsgerichts als Vollstreckungsgericht die in Rdn. 6 genannten Rechtsbehelfe nach der ZPO und des ZVG in Betracht.

## § 864 Gegenstände

(1) Der Zwangsvollstreckung in das unbewegliche Vermögen unterliegen außer den Grundstücken die Berechtigungen, für welche die sich auf Grundstücke beziehenden Vorschriften gelten, die im Schiffsregister eingetragenen Schiffe und die Schiffsbauwerke, die im Schiffsbauregister eingetragen sind oder in dieses Register eingetragen werden können.

(2) Die Zwangsvollstreckung in den Bruchteil eines Grundstücks, einer Berechtigung der im Absatz 1 bezeichneten Art oder eines Schiffes oder Schiffsbauwerks ist nur zulässig, wenn der Bruchteil in dem Anteil eines Miteigentümers besteht oder wenn sich der Anspruch des Gläubigers auf ein Recht gründet, mit dem der Bruchteil als solcher belastet ist.

**Inhaltsübersicht**

Literatur

| | | Rdn. |
|---|---|---|
| I. | Unbewegliches Vermögen | 1 |
| II. | Grundstücke und grundstücksgleiche Rechte (Abs. 1) | 2 |
| | 1. Grundstücke | 2 |
| | 2. Grundstücksgleiche Rechte | 3 |
| | 3. Schiffe und Schiffsbauwerke | 4 |
| III. | Bruchteileigentum (Abs. 2) | 5–7 |
| IV. | Folgen der irrtümlichen Vollstreckung nach den Regeln der Mobiliarvollstreckung oder Forderungspfändung in Grundstücksbestandteile oder grundstücksgleiche Rechte | 8, 9 |
| V. | ArbGG, VwGO, AO | 10 |

**Literatur:** *Andrae*, Zwangsvollstreckung in Miteigentumsanteile am Grundstück, Diss. Freiburg 1973; *Drischler*, Das Altenteil in der Zwangsversteigerung, Rpfleger 1983, 229; *Friese*, Versteigerung von Wohnungseigentum, MDR 1951, 592; *Gaul*, Sachenrechtsordnung und Vollstreckungsordnung im Konflikt, NJW 1989, 2509; *Geißel*, Der Erbbauzins in der Zwangsversteigerung. Unter besonderer Berücksichtigung der Beleihbarkeit des Erbbaurechts, 1992; *Hübner*, Die Durchsetzung von bevorrechtigten und nicht bevorrechtigten Forderungen an deutschen und ausländischen Handelsschiffen in deutschen Häfen, Diss. Kiel 1965; *Kerres*, Das Verfahren zur Pfändung und Versteigerung von Scheinbestandteilen (Gebäuden auf fremdem Boden) und fremdem Zubehör zu einem Grundstück, DGVZ 1990, 55; *Pickart*, Die Rechtsprechung des Bundesgerichtshofs zum Miteigentum, WM 1975, 409; *Riggers*, Grundstücksversteigerung wegen Bagatellforderung, JurBüro 1971, 490; *Sauren*, Wohnungseigentum ein grundsätzliches Recht?, NJW 1985, 180; *Schiffhauer*, Die offensichtlich aussichtslose Zwangsversteigerung, Rpfleger 1983, 236; *ders.*, Die Geltendmachung von Bagatellforderungen in der Zwangsversteigerung, ZIP 1981, 832; *Scholz*, Das Anwartschaftsrecht in der Hypothekenverbandshaftung, MDR 1990, 679; *Schunk*, Zwangsvollstreckung in das Wohnungseigentum, Diss. Mainz 1953; *Weimar*, Zwangsvollstreckung in das Erbbaurecht und Wohnungseigentum, BlGBW 1976, 188; *Wieser*, Ein unbemerktes Redaktionsversehen in § 864 ZPO, NJW 1984, 2267.

**I. Unbewegliches Vermögen:** Die Vorschrift umschreibt den Begriff des unbeweglichen Vermögens i. S. des 8. Buches der ZPO. Sie wird ergänzt durch § 865 ZPO, 1 der zusätzlich bestimmte körperliche Sachen und Forderungen der unselbständigen Zwangsvollstreckung in das unbewegliche Vermögen unterwirft und sie dadurch einem isolierten Vollstreckungszugriff entzieht. Über die in § 864 ZPO genannten Gegenstände und Berechtigungen hinaus sind ferner Luftfahrzeuge und Hochseekabel kraft sondergesetzlicher Regelung[1] unbewegliches Vermögen im vollstreckungsrechtlichen Sinne.

**2  II. Grundstücke und grundstücksgleiche Rechte (Abs. 1):**

1. **Grundstücke:** Ein Grundstück ist ein abgegrenzter Teil der Erdoberfläche, der im Grundbuch als ein Grundstück eingetragen ist, sei es, daß er nach § 3 GBO im Grundbuch eine besondere Stelle (eigenes Grundbuchblatt) erhalten hat, sei es, daß er auf einem gemeinschaftlichen Grundbuchblatt (§ 4 GBO) eine eigene Nummer führt.[2] Entscheidend für die Klassifizierung als ein selbständiges Grundstück und die Zuordnung zu einem bestimmten Schuldnervermögen ist also das **Grundbuch,** nicht der optische Eindruck oder die wirtschaftliche Nutzung (unerheblich also, daß mehrere Grundstücke verschiedener Eigentümer als ein einheitlicher Acker genutzt werden oder daß auf einem einzigen Grundstück in mehreren Gebäuden verschiedene Gewerbebetriebe tätig sind). Zum Grundstück gehören auch dessen **Bestandteile** (§§ 93, 94, 96 BGB), nicht aber bloße Scheinbestandteile (§ 95 BGB). Letztere werden wie bewegliche körperliche Sachen behandelt und dem Vermögen ihres tatsächlichen Eigentümers zugeordnet. Daß auch Gebäude auf einem Grundstück Scheinbestandteile sein können, zeigt schon § 811 Nr. 3 ZPO.[3] Hat ein anderer als der Eigentümer auf einem Grundstück ein Gebäude errichtet, so entscheidet seine vertragliche Vereinbarung mit dem Eigentümer darüber, ob eine dauerhafte oder nur vorübergehende Verbindung mit dem Grundstück gewollt ist. Im Zweifel wird anzunehmen sein, daß nur eine vorübergehende Verbindung gewollt ist.[4] Scheinbestandteile, die im Eigentum des Grundstückseigentümers stehen, können allerdings Grundstückszubehör sein und dann über § 865 ZPO doch der Immobiliarvollstreckung unterfallen. Eine Sonderregelung für mit dem Grundstück noch festverbundene Früchte (Getreide auf dem Halm pp.) enthält § 810 ZPO: Sie können, wenn das Grundstück verpachtet ist, von Gläubigern des Pächters wie bewegliche Sachen gepfändet werden, solange nicht das Grundstück selbst von Gläubigern des Verpächters im Wege der Immobiliarvollstreckung beschlagnahmt worden ist.[5]

**3**  2. **Grundstücksgleiche Rechte:** Solche Rechte i. S. v. Abs. 1 sind das Erbbaurecht (§§ 1, 11 ErbbauVO),[6] das Bergwerkseigentum (§ 9 Abs. 1 BBergG[7]) sowie eine Reihe landesrechtlicher Berechtigungen.[8] Dagegen sind das Wohnungseigentum (§ 1 Abs. 2

---

1  Siehe auch Vor §§ 864–871 Rdn. 3.
2  RGZ 84, 265; *Rosenberg/Schilken,* § 49 II 1.
3  *Gaul,* NJW 1989, 2514; *Thomas/Putzo,* § 864 Rdn. 3.
4  BGHZ 8, 1; 92, 70; BGH, NJW 1987, 774.
5  § 810 Rdn. 1, 4.
6  Siehe auch Vor §§ 864–871 Rdn. 2.
7  BGBl. 1980 I, 1310.
8  Siehe insoweit die Übersicht bei *Zeller/Stöber,* § 1 ZVG Rdn. 22.

Gegenstände § 864

WEG) und das Teileigentum an anderen Räumen eines Gebäudes (§ 1 Abs. 3 WEG) nicht dem Abs. 1, sondern dem Abs. 2 zuzuordnen[9] und wie Bruchteilseigentum an einem Grundstück zu behandeln.

3. **Schiffe und Schiffsbauwerke:** Wie Grundstücke und grundstücksgleiche Rechte sind nach Abs. 1 schließlich die im Schiffsregister eingetragenen **Schiffe** und die **Schiffsbauwerke** zu behandeln, die im Schiffsbauregister eingetragen sind oder dort eingetragen werden können (§§ 2, 3, 77 SchiffsRG). Alle übrigen Schiffe werden dagegen wie bewegliche Sachen behandelt. Ergänzende Sondervorschriften für die Zwangsvollstreckung in eingetragene Schiffe und Schiffsbauwerke enthalten die §§ 870 a ZPO,[10] 163-171 ZVG. Schließlich muß § 482 HGB beachtet werden.[11]    4

III. **Bruchteilseigentum (Abs. 2):** Bruchteilseigentum an Grundstücken und an den übrigen in Abs. 1 genannten Berechtigungen und Gegenständen unterliegt nach Abs. 2 der Liegenschaftsvollstreckung, wenn es sich entweder um den im Grundbuch eingetragenen (§ 47 GBO) Anteil eines Miteigentümers nach § 1008 BGB handelt oder wenn sich der Anspruch des Gläubigers auf ein Recht gründet, mit dem der Bruchteil als solcher noch belastet ist.[12] Der letztgenannte Fall liegt vor, wenn der jetzige Alleineigentümer ursprünglich nur Miteigentümer zu einem Bruchteil war, als dieser Bruchteil mit einem Recht des Gläubigers belastet wurde. In einem solchen Fall erstreckt sich die auf einem Miteigentumsanteil eingetragene Zwangshypothek bei der nachträglichen Vereinigung der Miteigentumsanteile in einer Hand nicht auf das Gesamtgrundstück; die Vollstreckung aus der bereits eingetragenen Sicherungshypothek erfolgt vielmehr gem. § 864 Abs. 2, 2. Fall ZPO in den als fiktiv fortbestehend geltenden Miteigentumsanteil.[13]    5
In den Anteil an einer Gesamthandsgemeinschaft ist dagegen gem. §§ 859, 857 ZPO zu vollstrecken.[14] In das Grundstück selbst kann in einem solchen Fall nur mit einem Titel gegen alle Gesamthänder vollstreckt werden[15] (dann nach Abs. 1).

Vereinigt sich das frühere Bruchteilseigentum in einer Hand, weil der neue Gesamteigentümer den Bruchteil des Vollstreckungsschuldners in anfechtbarer Weise (§ 3 AnfG[16]) hinzuerwirbt, so muß zugunsten des Gläubigers im Rahmen des § 7 AnfG[17] nicht fingiert werden, der frühere Bruchteil bestehe weiter.[18] Der Gläubiger    6

---

9 Wie hier *Rosenberg/Schilken*, § 49 II 4; *Sauren*, NJW 1985, 180; *Thomas/Putzo*, § 864 Rdn. 6; a. A. (Abs. 1 einschlägig) MüKo/*Eickmann*, § 864 Rdn. 19; Zöller/*Stöber*, § 864 Rdn. 1.
10 Siehe dort insbesondere Rdn. 2; ferner LG Würzburg, JurBüro 1977, 1289.
11 Einzelheiten siehe *Drischler,* KTS 1980, 111.
12 Der ursprüngliche mißglückte Wortlaut der 2. Alt. des Abs. 2 ist durch das Rechtspflegevereinfachungsgesetz v. 17.12.1990 mit Wirkung zum 1.4.1991 klargestellt worden.
13 OLG Oldenburg, ZIP 1996, 175.
14 Siehe auch § 857 Rdn. 13 sowie § 859 Rdn. 1, 2.
15 *Stein/Jonas/Münzberg*, § 864 Rdn. 16; siehe ferner auch *K. Schmidt*, JZ 1985, 909.
16 Vergl. ab dem 1.1.1999: §§ 3 f. AnfG.
17 Vergl. ab dem 1.1.1999: § 11 AnfG.
18 OLG Frankfurt, NJW-RR 1988, 463; OLG Köln, MDR 1984, 939; *Baumbach/Lauterbach/Hartmann*, § 864 Rdn. 8.

kann vielmehr vom nunmehrigen Alleineigentümer die Duldung der Zwangsversteigerung des ganzen Grundstücks verlangen,[19] allerdings nur zwecks Befriedigung aus dem Teil des Versteigerungserlöses, der dem Schuldner ohne die anfechtbare Rechtshandlung zugestanden hätte.

7 Weist nur das Grundbuch Bruchteilseigentum aus, während in Wahrheit einer der Eingetragenen Alleineigentümer ist, kann in den Buchbruchteil nicht selbständig vollstreckt werden;[20] denn guter Glaube spielt im Rahmen der Zwangsvollstreckung keine Rolle. Ein Antrag, das (Buch-)Bruchteilseigentum zwangszuversteigern, kann aber, wenn der Schuldner in Wahrheit der Alleineigentümer ist, in einen Antrag auf Zwangsversteigerung des Grundstücks umgedeutet werden.

Das **Wohnungseigentum** unterliegt in der Zwangsvollstreckung den gleichen Regeln wie das Grundstücksmiteigentum.[21] Bei der Zwangsversteigerung ist § 12 WEG zu beachten. Nach § 857 ZPO ist dagegen in das Dauerwohnrecht (§§ 31 ff. WEG) zu vollstrecken.[22] Das Wohnungsrecht (§ 1093 BGB) unterliegt der Zwangsvollstreckung nach § 857 Abs. 3 BGB nur ausnahmsweise, wenn seine Ausübung einem Dritten überlassen werden darf.[23]

8 IV. Folgen der irrtümlichen Zwangsvollstreckung nach den Regeln der Mobiliarvollstreckung oder Forderungspfändung in Grundstücksbestandteile oder grundstücksgleiche Rechte: Nach den allgemeinen Regeln[24] ist ein Pfändungsakt nur ausnahmsweise nichtig, wenn ein besonders schwerwiegender und bei verständiger Würdigung aller Umstände offenkundiger Mangel vorliegt. Ein solcher Mangel wird in der Regel zu bejahen sein, wenn ein sachlich und funktionell unzuständiges Vollstreckungsorgan tätig wurde.[25] Das kann aber dann nicht gelten, wenn der Gerichtsvollzieher sich bei der oft schwierigen Abgrenzung, ob ein Gegenstand nur Scheinbestandteil oder doch wesentlicher Bestandteil eines Grundstücks ist, geirrt hat. Hier sind Wertungen erforderlich, die nicht immer auf der Hand liegen und im Rahmen derer sogar unterschiedliche Meinungen vertretbar erscheinen. Insoweit ist ein Fehler oft nicht offenkundig. Man muß die Beschlagnahme eines solchen Bestandteils durch den Gerichtsvollzieher daher als zwar anfechtbar, aber vorläufig wirksam einstufen.[26] Dennoch kann an dem Bestandteil im Hinblick auf § 93 BGB kein Pfandrecht entstehen. Der Ersteher eines solchen Gegenstandes kann erst Eigentum erwerben, wenn die Verbindung des Gegenstandes mit dem Grundstück vom Gerichtsvollzieher endgültig gelöst und der Gegenstand dem Ersteher tatsächlich abgeliefert wird. Mit der Zuweisung mittelbaren Besitzes und der Erteilung der Befugnis, den Gegenstand selbst abzuholen,

---

19 BGHZ 90, 207.
20 OLG Koblenz, MDR 1978, 669.
21 *Sauren*, NJW 1985, 180.
22 Einzelheiten: § 857 Rdn. 27.
23 Einzelheiten: § 857 Rdn. 26.
24 Siehe Vor §§ 803, 804 Rdn. 4, 5.
25 Vor §§ 803, 804 Rdn. 5.
26 Siehe auch § 810 Rdn. 5; ferner AK/*Schmidt-von Rhein*, § 865 Rdn. 7; *Brox/Walker*, Rdn. 207, 229; *Gaul*, NJW 1989, 2512; *Stein/Jonas/Münzberg*, § 865 Rdn. 36; offengelassen von BGHZ 104, 298 ff. (Pfändung eines fest mit dem Boden verbundenen Blockhauses).

Gegenstände § 864

kann im Hinblick auf § 93 BGB kein Eigentum übertragen werden.[27] Das materielle Eigentumsrecht begrenzt hier die öffentlich-rechtlichen Befugnisse des Gerichtsvollziehers.

Hat der Rechtspfleger eine grundstücksgleiche Berechtigung entgegen Abs. 1 gem. §§ 857, 829 ZPO gepfändet, so ist die Berechtigung nicht nur – anfechtbar – verstrickt worden, sondern es ist auch ein Pfändungspfandrecht an ihr entstanden. Auch hier ist der Fehler (insbesondere bei der Beurteilung einer landesrechtlichen Berechtigung) nicht so offensichtlich, daß Nichtigkeit angenommen werden könnte.  9

**V. ArbGG, VwGO, AO:** Siehe Vor §§ 864–871 Rdn. 8.  10

---

27 BGHZ 104, 298 ff.; kritisch dazu *Gaul*, NJW 1989, 2509.

## § 865 Umfang der Zwangsvollstreckung in unbewegliches Vermögen

(1) Die Zwangsvollstreckung in das unbewegliche Vermögen umfaßt auch die Gegenstände, auf die sich bei Grundstücken und Berechtigungen die Hypothek, bei Schiffen oder Schiffsbauwerken die Schiffshypothek erstreckt.

(2) ¹Diese Gegenstände können, soweit sie Zubehör sind, nicht gepfändet werden. ²Im übrigen unterliegen sie der Zwangsvollstreckung in das bewegliche Vermögen, solange nicht ihre Beschlagnahme im Wege der Zwangsvollstreckung in das unbewegliche Vermögen erfolgt ist.

### Inhaltsübersicht

| | | Rdn. |
|---|---|---|
| | Literatur | |
| I. | Zweck der Norm | 1 |
| II. | Der Hypothek unterliegende Gegenstände | 2 |
| III. | Die Zwangsvollstreckung in Zubehör (Abs. 2 S. 1) | 3 |
| | 1. Zubehör im Eigentum des Grundstückseigentümers | 3 |
| | 2. Regeln zur Bestimmung des Zubehörs | 4 |
| | 3. Folgen eines Verstoßes gegen Abs. 2 S. 1 | 5 |
| IV. | Die Zwangsvollstreckung in die übrigen Gegenstände des Hypothekenverbandes (Abs. 2 S. 2) | 6–8 |
| V. | Rechtsbehelfe bei Nichtbeachtung des § 865 ZPO | 9 |
| VI. | ArbGG, VwGO, AO | 10 |

**Literatur:** *Dorn*, Bestandteile und Zubehör in der Zwangsversteigerung, Rpfleger 1987, 143; *Gaul*, Sachenrechtsordnung und Vollstreckungsordnung im Konflikt, NJW 1989, 2509; *Graba/Teufel*, Anwartschaftsrecht am Zubehör in der Grundstücksversteigerung, Rpfleger 1979, 401; *Herminghausen*, Zuständigkeit für Zwangsvollstreckung in Zubehör eines landwirtschaftlichen Grundstücks, NJW 1952, 531; *Hoche*, Zum Widerspruchsrecht des Hypotheken-Gläubigers gegen die Pfändung von Grundstückserzeugnissen, NJW 1952, 961; *Kerres*, Das Verfahren zur Pfändung und Versteigerung von Scheinbestandteilen (Gebäuden auf fremdem Boden) und fremdem Zubehör zu einem Grundstück, DGVZ 1990, 55; *Liermann*, Anwartschaft auf Eigentumserwerb und Zwangsvollstreckung, JZ 1962, 658; *Möschel*, Die Eigentumsanwartschaft an Zubehörstücken in der Grundstückszwangsversteigerung, BB 1970, 237; *Mümmler*, Bestandteil und Zubehör im Zwangsversteigerungsverfahren, JurBüro 1971, 805; *ders.*, Ansprüche im Zwangsversteigerungsverfahren, wenn unzulässigerweise Zubehör gepfändet und verwertet wird, JurBüro 1977, 779; *Noack*, Die Pfändung von Früchten auf Grundstücken, Rpfleger 1969, 113; *ders.*, Zur Mobiliarvollstreckung in Gebäude als bewegliche körperliche Sachen, ZMR 1982, 97; *ders.*, Wirtschaftliche und rechtliche Zusammengehörigkeit zwischen einem Grundstück und seinem Zubehör. Verbot der Einzelvollstreckung nach § 808 ZPO in Zubehör durch die Regelung in § 865 ZPO, §§ 20, 55, 90 ZVG, §§ 97, 98, 1120 f. BGB, DGVZ 1983, 177; *ders.*, Die Mobiliarvollstreckung von Scheinbestandteilen und fremdem Zubehör zu einem Grundstück, DGVZ 1985, 161; *Paschold*, Die Grundstücksbeschlagnahme nach § 20 ZVG und ihre Auswirkung auf die Fahrnisvollstreckung des Gerichtsvollziehers, DGVZ 1974, 53; *Plander*, Erstreckung der Hypothekenhaftung auf bewegliche Sachen und deren Enthaftung nach §§ 1121 f., 135 Abs. 2, 136, 932 f., 936 BGB, JuS 1975, 345; *Student*, Das Pfändungsverbot des § 865 Abs. 2 S. 1 ZPO, Diss. Tübingen 1970;

*Weimar,* Die Mobiliarpfändung von Gebäuden, DGVZ 1975, 161; *ders.,* Die Unzulässigkeit einer Mobiliarpfändung von Grundstückszubehör, DGVZ 1976, 116.

**I. Zweck der Norm:** Der Wert eines Grundstücks wird wirtschaftlich nicht nur durch den Grund und Boden bestimmt, sondern auch durch die Gegenstände, auf die sich nach den §§ 1120 ff. BGB die Hypothek erstreckt. Dieser wirtschaftlichen Einheit muß auch in der Zwangsvollstreckung sinnvoll Rechnung getragen werden. So wäre etwa ein hinsichtlich des gesamten Zubehörs ausgeschlachtetes Grundstück oft nur noch mit Mühen und unter Wert zu veräußern. Dem will die Vorschrift des Abs. 2 S. 1 entgegenwirken. Zudem gilt es, die möglichen Kollisionsprobleme beim Zusammentreffen von Mobiliar- und Immobiliarzwangsvollstreckung aufzufangen. Dies ist insbesondere das Ziel von Abs. 2 S. 2. 1

**II. Der Hypothek unterliegende Gegenstände:** Gem. § 1120 BGB erstreckt sich die auf einem Grundstück lastende Hypothek auch auf die vom Grundstück getrennten Erzeugnisse und sonstigen Bestandteile, soweit sie nicht mit der Trennung nach den §§ 954–957 BGB in das Eigentum eines anderen als des Grundstückseigentümers gelangt sind, sowie auf das Zubehör des Grundstücks, soweit es Eigentum des Grundstückseigentümers geworden war. Nach Maßgabe der §§ 1123–1125 BGB erstreckt die Hypothek sich ferner auf Miet- und Pachtzinsforderungen für das Grundstück, gem. § 1126 BGB auf mit dem Eigentum an dem Grundstück verbundene Rechte auf wiederkehrende Leistungen und nach Maßgabe der §§ 1127–1130 BGB auf bestimmte Versicherungsforderungen. 2

Die Schiffshypothek erstreckt sich auf das Zubehör, soweit es im Eigentum des Schiffseigners steht (§ 31 SchiffsG) und auf bestimmte Versicherungsforderungen gem. §§ 32 ff. SchiffsG. Dem Registerpfandrecht an Luftfahrzeugen unterliegen schließlich das Zubehör (§ 31 LuftfzRG) und bestimmte Versicherungsforderungen (§ 32 LuftfzRG).

**III. Die Zwangsvollstreckung in Zubehör (Abs. 2 S. 1):** 3

**1. Zubehör im Eigentum des Grundstückseigentümers:** Zubehör, das im Eigentum des Grundstückseigentümers (Schiffseigentümer) steht, kann, solange es zum Haftungsverband der Hypothek gehört, nicht im Wege der Mobiliarvollstreckung gepfändet werden. Dies gilt unabhängig davon, ob das Grundstück (Schiff) tatsächlich mit einer Hypothek belastet ist oder nicht. Wie das Zubehör selbst ist auch das Anwartschaftsrecht auf Eigentumserwerb an Zubehörstücken zu behandeln: Wäre das Zubehörstück im Eigentum des Schuldners nicht pfändbar, so kann auch auf das Anwartschaftsrecht nicht isoliert zugegriffen werden.[1] Zubehörstücke, die nicht zum Schuldnervermögen gehören, können dagegen von den Gläubigern der tatsächlichen Eigentümer (soweit der Besitzer seine Zustimmung gem. § 809 ZPO erteilt) als bewegliche körperliche Sachen gepfändet werden. Für sie gilt Abs. 2 S. 1 nicht. Allerdings ist zu Lasten der tatsächlichen Eigentümer derartiger Zubehörstücke § 55 Abs. 2 ZVG zu

---

[1] BGHZ 35, 85; *Brox/Walker,* Rdn. 216; *Graba/Teufel,* Rpfleger 1979, 401; *Liermann,* JZ 1972, 658; **a. A.** *Baur/Stürner,* Rdn. 28.3; *Rosenberg/Schilken,* § 49 II 6 a.

beachten: Befanden sie sich zum Zeitpunkt des Zuschlages in der Zwangsversteigerung noch auf dem Grundstück und hatte der Eigentümer sein Recht nicht gem. §§ 37 Nr. 5 ZVG, 771 ZPO bereits geltend gemacht (über die Klage muß allerdings noch nicht entschieden worden sein), so erwirbt der Ersteher mit dem Zuschlag gem. § 90 Abs. 2 ZVG auch an diesen Gegenständen Eigentum. Der gute Glaube des Erwerbers spielt insoweit keine Rolle. Für Gläubiger des Erstehers sind diese Zubehörstücke nunmehr gem. § 865 Abs. 2 S. 1 ZPO unpfändbar.

Ehemalige Zubehörstücke, die mit dem Verlust ihrer Zubehöreigenschaft[2] vor der Beschlagnahme des Grundstücks gem. §§ 1121 Abs. 1, 1122 Abs. 2 BGB von der Haftung freigeworden sind, können wieder wie jede andere körperliche Sache gem. §§ 808 ff. ZPO vom Gerichtsvollzieher gepfändet werden. Ob ein Zubehörstück auch noch nach der Beschlagnahme des Grundstücks von der Haftung freiwerden und deshalb danach auch wieder gepfändet werden kann, richtet sich nach § 23 ZVG. Dafür, ob sich ein Zubehörstück noch auf dem Grundstück befindet oder »von dem Grundstück entfernt« worden ist, ist die tatsächliche Besitzlage maßgebend. Die Fiktion des § 739 ZPO gilt insoweit nicht.[3]

4  **2. Regeln zur Bestimmung des Zubehörs:** Die Frage, wann eine bewegliche körperliche Sache als Zubehör eines Grundstücks anzusehen ist, so daß die vorstehend dargestellten Regeln auf sie Anwendung finden, richtet sich allein nach dem materiellen Recht, also nach den §§ 97, 98 BGB. So können im Einzelfall auch Gebäude[4] oder Gebäudeteile[5] Zubehör sein ebenso wie sie wesentlicher Bestandteil oder auch Scheinbestandteil ohne Zubehöreigenschaft[6] sein können. Entscheidend ist insoweit nicht der äußere Eindruck (feste Verbindung mit dem Grundstück); es kommt vielmehr auf den Willen des Grundstückseigentümers und gegebenenfalls auf seine Vereinbarungen mit dem Ersteller des Gebäudes an.

5  **3. Folgen eines Verstoßes gegen Abs. 2 S. 1:** Wird ein Zubehörstück entgegen Abs. 2 S. 1 vom Gerichtsvollzieher gepfändet, so ist die Pfändung nicht nichtig,[7] obwohl das funktionell unzuständige Vollstreckungsorgan tätig wurde, sondern nur anfechtbar.[8] Die Frage, ob ein Gegenstand Zubehör ist oder nicht, ist oft schwierig zu beantworten und vor allem nicht immer auf Grund des äußeren Eindrucks zu entscheiden. Deshalb ist ein möglicher Fehler des Gerichtsvollziehers insoweit vielfach nicht offensichtlich.

---

2  In beiden Fällen dienen sie nicht mehr der Zweckbestimmung des Grundstücks.
3  OLG Bamberg, FamRZ 1962, 391; LG Coburg, FamRZ 1962, 387.
4  Beispiele: **Einerseits** OLG Zweibrücken, DGVZ 1976, 172; LG Braunschweig, DGVZ 1972, 169; LG Frankenthal, DGVZ 1976, 86; AG Braunschweig, DGVZ 1972, 118; **andererseits** LG Berlin, DGVZ 1976, 26.
5  BGH, BB 1972, 633.
6  Siehe auch § 864 Rdn. 2.
7  So aber OLG München, MDR 1957, 428; *Baumbach/Lauterbach/Hartmann*, § 865 Rdn. 12; *Zöller/Stöber*, § 865 Rdn. 11.
8  Wie hier *Baur/Stürner*, Rdn. 34.29; *Brox/Walker*, Rdn. 229; *Bruns/Peters*, § 28 IV 1; Gaul, NJW 1989, 2512; *Jauernig*, § 22 II 3; *MüKo/Eickmann*, § 865 Rdn. 61; *Rosenberg/Schilken*, § 49 II 6 e; *Stein/Jonas/Münzberg*, § 865 Rdn. 36; *Thomas/Putzo*, § 865 Rdn. 5.

Es muß dem Schuldner und betroffenen Dritten überlassen bleiben, die Pfändung mit den zulässigen Rechtsbehelfen[9] zu beseitigen.

**IV. Die Zwangsvollstreckung in die übrigen Gegenstände des Hypothekenverbandes (Abs. 2 S. 2):** Sie unterliegen der Zwangsvollstreckung in das bewegliche Vermögen, solange nicht ihre Beschlagnahme im Wege der Zwangsvollstreckung in das unbewegliche Vermögen erfolgt ist. Wann die Beschlagnahme dieser Gegenstände im Wege der Immobiliarvollstreckung erfolgt, hängt davon ab, ob im Wege der Zwangsversteigerung oder der Zwangsverwaltung vorgegangen wird; denn der Umfang der Beschlagnahme ist bei der Zwangsverwaltung weitergehend (§ 148 ZVG) als bei der Zwangsversteigerung (§§ 20 Abs. 2, 21, 23 Abs. 1 und 2 ZVG): Während mit Anordnung der Zwangsverwaltung sogleich alle zum Haftungsverband zählenden Gegenstände beschlagnahmt sind, so daß etwa Miet- und Pachtzinsforderungen von diesem Augenblick an nicht mehr gem. § 829 ZPO gepfändet werden können, umfaßt die Beschlagnahme bei Anordnung der Zwangsversteigerung die Miet- und Pachtzinsforderungen sowie die Ansprüche aus einem mit dem Eigentum an dem Grundstück verbundenen Rechte auf wiederkehrende Leistungen überhaupt nicht (§ 21 Abs. 2 ZVG), landwirtschaftliche Erzeugnisse[10] sowie die Forderung aus einer Versicherung solcher Erzeugnisse nur, soweit die Erzeugnisse (falls sie nicht zugleich Zubehör des Grundstücks sind) noch mit dem Boden verbunden sind (§ 21 Abs. 1 ZVG).

Gegenstände, die im Wege der zulässigen Mobiliarvollstreckung bereits verwertet worden sind, wenn die Beschlagnahme des Grundstücks angeordnet wird, sind dem Zugriff der an der Immobiliarvollstreckung beteiligten Gläubiger endgültig entzogen. Sind dagegen Erzeugnisse oder Forderungen zwar bereits gepfändet, aber noch nicht verwertet, wenn eine sie umfassende Beschlagnahme des Grundstücks erfolgt, so erstreckt sich die Beschlagnahme nunmehr auch auf sie,[11] das Pfandrecht bleibt allerdings bestehen. Im Hinblick auf §§ 23 ZVG, 772 ZPO kommt eine Veräußerung oder sonstige Verwertung im Wege der Mobiliarvollstreckung nun nicht mehr in Betracht.[12] Der Pfändungsgläubiger muß sein Recht gem. § 37 Nr. 4 ZVG anmelden. Hinsichtlich des Ranges des Pfändungsgläubigers und des die Immobiliarvollstreckung betreibenden Gläubigers entscheidet § 10 ZVG. Für dingliche Gläubiger ist die Rangordnung ihrer Rechte maßgebend; dingliche Gläubiger genießen ihrerseits Vorrang vor persönlichen Gläubigern, soweit ihr dingliches Recht älter ist (auch wenn sie später erst die Beschlagnahme des Grundstücks betrieben haben); unter persönlichen Gläubigern ist die Priorität der Pfändung bzw. Beschlagnahme maßgebend.

Werden nach der Beschlagnahme im Zuge der Immobiliarvollstreckung irrtümlich noch zum Hypothekenverband gehörende Gegenstände (z. B. Mietzinsforderungen nach Anordnung der Zwangsverwaltung) gepfändet, so ist die Pfändung nicht unwirksam, sondern nur anfechtbar. Es gilt das gleiche wie bei der irrtümlichen Pfän-

---

9 Einzelheiten unten Rdn. 9.
10 Zum möglichen Pfändungsschutz gem. § 811 Nr. 4 ZPO siehe OLG Celle, MDR 1962, 139.
11 OLG Celle, JR 1955, 267.
12 *Rosenberg/Schilken*, § 49 II 6 b.

dung von Zubehörstücken.[13] Das durch die anfechtbare Pfändung begründete Pfandrecht nimmt bis zur Anfechtung den sich aus den obigen Regeln[14] ergebenden Rang ein,[15] berechtigt also materiellrechtlich nach durchgeführter Verwertung (z. B. nach Einziehung der überwiesenen Mietzinsforderung) nur insoweit endgültig zum Behaltendürfen des Erlöses, wie die Befriedigung nicht auf Kosten vorrangiger Gläubiger erfolgte. Diese können den zu Unrecht ausgekehrten Erlös ansonsten nach § 812 BGB vom Pfändungsgläubiger herausverlangen.[16]

9 **V. Rechtsbehelfe bei Nichtbeachtung des § 865 ZPO:** Wird unzulässigerweise ein nach § 865 ZPO der Mobiliarvollstreckung entzogener Gegenstand doch gepfändet, können sowohl der Schuldner als auch alle durch diese Pfändung benachteiligten Gläubiger, insbesondere also die Hypothekengläubiger und alle, die bereits die Beschlagnahme des Grundstücks erwirkt haben, ferner auch der Zwangsverwalter, Erinnerung nach § 766 ZPO einlegen. Das Recht des Hypothekengläubigers aus § 1120 BGB ist zudem ein »die Veräußerung hinderndes Recht«, das zur Klage nach § 771 ZPO berechtigt.[17] Wurde ein der Hypothekenhaftung unterliegender Gegenstand zulässigerweise gepfändet,[18] so kann der vorrangige dingliche Gläubiger sein Recht auf vorzugsweise Befriedigung aus dem Erlös mit der Klage gem. § 805 ZPO geltend machen.[19]

10 **VI. ArbGG, VwGO, AO:** Siehe Vor §§ 864–871 Rdn. 8.

---

[13] Siehe oben Rdn. 5.
[14] Siehe Rdn. 7.
[15] A. A. (es entsteht kein Pfandrecht) *Baur/Stürner*, Rdn. 28.3; *Rosenberg/Schilken*, § 49 II 6 e.
[16] Siehe auch Anh. § 771 Rdn. 2.
[17] Siehe § 771 Rdn. 21.
[18] Oben Rdn. 6.
[19] *Stein/Jonas/Münzberg*, § 865 Rdn. 33; *Thomas/Putzo*, § 865 Rdn. 8.

## § 866 Arten der Vollstreckung, Mindestbetrag der Zwangshypothek

(1) Die Zwangsvollstreckung in ein Grundstück erfolgt durch Eintragung einer Sicherungshypothek für die Forderung, durch Zwangsversteigerung und durch Zwangsverwaltung.
(2) Der Gläubiger kann verlangen, daß eine dieser Maßregeln allein oder neben den übrigen ausgeführt werde.
(3) ¹Eine Sicherungshypothek (Absatz 1) darf nur für einen Betrag von mehr als fünfhundert Deutsche Mark eingetragen werden; Zinsen bleiben dabei unberücksichtigt, soweit sie als Nebenforderung geltend gemacht sind. ²Auf Grund mehrerer demselben Gläubiger zustehender Schuldtitel kann eine einheitliche Sicherungshypothek eingetragen werden.

### Inhaltsübersicht

| | | Rdn. |
|---|---|---|
| | Literatur | |
| I. | Arten der Zwangsvollstreckung in das Grundstück (Abs. 1) | 1 |
| | 1. Zwangshypothek | 1 |
| | 2. Zwangsverwaltung | 2 |
| | 3. Zwangsversteigerung | 3 |
| II. | Verhältnis der drei Vollstreckungsarten zueinander (Abs. 2) | 4, 5 |
| III. | Mindestbetrag der Zwangshypothek (Abs. 3) | 6 |
| | 1. Mindestbetrag von 500 DM | 6 |
| | 2. Keine Anwendbarkeit bei freiwillig bestellten Sicherungshypotheken | 7 |
| | 3. Rechtsfolgen eines Verstoßes gegen Abs. 3 | 8 |
| IV. | Der Übergang von der Zwangshypothek zur Zwangsversteigerung | 9–11 |
| V. | Gebühren | 12 |
| VI. | ArbGG, VwGO, AO | 13 |

**Literatur** (zugleich auch zu § 867 ZPO): *Bernhard*, Sind gegenüber der Eintragung von Zwangshypotheken Einwendungen im Vollstreckungsverfahren zulässig?, ZZP 1934, 420; *Böhringer*, Löschung einer Zwangshypothek infolge Eröffnung der Gesamtvollstreckung, DtZ 1996, 258; *Bruder*, Zwangshypothek bei mehreren zu belastenden Grundstücken, NJW 1990, 1163; *Drischler*, Die Zwangsvollstreckung durch Eintragung einer Sicherungshypothek und die Vollstreckung, JurBüro 1961, 5; *Eiselt*, Zur Eintragungsfähigkeit der Kosten der Zwangsvollstreckung bei der Sicherungszwangshypothek, BWNotZ 1984, 68; *Finger*, Ist für die Zwangsvollstreckung aus einer Zwangshypothek ein besonderer Duldungstitel notwendig?, MDR 1969, 617; *Fischer*, Rechtsschutzbedürfnis für die dingliche Klage des Zwangshypothekars, NJW 1954, 1674; *ders.*, Zwangsverwaltung und Umsatzsteuer. Abführung der Umsatzsteuer an das Finanzamt durch den Zwangsverwalter, BB 1978, 23; *Furtner*, Rechtliche Bedeutung von Zwangseintragungen, die unter Verletzung vollstreckungsrechtlicher Vorschriften im Grundbuch vorgenommen wurden, DNotZ 1959, 304; *Habermeier*, Die Zwangshypotheken der Zivilprozeßordnung, 1989; *Haegele*, Die Zwangs- und die Arresthypothek, BWNotZ 1972, 107; *Hagemann*, Die Zwangssicherungshypothek im Zwangsversteigerungsverfahren, Rpfleger 1982, 165; *Hahn*, Versteigerung im Range der Zwangshypothek – mit oder ohne dinglichen Titel?, JurBüro 1958, 333; *Hintzen*, Die Rechtsprechung zur Zwangssicherungshypothek im Eintragungsverfahren 1980–1990, ZIP 1991, 474; *ders.*,

Antragsprobleme bei der Zwangshypothek, Rpfleger 1991, 286; *Hoche,* Zwischenverfügung und Rangschutzvermerk bei Anträgen auf Eintragung einer Zwangshypothek, DNotZ 1957, 3; *Holch,* Vollstreckung aus der Zwangshypothek, Rpfleger 1993, 140; *Holzer,* Unwirksamkeit der Zwangssicherungshypothek durch Gesamtvollstreckung, ZIP 1996, 780; *Honigmann,* Die Zwangshypothek unter besonderer Berücksichtigung ihrer Umwandlung in eine Eigentümerhypothek, Diss. Köln 1957; *Honisch,* Probleme der Zwangshypothek, NJW 1958, 1526; *Jansen,* Rangvorbehalt und Zwangsvollstreckung, AcP 1952/53, 508; *Knoll,* Grundprobleme des Immobiliarsachenund allgemeinen Vollstreckungsrechts – dargestellt am Gang des Zwangsversteigerungsverfahrens, Jura 1979, 119; *Löscher,* Die Eintragung von Zwangshypotheken in das Grundbuch, JurBüro 1982, 1617, 1791; *Lüke,* Die Auswirkung der öffentlichrechtlichen Theorie der Zwangsvollstreckung auf die Zwangshypothek, NJW 1954, 1669; *Müller,* Sicherungshypotheken innerhalb der Sperrfrist, KTS 1955, 92; *Nicklisch,* Wesen und Wirkung der Arresthypothek, AcP 1969, 124; *Quardt,* Verwertung der Zwangshypothek nur mit dinglichem Titel?, JurBüro 1959, 274; *ders.,* Grundbucheintragung bei Verletzung des Vollstreckungsrechts, JurBüro 1960, 1; *ders.,* Kann das Gericht die Eintragung einer Zwangshypothek von der vorherigen Zustimmung des Ehepartners des Schuldners abhängig machen?, JurBüro 1963, 183; *Rahn,* Die grundbuchrechtliche Behandlung von Eintragungshindernissen beim Antrag auf Eintragung einer Zwangshypothek, Justiz 1962, 58; *Reuter,* Das vergessene Problem der §§ 866 Abs. 3, 867 Abs. 3 ZPO, Rpfleger 1986, 285; *Riedel,* Die freiwillige Versteigerung, JurBüro 1974, 421; *Schalhorn,* Braucht der Gläubiger, der sich auf Grund eines persönlichen Schuldtitels auf das Grundstück des Schuldners gemäß den §§ 866 ff. ZPO eine Zwangs-Sicherungs-Hypothek hat eintragen lassen, einen weiteren dinglichen Vollstreckungstitel, JurBüro 1974, 562; *E. Schneider,* Hinweise für die Prozeß-Praxis – Die Zwangsvollstreckung in ein Grundstück nach Erlangung einer Sicherungshypothek, JurBüro 1975, 1315; *ders.,* Die Zwangshypothek für obsiegende Streitgenossen, MDR 1986, 817; *Stender,* Die Zwangs- und Arresthypothek, JurBüro 1973, 13; *Stöber,* Erfordert die Zwangsversteigerung mit dem Rang einer Zwangssicherungshypothek einen dinglichen Vollstreckungstitel?, Rpfleger 1956, 326; *ders.,* Dinglicher Vollstreckungstitel bei Zwangsversteigerung mit dem Rang einer Zwangssicherungshypothek, MDR 1961, 17; *Werneburg,* Die Zwangshypothek unter Berücksichtigung der Zwangsversteigerung, ZZP 53, 178.

**1** **I. Arten der Zwangsvollstreckung in das Grundstück (Abs. 1):** Dem Gläubiger stehen drei Möglichkeiten der Vollstreckung in das unbewegliche Vermögen zur Verfügung:

1. **Zwangshypothek:** Die Eintragung einer Zwangshypothek (Abs. 3 und § 867 ZPO) führt noch nicht zur Befriedigung des Gläubigers, sondern gibt ihm lediglich eine dingliche Sicherheit für seine Forderung. Sie ist als erster Schritt zu empfehlen, wenn ein persönlicher Gläubiger des Schuldners die Zwangsvollstreckung betreibt, um für den weiteren Verlauf der Vollstreckung die Vorteile einer dinglichen Sicherheit zu erlangen, insbesondere eine feste Rangstelle in der Zwangsversteigerung. Vollstreckungsorgan, an das der Gläubiger seinen Antrag zu richten hat, ist das Grundbuchamt.

**2** 2. **Zwangsverwaltung:** Durch die Zwangsverwaltung (§§ 146–161 ZVG) werden die laufenden Erträge des Grundstücks zur Befriedigung des Gläubigers verwertet, während die Substanz des Grundstücks dem Schuldner noch ungeschmälert erhalten bleibt. Die Zwangsverwaltung empfiehlt sich nicht nur, wenn das Grundstück so hohe Erträge abwirft, daß aus ihnen allein eine Tilgung der Schuld möglich erscheint, sondern auch in Vorbereitung einer beabsichtigten Zwangsversteigerung, da die Beschlagnahme durch die Zwangsverwaltung auch die Miet- und Pachtzinsforderungen erfaßt und das Recht des Schuldners beschneidet, über einzelne zum Grundstück gehörende Sachen in den Grenzen einer ordnungsgemäßen Wirtschaft weiterzuverfügen (§ 148 ZVG), während die Beschlagnahme im Rahmen der Zwangsversteigerung insoweit nicht durchgreift (§§ 21 Abs. 2, 23 Abs. 1 S. 2 ZVG).[1] Der Antrag auf Anordnung der Zwangsverwaltung ist an das Vollstreckungsgericht (§ 1 Abs. 1 ZVG) zu richten.

3. **Zwangsversteigerung:** Die Zwangsversteigerung führt schließlich zur Verwertung der Substanz des Grundstücks einschließlich der mithaftenden Gegenstände mit dem Ziel der Befriedigung des Gläubigers. Die Zwangsversteigerung ist in der Regel ein langwieriger Weg, da dem Schuldner zahlreiche Möglichkeiten eingeräumt worden sind (vergl. §§ 30, 30 a–d, 31, 85 a ZVG), das Verfahren einstweilen zu unterbrechen, um seinen Grundbesitz doch noch zu erhalten. Auch der Antrag, die Zwangsversteigerung eines Grundstücks anzuordnen, ist an das Vollstreckungsgericht (§ 1 Abs. 1 ZVG) zu richten.

**II. Verhältnis der drei Vollstreckungsarten zueinander (Abs. 2):** Grundsätzlich kann der Gläubiger sowohl jede der drei Vollstreckungsarten isoliert betreiben als auch alle drei oder zwei davon gleichzeitig nebeneinander. Da die drei Vollstreckungsarten den Gläubiger unterschiedlich sichern und zu einer unterschiedlich weitgehenden Beschlagnahme des Grundstücks führen, kann es auch durchaus sinnvoll, ja geboten sein,[2] die drei Wege nebeneinander zu beschreiten. Folgende Einschränkungen der Wahlfreiheit des Gläubigers sind zu beachten: Betreibt der Gläubiger lediglich die Sicherungsvollstreckung gem. § 720 a ZPO, so kann er nur die Eintragung einer Sicherungshypothek beantragen, vorläufig aber nicht die Einleitung des Zwangsverwaltungs- oder Zwangsversteigerungsverfahrens erreichen. Die gleiche Beschränkung gilt, wenn es sich bei dem zu vollstreckenden Titel um einen Arrest handelt (§ 932 Abs. 1 ZPO). Handelt es sich bei dem Grundstück, in das vollstreckt wird, um eine Reichsheimstätte, so ist umgekehrt die Eintragung einer Sicherungshypothek nur ausnahmsweise möglich (§ 20 Abs. 2 RHeimStG). Die Vorschrift ist auch nach Aufhebung des RHeimStG durch Gesetz vom 17.6.1993[3] auf solche Forderungen, die bei Aufhebung des RHeimStG bestanden, bis zum 31.12.1998 weiter anzuwenden (Art. 6 § 1 Abs. 1 des Aufhebungsgesetzes).

Die Höhe der Forderung, wegen der die Zwangsvollstreckung betrieben wird, ist nur bei Eintragung einer Sicherungshypothek von Bedeutung (Abs. 3 S. 1),[4] nicht bei den beiden anderen Vollstreckungsarten. Abs. 3 S. 1 kann keine allgemeine Regel dahingehend entnommen werden, daß der Grundbesitz des Schuldners dem Zugriff wegen geringwertiger Forderungen entzogen sei; die Vorschrift soll allein die Übersichtlichkeit des Grundbuchs sichern,[5] nicht aber den Grundbesitz in der Zwangsvollstreckung privilegieren. Auch Art. 14 GG gebietet keine Sonderbehandlung des Grundbesitzes als

---

1 Siehe hierzu auch § 865 Rdn. 6.
2 Hierzu insbesondere *Stöber*, Rpfleger 1977, 425.
3 BGBl. I, 912.
4 Einzelheiten siehe unten Rdn. 6.
5 LG Stuttgart, KTS 1982, 500; *Gaul*, JZ 1974, 283.

Vollstreckungsobjekt. Die Zwangsvollstreckung in das unbewegliche Vermögen ist deshalb auch nicht subsidiär gegenüber der Zwangsvollstreckung in Geldforderungen und bewegliche Sachen. Es bleibt dem Schuldner überlassen, den Zugriff auf sein Grundstück durch freiwillige Leistungen abzuwenden. Besonderen sozialen Härten im Einzelfall kann durch § 765 a ZPO begegnet werden.[6]

6 **III. Der Mindestbetrag der Zwangshypothek (Abs. 3):**

1. **Mindestbetrag von 500 DM:** Die Eintragung einer Zwangshypothek als Maßnahme der Vollstreckung in ein Grundstück gem. Abs. 1 ist nur zulässig, wenn der zu vollstreckende Betrag ausschließlich der als Nebenforderung auf diesen Betrag zu zahlenden Zinsen mehr als 500 DM[7] beträgt. Durch diese Regelung soll das Grundbuch von der Eintragung von Kleinsthypotheken freigehalten werden und ein Mindestmaß an Übersichtlichkeit gewahrt bleiben.[8] Bei der Berechnung der Summe ist zum einen die titulierte Hauptsumme anzusetzen, zum anderen sind die Kosten der Zwangsvollstreckung, deren Sicherung der Gläubiger begehrt, hinzuzusetzen, aber ausschließlich der Kosten der Eintragung der Hypothek (§ 867 Abs. 1 S. 3 ZPO). Daß die der Eintragung vorausgegangenen Kosten der Zwangsvollstreckung, insbesondere auch die Kosten früherer vergeblicher Vollstreckungsversuche aus demselben Titel, durch die Hypothek gesichert werden können, dann aber auch als Forderung ins Grundbuch ausdrücklich eingetragen und bei der Berechnung des Mindestbetrages mitberücksichtigt werden müssen, ist heute unstreitig.[9] Auf die Eintragungskosten selbst erstreckt sich die Hypothek dagegen automatisch, ohne daß eine Eintragung insoweit erforderlich wäre. Sie ist aus diesem Grunde, um Unklarheiten zu vermeiden, auch gar nicht erst zulässig. Dies aber wiederum bedingt ihre Nichtberücksichtigung bei den 500 DM. Für Zinsen kann eine Eintragung insoweit erfolgen, als der Gläubiger sie für einen zurückliegenden Zeitraum kapitalisiert und dadurch ebenfalls zur Hauptforderung macht.[10] Zinsen für die Vergangenheit können auch dann bereits Hauptforderung sein, wenn die ursprüngliche Hauptforderung noch besteht.[11] Soweit die Zinsen isoliert als Hauptforderung geltend gemacht werden, muß ihr Betrag ebenfalls die Mindestsumme von 500 DM übersteigen.

Erreicht der einzelne Titel des Gläubigers nicht den Mindestbetrag, hat der Gläubiger aber mehrere Schuldtitel, deren Gesamtsumme den Mindestbetrag erreicht, kann er auch für alle gemeinsam eine einheitliche Sicherungshypothek eintragen lassen (Abs. 3

---

6 BVerfGE 42, 64; 46, 325.
7 Diese Mindestgrenze wird heute nicht mehr als zeitgemäß angesehen. Sie soll nach dem Entwurf einer 2. Zwangsvollstreckungsnovelle auf 1.500 DM angehoben werden (BT-Drucks. 13/34, S. 6; dazu *Markwardt*, DGVZ 1993, 21). Die geplante Änderung soll nicht gelten für Eintragungen, die vor dem Inkrafttreten der Novelle beantragt worden sind (Art. 3 Abs. 7).
8 BT-Drucks. 13/341, S. 35.
9 BayObLG, Rpfleger 1982, 466; LG Regensburg, Rpfleger 1979, 147; *Baumbach/Lauterbach/Hartmann*, § 866 Rdn. 4; *Habermeier*, Die Zwangshypotheken der Zivilprozeßordnung, S. 45; *Zöller/Stöber*, § 866 Rdn. 5.
10 LG Bonn, Rpfleger 1982, 75; MüKo/*Eickmann*, § 866 Rdn. 10; *Zöller/Stöber*, § 866 Rdn. 5; a. A. *Stein/Jonas/Münzberg*, § 866 Rdn. 6.
11 A. A. insoweit OLG Schleswig, Rpfleger 1982, 301.

S. 2). Die Zusammenrechnung erfolgt aber nicht automatisch, wenn der Gläubiger mehrere Einzelanträge stellt, die allein den Anforderungen nach Abs. 3 S. 1 nicht genügen. Er selbst muß vielmehr – gegebenenfalls auf Hinweis des Rechtspflegers – die Zusammenrechnung beantragen.

Bei der Abgabenvollstreckung (§ 322 AO 1977) gilt als »Gläubiger«, dessen verschiedene Schuldtitel gegebenenfalls zusammengerechnet und durch eine einheitliche Zwangshypothek gesichert werden können, die Vollstreckungsbehörde (§ 249 AO), so daß auch Steuerbescheide verschiedener Anspruchsberechtigter (Kirchensteuer, Gewerbesteuer, Einkommensteuer usw.) zusammengerechnet werden können.[12]

**2. Keine Anwendbarkeit bei freiwillig bestellten Sicherungshypotheken:** Der Mindestbetrag gem. Abs. 3 S. 1 gilt nur für Zwangshypotheken nach Abs. 1 und Arresthypotheken, nicht für freiwillig bestellte Sicherungshypotheken nach dem BGB oder für Hypotheken, die aufgrund einer einstweiligen Verfügung auf Bewilligung einer Bauhandwerkersicherungshypothek (§ 648 BGB) im Wege der Vollstreckung nach §§ 894 ff. ZPO einzutragen sind. Er gilt ebensowenig für Sicherungshypotheken, die im Rahmen der Vollstreckung nach § 848 Abs. 2 ZPO entstehen. Schließlich braucht der Mindestbetrag auch nicht bei den einzelnen Hypotheken erreicht zu werden, die bei einer Aufteilung einer Forderung auf mehrere Grundstücke nach § 867 Abs. 2 ZPO zu bilden sind.[13]

7

**3. Rechtsfolgen eines Verstoßes gegen Abs. 3:** Eine Zwangshypothek, die unter Verletzung von Abs. 3 S. 1 für einen geringeren Betrag als 500 DM eingetragen wurde, etwa weil unzulässigerweise Hauptsumme und als Nebenleistung geltend gemachte Zinsen oder die Kosten der Eintragung zur Erreichung der Mindestsumme zusammengerechnet wurden, ist **nichtig** (»... darf nur ... eingetragen werden ...«);[14] es entsteht auch keine Eigentümergrundschuld. Die Eintragung ist von Amts wegen wieder zu löschen.[15] Verzögert sich die Löschung wegen der zuvor erforderlichen Anhörung der Parteien, ist sogleich ein Amtswiderspruch einzutragen.

8

**IV. Der Übergang von der Zwangshypothek zur Zwangsversteigerung:** Will der Gläubiger, der aufgrund eines Titels über eine persönliche Schuld zunächst eine Zwangshypothek erwirkt hatte, anschließend **mit dem Range** dieser Hypothek die Zwangsversteigerung betreiben, so benötigt er nach geltendem Recht noch einen Dul-

9

---

[12] *Wolf* in *Koch/Scholz*, § 322 AO Rdn. 14. BGHZ 7, 326, wo dies verneint wird, betrifft das alte Recht vor der AO 1977.
[13] Siehe auch § 867 Rdn. 22; a. A. *Reuter*, Rpfleger 1986, 285.
[14] OLG Frankfurt, OLGZ 1981, 261; MüKo/*Eickmann*, § 866 Rdn. 13; *Rosenberg/Schilken*, § 69 II 1.
[15] MüKo/*Eickmann*, § 866 Rdn. 13; *Stein/Jonas/Münzberg*, § 867 Rdn. 31.

dungstitel gem. § 1147 BGB.[16] Der Titel über die persönliche Schuld gewährt nur den Rang aus § 10 Abs. 1 Nr. 5 ZVG. Die Zwangshypothek aber stellt keinen Titel dar. Sie ist ein zunächst in sich abgeschlossener Vollstreckungsakt. Für jeden weiteren Vollstreckungsakt müssen wieder nach den allgemeinen Regeln die allgemeinen Vollstreckungsvoraussetzungen, also auch ein zur beabsichtigten Vollstreckung legitimierender Titel, vorliegen. Der Schuldner kann die Kosten für diesen Duldungstitel niedriger halten, wenn er die Verpflichtungserklärung nebst sofortiger Unterwerfung unter die Zwangsvollstreckung insoweit in einer notariellen Urkunde ausspricht. Der Gläubiger muß dem Schuldner auch Gelegenheit zu diesem Verfahren geben. Hat er sofort Klage eingereicht und erkennt daraufhin der Schuldner den Duldungsanspruch ohne weiteres an, so treffen den Gläubiger gem. § 93 ZPO die Kosten des Rechtsstreits.[17] Nach dem Entwurf eines Zweiten Gesetzes zur Änderung zwangsvollstreckungsrechtlicher Vorschriften[18] soll die Notwendigkeit, für die Zwangsvollstreckung aus einer Zwangshypothek noch einen dinglichen Titel zu erwirken, entfallen. Nach § 867 Abs. 2 ZPO ist folgender **neuer Abs. 3 geplant:** »Zur Befriedigung aus dem Grundstück durch Zwangsversteigerung genügt der vollstreckbare Titel, auf dem die Eintragung vermerkt ist.« Durch diese Neuregelung soll verhindert werden, daß die Zwangsvollstreckung verzögert und daß zusätzliche (oft nicht beitreibbare) Verfahrenskosten verursacht werden (siehe auch § 867 Rdn. 14).

10   Für die **Abgabenvollstreckung** enthält § 323 AO 1977 eine abweichende Regelung: Ist hier zunächst gem. § 322 AO eine Sicherungshypothek eingetragen worden, so bedarf es zur Zwangsversteigerung oder Zwangsverwaltung aus diesem Recht nur dann eines Duldungstitels, wenn nach der Eintragung dieses Rechts ein Eigentumswechsel eingetragen ist.[19]

11   In der **von einem anderen Gläubiger betriebenen Zwangsversteigerung** ist die Zwangshypothek wie jede andere Hypothek zu behandeln. Geht sie dem Recht des betreibenden Gläubigers vor, ist sie in das geringste Gebot aufzunehmen (§§ 44, 45 ZVG); sie erlischt gem. § 91 ZVG, wenn sie nach den Versteigerungsbedingungen nicht bestehen bleiben soll (§ 52 ZVG), mit dem Zuschlag. Deshalb hat auch der Gläubiger ei-

---

16 BGH, NJW 1966, 2009; OLG Celle, NdsRPfl. 1960, 278; OLG Düsseldorf, MDR 1965, 669; NJW 1965, 1283; Rpfleger 1975, 355; OLG Hamburg, MDR 1969, 769; OLG Oldenburg, NJW 1955, 635; OLG Schleswig, SchlHA 1958, 179; LG Berlin, Rpfleger 1975, 128; LG Bielefeld, MDR 1956, 687; LG Hamburg, JurBüro 1959, 292; LG Hildesheim, MDR 1961, 513; LG Lüneburg, MDR 1953, 179; *Baumbach/Lauterbach/Hartmann*, § 866 Rdn. 2; *Baur/Stürner*, Rdn. 35.4; *Brox/Walker*, Rdn. 1036; *Gerhardt*, JA 1981, 12; *Habermeier*, a. a. O., S. 21; *Hagemann*, Rpfleger 1982, 165; *Jauernig*, § 22 III; *Lohkemper*, KTS 1995, 221, 231; *MüKo/Eickmann*, § 867 Rdn. 57; *Rosenberg/Schilken*, § 69 III 2; *Stein/Jonas/Münzberg*, § 867 Rdn. 38; *Zöller/Stöber*, § 866 Rdn. 6; a. A. (kein besonderer Duldungstitel mehr erforderlich) OLG Köln, NJW 1960, 440; LG Aurich, MDR 1961, 513; LG Berlin, NJW 1954, 1290; LG Bielefeld, MDR 1952, 498; LG Hamburg, MDR 1964, 333; LG Kleve, Rpfleger 1968, 293; LG Limburg, WM 1960, 1073; LG Oldenburg, NJW 1959, 1375; *Bruns/Peters*, § 41 II; *Finger*, MDR 1969, 617.
17 OLG München, MDR 1984, 674.
18 BT-Drucks. 13/341, S. 6, 38.
19 Siehe auch *Wolf* in *Koch/Scholz*, § 323 AO Rdn. 2.

ner Zwangshypothek das Ablösungsrecht des § 268 BGB.[20] Soweit der Ersteher des Grundstücks die Hypothek, die ins geringste Gebot aufgenommen worden war, mitübernehmen mußte, geht gem. § 53 ZVG auch die durch sie gesicherte persönliche Schuld in Höhe der Hypothek auf ihn über. Der Gläubiger der Zwangshypothek kann sich deshalb gem. § 727 ZPO gegen den Ersteher Klausel zum Titel gegen den Schuldner erteilen lassen und dann gegen ihn aus diesem Titel weitervollstrecken.

**V. Gebühren:** Für das Verfahren der Zwangsversteigerung und der Zwangsverwaltung ergeben sich die Gerichtsgebühren aus KV Nr. 5100 ff., die Anwaltsgebühren aus §§ 68 ff. BRAGO. Für die Eintragung einer Zwangshypothek wird gem. § 62 Abs. 1 KostO eine volle Gebühr nach § 32 KostO erhoben. Bei Belastung mehrerer Grundstücke fällt für jede Eintragung eine Gebühr an (§ 63 KostO). Für den Anwalt ist das Verfahren auf Eintragung einer Zwangshypothek eine besondere Angelegenheit (§ 58 Abs. 3 Nr. 6 BRAGO). 12

**VI. ArbGG, VwGO, AO:** Siehe Vor §§ 864–871 Rdn. 8 und hier Rdn. 10. 13

---

20 LG Verden, KTS 1973, 193.

## § 867 Zwangshypothek

(1) ¹Die Sicherungshypothek wird auf Antrag des Gläubigers in das Grundbuch eingetragen; die Eintragung ist auf dem vollstreckbaren Titel zu vermerken. ²Mit der Eintragung entsteht die Hypothek. ³Das Grundstück haftet auch für die dem Schuldner zur Last fallenden Kosten der Eintragung.

(2) Sollen mehrere Gründstücke des Schuldners mit der Hypothek belastet werden, so ist der Betrag der Forderung auf die einzelnen Grundstücke zu verteilen; die Größe der Teile bestimmt der Gläubiger.

### Inhaltsübersicht

| | | Rdn. |
|---|---|---|
| I. | Rechtliche Einordnung der Eintragung | 1 |
| II. | Voraussetzungen der Eintragung | 2 |
| | 1. Vollstreckungsantrag des Gläubigers | 2 |
| | 2. Vollstreckungstitel | 3 |
| | 3. Sonstige allgemeine und besondere Vollstreckungsvoraussetzungen | 4 |
| | 4. Keine Erforderlichkeit einer Eintragungsbewilligung | 5 |
| | 5. Rechtsschutzbedürfnis | 6 |
| | 6. Besonderheit bei Titel für mehrere Gläubiger | 7 |
| III. | Bearbeitung des Eintragungsantrages durch das Grundbuch-Amt | 8 |
| | 1. Reihenfolge der Bearbeitung gem. § 17 GBO | 8 |
| | 2. Rangwahrende Zwischenverfügung gem. § 18 Abs. 2 GBO | 9 |
| | 3. Inhalt der Eintragung | 10 |
| | 4. Rang der Eintragung | 11 |
| | 5. Geldbetrag der Forderung | 12, 13 |
| | 6. Vermerk der Eintragung auf dem Titel | 14 |
| | 7. Eintragungshindernis | 15 |
| | 8. Rücknahme des Eintragungsantrags | 16 |
| IV. | Die Zwangshypothek | 17 |
| | 1. Buchhypothek | 17 |
| | 2. Akzessorietät | 18 |
| | 3. Gutgläubiger Erwerb | 19 |
| | 4. Heilung von Vollstreckungsmängeln | 20 |
| | 5. Nachträgliche Unwirksamkeit gem. § 7 Abs. 3 GesO/§ 88 InsO | 20a |
| V. | Belastung mehrerer Grundstücke (Abs. 2) | 21–23 |
| VI. | Rechtsbehelfe | 24 |
| | 1. Rechtsbehelfe des Gläubigers und des Schuldners gegen das Verfahren | 24 |
| | 2. Rechtsbehelfe des Schuldners bei materiellrechtlichen Einwendungen | 25 |
| | 3. Rechtsbehelfe eines Dritten | 26 |
| VII. | Gebühren | 27 |
| VIII. | ArbGG, VwGO, AO | 28 |

**Literatur** zur Zwangshypothek siehe bei § 866 ZPO.

## I. Rechtliche Einordnung der Eintragung:
Die Eintragung der Zwangshypothek hat einen **Doppelcharakter**: Sie ist ein Akt der Zwangsvollstreckung, zugleich aber auch ein Grundbuchgeschäft.[1] In welchem Verhältnis die beiden Seiten desselben Vorgangs zueinander stehen, ist im einzelnen sehr streitig,[2] insbesondere, ob die grundbuchrechtliche Sicht des Verfahrens dominiert und durch die vollstreckungsrechtlichen Notwendigkeiten nur gewisse Modifikationen erfährt,[3] oder ob das Vollstreckungsrecht den Vorrang hat und die Normen der GBO nur ausnahmsweise und ergänzend heranzuziehen sind.[4] Richtigerweise ist von einer Gleichgewichtigkeit der beiden Verfahrensstränge auszugehen: Vor der Eintragung müssen einerseits alle Vollstreckungsvoraussetzungen vorliegen und somit auch vom Grundbuchamt als Vollstreckungsorgan geprüft werden,[5] andererseits hat das Grundbuchamt als Organ der freiwilligen Gerichtsbarkeit auch die Verfahrensregeln der GBO soweit zu beachten, wie sie nicht von einer freiwilligen Rechtsübertragung vom Schuldner auf den Gläubiger ausgehen und damit im Widerspruch zur Vollstreckungssituation, nämlich der Durchsetzung der Eintragung gegen den Willen des Schuldners aufgrund des Vollstreckungstitels, stehen.[6] Im einzelnen gilt:

## II. Voraussetzungen der Eintragung:

1. **Vollstreckungsantrag des Gläubigers:** Wie jede Vollstreckung setzt auch die Eintragung der Sicherungshypothek einen Vollstreckungsantrag des Gläubigers voraus (Abs. 1 S. 1). Der Antrag ist gem. § 13 Abs. 1 GBO schriftlich oder zur Niederschrift des zuständigen Beamten des Grundbuchamtes zu erklären.[7] Im Antrag ist gem. § 28 S. 1 GBO das Grundstück genau zu bezeichnen. Die titulierte und zu vollstreckende Forderung ist gem. § 28 S. 2 GBO in DM zu bezeichnen,[8] auch wenn der Titel selbst über eine ausländische Währung lautet.[9] Stellt der Schuldner den Antrag nicht persönlich, sondern durch einen Bevollmächtigten, so ist die Vollmacht nach den Regeln der ZPO, nicht in der Form des § 29 GBO nachzuweisen, da insoweit das Vollstreckungsrecht den Vorrang haben muß, um die Vollstreckung nicht ungebührlich zu er-

---

1 *Baumbach/Lauterbach/Hartmann*, § 867 Rdn. 1 ff.; *Brox/Walker*, Rdn. 1037; *Bruns/Peters*, § 41 III; *Demharter*, GBO, Anh. zu § 44 GBO Rdn. 113; MüKo/*Eickmann*, § 867 Rdn. 5; *Rosenberg/Schilken*, § 69 II 2; *Stein/Jonas/Münzberg*, § 867 Rdn. 1; Zöller/*Stöber*, § 867 Rdn. 1.
2 Siehe hierzu den Überblick bei *Habermeier*, Die Zwangshypotheken der Zivilprozeßordnung, S. 23 ff.
3 So insbesondere *Lüke*, NJW 1954, 1669.
4 So insbesondere *Habermeier*, a. a. O., S. 67.
5 BGHZ 27, 310, 313; BayObLG, NJW 1956, 1800 und Rpfleger 1982, 466; LG Bonn, Rpfleger 1984, 28; *Brox/Walker*, Rdn. 1038; *Rosenberg/Schilken*, § 69 II 2.
6 Wie hier auch *Stein/Jonas/Münzberg*, § 867 Rdn. 17; siehe ferner OLG Hamm, Rpfleger 1985, 231; LG Wuppertal, Rpfleger 1988, 153.
7 *Baumbach/Lauterbach/Hartmann*, § 867 Rdn. 4; *Brox/Walker*, Rdn. 1037; *Demharter*, GBO, § 30 GBO Rdn. 3; *Habermeier*, a. a. O., S. 29; *Stein/Jonas/Münzberg*, § 867 Rdn. 18; Zöller/*Stöber*, § 867 Rdn. 2.
8 Zur hinreichenden Bestimmtheit siehe LG Bonn, MDR 1995, 747.
9 LG Osnabrück, Rpfleger 1968, 122; MüKo/*Eickmann*, § 867 Rdn. 22, 42.

schweren.[10] Es gelten deshalb auch die §§ 80, 88 ZPO. Da die für den Rechtsstreit erteilte Prozeßvollmacht gem. § 81 ZPO auch für die Zwangsvollstreckung gilt, ist es ausreichend, wenn der die Vollstreckung beantragende Rechtsanwalt mit dem im Rubrum des Urteils genannten identisch ist.[11]

3  2. **Vollstreckungstitel:** Dem Antrag beizufügen ist der Vollstreckungstitel, der mit der Vollstreckungsklausel versehen sein muß, soweit diese nicht ausnahmsweise nach den allgemeinen Regeln entbehrlich ist.[12] Der im Titel oder in der ihm beigefügten Klausel genannte Vollstreckungsschuldner muß mit dem Grundstückseigentümer (Erbbaurechtsberechtigten, Wohnungseigentümer usw.), zu dessen Lasten die Hypothek eingetragen werden soll, identisch sein. Ist dies noch nicht der Fall, weil ein zwischenzeitlich erfolgter Eigentümerwechsel noch nicht eingetragen ist, dann muß der Gläubiger zunächst die **Voreintragung** des Schuldners ins Grundbuch betreiben (**§ 39 GBO**);[13] § 14 GBO gibt ihm diesbezüglich ein eigenes Antragsrecht. Die zur Berichtigung erforderlichen Urkunden kann er gegebenenfalls über § 792 ZPO beantragen. Der Voreintragung bedarf es gem. § 40 GBO ausnahmsweise nicht, wenn der Schuldner Erbe des Eingetragenen ist und der Titel noch gegen den Erblasser erwirkt wurde[14] oder sich gegen den Nachlaßpfleger oder den Testamentsvollstrecker richtet. Soll die Hypothek aufgrund eines Titels nur gegen einen Ehegatten an einem Grundstück eingetragen werden, das zum gemeinschaftlich verwalteten Gesamtgut der in Gütergemeinschaft lebenden Ehegatten gehört, müssen die Voraussetzungen des § 740 Abs. 1 oder des § 741 ZPO in der Form des § 29 GBO nachgewiesen werden.[15]

4  3. **Sonstige allgemeine und besondere Vollstreckungsvoraussetzungen:** Auch die übrigen allgemeinen und besonderen Vollstreckungsvoraussetzungen sind dem Grundbuchamt nachzuweisen,[16] insbesondere die Zustellung des Titels (§ 750 Abs. 1 und 2 ZPO), der Eintritt des Gläubigerverzuges oder die Befriedigung des Gegenanspruchs des Schuldners (§ 765 ZPO).[17] Eines Nachweises der Sicherheitsleistung (§ 751 Abs. 2 ZPO) bedarf es im Hinblick auf § 720 a ZPO nicht, wenn stattdessen der Nachweis des Ablaufs der Wartefrist des § 750 Abs. 3 ZPO geführt wird, es sei denn, der Schuldner hat seinerseits Sicherheit geleistet. Ist zur Belastung eines Erbbaurechts gem. § 5 Abs. 2 ErbbauVO die Zustimmung des Grundstückseigentümers erforderlich,

---

10 *Baumbach/Lauterbach/Hartmann,* § 867 Rdn. 5; *Stein/Jonas/Münzberg,* § 867 Rdn. 18; *Zöller/Stöber,* § 867 Rdn. 2.
11 *Habermeier,* a. a. O., S. 32.
12 Siehe hierzu Vor §§ 724–734 Rdn. 4.
13 BayObLG, Rpfleger 1982, 466; OLG Hamm, Rpfleger 1973, 440; *Baumbach/Lauterbach/Hartmann,* § 867 Rdn. 3; *Brox/Walker,* Rdn. 1040; *Hintzen,* ZIP 1991, 474, 480; *Rosenberg/Schilken,* § 61 IV 1 b; *Stein/Jonas/Münzberg,* § 867 Rdn. 21 f.; *Thomas/Putzo,* § 867 Rdn. 6; *Zöller/Stöber,* § 867 Rdn. 3.
14 *Habermeier,* a. a. O., S. 38, will statt des § 40 GBO den § 17 Abs. 3 ZVG anwenden, auf die Voreintragung also immer verzichten, wenn der Schuldner Erbe des Eingetragenen ist. Das ist bedenklich, weil das Eigentum am Grundstück nicht immer dem Erben zustehen muß.
15 BayObLG, Rpfleger 1996, 63.
16 BayObLG, Rpfleger 1982, 466 und Rpfleger 1983, 407.
17 OLG Frankfurt, Rpfleger 1981, 312; OLG Hamm, Rpfleger 1983, 393; LG Wuppertal, Rpfleger 1988, 153.

so ist diese Zustimmung oder ihre Ersetzung gem. § 7 Abs. 3 ErbbauVO in der Form des § 29 GBO nachzuweisen.[18] Befindet sich das Grundstück in einem Umlegungsgebiet (§§ 45 ff. BauGB), so bedarf es zur Eintragung einer Zwangshypothek nicht des Nachweises der Zustimmung der Umlegungsstelle gem. § 51 Abs. 1 BauGB.[19]

**4. Keine Erforderlichkeit einer Eintragungsbewilligung:** Entgegen § 19 GBO bedarf es zur Eintragung der Zwangshypothek nie der Eintragungsbewilligung des Schuldners.[20] Sie wird durch den Vollstreckungstitel ersetzt.

**5. Rechtsschutzbedürfnis:** Wie für jeden Verfahrensantrag bedarf es auch für den Antrag auf Eintragung einer Zwangshypothek eines Rechtsschutzbedürfnisses.[21] Es fehlt, wenn für die Forderung, die vollstreckt werden soll, am zu belastenden Grundstück bereits eine rechtsgeschäftliche Hypothek bestellt ist;[22] dagegen besteht es auch dann, wenn für diese Forderung an einem anderen Grundstück rechtsgeschäftlich eine Hypothek oder Grundschuld bestellt ist.[23] Eine analoge Anwendung des § 867 Abs. 2 ZPO kommt insoweit nicht in Betracht.[24] Das Rechtsschutzbedürfnis kann nicht mit der Begründung verneint werden, das Grundstück sei geringwertig und bereits soweit vorbelastet, daß die Zwangshypothek in einer Zwangsversteigerung in jedem Falle nicht befriedigt werde.[25] Eine solche Prognose steht dem Grundbuchamt nicht zu.

**6. Besonderheiten bei Titel für mehrere Gläubiger:** Lautet der Titel auf mehrere Gläubiger, ist aber das für die Gemeinschaft maßgebende Rechtsverhältnis in ihm nicht näher bezeichnet, so können die Gläubiger dem Erfordernis des § 47 GBO noch im Eintragungsantrag Genüge tun und ihr Rechtsverhältnis dort konkretisieren.[26] Dabei reicht der Zusatz »als Gesamtberechtigte« nicht aus.[27] Vielmehr ist das für die Gemeinschaft maßgebliche konkrete Rechtsverhältnis anzugeben. Diese Angaben unterliegen nicht dem Formzwang des § 29 GBO.[28]

---

18 OLG Hamm, Rpfleger 1985, 233.
19 AG Eschweiler, Rpfleger 1978, 187; siehe ferner LG Regensburg, Rpfleger 1977, 224 zu §§ 5, 15 StBauFG.
20 So auch MüKo/*Eickmann*, § 867 Rdn. 20.
21 *Brox/Walker*, Rdn. 1038.
22 *Baur/Stürner*, Rdn. 38.2; *Brox/Walker*, Rdn. 1038. Zur Zulässigkeit der Doppelsicherung durch Grundschuld und Zwangshypothek siehe OLG Köln, NJW-RR 1996, 1106, 1107.
23 BayObLG, MDR 1991, 163; LG Lübeck, Rpfleger 1985, 287; *Baumbach/Lauterbach/Hartmann*, § 867 Rdn. 13; *Baur/Stürner*, Rdn. 38.2; *Brox/Walker*, Rdn. 1038; *Rosenberg/Schilken*, § 69 II 1; *Thomas/Putzo*, § 867 Rdn. 4; *Zöller/Stöber*, § 867 Rdn. 17; a. A. insoweit *Bruns/Peters*, § 41 III 3.
24 RGZ 98, 107.
25 LG Marburg, Rpfleger 1984, 406; *Hintzen*, ZIP 1991, 474, 476.
26 OLG Köln, Rpfleger 1986, 91; OLG Saarbrücken, Rpfleger 1978, 227; LG Bonn, Rpfleger 1984, 28.
27 BGH, Rpfleger 1980, 464; BayObLG, Rpfleger 1996, 21.
28 **A. A.** insoweit *Zöller/Stöber*, § 867 Rdn. 3.

8　**III. Die Bearbeitung des Eintragungsantrages durch das Grundbuchamt:**

**1. Reihenfolge der Bearbeitung gem. § 17 GBO:** Grundsätzlich gilt auch im Verhältnis mehrerer Eintragungsanträge betreffend rechtsgeschäftliche Hypotheken und Zwangshypotheken § 17 GBO: Der Zeitpunkt des Eingangs des Antrages begründet die Priorität der Eintragung. Uneingeschränkt gilt dies aber nur, wenn alle Anträge verfahrensrechtlich unproblematisch sind oder wenn zugunsten der späteren Eintragung rechtsgeschäftlich bestellter Hypotheken eine Maßnahme nach § 18 Abs. 2 GBO möglich ist. Fehlt dagegen im Hinblick auf die beantragte Eintragung einer Zwangshypothek eine Vollstreckungsvoraussetzung (dazu zählen neben den bereits genannten[29] allgemeinen und besonderen Vollstreckungsvoraussetzungen auch die Beachtung des Mindestbetrages gem. § 866 Abs. 3 ZPO und die Verteilungserklärung nach § 867 Abs. 2 ZPO), so verdrängt das vollstreckungsrechtliche Prioritätsprinzip die Regelung der §§ 17, 18 GBO: Ein vollstreckungsrechtlich unzulässiger Antrag gilt im Sinne des § 17 GBO als noch nicht gestellt.[30] Es kann auch keine rangwahrende Zwischenverfügung gem. § 18 Abs. 2 GBO ergehen, da nur ein zulässiger Vollstreckungsantrag Priorität begründen kann.[31] Ein solcher Antrag ist allerdings auch nicht sofort nach § 18 Abs. 1 GBO zurückzuweisen. Dem Gläubiger ist ein Hinweis nach § 139 ZPO zu geben,[32] damit er die Mängel beseitigen kann. Tut er dies, erhält sein Antrag Priorität i. S. des § 17 GBO ab Vorliegen sämtlicher Vollstreckungsvoraussetzungen. Ist der Antrag bezüglich eines Teils der Forderung begründet, bezüglich eines anderen Teils dagegen zu beanstanden, muß die Zwangshypothek für den beanstandungsfreien Teil eingetragen werden, um insoweit für den Antragsteller den Rang zu wahren.[33] Materiellrechtliche Einwendungen gegen die Zwangsvollstreckung werden vom Vollstreckungsorgan nur unter den Voraussetzungen des § 775 Nr. 4, 5 ZPO berücksichtigt; ansonsten müssen sie im Wege der Vollstreckungsgegenklage nach § 767 ZPO geltend gemacht werden.[34]

9　**2. Rangwahrende Zwischenverfügung gem. § 18 Abs. 2 GBO:** Liegen alle Vollstreckungsvoraussetzungen vor und sind sie auch in einer dem Vollstreckungsrecht genügenden Weise nachgewiesen, stehen aber der beantragten Eintragung noch ausschließlich aus dem Grundbuchrecht herrührende Hindernisse entgegen, so kann das Grundbuchamt auch bei der Zwangshypothek nach § 18 Abs. 2 GBO verfahren und eine rangwahrende Zwischenverfügung treffen.[35] Dies kommt etwa in Betracht,

---

29　Siehe Rdn. 4 und 5.
30　*Hoche*, DNotZ 1957, 3.
31　BGHZ 27, 310; OLG Düsseldorf, Rpfleger 1990, 60; *Baumbach/Lauterbach/Hartmann*, § 867 Rdn. 10; *Brox/Walker*, Rdn. 1043; *MüKo/Eickmann*, § 867 Rdn. 30; *Stein/Jonas/Münzberg*, § 867 Rdn. 27; *Zöller/Stöber*, § 867 Rdn. 4.
32　BGHZ 27, 310; *Habermeier*, a. a. O., S. 56; *MüKo/Eickmann*, § 867 Rdn. 32; *Stein/Jonas/Münzberg*, § 867 Rdn. 27; *Zöller/Stöber*, § 867 Rdn. 4.
33　*Hintzen*, Rpfleger 1991, 286, 287; *Stein/Jonas/Münzberg*, § 867 Rdn. 20.
34　OLG Köln, Rpfleger 1991, 149.
35　BGHZ 27, 310, 313; BayObLG, Rpfleger 1996, 63; *MüKo/Eickmann*, § 867 Rdn. 28; *Stein/Jonas/Münzberg*, § 867 Rdn. 26; *Zöller/Stöber*, § 867 Rdn. 5.

wenn der Vollstreckungstitel auf ausländische Währung lautet[36] und dem Antrag die gem. § 28 GBO erforderliche Umrechnung in DM nicht beigefügt war oder wenn die gem. § 5 Abs. 2 ErbbauVO notwendige Zustimmung des Grundstückseigentümers[37] zwar vorlag, aber nicht in der erforderlichen Form des § 29 GBO. Gleiches gilt, wenn der beantragende Vollstreckungsgläubiger erst die Voreintragung des Schuldners gem. § 39 GBO herbeiführen muß[38] oder wenn er dessen von Amts wegen zu veranlassende Eintragung noch abzuwarten hat.[39] In diesen Fällen werden andere Vollstreckungsgläubiger nicht benachteiligt, weil der Gläubiger allen Anforderungen des Vollstreckungsrechts Genüge getan hat; er seinerseits wird aber nicht gegenüber anderen, die eine Eintragung beantragen, benachteiligt.

**3. Inhalt der Eintragung:** Die Eintragung wird vom Grundbuchamt in Abt. III vorgenommen. Die Zwangshypothek ist im Grundbuch als Sicherungshypothek zu bezeichnen (§ 1184 Abs. 2 BGB). Ferner ist anzugeben, daß sie »im Wege der Zwangsvollstreckung« des näher zu bezeichnenden Titels eingetragen wurde. Als Gläubiger ist der aus dem Rubrum des Titels oder der beigefügten Klausel ersichtliche Vollstreckungsgläubiger einzutragen, auch wenn der materiellrechtliche Anspruch eigentlich einem Dritten zusteht und vom Titelgläubiger nur in gewillkürter Prozeßstandschaft erstritten wurde.[40] Etwas anderes gilt, wenn eine Partei kraft Amtes den Titel erstritten hat (Konkursverwalter, Testamentsvollstrecker, Nachlaßverwalter), Gläubiger der zu vollstreckenden Forderung aber der Gemeinschuldner, Erbe usw. ist. Hier ist der Gläubiger einzutragen.[41] Bei einer Wohnungseigentümergemeinschaft sind die einzelnen Wohnungseigentümer unter Angabe ihrer Beteiligungsverhältnisse einzutragen,[42] auch wenn die Gemeinschaft aus zahlreichen Miteigentümern besteht.[43] Die Bezeichnung des Gläubigers muß hinsichtlich der erforderlichen Angaben § 15 GBVfg entsprechen. Bei Steuerschulden ist wegen der Gläubigerbezeichnung § 322 AO zu beachten;[44] danach ist die Vollstreckungsbehörde zu bezeichnen, nicht der eigentliche Steuergläubiger.

**4. Rang der Eintragung:** Die Zwangshypothek wird mit dem Rang der nächstbereiten Stelle eingetragen.[45] Hatte der Schuldner sich bei einer vorausgehenden Belastung des Grundstücks gem. § 881 Abs. 1 BGB die Befugnis vorbehalten, später einem anderen Gläubiger ein Grundpfandrecht zu bestellen, das dem Recht im Rang vorgehen soll (**Rangvorbehalt**), so kann der Vollstreckungsgläubiger diesen Rangvorbehalt **nicht**

---

36 Zu dieser Möglichkeit siehe auch Vor §§ 803–882 a Rdn. 5.
37 OLG Celle, MDR 1985, 331; a. A. *Habermeier*, a. a. O., S. 63.
38 *Löscher*, JurBüro 1982, 1617.
39 LG Lahn-Gießen, Rpfleger 1979, 352 mit Anm. *Schiffhauer*.
40 LG Bochum, Rpfleger 1985, 438.
41 BayObLG, Rpfleger 1985, 102; OLG Hamm, MDR 1988, 865; LG Düsseldorf, Rpfleger 1977, 167; *Erman/Räfle*, § 1115 BGB Rdn. 3; *Palandt/Bassenge*, § 1115 BGB Rdn. 5.
42 BayObLG, Rpfleger 1985, 102.
43 OLG Köln, MDR 1995, 36; *Hintzen*, ZIP 1991, 474, 482.
44 Siehe § 866 Rdn. 6; ferner OLG Schleswig, JZ 1955, 619.
45 *Baumbach/Lauterbach/Hartmann*, § 867 Rdn. 13; *Baur/Stürner*, Rdn. 38.3; *Rosenberg/Schilken*, § 69 II 2; *Stein/Jonas/Münzberg*, § 867 Rdn. 36; *Zöller/Stöber*, § 867 Rdn. 12.

für seine Zwangshypothek ausnutzen.[46] Der Rangvorbehalt dient persönlichen Zwecken des Grundstückseigentümers, in der Regel der Finanzierung der Bebauung des Grundstücks. Er ist weder übertragbar, noch kann seine Ausübung einem Dritten überlassen werden. Damit ist er dem Zugriff in der Zwangsvollstreckung gänzlich entzogen (Gedanke des § 851 Abs. 1 ZPO), solange der Schuldner Grundstückseigentümer ist. Die Zweckbindung entfällt erst im Rahmen der Zwangsversteigerung.

12  5. **Geldbetrag der Forderung:** Als »Geldbetrag der Forderung« i. S. des § 1115 BGB sind alle Forderungen, wegen derer der Gläubiger die Zwangsvollstreckung in dieses Grundstück durch Eintragung einer Zwangshypothek beantragt hat, einzutragen. Dies gilt auch für die Kosten früherer Zwangsvollstreckungen aus diesem Titel i. S. von § 788 ZPO.[47] Ihre Höhe und Berechtigung muß nicht in der Form des § 29 GBO nachgewiesen werden; es gelten vielmehr die allgemeinen Grundsätze zu § 788 ZPO.[48] In Zweifelsfällen empfiehlt es sich für den Gläubiger aber, die Kosten vorher förmlich festsetzen zu lassen,[49] um dann aus dem Kostenfestsetzungsbeschluß als Titel vorzugehen.

13  Die Kosten des Eintragungsverfahrens selbst brauchen nicht eingetragen zu werden.[50] Für sie haftet das Grundstück gem. Abs. 1 S. 3 automatisch. Eintragungskosten sind neben den Kosten des Grundbuchamtes (§§ 32, 62 f. KostO) auch die Gebühren des Rechtsanwalts für den Eintragungsantrag (§ 58 Abs. 3 Nr. 6 BRAGO).

14  6. **Vermerk der Eintragung auf dem Titel:** Die Eintragung der Zwangshypothek muß vom Grundbuchamt auf dem Vollstreckungstitel vermerkt werden (**Abs. 1 S. 1, 2. Halbs.**). Ein Unterlassen beeinträchtigt das wirksame Entstehen der Zwangshypothek allerdings nicht. Die Vorschrift will den Schuldner vor der Eintragung weiterer Zwangshypotheken und der Entstehung von Gesamthypotheken, die Abs. 2 ja verhindern soll, schützen.[51] Nach dem geplanten neuen § 867 Abs. 3 ZPO soll der vollstreckbare Titel, auf dem die Eintragung vermerkt ist, auch zur Befriedigung aus dem Grundstück durch Zwangsversteigerung ausreichen.[52] Ein gesonderter Duldungstitel (siehe § 866 Rdn. 9) soll dann nicht mehr erforderlich sein. Durch diese Regelung wird bezweckt, daß nach Eintragung einer Zwangshypothek ein weiteres Erkenntnis-

---

46 BGHZ 12, 238; OLG Frankfurt, MDR 1953, 243; *Baumbach/Lauterbach/Hartmann*, § 867 Rdn. 13; *Baur/Stürner*, Rdn. 38.3; *Jansen*, AcP 1952/53, 508; *Thomas/Putzo*, § 867 Rdn. 9; *Zöller/Stöber*, § 867 Rdn. 12; a. A. LG Stuttgart, NJW 1954, 1045 mit Anm. *Jansen*, NJW 1954, 1291; AG Stuttgart, NJW 1953, 1876 mit Anm. *Jansen*, NJW 1954, 238; *Habermeier*, a. a. O., S. 119; MüKo/*Wacke*, § 881 BGB Rdn. 14; *Stein/Jonas/Münzberg*, § 867 Rdn. 36.
47 *Habermeier*, a. a. O., S. 45; siehe auch § 866 Rdn. 6.
48 Wie hier *Habermeier*, a. a. O., S. 48; *Löscher*, Rpfleger 1960, 355; MüKo/*Eickmann*, § 867 Rdn. 20; *Zimmermann*, § 867 Rdn. 2; *Zöller/Stöber*, § 867 Rdn. 2; a. A. (Form des § 29 GBO zu beachten) *Baumbach/Lauterbach/Hartmann*, § 867 Rdn. 14; *Drischler*, JurBüro 1961, 5; *Eiselt*, BWNotZ 1984, 68; *Stein/Jonas/Münzberg*, § 867 Rdn. 45; *Thomas/Putzo*, § 867 Rdn. 13.
49 Zu dieser Möglichkeit siehe § 788 Rdn. 21.
50 Siehe auch § 866 Rdn. 6.
51 Vergl. *Baumbach/Lauterbach/Hartmann*, § 867 Rdn. 11.
52 BT-Drucks. 13/341, S. 6.

verfahren gegen den Schuldner und damit sowohl eine Verzögerung der Zwangsvollstreckung als auch die Verursachung zusätzlicher, oft nicht beitreibbarer Verfahrenskosten vermieden werden können.[53]

**7. Eintragungshindernis:** Erfährt das Grundbuchamt vor Eintragung der Zwangshypothek von einer Entscheidung, durch die die Zwangsvollstreckung aus dem Titel (einstweilen) eingestellt wurde, muß es ohne besonderen Antrag der Parteien die Eintragung von Amts wegen unterlassen.[54] Denn der Schuldtitel scheidet mit der Einstellung der Zwangsvollstreckung als Vollstreckungsgrundlage aus.[55]

**8. Rücknahme des Eintragungsantrages:** Will der Gläubiger den Antrag auf Eintragung der Zwangshypothek vor seiner Erledigung zurücknehmen, etwa um eine förmliche Zurückweisung zu vermeiden, muß er die Rücknahme wegen § 31 GBO in der Form des § 29 GBO erklären.[56] Zwar bedarf die Rücknahme von Vollstreckungsanträgen im allgemeinen keiner besonderen Form; wenn der Gläubiger aber die Vollstreckung durch Zwangshypothek wählt, muß er auch die dafür geltenden grundbuchrechtlichen Regeln berücksichtigen. Wird das Formerfordernis nicht erfüllt, ist über den Antrag zu entscheiden, bei Fehlen einer Eintragungsvoraussetzung durch Zurückweisung des Antrages.

## IV. Die Zwangshypothek:

**1. Buchhypothek:** Sie entsteht gem. **Abs. 1 S. 2** mit ihrer Eintragung. Als Sicherungshypothek ist sie immer Buchhypothek (§ 1184 Abs. 2 BGB). Die Ausstellung eines Briefes ist also in jedem Falle ausgeschlossen (§ 1185 S. 1 BGB). Neben der Eintragung sind weitere Entstehungsvoraussetzungen, daß die allgemeinen und – je nach Titel – besonderen Vollstreckungsvoraussetzungen im Zeitpunkt der Eintragung vorliegen und den weitergehenden zwingenden grundbuchrechtlichen Eintragungsvoraussetzungen Genüge getan ist. Fehlt es an diesen Voraussetzungen, entsteht die Hypothek nicht. Das gilt nicht nur, wenn es an zwingenden Eintragungsvoraussetzungen nach der GBO (nicht bei Verletzung bloßer Ordnungsvorschriften) mangelt, sondern auch bei Fehlen der Vollstreckungsvoraussetzungen oder Vorliegen von Vollstreckungshindernissen.[57] Insoweit wird die untrennbare Verbindung von Grundbuchrecht und Vollstreckungsrecht bei der Zwangshypothek deutlich: Gem. § 53 Abs. 1 GBO führt eine Eintragung, die unter Verletzung zwingender gesetzlicher Vorschriften vorgenom-

---

53 So die amtliche Begründung in BT-Drucks. 13/341, S. 38.
54 OLG Frankfurt, Rpfleger 1974, 443.
55 Zu den Folgen, wenn dennoch eine Eintragung erfolgt, siehe unten Rdn. 18.
56 OLG Hamm, Rpfleger 1985, 231; a. A. *Hintzen*, ZIP 1991, 474, 475.
57 Sehr streitig; wie hier BGHZ 64, 194; BayObLG, Rpfleger 1976, 66; OLG Saarbrücken, JBlSaar 1965, 8; OLG Schleswig, NJW-RR 1988, 700; LG Saarbrücken, FamRZ 1965, 274; Rpfleger 1975, 328; *Baur/Stürner*, Rdn. 38.6; *Brox/Walker*, Rdn. 1043; *Furtner*, MDR 1964, 460; *Löscher*, JurBüro 1982, 1617; MüKo/*Eickmann*, § 867 Rdn. 51; *Stein/Jonas/Münzberg*, § 867 Rdn. 14; *Thomas/Putzo*, § 867 Rdn. 10; *Zimmermann*, § 867 Rdn. 11; mit anderer Begründung im Ergebnis auch *Habermeier*, a. a. O., S. 84; a. A. OLG Frankfurt, MDR 1956, 111; *Baumbach/Lauterbach/Hartmann*, § 867 Rdn. 12; *Zöller/Stöber*, § 867 Rdn. 21.

men worden ist, zur Unrichtigkeit des Grundbuchs. Diese Unrichtigkeit kann nur mit der Beschwerde gem. § 71 GBO geltend gemacht werden.[58] Wäre die Hypothek trotz fehlender Vollstreckungsvoraussetzungen entstanden, hätten die durch die fehlerhafte Vollstreckung Benachteiligten keine verfahrensrechtlichen Möglichkeiten, die Vollstreckungsmängel zu rügen; da die Hypothek unanfechtbar bestünde, gäbe es auch keine materiellrechtlichen Ausgleichsansprüche.[59] Dieses systemwidrige Ergebnis kann nur vermieden werden, wenn die zwingenden Vorschriften des Vollstreckungsrechts auch als »zwingende gesetzliche Vorschriften« i. S. des § 53 Abs. 1 GBO angesehen werden, die dazu führen, daß eine unter Verstoß gegen sie vorgenommene Eintragung inhaltlich unrichtig und damit auf die Beschwerde hin zu löschen ist, soweit nicht zwischenzeitlicher gutgläubiger Erwerb in Betracht kommt.[60]

18    2. **Akzessorietät**: Die Zwangshypothek ist, sieht man von ihren besonderen Entstehungsvoraussetzungen ab, eine bürgerlich-rechtliche Hypothek, für die auch § 1163 BGB gilt.[61] Dieser wird durch die Sonderregelung in § 868 ZPO nicht verdrängt, sondern nur ergänzt.[62] War der titulierte Anspruch zum Zeitpunkt der Eintragung der Zwangshypothek also bereits erloschen (z. B. durch Erfüllung) oder erlischt er später, so steht die Hypothek dem Eigentümer zu (§ 1163 Abs. 1 BGB) und wird zur Eigentümergrundschuld (§ 1177 BGB). Der Eigentümer muß in diesem Fall sein Recht mit der Vollstreckungsabwehrklage geltend machen (§ 767 ZPO).

19    3. **Gutgläubiger Erwerb**: Gehört das Grundstück, auf dem die Zwangshypothek eingetragen wurde, nicht dem Schuldner, war er also nur sog. Bucheigentümer, so erwirbt der Gläubiger keine Hypothek, da dem Gläubiger gegen den wahren Eigentümer keine Forderung zusteht, ein gutgläubiger Erwerb im Rahmen der Zwangsvollstreckung aber grundsätzlich ausgeschlossen ist.[63] Allerdings kann der ins Grundbuch eingetragene Gläubiger die Zwangshypothek auf einen gutgläubigen Dritten weiterübertragen, der die Hypothek dann gem. §§ 1138, 892 BGB erwirbt. Während der wahre Eigentümer gegen den Gläubiger wegen der Eintragung der Zwangshypothek mit der Drittwiderspruchsklage (§ 771 ZPO) vorgehen kann, hat er diese Möglichkeit gegen einen dritten gutgläubigen Erwerber nicht mehr. Er hat in diesem Fall nur Bereicherungsansprüche gegen den Gläubiger, der die Hypothek weiterübertragen hat, oder, wenn er die Weiterveräußerung genehmigt, gegen den Schuldner.

20    4. **Heilung von Vollstreckungsmängeln**: War die Hypothek unter Verletzung vollstreckungsrechtlicher Vorschriften eingetragen worden, werden die Mängel aber geheilt, ehe über eine Beschwerde nach § 71 Abs. 2 GBO positiv entschieden ist, so

---

58 Einzelheiten unten Rdn. 24.
59 *Furtner*, DNotZ 1959, 304 und MDR 1964, 460.
60 BGHZ 64, 194.
61 Allgem. Meinung; beispielhaft *Baumbach/Lauterbach/Hartmann*, § 868 Rdn. 13; *Brox/Walker*, Rdn. 1042; *Habermeier*, a. a. O., S. 93; *Rosenberg/Schilken*, § 69 III 1; *Stein/Jonas/Münzberg*, § 868 Rdn. 7.
62 Siehe auch § 868 Rdn. 1.
63 BGHZ 64, 194; BGH, WM 1963, 219; *Stein/Jonas/Münzberg*, § 867 Rdn. 35; a. A. *Lüke*, NJW 1954, 1669; *Habermeier*, a. a. O., S. 97.

entsteht die Hypothek mit dem nachträglichen Vorliegen aller Vollstreckungsvoraussetzungen rückwirkend auf den Zeitpunkt ihrer Eintragung.[64] Eine solche nachträgliche Heilung kommt namentlich in Betracht, wenn bei Eintragung der Hypothek der Titel noch nicht zugestellt, nach Sicherheitsleistung durch den Schuldner zur Abwendung der Sicherungsvollstreckung die Sicherheitsleistung des Gläubigers noch nicht erbracht war, die Zustellung oder Sicherheitsleistung zwischenzeitlich aber erfolgt ist. Die Rückwirkung dient der im Grundbuchwesen in besonderem Maße erforderlichen Sicherheit des Rechtsverkehrs. Sie ist dem Vollstreckungsrecht im übrigen auch nicht fremd, da im Rahmen der Mobiliarvollstreckung Rechtsbehelfe ebenfalls unbegründet werden, wenn die Vollstreckungsmängel nachträglich geheilt sind.[65]

5. **Nachträgliche Unwirksamkeit gem. § 7 Abs. 3 GesO/§ 88 InsO:** In den neuen Bundesländern wird eine bereits eingetragene Zwangshypothek gem. § 7 Abs. 3 S. 1 GesO[66] unwirksam, wenn über das Vermögen des Schuldners das Gesamtvollstreckungsverfahren eröffnet wird.[67] Nach dieser Vorschrift verlieren nämlich mit Eröffnung der Gesamtvollstreckung alle gegen den Schuldner vor der Eröffnung eingeleiteten, also noch nicht abgeschlossenen Zwangsvollstreckungsmaßnahmen,[68] ihre Wirksamkeit. Eine Zwangshypothek ist noch keine abgeschlossene Maßnahme der Einzelzwangsvollstreckung, weil mit ihr das Endziel der Vollstreckung, nämlich die Gläubigerbefriedigung, noch nicht erreicht ist. Ab dem 1.1.1999 gilt im gesamten Bundesgebiet § 88 InsO,[69] der im wesentlichen der Regelung in § 7 Abs. 3 S. 1 GesO entspricht. Allerdings erfaßt § 88 InsO nur Vollstreckungsmaßnahmen, die »nicht früher als einen Monat vor dem Antrag auf Eröffnung des Insolvenzverfahrens« erfolgt sind.[70]

**V. Belastung mehrerer Grundstücke (Abs. 2):** Könnte auch in der Zwangsvollstreckung nach § 1132 BGB verfahren werden, würde das Grundbuch unnötig verkompliziert und der Schuldner zudem erheblich eingeengt werden; im Einzelfall könnte auch

21

---

64 Wie hier BayObLG, Rpfleger 1976, 66; *Brox/Walker*, Rdn. 1043; *Hagemann*, Rpfleger 1982, 165; *Stein/Jonas/Münzberg*, § 867 Rdn. 14; *Thomas/Putzo*, § 867 Rdn. 10; *Zimmermann*, § 867 Rdn. 11; a. A. (Heilung nur ex nunc): *Furtner*, MDR 1964, 460; *Rosenberg/Schilken*, § 69 II 2; a. A. auch diejenigen, die die Hypothek beim Vorliegen behebbarer Vollstreckungsmängel sofort entstehen lassen; vergl. dazu schon Rdn. 17 m. N. sowie *Habermeier*, a. a. O., S. 90.
65 Siehe § 766 Rdn. 26.
66 I. d. F. v. 23.5.1991, BGBl. I, 1185. Ab 1.1.1999 gilt auch in den neuen Bundesländern anstelle der GesO die InsO.
67 BGH, ZIP 1995, 1425 mit insoweit zust. Anm. *Mitlehner* (1428) und *Walker* in EWiR 1995, 109; KG, ZIP 1996, 645, 646; OLG Jena, ZIP 1996, 467 f.; LG Chemnitz, ZIP 1995, 306; LG Magdeburg, ZIP 1995, 2005, 2006; LG Meiningen, ZIP 1996, 647 mit Anm. *W. Lüke* in EWiR 1996, 603; *Holzer*, ZIP 1996, 780; *Lohkemper*, KTS 1995, 221, 228 ff.; a. A. OLG Dresden, ZIP 1996, 142.
68 Deshalb werden nach KG, ZIP 1996, 645 ff., OLG Dresden, ZIP 1996, 1256, OLG Jena, DtZ 1996, 183 f., LG Halle, ZIP 1996, 1711; solche Hypotheken, die außerhalb der Zwangsvollstreckung eingetragen werden, von § 7 Abs. 3 GesO nicht erfaßt.
69 BGBl. I 1994, 2866.
70 Vergl. zur zeitlichen Begrenzung der Rückschlagsperren in §§ 7 Abs. 3 GesO, 88 InsO *Lohkemper*, KTS 1995, 221, 233 ff.; *Walker*, WuB 1995, 562, 563.

§ 803 Abs. 1 S. 2 ZPO verletzt sein. Deshalb verbietet Abs. 2 ohne jede Einschränkung die Eintragung einer Gesamtzwangshypothek an mehreren Grundstücken für die titulierte Forderung. Der Gläubiger muß den Betrag der Forderung auf die einzelnen Grundstücke aufteilen, so daß auf jedem Grundstück eine isolierte Zwangshypothek für den einzelnen Teilbetrag eingetragen werden kann. Eine Rangfolge dieser Teile für die Befriedigung muß der Gläubiger nicht angeben.[71] Die Höhe der einzelnen Teilbeträge bestimmt allein der Gläubiger; eine Zustimmung des Schuldners ist nicht erforderlich. Die Teilbeträge müssen nach geltendem Recht auch nicht dem Mindestbetrag des § 866 Abs. 3 S. 1 ZPO genügen.[72] Nach dem Entwurf eines Zweiten Gesetzes zur Änderung zwangsvollstreckungsrechtlicher Vorschriften[73] ist dagegen vorgesehen, daß die Mindestbetragsregelung des § 866 Abs. 3 S. 1 ZPO bei einer Forderungsaufteilung nach § 867 Abs. 2 ZPO auch für die jeweiligen Teilforderungen gilt. Dadurch soll der Zweck des § 866 Abs. 3 S. 1 ZPO, die Grundbücher von Kleinsthypotheken freizuhalten,[74] abgesichert werden.[75] Das Verbot des Abs. 2 kann nicht dadurch umgangen werden, daß der Gläubiger sich neben der Zwangshypothek an dem einen Grundstück eine »Ausfallhypothek« an einem anderen Grundstück eintragen läßt, für den Fall, daß die Zwangshypothek nicht zum Zuge komme.[76] Eine Eintragung, die unter Mißachtung der zwingenden Vorschrift des Abs. 2 erfolgte, ist inhaltlich unzulässig, führt nicht zur Entstehung der Gesamthypothek und ist von Amts wegen nach § 53 GBO zu löschen. Wird der Verteilungsantrag vor der Löschung nachgeholt, so haben die einzelnen Zwangshypotheken nicht den Rang der unzulässigen Gesamthypothek, sondern nur den des Einganges der Aufteilungserklärung.[77] War allerdings eine der später zu einer Gesamthypothek zusammengefaßten Eintragungen zunächst als isolierte Zwangshypothek erfolgt, so sind nur die späteren Eintragungen inhaltlich unzulässig. Die erste Eintragung bleibt dann zulässig;[78] nur der Hinweis auf die Gesamthypothek muß gelöscht werden.

22 Kein Fall von Abs. 2 liegt vor, wenn im Rahmen der Vollstreckung gegen mehrere Gesamtschuldner auf je einem Grundstück jedes Schuldners eine Zwangshypothek eingetragen wird. Eine solche Eintragung ist uneingeschränkt zulässig.[79] Sollen von einzelnen Gesamtschuldnern mehrere Grundstücke belastet werden, ist insoweit wieder eine Aufteilung erforderlich. Abs. 2 gilt nur für die Zwangshypotheken nach § 866 Abs. 1 ZPO. Sollen im übrigen im Rahmen eines Vollstreckungsverfahrens Sicherungshypotheken eingetragen werden, so ist auch die Eintragung einer Gesamtsicherungshypo-

---

71 BGH, ZIP 1991, 468.
72 RGZ 84, 265, 276; *Baumbach/Lauterbach/Hartmann*, § 867 Rdn. 1; *Thomas/Putzo*, § 867 Rdn. 16; *Zöller/Stöber*, § 867 Rdn. 15; **a. A.** *Reuter*, Rpfleger 1986, 285.
73 BT-Drucks. 13/341, S. 6.
74 Siehe § 866 Rdn. 6.
75 Siehe die amtliche Begründung des Entwurfs, BT-Drucks. 13/341, S. 36.
76 OLG Stuttgart, NJW 1971, 898.
77 BGHZ 27, 310; OLG Düsseldorf, ZIP 1989, 1363.
78 LG Mannheim, Rpfleger 1981, 406.
79 *Groß*, BWNotZ 1984, 111.

thek grundsätzlich möglich, etwa im Rahmen eines Versteigerungsverfahrens auf Ersuchen des Versteigerungsgerichts.[80]

Die Aufteilungserklärung nach Abs. 2 muß nicht in der Form des § 29 GBO abgegeben werden.[81] Sie ist Teil des Vollstreckungsantrages, auch wenn sie erst nachträglich abgegeben wird. Deshalb bedarf sie wie dieser nur der einfachen Schriftform und kann gegebenenfalls auch zu Protokoll des Grundbuchamtes erklärt werden.[82]

### VI. Rechtsbehelfe:

**1. Rechtsbehelfe des Gläubigers und des Schuldners gegen das Verfahren:** Wird ein Antrag des **Gläubigers** zurückgewiesen, hat er gegen diese Entscheidung des Rechtspflegers die unbefristete Erinnerung gem. §§ 71 Abs. 1 GBO (dort als »Beschwerde« bezeichnet), 11 RPflG.[83] Hält der Schuldner die Eintragung für unzulässig, weil wesentliche Verfahrensvorschriften des Grundbuch- oder Vollstreckungsrechts verletzt worden seien, kann er nur mit der unbefristeten Rechtspflegererinnerung gem. §§ 11 RPflG, 71 Abs. 2 S. 2 GBO anregen, daß das Grundbuchamt angewiesen werde, nach § 53 GBO einen Widerspruch einzutragen oder eine Löschung vorzunehmen.[84] Daß die im Hinblick auf § 11 Abs. 5 S. 1 RPflG durch § 71 Abs. 2 GBO modifizierte unbefristete Rechtspflegererinnerung und nicht die Vollstreckungserinnerung nach § 766 ZPO der zutreffende Rechtsbehelf des Schuldners gegen eine Eintragung im Grundbuch ist,[85] ergibt sich aus den besonderen Sicherheitserfordernissen des Grundbuchwesens. Es muß verhindert werden, daß eine Hypothek gelöscht wird, die u. U. materiellrechtlich zwischenzeitlich doch zur Entstehung gelangt ist, etwa durch gutgläubigen Erwerb seitens eines Dritten. § 71 Abs. 2 GBO gibt hier allein die zutreffenden abgestuften Reaktionsmöglichkeiten. Gegen die Entscheidung des Beschwerdegerichts ist gem. § 78 S. 1 GBO das Rechtsmittel der weiteren Beschwerde zulässig, wenn die Entscheidung auf einer Verletzung des Gesetzes beruht. Die weitere Beschwerde bedarf der Form des § 80 Abs. 1 GBO.[86]

**2. Rechtsbehelfe des Schuldners bei materiellrechtlichen Einwendungen:** Materiellrechtliche Einwendungen gegen die Vollstreckungsforderung muß der Schuldner mit

---

80 OLG Düsseldorf, KTS 1989, 717.
81 OLG Köln, Rpfleger 1986, 91; *Baumbach/Lauterbach/Hartmann*, § 867 Rdn. 16; MüKo/*Eickmann*, § 867 Rdn. 61; *Stein/Jonas/Münzberg*, § 867 Rdn. 39; *Zöller/Stöber*, § 867 Rdn. 15.
82 Siehe oben Rdn. 2.
83 *Brox/Walker*, Rdn. 1044; MüKo/*Eickmann*, § 867 Rdn. 70; *Stein/Jonas/Münzberg*, § 867 Rdn. 28; *Zöller/Stöber*, § 867 Rdn. 20; **a. A.** (§ 793 ZPO) *Habermeier*, a. a. O., S. 110.
84 BGHZ 64, 194; BayObLGE 1975, 401; KG, NJW-RR 1987, 592; OLG Köln, OLGZ 1967, 499; Rpfleger 1996, 189; *Bassenge/Herbst*, § 11 RPflG Anm. 2 c; *Brox/Walker*, Rdn. 1044; *Rosenberg/Schilken*, § 61 III; *Zimmermann*, § 867 Rdn. 14; *Zöller/Stöber*, § 867 Rdn. 20; **a. A.** (§ 766 ZPO) *Habermeier*, a. a. O., S. 106; *Weiß*, DNotZ 1985, 524; **differenzierend** *Baumbach/Lauterbach/Hartmann*, § 867 Rdn. 18 f.
85 Vergl. die ähnlichen Überlegungen bei § 848 Rdn. 13; siehe ferner § 766 Rdn. 3. Zur streitigen Frage, ob § 11 RPflG modifiziert durch § 71 Abs. 2 GBO oder § 71 Abs. 2 GBO ohne § 11 RPflG der richtige Weg sei, vergl. *Bassenge/Herbst*, § 11 RPflG Rdn. 9.
86 Vergl. OLG Köln, Rpfleger 1996, 189.

der Klage nach § 767 ZPO geltend machen. Ein obsiegendes Urteil erbringt den Nachweis, daß die Eintragung als Fremdhypothek gem. § 868 ZPO unrichtig geworden ist (§ 22 GBO). Der Schuldner kann die Umschreibung der Hypothek in eine Eigentümergrundschuld verlangen.

26  3. **Rechtsbehelfe eines Dritten:** Ein Dritter, dessen Grundstück zu Unrecht mit einer Zwangshypothek belastet wurde, kann mit der Klage gem. § 771 ZPO hiergegen vorgehen.[87] Allein durch die Eintragung der Zwangshypothek ist die Vollstreckung noch nicht beendet (Rdn. 20a), so daß die Drittwiderspruchsklage noch zulässig ist. Durch Vorlage eines obsiegenden Urteils kann er erreichen, daß gegen die Hypothek ein Amtswiderspruch eingetragen wird, solange der Schuldner noch fälschlicherweise als Eigentümer des Grundstücks eingetragen ist. Nach seiner Eintragung als Grundstückseigentümer kann er die Umschreibung der Hypothek in eine Eigentümergrundschuld durchsetzen.

27  **VII. Gebühren:** Die Eintragung der Zwangshypothek löst gem. § 62 Abs. 1 KostO eine volle Gerichtsgebühr (§ 32 KostO) aus. Für den die Eintragung betreibenden Rechtsanwalt stellt dieses Verfahren eine besondere, durch die allgemeine Vollstreckungsgebühr nicht abgegoltene Angelegenheit dar (§ 58 Abs. 3 Nr. 6 BRAGO).

28  **VIII. ArbGG, VwGO, AO:** Siehe Vor §§ 864–871 Rdn. 8.

---

87 Siehe auch oben Rdn. 20; vergl. ferner *Brox/Walker*, Rdn. 1044; *Rosenberg/Schilken*, § 69 III 2.

## § 868 Erwerb der Zwangshypothek durch den Eigentümer des Grundstücks

(1) Wird durch eine vollstreckbare Entscheidung die zu vollstreckende Entscheidung oder ihre vorläufige Vollstreckbarkeit aufgehoben oder die Zwangsvollstreckung für unzulässig erklärt oder deren Einstellung angeordnet, so erwirbt der Eigentümer des Grundstücks die Hypothek.

(2) Das gleiche gilt, wenn durch eine gerichtliche Entscheidung die einstweilige Einstellung der Vollstreckung und zugleich die Aufhebung der erfolgten Vollstreckungsmaßregeln angeordnet wird oder wenn die zur Abwendung der Vollstreckung nachgelassene Sicherheitsleistung oder Hinterlegung erfolgt.

### Inhaltsübersicht

|  |  | Rdn. |
|---|---|---|
| I. | Zweck der Norm | 1 |
| II. | Umwandlung der Zwangshypothek in eine Eigentümergrundschuld | 2 |
|  | 1. Aufhebung des Vollstreckungstitels | 3 |
|  | 2. Aufhebung der dem Kostenfestsetzungsbeschluß zugrundeliegenden Kostenentscheidung | 4 |
|  | 3. Nachträgliche Gestattung der Vollstreckungsabwendung | 5 |
|  | 4. Zeitpunkt der Umwandlung | 6 |
| III. | Berichtigung des Grundbuches | 7 |
| IV. | ArbGG, VwGO, AO | 8 |

Literatur: Siehe die Nachweise zu § 866.

**I. Zweck der Norm:** Die Zwangshypothek ist eine bürgerlich-rechtliche Hypothek, für deren **Entstehung** neben dem Bestand der zu sichernden Forderung und der Zugehörigkeit des Grundstücks zum Schuldnervermögen als bürgerlich-rechtlichen Entstehungsvoraussetzungen auch das Vorliegen der allgemeinen und besonderen Vollstreckungsvoraussetzungen erforderlich ist.[1] Diese Verbindung von materiellem Recht und Vollstreckungsrecht bleibt auch für den **Fortbestand** der Hypothek von Bedeutung: Erlischt nachträglich die durch die Hypothek gesicherte titulierte Forderung, so erwirbt der Grundstückseigentümer die Hypothek (§ 1163 Abs. 1 BGB), die hierdurch zur Eigentümergrundschuld wird (§ 1177 BGB). Insoweit bedurfte es keiner Regelung in der ZPO. Das BGB enthält aber keine Aussagen darüber, welche Folgen für den Fortbestand der Zwangshypothek der nachträgliche Fortfall der zwingenden Vollstreckungsvoraussetzungen hat. Insoweit bedurfte es einer ergänzenden Regelung in der ZPO. Dies ist die Aufgabe des § 868 ZPO. Er ist also die notwendige vollstreckungsrechtliche **Ergänzung** zu § 1163 Abs. 1 BGB. 1

**II. Umwandlung der Zwangshypothek in eine Eigentümergrundschuld:** Die Zwangshypothek wandelt sich gem. **Abs. 1** und **Abs. 2** in Verbindung jeweils mit 2

---

1 Einzelheiten: § 867 Rdn. 18 und 20.

§ 1177 BGB nachträglich in eine Eigentümergrundschuld, wenn entweder
- a) der Vollstreckungstitel durch eine ihrerseits vollstreckbare Entscheidung (zumindest vorläufig vollstreckbares Urteil oder Beschluß i. S. v. § 794 Abs. 1 Nr. 3 ZPO) aufgehoben wird oder
- b) die vorläufige Vollstreckbarkeit des Titels nachträglich aufgehoben oder
- c) die Zwangsvollstreckung aus ihm für unzulässig erklärt oder
- d) endgültig eingestellt worden oder
- e) einstweilen eingestellt und zugleich die Aufhebung der erfolgten Vollstreckungsmaßregeln angeordnet worden oder
- f) die dem Schuldner zur Abwendung der Vollstreckung nachgelassene Sicherheitsleistung oder Hinterlegung erfolgt ist. Im einzelnen:

3  **1. Aufhebung des Vollstreckungstitels:** Wird das Urteil, in dessen Vollstreckung die Zwangshypothek eingetragen worden war, durch zumindest vorläufig vollstreckbares Urteil derselben Instanz (z. B. das Versäumnisurteil auf Einspruch hin) oder einer höheren Instanz (z. B. auf die Berufung oder Revision hin) aufgehoben oder inhaltlich dergestalt abgeändert, daß der bisherige vollstreckbare Anspruch entfällt, so wandelt sich die Zwangshypothek in eine Eigentümergrundschuld, und zwar automatisch und bereits im Zeitpunkt der Verkündung der aufhebenden (abändernden) Entscheidung. Sie steht (sonst würde es sich auch nicht um eine Eigentümergrundschuld handeln) dem Eigentümer des Grundstücks im Zeitpunkt der Verkündung der aufhebenden Entscheidung zu, nicht etwa dem Eigentümer zur Zeit der Eintragung der Zwangshypothek, falls zwischenzeitlich ein Eigentümerwechsel stattgefunden hat. Die Eigentümergrundschuld wandelt sich nicht zurück in eine (Fremd-)Zwangshypothek, falls das aufhebende (oder abändernde) Urteil seinerseits in der nächsten Instanz aufgehoben und das ursprüngliche Urteil wiederhergestellt wird.[2] Der Gläubiger muß entweder erneut die Eintragung einer Zwangshypothek erwirken, dann aber nur mit dem jetzt nächstbereiten Rang, oder, um sich den Rang der Eigentümergrundschuld nutzbar zu machen, in diese gem. § 857 ZPO[3] vollstrecken.[4] In einem solchen Fall besteht auch kein Bereicherungsanspruch des Gläubigers aus § 717 Abs. 3 ZPO gegen den Schuldner dahingehend, daß er ihm die Eigentümergrundschuld abtritt.[5]

4  **2. Aufhebung der dem Kostenfestsetzungsbeschluß zugrundeliegenden Kostenentscheidung:** Ist der Titel, in dessen Vollstreckung die Zwangshypothek eingetragen worden war, ein Kostenfestsetzungsbeschluß (§§ 104, 794 Abs. 1 Nr. 2 ZPO), so tritt deren Umwandlung in eine Eigentümergrundschuld gem. Abs. 1 und Abs. 2 nicht nur dann ein, wenn der Kostenfestsetzungsbeschluß selbst abgeändert, aufgehoben, die Zwangsvollstreckung aus ihm für unzulässig erklärt oder eingestellt wird, sondern auch, wenn der Titel, der die dem Kostenfestsetzungsbeschluß zugrundeliegende Kostenentscheidung enthält, aufgehoben oder hinsichtlich der Kostenentscheidung (z. B. auf eine Beschwerde nach § 99 Abs. 2 ZPO hin) abgeändert wird oder wenn die in diesem Titel zur Abwendung der Vollstreckung nachgelassene Sicherheit geleistet wurde.

2 BGH, MDR 1976, 830.
3 OLG Köln, NJW 1960, 440.
4 Zur Durchführung der Vollstreckung gem. § 857 ZPO siehe dort Rdn. 19.
5 BGH, MDR 1971, 378; 1976, 830.

**3. Nachträgliche Gestattung der Vollstreckungsabwendung:** Ein Fall der nachträglichen Aufhebung der vorläufigen Vollstreckbarkeit ist gegeben, wenn im Verfahren gem. § 718 ZPO einem erstinstanzlich zurückgewiesenen Antrag gem. § 712 Abs. 1 S. 2, 1. Alt. ZPO stattgegeben wird.[6]    5

**4. Zeitpunkt der Umwandlung:** Auch in den oben unter c) bis f) dargestellten Fällen[7] tritt die Wirkung der Umwandlung in eine Eigentümergrundschuld jeweils bereits mit dem Wirksamwerden der aufhebenden oder einstellenden Entscheidung bzw. mit Erbringung der Sicherheitsleistung ein, nicht erst mit deren Nachweis gegenüber dem Grundbuchamt. Das Grundbuch ist also auch dann unrichtig, wenn der Schuldner von sich aus nichts unternimmt.    6

**III. Berichtigung des Grundbuchs:** Der Schuldner bedarf zur Berichtigung des Grundbuchs (Eintragung der Eigentümergrundschuld) gem. § 22 Abs. 1 GBO nicht der Bewilligung durch den Gläubiger gem. § 19 GBO, wenn er durch Vorlage einer Ausfertigung der aufhebenden, abändernden Entscheidung oder durch den Nachweis in öffentlicher oder öffentlich beglaubigter Urkunde, daß er die ihm zur Abwendung der Vollstreckung nachgelassene Sicherheitsleistung erbracht hat, die Unrichtigkeit des Grundbuches beweist. Deshalb fehlt für eine auf Erteilung der Berichtigungsbewilligung gerichtete Klage des Schuldners gegen den Gläubiger das Rechtsschutzbedürfnis, wenn dem Schuldner aufgrund der ihm vorliegenden oder von ihm jederzeit beschaffbaren Urkunden dieser Nachweis ohne jeden Zweifel möglich ist.[8]    7

Ist die Eigentümergrundschuld nicht gem. § 868 ZPO, sondern nach Befriedigung des Gläubigers aufgrund freiwilliger Zahlung der titulierten Schuld bzw. deren zwangsweiser Beitreibung im Wege der Vollstreckung gem. §§ 1163, 1177 BGB entstanden, so kann der Schuldner den Nachweis der Unrichtigkeit des Grundbuches nicht allein dadurch führen, daß er den ihm vom Gläubiger oder vom Vollstreckungsorgan nach Beendigung der Zwangsvollstreckung ausgehändigten Vollstreckungstitel dem Grundbuchamt vorlegt.[9] In diesem Falle benötigt er vielmehr zusätzlich die Bewilligung durch den Gläubiger gem. § 19 GBO.

Die Kosten der Umschreibung der Zwangshypothek in eine Eigentümergrundschuld hat der Grundstückseigentümer zu tragen.

**IV. ArbGG, VwGO, AO:** Siehe Vor §§ 864-871 Rdn. 8. In der Abgabenvollstreckung ist die Anwendung des § 888 ZPO gem. § 322 Abs. 1 S. 3 AO teilweise ausgeschlossen.    8

---

6   Zur Frage, ob ein in erster Instanz vergessener Antrag nach § 712 Abs. 1 S. 2 ZPO mit einem Antrag gem. § 718 ZPO auch noch zweitinstanzlich nachgeholt werden kann, vergl. § 714 Rdn. 2.
7   Siehe Rdn. 2.
8   OLG Zweibrücken, MDR 1967, 840.
9   BayObLG, Rpfleger 1980, 347 f.

§ 869 Zwangsversteigerung und Zwangsverwaltung

Die Zwangsversteigerung und die Zwangsverwaltung werden durch ein besonderes Gesetz geregelt.

Literatur: Kommentare und Handbücher zum ZVG siehe Vor §§ 864–871.

1 **I. Verhältnis zwischen ZPO und ZVG:** Daß das **Gesetz über die Zwangsversteigerung und die Zwangsverwaltung** vom 24. 3. 1897,[1] in der Fassung der Bekanntmachung vom 20. 5. 1898,[2] nicht in die ZPO unmittelbar integriert ist, hat allein geschichtliche Gründe: Im Zuge der Rechtsvereinheitlichung nach der Reichsgründung von 1871 konnte die Zivilprozeßordnung im übrigen schneller fertiggestellt werden[3] als die Vorschriften über die Zwangsversteigerung und Zwangsverwaltung, da zunächst das zersplitterte Liegenschaftsrecht vereinheitlicht werden mußte. Diese Aufgabe leistete erst das BGB vom 18. 8. 1896. Durch § 869 ZPO sollte aber von vornherein klargestellt werden, daß das ZVG einen Bestandteil der ZPO bildet.[4] Die ZPO findet deshalb auf das Zwangsversteigerungs- und Zwangsverwaltungsverfahren uneingeschränkt Anwendung, soweit nicht das ZVG im Einzelfall ausdrückliche abweichende Regelungen enthält.[5] Das gilt nicht nur für die Regelungen im 8. Buch der ZPO (allgemeine und besondere Voraussetzungen der Zwangsvollstreckung, Rechtsbehelfe, Kosten der Zwangsvollstreckung usw.), sondern auch für die allgemeinen Verfahrensregeln (z. B. Prozeßkostenhilfe, § 139 ZPO, Regeln über die Prozeß- und Parteifähigkeit, über die Prozeßbevollmächtigten, über die Bewirkung von Zustellungen usw.).

2 **II. Anwendbarkeit der ZPO in allen ZVG-Verfahren:** Auch in den Verfahren nach dem ZVG, die mit Zwangsvollstreckung im eigentlichen Sinne nichts zu tun haben (§§ 172 ff. ZVG), gelten über § 869 ZPO die übrigen Regeln der ZPO ergänzend, obwohl die Verfahren von ihrer Materie her teilweise dem FGG näherstehen (so §§ 180–184 ZVG).

3 **III. ArbGG, VwGO, AO:** Siehe Vor §§ 864–871 Rdn. 8.

---

1 RGBl. S. 97.
2 RGBl. S. 713.
3 30. 1. 1877, RGBl. S. 83.
4 OLG Frankfurt, Rpfleger 1977, 66 und Rpfleger 1983, 36.
5 Siehe auch Vor §§ 864–871 Rdn. 1.

§ 870 Grundstücksgleiche Rechte

Auf die Zwangsvollstreckung in eine Berechtigung, für welche die sich auf Grundstücke beziehenden Vorschriften gelten, sind die Vorschriften über die Zwangsvollstreckung in Grundstücke entsprechend anzuwenden.

Der Zwangsvollstreckung in das unbewegliche Vermögen unterliegen gem. § 864 Abs. 1 ZPO auch grundstücksgleiche Rechte.[1] § 870 ZPO stellt klar, daß alle drei möglichen Formen der Zwangsvollstreckung in Grundstücke auch bei der Zwangsvollstreckung in grundstücksgleiche Rechte möglich sind. Soweit in den einschlägigen Sondergesetzen, z. B. der ErbbauVO, keine abweichenden Regeln enthalten sind,[2] gelten hinsichtlich der Durchführung der drei Vollstreckungsarten die Vorschriften über die Zwangsvollstreckung in Grundstücke entsprechend.

1

---

1 Zum Begriff siehe § 864 Rdn. 3.
2 Siehe Vor §§ 864–871 Rdn. 2.

§ 870 a  Zwangsvollstreckung in Schiff oder Schiffsbauwerk

(1) Die Zwangsvollstreckung in ein eingetragenes Schiff oder in ein Schiffsbauwerk, das im Schiffsbauregister eingetragen ist oder in dieses Register eingetragen werden kann, erfolgt durch Eintragung einer Schiffshypothek für die Forderung oder durch Zwangsversteigerung.
(2) § 866 Abs. 2, 3, § 867 gelten entsprechend.
(3) [1]Wird durch eine vollstreckbare Entscheidung die zu vollstreckende Entscheidung oder ihre vorläufige Vollstreckbarkeit aufgehoben oder die Zwangsvollstreckung für unzulässig erklärt oder deren Einstellung angeordnet, so erlischt die Schiffshypothek; § 57 Abs. 3 des Gesetzes über Rechte an eingetragenen Schiffen und Schiffsbauwerken vom 15. November 1940 (Reichsgesetzbl. I S. 1499) ist anzuwenden. [2]Das gleiche gilt, wenn durch eine gerichtliche Entscheidung die einstweilige Einstellung der Zwangsvollstreckung und zugleich die Aufhebung der erfolgten Vollstreckungsmaßregeln angeordnet wird oder wenn die zur Abwendung der Vollstreckung nachgelassene Sicherheitsleistung oder Hinterlegung erfolgt.

Inhaltsübersicht

| | | Rdn. |
|---|---|---|
| I. | Anwendungsbereich der Norm | 1 |
| II. | Durchführung der Vollstreckung | 2 |
| III. | Erlöschen der Schiffshypothek (Abs. 3) | 3 |
| IV. | Gebühren | 4 |
| V. | ArbGG, VwGO, AO | 5 |

1 I. **Anwendungsbereich der Norm:** Die Vorschrift gilt nur für eingetragene Schiffe und zwar für Schiffe i. S. v. § 3 Abs. 2 SchiffsRegO[1] sowie für Binnenschiffe i. S. v. § 3 Abs. 3 SchiffsRegO. Nichteingetragene Schiffe werden wie bewegliche Sachen gem. §§ 808 ff. ZPO gepfändet. Wie die eingetragenen Schiffe selbst werden auch die Miteigentumsanteile an ihnen behandelt; sie unterliegen also nicht der Pfändung gem. § 857 ZPO, sondern der Vollstreckung entsprechend § 870 a Abs. 1 ZPO.[2] Für die im Bau befindlichen Schiffe nach § 3 Abs. 2, 3 SchiffsRegO gilt § 870 a Abs. 1 ZPO unabhängig davon, ob eine Eintragung im Schiffsbauregister (§§ 65 ff. SchiffsRegO) erfolgt ist.

2 II. **Durchführung der Vollstreckung:** Die Vollstreckung in ein eingetragenes Schiff oder ein eingetragenes bzw. eintragungsfähiges Schiffsbauwerk erfolgt ausschließlich durch Eintragung einer Schiffshypothek oder durch Zwangsversteigerung; Zwangsverwaltung ist dagegen unzulässig. Die Eintragung ist gleichzeitig Vollstreckungsakt und Akt der freiwilligen Gerichtsbarkeit. Deshalb muß das Registergericht ebenso wie das Grundbuchamt bei § 867 ZPO (siehe § 867 Rdn. 1) auch die Voraussetzungen der Zwangsvollstreckung prüfen.[3] Gegen die Versagung der Eintragung ist die unbefristete

---
1 Vom 26.5.1951, BGBl. I, 360.
2 LG Würzburg, JurBüro 1977, 1289.
3 BayObLG, KTS 1991, 624 f.

Beschwerde nach § 75 Abs. 1 SchiffsRegO gegeben. Hinsichtlich der Zwangsversteigerung von Schiffen und Schiffsbauwerken enthalten die §§ 162–171 ZVG Sonderregelungen gegenüber der Zwangsversteigerung von Grundstücken.

**III. Erlöschen der Schiffshypothek (Abs. 3):** Abs. 3 enthält eine den § 868 ZPO verdrängende Sonderregelung: Entfällt der Vollstreckungstitel, wird seine Vollstreckbarkeit aufgehoben, die Zwangsvollstreckung aus ihm für unzulässig erklärt oder eingestellt, entsteht keine Eigentümerschiffshypothek, die Schiffshypothek erlischt vielmehr. Sie ist dann im Schiffsregister zu löschen. Wird die aufhebende, einstellende usw. Entscheidung ihrerseits später wieder aufgehoben und die ursprüngliche Entscheidung wiederhergestellt, so lebt die Hypothek, auch wenn ihre Löschung im Register noch nicht vollzogen war, nicht wieder auf; der Gläubiger muß vielmehr erneut an nächstbereiter Stelle die Eintragung einer neuen Schiffshypothek bewirken. 3

Kostenschuldner der Löschung der Schiffshypothek aufgrund des Abs. 3 ist der Schiffseigner. Ist er der Vollstreckungsschuldner, kann er gegebenenfalls nach § 717 ZPO vom Gläubiger Ersatz verlangen.

**IV. Gebühren:** Siehe § 867 Rdn. 27. Allerdings wird für die Eintragung der Schiffshypothek gem. § 84 Abs. 3 KostO nur ein Viertel der vollen Gebühr nach §§ 62 Abs. 1, 32 KostO erhoben. 4

**V. ArbGG, VwGO, AO:** Siehe Vor §§ 864–871 Rdn. 8. In der Abgabenvollstreckung ist die Anwendung des § 870 a ZPO gem. § 322 Abs. 1 S. 3 ZPO teilweise ausgeschlossen. 5

## § 871 Landesrechtlicher Vorbehalt bei Eisenbahnen

Unberührt bleiben die landesgesetzlichen Vorschriften, nach denen, wenn ein anderer als der Eigentümer einer Eisenbahn oder Kleinbahn den Betrieb der Bahn kraft eigenen Nutzungsrechts ausübt, das Nutzungsrecht und gewisse dem Betriebe gewidmete Gegenstände in Ansehung der Zwangsvollstreckung zum unbeweglichen Vermögen gehören und die Zwangsvollstreckung abweichend von den Vorschriften des Bundesrechts geregelt ist.

1 Die Vorschrift trägt dem Art. 112 EGBGB Rechnung. Da es kaum noch Eisenbahn- oder Kleinbahnunternehmen in privater Trägerschaft aufgrund landesrechtlicher Regelung gibt, hat sie derzeit keine praktische Bedeutung.

*Die Erlösverteilung bei Beteiligung mehrerer Gläubiger*     Vor §§ 872–882

Dritter Titel. Verteilungsverfahren

**Vorbemerkung vor §§ 872–882 ZPO: Die Erlösverteilung bei Beteiligung mehrerer Gläubiger am Vollstreckungsverfahren.**

**Inhaltsübersicht**

| | | Rdn. |
|---|---|---|
| | Literatur | |
| I. | Zweck des Verteilungsverfahrens | 1 |
| II. | Anwendungsbereich der §§ 872 ff. ZPO | 2 |
| III. | Rechtsbehelfe materiell berechtigter Dritter | 2a |
| IV. | Erlösverteilung nach der Zwangsversteigerung eines Grundstückes | 3 |
| V. | Verteilung der Überschüsse im Rahmen der Zwangsverwaltung | 3a |
| VI. | Auskehr des vom Drittschuldner hinterlegten Betrages | 4 |
| VII. | ArbGG, VwGO, AO | 5 |

**Literatur:** *Fritz,* Die außergerichtliche Verteilung des Versteigerungserlöses, SchlHA 1972, 130; *Groß,* Das Verteilungsverfahren, JurBüro 1956, 445; *Hantke,* Rangverhältnis und Erlösverteilung bei der gleichzeitigen Pfändung durch den Gerichtsvollzieher für mehrere Gläubiger, DGVZ 1978, 105; *Lindner,* Das Verteilungsverfahren nach der Zivilprozeßordnung unter besonderer Berücksichtigung der Widerspruchsklage, Diss. Erlangen 1959; *Martin,* Pfändungspfandrecht und Widerspruchsklage im Verteilungsverfahren. Probleme der richtigen Erlösverteilung in der Mobiliarvollstreckung, Bielefeld 1963; *Münzberg,* Verteilungsverfahren und Erinnerung nach § 766 ZPO, Rpfleger 1986, 252; *Naendrup,* Gläubigerkonkurrenz bei fehlerhaften Zwangsvollstreckungsakten, ZZP 1972, 311; *Pagenstecher,* Prozeßprobleme, Beiträge zum Zivilprozeß, 1930, S. 1–75: Zur Rangordnung im Verteilungsverfahren; *Pappenheim,* Rangstreitigkeiten im Verteilungsverfahren nach der Zivilprozeßordnung, 1931; *Riggers,* Verteilungsverfahren nach §§ 872 ff. ZPO trotz Zusammentreffens von Pfändungen mit Abtretungen, JurBüro 1968, 667; *H. Schneider,* Das zivilprozessuale Verteilungsverfahren (§§ 872 ff. ZPO) sowie das Verfahren nach § 13 der Hinderlegungsordnung, DAVorm. 1982, 517; *Wieser,* Das Verteilungsverfahren als Zwangsvollstreckung, ZZP 1990, 171.

**I. Zweck des Verteilungsverfahrens:** Ein und derselbe bewegliche Gegenstand kann   1
für mehrere Gläubiger gepfändet werden, und zwar gleichzeitig[1] oder hintereinander
(§ 826 ZPO); Gleiches gilt für einen Anspruch auf Herausgabe einer beweglichen Sache oder für eine Geldforderung. An der Zwangsversteigerung oder Zwangsverwaltung
eines Grundstücks können mehrere Gläubiger beteiligt sein. Neben den Vollstreckungsgläubigern können noch Dritte auf den Versteigerungserlös beweglicher Sachen
oder von Grundstücken, auf gepfändetes Geld oder gepfändete Geldforderungen
oder auf die Erträge einer Zwangsverwaltung Anspruch erheben. Sind sich in allen diesen Fällen der Schuldner und alle, die Ansprüche erheben, über die Verteilung des Geldes einig, ergeben sich keine Schwierigkeiten: Der Gerichtsvollzieher, der Rechtspfleger des Versteigerungsgerichts oder der Zwangsverwalter nehmen die Verteilung

---

1 Siehe hierzu § 804 Rdn. 3 und § 826 Rdn. 2.

entsprechend dem allgemeinen Einverständnis unmittelbar vor. Hatte der Drittschuldner einer Geldforderung hinterlegt und bewilligen alle Beteiligten übereinstimmend eine bestimmte Art und Weise der Auszahlung, so zahlt die Hinterlegungsstelle entsprechend aus. Ist aber in den genannten Fällen eine Einigung aller Beteiligten nicht zu erzielen, bedarf es jeweils eines besonderen Verfahrens, um die Rangfolge der Berechtigungen festzulegen. Die ZPO bietet nicht für alle genannten Fälle ein einheitliches Verfahren an, an dem alle Anspruchsteller, gleich ob Vollstreckungsgläubiger oder sonstige Berechtigte, sich beteiligen könnten. Der einzuschlagende Weg ist vielmehr unterschiedlich, zum einen, je nachdem welche Anspruchsteller miteinander konkurrieren, zum anderen, aus welcher Art von Zwangsvollstreckung der Erlös stammt, um den der Streit entbrannt ist. U. U. sind mehrere unterschiedliche Verfahren neben- und nacheinander erforderlich, ehe der Erlös aus einer Vollstreckungsmaßnahme zutreffend verteilt werden kann. Im einzelnen:

2    **II. Anwendungsbereich der §§ 872 ff. ZPO:** Die §§ 872 ff. ZPO regeln das Verfahren ausschließlich unter mehreren beteiligten **Vollstreckungsgläubigern** für den Fall, daß entweder der Gerichtsvollzieher im Falle der Vollstreckung in eine **bewegliche Sache** den Erlös nach §§ 827 Abs. 2, 3, 854 Abs. 2, 3 ZPO oder im Falle der Forderungspfändung der Drittschuldner nach § 853 ZPO den Erlös bzw. den Schuldbetrag hinterlegt haben.

2 a    **III. Rechtsbehelfe materiell berechtigter Dritter:** Berühmt ein Dritter sich gegenüber einem Vollstreckungsgläubiger auf Grund materiellen Rechts eines »die Veräußerung hindernden Rechts«[2] am Erlös aus der Verwertung eines Vollstreckungsgegenstandes (gleichgültig, ob aus dem beweglichen oder unbeweglichen Vermögen), so muß er Klage nach § 771 ZPO erheben, solange der Erlös noch nicht an den Vollstreckungsgläubiger ausgekehrt ist; danach kann er noch Ausgleichsansprüche aus ungerechtfertigter Bereicherung geltend machen.[3] Berühmt er sich auf Grund materiellen Rechts eines Rechts auf »vorzugsweise Befriedigung« aus dem Vollstreckungserlös, muß er Klage nach § 805 ZPO erheben. Das gilt auch dann, wenn sich neben dem Dritten noch mehrere Vollstreckungsgläubiger, die auf ein und dieselbe bewegliche Sache zugegriffen haben, um den Vorrang streiten: Während die Vollstreckungsgläubiger ihr Rangverhältnis untereinander nach §§ 872 ff. ZPO klären, muß der Dritte seinen Vorrang nach § 805 ZPO erstreiten.[4] Es drängt sich auf, daß dieses Verfahren bei einer künftigen Reform des Vollstreckungsrechts vereinfacht werden könnte.

3    **IV. Erlösverteilung nach der Zwangsversteigerung eines Grundstückes:** Für die **Erlösverteilung** nach der Zwangsversteigerung eines **Grundstückes** regeln die §§ 105 ff. ZVG ein eigenständiges Verfahren. An ihm nehmen im Gegensatz zum Verteilungsverfahren nach §§ 872 ff. ZPO nicht nur die Vollstreckungsgläubiger teil, sondern alle Beteiligten i. S. des § 9 ZVG,[5] darüber hinaus der Ersteher und neben ihm in den Fällen des § 81 Abs. 2 und 3 ZVG auch der Meistbietende, ferner im Falle des § 69 ZVG der

---

2   Zum Begriff siehe § 771 Rdn. 13.
3   Zu dieser Möglichkeit siehe Anh. § 771 Rdn. 2.
4   Kritisch zu dieser Aufspaltung *Bruns/Peters*, § 27 II 1.
5   Siehe hierzu *Rosenberg/Schilken*, § 61 IV 2 und 3.

für mithaftend erklärte Bürge, schließlich der Schuldner. Dieses Verteilungsverfahren findet darüber hinaus immer von Amts wegen statt, nicht nur, wenn der Erlös beim Streit mehrerer Anspruchsberechtigter hinterlegt wurde. Es entfällt nur ausnahmsweise dann, wenn alle Beteiligten ausdrücklich auf seine Durchführung verzichten und dem Gericht ihre Einigung durch öffentliche oder öffentlich beglaubigte Urkunden nachweisen (Einzelheiten: §§ 143–145 ZVG).

**V. Verteilung der Überschüsse im Rahmen der Zwangsverwaltung:** Hinsichtlich der Verteilung der Überschüsse der im Rahmen der Zwangsverwaltung gezogenen Nutzungen regeln die §§ 155–160 ZVG ein gesondertes Verfahren. Auch an diesem Verfahren nehmen nicht nur die Vollstreckungsgläubiger teil (§§ 155, 156 ZVG). 3a

**VI. Auskehr des vom Drittschuldner hinterlegten Betrages:** Hat der Drittschuldner einer gepfändeten Forderung den Schuldbetrag deshalb hinterlegt, weil neben dem Vollstreckungsgläubiger mehrere Dritte auf Grund materiellen Rechts (z. B. weil der Vollstreckungsschuldner die Forderung mehrfach abgetreten hatte) Ansprüche auf ihn geltend machten (§ 372 BGB), hat dann aber der Vollstreckungsgläubiger auf seine Rechte verzichtet oder wurde die Zwangsvollstreckung auf eine Klage nach § 771 ZPO für unzulässig erklärt, so müssen die Dritten ihren Rangstreit austragen, indem sie einander nach § 812 BGB auf Zustimmung gegenüber der Hinterlegungsstelle zur Auszahlung des Schuldbetrages in Anspruch nehmen (§ 13 Abs. 2 Nr. 2 HinterlO). 4

**VII. ArbGG, VwGO, AO:** Ein Verteilungsverfahren nach den §§ 872 ff. ZPO findet bei der Vollstreckung wegen Geldforderungen auch dann statt, wenn die Vollstreckung aus arbeitsgerichtlichen (vergl. §§ 62 Abs. 2, 85 Abs. 1 S. 3 ArbGG) oder aus verwaltungsgerichtlichen Titeln nach § 168 VwGO (vergl. § 167 VwGO) erfolgt. Für die Vollstreckung nach § 169 VwGO verweist § 5 VwVG auf die Abgabenordnung. § 308 Abs. 4, 5 AO sieht ebenfalls ein Verteilungsverfahren vor, für das die §§ 873 bis 882 ZPO gelten. 5

## § 872 Voraussetzungen

Das Verteilungsverfahren tritt ein, wenn bei der Zwangsvollstreckung in das bewegliche Vermögen ein Geldbetrag hinterlegt ist, der zur Befriedigung der beteiligten Gläubiger nicht hinreicht.

**Inhaltsübersicht**

|      |                                                              | Rdn. |
|------|--------------------------------------------------------------|------|
| I.   | Voraussetzungen des Verteilungsverfahrens                    | 1, 2 |
| II.  | Verhältnis des Verteilungsverfahrens zu anderen Rechtsbehelfen | 3   |
| III. | Rechtsbehelfe im Verteilungsverfahren                        | 4    |
| IV.  | Gebühren des Verteilungsverfahrens                           | 5    |
| V.   | ArbGG, VwGO, AO                                              | 6    |

1 **I. Voraussetzungen des Verteilungsverfahrens:** Ist in den Fällen der §§ 827 Abs. 2, 3, 853, 854 Abs. 2, 3 ZPO der Erlös bzw. der Schuldbetrag hinterlegt und die Hinterlegung dem in diesen Vorschriften bezeichneten Amtsgericht angezeigt worden, so eröffnet dieses (zuständig dort ist der Rechtspfleger, § 20 Nr. 17 RPflG) von Amts wegen, ohne daß es des Antrages eines der Gläubiger bedarf, das Verteilungsverfahren, wenn es feststellt, daß der hinterlegte Betrag zur Befriedigung der beteiligten Gläubiger nicht ausreicht. »Beteiligt« sind ausschließlich die **Vollstreckungsgläubiger**,[1] zu deren Gunsten der Gerichtsvollzieher bzw. der Drittschuldner die Hinterlegung vorgenommen hat. Gläubiger, die sich eines anderen Rechtes als eines Pfändungspfandrechts an dem hinterlegten Betrag berühmen, nehmen am Verteilungsverfahren nicht teil.[2] Zur »Befriedigung« der einzelnen Gläubiger erforderlich ist der Betrag, der zum Ausgleich der in der Vollstreckung geltend gemachten titulierten Hauptsumme nebst Zinsen, Verfahrenskosten und geltend gemachten Kosten der Zwangsvollstreckung benötigt wird. Ist der Versteigerungserlös bzw. der Schuldbetrag hinterlegt worden, obwohl der Betrag zur Befriedigung der beteiligten Gläubiger hinreicht, so genügt es zu seiner Auszahlung durch die Hinterlegungsstelle, wenn alle beteiligten Gläubiger die Auszahlung des jeweiligen Betrages an die einzelnen Gläubiger bewilligen (§ 13 Abs. 2 Nr. 1 HinterlO). Verweigert einer der Gläubiger die Bewilligung der Auszahlung,[3] so ist es nicht erforderlich, daß die anderen ihren Anspruch auf diese Bewilligung gegen ihn (§ 812 BGB) klageweise geltend machen. Das Verteilungsgericht kann vielmehr, wenn einer der Gläubiger es auf diesen Sachverhalt aufmerksam macht, die Auszahlung von sich aus – ohne Eröffnung des Verteilungsverfahrens – anordnen.[4] Eine solche Anordnung genügt dem § 13 Abs. 1 HinterlO.

---

1 »Vollstreckungsgläubiger« sind auch die Arrestgläubiger sowie diejenigen, die eine wirksame Vorpfändung ausgebracht haben, vergl. *Brox/Walker*, Rdn. 480.
2 Hinsichtlich der von diesen einzuschlagenden Verfahren siehe Vor §§ 872–882 Rdn. 2–4.
3 Im Falle einer Arrestpfändung: die Hinterlegung zugunsten des Arrestgläubigers (§ 930 Abs. 2 ZPO).
4 *Brox/Walker*, Rdn. 480; *Rosenberg/Schilken*, § 59 I 3.

Unterläßt der Gerichtsvollzieher nach der Hinterlegung die zur Eröffnung des Verteilungsverfahrens zwingend erforderliche **Anzeige** (§§ 827 Abs. 2, 954 Abs. 2 ZPO),[5] so kann jeder Gläubiger ihn mit der Erinnerung gem. § 766 ZPO hierzu anhalten lassen. Unterläßt der Drittschuldner bei der Hinterlegung die notwendige Anzeige, so wird er noch nicht von seiner Zahlungspflicht frei; es kann weiter gegen ihn aus der Überweisung vorgegangen werden.[6]

**II. Verhältnis des Verteilungsverfahrens zu anderen Rechtsbehelfen:** Liegen die Voraussetzungen zur Durchführung eines Verteilungsverfahrens vor, so ist dieses auch bis zur endgültigen Ausführung des Teilungsplanes die einzige zulässige Möglichkeit für die Vollstreckungsgläubiger, ihren Streit über das Rangverhältnis untereinander zu klären. In dieser Zeit wäre eine auf § 812 BGB gestützte Klage auf Zustimmung zur Auszahlung des hinterlegten Betrages durch die Hinterlegungsstelle oder auf Verzicht auf die durch die Hinterlegung erlangte Sperrposition unzulässig.[7] Die Eröffnung des Verteilungsverfahrens,[8] nicht erst die Eröffnung des Verteilungstermins,[9] beendet auch die Möglichkeit der beteiligten Gläubiger, Mängel der Vollstreckung durch einen vorrangigen Gläubiger selbständig mit der Erinnerung gem. § 766 ZPO anzugreifen. Mängel der Zwangsvollstreckung, die im Erinnerungsverfahren dazu führen würden, daß die Zwangsvollstreckung für unzulässig erklärt und das durch sie begründete Pfändungspfandrecht zum Erlöschen gebracht würde, müssen nunmehr mit dem Widerspruch geltend gemacht werden und führen, wenn der Widerspruch Erfolg hat, zur Nichtberücksichtigung des Rechts.[10]

**III. Rechtsbehelfe im Verteilungsverfahren:** Formelle Mängel des Verfahrens (Unzuständigkeit des Gerichts, das das Verfahren eröffnet; Nichtbeachtung der Fristen; Unterlassen der Ladung eines Beteiligten; Verweigerung der Ausführung des Teilungsplanes, obwohl die Frist zur Erhebung der Widerspruchsklage versäumt wurde; usw.) können von den beteiligten Gläubigern mit der befristeten Rechtspflegererinnerung (§ 11 Abs. 1 S. 2 RPflG) geltend gemacht werden.[11] Den gleichen Rechtsbehelf hat der Drittschuldner gegen die Weigerung des Rechtspflegers, eine auf § 853 ZPO beruhende Anzeige entgegenzunehmen.[12] Sachliche Mängel des Verteilungsplanes sind dagegen von dem durch sie betroffenen Gläubiger mit der Widerspruchsklage gem. § 878 Abs. 1 ZPO geltend zu machen. Die Möglichkeiten, das Verteilungsverfahren formell zu rügen und die vorgesehene Verteilung sachlich mit der Widerspruchsklage anzugrei-

---

5 LG Berlin, Rpfleger 1981, 453.
6 Siehe auch § 853 Rdn. 5.
7 Zur Möglichkeit, nach abgeschlossenem Verteilungsverfahren noch materiellrechtliche Ausgleichsansprüche geltend zu machen, siehe § 878 Rdn. 14.
8 Wie hier OLG Koblenz, DGVZ 1984, 59 und LG Koblenz, MDR 1983, 676; *Rosenberg/Schilken*, § 59 I 5; *Wieser*, ZZP 1990, 171, 180.
9 So aber *Münzberg*, Rpfleger 1986, 252.
10 Siehe auch § 878 Rdn. 9.
11 *Brox/Walker*, Rdn. 499; *Rosenberg/Schilken*, § 59 III 4 b; *Thomas/Putzo*, § 876 Rdn. 3; *Zöller/Stöber*, § 876 Rdn. 12; a. A. *Wieser*, ZZP 1990, 171, 177 (§ 766 ZPO, wenn Anhörung vorher nicht stattgefunden hat).
12 OLG Frankfurt, Rpfleger 1977, 184.

fen, stehen unabhängig nebeneinander.[13] Der Schuldner, der am Verteilungsverfahren mehr als eine Art Zuschauer teilnimmt, kann dennoch Verfahrensmängel (z. B. die Versäumnis, ihn rechtzeitig zum Verteilungstermin zu laden oder ihm den Teilungsplan vor dem Termin zur Stellungnahme zukommen zu lassen) mit der Vollstreckungserinnerung gem. § 766 ZPO geltend machen.[14] Will er die materielle Berechtigung eines Gläubigers rügen, im Verteilungsverfahren berücksichtigt zu werden, kann er dies nur mit der Vollstreckungsabwehrklage gem. § 767 ZPO tun. Dritte, die am Verteilungsverfahren nicht beteiligt sind, die aber anstelle oder vor einem der beteiligten Vollstreckungsgläubiger Anspruch auf die Verteilungsmasse erheben, müssen gem. § 771 ZPO bzw. § 805 ZPO klagen.[15] Die in einem solchen Verfahren gem. § 769 ZPO angeordnete einstweilige Einstellung der Zwangsvollstreckung hemmt den Fortgang des Verteilungsverfahrens.

5   IV. Gebühren des Verteilungsverfahrens: Für die Durchführung des Verteilungsverfahrens fällt gem. KV Nr. 1610 eine 5/10-**Gerichtsgebühr** an. Sie wird von der gesamten zur Verteilung anstehenden Masse (Hinterlegungssumme zuzüglich aufgelaufener Hinterlegungszinsen) berechnet. Die Gebühr deckt alle Gerichtstätigkeiten im Verteilungsverfahren als solche ab. Sie wird gem. § 874 Abs. 2 ZPO vom Gericht vorab aus der zu verteilenden Masse entnommen. Der **Rechtsanwalt** erhält gem. § 60 BRAGO eine 5/10-Gebühr für die Vertretung im Verteilungsverfahren; die Gebühr ermäßigt sich auf 3/10, falls der Auftrag sich vor Durchführung des Verteilungstermins erledigt. Der Gegenstandswert wird durch den Betrag der Forderung bestimmt, den der Gläubiger geltend macht, bzw. durch den Wert der zu verteilenden Masse, wenn dieser niedriger ist (vergl. § 57 Abs. 2 S. 1, 4 BRAGO). »Forderung« ist nicht nur die titulierte Hauptforderung, sondern der gesamte Betrag, den der Gläubiger aus der zu verteilenden Masse beansprucht.

Rechtsbehelfe im Verteilungsverfahren und die Durchführung der Widerspruchsklage sind durch die vorstehend genannten Gebühren nicht mitabgegolten. Für sie entstehen Gerichts- und Rechtsanwaltsgebühren nach den allgemeinen Grundsätzen.

6   V. ArbGG, VwGO, AO: Siehe Vor §§ 872–882 Rdn. 5. Für die Abgabenvollstreckung sind die Voraussetzungen für die Durchführung eines Verteilungsverfahrens in § 308 Abs. 4, 5 AO geregelt.

---

13 OLG Köln, MDR 1969, 401.
14 *Brox/Walker*, Rdn. 499.
15 *Brox/Walker*, Rdn. 499.

## § 873 Aufforderung zur Berechnung der Forderungen

Das zuständige Amtsgericht (§§ 827, 853, 854) hat nach Eingang der Anzeige über die Sachlage an jeden der beteiligten Gläubiger die Aufforderung zu erlassen, binnen zwei Wochen eine Berechnung der Forderung an Kapital, Zinsen, Kosten und sonstigen Nebenforderungen einzureichen.

**Inhaltsübersicht**

| | | Rdn. |
|---|---|---|
| I. | Verteilungsgericht | 1 |
| II. | Aufforderung zur Berechnung der Forderung | 2 |
| III. | Versäumung der Zwei-Wochen-Frist | 3 |
| IV. | Fehlerhafte Berechnung und Nichtberücksichtigung der Frist | 4 |
| V. | ArbGG, VwGO, AO | 5 |

**I. Verteilungsgericht:** Das in §§ 827 Abs. 2 S. 1, 853, 854 Abs. 2 S. 1 ZPO genannte Gericht, an das der Gerichtsvollzieher bzw. der Drittschuldner die Anzeige der Hinterlegung zu richten haben, ist auch das für die Durchführung des Verteilungsverfahrens ausschließlich (§ 802 ZPO) zuständige **Verteilungsgericht**. Es wird durch den Rechtspfleger tätig (§ 20 Nr. 17 RPflG). 1

**II. Aufforderung zur Berechnung der Forderung:** Der Rechtspfleger wird, sobald die Anzeige bei ihm eingeht, von Amts wegen tätig. Er erläßt an alle aus der Anzeige ersichtlichen beteiligten Gläubiger die Aufforderung, binnen zwei Wochen eine Berechnung ihrer Forderung, wegen der sie die Vollstreckungsmaßnahme, die zur Hinterlegung geführt hat, betrieben haben, bei ihm einzureichen. Die Berechnung muß die Hauptforderung, die Zinsen, Kosten und sonstigen Nebenforderungen getrennt ausweisen. Ihr müssen, obwohl § 873 ZPO dies nicht ausdrücklich erwähnt, die die Berechnung tragenden Unterlagen beigefügt sein, soweit sie nicht bereits dem Gerichtsvollzieher übergeben worden sind und von diesem seiner Anzeige beigefügt waren. Die Aufforderung ist den Gläubigern gem. § 329 Abs. 2 S. 2 ZPO zuzustellen. Die Gläubiger können der Aufforderung sowohl schriftlich als auch zu Protokoll der Geschäftsstelle nachkommen. 2

**III. Versäumung der Zwei-Wochen-Frist:** Die Versäumung der Zwei-Wochen-Frist führt nicht dazu, daß die Forderung gar nicht berücksichtigt würde. Geht die Berechnung nach Fristablauf, aber bevor der Rechtspfleger den Teilungsplan ausgearbeitet hat, ein, ist sie noch uneingeschränkt für den Teilungsplan auszuwerten. Geht sie allerdings erst nach Anfertigung des Planes ein, so gilt § 874 Abs. 3 ZPO: Im Plan wird nur das berücksichtigt, was sich aus der Anzeige und den dieser beigefügten Unterlagen ergibt. Der Plan wird nicht nachträglich ergänzt. Sieht sich ein Gläubiger von vornherein nicht in der Lage, die Zwei-Wochen-Frist einzuhalten, kann ihm keine Fristverlängerung bewilligt werden (§ 224 Abs. 2 ZPO). 3

**IV. Fehlerhafte Berechnung und Nichtberücksichtigung der Frist:** Die fehlerhafte Berechnung der Frist durch den Rechtspfleger und ihre Nichtberücksichtigung im wei- 4 teren Verfahrensverlauf sind Verfahrensfehler, die alle beteiligten Gläubiger mit der befristeten Rechtspflegererinnerung (§ 11 Abs. 1 S. 2 RPflG) rügen können.

5 **V. ArbGG, VwGO, AO:** Siehe Vor §§ 872–882 Rdn. 5. Die Zuständigkeit des Amtsgerichts ist auch in der Abgabenvollstreckung gegeben (§ 308 Abs. 4 S. 3 AO) sowie in der Vollstreckung nach § 5 VwVG, der auf die AO verweist.

## § 874 Erstellung des Teilungsplanes

(1) Nach Ablauf der zweiwöchigen Fristen wird von dem Gericht ein Teilungsplan angefertigt.
(2) Der Betrag der Kosten des Verfahrens ist von dem Bestand der Masse vorweg in Abzug zu bringen.
(3) ¹Die Forderung eines Gläubigers, der bis zur Anfertigung des Teilungsplanes der an ihn gerichteten Aufforderung nicht nachgekommen ist, wird nach der Anzeige und deren Unterlagen berechnet. ²Eine nachträgliche Ergänzung der Forderung findet nicht statt.

Inhaltsübersicht

| | Rdn. |
|---|---|
| I. Anfertigung des Teilungsplanes (Abs. 1) | 1 |
| 1. Vorwegabzug der Verfahrenskosten (Abs. 2) | 2 |
| 2. Prüfung durch den Rechtspfleger | 3 |
| 3. Reihenfolge der zu befriedigenden Forderungen | 4 |
| II. Folgen der Nichteinreichung der Forderungsberechnung (Abs. 3) | 5 |
| III. ArbGG, VwGO, AO | 6 |

**I. Anfertigung des Teilungsplanes:** Nach Ablauf der Zwei-Wochen-Frist des § 873 ZPO stellt der Rechtspfleger anhand der Anzeige, der dieser beigefügten Unterlagen, der ihm vorliegenden Berechnungen der beteiligten Gläubiger und der hierzu eingereichten Unterlagen von Amts wegen und ohne vorherige mündliche Verhandlung einen Teilungsplan auf (**Abs. 1**). Die Frist kann weder abgekürzt noch verlängert werden; sie ist auch keine Notfrist, so daß eine Wiedereinsetzung in den vorigen Stand ausscheidet. 1

**1. Vorwegabzug der Verfahrenskosten (Abs. 2):** Hierzu hat er zunächst den hinterlegten Betrag und die angefallenen Hinterlegungszinsen festzustellen. Sodann sind von der festgestellten Masse **vorab** »die Kosten des Verfahrens« in Abzug zu bringen (**Abs. 2**). Hierzu zählen nicht nur die Gerichtskosten des Verteilungsverfahrens[1] und die der Hinterlegung, sondern auch die den Gläubigern gemeinsam erwachsenen Kosten des vorausgegangenen Versteigerungsverfahrens, soweit sie nicht schon vor der Hinterlegung aus dem Versteigerungserlös berichtigt wurden. Ferner werden die von einem Gläubiger auf die Sache aufgewendeten Kosten mitumfaßt, um ihre günstigere Versteigerung zu ermöglichen,[2] deren Erstattung er von den übrigen Gläubigern anteilig verlangen kann. Hierzu zählen auch Aufwendungen zur Ablösung des Eigentumsvorbehalts eines Dritten an der Sache, um die Verwertung der Sache selbst durch die Gläubiger, die zunächst auf das Anwartschaftsrecht zugegriffen hatten, überhaupt 2

---

[1] Siehe hierzu § 872 Rdn. 5.
[2] LG Hamburg, MDR 1953, 433; *Baumbach/Lauterbach/Hartmann*, § 874 Rdn. 3.

erst zu ermöglichen.³ »Kosten des Verfahrens« sind also nicht nur Gerichtskosten,⁴ sondern auch Aufwendungen durch einen Gläubiger im gemeinsamen Interesse aller Gläubiger. Nicht unter Abs. 2 fallen dagegen die nur dem einzelnen Gläubiger im Interesse **seiner** Vollstreckung erwachsenen Kosten sowie die außergerichtlichen Kosten jedes einzelnen Teilnehmers am Verteilungsverfahren. Sie sind vielmehr bei der Berechnung der Forderung des einzelnen Gläubigers mitanzusetzen.

**3**  2. **Prüfung durch den Rechtspfleger:** Die titulierten Forderungen der einzelnen Gläubiger werden vom Rechtspfleger – wie auch sonst im Vollstreckungsverfahren – nicht auf ihre materielle Berechtigung hin untersucht. Geltend gemachte Vollstreckungskosten werden nach den Regeln des § 788 ZPO⁵ auf ihre Notwendigkeit hin überprüft.

**4**  3. **Reihenfolge der zu befriedigenden Forderungen:** Sodann legt der Rechtspfleger die Reihenfolge der aus der vorhandenen Masse zu befriedigenden Forderungen nach der Reihenfolge der Pfändungen (§ 804 Abs. 3 ZPO) fest. Er richtet sich dabei nach den ihm mit der Anzeige und der Anmeldung eingereichten Unterlagen. Ergibt sich bereits aus diesen Unterlagen, daß eine Pfändung nichtig ist,⁶ so wird die Forderung nicht in den Teilungsplan aufgenommen. Andererseits werden in den Plan alle Gläubiger, die eine wirksame (wenn auch vielleicht anfechtbare) Pfändung ausgebracht haben, aufgenommen, auch wenn die Teilungsmasse zu ihrer Befriedigung offensichtlich nicht ausreicht. Die lediglich durch eine Arrestpfändung gesicherten Forderungen werden im Rahmen des Planes wie endgültig titulierte Forderungen behandelt. Der auf sie entfallende Betrag ist bei der Ausführung des Planes dann allerdings nicht an den Gläubiger auszuzahlen, sondern zu hinterlegen (§ 930 Abs. 2 ZPO).

**5**  II. **Folgen der Nichteinreichung der Forderungsberechnung:** Hat ein Gläubiger die Frist des § 873 ZPO versäumt, so bleibt er im Teilungsplan nicht unberücksichtigt, seine Position wird vielmehr dann allein aufgrund der Anzeige und der dieser beigefügten Unterlagen bestimmt. Reicht er seine Unterlagen nach Erstellung des Teilungsplanes nach, so darf dieser nicht mehr nachgebessert werden (**Abs. 3**). Der Gläubiger muß dann im Verteilungstermin versuchen, die Zustimmung der übrigen Gläubiger zu einer Planänderung zu erwirken.

Ziehen Gläubiger ihre Anmeldungen nach Erstellung des Teilungsplanes ganz oder teilweise zurück, so darf der Rechtspfleger den Plan bereits vor dem Verteilungstermin entsprechend ändern: Gläubiger, die ihre Anmeldung ganz zurückgezogen haben, sind zum Verteilungstermin erst gar nicht mehr zu laden. Es besteht ein berechtigtes Interesse der übrigen Gläubiger daran, hiervon frühzeitig zu erfahren.

**6**  III. **ArbGG, VwGO, AO:** Siehe Vor §§ 872–882 Rdn. 5.

---

3  LG Aachen, Rpfleger 1968, 60; *Zöller/Stöber*, § 874 Rdn. 4.
4  So aber *Zimmermann*, § 874 Rdn. 1.
5  Siehe dort Rdn. 19–21.
6  Zu dieser seltenen Möglichkeit siehe Vor §§ 803, 804 Rdn. 4, 5.

## § 875 Terminsbestimmung

(1) ¹Das Gericht hat zur Erklärung über den Teilungsplan sowie zur Ausführung der Verteilung einen Termin zu bestimmen. ²Der Teilungsplan muß spätestens drei Tage vor dem Termin auf der Geschäftsstelle zur Einsicht der Beteiligten niedergelegt werden.

(2) Die Ladung des Schuldners zu dem Termin ist nicht erforderlich, wenn sie durch Zustellung im Ausland oder durch öffentliche Zustellung erfolgen müßte.

**I. Terminsbestimmung und Ladung zum Termin:** Über den vom Gericht erstellten Plan und seine Ausführung ist mündlich zu verhandeln. Zu diesem Zweck ist ein Termin zu bestimmen. Die Terminsbestimmung erfolgt von Amts wegen, sobald der Plan erstellt ist. Die beteiligten Gläubiger und der Schuldner sind zum Termin durch Zustellung zu laden (§ 329 Abs. 2 S. 2 ZPO). Die Ladung des Schuldners – nicht die des Gläubigers – kann gem. **Abs. 2** unterbleiben, wenn sie durch Zustellung im Ausland oder durch öffentliche Zustellung erfolgen müßte. Die Ladungsfrist zum Termin beträgt mindestens 3 Tage (§ 217 ZPO). In der Ladung ist darauf hinzuweisen, daß der Teilungsplan spätestens 3 Tage vor dem Termin auf der Geschäftsstelle zur Einsicht der Beteiligten niedergelegt wird. Die Beteiligten haben keinen Anspruch darauf, daß ihnen der Teilungsplan zugesandt wird; selbstverständlich kann der Rechtspfleger diese Übersendung aber anordnen. Das empfiehlt sich besonders dann, wenn ein Gläubiger weit vom Ort des Verteilungsgerichts entfernt wohnt und die Vermutung naheliegt, er werde nicht am Termin teilnehmen, wenn er den Plan zur Kenntnis genommen hat.

1

**II. Rechtsfolgen eines Verstoßes gegen § 875 ZPO:** Wird die Ladungsfrist nicht eingehalten oder der Teilungsplan zu spät zur Einsicht niedergelegt, so haben alle Beteiligten ein Recht auf Terminsvertagung. Die Gläubiger können diese Vertagung mit der befristeten Rechtspflegererinnerung, der Schuldner mit der Erinnerung gem. § 766 ZPO erzwingen. Nehmen die Beteiligten aber am Termin teil, ohne Vertagung zu beantragen, können sie nachträglich aus der Nichtbeachtung der Fristen keine Rechte mehr herleiten; Gleiches gilt für die Gläubiger, die zwar nicht zum Termin erschienen sind, die aber vor dem Termin keine Vertagung beantragt haben (§ 295 ZPO).

2

**III. ArbGG, VwGO, AO:** Siehe Vor §§ 872–882 Rdn. 5.

3

## § 876 Termin zur Erklärung und Ausführung des Plans

¹Wird in dem Termin ein Widerspruch gegen den Plan nicht erhoben, so ist dieser zur Ausführung zu bringen. ²Erfolgt ein Widerspruch, so hat sich jeder dabei beteiligte Gläubiger sofort zu erklären. ³Wird der Widerspruch von den Beteiligten als begründet anerkannt oder kommt anderweit eine Einigung zustande, so ist der Plan demgemäß zu berichtigen. ⁴Wenn ein Widerspruch sich nicht erledigt, so wird der Plan insoweit ausgeführt, als er durch den Widerspruch nicht betroffen wird.

### Inhaltsübersicht

| | Rdn. |
|---|---|
| I. Terminsverlauf ohne Widerspruch gegen den Teilungsplan | 1 |
| II. Verfahren nach Widerspruch gegen den Teilungsplan | 2 |
|     1. Berichtigung des Teilungsplanes | 3 |
|     2. Aufforderung zur Erhebung der Widerspruchsklage | 4 |
| III. Protokoll | 5 |
| IV. Rechtsbehelfe | 6 |
|     1. Widerspruchsklage gem. § 878 ZPO | 6 |
|     2. Befristete Rechtspflegererinnerung | 7 |
|     3. Verhältnis zwischen den Rechtsbehelfen | 8 |
| V. ArbGG, VwGO, AO | 9 |

**1** **I. Terminsverlauf ohne Widerspruch gegen den Teilungsplan:** Im Termin zur mündlichen Verhandlung über den vom Gericht ausgearbeiteten Teilungsplan kann von allen anwesenden Gläubigern – nicht vom Schuldner bzw. einem Dritten – Widerspruch gegen den Plan erhoben werden. Darüber hinaus ist, wie § 877 Abs. 1 ZPO zeigt, auch jeder bereits vor dem Termin schriftlich oder zu Protokoll der Geschäftsstelle erhobene Widerspruch zu berücksichtigen. Jeder Widerspruch kann ohne Begründung und ohne daß es der Zustimmung der übrigen Beteiligten bedürfte, zurückgenommen werden. Das bloße Nichterscheinen zum Termin gilt nicht als Widerspruch, sondern wird sogar, falls auch nicht schon vorher ausdrücklich Widerspruch gegen den Plan erhoben wurde, unwiderleglich als Zustimmung zum Plan vermutet (§ 877 Abs. 1 ZPO). Zeigt sich am Ende des Termins, daß kein Widerspruch (mehr) gegen den Plan vorliegt, so weist der Rechtspfleger die Hinterlegungsstelle schriftlich an, den hinterlegten Betrag an die Gläubiger entsprechend dem Verteilungsplan auszuzahlen. Eine solche Anweisung genügt dem § 13 Abs. 1 HinterlO. Widerspricht ein Gläubiger nachträglich gegenüber der Hinterlegungsstelle, so hat sie diesen Widerspruch nicht zu beachten und ausschließlich entsprechend der Auszahlungsanweisung des Rechtspflegers zu verfahren.

**2** **II. Verfahren nach Widerspruch gegen den Teilungsplan:** Ist vor der mündlichen Verhandlung oder in der mündlichen Verhandlung ein Widerspruch gegen den Plan erfolgt, so muß sich jeder der anwesenden beteiligten Gläubiger – nicht der Schuldner – sofort im Termin zu dem Widerspruch erklären. »Beteiligt« sind jeweils nur die Gläubiger, die durch den Widerspruch hinsichtlich der ihnen durch den Plan zugedachten

Position betroffen sind, nicht aber diejenigen, deren Position auch dann unverändert bliebe, wenn der Widerspruch in vollem Umfange berücksichtigt würde. Der den Termin leitende Rechtspfleger kann sich mit Informationen und Rechtsansichten an der Diskussion beteiligen; er entscheidet aber nicht über die dem Widerspruch materiell zugrunde liegenden Rechtsfragen[1] und darf auch nicht den Eindruck erwecken, daß seine Auffassung entscheidungserheblich wäre. Die Verhandlung kann zu zweierlei Ergebnissen führen:

**1. Berichtigung des Teilungsplanes:** Erkennen alle Beteiligten den Widerspruch als begründet an oder einigen sich der Widersprechende und die betroffenen Gläubiger oder auch alle am Plan überhaupt Beteiligten auf eine bestimmte Ausführung des Planes, so berichtigt der Rechtspfleger den Plan entsprechend der erzielten Einigung und weist die Hinterlegungsstelle an, entsprechend dem neuen Plan zu verfahren. Eine Einigung zu Lasten nicht erschienener Gläubiger ist nicht möglich, da gem. § 877 Abs. 2 ZPO unwiderleglich vermutet wird, daß durch den Widerspruch betroffene, im Termin nicht erschienene Gläubiger den Widerspruch nicht als begründet anerkennen. Ein Widerruf der im Termin erzielten Einigung ist nachträglich nicht möglich; er kann auch nicht im Termin vorbehalten werden. Die Hinterlegungsstelle hat ihn deshalb auch nicht zu beachten.

3

**2. Aufforderung zur Erhebung der Widerspruchsklage:** Erledigt der Widerspruch sich nicht oder nur teilweise durch Einigung der Beteiligten, so hat der Rechtspfleger **nicht** über ihn zu entscheiden. Er prüft vielmehr nur, ob der aufrechterhaltene Widerspruch die gesamte Planausführung betrifft oder nicht. Wird ein Teil des Planes durch den Widerspruch nicht berührt, so ordnet der Rechtspfleger die Ausführung dieses Teiles an und weist die Hinterlegungsstelle entsprechend zur Auszahlung an. Im übrigen weist er den Widersprechenden darauf hin, daß auch der durch den Widerspruch betroffene Teil des Planes ausgeführt wird, wenn nicht innerhalb der Monatsfrist des § 878 Abs. 1 S. 1 ZPO die Erhebung einer Widerspruchsklage nachgewiesen wird.

4

**III. Protokoll:** Über den Termin ist in jedem Fall ein Protokoll aufzunehmen (§ 159 ZPO). Es hat den Gang der Verhandlung und ihr Ergebnis, also auch abschließende Anordnungen des Rechtspflegers zur Ausführung des Planes, zu enthalten. Das Protokoll ist allen am Verteilungsverfahren Beteiligten, auch den zum Termin nicht erschienenen, mitzuteilen.

5

**IV. Rechtsbehelfe:** Zu unterscheiden ist, ob gegen die im endgültigen Teilungsplan vorgesehene Rangfolge und Höhe der Masseausschüttung vorgegangen werden soll oder ob das vom Rechtspfleger auf dem Wege zur Feststellung dieses Planes eingeschlagene Verfahren beanstandet wird:

6

**1. Widerspruchsklage gem. § 878 ZPO:** Den Streit um den materiellen Vorrang, der mit dem Widerspruch geltend gemacht worden war, müssen die Parteien mit der Widerspruchsklage nach § 878 ZPO austragen. Da der Rechtspfleger im Termin nicht über die Berechtigung eines Widerspruchs in der Sache zu entscheiden hat, kann

---

1 OLG Hamm, JMBl.NW 1962, 97; LG Mannheim, MDR 1960, 319.

auch nicht mit der befristeten Rechtspflegererinnerung gerügt werden, daß er einen angeblich in der Sache unbegründeten Widerspruch in der Weise berücksichtigt hat, daß er die sofortige Verteilung zunächst um die Frist des § 878 Abs. 1 ZPO hinausgeschoben hat.[2] Dies würde auf eine indirekte Überprüfung der Berechtigung des Widerspruchs hinauslaufen.

7  2. **Befristete Rechtspflegererinnerung:** Hat der Rechtspfleger dagegen gesetzwidrig über einen Widerspruch entschieden und ihn als unberechtigt für das weitere Verteilungsverfahren außer acht gelassen, ist diese Entscheidung mit der befristeten Erinnerung gem. § 11 Abs. 1 S. 2 RPflG anfechtbar, um den Widerspruch wieder zur Geltung zu bringen.[3] Gleiches gilt, wenn der Rechtspfleger einen rechtzeitig schriftlich eingegangenen Widerspruch übersehen oder wenn er die Reichweite eines Widerspruchs bei einer Anordnung nach S. 4 unrichtig beurteilt hat. Schließlich ist die befristete Rechtspflegererinnerung zulässig, soweit ein Gläubiger Rechenfehler bei der Festsetzung seiner Forderung (falsche Zinsberechnung, Nichtberücksichtigung geltend gemachter Vollstreckungskosten u. ä.) rügen will.

Um die Auszahlung der Verteilungsmasse durch die Hinterlegungsstelle aufgrund einer mit § 11 RPflG angefochtenen Ausführungsanordnung des Rechtspflegers zu verhindern, ist entweder beim Rechtspfleger oder beim Beschwerdegericht die einstweilige Aussetzung der Vollziehung gem. § 572 Abs. 2, 3 ZPO zu beantragen.

8  3. **Verhältnis zwischen den Rechtsbehelfen:** Die Rechtspflegererinnerung, um eine verfahrenswidrig ergangene Ausführungsanordnung des Teilungsplanes außer Kraft zu setzen, und die Widerspruchsklage, um dem übergangenen Widerspruch materiell zum Erfolg zu verhelfen, können parallel nebeneinander verfolgt werden,[4] da die Erinnerung den Verteilungsplan als solchen nie berührt, sondern nur die Ausführungsanordnung stoppen kann.

9  V. **ArbGG, VwGO, AO:** Siehe Vor §§ 872–882 Rdn. 5.

---

2 LG Münster, MDR 1966, 1011.
3 OLG Hamm, JMBl.NW 1962, 97.
4 MüKo/*Eickmann*, § 876 Rdn. 3, *Stein/Jonas/Münzberg*, § 876 Rdn. 2 und *Zöller/Stöber*, § 876 Rdn. 1 wollen in diesem Fall für alle Einwände nur die Klage nach § 878 ZPO zulassen. Wie hier dagegen OLG Köln, MDR 1969, 401; *Baumbach/Lauterbach/Hartmann*, § 876 Rdn. 2; *Thomas/Putzo*, § 876 Rdn. 3; *Wieser*, ZZP 1990, 171, 178 differenziert zusätzlich noch zwischen der Erinnerung gem. § 766 ZPO und der befristeten Rechtspflegererinnerung, die nach seiner Ansicht beide, je nach Fallgestaltung, in Betracht kommen.

## § 877 Säumnisfolgen

(1) Gegen einen Gläubiger, der in dem Termin weder erschienen ist noch vor dem Termin bei dem Gericht Widerspruch erhoben hat, wird angenommen, daß er mit der Ausführung des Planes einverstanden sei.

(2) Ist ein in dem Termin nicht erschienener Gläubiger bei dem Widerspruch beteiligt, den ein anderer Gläubiger erhoben hat, so wird angenommen, daß er diesen Widerspruch nicht als begründet anerkenne.

**I. Unwiderlegliche Vermutung:** Die Vorschrift ergänzt § 876 ZPO im Hinblick auf die Bewertung des Verhaltens der beteiligten Gläubiger. Die in Abs. 1 und Abs. 2 aufgestellten Vermutungen sind jeweils unwiderleglich. Der nicht zum Termin erschienene Gläubiger kann also im Falle des **Abs. 1** die Ausführung des Teilungsplanes nicht durch einen nachträglichen Widerspruch verhindern. Er verliert zwar durch die Versäumnis des Widerspruchs auch nicht sein besseres materielles Recht, muß es aber nun mit einer Bereicherungsklage gegen den durch den Teilungsplan begünstigten Gläubiger geltend machen.[1] Die Vermutung des Abs. 1 gilt nicht nur für die im Termin nicht erschienenen Gläubiger, sondern auch für diejenigen, die, obwohl sie anwesend sind, keine Erklärungen zum Teilungsplan abgeben.[2] Auch sie können also ihren Widerspruch nicht nach dem Termin nachholen. War allerdings ein nicht erschienener Gläubiger zu Unrecht zum Termin nicht geladen worden, kann er gem. § 11 Abs. 1 S. 2 RPflG die Aufhebung des Planes erreichen.[3]

**II. Bedeutung der Vermutung des Abs. 2:** Ein im Termin nicht erschienener Gläubiger, der durch einen im Termin oder bereits vorher erhobenen Widerspruch betroffen ist, verhindert durch sein bloßes Untätigsein die sofortige Ausführung des Planes. Haben die übrigen betroffenen Gläubiger den Widerspruch als begründet anerkannt, so empfiehlt es sich, im Termin einen Hilfsverteilungsplan für den Fall aufzustellen, daß auch der nichterschienene Gläubiger nachträglich noch zustimmt. Tut er dies dann, kann der Rechtspfleger die Hinterlegungsstelle anweisen, nach dem Hilfsverteilungsplan auszuzahlen. Gibt der Gläubiger aber innerhalb der Monatsfrist des § 878 Abs. 1 ZPO eine solche nachträgliche Zustimmungserklärung nicht ab, muß ihn der widersprechende Gläubiger mit der Widerspruchsklage verklagen, um eine Ausführung des ursprünglichen Teilungsplans zu verhindern. Erkennt nunmehr der Gläubiger, der bisher geschwiegen hatte, den Klageanspruch sogleich an, kommt ihm dennoch § 93 ZPO nicht zugute,[4] weil er infolge der Fiktion des § 877 Abs. 2 ZPO durch sein Nichterscheinen zum Verhandlungstermin über den Verteilungsplan Veranlassung zur Klage gegeben hat. Der widersprechende Gläubiger muß ihn daher vor Klageerhebung nicht

1

2

---

1 Einzelheiten: § 878 Rdn. 14.
2 So schon RGZ 125, 137.
3 *Wieser*, ZZP 1990, 171, 180.
4 MüKo/*Eickmann*, § 877 Rdn. 4; a. A. *Stein/Jonas/Münzberg*, § 877 Rdn. 2; *Zöller/Stöber*, § 877 Rdn. 2.

noch ausdrücklich zur Zustimmung zum Widerspruch auffordern, um Kostennachteile zu vermeiden.[5]

**3  III. ArbGG, VwGO, AO:** Siehe Vor §§ 872–882 Rdn. 5.

---

5  A. A. *Baumbach/Lauterbach/Hartmann*, § 877 Rdn. 2.

## § 878 Widerspruchs- und Bereicherungsklage

(1) ¹Der widersprechende Gläubiger muß ohne vorherige Aufforderung binnen einer Frist von einem Monat, die mit dem Terminstag beginnt, dem Gericht nachweisen, daß er gegen die beteiligten Gläubiger Klage erhoben habe. ²Nach fruchtlosem Ablauf dieser Frist wird die Ausführung des Planes ohne Rücksicht auf den Widerspruch angeordnet.

(2) Die Befugnis des Gläubigers, der dem Plan widersprochen hat, ein besseres Recht gegen den Gläubiger, der einen Geldbetrag nach dem Plan erhalten hat, im Wege der Klage geltend zu machen, wird durch die Versäumung der Frist und durch die Ausführung des Planes nicht ausgeschlossen.

### Inhaltsübersicht

| | | Rdn. |
|---|---|---|
| | Literatur | |
| I. | Die Widerspruchsklage | 1 |
| | 1. Notwendigkeit der Klage | 1 |
| | 2. Rechtsnatur der Klage | 2 |
| | 3. Klageberechtigung | 2a |
| | 4. Zulässigkeitsvoraussetzungen | 3 |
| | a) Statthaftigkeit | 3 |
| | b) Zuständigkeit | 3a |
| | c) Klageantrag | 3b |
| | d) Rechtsschutzbedürfnis | 3c |
| | 5. Monatsfrist des Abs. 1 | 4 |
| | 6. Begründetheit | 5 |
| | a) Vorrangiges Recht zum Zeitpunkt des Verteilungstermins | 5 |
| | b) Widerspruchsgründe | 6 |
| | aa) Einwendungen des Vollstreckungsschuldners | 7 |
| | bb) Nichtigkeit der Pfändung aus formellen Gründen | 8 |
| | cc) Anfechtbarkeit der Pfändung wegen eines Pfändungsmangels | 9 |
| | dd) Anfechtbarkeit der Pfändung nach dem AnfG und sonstige Widerspruchsgründe | 10 |
| | ee) Fehlende materielle Berechtigung des Schuldners am Pfändungsobjekt | 11 |
| | 7. Verteidigungsmöglichkeiten des Beklagten | 12 |
| | 8. Entscheidung über die Widerspruchsklage | 13 |
| II. | Bereicherungsklage eines Gläubigers | 14–16 |
| III. | Gebühren | 17 |
| IV. | ArbGG, VwGO, AO | 18 |

**Literatur:** *Gaul,* Ungerechtfertigte Zwangsvollstreckung und materielle Ausgleichsansprüche, AcP 1973, 323; *U. Huber,* Rechtskrafterstreckung bei Urteilen über präjudizielle Rechtsverhältnisse, JuS 1972, 621; *Lippross,* Das Rechtsbehelfssystem der Zwangsvollstreckung, JA 1979, 9;

*Schuler,* Die Versäumung der Frist des § 878 ZPO und der Erlaß einer einstweiligen Verfügung, NJW 1961, 1601.
Zusätzliche Literaturangaben siehe Vor §§ 872–882.

## I. Die Widerspruchsklage:

1. **Notwendigkeit der Klage:** Einigen die Gläubiger sich im Termin zur Verhandlung über den Verteilungsplan nicht über einen rechtzeitig erhobenen Widerspruch, so darf der Rechtspfleger nicht seinerseits eine Widerspruchsentscheidung fällen. Die Berechtigung des Widerspruchs kann vielmehr nur im Rahmen einer besonderen Klage (sog. **Widerspruchsklage**) festgestellt werden, die der Widersprechende gegen die von seinem Widerspruch betroffenen Gläubiger erheben muß. Diese Widerspruchsklage ist in den §§ 878–881 ZPO, wenn auch unvollständig, geregelt.

2. **Rechtsnatur der Klage:** Die Klage ist **prozessuale Gestaltungsklage,**[1] nicht Feststellungsklage,[2] da das durch sie erstrebte Urteil nicht nur die materielle Rechtslage unter den Parteien feststellt, sondern überhaupt erst die Möglichkeit eröffnet, eine vom ursprünglichen Teilungsplan abweichende Verteilung wider den Willen der Gläubiger, die dem Widerspruch nicht zugestimmt hatten, vorzunehmen (§ 880 ZPO).

3. **Klageberechtigung:** Die Klage kann zulässigerweise nur von einem Gläubiger erhoben werden, der am Verteilungsverfahren beteiligt war und dort Widerspruch gegen den Verteilungsplan erhoben hatte. Sie ist also weder für den Schuldner statthaft, der die Auskehrung eines angeblichen Erlösüberschusses an sich begehrt,[3] noch für sonstige Gläubiger des Vollstreckungsschuldners, die am Vollstreckungsverfahren und damit auch am Verteilungsverfahren nicht beteiligt waren, sich aber privatrechtlich begründeter Rechte an der Verteilungsmasse berühmen.[4] Während der Schuldner seine Rechte gegebenenfalls über § 767 ZPO geltend machen muß, müssen die sonstigen dinglich an der Verteilungsmasse Berechtigten nach §§ 771, 805 ZPO vorgehen.

4. **Zulässigkeitsvoraussetzungen:** Die Widerspruchsklage ist **zulässig,** wenn folgende Voraussetzungen erfüllt sind:

a) **Statthaftigkeit:** Die Widerspruchsklage ist statthaft, wenn ein **Vollstreckungsgläubiger,** der am Verteilungsverfahren beteiligt war und dort rechtzeitig gegen den Verteilungsplan Widerspruch erhoben hatte, gegen einen anderen Vollstreckungsgläubiger, der durch den Widerspruch betroffen ist und ihm nicht im Verteilungsverfahren zugestimmt hatte, die Berechtigung seines Widerspruchs und eine diesem entsprechende Masseverteilung geltend macht. Sie ist nicht statthaft, wenn ausschließlich Mängel des Verfahrens bei Aufstellung des Planes und bei der Durchführung der mündlichen

---

1 H.M.; vergl. OLG Düsseldorf, NJW-RR 1989, 599; *Baumbach/Lauterbach/Hartmann,* § 878 Rdn. 4; *Rosenberg/Schilken,* § 59 IV 7; *Stein/Jonas/Münzberg,* § 878 Rdn. 34.
2 Nachweise zu dieser älteren, heute nicht mehr vertretenen Auffassung bei *Förster/Kann,* § 878 Anm. 1.
3 OLG Köln, MDR 1974, 240; LG Hamburg, MDR 1963, 320; LG Lüneburg, ZIP 1981, 914.
4 BGH, BB 1970, 149.

Verhandlung über den Plan mit dem Ziel gerügt werden sollen, eine verfahrenswidrige Ausführungsanordnung zu verhindern.[5] Sie ist auch nicht statthaft, wenn mit ihr Ansprüchen von Gläubigern, die am Verteilungsverfahren nicht beteiligt waren und die im Verteilungsplan deshalb auch nicht berücksichtigt sind, entgegengetreten werden soll.

b) **Zuständigkeit:** Die Zuständigkeit des angerufenen Gerichts ergibt sich aus § 879 ZPO.  **3a**

c) **Klageantrag:** In ihm muß die begehrte Abänderung des Teilungsplanes genau bezeichnet sein (§ 253 Abs. 2 Nr. 2 ZPO). Der Antrag kann etwa lauten, »den Kläger mit seiner Forderung in Höhe von ... DM im Verteilungsverfahren ... (AZ) vor der Forderung des Beklagten in Höhe von ... DM zu befriedigen«. Sind mehrere Gläubiger durch den Widerspruch, dem sie nicht zugestimmt haben, betroffen und verklagt, muß der Antrag die Auswirkung des Widerspruchs auf alle im einzelnen genau bezeichnen.  **3b**

d) **Rechtsschutzbedürfnis:** Für die Klage muß ein Rechtsschutzbedürfnis bestehen. Es besteht grundsätzlich vom Ende des Verteilungstermins an bis zum Abschluß der Ausführung des Teilungsplanes. Nach Ausführung des Teilungsplanes kann der Kläger seine Klage in eine Bereicherungsklage gem. Abs. 2 ändern.[6] Hat ein Gläubiger, der zunächst dem Widerspruch nicht zugestimmt hatte, bereits vor Klageerhebung dem Rechtspfleger mitgeteilt, daß er nunmehr dem Widerspruch zustimme und eine Auszahlung entsprechend dem Widerspruch bewillige, besteht für eine Klage kein Rechtsschutzbedürfnis mehr, weil der Rechtspfleger nunmehr auch ohne Urteil eine dem Widerspruch entsprechende Ausführungsanordnung erlassen kann.[7] Lehnt er dies ab, können die Gläubiger mit der befristeten Erinnerung gem. § 11 Abs. 1 S. 2 RPflG hiergegen vorgehen.  **3c**

5. **Monatsfrist des Abs. 1:** Die Monatsfrist des Abs. 1 ist eine gesetzliche Frist, »die mit dem Terminstag beginnt«, der also mitgezählt wird. Die Frist kann mangels besonderer Bestimmung nicht verlängert werden (vergl. § 224 Abs. 2 ZPO). Gegen ihre Versäumung gibt es keine Wiedereinsetzung in den vorigen Stand.[8] Ihre Einhaltung ist **keine Zulässigkeitsvoraussetzung** der Klage. Die Klage kann also auch nach versäumter Frist ohne weiteres zulässigerweise erhoben werden, aber nur bis der Teilungsplan ausgeführt ist.[9] Nach Versäumung der Frist hat der Rechtspfleger aber den ursprünglichen Teilungsplan ohne Berücksichtigung des Widerspruchs auszuführen (Abs. 1 S. 2). Die bloße Einreichung einer Klageschrift innerhalb der Monatsfrist stoppt allein die Planausführung noch nicht.[10] Abs. 1 S. 1 verlangt grundsätzlich, daß Klage »erhoben« wurde (§ 261 Abs. 1 ZPO). Allerdings gilt auch hier § 270 Abs. 3 ZPO: Hat der Gläu-  **4**

---

5 Siehe hierzu § 876 Rdn. 7.
6 Einzelheiten zu dieser Klage unten Rdn. 14.
7 Siehe auch § 877 Rdn. 2.
8 AG Hannover, Rpfleger 1993, 296.
9 BGH, NJW-RR 1987, 891; *Baumbach/Lauterbach/Hartmann*, § 878 Rdn. 3; *Stein/Jonas/Münzberg*, § 878 Rdn. 6; *Thomas/Putzo*, § 878 Rdn. 2; siehe auch oben Rdn. 3c.
10 So aber wohl OLG Neustadt, KTS 1961, 111.

biger bis zum Fristablauf alles seinerseits Erforderliche getan, damit die Klage zugestellt werden konnte,[11] und hat er dies dem Verteilungsgericht nachgewiesen, so hat der Rechtspfleger die Planausführung zurückzustellen und dem widersprechenden Gläubiger Gelegenheit zu geben, unverzüglich nachzuweisen, daß die Klage »demnächst« zugestellt worden ist.[12] Ist rechtzeitig Klage erhoben, der Nachweis gegenüber dem Verteilungsgericht aber versäumt worden, so hemmt ein verspäteter Nachweis die Planausführung nicht mehr.[13] Stellt der Rechtspfleger dennoch die Ausführung des Planes zurück, um den Ausgang der Widerspruchsklage abzuwarten, so können die hiervon betroffenen Gläubiger hiergegen mit der befristeten Erinnerung gem. § 11 Abs. 1 S. 2 RPflG vorgehen.

5  6. **Begründetheit:**

a) **Vorrangiges Recht zum Zeitpunkt des Verteilungstermins:** Die Widerspruchsklage ist begründet, wenn der widersprechende Gläubiger ein dem (oder den) durch den Widerspruch betroffenen Gläubiger(n) vorgehendes Recht an der Verteilungsmasse hat, das sich auf Tatsachen stützt, die bis zum Zeitpunkt des Verteilungstermins eingetreten waren.[14] Spätere Entwicklungen können nicht berücksichtigt werden, da auch der Widerspruch nicht mit ihnen begründet werden konnte. Würde man anders entscheiden, würden Widersprüche »ins Blaue hinein« provoziert, um die Klagemöglichkeit offenzuhalten. Andererseits kann nicht auf den Zeitpunkt des Widerspruchs abgestellt werden,[15] weil es den beteiligten Gläubigern durchaus zugemutet werden kann, im Verteilungstermin die aktuelle Sach- und Rechtslage zu beurteilen, auch wenn ihnen der Widerspruch schon vorher schriftlich zugegangen sein sollte.

6  b) **Widerspruchsgründe:** Der Widerspruch kann sich darauf gründen, daß entweder für den Pfändenden durch die Pfändung kein Pfandrecht entstanden oder dieses Pfandrecht nach der Pfändung wieder erloschen ist (materiellrechtliche Einwendungen aus dem Verhältnis des durch den Widerspruch Betroffenen zum Schuldner) oder aber, daß die Pfändung aus formellen Gründen nichtig oder zum Zeitpunkt des Endes des Verteilungstermins anfechtbar gewesen ist (formelle Einwendungen gegen die Pfändung) oder daß der Beklagte trotz wirksamer Pfändung den vorrangigen Zugriff des Klägers aus Gründen, die in der unmittelbaren Beziehung der Parteien liegen, dulden muß. Im einzelnen:

7  aa) **Einwendungen des Vollstreckungsschuldners:** Der Widersprechende kann gegen die Vollstreckungsforderung des durch den Widerspruch betroffenen Gläubigers alle Einwendungen geltend machen, die auch der Vollstreckungsschuldner zum Schluß

---

11 OLG Hamburg, MDR 1960, 767; OLG Hamm, NJW 1965, 825.
12 OLG Bremen, MDR 1982, 762; a. A. (gegen entsprechende Anwendung von § 270 Abs. 3 ZPO) MüKo/*Eickmann*, § 878 Rdn. 7.
13 OLG Hamm, NJW 1965, 825; AG Hannover, Rpfleger 1993, 296, 297.
14 BGHZ 113, 169, 174 m. w. N.; OLG Düsseldorf, NJW-RR 1989, 599; *Baumbach/Lauterbach/Hartmann*, § 878 Rdn. 6; *Brox/Walker*, Rdn. 493; i. E. auch MüKo/*Eickmann*, § 878 Rdn. 26; *Rosenberg/Schilken*, § 59 IV 4; *Zöller/Stöber*, § 878 Rdn. 15.
15 So aber *Stein/Jonas/Münzberg*, § 878 Rdn. 29.

des Verteilungstermins noch mit Erfolg hätte geltend machen können. Er kann also geltend machen, die Forderung habe von Anfang an nicht bestanden, soweit diesem Einwand nicht, würde der Schuldner ihn mit der Vollstreckungsabwehrklage geltend machen, § 767 Abs. 2 ZPO[16] entgegenstünde.[17] Er kann sich ferner darauf berufen, die Forderung sei später erloschen oder gestundet worden. Auch insoweit ist der Einwand ausgeschlossen, wenn der Vollstreckungsschuldner mit ihm gem. § 767 Abs. 2 oder Abs. 3[18] ZPO präkludiert wäre.

bb) **Nichtigkeit der Pfändung aus formellen Gründen:** War die vom Beklagten ausgebrachte Pfändung aus formellen Gründen nichtig,[19] so hat sie weder Verstrickung bewirkt noch ein Pfändungspfandrecht entstehen lassen. Sie konnte damit auch kein Vorrecht für den Beklagten begründen. Da die nachträgliche Heilung einer nichtigen Pfändung nicht möglich ist,[20] ist eine rückwirkende Begründung eines solchen Vorrechts durch Wegfall der Nichtigkeitsgründe auch nicht denkbar.

8

cc) **Anfechtbarkeit der Pfändung wegen eines Pfändungsmangels:** War die Pfändung, die der Beklagte zeitlich vorrangig vor der des Klägers ausgebracht hatte, nur mit der Erinnerung anfechtbar, so war durch sie zunächst auch ein Pfändungspfandrecht begründet worden.[21] Es war in seinem Bestand auflösend bedingt durch den Erfolg der Erinnerung. Hatte nun der Kläger als anfechtungsberechtigter Gläubiger[22] bis zur Eröffnung des Verteilungsverfahrens noch nicht Erinnerung eingelegt und war ihm ab diesem Zeitpunkt die Möglichkeit der selbständigen Erinnerung genommen worden,[23] so kann er seine Anfechtungsgründe nunmehr mit der Widerspruchsklage geltend machen.[24] Er wird, wenn seine Rügen mit der Erinnerung dazu geführt hätten, daß die ihn belastende vorrangige Pfändung zugunsten des Beklagten für unzulässig erklärt worden wäre, auf seinen Widerspruch hin auch im Verteilungsverfahren so behandelt, als läge die vorrangige Pfändung nicht vor. Die mit der Widerspruchsklage gerügten Verfahrensmängel müssen bis zum Ende des Verteilungstermins vorgelegen haben, damit der auf sie gegründete Widerspruch Aussicht auf Erfolg hat.[25] Insoweit gilt dasselbe wie im Erinnerungsverfahren, in dem die gerügten Vollstreckungsmängel noch im Zeitpunkt der Erinnerungsentscheidung vorliegen müssen,[26] wenn die Erinnerung Erfolg haben soll und in dem eine nachträgliche Heilung der Mängel vor Erlaß der Erin-

9

---

16 Siehe hierzu § 767 Rdn. 29 ff.
17 BGHZ 63, 61; OLG Hamburg, VersR 1973, 563; *Baur/Stürner*, Rdn. 33.6; *Brox/Walker*, Rdn. 494; MüKo/*Eickmann*, § 878 Rdn. 22; *Rosenberg/Schilken*, § 59 IV 4; *Zimmermann*, § 878 Rdn. 4; *Zöller/Stöber*, § 878 Rdn. 13; a. A. *Stein/Jonas/Münzberg*, § 878 Rdn. 23.
18 Siehe hierzu § 767 Rdn. 40.
19 Siehe hierzu Vor §§ 803, 804 Rdn. 4, 5.
20 Vor §§ 803, 804 Rdn. 7.
21 Vor §§ 803, 804 Rdn. 14.
22 Siehe hierzu § 766 Rdn. 15.
23 Siehe hierzu § 872 Rdn. 3.
24 Wie hier *Brox/Walker*, Rdn. 496; *Stein/Jonas/Münzberg*, § 878 Rdn. 13; *Zimmermann*, § 878 Rdn. 4.
25 Wie hier *Brox/Walker*, Rdn. 497.
26 § 766 Rdn. 26.

nerungsentscheidung dazu führt, daß das ursprünglich durch Anfechtung zu beseitigende Pfandrecht sich als von Anfang an rechtsbeständig erweist.[27]

**10** dd) **Anfechtbarkeit der Pfändung nach dem AnfG und sonstige Widerspruchsgründe:** Der Widerspruch kann schließlich damit begründet werden, der Beklagte habe sein Vorrecht anfechtbar nach den Vorschriften des AnfG erworben und müsse sich deshalb im Verhältnis zum Kläger so behandeln lassen, als stünde ihm dieser Vorrang nicht zu.[28] Ferner kann zur Begründung vorgetragen werden, der Beklagte habe mit dem Kläger dessen Vorrang vertraglich vereinbart, oder der Beklagte handele bei Berufung auf seinen Vorrang rechtsmißbräuchlich, weil er ihn sich in sittenwidriger Weise erschlichen habe.[29]

**11** ee) **Fehlende materielle Berechtigung des Schuldners am Pfändungsobjekt:** Dagegen kann der Widerspruch **nicht** damit begründet werden, das Pfändungsobjekt, um dessen Versteigerungserlös gestritten wird, oder die gepfändete Forderung, deren Schuldsumme hinterlegt ist, stehe nicht im Eigentum des Vollstreckungsschuldners, so daß auch kein Pfändungspfandrecht begründet worden sei. Konnte keiner der Vollstreckungsgläubiger am Vollstreckungsobjekt ein Pfandrecht begründen,[30] so kann auch keiner diesbezüglich einen Vorrang vor den anderen haben. Da es bei der Widerspruchsklage aber nur um die Klärung dieses Vorrangs geht, ist sie insoweit nicht der richtige Weg. Der wahre Berechtigte muß sein Recht am Erlös mit der Klage nach § 771 ZPO geltend machen. Für die anderen Gläubiger besteht kein Rechtsschutzbedürfnis, dieses Recht klären zu lassen.

**12** **7. Verteidungsmöglichkeiten des Beklagten:** Da es sich bei der Widerspruchsklage um eine prozessuale Gestaltungsklage und keine Leistungsklage handelt,[31] kann der Beklagte gegen den Klageanspruch weder mit Forderungen gegen den Widersprechenden aufrechnen noch ein Zurückbehaltungsrecht ihm gegenüber geltend machen.[32] Er kann sich nur damit verteidigen, daß dem Kläger der geltend gemachte Vorrang nicht zustehe. Dabei kann er über die Abwehr der Argumente des Klägers hinaus geltend machen, der Kläger habe sein Recht ebenfalls verfahrensfehlerhaft erlangt, die Verfahrensmängel seien noch nicht geheilt. Ferner kann er vortragen, die Position des Klägers sei ihrerseits anfechtbar nach dem AnfG erworben, oder der Kläger handele rechtsmißbräuchlich, wenn er aus dieser Position gegen den Beklagten vorgehe. Schließlich kann der Beklagte ebenso wie der Kläger auch auf die materiellrechtlichen Beziehungen zum Vollstreckungsschuldner zurückgreifen und seinerseits behaupten, die Forderung des Klägers gegen den Schuldner bestehe nicht oder sei jedenfalls erloschen. Auch hier sind allerdings die Schranken des § 767 Abs. 2 und 3 ZPO zu beachten: Einwände, mit

---

27 Vor §§ 803, 804 Rdn. 14.
28 *Bötticher*, ZZP 1964, 489; *Rosenberg/Schilken*, § 59 IV 4.
29 BGH, NJW 1971, 2226 mit Anm. *Münzberg*, JZ 1972, 214.
30 Zur Pfändung schuldnerfremder beweglicher Sachen siehe auch Vor §§ 803, 804 Rdn. 14; zur Pfändung schuldnerfremder Forderungen siehe auch § 829 Rdn. 47.
31 Siehe oben Rdn. 2.
32 BGH, WM 1966, 575.

denen der Schuldner dem Kläger gegenüber präkludiert wäre, kann auch der Beklagte nicht zu seiner Verteidigung vorbringen.

**8. Entscheidung über die Widerspruchsklage:** Bleibt die Widerspruchsklage dem Grunde nach ohne Erfolg, weil dem Kläger der geltend gemachte Vorrang entweder nicht zustand oder jedenfalls nicht bewiesen werden konnte, ist die Klage als unbegründet, nicht nur als unzulässig abzuweisen.[33]

Ist die Klage begründet, muß der Urteilstenor entsprechend § 880 ZPO gefaßt werden.[34]

**II. Bereicherungsklage eines Gläubigers:** Hat ein Gläubiger dem Teilungsplan ausdrücklich zugestimmt, hat er sowohl die Möglichkeit verloren, nachträglich Widerspruchsklage zu erheben, als auch die Möglichkeit, sein angebliches Recht mit einer auf § 812 BGB gestützten Klage doch noch geltend zu machen. Hat er aber den Widerspruch nur unterlassen, kann er zwar nicht Widerspruchsklage erheben und die Ausführung des Teilungsplanes zunächst nicht aufhalten,[35] er kann aber sein besseres Recht immer noch in der Weise weiterverfolgen, daß er den im Teilungsplan zu Unrecht als vorrangig bezeichneten Gläubiger aus § 812 BGB auf Zustimmung zur Auszahlung des entsprechenden Betrages durch die Hinterlegungsstelle an ihn verklagt,[36] bzw. auf Zahlung dieses Betrages, falls die Hinterlegungsstelle die Teilungsmasse schon ausgekehrt hat. **Abs. 2** sieht diese Möglichkeit zwar ausdrücklich nur für diejenigen Gläubiger vor, die zwar widersprochen, dann aber die Frist des Abs. 1 versäumt und damit die Ausführung des Planes nicht verhindert haben. Es gelten hier aber die gleichen Erwägungen, wie sie zur Versäumung der Vollstreckungsabwehr-[37] und der Drittwiderspruchsklage[38] entwickelt wurden: Es besteht kein Zwang zur Verteidigung der eigenen Rechtsposition schon während des Vollstreckungsverfahrens. Der Abschluß der Zwangsvollstreckung führt zu keiner der Rechtskraft vergleichbaren »Vollstreckungskraft«, die den durch die Zwangsvollstreckung geschaffenen Zustand unter allen, die sich am Verfahren hätten beteiligen können, festschreibt. Nur derjenige, über dessen Recht (z. B. im Rahmen einer selbst angestrengten Widerspruchsklage) schon rechtskräftig entschieden ist oder der auf dieses Recht (z. B. durch ausdrückliche Zustimmung zum Verteilungsplan) wirksam verzichtet hat, kann auch nicht mehr aufgrund eines angeblichen besseren Rechts Bereicherungsklage erheben.

Für diese Bereicherungsklage gilt der Gerichtsstand des § 879 ZPO nicht. Sie hat keinen ausschließlichen Gerichtsstand und wird regelmäßig am Wohnsitz des als Schuldner in Anspruch genommenen Vollstreckungsgläubigers zu erheben sein. Ist das Rechtsschutzbedürfnis für eine Widerspruchsklage während des Prozesses entfallen,

---

33 BGH, NJW 1969, 1428 mit Anm. *Stöber*, Rpfleger 1969, 202.
34 Siehe hierzu § 880 Rdn. 1; Bsp. bei *Brox/Walker*, Rdn. 498.
35 Siehe auch § 877 Rdn. 2.
36 H. M.; beispielhaft BGHZ 39, 242; *Baumbach/Lauterbach/Hartmann*, § 878 Rdn. 11; *MüKo/ Eickmann*, § 878 Rdn. 31; *Thomas/Putzo*, § 878 Rdn. 7; *Zimmermann*, § 878 Rdn. 5; *Zöller/ Stöber*, § 878 Rdn. 17.
37 Siehe insoweit § 767 Rdn. 42.
38 Siehe insoweit Anh. § 771 Rdn. 2, 3.

weil zwischenzeitlich der Teilungsplan ausgeführt wurde, so wird es regelmäßig sachdienlich sein, wenn der Kläger die Widerspruchsklage in eine Bereicherungsklage ändert.

16 Dem Anspruch des Bereicherungsgläubigers kann der auf (Zustimmung zur) Auskehrung des (hinterlegten) Erlöses in Anspruch Genommene kein Zurückbehaltungsrecht aus seinem Verhältnis zum Vollstreckungsschuldner entgegenhalten, wenn er sich nicht auf Ansprüche stützen kann, die eine Zuteilung aus dem Versteigerungserlös rechtfertigen.[39] Für den Bereicherungsanspruch gilt die regelmäßige Verjährungsfrist des § 195 BGB.

17 **III. Gebühren:** Für die Widerspruchsklage und die Bereicherungsklage fallen Gerichtsgebühren nach KV Nr. 1201 ff. an. Der Anwalt erhält Gebühren nach § 31 BRAGO. Der Streitwert der Widerspruchsklage bestimmt sich nach der Höhe der Forderung, deren vorrangige Befriedigung durch das Urteil erreicht werden soll. Nebenforderungen zu dieser Forderung (Zinsen, Vollstreckungskosten), die mit ihr zusammen aus der Verteilungsmasse befriedigt werden sollen, sind hinzuzurechnen, erhöhen also den Streitwert. Die vom Rechtsanwalt durch seine Mitwirkung im Verteilungsverfahren bereits verdienten Gebühren[40] werden auf die Gebühren im Prozeß um die Widerspruchsklage (die allgemeinen Gebühren gem. § 31 BRAGO) nicht angerechnet, da die Klage nicht Teil des Verteilungsverfahrens ist.

Der Streitwert für die Bereicherungsklage wird durch die Höhe des eingeklagten Betrages bestimmt.

18 **IV. ArbGG, VwGO, AO:** Siehe Vor §§ 872–882 Rdn. 5.

---

39 BGH, NJW-RR 1987, 890.
40 Siehe § 872 Rdn. 5.

## § 879 Zuständigkeit für die Widerspruchsklage

(1) Die Klage ist bei dem Verteilungsgericht und, wenn der Streitgegenstand zur Zuständigkeit der Amtsgerichte nicht gehört, bei dem Landgericht zu erheben, in dessen Bezirk das Verteilungsgericht seinen Sitz hat.

(2) Das Landgericht ist für sämtliche Klagen zuständig, wenn seine Zuständigkeit nach dem Inhalt der erhobenen und in dem Termin nicht zur Erledigung gelangten Widersprüche auch nur bei einer Klage begründet ist, sofern nicht die sämtlichen beteiligten Gläubiger vereinbaren, daß das Verteilungsgericht über alle Widersprüche entscheiden soll.

**Inhaltsübersicht**

| | | Rdn. |
|---|---|---|
| I. | Anwendungsbereich der Norm | 1 |
| II. | Örtliche und sachliche Zuständigkeit | 2 |
| III. | Zuständigkeit bei mehreren Widersprüchen gegen denselben Teilungsplan | 3, 4 |
| IV. | ArbGG, VwGO, AO | 5 |

**I. Anwendungsbereich der Norm:** Die Zuständigkeitsregelung des § 879 ZPO gilt **nur für die Widerspruchsklage** des § 878 Abs. 1 ZPO, nicht für andere Klagen aufgrund einer angeblichen vorrangigen Berechtigung an der Teilungsmasse, insbesondere nicht für die Bereicherungsklage (§ 878 Abs. 2 ZPO) oder für Schadensersatzklagen. Die sich aus dieser Regelung ergebende Zuständigkeit ist eine **ausschließliche** (§ 802 ZPO), und zwar örtlich wie sachlich. Die Regelung gilt unabhängig davon, in welchem Rechtsweg oder bei welchem Gericht die Forderung, deren Vorrang erstritten oder bestritten werden soll, gegen den Schuldner geltend gemacht werden mußte. Die ordentlichen Gerichte sind deshalb auch dann zuständig, wenn sich der Widerspruch gegen den Gläubiger einer öffentlich-rechtlichen Forderung richtet.[1]

**II. Örtliche und sachliche Zuständigkeit:** Die örtliche Zuständigkeit wird durch den Sitz des Verteilungsgerichts bestimmt, und zwar des Verteilungsgerichts, bei dem tatsächlich das Verteilungsverfahren durchgeführt wurde, auch wenn es – von den Gläubigern nicht beanstandet – eigentlich nach der Regelung des § 873 ZPO[2] nicht hierfür zuständig gewesen wäre.[3]

**Sachlich** zuständig ist je nach Streitwert (§§ 23, 71 GVG) das Amtsgericht, das als Verteilungsgericht tätig geworden ist, oder die Zivilkammer (nie die Kammer für Handelssachen[4]) desjenigen Landgerichts, in dessen Bezirk das Verteilungsgericht seinen Sitz hat. Der Streitwert bestimmt sich nach dem Betrag, dessen besserrangige Berücksichtigung im Vergleich zu der im Verteilungsplan vorgesehenen Regelung mit der

---

[1] RGZ 116, 369; *Brox/Walker*, Rdn. 491; *Zimmermann*, § 879 Rdn. 1.
[2] Siehe dort Rdn. 1.
[3] *Baumbach/Lauterbach/Hartmann*, § 829 Rdn. 2; *MüKo/Eickmann*, § 879 Rdn. 2; *Zöller/Stöber*, § 879 Rdn. 1.
[4] *Stein/Jonas/Münzberg*, § 879 Rdn. 2; *Thomas/Putzo*, § 879 Rdn 1.

Klage erstrebt wird.[5] Abgesehen von der in Abs. 2 geregelten Ausnahme[6] kann die Zuständigkeit des Amts- oder Landgerichts nicht durch abweichende Vereinbarung begründet werden.[7]

**3** **III. Zuständigkeit bei mehreren Widersprüchen gegen denselben Teilungsplan:** Sind im Zusammenhang mit ein und demselben Verteilungsplan mehrere Widerspruchsklagen erhoben worden, sei es, daß ein Gläubiger Vorrang gegenüber mehreren anderen begehrt, sei es, daß mehrere Gläubiger in unterschiedlicher Weise eine Änderung des Verteilungsplanes zu ihren Gunsten erstreben, so ist nach **Abs. 2** das Landgericht für sämtliche Klagen zuständig, wenn seine Zuständigkeit nach dem Inhalt der erhobenen und im Verteilungstermin nicht durch allseitige Einigung oder durch Rücknahme zur Erledigung gelangten Widersprüche auch nur bei einer Klage begründet ist, sofern nicht alle beteiligten Gläubiger vereinbaren, daß das Amtsgericht über alle Widersprüche entscheiden solle. Die nach Abs. 2 begründete sachliche Zuständigkeit des Landgerichts steht also schon am Ende des Verteilungstermins fest, wenn noch keiner der Widersprechenden tatsächlich Klage erhoben hat. Es müssen auch diejenigen Widersprechenden sofort beim Landgericht Klage erheben, deren Klage – isoliert betrachtet – nicht einen die Zuständigkeit des Landgerichts begründenden Streitwert hat. Die Zuständigkeit des Landgerichts bleibt bestehen, wenn dann ausgerechnet derjenige Widersprechende, dessen Widerspruch die landgerichtliche Zuständigkeit ausgelöst hat, seinen Widerspruch nicht mit der Klage weiterverfolgt.[8] Sinn der Zuständigkeitsregelung des Abs. 2 ist es, alle Widerspruchsklagen von vornherein bei einem einzigen Gericht zusammenzufassen. Dieser Zweck gebietet es zwingend, daß nach dem innergerichtlichen Geschäftsverteilungsplan auch die Zuständigkeit desselben Spruchkörpers für alle Klagen begründet wird.

Daß die Summe aller Widerspruchsstreitwerte die amtsgerichtliche Zuständigkeit überschreitet, begründet, obwohl die Klagen zur einheitlichen Entscheidung zusammengefaßt werden können (§ 147 ZPO), noch nicht die Zuständigkeit des Landgerichts, wenn nicht wenigstens einer der Einzelstreitwerte für sich genommen über der Grenze des § 23 Nr. 1 GVG liegt.

**4** Die Vereinbarung der Zuständigkeit des Amtsgerichts zur Entscheidung über alle Widersprüche (Abs. 2, 2. Halbs.) muß von allen durch alle Widersprüche (sei es aktiv, sei es passiv) betroffenen Gläubigern gemeinsam getroffen werden. Eine bestimmte Form ist nicht erforderlich. Zweckmäßigerweise wird die Vereinbarung im Verteilungstermin getroffen und dort protokolliert. Eine entsprechende Vereinbarung zur Begründung der Zuständigkeit des Landgerichts ist nicht möglich.[9]

**5** **IV. ArbGG, VwGO, AO:** Siehe Vor §§ 872–882 Rdn. 5.

---

5  Zur Wertberechnung siehe auch § 878 Rdn. 17.
6  Siehe unten Rdn. 4.
7  *Rosenberg/Schilken*, § 59 IV 2; **a. A.** *Baumbach/Lauterbach/Hartmann*, § 879 Rdn. 3; MüKo/*Eickmann*, § 879 Rdn. 5; *Stein/Jonas/Münzberg*, § 879 Rdn. 4.
8  *Zöller/Stöber*, § 879 Rdn. 2.
9  Wie Fußn. 7.

## § 880 Fassung des Urteilstenors

¹In dem Urteil, durch das über einen erhobenen Widerspruch entschieden wird, ist zugleich zu bestimmen, an welche Gläubiger und in welchen Beträgen der streitige Teil der Masse auszuzahlen sei. ²Wird dies nicht für angemessen erachtet, so ist die Anfertigung eines neuen Planes und ein anderweites Verteilungsverfahren in dem Urteil anzuordnen.

**I. Tenorierungsmöglichkeiten:** Ist die Klage unzulässig oder der Widerspruch (und damit die Klage) in der Sache nicht begründet, ist die Klage abzuweisen. Für die Tenorierung ergeben sich insofern keine Besonderheiten. Ist der Widerspruch aber begründet, so ist schon im Tenor festzulegen, in welcher Weise der Kläger bei der Erlösauszahlung abweichend vom Verteilungsplan vor dem (den) Beklagten zu berücksichtigen ist. Der Tenor hat etwa zu lauten: »Der Kläger ist im Verteilungsverfahren des Amtsgerichts ... (AZ) mit seiner Forderung in Höhe von ... DM vor derjenigen des (der) Beklagten in Höhe von ... DM zu befriedigen.« Das Gesetz sieht diese Aufstellung eines neuen (Teil-)Verteilungsplanes im Urteilstenor als die Regel an.[1] Ergeben sich ausnahmsweise Schwierigkeiten, eine solche Berechnung bereits vorzunehmen, so ordnet gem. S. 2 das Gericht die Anfertigung eines neuen Planes und ein anderweites Verteilungsverfahren an: »In dem Verteilungsverfahren des Amtsgerichts ... (AZ) wird die Anfertigung eines neuen Teilungsplanes entsprechend der vorliegenden Entscheidung und die anschließende Durchführung eines entsprechenden Verteilungsverfahrens angeordnet.« Die Entscheidungsgründe haben dann die Weisungen, an die das Verteilungsgericht sich bei der Planerstellung zu halten hat, im einzelnen auszuführen.

1

**II. Ausführung des Urteils durch das Verteilungsgericht:** Die Ausführung der im Urteil gegebenen Weisungen durch das Verteilungsgericht erfolgt erst, wenn die **Rechtskraft** des Urteils nachgewiesen ist.[2] Ein einschränkender Hinweis im Tenor, etwa dahingehend, daß das Urteil nur hinsichtlich der Kosten vorläufig vollstreckbar sei, ist möglich, aber nicht notwendig. Die Beschränkung ergibt sich schon aus dem Sinn des § 882 ZPO.

2

**III. ArbGG, VwGO, AO:** Siehe Vor §§ 872–882 Rdn. 5.

3

---

1 A. A. *Baumbach/Lauterbach/Hartmann,* § 880 Rdn. 1.
2 Einzelheiten: § 882 Rdn. 1.

## § 881 Versäumnisurteil

Das Versäumnisurteil gegen einen widersprechenden Gläubiger ist dahin zu erlassen, daß der Widerspruch als zurückgenommen anzusehen sei.

**1** **I. Tenorierung des Versäumnisurteils gegen den Kläger:** Die Vorschrift enthält hinsichtlich des Versäumnisurteils gegen den Kläger eine Modifikation zu § 330 ZPO: Der Tenor lautet nicht, daß der Kläger mit der Klage abgewiesen werde (so § 330 ZPO), sondern: »Der Widerspruch des Klägers gegen den Verteilungsplan vom ... im Verteilungsverfahren des Amtsgerichts ... (AZ) gilt als zurückgenommen.« Im übrigen gelten bei Säumnis des Klägers die §§ 331 a ff. ZPO ohne Einschränkung. Hinsichtlich der Entscheidung bei Säumnis des Beklagten gelten keine Besonderheiten.

**2** **II. Rechtsfolgen des Versäumnisurteils:** Im Falle eines Versäumnisurteils gegen den Kläger wird, sobald Rechtskraft eingetreten ist, der alte Verteilungsplan ohne Rücksicht auf die Einwendungen des Klägers ausgeführt; im Falle, daß gegen den Beklagten Versäumnisurteil ergangen ist, wird nach § 882 ZPO verfahren. Der Kläger verliert durch ein rechtskräftiges Versäumnisurteil nicht die Möglichkeit, sein angebliches Vorrecht noch mit der Bereicherungsklage gem. § 878 Abs. 2 ZPO geltend zu machen.[1] Denn es wurde ja gerade nicht in der Sache über seinen Widerspruch entschieden, sondern nur dessen Rücknahme fingiert. Die Rücknahme des Widerspruchs bedeutet aber noch keine aktive Zustimmung zum Verteilungsplan, also auch kein materiellrechtliches Anerkenntnis des Vorranges anderer Gläubiger.

**3** **III. ArbGG, VwGO, AO:** Siehe Vor §§ 872–882 Rdn. 5. Die VwGO und die FGO kennen allerdings keine Versäumnisurteile.

---

[1] A. *Blomeyer*, Vollstreckungsverfahren, § 71 IV 6; *Brox/Walker*, Rdn. 498; *Bruns/Peters*, § 27 IV 6; MüKo/*Eickmann*, § 881 Rdn. 2; *Rosenberg/Schilken*, § 59 IV 6; *Stein/Jonas/Münzberg*, § 881 Rdn. 1; a. A. (Bereicherungsklage ausgeschlossen) *Baumbach/Lauterbach/Hartmann*, § 881 Rdn. 1; *Zimmermann*, § 881 Rdn. 1; *Zöller/Stöber*, § 881 Rdn. 1.

## § 882 Verfahren nach Urteil

Auf Grund des erlassenen Urteils wird die Auszahlung oder das anderweite Verteilungsverfahren von dem Verteilungsgericht angeordnet.

**I. Ausführung des Urteils über die Widerspruchsklage:** Da die Gestaltungswirkung des dem Widerspruch stattgebenden Urteils erst mit Rechtskraft eintreten kann, kann auch **erst nach Rechtskraft** die praktische Umsetzung des Urteils im Verteilungsverfahren erfolgen.[1] Enthält das Urteil im Tenor bereits einen neuen Verteilungsplan,[2] so ordnet der Rechtspfleger nur an, daß die Hinterlegungsstelle entsprechend diesem Plan auszuzahlen habe (§ 15 Abs. 1 HinterlO). Ist dagegen im Urteil Aufstellung eines neuen Planes und die Durchführung eines entsprechenden Verteilungsverfahrens angeordnet,[3] so fertigt der Rechtspfleger von Amts wegen einen neuen Plan, der jetzt nur noch die durch den Widerspruch blockierte Teilungsmasse zum Gegenstand hat. Inhaltlich muß sich der Plan an den Vorgaben des Urteils ausrichten. Hinsichtlich des weiteren Verfahrens gelten dann die §§ 875–877 ZPO. Beteiligt sind jetzt allerdings nur noch diejenigen Gläubiger, die als Kläger oder Beklagte(r) am Rechtsstreit nach §§ 878 Abs. 1, 879 ff. ZPO beteiligt waren. Hinsichtlich der übrigen Gläubiger ist der ursprüngliche Teilungsplan bereits endgültig ausgeführt.[4] Sie sind von dem neuen Verfahren nicht mehr zu verständigen und erst recht nicht zum Termin zu laden.

1

**II. Widerspruch gegen den neuen Teilungsplan:** Gegen den neuen Plan kann Widerspruch nur insoweit erhoben werden, als mit ihm geltend gemacht wird, die Vorgaben des Urteils würden nicht zutreffend umgesetzt werden. Dagegen sind neue materiellrechtliche Einwände ebenso ausgeschlossen wie ein Rückgriff auf diejenigen, die bereits Gegenstand der Klage waren. Ein inhaltlich unzulässiger Widerspruch ist unbeachtlich, führt also nicht zu einer erneuten Blockade der Auszahlung. Einigen sich die Betroffenen dagegen nicht über einen zulässigen Widerspruch, muß gegebenenfalls erneut geklagt werden, um eine »authentische Interpretation« des ersten Urteils zu erreichen.

2

**III. Rechtsfolgen eines Vergleichs im Widerspruchsverfahren:** Endete das Verfahren über die Widerspruchsklage nicht durch Urteil, sondern durch Vergleich, gilt § 882 ZPO entsprechend.[5] Der Vergleichsinhalt bildet dann für den Rechtspfleger die Grundlage, um eine entsprechende Auszahlungsanordnung zu treffen.

3

**IV. ArbGG, VwGO, AO:** Siehe Vor §§ 872–882 Rdn. 5.

4

---

1 Allgemeine Meinung; beispielhaft *Baumbach/Lauterbach/Hartmann*, § 882 Rdn. 1; *Brox/Walker*, Rdn. 498; MüKo/*Eickmann*, § 882 Rdn. 6; Zöller/*Stöber*, § 882 Rdn. 1.
2 Siehe hierzu § 880 Rdn. 1.
3 § 880 Rdn. 1.
4 § 878 Rdn. 4.
5 LG Berlin, WM 1958, 267.

## Vierter Titel. Zwangsvollstreckung gegen juristische Personen des öffentlichen Rechts

### § 882 a

(1) ¹Die Zwangsvollstreckung gegen den Bund oder ein Land wegen einer Geldforderung darf, soweit nicht dingliche Rechte verfolgt werden, erst vier Wochen nach dem Zeitpunkt beginnen, in dem der Gläubiger seine Absicht, die Zwangsvollstreckung zu betreiben, der zur Vertretung des Schuldners berufenen Behörde und, sofern die Zwangsvollstreckung in ein von einer anderen Behörde verwaltetes Vermögen erfolgen soll, auch dem zuständigen Minister der Finanzen angezeigt hat. ²Dem Gläubiger ist auf Verlangen der Empfang der Anzeige zu bescheinigen. ³Soweit in solchen Fällen die Zwangsvollstreckung durch den Gerichtsvollzieher zu erfolgen hat, ist der Gerichtsvollzieher auf Antrag des Gläubigers vom Vollstreckungsgericht zu bestimmen.

(2) ¹Die Zwangsvollstreckung ist unzulässig in Sachen, die für die Erfüllung öffentlicher Aufgaben des Schuldners unentbehrlich sind oder deren Veräußerung ein öffentliches Interesse entgegensteht. ²Darüber, ob die Voraussetzungen des Satzes 1 vorliegen, ist im Streitfall nach § 766 zu entscheiden. ³Vor der Entscheidung ist der zuständige Minister zu hören.

(3) ¹Die Vorschriften der Absätze 1 und 2 sind auf die Zwangsvollstreckung gegen Körperschaften, Anstalten und Stiftungen des öffentlichen Rechtes mit der Maßgabe anzuwenden, daß an die Stelle der Behörde im Sinne des Absatzes 1 die gesetzlichen Vertreter treten. ²Für öffentlich-rechtliche Bank- und Kreditanstalten gelten die Beschränkungen der Absätze 1 und 2 nicht.

(4) (aufgehoben)

(5) Der Ankündigung der Zwangsvollstreckung und der Einhaltung einer Wartefrist nach Maßgabe der Absätze 1 und 3 bedarf es nicht, wenn es sich um den Vollzug einer einstweiligen Verfügung handelt.

## Inhaltsübersicht

| | | Rdn. |
|---|---|---|
| | Literatur | |
| I. | Anwendungsbereich der Norm | 1 |
| | 1. Vollstreckung wegen einer Geldforderung | 1 |
| | 2. Keine Anwendung bei bestimmten öffentlich-rechtlichen Rechtsträgern | 2 |
| | 3. Vollstreckung gegen Bund, Länder, Körperschaften, Anstalten, Stiftungen | 3 |
| II. | Zweck der Norm | 4 |
| III. | Verfahren | 5 |
| | 1. Anzeige der Vollstreckungsabsicht und Kosten der Anzeige | 5, 6 |
| | 2. Bestimmung des Gerichtsvollziehers durch das Vollstreckungsgericht | 7 |
| | 3. Pfändungsschutz | 8 |
| | 4. Besonderheiten bei der Vollziehung einer einstweiligen Verfügung | 9 |
| IV. | Vollstreckung in das Bundeseisenbahnvermögen | 10 |
| V. | Gebühren | 11 |
| VI. | ArbGG, VwGO, AO | 12 |

**Literatur:** *Bank*, Zwangsvollstreckung gegen Behörden, 1982; *Geißler*, Zur Neuregelung der Zwangsvollstreckung gegen den Fiskus, NJW 1953, 1853; *Goerlich*, Zwangsvollstreckung und Kirchengut, Gedächtnisschrift für Martens, 1987, 559; *Groß*, Die Zwangsvollstreckung gegen juristische Personen des öffentlichen Rechts, JurBüro 1956, 450; *Miedtank*, Die Zwangsvollstreckung gegen Bund, Länder, Gemeinden und andere juristische Personen des öffentlichen Rechts, Diss. Göttingen 1964; *E. Schneider*, Problemfälle aus der Prozeßpraxis – Vollstreckung nach § 882 a, MDR 1985, 640; *Tschischgale*, Die Vergütung des Anwalts für die Anzeige nach § 882 a ZPO, JurBüro 1955, 345.

## I. Anwendungsbereich der Norm: 1

**1. Vollstreckung wegen einer Geldforderung:** Die Vorschrift enthält nur Sonderregeln für den Fall der Zwangsvollstreckung wegen einer Geldforderung, und das auch nur, wenn diese Geldforderung nicht aufgrund eines dinglichen Rechts (z. B. Forderung aus § 1147 BGB) verfolgt wird.[1] Die Zwangsvollstreckung zur Erwirkung der Herausgabe von Sachen und zur Erwirkung von Handlungen und Unterlassungen sowie auf Abgabe von Willenserklärungen folgt also ebenso uneingeschränkt den allgemeinen Regeln (§§ 883 ff. ZPO) wie die Zwangsvollstreckung wegen einer Geldforderung aufgrund eines dinglichen Titels. Unmittelbar gilt die Vorschrift darüber hinaus nur, wenn aus einem zivilgerichtlichen Titel (ordentliche Gerichte und Arbeitsgerichte) einschließlich der Titel des § 794 ZPO vollstreckt wird. Soll aus einem Urteil eines Verwaltungsgerichts, Sozialgerichts oder Finanzgerichts gegen die öffentliche Hand oder eine Körperschaft des öffentlichen Rechts vollstreckt werden, enthalten die §§ 170 VwGO, 198 Abs. 1 SGG, 151 Abs. 1 FGO eigenständige, allerdings dem § 882 a ZPO nachgebildete Regeln.

**2. Keine Anwendung bei bestimmten öffentlich-rechtlichen Rechtsträgern:** Die Regelung **gilt nicht** für alle öffentlich-rechtlichen Rechtsträger als Vollstreckungsschuldner: Infolge des fortgeltenden § 15 Nr. 3 EG ZPO ist das Vermögen der **Gemeinden** und **Gemeindeverbände** aus dem Anwendungsbereich der Norm herausgenommen. Für sie gilt weiterhin das in Einzelheiten durchaus unterschiedliche Landesrecht (etwa §§ 114 GO NW, 31 LVerbO NW oder Art. 77 Bay GO, 71 Bay LKrO, 69 Bay BezO oder § 127 GO BW, § 146 Hess GO). Ausgenommen aus dem Anwendungsbereich sind ferner die **öffentlich-rechtlichen Bank- und Kreditanstalten** (Abs. 3 S. 2): Für sie gelten keine Sonderregelungen, sondern uneingeschränkt die allgemeinen Vorschriften wie für Privatpersonen. Gleiches gilt schließlich für die Vollstreckung in das Bundeseisenbahnvermögen.[2] 2

**3. Vollstreckung gegen Bund, Länder, Körperschaften, Anstalten, Stiftungen:** Die 3
Vorschrift gilt demnach für die Zwangsvollstreckung gegen den Bund einschließlich

---

1  **A. M.** LG Freiburg, DGVZ 1993, 12 für den Fall, daß die Vollstreckung gegen eine kirchliche Körperschaft aus einem dinglichen Titel erfolgt.
2  Siehe Rdn. 10.

dessen selbständigen Sondervermögens, wozu bis zur Umwandlung in Aktiengesellschaften (§ 1 PostUmwG)³ insbesondere auch die drei öffentlichen Unternehmen der Deutschen Bundespost gehörten (§ 1 Abs. 2 des bis zur Neuordnung des Postwesens und der Telekommunikation⁴ geltenden PostVerfG), gegen die Bundesländer, gegen die aufgrund Bundes- und Landesrechts bestehenden Körperschaften, Anstalten und Stiftungen des öffentlichen Rechts (**Abs. 3 S. 1**). Hierzu zählen insbesondere auch die öffentlich-rechtlichen Rundfunk- und Fernsehanstalten,⁵ die Versicherungsträger der Sozialversicherung (z. B. Bundesversicherungsanstalt und Landesversicherungsanstalten, Bundesanstalt für Arbeit), die Industrie- und Handelskammern (§ 3 Abs. 1 IHKG) und die Handwerkskammern (§ 90 Abs. 1 HandwO), aber auch alle als Körperschaft des öffentlichen Rechts organisierten **Kirchen**⁶ (Art. 140 GG i. V. mit Art. 137 Abs. 5 WRV) einschließlich der kirchlichen Stiftungen und des kirchlichen Sondervermögens, soweit es nicht trotz kirchenrechtlicher Aufsicht rein privatrechtlich organisiert ist (wie etwa eine kirchliche Krankenanstalt oder ein kirchliches Altenwohnheim, die durch einen eingetragenen Verein oder eine GmbH getragen werden).

4   II. **Zweck der Norm:** Die Norm will sicherstellen, daß die Erfüllung öffentlicher Aufgaben durch die zwangsweise Durchsetzung privater Ansprüche nicht gefährdet wird. Da durch die Zwangsvollstreckung gegen die öffentliche Hand oder öffentlich-rechtliche Institutionen deren Ansehen beschädigt wird, soll zudem nach Einschaltung der jeweiligen Dienstvorgesetzten und aufgrund längerfristiger Ankündigung der Vollstreckungsabsicht eine gütliche Einigung mit freiwilliger Zahlung der Schuld ermöglicht werden. Es geht also in mehrfacher Hinsicht um den Schutz öffentlicher Interessen.

5   III. **Verfahren:**

1. **Anzeige der Vollstreckungsabsicht und Kosten der Anzeige:** Der Gläubiger, der eine Geldforderung gegen den Bund, ein Land oder eine der in Abs. 3 S. 1 genannten juristischen Personen des öffentlichen Rechts im Wege der Zwangsvollstreckung beitreiben will, muß zunächst diese seine Absicht derjenigen Behörde, die den Schuldner in der konkreten Angelegenheit kraft Gesetzes vertritt (bei Urteilen ergibt sie sich schon aus dem Rubrum), anzeigen. Bei den juristischen Personen des öffentlichen Rechts ist die Anzeige an deren jeweiligen gesetzlichen Vertreter zu richten. Beabsichtigt der Gläubiger, in einen Gegenstand zu vollstrecken, der nicht von der Behörde verwaltet wird, der er die Anzeige übersenden muß, so muß er zusätzlich dem zuständigen Bundes- oder Landesminister der Finanzen Anzeige erstatten. Die Zwangsvollstreckung darf erst vier Wochen nach dem Eingang aller erforderlichen Anzeigen beginnen. Da der Gläubiger die Einhaltung der **Wartefrist als Vollstreckungsvoraussetzung** nachweisen muß, kann er verlangen, daß die Behörde ihm den Empfang der Anzeige bescheinigt (Abs. 1 S. 2).

---

3 PTNeuOG v. 14.9.1994, BGBl. I, 2325, 2339. Zur Vollstreckung in Postspartguthaben siehe § 829 Rdn. 5 sowie *Röder*, DGVZ 1996, 169.
4 Art. 13 § 1 Nr. 3 des PTNeuOG v. 14.9.1994, BGBl. I, 2325, 2396.
5 BVerfG, NJW 1987, 3018.
6 LG Freiburg, DGVZ 1993, 12. Vergl. auch BVerfG, NJW 1984, 2401, 2402.

Die Anfertigung und Absendung der Anzeige der Vollstreckungsabsicht begründet für 6
den Rechtsanwalt des Gläubigers die **Vollstreckungsgebühr** des § 57 BRAGO,[7] wenn
zu diesem Zeitpunkt alle übrigen Vollstreckungsvoraussetzungen vorlagen.[8] Die Gebühr ist nach § 788 ZPO vom Schuldner zu erstatten, wenn er die Absendung der
Anzeige veranlaßt hatte.[9] Dies ist der Fall, wenn er innerhalb angemessener Zeit
nach Zustellung des Titels, die ihm die verwaltungsmäßige Abwicklung der Zahlung
ermögliche, nicht die Zahlung veranlaßt hat.[10]

2. **Bestimmung des Gerichtsvollziehers durch das Vollstreckungsgericht:** Will der 7
Gläubiger die Zwangsvollstreckung durch den Gerichtsvollzieher betreiben lassen, so
hat das Vollstreckungsgericht (§ 764 ZPO) diesen auf Antrag des Gläubigers zu bestimmen (Abs. 1 S. 3). Der Gläubiger muß also nicht (wie sonst) von sich aus auf den zuständigen Gerichtsvollzieher zugehen.

3. **Pfändungsschutz:** Im Rahmen der Durchführung der Vollstreckung ergänzt **Abs. 2** 8
**S. 1** den § 811 ZPO: Sachen (bewegliche Sachen und Grundstücke[11]), die zur Erfüllung
der öffentlichen (oder kirchlichen[12]) Aufgaben des Schuldners unentbehrlich sind oder
deren Veräußerung ein öffentliches Interesse (im Sinne der Erhaltung nationaler Kulturgüter oder bedeutsamer wissenschaftlicher Sammlungen u. ä.) entgegensteht, sind
unpfändbar. Für Forderungen und andere unkörperliche Vermögensrechte gibt es dagegen keinen vergleichbaren Schutz;[13] er ist auch nicht notwendig, da die Liquidität
der öffentlichen Hand anderweitig sicherzustellen ist. Ob ein Gegenstand den Schutz
des Abs. 2 S. 1 genießt, prüft das Vollstreckungsorgan zunächst in eigener Verantwortung. Im Streitfall entscheidet hierüber das Vollstreckungsgericht im Rahmen der Erinnerung nach § 766 ZPO, je nach Beschwer auf Antrag des Gläubigers oder der juristischen Person des öffentlichen Rechts. Der Richter muß vor seiner Entscheidung den
zuständigen Minister hören (Abs. 2 S. 3), d. h. den Minister, in dessen Verwaltungsbereich die Obhut für den Gegenstand fällt.

4. **Besonderheiten bei der Vollziehung einer einstweiligen Verfügung:** Handelt es 9
sich bei dem Vollstreckungstitel um eine einstweilige Verfügung, so bedarf es vor der
Vollstreckung weder einer Ankündigung noch der Einhaltung einer Wartefrist
(**Abs. 5**). Der Vollstreckungsschutz nach Abs. 2 gilt aber auch hier. Da einstweilige Verfügungen auf Zahlung einer bestimmten Geldsumme (sog. Leistungsverfügungen[14])
eher selten sind (von ihnen ist in Abs. 5 aber ausschließlich die Rede, da § 882 a
ZPO insgesamt nur für die Zwangsvollstreckung wegen Geldforderungen gilt), hat

---

7 KG, Rpfleger 1970, 105 und 359; AnwBl. 1976, 300; OLG Hamburg, JurBüro 1961, 306; OLG
Schleswig, JurBüro 1978, 391; OLG Zweibrücken, JurBüro 1973, 138; LAG Hamm, AnwBl.
1984, 161.
8 OLG Frankfurt, Rpfleger 1981, 158; AG Hamm, JMBl.NW 1976, 138.
9 Siehe auch § 788 Rdn. 7, 8.
10 LG Mülheim, AnwBl. 1982, 123.
11 LG Oldenburg, Rpfleger 1983, 33.
12 BVerfG, NJW 1984, 2401.
13 BVerfGE 64, 44.
14 Siehe dazu *Schuschke/Walker*, Vor § 916 Rdn. 11 u. Vor § 935 Rdn. 26 ff.

die Vorschrift nur eine begrenzte Bedeutung. Ihr Hauptanwendungsgebiet ist das öffentliche Arbeitsrecht. Auf den Vollzug eines dinglichen Arrestes ist Abs. 5 nicht entsprechend anwendbar.

10  IV. **Vollstreckung in das Bundeseisenbahnvermögen:** Für die Zwangsvollstreckung aus Titeln gegen die Deutsche Bundesbahn in deren Sondervermögen galt bis zum Jahre 1993 gem. dem bis dahin geltenden Abs. 4 an Stelle des § 882 a ZPO der § 39 des Bundesbahngesetzes vom 13. 12. 1951 (BGBl. I, 955). Die Vorschrift[15] lehnte sich inhaltlich an § 882 ZPO an. Erteilte die Bundesregierung nicht die Zustimmung zur Vollstreckung in Gegenstände des Sondervermögens »Deutsche Bundesbahn«, konnte in das allgemeine Vermögen des Bundes gem. § 882 a ZPO vollstreckt werden, da der Bund mit seinem gesamten Vermögen für Verbindlichkeiten der Bundesbahn haftete.

Durch Art. 6 Abs. 38 des ENeuOG vom 27.12.1993[16] wurde der frühere Abs. 4 des § 882 a ZPO, und durch Art. 8 § 1 Nr. 2, § 3 ENeuOG wurde der § 39 des Bundesbahngesetzes aufgehoben. Daher ist das Bundeseisenbahnvermögen in der Zwangsvollstreckung nicht mehr privilegiert.[17]

11  V. **Gebühren:** Sowohl für die Bestimmung des Gerichtsvollziehers nach Abs. 1 S. 3 als auch für das Erinnerungsverfahren nach Abs. 2 S. 2 fallen keine Gerichtsgebühren an.[18] Die Anzeige nach Abs. 1 S. 1 ist für den Anwalt keine besondere Angelegenheit (§ 58 Abs. 2 Nr. 5 BRAGO). Der Gerichtsvollzieher (Abs. 1 S. 3) erhält für die Pfändung wie auch sonst[19] die Gebühr nach § 17 GvKostG.

12  VI. **ArbGG, VwGO, AO:** Die Vorschrift gilt gem. § 62 Abs. 2 ArbGG auch für die Vollstreckung aus arbeitsgerichtlichen Titeln. Zur Vollstreckung nach der VwGO siehe Rdn. 1. Für die Abgabenvollstreckung gilt § 255 AO. Danach ist die Vollstreckung gegen den Bund oder ein Land gar nicht und gegen eine juristische Person des öffentlichen Rechts, die der Staatsaufsicht unterliegt, nur mit Zustimmung der Aufsichtsbehörde zulässig. Eine Ausnahme gilt gem. § 255 Abs. 2 AO, der dem § 882 a Abs. 3 S. 2 ZPO nachgebildet ist, für die Vollstreckung gegen öffentlich-rechtliche Kreditinstitute.

15 Abgedruckt in 1. Aufl. Rdn. 10.
16 BGBl. I, 2378.
17 Zu Pfändungsbeschränkungen bei Fahrbetriebsmitteln siehe § 811 Rdn. 41.
18 Siehe schon § 766 Rdn. 29.
19 Siehe schon § 808 Rdn. 19.

# Dritter Abschnitt. Zwangsvollstreckung zur Erwirkung der Herausgabe von Sachen und zur Erwirkung von Handlungen oder Unterlassungen

**Vorbemerkung vor §§ 883–898:** Überblick über die Regelungen des 3. Abschnitts.

## Inhaltsübersicht

Literatur

| | | Rdn. |
|---|---|---|
| I. | Zwangsvollstreckung wegen anderer Forderungen als Geldforderungen | 1 |
| II. | Abgrenzung zwischen den in Betracht kommenden Forderungen | 2 |
| III. | Vollstreckung gegen eine juristische Person des öffentlichen Rechts | 3 |

**Literatur:** *Dietrich*, Die Individualvollstreckung, 1976; *Hartung*, Die Vollstreckung von Leistungsansprüchen, NJW 1959, 566; *Matthes*, Der Anspruch des Arbeitnehmers auf Erteilung, Ergänzung und Berichtigung von Bescheinigungen durch den Arbeitgeber und seine Durchsetzung im Prozeß, DB 1968, 1578; *W. G. Müller*, Das Verhältnis der Herausgabe- zur Handlungsvollstreckung, Diss. Tübingen 1978; *Quardt*, Wie ist ein Titel zu vollstrecken, der auf Befreiung lautet?, JurBüro 1960, 470; *Schilken*, Ansprüche auf Auskunft und Vorlegung von Sachen im materiellen Recht und im Verfahrensrecht, Jura 1988, 525; *Schünemann*, Befriedigung durch Zwangsvollstreckung, JZ 1985, 49.

**I. Zwangsvollstreckung wegen anderer Forderungen als Geldforderungen:** Der 1
3. Abschnitt regelt die Zwangsvollstreckung aller Titel, die nicht unmittelbar auf die Erfüllung einer Geldforderung gerichtet sind, auch wenn, wie im Falle des § 887 Abs. 2 ZPO, die Verwirklichung des Anspruchs letztlich doch durch die zwangsweise Beitreibung einer Geldsumme ermöglicht wird. Das Gesetz teilt die Vielzahl der in Betracht kommenden Ansprüche in vier Gruppen ein, für die jeweils ein unterschiedliches Vollstreckungsverfahren vorgesehen ist:
– Ansprüche auf Herausgabe beweglicher und unbeweglicher Sachen (§§ 883–886 ZPO);
– Ansprüche auf Vornahme vertretbarer und unvertretbarer Handlungen (§§ 887–889 ZPO);
– Ansprüche auf Unterlassung einer Handlung oder auf Duldung der Vornahme einer Handlung (§ 890 ZPO);
– Ansprüche auf Abgabe einer Willenserklärung (§§ 894–898 ZPO).
Diese Einteilung kann es notwendig machen, daß ein einheitlicher materiellrechtlicher Anspruch in der Zwangsvollstreckung in mehrere Teile zerlegt werden muß. So

ist der kaufrechtliche Erfüllungsanspruch aus § 433 Abs. 1 BGB vollstreckungsrechtlich ein Anspruch auf Herausgabe der Kaufsache und zusätzlich ein Anspruch auf Abgabe der zur Übereignung erforderlichen Willenserklärungen. Seine Durchsetzung im Wege der Zwangsvollstreckung erfolgt daher gem. §§ 883 ff. ZPO und zusätzlich gem. §§ 894 ff. ZPO.

2   II. **Abgrenzung zwischen den in Betracht kommenden Forderungen:** Die Einordnung eines Anspruchs in eine der vier Gruppen ist nicht immer zweifelsfrei. Insbesondere die Abgrenzung von Herausgabeansprüchen zu Ansprüchen auf Vornahme von Handlungen kann Schwierigkeiten bereiten, wenn die Herausgabe erst möglich ist, nachdem der Schuldner zuvor bestimmte wesentliche Vorbereitungshandlungen geleistet hat, die der für die Herausgabevollstreckung zuständige Gerichtsvollzieher nicht leisten kann. Liegt der Schwerpunkt in Wahrheit bei diesen Handlungen, so handelt es sich im Einzelfall möglicherweise trotz der entsprechenden Formulierung des zu vollstreckenden Tenors nicht um eine Herausgabeschuld, sondern um einen nach §§ 887 ff. ZPO zu vollstreckenden Anspruch. Entscheidend für die Einordnung eines Anspruchs ist also nicht allein die tatsächliche Formulierung des Tenors, sondern darüber hinaus die verständige Bewertung der zu seiner Verwirklichung erforderlichen Abläufe.

3   III. **Vollstreckung gegen eine juristische Person des öffentlichen Rechts:** Die §§ 883 ff. ZPO unterscheiden nicht, ob die Zwangsvollstreckung gegen eine Privatperson oder eine juristische Person des öffentlichen Rechts erfolgt. Im 3. Abschnitt fehlt eine dem § 882 a ZPO entsprechende Sondervorschrift. Diese Norm ist auch nicht ergänzend oder entsprechend heranzuziehen. Die Regeln des 1. Abschnitts (§§ 704–802 ZPO) gelten dagegen für alle Arten der Zwangsvollstreckung, sind deshalb selbstverständlich auch im Rahmen des 3. Abschnitts ergänzend heranzuziehen. Das gilt für die allgemeinen und besonderen Voraussetzungen der Zwangsvollstreckung ebenso wie für die Rechtsbehelfe.

§ 883 Herausgabe bestimmter beweglicher Sachen

(1) Hat der Schuldner eine bewegliche Sache oder eine Menge bestimmter beweglicher Sachen herauszugeben, so sind sie von dem Gerichtsvollzieher ihm wegzunehmen und dem Gläubiger zu übergeben.
(2) Wird die herauszugebende Sache nicht vorgefunden, so ist der Schuldner verpflichtet, auf Antrag des Gläubigers zu Protokoll an Eides Statt zu versichern, daß er die Sache nicht besitze, auch nicht wisse, wo die Sache sich befinde.
(3) Das Gericht kann eine der Sachlage entsprechende Änderung der eidesstattlichen Versicherung beschließen.
(4) Die Vorschriften der §§ 478 bis 480, 483 gelten entsprechend.

## Inhaltsübersicht

| | | Rdn. |
|---|---|---|
| | Literatur | |
| I. | Anwendungsbereich der Norm | 1 |
| | 1. Herausgabe | 2 |
| | 2. Sonstige Handlungen | 3 |
| | 3. Bewegliche Sache | 4 |
| | 4. Herausgabe eines Kindes | 5 |
| II. | Die Durchführung der Herausgabevollstreckung | 6 |
| | 1. Genaue Bezeichnung des herauszugebenden Gegenstandes | 7 |
| | 2. Richterliche Durchsuchungsanordnung | 8 |
| | 3. Gewahrsam des Schuldners oder eines herausgabebereiten Dritten | 9 |
| | 4. Umfang der Prüfung durch den Gerichtsvollzieher | 10 |
| | 5. Pfändungsschutz | 11 |
| | 6. Rechtswirkungen der Wegnahme durch den Gerichtsvollzieher | 12 |
| | 7. Zusammentreffen der Herausgabevollstreckung mit der Pfändung | 13 |
| | 8. Verbrauch des Titels mit der Wegnahme | 14 |
| III. | Die Offenbarungsversicherung (Abs. 2–4) | 15 |
| | 1. Verfahren | 16 |
| | 2. Versicherung an Eides Statt | 17 |
| | 3. Einwendungen des Schuldners | 18 |
| IV. | Gebühren und Kosten | 19 |
| | 1. Wegnahme und Verhaftung | 19 |
| | 2. Offenbarungsversicherung | 20 |
| V. | Entsprechende Anwendung der Vorschriften über die Offenbarungsversicherung | 21 |
| VI. | ArbGG, VwGO, AO | 22 |

**Literatur:** *Alisch*, Die Erstattung von Lagerkosten bei Pfand- und Räumungsgut, DGVZ 1979, 5; *Bittmann*, Vollstreckung zur Herausgabe eines Kindes, DGVZ 1987, 134; *Fenn/Finger*, BGB und ZPO. Die Stereoanlage des säumigen Mieters, JuS 1972, 148; *Gross*, Die Zwangsvollstreckung zur Erwirkung der Herausgabe von Sachen, JurBüro 1957, 19; *Groß*, Hoheitlicher Zugriff und sachlich-rechtliche Herausgabeklagen, ZZP 1964, 292; *Müller*, Erweiterte Interventionsmöglichkeit bei

Herausgabe- und Verschaffungsvollstreckung?, DGVZ 1975, 104; *Mümmler*, § 811 ZPO im Falle des Eigentumsvorbehalts und der Sicherungsübereignung, JurBüro 1974, 148; *Noack*, Die Herausgabevollstreckung gemäß § 883 ZPO und ihre aktuellen Probleme in der Praxis, JR 1966, 215; *ders.*, Ratenzahlungsverfahren bei der Wegnahme- und Räumungsvollstreckung und im Offenbarungseidverfahren, MDR 1968, 817; *ders.*, Schutz des Vermieterpfandrechts in der Zwangsvollstreckung, JurBüro 1975, 1303; *Runge*, Die Zwangsvollstreckung in Kernbrennstoffe, ZZP 1962, 222; *Schilken*, Probleme der Herausgabevollstreckung, DGVZ 1988, 49; *ders.*, Ansprüche auf Auskunft und Vorlegung von Sachen im materiellen Recht und im Verfahrensrecht, Jura 1988, 525; *K. Schmidt*, Zum Prozeßstoff bei Herausgabeklagen und ungerechtfertigter Bereicherung, MDR 1973, 973; *ders.*, Zivilprozessuale und materiellrechtliche Aspekte des § 283 BGB, ZZP 1974, 49; *E. Schneider*, Problemfälle aus der Prozeßpraxis: Vollstreckung des Anspruchs auf Herausgabe am Gläubigerwohnsitz, MDR 1983, 287; *Schüler*, Die Kindesherausgabevollstreckung seit dem 1. 1. 1980, DGVZ 1980, 97; *Sieg*, Die Rechtskrafterstreckung bei Rechtsnachfolge und ihre Bedeutung für die Vollstreckung nach § 883 ZPO, ZZP 1953, 23; *Siegelmann*, Der Offenbarungseid des Gemeinschuldners (§ 125 KO), DB 1966, 412.

1 **I. Anwendungsbereich der Norm:** Die Vorschrift regelt das Vollstreckungsverfahren für den Fall, daß der Schuldner nach dem Inhalt des Titels eine **bestimmte bewegliche körperliche Sache**[1] oder eine Menge derartiger Sachen aus seinem Besitz an den Gläubiger herauszugeben hat. Ist nicht eine bestimmte Sache, sondern nur eine bestimmte Menge vertretbarer Sachen herauszugeben, greift § 884 ZPO ein; befindet sich die herauszugebende Sache nicht im Besitz des Schuldners, sondern eines Dritten, ist nach § 886 ZPO zu verfahren.

2 **1. Herausgabe:** Ob der Schuldner die Herausgabe einer bestimmten Sache schuldet, entscheidet sich nicht allein nach der im Tenor des Titels gewählten Formulierung, sondern ist aufgrund verständiger Auslegung der vom Schuldner zur Verwirklichung der titulierten Schuld zu erbringenden Handlungen zu ermitteln: Entscheidend ist, daß auch die **Wegnahme** der Sache beim Schuldner durch den Gerichtsvollzieher erforderlich ist, um den Anspruch zu befriedigen.[2] Ganz unerheblich ist, ob der den Titel Formulierende seinerseits auf eine Vollstreckung nach § 883 Abs. 1 ZPO abgestellt hat, oder ob er etwa – irrigerweise – von einer Vollstreckung nach §§ 888 oder 890 ZPO ausgegangen ist und deshalb das Herausgabegebot im Titel für den Fall der Nichtbefolgung mit einer Zwangs- oder Ordnungsgeldandrohung bewehrt hat.[3] Ob die Sache nach der Vollstreckung endgültig beim Gläubiger verbleiben darf oder ob er sie etwa dem Schuldner alsbald wieder zur Verfügung stellen muß, ist, wenn der Gläubiger jedenfalls zeitweilig den Besitz an der Sache zur Befriedigung seines Anspruchs benötigt, für die Anwendbarkeit des § 883 ZPO ebenfalls ohne Bedeutung. Deshalb ist nach § 883 ZPO, nicht nach § 888 ZPO vorzugehen, wenn der Schuldner verurteilt wurde,

---

1 Zum Begriff: § 90 BGB; zum weitergehenden Begriff des »beweglichen Vermögens« in §§ 803 ff. ZPO siehe Vor §§ 803–863 Rdn. 1, 2.
2 OLG Köln, NJW-RR 1988, 1210.
3 OLG Hamm, NJW 1974, 653; *Stein/Jonas/Brehm*, § 883 Rdn. 1; a. A. AG Aachen, DGVZ 1979, 95.

*Herausgabe bestimmter beweglicher Sachen* § 883

dem Gläubiger Auskunft über bestimmte Fakten in der Weise zu erteilen, daß er ihm Einsichtnahme in bestimmte Unterlagen gewährt[4] oder ihm bestimmte Unterlagen zur Auswertung vorlegt.[5] Eine Vollstreckung nach § 888 ZPO ist allenfalls denkbar, wenn die Pflicht zur Vorlage von Urkunden nur Teil einer umfassenden Verpflichtung zur Auskunftserteilung ist.[6] Entscheidend ist schließlich auch nicht, daß der Gläubiger Anspruch darauf hat, daß die Sache gerade ihm selbst übergeben oder vorgelegt wird: Ist der Schuldner zur Vorlage bestimmter Urkunden gegenüber einem Dritten (z. B. dem Grundbuchamt) oder zur Hinterlegung einer bestimmten Sache verurteilt worden, wird auch ein solcher Anspruch, da er nur mittels Wegnahme der Urkunden beim Schuldner verwirklicht werden kann, nach § 883 ZPO vollstreckt.[7]

**2. Sonstige Handlungen:** Die Herausgabe (Vorlage, Hinterlegung) der Sache muß nicht die einzige nach dem Titel vom Schuldner zu erbringende Handlung sein. So kann der Schuldner verurteilt sein, eine Sache herzustellen (zu reparieren, zu bearbeiten usw.) und sie dem Gläubiger zu übergeben. Nach überwiegender Ansicht ist in einem solchen Fall, um alle Handlungen zu erzwingen, gegebenenfalls eine kombinierte Vollstreckung nach § 883 ZPO und §§ 887, 888 ZPO erforderlich:[8] Wegnahme der Sache zum Zwecke der Durchführung der Ersatzvornahme oder Zwangsgeld zur Erzwingung der (nicht vertretbaren) Herstellung der Sache[9] und deren anschließende Wegnahme. Sind die übrigen nach dem Inhalt des Titels geschuldeten Handlungen neben der Herausgabe der Sache von untergeordneter Bedeutung und dienen sie letztlich lediglich der Durchführung der Herausgabe, so daß auch der Gerichtsvollzieher sie ohne weiteres veranlassen kann (Verpackung der Sache, Transport der Sache im Inland zum Gläubiger),[10] bedarf es allerdings des Vorgehens nach § 887 ZPO nicht. Die zusätzlichen Handlungen des Gerichtsvollziehers sind durch § 883 ZPO gedeckt.[11] Die durch sie verursachten Kosten sind nach § 788 ZPO zu behandeln.[12]

Ist umgekehrt die Herausgabe der Sache von ganz untergeordneter Bedeutung und mehr nur eine Nebenfolge der geschuldeten nichtvertretbaren Handlung, so ist allein

3

---

4 OLG Frankfurt, NJW-RR 1992, 171; OLG Hamm, NJW 1974, 653; LG Itzehoe, DGVZ 1982, 187; a. A. LAG Hamm, DB 1973, 1951.
5 OLG Köln, NJW-RR 1988, 1210.
6 OLG Köln, NJW-RR 1996, 387.
7 OLG Bamberg, DGVZ 1972, 112.
8 *Baumbach/Lauterbach/Hartmann*, § 883 Rdn. 2; *MüKo/Schilken*, § 883 Rdn. 10 m. N. auch zur Gegenansicht; *Rosenberg/Schilken*, § 70 I 1 a; *Stein/Jonas/Brehm*, § 883 Rdn. 9; *Zöller/Stöber*, § 883 Rdn. 9. Nach **a. A.** kommt nur eine Vollstreckung nach § 883 ZPO in Betracht und bei Mißerfolg Schadensersatz gem. § 893 ZPO (*Brox/Walker*, Rdn. 1068), weil es sich bei der Ersatzvornahme nach § 887 ZPO um eine eng auszulegende Ausnahmeregelung handele und um Bestand und Höhe des Ersatzanspruches grundsätzlich im Erkenntnisverfahren zu entscheiden sei. Siehe auch § 887 Rdn. 1.
9 Z. B. Ausfüllung der Arbeitspapiere durch den früheren Arbeitgeber und Aushändigung an den Arbeitnehmer; siehe *Germelmann/Matthes/Prütting*, § 62 ArbGG Rdn. 44.
10 OLG Frankfurt, NJW 1983, 1686; *MüKo/Schilken*, § 883 Rdn. 10; *Zimmermann*, § 883 Rdn. 2; a. A. (§ 888 sei anzuwenden) E. *Schneider*, MDR 1983, 287; *Zöller/Stöber*, § 883 Rdn. 9.
11 *Baumbach/Lauterbach/Hartmann*, § 883 Rdn. 6.
12 Einzelheiten unten Rdn. 12.

nach § 888 ZPO zu vollstrecken (z. B. Anspruch auf Erteilung eines Arbeitszeugnisses;[13] auf Ausstellung einer Quittung u. ä.).

4    3. **Bewegliche Sache:** Eine bewegliche (körperliche) Sache liegt auch dann vor, wenn die Sache zunächst noch Bestandteil eines Grundstücks ist, vom Schuldner nach dem Titel aber vom Grundstück getrennt und an den Gläubiger herausgegeben werden muß.[14] Muß in einem solchen Fall die Trennung vom Grundstück des Schuldners allerdings gem. § 887 ZPO durch Ersatzvornahme erzwungen werden, darf auch die Wegschaffung vom Grundstück in die Ersatzvornahme miteinbezogen, die Zwangsvollstreckung also insgesamt gem. § 887 ZPO abgewickelt werden.

5    4. **Herausgabe eines Kindes:** Nicht entsprechend anwendbar ist § 883 ZPO zur Vollstreckung eines Titels auf Herausgabe eines Kindes.[15] Unabhängig davon, ob das Vormundschaftsgericht (im Falle des § 1632 Abs. 3, 1. Halbs. BGB) oder das Familiengericht (im Falle des § 1632 Abs. 3, 2. Halbs. BGB) die Herausgabe angeordnet hat, ist nach § 33 FGG vorzugehen. Das Gericht entscheidet, in welcher Weise die Herausgabe zu erzwingen ist. Im Einzelfall können entweder das Jugendamt oder auch der Gerichtsvollzieher eingeschaltet werden,[16] um die Herausgabe auch unter Gewaltanwendung durchzusetzen.

6    **II. Die Durchführung der Herausgabevollstreckung:** Vollstreckungsorgan ist der Gerichtsvollzieher. Örtlich zuständig ist der Gerichtsvollzieher, in dessen Bezirk die Wegnahmehandlung vorgenommen werden soll. Der Vollstreckungsantrag muß den allgemeinen Anforderungen[17] entsprechen. Der Gerichtsvollzieher prüft, bevor er dem Antrag entspricht, wie bei jeder sonstigen Vollstreckungshandlung, ob die allgemeinen und die sich aus dem Titel ergebenden besonderen Vollstreckungsvoraussetzungen vorliegen. Im einzelnen gilt:

7    1. **Genaue Bezeichnung des herauszugebenden Gegenstandes:** In der Regel muß der herauszugebende Gegenstand als solcher **im Titel so genau bezeichnet** sein, daß Zweifel hinsichtlich seiner Identifizierung ausgeschlossen sind.[18] Unzulässig wäre es, den Gegenstand erst im Rahmen der Vollstreckung durch den Gläubiger identifizieren zu lassen. Wenn der Gerichtsvollzieher Zweifel hat, ob die Angaben im Titel ausreichend sind, hat er den Auftrag zunächst zu übernehmen und vor Ort zu klären, ob eine hinreichende Bestimmung des Vollstreckungsobjekts möglich ist. Er kann auch (etwa bei der Wegnahme technischer Unterlagen) einen Sachverständigen zuziehen; die dadurch

---

13 *Germelmann/Matthes/Prütting*, § 62 ArbGG Rdn. 48.
14 *Stein/Jonas/Brehm*, § 883 Rdn. 16.
15 Heute h. M.; OLG Frankfurt, FamRZ 1980, 1038; AG Bonn, FamRZ 1979, 844; AG München, DGVZ 1980, 174; *Brox/Walker*, Rdn. 1049; *Baur/Stürner*, Rdn. 39.7; MüKo/*Schilken*, § 883 Rdn. 16; *Rosenberg/Schilken*, § 70 I 1 a; *Stein/Jonas/Brehm*, § 883 Rdn. 34; *Zöller/Stöber*, § 883 Rdn. 7.
16 *Bassenge/Herbst*, § 33 FGG Rdn. 31.
17 Einzelheiten insoweit: § 753 Rdn. 3, 4.
18 Siehe hierzu Vor §§ 704–707 Rdn. 9; vergl. ferner LG Essen, JurBüro 1975, 962; LG Lübeck, DGVZ 1989, 30.

verursachten Kosten fallen als Kosten der Zwangsvollstreckung dem Schuldner zur Last, wenn sie notwendig waren.[19] Hält er die Angaben von vornherein für unzureichend, muß er den Antrag sogleich zurückweisen, da eine »Nachbesserung« allein durch ergänzende Angaben des Gläubigers den Titel nicht vollstreckungsfähig machen kann. In einigen Fällen sind aber Ausnahmen von der Regel, daß der herauszugebende Gegenstand schon im Titel als solcher genau bezeichnet sein muß, möglich und notwendig: Läßt der Konkursverwalter aus dem Konkurseröffnungsbeschluß gegen den Gemeinschuldner auf Herausgabe von zur Masse gehörenden Gegenständen vollstrecken,[20] so genügt es, wenn der Konkursverwalter die Gegenstände bezeichnet. Der Gerichtsvollzieher prüft dann allein, ob der Gemeinschuldner im Besitz dieser Gegenstände ist und ob ihrer Massezugehörigkeit § 1 Abs. 4 KO[21] entgegensteht. Ähnliches gilt, wenn der Ersteher eines Grundstücks aus dem Zuschlagsbeschluß gegen den früheren Eigentümer oder den Besitzer des Grundstücks auf Herausgabe von Zubehörgegenständen vollstreckt: Solange die Zubehöreigenschaft durch den Gerichtsvollzieher feststellbar ist, genügt es, daß der Ersteher mit dem Vollstreckungsantrag die wegzunehmenden Gegenstände bezeichnet.[22] Sind die Gegenstände zwischenzeitlich im Besitz eines Dritten oder ist ihre Zuordnung zum Grundstück nicht mehr feststellbar und sind die Gegenstände in diesem Falle nicht im Zuschlagsbeschluß hinreichend genau bezeichnet, so muß die Vollstreckung aus dem Zuschlagsbeschluß allerdings unterbleiben und ein neuer, inhaltlich bestimmter Titel erwirkt werden.

2. **Richterliche Durchsuchungsanordnung:** Verwehrt der Schuldner dem Gerichtsvollzieher den Zutritt zu seiner Wohnung, ist es umstritten, ob der Gläubiger eine richterliche Durchsuchungsanordnung (§ 758 ZPO in verfassungskonformer Auslegung)[23] erwirken und dem Gerichtsvollzieher zur Verfügung stellen muß.[24] Das ist dann, wenn die Herausgabepflicht in einem Urteil tituliert ist, zu verneinen.[25] Zwar konnte der Richter bei Urteilserlaß die Notwendigkeit einer Wohnungsdurchsuchung noch nicht sicher vorhersehen; er konnte aber (anders als bei der Vollstreckung wegen einer Geldforderung) berücksichtigen, daß auf eine bestimmte Sache zugegriffen werden muß, die sich möglicherweise in der Wohnung des Schuldners befindet. Erst recht ist eine richterliche Durchsuchungsanordnung entbehrlich bei der Räumungsvollstrek-

8

---

19 LG Münster, DGVZ 1995, 184.
20 Zum Konkurseröffnungsbeschluß als Herausgabetitel BGHZ 12, 389; BGH, NJW 1962, 1392; LG Düsseldorf, KTS 1957, 143; *Kilger/K. Schmidt,* § 117 KO Anm. 2; *Kuhn/Uhlenbruck,* § 117 KO Rdn. 6 f.
21 Ab dem 1.1.1999: § 36 Abs. 1 InsO.
22 OLG Hamm, JurBüro 1956, 31.
23 Siehe schon § 758 Rdn. 1 und Rdn. 2.
24 Verneinend LG Berlin, DGVZ 1988, 118 (jedenfalls dann, wenn der Gegenstand nicht gesucht werden muß); LG Kassel, DGVZ 1981, 24; *Bischof,* ZIP 1983, 525; *Brox/Walker,* Rdn. 1054; *Lohkemper,* ZIP 1995, 1641, 1644; *E. Schneider,* NJW 1980, 2379; *Thomas/Putzo,* § 758 Rdn. 13 (wenn sich die Sache nur in der Wohnung befinden kann); *Zimmermann,* § 883 Rdn. 1. **Bejahend** *Baumbach/Lauterbach/Hartmann,* § 758 Rdn. 3; *MüKo/Schilken,* § 883 Rdn. 20; *Rosenberg/Schilken,* § 70 II 1; *Stein/Jonas/Brehm,* § 883 Rdn. 20–25; *Zöller/Stöber,* § 883 Rdn. 10.
25 Siehe schon § 758 Rdn. 11.

kung nach § 885 ZPO:²⁶ Die Zwangsräumung einer Wohnung ist, von vornherein erkennbar, ohne deren Betreten nicht möglich. Erfolgt die Herausgabe dagegen aus einem nichtrichterlichen Titel, etwa aus einem Prozeßvergleich oder einem vom Rechtspfleger erlassenen Zuschlagsbeschluß im Zwangsversteigerungsverfahren,²⁷ ist eine richterliche Durchsuchungsanordnung erforderlich.

9  **3. Gewahrsam des Schuldners oder eines herausgabebereiten Dritten:** Wie die Regelung in § 886 ZPO zeigt, ist die Herausgabevollstreckung durch Wegnahme bestimmter beweglicher Sachen nur zulässig, wenn diese Sachen sich entweder im Alleingewahrsam des Schuldners befinden oder ein Dritter, der Gewahrsam oder Mitgewahrsam an den Sachen hat, zur Herausgabe bereit ist.²⁸ Soweit allerdings Mitgewahrsam unter Eheleuten vorliegt, greift § 739 ZPO ein.²⁹ Die Vorschrift gilt aber nicht entsprechend zu Lasten nichtehelicher Lebensgefährten³⁰ oder sonstiger Personen, mit denen der Schuldner einen gemeinsamen Haushalt führt. Stellt der Gerichtsvollzieher fest, daß die Sache sich im Alleingewahrsam des Schuldners befindet, ermöglicht eine richterliche Durchsuchungsanordnung ihm auch das Betreten der Wohnung des Schuldners, so benötigt er keine weitere richterliche Anordnung, wenn ein Mitbewohner der Wohnung, aber Nichtmitbesitzer der Sache, ihm den Zutritt zur Wohnung verwehrt.³¹ Es handelt sich insoweit weder um ein Problem zu Art. 13 GG noch zu §§ 739, 758 ZPO. Der Mitbewohner hat es dem Schuldner grundsätzlich gestattet, im Rahmen des Sozialüblichen Besucher zu empfangen. Die »Einladung« des Schuldners wird durch die richterliche Durchsuchungsanordnung ersetzt.

10  **4. Umfang der Prüfung durch den Gerichtsvollzieher:** Der Gerichtsvollzieher hat bei der Durchführung der Wegnahmevollstreckung materiellrechtliche Fragen aus der Beziehung des Gläubigers zum Schuldner nicht zu prüfen und zu berücksichtigen. Es ist Sache des Schuldners, solche Einwendungen gegebenenfalls mit der Klage nach § 767 ZPO geltend zu machen. So darf der Gerichtsvollzieher die Herausgabevollstreckung seitens des Vorbehalts- oder Sicherungseigentümers nicht mit der Begründung verweigern, der Gläubiger müsse ihm zuvor erst die Rückzahlung der zur Abwendung der Zwangsvollstreckung vom Schuldner gezahlten Kaufpreis- oder Darlehensraten nachweisen.³²

11  **5. Pfändungsschutz:** Im Rahmen der Herausgabevollstreckung ist § 811 ZPO nicht anwendbar: Der Gerichtsvollzieher muß den im Titel genannten Gegenstand auch dann unverzüglich wegnehmen, wenn der Gegenstand als solcher unpfändbar ist.³³ Im Einzelfall kann der Schuldner über einen Antrag nach § 765 a ZPO, über den der Rechts-

---

26 Siehe dort Rdn. 8.
27 Dazu OLG Bremen, Rpfleger 1994, 77.
28 OLG Köln, DGVZ 1976, 153.
29 OLG Bamberg, FamRZ 1962, 391.
30 Näheres hierzu: Vor §§ 739–745 Rdn. 3.
31 Einzelheiten und Nachweise: § 758 Rdn. 8.
32 AG Köln, JurBüro 1966, 806; a. A. insoweit LG Braunschweig, MDR 1968, 157.
33 OLG Stuttgart, NJW 1971, 50 mit Anm. *Reich*, NJW 1971, 757 und *Gerhardt*, JuS 1972, 696.

pfleger beim Vollstreckungsgericht entscheidet,[34] einen zeitlich befristeten Vollstreckungsaufschub erreichen, falls eine sofortige Wegnahme sich als rechtsmißbräuchlich erweist.[35] In einem solchen Fall kann der Gläubiger u. U. aber die sofortige Herausgabe des Gegenstandes gegen zeitweise Überlassung eines vergleichbaren Gegenstandes (ein der Austauschpfändung verwandter Vorgang) erwirken.[36]

**6. Rechtswirkungen der Wegnahme durch den Gerichtsvollzieher:** Mit der Wegnahme durch den Gerichtsvollzieher ist die Sache beschlagnahmt. Der Schuldner ist von seiner Herausgabepflicht befreit. Die Gefahr des zufälligen Untergangs der Sache trägt jetzt der Gläubiger, der mit der Besitzerlangung seitens des Gerichtsvollziehers selbst mittelbarer Besitzer der Sache geworden ist, bis sie der Gerichtsvollzieher ihm unmittelbar übergibt. Die Übergabe soll nach § 179 Nr. 2 S. 2 GVGA tunlichst sogleich an Ort und Stelle erfolgen. Deshalb hat der Gerichtsvollzieher auch dem Gläubiger rechtzeitig vorher den Tag und die Stunde der beabsichtigten Vollstreckung anzuzeigen, damit sich dieser zur Empfangnahme der Sachen an dem Ort der Vollstreckung einfinden oder einen Vertreter entsenden und die notwendigen Maßnahmen zur Fortschaffung der Sachen treffen kann (§ 179 Nr. 2 S. 3 GVGA). Auf Verlangen des Gläubigers darf der Gerichtsvollzieher die Sachen auch an diesen versenden. Die **Kosten** des Versands sind nur dann nach § 788 ZPO zu behandeln, wenn schon der Titel ausdrücklich anordnet, daß der Schuldner die Sache dem Gläubiger an dessen Wohnsitz (oder an einem anderen im Titel bezeichneten Ort) zu übergeben oder dorthin zu versenden habe.[37] Ansonsten muß der Gläubiger seinen möglichen Kostenerstattungsanspruch gegebenenfalls in einem neuen Rechtsstreit klären und titulieren lassen.[38] Übernimmt der Gerichtsvollzieher die Versendung, hat er die erforderlichen Maßnahmen nach pflichtgemäßem Ermessen zu treffen und die Kosten so niedrig wie möglich zu halten.[39]

**7. Zusammentreffen der Herausgabevollstreckung mit der Pfändung:** Hat der Gerichtsvollzieher gleichzeitig für einen Gläubiger einen Herausgabetitel zu vollstrecken und für einen anderen Gläubiger einen Pfändungsauftrag durchzuführen und findet er nicht genügend andere pfändbare Habe beim Schuldner, so trifft § 179 Nr. 5 GVGA folgende Regelung: Der Gerichtsvollzieher hat zunächst den Gegenstand, auf den der Herausgabetitel sich bezieht, zu pfänden, ihn dann aber entgegen § 808 Abs. 2 ZPO sogleich mitzunehmen. Dieser Gegenstand ist allerdings nicht an den Gläubiger, der die Herausgabevollstreckung betreibt, auszuhändigen. Der Gerichtsvollzieher setzt die Zwangsvollstreckung erst fort, wenn die beteiligten Gläubiger ihre Rechte, gegebenenfalls im Rechtsstreit nach § 771 ZPO, geklärt haben. Die Gläubiger sind hierauf hinzuweisen (§ 179 Nr. 3 GVGA).

---

34 Einzelheiten: § 765 a Rdn. 4, 13.
35 LG Hannover, MDR 1979, 589.
36 *Stein/Jonas/Brehm*, § 883 Rdn. 18.
37 OLG Koblenz, DGVZ 1990, 40; OLG Stuttgart, JurBüro 1981, 943; *Alisch*, DGVZ 1984, 87; *MüKo/Schilken*, § 883 Rdn. 21; *Noack*, DGVZ 1983, 21.
38 *Schilken*, DGVZ 1988, 54; *Stein/Jonas/Brehm*, § 883 Rdn. 31; **a. A.** (immer § 788 ZPO) *Baumbach/Lauterbach/Hartmann*, § 883 Rdn. 6.
39 LG Hannover, NJW 1966, 2318.

14 **8. Verbrauch des Titels mit der Wegnahme:** Wenn der Gerichtsvollzieher dem Gläubiger die dem Schuldner weggenommene Sache ausgehändigt hat, ist die Zwangsvollstreckung aus dem Herausgabetitel beendet und der Titel insoweit auch verbraucht.[40] Gibt der Gläubiger dem Schuldner die Sache wieder zurück, etwa weil der Schuldner seine Ratenzahlungen wieder aufgenommen oder dem Gläubiger eine andere Sicherheit bestellt oder man sich sonst neu geeinigt hat, kann aus dem alten Titel eine spätere erneute Herausgabevollstreckung nicht betrieben werden. Der neue Herausgabeanspruch muß neu tituliert werden.[41] Dieses Ergebnis kann auch nicht durch eine Vereinbarung der Parteien unterlaufen werden, da es nicht im Belieben der Parteien steht, einen verbrauchten Titel mit einem neuen Inhalt zu füllen.

15 **III. Die Offenbarungsversicherung (Abs. 2–4):** Wird die herauszugebende Sache nicht vorgefunden und macht der Schuldner über ihren Verbleib keine Angaben oder aber Angaben, die der Gläubiger nicht ohne weiteres nachprüfen kann oder denen er mangels Überprüfungsmöglichkeit keinen Glauben schenken will, so kann der Gläubiger vom Schuldner verlangen, daß dieser an Eides Statt versichere, daß er die Sache nicht besitze und auch nicht wisse, wo die Sache sich befinde, oder daß der von ihm angegebene Verbleib zutreffend sei. Im einzelnen:

16 **1. Verfahren:** Das Verfahren zur Abnahme der eidesstattlichen Versicherung richtet sich nach den §§ 899 ff. ZPO. Hinsichtlich der Versicherung als solcher gelten die §§ 478–480, 483 ZPO entsprechend (**Abs. 4**). Funktionell zuständig zur Abnahme der Versicherung ist der Rechtspfleger. Im **Antrag** muß der Gläubiger durch Vorlage des Protokolls des Gerichtsvollziehers nachweisen, daß die herauszugebende Sache beim Schuldner nicht vorgefunden wurde. Einer darüber hinausgehenden Darlegung und Glaubhaftmachung, daß der Gläubiger nicht wisse, wo die Sache sich befinden könnte, oder warum etwaigen Angaben des Schuldners zum Verbleib der Sache kein Glauben zu schenken sei, bedarf es im Antrag nicht. Wenn der Gläubiger allerdings Kenntnis davon hat, wo die Sache sich befindet, fehlt ihm für den Antrag das Rechtsschutzinteresse.[42]

17 **2. Versicherung an Eides Statt:** Macht der Schuldner im Rahmen der Befragung durch den Rechtspfleger Angaben über den Verbleib der Sache, so ist die Richtigkeit dieser Angaben an Eides Statt zu versichern. Abs. 3 ermöglicht eine entsprechende Anpassung der Formel der Versicherung. Der Schuldner kann sich also nicht durch irgendwelche Angaben »ins Blaue hinein« der ihm lästigen (§ 901 ZPO) eidesstattlichen Versicherung entziehen, sondern nur durch die Herausgabe der Sache.[43] Wird die Sache später vom Gerichtsvollzieher nicht an dem Ort vorgefunden, den der Schuldner in seiner eidesstattlichen Versicherung benannt hat, so hat der Gläubiger grundsätzlich keine weiteren Zwangsmittel mehr, um aufgrund seines Herausgabetitels Auskunft über den Verbleib der Sache zu erhalten. Eine erneute eidesstattliche Versicherung kommt nur ausnahmsweise dann in Betracht, wenn der Gläubiger glaubhaft machen kann, daß

---

40 MüKo/*Schilken*, § 883 Rdn. 22; Zöller/*Stöber*, § 883 Rdn. 10.
41 Stein/Jonas/*Brehm*, § 883 Rdn. 32; Zöller/*Stöber*, § 883 Rdn. 10.
42 Baumbach/Lauterbach/*Hartmann*, § 883 Rdn. 8.
43 Zöller/*Stöber*, § 883 Rdn. 12.

der Schuldner den Gegenstand **nach** der ersten eidesstattlichen Versicherung von dem damals angegebenen Ort entfernt hat.[44] Ansonsten verbleibt dem Gläubiger die Möglichkeit, Schadensersatz geltend zu machen. Hierzu bedarf es aber eines neuen Rechtsstreits (§ 893 ZPO).

3. **Einwendungen des Schuldners:** Einwendungen gegen die Verpflichtung zur Abgabe der Versicherung muß der Schuldner im Wege des Widerspruchs nach § 900 Abs. 5 ZPO geltend machen.[45] Einwendungen gegen den materiellrechtlichen Herausgabeanspruch selbst muß der Schuldner dagegen mit der Klage nach § 767 ZPO durchsetzen. Ist im Rahmen einer solchen Klage gem. § 769 ZPO die Zwangsvollstreckung einstweilen eingestellt, hindert dies auch den Fortgang des Verfahrens auf Abgabe der eidesstattlichen Versicherung. Dies wiederum muß gegebenenfalls über § 900 Abs. 5 ZPO durchgesetzt werden.

**IV. Gebühren und Kosten:**

1. **Wegnahme und Verhaftung:** Der **Gerichtsvollzieher** erhält für die **Wegnahme** die Gebühr aus § 22 GvKostG, ferner Auslagenersatz gem. § 35 GvKostG. Beförderungskosten nach § 35 Abs. 1 Nr. 8 GvKostG sind nur die nach dem Titel notwendigen Kosten einer Versendung der Sache. Versendet der Gerichtsvollzieher auf Wunsch des Gläubigers die Sache an einen anderen Ort und ergibt sich nicht unmittelbar aus dem Titel, daß der Schuldner die Herausgabe an diesem anderen Ort zu bewirken hat, so muß der Gläubiger diese Kosten zunächst dem Gerichtsvollzieher vorschießen. Sie dürfen nicht gem. § 788 ZPO beigetrieben werden. Der Gläubiger muß vielmehr, will er die Erstattung dieser Kosten durch den Schuldner erreichen, im streitigen Erkenntnisverfahren einen neuen Titel erstreben; entscheidend für seinen Erfolg insoweit sind allein die materiellrechtlichen Rechtsbeziehungen. Für die **Verhaftung** erhält der Gerichtsvollzieher gem. § 26 Abs. 1 GvKostG das Doppelte, für eine bloße Nachverhaftung die Hälfte der Festgebühr.

Die Tätigkeit des **Rechtsanwalts** im Rahmen der Wegnahmevollstreckung (ohne eidesstattliche Versicherung) ist mit der Gebühr nach § 57 Abs. 1 BRAGO abgegolten.

2. **Offenbarungsversicherung:** Für die Offenbarungsversicherung wird die **Gerichtsgebühr** gem. KV Nr. 1643 (Festgebühr von 35 DM) erhoben. Für den **Anwalt** ist die Mitwirkung am Verfahren zur Abnahme der eidesstattlichen Versicherung eine besondere Angelegenheit (§ 58 Abs. 3 Nr. 11 BRAGO). Der Gegenstandswert entspricht dem Wert der herauszugebenden Sache (§ 6 ZPO).[46] Ein Abschlag, weil die Versicherung noch nicht unbedingt zum Besitzerwerb an der Sache führe, ist nicht angebracht, weil die eidesstattliche Versicherung das einzige Zwangsmittel ist, das dem Gläubiger zur Verfügung steht; das Interesse, diesen Weg zu beschreiten, deckt sich mit dem Interesse an der (Wieder-) Erlangung der Sache.

---

44 LG Limburg, JurBüro 1971, 720; *Stein/Jonas/Brehm*, § 883 Rdn. 40.
45 OLG Frankfurt, Rpfleger 1977, 221.
46 LG Köln, JurBüro 1977, 404; MüKo/*Schilken*, § 883 Rdn. 28; **a. A.** (§ 3 ZPO maßgeblich, § 6 ZPO bilde lediglich die Obergrenze des Wertes) E. *Schneider*, MDR 1979, 268; *Stein/Jonas/Brehm*, § 883 Rdn. 43.

21  **V. Entsprechende Anwendung der Vorschriften über die Offenbarungsversicherung:** Die Abs. 2–4 sind gem. § 33 Abs. 2 S. 6 FGG entsprechend anwendbar, wenn im Rahmen der Herausgabevollstreckung nach dem FGG die herauszugebende Sache oder Person nicht vorgefunden wird; Gleiches gilt gem. § 83 Abs. 2 FGG, wenn ein gem. § 2259 Abs. 1 BGB zur Ablieferung eines Testaments Verpflichteter dieser Verpflichtung nicht nachkommt. In beiden Fällen bedarf es nicht des Antrages eines Beteiligten. Das Gericht hat im Rahmen pflichtgemäßen Ermessens die Offenbarungsversicherung von Amts wegen anzuordnen.[47]

Gem. § 90 Abs. 3 S. 3 OWiG sind die Abs. 2–4 ferner entsprechend anzuwenden, wenn durch Bußgeldbescheid die Einziehung oder Unbrauchbarmachung einer Sache angeordnet, die Sache aber beim Betroffenen nicht vorgefunden wurde.

22  **VI. ArbGG, VwGO, AO:** Auf die Vollstreckung wegen eines Anspruches auf Herausgabe beweglicher Sachen findet § 883 ZPO gem. §§ 62 Abs. 2, 85 Abs. 1 S. 3 ArbGG auch Anwendung, wenn sie aufgrund eines arbeitsgerichtlichen Titels erfolgt (z.B. Herausgabe von Arbeitspapieren). Gleiches gilt gem. § 167 VwGO für die Vollstreckung aus Titeln nach § 168 VwGO.[48] Für die Vollstreckung zugunsten der öffentlichen Hand verweist § 169 Abs. 1 VwGO auf § 6 VwVG und damit auf die Zwangsmittel nach § 9 VwVG. Die Wegnahme ist ein Fall des unmittelbaren Zwangs. In der Abgabenvollstreckung wird ein Anspruch auf Herausgabe beweglicher Sachen (z.B. von Urkunden) mit den Zwangsmitteln der AO (§§ 328 ff. AO) durchgesetzt. Für den Fall, daß eine Wegnahme aufgrund einer gerichtlichen Anordnung über den Verfall, die Einziehung oder Unbrauchbarmachung von Sachen (§ 1 Abs. 1 Nr. 2 a JBeitrO) erfolgen soll, verweist § 6 Abs. 1 Nr. 1 JBeitrO auf § 883 ZPO. Deshalb ist etwa für die Wegnahme eines eingezogenen Führerscheins der Gerichtsvollzieher zuständig.[49]

---

[47] *Bassenge/Herbst*, § 33 FGG Rdn. 10 und § 83 FGG Rdn. 5.
[48] *Kopp*, VwGO, § 172 Rdn. 9.
[49] LG Bielefeld, DGVZ 1996, 76; AG Berlin-Tiergarten, DGVZ 1996, 76.

## § 884 Leistung vertretbarer Sachen

Hat der Schuldner eine bestimmte Menge vertretbarer Sachen oder Wertpapiere zu leisten, so gilt die Vorschrift des § 883 Abs. 1 entsprechend.

**Literatur:** *Jahnke*, Die Durchsetzung von Gattungsschulden, ZZP 1980, 43; *Noack*, Aktuelle Fragen zur Pfändung von Ansprüchen auf Herausgabe beweglicher Sachen gegen Dritte (§§ 884, 886 ZPO), DGVZ 1988, 97.

**I. Bedeutung der Anwendung von § 883 Abs. 1 ZPO:** Hat der Schuldner nach dem Titel eine bestimmte Menge vertretbarer Sachen (§ 91 BGB) oder Wertpapiere[1] zu liefern oder herauszugeben (z. B. in Erfüllung von Ansprüchen aus § 433 Abs. 1 oder § 651 Abs. 1 S. 1 BGB), so wird der Anspruch des Gläubigers auf Besitzerlangung nach § 883 Abs. 1 ZPO vollstreckt: Der Gerichtsvollzieher nimmt die Sachen oder Wertpapiere beim Schuldner weg und händigt sie dem Gläubiger aus. Mit der Wegnahme konkretisiert sich die Schuld gem. § 243 Abs. 2 BGB auf die vom Gerichtsvollzieher in Besitz genommenen Gegenstände. Findet der Gerichtsvollzieher mehr Sachen vor als nach dem Titel geschuldet, so nimmt er an Stelle des Schuldners die Auswahl nach den Regeln des § 243 Abs. 1 BGB vor.[2]

1

**II. Keine Anwendung von § 883 Abs. 2–4, §§ 887, 888 ZPO:** Findet der Gerichtsvollzieher keine Sachen der geschuldeten Art, kann der Gläubiger vom Schuldner nicht die eidesstattliche Versicherung verlangen; denn die Abs. 2–4 des § 883 ZPO gelten hier nicht. Da die Vollstreckung **allein** nach § 883 Abs. 1 ZPO erfolgt, kann der Gläubiger sich auch nicht nach § 887 ZPO ermächtigen lassen, die Gegenstände auf Kosten des Schuldners anschaffen oder herstellen und an sich ausliefern zu lassen.[3] Ebensowenig kommt ein Antrag nach § 888 Abs. 1 ZPO auf Festsetzung von Zwangsgeld in Betracht.[4] Dem Gläubiger bleibt allein der Weg, nunmehr seinen Schadensersatzanspruch titulieren zu lassen (§ 893 ZPO).

2

**III. ArbGG, VwGO, AO:** Siehe § 883 Rdn. 22.

3

---

[1] Nur Papiere, bei denen das Recht aus dem Papier dem Recht am Papier nachfolgt; siehe auch § 821 Rdn. 1.
[2] *Brox/Walker*, Rdn. 1051.
[3] OLG Köln, JZ 1959, 63.
[4] LG Berlin, JR 1948, 137; LG Kiel, JR 1948, 340.

§ 885 Herausgabe von Grundstücken oder Schiffen

(1) Hat der Schuldner eine unbewegliche Sache oder ein eingetragenes Schiff oder Schiffsbauwerk herauszugeben, zu überlassen oder zu räumen, so hat der Gerichtsvollzieher den Schuldner aus dem Besitz zu setzen und den Gläubiger in den Besitz einzuweisen.
(2) Bewegliche Sachen, die nicht Gegenstand der Zwangsvollstreckung sind, werden von dem Gerichtsvollzieher weggeschafft und dem Schuldner oder, wenn dieser abwesend ist, einem Bevollmächtigten des Schuldners oder einer zu seiner Familie gehörigen oder in dieser Familie dienenden erwachsenen Person übergeben oder zur Verfügung gestellt.
(3) Ist weder der Schuldner noch eine der bezeichneten Personen anwesend, so hat der Gerichtsvollzieher die Sachen auf Kosten des Schuldners in das Pfandlokal zu schaffen oder anderweit in Verwahrung zu bringen.
(4) Verzögert der Schuldner die Abforderung, so kann das Vollstreckungsgericht den Verkauf der Sachen und die Hinterlegung des Erlöses anordnen.

Inhaltsübersicht

|  | Literatur | Rdn. |
|---|---|---|
| I. | Anwendungsbereich der Norm | 1 |
|  | 1. Unbewegliche Sachen | 1 |
|  | 2. Herausgabe, Überlassung, Räumung | 2 |
| II. | Durchführung der Räumungsvollstreckung | 3 |
|  | 1. Prüfung der Vollstreckungsvoraussetzungen | 3 |
|  | 2. Mitteilung der Vollstreckungsabsicht und Aufschub der Vollstreckung | 4 |
|  | 3. Räumung | 5 |
|  | 4. Mitbesitz Dritter | 6 |
| III. | Besonderheiten bei der zwangsweisen Räumung von Wohnraum | 7 |
|  | 1. Prüfung drohender Obdachlosigkeit | 7 |
|  | 2. Richterliche Durchsuchungsanordnung | 8 |
|  | 3. Mitbesitz Dritter | 9 |
|  | 4. Vermieterpfandrecht des Gläubigers | 10 |
|  | 5. Einweisung durch die Ordnungsbehörde zur Abwendung von Obdachlosigkeit | 11 |
|  | 6. Räumungsschutz | 12 |
| IV. | Verwahrung des Räumungsgutes (Abs. 3) | 13 |
|  | 1. Voraussetzungen für die Verwahrung | 13 |
|  | 2. Kostenvorschuß des Gläubigers | 14 |
|  | 3. Abholung durch den Schuldner | 15 |
|  | 4. Unpfändbare und nicht verwertbare Sachen | 15a |
| V. | Verkauf des eingelagerten Räumungsgutes (Abs. 4) | 16 |
|  | 1. Voraussetzungen | 16 |
|  | 2. Durchführung | 17 |

| | |
|---|---|
| VI. Rechtsbehelfe im Rahmen der Räumungsvollstreckung | 18 |
| 1. Gegen formelle Fehler | 18 |
| 2. Gegen die Anordnung des Verkaufs gem. Abs. 4 | 19 |
| 3. Auf Zahlung der Transport- und Lagerkosten | 20 |
| VII. Gebühren | 21 |
| VIII. ArbGG, VwGO, AO | 22 |

**Literatur:** *Becker-Eberhard,* Die Räumungsvollstreckung gegen Ehegatten und sonstige Hausgenossen, FamRZ 1994, 1296; *Brosette,* Kostentragungspflicht bei der Zwangsräumung von Wohnraum, NJW 1989, 963; *Brunn,* Die Zwangsräumung von Wohnraum, NJW 1988, 1362; *Christmann,* Die Behandlung unpfändbarer Sachen bei der Räumungsvollstreckung, DGVZ 1986, 177; *Derleder,* Die Voraussetzungen der Räumungsvollstreckung gegen Mieterfamilien, JurBüro 1994, 1; *ders.,* Die Unterbringung unversorgter Haustiere in der Räumungsvollstreckung, DGVZ 1995, 145; *Dreyer,* Die Räumungsvollstreckung gegen Eheleute, Diss. Freiburg 1965; *Erchinger,* Probleme bei der Zwangsvollstreckung gegen die Partner einer eheähnlichen Gemeinschaft und einzelne Mitglieder einer Wohngemeinschaft, Diss. Tübingen 1987; *Geißler,* Die Problematik um die Vollstreckungstitel bei der Zwangsräumung der ehelichen Wohnung, JurBüro 1987, 1754; *ders.,* Die Dienstaufgaben des Gerichtsvollziehers bei der Zwangsräumung von Wohnraum, DGVZ 1987, 65; *ders.,* Streit um die Kostenpflicht bei nutzlos verauslagten Räumungskosten, DGVZ 1992, 83; *ders.,* Die Unterbringung unversorgter Haustiere in der Räumungsvollstreckung, DGVZ 1995, 145; *ders.,* Zuständigkeiten des Gerichtsvollziehers und der Ordnungsbehörde bei der Zwangsräumung von Wohnraum, DGVZ 1996, 161; *Gerland,* Die Räumungsvollstreckung gegen »Unbekannt«, DGVZ 1991, 182; *Honsell,* Die Räumungsvollstreckung gegen Personenmehrheiten, 1992; *Mahl,* Die Zwangsräumung der Ehewohnung, DGVZ 1987, 38; *Merkert,* Ein oder zwei Titel für die Zwangsräumung einer ehelichen Mietwohnung?, JR 1966, 379; *Mümmler,* Nochmals: Behandlung von Räumungsgut durch den Gerichtsvollzieher, DGVZ 1973, 49; *ders.,* Die Behandlung von Räumungsgut, JurBüro 1974, 809; *Noack,* Die Anordnung der Versteigerung von Räumungsgut durch den Rechtspfleger, Rpfleger 1968, 42; *ders.,* Besondere Fragen der Räumungsvollstreckung gegen Ehegatten und Personenmehrheiten, WuM 1969, 2; *ders.,* Kostenfragen der Räumungsvollstreckung, ZMR 1969, 193; *ders.,* Schutz des Vermieterpfandrechts in der Räumungsvollstreckung, JurBüro 1975, 1303; *ders.,* Räumungsvollstreckung und Räumungsschutz mit Nebenwirkungen, ZMR 1978, 65; *ders.,* Zur Durchführung der Räumungsvollstreckung mit Nebenfolgen in der Praxis, ZMR 1981, 33; *Pawlowski,* Räumung nach polizeilicher (Wieder-)Einweisung?, ZZP 1989, 440; *ders.,* Zur Herausgabevollstreckung gegen Ehegatten und andere Hausgenossen, DGVZ 1988, 97; *ders.,* Zum Verbrauch von Räumungstiteln, DGVZ 1992, 97; *ders.,* Der forsche Gerichtsvollzieher, Jura 1991, 190 ff.; *Richert,* Zur Zwangsräumung eines dem Gerichtsvollzieher nicht im Vollbesitz seiner geistigen Kräfte erscheinenden, d. h. für geschäfts- und damit prozeßunfähig gehaltenen Schuldners, JurBüro 1967, 847; *de Riese,* Zur Vollstreckung gegen Lebensgefährten bei Zwangsräumung, ZMR 1994, 549; *Scherer,* Titel gegen Nicht-Mieter bei der Wohnungszwangsräumung?, DGVZ 1993, 161; *Schmidt-Futterer,* Genügt ein gegen den Mieter gerichteter Räumungstitel auch zur Zwangsvollstreckung gegen die übrigen Wohnungsbenutzer?, MDR 1962, 700; *ders.,* Die Festsetzung des Zwangsräumungstermins durch den Gerichtsvollzieher, ZMR 1965, 65; *E. Schneider,* Hinweise für die Prozeßpraxis: Pfändbarkeit des Surrogationserlöses an unpfändbaren Sachen, JurBüro 1974, 437; *ders.,* Das Zurückbehaltungsrecht am Räumungsgut wegen Transport- und Lagerkosten nach § 885 Abs. 3 ZPO, DGVZ 1982, 1; *ders.,* Räumungsvollstreckung bei gleichzeitiger Geltendmachung des Vermieterpfandrechts, DGVZ 1982, 73; *ders.,* Vermieterpfandrecht und Pfändungsschutz bei der Räumungsvollstreckung, MDR 1982, 984; *H. Schneider,* Schutzloser Mitbesitz bei der Räumungsvollstreckung, DGVZ 1986, 4; *Schüler,* Die Behandlung von Räumungsgut durch den Gerichtsvollzieher,

DGVZ 1972, 129; *ders.*, Bestehen Bedenken gegen die Verbringung des Räumungsguts (statt in die Pfandkammer) in die neue Wohnung des Schuldners?, DGVZ 1973, 85; *Siegelmann*, Die Räumungsvollstreckung in eine Mietwohnung gegen Ehegatten, ZMR 1968, 260; *Tenbieg*, Räumung mit Hindernissen, DGVZ 1988, 184; *Winderlich*, Die Räumungsvollstreckung gegen den nicht am Mietvertrag beteiligten Ehegatten des Schuldners, ZMR 1990, 125.

**1** **I. Anwendungsbereich der Norm:**

**1. Unbewegliche Sachen:** Unmittelbar anwendbar ist die Vorschrift, wenn der Schuldner nach dem Inhalt des Titels eine unbewegliche Sache, ein eingetragenes Schiff oder Schiffsbauwerk zu räumen, an den Gläubiger herauszugeben oder an ihn zu überlassen hat. Unbewegliche Sachen i. S. der Norm sind nur Grundstücke sowie räumlich-körperlich definierbare Teile von Grundstücken wie Wohnungen, Geschäftsräume, Gebäude aller Art. Nicht erforderlich ist andererseits, daß die zu räumenden Gebäude wesentlicher Bestandteil des Grundstücks (also unbewegliche Sache) im Rechtssinne sind, so daß nach § 885 Abs. 1 ZPO auch die Räumung von Behelfsheimen, zu Wohnzwecken überlassenen Wohnwagen oder eines Kiosk zu vollstrecken ist.[1] Umgekehrt ist allein nach § 883 ZPO und gegebenenfalls noch nach § 887 ZPO zu vollstrecken, wenn wesentliche Bestandteile eines Grundstücks oder Grundstückszubehör von diesem zu trennen und an den Gläubiger durch Entfernung vom Grundstück herauszugeben sind.[2] Ist ein Grundstück samt allem beweglichen Zubehör herauszugeben oder zu räumen, erfolgt die Vollstreckung nicht kombiniert nach § 883 und § 885 ZPO, sondern ausschließlich nach § 885 Abs. 1 ZPO,[3] wenn sich nicht ausdrücklich aus dem Titel ergibt, daß die Zubehörstücke durch Entfernung vom Grundstück herauszugeben sind.

**2** **2. Herausgabe, Überlassung, Räumung:** Der Titel muß sinngemäß auf Herausgabe, Überlassung oder Räumung des Grundstücks bzw. Grundstücksteiles lauten. Wesentlich ist dabei, daß im Vordergrund die Entfernung des Schuldners nebst seiner Habe vom Grundstück steht. Stehen dagegen nach dem Titel andere Leistungen des Schuldners im Vordergrund (z. B. der Abriß eines Gebäudes, die Reinigung des Erdreiches von umweltbelastenden Ablagerungen u. ä.), ist nach §§ 887, 888 ZPO zu vollstrecken.[4] Die Wortwahl im Titel ist nicht entscheidend: Wird in einem Beschluß analog § 18 a HausrVO,[5] in einem Vergleich[6] oder auch in einer einstweiligen Anordnung gem. § 620 S. 1 Nr. 7 ZPO[7] einem Ehegatten die eheliche Wohnung zur alleinigen Benutzung zugewiesen, so genügt diese Formulierung, um den Schuldner persönlich nach Abs. 1 durch den Gerichtsvollzieher aus der Wohnung entfernen zu lassen. Eine solche

---

1 OLG Celle, NJW 1962, 595; OLG Hamm, NJW 1965, 2207; *Stein/Jonas/Brehm*, § 885 Rdn. 3.
2 Siehe hierzu § 883 Rdn. 4.
3 OLG Hamm, JurBüro 1956, 31.
4 OLG Düsseldorf, MDR 1959, 215 und JZ 1961, 293.
5 A. A. (Vollstreckung nach § 888 ZPO) OLG Köln, FamRZ 1983, 1231.
6 KG, MDR 1988, 152; OLG Köln, MDR 1966, 761.
7 OLG Hamburg, FamRZ 1983, 1151; a. A. (kein Vollstreckungstitel) LG Itzehoe, FamRZ 1987, 176; a. A. (§ 888 bzw. § 890) OLG Köln, FamRZ 1983, 1231; *Stein/Jonas/Brehm*, § 885 Rdn. 5, 1.

Formulierung würde den Gerichtsvollzieher allerdings nicht verpflichten, auf Antrag des Gläubigers irgendwelche Sachen aus der Wohnung zu schaffen und gegebenenfalls gar noch einzulagern.[8] Ist der Schuldner nicht nur zum Auszug aus der Ehewohnung verpflichtet worden, sondern darüber hinaus dazu, diese nicht mehr zu betreten, erfolgt die Vollstreckung einheitlich nach § 890 ZPO,[9] da auch ein Nichtauszug einen Verstoß gegen das Betretungsverbot darstellt.

**II. Durchführung der Räumungsvollstreckung:** 3

**1. Prüfung der Vollstreckungsvoraussetzungen:** Der Gerichtsvollzieher überprüft zunächst (wie vor jeder Vollstreckung) das Vorliegen der allgemeinen und der nach dem Titel zu beachtenden besonderen Vollstreckungsvoraussetzungen (z. B. den Gläubigerverzug des Schuldners hinsichtlich einer nach dem Titel vom Vollstreckungsgläubiger Zug um Zug anzubietenden Gegenleistung[10]). Er darf einen Antrag, ein Räumungsurteil zu vollstrecken, nicht allein deshalb als rechtsmißbräuchlich zurückweisen, weil der Gläubiger einen solchen Antrag in den letzten Jahren schon mehrfach gestellt, ihn dann aber nach der Tilgung von Miet- oder Nutzungsentschädigungsrückständen jeweils wieder zurückgenommen hatte.[11] Es ist durchaus legitim, den Herausgabetitel als Druckmittel zu benutzen, um Zahlungen, auf die ein Anspruch besteht, zu erlangen. Zu überprüfen, ob etwa durch das mehrfache Absehen von der Zwangsräumung ein neuer Miet- oder Pachtvertrag zustandegekommen ist, der ein neues Recht zum Besitz für den Schuldner begründet hat, oder ob der Gläubiger sein Vollstreckungsrecht aus dem Titel verwirkt hat,[12] ist nicht Aufgabe des Gerichtsvollziehers. Der Schuldner mag dies mit der Klage nach § 767 ZPO geltend machen.[13]

**2. Mitteilung der Vollstreckungsabsicht und Aufschub der Vollstreckung:** Der Gerichtsvollzieher hat Tag und Stunde der beabsichtigten Vollstreckung dem Gläubiger und – in der Regel – auch dem Schuldner mitzuteilen (§ 180 Nr. 2 GVGA). Die gebotene Rücksicht auf die Interessen des Schuldners erfordert es, daß diese Mitteilung regelmäßig so frühzeitig erfolgt, daß der Schuldner die für eine reibungslose Übergabe erforderlichen Vorkehrungen treffen kann.[14] Der Gerichtsvollzieher ist nicht verpflichtet, den Räumungstermin zu bestimmen, bevor der Gläubiger einen angemessenen Kostenvorschuß gezahlt hat.[15] Macht der Schuldner dem Gerichtsvollzieher glaubhaft, daß die Voraussetzungen für eine Vollstreckungsschutzentscheidung des Rechtspflegers nach § 765 a Abs. 1 ZPO vorliegen, daß ihm aber die rechtzeitige Anrufung des Vollstreckungsgerichts noch nicht möglich war, kann der Gerichtsvollzieher die Räumung bis zur Entscheidung des Vollstreckungsgerichts, jedoch nicht länger als eine Woche 4

---

8 KG, MDR 1988, 152; OLG Hamburg, FamRZ 1983, 1151.
9 *Stein/Jonas/Brehm*, § 885 Rdn. 5.
10 AG Neustadt, DGVZ 1976, 73 (Räumung Zug um Zug gegen Zahlung einer Entschädigung).
11 LG Hannover, MDR 1979, 495; LG Münster, DGVZ 1989, 156; **a. A.** AG Hannover, NdsRPfl. 1968, 82; vergl. auch LG Itzehoe, WuM 1995, 662.
12 Dazu LG Itzehoe, WuM 1995, 662; AG Pinneberg, WuM 1995, 662 f.
13 LG Freiburg, DGVZ 1989, 155.
14 LG Mannheim, MDR 1965, 144.
15 AG Schönau, DGVZ 1989, 45.

aufschieben (§ 765 a Abs. 2 ZPO).¹⁶ Zu einem weiteren Aufschub ist der Gerichtsvollzieher von sich aus auch dann nicht befugt, wenn die Notlage des Schuldners offensichtlich ist.¹⁷

5   3. **Räumung:** Die Räumung des Grundstücks (Schiffes, Schiffsbauwerks usw.) selbst erfolgt in der Weise, daß der Gerichtsvollzieher den Schuldner persönlich, soweit dieser anwesend ist, auffordert, das Grundstück endgültig zu verlassen und daß er ihn notfalls mit Gewalt (§ 758 ZPO)¹⁸ aus dem Besitz setzt.¹⁹ Sodann entfernt der Gerichtsvollzieher, soweit der Schuldner dies nicht getan hat, alle beweglichen Sachen, die weder mit herauszugeben noch wegen einer gleichzeitig beizutreibenden Forderung oder wegen der Kosten zu pfänden sind, von dem Grundstück (§ 180 Nr. 4 GVGA). Der Gläubiger selbst kann aufgrund des Räumungstitels nicht zur Entfernung der beweglichen Gegenstände ermächtigt werden.²⁰ Zubehör des Grundstücks verbleibt auf dem Grundstück zurück und wird dem Gläubiger zusammen mit dem Grundstück selbst zu Besitz zugewiesen, es sei denn, der Titel sieht ausdrücklich die Herausgabe dieser Gegenstände an einem anderen Ort vor. Die zu entfernenden Sachen hat der Gerichtsvollzieher gegebenenfalls so zu verpacken, daß sie keinen Schaden nehmen können. Wünscht der Schuldner allerdings eine besondere Art der Verpackung, muß er selbst hierfür Vorsorge treffen.²¹ Zu den vom Gerichtsvollzieher vom Grundstück zu entfernenden Sachen gehören auch Müll und Gerümpel,²² wobei der Gläubiger allerdings keinen Anspruch darauf hat, daß ihm das Grundstück besenrein übergeben wird.²³ Die vom Grundstück entfernten Gegenstände hat der Gerichtsvollzieher an Ort und Stelle dem Schuldner oder einer von diesem bevollmächtigten Person (z. B. einem vom Schuldner beauftragten Spediteur) oder einer zur Familie des Schuldners gehörigen oder in dieser Familie dienenden erwachsenen Person zu übergeben. Besteht diese Möglichkeit, so muß auch von ihr Gebrauch gemacht werden;²⁴ eine Verwahrung der Sachen nach Abs. 3 kommt dann nicht in Betracht, auch wenn sie gegebenenfalls für den Gerichtsvollzieher mit weniger Mühen verbunden wäre.²⁵ Auch bei einem brachliegenden Grundstück, von dem keine Gegenstände zu entfernen sind und auf dem der Schuldner sich nicht persönlich aufhält, erfolgt die Herausgabevollstreckung immer an Ort und Stelle, indem der Gerichtsvollzieher in Gegenwart des Gläubigers (oder seines Vertreters) förmlich erklärt und zu Protokoll feststellt, daß er den Schuld-

---

16 Einzelheiten: § 765 a Rdn. 22.
17 AG Köln, MDR 1968, 248.
18 Zur Gewaltanwendung bei der Räumung von Wohnraum siehe unten Rdn. 8.
19 Zur Hinzuziehung der Polizei durch den Gerichtsvollzieher siehe § 758 Rdn. 20.
20 AG Leverkusen, DGVZ 1996, 44.
21 AG Siegen, DGVZ 1989, 44.
22 LG Berlin, DGVZ 1980, 154; AG Berlin-Neukölln, DGVZ 1980, 42; AG Bielefeld, DGVZ 1974, 142; AG und LG Karlsruhe, DGVZ 1980, 14.
23 LG Berlin, DGVZ 1980, 154.
24 OLG Hamm, DGVZ 1980, 185.
25 Zur Einlagerung des Räumungsgutes durch den Gerichtsvollzieher für den Fall, daß es der Schuldner nicht an Ort und Stelle in Empfang nimmt, siehe unten Rdn. 13.

ner aus dem Besitz setzt und den Gläubiger in den Besitz einweist.[26] Ein rein schriftliches Verfahren wäre nichtig und würde die Herausgabe nicht bewirken.

4. **Mitbesitz Dritter:** § 885 ZPO ermöglicht nur die Zwangsräumung von Grundstücken (Schiffen usw.), die sich im Alleinbesitz des Schuldners befinden.[27] Besitzen mehrere das Grundstück gemeinschaftlich, muß gegen alle ein Räumungstitel vorliegen. Hat der Schuldner das Grundstück untervermietet oder unterverpachtet, muß gegen den Untermieter ein eigener Räumungstitel erwirkt werden, gegebenenfalls über den Weg des § 886 ZPO.[28] Gleiches gilt, wenn der Schuldner den Besitz an dem Grundstück freiwillig aufgegeben und ein Dritter diesen Besitz zwischenzeitlich übernommen hat (z. B.: Nach dem Auszug des Schuldners aus der Wohnung leben dort nunmehr dessen frühere Lebensgefährtin und deren neuer Partner).[29] Haben unbekannte »Hausbesetzer« ein Grundstück in Besitz genommen und wechseln die Hausbewohner in der Folgezeit häufig, ist die Räumungsvollstreckung problematisch, weil die unbekannten gegenwärtigen Hausbesetzer im Titel nicht genannt werden können. Ein Titel gegen namentlich festgestellte frühere Besetzer kann ohne Klauselumschreibung (§ 727 ZPO) gegen deren Nachfolger nicht vollstreckt werden. Die Klauselumschreibung würde aber wieder die Feststellung der konkreten Namen erforderlich machen. Deshalb wird verbreitet vertreten, das Problem der Räumung »besetzter Häuser« könne nicht durch Zwangsvollstreckung, sondern in der Regel nur öffentlich-rechtlich mit Hilfe der Polizei- und Ordnungsgesetze gelöst werden.[30] Auf diese Weise bliebe der Hauseigentümer allerdings weitgehend rechtsschutzlos. Deshalb sollte hier ausnahmsweise ein Titel gegen »Unbekannt im Hause …« zugelassen werden.[31] Zu besonderen Problemen im Zusammenhang mit dem Mitbesitz Dritter bei der Räumung von Wohnraum siehe auch Rdn. 9.

**III. Besonderheiten bei der zwangsweisen Räumung von Wohnraum:**

1. **Prüfung drohender Obdachlosigkeit:** Vor der Durchführung des Räumungstermins hat der Gerichtsvollzieher zu prüfen, ob der Räumungsschuldner durch die Vollstreckung des Titels etwa obdachlos werden würde. In diesem Fall hat er von Amts wegen die für die Unterbringung von Obdachlosen zuständige Verwaltungsbehörde von der bevorstehenden Räumung zu benachrichtigen.[32] Erfährt er von der drohenden Obdach-

---

26 LG Trier, DGVZ 1972, 93.
27 Zur Problematik, daß eine zu räumende Wohnung außer vom Schuldner auch noch von Familienangehörigen oder sonstigen Personen, die selbst nicht Mieter sind, genutzt wird, siehe unten Rdn. 9.
28 Allgem. Meinung; beispielhaft *Rosenberg/Schilken*, § 70 II 2 b, bb; *Stein/Jonas/Brehm*, § 885 Rdn. 16.
29 *Stein/Jonas/Brehm*, § 885 Rdn. 17.
30 So OLG Köln, NJW 1982, 1888; OLG Oldenburg, NJW-RR 1995, 1164; BezG Potsdam, OLGZ 1993, 324, 327; LG Hannover, NJW 1981, 1455; LG Krefeld, NJW 1982, 289; *Jauernig*, § 26 II 3; *MüKo/Schilken*, § 885 Rdn. 12; *Rosenberg/Schilken*, § 70 II 2 c.
31 Wie hier *Baumbach/Lauterbach/Hartmann*, § 253 Rdn. 25; *Baur/Stürner*, Rdn. 39.10; *Brox/Walker*, Rdn. 1629; *Raeschke-Kessler*, NJW 1981, 663; *Lisken* NJW 1982, 1136; *Scherer*, DGVZ 1993, 132, 134; *Schuschke/Walker*, Bd. II, § 920 Rdn. 13.
32 § 181 Nr. 2 S. 1 GVGA.

losigkeit erst so spät, daß die Verwaltungsbehörde nicht mehr tätig werden kann, hat er in entsprechender Anwendung des § 765 a Abs. 2 ZPO den Räumungstermin bis zu einer Woche aufzuschieben, um der Verwaltungsbehörde die Möglichkeit zu Maßnahmen zu geben, die die Obdachlosigkeit verhindern sollen (§ 181 Nr. 2 S. 2 GVGA).[33]

8  2. **Richterliche Durchsuchungsanordnung:** Verweigert der Schuldner dem Gerichtsvollzieher den Zutritt zur Wohnung, so ist zu unterscheiden: Erfolgt die Zwangsvollstreckung aus einem richterlichen Räumungstitel (Urteil, Beschluß z. B. nach § 18 a HausrVO oder § 620 S. 1 Nr. 7 ZPO), so bedarf es **keiner** erneuten richterlichen Durchsuchungsanordnung, um im Rahmen des § 758 ZPO Gewalt anwenden und die Wohnung auch gegen den Widerstand des Schuldners öffnen und räumen zu lassen.[34] Hier hat der Richter schon bei Erlaß des Titels die Möglichkeit der Gewaltanwendung mitbedacht und deshalb dem Art. 13 GG Genüge getan.[35] Anders ist es bei einem Beschluß des Rechtspflegers als Titel (z. B. § 90 ZVG[36]) oder einem Prozeßvergleich: Hier bedarf es, wenn der Schuldner den Zutritt zur Wohnung verweigert, einer richterlichen Anordnung. Der Vergleich beinhaltet keinen Verzicht auf die Berufung auf das Grundrecht der Unverletzlichkeit der Wohnung.[37] Auch die Tatsache, daß die Wohnung nicht durchsucht, sondern geräumt werden soll, steht der Notwendigkeit einer richterlichen Anordnung nicht entgegen;[38] insoweit gilt das gleiche wie bei der Pfändung von Sachen, die sich in der Wohnung befinden, dort aber nicht gesucht werden müssen.[39] Hat der Gerichtsvollzieher rechtmäßig die Wohnung zum Zwecke der Räumung betreten, dann darf er dort auch einen ihm gleichzeitig vorliegenden Zahlungstitel des Räumungsgläubigers gegen den Willen des Schuldners durch Pfändung vollstrecken.[40] Es wäre widersinnig, würde man verlangen, daß zunächst nur die Räumung durchgeführt wird, um dann anschließend auf der Straße die Pfändung nachzuholen. Dennoch kann der Gerichtsvollzieher nicht gleichzeitig Titel anderer Gläubiger, die keine Durchsuchungsanordnung erwirkt haben, gegen den Willen des Schuldners noch in der Wohnung mitvollstrecken.[41] Seine Berechtigung, sich gewaltsam Zutritt zur Wohnung des Schuldners zu verschaffen, gilt nur zugunsten des Gläu-

---

33 **A. A.** insoweit wohl (kein Aufschub, sondern nur Benachrichtigung der Behörde) *Stein/Jonas/Brehm*, § 885 Rdn. 22 f.
34 Siehe § 758 Rdn. 2; vergl. ferner LG Düsseldorf, ZMR 1980, 13; LG Heilbronn, DGVZ 1993, 43, 44; AG Ehingen, DGVZ 1979, 77; *Baumbach/Lauterbach/Hartmann*, § 758 Rdn. 23; *Brox/Walker*, Rdn. 1054; *MüKo/Schilken*, § 885 Rdn. 15; *Rosenberg/Schilken*, § 70 II 2 b aa; *Stein/Jonas/Brehm*, § 885 Rdn. 6; *Zimmermann*, § 885 Rdn. 4; *Zöller/Stöber*, § 885 Rdn. 4.
35 OLG Köln, OLGZ 1988, 338.
36 OLG Bremen, OLGZ 1994, 606, 607; LG Augsburg, DGVZ 1995, 8; AG Bad Segeberg, NJW-RR 1989, 61; *Brox/Walker*, Rdn. 1059, 1054; *Zöller/Stöber*, § 758 Rdn. 10; **a. A.** LG Aachen, DGVZ 1996, 10; *Stein/Jonas/Brehm*, § 885 Rdn. 6; wohl auch *Baumbach/Lauterbach/Hartmann*, § 758 Rdn. 23.
37 So aber *Geißler*, DGVZ 1987, 66. Aus anderen Gründen gegen die Notwendigkeit einer Durchsuchungsanordnung bei der Vollstreckung aus einem Prozeßvergleich AG und LG Ansbach, DGVZ 1996, 174.
38 So aber *Baumbach/Lauterbach/Hartmann*, § 758 Rdn. 23; *Stein/Jonas/Brehm*, § 885 Rdn. 6.
39 Siehe *Brox/Walker*, Rdn. 325.
40 Siehe § 758 Rdn. 3.
41 Siehe § 758 Rdn. 12.

bigers, der eine richterliche Anordnung erwirkt hat. Insofern müssen verfahrensökonomische Gesichtspunkte zurückstehen.

3. **Mitbesitz Dritter:** Wohnen neben dem Schuldner noch dritte Personen (Ehegatte, Familienangehörige, Lebensgefährten, Dienstpersonal) in den herauszugebenden Räumen, ist zu unterscheiden: Sind sie selbst Vertragspartei des Mietvertrages, muß gegen sie ein selbständiger Räumungstitel vorliegen.[42] § 739 ZPO gilt insoweit nicht. Bestreitet der Gläubiger die Wirksamkeit des Mietvertrages des Dritten, ist diese Frage nicht im Vollstreckungsverfahren gegen den Titelschuldner, sondern im selbständigen Räumungsprozeß gegen den Dritten zu klären. Ebenfalls ein selbständiger Räumungstitel ist erforderlich, wenn der Dritte aufgrund Vertrages mit dem Schuldner dessen Untermieter ist.[43] Lebt der Dritte dagegen ohne eigenen Mietvertrag nur aufgrund familienrechtlicher Bindung[44] (Ehegatte, Kinder, Eltern, Großeltern usw.) oder eheähnlicher Lebensgemeinschaft,[45] als Freund oder Gast[46] oder als im Haushalt des Schuldners beschäftigte Person (Dienstmädchen, Fahrer, Hausmeister, Kindermädchen, Krankenpfleger usw.) mit dem Schuldner in dessen Wohnung zusammen, so bedarf es keines

9

---

42 OLG Köln, FamRZ 1955, 46; OLG Oldenburg, JurBüro 1991, 1276; LG Düsseldorf, MDR 1962, 995; AG Bad Neuenahr-Ahrweiler, DGVZ 1987, 142; AG Hamburg, DGVZ 1987, 141; *Becker-Eberhard*, FamRZ 1994, 1296; *Derleder*, JurBüro 1994, 1, 3; a. A. (Dritter könne sich nur über Klage nach § 771 ZPO wehren) OLG Hamburg, NJW 1952, 550.

43 OLG Celle, DGVZ 1988, 171; *Becker-Eberhard*, FamRZ 1994, 1296.

44 OLG Frankfurt, MDR 1969, 882; OLG Hamburg, FamRZ 1954, 258; MDR 1991, 453; FamRZ 1991, 996; LG Aachen, ZMR 1970, 123; LG Baden-Baden, WuM 1992, 493; LG Berlin, DGVZ 1993, 173; ZMR 1990, 146; LG Essen, ZMR 1966, 281; LG Frankfurt, DGVZ 1991, 11; LG Hannover, FamRZ 1954, 107; LG Heidelberg, DGVZ 1994, 9, 10; LG Mainz, MDR 1978, 765; LG Mannheim, MDR 1964, 59; LG Oldenburg, Rpfleger 1991, 29; LG Tübingen, NJW 1964, 2021; AG Darmstadt, DGVZ 1996, 14; AG und LG Düsseldorf, DGVZ 1995, 126; AG Frankfurt, DGVZ 1990, 173; AG Hamburg, DGVZ 1987, 141; AG Schwarzenbek, DGVZ 1990, 47; *Baur/Stürner*, Rdn. 19.8; *Brox/Walker*, Rdn. 1047; *Jauernig*, § 26 II 3; *MüKo/Schilken*, § 885 Rdn. 8 f.; *Rosenberg/Schilken*, § 70 II 2 b bb; *Scherer*, DGVZ 1993, 161; a. A. (Titel erforderlich) KG, OLGZ 1994, 479; WuM 1994, 32; OLG Hamburg, MDR 1993, 274; OLG Oldenburg, Rpfleger 1994, 366 f.; LG Hamburg, WuM 1992, 549; LG Kiel, DGVZ 1992, 42 f.; LG Lübeck, DGVZ 1990, 91 (wenn aus einem Titel nach § 90 ZVG vollstreckt wird); LG Mannheim, ZMR 1992, 253; AG Gelsenkirchen, DGVZ 1995, 172; AG Ratingen und LG Düsseldorf, DGVZ 1995, 125 f.; *Becker-Eberhard*, FamRZ 1994, 1296, 1299 ff.; *Derleder*, JurBüro 1994, 1, 5; *Pawlowski*, DGVZ 1988, 97, 98; *Stein/Jonas/Brehm*, § 885, Rdn. 9 ff., 15; *Winderlich*, ZMR 1990, 125.

45 LG Baden-Baden, WuM 1992, 493; LG Darmstadt, DGVZ 1980, 110; LG Freiburg, WuM 1989, 571; LG Lübeck, JurBüro 1992, 196; AG Neuss, NJW 1985, 2427; AG Stuttgart, DGVZ 1983, 190; *Jauernig*, § 26 II 3; *MüKo/Schilken*, § 885 Rdn. 11; *de Riese*, ZMR 1994, 549, 550; *Rosenberg/Schilken*, § 70 II 2 b, bb; *Thomas/Putzo*, § 885 Rdn. 4; *Zimmermann*, § 885 Rdn. 3; a. A. (eigener Titel erforderlich) KG, OLGZ 1994, 479, 482 f.; AG Darmstadt, DGVZ 1980, 91; *Baumbach/Lauterbach/Hartmann*, § 885 Rdn. 15; *Baur/Stürner*, Rdn. 39.10; *Pawlowski*, DGVZ 1988, 97; *Heussen*, Zwangsvollstreckung für Anfänger, Rdn. 266; **differenzierend** LG Berlin, DGVZ 1996, 171; LG Mönchengladbach, DGVZ 1996, 74 (grds. Titel gegen den Mitbesitzer erforderlich, ausnahmsweise aber entbehrlich, wenn der Mitbesitz ohne Wissen oder gegen den Willen des Vermieters begründet wurde); *Zöller/Stöber*, § 885 Rdn. 5e.

46 AG Hannover, DGVZ 1973, 158.

weiteren Räumungstitels: Der Titel gegen den Schuldner berechtigt den Gerichtsvollzieher ohne weiteres, auch diese Personen aus der Wohnung zu entfernen und hierbei notfalls auch Gewalt anzuwenden. Allerdings gilt dies nur solange, wie auch gegen den Schuldner selbst noch vollstreckt werden kann. Ist die Zwangsvollstreckung aus dem Titel gegen ihn – vorläufig – eingestellt, kann auch gegen seine Mitbewohner nicht vollstreckt werden.[47] Hat er den Besitz an der Wohnung ganz aufgegeben, während seine Angehörigen dort weiter verblieben sind, bedarf es eines eigenen Räumungstitels gegen die Angehörigen,[48] die nunmehr nicht mehr aus abgeleitetem Recht besitzen und daher nicht »mit« dem Schuldner herausgesetzt werden, sondern an seiner Stelle. Haben die Angehörigen allerdings den Alleinbesitz erst nach Rechtshängigkeit des Räumungsprozesses erlangt, kann der gegen den Schuldner ergangene Titel gem. §§ 727, 325 ZPO gegen sie umgeschrieben werden.[49]

Daß der Gläubiger Personen, die mit dem Schuldner zusammen die Wohnung bewohnen, ohne dem Vermieter gegenüber ein selbständiges Besitzrecht zu haben, zusammen mit dem Schuldner aus der Wohnung heraussetzen lassen kann, ergibt sich aus § 885 Abs. 2 ZPO:[50] Die Vorschrift zeigt, daß der Gesetzgeber als ganz selbstverständlich davon ausgegangen ist, daß die dort genannten Personen bei der Räumung zugegen sind, ohne daß sie die Zwangsräumung verhindern könnten. In Anpassung an die veränderten gesellschaftlichen Verhältnisse ist der Kreis der zur »Familie gehörigen« Personen heute über Ehe und Verwandtschaft hinaus auszudehnen, da kein sachlicher Grund für eine bevorzugende Ungleichbehandlung von Lebensgefährten oder Freunden ersichtlich ist.

10   **4. Vermieterpfandrecht des Gläubigers:** Macht der Gläubiger an Gegenständen in der Wohnung ein Vermieterpfandrecht geltend, so kann er wirksam seinen Vollstreckungsauftrag dahingehend einschränken, daß diese Gegenstände nicht aus der Wohnung zu entfernen seien. Der Gerichtsvollzieher ist an diese Beschränkung zur »Teilräumung« gebunden.[51] Er hat insoweit auch nicht zu überprüfen, ob die Gegenstände, die in der Wohnung verbleiben sollen, nach § 811 ZPO unpfändbar sind,[52] so daß nach materiellem Recht (§ 559 S. 3 BGB) ein Vermieterpfandrecht an ihnen nicht entstehen kann. Es ist allein Sache des Schuldners, seine materiellrechtlichen Ansprüche, etwa

---

47 AG Burgsteinfurt und LG Münster, DGVZ 1988, 76.
48 OLG Düsseldorf, MDR 1960, 234; LG Mannheim, NJW 1962, 815 mit Anm. *Rheinspitz*, NJW 1962, 1402; AG und LG Düsseldorf, DGVZ 1995, 126; **a. A.** LG Frankfurt, DGVZ 1991, 11; AG Dortmund, DGVZ 1996, 77 f.
49 LG Mannheim, NJW 1962, 815.
50 *Baur/Stürner*, Rdn. 39.10; *Brox/Walker*, Rdn. 1047; MüKo/*Schilken*, § 885 Rdn. 9.
51 LG Arnsberg, DGVZ 1984, 30; LG Darmstadt, DGVZ 1977, 89; AG Leverkusen und LG Köln, DGVZ 1996, 75; AG Offenbach, DGVZ 1977, 46; *E. Schneider*, MDR 1982, 984; *Stein/Jonas/Brehm*, § 885 Rdn. 29; *Zöller/Stöber*, § 885 Rdn. 11; **a. A.** (keine Beschränkung möglich) LG Düsseldorf, DGVZ 1984, 74; *Zimmermann*, § 885 Rdn. 4 (anders aber Rdn. 8).
52 Auch § 180 Nr. 4 GVGA stellt allein darauf ab, daß der Gläubiger ein Pfandrecht »in Anspruch nimmt« und räumt dem Gerichtsvollzieher kein Prüfungsrecht ein. Vergl. auch *Christmann*, DGVZ 1986, 177. A. A. (§ 811 sei zu beachten) AG Königswinter, MDR 1982, 1028; *E. Schneider*, MDR 1982, 984 und DGVZ 1982, 73.

aus § 985 BGB, gegen den Gläubiger geltend zu machen, notfalls durch Klage oder einstweilige Verfügung.

**5. Einweisung durch die Ordnungsbehörde zur Abwendung von Obdachlosigkeit:** 11
Hat die Ordnungsbehörde den Schuldner zur Abwendung von Obdachlosigkeit bereits vor Anberaumung des Räumungstermins in die zu räumende Wohnung durch Ordnungsverfügung eingewiesen, so steht dieser Verwaltungsakt einer Räumung entgegen. Es bedarf insoweit auch keiner »symbolischen Räumung«, etwa durch zeitweises Entfernen einiger Möbel aus der Wohnung. Unabhängig davon, ob der Gerichtsvollzieher überhaupt eine bloß »symbolische Räumung« durchgeführt oder die Zwangsräumung sogleich völlig ausgesetzt hat, verbraucht eine behördliche Einweisungsverfügung den Räumungstitel nicht. Erst die tatsächliche vollständige Räumung führt zur Erfüllung.[53] Der Gläubiger kann daher, sobald die Einweisungsverfügung wieder aufgehoben ist, erneut die Vollstreckung aus dem Titel betreiben.[54] Daß der Gläubiger der behördlichen Verfügung Folge leistet, führt nicht zum Neuabschluß eines Mietvertrages mit dem Schuldner. Dem Schuldner erwächst aus einem solchen Verhalten des Gläubigers also auch kein mit § 767 ZPO verfolgbarer Einwand gegen eine künftige Räumung. Hatte der Gerichtsvollzieher allerdings die Räumung tatsächlich vollständig abgeschlossen und den Gläubiger uneingeschränkt in den Besitz der Wohnung gesetzt, so ist der Titel verbraucht[55] und bleibt auch verbraucht, wenn der Schuldner sich später – etwa im Wege der Hausbesetzung – erneut in den Besitz der Wohnung setzt, oder wenn die Ordnungsbehörde die Wohnung später beschlagnahmt und den Schuldner in sie wieder einweist. In diesen Fällen muß der Gläubiger einen erneuten Räumungstitel erstreiten. Hatte der Gerichtsvollzieher bereits einen Spediteur beauftragt und waren insoweit schon Kosten entstanden, als die behördliche Einweisungsverfügung erging, die zur Einstellung der weiteren Vollstreckung führte, so sind diese Kosten notwendige Kosten der Zwangsvollstreckung, die vom Schuldner zu tragen sind.[56]

**6. Räumungsschutz:** Zur Möglichkeit des Schuldners, befristeten Räumungsschutz 12 durch das Prozeßgericht zu erhalten, siehe § 721 ZPO. Im Einzelfall ermöglicht § 765 a ZPO darüber hinaus dem Vollstreckungsgericht die Gewährung weiteren Räumungsschutzes.[57] Vorbereitend hierzu kann auch der Gerichtsvollzieher bis zu einer Woche Räumungsaufschub bewilligen (§ 765 a Abs. 2 ZPO).[58]

---

53 OLG Bamberg, JurBüro 1962, 176; OLG Hamm, NJW 1960, 1016; OLG Köln, NJW 1957, 1525; OLG Nürnberg, NJW 1953, 1398; OLG Stuttgart, NJW 1956, 1844; LG Bochum, MDR 1954, 431; LG Bonn, ZMR 1990, 346; LG Darmstadt, NJW 1955, 1640; DGVZ 1989, 24; LG Duisburg, MDR 1953, 559; LG Freiburg, DGVZ 1989, 155; LG Hannover, JurBüro 1951, 393; LG Köln, MDR 1957, 678; LG Verden, MDR 1956, 37; AG Bad Iburg, MDR 1988, 1066; AG Villingen, DGVZ 1989, 77.
54 LG Darmstadt, DGVZ 1993, 154; LG Wuppertal, DGVZ 1991, 26 f.; a. A. (Titel verbraucht) OLG Hamm, NJW 1955, 28; LG Darmstadt, NJW 1952, 389; AG Langen, DGVZ 1988, 47.
55 AG Hanau, DGVZ 1972, 63.
56 AG Riedlingen, DGVZ 1989, 77; AG Wetzlar, DGVZ 1983, 126.
57 Zum Verhältnis von § 721 ZPO und § 765 a ZPO vergl. § 721 Rdn. 4.
58 Siehe auch oben Rdn. 4.

**13  IV. Die Verwahrung des Räumungsgutes (Abs. 3):**

**1. Voraussetzungen für die Verwahrung:** Ist niemand auf seiten des Schuldners bei der Räumung anwesend, um das Räumungsgut in Empfang zu nehmen, oder verweigert der Schuldner die Empfangnahme der Sachen, so darf sie der Gerichtsvollzieher nicht einfach auf der Straße oder sonst im Freien abstellen.[59] Ein solches Verhalten wäre rechtswidrig und würde Amtshaftungsansprüche auslösen. Der Gerichtsvollzieher muß die Sachen vielmehr in sein Pfandlokal schaffen oder, wenn dort keine Unterstellmöglichkeit besteht, sie anderweit in Verwahrung bringen. Ausgenommen hiervon sind Müll und Gerümpel. Diese Dinge kann der Gerichtsvollzieher, um unnötige und auf den Gläubiger deshalb nicht abwälzbare Kosten zu ersparen,[60] sogleich zur Müllkippe schaffen lassen.[61] Das gilt allerdings nicht für sonstiges wertloses oder unverwertbares Räumungsgut.[62] Dieses muß der Gerichtsvollzieher im Hinblick auf Art. 14 GG zunächst für den Schuldner zur Abholung bereithalten.[63] Ist der Schuldner an sich annahmebereit, aber infolge von Mittellosigkeit nicht in der Lage, einen Spediteur mit dem Abtransport der Möbel zu beauftragen, so darf der Gerichtsvollzieher das Räumungsgut nicht einfach in die Ersatzwohnung des Schuldners schaffen lassen,[64] es sei denn, der Gläubiger stimmt dem zu und leistet einen ausreichenden Vorschuß für die zu erwartenden Kosten. Die Auswahl und Beauftragung des Spediteurs, der das Räumungsgut fortschaffen soll, und des Lagerhalters, bei dem es untergestellt werden soll, wenn in der Pfandkammer kein Platz ist, ist grundsätzlich Aufgabe des Gerichtsvollziehers.[65] Er ist nicht verpflichtet, einen vom Gläubiger beauftragten Spediteur tätig werden zu lassen[66] oder auf das Angebot des Gläubigers einzugehen, die Räumung mit einem eigenen LKW und eigenen Arbeitskräften durchzuführen.[67] Der Gerichtsvollzieher trifft seine Entscheidung über das zu Veranlassende vielmehr nach pflichtgemäßem Ermessen. Dabei hat er die Interessen des Gläubigers und des Schuldners, aber auch sein eigenes Interesse bzw. das des Staates zu berücksichtigen, Sicherheit für die durch die Räumung verursachten Gebühren, Kosten und Auslagen zu erhalten. Im Einzelfall kann es allerdings durchaus auch im Rahmen dieses pflichtgemäßen Ermessens liegen, die Sachen dem Gläubiger zur Verwahrung zu überlassen, wenn dieser dazu bereit ist.[68] In jedem Falle hat der Gerichtsvollzieher durch entsprechende Vorbereitung und Aufsicht dafür zu sorgen, daß keine überhöhten Transport- und Lagerkosten entstehen.[69]

---

59 OLG Karlsruhe, Rpfleger 1974, 408; *Baumbach/Lauterbach/Hartmann*, § 885 Rdn. 21.
60 LG Hamburg, MDR 1963, 854.
61 LG Berlin, DGVZ 1980, 154; AG Berlin-Neukölln, DGVZ 1980, 42; AG Bielefeld, DGVZ 1974, 142; AG und LG Karlsruhe, DGVZ 1980, 14; AG Leverkusen, DGVZ 1996, 44 f.
62 Siehe dazu auch Rdn. 16.
63 So die Begründung zur geplanten Änderung des § 885 Abs. 4 ZPO, BT-Drucks. 13/341, S. 40.
64 LG Essen, MDR 1974, 762.
65 AG Herne, DGVZ 1980, 30.
66 LG Düsseldorf, JurBüro 1987, 464 mit Anm. *Mümmler*.
67 AG Hannover, DGVZ 1975, 124.
68 OLG Stuttgart, Justiz 1965, 238; LG Detmold, DGVZ 1996, 171; LG Ulm, DGVZ 1990, 123.
69 LG Frankfurt, DGVZ 1972, 136.

**2. Kostenvorschuß des Gläubigers:** Damit die notwendigen Kosten des Abtransportes und der zunächst erforderlichen Einlagerung in jedem Falle gedeckt sind, hat der Gerichtsvollzieher vor Ansetzung des Räumungstermins vom Gläubiger, der insoweit nach § 3 Abs. 1 Nr. 1 Abs. 2, § 35 Abs. 1 Nr. 8 GvKostG Kostenschuldner ist, einen entsprechenden **Vorschuß** gem. § 5 GvKostG zu verlangen.[70] Dieser Vorschuß ist so zu bemessen, daß er die gewöhnlichen Transportkosten einschließlich der Kosten der notwendigen Verpackung der Sachen und der Kosten der Möbelpacker umfaßt wie auch die Kosten einer kurzfristigen[71] Einlagerung.[72] Zahlt der Gläubiger diesen Vorschuß nicht, kann der Gerichtsvollzieher die Durchführung der Räumung ganz ablehnen.[73]

**3. Abholung durch den Schuldner:** Ist der Gerichtsvollzieher nach Abs. 3 verfahren und hat er Gegenstände des Schuldners eingelagert, so ist es Sache des Schuldners, für ihre Abholung zu sorgen.[74] Der Schuldner muß sich dabei an den Gerichtsvollzieher, nicht etwa an den Gläubiger oder an den Lagerhalter halten.[75] Der Gerichtsvollzieher hat die Herausgabe von der Bezahlung derjenigen offenstehenden Kosten abhängig zu machen, die nicht durch den Vorschuß des Gläubigers gedeckt sind. Hinsichtlich des Kostenerstattungsanspruchs des Gläubigers steht ihm dagegen kein Zurückbehaltungsrecht zu.[76] Der Gläubiger muß seinen Erstattungsanspruch nach den allgemeinen Regeln als Vollstreckungskosten beitreiben lassen.[77] Auch einem Dritten gegenüber, der etwa unter Berufung auf sein (Sicherungs- oder Vorbehalts-)Eigentum die Herausgabe eingelagerten Räumungsgutes verlangt, kann der Gerichtsvollzieher die Herausgabe von der Erstattung der entstandenen und vom Vorschuß des Gläubigers nicht gedeckten Transport- und Lagerkosten abhängig machen.[78] Räumungsgut, das so geringwertig ist, daß noch nicht einmal die Kosten eines Verkaufs nach Abs. 4 bei einer Verwertung zu erwarten wären, kann der Gerichtsvollzieher schon nach geltendem Recht[79] ausnahmsweise dem Schuldner auch ohne Bezahlung der noch offenen Transport- und Lagerkosten aushändigen, wenn der Schuldner jedenfalls auf eigene Kosten für den Abtransport sorgt.[80] Besorgt in einem solchen Fall doch der Gerichtsvollzieher den

---

70 LG Berlin, JurBüro 1965, 759; LG Hamburg, DGVZ 1983, 124; *Alisch*, DGVZ 1979, 6; *Baumbach/Lauterbach/Hartmann*, § 885 Rdn. 30; *Brosette*, NJW 1989, 965; *Zöller/Stöber*, § 885 Rdn. 14.
71 Zur vertretbaren Dauer der Einlagerung siehe LG Koblenz, JurBüro 1995, 551 f.
72 OLG Frankfurt, Rpfleger 1979, 350; OLG Hamburg, MDR 1966, 933; OLG Karlsruhe, Rpfleger 1974, 408; LG Hamburg, JurBüro 1983, 1728; LG Osnabrück, NdsRpfl. 1979, 225; LG Waldshut-Tiengen, DGVZ 1990, 93; AG Frankfurt, DGVZ 1975, 78; AG Hamburg-Harburg, DGVZ 1973, 122.
73 LG Berlin, JurBüro 1965, 759; AG Brakel, DGVZ 1984, 158; AG Schönau, DGVZ 1989, 45.
74 OLG Celle, NdsRPfl. 1956, 109.
75 OLG Stuttgart, Justiz 1965, 238.
76 LG Berlin, MDR 1972, 249; *Stein/Jonas/Brehm*, § 885 Rdn. 40; so auch die amtliche Begründung zur Ergänzung des geplanten § 885 Abs. 3 ZPO (dazu Rdn. 15a) in BT-Drucks. 13/341, S. 39; **a. A.** die h. M.; vergl. KG, MDR 1975, 235; *Zöller/Stöber*, § 885 Rdn. 14.
77 Einzelheiten: § 788 Rdn. 19; siehe auch LG Kassel, ZMR 1967, 190.
78 LG Berlin, DGVZ 1974, 156; AG Hildesheim, DGVZ 1974, 59.
79 Zur geplanten Ergänzung des § 885 Abs. 3 ZPO siehe Rdn. 15a.
80 LG Hamburg, DGVZ 1983, 122.

Abtransport zum Schuldner, um die Lagerkosten einzusparen, kann er die Transportkosten nicht vom Gläubiger erstattet verlangen.[81]

15 a  4. **Unpfändbare und nicht verwertbare Sachen:** Nach dem Entwurf eines Zweiten Gesetzes zur Änderung zwangsvollstreckungsrechtlicher Vorschriften vom 21. 7. 1994[82] soll dem Abs. 3 folgender Satz angefügt werden: »Unpfändbare Sachen und solche Sachen, bei denen ein Verwertungserlös nicht zu erwarten ist, sind auf Verlangen des Schuldners ohne weiteres herauszugeben.« Durch diese erleichterte Herausgabemöglichkeit soll erreicht werden, daß das Räumungsgut tatsächlich abgefordert wird, damit die Pfandkammern entlastet und unwirtschaftliche Verkäufe vermieden werden.[83] Der Gläubiger wird dadurch nicht benachteiligt. Er kann wegen seiner aufgelaufenen Kosten ohnehin nicht auf unpfändbare (§ 811 ZPO) und auf nicht verwertbare (§ 803 Abs. 2 ZPO) Sachen des Schuldners zugreifen.

16  **V. Der Verkauf eingelagerten Räumungsgutes (Abs. 4):**

**1. Voraussetzungen:** Die Verwahrung nach Abs. 3 hat nur solange zu erfolgen, daß der Schuldner unter zumutbaren Umständen Gelegenheit erhält, seine Sache abzuholen und in Besitz zu nehmen. Nur für diese Zeit kann es dem Gläubiger zugemutet werden, die Unterbringungskosten vorzuschießen. Verzögert der Schuldner die Abforderung über diese Dauer hinaus, so können der Gläubiger oder der Gerichtsvollzieher beim Vollstreckungsgericht beantragen,[84] daß dieses den Verkauf der Sachen und die Hinterlegung des Erlöses anordnet. Zuständig ist das Vollstreckungsgericht am Ort der Verwahrung. Es entscheidet durch den Rechtspfleger. Dieser soll dem Schuldner vor der Anordnung rechtliches Gehör gewähren. Der die Anordnung aussprechende Beschluß muß dem Schuldner zugestellt werden,[85] da der Schuldner zum einen die Kosten der Verwertung zu tragen hat, ihm andererseits auch ein erheblicher Vermögensverlust droht, da die Wertgrenze des § 817 a Abs. 1 ZPO hier nicht gilt.

Dieses gerichtliche Anordnungsverfahren kann wegen der notwendigen Anhörung des Schuldners zu sachwidrigen Verzögerungen führen, insbesondere wenn der Aufenthaltsort des Schuldners unbekannt ist. Deshalb ist geplant, dieses zeitaufwendige Verfahren dadurch zu ersetzen, daß der Gerichtsvollzieher ohne gerichtliche Anordnung kraft Gesetzes zum Verkauf des Räumungsgutes ermächtigt sein soll, wenn der Schuldner es nicht binnen einer Frist von zwei Monaten nach der Räumung abfordert oder es abfordert, ohne die Kosten zu zahlen.[86] Lediglich unpfändbare und nicht verwertbare Sachen (siehe Rdn. 15a) sollen stets ohne Kostenforderungen an den Schuldner herauszugeben sein. Für den Fall, daß auch sie nicht abgefordert werden, soll in einem neuen Abs. 4 S. 2 eine gesetzliche Grundlage dafür geschaffen werden, daß nicht

---

81 LG Bochum, Rpfleger 1968, 127.
82 BT-Drucks. 13/341, S. 7.
83 BT-Drucks. 13/341, S. 39 f.
84 Es bedarf keines förmlichen Antrages, da das Vollstreckungsgericht auch von Amts wegen tätig werden könnte; vergl. *Baumbach/Lauterbach/Hartmann*, § 885 Rdn. 32.
85 *Baumbach/Lauterbach/Hartmann*, § 885 Rdn. 34.
86 So die geplante Neufassung des § 885 Abs. 4 S. 1 ZPO, BT-Drucks. 13/341, S. 7.

verwertbares Räumungsgut nach Ablauf von zwei Monaten durch den Gerichtsvollzieher vernichtet werden soll.[87]

Verzögerungen bei Anordnung und Durchführung des Verkaufs des eingelagerten Räumungsgutes gehen nicht zu Lasten des Gläubigers. Er haftet nicht für höhere Lagerkosten, die bei zügiger Sachbehandlung nicht entstanden wären.[88]

Der Verkauf kann auch angeordnet werden, wenn der eingelagerte Gegenstand im Eigentum eines Dritten (z. B. Vorbehaltsverkäufers oder Sicherungseigentümers) steht und dieser ebensowenig wie der Schuldner bereit ist, die offenen Transport- und Lagerkosten auszugleichen.[89] Auch wenn der Gläubiger bereit sein sollte, über längere Zeit die Lagerkosten vorzuschießen, reicht das Interesse des Gerichtsvollziehers, aus der Obhut für die verwahrten Sachen entlassen zu werden, für eine Anordnung nach Abs. 4 aus.[90]

**2. Durchführung:** Der »Verkauf« kann sowohl in der Form des freihändigen Verkaufs als auch der Versteigerung angeordnet werden. Es ist im Interesse des Schuldners der Weg zu wählen, der möglichst rasch (zur Einsparung weiterer Kosten) den größten Erfolg verspricht. Der Gerichtsvollzieher darf sodann aus dem Erlös, bevor dieser hinterlegt wird, seine noch offenen, durch einen Vorschuß des Gläubigers nicht gedeckten Kosten für Räumung, Einlagerung und Verkauf (Versteigerung) unmittelbar abziehen. Dagegen hat der Räumungsgläubiger wegen der von ihm geleisteten Vorschüsse nur dann einen Anspruch auf Auszahlung des Versteigerungserlöses, wenn er einen entsprechenden Pfändungs- und Überweisungsbeschluß erwirkt hat.[91] Als Titel kann ihm ein die Räumungskosten als Vollstreckungskosten festsetzender Beschluß des Rechtspflegers dienen.[92] Einer Pfändung des Versteigerungserlöses steht nicht entgegen, daß sich unter den verkauften Sachen auch nach § 811 ZPO unpfändbare Gegenstände befanden.[93] Da § 811 ZPO schon nicht den Verkauf oder die Versteigerung verhinderte, hindert er auch einen Zugriff auf den Erlös nicht.

17

**VI. Rechtsbehelfe im Rahmen der Räumungsvollstreckung:**

18

**1. Gegen formelle Fehler:** Formelle Fehler bei der Durchführung der Räumungsvollstreckung können der Gläubiger, der Schuldner und von der Räumung unmittelbar betroffene Dritte mit der Erinnerung nach § 766 ZPO rügen. Den gleichen Rechtsbehelf hat der Gläubiger gegen eine Ablehnung seines Räumungsantrages sowie gegen die Festsetzung der Höhe des Vorschusses. Ein formeller Fehler im Hinblick auf Dritte kann das Fehlen eines eigenen Räumungstitels sein.[94] Ist in tatsächlicher Hinsicht streitig, ob der Dritte ein eigenes Recht zum Besitz hat, so erfolgt die Beweisaufnahme hierzu allerdings nicht im Erinnerungsverfahren; der Gläubiger muß in diesem Fall

---

87 Siehe nochmals BT-Drucks. 13/341, S. 7 u. 40.
88 LG Berlin, DGVZ 1975, 42; LG Lübeck, JurBüro 1982, 622.
89 LG Berlin, Rpfleger 1974, 409.
90 LG Essen, MDR 1955, 365; LG Frankenthal, MDR 1962, 140; LG Hamburg, MDR 1973, 593.
91 LG Kassel, DGVZ 1982, 9; *Stein/Jonas/Brehm*, § 885 Rdn. 46.
92 Siehe auch § 788 Rdn. 21.
93 *Noack*, Rpfleger 1968, 42; *E. Schneider*, JurBüro 1974, 437; *Stein/Jonas/Brehm*, § 885 Rdn. 46.
94 Siehe oben Rdn. 9.

vielmehr immer einen eigenen Räumungsprozeß gegen den Dritten anstrengen und die Frage dort klären. Dritte, deren Sachen sich im Besitz des Schuldners in der zu räumenden Wohnung befinden (Sicherungs- und Vorbehaltseigentümer, Leihgeber usw.) können nicht mit einer Klage nach § 771 ZPO verhindern, daß auch ihre Sachen aus der zu räumenden Wohnung fortgeschafft werden. Diese Sachen sind den Dritten allerdings gegen Zahlung der anteiligen Räumungskosten nach der Räumung auszuhändigen. Verweigert der Gerichtsvollzieher dies oder setzt er den Erstattungsbetrag zu hoch an, ist die Erinnerung nach § 766 ZPO gegeben.

19 **2. Gegen die Anordnung des Verkaufs gem. Abs. 4:** Die Anordnung nach Abs. 4 (Verkauf oder Versteigerung) ist eine Entscheidung im Vollstreckungsverfahren und deshalb sowohl vom Schuldner als auch von möglichen Dritteigentümern mit der **befristeten** Erinnerung nach § 11 Abs. 1 S. 2 RPflG anzufechten.[95] § 771 ZPO ist nicht anwendbar, da der Verkauf keine Zwangsvollstreckung in die Sache darstellt, sondern lediglich dem Bedürfnis des Gerichtsvollziehers Rechnung trägt, von der weiteren Obhut für die Sachen befreit zu werden. Wird später allerdings der hinterlegte Erlös gepfändet, können Dritte wegen des auf ihre Gegenstände entfallenden Erlösanteils Klage nach § 771 ZPO erheben.

20 **3. Auf Zahlung der Transport- und Lagerkosten:** Ein vom Gerichtsvollzieher hinzugezogener Spediteur oder Lagerhalter schließt einen privatrechtlichen Vertrag mit dem Gerichtsvollzieher persönlich.[96] Zahlt der Gerichtsvollzieher die Lagerkosten und den Werklohn nicht oder nicht vollständig, können sie ihn nicht mit der Erinnerung nach § 766 ZPO zur Zahlung anhalten und die Berechtigung ihrer Forderung bestätigen lassen, sie müssen vielmehr aus dem Vertrag auf Zahlung gegen den Gerichtsvollzieher klagen. Da ein Vertrag mit dem Gerichtsvollzieher vorliegt, scheiden daneben Ansprüche gegen den Gläubiger oder den Schuldner, etwa aus GoA, aus.

21 **VII. Gebühren:** Der **Gerichtsvollzieher** erhält für seine Tätigkeit in der Räumungsvollstreckung die Gebühren aus § 24 GvKostG. Für die Durchführung einer Versteigerung nach Abs. 4 erhält er darüber hinaus die Gebühr des § 21 GvKostG. Das **Gericht** erhält für eine Anordnung gem. Abs. 4 die Festgebühr nach KV Nr. 1640. Für den **Rechtsanwalt** ist die Tätigkeit in der Räumungsvollstreckung mit der Vollstreckungsgebühr des § 57 BRAGO abgegolten. Der Gegenstandswert für diese Gebühr wird z.T. nach dem Verkehrswert der zu räumenden Wohnung,[97] z.T. nach dem einjährigen Mietzins[98] bemessen.

---

95 KG, NJW-RR 1986, 1126; OLG Frankfurt, Rpfleger 1979, 350.
96 BGH, NJW 1984, 1759; *Stein/Jonas/Brehm*, § 885 Rdn. 35; a. A. (Gerichtsvollzieher schließt den Vertrag als Vertreter des Justizfiskus) *Zimmermann*, § 885 Rdn. 10.
97 OLG Karlsruhe, NJW-RR 1996, 778; OLG Koblenz, DGVZ 1996, 116; LG München, WM 1995, 197 f.
98 KG, DGVZ 1996, 117; OLG Zweibrücken, DGVZ 1996, 118; LG Bad Kreuznach, DGVZ 1996, 172; LG Koblenz, DGVZ 1996, 61; LG Köln, DGVZ 1995, 153; LG Osnabrück, DGVZ 1996, 119.

**VIII. ArbGG, VwGO, AO:** § 885 ZPO gilt gem. §§ 62 Abs. 2, 85 Abs. 1 S. 3 ArbGG auch für die Vollstreckung aus arbeitsgerichtlichen Titeln, spielt dort aber kaum eine Rolle. Gleiches gilt gem. § 167 VwGO für die Vollstreckung aus Titeln nach § 168 VwGO.[99] Für die Vollstreckung zugunsten der öffentlichen Hand verweist § 169 Abs. 1 VwGO auf § 6 VwVG und damit auf die Zwangsmittel nach § 9 VwVG. Die Zwangsräumung ist ein Anwendungsfall des unmittelbaren Zwangs. In der Abgabenvollstreckung spielt die Zwangsräumung keine Rolle.

22

---

99 *Kopp*, VwGO, § 172 Rdn. 9.

## § 886 Vollstreckung bei Gewahrsam eines Dritten

Befindet sich eine herauszugebende Sache im Gewahrsam eines Dritten, so ist dem Gläubiger auf dessen Antrag der Anspruch des Schuldners auf Herausgabe der Sache nach den Vorschriften zu überweisen, welche die Pfändung und Überweisung einer Geldforderung betreffen.

**Inhaltsübersicht**

| | | Rdn. |
|---|---|---|
| I. | Anwendungsbereich der Norm | 1, 2 |
| II. | Vollstreckung nach § 886 ZPO | 3 |
| III. | Eigener Herausgabeanspruch des Gläubigers gegen den Dritten | 4 |
| IV. | Rechtsbehelfe des Dritten | 5 |
| V. | Kosten | 6 |
| VI. | Gebühren | 7 |
| VII. | ArbGG, VwGO, AO | 8 |

**Literatur:** *Noack*, Aktuelle Fragen zur Pfändung von Ansprüchen auf Herausgabe beweglicher Sachen gegen Dritte (§§ 847, 886 ZPO), DGVZ 1978, 97; siehe ferner die Literaturangaben bei § 885.

1 **I. Anwendungsbereich der Norm:** Die Vorschrift gilt sowohl im Rahmen der Zwangsvollstreckung auf Herausgabe beweglicher Sachen nach §§ 883, 884 ZPO als auch bei der Zwangsvollstreckung nach § 885 ZPO auf Herausgabe oder Räumung eines Grundstücks (Schiffes usw.) oder einer Wohnung. Ihre Anwendung setzt voraus, daß der Dritte im Rechtssinne Besitzer (Allein- oder Mitgewahrsamsinhaber[1]) und nicht nur Besitzdiener ist. Im Hinblick auf § 885 Abs. 2 ZPO ist bei der Räumungsvollstreckung weiterhin erforderlich, daß der Dritte ein eigenes, wenn auch durch Vereinbarung mit dem Schuldner erworbenes Besitzrecht hat und seinen Besitz nicht nur unselbständig vom Besitzrecht des Schuldners (als Familienangehöriger, Lebensgefährte, Gast usw.) ableitet. Ist letzteres der Fall, genügt ein Titel allein gegen den Schuldner, um auch den Dritten gegen seinen Willen aus der Wohnung zwangsweise zu entfernen.[2] Ist der Dritte schließlich freiwillig zur Herausgabe für den Fall bereit, daß der Gerichtsvollzieher ein entsprechendes Verlangen an ihn stellt, kann der Gerichtsvollzieher in entsprechender Anwendung des § 809 ZPO[3] die Sache bei ihm in Vollstreckung des gegen den Schuldner gerichteten Titels wegnehmen oder das Grundstück (bzw. die Wohnung) räumen, ohne daß er die Art des Besitzes des Dritten klären müßte.

---

1 *Brox/Walker*, Rdn. 1056, 249; MüKo/*Schilken*, § 886 Rdn. 3; *Stein/Jonas/Brehm*, § 886 Rdn. 1; *Zöller/Stöber*, § 886 Rdn. 1; a. A. (keine Anwendung auf Mitgewahrsamsinhaber) *Baumbach/Lauterbach/Hartmann*, § 886 Rdn. 1.
2 Einzelheiten: § 885 Rdn. 9.
3 Allgem. Meinung; beispielhaft *Baumbach/Lauterbach/Hartmann*, § 886 Rdn. 1; *Brox/Walker*, Rdn. 1056; *Schilken*, DGVZ 1988, 50; *Stein/Jonas/Brehm*, § 886 Rdn. 1.

*Vollstreckung bei Gewahrsam eines Dritten* § 886

Hat der besitzende und nicht zur Herausgabe bereite Dritte den Besitz als Rechtsnachfolger des Schuldners nach Eintritt der Rechtshängigkeit im Räumungs- oder Herausgabeprozeß erlangt, so bedarf es ebenfalls keines Vorgehens nach § 886 ZPO. Der Gläubiger kann in diesem Fall den Titel gegen den alten Schuldner nach §§ 325, 727 ZPO auf den neuen Schuldner umschreiben lassen, um ihn sodann nach §§ 883 ff. ZPO zu vollstrecken. Ein solcher die Umschreibung ermöglichender Fall der Rechtsnachfolge ist auch anzunehmen, wenn der verklagte alleinmietende Ehegatte während des Räumungsprozesses auszieht und der andere Ehegatte die Ehewohnung von diesem Zeitpunkt an unabhängig vom Besitzrecht des Alleinmieters weiterbesitzt.[4]   2

**II. Vollstreckung nach § 886 ZPO:** Ist der Dritte nicht zur Herausgabe bereit und kann der Gläubiger gegen ihn nicht allein aufgrund des gegen den Schuldner erstrittenen Titels zwangsweise vorgehen, so kann der Gläubiger aufgrund des Herausgabetitels den Anspruch des Schuldners gegen den Dritten auf Herausgabe der Sache (aus Miet- oder Leihvertrag, aus § 1006 BGB u. a. Anspruchsgrundlagen) nach § 829 ZPO pfänden und sich nach § 835 ZPO zur Einziehung überweisen lassen (also kein Vorgehen nach §§ 846–849 ZPO). Aufgrund der Überweisung kann der Gläubiger sich im Einziehungsprozeß dann den Herausgabeanspruch des Schuldners gegen den Dritten im eigenen Namen und auf Leistung an sich selbst titulieren lassen. Diesen Titel kann er dann gem. §§ 883 ff. ZPO gegen den Dritten unmittelbar vollstrecken. Das Vorgehen nach § 886 ZPO setzt nicht voraus, daß der Schuldner (und mittelbare Besitzer) einen bereits fälligen Herausgabeanspruch gegen den unmittelbaren Besitzer hat. So wie bedingte und noch nicht fällige Geldforderungen bereits pfändbar sind, können auch künftige Herausgabeansprüche schon nach § 886 ZPO überwiesen werden.[5]   3

**III. Eigener Herausgabeanspruch des Gläubigers gegen den Dritten:** Der komplizierte Weg über § 886 ZPO ist **nicht notwendig**, wenn der Gläubiger schon aus **eigenem** Recht einen Herausgabeanspruch gegen den Dritten hat, z. B. aus § 556 Abs. 3 BGB gegen den Untermieter. Er kann sich diesen Anspruch dann unabhängig von der Zwangsvollstreckung gegen den Schuldner gegen den Dritten titulieren lassen und vollstrecken. Es steht im freien Belieben des Gläubigers, welchen Weg insoweit er wählt.   4

**IV. Rechtsbehelfe des Dritten:** Der nichtherausgabebereite Dritte kann, soweit er die Vollstreckung aus einem gegen den Schuldner gerichteten Titel nicht dulden muß, der Zwangsvollstreckung solange mit der Erinnerung nach § 766 ZPO begegnen, wie der Besitz an der Sache nicht uneingeschränkt auf den Gläubiger übergegangen ist. Ist letzteres der Fall, ist die Zwangsvollstreckung beendet. Der Dritte kann dann allein aufgrund materiellen Rechts vom Gläubiger Rückgabe der Sache verlangen. Hat der Gläubiger im Bewußtsein seiner Nichtberechtigung gegen den Dritten vollstrecken lassen, besteht ein Rückgabeanspruch aus § 861 Abs. 1 BGB.[6]   5

---

4 Siehe auch § 885 Rdn. 9.
5 BGHZ 53, 29.
6 LG Bielefeld, NJW 1956, 1879; *Zöller/Stöber,* § 886 Rdn. 1; a. A. *Lüke,* NJW 1957, 425; MüKo/*Schilken,* § 886 Rdn. 5.

6 **V. Kosten:** Die Kosten des Vorgehens gegen den Dritten nach § 886 ZPO einschließlich der Kosten eines möglichen Einziehungsprozesses sind Kosten der Zwangsvollstreckung gegen den Schuldner. Der Schuldner muß sie deshalb dem Gläubiger im Rahmen des § 788 ZPO erstatten. Die Kosten sind dann nicht notwendig, wenn der Dritte von Anfang an herausgabebereit war[7] und im Einziehungsprozeß den Anspruch des Gläubigers sofort anerkannt hatte, so daß es zu einer Kostenentscheidung nach § 93 ZPO gegen den Gläubiger kam. Ob der Dritte, soweit er im Einziehungsprozeß gegen den Gläubiger unterlegen ist, einen Erstattungsanspruch gegen den Schuldner hat, richtet sich nach seiner materiellrechtlichen Beziehung zum Schuldner.

7 **VI. Gebühren:** Für die Überweisung nach § 886 ZPO fällt eine Gerichtsgebühr nach KV Nr. 1640 (Festgebühr von 20 DM) an. Der Anwalt erhält eine 3/10-Gebühr nach § 57 BRAGO.

8 **VII. ArbGG, VwGO, AO:** Siehe § 883 Rdn. 22 und § 885 Rdn. 22.

---

7 Vergl. *Stein/Jonas/Brehm*, § 886 Rdn. 7.

§ 887 Vertretbare Handlungen

(1) Erfüllt der Schuldner die Verpflichtung nicht, eine Handlung vorzunehmen, deren Vornahme durch einen Dritten erfolgen kann, so ist der Gläubiger von dem Prozeßgericht des ersten Rechtszuges auf Antrag zu ermächtigen, auf Kosten des Schuldners die Handlung vornehmen zu lassen.
(2) Der Gläubiger kann zugleich beantragen, den Schuldner zur Vorauszahlung der Kosten zu verurteilen, die durch die Vornahme der Handlung entstehen werden, unbeschadet des Rechts auf eine Nachforderung, wenn die Vornahme der Handlung einen größeren Kostenaufwand verursacht.
(3) Auf die Zwangsvollstreckung zur Erwirkung der Herausgabe oder Leistung von Sachen sind die vorstehenden Vorschriften nicht anzuwenden.

**Inhaltsübersicht**

|   |   | Rdn. |
|---|---|---|
|   | Literatur |   |
| I. | Anwendungsbereich der Norm | 1 |
|   | 1. Begriff der »Handlung« | 1 |
|   | 2. Vertretbarkeit | 2 |
|   | 3. Keine Bindung an unrichtige Einordnung im Titel | 3 |
| II. | Einzelbeispiele vertretbarer Handlungen | 4 |
|   | 1. Nachbesserungspflicht im Werkvertragsrecht | 4 |
|   | 2. Mängelbeseitigungspflicht im Mietrecht | 5 |
|   | 3. Beseitigung von Störungen im Nachbarrecht | 6 |
|   | 4. Erteilung eines Buchauszuges oder einer Abrechnung | 7 |
|   | 5. Befreiung von einer Verbindlichkeit | 8 |
|   | 6. Verpflichtung zur Leistung von Arbeit oder Diensten | 9 |
|   | 7. Materiellrechtliche Verpflichtung zur Sicherheitsleistung | 10 |
|   | 8. Verpflichtung zum Abschluß von Verträgen | 11 |
| III. | Erwirkung des Ermächtigungsbeschlusses | 12 |
|   | 1. Antrag | 12 |
|   | 2. Zuständiges Gericht | 13 |
|   | 3. Allgemeine und besondere Vollstreckungsvoraussetzungen | 14 |
|   | 4. Erfüllungseinwand | 15 |
|   | 5. Anhörung der Parteien, Hinweispflichten | 16 |
| IV. | Inhalt des Ermächtigungsbeschlusses | 17 |
|   | 1. Bezeichnung der Handlung | 17 |
|   | 2. Zusätzliche Anordnungen | 18 |
|   | 3. Kosten der Ersatzvornahme | 19 |
|   | 4. Anordnung eines Kostenvorschusses | 20 |
| V. | Zeitliche Grenze der Anordnung der Ersatzvornahme und des Kostenvorschusses | 21 |
| VI. | Einwirkung eines Beschlusses nach Abs. 1 auf die Rechtsbeziehungen zwischen Schuldner und Gläubiger | 22 |

VII. Die praktische Verwirklichung der Beschlüsse nach Abs. 1 und Abs. 2  23
1. Die Ersatzvornahme  23
2. Die Beitreibung des Kostenvorschusses  24
3. Die Beitreibung der Kosten der Ersatzvornahme  25
4. Die Kosten des Verfahrens nach § 887 ZPO  26
5. Gebühren  27
VIII. Rechtsbehelfe  28
IX. ArbGG, VwGO, AO  29

Literatur: *Bauer*, Die Zwangsvollstreckung wegen vertretbarer und nicht vertretbarer Handlungen, JurBüro 1964, 399, 461; *Bischoff*, Der Freistellungsanspruch, ZIP 1984, 1444; *ders.*, Der Erfüllungseinwand in der Zwangsvollstreckung gem. §§ 887–890 ZPO, NJW 1988, 1957; *J. Blmeyer*, Die Kosten erfolgloser Nachbesserungsversuche des Auftraggebers, ZfBR 1985, 155; *Burkhardt*, Die Zwangsvollstreckung wegen Vornahme vertretbarer Handlungen, JurBüro 1959, 319; *Dietrich*, Die Individualvollstreckung, 1976; *Geißler*, Der Befreiungsanspruch des Bürgen und seine vollstreckungsrechtliche Durchsetzung, JuS 1988, 452; *ders.*, Der Anspruch auf Erteilung eines Arbeitszeugnisses in der Vollstreckungspraxis des Gerichtsvollziehers, DGVZ 1988, 17; *Groß*, Die Zwangsvollstreckung zur Erwirkung von Handlungen, Duldungen und Unterlassungen, JurBüro 1957, 22; *Grunsky*, Zur Durchsetzung einer Geldforderung durch Kreditaufnahme des Schuldners in der Zwangsvollstreckung, ZZP 1982, 264; *Guntau*, Fälle zum Vollstreckungsrecht nach §§ 887–890 ZPO, JuS 1983, 687, 782, 939; *Huber*, Der Erfüllungseinwand des Schuldners in der Zwangsvollstreckung zur Erwirkung von Handlungen und Unterlassungen, Festschr. f. Merz, 1992, 229; *Keil*, Die Zwangsvollstreckung zur Erwirkung von Leistungen an Dritte, ZZP 1915, 113; *Kröger*, Die Grenzen der Anwendung der §§ 887 und 888 ZPO, insbesondere die neueren Fragen zur Anwendung dieser Bestimmungen, Diss. Freiburg 1950; *Lüke*, Die Vollstreckung des Anspruchs auf Arbeitsleistung, Festschr. f. E. Wolf, 1985, 459; *Merkert*, Die Rechtswirkungen der Architekten-Bindungsklausel beim Grundstücksverkauf, BB 1962, 1144; *W. G. Müller*, Das Verhältnis der Herausgabe- zur Handlungsvollstreckung, Tübingen 1978; *Mümmler*, Kosten der Ersatzvornahme nach § 887, JurBüro 1978, 1132; *Nehlsen-von Stryk*, Grenzen des Rechtszwangs: Zur Geschichte der Naturvollstreckung, AcP 193, 529; *Pemsel*, Die Zwangsvollstreckung zur Erwirkung von vertretbaren Handlungen (§ 887 ZPO), Diss. Erlangen 1950; *Pentz*, Keine Divergenz des Rechtsmittelzuges von Hauptsache und Beschwerde bei der Zwangsvollstreckung nach §§ 887, 888 und 890 ZPO, NJW 1990, 1466; *Petermann*, Fragen der Zwangsvollstreckung zur Erwirkung von Handlungen und Unterlassungen, Rpfleger 1959, 309; *Rimmelspacher*, Die Durchsetzung von Befreiungsansprüchen – zur Rechtslage bei noch nicht fälliger oder unbestimmter Drittschuld, JR 1976, 93, 183; *Schalhorn*, Die Möglichkeit der Zwangsvollstreckung aus einem gemischten Vergleich ohne Verfallklausel, JurBüro 1974, 1356; *Schmidt*, Zur kostenrechtlichen Behandlung eines Antrages des Schuldners, einen rechtskräftigen Ermächtigungsbeschluß gem. § 887 ZPO wieder aufzuheben, JurBüro 1963, 452; *K. Schmidt*, Insichprozesse durch Leistungsklagen in der Aktiengesellschaft?, ZZP 1979, 212; *E. Schneider*, Probleme der Herausgabevollstreckung nach § 887 ZPO, MDR 1975, 279; *ders.*, Erfüllungseinwand bei der Handlungsvollstreckung nach § 887, JurBüro 1979, 335; *Seetzen*, Die Zwangsvollstreckung wegen eines Buchauszuges, WM 1985, 218; *Wolf*, Die Vollstreckung des Anspruchs auf Arbeitsleistung, JZ 1963, 434.

**1 I. Anwendungsbereich der Norm:**

1. **Begriff der »Handlung«:** Die nach dem Titel geschuldete Handlung darf zunächst weder eine reine Geldleistung sein, die nach §§ 803 ff. ZPO zu vollstrecken wäre, noch in der Herausgabe oder Leistung einer Sache (Vollstreckung insoweit nach

*Vertretbare Handlungen* § 887

§§ 883–886 ZPO) oder in der Abgabe einer Willenserklärung (Vollstreckung nach §§ 894 ff. ZPO) bestehen. Bei der Ermittlung des nach dem Titel Geschuldeten ist nicht allein auf die Formulierung des Tenors abzustellen, sondern der gesamte Entscheidungsinhalt ist mit heranzuziehen. Die Auslegung kann dabei auch ergeben, daß in Wahrheit mehrere Leistungen zu erbringen sind, deren Zwangsvollstreckung sich nach unterschiedlichen Regeln richtet.[1] So kann der Tenor eines Urteils schlicht auf »Räumung« eines bestimmten Grundstücks lauten, die Entscheidungsgründe können aber ergeben, daß unter »Räumung« nicht nur die Herausgabe des Besitzes, sondern zusätzlich die Entfernung eines vom Schuldner auf dem Grundstück errichteten Gebäudes zu verstehen ist.[2] Hier wäre hinsichtlich des Besitzentzuges und der Besitzeinweisung nach § 885 ZPO vorzugehen, hinsichtlich des Gebäudeabrisses aber nach § 887 ZPO. Ferner besteht die Möglichkeit, daß der Titel schlicht auf Leistung einer Sache an den Gläubiger lautet, die Entscheidungsgründe aber ergeben, daß der Schuldner die unvertretbare Sache erst selbst herstellen muß (z. B. Anfertigung eines Maßanzuges oder eines Portraits), ehe er sie liefert.[3] In einem solchen Fall geht die überwiegende Ansicht davon aus, die geschuldete Leistung werde in zwei Teile aufgespalten, nämlich in die nach §§ 887, 888 ZPO durchzusetzende Herstellungshandlung und die nach § 883 ZPO zu vollstreckende Übergabe der Sache.[4] Die Gegenansicht leitet aus dem Wortlaut des § 887 Abs. 3 ZPO und der Systematik des Gesetzes her, daß in diesem Fall nur eine Vollstreckung nach § 883 ZPO in Betracht kommt.[5] Danach muß der Gläubiger einen Schadensersatzprozeß führen (vergl. § 893 ZPO), wenn die Herausgabevollstreckung erfolglos bleibt. Auf diese Weise wird sichergestellt, daß über den Bestand und die Höhe sachlicher Ansprüche in einem Erkenntnisverfahren und nicht im Vollstreckungsverfahren entschieden wird.

2. **Vertretbarkeit:** Die nach dem Titel geschuldete Handlung muß vertretbar sein. Ihre Vornahme muß also durch einen Dritten erfolgen können, ohne daß sich aus der Sicht des Gläubigers am wirtschaftlichen Erfolg und am Charakter der Leistung irgend etwas ändert; der Schuldner muß sich bei Vornahme der Handlung vertreten lassen können, ohne daß das Erfüllungsinteresse des Gläubigers hiervon berührt wird.[6] Ohne Belang für die Beurteilung der Vertretbarkeit oder Unvertretbarkeit einer Handlung ist dagegen das Kosteninteresse des Schuldners.[7] Daß der Schuldner die Handlung kostengünstiger ausführen könnte, als es bei jeder Ersatzvornahme möglich wäre, und daß er den Auftrag gerade wegen seines überaus kostengünstigen Angebots erhalten hat, beein-

2

---

1 Siehe auch § 885 Rdn. 2.
2 Vergl. OLG Celle, JR 1962, 425; OLG Düsseldorf, JZ 1961, 293; LG Mannheim, MDR 1964, 63.
3 Siehe dazu schon § 883 Rdn. 3.
4 *Baumbach/Lauterbach/Hartmann*, § 883 Rdn. 2; *MüKo/Schilken*, § 883 Rdn. 10; *Rosenberg/Schilken*, § 70 I 1 a; *Stein/Jonas/Brehm*, § 883 Rdn. 9; *Zöller/Stöber*, § 883 Rdn. 9.
5 RGZ 58, 160; OLG Köln, JZ 1959, 63 mit zust. Anm. *Lent*; *Brox/Walker*, Rdn. 1068; *Gerhardt*, § 13 III 2a; *Mohrbutter*, § 19 I 3.
6 Zur Definition der »Vertretbarkeit« siehe auch OLG Bamberg, MDR 1983, 499; OLG Köln, MDR 1975, 586; LG Hamburg, ZMR 1985, 303; *Brox/Walker*, Rdn. 1066; *Rosenberg/Schilken*, § 71 I 1; *Stein/Jonas/Brehm*, § 887 Rdn. 6; *Zimmermann*, § 8 Rdn. 2.
7 *Rosenberg/Schilken*, § 71 I 1; *Stein/Jonas/Brehm*, § 887 Rdn. 6; *Wieser*, ZZP 1985, 76.

flußt den Charakter der Handlung als solcher nicht. Auch der Umstand, daß die geschuldete Handlung in mehrfacher, unterschiedlicher Weise erbracht werden kann und der Schuldner insoweit freie Hand hat, welchen Weg er geht, macht die Handlung nicht zur unvertretbaren (z. B. Sicherheitsleistung durch Hinterlegung von Geld, Wertpapieren oder durch Gestellung einer Bankbürgschaft; Beseitigung einer störenden Anlage auf unterschiedlichem technischem Wege; Beheizung von Räumen).[8] Die Wahl des konkreten Weges geht auf den Gläubiger über, sobald er die Vollstreckung nach § 887 ZPO einleitet.

**3. Keine Bindung an unrichtige Einordnung im Titel:** Auf den Vollstreckungsantrag hin ist vom Gericht selbständig zu prüfen, ob eine Handlung vertretbar oder unvertretbar ist, ob also nach § 887 ZPO oder nach § 888 ZPO zu verfahren ist. Dazu muß das Gericht den Titel notfalls selbst auslegen.[9] Eine irrtümliche Androhung von Zwangs- oder Ordnungsgeld schon im Tenor der zu vollstreckenden Entscheidung bindet ebensowenig, nun nach § 888 ZPO vorgehen zu müssen,[10] wie die Einigung in einem Vergleich, daß die geschuldete, objektiv vertretbare Handlung durch Festsetzung von Zwangsgeld gem. § 888 ZPO zu erzwingen sei.[11] Daran ändert auch die Rechtskraft der Entscheidung, welche die unzulässige Zwangsgeldandrohung enthält, nichts. Die Androhung geht von Anfang an ins Leere. Allerdings darf das Gericht einen durch den falschen Titel provozierten falschen Antrag nicht einfach zurückweisen; es muß den Parteien Gelegenheit geben, zur Rechtsauffassung des Gerichts vorab Stellung zu nehmen.[12] Wegen der allzu unterschiedlichen Rechtsfolgen aus § 887 und § 888 ZPO kommt eine Antragsumdeutung von Amts wegen ohne jeglichen Hinweis nicht in Betracht.[13]

**II. Einzelbeispiele vertretbarer Handlungen:**

**1. Nachbesserungspflicht im Werkvertragsrecht:** Entscheidend für die Einordnung der Nachbesserung als vertretbare Handlung ist, daß das Werk nicht seinen Charakter einbüßt, wenn ein Dritter an ihm Mängelbeseitigungsarbeiten vornimmt. Vertretbar sind etwa Mängelbeseitigungsarbeiten am Bau,[14] an einem PKW,[15] an Maschinen oder an sonstigen Handwerksleistungen. Nicht vertretbar wären Mängelbeseitigungsarbeiten etwa am Portrait eines berühmten Malers oder am einmaligen Modellkleid eines bekannten Modeschöpfers.

---

8 OLG Hamm, MDR 1983, 850; OLG Koblenz, FamRZ 1973, 382; OLG Köln, MDR 1994, 95; OLG Zweibrücken, MDR 1983, 500; a. A. (unvertretbare Handlung) OLG Düsseldorf, NJW-RR 1988, 63.
9 BGH, WM 1993, 393, 396.
10 LAG Hamm, DB 1977, 1272.
11 OLG Hamm, MDR 1968, 334; LG Itzehoe, NJW-RR 1987, 1343.
12 Siehe den vergleichbaren Fall OLG Köln, OLGZ 1983, 255.
13 OLG Hamm, ZIP 1983, 871; NJW 1985, 274.
14 Beispiele: BGHZ 58, 30 ff.; 90, 344 ff.; BGH, WM 1993, 393; OLG Düsseldorf, MDR 1984, 323; OLG Frankfurt, MDR 1983, 140; OLG Zweibrücken, JurBüro 1982, 939.
15 OLG Oldenburg, MDR 1985, 855.

*Vertretbare Handlungen* § 887

2. **Mängelbeseitigungspflichten im Mietrecht:** Beseitigung von Schäden an der vermieteten Wohnung[16] oder an den Gemeinschaftsanlagen; Schaffung von Schallschutzanlagen; Verpflichtung zu einer bestimmten Mindestheizleistung.[17]

5

3. **Beseitigung von Störungen im Nachbarrecht:** Einschränkung von Immissionen durch Veränderungen an einer Anlage;[18] Beseitigung von Bäumen und Sträuchern im Grenzbereich;[19] Errichtung einer Grenzanlage;[20] Beseitigung störender Anlagen[21] oder eines Überbaus;[22] Abriß einer Mauer;[23] Regelung des Verkehrs auf einem Grundstück;[24] Entfernung von Tieren von einem Grundstück oder aus einer Wohnung.[25] Handelt es sich dagegen um komplexe Maßnahmen, bei deren Durchführung mehrere Beklagte zusammenwirken müssen, kann es auch um eine unvertretbare Handlung gehen.[26]

6

4. **Erteilung eines Buchauszuges oder einer Abrechnung:** Kann jeder Buchsachverständige oder Steuerberater den Buchauszug oder die Abrechnung allein anhand der Unterlagen des Schuldners erstellen, ohne daß es der persönlichen Mitwirkung des Schuldners bedürfte, liegt eine vertretbare Handlung vor.[27] Dies gilt etwa für den Anspruch des Handelsvertreters nach § 87 c HGB auf Erteilung eines Buchauszuges und einer Provisionsabrechnung,[28] für den Anspruch des ausgeschiedenen Arbeitnehmers auf Lohnabrechnung,[29] den Anspruch auf Abrechnung der Heizkosten für eine Wohnung,[30] den Anspruch des Urhebers oder sonstigen Schutzrechtsinhabers über den Umfang des Vertriebs von Plagiaten, soweit der Verletzer kaufmännische Bücher geführt hat, oder für den Anspruch des Lizenzgebers gegen den Lizenznehmer auf Ab-

7

---

16 OLG Frankfurt, NJW-RR 1990, 19; LG Berlin, WuM 1994, 552.
17 Vergl. auch OLG Köln, MDR 1995, 95 (offengelassen, ob § 887 oder § 888 ZPO); **a. A.** (§ 890 ZPO) LG Essen, Rpfleger 1959, 358; LG Koblenz, NJW-RR 1986, 506; AG Köln, WuM 1974, 188.
18 OLG Frankfurt, Rpfleger 1975, 445; OLG Hamm, MDR 1983, 850.
19 LG Mannheim, ZMR 1973, 89; ZMR 1978, 152.
20 OLG Frankfurt, MDR 1960, 404; OLG Zweibrücken, MDR 1974, 409.
21 OLG Koblenz, WRP 1982, 427; AG Medebach, JMBl.NW 1967, 283.
22 OLG Köln, JMBl.NW 1984, 103; JurBüro 1969, 364 mit Anm. *Schalhorn.*
23 OLG Köln, JurBüro 1992, 702.
24 OLG Hamm, NJW 1985, 274; OLG Zweibrücken, OLGZ 1978, 124.
25 OLG Hamm, NJW 1966, 2415; LG Hamburg, NJW-RR 1986, 158; WuM 1989, 445; LG Stuttgart, DGVZ 1990, 122; **a. A.** (§ 888 ZPO) LG Köln, MDR 1963, 228.
26 OLG München, NJW-RR 1992, 768.
27 OLG Köln, NJW-RR 1996, 100. Kann der Gläubiger die Auskünfte durch persönliche Einsichtnahme in die Bücher erhalten, ist nach § 883 ZPO durch Wegnahme der Bücher zu vollstrecken; vergl. hierzu § 883 Rdn. 2.
28 OLG Celle, BB 1962, 1017; OLG Düsseldorf, MDR 1958, 42; BB 1964, 191; OLG Hamburg, MDR 1955, 43; MDR 1968, 932; OLG Hamm, BB 1965, 1047; JurBüro 1967, 601; OLG Koblenz, MDR 1994, 198; OLG Köln, NJW-RR 1996, 100; OLG Zweibrücken, JurBüro 1986, 1740; LAG Baden-Württemberg, BB 1959, 1151; LAG Saarbrücken, BB 1965, 605; **a. A.** (§ 888 ZPO) OLG München, BB 1960, 188.
29 LAG Hamm, ZIP 1983, 1253; LAG Köln, MDR 1991, 650.
30 LG Hannover, WuM 1993, 475.

rechnung des Verkaufs usw. Entscheidend ist in allen diesen Fällen, daß die Abrechnung, Auskunft oder sonstige Rechnungslegung **allein** anhand schriftlicher Unterlagen, die auch von Dritten eingesehen und ausgewertet werden können, zu erteilen ist.[31] Bedarf es dagegen über die Buchauswertung hinaus sonstiger Kenntnisse, die nur der Schuldner haben kann, ist § 888 ZPO einschlägig. Dies gilt etwa für den Anspruch auf Erteilung einer Auskunft über den Bestand eines Nachlasses,[32] aber auch für jede Rechnungslegung, deren Richtigkeit vom Schuldner anschließend an Eides Statt zu versichern ist.

8   5. **Befreiung von einer Verbindlichkeit:** Der Befreiungsanspruch ist kein Zahlungsanspruch und daher nicht nach §§ 803 ff. ZPO zu vollstrecken.[33] Die Verpflichtung kann auch durch jeden Dritten mittels Zahlung an denjenigen, der Ansprüche an den Freistellungsgläubiger stellt, erfüllt werden.[34] Das gilt auch für die Verpflichtung eines Elternteiles, den anderen von den Unterhaltsansprüchen der gemeinsamen Kinder freizustellen.[35]

9   6. **Verpflichtung zur Leistung von Arbeit oder Diensten:** Der Vorschrift des § 888 Abs. 2 ZPO kann nicht entnommen werden, daß es sich bei der Verpflichtung zur Leistung von Arbeit und Diensten immer um die Verpflichtung zur Vornahme unvertretbarer Handlungen, die durch Zwangsvollstreckung nicht durchgesetzt werden könne, handele.[36] Es muß vielmehr differenziert werden:[37] Ist es für den Arbeitgeber gleichgültig, wer die Arbeitsleistung erbringt, kommt § 887 ZPO zur Anwendung. Dies wird insbesondere bei einfachen Arbeitsleistungen der Fall sein, etwa bei der Tätigkeit von Bauarbeitern,[38] aber auch bei Reinigungspersonal, Aushilfsverkäufern, Büroboten u. ä. Spielt dagegen schon bei der Auswahl des Arbeitnehmers seine Persönlichkeit eine erhebliche Rolle und sind seine besonderen Kenntnisse und Fähigkeiten für die Erfüllung seiner Dienstpflichten von nicht untergeordneter Bedeutung, so ist § 888 ZPO anzuwenden. Letzteres trifft etwa auf den Geschäftsführer einer GmbH zu,[39] aber auch auf alle sonst in hervorgehobener Position oder in einer Vertrauensstellung Tätigen.

---

31 OLG Köln, JurBüro 1995, 550; LAG Frankfurt, DB 1971, 2220.
32 OLG Frankfurt, JurBüro 1977, 864.
33 KG, MDR 1970, 1018; OLG Hamm, Rpfleger 1963, 248; DB 1984, 1824.
34 BGH, JZ 1958, 57; BAG, VersR 1976, 80; OLG Düsseldorf, VersR 1983, 140; OLG Frankfurt, JurBüro 1978, 770; OLG Hamm, JurBüro 1956, 30; JurBüro 1960, 549; JMBl.NW 1984, 45; AG St. Goar, DGVZ 1979, 127.
35 OLG Frankfurt, FamRZ 1976, 108; OLG Hamburg, FamRZ 1983, 212 und 1252.
36 So aber LAG Düsseldorf, BB 1958, 82; LAG Hamburg, BB 1959, 198; ArbG Bayreuth, BB 1958, 343; *Hueck/Nipperdey*, Lehrbuch des Arbeitsrechts, Bd. I, 212; *Wenzel*, JZ 1962, 590; *Zöllner/Loritz*, Arbeitsrecht, § 12 V.
37 Ebenso *Baumbach/Lauterbach/Hartmann*, § 887 Rdn. 20 ; *Brox/Walker*, Rdn. 1066; *Germelmann/Matthes/Prütting*, ArbGG, § 62 Rdn. 48; *Grunsky*, ArbGG, § 62 Rdn. 13; *Rosenberg/Schilken*, § 71 I 3 c; *Stein/Jonas/Brehm*, § 888 Rdn. 41; *Zimmermann*, § 887 Rdn. 5.
38 ArbG Gelsenkirchen, BB 1958, 159.
39 BGHZ 78, 82.

Der Anspruch des Arbeitnehmers gegen den Arbeitgeber auf Beschäftigung[40] sowie der Auszubildenden gegen den Lehrherrn auf tatsächliche Berufsausbildung[41] sind immer auf unvertretbare Handlungen gerichtet, also immer nach § 888 ZPO zu vollstrecken.

7. **Materiellrechtliche Verpflichtung zur Sicherheitsleistung:** Eine solche (nicht prozessuale) Verpflichtung kann sich ergeben z. B. aus § 1389 BGB oder aus § 843 Abs. 2 BGB. Die Sicherheitsleistung ist eine vertretbare Handlung, da es für den Gläubiger ohne Belang ist, wer ihm die Sicherheit stellt, wenn er nur im Sicherungsfall darauf zurückgreifen kann.[42] Ebenso vertretbar ist die Verpflichtung des Schuldners, sich für den Gläubiger einem Dritten gegenüber zu verbürgen,[43] soweit der Dritte im Einzelfall nicht ausnahmsweise nur durch die Bürgschaft seitens des Schuldners vereinbarungsgemäß gesichert ist.

10

8. **Verpflichtung zum Abschluß von Verträgen:** Hier ist zu unterscheiden, ob der Schuldner zur Erreichung des Zweckes der Verbindlichkeit persönlich tätig werden muß oder ob dem Gläubigerinteresse Genüge getan ist, wenn aufgrund des beim Schuldner beigetriebenen Vorschusses Dritte tätig werden. So ist vertretbar die Verpflichtung, in Höhe eines bestimmten Gesamtwertes Gegenstände nach freier Wahl aus dem Sortiment der Gläubigerin zum Listenpreis zu kaufen,[44] oder die Verpflichtung, einen Architekten mit der weiteren Planung und Durchführung eines Bauvorhabens zu betrauen.[45] Nicht vertretbar ist dagegen die Verpflichtung, einen Lebensversicherungsvertrag in bestimmter Höhe abzuschließen und den Gläubiger als Bezugsberechtigten einzusetzen,[46] oder die Verpflichtung, ein Grundstück an einen bestimmten Dritten zu veräußern.[47]

11

### III. Erwirkung des Ermächtigungsbeschlusses:

12

1. **Antrag:** Erforderlich ist zunächst ein Antrag des Gläubigers an das Prozeßgericht des 1. Rechtszuges. Soweit bei diesem Gericht Anwaltszwang besteht (§ 78 ZPO), ist er auch für den Vollstreckungsantrag zu beachten.[48] Der Antrag muß die vorzuneh-

---

40 LAG Berlin, DB 1986, 2192; LAG Hamm, BB 1980, 160; LAG Köln, DB 1988, 660; NZA-RR 1996, 108, 109; LAG München, BB 1994, 1083.
41 LAG Berlin, AuR 1978, 281.
42 OLG Celle, FamRZ 1984, 1231; OLG Düsseldorf, FamRZ 1984, 704; OLG Hamburg, FamRZ 1982, 284; OLG Köln, MDR 1989, 169.
43 OLG Karlsruhe, MDR 1991, 454; OLG Köln, MDR 1989, 169; OLG Zweibrücken, MDR 1986, 1034.
44 OLG Köln, MDR 1975, 586.
45 A. A. OLG Hamm, MDR 1966, 769.
46 OLG Bamberg, MDR 1983, 499 (die Verpflichtung sei gar nicht vollstreckbar); OLG Köln, MDR 1975, 386.
47 OLG Hamm, MDR 1965, 584.
48 OLG Hamburg, MDR 1969, 61; OLG Koblenz, WRP 1985, 292; NJW-RR 1988, 1279; OLG Köln, MDR 1973, 58; NJW-RR 1995, 644; OLG Nürnberg, NJW 1983, 2950; *Brox/Walker*, Rdn. 1072; *Stein/Jonas/Brehm*, § 891 Rdn. 1; a. A. OLG Neustadt, NJW 1961, 1266.

menden Maßnahmen genau bezeichnen,[49] da das Gericht überprüfen muß, ob sie durch den Tenor der zu vollstreckenden Entscheidung gedeckt sind oder ob sie etwa über den geschuldeten Erfolg hinausgehen (z. B. Änderung einer Baumaßnahme statt bloßer Mängelbeseitigung oder Veräußerung eines störenden Gegenstandes statt dessen bloßer Entfernung).[50] Das gilt allerdings nur mit Einschränkungen, wenn nach dem Titel mehrere Möglichkeiten zur Herbeiführung des geschuldeten Erfolges bestehen;[51] denn dem Gläubiger ist es nicht zuzumuten, sich auf eine bestimmte Maßnahme festzulegen, die sich später möglicherweise als ungeeignet erweist. Dadurch entstehen dem Schuldner keine Nachteile, da der Gläubiger ohnehin nur die notwendigen Kosten erstattet erhält. Ist allerdings nach dem Inhalt des Titels schon der geschuldete Erfolg unklar,[52] so ist eine Konkretisierung durch einen auch noch so klar formulierten Vollstreckungsantrag ausgeschlossen. Der Antrag kann immer nur das »Wie« der Erfolgsherbeiführung konkretisieren (z. B. durch welche Arbeiten der zu beseitigende Mangel des Werkes behoben werden soll), nicht aber das »Was« (etwa den zu beseitigenden Mangel selbst).[53] Zur Konkretisierung der durchzuführenden Maßnahmen gehört nicht die Angabe, welches Unternehmen die erforderlichen Arbeiten ausführen soll.[54] Vollstreckungsanträge nach § 887 ZPO sind auslegungsfähig nach den allgemeinen Regeln: Es darf auch hier bei unrichtiger Antragstellung dem Gläubiger nichts zugesprochen werden, wofür sein Vorbringen keinerlei Anhaltspunkte bietet.[55] Gegebenenfalls muß ein Hinweis nach § 139 ZPO erfolgen.

13   2. **Zuständiges Gericht:** Zuständig zur Entscheidung über den Vollstreckungsantrag ist das **Prozeßgericht** des 1. Rechtszuges, gegebenenfalls also auch die Kammer für Handelssachen, wenn sie bei der Titulierung Prozeßgericht war, oder das Familiengericht[56] oder auch das Wohnungseigentums-Gericht.[57] War der Rechtsstreit vor der Titulierung auf den Einzelrichter übertragen, so bleibt dieser auch für die Zwangsvollstreckung das »Prozeßgericht«.[58] Die Vollstreckungsentscheidung darf aber nicht erstmalig auf den Einzelrichter übertragen werden.[59] Zur Vollstreckung arbeitsgerichtlicher Titel ist das Arbeitsgericht zuständig. Es entscheidet der Vorsitzende allein, wenn die Entscheidung ohne mündliche Verhandlung ergeht (§ 53 ArbGG) oder wenn schon das Verfahren, das zur Titulierung führte, ihm zur Alleinentscheidung übertragen war (§ 55 ArbGG). Im übrigen entscheidet die Kammer. Handelt es sich bei dem Vollstreckungs-

---

49 OLG Frankfurt, JurBüro 1988, 259; OLG Stuttgart, BauR 1986, 490; OLG Zweibrücken, MDR 1974, 409.
50 OLG Köln, NJW-RR 1990, 1087; OLG Schleswig, SchlHA 1968, 218.
51 OLG Hamm, MDR 1983, 850; MDR 1984, 591; Brox/Walker, Rdn. 1072; **anders** noch 1. Aufl. Zum Meinungsstand siehe OLG Köln, NJW-RR 1990, 1087.
52 Ein Beispiel eines zu offen formulierten Tenors geben OLG Hamm, JMBl.NW 1960, 229; OLG Köln, JMBl.NW 1984, 155.
53 OLG Zweibrücken, JurBüro 1982, 939.
54 Stein/Jonas/Brehm, § 887 Rdn. 40.
55 OLG Hamm, ZIP 1983, 871; NJW 1985, 274.
56 OLG Düsseldorf, FamRZ 1981, 577.
57 BayObLG, Rpfleger 1979, 67.
58 OLG Karlsruhe, OLGZ 1973, 373.
59 OLG München, MDR 1983, 499.

titel um einen Schiedsspruch (§ 1042 ZPO), einen Schiedsvergleich (§ 1044 ZPO), einen Anwaltsvergleich (§ 1044 b ZPO) oder ein ausländisches Urteil (§ 722 ZPO), so ist das Gericht zur Entscheidung über den Vollstreckungsantrag berufen, das die Vollstreckbarkeit des Titels erklärt hatte.⁶⁰

**3. Allgemeine und besondere Vollstreckungsvoraussetzungen:** Das Prozeßgericht als Vollstreckungsorgan prüft zunächst wie jedes andere Vollstreckungsorgan, ob die allgemeinen Vollstreckungsvoraussetzungen sowie die nach dem Titel zu beachtenden besonderen Vollstreckungsvoraussetzungen vorliegen,⁶¹ und zwar noch im Zeitpunkt der verfahrensabschließenden Vollstreckungsentscheidung.⁶² Ist nach dem Inhalt des Titels oder nach dem Antrag des Gläubigers zur Ersatzvornahme die Zustimmung eines Dritten erforderlich, dann darf der Ermächtigungsbeschluß nur ergehen, wenn der Gläubiger das Vorliegen dieser Zustimmung zuvor nachgewiesen hat,⁶³ da für eine praktisch nicht durchführbare Entscheidung das Rechtsschutzbedürfnis fehlt.

**4. Erfüllungseinwand:** Der Erfüllungseinwand des Schuldners ist grundsätzlich **nicht** zu berücksichtigen. Er muß vielmehr vom Schuldner mit der Klage nach § 767 ZPO geltend gemacht werden.⁶⁴ Wäre der Erfüllungseinwand zu berücksichtigen, könnte der Schuldner durch sein Vorbringen eine umfangreiche Beweisaufnahme erforderlich machen. Auf diese Weise hätte er die Möglichkeit, das Vollstreckungsverfahren in die Länge zu ziehen. Eine Ausnahme hiervon gilt aber für den Fall, daß alle die Erfüllung ergebenden Tatsachen unstreitig sind und die Parteien sich nur über die Bewertung dieser Tatsachen streiten (also etwa darüber, ob die unstreitigen Erfüllungshandlungen nach dem Titel ausreichen oder ob der Gläubiger noch zusätzliche Maßnahmen verlangen darf). In einem solchen Fall fehlt dem Vollstreckungsantrag des Gläubigers das Rechtsschutzbedürfnis, wenn das Gericht schon dem Gläubigervorbringen zweifelsfrei entnehmen kann, daß die titulierte Schuld erfüllt ist.⁶⁵

Ebenso unbeachtlich wie der Erfüllungseinwand ist grundsätzlich der Einwand, die titulierte Schuld sei aus anderen Gründen erloschen, etwa durch Verzicht, oder der Gläubiger sei nicht mehr Inhaber der titulierten Forderung, weil er sie abgetreten

---

60 *Brox/Walker*, Rdn. 1071.
61 OLG Düsseldorf, OLGZ 1976, 376; OLG Frankfurt, JurBüro 1976, 668.
62 KG, UFITA 1972, 302.
63 OLG Frankfurt, MDR 1983, 141.
64 OLG Bamberg, Rpfleger 1983, 79; OLG Düsseldorf, BauR 1982, 196; OLG Hamm, MDR 1977, 411; MDR 1984, 591; OLG Koblenz, MDR 1991, 547; OLG Köln, Rpfleger 1986, 309; NJW-RR 1988, 1212; MDR 1993, 579; OLG München, MDR 1962, 487; NJW-RR 1988, 22; LG Aachen, JurBüro 1969, 777; LG Bochum, MDR 1983, 65; *Baur/Stürner*, Rdn. 40.9; *Brox/Walker*, Rdn. 1073; *Bruns/Peters*, § 44 II 3; *Thomas/Putzo*, § 887 Rdn. 4, 17; zur Zulässigkeit der Vollstreckungsgegenklage siehe auch BGH, WM 1993, 393, 396; NJW 1995, 3189, 3190; **a. A.** (der Einwand sei zu beachten) OLG Köln, NJW-RR 1996, 100; OLG München, MDR 1978, 1020; OLG Nürnberg, NJW-RR 1995, 63; OLG Schleswig, SchlHA 1968, 73; LG Bielefeld, MDR 1991, 903; *Baumbach/Lauterbach/Hartmann*, § 887 Rdn. 5; *MüKo/Schilken*, § 887 Rdn. 8; *Stein/Jonas/Brehm*, § 887 Rdn. 25; *Zöller/Stöber*, § 887 Rdn. 7.
65 KG, NJW-RR 1987, 840; dazu neigend auch OLG Koblenz, MDR 1991, 547; OLG Frankfurt, MDR 1973, 323; MDR 1984, 239; OLG Hamm, OLGZ 1985, 222; OLG Köln, JMBl.NW 1982, 153; MDR 1993, 579; *Brox/Walker*, Rdn. 1073.

§ 887        *Vertretbare Handlungen*

habe oder weil sie gepfändet worden sei. Gleiches gilt für die Behauptung des Schuldners, ihm sei die Erfüllung unmöglich, weil er die nachträglich notwendig gewordene Zustimmung eines Dritten nicht bekomme.[66] Auch diese Einwände können nur mit § 767 ZPO verfolgt werden. Im übrigen würde die Pfändung und Überweisung einer im Wege der Stufenklage eingeklagten Forderung den Vollstreckungsschuldner auch materiellrechtlich nicht daran hindern, den bereits titulierten, aber seinerseits nicht gepfändeten Auskunftsanspruch aus dem Auskunftstitel gegen den Drittschuldner weiter zu vollstrecken.[67]

16     **5. Anhörung der Parteien, Hinweispflichten:** Der Schuldner ist grundsätzlich vor der Entscheidung zu hören (§ 891 S. 2 ZPO). Beide Parteien sind auf Gesichtspunkte, die sie bisher nicht angesprochen haben, die für die Entscheidung des Gerichts aber wesentlich sein werden, gem. § 139 ZPO hinzuweisen, um verfahrenswidrige Überraschungsentscheidungen auszuschließen.[68] Eine mündliche Verhandlung ist möglich, aber nicht notwendig (§ 891 S. 1 ZPO). Die Entscheidung des Gerichts ergeht durch Beschluß, der zu begründen ist.

17     **IV. Inhalt des Ermächtigungsbeschlusses:**

     **1. Bezeichnung der Handlung:** Der Beschluß hat zunächst die Handlung, zu deren Ersatzvornahme der Gläubiger ermächtigt wird, genau zu bezeichnen. Die Ermächtigung darf dabei über den nach dem Titel geschuldeten Erfolg nicht hinausführen: Ist der Schuldner etwa zur Entfernung eines störenden Gegenstands vom Grundstück des Gläubigers verurteilt worden, darf das Gericht den Gläubiger nicht zur Veräußerung dieser Sache ermächtigen.[69] Schuldet der Erbe nach dem Titel gem. § 2314 BGB Auskunft über den Bestand des Nachlasses, kann das Gericht den Gläubiger nicht ermächtigen, den Wert der Nachlaßsachen durch einen Sachverständigen schätzen zu lassen.[70] In beiden Beispielsfällen würde der Gläubiger durch die Vollstreckung sonst mehr erreichen, als er materiellrechtlich zu beanspruchen hat. Wer die Ersatzvornahme tatsächlich durchführt, ist im Beschluß nicht festzulegen. Die Auswahl obliegt dem Gläubiger im Rahmen der späteren Durchführung des Beschlusses.[71] Das Gericht braucht deshalb auch nicht zu prüfen, ob der Gläubiger die Handlung selbst durchführen kann oder ob er etwa Dritte einschalten muß.[72] Es muß aber immer prüfen, ob die Ersatzvornahme überhaupt möglich ist. Für eine Ermächtigung, Unmögliches durchzuführen, fehlt das Rechtsschutzbedürfnis.

18     **2. Zusätzliche Anordnungen:** Sind zur Ermöglichung der Ersatzvornahme weitere Anordnungen erforderlich, etwa daß der Schuldner das Betreten seines Grundstücks zu dulden oder auch erst zu ermöglichen habe (z. B. Wegschließen bissiger Wachhunde

---

66 OLG Düsseldorf, MDR 1991, 260 f.; *Brox/Walker*, Rdn. 1073.
67 OLG Zweibrücken, OLGZ 1989, 334.
68 OLG Köln, OLGZ 1983, 255.
69 OLG Schleswig, SchlHA 1968, 218.
70 OLG Hamm, MDR 1969, 223.
71 Siehe hierzu unten Rdn. 23.
72 **A. A.** OLG Hamm, NJW 1959, 891.

*Vertretbare Handlungen* § 887

auf dem Grundstück, auf dem gearbeitet werden soll), so kann der Beschluß auch diese Anordnungen treffen.[73] Ist eine solche Anordnung getroffen, bedarf es keines zusätzlichen Beschlusses nach § 758 ZPO mehr, wenn der Schuldner beim konkreten Versuch den Zutritt zum Grundstück verwehrt. Der Gerichtsvollzieher kann unmittelbar nach § 892 ZPO vorgehen und den Zutritt gewaltsam durchsetzen.[74]

3. **Kosten der Ersatzvornahme:** Der dem Antrag des Gläubigers stattgebende Beschluß hat ferner auszusprechen, daß der Schuldner die Kosten der Ersatzvornahme zu tragen habe. Die Kosten des Verfahrens nach § 887 ZPO gehören ebenfalls zu den Kosten der Zwangsvollstreckung.[75] Sie werden ohne besonderen Kostentitel beigetrieben (vergl. § 788 Abs. 1 S. 1 ZPO). Wird jedoch der Antrag auf Ersatzvornahme zurückgewiesen oder zurückgenommen, hat eine Kostenentscheidung zu Lasten des Gläubigers nach § 91 ZPO zu ergehen.[76] 19

4. **Anordnung eines Kostenvorschusses:** Abs. 2 gibt dem Gläubiger die Möglichkeit, zusammen mit dem Antrag auf Ermächtigung zur Ersatzvornahme einen Kostenvorschußantrag zu stellen. Der Gläubiger kann den Vorschuß nicht willkürlich schätzen, er muß seine Angaben vielmehr nachvollziehbar belegen. Hierzu kann er Kostenvoranschläge oder ein Sachverständigengutachten vorlegen. Die Kosten dieser Nachweise sind Verfahrenskosten. Das Gericht ist an diese Angaben des Gläubigers nur insofern gebunden, als es ihm nicht mehr als beantragt zusprechen darf. Im übrigen kann das Gericht anhand der vorgelegten Unterlagen den notwendigen Betrag frei schätzen. Es kann dabei von Amts wegen ein Sachverständigengutachten einholen. Vorschußpflichtig insoweit ist dann zunächst der Gläubiger, da das Gutachten der Bearbeitung seines Vollstreckungsantrages dient und die endgültige Kostentragungspflicht noch nicht festgestellt ist.[77] Voraussetzung für die Festsetzung eines Kostenvorschusses ist nicht, daß der Gläubiger darlegt, er sei nicht dazu in der Lage, die Kosten aus eigenen Mitteln vorzuschießen. Für den Vorschußantrag fehlt allerdings das Rechtsschutzinteresse, wenn der Gläubiger einen einfacheren und billigeren Weg zur Verfügung hat, sich vom Schuldner die erforderlichen Geldmittel zu verschaffen. Ein solcher Fall liegt aber nicht schon dann vor, wenn der Gläubiger sich später einmal aus einer Gegenforderung des Schuldners wird durch Aufrechnung befriedigen können, die erst nach Durchführung der vertretbaren Handlung fällig wird.[78] Hier das Rechtsschutzbedürfnis zu versagen, liefe auf eine Vorschußpflicht des Gläubigers hinaus, die insbesondere die Gläu- 20

---

73 OLG Hamm, NJW 1985, 274.
74 *Brox/Walker*, Rdn. 1075; *Stein/Jonas/Brehm*, § 887 Rdn. 52, erachtet eine solche Duldungsanordnung nicht für erforderlich.
75 OLG Bamberg, JurBüro 1987, 785; OLG Hamm, WRP 1978, 386; OLG Stuttgart, JurBüro 1978, 607; *Brox/Walker*, Rdn. 1074; *MüKo/Schilken*, § 887 Rdn. 11; *Zöller/Stöber*, § 887 Rdn. 9; a. A. (der Beschluß muß eine Entscheidung über die Verfahrenskosten enthalten) *Stein/Jonas/Brehm*, § 887 Rdn. 55; *Zimmermann*, § 887 Rdn. 13; 1. Aufl.; vergl. aber auch § 788 Rdn. 8.
76 OLG München, JurBüro 1991, 598, 599 f.; *Zöller/Stöber*, § 887 Rdn. 9.
77 Zur Kostenentscheidung oben Rdn. 19.
78 OLG Hamm, MDR 1984, 591.

biger treffen würde, die die Mittel für die Ersatzvornahme nicht selbst aufbringen können.

21 **V. Zeitliche Grenze der Anordnung der Ersatzvornahme und des Kostenvorschusses:** Hat der Gläubiger bereits selbst ohne gerichtliche Ermächtigung die vom Schuldner nach dem Titel zu erbringende Handlung vorgenommen (hat er z. B. die Mängel des Werkes selbst beseitigt oder die Mieträume selbst wieder in einen vollnutzbaren Zustand versetzt), geht es ihm also nur noch darum, einen Titel zur Beitreibung der Kosten seiner Ersatzvornahme zu erwirken, so kann er **nicht** mehr nach § 887 ZPO vorgehen:[79] Die Ersatzvornahme darf nur solange angeordnet werden, wie sie noch tatsächlich durchgeführt werden kann. Dies ist nach Beendigung der geschuldeten Handlungen aber nicht mehr der Fall. Auch der Kostenvorschuß darf nur solange angeordnet werden, wie nicht bereits tatsächlich entstandene Kosten abgerechnet werden können. Da die Ersatzvornahme ohne gerichtliche Anordnung keine Zwangsvollstreckung ist, sondern freiwillige Erfüllung der Verbindlichkeit des Schuldners durch einen Dritten (hier: durch den Gläubiger selbst), können die Kosten einer solchen »Ersatzvornahme« auch nicht nach § 788 ZPO beigetrieben werden. Der Gläubiger muß vielmehr im Klagewege einen neuen Zahlungstitel gegen den Schuldner erwirken.[80] Daß einmal bereits eine inzwischen rechtskräftige[81] Vorschußanordnung ergangen ist, hindert den Gläubiger dagegen nicht, weitere Anträge nach § 887 Abs. 2 ZPO zu stellen, falls die mittels der Vorschüsse zu bezahlenden Handlungen nicht bereits ausgeführt sind.[82] Das Gericht prüft dann selbständig die Notwendigkeit und Angemessenheit der weiteren Vorschüsse. Sind die durch den ursprünglichen Vorschuß nicht gedeckten Arbeiten aber bereits ausgeführt, ehe ein neuer Antrag nach Abs. 2 gestellt wurde, muß die Kostenerstattung unmittelbar nach § 788 ZPO betrieben werden.[83]

22 **VI. Einwirkung eines Beschlusses nach Abs. 1 auf die Rechtsbeziehungen zwischen Schuldner und Gläubiger:** Die Anordnung der Ersatzvornahme hindert den Schuldner in der Regel nicht, die titulierte Handlung noch selbst auszuführen, ehe der Gläubiger seinerseits tätig wird.[84] Die Ankündigung, nun doch selbst erfüllen zu wollen, kann allerdings weder den Erlaß eines Beschlusses nach Abs. 1 verhindern, noch die sofortige Beschwerde gegen einen solchen Beschluß begründen.[85] Sie ist auch von den Vollstreckungsorganen, die dem Gläubiger bei der Durchsetzung der Beschlüsse nach Abs. 1 und Abs. 2 zur Seite stehen,[86] nicht zu beachten. Der Gläubiger darf regelmäßig den Schuldner nicht an der Erfüllung der titulierten Schuld hindern. Eine Ausnahme gilt aber dann, wenn die bisherige Unzuverlässigkeit des Schuldners berechtigte Zweifel an seiner Fähigkeit aufwirft, die Handlung in vertretbarer Zeit und mit Erfolg

---

79 OLG Hamm, MDR 1972, 616; LG Essen, MDR 1959, 399.
80 *Stein/Jonas/Münzberg*, § 887 Rdn. 49.
81 Zur Rechtskraft von Beschlüssen nach § 887 ZPO LG Wiesbaden, NJW 1986, 939.
82 OLG Frankfurt, JurBüro 1976, 397; OLG München, JurBüro 1976, 398.
83 LG Koblenz, MDR 1984, 591.
84 BGH, NJW 1995, 3189, 3190; 1993, 1394, 1395; OLG Hamm, MDR 1951, 47; OLG Köln, 1982, 589; *Brox/Walker*, Rdn. 1075; MüKo/*Schilken*, § 887 Rdn. 12.
85 OLG Frankfurt, NJW-RR 1989, 59.
86 Siehe unten Rdn. 23, 24.

durchzuführen, und wenn dem Gläubiger ein Abwarten eines Erfüllungsversuches des Schuldners deshalb nicht zuzumuten ist.[87] Dies wird insbesondere der Fall sein, wenn ein solcher Versuch des Schuldners längere Zeit in Anspruch nehmen würde.[88] Der Schuldner darf ferner die titulierte Schuld nicht erfüllen, wenn er die Handlung nur mit Zustimmung des Gläubigers vornehmen kann und dieser seine Zustimmung ausdrücklich verweigert.[89]

Die Möglichkeit des Gläubigers, die Handlung selbst vornehmen zu lassen, beseitigt den Verzug des Schuldners und dessen Verantwortlichkeit für die Verzugsfolgen nicht. Der Gläubiger muß sich seine eigene Säumigkeit u. U. im Rahmen des § 254 BGB anrechnen lassen.

**VII. Die praktische Verwirklichung der Beschlüsse nach Abs. 1 und Abs. 2:** 23

**1. Die Ersatzvornahme:** Der Gläubiger kann, sobald er zur Ersatzvornahme ermächtigt ist, die Handlung selbst in eigener Person durchführen oder Dritte mit ihrer Durchführung beauftragen. Beauftragt er Dritte, so ist er allein deren Vertragspartner, nicht etwa der Schuldner. Im Verhältnis zum Vollstreckungsschuldner sind sie seine Erfüllungsgehilfen in dem durch die Vollstreckung begründeten besonderen Schuldverhältnis. Leistet der Schuldner gegen die Ersatzvornahme Widerstand, kann der Gläubiger die Hilfe des Gerichtsvollziehers in Anspruch nehmen, um den Widerstand zu brechen (§ 892 ZPO).[90]

Bei der Auswahl der von ihm zu beauftragenden Dritten muß der Gläubiger nicht unbedingt auf die billigsten Angebote zurückgreifen. Er kann sich für das Angebot entscheiden, das ihm unter gleichzeitiger Berücksichtigung von Preisgünstigkeit und Zuverlässigkeit am ehesten die Gewähr zuverlässiger Erfüllung bietet. Deshalb kann sich der Schuldner bei der späteren Abrechnung der Vollstreckungskosten auch nicht allein damit verteidigen, er kenne kostengünstigere Unternehmen als die vom Gläubiger beauftragten. Er muß vielmehr darlegen und ggf. beweisen, daß die Kosten der Ersatzvornahme unangemessen waren. Die Angemessenheit richtet sich dabei nicht nach einem mittleren Marktpreis, sondern nach den Kosten, die ein vernünftig und wirtschaftlich denkender Auftraggeber im konkreten Einzelfall akzeptieren würde.[91]

**2. Die Beitreibung des Kostenvorschusses:** Leistet der Schuldner den nach Abs. 2 festgesetzten Kostenvorschuß nicht freiwillig, muß der Gläubiger den Beschluß als Titel gem. § 794 Nr. 3 ZPO nach den Regeln des Zweiten Abschnittes (Zwangsvollstreckung wegen Geldforderungen) vollstrecken. Der Gläubiger muß den Vorschuß dem Schuldner gegenüber nach Beendigung der Ersatzvornahme abrechnen. Verbleibt ein Überschuß, ist er dem Schuldner aus § 812 BGB zu erstatten. Verweigert der Gläubiger 24

---

87 BGH, NJW 1995, 3189, 3190; OLG Düsseldorf, MDR 1982, 61; *Brox/Walker*, Rdn. 1075; MüKo/*Schilken*, § 887 Rdn. 12.
88 OLG Düsseldorf, MDR 1982, 62; OLG Hamm, MDR 1951, 47.
89 OLG Frankfurt, NJW-RR 1989, 58.
90 Siehe auch oben Rdn. 18.
91 OLG Nürnberg, JurBüro 1993, 239; zur Überprüfung der Höhe der Ersatzvornahmekosten vergl. auch OLG Köln, JurBüro 1992, 197.

die Rückzahlung, steht dem Schuldner kein vereinfachtes Verfahren (etwa entspr. § 788 Abs. 2 ZPO) zur Verfügung. Er muß vielmehr klagen.[92]

25   3. **Die Beitreibung der Kosten der Ersatzvornahme:** Die Kosten der Ersatzvornahme sind, soweit sie nicht durch einen Vorschuß gedeckt sind, als Kosten der Zwangsvollstreckung nach § 788 ZPO zu behandeln.[93] Der Gläubiger hat die Möglichkeit, sie entweder ohne besondere Festsetzung durch Vollstreckung beitreiben zu lassen[94] oder zunächst einen Festsetzungsbeschluß zu erwirken[95] und sodann aus diesem zu vollstrecken. Für die Festsetzung dieser Kosten ist der Rechtspfleger des Prozeßgerichts zuständig.[96] Er hat bereits im Festsetzungsverfahren zu prüfen, ob die zur Ersatzvornahme aufgewendeten Kosten nach Art und Höhe notwendig waren.[97] Zur Ermittlung der notwendigen Kosten kann er sich aller zulässigen Beweismittel bedienen und darf deshalb die Festsetzung nicht mit der Begründung ablehnen, die Ermittlung der Notwendigkeit bereite erhebliche tatsächliche Schwierigkeiten.[98] Die Möglichkeit der Kostenfestsetzung durch den Rechtspfleger nimmt einer Zahlungsklage auf Kostenerstattung das Rechtsschutzbedürfnis.

26   4. **Die Kosten des Verfahrens nach § 887 ZPO:** Die Kosten des Verfahrens nach § 887 ZPO gehören zu den Kosten der Zwangsvollstreckung. Für ihre Beitreibung ist kein besonderer Kostentitel erforderlich (§ 788 Abs. 1 S. 1 ZPO). Deshalb braucht über sie in dem Beschluß, der die beantragte Ersatzvornahme anordnet, nicht ausdrücklich mitentschieden zu werden.[99] Nur dann, wenn der Antrag auf Ersatzvornahme zurückgewiesen wird, ergeht eine Kostenentscheidung zu Lasten des Gläubigers nach § 91 ZPO. Aufgrund dieser Kostenentscheidung ist nach den allgemeinen Regeln der §§ 104 ff. ZPO die Kostenfestsetzung zu betreiben, damit dann aus dem so erwirkten Kostenfestsetzungsbeschluß die Zwangsvollstreckung betrieben werden kann.

27   5. **Gebühren:** Während die Anträge nach § 887 Abs. 1 und 2 ZPO für den Anwalt durch die Vollstreckungsgebühr nach § 57 BRAGO abgegolten sind, stellt die Vollstreckung einer nach Abs. 2 ergangenen Vorschußanordnung eine besondere Angelegenheit dar (§ 58 Abs. 3 Nr. 7 ZPO), die zusätzlich zu vergüten ist. Wird aus einem Titel gegen mehrere Schuldner vollstreckt, dann bildet jede Vollstreckung gegen einen der Schuldner eine eigene Angelegenheit,[100] so daß jeder dieser Schuldner die durch die Vollstreckung gegen ihn entstandenen Kosten allein erstatten muß. Wird ein Gerichtsvollzieher zugezogen, um den Widerstand des Schuldners zu brechen (Rdn. 23), fällt gem. § 24 Abs. 1 Nr. 3 GvKostG das Doppelte der Festgebühr mit der Erhöhungsmöglichkeit nach § 24 Abs. 2 GvKostG je nach Dauer des Geschäfts an.

---

92 *Stein/Jonas/Brehm*, § 887 Rdn. 51.
93 OLG München, JurBüro 1992, 270.
94 Siehe hierzu § 788 Rdn. 19.
95 Zu dieser Möglichkeit siehe § 788 Rdn. 21.
96 OLG Hamm, NJW-RR 1986, 421.
97 OLG Nürnberg, JurBüro 1993, 239; OLG Zweibrücken, JurBüro 1995, 326.
98 OLG Stuttgart, JurBüro 1978, 607.
99 Siehe oben Rdn. 19.
100 LG Berlin, AnwBl 1985, 270.

**VIII. Rechtsbehelfe:** Gegen die Ablehnung von Anträgen nach Abs. 1 und Abs. 2 kann der Gläubiger **sofortige Beschwerde** nach § 793 ZPO einlegen. Der gleiche Rechtsbehelf steht dem Schuldner gegen die Anordnung einer Ersatzvornahme oder die Verurteilung nach Abs. 2 zur Zahlung eines Kostenvorschusses zu. Das gilt auch für Einwendungen gegen die Höhe des Kostenvorschusses. Da diese sich nicht gegen den titulierten Anspruch richten, können sie nicht nach § 767 ZPO geltend gemacht werden.[101] Gegen die Tätigkeit des Gerichtsvollziehers im Rahmen des § 892 ZPO[102] hat der Schuldner die Möglichkeit der Erinnerung gem. § 766 ZPO. Über die Erinnerung entscheidet der Richter am Vollstreckungsgericht, nicht das Prozeßgericht. Ein schutzwürdiges Bedürfnis des Schuldners zur Stellung eines Vollstreckungsschutzantrages nach § 765 a ZPO ist erst anzunehmen, wenn die sofortige Beschwerde nicht mehr möglich ist.

Über den Antrag entscheidet dann der Rechtspfleger des Vollstreckungsgerichts.[103]

Will der Schuldner die Ersatzvornahme mit dem Erfüllungseinwand abwenden, muß er Klage nach § 767 ZPO erheben.[104]

28

**IX. ArbGG, VwGO, AO:** Die Erwirkung vertretbarer Handlungen aufgrund arbeitsgerichtlicher Titel erfolgt gem. §§ 62 Abs. 2, 85 Abs. 1 S. 3 ArbGG nach § 887 ZPO. Zuständig ist insoweit das Arbeitsgericht. Typische Anwendungsfälle sind etwa die Entfernung einer Abmahnung aus der Personalakte, die Erteilung einer Lohn- oder Provisionsabrechnung, falls sie anhand von Büchern, Belegen oder sonstigen Unterlagen möglich ist,[105] aber auch die Erbringung der Arbeitsleistung, sofern sie nicht nur von einem bestimmten Arbeitnehmer persönlich vorgenommen werden kann.[106] Nach § 61 Abs. 2 ArbGG kann der Kläger für den Fall, daß die geschuldete Handlung nicht binnen einer bestimmten Frist vorgenommen ist, die Verurteilung des Beklagten zur Zahlung einer Entschädigung beantragen. Dann ist eine Vollstreckung nach § 887 ZPO ausgeschlossen. Die Vollstreckung aus Titeln nach § 168 VwGO erfolgt gem. § 167 Abs. 1 VwGO ebenfalls nach § 887 ZPO. Soll die Vollstreckung zugunsten der öffentlichen Hand erfolgen, gilt gem. § 169 Abs. 1 VwGO das VwVG oder gem. § 169 Abs. 2 VwGO die entsprechende landesrechtliche Regelung. Gem. § 10 VwVG erfolgt die Durchsetzung einer vertretbaren Handlung ebenfalls durch Ermächtigung zur Ersatzvornahme. Eine entsprechende Regelung enthält § 330 AO für die Abgabenvollstreckung.

29

---

101 BGH, WM 1993, 393 mit Anm. *Paulus*, EWiR 1993, 203.
102 Siehe oben Rdn. 18 und 23.
103 LG Frankenthal, Rpfleger 1984, 28.
104 Siehe auch oben Rdn. 15.
105 Dazu Rdn. 7.
106 Dazu Rdn. 9.

§ 888 Unvertretbare Handlungen

(1) ¹Kann eine Handlung durch einen Dritten nicht vorgenommen werden, so ist, wenn sie ausschließlich von dem Willen des Schuldners abhängt, auf Antrag von dem Prozeßgericht des ersten Rechtszuges zu erkennen, daß der Schuldner zur Vornahme der Handlung durch Zwangsgeld und für den Fall, daß dieses nicht beigetrieben werden kann, durch Zwangshaft oder durch Zwangshaft anzuhalten sei. ²Das einzelne Zwangsgeld darf den Betrag von fünfzigtausend Deutsche Mark nicht übersteigen. ³Für die Zwangshaft gelten die Vorschriften des Vierten Abschnitts über die Haft entsprechend.

(2) Diese Vorschrift kommt im Falle der Verurteilung zur Eingehung einer Ehe, im Falle der Verurteilung zur Herstellung des ehelichen Lebens und im Falle der Verurteilung zur Leistung von Diensten aus einem Dienstvertrag nicht zur Anwendung.

**Inhaltsübersicht**

| | | Rdn. |
|---|---|---|
| | Literatur | |
| I. | Anwendungsbereich der Norm | 1 |
| | 1. Unvertretbare Handlung | 1 |
| | 2. Abgrenzung zu §§ 803, 883, 887 ZPO | 2 |
| | 3. Schranken einer Auslegung des Titels | 3 |
| | 4. Besonderheiten im Verhältnis zu § 894 ZPO | 4 |
| II. | Einzelbeispiele unvertretbarer Handlungen | 5 |
| | 1. Arbeitsrechtliche Ansprüche | 5 |
| |    a) Anspruch auf Beschäftigung oder Weiterbeschäftigung | 5 |
| |    b) Anspruch auf tatsächliche Berufsausbildung | 5a |
| |    c) Anspruch auf Erteilung eines Arbeitszeugnisses | 5b |
| |    d) Anspruch auf Vornahme bestimmter Eintragungen in die Arbeitspapiere | 5c |
| |    e) Anspruch auf Arbeitsleistung | 5d |
| |    f) Ansprüche des Betriebsrates aus dem BetrVG | 5e |
| | 2. Auskunfts- und Rechnungslegungsansprüche | 6 |
| | 3. Anspruch auf Widerruf ehrkränkender Behauptungen | 7 |
| | 4. Werkvertragliche Erfüllungsansprüche | 7a |
| | 5. Anspruch auf Mitwirkung bei der Steuererklärung | 7b |
| | 6. Anspruch auf Abgabe schriftlicher Erklärungen oder (Mit-)Unterzeichnung von Urkunden | 7c |
| III. | Ausschließliche Abhängigkeit der Vornahme der Handlung vom Willen des Schuldners | 8 |
| | 1. Verpflichtung zur Hinzuziehung Dritter | 9 |
| | 2. Unmöglichkeit der Vornahme der Handlung | 10 |
| | 3. Darlegungs- und Beweislast | 11 |
| IV. | Erfüllungseinwand durch den Schuldner | 12, 13 |

| | | |
|---|---|---|
| V. | Erwirkung des Zwangsmittelbeschlusses | 14 |
| | 1. Keine isolierte vorherige Androhung | 14 |
| | 2. Antrag; Anwaltszwang | 15 |
| | 3. Zuständiges Gericht | 16 |
| | 4. Allgemeine und besondere Vollstreckungsvoraussetzungen | 17 |
| | 5. Rechtsschutzbedürfnis | 18 |
| | 6. Anhörung des Schuldners | 19 |
| VI. | Der Zwangsmittelfestsetzungsbeschluß | 20 |
| | 1. Kriterien zur Auswahl des Zwangsmittels | 21 |
| | 2. Zwangsgeld | 22 |
| | 3. Zwangshaft | 23 |
| | 4. Adressat der Zwangsmittelfestsetzung | 24 |
| | a) Prozeßunfähige Schuldner | 25 |
| | b) Juristische Personen als Schuldner | 26 |
| | c) Arbeitgeber als Schuldner im arbeitsrechtlichen Beschlußverfahren | 27 |
| | d) Betriebsrat als Schuldner | 28 |
| | 5. Kostenentscheidung | 29 |
| | 6. Tenor des Festsetzungsbeschlusses | 30 |
| | 7. Streitwert | 31 |
| | 8. Erledigung der Hauptsache | 32 |
| VII. | Die Vollstreckung der Zwangsmittel | 33 |
| | 1. Zwangsgeld | 33 |
| | 2. Zwangshaft | 34 |
| VIII. | Die Position des Schuldners nach der Zwangsmittelfestsetzung | 35 |
| IX. | Ausschluß der Anwendung des Abs. 1 nach Abs. 2 | 36 |
| | 1. Eingehung einer Ehe oder Herstellung der ehelichen Gemeinschaft | 37 |
| | 2. Leistung von Diensten aus einem Dienstvertrag | 38 |
| | 3. Entsprechende Anwendung des Abs. 2 | 39 |
| X. | Rechtsbehelfe | 40–42 |
| XI. | Gebühren | 43 |
| XII. | ArbGG, VwGO, AO | 44 |

Literatur: *Bier*, »Willensabhängigkeit« unvertretbarer Handlungen und Beugezwang, Diss. Bonn 1987; *Bischoff*, Der Erfüllungseinwand in der Zwangsvollstreckung gem. §§ 887–890 ZPO, NJW 1988, 1957; *Brehm*, Die Zwangsvollstreckung nach §§ 888, 890 n. F. ZPO, NJW 1975, 249; *Burkhardt*, Die Zwangsvollstreckung wegen Vornahme nicht vertretbarer Handlungen, JurBüro 1959, 501; *Dietrich*, Die Individualvollstreckung, 1976; *Geißler*, Der Anspruch auf Erteilung eines Arbeitszeugnisses in der Vollstreckungspraxis des Gerichtsvollziehers, DGVZ 1988, 17; *Grunsky*, Die Notwendigkeit der Hinzuziehung Dritter durch den Schuldner bei Vollstreckung eines Anspruchs auf Vornahme unvertretbarer Handlungen – OLG Hamm, OLGZ 1966, 443 und NJW 1973, 1135, JuS 1973, 553; *Gumpert*, Rechtsbehelfe gegen Abwerbung von Arbeitnehmern unter Vertragsbruch, BB 1955, 964; *ders.*, Freistellung von Arbeitnehmern von der Arbeitsleistung während der Kündigungsfrist, BB 1961, 833; *Guntau*, Fälle zum Vollstreckungsrecht nach §§ 887–890 ZPO, JuS 1983, 687, 782, 939; *Häsemeyer*, Die Behandlung der Klage auf Auskunft im Konkurs, ZZP 1967, 263; *Herschel*, Kündigungsschutz zu Gunsten des Arbeitgebers, BB 1960, 105; *Huber*, Der Erfüllungseinwand des Schuldners in der Zwangsvollstreckung zur Erwirkung von Handlungen und Unterlassungen, Festschr. f. Merz, 1992, 229; *Löwenheim*, Zulässigkeit und Vollstreckbarkeit von Stimmbindungsvereinbarungen (zu BGHZ 48, 183), JuS 1969, 260; *Lüke*, Die Vollstrekkung des Anspruchs auf Arbeitsleistung, Festschr. f. E. Wolf, 1985, 459; *Marienhagen*, Einstweilige Verfügungen gegen vertragsbrüchige Arbeitnehmer, BB 1961, 756; *W. Müller*, Die Eintragungen des Arbeitgebers in die Arbeitspapiere und ihre Berichtigung, DB 1973, 570; *W. G. Müller*, Das Verhältnis der Herausgabe- zur Handlungsvollstreckung, Tübingen, 1978; *Nehlsen-von Stryk*, Grenzen des Rechtszwangs: Zur Geschichte der Naturalvollstreckung, AcP 193, 529; *Pentz*, Keine Divergenz des Rechtsmittelzuges von Hauptsache und Beschwerde bei der Zwangsvollstreckung nach §§ 887, 888 und 890 ZPO, NJW 1990, 1466; *Peters*, Restriktive Auslegung des § 888 I ZPO?, Gedächtnisschrift f. R. Bruns, 1980, 285; *Rewolle*, Tätigkeit bei einem anderen Arbeitgeber nach Arbeitsvertragsbruch, BB 1955, 1030; *Rick*, Die Zwangsvollstreckung von Zeugnisansprüchen, DB 1958, 1361; *Ritter*, Zum Widerruf einer Tatsachenbehauptung, ZZP 84, 163; *Schilken*, Die Zwangsvollstreckung nach § 888 Abs. 1 ZPO bei notwendiger Mitwirkung Dritter, JR 1976, 320; *ders.*, Ansprüche auf Auskunft und Vorlegung von Sachen im materiellen Recht und im Verfahrensrecht, Jura 1988, 525; *E. Schneider*, Problemfälle aus der Prozeßpraxis. Vollstreckung des Anspruchs auf Herausgabe am Gläubigerwohnsitz, MDR 1983, 287; *Schoenthal*, Die Stellung gesetzlicher Vertreter des Schuldners im Verfahren nach §§ 888, 890 ZPO, Diss. Freiburg 1972; *Smid*, Zur Dogmatik der Klage auf Schutz des »räumlich gegenständlichen Bereichs« der Ehe. Das Hausrecht der Ehe, 1983; *Süß*, Zur Problematik der Vollstreckbarkeit von Weiterbeschäftigungsurteilen zugunsten gekündigter Arbeitnehmer, NZA 1988, 719; *Wenzel*, Die Durchsetzung der Arbeitspflicht des Arbeitnehmers im Falle des Vertragsbruchs, JZ 1962, 590; *Wolf*, Die Vollstreckung des Anspruchs auf Arbeitsleistung, JZ 1963, 434; *Zieres*, Grundfragen der Zwangsvollstreckung zur Erwirkung von unvertretbaren Handlungen, von Duldungen und Unterlassungen (§§ 888, 890 ZPO), Diss. Saarbrücken 1970; *Zwawar*, Vorläufige Vollstreckbarkeit von Urteilen, denen eine auf Auflassung gerichtete Klage zugrunde liegt, JZ 1975, 168.

**1**  **I. Anwendungsbereich der Norm:**

**1. Unvertretbare Handlung:** Der Begriff der »Handlung« in § 888 ZPO ist der gleiche wie in § 887 ZPO.[1] Im Gegensatz zur »vertretbaren Handlung«[2] kann eine »**unvertretbare** Handlung«, deren zwangsweise Durchsetzung die Norm regelt, nur vom Schuldner persönlich oder jedenfalls unter persönlicher Mitwirkung des Schuldners vorgenommen werden, sofern es diesem freisteht, Hilfskräfte einzusetzen. Ob nur der Schuldner die Handlung vornehmen kann, ist zum einen objektiv aus dem Charakter der Handlung, zum anderen aber auch aus deren subjektiver Bedeutung für den Gläubiger zu ermitteln. So kann das Zeugnis über eine bestimmte Arbeitsleistung schon objektiv nur der ausstellen, für den diese Arbeitsleistung erbracht wurde; ein Portrait kann zwar objektiv durch viele Maler angefertigt werden, es ist für einen Auftraggeber aber subjektiv von entscheidender Bedeutung, ob der beauftragte berühmte Maler es selbst anfertigt oder ein unbekannter Zeitgenosse.

**2**  **2. Abgrenzung zu §§ 803, 883, 887 ZPO:** Ob eine »Handlung« i. S. der §§ 887, 888 ZPO oder eine Geldleistung, die nach §§ 803 ff. ZPO zu vollstrecken wäre, oder eine Willenserklärung, auf die § 894 ZPO anzuwenden wäre, oder ob schließlich die Herausgabe einer Sache geschuldet wird, entscheidet sich nicht allein nach dem Wortlaut des Tenors des Vollstreckungstitels; der Inhalt der geschuldeten Leistung ist viel-

---

1 Vergl. § 887 Rdn. 1.
2 Zum Begriff der »Vertretbarkeit« vergl. § 887 Rdn. 2.

mehr auch unter dem Gesichtspunkt zu bestimmen, wie eine sinnvolle Zwangsvollstreckung möglich ist. Falls der Schuldner etwa nach dem Wortlaut eines Vergleichs verpflichtet ist, dem Gläubiger Geldbeträge abzuliefern, die bei ihm auf eine an den Gläubiger abgetretene Forderung eingehen, so ist trotz dieser Formulierung keine unvertretbare Handlung (»Ablieferung«), sondern eine reine Geldleistung geschuldet,[3] die allerdings jeweils erst nach Eintritt einer Bedingung (»Eingang entsprechender Beträge beim Schuldner«) zu erfüllen ist. Ist der Schuldner zum Widerruf einer ehrverletzenden Behauptung verurteilt worden, so wäre dem Gläubiger durch eine Fiktion entsprechend § 894 Abs. 1 ZPO nicht gedient;[4] er hat Anspruch auf eine tatsächliche Erklärung des Schuldners, die er nur über § 888 ZPO erlangen kann.[5] Verfassungsrechtlichen Bedenken,[6] der Schuldner würde hierdurch zu Erklärungen wider seine persönliche Überzeugung gezwungen, wird dadurch begegnet, daß der Schuldner seine Verpflichtung schon ausreichend erfüllt, wenn er die Widerrufserklärung durch die Aussage ergänzt, er handle lediglich in Erfüllung des gegen ihn ergangenen Urteils.[7] Wurde der Schuldner verurteilt, dem Gläubiger über bestimmte Fakten dadurch Auskunft zu erteilen, daß er ihm bestimmte Unterlagen zur Einsichtnahme oder Auswertung überläßt, liegt in Wahrheit eine Herausgabeschuld (betreffend die genannten Unterlagen), die nach § 883 ZPO zu vollstrecken ist, vor.[8] Wenn allerdings die Vorlage von Urkunden nur Teil einer umfassenden Auskunftsverpflichtung ist, kann § 888 ZPO eingreifen.[9]

**3. Schranken einer Auslegung des Titels:** Die grundsätzlich zulässige[10] Auslegung des Titels zur Ermöglichung einer sinnvollen Zwangsvollstreckung darf allerdings nicht dazu führen, daß ein nach den allgemeinen Regeln wegen Unbestimmtheit oder inhaltlicher Unvollständigkeit nicht vollstreckbarer Titel,[11] der eindeutig auf Abgabe einer Willenserklärung oder auf Vornahme einer vertretbaren Handlung gerichtet ist, nur deshalb nach § 888 ZPO vollstreckt wird, weil die vom Schuldner abzugebende Wil-

---

3 OLG Düsseldorf, MDR 1959, 399.
4 Für die Anwendbarkeit des § 894 ZPO allerdings OLG Frankfurt, JZ 1974, 62; NJW 1982, 113; OLG Hamm, NJW-RR 1992, 634, 635; OLG Karlsruhe, OLGZ 1985, 125; *Baur/Stürner*, Rdn. 41.4.
5 Wie hier BGHZ 37, 187; 68, 331; OLG Köln, NJW 1992, 184; OLG Saarbrücken, JurBüro 1987, 937; OLG Zweibrücken, NJW 1991, 304; *Baumbach/Lauterbach/Hartmann*, § 887 Rdn. 40; *Brox/Walker*, Rdn. 1077; *Jauernig*, § 27 III 1; *Rosenberg/Schilken*, § 71 I 2; *Zimmermann*, § 888 Rdn. 1; *Zöller/Stöber*, § 888 Rdn. 3; offengelassen, ob § 888 ZPO oder § 894 ZPO, OLG Frankfurt, JurBüro 1993, 749.
6 Vergl. BVerfGE 28, 1.
7 Ebenso *Brox/Walker*, Rdn. 1077. Eine Erklärung des Schuldners, er nehme seine Behauptung lediglich aus Beweisnot zurück, wäre allerdings unzureichend; vergl. OLG Hamm, MDR 1983, 850.
8 Vergl. § 883 Rdn. 2.
9 OLG Köln, NJW-RR 1996, 382.
10 BGH, NJW-RR 1993, 1154.
11 Siehe hierzu Vor §§ 704–707 Rdn. 7, 9, 10.

lenserklärung oder vorzunehmende Handlung nicht so genau feststeht, daß nach § 894 ZPO oder nach § 887 ZPO vorgegangen werden könnte.[12] § 888 ZPO ist keine Auffangnorm. Läßt sich der Titel nicht in Richtung auf eine bestimmte Willenserklärung, eine bestimmte vorzunehmende Handlung usw. auslegen, muß seine Vollstreckung unterbleiben. Der Gläubiger muß entweder einen neuen klarstellenden Titel erstreiten[13] oder sich mit dem Schadensersatzanspruch gem. § 893 ZPO begnügen.

4  **4. Besonderheiten im Verhältnis zu § 894 ZPO:** Besonderheiten in der Abgrenzung zu anderen Vollstreckungsarten ergeben sich hinsichtlich des § 894 ZPO: Da diese Vorschrift nur für die Zwangsvollstreckung aus der formellen Rechtskraft fähigen Titeln gilt,[14] müssen Willenserklärungen, die aufgrund von Prozeßvergleichen geschuldet werden, gem. § 888 ZPO zwangsweise durchgesetzt werden.[15] Die Anforderungen an die Bestimmtheit des Titels, der die abzugebende Willenserklärung umschreibt, sind aber keine geringeren als zu § 894 ZPO. Hat der Schuldner sich etwa zum Abschluß eines bestimmten Vertrages verpflichtet (z. B. Lebensversicherungsvertrag zugunsten des Gläubigers; Veräußerung eines Grundstücks an einen Dritten), ohne daß schon alle notwendigen Vertragsklauseln im Titel festgelegt sind, so scheidet auch eine Vollstreckung nach § 888 ZPO aus;[16] der Gläubiger muß entweder Leistungsklage auf Abgabe der im einzelnen konkretisierten Willenserklärungen erheben[17] oder sich gegebenenfalls mit einem Schadensersatzanspruch begnügen.

5  **II. Einzelbeispiele unvertretbarer Handlungen:**

**1. Arbeitsrechtliche Ansprüche: a) Anspruch auf Beschäftigung oder Weiterbeschäftigung:** Es handelt sich immer um eine unvertretbare Handlung des Arbeitgebers.[18] Der Titel ist hinreichend bestimmt und damit vollstreckungsfähig, wenn sich aus ihm die wesentlichen Bedingungen des Arbeitsverhältnisses ergeben.[19] Die Verpflichtung zur Weiterbeschäftigung »zu den bisherigen Arbeitsbedingungen« ist dagegen mangels Bestimmtheit nicht vollstreckungsfähig.[20] Besteht der Anspruch nur zeitlich befristet, entfällt die Vollstreckbarkeit des Titels mit Zeitablauf.[21]

---

12 So aber BayObLG, NJW-RR 1989, 462; OLG Braunschweig, NJW 1959, 1929; OLG Düsseldorf, OLGZ 1976, 376; NJW-RR 1988, 63; wie hier OLG Koblenz, OLGZ 1976, 380; OLG Köln, MDR 1993, 83; OLG München, VersR 1994, 1343.
13 Siehe hierzu Vor §§ 704–707 Rdn. 10.
14 Einzelheiten vergl. § 894 Rdn. 1.
15 BGHZ 98, 127; OLG Köln, MDR 1975, 586; LG Koblenz, DGVZ 1986, 43.
16 OLG Bamberg, MDR 1983, 499; OLG Frankfurt, Rpfleger 1980, 117.
17 BGHZ 98, 127.
18 LAG München, BB 1994, 1083.
19 LAG Berlin, NZA 1986, 36; LAG Bremen, NZA 1989, 231; LAG Hamm, MDR 1980, 172; NZA 1985, 68; 1990, 327; LAG Rheinland-Pfalz, NZA 1987, 827; LAG Schleswig-Holstein, NZA 1987, 322; ArbG Dortmund, BB 1979, 272; *Germelmann/Matthes/Prütting*, § 62 ArbGG Rdn. 48.
20 LAG Köln, NZA-RR 1996, 108.
21 LAG Frankfurt, NZA 1988, 743.

b) **Anspruch auf tatsächliche Berufsausbildung:** Es geht immer um eine unvertretbare Handlung.[22]

5a

c) **Anspruch auf Erteilung eines Arbeitszeugnisses:**[23] Die Leistung ist immer unvertretbar. Wie das Arbeitszeugnis ist auch das Zeugnis für den Geschäftsführer einer GmbH zu behandeln.[24]

5b

d) **Anspruch auf Vornahme bestimmter Eintragungen in den Arbeitspapieren:** Die Eintragungen können nicht durch Dritte durchgeführt werden, wenn sie im Rechtsverkehr (z. B. gegenüber dem Finanzamt oder Rentenversicherungsträgern) Beweiskraft haben sollen. Es handelt sich deshalb um unvertretbare Leistungen.[25] Der Anspruch auf bloße Lohnabrechnung ist dagegen auf eine vertretbare Leistung gerichtet;[26] denn diese Abrechnung kann nach Einsichtnahme in die Unterlagen des Arbeitgebers auch jeder Dritte vornehmen.

5c

e) **Anspruch auf Arbeitsleistung:** Der Regelung in **Abs. 2**[27] darf nicht entnommen werden, daß es sich bei der Verpflichtung zur Leistung von Arbeit und Diensten immer um die Verpflichtung zur Vornahme unvertretbarer Handlungen handle. Ist es für den Arbeitgeber ganz gleichgültig, wer die Arbeitsleistung erbringt, kommt § 887 ZPO zur Anwendung.[28] Unvertretbar ist die Arbeits- oder Dienstleistung allerdings nicht nur dann, wenn der Arbeitnehmer tatsächlich unersetzlich ist (da dies auf fast niemanden zutrifft, liefe Abs. 2 ins Leere), sondern schon dann, wenn bei der Anstellung des Arbeitnehmers seine Persönlichkeit eine Rolle gespielt hat, wenn dem Arbeitgeber also nicht völlig gleichgültig war, wer für ihn tätig wird. Jedenfalls bei höherwertigen Arbeitsleistungen wird das personale Element immer mit von Bedeutung sein.[29]

5d

f) **Ansprüche des Betriebsrats aus dem BetrVG:** Im Verhältnis zwischen Betriebsrat und Arbeitgeber enthalten die §§ 23 Abs. 3, 98 Abs. 5, 101 und 104 BetrVG besondere Verpflichtungen zur Vornahme durch Beschluß des Arbeitsgerichts festgelegter unvertretbarer Handlungen (siehe auch Rdn. 44). Für die Vollstreckung derartiger Titel enthalten die genannten Vorschriften in Verbindung mit § 85 Abs. 1 ArbGG besondere Regeln, die § 888 ZPO teilweise abändern bzw. ergänzen. Ein spezielles Vollstreckungsverfahren, etwa nach § 101 BetrVG, schließt den gleichzeitigen Rückgriff auf die allgemeinere Vorschrift des § 23 Abs. 3 BetrVG aus.[30]

5e

---

22 LAG Berlin, BB 1979, 1404.
23 LAG Düsseldorf, BB 1959, 117; LAG Frankfurt, NZA 1990, 192; LAG Hamburg, BB 1969, 538; LAG Nürnberg, BB 1993, 365 f.; *Germelmann/Matthes/Prütting*, § 62 ArbGG Rdn. 48.
24 *Mohrbutter*, BB 1967, 1355.
25 LAG Düsseldorf, BB 1969, 406; a. A. (nicht vollstreckungsfähiger Anspruch) LAG Hamm, MDR 1972, 900.
26 LAG Hamm, DB 1983, 2256; *Germelmann/Matthes/Prütting*, § 62 ArbGG Rdn. 48.
27 Einzelheiten unten Rdn. 38.
28 Einzelheiten: § 887 Rdn. 9.
29 *Germelmann/Matthes/Prütting*, § 62 ArbGG Rdn. 48.
30 BAG, DB 1979, 1282.

**6** **2. Auskunfts- und Rechnungslegungsansprüche:** Hier geht es nur um solche Ansprüche, die nicht allein durch Einsicht in die Geschäftsbücher befriedigt werden können. Handelt es sich allein um eine Einsichtnahme in die Geschäftsbücher oder eine Abschrift aus diesen Büchern, ist § 887 ZPO anzuwenden,[31] gegebenenfalls auch § 883 ZPO.[32] Geht es dagegen um Auskünfte, die der Schuldner aufgrund persönlichen Wissens zu erteilen oder deren Richtigkeit er selbst an Eides Statt zu versichern hat, liegt eine unvertretbare Handlung vor.[33] Dies gilt insbesondere für die familienrechtliche Auskunftsverpflichtung des Unterhaltsschuldners über seine Einkünfte, die erbrechtliche Verpflichtung, über den Bestand eines Nachlasses Auskunft zu erteilen, die familienrechtlichen Auskunftspflichten aus §§ 1379, 1587 e BGB sowie für die Informationserzwingung gem. § 51 b GmbHG.[34] Ist der zur Auskunftserteilung Verurteilte zusätzlich dazu verurteilt worden, über bestimmte Positionen, auf welche die Auskunft sich bezieht, ein Sachverständigengutachten (z. B. Wertgutachten) vorzulegen, kann auch dies eine unvertretbare Handlung sein, wenn der Gutachter ausnahmsweise sein Gutachten nicht ohne Auskünfte und sonstige persönliche Mitwirkungshandlungen des Schuldners erstellen kann.[35] Entscheidend sind die Umstände des Einzelfalles. Erklärt der zur Auskunftserteilung Verpflichtete nach Durchsicht seiner Unterlagen, er sei anhand der wenigen noch vorhandenen Unterlagen nicht in der Lage, Auskunft in der im Titel festgelegten Form zu geben, kann gegen ihn keine Maßnahme nach § 888 ZPO verhängt werden. Zur Durchsetzung eines Anspruchs auf Abgabe einer eidesstattlichen Versicherung der Richtigkeit einer solchen Erklärung wie auf Herausgabe der noch vorhandenen Unterlagen bedarf es eines hierauf gerichteten gesonderten Vollstreckungstitels.[36]

**7** **3. Anspruch auf Widerruf ehrkränkender Behauptungen:** Bei dem Anspruch auf Widerruf ehrkränkender Behauptungen,[37] dem Anspruch auf Widerruf kreditschädigender Äußerungen[38] sowie dem Anspruch auf Abdruck einer presserechtlichen Gegendarstellung[39] handelt es sich um unvertretbare Handlungen.

**7a** **4. Werkvertragliche Erfüllungsansprüche:** Solche Ansprüche werden nach § 888 ZPO vollstreckt, soweit das Werk entscheidend durch die Person des Herstellers bestimmt wird und durch Dritte nicht gleichwertig erstellt werden kann. Beispiele: Ge-

---

31 Vergl. § 887 Rdn. 7.
32 Vergl. § 883 Rdn. 2.
33 BGHZ 49, 11; KG, NJW 1972, 2093; FamRZ 1979, 297; OLG Frankfurt, NJW-RR 1992, 171, 172; OLG Karlsruhe, FamRZ 1967, 339; OLG München, NJW 1969, 436; OLGZ 1994, 485 f.; VersR 1994, 1343; LG Hamburg, Rpfleger 1982, 387; LG Lahn-Gießen, MDR 1979, 64; LG Köln, NJW-RR 1986, 360; LG Wiesbaden, FamRZ 1964, 369; **a. A.** (immer § 888 ZPO ohne Differenzierung) OLG Hamm, JMBl.NW 1960, 245; OLG München, MDR 1960, 404.
34 BayObLG, DB 1996, 977.
35 BGH, NJW 1975, 258; OLG Frankfurt, NJW-RR 1987, 1472.
36 OLG Köln, JurBüro 1994, 613.
37 Siehe oben Rdn. 2.
38 OLG Frankfurt, JurBüro 1993, 749, 750.
39 OLG Köln, NJW 1969, 755; *Zimmermann*, § 888 Rdn. 1; *Zöller/Stöber*, § 888 Rdn. 3.

mälde eines bestimmten Malers, Modellkleid eines berühmten Modeschöpfers, Artikel oder Buch eines bekannten Autors.

5. **Anspruch auf Mitwirkung bei der Steuererklärung:** Der grundsätzlich aus § 1360 BGB sich ergebende Anspruch gegen den Ehegatten wird meist von einem Gläubiger des anderen Ehegatten geltend gemacht werden, der diesen Anspruch zusammen mit dem Anspruch seines Schuldners auf Lohn- oder Einkommensteuerrückerstattung gepfändet[40] und sich im Einziehungsprozeß hat titulieren lassen. Die Mitwirkung setzt persönliches Tätigwerden voraus und ist deshalb nicht vertretbar.[41]

7b

6. **Anspruch auf Abgabe schriftlicher Erklärungen oder (Mit-)Unterzeichnung von Urkunden:** Der Schuldner hat sich etwa in einem Vergleich verpflichtet, bestimmte Anträge bei Behörden einzureichen oder über eine Schuld zusätzlich eine notarielle Urkunde aufsetzen zu lassen oder Wechsel auszustellen.[42] Da hier die Person des Schuldners als Antragsteller oder Aussteller nicht auswechselbar ist, liegen unvertretbare Handlungen vor. Gleiches gilt, wenn der Schuldner verurteilt ist, einem der bei einem bestimmten Gericht zugelassenen Rechtsanwälte Prozeßvollmacht zu erteilen; der Schuldner kann mit den Zwangsmitteln des § 888 ZPO zur Auswahl eines Anwalts und zur Mandatserteilung angehalten werden.[43]

7c

**III. Ausschließliche Abhängigkeit der Vornahme der Handlung vom Willen des Schuldners:** Ganz abgesehen von den in Abs. 2 geregelten Ausnahmefällen sind auch im übrigen nicht alle unvertretbaren Handlungen nach Abs. 1 S. 1 mittels Zwangsgeld oder Zwangshaft durchsetzbar. Erforderlich ist vielmehr, daß die Vornahme der nach dem Titel geschuldeten Handlung im Zeitpunkt der Zwangsvollstreckung ausschließlich vom Willen des Schuldners abhängt.

8

1. **Verpflichtung zur Hinzuziehung Dritter:** Dies bedeutet nicht, daß der Schuldner die Handlung immer höchstpersönlich und allein ausführen muß. Vielmehr ist er sogar verpflichtet, sich im Rahmen seiner Möglichkeiten der Hilfe Dritter zu bedienen, es sei denn, dies ist im Titel ausnahmsweise ausdrücklich untersagt. Deshalb ist die Zwangsvollstreckung nie ausgeschlossen, wenn der Schuldner tatsächliche und rechtliche Möglichkeiten hat, auf Dritte, deren Hilfe er zur Verwirklichung der geschuldeten Handlung benötigt, einzuwirken.[44] Notfalls muß der Schuldner gegen diese Dritten auch

9

---

40 Es bestehen allerdings Bedenken, ob der Anspruch nicht höchstpersönlicher Natur ist; siehe hierzu Anh. § 829 Rdn. 29.
41 LG Zweibrücken, MDR 1976, 144; *Stein/Jonas/Brehm,* § 888 Rdn. 5; *Tiedtke,* FamRZ 1978, 386; *Zimmermann,* § 888 Rdn. 1.
42 *Stein/Jonas/Brehm,* § 888 Rdn. 5.
43 BGH, MDR 1995, 740 f.
44 OLG Celle, NJW-RR 1996, 585 f. (Verpflichtung zum Betrieb eines Ladengeschäfts); OLG Frankfurt, Rpfleger 1977, 184; OLG Hamm, MDR 1978, 586; OLG Köln, NJW 1969, 755; LG Aurich, MDR 1973, 144; LG Köln, NJW-RR 1986, 360; *Brox/Walker,* Rdn. 1078; *Peters,* Gedächtnisschrift f. Bruns, 1980, S. 287 ff.; *Stein/Jonas/Brehm,* § 888 Rdn. 13–15.

gerichtlich vorgehen.⁴⁵ Daß der Schuldner Geldmittel einsetzen muß, um die Hilfe Dritter in Anspruch nehmen zu können, ist unerheblich.⁴⁶

10   **2. Unmöglichkeit der Vornahme der Handlung:** Die geschuldete Handlung hängt nur dann nicht ausschließlich vom Willen des Schuldners ab, wenn er entweder auf die Mitwirkung Dritter angewiesen ist, auf die er weder in tatsächlicher noch in rechtlicher Hinsicht erfolgbringenden Einfluß nehmen kann, oder wenn die Vornahme der Handlung objektiv oder subjektiv unmöglich ist.⁴⁷ Im ersteren Falle muß der Schuldner aber alle Teilhandlungen durchführen, die ohne die Mitwirkung der Dritten möglich sind, und er muß alles ihm Zumutbare unternommen haben, um die Mitwirkung des bzw. der Dritten herbeizuführen.⁴⁸ Diese Teilhandlungen sind auch mit den Mitteln des § 888 ZPO erzwingbar.⁴⁹ Hinsichtlich der Unmöglichkeit ist auf den Zeitpunkt der Vollstreckung abzustellen. Daß die Handlung dem Schuldner früher möglich gewesen wäre, ist unerheblich, da § 888 ZPO nicht der Sanktion in der Vergangenheit abgeschlossener Zuwiderhandlungen dient, sondern der Durchsetzung des Titels in der Zukunft.⁵⁰

11   **3. Darlegungs- und Beweislast:** Da aufgrund des Titels davon auszugehen ist, daß dem Schuldner zum Zeitpunkt der Titulierung die Vornahme der Handlung möglich war, muß der Schuldner im Vollstreckungsverfahren seinerseits die Tatsachen einschließlich der Beweismittel, aus denen sich die Unmöglichkeit der Handlungsvornahme ergibt, in einer für den Gläubiger überprüfbaren und substantiierten Weise darlegen.⁵¹ Es ist dann Sache des Gläubigers, die Darlegung des Schuldners zu entkräften und die Beweise zu widerlegen. Je mehr die Behauptung des Schuldners, daß ihm die Leistung unmöglich sei, der allgemeinen Lebenserfahrung widerspricht, umso strenger müssen die Anforderungen an die Darlegung von Einzelheiten und Beweismitteln sein. Bleiben aber unter Berücksichtigung dieses strengen Maßstabes hinsichtlich der Darlegungspflicht des Schuldners unter Würdigung des Gläubigervorbringens begründete Zweifel, daß der Schuldner die von ihm geschuldete Leistung im Zeitpunkt der Verhängung von Zwangsmitteln noch erbringen kann, so ist der Vollstreckungsantrag zurückzuweisen; denn auch unter Berücksichtigung aller Darlegungs- und Beweiserleichterungen verbleibt letztlich die Beweislast dafür, daß es dem Schuldner möglich ist, die geschuldete Handlung vorzunehmen, beim Gläubiger.⁵²

---

45 BayObLG, NJW-RR 1989, 462; *Peters*, Gedächtnisschrift f. Bruns, 1980, S. 294.
46 *Brox/Walker*, Rdn. 1077.
47 Dazu OLG Frankfurt, NJW-RR 1992, 171, 172; OLG Köln, JurBüro 1994, 613; LG Heilbronn, JurBüro 1993, 175; LAG Köln, NJW-RR 1996, 108, 109; AG Frankfurt, DGVZ 1995, 156.
48 OLG Köln, NJW-RR 1992, 633; OLG Stuttgart, OLGZ 1990, 354 f.
49 OLG Hamm, MDR 1978, 586.
50 OLG Karlsruhe, NJW-RR 1989, 189.
51 OLG Hamm, NJW-RR 1988, 1087; LG Aurich, MDR 1973, 144.
52 OLG Hamm, NJW-RR 1988, 1087; *Stein/Jonas/Brehm*, § 888 Rdn. 9; *Zöller/Stöber*, § 888 Rdn. 11.

**IV. Erfüllungseinwand durch den Schuldner:** Es gilt im Ergebnis das gleiche wie bei 12
§ 887 ZPO:[53] Der Erfüllungseinwand ist im Vollstreckungsverfahren selbst grundsätzlich unbeachtlich und mit der Klage gem. § 767 ZPO geltend zu machen. Sind jedoch die Tatsachen, aus denen sich bei zutreffender rechtlicher Würdigung die Erfüllung der titulierten Schuld ergibt, unstreitig oder jedenfalls vom Gläubiger selbst vorgetragen, so fehlt für den Vollstreckungsantrag das Rechtsschutzinteresse;[54] denn dann fehlt schon nach dem eigenen Vorbringen des Gläubigers objektiv jegliche Notwendigkeit, noch Zwangsmittel festzusetzen. Wenn man den Erfüllungseinwand uneingeschränkt im Vollstreckungsverfahren zulassen und daher dort gegebenenfalls auch umfangreich über die Erfüllung Beweis erheben würde,[55] hätte der Schuldner die Möglichkeit, die Vollstreckung unbillig hinauszuzögern. Der Gesetzgeber hat für diese Einreden bewußt die Klage gem. § 767 ZPO außerhalb des Vollstreckungsverfahrens angesiedelt.

Ebenso wie der Erfüllungseinwand sind auch **andere materiellrechtliche Einwendungen** 13
des Schuldners bei der Entscheidung über den Vollstreckungsantrag nicht zu berücksichtigen. Das betrifft etwa die Stundungseinrede, die Einrede eines Zurückbehaltungsrechts[56] oder, soweit nicht die Voraussetzungen des § 775 ZPO vorliegen, die Einrede des Erlasses oder Verzichts. Der Schuldner muß diese Einreden mit der Klage gem. § 767 ZPO geltend machen.

**V. Erwirkung des Zwangsmittelbeschlusses:** 14

1. **Keine isolierte vorherige Androhung:** Einer Androhung der Zwangsmittel im Titel oder in einem gesonderten Beschluß bedarf es anders als bei der Vollstreckung gem. § 890 ZPO hier nicht. Die Anordnung der Zwangsmittel selbst wirkt nämlich, solange der Anordnungsbeschluß noch nicht vollzogen ist, als Androhung.[57] Enthält der Titel dennoch – ohne rechtliche Grundlage – bereits eine konkrete Androhung, ist diese nicht isoliert anfechtbar, sondern nur zusammen mit dem titulierten Anspruch, soweit die Entscheidung über diesen anfechtbar ist.[58] Begehrt der Gläubiger, um den Schuldner zur Erfüllung des Titels »anzuhalten«, dennoch statt der Anordnung eines Zwangs-

---

53 Siehe dort Rdn. 15.
54 Wie hier OLG Düsseldorf, OLGZ 1976, 376; NJW-RR 1988, 63; OLG Hamm, MDR 1977, 411; 1983, 850; OLG Köln, NJW-RR 1989, 188 und 568; LG Köln, NJW 1986, 1179; NJW-RR 1992, 633, 634; FamRZ 1992, 1328; *Brox/Walker*, Rdn. 1085; *Bruns/Peters*, § 44 II 3; *Geißler*, DGVZ 1988, 19; *Thomas/Putzo*, § 888 Rdn. 7. A. A. (Erfüllungseinwand immer zu berücksichtigen) BayObLGE 1988, 420; OLG Frankfurt, MDR 1981, 414; JurBüro 1984, 304; MDR 1984, 239; OLG Stuttgart, NJW-RR 1986, 1501; LAG Stuttgart, AnwBl 1986, 105; *Baumbach/Lauterbach/Hartmann*, § 888 Rdn. 8; *Bischoff*, NJW 1988, 1587; *MüKo/Schilken*, § 888 Rdn. 9; *Rosenberg/Schilken*, § 71 II; *Stein/Jonas/Brehm*, § 888 Rdn. 18; *Zöller/Stöber*, § 888 Rdn. 11; *Zimmermann*, § 888 Rdn. 9.
55 So etwa OLG München, VersR 1994, 1343, 1344.
56 OLG Hamm, NJW 1968, 1241.
57 OLG München, OLGZ 1982, 101.
58 LAG Hamm, MDR 1977, 699.

mittels dessen bloße Androhung, ist diesem Antrag nicht zu entsprechen.[59] Eine isolierte Androhung ist nicht nur überflüssig, sondern sie führt auch zu einer sachwidrigen Verzögerung des Verfahrens. Der Antrag ist daher sogleich umzudeuten in einen Antrag auf Festsetzung von Zwangsmitteln.[60] Hat das Gericht aber – ohne gesetzliche Grundlage – einen besonderen Androhungsbeschluß erlassen, so ist dieser mit der sofortigen Beschwerde nach § 793 ZPO anfechtbar.[61] Nach dem Entwurf eines Zweiten Gesetzes zur Änderung zwangsvollstreckungsrechtlicher Vorschriften[62] soll die Zulässigkeit der überflüssigen und verfahrensverzögernden vorherigen Androhung eines Zwangsmittels ausdrücklich in einem neuen § 888 Abs. 2 ZPO ausgeschlossen werden.

15  2. **Antrag; Anwaltszwang:** Die Festsetzung von Zwangsmitteln erfolgt nur auf Antrag des Gläubigers. Gilt für das Prozeßgericht des ersten Rechtszuges Anwaltszwang, so gilt er auch für den Vollstreckungsantrag nach § 888 ZPO[63] und das diesem Antrag sich u. U. anschließende Verfahren vor dem Prozeßgericht. In dem Antrag ist die vorzunehmende Handlung genau zu bezeichnen.[64] Der Antrag darf über das nach dem Titel Geschuldete nicht hinausgehen.[65] Er kann auch nicht einen inhaltlich zu unbestimmten und deshalb nicht vollstreckbaren Titel durch Nachholung der fehlenden konkreten Angaben nachträglich vollstreckbar machen.[66] Die Höhe des festzusetzenden Zwangsgeldes braucht der Gläubiger in seinem Antrag nicht zu beziffern, da das Gericht insoweit nach freiem Ermessen entscheidet. Gibt der Gläubiger aber einen Höchstbetrag an, darf das Gericht diesen nicht überschreiten, da der Gläubiger insoweit Herr der Vollstreckung bleibt.[67] Der Antrag kann immer nur darauf gerichtet sein, vom Schuldner ein künftiges Verhalten zu erzwingen. Ergibt sich aus der Antragsbegründung, daß der Gläubiger in Wahrheit die Sanktion eines in der Vergangenheit bereits abgeschlossenen Verhaltens des Schuldners begehrt, ist der Antrag unzulässig.[68]

59 BayObLG, DB 1996, 977; OLG Stuttgart, MDR 1995, 92; a. A. (Androhungsbeschluß als »minus« zulässig) KG, NJW 1969, 57; OLG Hamm, NJW-RR 1987, 765; OLG Zweibrücken, JurBüro 1983, 1578; offengelassen von BayObLG, WuM 1993, 766, 767.
60 OLG Köln, MDR 1982, 589; vergl. auch BayObLG, DB 1996, 977 (Umdeutung oder Zurückweisung).
61 BayObLG 1989, 371, 373; OLG Frankfurt, FamRZ 1989, 1321; OLG Hamm, NJW-RR 1987, 765, 766; OLG Stuttgart, MDR 1995, 92; LG Hannover, MDR 1995, 314; LAG Köln, MDR 1991, 650; *Brox/Walker*, Rdn. 1086; a. A. OLG Nürnberg, FamRZ 1987, 1290; OLG Karlsruhe, FamRZ 1994, 54, 55 (Anfechtbarkeit nur dann, wenn der Androhungsbeschluß eine Kostenentscheidung zu Lasten des Schuldners enthält); 1. Aufl.
62 BT-Drucks. 13/341, S. 7, 40.
63 OLG Celle, NJW 1960, 2346; OLG Hamburg, MDR 1969, 61; OLG München, NJW 1977, 909; *Baumbach/Lauterbach/Hartmann*, § 891 Rdn. 1.
64 OLG Frankfurt, JurBüro 1988, 259.
65 BayObLG, NJW-RR 1989, 932.
66 OLG Düsseldorf, FamRZ 1978, 717; OLG Frankfurt, FamRZ 1984, 271; OLG Karlsruhe, FamRZ 1983, 631.
67 *Zöller/Stöber*, § 888 Rdn. 4; a. A. (keine Bindung des Gerichts) *Baumbach/Lauterbach/Hartmann*, § 888 Rdn. 9.
68 OLG Karlsruhe, NJW-RR 1989, 189.

## Unvertretbare Handlungen § 888

**3. Zuständiges Gericht:** Über den Antrag zu entscheiden hat das Prozeßgericht des ersten Rechtszuges, also etwa auch das Familiengericht,[69] das Wohnungseigentumsgericht[70] oder das Arbeitsgericht. Es gelten die gleichen Grundsätze wie zu § 887 ZPO.[71]   16

**4. Allgemeine und besondere Vollstreckungsvoraussetzungen:** Wie vor jeder sonstigen Vollstreckung muß auch das Prozeßgericht als Vollstreckungsorgan zunächst prüfen, ob die allgemeinen und die im Titel genannten besonderen Vollstreckungsvoraussetzungen vorliegen: Ein auf Vornahme einer unvertretbaren Handlung gerichteter **Titel** kann nicht durch eine Parteivereinbarung ersetzt werden, einen an sich nach anderen Normen vollstreckbaren Titel durch Festsetzung von Zwangsmitteln vollstrecken zu wollen.[72] Ein inhaltlich unbestimmter Titel kann nicht erst durch Angaben im Vollstreckungsantrag konkretisiert werden. Erst recht kann die nach dem Urteil geschuldete Handlung nicht durch eine andere – nach Meinung des Gläubigers gleichwertige – ausgetauscht werden.[73] Hängt die Handlung des Schuldners nach dem Titel von einer Zug um Zug zu bewirkenden Leistung des Gläubigers an den Schuldner ab, so muß der Gläubiger dem Antrag den Nachweis in der Form des § 765 ZPO beifügen, daß der Schuldner bereits befriedigt oder im Annahmeverzug ist.[74] Obwohl in einem vorausgegangenen – an sich unzulässigen – Verfahren auf Androhung der Zwangsmittel die Vollstreckungsvoraussetzungen bereits gerichtlich geprüft und bejaht worden sind, muß das Gericht vor Festsetzung der Zwangsmittel alle Vollstreckungsvoraussetzungen erneut überprüfen.[75]   17

**5. Rechtsschutzbedürfnis:** Dem Antrag des Gläubigers ist trotz Vorliegens aller Vollstreckungsvoraussetzungen nicht zu entsprechen, wenn ein Rechtsschutzbedürfnis für die Festsetzung von Zwangsmitteln gegen den Schuldner fehlt. Dies ist zum einen der Fall, wenn schon nach dem unstreitigen Sachverhalt oder nach dem eigenen Vorbringen des Gläubigers die titulierte Schuld erfüllt ist, also keine Notwendigkeit der Zwangsvollstreckung mehr besteht.[76] Dies ist aber auch der Fall, wenn der Gläubiger bereits einen Beschluß gem. § 888 Abs. 1 ZPO erwirkt hatte, diesen aber noch nicht voll durchgeführt hat,[77] weil der Schuldner sich bisher einer Beitreibung des Zwangsgeldes erfolgreich entzogen hat. War das festgesetzte Zwangsgeld infolge Vermögenslosigkeit des Schuldners nicht beizutreiben, so fehlt jedenfalls für die Festsetzung eines erneuten höheren Zwangsgeldes das Rechtsschutzbedürfnis, solange nicht zunächst die Ersatzhaft vollstreckt ist.   18

---

69 OLG Düsseldorf, FamRZ 1978, 129; OLG Hamburg, FamRZ 1978, 787.
70 BayObLG, Rpfleger 1979, 67.
71 Siehe dort Rdn. 13.
72 OLG Hamm, MDR 1968, 333.
73 OLG Karlsruhe, GRUR 1984, 197.
74 LG Frankenthal, Rpfleger 1976, 109.
75 OLG Hamm, MDR 1966, 769.
76 Zur Berücksichtigung des Erfüllungseinwandes im einzelnen siehe oben Rdn. 12.
77 OLG Hamm, MDR 1969, 227; DGVZ 1977, 41; OLG Karlsruhe, FamRZ 1994, 1274; LG Lüneburg, MDR 1955, 114; einschränkend KG, NJW 1963, 2081.

19  6. **Anhörung des Schuldners:** Vor Erlaß des Beschlusses ist der Schuldner anzuhören (§ 891 ZPO). Dem Gläubiger seinerseits ist dann Gelegenheit zur Stellungnahme zu den Einwendungen des Schuldners zu geben. Eine mündliche Verhandlung ist möglich, aber nicht notwendig. Das Gericht kann über die entscheidungserheblichen Tatsachen eine Beweisaufnahme durchführen.

20  **VI. Der Zwangsmittelfestsetzungsbeschluß:** Das Gericht entscheidet über den Antrag des Gläubigers durch begründeten Beschluß. Erweist sich der Vollstreckungsantrag als unzulässig oder unbegründet, so ist er zurückzuweisen. Ist der Antrag begründet, so setzt das Gericht nach seiner Wahl ein Zwangsgeld oder Zwangshaft fest.

21  1. **Kriterien zur Auswahl des Zwangsmittels:** Durch das Zwangsmittel soll der Wille des Schuldners dahingehend beeinflußt werden, daß er sich dem Titel beugt und die geschuldete Handlung vornimmt. Das festgesetzte Mittel muß daher einerseits geeignet sein, auf den Willen des Schuldners einzuwirken, andererseits darf es über das zur Herbeiführung des Vollstreckungserfolges Erforderliche nicht hinausgehen.[78] Bei dieser Abwägung wird das Gericht grundsätzlich zunächst das Mittel des Zwangsgeldes wählen, da es den Schuldner weniger beeinträchtigt, und Zwangshaft als ursprüngliches Zwangsmittel nur dann sogleich anordnen, wenn feststeht, daß die Anordnung von Zwangsgeld wirkungslos bleiben wird.[79] Dies ist etwa der Fall, wenn schon zuvor mehrfach ohne Erfolg Zwangsgeld festgesetzt und beigetrieben worden ist oder wenn die völlige Vermögenslosigkeit des Schuldners feststeht. Ob der Schuldner in der Vergangenheit die Handlung schuldhaft unterlassen hatte oder nicht, ist kein Kriterium für die Bemessung des Zwangsmittels,[80] da es nicht darum geht, den Schuldner für sein bisheriges Verhalten zu bestrafen, sondern seinen Willen für die Zukunft zu beugen. Das Verhalten in der Vergangenheit kann allerdings durchaus ein Indiz dafür sein, daß von vornherein erheblichere Mittel erforderlich sind, um den entgegenstehenden Willen des Schuldners erfolgreich zu beeinflussen. Das Gericht muß sich immer für eines der beiden Zwangsmittel entscheiden, darf also nicht beide nebeneinander anordnen.

Da die Zwangsmittel keine Strafen darstellen, gilt Art. 103 Abs. 3 GG nicht: Daß gegen den Schuldner bereits einmal ein Zwangsmittel festgesetzt wurde, schließt die Festsetzung weiterer Zwangsmittel nicht aus; allerdings darf der Vollzug der Haft den Höchstrahmen des § 913 ZPO insgesamt nicht überschreiten (§ 888 Abs. 1 S. 3 ZPO).

22  2. **Zwangsgeld:** Das Zwangsgeld muß in bestimmter Höhe festgesetzt werden.[81] Der Mindestbetrag sind 5 DM (Art. 6 Abs. 1 S. 1 EGStGB), der Höchstbetrag des einzelnen

---

78  *Brox/Walker*, Rdn. 1087; *Wieser*, Der Grundsatz der Verhältnismäßigkeit in der Zwangsvollstreckung, 1989, 88.

79  *Baur/Stürner*, Rdn. 40.18; *Brox/Walker*, Rdn. 1087; *Rosenberg/Schilken*, § 71 II 2; *Stein/Jonas/Brehm*, § 888 Rdn. 23.

80  OLG Frankfurt, NJW 1953, 1029; OLG Hamm, NJW 1973, 1135; NJW-RR 1987, 766; *Baumbach/Lauterbach/Hartmann*, § 888 Rdn. 17; *Rosenberg/Schilken*, § 71 II 2; *Zimmermann*, § 888 Rdn. 8.

81  Zur Bemessung siehe etwa OLG München, NJW-RR 1992, 704; LAG Frankfurt, BB 1993, 1740.

Zwangsgeldes 50 000 DM (Abs. 1 S. 2). Ist in derselben Sache mehrfach hintereinander die Festsetzung von Zwangsgeld erforderlich, besteht für die Gesamtsumme der einzelnen Zwangsgelder keine gesetzliche Obergrenze. Mit der Festsetzung des Zwangsgeldes ist sogleich für den Fall, daß dieses nicht beigetrieben werden kann, Ersatzhaft festzusetzen. Hierbei ist konkret anzugeben, auf wieviele DM ein Tag Ersatzhaft kommt. § 913 ZPO ist insoweit zu beachten; auch die Ersatzhaft darf die Hafthöchstzeit also nicht überschreiten.

3. **Zwangshaft:** Wird die Zwangshaft als ursprüngliches Zwangsmittel angeordnet, ist die Festlegung einer bestimmten Dauer nicht erforderlich. Die höchstmögliche Vollzugszeit ergibt sich aus Abs. 2 S. 3 in Verbindung mit § 913 ZPO. Hat der Schuldner die vollen 6 Monate Haftzeit hinter sich gebracht, kann in Vollstreckung desselben Titels nicht noch einmal Zwangshaft gegen ihn festgesetzt werden. 23

4. **Adressat der Zwangsmittelfestsetzung:** Der Adressat der Zwangsmittelfestsetzung ist grundsätzlich der sich aus dem Titel oder im Falle der Rechtsnachfolge aus der Klausel ergebende **Schuldner**. Hiervon sind aber folgende Ausnahmen zu beachten: 24

a) **Prozeßunfähige Schuldner:** Ist der Schuldner prozeßunfähig, so hindert dies – so wie bei den anderen Vollstreckungsarten auch – die Vollstreckung nach § 888 ZPO gegen ihn grundsätzlich nicht. Doch ist es häufig nicht sein Wille, der gebeugt werden muß, sondern der des gesetzlichen Vertreters. Deshalb ist das Zwangsmittel jeweils gegen denjenigen festzusetzen, von dessen Willen die Vornahme der konkreten geschuldeten Handlung tatsächlich abhängt. Dies kann sowohl der Schuldner selbst als auch der gesetzliche Vertreter sein. Die vorstehenden Grundsätze gelten für das Zwangsgeld[82] uneingeschränkt ebenso wie für die Zwangshaft.[83] Fehlt dem Schuldner infolge seiner Minderjährigkeit oder infolge geistiger Gebrechen die Einsichtsfähigkeit in die Bedeutung der Zwangsmittel, scheidet eine Festsetzung gegen ihn persönlich aus.[84] Die Zwangsmittelfestsetzung gegen den gesetzlichen Vertreter scheitert nicht daran, daß sich der Titel nicht gegen ihn, sondern gegen den Schuldner richtet; denn es bleibt eine Zwangsvollstreckung gegen den Schuldner, auch wenn dabei der Wille seines gesetzlichen Vertreters gebeugt werden muß. 25

b) **Juristische Personen als Schuldner:** Ist der Schuldner eine juristische Person, die nur durch ihre Organe handeln kann, muß der Wille der Vertreter der juristischen Person gebeugt werden. Die Zwangsmittel sind deshalb gegen ihre Organe anzuordnen. 26

---

82 A. A. hinsichtlich des Zwangsgeldes (immer gegen den Schuldner persönlich) *Baur/Stürner*, Rdn. 40.18; *Bruns/Peters*, § 44 III 1; MüKo/*Schilken*, § 888 Rdn. 12; *Rosenberg/Schilken*, § 71 II 2; Zöller/*Stöber*, § 888 Rdn. 8.
83 Wie hier OLG Braunschweig, JurBüro 1976, 967; *Brox/Walker*, Rdn. 1088; Stein/Jonas/*Brehm*, § 888 Rdn. 43.
84 *Brox/Walker*, Rdn. 1088; *Wieczorek*, § 888 Anm. C I ff.

Eine Unterscheidung zwischen Zwangsgeld und Zwangshaft ist dabei abzulehnen; denn beide Zwangsmittel werden zur Erreichung desselben Zwecks eingesetzt.[85]

27 c) **Arbeitgeber als Schuldner im arbeitsgerichtlichen Beschlußverfahren:** Eine Besonderheit hinsichtlich der Vollstreckung von arbeitsgerichtlichen Beschlüssen und Vergleichen regelt § 85 Abs. 1 S. 3 ArbGG: In den Fällen der §§ 23 Abs. 3, 98 Abs. 5, 101, 104 BetrVG darf gegen den Arbeitgeber nur Zwangsgeld, nicht aber auch Zwangshaft festgesetzt werden. Ist Arbeitgeber eine juristische Person, hat sich die Festsetzung nach dem oben Gesagten[86] daher immer gegen diese, nicht gegen deren Organe zu richten.

28 d) **Betriebsrat als Schuldner:** Ist im Rubrum eines arbeitsgerichtlichen Beschlusses oder Vergleiches (§ 85 Abs. 1 S. 1 ArbGG) der Betriebsrat als Schuldner einer unvertretbaren Handlung aufgeführt, so kann gegen ihn unmittelbar als betriebsverfassungsrechtliches Organ weder Zwangsgeld[87] noch Zwangshaft festgesetzt werden; Zwangsgeld kommt nicht in Betracht, weil der Betriebsrat keine zweckfreien Mittel besitzt, in die vollstreckt werden könnte, Zwangshaft nicht, weil ein Kollegialorgan als solches nicht in Haft genommen werden kann.[88] Die Festsetzung muß deshalb immer gegen einzelne Betriebsratsmitglieder erfolgen. Dazu ist keine »Umschreibung« des Titels gegen sie erforderlich; für sie gäbe es keine Rechtsgrundlage. Es gilt vielmehr das zur Festsetzung von Zwangsmitteln gegen Organe juristischer Personen Gesagte entsprechend.[89]

29 5. **Kostenentscheidung:** Die Kosten des Verfahrens nach § 888 ZPO gehören zu den Kosten der Zwangsvollstreckung. Deshalb muß der den Vollstreckungsantrag bescheidende Beschluß nur im Falle der Zurückweisung des Antrages oder einer Entscheidung nach § 91 a ZPO mit einer Kostenentscheidung versehen werden. Es gilt insoweit das zu § 887 ZPO Gesagte[90] entsprechend.[91] Da der Gläubiger die Zwangsmaßnahme in seinem Vollstreckungsantrag nicht beziffern muß, trifft ihn nicht ein Teil der Kosten, falls er dem Gericht dennoch eine Anregung gegeben hat, das Gericht aber unter dem vom Gläubiger genannten Zwangsgeldbetrag geblieben ist.

---

85 OLG Braunschweig, JurBüro 1976, 967; *Brox/Walker*, Rdn. 1088; *Stein/Jonas/Brehm*, § 888 Rdn. 43; **a. A.** (Zwangsgeld gegen juristische Person) *Baur/Stürner*, Rdn. 40.18; MüKo/*Schilken*, § 888 Rdn. 12; 1. Aufl.
86 Rdn. 26.
87 A. A. *Grunsky*, ArbGG, § 85 Rdn. 5; *Stein/Jonas/Brehm*, § 888 Rdn. 44.
88 Im Ergebnis wie hier LAG Berlin, NZA 1984, 333; LAG Hamburg, BB 1977, 1056; *Germelmann/Matthes/Prütting*, ArbGG, § 85 Rdn. 17.
89 Siehe oben Rdn. 26.
90 Siehe § 887 Rdn. 19 u. 26.
91 Zur Kostenentscheidung bei Antragszurückweisung OLG Hamm, Rpfleger 1973, 104; zur Kostenentscheidung nach Erledigung der Hauptsache OLG Koblenz, AnwBl 1984, 216; OLG München, MDR 1964, 769; zur Kostenentscheidung nach Rücknahme des Vollstreckungsantrages KG, NJW-RR 1987, 192; LAG Bremen, AnwBl 1988, 173.

*Unvertretbare Handlungen* § 888

**6. Tenor des Festsetzungsbeschlusses:** Der Tenor muß die Handlung so exakt umreißen, daß der Schuldner keine vernünftigen Zweifel daran haben kann, was er zur Vermeidung des Zwangsgeldes tun muß. Er kann also etwa lauten: »Gegen den Schuldner wird zur Erzwingung seiner Verpflichtung aus dem ... (genaue Bezeichnung des Titels), ... (genaue Bezeichnung der Handlung, z. B. »dem Gläubiger Auskunft über den Verbleib folgender Gegenstände zu erteilen: ...«) ein Zwangsgeld in Höhe von ... DM verhängt, ersatzweise für den Fall, daß dieses nicht beigetrieben werden kann, für je ... DM ein Tag Zwangshaft. Der Streitwert für das Verfahren wird auf ... DM festgesetzt.« 30

**7. Streitwert:** Der Streitwert für das Vollstreckungsverfahren ist gem. § 3 ZPO zu schätzen. Er entspricht dem Interesse des Gläubigers an der Durchführung der Vollstreckung und deckt sich daher regelmäßig mit dem Wert der Hauptsache.[92] Wird nur ein Teil der Hauptsache vollstreckt, weil etwa mehrere Handlungen oder eine immer wiederkehrende Handlung geschuldet sind, die Erfüllung aber nur in einem Teilbereich verweigert wird, ist entsprechend auch nur ein Teil des Wertes der Hauptsache anzusetzen.[93] 31

**8. Erledigung der Hauptsache:** Erklärt der Gläubiger die Hauptsache für erledigt, noch ehe über die Zwangsmittelfestsetzung entschieden ist, so ist zu differenzieren: War der Antrag bisher zulässig und begründet und hat er sich tatsächlich in der Hauptsache erledigt, so sind die Kosten auf Antrag des Gläubigers gem. § 788 ZPO sowie in entsprechender Anwendung des § 91 a ZPO dem Schuldner aufzuerlegen. War der Antrag dagegen unzulässig oder sonst nicht notwendig i. S. des § 788 Abs. 1 S. 1 ZPO, so hat der Gläubiger die Kosten zu tragen. Fehlt es aber an einem erledigenden Ereignis, so ist die Erledigungserklärung des Gläubigers in eine Rücknahme des Vollstreckungsantrages umzudeuten. In diesem Falle sind die Kosten entsprechend § 269 Abs. 3 ZPO auf Antrag des Schuldners dem Gläubiger aufzuerlegen. Kein erledigendes Ereignis ist darin zu sehen, daß der Gläubiger sein wirtschaftliches Interesse an einer weiteren Zwangsvollstreckung verliert.[94] 32

**VII. Die Vollstreckung der Zwangsmittel:** 33

**1. Zwangsgeld:** Der Festsetzungsbeschluß ist dem Schuldner von Amts wegen zuzustellen.[95] Die Beitreibung des Zwangsgeldes erfolgt aber nicht von Amts wegen durch die Justizkasse,[96] sondern auf Antrag des Gläubigers durch den Gerichtsvollzieher unter Anwendung der §§ 803 ff. ZPO[97] bzw. aufgrund Pfändungs- und Überwei-

---

92 KG, JurBüro 1973, 150; OLG Nürnberg, JurBüro 1963, 368.
93 KG, JurBüro 1969, 1204.
94 OLG Schleswig, SchlHA 1969, 20.
95 KG, NJW 1969, 57.
96 So aber OLG München, NJW 1983, 947; LG Koblenz, MDR 1983, 851; *Baumbach/Lauterbach/Hartmann,* § 888 Rdn. 18.
97 BGH, NJW 1983, 1859; KG, NJW 1980, 2363; OLG Frankfurt, JurBüro 1986, 1259; OLG Hamm, FamRZ 1982, 185; LG Berlin, Rpfleger 1979, 225; LG Kiel, DGVZ 1983, 156; LAG Hamburg, NZA 1985, 373; *Brox/Walker,* Rdn. 1090; *Stein/Jonas/Brehm,* § 888 Rdn. 27; *Zöller/Stöber,* § 888 Rdn. 14.

sungsbeschlusses nach §§ 829, 835 ZPO. Im letzteren Falle ist dem Drittschuldner in dem Überweisungsbeschluß Zahlung an die Gerichtskasse aufzugeben.[98] Auch der Gerichtsvollzieher hat das Geld nicht an den Gläubiger, sondern unmittelbar an die Gerichtskasse abzuliefern.[99] Bei einer ebenfalls möglichen Beitreibung nach § 867 ZPO ist im Grundbuch als Gläubiger der Vollstreckungsgläubiger, als Zahlungsempfänger aber die Gerichtskasse einzutragen.[100] Der Festsetzungsbeschluß bedarf der Vollstreckungsklausel,[101] bevor das Zwangsgeld beigetrieben werden kann; denn er, nicht der ursprüngliche Titel, ist die Vollstreckungsgrundlage für die Beitreibung. Da der Gläubiger Herr des Beitreibungsverfahrens ist, nicht die Justizkasse, dürfen der Gerichtsvollzieher, der Rechtspfleger oder gar die Justizkasse dem Schuldner weder Stundung noch Ratenzahlung gewähren. Beide Maßnahmen würden zudem den beabsichtigten Druck auf den Schuldner mildern und damit den Zweck des Zwangsmittels unterlaufen. Allein der Gläubiger selbst kann dem Schuldner entgegenkommen, indem er den Festsetzungsbeschluß entweder gar nicht oder mit zeitlicher Verzögerung vollstrecken läßt.

Ist der Versuch, das Zwangsgeld beizutreiben, fruchtlos verlaufen, kann der Gläubiger die festgesetzte Ersatzhaft vollziehen lassen. War keine Ersatzhaft angeordnet worden, kann der Gläubiger einen neuen, nunmehr auf Haft gerichteten Vollstreckungsantrag stellen. Mit der Fruchtlosigkeitsbescheinigung gilt der erste Vollstreckungsversuch in diesem Falle als voll durchgeführt.[102]

34   2. **Zwangshaft:** Die originäre Zwangshaft ebenso wie die Ersatzhaft wird aufgrund eines vom Prozeßgericht auf Antrag des Gläubigers ausgestellten Haftbefehls vollstreckt. Die Verhaftung ist vom Gerichtsvollzieher,[103] nicht von der Polizei durchzuführen. Der Gerichtsvollzieher kann jedoch nach den allgemeinen Regeln (§ 758 Abs. 3 ZPO)[104] die Hilfe der Polizei zur Überwindung von Widerstand in Anspruch nehmen. Die Vollstreckung der Haft richtet sich im übrigen nach §§ 904-913 ZPO (**Abs. 1 S. 3**). Ist die Höchstdauer der Haft (§ 913 S. 1 ZPO) erreicht, ist der Schuldner von Amts wegen zu entlassen. Der Gläubiger ist hiervon zu unterrichten. Ist die Höchstdauer der Haft ausgeschöpft und erweist sich darüber hinaus Zwangsgeld als nicht beitreibbar, verbleibt dem Gläubiger nur die Möglichkeit, sich einen eventuellen Schadensersatzanspruch titulieren zu lassen (§ 893 ZPO), um sich spätere Vollstreckungsmöglichkeiten offen zu halten.

35   **VIII. Die Position des Schuldners nach der Zwangsmittelfestsetzung:** Durch den Zwangsmittelfestsetzungsbeschluß wird der Schuldner nicht gehindert, die geschuldete Handlung jederzeit vorzunehmen. Tut er dies, bevor die festgesetzten Zwangsmittel vollstreckt sind, ist die Zwangsvollstreckung, soweit der Gläubiger die Erfüllung ein-

---

98  So ausdrücklich auch § 261 Nr. 3 GVGA.
99  LG Essen, Rpfleger 1973, 185.
100 AG Hamburg, Rpfleger 1982, 31.
101 *Stein/Jonas/Brehm*, § 888 Rdn. 27; *Zöller/Stöber*, § 888 Rdn. 14; a. A. (Klausel nicht erforderlich) *Baumbach/Lauterbach/Hartmann*, § 888 Rdn. 18.
102 Siehe auch oben Rdn. 18.
103 AG Krefeld, MDR 1977, 322.
104 Siehe auch § 758 Rdn. 20.

räumt (§ 775 Nr. 4 ZPO), einzustellen. Bestreitet der Gläubiger die Erfüllung, muß der Schuldner gegebenenfalls nach §§ 769, 767 Abs. 1 ZPO vorgehen. Ist das Zwangsgeld noch beigetrieben worden, nachdem der Schuldner bereits erfüllt hatte, kann der Schuldner das Geld von der Staatskasse wegen ungerechtfertigter Bereicherung zurückverlangen; denn der Anspruch des Landes auf das Zwangsgeld ist aus dem Festsetzungsbeschluß nur materiell gerechtfertigt, solange der Gläubiger vom Schuldner noch Erfüllung der titulierten Schuld verlangen kann.[105] Hat der Gläubiger die Vollstreckung aus einem noch nicht rechtskräftigen, nur vorläufig vollstreckbaren Titel betrieben und der Schuldner zur Abwendung der Vollstreckung das Zwangsgeld bezahlt, so ist die Staatskasse nach Vorlage des abändernden Urteils der nächsten Instanz zur Rückerstattung verpflichtet. Gleiches gilt, wenn nach Beitreibung des Zwangsgeldes der Festsetzungsbeschluß in der Beschwerdeinstanz aufgehoben wird oder der Gläubiger im Beschwerdeverfahren auf seine titulierten Rechte verzichtet.[106] Über die Rückzahlung des Zwangsgeldes hinausgehende Schadensersatzansprüche kann der Schuldner gegen den Gläubiger gem. § 717 Abs. 2 ZPO geltend machen. Erfüllt der Schuldner dagegen erst nach der Beitreibung des Zwangsgeldes und erweist sich der Titel als beständig, so verbleibt das Zwangsgeld endgültig bei der Staatskasse.

War der Schuldner in Zwangshaft und erweist sich die Vollstreckung nachträglich als unzulässig, weil der Titel oder die Haftfestsetzung aufgrund eines Rechtsmittels entfällt oder weil sich nachträglich herausstellt, daß der Schuldner vor seiner Verhaftung schon erfüllt hatte, besteht kein Anspruch auf Haftentschädigung gegen den Staat, sondern nur ein Schadensersatzanspruch gegen den Gläubiger im Rahmen des § 717 Abs. 2 ZPO. Er erstreckt sich nicht auf den durch die Verhaftung erlittenen immateriellen Schaden. Dieser ist nur auszugleichen, wenn zusätzlich die Voraussetzungen der §§ 823, 847 BGB erfüllt sind, wenn der Gläubiger etwa wider besseres Wissen die Erfüllung in Abrede gestellt hatte.

**IX. Ausschluß der Anwendung des Abs. 1 nach Abs. 2:** Ist der Schuldner nach dem Titel zur Eingehung einer Ehe, zur Herstellung des ehelichen Lebens (in beiden Fällen kann es sich nur um ausländische Titel handeln) oder zur Leistung höherer Dienste aus einem Dienstvertrag[107] verpflichtet, so findet keine Vollstreckung nach Abs. 1 statt (**Abs. 2**). Gleiches gilt, wenn die zwangsweise Durchsetzung des titulierten Anspruchs einen Verstoß gegen Grundrechte darstellen würde (Abs. 2 analog). In diesen Fällen ist der Gläubiger allein auf mögliche Schadensersatzansprüche angewiesen (§ 893 ZPO). Im einzelnen gilt:

**1. Eingehung einer Ehe oder Herstellung der ehelichen Gemeinschaft:** § 1297 BGB schließt einen deutschen Titel auf Eingehung einer Ehe ebenso wie auf dieses Ziel gerichteten indirekten Zwang aus. Im Hinblick auf § 1352 Abs. 2 BGB ist ein deutscher Titel auf Herstellung der ehelichen Gemeinschaft praktisch ebenfalls ausgeschlossen.

---

105 *Brox/Walker*, Rdn. 1090; *Rosenberg/Schilken*, § 71 II 2; *Stein/Jonas/Brehm*, § 888 Rdn. 30; *Zimmermann*, § 888 Rdn. 13; *Zöller/Stöber*, § 888 Rdn. 14; siehe auch OLG Frankfurt, Jur-Büro 1991, 1554 ff. (Rückzahlung analog § 776 ZPO).
106 BAG, NJW 1990, 2579; OLG Köln, NJW 1968, 259 mit Anm. *Baur*, JZ 1967, 763.
107 Geht es um einfache Dienste, bei denen das personale Element keine Rolle spielt, richtet sich die Vollstreckung nach § 887 ZPO; vergl. § 887 Rdn. 9 sowie oben Rdn. 5.

Ausländische Titel dieser Art mögen denkbar sein, doch dürfte ein deutsches Anerkennungsurteil zu einem solchen Titel regelmäßig am deutschen ordre public scheitern. Die Bedeutung der Vorschrift liegt deshalb darin, daß sie auch die Vollstreckung von Handlungen ausschließt, die mittelbar die Wiederherstellung der ehelichen Gemeinschaft zum Ziel haben. So wäre ein Titel, der einem Ehegatten aufgibt, den anderen Ehegatten, der freiwillig aus der Ehewohnung ausgezogen war und sich eine eigene Wohnung eingerichtet hatte, wieder in die eheliche Wohnung aufzunehmen, nicht vollstreckbar.[108] Andererseits wäre ein Titel, der einen Ehegatten, der den anderen eigenmächtig aus der ehelichen Wohnung ausgesperrt hat, verpflichtet, diesem wieder Zutritt zur Wohnung zu geben, solange keine familiengerichtliche Entscheidung über eine Zuweisung der Wohnung an nur einen Ehepartner vorliegt, durchaus vollstreckbar, da Ziel eines solchen Titels nicht die Herstellung der ehelichen Gemeinschaft wäre, sondern die Vermeidung von Obdachlosigkeit und der Schutz des Besitzstandes.[109] In jedem Falle betrifft Abs. 2 nur Titel der Ehegatten gegeneinander. Ein Titel gegen den von einem Ehegatten gegen den Willen des anderen in die eheliche Wohnung aufgenommenen Ehestörer, diese Wohnung zu verlassen, ist also vollstreckbar.[110] § 888 Abs. 2 ZPO kann nicht dadurch umgangen werden, daß anstelle der Handlungsverpflichtung (Herstellung der ehelichen Gemeinschaft) eine Unterlassungsverpflichtung (Unterlassen ehewidriger Beziehungen) tenoriert wird. Die Vorschrift ist auf einen solchen Titel entsprechend anwendbar.[111]

38   **2. Leistung von Diensten aus einem Dienstvertrag:** Schuldet der Schuldner nach dem Titel Dienste, hinsichtlich derer eine Ersatzvornahme nach § 887 ZPO nicht in Betracht kommt,[112] weil der Schuldner sie nur höchstpersönlich zu leisten vermag, so scheidet eine Zwangsvollstreckung aus. Ob die Dienste entgeltlich zu leisten sind (§§ 611, 675 BGB) oder unentgeltlich (Auftrag, § 662 BGB), ist für die Anwendbarkeit des Abs. 2 ohne Belang.[113] Soll ein vertragsbrüchiger Arbeitnehmer dadurch zur Rückkehr an seinen alten Arbeitsplatz bis zum Ablauf der ordentlichen Kündigung gezwungen werden, daß ihm das anderweitige Arbeitsaufnehmen untersagt wird, so muß auch die Vollstreckung eines solchen Titels an Abs. 2 scheitern, da die auf § 890 ZPO abzielende Tenorierung auf eine Umgehung des § 888 Abs. 2 ZPO hinausliefe. Dennoch fehlt einer Klage auf Leistung der geschuldeten Dienste nicht das Rechtsschutzinteresse. Solche Klagen dienen der Vorbereitung möglicher Schadensersatzansprüche aus positiver Vertragsverletzung. Der Arbeitgeber kann, muß aber nicht, solche Klagen sogleich mit dem Antrag verbinden, den Arbeitnehmer zur Zahlung einer Entschädigung zu verurteilen (§ 61 Abs. 2 S. 1 ArbGG). Die Vollstreckung dieses Entschädigungsanspruches nach §§ 803 ff. ZPO verstößt nicht gegen Abs. 2, da diese Vorschrift die Durchsetzung

---

108 BGH, FamRZ 1963, 553 dürfte deshalb durch die Fortentwicklung des Eherechts überholt sein; fraglich auch OLG Bremen, FamRZ 1965, 77.
109 A. A. (nicht vollstreckbar) OLG Hamm, FamRZ 1966, 450. Wie hier dagegen OLG Hamm, FamRZ 1966, 449.
110 *Stein/Jonas/Brehm*, § 888 Rdn. 36.
111 OLG Frankfurt, NJW 1974, 2325.
112 Siehe hierzu § 887 Rdn. 9 sowie oben Rdn. 5.
113 *Rosenberg/Schilken*, § 71 I 3 b; *Stein/Jonas/Brehm*, § 888 Rdn. 40.

von Schadensersatzansprüchen gegen den Vertragsbrüchigen nicht behindern will.[114] Eine Klage auf Unterlassung anderweitiger Tätigkeit ist dagegen nur dann zulässig, wenn es dem Arbeitnehmer kraft Gesetzes (z. B. § 60 HGB) oder kraft ausdrücklicher Vereinbarung untersagt ist, eine andere Tätigkeit aufzunehmen. Andernfalls stellt nämlich eine entsprechende Unterlassungspflicht lediglich die Kehrseite der Beschäftigungspflicht des Arbeitnehmers dar und ist als unselbständige Nebenpflicht nicht einklagbar.[115] Für einstweilige Verfügungen auf Wiederaufnahme der Arbeit und Unterlassung anderweitiger Arbeitsleistung fehlt immer das Rechtsschutzinteresse.[116] Eine derartige einstweilige Verfügung ist nicht vollziehbar (§ 888 Abs. 2 ZPO) und kann daher zur Effektivität des Rechtsschutzes, der sie dienen soll, nichts beitragen.[117] Sie kann als einstweilige Regelung nicht mit dem Entschädigungsfestsetzungsantrag nach § 61 Abs. 2 S. 1 ArbGG verbunden werden;[118] zudem müßte sie gem. §§ 927, 929 Abs. 2 ZPO nach Ablauf der Vollziehungsfrist wieder aufgehoben werden.

**3. Entsprechende Anwendung des Abs. 2:** Abs. 2 muß entsprechend angewendet werden, wenn die zwangsweise Durchsetzung des Anspruchs einen Verstoß gegen Grundrechte darstellen würde. So wäre das Grundrecht auf Glaubens- und Gewissensfreiheit (Art. 4 Abs. 1 und 2 GG) verletzt, wenn ein Schuldner mit staatlichen Zwangsmaßnahmen dazu angehalten würde, die in einem Scheidungsvergleich übernommene Verpflichtung einzuhalten, auch noch an einem Verfahren vor einem kirchlichen Ehegericht mitzuwirken.[119] Die durch Art. 14 Abs. 1 GG geschützte Testierfreiheit[120] wäre eingeschränkt, wenn die in einem Vergleich übernommene Verpflichtung, zugunsten einer bestimmten Person ein notarielles Testament zu errichten oder mit dieser Person einen Erbvertrag abzuschließen, durch Zwangsgeld oder Zwangshaft durchgesetzt würde.[121]

39

**X. Rechtsbehelfe:** Die **Entscheidung des Prozeßgerichts** über einen Antrag nach Abs. 1 ist mit der sofortigen Beschwerde gem. § 793 ZPO anfechtbar. Die Beschwerde kann nur auf die Verletzung formellen Rechts gestützt werden. Streiten die Parteien dagegen um materiellrechtliche Einwände gegen die titulierte Forderung, so muß der Schuldner gem. § 767 Abs. 1 ZPO Klage erheben. Nur dann, wenn der Gläubiger die vom Schuldner behaupteten Erfüllungshandlungen in tatsächlicher Hinsicht zugesteht und lediglich bestreitet, daß sie in rechtlicher Hinsicht ausreichend seien, kann

40

---

114 *Germelmann/Matthes/Prütting*, § 61 ArbGG Rdn. 28.
115 *Brox/Walker*, Rdn. 1604 m. w. N.
116 Wie hier LAG Baden-Württemberg, DB 1958, 404; LAG Berlin, BB 1961, 678; MDR 1966, 271; LAG Düsseldorf, BB 1958, 82; LAG Hamburg, BB 1959, 198; 1962, 1121; LAG Hannover, BB 1953, 889; ArbG Essen, BB 1961, 48; *Walker*, Der einstweilige Rechtsschutz, Rdn. 697 f.; a. A. (Rechtsschutzinteresse gegeben) LAG Bremen, DB 1964, 811; LAG Frankfurt, DB 1956, 774; JZ 1965, 285; ArbG Frankfurt, NZA 1995, 552.
117 *Walker*, Der einstweilige Rechtsschutz, Rdn. 227, 698; *ders.* in *Schuschke/Walker*, Bd. II, Vor § 916 Rdn. 30.
118 *Walker*, Der einstweilige Rechtsschutz, Rdn. 698.
119 OLG Köln, MDR 1973, 768.
120 BVerfGE 67, 341.
121 OLG Frankfurt, Rpfleger 1980, 117.

der Schuldner den Erfüllungseinwand auch mit der sofortigen Beschwerde geltend machen, dann aber unter dem formellen Gesichtspunkt des fehlenden Rechtsschutzinteresses.[122] Über die sofortige Beschwerde entscheidet das dem Prozeßgericht übergeordnete Gericht (§ 568 Abs. 1 ZPO). Ist dieses Gericht das Oberlandesgericht, so ist gegen seine Entscheidung die weitere Beschwerde ausgeschlossen (§ 567 Abs. 4 ZPO); Gleiches gilt gem. § 78 Abs. 2 ArbGG für Beschwerdeentscheidungen der Landesarbeitsgerichte.[123] Gegen eine Beschwerdeentscheidung des Landgerichts findet die sofortige weitere Beschwerde statt (§ 793 Abs. 2 ZPO).[124] Hatte ein Gläubiger in der Vorinstanz neben dem Antrag nach § 887 ZPO hilfsweise den Antrag nach § 888 ZPO mit dem gleichen Ziel gestellt und ist dem Hauptantrag zu Unrecht stattgegeben worden, so fällt dem vom Schuldner angerufenen Beschwerdegericht auch der Hilfsantrag an, ohne daß es einer Anschlußbeschwerde des Gläubigers bedarf.[125] Das Beschwerdegericht kann dann über die Zulässigkeit und Begründetheit dieses Hilfsantrages selbst befinden. Da die Festsetzung der Höhe des Zwangsgeldes eine Ermessensfrage ist, ist es dem Beschwerdegericht in der Regel versagt, die Höhe – nach eigenem Ermessen – anders festzusetzen als die Vorinstanz.[126] Etwas anderes gilt, wenn die gesetzlichen Höchstgrenzen überschritten sind oder wenn der Grundsatz der Verhältnismäßigkeit offenbar verletzt ist.

**41** Das **Verhalten des Gerichtsvollziehers** bei der Beitreibung des Zwangsgeldes oder der Verhaftung des Schuldners ist mit der Erinnerung gem. § 766 ZPO anfechtbar. Über diese entscheidet das Vollstreckungsgericht (§ 764 ZPO), nicht das Prozeßgericht. Wird der **Rechtspfleger** zur Beitreibung des Zwangsgeldes eingeschaltet (Forderungspfändung gem. §§ 829 ff. ZPO), so richtet es sich nach den allgemeinen Regeln,[127] ob seine Beschlüsse gem. § 766 ZPO oder § 11 Abs. 1 RPflG anzufechten sind.

**42** Der **Streitwert für die sofortige Beschwerde des Gläubigers** gegen die Ablehnung seines Vollstreckungsantrages entspricht regelmäßig dem Wert der Hauptsache;[128] der Streitwert **für die Beschwerde des Schuldners** gegen die Festsetzung eines Zwangsgeldes richtet sich nicht nach der Höhe des Zwangsgeldes, sondern nach dem Interesse des Schuldners, die Handlung nicht ausführen zu müssen.[129] Dieses Interesse ist gem. § 3 ZPO zu schätzen. Es liegt jedenfalls nicht über dem Wert der Hauptsache.

**43** **XI. Gebühren:** Im erstinstanzlichen Verfahren zur Entscheidung über einen Antrag nach § 888 ZPO fallen keine Gerichtsgebühren an, auch wenn im Einzelfall eine Beweisaufnahme durchgeführt werden sollte. Die Gebühren des Gerichtsvollziehers für

---

122 Siehe auch oben Rdn. 12.
123 BAG, JZ 1965, 583; *Germelmann/Matthes/Prütting*, § 78 ArbGG Rdn. 14.
124 OLG Celle, NJW 1990, 262; OLG Frankfurt, NJW 1996, 1219; OLG Köln, NJW-RR 1992, 633 f.; *Baumbach/Lauterbach/Hartmann*, § 891 Rdn. 6; *Zöller/Stöber*, § 887 Rdn. 13; **a. M.** OLG Frankfurt, JurBüro 1992, 501 f.
125 OLG Stuttgart, ZZP 1984, 487 mit Anm. *Münzberg*.
126 LAG Berlin, AuR 1976, 153.
127 Siehe § 766 Rdn. 5 sowie § 829 Rdn. 59 ff.
128 Siehe auch oben Rdn. 31.
129 OLG Braunschweig, JurBüro 1977, 1148.

die Beitreibung des Zwangsgeldes durch Pfändung beim Schuldner ergeben sich aus § 17 GvKostG, für die Verhaftung des Schuldners aus § 26 GvKostG. Erfolgt die Beitreibung eines Zwangsgeldes durch Pfändung und Überweisung einer Forderung des Schuldners, wird dafür eine Gebühr nach KV Nr. 1640 erhoben.
  Für den Rechtsanwalt ist die Mitwirkung am Verfahren gem. § 888 ZPO eine besondere Angelegenheit (§ 58 Abs. 3 Nr. 8 BRAGO). Die 3/10-Gebühr (§ 57 BRAGO) deckt dann aber die gesamte Tätigkeit in diesem Verfahren ab, auch wenn mehrere Zwangsmittelanträge hintereinander notwendig werden sollten.

**XII. ArbGG, VwGO, AO:** Die Erwirkung unvertretbarer Handlungen aufgrund arbeitsgerichtlicher Titel erfolgt gem. §§ 62 Abs. 2, 85 Abs. 1 S. 3 ArbGG nach § 888 ZPO. Zuständig ist das Arbeitsgericht. Typische Anwendungsfälle sind etwa die Erteilung eines Zeugnisses, die (Weiter-)Beschäftigung des Arbeitnehmers und die Vornahme von Eintragungen in die Arbeitspapiere (siehe Rdn. 5). Nach § 61 Abs. 2 ArbGG kann der Kläger für den Fall, daß die geschuldete Handlung nicht binnen einer bestimmten Frist vorgenommen ist, die Verurteilung des Beklagten zur Zahlung einer Entschädigung beantragen. Dann ist eine Vollstreckung nach § 888 ZPO ausgeschlossen. Sonderregelungen zur Vollstreckung unvertretbarer Handlungen enthalten die §§ 23 Abs. 3, 98 Abs. 5, 101 und 104 BetrVG (siehe schon Rdn. 5). Die darin enthaltenen Bestimmungen zur Höhe des Zwangsgeldes gehen dem § 888 ZPO vor. Die Verhängung einer Zwangshaft ist gem. § 85 Abs. 1 S. 3 ArbGG ausgeschlossen.
  Die Vollstreckung aus verwaltungsgerichtlichen Titeln (§ 168 VwGO) erfolgt gem. § 167 Abs. 1 VwGO grds. ebenfalls nach § 888 ZPO. Für die Vollstreckung zugunsten der öffentlichen Hand gilt gem. § 169 Abs. 1 VwGO die Regelung in § 11 VwVG, wonach ein Zwangsgeld zwischen 3 und 2.000 DM verhängt werden kann. Für die Vollstreckung aus Urteilen auf Folgenbeseitigung, aus Verpflichtungsurteilen und aus entsprechenden einstweiligen Anordnungen gilt die Sonderregelung in § 172 VwGO. Danach kann ein Zwangsgeld bis zu 2.000 DM (u. U. wiederholt) angedroht, festgesetzt und vollstreckt werden. In der Abgabenvollstreckung kommen zur Durchsetzung unvertretbarer Handlungen gem. § 328 AO Zwangsgeld bis 5.000 DM (§ 329 AO), unmittelbarer Zwang (§ 331 AO) und Ersatzzwangshaft (§ 334 AO) in Betracht.

44

## § 888 a  Ausschluß der Vollstreckung nach §§ 887, 888

Ist im Falle des § 510 b der Beklagte zur Zahlung einer Entschädigung verurteilt, so ist die Zwangsvollstreckung auf Grund der Vorschriften der §§ 887, 888 ausgeschlossen.

1  **I. Vollstreckungsverbot bzgl. des Hauptausspruches bei hilfsweise titulierter Geldforderung:** Hat der Gläubiger im amtsgerichtlichen Verfahren gem. § 510 b ZPO oder im arbeitsgerichtlichen Prozeß gem. § 61 Abs. 2 ArbGG ein Urteil erwirkt, durch das der Schuldner zur Vornahme einer Handlung und zugleich für den Fall, daß er die Handlung in einer im Urteil bestimmten Frist nicht vorgenommen hat, zur Zahlung einer Entschädigung verurteilt worden ist, so kann der Gläubiger den Hauptausspruch nicht im Wege der Zwangsvollstreckung durch Ersatzvornahme (im Falle des § 887 ZPO) oder Festsetzung von Zwangsmitteln (im Falle der §§ 888, 889 Abs. 2 ZPO) durchsetzen. Er kann nach Fristablauf nur die hilfsweise titulierte Geldforderung gem. §§ 803 ff. ZPO vollstrecken. Dem Gläubiger ist sogleich (also nicht erst nach Fristablauf) Vollstreckungsklausel zu erteilen. Den Fristablauf prüft das Vollstreckungsorgan vor Beginn der Vollstreckung wegen der Geldforderung (§ 751 Abs. 1 ZPO). Den Einwand, er habe die Handlung fristgerecht vorgenommen oder er habe die Nichterfüllung nicht zu vertreten, kann der Schuldner nur mit der Klage gem. § 767 ZPO geltend machen. Die mit der Zwangsvollstreckung des Entschädigungsanspruchs befaßten Vollstreckungsorgane dürfen den Einwand nur unter den engen Voraussetzungen des § 775 Nr. 4 ZPO berücksichtigen.

2  **II. Rechtsfolgen beim Verstoß gegen § 888 a ZPO:** Wird der Hauptausspruch unter Mißachtung des § 888 a ZPO doch vollstreckt, kann der Schuldner die entsprechenden Beschlüsse des Prozeßgerichts mit der sofortigen Beschwerde anfechten. Ein Verstoß gegen § 888 a ZPO führt aber nicht zur Nichtigkeit des Beschlusses, durch den eine Ersatzvornahme angeordnet oder ein Zwangsmittel festgesetzt wurde, so daß ein aufgrund eines derartigen, inzwischen rechtskräftigen Beschlusses beigetriebenes Zwangsgeld nicht mehr von der Staatskasse zurückgefordert werden kann.

3  **III. ArbGG, VwGO, AO:** Bei der Vollstreckung aus arbeitsgerichtlichen Titeln wird § 888 a ZPO im Fall des § 61 Abs. 2 ArbGG durch die entsprechende Sonderregelung in § 61 Abs. 2 S. 2 ArbGG ersetzt. In der Verwaltungs- und der Abgabenvollstreckung spielt § 888 a ZPO keine Rolle, weil § 510 b ZPO dort nicht anwendbar ist.

## § 889 Eidesstattliche Versicherung nach bürgerlichem Recht

(1) ¹Ist der Schuldner auf Grund der Vorschriften des bürgerlichen Rechts zur Abgabe einer eidesstattlichen Versicherung verurteilt, so wird die Versicherung vor dem Amtsgericht als Vollstreckungsgericht abgegeben, in dessen Bezirk der Schuldner im Inland seinen Wohnsitz oder in Ermangelung eines solchen seinen Aufenthaltsort hat, sonst vor dem Amtsgericht als Vollstreckungsgericht, in dessen Bezirk das Prozeßgericht des ersten Rechtszuges seinen Sitz hat. ²Die Vorschriften der §§ 478 bis 480, 483 gelten entsprechend.

(2) Erscheint der Schuldner in dem zur Abgabe der eidesstattlichen Versicherung bestimmten Termin nicht oder verweigert er die Abgabe der eidesstattlichen Versicherung, so verfährt das Vollstreckungsgericht nach § 888.

I. **Anwendungsbereich der Norm:** Ist der Schuldner aufgrund materiellen Rechts verpflichtet, dem Gläubiger die Richtigkeit von Abrechnungen, Verzeichnissen oder Auskünften an Eides Statt zu versichern (– etwa aufgrund der §§ 259, 260 BGB i. V. mit §§ 666, 681, 713, 740 Abs. 2, 1361 Abs. 4 S. 4, 1379, 1435, 1580, 1587 e, 1605, 2127, 2218 Abs. 1, 2314 BGB, 74 c Abs. 2, 87 c HGB, 51 a GmbHG –),[1] so schuldet er i. S. der Terminologie der §§ 883 ff. ZPO eine unvertretbare Handlung (– nicht etwa nur eine Willenserklärung –). Denn nur der Schuldner selbst weiß, ob seine eigenen Angaben seinem besten Wissen entsprechen. Will der Schuldner diese Verpflichtung freiwillig erfüllen, so ist nach §§ 163, 79 FGG vorzugehen. Das zuständige Gericht ergibt sich aus § 261 Abs. 1 BGB. Die Abgabe vor einem Notar genügt zur freiwilligen Erfüllung der Verpflichtung nicht.[2] Erfüllt der Schuldner seine Verpflichtung nicht, muß der Gläubiger Leistungsklage erheben. § 254 ZPO ermöglicht es dem Gläubiger, den Auskunfts- oder Rechnungslegungsanspruch und den möglichen künftigen Anspruch auf eidesstattliche Versicherung zugleich im Wege der Stufenklage zu verfolgen. Für eine Klage auf Abgabe der eidesstattlichen Versicherung ist allerdings dann kein Raum, wenn der Auskunftsanspruch nach § 883 ZPO (Wegnahme der Unterlagen durch den Gerichtsvollzieher und Ablieferung an den Gläubiger zur Einsichtnahme)[3] oder nach § 887 ZPO (Einsicht in die Unterlagen durch einen Buchsachverständigen)[4] zu vollstrecken ist; denn dann ist ein Vorgehen nach den genannten Vorschriften ein einfacherer, sicherer und schnellerer Weg, dem Gläubiger die gewünschte Gewißheit zu verschaffen, sodaß ein Rechtsschutzbedürfnis, auch noch eine Verpflichtung zur eidesstattlichen Versicherung zu titulieren, fehlt.[5]

Hat der Gläubiger einen Titel über seinen zivilrechtlichen Anspruch auf eidesstattliche Versicherung durch den Schuldner erlangt, so regelt § 889 die Zwangsvollstreckung dieses Titels. Mit der vollstreckungsrechtlichen eidesstattlichen Versicherung (§§ 807, 883 Abs. 2, 899 ff. ZPO) hat die Vorschrift somit nichts zu tun. Während die vollstreckungsrechtliche eidesstattliche Versicherung der weiteren Zwangsvoll-

---
1 Weitere Beispiele: *Erman/Kuckuk*, §§ 259, 260 BGB Rdn. 5, 9, 10.
2 OLG Zweibrücken, MDR 1979, 492.
3 Siehe § 883 Rdn. 2.
4 Siehe § 887 Rdn. 7.
5 BGH, BB 1971, 130.

streckung eines ganz anderen Anspruchs (auf Geldleistung oder Herausgabe einer Sache) dient, geht es bei § 889 um die zwangsweise Durchsetzung eines gerade auf Abgabe der eidesstattlichen Versicherung gerichteten materiellrechtlichen Anspruchs.

**2** II. **Verfahren:** 1. Hat der Gläubiger ein jedenfalls vorläufig vollstreckbares Urteil auf Abgabe einer eidesstattlichen Versicherung durch den Schuldner erwirkt, so richtet sich nunmehr auch die freiwillige Erfüllung dieses Anspruchs durch den Schuldner nach Abs. 1 und nicht mehr nach §§ 163, 79 FGG.[6] Erforderlich, um das Verfahren einzuleiten, ist ein Antrag des Gläubigers oder des (– zur freiwilligen Erfüllung bereiten –) Schuldners auf Terminbestimmung. Dem Antrag ist der Titel beizufügen,[7] damit das Gericht seine Verpflichtung zur Mitwirkung überprüfen kann.

**3** 2. Sachlich zuständig zur Abnahme der eidesstattlichen Versicherung ist das **Amtsgericht als Vollstreckungsgericht,** auch dann, wenn das zu vollstreckende Urteil von einem Arbeitsgericht erlassen wurde.[8] Funktionell zuständig beim Vollstreckungsgericht ist der Rechtspfleger (§ 20 Ziff. 17 RPflG). Örtlich zuständig ist das Gericht des § 13 ZPO, hilfsweise des § 16 ZPO, äußerst hilfsweise das Gericht, in dessen Bezirk das Prozeßgericht des ersten Rechtszuges seinen Sitz hat. Das zuständige Gericht kann anordnen (Abs. 1 S. 2), daß der Schuldner, wenn die Voraussetzungen des § 479 ZPO vorliegen, die eidesstattliche Versicherung vor einem ersuchten anderen Gericht abgibt.

**4** 3. Die genaue Formel der eidesstattlichen Versicherung ergibt sich in der Regel schon aus dem Tenor des Urteils. Ist dies nicht der Fall, so bedarf es der Auslegung des Titels unter Heranziehung der Entscheidungsgründe. In diesem Falle legt der Rechtspfleger die Formel durch Beschluß fest.[9] Muß die im Urteil festgelegte Formel später eingetretenen Umständen angepaßt werden, weil die Versicherung sonst nicht möglich oder unzulässig wäre, gilt § 261 Abs. 2 BGB auch im Vollstreckungsverfahren weiter: Der Rechtspfleger kann eine den Umständen entsprechende Änderung der eidesstattlichen Versicherung beschließen.[10] Er kann die Verpflichtung aus dem Urteil dadurch allerdings nicht in der Sache erweitern oder substantiell verändern.

**5** 4. Der Schuldner muß die Versicherung persönlich abgeben und kann sich nicht durch die Personen vertreten lassen, die ihm bei der Erstellung der Auskunft oder der Rechnungslegung behilflich waren.[11] Für den prozeßunfähigen Schuldner hat dessen gesetzlicher Vertreter bzw. derjenige, der mit der Vermögenssorge betraut wurde, die Versicherung abzugeben, für die juristische Person deren vertretungsberechtigtes Organ. Einer Klauselumschreibung gegen den Vertreter oder das Organ bedarf es ebenso wie bei der Zwangsmittelfestsetzung nach § 888 ZPO nicht.[12]

---

6 BayObLG, BayObLGZ 3, 135.
7 A. A.: *Stein/Jonas/Brehm*, § 889 Rdn. 4.
8 *Baumbach/Lauterbach/Hartmann*, § 889 Rdn. 3.
9 *Baumbach/Lauterbach/Hartmann*, § 889 Rdn. 2.
10 OLG Bamberg, NJW 1969, 1304; LG Berlin, Rpfleger 1971, 264; a. A.: *Winter*, NJW 1969, 2244.
11 LG Köln, NJW-RR 1986, 360.
12 Siehe auch § 888 Rdn. 25, 26.

**III. Zwangsvollstreckung nach Abs. 2:** Erscheint der ordnungsgemäß zum Termin geladene Schuldner dort unentschuldigt nicht oder verweigert er die eidesstattliche Versicherung, so kann der Gläubiger Antrag auf Zwangsmittelfestsetzung gem. § 888 Abs. 1 ZPO stellen. Auch über diesen Antrag entscheidet das in Abs. 1 genannte Vollstreckungsgericht (– also nicht wie sonst bei § 888 das Prozeßgericht des ersten Rechtszuges –), allerdings nunmehr durch den **Richter**. Die Zuständigkeit des Richters folgt aus § 4 Abs. 2 Nr. 2 RPflG, da auch die Zwangshaft eine Freiheitsentziehung darstellt und gegen den Schuldner im Falle der Zulässigkeit und Begründetheit des Zwangsmittelantrages in jedem Falle zumindest Ersatzzwangshaft festzusetzen ist.

Vor Erlaß des Zwangsmittelfestsetzungsbeschlusses hat das Gericht das Vorliegen der allgemeinen und besonderen Vollstreckungsvoraussetzungen zu prüfen. Der Einwand des Schuldners, er habe den vom Rechtspfleger bestimmten Termin ohne Verschulden nicht wahrnehmen können, ist nicht beachtlich, da der erfüllungsbereite Schuldner seinerseits jederzeit Anberaumung eines neuen Termins beantragen und die Zwangsmittelfestsetzung damit unterlaufen kann. Die Beschränkungen für eine Terminsverlegung auf Antrag des Schuldners, die in § 900 Abs. 3 S. 4 und Abs. 4 ZPO für die zwangsvollstreckungsrechtliche eidesstattliche Versicherung geregelt sind, gelten nämlich im Verfahren nach § 889 Abs.1 nicht.[13] Der Erfüllungseinwand ist, da er durch das Protokoll der eidesstattlichen Versicherung zu belegen ist (§ 775 Nr. 4 ZPO), zu berücksichtigen. Materiellrechtliche Einwendungen gegen die Verpflichtung zur eidesstattlichen Versicherung im übrigen kann der Schuldner nur mit der Klage gem. § 767 ZPO geltend machen. Eine solche Klage kann aber nicht erfolgreich darauf gestützt werden, der Schuldner müßte sich in der Versicherung selbst einer strafbaren Handlung bezichtigen oder werde andernfalls zu einer erneuten Straftat genötigt;[14] dies aber sei unzumutbar. Denn der Schuldner kann eine vorherige falsche Auskunft oder Rechnungslegung jederzeit korrigieren und die eidesstattliche Versicherung dann erst im Hinblick auf die geänderte Auskunft abgeben. Insoweit kann die Formel den geänderten Umständen ohne weiteres angepaßt werden.

**IV. Rechtsbehelfe:** Die Ladung zur eidesstattlichen Versicherung ist, da es sich noch nicht um einen Akt der Zwangsvollstreckung handelt[15], nicht anfechtbar.[16] Über die Einwendungen des Schuldners gegen seine Verpflichtung zur eidesstattlichen Versicherung ist erst im Zwangsmittelfestsetzungsverfahren zu entscheiden. Hinsichtlich der Rechtsmittel gegen den Zwangsmittelfestsetzungsbeschluß gilt das zu § 888 Gesagte entsprechend,[17] ebenso hinsichtlich der Rechtsmittel gegen Vollstreckungshandlungen aus dem Zwangsmittelfestsetzungsbeschluß.[18]

**V. Gebühren:** Für die Terminanberaumung und die Abnahme der eidesstattlichen Versicherung erhält das Gericht die Festgebühr gem. KV Nr. 1152. Für das weitere Verfah-

---

13 OLG Düsseldorf, Rpfleger 1993, 494.
14 BGHZ 41, 318.
15 OLG Düsseldorf, Rpfleger 1993, 494.
16 LG Berlin, DGVZ 1976, 9; LG Heilbronn, FamRZ 1994, 1539.
17 § 888 Rdn. 40.
18 § 888 Rdn. 41.

ren nach §§ 889 Abs. 2, 888 Abs. 1 entstehen keine weiteren Gerichtsgebühren. Für die Gebühren des Gerichtsvollziehers gilt das zu § 888 Gesagte.[19]

Der Rechtsanwalt erhält für die Mitwirkung am Verfahren gem. § 889 Abs. 1 die besondere Vollstreckungsgebühr gem. § 58 Abs. 3 Nr. 8 BRAGO,[20] durch die dann auch die weitere Teilnahme am Verfahren gem. Abs. 2 mit abgegolten ist. Denn schon das Verfahren nach Abs. 1 ist Teil der Zwangsvollstreckung auf Vornahme einer unvertretbaren Handlung. Leistet der Schuldner die eidesstattliche Versicherung – auch nach Erlaß eines Urteils – freiwillig, kann der Gläubiger keine Erstattung der gerichtlichen und außergerichtlichen Kosten verlangen (§ 261 Abs. 3 BGB). § 788 ZPO ist insoweit nicht anwendbar.[21]

Der Gegenstandswert, nach dem die Anwaltsgebühren zu berechnen sind, ist nach § 3 ZPO festzusetzen und entspricht dem Mehr, das der Gläubiger aufgrund der eidesstattlichen Versicherung gegenüber der bisher erteilten Auskunft zu erreichen hofft.[22]

---

[19] § 888 Rdn. 43.
[20] A. A. (nur, wenn es auch zu einem Verfahren nach Abs. 2 kommt): *Stein/Jonas/Brehm*, § 889 Rdn. 13; a. A. (gar keine Gebühr, auch nicht gem. § 57 Abs. 1 BRAGO): LG Schweinfurt, JurBüro 1970, 156; wie hier: *Zöller/Stöber*, § 889 Rdn. 5.
[21] A. A. (§ 788 ZPO gehe dem § 261 Abs. 3 BGB vor; der Schuldner habe also die Kosten zu tragen): LG Berlin, JurBüro 1967, 678.
[22] *Zöller/Stöber*, § 889 Rdn. 5; MüKo/*Schilken*, § 889 Rdn. 10.

§ 890 Erzwingung von Unterlassungen und Duldungen

(1) ¹Handelt der Schuldner der Verpflichtung zuwider, eine Handlung zu unterlassen oder die Vornahme einer Handlung zu dulden, so ist er wegen einer jeden Zuwiderhandlung auf Antrag des Gläubigers von dem Prozeßgericht des ersten Rechtszuges zu einem Ordnungsgeld und für den Fall, daß dieses nicht beigetrieben werden kann, zur Ordnungshaft oder zur Ordnungshaft bis zu sechs Monaten zu verurteilen. ²Das einzelne Ordnungsgeld darf den Betrag von fünfhunderttausend Deutsche Mark, die Ordnungshaft insgesamt zwei Jahre nicht übersteigen.
(2) Der Verurteilung muß eine entsprechende Androhung vorausgehen, die, wenn sie in dem die Verpflichtung aussprechenden Urteil nicht enthalten ist, auf Antrag von dem Prozeßgericht des ersten Rechtszuges erlassen wird.
(3) Auch kann der Schuldner auf Antrag des Gläubigers zur Bestellung einer Sicherheit für den durch fernere Zuwiderhandlungen entstehenden Schaden auf bestimmte Zeit verurteilt werden.

## Inhaltsübersicht

| | | Rdn. |
|---|---|---|
| | Literatur | |
| I. | Anwendungsbereich der Vorschrift | 1 |
| | 1. Unmittelbarer Anwendungsbereich | 2 |
| |    a) Unterlassungsverpflichtungen | 2 |
| |    b) Duldungsverpflichtungen | 3 |
| | 2. Keine entspr. Anwendung auf Dauerverpflichtungen zur Vornahme vertretbarer oder nichtvertretbarer Handlungen | 4 |
| II. | Die Funktion der Ordnungsmittel | 5–8 |
| III. | Die verfahrensrechtlichen Voraussetzungen des Erlasses eines Ordnungsmittelbeschlusses | |
| | 1. Antrag | 9 |
| | 2. Zuständiges Gericht | 10 |
| | 3. Allgemeine und besondere Prozeßvoraussetzungen | 11 |
| |    a) Inhaltlich bestimmter Vollstreckungstitel | 12 |
| |    b) Bestand des Titels zum Zeitpunkt der Entscheidung | 13 |
| |    c) Sonstige Vollstreckungsvoraussetzungen | 14 |
| | 4. Ordnungsmittelandrohung (Abs. 2) | 15–18 |
| | 5. Rechtschutzbedürfnis | 19 |
| | 6. Rechtliches Gehör, Anwaltszwang | 20 |
| IV. | Die sachlichen Voraussetzungen des Erlasses eines Ordnungsmittelbeschlusses | |
| | 1. Zuwiderhandlungen gegen das Unterlassungs- und Duldungsgebot | 21 |
| |    a) Beispiele im Kern gleichwertiger Handlungen | 22 |
| |    b) Beispiele im Kern nur ähnlicher Handlungen | 23 |
| | 2. Maßgeblicher Zeitpunkt der Zuwiderhandlung | 24 |
| | 3. Behandlung mehrfacher Zuwiderhandlungen | 25 |

|  |  | 4. Notwendigkeit eigenen Verschuldens | 26, 27 |
|  |  | 5. Einstehenmüssen für das Verhalten Dritter | 28–30 |
|  |  | 6. Mögliche Einwendungen des Schuldners | 31–33 |
|  |  | 7. Beweislastverteilung | 34 |
|  | V. | Der Inhalt des Ordnungsmittelbeschlusses: |  |
|  |  | 1. Die Wahl des Ordnungsmittels | 35 |
|  |  | a) Ordnungsgeld | 36 |
|  |  | b) Ersatzordnungshaft | 37 |
|  |  | c) Ordnungshaft | 38 |
|  |  | 2. Adressat der Ordnungsmittelfestsetzung | 39 |
|  |  | 3. Kostenentscheidung | 40 |
|  |  | 4. Begründungszwang | 41 |
|  | VI. | Kaution (Abs. 3) | 42 |
|  | VII. | Die Vollstreckung der festgesetzten Ordnungsmittel | 43 |
|  |  | 1. Ordnungsgeld | 44 |
|  |  | 2. Ordnungshaft | 45 |
|  | VIII. | Rückzahlung bereits geleisteter Ordnungsgelder nach Aufhebung des Vollstreckungstitels | 46, 47 |
|  | IX. | Rechtsbehelfe | 48–52 |
|  | X. | Streitwert und Gebühren | 53 |

**Literatur:** *Adomeit,* Unlautere Werbung durch Beauftragte und das Verschuldenserfordernis in § 890 ZPO, NJW 1967, 1994; *Altmeppen,* Die Bindung des Schuldners an Unterlassungsurteile in ihrer Abhängigkeit von der Sicherheitsleistung und der Veranlasserhaftung des Gläubigers, WM 1989, 1157; *Borck,* Vorsicht: Falle! Zur Vollstreckung aus alten Unterlassungstiteln, WRP 1975, 276; *Borck,* Über die Vollziehung von Unterlassungsverfügungen. Die §§ 317 n. F. 750, 890, 922 ff., 945 ZPO unter dem Aspekt des UWG betrachtet, WRP 1977, 9; *Borck,* Analogieverbot und Schuldprinzip bei der Unterlassungsvollstreckung, WRP 1979, 28; *ders.,* Bestimmtheitsgebot und Kern der Verletzung, WRP 1979, 180; *ders.,* Ordnungsgeld auch nach »Titelfortfall« und trotz Sicherheitsleistung?, WRP 1980, 670; *ders.,* »Vollziehung ... Zustellung oder Zwangsvollstreckung?« Einige Bemerkungen zu den §§ 928 ff. und § 890 ZPO, MDR 1983, 180; *ders.,* Die Vollziehung und die Vollstreckung von Unterlassungstitel, WRP 1993, 374; *ders.,* Der Streit um den Titelfortfall und immer noch kein Ende, WRP 1994, 656; *ders.,* Ab wann ist die Zuwiderhandlung gegen eine Unterlassungsverfügung sanktionierbar gem. § 890 ZPO?, WRP 1989, 360; *ders.,* Zum Anspruch auf Unterlassung des Fällens von Tannenbäumen, WRP 1990, 812; *ders.,* Ein letztes Mal: Zur Unterlassungsvollstreckung, WRP 1996, 181; *Böhm,* Die Zwangsvollstreckung nach § 890 ZPO, 1971; *ders.,* Die Bestrafung nach § 890 ZPO, MDR 1974, 441; *Brehm,* Die Zwangsvollstreckung nach §§ 888, 890 n. F. ZPO, NJW 1975, 249; *ders.,* Probleme der Unterlassungsvollstreckung nach österreichischem und deutschem Recht, WRP 1975, 203; *ders.,* Die Vollstreckung der Beseitigungspflicht nach § 890 ZPO, ZZP 1976, 178; *ders.,* § 890 ZPO n. F.: Sprachregelung oder sachliche Änderung, NJW 1976, 1249; *Burghardt,* Die Erwirkung von Duldungen und Unterlassungen, JurBüro 1960, 99; *Fricke,* Haftet der Schuldner einer vertragstrafebewehrten Unterlassungsverpflichtung für das Verschulden seiner Erfüllungsgehilfen?, WRP 1977, 158; *Gaul,* Die Durchsetzung des Schutzes eines betriebsgeheimen Know-how, WRP 1988, 215; *Göppinger,* Erledigung des Eilverfahrens infolge Entscheidung des Hauptprozesses, NJW 1967, 177; *Hansens,* Die Zwangsvollstreckung nach § 890 ZPO und das Problem der einmaligen Zuwiderhandlung, JurBüro 1985, 653; *Hasse,* Strafandrohung im Prozeßvergleich, NJW 1969, 23; *Henckel,* Vorbeugender Rechtsschutz im Zivilrecht, AcP 1974, 97; *Hildebrandt,* Zur Handlungseinheit und Handlungsmehrheit im Zivilrecht. Die Abgrenzung im Recht der unerlaubten Handlungen, im Recht der Vertragsstrafe und im Rahmen des § 890 ZPO, Diss. Marburg, 1965; *Hillinger,* Nochmals zur Verjährung von Unterlassungsansprüchen, GRUR 1973, 254; *Jauernig,* Einstweilige Verfügung gegen ein Bezugsverbot, NJW 1973, 1671; *Jelinek,* Zwangsvollstreckung zur Erwirkung von Unterlassungen. Zugleich ein Beitrag zur Unterlassungsklage und zur einstweiligen Verfügung, 1974; *Jestaedt,* Die Vollstreckung von Unterlassungstiteln nach § 890 ZPO bei Titelfortfall, WRP 1981, 433; *Johannes,* Überwachung der Preisbindung durch Testkäufe, BB 1961, 577; *Klocke,* Forum: Elterliche Gewalt, Umgangsverbot und Freizeitverhalten des heranwachsenden Kindes, JuS 1974, 75; *Köhler,* Natürliche Handlungseinheit und Fortsetzungszusammenhang bei Verstößen gegen Unterlassungsurteil und strafbewehrte Unterlassungserklärungen, WRP 1993, 666; *Körner,* Der Vollzug verbotener Verpflichtungsgeschäfte als selbständiger Wettbewerbsverstoß, WRP 1979, 774; *Körner,* Natürliche Handlungseinheit und fortgesetzte Handlung bei der Unterlassungsvollstreckung und bei Vertragsstrafenversprechen, WRP 1982, 75; *Kramer,* Der richterliche Unterlassungstitel im Wettbewerbsrecht, 1982; *Lindacher,* Zur »Natur« der Strafe nach § 890 ZPO, ZZP 1972, 239; *Melullis,* Handbuch des Wettbewerbsprozesses, 2. Aufl., 1995; *Melullis,* Zur Unterlassungsvollstreckung aus erledigten Titeln, GRUR 1993, 241; *Meyer,* Die Zuwiderhandlungsstrafe aus § 890 ZPO und der Wegfall des Rechtsschutzinteresses, MDR 1956, 577; *Mohr,* Das Verfahren nach § 890 ZPO und die analoge Anwendung strafrechtlicher und strafprozessualer Bestimmungen, Diss. Frankfurt 1958; *Neumann-Duesberg,* Zwangsvollstreckung zur Erzwingung positiver Handlungen analog § 890 ZPO, NJW 1964, 748; *Ott,* Verfolgungsverjährung von Verstößen gegen Unterlassungstitel im Presserecht, NJW 1977, 286; *Pastor,* Das Verschulden bei wettbewerblichen Titelverstößen, GRUR 1967, 185; ders., Die Reform der wettbewerblichen Unterlassungsvollstreckung, WRP 1974, 473; ders., Die Vollstreckungsverjährung der Ordnungsmittel des § 890 ZPO, WRP 1975, 403; ders., Die Unterlassungsvollstreckung nach § 890 ZPO. Systematische Darstellung für die Praxis, 3. Aufl. 1982; ders., Der neue Strafcharakter wettbewerblicher Unterlassungsvollstreckung nach § 890 ZPO, WRP 1981, 299; *Peters,* Vollstreckung aus Verbotsurteilen in Preisbindungssachen, NJW 1962, 573; *Pohlmann,* Die Bedeutung des neuen Rechtspflegergesetzes für die Vollstreckung gerichtlicher Entscheidungen, vor allem in Straf- und Bußgeldsachen, Rpfleger 1970, 77; *Ritter,* Zur Unterlassungsklage: Urteilstenor und Klageantrag, Diss., Passau 1993; *Schaper,* Nochmals: Die Zulässigkeit der Kriminalstrafe neben der Strafe des § 890 ZPO, NJW 1963, 1764; *Schmidt-v. Rhein,* Die Vollziehung der auf Unterlassung gerichteten einstweiligen Verfügungen, NJW 1976, 792; *E. Schneider,* Zur Kostenentscheidung im Verfahren nach § 890 ZPO, JurBüro 1965, 696; *Schoenthal,* Die Stellung gesetzlicher Vertreter des Schuldners nach den §§ 888, 890 ZPO, Diss. Freiburg, 1972; *Schröder,* Strafandrohung nach § 890 ZPO im Prozeßvergleich?, NJW 1969, 1285; ders., Die Kostenregelung des selbständigen Strafandrohungsbeschlusses gem. § 890 ZPO nach einem Prozeßvergleich, MDR 1970, 553; *Schubert,* Zur Bestimmtheit des Urteilstenors bei Unterlassungsklagen, JR 1972, 177; *Schulz,* Die Zulässigkeit der Kriminalstrafe neben der Strafe des § 890 ZPO, NJW 1963, 1095; *Schwan,* Bestrafung nach § 890 ZPO bei bloßer Untätigkeit, GRUR 1966, 303; *Ulrich,* Die Erledigung der Hauptsache im Wettbewerbsprozeß, GRUR 1982, 14; *Tetzner,* Der Strafandrohungsbeschluß bei gerichtlichen Vergleichen, GRUR 1960, 68; *Teplitzky,* Das Verhältnis des objektiven Beseitigungsanspruchs zum Unterlassungsanspruch im Wettbewerbsrecht, WRP 1984, 365; ders., Wettbewerbsrechtliche Unterlassungsansprüche, 2. Aufl., 1992; *Theuerkauf,* Die Anwendbarkeit straf- und strafprozeßrechtlicher Vorschriften auf das Verfahren nach § 890 ZPO, MDR 1963, 552; ders., Der Einfluß des Strafverfahrens auf das Verfahren nach § 890 ZPO, ZZP 1964, 298; ders., Die Rechtsstellung des Minderjährigen im Verfahren nach § 890 ZPO, FamRZ 1964, 487; ders., Haftet der Vermieter im Verfahren nach § 890 ZPO für Zuwiderhandlungen des Mieters, ZMR 1965, 99; ders., Zur Vollstreckung des Unterlassungsanspruches aus § 13 Abs. 3 UWG, DB 1965, 429; ders., Schuldner und Dritte im Verfahren nach § 890 ZPO, ZZP 1965, 215; *Ulrich,* Die unterbliebene Vollziehung wettbewerbsrechtlicher Unterlassungsverfügungen und ihre Folgen, WRP 1996, 84;

*Ulrich,* Kosten der selbständigen Strafandrohung im Falle eines Vergleichs über einen Duldungs- oder Unterlassungsanspruch, MDR 1962, 539; *ders.,* Der Streit um den Titelfortfall – und ein Ende?, WRP 1992, 147; *Zieres,* Die Straffestsetzung zur Erzwingung von Unterlassungen und Duldungen, NJW 1972, 751.

**1 I. Anwendungsbereich der Vorschrift:** 1. § 890 regelt die Vollstreckung aus Titeln, durch die dem Schuldner die Verpflichtung auferlegt wurde, bestimmte Handlungen zu unterlassen oder die Vornahme bestimmter Handlungen zu dulden. In formeller Hinsicht kommen als Titel mit einem derartigen Inhalt (– zumindest vorläufig vollstreckbare –) Urteile, einstweilige Verfügungen (Beschluß- und Urteilsverfügungen), vollstreckbare Beschlüsse (besonders häufig in Wohnungseigentumssachen[1]) und Prozeßvergleiche in Betracht. In sachlicher Hinsicht sind Unterlassungsverpflichtungen besonders häufig im Bereich des gewerblichen Rechtschutzes, im Urheberrecht, im Nachbarrecht sowie zum Schutze absoluter Rechtsgüter, insbesondere der Ehre (§§ 823 Abs. 1, 1004 BGB). Duldungsverpflichtungen finden sich häufig im Nachbarrecht und im Mietrecht.

**2** a) Etwas **unterlassen** bedeutet zunächst, dieses »etwas« nicht zu tun; z. B. eine Behauptung nicht aufzustellen, ein bestimmtes Produkt nicht zu verkaufen, eine Produktausstattung nicht (mehr) zu verwenden, bestimmte Baumaßnahmen im Grenzbereich nicht vorzunehmen usw. In diesem »Nichtstun« erschöpft sich jedoch die Bedeutung eines Unterlassungsgebotes nicht: Das Unterlassen ist dem Schuldner immer deshalb auferlegt worden, weil durch das verbotene Tun (– die Behauptung, die Werbung, den Verkauf usw. –) eine (– absolut oder auch nur relativ –) geschützte Rechtsposition des Gläubigers verletzt würde. Würde dieser Verletzungserfolg bei einem bloßen Nichtstun des Schuldners aber weiterhin eintreten, weil der Schuldner entweder vor Titelerlaß Ursachen gesetzt hatte, die den Erfolg herbeiführen oder aufrechterhalten, wenn sie nicht beseitigt werden, oder weil Dritte, auf die der Schuldner rechtlichen und tatsächlichen Einfluß hat, den Erfolg verwirklichen würden, hielte sie der Schuldner nicht davon ab, so ist immanenter Bestandteil des Unterlassungsgebotes auch das Gebot, aktiv zu werden und den Erfolgseintritt oder den Fortbestand der schon vorliegenden Rechtsverletzung zu verhindern.[2] Insofern bedarf es weder einer ausdrücklichen Aufspaltung des Gebots an den Schuldner in ein Gebot, die bereits eingetretene Störung oder die ihren Eintritt vorbereitenden Ursachen zu beseitigen,[3] und ein Gebot, künftig alles zu unterlassen, was neue Ursachen für einen weiteren Verletzungserfolg in Gang setzen könnte, noch auch nur einer »Auslegung«

---

1 Beispielhaft: BayObLG, WE 1991, 363; WE 1992, 264.
2 *Brehm,* ZZP 1976, 178; *Brox/Walker,* Rdn. 1093; *Pastor,* Die Unterlassungsvollstreckung, 3. Aufl. S. 32; *Rosenberg/Schilken,* § 73 I; *Stein/Jonas/Brehm,* § 890 Rdn. 5; *Teplitzky,* Wettbewerbsrechtliche Ansprüche, 6. Aufl., Kap. 22 I; *ders.,* WRP 1984, 365; OLG Düsseldorf, GRUR 1970, 376; LAG Berlin, AuR 1973, 248; OLG Düsseldorf, WRP 1973, 526; OLG Frankfurt, AfP 1985, 131; OLG Hamburg, GRUR 1990, 673; OLG München, WRP 1992, 809 und GRUR 1993, 510; OLG Düsseldorf, WRP 1993, 326; OLG Stuttgart, NJW-RR 1993, 24; OLG Köln. OLG-Report 1994, 138.
3 So aber: AG Medebach, JMBlNW 1967, 283; OLG München, GRUR 1972, 502 und 540; OLG Hamm, OLGZ 1974, 62.

des Unterlassungsgebotes in ein nach §§ 887, 888 ZPO zu vollstreckendes Gebot zum Handeln und ein zusätzliches Unterlassungsgebot, das nach § 890 ZPO durchgesetzt wird[4]. Der Gläubiger kann aus einem Unterlassungstitel also nach § 890 sowohl vollstrecken, wenn der Schuldner aktiv etwas dem Unterlassungsgebot Zuwiderlaufendes unternimmt (– die untersagte Werbung erneut schaltet; die plagiierten Produkte weiterhin zum Kauf anbietet; die untersagte Behauptung erneut aufstellt; usw. –) als auch, wenn der Schuldner durch Nichtstun die Rechtsverletzung fortbestehen, aus vorhandenen Ursachen sich verwirklichen oder durch Dritte durchführen läßt (– die Firma, deren Benutzung im geschäftlichen Verkehr er zu unterlassen hat, nicht im Handelsregister löschen läßt;[5] bereits erteilte Anzeigenaufträge mit dem verbotenen Werbetext nicht widerruft;[6] die Werbetafeln mit den zu unterlassenden Aussagen nicht abhängt;[7] seine Arbeitnehmer oder Handelsvertreter nicht über das Unterlassungsgebot informiert oder ihr Tun nicht ausreichend überwacht;[8] die Ausstattung bereits hergestellter, aber noch nicht ausgelieferter Ware nicht ändert; usw. –). Die Möglichkeit, einheitlich aus einem Unterlassungsanspruch ein Tun und ein Nichtstun mittels § 890 zu erzwingen, hindert den Gläubiger allerdings nicht, den Unterlassungsanspruch und den Beseitigungsanspruch von vornherein ausdrücklich getrennt titulieren zu lassen und dann folgerichtig den einen Titel nach § 890 und den anderen nach §§ 887, 888 ZPO vollstrecken zu lassen.[9] Der Gläubiger wird diesen Weg sogar beschreiten, wenn er sich eine schnellere und wirkungsvollere Durchsetzung des Beseitigungsanspruchs erhofft, falls dieser isoliert tituliert und dann im Wege der Ersatzvornahme erzwungen wird.[10] Besteht ausnahmsweise nur eine einzige Möglichkeit, dem Unterlassungsgebot gerecht zu werden, indem nämlich eine ganz konkrete Handlung zur Beseitigung der Störungsursache vorgenommen wird, handelt es sich in Wahrheit nicht um einen Unterlassungstitel. Ergeben die Gründe hinreichend bestimmt die geschuldete Handlung, so ist sogleich nach §§ 887, 888 ZPO zu verfahren. Bleibt der Titel auch nach Auslegung zu unbestimmt[11], so kommt nicht etwa § 890 als »subsidiäre Vollstreckungsart« zum Zuge[12], die Zwangsvollstreckung muß vielmehr insgesamt unterbleiben.

b) Etwas **dulden** bedeutet, ein Handeln Dritter oder einen Zustand hinnehmen. So kann der Nachbar aufgrund eines Notwegerechts verpflichtet sein, das Begehen seines Grundstücks durch Dritte zu dulden, der Mieter, Renovierungs- oder Umbauarbeiten in seiner Wohnung oder im Treppenhaus hinzunehmen.[13] Die Formulierung im Titel ist insofern

3

---

4 Brehm, ZZP 1993, 270 plädiert für diese Möglichkeit.
5 OLG Frankfurt, WRP 1977, 413.
6 KG, WRP 1973, 157; OLG Köln, MD 1987, 1215.
7 OLG Hamburg, GRUR 1967, 618 und WRP 1973, 276; OLG Koblenz, MDR 1965, 51; OLG München, GRUR 1993, 510.
8 Einzelheiten zur erforderlichen Einflußnahme auf Dritte siehe unten Rdn. 28–30.
9 *Pastor*, Die Unterlassungsvollstreckung, S. 32.
10 A. A. insoweit: *Brehm*, ZZP 1976, 178.
11 Zur Auslegung von Unterlassungstiteln im einzelnen unten Rdn. 9.
12 So aber *Stein/Jonas/Brehm*, § 890 Rdn. 6.
13 AG Berlin-Wedding, DGVZ 1987, 63.

nicht entscheidend, wenn die Verpflichtung des Schuldners jedenfalls auf ein Hinnehmenmüssen hinausläuft.[14]

4  2. Streitig ist, ob § 890 über die Fälle der eigentlichen Unterlassungs- und Duldungsvollstreckung hinaus auch anzuwenden ist, wenn aus einem Titel über eine Dauerverpflichtung des Schuldners zur Vornahme einer Handlung zu vollstrecken ist.[15] Begründet wird die analoge Anwendung damit, daß in diesen Fällen versäumte Einzelleistungen nicht mehr nachgeholt werden können (– hat der Schuldner an einigen Tagen die Sammelheizung nicht bis zu einem bestimmten Wärmegrad geheizt, hilft es den Mietern oder Mitgliedern der Wohnungseigentümergemeinschaft wenig, wenn er an anderen Tagen mehr heizt –), sodaß es erforderlich sei, dem Schuldner schon vor der ersten Leistungspflicht Sanktionen für den Fall der Nichterfüllung anzudrohen. Dem kann nicht zugestimmt werden.[16] Die Entscheidung des Gesetzgebers, Handlungen in anderer Weise erzwingen zu lassen als Unterlassungen, kann nicht einfach aus »Zweckmäßigkeitserwägungen« außer Kraft gesetzt werden. Im übrigen ist eine solche Gesetzeskorrektur auch nicht notwendig, da die §§ 887, 888 ZPO hinreichende Möglichkeiten bieten, um den unwilligen Schuldner schnell zur Erfüllung zu zwingen. Was im Verhältnis zu §§ 887, 888 ZPO gilt, gilt ebenso im Verhältnis zu § 885 ZPO: Ein Vergleich etwa, durch den sich ein geschiedener Ehegatte verpflichtet, die alleinige Nutzung der ehelichen Wohnung dem anderen Ehegatten zu überlassen, ist ein Räumungstitel, der nach § 885 ZPO zu vollstrecken und mit der Entfernung des Schuldners aus der Wohnung verbraucht ist. Er enthält nicht zugleich – auch wenn es zweckmäßig erscheinen mag – die vollstreckbare Verpflichtung, künftig das Betreten der Wohnung zu unterlassen.[17]

5  **II. Die Funktion der in Abs. 1 S. 1 vorgesehenen Ordnungsmittel:** § 890 ist eine Norm des Zwangsvollstreckungsrechts. Zwangsvollstrecken bedeutet, einem Titel gegen den Willen des Schuldners zum Erfolg zu verhelfen, die Erfüllung des titulierten Anspruchs erzwingen. Steht fest, daß eine Erfüllung eines Anspruchs unter keinen Umständen mehr in Betracht kommt, fehlt für die Einleitung von Vollstreckungsmaßnahmen, die die Erfüllung ja doch nicht mehr erwirken können, das Rechtsschutzbedürfnis. Zwangsvollstreckung aus zivilrechtlichen Titeln erfolgt nie von amtswegen, sondern immer nur auf Antrag des Gläubigers. Im Zeitpunkt dieses Antrages muß es daher noch sinnvoll sein, Vollstreckungsmaßnahmen einzuleiten, um zur noch möglichen Erfüllung des Anspruchs zu gelangen.

6  Hinsichtlich der Funktion der in Abs. 1 S. 1 vorgesehenen Ordnungsmittel folgt aus diesen allgemeinen Erwägungen: Ihr Zweck kann nicht darin liegen, den Schuldner für ein Verhalten in der Vergangenheit zu »bestrafen«, sondern nur darin, die Erfüllung der Unterlassungsverpflichtung in der Zukunft sicherzustellen. Da der Schuldner durch

---

14 Zu eng: OLG Düsseldorf, MDR 1986, 328, da auch das »Nichtbehindern« ein Dulden darstellt. Der Inhalt der Grunddienstbarkeit selbst stand fest.
15 So OLG Hamm, JMBlNW 1962, 186; LG Lüneburg, NJW-RR 1986, 503; LG Koblenz, NJW-RR 1986, 506; *Stein/Jonas/Brehm*, § 890 Rdn. 7.
16 Wie hier: OLG Hamm, MDR 1973, 681; OLG Frankfurt, Rpfleger 1975, 445; MüKo/*Schilken*, § 890 Rdn. 4.
17 OLG Köln, MDR 1966, 761.

sein Verhalten gezeigt hat, daß er nicht willens ist, zu erfüllen, muß sein entgegenstehender Wille gebeugt werden. Auch die Ordnungsmittel des § 890 sind also reine Beugemittel,[18] keine Strafen.[19] Sie haben auch keinen »Doppelcharakter« als Strafen und Beugemittel.[20] Denn die Strafe ist vergangenheitsbezogen, während Vollstreckung immer nur auf einen zukünftigen Zweck (– noch mögliche Erfüllung –) abstellt. Daß der Schuldner nach Abs. 1 S. 1 »wegen einer jeden Zuwiderhandlung« zu einem Ordnungsmittel »zu verurteilen« ist, ist kein Beleg für den Strafcharakter der Ordnungsmittel. Nur anhand der Zuwiderhandlungen kann festgestellt werden, daß der Schuldner zur Erfüllung gezwungen werden muß. Ebensowenig spricht es für den »Strafcharakter« der Ordnungsmittel, daß nach der h. M. zu Recht nur schuldhafte Zuwiderhandlungen gegen das Unterlassungsgebot Grundlage der Verhängung von Ordnungsmitteln sein können.[21] Nur wenn der Schuldner vorwerfbar gegen das Unterlassungsgebot verstoßen hat, hat er zu erkennen gegeben, daß er erfüllungsunwillig ist oder jedenfalls nicht die notwendige Sorgfalt auf die Erfüllung verwendet. Hier zeigt sich der Unterschied zu den Zwangsmitteln des § 888 ZPO: Dort genügt die objektive Nichterfüllung als Voraussetzung der Verhängung von Zwangsmitteln,[22] weil es der Schuldner noch in der Hand hat, die Beitreibung der Zwangsmittel durch eine nachträgliche Erfüllung zu verhindern;[23] dem »schuldlosen« Schuldner, dem aber eine Erfüllung noch möglich ist, geschieht kein Unrecht. Dagegen befreit den Schuldner, gegen den ein Ordnungsmittel nach § 890 Abs. 1 S. 1 verhängt werden mußte, die künftige uneingeschränkte Beachtung des Titels nicht mehr von der Pflicht, das einmal zu Recht verhängte Ordnungsgeld zu bezahlen. Dieser Unterschied rechtfertigt es auch, die Beugemittel in § 888 und § 890 unterschiedlich zu bezeichnen (hier: Zwangsmittel; dort: Ordnungsmittel), ohne daß aus dieser unterschiedlichen Bezeichnung ein wesentliches Argument

---

18 Wie hier: *Baumbach/Lauterbach/Hartmann*, § 890 Rdn. 10; *Pastor*, Die Unterlassungsvollstreckung, 3. Aufl., S. 12; *ders.*, WRP 1981, 299; *Samwer* in Handbuch des Wettbewerbsrechts, 1986, § 76 Rdn. 5, 6; OLG Bamberg, MDR 1979, 680; OLG Hamm, NJW 1980, 1399 mit Anm. von *Lindacher*; OLG Köln bei *Traub*, Wettbewerbsrechtliche Verfahrenspraxis, 2. Aufl., unter Stichpunkt 11.2.22; OLG Köln, WRP 1986, 428 und JurBüro 1995, 269; OLG Düsseldorf, JurBüro 1987, 1261; WRP 1988, 37 und 677; OLG Schleswig, JurBüro 1988, 671.
19 Vor der Neufassung des EStGB im Jahre 1974 ganz überwiegende Meinung; siehe hierzu den Rückblick bei *Pastor*, Die Unterlassungsvollstreckung, 3. Aufl., S. 2 ff.; *Stein/Jonas/Brehm*, § 890 Rdn. 3. Auch heute noch betonen den strafrechtlichen Charakter insbesondere das BVerfG, E 20.331; 58, 159; 84, 82; ferner: BayObLG, DWE 1995, 107; *Borck*, WRP 1980, 676; *Melullis*, Handbuch des Wettbewerbsprozesses, Rdn. 955.
20 So die wohl h. M.: *Baur/Stürner*, Rdn. 40.27; *Brox/Walker*, Rdn. 1100; *Bruns/Peters*, § 45 II; MüKo/*Schilken*, § 890 Rdn. 1 und 21 (repressiver Charakter stehe eindeutig im Vordergrund); *Rosenberg/Schilken*, § 73 III; *Stein/Jonas/Brehm*, § 890 Rdn. 3; *Thomas/Putzo*, § 890 Rdn. 15 (strafähnlicher Zweck herrsche vor); *Zöller/Stöber*, § 890 Rdn. 5; *Zimmermann*, § 890 Rdn. 1; *Jestaedt*, WRP 1981, 433; *Mankowski*, EWiR 1995, 1144; BGH, NJW 1987, 3253; OLG Köln, WRP 1986, 185; OLG Frankfurt, WRP 1980, 270 und NJW-RR 1990, 639; OLG Karlsruhe, GRUR 1992, 207.
21 Im einzelnen zum Verschulden unten Rdn. 26 ff.
22 Siehe § 888 Rdn. 21.
23 Siehe § 888 Rdn. 35.

für die Frage gewonnen werden könnte, ob die Ordnungsmittel Beugemittel oder auch (– oder nur –) Strafen sind.[24]

7 Daß das Bundesverfassungsgericht[25] den Ordnungsmitteln des § 890 ZPO Strafcharakter zugesprochen hat, bindet insoweit nicht, da die Anwendbarkeit der zu Art. 103 GG entwickelten Grundsätze, um die es dem Bundesverfassungsgericht allein ging, nicht die Annahme des »Strafcharakters« zur unumstößlichen Voraussetzung hat. Die Übernahme dieser Grundsätze ist schon deshalb sinnvoll, weil – wie oben dargestellt – erst eine schuldhafte Zuwiderhandlung anzeigt, daß Beugemittel geboten sind, und weil die Höhe dieser Beugemittel nur sinnvoll festgesetzt werden kann,[26] wenn anhand des Verschuldens ermittelt wird, welcher Druck auf den Schuldner erforderlich ist, um die Erfüllung in Zukunft zu sichern.

8 Der Streit um den Rechtscharakter der Ordnungsmittel ist nicht nur theoretischer Natur. Er hat eminente Bedeutung für die Frage, inwieweit Verstöße gegen das Unterlassungsgebot noch geahndet werden können, wenn später der das Unterlassungsgebot enthaltende Titel weggefallen ist.[27] Ferner wirkt er sich in den Fällen aus, in denen ohne formellen Wegfall des Titels aus rein tatsächlichen Gründen nach einem einmaligen Verstoß gegen das Unterlassungsgebot weitere Zuwiderhandlungen ausscheiden.[28]

9 **III. Die verfahrensrechtlichen Voraussetzungen des Erlasses eines Ordnungsmittelbeschlusses:** 1. Wie jede Zwangsvollstreckung setzt auch das Ordnungsmittelverfahren nach § 890 einen **Antrag** des Gläubigers voraus. Der Antrag muß die Zuwiderhandlung des Schuldners konkret bezeichnen, muß aber keine Angaben zur Art des Ordnungsmittels (Ordnungsgeld oder Ordnungshaft) oder zur Höhe des Ordnungsgeldes machen. Für den Antrag besteht **Anwaltszwang**, wenn vor dem Prozeßgericht des ersten Rechtszuges, an das dieser Antrag zu richten ist, allgemein Anwaltszwang besteht (§ 78 ZPO).[29]

10 2. Der Antrag ist zu richten an das **Prozeßgericht** des ersten Rechtszuges, also etwa auch an das Familiengericht oder das Arbeitsgericht. Es gelten die gleichen Grundsätze wie zu §§ 887, 888 ZPO.[30] Hatte der Einzelrichter den Vollstreckungstitel erlassen, ist er auch »das Prozeßgericht« für das Ordnungsmittelverfahren.[31]

---

24 So aber *Brox/Walker*, Rdn. 1100.
25 BVerfGE 20, 331; 58, 159; 84, 82.
26 Einzelheiten unten Rdn. 36 ff.
27 Näheres hierzu unten Rdn. 13.
28 Näheres hierzu unten Rdn. 19.
29 OLG Düsseldorf, DB 1965, 891; OLG Stuttgart, NJW 1967, 884 mit Anm. von *Bähr*; OLG Hamm, NJW 1970, 903; OLG Hamm, MDR 1985, 242; OLG Düsseldorf, JurBüro 1987, 942; *Brox/Walker*, Rdn. 1096; MüKo/*Schilken*, § 890 Rdn. 19.
30 Siehe: § 887 Rdn. 13 und § 888 Rdn. 16.
31 OLG Frankfurt, MDR 1981, 504; *Baumbach/Lauterbach/Hartmann*, § 890 Rdn. 14; a. A.: OLG München, OLGZ 1966, 47; OLG Hamburg, MDR 1970, 10.

*Erzwingung von Unterlassungen und Duldungen* § 890

3. Im Zeitpunkt des Erlasses des Ordnungsmittelbeschlusses und für den Fall, daß der 11
erstinstanzlich erlassene Ordnungsmittelbeschluß mit der sofortigen Beschwerde angefochten worden ist, auch noch im Zeitpunkt der Beschwerdeentscheidung, müssen die allgemeinen und die im Titel genannten besonderen Vollstreckungsvoraussetzungen vorliegen.[32] Dies bedeutet im einzelnen:

a) Der Gläubiger muß einen seinem Inhalt nach auf eine Duldung der Unterlassung ge- 12
richteten vollstreckbaren **Titel** gegen den Schuldner besitzen. Es kann sich dabei nur um ein Urteil, eine einstweilige Verfügung, einen sonstigen vollstreckbaren Beschluß eines Gerichts (z. B. einstweilige Anordnung in Ehesachen, zur Unterlassung verurteilender Beschluß in einer WEG-Sache oder Beschluß eines Arbeitsgerichts gem. § 85 ArbGG) oder um einen Prozeßvergleich handeln, niemals um eine notarielle Urkunde (§ 794 Abs. 1 Nr. 5 ZPO). Dieser Titel muß seinem Inhalt nach so bestimmt sein,[33] daß eine Vollstreckung aus ihm überhaupt in Betracht kommt.[34] Bei der Frage der Bestimmtheit ist nicht allein auf den Tenor abzustellen, vielmehr können wie immer auch die Entscheidungsgründe zur Auslegung mit herangezogen werden.[35] Bei durch Beschluß erlassenen einstweiligen Verfügungen kann auch auf die Antragsschrift zurückgegriffen werden, soweit diese dem Schuldner mitgeteilt wurde.[36] Ist das Unterlassungsgebot selbst eindeutig bestimmt, berührt es die Bestimmtheit des Titels nicht, daß die Begründung des Gebotes nicht erkennbar[37] oder nicht hinreichend nachvollziehbar ist.

b) Der Titel muß zum Zeitpunkt der Entscheidung über den Ordnungsmittelantrag (bzw. 13
der Beschwerdeentscheidung) noch als derzeit und künftig weiterhin zu vollstreckender Titel Bestand haben. Das ist nicht nur nicht der Fall, wenn der Titel auf einen Rechtsbehelf oder ein Rechtsmittel hin rückwirkend (ex tunc) vollständig in Wegfall gekommen ist,[38]

---

32 OLG Düsseldorf, JMBlNW 1963, 229; OLG Bremen, JR 1965, 24; OLG Hamburg, MDR 1965, 143; OLG Hamm, BB 1978, 1283 mit Anm. von *Bülow*; BGH, WRP 1989, 514; OLG Köln, FamRZ 1992, 842; VGH Mannheim, NVwZ-RR 1993, 520.
33 OLG Saarbrücken, OLGZ 1967, 34; OLG München, WRP 1971, 534; OLG Köln, OLGZ 1976, 250; OLG Düsseldorf, MDR 1986, 328; BayObLG, NJW-RR 1987, 1040; OLG Zweibrücken, NJW-RR 1987, 1526; OLG Hamm, GRUR 1990, 642; OLG Köln, VersR 1993, 1242; *LG Hamburg*, NJWE-MietR 1996,6; *MüKo/Schilken*, § 890 Rdn. 7; *Stein/Jonas/Brehm*, § 890 Rdn. 9.
34 Zum Bestimmtheitserfordernis als Voraussetzung der Vollstreckbarkeit jeglichen Titels siehe im einzelnen: vor §§ 704–707 Rdn. 7.
35 OLG Hamm, JurBüro 1954, 506; OLG Braunschweig, OLGZ 1974, 295; OLG Köln, WRP 1987, 127; *Baumbach/Lauterbach/Hartmann*, § 890 Rdn. 3; *MüKo/Schilken*, § 890 Rdn. 7.
36 OLG Stuttgart, WRP 1989, 276; OLG Köln, NJW-RR 1986, 916.
37 OLG Hamburg, GRUR 1989, 630.
38 Insoweit allgem. Meinung; beispielhaft: OLG Frankfurt, NJW 1962, 542; OLG Stuttgart, BB 1972, 1025; OLG Karlsruhe, MDR 1979, 150; OLG Frankfurt, JurBüro 1982, 465; OLG Stuttgart, WRP 1984, 714; OLG München, WRP 1984, 713; OLG Köln, bei *Traub*, Wettbewerbsrechtliche Verfahrenspraxis, 2. Aufl., Stichpunkt 11.2.6.; OLG Hamm, WRP 1992, 338; OLG Köln, JurBüro 1995, 269; OLG Nürnberg, GRUR 1996, 79; *Baur/Stürner*, Rdn. 40, 28; *Brox/Walker*, Rdn. 1097; *Bruns/Peters*, § 45 IV 1; *Köhler/Piper*, UWG, vor § 13 Rdn. 329; *MüKo/Schilken*, § 890 Rdn. 15; *Melullis*, Handbuch des Wettbewerbsprozesses, 2.Aufl., Rdn. 955 a. E.; *Rosenberg/Schilken*, § 73 II 3.

Schuschke

sondern auch dann, wenn der Titel nur ex nunc als Vollstreckungsgrundlage entfällt. Letzteres ist etwa der Fall, wenn die Parteien übereinstimmend die Hauptsache für erledigt erklären[39] oder wenn das bisherige Unterlassungsgebot in einem Urteil durch ein anderes in einem Vergleich ersetzt wird,[40] aber auch, wenn eine einstweilige Verfügung wegen später veränderter Verhältnisse aufgehoben wird. Der Gegenmeinung, die auf das Interesse des Gläubigers abstellt, vergangene Zuwiderhandlungen nicht sanktionslos zu lassen, ist entgegenzuhalten, daß ein noch immer vollstreckbarer Titel zu den Grundvoraussetzungen jeder Zwangsvollstreckung zählt und daß es allen Grundsätzen des Vollstreckungsrechts widerspräche, eine Vollstreckungsmaßnahme (hier: den Ordnungsmittelbeschluß) zu einem Zeitpunkt zuzulassen, in dem kein Titel mehr vorhanden ist. Darüberhinaus erfordert es auch der Zweck des § 890, den Schuldner zu künftiger Titelbefolgung anzuhalten, nicht, noch aus vergangenen Zuwiderhandlungen Schlußfolgerungen zu ziehen, wenn künftig ein zu beachtender Titel gar nicht mehr vorhanden ist.

14  c) Der Titel muß dem Schuldner zugestellt worden sein. Auch bei Urteilen, die eine einstweilige Verfügung enthalten, genügt insoweit die Amtszustellung gem. § 317 ZPO.[41] Soweit nach den allgemeinen Regeln erforderlich[42], muß zum Titel Vollstreckungsklausel erteilt sein.[43] Der Gläubiger muß die ihm nach dem Titel obliegende Sicherheitsleistung erbracht haben.[44] Zur Frage, inwieweit diese Vollstreckungsvoraussetzungen auch schon zum Zeitpunkt der zu ahndenden Zuwiderhandlung vorliegen müssen, siehe unten unter IV. 2.[45]

15  4. Die Ordnungsmittel müssen dem Schuldner bereits zuvor **angedroht** worden sein (**Abs. 2**). Die Androhung kann schon im Titel selbst enthalten sein, soweit es sich bei dem Titel um ein Urteil oder einen gerichtlichen Beschluß handelt. Dagegen kön-

---

39 Wie hier: OLG Düsseldorf, WRP 1969, 163; KG, GRUR 1972, 198; OLG Köln, WRP 1974, 48; KG, WRP 1980, 696; OLG Köln, WRP 1983, 291; OLG Hamm, MDR 1985, 591 und WRP 1987, 566; OLG Düsseldorf, WRP 1988, 677 und NJW-RR 1988, 510; OLG Hamm, WRP 1986, 428; OLG Hamm, WRP 1992, 338; *Baumbach/Lauterbach/Hartmann*, § 890 Rdn. 27 Stichwort »Erledigung«; *Pastor*, a. a. O., S. 71, 80; *Stein/Jonas/Brehm*, § 890 Rdn. 27; **a. A.** (Verhängung von Ordnungsmitteln für Zuwiderhandlungen aus der Vergangenheit bleibt möglich): OLG Hamburg, MDR 1968, 1018 und WRP 1973, 275; OLG Frankfurt, NJW 1977, 1204; OLG Köln, JMBlNW 1983, 118; OLG Hamburg, NJW-RR 1987, 1024; OLG Karlsruhe, GRUR 1992, 207; *Brox/Walker*, Rdn. 1097; *Baur/Stürner*, Rdn. 40.28; *Bruns/Peters*, § 45 IV 3; *Melullis*, Handbuch, Rdn. 956; *MüKo/Schilken*, § 890 Rdn. 15; *Rosenberg/Schilken*, § 73 II 3; *Zimmermann*, § 890 Rdn. 4.
40 OLG Stuttgart, NJW-RR 1986, 1255.
41 BGH, WRP 1989, 514.
42 Siehe hierzu: vor §§ 724–734 Rdn. 3, 4.
43 OLG Hamburg, MDR 1965, 143.
44 OLG Koblenz, WRP 1988, 404; OLG Frankfurt, GRUR 1989, 458.
45 Rdn. 24.

nen die Parteien in einen Prozeßvergleich, der trotz der Mitwirkung des Gerichts ein privatrechtlicher Vertrag bleibt, keine Ordnungsmittelandrohung aufnehmen.[46] Insoweit bedarf es immer des nachträglichen Androhungsbeschlusses durch das Prozeßgericht.

Die Androhung sollte regelmäßig expressis verbis sowohl den gesetzlichen Höchstrahmen des Ordnungsgeldes als auch der Ordnungshaft umfassen:[47] »Dem Schuldner wird für jeden Fall der Zuwiderhandlung gegen die Verpflichtung ... Ordnungsgeld bis zu 500 000,– DM ersatzweise Ordnungshaft, oder Ordnungshaft bis zu 6 Monaten angedroht.« Eine nichtbezifferte Androhung von Ordnungsmitteln lediglich »in gesetzlicher Höhe« wäre keine ausreichende Grundlage für eine Ordnungsmittelfestsetzung.[48] Beantragt der Gläubiger, daß dem Schuldner nur ein geringerer Ordnungsmittelrahmen als der gesetzliche Höchstrahmen angedroht werde, ist dem zu entsprechen. Schränkt das Gericht den Rahmen aber von sich aus ein, so kann der Gläubiger hiergegen sofortige Beschwerde mit dem Ziel einlegen, den gesetzlichen Höchstrahmen androhen zu lassen.[49] Eine den gesetzlichen Rahmen überschreitende Androhung ist nicht unwirksam, bildet aber nur die Grundlage für Ordnungsmittel innerhalb des gesetzlichen Höchstrahmens.[50] Ist eines der beiden Ordnungsmittel im Androhungsbeschluß vergessen oder auch nur versehentlich in die dem Schuldner mitgeteilte Beschlußausfertigung nicht aufgenommen worden, kann dieses Ordnungsmittel später auch nicht verhängt werden.[51] Nicht erforderlich, um später Ordnungsgeld festsetzen zu können, ist es, daß dem Schuldner auch bereits Ersatzordnungshaft für den Fall angedroht war, daß das Ordnungsgeld nicht beigetrieben werden könne.[52] Dieser Mangel hindert nur die spätere Vollstreckung der Ersatzhaft.

16

Der Antrag auf Erlaß eines Androhungsbeschlusses und der entsprechende Erlaß dieses Beschlusses selbst sind zulässig, sobald ein wirksamer Unterlassungstitel in der Welt ist. Der Titel selbst muß noch nicht zugestellt sein,[53] sodaß etwa der Gläubiger, der beim Antrag auf Erlaß einer einstweiligen Verfügung den Androhungsantrag vergessen hatte, diesen sogleich nachholen und den Androhungsbeschluß zusammen mit der einstweiligen Verfügung zustellen kann. Da der Schuldner den Unterlassungstitel bei Erlaß des Androhungsbeschlusses noch nicht kennen muß, ist es erst recht nicht Voraussetzung

17

---

46 OLG Schleswig, SchlHA 1969, 232; OLG Stuttgart, WRP 1976, 119; LG Wuppertal, MDR 1978, 236; KG, WRP 1979, 367 und JurBüro 1983, 781; OLG Hamm, MDR 1988, 506; *Pastor*, Der Wettbewerbsprozeß, S. 39; MüKo/*Schilken*, § 890 Rdn. 13; Stein/Jonas/*Brehm*, § 890 Rdn. 12; Zöller/*Stöber*, § 890 Rdn. 12; *Schröder*, NJW 1969, 1285; a. A.: LG Berlin, MDR 1967, 134; OLG Hamm, GRUR 1985, 82; *Hasse*, NJW 1969, 23.
47 OLG Hamm, NJW-RR 1988, 960.
48 OLG Düsseldorf, NJW 1977, 963; OLG Köln, JMBlNW 1979, 257; OLG Schleswig, SchlHA 1979, 214; OLG Hamm, NJW 1980, 1289; BGH, WRP 1995, 923.
49 OLG Hamm, NJW-RR 1988, 960.
50 OLG Hamm, WRP 1983, 552.
51 OLG Düsseldorf, ZZP 1963, 474.
52 OLG Hamm, OLGZ 1993, 450.
53 *Baumbach/Lauterbach/Hartmann*, § 890 Rdn. 19; a. A.: OLG Stuttgart, WRP 1986, 360; VGH Mannheim, NVwZ-RR 1990, 447 und 1993, 520; OLG Köln, FamRZ 1992, 842; MüKo/*Schilken*, § 890 Rdn. 14.

für die Beantragung eines Androhungsbeschlusses, daß der Gläubiger darlegt, der Schuldner habe bereits dem Unterlassungsgebot zuwidergehandelt.[54] Das Rechtschutzbedürfnis für die Androhung von Ordnungsmaßnahmen fehlt auch dann nicht, wenn seit Erlaß des Titels bereits längere Zeit vergangen ist und der Schuldner bisher das Unterlassungsgebot uneingeschränkt befolgt hat.[55] Da die Ordnungsmittelandrohung nur sinnvoll ist, wenn noch die Möglichkeit besteht, daß sie je zur Grundlage einer Ordnungsmittelfestsetzung werden kann, fehlt allerdings ausnahmsweise dann das Rechtschutzbedürfnis für einen Androhungsantrag, wenn über ihn nicht mehr entschieden werden kann, bevor der Unterlassungstitel schon wieder außer Kraft tritt (Androhungsantrag am letzten Tag eines zeitlich befristeten Unterlassungsgebotes).[56]

Gleiches gilt, wenn die Parteien die Vollstreckung des Unterlassungstitels nach § 890 ZPO durch Vereinbarung ausgeschlossen haben. Eine solche Vereinbarung liegt nicht schon konkludent darin, daß die Parteien in einem Prozeßvergleich die Unterlassungsverpflichtung durch ein **Vertragsstrafenversprechen** bewehrt haben.[57] Es kommt insoweit vielmehr auf die Umstände des Einzelfalles an. Beide Sanktionen sind durchaus nebeneinander sinnvoll,[58] sodaß grundsätzlich sogar davon auszugehen ist, daß sich der Gläubiger beide Wege offenhalten wollte. Er braucht sich auch im Einzelfall nicht für den einen oder anderen Weg zu entscheiden,[59] sondern kann beide Sanktionen gleichzeitig nebeneinander in Anspruch nehmen.[60]

18 Die vorherige Androhung der Ordnungsmittel, bevor deren Verhängung dann bei Verstößen gegen das Unterlassungsgebot im Einzelfall beantragt werden kann, ist unverzichtbar. Die Parteien können auch in einem Vergleich nicht vereinbaren, daß dieses Erfordernis entbehrlich sein sollte.[61]

---

54 LG Osnabrück, JurBüro 1958, 175; OLG Hamm, MDR 1988, 506; OLG Zweibrücken, OLGZ 1990, 214; MüKo/*Schilken*, § 890 Rdn. 14.
55 KG, NJW-RR 1987, 507.
56 OLG Köln, MDR 1986, 937.
57 OLG Frankfurt, MDR 1968, 592; OLG Düsseldorf, WRP 1970, 71; OLG Karlsruhe, Justiz 1972, 17; OLG Stuttgart, WRP 1976, 119; KG, WRP 1979, 367; OLG Saarbrücken, NJW 1980, 461; OLG Köln, NJW-RR 1986, 1191.
58 A. A.: OLG Hamm, NJW 1967, 58; OLG Hamm, GRUR 1985, 82.
59 So aber OLG Köln, JurBüro 1969, 365.
60 OLG Köln, NJW-RR 1986, 1191; OLG Düsseldorf, NJW-RR 1988, 1216; a. A.: LG Berlin, WRP 1992, 593; LG Frankenthal, MDR 1992, 362.
61 OLG Köln, MD 1986, 937.

5. Für die begehrte Ordnungsmaßnahme muß noch im Zeitpunkt des Ordnungsmittelantrages ein **Rechtschutzbedürfnis** bestehen.[62] Das Rechtschutzbedürfnis fehlt, wenn aus dem formell wirksam fortbestehenden Titel aufgrund tatsächlicher Umstände künftig, d. h. über den Zeitpunkt hinaus, zu dem der Ordnungsmittelantrag gestellt wurde, keine Unterlassungsansprüche mehr abgeleitet werden können. Das ist etwa der Fall, wenn das Unterlassungsgebot zeitlich befristet war und die Frist zum Zeitpunkt des Ordnungsmittelantrages schon verstrichen ist, wenn auch die Zuwiderhandlung sich noch innerhalb der Frist ereignete; ferner, wenn eine einmalige, auch unter nur vergleichbaren Umständen nicht wiederholbare Handlung zu unterlassen war, die Handlung aber dennoch vorgenommen wurde. In diesen Fällen würde die Verhängung von Ordnungsmitteln ausschließlich auf eine Bestrafung für vergangenes Tun hinauslaufen, während der Zweck der Zwangsvollstreckung, die noch ausstehende Erfüllung des Anspruchs zu sichern, nicht mehr erreicht werden kann. Dem kann nicht entgegengehalten werden, daß dann die ein einmaliges Tun betreffenden Unterlassungsansprüche nicht zwangsvollstreckt werden könnten, daß die angedrohten Ordnungsmittel nie greifen, den Schuldner also auch nicht vor Zuwiderhandlungen abschrecken könnten. Zum einen verbleibt dem Gläubiger der Schadensersatzanspruch wegen Schlecht- oder Nichterfüllung (§ 893 ZPO). Der Schwierigkeit, diesen Schaden im Einzelfall zu berechnen, ist gerade in den Bereichen, in denen Unterlassungsansprüche besonders häufig vorkommen (gewerblicher Rechtschutz und Urheberrecht), durch die Rechtsprechung dadurch Rechnung getragen worden, daß auch auf der Basis einer fiktiven Lizenzgebühr oder der Abschöpfung des Verletzergewinns abgerechnet werden kann.[63] Zum anderen sind die Fälle, in denen dem Schuldner eine Wiederholung der Zuwiderhandlung auch unter Berücksichtigung der sog. Kerntheorie[64] nicht möglich ist, so selten, daß sie die Außerkraftsetzung der allgemeinen vollstreckungsrechtlichen Regeln für den Fall der Unterlassungsvollstreckung nicht rechtfertigen können.

19

6. Dem Schuldner ist vor Erlaß des Ordnungsmittelbeschlusses immer **rechtliches Gehör** zu gewähren. Eine mündliche Verhandlung ist möglich, aber nicht notwendig (§ 891 ZPO). Die entscheidungserheblichen Tatsachen sind durch die jeweils beweisbelastete Partei[65] zu beweisen; eine bloße Glaubhaftmachung genügt nicht.[66] Auch dann,

20

---

[62] LG Essen, MDR 1956, 492; OLG Köln, JMBlNW 1956, 104; OLG Hamm, JurBüro 1959, 478; OLG Hamm, JMBlNW 1965, 116; OLG Karlsruhe, MDR 1972, 699; LAG Hamm, MDR 1975, 696; OLG Düsseldorf, NJW-RR 1988, 510; LAG Hamburg, MDR 1990, 365; OLG Köln, JurBüro 1995, 269; a. A.: OLG Freiburg, NJW 1953, 1718; OLG Karlsruhe, MDR 1954, 746; OLG Karlsruhe, MDR 1957, 428; AG Bensberg, JMBlNW 1958, 247; LG Münster, JMBlNW 1958, 246; OLG Hamburg, WRP 1973, 275; LG Mannheim, Justiz 1974, 335; KG, WRP 1976, 176; OLG Bamberg, MDR 1979, 680; LG Essen, MDR 1983, 500; OLG Hamm, NJW-RR 1990, 1086; OLG Karlsruhe, WRP 1994, 410; BayObLG, NJW-RR 1995, 1040; OLG Nürnberg, GRUR 1996, 79; in der Literatur wie hier alle diejenigen, die auch bei einem Titelfortfall ex nunc keine Ordnungsmittel mehr als zulässig ansehen; der Gegenmeinung folgen diejenigen, die auch bei einem Titelfortfall ex nunc für Zuwiderhandlungen aus der Vergangenheit Ordnungsmittel für zulässig erachten eben, ferner Stein/Jonas/Brehm, § 890 Rdn. 31.
[63] Einzelheiten: *Teplitzky*, Wettbewerbsrechtliche Ansprüche, 6. Aufl., Kap. 34.
[64] Näheres siehe unten Rdn. 21.
[65] Zur Beweislastverteilung siehe unten Rdn. 34.
[66] *Pastor*, Die Unterlassungsvollstreckung, S. 118; *Stein/Jonas/Brehm*, § 891 Rdn. 2.

wenn mündliche Verhandlung stattgefunden hat, ist das gesamte Vorbringen der Parteien bis zum Erlaß der Entscheidung bei der Entscheidungsfindung zu berücksichtigen. Eine Nichtzulassung späteren schriftlichen Vorbringens bei der Entscheidung gem. §§ 296, 296 a ZPO ist ausgeschlossen.[67] Besteht vor dem Prozeßgericht des ersten Rechtszuges nach den allgemeinen Regeln (§ 78 ZPO) **Anwaltszwang**, gilt dies auch für das Ordnungsmittelverfahren, und zwar **auch für den Schuldner.**[68] Das gilt auch dann, wenn es sich bei dem Titel um eine landgerichtliche einstweilige Verfügung handelt, die gem. § 920 Abs. 3 ZPO vom Gläubiger persönlich beantragt worden war.[69] Privatschriftliche Eingaben des Schuldners sind in diesen Fällen also nicht zu berücksichtigen. Der Schuldner ist aber auf den Anwaltszwang hinzuweisen und es ist ihm ausreichend Gelegenheit einzuräumen, einen Anwalt zu beauftragen, bevor über das Ordnungsmittelgesuch des Gläubigers in der Sache entschieden wird.

21 **IV. Die sachlichen Voraussetzungen des Erlasses eines Ordnungsmittelbeschlusses:**
1. Der Schuldner muß dem Unterlassungs- oder Duldungsgebot **zuwidergehandelt** haben. Das ist zunächst immer dann der Fall, wenn die vom Schuldner vorgenommene Handlung mit der Handlung identisch ist, die der Schuldner nach den hinreichend bestimmten Angaben im Titel nicht mehr vornehmen darf[70], also zu unterlassen hat, bzw. bei Duldungsgeboten, wenn der Schuldner die Handlungen Dritter, die er nach dem Titel hinzunehmen hatte, ganz oder teilweise unmöglich gemacht hat. Bei Unterlassungsgeboten liegt eine Zuwiderhandlung aber darüberhinaus auch dann schon vor, wenn der Schuldner Handlungen vorgenommen hat (bzw. hat vornehmen lassen), die von der Verbotsform nur unbedeutend abweichen und deren Abweichungen den Kern der Verletzungshandlung unberührt lassen, die damit ihrerseits schon implizit Gegenstand der Prüfung im Erkenntnisverfahren waren (sog. **Kerntheorie**).[71] Die »Erweiterung« des Schutzumfanges der Unterlassungstitel auf im Kern gleichwertige Handlungen ist notwendig, da sich menschliches Handeln selten bis in die letzten Details identisch wiederholt und weil deshalb Unterlassungsgebote, die konkret und streng auf die gerügte Ver-

---

67 OLG München, MDR 1981, 1025; a. A.: KG, OLGZ 1979, 366.
68 OLG Nürnberg, NJW 1959, 2072; OLG Hamm, NJW 1970, 903; KG, WRP 1976, 175; OLG Frankfurt, WRP 1979, 129; OLG München, MDR 1984, 592; OLG Hamm, GRUR 1985, 235; OLG Düsseldorf, JurBüro 1987, 942; MüKo/*Schilken*, § 890 Rdn. 19; a. A.: LG Berlin, WRP 1976, 194; *Zimmermann*, § 891 ZPO Rdn. 2.
69 OLG Frankfurt, WRP 1979, 129; OLG Düsseldorf, JurBüro 1987, 942.
70 Der bloße Versuch, eine Handlung vorzunehmen, die nach dem Titel zu unterlassen ist, ist nicht ausreichend; siehe unten Rdn. 23 a. E.
71 BGHZ 5, 189; BGH, NJW 1973, 809; OLG München, WRP 1971, 332; OLG Braunschweig, OLGZ 1977, 382; OLG Frankfurt, WRP 1978, 828; OLG Köln, WRP 1986, 626; NJW-RR 1986, 916; NJW-RR 1987, 356; WRP 1989, 334 mit Anm. von *Teplitzky*, OLG Frankfurt, GRUR 1987, 653; NJW-RR 1989, 169; alle mit weiteren Nachw. aus der Rspr.; OLG Hamburg, GRUR 1990, 637; OLG Celle, WRP 1991, 315; OLG Frankfurt, NJW 1995, 892; *Ahrens*, Wettbewerbsverfahrensrecht, 1983, S. 161 ff.; *Baumbach/Hefermehl*, Wettbewerbsrecht, 16. Aufl., EinlUWG Rdn. 480, 581; *Baur/Stürner*, Rdn. 40.21; *Brox/Walker*, Rdn. 1099; *Bruns/Peters*, § 45 I; *Kehl*, Wettbewerbsrecht, 1990, S. 341; MüKo/*Schilken*, § 890 Rdn. 7; *Rosenberg/Schilken*, § 73 I; *Pastor*, Unterlassungsvollstreckung, S. 169; *Stein/Jonas/Brehm*, § 890 Rdn. 33; *Teplitzky*, Wettbewerbsrechtliche Ansprüche, Kap. 57 Rdn. 12 ff.; *Zimmermann*, § 890 ZPO Rdn. 9.

letzungshandlung hin formuliert sind, allzu leicht durch gänzlich unwesentliche Abweichungen bei nachfolgenden Handlungen unterlaufen werden könnten. Dies würde zu ständig neuen Unterlassungstiteln nötigen oder aber die Versuchung nahelegen, das Unterlassungsgebot über den konkreten Vorwurf hinaus allzu unbestimmt weit zu fassen, obwohl eine Wiederholungsgefahr in diesem weiten Umfange bei der Titulierung noch gar nicht ersichtlich ist. Andererseits ist es ein Postulat der Rechtstaatlichkeit, daß der Schuldner immer zweifelsfrei muß erkennen können, was ihm nun wirklich durch den Titel verboten ist. Deshalb müssen der Anwendung der sog. »Kernlehre« in der Vollstreckung enge Grenzen gezogen werden: Handlungen, die der untersagten lediglich im Kern ähnlich, aber nicht mehr in jeder Hinsicht gleichwertig sind, können nicht mehr als Zuwiderhandlung gegen das Unterlassungsgebot behandelt werden.[72]

a) **Beispiele im Kern gleichwertiger Handlungen:** Verbot der Werbung, daß Waren »bis zu 20 % unter den Richtpreisen der Hersteller verkauft« würden; neue Werbung, die Waren würden nunmehr »bis zu 30 %« unter den Richtpreisen verkauft.[73] Oder: Einem Teppichhändler ist es untersagt, während der gesetzlichen Ladenschlußzeiten Verkäufe durchzuführen. Er läßt nunmehr während der Ladenschlußzeiten einen »Auktionator« auftreten, der in dieser Zeit Vordrucke für »Vorgebote« verteilt und entsprechende Gebote entgegennimmt.[74] Oder: Dem Schuldner ist die Wiederholung einer bestimmten Behauptung untersagt. Er verbreitet stattdessen die einstweilige Verfügung, deren Tenor die Behauptung enthält, an Dritte zur Kenntnisnahme.[75] Oder: Dem Schuldner ist es untersagt, für die Eintragung in ein Branchentelefonverzeichnis mit einem Formular zu werben, das rechnungsmäßig aufgemacht ist und dadurch den Eindruck erweckt, als habe der Empfänger bereits einen kostenpflichtigen Auftrag auf Eintragung in dieses Verzeichnis erteilt. Er verwendet nunmehr ein Formular, das insgesamt in anderen Schrifttypen gedruckt ist, den bisherigen Text aber bis auf solche Passagen wiederholt, die mit der »rechnungsmäßigen Aufmachung« in keinem Zusammenhang stehen.[76] Oder: Einem Anzeigenblatt ist untersagt, »in redaktionell gestalteten und nicht als Anzeigen kenntlich gemachten Beiträgen für einzelne Unternehmen zu werben«. Es bringt nunmehr unbezahlte redaktionelle Beiträge, die aber inhaltlich in Reklame für bestimmte Unternehmen abgleiten.[77] Oder: Dem Schuldner ist die Verwendung einer bestimmten Ausstattung für seine Waren untersagt, bei der blickfangmäßig die Abbildung einer bestimmten Landschaft im Vordergrund steht. Der Schuldner verändert die Abbildung dahin, daß auf dem die Landschaft begrenzenden blauen Himmel nunmehr einige wenige kleine Wolken erscheinen.

22

---

72 OLG Köln, WRP 1989, 334 mit Anm. von *Teplitzky*, OLG Hamm, GRUR 1990, 642; OLG Hamburg, GRUR 1990, 637; OLG Frankfurt, NJW-RR 1992, 751 und NJW 1995, 892.
73 OLG Braunschweig, OLGZ 1977, 382.
74 OLG Frankfurt, GRUR 1978, 653.
75 OLG Köln, WRP 1986, 626.
76 OLG Köln, WRP 1976, 116.
77 OLG Frankfurt, GRUR 1987, 751.

In allen Fällen entscheidet letztlich die natürliche Betrachtungsweise aller Einzelmerkmale, die der Verletzungshandlung das Gepräge geben.[78] Dagegen ist nicht entscheidend, ob die zu beurteilende Handlung ebenfalls einen Verstoß gegen die Rechtsnorm, auf der der titulierte Anspruch beruht, bedeuten würde.[79]

23  b) **Beispiele nur ähnlicher, aber im Kern nicht mehr gleichwertiger Handlungen:** Verbot der Verwendung einer irreführenden Geschäftsbezeichnung im geschäftlichen Verkehr; nachfolgend Verwendung von Briefbögen mit dieser Bezeichnung lediglich im Rahmen der Korrespondenz mit dem Gläubiger.[80] Oder: Verbot der Benutzung eines bestimmten Produktionsverfahrens; nachfolgend Einsatz eines äquivalenten Verfahrens, das die Kenntnis des verbotenen Verfahrens voraussetzt, aber tatsächlich unterschiedlich abläuft.[81] Oder: Verbot einer aus zwei Sätzen bestehenden Werbeaussage als Ganzes; nachfolgend Wiederholung nur eines der beiden Sätze in anderem Kontext.[82] Oder: Verbot einer bestimmten Firma wegen Verwechslungsgefahr; nun Nutzung einer sprachlich gänzlich anderen, aber inhaltlich gleichbedeutenden Firma (Data-EDV-Systeme GmbH anstelle von Computer-Systeme-GmbH[83]). Oder: Ein umfangreicherer Schmähbrief des Schuldners gegen den Gläubiger darf nicht weiter versandt werden; in einem neuen Rundschreiben wird eine der Behauptungen aus dem Schmähbrief wiederholt.[84] Oder: Ein Ehegatte hat sich in einem Scheidungsvergleich verpflichtet, keine Unterhaltsansprüche für »das Kind A. geltend zu machen«. Er veranlaßt anschließend das Sozialamt, Unterhaltsansprüche des Kindes geltend zu machen.[85] Oder schließlich: Dem Schuldner ist eine bestimmte Handlung untersagt worden. Er unternimmt anschließend einen fehlgeschlagenen Versuch der Wiederholung dieser Handlung.[86]

24  2. **Maßgeblicher Zeitpunkt der Zuwiderhandlung:** Die Zuwiderhandlung, die Gegenstand eines Ordnungsmittelbeschlusses sein soll, muß zeitlich hinter der Zustellung der Ordnungsmittelandrohung[87] und dem Eintritt (nicht dem Nachweis) der unbedingten Vollstreckbarkeit des Titels liegen; d. h. also Klausel muß noch nicht erteilt, ein verkündeter Titel muß noch nicht zugestellt sein,[88] die die Vollstreckbarkeit bedin-

---

78 Im Einzelfall kann die Entscheidung so schwierig sein, daß es sich für den Gläubiger empfehlen kann, sowohl einen neuen Unterlassungstitel zu beantragen als auch »Bestrafungsantrag« zu stellen: OLG Düsseldorf, WRP 1992, 487.
79 OLG Stuttgart, WRP 1986, 435.
80 OLG Hamm, WRP 1989, 743; ähnlich OLG Hamburg, GRUR 1990, 637.
81 OLG Frankfurt, GRUR 1978, 532.
82 OLG Hamm, WRP 1989, 812.
83 OLG Frankfurt, NJW-RR 1992, 751.
84 OLG Köln, WRP 1989, 334.
85 OLG Frankfurt, Rpfleger 1975, 329.
86 OLG Frankfurt, MDR 1972, 58; OLG Köln, OLG-Report 1993, 187; MüKo/*Schilken*, § 890 Rdn. 12; *Stein/Jonas/Brehm*, § 890 Rdn. 34.
87 Bzw. deren bloßer Verkündung, wenn sie schon im verkündeten Titel selbst enthalten war; vergl. *Stein/Jonas/Brehm*, § 890 Rdn. 20.
88 OLG Hamburg, MDR 1965, 670; KG, MDR 1964, 155; OLG Stuttgart, MDR 1962, 995; OLG Hamburg, MDR 1957, 622; OLG Bremen, JR 1965, 24.

gende Sicherheitsleistung des Gläubigers muß aber erbracht[89] (– und dem Schuldner auch in formalisierter Form nachgewiesen sein –) oder Rechtskraft eingetreten sein.[90] Nichtverkündete Titel (Beschlußverfügungen) müssen dem Schuldner vor der Zuwiderhandlung zugestellt gewesen sein.[91] Verstöße vor Erlaß des Titels sind ohne Bedeutung,[92] selbst wenn der Schuldner in der letzten mündlichen Verhandlung unzweifelhaft auf das zu erwartende Ergebnis hingewiesen wurde; gleiches gilt für Verstöße, die in der Zeit begangen wurden, während der die Zwangsvollstreckung aus dem Titel eingestellt war.[93] Zuwiderhandlungen, die vor der Einstellung der Zwangsvollstreckung liegen, behalten ihre Bedeutung, können aber solange nicht Ausgangspunkt eines Ordnungsmittelbeschlusses sein, wie die Einstellung wirksam ist.[94] Wie bereits dargestellt,[95] spielt der Zeitpunkt der Zuwiderhandlung dann keine Rolle, wenn der Titel zu der Zeit, in der über das Ordnungsmittelgesuch entschieden wird, keinen Bestand mehr hat oder wenn jedenfalls aus ihm über diesen Zeitpunkt hinaus nicht mehr Erfüllung des titulierten Anspruchs verlangt werden kann. Denn in beiden genannten Fällen scheidet die Verhängung von Ordnungsmitteln für vorausgegangene Zuwiderhandlungen grundsätzlich aus.

**3. Behandlung mehrfacher Zuwiderhandlungen gegen den nämlichen Unterlassungstitel:** Grundsätzlich zeigt jeder erneute Verstoß gegen das Unterlassungs- oder Duldungsgebot des Titels, daß der Schuldner nicht gewillt ist, die titulierte Verpflichtung zu erfüllen. Jeder Verstoß gibt deshalb erneut Anlaß, auf den Willen des Schuldners durch Ordnungsmittel einzuwirken. Der strafrechtliche Grundsatz »ne bis in idem« gilt deshalb abgesehen davon, daß es sich bei den Ordnungsmitteln um keine Strafen handelt, insoweit auch aus dem Grunde nicht, daß jede erneute Zuwiderhandlung eine andere, nach Ort, Zeit, den sonstigen Umständen und insbesondere auch dem Grad des Verschuldens allenfalls vergleichbare, aber niemals gleiche Handlung darstellt. Andererseits nötigen der besondere Charakter der Ordnungsmittel als Beugemittel und die rein vollstreckungsrechtliche Betrachtungsweise des Verfahrens nach § 890 auch nicht dazu, jeden dem Unterlassungsgebot zuwiderlaufenden Einzelakt immer isoliert als eine neue Zuwiderhandlung zu behandeln. Vielmehr ist insoweit eine natürliche Betrachtungsweise, wie sie dem strafrechtlichen Denkmodell der Handlungseinheit und der im Strafrecht durch den BGH[96] allerdings weitgehend aufgegebenen Figur

25

---

89 BGH, NJW 1996, 397 mit Anm. von *K. Schmid*, JuS 1996, 463; OLG Frankfurt, NJW-RR 1990, 124; OLG Stuttgart, WRP 1990, 134; OLG München, GRUR 1990, 638.
90 OLG Hamburg, NJW-RR 1986, 1501.
91 LG Flensburg, SchlHA 1979, 215; OLG Hamm, NJW-RR 1986, 679.
92 OLG Nürnberg, GRUR 1965, 563.
93 A. A.: OLG Hamm, WRP 1980, 214.
94 OLG Düsseldorf, JMBlNW 1963, 229.
95 Oben Rdn. 13 und Rdn. 19.
96 BGHSt 40, 138.

der fortgesetzten Tat zugrundeliegt, durchaus angemessen.[97] Denn in der »fortgesetzten Tat«, legt man das bisherige, im Strafrecht nun nicht mehr bedeutsame Denkmodell zugrunde, wird nur ein Willensentschluß des Schuldners wirksam, den es deshalb auch nur einmal zu beugen gilt (u. U. durch ein empfindlicheres Ordnungsmittel, als hätte der Wille sich nur in einem einmaligen Taterfolg manifestiert). Die Änderung der strafrechtlichen Rechtsprechung muß daher im Vollstreckungsrecht, da das Institut hier durchaus sinnvoll bleibt (– es hätte hier auch ohne das Strafrecht entwickelt werden können -), nicht zu einer Abkehr von den zum Fortsetzungszusammenhang entwickelten Grundsätzen führen.[98] Der in diesem, nicht im ursprünglichen strafrechtlichen Sinne bedeutsame »Fortsetzungszusammenhang« wird allerdings durch alle Umstände unterbrochen, die den Schuldner zu einem Überdenken seines Verhaltens und zu einem neuen Entschluß, gegebenenfalls »weiterzumachen«, nötigen.[99] Wann dies der Fall ist, hängt von den Umständen des Einzelfalles ab. Regelmäßig wird schon ein Ordnungsmittelantrag des Gläubigers den Schuldner veranlassen müssen, einen neuen Entschluß zu fassen, jedenfalls aber die Festsetzung eines Ordnungsmittels. Bei Werbeanzeigen wird oft eine zusammengehörende Kampagne unabhängig von der Zahl der oft auf den Typus des Werbeträgers zugeschnittenen, auch teilweise unterschiedlich gestalteten Einzelanzeigen eine einzige Zuwiderhandlung darstellen, jede neue Kampagne, aber auch die nachträgliche Verlängerung einer laufenden dagegen jeweils eine neue Zuwiderhandlung.

4. Eine Zuwiderhandlung kann nur dann Anlaß eines Ordnungsmittelbeschlusses sein, wenn den Schuldner persönlich ein **Verschulden** trifft. Dies folgt allein daraus, daß nur ein vorwerfbar handelnder Schuldner deutlich macht, daß es erforderlich ist, seinen Willen zu beugen, um die lückenlose Erfüllung der titulierten Unterlassungsschuld

---

97 Siehe insoweit (z. T. auch zum hier vergleichbaren Fall des Vertragsstrafeversprechens): BGH, BB 1960, 1225; OLG Karlsruhe, NJW 1956, 1077; OLG Hamburg, MDR 1965, 143; OLG Frankfurt, JZ 1969, 604; OLG Bremen, OLGZ 1971, 183; KG, WRP 1973, 157; LG München, JurBüro 1973, 162; OLG Köln, WRP 1985, 717; OLG Stuttgart, GRUR 1986, 335; OLG Köln, GRUR 1988, 488; OLG Stuttgart, WRP 1989, 544; OLG Zweibrücken, OLGZ 1989, 360; OLG Frankfurt, GRUR 1990, 638; OLG Stuttgart, NJW-RR 1993, 24; OLG Frankfurt, NJW 1995, 2567 (mit abl. Anm. von *Mankowski*, EWiR 1995, 1143); *Baumbach/Lauterbach/Hartmann*, § 890 Rdn. 9; *Köhler*, WRP 1993, 666; *Körner*, WRP 1982, 75; *Teplitzky*, Wettbewerbsrechtliche Ansprüche, Kap. 57 Rdn. 34; *Pastor*, Unterlassungsvollstreckung, S. 215 ff.
98 Wie hier: OLG Frankfurt, NJW 1995, 2567 (mit ablehnender Anm. von *Mankowski*, EWiR 1995, 1143); *Baumbach/Lauterbach/Hartmann*, § 890 Rdn. 9. Wer stattdessen den nämlichen Erfolg über das strafrechtliche Institut der Gesamtstrafe erzielen will (*Mankowski* a.a.O.; OLG Frankfurt, OLGZ 1992, 378), muß sich in seiner Argumentation viel weiter von der vollstreckungsrechtlichen Basis entfernen als bei Beibehaltung der Konstruktion des Fortsetzungszusammenhanges.
99 OLG Bremen, OLGZ 1971, 183; OLG Stuttgart, WRP 1989, 544; OLG Köln, GRUR 1988, 488; OLG Frankfurt, GRUR 1990, 638; OLG Stuttgart, NJW-RR 1993, 24.

zu sichern.¹⁰⁰ Das Verschulden muß sich nicht auf die unmittelbare Verwirklichung eines der Tatbestandselemente des Unterlassungsgebotes beziehen, es genügt, wenn der Schuldner vorwerfbar Ursachen in Gang gesetzt hat, die den tatbestandsmäßigen Erfolg später herbeiführen. Verschulden in diesem Zusammenhang heißt nicht nur Vorsatz, sondern auch jede Form der Fahrlässigkeit. Vorzuwerfen ist dem Schuldner nicht nur aktives Tun, sondern auch das Unterlassen von Maßnahmen, die den Erfolgseintritt hätten verhindern können.¹⁰¹ Hierzu zählt auch ein mögliches Einwirken auf Dritte (Werbeagentur, Abnehmer der Ware, Handelsvertreter, eigene Arbeitnehmer, Familienmitglieder¹⁰² usw.),¹⁰³ die die untersagte Handlung für den Schuldner oder an seiner Stelle vornehmen können. Ein **Verbotsirrtum** des Schuldners kann im Einzelfall das Verschulden ausschließen;¹⁰⁴ jedoch sind insoweit strenge Maßstäbe anzulegen. Anwaltlicher Rat kann den Schuldner nur dann entlasten, wenn es sich um Fragen handelt, in denen eine Beurteilung nicht auch aufgrund eigener (z. B. kaufmännischer oder sonstiger beruflicher) Erfahrung möglich ist.¹⁰⁵ Nimmt der Schuldner in einer offenen Frage ein Risiko in Kauf, wenn er auch hofft, sich im Rahmen der ihm nach dem Titel nicht verbotenen Möglichkeiten zu bewegen, handelt er zumindest fahrlässig. Daß der Gläubiger den Verstoß durch Testpersonen selbst provoziert hat, verringert das Verschulden des Schuldners nicht.¹⁰⁶ Es ist das gute Recht des Gläubigers, zu erproben, ob der Schuldner gewillt ist, den Unterlassungstitel zu befolgen. Er muß es nicht erst auf Verstöße ankommen lassen, die ihm, dem Gläubiger, Schaden zufügen.

Hatte der Schuldner keine Kenntnis vom Titel, weil sein Anwalt ihn nicht oder nicht rechtzeitig informiert hatte (– im Termin wurde ein nicht verabredeter Prozeßvergleich geschlossen; die einstweilige Verfügung wurde unmittelbar an den Anwalt, nicht an die Partei zugestellt; der Anwalt hatte der Partei irrtümlich einen späteren Verkündungstermin mitgeteilt, sodaß sie nicht mit dem Termin rechnete –), so trifft ihn solange kein Verschulden, wie er nicht mit einem Titel rechnen und beim Anwalt deshalb nach-

26

---

100 OLG Frankfurt, MDR 1956, 361; OLG Düsseldorf, GRUR 1965, 193; OLG Hamburg, WRP 1965, 29; OLG Celle, WRP 1973, 101; OLG Karlsruhe, WRP 1975, 533; KG, WRP 1976, 175; OLG Hamburg, MDR 1976, 498; OLG Hamm, WRP 1978, 386; OLG Bremen, WRP 1979, 205; OLG Frankfurt, WRP 1981, 29; OLG Düsseldorf, AfP 1984, 42; OLG Köln, NJW-RR 1986, 1191; OLG Köln, GRUR 1987, 652; OLG Frankfurt, WRP 1992, 185; OLG Hamburg, NJW-RR 1993, 1392; KG. OLGZ 1993, 339; LAG Köln, NZA 1994, 911; BayObLG, NJW-RR 1995, 1040.
101 Siehe oben Rdn. 2; ferner: OLG Hamburg, NJW-RR 1993, 1392.
102 Ob hier eine Unterrichtung über das Unterlassungsgebot ausreicht, wie LG Freiburg, FamRZ 1992, 1208 meint, ist eine Tatfrage. Ist größerer Einfluß möglich, ist er auch auszuüben.
103 Einzelheiten siehe unten Rdn. 28.
104 OLG Köln, NJW-RR 1987, 1471.
105 OLG Köln, WRP 1976, 116; OLG Hamburg, GRUR 1989, 458; weitergehend (anwaltlicher Rat entschuldige in der Regel): OLG Hamburg, MDR 1974, 52.
106 OLG Hamburg, WRP 1981, 221.

fragen mußte.[107] Soweit die Unkenntnis vom Titel auf einem vermeidbaren Organisationsmangel im Bereich des Schuldners beruht, kann sie ihn nicht entlasten.[108] So muß ein Kaufmann immer dafür Sorge tragen, daß er von in seinem Bereich eingegangenen einstweiligen Verfügungen unverzüglich informiert wird.

27   5. Da es sich im Rahmen des § 890 nicht um ein Verschulden im strafrechtlichen Sinne handelt, sondern um eine vorwerfbare Pflichtverletzung innerhalb des durch das Unterlassungsgebot begründeten Schuldverhältnisses, die zeigt, daß der Schuldner nicht alles ihm Mögliche veranlaßt, um die lückenlose Beachtung des titulierten Gebotes sicherzustellen, muß der Schuldner sich auch das **Verhalten Dritter** zurechnen lassen, die in seinem Einflußbereich tätig sind, soweit er die rechtliche und tatsächliche Möglichkeit hat, auf das Verhalten dieser Dritten Einfluß zu nehmen und soweit er nicht alle Möglichkeiten seiner Einflußnahme umfassend ausgeschöpft hat. Der persönliche Schuldvorwurf geht hier dahin, daß der Schuldner durch die Beschäftigung oder Beauftragung dieser Dritten Verletzungsmöglichkeiten eröffnet und nicht gleichzeitig alles Zumutbare getan hat, die hieraus für den Gläubiger resultierenden Gefahren abzuwenden. Kann dem Schuldner im Einzelfall dieser persönliche Vorwurf nicht gemacht werden, so genügt eine gesetzliche Zurechnungsvorschrift allein (etwa §§ 278 BGB, 13 Abs. 4 UWG, 85 Abs. 2 ZPO) nicht, um wegen des Verhaltens Dritter gegen den Schuldner ein Ordnungsmittel zu verhängen.[109] Die Anforderungen an den Schuldner, seinen Einfluß auf von ihm abhängige Dritte geltend zu machen und die in seinem Interesse tätigen Dritten zu kontrollieren, müssen allerdings hoch angesetzt werden.[110] Bloße Hausmitteilungen, Rundschreiben oder sonstige Unterrichtungen mit dem Hinweis auf das, was künftig zu unterlassen sei, sind unzureichend, wenn der Schuldner rechtlich oder auch nur tatsächlich andere Einflußmöglichkeiten hat. Der Schuldner muß in jedem Falle eigene Kontrollen durchführen und gegebenenfalls auch von seinen rechtlichen Möglichkeiten, auf das Verhalten des Dritten einwirken zu können (z. B. Androhen von Schadensersatzansprüchen oder von Disziplinarmaßnahmen), Gebrauch machen. Nur dann, wenn der Schuldner alle ihm nur irgend zumutbaren Maßnahmen ergriffen hat, um sicherzustellen, daß Zuwiderhandlungen gegen den Titel durch Dritte

---

107 LG Frankfurt, WRP 1966, 151; a. A. (Schuldner müsse sich hier das Fehlverhalten des Anwalts immer zurechnen lassen): OLG Frankfurt, GRUR 1987, 652.
108 OLG Köln, Beschl. vom 23. 8. 89 – 6 W 74/89 –, mitgeteilt bei *Traub*, Wettbewerbsrechtliche Verfahrenspraxis, 2. Aufl. unter Stichpunkt 11.2.22.
109 OLG Düsseldorf, MDR 1961, 775; OLG Hamburg, WRP 1966, 106; OLG Hamburg, UFITA 1973, 349; KG, WRP 1976, 176; OLG Hamm, WRP 1979, 802; LG Memmingen, WRP 1983, 301 mit Anm. von *Lenkaitis*; OLG Köln, NJW-RR 1986, 1191; OLG Köln, WRP 1987, 265; OLG München, MD 1987, 1223; OLG Zweibrücken, NJW-RR 1988, 1341; OLG Frankfurt, NJW-RR 1990, 639; *Kehl*, Wettbewerbsrecht, 1990, S. 342; *Stein/Jonas/Brehm*, § 890 Rdn. 25; *Teplitzky*, Wettbewerbsrechtliche Ansprüche, Kap. 57 Rdn. 26; a. A.: OLG Celle, NJW 1959, 1691; OLG München, BB 1963, 1194; OLG Celle, DB 1963, 1463; OLG Koblenz, NJW 1966, 1567; OLG Nürnberg, WRP 1968, 413; OLG Frankfurt, GRUR 1987, 652 (zu § 85 Abs. 2 ZPO)
110 OLG Stuttgart, WRP 1975, 115; OLG München, MD 1987, 1223; OLG Hamburg, NJW-RR 1993, 1392; weniger streng: OLG München, WRP 1985, 25; LG Freiburg, FamRZ 1992, 1208.

in seinem Einflußbereich unterbleiben, entfällt der Schuldvorwurf gegen den Schuldner persönlich.[111]

Veranlaßt der Schuldner[112] einen unabhängigen Dritten, die dem Schuldner untersagte Handlung vorzunehmen, so liegt in dieser Anstiftung ein Verstoß gegen das Unterlassungsgebot.[113] Dolus eventualis des Schuldners ist insoweit ausreichend: Ist etwa dem Schuldner eine Alleinstellungsbehauptung im Wettbewerb untersagt, informiert er daraufhin in einer Pressekonferenz an sich zutreffend, aber bewußt so spitz und mißverständlich über seine Marktposition, daß die Journalisten anschließend über seine Alleinstellung berichten, liegt in der Provokation der Berichterstattung eine Zuwiderhandlung gegen das Unterlassungsgebot.[114]

28

Kein Problem des dem Schuldner zuzurechnenden Drittverstoßes liegt vor, wenn der Schuldner selbst nur in unterschiedlicher Funktion oder unter anderem Namen tätig wird, da das Unterlassungsgebot, soweit der Titel nicht ausdrücklich etwas anderes sagt, den Schuldner unabhängig von der gerade ausgeübten Funktion betrifft. So erfaßt ein gegen den Inhaber einer Einzelfirma gerichtetes Verbot unmittelbar auch solche Handlungen, die er als Geschäftsführer einer von der Einzelfirma rechtlich selbständigen GmbH[115] oder als Organ einer selbständigen Handelsgesellschaft[116] vornimmt. Das Gebot an einen Kaufmann, bestimmte herabsetzende Äußerungen über einen Mitwettbewerber zu unterlassen, betrifft ihn auch als »privaten« Mitbürger, der Leserbriefe schreibt.

29

6. **Mögliche Einwendungen des Schuldners:** Der Schuldner kann sich im Ordnungsmittelverfahren nicht mit materiellrechtlichen Einwendungen gegen die titulierte Schuld verteidigen, etwa damit, der Unterlassungsanspruch sei infolge veränderter Umstände entfallen (– Etwa: Die verbotene Werbung sei wegen veränderter Verkehrsanschauung nicht mehr zur Irreführung geeignet[117]; die Benutzung des Grundstücks des Schuldners durch den Gläubiger sei nicht mehr notwendig, da dieser nunmehr einen anderen Zugang zu seinem Grundstück habe; das Warenzeichen des Gläubigers sei

30

---

111 OLG Köln, WRP 1987, 265.
112 Ist Schuldner allein eine GmbH und nicht auch deren Geschäftsführer, so genügt es allerdings, um ein Verschulden der GmbH anzunehmen, nicht, daß der Geschäftsführer als Privatperson einen Dritten, z. B. eine andere GmbH, deren Geschäftsführer er ebenfalls ist, zur Verletzung des Unterlassungsgebotes veranlaßt: OLG Frankfurt, CR 1994, 541 mit zustimmender Anm. von *Ulrich*, EWiR 1994, 775.
113 OLG Koblenz, NJW-RR 1990, 639.
114 OLG Köln, GRUR 1984, 909 und 1986, 570.
115 OLG Koblenz, WRP 1978, 833; OLG Hamm, WRP 1971, 34.
116 OLG Hamm, WRP 1979, 802.
117 Zulässig wäre allerdings die Verteidigung, die gerügte Werbung sei mit der verbotenen gar nicht identisch, da Zusätze zum untersagten Text die Irreführungsgefahr beseitigten. Die Beweislast für die Beseitigung der Irreführungsgefahr trägt in einem solchen Fall der Schuldner: BGH, NJW 1992, 2358.

zwischenzeitlich gelöscht; u. ä. -)[118] oder der Anspruch sei verjährt.[119] Derartige Einwendungen können allein mit der Vollstreckungsabwehrklage geltend gemacht werden. Für den Erfüllungseinwand gegenüber der Vollstreckung aus einem Duldungstitel gilt nur dann eine Ausnahme, wenn der als Erfüllung zu wertende Sachverhalt unstreitig ist und die Parteien nur über dessen rechtliche Bewertung streiten,[120] etwa, wenn der Schuldner die Benutzung seines Grundstücks dulden muß, bis der Gläubiger eine bestimmte Baumaßnahme beendet hat, und die Parteien nun in der rechtlichen Bewertung der Beendigung der Baumaßnahme uneins sind.

31  Daß der Schuldner wegen der gleichen Zuwiderhandlung bereits von anderen Gläubigern, denen er die nämliche Unterlassungspflicht schuldete, im Wege der Zwangsvollstreckung in Anspruch genommen und daß insoweit auch schon ein Ordnungsgeld gegen ihn festgesetzt worden war, steht der Durchführung des Ordnungsmittelverfahrens nicht entgegen. Der strafrechtliche Grundsatz »ne bis in idem« gilt hier nicht,[121] da jeder Gläubiger einen selbständigen Vollstreckungsanspruch hat, das Verschulden gegenüber den einzelnen Gläubigern zudem unterschiedlich hoch sein und damit unterschiedliche Ordnungsmittel rechtfertigen kann.

32  Eine juristische Person oder eine Handelsgesellschaft als Schuldner kann sich im Ordnungsmittelverfahren nicht damit entlasten, daß die Person, die die Zuwiderhandlung begangen hatte, zwischenzeitlich nicht mehr in ihren Diensten ist.[122] Auch ein Ausscheiden sämtlicher Gesellschafter, die zur Zeit der Zuwiderhandlung der Gesellschaft angehörten und der Eintritt neuer »unbelasteter« Gesellschafter steht dem Ordnungsmittelverfahren nicht entgegen, kann aber für die Höhe des festzusetzenden Ordnungsgeldes von Bedeutung sein.[123]

33  7. **Beweislastverteilung:** Der Gläubiger muß den objektiven Verstoß des Schuldners gegen das Unterlassungsgebot beweisen. Glaubhaftmachung genügt nicht. Deshalb muß das Gericht gegebenenfalls auch Zeugen und Sachverständige hören. Eidesstattliche Versicherungen genügen nicht. Will der Schuldner allerdings geltend machen, sein Tun verletze nur noch scheinbar das Unterlassungsgebot; er habe Vorkehrungen getroffen, daß der durch das verbotene Handeln befürchtete Verletzungserfolg nicht mehr eintreten könne (z.B. Vermeidung befürchteter Verbrauchertäuschungen durch anderweitige Aufklärungsmaßnahmen), so ist er in vollem Umfange hierfür beweispflichtig.[124] Das

---

118 BGH, MDR 1973, 482; OLG Köln, NJW-RR 1987, 1471; *Külper*, WRP 1974, 131; *Pastor*, Die Unterlassungsvollstreckung, S. 209; *Pietzcker*, GRUR 1973, 257; *Völp*, GRUR 1984, 486.
119 Zur Verjährungseinrede: OLG Karlsruhe, GRUR 1979, 571; BGHZ 59, 72.
120 OLG Hamm, OLGZ 1985, 222; a. A. (Erfüllungseinwand sei immer zu berücksichtigen): LG Bonn, MDR 1965, 304.
121 OLG Hamm, NJW 1977, 1203; OLG Köln, WRP 1976, 185; OLG Frankfurt, NJW 1984, 316; *Teplitzky*, Wettbewerbsrechtliche Ansprüche, 6. Aufl., Kap. 57, Rdn. 35.
122 OLG Zweibrücken, GmbHRdsch 1988, 307.
123 OLG Zweibrücken, GmbHRdsch 1988, 307.
124 BGH, NJW 1992, 2358.

persönliche Verschulden des Schuldners ist, da Vollstreckungsvoraussetzung, grundsätzlich vom Gläubiger zu beweisen.[125] Jedoch kommt ihm insoweit eine Beweiserleichterung zugute, als nach erwiesener objektiver Verletzungshandlung eine tatsächliche Vermutung dafür spricht, daß der Schuldner auch vorwerfbar gehandelt hat.[126] Gegen die Übernahme dieser zivilrechtlichen Beweisregeln zu Lasten des Schuldners sprechen keine verfassungsrechtlichen Bedenken.[127] Es ist Sache des Schuldners, darzulegen und zu beweisen, daß er alles ihm Zumutbare getan hat, um die Beachtung des Titels sicherzustellen. Diese Beweiserleichterung ist insbesondere dann gerechtfertigt, wenn die unmittelbare Zuwiderhandlung durch Dritte aus der Einflußsphäre des Schuldners begangen wurde.[128] Es wäre dem außenstehenden Gläubiger gar nicht möglich, im einzelnen darzutun, welche Vorkehrungen der Schuldner unterlassen hat, um die Zuwiderhandlung abzuwenden.

**V. Der Inhalt des Ordnungsmittelbeschlusses:** 1. Das Gericht hat unter Berücksichtigung aller Umstände des Einzelfalles und unter Beachtung des Grundsatzes der Verhältnismäßigkeit zu wählen, ob es Ordnungsgeld oder Ordnungshaft verhängt. Ordnungshaft kommt als primäres Ordnungsmittel nur in Betracht, wenn ausnahmsweise feststeht, daß Ordnungsgeld den Beugezweck unter keinen Umständen erfüllen kann.[129] 34

a) **Ordnungsgeld** kann in Höhe von 5,- DM bis zu 500 000,- DM verhängt werden, wenn nicht ausnahmsweise von vornherein ein niedrigerer Ordnungsmittelrahmen angedroht war. Bei der Festlegung der Höhe hat das Gericht sich davon leiten zu lassen, welcher Druck erforderlich erscheint, um den Schuldner künftig zur Titelbefolgung zu veranlassen.[130] Dabei sind sowohl der Grad des Verschuldens[131] zu berücksichtigen als auch die wirtschaftliche Leistungsfähigkeit des Schuldners,[132] ferner der wirtschaftliche Erfolg, den der Schuldner bei einer weiteren Nichtbeachtung des Titels erzielen könnte.[133] Feste Taxen (etwa ein bestimmter Bruchteil des Wertes des Unterlassungsanspruchs)[134] sollte es insoweit nicht geben, da sie den Einzelfall zu wenig berücksichtigen. Muß der Schuldner wegen der gleichen Zuwiderhandlung die Zwangsvollstreckung auch noch durch weitere Gläubiger dulden, so können die bereits festgesetzten Ordnungsgelder im Einzelfall insofern mindernd berücksichtigt werden, als u. U. 35

---

125 *Ahrens*, Wettbewerbsverfahrensrecht, S. 23; *Stein/Jonas/Brehm*, § 890 Rdn. 38; *Zimmermann*, § 890 Rdn. 13.
126 *Baumbach/Hefermehl*, Wettbewerbsrecht, 18. Aufl., Einl. UWG Rdn. 588; *Kehl*, Wettbewerbsrecht, § 35 Rdn. 8; OLG Zweibrücken, GRUR 1986, 839; KG, OLGZ 1993, 339; noch weitergehend (volle Beweislastumkehr zu Lasten des Schuldners): *Pastor*, Unterlassungsvollstreckung, S. 202; *Dietrich*, Individualvollstreckung, S. 74.
127 BVerfGE 84, 82.
128 *Stein/Jonas/Brehm*, § 890 Rdn. 38; OLG Zweibrücken, OLGZ 1978, 372.
129 *Brox/Walker* Rdn. 1105; *Jauernig*, § 27 IV; *MüKo/Schilken*, § 890 Rdn. 20.
130 OLG Stuttgart, NJW-RR 1993, 25.
131 OLG Köln, BB 1977, 219; WRP 1986, 626; WRP 1987, 569.
132 AG Münster, MDR 1962, 581; OLG Nürnberg, WRP 1968, 413.
133 OLG Köln, WRP 1987, 569.
134 So aber OLG Hamburg, NJW-RR 1987, 1014; OLG Frankfurt, NJW-RR 1990, 639; zu Recht gegen diese Praxis: BGH, NJW 1994, 45.

nur noch ein geringeres weiteres Ordnungsgeld erforderlich erscheint, um den Willen des Schuldners auch zugunsten des derzeitigen Vollstreckungsgläubigers zu beugen. Auch eine vom Schuldner wegen der gleichen Zuwiderhandlung an den Vollstreckungsgläubiger zusätzlich zu zahlende Vertragsstrafe kann zu einer geringeren Ordnungsgeldfestsetzung,[135] niemals aber zur Herabsetzung auf null DM führen. Die Höchstgrenze von 500 000,- DM gilt nur für jedes einzelne Ordnungsgeld, kann also bei mehrfacher Verhängung von Ordnungsgeld aufgrund ein und desselben Titels durchaus überschritten werden. Sie gilt zudem nur für die einzelne Zuwiderhandlung gegen einen ganz bestimmten Titel. Haben verschiedene Gläubiger unterschiedliche Titel erwirkt, durch die aber dem Schuldner (u. a. auch) die nämliche Unterlassungsverpflichtung auferlegt worden ist, so ist diese Höchstgrenze weder bei der Festsetzung auf Antrag der einzelnen Gläubiger jeweils aufgrund der verschiedenen Titel noch bei der späteren Beitreibung[136] zu beachten. Es handelt sich um ganz verschiedene, nicht miteinander zu verknüpfende Zwangsvollstreckungen, während das Gesetz immer auf die Zwangsvollstreckung aus einem ganz bestimmten Titel abstellt.

**36** b) Zusammen mit dem Ordnungsgeld ist sogleich (– und zwar auch ohne entsprechenden Antrag des Gläubigers[137] –), wenn im Titel oder im anschließenden Beschluß gem. Abs. 2 eine entsprechende Androhung enthalten war, **Ersatzordnungshaft** für den Fall, daß das Ordnungsgeld nicht beigetrieben werden kann, festzusetzen. Über die Höhe dieser Ersatzordnungshaft entscheidet das Ermessen des Gerichts. Es gelten also nicht die Regeln des StGB über Tagsätze. Andererseits muß bei der Festsetzung der Beugezweck der Ordnungsmittel mit Berücksichtigung finden. Er wäre nicht mehr gewahrt, wenn die Ersatzordnungshaft so niedrig bemessen wäre, daß sie keine abschreckende Wirkung entfalten kann (z. B. 3 Tage Ersatzordnungshaft bei einem Ordnungsgeld von 7 500,- DM).[138] Ersatzordnungshaft ist nicht nur festzusetzen, wenn der Schuldner eine natürliche Person ist, sondern auch gegen eine juristische Person, dann aber mit der Maßgabe, daß sie an deren Organen zu vollziehen sei.[139] Voraussetzung der Festsetzung ist allerdings, daß schon im Androhungsbeschluß eine Androhung enthalten war[140]. Auch für die Ersatzordnungshaft gilt, daß sie im Einzelfall

---

135 OLG Köln, NJW-RR 1986, 1191; OLG Düsseldorf, NJW-RR 1988, 1216.
136 A. A. die wohl überwiegende Auffassung: OLG Köln, WRP 1976, 185; OLG Frankfurt, WRP 1983, 692; *Stein/Jonas/Brehm*, § 890 Rdn. 41.
137 BGH, NJW-RR 1992, 1453.
138 OLG Frankfurt, GRUR 1987, 940.
139 BGH, NJW 1992, 749.
140 A. A. die h. M., die hier Art. 8 EGStGB mit der Folge anwendet, daß auch eine nachträgliche Festsetzung ohne vorherige Androhung zulässig sei: MüKo/*Schilken*, § 890 Rdn. 22; *Thomas/Putzo*, § 890 Rdn. 29. Auch nach der hier vertretenen Auffassung steht die fehlende Androhung der Ersatzordnungshaft nur der Verhängung dieser Haft, nicht etwa schon der Verhängung des angedrohten Ordnungsgeldes selbst entgegen: OLG Hamm, OLGZ 1993, 450; *Baumbach/Lauterbach/Hartmann*, § 890 Rdn. 34.

*Erzwingung von Unterlassungen und Duldungen* § 890

nicht 6 Monate und im Falle mehrfacher Verhängung aufgrund einunddesselben Titels insgesamt 2 Jahre nicht überschreiten darf.[141]

c) **Ordnungshaft** als primäres Ordnungsmittel kommt nur ausnahmsweise in Betracht, wenn feststeht, daß Ordnungsgeld den Beugezweck nicht erfüllen könnte. Der Höchstrahmen für den Einzelfall und für die mehrfache Vollstreckung aus demselben Titel ergibt sich aus Abs. 1 S. 1 und S. 2. Die Mindestdauer (1 Tag) folgt aus Art. 6 Abs. 2 S. 1 EGStGB. Gegen Mitglieder der Nato-Streitkräfte darf keine Ordnungshaft verhängt werden (Art. 34 Abs. 2 Zusatzabkommen zum Nato-Truppenstatut).  37

**2. Der Adressat der Ordnungsmittelfestsetzung:** Grundsätzlich sind die Ordnungsmittel gegen den Schuldner persönlich, dem sie zuvor auch angedroht waren, festzusetzen. Ist der Schuldner eine juristische Person, so ist die Ordnungshaft jedoch deren gesetzlichen Vertretern anzudrohen und auch gegen diese festzusetzen. Abzustellen ist auf den gesetzlichen Vertreter, dessen Willen zu beugen ist, also nicht immer auf denjenigen, der schon im Titel als gesetzlicher Vertreter genannt ist. Entscheidend ist die tatsächliche gesetzliche Vertretung, auch wenn sie noch nicht bekannt gemacht war.[142] Dadurch bwird der Titel nicht etwa zu unbestimmt[143]. Ordnungsgeld kann gegen den gesetzlichen Vertreter nur dann festgesetzt werden, wenn er neben dem Vertretenen auch selbst Titelschuldner ist.[144] In diesem Fall ist schon im Festsetzungsbeschluß auszusprechen, daß beide als Gesamtschuldner für die Einbringung des einheitlich gegen sie festgesetzten Ordnungsgeldes einzustehen haben.[145] Auch gegen Körperschaften des öffentlichen Rechts ist die Festsetzung von Ordnungsmitteln gem. § 890 möglich.[146]  38

Stirbt der Schuldner eines Unterlassungsanspruchs nach der Zuwiderhandlung, aber vor Festsetzung des Ordnungsmittels, so sind gegen den Erben mangels persönlichen Verschuldens keine Ordnungsmittel festzusetzen. Ein anhängiges Ordnungsmittelverfahren ist vielmehr in der Hauptsache für erledigt zu erklären.[147] Nach Klauselumschreibung muß den Erben, falls die Androhung noch nicht im Titel enthalten war, zunächst ein sie selbst betreffender Beschluß nach Abs. 2 zugestellt werden. Scheidet der Vertreter einer juristischen Person, der schuldhaft gegen das Unterlassungsgebot gehandelt hatte, vor Festsetzung von Ordnungsmitteln aus, so ist zu differenzieren:

---

141 Wie hier: *Brox/Walker*, Rdn. 1103; *Pastor*, Unterlassungsvollstreckung, S. 276; MüKo/*Schilken*, § 890 Rdn. 22; *Stein/Jonas/Brehm*, § 890 Rdn. 42; *Thomas/Putzo*, § 890 Rdn. 29; *Zöller/Stöber*, § 890 Rdn. 18; a. A. (Art. 6 Abs. 2 S. 1 EGStGB sei maßgeblich): *Baumbach/Hefermehl*, Wettbewerbsrecht, 18. Aufl, EinlUWG Rdn. 591; *Baumbach/Lauterbach/Hartmann*, § 890 Rdn. 17.
142 OLG Frankfurt, Rpfleger 1978, 134.
143 BGH, NJW 1992, 749.
144 OLG Braunschweig, JZ 1959, 94; *Baur/Stürner*, Rdn. 40.26; Pastor, Unterlassungsvollstreckung, S. 283, 287; *Zöller/Stöber*, § 890 Rdn. 6; a. A. (Ordnungsgeldfestsetzung auch gegen den gesetzlichen Vertreter aus Titel gegen Vertretenen): *Brox/Walker*, Rdn. 1106; *Stein/Jonas/Brehm*, § 890 Rdn. 61.
145 OLG Hamm, NJW-RR 1987, 383; siehe ferner: LG Köln, JR 1965, 147; LG Düsseldorf, GRUR 1967, 166; OLG Hamburg, GRUR 1988, 458.
146 BSG, NJW 1989, 796 mit Anm. von *Krauskopf*, SG b 1989, 261.
147 KG, BB 1985, 2245; OLG Hamm, MDR 1986, 156.

Die Festsetzung eines Ordnungsgeldes gegen die juristische Person wird hierdurch nicht behindert. Ersatzordnungshaft ist in diesem Fall gegen den neuen gesetzlichen Vertreter festzusetzen, der es ja nun allein in der Hand hat, dafür zu sorgen, daß die juristische Person das Ordnungsgeld bezahlt.[148] Primäre Ordnungshaft kann in einem solchen Fall dagegen nicht festgesetzt werden: Die Festsetzung gegen den früheren gesetzlichen Vertreter scheidet aus, da dessen Wille nicht mehr zu beugen ist.[149] Eine Festsetzung gegen den neuen gesetzlichen Vertreter kommt nicht in Betracht, da ihn kein Verschulden trifft, also nicht feststeht, daß sein Wille für die Zukunft überhaupt zu beugen ist.[150]

Der Verhängung eines Ordnungsmittels gegen eine GmbH steht nicht entgegen, daß die GmbH bei Erlaß des Titels und bei der Zuwiderhandlung noch nicht eingetragen und deshalb noch Vorgesellschaft war. Die gegen die Vorgesellschaft erteilte Vollstreckungsklausel muß nicht auf die GmbH umgeschrieben werden.[151]

39  3. **Kostenentscheidung:** Der über den Ordnungsmittelantrag entscheidende Beschluß ist in jedem Falle mit einer Kostenentscheidung zu versehen. Es gelten insoweit die zu § 887 ZPO[152] und zu § 888 ZPO[153] dargelegten Gründe entsprechend.[154] Die Kostenentscheidung orientiert sich also an den zu § 788 ZPO entwickelten Regeln zur »Notwendigkeit der Zwangsvollstreckung«.

40  4. Die Ordnungsmittelbeschlüsse müssen immer so detailliert begründet sein, daß es dem Beschwerdegericht möglich ist, nachzuprüfen, welchen konkreten Sachverhalt das Prozeßgericht seiner Entscheidung zugrundgelegt und ob es das ihm eingeräumte Ermessen hinsichtlich der Art und der Höhe des Ordnungsmittels sachgemäß angewendet und nicht etwa überschritten hat.[155] Da es sich bei dem Ordnungsmittelbeschluß um kein Strafurteil handelt, gilt § 35 a StPO auch nicht entsprechend. Der Beschluß ist also nicht mit einer Rechtsmittelbelehrung zu versehen.[156] Anderes gilt allerdings gem. § 9 Abs. 5 ArbGG für Ordnungsmittelbeschlüsse der Arbeitsgerichte als Prozeßgerichte.

148 Soweit dies im Einzelfall eine unbillige Härte bedeutet, kann Art. 8 Abs. 2 EGStGB eingreifen; OLG Köln, OLGZ 1989, 475.
149 A. A.: *Stein/Jonas/Brehm*, § 890 Rdn. 62.
150 KG, GRUR 1983, 795.
151 OLG Stuttgart, NJW-RR 1989, 637.
152 Siehe dort Rdn. 19.
153 Siehe dort Rdn. 29.
154 Für die Notwendigkeit einer Kostenentscheidung, allerdings teilweise mit unterschiedlicher Begründung, ebenfalls: AG Siegburg, JMBlNW 1964, 136; OLG Bremen, NJW 1971, 58; OLG Hamm, Rpfleger 1973, 104; OLG Karlsruhe, Justiz 1973, 50; Justiz 1977, 377; OLG München, MDR 1983, 1029; OLG Koblenz, AnwBl 1984, 216; OLG Hamm, MDR 1985, 590; zur Streitfrage, ob diese Kostenentscheidung auf der Grundlage des § 788 ZPO oder nach § 91 ZPO zu fällen ist, siehe § 788 Rdn. 8 und § 887 Rdn. 19. Im Entwurf einer 2. Zwangsvollstreckungsnovelle (BT-Drucks. 13/341) ist dem § 891 ZPO ein neuer Satz 3 angefügt, der ausdrücklich klarstellt, daß die Kostenentscheidung in den Fällen der §§ 888–890 ZPO nach den §§ 91 ff. ZPO zu erfolgen habe.
155 OLG Frankfurt, NJW 1969, 58.
156 OLG Hamm, MDR 1975, 409.

**VI. Kaution (Abs. 3):** Sind künftige Zuwiderhandlungen des Schuldners gegen das Unterlassungsgebot möglich und anhand des festgestellten bisherigen Verhaltens auch zu besorgen,[157] so kann der Gläubiger gem. Abs. 3 verlangen, daß der Schuldner zur **Sicherheitsleistung** für durch fernere Zuwiderhandlungen entstehende Schäden auf bestimmte Zeit verurteilt werde. Diese Anordnung muß dem Schuldner nicht vorher angedroht worden sein. Es muß auch noch kein Ordnungsmittel festgesetzt sein. Die Feststellung der vorausgegangenen Zuwiderhandlung kann auch erstmals im Beschluß nach Abs. 3 selbst erfolgen. Der Gläubiger muß die anzuordnende Sicherheitsleistung in seinem Antrag nicht beziffern.[158] Das Gericht kann den Betrag anhand der Angaben des Gläubigers gem. § 287 ZPO schätzen. Der Beschluß muß in seinen Gründen genau angeben, für welchen konkreten Zeitraum die Festsetzung erfolgte.[159] Kommt der Schuldner der Anordnung zur Sicherheitsleistung nicht nach, kann der Gläubiger den Beschluß nach § 887 ZPO vollstrecken.[160]

41

**VII. Die Vollstreckung der festgesetzten Ordnungsmittel:** Die Vollstreckung erfolgt anders als bei § 888 ZPO nicht auf Veranlassung (Antrag) des Gläubigers,[161] sondern von amtswegen durch das Prozeßgericht. Zuständig für die Einleitung der Vollstreckungsmaßnahmen ist der Rechtspfleger (§§ 31 Abs. 3, 4 Abs. 2 Nr. 2 a RPflG).

42

**1. Ordnungsgeld** wird auf Anordnung des Rechtspflegers nach den Vorschriften der Justizbeitreibungsordnung von den Vollziehungsbeamten der Gerichtskasse beigetrieben (§§ 1 Abs. 1 Nr. 3, 2 Abs. 1 JBeitrO). Vollstreckungsbehörde i. S. der JustizbeitreibungsO ist der Vorsitzende des Prozeßgerichts.[162] Er entscheidet deshalb darüber, ob dem Schuldner gem. Art. 7 EGStGB Zahlungserleichterungen gewährt werden.[163] Das Ordnungsgeld fließt in die Staatskasse. Die Vollstreckung ist ausgeschlossen, wenn seit Erlaß des Ordnungsmittelbeschlusses zwei Jahre verstrichen sind (Art. 9 Abs. 2 EGStGB). Die Verjährung ruht allerdings, solange die Vollstreckung aus dem Festsetzungsbeschluß eingestellt oder dem Schuldner Zahlungsaufschub gewährt ist (Art. 9 Abs. 2 S. 4 EGStGB).

43

**2.** Zuständig für die Vollstreckung der **Ordnungshaft** ist der Rechtspfleger des Prozeßgerichts, nicht der der Staatsanwaltschaft.[164] Die Vollstreckung richtet sich nach den §§ 904 ff. ZPO,[165] nicht nach den Regeln der StrVollstrO.[166] Daß in § 890 ein Hinweis

44

---

157 Es muß also bereits eine konkrete Zuwiderhandlung festgestellt sein; vergl. *Brox/Walker*, Rdn. 1102; *Stein/Jonas/Brehm*, § 890 Rdn. 56.
158 OLG Frankfurt, Rpfleger 1978, 267.
159 OLG Nürnberg, JurBüro 1968, 250.
160 Siehe dort Rdn. 10.
161 Siehe insoweit § 888 Rdn. 33.
162 §§ 1 Abs. 1 Nr. 3, 2 b der Einforderungs- und Beitreibungsordnung.
163 *Baumbach/Hefermehl*, Wettbewerbsrecht, 18. Aufl, Einl UWG Rdn. 591 will §§ 42 StGB, 459 ff. StPO entsprechend anwenden.
164 OLG München, NJW-RR 1988, 1407.
165 Wie hier: *Brox/Walker*, Rdn. 1109; *Böhm*, Die Zwangsvollstreckung nach § 890 ZPO, 1971, S. 87; MüKo/*Schilken*, § 890 Rdn. 24; *Rosenberg/Schilken*, § 73 II 4.
166 So aber: *Stein/Jonas/Brehm*, § 890 Rdn. 44 in Fußn. 233; *Baur/Stürner*, Rdn. 40.29; *Zimmermann*, § 890 Rdn. 25; *Baumbach/Lauterbach/Hartmann*, Übers. § 899 Rdn. 2.

wie in § 888 Abs. 1 S. 3 ZPO fehlt, ist kein zwingendes Argument gegen die hier vertretene Auffassung, die deutlich macht, daß es sich auch bei der Ordnungshaft um keine Kriminalstrafe, sondern lediglich um ein Beugemittel handelt. Der Hinweis in § 888 macht lediglich deutlich, daß dort die gesamte Vollstreckung in der Hand des Gläubigers liegt.

Erweist sich im Einzelfall die Vollstreckung einer bereits angeordneten Ersatzordnungshaft als unbillige Härte, ist Art. 8 Abs. 2 EGStGB anwendbar:[167] Das Gericht (– nicht der Vorsitzende als Vollstreckungsbehörde –) kann anordnen, daß die Vollstreckung unterbleibt. Für den Antrag, aus Billigkeitsgründen von der Vollstreckung der Ersatzordnungshaft abzusehen, besteht vor dem Landgericht kein Anwaltszwang. Der Schuldner kann diesen Antrag also auch persönlich stellen.[168]

Eine nach § 890 ZPO festgesetzte Ordnungshaft ist nicht gnadenfähig.[169] Sie wird demnach auch von keiner Amnestie betroffen. Dies folgt zum einen daraus, daß es sich um keine Strafe, sondern um ein Beugemittel handelt, zum anderen auch daraus, daß eine Begnadigung den Gläubiger in seinem Vollstreckungsanspruch beeinträchtigen würde.[170]

45 **VIII. Rückzahlung bereits geleisteter Ordnungsgelder nach Aufhebung des Vollstreckungstitels:** Ist, nachdem das Ordnungsgeld rechtskräftig festgesetzt und anschließend auch beigetrieben worden war, nachträglich der Titel in Wegfall gekommen, entsteht nicht automatisch ein Rückzahlungsanspruch gegen die Staatskasse. Denn der Rechtsgrund für den Anspruch auf das Ordnungsgeld und die Legitimation für das Behaltendürfen des beigetriebenen Ordnungsgeldes ist der Ordnungsmittelbeschluß, nicht der diesem zugrundeliegende Titel. Solange der Ordnungsmittelbeschluß nicht aufgehoben ist, kommt eine Rückzahlung nicht in Betracht.[171] Eine nachträgliche Aufhebung des rechtskräftigen Ordnungsmittelbeschlusses in entsprechender Anwendung der §§ 775 Nr. 1, 776 ZPO kommt aber nur dann in Betracht, wenn der Titel später ex tunc entfallen ist, der früheren Vollstreckung (= Erlaß des Ordnungsmittelbeschlusses) also aus der Rückschau von Anfang an die innere Berechtigung fehlte.[172] Wird der Titel nur ex nunc aufgehoben, kann er zwar nicht mehr Legitimation für neue Ordnungsmittelbeschlüsse sein, selbst wenn es um zurückliegende Zuwiderhandlungen geht,[173] abgeschlossene und unanfechtbare Vollstreckungsmaßnahmen werden aber nicht mehr berührt.[174] Die Aufhebung des Ordnungsmittelbeschlusses erfolgt ihrerseits durch Beschluß, der als Entscheidung im Zwangsvollstreckungsverfahren mit der sofortigen Beschwerde gem. § 793 ZPO anfechtbar ist. Die Rückzahlung des Ordnungsgeldes ist

---

167 OLG Köln, OLGZ 1989, 475.
168 OLG Köln, OLG-Report 1992, 29.
169 JM Bad.-Württ., Justiz 1979, 227 mit Anm. von *Holch*; OLG Koblenz, WRP 1983, 575; a. A.: OLG Frankfurt, OLGZ 1980, 336.
170 *Bruns/Peters*, § 45 III; *Stein/Jonas/Brehm*, § 890 Rdn. 48.
171 BGH, NJW-RR 1988, 1530.
172 OLG Hamm, GRUR 1990, 306; OLG Köln, OLGZ 1992, 448; *Stein/Jonas/Münzberg*, § 890 Rdn. 45; a. A. (auch bei Titelfortfall ex tunc keine Aufhebung rechtskräftiger Ordnungsmittelbeschlüsse mehr möglich): OLG Neustadt, MDR 1962, 140; OLG Frankfurt, Rpfleger 1980, 199; OLG Koblenz, WRP 1983, 575.
173 Siehe oben Rdn. 13.
174 OLG Zweibrücken, NJW-RR 1988, 1280; OLG Hamm, GRUR 1990, 306.

dann nach Aufhebung des Ordnungsmittelbeschlusses ein reiner Verwaltungsvorgang der Gerichtskasse.

Nimmt der Gläubiger den Ordnungsmittelantrag zurück, nachdem bereits ein Ordnungsmittelbeschluß ergangen und das Ordnungsgeld bezahlt ist, so ist der Ordnungsmittelbeschluß, falls er noch nicht rechtskräftig ist, auf Antrag des Schuldners analog § 269 Abs. 3 S. 1 ZPO für wirkungslos zu erklären.[175] Die Gerichtskasse hat dann ohne weiteres das Ordnungsgeld zurückzuzahlen. Eine Antragsrücknahme nach Rechtskraft kann den Ordnungsmittelbeschluß nicht mehr beseitigen. Gegebenenfalls kann der Schuldner die der Antragsrücknahme zugrundeliegende Vereinbarung mit dem Gläubiger aber mit der Klage nach § 767 ZPO geltend machen. 46

IX. **Rechtsbehelfe:** Gegen die Ablehnung seines Ordnungsmittelantrages ebenso wie gegen die Festsetzung eines seiner Ansicht nach zu niedrigen Ordnungsmittels[176] steht dem **Gläubiger** das Rechtsmittel der sofortigen Beschwerde (§ 793 ZPO) zu. In der Beschwerdeinstanz kann der Gläubiger nach den für die Klageänderung geltenden Grundsätzen auch Verhängung von Ordnungsmitteln für Zuwiderhandlungen beantragen, die im ersten Rechtszug noch nicht geltend gemacht waren.[177] 47

Der **Schuldner** kann sowohl den Erlaß des Ordnungsmittelbeschlusses schlechthin als auch die Höhe und Art des verhängten Ordnungsmittels mit der sofortigen Beschwerde angreifen. Gleiches gilt für eine ablehnende Entscheidung über einen Antrag, einen rechtskräftigen Ordnungsmittelbeschluß nach Wegfall des Titels ex tunc nachträglich aufzuheben.[178] Auch im Ordnungsmittelverfahren ist die Anwendbarkeit des § 765 a ZPO zu Gunsten des Schuldners grundsätzlich nicht ausgeschlossen,[179] wenngleich die besonderen Härteklauseln des EGStGB (Art. 7, 8 Abs. 2) Vorrang haben, schon wegen der besonderen Zuständigkeiten. Über einen Antrag nach § 765 a ZPO hat der Rechtspfleger des Vollstreckungsgerichts, nicht des Prozeßgerichts zu entscheiden. 48

Im Verfahren der sofortigen Beschwerde gilt für den Gläubiger wie für den Schuldner Anwaltszwang nach den allgemeinen Regeln (§ 78 ZPO).[180] Die sofortige Beschwerde gegen einen Beschluß des Landgerichts muß also von einem Anwalt eingereicht werden, der bei dem Gericht zugelassen ist, bei dem die Beschwerde eingereicht wird, also, wenn nach § 577 Abs. 1 S. 2 ZPO vorgegangen wird, von einem beim OLG zugelassenen Anwalt. Wird die Beschwerde entsprechend der Regel des § 569 Abs. 1, 1. Halbs. ZPO beim LG durch einen dort zugelassenen Anwalt eingereicht, so kann dieser, solange vor dem OLG nicht mündlich verhandelt wird, die Beschwerde nachfolgend unmittelbar schriftsätzlich gegenüber dem OLG begründen, da die §§ 567 ff. 49

---

175 OLG Düsseldorf, WRP 1988, 374.
176 OLG Karlsruhe, NJW 1957, 917; OLG Frankfurt, GRUR 1987, 940.
177 OLG Stuttgart, WRP 1990, 134.
178 OLG Hamm, GRUR 1990, 306; a. A. (unanfechtbar): OLG München, MDR 1984, 592.
179 LG Frankenthal, Rpfleger 1982, 479.
180 OLG Stuttgart, MDR 1965, 391; OLG München, MDR 1984, 592; OLG Köln, WRP 1986, 116; OLG Hamburg, OLGZ 1991, 346; a. A.: KG, NJW 1961, 612.

ZPO die Begründung einer Beschwerde nicht zwingend vorschreiben, sodaß auch bei fehlender Begründung in der Sache entschieden werden müßte.[181]

50 Über die Kosten des Beschwerdeverfahrens ist nach §§ 91 ff. ZPO unter Berücksichtigung des § 788 ZPO zu entscheiden.[182] Hat die Beschwerde des Schuldners Erfolg, weil gar kein Ordnungsmittel festgesetzt werden durfte, trägt der Gläubiger die Kosten; wird aber nur das verhängte Ordnungsgeld herabgesetzt und hatte der Gläubiger in erster Instanz sich nicht auf einen bestimmten Mindestbetrag festgelegt, sondern lediglich auf ein »empfindliches« Ordnungsgeld angetragen und hat er auch in zweiter Instanz nicht ausdrücklich darauf bestanden, daß es mindestens bei dem verhängten Ordnungsgeld bleiben müsse, so führt die Anwendung des § 788 ZPO dazu, daß dem Schuldner trotz seines Erfolges die gesamten Kosten beider Instanzen aufzuerlegen sind.[183]

51 Materiellrechtliche Einwendungen gegen den Unterlassungsanspruch selbst, etwa, daß die untersagte Werbung infolge Änderung der Verbraucheranschauungen nicht mehr irreführe und deshalb auch kein Grund zur Unterlassung mehr bestehe,[184] kann der Schuldner nur mit der Klage nach § 767 ZPO geltend machen.[185] Für materiellrechtliche Einwendungen gegen einen in einem Vergleich niedergelegten Unterlassungsanspruch kommt u. U. auch die Fortsetzung des ursprünglichen Rechtsstreits in Betracht,[186] falls die Einwendungen zur ursprünglichen Unwirksamkeit des Vergleichs selbst führen (anfängliches Fehlen der Vergleichsgrundlage; Sittenwidrigkeit; Anfechtung wegen arglistiger Täuschung u. ä.).

52 **X. Streitwert und Gebühren:** Der **Streitwert** des Verfahrens bemißt sich unabhängig von der Höhe des zu erwartenden Ordnungsgeldes nach dem Vollstreckungsinteresse des Gläubigers.[187] Es ist nach § 3 ZPO zu schätzen und nicht unbedingt identisch mit dem Streitwert des titulierten Anspruchs,[188] kann sich aber mit diesem im Einzelfall durchaus decken.[189] Der Streitwert einer Beschwerde des Schuldners gegen eine Ordnungsgeldfestsetzung ist dagegen durch die Höhe des Ordnungsgeldes begrenzt.[190]

**Gerichtsgebühren** entstehen im gesamten Verfahren nach § 890 ZPO nicht; die Gerichtsgebühren eines Beschwerdeverfahrens ergeben sich aus KV Nr. 1181 (eine 10/10-Gebühr im Falle der Zurückweisung oder Verwerfung). Für den Anwalt ist die Teilnahme am Verfahren nach Abs. 1 jeweils eine besondere Angelegenheit (§ 58 Abs. 3

---

181 OLG Köln, WRP 1986, 116.
182 OLG Köln, WRP 1986, 626 und WRP 1987, 569.
183 OLG München, MDR 1983, 1029; OLG Köln, WRP 1987, 569.
184 Siehe den Fall OLG Köln, NJW-RR 1987, 1471.
185 Siehe auch oben Rdn. 31.
186 Einzelheiten: § 767 Rdn. 26.
187 OLG München, MDR 1983, 1029.
188 OLG Nürnberg, JurBüro 1965, 61 und MDR 1984, 762.
189 OLG Frankfurt, JurBüro 1974, 501.
190 OLG München, MDR 1955, 306; OLG Düsseldorf, MDR 1977, 676; a. A.: OLG Köln, OLG-Report 1994, 138 (maßgeblich sei das - meist höhere - Interesse an der Nichtdurchführung der Zwangsvollstreckung).

Nr. 9 BRAGO), eine weitere besondere Angelegenheit die Teilnahme am Verfahren nach Abs. 3 (§ 58 Abs. 3 Nr. 10 BRAGO). Die Erwirkung eines Androhungsbeschlusses nach Abs. 2 ist dagegen von der allgemeinen Vollstreckungsgebühr mit abgegolten (§§ 57 Abs. 1, 58 Abs. 2 Nr. 6 BRAGO).

Wirkt ein Patentanwalt an der Vollstreckung eines warenzeichenrechtlichen Unterlassungsanspruchs mit, gilt § 140 Abs. 5 MarkenG.[191] Die Notwendigkeit der Mitwirkung ist also nicht zu prüfen.

Die Kosten für Detektive und Testkäufer zur Überwachung des Unterlassungsgebotes sind notwendige Kosten der Zwangsvollstreckung, wenn sie den Erfolg des Ordnungsmittelverfahrens mit herbeiführen und der Gläubiger nachweist, daß er die erforderlichen Ermittlungen nicht in weniger aufwendiger Weise durchführen konnte.

---

191 So zum insofern gleichlautenden § 32 Abs. 5 WZG: OLG München, GRUR 1978, 499; OLG Frankfurt, GRUR 1979, 340; OLG Düsseldorf, GRUR 1983, 512; a. A.: OLG Düsseldorf, GRUR 1969, 245.

§ 891 Verfahren; Anhörung des Schuldners

¹Die nach den §§ 887 bis 890 zu erlassenden Entscheidungen können ohne mündliche Verhandlung ergehen. ²Vor der Entscheidung ist der Schuldner zu hören.

1 I. In den Verfahren nach §§ 887–890 ZPO herrscht nach Maßgabe des § 78 ZPO Anwaltszwang.[1] Das gilt nicht nur für den das Verfahren einleitenden Antrag des Gläubigers, sondern auch für Stellungnahmen des Schuldners.[2] Auch dann, wenn der Gläubiger den Titel vor dem LG ausnahmsweise ohne Anwalt erstreiten konnte (§ 920 Abs. 3 ZPO), muß für das nachfolgende Zwangsvollstreckungsverfahren ein Anwalt bestellt werden.[3]

2 II. Da die Vollmacht aus dem Verfahren auf Erlangung des Titels gem. § 81 S. 1 ZPO auch für das Vollstreckungsverfahren fortgilt, ist der Vollstreckungsantrag des Gläubigers dem aus den Akten des Erkenntnisverfahrens ersichtlichen Prozeßbevollmächtigten des Schuldners zur Stellungnahme zuzuleiten, nicht dem Schuldner persönlich, um dem **Anhörungserfordernis des S. 2** Genüge zu tun.[4] Findet eine mündliche Verhandlung statt,[5] so gelten für die Anordnung des persönlichen Erscheinens des Schuldners die allgemeinen Regeln der §§ 141, 279 Abs. 2 ZPO. Die Anwesenheit des Schuldners ist auch im Ordnungsmittelverfahren nach § 890 ZPO nicht erforderlich, da es sich um kein »Strafverfahren«, sondern um zivilprozessuale Zwangsvollstreckung handelt.

3 III. Der entscheidungserhebliche Sachverhalt muß bewiesen, nicht nur glaubhaft gemacht sein. Für die Durchführung einer möglichen Beweisaufnahme gelten die allgemeinen Regeln der §§ 355 ff. ZPO.
Antwortet der Schuldner im Rahmen seiner Anhörung auf konkrete und substantiierte Tatsachenbehauptungen nicht, können diese als zugestanden behandelt werden. § 138 Abs. 3 ZPO gilt insoweit aber nur eingeschränkt.[6]

4 IV. Die Entscheidung ergeht in allen Fällen der §§ 887, 888, 890 ZPO durch Beschluß, der zu begründen ist. Ergeht der Beschluß auf eine mündliche Verhandlung hin, ist er zu verkünden (§ 329 Abs. 1 S. 1 ZPO). Im übrigen gelten für die Frage, ob der Beschluß formlos mitzuteilen oder förmlich zuzustellen ist, die allgemeinen Regeln der Abs. 2 und 3 des § 329 ZPO.

---

1 Einzelheiten: § 887 Rdn. 12; § 888 Rdn. 15; § 890 Rdn. 9.
2 Siehe auch § 890 Rdn. 20.
3 OLG Frankfurt, WRP 1979, 129; OLG Düsseldorf, JurBüro 1987, 942.
4 Eine Stellungnahme des Schuldners persönlich ist aber, soweit sie zur Aufklärung des Sachverhalts beiträgt, zu beachten: MüKo/*Schilken*, § 891 Rdn. 4.
5 Sie ist auch für das Verfahren nach § 890 ZPO nicht notwendig; vergl. BVerfG, NJW 1982, 1635.
6 OLG Düsseldorf, NJW-RR 1991, 1088.

**V.** Der Entwurf einer 2. Zwangsvollstreckungsnovelle[7] sieht vor, der Vorschrift folgenden Satz 3 anzufügen: »Für die Kostenentscheidung gelten die §§ 91–93, 95–100, 106, 107 entsprechend.«[8]

5

---

7 BT-Drucks. 13/341.
8 Zum Hintergrund der beabsichtigten Neuregelung siehe § 890 ZPO Fußn. 154.

## § 892 Widerstand des Schuldners

Leistet der Schuldner Widerstand gegen die Vornahme einer Handlung, die er nach den Vorschriften der §§ 887, 890 zu dulden hat, so kann der Gläubiger zur Beseitigung des Widerstandes einen Gerichtsvollzieher zuziehen, der nach den Vorschriften des § 758 Abs. 3 und des § 759 zu verfahren hat.

**Literatur:** *Herzig,* Die Gebühren des Gerichtsvollziehers im Falle des § 892 ZPO, JurBüro 1969, 15.

1  I. Die Vorschrift regelt **Fälle:** Zum einen kann eine nach § 887 ZPO angeordnete Ersatzvornahme nur durchführbar sein, wenn der Schuldner denjenigen, die »handeln« wollen und sollen, keinen physischen Widerstand entgegensetzt. Zum anderen kann der nach dem Titel zur Duldung bestimmter Handlungen im Interesse des Gläubigers verpflichtete Schuldner die Erfüllung der titulierten Schuld dadurch verweigern, daß er die Vornahme der Handlungen mit Gewalt verhindert. Der erste Fall liegt etwa vor, wenn der Schuldner zur Vornahme bestimmter Renovierungsarbeiten in seiner Wohnung verurteilt wurde, der Gläubiger durch Beschluß gem. § 887 Abs. 1 ZPO ermächtigt wurde, diese Arbeiten selbst durch Handwerker durchführen zu lassen, und der Schuldner den Handwerkern den Zutritt zu seiner Wohnung verwehrt. Hier stellt die Hinzuziehung des Gerichtsvollziehers lediglich eine Hilfsmaßnahme im Rahmen der Vollstreckung dar. Der zweite Fall dagegen liegt vor, wenn die Handlung, die der Schuldner nach dem Titel zu dulden hat (z. B. das Überfahren seines Grundstücks durch Fahrzeuge des Gläubigers), durch die Gewaltanwendung seitens des Gerichtsvollziehers (indem er z. B. die Barrikaden beseitigt und den Schuldner hindert, neue aufzustellen) ermöglicht wird. Hier liegt in der Tätigkeit des Gerichtsvollziehers die unmittelbare Zwangsvollstreckung des Titels; § 892 bietet hier also einen alternativen Weg zu § 890; er ermöglicht nicht das Vorgehen nach § 890 (– wie im Falle des § 887 ZPO –), sondern ersetzt es. § 890 ist nicht einschlägig, wenn nicht der Schuldner Widerstand leistet, sondern Dritte, etwa Sympathisanten des Schuldners, die Zwangsvollstreckung erschweren.[1] Insoweit ist nicht das Vollstreckungsrecht gefragt, sondern gegebenenfalls das Polizei- und Ordnungsrecht nach den einschlägigen landesrechtlichen Vorschriften.

2  II. Soweit der Gerichtsvollzieher zur Brechung des Widerstandes gewaltsam in die Wohnung des Schuldners eindringen muß, gelten die allgemeinen Regeln zu § 758 Abs. 1 ZPO i. V. mit Art. 13 Abs. 2 GG:[2] Muß nach dem Titel oder dem Beschluß nach § 887 Abs. 1 ZPO der Schuldner die Handlung gerade (– und nicht nur zufällig in der konkreten Vollstreckungssituation –) in seiner Wohnung dulden, enthält schon der Titel bzw. der Ermächtigungsbeschluß die richterliche Genehmigung, gewaltsam in die Wohnung des Schuldners einzudringen. Ansonsten muß diese Genehmigung gesondert eingeholt werden.[3]

---

1 OLG Hamburg, OLGZ 1991, 441.
2 Einzelheiten siehe § 758 Rdn. 2; ferner: § 887 Rdn. 18.
3 A. A. (nie zusätzliche Genehmigung erforderlich): *Stein/Jonas/Brehm,* § 892 Rdn. 2.

III. Der Gerichtsvollzieher wird vom Gläubiger hinzugezogen, nicht vom Prozeßgericht. Der Gläubiger muß dem Gerichtsvollzieher bei Auftragserteilung nicht nachweisen, daß der Schuldner Widerstand geleistet hat, wohl aber, daß alle Vollstreckungsvoraussetzungen vorliegen.[4] Der Gerichtsvollzieher prüft in eigener Verantwortung, ob und welche Gewaltmaßnahmen notwendig sind. Er hat, wie in allen Fällen des § 758 Abs. 3 ZPO, so rücksichtsvoll wie möglich vorzugehen. Über das Vorgehen ist ein Protokoll aufzunehmen.[5]

IV. Der Gerichtsvollzieher erhält für seine Tätigkeit die Gebühr des § 24 Nr. 3 GVKostG. War die Hinzuziehung des Gerichtsvollziehers objektiv notwendig, so handelt es sich bei dessen Kosten um Kosten der Zwangsvollstreckung (§ 788 ZPO), die der Schuldner erstatten muß.

---

4 Siehe § 185 Nr. 1 GVGA.
5 Einzelheiten: § 185 Nr. 3 GVGA.

§ 893   Klage auf Leistung des Interesses

(1) Durch die Vorschriften dieses Abschnitts wird das Recht des Gläubigers nicht berührt, die Leistung des Interesses zu verlangen.
(2) Den Anspruch auf Leistung des Interesses hat der Gläubiger im Wege der Klage bei dem Prozeßgericht des ersten Rechtszuges geltend zu machen.

1   I. Die Vorschrift gilt für die Fälle der §§ 883–892 ZPO, dagegen nicht im Falle des § 894 ZPO,[1] falls ausschließlich zur Abgabe einer Willenserklärung verurteilt wurde. Denn durch Abs. 1 wird kein selbständiger Schadensersatzanspruch gewährt, sondern lediglich klargestellt, daß das etwa aufgrund bürgerlich-rechtlicher Vorschriften bestehende Recht anstelle der zwangsweisen Durchsetzung des Anspruchs auf Herausgabe, Vornahme einer Handlung, Unterlassung usw. Schadensersatz verlangen zu können, von den Zwangsvollstreckungsvorschriften der ZPO nicht berührt wird.[2] Ist der ursprünglich titulierte Anspruch aber erfüllt (– wie im Falle des § 894 ZPO mit Rechtskraft des Urteils –), ist kein Raum mehr für diesen Schadensersatzanspruch. § 893 einschließlich der Zuständigkeitsregelung in Abs. 2 gilt somit von vornherein **nicht** für die Fälle, in denen kummulativ neben dem Herausgabeanspruch usw. auch noch zusätzlich Schadensersatz verlangt werden kann (Beispiel: Die herauszugebende Sache ist vom Besitzer in der Zeit seines Besitzes beschädigt worden).

2   II. Die Frage, ob überhaupt, unter welchen Voraussetzungen im einzelnen und ab wann anstelle des titulierten Anspruchs auf Herausgabe usw. Schadensersatz verlangt werden kann, bestimmt sich **allein** nach den Vorschriften des materiellen Rechts, etwa §§ 280, 283, 286, 325 BGB. § 893 Abs. 1 ZPO begründet also keinen Vorrang der Vollstreckung der im 3. Abschnitt des 8. Buches der ZPO geregelten Vollstreckungsarten, sodaß der den Schadensersatzanspruch Geltendmachende auch nicht darlegen oder gar nachweisen muß, daß er zuvor vergeblich die Vollstreckung nach §§ 883 ff. ZPO versucht hat,[3] es sei denn, die materiellrechtliche Anspruchsgrundlage (z. B. aus einem Vertrag) sieht dies selbst ausnahmsweise vor. Da eine vorausgegangene Vollstreckung nach §§ 883 ff. ZPO keine Voraussetzung des Schadensersatzanspruchs ist, gilt § 893 einschließlich der Zuständigkeitsregelung in Abs. 2 auch in den Fällen, in denen eine Vollstreckung des zur Vornahme einer Handlung verurteilenden Titels von vornherein gem. § 888 Abs. 2 ZPO ausgeschlossen ist.

3   III. Für den Fall, daß über den Herausgabeanspruch, Anspruch auf Vornahme einer Handlung usw. bereits ein gerichtlicher Titel vorliegt, bestimmt **Abs. 2** die ausschließliche Zuständigkeit dieses Prozeßgerichts des ersten Rechtszuges auch für die Geltendmachung des Schadensersatzanspruchs unabhängig davon, ob dieses Gericht nach den allgemeinen Gerichtsstandsregeln für diese Klage zuständig wäre (Beispiele: Der Herausgabeanspruch ist vom Amtsgericht tituliert; der Schadensersatzanspruch wird nun-

---

1 *Baumbach/Lauterbach/Hartmann*, § 893 Rdn. 1; *Brox/Walker*, Rdn. 1124; *Stein/Jonas/Brehm*, § 893 Rdn. 1.
2 BGHZ 23, 215.
3 *Stein/Jonas/Brehm*, § 893 Rdn. 2; *Thomas/Putzo*, § 893 Rdn. 3.

mehr über 10000,– DM beziffert. Dennoch ist das AG nunmehr auch zur Entscheidung über den Schadensersatzanspruch berufen). Abs. 2 begründet allerdings nur eine ausschließliche **sachliche und örtliche** Zuständigkeit, nicht auch eine ausschließliche funktionelle. Hat das Familiengericht im Rahmen eines Scheidungsverfahrens durch einstweilige Anordnung einem Ehegatten die Herausgabe von Hausratsgegenständen an den anderen Ehegatten aufgegeben, so wird ein möglicher Schadensersatzanspruch nicht zur Familiensache, also nicht die Zuständigkeit des Familiengerichts für eine Klage auf Leistung des Interesses begründet,[4] wohl aber die Zuständigkeit der Zivilprozeßabteilung des Amtsgerichts, bei dem das Familiengericht eingerichtet ist, auch wenn der Streitwert ansonsten die landgerichtliche Zuständigkeit begründen würde.[5]

Abs. 2 gilt nur für die **klageweise** Geltendmachung des Anspruchs. Macht ihn der Gläubiger, woran ihn § 893 nicht hindert, im Wege der Aufrechnung in einem anderen Rechtsstreit geltend, wird die Zuständigkeit dieses Gerichts durch diese Aufrechnung nicht berührt.[6] Andererseits kann Abs. 2 durchaus der Zulässigkeit einer Widerklage entgegenstehen (§§ 33 Abs. 2, 40 Abs. 2 ZPO). 4

---

4 OLG Düsseldorf, FamRZ 1985, 406; a. A. (Familiengericht zuständig): LG München II, FamRZ 1992, 335.
5 OLG Koblenz, FamRZ 1982, 507.
6 *Baumbach/Lauterbach/Hartmann*, § 893 Rdn. 1; *Stein/Jonas/M. Brehm*, § 893 Rdn. 3.

## § 894 Fiktion der Abgabe einer Willenserklärung

(1) ¹Ist der Schuldner zur Abgabe einer Willenserklärung verurteilt, so gilt die Erklärung als abgegeben, sobald das Urteil die Rechtskraft erlangt hat. ²Ist die Willenserklärung von einer Gegenleistung abhängig gemacht, so tritt diese Wirkung ein, sobald nach den Vorschriften der §§ 726, 730 eine vollstreckbare Ausfertigung des rechtskräftigen Urteils erteilt ist.

(2) Die Vorschrift des ersten Absatzes ist im Falle der Verurteilung zur Eingehung einer Ehe nicht anzuwenden.

### Inhaltsübersicht

| | | Rdn. |
|---|---|---|
| | Literatur | |
| I. | Anwendungsbereich der Vorschrift | 1 |
| | 1. Keine Anwendung bei Prozeßvergleichen und vollstreckbaren Urkunden | 1 |
| | 2. Keine Anwendung bei Willensäußerungen rein tatsächlicher Art | 2 |
| | 3. Bestimmtheitserfordernis | 3 |
| | 4. Anwendbar auch bei Willenserklärungen gegenüber Dritten | 4 |
| II. | Beispiele aus der Rechtsprechung zur Anwendbarkeit des § 894 | 5 |
| III. | Durchführung der Vollstreckung nach § 894 | 6–10 |
| IV. | Keine Vorverlegung der Rechtskraftwirkung durch Sicherheitsleistung | 11 |
| V. | Abs. 2 | 12 |
| VI. | Rechtsbehelfe | 13 |

Literatur: *Dietrich*, Die Individualvollstreckung, 1976; *Dilcher*, Der Eintritt der Wirksamkeit gemäß § 894 ZPO abgegebener Willenserklärung, Diss. Frankfurt 1953; *ders.*, Die Vollstreckung der Abgabe einer Willenserklärung, ZZP 1954, 210; *Furtner*, Vorläufige Vollstreckbarkeit von Urteilen, auf Grund derer eine Eintragung im Grundbuch vorgenommen werden soll, JZ 1964, 19; *Gross*, Die Vollstreckung der Urteile auf Abgabe einer Willenserklärung, JurBüro 1957, 26; *Helle*, Das Urteil auf Widerruf einer ehrverletzenden Behauptung und seine Vollstreckung, NJW 1963, 129; *Löwenheim*, Zulässigkeit und Vollstreckbarkeit von Stimmbindungsvereinbarungen (zu BGHZ 48, 183), JuS 1969, 260; *Nietsch*, § 894 ZPO. Das Urteil auf Abgabe einer Willenserklärung als privatrechtsgestaltender Staatsakt. Unter besonderer Hervorhebung seiner Ersatzfunktion, Diss. Hamburg, 1966; *Pantaleon*, Probleme bei der Anwendung der Fiktion von Willenserklärungen in der Zwangsvollstreckung, Diss. Freiburg 1977; *Pabst*, Prozessuale Probleme bei Rechtsstreitigkeiten wegen Entziehung von Geschäftsführungs- bzw. Vertretungsbefugnis sowie Ausschließung eines Gesellschafters, BB 1978, 892; *Peters*, Die Erzwingbarkeit vertraglicher Stimmrechtsbindungen, AcP 1957, 311; *Ritter*, Zum Widerruf einer Tatsachenbehauptung, ZZP 1971, 163; *Rüttinger*, Die Klage auf Abgabe einer Willenserklärung und ihr Verhältnis zu den Ansprüchen des materiellen Rechts, Diss. Würzburg 1953; *Schmidt*, Zur Gebühr des Anwalts für Maßnahmen, die nach der Abgabe einer Willenserklärung (§ 894 ZPO) noch erforderlich sind, JurBüro 1965, 120; *K. Schmidt*, Zum Prozeßstoff bei Herausgabeklagen aus Rücktritt, Wandlung und ungerechtfertigter Bereicherung, MDR 1973, 973; *Tiedtke*, Der Zeitpunkt, zu dem die subjektiven

Voraussetzungen des § 1365 BGB vorliegen müssen, FamRZ 1975, 65; *Wieser,* Das Urteil auf Abgabe einer Willenserklärung – ein Vollstreckungsakt?, Festschr. f. Söllner, 1990; *ders.,* Begriff und Grenzfälle der Zwangsvollstreckung, 1995; *Wurzer,* Die Zwangsvollstreckungsnatur des die Willenserklärung ersetzenden Urteils und die Ebenbürtigkeit des Prozeßvergleichs mit diesem Urteil, AcP 1920, 248; *Zawar,* Vorläufige Vollstreckbarkeit von Urteilen, denen eine auf Auflassung gerichtete Klage zugrunde liegt, JZ 1975, 168.

**I. Anwendungsbereich der Vorschrift:** 1. Als Vollstreckungstitel, die nach § 894 ZPO zwangsweise durchgesetzt werden können, kommen nur gerichtliche Entscheidungen, die der formellen Rechtskraft fähig sind,[1] in Betracht. Dies sind zunächst inländische Urteile, ausländische Urteile in Verbindung mit einer inländischen Vollstreckbarkeitsentscheidung (§§ 722, 723 ZPO),[2] ferner gerichtliche Beschlüsse (etwa im Rahmen des § 1383 BGB), auch einstweilige Verfügungen,[3] die auf Abgabe einer Willenserklärung lauten,[4] schließlich Schiedssprüche und Anwaltsvergleiche in Verbindung mit der gerichtlichen Vollstreckbarerklärung.[5] Nicht nach § 894 ZPO vollstreckbar sind dagegen vollstreckbare Urkunden und Prozeßvergleiche.[6] Letztere müssen nach § 888 ZPO vollstreckt werden.[7] Ist der Inhalt der Willenserklärung im Vergleich zu unbestimmt wiedergegeben, sodaß eine Vollstreckung nach § 888 ZPO ausscheidet,[8] muß entweder auf Abgabe der nunmehr im Antrag hinreichend konkretisierten Erklärung geklagt werden[9] oder der Gläubiger muß sich mit einem möglichen Schadensersatzanspruch zufriedengeben (§ 893 ZPO).

2. Von ihrem Inhalt her muß es sich bei der geschuldeten Willenserklärung um eine rechtsgeschäftliche Erklärung, eine rechtsgeschäftsähnliche oder sonst unmittelbar im Rechtsverkehr sich auswirkende Erklärung,[10] nicht dagegen eine Erklärung über rein tatsächliche Umstände, die der Schuldner kennt und die er dem Gläubiger oder Dritten mitteilen soll, handeln. Denn nur bei ersteren steht der Inhalt aufgrund der einschlägigen Rechtsnormen fest, sodaß er bereits im Tenor des Titels festgelegt werden kann. Bei letzteren muß der Schuldner erst sein Wissen selbst formulieren. Dies kann aber nur

---

1 Zum Begriff der »formellen« Rechtskraft: § 705 Rdn. 1.
2 *Baur/Stürner,* Rdn. 41.6; *Rosenberg/Schilken,* § 72 I 2; *Stein/Jonas/Brehm,* § 894 Rdn. 4. *Wieser,* Begriff und Grenzfälle der Zwangsvollstreckung, S. 94, hält bei ausländischen Urteilen auf Abgabe einer Willenserklärung ein Vollstreckungsurteil generell für entbehrlich.
3 Einzelheiten insoweit siehe aber unten Rdn. 6; siehe ferner: *Schuschke* in *Schuschke/Walker,* Bd. 2, § 938 ZPO Rdn. 36.
4 Dazu, daß einstw. Verfügungen auch ausnahmsweise die Abgabe von Willenserklärungen zum Gegenstand haben können: OLG Frankfurt, MDR 1954, 686; OLG Stuttgart, NJW 1973, 908; ferner *Jauernig,* ZZP 1966, 341; *Schuschke* in *Schuschke/Walker,* Bd. 2, § 938 ZPO Rdn. 36 m.w.N.
5 BGH, KTS 1961, 31.
6 OLG Hamm, NJW 1956, 918; OLG Koblenz, DGVZ 1986, 138; BGH, MDR 1986, 931; a. A. *Wurzer,* AcP 1920, 248.
7 Siehe hierzu: § 888 Rdn. 4.
8 Siehe hierzu: § 888 Rdn. 4 und Rdn. 17.
9 Zum Rechtsschutzbedürfnis für eine solche Klage trotz Vorliegens eines Vergleichs-Titels siehe: KG, FamRZ 1969, 213; BGH, MDR 1986, 931.
10 Siehe auch *Rosenberg/Schilken,* § 72 I 1.

über § 888 ZPO erzwungen werden. Deshalb muß etwa der Anspruch auf Erteilung eines Arbeitszeugnisses[11] oder auf Abgabe einer eidesstattlichen Versicherung nach § 888 bzw. § 889 ZPO vollstreckt werden.[12] Ist es für den Gläubiger mit der Fiktion der Willenserklärung, selbst wenn ihr Inhalt vorher feststeht, nicht getan, ist es vielmehr für die gehörige Erfüllung des Anspruchs wesentlich, daß der Schuldner die Erklärung persönlich abgibt, so ist § 894 ebenfalls nicht anwendbar, sondern muß nach § 888 vorgegangen werden. Dies gilt z. B. für den Widerruf ehrkränkender Behauptungen.[13]

3  3. § 894 ZPO kommt schließlich nur zur Anwendung, wenn der Inhalt der geschuldeten Erklärung im Titel so bestimmt festgelegt ist, daß nach Rechtskraft für jedermann zweifelsfrei feststeht, welche konkrete Erklärung nunmehr als abgegeben gilt. Sind Zweifel berechtigterweise möglich, scheidet die Anwendung des § 894 ZPO aus.[14] Solche Titel sind dann aber auch nicht hilfsweise nach § 888 ZPO zu vollstrecken,[15] da die Variationsbreite möglicher Erklärungen auch hier zur vollstreckungsrechtlichen Unbestimmtheit des Titels führt. So wäre ein Urteil, das dem Beklagten aufgibt, mit dem Kläger alle Rechtsgeschäfte abzuschließen, die zur Übertragung eines Geschäftsbetriebes auf den Kläger erforderlich sind, nicht vollstreckbar;[16] Gleiches gilt für ein Urteil, das den Beklagten verpflichtet, einen Lebensversicherungsvertrag in bestimmter Höhe abzuschließen und den Kläger als Bezugsberechtigten einzusetzen,[17] oder ein Urteil, das den Schuldner verpflichtet, ein Drittel seines Grundbesitzes auf den Gläubiger zu übertragen.[18]

4  4. Keine Rolle für die Anwendbarkeit des § 894 ZPO spielt es, ob die Erklärung ihre Auswirkungen im Privatrecht (z. B. Übereignung eines bestimmten Gegenstandes), im öffentlichen Recht (z. B. Rücknahme eines Bauantrages) einschließlich des Steuerrechts (z. B. Zustimmungserklärung zur Durchführung des Realsplitting gegenüber dem Finanzamt[19]) oder im Prozeßrecht (z. B. Rücknahme einer Klage) einschließlich des Strafverfahrensrechts (z. B. Rücknahme eines Strafantrages[20]) entfalten soll. Ebensowenig ist es von Bedeutung, ob die Erklärung nach dem Inhalt des Titels gegenüber dem Gläubiger persönlich abzugeben ist oder gegenüber einem Dritten (z. B. in einer Gesellschafterversammlung, gegenüber einer Behörde oder gegenüber einem Vertragspart-

---

11 Siehe § 888 Rdn. 5.
12 Einzelheiten: § 889 Rdn. 6.
13 OGH Köln, MDR 1949, 100; BGHZ 68, 331; MüKo/*Schilken*, § 894 Rdn. 4; Einzelheiten siehe bei § 888 Rdn. 7; a. A. (§ 894 sei analog anzuwenden): OLG Frankfurt, JZ 1974, 62 und NJW 1982, 113; OLG Karlsruhe, Justiz 1985, 51.
14 BGH, NJW 1959, 1371.
15 So aber OLG Braunschweig, NJW 1959, 1929.
16 BGH, NJW 1959, 1371.
17 OLG Bamberg, MDR 1983, 499.
18 OLG Koblenz, OLGZ 1976, 380.
19 BFH, NJW 1989, 1504.
20 OLG München, MDR 1967, 223.

ner des Gläubigers).²¹ Im letzteren Fall ist es Sache des Gläubigers, den Dritten nach Eintritt der Fiktion zu informieren.²²

**II. Beispiele aus der Rechtsprechung zur Anwendbarkeit des § 894:** Verurteilung auf Abschluß eines Vertrages aufgrund eines Vorvertrages;²³ Verpflichtung zur Auflassung eines Grundstücks;²⁴ Verpflichtung zur Bewilligung der Löschung einer Grundstücksbelastung²⁵ oder zur Einwilligung in die Berichtigung des Grundbuches;²⁶ Verurteilung zu einem bestimmten Abstimmungsverhalten in einer Gesellschafterversammlung aufgrund eines Stimmbindungsvertrages;²⁷ Verpflichtung eines Gesellschafters, einer Klage der Gesellschaft zuzustimmen;²⁸ Verpflichtung, gem. § 12 WEG der beabsichtigten Veräußerung von Wohnungseigentum zuzustimmen;²⁹ Verurteilung, dem Eintritt des Gläubigers in einen Vertrag mit einem Dritten zuzustimmen;³⁰ Gewährung von Urlaub aufgrund eines Arbeitsvertrages;³¹ Zustimmung zur Aufhebung eines Arbeitsvertrages;³² Erteilung der Einwilligung nach § 12 Abs. 4 ArbEG.³³

**III. Durchführung der Vollstreckung nach § 894:** Ist die Erklärung dem Gläubiger gegenüber abzugeben und nach dem Inhalt des Titels von keiner Gegenleistung des Gläubigers abhängig, so wird sie durch das **rechtskräftige** Urteil bzw. den rechtskräftigen Beschluß ersetzt, ohne daß dem Gläubiger eine vollstreckbare Ausfertigung erteilt oder dem Schuldner der Titel zugestellt sein muß.³⁴ Eine Ausnahme hiervon gilt im Hinblick auf § 929 Abs. 2 und 3 ZPO, die erkennen lassen, daß die Vollziehung (= Vollstreckung) einer einstweiligen Verfügung regelmäßig ein aktives Verhalten des Gläubigers erfordert, für die Verurteilung zur Abgabe von Willenserklärungen in einstweiligen Verfügungen, in denen es letztlich um die Erlangung einer Geldleistung geht (z. B. Zustimmung zur Auszahlung hinterlegter Unterhaltsleistungen oder hinterlegten Arbeitslohnes). Hier muß zusätzlich zur formellen Rechtskraft der einstweiligen Verfügung deren Parteizustellung durch den Gläubiger an den Schuldner als aktives Vollziehungsverhalten gefordert werden. Die Fiktion des Abs. 1 S. 1 tritt hier also nur ein, wenn die formell rechtskräftige Verfügung zuvor auch im Parteibetriebe innerhalb der

---

21 Der Dritte, dem gegenüber die Erklärung abzugeben ist, muß es entgegen OLG Hamm, NJW-RR 1992, 634 hinnehmen, daß er im Urteil des Rechtsstreits, an dem er nicht als Partei mitwirken konnte, bezeichnet wird. Der Schutz des Gläubigers hat hier Vorrang vor der nur geringfügigen Beeinträchtigung des Dritten.
22 Siehe auch unten Rdn. 9.
23 BGH, MDR 1962, 795; BGH, NJW 1984, 479; BGH, NJW 1986, 2820 und 2822.
24 BayObLG, MDR 1953, 561; OLG Celle, DNotZ 1979, 308; BGH, MDR 1962, 727; BGHZ 82, 292; BayObLG, Rpfleger 1983, 390; BGH, Rpfleger 1984, 310.
25 BayObLG, Rpfleger 1983, 480.
26 BGH, Rpfleger 1986, 210.
27 BGHZ 48, 163; siehe auch BGH, NJW-RR 1989, 1056.
28 BGHZ 64, 253; BGH, BB 1977, 615.
29 LG Nürnberg/Fürth, JurBüro 1966, 43; BayObLG, MDR 1977, 670.
30 BGH, DB 1963, 449.
31 LAG Frankfurt, DB 1965, 187; BAG, NJW 1962, 270.
32 BAG, VersR 1989, 767.
33 BGH, LM Nr. 5 zu § 12 ArbEG.
34 *Wieser*, Begriff und Grenzfälle der Zwangsvollstreckung, S. 90.

Frist des § 929 Abs. 2 ZPO zugestellt worden war.³⁵ Soweit im übrigen einstweilige Verfügungen auf Abgabe einer Willenserklärung ausnahmsweise zulässig sind (– dies wird nur der Fall sein, wenn die Verweigerung der Verweigerung jeglichen Rechtsschutzes schlechthin gleichkäme –), tritt die Fiktion der Abgabe der Willenserklärung bei Beschlußverfügungen bereits mit dem Erlaß der einstweiligen Verfügung ein,³⁶ bei Urteilsverfügungen mit der Rechtskraft des Urteils.

**7** Ist dagegen nach dem Inhalt des Titels die Willenserklärung von einer Gegenleistung des Gläubigers abhängig (z. B. von der Zahlung oder Hinterlegung eines bestimmten Betrages oder von einer vom Gläubiger vorzunehmenden Handlung), so bedarf der Gläubiger zum rechtskräftigen Urteil einer Vollstreckungsklausel nach den Vorschriften der §§ 726, 730 ZPO (Abs. 1 S. 2). Er muß also dem Rechtspfleger durch öffentliche oder öffentlich beglaubigte Urkunde nachweisen, daß der Schuldner hinsichtlich seines Anspruchs auf die Gegenleistung bereits befriedigt ist oder sich im Verzug der Annahme befindet, bevor ihm die benötigte Klausel erteilt werden kann (§ 726 Abs. 2 ZPO).³⁷ Der Nachweis durch Urkunden kann durch ein Eingeständnis des Schuldners im Rahmen seiner Anhörung ersetzt werden.³⁸ In den Fällen des Abs. 1 S. 2 tritt die Fiktion der Abgabe in dem Augenblick ein, in dem der Rechtspfleger die Klausel nach außen hin wirksam erteilt hat, also die vollstreckbare Ausfertigung in den Geschäftsgang zur Absendung oder Aushändigung an den Gläubiger gegeben hat.³⁹ Muß der Gläubiger sich die Klausel mit der Klage nach § 731 ZPO erstreiten, tritt die Fiktion nicht schon mit Klauselerteilung nach obsiegendem vorläufig vollstreckbarem Urteil, sondern erst mit Rechtskraft dieses Urteils ein.⁴⁰ Ist die Klausel erteilt und damit die Fiktion nach Abs. 1 S. 2 eingetreten, ist die Zwangsvollstreckung insoweit beendet. Deshalb sind Rechtsbehelfe gegen die Klausel (§§ 732, 768 ZPO) in diesen Fällen nicht möglich. War die Klausel zu Unrecht erteilt, bleibt dem Schuldner nur die Möglichkeit, gegebenenfalls nach materiellem Recht Ausgleichsansprüche geltend zu machen.⁴¹

**8** Die Fiktion nach Abs. 1 ersetzt auch jede Form, in der die Willenserklärung abzugeben war, also etwa die nach §§ 313, 925 BGB erforderliche notarielle Form. Dies gilt allerdings nur für die Erklärung des Schuldners, da nur sie durch den rechtskräftigen Titel ersetzt wird. Ist, wie bei Verträgen, auch für die korrespondierende Erklärung des Gläubigers eine bestimmte Form vorgeschrieben, so muß der Gläubiger sie seinerseits einhalten (also z. B. seinen Teil der Auflassung zur Beurkundung vor dem Notar erklären). Ist es ausnahmsweise erforderlich, daß der Schuldner seine Willenserklärung eigenhändig unterzeichnet, damit sie Wirkung im Rechtsverkehr erlangen kann, ist § 894 nicht einschlägig, sondern insgesamt nach § 888 ZPO vorzugehen. Hier steht

---

35 *Schuschke* in Schuschke/Walker, Bd. 2, § 928 Rdn. 13 und § 938 ZPO Rdn. 36.
36 *Schuschke* in Schuschke/Walker, Bd. 2, § 928 Rdn. 13 mit zahlreichen weiteren Nachweisen; ferner OLG Köln, OLP-Report 1996, 123.
37 Siehe auch § 726 Rdn. 16.
38 Siehe auch § 726 Rdn. 11.
39 *Stein/Jonas/Brehm*, § 894 Rdn. 28.
40 *Baumbach/Lauterbach/Hartmann*, § 894 Rdn. 15.
41 *Stein/Jonas/Brehm*, § 894 Rdn. 29.

vollstreckungsrechtlich gar nicht die Willenserklärung, sondern die Unterschrift als nicht vertretbare Handlung im Vordergrund.[42]

Ist die Willenserklärung nicht gegenüber dem Gläubiger, sondern einem Dritten gegenüber abzugeben, z. B. gegenüber einer Behörde (Grundbuchamt usw.), so muß der Gläubiger diesem Dritten eine Ausfertigung der rechtskräftigen Entscheidung vorlegen. Die Erklärung gilt dem Dritten gegenüber in dem Zeitpunkt als abgegeben, in dem diesem die Entscheidung zugeht (§§ 130 ff. BGB).

Bedarf der Schuldner zur Abgabe der Willenserklärung einer gerichtlichen oder behördlichen Genehmigung (z. B. der Genehmigung des Vormundschaftsgerichts), so muß das Vorliegen dieser Genehmigung bereits vor der Titulierung des Anspruchs auf Abgabe der Willenserklärung geprüft werden. Dem Schuldner darf bei Fehlen dieser Genehmigung die Abgabe der Erklärung erst gar nicht aufgegeben werden. Ist dies doch geschehen, muß der Schuldner den Titel selbst mit den insoweit vorgesehenen Rechtsmitteln angreifen, um ihn nicht rechtskräftig werden zu lassen. Wird der Titel aber doch rechtskräftig, so ersetzt die Rechtskraft die fehlende Genehmigung.[43] Diese kann also später nicht mehr der Wirksamkeit des auf der Willenserklärung basierenden Rechtsgeschäfts entgegengehalten werden.[44] Nicht zu verwechseln mit dem Erfordernis einer Genehmigung der Willenserklärung des Schuldners ist das mögliche Erfordernis einer Genehmigung des sich aus der Willenserklärung des Schuldners und einer korrespondierenden Erklärung des Gläubigers sich zusammensetzenden Rechtsgeschäfts (z. B. nach § 2 Abs. 1 S. 1 GrdstVG). Diese Genehmigung einzuholen ist Sache des Gläubigers nach Abschluß des genehmigungspflichtigen Vertrages. Diese Genehmigung wird, da sie gedanklich der Vollstreckung erst nachfolgt, natürlich nicht durch die Rechtskraft des den Schuldner zur Abgabe seiner Erklärung verurteilenden Titels ersetzt. Ebensowenig ersetzt wird eine möglicherweise erforderliche rechtsgeschäftliche Genehmigung eines Dritten,[45] etwa des Vermieters zum Übergang des Mietverhältnisses vom Schuldner als bisherigem Mieter auf den Gläubiger als neuem Mieter. Auch diese Genehmigung folgt der Erklärung nach, ist nicht Voraussetzung ihrer Wirksamkeit als solcher, sondern nur des mit der Erklärung bezweckten rechtlichen Erfolges.

IV. Die Wirkung der **Rechtskraft** des den Schuldner zur Abgabe einer Willenserklärung verurteilenden Titels wird bei vorläufig vollstreckbaren Urteilen **nicht** auf den Zeitpunkt vorverlegt, in dem der Gläubiger die im Urteil angeordnete Sicherheitsleistung erbringt. Die Sicherheitsleistung kann also nie die Rechtskraft ersetzen. Die vorläufige Vollstreckbarkeit ist (– abgesehen von der Vollstreckung der Kosten –) einzig und allein im Hinblick auf § **895** ZPO von Bedeutung, soweit der Schuldner zur Ab-

---

[42] So schon RGZ 156, 170; siehe ferner *Baur/Stürner*, Rdn. 41.5; *Stein/Jonas/Brehm*, § 887 Rdn. 14 und § 894 Rdn. 13.
[43] BayObLG, MDR 1953, 561; *Baur/Stürner*, Rdn. 41.10; *Brox/Walker*, Rdn. 1115; *Baumbach/Lauterbach/Hartmann*, § 894 Rdn. 13; *Thomas/Putzo*, § 894 Rdn. 8; *Zimmermann*, § 894 Rdn. 6.
[44] A. A.: *Baumann/Brehm* § 28 I 1b; *Jauernig* § 28 II; *MüKo/Schilken*, § 894 Rdn. 13; *Stein/Jonas/Brehm*, § 894 Rdn. 24.
[45] BayObLG, Rpfleger 1983, 390.

gabe einer Willenserklärung verurteilt wurde, auf Grund derer eine Eintragung im Grundbuch (Schiffsregister, Schiffsbauregister) erfolgen soll. Dennoch kann im Einzelfall ein Rechtschutzbedürfnis des Gläubigers bestehen, schon vor Rechtskraft eine vollstreckbare Ausfertigung des Urteils zu erhalten.[46]

12  V. Die Vorschrift des **Abs. 2** hat keine große praktische Bedeutung. Sie kann sich nur auf ausländische Urteile beziehen, da das deutsche Recht keine Verurteilung zur Eingehung einer Ehe kennt. Der Anerkennung eines solchen ausländischen Urteils dürfte aber in der Regel schon der ordre public entgegenstehen (Eheschließungsfreiheit).

13  VI. **Rechtsbehelfe:** Vollstreckungsrechtliche Rechtsbehelfe gegen die Art und Weise der Zwangsvollstreckung sind nicht denkbar, da kein Vollstreckungsorgan tätig wird. Zudem fallen Beginn und Ende der Zwangsvollstreckung in einem, nämlich dem Eintritt der Rechtskraft, zusammen. Klagen nach §§ 767, 771 ZPO sind theoretisch denkbar bis zum Eintritt der Rechtskraft des zur Abgabe der Willenserklärung verurteilenden Titels. Durch die Erhebung einer solchen Klage kann aber der Eintritt der Rechtskraft des Titels nicht herausgeschoben werden. Dies kann nur mit Rechtsmitteln gegen den Titel selbst erreicht werden. Im Einzelfall mag darüberhinaus eine Beseitigung des Titels im Wiederaufnahmeverfahren (§§ 579, 580 ZPO) möglich sein. Mit Beseitigung des Titels entfällt auch die fingierte Willenserklärung wieder.

---

46 BGH, Rpfleger 1969, 425.

## § 895 Willenserklärung bei vorläufig vollstreckbarem Urteil

¹Ist durch ein vorläufig vollstreckbares Urteil der Schuldner zur Abgabe einer Willenserklärung verurteilt, auf Grund deren eine Eintragung in das Grundbuch, das Schiffsregister oder das Schiffsbauregister erfolgen soll, so gilt die Eintragung einer Vormerkung oder eines Widerspruchs als bewilligt. ²Die Vormerkung oder der Widerspruch erlischt, wenn das Urteil durch eine vollstreckbare Entscheidung aufgehoben wird.

*Literatur: Bauer,* Zwangsvollstreckung in Luftfahrzeuge einschließlich Konkurs- und Vergleichsverfahren, JurBüro 1974, 1; *Furtner,* Vorläufige Vollstreckbarkeit von Urteilen, auf Grund derer eine Eintragung im Grundbuch vorgenommen werden soll, JZ 1964, 19; *Weimar,* Zur Ausbildungsförderung: Vormerkung und Amtsvormerkung (§ 883 BGB, § 18 GBO), MDR 1974, 552; *Zawar,* Vorläufige Vollstreckbarkeit von Urteilen, denen eine auf Auflassung gerichtete Klage zugrunde liegt, JZ 1975, 168.

**I. Anwendungsbereich der Norm: 1.** Die Vorschrift ergänzt § 894 ZPO. Deshalb kommen als Vollstreckungstitel nur diejenigen in Betracht, für die auch § 894 ZPO gilt.[1] Die Willenserklärung, zu deren Abgabe der Titel den Schuldner verpflichtet, muß als Grundlage einer Eintragung in das Grundbuch, das Schiffsregister oder das Schiffsbauregister bestimmt sein. Unter »Eintragung« sind nicht nur positive Eintragungen zu verstehen, sondern auch die bloße Löschung bisheriger Eintragungen. In Betracht kommen also etwa eine Auflassungserklärung, eine Hypothekenbewilligung, die Löschungsbewilligung betreffend eingetragene Rechte, Berechtigungen oder auch einen Widerspruch, die Verpflichtung zur Veräußerung von Wohnungseigentum gem. § 19 WEG[2] an einen noch unbekannten Erwerber, die Verpflichtung zur Einwilligung in eine Grundbuchberichtigung.

**2.** Der Titel muß jedenfalls **vorläufig vollstreckbar sein**. Das gilt zum einen für die in §§ 708, 709 ZPO genannten Urteile der ordentlichen Gerichte, zum anderen auch für alle Urteile der Arbeitsgerichte, deren vorläufige Vollstreckbarkeit nicht ausdrücklich ausgeschlossen wurde.[3] Hängt die vorläufige Vollstreckbarkeit von der Erbringung einer Sicherheitsleistung ab, so muß diese Sicherheitsleistung vom Gläubiger bereits erbracht sein, damit nach § 895 vorgegangen werden kann.

**3.** Obwohl S. 1 nur das Grundbuch, das Schiffsregister und das Schiffsbauregister nennt, gilt die Vorschrift auch entsprechend für Willenserklärungen, die als Grundlage für Eintragungen in andere Register dienen sollen, soweit diese Register der Vormerkung oder dem Widerspruch entsprechende Einrichtungen kennen.[4] Das gilt zum einen

---

1 Siehe § 894 Rdn. 1.
2 KG, Rpfleger 1979, 198.
3 Siehe hierzu: vor §§ 708–720 a Rdn. 3.
4 Siehe auch *Baumbach/Lauterbach/Hartmann,* § 895 Rdn. 1; *MüKo/Schilken,* § 895 Rdn. 2; *Stein/Jonas/Brehm,* § 895 Rdn. 2.

für Kabelpfandrechte, zum anderen für Ansprüche auf Eintragung von Registerpfandrechten an Luftfahrzeugen.[5]

4  II. **Zweck der Vorschrift:** Da für Eintragungen im Grundbuch das strikte Prioritätsprinzip gilt (§ 45 GBO) und da der Schuldner den für ein Vorgehen gem. § 894 ZPO unerläßlichen Eintritt der Rechtskraft durch Rechtsbehelfe lange hinauszögern kann, könnte die Eintragung, auf deren Bewilligung der Titel abzielt, oft so spät kommen, daß dem Gläubiger durch vorrangige andere Eintragungen (z. B. Belastungen des aufzulassenden Grundstücks, Pfändungen der eigentlich zu löschenden Hypothek usw.) bereits ein nicht mehr wiedergutzumachender Schaden entstanden ist. § 894 erwiese sich dann bei Ansprüchen auf Abgabe von Willenserklärungen, die auf eine Eintragung im Grundbuch zielen, als stumpfes Schwert. Deshalb gibt § 895 dem Gläubiger sogleich, wenn sein Titel vorläufig vollstreckbar ist, die Möglichkeit, eine Vormerkung oder einen Widerspruch im Grundbuch eintragen zu lassen, durch die weitere Verfügungen zu seinen Lasten verhindert werden. Er kann dann dem Eintritt der Rechtskraft mit Ruhe entgegensehen.

5  III. **Verfahren im einzelnen:** 1. Vollstreckungsorgan, das die den Gläubiger einstweilen sichernde Eintragung vorzunehmen hat, ist das Grundbuchamt. Es wird nur auf **Antrag** des Gläubigers, also nicht etwa auf ein Ersuchen des Prozeßgerichts tätig. Dem Antrag ist der Titel beizufügen sowie der Nachweis der vorläufigen Vollstreckbarkeit, also etwa der Nachweis, daß der Gläubiger die vorgesehene Sicherheitsleistung erbracht hat. Dagegen braucht der Titel nicht mit einer Vollstreckungsklausel versehen[6] oder dem Schuldner bereits zugestellt zu sein. Das Grundbuchamt hat nur die formellen Voraussetzungen der Antragsbefugnis des Gläubigers nachzuprüfen, nicht dagegen, ob der titulierte Anspruch noch besteht.[7]

6  2. Ob eine Vormerkung oder ein Widerspruch einzutragen ist, richtet sich danach, ob der Titel auf Einräumung eines dinglichen Rechts lautet (– dann Vormerkung, § 883 BGB –) oder auf Bewilligung einer Grundbuchberichtigung (– dann Widerspruch, §§ 899, 894 BGB –). Andere Eintragungen im Grundbuch als die Vormerkung und der Widerspruch können mittels § 895 ZPO aufgrund eines vorläufig vollstreckbaren Urteils nicht erzwungen werden, also z.B. kein Rechtshängigkeitsvermerk oder ähnliches.[8]

7  3. Die Kosten der Grundbucheintragung hat der Gläubiger vorzuschießen.[9] Es besteht keine dem § 887 Abs. 2 ZPO entsprechende Möglichkeit. Ob der Gläubiger die Kosten auch endgültig zu tragen hat, richtet sich nach dem materiellen Recht. § 788 ZPO kommt also nicht zum Zuge.[10]

---

5 Siehe hierzu auch *Bauer*, JurBüro 1974, 1.
6 BGH, Rpfleger 1969, 425.
7 OLG Stuttgart, Justiz 1979, 298; KG, Rpfleger 1981, 23.
8 OLG Koblenz, NJW- RR 1992, 846.
9 OLG Celle, NJW 1968, 2246.
10 *Thomas/Putzo*, § 895 Rdn. 4; *Zimmermann*, § 895 Rdn. 5.

4. Sobald das Urteil rechtskräftig ist, ist die Eintragung auf Antrag des Gläubigers in die endgültige umzuschreiben bzw. die geschuldete Löschung vorzunehmen. Sind zur endgültigen Eintragung noch weitere eigene Handlungen des Gläubigers selbst erforderlich, müssen auch diese dem Grundbuchamt in der gehörigen Form nachgewiesen werden. 8

IV. **Aufhebung des Titels vor Rechtskraft:** Vormerkung und Widerspruch werden von selbst wirkungslos, wenn das vorläufig vollstreckbare Urteil auf ein Rechtsmittel des Schuldners hin durch eine vollstreckbare Entscheidung wieder aufgehoben wird (S. 2). Sie sind dann auf Antrag des Schuldners, ohne daß es einer Bewilligung des Gläubigers bedürfte (§ 25 S. 2 GBO), wieder im Grundbuch zu löschen. Wird dagegen die Zwangsvollstreckung aus dem vorläufig vollstreckbaren Titel nur einstweilen eingestellt, nachdem die Vormerkung oder der Widerspruch bereits eingetragen sind, ist die Eintragung nicht gem. § 776 ZPO rückgängig zu machen.[11] Denn es handelt sich um keine »Vollstreckungsmaßregeln« im Sinne dieser Vorschrift. Eine § 868 Abs. 2 ZPO entsprechende Vorschrift fehlt bei § 895. S. 2 ist nicht entsprechend anzuwenden, wenn die materiellrechtliche Berechtigung für die erstrebte Eintragung entfallen ist, dies dem Grundbuchamt auch durch öffentliche Urkunden nachgewiesen wird (– die Vormerkung sicherte z. B. ein Wohnrecht des Gläubigers, das nur zu seinen Lebzeiten Bestand haben sollte; der Schuldner kann den Tod des Gläubigers durch öffentliche Urkunde nachweisen –), wenn aber der zugrundeliegende Titel noch nicht aufgehoben ist.[12] Hier bedarf es einer Löschungsbewilligung durch den Gläubiger (bzw. seine Erben). 9

Sind die Vormerkung oder der Widerspruch nach Vorlage einer die ursprüngliche Entscheidung aufhebenden Entscheidung im Grundbuch gelöscht worden, so leben sie nicht wieder auf, wenn die aufhebende Entscheidung ihrerseits abgeändert und der ursprüngliche Titel wiederhergestellt wird. Sie müssen neu beantragt werden. Für den Rang ist der Zeitpunkt des neuen Antrages maßgebend. 10

V. **Rechtsbehelfe:** Gegen die Entscheidungen des Grundbuchamtes im Zusammenhang mit Eintragungen nach § 895 sind nicht die vollstreckungsrechtlichen Rechtsbehelfe (§§ 766 ZPO, 11 RPflG) gegeben, sondern allein die grundbuchrechtliche Beschwerde gem. §§ 71 ff. GBO. Materiellrechtliche Einwendungen gegen die titulierte Schuld können bis zur Rechtskraft des Titels entweder mit den Rechtsmitteln gegen den Titel (Berufung, Revision) oder mit der Klage nach § 767 ZPO geltend gemacht werden. Nach Rechtskraft des Titels ist die Klage nach § 767 ZPO auch dann ausgeschlossen, wenn die endgültige Eintragung aufgrund der nunmehr fingierten Willenserklärung des Schuldners noch nicht erfolgt ist. Die Zwangsvollstreckung ist mit der Rechtskraft abgeschlossen.[13] 11

---

11 *Stein/Jonas/Brehm*, § 895 Rdn. 6; *Zöller/Stöber*, § 895 Rdn. 2.
12 KG, DNotZ 1981, 394.
13 Siehe auch § 894 Rdn. 13.

## § 896 Erteilung von Urkunden an Gläubiger

Soll auf Grund eines Urteils, das eine Willenserklärung des Schuldners ersetzt, eine Eintragung in ein öffentliches Buch oder Register vorgenommen werden, so kann der Gläubiger an Stelle des Schuldners die Erteilung der im § 792 bezeichneten Urkunden verlangen, soweit er dieser Urkunden zur Herbeiführung der Eintragung bedarf.

1   I. Die Vorschrift enthält eine dem § 792 ZPO vergleichbare Regelung, die deshalb erforderlich war, weil die aufgrund einer Fiktion gem. §§ 894, 895 ZPO erfolgenden Eintragungen als solche keine Zwangsvollstreckung darstellen, sondern der eigentlichen Vollstreckung (– Fiktion der Willenserklärung –) nachfolgen, sodaß § 792 ZPO nicht unmittelbar anwendbar gewesen wäre.

2   II. »Öffentliches Buch oder Register« sind neben dem in § 895 schon genannten Grundbuch, Schiffsregister oder Schiffsbauregister u. a. auch das Handelsregister, Genossenschaftsregister, das Erbbaugrundbuch, Wohnungs- und Teileigentumsgrundbuch, die Warenzeichenrolle, Patentrolle, Musterrolle.

3   III. Ein praktisch häufiger Anwendungsfall ist der, daß der Gläubiger, der sich die Auflassungserklärung des Schuldners hinsichtlich eines Grundstücks oder die Löschungsbewilligung hinsichtlich einer Grundstücksbelastung erstritten hat, um die von ihm gewünschte Grundbucheintragung zu erreichen, zunächst die Voreintragung des Schuldners im Grundbuch bewirken und zu diesem Zweck einen auf den Schuldner lautenden Erbschein vorlegen muß.

4   IV. Das Verfahren auf Erlangung der Urkunden richtet sich, wie auch im Falle des § 792 ZPO, nach den Regeln des FGG.[1] Das gilt auch für die Rechtsmittel, falls die zuständige Behörde die Erteilung der Urkunde verweigert. Soweit die Möglichkeit des § 896 ZPO gegeben ist, fehlt für eine entsprechende Leistungsklage gegen den Schuldner, die Urkunden seinerseits zu beschaffen, das Rechtsschutzbedürfnis.

1 OLG Hamm, FamRZ 1985, 1186.

## § 897 Übereignung; Bestellung von Grundpfandrechten

(1) Ist der Schuldner zur Übertragung des Eigentums oder zur Bestellung eines Rechtes an einer beweglichen Sache verurteilt, so gilt die Übergabe der Sache als erfolgt, wenn der Gerichtsvollzieher die Sache zum Zwecke der Ablieferung an den Gläubiger wegnimmt.
(2) Das gleiche gilt, wenn der Schuldner zur Bestellung einer Hypothek, Grundschuld oder Rentenschuld oder zur Abtretung oder Belastung einer Hypothekenforderung, Grundschuld oder Rentenschuld verurteilt ist, für die Übergabe des Hypotheken-, Grundschuld- oder Rentenschuldbriefs.

I. Hat der Gläubiger einen Titel, wonach ihm der Schuldner eine bewegliche Sache zu übereignen, einen Nießbrauch oder ein Pfandrecht an einer beweglichen Sache zu bestellen habe, so genügt es jeweils nicht, daß die auf Übereignung oder auf die Einräumung des Rechtes gerichtete Willenserklärung gem. § 894 ZPO durch die Rechtskraft des Titels ersetzt wird; das materielle Recht verlangt in diesen Fällen darüberhinaus (§§ 929, 1032, 1205 BGB), daß die Sache dem Gläubiger als Erwerber des Rechts übergeben werde. Dieser Teil der Verpflichtung muß nach § 883 ZPO durch Wegnahme seitens des Gerichtsvollziehers vollstreckt werden. Hieran knüpft nun **Abs. 1** an: Die Übergabe gilt bereits als erfolgt, wenn der Gerichtsvollzieher die Sache dem Schuldner zum Zwecke der Ablieferung an den Gläubiger wegnimmt, und nicht erst, wenn der Gläubiger tatsächlich unmittelbaren Besitz an der Sache erlangt. Der Wegnahme steht es gleich, wenn der Schuldner die Sache freiwillig an den Gerichtsvollzieher zum Zwecke der Weiterleitung an den Gläubiger herausgibt.[1]

II. Die Fiktion des Abs. 1 bewirkt, daß die Gefahr des Untergangs oder der Beschädigung der Sache bereits mit der Besitzerlangung durch den Gerichtsvollzieher auf den Gläubiger übergeht, der Schuldner also nicht nochmals leisten muß, wenn der Gerichtsvollzieher die Sache zerstört, verliert oder beschädigt. Trifft den Gerichtsvollzieher am Untergang der Sache ein Verschulden, so hat der Gläubiger einen Amtshaftungsanspruch (§ 839 BGB), ansonsten geht er leer aus.

III. Ist der Schuldner zur Bestellung einer Briefhypothek, Briefgrundschuld oder Briefrentenschuld verurteilt oder dazu, eine verbriefte Hypothekenforderung, Grundschuld oder Rentenschuld abzutreten oder zu belasten, so bedarf es nach materiellem Recht (§§ 1117, 1154, 1192, 1274 BGB) neben der auf diesen Erfolg gerichteten Willenserklärung noch der Übergabe des Briefes an den Gläubiger. Der letztere Anspruch wird durch Wegnahme des Briefes seitens des Gerichtsvollziehers vollstreckt. Auch hier gilt (**Abs. 2**) die Übergabe bereits mit der Besitzergreifung durch den Gerichtsvollzieher als bewirkt. Ist der Brief noch nicht erstellt und der Schuldner deshalb auch nur zur Einwilligung in die Aushändigung des zu bildenden Briefes verurteilt (§ 1117 Abs. 2 BGB), so bedarf es keiner Wegnahme des Briefes zum Rechtserwerb; § 897 Abs. 2 ist deshalb hier nicht einschlägig.

---

[1] *Baumbach/Lauterbach/Hartmann*, § 897 Rdn. 1; *Stein/Jonas/Brehm*, § 897 Rdn. 3.

4  IV. Die Wegnahme kann sowohl im Falle des Abs. 1 als auch des Abs. 2 bereits erfolgen, wenn der Titel erst vorläufig vollstreckbar ist. Der Rechtserwerb tritt dann aber erst ein, wenn auch die zusätzlich erforderliche Erklärung des Schuldners vorliegt, also mit Eintritt der Rechtskraft.[2]

5  V. Da der nach dem Titel geschuldete Erfolg in den vorstehend erläuterten Fällen jeweils aus zwei Teil-Akten besteht, ist die Zwangsvollstreckung beendet, wenn beide Teil-Akte (Einigung und Übergabe) vorliegen. Daher sind auch alle zwangsvollstreckungsrechtlichen Rechtsbehelfe solange möglich, bis auch der zweite Teilakt vollendet ist. So kann auch nach Rechtskraft des Titels noch gem. § 767 ZPO geklagt werden, wenn die Wegnahme noch nicht erfolgt ist. Insofern unterscheiden sich die unter § 897 zu subsummierenden Fälle von denen, für die ausschließlich § 894 ZPO einschlägig ist.[3]

---

[2] MüKo/*Schilken*, § 897 Rdn. 5.
[3] Siehe hierzu § 895 Rdn. 11.

## § 898 Gutgläubiger Erwerb

Auf einen Erwerb, der sich nach den §§ 894, 897 vollzieht, sind die Vorschriften des bürgerlichen Rechts zugunsten derjenigen, die Rechte von einem Nichtberechtigten herleiten, anzuwenden.

Literatur: *Deubner*, Gutgläubiger Erwerb in der Zwangsvollstreckung und Drittwiderspruchsklage, MDR 1952, 405; *Reinicke*, Der Schutz des guten Glaubens beim Erwerb einer Vormerkung, NJW 1964, 2373; *Tiedtke*, Die Auflassungsvormerkung, Jura 1981, 354; *ders.*, Gutgläubiger Erwerb im bürgerlichen Recht, im Handels- und Wertpapierrecht sowie in der Zwangsvollstreckung, 1985; *Wiegand*, Der öffentliche Glaube des Grundbuchs, JuS 1975, 205.

I. Erwirbt der Gläubiger nach §§ 894, 897 ZPO vom Schuldner ein Recht an einer Sache, so handelt es sich, obwohl die Einzelakte der Begründung oder Übertragung des Rechts (– Einigung und Übergabe –) erzwungen werden, doch um einen rechtsgeschäftlichen Erwerb (– anders als etwa in den Fällen der §§ 825, 867 ZPO –). Deshalb ist es konsequent, daß § 898 die Gutglaubensvorschriften der §§ 892, 893, 932–936 BGB, 366 HGB auch auf einen Erwerb nach §§ 894, 897 ZPO für anwendbar erklärt. Hätte also der Gläubiger das Eigentum an dem Grundstück oder an der beweglichen Sache, die Hypothek oder Grundschuld usw., das Pfandrecht oder den Nießbrauch dann, wenn ihm der Schuldner dieses Recht freiwillig eingeräumt oder übertragen hätte, gutgläubig erworben, obwohl der Schuldner objektiv nicht verfügungsberechtigt über das Recht war, so erwirbt er es auch, wenn er nach §§ 894, 897 vorgehen muß. Der gute Glaube des Gläubigers muß solange fortbestehen, bis der Rechtserwerb vollendet ist; denn § 898 will den Gläubiger, der sich die Erklärungen und Handlungen seines Schuldners im Vollstreckungswege erzwingen muß, nicht gegenüber demjenigen, der aufgrund freiwilliger Akte des Schuldners erwirbt, bevorzugen, sondern ihn diesem nur gleichstellen. Böser Glaube des die Sache dem Schuldner wegnehmenden Gerichtsvollziehers schadet dem Gläubiger nicht,[1] da der Gerichtsvollzieher im Rahmen des § 897 als Vollstreckungsorgan und nicht als Vertreter des Gläubigers tätig wird.

II. Obwohl § 898 den § 895 ZPO nicht mitzitiert, ist auch gutgläubiger Erwerb einer aufgrund der Bewilligungsfiktion des § 895 ZPO eingetragenen Vormerkung möglich.[2] Es liegt insoweit eine Gesetzeslücke vor, weil das Problem der Möglichkeit eines gutgläubigen Vormerkungserwerbes generell bei Schaffung des § 898 ZPO noch nicht erkannt sein konnte. Denn schließlich ist dieses Problem auch für den zwangsfreien rechtsgeschäftlichen Verkehr erst später erkannt und gelöst worden. Es besteht keine

---
[1] *Stein/Jonas/Münzberg*, § 898 Rdn. 4.
[2] Wie hier: *Baumann/Brehm*, § 28 II 3; *Baur/Stürner*, Rdn. 41.12; *Brox/Walker*, Rdn. 1122; *Jauernig*, § 883 BGB Anm. 6 a, cc; *MüKo(BGB)/Wacke*, § 883 BGB Rdn. 69; *MüKo/Schilken*, § 898 Rdn. 2; *Rosenberg/Schilken*, § 72 II 4; *Reinicke*, NJW 1964, 2379; *Stein/Jonas/Brehm*, § 898 Rdn. 1; *Tiedtke*, Gutgläubiger Erwerb, S. 2.

Veranlassung, vorliegend anders als beim freiwilligen Erwerb zu entscheiden,[3] denn § 895 ZPO fingiert wie § 894 ZPO die erforderlichen rechtsgeschäftlichen Erklärungen des Schuldners.

---

[3] Gegen die Möglichkeit des gutgl. Erwerbs der Vormerkung im Rahmen des § 895 ZPO aber: *Baumbach/Lauterbach/Hartmann*, § 898 Rdn. 1; *Blomeyer*, § 90 V 3; *Thomas/Putzo*, § 898 Rdn. 1; *Zimmermann*, § 898 Rdn. 2.

# Vierter Abschnitt. Eidesstattliche Versicherung und Haft

**Vor §§ 899–915 h: Übersicht: Geltungsbereich der §§ 899–915 h ZPO.**

Literatur: *Behr*, Die Informationsbeschaffungsmöglichkeiten des Gläubigers, JurBüro 1990, 673; *ders.*, Verfahren zur Abgabe der Offenbarungsversicherung, Rpfleger 1988, 1; *ders.*, Offenbarungsverfahren ohne vorherige fruchtlose Pfändung, JurBüro 1995, 67; *Gaul*, Zur Reform des Zwangsvollstreckungsrechts, JZ 1973, 473; *ders.*, Grundüberlegungen zur Neukonzipierung und Verbesserung der Sachaufklärung in der Zwangsvollstreckung., ZZP 1995 (Bd. 108), 3; *Göppinger*, Fragen des Offenbarungseidsverfahrens, AcP 1958/1959, S. 336; *Haase*, Offenbarungseid und Haft, JuS 1969, 220; *ders.*, Auslandssachverhalte in Offenbarungsverfahren, Rpfleger 1996, 89; *Heß*, Auslandssachverhalte in Offenbarungsverfahren, Rpfleger 1996, 89; *ders.*, Auslandssachverhalte in Offenbarungsverfahren, Rpfleger 1996, 89; *Jenisch*, Offenbarungspflicht bei Aussichtslosigkeit der Pfändung, Rpfleger 1988, 461; *Koch*, Offenbarungseid und Haft, 1965; *Kohler*, Abnahme der eidesstattlichen Versicherung durch den Gerichtsvollzieher bei Vorliegen eines Haftbefehls, DGVZ 1996, 49; *Lippross*, Das Rechtsbehelfssystem der Zwangsvollstreckung, JA 1979, 9; *Noack*, Aktuelle Fragen des Verfahrens auf Abnahme der eidesstattlichen Versicherung, JurBüro 1981, 481; *Schneider*, Zur Reform des Verfahrens auf Abgabe der eidesstattlichen Versicherung im Zwangsvollstreckungsverfahren (§§ 807, 900, 903 ZPO), DRiZ 1986, 416; *Schumacher*, Zweifelsfragen im Verfahren des Offenbarungseides, ZZP 1958, 440; *Strunk*, Der richtige Weg zur eidesstattlichen Versicherung in der AO, DStZ 1991, 562; *Thesling*, Rechtsschutz gegen die Anordnung der Abgabe der eidesstattlichen Versicherung gem. § 284 AO 1977, DStR 1992, 1381; *Wieser*, Begriff und Grenzfälle der Zwangsvollstreckung, 1995; *ders.*, Der Grundsatz der Verhältnismäßigkeit in der Zwangsvollstreckung, 1989; *ders.*, Das Offenbarungsverfahren als Zwangsvollstreckung, Rpfleger 1990, 97.

I. Der **Vierte Abschnitt** (§§ 899–915 h ZPO) regelt eine besondere Form der Zwangsvollstreckung zur Verwirklichung von Geldforderungen und Herausgabeansprüchen, nämlich das Verfahren zur Erfüllung (– und gegebenenfalls Erzwingung dieser Erfüllung –) der dem Schuldner nach §§ 807, 883 Abs. 2 ZPO, 125 KO[1] obliegenden Offenbarungsverpflichtung. Die §§ 900 Abs. 1, 901, 902, 904–910, 912, 913 ZPO sind darüberhinaus gem. §§ 33 Abs. 2, 83 Abs. 2 FGG entsprechend anzuwenden zur Durchsetzung von Entscheidungen auf dem Gebiet der freiwilligen Gerichtsbarkeit, durch die einem Beteiligten die Verpflichtung zur Herausgabe einer Sache oder einer Person bzw. zur Ablieferung eines Testaments auferlegt wurde. Die §§ 904–913 ZPO sind gem. § 888 Abs. 1 S. 3 ZPO entsprechend anwendbar bei der Vollstreckung einer

1

---

[1] Ab 1. 1. 1999: § 153 Abs. 2 InsO.

nach §§ 888 Abs. 1, 889 Abs. 2 ZPO verhängten Zwangshaft bzw. Ersatzzwangshaft,[2] ferner entgegen der wohl h. M. auch bei der Vollstreckung der gem. § 890 ZPO verhängten Ordnungshaft bzw. Ersatzordnungshaft.[3] Schließlich sind die §§ 902, 904–910, 913–915 h ZPO gem. § 284 Abs. 7, 315 Abs. 3 S. 3 AO sinngemäß im Rahmen der Abgabenvollstreckung anzuwenden.

2 Von der in §§ 899 ff. geregelten Offenbarungsversicherung ist zum einen die nach materiellem Recht geschuldete eidesstattliche Versicherung zur Bekräftigung bestimmter Auskünfte, die nach § 889 ZPO zwangsvollstreckt wird,[4] zu unterscheiden, zum anderen die in § 294 Abs. 1 ZPO angesprochene eidesstattliche Versicherung als Mittel der Glaubhaftmachung in Verfahren, in denen an Stelle des Vollbeweises die bloße Glaubhaftmachung genügt.

3 II. Sinn der Versicherung an Eides Statt im Vollstreckungsverfahren ist es, dem Gläubiger, der erfolglos die Vollstreckung wegen einer Geldforderung oder die Herausgabevollstreckung betrieben hat, die weitere Verfolgung seiner Rechte zu erleichtern bzw. ihm die Zwecklosigkeit weiterer Vollstreckungsversuche, bei denen er nur für die Vollstreckungskosten in Vorlage treten muß, zu offenbaren. Dagegen ist es nicht Zweck dieses Verfahrens, den Schuldner, der die Erwartungen des Gläubigers enttäuscht und sich als zahlungsunfähig erwiesen hat, zur »Strafe« an den Pranger zu stellen. Steht deshalb schon vor Einleitung des Verfahrens für den Gläubiger sicher fest, daß der Schuldner leistungsunfähig ist oder daß er den herauszugebenden Gegenstand nicht mehr haben kann, so fehlt für die Einleitung des Verfahrens nach §§ 900 ff. ZPO von vornherein das Rechtschutzbedürfnis,[5] ohne daß es des Rückgriffs auf § 765 a ZPO oder gar auf den Verfassungsgrundsatz der Verhältnismäßigkeit bedürfte. Der Staat stellt seine Zwangsverfahren grundsätzlich nur zur Erreichung der gesetzlich festgelegten Zwecke zur Verfügung, nicht als privates »Racheinstrument« des enttäuschten Gläubigers. Allerdings sind an die Feststellung, die Leistungsunfähigkeit des Schuldners stehe bereits fest, strenge Anforderungen zu stellen.

---

2 Siehe hierzu § 888 Rdn. 34.
3 Einzelheiten insoweit: § 890 Rdn. 45 mit den Nachw. dort.
4 Zur Abgrenzung siehe auch § 889 Rdn. 1.
5 BVerfG, NJW 1983, 559.

## § 899 Zuständiges Amtsgericht

Für die Abnahme der eidesstattlichen Versicherung in den Fällen der §§ 807, 883 ist das Amtsgericht, in dessen Bezirk der Schuldner im Inland seinen Wohnsitz oder in Ermangelung eines solchen seinen Aufenthaltsort hat, als Vollstreckungsgericht zuständig.

**Literatur:** *Mümmler,* Örtliche Zuständigkeit zur Abgabe der eidesstattlichen Versicherung nach § 807, JurBüro 1978, 989; *Sommer,* Zum Rechtsweg für die Vollstreckung und Haftanordnung bei verwaltungsgerichtlichen Zahlungstiteln, Rpfleger 1978, 406.

I. 1. § 899 regelt die ausschließliche (§ 802 ZPO) sachliche und örtliche Zuständigkeit des Amtsgerichts als Vollstreckungsgericht, soweit aufgrund eines zivilgerichtlichen Titels (ordentliche Gerichte, Arbeitsgerichte) bzw. eines der in § 794 ZPO genannten Titel das Offenbarungsversicherungsverfahren in den Fällen der §§ 807, 883 ZPO, 125 KO[1] betrieben wird. Der vom Rechtsanwalt nach § 19 Abs. 2 BRAGO erwirkte Festsetzungsbeschluß gegen den Mandanten ist auch dann ein Titel, für den das Amtsgericht als Vollstreckungsgericht zuständig ist, wenn er vom Verwaltungsgericht erlassen wurde.[2] Bei verwaltungsgerichtlichen Zahlungstiteln im übrigen ist allerdings das Verwaltungsgericht Vollstreckungsgericht und damit auch für das Verfahren nach §§ 900 ff. ZPO zuständig.[3] Soweit die §§ 900 ff. ZPO nur aufgrund einer Verweisung ganz oder teilweise entsprechend anwendbar sind, gilt die in den Verweisungsvorschriften enthaltene besondere Zuständigkeitsregelung (z. B. in §§ 888, 889, 890 ZPO) und nicht § 899 ZPO. 1

2. Für die Abgabenvollstreckung enthält § 284 AO eine eingeschränkte Verweisung auf § 899 ZPO: Während für die Abnahme der eidesstattlichen Versicherung das Finanzamt als Vollstreckungsbehörde (§ 249 Abs. 1 AO) zuständig ist (§ 284 Abs. 4 AO), wird die Haft auf Ersuchen dieser Vollstreckungsbehörde gem. § 284 Abs. 7 AO von dem nach § 899 ZPO zuständigen Amtsgericht angeordnet. Allerdings ist dem Richter der ordentlichen Gerichtsbarkeit die Prüfung der materiellen Voraussetzungen für die Anordnung der Erzwingungshaft entzogen. Er darf nur die formelle Zulässigkeit des Ersuchens und gegebenenfalls die Verhältnismäßigkeit prüfen.[4] Lehnt das Amtsgericht die Haftanordnung ab, hat die Vollstreckungsbehörde hiergegen das Rechtsmittel der sofortigen Beschwerde zum Landgericht (§ 284 Abs. 8 S. 1 AO). Gegen die Entscheidung des Beschwerdegerichts findet die sofortige weitere Beschwerde zum Oberlandesgericht statt (§ 284 Abs. 8 S. 2 AO). 1a

---

1 Ab 1. 1. 1999: § 153 Abs. 2 InsO.
2 Wie hier: VG Berlin, NJW 1981, 884; LG Berlin, MDR 1982, 679; OVG Lüneburg, NJW 1984, 2485; OVG Münster, NJW 1987, 396; a. A. (Verwaltungsgericht): LG Bochum, Rpfleger 1978, 426; OVG Münster, NJW 1986, 1190; *Baumbach/Lauterbach/Hartmann,* § 899 Rdn. 5.
3 *Sommer,* Rpfleger 1978, 406; AG Obernberg, Rpfleger 1979, 112.
4 LG Frankfurt, Rpfleger 1979, 74; OLG Köln, Beschl. v. 29. 7. 1993 – 2 W 73/92 –; *Koch/Scholtz/Plewka,* § 284 AO Rdn. 14.

Auf Wunsch des Schuldners hat das Amtsgericht nach der Verhaftung des Schuldners auch die eidesstattliche Versicherung abzunehmen, wenn der Sitz der Vollstreckungsbehörde nicht im Bezirk des Amtsgerichts liegt oder wenn die Abnahme der eidesstattlichen Versicherung durch die Vollstreckungsbehörde nicht möglich ist (§ 284 Abs. 7 S. 6 AO). In jedem Fall muß die Vollstreckungsbehörde (also das Finanzamt) dem gem. § 899 ZPO zuständigen Amtsgericht die Angaben gem. § 1 Abs. 1 SchuVVO[5] mitteilen, damit diese dort in das Schuldnerverzeichnis aufgenommen werden. Der Mitteilung ist eine Abschrift des Vermögensverzeichnisses beizufügen (§ 284 Abs. 6 AO).

2   3. **Örtlich** zuständig ist das für den Wohnsitz des Schuldners im Inland bzw., in Ermangelung eines solchen, für den inländischen Aufenthaltsort zuständige Amtsgericht. Entscheidend ist der Zeitpunkt der Antragstellung durch den Gläubiger;[6] spätere Wohnsitzverlegungen berühren die Zuständigkeit nicht mehr. Bei juristischen Personen ist der Sitz der Gesellschaft, nicht der Wohnsitz desjenigen Organs, das dann tatsächlich die Offenbarungsversicherung abgeben muß, maßgebend.[7] Das gilt auch für die Vor-GmbH sowie für die in Liquidation befindliche Gesellschaft. Auch bei prozeßunfähigen Schuldnern (z. B. Minderjährigen) ist deren Wohnsitz, nicht der des gesetzlichen Vertreters, der die Versicherung abzugeben hat, maßgeblich.

3   4. **Funktionell** zuständig für das gesamte Verfahren mit Ausnahme der Anordnung der Haft (insoweit § 4 Abs. 2 Nr. 2 RPflG) ist der **Rechtspfleger** (§ 20 Nr. 17 RPflG). Das gilt auch für die Entscheidung über einen Widerspruch nach § 900 Abs. 5 ZPO. Den Haftbefehl (§ 901 ZPO) hat der Richter zu erlassen.

4   II. Die Zuständigkeit ist von amtswegen zu prüfen. Im Falle des § 36 ZPO können deshalb auch die ihre Zuständigkeit leugnenden Gerichte ohne Antrag einer Partei von amtswegen die Bestimmung der Zuständigkeit durch das gemeinsame höhere Gericht beantragen.[8] Im Falle der Verweisung von einem Gericht an ein anderes gilt § 281 Abs. 2 S. 2 ZPO.[9]

5   Hat der Gläubiger ein unzuständiges Gericht angerufen und trotz Hinweises keinen Verweisungsantrag gestellt, ist sein Antrag als unzulässig zurückzuweisen. Eine Prorogation des unzuständigen Gerichts ist nicht möglich. Ist aber die Offenbarungsversicherung vor dem unzuständigen Gericht abgegeben worden, ist sie voll wirksam und nicht durch einen Rechtsbehelf wieder zu beseitigen.[10] Stellt sich später die Unzustän-

---

5 Siehe Anh. zu § 915 h ZPO.
6 OLG Hamm, OLGZ 1986, 344; *Baumbach/Lauterbach/Hartmann*, § 899 Rdn. 1; MüKo/*Eickmann*, § 899 Rdn. 9; *Thomas/Putzo*, § 899 Rdn. 2; *Zimmermann*, § 899 Rdn. 1; *Zöller/Stöber*, § 899 Rdn. 2. Die vorgesehene Neufassung des § 899 Abs. 1 durch die 2. Zwangsvollstreckungsnovelle (BT-Drucks. 13/341) will stattdessen auf den Zeitpunkt der Ladung abstellen.
7 OLG Stuttgart, Rpfleger 1977, 220.
8 OLG Frankfurt, Rpfleger 1978, 260.
9 Einschränkend: OLG Düsseldorf, Rpfleger 1975, 102.
10 *Baumbach/Lauterbach/Hartmann*, § 899 Rdn. 3; MüKo/*Eickmann*, § 899 Rdn. 7; *Thomas/Putzo*, § 899 Rdn. 3; *Zimmermann*, § 899 Rdn. 2; *Zöller/Stöber*, § 899 Rdn. 4; a. A. (Anfechtung möglich): LG Verden, NdsRpfl 1976, 116.

digkeit heraus, muß das Gericht, bei dem die Offenbarungsversicherung abgegeben wurde, allerdings das zuständige Gericht benachrichtigen und um die Eintragung in das dortige Schuldnerverzeichnis ersuchen.

Die 2. Zwangsvollstreckungsnovelle (BT-Drucks. 13/341) will § 899 einen Abs. 2 anfügen, der das unzuständige Gericht auf Antrag des Gläubigers zur Abgabe an das zuständige Gericht verpflichten soll. Die Abgabe soll allerdings nicht bindend sein.

## § 900 Verfahren zur Abnahme der eidesstattlichen Versicherung

(1) ¹Das Verfahren beginnt mit dem Antrag des Gläubigers auf Bestimmung eines Termins zur Abgabe der eidesstattlichen Versicherung. ²Dem Antrag sind der Vollstreckungstitel und die sonstigen Urkunden, aus denen sich die Verpflichtung des Schuldners zur Abgabe der eidesstattlichen Versicherung ergibt, beizufügen.

(2) ¹Das Vollstreckungsgericht hat vor der Terminbestimmung von Amts wegen festzustellen, ob in dem bei ihm geführten Schuldnerverzeichnis eine Eintragung darüber besteht, daß der Schuldner innerhalb der letzten drei Jahre eine eidesstattliche Versicherung abgegeben hat oder daß gegen ihn die Haft zur Erzwingung der Abgabe der eidesstattlichen Versicherung angeordnet ist. ²Liegt eine noch nicht gelöschte Eintragung vor, so ist der Gläubiger zu benachrichtigen und das Verfahren auf Antrag fortzusetzen.

(3) ¹Die Ladung zu dem Termin zur Abgabe der eidesstattlichen Versicherung ist dem Schuldner selbst zuzustellen, auch wenn er einen Prozeßbevollmächtigten bestellt hat; einer Mitteilung an den Prozeßbevollmächtigten bedarf es nicht. ²Dem Gläubiger ist die Terminbestimmung nach Maßgabe des § 357 Abs. 2 mitzuteilen. ³Seine Anwesenheit in dem Termin ist nicht erforderlich. ⁴Das Gericht kann den Termin aufheben oder verlegen oder die Verhandlung vertagen, wenn der Gläubiger zustimmt.

(4) ¹Macht der Schuldner glaubhaft, daß er die Forderung des Gläubigers binnen einer Frist von drei Monaten tilgen werde, so kann das Gericht den Termin zur Abgabe der eidesstattlichen Versicherung bis zu drei Monaten vertagen. ²Weist der Schuldner in dem neuen Termin nach, daß er die Forderung mindestens zu zwei Dritteln getilgt hat, so kann das Gericht den Termin nochmals bis zu sechs Wochen vertagen. ³Gegen den Beschluß, durch den der Termin vertagt wird, findet sofortige Beschwerde statt. ⁴Der Beschluß, durch den die Vertagung abgelehnt wird, ist unanfechtbar.

(5) ¹Bestreitet der Schuldner die Verpflichtung zur Abgabe der eidesstattlichen Versicherung, so ist von dem Gericht durch Beschluß über den Widerspruch zu entscheiden. ²Die Abgabe der eidesstattlichen Versicherung erfolgt erst nach Eintritt der Rechtskraft der Entscheidung; das Vollstreckungsgericht kann jedoch die Abgabe der eidesstattlichen Versicherung vor Eintritt der Rechtskraft anordnen, wenn bereits ein früherer Widerspruch rechtskräftig verworfen ist, oder wenn nach Vertagung nach Absatz 4 der Widerspruch auf Tatsachen gestützt wird, die zur Zeit des ersten Antrages auf Vertagung bereits eingetreten waren.

## Inhaltsübersicht

| | | Rdn. |
|---|---|---|
| | Literatur | |
| I. | Der Antrag des Gläubigers | 1–3 |
| II. | Beizufügende Unterlagen | 4, 5 |
| III. | Rechtsschutzbedürfnis | 6–8 |
| IV. | Vorliegen einer früheren Versicherung (Abs. 2) | 9 |

| | |
|---|---|
| V. Die Terminsvorbereitung | 10 |
|    1. Ladung des Schuldners | 11 |
|    2. Verständigung des Gläubigers | 12 |
|    3. Bestimmung des zur Offenbarung Verpflichteten | 13 |
| VI. Terminsaufhebung oder Vertagung (Abs. 3 S. 4) | 14, 15 |
| VII. Vertagung wegen Zahlungsbereitschaft (Abs. 4) | 16, 17 |
| VIII. Termin zur Offenbarungsversicherung | 18 |
| IX. Widerspruch (Abs. 5) | |
|    1. Voraussetzungen | 19 |
|    2. Nichtberücksichtigung materiellrechtlicher Einwendungen | 20 |
|    3. Entscheidung | 21 |
|    4. Aufschiebende Wirkung; Anordnung der sofortigen Versicherung trotz Widerspruchs | 22, 23 |
|    5. Ruhen des Verfahrens | 24 |
|    6. Rechtsbehelfe | 25, 26 |
| X. Verfahren nach rechtskräftiger Widerspruchsentscheidung | 27, 28 |
| XI. Ergänzende Versicherung | 29 |
| XII. Kosten und Gebühren | 30 |

Literatur: *Bauer,* Die Unpfändbarkeitsbescheinigung bei der Durchführung des OE-Verfahrens, JurBüro 1964, 631; *Behr,* Abgabe der Offenbarungsversicherung bei einer Mehrheit von gesetzlichen Vertretern, Rpfleger 1978, 41; *ders.,* Offenbarungsverfahren ohne vorherige fruchtlose Pfändung., JurBüro 1995, 67; *Brehm,* Ändern sich gesetzliche Entscheidungszuständigkeiten durch Treu und Glauben?, JZ 1978, 262; *ders.,* Die Verbesserung der Zwangsvollstreckung durch ein vereinfachtes Verfahren zur Feststellung der Erwerbsquelle des Schuldners, DGVZ 1985, 19; *Dressel,* Unpfändbarkeit des Schuldners als besondere Voraussetzung des e.-V.-Verfahrens, DGVZ 1988, 22; *Haase,* Zulässigkeit schriftlichen Widerspruchs des Schuldners im Offenbarungseidsverfahren?, NJW 1966, 1109; *ders.,* Zur Frage der Vorlegung einer neuen Unpfändbarkeitsbescheinigung für die Abnahme der Offenbarungsversicherung nach § 903, Rpfleger 1970, 383; *Herzig,* Hilfspfändung und Offenbarungseid, JurBüro 1966, 909; *ders.,* Hat der Gläubiger oder sein Prozeßbevollmächtigter Zahlungen des Schuldners vor dem Offenbarungseidstermin dem Gericht mitzuteilen?, JurBüro 1966, 996; *ders.,* Einstweilige Einstellung des Offenbarungseidverfahrens bei Einwendungen des Schuldners aus Abzahlungskauf?, JurBüro 1967, 90; *Heß,* Auslandssachverhalte im Offenbarungsverfahren, Rpfleger 1996, 89; *Koch,* Die Ergänzung des Vermögensverzeichnisses im Offenbarungseidverfahren, MDR 1966, 469; *Leisner,* Durchsuchungsverweigerung und Unpfändbarkeit, Rpfleger 1989, 443; *Noack,* Abzahlungen im Offenbarungseidverfahren und bei oder vor der Verhaftung, JR 1953, 332; *E. Schneider,* Krankheit als Widerspruchsgrund gegen die Offenbarungsversicherung, DGVZ 1977, 1673; *Schuler,* Offenbarungseid trotz Befriedigung des Gläubigers, MDR 1954, 80; *Schumacher,* Neuladung des Schuldners zur Ableistung des Offenbarungseides trotz Haftbefehls, BB 1958, 1289; *ders.,* Terminsvertagung im Offenbarungseidverfahren, ZZP 1959, 169; *ders.,* Zur Gläubigerstellung gegenüber dem ungenauen Vermögensverzeichnis im Offenbarungseidsverfahren, DRiZ 1962, 126; *Vollkommer,* Zur Form des Offenbarungsantrages gemäß § 900 ZPO, Rpfleger 1975, 419; *Spring,* Fragerecht des Gläubigers im Offenbarungsverfahren, NJW 1994, 1108.
Siehe ferner die Literaturangaben zu § 807 ZPO und zu § 883 ZPO.

1 I. Die Einleitung des Verfahrens setzt zunächst einen **Antrag des Gläubigers** auf Terminsbestimmung voraus. Er muß den nämlichen förmlichen Anforderungen wie jeder Vollstreckungsantrag entsprechen, also auch vom Verfasser eigenhändig unterschrieben und nicht nur mit Faksimilestempel versehen sein.[1] Es besteht kein Anwaltszwang für den Antrag. Stellt ein Rechtsanwalt für den Gläubiger den Antrag, muß er seine Vollmacht nur nachweisen, wenn sie sich nicht schon aus dem Titel ergibt, da die Vollmacht zur Vertretung im Rechtstreit auch für das gesamte Vollstreckungsverfahren gilt (§ 81 ZPO). Bedenken gegen die zur Antragstellung erforderliche Prozeßführungsbefugnis des Gläubigers muß von Amts wegen nachgegangen werden.[2]

2 Der Antrag muß angeben, wegen welcher Forderung die eidesstattliche Versicherung verlangt wird.[3] Es muß sich nicht um die gesamte titulierte Forderung handeln; vielmehr kann das Verfahren auch wegen einer Teilforderung betrieben werden.[4] Geschieht dies, muß die Teilforderung zwar genau beziffert sein, der Gläubiger ist aber nicht verpflichtet, alle etwaigen Zahlungen des Schuldners im einzelnen zu belegen, damit das Gericht die Berechtigung der Teilforderung von sich aus überprüfen kann.[5] Es ist Sache des Schuldners, gegebenenfalls den Einwand der Erfüllung mit den Nachweisen des § 775 ZPO oder mit der Klage gem. § 767 ZPO geltend zu machen.

3 Ferner muß im Antrag die Person, die zur Abgabe der eidesstattlichen Versicherung zu laden ist, so genau bezeichnet sein, daß ihre Ladung möglich ist. Dies kann, soweit der im Titel oder der in der den Titel ergänzenden Klausel genannte Schuldner höchstpersönlich zu laden ist, durch einfache Bezugnahme geschehen. Bei Handelsgesellschaften und juristischen Personen muß der zu ladende gesetzliche Vertreter mit Name und Anschrift bezeichnet sein.[6] Hat eine juristische Person mehrere gesetzliche Vertreter, so braucht der Gläubiger nicht zu entscheiden, welcher von ihnen zu laden sei. Er kann dem Gericht alle namhaft machen und es dem Ermessen des Gerichts überlassen, wen es lädt. Gleiches gilt für die gesetzlichen Vertreter natürlicher Personen (Minderjährige, Geschäftsunfähige, in der Geschäftsfähigkeit Beschränkte).[7] Bei einer in Liqui-

---

1 AG Köln, JurBüro 1966, 69; LG Berlin, Rpfleger 1975, 440; LG Freiburg, Rpfleger 1984, 323; Vollkommer, Rpfleger 1975, 419; *Baumbach/Lauterbach/Hartmann*, § 900 Rdn. 2; a. A. (keine Unterschrift erforderlich): AG Groß-Gerau, AnwBl. 1975, 240; *Dempewolf*, MDR 1977, 803; *Stein/Jonas/Münzberg*, § 900 Rdn. 15; *Thomas/Putzo*, § 900 Rdn. 5.
2 LG Frankenthal, IPRax 1984, 40 (zu den Auswirkungen eines ausländischen Konkursverfahrens).
3 Allgem. Meinung; beispielhaft: *Baumbach/Lauterbach/Hartmann*, § 900 Rdn. 4; *MüKo/Eickmann*, § 900 Rdn. 4; *Stein/Jonas/Münzberg*, § 900 Rdn. 18; *Zimmermann*, § 900 Rdn. 2; *Zöller/Stöber*, § 900 Rdn. 2; LG Düsseldorf, MDR 1960, 58; LG Landau, DGVZ 1988, 28.
4 LG Paderborn, NJW 1957, 28; *Thomas/Putzo*, § 900 Rdn. 5.
5 Wie hier: *Baumbach/Lauterbach/Hartmann*, § 900 Rdn. 4; *MüKo/Eickmann*, § 900 Rdn. 4; *Stein/Jonas/Münzberg*, § 900 Rdn. 19; LG Braunschweig, Rpfleger 1978, 461; LG Bonn, DGVZ 1978, 117; LG Oldenburg, Rpfleger 1980, 353; a. A.: LG Essen, MDR 1975, 1026; DGVZ 1979, 9; AG Kassel, Rpfleger 1979, 272; LG Darmstadt, Rpfleger 1985, 119.
6 LG Essen, JurBüro 1972, 76.
7 Zur Frage, wann der gesetzliche Vertreter an Stelle des Schuldners die Offenbarungsversicherung leisten muß, siehe unten Rdn. 13 sowie § 807 Rdn. 13, 14.

dation befindlichen Gesellschaft ist regelmäßig der Liquidator zu laden.[8] Im Einzelfall kann aber auch der frühere Geschäftsführer zu laden sein, wenn der Liquidator nur formell bestellt wurde, um einen Strohmann für das offenbarungsverfahren zu haben, während der frühere Geschäftsführer weiterhin die Geschäfte führt.[9]

Der Gläubiger kann den Antrag, wie jeden anderen Vollstreckungsantrag, bis zur Beendigung der Zwangsvollstreckung (– hier also bis zur Abgabe der eidesstattlichen Versicherung durch den Schuldner –) ohne Zustimmung des Schuldners jederzeit zurücknehmen.[10] Die Rücknahme hindert ihn nicht, später erneut einen Antrag auf terminsanberaumung zu stellen.[11]

**II. Dem Antrag beizufügen** ist der Vollstreckungstitel über den Anspruch, dessen Erfüllung durch die Offenbarungsversicherung erzwungen werden soll. Er muß gegen denjenigen Schuldner vollstreckbar ausgefertigt sein, der die Versicherung abgeben soll. Soll einer von mehreren Gesamtschuldnern zur Offenbarungsversicherung geladen werden, ist nur der Titel gegen diesen, nicht auch die gegen die übrigen Gesamtschuldner vorzulegen.[12] Ferner sind dem Antrag beizufügen der Zustellungsnachweis hinsichtlich des Titels[13] (– hinsichtlich der Klausel nur, wenn dies ausnahmsweise gem. § 750 Abs. 2 ZPO erforderlich ist[14] –), der Nachweis der erbrachten Sicherheitsleistung, falls der Titel immer noch nur gegen Sicherheitsleistung vorläufig vollstreckbar ist, gegebenenfalls auch der Nachweis gem. § 765 ZPO hinsichtlich einer Zug um Zug zu erbringenden Gegenleistung.

4

Darüberhinaus sind dem Antrag die Nachweise der besonderen Voraussetzungen der §§ 807 Abs. 1 S. 1, 883 Abs. 2 ZPO beizufügen, d. h. der Nachweis der erfolglosen Pfändung[15] bzw. der Aussichtslosigkeit einer Pfändung[16] oder der Nachweis, daß die herauszugebende Sache beim Schuldner nicht vorgefunden wurde.[17] Die Vorlage dieser Nachweise durch den Gläubiger ist unverzichtbar. Deshalb sind diese Nachweise von amtswegen vor der Ladung des Schuldners zu prüfen. Vervollständigt der Gläubiger auf Hinweis unzureichende Nachweise nicht innerhalb der ihm gesetzten Frist, ist sein Antrag zurückzuweisen. Es darf also nicht vorsorglich in der Erwartung geladen werden, der Schuldner werde wegen des unzureichenden Nachweises keinen Widerspruch erheben.

5

**III.** Ist der Antrag förmlich ordnungsgemäß gestellt und sind die besonderen Voraussetzungen der §§ 807 Abs. 1 S. 1, 883 Abs. 2 ZPO nachgewiesen, besteht grundsätzlich

6

---

8 KG, NJW-RR 1991, 933.
9 OLG Köln, OLGZ 1991, 214.
10 KG, MDR 1991, 163; MüKo/*Eickmann*, § 900 Rdn. 1.
11 Siehe unten Rdn. 6.
12 AG Groß-Gerau, MDR 1981, 414.
13 Das gilt nicht, wenn das Amtsgericht auf Ersuchen einer Verwaltungsvollstreckungsbehörde tätig wird; LG Tübingen, Rpfleger 1981, 453.
14 OLG Frankfurt, JurBüro 1977, 1781.
15 Einzelheiten, wie dieser Nachweis zu führen ist, siehe § 807 Rdn. 8–11.
16 Einzelheiten insoweit § 807 Rdn. 12.
17 Einzelheiten insoweit § 883 Rdn. 16.

ein **Rechtschutzbedürfnis** des Gläubigers, daß Termin anberaumt und der Schuldner zur Abgabe der Offenbarungsversicherung geladen wird. Das Rechtschutzbedürfnis ist nicht deshalb zu verneinen, weil der Gläubiger den Antrag in der Vergangenheit schon mehrfach gestellt, aber jeweils wieder zurückgenommen hatte, wenn der Schuldner Teilleistungen auf die titulierte Schuld erbrachte.[18] Ein derartiges Verhalten des Gläubigers liegt durchaus im Rahmen der Zielsetzung des § 807 ZPO. Deshalb ist auch ein Antrag, in dem der Gläubiger von vornherein sein Einverständnis mit einer Terminsaufhebung erklärt, falls der Schuldner bis zum Termin bestimmte Teilleistungen nachweist, nicht rechtsmißbräuchlich.[19]

7  Das Rechtschutzbedürfnis fehlt allerdings, wenn schon dem Antrag des Gläubigers selbst bzw. den diesem Antrag beigefügten Unterlagen entnommen werden kann, daß die titulierte Schuld einschließlich der geltend gemachten Kosten befriedigt ist[20] oder daß dem Gläubiger die Vermögensverhältnisse, insbesondere die Vermögenslosigkeit des Schuldners bereits sicher bekannt sind.[21] Die Vermögensverhältnisse des Schuldners sind dem Gläubiger nicht schon deshalb sicher bekannt, weil der Schuldner den »Vermögensfragebogen« privat ausgefüllt und die Richtigkeit dieser Angaben an Eides Statt versichert hat, seine Unterschrift unter dieser Versicherung notariell hat beglaubigen lassen und das Ganze dann dem Gläubiger übersandt hat.[22] Daß eine GmbH im Handelsregister gelöscht ist, ist kein sicherer Beweis für ihre Vermögenslosigkeit. Dem Antrag auf Abgabe der eidesstattlichen Versicherung durch eine solche GmbH fehlt deshalb auch nicht von vornherein das Rechtschutzbedürfnis,[23] falls der Gläubiger nicht substantiiert darlegt, daß und warum noch Vermögenswerte vorhanden sein könnten.[24] Denn die Anforderungen des Nachweises der Vermögenslosigkeit nach dem LöschG sind nicht so, daß sie die Gewähr böten, daß für den Gläubiger sicher kein der Vollstreckung unterliegendes Vermögen mehr vorhanden wäre.

8  Das allgemeine Verbot der Schikane gilt selbstverständlich auch für das Verfahren nach §§ 899 ff. ZPO.[25] Ist dem Antrag des Gläubigers ausnahmsweise zu entnehmen, daß er nicht die den §§ 807, 883 Abs. 2 ZPO zugrundeliegenden Zwecke verfolgt,[26] daß es ihm vielmehr darum geht, den Schuldner für enttäuschtes Vertrauen »zubestrafen«, so darf dem Antrag nicht stattgegeben werden.

9  IV. Eine besondere Ausprägung hat das Rechtschutzinteresse und das Schikaneverbot in § 903 ZPO gefunden, an den **Abs. 2** anknüpft. Hat der Gläubiger selbst bereits eine

---

18 LG Darmstadt, MDR 1959, 1019; LG Detmold, Rpfleger 1991, 212 mit Anm. von *Schauf.*
19 A. A.: AG Köln, JMBlNW 1965, 163.
20 LG Hamburg, Rpfleger 1985, 34.
21 Siehe auch § 807 Rdn. 7.
22 LG Frankenthal, Rpfleger 1985, 33; LG Detmold, Rpfleger 1987, 165.
23 LG Frankenthal, DGVZ 1981, 9; LG Düsseldorf, JurBüro 1987, 458; siehe auch § 807 Rdn. 7.
24 A. A.: LG München I, Rpfleger 1974, 371; LG Berlin, JurBüro 1975, 674; OLG Frankfurt, Rpfleger 1976, 329.
25 AG Köln, JurBüro 1966, 159.
26 Siehe hierzu: Übers. §§ 899–915 h ZPO Rdn. 3.

eidesstattliche Versicherung erwirkt, die nicht älter als drei Jahre[27] ist, oder hat der Schuldner für einen anderen Gläubiger die Versicherung in dieser Zeit abgegeben und kann der Gläubiger sich von ihrem Inhalt nach §§ 299, 915 ZPO Kenntnis verschaffen, dann besteht grundsätzlich keine Notwendigkeit, daß der Schuldner erneut eine eidesstattliche Versicherung abgibt, es sei denn, die besonderen Voraussetzungen des § 903 ZPO liegen vor. Ähnlich liegt es bei einer Haftanordnung innerhalb dieser Frist. Sie legt den Schluß nahe, daß der Schuldner auch diesmal nicht zur eidesstattlichen Versicherung bereit sein wird. Mußte die Haft gar vollstreckt werden, liegt die Aussichtslosigkeit eines erneuten Versuchs auf der Hand, wenn nicht ein Ausnahmefall nach § 914 ZPO vorliegt. Deshalb verpflichtet Abs. 2 das Gericht, von amtswegen zu überprüfen, ob nicht eine noch nicht gelöschte Eintragung im Schuldnerverzeichnis (§ 915 ZPO) vorliegt. Ist dies der Fall, ist der Gläubiger hiervon zu unterrichten und das Verfahren nur fortzusetzen, wenn ein ausdrücklicher diesbezüglicher Antrag des Gläubigers vorliegt (**Abs. 2 S. 2**). Ein solcher Antrag kann schon **vorab** als Hilfsantrag gestellt worden sein.[28] Dieser Antrag des Gläubigers kann lauten auf Erteilung einer Abschrift des bei der vorausgegangenen eidesstattlichen Versicherung ausgefüllten Vermögensverzeichnisses (§§ 299, 915 ZPO)[29] oder auf Ladung des Schuldners zur wiederholten Eidesleistung, soweit die besonderen Voraussetzungen des § 903 ZPO glaubhaft gemacht sind, oder auf erneute Verhaftung des Schuldners, soweit die Voraussetzungen des § 914 ZPO glaubhaft gemacht sind, oder schließlich auf erneute Ladung des Schuldners zur erstmaligen Abgabe der eidesstattlichen Versicherung, falls bisher nur die Haft angeordnet, der Haftbefehl aber noch nicht vollstreckt war (– denn das bloße Vorliegen eines Haftbefehls schließt eine erneute Ladung zur eidesstattlichen Versicherung nicht aus[30] –).

Stellt der Gläubiger auf die Benachrichtigung hin keinen Antrag, ist das auf seinen ursprünglichen Antrag hin eingeleitete Verfahren erledigt. Der Gläubiger muß, will er später doch eine Ladung des Schuldners erwirken, einen neuen Antrag stellen, für den dann wieder alle Zulässigkeitsvoraussetzungen neu zu prüfen sind.

---

27 Zur Berechnung der Frist siehe § 903 Rdn. 8; siehe ferner LG Mönchengladbach, JurBüro 1979, 612.
28 *Stein/Jonas/Münzberg*, § 900 Rdn. 22.
29 Auch die Erteilung einer Abschrift eines früheren Vermögensverzeichnisses setzt voraus, daß zugunsten des beantragenden Gläubigers alle Vollstreckungsvoraussetzungen vorliegen und daß er, gäbe es die Sperre des § 903 ZPO nicht, die Ladung des Schuldners zur Abgabe der Offenbarungsversicherung beantragen könnte; vergl. AG Köln, JurBüro 1964, 759; 1965, 412; 1966, 534.
30 Wie hier: *Stein/Jonas/Münzberg*, § 900 Rdn. 23; *Zimmermann*, § 900 Rdn. 9; *Zöller/Stöber*, § 900 Rdn. 4; LG Aachen, MDR 1956, 45; a. A. (Haftbefehl steht neuer Ladung entgegen; Gläubiger müsse Verhaftung bewirken): MüKo/*Eickmann*, § 902 Rdn. 18; LG Berlin, JR 1957, 263; LG Oldenburg, MDR 1957, 556; LG Essen, MDR 1958, 434; LG Darmstadt, MDR 1961, 239. Der Entwurf der 2. Zwangsvollstreckungsnovelle will in § 900 Abs. 2 S. 1 den Halbsatz »oder daß gegen ihn die Haft zur Erzwingung der Abgabe der eidesstattlichen Versicherung angeordnet ist« streichen. Dabei wird übersehen, daß die Mitteilung einer Haftanordnung aus den oben dargelegten Gründen auch sinnvoll ist, wenn das bloße Vorliegen einer Haftanordnung der Ladung zu einer erneuten eidesstattlichen Versicherung nicht entgegensteht.

10   V. Stehen der beantragten Terminsbestimmung Hindernisse entgegen, die der Gläubiger nicht innerhalb der ihm hierfür gesetzten Frist ausgeräumt hat, ist sein Antrag durch Beschluß zurückzuweisen. Dem Gläubiger steht gegen diesen Beschluß die befristete Rechtspflegererinnerung (§§ 793 ZPO, 11 Abs. 1 S. 2 RPflG) zu.[31] Liegen dagegen alle Voraussetzungen vor, ist **Termin** zur Abgabe der eidesstattlichen Versicherung **zu bestimmen**.

11   1. Die **Ladung** zum Termin ist dem Schuldner persönlich bzw. demjenigen, der für den Schuldner die eidesstattliche Versicherung abzugeben hat,[32] zuzustellen, auch wenn der Schuldner einen Prozeßbevollmächtigten bestellt hat; einer Mitteilung dieser Ladung an den Prozeßbevollmächtigten bedarf es nicht (**Abs. 3 S. 1**). Der Ladung sind der Antrag des Gläubigers und dessen Forderungsaufstellung nicht beizufügen, es sei denn, der Antrag enthielte neue Tatsachen, die dem Schuldner aus dem bisherigen Verlauf der Vollstreckung nicht bekannt sein können.[33] Dagegen sollte der Ladung zum Zwecke der Vorbereitung bereits der Vordruck für das vom Schuldner abzugebende Vermögensverzeichnis beigefügt werden. Ist dies versäumt worden, ist die Ladung allerdings nicht unwirksam.[34]

12   2. Dem **Gläubiger** ist der Termin formlos mitzuteilen. Seine Anwesenheit im Termin ist regelmäßig nicht erforderlich (Abs. 2 S. 3). Ergibt allerdings der Antrag des Gläubigers, daß er wesentliche Vorhaltungen zu machen in der Lage ist, die eine korrekte Abgabe der eidesstattlichen Versicherung erleichtern könnten, sollten bei der Terminsbestimmung auch die Belange des Gläubigers berücksichtigt werden (Gelegenheit zur Anreise usw.).

13   3. Die Ladung ist grundsätzlich an den aus dem Titel bzw. der den Titel ergänzenden Klausel zu entnehmenden **Schuldner** zu richten, auch wenn der Schuldner sein Vermögen aufgrund privatrechtlicher Vereinbarung verwalten läßt (Vermögensverwalter, Finanzberater u. ä.).[35] Ist der Schuldner aber zum Zeitpunkt des Termins nicht prozeßfähig, ist sein gesetzlicher Vertreter zur Abgabe der Versicherung verpflichtet und deshalb auch zum Termin zu laden. Hat der Schuldner mehrere gesetzliche Vertreter, kann der Rechtspfleger einen von ihnen, aber auch alle laden. Bei juristischen Personen ist immer der gesetzliche Vertreter, der diese Funktion im Zeitpunkt des Offenbarungstermins innehat, zu laden.[36] Ist die Gesellschaft bereits liquidiert und im Handelsregister gelöscht, so ist der letzte Geschäftsführer oder Liquidator zu laden.[37]

---

31 *Wieser*, Begriff und Grenzfälle der Zwangsvollstreckung, S. 73; MüKo/*Eickmann*, § 900 Rdn. 39.
32 Einzelheiten insoweit unten Rdn. 13.
33 OLG Frankfurt, Rpfleger 1977, 417.
34 OLG Karlsruhe, DGVZ 1979, 72.
35 Einzelheiten: § 807 Rdn. 13.
36 Einzelheiten: § 807 Rdn. 14.
37 LG München I, MDR 1964, 604; OLG Frankfurt, Rpfleger 1976, 329 und Rpfleger 1982, 290; KG, NJW-RR 1991, 933; LG Zweibrücken, Rpfleger 1996, 209. War der Liquidator nur als Strohmann vorgeschoben, ist die Offenbarungsversicherung vom letzten Geschäftsführer zu leisten: OLG Köln, OLGZ 1991, 214.

**VI. Terminsaufhebung oder Vertagung (Abs. 3 S. 4):** Ist der Termin festgesetzt und bekanntgemacht, so ist hinsichtlich einer Aufhebung oder Verlegung des Termins zu unterscheiden: Ist die Anberaumung eines anderen Termins aus erheblichen innerdienstlichen Gründen des Gerichts erforderlich (z. B. Verhinderung des Rechtspflegers am vorgesehenen Terminstage), ist eine Terminsverlegung ohne weiteres ohne Zustimmung des Gläubigers möglich. Beantragt der Gläubiger die gänzliche Aufhebung des Termins (z. B. weil der Schuldner zwischenzeitlich die Forderung ganz oder teilweise erfüllt hat), ist dem Antrag ebenfalls ohne weiteres stattzugeben, da der Gläubiger der Herr des Verfahrens ist und immer die letzte Entscheidung darüber behält, ob er überhaupt die Vollstreckung betreiben will. Der Gläubiger verliert auch nicht das Rechtschutzinteresse für einen neuen Terminsantrag, wenn er bereits mehrfach um Terminsaufhebung gebeten hatte.[38] Bittet der Gläubiger dagegen um eine Terminsverlegung, weil er zum festgesetzten Termin verhindert ist, an der Verhandlung aber teilnehmen möchte, muß dem Antrag nicht stattgegeben werden (wegen Abs. 3 S. 3). Die Entscheidung insoweit liegt im freien Ermessen des Rechtspflegers.

Die geplante 2. Zwangsvollstreckungsnovelle will die Vertagungsmöglichkeiten durch folgende Neufassung des Abs. 3 Satz 4 erschweren: »Das Gericht kann aus erheblichen Gründen den Termin aufheben oder verlegen oder die Verhandlung vertagen. § 227 Abs. 1 Satz 2 Nr. 3 ist nicht anzuwenden« (BT-Drucks. 13/341).

14

Eine Aufhebung oder Verlegung des Termins auf Antrag des Schuldners ohne Zustimmung des Gläubigers ist nicht möglich.[39] Das gilt auch dann, wenn der Schuldner ein Attest einreicht, daß er erkrankt sei[40] oder daß die Abgabe der Versicherung ihn derart gesundheitlich belasten werde, daß ernstliche Gesundheitsschäden zu befürchten seien.[41] Ein solches Attest kann erst im Termin für die Frage von Bedeutung sein, ob der Schuldner entschuldigt ausgeblieben ist, ob also neuer Termin anberaumt werden muß und Haft nicht angeordnet werden darf.[42] Gleiches gilt für den Nachweis des Schuldners, er sei zum Terminstage verreist (z. B. bereits gebuchter Urlaub oder Kur[43]). Ist der Schuldner entschuldigt nicht erschienen oder ist er im Termin entschuldigt verhindert, die eidesstattliche Versicherung abzugeben, oder beantragt der Gläubiger trotz unentschuldigten Fernbleibens des Schuldners im Termin Vertagung, so ist der Schuldner zum neuen Termin wieder von amtswegen durch Zustellung zu laden, auch wenn der Termin in der Verhandlung bereits bekanntgegeben wurde. § 218 ZPO gilt hier also nicht.[44] Ist der Schuldner so erkrankt, daß er das Gericht nicht aufsuchen kann, andererseits zur Abgabe der Versicherung nicht gänzlich

15

---

38 Siehe auch oben Rdn. 6; zum Recht des Gläubigers, seinen Antrag jederzeit wieder zurückzunehmen: KG, MDR 1991, 163.
39 OLG Karlsruhe, DGVZ 1979, 72; a. A. (wenn wichtige Gründe vorlägen): *Zöller/Stöber*, § 900 Rdn. 9.
40 KG, MDR 1965, 53; LG München, MDR 1965, 53; KG, MDR 1966, 1011; LG Düsseldorf, Rpfleger 1989, 73.
41 OLG Köln, MDR 1978, 59.
42 Einzelheiten hierzu: § 901 Rdn. 2.
43 OLG Hamm, Rpfleger 1977, 111.
44 LG Berlin, Rpfleger 1975, 104; OLG Nürnberg, Rpfleger 1977, 417; LG Würzburg, Rpfleger 1980, 161; *Baumbach/Lauterbach/Hartmann*, § 900 Rdn. 11; *Thomas/Putzo*, § 900 Rdn. 18; *Zöller/Stöber*, § 900 Rdn. 10; a. A.: LG Landshut, Rpfleger 1975, 329.

außerstande, kann Termin auch in der Wohnung des Schuldners oder im Krankenhaus bestimmt werden. Ist der Schuldner nach den vorliegenden ärztlichen Bescheinigungen gänzlich außerstande, die Versicherung abzugeben (z. B. langandauernder Verwirrungszustand, Verständigungsschwierigkeiten), ist die Verhandlung auf unbestimmte Zeit zu vertagen.[45] Für einen neuen Terminsantrag des Gläubigers besteht in einem solchen Fall nur ein Rechtsschutzbedürfnis, wenn der Gläubiger Anhaltspunkte dafür vortragen kann, daß der Schuldner nunmehr in der Lage sei, die Versicherung abzugeben.

Vertagt oder verlegt das Gericht den Termin ohne zwingenden innergerichtlichen Grund und ohne Zustimmung des Gläubigers (z. B. auf Bitten des Schuldners), so kann der Gläubiger diese Entscheidung mit der befristeten Rechtspflegererinnerung anfechten.[46] Ein Beschluß des Beschwerdegerichts, durch den die Vertagung wieder aufgehoben und das Amtsgericht zur Fortsetzung des Verfahrens angewiesen wird, ist unanfechtbar.[47]

16  VII. Vertagung wegen Zahlungsbereitschaft (Abs. 4): Im Termin, nicht bereits schriftsätzlich vor dem Termin,[48] kann der Schuldner die Vertagung der Abgabe der Offenbarungsversicherung beantragen, wenn er glaubhaft macht, daß er die Schuld binnen einer Frist von drei Monaten (– nach BT-Drucks. 13/341 künftig: sechs Monaten –) tilgen werde. Diese Glaubhaftmachung setzt deutlich mehr als das bloße Versprechen der Zahlungsbereitschaft voraus.[49] Der Schuldner muß nachvollziehbare Umstände vortragen und mit den Mitteln der Glaubhaftmachung gegebenenfalls belegen, warum er jetzt zur Zahlung bereit und in der Lage ist, obwohl er bisher nicht geleistet hat. Der Umstand, daß der Schuldner seinen bisher nicht bekannten Arbeitgeber offenbart, damit der Gläubiger notfalls auf das Arbeitseinkommen zugreifen könne, reicht in der Regel als Nachweis der Zahlungswilligkeit und Zahlungsfähigkeit nicht aus.[50] Bei Schuldnern, die sich in der Vergangenheit besonders hartnäckig ihrer Leistungspflicht entzogen und die Vollstreckung mit Rechtsbehelfen aller Art letztlich erfolglos hinausgezögert haben, ist an den Nachweis der Zahlungswilligkeit ein besonders strenger Maßstab anzulegen. Ist der Rechtspfleger von der Willigkeit und Fähigkeit des Schuldners überzeugt, die Schuld innerhalb von 3 Monaten zu tilgen, so **kann** er (– Ausübung pflichtgemäßen Ermessens –) dem Vertagungsantrag des Schuldners auch dann stattgeben, wenn der Gläubiger widerspricht (Abweichung von Abs. 3 S. 4). Die Vertagung ist auf einen konkreten Termin auszusprechen, nicht auf unbestimmte Zeit oder einen erst auf späteren Antrag des Gläubigers hin anzuberaumenden Termin.[51] Das gilt auch für den Fall, daß die noch zu tilgende Forderung geringfügig und ihre Erfüllung daher naheliegend ist.[52]

---

45 *Thomas/Putzo*, § 900 Rdn. 18, halten eine Vertagung, bis Gläubiger einen neuen Antrag stelle, für unzulässig.
46 MüKo/*Eickmann*, § 900 Rdn. 40.
47 OLG München, MDR 1958, 246.
48 A. A.: *Baumbach/Lauterbach/Hartmann*, § 900 Rdn. 21; wie hier: LG Lübeck, SchlHA 1985, 192; *Thomas/Putzo*, § 900 Rdn. 19.
49 LG Frankenthal, Rpfleger 1981, 363.
50 LG Berlin, DGVZ 1976, 9.
51 LG Essen, JurBüro 1972, 925.
52 A. A. aber: LG Wuppertal, Rpfleger 1981, 25.

*Verfahren zur Abnahme der eidesstattlichen Versicherung* § 900

Weist der Schuldner dann in dem neuen Termin nach, daß er mindestens zwei Drittel der Schuld (– nach BT-Drucks. 13/341 künftig: drei Viertel –) in der zurückliegenden Zeit getilgt hat, so kann das Gericht – wiederum auch gegen den Widerspruch des Gläubigers – den Termin nochmals bis zu sechs Wochen (– nach BT-Drucks. 13/341 künftig: zwei Monate –) vertagen. Eine weitere Vertagung ist danach nur noch unter den engen Voraussetzungen des § 765 a ZPO[53] möglich. Der Gläubiger kann gegen den die Vertagung aussprechenden Beschluß des Rechtspflegers die befristete Rechtspflegererinnerung gem. § 11 Abs. 1 S. 2 RPflG einlegen (**Abs. 4 S. 3**). Der Beschluß, durch den die Vertagung abgelehnt wird, ist für den Schuldner unanfechtbar (**Abs. 4 S. 4**). Er kann dann allerdings immer noch gem. Abs. 5 gegen die Verpflichtung zur Offenbarungsversicherung Widerspruch einlegen.[54]

17

**VIII. Ablauf des Termins,** wenn der Schuldner zur Abgabe der Versicherung erscheint: Der Termin ist nicht öffentlich. Der Schuldner bzw. der zur Abgabe der Offenbarungsversicherung an seiner Stelle Verpflichtete[55] muß den Termin persönlich wahrnehmen. Er kann selbstverständlich im Beistand eines Verfahrensbevollmächtigten erscheinen und darf diesem die Verhandlung mit dem Rechtspfleger überlassen. Bei der Abgabe der eigentlichen eidesstattlichen Versicherung selbst kann er sich allerdings nicht vertreten lassen. Je nachdem, ob es sich um eine eidesstattliche Versicherung nach § 883 Abs. 2 ZPO oder nach § 807 ZPO handelt, ist der Schuldner sodann nach dem Verbleib der herauszugebenden Sache zu befragen oder es ist das Vermögensverzeichnis[56] mit ihm in den Einzelheiten durchzugehen. Der Schuldner ist dabei über die Bedeutung der eidesstattlichen Versicherung gründlich zu belehren.[57] Er ist auf besondere Fehlerquellen, die sich beim Ausfüllen des Vermögensverzeichnisses ergeben, aufmerksam zu machen. Ist der Gläubiger im Termin anwesend, ist ihm Gelegenheit zu geben, dem Schuldner Vorhaltungen zu machen.[58] Hat der Gläubiger bereits schriftlich auf mögliche verschleierte Vermögenswerte des Schuldners hingewiesen, hat der Rechtspfleger entsprechende Vorhalte zu machen. Ist die Auskunft protokolliert bzw. das Vermögensverzeichnis abschließend fertiggestellt, hat der Schuldner sodann die eidesstattliche Versicherung abzugeben.[59] Da die eidesstattliche Versicherung kein Eid ist, kann sie auch von dem nicht verweigert werden, der an Stelle des Eides aus weltanschaulichen Gründen die Bekräftigung nach § 484 ZPO wählen dürfte.

18

**IX. Der Widerspruch** gegen die Verpflichtung zur Offenbarungsversicherung (**Abs. 5**): 1. Hält sich der Schuldner aus verfahrensrechtlichen Gründen nicht zur Offenbarung und zur eidesstattlichen Versicherung für verpflichtet, etwa weil die Vollstreckungsvoraussetzungen allgemein nicht (mehr) vorliegen oder weil die besonderen Voraussetzungen der Abgabe der Versicherung fehlen (kein Nachweis fruchtloser Pfändung in der

19

---

53 Zur Anwendbarkeit des § 765 a ZPO im Offenbarungsverfahren siehe unten Rdn. 15.
54 Einzelheiten unten Rdn. 19 ff.
55 Siehe oben Rdn. 13 sowie § 807 Rdn. 13–15.
56 Einzelheiten zu den Details des Vermögensverzeichnisses: § 807 Rdn. 17–21.
57 *Behr*, Rpfleger 1988, 1.
58 KG, DGVZ 1981, 75; LG Göttingen, NJW 1994, 1164; *Spring*, NJW 1994, 1108; MüKo/*Eickmann*, § 900 Rdn. 16.
59 Einzelheiten: § 807 Rdn. 24 und § 883 Rdn. 17.

letzten Zeit; Aussichtslosigkeit jeglicher Vollstreckung;[60] Übersicherung des Gläubigers durch anderweitige Vollstreckung;[61] Abgabe einer Versicherung in den letzten drei Jahren) oder weil einer Vollstreckung derzeit Hindernisse entgegenstehen (z. B. Einwendungen gem. § 775 ZPO), so kann der Schuldner nicht bereits gegen seine Ladung zum Termin Erinnerung gem. § 766 ZPO einlegen,[62] er muß vielmehr stets zum Termin erscheinen und seine Einwände mündlich als »Widerspruch« vorbringen (– die Überreichung eines Schriftsatzes im Termin gilt selbstverständlich auch als mündlicher Widerspruch –). Ein schriftlicher Widerspruch vor dem Termin ist ausnahmslos unzulässig, selbst dann, wenn mit ihm zu Recht das Fehlen von von amtswegen zu berücksichtigender Vollstreckungsvoraussetzungen gerügt wird.[63] Das gilt für beide Fälle der Offenbarungsversicherung (§§ 807, 883 Abs. 2 ZPO) gleichermaßen.[64] Mit dem Widerspruch sind auch die einen allgemeinen Vollstreckungsschutzantrag nach § 765 a ZPO rechtfertigenden Gründe (– gerichtet z. B. auf Vertagung des Termins, obwohl keine Gründe nach Abs. 4 vorliegen, oder auf generelle Einstellung des Verfahrens –) vorzutragen,[65] soweit sie nicht gerade auf die Verpflichtung abstellen, überhaupt persönlich zum Termin erscheinen zu müssen. Für den letzteren Fall bleibt ein selbständiger Vollstreckungsschutzantrag nach § 765 a ZPO neben dem Widerspruch gem. Abs. 5 möglich,[66] es sind aber, um die Sonderregelung des Abs. 5 nicht auszuhöhlen, sehr strenge Anforderungen zu stellen.

20  2. Nicht Gegenstand des Widerspruchs können materiellrechtliche Einwendungen gegen die titulierte Forderung sein,[67] auch nicht der Einwand, der titulierte Anspruch sei nach § 13 Abs. 3 VerbrKrG erloschen.[68] Der Erfüllungseinwand ist nur im Rahmen des § 775 Nr. 4 und Nr. 5 ZPO zu beachten.[69] Im übrigen verbleibt es bei der allgemeinen Regel, daß materiellrechtliche Einwendungen nur mit der Klage gem. § 767 ZPO, allenfalls mit einer auf § 826 BGB gestützten Unterlassungsklage geltend gemacht werden können.

60 A. A. (kein Widerspruchsgrund): LG Verden, Rpfleger 1986, 186; siehe auch: vor §§ 899–915 ZPO Rdn. 3
61 LG Detmold, Rpfleger 1990, 432.
62 Siehe auch: vor §§ 765 a–777 ZPO Rdn. 4; ferner: KG, JurBüro 1967, 683; LG Krefeld, MDR 1969, 677; LG Limburg, Rpfleger 1982, 434; AG Ulm, Rpfleger 1982, 480.
63 OLG Hamm, JurBüro 1983, 1891; MüKo/*Eickmann*, § 900 Rdn. 18; a. A. für diesen Fall: KG, JurBüro 1967, 683; *Wieser*, Begriff und Grenzfälle der Zwangsvollstreckung, S. 73. Die 2. Zwangsvollstreckungsnovelle (BT-Drucks. 13/341) will ausdrücklich klarstellen, daß der Widerspruch im Termin zu erfolgen habe.
64 OLG Frankfurt, Rpfleger 1977, 221.
65 OLG Köln, Rpfleger 1969, 173.
66 A. A. (nur Widerspruchsverfahren möglich): OLG Hamm, JMBlNW 1964, 185 und JMBlNW 1965, 78. Auch *Stein/Jonas/Münzberg*, § 900 Rdn. 57 will diese Einwände nur im Termin zulassen. Mit dieser Beschränkung wird jedoch nicht den Fällen Rechnung getragen, in denen die Härte gerade schon im Erscheinenmüssen zum Termin liegt.
67 LG Heidelberg, MDR 1960, 146; OLG Köln, JurBüro 1965, 815.
68 A. A. insoweit: LG Gießen, NJW 1957, 348; AG Bonn, MDR 1964, 424; AG Köln, JurBüro 1966, 69.
69 *Wieser*, Begriff und Grenzfälle der Zwangsvollstreckung, S. 72.

**Verfahren zur Abnahme der eidesstattlichen Versicherung** § 900

3. Über den Widerspruch entscheidet der Rechtspfleger, nicht der Richter. Das unterscheidet den Widerspruch von der Erinnerung nach § 766 ZPO. Der Rechtspfleger kann seine Entscheidung bereits im Termin bekanntgeben, er kann aber auch einen besonderen Verkündungstermin ansetzen oder sich eine schriftliche Entscheidung vorbehalten.[70] Im letzteren Fall muß die Entscheidung von Amts wegen zugestellt werden. Wird über den Widerspruch schriftlich entschieden, so kann die Entscheidung auch von einem anderen Rechtspfleger gefällt werden als dem, der die Verhandlung geleitet hat.[71] § 309 ZPO gilt hier also nicht. Die Widerspruchsentscheidung ist in jedem Falle schriftlich zu begründen.

21

4. Der Widerspruch hat grundsätzlich aufschiebende Wirkung; der Schuldner muß die eidesstattliche Versicherung im Regelfall also erst nach Rechtskraft der Widerspruchsentscheidung abgeben (Abs. 5 S. 2). Die Rechtskraft kann frühestens nach Ablauf der Frist zur Einlegung der befristeten Rechtspflegererinnerung (§ 11 Abs. 1 S. 2 RPflG) eintreten. Diese Frist beginnt bei im Termin unmittelbar verkündeten Entscheidungen mit der Verkündung, sonst erst mit Zustellung der Widerspruchsentscheidung.[72] Handelt es sich um einen erstmaligen Widerspruch des Schuldners, so darf (– muß nicht –) der Rechtspfleger dann in seiner den Widerspruch verwerfenden Entscheidung ausnahmsweise die Abgabe der eidesstattlichen Versicherung vor Eintritt der Rechtskraft anordnen, wenn zuvor bereits eine Vertagung nach Abs. 4 angeordnet worden war und der Widerspruch ausschließlich auf Tatsachen gestützt wird, die in dem Termin, als der Vertagungsantrag gestellt wurde, bereits eingetreten waren. Durch diese Regelung soll verhindert werden, daß der Schuldner seine Anträge bewußt hintereinander staffelt, um die Offenbarungsversicherung hinauszuzögern. Handelt es sich um einen wiederholten Widerspruch des Schuldners im nämlichen Offenbarungsverfahren und war ein früherer Widerspruch bereits rechtskräftig verworfen worden, so kann ebenfalls mit der den erneuten Widerspruch verwerfenden Entscheidung zugleich angeordnet werden, daß nunmehr die eidesstattliche Versicherung vor Eintritt der Rechtskraft der Widerspruchsentscheidung abzugeben sei. Die beiden in Abs. 5 S. 2, 2. Halbs. genannten Ausnahmen von der aufschiebenden Wirkung des Widerspruchs sind eng zu lesen. Die Vorschrift kann nicht entsprechend auf den Fall angewendet werden, daß ein erstmaliger Widerspruch offensichtlich unbegründet und nur der Verfahrensverzögerung dienend erscheint.[73] Die Anordnung der sofortigen Abgabe der eidesstattlichen Versicherung nach Abs. 5 S. 2, 2. Halbs. ist nicht selbständig mit der befristeten Erinnerung anfechtbar.[74] Das Beschwerdegericht kann aber, sobald ihm die Erinnerung gegen die Widerspruchsentscheidung zulässigerweise zur Entscheidung vorliegt (§ 11 Abs. 2 S. 4 RPflG), gem. § 572 Abs. 3 ZPO auch die Vollziehung der Anordnung der sofor-

22

---

70 LG Darmstadt, MDR 1959, 134; OLG Düsseldorf, JMBlNW 1962, 93; OLG Frankfurt, Rpfleger 1974, 272.
71 OLG Frankfurt, Rpfleger 1974, 274.
72 OLG Nürnberg, MDR 1964, 64.
73 Wie hier: MüKo/*Eickmann*, § 900 Rdn. 26; a. A.: AG Groß-Gerau, Rpfleger 1985, 245; *Baumbach/Lauterbach/Hartmann*, § 900 Rdn. 39. Der Entwurf der 2. Zwangsvollstreckungsnovelle (BT-Drucks. 13/341) will dies für den Fall ändern, daß die Beschwerde deshalb offensichtlich unbegründet ist, weil sie ausschließlich auf materiellrechtliche Einwendungen gestützt wird.
74 KG, MDR 1962, 582; LG Berlin, Rpfleger 1972, 325.

tigen Abgabe der Versicherung aussetzen.⁷⁵ Verweigert der Schuldner im Falle des Abs. 5 S. 2, 2. Halbs. die angeordnete sofortige Abgabe der Offenbarungsversicherung, kann der Richter, dem der Rechtspfleger die Akte insoweit vorzulegen hat, Haftbefehl erlassen⁷⁶, wenn ein entsprechender Antrag des Gläubigers vorliegt.⁷⁷

23 Richtet sich der Widerspruch nur gegen einen Teil der Vollstreckungsforderung, so ist eine Fortsetzung des gesamten Offenbarungsverfahrens ohne Widerspruchsentscheidung nicht statthaft;⁷⁸ der Teilwiderspruch hat also zunächst aufschiebende Wirkung. Es ist aber möglich, den streitigen Teil gem. § 145 ZPO abzutrennen. Nach Anordung der Abtrennung kann das Offenbarungsverfahren für den unstreitigen Teil, auf den der Widerspruch sich nicht bezieht, fortgesetzt werden.

24 5. Beantragt der Gläubiger das Ruhen des Offenbarungsverfahrens, nachdem der Schuldner Widerspruch eingelegt hatte, darf über den Widerspruch nicht mehr entschieden werden.⁷⁹ Denn auch die Widerspruchsentscheidung ist Fortsetzung des Zwangsvollstreckungsverfahrens. Beantragt der Gläubiger dann später die Fortsetzung des Verfahrens, muß zunächst von amtswegen geprüft werden, ob noch alle Verfahrensvoraussetzungen für das Offenbarungsverfahren vorliegen. In den Rahmen dieser Prüfung sind auch die Argumente miteinzubeziehen, die der Schuldner mit dem Widerspruch vorgebracht hatte. Die Entscheidung, neuen Termin anzuberaumen, ist keine nach § 11 Abs. 1 S. 2 RPflG anfechtbare Entscheidung über den alten Widerspruch. Dieser war durch das Ruhen verfahrensmäßig erledigt. Er ist auch bei erneuter Widerspruchseinlegung im Rahmen des Abs. 5 S. 2, 2. Halbs. nicht gegen den Schuldner heranzuziehen.

25 6. Hilft der Richter beim Amtsgericht der Erinnerung gegen die dem Schuldner negative Widerspruchsentscheidung des Rechtspflegers nicht ab, muß er die Akten dem Beschwerdegericht vorlegen (§ 11 Abs. 2 S. 2 u. 3 RPflG). Die Erinnerung gilt nunmehr als sofortige Beschwerde gegen die Entscheidung des Rechtspflegers. Zur Begründung der sofortigen Beschwerde kann der Schuldner auch Gründe einführen, die er mit dem Widerspruch noch nicht vorgebracht hatte, selbst wenn ihm dies schon möglich gewesen wäre (§ 570 ZPO). Abs. 5 S. 2, 2. Halbs., 2. Alt. ist insoweit nicht analog zu Lasten des Schuldners heranzuziehen. War der Widerspruch allerdings als unzulässig verworfen worden, weil der Schuldner ihn nur schriftlich eingelegt hatte und nicht zum Termin erschienen war, können mit der Beschwerde keine sachlichen Gründe gegen die Verpflichtung zur Offenbarungsversicherung vorgebracht werden. Sonst könnte der Schuldner über das Beschwerdeverfahren die Verpflichtung zum persönlichen Erscheinen im Termin unterlaufen und letztlich doch ein schriftliches Widerspruchsverfahren herbeiführen.⁸⁰

---

75 OLG Frankfurt, Rpfleger 1990, 109.
76 LG Berlin, Rpfleger 1991, 467 mit Anm. von *Jelinsky*, Rpfleger 1992, 74.
77 Siehe auch § 901 Rdn. 3.
78 LG Oldenburg, Rpfleger 1981, 363.
79 LG Koblenz, MDR 1972, 789; LG Krefeld, MDR 1972, 789.
80 Wie hier: *Stein/Jonas/Münzberg*, § 900 Rdn. 38.

Gibt der Rechtspfleger dem Widerspruch des Schuldners statt, so kann der Gläubiger 26
gegen diese Entscheidung die befristete Rechtspflegererinnerung einlegen. Gibt das
Landgericht der Erinnerung des Gläubigers statt, steht dem Schuldner gegen diese Entscheidung die weitere sofortige Beschwerde zu (§§ 568 Abs. 2, 793 ZPO). Die Entscheidung des Oberlandesgerichts ist dann nicht mehr anfechtbar (§ 567 Abs. 3 ZPO).

**X. Verfahren nach rechtskräftiger Widerspruchsentscheidung:** Ist dem Widerspruch 27
des Schuldners rechtskräftig stattgegeben worden, so kann der Gläubiger zulässigerweise erneuten Antrag auf Einleitung des Offenbarungsverfahrens aufgrund desselben
Vollstreckungstitels erst wieder stellen, wenn er darlegt und nachweist, daß die tatsächlichen Verhältnisse in den Punkten, die die Widerspruchsentscheidung seinerzeit trugen, sich in entscheidungserheblicher Weise geändert haben. Ansonsten wäre ein Antrag unter Bezugnahme auf die Rechtskraft der Vorentscheidung als unzulässig zu
verwerfen.

Der Schuldner kann in dem nach Rechtskraft der zu seinen Lasten ergangenen Widerspruchsentscheidung anberaumten neuen Termin zur Abgabe der Offenbarungsversicherung zulässigerweise erneuten Widerspruch nur mit Gründen einlegen, die nicht bereits Gegenstand der vorausgegangenen Widerspruchsentscheidung waren. Stützt er 28
den Widerspruch auf neue Gründe, die er aber (– objektiv, auch wenn er keine Kenntnis von ihnen hatte –) bereits mit dem vorausgegangenen Widerspruch hätte geltend
machen können, so ist der Widerspruch ebenfalls unzulässig, da die Rechtskraft der
ablehnenden Entscheidung alle Gründe erfaßt, die bis zum Zeitpunkt der Widerspruchsentscheidung bzw. einer eventuellen Beschwerdeentscheidung vorgetragen waren[81]
oder hätten vorgetragen werden können. Im Falle eines erneuten Widerspruchs ist zudem Abs. 5 S. 2, 2. Halbs., 2. Alt. zu beachten. Erscheint der Schuldner zum neuen Termin nicht oder verweigert er ohne Grund die Abgabe der Offenbarungsversicherung,
ist, wenn ein entsprechender schriftlicher Antrag des Gläubigers bereits vorliegt oder
jetzt gestellt wird, gem. § 901 ZPO vom Richter, dem der Rechtspfleger dann die
Akte vorlegt, Haft anzuordnen.[82] Fehlt ein entsprechender Antrag des Gläubigers,
so ist nicht zu vertagen, auch nicht das vorläufige Ruhen des Verfahrens anzuordnen.[83]
Der Gläubiger ist vielmehr vom Ausbleiben des Schuldners zu verständigen; seine weiteren Anträge sind abzuwarten. Die Sache ruht dann faktisch, bis der Gläubiger wieder
die Initiative ergreift.

**XI. Ergänzende Versicherung:** Hat der Schuldner ein unvollständiges, un- oder miß- 29
verständliches Vermögensverzeichnis ausgefüllt und hierzu die eidesstattliche Versicherung abgegeben, so kann der Gläubiger verlangen, daß der Schuldner erneut geladen
wird, um seine Angaben klarzustellen oder zu ergänzen[84] und auch die ergänzenden

---

81 *Stein/Jonas/Münzberg*, § 900 Rdn. 40 will den Zeitpunkt auf den Schluß des Termins, in dem
der Widerspruch eingelegt wurde (analog dem Schluß der letzten mündlichen Verhandlung)
vorverlegen. Wie hier: *Thomas/Putzo*, § 900 Rdn. 24. Dies trägt dem Umstand Rechnung,
daß mit der Beschwerde auch noch neue Tatsachen vorgetragen werden können.
82 Einzelheiten hierzu § 901 Rdn. 10 ff.
83 *Schmidt*, Rpfleger 1971, 134.
84 Einzelheiten hierzu § 807 Rdn. 22 und 23; siehe ferner LG Mainz, Rpfleger 1996, 208.

Angaben an Eides Statt zu versichern. Dies ist keine Frage des § 903 ZPO, dessen Voraussetzungen insoweit deshalb auch nicht vorliegen müssen. Hat der Gläubiger zuverlässige Kenntnis über den Verbleib der im bisherigen Vermögensverzeichnis verschwiegenen Vermögensstücke, so kann im Einzelfall das Rechtschutzinteresse für ein Ergänzungsverfahren fehlen.[85] Da es sich bei der Ergänzung um keine neue eidesstattliche Versicherung handelt, kann der Schuldner ihr nicht mit Einwendungen, die seine Verpflichtung zur Offenbarungsversicherung schlechthin in Frage stellen, widersprechen, sondern nur mit Einwendungen gegen die Ergänzungspflicht. Auf diesen »Teilwiderspruch« ist Abs. 5 entsprechend anzuwenden. Die Zurückweisung des Antrages auf Ergänzung des Vermögensverzeichnisses ist der Rechtskraft fähig. Die Nachbesserung kann deshalb nicht wiederholt mit dem nämlichen Inhalt beantragt werden.[86]

30    **XII. Kosten und Gebühren:** Die Kosten des Offenbarungsverfahrens sind nach § 788 ZPO zu behandelnde Kosten der Zwangsvollstreckung. Das Gericht erhält für das gesamte erstinstanzliche Verfahren einschließlich eines möglichen Ergänzungsverfahrens die Festgebühr des KV Nr. 1152. Eine erneute Versicherung gem. § 903 ZPO stellt ein neues Verfahren dar, ebenso jeder erneute Terminsantrag nach vorausgegangener Verfahrenseinstellung infolge Antragsrücknahme.

Der Anwalt erhält für das erstinstanzliche Verfahren nach § 807 ZPO seine Gebühren gem. § 58 Abs. 3 Nr. 11 BRAGO. Diese Vorschrift ist auch für die Streitwertfestsetzung im Beschwerdeverfahren analog anzuwenden.[87] Im Verfahren nach § 883 Abs. 2 ZPO ist der Wert der herauszugebenden Sache maßgeblich.

---

85 AG Köln, JurBüro 1965, 410.
86 LG Kassel, Rpfleger 1991, 118.
87 OLG Köln, Rpfleger 1975, 443; KG, MDR 1976, 586.

## § 901 Anordnung der Haft

Gegen den Schuldner, der in dem zur Abgabe der eidesstattlichen Versicherung bestimmten Termin nicht erscheint oder die Abgabe der eidesstattlichen Versicherung ohne Grund verweigert, hat das Gericht zur Erzwingung der Abgabe auf Antrag die Haft anzuordnen.

**Inhaltsübersicht**

|  | Literatur | Rdn. |
|---|---|---|
| I. | Voraussetzungen der Haftanordnung | |
|  | 1. Vergeblicher Offenbarungstermin | 1 |
|  | a) ordnungsgemäße Ladung | |
|  | b) unentschudligtes Fernbleiben | 2 |
|  | c) grundlose Weigerung | 3 |
|  | 2. Begründeter Antrag auf Einleitung des Offenbarungsverfahrens | 4 |
|  | 3. Fortbestand der Offenbarungsverpflichtung | 5 |
|  | 4. Fehlen von Vollstreckungshindernissen | 6 |
|  | 5. Rechtschutzbedürfnis | 7 |
|  | 6. Nichtvorliegen einer weiteren Haftanordnung | 8 |
|  | 7. Gläubigerantrag | 9 |
| II. | Der Anordnungsbeschluß | |
|  | 1. Zuständigkeit des Richters | 10 |
|  | 2. Inhalt der Anordnung | 11 |
|  | 3. Zustellung | 12 |
| III. | Rechtsbehelfe | 13–16 |
| IV. | Verzicht des Gläubigers auf die Rechte aus einer Haftanordnung | 17 |
| V. | Ergänzungshaftanordnung | 18 |
| VI. | Verfahren nach der Haftanordnung | 19 |
| VII. | Reformvorschläge | 20 |

**Literatur:** *Behr,* Zustellung der Haftanordnung, ZIP 1988, 11; *ders.,* Rechtliche und praktische Fragen der Vorführungsverhaftung gem. §§ 902, 909 ZPO, DGVZ 1976, 129; *Birmanns,* Der Haftbefehl in Zwangsvollstreckungsverfahren und das Grundgesetz, DGVZ 1980, 118; *Bittmann,* Erzwingungshaft und Grundgesetz, Rpfleger 1983, 261; *Cirullies,* Zur Verbindung von Pfändungs- und Verhaftungsauftrag, DGVZ 1986, 83; *Dagtoglon,* Das Grundrecht der Unverletzlichkeit der Wohnung, JuS 1975, 753; *Diemayr,* Rechtsbehelf gegen die Haftanordnung im Offenbarungseidsverfahren, ZZP 1941 (Bd. 62), 44; *Dulige,* Haftbefehl und Eintragung im Schuldnerverzeichnis, ZZP 1957, 317; *Göppinger,* Neuladung des Schuldners nach Erlassung des Haftbefehls (§§ 900, 901 ZPO)?, ZZP 1958, 223; *Grein,* Zeitliche Grenzen eines Haftbefehls im Zwangsvollstreckungsverfahren, DGVZ 1982, 49; *Haase,* Zur sofortigen Beschwerde gegen den Haftbefehl im Verfahren nach §§ 899 ff. ZPO, JR 1971, 369; *Herpers,* Der Ablauf der Rechtsmittelfrist nach dem Erlaß eines Haftbefehls im Offenbarungseidsverfahren, Rpfleger 1969, 372; *Hoßfeld,* Welches Rechtsmittel steht dem Schuldner gegen den Haftbefehl nach § 901 ZPO zur Verfügung? – eine Lücke der ZPO, ZZP 1927, 134; *Matschke,* Die Haft des Schuldners im Offenbarungseidverfahren und das

Grundgesetz, Diss. Frankfurt 1969; *Morgenstern,* Verhältnismäßigkeitsgrundsatz und Erzwingungshaft zur Abgabe einer eidesstattlichen Versicherung, NJW 1979, 2277; *Quardt,* Der rationelle Haftantrag, JurBüro 1955, 165.

**1**   **I. Voraussetzungen der Haftanordnung:** 1. Der Schuldner muß entweder trotz ordnungsgemäßer und nachweisbarer Ladung zum Termin zur Abgabe der Offenbarungsversicherung ohne triftige Entschuldigung nicht erschienen oder trotz Erscheinens ohne Grund nicht willens gewesen sein, die Offenbarungsversicherung abzugeben.

a) Erscheint der Schuldner nicht zum Termin, ist zunächst seine **Ladung** zu überprüfen. Die Ladung durch Zustellung war nicht deshalb entbehrlich, weil der Termin in einem vorausgegangen Termin, zu dem der Schuldner geladen war, verkündet worden ist.[1] Die ordnungsgemäße Ladung muß in den Akten auch bereits nachgewiesen sein. Grundsätzlich genügt eine Zustellung durch Niederlegung, es sei denn, daß sich schon aus den Akten ernsthafte Zweifel ergeben, daß der Schuldner von der Niederlegung überhaupt Kenntnis erlangen konnte.[2]

**2**   b) Der Schuldner muß **unentschuldigt** zum Termin nicht erschienen sein. Ob die vom Schuldner für sein Nichterscheinen zum Termin schriftlich oder auch (vorher oder nachträglich) zu Protokoll der Geschäftsstelle mitgeteilten Gründe entschuldigen, ist eine Frage des Einzelfalles: So kann ein Attest, daß der Schuldner bettlägerig erkrankt[3] oder durch eine Verletzung gehunfähig[4] war, der Nachweis über eine plötzliche schwere Erkrankung in der Familie, über das unvorhersehbare Ausbleiben der für die Betreuung der Kleinkinder engagierten Person,[5] der Nachweis jedes anderen das Erscheinen verhindernden unabwendbaren Zufalls,[6] aber auch der Nachweis, daß mit dem Gläubiger eine Terminsverlegung fest vereinbart war, daß der Gläubiger dann aber abredewidrig die Vertagung nicht beantragt hatte oder sein Vertagungsantrag abgelehnt worden war,[7] eine ausreichende Entschuldigung darstellen, die die Anordnung der Haft hindert. Keine Entschuldigung ist es dagegen, daß der zum Termin nicht erschienene Schuldner vorher schriftlich gegen seine Verpflichtung zur Offenbarungsversicherung Widerspruch eingelegt hatte, da ein schriftlicher Widerspruch immer unzulässig ist, vom Erscheinen im Termin nicht entbindet und daher die Anordnung der Haft nicht hinauszögern kann.[8]

---

1  LG Wiesbaden, MDR 1957, 366; siehe ferner § 900 Rdn. 15.
2  Zur entschuldigten Unkenntnis der Ersatzzustellung: OLG Frankfurt, Rpfleger 1975, 67; LG München I, MDR 1964, 156; OLG Hamm, MDR 1975, 939. Ist Schuldner eine juristische Person, so genügen die Ladung des früheren gesetzlichen Vertreters und dessen Fernbleiben im Termin nicht, um Haft gegen den derzeitigen gesetzlichen Vertreter anzuordnen. Dessen Kenntnis vom Termin wäre auf diese Weise nicht nachgewiesen; vergl. KG, DGVZ 1996, 58.
3  Zur Erkrankung als Entschuldigung: LG Göttingen, MDR 1956, 176; OLG Frankfurt, MDR 1956, 686; KG, MDR 1965, 53; OLG Frankfurt, NJW 1968, 1194.
4  OLG Frankfurt, Rpfleger 1977, 146.
5  Zur ungeregelten Kinderversorgung als Entschuldigungsgrund: OLG München, MDR 1977, 413.
6  LG Köln, JurBüro 1966, 70.
7  LG Köln, JurBüro 1977, 413.
8  LG Berlin, Rpfleger 1973, 374.

## § 901

c) Die Abgabe der eidesstattlichen Versicherung im Termin ist **ohne Grund** verweigert worden, wenn der Schuldner entweder keinen Widerspruch gem. § 900 Abs. 5 S. 1 ZPO im Termin eingelegt hatte oder wenn er sich geweigert hatte, der Anordnung der sofortigen Versicherung gem. § 900 Abs. 5 S. 2, 2. Halbs. ZPO Folge zu leisten.[9] Ob ein Widerspruch vorlag, über den etwa noch nicht entschieden ist, muß von amtswegen vor der Haftanordnung geprüft werden.[10] Hat der Schuldner zwar zu Protokoll erklärt, er lege Widerspruch ein, für diesen aber keine Gründe genannt, so liegt in Wahrheit kein Widerspruch vor; denn die Benutzung des terminus »Widerspruch« allein macht die grundlose Weigerung noch nicht zur begründeten.

2. Der Gläubiger muß grundsätzlich berechtigt gewesen sein, vom Schuldner die Abgabe der Offenbarungsversicherung zu verlangen. Hätte der Rechtspfleger schon den Antrag des Gläubigers nach der Aktenlage, ohne daß es insoweit eines weiteren Vortrages durch den Schuldner im Widerspruchswege bedurft hätte, zurückweisen müssen,[11] so kommt auch eine Haftanordnung nicht in Betracht; denn die Haft dient ja nur der Erzwingung der – natürlich zulässigen – Offenbarungsversicherung.

3. Die Verpflichtung zur Offenbarungsversicherung muß nach wie vor bestehen: Hat der Schuldner zwischenzeitlich in einem anderen Vollstreckungsverfahren die Offenbarungsversicherung abgegeben und liegen die Voraussetzungen des § 903 ZPO nicht vor, so ist er zur eidesstattlichen Versicherung nicht mehr verpflichtet, mag er auch in dem Termin, den er versäumt hat, noch dazu verpflichtet gewesen sein. Dann kann aber auch keine Haft mehr gegen ihn angeordnet werden.[12] Liegt zwischen dem Termin, zu dem der Schuldner nicht erschienen ist, und dem Antrag auf Anordnung ein längerer Zeitraum, so kann auch der Nachweis der Unpfändbarkeit zwischenzeitlich entfallen sein, so daß es der Vorlage einer neuen Unpfändbarkeitsbescheinigung bedarf.[13]

4. Der Haftanordnung dürfen keine (– nachträglichen –) Vollstreckungshindernisse entgegenstehen. Ist etwa wegen einer Geldbuße im Verfahren nach dem OWiG die Erzwingungshaft angeordnet und vollstreckt worden, so darf im anschließenden Zwangsvollstreckungsverfahren gegen den zahlungsunwilligen Betroffenen keine Haft mehr zur Erzwingung der Abgabe der eidesstattlichen Versicherung zur Vermögensoffenbarung angeordnet werden.[14] Dem stünde der Grundsatz »ne bis in idem« entgegen. Daß sich der Schuldner schon wegen der Tat, aus der letztlich auch der zu vollstreckende Zahlungsanspruch herrührt, in Straf- oder Auslieferungshaft befindet, hindert dagegen die Haftanordnung nach § 901 nicht.[15]

---

9 LG Berlin, Rpfleger 1972, 325 und Rpfleger 1991, 467 mit Anm. von *Jelinsky*, Rpfleger 1992, 74.
10 Entsprechend zu §§ 284 Abs. 5 S. 2, 349 AO: OLG Zweibrücken, NJW-RR 1988, 695.
11 Zu den Voraussetzungen der Offenbarungsversicherung, deren Vorliegen von amtswegen festgestellt werden muß, siehe § 900 Rdn. 4–8.
12 LG Wuppertal, MDR 1962, 996; LG Hildesheim, NdsRPfl 1964, 223; LG Berlin, JurBüro 1977, 1291.
13 OLG Hamburg, MDR 1962, 63.
14 LG Tübingen, JZ 1984, 486 mit Anm. von *Weber*.
15 OLG München, OLGZ 1968, 188; a.A.: LG Essen, DGVZ 1995, 89: Der Umstand, daß der Schuldner sich in Straf- oder Untersuchungshaft befinde, stehe generell einer Haftanordnung gem. § 901 ZPO entgegen.

7   5. Für die Anordnung der Haft muß ein **Rechtschutzbedürfnis** bestehen. Es fehlt nicht deshalb, weil es sich bei der zu vollstreckenden Summe um einen relativ geringen Betrag handelt.[16] Steht allerdings die Leistungsunfähigkeit des Schuldners unzweifelhaft fest, so wäre die Haft bloße Schikane. Für sie fehlt immer das Rechtschutzbedürfnis.[17] Keine Schikane des Gläubigers liegt darin, daß er den Haftantrag mehrfach zurückgezogen hat, wenn der offenbarungsunwillige Schuldner Teilleistungen erbrachte, ihn aber dann jeweils erneuerte, wenn weitere Leistungen ausblieben.

8   6. Der Gläubiger darf nicht bereits einen noch vollstreckbaren Haftbefehl im nämlichen Vollstreckungsverfahren erwirkt haben. In diesem Falle muß er aus dem bereits vorhandenen Haftbefehl vorgehen. Grundsätzlich ist ein Haftbefehl erst verbraucht, wenn der Schuldner entweder die Vollstreckungsschuld, wegen der der Haftbefehl beantragt war, gezahlt[18] oder wenn er die Offenbarungsversicherung geleistet hat oder wenn er nach Verhaftung und Verweigerung der Eidesleistung nach Ablauf von 6 Monaten aus der Haft entlassen wird.[19] Hatte der Schuldner bei seiner Verhaftung nur einen Teilbetrag geleistet und hatte der Gläubiger daraufhin einer Haftverschonung zugestimmt, so bleibt der wegen der Gesamtforderung erwirkte Haftbefehl bestehen, bis auch der Rest bezahlt oder die Versicherung abgegeben ist.[20] War die Haftanordnung von vornherein nur wegen eines Teilbetrages beantragt und erlassen, ist sie allerdings mit Zahlung dieses Teilbetrages auch verbraucht.[21] Die bloße Verhaftung und Vorführung des Schuldners allein, wenn es dann weder zur Offenbarungsversicherung noch zur Haft noch zu einem möglichen Verzicht des Gläubigers auf die weitere Vollstreckung kommt, reichen dagegen nicht zum Verbrauch des Haftbefehls.[22] Reiner Zeitablauf, auch wenn mehrere Jahre verstrichen sind,[23] nimmt einem Haftbefehl nicht die Vollstreckbarkeit, falls der Gläubiger sich zwischenzeitlich um die Vollstreckung bemüht hat.[24] Im Einzelfall kann allerdings Verwirkung oder Rechtsmißbrauch vorliegen.[25]

9   7. Die Haftanordnung ergeht, auch wenn alle vorgenannten sachlichen Voraussetzungen vorliegen, immer nur auf Antrag des Gläubigers, also nicht auf Veranlassung des Rechtspflegers, der den vergeblichen Offenbarungstermin geleitet hatte. Der Antrag

---

16 BVerfG, NJW 1983, 559; LG Duisburg, MDR 1975, 766.
17 BVerfG, NJW 1983, 559.
18 – Und dies im Vollstreckungsverfahren mit den Mitteln des § 775 ZPO auch nachweisen kann –. Eine bloße Ratenzahlungsvereinbarung mit dem Gläubiger verbraucht den Haftbefehl nicht, wenn der Gläubiger nicht seinen Antrag zurücknimmt: LG Landau, Rpfleger 1991, 27.
19 LG Duisburg, JurBüro 1961, 463.
20 AG Düsseldorf, MDR 1956, 494; LG Stade, JurBüro 1988, 927 mit abl. Anm. von *Mümmler*; *Stein/Jonas/Münzberg*, § 909 Rdn. 14; *Oerke*, DGVZ 1991, 130; a. A.: LG Bonn, AG Rahden und LG Bielefeld, JurBüro 1988, 926, 927; *Thomas/Putzo*, § 911 Rdn. 1; *Wieser*, DGVZ 1990, 177; *Zöller/Stöber*, § 909 Rdn. 3.
21 AG Kenzingen, DGVZ 1992, 15; LG Freiburg, DGVZ 1992, 15.
22 A. A.: LG Koblenz, Rpfleger 1987, 255 mit Anm. von *Kirsch*.
23 Für diesen Fall a. A.: AG Frankfurt, DGVZ 1982, 63; AG Ansbach, DGVZ 1990, 125.
24 Wie hier: LG Köln, JurBüro 1966, 535; LG Dortmund, MDR 1967, 224; LG Stuttgart, Justiz 1968, 231; LG Detmold, DGVZ 1977, 9 und Rpfleger 1987, 74; AG Iserlohn, DGVZ 1990, 126.
25 LG Detmold, Rpfleger 1987, 74; *Stein/Jonas/Münzberg*, § 909 Rdn. 19.

kann schon prophylaktisch mit dem Antrag nach § 900 ZPO bei Einleitung des Offenbarungsverfahrens gestellt werden,[26] aber auch später im vergeblichen Termin oder auch noch nachträglich.[27] Wird der Antrag erst längere Zeit nach dem Termin gestellt, so ist gegebenenfalls der Fortbestand der Voraussetzungen für die Offenbarungsversicherung erneut nachzuweisen.[28]

**II. Der Anordnungsbeschluß: 1.** Die Haft muß durch den **Richter** angeordnet werden (§ 4 Abs. 2 Nr. 2 RPflG); der Rechtspfleger, der den vergeblichen Offenbarungstermin geleitet hatte, hat deshalb die Akten mit dem Haftantrag des Gläubigers unverzüglich an den zuständigen Richter des Gerichts, bei dem er auch selbst tätig ist, bzw., wenn ein ersuchter Rechtspfleger tätig war, dem Richter des gem. § 899 ZPO zuständigen Gerichts vorzulegen. Sollte die Offenbarungsversicherung vor dem Finanzamt als Vollstreckungsbehörde im Rahmen der Abgabenvollstreckung abgegeben werden, ist zum Erlaß der Haftanordnung gem. § 284 Abs. 7 AO ebenfalls der Richter des Amtsgerichts zuständig.[29] Die Haft ist gegen denjenigen anzuordnen, der persönlich die Offenbarungsversicherung abzugeben hat.[30] 10

**2.** Die Anordnung der Haft kann sogleich mit dem Erlaß des Haftbefehls (§ 908 ZPO) verbunden werden. Geschieht dies nicht, so kann der Haftbefehl aufgrund der richterlichen Haftanordnung durch den Rechtspfleger ausgefertigt werden. Zur Anordnung der Haft durch den Richter genügt es nicht, daß er ein nicht ausgefülltes Haftbefehlsformular mit verschiedenen, sich widersprechenden Textbausteinen unterschreibt und es der Geschäftsstelle überläßt, in eigener Verantwortung bei der Erstellung der Ausfertigung dieser Anordnung ihren konkreten Inhalt an Hand der Verfahrensakte erst festzulegen.[31] Der Richter muß im Hinblick auf Art. 13 GG mit dem Haftbefehl nicht noch zusätzlich anordnen, daß der Gerichtsvollzieher die Wohnung des Schuldners betreten und nach dem zu verhaftenden Schuldner durchsuchen dürfe. Diese Anordnung ist ohne besonderen Ausspruch bereits im Haftbefehl enthalten.[32] 11

**3.** Der die Haftanordnung enthaltende Beschluß des Gerichts ist dem Schuldner von amtswegen **zuzustellen**, um die Rechtsmittelfrist des § 577 Abs. 2 ZPO in Lauf zu setzen.[33] Geschieht dies nicht, wird die Haftanordnung auch nicht nach Ablauf einer sich der Fünf-Monats-Frist der §§ 516, 522 ZPO anschließenden Rechtsmittelfrist unanfechtbar, falls nicht vorher eine Verhaftung des Schuldners erfolgt war. 12

---

26 Allgem. Meinung; beispielhaft: *Baumgärtel*, Wesen und Begriff einer Prozeßhandlung im Zivilprozeß, 2. Aufl. 1972, S. 137.
27 Zöller/Stöber, § 901 Rdn. 11; a. A.: *Stein/Jonas/Münzberg*, § 901 Rdn. 9.
28 Siehe auch oben Rdn. 5.
29 Sie auch § 899 Rdn. 1a.
30 Einzelheiten siehe § 900 Rdn. 13; ferner LG Koblenz, DGVZ 1972, 73; OLG Stuttgart, Rpfleger 1984, 107.
31 OLG Köln, DGVZ 1990, 22.
32 Siehe auch § 758 Rdn. 2 sowie § 908 Rdn. 2; ferner: LG Berlin, JuS 1980, 60; a. A.: LG Saarbrücken, JuS 1980, 60.
33 Zu den Rechtsmitteln im einzelnen unten Rdn. 13.

13 **III. Rechtsbehelfe:** Die Haftanordnung ist eine **Entscheidung** des Richters in der Zwangsvollstreckung, keine bloße Vollstreckungsmaßnahme. Das gilt auch dann, wenn der Haftantrag des Gläubigers erst im vergeblichen Offenbarungstermin oder gar danach gestellt wurde und der Schuldner vor der Haftanordnung nicht gehört wurde.[34] Deshalb muß der Schuldner seine nachträglichen Einwendungen stets mit der **sofortigen** Beschwerde geltend machen.[35] Der Richter, der die Haft angeordnet hatte, kann seinen Beschluß, wenn sich nachträglich zeigt, daß die Voraussetzungen für dessen Erlaß nicht vorlagen, nicht einfach selbst aufheben.[36] Er muß die Beschwerde des Schuldners abwarten und die Sache sodann dem Beschwerdegericht zur Entscheidung vorlegen. Allerdings kann er als vorläufige Maßnahme gem. § 572 Abs. 2 ZPO die Vollstreckung des Haftbefehls einstweilen aussetzen.[37] Materiell-rechtliche Einwendungen gegen die Vollstreckungsforderung, wegen der das Offenbarungsverfahren betrieben wird, kann der Schuldner nur mit der Klage gem. § 767 ZPO geltend machen. Auf sie kann eine Beschwerde gegen die Haftanordnung grundsätzlich nie gestützt werden.[38] Die Frist für die Einlegung der sofortigen Beschwerde beginnt mit der Zustellung der Haftanordnung.[39] War eine vorherige Zustellung nicht möglich, muß sie spätestens bei der Verhaftung nachgeholt werden. Die Frist zur Anfechtung der Haftanordnung beginnt nicht 5 Monate nach deren Erlaß unabhängig von der Zustellung in entspr. Anwendung der §§ 516, 522 ZPO zu laufen.[40] Die Anordnung kann also, falls eine Zustellung an den Schuldner erst nach Jahren möglich wird, immer noch angefochten werden. Ist die Haftanordnung verbraucht,[41] ist eine nachträgliche Anfechtung nicht mehr möglich. Es fehlt das Rechtsschutzinteresse.[42] Gleiches würde auch für eine nachträgliche Feststellungsklage gelten, die Haftanordnung sei zu Unrecht erfolgt.[43]

14 Zur Begründung seiner sofortigen Beschwerde kann der Schuldner auch auf Gründe zurückgreifen, die er bereits mit dem Widerspruch gegen die Verpflichtung zur Offen-

---

34 *Stein/Jonas/Münzberg*, § 901 Rdn. 9 verlangt, daß der Schuldner immer vor der Haftanordnung Gelegenheit zum rechtlichen Gehör haben muß, daß der Haftantrag des Gläubigers dem Schuldner also immer zur Kenntnis gebracht werden muß. Das verzögert ungebührlich das Verfahren. Der Schuldner weiß, daß ihm die Haftanordnung droht, auch wenn er den Antrag noch nicht kennt.

35 KG, MDR 1966, 849; OLG Hamm, MDR 1969, 1721; OLG München, DGVZ 1987, 73; OLG Koblenz, Rpfleger 1990, 537; MüKo/*Eickmann*, § 901, Rdn. 14; *Wieser*, Begriff und Grenzfälle der Zwangsvollstreckung, S. 76; a. A. (Erinnerung gem. § 766 ZPO): *Zöller/Stöber*, § 901 Rdn. 11.

36 So aber LG Frankfurt, NJW 1961, 1217; LG Berlin, JurBüro 1977, 1291 mit Anm. von *Behr*; wie hier: LG Duisburg, JurBüro 1961, 398; siehe auch *Zöller/Stöber*, § 901 Rdn. 10.

37 Dies kann auch ohne besonderen Antrag geschehen.

38 LG Mönchengladbach, MDR 1952, 363.

39 LG Düsseldorf, Rpfleger 1980, 75; LG Lübeck, Rpfleger 1981, 153.

40 LG Kiel, SchlHA 1965, 85; OLG Oldenburg, MDR 1965, 212; OLG Stuttgart, OLGZ 1968, 305; *Zöller/Stöber*, § 901 Rdn. 12; a. A.: LG Düsseldorf, MDR 1961, 1023; KG, MDR 1961, 153; KG, MDR 1966, 849; OLG Hamm, NJW 1969, 1721; KG, MDR 1971, 496.

41 Siehe oben Rdn. 8.

42 LG Koblenz, Rpfleger 1987, 255 mit Anm. von *Kirsch*; OLG Hamm, MDR 1958, 695; a. A.: OLG Hamm, MDR 1975, 939 und Rpfleger 1977, 111.

43 OLG Frankfurt, Rpfleger 1983, 166.

barungsversicherung hätte vorbringen können, wäre er zum Offenbarungstermin erschienen.[44] Nur Gründe, die bereits Gegenstand einer Widerspruchsentscheidung waren oder in einem tatsächlich durchgeführten Widerspruchsverfahren hätten mit geltend gemacht werden müssen,[45] sind ausgeschlossen. Das Beschwerdeverfahren wird nicht dadurch gegenstandslos, daß der Schuldner während des Verfahrens in Konkurs fällt.[46] Lagen die Voraussetzungen für die Haftanordnung, als diese erging, nicht vor[47] oder sind sie nachträglich weggefallen, so muß das Beschwerdegericht den Haftbefehl ganz aufheben[48] und darf nicht nur dessen Vollzug aussetzen.[49]

Im Einzelfall kann der Schuldner auch unabhängig von der sofortigen Beschwerde Vollstreckungsschutzantrag gem. § 765 a ZPO stellen, etwa wenn die besonderen Gründe, die die unbillige Härte ergeben sollen, erst nach Ablauf der Beschwerdefrist entstanden sind.[50] Über den Antrag entscheidet grundsätzlich der Rechtspfleger beim Vollstreckungsgericht. Treten diese Gründe schon während eines anhängigen Beschwerdeverfahrens auf, sind sie auch bereits in dieses Verfahren einzuführen. Es entscheidet dann sofort das Beschwerdegericht.[51]

15

Der **Gläubiger**, dessen Antrag auf Haftanordnung zurückgewiesen wurde, muß diese Entscheidung ebenfalls mit der sofortigen Beschwerde angreifen. Versäumt er die Frist, kann er den Haftantrag nicht ausschließlich mit den Gründen erneuern, die Gegenstand des ersten Zurückweisungsbeschlusses waren. Ein solcher Antrag wäre schon als unzulässig ohne erneute Sachprüfung zurückzuweisen.

16

**IV. Verzicht des Gläubigers auf die Rechte aus einer Haftanordnung:** Der Gläubiger kann auf die Rechte aus einer von ihm erwirkten Haftanordnung verzichten. In diesem Falle ist die Anordnung aufzuheben,[52] ebenso ein aufgrund der Anordnung erlassener Haftbefehl. Der Schuldner ist von der Aufhebung zu benachrichtigen. Eine etwaige Eintragung im Schuldnerregister ist zu löschen. Die Anordnung gilt als nicht erfolgt. Der Verzicht hindert den Gläubiger nicht, später ein neues Offenbarungsverfahren einzuleiten, wenn der Schuldner etwa versprochene Zahlungen nicht leistet. Der Gläubiger muß dann aber das Vorliegen aller Voraussetzungen erneut darlegen. Kein (konkludenter) Verzicht auf eine bereits erwirkte Haftanordnung liegt in einem Antrag des Gläubigers,

17

---

44 KG, NJW 1963, 866; Stein/Jonas/Münzberg, § 900 Rdn. 38; Zöller/Stöber, § 901 Rdn. 13; a. A.: LG Flensburg, SchlHA 1963, 169; LG Lübeck, SchlHA 1955, 225.
45 Siehe hierzu § 900 Rdn. 28.
46 LG Frankenthal, MDR 1986, 64.
47 Der Gläubiger kann eine zu Unrecht ergangene Haftanordnung nicht im Beschwerdeverfahren mit nachträglichen Umständen rechtfertigen; vergl. LG Stuttgart, Justiz 1969, 66.
48 LG Wuppertal, MDR 1962, 996; LG Hildesheim, NdsRPfl 1964, 223; OLG Hamm, MDR 1975, 939; LG Koblenz, MDR 1985, 418.
49 So aber LG Koblenz, MDR 1964, 1014.
50 MüKo/Eickmann, § 901 Rdn. 18.
51 OLG Hamm, NJW 1968, 2247.
52 LG Osnabrück, JurBüro 1959, 135; LG Frankfurt, NJW 1961, 1217; Stein/Jonas/Münzberg, § 901 Rdn. 23; a. A.: Zöller/Stöber, § 901 Rdn. 10 (es genüge, wenn der Gläubiger den Haftbefehl dem Schuldner aushändige oder an das Gericht zurücksende).

den Schuldner zu einem neu anzusetzenden weiteren Offenbarungstermin zu laden. Ein solcher Antrag bleibt zulässig.[53] Mit der Haftanordnung hat der Gläubiger zwar seine Antragsmöglichkeiten in der Vollstreckung zunächst ausgeschöpft. Das Verfahren – soweit er es initiieren kann – ist abgeschlossen. Die erneute Ladung stellt sich aber nur als schonenderes Minus zur Verhaftung dar, nicht als neue Verfahrenseinleitung.

Hat der Gläubiger wirksam auf die Rechte aus einer Haftanordnung verzichtet, so muß der Richter,[54] nicht etwa der Rechtspfleger, die Haftanordnung aufheben. Die Kosten des Verfahrens, das auf diese Weise seine Erledigung gefunden hat, sind keine notwendigen Vollstreckungskosten, also nicht gem. § 788 ZPO vom Schuldner zu tragen. Der Gläubiger muß deshalb gegebenenfalls mit dem Schuldner eine materiell-rechtliche Kostenvereinbarung treffen, wenn eine Kostenerstattung gewollt ist.

18  **V. Ergänzungshaftanordnung:** Kann der Gläubiger im nämlichen Offenbarungsverfahren eine Ergänzung oder Nachbesserung des Vermögensverzeichnisses und insoweit auch eine ergänzende eidesstattliche Versicherung verlangen,[55] so kann er auch, falls erforderlich, die mehrfache Anordnung der Haft verlangen.[56] Jedes Ergänzungsverfahren ist insoweit isoliert zu betrachten. Der ursprünglich ergangene Haftbefehl ist mit der Vorführung zur ersten – unvollständigen – Offenbarungsversicherung verbraucht und lebt für die möglichen Ergänzungsverfahren nicht wieder auf.

19  **VI. Verfahren nach der Haftanordnung:** Die zu den Akten erfolgte Haftanordnung wird nach außen durch die Ausstellung eines Haftbefehls verlautbart (§ 908 ZPO). Der Haftbefehl wird dem Gläubiger ausgehändigt, der, wenn er die Verhaftung des Schuldners betreiben will, von sich aus den Gerichtsvollzieher einschalten muß (§ 909 ZPO).

20  **VII. Reformvorschläge:** Nach den Vorstellungen des Entwurfs einer 2. Zwangsvollstreckungsnovelle[57] sollen die Haftanordnung und der Erlaß des Haftbefehls künftig in einem Akt zusammenfallen. Einer Zustellung dieses Haftbefehls nach seiner Vollziehung soll es nicht bedürfen. § 908 ZPO würde inhaltlich dann ganz im neugefaßten § 901 aufgehen und als eigene Norm entfallen.

---

53 Siehe auch § 900 Rdn. 9; a. A. allerdings: LG Stade, NJW 1954, 1614; LG Bielefeld, NJW 1956, 1927; LG Oldenburg, MDR 1957, 556; AG Bonn, MDR 1958, 245; LG Düsseldorf, MDR 1961, 62; AG Köln, JurBüro 1965, 934.
54 A. A.: *Zimmermann*, § 901 Rdn. 7.
55 Einzelheiten: § 807 Rdn. 22 und § 900 Rdn. 29.
56 LG Freiburg, MDR 1981, 151.
57 BT-Drucks. 13/341.

## § 902 Eidesstattliche Versicherung des Schuldners nach seiner Verhaftung

(1) ¹Der verhaftete Schuldner kann zu jeder Zeit bei dem Amtsgericht des Haftorts beantragen, ihm die eidesstattliche Versicherung abzunehmen. ²Dem Antrag ist ohne Verzug stattzugeben.

(2) Nach Abgabe der eidesstattlichen Versicherung wird der Schuldner aus der Haft entlassen und der Gläubiger hiervon in Kenntnis gesetzt.

Literatur: *Behr,* Rechtliche und praktische Fragen der Vorführungsverhaftung gem. §§ 902, 909 ZPO, DGVZ 1976, 129; *Finkelnburg,* Die Vorführung des offenbarungswilligen Schuldners, DGVZ 1977, 1.

I. Die Vorschrift befaßt sich mit der Frage, wie zu verfahren ist, wenn **der bereits verhaftete** Schuldner zur Abgabe der eidesstattlichen Versicherung **bereit** ist: Es soll ihm dann umgehend (– ohne Verzug –) ermöglicht werden, die Versicherung abzugeben. Dies bedeutet: Ist nach den Umständen (Ort, Tag, Tageszeit) davon auszugehen, daß der Rechtspfleger des zuständigen Amtsgerichts (Gericht des Haftortes) zu erreichen ist, ist der Schuldner sofort vorzuführen.[1] Der Gerichtsvollzieher hat diesen Umstand dann ausdrücklich in seinem Protokoll zu vermerken.[2] Ist eine sofortige Vorführung wegen Abwesenheit oder Verhinderung des Rechtspflegers nicht möglich, ist der Schuldner zunächst in die nächste zur Aufnahme von Schuldgefangenen bestimmte Justizvollzugsanstalt einzuliefern.[3] Von dort aus ist dann umgehend die Vorführung zum frühestmöglichen Termin zu veranlassen. Denn die Dauer der Haft ist auf die unabwendbar notwendige Zeit zu beschränken.

Ist die Verhaftung in einer Steuersache durchgeführt worden, tritt an die Stelle des Amtsgerichts das zuständige Finanzamt und dessen insoweit zuständiger Beamter an die Stelle des Rechtspflegers (§ 284 AO).[4] Findet die Verhaftung zu einer Zeit statt, zu der der zuständige Beamte des Finanzamtes nicht erreichbar ist, so ist der Verhaftete zunächst in der Justizvollzugsanstalt einzuliefern.[5] Befindet sich der Sitz der Vollstreckungsbehörde nicht im Bezirk des Amtsgerichts des Haftortes oder ist die Abnahme der Versicherung durch die Behörde derzeit nicht möglich, wohl aber durch das Amtsgericht, so ist die Offenbarungsversicherung durch das Amtsgericht abzunehmen, wenn der Schuldner dies beantragt (§ 284 Abs. 7 S. 6 AO).

II. Der durch den Gerichtsvollzieher von der bevorstehenden Vorführung des Schuldners verständigte Rechtspfleger hat seinerseits sofort den Gläubiger hiervon zu verständigen, falls dieser nicht vorab hierauf verzichtet hat (§ 900 Abs. 3 S. 2 ZPO).[6] Um eine mögliche spätere Ergänzungsversicherung von vornherein abzuwenden, kann der

---

1 § 187 Nr. 3 Abs. 1 S. 1 GVGA.
2 § 187 Nr. 3 Abs. 2 GVGA.
3 § 187 Nr. 1 Abs. 4 und Nr. 3 Abs. 1 S. 2 GVGA.
4 § 187 Nr. 4 GVGA.
5 § 187 Nr. 4 Abs. 2 GVGA.
6 BGHZ 7, 287.

Offenbarungstermin um eine kurze Zeit (– allenfalls Stunden!! –) hinausgeschoben werden, damit der Gläubiger Zeit zur Anreise erhält.[7] Wird die mögliche Verständigung des Gläubigers versäumt und ihm dadurch keine Gelegenheit zu Nachfragen an den Schuldner gegeben, so liegt hierin eine Amtspflichtverletzung,[8] die zur Schadensersatzverpflichtung des Fiskus führen kann.

3    III. Der Schuldner kommt seiner Offenbarungsverpflichtung nur dann nach, wenn er das Vermögensverzeichnis vollständig ausfüllt oder die Frage gem. § 883 Abs. 2 ZPO beantwortet, nicht aber, wenn er einen Teil der Antworten verweigert. Tut er dies auch nach Belehrung, ist der Termin als erfolglos abzubrechen und die Haft fortzusetzen. Kann der Schuldner mangels entsprechender Unterlagen einen Teil der Fragen augenblicklich nicht beantworten, verspricht er aber, seine Angaben nach Einsicht in die Unterlagen zu ergänzen, so ist sogleich Termin zur Abgabe der ergänzenden Versicherung zu bestimmen. Der ursprüngliche Haftbefehl ist aber durch die Abgabe der noch unvollständigen Erklärung verbraucht;[9] es ist zunächst nach Abs. 2 zu verfahren. Im Ergänzungsverfahren kann eine neue Haftanordnung erlassen werden.[10]

4    IV. **Haftentlassung (Abs. 2):** Hat der Schuldner die eidesstattliche Versicherung abgegeben, so ordnet der Rechtspfleger, vor dem die Versicherung abgegeben worden ist, die Entlassung des Schuldners aus der Haft an. Dies ist im Terminsprotokoll zu vermerken. Der Schuldner erhält eine Abschrift dieses Terminsprotokolls, deren Vorlage ihn gem. § 776 ZPO analog vor einer erneuten Verhaftung in dieser Sache schützt, da sie den Verbrauch des Haftbefehls beweist. Es bedarf deshalb keiner ausdrücklichen Aufhebung des Haftbefehls durch Beschluß[11] (– wie ja auch sonst verbrauchte Titel nicht aufgehoben werden –). War das Gericht des Haftortes, vor dem die Versicherung abgegeben wurde, nicht das nach § 899 ZPO zuständige Vollstreckungsgericht, so übersendet es die gesamten Unterlagen an dieses Vollstreckungsgericht, das dann die Eintragung ins Schuldnerregister (§ 915 ZPO) veranlaßt und auch den Gläubiger von der Abgabe der Versicherung und der Haftentlassung des Schuldners verständigt, falls der Gläubiger nicht schon im Offenbarungstermin anwesend war.

---

7  Behr, Rpfleger 1988, 6. Der Entwurf der 2. Zwangsvollstreckungsnovelle (BT-Drucks. 13/341) sieht in § 902 Abs. 1 S. 2 ausdrücklich vor: »Dem Gläubiger ist die Teilnahme zu ermöglichen, wenn er dies beantragt hat und die Versicherung gleichwohl ohne Verzug abgenommen werden kann.«
8  BGHZ 7, 287.
9  MüKo/*Eickmann*, § 902 Rdn. 14; a. A.: *Stein/Jonas/Münzberg*, § 902 Rdn. 4; es sei zunächst nur eine Unterbrechung der Haft anzuordnen, der Haftbefehl sei also aufrechtzuerhalten. Dem kann nicht zugestimmt werden. Könnte der freiwillig erschienene Schuldner nicht sogleich alle Angaben machen, erginge auch keine Haftanordnung. Wie *Stein/Jonas/Münzberg* auch *Behr*, DGVZ 1976, 131. Der Entwurf der 2. Zwangsvollstreckungsnovelle (BT-Drucks. 13/341) beendet den Streit, indem er § 902 folgenden Abs. 3 anfügt: »Kann der Schuldner vollständige Angaben nicht machen, weil er die dazu notwendigen Unterlagen nicht bei sich hat, so kann das Gericht einen neuen Termin bestimmen und die Vollziehung des Haftbefehls bis zu diesem Termin aussetzen. § 900 Abs. 3 S. 2–4 gilt entsprechend.«
10  Siehe auch § 901 Rdn. 18.
11  *Zimmermann*, § 902 Rdn. 2; *Zöller/Stöber*, § 902 Rdn. 6; MüKo/*Eickmann*, § 902 Rdn. 15; a. A. (im Hinblick auf § 776 S. 2 ZPO): *Stein/Jonas/Münzberg*, § 902 Rdn. 6.

Das Gericht, das den Schuldner entläßt, verständigt auch von Amts wegen die Justizvollzugsanstalt. Hatte der Gerichtsvollzieher den Schuldner vorgeführt, so vermerkt auch er in seinem Protokoll die Haftentlassung des Schuldners.[12]

**V. Rechtsbehelfe:** Der **Gläubiger** kann gegen die Anordnung der Haftentlassung, solange der Schuldner noch nicht entlassen ist, befristete Rechtspflegererinnerung einlegen (§ 11 Abs. 1 S. 2 RPflG). Es handelt sich immer um eine Entscheidung zu Lasten des Gläubigers.[13] Ist der Schuldner bereits entlassen, so muß der Gläubiger entweder das Verfahren der Ergänzungsversicherung betreiben[14] oder, falls noch keine Versicherung abgegeben worden war, aus dem dann nicht verbrauchten Haftbefehl, dessen Herausgabe er in diesem Falle verlangen kann, erneut vollstrecken. Wird die Herausgabe abgelehnt, so kann der Gläubiger hiergegen mit der Erinnerung gem. § 766 ZPO vorgehen.

5

Der **Schuldner** kann die Ablehnung der Haftentlassung mit der befristeten Rechtspflegererinnerung anfechten.[15] Gegen die Ablehnung der unverzüglichen Festsetzung eines Offenbarungstermins steht ihm die Erinnerung gem. § 766 ZPO zu.

6

**VI. Freiwillige Offenbarungsversicherung vor der Verhaftung:** Erfährt der Schuldner vor seiner Verhaftung von der Haftanordnung und will er durch freiwillige Abgabe der Versicherung seiner Verhaftung zuvorkommen, so kann er beim nach § 899 ZPO zuständigen Gericht jederzeit Anberaumung eines Termins beantragen.[16] Die Vorlage der Ladung zu diesem Termin bzw. (wenn wegen der Kurzfristigkeit der Terminierung eine schriftliche Ladung nicht herausgehen kann) die Bestätigung der Terminsanberaumung schützt den Schuldner dann vorläufig vor einer Verhaftung, da für eine Vollstreckung der Haftanordnung bis zu diesem Termin das Rechtschutzinteresse fehlt. Der Gläubiger muß zu dem auf Antrag des Schuldners anberaumten Termin geladen werden.

7

**VII. Konkurrierende Offenbarungsverfahren mehrerer Gläubiger:** Betreiben mehrere Gläubiger aus unterschiedlichen Titeln das Offenbarungsverfahren gegen den nämlichen Gläubiger und hat nur einer von ihnen die Verhaftung des Schuldners erwirkt, so kann der Schuldner dennoch verlangen, daß ihm die eidesstattliche Versicherung nicht für diesen Gläubiger, sondern für einen der anderen abgenommen werde. In diesem Fall sind sowohl der Gläubiger, für den die Versicherung abgegeben werden soll, als auch der Gläubiger, der die Verhaftung erwirkt hatte, vom Offenbarungstermin zu verständigen. Der Schuldner ist nach Abgabe der Versicherung, falls der Gläubiger, der die Verhaftung erwirkt hat, nicht zustimmt, nicht von amtswegen gem. § 902 Abs. 2 aus der Haft zu entlassen. Die Haftanordnung ist vielmehr erst auf die sofortige Beschwerde des Schuldners, da ihre Voraussetzungen nunmehr entfallen sind, aufzu-

8

---

12 § 187 Nr. 3 Abs. 2 GVGA.
13 A. A. (§ 766 ZPO): *Thomas/Putzo*, § 902 Rdn. 4; *Zimmermann*, § 902 Rdn. 2; *Stein/Jonas/Münzberg* (für den Fall, daß der Gläubiger vorher nicht angehört wurde), § 902 Rdn. 7.
14 Siehe oben Rdn. 3 sowie § 900 Rdn. 29 und § 901 Rdn. 18.
15 Wie hier: *Stein/Jonas/Münzberg*, § 902 Rdn. 8; a. A. (§ 766): *Thomas/Putzo*, § 902 Rdn. 4.
16 MüKo/*Eickmann*, § 902 Rdn. 17.

heben. Das Vollstreckungsgericht kann den Haftbefehl einstweilen, bis das Beschwerdegericht entschieden hat, gem. § 572 Abs. 2 ZPO außer Vollzug setzen.[17] Geschieht dies, ist sogleich auch die Haftentlassung des Schuldners zu veranlassen.

---

[17] Siehe § 901 Rdn. 13.

## § 903 Wiederholte eidesstattliche Versicherung

Ein Schuldner, der die in § 807 dieses Gesetzes oder in § 284 der Abgabenordnung bezeichnete eidesstattliche Versicherung abgegeben hat, ist, wenn die Abgabe der eidesstattlichen Versicherung in dem Schuldnerverzeichnis noch nicht gelöscht ist, in den ersten drei Jahren nach ihrer Abgabe zur nochmaligen eidesstattlichen Versicherung einem Gläubiger gegenüber nur verpflichtet, wenn glaubhaft gemacht wird, daß der Schuldner später Vermögen erworben hat oder daß ein bisher bestehendes Arbeitsverhältnis mit dem Schuldner aufgelöst ist.

## Inhaltsübersicht

| | | Rdn. |
|---|---|---|
| | Literatur | |
| I. | Zweck der Vorschrift; Abgrenzung zum bloßen Nachbesserungsverfahren | |
| | 1. Sonstige Möglichkeiten der Gläubigerinformation | 1 |
| | 2. Nachbesserungsverfahren | 2, 3 |
| | 3. Keine Verpflichtung des Schuldners zur Selbstbezichtigung | 4 |
| II. | Allgemeine Voraussetzungen einer wiederholten Offenbarungsversicherung | 5–7 |
| III. | Besondere Voraussetzungen der wiederholten Offenbarungsversicherung | 8 |
| | 1. Erwerb neuen Vermögens | 9 |
| | 2. Auflösung eines Arbeitsverhältnisses | 10–13 |
| | 3. Glaubhaftmachung | 14 |
| IV. | Verfahrensablauf | 15 |
| V. | Rechtsbehelfe | 16 |

Literatur: *Bauer*, Wann ist ein arbeitsloser Schuldner zur abermaligen Leistung des Offenbarungseides verpflichtet?, JurBüro 1968, 513; *Behr*, Rechtssprechungstendenzen zur wiederholten Offenbarungsversicherung gem. § 903 ZPO, JurBüro 1992, 215; *Bögner*, Die Erteilung von Abschriften des Vermögensverzeichnisses im Offenbarungseidsverfahren, DRiZ 1954, 8; *Grund*, Fortführung eines Offenbarungseidsverfahrens durch einen anderen Gläubiger zwecks Ergänzung des geleisteten Eides?, MDR 1955, 458; *Haase*, Zur Frage der Vorlegung einer neuen Unpfändbarkeitsbescheinigung für die Abnahme der Offenbarungsversicherung nach § 903 ZPO, Rpfleger 1970, 383; *Herzig*, Das Ruhen des Verfahrens auf nochmalige Leistung des Offenbarungseids bei fortbestehender Arbeitslosigkeit des Schuldners, JurBüro 1967, 351; *ders.*, Zur Berechnung der Dreijahresfrist gem. § 903 ZPO, JurBüro 1968, 174; *Koch*, Die Ergänzung des Vermögensverzeichnisses im Offenbarungseidverfahren, MDR 1966, 469; *Schmidt*, Methodische Untersuchung der Rechtsprechung zu § 903 ZPO, NJW 1963, 2306; *Schneider*, Zur Glaubhaftmachung nach § 903 ZPO bei Beendigung des Arbeitsverhältnisses, JurBüro 1965, 597; *Schumacher*, Nochmaliger Offenbarungseid vor Ablauf der Schonfrist, ZZP 1955, 33; *Koch*, Die Ergänzung des Vermögensverzeichnisses im Offenbarungseidverfahren, MDR 1966, 469; *ders.*, Die Wartezeit des § 903 ZPO, ZZP 1962, 244.

**1  I. Zweck der Vorschrift; Abgrenzung zum bloßen Nachbesserungsverfahren: 1.** Ob der Schuldner innerhalb der letzten drei Jahre die Offenbarungsversicherung gem. § 807 ZPO bzw. § 284 AO abgegeben oder ob gegen ihn gem. § 901 ZPO Haft von 6 Monaten Dauer angeordnet worden ist, kann jeder Interessierte durch Auskunft aus dem Schuldnerverzeichnis bzw. Einsicht in dieses Verzeichnis erfahren (§§ 915 Abs. 1, 915 b, 915 e ZPO). Jeder Gläubiger, der Antrag auf Eröffnung des Offenbarungsverfahrens stellt, erhält, falls eine solche Eintragung im Schuldnerverzeichnis noch vorliegt, darüberhinaus gem. § 900 Abs. 2 S. 2 ZPO von amtswegen eine Benachrichtigung hiervon. Diese Gläubiger, darüberhinaus aber auch alle jene Gläubiger, die, da alle Vollstreckungsvoraussetzungen vorliegen, die Zwangsvollstreckung wegen einer Geldforderung gegen den Schuldner jederzeit beginnen könnten, haben ein berechtigtes Interesse daran, daß ihnen Einsicht in die Akten des abgeschlossenen Offenbarungsverfahrens, insbesondere in ein dort befindliches Vermögensverzeichnis gewährt wird (§§ 299 Abs. 2, 897 Abs. 1 ZPO). [1]Da sich diese Gläubiger demnach in aller Regel die Kenntnisse, die ihnen eine Offenbarungsversicherung verschaffen würde, einfacher und den Schuldner weniger belastend verschaffen können, fehlt ein Rechtschutzbedürfnis, den Schuldner erneut vorzuladen, das Vermögensverzeichnis ausfüllen zu lassen oder gar zu diesem Zwecke nochmals zu verhaften. Da über die Frage, wie lange ein Vermögensverzeichnis regelmäßig aktuelle Auskünfte zu geben vermag, gestritten werden könnte, hat der Gesetzgeber zur praktischen Vereinfachung eine Drei-Jahres-Frist festgelegt. Innerhalb dieser Zeit muß der Gläubiger sein ausnahmsweise dennoch weiterbestehendes Rechtschutzinteresse im Hinblick auf eine neue eidesstattliche Versicherung ausdrücklich glaubhaft machen.

**2  2.** Von der erneuten eidesstattlichen Versicherung zu unterscheiden ist die bloße **Ergänzung** (»Nachbesserung«) einer unvollständigen Versicherung im laufenden Offenbarungsverfahren.[2] Die eidesstattliche Versicherung soll dem Gläubiger die Gewißheit geben, daß der Schuldner ihm im Vermögensverzeichnis sein gesamtes z. Z. vorhandenes Vermögen offenbart hat. Kann der Gläubiger nachweisen,[3] daß der Schuldner bestimmte Vermögenswerte nicht ins Verzeichnis aufgeführt hat, obwohl sie vorhanden sind, oder ist das Verzeichnis auch ohne Recherchen offensichtlich unrichtig[4] oder

---

1 Daß die Möglichkeit, selbst gegen den Schuldner vollstrecken zu können, als Nachweis eines rechtlichen Interesses, in das Vermögensverzeichnis einblicken zu können, ausreicht, entspricht ganz h. M.; vergl. KG, NJW 1989, 534. Da andererseits deshalb vor der Einsichtgewährung das Vorliegen aller Vollstreckungsvoraussetzungen zu überprüfen ist, ist zur Bescheidung dieses Antrages das Vollstreckungsgericht zuständig, nicht die Justizverwaltung; vergl. OLG Celle, Rpfleger 1983, 160. Das Einsichtrecht für Vollstreckungsgläubiger besteht auch nach Ablauf der Drei-Jahres-Frist des § 915 a ZPO; OLG Köln, Rpfleger 1969, 138; *Thomas/Putzo*, § 903 Rdn. 1; a. A.: AG Köln, MDR 1964, 684.
2 Siehe hierzu auch § 807 Rdn. 22 und § 900 Rdn. 29; siehe ferner: LG Hamburg, JR 1956, 462; LG Düsseldorf, MDR 1961, 512; MDR 1963, 318 und 1021; AG Lichtenfels, JurBüro 1968, 335; LG Bochum, JurBüro 1969, 455; LG Hagen, MDR 1970, 853; LG Berlin, JurBüro 1974, 379 und JurBüro 1978, 1722; LG Krefeld, Rpfleger 1979, 146; LG München, Rpfleger 1982, 231; LG Arnsberg, JurBüro 1985, 472; OLG Frankfurt, Rpfleger 1989, 116.
3 Eine bloße Vermutung oder ein Verdacht allein reicht nicht aus; LG Koblenz, MDR 1972, 1041 und MDR 1973, 858; OLG Köln, OLG-Report 1995, 246; LG Mainz, Rpfleger 1996, 208.
4 Weitergehend: LG Koblenz, MDR 1990, 1124 (Unrichtigkeit genügt).

schon äußerlich erkennbar unvollständig, weil bestimmte Zeilen gar nicht ausgefüllt sind und sich auch nicht aus den Umständen ergibt, daß die entsprechenden Fragen verneint sein sollen,[5] oder weil bestimmte Gegenstände zwar als solche angegeben sind, aber nicht ihr Verbleib,[6] oder weil sich schließlich schon aus den Angaben des Schuldners das Vorhandensein von Einnahmen, die aber nicht beziffert sind, entnehmen läßt,[7] so hat der Schuldner den verfahrensrechtlichen Anspruch aus § 807 ZPO noch nicht erfüllt; die ursprüngliche Versicherung bedarf, um nicht von Anfang an falsch zu sein, der Ergänzung. Aus dieser Funktion der Ergänzungsversicherung ergibt sich schon, daß sie ohne weiteres, d. h. ohne selbständigen Nachweis aller Voraussetzungen der §§ 807, 900 ZPO[8] nur von einem Gläubiger in einem von ihm selbst betriebenen Offenbarungsverfahren, in dem er diese Nachweise alle bereits erbracht hat, verlangt werden kann, nicht etwa von anderen Gläubigern, deren eigenes Offenbarungsverfahren durch die unvollständige Versicherung zunächst einmal nach §§ 900 Abs. 2, 903 ZPO blockiert wird.[9] Die h. M. gibt zwar auch diesen Gläubigern die Möglichkeit, die Ergänzung (Nachbesserung) eines für einen anderen Gläubiger gefertigten Vermögensverzeichnisses zu verlangen,[10] letztlich handelt es sich aber um ein eigenständiges verkürztes Verfahren, das zwischen dem vollen Verfahren nach § 900 ZPO und der wiederholten Versicherung gem. § 903 ZPO liegt.

Das Nachbesserungsverfahren ist vor dem Vollstreckungsgericht durchzuführen, das für die Abnahme der vorausgegangenen (unvollständigen) Offenbarungsversicherung gem. § 899 ZPO zuständig war, auch wenn diese Versicherung tatsächlich vor einem anderen Gericht, etwa dem des Haftortes (§ 902 ZPO) abgegeben worden war.[11] Durch das Nachbesserungsverfahren fallen weder für das Gericht noch für den Anwalt, der schon das Ausgangsverfahren betrieben hatte, neue Gebühren an.[12] Der Schuldner kann sich der Durchführung des Ergänzungsverfahrens nicht dadurch entziehen, daß er die fehlenden Angaben schriftlich nachholt.[13] Er muß wie zum ersten Termin persönlich erscheinen und die fehlenden Angaben im Termin nachholen und sodann die Richtigkeit der ergänzenden Angaben an Eides Statt versichern. Da von ihm nicht die vollständige neue Ausfüllung eines weiteren Vermögensverzeichnisses verlangt wer-

3

---

5 LG Essen, JurBüro 1972, 927.
6 Daß der Schuldner auch zu diesen Angaben verpflichtet ist, entspr. allgem. Meinung; vergl. OLG Frankfurt, JurBüro 1976, 384 und MDR 1976, 320.
7 OLG Köln, NJW 1993, 3335; LG Karlsruhe, DGVZ 1993, 92; LG Stuttgart, DGVZ 1993, 114.
8 Nur der originär das Verfahren betreibende Gläubiger muß dem Ergänzungsantrag nicht alle Unterlagen wie für einen Neuantrag gem. § 900 ZPO beifügen; siehe auch § 807 Rdn. 22, 23; a. A. (die Unterlagen sind wieder vollständig einzureichen): *Zöller/Stöber*, § 903 Rdn. 15.
9 LG Berlin, Rpfleger 1990, 431.
10 OLG Frankfurt, Rpfleger 1976, 320; LG Frankenthal, JurBüro 1985, 623; LG Frankfurt, Rpfleger 1988, 111; LG Berlin, MDR 1990, 731; *Baumbach/Lauterbach/Hartmann*, § 903 Rdn. 3; *Behr*, Rpfleger 1988, 2; MüKo/*Eickmann*, § 903 Rdn. 18; *E. Schneider*, MDR 1976, 535; *Stein/Jonas/Münzberg*, § 903 Rdn. 4; *Zöller/Stöber*, § 903 Rdn. 14.
11 AG Köln, JurBüro 1966, 893; LG Stuttgart, JurBüro 1969, 66; *Baumbach/Lauterbach/Hartmann*, § 903 Rdn. 3; *Stein/Jonas/Münzberg*, § 903 Rdn. 7; *Zöller/Stöber*, § 903 Rdn. 14.
12 AG München, MDR 1962, 226; LG Frankenthal, Rpfleger 1984, 194.
13 LG Berlin, Rpfleger 1973, 34.

den kann, sondern nur die Vornahme ganz konkreter Ergänzungen,[14] bezieht sich die ergänzende eidesstattliche Versicherung auch nur auf die neuen ergänzenden Angaben, nicht auf die Richtigkeit und Vollständigkeit des gesamten Vermögensverzeichnisses. Dies ist von Bedeutung, wenn der Schuldner nach der ersten (unvollständigen) Offenbarung nachträglich neues Vermögen erworben hat, das dem Gläubiger nicht bekannt ist und auf das sich die ergänzenden Fragen nicht beziehen.

4   3. **Keine Nachbesserung** kann verlangt werden, wenn das Vermögensverzeichnis äußerlich vollständig ausgefüllt war, aber bewußt falsche Angaben enthielt, z. B. ein Arbeitsverhältnis bezeichnete, das längst aufgelöst war oder Vermögensstücke ausdrücklich als nicht vorhanden auswies (z. B. Bankkonten im Ausland), die dem Schuldner in Wirklichkeit doch zustanden.[15] In diesen Fällen kann der Gläubiger nur Strafanzeige erstatten. Denn der Schuldner kann nicht gezwungen werden, sich selbst ausdrücklich einer strafbaren Handlung zu bezichtigen.[16] Die Verpflichtung zur erneuten eidesstattlichen Versicherung im Hinblick auf die berichtigenden Angaben würde ihn insoweit in eine unzumutbare Notlage bringen. Das Auffinden alten, vom Schuldner bei der ursprünglichen Versicherung verschleierten Vermögens ist allein auch kein Grund, die Wiederholungsversicherung gem. § 903 ZPO verlangen zu können. Denn es handelt sich nicht um »später erworbenes«, sondern nur später bekannt gewordenes Vermögen.[17]

5   **II. Die allgemeinen Voraussetzungen einer wiederholten eidesstattlichen Versicherung gem. § 903:** Der Gläubiger muß gem. §§ 807 ZPO, 284 AO berechtigt sein, vom Schuldner Auskünfte über dessen Vermögen und die eidesstattliche Versicherung hinsichtlich der Richtigkeit dieser Auskünfte verlangen zu können. Ein Anspruch auf eidesstattliche Versicherung gem. § 883 Abs. 2 ZPO kann also vom nämlichen Gläubiger wegen des gleichen Gegenstandes nicht unter den Voraussetzungen und nach den Regeln des § 903 wiederholt geltend gemacht werden. Dieser Anspruch ist vielmehr in aller Regel mit der einmaligen eidesstattlichen Versicherung verbraucht und dem Gläubiger bleibt nur der Schadensersatzanspruch (§ 893 ZPO). Etwas anderes kann im Falle des § 883 Abs. 2 ZPO nur dann gelten, wenn der Schuldner zunächst zutreffend versichert hatte, den Gegenstand nicht zu besitzen, der Gläubiger aber dann in Erfahrung brachte, daß der Schuldner nachträglich den Besitz an dem Gegenstand doch noch erwarb, den Gegenstand bei einem zweiten Vollstreckungsversuch aber wiederum nicht vorfand.[18]

6   Da die wiederholte eidesstattliche Versicherung ein völlig neues Offenbarungsverfahren darstellt, muß der Gläubiger auch erneut alle Voraussetzungen, wie sie auch für einen Erstantrag nach § 900 ZPO gelten, nachweisen. Insbesondere muß der Gläubiger

---

14 OLG Frankfurt, Rpfleger 1975, 442; *Zöller/Stöber,* § 903 Rdn. 14.
15 Wie hier: LG Berlin, Rpfleger 1971, 325; *Baumbach/Lauterbach/Hartmann,* § 903 Rdn. 4; *Zimmermann,* § 903 ZPO Rdn. 2; a. A.: OLG Köln, DB 1975, 547 und Rpfleger 1975, 180; LG Koblenz, MDR 1990, 1124.
16 LG Koblenz, MDR 1975, 766.
17 Einzelheiten unten Rdn. 9.
18 *Zöller/Stöber,* § 883 Rdn. 12; siehe auch LG Limburg/Lahn, JurBüro 1971, 720.

wiederum eine Unpfändbarkeitsbescheinigung neueren Datums vorlegen,[19] wenn das alte Verfahren nicht so kurzfristig zurückliegt, daß die in diesem Verfahren überreichte Bescheinigung auch bei einem Neuantrag zum Jetztzeitpunkt noch als ausreichender Nachweis gelten würde. Nach den allgemeinen Regeln[20] bedarf es der Vorlage dieser Bescheinigung nur dann nicht, wenn der Gläubiger in anderer Weise glaubhaft macht, daß ein Vollstreckungsversuch beim Schuldner von vornherein aussichtslos wäre.

Neben den besonderen Voraussetzungen der Wiederholungsversicherung[21] ist zudem das Vorliegen eines Rechtschutzbedürfnisses dafür, überhaupt die Offenbarungsversicherung verlangen zu können,[22] erneut zu überprüfen. Das Rechtschutzbedürfnis fehlt allerdings nicht schon deshalb, weil der Gläubiger den neuen Arbeitsplatz des Schuldners oder einzelne neu erworbene Vermögenstücke des Schuldners bereits kennt.[23] Denn die Wiederholungsversicherung zwingt den Schuldner dazu, nicht nur sein altes Vermögensverzeichnis zu ergänzen, sondern ein ganz neues vollständiges Vermögensverzeichnis abzugeben.[24] Deshalb müßte den Angaben des Gläubigers schon entnommen werden können, daß er die gesamte neue Vermögenssituation des Schuldners kennt, wenn das Rechtschutzbedürfnis fehlen soll. Hat der Gläubiger hinreichend glaubhaft gemacht, daß der Schuldner nach den ihm zugänglichen Informationen seine Arbeitsstelle gewechselt haben oder ein neues Arbeitsverhältnis eingegangen sein soll, so fehlt für den Antrag, den Schuldner zur Wiederholungsversicherung zu laden, nicht deshalb das Rechtschutzbedürfnis, weil der Gläubiger gleichzeitig mitteilt, er verzichte auf diese Ladung für den Fall, daß der Schuldner durch eine entsprechende Bescheinigung die Fortdauer seines bisherigen Arbeitsverhältnisses oder seiner Arbeitslosigkeit nachweist.[25] Es handelt sich insoweit nicht um einen bedingten Antrag, sondern nur um die Ankündigung, unter welchen Voraussetzungen der Gläubiger von seiner Möglichkeit, den Antrag zurückzunehmen, Gebrauch machen werde.

### III. Die besonderen Voraussetzungen der wiederholten Offenbarungsversicherung:
Nicht immer genügt dem Gläubiger die Einsicht in ein neueres, bereits vorliegendes Vermögensverzeichnis des Schuldners, um die Möglichkeiten einer erneuten Zwangsvollstreckung sinnvoll abschätzen zu können. Er kann glaubhaft von Umständen

---

19 AG Köln, JurBüro 1964, 842 und JurBüro 1965, 658; LG Kiel, SchlHA 1970, 100; LG Mainz, Rpfleger 1974, 123; LG Duisburg, MDR 1980, 410; AG Hamburg, Rpfleger 1981, 315; LG Tübingen, Rpfleger 1984, 70; LG Memmingen, Rpfleger 1985, 310; MüKo/*Eickmann*, § 903 Rdn. 11; a. A. (neue Bescheinigung die Ausnahme): *Stein/Jonas/Münzberg*, § 903 Rdn. 22; *Zöller/Stöber*, § 903 Rdn. 11; LG Essen, MDR 1969, 582; LG Frankenthal, JurBüro 1971, 276; LG Hannover, Rpfleger 1973, 34 mit Anm. von *Haase*, Rpfleger 1973, 223; AG Groß-Gerau, Rpfleger 1982, 193; LG Göttingen, JurBüro 1986, 304; LG Stuttgart, Rpfleger 1989, 379. Im Entwurf der 2. Zwangsvollstreckungsnovelle (BT-Drucks. 13/341) entscheidet der Gesetzgeber den Streit dahin, daß es der in § 807 Abs. 1 genannten Voraussetzungen bei der erneuten Versicherung generell nicht bedürfe (neuer S. 2 zu § 903).
20 Siehe § 807 Rdn. 12.
21 Unten Rdn. 9.
22 Siehe § 900 Rdn. 7 und 8.
23 Zöller/Stöber, § 903 Rdn. 12.
24 LG Duisburg, MDR 1974, 52; KG, MDR 1968, 674; LG Darmstadt, MDR 1970, 771.
25 Wie hier: LG Bochum, MDR 1956, 362; a. A.: Zöller/Stöber, § 903 Rdn. 12.

Kenntnis erlangt haben, die erwarten lassen, daß die Gesamtvermögenssituation des Schuldners sich verändert habe, sodaß u. U. ein erneuter Zugriff erfolgsversprechend erscheint. Andererseits kann nicht jeder vage Verdacht ausreichen, um eine erneute Vorladung des Schuldners mit der Verpflichtung, immer wieder ein neues Vermögensverzeichnis anzufertigen, durchzusetzen. Deshalb knüpft § 903 für den Fall, daß eine frühere Offenbarungsversicherung, die im Schuldnerverzeichnis noch nicht gelöscht ist, nicht länger als 3 Jahre zurückliegt, die Berechtigung, eine wiederholte Offenbarungsversicherung erlangen zu können, an eine unverzichtbare Bedingung: Der Gläubiger muß glaubhaft machen, daß der Schuldner nach Abgabe der vorliegenden Versicherung neues Vermögen erworben hat oder daß ein damals mit dem Schuldner bestehendes Arbeitsverhältnis später aufgelöst worden ist. Für die Berechnung der 3-Jahresfrist gilt § 222 ZPO. Die Frist beginnt mit dem Tag der Abgabe der früheren Versicherung.[26] Eine im Schuldnerverzeichnis gelöschte Versicherung wird nicht berücksichtigt, auch wenn sie weniger als 3 Jahre zurückliegen sollte. Entscheidender Zeitpunkt zur Rückrechnung der 3-Jahresfrist ist der Eingang des Antrages des Gläubigers beim Vollstreckungsgericht. Ein zu diesem Zeitpunkt unzulässiger Antrag wird nicht durch »Ruhenlassen« später zulässig. Es muß vielmehr nach Fristablauf gegebenenfalls ein neuer Antrag gestellt werden. Ist die 3-Jahresfrist abgelaufen, gelten die Beschränkungen des § 903 nicht mehr.

Im einzelnen gilt:

9  1. Der Erwerb **neuen Vermögens** ist etwa glaubhaft gemacht, wenn ein Erbfall zu Gunsten des Schuldners eingetreten ist, ohne daß auch dargelegt werden müßte, daß der Nachlaß tatsächlich werthaltig war. Gleiches gilt, wenn der Schuldner einen neuen Gewerbebetrieb eröffnet hat; auch hier bedarf es nicht der Darlegung, daß der Betrieb floriert. Der Erwerb neuen Vermögens ist auch dargelegt, wenn der Schuldner, der zur Zeit der ersten Versicherung seinen Gewerbebetrieb gerade neu eröffnet hatte, diesen Betrieb nach längerer Zeit[27] immer noch betreibt oder ihn gar durch Baumaßnahmen, Anschaffung neuer Geräte u. ä. jedenfalls nach außen hin ausweitet. Auch der Umstand, daß der Schuldner nach der letzten Offenbarungsversicherung mehrere namhafte, insbesondere in kurzem zeitlichem Abstand aufeinander folgende Teilzahlungen auf die titulierte Forderung geleistet hat, deutet ernsthaft auf den Erwerb neuen Vermögens hin.[28] Dagegen ist der Erwerb neuen pfändbaren Vermögens nicht dadurch ausreichend belegt, daß ein Teil der Drittschuldner der im ursprünglichen Vermögensverzeichnis vom Schuldner aufgeführten Forderungen nach Zustellung des Pfändungs- und Überweisungsbeschlusses behaupten, sie hätten inzwischen schon an den Schuldner persönlich geleistet.[29] Erst recht reicht es nicht aus (– noch nicht einmal für einen

---

26 LG Mönchengladbach, JurBüro 1979, 612. Abzustellen ist dabei auf den Tag der eigentlichen Offenbarungsversicherung, nicht einer späteren Ergänzungsversicherung; LG Lübeck, Rpfleger 1991, 119.
27 Nach LG Krefeld, MDR 1970, 1019 genügen schon 7 Monate. Man wird aber flexibel auf die Art des Betriebes im Einzelfall abstellen müssen. A. A. (Fortführung eines selbständigen Gewerbebetriebes nicht ausreichend): LG Düsseldorf, JurBüro 1987, 466; ähnlich AG Köln, JurBüro 1966, 438 (Fortsetzung freiberuflicher Tätigkeit nicht ausreichend).
28 LG Düsseldorf, JurBüro 1987, 467.
29 AG Köln, JurBüro 1965, 165 und JurBüro 1966, 536.

Antrag auf nur ergänzende Versicherung –), daß den vom Schuldner benannten Drittschuldnern ein Pfändungs- und Überweisungsbeschluß nicht zugestellt werden kann, weil diese von den angegebenen Anschriften unbekannt verzogen seien.[30] Da nur der Hinweis auf »später« erworbenes Vermögen den Antrag auf die Wiederholungsversicherung rechtfertigen kann, ist die Darlegung, daß der Schuldner im ersten Vermögensverzeichnis unwahre Angaben gemacht hatte, zur Antragsbegründung allein nie ausreichend.[31] Denn aus diesem Umstand kann nur gefolgert werden, daß der Schuldner seinerzeit noch pfändbares Vermögen hatte. Eine irgendwie geartete Zukunftsprognose ergibt sich hieraus nicht.

2. Der Gläubiger, der glaubhaft machen kann, daß ein bisher mit dem Schuldner bestehendes **Arbeitsverhältnis aufgelöst** ist, muß nicht zusätzlich dartun, daß dieser wieder eine neue Arbeitsstelle gefunden hat.[32] Auch in Zeiten erhöhter Arbeitslosigkeit spricht eine tatsächliche Vermutung dafür, daß ein arbeitsfähiger Schuldner in absehbarer Zeit wieder eine neue Erwerbsquelle gefunden hat. § 903 ist auch anzuwenden, wenn das aufgelöste Arbeitsverhältnis zur Zeit der früheren Versicherung noch nicht bestand, sondern erst im Anschluß daran eingegangen worden war.[33] Der Auflösung eines Arbeitsverhältnisses kann die Beendigung einer vom Arbeitsamt bezahlten Umschulung nicht gleichgesetzt werden.[34]

10

**Entsprechend** ist § 903 anzuwenden, wenn der Schuldner zur Zeit der ersten Versicherung **arbeitslos** war und der Gläubiger glaubhaft macht, daß er eine neue Arbeitsstelle gefunden haben müßte.[35] Dabei ist nicht erforderlich, daß der Gläubiger eine konkrete neue Arbeitsstelle nachweist, es genügt vielmehr die Glaubhaftmachung von Umständen, die es als überwiegend wahrscheinlich erscheinen lassen, daß der Schuldner zwischenzeitlich wieder einen Arbeitsplatz habe.[36, 37] Starre Regeln insoweit lassen sich nicht aufstellen, insbesondere ist ein bestimmter Zeitablauf allein nicht ausreichend.[38] Hinzukommen müssen weitere Umstände, etwa eine große Nachfrage in dem Sektor, in dem der Schuldner früher tätig war,[39] oder eine allgemeine positive Entwicklung auf

11

---

30 AG Köln, JurBüro 1968, 250.
31 A. A.: LG Koblenz, MDR 1980, 676; OLG Köln, JurBüro 1975, 950; KG, OLGZ 1991, 108; MüKo/*Eickmann*, § 903 Rdn. 9; Zöller/*Stöber*, § 903 Rdn. 8.
32 OLG Nürnberg, MDR 1958, 928; OlG Düsseldorf, MDR 1976, 587; LG Duisburg, MDR 1982, 504; OLG Hamm, Rpfleger 1983, 322.
33 LG Bremen, MDR 1969, 152.
34 LG Hamburg, MDR 1974, 850; AG Hamburg, Rpfleger 1985, 499.
35 Erst recht ausreichend ist es natürlich, daß die tatsächliche Aufnahme einer neuen Arbeit nachgewiesen wird: LG Bremen, JurBüro 1963, 421; LG Aurich, MDR 1965, 213; LG Frankenthal, Rpfleger 1985, 450.
36 LG Heilbronn, JurBüro 1979, 292; LG Kassel, MDR 1985, 63.
37 LG Duisburg, JMBlNW 1953, 161; LG Bremen, JurBüro 1967, 929; LG Essen, MDR 1968, 505; LG Hannover, JurBüro 1991, 410; OLG Karlsruhe, Rpfleger 1992, 208.
38 LG Berlin, Rpfleger 1978, 228; a. A. (längerer Zeitablauf ausreichend): LG Berlin, MDR 1960, 233 und MDR 1963, 143; LG Bremen, MDR 1963, 689; LG Weiden, MDR 1970, 245; OLG Stuttgart, Justiz 1978, 433.
39 LG Hannover, JurBüro 1965, 1016; LG Berlin, MDR 1967, 501.

dem Arbeitsmarkt.[40] Von Bedeutung können das Alter, der Gesundheitszustand und die allgemeine psychische Verfassung des Schuldners sein.[41] Ein ausreichender Umstand wäre auch der Nachweis, daß der Schuldner keine Arbeitslosenunterstützung mehr bezieht.[42]

12 Ebenfalls entsprechend ist § 903 anzuwenden, wenn ein bisher **selbständiger Gewerbetreibender** seinen Betrieb aufgibt.[43] Auch hier muß die Übernahme einer neuen Tätigkeit[44] nicht nachgewiesen werden. Der Betriebsaufgabe nicht gleichzusetzen ist der Fall, daß ein Handelsvertreter, der bisher eine Vielzahl von Unternehmen vertreten hatte, einen Teil dieser Firmen nicht mehr vertritt;[45] denn insoweit spricht keine Vermutung dafür, daß er stattdessen andere Vertretungen übernommen hat. Keine Aufgabe der bisherigen Tätigkeit liegt vor, wenn der bisherige Geschäftsführer oder geschäftsführende Gesellschafter einer Handelsgesellschaft nunmehr deren Liquidator ist.[46]

13 Schließlich ist § 903 entsprechend anzuwenden, wenn glaubhaft gemacht wird, daß der Schuldner, der bisher eine Witwenpension oder eine Sozialrente bezogen hatte, diese Leistungen nicht mehr erhält.[47] Hier spricht die Lebenserfahrung dafür, daß diese Sozialleistungen wegen neuer eigener Einkünfte anderer Art in Wegfall gekommen sind.

14 3. An die **Glaubhaftmachung** der vorstehend dargestellten Umstände durch den Gläubiger dürfen keine übertriebenen Anforderungen gestellt werden.[48] Andererseits darf das Verfahren nicht mit dem Ziel eingeleitet werden, etwa durch eine schriftliche Stellungnahme des Schuldners zum Antrag erst einmal von diesem das Material zu besorgen, das zur Begründung des Antrages benötigt wird.[49] Erst recht ist es unzulässig, eine Beweisaufnahme durch Vernehmung des Schuldners darüber durchzuführen, ob die die Zulässigkeit des Antrages bedingenden Tatsachen vorliegen.[50] Ein unzulässiger Antrag ist zurückzuweisen, ohne den Schuldner überhaupt damit zu befassen. An Mitteln der Glaubhaftmachung (§ 294 ZPO) kommen neben öffentlichen und privaten Urkunden

---

40 OLG Frankfurt, JurBüro 1955, 195; LG Nürnberg, NJW 1961, 1633; LG Detmold, JurBüro 1989, 1183.
41 LG Kiel, JurBüro 1962, 535; LG Bremen, JurBüro 1971, 467; LG Kleve, MDR 1975, 766; LG Berlin, DGVZ 1972, 153 (hinsichtlich eines bekanntermaßen arbeitsunwilligen Schuldners).
42 LG Kassel, MDR 1980, 237.
43 LG Duisburg, JurBüro 1960, 269; LG Essen, Rpfleger 1961, 246; LG Bonn, Rpfleger 1963, 164; LG Aurich, MDR 1964, 683; KG, MDR 1968, 674; OLG Bremen, JurBüro 1978, 608; LG Hamburg, Rpfleger 1984, 363; OLG Frankfurt, Rpfleger 1990, 174; LG Darmstadt, JurBüro 1996, 274; MüKo/*Eickmann*, § 903 Rdn. 8; a. A.: OLG Celle, JurBüro 1960, 356; LG Lübeck, SchlHA 1966, 205; AG Köln, JMBl 1967, 187; LG Hamburg, MDR 1968, 334.
44 Es genügt auch eine unselbständige Tätigkeit: LG Koblenz, NJW 1958, 2071 und MDR 1967, 311.
45 LG Düsseldorf, NJW 1961, 1778; AG Köln, JurBüro 1965, 504.
46 LG Berlin, Rpfleger 1979, 149.
47 OLG Hamm, Rpfleger 1983, 322.
48 OLG Stuttgart, OLGZ 1979, 116.
49 AG Köln, JurBüro 1966, 536.
50 OLG München, NJW 1962, 497.

eidesstattliche Versicherungen des Gläubigers und von Dritten, amtliche Auskünfte, aber auch die schlüssige Darlegung allgemein bekannter Lebenserfahrungssätze[51] in Betracht. Ein solcher Lebenserfahrungssatz geht allerdings nicht allgemein dahin, daß nach Ablauf einiger Monate jeder wieder irgendwelche neuen Vermögenswerte besitze.[52] Es muß sich vielmehr um erheblich konkretere und detailliertere Erfahrungssätze handeln. Glaubhaftmachungsmittel, die dem Schuldner nicht zugänglich gemacht werden können oder dürfen, sind zur Glaubhaftmachung ungeeignet.[53] Will das Gericht tatsächliche Umstände zu Lasten des Schuldners als gerichtskundig, also etwa als durch dem Gericht bekannte Lebenserfahrungssätze gedeckt, berücksichtigen, muß der Schuldner zuvor darauf hingewiesen werden, daß diese Tatsachen berücksichtigt werden sollen, und es muß ihm Gelegenheit zur Stellungnahme gegeben werden, ehe überhaupt die Ladung zur wiederholten Versicherung angeordnet wird. Andernfalls wäre der Anspruch des Schuldners auf Gewährung rechtlichen Gehörs verletzt.[54]

**IV. Verfahrensablauf:** Hält das Gericht den Antrag des Gläubigers für unzulässig, da die allgemeinen Voraussetzungen des Anspruchs auf Abgabe der Offenbarungsversicherung nicht nachgewiesen und die besonderen Voraussetzungen der wiederholten Versicherung nicht glaubhaft gemacht sind, weist es den Antrag durch Beschluß zurück. Hält es den Antrag dagegen für zulässig, verfährt es im übrigen wie bei einer erstmaligen Versicherung nach § 900 Abs. 3 und 4 ZPO. Der Schuldner muß im Termin erneut ein vollständiges Vermögensverzeichnis erstellen und darf sich nicht allein auf ergänzende Angaben zu seinem ersten Verzeichnis beschränken, etwa dahingehend, er sei jetzt arbeitslos und habe kein weiteres Vermögen erworben.[55] Er muß also auch Gegenstände, die er in seinem früheren Verzeichnis verheimlicht hatte und die derzeit noch vorhanden sind, aufführen. Dabei braucht er allerdings nicht den Zeitpunkt des Erwerbs, wenn dieser für die wirtschaftliche Bewertung nicht ausnahmsweise ausschlaggebend ist, zu offenbaren, um seine frühere Straftat nicht offenzulegen. Der Schuldner muß abschließend die Richtigkeit und Vollständigkeit des gesamten neuen Vermögensverzeichnisses an Eides Statt versichern. Ist das Verzeichnis unvollständig, kann der Gläubiger nach den allgemeinen Regeln[56] Ergänzung verlangen. Die wiederholte Versicherung nach § 903 setzt wiederum eine dreijährige Schutzfrist in Lauf,[57] in der der Schuldner nur unter den besonderen Bedingungen des § 903 zu einer erneuten Offenbarung verpflichtet ist.

15

**V. Rechtsbehelfe:** Der Gläubiger hat gegen die Zurückweisung seines Antrages (- sowohl auf Ladung des Schuldners zur Ergänzungsversicherung wie zur wiederholten

16

---

51 LG Saarbrücken, JurBüro 1964, 764.
52 LG Köln, JurBüro 1965, 414 mit Anm. von *Herzig*.
53 AG Köln, JurBüro 1964, 762.
54 OLG Köln, Rpfleger 1985, 498.
55 LG Saarbrücken, JBlSaar 1966, 137; LG Aschaffenburg, MDR 1971, 497. Wohl aber ist es zulässig, Angaben aus dem alten Verzeichnis abzuschreiben, soweit sie noch zutreffen; LG Krefeld, MDR 1986, 1035.
56 Siehe oben Rdn. 2 und 3.
57 LG Saarbrücken, wie Fußn. 52.

Versicherung –) die befristete Rechtspflegererinnerung. Der Schuldner kann in beiden Fällen gegen seine Verpflichtung nur Widerspruch gem. § 900 Abs. 5 ZPO erheben.[58] Der Widerspruch ist mündlich im Termin vorzubringen.

---

58 MüKo/*Eickmann*, § 903 Rdn. 16.

§ 904 Unzulässigkeit der Haft

Die Haft ist unstatthaft:
1. gegen Mitglieder des Bundestages, eines Landtages oder einer zweiten Kammer während der Tagung, sofern nicht die Versammlung die Vollstreckung genehmigt;
2. (weggefallen)
3. gegen den Kapitän, die Schiffsmannschaft und alle übrigen auf einem Seeschiff angestellten Personen, wenn sich das Schiff auf der Reise befindet und nicht in einem Hafen liegt.

I. Die Vorschrift verbietet nur den Vollzug der Haft, nicht aber deren Anordnung einschließlich des Erlasses eines Haftbefehls. Ihre Voraussetzungen sind deshalb erst vom Gerichtsvollzieher zu überprüfen, sobald ihm der Verhaftungsantrag (§ 909 ZPO) zugeht. 1

II. Für Bundestagsabgeordnete enthält Art. 46 Abs. 3 GG eine der Nr. 1 vorgehende Spezialregelung; entsprechende Regelungen für Landtagsabgeordnete enthalten die meisten Landesverfassungen. Wo dies in den neuen Bundesländern noch nicht der Fall ist, greift Nr. 1 unmittelbar ein. 2

III. Gegen Angehörige der NATO-Streitkräfte und deren Familienangehörige[1] ist sowohl die Anordnung als auch die Vollstreckung der Haft zur Erzwingung der Vermögensoffenbarung unzulässig (Art. 34 Abs. 2 ZusAbk NATO-Truppenstatut). 3

IV. Nr. 3 ist **nicht** entsprechend anwendbar auf Personen, die auf einem Flußschiff (Rhein- und Moselschiffahrt usw.) angestellt sind. 4

---

1 LG Hagen, DGVZ 1976, 138.

§ 905    Unterbrechung der Haft

Die Haft wird unterbrochen:
1. gegen Mitglieder des Bundestages, eines Landtages oder einer zweiten Kammer für die Dauer der Tagung, wenn die Versammlung die Freilassung verlangt;
2. (weggefallen)

Für Bundestagsabgeordnete enthält Art. 46 Abs. 4 GG eine weitergehende Sonderregelung. Die Vorschrift gilt also, soweit die Landesverfassungen nicht ebenfalls Sonderregelungen enthalten, nur noch für Landtagsabgeordnete oder Mitglieder einer zweiten Kammer auf Landesebene (bayerischer Senat). Die Haftentlassung wird nicht unmittelbar von der Leitung der Justizvollzugsanstalt veranlaßt, sie muß vielmehr vom Amtsgericht des Haftortes angeordnet werden. Gegen die Untätigkeit des ersuchten Gerichts können der Abgeordnete und das Verfassungsorgan, dem er angehört, Erinnerung gem. § 766 ZPO einlegen.

## § 906 Haftaufschub

Gegen einen Schuldner, dessen Gesundheit durch die Vollstreckung der Haft einer nahen und erheblichen Gefahr ausgesetzt wird, darf, solange dieser Zustand dauert, die Haft nicht vollstreckt werden.

Literatur: *Midderhoff*, Feststellung der Haftunfähigkeit gem. § 906 ZPO und ihre Überprüfung, DGVZ 1982, 81; *Rittstieg*, Das »antizipierte Sachverständigengutachten« – eine falsa demonstratio?, NJW 1983, 1098; *E. Schneider*, Haftaufschub wegen Gesundheitsgefährdung, JR 1978, 182; *ders.*, Die Ungesetzlichkeit der Vorführung haftunfähiger Schuldner, DGVZ 1979, 49.

I. Die Vorschrift ist Ausfluß des Grundsatzes der Verhältnismäßigkeit in der Zwangsvollstreckung.[1] Das Grundrecht des Schuldners aus Art. 2 Abs. 2 S. 1 GG hat Vorrang vor den Vermögensinteressen des Gläubigers.[2] Insofern ist die Vorschrift auch eine Spezialregelung zu § 765 a ZPO, die aber nicht ausschließt, daß im Einzelfall, wenn bloßer Haftaufschub nicht ausreicht, im Verfahren nach § 765 a ZPO auch weitergehende Anordnungen getroffen werden.[3] Wird durch die Verhaftung des Schuldners nicht dessen Gesundheit, wohl aber die einer Person, die der Schuldner betreut oder pflegt, unmittelbar bedroht, so ist zwar § 906 weder direkt noch analog einschlägig, der Gerichtsvollzieher ist aber als staatliches Organ verpflichtet, die berechtigten Interessen dieser Personen in der Weise zu berücksichtigen, daß er die zuständigen Behörden von dem Notstand informiert (Jugendamt, Sozialamt, Gesundheitsamt, Ordnungsbehörde usw.) und solange zuwartet, bis die Versorgung dieser Personen gewährleistet ist.[4] Die genannten Ämter sind zur Amtshilfe verpflichtet; sie würden amtspflichtwidrig handeln, wenn sie durch Untätigkeit die Verhaftung des Schuldners vereiteln würden.

Ähnlich ist zu verfahren, wenn durch die Verhaftung des Schuldners Tiere, die sich in seiner Obhut befinden, gefährdet werden. Auch hier hat der Gerichtsvollzieher durch Einschaltung der für den Tierschutz zuständigen Behörden oder (– ohne daß der Gläubiger insoweit vorschußpflichtig wäre[5] –) privater Tierschutzorganisationen sicherzustellen, daß nicht gegen die Gebote des Tierschutzes verstoßen wird.

II. Die Haftunfähigkeit des Schuldners muß der mit der Verhaftung beauftragte Gerichtsvollzieher entweder durch eigene Wahrnehmung oder durch freie Würdigung einer ihm vorgelegten ärztlichen Bescheinigung selbst feststellen.[6] Es ist dabei Aufgabe des Schuldners, von sich aus und auf eigene Kosten gegebenenfalls ein ärztliches Attest

---

1 OLG Köln, DGVZ 1995, 7.
2 Hierzu grundsätzlich BVerfGE 52, 219, 220.
3 Wie hier: Stein/Jonas/Münzberg, § 906 Rdn. 1; enger (§ 765 a »in den seltensten Fällen« anwendbar): Baumbach/Lauterbach/Hartmann, § 906 Rdn. 1.
4 AG München, JurBüro 1977, 1789 mit Anm. von *Mümmler*; LG Kleve, DGVZ 1987, 90; siehe auch § 186 Nr. 3 GVGA.
5 A.A. insoweit: AG Oldenburg, DGVZ 1991, 174 (Gläubiger sei vorschußpflichtig).
6 AG Göttingen, MDR 1958, 524; OLG Frankfurt, MDR 1969, 150.

zu besorgen.⁷ Ein amtsärztliches Zeugnis kann nicht zwingend verlangt werden,⁸ an Aussagekraft privatärztlicher Bescheinigungen ist aber ein strenger Maßstab anzulegen.⁹ Immer ist erforderlich, daß der eigene Augenschein oder die ärztliche Bescheinigung ergeben, daß die Verhaftung eine unmittelbare **erhebliche** Gesundheitsgefahr bedeuten würde. Kleinere gesundheitliche Nachteile muß der Schuldner in Kauf nehmen. Ist der Gerichtsvollzieher durch eigenen Augenschein zu der Überzeugung gekommen, der Schuldner sei haftfähig, so kann der Schuldner nicht verlangen, daß der Gerichtsvollzieher ihn zunächst einem Arzt vorführe, der die Haftunfähigkeit bescheinigen solle.¹⁰ Die Haft muß unter normalen Bedingungen vollzogen werden können. Hält der Gerichtsvollzieher unter diesem Gesichtspunkt den Schuldner für haftunfähig erkrankt, darf er nicht deshalb die Verhaftung dennoch durchführen, weil die zuständige örtliche Justizvollzugsanstalt über ein Anstaltskrankenhaus verfügt, in dem der Schuldner untergebracht werden könnte.¹¹ Lehnt der Gerichtsvollzieher die Verhaftung ab, weil er den Schuldner für haftunfähig hält, muß er im einzelnen im Protokoll darlegen, welche Feststellungen ihn zu dieser Entscheidung veranlaßt haben.¹² Liegen Anhaltspunkte vor, wann der zur Haftunfähigkeit führende Zustand etwa behoben sein wird, ist auch dies im Protokoll zu vermerken.

**3** III. Hat der Gerichtsvollzieher die Haftunfähigkeit des Schuldners festgestellt, so hat die Verhaftung schlechthin zu unterbleiben, nicht nur die Überführung des Schuldners in eine Justizvollzugsanstalt. Der Gerichtsvollzieher darf deshalb in Fällen dieser Art den Schuldner auch nicht festnehmen, um ihn zwangsweise dem Amtsgericht zur Abgabe der eidesstattlichen Versicherung vorzuführen.¹³ Erklärt der Schuldner sich dem Gerichtsvollzieher gegenüber bereit, die eidesstattliche Versicherung trotz seiner Erkrankung in seiner Wohnung abzugeben, hat der Gerichtsvollzieher das Gericht und den Gläubiger hiervon zu verständigen.

**4** IV. § 906 ist entsprechend anzuwenden, wenn sich die Haftunfähigkeit erst während der Haft herausstellt. Die Entscheidung trifft dann nicht mehr der Gerichtsvollzieher, sondern das Vollstreckungsgericht. Auch in diesem Falle kommt keine Verlegung in das Anstaltskrankenhaus (– es sei denn zur akuten Notversorgung –) in Betracht, sondern nur die Anordnung eines vorläufigen Haftaufschubes. Der Schuldner ist sodann aus der Haft zu entlassen.

---

7 OLG Frankfurt, MDR 1969, 150; LG Göttingen, DGVZ 1981, 10; a. A. (der Gerichtsvollzieher müsse seinerseits ein oder gar mehrere Atteste einholen): LG Hannover, DGVZ 1990, 59.
8 AG Salzgitter-Salder, JurBüro 1965, 1018; LG Hannover, DGVZ 1982, 119; a. A. (nur amtsärztliches Attest): *Thomas/Putzo*, § 906 Rdn. 2; *Midderhoff*, DGVZ 1982, 81.
9 LG Kassel, DGVZ 1975, 169; LG Düsseldorf, DGVZ 1980, 38; OLG Hamm, DGVZ 1983, 137; LG Frankenthal, AnwBl 1985, 792; LG Braunschweig, DGVZ 1989, 28.
10 AG Hochheim, DGVZ 1981, 15.
11 AG Wuppertal, DGVZ 1977, 30; LG Coburg, DGVZ 1989, 95; OLG Bamberg, DGVZ 1990, 39.
12 LG Berlin, DGVZ 1975, 167.
13 AG Wuppertal, DGVZ 1977, 30; AG Elmshorn, DGVZ 1978, 93; OLG Hamm, DGVZ 1983, 137; LG Coburg, DGVZ 1989, 95; OLG Bamberg, DGVZ 1990, 39; a. A.: AG und LG Hildesheim, DGVZ 1974, 30.

V. Die Gewährung von Haftaufschub verbraucht weder den Haftbefehl noch den Verhaftungsauftrag an den Gerichtsvollzieher. Der Gerichtsvollzieher muß also von sich aus, falls der Gläubiger nicht den Auftrag ausdrücklich zurückzieht, zu gegebener Zeit eine neue Verhaftung versuchen.

VI. **Rechtsbehelfe:** Der Gläubiger hat gegen die Gewährung von Haftaufschub, der Schuldner gegen ihre Versagung die Erinnerung gem. § 766 ZPO. Auch das Vollstreckungsgericht hat im Rahmen der Prüfung der Begründetheit der Erinnerung nicht von amtswegen eine Untersuchung des Schuldners anzuordnen, sondern nur die ihm vorliegenden Atteste und Bescheinigungen zu würdigen. Es muß diese Überprüfung allerdings selbständig durchführen und darf sich nicht darauf beschränken, die Entscheidung des Gerichtsvollziehers auf Ermessensfehler hin zu untersuchen.[14] Deshalb können dem Vollstreckungsgericht auch neue ärztliche Bescheinigungen vorgelegt werden, die der Gerichtsvollzieher nicht kannte.

---

14 MüKo/*Eickmann*, § 906 Rdn. 4; Zöller/*Stöber*, § 906 Rdn. 4; OLG Köln, DGVZ 1995, 7; a. A. (nur Ermessensüberprüfung): LG Düsseldorf, DGVZ 1981, 171; LG Hannover, DGVZ 1982, 119.

## § 907

Aufgehoben durch StVollzG vom 16. 3. 1976.[1] Die Vorschrift regelte den Vollzug der Haft.[2]

---

1 BGBl. I 1976, 581 und 2088.
2 Einzelheiten zum alten Recht: *Förster/Kann*, Anm. zu § 907.

## § 908 Haftbefehl

Das Gericht hat bei Anordnung der Haft einen Haftbefehl zu erlassen, in dem der Gläubiger, der Schuldner und der Grund der Verhaftung zu bezeichnen sind.

Literatur: *Bauer*, Wann ist ein Haftbefehl zur Erzwingung des Offenbarungseids verbraucht, JurBüro 1966, 546; *Birmanns*, Der Haftbefehl in Zwangsvollstreckungsverfahren und das Grundgesetz, DGVZ 1980, 118; *Dagtoglou*, Das Grundrecht der Unverletzlichkeit der Wohnung, JuS 1975, 753; *Diemayr*, Rechtsbehelf gegen die Haftanordnung im Offenbarungseidverfahren, ZZP 1949, 44; *Göttlich*, Sind Kosten für die Zustellung eines Haftbefehls im Offenbarungseidverfahren erstattungsfähig, JurBüro 1960, 66; *Grein*, Zeitliche Grenzen eines Haftbefehls im Zwangsvollstreckungsverfahren, DGVZ 1982, 49; *Herzig*, Die Zweitausfertigung von Haftbefehlen im Offenbarungseidverfahren, JurBüro 1964, 774; *ders.*, Zur Bezeichnung des Prozeßbevollmächtigten des Gläubigers im Haftbefehl, JurBüro 1966, 906; *ders.*, Zum Antrag auf Erlaß des Haftbefehls im Offenbarungseidverfahren, JurBüro 1967, 769; *ders.*, Zum Verbleib der Haftbefehlsausfertigung bei sofortiger Beschwerde des Schuldners gegen den Haftbefehl, JurBüro 1967, 851; *Schüler*, Gerichtsvollzieher und Offenbarungseidhaftbefehl, DGVZ 1969, 65; *ders.*, Vollstreckung gegen Minderjährige, JurBüro 1974, 1209; *Quardt*, Die zeitliche Gültigkeit des Haftbefehls, JurBüro 1957, 430.

I. Der Haftbefehl ist die Verlautbarung der Haftanordnung (§ 901 ZPO) nach außen, die es dem Gläubiger ermöglicht, den Gerichtsvollzieher mit der Verhaftung des Schuldners zu beauftragen und die den Gerichtsvollzieher dem Schuldner gegenüber legitimiert, die Verhaftung (§ 909 ZPO) vorzunehmen. Der Haftbefehl wird in der Regel vom Richter sogleich mit dem Beschluß erlassen, durch den die Haft zur Erzwingung der Abgabe der Offenbarungsversicherung angeordnet wird. Es bedarf hierzu keines zusätzlichen Antrages über den nach § 901 ZPO erforderlichen[1] hinaus. Hat der Richter die Ausstellung des Haftbefehls vergessen, so kann ihn der Rechtspfleger nachträglich aufgrund der vorliegenden richterlichen Haftanordnung ausstellen, da § 4 Abs. 2 Nr. 2 RPflG dem Richter nur die Anordnung der Haft vorbehält.[2]

II. Der Haftbefehl muß im Rubrum die Angabe des Gläubigers, des Schuldners und der Prozeßbevollmächtigten enthalten. Letzteres ist wichtig, da das Gericht des Haftortes zunächst ebenfalls nur den Haftbefehl vorliegen hat und deshalb schon diesem muß entnehmen können, wer vom angesetzten Offenbarungstermin zu verständigen ist. Darüberhinaus muß der Haftbefehl zum Grund der Verhaftung folgende Angaben enthalten: Die Höhe der Vollstreckungsforderung, wegen der das Offenbarungsverfahren betrieben wird[3] (– da der Schuldner sich durch vollständige Bezahlung dieser Schuld jederzeit der Verhaftung entziehen kann; auch der nur mit der Verhaftung beauftragte Gerichtsvollzieher muß die ihm angebotene freiwillige Zahlung entgegennehmen –); ob das Offenbarungsverfahren erstmals nach § 807 ZPO, wiederholt gem. § 903 ZPO, als

---

1 Siehe hierzu § 901 Rdn. 9.
2 Wie hier: AG Berlin-Charlottenburg, DGVZ 1979, 28; *Stein/Jonas/Münzberg*, § 908 Rdn. 1; a. A.: *Zöller/Stöber*, § 908 Rdn. 3; MüKo/*Eickmann*, § 908 Rdn. 5.
3 Wie hier: *Zöller/Stöber*, § 908 Rdn. 2; a. A. (Angabe des Betrages nicht erforderlich): *Stein/Jonas/Münzberg*, § 908 Rdn. 3.

Nachbesserungsverfahren oder wegen eines Herausgabeanspruchs gem. § 883 Abs. 2 ZPO betrieben wird;[4] aufgrund welchen Verhaltens des Schuldners in welchem Termin die Haft angeordnet wurde; durch welchen Beschluß die Haft gem. § 901 ZPO angeordnet wurde. Ist eine andere Person als der Schuldner zu verhaften, z. B. der gesetzliche Vertreter einer juristischen Person oder eines Minderjährigen,[5] so hat der Haftbefehl auch diese Person zu bezeichnen,[6] da es nicht Aufgabe des Gerichtsvollziehers ist, den zur Offenbarung verpflichteten Vertreter zu bestimmen. In den Haftbefehl muß nicht ausdrücklich die Ermächtigung aufgenommen werden, daß der Gerichtsvollzieher die Wohnung des Schuldners zum Zwecke der Verhaftung auch gegen dessen Willen betreten darf.[7] Die richterliche Haftanordnung enthält immer konkludent die Ermächtigung, den Schuldner, wo auch immer er angetroffen wird,[8] festzunehmen. Daß hierzu das Grundrecht auf Unverletzlichkeit der Wohnung gegebenenfalls beschränkt werden muß, ist insoweit vom Richter mitgeprüft und entschieden worden. Der Haftbefehl bedarf, um vollzogen werden zu können, nicht zusätzlich der Vollstreckungsklausel (– denn er ist seinerseits schon die »vollstreckbare Ausfertigung« der Haftanordnung –).

3   III. Ein aufgrund richterlicher Haftanordnung ausgestellter Haftbefehl verliert nicht durch bloßen Zeitablauf seine Wirksamkeit.[9] Liegen die Voraussetzungen für die Anordnung der Haft nicht vor, muß der Schuldner die Haftanordnung selbst anfechten.[10] Der Gerichtsvollzieher kann, solange der Haftbefehl nicht aufgehoben wurde, nur unter den Voraussetzungen des § 775 ZPO die Verhaftung ablehnen. Ist ein Haftbefehl verbraucht, so ist er zu den Gerichtsakten zu nehmen.[11] Der Gläubiger kann nicht mehr dessen Herausgabe an sich verlangen. Hat der Gläubiger die Haftanordnung und den Haftbefehl wegen der gesamten titulierten Schuld erwirkt, dann aber nur wegen eines Teilbetrages Antrag auf Verhaftung des Schuldners gestellt,[12] so hat die Ver-

---

4 LG Kassel, DGVZ 1972, 46; LG Bonn, DGVZ 1980, 87.
5 Zur Verpflichtung des gesetzlichen Vertreters, die Offenbarungsversicherung abzugeben, siehe § 900 Rdn. 13.
6 AG Bamberg, DGVZ 1979, 31; OLG Köln, NJW-RR 1988, 697; MüKo/*Eickmann*, § 908 Rdn. 2; a. A. (gesetzlicher Vertreter vom Gerichtsvollzieher selbst zu ermitteln): LG Duisburg, JurBüro 1961, 398.
7 Einzelheiten: § 758 Rdn. 2; ferner: LG Berlin, JuS 1980, 60; a. A.: LG Saarbrücken, JuS 1980, 60.
8 Zur Verhaftung in der Wohnung Dritter siehe allerdings § 909 Rdn. 3.
9 Siehe auch: § 901 Rdn. 8; ferner LG Kiel, SchlHA 1976, 124; AG München, DGVZ 1980, 15; AG Limburg, DGVZ 1980, 157; AG Frankenberg, DGVZ 1984, 142; a. A.: *Grein*, DGVZ 1982, 49 (die Frist des § 915 Abs. 2 ZPO gelte entsprechend); LG Oldenburg, MDR 1979, 1032 (es müsse jedenfalls eine neue Unpfändbarkeitsbescheinigung vorgelegt werden); AG Waldbröl, DGVZ 1989, 45 (jedenfalls bei 9 Jahre altem Haftbefehl); AG Remscheid, DGVZ 1991, 61 (bei 13 Jahre altem Haftbefehl). Der Entwurf der 2. Zwangsvollstreckungsnovelle (BT-Drucks. 13/341) sieht jetzt allerdings in einem neuen § 909 Abs. 2 vor, daß die Vollziehung eines Haftbefehls unstatthaft sei, wenn nach seinem Erlaß 3 Jahre vergangen seien.
10 Siehe § 901 Rdn. 13 ff.
11 LG Berlin, JurBüro 1977, 1291; AG Rotenburg (Wümme), DGVZ 1979, 47; LG Aurich, NJW-RR 1988, 1469.
12 Zu dieser Möglichkeit: § 909 Rdn. 1.

haftung zu unterbleiben, wenn dieser Teilbetrag gezahlt wird; der Haftbefehl ist aber erst verbraucht, wenn die gesamte Schuld, wegen der er erlassen wurde, getilgt ist.[13]

**IV. Rechtsbehelf:** Soll nur der Haftbefehl, nicht auch die ihm zugrundeliegende Haftanordnung,[14] angefochten werden, muß der Schuldner nach § 766 ZPO vorgehen.[15] Die Erinnerung kann etwa darauf gestützt werden, daß eine wirksame Haftanordnung als Grundlage für den Haftbefehl fehle, oder daß die Haftanordnung nicht den konkreten Haftbefehl decke.

**V. Reformvorschläge:** Künftig[16] soll die Vorschrift entfallen und innerhalb des neu formulierten § 901 ZPO[17] mitgeregelt werden.

---

13 LG Stade, JurBüro 1988, 927; AG Augsburg, DGVZ 1991, 61; siehe ferner § 901 Rdn. 8.
14 Hierzu: § 901 Rdn. 13 ff.
15 *Baumbach/Lauterbach/Hartmann*, § 908 Rdn. 4; *Thomas/Putzo*, § 908 Rdn. 1; OLG München, DGVZ 1987, 73; a. A. (§ 732 ZPO sei entsprechend anzuwenden, da gegen eine vollstreckbare Ausfertigung vorgegangen werde): *Wieser*, Begriff und Grenzfälle der Zwangsvollstreckung, S. 78.
16 Entwurf einer 2. Zwangsvollstreckungsnovelle, BT-Drucks. 13/341.
17 Siehe dort Rdn. 20.

## § 909 Verhaftung

¹Die Verhaftung des Schuldners erfolgt durch einen Gerichtsvollzieher. ²Der Haftbefehl muß bei der Verhaftung dem Schuldner vorgezeigt und auf Begehren abschriftlich mitgeteilt werden.

Literatur: *Behr*, Rechtliche und praktische Fragen der Vorführungsverhaftung gem. §§ 902, 909 ZPO, DGVZ 1976, 129; *Birmanns*, Der Haftbefehl in Zwangsvollstreckungsverfahren und das Grundgesetz, DGVZ 1980, 118; *Christmann*, Die Verhaftung des Schuldners in fremden Räumen, DGVZ 1988, 91; *Dagtoglou*, Das Grundrecht der Unverletzlichkeit der Wohnung, JuS 1975, 753; *Schilken*, Die Bewilligung von Teilzahlungen bei der Haftvollstreckung, DGVZ 1989, 33; *Siegel*, Verhaftung des Schuldners durch den Gerichtsvollzieher in der Wohnung eines Dritten, DGVZ 1987, 151; *Wieser*, Die Dispositionsbefugnis des Vollstreckungsgläubigers, NJW 1988, 665.

1 I. Die Ausführung des Haftbefehls (§ 908 ZPO) wird nicht durch das Gericht, das ihn erlassen hat, von amtswegen veranlaßt; es händigt das Original des Haftbefehls vielmehr dem Gläubiger aus und überläßt ihm dann die weitere Veranlassung. Der Gläubiger hat sich, will er die Verhaftung des Schuldners durchsetzen, mit einem **Antrag** an den **Gerichtsvollzieher**[1] zu wenden. Neben dem Haftbefehl hat er ihm dabei auch den Vollstreckungstitel auszuhändigen[2]. Dies gilt auch, wenn der Antrag vom Finanzamt[3] oder von einem Sozialversicherungsträger gestellt wird.[4] Der Verhaftungsantrag muß nicht wegen der gesamten noch offenen Schuld gestellt werden, auch wenn der Haftbefehl wegen des Gesamtbetrages ergangen ist.[5] Die Verhaftung kann auch nur für den Fall beantragt werden, daß der Schuldner nicht mindestens bestimmte Teilzahlungen auf den Titel erbringt.[6] Der Gläubiger handelt nicht rechtsmißbräuchlich, wenn er einen derartigen bedingten Antrag mehrfach hintereinander wiederholt, etwa bis die Schuld insgesamt getilgt ist.[7] Schließlich dient die gesamte Zwangsvollstreckung dem Zweck, die Befriedigung des Gläubigers herbeizuführen. Der Verhaftungsantrag kann mit einem Antrag verbunden werden, erneut die Mobiliarvollstreckung zu versuchen. Da der Vollstreckungsversuch mit Kosten verbunden ist, kann allerdings nicht angenommen werden, daß jeder Verhaftungsantrag konkludent einen weiteren Vollstreckungsantrag beinhaltet.[8] Der Verhaftungsantrag kann nicht mit Weisungen des Gläubigers verbunden werden, wie die Verhaftung durchzuführen sei.[9] Ebensowenig kann er mit der Einschränkung verbunden werden, daß der Gerichtsvollzieher freiwillige Leistungen des Schuldners nicht anzunehmen und diesen auf jeden Fall zu verhaf-

---

1 Auch in der Abgabenvollstreckung ist der Haftbefehl vom Gerichtsvollzieher, nicht etwa vom Vollziehungsbeamten zu vollstrecken (§ 284 Abs. 7 S. 3 AO); LG Duisburg, DGVZ 1981, 184; LG Berlin, DGVZ 1990, 120.
2 *Wieser*, Begriff und Grenzfälle der Zwangsvollstreckung, S. 79.
3 LG Ludwigshafen, DGVZ 1977, 191.
4 LG Verden, Rpfleger 1986, 19.
5 LG Stade, DGVZ 1988, 28; OLG Schleswig, Rpfleger 1976, 224; a. A.: *Wieser*, NJW 1988, 671.
6 OLG Köln, JurBüro 1966, 439; LG Heidelberg, Justiz 1964, 40.
7 LG Köln, JurBüro 1985, 464 mit Anm. von *Mümmler*.
8 *Stein/Jonas/Münzberg*, § 909 Rdn. 1.
9 AG Kassel, DGVZ 1973, 29.

ten[10] habe. Hat der Gläubiger den Gerichtsvollzieher lediglich beauftragt, dem Schuldner den Haftbefehl zuzustellen,[11] so darf aufgrund dieses Antrages keine Verhaftung vorgenommen werden.

II. Der Gerichtsvollzieher darf den Verhaftungsantrag nicht allein deshalb zurückweisen, weil der Haftbefehl schon vor längerer Zeit ergangen ist. Denn Haftbefehle verlieren nicht allein durch Zeitablauf ihre Wirksamkeit.[12] Der Gerichtsvollzieher hat in diesem Fall auch nicht von sich aus zu überprüfen, ob die Voraussetzungen der Verpflichtung zur Abgabe der Offenbarungsversicherung noch vorliegen (– insbesondere, ob der Schuldner noch unpfändbar ist[13] –). Der Schuldner muß sich vielmehr, wenn er davon ausgeht, die Haftanordnung bestehe zu Unrecht fort, von sich aus gegen diese wenden.

III. Den Ablauf der Verhaftung durch den Gerichtsvollzieher regelt umfänglich § 187 GVGA. Grundgedanke der Regelungen ist, daß so rücksichtsvoll wie nur möglich vorzugehen ist, ohne aber den Vollstreckungszweck zu gefährden. Eine Verhaftung des Schuldners in seiner eigenen Wohnung auch gegen seinen Willen ist ohne zusätzliche richterliche Durchsuchungsanordnung möglich;[14] ist Gewaltanwendung notwendig, müssen §§ 758 Abs. 3, 759 ZPO beachtet werden. Der Haftbefehl ermächtigt den Gerichtsvollzieher nicht, den Schuldner in der Wohnung Dritter gegen den Willen des Wohnungsinhabers festzunehmen und etwa von dort gewaltsam zu entfernen.[15] Dem steht Art. 13 GG entgegen. Für eine richterliche Durchsuchungsanordnung gegen den Dritten fehlt dem Gläubiger die Anspruchsgrundlage.[16] Für eine Verhaftung in Räumen, die der Schuldner zusammen mit Dritten angemietet hat (Ehegatte, Lebenspartner, Wohngemeinschaft), gelten die Erwägungen zu § 758 ZPO,[17] daß eine Zwangsvollstreckung gegen den Schuldner in diesen Räumen auch ohne Einwilligung der Dritten möglich ist, entsprechend: Auch eine Verhaftung des Schuldners tangiert die geschützte Wohnsphäre der Dritten in den gemeinsamen Räumen nicht. Der Gerichtsvollzieher hat bei der Verhaftung auch auf die Belange Dritter, die sich in der Obhut des Schuldners befinden (minderjährige Kinder, Pflegebedürftige usw.), Rücksicht zu nehmen. Er muß notfalls von amtswegen andere Behörden einschalten.[18] Da der

---

10 AG Melsungen und LG Kassel, DGVZ 1973, 28.
11 Eine zulässige Beschränkung des Auftrages: LG Ulm, NJW 1963, 867.
12 Siehe hierzu: § 908 Rdn. 3; kritisch: *Zöller/Stöber*, § 909 Rdn. 5.
13 So aber LG Oldenburg, NdsRpfl 1980, 15. Auch dann, wenn der Schuldner zwischenzeitlich in einer anderen Sache die eidesstattliche Versicherung abgegeben hat, sodaß für eine Verhaftung kein Rechtsschutzinteresse mehr besteht, muß der Schuldner gegen die Haftanordnung, nicht gegen die Verhaftung vorgehen. Es ist nicht Aufgabe des Gerichtsvollziehers, zu überprüfen, ob eine weitere eidesstattliche Versicherung in Betracht kommt oder nicht; unrichtig insoweit AG Hagen, DGVZ 1996, 15.
14 Siehe § 908 Rdn. 2.
15 *Siegel*, DGVZ 1987, 151; *Christmann*, DGVZ 1988, 91.
16 A. A. MüKo/*Eickmann*, § 909 Rdn. 8, der allerdings keine Rechtsgrundlage für eine solche Durchsuchungsanordnung von Räumen Dritter nennt.
17 Einzelheiten: § 758 Rdn. 8.
18 Siehe auch § 906 Rdn. 1.

Gläubiger für diese Personen keine Verantwortung trägt, kann von ihm auch kein Vorschuß für deren Versorgung verlangt werden.[19]

**4** IV. Der Gerichtsvollzieher muß dem Schuldner bei der Verhaftung das Original des Haftbefehls vorzeigen und dem Schuldner auf Begehren eine Abschrift überlassen. Eine förmliche Zustellung des Haftbefehls ist nicht erforderlich. Ist der Haftanordnungsbeschluß dem Schuldner nicht zugestellt worden,[20] so setzt das Vorzeigen des Haftbefehls die Frist der sofortigen Beschwerde gegen den Beschluß in Gang.[21]

**5** V. Der Schuldner kann die Verhaftung abwenden, indem er die Summe, wegen der dem Gerichtsvollzieher der Haftauftrag erteilt worden war, bezahlt. Handelt es sich dabei um den gesamten Rest der titulierten Schuld, so ist der Haftbefehl verbraucht (§§ 757, 775, 776 ZPO). Er ist dann nicht dem Gläubiger zurückzugeben, sondern zu den Gerichtsakten zu nehmen. War der Haftauftrag nur über einen Teil des Betrages, auf den der Haftbefehl lautet, erteilt, so hat nach Zahlung dieses Betrages die Verhaftung (– mangels fortbestehenden Antrages –) zu unterbleiben; der Haftbefehl ist dann aber nicht verbraucht.[22] Zahlt der Schuldner nur einen Teil des Betrages, deswegen der Haftauftrag erteilt wurde, so kann der Gerichtsvollzieher nicht von sich aus die Verhaftung zurückstellen; der Gläubiger ist aber nicht gehindert, seinerseits den Haftauftrag in einem solchen Fall zurückzuziehen.[23] Denn der Gläubiger ist auch im Rahmen der §§ 899 ff. ZPO Herr des Vollstreckungsverfahrens. Ein Fall des § 911 ZPO liegt insoweit nicht vor; zum einen war der Schuldner noch nicht verhaftet, zum anderen hat er die Antragsrücknahme durch sein Zutun, nämlich die Teilzahlung, erwirkt. Der Gläubiger kann neuen Verhaftungsantrag stellen, falls der Schuldner etwa vereinbarte Ratenzahlungen später nicht einhält.

**6** VI. Das Verfahren, wenn gegen einen bereits verhafteten Schuldner weitere Haftbefehle zu vollstrecken sind, regelt im einzelnen § 188 GVGA. Der Schuldner kann, wenn er auch nur für einen der Gläubiger die Offenbarungsversicherung ableistet, den weiteren Vollzug der Haft auch durch die übrigen Gläubiger abwenden.[24]

---

19 AG Friedberg, DGVZ 1989, 175; a. A. für die Versorgung der Haustiere des Schuldners während der Zeit seiner Verhaftung: AG Oldenburg, DGVZ 1991, 174.
20 Zur Notwendigkeit der Zustellung, um die Rechtsmittelfrist in Lauf zu setzen, siehe § 901 Rdn. 12. Der Entwurf der 2. Zwangsvollstreckungsnovelle (BT-Drucks. 13/341), der § 901 ZPO ausdrücklich dahin ergänzt, daß es keiner Zustellung des Haftbefehls bedürfe, ordnet dafür dann in einem neuen § 909 Abs. 1 S. 2 an, daß der Haftbefehl dem Schuldner in beglaubigter Abschrift zu übergeben sei.
21 OLG München, DGVZ 1987, 73.
22 LG Stade, DGVZ 1988, 28.
23 *Schilken*, DGVZ 1989, 33; *Zimmermann*, § 909 Rdn. 2; Bedenken hiergegen: *Wieser*, NJW 1988, 665 (– Der Gläubiger könne dann die Drohung mit der Verhaftung dazu mißbrauchen, den Schuldner zu Ratenzahlungen anzuhalten –).
24 Siehe auch § 902 Rdn. 8.

**VII. Rechtsbehelfe:** Dem Gläubiger steht gegen die Ablehnung der Verhaftung, dem Schuldner gegen die Verhaftung die Erinnerung gem. § 766 ZPO zu.[25] Will sich der Schuldner gegen die der Verhaftung zugrundeliegende Haftanordnung wenden, muß er sofortige Beschwerde gem. § 793 ZPO einlegen, soweit die Beschwerdefrist nicht bereits versäumt wurde.

---

25 *Wieser*, Begriff und Grenzfälle der Zwangsvollstreckung, S. 79.

§ 910 Verhaftung eines Beamten

¹Vor der Verhaftung eines Beamten, eines Geistlichen oder eines Lehrers an öffentlichen Unterrichtsanstalten ist der vorgesetzten Dienstbehörde von dem Gerichtsvollzieher Anzeige zu machen. ²Die Verhaftung darf erst erfolgen, nachdem die vorgesetzte Behörde für die dienstliche Vertretung des Schuldners gesorgt hat. ³Die Behörde ist verpflichtet, ohne Verzug die erforderlichen Anordnungen zu treffen und den Gerichtsvollzieher hiervon in Kenntnis zu setzen.

1 I. Die Anzeige an die vorgesetzte Dienstbehörde des Schuldners hat der Gerichtsvollzieher von amtswegen zu fertigen, wenn er feststellt, daß der Schuldner einen der genannten Berufe ausübt. Er muß dann solange von der Verhaftung absehen, bis die vorgesetzte Behörde des Schuldners entweder für dessen dienstliche Vertretung gesorgt und den Gerichtsvollzieher hiervon in Kenntnis gesetzt hat oder dem Gerichtsvollzieher mitgeteilt hat, daß auch ohne Vertretung des Schuldners in seinem Amt der Verhaftung dienstliche Belange nicht entgegenstehen. **Beamter** i. S. der Vorschrift sind auch Richter, Soldaten[1] sowie alle Personen im öffentlichen Dienst, die ohne Beamte im staatsrechtlichen Sinne zu sein, öffentliche Aufgaben wahrnehmen. Verweigert die Behörde die Regelung der Vertretung, muß der Gläubiger sie notfalls im Verwaltungsgerichtswege erzwingen. Das Vollstreckungsgericht ist insoweit zu Maßnahmen gegenüber der Behörde nicht befugt.

2 II. Eine Verhaftung ohne vorherige Unterrichtung der Behörde ist wirksam, aber anfechtbar. Die Vorlage der Mitteilung der Behörde über die erfolgte Vertretungsregelung ist nicht Voraussetzung für die Aufnahme des Schuldners in die Justizvollzugsanstalt. Die Behörde, die die Vertretung zu regeln hat, und der Schuldner können aber gegen eine Verhaftung unter Verletzung des § 910 Erinnerung gem. § 766 ZPO einlegen. Die Haftentlassung erfolgt erst aufgrund der richterlichen Entscheidung über die Erinnerung.

3 III. Die Vorschrift ist nicht analog auf andere im Rahmen der Daseinsvorsorge wichtige Berufe außerhalb des öffentlichen Dienstes anzuwenden. Soweit aber durch die Verhaftung des Schuldners die Rechte Dritter ernsthaft gefährdet werden, hat der Gerichtsvollzieher von amtswegen die zur Gefahrenabwehr zuständigen Behörden zu benachrichtigen.[2]

4 IV. Die Schreibauslagen des Gerichtsvollziehers bei Benachrichtigung der zuständigen Behörde (§ 36 Abs. 1 Nr. 5 GVKostG) sind notwendige Kosten der Zwangsvollstreckung.

---

1 *Baumbach/Lauterbach/Hartmann*, § 910 Rdn. 2; *MüKo/Eickmann*, § 910 Rdn. 4; *Stein/Jonas/Münzberg*, § 910 Rdn. 1
2 Siehe auch § 906 Rdn. 1.

§ 911 Erneuerung der Haft nach Entlassung

Gegen den Schuldner, der ohne sein Zutun auf Antrag des Gläubigers aus der Haft entlassen ist, findet auf Antrag desselben Gläubigers eine Erneuerung der Haft nicht statt.

I. Die Vorschrift soll Willkürmaßnahmen des Gläubigers verhindern. Sie gilt nicht, wenn die Haftentlassung ohne Veranlassung des Gläubigers von amtswegen erfolgte, ferner nicht, wenn der Gläubiger die Haftentlassung auf Veranlassung des Schuldners hin beantragte. Auf einem »Zutun« des Schuldners beruht der Haftentlassungsantrag des Gläubigers dann, wenn der Schuldner hierfür Teilzahlungen auf die titulierte Schuld geleistet[1] oder jedenfalls versprochen hat. Durch eine vom Schuldner veranlaßte Haftunterbrechung wird der Haftbefehl nicht verbraucht, bis die Schuld, deretwegen er ergangen ist, tatsächlich getilgt wurde.

II. Erfolgt die Haftentlassung ohne Zutun des Schuldners auf Antrag des Gläubigers, so ist der Haftbefehl verbraucht. Er darf dem Gläubiger nicht zurückgegeben werden, sondern ist zu den Gerichtsakten zu nehmen. Es darf dann wegen dieser Schuld auch keine neue Haftanordnung (§ 901 ZPO) zugunsten dieses Gläubigers erlassen und kein neuer Haftbefehl ausgestellt werden. § 911 steht aber nicht entgegen, daß derselbe Gläubiger wegen einer anderen titulierten Schuld in einem neuen Offenbarungsverfahren (– soweit dessen Voraussetzungen nach den allgemeinen Regeln vorliegen –) erneut eine Haftanordnung gegen den Schuldner erwirkt und daraus die Verhaftung betreibt.

Liegen mehrere Haftbefehle verschiedener Gläubiger vor und bewilligt nur einer die Haftentlassung, so bleibt der Schuldner ohne weiteres in Haft.

1 MüKo/*Eickmann*, § 911 Rdn. 3.

## § 912

*(weggefallen)*

Die Vorschrift regelte die Verhaftung aktiver Soldaten. Sie ist durch Art. III KontrRG Nr. 34 aufgehoben worden. Heute gelten über § 910 ZPO hinaus keine Sonderregeln mehr für Soldaten.[1] Bei der Verhaftung aktiver Marineangehöriger ist gegebenenfalls § 904 Nr. 3 ZPO zu beachten.

---

[1] Siehe auch E Nr. 39–44 des Erlasses vom 16. 3. 1982 in der Fassung des Erlasses vom 20. 6. 1983 (VMBl. 1982, 130 und VMBl. 1983, 182).

§ 913 Haftdauer

¹Die Haft darf die Dauer von sechs Monaten nicht übersteigen. ²Nach Ablauf der sechs Monate wird der Schuldner von Amts wegen aus der Haft entlassen.

I. Die Vorschrift gilt nur für die aufgrund einunddenselben Haftanordnung gegen den Schuldner vollstreckte Haft. Vollstreckt ein Gläubiger hintereinander aus mehreren Titeln und erreicht er mehrfach die Anordnung eines Offenbarungsverfahrens gegen den Schuldner, so gilt nur die Beschränkung des § 914 ZPO. Erst recht ist die Vorschrift nicht anwendbar, wenn mehrere Gläubiger unabhängig voneinander Haftanordnungen gegen den Schuldner erwirkt haben. Auch dann ist nur die Schonfrist des § 914 ZPO zu beachten.[1]

II. Die Haftdauer ist vom Leiter der Justizvollzugsanstalt selbständig zu prüfen. Nach Ablauf der 6-Monatsfrist entläßt er den Schuldner von amtswegen, ohne daß es einer Anordnung des Vollstreckungsgerichts bedürfte. Beachtet er den Fristablauf aber nicht, kann der Schuldner Erinnerung gem. § 766 ZPO einlegen mit dem Ziel, daß nunmehr das Vollstreckungsgericht die Entlassung anordnet. Den gleichen Rechtsbehelf hat der Gläubiger, falls der Schuldner zu Unrecht zu früh entlassen wird.

---

1 MüKo/*Eickmann*, § 193 Rdn. 3.

§ 914 Neue Verhaftung

(1) Ein Schuldner, gegen den wegen Verweigerung der Abgabe der eidesstattlichen Versicherung nach § 807 dieses Gesetzes oder nach § 284 der Abgabenordnung eine Haft von sechs Monaten vollstreckt ist, kann auch auf Antrag eines anderen Gläubigers von neuem zur Abgabe einer solchen eidesstattlichen Versicherung durch Haft nur angehalten werden, wenn glaubhaft gemacht wird, daß der Schuldner später Vermögen erworben hat oder daß ein bisher bestehendes Arbeitsverhältnis mit dem Schuldner aufgelöst ist.

(2) Diese Vorschrift ist nicht anzuwenden, wenn seit der Beendigung der Haft drei Jahre verstrichen sind.

1   I. Die Vorschrift ergänzt § 903 ZPO. Ist der Schuldner in den Fällen der §§ 807 ZPO, 284 AO in jüngerer Vergangenheit bereits durch Vollstreckung von 6 Monaten Haft zur Abgabe der Versicherung angehalten worden und liegen seit der letzten Haftentlassung nicht mehr als 3 Jahre, so darf auf Antrag des gleichen oder auch anderer Gläubiger eine neue Haft nur angeordnet werden, wenn die Voraussetzungen vorliegen, unter denen nach § 903 ZPO auch die wiederholte Versicherung angeordnet werden kann (späterer Vermögenserwerb, Auflösung eines bisherigen Arbeitsverhältnisses). Die gleiche Sperre gilt für die Vollstreckung eines bereits vor der ersten (– die Sperre auslösenden –) Haft erwirkten älteren Haftbefehls. Über § 903 ZPO hinausgehend gilt die Sperre auch, wenn die Haftvollstreckung im Schuldnerverzeichnis noch nicht eingetragen war. Allein ihre Vollstreckung ist maßgeblich.

2   II. Gegen eine erneute, unzulässige Haftanordnung hat der Schuldner die sofortige Beschwerde.[1] Der gleiche Rechtsbehelf steht dem Gläubiger zu, wenn unter irriger Annahme der Voraussetzungen des § 914 die Haftanordnung abgelehnt wurde.

---

1 A. A. (§ 766 ZPO): MüKo/*Eickmann*, § 914 Rdn. 3.

## § 915 Schuldnerverzeichnis

(1) ¹Das Vollstreckungsgericht führt ein Verzeichnis der Personen, die in einem bei ihm anhängigen Verfahren die eidesstattliche Versicherung nach § 807 abgegeben haben oder gegen die nach § 901 die Haft angeordnet ist. ²In dieses Schuldnerverzeichnis sind auch die Personen aufzunehmen, die eine eidesstattliche Versicherung nach § 284 der Abgabenordnung abgegeben haben. ³Die Vollstreckung einer Haft ist in dem Verzeichnis zu vermerken, wenn sie sechs Monate gedauert hat. ⁴Geburtsdaten der Personen sind, soweit bekannt, einzutragen.

(2) ¹Personenbezogene Informationen aus dem Schuldnerverzeichnis dürfen nur für Zwecke der Zwangsvollstreckung verwendet werden, sowie um gesetzliche Pflichten zur Prüfung der wirtschaftlichen Zuverlässigkeit zu erfüllen, um Voraussetzungen für die Gewährung von öffentlichen Leistungen zu prüfen oder um wirtschaftliche Nachteile abzuwenden, die daraus entstehen können, daß Schuldner ihren Zahlungsverpflichtungen nicht nachkommen, oder soweit dies zur Verfolgung von Straftaten erforderlich ist. ²Die Informationen dürfen nur zu dem Zweck verwendet werden, für den sie übermittelt worden sind. ³Nichtöffentliche Stellen sind darauf bei der Übermittlung hinzuweisen.

*Literatur:* *Abel,* Die neuen Vorschriften über das Schuldnerverzeichnis, RDV 1995, 71; *Brinkmann,* Offenbarungsverfahren mit mehreren Gläubigern, Rpfleger 1990, 331; *Hornung,* Änderungen zum Schuldnerverzeichnis, Rpfleger 1995, 233; *Kilger,* Datenschutz bei der Übermittlung von Angaben aus dem Schuldnerverzeichnis nach § 915 ZPO, ZIP 1980, 132; *Lappe,* Das neue Schuldnerverzeichnis, NJW 1994, 3067; *ders.,* Die neue Schuldnerverzeichnisverordnung, NJW 1995, 1657; *Schauf,* Gesetz zur Änderung von Vorschriften über das Schuldnerverzeichnis vom 15. 7. 1994 – BGBl. I S. 1566, DGVZ 1994, 185; *Werner,* Untersuchungen zum Datenschutz und zur Datensicherung bei der Anwendung elektronischer Datenverarbeitung im Zivilprozeß, Diss., Bonn 1994.

**I. Zweck des Schuldnerverzeichnisses – Verfassungsmäßigkeit der Vorschrift:** Das Schuldnerverzeichnis soll zum einen die Allgemeinheit vor zahlungsunfähigen oder zahlungsunwilligen Schuldnern schützen,[1] zum anderen aber auch den Schuldner selbst vor unnötiger wiederholter Heranziehung zur Offenbarungsversicherung (§ 900 Abs. 2 ZPO). Es besteht ein legitimes Interesse der Allgemeinheit, auf die mangelnde Leistungsfähigkeit oder Leistungsbereitschaft von Schuldnern, die trotz der Erkenntnis, daß sie ihre Verbindlichkeiten nicht erfüllen können, immer wieder neue Verbindlichkeiten eingehen, ohne den Gläubiger über sein Risiko zu informieren, hingewiesen zu werden. Dem Grundrecht des Schuldners auf »informationelle Selbstbestimmung« ist dadurch Genüge getan, daß er jederzeit durch Leistung, selbst durch Teilleistungen (§ 900 Abs. 4 ZPO), das Offenbarungsverfahren abwenden kann, und daß sogleich eine Löschung im Schuldnerverzeichnis zu erfolgen hat, wenn eine Warnung vor dem Schuldner nicht mehr erforderlich ist (§ 915 a ZPO). Auch dem Grundsatz der Verhältnismäßigkeit ist Genüge getan durch die zeitliche Begrenzung der Eintragung (§ 915 a Abs. 1 ZPO). Dem Schuldner werden keine »alten Sünden« nachgetragen, sondern nur sein aktueller Status, den er darüberhinaus durch Zahlung aus eigener Initia-

---

1 Gleichen Zwecken dient das Verzeichnis gem. § 107 Abs. 2 KO (ab 1. 1. 1999: § 26 Abs. 2 InsO).

tive verbessern kann. Deshalb war die Norm schon in ihrer alten Gestalt vor der umfänglichen Reform durch das Gesetz zur Änderung der Vorschriften über das Schuldnerverzeichnis vom 15. 7. 1994[2] uneingeschränkt verfassungskonform.[3] Die umfängliche, teilweise etwas zu perfektionistische Reform war bemüht, einerseits möglichen Bedenken aus der Sicht des Datenschutzes Rechnung zu tragen,[4] gleichzeitig aber den gewerblichen Auskunfteien durch Nutzung der Möglichkeiten elektronischer Datenverarbeitung unter Beachtung datenschützerischer Belange entgegenzukommen. Ob die Verbindung dieser gegensätzlichen Interessen gelungen ist, ist zu Recht streitig.[5]

2  II. **Eintragung ins Verzeichnis:** 1. Das Schuldnerverzeichnis wird vom **Vollstreckungsgericht** geführt. Bei der Führung des Schuldnerverzeichnisses handelt es sich um einen Akt der Gerichtsbarkeit, nicht um eine Angelegenheit der Justizverwaltung.[6] Die Verteilung von Abdrucken aus dem Schuldnerverzeichnis zum laufenden Bezug gem. §§ 915d, 915e ZPO ist dagegen, wie auch die Verweisung auf §§ 23 ff. EGGVG in § 20 SchuVVO[7] deutlich macht, Aufgabe der Justizverwaltung[8]. Die äußere Anlage des Schuldnerverzeichnisses und seine Führung regeln im einzelnen § 1 der SchuVVO vom 15. 12. 1994[9] sowie § 17 AktO. Die Eintragungen werden von dem hierzu bestellten Beamten des mittleren Dienstes als eigenständige Geschäftsaufgabe des Urkundsbeamten der Geschäftsstelle ausgeführt.[10] Die Eintragungen erfolgen bei dem Vollstreckungsgericht nach § 889 Abs. 1 ZPO, auch wenn der Schuldner die Versicherung bei einem anderen Gericht (ersuchtes Gericht oder Gericht des Haftortes) abgegeben hat.[11] Dieses andere Gericht hat seine Unterlagen dem Vollstreckungsgericht zu übersenden und diesem dadurch die Möglichkeit der Eintragung zu eröffnen.

3  2. **Einzutragen** sind eidesstattliche Versicherungen gem. §§ 807 ZPO, 284 AO (– nicht solche gem. §§ 883 Abs. 2 ZPO, 125 KO,[12] 69 Abs. 2 VerglO[13] –), ferner die Haftanordnung gem. § 901 ZPO sowie der Umstand, daß gegen den Schuldner die Haft in der

---

2 BGBl. I 1994, 1566. Zur Gesetzesgeschichte siehe: Regierungsvorlage: BR-Drucks. 78/91 sowie BT-Drucks. 12/193; hinsichtlich der Ausschußberichte siehe: BR-Drucks. 266/94 und BT-Drucks. 12/6914.
3 LG Bonn, ZIP 1984, 182; LG Berlin, JurBüro 1986, 137; OLG Frankfurt, NJW 1988, 423.
4 Zu den Bedenken gegen die alte Gesetzesfassung aus datenschutzrechtlicher Sicht: *Limber*, Rpfleger 1986, 7.
5 Siehe die Kritik der Neuregelung bei *Baumbach/Lauterbach/Hartmann*, § 915 Rdn. 9 und 11.
6 Heute allgem. Meinung; beispielhaft: OLG Hamm, NJW 1961, 737; OLG Oldenburg, Rpfleger 1978, 267; MüKo/*Eickmann*, § 915 Rdn. 2; *Zöller/Stöber*, § 915 Rdn. 2; Bedenken aber: *Wieser*, Rpfleger 1990, 97.
7 Text siehe Anh. § 915 h ZPO.
8 KG, ZIP 1993, 1010 mit Anm. von *Hirte*, EWiR 1993, 1143.
9 Text siehe Anh. § 915 h ZPO.
10 *Zöller/Stöber*, § 915 ZPO Rdn. 2.
11 *Stein/Jonas/Münzberg*, § 915 Rdn. 2; *Zöller/Stöber*, § 915 Rdn. 2. Der Entwurf der 2. Zwangsvollstreckungsnovelle sieht nun vor, daß die Eintragung auch bei dem Gericht zu erfolgen habe, bei dem die eidesstattliche Versicherung abgegeben wurde, wenn der Schuldner in diesem Zeitpunkt nunmehr dort seinen Wohnsitz hatte.
12 Ab 1. 1. 1999: § 153 Abs. 2 InsO.
13 Ab 1. 1. 1999: § 98 Abs. 1 InsO.

höchstzulässigen Dauer von 6 Monaten vollstreckt worden ist (– also nicht eine kürzere Haft, wenn der Schuldner sich doch noch zur eidesstattlichen Versicherung entschlossen hat –). Eingetragen wird immer nur der Schuldner, auch wenn die Versicherung tatsächlich durch den gesetzlichen Vertreter (Eltern des Minderjährigen, Vorstand des Vereins, Geschäftsführer der GmbH usw.) abgegeben wurde[14] oder wenn die Haft am gesetzlichen Vertreter vollstreckt wurde. Die Eintragung des gesetzlichen Vertreters auch als nur zusätzliche Information ist unzulässig.[15]

Zur besseren Identifizierung des Schuldners und zur Vermeidung von Verwechslungen ist das Geburtsdatum des Schuldners einzutragen (Abs. 1 S. 4), soweit es dem Gericht bekannt ist. Da zweifelhafte Eintragungen ausschließlich schaden, aber keinen Nutzen bringen, hat die Eintragung des Geburtsdatums zu unterbleiben, wenn sich das Gericht keine sichere Kenntnis (durch Einblick in den Paß, Personalausweis oder ähnliche sichere Urkunden) verschaffen konnte.

3. Die Eintragungen erfolgen von Amts wegen, ohne daß es eines Antrages des Gläubigers bedürfte. Gläubiger und Schuldner können auch nicht vereinbaren, daß eine Eintragung zu unterbleiben habe;[16] denn die Eintragung erfolgt im Allgemeininteresse.

**III. Beschränkung der Informationsmöglichkeiten aus dem Schuldnerverzeichnis (Abs. 2):** 1. Da durch die Möglichkeiten der elektronischen Datenverarbeitung und Datenübermittlung die Gefahr erheblich gewachsen ist, daß die im Schuldnerverzeichnis gesammelten personenbezogenen Daten des Schuldners Dritten über die mit dem Schuldnerverzeichnis verfolgten berechtigten Zwecke hinaus zugänglich gemacht werden und der Schuldner so unnötig an den Pranger gestellt oder Ziel unseriöser Werbung (zweifelhafte Kreditvermittler usw.) wird, hat der Gesetzgeber versucht, durch eine Beschränkung der Zwecke, zu denen Auskunft aus dem Schuldnerregister verlangt werden kann, gegenzusteuern. Die Beschränkung gilt für jede Art von Auskunft, also für die Beantwortung individueller Einzelanfragen ebenso wie für die Herausgabe vervielfältigter Listen und sonstiger Dateien.[17] Personenbezogene Daten, für die diese Beschränkung gilt, sind nicht nur die Anschrift des Schuldners und sein Geburtsdatum,[18] sondern auch der Umstand, daß gerade diese namentlich bezeichnete Person die Offenbarungsversicherung abgegeben hat, daß gegen sie Haft verhängt wurde oder daß sie die volle Haftzeit von 6 Monaten verbüßt hat. Denn auch diese Auskünfte betreffen Daten (also in einer Datei zu verarbeitende Angaben) über persönliche oder sachliche Verhältnisse einer bestimmten oder (hier: durch den Namen) bestimmbaren natürlichen Person (§ 3 Abs. 1 BDSG).[19]

---

14 MüKo/*Eickmann*, § 915 Rdn. 2; *Zöller/Stöber*, § 915 Rdn. 2.
15 LG Braunschweig, NdsRpfl 1982, 139; LG Frankenthal, Rpfleger 1987, 380; LG Frankfurt, Rpfleger 1988, 528.
16 LG Freiburg, Rpfleger 1986, 187; *Baumbach/Lauterbach/Hartmann*, § 915 Rdn. 1; *Brox/Walker*, Rdn. 146.
17 *Zöller/Stöber*, § 915 Rdn. 8.
18 So aber *Thomas/Putzo*, § 915 Rdn. 6.
19 Auch *Baumbach/Lauterbach/Hartmann*, § 915 Rdn. 13 und *Zöller/Stöber*, § 915 Rdn. 8 gehen als selbstverständlich davon aus, daß alle eine konkrete Person betreffenden Eintragungen im Schuldnerregister »personenbezogene« Angaben sind, für die die Beschränkungen des Abs. 2 gelten.

**6** 2. Abs. 2 nennt fünf Zweckbestimmungen, die Auskünfte aus dem Schuldnerverzeichnis ermöglichen:
- Zwecke der Zwangsvollstreckung,
- zur Erfüllung gesetzlicher Pflichten zur Prüfung der wirtschaftlichen Zuverlässigkeit,
- zur Prüfung der Voraussetzungen für die Gewährung von öffentlichen Leistungen,
- zur Abwendung von Nachteilen, daß Schuldner (– also nicht gerade dieser Schuldner –) ihren Zahlungsverpflichtungen nicht nachkommen,
- zur Verfolgung von Straftaten.

Wer Auskunft aus dem Schuldnerregister beantragt, hat gem. § 915 b ZPO schlüssig darzulegen, daß er die gewünschte Auskunft ausschließlich zu einem (oder mehreren) der genannten Zwecke benötigt. Die Informationen dürfen dann auch nur für diesen Zweck (oder diese Zwecke) verwendet werden und nicht für andere Zwecke, selbst wenn diese auch im Katalog des Abs. 2 enthalten sind. Nichtöffentliche Stellen, denen Auskünfte aus dem Schuldnerverzeichnis erteilt werden, sind bei der Übermittlung der Daten ausdrücklich auf diese Beschränkung hinzuweisen. Ein Verstoß gegen die Beschränkungen bzw. das Erschleichen von Auskünften aus dem Schuldnerverzeichnis mit dem Ziel, die Daten zu anderen Zwecken als zu denen, zu denen sie übermittelt wurden, zu verwenden, ist gem. § 43 BDSG strafbar.

Da die fünf Zweckbestimmungen sehr weit gefaßt sind, insbesondere die vorletzte, die Aufnahme in die Listen aller Auskunfteien ermöglicht, die vor Schuldnern warnen wollen, die sich schon einmal als unzuverlässig erwiesen haben, ist das Mehr an Datenschutz gegenüber dem alten § 915, das die Neufassung verspricht, nicht viel wert.[20]

**7** 3. Gemäß § 107 Abs. 2 KO[21] gelten die §§ 915 Abs. 2, 915 a Abs. 1 und Abs. 2 Nr. 2, 915 b bis 915 h ZPO entsprechend auch für das beim Konkursgericht zu führende Schuldnerverzeichnis, in das diejenigen Schuldner einzutragen sind, gegen die die Eröffnung des Konkursverfahrens mangels hinreichender Konkursmasse abgelehnt wurde.

---

20 Hierauf weist auch *Baumbach/Lauterbach/Hartmann*, § 915 Rdn. 11 zu Recht hin.
21 Ab 1. 1. 1999: § 26 Abs. 2 InsO. Dieser ist allerdings weitergefaßt als § 107 Abs. 2 KO; er verweist auf die §§ 915 ff. ZPO schlechthin, nicht nur auf einzelne Vorschriften.

## § 915 a Löschung der Eintragungen im Schuldnerverzeichnis

(1) Eine Eintragung im Schuldnerverzeichnis wird nach Ablauf von drei Jahren seit dem Ende des Jahres gelöscht, in dem die eidesstattliche Versicherung abgegeben, die Haft angeordnet oder die sechsmonatige Haftvollstreckung beendet worden ist.

(2) Eine Eintragung im Schuldnerverzeichnis wird vorzeitig gelöscht, wenn
1. die Befriedigung des Gläubigers, der gegen den Schuldner das Verfahren zur Abnahme der eidesstattlichen Versicherung betrieben hat, nachgewiesen worden ist oder
2. der Wegfall des Eintragungsgrundes dem Vollstreckungsgericht bekannt geworden ist.

I. Liegen die Voraussetzungen des § 915 a Abs. 1 oder auch Abs. 2 ZPO vor, so hat die Löschung im Schuldnerverzeichnis, ohne daß es eines Antrages oder auch nur einer Anregung des Schuldners bedürfte, von amtswegen zu erfolgen. Da das Vollstreckungsgericht aber nicht von amtswegen über den Eintritt der Voraussetzungen des Abs. 2 informiert wird, ist es für den Schuldner zweckmäßig, seinerseits für eine umgehende Information zu sorgen. Funktionell zuständig für die Löschung nach Abs. 1 ist der Urkundbeamte der Geschäftsstelle, der auch das Verzeichnis führt, für die Löschung nach Abs. 2 dagegen der Rechtspfleger.[1] § 915 a ZPO gilt uneingeschränkt auch für Eintragungen, die vor dem 1.1.1995, also noch zur Zeit der Geltung des alten § 915 Abs. 2 ZPO erfolgt sind.[2]

II. Die Löschung wegen Fristablaufs (Abs. 1) hat zu erfolgen nach dem Ablauf von drei Jahren seit dem Ende des Jahres, in dem die eidesstattliche Versicherung abgegeben oder die Haft angeordnet worden ist (also nicht erst, wie im früheren Recht, des Jahres, in dem ihre Eintragung erfolgt war), oder des Jahres, in dem die sechsmonatige Haftvollstreckung beendet worden ist (im letzteren Fall ist also nachwievor nicht der Zeitpunkt der Haftanordnung maßgeblich). Ist zu der eidesstattlichen Versicherung später eine Ergänzungsversicherung[3] (– also nicht eine neue Versicherung gem. § 903 ZPO –) abgegeben worden, so rechnet die Frist vom Zeitpunkt der ursprünglichen Versicherung an. Die Ergänzung führt also nicht zu einer Fristverlängerung.[4] Die Fristüberwachung erfolgt von amtswegen. Selbst wenn die Löschung aber pflichtwidrig nach Fristablauf versäumt wurde, errichtet § 915 b Abs. 2 ZPO eine zusätzliche Sperre zugunsten des Schuldners. Auskünfte aus dem Verzeichnis dürfen niemals gelöschte oder als gelöscht fingierte Eintragungen zum Gegenstand haben.

III. Vor Ablauf der in Abs. 1 genannten Frist erfolgt die Löschung – ebenfalls grundsätzlich von amtswegen – in folgenden beiden Fällen (Abs. 2):

---

1 *Thomas/Putzo*, § 915 a Rdn. 1; *Zöller/Stöber*, § 915 a Rdn. 6.
2 *Zöller/Stöber*, § 915 a Rdn. 8a; OLG Köln, NJW-RR 1995, 1343.
3 Siehe hierzu § 900 Rdn. 29 und § 903 Rdn. 3.
4 *Stein/Jonas/Münzberg*, § 915 a Rdn. 2; *Zöller/Stöber*, § 915 a Rdn. 2.

1. Der Gläubiger, der gegen den Schuldner das Verfahren zur Abnahme der eidesstattlichen Versicherung betrieben hat, ist befriedigt und die Befriedigung wurde dem Vollstreckungsgericht nachgewiesen. Der Nachweis kann durch Vorlage einer Quittung des Gerichtsvollziehers (§ 757 ZPO) oder des Gläubigers (§§ 368 BGB, 775 Nr. 4 ZPO), durch Vorlage des zurückerhaltenen Vollstreckungstitels (§ 757 Abs. 1 ZPO), aber auch durch eine entsprechende Erklärung des Gläubigers gegenüber dem Vollstreckungsgericht erfolgen. Eine bloße Löschungsbewilligung des Gläubigers, die über seine Befriedigung nichts aussagt, genügt allerdings nicht.[5] Die dem Schuldner bewilligte Stundung steht der Befriedigung des Gläubigers nicht gleich,[6] wohl aber der Erlaß der Forderung.[7] Ist die Erfüllung zwischen Gläubiger und Schuldner streitig, so kann ihr Nachweis auch durch Vorlage eines Urteils nach § 767 ZPO mit entsprechendem Inhalt erfolgen. Dagegen entscheidet das Vollstreckungsgericht im Falle eines solchen Streits nicht seinerseits über die Erfüllung. War das Offenbarungsverfahren nur wegen eines Teilbetrages der titulierten Forderung betrieben worden, so ist auch nur die Erfüllung dieser Teilforderung nachzuweisen, um die Löschungspflicht auszulösen.

4  2. Die Löschung zu hat ferner zu erfolgen, wenn dem Vollstreckungsgericht der Wegfall des Eintragungsgrundes bekanntgeworden ist (Abs. 2 Nr. 2). Ein »Wegfall« des Eintragungsgrundes ist nicht nur anzunehmen, wenn der ursprünglich rechtmäßigen Eintragung nachträglich die Basis entzogen wird, sondern auch, wenn die Eintragung objektiv von Anfang an zu Unrecht erfolgt war.[8] Das ist insbesondere der Fall, wenn eine Haftanordnung nachträglich auf die sofortige Beschwerde hin aufgehoben wird oder wenn ein Widerspruch gegen die Verpflichtung zur Abgabe der Offenbarungsversicherung wegen der Anordnung des sofortigen Vollzugs gem. § 900 Abs. 5 S. 2, 2. Halbs. ZPO erst nach Abgabe der Versicherung erfolgreich beschieden wird, aber auch dann, wenn der Vollstreckungstitel später ganz aufgehoben wird oder wenn die Eintragung als solche fehlerhaft war, wenn etwa fälschlicherweise der gesetzliche Vertreter an Stelle des Schuldners eingetragen war. »Bekanntgeworden« sein kann dem Vollstreckungsgericht der Wegfall des Eintragungsgrundes durch Mitteilung des Gläubigers oder des Schuldners, aber auch von amtswegen aus anderen Vollstreckungsakten. Das Vollstreckungsgericht muß allerdings keine eigenen Nachforschungen anstellen, wenn es Umstände erfahren hat, die möglicherweise zum Wegfall des Eintragungsgrundes führen könnten, aber nicht müssen[9] (z. B.: Dem Vollstreckungsgericht ist die Rechtshängigkeit einer Klage des Schuldners gem. § 767 ZPO bekanntgeworden; es muß nicht nach gegebener Zeit nach dem Ausgang dieses Verfahrens forschen, sondern kann abwarten, bis eine der Parteien Mitteilung macht).

5  IV. Die Löschung erfolgt dadurch, daß in gedruckten und geschriebenen Karteien der Name des Schuldners unkenntlich gemacht oder das Verzeichnis vernichtet wird; auf elektronischen Datenträgern ist der Name endgültig zu löschen, sodaß er nicht aus ir-

---

5 LG Freiburg, Rpfleger 1986, 187; LG Tübingen, Rpfleger 1986, 24; *Stein/Jonas/Münzberg*, § 915 a Rdn. 6.
6 LG Tübingen, Rpfleger 1986, 24.
7 LG Hannover, Rpfleger 1970, 442.
8 LG Dortmund, NJW 1959, 2269; OLG Stuttgart, NJW 1980, 1698; *Zöller/Stöber*, § 915 a Rdn. 4.
9 *Stein/Jonas/Münzberg*, § 915 a Rdn. 5; *Zöller/Stöber*, § 915 a Rdn. 5.

gendwelchen Speichern wieder aktiviert werden kann. Daß § 17 Nr. 5 AktO bestimmt, das Heft und die Karteikarten mit den Eintragungen seien nach dem Ablauf von 5 Jahren seit dem Schluß des Eintragungsjahres zu vernichten, verlängert die Frist des Abs. 2 nicht über die dort vorgesehene Zeit hinaus, sondern beinhaltet nur eine zusätzliche Kontrolle, die aber bei korrekter Handhabung nicht praktisch werden dürfte.

V. Die Regelung über eine vorzeitige Löschung der Eintragung in Abs. 2 Nr. 1 ist nicht entsprechend anwendbar auf Eintragungen im Verzeichnis nach § 107 Abs. 2 KO,[10] wohl aber § 915 a Abs. 2 Nr. 2 ZPO.

§ 915 a Abs. 1 und Abs. 2 ZPO enthalten keine unmittelbare Anspruchsgrundlage gegenüber privaten Dateien, ihren Datenbestand entsprechend den Eintragungen im staatlichen Schuldnerverzeichnis zu löschen.[11] Der Datenbestand wird jedoch im Hinblick auf die in §§ 915 d Abs. 3, 915 g Abs. 2 ZPO eingegangenen Verpflichtungen nach Ablauf der Löschungsfrist bzw. nach Bekanntgabe der vorzeitigen Löschung unrechtmäßig und verletzt nun das Grundrecht des Schuldners aus Art. 2 Abs. 1 GG. Es besteht daher ein unmittelbarer Löschungsanspruch des Schuldners gegen denjenigen, der die private Datei unterhält, aus § 823 Abs. 1 BGB.

VI. Der Anwalt, der für den Schuldner die Löschung nach § 915 a Abs. 2 ZPO betreibt, erhält, auch wenn die Löschung von amtswegen ohne Tätigkeit des Anwalts erfolgen müßte, die Gebühr des § 58 Abs. 3 Nr. 12 BRAGO.[12]

---

10 Ab 1. 1. 1999 sieht § 26 Abs. 2 InsO allerdings die volle Anwendung aller Vorschriften der §§ 915 ff. ZPO auf das Schuldnerverzeichnis nach § 26 InsO vor.
11 A. A.: OLG München, NJW 1982, 244 zum alten (inhaltlich weitgehend ähnlichen) § 915 Abs. 2 ZPO.
12 Zöller/Stöber, § 915a Rdn. 9.

§ 915b  Auskunft aus dem Schuldnerverzeichnis

(1) ¹Der Urkundsbeamte der Geschäftsstelle erteilt auf Antrag Auskunft, welche Angaben über eine bestimmte Person in dem Schuldnerverzeichnis eingetragen sind, wenn dargelegt wird, daß die Auskunft für einen der in § 915 Abs. 2 bezeichneten Zwecke erforderlich ist. ²Ist eine Eintragung vorhanden, so ist auch das Datum des in Abs. 2 genannten Ereignisses mitzuteilen.

(2) Sind seit dem Tag der Abgabe der eidesstattlichen Versicherung, der Anordnung der Haft oder der Beendigung der sechsmonatigen Haftvollstreckung drei Jahre verstrichen, so gilt die entsprechende Eintragung als gelöscht.

1  I. Auskünfte aus dem Schuldnerverzeichnis (Abs. 1): 1. Jedermann, der mit der Auskunft einen (oder mehrere) der in § 915 Abs. 2 ZPO genannten Zwecke verfolgt und die Erforderlichkeit der Auskunft insoweit in seinem Antrag schlüssig darlegt, kann vom Vollstreckungsgericht Auskunft darüber verlangen, ob im Schuldnerverzeichnis Eintragungen nach § 915 Abs. 1 ZPO über den Schuldner vorhanden sind. Diese Regelung ist weder im Hinblick auf das Grundrecht des Schuldners auf informationelle Selbstbestimmung[1] noch datenschutzrechtlich[2] zu beanstanden. Der Schutz des redlichen Geschäftsverkehrs rechtfertigt die Einschränkung der Vertraulichkeit dieser personenbezogenen Daten des Schuldners. Neben dem Umstand, daß der Schuldner die eidesstattliche Versicherung abgegeben, oder daß gegen ihn Haft angeordnet wurde, oder daß schließlich die volle Haftzeit von sechs Monaten gegen ihn vollstreckt wurde, sind dem Anfragenden auch der Tag der Abgabe der eidesstattlichen Versicherung, der Haftanordnung oder des Endes der sechsmonatigen Haftvollstreckung mitzuteilen (Abs. 1 S. 2). Die Auskünfte aus dem Verzeichnis sind allerdings dann nicht mehr zu erteilen, wenn bei Bearbeitung des Ersuchens festgestellt wird, daß die Eintragungen von amtswegen gelöscht werden müßten oder daß jedenfalls die Fiktion des Abs. 2 eingreift. Weitere Auskünfte über den reinen Registerinhalt hinaus dürfen nicht erteilt werden. Der Antragsteller hat auch kein eigenes Einsichtrecht in das Verzeichnis.[3]

2  2. Die in § 915 Abs. 2 ZPO genannten Zwecke sind in dem Antrag, der sowohl mündlich wie schriftlich gestellt werden kann, schlüssig darzulegen, ebenso die Erforderlichkeit der Auskunft insoweit. Die Angaben müssen aber nicht glaubhaft gemacht oder gar bewiesen werden.[4] Der Schuldner ist vor der Auskunftserteilung nicht anzuhören, kann also zur Schlüssigkeit der Angaben des Antragstellers keine Stellung nehmen.

3  Der Schuldner selbst kann jederzeit, ohne einen der in § 915 Abs. 2 ZPO genannten Zwecke darlegen zu müssen, Auskunft über die über ihm im Schuldnerverzeichnis vorhandenen Daten verlangen. Dieses Auskunftsrecht ergibt sich aus § 19 BDSG.

---

1 LG Berlin, JurBüro 1986, 137; OLG Frankfurt, NJW 1988, 423.
2 LG Bonn, ZIP 1984, 182.
3 Zöller/Stöber, § 915b Rdn. 5.
4 Zimmermann, § 915b Rdn. 1.

Über alle Auskunftsersuchen entscheidet eigenständig (also ohne Vorverfügung des 4
Richters oder Rechtspflegers) der Urkundsbeamte der Geschäftsstelle.[5]

3. Von dem Auskunftsanspruch nach Abs. 1 zu unterscheiden ist der Anspruch eines 5
Vollstreckungsgläubigers, daß ihm zur Vermeidung eines neuen Offenbarungsverfahrens **Einsicht in das** vom Schuldner gem. § 807 ZPO erstellte **Vermögensverzeichnis** gewährt wird. Er ergibt sich aus § 299 ZPO. Zur Entscheidung über ein solches Ersuchen ist allerdings nicht die Justizverwaltung (– wie in den übrigen Fällen des § 299 ZPO –) berufen, sondern das Vollstreckungsgericht,[6] und zwar der Rechtspfleger, der andernfalls für die Durchführung des (– an §§ 900 Abs. 2, 903 ZPO scheiternden –) Offenbarungsverfahrens zuständig wäre. Denn vor der Einsichtsgewährung (– oder auch Erteilung einer Abschrift –) muß grundsätzlich geprüft werden,[7] ob der beantragende Gläubiger seinerseits zum jetzigen Zeitpunkt berechtigt wäre bzw. nur durch § 903 ZPO daran gehindert ist, selbst vom Schuldner die Abgabe der Offenbarungsversicherung zu verlangen, oder ob er jedenfalls berechtigt wäre, jetzt unmittelbar mit der Zwangsvollstreckung wegen einer Geldforderung gegen den Schuldner zu beginnen. Nur in diesen Fällen kann ein berechtigtes Interesse zur Akteneinsicht gem. § 299 ZPO bejaht werden, nicht schon dann, wenn ein Gläubiger vor einem Geschäftsabschluß mit dem Schuldner dessen Bonität überprüfen will. Für den letzteren Fall enthält § 915 b ZPO eine abschließende Sonderregelung gegenüber § 299 ZPO.[8] Hier muß also die Auskunft nach § 915 b Abs. 1 ZPO ausreichen. Liegen die obengenannten Voraussetzungen für eine Einsicht in das Verzeichnis vor, so ist es unerheblich, ob der Schuldner noch im Schuldnerverzeichnis eingetragen ist oder ob alle Eintragungen bereits, aus welchen Gründen auch immer, gelöscht sind.[9] Die Einsicht gem. § 299 ZPO ist also auch noch nach Ablauf der 3-Jahresfrist zu erteilen, da es für den Schuldner nur vorteilhaft ist, wenn möglicherweise ein erneutes Offenbarungsverfahren vermieden wird.

II. Abs. 2 verlegt den Zeitpunkt, von dem an keine Auskünfte nach Abs.1 mehr aus 6
dem Schuldnerverzeichnis erteilt werden dürfen, vor den Zeitpunkt, zu dem die Eintragungen gem. § 915 a Abs. 1 ZPO zu löschen sind. Während dort die Dreijahresfrist vom Ablauf des Jahres an rechnet, in dem die Eintragung erfolgte usw., gilt die Fiktion der Löschung bereits nach Ablauf von drei Jahren vom Tage der Eintragung usw. an. Entscheidend für die Frage, ob die Sperre des Abs. 2 bereits greift oder nicht, ist der Tag, an dem die Auskunft tatsächlich erteilt werden soll, nicht der Tag des Antragseinganges.

---

5 *Baumbach/Lauterbach/Hartmann*, § 915 b Rdn. 1; *Gottwald*, Zwangsvollstreckung, § 915 b ZPO Rdn. 2; *Zöller/Stöber*, § 915 b Rdn. 4.
6 LG Hannover, Rpfleger 1983, 324.
7 Eine bloße anwaltliche Versicherung, die Voraussetzungen lägen vor, ist unzureichend; a. A. insoweit LG Karlsruhe, AnwBl. 1968, 360.
8 *Zimmermann*, § 915 b Rdn. 1; *Zöller/Stöber*, § 915 b Rdn. 5.
9 OLG Köln, MDR 1969, 673.

7   III. Für die einzelne Auskunft nach Abs. 1 fallen keine Gerichtsgebühren an.[10] Für die Auskünfte, die einem Vollstreckungsgläubiger gem. § 299 ZPO aus dem Vermögensverzeichnis gegeben werden, sind die Gebühren gem. KV Nr. 1644, 1645 zu entrichten.

---

10 *Lappe*, NJW 1994, 3068; *Gottwald*, Zwangsvollstreckung, § 915 b ZPO Rdn. 7; *Stein/Jonas/Münzberg*, § 915 b Rdn. 4.

## § 915 c   Rechtsbehelfe

Gegen Entscheidungen über Eintragungen, Löschungen und Auskunftsersuchen findet die Beschwerde nicht statt.

I. Die Vorschrift befaßt sich nur mit den Rechtsbehelfen des Gläubigers, des Schuldners und Dritter im Rahmen des Verfahrens betreffend Eintragungen, Löschungen und Einzelauskünfte aus dem Schuldnerverzeichnis, nicht aber mit möglichen Rechtsbehelfen gegen die Entscheidungen der Justizverwaltung über Bewilligungen zum Bezug von Abdrucken aus dem Schuldnerverzeichnis und die Erstellung von Listen zum Schuldnerverzeichnis bzw. über den (einstweiligen) Ausschluß von dem Bezug von Abdrucken. Für letztere verweist § 20 Abs. 1 SchuVVO[1] zu Recht, da es sich um Justizverwaltungsakte handelt, auf das Verfahren nach §§ 23 ff. EGGVG. Die Vorschrift gilt schließlich auch nicht für die Bescheidung des Einsichtsverlangens in das Vermögensverzeichnis durch einen von §§ 900 Abs. 2, 903 ZPO betroffenen Vollstreckungsgläubiger. Insoweit können der beschwerte Gläubiger bzw. Schuldner nach § 11 Abs. 1 S. 2 RpflG (befristete Durchgriffserinnerung) vorgehen,[2] da diese Entscheidungen im Rahmen einer konkreten Zwangsvollstreckung ergehen.

II. Als »Entscheidungen«, über die § 915 c ZPO sich verhält, kommen einerseits die Vornahme bzw. die Ablehnung der Eintragung, die Vornahme bzw. Ablehnung der Löschung nach Fristablauf und die Erteilung bzw. Ablehnung der Erteilung von Einzelauskünften aus dem Verzeichnis durch den Urkundbeamten der Geschäftsstelle sowie andererseits die Vornahme bzw. Ablehnung der vorzeitigen Löschung von Eintragungen durch den Rechtpfleger in Betracht.

1. Soweit der Urkundsbeamte der Geschäftsstelle tätig geworden ist bzw. ein Tätigwerden abgelehnt hat, steht dem Betroffenen (– also *Gläubiger*, der die Nichtvornahme einer Eintragung oder die Vornahme einer Löschung etwa nach unrichtiger Fristberechnung, dem *Schuldner*, der die Vornahme der Eintragung oder die Ablehnung der Löschung trotz Fristablauf oder die Erteilung einer Auskunft trotz Löschungsfiktion, oder dem *Dritten* schließlich, der die Verweigerung der Auskunft trotz schlüssiger Darlegung ihrer Erforderlichkeit im Rahmen eines zulässigen Zwecks rügen will –) die Erinnerung gem. § 576 Abs. 1 ZPO zu.[3] Über sie entscheidet der Richter des

---

1 Text siehe Anh. zu § 915 h ZPO.
2 Für den Fall, daß der Rechtspfleger tätig war, ebenso: *Baumbach/Lauterbach/Hartmann*, § 915 c Rdn. 4. Der Urkundsbeamte kann entgegen der Meinung von *Baumbach/Lauterbach/Hartmann* a.a.O. hier nie eigenständig tätig sein, sodaß § 576 Abs. 1 ZPO als Rechtbehelf insoweit nie in Betracht kommt. Siehe hierzu auch oben § 915 b ZPO Rdn. 5.
3 Wie hier: *Gottwald*, Zwangsvollstreckung, § 915 c ZPO Rdn. 2; a. A. insoweit *Baur/Stürner*, Rdn. 48. 27: § 766 ZPO, soweit eine Eintragung, Nichteintragung oder Löschung im Raume steht; § 576 ZPO nur, soweit es um eine Auskunft geht. Diese Differenzierung ist jedoch nicht angebracht, da der Urkundsbeamte nie als Vollstreckungsorgan tätig wird. Die Zwangsvollstreckung ist schon vor der Eintragung beendet.

Vollstreckungsgerichts, dessen Geschäftsstelle der Urkundsbeamte führt. Die Entscheidung des Richters ist grundsätzlich unanfechtbar.

4    2. Soweit der Rechtspfleger einem Verlangen auf vorzeitige Löschung stattgegeben oder die angeregte vorzeitige Löschung abgelehnt hat, kann der Betroffene (Gläubiger bzw. Schuldner) Rechtspflegererinnerung gem. § 11 Abs. 1 S. 1 RpflG einlegen. Über sie entscheidet der Richter des Vollstreckungsgerichts, bei dem der Rechtspfleger tätig ist (§ 11 Abs. 2 S. 3 RpflG). Gegen die Entscheidung des Richters ist kein Rechtsbehelf gegeben. Er hat die Sache auch nicht als »Durchgriffserinnerung« dem Beschwerdegericht vorzulegen.

5    3. Da schon die Beschwerde gegen die in § 915 c ZPO genannten Entscheidungen ausgeschlossen ist, ist erst recht die weitere Beschwerde gegen Entscheidungen, die die Beschwerde als unzulässig verwerfen, ausgeschlossen.[4]

6    4. Obwohl die Beschwerde gegen die Entscheidungen des Richters grundsätzlich ausgeschlossen ist, muß sie, wie in den Fällen der §§ 707 Abs. 2,[5] 769[6] ZPO als außerordentlicher Rechtsbehelf ausnahmsweise dann zulässig sein, wenn die Entscheidung des Richters am Vollstreckungsgericht greifbar gesetzeswidrig ist. Dies wäre etwa der Fall, wenn er in Verkennung der Tragweite des § 915 c ZPO schon eine eigene Sachentscheidung über die Entscheidung des Urkundbeamten oder des Rechtspflegers abgelehnt hätte oder wenn seine Entscheidung gegen das vom Bundesverfassungsgericht aus Art. 3 Abs. 1 GG abgeleitete Willkürverbot im Rahmen der Rechtsanwendung[7] verstieße.

Auch gegen eine solche ausnahmsweise zulässige außerordentliche Beschwerdeentscheidung ist die weitere Beschwerde ausnahmslos nie zulässig.

---

4 OLG Köln, NJW-RR 1995, 1343.
5 Siehe dort Rdn. 17.
6 Siehe dort Rdn. 14.
7 Siehe hierzu: BVerfGE 83, 82; 86, 59; *Maunz/Dürig*, Art. 3 GG Rdn. 395 ff., *Jarass/Pieroth*, Art. 3 GG Rdn. 27, 28.

### § 915 d  Abdrucke aus dem Schuldnerverzeichnis

(1) ¹Aus dem Schuldnerverzeichnis können nach Maßgabe des § 915 e auf Antrag Abdrucke zum laufenden Bezug erteilt werden, auch durch Übermittlung in einer nur maschinell lesbaren Form. ²Bei der Übermittlung in einer nur maschinell lesbaren Form gelten die von der Landesjustizverwaltung festgelegten Datenübertragungsregeln.

(2) Die Abdrucke sind vertraulich zu behandeln und dürfen Dritten nicht zugänglich gemacht werden.

(3) Nach der Beendigung des laufenden Bezugs sind die Abdrucke unverzüglich zu vernichten; Auskünfte dürfen nicht mehr erteilt werden.

I. Um den in § 915e ZPO genannten Institutionen und Gewerbetreibenden, die ihren Mitgliedern oder Kunden Auskünfte über die Bonität Dritter erteilen oder die die Bonität und Seriosität ihrer Mitglieder zu überwachen haben, die Arbeit zu erleichtern, ohne die Gebote des Datenschutzes zu verletzen, regeln die §§ 915 d–915 h ZPO und die aufgrund der Ermächtigung des § 915 h ZPO ergangene Schuldnerverzeichnisverordnung[1] die laufende und regelmäßige Weitergabe von Informationen aus dem Schuldnerverzeichnis unabhängig von der schlüssigen Darlegung eines der in § 915 Abs. 2 ZPO genannten Zwecke für jeden konkreten Einzelfall.

Da die Teilnahme am laufenden Bezug von Listen und Abdrucken (– auch in nur maschinell lesbarer Form –)[2] aus dem Schuldnerverzeichnis ein hohes Maß an Verantwortung verlangt, soll der Anspruch eines jeden Schuldners auf Geheimhaltung seiner personenbezogenen Daten gewahrt bleiben, sehen die §§ 2–8 SchuVVO ein besonderes Bewilligungsverfahren vor, dem sich Antragsteller zunächst unterziehen müssen, ehe sie in den Kreis der Begünstigten aufgenommen werden.

II. Die von der Justizverwaltung erhaltenen Abdrucke und Listen sind als solche vertraulich zu behandeln und dürfen Dritten nicht durch schlichte Weitergabe (auch im Wege automatischer Datenübermittlung) zugänglich gemacht werden. Wohl aber dürfen die Bezieher im Rahmen ihrer Aufgabenstellung, die im Bewilligungsverfahren überprüft wurde, aus den Abdrucken und Listen Auskünfte in den von §§ 915 e Abs. 2, 915 f ZPO gezogenen Grenzen erteilen. Die unbefugte Weitergabe der Abdrucke und Listen ist nach § 43 BDSG strafbar. § 915 d Abs. 2 ZPO ist zudem Schutzgesetz i. S. § 823 Abs. 2 BGB.

Die Einhaltung der Datenschutzregeln im Rahmen der Teilhabe am Bezugssystem nach §§ 915 d ff. ZPO wird zum einen durch die auskunftserteilenden Amtsgerichte im Rahmen ihrer Informationsmöglichkeiten (insoweit keine eigenen Betriebskontrollen pp.) und durch die mit dem Datenschutz nach dem BDSG und den Landesdaten-

---

1 Text siehe Anh. § 915 h ZPO.
2 Gemeint ist jede Art der Vervielfältigung des Inhalts des Schuldnerverzeichnisses, gleich welche Technik insoweit gewählt wird; ebenso: *Baumbach/Lauterbach/Hartmann*, § 915 d Rdn. 2; *Zöller/Stöber*, § 915 d Rdn. 1; zur Vorstellung des Gesetzgebers insoweit: BT-Drucks. 12/193, S. 16).

schutzgesetzen befaßte Aufsichtsbehörde nach § 38 BDSG überwacht. Letzteres stellt § 915 e Abs. 4 ZPO klar.

Die Feststellung von Verstößen berechtigt zum Widerruf der Bewilligung der Berechtigung zum laufenden Bezug von Abdrucken und Listen.

3 **III.** Unverzüglich (d. h., ohne schuldhaftes Zögern) nach Beendigung der Berechtigung zum Bezug sind die vorhandenen Abdrucke und alle hiervon gefertigten Kopien (gleich in welcher Technik) zu vernichten. Die Berechtigung endet bei zeitlicher Befristung mit dem Zeitablauf, bei fristlosem Widerruf sogleich, bei Kündigung mit Ablauf der Kündigungsfrist. Unmittelbar mit Ablauf der Bezugsberechtigung endet auch das Recht, den eigenen Kunden, Mitgliedern usw. Auskünfte aus dem bezogenen Datenbestand zu erteilen.[3] Ein Verstoß hiergegen ist nach § 43 BDSG strafbar. Auch Abs. 3 ist zudem Schutzgesetz i. S. § 823 Abs. 2 BGB.

---

3 *Stein/Jonas/Münzberg*, § 915 d Rdn. 3.

**§ 915 e  Bezieher von Abdrucken**

(1) Abdrucke erhalten
a) Industrie und Handelskammern sowie Körperschaften des öffentlichen Rechts, in denen Angehörige eines Berufes kraft Gesetzes zusammengeschlossen sind (Kammern),
b) Antragsteller, die Abdrucke zur Errichtung und Führung zentraler bundesweiter oder regionaler Schuldnerverzeichnisse verwenden, oder
c) Antragsteller, deren berechtigtes Interesse durch Einzelauskünfte, insbesondere aus einem Verzeichnis nach Buchstabe b, oder durch den Bezug von Listen (§ 915 f) nicht hinreichend Rechnung getragen werden kann.
(2) ¹Die Kammern dürfen ihren Mitgliedern oder den Mitgliedern einer anderen Kammer Auskünfte erteilen. Andere Bezieher von Abdrucken dürfen Auskünfte erteilen, soweit dies zu ihrer ordnungsgemäßen Tätigkeit gehört. ²§ 915 d gilt entsprechend. ³Die Auskünfte dürfen auch im automatischen Abrufverfahren erteilt werden, soweit diese Form der Datenübermittlung unter Berücksichtigung der schutzwürdigen Interessen der Betroffenen wegen der Vielzahl der Übermittlungen oder wegen ihrer besonderen Eilbedürftigkeit angemessen ist.
(3) ¹Die Kammern dürfen die Abdrucke in Listen zusammenfassen oder hiermit Dritte beauftragen. ²Sie haben diese bei der Durchführung des Auftrages zu beaufsichtigen.
(4) ¹In den Fällen des Absatzes 1 Satz 1 Buchstabe b und c gilt für nicht-öffentliche Stellen § 38 des Bundesdatenschutzgesetzes mit der Maßgabe, daß die Aufsichtsbehörde auch die Verarbeitung und Nutzung dieser personenbezogenen Daten in oder aus Akten überwacht und auch überprüfen kann, wenn ihre keine hinreichenden Anhaltspunkte dafür vorliegen, daß eine Vorschrift über den Datenschutz verletzt ist. ²Entsprechendes gilt für nicht-öffentliche Stellen, die von den in Absatz 1 genannten Stellen Auskünfte erhalten haben.

I. Abs. 1 legt den Kreis derer fest, die Abdrucke[1] des Schuldnerverzeichnisses (– insbesondere auch zum laufenden Bezug –) von der Justizverwaltung beziehen können. Die Einzelheiten des dabei zu beachtenden Verfahrens regeln die §§ 2–8 SchuVVO.[2] Dort ist klargestellt, daß der Versand nicht ohne weiteres von amtswegen an die in Buchst. a)–c) genannten Personen und Institutionen erfolgt, sondern daß dem Bezug ein Antrag, die Überprüfung der konkreten Bezugsberechtigung und eine Bewilligung als Ergebnis einer individuellen Überprüfung (– auch bei antragstellenden Kammern –) vorauszugehen haben.

Zu den in **Buchst. a)** angesprochenen Kammern zählen die Rechtsanwalts-, Architekten-, Steuerberater-, Ärzte-, Zahnärzte-, Apotheker- und Handwerkskammern. Die Vorschrift ist auf berufsständische Vereinigungen, die nicht Körperschaften des öffentlichen Rechts sind, nicht entsprechend anwendbar.

1 Zum Begriff: § 915 d Fußn. 2.
2 Text: Anh. § 915 h ZPO.

3   Buchst. b) stellt klar, daß die Erstellung privater Schuldnerverzeichnisse sowohl für einen regionalen Bereich (z. B. für einen Regierungsbezirk oder für ein Bundesland) als auch mit bundesweiter Geltung nach wie vor möglich sein soll (Beispiel: Schufa). Die Seriosität des Unternehmens ist im Bewilligungsverfahren zu prüfen. Stellt sich nachträglich die Unzuverlässigkeit im Hinblick auf die Einhaltung der datenschutzrechtlichen Erfordernisse heraus, kann die Bewilligung widerrufen bzw. zurückgenommen werden (§ 8 SchuVVO). Die Anregung hierzu kann selbstverständlich auch von betroffenen Schuldnern und ihren Bevollmächtigten kommen.

4   Während die in Buchst. a) und b) Genannten ihr berechtigtes Interesse am Bezug der Abdrucke vor der Bewilligung nicht darlegen müssen, da ein solches Interesse aufgrund ihrer Aufgabenstellung vermutet wird, müssen die in **Buchst. c)** Genannten im Bewilligungsverfahren darlegen, daß ihren berechtigten Interessen durch Einzelauskünfte aus privaten Schuldnerverzeichnissen oder durch den Bezug der in Abs. 3 genannten Listen von den Kammern nicht hinreichend Rechnung getragen werden kann. Diese Beschränkung dient nicht dem Schuldnerschutz, sondern allein der Entlastung der Amtsgerichte: Wer bei anderen Institutionen für seine Zwecke hinreichende Auskünfte erhalten kann, soll nicht die Gerichte bemühen. Zu den von Buchst. c) angesprochenen Antragstellern zählen insbesondere private Handelsauskunfteien (– sie fallen nicht unter Buchst. b), da sie sich nicht mit der Erstellung von privaten Schuldnerverzeichnissen befassen –), die nicht Mitglied einer Kammer sind, von dort also keine Listen beziehen können, aber auch nicht ausreichende Auskünfte aus Listen erhalten, da diese Auskünfte nicht durch § 915 f Abs. 2 ZPO gedeckt sind.

5   **II.** Abs. 2 ermöglicht es den Kammern grundsätzlich, den sonstigen Beziehern von Abdrucken, soweit die Auskunftserteilung zu ihrer ordnungsgemäßen Tätigkeit gehört, Einzelauskünfte aus den Abdrucken zu erteilen; die Kammern dürfen dies nur ihren Mitgliedern und den Mitgliedern anderer Kammern, die sonstigen Abdruckbezieher aber jedermann, soweit nur die konkrete Auskunftserteilung im Rahmen ihrer ordnungsgemäßen Tätigkeit liegt. So kann etwa eine Rechtsanwaltskammer nur ihre Mitglieder, die sog. Schufa aber alle ihre Kunden aus dem Schuldnerverzeichnis informieren. Die Empfänger der Auskünfte müssen diese vertraulich behandeln und dürfen sie Dritten nicht zugänglich machen. Die Auskünfte sind, soweit sie schriftlich erteilt oder auf automatischem Wege (– Abs. 2 S. 3 läßt diese Möglichkeit für bestimmte Fälle ausdrücklich zu –) übermittelt wurden, unverzüglich, wenn der Zweck der Auskunft erreicht ist, zu vernichten bzw. zu löschen (entsprechende Anwendung von § 915 d Abs. 2 und Abs. 3 ZPO).

6   **III.** Nur die in Buchst. a) genannten Kammern, nicht die sonstigen Bezugsberechtigten von Abdrucken, dürfen die ihnen von den Amtsgerichten übermittelten Abdrucke zu Listen zusammenfassen (**Abs. 3**), die sie gem. § 915 f Abs. 1 ZPO dann ihren Mitgliedern zum laufenden Bezug überlassen dürfen. Die Erstellung der Listen, die bei großen, zahlreiche Amtsgerichtsbezirke umfassenden Kammerbezirken zeitaufwendig sein kann, dürfen die Kammern Dritten, etwa zentralen EDV-Anlagen, aber auch ausgewählten anderen Kammern, die dann für mehrere Kammerbezirke tätig werden, überlassen. Diese Dritten sind nicht nur vor ihrer Tätigkeit sorgfältig (insbesondere im Hinblick auf die Belange des Datenschutzes) auszuwählen, sondern auch **bei der**

Durchführung des Auftrages zu beaufsichtigen. Dies erfordert zumindest regelmäßige stichprobenartige Kontrollen.

**IV.** Alle Abdruckbezieher mit Ausnahme der Kammern und öffentlicher (staatlicher oder kommunaler) Stellen unterliegen der Aufsicht gem. § 38 BDSG, wobei **Abs. 4** den Anwendungsbereich des BDSG ein wenig erweitert. Der nämlichen Aufsicht unterliegen diejenigen nicht-öffentlichen Stellen, die von einem der Abdruck-Bezugsberechtigten Auskünfte, auch in der Form der Übermittlung von Listen, erhalten haben. Sie alle müssen im Interesse der Datensicherheit auch dann eine Überprüfung hinnehmen, wenn ein Verdacht, sie hätten Vorschriften des Datenschutzes verletzt, nicht vorliegt. Ob eine effektive Kontrolle überhaupt möglich ist, wird sich erst in einigen Jahren sagen lassen.[3]

---

[3] Kritisch insoweit auch *Baumbach/Lauterbach/Hartmann*, § 915 e Rdn. 7.

§ 915 f Listenbezug und Datensicherung

(1) ¹Die nach § 915 e Abs. 3 erstellten Listen dürfen den Mitgliedern von Kammern auf Antrag zum laufenden Bezug überlassen werden. ²Für den Bezug der Liste gelten die §§ 915 d und 915 e Abs. 1 Buchstabe c entsprechend.
(2) Die Bezieher der Listen dürfen Auskünfte nur jemandem erteilen, dessen Belange sie kraft Gesetzes oder Vertrags wahrzunehmen haben.
(3) Die Listen sind unverzüglich zu vernichten, soweit sie durch neue ersetzt werden.
(4) § 915 e Abs. 4 gilt entsprechend.

1 I. Nur Kammermitglieder, nicht andere Institutionen (– mit denen die Kammer etwa eng zusammenarbeitet –) oder außenstehende Personen können die in § 915 e Abs. 3 ZPO angesprochenen **Listen** auf Antrag von ihrer Kammer laufend beziehen. Die Kammer prüft dann, ob dieses Mitglied die in den Listen enthaltenen Auskünfte zu einem der in § 915 Abs. 2 ZPO genannten Zwecke benötigt, ob bei dem Antragsteller die Gewähr besteht, daß er die Verpflichtungen nach § 915 d Abs. 2 und 3 ZPO beachtet und ob den Interessen des Antragstellers nicht auch durch gelegentliche Einzelauskünfte aus den Listen oder Abdrucken (statt des laufenden Bezuges der Listen) Rechnung getragen werden kann. Die vorgenannte Prüfung wird von der Kammer in eigener Verantwortung vorgenommen ohne Beteiligung der Justizverwaltung. Die in **Abs. 1** angesprochenen Prüf- und Überwachungspflichten schützen die in den Listen aufgeführten Schuldner. Daher haften die Kammern nach §§ 823 Abs. 2 BGB, 915 f Abs. 1 ZPO, wenn sie die Listen allzu sorglos verteilen und dadurch einem der Schuldner Schaden entsteht.

2 II. Die Listenbezieher müssen den Listeninhalt grundsätzlich vertraulich behandeln. Sie dürfen Personen, deren Interessen sie kraft Gesetzes oder kraft vertraglicher Verpflichtung wahrzunehmen haben, insoweit Einzelauskünfte aus den Listen erteilen, wie dies zur Erfüllung der gesetzlichen oder vertraglichen Verpflichtungen erforderlich ist. Die vertragliche Verpflichtung muß etwas mit der Aufgabenstellung zu tun haben, im Hinblick auf welche der Listenbezieher Kammermitglied ist. Ansonsten enthielte **Abs. 2** keine Beschränkung der Auskunftsmöglichkeiten, wie vom Gesetz beabsichtigt, da sich dann jeder Listenbezieher gegenüber jedermann vertraglich zur Auskunft verpflichten könnte.

Beispiel: Ein Rechtsanwalt berät und vertritt einen Kreditvermittler. Gleichzeitig verdient er sich hin und wieder Provisionen, indem er dem Unternehmen Kunden, die Kredite benötigen, vermittelt. Soweit er den Kreditvermittler in Prozessen, in der Zwangsvollstreckung oder im Rahmen bereits angebahnter konkreter Vertragsverhandlungen anwaltlich vertritt, kann er ihm sein Wissen aus den Listen nutzbar machen. Er kann ihm aber nicht die Listen zugänglich machen, damit er sie sich für eine Werbeaktion nutzbar macht, bei der potentielle neue Kunden, die andernorts keine Kredite mehr erhalten, angesprochen werden sollen. Letztere Tätigkeit mag im Rahmen der vertraglichen Vertreternebentätigkeit des Anwalts liegen, sie gehört aber nicht zu seinen Aufgaben als Rechtsanwalt. Nur als solcher hat er aber von seiner Kammer die Listen erhalten.

*Listenbezug und Datensicherung* § 915 f

III. Sowohl die Kammer selbst als auch diejenigen, die von der Kammer laufend oder in Einzelfällen Listen bezogen haben, **müssen** die Listen unverzüglich vernichten, soweit sie tatsächlich durch neue ersetzt werden. Die Verpflichtung gilt nicht, soweit Teile der Listen neben der neuen Liste ihre Gültigkeit behalten. (Beispiel: Eine Handwerkskammer hat in einer Liste die Auskünfte aus den Schuldnerregistern dreier Amtsgerichte zusammengefaßt. Die neue Liste bringt nur für einen der Amtsgerichtsbezirke Ergänzungen.)[1] Die Vorschrift legt es nahe, den Kammern im Interesse des Datenschutzes zu empfehlen, ihre Listen jeweils nach einer gewissen Zeit komplett auszutauschen, da die Einhaltung der Verpflichtung nach **Abs. 3** sonst kaum überprüft werden kann. 3

IV. Auch die Bezieher der Listen unterliegen der datenschutzrechtlichen Kontrolle gem. § 38 BDSG (**Abs. 4**). 4

---

[1] Wie hier *Baumbach/Lauterbach/Hartmann*, § 915 f Rdn. 3.

§ 915 g  Löschung von aus Abdrucken und Listen erstellten Verzeichnissen

(1) Für Abdrucke, Listen und Aufzeichnungen über eine Eintragung im Schuldnerverzeichnis, die auf der Verarbeitung von Abdrucken oder Listen oder auf Auskünften über Eintragungen im Schuldnerverzeichnis beruhen, gilt § 915 a Absatz 1 entsprechend.

(2) ¹Über vorzeitige Löschungen (§ 915 a Absatz 2) sind die Bezieher von Abdrucken innerhalb eines Monats zu unterrichten. ²Sie unterrichten unverzüglich die Bezieher von Listen (§ 915 f Absatz 1 Satz 1). ³In den auf Grund der Abdrucke und Listen erstellten Aufzeichnungen sind die Eintragungen unverzüglich zu löschen.

**1** I. Die Vorschrift will sicherstellen, daß frühere Eintragungen im Schuldnerverzeichnis, die dort längst gelöscht sind, nicht weiter in Sekundärverzeichnissen aller Art kursieren und den wirtschaftlichen Ruf des Schuldner weiter schädigen, obgleich eine Warnung vor diesem Schuldner nach den mit dem Schuldnerverzeichnis verfolgten Zwecken garnicht mehr erforderlich ist. Die Regelung kann nur Erfolg haben, wenn die Benachrichtigungs- und Löschungsverpflichtungen ernstgenommen werden, auch dann, wenn die Vollstreckungsgerichte und die Datenschutzbehörden ihre Einhaltung, wie zu erwarten sein wird, mangels hinreichender sachlicher und personeller Möglichkeiten nicht ernsthaft überprüfen werden.[1]

**2** II. Die weitere Speicherung von Daten, die nach Abs. 2 gelöscht werden müssen, ist unbefugt i. S. § 43 Abs. 1 Nr. 1 BDSG und daher strafbar. Die Tat wird aber gem. § 43 Abs. 4 BDSG nur auf Antrag des durch die weitere Speicherung betroffenen Schuldners bestraft. Der Schutz ist daher nur effektiv, wenn Datenschutzbehörden und Vollstreckungsgerichte, soweit sie bei zufälligen Kontrollen auf unbefugt gespeicherte Daten stoßen, die Betroffenen unverzüglich informieren.

---

[1] Skeptisch insoweit auch *Baumbach/Lauterbach/Hartmann*, § 915 g Rdn. 2.

§ 915 h  Ermächtigung zum Erlaß von Verordnungen.

(1) Das Bundesministerium der Justiz wird ermächtigt, durch Rechtsverordnung mit Zustimmung des Bundesrates
1. Vorschriften über den Inhalt des Schuldnerverzeichnisses, über den Bezug von Abdrucken nach den §§ 915 d, 915 e und das Bewilligungsverfahren und den Bezug von Listen nach § 915 f Absatz 1 zu erlassen,
2. Einzelheiten der Einrichtung und Ausgestaltung automatisierter Abrufverfahren nach § 915 e Absatz 2 Satz 4, insbesondere der Protokollierung der Abrufe für Zwecke der Datenschutzkontrolle, zu regeln,
3. die Erteilung und Aufbewahrung von Abdrucken aus dem Schuldnerverzeichnis, die Anfertigung, Verwendung und Weitergabe von Listen und den Vollzug von Löschungen und den Ausschluß vom Bezug von Abdrucken und Listen näher zu regeln, um die ordnungsgemäße Behandlung der Mitteilungen, den Schutz vor unbefugter Verwendung und die rechtzeitige Löschung von Eintragungen sicherzustellen,
4. zur Durchführung der Vernichtungs- und Löschungspflichten im Falle des Widerrufs der Bewilligung die Verhängung von Zwangsgeldern vorzusehen; das einzelne Zwangsgeld darf den Betrag von 50 000 Deutsche Mark nicht übersteigen.

(2) ¹Die Landesregierungen werden ermächtigt, durch Rechtsverordnung zu bestimmen, daß
1. anstelle des Schuldnerverzeichnisses bei den einzelnen Vollstreckungsgerichten oder neben diesen ein zentrales Schuldnerverzeichnis für die Bezirke mehrerer Amtsgerichte bei einem Amtsgericht geführt wird und die betroffenen Amtsgerichte diesem Amtsgericht die erforderlichen Daten mitzuteilen haben;
2. bei solchen Verzeichnissen automatisierte Abrufverfahren eingeführt werden, soweit dies unter Berücksichtigung der schutzwürdigen Belange des betroffenen Schuldners und der beteiligten Stellen angemessen ist; die rechtsverordnung hat Maßnahmen zur Datenschutzkontrolle und Datensicherung vorzusehen.
²Sie werden ermächtigt diese Befugnis auf die Landesjustizverwaltung zu übertragen.

Literatur: *Lappe,* Die neue Schuldnerverzeichnisverordnung., NJW 1995, 1657.

Von der Verordnungsermächtigung nach Abs. 1 hat das Bundesministerium der Justiz durch die am 15. 12. 1994 erlassene Schuldnerverzeichnis-Verordnung,[1] die am 1. 1. 1995 in Kraft getreten ist, Gebrauch gemacht.

---

1 BGBl. 1994 I S. 3822 ff.

## Verordnung über das Schuldnerverzeichnis (Schuldnerverzeichnisverordnung – SchuVVO)

Vom 15. Dezember 1994 (BGBl. I S. 3822)

Auf Grund des § 915 h der Zivilprozeßordnung, der durch Art. 1 Nr. 2 des Gesetzes vom 15. Juli 1994 (BGBl. I S. 1566) eingefügt worden ist, des § 107 Abs. 2 S. 2 der Konkursordnung, der durch Art. 2 Nr. 3 des oben genannten Gesetzes eingefügt worden ist, des 284 Abs. 6 S. 2, Abs. 7 S. 2 der Abgabenordnung vom 16. März 1976 (BGBl. I S. 613), der durch Art. 3 des oben genannten Gesetzes teils neugefaßt, teils geändert worden ist und des § 6 Abs. 1 Nr. 1 der Justizbetreibungsordnung in der im Bundesgesetzblatt Teil III, Gliederungsnummer 365–1, veröffentlichten bereinigten Fassung, der durch Art. 4 des oben genannten Gesetzes geändert worden ist, verordnet der Bundesminister der Justiz:

### Erster Abschnitt. Das Schuldnerverzeichnis

**§ 1. Inhalt des Schuldnerverzeichnisses.** (1) In das Schuldnerverzeichnis werden gemäß § 915 Abs. 1 der Zivilprozeßordnung eingetragen:
1. die Bezeichnung des Schuldners wie in dem Titel, der dem Vollstreckungsverfahren zugrunde liegt;
2. das Geburtsdatum, soweit bekannt;
3. das Datum der Abgabe der eidesstattlichen Versicherung; das Datum der Anordnung der Haft gemäß § 901 der Zivilprozeßordnung; die Vollstreckung der Haft gemäß § 915 Abs. 1 S. 3 der Zivilprozeßordnung;
4. das Aktenzeichen der Vollstreckungssache; die Bezeichnung des Vollstreckungsgerichts oder der Vollstreckungsbehörde.

(2) In das Schuldnerverzeichnis werden gemäß § 107 Abs. 2 der Konkursordnung eingetragen:
1. die Bezeichnung des Schuldners wie in dem Beschluß durch den der Antrag auf Eröffnung des Konkursverfahrens gemäß § 107 Abs. 1 der Konkursordnung abgewiesen wurde;
2. das Datum dieses Beschlusses;
3. die Bezeichnung des Gerichts, das diesen Beschluß erlassen hat; das Aktenzeichen der Konkurssache.

(3) Vertreter des Schuldners werden nicht in das Schuldnerverzeichnis eingetragen.
(4) ¹Offenbare Unrichtigkeiten der Bezeichnung des Schuldners in dem Titel nach Abs. 1 Nr. 1 oder dem Beschluß nach Abs. 2 Nr. 1 sind bei der Eintragung im Schuldnerverzeichnis zu berichtigen. ²Die Berichtigung ist kenntlich zu machen.

### Zweiter Abschnitt. Bewilligungsverfahren

**§ 2. Bewilligung als Voraussetzung des Bezugs von Abdrucken und der Erteilung von Listen.** (1) Abdrucke aus Schuldnerverzeichnissen dürfen nur Inhabern einer Bewilligung nach den Vorschriften dieses Abschnitts erteilt werden.

(2) Die Bewilligung ist zu erteilen, wenn die Voraussetzungen des §§ 915 Abs. 2, 915 d Abs. 1 und 915 e Abs. 1 der Zivilprozeßordnung und dieser Verordnung erfüllt sind.
(3) Die Bewilligung ist zu versagen, wenn
1. der Antragsteller schuldhaft unrichtige Angaben macht,
2. Voraussetzungen vorliegen, unter denen die Bewilligung gemäß § 8 widerrufen werden könnte,
3. Tatsachen vorliegen, welche die Unzuverlässigkeit des Antragstellers in bezug auf die Verarbeitung und Nutzung personenbezogener Daten begründen, oder
4. dem Antragsteller oder einer Person, die im Auftrag des Antragstellers die aus dem Schuldnerverzeichnis zu beziehenden Daten verarbeitet oder nutzt, der Betrieb eines Gewerbes untersagt ist.
(4) ¹Die Bewilligung des Bezugs von Abdrucken berechtigt Kammern, die Abdrucke in Listen zusammenzufassen oder hiermit Dritten zu beauftragen und die Listen ihren Mitgliedern oder Mitgliedern anderer Kammern auf Antrag zum laufenden Bezug zu überlassen. ²Die Überlassung von Listen ist unzulässig, wenn bei den Listenbeziehern die Voraussetzungen des § 915 Abs. 2, § 915 d Abs. 1 und § 915 c Abs. 1 Buchstabe c der Zivilprozeßordnung nicht erfüllt sind oder Versagungsgründe entsprechend Abs. 3 vorliegen.

**§ 3. Zuständigkeit.** ¹Über Anträge nach § 915 d Abs. 1 S. 1 der Zivilprozeßordnung entscheidet der Präsident des Amtsgerichts, bei dem das Schuldnerverzeichnis geführt wird. ²Ist das Amtsgericht nicht mit einem Präsidenten besetzt, so entscheidet der Präsident das Landgerichts. ³Ist durch Rechtsverordnung gemäß § 915 h Abs. 2 Nr. 1 der Zivilprozeßordnung die Führung eines zentralen Schuldnerverzeichnisses bestimmt, so entscheidet der Präsident des Amtsgerichts, bei dem dieses geführt wird; S. 2 gilt entsprechend.

**§ 4. Antrag.** (1) ¹Der Antrag ist schriftlich bei dem nach § 3 zuständigen Präsidenten des Amts- oder Landgerichts anzubringen. ²Die zur Entscheidung über den Antrag erforderlichen Angaben sind auf Verlangen glaubhaft zu machen.
(2) ¹Der Antrag muß die Angaben enthalten, aus denen sich das Vorliegen der in § 915 Abs. 2 und 3 § 915 e Abs. 1 der Zivilprozeßordnung geforderten Voraussetzungen ergibt. ²Darüber hinaus muß er enthalten:
1. die Angabe von Wohn- oder Geschäftssitz des Antragstellers; die Angabe von Gewerbe- oder Handelsregistereintragung oder des ausgeübten Berufs;
2. die Angabe, ob, wann, bei welchem Gericht und mit welchem Ergebnis bereits Anträge im Sinne dieses Abschnittes gestellt wurden;
3. die Erklärung, in welcher der dem Gericht möglichen Formen die Abdrucke erteilt werden sollen;
4. die Erklärung, ob Listen gefertigt werden sollen;
5. die Erklärung, von wem die Listen gefertigt und an wen oder welchen Personenkreis diese weitergegeben werden sollen;
6. die Erklärung, ob Einzelauskünfte im automatisierten Abrufverfahren erteilt werden sollen.

**§ 5. Speicherung von Daten des Antragstellers im Falle der Nichterteilung der Bewilligung.** (1) ¹Im Falle der Ablehnung oder Rücknahme des Antrags werden der

Name des Antragstellers, das Datum des Antrages sowie die Angaben des Antragstellers nach § 4 Abs. 2 Nr. 1 von der nach § 3 zuständigen Stelle erfaßt und aufbewahrt oder maschinell lesbar gespeichert. ²Diese Angaben dürfen nur dazu erhoben, verarbeitet und verwendet werden, Mehrfachanträge und Bewilligungshindernisse zu erkennen.

(2) ¹Die Frist für die Aufbewahrung oder Speicherung beträgt drei Jahre ab dem Ende des Jahres, in dem der Antrag gestellt wurde. ²Nach Ablauf der Frist sind die Angaben zu löschen.

§ 6. Bewilligung. (1) ¹Die Bewilligung ist nur für und gegen den Antragsteller wirksam. ²Sie ist nicht übertragbar.

(2) Gegenstand der Bewilligung ist die Entscheidung über den Antrag, Befristungen, Auflagen, Bedingungen und der Vorbehalt des Widerrufs.

(3) ¹Die Bewilligung enthält die Belehrung über die vom Begünstigten zu beachtenden datenschutzrechtlichen Vorschriften, insbesondere der Zivilprozeßordnung und dieser Verordnung. ²In den Fällen des § 10 Abs. 4 S. 1 ist weiterhin über die anzuwendenden Datenübertragungsregeln zu belehren. ³Auf § 8 ist gesondert hinzuweisen. ⁴Der Bewilligung ist eine Rechtsmittelbelehrung beizufügen.

(4) Die Bewilligung wird der nach den jeweils maßgeblichen datenschutzrechtlichen Vorschriften für die Kontrolle über den Bezieher der Abdrucke zuständigen Stelle mitgeteilt.

§ 7. Befristungen, Auflagen und Bedingungen. (1) Die Bewilligung ist auf mindestens ein und höchstens zwei Jahre zu befristen.

(2) Zum Zwecke der Einhaltung der Vorschriften des § 915 Abs. 2, der §§ 915 a, 915 b und 915 d Abs. 2 und 3 und der §§ 915 e bis 915 g der Zivilprozeßordnung, der anzuwendenden Vorschriften der Datenschutzgesetze und dieser Verordnung kann die Bewilligung mit
1. Bestimmungen, durch die dem Begünstigten ein Tun, Dulden oder Unterlassen vorgeschrieben wird (Auflagen),
2. Bestimmungen, nach denen der Eintritt oder der Wegfall einer Vergünstigung oder Belastung von dem ungewissen Eintritt eines zukünftigen Ergebnisses abhängt (Bedingung),
ergehen.

§ 8. Widerruf und Rücknahme von Bewilligungen. (1) Für den Widerruf von Bewilligungen gilt § 49 Abs. 2, 3 und 5 S. 1 und 2 des Verwaltungsverfahrensgesetzes entsprechend.

(2) Für die Rücknahme von Bewilligungen gilt § 48 Abs. 1, 3 und 4 des Verwaltungsverfahrensgesetzes entsprechend.

(3) ¹Über Widerruf und Rücknahme von Bewilligungen entscheidet die nach § 3 zuständige Stelle. ²Wenn die Bewilligung widerrufen oder zurückgenommen wird, ist die Entscheidung dem ehemaligen Inhaber der Bewilligung mit Rechtsmittelbelehrung zuzustellen. ³Die Entscheidung ist dem Präsidenten der Gerichte, bei denen weitere Anträge auf Erteilung einer Bewilligung zugunsten des ehemaligen Inhabers der Bewilligung gestellt wurden, mitzuteilen. ⁴Sind aus den Abdrucken Listen gefertigt und weitergegeben worden, so ist die rechtskräftige Entscheidung den Beziehern der Listen unter Hinweis auf ihre Pflichten nach Abs. 4 bekanntzugeben. ⁵Betrifft die Entschei-

dung eine Kammer, erfolgen die Mitteilungen nach S. 3 durch diese, ansonsten durch das entscheidende Gericht. ⁶Benachrichtigungen nach S. 4 erfolgen durch die betroffene Kammer.

(4) ¹Ist eine Bewilligung rechtskräftig widerrufen oder zurückgenommen, so sind Abdrucke sowie daraus gefertigte Dateien, Listen oder sonstige Aufzeichnungen unverzüglich ordnungsgemäß zu löschen oder zu vernichten. ²Der Bezieher der Abdrucke und die Inhaber von Listen können dazu durch Zwangsgeld angehalten werden. ³Das einzelne Zwangsgeld darf den Betrag von fünfzigtausend Deutsche Mark nicht übersteigen. ⁴Ist die Verhängung von Zwangsgeld untunlich oder erfolglos, so ist die Ersatzvornahme anzuordnen.

**Dritter Abschnitt. Abdrucke und Listen**

§ 9. **Inhalt von Abdrucken.** (1) ¹Abdrucke werden als Vollabdruck oder als Teilabdruck erteilt. ²Der Vollabdruck enthält alle Eintragungen im Schuldnerverzeichnis. ³Der Teilabdruck enthält nur die in dem Antrag auf Bewilligung des Bezugs von Abdrucken bezeichneten Eintragungen im Schuldnerverzeichnis.

(2) ¹An gut sichtbarer Stelle ist auf die sich aus § 915 Abs. 2 und den §§ 915 a, 915 b und 915 d bis 915 g der Zivilprozeßordnung ergebenden Pflichten des Inhabers von Abdrucken hinzuweisen. ²Dieser Hinweis kann den Abdrucken auch in Form eines Merkblattes beigefügt werden.

(3) Die Abdrucke dürfen keine weiteren Mitteilungen enthalten.

§ 10. **Erteilung und Aufbewahrung von Abdrucken.** (1) ¹Die Abdrucke werden dem Bezieher in verschlossenem Umschlag gegen Empfangsnachweis übersandt oder auf Antrag ausgehändigt. ²Ersatzzustellung nach § 181 und Zurücklassung nach § 186 Zivilprozeßordnung sowie öffentlicher Zustellung sind ausgeschlossen.

(2) Die Abdrucke dürfen, außer mit dem Merkblatt nach § 9 Abs. 2, nicht mit anderen Druckerzeugnissen verbunden werden.

(3) ¹Der Inhaber der Bewilligung hat dafür Sorge zu tragen, daß ihm ausgehändigte oder übersandte Abdrucke
1. gesondert aufbewahrt werden,
2. bis zu ihrer Vernichtung jederzeit auffindbar sind und
3. gegen unbefugten Zugriff gesichert sind.
²Satz 1 gilt auch für Vervielfältigungen und jede andere Form der Bearbeitung der Abdrucke, insbesondere zum Zwecke der Maschinenlesbarkeit der Abdrucke.

(4) ¹Werden die Abdrucke gemäß § 915 d Abs. 1 der Zivilprozeßordnung in maschinell lesbarer Form übermittelt, gelten die Datenübertragungsregeln der Landesjustizverwaltung des Landes, in dem das Schuldnerverzeichnis geführt wird. ²Darüber hinaus hat der Empfänger der Daten durch geeignete Vorkehrungen sicherzustellen, daß die Anforderungen des Absatzes 3 auch bezüglich der übermittelten Daten erfüllt werden.

§ 11. **Einstweiliger Ausschluß vom Bezug von Abdrucken.** (1) Der Inhaber einer Bewilligung kann von dem Bezug von Abdrucken einstweilen ausgeschlossen werden, wenn Tatsachen bekannt werden, die eine hinreichende Wahrscheinlichkeit begründen, daß die Bewilligung alsbald widerrufen oder zurückgenommen wird.

(2) ¹Über den einstweiligen Ausschluß entscheidet die nach § 3 zuständige Stelle. ²Die Entscheidung ist mit einer Rechtsmittelbelehrung zu versehen und zuzustellen; § 8 Abs. 3 S. 3 und 5 gilt entsprechend. ³Die Wirksamkeit der Entscheidung entfällt, wenn nicht binnen eines Monats ab Zustellung eine Entscheidung nach § 8 ergeht.

(3) ¹Ein nach Abs. 2 S. 3 unwirksam gewordener oder alsbald unwirksam werdender einstweiliger Ausschluß kann wiederholt erlassen werden, wenn während der Dauer der Wirksamkeit des zuerst erlassenen einstweiligen Ausschlusses ein Verfahren mit dem Ziel des Widerrufs oder der Rücknahme der Bewilligung gemäß § 8 zwar eingeleitet, aber noch nicht abgeschlossen wurde. ²Die Gesamtdauer des einstweiligen Ausschlusses darf in einem Verfahren nicht mehr als drei Monate betragen. ³Für den wiederholten einstweiligen Ausschluß gelten im übrigen die Abs. 1 und 2.

**§ 12. Inhalt von Listen.** (1) ¹Listen sind Zusammenstellungen von Angaben aus einem oder mehreren Abdrucken. ²Die Aufnahme anderer Angaben als solchen aus rechtmäßig bezogenen Abdrucken oder die Verknüpfung mit anderen Angaben ist unzulässig.

(2) ¹Die Zusammenstellung der Angaben erfolgt aufgrund von Merkmalen, die diesen Angaben gemeinsam sind und aufgrund derer sie aus den Abdrucken gewählt werden (Auswahlmerkmale) sowie aufgrund von Sortieranweisungen, nach denen die Angaben in den Listen zu ordnen sind (Ordnungsmerkmale). ²Auswahlmerkmale dürfen sich nur auf Eintragungen nach § 1 Abs. 1 und 2 beziehen.

(3) ¹Listen müssen das Datum ihrer Erstellung tragen, den Ersteller benennen und mit Quellenangaben versehen sein. ²In den Listen ist an gut sichtbarer Stelle auf die sich aus § 915 Abs. 2 und den §§ 915 a, 915 b und 915 d bis 915 g der Zivilprozeßordnung ergebenden Pflichten des Beziehers von Listen hinzuweisen. ³§ 9 Abs. 2 S. 2 findet Anwendung.

(4) Die Listen dürfen keine weiteren Mitteilungen enthalten.

**§ 13. Anfertigung, Erteilung und Verwendung von Listen.** (1) Listen sind unverzüglich nach dem Eingang der Abdrucke zu erstellen und den Beziehern zu überlassen.

(2) ¹Die Listen werden dem Bezieher in verschlossenem Umschlag gegen Empfangsnachweis übersandt oder persönlich ausgehändigt. ²§ 10 Abs. 2 und 3 gilt entsprechend.

**§ 14. Ausschluß vom Bezug von Listen.** (1) ¹Die Kammern sind verpflichtet, einen Bezieher von Listen von deren Bezug auszuschließen, wenn diesem die Bewilligung zum Bezug von Abdrucken zu versagen wäre. ²Diesen Ausschluß teilen die Kammern ihren Aufsichtsbehörden mit.

(2) Die Aufsichtsbehörden der Kammern teilen Verstöße gegen Abs. 1 den Präsidenten der Gerichte mit, die Bewilligungen zum Bezug von Abdrucken zugunsten der Kammern erteilt haben.

(3) Bei Verstößen gegen Abs. 1 kann die Bewilligung zum Bezug von Abdrucken gemäß § 8 widerrufen werden.

**§ 15. Löschungen in Abdrucken und Listen.** (1) Löschungen gemäß § 915 g Abs. 1 der Zivilprozeßordnung führen die Bezieher von Abdrucken und Listen sowie die Inhaber sonstiger Aufzeichnungen im Sinne des § 915 g Abs. 1 der Zivilprozeßordnung eigenverantwortlich durch.

(2) ¹Löschungsmitteilungen gemäß § 915 g Abs. 2 der Zivilprozeßordnung werden in der gleichen Weise wie die zugrundeliegenden Abdrucke übermittelt. ²§ 9 Abs. 3 und 10 finden entsprechende Anwendung.

(3) ¹Die Kammern unterrichten die zur Umsetzung der Löschungsmitteilungen verpflichteten Listenbezieher in der Form, in der die zugrundeliegenden Listen erteilt werden. ²Kammern oder von ihnen gemäß § 915 e Abs. 3 der Zivilprozeßordnung beauftragte Dritte, die Listen ohne Einsatz von Techniken der automatisierten Datenverarbeitung erstellen, dürfen alle Listenbezieher unterrichten, die zu diesem Zeitpunkt Listen beziehen; davon ausgenommen sind die Listenbezieher, von denen die Kammer oder der beauftragtes Dritte ohne unverhältnismäßigen Aufwand feststellen können, daß ihnen die zu löschende Eintragung bis zu diesem Zeitpunkt nicht durch eine Liste oder eine Auskunft der Kammer bekannt geworden ist.

(4) ¹Löschungsmitteilungen nach Abs. 2 sind zu vernichten oder zu löschen, sobald sie umgesetzt sind. ²Satz 1 gilt entsprechend für die Mitteilungen an die Listenbezieher nach Abs. 3.

**§ 16. Kontrolle von Löschungen in Abdrucken und Listen.** ¹Werden öffentlichen Stellen Tatsachen bekannt, die die Annahme rechtfertigen, daß einer Löschungspflicht nach § 915 g der Zivilprozeßordnung nicht nachgekommen wurde, haben sie diese dem Amtsgericht mitzuteilen, bei dem das Schuldnerverzeichnis geführt wird, dem die zu löschende Eintragung entnommen wurde. ²Dieses legt die Angelegenheit der nach § 3 zuständigen Stelle vor, die Maßnahmen nach dieser Verordnung ergreifen und die zur Kontrolle über die Einhaltung der Datenschutzvorschriften zuständigen Stellen benachrichtigen kann.


**Vierter Abschnitt. Automatisiertes Abrufverfahren**

**§ 17. Einrichtung.** (1) Bezieher von Abdrucken dürfen unter den Voraussetzungen des § 915 e Abs. 2 der Zivilprozeßordnung Einzelauskünfte aus den Abdrucken im automatisierten Abrufverfahren nach Maßgabe der folgenden Vorschriften erteilen.

(2) ¹Im automatisierten Abrufverfahren dürfen nur die nach § 1 Abs. 1 oder 2 in das Schuldnerverzeichnis aufzunehmenden Eintragungen übermittelt werden. ²Die Verknüpfung zu übermittelnder Daten mit anderen Daten ist nur zulässig, wenn

1. die Verknüpfung notwendig ist, um die Zwecke des § 915 Abs. 2 der Zivilprozeßordnung zu erreichen,
2. die Daten, mit denen die Daten aus dem Schuldnerverzeichnis verknüpft werden sollen, rechtmäßig und ausschließlich zu den in § 915 Abs. 2 der Zivilprozeßordnung genannten Zwecken erhoben, verarbeitet und verwendet werden,
3. die Herkunft der Daten durch den Bezieher der Abdrucke nachgewiesen werden kann und
4. der Bezieher der Abdrucke sicherstellt, daß der Empfänger der Auskunft nicht im Wege des Abrufs von mit Daten aus dem Schuldnerverzeichnis verknüpften Daten Kenntnis von Daten aus Schuldnerverzeichnissen erhält, ohne dazu berechtigt zu sein oder ohne daß dies zu Erfüllung der Zwecke des § 915 Abs. 2 der Zivilprozeßordnung notwendig ist.

(3) Für Anfragen in automatisierten Abrufverfahren dürfen nur Angaben verwendet werden, deren Eintragung in das Schuldnerverzeichnis nach § 1 Abs. 1 oder 2 zu erfolgen hätte.

**§ 18. Ausgestaltung, insbesondere Protokollierung.** (1) ¹Der Bezieher von Abdrukken, der Einzelauskünfte im automatisierten Abrufverfahren erteilt (Auskunftsstelle), darf einen Abrufer nur zulassen, wenn dessen Durchführung unter Verwendung von Benutzerkennung und Paßwort (Authentifikation) des zum Abruf Berechtigten (Abrufberechtigter) und einer davon unabhängigen, selbständigen Kennung des zum Abruf zugelassenen Endgerätes (Endgerätekennung) erfolgt. ²Ist der Abruf zulässig, wird die Auskunft im Wege des automatischen Rückrufs erteilt.

(2) ¹Das Paßwort ist jeweils spätestens nach 120 Tagen zu ändern. ²Erfolgt die Änderung nicht rechtzeitig, ist durch ein selbsttätiges Verfahren sicherzustellen, daß mit dem Paßwort keine Abrufe mehr erfolgen können. ³Ein Paßwort darf nicht bereits an Abrufberechtigte derselben Auskunftsstelle vergeben sein oder gewesen sein, muß mindestens sechs Stellen lang sein und aus Buchstaben, Zahlen oder Zeichen bestehen. ⁴Die Auskunftsstelle speichert die Paßwörter, die innerhalb der zurückliegenden drei Jahre benutzt wurden. ⁵Die Speicherung dient der Kontrolle der Ordnungsgemäßheit der Paßwörter, insbesondere zur Vermeidung unzulässiger wiederholter oder mehrfacher Verwendung.

(3) ¹Wird eine Benutzerkennung innerhalb von 120 Tagen nicht benutzt, ist sie umgehend zu sperren. ²Sie darf als Teil der Authentifikation erst wieder zugelassen werden, wenn die Berechtigung zum Abruf der Auskunftsstelle erneut nachgewiesen wurde.

(4) Die Auskunftsstelle hat durch ein selbsttätiges Verfahren zu gewährleisten, daß keine Abrufe erfolgen können, sobald die Benutzerkennung, das Paßwort oder die Endgerätekennung mehr als zweimal hintereinander unrichtig eingegeben wurde.

(5) ¹Sind bei einem Abrufberechtigten mehrere Nutzer vorhanden, darf der Abrufberechtigte diesen den Zugang zum automatisierten Abrufverfahren nur unter Verwendung jeweils eigener Authentifikationen eröffnen. ²Sind bei einem Abrufberechtigten mehrere Endgeräte vorhanden, ist zusätzlich eine Endgerätekennung zu verwenden. ³Für die Authentifikation der Nutzer und die Endgerätekennung nach den S. 1 und 2 gelten die Abs. 2, 3 und 4 mit der Maßgabe, daß an die Stelle der Auskunftsstelle der Abrufberechtigte und an die Stelle des Abrufberechtigten die Nutzer treten. ⁴Bei den von den Nutzern verwendeten Endgeräten hat der Abrufberechtigte durch geeignete technische Vorkehrungen sicherzustellen, daß eine Weiterverbreitung von Paßwörtern, Benutzer- oder Endgerätekennungen nicht möglich ist. ⁵Der Abrufberechtigte hat der Auskunftsstelle die Einhaltung der Vorschriften dieses Absatzes jederzeit auf Anforderung nachzuweisen und die gefertigten Protokolle zu diesem zweck vorzulegen.

(6) ¹Die Auskunftsstelle hat sicherzustellen, daß Abrufe selbsttätig aufgezeichnet werden, wobei
1. die bei der Durchführung der Abrufe verwendeten Daten,
2. der Tag und die Uhrzeit der Abrufe,
3. die Authentifikation und die Endgerätekennung und
4. die abgerufenen Daten

festgehalten werden und daß Abrufe bei nicht ordnungsgemäßer Aufzeichnung unterbrochen werden. ²Mindestens aufzuzeichnen sind

1. alle Abrufe in der Zeit von 20 bis 8 Uhr, an Sonn- und allgemeinen Feiertagen oder außerhalb der normalen Geschäftszeit der Auskunftsstelle,
2. zehn Prozent der Abrufe der Abrufberechtigten, die innerhalb von 24 Stunden mehr als zehnmal abrufen,
3. zehn Prozent der nicht bereits nach Nummer 1 oder 2 aufzuzeichnenden Abrufe, die nach dem Zufallsprinzip auszuwählen sind,
4. alle Abrufe, bei denen datensicherheitsrelevante Ereignisse auftreten, und
5. alle versuchten Abrufe, die unter Verwendung von fehlerhafter Authentifikation oder Endgerätekennung mehr als einmal vorgenommen werden.

[3]Die Aufzeichnungen dürfen nur zur Datenschutzkontrolle, insbesondere zur Kontrolle der Zulässigkeit der Abrufe, zur Sicherstellung eines ordnungsgemäßen Betriebs der Datenverarbeitungsanlage sowie in gerichtlichen Verfahren verwendet werden. [4]Sie sind nach drei Jahren zu löschen, es sei denn, sie werden noch bis zum Abschluß eines bereits eingelegten Verfahrens der Datenschutzkontrolle oder eines anhängigen gerichtlichen Verfahrens benötigt.

(7) [1]Zwischen der Auskunftsstelle und dem Abrufberechtigten kann vertraglich vereinbart werden, daß

1. das Paßwort und die Endgerätekennung abweichend von Abs. 1 nur beim Abrufberechtigten interne Zugangsvoraussetzungen zum Abrufverfahren sind;
2. die Paßwortspeicherung nach Abs. 2 vom Abrufberechtigten statt von der Auskunftsstelle durchgeführt wird;
3. die Abrufsperre nach Abs. 4 bei mehr als zweimal hintereinander unrichtiger Eingabe von Paßwort oder Endgerätekennung durch ein selbständiges Verfahren beim Abrufberechtigten gewährleistet wird;
4. das Paßwort und die Endgerätekennung nach Abs. 6 beim Abrufberechtigten protokolliert werden.

[2]Der Vertrag bedarf der Schriftform. [3]In ihm muß sich der Abrufberechtigte verpflichten, seine Aufzeichnungen der Auskunftsstelle zu Kontrollzwecken jederzeit zur Verfügung zu stellen.

§ 19. **Ausschluß von der Abrufberechtigung.** (1) [1]Werden der Auskunftsstelle Tatsachen bekannt, die erkennen lassen, daß

1. die abgerufenen Daten vom Abrufberechtigten nicht zu den in § 915 Abs. 2 der Zivilprozeßordnung genannten Zwecken verwendet werden,
2. ein berechtigtes Interesse nach § 915 e Abs. 1 Buchstabe c der Zivilprozeßordnung bei dem Abrufberechtigten nicht vorliegt und dennoch wiederholt Daten abgerufen wurden,
3. die abgerufenen Daten von Abrufberechtigten in unzulässiger Weise genutzt, insbesondere weitergegeben werden,
4. der Abrufberechtigte seinen Pflichten nach § 18 Abs. 5 nicht oder nicht hinreichend nachkommt,
5. der Abrufberechtigte vertraglichen Pflichten nach § 118 Abs. 7 nicht oder nicht hinreichend nachkommt oder
6. bei dem Abrufberechtigten aus sonstigen Gründen die Unzuverlässigkeit in bezug auf die Verarbeitung und Nutzung personenbezogener Daten begründet ist,

ist die Auskunftsstelle verpflichtet, den Abrufberechtigten vom Abrufverfahren auszuschließen. ²Diesen Ausschluß teilt sie der für die Kontrolle der datenschutzrechtlichen Vorschriften zuständigen Stelle mit.

(2) Die Aufsichtsbehörde teilt Verstöße gegen Abs. 1 den Präsidenten der Gerichte mit, die Bewilligung zum Bezug von Abdrucken zugunsten der Auskunftsstelle erteilt haben.

(3) Bei Verstößen gegen Abs. 1 kann die Bewilligung gemäß § 8 widerrufen werden.

**Fünfter Abschnitt. Schlußvorschriften**

§ 20. **Rechtsweg.** (1) In Ansehung von Entscheidungen des Präsidenten des Amtsgerichts oder des Präsidenten des Landgerichts nach dieser Verordnung finden die §§ 23 bis 30 des Einführungsgesetzes zum Gerichtsverfassungsgesetz Anwendung.

(2) Die Entscheidung über den Antrag, Befristungen, Auflagen, Bedingungen und der Vorbehalt des Widerrufs, die gemäß § 6 Abs. 2 Gegenstand der Bewilligung sind, sind nicht isoliert anfechtbar und einklagbar.

§ 21. **Inkrafttreten.** ¹Diese Verordnung tritt am 1. Januar 1995 in Kraft. ²Gleichzeitig treten die Allgemeinen Vorschriften des Bundesministeriums der Justiz über die Erteilung und die Entnahme von Abschriften oder Auszügen aus den Schuldnerverzeichnissen vom 1. August 1955 (BAnz. Nr. 156 vom 16. August 1955) außer Kraft.

# Sachregister

(Fette arabische Zahlen bezeichnen die Paragraphen, magere arabische Zahlen die jeweiligen Randnummern)

**Abänderungsklage**, Verhältnis zur Vollstreckungsabwehrklage Vor §§ 765a–777, 5; 767, 5; Anh. § 767, 1
**Abdrucke aus Schuldnerverzeichnis** 915 d; Anh. § 915 h, 9 ff.
– Auskünfte aus 915 e, 4
– Bewilligung 915 d, 1; Anh. § 915, 2 ff.
– Bezieher von 915 e
– Löschung von Verzeichnissen aus 915 g
– Vernichtung 915 d, 3
– Voraussetzungen 915 d, 1
– Weitergabe 915 d, 2
– Zusammenfassung zu Listen 915 e, 3; 915 f
**Ablieferung**
– des Erlöses 819, 6
– gepfändeten Geldes 815, 2
– herauszugebender Gegenstände an den Gläubiger 883, 12
– des Versteigerungsgegenstandes an den Ersteher 817, 7; 825, 14
**Abzahlungsgesetz** (Verbraucherkreditgesetz), Auswirkungen in der Zwangsvollstreckung Anh. § 825
**Änderung der Unpfändbarkeitsvoraussetzungen** bei der Lohnpfändung 850 c, 6; 850 g
**Änderung des unpfändbaren Betrages** bei der Lohnpfändung 850 f
**Aktenabschrift** 760
**Akteneinsicht** 760
**Allgemeine Geschäftsbedingungen** u. Vollstreckungsunterwerfung 794, 39
**Allgemeine Härteklausel** 765 a
**Altenteil**, Pfändungsschutz 850 b, 15
**Amtspflichtverletzung der Vollstreckungsorgane** Vor §§ 753–763, 3; Anh. § 771, 15, 16
**Amtswiderspruch bei Zwangshypotheken** 867, 24; Anh. § 793, 5
**Andere Vermögensrechte**, Vollstreckung in 857

**Anderweitige Verwertung**
– beweglicher Sachen Vor § 814, 2, 3; 825, 9–15
– einer unter Eigentumsvorbehalt verkauften Sache Anh. § 825
– von Forderungen und Rechten 844, 2, 4; 857, 9
**Androhung**
– von Ordnungsmitteln 890, 15–18
– von Zwangsgeld 888, 14
**Anerkennung ausländischer Urteile** Vor §§ 722, 723, 4, 8; 723, 3
**Anfechtbare Vollstreckungsakte**
– Entstehung des Pfändungsrechts Vor §§ 803, 804, 14
– Rechtsbehelfe
  – rückwirkende Heilung während des Rechtsbehelfsverfahrens 766, 27
  – im Verteilungsverfahren 872, 3; 878, 9
  – während des Vollstreckungsverfahrens Vor §§ 765a–777, 2, 3; 766, 1–7; Vor §§ 803, 804, 6
– Wegfall der Anfechtbarkeit durch Beendigung der Zwangsvollstreckung 766, 21; Vor §§ 803, 804, 14
**Anfechtbarkeit**
– des Rechtserwerbs und Drittwiderspruchsklage 771, 29, 33
– der Vollstreckungsforderung und Vollstreckungsabwehrklage 767, 21, 31
**Anfechtung des Prozeßvergleichs**, Geltendmachung 767, 27; 794, 13, 14
**Anhörung**, rechtliches Gehör Allgem. Vorbem., 10–12; 731; 758, 17; 829, 34; Anh. § 829, 23; 834; 887, 16; 888, 19; 890, 20; 891, 2
**Anmeldung von Forderungen im Teilungsverfahren** 873, 2
**Annahmeverzug des Schuldners** 756, 5 a, 10, 11; 765, 3, 4
**Anschlußpfändung** 826; 829, 46
**Anstalten des öffentlichen Rechts**, Vollstreckung gegen 882 a, 3

1487

**Anteilsrechte als Vollstreckungsgegenstand** 857, 14–16, 29–33
**Antrag als Vollstreckungsvoraussetzung** Allgem. Vorbem., 5; 750, 9; 753, 1–5; 829, 31; 887, 12; 888, 15; 890, 9; 900, 1–5
**Anwaltsvergleich**
– vollstreckbare Ausfertigung 797, 3
– als Vollstreckungstitel 794, 31
**Anwaltszwang in der Zwangsvollstreckung** Allgem. Vorbem., 4; 887, 12; 888, 15; 890, 9, 20; 891, 1
**Anwartschaftsrecht**
– Geltendmachung mit der Drittwiderspruchsklage 771, 18, 19
– Pfändung 848, 10; 857, 10–13
**Arbeitseinkommen**
– Begriff 850, 9, 11
– Berechnung des pfändbaren 850 e
– nicht wiederkehrend zahlbares 850 i, 3
– Pfändung von 829, 31 ff.; 832; 833; 850 c, 6; 850 e, 2–6
– Pfändung fortlaufender Bezüge 832
– Pfändungsschutz für 850 a–850 g; 850 k
– Pfändung zugunsten Unterhaltsberechtigter 850 d; 850 g
– Verschleierung von 850 h
– Zusammenrechnung mehrerer 850 e, 5, 6
– Zusammenrechnung mit sonstigen Bezügen 850 e, 7–10
**Arbeitsgericht**, Zuständigkeiten in der Zwangsvollstreckung
– im Einziehungsprozeß 835, 7
– als Prozeßgericht des ersten Rechtszuges 767, 13
**Arbeitsgerichtliche Titel**, Vollstreckung **Vor §§ 704–707**, 2; 704, 1, 2; 705, 8
**Arbeitsleistung**, Vollstreckung des Anspruchs auf 887, 9; 888, 5, 38
**Arbeitszeugnis**, Vollstreckung auf Erteilung 888, 5
**Aufhebung des Vollstreckungstitels**
– Geltendmachung in der Zwangsvollstreckung 775, 1, 6
– Schadensersatz wegen voreiliger Vollstreckung 717, 4, 8, 11 ff.
**Auflassungsanspruch**
– Durchsetzung in der Zwangsvollstreckung 894, 5
– Pfändung 848, 5–9
**Auflassungsanwartschaft** 857, 13

**Aufrechnung**
– durch den Drittschuldner 835, 8
– durch den Vollstreckungsschuldner und Präklusion 767, 21, 31
**Aufwandsentschädigung** u. Pfändungsschutz 850 a, 7
**Ausgleichsansprüche** nach fehlerhafter Vollstreckung
– Dritteigentümer Allgem. Vorbem., 14; **Anh. § 771**
– Schuldner **Vor §§ 765 a–777**, 9 f.; 767, 43
**Auskehr des Erlöses** nach Versteigerung 819, 6, 7
**Auskunft aus Schuldnerverzeichnis** 915, 5, 6; 915 b
– Akteneinsichtsrecht des Gläubigers 915 b, 5
– Auskunft aus Abdrucken 915 e, 4
– Auskunftsrecht des Schuldners 915 b, 3
– Erforderlichkeit der Auskunft 915 b, 1, 2
– Gerichtsgebühren 915 b, 7
– Rechtsbehelfe 915 c
**Auskunftsansprüche**
– gegen den Drittschuldner 829, 57; 840, 2
– Pfändung von **Anh. § 829**, 7; 857, 3
– gegen den Schuldner nach Forderungspfändung 836, 5
– Zwangsvollstreckung wegen 883, 2; 888, 6
**Ausländische Urteile** als Vollstreckungstitel 722
**Ausländischer Drittschuldner** bei der Forderungspfändung **Vor §§ 828–863**, 2; 829, 22, 43, 44
**Auslandsvollstreckung** aus deutschen Titeln 791
**Auslösungsgelder** u. Pfändungsschutz 850 a, 9
**Ausschließliche Gerichtsstände** 802
**Aussetzung**
– der Verwertung gepfändeter Sachen 813 a; **Anh. § 813 a**
– der Vollziehung von Entscheidungen 766, 28; 776, 3; 793, 5
**Austauschpfändung** 811 a; 811 b

**Bankbürgschaft**
– als Sicherheitsleistung 709, 5; 751, 10
– Kosten einer Bankbürgschaft als Vollstreckungskosten 788, 12
– Kosten einer Bankbürgschaft als Vollstreckungsschaden 717, 12; 788, 22

Bankguthaben, Pfändung Anh. § 829, 2, 3; 835, 17; 850 k
Bargeld
– Pfändung 808, 9
– Vollstreckungsschutz bei Pfändung von 811, 32
Barzahlung 817, 8
Bedingt pfändbare Bezüge 850 b
Bedingte Leistungen, Vollstreckung des Anspruchs auf 829, 6, 7
Beendigung der Zwangsvollstreckung 766, 21; Anh. § 771, 1; 819, 2
Befreiungsanspruch
– Zwangsvollstreckung in einen 851, 4
– zwangsweise Durchsetzung eines 887, 8
Befriedigung des Gläubigers 754, 7–9; 815, 9–11; 818, 1; 819, 4; 835, 15
Beginn der Zwangsvollstreckung 750, 1; 766, 21
Bekanntmachung des Versteigerungstermins 814, 4; 816, 4
Bereicherungsansprüche nach beendeter Zwangsvollstreckung 767, 43; Anh. § 771, 2, 12; 829, 29
Bereicherungsklage nach Verteilungsverfahren 878, 14–16
Beschäftigungsanspruch des Arbeitnehmers, Zwangsvollstreckung 888, 5
Beschaffungsanspruch
– Vollstreckung in einen 847, 3
– Vollstreckung wegen eines Vor §§ 883–898, 2; 883, 3; 887, 1 ff.
Beschlagnahme durch Zwangsvollstreckung
– Erzeugnisse eines Grundstücks 865, 6, 7
– Forderungen 829, 48
– Früchte eines Grundstücks 810; 865, 6
– Grundstückszubehör 865, 3–5
– körperliche Sachen Vor §§ 803, 804, 2
Beschränkte Erbenhaftung 780; 781; 785
Beschränkte persönliche Dienstbarkeit 857, 27
Beschwer Dritter durch Vollstreckungsmaßnahmen 766, 16
Beschwerde
– gegen Tätigkeit des Grundbuchamtes im Vollstreckungsverfahren 766, 3; 848, 13; Vor §§ 864–871, 7; 867, 24; 895, 11
– im Klauselerteilungsverfahren Vor §§ 724–734, 11

– sofortige Beschwerde Vor §§ 765 a–777, 3; 793
– weitere Beschwerde 793, 6
Beschwerdefähige Beschlüsse als Vollstreckungstitel 794, 27
Besitz
– Drittwiderspruchsklage 771, 24
– Prüfung durch den Gerichtsvollzieher 808, 1–4; 809, 1
– am Vollstreckungsgut nach der Pfändung 808, 13
Besitzlose gesetzliche Pfandrechte, Geltendmachung in der Zwangsvollstreckung 805, 8
Besitzpfandrechte, Geltendmachung in der Zwangsvollstreckung 771, 22, 23
Besitzverhältnisse nach Pfändung 808, 13
Bestimmtheit
– des Titels als Voraussetzung seiner Vollstreckbarkeit Vor §§ 704–707, 5–9
– des Vollstreckungsobjekts bei der Forderungspfändung 829, 37
Betriebsrat als Gläubiger oder Schuldner unvertretbarer Handlungen 888, 5, 22
Bevorrechtigte Pfändung wegen Unterhaltsvollstreckung 850 d
Bewegliche Sachen 883, 4
Bewegliches Vermögen Vor §§ 803–863, 1–3
Bewilligung für den Bezug von Abdrucken und die Erteilung von Listen 915 d, 1; Anh. § 915 h, 2 ff.
BGB-Gesellschaft in der Zwangsvollstreckung Einf. vor §§ 735, 736; 736; 859, 2–7
Billigkeitsprüfung
– im Rahmen des allgemeinen Vollstreckungsschutzes 765 a, 10, 11
– bei bedingt pfändbaren Bezügen 850 b, 3
– bei der erweiterten Forderungspfändung 850 f, 7, 10
– bei der Pfändung von Sozialansprüchen Anh. § 829, 23, 24; 850 e, 9
– bei Überwälzung von Vollstreckungskosten auf den Gläubiger 788, 27
Blankowechsel(-scheck), Pfändung 831, 4
Blindenzulagen 850 a, 15
Börsen- oder Marktpreis von Wertpapieren 821, 3 ff.
Briefgrundschuld, Pfändung 857, 18
Briefhypothek, Pfändung 830, 3–6

Bruchteilseigentum an Grundstücken 864, 5–7
Bruchteilsgemeinschaft, Anteilspfändung 857, 14–16
Bruttolohnurteile als Vollstreckungstitel Vor §§ 704–707, 7
Buchgrundschuld, Pfändung 857, 18
Buchhypothek
 – Pfändung 830, 7
 – als Zwangshypothek 867, 17
Bürgschaft
 – Einrede gegen Drittwiderspruchsklage 771, 35
 – keine selbständige Pfändung der Ansprüche aus einer 829, 57; 851, 7; 857, 3
 – Durchsetzung des Anspruchs auf Übernahme einer 888, 7
Bund, Vollstreckung gegen 882 a, 3
Bundeseisenbahnvermögen, Vollstreckung in 882 a, 10

Darlehensanspruch, Pfändbarkeit Anh. § 829, 5; 851, 4
Datenschutz und Schuldnerverzeichnis 915, 1; 915 f
Dauerpfändung 751, 6
Dauerwohnrecht, Pfändung 857, 28
Detektivkosten 788, 13; 890, 53
DDR, Vollstreckung von Titeln aus der früheren, Vor §§ 704–707, 3; 704, 1; Vor §§ 722, 723, 9
Dienstaufsichtsbeschwerde Vor §§ 753–763, 9; 766, 10
Dienst- und Versorgungsbezüge
 – nicht wiederkehrende 850 i, 2
 – u. Pfändungsschutz 850, 10
Dienstleistungen
 – Vollstreckung des Anspruchs auf 887, 9; 888, 5, 38
 – Vollstreckung in Ansprüche auf 851, 2
Dispositionskredit, Pfändung Anh. § 829, 4, 5; 851, 3
Doppelpfändung des Anwartschaftsrechts 857, 10
Dritter
 – Erinnerungsbefugnis 766, 16
 – Herausgabevollstreckung gegen 883, 9; 886
 – Pfändung bei Dritten 809, 2
 – Pfändung von Sachen Dritter Vor §§ 803, 804, 14; 808, 4

 – Räumungsvollstreckung gegen Dritte als Mitbewohner 885, 9
 – Rechtsbehelfe durch die Vollstreckung betroffener Dritter Vor §§ 765 a–777, 6; 766, 16; 771; 805
 – Widerspruch betroffener Dritter bei Wohnungsdurchsuchung 758, 8, 19
Drittschuldner
 – Auskunftspflicht des 840, 1–8
 – Einwendungen und Einreden im Einziehungsprozeß 835, 8–12
 – Erinnerungsbefugnis 766, 16; 829, 63
 – Fehlen eines 857, 6, 7
 – Vertrauensschutz 836, 3, 4
 – Zahlungsverbot 829, 38, 48
Drittwiderspruchsklage
 – Abgrenzung zu anderen Rechtsbehelfen Vor §§ 765 a–777, 6; 771, 4–7
 – Anfechtungseinrede gegen 771, 33
 – Einwendungen des Gläubigers 771, 31 ff.
 – einstweilige Einstellung der Zwangsvollstreckung 771, 45
 – die Veräußerung hindernde Rechte 771, 13
 – Zulässigkeit 771, 8–12
Duldungsansprüche, Vollstreckung wegen Vor §§ 803–882 a, 3
Duldungstitel Vor §§ 864–871, 5; 890, 3
Durchgriffserinnerung Anh. § 793, 1, 5
Durchsuchung von Wohnungen
 – Abgabenvollstreckung 758, 1, 25
 – Anordnung durch den Richter 758, 1, 13
 – Anwesenheitsrecht des Gläubigers 758, 21
 – Arbeits- und Geschäftsräume 758, 7
 – ArbGG, VwGO, AO 758, 25
 – Einwilligung des Schuldners 758, 2
 – bei Gefahr im Verzug 758, 4
 – bei der Herausgabevollstreckung 758, 2 a; Anh. § 758, 6
 – Kosten 758, 24
 – für mehrere Gläubiger 758, 3
 – bei Mitbesitz Dritter 758, 8; Anh. § 758, 7
 – im Rahmen der Räumungsvollstreckung Anh. § 758, 4; 885, 8
 – Rechtsbehelfe 758, 19
 – richterliche Erlaubnis 758, 2 a
 – Taschenpfändung 758, 10
Durchsuchungsanordnung 758, 1–18; Anh. § 758

- bei Räumung von Wohnraum **885**, 8
- Rechtsmittel **758**, 19
- Rechtsschutzbedürfnis **758**, 15 f.
- bei Vollstreckung wegen Herausgabe beweglicher Sachen **883**, 8
- Voraussetzungen **758**, 2 ff.; **Anh. § 758**, 3
- Zuständigkeit **758**, 13

**Ehe**, Vollstreckung auf Eingehung der **888**, 37
**Eheähnliche Lebensgemeinschaft** Vor **§§ 739–745**, 3; **758**, 8; **811**, 12, 16, 26; **850 d**, 5
**Ehegatte**
- Gewahrsamsfiktion **739**, 2–8
- Pfändungsschutz zugunsten des **811**, 5, 12, 16, 26; **850 b**, 11; **850 c**, 4
- Räumungsvollstreckung gegen mitbesitzenden **885**, 9
- Zwangsvollstreckung gegen **Einf. vor §§ 739–745**, 1, 2

**Ehrverletzende Äußerungen**, Vollstreckung des Widerrufsanspruchs **888**, 2, 7
**Eidesstattliche Versicherung**
- Abgabenvollstreckung **899**, 1 a
- ArbGG, VwGO, AO **807**, 27
- bei Herausgabevollstreckung **883**, 15–18, 21
- Inhalt **807**, 16–21
- bei juristischen Personen **807**, 14
- Verfahren zur Abnahme **900**
- nach Verhaftung **902**
- bei Verweigerung der Wohnungsdurchsuchung **807**, 10, 10 a
- Vollstreckung des Anspruchs auf e. V. nach materiellem Recht **889**
- Voraussetzungen der Offenbarungsversicherung **807**; **883**, 15–18, 21; **900**, 1–8
- Widerspruch **900**, 19–23
- wiederholte Offenbarungsversicherung **900**, 9, 29; **903**
- bei wiederholtem Nichtantreffen des Schuldners **807**, 10 b
- Zuständigkeit zur Abnahme der Offenbarungsversicherung **899**

**Eigentümergrundschuld**
- Umwandlung der Zwangshypothek in eine **868**, 2–6
- Vollstreckung in eine **857**, 20

**Eigentumsübergang**
- bei Eigentumszuweisung im Rahmen sonstiger Verwertung **825**, 14
- nach Vollstreckung eines Übereignungsanspruchs **897**, 1, 4
- nach Zuschlag **817**, 7

**Eigentumsvorbehalt**
- Geltendmachung in der Zwangsvollstreckung **771**, 15; **805**, 10; **Anh. § 825**
- u. Pfändungsschutz **811**, 3 a–3 c

**Eingetragener Verein** in der Zwangsvollstreckung Vor **§§ 735–749**, 4
**Einstellung der Versteigerung 818**
**Einstellung der Zwangsvollstreckung**
- einstweilige **707**; **719**; **732**, 15; **765 a**, 18, 22; **766**, 33; **769**; **771**, 45; **775**, 12; **776**, 1; **793**, 5; **Anh. § 793**, 5; **813 a**, 15, 15 a
- endgültige **757**, 2; **776**
- Rechtsbehelfe **707**, 16–18; **732**, 16; **769**, 14–16; **775**, 15

**Einstweilige Anordnungen** als Vollstreckungstitel **794**, 29
**Einstweilige Regelungen 732**, 15; **765 a**, 18; **766**, 33; **769**, 8–10; **850 k**, 13
**Eintragung in Schuldnerverzeichnis 915**, 2–4
- Rechtsbehelfe **915 c**

**Eintragung der Zwangshypothek 867**, 2 ff., 8 ff.
**Eintragungsbewilligung 895**, 1
**Einziehungsprozeß** gegen den Drittschuldner **835**, 6–13
**Einziehungsverbot** an Schuldner (Inhibitorium) **829**, 53
**Eisenbahn 871**
**Entscheidung** im Vollstreckungsverfahren **766**, 5
**Entstrickung 776**, 1, 2
**Erbbaurecht** Vor **§§ 864–871**, 2; **864**, 3; **870**, 1
**Erbe**
- Haftungsbeschränkung Vor **§§ 747–749**, 1; **780**; **781**; **782**; **783**; **784**; **785**
- Klauselumschreibung **727**, 5, 19
- Zwangsvollstreckung gegen **Einf. vor §§ 747–749**

**Erbschaftsnutzungen**, Pfändungsbeschränkungen bei **863**
**Erfolglosigkeit der Pfändung 807**, 8–11
**Erfüllungseinwand**, Geltendmachung
- in der Handlungsvollstreckung **887**, 15; **888**, 12, 13, 35
- mit der Vollstreckungsabwehrklage **767**, 21

1491

– gegenüber den Vollstreckungsorganen **Vor §§ 765a–777,** 5; **775,** 10, 11
**Erfüllungsgehilfen** in der Zwangsvollstreckung **Allgem. Vorbem.,** 14; **Vor §§ 765a–777,** 9; **Anh. § 771,** 6; **890,** 28
**Erinnerung**
 – ArbGG, VwGO, AO **766,** 2
 – gegen Art und Weise der Zwangsvollstreckung **Vor §§ 765a–777,** 2, 3; **766**
 – Begründetheit **766,** 25
 – statthafte Einwendungen **766,** 8 f.
 – gegen Entscheidungen des Rechtspflegers **766,** 5; **Anh. § 793**
 – im Klauselverfahren **Vor §§ 724–734,** 11, 12; **732**
 – Rechtskraft **766,** 32
 – Rechtsmittel **766,** 31
 – Zulässigkeit **766,** 24
**Erinnerungsbefugnis 766,** 13 ff.
**Erinnerungsverfahren 766,** 18 ff.
**Erlösverteilung**
 – durch den Gerichtsvollzieher **819,** 6, 7; **827,** 2
 – aufgrund Teilungsplanes **876,** 1; **882,** 1
**Ermächtigungsbeschluß** zur Ersatzvornahme **887,** 17 ff.
**Ersatzordnungshaft 890,** 37, 45
**Ersatzvornahme 887,** 17, 23
**Ersatzzwangshaft 888,** 22
**Erschwerniszulagen** u. Pfändungsschutz **850 a,** 9
**Erzeugnisse eines Grundstücks 865,** 2, 6, 7
**Erziehungsgelder**
 – u. Pfändungsschutz **850 a,** 13
 – Zusammenrechnung mit Arbeitseinkommen **850 e,** 8
**Europäisches Anerkennungs- und Vollstreckungsübereinkommen Vor §§ 722, 723,** 4
**Europäische wirtschaftliche Interessenvereinigung,** Anteilspfändung **859,** 10 a

**Familiengericht,** Zuständigkeiten im Rahmen der Zwangsvollstreckung **767,** 13; **771,** 9; **887,** 13; **888,** 16; **890,** 10
**Familienunterhalt,** Berücksichtigung bei der Forderungspfändung **811,** 32; **850 c,** 4; **850 f,** 6, 7; **850 g,** 3; **850 k,** 10
**Fehler im Vollstreckungsverfahren**
 – Auswirkungen auf das Pfändungspfandrecht **Vor §§ 803, 804,** 14

 – Geltendmachung während des Vollstreckungsverfahrens **Vor §§ 765a–777,** 2, 3
 – Geltendmachung im Verteilungsverfahren **872,** 4; **878,** 9
 – Heilung vor Beendigung der Zwangsvollstreckung **766,** 27; **Vor §§ 803, 804,** 7
 – keine Zwischenverfügung bei Beantragung einer Zwangshypothek **867,** 8
**Festsetzung der Vollstreckungskosten 788,** 21
**Fiktion** von Willenserklärungen **894,** 6–8
**Finanzierter Abzahlungskauf** u. anderweitige Verwertung **Anh. § 825,** 7
**Firma als Schuldnerin 750,** 17 f.
**Firmenname,** Unpfändbarkeit **857,** 42
**Firmenübernahme,** Klauselerteilung bei **727,** 6; **729,** 3
**Forderungspfändung**
 – Anhörung des Schuldners **829,** 34; **834**
 – bei nicht übertragbaren Forderungen **851**
 – Bestimmtheit des Antrages **829,** 31, 37
 – mehrfache Pfändung **829,** 46
 – Überblick über die wichtigsten Forderungsarten **Anh. § 829**
 – verbriefte Forderungen **821; 822; 823; Anh. § 829,** 9–12; **830,** 3; **831**
 – Verfahrensgrundsätze **829,** 31–46
 – Zuständigkeit **828**
**Fortlaufende Bezüge,** Pfändung **832; 833; 850,** 17
**Freiberuflich Tätige,** Vollstreckungsschutz bei Forderungspfändung **850,** 17; **850 i,** 2–6
**Freigabe des Pfändungsgutes 771,** 43; **776,** 1; **843,** 1
**Freihändiger Verkauf Vor § 814,** 2; **821,** 3, 4; **825,** 11; **844,** 2; **857,** 9, 33
**Freistellungsverpflichtung,** Zwangsvollstreckung
 – in eine **851,** 4
 – wegen einer **Vor §§ 803–882 a,** 3; **888,** 8
**Freiwillige Leistungen** des Schuldners **754,** 2–10; **815,** 1
**Fremdgrundschuld,** Pfändung **857,** 18 f.
**Fremdwährungsschulden Vor §§ 803–882 a,** 4
**Fruchtlosigkeitsbescheinigung 807,** 8–10; **900,** 5
**Früchte auf dem Halm Vor §§ 803–863,** 2; **810; 824; 864,** 2

## Sachregister

**Gebot** in der Mobiliarversteigerung 817, 5; 817a, 3
**Gebrauchs- u. Geschmacksmusterrecht**, Zwangsvollstreckung in 857, 34, 38
**Gefahrtragung**
– bei Erlösablieferung 819, 4
– bei freiwilliger Leistung an den Gerichtsvollzieher 754, 8; 815, 11
– nach Pfändung von Bargeld 815, 9
**Gefangenengeld**, Pfändungsschutz 850, 11
**Gegenleistung**
– Angebot durch den Gerichtsvollzieher 756, 5
– Nachweis der Befriedigung des Schuldners 756, 9–11; 765, 3
– bei Zwangsvollstreckung auf Abgabe einer Willenserklärung 894, 7
**Geld**
– Pfändung von 808, 9; 850 k, 14 ff.
– Verwertung von 815
**Geldforderung**
– Begriff Vor §§ 803–882 a, 1–3
– Zwangsvollstreckung in eine Vor §§ 828–863, 1; 829 ff.; Anh. § 829
– Zwangsvollstreckung wegen einer Vor §§ 803, 804; 808 ff.
**Gemeinschaft**, Anteilspfändung 860
**Gemischte Theorie** Vor §§ 803, 804, 13 ff.
**Gerichtsstände, ausschließliche** 802
**Gerichtsvollzieher**
– Aufforderungen u. Mitteilungen 763, 2
– Aufgaben in der Zwangsvollstreckung Vor §§ 753–763, 1–7
– Auszahlung des Erlöses 819, 5–7
– Beauftragung 754, 2
– Befugnisse 754, 2 f., 11; 755
– Empfang des Erlöses 819, 1–4
– Erinnerungsbefugnis 766, 17
– Ermittlung von Forderungen 806 a
– Fragerecht 806 a, 3
– Haftung für Tätigkeiten des Allgem. Vorbem., 14; Vor §§ 753–763, 3; Anh. § 771, 15, 16
– Kosten für Tätigkeit des Vor §§ 753–763, 8
– Rechtsbehelfe des Gerichtsvollziehers in der Zwangsvollstreckung Vor §§ 753–763, 9; 766, 17
– Rechtsbehelfe gegen die Tätigkeit des Gerichtsvollziehers in der Zwangsvoll-

streckung Vor §§ 753–763, 9; 754, 12; Vor §§ 765 a–777, 3; 766, 8–12
– Schätzung durch 813, 3
– Stellung des Vor §§ 753–763
– Verfolgungsrecht des 758, 23; 808, 14
– Verhaftung durch den 888, 34; 909
– Verwertungsaufschub 813 a, 21, 21 a; Anh. § 813 a
– Weisungsgebundenheit Vor §§ 753–763, 5
– Zwangsbefugnisse 758, 20
**Gesamtgut** Vor §§ 739–745, 2; 740; 741; 742; 743; 744; 745; 774; 860
**Gesamthandseigentum**, Vollstreckung in Vor §§ 735, 736, 1–4; 736, 2
**Gesamthandsanteile**, Vollstreckung in 859
**Gesamthypothek** 867, 21
**Gesamtschuldner**, Vollstreckung gegen 733, 8; 750, 21; 771, 39
**Gesamtvollstreckung**, Bedeutung für Zwangshypothek 867, 20 a
**Geschäftsanteil**, Pfändung 857, 30–33
**Gesellschaft bürgerlichen Rechts**
– Vollstreckung in den Gesellschaftsanteil 857, 29; 859, 2–7
– Stellung in der Zwangsvollstreckung Vor §§ 735, 736, 3, 4; 736
**Gesetzlicher Vertreter des Schuldners**, Bezeichnung im Titel 750, 20
**Gewährleistungsrechte**
– bei anderweitiger Verwertung 825, 12
– bei der Austauschpfändung 811 a, 16
– bei Erwerb im Rahmen der Zwangsvollstreckung 806
**Gewahrsam Dritter** 809; 883, 9; 886
**Gewahrsam des Schuldners** 808, 1–3; 883, 9; 885, 9
**Gewaltanwendung** durch den Gerichtsvollzieher 758, 20
**Gewerbliche Schutzrechte**, Pfändung 857, 34 ff.
**Gewerkschaften** als Parteien in der Zwangsvollstreckung Vor §§ 735, 736, 9, 10
**Girovertrag**, Pfändung von Ansprüchen aus Anh. § 829, 2–7; 851, 3
**Gläubigeranfechtung** und
– Drittwiderspruchsklage 771, 33
– Klage auf vorzugsweise Befriedigung 805, 11
**Gläubigereigene Sachen**, Zwangsvollstreckung in 808, 7; Anh. § 825, 1

1493

## Sachregister

**Gläubigerwechsel** nach Titelerlangung 727, 4–17
**Grundbuchamt** als Vollstreckungsorgan 866, 1; 867, 2, 24
**Grundbuchberichtigungsanspruch**, Pfändung 857, 20
**Grundbuchbeschwerde** 830, 9; **Vor §§ 864–871**, 7; 867, 24
**Grunddienstbarkeit**, Pfändung 857, 27
**Grundfreibetrag** beim Arbeitseinkommen 850 c, 4
**Grundrechte**, Schutz in der Zwangsvollstreckung **Allgem. Vorbem.**, 3, 10
**Grundschuld**, Pfändung 857, 18–22
**Grundstück** 864, 2
- Anspruch auf Herausgabe von 885
- mehrfache Pfändung eines Anspruchs auf 855

**Grundstücksgleiche Rechte** 864, 3; 870
**Grundstückszubehör** 865, 3–5
**Gütergemeinschaft** siehe Gesamtgut
**Gütestelle**, Vergleich als Vollstreckungstitel 794, 22; 797 a, 1
**Gutglaubensschutz**
- beim Erwerb gepfändeter Sachen **Vor §§ 803, 804**, 9
- im Hinblick auf Grundbucheintragungen 867, 19; 898, 1
- im Versteigerungsverfahren 817, 7
- bei Erwerb einer Vormerkung durch Zwangsvollstreckung 898, 2

**Härteklausel** 765 a
**Haft** zur Erzwingung der Offenbarungsversicherung 901; 904; 905; 906; 908–911; 913; 914
**Haftaufschub** 906
**Haftbefehl** 908
**Haftdauer** 913
**Haftung**
- des Gläubigers bei Verletzung von Drittrechten **Allgem. Vorbem.**, 14; **Vor §§ 765 a–777**, 9; **Anh. § 771**
- des Staates für Fehler der Vollstreckungsorgane **Anh. § 771**, 15, 16
- nach voreiliger Vollstreckung 717, 4–25

**Haftungsbeschränkung der Erben** 780; 781; 782; 783; 785
**Handlungsvollstreckung** 887, 888
- Ausschluß 888 a

**Handwerkerlebensversicherungen**, bedingte Pfändbarkeit 850 b, 17
**Hausrat**, Pfändungsschutz 811, 12–15; 812
**Haustiere**, Unpfändbarkeit 765 a, 9, 10; 811 c
**Heilung fehlerhafter Vollstreckungsakte**
- Einfluß auf Rechtsbehelfe 766, 27
- Rückwirkung **Vor §§ 803, 804**, 15, 16

**Heimarbeitsentgelt**, Pfändungsschutz 850 i, 8
**Heirats- u. Geburtsbeihilfen**, Pfändungsschutz 850 a, 12
**Herausgabeansprüche**
- schuldrechtliche H. als die Veräußerung hindernde Rechte 771, 25
- Vollstreckung in Ansprüche auf H. beweglicher Sachen 847
- Vollstreckung in Ansprüche auf H. von Grundstücken 848
- Vollstreckung wegen H. auf bestimmte bewegliche Sachen 883
- Vollstreckung wegen H. eines Kindes 883, 5
- Vollstreckung wegen H. von Grundstücken 885
- Vollstreckung wegen H. auf Wohnraum 885, 7–12

**Herausgabebereitschaft** der besitzenden Dritten 809, 3
**Herausgabepflicht** bezüglich Urkunden mit Unterlagen über gepfändete Forderungen 836, 6–9
**Herausgabevollstreckung**
- ArbGG, VwGO, AO 883, 12
- Leistung vertretbarer Sachen 884
- Überblick **Vor §§ 883–898**

**Herstellung der ehelichen Gemeinschaft** 888, 37
**Herstellung einer Sache**, Vollstreckung des Anspruchs auf 883, 3; 887, 1; 888, 7
**Hilfspfändung** 830, 3; 836, 8
**Hinterbliebenenbezüge**, Pfändungsschutz 850, 13
**Hinterlegung**
- zur Abwendung der Zwangsvollstreckung 839
- durch Drittschuldner 853
- von gepfändetem Geld 815, 4–8
- bei mehrfacher Forderungspfändung 853, 2 ff.; 854, 3
- zum Zwecke der Sicherheitsleistung 709, 5

– des Versteigerungserlöses 827, 3
– im Verteilungsverfahren 872, 1 f.; 876, 3; 882, 1
– Vollstreckung eines Anspruchs auf 887, 10
**Höchstbetragshypothek** 830, 1; 837, 4
**Höchstpersönliche Forderungen** 851, 3
**Hypothek**
– Pfändung der durch Hypothek gesicherten Forderung 830
– als die Veräußerung hinderndes Recht 771, 20
– Verwertung 837
**Hypothekenhaftung** u. Immobiliarvollstreckung 865, 2 ff., 6 ff.

**Immaterialgüterrechte**, Pfändung 857, 34 ff.
**Immobilienvollstreckung**, Überblick **Vor §§ 864–871**
**Inbesitznahme** 808, 8–12
**Inhaberpapiere**, Vollstreckung in 821, 2; 823; 831, 1
**Inkassozession** 771, 40; 829, 14

**Jahresendbezüge** 850 a, 11
**Jubiläumszuwendung**, Pfändungsschutz 850 a, 4
**Jugendamt**, Urkunden des 797, 6, 10
**Juristische Person**
– Offenbarungsversicherung durch Vertreter 807, 14; 900, 13
– Ordnungsmittel gegen Vertreter 890, 39
– Zwangsmittel gegen Vertreter 888, 26
**Juristische Person des öffentlichen Rechts** 882 a; Vor §§ 883–898, 3

**Karenzentschädigung**, Pfändungsschutz 850, 15
**Kerntheorie** im Rahmen der Unterlassungsvollstreckung 890, 21–23
**Kalendertag** u. Vollstreckungsbeginn 751
**Kindergeld**
– Zwangsvollstreckung in Anspruch auf 850 d, 23; 850 e, 8
– Bedeutung für den Mindestbedarf des Schuldners 850 f, 11
**Klage**
– auf Erteilung einer Vollstreckungsklausel 731
– auf Unterlassung weiterer Zwangsvollstreckung Anh. § 767

– gegen Vollstreckungsklausel 768
– auf vorzugsweise Befriedigung 805
**Klauselerinnerung** 732
**Körper- oder Gesundheitsverletzung**, Renten wegen 850 b, 9
**Körperschaften des öffentlichen Rechts**, Vollstreckung gegen 882 a, 3
**Kommanditgesellschaft**
– als Partei der Zwangsvollstreckung **Vor §§ 735, 736, 5**
– Pfändung des Anteils an einer 859, 11
– Verwertung des gepfändeten KG-Anteils 859, 8
**Konkurs**
– keine Einzelzwangsvollstreckung während der Allgem. Vorbem., 2
– Konkursanfechtungsrecht und Drittwiderspruchsklage 771, 28
– Titelumschreibung auf Konkursverwalter 728, 9
**Konkursausfallgeld**, Pfändungsschutz 850, 18
**Kontoguthaben**, Schutz in der Zwangsvollstreckung 835, 17; 850 a, 6; 850 k
**Kontokorrentkonto**, Vollstreckung in 829, 7; Anh. § 829, 4; 851, 10
**Kostbarkeiten**
– Pfändung von 808, 9
– Schätzung von 813, 4
**Kosten der Zwangsvollstreckung**
– Beitreibung 788, 19–21
– Berechnung durch den Gerichtsvollzieher 788, 20, 30
– Erstattung an Schuldner 788, 22–26
– Festsetzung 788, 21
– Kostentragungspflicht 788, 2–5
– Übersicht über notwendige 788, 10–18
**Kostenentscheidung**
– im Rahmen der Handlungs- und Unterlassungsvollstreckung 788, 8; 887, 19; 888, 29; 890, 40
– im Rahmen der vollstreckungsrechtlichen Rechtsbehelfe 766, 29; 788, 6
**Kostenfestsetzungsbeschluß** 794, 24; 795; 798
**Kostenvorschuß** für die Ersatzvornahme 887, 20, 24
**Kreditkosten**
– als Kosten der Zwangsvollstreckung 788, 12

– als Schaden aus voreiliger Vollstreckung 717, 11, 12
**Kreditlinie**, Unpfändbarkeit des Rechts auf Ausnutzung der **Anh. § 829**, 4, 5; **851**, 3
**Kündigung**
– von Gesellschaftsverträgen durch Vollstreckungsgläubiger **859**, 5, 6, 8–10
– Kündigungsbefugnis als unselbständiges Nebenrecht **829**, 57; **851**, 7
**Künftige Forderungen 829**, 7

**Länder**, Vollstreckung gegen **882a**, 3
**Landesrechtliche Vollstreckungstitel 801**
**Land- und Forstwirtschaft 811**, 17–19; **851a**
**Leasingnehmer**, Pfändung des Nutzungsrechts **857**, 43
**Lebenshaltungsindex Vor §§ 704–707**, 6
**Lebensversicherung**, Vollstreckung in **Anh. § 829**, 14, 15
**Legitimationspapiere 836**, 6
**Listen aus Abdrucken des Schuldnerverzeichnisses 915e**, 5; **915f**; **915g**; **Anh. § 915h**, 2 ff., 9 ff.
**Löschung im Schuldnerverzeichnis 915a**
– Anwaltsgebühr **915a**, 7
– Nachweis der Befriedigung **915a**, 3
– Wegfall des Eintragungsgrundes **915a**, 4
– wegen Fristablaufs **915a**, 2
– beim Konkursgericht **915a**, 6
– Zuständigkeit **915a**, 1
**Löschung von Verzeichnissen aus Abdrucken und Listen 915g**
**Löschung der Zwangshypothek 867**, 24
**Löschungsanspruch 895**, 1, 8
**Lohnpfändung 832**; **833**; **850**; **850a–850k**
**Lohnschiebung 850h**, 2–6
**Lohnsteuerjahresausgleich**, Pfändung der Erstattungsansprüche **Anh. § 829**, 29
**Lohnverschleierung 850h**, 7–14
**Luftfahrzeuge Vor §§ 864–871**, 3

**Mängel des ersteigerten Gegenstandes 806**; **817**, 6
**Mängel des Vollstreckungsverfahrens**, s. Fehler im Vollstreckungsverfahren
**Markenrecht**, Pfändung **857**, 41
**Maßnahmen** des Vollstreckungsgerichts in der Zwangsvollstreckung **766**, 5
**Materiellrechtliche Einwendungen** gegen den titulierten Anspruch
– Berücksichtigung durch Vollstreckungsorgane **766**, 8; **767**, 1; **775**, 10
– Geltendmachung durch Drittschuldner **835**, 9
– Geltendmachung im Klauselverfahren **vor §§ 724–734**, 9; **724**, 6
– Vollstreckungsabwehrklage **767**
**Materielle Ausgleichsansprüche Vor §§ 765a–777**, 9 f.; **Anh. § 771**, 14
**Mehrarbeitsvergütung 850a**, 2
**Mehrfache Pfändung**
– u. Anschlußpfändung **826**, 1 f.
– von Forderungen **829**, 46; **853**; **854**; **855**; **855a**
– von Herausgabeansprüchen **847**, 5
– Klage bei **856**
– von körperlichen Sachen **827**
**Mehrverdienst**, Pfändungsgrenzen **850c**, 5
**Meistgebot 817**, 5
**Mieterschutz** in der Zwangsvollstreckung **721**, 5; **765a**, 14; **794a**, 1
**Mietzinsansprüche**
– Pfändungsschutz **851b**
– Vorauspfändung **832**, 3
**Mindestbetrag** der Zwangshypothek **866**, 6–8
**Mindestgebot 817a**
**Miteigentum**, Anteilspfändung **857**, 14 ff.
**Miterbenanteil**, Vollstreckung in **859**, 14–18
**Miterbengemeinschaft** als Vollstreckungsschuldner **747**
**Mitgewahrsam Dritter 809**, 1; **883**, 9; **885**, 9
**Mitteilungen des Gerichtsvollziehers 763**, 2
**Mutterschaftsgeld**, Zusammenrechnung mit Arbeitseinkommen **850e**, 8

**Nacherbfolge**
– Drittwiderspruchsklage des Nacherben **773**
– Klauselerteilung bei **728**, 2–5
**Nachlaß**, Vollstreckung in **Einf. vor §§ 747–749**, 1
**Nachlaßkonkurs 780**, 2, 5; **782**, 2; **784**, 3
**Nachlaßpfleger 779**, 2
**Nachlaßverwalter 728**, 9; **779**, 2; **784**, 2
**Nachtzeit**, Vollstreckung zur **761**
**Nachverfahren**, Aufhebung des Vorbehaltsurteils im **707**, 1; **717**, 4; **775**, 7
**Namenspapiere 821**, 2; **822**
**Naturalleistungen**, Zusammenrechnung mit Arbeitseinkommen **850e**, 11 f.

**Nettoeinkommen,** als Grundlage der Pfändungsgrenzen 850 e, 2-4
**NATO-Truppenstatut** 829, 22
**Naturalleistungen als Arbeitseinkommen** 811, 19; 850 e, 11
**Nichteheliche Lebensgemeinschaft**
 - Gewahrsamsvermutung Vor §§ 739-745, 3
 - Räumungsvollstreckung 885, 9
 - Wohnungsdurchsuchung 758, 8
**Nichtige Vollstreckungsakte** Vor §§ 803, 804, 4, 5
**Nichtrechtsfähiger Verein** als Partei in der Zwangsvollstreckung Vor §§ 735, 736, 1, 2; 735
**Nießbrauch**
 - Vollstreckung in Vor 737, 738, 2-5; 857, 25, 26
 - Titelumschreibung 738
 - als die Veräußerung hinderndes Recht 771, 20
**Notarielle Urkunde**
 - Klauselerteilung Vor §§ 724-734, 7; 797, 2-5
 - als Vollstreckungstitel 794, 32-45; 797, 2-5
**Notfristzeugnis** 706, 10, 11
**Notwendige Vollstreckungskosten** 788, 7, 10-18

**Obdachlosigkeit,** Bedeutung bei der Räumungsvollstreckung 885, 7, 11
**Öffentliche Bekanntmachung** der Versteigerung 816, 4
**Öffentlich-rechtliche Theorie** Vor §§ 803, 804, 11
**Öffentliche Versteigerung,** beweglicher Sachen 814; 816; 817
**Öffnung verschlossener Türen** durch den Gerichtsvollzieher 758, 20
**Offenbarungsversicherung** siehe: **Eidesstattliche Versicherung**
**Offene Handelsgesellschaft**
 - Drittwiderspruchsklage des Gesellschafters 771, 36
 - Kündigungsrecht des Vollstreckungsgläubigers 859, 8
 - Vollstreckung gegen OHG Vor §§ 735, 736, 5
 - Vollstreckung gegen Gesellschafter einer OHG 859, 1, 8-10
 - Vollstreckung in Gesellschaftsanteil an einer OHG 859, 8-10

**Orderpapiere** 831, 1, 2
**Ordnungsmittel**
 - Rechtscharakter 890, 5-8
 - Verhängung gegen Vertreter des Schuldners 890, 39
 - Vollstreckung verhängter 890, 43-45
**Organe der Zwangsvollstreckung** als öffentliche Amtsträger **Allgem. Vorbem.,** 3; Vor §§ 753-763, 3-5
**Ort der Versteigerung** 816, 3; 825, 10

**Pachtzinsen,** Pfändungsschutz 851 b
**Partei kraft Amtes,** Titelumschreibung für und gegen 728, 9
**Parteibezeichnung,** Anforderungen an die Bestimmtheit der Vor §§ 704-707, 5
**Parteifähigkeit** im Vollstreckungsverfahren **Allgem. Vorbem.,** 4
**Parteiherrschaft** in der Zwangsvollstreckung **Allgem. Vorbem.,** 5-7
**Parteivereinbarungen** 766, 9
**Patentrecht,** Zwangsvollstreckung in 857, 39, 40
**Pfändung**
 - anderer Vermögensrechte 857
 - von Ansprüchen auf Herausgabe 846-849
 - von Bargeld 808, 9
 - beweglicher Sachen Vor §§ 803-863, 1, 2; 803; 808, 10-12
 - eigener Sachen des Gläubigers 808, 7
 - von Forderungen 829; Anh. § 829
 - Gebühren 808, 19
 - Nichtigkeit und Anfechtbarkeit Vor §§ 803, 804, 2-7
 - verbriefter Forderungen 821, 1, 2; 831
**Pfändungsbeschluß**
 - Bestimmtheit 829, 37-39
 - Zustellung 829, 42-45
**Pfändungsbeschränkungen**
 - bei Pfändung von Arbeitseinkommen 850, 2-6; 850 a, 2-11; 850 c; 850 e
 - bei Pfändung beweglicher Sachen 811; 811 c; 812
 - bei Pfändung von Forderungen allgemein 829, 20-30
 - bei Pfändung von Sozialleistungen Anh. § 829, 21-25; 850 d, 21-23; 850 e, 7-9

1497

– bei Vollstreckung von Unterhaltsansprüchen 850 d
**Pfändungspfandrecht**
– Bedeutung für den Gläubiger **Vor §§ 803, 804,** 15
– Entstehung **Vor §§ 803, 804,** 14
– Erlöschen durch gutgläubigen Erwerb **Vor §§ 803, 804,** 17
– gutgläubiger Erwerb eines Vorrangs 804, 5
– Rang **Vor §§ 803, 804,** 15 a–16; 804, 2–4
– Theorien **Vor §§ 803, 804,** 11–13
**Pfändungsprotokoll** 762; 763
– Beweiskraft 762, 7
– Bezeichnung der unpfändbaren Gegenstände 762, 5
– Gebühren 762, 8
**Pfändungstabelle Anh. § 850 c**
**Pfandanzeige** 808, 10
**Pfandrecht**
– besitzloses 805, 8
– Geltendmachung gegenüber Zwangsvollstreckung 771, 22, 23; 805, 8
– keine selbständige Pfändung 829, 57; 851, 7
– als Vorzugsrecht gepfändeter Forderung 838
**Pfandverkauf**
– keine Gewährleistung 806
**Pfandsiegel** 808, 10
**Pflichtteilsanspruch**, Pfändung 852
**Postschein** 775, 11
**Postsparguthaben**, Pfändung 829, 5; **Anh. § 829,** 9; 831, 2
**Präklusion**
– von Einwendungen 767, 33–36, 41
– beim Vollstreckungsbescheid 796, 2
**Prioritätsprinzip**
– u. Erweiterung der Pfändbarkeit 850 f, 12
– u. Rang der Pfändungspfandrechte **Vor §§ 803, 804,** 15; 804, 3
– u. Lohnverschleierung 850 h, 14 a
**Privatrechtliche Theorie Vor §§ 803, 804,** 12
**Protokoll** über Vollstreckungshandlungen 762, s. Pfändungsprotokoll
**Prozeßfähigkeit**
– der Parteien des Vollstreckungsverfahrens **Allgem. Vorbem.,** 4; 750, 10
– des Schuldners bei der Handlungsvollstreckung 888, 25

**Prozeßgericht** als Vollstreckungsorgan **Vor §§ 765 a–777,** 3; 887, 13; 888, 16; 890, 10
**Prozeßvergleich**
– Geltendmachung seiner Unwirksamkeit 767, 27; 794, 13–16
– als Vollstreckungstitel 794, 19–21
**Prozeßvollmacht**, Fortgeltung in der Zwangsvollstreckung 750, 10

**Quittung** 757

**Räumungsgut**
– Verkauf 885, 16 f.
– Verwahrung 885, 13 ff.
**Räumungsschutz** 885, 12
**Räumungsvergleich** 794 a
**Räumungsvollstreckung**
– ArbGG, VwGO, AO 885, 22
– Durchsuchungsanordnung 885, 8
– gegen Ehegatten, Kinder und andere Mitbewohner 885, 9
– Gebühren 885, 21
– Klauselerteilung bei Verpflichtung im Titel zur Ersatzraumbeschaffung 726, 4
– Räumungsfrist 721, 6–14; 794 a, 2, 3
– Rechtsbehelfe 885, 18 ff.
– Schuldnerschutz 765 a, 10, 14 a; 885, 12
– unpfändbare u. nicht verwertbare Sachen 885, 15 a, 16
– Wegschaffung der Sachen des Schuldners 885, 5, 13–15
– Zurückbehaltung von Räumungsgut durch den Gläubiger 885, 10
– Zuschlagsbeschluß als Räumungstitel 721, 1
**Rang**
– Bedeutung bei Pfändung **Vor §§ 803, 804,** 15; 804, 2, 3
– bei gleichzeitiger Pfändung 804, 3
– bei Pfändung der Auflassungsanwartschaft 857, 13
– der Vorpfändung 845, 6
– der Zwangshypothek 867, 20
**Rangordnung** mehrerer Unterhaltsberechtigter 850 d, 13–15
**Reallast**, Vollstreckung in 857, 24
**Rechnungslegung**, Vollstreckung auf 887, 7; 888, 6
**Rechtsbehelfe im Klauselverfahren Vorbem. vor §§ 724–734,** 11, 12

Rechtsbehelfe in der Zwangsvollstreckung Vor §§ 765 a–777, 2–8
Rechtskraftzeugnis 706, 2–9
Rechtspflegererinnerung 766, 6; Anh. § 793, 1–5
Regelunterhaltsbeschluß als Vollstreckungstitel 794, 25
Reichsheimstätte Vor §§ 864–871, 2
Rektapapiere 821, 1, 2; 831, 1
Rentenschuld, Pfändung 857, 23
Ruhegelder, Pfändungsschutz 850, 12

Sachverständiger, Schätzung durch 813, 3
Säumnis im Verteilungstermin 877
Schadensersatz
– bei Aufhebung eines vorläufig vollstreckbaren Urteils 717, 2–20
– nach unterlassener Auskunftserteilung 840, 9–14
– nach verfahrensrechtlich fehlerhafter Vollstreckung Vor §§ 753–763, 3; Anh. § 771, 15
– bei Vollstreckung in schuldnerfremde Sache Allgem. Vorbem., 14; Anh. § 771, 2–16
Schätzung des Wertes der Vollstreckungsobjekte 813
Scheck, Pfändung 808, 9; 831, 3
Schenker, Pfändung des Herausgabeanspruchs des 852
Schiedssprüche, -vergleiche als Vollstreckungstitel 794, 31
Schiff 847 a; 855 a; 864, 4; 870 a; 885
Schiffsbauwerk 870 a
Schiffshypothek 800 a; 830 a; 837 a
Schiffspart, Vollstreckung in 858
Schuldnerfremde Sachen
– Eigentumserwerb des Erstehers nach Ablieferung 817, 7
– Pfändung Vor §§ 803, 804, 14; 808, 4–7
– Schadensersatz wegen Vollstreckung in Anh. 771, 6–11, 13
Schuldnerschutz
– bei Pfändung von Arbeitseinkommen 850, 2–6; 850 a, 2–11; 850 c; 850 f, 4–7; 850 e, 2, 3
– bei Pfändung beweglicher Sachen 811; 811 c; 812
– bei Räumungsvollstreckung 721; 794 a
– bei sittenwidriger Härte 765 a

Schuldnerverzeichnis 915
– Abdrucke aus 915 d; Anh. § 915 h, 9 ff.
– Listen aus Abdrucken 915 e, 5; 915 f; 915 g; Anh. § 915 h, 12 ff.
– automatisches Abrufverfahren Anh. § 915 h, 17 ff.
– Auskünfte aus 915, 5, 6; 915 b
– personenbezogene Daten 915, 5
– Eintragungen 915, 2, 3
– Gesetzesreform 915, 1
– Inhalt Anh. § 915, 1
– beim Konkursgericht 915, 7
– Löschung der Eintragung 915 a
– Verordnungsermächtigung 915 h
Schuldnerverzeichnisverordnung Anh. § 915
Schuldübernahme als Rechtsnachfolge 727, 20
Sicherheitsleistung
– zur Abwendung der Zwangsvollstreckung 712, 5; 720, 3; 771, 2–5
– bei Teilvollstreckung 752
– Vollstreckung wegen 887, 10
– als Vollstreckungsvoraussetzung 751, 7–10
Sicherungsgut, Pfändung in durch Sicherungsgut gesicherte Forderung 829, 57; 838
Sicherungshypothek, Erwerb in der Zwangsvollstreckung 848, 6–9; 857, 13; 867, 16
Sicherungshypothek, Pfändung einer 830, 7
Sicherungsübereignung
– Geltendmachung gegenüber Vollstreckungsgläubiger 771, 16; 805, 10
– Pfändungsschutz 811, 3 d
Sicherungsvollstreckung 720 a, 1–6; 750, 31
Siegelanlegung, Pfändung durch 808, 10
Sittenwidrige Erschleichung oder Ausnutzung eines unrichtigen Titels Anh. § 767
Sittenwidrige Härte, Schuldnerschutz 765 a, 10
Sofortige Beschwerde Vor §§ 765 a–777, 3; 793
Sonderformen der Verwertung 825; 844; 857, 9
Sondergut bei Gütergemeinschaft 740, 1, 5
Sonn- und Feiertag, Vollstreckung am 761
Sonstige Vermögensrechte, Vollstreckung in 857

1499

*Sachregister*

Sozialhilfebedarf, erweiterter Pfändungsschutz 850 f, 4
Sozialer Pfändungsschutz 765 a; 811; 850 ff.
– beim Arbeitseinkommen 850 f
– ArbGG, VwGO, AO 811, 44; 850, 19
– beim Bankguthaben 850 k
– Erweiterung des 850 f, 4 ff.
– bei gläubigereigenen Sachen 811, 3–3 d
– bei Herausgabevollstreckung 883, 11
– bei nicht wiederkehrenden Bezügen 850 i
– Verzicht auf 811, 8 f.
Sozialleistungen
– Pfändungsschutz Anh. § 829, 23, 24; 850, 18; 850 i, 9; 850 k, 14–20
– Vollstreckung in Anh. § 829, 21–25; 850 c, 11; 850 d, 21–23; 850 f, 3
– Zusammenrechnung mit Arbeitseinkommen 850 e, 7–10
Sparkassenbuch
– Herausgabepflicht durch Schuldner 836, 6
– Pfändung Anh. § 829, 9
Sterbe- u. Gnadenbezüge 850 a, 14
Steuererstattungsansprüche, Pfändung Anh. § 829, 26–29
Stiftungen des öffentlichen Rechts, Vollstreckung gegen 882 a, 3
Stille Gesellschaft, Anteilspfändung 859, 12
Strafgefangenenentgelt 850, 11
Strafverfolgungsentschädigungsansprüche, bedingte Pfändbarkeit 850 b, 9
Streikgeld 850, 11
Studienbeihilfen 850 a, 13
Stundung, Nachweis in der Zwangsvollstreckung 767, 20; 775, 10
Surrogat, Fortsetzung des Pfandrechts am 819, 1
– Angabe in Offenbarungsversicherung 807, 18

Taschengeldanspruch, Pfändung 850, 9; 850 b, 11; 851, 3
Taschenpfändung, Durchsuchungsanordnung 758, 10
Teilleistungen, Vermerk auf Quittung 757, 4
Teilvollstreckung u. Sicherheitsleistung 752
Teilungsplan 874; 875, 1; 876; 880, 1; 882, 1
Terminsbestimmung im Verteilungsverfahren 875
Testamentsvollstrecker, Klauselerteilung gegen 727, 19; 728, 6; Vor §§ 747–749, 1; 749, 1–5
Titelerstreckung, Klauselerteilung zum Zwecke der Vor §§ 724–734, 5; 727
Treuegelder, Pfändungsschutz 850 a, 4
Treuhänder, Drittwiderspruchsklage 771, 16, 17, 40

Übergabe des Titels 757
Übereignungsansprüche
– Vollstreckung in 845, 5–10; 847, 3
– Vollstreckung wegen Vor §§ 883–898, 1; 897, 1, 2
Übergabeersatz bei Eigentumserwerb durch Vollstreckung 897, 1
Überpfändung 803, 2–4
Überstundenvergütung, Vollstreckung in 850 a, 2
Übertragbarkeit einer Forderung als Pfändungsvoraussetzung 851
Überweisung
– Auslegung des Überweisungsbeschlusses 835, 2
– Ausschluß der Überweisung 720 a, 1, 4; 835, 1; 844, 1
– zur Einziehung 835, 4–14; 857, 9
– an Zahlungs Statt 835, 15, 16; 857, 9
– Zustellung des Überweisungsbeschlusses 835, 3
Überziehungskredit, Pfändung Anh. § 829, 4; 850 k, 21; 851, 3
Umfang der Zwangsvollstreckung 865
– ArbGG, VwGO, AO Vor §§ 864–871, 8
Umschreibung von Namenspapieren 822
Unbewegliches Vermögen
– ArbGG, VwGO, AO Vor §§ 864–871, 8
– Gegenstände der Zwangsvollstreckung in das 864
– Herausgabevollstreckung 885, 1
– Überblick über die Vollstreckungsmöglichkeiten in das Vor §§ 864–871, 1, 2; 866, 1–5
– Umfang der Zwangsvollstreckung 865
Unentgeltliche Zuwendungen, bedingte Pfändbarkeit 850 b, 14
Unerlaubte Handlung, Vollstreckung einer Forderung aus 850 f, 8, 9
Ungetrennte Früchte 810; 824
Unpfändbarkeit
– Änderung der Voraussetzungen 850 g

- von Forderungen 829, 20–30; 850 a; 850 b; 851, 2–7
- von körperlichen Sachen 811; 811 c; 812
- Verstoß gegen Unpfändbarkeitsvorschriften 811, 6; 829, 26–30
- Verzicht auf Unpfändbarkeit Allgem. Vorbem., 6; 811, 8, 9

Unterhaltsabänderungsbeschluß 794, 26; 798 a

Unterhaltsansprüche
- Vollstreckung in 850 b, 10–13
- Vollstreckung wegen 850 d

Unterhaltsberechtigte
- eigenes Einkommen von 850 c, 7
- Konkurrenz mehrerer Unterhaltsberechtigter in der Zwangsvollstreckung 850 d, 9, 13–15

Unterhaltsrückstände, Vollstreckung wegen 850 d, 12

Unterlassungsvollstreckung
- Abgrenzung zur Handlungsvollstreckung 890, 2, 4
- Androhung der Ordnungsmittel 890, 15–18
- Kerntheorie 890, 22, 23
- Tateinheit und Fortsetzungszusammenhang 890, 25
- Verschuldenserfordernis 890, 26, 27
- Wegfall des Titels nach Zuwiderhandlung 890, 13

Untermieter, Räumungsvollstreckung gegen 885, 9

Unterwerfung unter die sofortige Zwangsvollstreckung 794, 39–41
- in AGB 794, 39
- in Urkunde gegen den jeweiligen Eigentümer 800, 2 ff.
- Eintragung im Grundbuch 800, 5

Unvertretbare Handlungen, Vollstreckung wegen 888

Urkunde
- Herausgabepflicht des Schuldners 836, 6–8
- vollstreckbare Urkunde als Titel 794, 32–46; 797

Urkundsbeamter der Geschäftsstelle Vor §§ 724–734, 7, 11; 724, 9

Urlaubsgeldanspruch, Vollstreckung in 850 a, 3–6

Veräußerungsverbot nach Pfändung Vor §§ 803, 804, 3

Verbraucherkreditgesetz Anh. § 825

Verfallsklausel 726, 6

Verfolgungsrecht des Gerichtsvollziehers 758, 23; 808, 14; 809, 7

Verfügungsverbot, relatives Vor §§ 803, 804, 3

Vergleich 794, 1 ff.; 794 a

Verhaftung 909; 910; 914

Verhältnismäßigkeitsgrundsatz Allgem. Vorbem., 3; 753, 4; 765 a, 10

Vermieterpfandrecht
- Geltendmachung in der Räumungsvollstreckung 885, 10
- Klage auf vorzugsweise Befriedigung 805, 8

Verpächterpfandrecht 805, 8

Vermögensrechte, andere
- Abgrenzung zu Nichtvermögensrechten 857, 2
- Drittschuldner 857, 6
- Pfändung 857, 4, 6, 7
- Verwertung 857, 9

Vermögensübernahme
- Einwendung gegen Drittwiderspruchsklage 771, 37
- Klauselerteilung bei 729, 2, 6

Vermögensverzeichnis, Ergänzung nach eidesstattlicher Versicherung 807, 22, 23; 903, 2, 3

Vermögenswirksame Leistungen 850, 11

Versäumnisurteil
- Präklusionswirkung 767, 32
- im Verteilungsverfahren 881
- vorläufige Vollstreckbarkeit 708, 3; 709, 6

Verschleiertes Arbeitseinkommen 850 h

Versicherungsforderungen, Vollstreckung in Anh. § 829, 14–19

Versicherungsrenten, Pfändungsschutz 850, 16

Versicherungs- u. Versorgungsvorschriften 850 i, 9

Versteigerung beweglicher Sachen 814; 816, 3–7; 817; 817 a

Versteigerung von Rechten und Forderungen 844, 2, 4

Versteigerungsbedingungen 817, 4

Versteigerungserlös, Eigentumsverhältnisse am 819, 3

1501

*Sachregister*

**Versteigerungstermin** in der Mobiliarvollstreckung 816, 1, 2; 817, 4, 5
**Verstrickung**
- gepfändeter Forderungen **Vor §§ 803, 804**, 2–8; **829**, 48–53
- gepfändeter Sachen **Vor §§ 803, 804**, 2–9; **808**, 8–14

**Verteilungsgericht 873**, 1; **879**, 2
**Verteilungsverfahren** in der Mobiliarvollstreckung
- ArbGG, VwGO, AO **Vor §§ 872-882**, 5
- Teilnehmer am **Vor §§ 872–882**, 2
- Teilungsplan **874**; **882**
- Voraussetzungen der Einleitung des **872**, 1–3
- Widerspruchsklage **878**, 1–13; **879**; **880**

**Vertragspfandrecht**
- Drittwiderspruchsklage **771**, 22
- Pfändung einer durch Vertragspfandrecht gesicherten Forderung **829**, 57; **838**

**Vertragsstrafe**, Verhältnis zum Ordnungsgeld **890**, 17, 26
**Vertretbare Handlungen**, Vollstreckung wegen **887**, 2 ff., 12–25
**Vertretbare Sachen**, Herausgabe von **884**
**Verwahrung**
- gepfändeter Sachen **808**, 12
- des Räumungsgutes **885**, 13–15
- Schadensersatzansprüche wegen mangelhafter **Vor §§ 753–763**, 3

**Verwertung**
- Aussetzung **813 a**; **Anh. § 813 a**
- andere Verwertungsart **825**, 9 ff.
- einer unter Eigentumsvorbehalt verkauften Sache **Anh. § 825**
- gepfändeter anderer Vermögensrechte **857**, 9
- gepfändeter Geldforderungen **835**, 1, 2; **844**, 1–3
- gepfändeter körperlicher Sachen **Vor § 814**, 1–5
- gepfändeter verbriefter Forderungen **821**; **829**, 3; **831**, 2
- ungetrennter Früchte **824**, 2 ff.

**Verwertungshindernisse 814**, 3
**Verzicht**
- auf die Rechte aus der Pfändung **834**, 2–4
- auf den titulierten Anspruch **767**, 21; **775**, 10; **843**, 1

- auf Vollstreckungsschutz **Allgem. Vorbem.**, 6; **811**, 8, 9; **829**, 29

**Vollstreckbare Ausfertigung**
- Erteilung einer weiteren **733**
- gerichtlicher u. notarieller Urkunden **797**
- Rückgabe an Schuldner **757**, 2; **Anh. § 767**, 6
- Zuständigkeit zur Erteilung der **Vor §§ 724–734**, 7; **724**, 9; **797**, 2, 3, 6, 7

**Vollstreckbare Urkunde 794**, 32–43
- gegen den jeweiligen Eigentümer **800**
- Gesetzesreform **794**, 34 a
- Rechtsnachfolge **799**
- für Schiffshypothek **800 a**

**Vollstreckungsabwehrklage**
- Abgrenzung zu anderen Rechtsbehelfen **767**, 2–9
- mögliche materiellrechtliche Einwendungen **767**, 18–29
- Geltendmachung von Vollstreckungsvereinbarungen **766**, 9; **767**, 25, 36
- Präklusion **767**, 30–36, 41
- Sonderformen:
  - Eigentümer- und Vermögensgemeinschaft **744 a**
  - Erbe **785**
  - Gütergemeinschaft **786**, 1, 2
  - Vermögensübernahme **786**, 4
- Veränderung der tatsächlichen Verhältnisse **767**, 24
- Zulässigkeitsvoraussetzungen **767**, 12–17
- Zuständigkeit **767**, 13; **796**, 3; **797**, 12

**Vollstreckungsantrag 750**, 9; **753**, 1–3, 5 ff.; **754**, 1

**Vollstreckungsbeginn**
- Eintritt eines Kalendertages **751**, 2 ff.
- Nachweis der Sicherheitsleistung **751**, 7 ff.

**Vollstreckungsbescheid** als Titel **794**, 30; **796**
**Vollstreckungserinnerung**
- Abgrenzungen **Vor §§ 765 a–777**, 3; **766**, 5–7
- ArbGG, VwGO, AO **766**, 2
- Abhilfebefugnis **766**, 20
- einstweilige Maßnahmen **766**, 33
- Erinnerungsbefugnis **766**, 14–17
- Kosten **766**, 29
- Zulässigkeitsvoraussetzungen **766**, 8–19

**Vollstreckungsgericht**
- Aufgabenverteilung **764**, 5; **828**, 3

– örtliche Zuständigkeit 764, 3, 4; 828, 5–8
– sachliche Zuständigkeit 764, 1; 828, 1
– Zug–um–Zug–Vollstreckung 765
Vollstreckungsklausel
– allgemeiner Überblick Vor §§ 724–734
– Anhörung des Schuldners 730
– Erforderlichkeit Vor §§ 724–734, 4; 724, 2
– Folgen funktioneller Unzuständigkeit 750, 7
– Gütestellenvergleich 797 a
– Qualifizierte Klauseln Vor §§ 724–734, 5; 726, 3–5; 727; 728; 729
– Nachweis der besonderen Voraussetzungen einer qualifizierten Klausel 726, 8–12; 727, 27–30
– Rechtsbehelfe im Klauselverfahren Vor §§ 724–734, 11, 12; 731; 732; 768
– Zuständigkeit zur Erteilung Vor §§ 724–734, 7
– Zustellung vor Beginn der Vollstreckung 750, 26, 28, 29
Vollstreckungsmaßnahme 766, 5
Vollstreckungsschutz, allgemeiner Vor §§ 765 a–777, 8; 765 a, 3–19
Vollstreckungstitel 794
– Bestimmtheit Vor §§ 704–707, 6–9
– landesrechtliche 801
– Überblick über mögliche Vor §§ 704–707, 2, 3
Vollstreckungsunterwerfung 794, 39 ff.; 800, 2 ff.
Vollstreckungsurteil zu ausländischem Titel 723, 1–6
Vollstreckungsvereinbarungen
– Berücksichtigung von 766, 9; 767, 25
– Zulässigkeit von Allgem. Vorbem., 6, 7; 811, 7, 8
Vorabfreigabe 850 k, 9 ff.
Vorbehalt der beschränkten Erbenhaftung 780
Vorbehaltseigentum
– Vollstreckung des Gläubigers in eigenes 808, 7
– u. Vorzugsklage 805, 10
Vorbehaltsgut bei Gütergemeinschaft 740, 1
Vorbehaltsurteil
– Aufhebung im Nachverfahren 717, 4
– als Titel 704, 1

Vorerbe 728, 1; Vor §§ 747–749, 1; 859, 18
Vorläufige Austauschpfändung 811 b
Vorläufige Vollstreckbarkeit Vor §§ 708–720 a, 1–5; 708; 709; 710
Vormerkung
– gutgläubiger Erwerb in der Zwangsvollstreckung 898, 2
– Vollstreckung in 857, 3
Vorpfändung
– bedingt pfändbare Bezüge 850 b, 7
– sonstige Vermögensrechte 857, 8
– Voraussetzungen 845, 2, 3
– Zustellung 750, 32 f.; 845, 4
Vorwegpfändung 881 d
Vorratspfändung 751, 5; 850 d, 16
Vorzugsrechte, Schicksal bei Pfändung der Hauptforderung 829, 57; 857, 3
Vorzugsklage 805
Vorzugsrechte 805, 9
Vorzugsweise Befriedigung 805

Wartefristen 750, 31 ff.; 798; 798 a
Wechsel 831, 2–4
Wegnahme
– von Geld 815, 9, 10
– bei Herausgabevollstreckung 883, 12
– Pfändung durch 808, 11 f.
Weihnachtsgeld 850 a, 11
Weisungsgebundenheit des Gerichtsvollziehers Vor §§ 753–763, 5
Weitere sofortige Beschwerde 793, 6
Wertpapiere, Pfändung von 808, 9; 821, 1, 2; 831, 1–5
Wertsicherungsklausel und Bestimmtheit des Titels Vor §§ 704–707, 6
Widerruf ehrkränkender Behauptungen 888, 7
Widerspruch
– des besitzenden Dritten 809, 2
– Eintragung im Grundbuch 878, 3, 6
– gegen Teilungsplan 876, 2–4
– gegen Verpflichtung zur Abgabe der eidesstattlichen Versicherung 900, 19–26
Widerspruchsklage gegen Teilungsplan 878, 1–13
– Urteilstenor 880
– Versäumnisurteil 881
– Zuständigkeit 879
Widerstand des Schuldners gegen Vollstreckung 758, 20

1503

## Sachregister

Wiederaufnahmeklage 707, 1
Willenserklärung, Vollstreckung des Anspruchs auf Abgabe 888, 4; 889, 1; 894, 5–10; 895
Witwen- u. Waisenrenten, bedingte Pfändbarkeit 850 b, 16 f.
Wohngeld, Zusammenrechnung mit Arbeitseinkommen 850 e, 8
Wohngemeinschaft
– Räumungsvollstreckung 885, 9
– Wohnungsdurchsuchung 758, 8
Wohnungsdurchsuchung 758, 2, 20; 806 a, 2
Wohnungseigentum, Vollstreckung in 864, 3, 7
Wohnungsrechte, Pfändung 857, 25 f.

Zählkind 850 d, 23
Zeugen
– ArbGG, VwGO, AO 759, 5
– Hinzuziehung bei Widerstand des Schuldners 759
Zeugniserteilung, Durchsetzung des Anspruchs auf 888, 5
Zubehör, Vollstreckung in Grundstückszubehör 865, 3–5
Zug-um-Zug-Leistung
– Abgabe einer Willenserklärung 726, 16; 894, 7
– Angebot durch Gerichtsvollzieher 756, 5 ff.
– Annahmeverweigerung des Schuldners 756, 5 a
– ArbGG, VwGO 756, 15; 765, 6
– Gesetzesreform 765, 4 a
– Klauselerteilung 726, 15–17; 894, 7
– Nachweis der Befriedigung 756, 9; 765, 4
– Nachweis des Annahmeverzuges 756, 10 f.; 765, 3
– bei Vollstreckung des Anspruchs auf Abgabe einer Willenserklärung 894, 7; 726, 16
Zurückbehaltungsrecht, Geltendmachung in der Zwangsvollstreckung 767, 20
Zuschlag in der Mobiliarversteigerung 817, 6
Zuschlagsbeschluß als Vollstreckungstitel Vor §§ 704–707, 2; 721, 1
Zuständigkeit, Vollstreckungsgericht 764, 3 ff.
Zustellung
– Adressat der 750, 27
– ArbGG, VwGO, AO 750, 37
– des Pfändungs- und Überweisungsbeschlusses 829, 42–45
– bei der Sicherungsvollstreckung 750, 31
– des Titels 720 a, 3; 750, 22–27
– von Unterlassungsverfügungen 750, 24
– der Vollstreckungsklausel 720 a, 3; 750, 28–31
– der Vorpfändung 845, 4
Zwangsbefugnisse des Gerichtsvollziehers 758, 20
Zwangsgeld 888, 22, 33
Zwangshaft 888, 23, 34
Zwangshypothek Vor §§ 864–871, 7; 866, 1, 6–11; 867; 868, 1–6
Zwangsmittel 888, 14 ff.
Zwangsversteigerung 866, 3, 9 ff.; 869
Zwangsverwaltung 866, 2; 869
Zweckgebundene Forderungen, Vollstreckung in 851, 4, 5
Zwecklose Pfändung 803, 5–9
Zwischenverfügung bei Eintragung der Zwangshypothek 867, 9